国家图书馆同人文选（第五辑）

下

国家图书馆◎编

国家图书馆出版社

数字图书馆与现代技术研究

简论自动报警系统的稳定问题

于洪波

在一个自动控制系统中，整个系统的稳定是必要条件，这个必要条件的有无，是决定其能否正常工作的首要问题。就是说一个自动控制工程能否实现系统的稳定，是能否进行正常运行的基础，在实时系统中运行好坏显得特别重要。

我们在消防自动报警系统的延伸、扩展和改造中，发现了一些影响设备稳定运行的态势，通过对整个系统的测量、实验、逐步拆除负载设备等工作环节，找到了一些问题。通过分析和实际操作，我们使问题得到了解决。我认为这些情况在弱电控制系统的设备增加时，或系统的功能延伸时，都具有代表性和可借鉴性，故总结出一些规律性的东西，与大家共同学习讨论。讨论的问题是：如今新旧建筑群在一个地区的情况很多，就其供电接地方式也大致有两种，原来旧建筑群的方式是 3 相 4 线制的 TN－C 接地系统。现在新建的建筑群采用的方式是 3 相 5 线制的 TN－S 接地系统。如果，一个弱电系统需要跨接这两个供电系统时，会出现什么情况？再则，当两个系统混合存在时，又将对于整个弱电系统有什么样的影响？这可能是在新旧供电系统并存的今天，我们的施工人员和安装单位能够碰到的带有普遍性的问题。

我们现在使用的消防报警系统，是采用美国爱德华公司开发生产的 EST3 智能自动报警控制系统，在 2004 年 4 月通过北京消防局的验收，在几年的使用中整个系统稳定、报警准确及时，较好地完成了安全保障任务。

1　出现问题

2008 年，在区域内建筑面积扩充的情况下，相应的消防报警设备也需要增加，现在正在使用的消防自动报警系统中，需要在另外一处增加第二个终端包括设备和功能。具体的方案是：在报警控制机环路上，必须增设一部 EST3 报警控制机，而且这台 EST3 报警控制机，还要连接另外一台图形工作站，作为值班人员人机对话的设备，同时支持一台打印机，用于整个系统内各种事件发生的记录设施，而且第一个终端使用的硬件直接启动大型设备的控制台，及其控制功能也要延伸到第二个终端的设备设施中去，此种配置使得整个系统里第二终端的功能十分强劲和完善。

10 月 20 日，在系统内增加的设备安装调试完工后，工程人员接入排烟风机、消防水泵的直接启动面板时，发现了整个系统不稳定地报出接地故障的情况。我们知道 EST3 报警控制机报出的这种故障,回路接地时报警控制机一定会报出这个故障,可是如果回路没有接地的故障但是有干扰时,也同样有可能报出这类故障。这个情况在出现不久后就自动消失了,我们也不好当时就作为一个事情去处理。设备设施比较正常的运行到 12 月 3 日,突然整个系统出现了有 5 条回路频繁报出接地故障的局面,此次故障不再自行消失,而是一直持久恒定地报出回路接地的故障。

2 采取措施

全面检查整个系统,并且断掉出现了故障的 5 条回路负载后,系统恢复正常,接入负载时故障频发,使用三用表测试断开后携带负载线路时,发现存在 2—4V 左右不稳定的干扰电压。若我们一直搭接测试表笔,则这个电压将逐渐减弱。当时的修理人员认为,这 5 条回路中一定有问题,先后选择了其中的两条回路反复查找,历时两天,但干扰电压的情况始终有,线路上的问题没找到,线路上的控制负载不能接入系统的局面。而此刻维修人员的错误在于,只注意局部线路和负载上面的问题,忽略了对整体供电情况的分析。

3 回顾与记录

2003 年 9 月,当 EST3 报警控制设备改造到 1211 气体灭火系统时,也出现了类似的情况。当时的实验结果是:由系统内的 24V 电源接入控制模块时(EST3 报警控制设备的控制电源),则整条回路就报出这类故障,如果使用电池供电则整条回路就不报出这类故障。我当时提出可能与接地情况有关,于是全面检查了 1211 气体灭火设备的接地情况,和喷放时的系统连接情况,发现 1211 气体灭火设备使用系统内的 24V 电源控制时,则整条回路就报出接地故障,喷放设备的连接是:电爆管的负极接系统的地线,正极连接 24V 的正极,不喷放时正极连接的 24V 没有输出,喷放时正极连接的 24V 有输出。经过实验,在没有接电爆管的正极连接头时,系统不报出接地故障,只要一连接正极连接头,系统在 10—20 分钟之内就会报出接地故障。当时解决的办法是:EST3 报警控制系统内的电源驱动继电器,继电器的外接点驱动系统外的另一组电源,保障完成喷放设备的驱动功能,至此问题得到了圆满的解决。我称这种方法为“驱动电源隔离措施”。

4 想象与问题的分析

根据现象和结果,我考虑到可能与供电的方式有关。经过调查确定:现在第一终端和 4 个 EST3 报警控制机地处在原来地段,使用的供电系统是 3 相 4 线制的 TN - C 接地系统。相线是 A、B、C,保护零线是 PEN 线,这种情况在 PEN 线上有工作电流通过,PEN 线在进入用电建筑物处时要做重复接地，而且三相四线制就是动力负载和照明负载共用1根零线。

第二终端和第五个EST3报警控制机，是地处在新扩展的地段内，使用的供电系统是在3相5线制的TN－S接地系统，相线A、B、C，零线是N线，保护接地线是PE线，N线中有工作电流通过，PE线平时无电流（仅在出现对地漏电或短路时有故障电流）。

系统内的EST3报警控制机是一级计算机控制，多机系统组网时，最好要共同使用一个地线，这样整个系统才能够正常稳定的运行，经过实验发现，在TN－C接地系统中的EST3报警控制机系统内，连接使用的图形工作站，可以直接使用TN－S接地系统内的220V电源稳定的工作。这个图形工作站，是使用232接口与EST3报警控制机连接的。上边提到的改造1211气体灭火设备的情况是：原来的老系统是CS100消防报警灭火系统，是由瑞士CERBERUS CO生产，集防火监测、气体灭火喷洒功能于一体的专用设备，是20世纪80年代的产品，使用的是两级计算机控制，在第一级的计算机系统使用的是CZ10控制机，控制点的容量小，共地的要求不严格，而且不存在TN－S接地系统，它负责巡检、采集、处理、控制、传输功能，上级计算机系统是CS100消防报警灭火系统，它集连在消防中心，实现集中监控的功能。系统内没有接地故障的报警条款，只有回路报警的条款（其他论文中有论述），因此在接入1211气体灭火设备的时候，不需要使用“驱动电源隔离措施”，整个系统就可以正常工作。此刻我们发现在两个不同的消防自动报警和控制系统内，使用不同的控制机，针对同一个控制设备设施时，当其系统的接地情况与整个系统不尽相同时，就需要采取不同形式的抗干扰稳定措施予以应对。

现在使用的EST3报警控制机的情况与之大不相同，EST3报警控制机的功能从某种角度看，已经全部代替了CZ10控制机和CS100的功能，它一台报警控制机的容量是CZ10的6.25倍，报警回路控制线的长度也增加了不少，监控的面积和规模扩大了许多，具备的功能也比较全面，至此整个系统对于接地情况要求也比较高。图形工作站只是人机对话功能的扩展，因此实际上现在的EST3报警控制机系统是计算机控制加辅助图形显示的自动报警控制系统。

当时报出接地故障5条回路的分布情况是：A栋有2路、G栋有1路、D栋有1路、L栋有1路；A栋安装有大型的排烟风机6台，G栋安装有大型的排烟风机2台；消防水泵等及其控制线路、报警线路、PEN线等，都是同路、同槽、同管、同接地敷设的，或者是借路敷设的，其中D栋的1路和L栋的1路就是借路的情况。因此，在客观上形成了，在第二终端处接入排烟风机、消防水泵的直接启动面板时，如果造成PEN线和PE线的混接，最近的回路将首先遭受到干扰之局面。

对此，这个EST3报警控制机系统在多机联合工作时需要组成网络系统，事实上在网络设计的时刻就考虑最好使用PE线接地，但是在2003年消防系统更新改造时，第一终端及其所辖的地段内的供电系统中没有PE线，只有PEN线，至此当时只能使用PEN线。而现在的第二终端及其所辖的地段内的供电系统中没有PEN线只有PE线，我考虑到施工人员是否将从第一终端EST3报警控制机系统，引到第二终端的EST3报警控制机的PEN线，与其地段内的PE线相互连接，造成了系统内的干扰因素。经过查找得知，确实是两个接地系统混接了，于是我们将混接的连接处断开。又考虑到前面提到的“驱动电源隔离措施”的情况，如果原来是在第二终端附近引入的24V控制电源属于TN－S系统内的电源，在没有采取这个“措施”的情况下，就直接去控制在第一终端及其所辖的地段内的TN－C系统的排烟风机、消防水泵等设备，必然要出现干扰的问题。因此，第一种方法是，将TN－C系统内的24V电源引到第二终端及其所辖的地段内进行驱动控制。第二种方法是，考虑使用“驱动电源隔离措施”，就是将其TN－S系统内的电源控制中间继电器，而继电器的外接点，控制TN－C系统内的24V电源，由这组TN－C系统内的24V电源，直接启动控制在第一终端及其所辖的地段内的TN－C系统的排烟风机、消防水泵等设备就有可能成功。但是第二种方法我们没有具体的实验。

总之，如果不是使用同一个系统内的驱动控制电源驱动大型设备，那么整个系统就不会长期稳定运行，我们使用的是前一种方法，工程实施后则整个系统实现了持久稳定的运行。

5　结束语

消防自动报警系统在扩展的时候，当需要跨越不同的供电接地系统时，会出现干扰的问题。因此，在扩展施工设计时，我们就必须要全面考虑到抗干扰的措施，原则就是PEN线和PE线不能混接，PE线和N线不能混接，N线和PEN线不能混接，同时在连接使用大型设备设施的驱动电源问题上，最好执行本系统内的电源控制本系统内的设备的原则，如果需要跨系统控制时，要采取“驱动电源隔离措施”的适用法则。

针对消防自动报警系统出现的这些干扰情况，也促使我们进一步想到，不仅仅是FAS系统会存在这个问题，各个行业内的专家会进一步地推断出，当SAS系统、BAS系统跨越不同的供电接地系统时，可能也会出现这种情况。但是出现的方式、局面和结果都可能不尽相同，但是根本的原因可能还是这个问题。

推断如果其他的弱电报警和控制系统，面临类似系统扩展、设备增加、终端扩充等工程时，在涉及新旧供电系统的具体情况时，都要充分全面的考虑到这些干扰因素之影响，否则就可能在其自动控制系统中造成干扰问题，在报警系统中也可能出现不稳定的问题。

我也考虑到当第一终端及其所辖地段内的供电的形式，如果也改成了3相5线制的TN－S接地系统，那么我们的这个消防自动报警系统又会出现什么情况，先后不同时期完成的两个TN－S接地系统是否能够直接连接？连接后又对弱电报警和控制系统有什么影响？连接我们现在使用的两个供电接地系统，导线截面积的参数如何选择？只有在实验和实施取得圆满成功后才能得知，这是我今后继续关注的问题。

（原载于《智能建筑与城市信息》2009年第1期）

国际标准图书馆标识(ISO 15511 – ISIL)与中国图书馆代码应用方案探讨

董曦京

1 引言

2000 年,世界上出现了使用 50 万枚 RFID 标签的图书馆,由此 RFID 自助式借还、自动分检系统在图书馆界逐渐风行起来。通过一段时间的应用实践,图书馆和 RFID 设备商逐渐意识到要想在开放的社会环境中安全开展 RFID 自动识别流通作业,需要为每件馆藏的 RFID 标签加上世界唯一化权属馆标识,因为从各个图书馆借出的馆藏会以个人携带或互借、图书自动分拣—配送转运体系出现在世界的各个地方,以主动或被动方式与各类 RFID 非接触感应器发生识别应答,唯一化权属馆标识是判断是否对馆藏进行相关流通作业的首要条件之一。在 RFID 芯片存储条件下将一定长度的馆标识写入电子标签比较容易实现,但一维条形码由于受编码容量限制,图书馆界长期未能实现全球馆标识标准化编码,部分图书馆之间甚至存在馆藏条码重码问题,流通中馆藏权属识别主要依靠馆员和读者对馆藏章的辨认来实现。以图书馆 RFID 应用需求和技术条件成熟为契机,经过三年时间酝酿,ISO 组织于 2003 年 12 月发布了 ISO 15511 – ISIL(International Standard Identifier for Libraries and Related Organizations)[1]国际标准,其中文名称可译为“图书馆及相关组织国际标准标识符”,也即国内业界俗称的“馆代码标准”。

ISIL 不仅可以用作自动化设备对流通馆藏权属的甄别,同时也可作为图书馆及相关组织编目信息交换业务中每条数据的权属标识、数字信息获取及发送目标机构的标识。ISO 15511 标准中准确表述了其适用对象、编码方案和组织使用方案。按照国际普适的设计原则,它不仅引用和规定了其必须具备的国际区分代码与整体架构,也给各个国家或地区保留了必要的个体需求调整空间,因此充分理解 ISO 15511 中各项条款、合理地规划好本国后续方案是一个重要的课题。以下对 ISO 15511 的关键条款和中国国内代码规划方案加以阐述。

2 ISO 15511 – ISIL 标准的要点

ISO15511 – ISIL 标准规定了国际通用馆代码的编码结构和规则,现将其要点归纳如下:

(1)ISIL 标识代码的申请对象是图书馆及相关组织。在特定情况下,某些组织可能具有一个以上的 ISIL,例如:一个大机构下的分支业务部门。在使用时,注册管理者应尽量使代码用户注册数量最小化,而不是过滥注册。

(2)ISIL 可以通过电子媒体格式、纸介质印刷格式使用。ISIL 写入 RFID 标签时可用于馆藏的权属标识,嵌入网络电子信息包可标识其创建者、资料获取来源或发送目的机构。

(3)ISIL 在国家—地区代码上引用了国家及其地区名称代码标准(ISO 3166 Codes for the Representation of Names of Countries and Their Subdivisions),采用标准中的两位拉丁(无注音符号)字母国别及地区代码方案。

(4)ISIL 是一个可变长标识符,最长由 16 个字符组成,使用数字、拉丁字母、分隔符号:斜线(/)、连字符(-)以及冒号(:)。ISIL 必须以字母开头,连字符(-)是 ISIL 字串中前缀部分与后续编码之间必备的分隔符。

(5)一个 ISIL 由两个主要部分构成,第一个部分即前缀部分,为国家地区代码或注册过的相关组织代码(非国家地区代码)。ISO 15511 标准规定国别地区代码使用 ISO 3166 标准的两位字母代码;而注册的非国家地区用户前缀代码必须大于两位(一般最长为 4 位),并事先得到 ISIL 机构的注册许可。

例如:

CN = 中国　　　国家
GB = 英国　　　国家
ocl = OCLC Inc　　　公司

前缀之后是连字符"-",随后是第二个部分,即图书馆代码段,它可以是含字母、数字、分隔符号的混合项,可根据国家区域的特点来编制,对于地域较大国家或地区推荐引入所在地的行政区划代码,图书馆标识符段最长可至 11 位。

(6)对采纳国家—地区代码前缀的情形,在每个国家—地区内由其业界普遍接受的机构负责为其境内的图书馆及相关组织分配标识符,此负责机构应向国际 ISIL 权威注册机构登记。

(7)对采纳非国家—地区代码前缀的,其前缀代码名下的责任团体需在本国注册此前缀的同时向国际 ISIL 权威机构注册。

(8)ISO 15511 馆代码保证了世界范围内图书馆代码的唯一性。

(9)ISIL 标准草案由丹麦图书馆组织起草,国际 ISIL 中心机构设立在丹麦首都哥本哈根的丹麦国家图书馆内。

3　ISIL 在图书馆 RFID 数据编码标准 ISO/FDIS 28560 中的应用

图书馆 RFID 应用首先提出了国际标准化馆代码,比其更复杂的"图书馆 RFID 标签数据编码标准"制定工作随后也被启动。丹麦图书馆组织于 2003 年提出馆标识方案后,2005 年又提出了世界第一个"图书馆 RFID 数据模型"[2]编码标准草案,这一次引发的讨论更加广泛和深入。世界多国图书馆组织与 ISO 组织共同组建的图书馆 RFID 标准专项工作组于

2008 年 5 月 9 日宣布制定国际图书馆业 RFID 数据编码标准,标准申请代号为 ISO 28560,2010 年 1 月 12 日 ISO 28560 工作组宣布其标准进入 FDIS 终稿评审期。本文仅就这一标准涉及的 ISIL 应用部分加以介绍和讨论。

3.1 ISO/FDIS 28560 标准中的馆标识数据项

ISO/FDIS 28560 分为三个部分:

(1)ISO/FDIS - 28560 - 1:总体要求及数据项[3]。

(2)ISO/FDIS - 28560 - 2:基于 ISO 15962 的编码[4]。

(3)ISO/FDIS - 28560 - 3:固定格式编码[5]。

其中,ISO/FDIS - 28560 - 2 方案由澳大利亚、美国、英国联合提出,其基础是 2006 年澳大利亚提出的图书馆 RFID 数据提案[6],特点是含有标签数据项相对标识符索引,数据采取动态格式存储。

ISO/FDIS - 28560 - 3 方案由丹麦与荷兰联合提出,其蓝本即是丹麦提出的"图书馆 RFID 数据模型",特点是对标签数据采取固定格式存储。

ISO/FDIS - 28560 - 1 标准规定了 - 2, - 3 两个标准需共同遵守的各类技术参数,包括 25 个标签用户数据存储区数据项及其序列号,需特别指出其中 5 个项与馆标识相关,分别是:

第 3 项:馆藏权属馆标识 ISIL——规定采用注册的 ISIL 馆标识。

第 11 项:馆际互借馆标识 ISIL——规定采用注册的 ISIL 馆标识。

第 23 项:可替换馆标识——一般采用本地或本国原有规定馆标识。

第 24 项:附属馆(分馆)标识——低于 ISIL 层级的自定义馆标识。

第 25 项:可替换馆际互借馆标识——一般采用本地或本国原有规定馆标识。

其中,第 3、11 项为 ISIL 馆代码,第 23、25 项为区域标准馆代码,第 24 项为自定义馆代码,很明显 ISO/FDIS - 28560 标准考虑到国际标准化馆代码系统的建立周期问题,其数据项设置既适用于国际通用馆标识体系,也可兼容原有区域馆标识体系,用户在未提出本地区(或国家)ISIL 之前,可以沿用旧体系馆代码。但用户在使用馆代码时应遵守上述 ISO/FDIS - 28560 的规定,区分性地将三种馆代码填入相应字段项,ISIL 标识是馆标识的优选字段。

3.2 地区—国家馆代码与 ISIL 的兼容调整

虽然用户可以沿用本地编码体系,但从发展的角度看有必要借用 ISO 15511 - ISIL 为架构基础,一次性设计出本国的国际标准化馆代码新体系。ISO 15511 - ISIL 主要是约定了一种编码格式,将修改或编制符合国际标准格式代码的权利交给了所在国,而不是直接为全世界图书馆用户编制馆代码,该标准架构为所在国的旧编码扩容,兼容留有很大空间,除国家前缀之外没有特别强制性条款。

能否对某种原馆代码体系实施简单附加国家代码前缀而与国际标准兼容和能否对原编码进行结构调整扩充编码冗余量,主要取决于原编码设计结构的可调适应性。从 ISO 15511 标准文件附录中看到,确实有一些国外旧馆代码体系可以通过简单附加国家前缀更新为新国际代码。但如果对某些旧编码体系做较大改动，会从基本结构上打乱和否定原有体系构思，造成自体系前后编码结构释义不一致，几乎是创建一个全新体系，这样就不如保持旧体系不变，完全不受旧体系约束地按照国际标准理念建立一个新编码体系，旧代码用户可以选择继续使用旧码或注册新码，但不再增加旧码体系申请注册，新用户一律注册 ISIL 新代码。

中国地域辽阔，未来社会图书馆类型多样，因此图书馆代码的结构设计应满足：编码冗余量设计可无排斥性地接纳社会上所有类型图书馆的代码注册；编码唯一性控制（分配和查重）的易于实现性；国家的单一注册中心或多注册点的协调性。

4 中国图书馆馆代码方案及应用策略

目前，中国图书馆业 RFID 应用、全城多层次图书馆联网合作发展处于快速上升期，自动识别自助式服务和自动分拣机逐步普及，联合编目信息共享—传递，数字图书馆联网业务合作，部分图书馆保持相当数量的馆际互借业务，这些都对标准化馆代码提出了需求。虽然中国标准组织于 1996 年发布了图书馆代码试用草案[7]，但该方案原设计容量冗余偏小，不能涵盖所有类型图书馆。因此，中国图书馆界有必要遵照 ISO 15511：ISIL—2003 架构编制完成中国图书馆馆代码标准，建立注册管理体系。

中国国家图书馆于 2004 年开展了包括“中国图书馆标准馆代码的方案”在内的 RFID 应用技术标准化问题研究，于 2007 年公布了中国图书馆“4 段式馆代码”草案[8]，并被若干实施 RFID 应用的图书馆采用。下面简要介绍一下草案的编制思想和标准条款内容。

4.1 中国图书馆馆代码草案编制原则

中国图书馆馆代码草案编制原则如下：

（1）参照“ISO 15511：ISIL—2003 图书馆及相关组织国际标准标识符”标准的基本架构。

（2）参照引用中华人民共和国业已颁布的行政区划代码标准（GB 2260—2000）[9]。

（3）编码可为各类型图书馆分配馆代码，代码用户冗余空间充足，分配合理。

（4）遵照 ISO 15511：ISIL—2003 协议，建立国内相应代码管理—注册组织体系。

（5）本编码旨在为有需求的图书馆分配唯一化馆代码，没有行政管理功能。

4.2 适用领域

中国图书馆馆代码草案适用领域如下：

（1）中国图书馆馆代码适用于图书馆 RFID 技术应用、馆际互借、图书馆数字媒体网络管理、图书馆共享资源管理、联合编目管理、纸介质文件的印刷标识。

（2）在图书馆 RFID 标签中，本编码的存储位置是用户数据存储区的权属馆字段，适用于符合 ISO/IEC 18000－3（13.56MHz）或 ISO/IEC 18000－6（900MHz）协议的芯片。

（3）在图书馆业数字媒体或网上传输数据包（帧）中和机读目录中，本编码存储于相应的权属馆代码字段中。

4.3 编码结构

遵照 ISO 15511—2003 标准中提出的国际馆代码可由变长 16 位(最大)含字母、数字、分隔符字符组成,国别代码遵守 ISO－3166－1 标准。

中国图书馆 ISIL 代码结构特点如下:

(1)馆代码长度

由变长 16 位(最大)阿拉伯数字、拉丁字母(无注音符号)、间隔符"－"组成。其顺序是国别代码 2 位;中华人民共和国行政区域标准代码 6 位;图书馆类别代码 1 位,图书馆自代码 4 位(最大),4 个字段间由 3 个分隔符"－"分隔。

(2)2 位国别或地区代码

采用 ISO－3166－1——世界各国和地区名称代码[10]标准中的 2 位拉丁字符,如:CN 代表中国。

(3)6 位中国行政区域代码

本字段设置遵照了 ISO 15511 中的建议,在较大国家地区编码中引入该国家行政区域代码。采用 GB 2260—2000 中华人民共和国行政区划标准代码。

(4)1 位图书馆类别代码

为了便于对众多各类型图书馆(室)分级注册管理的方便性,降低查重—唯一性—分配代码的时间周期,协调单一注册中心和多注册点问题。编码中设计制定了 1 位图书馆类别代码,它由数字或拉丁字母构成,顺序是:1、2、3……9、A、B、C……Z,当容量不足时可由小写拉丁字母扩展,类别冗余可扩展至 61 个(不使用 0)。

本草案已经预分了 17 个图书馆类型及编码,具体分型编码定案可参见未来标准公告。

特别说明,虽然本标准中为军事单位分配了专用代码,但保密、准军事单位图书馆代码编码注册在其内部进行,不必遵守此标准。已完全向社会公开的文职军事单位图书馆(如大学、医院、科研文职行政机构)愿意加入本编码系列的可向本体系注册,以便于图书馆合作业务的开展。

(5)4 位(最大)可变长图书馆自身代码

由图书馆实体申请提出,经注册管理机构查重后确认,在前方 12 个编码(含分隔符)相同条件下,即同一县/区(直辖市的区与县同级)行政区划下的同一图书馆类别下,图书馆自身代码不得重码,它可由数字或拉丁字母组合而成(每位字符选自 26 个拉丁字母＋10 个数字的编码元素集合),编码冗余计算总量为:

1 位代码 $36^1=36$

2 位代码 $36^2=1296$

3 位代码 $36^3=46656$

4 位代码 $36^4=1679616$

$36^1+36^2+36^3+36^4=1727604$ 个,扣除 4 个零代码(0,00,000,0000),一个县/区的单一类别图书馆编码冗余量为:

1727600≈172 万个编码

一个县/区的所有类别图书馆编码(目前按17类计,可扩充)冗余量约为:

$17 \times 172 = 2924$ 万个编码

4.4 馆代码的注册与管理

从上述编码冗余计算中可以看出,本编码冗余量十分充沛,完全可以长期满足中国图书馆的代码注册。冗余量的问题解决后,注册就成为现实操作中的下一个实际问题。

从结构设计角度看,本编码可以满足单一注册中心的查重—分配代码要求,但中国地域辽阔,由全国单一注册中心直接面对从大型图书馆直至中小学、社区、村组小图书馆的申请注册,代码新增、变更、合并、取消工作会很频繁,申请—查重—分配代码的等待时间可能会较长。本编码之所以在区划和图书馆类别上设立了较细化的编码,就是考虑到分行业多中心注册实施的可能性。

(1)注册机构的设立

注册机构设立的总原则旨在为全社会无疏漏、高效、编码唯一化地提供馆代码注册服务,建立中国图书馆代码多中心注册体系的设想如下:

①对图书馆相对集中的行业设立分行业图书馆代码注册中心,实现归口管理。其中包括:省市县级公共图书馆类、中国科学院类、中国社科院类、高等教育类、军队类、中央部委省级政府类、初中等教育类(具体归口规定由图书馆界协商后确定)。其中初中等教育类可组成全国、省、县/区三级体系。这些分中心可以委派现已存在的行业图书馆管理体系来承担。

②对上述类别以外的各类较少行业的图书馆代码注册,由其所在行政区划的县/区级公共图书馆代码中心负责注册,数据向省级中心传递。

③每个图书馆不得向一个以上的注册中心重复注册。

④在北京设立一个全国数据汇总中心,接收各分中心定期上传的数据,以便备份和统计,但它不负责注册、争议仲裁等问题。全国数据中心可由相关部门、图书馆学会会议来确定机构设置。

这样的多中心注册结构体系重码概率不大,因为每个图书馆除自身4位代码外,其他属性已被图书馆所在的全国行政区划位置和隶属行业代码自然“锁定”。一般不会(不应该)出现一个图书馆跨县/区分配代码;每一类注册中心各司其职,不会(不应该)为本行业以外的图书馆分配代码;分散类别图书馆数量有限,但类别编码清晰,在图书馆所在地县/区分配代码,一般也不会(不应该)出现一个图书馆跨县/区、跨类别分配代码;每个图书馆只允许向一个注册分中心注册,出现错误也应当局限在一个县/区行政区划和隶属行业下的4位(最大)自身馆代码内,发生争议时易于及时协调和处理。

由国家代码、区划代码、行业代码、自身代码组成的“4段式”馆代码使图书馆按隶属行业多中心注册成为可能,比省级区划代码后无定义流水号法在查重和唯一化上更有保证。

(2)ISIL数据保存与维护

图书馆ISIL分行业注册的数据将首先输入—存储—维护于各自的分中心数据库内,并定期上传汇总到全国数据中心。

对图书馆集中行业,例如中国科学院国家科学图书馆总馆负责中国科学院系统图书馆代码的申请注册和数据保存维护；教育部高等教育部门负责全国高等学校图书馆代码的申请注册及数据维护；教育部初中等教育部门的三级（部、省市、县/区）管理组织负责全国小学、中学的图书馆代码申请注册和数据保存维护；国家图书馆负责省、市、县/区级以上公共图书馆代码的申请注册和数据保存维护等。

对上述图书馆集中行业以外的各类图书馆，县/区公共图书馆负责这些图书馆代码的申请注册和基本数据维护，并定期上传至省、市公共图书馆数据中心。

实际上，上述图书馆管理架构已经存在，甚至类似的管理数据库也已经存在，按照代码注册需求，重新修改调整相关数据库和组配数据库资源即可实现全国 ISIL 数据库的管理。这样做可节省相关的人力财力，分散数据库管理压力，实现多点备份数据。

4.5　中国图书馆 ISIL 的编码压缩应用方案

从上述方案中可以看出，“中国图书馆代码方案”的前 12 位编码（包括分隔符“ - ”）都是规范定长的，即：

2 位国别字母代码 - 6 位行政区划代码 - 1 位分类代码 - ……

由此不难想到前 12 位编码中的 2 位前缀“CN”、3 个分隔符“ - ”对于某些图书馆属于重复字符，这很像 ISBN 代码中的分隔符“ - ”。现实中，大多数中国大陆的中小图书馆其国际互借是小概率事件，在日常流通业务中“国家标识”属性是默认的，不必重复审核。此外，在标签点检、借还业务上，尽可能减少标签与阅读器的信息交换量，可提高作业速度、节省存储空间。鉴于这两点原因，本研究特别建议对中国图书馆代码采取如下实际编码压缩应用方案：

（1）在申请注册馆标识标准原码、纸面印刷馆代码时采用上述全字符（字母、数字、分隔符）馆代码格式。

（2）对潜在国际互借业务的大、中、小型图书馆（图书馆自己做出业务判断），其 RFID 标签中存储的 ISIL 代码中保留国家代码后的“ - ”分隔符，取消后 2 个“ - ”分隔符，但馆自身代码仍为 4 位（最大），不得超过。

（3）对没有国际互借业务的中小型图书馆（图书馆自己做出业务判断），其 RFID 标签中存储的 ISIL 代码中可取消 2 位国家代码及 3 位“ - ”分隔符，但馆自身代码仍为 4 位（最大），不得超过。

（4）对国内特殊图书馆相关组织 ISIL（如上述 ISO 15511 中列举的“ocl - OCLC”），由于其前缀位长（3—4 位）与使用国家 2 位拉丁字母前缀的 ISIL 代码格式不统一，其 ISIL 标识以全编码（字母、数字、分隔符）格式存储。

（5）对标签中馆代码需要以完整馆代码显示、传输的情况，其缩写馆代码可予以解析重组还原。

上述 5 条建议配以 ISO 28560 中专用的 ISIL 代码存储项，中国图书馆 ISIL 同样可以保证唯一化不重码。此类数据处理方式在 ISO/IEC 15962 协议的图书馆行业 RFID 数据前缀（1 0 15961 8）解析重组[11]和 ISO/DIS 28560 - 3 标准的 ISIL 压缩中都有例证。

5 结语

需求是图书馆新标准开发的第一驱动力，ISO 15511 - ISIL 与 ISO/FDIS 28560 标准是图书馆技术自然发展背景下的必然产物。对于 ISO 15511 - ISIL 标准应该这样来看待：在条形码时代，虽然图书馆组织也曾设想过在条形码中加入国际标准化馆标识，以便用自动识别来代替人工操作对馆藏（章）的识别，但限于一维条形码的容量条件未能实现。RFID 时代，具备了在馆藏 RFID 标签上存储馆标识的条件，同时国际馆标识也是 RFID 全感应识别应用所必须具备的基本条件，此时 ISO 15511 - ISIL 标准的推出是必然而又及时的。从整体上看，ISO 15511 - ISIL 标准是图书馆 RFID 应用大数据模型标准 ISO/FDIS 28560 中的一个必备小组成部分。

本研究了解到，这两个国际标准并不能直接简单用于各国实际应用，所在国图书馆组织需依照国际标准框架继续完善并开发出本国标准体系，这类工作既需要较长时间的前期跟踪和预备性研究，也需要时间在本地标准发布后继续完成应用规范的制定与实施。

ISO 15511 - ISIL 已正式发布，由于标准主要是提出国际标准代码的架构，条件较为宽松，有些国家的区域标准仅需附加国家代码前缀即可升级到国际标准，对于前期开发不完善的区域标准体系则正好可以借机加以完善。相对而言，业界对 ISO 15511 - ISIL 的排斥性意见并不多。

ISO/FDIS 28560 标准于 2010 年 1 月 12 日进入草案终审（FDIS）状态，登录其网站 http://biblstan-dard. dk/rfid/可方便地看到其工作组成员名单、每次的投票情况及工作组活动进展情况。由于草案期延续了 5 年时间，反复争议、投票和业界会议讨论反馈使草案得到不断修改和充实，工作组对标准第一部分—总体要求和数据项已达成共识，没有反对意见。标准第二、第三部分的反对意见也已经降至一票，达到了进入终审阶段的要求。

以发展的眼光看待 ISO 组织在图书馆 RFID 方面的研究工作，及时跟进国际标准化技术研究，将可借鉴的技术介绍给国内业界，有利于我国图书馆业在新技术领域的平稳发展。截止到 2009 年底，国内在用的图书馆系统没有一家（即使是同一个设备商）的标签数据格式是统一的，或者是接近国际标准草案的，这有违于图书馆 RFID 技术应用的世界互通的初衷。上海图书馆已经要求几家设备商按照国际标准草案对标签进行编程，提供能互相阅读的“标准化”系统，然后再招标，这也是标准化工作的另一种尝试。不少用户就是由于感到没有完成标准化而对系统采购持观望态度。作为本行业实际应用性专业研究机构，中国图书馆标准化组织责无旁贷地应承担起这一任务。

目前，国际在图书馆 ISIL、标签编码、数据交换软件标准化三方面的基础性工作已接近完成，中国并没有很好地介入其中。因此，中国图书馆界应当有紧迫感，在这些标准的国内版研究过程中尽量做得好一些。

参考文献

[1] Information and documentation—international standard identifier for libraries and related organizations(ISIL): ISO/TC46/SC4. ISO 15511:2003[S/OL]. [2010-01-08]. http://www.iso.org/.

[2] RFID Data Model for Library Working Group. Affiliated to Danish standard S24/u4 RFID data model for library[R/OL]. [2010-01-25]. http://www.kansalliskirjasto.fi/attachments/5kSvIrHoj/5kXbVnVS7/Files/CurrentFile/RFID-DataModel-FI-20051124.pdf.

[3] TC46/SC464/WG11 RFID in Libraries. Information and documentation—RFID in library—party 1: general requirements and data elements: ISO/DIS 28560-1[S/OL]. [2008-01-25]. http://www.iso.org/.

[4] TC46/SC464/WG11 RFID in Libraries. Information and documentation—RFID in library—party 2: encoding based on ISO/IEC 15962: ISO/DIS 28560-2 [S/OL]. [2008-01-25]. http://www.iso.org/.

[5] TC46/SC464/WG11 RFID in Libraries. Information and documentation—RFID in library—party3: fixed encoding: ISO/DIS 28560-3[S/OL]. [2008-01-25]. http://www.iso.org/.

[6] Standard Australia Working Group IT-019-01-02. Proposal for a library RFID data[R/OL]. [2010-01-25]. http://www.sybis.com.au/Sybis/4n597-599 % 20proposal %20 document.pdf.

[7] 沈玉兰. 科学技术信息系统标准与使用指南:信息分类与编码标准[M]. 北京:中国标准出版社,1996.

[8] 董曦京,孙一钢,孙卫,等. 中国图书馆 RFID 应用标准化方案研究[J]. 现代图书情报技术,2008(9): 21-30.

[9] 中国标准出版社. 中华人民共和国行政区划标准代码: GB2260—2000[S]. 北京: 中国标准出版社,2000.

[10] Information and documentation—codes for the representation of names of countries and their subdivisions—part 1: country codes: ISO/TC46/WG2. ISO 3166-1: 1997[S/OL]. [2010-01-06]. http://www.iso.org/.

[11] Information and documentation—radio frequency identification(RFID) for item management—data protocol: data encoding rules and logical memory function: ISO/TC46/WG2. ISO/IEC 15962: 2004[S/OL]. [2010-01-08]. http://www.iso.org/.

(原载于《现代图书情报技术》2010 年第 3 期)

图书馆自建音视频数据库的著作权问题刍议

胡　洁　司铁英

音视频资源是图书馆馆藏资源的重要组成部分,它以生动、直观的表现形式成为图书馆馆藏资源中最富有时代性和最受读者欢迎的资源之一,其内容可以涵盖政治、经济、文化、教育、工业、农业、医学等各个学科领域。随着数字图书馆事业的迅猛发展及音视频资源存储技术的快速更新,为了更好地保存这些资源,早在数字图书馆发展的初期,各图书馆就已纷纷开展音视频资源的数字化工作,并将数字化音视频资源建成数据库提供服务。以国家图书馆为例,截至2009年底,共收藏音视频资源逾190000盘,仅2009年一年就收藏音视频资源近7000种,14000余盘;共数字化音视频资源逾36000盘,并建成音视频特色资源库为到馆读者提供视听服务。

然而,由于我国现有著作权法律法规的限制,图书馆对音视频资源的大规模数字化和服务存在严重的侵权隐患。2009年10月28日,国家版权局、文化部、教育部、全国"扫黄打非"工作小组办公室联合发布了《关于加强图书馆著作权保护工作的通知》(以下简称《通知》),《通知》强调:"图书馆要依照著作权法律法规,按照'先授权、后传播'的作品使用原则,建立完善合法使用作品的工作制度和有效机制,清除侵权盗版隐患,杜绝未经许可复制或通过信息网络传播他人作品的行为。"[1]《通知》的发布为图书馆的音视频资源数字化和服务敲响了警钟,图书馆再也不能无视著作权法律规定,违法开展馆藏资源数字化和互联网服务了。

为帮助图书馆管理者了解音视频资源的著作权问题,合法有效地开展音视频数据库建设和服务工作,本文将就图书馆自建音视频数据库涉及的著作权问题进行分析和探讨。

1　图书馆馆藏音视频资源概述

图书馆收藏的音视频资源可以分为以下3种类型:①图书馆通过缴送、购买、交换等途径获取的以录音带、CD、MP3、录像带、LD、VCD、DVD为载体形式的实体音视频资源;②图书馆向数据库供应商购买的音视频数据库;③从网上采集的网络音视频资源。

图书馆自建的音视频资料数据库往往是将第1类资源数字化后,制作成数据库,或者直接将第3类网络采集资源制作成数据库提供给用户使用。由于网络采集的资源类型多样,其权利状态也随之变化,本文的研究对象仅限于图书馆将通过缴送、购买、交换等途径获取的实体音视频资源数字化后建设的数据库。

2 实体音视频资源的著作权原理

2.1 法律性质

根据我国《著作权法实施条例》第5条,录音制品是指任何对表演的声音和其他声音的录制品。录像制品是指电影作品和以类似摄制电影的方法创作的作品以外的任何有伴音或无伴音的连续相关形象、图像的录制品[2]。据此,图书馆馆藏实体音视频资源的法律性质就是合法出版的录音制品和录像制品,适用我国调整录音录像制品法律关系的相关法律法规。

2.2 涉及的权利内容和权利主体

音频资源和视频资源涉及的权利和相应的权利主体有较大的区别。

2.2.1 音频资源

实体音频资源涉及的权利包括两种:①著作权,词曲作者享有的权利。具体包括发表权、署名权等4项精神权利和复制权、表演权、信息网络传播权以及获得报酬等财产性权利。如果词曲作者将著作权授权给版权公司或著作权集体管理组织代理,那么版权公司或著作权集体管理组织在授权期限内享有该词曲的著作权。②邻接权,表演者和录音制作者(如唱片公司)享有的权利。根据《著作权法》第37条和第41条规定,表演者对其表演享有许可他人录音录像、复制发行录有其表演的录音录像制品、通过信息网络传播其表演并获得报酬等权利。录音录像制作者对其制作的录音录像制品享有许可他人复制、发行、出租和通过信息网络传播并获得报酬的权利[3]。在唱片市场上,表演者的权利往往通过合同约定转让给唱片公司享有,这种情况下这两项权利都由唱片公司享有。

如上分析,唱片公司享有的邻接权与词曲著作权构成了数字音乐权利的两个最基本方面。通常唱片公司和版权公司是分别独立运作的,例如某唱片公司复制发行的唱片并不拥有唱片中涉及的词曲作者的著作权,其中涉及的著作权可能属于某版权公司,某唱片公司只能对其制作的唱片行使邻接权,它发给别人的授权复制发行不包括其中的词曲作者的著作权[4]。音乐实体光盘数字化并在网络上传播,除须获得唱片公司许可之外,还应该取得词曲作者(或版权公司/著作权集体管理组织)和表演者的许可,并支付报酬。

2.2.2 视频资源

根据视频资源内容的权利状况不同,可以将实体视频资源分为两类:①以电影作品和以类似摄制电影的方法创作的作品为内容的录像制品;②以电影作品以外的如戏剧、曲艺、舞蹈、杂技等艺术作品为内容的录像制品。

第1类视频资源涉及的权利包括:①电影作品和以类似摄制电影的方法创作的作品的制片人(如某电影厂)享有的著作权;②录像制作者(如某音像出版社)享有的邻接权。

第2类视频资源涉及的权利包括:①戏剧、舞蹈等艺术作品创作者(如编剧)享有的著作权;②表演者享有的邻接权;③录像制作者享有的邻接权。

与音频资源类似,将实体视频资源数字化也需要取得各类权利人的多重许可,并支付报酬。需要注意的是，许多电影制片人将电影的录像制品发行和网络发行分开许可，即将录像制品发行权许可给某音像出版社，而信息网络传播权又许可给某新媒体公司，如搜狐视频。这种情况下，如果将电影录像制品数字化后网络传播，就需要取得音像出版社和新媒体公司的双重许可。

3 图书馆音视频资源数据库建设和服务的著作权问题

3.1 音视频数据库建设和服务在法律意义上的行为性质

图书馆音视频数据库的建设和服务主要实施了两种有特定法律意义的行为：数字化和信息网络服务。

3.1.1 数字化

所谓数字化，是指把各类信息，包括数字、文字、声音、图形、图像等输入计算机系统转换成二进制数字编码形式。这种转换是由机器进行的，没有任何创造性，并没有产生新作品，与传统的印刷、复印、录音等复制行为并没有本质区别[5]。因此，数字化属于著作权法规定的复制行为，涉及权利人的复制权。

3.1.2 信息网络服务

图书馆自建馆藏资源数据库的最终目的是将数字化后的馆藏资源为用户提供信息网络服务。《信息网络传播权保护条例》第2条规定："权利人享有的信息网络传播权受著作权法和本条例保护。除法律、行政法规另有规定的外，任何组织或者个人将他人的作品、表演、录音录像制品通过信息网络向公众提供，应当取得权利人许可，并支付报酬。"[6]

根据该条规定，图书馆为信息网络用户（包括馆舍内用户和互联网用户）提供信息网络服务的实质就是对数字化馆藏的信息网络传播行为，涉及权利人的信息网络传播权。

3.2 我国图书馆开展音视频数据库建设和服务的法律限制

存在于录音录像制品上的复制权和信息网络传播权既是著作权的权利内容，同时也是邻接权的权利内容，因此具有三重权利主体，他人要以复制或信息网络传播方式使用录音录像制品必须取得著作权人（如词曲作者、电影制片人或舞蹈编剧等）、录音录像制作者和表演者的三重许可[7]。

除非符合著作权法规定的"合理使用""法定许可"等法定豁免条件，否则在没有取得合法授权的情况下，图书馆对馆藏音视频资源的数字化就是侵权行为，更不用提进一步提供信息网络服务了。

在实践中，如果图书馆仅为保存的目的将馆藏音视频资源数字化，或者仅将数字化资源限定在馆舍范围内提供服务，并采取措施防止用户的复制行为对著作权人造成实质损害，往往不会导致侵权诉讼。然而，如果图书馆将服务范围扩大到馆舍范围外如互联网上，就难免会对权利人的利益造成一定的损害，诉讼风险大大增加。因此，图书馆为互联网用户提供的音视频服务应仅限于提供盘面信息（如封面和曲目）浏览。我国有些图书馆采取折中政策，为互联网用户提供10秒钟甚至更长时间的部分内容试听、试看服务，并认为“非全文即非侵权”。事实上这种认知是完全没有法律依据的，只能说是对我国《著作权法》的一种误读。

3.3 我国图书馆在音视频数据库建设和服务上享有的法定豁免

许多发达国家的版权法专门设置了图书馆条款，而我国著作权法律法规中明确规定的关于图书馆的只有《著作权法》第22条第(8)款和《信息网络传播权保护条例》第7条[8]。除此之外，《著作权法》第5条、第21条、第38条、第41条，《信息网络传播权保护条例》第8条、第9条等，虽然并非图书馆专门条款，但也可为图书馆所用。根据以上条款，图书馆可以在未经权利人许可的情况下，针对以下3种特殊音视频资源自建数据库并提供服务。

3.3.1 公有领域音视频资源

所谓进入公有领域，是指超出我国著作权法规定的权利保护期。进入公有领域的作品，除署名权、修改权和保护作品完整权永久受法律保护外，其他权利均不受著作权法保护，任何自然人、组织可以无障碍利用。

图书馆可以在尊重权利人精神权利的前提下，对公有领域音视频资源进行数字化并提供给用户(包括互联网用户)使用。需要注意的是，对于某一特定音视频资源来说，涉及的所有著作权和邻接权都应超出权利保护期，才能认定该音视频资源已完全进入公有领域。例如，对于某一电影录像制品，只有电影本身已经出品50年以上，同时该录像制品也已经发行超过50年，才能够认定该电影录像制品已完全进入公有领域。

此外，根据著作权法第5条，如果某音视频资源的内容本身属于以下3种：①法律、法规、国家机关的决议、决定、命令和其他具有立法、行政、司法性质的文件及其官方译文；②时事新闻；③历法、通用数表、通用表格和公式，则其内容不受著作权法保护。在表演者和录音录像制作者的权利均超过了权利保护期的情况下，该音视频资源完全进入公有领域。

3.3.2 符合“合理使用”条件的音视频资源

和图书一样，我国的《著作权法》也给予了图书馆“合理使用”本馆藏音视频资源的法定豁免。《信息网络传播权保护条例》规定，图书馆可以对“已经损毁或者濒临损毁、丢失或者失窃，或者其存储格式已经过时，并且在市场上无法购买或者只能以明显高于标定的价格购买”的音视频资源进行数字化，并为本馆馆舍内用户提供服务[9]。

3.3.3 符合“法定许可”条件的音视频资源

《信息网络传播权保护条例》规定，履行了法定的公示和付酬义务，图书馆就可以“通过信息网络向农村地区的公众免费提供中国公民、法人或者其他组织已经发表的种植养殖、防病治病、防灾减灾等与扶助贫困有关的作品和适应基本文化需求的作品。”[10]

关于上述3类特殊音视频数据库，对其资源对象、服务对象和内容等因素的比较见下表1。

表1　图书馆自建的3类特殊音视频数据库的比较

数据库类型	资源对象	服务对象	服务形式	许可	支付报酬	法律依据
"公有领域"音视频数据库	涉及的著作权和邻接权已全部超出权利保护期的作品，或内容本身不受著作权法保护且涉及的邻接权已超出权利保护期的作品	全部用户（包括互联网用户）	几乎所有形式的图书馆服务，包括整首曲目或整部影片的视听、复制、下载和刻盘等，可以有偿也可以免费	无须许可	无须支付报酬	《著作权法》第5条、第21条、第38条、第41条
"合理使用"音视频数据库	已经损毁或者濒临损毁、丢失或者失窃，或者其存储格式已经过时，并且在市场上无法购买或者只能以明显高于标定的价格购买的作品	本馆馆舍内用户	限于在线收听和观看，不能提供整首曲目或整部影片的复制、下载和刻盘等服务，并且不能直接或间接获得经济利益	无须许可	无须支付报酬	《信息网络传播权保护条例》第7条、第10条
"法定许可"音视频数据库	已经发表的种植养殖、防病治病、防灾减灾等与扶助贫困有关的作品和适应基本文化需求的作品	农村地区的公众（包括互联网用户）	几乎所有形式的图书馆服务，包括整首曲目或整部影片的视听、复制、下载和刻盘等，但不能直接或间接获得经济利益	应当在提供前公告拟提供的作品及其作者、拟支付报酬的标准，自公告之日起30日内，著作权人不同意提供的，网络服务提供者不得提供其作品；自公告之日起满30日，著作权人没有异议的，网络服务提供者可以提供其作品。网络服务提供者提供著作权人的作品后，著作权人不同意提供的，网络服务提供者应当立即删除著作权人的作品	需要支付报酬	《信息网络传播权保护条例》第9条、第10条

4 现有立法框架下图书馆开展音视频数据库建设和服务的几点注意事项

4.1 摸清家底，充分使用公有领域馆藏资源，有效利用法定豁免

图书馆应当对本馆馆藏音视频资源的著作权状况进行彻底调查，确定本馆哪些馆藏属于公有领域。对于属于公有领域的音视频资源，图书馆可放心地进行数字化并提供服务。此外，在对公有领域音视频资源的数字化和服务过程中，要注意尊重著作权人的精神权利，如保留词曲作者或编剧、制片人的署名及不可随意修改作品。

同时，图书馆应充分利用《信息网络传播权保护条例》第 7 条规定的“合理使用”制度，跟踪音视频存储技术的最新进展，及时确认哪些资源的存储格式“已过时”；调查本馆馆藏状况，了解哪些资源“已经损毁或者濒临损毁、丢失或者失窃”，并据此开展数字化工作。同时积极为农村地区用户提供符合“法定许可”条件的数字化音视频资源，这样既有利于实现服务效果最大化的图书馆服务目标，又是对社会主义新农村建设的有力支持。

4.2 尝试与集体管理组织合作，合法获取海量授权

从上文分析可以看出，图书馆音视频资源的著作权状况错综复杂，权利人类型也是千变万化。图书馆要想通过一对一授权方式大规模开展音视频资源的网络服务，海量授权所需要的联系成本就是一个几乎不可逾越的困难。因此，通过著作权集体管理组织成批获取馆藏音视频资源的合法授权倒不失为一条可行的途径。

截止到 2009 年底，我国已成立 4 家著作权集体管理组织，对包括文字作品著作权、词曲著作权、摄影作品著作权及录音录像制作者权利在内的多种著作权和邻接权实现了集体管理。其中的中国音乐著作权协会和中国音像著作权集体管理协会都与音视频资源密切相关。图书馆应当积极与这两家著作权集体管理组织取得联系，通过单独购买或联合体共同采购的方式获取著作权人的双重授权，合法开展本馆的音视频资源数字化和互联网服务。

4.3 有效保护和利用自建数据库的著作权

根据我国《著作权法》第 14 条规定，“汇编若干作品、作品的片段或者不构成作品的数据库或者其他材料，对其内容的选择或者编排体现独创性的作品，称为汇编作品，其著作权由汇编人享有，但行使著作权时，不得侵犯原作品的著作权”[11]。对于图书馆自建的音视频数据库，如果在选择、编排等过程中体现了独创性，则该数据库构成汇编作品，图书馆享有对该汇编作品的著作权。

图书馆应大力建设和推广公有领域音视频数据库，例如以本馆收藏的新中国成立前老电影为内容的数据库。由于数据库内容超出了权利保护期，作为内容的汇编人，图书馆对此类数据库享有完整的著作权。除了为本馆用户提供无障碍服务外，图书馆还可以授权许可其他图书馆、情报机构使用，许可时应注重对自身著作权的保护，通过签订书面协议等方式

规范许可行为。同时,也可通过著作权置换的方式与其他图书馆已建的不同音视频资源库互通有无,节约本馆的授权经费,同时也避免数据库的重复建设。

参考文献

[1] 国家版权局,文化部,教育部,等.关于加强图书馆著作权保护工作的通知[EB/OL].[2009-12-01]. http://law.baidu.com/pages/chinalawinfo/12/26/62f281b01d20f27d320e0 5c5622859e6_0.html.

[2-3][6][9-11] 国家保护知识产权工作组.知识产权法律法规及国际规则汇编[G].北京:人民出版社,2008.

[4] 陈强.网络环境下数字音乐市场之版权保护[J].信息网络安全,2006(8):57-59.

[5] 徐绍敏,杨筱君.网络环境下信息资源产权保护[J].档案学通讯,2008(2):37-40.

[7] 谢艳华,王志敏,吴海玲.表演和录音录像制品著作权归属辨析[J].河北工程大学学报:社会科学版,2009(2):83-84.

[8] 陈传夫,符玉霜.国际图书馆版权政策及我国新一轮版权法修改建议[J].图书与情报,2009(5):11-18.

(原载于《图书馆建设》2010年第6期)

数字图书馆服务评价体系构建与应用*

邵 燕 王 磊 温 泉

1 引言

数字图书馆是传统图书馆功能的延伸和拓展，它使传统图书馆的信息服务产生了质的飞跃。一方面，传统图书馆服务在数字环境中借助现代信息技术优势有了新的实现形式，如印本文献数字化后可供在线检索与阅读、电子文献传递，虚拟参考咨询等；另一方面，数字图书馆的发展催生了一些全新的服务模式，其服务对象和服务方式与传统图书馆服务相比，都有了较大差异，这些服务基于海量分布式数字资源体系，以现代信息技术和新的传播媒体为支撑，跨越了时空限制，向用户提供专业化、集成化和个性化的知识服务。比较常见的服务有：数字资源门户、集成检索、机构知识库、维基、RSS、网格服务[1]等。

数字图书馆的服务内容从传统文献资源拓展到了一切有利于用户获取知识和信息并产生新知识的载体和信息来源，即各种类型的文献、数据库、音视频资源、网页、讨论组等网络信息资源，从提供信息服务转向提供知识服务；服务模式从传统的被动等待服务转为更加主动，强调“语境”在服务中的应用，提供个性化服务，以用户为中心、重视用户参与和互动；服务渠道和场所也不仅限于物理馆舍，而是借助互联网、手机、数字电视、手持阅读器等多种媒体手段，为用户提供多渠道、全方位的数字图书馆服务。

对数字图书馆服务进行评价研究，一方面有利于图书馆搜集整理能够反映服务规划与管理状况的相关数据；另一方面也可以全面了解用户利用数字图书馆资源与服务的现状与需求，从而针对性地改进服务，进一步满足用户需求，为未来开展服务创新提供参考借鉴。

2 评价原则

数字图书馆服务具有开放性、多样性的特点，所以其评价也是一项非常复杂的工作，数字图书馆服务评价有着区别于其他方面评价的原则。在开展评价活动、确立评价指标、设计评价方案、实施评价过程时应该把握以下原则，以保证评价过程的科学性和评价结果的合理性。

---

* 本文系国家图书馆科研项目“数字图书馆评价体系研究”（NLC－KY－2007/03）成果之一。

(1)用户为中心原则

用户是数字图书馆最大的价值主体,他们的需求要在评价标准中得到充分的体现。最大限度地满足读者的需求,才能达到图书馆的知识创新、知识传播与利用的最终目标[2]。

(2)发展性原则

随着数字图书馆自身的发展变化,用户的需求也在发展变化,用户在不同时期会有不同需求。使用固定不变的标准去评价变化的事物是不合适的。发展性原则要求评价指标要随着数字图书馆服务的发展和用户的需求变化而变化。

(3)主观客观相结合原则

数字图书馆提供的服务是客观的,用户使用的感受是主观的。可以通过调查情况、搜集数据来得到数字图书馆服务状况的信息,即客观评价。用户通过使用数字图书馆,对服务有了主观判断,形成了对数字图书馆服务的主观评价。主客观评价相互补充,图书馆才能得到更全面的用户评价。

3 评价方法

明确了数字图书馆服务评价的原则,在实施评价前还需要对评价方法进行选择。一般来说,评价方法可以从主观客观、定性定量来进行划分,归为如下三类:

(1)专家评价法

从事图书馆研究开发的专业人员,比一般人更了解数字图书馆的体系结构、发展趋势、服务模式等内容。所谓专家评价法,就是图书馆专家在评价活动中作为评价主体,依靠个体的知识和经验,对主动服务的质量进行调查分析,对评价对象进行价值判断,给出意见或建议。

(2)用户评价法

用户最有资格对服务的效果做出评价。用户评价服务质量,能够为进一步改善服务提供最直接的依据。用户评价法的实施过程一般由构建用户满意度模型、组织实施问卷调查、整理分析数据三个步骤组成。

(3)信息计量评价法

对评价客体进行信息计量分析,获取一些重要指标的计量值进行评价的方法,就是信息计量评价法。数字图书馆作为信息枢纽,拥有丰富的资源和大量的用户。对用户进行结构分析、行为统计,从而评价其影响,适合使用信息计量法。信息计量的基本方法包括观察、调查统计、测量和日志分析等。

前两类评价方法都是从定性的角度,利用专家经验或者用户感受作为判断依据,而第三类评价方法则是定量评价,获取数字图书馆服务的部分统计数据作为衡量指标。在进行具体的服务评价时,通常都需要根据实际情况选择多种评价方法综合使用,从而对评价客体进行多维多层次的分析。

在明确评价内容后,可针对性选择上述定性或定量、主观或客观的评价方法,把从多个来源获取的信息按照一定形式组合，形成完整的评价指标体系，从而对数字图书馆服务进行更全面的评价。

4 数字图书馆服务评价体系

4.1 评价内容

开展数字图书馆服务评价，不仅要从图书馆自身条件出发，考察服务范围、服务能力、服务推广、成本投入等客观因素，还要从用户角度出发，衡量使用情况、用户成本投入、用户满意度等服务效果。同时，数字图书馆服务在服务模式和时效性等方面相比传统服务都发生了很大的变化，以发展性为原则，在确定具体指标时，还要综合考虑新技术的应用、用户体验和需求的变化。

总的来说，数字图书馆服务评价大致可以从服务能力、服务内容、服务成本以及服务效果四个方面来考虑。

(1)服务能力

服务能力主要是指用以衡量图书馆服务水平的相关因素，如服务范围、提供服务方式、响应速度、可访问资源、人员素质等。服务方式决定着用户获取该项服务的途径和便捷性，可访问资源和软硬件条件是数字图书馆服务的基础保障，而人员素质则从根本上影响着服务的质量。响应速度是指服务过程中的响应能力，如某项数字图书馆服务响应用户需求的速度、准确性和并发能力等。

(2)服务内容

此服务内容并非指信息或者资源等提供给读者的最终内容，而是指个性化服务、用户指南及宣传推广等支撑服务，这类服务对于提升信息资源服务效果通常有着显著作用。数字图书馆具有丰富的网络信息资源及强大的技术优势，可以在互联网上提供广泛而深入的个性化信息服务。此外，通过数字图书馆的多种媒体手段进行服务宣传、培训和推广，不仅有利于用户了解图书馆，促进数字图书馆服务的有效利用，同时对于吸引潜在用户、开拓用户的潜在需求也都是非常重要的[3]。

(3)服务成本

从图书馆角度，服务所涉及的成本投入可以转换为数字图书馆服务在资源、设备和人员等方面的资金投入。从用户角度，用户主要关心自身接受每次服务所付出的时间和资金，此指标可以与用户所获得的服务质量进行对比，衡量是否“物有所值”。

(4)服务效果

服务效果是衡量数字图书馆服务质量的重要标准。评价数字图书馆服务效果有两种途径：一种是借助数字图书馆服务的各项使用统计数据，从宏观角度获取用户群体使用某项服务的结果；还有一种是获取用户对服务的感知和体验，对比用户对数字图书馆服务期望，从而作为评估该项服务的重要指标。

4.2 评价指标体系

与评价内容相对应，数字图书馆服务评价指标也大体分为服务能力、服务内容、服务成本和服务效果四个部分。前两个部分指标立足于图书馆，可以通过图书馆的业务统计、日志分析等方式进行定量分析，同时结合专家评价法，对相关指标进行定性评价。后两个部分要从图书馆和用户两个角度来评价，因此评价方法要更多样化，可以通过图书馆的业务日志、馆员和用户调查问卷等进行统计分析，并得到定性和定量评价，给出综合评价结果。

服务能力指标包括6个二级指标：服务范围、可访问数字资源、专门从事数字图书馆服务的人员、软硬件支持、服务方式、响应速度等。服务内容指标包括3个二级指标：个性化服务、用户培训、服务指南与宣传。服务成本指标包括2个二级指标：图书馆成本支出和用户成本支出。服务效果指标包括6个二级指标：4个是从图书馆角度来考察的，即服务公知度、用户比例、使用频率和访问时长；另外2个从用户角度来考察，即用户满意度、用户再次访问意愿。

在实际应用时，可以根据每项服务特点对二级指标进行细分，拓展为若干三级指标。如服务方式指标可以细分为终端访问方式、信息交互方式及新技术应用等内容。

评价指标体系是在对数字图书馆服务评价内容、原则与方法充分认识和科学分析的基础上形成的，要体现数字图书馆服务的主要属性和用户的真实需求，符合数字图书馆发展规律、反映数字图书馆服务状况的客观事实。

综合上述评价指标内容，本文结合数字图书馆服务的总体特征，构建如表1所示的评价指标体系。其中每项指标都给出了建议评价方法和指标细化说明。

表1 数字图书馆服务评价指标体系

一级指标	二级指标	评价方法	指标说明
服务能力	服务范围	信息计量	目标用户的分布及构成
	可访问数字资源	信息计量	数量、类型与访问方式（馆内、远程）等
	服务人员	信息计量	从事数字图书馆服务的人员数量、素质等
	软硬件条件	信息计量、专家评价	硬件设备数量、配置；软件的版本及更新性
	服务方式	信息计量、专家评价	终端访问方式、信息交互方式、新技术的应用等
	响应速度	信息计量、用户评价	对于用户请求的响应时间
服务内容	个性化服务	专家评价、用户评价	个性化定制、提醒或推送，用户隐私保密等
	用户培训	信息计量	培训内容、形式与频率
	服务指南与宣传	信息计量	服务指南及帮助、宣传推广方式等
服务成本	图书馆成本	信息计量	从事数字图书馆服务的人员成本、设备成本、资源成本总和；综合服务请求量计算出的单位服务成本
	用户成本	信息计量	用户获取服务所投入的成本

续表

一级指标	二级指标	评价方法	指标说明
服务效果	服务公知度	专家评价、用户评价	该服务被公众或媒体了解的程度
	用户比例	信息计量	使用该服务人数占图书馆用户总数比例
	使用频率	信息计量	目标用户使用图书馆服务的频率
	访问时长	信息计量	用户使用某项服务的时长
	用户满意度	用户评价	对服务及时性、满足度、服务态度和业务水平等方面的满意度
	用户再次访问意愿	用户评价	用户再次使用该服务的意愿

构建此评价指标体系,旨在为开展数字图书馆服务评价提供评价指标基础,在实际应用时,评价机构可根据某项具体服务的类型和特点对此指标体系进行调整,针对性选择需要的指标,有些指标可以细化到三级指标,而有些指标不是很适用,可以删除。

5 应用分析——虚拟参考咨询服务评价指标体系

为了更形象说明如何应用上述评价指标体系,下文将结合虚拟参考咨询服务进行应用分析。之所以选取该项服务作为实例,一方面是由于其兼具传统图书馆服务和数字图书馆服务双重特征,比较有代表性;另一方面也是由于国内外关于虚拟参考咨询服务的评价研究较为成熟,构建的评价指标体系更为全面。

5.1 虚拟参考咨询服务简介

参考咨询服务是数字图书馆在网上展现其知识水平、宣传其新型服务的窗口,是数字图书馆服务的重要组成部分。

所谓虚拟参考咨询服务(Virtual Reference Service),也称数字参考咨询服务(Digital Reference Service)、电子参考咨询(Electronic Reference Service)、在线参考咨询(Online Reference Service)、网络参考咨询(Networked Reference Service)。提法各异,但本质是一样的,它借鉴了电子商务中在线客户服务的成熟经验,以网络为传输手段,以数字化的信息资源为基础,通过电子邮件或实时聊天等形式,向用户提供不受时间、空间限制的参考咨询服务[4]。

国外在数字参考咨询方面的研究对象涉及面很广,包含有公共图书馆、高校图书馆、专业图书馆,甚至社区图书馆,而且服务模式根据各馆的实际情况各有不同。在服务用户上,有在校学生和教师,还有远离校园的远程教育的学生,如 Arif Muhammad 和 Mahmood Khalid 论述的如何对延期毕业的学生提供远程的图书馆服务[5]。除此以外,还针对医疗、工程项目等专业性很强的领域和机构提供服务,如 Rios Gabriel 提出的为医院图书馆创造一个“虚拟专家”,用以提供参考咨询服务[6]。另外,一些研究者还针对特殊人群,为他们提供合理的数字参考咨询服务。早在 2004 年美国 11 个州和哥伦比亚图书馆就联合开展了 InfoEyes 项目,专门为阅读和视力障碍者提供数字参考咨询服务，保证他们享有与正常人同等的权利[7]。研究者们在针对不同用户研究如何提供服务时，对用户人群的咨询行为也进行了分析，发现在新的信息环境下，越来越多的人依赖于谷歌或者其他人群，认为谷歌和与自己相关的人脉是获得信息最快的途径[8]。

5.2 虚拟参考咨询服务评价研究

(1)基于参考馆员行为的评价研究

美国参考咨询与用户服务协会(RUSA)于1996年提出了《参考与信息服务专业人员行为指南》[9]，用来对参考咨询馆员进行培训、发展和评价。该指南不仅适用于传统的参考咨询台服务，在许多方面也适用于数字参考服务。该指南主要评价指标包括亲和性、兴趣、聆听/询问、让用户参与检索过程和跟踪服务，认知其信息需求[10]。

另外，QuestionPoint[11]为保证合作参考咨询的质量，也提出了针对其全球网络成员的工作规范，以促进各协作成员提供规范化、标准化的数字参考咨询，该规范从质量和准确性、回答时间、合适的答案、监管效率、履行期望等几个方面对数字参考咨询服务的质量提出了标准化的要求。

(2)以用户为主体的评价研究

2001年3月至2002年7月，受OCLC资助，美国佛罗里达州立大学信息利用管理与政策研究所与雪城大学(Syracuse University)共同主持了数字参考服务评估研究项目，该项目的总目标是更好地理解和描述数字参考服务的质量特征。2003年，该项目研究成果正式发布——"评估图书馆数字参考服务的统计、测量和质量标准：指南及程序"[12]。该研究认为，一个虚拟参考服务的示范性质量标准应包括以下8个方面：礼貌行为；精确度；满意度；重复性用户；用户意识性；成本；完成时间；易获取性。

(3)综合性评价研究

美国"Ask A 虚拟参考咨询台协会"(the Virtual Reference Desk Ask A Consortium)于1997年提出来一种较全面的数字参考咨询服务评价指标体系，包括数字参考咨询服务的发展及管理两大类，具体共涉及11个方面的内容[13]，分别是方便性、及时性、明确性、交互性、指导性、权威性、咨询专家的培训、保护个人隐私、服务评估、其他相关资源和信息的可获得性、宣传和推广。

5.3 虚拟参考咨询服务评价指标体系

从上述国外已有的评价研究，我们可以看出，参考馆员、用户是影响虚拟参考咨询服务效果和质量的两大重要因素，因此在设定指标体系时，二者相关指标的比重要更高一些。

以数字图书馆服务评价指标体系为原型，结合虚拟参考咨询服务的特点和已有研究成果，本文构建如下虚拟参考咨询服务评价指标体系，如表2所示。

表2　虚拟参考咨询服务评价指标体系

一级指标	二级指标	三级指标	具体评价方法	说明
服务能力	目标用户范围	年龄	日志统计	目标用户的年龄结构
		职业/学科	日志统计	目标用户的职业分布/学科背景
		地域	日志统计	目标用户的地域分布
	咨询馆员	正式人员比例	业务统计	正式人员与非正式人员比例
		学科背景比例		参考馆员学科背景分布
		学历比例		参考馆员学历分布
		业务水平	用户评价、专家评价	参考馆员实际业务水平
	软硬件支持	硬件设备配置	业务统计、专家评价	用于虚拟参考咨询服务的终端、服务器等设备数量及性能
		服务软件		何种软件,版本及更新性
	服务方式	终端访问方式	业务统计	是否支持计算机、手机、数字电视、手持阅读器、触摸设备等方式
		信息交互方式		E-mail、电子表单、电话方式
		7×24 服务		是否支持 7×24 服务
		新技术应用	业务统计、专家评价	是否支持 Web2.0、云计算等
	响应速度	对用户请求的响应速度	用户评价、专家评价	对用户请求的响应速度
		完成咨询的时间	日志统计	可以衡量回答咨询问题或者通过表单及 E-mail 完成咨询的时间;可以具体统计不同级别问题的完成时间和平均时长
内容	个性化服务	个性化信息推荐	用户评价、专家评价	根据用户虚拟参考咨询服务的内容和主题等相关信息为用户推荐感兴趣的信息
		个性化定制	用户评价、专家评价	服务界面定制、根据咨询内容的不同能够直接调用咨询表单或者挑选学学科馆员进行解答等
		用户隐私保密	用户评价、专家评价、业务统计	不同类型信息的分组保密、系统安全性、服务条款严谨性等
	服务指南	FAO	业务统计	FAQ 的数量及更新频率
		知识库		知识库的主题及条目数量和更新频率
		服务手册		虚拟参考咨询服务手册
	宣传推广	宣传媒体	业务统计	何种宣传媒体类型
		宣传频率		宣传的频率

续表

一级指标	二级指标	三级指标	具体评价方法	说明
服务成本	服务成本	总体服务成本	业务统计	虚拟参考咨询服务的成本总投入、占全部参考咨询服务成本比例
		单位服务成本		综合服务请求数量及总投入计算(年度)
	用户成本	平均时间投入	调查问卷、面谈、日志统计	用户获取虚拟参考咨询服务的总时间/服务次数
		平均经费投入		用户获取虚拟参考咨询服务的总费用/服务次数
		服务满足率		用户感到满意的服务次数/总的虚拟参考咨询服务请求数
服务效果	服务公知度	用户公知度	用户评价、调查问卷、专家评价等	可以配合用户满意度指标分析该服务被使用或未被使用的原因
		媒体认可度		衡量对该项服务的宣传推广力度
	用户比例	占参考咨询用户比例	业务统计	使用该服务的用户数/使用所有参考咨询服务的用户数
		占图书馆总体用户比例		使用该服务的用户数/使用所有图书馆服务的用户数
	使用频率	请求该服务的频率	业务统计	一定时间内用户对虚拟参考咨询服务的请求频率
	用户满意度	业务水平	调查问卷、面谈、用户的主动评价	对馆员业务水平的感受,如虚拟参考咨询正确回答率等
		服务态度		对馆员举止行为和态度的感受
		及时性		对服务响应时间的感受
		便捷性		对服务方式的感受
	再次使用的意愿	再次使用的意愿	调查问卷、面谈、用户的主动评价	用户再次使用该服务的意愿

5.4 应用分析

在构建上述指标体系过程中,我们发现,数字图书馆服务评价指标体系的指标设置总体来说比较全面和科学,基本能够涵盖虚拟参考咨询服务的评价需求,个别指标不太适合,已经进行了删减。以服务效果评价中的二级指标访问时长为例,对于一般服务来说,访问时间长可能意味着该服务比较符合用户需求,但对于虚拟参考咨询服务来说,访问时间越长也可能是服务质量越低的表现,因此代以服务便捷性作为评价指标。同时,在响应速度二级指标下增加了完成咨询的时间作为三级指标,以体现参考咨询服务对于服务时间的特殊要求。

此外,考虑到虚拟参考咨询服务与传统咨询服务的联系,指标设置时也增加了二者的横向比较。

总体来说,数字图书馆服务评价指标体系中的指标更概括,而虚拟参考咨询服务的评价指标更细化,评价方法更具体。正是因此,具体服务的评价指标才更具可操作性,而数字图书馆服务评价指标更具普适性和指导价值。图书馆或相关机构在开展具体某项服务评价时,可以参考以上虚拟参考咨询服务评价指标体系的构建,首先对该服务有整体了解,分析其主要特点,然后有针对性地从数字图书馆服务评价指标体系中选择评价指标和评价方法,科学地构建具体的评价指标体系。

此外,对数字图书馆服务实施评价时,还需要由图书馆界专家对该服务指标体系中的每个指标权重进行赋值,再综合打分。由于每个数字图书馆的建设目标并不完全一致,开展服务评价时还要考虑比较评价,如不同图书馆之间同一项服务的横向比较和不同服务之间的纵向比较,要注意服务目标及用户群体的相似性和差异性,从而能够结合本馆馆情和用户需求提出更具针对性的意见,为服务创新与提升提供决策依据。

6 结语

阮冈纳赞提出"书是为了用的",对于数字图书馆来说,应该改为"资源是为了用的",数字图书馆服务是数字图书馆价值的最终体现,也是检验我们数字图书馆的建设是否成功的最终杠杆。因此,开展数字图书馆服务评价研究尤为重要,建立数字图书馆服务评价体系并不断结合操作实践进行补充完善,不仅有利于我们改进服务,更好地满足读者需求,还将为数字图书馆资源整体建设、技术支持、管理策略等提供参考,推动实现数字图书馆建设的规范化和可持续发展。

参考文献

[1] 曲建峰,杨宗英,郑巧英,等.基于网格的数字图书馆服务模式探讨[J].现代图书情报技术,2006(2):10-14.

[2] 张会田,黄玉花.基于用户的数字图书馆服务创新体系建设[J].情报理论与实践,2005(5):491-494.

[3] 卢振波,李武,何立民.基于营销组合理论的数字图书馆服务营销策略研究[J].大学图书馆学报,2010(2):79-82.

[4] 吕冰.网络环境下我国虚拟参考咨询服务主要模式、问题及对策[J].科教文汇,2009(6):284.

[5] MUHAMMAD A, MAHMOOD K. Off-campus postgraduate students' perceptions about distance library support services: a case study of Allama Iqbal open university libraries network[J]. Journal of administration, 2008: 249-263.

[6] GABRIEL R. Creating a 'virtual expert' presence in the hospital library[J]. Journal of hospital librarianship, 2008(4): 457-463.

[7] ROSSMAN L, DURIVAGE C A. InfoEyes information service: a virtual reference service for print-impaired individuals[J]. Reference Librarian, 2009(1): 73-84.

[8] CONNAWAY L S. Sense-making and synchronicity: information-seeking behaviors of millennials and baby boomers[J]. Libri: international journal of libraries & information services, 2008(2): 123 - 135.
[9] 张鸣. 美国参考馆员行为规范浅析[J]. 河南图书馆学刊,2004(5):21 - 24.
[10] 冯琼. 数字参考咨询服务的质量控制[J]. 科技情报开发与经济,2005(9):12.
[11] 全球合作虚拟参考咨询服务系统——QuestionPoint[EB/OL]. [2010 - 05 - 15]. http://www.questionpoint.org/.
[12] 麦克卢尔,兰克斯,格罗斯,等. 数字参考咨询服务的质量评价[M]. 卢海燕,王磊,译. 北京:北京图书馆出版社,2007.
[13] 杨义民. 美国虚拟参考咨询台协会与 CSDL 数字参考咨询服务质量评价标准的比较分析[J]. 情报科学,2008(1):110 - 114.

(原载于《数字图书馆论坛》2011 年第 7 期)

国内外数字图书馆评价研究与实践进展比较分析

韩新月　吕淑萍

21 世纪,数字图书馆经历了建设高潮,并引发了图书馆界对数字图书馆评价研究的重视。业界普遍希望通过评价促进对数字图书馆认识的相对统一,从而推动数字图书馆健康和可持续发展,因此,在数字图书馆评价的理论层面和实践层面产生了大量的研究成果。研究者不断拓展评价研究的深度和广度,就评价研究的内容而言,国内外研究界既表现出了趋同性,同时也存在着鲜明的差异。本文将着重对比分析数字图书馆评价的研究历程、评价框架、评价标准及指标体系构建、评价实践等四个主要方面的研究进展。

1　数字图书馆评价的研究历史

国外数字图书馆建设起步早于国内,并几乎同时开展了数字图书馆的评价研究,其大量、长期的研究成果,成为早期国内数字图书馆评价研究的基础和导向。相对于国外的建设与评价同步发展而言,国内对数字图书馆的评价研究滞后于数字图书馆建设实践,但业界对该问题的重视度之高、评价研究发展之快、评价研究成果之丰富也是有目共睹。

1.1　国外研究主要历程

20 世纪 80—90 年代,在各国政府和组织发布的有关图书馆的计量标准中,就包含了少量的电子资源相关评价内容,例如:美国大学与研究图书馆协会(Association of College and Research Libraries,ACRL)主持研究的《学术图书馆绩效测评》(*Measuring Academic Library Performance*,1990)手册。20 世纪 90 年代以后,许多国家的数字图书馆从实验研究转入实际应用,图书馆逐步进入复合图书馆时期,开展以数字图书馆(电子图书馆)为对象的评价活动,成为国外图书馆界关注的前沿课题。这一时期,以英美为主的国家和一些国际机构开展了一系列数字图书馆评价实践项目,如图书馆绩效评估质量管理系统 EQUINOX 项目等,并制定了相关的评价标准和指南,如 COUNTER 实施规范等。

美国研究者 Saracevic 率先开展了针对数字图书馆评价的系统研究,他设计了由构建、环境、标准和方法组成的数字图书馆评价理论框架,认为数字图书馆评价应该从 7 个层次展开,即以用户为中心的社会、机构和个人层面,以系统为中心的工程、处理和内容层面以及界面。Saracevic 的研究成果对后来世界范围内数字图书馆评价的理论和实践发展具有相当重要的启示作用[1]。

1.2 国内研究主要历程

一般认为,国内数字图书馆评价研究发轫于2001年。周欣平提出适应新型图书馆的评估新体系后,数字图书馆评价问题开始进入研究者的视野,并逐步成为数字图书馆领域的研究热点。

在传统图书馆初步转型阶段,数字图书馆本身发展相当不完善,因此,早期国内的数字图书馆评价研究仍然建立在传统图书馆评价的基础上,但针对数字图书馆特征对其评价框架有所突破,图书馆管理的总体自动化程度、整体性的网络连接、远距离获取信息和传递信息的能力、以国际互联网为媒介的信息服务等成为评价切入点[2],主要针对数字图书馆的表现维度构建评价指标体系,如浏览器设计、访问界面设计、网络服务等[3]。

在研究过程中,国内研究始终注重引进和借鉴国外相关的研究成果和实践经验,一批研究者先后介绍了美国、英国、欧洲等国外数字图书馆评价的研究和实践活动,其中,乔欢针对数字图书馆评价的基本理论进行了较为全面的介绍,张玲对国外重要的评价实践项目进行了系统梳理,在理论界产生了较大反响。此外,研究者也适时对国内外数字图书馆评价研究进行综述和述评,吴清强、韩涛、吴懿咏、王军等人分别从不同角度分析了各时期的研究进展。

尽管国内重视国外数字图书馆评价的研究理念,但对国外研究成果基本上是浅层次的评介,缺乏对评价框架、实施方法等技术问题的深入探索,在吸收和发展国外成果方面取得的创新成果并不多,主要体现为近两年来国内学者针对我国数字图书馆评价框架、数字图书馆知识产权评价、国外数字图书馆评价理论(工具)修正等问题的研究成果。

2 数字图书馆评价的框架及指标体系研究

研究的着眼点不同,所构建的数字图书馆评价框架就有所不同。就框架体系的实质而言,国内外研究者都是从数字图书馆的构成要素着手,其中资源、技术和服务都是核心指标,但国外研究者更倾向于数字图书馆的技术性功能评价,偏重评价实践研究,而国内研究者则集中关注数字图书馆评价的主体和客体研究,偏重评价理论研究。

2.1 国外数字图书馆的评价框架及指标体系

国外研究者对于数字图书馆评价框架的认识和主张也呈现百家争鸣的局面,除Saracevic提出的评价理论框架外,Fox等人提出的数字图书馆质量评价模型和DELOS(Network of Excellence on Digital Libraries,数字图书馆杰出网络)的评价框架也具有十分重要的理论和现实意义。

Fox等人构建的数字图书馆质量评估模型建立在数字图书馆5S(信息流、结构、空间、使用情景、社会)框架之上,从数字图书馆建设和服务的全流程出发,并考虑数字图书馆的扩展和发展问题,定义的一系列质量维度包括数字资源目录、数字资源集、数字对象、元数据标准、存储库以及各种信息服务。不同的维度采用不同的评价指标,如可访问性、信息准确性、完整性、可融合性、一致性等,通过反馈时间、迁移成本、失败服务次数等现象反映效率、长期保存、可靠性等评价指标,最终采用定量方法进行定性评价,评价结果为具体数值[4]。

DELOS 定义数字图书馆概念模型,将用户、数据/馆藏、技术作为数字图书馆领域的重要因素,建立非直角正交关系。与 Fox 等人的研究思路相似,DELOS 也针对每个要素制定相应的评价标准,并提出相应的测度指标,但 DELOS 的研究更为深入,针对用户与馆藏、馆藏与系统、用户与系统之间的关系,提出了一个三维交互模型(ITF,Interaction Triptych Framework)。用户与馆藏的关系表现为有用性方面,评价指标包括信息相关度、可靠性、查全率等;用户与系统之间的关系表现为可用性方面,评价指标包括利用的便易性、导航、可学习性等;而系统与馆藏之间的关系表现为运行状况,评价指标包括反映时间、查准率、系统召回(recall)等[5]。

2.2 国内数字图书馆的评价框架及指标体系

国内研究者注重从评价主体和评价客体研究开始,构建数字图书馆的评价框架。常见的评价主体有国家、组织和用户,评价主体的选择一般取决于评价目的,对此,国内研究者的观点基本一致,而对于评价客体的认识相对分歧较大。

评价客体即实施评估的对象,与数字图书馆的内涵密切相关。目前,由于国内对数字图书馆内涵的认知不统一,因此,从不同的角度和层面考虑,对评价客体的认识也具有很大差别。总体上说,数字图书馆评价实际上是对复合型图书馆中数字资源服务体系的评价,其评价客体可以划分为数字图书馆实体(entity)评价和相关现象(aspect)评价,数字图书馆工具、服务、用户行为和评价框架等都属于评价客体[6]。从数字图书馆要素分析出发,数字图书馆的评价客体不但应包含馆藏、技术和服务,还应包含“管理”这一要素[7]。

数字图书馆的评价客体随着信息环境不断变化和发展,同时,评价主体的认知因素也随之不断变化,涉及认识论、本体论和价值论的三维结构,直接影响评价的过程、内容和结果。因此,对感知、识别、分析和再现等评价认知过程单元的研究也成为研究者关注的问题[8]。

数字图书馆体系庞大,涉及要素众多,其综合、全面评价只是相对而言,整体评价指标必须具备合理的体系结构,尤其应当侧重体现主客体结构、层次结构、要素结构和内容结构[9]。从引进数字资源、实施信息技术的目的和战略出发,考虑到计算机及网络技术应用对数字图书馆管理和服务的影响,较为完整的评估体系应由五部分构成:①数字图书馆办馆条件;②数字化馆藏资源建设:③网络化信息服务水平与信息利用率;④数字图书馆馆员队伍;⑤数字图书馆综合效益[10]。

除整体评价以外,国内图书馆界对数字图书馆若干重点要素的评价指标体系均进行了详尽的设计,包括数字图书馆数字资源(馆藏)、服务、技术、管理、知识产权相关的评价指标。如 CALIS 基于数字馆藏的评价指标体系由内容、检索系统及功能、存档、价值与成本核算、数据库商服务、使用情况构成,分别应用于预评估和使用中的后评估[11]。

国家科技图书文献中心(NSTL)作为具有联盟特征的科技文献保障系统,其测评框架以“国家保障”的实质内涵和整体效益观为出发点,构建了包括基础资源保障程度、直接服务效益测度、直接减负效益测度和资源放大效益的指标体系,其效用水平呈多元体现形式,具有相当的特色[12]。

3 数字图书馆评价标准研究

国外的研究成果逐渐从一般项目研究上升到国际、国内或行业标准层面,通过不断修订提高标准的适用性。而国内的研究则更多地体现为个性化评价标准,根据不同的需求构建相应的指标体系,由于缺乏统一评价标准,各种指标体系虽然考虑全面,但缺乏一致性和推广的基础。

3.1 国外数字图书馆评价标准

国外图书馆界一直重视相关标准规范的研制和应用推广,由国际标准化组织(ISO)或其他组织相继出台了一系列标准,为基于事实与数据的定量评估管理提供了一整套的统计和评估工具,使数字图书馆评价活动逐步走向更大范围的标准化。

ISO 2789《信息与文献——图书馆统计》和 ISO 11620《信息与文献——图书馆绩效指标》是国际传统图书馆统计和评价的主要标准,为使其能够适应数字图书馆评价的需求,ISO 于 2006 年和 2008 年分别更新了这两项标准,新版本重点增加了针对数字图书馆资源和服务等方面的统计指标,以及开展和验证评价效果的方法和机制[13,14]。2003 年发布的 ISO 20983《信息与文献——电子图书馆服务绩效指标》[15],从电子图书馆公共服务、人力资源的有效性与利用两个方面规范了 15 个指标,对电子图书馆的服务和活动绩效进行测评。

除图书馆统计以外,一些国际组织也制定了针对数据库商的评价标准,主要规范数字资源提供者提供的使用统计数据。国际图书馆集团联盟(ICOLC)于 1998 年 11 月推出了《基于 WEB 的索引、文摘及全文资源的使用统计评价指标指南》(ICOLC Guideline)[16],主要针对数据库商提出数字图书馆的统计数据要求,2001 年推出的修订版统计指标有所简化,提供了一个更加实用的框架。《COUNTER 实施规范》自 2002 年发布以来,已经被越来越多的出版商所采用,使图书馆有了更可靠、稳定的依据来评价和比较本馆电子资源的价值和使用情况[17]。这类针对数据库商的标准规范现实需求强烈,操作性强,对数字图书馆评价的实践影响也比较大。

数字图书馆评价标准问题引起了国际图书馆协会联合会(IFLA)的关注,IFLA 统计与评估组 2008—2009 年战略规划中明确提出,该小组将致力于倡导使用定量的和定性的评估方法和工具,鼓励标准化方法的发展和应用,将与 ISO、UNESCO 及其他一些国际性组织开展合作,以促进与定标比超和对比分析相关的公认标准的发展和应用[18]。

3.2 国内数字图书馆评价标准

近年来,国内开始重视作为数字图书馆评价基础的统计标准。2009 年,中国等同采用 ISO 2789:2006 作为国家标准 GB/T13191(2009)《信息与文献——图书馆统计》。2010 年,国家图书馆发布了《图书馆数字资源统计标准和应用指南》，作为国家数字图书馆工程标准规范建设项目成果之一，其建立了数字资源统计整体框架，不但定义了相关术语和统计指标内容，而且提出了统计方法和统计数据报表，规范了数字资源的馆藏、服务、设施和经费统计[19]。该标准立足实际业务需求，基本遵循国际标准，具有较强的科学性、适用性和可操作性。

4 数字图书馆评价实践进展

国外数字图书馆评价研究的突出特点就是积极开展大量的评价实践活动，并在实践中验证和完善评价模型，国外相关的协会、联盟、大学图书馆等机构和组织在其中发挥了重要的作用。而国内数字图书馆评价的研究结构整体上偏重理论探讨，实践应用研究较少，缺少具有影响力的评价实践。

4.1 国外评价实践进展

目前，国外数字图书馆评价项目主要有基于系统的评价、基于使用统计的评价、基于服务质量的评价和其他专门评价。

从技术内涵看，信息系统的性能和质量是衡量数字图书馆质量的重要指标，评价内容包括技术的可行性、信息基础设施的应用效果以及系统性能等。张玲等人总结了国外 10 个有代表性的基于系统的数字图书馆评价项目，如 Perseus 数字图书馆项目、数字化信息定价项目（PEAK）、博物馆教育功能开发计划（MESL）、加利福尼亚大学 ADL 项目等，并对这类项目的重要评价指标和特点进行评析，认为此类项目侧重系统需求分析阶段的可行性评价和系统实施过程中的用户反馈评价，用户和系统的交互体验成为评价重点[20]。

数字资源和数字图书馆服务的使用统计是开展各项评价的基础，同时也是衡量数字图书馆的主要指标，其代表性的项目是欧洲的 EQUINOX 项目和美国的 E-Metrics 项目。1998—2002 年，EQUINOX 项目针对当时欧洲新的网络及电子资源状况，重点弥补了 ISO 11620：1998 关于电子服务统计评价不足的弊端，提出了电子服务绩效评价的 14 项定量统计评价指标[21]。2002 年，E-Metrics 项目报告正式发布，提出了一套推荐使用的电子信息资源和服务的统计指标和绩效评估指标，以及统计数据收集的规则和数据处理指南[22]。目前，已经有数十家图书馆采用 E-Metrics 评价体系。

EQUINOX 项目和 E-Metrics 项目开展得比较早，并且重视遵循国际标准进行基础研究，评价指标侧重量化特征，一方面保证了数字资源及服务计量的规范性、科学性及可比较性，对后来世界范围内的数字图书馆评价研究和实践具有重要的启示和铺垫作用；另一方面，以数字资源使用量、使用成本及成本效益分析为核心的定量评价也导致了对质量进行定性评价的缺失，可以认为，此类项目的评价指标体系仅能作为数字图书馆评价的完整体系之中的一部分，而不能代替整体评价。

4.2 国内评价实践进展

国内研究往往基于研究者主观经验和图书馆客观情况，提出理论色彩浓厚的指标体系和评价方法，但很少将其应用于评价实践中予以检验，因而缺乏数据和实证研究的有力支撑，从而导致理论成果实用性、操作性、完整性和公信度的不足，难以获得普遍认同[23]。

到目前为止，国内尚未出现全国性或全行业性的数字图书馆全面评价实践活动，仅有若干小范围的评价和针对数字图书馆某项要素的评价实践，其中，较有代表性的是：CALIS 针对数字资源的评价、清华大学基于 LibQUAL + ™的服务质量评价[24]、农业古籍数字图书馆基于用户的评价[25]，此外，刘文梅、唐淑娟、王启云等人完成的高校数字图书馆相关评价研究也进行了一定的实证推演，王居平提出了基于纯语言信息的网络信息资源综合评价、基于混合信息的数字图书馆综合评价等案例评析[26]。尽管这些实践案例的范围和水平距离行业推广尚有很大差距，但作为国内实践探索的宝贵经验，仍然具有重要的借鉴意义。

评价实践不充分是导致国内学者研究视角和范围偏狭窄、制约研究深入和创新的原因之一。这个问题已经引起研究者的重视，2009 年，中国图书馆学会年会上大力倡议开展数字图书馆评价研究，并专门设立两个分主题讨论相关问题。今后，相关评价主体应加强合作研发，共同探索通用的、可操作的评价实践项目，努力推动我国数字图书馆评价研究的发展。

5 数字图书馆评价研究的发展趋势

评价作为管理的一种手段，推动了数字图书馆事业的发展和变革，也促进了数字图书馆评价自身的发展。本文通过对目前数字图书馆评价研究和实践活动的动态监测和深入分析，可以初步判断数字图书馆评价研究的主要发展趋势。

5.1 基于统计数据的标准化评价继续深化发展

尽管数字图书馆评价已经引起业界的普遍关注，目前开发的一些评价工具和方法达到了一定的评价效果，但依然存在很多明显的问题，对数据库提供商统计数据的依赖和评价环境复杂多变等因素都大大制约了数字图书馆评价的发展。今后，数字图书馆领域将通过各种措施，建立快速、清晰的核心计量、测度和统计机制，加强对评价数据的理解和管理，通过更多的培训和交流推动统计标准化发展，进而实现评价标准化的目标。

在这方面，以 ARL 为代表的美国图书馆界的发展经验相对成熟，这些图书馆一方面依托于 E-Metrics 项目完成数字图书馆相关统计，另一方面通过 ARL Statistics™系列年度出版物，收集和公布 ARL 成员的馆藏、经费、职员、服务活动等统计数据，全面系统地反映 1908 年以来北美图书馆的发展脉络，提供了横向和纵向的评价比较基础，保障了数字图书馆标准化评价的继续推进。

2009 年，我国发布图书馆统计标准 GB/T 13191(2009)后，图书馆的统计和评价具备统一的标准参照。此外，国家图书馆的数字资源统计标准研制成果，将对未来国内数字图书馆的统计和评价活动发挥积极的推动和保障作用,而国内高校图书馆事实统计数据库历经近10年的发展,也将随着数字环境的变化而不断改进,以满足数字图书馆的统计评价需求。未来,不但统计评价标准获得深化发展,而且各种功能的数字资源管理软件将在数字图书馆范围内扩大应用,这些条件都将推动数字资源评价的标准化发展。

5.2 成效评估体系逐渐完善并快速发展

在泛在图书馆发展的背景下,对数字图书馆成效的评价越来越引起研究者的重视。成效评价(outcome assessment)也可称为贡献评价、影响评价(impact assessment)或基于结果的评价(results-based evaluation),实际上也是对数字图书馆与用户相关性的评价。

绩效评估关注投入与产出及效率,而成效评估关注服务影响与效果。图书馆正在重塑自身能力以实现未来的转型,数字图书馆面临的最严峻的未来挑战就是"促进关联",即如何能够更多地参与到用户所属群体之中,因此,为加速关联提供助力将成为评估图书馆贡献的指标。评估能够保证数字图书馆与未来发展相关联,图书馆应该投入持续的环境评估,倾听用户的声音,寻找在连接人与知识中能够有所作为的空间(Betsy Wilson)。数字图书馆评估的重心将逐渐从绩效评估转向成效评估[27]。

5.3 评价活动的操作模式向多元化发展

越来越多的评价活动将吸纳用户作为评价主体。受到Web2.0环境蓬勃发展的影响,用户参与式评价将成为重要的评价模式,评价的"媒介"功能被放大,与以往的总结性评价不同,用户参与的评价侧重的是数字图书馆的形成过程,评价活动也成为评价主体和评价客体之间学习过程的促进机制[28]。

随着数字图书馆项目的发展和完善,评价研究者将会更多地深入评价实践之中,从数字图书馆建设需求分析到实施用户服务整个流程的各个主要环节都将被纳入评估范围。在相关标准的支持下,评估机制趋向规范,评估的可操作性得到加强,并将针对目前发展的不足,开展针对理论成果的实用性检验,提升数字图书馆评价结果的说服力和实用价值。

除了通用评价模型继续发展和完善以外,将涌现出更多的有针对性、评价重点突出的数字图书馆评价模型,以满足个性化评价需求,数字图书馆评价的内容和层次将得到进一步扩展与丰富,合作研究和联合评价的现象将不断增加,研究者之间的交流能够进一步加强。

5.4 评价文化引起更多的关注

一种积极的、以信任为基础的评价文化对评价成功与否至关重要,数字图书馆不再是一个被动的待测评的客体,而是积极的参与者,在这种评价文化基础上,整体协同的评价实践将得到发展[29]。

随着评估实践和研究的深入开展,关于评价文化的讨论将越来越多。评价文化不能形成独立的研究领域,但是将渗透在评价活动的各个方面。作为评价理念的总体呈现,过去一直伴随着研究者和评价主体的评价行为而自觉发展的评价文化,在未来将外化为一种显著的驱动机制,不同评价文化的争鸣和融合也将越来越多。

参考文献

[1] SARACEVIC T. Evaluation of digital libraries: an overview[J/OL]. [2010-03-11]. http://comminfo. rutgers. edu/~tefko/DL_evaluation_Delos. pdf.

[2] 周欣平. 数字时代图书馆和的发展方向及评估标准[J]. 图书情报工作,2001(4):5-9.

[3] 霍丽萍,曾媛. 数字图书馆评价体系的构建[J]. 图书情报工作,2002(4):19-22.

[4] GONCALVES M A, MOREIRA B L, FOX E A, et al. "What is a good digital library?"—A quality model for digital libraries[J]. Information processing and management,2007,43(5):1416-1437.

[5] FUHR N, TSAKONAS G, AALBERG T, et al. Evaluation of digital libraries[J]. International Journal on digital libraries,2007,8(1):21.

[6] 乔欢,马亚平. 数字图书馆评价客体解析[J]. 数字图书馆论坛,2005(5):7-12,18.

[7] 王海娟. 数字图书馆评价指标体系初探[J]. 图书馆工作与研究,2004(1):13-17.

[8] 刘廷元,任皓. 数字图书馆评估中人的认知因素研究[J]. 情报科学,2006(2):208-213.

[9] 张健. 图书馆评价理论与方法[M]. 成都:西南交通大学出版社,2004:9-12.

[10] 张会田. 数字图书馆评估指标体系研究[J]. 情报科学,2005(10):1542-1545,1563.

[11] 肖珑,张宇红. 电子资源评价指标体系的建立初探[J]. 图书情报工作,2008(3):62-65.

[12] 张晓林,刘细文,孙坦,等. 国家科技图书文献中心的效用形式及其评价[J]. 图书情报工作,2008(3):62-65.

[13] Information and documentation—Intenational librarystatistics: ISO 2789:2006[S/OL]. [2010-04-15]. http://www. doc88. com/p-7468291627301. html.

[14] Information and documentation—Library performance indicators: ISO 11620:2008 [S/OL]. [2010-04-15]. http://www. iso. org/standard/37853. html.

[15] Information and documentation—Performance indicators for electronic library services: ISO/TR 20983:2003. [S/OL]. [2010-04-15]. http://www. doc88. com/p-9975328524773. html.

[16] ICOLC. Guideline for statistical measures of usage of web-based information resources[EB/OL]. [2010-03-11]. http://www. library. yale. edu/consortia/webstats06. htm.

[17] Release 3 of the COUNTER Code of practice for jou nals and databases[EB/OL]. [2010-04-15]. http//www. projectcounter. org/code-practice. html.

[18] Statistics and Evaluation section strategic plan 2008—2009[EB/OL]. [2010-04-29]. http://archive. ifla. org/VII/s22/annual/sp22-2009. htm.

[19] 吕淑萍,罗云川. 图书馆数字资源统计标准和应用指南[M]. 北京:国家图书馆出版社,2010:3-27.

[20] 张玲,孙坦,黄国彬. 国外数字图书馆评价实践综述[J]. 图书情报工作,2006(6):131-134.

[21] Library performance measurement and quality management system performance indicators for electronic library services[OL]. [2010-04-29]. http://equinox. dcu. ie/reports/pilist. html.

[22] E-Metrics: Measures for Electronic Resources[EB/OL]. [2010-03-20]. http://www. arl. org/stats/initiatives/emetrics/emetrics/index. shtml.

[23] 游毅. 国内数字资源评价研究综述[J]. 图书情报工作,2008(3):66-69

[24] 董丽,吴冬曼,周虹,等. 基于 LibQUAL+™的图书馆服务质量评估方法研究和实践分析[J]. 现代图书情报技术,2006(3):76-81.

[25] 常春,张桂英. 农业古籍数字图书馆项目评价方案[J]. 现代情报,2005(11):57-59.

[26] 王居平. 数字图书馆评价的理论与方法[M]. 合肥:安徽大学出版社,2008:161 - 178.
[27] 张红霞. 国际图书馆服务质量评价:绩效评估与成效评估两大体系的形成与发展[J]. 中国图书馆学报,2009(1):78 - 84.
[28] 金胜勇,贾东琴. 1999—2008 年我国图书馆评估研究述评[J]. 中国图书馆学报,2010(1):080 - 087.
[29] GILCHRIST. Building effective, sustainable, practical assessment. Proceedings of the 2008 library assessment conference[OL]. [2010 - 04 - 29]. http://libraryassessment.org/archive/2008.shtml.

(原载于《数字图书馆论坛》2011 年第 7 期)

数字图书馆管理评价研究*

富　平　温　泉　陈　静

进入21世纪以来,数字图书馆经过不断的探索与实践,已经逐步走向成熟,开始展现她的生命力。数字图书馆建设的不断实践,也进一步证实数字图书馆建设是一项高投入的事业。因此,对数字图书馆全生命周期的管理评价,全方位地了解投资回报,已经成为图书馆的管理者关注的首要问题。本文结合数字图书馆的实践,谈谈数字图书馆管理评价体系的构架。

1　数字图书馆管理评价对象与评价内容

传统图书馆的评价对象与主体,涵盖图书馆全部活动的各个领域,包括方针政策、馆藏文献、服务工作、规章制度、社会效果等多方面。而数字图书馆的评价与一般传统图书馆评价,在本质上没有区别,只是在评价内容、评价环境和技术支撑手段方面发生了较大的变化。“数字图书馆与传统图书馆不仅是过渡和继承的关系,更是整合和创新的关系。”[1]

数字图书馆管理方面的评价,属于数字图书馆评价体系中的组成部分。管理评价更多地关注数字图书馆宏观层面和综合效益的评价活动,包括经费管理、人员管理、数字资源管理、设备设施管理、用户服务管理等方面。

(1)经费管理。经费管理主要是投入与产出的效益评价,内容包括:专业人员队伍建设、数字资源建设、知识产权、加工整合、数字资源管理与存储、网络与计算机基础设施采购与维护、用户服务等多个方面。数字图书馆运行的各个环节均包括成本投入、成本控制、成本核算和效益评价。因此,经费管理体现了投入与产出的效益,是数字图书馆管理评价的主要内容。

(2)人员管理。图书馆馆员是图书馆工作的灵魂,图书馆各项职能和业务都需要工作人员去完成和实现。人员管理包括:专业人员、管理人员的培养与使用;固定性人员与非固定性人员的合理使用;推动人才成长和可持续发展良好的管理机制。数字图书馆人员管理的评价除了馆员职业道德、业务能力、继续教育、学术创作与学术研究等内容外,更重要的是对数字图书馆新技术的应用与创新。

(3)数字资源管理。数字资源是数字图书馆建设和服务的基础,涉及数字图书馆建设的

* 本文系国家图书馆科研项目“数字图书馆评价体系研究”(NLC-KY-2007/03)的研究成果之一。

方方面面，是数字图书馆建设的重中之重。其评价内容包括数字资源建设规划和管理、数字资源数量与质量控制、数字资源长期保存与使用等方面。

(4)设备设施管理。网络与计算机设施的应用是数字图书馆建设的主要工具和支撑条件。设备设施管理已经成为数字图书馆建设与服务的支柱，也是考核数字图书馆管理水平的一把尺子。数字图书馆设备设施管理包括：硬件设备管理、网络通信设施与环境管理、软件应用管理、服务保障和安全管理四个方面。与这些管理内容有关的规章制度和工作机制也同样重要。

(5)用户服务管理。数字图书馆建设的最终目标是通过网络向公众提供数字资源与信息服务，所以用户服务与数字图书馆建设的所有环节紧密相连，也最终检验数字图书馆建设的效果与效益。因此"以人为本"，面向用户服务，既是数字图书馆服务管理的核心和灵魂，也是数字图书馆开展管理评价的根本要求。其评价内容包括用户培训、服务规范、利用资源覆盖面、使用资源满意度等。

2 数字图书馆管理评价原则与方法

2.1 评价的原则

数字图书馆管理评价框架和指标体系，更偏重宏观内容、综合性内容以及不同内容之间的制约与影响。数字图书馆管理涉及数字图书馆业务流程的各个方面，所以管理评价难免与数字图书馆评价体系中其他方面的评价指标内容交叉。解决这个问题关键在于把握数字图书馆管理评价主体和评价目标设定，根据不同目标进行选择和使用评价指标。在具体制定方法与规则方面，需要把握以下几个原则：

(1)导向性原则：管理评价是对数字图书馆整体效果和发挥态势的总体评价，因此导向性更为重要，在管理评价指标体系和指标设置时，将会影响近期实践和远期规划，因此，更要具有前瞻性、科学性、实用性。

(2)系统性原则：数字图书馆建设的重要特征就是系统性，其核心是对数字资源生命周期的全过程管理。研究与评价数字图书馆的管理活动，必须作为一个整体系统考察，以系统性来考察管理中出现的各种现象与其之间的关系。

(3)综合性原则：数字图书馆管理评价关注不同环节和内容的协调性，更需注意其综合性的指标，尤其注重考察不同环节与工作项目之间的衔接关系与作用。

(4)客观性原则：数字图书馆还处在发展初期，是一种新型的图书馆模式，依赖于网络环境与技术因素和条件。因此注重客观实践的提炼，总结出规律性的评价指标非常重要。

(5)动态性原则：数字图书馆的资源、人员、效益等因素都是动态变化的，而且任何一种评价指标体系在不同的实践过程中应该具有可选择性和扩展性[2]。因此，要在动态变化中把握数字图书馆的运行情况。

(6)战略性原则：数字图书馆建设是一项长期的任务，指标体系要考虑到从宏观上制定长远发展目标，明确和改进数字图书馆的战略定位，不断提高数字图书馆的建设与运作水平。

2.2 评价的方法

数字图书馆的发展与现代计算机、互联网技术紧密结合,技术含量较高,数字信息与数据的处理量成倍增加,数字资源服务的范围更为广泛。所以,管理评价方法应结合计算机科学、管理学、统计学等学科,选择较为合适的方法。数字图书馆管理评价的常用方法包括信息计量分析法、统计分析法、比较分析法、层次分析法[3]、综合评价方法、Web 测量法等。但不同类型的数字图书馆,应根据建设的实践和发展水平,根据动态性原则,选择最为适合的评价方法。笔者认为,在现阶段建立数字图书馆管理评价体系,以综合评价方法、层次分析法和信息计量评价法为主的方法更为适合。

综合评价方法,更注重多角度多层次的评价,对全面性与综合性数据的采集、统计、分析更为注重,同时采取多种信息组合的分析,注重各个单项指标之间的关联关系。由于综合评价方法的特点,对于数字图书馆管理评价中的综合性、整体性的要求更为重要。

层次分析法,更注重采用定性和定量相结合的方法,对多目标属性进行决策分析,并将评价目标和对象分为多个层次和因素,建立指标体系,对指标进行量化分析,提出指标间的权重关系,为评价活动采集数据和统计分析奠定基础。这种方法把数字图书馆视为一个完整的信息系统,将系统中多个模块和多个部分,划分为若干因素,并根据不同的作用,提出权重系数,为科学的统计分析奠定基础。

信息计量评价法,是通过对评价客体活动过程,采取调查统计、测量和日志分析的方法采集信息,并对信息进行计量分析和评价,其方法是定量评价。数字图书馆管理评价,是对数字图书馆整体系统的不同因素、多个复杂活动的多维度评价。数字图书馆采取信息计量评价法,通过对统计数据的计量分析,可以更为客观、科学、全面地获得评价结果。

在进行数字图书馆的管理评价实践活动时,应根据数字图书馆运行不同的内容和项目,选择一种方法或多种方法开展评价活动,综合评价其科学管理水平。

3 数字图书馆管理评价指标体系

3.1 评价指标体系内容

数字图书馆管理评价指标,是管理评价实践的依据,也是检验评价科学性的关键。管理评价指标应更加关注宏观性的内容,应注意与数字图书馆建设内容的具体指标区分开来。

管理评价指标分为综合性指标、规范性指标和专项指标。

(1)综合性指标:主要是从宏观层面评价在数字图书馆评价期的发展状况,一般表现某一事物的总量,反映综合情况。

(2)规范性指标:主要是数字图书馆建设发展中的规范和标准建设,一般是规定性要求,反映刚性指标的执行情况。

(3)专项指标:针对数字图书馆建设与管理的专项指标,反映特指的项目执行和完成情况。所有不同的指标综合反映数字图书馆建设与服务过程中的投入效益和服务效果。

3.2 评价指标体系结构

根据国内外关于数字图书馆管理评价指标体系的研究与实践要求，笔者认为可从评价对象、评价内容、评价原则和评价方法等方面设计指标，可分为一级至三级指标。本文限于篇幅省略了三级指标，重点构建一级和二级指标。每项指标都给出了相关说明以及指导性的指标属性和评价方法。具体指标体系详见表1。

表1 数字图书馆管理评价指标体系

一级指标	二级指标	指标说明	指标属性	评价方法
1 经费管理	1.1 总经费预算（年度）	本机构在图书馆运行中或一个项目运行中的总经费预算（年度）	综合性指标	综合评价 信息计量
	1.2 数字图书馆专项经费预算与维护经费预算	用于数字图书馆项目的经费预算	专项指标	综合评价 信息计量
	1.3 数字图书馆不同专项经费比率（年度）	数字资源建设、数字资源服务、网络设备保障系统、专业人员培训等	综合性指标	信息计量 统计分析
	1.4 数字资源采购、采集专项经费预算（年度）	用于数字资源采购、采集的经费预算	专项指标	信息计量
	1.5 数字资源知识产权经费预算（年度）	用于数字资源知识产权管理、购买、授权的专项经费预算	专项指标	信息计量
	1.6 数字图书馆设备专项经费预算（年度）	用于数字图书馆建设的设备的经费预算	专项指标	信息计量
	1.7 数字图书馆服务专项经费预算（年度）	用于数字图书馆整体服务的经费预算包括：服务项目的策划、服务运行保障、服务人员等	专项指标	信息计量
	1.8 数字图书馆用户管理专项经费预算（年度）	专门用于读者需求的调查分析、培训宣传等专项经费预算	专项指标	信息计量
	1.9 数字图书馆建设中员工继续教育经费预算（年度）	用于馆内员工在数字图书馆建设中所需专业的培训专项经费预算	专项指标	信息计量
2 人员管理	2.1 全馆总人员配置（年度）	从事管理、专业、后勤等岗位人员构成情况	综合性指标	综合评价 层次分析
	2.2 员工基本情况	员工专业、学历、职称结构	综合性指标	层次分析 综合评价

续表

一级指标	二级指标	指标说明	指标属性	评价方法
	2.3 从事数字图书馆业务人员与技术人员比例(年度)	从事数字图书馆业务人员	专项指标	综合评价 层次分析
	2.4 从事数字图书馆业务正式人员与非正式人员比例(年度)	非正式人员包括派遣人员、业务外包人员等	专项指标	综合评价 层次分析
	2.5 员工绩效评定与考核	建立员工绩效评定与考核的制度,组织实施	规范性指标	信息计量 综合评价 层次分析
	2.6 从事数字图书馆专业人员培训	培训制度、人均培训时间(年度)	专项指标	信息计量 综合评价
3 数字资源管理	3.1 数字资源建设规划制定与实施	数字资源建设规划内容与实施情况	规范性指标	综合评价
	3.2 数字资源建设标准应用比例	对国际、国内、行业标准的使用情况与比例(年度)	规范性指标	层次分析 综合评价
	3.3 数字资源采集与印本文献采集的重复率	馆藏数字资源采集与印本文献的采集比例(年度)	综合性指标	层次分析 综合评价
	3.4 数字资源内容学科分布比例	本机构可使用的数字资源的学科比例(年度)	综合性指标	层次分析 信息计量
	3.5 数字资源加工与整合单位内容成本	数字资源建设过程中所花费的成本,包括劳务费用、资源消耗费用等	综合性指标	综合评价 信息计量
	3.6 数字资源保存单位内容成本	本机构用于保存数字资源的单位成本。例如:容量1T	综合性指标	综合评价 信息计量
	3.7 长期保存与使用的数字资源比率	本机构长期保存与经常使用的数字资源的比率	综合性指标	综合评价 信息计量
	3.8 数字资源管理规章制度	用于数字资源管理的制度建设以及实施情况	规范性指标	综合评价
	3.9 在互联网发布数字资源与馆藏拥有比率	本机构在互联网发布的数字资源与可以使用的数字资源的比例	综合性指标	层次分析
4 用户服务	4.1 用户使用数字资源与印本文献用户数比率	本机构使用数字资源与印本文献的用户数量对比。用户交叉使用,可以分别计算	综合性指标	层次分析

续表

一级指标	二级指标	指标说明	指标属性	评价方法
	4.2 用户使用数字资源的单位成本	用户在本机构使用一次数字资源的单位成本(可按照1小时作为统计单位)	综合性指标	信息计量
	4.3 用户使用数字资源的用户覆盖国家和地区	不同国家、地区的用户使用本机构数字资源的比例	综合性指标	综合评价 层次分析
	4.4 用户使用数字资源的品种覆盖率	用户使用数字资源的品种与学科的利用率	综合性指标	综合评价 信息计量
	4.5 对用户培训的数量占总用户的比率(年度)	对使用数字资源用户的培训总人次与总用户比例(年度)	综合性指标	信息计量 层次分析
	4.6 用户使用数字资源的满意度	用户对网络运行、数字资源检索、资源获取、服务效率等评价	综合性指标	综合评价 信息计量
	4.7 数字图书馆服务规范	服务规范条例制定与实施情况	规范性指标	综合评价
	4.8 数字图书馆宣传推广效率	对各种服务进行及时、全面的宣传与推广及推广范围	综合性指标	综合评价 信息计量
5 设备设施管理	5.1 数字图书馆使用设备设施总量(年度)	数字图书馆业务使用的设备总量(年度)	综合性指标	信息计量
	5.2 馆内计算机终端使用率(年度)	读者和馆内工作人员使用率(年度)	专项指标	综合评价 信息计量
	5.3 网络与系统正常运行时间(365×24)	网络与系统正常运行时间(年度)	专项指标	综合评价
	5.4 网络与系统中断次数与时间(365×24)	网络与系统中断次数与时间(年度)	专项指标	综合评价
	5.5 硬件系统性能	存储设备、服务器、终端计算机的性能	综合性指标	综合评价
	5.6 网络服务能力	总体设计、负载均衡、吞吐量、系统应用效果等	综合性指标	综合评价
	5.7 软件应用系统	应用支撑层、业务应用层软件系统的健壮性,可靠性,可移植性等	综合性指标	综合评价
	5.8 系统安全与保障	各类软硬件、网络、服务器的安全策略、防护技术、审计跟踪、响应与恢复等。同时包括楼宇、水电、通信等综合性后勤保障	综合性指标	综合评价
	5.9 设备设施管理与维护规章制度	完善的管理制度、规范的工作流程以及实施情况	规范性指标	综合评价

续表

一级指标	二级指标	指标说明	指标属性	评价方法
6 综合评价	6.1 数字图书馆建设目标设定	是否设定了五年内的建设目标	综合性指标	综合评价
	6.2 数字图书馆标准规范体系建立	本机构数字图书馆标准与规范完整、科学的标准体系建设	综合性指标	综合评价
	6.3 数字图书馆可持续发展能力	在数字图书馆建设中的经费支撑、人员支撑、技术与设备的保障	综合性指标	综合评价
	6.4 数字图书馆可共享服务能力	外馆、分馆、联盟之间的资源共享服务能力	综合性指标	综合评价
	6.5 知识产权保护体系的构建	数字资源采集、加工、保存、服务中是否建立了知识产权保护的制度、软件管理等	综合性指标	综合评价
	6.6 数字图书馆资金利用率	评价规定时间内投资与产出的比例。例如：资源建设使用经费与资源服务与利用的比例	综合性指标	综合评价

4 实证分析

为了说明以上构建的管理指标体系，笔者将国家数字图书馆作为评价对象，选取数字资源管理作为实证分析的评价指标，评价时期为“十一五”期间（2006—2010 年）。

4.1 国家数字图书馆资源建设背景

为实施国家数字图书馆工程，1998 年，国家图书馆制订了《中国数字图书馆工程建设一期规划（2000—2005 年）》与《中国数字图书馆工程建设一期规划（2000—2005 年）实施方案》，在数字图书馆体系结构搭建、数字资源建设、标准规范建设、知识产权等方面做了有益的探索。2005 年 10 月，国家发展改革委员会批准了“国家数字图书馆工程”项目，工期为 5 年。随后，国家图书馆制定了《国家图书馆数字资源建设 2006—2010 年规划》。该规划制定了数字资源建设目标，确定了数字资源建设总体策略，理清了数字资源建设的两条主线：一是基于馆藏传统文献的数字化建设以及在此基础上的数字资源整合与开发；二是基于网络资源及其他原生数字资源的采集与再加工；并确定了自建、合作建设和外购的三种建设方式。计划在“十一五”期间建成三级数字资源内容体系，即中文元数据总库、特色资源数字化、专题知识库建设，并设定了六大建设内容。同时，根据五年建设规划，制定年度建设规划，明确每年的建设目标和建设策略。

4.2 国家图书馆数字资源建设现状

(1)数字资源总量。截至2010年底,国家图书馆数字资源总量达到480TB,主要来源于电子报纸呈缴3TB、外购数据库71TB、馆藏特色资源数字化388TB、网络导航和网络资源采集18TB五个部分。数字资源类型涵盖文本、图片、音频、视频、网络资源等,主要包括电子图书123.2万种、161.2万册,电子期刊约4.4万种,电子报纸约0.31万种,学位论文约284.9万篇,会议论文约238.6万篇,音频资料约51.5万首,视频资料约8.1万小时。

(2)数字资源采集与印本文献采集的比率。数字资源采集与印本文献采集的重复率分为精确比对和模糊比对。其中,精确比对指的是两者之间内容单元的重复比例。模糊比对指的是单纯数量上的比对。由于目前印本文献和数字资源的统计单位和分类方法不一致,要做十分准确的比对也是很困难的,因此,我们采用对三类主要资源类型进行模糊比对获得重复率。将2009年度与2008年度的数字进行比较,发现2009年度所占重复率均有不同程度增长。比对结果详见表2。

表2 国家图书馆部分数字资源与印本文献的比对

文献类型	语种	印本文献数量	数字资源数量			2009年数字资源占比例	2008年数字资源比例
			外购	自建	合计		
图书	中文	6906968	357000	401000	758000	11.0%	6.4%
	外文	3501431	400000		400000	11.4%	9.2%
期刊	中文	51463	19000	4515	23515	45.6%	20.9%
	外文	47207	20000		20000	42.3%	24.4%
报纸	中文	7624	1550		1550	20.3%	16.7%
	外文	1708	1507		1507	88.2%	

注:数据截至2009年底。

(3)在互联网发布数字资源与馆藏拥有比率。国家图书馆数字资源发布方式主要包括如下三种:馆域网发布服务、互联网发布服务和互联网远程授权访问服务。截至2009年底,在不同程度和范围的发布数据251.33TB,约占总量的76.7%。此外,馆藏的实体光盘资源实现馆内借阅使用。馆藏数字资源类型主要有:电子图书103万种、138.7万册,电子期刊约4.3万种,电子报纸约0.3万种,学位论文约279万篇,会议论文约238.6万篇,音频资料约5万首,视频资料约2.04万小时。由于受版权的限制,截至2009年底,已在互联网发布电子图书和特藏文献76.7万种,其余暂时未实现互联网发布。详情参见表3。

表3 国家图书馆数字资源建设量与发布量的比对

文献类型		图书	期刊	报纸	学位论文	会议论文	音频资料	视频资料
建设量	总量	115.8万种	4.4万种	0.3002万种	281.3万篇	238.6万篇	51.6万首	8.08万小时
		151.5万册						

续表

<table>
<tr><td colspan="2">文献类型</td><td>图书</td><td>期刊</td><td>报纸</td><td>学位论文</td><td>会议论文</td><td>音频资料</td><td>视频资料</td></tr>
<tr><td rowspan="6">发布量</td><td rowspan="2">总量</td><td>103 万种</td><td rowspan="2">4.3 万种</td><td rowspan="2">0.3 万种</td><td rowspan="2">279 万篇</td><td rowspan="2">238.6 万篇</td><td rowspan="2">5 万首</td><td rowspan="2">2.04 万小时</td></tr>
<tr><td>138.7 万册</td></tr>
<tr><td rowspan="2">馆域网</td><td>26.3 万种</td><td rowspan="2">4.3 万种</td><td rowspan="2">0.3 万种</td><td rowspan="2">279 万篇</td><td rowspan="2">238.6 万篇</td><td rowspan="2">5 万首</td><td rowspan="2">2.04 万小时</td></tr>
<tr><td>26.3 万册</td></tr>
<tr><td rowspan="2">互联网</td><td>76.7 万种</td><td rowspan="2">0</td><td rowspan="2">0</td><td rowspan="2">0</td><td rowspan="2">0</td><td rowspan="2">0</td><td rowspan="2">0</td></tr>
<tr><td>112.4 万册</td></tr>
<tr><td colspan="2">互联网
发布比例(%)</td><td>66.2</td><td>0</td><td>0</td><td>0</td><td>0</td><td>0</td><td>0</td></tr>
<tr><td colspan="2">发布比例(%)</td><td>88.9</td><td>97.7</td><td>99.9</td><td>99.2</td><td>100</td><td>9.7</td><td>25.2</td></tr>
</table>

注:数据截至 2009 年底。

截至 2010 年底,国家图书馆引进中文数据库 105 个,外文数据库 102 个。自 2010 年以来,国家图书馆致力于拓展引进数据库的远程访问服务,通过合同或口头约定可提供远程访问服务的中文数据库 44 个,所占比例为 41.9%;外文数据库 96 个,所占比例为 94.1%。访问方式多样化,包括国家授权、VPN、代理服务器、实体卡注册、虚拟注册、合法认证、账号方式等,为非到馆读者提供便利的数据库访问服务。

(4)无法获得的数据。由于在国家数字图书馆的建设中,还没有明确的数字资源评价体系,其中有许多统计数据无法采集与获得,包括数字资源内容学科分布比例、加工与整合单位内容成本、数字资源保存单位内容成本、长期保存与使用的数字资源比例等。

(5)数字资源建设标准与应用。在《我国数字图书馆标准规范建设》项目的基础上,国家数字图书馆工程建设,根据数字图书馆实践的要求,研制了 35 项标准与规范,其中包括文字规范处理、唯一标识符、对象数据、元数据总则、专门元数据规范——古文献、专门元数据规范——电子书刊、专门元数据规范——网络及多媒体资源、知识组织、资源统计、长期保存、管理元数据等。截至 2010 年底,已经完成 6 项标准规范的制定,并正式出版。其他项目在 2011 年完成。国家数字图书馆工程研制的标准与规范对国家图书馆数字资源建设发挥了重要的指导性作用。

(6)数字资源管理规章制度。2000 年以来,国家图书馆已制定《国家图书馆数字资源建设条例(试用)》等一系列涉及资源建设总则及数字化专项管理、数字化加工标准、知识产权管理等方面的规章制度。这些规章制度在规范国家图书馆数字资源管理方面取得了良好的效果。目前,正在深入研究数字资源全流程管理体系,进一步制定并完善数字资源管理规章体系框架。主要包括《国家图书馆数字资源管理条例》《国家图书馆数字资源统计办法》《国家图书馆电子阅览管理条例》《国家图书馆镜像数据库管理办法》《国家图书馆非到馆读者服务管理办法》《国家图书馆文献数字化管理条例》《国家图书馆数字化项目管理办法》《国家图书馆网站管理条例》《国家图书馆文献资源版权管理暂行条例》《国家数字图书馆分馆管理暂行办法》《国家数字图书馆分馆服务实施细则》《国家图书馆数字资源保存管理暂行条例》和《国家图书馆数字资源库房管理办法》等。

4.3 国家数字图书馆数字资源管理评价

我们根据国家数字图书馆《2006—2010 年数字资源建设的规划》与实施情况，按照构建的管理评价指标体系，进行模拟评价，以考察指标体系的合理性。评价结果见表 4。

表 4 国家数字图书馆数字资源管理评价结果

<table>
<tr><th></th><th>指标</th><th>指标评价</th><th>国图实际情况</th><th>定性分值</th><th>定量分值</th><th>分值</th><th>得分</th></tr>
<tr><td rowspan="8">3 数字资源管理</td><td>3.1 数字资源建设规划制定与实施</td><td>制定计划
组织实施
达到既定目标</td><td>制订计划完善
组织实施及时
达到基本目标</td><td>有 3
实施 3
目标 4</td><td></td><td>10</td><td>10</td></tr>
<tr><td>3.2 数字资源建设标准应用比例</td><td>制定标准
组织实施</td><td>计划 12 个
完成 6 个
实施 6 个</td><td>计划 3
完成 3
实施 4</td><td></td><td>10</td><td>8</td></tr>
<tr><td>3.3 数字资源采集与印本文献采集的重复率</td><td>有明确指标
有效控制</td><td>图书占 11%
期刊占 40%
报纸占 50%</td><td></td><td>占 50% 5
占 40% 6
占 30% 7
占 20% 8</td><td>10</td><td>5</td></tr>
<tr><td>3.4 数字资源内容学科分布比例</td><td>有预定目标
有效控制
达到理想目标</td><td>有计划
有实施
不够完善</td><td>计划 3
完成 3
实施 4</td><td></td><td>10</td><td>7</td></tr>
<tr><td>3.5 数字资源加工与整合单位内容成本</td><td>有预定目标
有效控制
达到理想目标</td><td>自建资源
购买资源
整合资源</td><td>计划 3
完成 3
实施 4</td><td></td><td>10</td><td>8</td></tr>
<tr><td>3.6 数字资源保存单位内容成本</td><td>有预定目标
有效控制
达到理想目标</td><td>长期保存
短期服务</td><td>计划 3
完成 3
实施 4</td><td></td><td>10</td><td>8</td></tr>
<tr><td>3.7 长期保存与使用的数字资源比率</td><td>有预定目标
有效控制
达到理想目标</td><td>自建使用比例
购买使用比例
总体使用比例</td><td></td><td>占 50% 7
占 40% 6
占 30% 5
占 20% 4</td><td>10</td><td>5</td></tr>
<tr><td>3.8 数字资源管理规章制度</td><td>制订计划
组织实施
达到既定目标</td><td>有
实施
不完善</td><td>有 3
实施 3
目标 4</td><td></td><td>10</td><td>8</td></tr>
</table>

续表

	指标	指标评价	国图实际情况	定性分值	定量分值	分值	得分
	3.9 在互联网发布数字资源与馆藏拥有比率	有预定目标 有效控制 达到理想目标	66.2%		占 80% 9 占 70% 8 占 60% 7 占 50% 6	10	7
	总分	73.3				90	66

通过以上量化指标评价分析,我们对国家数字图书馆数字资源管理水平有一个基本判断,总体上看还是较好的,达到了预期的建设和管理目标,为国家数字图书馆的长期发展和服务奠定了良好的基础。

在评价分析中,我们认为信息和数据的采集非常重要。对于无法获得必要数据的指标,进行定量定性的评价分析缺乏一定的科学依据。因此,构建数字图书馆管理评价指标体系,尽快应用到实际工作中非常重要,能够帮助我们进一步完善管理工作。

总之,数字图书馆管理评价还属于初期阶段,建立科学的评价体系,还需大量的数字图书馆建设的实践,要不断积累评价经验,不断地修正和完善评价指标体系及其评价方法。同时,对于评价标准也要随之调整,以反映不同时期数字图书馆管理的特点和规律。但在数字图书馆发展过程中,重视建立和完善管理评价体系,必将会进一步提高数字图书馆的科学管理水平。

参考文献

[1] 赵继海,王效良.正确处理数字图书馆宏观决策的八个关系[J].中国图书馆学报,2002(3):18-21.

[2] 肖珑,李浩凌,徐成.CALIS 数字资源评估指标体系及其应用指南[J].大学图书馆学报,2008(3):2-8,17.

[3] 徐婧.AHP 法在数字图书馆综合评价中的应用[J].图书馆论坛,2006(1):238-240.

(原载于《数字图书馆论坛》2011 年第 7 期)

国家图书馆数字资源长期保存现状与研究

邢　军

1　概述

数字资源长期保存是近年来图书馆界讨论与研究的热门话题，并已发展成为图书馆技术的一个新的研究领域。国外有关研究认为，1995 年印刷媒体所占市场份额为 70%，电子媒体占 30%；到 2010 年印刷媒体将降到 48%，电子媒体会占 52%，甚至更高。数字资源在图书馆馆藏资源的比重在不断增加，有进一步扩大的趋势。当前，各国国家图书馆都非常重视馆藏数字资源的建设。中国国家图书馆也已将数字资源建设视为文献资源建设的重点，投入了大量的人力、物力，在进行文献数字化加工的同时引进各种大型数据库和相当数量的电子书刊文献，使馆藏数字资源不断丰富和充实。同时，中国国家图书馆作为我国的国家总书库、国家书目中心、国家古籍保护中心，承担着国内外图书文献收藏和保护的职责。因此，必须将大量记载着人类文化遗产的数字资源进行长期保存，使数字资源得到持续利用和保护。然而，数字资源的特性是易于改变、容易消失。在物理存储方面，数字资源及其所依赖的存储载体非常不稳定，容易受环境影响而损坏，使信息本身无法读取甚至消失；信息技术的快速变化使得硬件和软件都在不可预测的老化；从使用方面，多数情况下信息机构仅购买了数字资源的使用权，而由于多种原因，数据库商或其委托的镜像服务商有可能终止经营或者停止向用户提供服务；此外，数字信息容易被未经授权的操作改变甚至删除；新网页的出现实际上就意味着旧网页和大量信息的消失。所有这些特性都显示了数字资源的脆弱性，而数字资源一旦无法使用将会带来很多问题，使人类文明无法延续，因此，长期保存已经不能等待和拖延。随着数字资源数量的日益增多，种类的日益丰富，重要性的逐渐增强，如何构建合理的数字资源保存体系，制定合理的数字资源保存策略，将有价值的数字资源进行长久保存，确保各种数字资源能随时提取利用，为今后的数字信息提供保障，是国家数字图书馆当前亟待解决的问题。

2　国家图书馆资源现状分析

数字资源是文献信息的表现形式之一，是将计算机技术、通信技术及多媒体技术相互融合而形成的以数字形式发布、存取、利用的信息资源总和。数字资源在保障读者需求方面发挥着不可代替的作用。由国家图书馆主持建设的国家数字图书馆工程自2005年开始建设,已经取得了阶段性成果,数字资源的种类、形式、品种、数量等方面都有了非常大的发展。截至2010年底,国家图书馆数字资源累计总量已达480TB,内容丰富,种类齐全,主要来源于外购商业化的数据库、呈缴资源、自建馆藏特色资源、网络免费资源等。集中在源于电子报纸呈缴、外购数据库、馆藏特色资源数字化、网络导航和网络资源采集5部分。

电子报纸呈缴资源:共接受51种电子报纸的呈缴,存储量共计3TB。

外购数据库:本馆外购数据库共计219个,包括中文数据库105个、外文数据库114个。其中69个中文数据库完成本地镜像,共占用本地存储合计约71TB。

馆藏特色资源数字化:馆藏特色资源数字化全文数据超过1.94亿页,资源存储量共计388TB。其中主要包括中文现代文献286TB、民国时期文献0.5TB、中文古籍文献101.5TB。

网络导航:主要包括政府信息导航、国内外图书馆导航、电子报刊导航、新农村建设专题导航、农林导航等,总计19813项。

网络资源采集:已保存了中国所有的8万多个政府网站信息(每半年更新1次)、315种中文电子报以及中国学、开放存取、奥运、航空航天、新农村建设、非物质文化遗产、国图媒体报道等59个专题信息。网络采集资源存储量共计18TB。

到"十二五"末,国家数字图书馆数字资源总量将达到10000TB(超过世界上主要发达国家的国家图书馆馆藏文献总量之和,相当于26亿册图书,或926万小时视频),其中电子图书达到200万种、电子期刊12000种、电子报纸2000种、音频资源20万小时/100万首曲目、视频资源30万小时/150万部集、网络信息资源1000TB。

按照目前国家数字图书馆数字资源的载体形态可以划分为:以光盘、磁盘、磁带等脱机载体出版的有形数字资源和在网络上出版的网络信息资源。

按照目前国家数字图书馆数字资源的使用方式可以划分为:互联网方式,主要是通过远程连接或网络连接进行访问检索;局域网方式,主要是通过本机构内部局域网进行访问检索,它主要指的是将数据库系统安装到图书馆的服务器上,多用户可同时在图书馆局域网上使用数据库;光盘检索方式,指的是购买的数据库以光盘为存储方式,在使用时通过光盘进行检索服务。

按照目前国家数字图书馆数字资源的分布区域可以划分为:现实馆藏部分,即本地馆藏,是由国家图书馆自身采集收藏整理的数字资源,国家图书馆拥有资源的所有权,并具有利用、支配、更新、修改等权利;虚拟馆藏部分,是指通过计算机系统和通信设备在互联网上共享的馆外信息资源,即国家图书馆仅具有使用权的数字资源,该部分资源由于仅具有使用权,因此,未纳入国家图书馆数字资源保存范围。

3 国家图书馆数字资源保存现状分析

国家图书馆是包括数字资源在内的各类信息资源的国家法定保存机构,它对各种信息资源进行保存管理,具有不同于一般信息服务机构的特异性。鉴于此,国家数字图书馆工程在经过相应的调研之后,决定进行数字资源长期保存系统的建设。数字资源长期保存系统主要面向全馆的长期保存数字资源,完成资源管理与存储任务,它将文献数字化加工、数字资源加工、电子资源缴送、网络资源采集等产生的各种数字资源进行归档保存,建立完备的电子账,实现对长期保存数字资源的有序化管理,同时根据资源的状况和应用需求,把它们分配到在线、近线、离线的3层存储体系中去,实现对数字资源的长期保存和利用。此项目的需求制定是根据国际标准OAIS(Open Archival Information System)的体系结构和国家图书馆现有数字资源的保存实际业务流程,在综合考虑并多方研讨的基础上完成的。由于数字保存技术体系的复杂性和动态变换的特点,很难建立一个完整规范的技术体系。国家图书馆通过长期保存系统的建设,可以对现有的技术空间进行适当的梳理、归纳,探索长期保存的管理模式和服务模式,承担起有效保存国家图书馆数字资源,传承历史文明的责任。

目前,国家图书馆数字化资源呈几何级数增长,特别是全文文献和多媒体信息资源大量增加,这使数字资源的存储容量需求呈现出跳跃式增长的现状。因此,国家数字图书馆已经初步搭建起了围绕海量数字资源生命周期管理的一套统一的现代化、智能化的存储网络系统平台,有效提高了系统性能,加强系统和资源的安全可靠性。采用先进的存储技术,设计网络化的存储架构体系,创建适合的海量集中存储、备份系统,采用分级存储机制,解决了面向海量数字资源的调度、备份、服务、存储、保存等问题,为国家图书馆数字资源长期保存系统的建设打下了坚实的基础。

基于国家图书馆存储网络系统基础平台和数字资源存储备份、归档系统的建设,目前,国家图书馆已经建立了一套统一的资源存储管理策略,建立了安全、可靠、高效的备份和恢复管理体制,在管理上做到自动化备份、实现集中管理,极大地提高了国家数字图书馆的数据存储管理能力,在数字资源长期保存中发挥了积极重要的作用。截至2010年底,已完成国家图书馆部分自建资源的保存备份工作,完成2007年、2008年加工的博士论文TIFF数据及中文图书TIFF数据的保存工作,共计90.46TB、172570册、47233955页;完成国家图书馆已开展部分合作项目数字资源的保存工作,完成哈佛燕京大学数据2.94TB、2617册、207197页;完成部分发布数据的备份工作,完成数字方志、西文善本、文津图书奖、国际敦煌等8大类数据的备份工作,共计11.02TB、6862296册、164907968页。

在长期保存管理规范方面,国家图书馆已于2007年编制了《国家图书馆数字资源保存管理暂行条例(草案)》,该条例从数字资源保存原则、保存级别、不同类数字对象的保存格式等方面进行了阐述;结合数字资源长期保存技术的发展和业务流程的变化,于2010年对该条例进行了进一步的修订。国家图书馆结合数字资源保存实际工作,制定了一系列切实可行的操作规范和流程,如《长期保存数字资源交接流程》《典藏数字资源长期保存归档检查规范》《长期保存数字资源保存工作流程》《长期保存数字资源定期检查工作流程》等,特别是针对数字资源保存措施进行了细化,明确规定了定期检测间隔、数据抽样率等。

目前,国家图书馆针对数字资源长期保存问题所涉及的系统架构、技术实现、标准规范、管理策略和相关法律环境等方面均进行了广泛的研究,对数字资源长期保存面临的挑战进行了多角度、多层面的探索。如“中国国家图书馆的网络信息资源保存试验项目—WICP Project”“OAIS体系结构的研究”“数字资源长期保存迁移技术及其在国家图书馆中的应用研究"等一系列的课题和项目,为进一步深入探讨我国数字资源长期保存系统建设的理论和实践打下了基础。

综上所述,国家图书馆数字资源长期保存工作已完成对项目的背景研究;设计项目工作、流程、管理规范以及数字资源保存基础设施的建设;并对国家图书馆数字资源进行分析整理,结合实际环境稳步开展馆藏资源的保存工作;下一步将完成数字资源长期保存系统的建设并结合国家数字图书馆资源特性,对保存结构和技术进行更深入的研究,同时结合不同资源来源,紧密关注与数字资源保存相关的知识产权等问题。

4 需要解决的问题

数字资源长期保存系统受媒体因素、技术因素、法律因素、经济因素等整体环境的影响。作为国家数字图书馆的数字资源保存系统,从内容角度应当涵盖当前各类数字载体的信息,如 Web 信息、视频、音频、数字期刊、电子图书、数字电视等内容,构建一个数字资源长期保存的国家策略,并为其他地方图书馆的数字资源长期保存计划提供借鉴和支持。本文仅选择几个重要方面进行论述。

4.1 资源的选择问题

在开展数字资源长期保存工作前,第一个需要解决的问题就是如何确定保存资源的范围。事实上,保存所有数字资源不仅没有必要而且也很难做到,因此如何做到有的放矢恰当地选择合适的资源作为长期保存的对象就成了首要问题。

目前,国家图书馆已经建立了一种决定数字资源馆藏级别的模式,将数字资源分成了 3 个等级,等级的不同决定了资源的存储介质和应履行的存储职责的不同,见表 1。

表 1 国家图书馆数字资源馆藏级别

保存级别	存储介质	存储职责	说明
长期保存级	光盘、磁带	永久保存	同时保存三份
不定期保存级	磁盘、磁带	不一定永久保存	同时保存一到两份
临时保存级	磁盘、磁带	不需永久保存	同时保存一到两份

此外,国家图书馆还对数字资源保存格式进行了约定,主要涉及元数据、对象数据、相关说明文件等。

元数据格式:

MARC 元数据;

DC 元数据;

其他格式(例如:ACCESS 2000 或 excel)等。

对象数据格式:

文本不压缩 TIFF 格式 PDF;

图像不压缩 TIFF 格式 JPEG2000PDF；

音频 WAVE MP3；

视频 MPEG2 MPEG4 WMV AVI。

数据说明文件：

成品数据说明文件(excel 等格式)。

但是,随着数字资源保存类型的增加,资源格式的不断变化以及国家图书馆数字资源长期保存工作的不断深入,还需要对以上内容进行进一步的修订和完善,并对资源的内容、结构、背景、稳定性等方面应予以充分考虑。

4.2 技术保障机制

数字信息的长期保存涉及两个方面的内容,一是防止数字资源的变更和破坏,另一个是维护数字信息资源的长期真实性和可获得性。这就需要对技术措施和管理手段进行科学融合。以下仅选取部分有代表性的技术保障机制,结合国家图书馆实际情况进行分析和介绍：

(1)迁移策略

“媒体的腐坏与脆化带来信息的丢失,即使保存条件再好,数字媒体的架藏寿命也是有限的。”已完成长期保存的数字资源随外界环境变化经常会发生变化,因此,保存的数字资源需要在其生命周期过程中经历多次迁移过程。数字资源的迁移分为硬件迁移、软件迁移、格式迁移、版本迁移、访问点迁移、载体迁移等。目前,国家图书馆正在通过“数字资源保存备份”工作,对馆藏自建资源、网页资源采集资源等各类型资源进行梳理,并针对不同类别、不同加工时期的数字化文件完成从光盘、硬盘等存储媒体移植到磁带中,同时采用多份多地多介质的保存机制,保证馆藏资源的有效性。但是,针对数据格式、结构或标准的转换,如数字信息的存储格式标准过期以及应用程序的升级等问题,目前主要通过半自动方式进行按需转换,尚未建立一套比较科学完善的自动化格式检测和迁移机制。此外,由于保存信息的动态性,也同样给保存版本的确认和相关元数据的著录带来困难。按照传统的编目规则,只要与物理形态资源相连的著录信息发生变化,就加注释、检索点或编制新的书目记录。而这样极易造成保存数据中出现大量重复、冗余的数据。因此,如何有效跟踪并记录这些保存资源的动态变化值得商榷。

(2)数据检测策略

由于数字资源的载体极易受到外界环境条件的影响,因此,必须对保存的数字资源进行定期检测,以保证数据真实性和完整性。目前,国家图书馆主要采用 MD5 的校验方法,通过使用 MD5 的校验工具和数据抽检、恢复机制,完成对所保存数字化文件的完整性检测。未来,将通过“数字资源保存系统”的建设,完成对保存数字资源的定期自动检测,进一步完善资源检测机制。

此外,国家图书馆还通过采用一系列的安全管理策略,保障保存资源的安全性。通过备份机制、病毒检测机制、数据加密、权限控制、身份认证等安全策略,保证保存资源的安全。

4.3 标准

在数字信息资源长期保存领域，国际已经有了一些数字信息资源长期保存规范，例如OAIS（Reference Model for an Open Archival Information System，开放档案信息系统参考模型），METS（Metadata Encoding & Transmission Standard，元数据编码传输标准），PREMIS（Preservation Metadata Implementation Strategies）等。目前，国家数字图书馆保存系统需求主要遵循国际标准 OAIS 的体系结构并结合国家图书馆现有数字资源的保存实际业务流程以及国家图书馆数字资源的特质等因素进行综合考虑；长期保存元数据规范借鉴 PREMIS 数据词典提供的核心保存元数据集，并进行了汉化和一定的扩充；采用 METS 作为元数据编码传输标准。下一步，国家图书馆将结合图书馆的行业特性和自身特点通过实际保存系统的建设，完成对上述标准的实践和应用。

4.4 法律方面

数字资源长期保存工作中涉及的法律问题不容小觑。数字时代，出版商实行的是授权制度，也就是说目前图书馆采购的很多外购资源库均未获得资源的所有权，而只是以获取"使用权"的方式购买和利用数字资源。因此，存在外购资源的可持续利用问题。但是，如何在法律允许的范围内进行长期保存是非常重要的，稍有不慎，不仅会带来巨大的损失，还可能导致长期保存工作就此停滞不前。目前，国家图书馆正在推进《出版物样本缴送管理条例》的立法工作，希望通过制定和完善资源呈缴制度，对出版者以法律形式确定其数字资源的呈缴责任和义务，确保数字资源在国家控制下的长期保存。

4.5 管理方面

在影响数字资源保存的各方面因素中，组织和管理因素同样是数字资源得以长期保存的重要保障。一方面，国家图书馆已经从实际工作出发，制定了较为细化的工作流程和有效的操作规范。在充分认识进行数字资源长期保存必要性的基础上，将其纳入了日常工作范畴。另一方面，设置专门的岗位，由专业管理人员进行数据的保存与操作，有效保证了数字资源保存工作的顺利进行。尽管存储备份系统能够按照制订的计划进行自动归档和自动备份，但是专业管理人员所发挥的作用不容忽视。数字资源长期保存是一项需要耐心和细心的复杂工作，它要求管理人员具备高度的责任心。因此，在流程控制、规范审核、人员选择和管理等方面都需要严格把关，并根据需要进行适时、适度的调整。

5 展望

国家图书馆是国家总书库，也是亚洲最大的图书馆，拥有国际一流的善本书库和书刊保存本库房，像收集传统的图书资料那样，国家图书馆全面收集各种数字信息资源，并予以妥善地保存和保护。在"十二五"期间，数字资源长期保存将依托国家数字图书馆推广工程，实现在全国范围内，选取条件成熟的区域建立数字资源保存中心，分级分布完成全国范围内数字资源的长期保存任务，一方面可以协调全国数字资源保存行动，避免资金浪费和保存缺失；另一方面又能有效地防范保存风险，分担保存费用。通过全国数字资源保存体系的构建，可以广泛搜集各地馆藏中能够反映中华悠久历史和丰富文化内涵的珍稀资源和能够反映地域特色的文化资料，以用于收集、存储、长期保存和利用大量的原生和非原生的中华优秀文化数字资源，实现文化传承的目的。

参考文献

[1] 李欣荣. SFX 技术在资源整合利用中的应用[J]. 情报科学，2005(3)：371 - 373.

[2] 孟广均. 国内外图书馆学与情报学最新理论与实践研究[M]. 北京：科学出版社，2009.

[3] 刘家真. 维护电子文件真实与完整性的措施[J]. 档案管理，1999(6)：12.

（原载于《数字与微缩影像》2011 年第 4 期）

基于云计算的国家数字图书馆基层"服务云"研究

魏达贤　谢　强

1　概述

1.1　云计算

云计算是一种基于互联网的计算，在云中的硬件、软件和信息等资源以分布式共享的形式存在，可以动态的扩展和配置，最终以服务的形式提供给用户，用户通过网络按需访问和使用，就如同日常生活中的水电一样[1]。业界把云计算的服务分为三个层次：基础设施即服务(IaaS)、平台即服务(PaaS)和软件即服务(SaaS)。这三个层次非常匹配数字图书馆建设的总体框架：基础设施层是虚拟化后的计算、存储和网络等资源和相关管理功能的集合，可为数字图书馆提供强大的基础设施平台；中间的平台层是具有通用性和可复用性的软件资源的集合，可为数字图书馆的上层应用提供开发、运行、管理和监控的环境；最上面的应用层是各种读者服务的集合，它构建在基础设施层和平台层之上，通过网络为读者交付各类数字图书馆服务。

目前，云计算已经在一些图书馆得到了应用。比如，2009 年 4 月 OCLC 推出的基于云计算的 WorldCat 平台[2]，该平台为各类图书馆提供元数据共享、资源统一发现、动态数据搜索等服务；2009 年 3 月，CALIS 技术中心确立了 CALIS 数字图书馆云计算策略和技术框架作为 CALIS 下一代数字图书馆的技术发展路线，且其云计算平台 Nebula 已基本开发完成，为各高校图书馆提供私有云和公有云的服务[3]。

1.2　研究意义

目前，全国各级图书馆都开展了数字图书馆建设，然而在资源建设、服务建设上却相对独立，没有形成规模效应。特别是中西部地区的图书馆，在数字图书馆建设上资金较少，IT 设施投入不足，买不起服务器、应用系统等信息化设备。各级图书馆拥有许多地方特色的文献资源，有的图书馆已经将这些资源数字化后发布在互联网上提供使用。然而这些资源分散在各自的图书馆网站内，各自独立，无法形成服务合力，导致大部分的资源使用率极低，读者很难发现并获取这些资源。

国家数字图书馆已建成了大量的 IT 基础设施，拥有高带宽网络、海量存储、高性能的服务器等支撑硬件设施。截至 2011 年底，已建设 560TB 的数字资源，建成了基于数字资源生命周期的文献数字化系统、资源组织系统、资源发布与服务系统、资源存储系统、新媒体服务系统等应用系统。如何将这些数字资源、基础设施、应用系统和建设经验应用于基层数字图书馆的建设中,是国家数字图书馆需要考虑的问题。

为了让全国读者都能便捷地使用数字图书馆服务,让国家数字图书馆的建设成果更好地服务于全国读者、基层图书馆,本文以国家数字图书馆的建设成果为依托,整合全国各级图书馆的资源,采用云计算理念,构建"国家数字图书馆基层服务云",使每个基层图书馆都具有数字图书馆服务能力,以便更好地为全国读者服务。

数字图书馆基层服务云对于基层图书馆的建设、资源与服务共享、读者服务方面有着重要的价值和意义:(1)基层图书馆可快速构建数字图书馆服务。各基层图书馆可根据自身业务需要灵活地接入数字图书馆服务云中,通过租用各种软硬件资源,引入服务云中成熟的数字图书馆业务系统,节省软硬件购买、系统开发的投资,快速构建本地的数字图书馆服务。(2)资源和服务的共享。国家数字图书馆和各基层图书馆之间通过数字资源的共建共享,形成海量的数字资源库群,避免了数字资源的重复建设;通过服务的整合,各个图书馆之间可实现服务的相互调用,从而提高服务的利用率。(3)读者可获取更丰富的数字图书馆服务。从服务云中读者可获取全国各图书馆的数字资源和服务,获取的信息资源远比之前单个图书馆提供的资源丰富。

2 国家数字图书馆基层云服务方式

本文采用云计算的理念,将分布在互联网中的各级数字图书馆的资源和服务进行整合,形成一个可控的、自适应的国家数字图书馆基层服务云,如图1所示。服务云以国家数字图书馆为核心,与各级图书馆进行资源共享、系统复用、服务集成、业务流程重组,动态分配、管理各种资源和服务,满足不同层次和规模的数字图书馆的服务需要;图书馆服务云对读者是透明的,读者不需知道内部是如何实现的,只要通过浏览器、客户端工具就可以在电脑、手机、数字电视等多种介质上使用图书馆云中的服务。

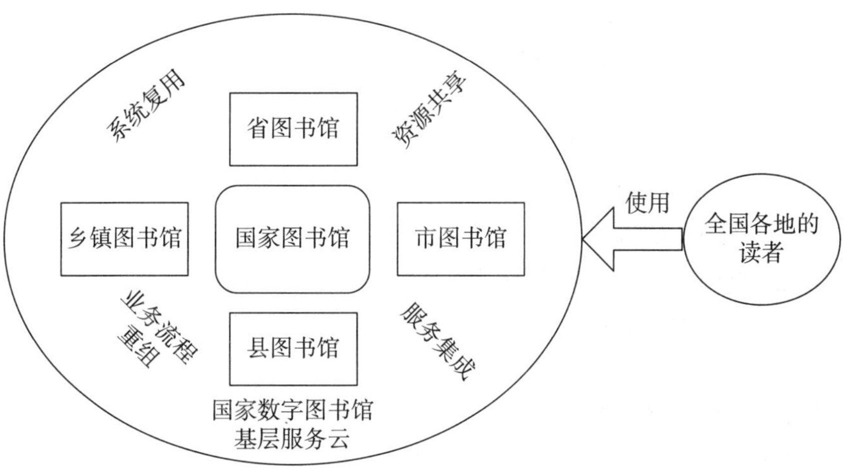

图1 国家数字图书馆基层服务云

下面将从硬件资源的云共享、数字资源的云建设、业务系统的云服务、数字资源的云服务四个方面阐述国家数字图书馆基层服务云的作用。

2.1 硬件资源云共享

为了系统运行的需要，现在不少图书馆都建有自己的数据中心，购买了大量的服务器和存储设备。据调查，国家图书馆已有近300台各种类型的服务器、近1300T的磁带库和1000T的磁盘阵列；福建省图书馆有30多台服务器、存储资源达50T。但普遍存在硬件资源利用率不高、管理难度大、不易扩展等问题。

因此，国家图书馆有必要联合有实力的图书馆进行服务器、存储资源的虚拟化，形成多个计算中心、存储中心，统一管理、按需分配给各图书馆使用。经过资源虚拟化后的基础设施，可形成若干的私有云数据中心和公有云数据中心：

(1)图书馆私有云数据中心。主要用来部署本馆内部的应用，存储本馆不能对外公开或需要授权才能使用的数据，保留对外公共API接口，其他图书馆在得到授权后通过此接口可获取该私有云中的数据。

(2)图书馆公有云数据中心。对公有云数据中心进行统一管理，没有硬件条件的图书馆可以根据需要申请计算、存储资源用于本馆的数字图书馆服务，不需要自己再另行购买设备、安装、维护，只需要按使用量付费；另一方面，各个图书馆可以把公共性文化产品存储在公有云数据中心，各个图书馆或读者可根据权限自行下载使用。

2.2 数字资源的云建设

为了能给读者提供更丰富的数字资源，处于基层服务云中的各个图书馆不再是单独的个体，应该联合起来，共同进行数字资源的加工、购买，统一规划，分工合作，共同建设丰富海量的数字资源库群。

(1)自建资源：国家图书馆应重点建设大众化数字资源，比如，国家图书馆每年数字化的30万册中文图书，适合少儿、残疾人阅读的数字资源，适合移动设备使用的数字资源。这些资源加工完毕后组织成数字资源库以SaaS(软件即服务)方式对各个基层图书馆开放使用，各个图书馆可以按需租用部分或全部服务，无须再重复开发相应的系统。基层图书馆重点建设当地特色文化资源，比如福建的闽南文化、黑龙江的长白山文化，这些资源一般没有版权限制，可以为各家图书馆和用户公开使用。

(2)网络资源：日益丰富的互联网资源也是图书馆重点保存的对象，国家数字图书馆应建设统一的网络资源采集及服务平台，实现各家数字图书馆分工采集、集中保存，构建方便、快捷的网络信息资源服务门户，使用户能够一站式地发现并获取网络信息资源及服务。

(3)外购资源：国家图书馆联合基层图书馆以集团的方式与数据库厂商进行谈判，取得价格上、使用权上的优势，统一购买，分布使用。这种方式适合于图书馆利用率较高的数据库。

部分价格较贵的数据库可以采用国家图书馆购买，基层图书馆按流量、账号使用。如外文数据库，省馆和市县馆采购的都不多，且系统性不强，国家图书馆可以集中采购外文数据库，通过网络对基层图书馆及用户开放。

2.3 业务系统的云服务

为了让各基层图书馆能够尽快具备数字图书馆的服务能力,可以将国家数字图书馆及其他省市已建设的业务系统通过系统复用、租用等方式提供给各基层图书馆使用。

2.3.1 系统复用服务

为了方便业务系统的复用,目前国家数字图书馆在软件设计开发时就采用灵活的组件技术,可以根据业务需要对松散耦合的系统功能模块进行调整、组合。

基层图书馆可根据自身的实际业务需要,复用国家数字图书馆提供的整体系统或系统中部分功能模块。基层图书馆若复用整个业务系统,只需做界面上简单的修改和业务流程上的调整即可;若复用部分功能模块,将这些模块进行简单的组合就可构建新的业务系统,或者将这些模块集成到已有系统中。同样各省市图书馆也可将本馆适合复用的业务系统提供给国家数字图书馆和其他图书馆使用。

同一套业务系统经过各个图书馆复用后,由于在接口、数据结构上都高度统一,可以很容易形成业务联盟,实现各个图书馆之间的数据共享及业务整合。

2.3.2 系统租用服务

业务系统租用是基于软件即服务的理念提出的,它是一种极其方便的软件使用方式,用户只需使用浏览器或客户端登录后就可使用软件中提供的各种功能,不再需要自己购买软硬件、部署相应的系统,也省去了软件维护的工作,就像居民使用"水电"一样,付钱使用即可。

国家数字图书馆可与各省市图书馆整合计算、存储资源,共同建设可灵活扩展、计算处理能力强大的数据中心,将数字图书馆的业务系统部署在数据中心内,为各图书馆提供业务系统租用服务。比如,可将读者信息管理系统部署在数据中心内,各个图书馆租用该系统的各个应用实例,各个应用实例在数据存储、业务流程上都各自独立、互不影响,各个图书馆的用户如同使用自己的读者信息管理系统一样。同时,各家图书馆的读者数据都是存储在同一数据库的不同实例中,因此,读者信息很容易被整合,形成全国图书馆的读者信息库。这样不仅使读者一次登录就可使用各家图书馆授权的资源,同时也便于挖掘全国读者的阅读习惯、信息需求,从而主动为读者提供个性化的服务,为图书馆的数字资源建设方向提供决策参考。

这种业务系统租用方式是未来云服务的主要方式,它能使中小型图书馆专注于自身业务的建设,如数字资源组织、开发、知识库的建设等,不必再关注于软硬件系统的开发、部署、维护等。

2.4 数字资源的云服务

通过硬件资源的云共享、业务系统的云服务,各基层图书馆初步具备数字图书馆的服务能力。下一步就是要利用信息技术整合国家数字图书馆及各基层图书馆的数字资源及服务,形成图书馆界的数字资源服务云,实现各个图书馆之间的数字资源统一检索、统一调度,进而形成图书馆界信息服务门户。

2.4.1 数字资源获取流程

在图书馆界的数字资源服务云内,各级图书馆和用户都可以很便捷地获取所需的数字资源，最大限度地实现图书馆之间的数字资源共享。图书馆和读者获取数字资源的流程如图 2 所示。

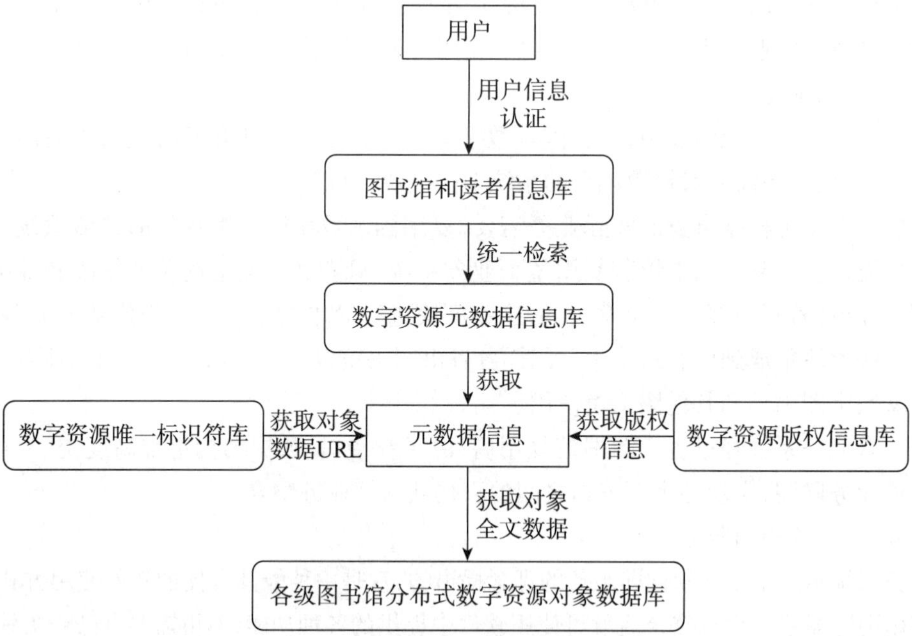

图 2　数字资源获取流程

用户（包括图书馆和读者）登录图书馆和读者信息库进行用户信息认证，认证通过后（对于不需要深层次服务的用户不需要身份登录认证），可检索图书馆界元数据信息库，获取数字资源的元数据信息；通过元数据从数字资源版权信息库中获取该资源的版权信息，从数字资源唯一标识符库中获取该资源的全文对象数据的 URL 地址；然后根据版权信息和 URL 信息从各级图书馆的分布式数字资源对象数据库获取对象数据，并返回给用户，通过电脑、手机、数字电视等终端展示。

下文将对支持数字资源云服务的数字资源统一检索、统一调度和信息服务门户进行论述。

2.4.2　数字资源统一检索

数字资源统一检索就是要在物理或逻辑上集中各个图书馆的数字资源元数据信息，为图书馆及读者提供一个统一的资源发现平台。通过该平台，各个图书馆可以查询到某类文献资源存在于哪个图书馆，然后可以通过网络以文献传递的方式获取该文献资源的对象数据；读者通过该平台，可以透明的检索到全国图书馆界的数字资源，不必再分别登录各个基层图书馆的检索平台查找。

为此，国家数字图书馆应该整合各级图书馆的数字资源，建设图书馆界的元数据中心，实现元数据信息的集中检索。可通过如下三种方式实现：各基层图书馆将本馆的元数据上传、收割到元数据中心；与数据库厂商合作，获取数据库资源的元数据，导入元数据中心，从而实现元数据搜索，能很好地克服联邦检索固有的顽疾；对于那些无法获取元数据的数据库，则采取联邦检索技术实现跨库检索。通过以上三种方式，可将各级图书馆的数字资源元数据集中在一起，通过元数据搜索与联邦检索，为图书馆用户提供轻松便利的一站式搜索体验，比目前图书馆界基于 Metalib & SFX 的学术信息资源门户更先进，免去了用户在不同平台上检索的麻烦。

各级数字图书馆可在自己的资源服务网站上集成统一检索服务，当地的用户可以选择检索本地图书馆的资源，也可以使用统一检索服务检索全国各图书馆的资源。

2.4.3 对象数据统一调度

对象数据统一调度服务将全国各图书馆的数字对象资源进行有序的管理，为用户提供下载、传递、在线阅读等所需要的对象全文数据。由于对象数据分布存储于各省市县数字图书馆系统内，且其所采用的发布系统可能互不兼容，为了让用户能够根据统一检索出来的元数据信息获取对象数据，可建设图书馆界的数字资源唯一标识符库，从全国唯一标识符库中解析出该资源的对象数据 URL 地址信息，再根据 URL 地址信息获取存储于各级图书馆内的对象数据。由于某些数字资源有版权限制，在获取对象数据之前，要先进行版权信息认证，认证通过后即可获取对象全文。

数字资源唯一标识符技术是通过永久性的逻辑标识符来唯一地标识网络上的数字资源，从而使数字资源的标识独立于物理位置、应用系统和存取协议，有效链接数字资源的多个版本，并在唯一标识符的基础上实现跨系统的指向、链接和读取，从而支持多个数字图书馆系统对分布数字资源的调用和集成操作。

同一名称的数字资源（比如同一本电子书）可能被不同的图书馆保存发布，那么该数字资源的唯一标识符有多个值，表示存储于多个图书馆内。用户在检索到该资源的元数据信息后，可根据其所在的位置，从就近的图书馆系统中获取该资源的全文对象数据，提高对象数据的获取速度。

2.4.4 信息服务门户

信息服务门户是在数字资源统一检索、统一调度的基础上，对各级图书馆的数字资源进行有效、合理的组织，对各类服务进行整合，给用户提供一站式登录、一站式信息获取的平台[4]。

一站式登录是基于统一的读者信息库，让全国的读者通过一次注册、一次登录就可以使用各数字图书馆的资源和服务，避免读者多次注册、多次登录的麻烦。各基层图书馆的读者既可以在当地图书馆的读者管理系统中注册信息，也可以在全国的读者管理系统中注册，注册完毕后，就可以使用该账号登录本地数字图书馆服务系统及权限允许的其他数字图书馆服务系统。

一站式信息获取服务是要让资源获取流程更人性化、更清晰化，用户不需要花费太多精力就可以轻松获取所需要的信息，提供类似于购物网站的浏览物品、决定购买、下单、付款、收货、评价等流程化的服务。用户利用导航和检索功能查找到所需的数字资源后，可以获取该资源的详细描述信息，在资源版权允许的情况下，可以阅读、下载、打印全文数据；若版权不允许，用户在交纳一定版权费后，即可阅读、下载、打印全文数据。同时，将与该资源相关的其他的资源如音视频、读者的评价信息等推送到用户面前供选择性阅读。若用户想继续深入了解该资源中包含的深层次信息，可通过知识挖掘与分析工具了解某个知识点的来龙去脉及相关的文献资源。

3 国家数字图书馆基层服务云的体系架构

3.1 基层服务云的体系架构

本文采用 SOA[5]架构，结合云计算技术，将国家数字图书馆与各基层图书馆的数字资源和服务进行整合，构建国家数字图书馆基层服务云的体系架构，如图 3 所示。

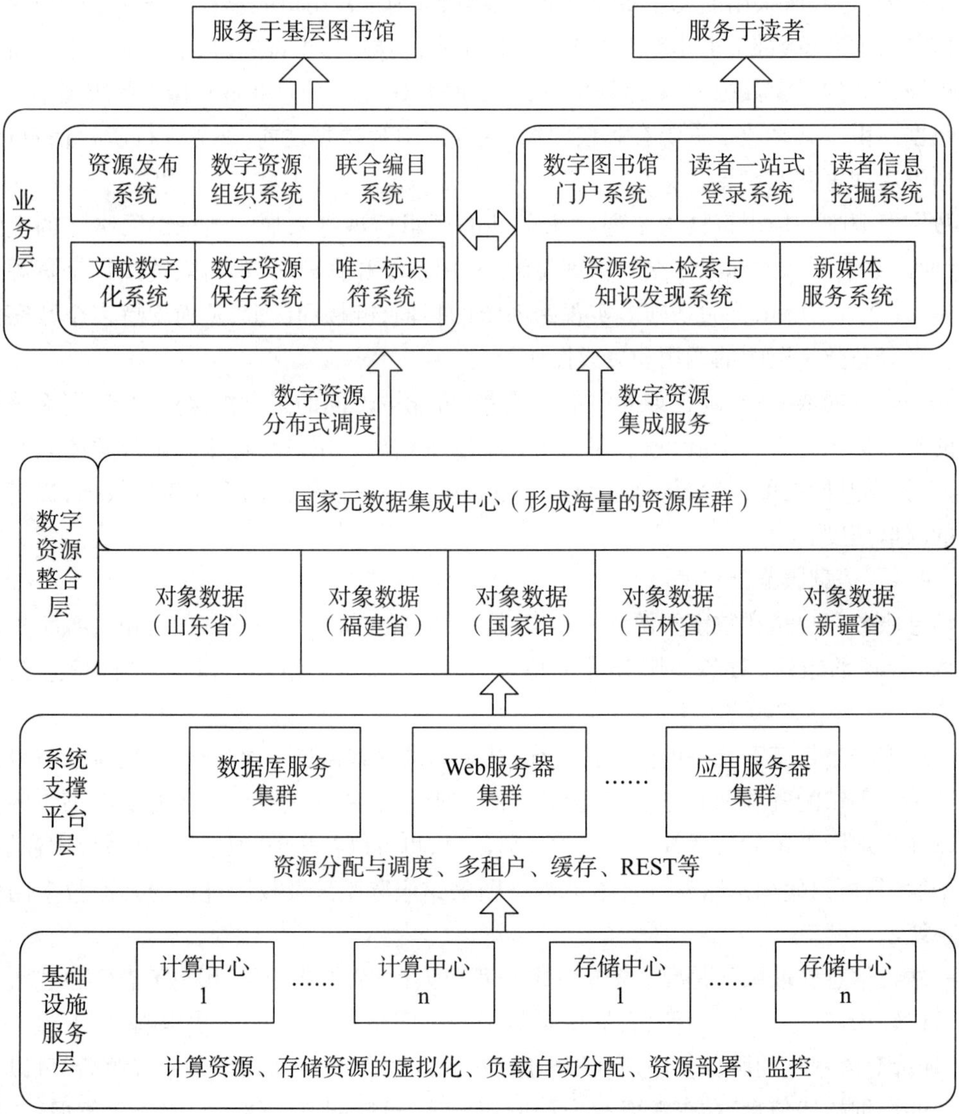

图 3　国家数字图书馆基层服务云体系架构

该体系架构分为基础设施服务层、系统支撑平台层、数字资源整合层、数字图书馆业务层和用户服务层,各个层次都是松散耦合的。各级图书馆可以根据自身业务需要在不同层次加入这个体系,利用这个体系中的资源,同时为这个体系贡献自身的资源。

3.1.1 基础设施服务层

国家数字图书馆和各级图书馆进行计算资源和存储网络等硬件资源的共享,通过虚拟化、负载自动分配、多租户等技术构建基础设施服务层。各中小图书馆可按需租用基层设施服务层中硬件资源,无须自己运维管理,由基层设施服务层集中管理。

3.1.2 系统支撑平台层

通过云计算的 PaaS 服务方式,构建数字图书馆的软件运行支撑平台,为处于云中的各基层图书馆提供数据库、WEB 服务器、中间件等运行环境。

3.1.3 数字资源整合层

通过元数据集中、对象数据分布存储的方式,整合国家数字图书馆和各级图书馆的数字资源,建设图书馆界的元数据中心。在此基础上,进行元数据的深度挖掘和组织,形成海量的专题库和知识库群,为上层的业务系统提供数据调用。

3.1.4 业务层

国家数字图书馆和各基层图书馆共同构建业务系统整合服务平台,将各自优秀的业务系统以服务的方式发布,形成图书馆界的业务系统 UDDI[6] 中心,各基层图书馆可通过服务绑定、调用的方式快速的使用该平台中提供的各种应用;同时通过 ESB 总线的方式将该平台中的应用系统整合起来,以统一的界面为读者服务。

3.1.5 服务层

该层一方面为各基层图书馆提供业务系统租用或复用、数据同步、数据保存等服务,有助于各基层图书馆构建逻辑上独立的本地数字图书馆服务;另一方面,为读者提供信息资源云服务,读者可通过个人电脑、手机等多种终端接入数字图书馆服务云,使用全国各级图书馆提供的资源和服务。

3.2 基层服务云的结构组成

在上述体系架构的指导下,国家数字图书馆基层服务云应由数字图书馆公有云服务平台、私有云服务平台、云服务整合平台构成,三个平台之间的关系如图 4 所示。

3.2.1 数字图书馆公有云服务平台

公有云服务平台用于构建国家数字图书馆基层云服务中心,集成国家数字图书馆和各基层图书馆的数字资源及优秀的服务系统,共同为全国各地读者提供“一站式”的信息资源服务,同时为各基层图书馆“按需”提供业务系统租用、数字资源分发等服务。该平台由一组软件组成,提供如下基本服务:元数据集中整合服务、统一检索服务、对象数据下载服务、数字资源统一调度服务、信息管理与发布服务、数字资源长期保存、读者信息管理、统一权限认证服务、版权信息管理、计费服务、支付服务等。上述服务既可以直接面向基层图书馆,也可以 OpenAPI 接口的方式供基层图书馆调用。

3.2.2 数字图书馆私有云服务平台

数字图书馆私有云服务平台主要是面向基层图书馆提供本地化的数字图书馆服务。基层图书馆根据各自的业务需要，有选择地从公有云服务中心租用或调用数字资源加工、组织、发布、保存、检索等核心业务系统，获取数字资源，同时整合本地的相关业务系统，快速构建本地数字图书馆服务；私有云服务平台也应开放本地的数据信息，如数字资源元数据、读者信息、版权信息等，供云服务整合平台收割，以便形成图书馆界的元数据中心、读者信息中心、版权信息中心等。另外，也应将本地优秀的服务系统开放 API 接口，供公有云服务中心调用和集成。私有云平台应具备本地单点登录、本地数字资源发布与管理、统一服务注册与管理、数据收割管理、系统接口管理、统一监控与日志管理等功能。

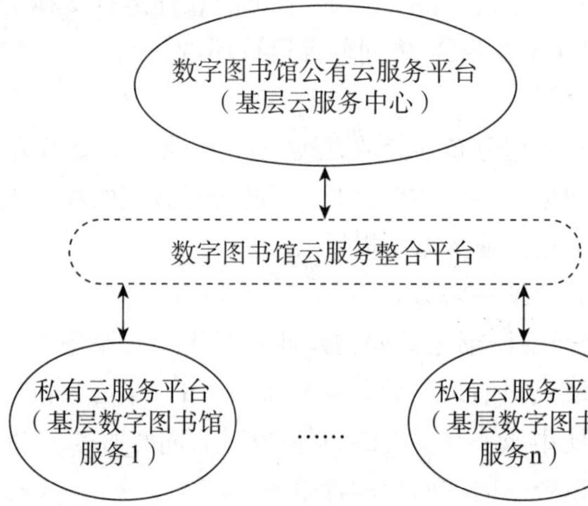

图4　国家数字图书馆基层服务云结构组成

3.2.3　数字图书馆云服务整合平台

数字图书馆云服务整合平台主要是将公有云服务平台与私有云服务平台进行整合，提供统一认证、统一服务接口管理、应用和服务的注册与管理、数据的同步更新等。主要涉及各基层图书馆用户信息的整合，实现公有云与私有云之间的统一认证；服务接口的整合与托管，为来自公有云及私有云中的各个图书馆的服务提供统一的 API 托管，以统一的标准和规范提供给各个图书馆应用系统调用和整合；为各个图书馆调用的服务提供数据的同步更新。

4　结语

国家数字图书馆基层服务云可以有效整合国家数字图书馆和各基层图书馆的资源、服务，形成图书馆界的服务云。读者只要一个简单的联网设备，不管身处何处，接入数字图书馆服务云，就可以获取图书馆界提供的数字图书馆服务。

参考文献

[1] 虚拟化与云计算小组. 云计算实践之道——战略蓝图与技术架构[M]. 北京：电子工业出版社，2011：8－10.

[2] 胡冉,黄飞燕. OCLC WorldCat 发展策略分析[J]. 现代情报,2010(5):43-45.

[3] 陈凌. CALIS 三期建设高等数字图书馆服务新思路[EB/OL]. [2011-12-02]. http://wenku.baidu.com/view/901e98f90242a8956bece431.html.

[4] 姜爱荣. 数字资源整合与信息门户建设——清华大学图书馆的探索与实践[J]. 现代图书情报技术,2006(11):2-4.

[5] 张晓娟,易明巍. 基于云计算与 SOA 的企业集成架构及实现[J]. 计算机系统应用,2011(9):3-4.

[6] 顾宁,刘家茂. Web Services 原理与研发实践[M]. 北京:机械工业出版社,2007:119-148.

(原载于《国家图书馆学刊》2012 年第 4 期)

移动数字图书馆服务体系研究①

谢　强　牛现云　赵　娜

近年来,移动互联网发展迅速,手机等移动终端已经成为人们获取信息和服务的重要媒介。《第30次中国互联网络发展状况统计报告》显示,截至2012年6月底,我国手机网民规模达到3.88亿,手机成为我国网民的第一大上网终端[1]。国内外图书馆早在21世纪初就已经开始通过手机短信等方式为读者提供图书馆服务,随着移动互联网的快速发展,各馆提供的移动服务都有不同程度的变化。

1　国内外图书馆移动服务的现状

1.1　国外图书馆移动服务的发展现状

国外图书馆基于手机的服务应用开始于2000年左右,芬兰、日本、英国、韩国等国先后推出了基于短信和无线网络的服务。日本富山大学图书馆于2000年9月开发出i-mode手机书目查询系统[2];芬兰Portalify公司将开发的Liblet™系统应用到赫尔辛基技术大学图书馆,提供SMS短信服务和WAP及其他接入技术的服务[3]。韩国西江大学2001年7月推出用手机可以查阅图书馆资料的移动图书馆[4]。

2008年以来,移动互联网高速发展,苹果手机及其手机应用程序商店逐渐盛行,国外图书馆将移动服务的重点转移到手机应用程序开发和手机网站用户体验优化上面。2011年,第三次国际移动图书馆会议在澳大利亚布里斯班市召开[5],会上来自20多个国家的图书馆代表介绍了各自在移动服务方面的最新进展。

1.2　国内图书馆移动服务的发展现状

国内图书馆从2005年开始建设并提供移动服务,目前我国省级图书馆中开通移动服务的有上海图书馆、吉林省图书馆、浙江图书馆等,服务模式主要包括短信、WAP网站和手持阅读器服务。其中,上海在2010年底推出苹果手机应用程序,地市级图书馆中深圳、济南、东莞、厦门、武汉、苏州、杭州等市馆分别于2008年前后推出移动服务,以短信和WAP网站为主。在高校图书馆中,截至2010年9月,44所“985工程”高校中有11所开通了手机图书

①　*本文系国家科技支撑计划课题“文化资源服务平台解决方案及标准研究”(项目编号:2012AH01F01)研究成果之一。

馆服务,以短信服务、WAP 网站形式为主。

上海图书馆于 2005 年开通“手机图书馆”,近年来,陆续推出手机短信服务、数字移动阅读器、手机二维码应用、手机网站、手机应用程序等服务。其短信服务内容包括讲座预定、问答咨询、文献请求、活动互动等;2009 年,上海图书馆向社会推出数字移动电子书阅读器外借服务,可下载上海图书馆购买的 10 万种约 24 万册电子图书;同年正式对外推出手机图书馆网站,包括书目检索、RSS 订阅、图书馆简介、图书馆利用一百问、联系我们等栏目。2010 年,上海图书馆尝试开通手机应用程序服务[6]。

清华大学图书馆自 2007 年起开发并运行了清华大学移动数字图书馆系统,向读者提供基于短信和移动互联网的各种手机图书馆服务。目前,手机图书馆服务的主要内容包括短信服务与彩信服务、WAP 服务、客户端应用、音视频服务等[7]。

国家图书馆的移动服务主要包括短信服务、手机门户(WAP 网站)、离线服务(国图漫游)、手机应用程序商店服务(读者服务与电子书)、手持阅读器服务等[8]。

1.3 图书馆移动服务发展中存在的问题

目前,各图书馆移动服务基本上利用了最新的移动技术,提供多样性的移动服务,但不同程度地存在一些问题,主要是:

• 资源揭示深度不够,展现形式不丰富。图书馆大量特色馆藏资源是读者渴求的,但受制于移动终端的特点和移动带宽,对象数据展示比较困难,在图书馆移动服务发展初期对资源的揭示不够深入,往往停留在文献检索阶段。另外更缺乏资源的动态关联,缺乏对知识的组织和挖掘。

• 标准规范缺失,阻碍持续发展。目前,各个图书馆都是根据各自的特点进行移动服务建设,缺乏系统的规划,也没有建立标准规范,难以构成完整的移动服务体系,对今后图书馆间的移动服务互联互通构成障碍。

• 建设渠道单一,缺乏开放合作。各图书馆在建设移动服务的过程中,往往采取自己建设、自己运营的方式,而在面对移动技术发展日新月异和移动应用商业成熟、繁荣的局面时,往往不能打破陈规,和优秀商业平台合作,迅速将图书馆的优秀资源和服务提供给大众。

综上所述,无论是国外图书馆还是国内图书馆,其移动服务还没有形成体系,建设质量和服务效果还有待进一步提高。

2 移动数字图书馆服务体系

移动互联网和移动技术已经改变了图书馆的服务和业务。在读者需求日益增长、移动互联网和移动技术高速发展的情况下,图书馆的移动服务不能仅仅提供检索、预约、续借等传统图书馆服务,而必须从服务内容、服务形式、标准规范等多方面进行全方位建设,形成体系,图书馆的移动服务建设就是移动数字图书馆服务体系的建设。

2.1 移动数字图书馆

图书馆移动服务的建设在很大程度上依赖于数字图书馆的建设。笔者认为,图书馆移动服务实际上就是移动数字图书馆,从移动互联网环境下图书馆的服务形式、承载服务的媒介以及服务特点等方面出发,将移动数字图书馆的定义总结如下:移动数字图书馆作为现代数字图书馆信息服务中一种崭新的服务系统,是指依托目前比较成熟的无线移动网络、国际互联网以及多媒体技术,使人们突破时间和空间的限制,通过各种移动终端方便灵活地获取图书馆的服务和资源以及利用移动技术对图书馆业务流程的改善和创新[9]。

2.2 移动数字图书馆服务体系的架构

移动数字图书馆服务体系包括基础支撑层、内容层、技术实现层和用户层,其结构框架如图 1 所示:

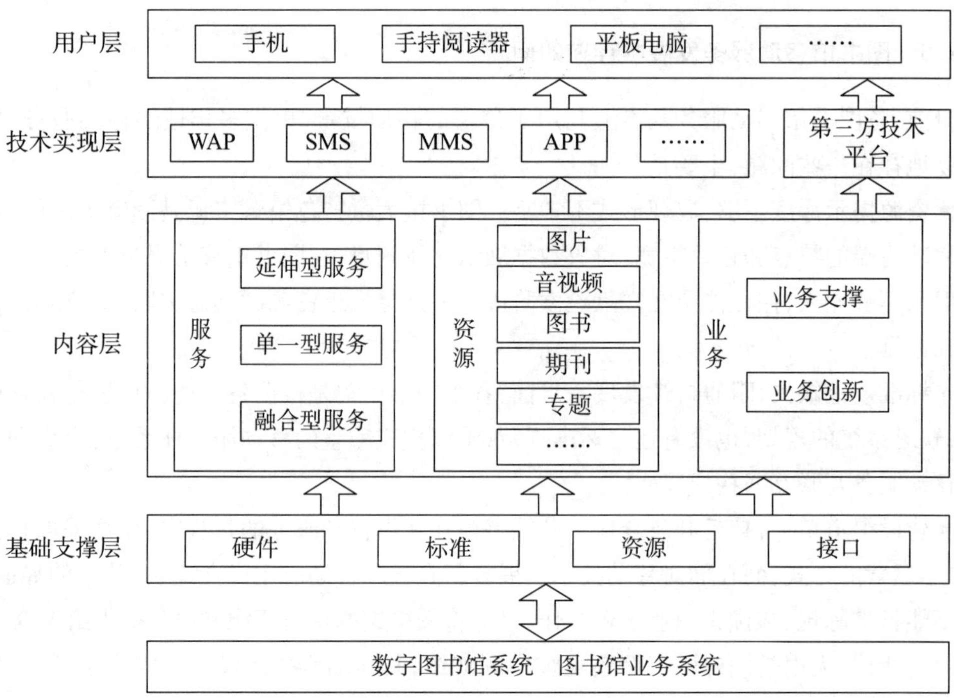

图 1 移动数字图书馆服务体系架构

基础支撑层是移动数字图书馆服务体系的基础,也是移动数字图书馆服务体系与图书馆业务系统和数字图书馆系统连接的接口,为图书馆移动服务提供硬件支撑、标准规范和资源基础;内容层则是移动数字图书馆服务体系的核心层,在基础支撑层的支撑下设计、建设多样的服务形式、丰富的资源内容以及新型图书馆业务;技术实现层将利用移动技术实现内容层,并通过用户层的各种移动终端展示给最终用户。

2.3 移动数字图书馆服务体系的建设内容

2.3.1 基础支撑层

移动数字图书馆服务体系的基础支撑层主要完成图书馆移动服务所需硬件环境建设、标准规范建设以及与图书馆业务系统、数字图书馆系统的接口实现。

标准规范是目前移动数字图书馆建设的薄弱环节。各类图书馆在构建移动服务时,没有可以遵循的统一标准,造成系统不兼容、资源无法共享等问题。移动数字图书馆服务体系的标准规范建设应该包括服务标准、资源对象标准、资源元数据标准等,这些标准与数字图书馆标准规范体系有相同的地方,也有其基于移动终端特点的特殊之处,需要加大建设力度。

2.3.2 内容层

内容层主要从服务、资源和业务三个方面完成移动数字图书馆服务体系建设。

• 服务。移动数字图书馆的服务可以概括为延伸型服务、单一型服务和融合型服务三种类型。服务建设需以用户需求为导向,提供多种服务形式,满足不同终端用户的需要。

延伸型服务是基于图书馆传统业务在移动终端延伸的移动服务,如图书馆最初的移动服务就是利用手机短信为用户提供图书催还、预约等传统业务服务。具有代表性的延伸型图书馆移动服务有借阅服务、检索服务等。

单一型服务是基于移动互联网特点产生的服务,侧重于资源的获取,使用户通过移动终端可以方便、快捷地获取图书馆的各种资源,包括图书、期刊、音视频及各种信息类服务(如书刊推荐)等。具有代表性的单一型图书馆移动服主要有多屏同步的移动阅读服务、全媒体在线展览服务、定制化信息推送服务等。

融合型服务主要实现传统互联网、移动通信网及广播电视网的无缝链接服务,包括基于物联网的手机一卡通服务、三网融合的跨屏服务等。

• 资源。资源是读者对图书馆移动服务的重要需求之一,是目前移动数字图书馆服务体系的重点建设内容。资源建设主要包括资源展示和资源知识化加工。

移动数字图书馆服务体系的资源建设首先要通过移动终端尽可能多地向读者展示资源,包括图书、图片、音视频、期刊。这一环节涉及资源的选取和格式转换等工作,需要充分考虑移动终端屏幕较小、移动互联网带宽较小、流量费用较高等因素。

调查显示用户使用移动终端主要还是利用碎片时间,在短时间内获得有益、有用的信息,因此数字资源的知识化加工成为移动数字图书馆服务体系建设的重要方向。资源的知识化加工主要指资源整合和专题化建设。资源专题化建设是要提供开放式的、深层次的知识服务。资源的专题化建设可以从专题资源建设、行业(专业)资源建设、群体差异化资源建设等方面入手。

• 业务。移动技术应用于图书馆业务,实现业务支撑和业务创新,是移动互联网和移动技术发展的必然结果,是移动数字图书馆服务体系建设的重要内容。业务支撑是指利用移动技术为图书馆的业务开展提供技术支持,例如利用短信实现图书馆自动化系统、信息环境的实时监控;利用手机应用程序或者手机网页实现图书馆办公自动化,提供随时随地办公的便捷。业务创新则是利用移动互联网和移动技术实现图书馆业务的创新,例如编目的移动化等。

2.3.3 技术实现层

技术实现层主要利用各种移动技术实现移动数字图书馆服务,目前常用的技术主要包括 WAP、手机短/彩信、手机应用程序等。相关技术已经在图书馆移动服务中大量使用,本文不一一赘述。随着移动互联网和移动技术的发展,技术实现层会逐步扩展。

技术实现层是图书馆移动服务的关键层次,移动技术的实现方式不同,为用户提供的服务内容、资源展示以及业务支撑多有所不同。在移动数字图书馆服务体系中,根据移动技术的特点,采取不同的技术手段,为用户提供相互补充、相互联系的移动数字图书馆服务,从而使服务体系更加具有灵活性、便捷性,覆盖不同层次、不同背景的人群。其中手机网站的优化和借助商业技术平台是目前图书馆移动服务的技术实现中需要重点考虑的两个环节。

在当前的移动互联网环境下,基于浏览器的信息获取依然是移动终端获取信息的主要渠道。美国皮尤研究中心所发布的报告显示,60% 的平板电脑新闻读者和 61% 的智能手机新闻读者在使用这些设备时,主要通过网络浏览器获取新闻[10]。优化手机网站的设计,以便能够提供良好的用户体验,依然是图书馆移动服务的重要建设内容。

图书馆并不是最先使用移动技术的行业。市场中有较为成熟的移动服务平台,且具有较大的用户群体。图书馆可以采用联合建设等方式,发挥自己的资源优势,利用商业技术平台为大多数用户提供高质量移动服务和海量数字资源,从而减少技术开发成本和时间成本。

2.3.4 用户层

用户是图书馆移动服务建设和发展的驱动力量。在移动数字图书馆设计、建设中,一方面要考虑用户的需求,另一方面要考虑用户所使用设备的特点。

跟踪调查用户需求是移动数字图书馆建设的重要依据。国家图书馆、清华大学图书馆、西北工业大学图书馆在这方面做了很多工作,包括通过问卷调查、服务项目反馈、论坛等形式,了解用户需求,分析用户特点,有的放矢地调整移动服务的内容和形式。

用户所使用设备的特点是用户层设计和建设的重要依据因素。目前,智能手机已经成为移动终端获取信息的主要设备,此外平板电脑、手持阅读器等都占据一定的市场份额。根据这些设备的特点设计移动数字图书馆的服务形式,改善用户体验是尤为重要的。

3 国家图书馆的移动数字图书馆服务体系建设实践

国家图书馆于 2007 年初建立了读者短信服务系统,开始了国家图书馆的移动服务建设进程,2008 年推出“掌上国图”移动数字图书馆服务品牌。截至 2010 年,国家图书馆已初步建成了以资源和服务为基础,以手机、手持阅读器、平板电脑等移动终端为媒介,以 WAP 网站、手机客户端、应用程序、个性化图书资源、在线咨询为服务形式的移动数字图书馆服务体系,满足了读者随时随地检索国家图书馆书目,查询图书借阅信息、读者服务信息、讲座展览信息,在线或离线全文阅览一些图书、馆藏老照片、国家图书馆讲座视频等资源的需求[11]。

3.1 服务建设

“掌上国图”的服务建设首先从图书馆传统服务向移动互联网的延伸开始，利用短信方式，为读者提供续借、预约、挂失等服务，利用 WAP 网站为读者提供移动 OPAC 检索，可检索国家图书馆书目数据和自建数字资源元数据，并阅读学位论文的摘要。同时“掌上国图”着眼于移动技术的特点，提供基于移动互联网的服务和多网络融合的服务。基于移动互联网的服务主要包括在线展览、在线阅读、在线流媒体讲座等服务；基于多网融合的服务主要有移动参考咨询、文津经典诵读等，这些服务实现了移动互联网与 Internet 的同步。利用移动技术，“掌上国图”还提供二维码识别和检索功能以及位置服务——“国图漫游”和“公共文化导航服务”，提供阅览室导引服务。在业务支撑方面，“掌上国图”利用短信平台提供各业务系统的认证、提醒等服务。

在多终端服务方面，“掌上国图”开展了基于手持阅读器和平板电脑的服务。在定制手持阅读器中搭建手持阅读器立法决策服务平台，提供立法决策行业服务。在平板电脑方面，通过资源预装以及全媒体知识组织形式为用户提供服务，实现实体展览与全媒体展览同步发布。

3.2 资源建设

“掌上国图”2009 年起开始进行资源建设，首先根据读者需求，将图书馆特藏图书、图片、音视频等数字资源以移动终端适用的格式展现给读者；建设分布式手机视频资源加工系统、移动资源元数据导入发布系统等资源展示系统；注重资源的多终端显示和标准化建设，形成了从资源搜集整理到资源格式转化，再到资源发布展示的相对标准化的流程。目前，在移动终端展示的图片资源超过 3 万张，音视频资源超过 1200 小时，学位论文摘要超过 10 万条。

随着移动服务资源建设的深入，2010 年起“掌上国图”逐步实现资源深度组织、动态增加专题，以满足用户高端信息需求。为读者提供“国图选粹”应用程序，实现资源关联检索、使用。在 WAP 网站上先后建设传统节日专题、“艰难与辉煌”专题、辛亥革命专题、文津经典诵读专题等内容。

3.3 实现方式

“掌上国图”利用短/彩信、WAP、应用程序等技术手段和终端定制、合作共建等模式，实现各项服务内容和资源的展示。

短/彩信服务采用自建平台，实现移动运营商短信网关接入，支持全部运营商手机用户接入服务。WAP 网站采用 2.0 标准建设，通过自适应屏幕设计，提供适用主流手机屏幕的多个版本，以提升用户体验效果；采用标准接口设计，具备良好移植性。“国图漫游”等手机客户端软件基于 J2EE 架构开发，适配 Symbian 和 Windows 操作系统。

手机应用程序则按照 iOS 和 Android 系统要求设计，适用于主流智能手机终端和 iPad 平板电脑。在应用程序建设中，分别开发了服务类应用程序和资源类应用程序。2010 年推出的“国家图书馆读者服务”应用,实现了全国联合编目检索,引入豆瓣书评;2011 年又推出“年画撷英”“艰难与辉煌”“国图选粹”等资源类应用程序,将馆藏优秀资源推送到全世界。

3.4 标准建设

在标准规范方面,“掌上国图”已制定了“平板电脑数字资源转换加工规范”“手机电视资源制作规范”,正在着手研制图书馆移动服务中资源对象标准、资源元数据标准以及移动服务标准规范,并将申报其为行业标准。

经过几年的发展,“掌上国图”已经形成以馆藏资源、外购资源为基础,以短/彩信、WAP 网站、应用程序等服务形式为载体,涵盖图书馆传统服务及新媒体创新服务的移动数字图书馆服务体系,用户已经覆盖中国、美国、日本、韩国、加拿大等 42 个国家,WAP 网站访问量超过百万人次。

4 结语

图书馆的移动服务建设涉及服务内容、资源展示、实现形式等诸多方面,与数字图书馆的发展、其他行业移动应用平台建设等因素密切关联,已经成为一个体系,需要用系统化的理念设计和建设。

技术是实现手段,借助新技术、新网络,丰富和完善服务形式是图书馆移动服务的重要任务。随着移动互联网技术和智能终端的发展,基于 iPhone、iPad、iTouch 的应用、ePub 格式的应用以及二维码的应用正成为目前图书馆移动服务较为热点的方向。部分国家 4G 已经投入商业运行,中国移动也将加速 TD-LTE 的组网速度。4G 具有更大的带宽和更好的稳定性,移动视频或许将成为移动服务的下一个热点。

发挥图书馆资源优势,将更多的原生数字资源及知识化、整合化的数字资源通过移动终端提供给读者,也是未来移动数字图书馆服务体系建设的重要内容。在资源建设中应该重点考虑全媒体资源建设,实现跨屏、多网融合服务。资源建设和服务建设中的标准规范建设也将成为近期移动数字图书馆服务体系建设的重点。

本文提出移动数字图书馆服务体系的建设思路和架构,并按照基础支撑层、内容层、技术实现层和用户层的逻辑关系分析了图书馆移动服务的建设内容。未来一段时间,移动数字图书馆服务体系建设既要考虑移动互联网和移动技术发展的热点与趋势,也要在知识化资源建设、业务创新和标准规范建设方面加大力度。

参考文献

[1] 中国互联网信息中心. 第 30 次中国互联网络发展状况统计报告[R]. 北京:中国互联网信息中心,2012.

[2] 茆意宏,吴政,黄水清. 手机图书馆的兴起与发展[J]. 大学图书馆学报,2008(1):3 - 6,27.

[3 - 4] 茆意宏. 基于手机移动通信网络的图书馆服务研究述评[J]. 图书馆理论与实践,2008(2):22 - 24.

[5] 第三届国际移动图书馆会议主页[EB/OL].[2012－09－26].http://www.usq.edu.au/m-libraries.
[6] 张磊,王晔斌,杨佳,等.上海图书馆的移动服务[J].数字图书馆论坛,2010(11):8－16.
[7] 清华大学图书馆[EB/OL].[2012－09－28].http://lib.tsinghua.edu.cn/m/.
[8－9][11]魏大威,谢强,牛现云,等.下一代移动互联网图书馆服务模式研究报告[R].北京:国家图书馆,2012.
[10] 皮尤:美移动新闻读者超60%使用浏览器阅读[EB/OL].[2012－10－08].http://tech.sina.com.cn/i/2012-10-08/11497680651.shtml.

(原载于《图书情报工作》2013年第4期)

数字图书馆的科学规划与发展探析

——国家数字图书馆的探索与实践

魏大威

1 我国数字图书馆发展面临的机遇与挑战

1.1 数字图书馆的发展现状

我国自20世纪90年代末开展数字图书馆建设以来,在网络平台建设、关键技术研发、标准规范体系建设、数字资源建设和数字图书馆服务等方面均取得了重要进展。初步建成了现代化的信息基础设施,互联网带宽不断增加,虚拟专用网络正在形成,硬件支撑环境安全可靠,数据存储能力大幅提高,系统与软件平台持续升级;数字资源建设初具规模,数字资源加工标准规范逐步形成,数字化技术和能力不断提高,大批特色数字资源库建成并提供服务,数字资源建设的合作与共享不断深入;服务渠道不断拓展,服务模式不断创新,服务范围不断扩大,已形成覆盖互联网、移动通信网、广播电视网三网环境,涵盖计算机、数字电视、手机、手持阅读器、平板电脑、触摸屏等服务终端,面向普通读者、残疾人、少年儿童等多类型用户群体的数字图书馆服务体系。以国家级数字图书馆为龙头,覆盖全国区域性数字图书馆和行业性数字图书馆的数字图书馆建设与服务体系正在形成。

1.2 数字图书馆发展的新机遇

在国家高度重视文化建设、信息技术快速发展、数字内容日益丰富和用户需求不断增长的时代背景下,数字图书馆迎来了前所未有的发展机遇,正在经历一个快速发展的新时期。

1.2.1 国家政策支持

自十七届六中全会提出建设社会主义文化强国的奋斗目标以来,文化建设受到了前所未有的重视和关注,数字图书馆的发展迎来了新机遇。党的十八大报告再次明确指出,要加强重大公共文化工程和文化项目建设,完善公共文化服务体系;要促进文化和科技融合,发展新型文化业态。在国家对数字图书馆推广工程等重大工程的政策支持和经费保障下,在文化和科技融合的大趋势下,数字图书馆将引入更多的先进技术与理念,其发展也必将日新月异。

1.2.2 社会需求支撑

中国互联网络信息中心发布的第30次《中国互联网络发展状况统计报告》[1]显示,截至2012年6月底,中国网民数量达到5.38亿,其中手机网民规模达到3.88亿,农村网民规模增加到1.46亿。网民中40岁以上人群的比重逐渐上升，初中学历及以下人群占比达到46.7%。互联网所覆盖的人群和地域越来越广泛，手机将网络带到更为广阔的农村地区，带出了新的服务人群和新的需求，这为数字图书馆带来了新的发展空间。

1.3 信息环境变革给数字图书馆发展带来新挑战

数字图书馆在面临良好发展机遇的同时，也面临着更大的挑战。信息环境的快速变化，对数字图书馆的技术、资源和服务诸方面提出了全新的要求，并迫使数字图书馆做出更迅速的响应，及时制定和调整发展规划，实现技术、资源和服务的平衡协调发展。

1.3.1 技术平台有待升级

信息环境的变革首先体现在信息数量和信息结构的变革上。当前，数据量已经从TB级别跃升到PB、EB乃至ZB级别，据IBM的研究称，近两年新产生的数据量已占整个人类文明所获得的全部数据的90%，"大数据"时代已经降临。"大数据"时代，信息结构也在发生重大变化，非结构化数据高速增长，并占据越来越高的比例。"大数据"时代的大量化、多样化和快速化给数字图书馆带来了崭新的业务需求，这些新的需求促使数字图书馆进行技术变革和平台升级。

第一，"大数据"对网络架构提出挑战。"大数据"时代，数字图书馆的数据资源都存储在分布广泛、不同地域、各种类型的服务器中，当用户发出搜索或浏览请求时，最多的运算是服务器之间的信息交换，这种水平结构的横向服务请求对目前以响应垂直结构服务请求的网络结构设计提出了挑战。

第二，"大数据"对存储体系提出挑战。"大数据"时代非结构化数据的比例是前所未有的，全球非结构化数据增速高达63%，预计今年非结构化数据占有比例将达到互联网整个数据量的75%以上。大量非结构化数据的移动、修改和读取给数字图书馆的存储体系带来了巨大压力。

第三，"大数据"对软件平台提出挑战。"大数据"时代的数据访问量是前所未有的，智能手机、平板电脑、台式机、笔记本等众多网络设备都可同时访问数据。"大数据"时代对于实时数据的要求是前所未有的，实时搜索正在改变着信息获取的方式。大访问量和实时性对数字图书馆各个业务系统带来巨大的数据访问压力、数据处理压力和数据交互压力。

1.3.2 资源结构需要完善

信息环境的变革还体现在与图书馆密切相关的资源产业链的变化。资源产业链的出版、发行、使用等各环节正由传统的纸质模式向数字化演变，国内外资源商纷纷向数字内容服务商转型，进行数字化出版和网络化传播，资源使用者和消费者也越来越习惯于通过网络浏览、阅读和查找各种信息资源。资源产业链的变化，促使数字图书馆进行资源结构的调整和完善。

第一，数字出版发展迅速促使资源结构调整。根据新闻出版总署公布的数据，2011年我国数字出版营业收入达到1377.88亿元，已占当年新闻出版营业总收入的近10%。截至2010年底，我国电子书总量已达115万种，年新增18万种；单独出版的数字报纸已达700份以上，电子期刊近万种[2]。除此之外，数据库出版物、网络出版物、手机出版物等也在迅速发展和不断涌现。2012 年 3 月 13 日,《大不列颠百科全书》所在公司更是宣布停印已有 244 年历史的纸质版《大不列颠百科全书》,今后将只提供电子版,显示了数字出版的势不可挡。数字出版种类和数量的不断扩充使得资源结构调整成为必须。

第二,数字图书馆成为资源产业链的重要一环促使资源体系完善。由于受免费浏览互联网资源的观念影响,数字图书馆成为当前数字出版的主要用户。在经费有限的情况下,建立更为完备的资源体系,在全国范围进行统筹规划,合理购买商用资源,提高资源利用率,降低资源使用成本,成为一种必然和必须。

第三,数字图书馆用户的资源使用习惯和需求改变促使资源建设升级。根据国家数字图书馆的统计数据,从 2008 至 2011 年,国家图书馆通过网络访问的读者人次逐年上涨,从 1.6 亿人次激增至 8 亿人次。中文电子图书全文数据库使用量持续保持增长,部分数据库在 2012 年第三季度使用量的环比增幅达到了三位数[3]。由于利用 VPN 技术开通了远程访问,部分外文期刊全文数据库在 2012 年上半年的使用量已远超过 2011 年全年的使用量[4]。数字图书馆用户不断增长的、全方位的信息获取需求,对数字图书馆资源建设提出了更高的要求,拓展资源建设渠道,提高资源建设质量成为必须。

1.3.3 服务模式需要创新

信息环境的变革更重要的是体现在信息用户群体和信息使用习惯的变化上。信息用户所覆盖的范围逐步增大,互联网的普及转向受教育程度低的人群以及发展相对落后的地区。用户的信息使用习惯发生重大改变,手机超越台式电脑成为第一大上网终端,手机视频和手机微博是最受欢迎的手机应用,搜索引擎和网络新闻是最主要的信息获取方式。这些变化直接导致用户需求的巨大变化,如何迎合用户需求,进行服务模式创新成为一大挑战。

第一,信息用户群体的扩张促使服务方式多样。随着网民数量的增长,信息用户群体不断扩大,农村地区、初中及以下的低学历人群和 40 岁以上的中老年人信息用户增长迅速。数字图书馆推广工程的实施,使得数字图书馆的用户遍布全国各地乃至全世界。新增的用户群体要求数字图书馆开展多样性和有针对性的服务,以适应不同群体的特殊需要。

第二,信息获取渠道的改变促使服务渠道调整。截至 2012 年 6 月,手机网民数在半年时间增长了约 3270 万人,网民中用手机接入互联网的用户占比提升至 72.2%,首次超过了电脑网民数量[5]。移动智能终端的普及促成了普通手机用户向上网手机用户的转化,移动互联网的时代已经到来。移动互联网用户的快速增长,要求数字图书馆更为重视移动服务的建设和发展。

第三,信息获取方式的改变促使服务模式创新。除搜索引擎和网络新闻外,即时通信、微博、博客、社交网络、网络视频等及其在手机上的应用都成了用户获取信息的方式,这些全新的信息获取方式对数字图书馆传统的信息组织、检索和服务模式提出了极大的挑战,要求数字图书馆在服务模式上进行拓展和创新,以适应这种新变化。

2 数字图书馆的科学规划与发展

信息环境的变革给数字图书馆发展提出了诸多挑战,如何科学规划数字图书馆发展,进行技术平台升级、资源结构完善和服务模式创新,促进技术、资源、服务的协调发展,成为推动数字图书馆持续发展的关键所在。

“技术”“资源”“服务”数字图书馆建设的三个重要因素中,技术是支撑,资源是基础,而服务是目的。在进行数字图书馆发展规划时,首先必须考虑规划方案的最终成果能否形成新的满足数字图书馆用户需求的服务;其次,必须考虑在规划方案实施与执行中的资源保障能力,即提供服务所需要的资源是否可获取;再次,必须认真考虑建设方案的技术支撑条件,即所涉及的技术成熟度、发展速度及其在数字图书馆应用的可能性;最后,一个切实可行的数字图书馆发展规划方案就是在这三方面寻求某种平衡的结果。

若给三个要素各画一个圈(如图):技术圈,可利用的技术位于圈内,不可利用的技术位于圈外;资源圈,可获取的资源位于圈内,不可获取的资源位于圈外;服务圈,有用户需求的服务位于圈内,无用户需求的服务位于圈外;充分利用三个圈的空间结构就可以帮助我们更加准确地把握数字图书馆的发展方向和目标。三个圈重叠的区域1是应该优先建设的部分,建设成本最低;技术圈与资源圈重叠但不与服务圈重叠的区域2是应该放弃的部分,没有建设的意义和价值;服务圈与资源圈单独重叠的区域3和服务圈与技术圈单独重叠的区域4,则可以根据实际情况进行取舍,需要承担一定的风险和投入一定的成本。技术圈、资源圈和服务圈的范围都会随着外部环境的变化而发生动态变化,数字图书馆建设规划的目标就是推动三个圈向着互相重合的方向发展,使得区域1最大化[6]。

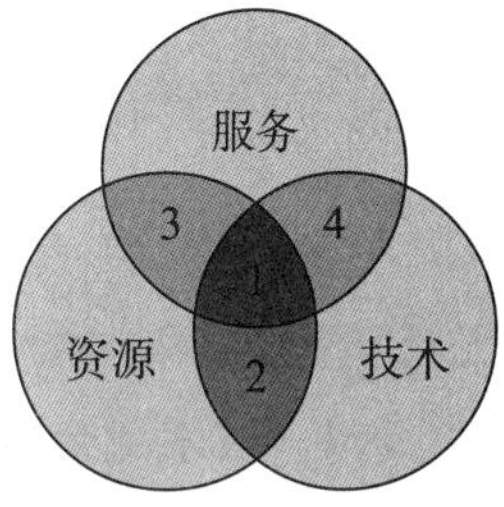

图　技术、资源、服务三圈结构图

2.1　发展专有技术,推动技术圈升级

数字图书馆的发展离不开技术的支撑。首先是通用技术的支持,如计算机、网络通信、信息安全、大规模存储等建设数字图书馆基础设施和应用系统所依赖的技术。其次是专业技术的支持,如知识组织、关联数据、数字资源长期保存等贯穿数字资源生命周期全过程的相关技术。最终要在前两者的基础上,结合数字图书馆用户需求,研究发展数字图书馆的专有技术,为用户在知识发现、信息获取与利用等过程中提供高效便捷的工具。

2.2　分层规划,促进资源圈调整

参照技术、资源、服务三圈结构图,数字图书馆的资源建设规划可按照“基础”“紧缺”“投入”三个层次进行。基础层的资源,顾名思义是数字图书馆建设必不可少的资源,资源获取有保证,技术有支撑,服务有需求,需要重点保障。紧缺层的资源,是需想办法解决获取渠道的资源,是拓展数字图书馆服务的有效途径,技术成熟,需求旺盛,应制订计划下力气发展。投入层的资源,是为数字图书馆未来发展提前储备的前瞻性资源,需要敏锐的发展眼光,可在适当的范围内进行建设与研究。

2.3　以用户需求为中心,加快服务圈扩展

用户需求是数字图书馆服务体系建设的最基本依据,用户需求分析是进行数字图书馆

服务体系建设和服务模式创新所需重点关注和研究的问题。数字图书馆的服务建设一方面要满足最广泛用户的基本信息需求,另一方面更要深度开发,为用户提供个性化、专业化、精品化的服务。服务圈的扩展可通过深层发掘用户需求和主动引导用户需求两个途径实现。

3 国家数字图书馆的探索与实践

数字图书馆的服务创新离不开有效的技术支撑和资源提供。一个高效运转的数字图书馆系统就是要在技术、资源和服务三方面获得高度的平衡,才能极大地满足用户需求。国家数字图书馆在规划和建设过程中,科学地把握三者关系,通过技术平台的不断优化升级、资源内容的不断丰富、资源结构的不断完善,以及全方位服务平台的建立,更好地满足了用户的信息需求,使得用户可以随时随地通过数字图书馆获取所需的信息服务。

3.1 技术融合促进国家数字图书馆技术圈升级

国家数字图书馆充分认识到技术对于数字图书馆发展的重要性,开展数字资源生命周期全过程的技术融合,全力推动国家数字图书馆的技术圈升级。

首先是引入大数据的集中存储解决方案,满足数字资源存储大容量、高带宽、可共享的要求。国家数字图书馆采用三级存储机制,建立了集中存储体系,使得国家数字图书馆数字资源的存储管理能力、备份管理能力、长期保存能力大幅提高。大数据集中存储体系把国家数字图书馆近300个应用系统的业务数据从系统中独立处理,作为一个整体,集中存储于独立的存储设备中,可以有效地实施与业务系统无关的统一的数据保护、备份及相应的数据管理策略,与此同时提高了数字图书馆云服务环境下的数据共享能力。随着数字图书馆推广工程在全国范围的全面实施,国家数字图书馆的已有建设成果在全国迅速推广,应用系统整合服务的趋势日显,国家数字图书馆建立的大数据集中体系为各应用系统整合和数据共享提供了技术基础。

其次是在图书馆的资源组织形式的基础上,借助通用的信息技术和专业的图书馆技术,发展专有技术,创造性地运用知识分类和精准检索手段,有序地进行信息整序,为读者提供了一站式的资源检索平台及统一的数字资源访问门户,满足用户的信息发现和获取要求。

今年4月上线运行的数字资源发布与服务系统整合了国家数字图书馆的外购和自建资源,在读者群中获得了极大的好评。截至目前共发布了包括中文图书、博士论文、民国专栏在内的九大类共31个专题库。从上线至11月份的短短几个月,资源的总请求数已达89万次,资源下载量46万篇。

9月底,由国家图书馆全力打造的“文津”搜索系统上线试运行,在广大读者中引起了强烈反响。发挥了其“文化津梁,资源尽享”的重要作用。“文津”搜索系统是国家数字图书馆的资源搜索门户,整合了国家数字图书馆的各类数字资源和多个读者服务系统,建立了分布式索引,提供了一个高并发、低功耗,拥有良好用户体验的、精准权威的元数据统一搜索平台,能满足读者对数字图书馆各类资源的“一站式”检索需求,方便读者直接获取数字资源的目标对象文件和各种应用服务。

再次,构建统一的网络平台。自 2011 年 9 月起,国家图书馆与已经具有硬件基础的各地省、市公共馆进行虚拟网连接。截至 2012 年 11 月,已实现与 24 家副省级及以上图书馆的虚拟网联通,其中浙江、湖北、黑龙江、山西四省实现全省联通。借助虚拟网,国家图书馆和各级地方馆实现了各自特色和自建资源共建共享,使读者在当地即可访问全国数字图书馆建设的特色数字文化资源。

3.2 完善资源结构推动国家数字图书馆资源圈调整

国家数字图书馆历来重视资源建设,利用多种渠道,从多个层面开展数字资源建设,进行资源圈调整。国家数字图书馆的资源建设分为三级体系,即保障性基础建设、特色专题库建设和新媒体资源建设。保障性基础建设主要通过征集、呈缴、购买、自建、合建等途径,实现中文基础性数字资源的全面覆盖和持续更新,重点建设和保障具有长期保存价值的、需求普遍的、战略性和基础性的数字资源,不断优化外文数字资源的结构布局。特色专题库的建设主要强调资源的深层开发与揭示,通过语义关联和知识组织工具的开发,进行资源的多维整合与深度揭示,再现知识关联,形成有机的知识网络,增强国家数字图书馆的知识提供与知识服务能力。新媒体资源建设重点开展基于手机、数字电视、网络电视、触摸屏等新媒体服务的资源建设,以迎合和满足用户新的资源获取和使用需求,拓展国家数字图书馆的服务阵地。

3.3 创新服务实现国家数字图书馆服务圈拓展

国家数字图书馆在建设过程中意识到满足和引导用户需求要从扩展服务广度与深度,完善服务方式与手段,以及加强纵横向联系、提高综合服务能力三方面入手。

国家数字图书馆建立了统一用户管理系统,将全国各公共图书馆读者用户进行统一认证,通过统一的用户认证平台和单点登录机制,实现馆与馆间的互联互通,扩充体系内各图书馆的资源总量和服务受众。

国家数字图书馆根据用户的需求设计和规划数字图书馆服务,对信息内容进行深度挖掘和精细加工,为不同用户提供个性化、精细化、精品化的信息服务。如为党政国家机关提供特色的立法决策服务,为企事业单位和个人提供参考咨询服务,为特殊人群开通了少儿数字图书馆、残疾人数字图书馆及盲人数字图书馆等服务,为沈阳军区、第二炮兵、塔里木油田以及军事科学院提供专业数字图书馆建设服务。国家数字图书馆结合移动互联网的时代特征大力推进新媒体服务建设,在手机、平板电脑等移动终端上加强与运营商的横向合作,探索资源、服务、运营管理方面的服务新模式。国家数字图书馆还联合了博物馆、美术馆等多家文化资源提供单位,合作构建数字文化资源统一揭示与服务平台,开展多层次、多类型的数字文化应用示范,尝试将国家数字图书馆服务向更全面的公共数字文化服务领域拓展。通过服务创新,国家数字图书馆的服务对象和辐射范围正在不断扩大。

4 总结与展望

数字图书馆是图书馆在信息网络时代发展的必然选择与必经之路。面对良好的政策环境以及快速变化的信息环境和用户需求，科学地规划数字图书馆的建设和发展显得尤为重要。国家数字图书馆的建设实践与理论总结仅仅是对数字图书馆规划方法和发展方向的有益探索和尝试，希望可以通过这种不断地尝试和总结形成一套完整的数字图书馆科学规划与发展的理论体系，并得到持续发展与完善。

参考文献

[1][5] 中国互联网络信息中心. 中国互联网络发展状况统计报告(2012 年 7 月)[R/OL].[2012 - 12 - 10]. http://www.cnnic.cn/hlwfzyj/hlwxzbg/hlwtjbg/201207/P020120723477451202474.pdf.

[2] 2010—2011 年中国电子图书发展趋势报告[R/OL].[2012 - 12 - 10]. http://www.douban.com/group/top-ic/19381577/.

[3] 国家图书馆. 国家图书馆 2012 年第三季度中文引进数据库使用情况的报告[R],北京:国家国书馆 2012.

[4] 国家图书馆. 国家图书馆外文数据库订购及使用情况分析报告[R],北京:国家国书馆 2012.

[6] 曹俊德."三圈理论"的核心思想及决策方法论意义[J]. 国家行政学院学报,2010(1):37 - 41.

(原载于《图书馆理论与实践》2013 年第 4 期)

国家图书馆善本书库的综合安全系统

赵建国

1 引言

国家图书馆的善本书库是其安全防范的要害部位。善本书库中存放着珍贵的古籍善本,一旦这些藏品遭火灾损坏、入侵失窃、水淹湿浸等情况,其损失将是无法弥补的。故全面加强各种技术手段,提高安全防范水平,是国家图书馆善本书库综合安全系统的核心。

2 安全防范的形式和技术分析

(1)人防、技防结合是目前普遍采用的安防模式。中央控制室值守人员的监控是人防的部分,这些人员需要经过专业培训,持证上岗;多个电子安防系统是技防部分,需要符合相应的国家标准和行业标准。

(2)为了预防火灾必须安装火灾自动报警系统。为了抵御火灾的破坏,需要使用气体灭火系统。这两个系统必须要联合运行,实现联动控制。

(3)入侵报警系统包括各种形式的入侵报警探测器,具有报警信息传递、布防、撤防等功能。

(4)漏水事故一般不易被发现,极易造成损失,因此水淹湿浸报警系统也是非常重要的保障环节。

(5)视频、音频监控系统和门禁系统全天候实时防控。

(6)现场各种防控设备的电源保障必须要从中控室直接供给,不宜采用从现场取电后在本地配备不间断电源的方式,这是综合安全系统的需要。

3 如何保障安全系统可靠运行

(1)对外的窗户需要安装防弹玻璃,人员的值守情况需要全程录像保存,门禁记录也要无限期长时间保留。

(2)消防自动报警系统要严格地进行维修保养,按照有关规定落实到每个季度、每月、每周、每日和每个值班人员的班次。消防联动设备要进行季度检测,大型设备每月检查远程启动功能是否良好,一般设备每周检查,各种环境气体灭火系统等设备每天检查,保证随时可以启动。人机对话的终端设备要求运行人员每班必查,发现情况及时上报。

(3)入侵报警系统的各种入侵报警探测器的探测覆盖区域应达到防区面积的95%以上,使用三种以上入侵报警方法,在库区内还应隐蔽安装紧急报警按钮。工作时间内出现紧急状况时,由工作人员触发紧急按钮后现场警报;下班后无人值守时,各种探测器提供防区内的监控。入侵报警系统应可以和灯光照明、门禁、视频、音频设备配合使用。布控设防期间门禁设备禁止人员进入防区,任何证件、门卡全部失效;发生入侵后,系统报警并同时启动灯光照明系统,保证视频监控设备和音频侦听设备完整、有效采集到现场的图像和声音,实现对所有入侵图像的记录,保证对作案现场的复核查证具备完整的法律取证效力。

(4)漏水自动报警系统需要布控两层监控点:顶棚的上监控点和地面的下监控点。

(5)同一个防控区域一定要保障有两份以上不同角度的视音频监控记录资料。这些资料在时间上应完整、连续,保存的时间要按照规定予以保障。辅助照明和隐蔽照明的手段也必须完整有效。因检修需要或其他各种原因,停机的时间要严格控制,并且在停机期间需要有相应的弥补措施来做保障。中控值班室运行人员的值守情况也要纳入视频系统和音频系统的记录内容之中,以构成一个闭环的管控体系,消除责任空白。

(6)门禁系统不仅要阻止外部人员进入防区,还要禁止内部人员跨区域活动。引入门禁控制授权等级可以完整有效地解决这些问题,并且能够通过保存卡号的使用历史,记录人员流动情况。在发生火灾的情况下,消防自动报警系统可以及时有效地打开火灾区域的门禁,保障人员及时疏散和藏品及时移出。

(7)现场各种设备的供电保障应具有可靠的长延时和不间断的功能,并且当线路或供电出现故障或遭到破坏时,能够及时有效地发出警报。线路尽量不要经过公共区域,特别是防入侵系统的供电线路。

4 综合安全系统的联动控制

(1)门禁系统在发生火灾,需要实施人员疏散的情况下,必须服从消防联动的控制。

(2)视频图像的记录设备可以与防入侵自动报警系统前端的各种探测器联动,及时完成记录现场报警图像的任务,为复核入侵情况提供帮助。

(3)视频图像的记录设备也可以与消防自动报警系统前端的探测器联动,为及时观察火灾情况提供帮助。

(4)视频图像的记录设备还可以与门禁系统联动,及时记录人员刷卡进入防区的情况。

5 综合防控实施情况

安全系统的各个子系统相互协调、积极防御，可形成综合防控能力，完全达到严防死守、可靠防控的目的。经过对系统全面、综合的考虑和设计，可以实现库区的综合防御系统设防后，防区内出现任何“红外源移动”“震动”和“空气扰动”的情况将立即触发报警的防控效果。如果防区内出现烟雾、水汽或发生温度突然提升、漏水等情况，系统同样可以发出警报。这样基本实现了全方位、全天候、全实时的防控效果。例如，1997 年 1 月 6 日上午 8 时 26 分左右，空调风口送入的油漆挥发的“气溶胶”曾经引发火灾自动报警系统报警。这虽然是误报，但也反映出了系统的灵敏程度很高。

6 结束语

国家图书馆善本书库及周边区域综合安全系统的建立，既解决了“防”的问题也解决了“控”的问题，还提供了整体配合的综合保障功能，提高了整个库区的综合防控水平，对于保护珍贵古籍和国家图书馆的安全都具有十分重要的意义。

（原载于《智能建筑与城市信息》2013 年第 6 期）

中外图书馆政府信息服务共建共享的比较和启示①

敦文杰

政府信息资源共享是人们关注很久的一个热点问题，随着以电子政务为核心的城市信息化进程的加快，社会对政府信息资源共享的需求日益强烈。如何使政府信息资源最大限度地公开并为公民所利用，使公民的知情权得到最大化的保障，真正体现人民当家做主的权利，不仅是公民广泛关注的问题，也是图书馆界不断研究的问题。在探索图书馆政府信息资源共建共享方面，各个国家的发展道路不尽相同，总体上说，美国、加拿大、澳大利亚等发达国家发展较快，发展中国家共建共享水平普遍偏低，我国图书馆的政府信息共建共享还处于起步和探索阶段，在政府信息资源的管理、组织、人员、技术、法律和法规等方面还存在很多待完善之处。国外的成功经验有助于我国图书馆改进并不断完善政府信息资源共建共享工作。

1 国外图书馆政府信息服务共建共享现状

西方发达国家的政府信息公开有着悠久的历史和优良的传统。1776 年，瑞典颁布了世界上第一部关于政府信息公开的法律——《出版自由法》。1813 年，在美国国会的支持和主导下，大学、州政府的图书馆开始依法收藏参众两院所有的会议记录，这标志着图书馆正式成为政府信息公开体系中的一员。1895 年美国政府印刷局 GPO（Government Printing Office）创建的"联邦寄存图书馆计划"（FDLP，Federal Depository Library Program）经过 100 多年的发展，目前已经成为美国政府信息公开的中坚力量。庞大的寄存图书馆网络遍及美国各地，有力促进了政府信息的传播。在 FDLP 框架下，美国各地的图书馆展开全方位合作，制定统一的政府信息元数据，实施政府信息定位服务（GILS，Government Information Locator Services），用户只需在一家图书馆便可通过统一的网络平台进行浏览和检索所需要的政府信息。其他国家，如加拿大、澳大利亚和日本等国也制定了适合本国的政府信息元数据标准，进行统一编目，并开展了类似的寄存馆制度。各国的国家图书馆作为政府信息公开的推动者，主导了一系列合作项目，通过共建共享有效地提高了各图书馆对政府信息资源的采集、整合的工作效率。可以说，在完善的法律法规的保障下，在政府机构的介入、组织和指导下，公共图书馆已经超越了其他机构，成为各先进国家政府信息公开事业的中流砥柱，以良好的职业素质和

① 本文系国家社会科学基金项目"我国公共图书馆的政府公开信息服务机制与模式研究"（批准号：10BTQ021）成果之一。

密切的协调合作,发挥着不可替代的重要作用。本文从不同角度具体阐释国外公共图书馆共建共享政府信息资源的现状和成果。

1.1 设置专门的政府机构和寄存图书馆制度

20 世纪 50 年代伊始,美国国会组织召开多次听证会,论证政府信息公开的必要性,形成了有关政府信息公开的较为完整的立法体系,确保政府信息公开流程的有法可依。尽管美国联邦政府及其所属各部门拥有政府公共信息发布的权利,但由于其自身行业背景等方面的限制,不能对这些信息进行专业的管理、组织、保存,并向公众提供有效服务。因此,政府印刷局 GPO、FDLP 及其成员图书馆便成为美国公共信息服务的重要支撑机构。

隶属于美国商务部的 GPO 是全面负责政府信息公开、政府出版物发布的专门机构,成立于 1861 年,至今已运转了 150 余年。GPO 从成立之日起就承担了"保证美国政府信息公开化"的任务和使命[1]。GPO 出版的政府出版物通过其下属的书店、联邦寄存图书馆计划(FDLP)、国际交换和 FDsys(Federal Digital System)等多种渠道向美国民众以及世界其他国家的公众发布[2]。对于 FDsys 提供的官方已出版的政府信息,除特别说明的资源之外,使用一概不受限制。这项免费服务的资金来源是 FDLP,受《1993 年政府印刷局电子信息加强法案》(Government Printing Office Electronic Information Enhancement Act of 1993)的保护[3]。GPO 所编纂的书目和索引中,《美国政府出版物目录月刊》(*Monthly Catalog of United States Government Publications*)是最完备、最受欢迎的目录。目前,可以在网上免费检索到 1994 年至今的全部书目信息,并与寄存馆的书目信息相衔接。

FDLP 由美国国会倡导建立,其宗旨是保障公众的政府信息需求并负责信息的获取、格式转换、分发和存储。经过一个半世纪的发展,FDLP 已经成为世界上最大、最完善的政府信息发布体系。全美共 1000 多家图书馆被指定为美国政府出版物的寄存馆,范围涵盖至每个州。GPO 定期向这些寄存图书馆提供免费的纸质文献、缩微胶片、光盘等多种载体的出版物;寄存馆也有义务为公众提供免费、无限制的政府出版物的阅读、检索和使用。FDLP 成员图书馆分为选择性寄存图书馆和地区性寄存图书馆。这两类图书馆涵盖普通高校图书馆、高校所属学院图书馆、高校法律图书馆、联邦机构图书馆、联邦法院图书馆、公共图书馆、研究所图书馆、州最高法院图书馆、州立图书馆、专门图书馆等。公共图书馆与其他类型的图书馆在 FDLP 框架下展开有序合作,共建共享,保证了任何人随时随地利用政府信息资源。信息时代,FDLP 也在不断发展变化,GPO 已经着手在联邦寄存馆计划的基础上,建设政府出版物的数字图书馆保存项目——FDsys,搭建全新的政府信息公开数字平台。在此平台下,各图书馆根据 GPO 制定的元数据标准建设政府信息资源,无论是数字形式还是印刷形式的文件都将在编目整合后进入 FDsys。

同是北美地区的加拿大也有着与美国类似的政府公开合作体系。1927 年的政府信息存储服务项目 DSP(The Depository Service Program and Canadian Government Publishing)向该国近 800 家图书馆和国外 147 家机构提供加拿大政府信息。有 680 家公共图书馆和学校图书馆对从 DSP 获得的政府信息进行编目,并提供参考咨询服务。

在澳大利亚,图书馆的政府公开信息服务同样也是在政府的支持和推动下进行的。澳大利亚统计局和澳大利亚政府信息管理办公室分别通过图书馆扩展计划（LEP，Library Extension Program）和免费分发项目（LDS，Common Wealth Library Deposit and Free Issue Schemes）为国家图书馆、州图书馆及经选择的公共图书馆和大学图书馆提供政府文献的副本，从而保证了图书馆的政府资料来源。除了立项以外，一些政府机关还主动与公共图书馆建立了联系和互动。他们与图书馆讨论提供的信息内容；与图书馆合作了解网站内容的反馈。澳大利亚统计局建立了正式信息渠道以及协助性的措施与图书馆相关部门进行沟通和信息互动，向图书馆提供常规信息（如季度时事分析）、培训以及统计局网站内容的更新。道路与交通署也与公共图书馆开展各项合作最大化地向公共图书馆提供信息和服务[4]。

总之，在政府信息公开体系下，公共图书馆一方面从属于政府部门，没有权利对政府的信息发布行为做出规定；另一方面政府公文和信息来源于政府部门，图书馆只能被动接受或网上搜集。因此，公共图书馆不可能单独负担起政府信息公开的重担，成立专门的政府机构对参与政府信息公开的各单位进行协调和沟通是非常必要的。

政府机构和寄存图书馆之间的关系不是简单的委托人和受托人关系，而是通过相互之间的合作，更好地开展政府信息资源的管理和开发利用，保证政府信息公开，保障公民的知情权[5]。

首先，对于图书馆来说，政府信息资源是一种具有重要现实价值和历史价值的馆藏，通过获得委托的权利，图书馆有权从政府处自动获得政府信息资源，大大丰富了图书馆的馆藏；其次，对于相关政府机构来说，寄存图书馆制度可以帮助他们减少时间、经费和人力等负担，有了寄存图书馆，每个部门不必单独为用户提供信息资源，转而由寄存图书馆集中地提供信息服务，通过相关公务部门的一次分发，政府信息资源可以被多次利用；最后，对于用户来说，寄存图书馆可以使其获得一站式服务。可以说，正是由于政府信息公开，寄存图书馆承担起了更大的社会责任。

1.2 统一元数据标准

资源的统一标识是共建共享的基础，资源组织的深度和质量取决于对资源描述和揭示的深度和水平。因此，信息时代下，编制统一的政府信息元数据标准并对各政府部门发布的文件和数字信息进行统一编目是图书馆的重点工作。

国外的政府信息资源的分类标引主要有两种：一是从政府信息资源的来源和提供部门的角度进行分类，以政府信息资源内容所反映的社会职能分工作为类目划分的主要标准。如美国公文管理分类系统（SuDocs，Superintendent of Documents Classification System），它一直是分布在美国联邦寄存图书馆 FDLP 和政府出版物月目录 MOCAT 中的政府出版物的分类依据。二是从政府信息资源的内容知识特征的角度进行分类，以政府信息资源所反映的学科属性作为类目划分的主要基础。如加拿大主题信息资源（Canadian Information by Subject）就是采用杜威十进制分类法 DDC 建立的以“主题树”形式显示的综合性加拿大政府信息资源目录。

随着电子政务的兴起和发展，世界各国都在探索具备网络应用价值的通用政府信息资源主题词表。英国已经形成了包括政府范畴类目表（GCL，Government Category List）、地方政府范畴类目表(LGCL,Local Government Category List)、无缝英国概念分类表(the seamless UK taxonomy)的完整体系,并在这三者基础上建立了公共部门集成词表(IPSV,Integrated Public Sector Vocabulary)。

国外政府信息元数据的制定主要有两种方式:一是对图书馆机读目录格式加以改造,以适应政府信息资源组织与管理的特定需要。如2002年美国GPO编目部(Cataloguing Branch)制定的第四版《政府出版局编目指南》就是对MARC的改造和扩充;二是结合电子政务业务和技术环境的发展,创建全新的元数据标准。如2001年10月,"都柏林核心首创计划"(DCMI,Dublin core metadata initiative)政府工作组在DC的基础上推出了专门针对政府信息资源管理的应用扩展集DC-Government。

1.3 开展政府信息定位服务

政府信息定位服务系统(GILS,Government Information Locator Service)又称为政府信息指引服务、政府信息定位服务,是利用一系列的数据技术,结合现代信息技术建立起来的一个以检索或浏览方式帮助获取美国政府信息资源,以充分发挥政府信息的社会价值的政府信息资源管理系统。GILS具有以下特点:

(1)统一政府信息的分类描述方式。政府信息类型较多且格式多样,GILS通过分析政府信息的特征,设计出通用的数据分类描述,最终实现了标准化的信息描述,为信息的交换、共享、分类查询和检索提供了基础。

(2)提高政府信息检索的准确率。由于原先网络上的政府信息十分庞杂和无序,从而导致用户在查找所需信息时较难精确定位,虽然可以搜索出很多近似信息,但往往并非是用户真正需要的内容,因此,用户不得不花费大量的时间和精力查找和筛选信息,效率十分低下。GILS可以帮助用户通过信息资源的分类目录和唯一标识符来提高查找信息的精准度,效率有了质的提高。

(3)通过技术手段和技术标准为数据共享和交换打下基础。GILS主要采用Z39.50为信息检索及交换的标准,因此可以在跨平台的条件下实现数据的交换和共享。

(4)规范了政府部门间的信息资源管理工作。GILS作为政府部门信息资源的标准,通过统一的分类编排,进一步明确了有关数据项的所有权和使用权,有利于促进各部门间的资源共享,减少信息资源的重复采集,有效解决信息资源不对称的问题。

(5)形式分散,逻辑集中。GILS系统采用分布式设计,由各机构独立建设和维护自身的GILS系统,但对用户而言,访问任何一个GILS站点,都可以同时搜寻到其他GILS站点的内容,实现了逻辑上的集中,提高了信息查找的便捷度。

加拿大联邦出版物定位项目是由寄存服务项目、通讯加拿大(Communication Canada)和加拿大国家图书馆共同合作的项目,通过该定位服务,用户可以获取加拿大国家图书馆目录中的加拿大联邦政府出版物书目记录、加拿大国家图书馆中收藏的政府出版物信息、寄存图书馆中链接的加拿大联邦政府电子出版物[6]。

总之,政府信息定位服务是一个系统工程,它包括政府信息元数据标准的制定、系统的分布式建设和互通、统一的平台检索等。在该体系下,图书馆与政府部门、档案馆展开全方位合作,共同建设并整合政府信息资源,用户通过分布在全国各地的图书馆 GILS 站点能够方便、精确地查找自己所需的本地或全国的政府信息。

1.4 发挥国家图书馆的作用

美国国会图书馆在政府信息公开过程中发挥了非常重要的作用。作为社会交流系统的组成部分,国会图书馆与出版发行、大众传播等机构共同承担着各类信息的传播任务,其传播是政府机构向公众公开文献信息的重要环节。在政府信息共享方面,国会图书馆牵头建立了"国会图书馆文件发展项目"(Library of Congress's Documents Expediting Project)。这是一项收藏和提供政府出版物的合作共享计划,包括公共馆、高校馆和专业馆在内的成员馆共同收集、保存政府信息。国会图书馆牵头合作的 Minerva 项目中有两个分别为"9·11"和"美国总统大选"的政府信息资源数据库。濒危网络信息保存项目(Web - At - Risk Dig-ital Preservation Project)是国会图书馆与纽约大学、得克萨斯数字知识中心合作建立的,同时还与圣迭戈超级计算机中心、斯坦福大学计算机科学部等十余个图书馆、档案馆、研究机构和私有企业开展合作。政府信息资源保存在该项目中占有很重要的地位。澳大利亚保存和获取网络文献资源项目(PANDORA,Preserving and Accessing Networked Documentary Resources of Australia)是 1996 年由澳大利亚国家图书馆牵头与 9 个图书馆和文化机构合作启动的项目。它以收集、保存与澳大利亚相关的网站和出版物为目标,旨在通过保存活动为未来的用户提供这些资源的存取与利用。

其他国家,如日本国立国会图书馆与众议院合作,建设了"国会会议录检索系统",用户可以通过该平台找到所需会议录的内容[7]。整合而成的数据库系统不仅便于公众检索,而且成为图书馆开展政府信息服务的基础。该系统弥补了政府自己整合信息的不足,因此日本议会网站链接了图书馆的网址,这也是两者合作双赢的结果。此外,在加拿大的联邦出版物定位项目中,加拿大国家图书馆作为主要合作方发挥了重要的作用。

2 国内图书馆政府信息服务共建共享现状

目前,我国一些地方公共图书馆正在寻求与政府部门、档案馆和业界同行的合作,扩展政府信息来源,提高信息整合水平。表 1 总结了国内某些地区的图书馆与其他机构合作开展政府信息服务的现状。

表 1 国内图书馆与其他机构共建共享政府信息的现状

地区	合作方式
北京	每月底由首都图书馆派人到市政府信息公开办领取政府文件
上海	成立了由市政府办公厅、图书馆等 10 家单位组成的政府信息公开联席会议,研究决定政府信息公开工作中的问题

续表

地区	合作方式
黑龙江	黑龙江省图书馆与省政府办公厅进行协商,计划购置整合政府公开信息采集、存储、整序、发布软件系统,采编发平台,能够编制包括政府信息索引、名称、内容概述、生成日期等内容的政府信息公开目录,协助政府有关部门编制《政府信息公开工作年度报告》等专业技术性文献等
沈阳	沈阳市政府信息公开办公室与各单位协调合作,召开政府各部门及沈阳市图书馆在内的协调工作会。规定各单位在送达沈阳市图书馆、沈阳市档案馆、沈阳市行政审批大厅3个政府信息公开场所的信息,纸质与电子文档一并报送,沈阳市图书馆将电子版的信息转换成TRS格式,输入到该馆的地方文献数据库中[8]
苏州	从2008年5月1日开始,苏州市政府向苏州市图书馆主动提供数字化信息,由苏州市图书馆进行著录和标引,政府不提供经费支持
嘉兴	嘉兴市成立了由市政府办公室等十几个部委办局组成的嘉兴市政府信息公开办公室,明确市府办是市政府信息公开工作的主管部门。嘉兴市图书馆副馆长以联络员的身份成为信息办中的一员。市信息办起草了《嘉兴市政府信息公开目录和指南编制范本》,市图书馆充分利用已建成的嘉兴市公共图书馆服务体系和全国文化资源共享工程基层点来开展政府信息公开的宣传和服务工作[9]

除了地方合作,由国家图书馆牵头,联合地方馆共建的"中国政府公开信息整合服务平台"则是覆盖全国的大型政府信息整合服务项目。该平台是我国政府信息公开领域的首个垂直门户,也是我国图书馆界对全国范围政府信息整合的首次尝试,于2011年10月正式上线运行。目前,参与合作的省级馆数量有13个(北京、黑龙江、吉林、宁夏、山西、山东、江西、贵州、湖北、浙江、新疆、四川、陕西),地市级馆1个(宁波)。初步形成了以国家图书馆为中心、省级馆为分中心的分层建设、共建共享模式。其中,国家图书馆负责中央政府信息采集与发布,并协调省市级分中心的资源建设与整合;省级馆负责省级和省会城市的政府信息采集与发布。该平台已被纳入国家数字图书馆推广工程,除了全国所有的省级公共图书馆外,未来将把合作范围进一步扩大至地市级和县级公共图书馆,使全国的民众都能通过互联网平台方便地获取各地政府信息资源。另外,国家图书馆还积极组织专家学者和相关单位,研究我国数字政府信息资源的分类、主题词表和元数据制定,推进平台的标准化、规范化建设。

总之,我国政府信息公开工作起步较晚,《政府信息公开条例》虽然明确规定了图书馆参与政府信息公开的法律地位,但是图书馆所扮演的角色和定位、资源的保障、信息公开的范围和形式等关键问题并没有在《政府信息公开条例》中说明。我国行政区域、政府部门数量多,采集整合政府信息工作十分艰巨复杂,靠单个或少数几个馆的力量是不现实的,因此公共图书馆不仅需要与本地区的各政府部门、档案馆进行合作,做好本地区政府信息发布工作,图书馆界也需建立完善的共建共享体系,减少资源浪费,提高资源的利用效率,降低民众对信息的获取成本,使社会利益最大化。与国外相比,我国的公共图书馆大多属于自发组织进行合作,经过努力争取,某些地区图书馆已与行政部门建立了长期合作关系,初步解决了资源的来源问题。政府公开信息整合服务平台的建立填补了全国范围政府信息一站式检索的空白,成为业界政府信息服务新的合作范式和亮点。然而,在我国,政府是信息的主动提供者,图书馆是信息的被动接受者,实际中二者地位并不相等。与国外政府推动、协调各方建立合作体系相比,我国公共图书馆普遍缺乏政府的有力支持与明确指导,政府部门参与合作共建意识不强烈,图书馆得不到稳定的政府信息来源和资金资助。政府主导的各方合作模式必须取代自发性合作共建模式,只有这样,才能充分发挥政府的行政执行力和图书馆的专业技术优势,促进政府信息公开事业的良性发展。

3 工作展望

3.1 建立全国性的政府信息公开与资源建设的管理机构

政府信息覆盖的领域绝大部分是市场经济难以顾及的,这就需要政府利用公共权利自上而下地推动信息共享,并依托公共图书馆、档案馆等社会公益机构整合政府信息。为了统一协调全国各公共图书馆政府信息公开与政府信息资源建设,应建立一个全国性的政府信息资源建设与公开的管理机构。这是一个实现全国政府信息公开与资源建设的权威机构,负责全国政府信息公开网络的管理和营运,协调网络的运行;负责管理和协调全国各地公共图书馆的政府信息公开事宜和政府信息资源建设;负责建立各地区的区域性的政府信息公开与资源建设的管理和协调机构。这些机构在它的领导下,进行本地区的政府信息公开与资源建设,实现全国政府信息公开与资源的共建共享。

3.2 建立政府信息寄存图书馆制度

寄存图书馆制度在欧美发达国家的成功实践表明了其政府信息公开模式的有效性。寄存图书馆是各级党委、政府、人大、政协及其他国家公务单位等通过法律规定和认可的,或者由合同约定的国家公务单位信息资源的委托机构,寄存图书馆可以自动从相应政府部门获得信息资源,并对之进行管理和开发利用,提供给国家公务人员和有需求的民众。寄存图书馆不是单独设立一个新馆,而是在现有图书馆的基础上,增加了收藏、储存和开发利用并向所有公民提供政府信息资源服务的机构。实施寄存图书馆制度可以提高图书馆参与政府信息公开的地位,通过建立在各地的寄存图书馆实现政府信息向全国范围公开,方便用户查询政府信息。

3.3 加强与政府和档案馆的合作

由于政府信息呈现多元化、多类型、多载体等特点,所以整个信息公开工作非常复杂,任务十分艰巨。任何部门都无法单独解决所有问题:政府行政机关独立担负向公众提供政府信息的责任造成行政成本太高而不可行;公共图书馆可以获得商业化出版的正式出版物和网上信息,但没有红头文件;档案馆没有历史上已公开的文件。因此,政府信息资源的整合及向公众提供政府信息服务都需要公共图书馆、行政机构、档案馆等机构协同合作才能完成。

（1）建立、健全政府与公共图书馆的协调机制公共图书馆与行政部门应当相互协调合作，开展行政介入与制度建设，建立利益与分工合作机制。政府、公共图书馆、商业机构应相互配合，规范数据、统一建设、节约成本、提供一站式服务。不同层级的图书馆应连成网络，建立合作机制。政府应该设立专门的系统管理员和信息员，负责系统的日常管理和维护，使政府信息公开成为一项常态工作并直接对接到公共图书馆，方便公众查询。

（2）加强与档案馆的横向联合

公共图书馆与档案馆都是政府信息公开服务体系的一环，缺少哪一方面都会使政府信息公开服务受到限制，两者只有加强横向合作，才能确保政府信息公开服务效果的最大化。公共图书馆馆员对政府的职能、政务公文的流通方式、如何获取有效信息源的途径比较陌生，对电子政务中提供的公开目录分类方式、主题确定范围或者跨区域、跨部门查阅的途径也并不熟悉。因此应当着重加强以下方面的合作：一方面要加强人才交流和技术交流，通过交流，就共同面临的技术和业务问题进行探讨研究，寻求解决办法，这样既能互相熟悉对方的业务工作，又可以相互借鉴，取长补短；另一方面要加强政府信息资源数据库建设合作。双方发挥各自的优势，共同完善政府信息资源数据库建设，减少建设成本和工作量，全面提升政府信息公开服务的能力。

3.4 制定标准保证政府公开信息的互联互通

制定统一的政府信息数据标准和技术标准是整合政府公开信息、保证政府公开信息互联互通最基础的工作。如果不采取统一的格式，海量、异构的政府信息会对公众造成查找与利用的困难。公共图书馆可以借鉴美国的 GILS 定位服务中采用的元数据和技术标准的成功经验，参与制定国家层面的统一标准，如基本元数据标准、基本著录标准、基本分类和主题标准等。有了国家标准，公共图书馆合作进行政府信息资源的组织、整合和揭示时就有了统一的参照。

3.5 完善政府信息公开的监督机制

《政府信息公开条例》规定："政府信息公开工作主管部门和监察机关负责对行政机关政府信息公开的实施情况进行监督检查。"由于政府各部门之间存在一定的利害关系，因此政府信息工作主管部门和监察部门很难彻底有效地监督政府的信息公开。要改变这种趋势必须加强政府信息公开的监督力度，完善监察机制，确保政府真正能够做到阳光下办公，促进信息发布，保障公民知情权。

参考文献

[1] 姜晓娟. 美国政府印刷局与政府出版物[J]. 出版发行研究，2006(4)：9－11.

[2] 张玮. 美国信息公开过程中的政府机构与图书馆[J]. 图书馆建设，2009(1)：103－108.

[3] About GPO Access[EB/OL]. [2012－06－25]. http://www.gpo.gov/about/.

[4] 周吉，李丹. 澳大利亚公共图书馆在政府信息公开制度中的作用[J]. 中国图书馆学报，2008(4)：83－86.

[5] 张红胜.政府信息资源管理和开发的可行选择——建立受托图书馆[J].图书馆理论与实践,2007(4):5-6.
[6] 加拿大联邦出版物定位[EB/OL].[2012-06-25].http://www.collectionscanada.gc.ca/about-us/index-e.html.
[7] 国会会议录检索系统[EB/OL].[2012-06-25].http://kokkai.ndl.go.jp/.
[8] 李雪垠.论公共图书馆政府信息公开与地方文献工作的兼容性[J].图书馆理论与实践,2011(4):107-109.
[9] 章明丽.在政府信息公开体系中定位嘉兴市图书馆的政府信息服务[J].情报资料工作,2008(4):23-26.

(原载于《图书馆》2013年第4期)

公共图书馆政府公开信息元数据研究

——以中国政府公开信息整合服务平台为例

赵荣荣　梁蕙玮　萨　蕾

1　引言

2008 年 5 月 1 日实施的《中华人民共和国政府信息公开条例》(以下简称《条例》)第 2 条对政府信息做了如下定义:"政府信息,是指行政机关在履行职责过程中制作或者获取的,以一定形式记录、保存的信息。"[1]政府信息公开应同时符合 3 个条件:一是由政府机关掌握的信息;二是与经济、社会管理和公共服务相关的信息;三是由特定载体所反映的内容。政府信息公开的形式,以纸质、胶卷、磁带、磁盘以及其他电子存储材料等为载体[2]。

依上文来看,政府信息涉及各个领域,关系到国计民生,并且载体形式多样。有人指出,政府信息占全社会信息资源的 80%[3],且又关系到群众的切身利益,群众对其有着广泛的需求。对于主动公开的政府信息,政府主要采取网上公开信息的形式[4]。目前,我国政府信息的数量日益剧增,且种类繁杂,公众在查找和使用起来实属不易,而且这对政府信息的管理来说也是一件困难的事情。因此,我国除了制定政府公开信息公开指南和公开目录之外,还应对政府公开信息元数据进行深入研究,对信息本身的特征、定位和管理等做出具体要求,以建立信息资源之间的关联,从而方便公众查找和获取所需信息。

自从《条例》实施后,政府信息工作和公共图书馆就有了法定的关系,开展政府信息服务成了公共图书馆的一项重要工作。再加上公共图书馆本身具有优势,拥有大量的信息编目人员,对信息资源的编目工作极其熟悉,因此,我国公共图书馆在政府信息工作方面,除了对信息资源进行科学组织、加工整理外,还需加强对信息资源的编目工作。

为了更好地履行公共图书馆在政府信息公开中的职能,并引领国内公共图书馆政府信息整合服务工作,国家图书馆启动了一个专门项目——中国政府公开信息整合服务平台(http://govinfo.nlc.gov.cn/)。该平台于 2009 年 4 月 30 日正式开通服务,并于 2011 年 10 月 27 日,作为国家数字图书馆推广工程的第一个向全国推广使用的软件平台,在 2011 年图书馆年会上正式上线。该平台目前已有 30 个分站,数据量达 100 多万条。

为了完善公共图书馆的政府信息服务,本文试以中国政府公开信息整合服务平台的政府公开信息为例,在借鉴国外政府公开信息元数据标准及国内政府公开信息元数据研究的基础之上,分析我国政府公开信息的元数据结构,并尝试提出 12 个元数据字段。

2 国内外政府公开信息元数据标准规范状况

目前,在实践中应用较广的是国外的两种政府信息资源元数据标准:GILS 和 DC-Government[5]。

GILS(Government Information Locator Service,政府信息定位服务),是 20 世纪 90 年代由美国联邦政府应用元数据理念设计的一种支持公众搜寻、获取和使用政府公开信息资源的分布式信息资源利用体系。对于 GILS,有的学者认为 GILS 是一种信息检索系统,该系统根据国际标准建立,可跨机构查询政府信息,是国家信息基础设施(NII)的一部分;有的学者则认为 GILS 是一种元数据格式,依据信息特性设计元数据元素;但从字面上看,GILS 又像是一种服务形式。从信息组织的角度看,GILS 体系是一组分布式信息资源目录的集合。其基本构建要素是这些目录中对具体资源进行描述的元数据,即 GILS 定位记录(Locator Record)。它是一组相关数据元素的集合,用来描述信息资源的内容、位置、服务方式、存取方法等。根据 GILS 应用纲要第二版,目前 GILS 核心栏目共有 28 个。由于美国政府的大力推动,GILS 已成为美国政府信息资源的描述标准,并且在日本、俄罗斯等国家得到广泛应用。

DC-Government(都柏林核心政府元数据)是由 DCMI(Dublin Core Metadata Initiative)政府工作组及 MIReG(Managing Information Resources for e-Government)工作组于 2001 年 9 月 17 日发布的专门针对政府信息资源管理的应用纲要(DC-Government Application Profile)。该纲要直接将 DC 元数据集的 15 个元素及其修饰词复用到 DC-GOV 命名域上,并在 DC-GOV 命名域内补充一个新元素——Audience(受众),并增加了 5 个 DC 元素的限制属性。迄今为止,澳大利亚的 AGLS、英国的 e-GMF、加拿大的 TBITS39.1,以及新西兰、丹麦、爱尔兰等国家都在 DC 的基础上建立了政府信息资源元数据格式。

GILS 比 DC-Government 在专业元素设置、应用实施成熟度方面占优势,但从长远发展角度来看,由于 DC 作为资源描述格式在全球应用是大势所趋,所以采用 DC 核心集的扩展应用有利于资源共建共享。而且 DC 的可扩展性、互操作性和资源发现功能必将使 DC-Government 占据未来政府信息资源描述领域的主流地位。

国内虽然没有成熟的政府公开信息元数据标准,但不少学者做出了探索性的研究。王芳在《我国电子政务元数据的构建及其基于 Web 服务的共享实现》一文中提出了我国政府信息资源元数据核心集建议方案(CGIMC),探索性地将我国政府信息资源的元数据核心元素定义为 5 大类共 23 个[6]。张承伟在《政府信息资源元数据的描述方法》一文中提出了政府信息资源的 13 个元数据项,10 项与 DC 相对应[7]。章旭在文章《政府信息公开元数据方案初探》中提出政府信息的 18 个核心元素,复用 DC 的 15 个核心元素,增加了 3 个政府信息核心元素:索引号、文件编号、附件,并扩展了 DC 元素的限制属性[8]。

GILS、DC-Government 等都是适应广泛需求的标准体系,且在具体应用实现的时候,都会受到各国政府的基础建设、资源状况、社会需求甚至是政治、文化、经济等各个方面的影响。如何结合本国需求更好地应用相关元数据标准,是各国共同关注的问题。因此,需从我国政府信息资源的实际情况出发，借鉴国内外经验，对信息资源的描述、揭示等做出具体要求。

3　中国政府公开信息整合服务平台资源分析及元数据结构

3.1　资源分析

3.1.1　资源的整合

在资源获取方面，该平台目前采用机器自动采集的方式，将各政府网站上的相关信息采集到本地。政府公开信息采集到本地，经过信息过滤、信息抽取、自动分类等智能处理后，按规定的政府公开信息数据库结构，自动地生成政府公开信息库、政府公报库、政府机构库。并在这些资源的基础上，结合当前的热点话题，创建专题信息，同时和馆藏相关政府资源进行整合，如 OPAC 系统中的印本政府公报等。

（1）政府公开信息资源库以单个的政府公开信息为描述对象。目前将采集范围限定在三类政府信息的核心资源中：各政府网站中信息公开目录下的资源、政务公开栏目下的资源以及其他栏目下有正式文号的资源。

（2）政府公报库以公报中的具体内容为描述对象进行著录，主要描述字段在政府信息库的基础上，添加了公报名称、年、卷、期等资源的出处信息。

（3）政府机构库主要是收集、整理所有政府网站，以网站作为描述对象，相对来说机构库比较简单，主要包括名称、地址和地区分类。

3.1.2　资源的分类

为了从不同角度对资源进行揭示，本文设计了两种对资源内容分类的方式：一种是主题分类，一种是题材分类。对于主题分类，考虑到与各政府公开信息栏目的融合，以及日后在政务和图书馆界的进一步发展，所以并没有再另外创建一套分类体系，而是采用了中央政府的主题分类法，分为 22 个大类，各大类如下：国务院组织机构；综合政务；国民经济管理、国有资产监管；财政、金融、审计；国土资源、能源；农业、林业、水利；工业、交通；商贸、海关、旅游；市场监管、安全生产监管；城乡建设、环境保护；科技、教育；文化、广电、新闻出版；卫生、体育；人口与计划生育、妇女儿童工作；劳动、人事、监察；公安、安全、司法；民政、扶贫、救灾；民族、宗教；对外事务；港澳台侨工作；国防；其他。对题材的分类是在参考各政府网站的公开信息目录的基础上制定出来的，分为 5 个大类 24 个小类（见表 1）。

表 1　题材分类表

第一级	第二级
机构职能	机构基本信息、机构法定职责、领导信息、内设机构、下属单位
法规文件	国家法律法规、地方性法规、政府规章、规范性文件
工作动态	公务员招考、部门会议信息、通知公告公示、日常工作动态
决策信息	规划信息、总结计划、公开征集事项、统计公报及指标、折子工程、重要实事项目
行政职权	行政处罚、行政许可、行政确认、行政强制、行政给付

3.2 元数据结构

本文的政府公开信息元数据字段是在对我国主要的政府网站调研的基础上，依据国办制定的《政府信息公开目录元数据方案》[9]，参考 DC[10]，并借鉴国内外政府信息元数据的描述标准，参照国内一些成熟的元数据标准（如《国家图书馆元数据应用总则规范汇编》[11]、《基本数字对象描述元数据标准》[12]等），根据我国政府信息资源的实际情况提出的。

政府公开信息元数据主要有 12 个字段：资源名称、文号、发文机构、日期、时空范围、关键词、分类、原文、信息来源、出处、唯一标识符、文档格式等，其中发文机构是公文必备字段，出处是公报必备字段，文号、日期、时空范围是有则必备字段，其他字段均为必备字段。12 个字段的定义，见表 2。

表 2 政府公开信息元数据的主要字段

字段	字段修饰词	说明
资源名称		政府信息的题名
	交替题名	除政府信息题名以外的其他题名
文号		文件编号，按公文的标准格式著录
	原始文号	转发文件中原发文机构编制的文号
发文机构		公文发布机构，著录机构的全称
日期		指与政府信息生命周期中的某一事件相关的日期
	公文发布日期	指公文发布机构发布公文的日期，即条令本身的发布日期，非网站上的公布日期，以 yyyy - mm - dd 方式著录
	来源网站发布日期	指政府信息的来源网站发布资源的日期
	公文生效日期	指公文生效的日期
	公文废止日期	指公文被废除、停止使用的日期
时空范围		政府信息内容的时间、空间特征
	时间范围	政府信息内容的时间特征
	空间范围	政府信息内容的空间特征
关键词		描述政府信息内容的词汇
分类		政府信息的类别
	主题分类	依据政府信息的主要内容进行的分类
	题材分类	依据政府信息的资源种类进行的分类
原文		政府信息的全文
	原文附件	资源内容以文件形式独立存在，可以是资源内容的部分或全部，应与发布机构发布的状态保持一致
	原文地址	政府信息全文的来源地址
信息来源		指政府信息从何处获取到

续表

字段	字段修饰词	说明
出处		指单条公报信息来源于哪一期公报
唯一标识符		本记录在数据库中的唯一标识
	原标识符	来源于其他数据库中的标识符,在本数据库中予以保留
文档格式		机器自动生成的网页读取格式,非文档本身的格式

4 研究中存在的问题

4.1 元数据的语义问题

元数据的语义问题是指元数据字段所使用的术语及对术语的定义是否准确无误、有无歧义,如果模棱两可,就会造成不同的理解,容易产生歧义,进而影响元数据的质量。如发布日期,有人理解成网站发布数据的日期,有人理解成条令本身的发布日期;还有发布机构,有人理解成信息来源机构,有人理解成公文的发布机构,还有人理解成正文后的署名机构。其他术语也存在诸如此类的问题。如果不对术语严格规范、准确定义,对同一字段的理解就会产生多个不同的版本,进而会影响元数据的著录和质量。

4.2 元数据的编目问题

政府信息数量巨大,单靠人工去逐条完成元数据的编目,是极其困难的事情,因此需要采用相关技术去自动完成。中国政府公开信息整合服务平台就是采用机器对元数据进行自动抽取、自动分类的。但就目前实际情况来看,自动抽取和自动分类的结果不是很理想。最常见的就是关键词的抽取,经常把一个完整的词语切分成两个词或者把正文中与信息内容无关紧要的词语抽取下来;有的将文中日期或采集日期误当作来源网站发布日期抽取下来,或者漏掉了公文数据的公文发布日期;还有的就是直接把数据的编号误当成文号抽取过来。另外,有的政府网站对元数据字段的著录格式本身就不规范,如国家中医药管理局的数据,原网站把附件的名字和链接地址分离开来,导致采集下来的附件也是如此。根据政府信息元数据特点,研究出一套完整的技术标准和技术方案,提高机器自动编目的准确率,可保证元数据质量,减少人工修改的麻烦。

4.3 元数据的维护问题

由于技术缺陷,机器抽取下来的元数据或多或少都存在质量问题,需要后期通过手动修改去完善。但政府信息数量巨大且更新频繁,要想对元数据进行及时维护,保证所有元数据的质量,是一件比较困难的事情。

另外,政府网站信息发布多样化等特点,也会影响政府信息的元数据质量。如原网站的某条或某些数据删除了,而现有平台却保留着,从而导致原文链接失效,尤其是人事变动等敏感信息，经常出现这样的问题：原网站公开栏目地址更新或者原网站此前没有公开栏目后来开设了该栏目，这就导致对原网站的数据采集不会更新，原文链接也有可能失效。这些都需要通过人工判断，分析出元数据问题的原因所在，进而采取适当的修改方式去修改这些问题。由此看来，对元数据的维护，不能只针对现有平台的元数据，也要对政府网站的元数据有一个清楚的了解与认识。

5 建议

5.1 强化分类体系建设

分类体系对于信息资源内容的揭示、知识体系的构建起着重要的作用，对机器的自动分类标引也起到良好的支持作用。目前，中国政府公开信息整合服务平台采用的主题分类仅22个大类、题材分类5个大类24个小类，这对数以万计的政府信息来说，远远不够，既不能保证机器分类标引的准确性，也不能满足用户浏览和查找信息的需求，而且这也不利于政府信息的组织和管理。为此，要深入对政府信息资源的研究，完善分类体系，细化主题和题材的分类，此外，还可在主题分类和题材分类的基础上，拓展到机构分类、地域分类等多种分类方式，为机器对元数据字段的自动分类标引提供良好的前提，也为后期对信息的组织、检索和获取提供更大的便利。

5.2 提升技术，关注多媒体资源

为了能够准确地描述政府信息资源，需要根据政府信息元数据的特点，去分析和识别政府公开信息所需的平台和技术，提出相应的功能需求，研究出技术解决路径和技术实现方案，然后由公司去研发相关技术，完善政府信息元数据的自动抽取、自动分类标引等功能。

目前，中国政府公开信息整合服务平台的数据都是文本形式，但政府网站的公开信息除了文本类型之外，还有其他类型的信息资源，如图像、音视频等多媒体资源，今后随着多媒体和可视化技术的发展，其他媒体形态的公开信息也会出现在政府网站上。由于公开信息关系到群众的切身利益，而且多媒体资源的表现力更加丰富，更能吸引群众的关注，因此多媒体类型的资源也应成为采集对象之一，多媒体资源的元数据也就相应成为研究的对象之一。这就需要对多媒体资源的载体形态、内容特点、技术细节等进行分析，并研究出自动抽取、自动分类标引的技术规则和技术细节。这不仅能丰富公共图书馆政府信息资源的种类，而且还可以完善公共图书馆政府信息资源的元数据结构。

5.3 机器和人工相结合

机器虽然能完成政府信息元数据的自动抽取、自动分类标引等，但由于政府信息数据量巨大且内容复杂，单靠机器并不能很好地对信息资源进行描述和揭示，这就需要配备相应的工作人员对政府信息元数据进行审核和修改。只有机器和人工相结合，才能在一定程度上保证政府信息元数据的质量。对于工作人员来说，则需要进行相应的培训和学习，了解政府

信息元数据的结构、数据质检规则及其平台的操作方法，对数据进行严格审查，才能从根本上保证政府信息元数据的质量。

5.4 加强合作与交流

政府信息数据量庞大，种类繁多，尤其是网络政府信息，格式多种多样，如果对信息资源进行正确的描述和揭示，单凭一个图书馆的努力是远远不够的，因此公共图书馆界要联合起来，共同策划，逐步加深对公共图书馆政府信息元数据的研究。此外，图书馆界还需和政府机构、档案馆等从事政府信息工作的相关单位合作和交流，一方面可以借鉴相关单位的研究经验并将他们的研究经验应用到公共图书馆政府信息元数据的研究中；另一方面也可以帮助相关单位深入对政府信息元数据的研究，进而制定出我国政府信息元数据的描述规范。

6 结语

元数据能够较好地对信息资源进行揭示、描述和管理，不仅有利于建立资源间的关联，而且有利于资源的发现和检索，进而让用户能够更快、更准确地找到自己所需要的信息，既方便了广大用户，也实现了信息资源的共建共享。

我国政府信息数据量庞大且内容复杂，为了对政府信息进行更好的管理和维护，提高政府信息的查准率和查全率，肩负法定职责的公共图书馆责无旁贷。公共图书馆界需共同努力，进一步挖掘政府信息资源的特点，加深对政府公开信息元数据的研究，进而制定出详细的元数据描述规范，以便用户查找和利用政府信息。

参考文献

[1] 中华人民共和国政府信息公开条例[EB/OL].[2013－03－25]. http://www.gov.cn/zwgk/2007-04/24/content-592937.htm.

[2][4][8] 章旭，汪建满. 政府信息公开元数据方案初探[J]. 图书馆建设，2008(12)：10－13.

[3] 张智新. 政府信息公开公民权利升堂[EB/OL].[2013－03－25]. http://news.sina.com.cn/c/pl/2007-04-24/121112854617.shtml.

[5] 曹树金，司徒俊峰，马利霞. 论政府信息资源的元数据标准[J]. 情报学报，2004(12)：716—718.

[6] 王芳. 我国电子政务元数据的构建及其基于Web服务的共享实现[J]. 情报学报，2007(2)：131.

[7] 张承伟. 政府信息资源元数据的描述方法[J]. 情报科学，2007(6)：850.

[9] 张新民. 对我国政府信息公开目录体系建设的若干思考[EB/OL].[2013－03－25]. http://www.docin.com/p-44585455.html.

[10] 都柏林核心元数据中文网[EB/OL].[2013－03－20]. http://dc.library.sh.cn/.

[11] 肖珑，申晓娟. 国家图书馆元数据应用总则规范汇编[M]. 北京：国家图书馆出版社，2011：46.

[12] 基本数字对象描述元数据标准[EB/OL].[2013－03－20]. http://wenku.it168.com/d-000622923.Shtml.

（原载于《图书馆学研究》2013年15期）

图书馆移动资源建设及服务探析
——以国家图书馆为例

苏明忠　冯红娟

1　背景介绍

目前,国内外图书馆已广泛开展移动新媒体的服务,如国家图书馆的"掌上国图"[1]、上海图书馆的"手机图书馆"[2],美国国会图书馆推出的专题服务 Veterans history project[3]和 Digital preservation[4]等。这些新媒体资源的建设和发布,为读者利用图书馆优秀馆藏提供了新的渠道和途径,读者无须到馆,只需轻点手机、手持阅读器、平板电脑等新媒体终端,便可实现随时、随身地查阅图书馆资源。本文主要以国家图书馆为例,对移动资源的建设和服务展开研究。

2　移动新媒体资源建设模式

图书馆有丰富的数字馆藏,由于受到版权限制,为读者提供服务的数字资源有相当大的一部分仅限于局域网。这些通过局域网服务的资源,制作成移动新媒体资源后,服务范围会扩大,如何妥善解决这些资源的版权问题,是移动服务工作的重点。国家图书馆开展的移动资源建设主要包含以下内容。

2.1　图书馆自建资源

自建资源是将图书馆拥有版权的资源经格式转换、图片切割等一系列操作后,加工成适于在移动新媒体上进行展示的资源。自建资源的加工包括对馆藏图片的分辨率转换、电子图书的格式转换、音视频的码率转换等。

2.1.1　馆藏图片资源

国家图书馆的馆藏图片包含年画、照片、名人手稿等内容,资源丰富。应用于手机、平板电脑等不同媒体的资源,图片分辨率是不同的。根据手机屏幕大小的不同,馆藏图片转换成大、中、小 3 种尺寸图片,宽度分辨率分别为 240、128、80,保持图片原始长宽比,用于手机端展示。平板电脑尺寸较大,清晰度要求更高,图片宽度分辨率一般在 530 以上,长宽按等比例缩放。

2.1.2 电子图书

国家图书馆应用于移动服务的电子图书主要是公共版权领域的电子图书。所谓公共版权领域,是指作品经过法律规定的50年或70年的保护期后进入公共领域,成为人类共同财富,任何人可以自由使用,包括转换、改变、复制等商业性与非商业性使用。

国家图书馆对处于公共版权领域的优秀的中外文图书进行数字化、加工处理。针对手机屏幕,中文图书可按照每屏500个字,外文图书按每屏500个单词为标准,将字数较多的图书切割成小页,并进行标引,保持图书的目录级次,便于阅读。也可按照章节进行切分,采用屏幕字数自动适配的原则进行处理。自动适配原则也应用于平板电脑电子图书资源的处理。

2.1.3 音视频资源

国家图书馆面向社会公众,定期举办各类公益讲座,内容丰富,涵盖各个领域,这些一流学者的讲座视频通过移动新媒体设备为公众提供服务,将会进一步提高其社会效益,使更多读者受益。对这些视频资源的处理,是将其转换为高码流视频格式、中码流视频格式及低码流音频格式3种,它们的总码率分别为:128kb/s、64kb/s、28kb/s。三种格式会根据手机型号自动适配最优的播放方式。考虑到音视频资源存储容量较大,将视频文件以4分钟为一段进行切割。平板电脑则将整个视频文件统一格式转换,视频总码率在192kb/s以上。

2.1.4 专题、知识库建设

专题、知识库建设是深入挖掘并集成的馆藏特色资源。如将馆藏公版图书、手稿、音视频、年画等珍贵馆藏资源进行二次编辑,多资源类型融合制作成有一定关联性的专题,形成馆藏特色。也可对馆藏资源按照一定的知识结构进行整合、加工,形成新的知识库,便于利用。

在进行了一系列自建资源的加工实践后,国家图书馆已经初步建立了有移动新媒体特色的资源制作标准,正在对各种移动新媒体资源进行批量建设。

2.2 合作建设资源

图书馆的自建资源与整个社会的资源建设量比较,还只是很小一部分。为进一步扩大资源总量,国家图书馆正在积极开展与杂志社、报社等资源建设单位的合作。对资源建设单位来讲,与图书馆进行合作能够提高资源阅读量,增加社会影响力。对图书馆来讲,增加了优秀资源总量,可以为读者提供更多的、积极向上的优秀作品。目前,国家图书馆已经与龙源期刊、博看期刊展开合作。读者可通过国家图书馆的WAP网站及国家图书馆的APP阅读这些期刊资源。

2.3 外购资源

除了以上两种方式外,还可以通过购买的方式建设资源。通过购买获得的新媒体资源,其版权问题可以通过合同约定解决,质量也有一定的保证。外购资源进一步丰富了资源总量,为读者提供了更完善的服务。目前,外购资源主要包含漫画、动漫、网络优秀小说等内容。

3 移动新媒体服务模式

随着科技发展,多样化媒体的不断涌现,为人们的学习、阅读带来了一场革命。传统的纸质图书阅读方式被现在的多样化阅读方式取代,新媒体的出现为人们拓展了一个全新的学习领域。我国通过计算机上网的用户,2012 年 12 月达到 5.64 亿,通过其他方式上网的用户,比如手机用户,已达 4.2 亿[5],百分之五六十的人都已经开始使用手机,可以说手机媒体已经占据新媒体使用的大半江山。下面主要从手机的服务模式进行介绍,并拓展到电子书阅读器、平板电脑的应用。

3.1 建设手机门户 WAP 网站

手机 WAP 网站是目前移动上网的常用方式,WAP 手机可以通过标准的协议接入互联网,通用性强,不受手机型号及手机操作系统的限制,方便快捷。WAP 网站可以包含丰富的内容,如:新闻浏览、搜索、查询、读者账号个性化定制、资源浏览等,可以使人们体验无线互联网的丰富应用。利用 WAP 网站的方便性及通用性,可以将图书馆藏的资源进行一系列整合加工后进行展示,图书馆资源总量大,种类丰富,使用 WAP 网站展现,受到的限制较少,可以更大范围地对资源进行展示,见图 1。

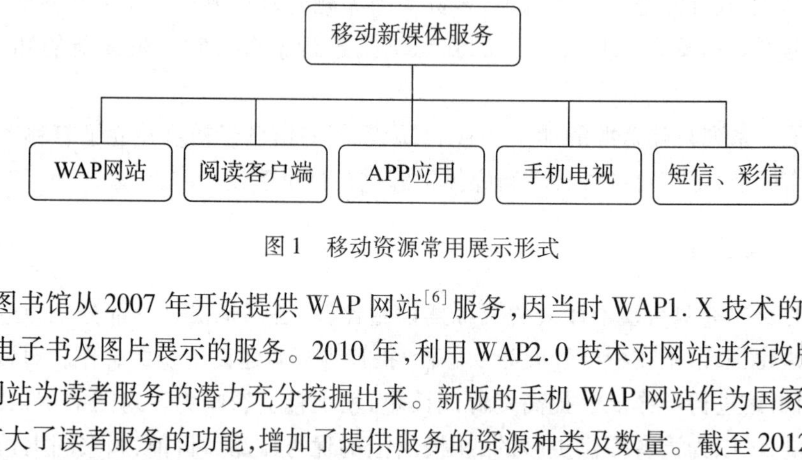

图 1 移动资源常用展示形式

国家图书馆从 2007 年开始提供 WAP 网站[6]服务,因当时 WAP1.X 技术的局限性只能提供一些电子书及图片展示的服务。2010 年,利用 WAP2.0 技术对网站进行改版发布后,才将 WAP 网站为读者服务的潜力充分挖掘出来。新版的手机 WAP 网站作为国家图书馆的手机门户,扩大了读者服务的功能,增加了提供服务的资源种类及数量。截至 2012 年底,国家图书馆 WAP 网站已发布音视频讲座 600 余场,共 1200 多小时;图片 32 000 多张,涵盖甲骨、拓片、碑帖、年画、老照片、西夏文献等几大类;学位论文元数据 19 万多条,包含论文的中英文摘要,为广大学者查询学术论文提供了便利;中文图书、经典古籍 6700 多册,包含经、史、子、集、文学、小说等,为读者提供了优质的在线阅读平台。

3.2 搭建移动阅读平台,开发手机阅读客户端

随着近年手机阅读、电子书阅读的逐年升温,中国移动[7]、亚马逊[8]等都搭建了自己的阅读平台,拥有庞大的读者群体。搭建移动阅读平台可以对电子书进行分类,为读者提供更

加精细化、精准化的移动阅读服务。

针对不同型号的手机需开发不同的手机客户端，手机客户端可以为读者提供更好的阅读体验，还可方便地实现图书的版权控制，使一些没有完全版权的图书获得更合理的展示渠道与展示方式，如有偿借阅。对于读者来说，新媒体阅读与传统纸本图书阅读相比，阅读成本更低。国家图书馆计划用两年的时间建设移动阅读平台，平台正在建设中，建设成功后将会为广大读者提供丰富的、多元化的优秀作品。

3.3 制作手机商店应用程序

苹果 App Store[9] 及 Android 平台应用程序商店[10] 近年来发展迅速，越来越多的智能手机用户享受到这种新技术带来的便利。图书馆也应抓住契机，将馆藏的经典古籍、优秀特色资源在手机应用程序商店进行展示。因其受众的国际性，优秀的图书馆资源将会使国内外喜爱中国文化的广大用户受益。

截至 2012 年底，国家图书馆已经在苹果 App Store 发布了读者服务应用程序 6 款，为读者检索、使用国图馆藏资源提供了便利，同时实现了借阅历史查询、预约、续借等功能。其中资源类应用程序 5 个，分别是“国图选粹”“年画撷英”“艰难与辉煌”“三言两拍”“晚晴四大谴责小说”的资源阅读类在线及离线 App(Application，应用程序)。通过“国图选粹”App，国家图书馆将众多优秀的中华传统文化以更便捷的方式为读者呈现，并集成微博分享等新媒体功能，使读者可以共享阅读快乐。“年画撷英”采用中英双语，将国家图书馆典藏的精美年画以 App 形式推出，使身在世界各地的广大读者不受地域语言限制，欣赏到精美的年画资源。国家图书馆还在 Android 平台应用程序商店提供了“读者服务应用程序”及“国图选粹”应用程序，为读者提供了多样化的平台以使用国家图书馆的优秀馆藏。

3.4 制作手机电视栏目

手机电视是一种新型的知识传播形式，可以采取直播及点播的方式提供服务。由于图书馆的性质，无法拿到广电总局颁发的手机电视牌照，不过图书馆可以与拥有手机电视牌照的厂商(如 CNTV 等)展开合作，由图书馆提供资源，借助他们的渠道提供手机电视服务。国家图书馆拥有庞大的视频讲座资源库，目前正在与 CNTV 展开合作，以手机电视方式展示这些资源，将会使更多用户受益。

3.5 短信、彩信服务

短信、彩信服务具有经济、灵活、互动性强的特点，是较早开展的移动服务项目，也是移动服务的基础服务项目。国家图书馆的短彩信服务，包含了图书催还、续借、预约到达通知、读者卡挂失、发布意见与建议等基础服务项目，读者开通短信服务后可免费使用这些服务。2012 年 8 月，国家图书馆还推出了“文津经典天天读”的信息订阅推送服务，每天为读者介绍一条中华传统美德格言和一首古代诗词，满足了读者更广泛的需求。

3.6 拓展电子书阅读器、平板电脑的应用

电子书阅读器，也称手持阅读器，以其携带方便、阅读舒适的特点深受读者喜爱，成为仅次于手机阅读的新媒体阅读工具。国家图书馆已开通手持阅读器外借服务，阅读器内预装上千本优秀图书，包含流行图书、工具书及期刊等。针对盲人读者的阅读需求，还预装了上百部优秀的讲座音频。为满足用户对资源的不同需求，读者还可登录国家图书馆图书数据库，自行下载所需电子书。

除图书外，手持阅读器还开通了决策服务栏目，读者可通过3G网络连接到国家图书馆数据库，查阅各国背景、各国议会、国际组织动态等内容。另外，该栏目还提供决策支持服务和信息发布服务。

4 移动服务取得的成效

国家图书馆正在开展的移动新媒体资源展示方式，读者访问量呈逐年增长的趋势。WAP网站在2011年的点击量为112万次，2012年的点击量为314万次，是2011年点击量的2倍多。

App应用程序集成了微博分享、豆瓣书评等新媒体应用，上线以来，也取得了良好的效果。2012年，移动应用程序下载量达到2万次，用户的日均使用量达到700多次，已有美国、日本、韩国、加拿大等42个国家用户访问及使用，有效传播了中国优秀文化。

广大读者对优秀典藏、优秀作品的需求是非常大的，移动新媒体服务的用户使用量逐年提高，究其原因，主要有两点，一方面是使用手机、平板电脑等移动媒体阅读的用户越来越多；另一方面是图书馆移动新媒体服务不断更新升级，用户体验得到优化，资源更加丰富。移动新媒体服务是图书馆资源服务的新模式，它打破地域限制，使各图书馆的资源实现了读者共享。

5 问题及展望

5.1 存在的问题

5.1.1 移动新媒体资源制作规范缺乏[11]

移动新媒体服务在图书馆的开展仅有几年时间，资源的采编、流通、使用等环节均缺乏标准规范，这使得资源建设过程中，会出现资源格式不统一，通用性、兼容性差等问题。随着移动技术的日新月异，各种型号设备不断出现，制定移动新媒体资源的标准规范将更有必要性。

5.1.2 资源版权问题

图书馆资源丰富，但具有移动互联网使用版权的资源却不多，这使得图书馆移动服务处

于一种尴尬的境地。展示平台有了,形式也很便捷、新颖,但是却没有足够丰富的资源提供给读者。

5.1.3　资源的重复建设问题

数字资源可以通过网站、手机、手持阅读器、数字电视等媒体进行发布,但目前还不能实现"一次生产,多元发布",各种媒体使用的资源存在着重复建设的问题。

5.2　未来展望

第一,在移动资源建设摸索的过程中,逐渐总结移动新媒体资源的制作规范,尽早建立起移动资源建设的各种相关标准规范。

第二,通过各种渠道增加移动服务的资源量,如通过与拥有移动资源版权的内容商合作,为图书馆增加更多的版权资源;不断挖掘、自建自有版权资源,扩大移动资源量等。

第三,探索将移动资源建设融合到数字资源建设生命周期中,使建设的资源具有更高的可用性、兼容性,并有效避免重复建设。

随着技术发展,移动新媒体终端将不断更新换代,资源展示的手段将越来越丰富,用户体验也会越来越完善。现有的新媒体资源量还远远不足,只有不断建设更加丰富的资源,探索更加新颖、便捷的展示方式,才能使图书馆紧跟新媒体时代发展的步伐,更好地服务读者。

参考文献

[1] 国家图书馆. 掌上国图[EB/OL]. [2013-05-23]. http://mobile.nlc.gov.cn/.

[2] 上海图书馆. 手机图书馆[EB/OL]. [2013-05-23]. http://www.library.sh.cn/mobile/index.htm.

[3] Veterans History Project by Library of Congress[EB/OL]. [2013-05-03]. https://itunes.apple.com/cn/itunes-u/veterans-history-project/id438186138? mt=10.

[4] Digital Preservation by Library of Congress[EB/OL]. [2013-05-03]. https://itunes.apple.com/cn/itunes-u/digital-preservation/id386018069? mt=10.

[5] 中国互联网络发展状况统计报告[EB/OL]. [2013-05-23]. http://www.cnnic.cn/gywm/shzr/shzrdt/201301/t20130115_38518.htm.

[6] 国家图书馆掌上国图 WAP 网站[EB/OL]. [2013-05-23]. http://wap.nlc.gov.cn/.

[7] 中国移动手机阅读[EB/OL]. [2013-05-23]. http://read.10086.cn/index.

[8] 亚马逊电子书店[EB/OL]. [2013-05-23]. http://www.amazon.cn/Kindle%E7%94%B5%E5%AD%90%E4%B9%A6/b/ref=sd_allcat_kbo_? ie=UTF8&node=116169071.

[9] 苹果 APP Store[EB/OL]. [2013-05-23]. https://itunes.apple.com/cn/genre/ios/id36? mt=8.

[10] 安卓市场[EB/OL]. [2013-05-23]. http://apk.hiapk.com/.

[11] 邢军,徐春霞. 数字图书馆移动服务体系构建[J]. 国家图书馆学刊,2012(5):81-88.

(原载于《图书馆学研究》2013 年 15 期)

图书馆古籍数字资源整合研究*

萨　蕾

1　图书馆古籍数字资源整合现状综述

古籍文献资源具有稀缺性、易损性，且存世量少，多年来，读者要使用古籍文献时需到馆查询卡片记录，有限制地在固定地点阅览部分古籍文献，造成大量的古籍文献束之高阁，极大地降低了古籍文献的利用率。近年来，数字化成为古籍文献保存与利用的主要途径，图书馆制作了多种类型的数据库供读者使用，并不断对古籍文献进行深入挖掘，为读者提供精细化知识服务。目前，对古籍文献聚合的实践具有以下几个特点：

1.1　建设大量的书目数据库

书目数据是图书馆对文献进行揭示与整合、为用户提供信息服务的最基本的工具之一。通过书目数据，用户能够便利地找到自己所需要的文献，这一知识产品代表着图书馆的核心竞争力。

绝大多数图书馆都对本馆所藏的古籍文献进行了编目，形成大量的书目数据，其特点在于一般均按照规范的元数据标准进行著录。部分图书馆在基本的著录项之外还基于古籍的特点增加了一些特殊字段。如：山东大学古籍数据库的元数据包括书名、卷数、作者、类别、抄刻者、封面、牌记、开本、版框、刻工、序跋、藏印、附注等 23 个字段。中国国家图书馆的古籍普查登记元数据包括题名、著者、版本、分类、版式、装帧、装具、序跋、刻工、批校题跋、钤印、附件、文献来源、修复历史、丛书子目、定级、定损、相关书影等字段。

1.2　对古籍文献进行再加工，提供增值信息

多年来，图书馆一直致力于对古籍文献进行再加工，为用户提供增值信息。其中，制作索引数据库是较为常见的形式。

索引数据库的建设主要包括以下三方面的工作：一是对一些已出版的索引类工具书进行全文数字化，提供用户使用，如："中英文图书数字化国际合作计划"（CADAL）数字化的古籍索引类文献有数百种之多；二是在古籍数据库的基础上建设索引数据库，如：明人文集联合目录与篇目索引资料库整合了台湾地区各收藏单位的藏品资料；三是建设专门用于古籍

* 本文系国家社会科学基金重大项目"中国古籍数字化工程研究"（批准号：12@ZH016）成果之一。

的自动索引系统,并利用索引系统进行古籍文献的索引工作,如:湘潭大学研制的古籍索引自动编辑系统(RPSYBJ)可自动编制古籍的逐字索引、句子索引、人名索引、地名索引及其他专题索引,并利用该系统编制了《宋词别集索引三种》[1]。

1.3 出现大量的全文影像数据库

近年来,古籍数字化工作蓬勃开展,除了图书馆进行的本馆馆藏古籍数字化外,还有一些跨地区的项目,如古登堡计划(Project Gutenberg)、中美百万册图书数字图书馆计划等项目中的文献数字化都包含中国古籍。在各方的努力下,大量的中国古籍已经被数字化,古籍全文数据库成为用户利用古籍文献的重要途径。

除对普通古籍进行数字化、建设全文影像数据库外,图书馆还基于本馆的特色馆藏建设了很多专题数据库。如:中国国家图书馆馆藏西夏文献大多为西夏、元代孤本,是研究古代西夏、元代纸张、丝绸质料的珍贵实物资料,对研究西夏佛教史具有重要价值,中国国家图书馆整合这些文献,建设了"西夏碎金"数据库,收录馆藏西夏古籍书目数据 124 条、馆藏西夏古籍原件影像近 5000 拍、西夏研究论文篇名数据 1202 条。又如:上海图书馆共收藏有约 17000 种、110000 余册中国家谱,是国内外收藏中国家谱(原件)数量最多的单位,最早者为宋内府写本《仙源类谱》(残页)。上海图书馆为推动本馆特色馆藏的开发利用,建设了家谱数据库。

1.4 多个古籍收藏机构共同建设古籍数据库成为古籍文献利用的发展趋势

目前,一些大型项目均是由多个收藏机构合作共同建设,合作原因多种多样。一种是由于文献内容、类型上互为补益促成的跨区域合作。如:由英国国家图书馆发起,众多国际敦煌文献收藏机构共同参与的敦煌文献保存和数字化项目——国际敦煌项目(International Dunhuang Project,IDP)。另一种是由于古籍文献的数字化及开发利用一般需要大量的人力、物力、财力,一些中小型图书馆无力开发本馆馆藏,因而与其他馆合作建设。如:由北京大学、北京师范大学、南京大学、四川大学等高校合力建设的学苑汲古数据库。

2 馆藏古籍数字资源整合存在问题研究

2.1 对古籍文献的组织与利用多基于书目数据

目前,图书馆对古籍文献的组织与利用多是基于书目数据实现的,这一特点既有优点,也有弊端。书目数据产生于对印本文献的编目,在大量的数字资源成为编目对象时,书目数据暴露出一些弱点:①书目数据主要是以文献为单元进行描述,无法对文献的内容进行深入的揭示,更无法在知识元之间建立有效的关联,实现在语义层面上的深度聚合;②基于书目数据形成的知识结构是线性的、等级式的,而当数字图书馆将海量的、分布的、动态的网络信息资源纳入整合的范围时,知识结构必须进化为网状的具有各种关系的概念群,才能够支持对知识的深度聚合;③在检索中只能支持词形匹配,而不支持智能推理,因而无法实现语义检索;④书目数据的规则与结构的设计主要是基于手工编目的需求,而在网络环境下,编目的对象由静态的印本文献发展为动态的数字文献,书目数据只是作为原始文献的替代物,无法通过对知识的自动学习发展出新知识,完成自身的进化。

对资源进行整合不仅应实现基于文献的整合,更重要的是实现基于知识的整合,为用户提供更高效的知识服务。古籍文献记叙的内容涉及天文、地理、文化、艺术、医药、农业、历史等多个学科领域,除对历史研究外,对于相关各学科领域的研究都有着重要的利用价值,应进行深入的挖掘。目前对古籍资源整合的深度只停留在文献层面,没有对古籍文献中的知识进行深入挖掘。

2.2 古籍文献收藏机构多而分散

古籍文献的收藏机构众多,除我国外,还分布在全球多个国家,主要有美国、英国、日本、韩国等。如:美国国会图书馆收藏有包括宋元明清善本古籍 5 万余册,地方志 400 多种,其中 100 多种为中国国内孤本,其他尚有 400 多种满文数据和 3000 种云南纳西族东巴文资料。哈佛燕京图书馆现有中国古籍 4673 种、44993 册,中国地方志 4000 种,丛书 1500 种,所藏《永乐大典》2 册、《四库全书》2 册、宋版书 16 种、元版书 38 种、明版本 1275 种均为中国以外的孤本[2]。资源的稀缺性与分散性影响了对古籍文献的利用。同时,由于发布者不同,数据结构、命名方式、元数据格式和元数据方案,系统结构模型、调用协议、用户界面等各个方面都有很多的差异,特别是命名方式、数据结构、句法结构、语法结构等方面的差异会带来语义不一致的问题,严重影响了语义网环境下对信息资源的语义揭示与语义互联。

3 解决问题途径研究

笔者认为,要解决上述两大问题,应分三步骤进行古籍数字化资源的整合,第一步,结合古籍数字化资源特点,加强对文本自动分析技术、本体等的研究,构建古籍资源的知识体系;第二步,基于这些知识组织工具进行古籍知识库的构建,实现对知识的语义揭示、语义关联;第三步,加强各方合作,实现多来源异构资源的统一检索。

3.1 应用文本自动分析技术有效实现古籍中知识的挖掘

3.1.1 文本自动分析技术概述

近年来,古籍文献由印本文献转为大量的半结构化或非结构化的数字化资源,同时,图书馆对书目数据赋予的功能也随之发生了变化,不再只针对文献,而是更多地关注文献的内容。在这些变化的影响下,只依靠传统的人工编目势必无法满足古籍资源利用的需求,因此,必须引入非人工或半人工的方式进行文献的揭示与组织,加强对数字资源的智能化处理技术的研究,在语义层面上深化馆藏古籍资源的知识组织,建立人与机器之间的互理解通路,形成数字图书馆知识认知与共享的基础。

对古籍数字化资源进行智能化处理是以文本自动分析技术为基础的,这些技术主要包括:①文本抽取技术。对于抽取出来的信息,应按照一定的算法计算权重、过滤错误或冗余信息,这样,通过多种方法的结合使提取出的信息具有专指性、准确性、客观性、完整性。②中文分词技术。分词就是将连续的字序列按照一定的规范重新组合成词序列的过程。尽管已有多年的研究和实践,国内建设了多个分词系统,但是由于汉语的复杂性,汉语分词技术仍是中文信息处理的一个技术难点。因此,较为合理的中文分词方法应是建设基础的分词词典,通过大量实验数据积累语料库,同时用已建的元数据对分词词典进行检验,不断改善。

文本自动分析需要以语料库作为基础工具,一个完整规范的语料库对知识挖掘的准确性具有重要的作用。近年来,一些古籍研究机构建设了一批高质量的语料库,为我国古籍文献的整理与挖掘打下了良好的基础。如:中国社会科学院语言研究所建立的小型语料库包括近代汉语书面语语料 150 万字、中古近代汉语语料约 1000 万字;浙江师范大学建设了楚辞语库、前四史语库、六朝语库、太平广记语库、唐诗语库、宋词语库;四川大学建设的中国古汉语语料库有 1 亿字的中国古汉语语料和有关中国古汉语研究的资料等。但是,由于目前语料库的建设非常分散,没有形成一个较为完整的体系,缺少对语义语料库和语用语料库的研究与建设,因此,对于实现基于语义的古籍数字资源自动分析的支持作用还很有限。

3.1.2　文本自动分析技术在古籍数字资源整合中的应用研究

利用智能化的文本自动分析技术可以对古籍文献的内容进行深入研究与辅助处理,实现对知识的揭示与发现。古汉语在语义与语法规则上与现代汉语有大量的差异,因此,利用文本自动分析技术在处理古籍数字资源时应关注古汉语的特点。如:关注对一字多音的识别,加强注音语料库的建设,通过利用上下文信息等方法确定多音字。

关注对汉字借用、代替等现象的识别,其中的难点在于:通假字由于借用是不固定的、临时的,因此对语境的依赖性大;异体字由于各个地方对正体字的不同认定造成对异体字的判定也因地而异。对文本进行分析时,对于每个独立的著录对象,应结合该资源的来源(如地域、机构等)、上下文语境等信息。

关注对名词特别是人名、地名、物名、职官名等的正确识别,特别注意历史沿革、地域差异等对名词的影响。加强对命名实体识别技术的研究。命名实体是指现实世界中具体的或抽象的实体,如人、地点、组织等。通常用唯一的标志符(即专有名词)表示,如人名、地名、组织名等。广义上讲,命名实体还可以包含时间、数量表达式等[3]。

古人对句子的注释很多采用征引式的注释方法,因此,应对这类注释再进行注释,同时,也可以通过这种注释方法建立不同语句之间的关联关系。

较为重要的古籍往往有多个校本,造成校勘工作繁重,应利用文本自动分析技术进行自动校勘,提供避讳字表、异体字表等辅助校勘工具,加强对误字、倒错、异文、脱文、衍文等多版本间差异的准确发现。

3.2　加强本体构建与应用

3.2.1　本体的概念及功能

语义网是对万维网的扩展,目的是使现有的万维网具有一定的推理和自动处理能力。

语义万维网通过给万维网上的文档添加能够被计算机所理解的语义,从而使整个互联网成为一个通用的信息交换媒介[4]。

本体(Ontology)是某一领域中的术语及术语间关系的规范说明,提供对领域知识的共同理解与描述,用于共享、交流和重用,由概念及概念之间的关系构成,概念及概念间的关系经过精确定义,主要供机器或计算机所使用并可用数学方式表达[5]。本体是语义化的基础工具,对语义网体系结构起着关键的支撑作用。在语义网体系结构中,本体的作用主要表现在:概念描述、语义揭示、一致性、推理支持[6]。

本体在古籍数字资源的整合中承担以下的功能:①基于语义分析,支持对文本的自动分析;②支持对古籍数字资源进行自动编目及规范控制;③支持自动抽取古籍文献中的知识概念,并建立知识关联;④支持语料库的智能扩展,自动发现和挖掘新词,发现缺失的概念;⑤作为基本的知识组织工具支持知识库的自动推理、自动聚类的功能。

3.2.2 古籍本体的构建方式

古籍文献的内容博大精深,涉及多个学科,因此,本体的构建应分步实现,第一步,在小范围内进行本体的建设,主要建设方向分三类:一是基于古籍文献中的通用知识构建通用本体,被定义的知识可以应用于各类型古籍,作为基础支持工具,如:针对古籍文献形式构建的本体,基于人物构建的本体等;二是基于特定的学科专业领域构建领域本体,如:中医古籍本体的构建可以生命、形体、经络、腧穴、诊法、中药、方剂、病证、疗法、针灸、养生、气功等中医特定知识单元为概念[7];三是基于特定的古籍文献类型构建领域本体,如:由于家谱的主要内容是记录家族历史,与人物有着密切关系,因此,家谱文献的本体构建应以人物、家族为核心概念,重点分析人物之间的关系、家族之间的关系、人物与家族的关系、家族及人物与机构的关系、人物与作品的关系、家族及人物与事件的关系等概念关系。第二步,整合各类本体,构建古籍资源的知识组织体系。

3.3 基于本体构建语义知识库

知识库是在数据库的基础上结合人工智能领域技术构建而成的,建设的目的在于通过管理和存储知识来实现知识的序化、共享、重用。建设的过程即对知识的获取、表示、利用,既包括对原始信息或既有知识进行理解、提取、分类,将知识以计算机能够理解和处理的形式来表示,也包括通过分析和推理产生新知识。其特点在于:从信息资源中抽取知识点,按照一定的知识表示方法,深入文献知识层面按照一定的知识体系进行整序和分析,形成知识集合;不但能够表示显性知识,而且能够组织隐性知识;具有学习、归纳推理及动态更新的功能;不但明显地表达事实和关系,还能够明显地表达领域知识和推理规则;通过对知识库进行挖掘,能够发现事实上的知识,也能发现规则上的知识。

知识库的作用在于作推动知识有序化、知识的交流与共享,对馆藏古籍数字资源的整合有着重要的作用,图书馆对古籍知识库的构建进行了一些研究和实践。目前主要向两个方向发展,一是基于本体建设的综合性、基础性知识库,如:北京大学数据分析研究中心与中国国家图书馆合作建设的中国历代典籍总目分析系统采用实体关系分层描述古籍书目并构建了古籍文献知识本体;二是基于领域本体针对特定学科古籍文献建设的知识库,如:中国中医研究院对中医古籍的本体构建进行了大量的研究，建设了中医古籍知识库系统，并在此基础上开发中医药文献服务系统[8]。但这些尝试都还处在探索阶段，主要工作都集中在对本体的建设上，对知识库的架构、功能等的研究还较为欠缺。

目前，对基于本体的古籍知识库的建设应按以下几个步骤有序推进：①深化对馆藏古籍数字化资源的语义挖掘与语义互联的研究；②推动知识表示、利用、存储与获取的辅助工具的研究开发；③研究传统知识组织工具的自动更新、自动丰富机制，使之具备吸收新信息、新概念、新结构的能力，在此基础上开发数字资源知识组织工具；④加强各类型语料的积累，为知识库的建设打下良好的基础；⑤基于各种语义工具及已建元数据构建知识库；⑥有机整合已建知识库的成果，构建知识库体系架构。最终实现数字资源的结构化、语义化，整合众多的知识节点与知识关联，构成知识网络。

3.4 加强合作，实现多源异构资源的统一发现

目前，很多收藏机构都对藏本进行加工，制作各种类型的数据库。近 20 年来，国内外利用计算机技术开发研制了近 500 种古籍数字化资源，其中包括 81 种古籍电子索引，近 148 种古籍书目数据库和近 270 种古籍全文数据库[9]。有学者对互联网上的华文数字典籍检索入口进行整理[10]，在中国之外的地区收集到的数量为：日本地区（21 个）、韩国地区（7 个）、欧美地区（26 个）。多个发布平台必然造成信息孤岛现象，给用户带来资源发现、知识获取上的困难，成为古籍利用的瓶颈。

实现对多源异构资源的统一发现有以下几种主要途径：一是通过跨库检索技术，并发地检索本地的和广域网上多个分布式异构数据源，并对检索结果进行整合，为用户提供一个统一的检索接口，如 MetaLib。这一方式具有时效性好的特点，且不必为资源的整合投入大量的人力物力。二是建立元数据仓储，将多个来源的元数据采集到本地，按照一定的规则进行清洗、转换，形成统一的格式，并提供检索服务。这一方式由于对元数据进行了规范化的处理，因此，检索的效果较好。三是建立统一的内容管理平台、统一的元数据标准、统一的检索平台，采用多方共建的方式进行资源建设与服务。这种方式可以避免资源的重复建设，数据规范性好，质量较高，不必再对已建数据进行清洗、转换等工作，节省人力物力。以上三种方式各有优势，但也存在着一些问题，前两种方式由于原数据库为满足本库的显示与检索功能一般对元数据进行了个性化的处理，因此，实现统一检索后，针对不同类型资源的个性化检索的效果往往不尽如人意。第三种方式需要多个资源拥有者之间形成紧密型的合作关系，而由于古籍文献的收藏机构分散于全球各地，因此合作多是围绕本地区或同一文献类型，较难形成跨区域跨文献类型的大型合作组织。

因此，笔者认为，对多源异构的古籍数字资源的整合应将三者结合在一起。即：在资源建设、标准建设、学术研究等各方面加强相关各方的合作，以多方共建的形式建设大型古籍数字资源的元数据仓储，再通过跨库检索等整合技术对这些大型的元数据仓储进行再整合，最终实现对所有古籍资源的整合检索。

参考文献

[1] 陈东辉. 关于古籍索引工作的若干思考[J]. 国家图书馆学刊，1997(1)：43－47.

[2] 毛建军.美国中文古籍数字化概述[J].图书馆学研究,2012(1):19-20.
[3] 朱锁玲.命名实体识别在方志内容挖掘中的应用研究——以广东、福建、台湾三省《方志物产》为例[D].南京:南京农业大学,2011:7.
[4] 语义网[EB/OL].[2012-12-26].http://zh.wikipedia.org/wiki/%E8%AF%AD%E4%B9%89%E7%BD%91.
[5] 司莉.KOS在网络信息组织中的应用与发展[M].武汉:武汉大学出版社,2007:156.
[6] 戴维民,等.语义网信息组织技术与方法[M].上海:学林出版社,2008:13.
[7] 谷建军.基于叙词表的中医古籍文献领域本体建模方法研究[M].北京:中国中医科学院,2006:76.
[8] VSP行业应用案例五:中医古籍知识库系统以及中医文献服务系统[EB/OL].[2013-10-10].http://www.myvsp.cn/download/anli/wxsjby.pdf.
[9] 毛建军.古籍数字化理论与实践[M].北京:航空工业出版社,2009:99-149.
[10] 王伟.全球中国古籍书目总汇[EB/OL].[2013-10-10].http://blog.sina.com.cn/s/blog_6a5826b6010180j0.html.

(原载于《图书馆》2014年第4期)

国内外政府信息组织技术应用研究

曲云鹏　王文玲

1　前言

随着政府信息公开工作的不断推进，我国公众可访问到的政府信息已经达到了海量规模。但是，政府信息并无统一的格式，处于分散、无序的状态，这给用户检索、查询和订阅政府公开信息造成了较大困难。目前，很多知识组织技术应用到政府信息中，对政府信息进行了二次组织和整合，取得了较好的效果，提供了丰富的服务形式。笔者将对国内外应用于政府信息的知识组织技术加以研究和比较，并结合我国政府信息服务现状提出建议。

2　面向政府信息的知识组织技术

2.1　知识组织技术概述

知识组织技术主要的目的是对信息资源中所表达的客观的知识概念系统或者知识分类系统进行统一控制。最常使用的知识组织技术主要包括分类表、主题词表、叙词表和规范文档等。分类法和主题词表等都是图书馆进行信息资源标引、实现内容检索的主要工具。在此基础上，图书馆研究人员在长期的实践中积累了大量的数据，逐渐形成了元数据、书目主体规范等规范化的信息组织工具，分类法、主题词表、叙词表、规范文档等成了图书馆中最常用的知识组织技术。

随着 Web 技术的发展，知识组织技术又有新的进展，产生了以 Web 内容为组织对象的新技术，如标签、本体、RDF、主题图等。新的知识组织技术以语义网为中心，以 XML 作为基本表示语言，形成了 RDF、OWL 等知识构建语言。在此基础上又发展了很多知识组织系统，来推动知识组织技术的应用，如 SKOS 等。知识组织系统不局限于传统知识组织方法的类别区分的方法，而是从知识的底层概念入手，强调概念之间的关系和推理。由于知识组织系统的组织方式更近似于人思考的过程，因此具有很好的效果。

目前，各类知识组织技术都有面向政府信息的应用，其中以受控词表、本体、主题图和标签系统的应用最为广泛。

2.2 受控词表在国内外政府信息组织中的应用

受控词表的实质是表达一系列概括文献情报内容的概念及其相互关系的概念标识系统[1]，包括分类受控词表和主题受控词表。受控词表是实现对知识有效组织的重要途径。政府信息类型多样，涉及公众生活的各个方面，涵盖各个学术领域的知识内容，因此为深入挖掘政府信息中的知识价值，为用户提供知识服务，必须通过受控词表构建政府信息的立体知识网络。

2.2.1 分类受控词表在政府信息组织中的应用

对于政府信息资源，国外主要存在两大分类体系：一是从政府信息资源的来源和提供部门的角度进行分类，以政府信息资源内容所反映的社会职能分工作为类目划分的主要标准；二是从政府信息资源的内容知识特征的角度进行分类，以政府信息资源所反映的学科属性作为类目划分的主要基础。前者实际上与档案分类法基本相同，比较有代表性的是美国公文管理分类系统（SuDocs，Superintendent of Documents Classification System），它一直是分布在美国联邦寄存图书馆 FDLP 和政府出版物月目录 MOCAT 中的政府出版物的分类依据[2]；后者实际以通用的图书分类法为参照，利用图书馆分类法成熟的分类体系按资源内容特征和主题特征对政府信息资源进行标引。如“加拿大主题信息资源”（Canadian Information by Subject）就是采用杜威十进制分类法 DDC 建立的以“主题树”形式显示的综合性加拿大政府信息资源目录[3]。

在国内，2002 年国家标准化管理委员会和国务院信息化工作办公室在北京联合主持召开的电子政务标准化总体组第一次工作会议，讨论形成了《电子政务标准体系框架》[4]。

2007 年 9 月发布了国家推荐标准 GB/T 21063.5—2007《政务信息资源目录体系》，规定了政务信息资源目录体系中政务信息资源的分类原则和方法，按照主题、行业、服务、资源形态 4 种分类方法对电子政务所涉及的主要政务信息资源进行了树状结构的分类[5]。资源形态分类根据政务信息资源的外表特征进行划分，独立于其内容。主题分类、行业分类和服务分类属于内容特征的分类，主题分类体现了政务信息资源的内容属性或特征，揭示了政务信息资源内容主题的不同，是其基础性分类。行业分类体现了政务部门行业的特点，服务分类则描述了政务信息资源面向用户提供功能服务的划分，行业分类和服务分类是对主题分类的辅助性分类。为了对政务信息资源做出全面的描述，便于组织、维护和使用政务信息资源，政务信息资源分类确定了以主题分类为核心，以服务、行业和资源形态分类为辅助的分类方案，4 个方面的特征基本覆盖了政务信息资源的产生、加工、使用和管理维护过程中的不同视角。

2008 年 4 月 30 日，国务院办公厅的政府信息公开目录专栏在中央政府网上正式开通，采用主题分类方法，在国家标准的基础上，对一些不适用于政府信息公开内容的类目进行了适应性改造，进而确定我国政府信息公开目录的信息资源分类体系[6]。该分类参考和借鉴了国内外的有关政府信息分类情况，同时兼顾到统一性和示范性，特别结合我国和国务院办公厅自身的特点制定而成。为其他部门和机构的信息公开目录的分类，特别是为全国范围的整个政府信息公开目录的统一分类提供了基本的参照。

2.2.2 主题词表在政府信息组织中的应用

规范的主题词表是建设政府信息资源库和实现信息资源交换的基础,通过将控制词表与元数据的连接可以提高政府信息的检索和发现。从政府主题词表的应用来看,主要是为政府信息资源元数据体系的“主题”项提供控制术语的选择。

国外相关政府信息资源管理部门在长期的政府信息资源管理实践中,尤其是在政府文件档案管理领域、政府出版物管理领域形成了不同类型的政府信息资源主题词表。英国国家数字档案库采用的 UNESCO 主题词表[7]、澳大利亚电子档案主题词表(Keyword AAA)[8]都属于应用于政府文件档案管理领域的主题词表。美国、加拿大等联邦寄存图书馆为有效管理馆藏的政府出版物而制定了相关的主题词表,这些主题词表则是在原有的主题词表(如 LSCH 等)的基础上编制而成的。

国外的政府主题词表在编制时严格遵循相关的国家或国际标准,并与有关的其他政府词表相对应,最大限度地实现兼容和共享。其中,加拿大、澳大利亚、新西兰和英国等遵循的是 ISO 2788 标准,美国遵循的是 ANSI/NISO Z39.19 标准。

主题法在我国党政机关中的应用最早可以追溯到 1985 年。此时,中共中央的文件开始标注主题词。《公文主题词表》编制于 1991 年,收录主题词 4239 条,1997 年修订,收录主题词增加到 5116 条。《国务院公文主题词表》于 1988 年编制完成,共收录 15 大类 786 条主题词,1994 年、1997 年两次修订,收录主题词增加到 1049 条[9]。

随着电子政务的兴起与发展,主题词表的编制工作也有了长足的发展。2004 年,《电子政务主题词表编制规则》(GB/T 19486—2004)作为国家标准颁布实施[10]。2005 年,《综合电子政务主题词表》编制完成,共收录主题词 20252 条,其中正式主题词 17421 条、非正式主题词 2831 条[11]。体系结构完整、科学合理,内容覆盖了我国电子政务各领域及相关知识范畴。分字顺表和范畴表两部分,字顺表的词间参照关系设有用、代、属、分、参 5 种,范畴表按学科、知识领域以及部门职能划分为 21 个一级范畴、132 个二级范畴、37 个三级范畴。

2.3 本体在国内外政府信息组织中的应用

将本体应用于政府信息和政务系统中,可以增强政府机构之间信息的沟通与共享,增强系统之间的语义交互性,有助于开发用户友好的、高效而准确的政府信息服务。

西班牙电子政务系统采用房地产交易本体对房地产交易信息进行了描述[12]。图 1 中描述了房地产交易本体之间的关系。该图表示了以房地产交易本体同其他 10 个相关本体之间的关联情况,图中的 10 个本体包括人物本体、市民特性本体、机构本体、地点本体、税务本体、合同模型本体、法务本体、房地产交易验证本体、房地产本体、法律本体和房地产交易本体。图中的箭头指的是本体与本体之间的关系。以市民特性本体为例,它所描述的概念是市民。在本图中,市民特性本体同 5 个另外的本体有关联,分别是“法人关系”“居住/住所”“进行”“买卖交易”“同自然人获取数据”等。

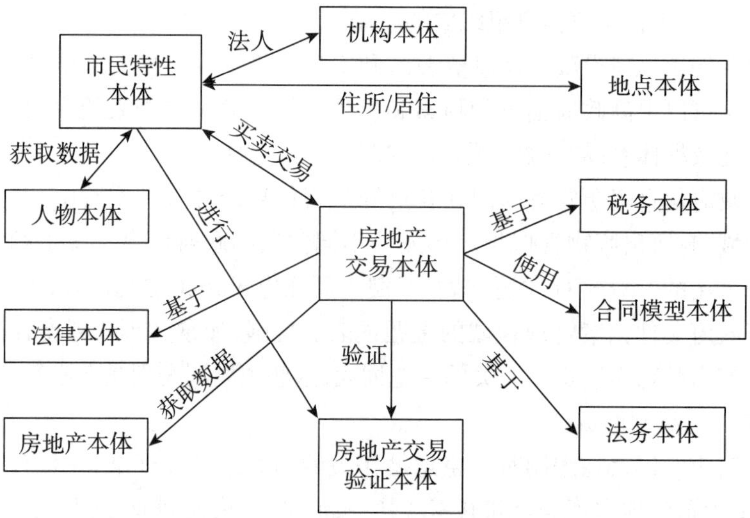

图1 房地产信息本体关系

利用这些本体信息,西班牙电子政务系统开发了很多易用又高效的市民服务[13]。EgoIR是一个基于本体的政府信息检索系统。该系统可以给使用西班牙电子政务系统的市民、公司和政府官员提供文档整合与发现服务。该系统支持对于系统内本体的浏览和检索功能,允许用户直接检索本体中的概念。Egoster是一个点对点的政府文档共享系统,提供了一个政府文档共享、交换和检索的平台。在该系统中,房地产交易本体等政府系信息本体提供了重要的支撑作用,是系统基本功能实现的基础。

FSSA(Indiana Family and Social Service Administration,印第安纳家庭与社会服务管理局)为了解决数据库的异构性、分布性和数量巨大对于信息组织带来很大困难的问题,利用分布式本体对数据库通过进行了管理[14]。FSSA负责管理的信息分散在不同类型政府信息的服务器中,在为用户提供信息服务时,需要从多个服务器中获取相关信息。为了更准确地提供信息服务,FSSA针对每一种信息需求,定义了一种本体,每个本体都描述了信息空间中相关的信息片段。那些存储了同一类主题的数据库就会被分类在一起,与同一个本体相挂接,如图2所示。例如,面向残疾人信息需求的本体Disability,它的信息分散在3个不同的数据库中。在残疾人进行检索时,会根据本体Disability中的结构,分别从3个数据库中调取数据,作为检索结果提供给用户。

英国公共部门信息办公室(The Office of Public Sector Information,OPSI)为了解决英国政府积压多年的政府公共部门信息无法重用的问题,启动了AKTivePSI Project[15]。政府部门所积累的数据有多种形式,包括微软的MSSQL数据库、Excel表单、XML文件、Access文件等。该项目开发了多种脚本,根据所建立的本体将这些信息转化为RDF。表1列出了卡姆登镇理事会的部分政府信息情况,对应的项目分别是文件格式、所生成的RDF数量以及相应的说明。

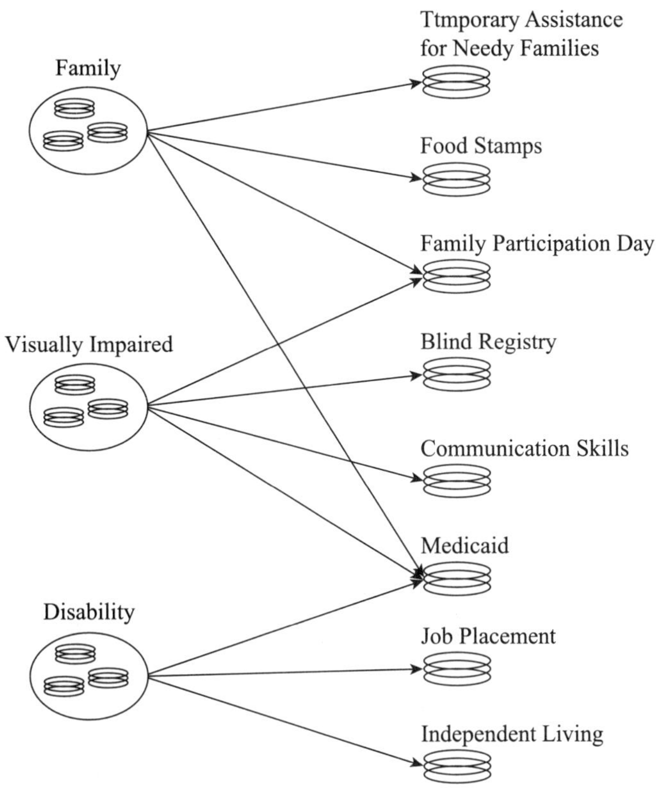

图 2　FSSA 中本体与数据库的关系

表 1　卡姆登镇的部分政府信息情况

名称	格式	所生成的 RDF 数量	说明
土地及物业名录	Excel	230 万	卡姆登镇的财产说明,包括地址、类型等
食品业机构	Excel	8.4 万	卡姆登镇的食品相关单位,包括名称、地址等
本地企业	Excel	17 万	卡姆登镇的企业,包括名称、地址、联系信息、类型等
执照	MSSQL	10 万	企业执照信息,包括地址、执照类型和过期时间
议员及委员会	Excel	3 万	议员及委员会信息,包括负责人、个人信息等

对于这些信息,OPSI 为每个类型的数据设计了本体,用于进行 RDF 转换。图 3 为卡姆登镇的土地和产权名录的本体结构图。类似的本体在该项目中一共有 13 个,分别用于描述不同类型的数据信息。在将政府文档信息转化为 RDF 后,系统就可以实现概念和实体之间的映射,为用户提供相似或者相同的实体。该项目中使用了 owl:sameAs 属性来连接相互映射的实体,这样,政府文档系统就可以提供很灵活、强大的检索功能。同时,结合 Mashup 功能,AKTivPSI 项目可以提供更强大、更丰富的政府信息展示功能。

在我国,本体在政府信息还没有实际的应用,更多的是研究型的尝试。中国科学院卢燚、张波等在《综合电子政务主题词表》的基础上进行了构建政府公开信息本体的尝试[16],添加了核心概念的类别实例和主题实例,并通过实验验证了本体在政府信息组织与服务中的有效性。杨勇等对于本体在政府采购知识方面的应用进行了研究[17]。迪莉娅对于本体在电子政务公共服务用户知识管理中的应用进行了研究[18]。耿瑞利[19]利用宁波市发改委的政府信息资源进行了实验性的本体建设,取得了一定的效果。但是对于大范围的使用,仍然缺少坚实的实践基础。

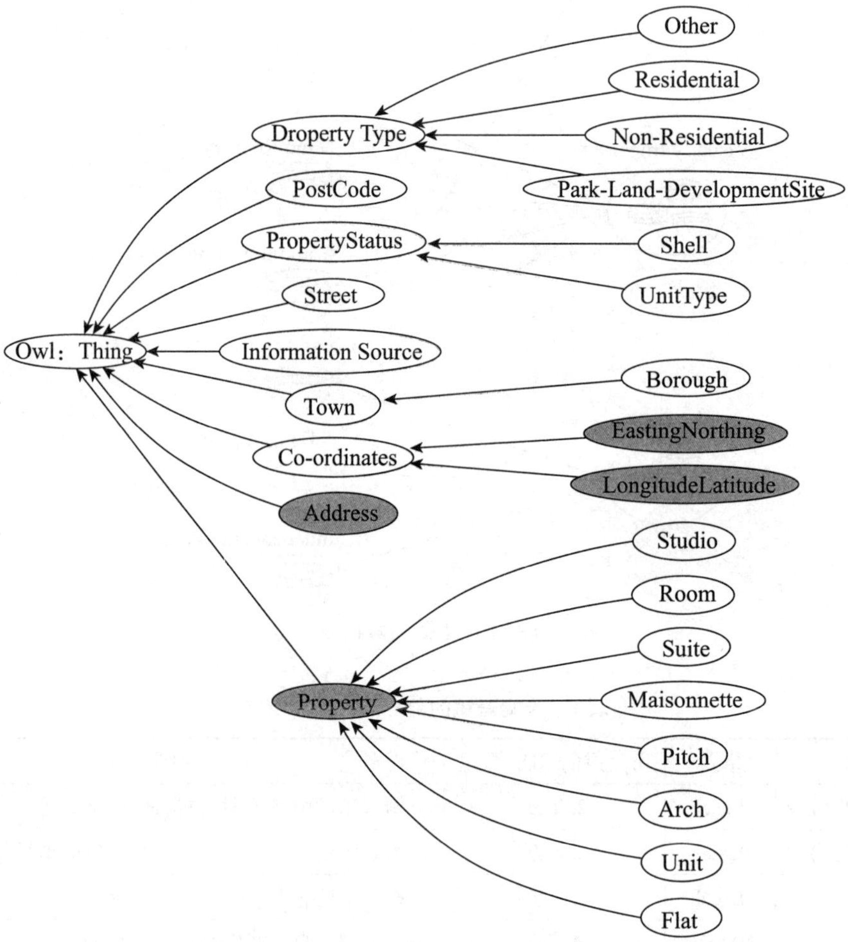

图 3　卡姆登镇的土地和产权名录的本体设计

2.4　主题地图在国内外政府信息组织中的应用

主题图(Topic Maps)是一个 Web3.0 的驱动技术[20],通常会运行在很多 Web 门户和其他的数据丰富应用的后台,对数据进行有效的组织与整合。主题图主要描述主题之间、主题与具体资源之间的关系。将主题图应用于政府信息,可以清晰地揭示政府信息主题之间的关系,将分布式异构的政府信息关联成知识地图,便于用户发现和使用所感兴趣的信息。

Ioannis Tsampoulatidis 等在 2004 年使用了主题图来进行电子政府语义服务的管理[21]。在该项工作中,主题图用于对数据库所存储的信息进行组织。主题图中的 Occurrences 实体可以指向任何的文档、图像和数据等,这些数据可以保存在政府信息数据库中,也可以是外部的链接。当用户访问电子政务系统时,可以在主题图技术的帮助下获取最完整准确的信息。使用主题图技术,可以加快对于碎片化政府信息的组织速度,更好地理解用户的检索需求,最终提供更完整更准确的检索结果。

图4是检索城市规划相关信息时主题图的应用流程。对于城市规划相关信息的检索可以产生于3个层次,第一层是直接同主题相关的文档;第二层是对于信息对象的补充或者环境信息说明的碎片文件(Fragments),这类文件不会直接归类于某个主题,并且可以在多个环境或者情况下重用;第三层是专题信息,即由多个有共性的信息资源所构成的信息专题。在用户进行政府信息检索时,主题图技术可以将多个同检索相关的主题联系在一起,给出用户最完整的信息。例如,用户在检索获取装修许可证的手续时,主题图可以将分散在多个政府部门的信息整合起来,给用户最完整的许可证获取流程、相关部门和所需要证件等信息。

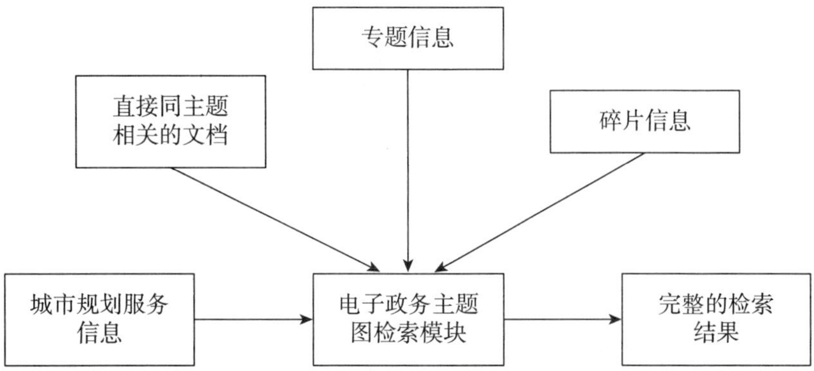

图4　在城市规划信息检索中主题图的应用

在我国,有关主题图的政府应用主要是模型阶段。裘江南等利用XTM构建了政府门户知识关联导航系统[22]。在该系统中,XTM作为一种主要的知识组织管理方法,在知识层中发挥了重要作用,实现了对资源有层次的整合,在资源层以上构建结构化的语义链接知识网络,为用户提供门户内容的整体视图,通过这一知识网络实现对资源的简单快速导航,提高用户每次检索的信息获取量。姜明明在硕士论文中设计了一种基于主题图的网上行政审批业务导航模型,在模型中利用主题图将分散的有关政府审批的资源整合在一起,提供给用户[23]。叶飞等设计了一个基于主题图的电子政务门户知识管理系统,其主要目的是实现政府信息资源的合理分类、组织、存储、共享和整合,提供更加个性化的电子公共服务,提高政务资源的利用率和知识管理的有效性[24]。

2.5　语义语用标签在国内外政府信息组织中的应用

标签最初运用于个人管理信息资源,当个人使用标签作为资源组织手段的时候,标签只能表达当前使用者的个人理解的概念和观点,每个标签集合都是面向个人应用的,因此标签工具很符合用户的使用习惯。每个人对于同一条政府信息的标签不同,但是语义相似,如果可以将不一致的标签根据其相似的语义语用环境统一起来,用于标识政府信息,用户在使用政府信息时就可以借助其他人所赋予的语义语用标签快速地理解和处理信息的重要相关内容,同时机器也可以更加有序高效地进行数据的整合与组织。

Janice Warner 等在此基础之上提出了语义语用标签在政府信息中的应用[25]。语义语用标签指的是在传统的标签基础之上,考虑标签的语义信息和语用环境,并将这些信息扩充到标签中。语用环境是指该标签所产生的环境信息,例如任务、时间、地点等,作为标签的属性处理。同时,Janice Warner 还提出了标签云(Tag Cloud)的概念。这里标签云指的不仅是对标签的汇集,还集合了不同的人员对于标签的理解、标签的语义语用信息等。

Janice 设计了一种基于多领域合作的语义语用标签云的构建方式,其架构如图 5 所示。身处各个政府机构的信息相关人员在工作中对政府信息进行标注,在进行标签标注的时候,利用所提供的标签云系统进行标签选择。如果系统中存在合适的标签,则使用当前系统中的标签,若没有合适的标签,则需要用户输入标签概念,然后输入语义和语用信息。通过不同部门的合作,可以形成一个涵盖整个政府信息概念的语义语用标签云。这种标签云可以实现政府信息的组织与管理。而在用户进行检索的时候,用户需要说明检索词是概念、属性,还是一个标签用户。如果检索词是一个概念,则系统会以结构化结果云的方式提供多个通用概念给用户使用。图 6 就是针对检索词 Tag 所提供的结构化结果云。如果检索词是一个属性,则用户需要说明属性的类型。如果检索词是一个标签用户,那么很明显用户所感兴趣的是在系统中进行标签标注的用户或者机构。

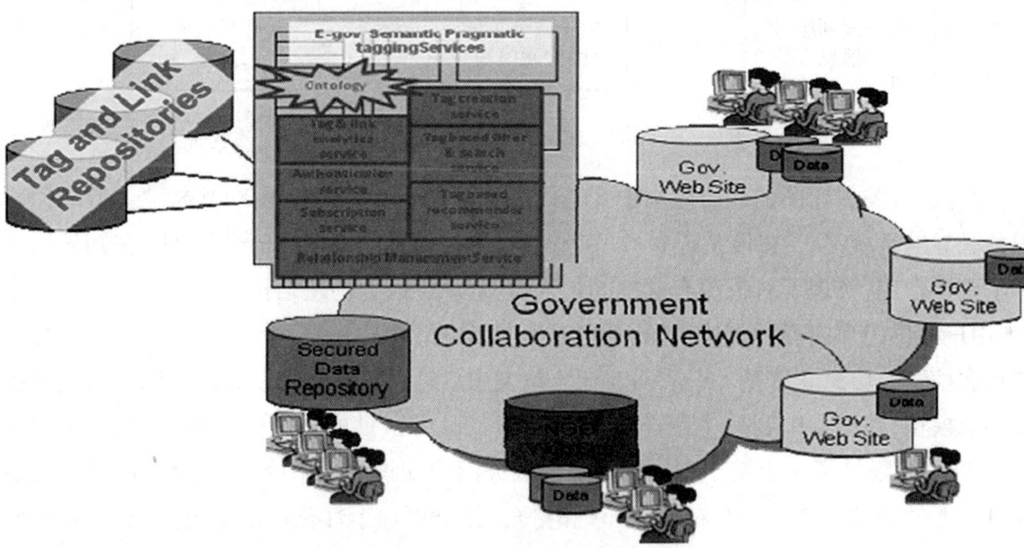

图 5　协作语义语用标签服务架构

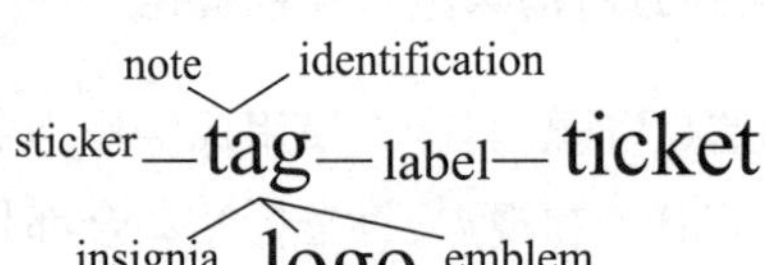

图 6　与 Tag 相关语义语用标签

在该系统中,语义语用标签还可以作为动态检索的后台支撑。语义语用标签中有一类标签称为标签轴,在这个标签轴的基础上,可以动态生成一个标签云,作为一个新的检索领域。例如,当使用“灾难管理”标签作为标签轴时,系统会将同该标签相关的所有概念/属性/关系都收集起来,形成新的标签云,如灾难信息、救援信息、疾病控制信息、财产损失等。用户可以选择感兴趣的信息进行进一步的检索和浏览。

3 政府信息知识组织技术应用比较及建议

3.1 国内外政府信息知识组织技术应用比较

上文对于国内外政府信息知识组织技术进行了总结。可以看出,我国对于政府信息的知识组织工作相比国外还处于落后的状态,存在着较为明显的不同。

3.1.1 对象不同

国外的政府信息知识组织技术的服务对象主要是使用政府信息的市民,同时兼顾生产、加工政府信息的政府部门。政府信息组织技术的目标主要为市民提供准确的政府信息检索结果,同时对政府信息的生产部门提出了更高的要求。在我国,政府信息知识组织技术的应用服务对象还依然以政府部门为主,缺少从市民角度进行的政府信息知识组织工作。

3.1.2 进度不同

在国外,电子政务工作开展得较早,知识组织技术的应用也较为成熟,除受控词表收到了较多的应用外,本体等新的知识组织技术都已经应用到实际电子政务系统中,供市民使用。在我国,政府信息知识组织方面的应用主要集中在利用受控词表对信息进行整合,对于公开后的、处于分散和异构状态的政府信息缺少实质上的应用实践,大多数的政府信息整合项目都是基于传统的分类法和主题法对资源进行整理,缺少对于资源内部的挖掘和更有效的整合。尽管裘江南等提出了可行的模型,但是距离实际应用还有较大距离。

3.1.3 牵头机构不同

在国外,政府信息知识组织技术研究和应用工作的牵头机构均为政府机构,他们从具体的需求出发,进行知识组织技术的研究和开发。在我国,政府机构还缺少针对政府信息知识组织技术研究和应用的主动性,尽管《政府信息公开条例》(以下简称《条例》)规定需要在图书馆提供政府信息查询服务,但是没有对于应用方法和技术的要求。

3.2 对于我国政府信息知识组织工作的建议

鉴于目前我国对于政府信息的知识组织情况,建议在以下方面深入研究与探讨。

3.2.1 加强政府信息组织实践

在国内的政府信息组织相关研究与实践中,都是针对单一机构和单一领域进行政府信息的知识组织管理与控制。在领域与机构明晰的情况下,知识管理工作相对较易。但是目前我国的政府信息处于分散状态,如何有效整合各个机构、各个领域的信息是一个较大的挑战,在此基础之上如何利用知识管理工具对信息重新组织,是很困难的一个课题。耿瑞利利用宁波市发改委的政府信息资源进行了实验性的本体建设,获得了一定的效果。但是对于大范围的使用,仍然缺少坚实的实践基础。

在《条例》实施之后,公共图书馆事实上已经成了政府公开信息的获取者和服务者,是公众获取政府公开信息的主要桥梁。有了《条例》的支持,公共图书馆在获取政府公开信息上有着制度的支持,具备了客观的条件。而公共图书馆又是知识技术的前沿研究机构,在条件与科研都具备的情况下,公共图书馆应该承担起对于大规模政府公开信息的知识组织的重担。

3.2.2　政府机构应主导知识组织技术在政府信息中的应用与实践

政府机构应主动参与甚至主导对于政府信息知识组织技术的相关研究和实践。在国外的相关实践中,很多都是由政府提出政府信息组织需求,并主导相关知识管理工具的开发,最终实现了较好的知识组织效果。政府信息由政府机构制造,相对于图书馆等其他信息管理机构,政府机构对于政府信息的内容和应用更加熟悉,而且政府机构具备其他机构所不具备的行政能力,可以有效地整合社会资源为政府信息的有效管理和组织服务。政府机构应该正面面对用户对于有序政府信息的需求,联合图书馆、互联网企业等信息服务机构,加强理论和应用研发,满足用户的信息需求。

3.2.3　加强用户参与的标签系统的支持与实践

我国对于知识组织工具的研究与实践较多,本体、主题图等都有相关应用,而且有一定的社会效果。但是最接近于公民使用习惯的语义标签组织方式仍然缺少实践。邓媛[26]在理论层次上对应用大众分类法于政府门户网站进行了探讨,并在其论文的最后部分对所使用的效果进行了评价,认为对政府信息进行标签的标注有助于信息检索结果的增强和分类的准确性,但是由于客观条件的限制,使用标签进行政府信息处理还有很多问题要解决。业界应该尝试对政府信息从公民角度进行分类,发动公民智慧,以交互的方式建立更适合民众使用的信息服务方式。

参考文献

[1] 戴剑波,刘华梅. 受控词表的互操作研究[M]. 南京:东南大学出版社,2009:1.

[2] 杨秀丹. 政府信息资源组织工具集成研究[D]. 北京:北京大学,2007.

[3] Canadian Information By Subject[EB/OL]. [2014-02-10]. http://www.nlc-bnc.ca/wbin/caninfo/search/l=0/d=1.

[4] 李广乾. 电子政务的标准与知识产权[J]. 电子政务,2004(4):304.

[5] 李文生. 政务信息资源目录体系理论与实践[J]. 图书馆学研究,2011(9):10-15.

[6] 中华人民共和国中央人民政府门户网站[EB/OL]. [2014-02-10]. http://www.gov.cn/.

[7] 丘君瑞. 受控词表网络应用现状分析[J]. 情报科学,2001(11):1230-1232.

[8] 刘国伟. 澳大利亚电子文件管理标准体系研究[J]. 浙江档案,2008(2):37-41.

[9] 侯汉清,刘华梅,郝嘉树. 60年来情报检索语言及其互操作进展(1949—2009)[J]. 图书馆杂志,2009(012):2-13.

[10] 成建国,彭子凤,郑新燕,等. 专题电子政务主题词表体系的编制[J]. 电子政务,2007(8):71-77.

[11] 高文飞,赵新力. 我国政务信息资源主题分类研究[J]. 情报科学,2008(9):1340-1343.

[12] GÓMEZ-PÉREZ A, ORTIZ-RODRÍGUEZ F, VILLAZÓN-TERRAZAS B. Legal ontologies for the Spanish e-government[M]//Current topics in artificial intelligence. Springer Berlin Heidelberg, 2006: 301 – 310.

[13] ORTUZ-RODRÍGUEZ F, VILLAZÓN-TERRAZAS B. EGO Ontology Model: law and regulation approach for e-government[J]. Semantic web for e-government, 2006(13).

[14] BOUGUETTAYA A, ELMAGARMID A K, MEDJAHED B, et al. Ontology-based support for digital government[C]//Proceedings of the 27th International Conference on Very Large Data Bases. Morgan Kaufmann Publishers Inc., 2001: 633 – 636.

[15] ALANI H, DUPPLAW D, SHERIDAN J, et al. Unlocking the potential of public sector information with semantic web technology[C/OL]//The 6th International Semantic Web Conference (ISWC). [2013 – 09 – 22]. http://oro.open.ac.uk/20028/1/iswc07-c.pdf.

[16] 卢燚,张波.基于政务主题词表的政府信息本体构建及应用[J].计算机工程与设计,2010(3): 521 – 524.

[17] 杨勇,王衍,张文宇.基于本体面向政府采购的知识管理研究[J].计算机时代,2009(8):1 – 3.

[18] 迪莉娅.基于本体的电子政务公共服务用户知识管理研究[J].图书馆理论与实践,2012(3):32 – 35.

[19] 耿瑞利.政府信息领域本体的构建研究[J].图书馆学研究,2010(11):65 – 69.

[20] Topic maps[EB/OL]. [2014 – 02 – 10]. http://www.topicmaps.org/.

[21] TSAMPOULATIDIS I, TZOVARAS D, STRINTZIS M G. Ontologybased e-government thematic services based on topic maps[C]//On the move to meaningful internet systems 2004: OTM 2004 workshops. Springer Berlin Heidelberg, 2004: 569 – 580.

[22] 裘江南,姚永祥.基于XTM的政务门户知识关联导航系统模型研究[J].情报学报,2007(2): 260 – 265.

[23] 姜明明.基于主题图网上行政审批业务导航模型设计[D].大连:大连理工大学,2009.

[24] 叶飞.基于主题图的电子政务门户知识管理研究[D].武汉:华中师范大学,2011.

[25] WARNER J, CHUN S A. Semantic and Pragmatic Annotation for Government Information Discovery, Sharing and Collaboration [C]//The Proceedings of the 10th International Digital Government Research Conference, 2010.

[26] 邓媛.大众分类在政府门户网站中的应用[D].西安:西安电子科技大学,2011.

(原载于《图书馆学刊》2014年11期)

融合、创新、引领

——论信息技术在图书馆发展中的定位和作用

孙一钢

今天在座在都是各图书馆信息技术部门的负责人,机构名称包括职责范围可能不尽相同,但都承担着图书馆信息化以数字图书馆建设的重任。为了更好地促进工作开展,我们就信息技术在图书馆事业发展中的作用以及未来信息技术在图书馆发展中的地位与大家进行探讨。

信息技术是主要用于管理和处理信息所采用的各种技术的总称,一切与信息的获取、加工、表达、交流、管理和评价等有关的技术都可以称之为信息技术。而图书馆作为社会精神文化产品的集散环节,为社会提供政治、经济、科学文化等全方位的信息服务。自21世纪信息技术萌芽至今已经成为第一生产力,对社会政治、经济、军事、科技、文化、社会各个领域都产生了重大影响,更给图书馆带来了翻天覆地的变化。随着现代信息技术的发展,逐渐迈向了以自动化、数字化、网络化为特征的数字图书馆阶段。

1　图书馆事业发展所经历的几个阶段

英国图书馆学家苏顿(S. Stton)将图书馆分为连续发展的四个形态,即传统图书馆、自动化图书馆、复合图书馆与数字图书馆。每个阶段图书馆的文献资源、信息载体、技术方法、服务规范、服务对象、服务手段、服务设施、服务产品等都有各阶段的特点。

1.1　传统图书馆阶段

严格来说,传统图书馆又分为古代图书馆和现代图书馆两个阶段。古代图书馆又名藏书楼,一般以收藏为主,兼有一些整理工作,馆外流通很少。近代图书馆是指逐步为公众服务的公共图书馆。1904年,湖北省和湖南省图书馆相继建立;1912年,国家图书馆的前身京师图书馆对外开放;截至1938年,我国各类图书馆达到5000多所。近代图书馆已经逐步形成图书文献采访、处理、存储、传递利用等环节的完整的、科学的工作体系,但文献类型主要以印本文献为主,馆员服务以手工操作服务为主,图书馆服务内容多为一次文献借阅,例如传统的外借、阅览和馆际互借,服务形式基本都是读者亲自到馆办理。

1.2 自动化图书馆阶段

随着现代信息技术在图书馆的应用，图书馆的发展开始进入现代化和自动化的阶段。1954 年，计算机首次应用于图书馆。1966 年，MARC（机读目录）研制成功。早期的图书馆自动化系统是面向应用的单功能系统，系统间各自孤立，书目数据库不能共享。20 世纪 60 年代末 70 年代初，美国提出的图书馆自动化系统应是一个总体系统，并开始有部分大学图书馆和公共图书馆率先进行试验。70 年代中期，出现了"集成排架""集成藏书"和"集成科学情报系统"等，开始有了图书馆自动化系统的概念。1978 年，美国国立医学图书馆研制成功"图书馆集成系统"（ILS），作为该馆的图书馆自动化系统。1983 年，"图书馆联机集成系统"（IOLS）概念被提出。随后，图书馆自动化集成系统有了较大的发展，国际上开始出现商业图书馆自动化集成系统的应用软件，如 DO-BIS/LIBIS、GEAC、ILS、VTLS、CLSI 等。

20 世纪 70 年代末，中国个别图书馆开始了图书馆自动化系统的研究和试验。80 年代中期有个别单机系统投入试验性运行。90 年代初国家图书馆（即当时的北京图书馆）配备了大型计算机。国内也开始研制出成熟的图书馆自动化系统，如 ILAS、丹诚等。

自动化阶段的图书馆开始形成了规范的采编检流的自动化业务流程，使图书馆管理更加科学化，工作更加高效化。图书馆之间的联系更加密切，图书馆组织向网络化、国际化方向发展。

1.3 复合图书馆阶段

1996 年，苏顿提出了"复合图书馆"的概念。它是传统图书馆与数字图书馆的并存形式，也是从传统图书馆到数字图书馆的一个过渡阶段，是传统图书馆与数字图书馆两种不同形态图书馆有机结合在一起的统一体。在复合图书馆阶段，信息资源、信息载体、技术方法、服务规范、服务对象、服务手段、服务设施、服务产品等都是复合的，文献类型由印本文献向数字化文献过渡，同时提供部分到馆的电子信息服务，逐渐出现了智能化服务、移动服务、物联网服务等创新服务形式，图书馆的服务手段既有手工手段、也有部分信息时代的服务手段；服务内容既包括传统的文献借阅服务，又涵盖个性化、专业化的知识信息服务；服务场所从实体服务场所转变为实体与虚拟相结合。而复合图书馆的存在，是图书馆自身发展的需要，也是信息社会发展的需要。

1.4 数字图书馆阶段

关于数字图书馆的定义有百种之多。一般我们认为，数字图书馆是通过计算机技术、网络技术、通信技术等高新技术的结合，搭建基于网络环境下对传统文献进行数字化、同时与新出现的多种媒体的数字资源进行组织、整合、管理和保存的系统平台，并通过网络向用户提供全方位的知识服务。

国外数字图书馆建设开始于 20 世纪 90 年代。美国于 1995 年开始实施美国国会图书馆国家数字图书馆项目，英国于 1993 年正式开始 elib 项目，法国国家图书馆 1993 年开始馆藏数字化，日本国立国会图书馆于 2000 年制订了"e-Japan"重点计划。在国内，国家图书馆自1995年起开始跟踪国际上数字图书馆的研发进展,1996年在北京召开第62届国际图联(IFLA)大会后大规模地开展工作,1997年文化部向国家计委立项"中国试验型数字式图书馆项目",1998年启动了中国国家数字图书馆工程,标志中国的数字图书馆建设开始进入实质性操作阶段。

数字图书馆具有海量的资源规模、有序的资源内容、基于全媒体的服务和高度共享的平台等显著特点,是传统图书馆为应对因特网迅猛发展给信息服务带来巨大挑战的结果。

2 信息技术给图书馆带来的显著变化

从图书馆事业发展历史能够看出,现代信息技术对图书馆的影响是全面而深刻的,这种影响不仅仅体现在藏书结构、建设理念、服务方式和服务手段上,甚至贯穿到了图书馆构成要素的方方面面,包括图书馆信息资源的范围、信息载体的类型、信息用户的数量、信息技术的先进程度、图书馆的组织与结构、信息人员的观念与专业技能、馆际协作范围、图书馆的管理水平等。

2.1 海量丰富的文献资源

随着现代图书馆的发展,图书馆的资源建设突破了传统图书馆资源建设的局限,除了继续收藏印刷型的图书文献外,也收藏缩微品、录像带、磁盘、光盘等非印刷型资料,大大改变和丰富了图书馆藏书的载体成分,也改变了传统图书馆的形态。数字技术的广泛应用,又把各种不同载体、不同地理位置的文献资源进行数字化加工、存储和利用,形成了包括电子图书、电子期刊、电子报纸、数据库、音视频资源、网络资源在内的海量数字资源。数字资源的建设手段也越来越多样化,包括自建、外购、采集和征集等。以国家图书馆为例:

截至2010年底,数字资源总量480TB,馆藏特色资源数字化388TB,网络资源采集18TB,外购数据库共计219个(中文105个、外文114个);

截至2011年底,数字资源总量561.3TB,馆藏特色资源数字化458TB,网络资源采集19.2TB,外购数据库共计222个(中文106个、外文116个);

截至2012年底,数字资源总量813.5TB,馆藏特色资源数字化694.9TB,网络资源采集30.7TB,外购数据库共计254个(中文121个、外文133个);

截至2013年底,数字资源总量874.5TB,馆藏特色资源数字化737.9TB,网络资源采集50.0TB;外购数据库共计256个(中文123个、外文133个)。

2.2 更加广泛的受众范围

图书馆的一切活动都是围绕读者开展的,关注读者就是关注图书馆的未来。传统图书馆的读者必须是到馆用户群体,随着通信技术和网络技术的发展,使图书馆数字化信息的服务成为可能,数字图书馆大规模地开始建设和应用,图书馆的用户除了到馆获取文献资源的读者外,还出现了大批通过互联网络、移动互联网、物联网来使用数字图书馆资源和服务的远程读者群体。数字图书馆也被称为“没有围墙的图书馆”“随时随地的图书馆”等,它对读者来说更加便捷,没有时间、空间上的限制,能够达到最大范围的资源共享,能够实现“一站式”的资源检索和获取,还能够提供符合读者特殊需求的个性化服务。数据证明,越来越多的读者开始通过互联网享受数字图书馆带来的便利。如:2012 年 6 月,国家图书馆物理卡用户 1338631 人,2013 年 6 月为 1549208 人 2014 年 6 月为 1759422 人,年增长量约为 20 万人。2012 年 1 月起,国家数字图书馆开始支持用户在线实名注册。2012 年 6 月注册读者为 109405 人,2013 年 6 月注册读者为 385928 人,2014 年 6 月注册读者为 687692 人,年增长量约为 30 万人。

2.3 科学的馆员知识结构

随着图书馆事业从传统型向数字型逐步转变,图书馆的服务对象从“图书馆读者”向“社会读者”不断延伸,服务内容从“传统馆藏的直接提供”向“电子信息资源的任意存取”拓展,服务手段从“传统手工操作方法”向“综合文献信息技术应用”发展。而图书馆员队伍作为图书馆发展的基础力量和关键因素,其知识结构也在不断地趋向科学化和现代化,既要有图书馆学、情报学的基本理论,又要有计算机、网络、数据库、多媒体等现代信息技术的专业背景,还要有较高的外语水平以及相关的管理学、经济学、历史、法律等相关背景的学科认识,这些构成了现代图书馆员知识体系结构主体。而对于图书馆员个体来说,一般都是跨专业的“复合型”人才。图书馆员的工作不再局限于文献借还事务,而是需要具备极强的信息意识和实际操作能力,具有使用现代化设备的能力,掌握信息处理技术,对信息资源有敏锐的洞察力和判断力,能够提供现代化、专业化的知识服务。

2.4 现代信息技术的应用

信息技术是图书馆事业发展的驱动力之一。纵观图书馆的发展史,就是图书馆推进现代信息技术与传统业务的融合、不断应用新技术来更新服务方式和方法、以满足新环境下读者信息需求的一个过程。比如,微电子技术、光学技术、影像技术、缩微技术在图书馆领域的应用,使图书馆馆藏出现了多种载体形态。计算机技术、数据库技术的发展,促进了图书馆现代自动化集成系统的成熟。互联网技术的进步实现了图书文献信息资源共享,极大地提高了图书文献信息资源的利用率。移动互联网技术的发展,建立了随时随地的现代图书馆移动服务平台,帮助用户在任何时间、任何地点获取所需要的任何知识。RFID 技术、物联网技术实现了与读者互动的人性化服务,开创智慧型图书馆的发展之路。

2.5 先进的空间和设施

从传统图书馆到数字图书馆,图书馆已经不单单起着书库的作用,而是完全走出了静态的藏书模式,成为一个由建筑技术和信息技术相结合的信息集散和服务中心。现代的图书馆一般都是一个综合性的智能大厦,有更加科学、合理空间布局,有功能完备的楼宇控制系统、安防控制系统、消防控制系统;有包含计算机网、电话网、数字电视、卫星电视、数据广播、手机网关等在内的智能综合布线系统,覆盖图书馆业务全流程的自动化集成系统,阅读器和运输车等现代化的采编环境,自助借阅和复制等读者服务设备,RFID 系统,包含文献数字化、数字资源加工与整合、发布与服务、存储与管理等数字图书馆业务系统,“一卡通”、电子阅览室、多媒体教学等读者服务管理系统以及办公自动化、档案管理、财务管理等完备的内部管理系统等。正是突破了传统图书馆舍的限制,不断向现代型、开放型、服务型图书馆转变,才能适应社会和读者对图书馆的要求。

3 图书馆发展的新趋势

图书馆未来的发展,是整个图书馆界一直关注和研究的问题。关于这个问题,目前有着不同的认识和见解。这里我们不做定论,只是把主要的观点拿出来供大家一起商讨。

3.1 复合型图书馆是未来图书馆的基本模式

数字图书馆与传统图书馆的构成因素、特征、功能、作用不完全相同,从而形成两个不同体系,各有相对的独立性,各有自身的脆弱性和局限性,两者又具有不可分割的联系性。图书馆具有保存人类文化遗产、进行社会教育、传递情报、文化娱乐等职能,而其中有些职能只能由传统图书馆担任,或者由传统图书馆担任更为合适。但在传递信息的速度、广度和深度方面数字图书馆则更有优势。因此,数字图书馆和传统图书馆两者不是相互排斥,也不是继承关系,而是共存互补、相互结合为一个有机的混合体。

我国图书馆学家黄宗忠先生也提出了传统图书馆、自动化图书馆、数字图书馆要共存互补的观点。

3.2 数字图书馆将成为 21 世纪主要的图书馆形态

随着计算机网络运行速度大幅度提高,网络进一步延伸,计算机普及程度越来越高,数字化扫描、长期保存技术的日新月异,数字图书馆的优势将会越来越明显,成为图书馆业未来的发展趋势。

美国的兰卡斯特教授在 1978 年出版的《走向无纸的信息社会》一书中大胆地预言:在人类进入 21 世纪前,无纸的信息社会就将到来,那时的图书馆,将是没有藏书、没有馆舍、没有馆员的“三无图书馆”。美国佛罗里达理工大学 2014 年 8 月份新开放的、耗资 6000 万美元的图书馆里没有 1 册图书,只有桌椅和无线网络信号,学生们可使用笔记本电脑在图书馆阅读总计 13.5 万册电子图书。如果要读纸质图书,图书馆协助从佛罗里达州其他 11 所大学借阅。这意味着“无纸图书馆”由概念变成了现实。

3.3 泛在图书馆则是数字图书馆未来的发展趋向

由于人们对数字图书馆的需求和期望一直在变化,所以数字图书馆的发展目标也一直是一个变化和移动的目标。而泛在图书馆则是数字图书馆未来的发展趋向。

2001 年,美国总统信息技术咨询委员会(PITAC)提交美国总统的报告《数字图书馆:人类知识的泛在存取》提出:“未来数字图书馆使每一位公民都能够通过多种方式连入因特网,克服地理、语种和文化的限制,友好、多形式、迅速高效地在任何时间、任何地点获取人类的所有知识。”该报告公布以后,“泛在知识环境”“后数字图书馆”“泛在图书馆”等议题开始成为各国数字图书馆研究者关注的焦点。

泛在图书馆并不是单纯指一种类似物理图书馆、数字图书馆等具象的图书馆形态,而是更加侧重于强调一种服务理念和服务方式,其内涵和外延等同于泛在图书馆服务、图书馆泛在服务。泛在图书馆具有基于网络、7×24 小时、开放获取、多种形式、多语种、全球化等特点。相对于数字图书馆而言,泛在图书馆有更开放的服务空间和服务对象,更灵活的服务手段和服务机制,更开阔的服务场所,更丰富更人性化的服务内容和服务功能。

为融入泛在知识环境,未来图书馆的发展目标、建设理念和服务方式还将发生重大变革。未来图书馆的运行机制应当是面向服务的,真正实现以用户为核心,构建融入用户全过程的知识管理与知识应用平台,提供面向用户需求、灵活深入的知识发现机制,为用户提供无所不在的泛在知识服务。

4 信息技术在图书馆中的作用

不管图书馆的发展趋势是数字图书馆,还是泛在图书馆,可以肯定的是,目前图书馆事业已经进入且还将有一段时间会停留在复合型图书馆阶段,复合型图书馆还将经历一个长期、不断发展和完善的过程。如何为现阶段图书馆建立新的管理体制和运行机制,以适应不断变化的信息环境,为图书馆事业发展营造良好的环境,是摆在全体图书馆人面前的重要任务。

而对于我们从事图书馆信息化和数字图书馆建设的信息技术人员来说,顺应信息技术和图书馆事业的发展趋势,促进传统业务与数字图书馆的高效融合,利用新的信息技术不断进行创新和提升图书馆的服务,发挥信息技术在图书馆发展中的促进和引领作用,使图书馆产生新的运行效能,则是我们共同需要面对的问题。

4.1 顺应信息技术的发展,促进传统业务和数字图书馆的高效融合

英国电子图书馆计划负责人,被称为“复合图书馆”之父的图书馆学家鲁斯布里奇说:“复合图书馆应该将不同渠道的各种技术融合到图书馆的工作环境中来,并探索在电子和印刷的双重环境下将系统和服务有机地结合在一起。”

我国学者赵继海和夏勇认为,复合图书馆要将纸质文献资源与数字化信息资源共存,并对它们进行有机整合、管理与利用。

由此可见,“融合”“结合”“整合”将是复合图书馆阶段图书馆事业发展的关键词。

国家图书馆自 2012 年国家数字图书馆大规模投入运营以来,极其重视传统业务与数字图书馆服务的融合以及图书馆资源和服务的整合工作。首先,收割、转换、清洗、装载不同来源的元数据,构建超大型的海量元数据仓储,利用元数据映射方法整合、规范异构数据库,并

通过文津搜索系统提供馆藏资源统一检索和高效获取服务。其次,基于统一用户管理系统将物理卡读者和互联网用户统一进行角色和权限管理,并实现了多种类型服务包括传统的文献检索、馆际互借服务,数字图书馆无线网、虚拟参考咨询服务,以及移动数字图书馆服务等的单点登录集成,让读者"一站式"就能够获取丰富的资源。

国家图书馆自2014年起进行了机构改革和业务重组,把数字资源的采编阅藏与传统文献的采编阅藏归入相同的部门,对数字资源生产、组织、保存以及发布服务的生命周期进行全流程管理,从而将传统业务和数字图书馆的建设与服务进行统筹规划。

4.2 推动新的信息技术应用,不断创新和提升图书馆的服务效率

可以预见,未来信息技术还将以惊人的速度发展,继续对社会的信息交流环境和人们的信息获取方式产生更加深刻的影响。信息时代的图书馆事业发展,还须坚持技术牵引的原则,研究信息技术的发展趋势和信息获取方式的变化动向,不断推动云计算、大数据等新的信息技术在数字图书馆领域中应用,并以此提升图书馆的服务。

加强云计算模式在图书馆的应用,将分散的数据集中成为一个海量虚拟的资源库,消除数字图书馆资源孤岛状态,实现更大范围的资源共享服务,从而增强数字图书馆服务的适应性,同时最大限度地降低数字图书馆的建设和运行成本。

继续深化物联网技术在图书流通和管理领域的应用,进一步实现文献的快速分拣、精准定位、自助流通和准确统计,实现与读者互动的人性化服务,逐步形成全面感知、广泛互联的图书馆智能管理和服务体系。

利用大数据技术和工具,一是研究海量信息资源的网络应用效率,二是从复杂的服务数据中提取有价值的信息,挖掘、识别、组织与分析隐含在读者行为中结构化、半结构化的数据信息,寻找读者的隐性诉求进而改进图书馆的服务,达到图书馆资源、服务与读者需求的双向理想控制。在大数据时代,图书馆的传统业务将向数据分析、数据挖掘方向转移,从大量数据中发现的规律越多、找出的潜在价值越大,图书馆的服务水平等也将提升得越快。

4.3 适应信息技术的更新,引领数字图书馆事业的科学可持续发展

信息技术的发展会使社会信息需求跟着发生变化。满足整个社会信息需求,既是图书馆的责任,也是图书馆存在的价值体现。社会需求的变化与信息技术的更替,将为图书馆的事业发展提供广阔的发展空间。

未来计算机将朝着多极化、智能化、一体化方向发展,互联网络将朝着"创新、融合、有序、多边、透明"的方向发展。图书馆也应该随着信息技术的更新设计和规划图书馆的服务和资源。一是以用户需求为导向,形成多元的深度服务链,利用数字图书馆的平台和成果,为立法决策服务、参考咨询服务、特殊人群服务、社会教育服务等业务的管理提供更为坚实的技术与资源支撑,并在此基础上实现更有深度和广度的信息服务、知识服务。二是充分利用手机、数字电视、电子阅读器、平板电脑等智能终端,通过博客、微博、手机网站等新的传播模式提供全媒体、全时空的服务,从而实现"用户在哪里,服务就延伸到哪里"的图书馆服务泛在化。

各位同人，综观图书馆的发展过程，一直是变与不变的统一体，从古代藏书楼到传统图书馆再到现代图书馆，图书馆信息资源的范围、信息载体的类型、信息用户的数量、信息技术的先进程度、图书馆的组织与结构、信息人员的观念与专业技能、馆际协作范围、图书馆的管理水平等，总是处于不断的变化中，但作为图书馆内核的信息资源体系是不变的，以有限的信息资源满足用户无限的信息需求的图书馆宗旨是不变的，通过对信息资源体系的维护、发展、开发和利用促进人类社会文明发展的神圣使命是不变的。

认清和把握图书馆事业发展的新趋势，促进复合型图书馆向数字图书馆的转型，既是顺应时代发展潮流之举，也是图书馆在信息网络时代的必然选择与必由之路，需要整个图书馆界集众人之力、百家之长、共建合作。我们作为图书馆员中走在信息时代最前列的技术人员，应该积极引导、发挥信息技术的融合、创新和引领作用，坚持不懈地促进信息技术在图书馆事业中的发展和应用，建立先进的现代化数字图书馆服务体系，从而推动整个图书馆事业可持续发展。

（原载于《图书馆理论与实践》2015 年第 3 期）

国家图书馆数字资源整合的探索与实践①

曹 宁 张 炜

国家图书馆的数字资源建设自20世纪90年代开始，伴随着信息技术的进步和数字化革命的进程，实现了从无到有，并迅速进入数字化、网络化、全媒体的新阶段。一个围绕数字资源生产、组织、保存以及发布服务这一生命周期的总体架构基本形成，现在国家图书馆已经成为一个超大型的图书馆数据中心。截至目前，国家图书馆的数字资源总量达992.68TB，其类型涵盖电子文本、图片、视听、网络资源等。信息总量的爆炸性增长已经导致信息数据的形态发生变化，特别是由大数据、云计算、物联网等关键技术引领的信息技术变革，影响到包括图书馆行业在内的社会生活的各个领域[1]。资源整合已经成为国家图书馆在大数据时代的工作重心。国家图书馆以满足用户知识化需求为目的，通过海量异构数字资源的融合、聚类和重组，使资源从数据层面的揭示与描述向数据挖掘和知识发现转变，为构建科学合理的知识组织体系和提供智能化信息服务奠定基础，从而实现传统业务与数字图书馆业务高度融合，最大限度发挥国家数字图书馆服务效能[2]。

1 国家图书馆数字资源整合与揭示的基本思路

国家图书馆数字资源整合与揭示，包括数字资源元数据整合以及通过资源重组和优化等手段实现的对象数据整合。主要针对国家图书馆的古籍、民国文献以及1949年后现代文献在内的中外文献资源，进行全面调研摸底和梳理整合；加强各类文献元数据收集与规范处理，通过有序的类聚、融合，使其成为新的有机整体，构建起国家图书馆完整的数字资源体系；对多种载体、多种类型、分散异构的文献资源，通过唯一标识符系统进行科学统一管理与发布；通过对发布与服务系统和文津搜索等应用系统的功能优化，实现国图文献资源整体的多维度揭示与知识关联，从而全面提升馆藏资源利用率。

2 影响国家图书馆数字资源整合的主要问题

国家图书馆资源类型和来源渠道的多样性，决定了国家图书馆数字资源元数据的结构

① 本文为作者基于“第二届图书馆现代技术学术研讨会”上的报告撰写而成。

类型多样化。在数字资源的长期建设中，由于缺乏统一的规范指导与有效的管理机制，元数据的分散性建设与管理对资源的有效利用和服务优化形成了制约。在国家图书馆的数字馆藏资源中，自建数字资源与征集数字资源所占比例较重。以这两者为例，国家图书馆的数字资源整合主要存在如下问题：

自建资源方面，在调用书目数据建设数字资源元数据的过程中，对印本文献成为数字文献后所产生的新特性未加以描述，如：数字化日期、格式、版权等；除利用已有的书目数据外，还有一些自建资源库对本库使用的元数据进行了自定义，这些自定义内容的标准个性化、分类多样化，对元数据整合造成不利影响，其元数据保存格式也不统一，涵盖 ISO、XLS、MDB、XML、TRS、WORD、TXT 等多种文件格式。

征集资源方面，《征集元数据规范》的制定尚待完善，有些元素及限定的设置未遵循 DC 的原则，可能会在未来元数据利用与共享时造成互操作的困难；对元素的解释过于简单并存在语义理解差异，造成编目出现偏差。编目操作中除上述问题外，还存在信息标引泛化易导致资源内容揭示深度不够，不同类型资源未按资源特点区别著录，元素著录采用非结构化形式时缺少对应关系等问题。

3 国家图书馆数字资源整合工作的整体构建

在深入把握馆藏文献资源现状的基础上，国家图书馆数字资源整合侧重全局性部署，以用户需求为导向，采取多种方式进行多层次的整合，使资源更好地满足用户的个性化需求。对馆藏中外文献资源进行全面调研摸底和梳理，加强各类文献元数据收集与规范处理，通过有序的类聚、融合和重组，使其成为新的有机整体，融入国家图书馆数字资源体系。对多种载体、多种类型、分散异构的文献资源进行统一管理与发布，并通过发布与服务系统和文津搜索等应用系统的功能，优化实现馆藏文献资源整体的多维整合、深度揭示与知识关联，从而全面提升馆藏资源利用率。

3.1 现有整合实践成果

3.1.1 完成元数据调研，为元数据科学管理奠定基础

目前，国家图书馆通过文津搜索，已经汇集了自建、征集和外购数字资源合计 80 多个资源库的近 2 亿条元数据。但就元数据质量而言，还存在诸多不尽如人意之处。如：已建数字资源分散元序、相对独立，难以有效地形成数字资源服务体系；各类元数据标准中元素语义不统一，历史书目数据质量有待完善；外购资源由于各种原因导致配套元数据不完善。针对以上情况，国家图书馆已经组建了由多个业务部门参与的元数据收集与整理工作组，对元数据的调研实行归口统筹，完成元数据总体数量与具体建设类型的统计分析。以上措施为国家图书馆超大型元数据仓储的建立和元数据统一科学管理奠定了基础。

3.1.2 开展元数据清洗和改造，全面提升元数据著录质量

针对中文书目历史数据，进行质量完善。包括针对历史规则变更引起的分类号版本不

统一，对分类号进行清洗，消除依据分类号对文献进行汇集的质量影响；通过题名规范实现同一作品的不同语种、不同载体类型的文献汇集；在报刊书目数据中增加或修改字段及子字段，以达到在具有连接关系的中文报刊书目数据之间实现跳转，为读者提供关联服务；针对由于文献编目规则变化所造成的书目数据著录前后不统一问题，进行维护；未与原生文献建立连接的缩微文献数据，完善其链接；为提升元数据质量，强化元数据揭示功能，增加对资源内容的深层描述信息，如图书目次、摘要、论文篇名、文献引用等，实现对资源内容最大限度的揭示。

对外文书目数据，进一步加强基础数据的建设。包括进行一般资料标识（General Material Designations，GMD）的解构与重建；加强外文文献的目次数据、文摘数据建设；加强相同内容不同载体或不同版本资源之间的关系揭示。逐步将关系揭示纳入常规编目工作，通过连接字段描述馆藏中不同资源之间存在的特殊关系；建立印本期刊与电子期刊之间的关联关系。

对古籍文献资源，主要针对历史数据的不统一进行清洗。内容包括制定或选择统一的主题词表，对已建元数据的主题进行清洗或补充；建立中文普通线装书分类法与四部分类法的映射，实现古籍分类法的统一标引；对字段使用不一致、简繁转换不当的数据进行清洗与修改。

针对现有各类数字馆藏元数据，批量增加描述数字资源特征的内容及馆藏信息等用于管理的内容，以解决目前元数据中缺乏与数字馆藏相关描述内容的问题，使元数据真正实现对数字馆藏的描述和管理职能；参考国家标准《信息资源的内容形式和媒体类型标识》，在元数据中批量增加反映资源内容形式及载体类型的内容；以中国图书馆分类法为主体，结合《中国学科分类国家标准》《授予博士、硕士学位和培养研究生的学科专业目录》，在数字馆藏元数据中批量增加揭示资源学科特征的内容。并以此为基础，初步建立国家图书馆数字资源分类体系，实现对多源异构元数据的知识整合，解决国家图书馆数字馆藏发布服务较为分散的问题，使用户能够一站式获取所需资源。完善《征集元数据规范》，对已征集到的资源进行清洗、整理，批量解决征集资源元数据中存在的明显错误，提升元数据质量。

针对实体馆藏和数字馆藏的元数据，全面应用"信息资源的内容形式与媒体类型标识"，这是国家图书馆资源整合的重要创新点之一。近年来，国家图书馆逐渐意识到，网络环境下，面对海量的信息资源，用户越来越熟悉通过一定的类别来浏览信息；各类检索系统也越来越注重通过设置信息资源的类别体系，来帮助用户识别和选择他们所需要的资源。简而言之，设置科学的图书馆信息资源类别体系，对快速查找相关资源和过滤（缩小）信息资源的检索结果具有重要价值。长久以来，图书馆界就有对信息资源进行类别划分的传统，对这一类别体系的命名，过去称之为GMD，现在则称之为CMT（Content and Media Type，内容和媒体类型）。

国际图书馆界广泛使用的GMD标准，主要有ISBD（《国际标准书目著录》）的GMD和AACR2（《英美编目规则》）的GMD。而国内使用的GMD标准，主要是国家标准《文献类型与文献载体代码》（GB 3469—83）。近年来，国际图书馆界对信息资源的类别提出新的概念，如英美编目规则联合执行委员会（JSC）出版的《资源著录与检索》（RDA）的CMT标识体系[3]，以及国际图联（IFLA）2009 年 12 月发布的 ISBD（《国际标准书目著录》）统一版中第 0 项"内容形式和媒体类型项"。后者也是现在通行的 CMT 的国际标准[4]，并在 2011 年推出修订版。

ISBD 的 CMT 体系由三部分构成。内容形式（Content Form），表示资源内容的一种或多种基本形式；内容限定（Content Qualification），对内容形式的限定说明，即指出受编资源的类型、感觉性质、维数和/或活动的有无；媒体类型（Media Type），用以承载资源内容的一种或多种载体的类型。其中，内容形式和内容限定构成后行组配的逻辑关系。应用示例：

图像（测绘型）：电子
音乐（表演型）：音频
图像（动态）：视频

2014 年 4 月，由国家图书馆组织制定的中国国家标准 GB/T 3469—2013《信息资源的内容形式和媒体类型标识》[5]已经正式颁布。该标准等效采用了 ISBD 的 CMT 标准，将成为今后图书馆传统资源和数字资源进行类别划分的重要依据。国家图书馆数字资源整合工作的一项重要内容，就是要在数据组织与发布环节实施 CMT 标准，并在工作方案中提出了 CMT 在 MARC 和 DC 元数据中予以揭示和实现的具体方法。概括地说，在 CNMARC 中采用了 281 和 282 字段，分别记录信息资源的内容形式和媒体类型；在 DC 元数据中将内容形式归入"类型"元素，将媒体类型归入"格式"元素，作为其下位的子元素（即过去惯用的"修饰词"）进行著录。

3.1.3　加强顶层规范建设，实现对数字资源的深层揭示与有效组织

加强元数据的规范建设，完善相关元数据规范标准，是实现资源深层揭示与有效组织的前提。在对以往元数据进行清洗和完善的同时，对于新建资源也应严格按照确定的相关规范制作元数据。为此，国家图书馆组织撰写《国家图书馆中文数字馆藏元数据统一著录规范》，以使元数据具有规范性、统一性、通用性、开放性、共享性，实现元数据的一次整合、多次利用。

该著录规范及相关的元数据整合工作，将实现对元数据中具有检索功能的信息内容进行统一处理，从而加强对各种书目关系的揭示；通过加强名称与主题规范数据的建设，探索在元数据仓储及发布系统中各类规范数据的应用，增强数据的关联性；同时，还将利用国内外先进理念与技术，加强资源的开放与共享。

在提升元数据揭示与发现功能方面，国家图书馆目前正在开展一项创新性工作，即基于 FRBR 理念建设元数据整合与揭示的实验性平台。关于图书馆信息资源组织过程中 FRBR 化的实现，国外编目机构和图书馆技术研究机构已经做过很多实验。这些实验或者基于计算机系统对现有书目信息的提取，通过筛选和聚合实现；或者在计算机自动识别的基础上，结合人工识别实现。而实际效果，特别是资源聚合与区分的准确性都不够理想，距离真正的 FRBR 化还有不小的距离。

我们认为，FRBR 化的实现固然离不开计算机软件技术，但同样也离不开编目员对文献

的学术考辨与创新性编目实践。在现有元数据编目规则的框架下，改造和完善书目信息的表达体系，将会有力地促进 FRBR 模型的实现。也就是说，通过有限度地改造原有书目数据的制作方式，将有可能获得比较理想的 FRBR 展示效果[6]。

从中外经典文献入手，国家图书馆已开展了 FRBR 化书目信息的整合工作。对 FRBR 所规定的各层次实体，规定了如下处理原则。著作的区分：同源的不同艺术形式（如小说、剧本、电影、戏剧、连环画）视为不同著作，但应建立相关参照联系。内容表达的区分：不同语言（如中、英文）、不同表达形式（如文字、声音）以及同一著作因翻译者不同形成的不同版本，视为不同的内容表达。载体表现的区分：再版、重印、等同或替代的版本视为不同载体表现，翻译著作同一译者的不同版本（正式声明有重大变更的除外）视为不同的载体表现。对电影而言：不同配音视为不同内容表达，若只是字幕不同，则视为一种内容表达下的不同载体表现。

截至目前，已经完成老子、孟子、司马迁、关汉卿、蒲松龄、吴敬梓、哈代、法布尔、陀思妥耶夫斯基、莫言、贾平凹等人的 763 部著作的处理工作，涉及内容表达 1978 种，载体表现 5042 种。具体的实现方法主要是依靠编目员对关系密切的文献家族进行关系梳理和渊源考辨，再按照实体分布原则、属性继承原则和相邻实体的标目上连原则，建立必要的著作和内容表达层的规范记录，并与书目记录实现有效连接，来达到 FRBR 化的展示效果。相关成果已经在馆域网内发布。

在 FRBR 化实验过程中，我们遇到了很多以往传统编目往往会忽视的问题，比如，“具有包含关系的著作在 FRBR 书目体系内的处理问题”“以单篇文献名称命名的作品集与单篇文献的区分问题”“对合订文献的 FRBR 层次定位问题”“著作与内容表达所属主题与分类的差异问题”“文献责任者层次缺失与责任方式界定问题”等。这些问题的逐一解决不仅对传统书目数据的 FRBR 化展示有帮助，对实现信息关系的聚类和导航也很有启发和借鉴。2014 年底，国家图书馆已经草拟了 FRBR 化的书目实施细则，并正在着手与馆外机构合作，对规律性的 FRBR 化处理问题采取计算机辅助手段进行区分、提炼和推导，从而进一步简化 FRBR 化的人工操作过程，提高工作效率。

3.2 未来整合工作思路

3.2.1 建立超大型元数据仓储，提升国家图书馆资源利用率

超大型元数据仓储的建设，首先要实现对元数据的高效、及时、全面收集。国家图书馆针对馆藏自建资源元数据的收集，侧重推动元数据标准规范体系的建设，完善元数据收集流程，形成统一建设、统一利用的良性机制；针对外购资源元数据的收集，在采访环节将进一步加强收集力度与质量控制，将元数据的建设纳入常规的采访规划；对需要持续或定期更新的资源，建立健全元数据更新制度，保证元数据收集的可持续性；对民国时期文献，加大收集力度，继续收集各种类型民国时期文献资源的元数据，逐步将民国时期连续出版物纳入普查范围，为超大型元数据仓储提供丰富的民国时期文献资源元数据。

在进行元数据完整收集的同时，基于唯一标识符系统实现对元数据的科学管理。包括：对文津搜索系统补充每条数据的唯一标识符信息，并实现通过唯一标识符解析功能，直接跳转到发布与服务系统；在 OPAC 系统的数据中补充唯一标识符字段，并通过唯一标识符解析

功能,将发布与服务系统和OPAC系统进行关联;对元数据仓储和长期保存系统中的数字资源进行唯一标识,建立元数据与服务级对象数据的关联关系,进一步梳理数字图书馆中的资源。

3.2.2 统一资源发布与展示,提升用户操作体验

文献资源整合是为了更好地为用户服务。为此需要搭建资源统一发布与展示的平台,通过科学的信息组织模式和先进的技术揭示手段,提升用户操作体验。今后我们将推进的工作包括:

(1)加强多媒介门户网站信息服务的效果

通过资源库发布层的整合实现已建资源库的整合,为读者提供统一的资源揭示入口。进一步完善国家图书馆网站服务,优化用户服务窗口,通过对网站栏目的整合,实现数字资源的统一展示;优化移动数字资源的组织与展示,加大揭示力度,实现数据在多平台的联合发布;开发文津搜索系统移动端,使之自动适配多种主流移动终端;加快网站与馆内其他业务系统特别是资源发布系统的融合,实现数据库资源的最大化利用。

(2)提升数字馆藏的统一揭示与服务能力

针对本馆自建、征集、采购的数字资源,在统一的数字馆藏展示平台上,完成基于系统的元数据整合与揭示。通过对资源库发布层的整合,实现对已建资源库的整合。即以资源库为整合对象,通过科学的资源组织方式,按照学科、内容形式和媒体类型、时间(朝代)、地域等多维度分类体系,首先从自建资源的深度标引和可视化服务人手,实现文献层的整合,使之成为物理或逻辑上的整体,便于资源的发现与获取,进而扩展到其他资源形式。

优化与拓展文津搜索系统功能,增加和完善用户个性化服务功能,提升用户体验;建立关联关系数据库,实现基于元数据关联关系的知识聚合展示;实现检索功能多样化,加大文献的覆盖力度和文献资源的整合揭示力度。

3.2.3 加强数据分析,提升资源整合的可持续发展能力

资源使用者与资源建设者之间存在着动态的互动关系,建设者应根据使用者的信息反馈决定资源建设的方向和力度。国家图书馆在整合工作中应引入云平台和大数据等先进技术,分析用户行为,研究用户需求,为馆藏数字资源建设的规划与决策提供数据支撑。

在大数据技术支持下,进行站点访问统计分析、资源访问统计分析、用户行为统计分析,深刻揭示数字图书馆运营状况、资源利用情况、用户习惯及兴趣所在,为数字图书馆运营及资源整合的进一步决策提供有力参考与支持。

建设用户行为分析与服务系统,通过整合文津系统、OPAC系统、读者门户系统的用户数据,实现对这些数据的统一分析,为提升用户体验提供依据。

完善基于文津搜索系统数据的数据挖掘框架,形成数据挖掘资源池,以资源池为基础进行有针对性的分析和挖掘,为馆藏资源建设的规划与决策提供数据支撑。

3.2.4 加强专题资源库建设,提升馆藏资源的社会认知度与利用率

在国图数字资源建设规划的指导下,围绕社会发展的重大热点问题、重要学术研究领域和特定用户群体的信息需求,建设一批主题突出的高质量专题资源库,实现国图数字资源系统化、整体化、规范化建设。

(1)开展近现代数字馆藏专题资源调研

为建设一批高质量且特色突出的专题资源库，调研工作将以抗战、抗美援朝、少儿优秀动画，以及近现代出版的反映中国疆域变迁、民族戏曲演变与研究、国学经典、书画鉴赏等主题资源为主。

(2)开展民国时期文献特色专题数据库建设

以国家图书馆民国时期馆藏文献为资源基础，结合用户需求，开展“对日战犯审判专题文献数据库”和“抗战时期图片资源库”建设，方便专家学者利用文献进行研究，同时发挥征集文献的社会教育作用。

(3)开展古籍特色资源库建设

以揭示国图古籍文献与特色馆藏为目的，建设特色资源库。包括舆图资源数字化特色服务系统、馆藏阮章竞手稿文献数据库等。

4 数字资源整合的预期效果

随着信息技术的不断发展和网络资源的日益丰富，无论是外在社会环境与人们获取信息的方式，还是内在图书馆应用技术与资源构成，都在发生极大转变。资源载体、资源类型的多元化趋势，以及大量分布异构数字信息的出现，给国家图书馆乃至各级公共图书馆的资源建设和组织管理带来巨大挑战。国家图书馆通过有效开展文献资源整合工作，加大馆藏资源的揭示力度，促进馆藏资源的有效利用，将加快传统业务与数字图书馆业务的融合，最大限度地满足用户的需求，同时也有助于提升国家图书馆的服务效能。国家图书馆数字资源整合工作的探索，从底层数据到顶层平台设计，将为业界数字图书馆资源整合提供具有可操作性的参考借鉴。

4.1 建设优质海量的元数据，全面提升馆藏资源的利用率和揭示率

通过对历史数据的优化、改造，提高基础元数据的质量，为馆藏资源的深入挖掘和有效组织打下数据基础，提高查全率与查准率；为用户提供在海量数据中的精确导航，实现高效的知识发现。这将使海量、多样的馆藏资源得到合理开发、揭示和利用。

4.2 实现数字资源生命周期的科学统一管理

通过规范元数据标准的建设与使用，实现元数据生产的统一管理；通过完善唯一标识符系统的建设，实现多应用系统之间的有效耦合；通过建立元数据仓储的资源建设与利用机制，实现馆藏资源建设的科学规划。

4.3 实现馆藏数字资源的统一检索与发布

整合数字馆藏，实现异构数字资源的融合、聚类和重组，使用户能够真正一站式获取信息。整合已建资源库，使多个数据库能够互联互通，形成合力，集中展现国家数字图书馆建

设成果。

4.4 为用户提供全新的资源展示方式

以用户需求为导向,全面提升多媒体终端展示平台的用户体验,使图书馆所有资源的发现和传递过程得到优化,从而进一步加强国家图书馆作为业界引领者的公共文化服务能力和影响力。

4.5 实现多个应用系统的无缝整合

通过优化系统功能、改造元数据等措施,对文津搜索系统、发布与服务系统、OPAC 系统、唯一标识符系统等应用系统进行整合,以实现基于系统的资源整合与揭示。

4.6 实现决策管理的科学化和图书馆事业的可持续发展

通过对用户访问数据的收集、挖掘以及统计分析,深入了解用户需求及文献资源的使用情况,为文献的建设、服务与管理提供依据,提升科学决策水平。

5 结语

以现有数字图书馆服务体系为基础,借助数字资源整合与优化,完善数字资源服务体系的整体性与有序性,打造服务平台与服务终端的兼容互通与共建共享,可以说是数字图书馆未来发展的重要方向。强化数字资源整合与服务成果,旨在进一步创造以数字图书馆为核心的开放的信息交流环境,实现用户的深度参与和交互共享,为图书馆的纵深发展、数字图书馆建设的完善及全国公共数字文化服务水平的提高打下坚实基础。

参考文献

[1] 刘炜,夏翠娟,张春景. 大数据与关联数据:正在到来的数据技术革命[J]. 现代图书情报技术,2013(4):2-9.

[2] 魏大威,李春明,温泉,等. 万物互联背景下我国公共图书馆新业态发展思考[J]. 中国图书馆学报,2014(6):22-32.

[3] GMD/SMD Working Group:proposal for content and carrier terms in RDA[EB/OL]. [2014-11-15]. http://opus. bath. ac. uk/17891/1/5chair6-chairfolup. pdf.

[4] International Standard Bibliographic Description(ISBD). Area 0, Content Form and Media Type Area[EB/OL]. [2015-01-14]. http://www. ifla. org/files/cataloguing/isbd/area-0_2009. pdf.

[5] 全国信息与文献标准化技术委员会. 信息资源的内容形式和媒体类型标识:GB/T 3469—2013[S]. 北京:中国标准出版社,2014.

[6] 曹宁. 根据 FRBR 模型重新构造书目数据体系的探索[J]. 数字图书馆论坛,2008(5):43-48,75.

(原载于《国家图书馆学刊》2015 年第 2 期)

现代显微技术在纸质文物鉴定与修复中的应用

宋　晖

显微技术是利用光学系统或电子光学系统设备,观察肉眼所不能分辨的微小物体形态结构及其特性的技术,可对物质微小区域进行化学成分分析、显微形貌观察、微观结构测定等,在现代科学技术的发展过程中起着非常重要的作用[1]。

随着数字化图像处理技术的发展,传统的显微技术增加图像分析与处理方面的功能后,变成了一项综合的分析处理技术,即现代显微技术。数字图像处理技术就是使用计算机或者某种类型的数字处理硬件对模拟图像进行转换得到的数字信号进行处理从而提高图像可使用性[2]。现代显微技术是电子技术与光学技术的结合,其特点就在于数字图像处理技术的加入,使其在以往单纯的观察基础上实现了将性能量化和数据化。

在纸质文物研究和修复中,现代显微分析技术也是不可缺少的研究手段。在引入科学手段前,依靠眼观、手摸来判断纸质文物原料性质和纸的加工性质,极易造成误断。如选用原料为树皮的修复用纸修补了竹纸文物,因应力作用致使文物易断裂损坏;误用含树皮或竹、草的修复用纸修复了麻纸或树皮纸的文献,造成补纸易酸化而先于文物本身损坏;选用一般树皮纸修补狼毒草为原料的藏纸,致使补纸因不具防虫效果而遭虫蛀;选用一般书画纸修补使用特殊加工的书画纸文物,结果是外观都难取一致等。

借助显微镜于文物鉴定与修复工作,可以分析纸质文物的原料成分、工艺,进而可以鉴别在制造过程中应用了何种特殊生产技术等,除了为修复用纸的选配提供参考依据外,还可以根据造纸技术发展历史的相关记载为断代提供依据[3]。

近年来,随着无损、微损检测技术的愈加成熟便捷,现代显微分析技术在纸质文献中的应用也日益广泛[4]。杨海艳等利用 XWY-VI 纤维测量仪分析了古代手工造纸过程中的剪切、舂捣等工艺形成的纤维形态[5]。郭金龙等在研究新疆博物馆的纸质文物时,利用纤维测量仪、偏光显微镜和能谱分析仪分析了几个纸样的纤维成分、填涂物等[6]。为此,本文选取了国家图书馆藏几件善本和专藏文献作为研究对象,利用现代显微技术进行了数种无损或微损的分析研究。

1 样本选取及制备

1.1 样本选取

本试验利用现代显微技术进行了数种无损或微损的分析研究，选取的国家图书馆藏几件善本和专藏文献样本，几件样本残片均为修复过程中自行脱落。详见图1—图3及表1。

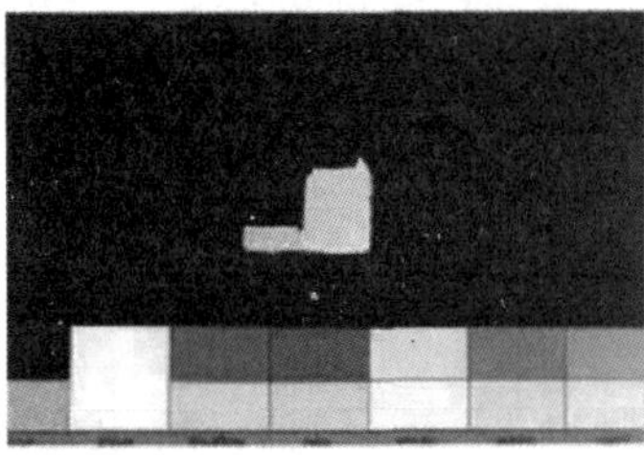

图1 1号样品

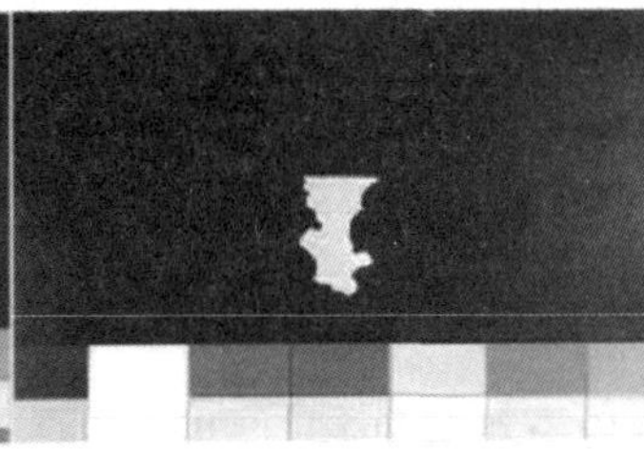

图2 2号样品

图3 3号样品

表1 样本信息

编号	文献名称	文献年代	取样位置	备注
1	古今图书集成	清雍正	书叶	
2	文苑英华	南宋嘉泰	书皮	其边缘为虫蛀形成
3	永乐大典	明嘉靖	书叶	
4	妙法莲华经		卷尾	为敦煌遗书残片。该纸样特点为其部分边缘因磨损而形成了逐渐减薄的坡面

1.2 仪器设备

纸张纤维分析仪：本试验选用了新型的 XWY－Ⅷ造纸纤维分析仪，北京伦华科技有限公司生产。该仪器针对纸张纤维分析的特点，内附系列图像处理软件，包括纤维长度、纤维宽度、纤维配比、纤维帚化率等的自动或半自动测量系统。

其他仪器有：HiRox KH－7700 型视频显微镜，Sartorius ME614－S 型分析天平，瑞士 El-repho 分光白度仪，压力纸张测厚仪，哈纳 9025 表面 pH 计等。

2 研究方法

纸质文物的研究方法包括外观分析，物理化学性质分析，纸的成分、表面结构及纤维显微测量等。

2.1 外观测量

外观性质包括颜色、白度、匀度、杂质情况、手感等。其测量及表述方法如下：

①颜色。根据纸样目测的颜色分为白色、黄色、棕黄色、灰色、彩色等。

②白度。以白度仪测量所得到的数值表示。

③匀度。纸张均匀程度。根据迎光目测的结果，将透光性基本均匀一致的定义为良好、有一定差别或纤维局部团聚的定义为一般、明显薄厚不一或较多团聚情况的定义为差。

④杂质情况。纸张中含沙土、麸皮、纤维束等杂质的情况。根据目测结果分多、少、极少3个等级。

⑤手感。根据纸样的触摸粗糙程度分为平滑、一般、粗糙3个等级。

2.2 物理化学性质检测

本试验所涉及的物理化学性质有纸样面积、厚度、定量、紧度、表面pH值及抗水性等。具体测量计算方法如下：

①面积。方格计量法。

②厚度。根据国标GB/T 451.3—2002，用厚度仪测量纸样厚度。

③定量。根据国标GB/T 451.2—2002，以质量与面积比值计算定量。

④紧度。即表观密度，以定量与厚度的比值计算，单位为g/cm^3。

⑤表面pH值。根据国标GB/T 13528—1992，测量纸样的表面pH值。

⑥抗水性。指纸样抵御水浸润的能力，本试验采用了一项简单的定性测试方法，即将一滴水珠滴到纸面上，根据水珠扩散和渗透的速度，将数秒内基本不扩散的定义为强、缓慢扩散的定义为一般、迅速扩散的定义为差3个等级。

2.3 纸张纤维性质观察

包括纸表面结构特征、纸纤维特性及其测量。

2.3.1 标题纸张表面形态特征及鉴别

纸张表面纤维形态可利用体式视频显微镜或用XWY纤维分析仪直接观察。通过观察可以获得纸样的工艺信息，如是否涂布加工、施胶、加填、研光等。具体辨别方法如下：

①涂布。将涂料物质涂在纸张表面的工艺称为涂布，涂布的物质可为矿物质和胶料。涂层的显微图像为纸张表面及浅层内有颗粒状或凝胶状物质，其形状依涂料的成分而不同。

②加填。将颜料混于纸浆中抄纸，称为加填。填料多为矿物质，用以降低产品成本或改善纸张平滑度和吸收性能。

③施胶。对纸张使用胶料的工艺称为施胶。纸张抄造后将胶料施于纸张表面的工艺称为表面施胶；在抄纸过程中将胶料施于纸浆中的称为内施胶；二者区分的方法是，表面施胶在表面显微图像中表现为一层薄膜，内施胶则没有表层薄膜而表层下可见胶料分散附着于纤维上或纤维之间。当分散成单纤维时，施胶处理的纸样可见胶料膜片。为取得良好的润墨性和防水性，书画用古纸中多采用此工艺。

④研光(或捶纸)。利用砑石或棒槌等重物在湿纸页上施以压力,使纸质更紧密的过程称为研光。在表面显微图像中表现为纤维间孔缝的减少或消失,纸张变致密。

2.3.2 纸张纤维测量方法

主要为纤维种类、长度、宽度及配比的测量。其中,长、宽度测量用于辨别工艺上打浆程度。

①纤维种类。观察纸张纤维形态需制作显微试片,将做好的试片置于合适倍数的显微镜下观察,可通过纤维形态特征鉴别原料种类。

纸质文物常见纤维原料有:韧皮纤维(主要包括麻纤维、树皮纤维)、竹纤维和草纤维等。

其中古麻纸基本不含杂细胞,涉及种类主要是苎麻、大麻和亚麻。古树皮纸涉及种类主要为构皮、桑皮、三桠皮、檀皮和雁皮。古竹纸根据蒸煮生疏程度导致木素含量不同,而依木素含量高低的不同与碘—氯化锌作用显黄色至蓝色。古纸中主要涉及草纤维为稻草纤维,于近代宣纸中。

具体鉴定方法可参考《中国造纸原料纤维特性及显微图谱》[7]。

②长度。先取适量样品纤维,制成纤维分散程度较高、染色较重的显微试片,以方便使用仪器进行长度的测量。之后打开测量软件进入长度测量,根据纤维长度选择合适的放大倍数,根据纤维的分散程度和缠绕及交叉情况选择合适的测量模式(自动测量、半自动测量和手动测量)。为避免误差,将每视野内可分辨路径的纤维尽数测到,每次移动一个视野。

③宽度。使用长度测量的显微试片或重新制作染色较重的显微试片。打开测量软件进入宽度测量,根据纤维宽度选择合适的放大倍数,并选择先自动测量、后手动补测的方式以提高效率。为避免误差,将视野内可辨出边界的纤维尽数测到,每次移动距离间隔一个纤维长度。

④配比。打开测量软件进入配比测量。该仪器测量方式有长度法和根数法两种,本工作使用根数法测量样品的纤维配比。具体步骤为,用"十字测线"将视野以十字线分为四个象限,视野内纤维可分为偏向平行和偏向竖直两部分,需分别测量后再合计;测量竖直纤维时,只穿过一次水平线的纤维计数一次,穿过两次水平线的计数两次,未穿过的不计;测量水平纤维时与平行纤维相似,以竖直线代替水平线。为避免误差,将视野内可分辨种类的纤维尽数测到,一个视野测量完毕后移动至全新视野测量。测量完毕后,根据重量因子计算配比。

3 结果与讨论

应用上述方法研究表1所列的四件样品,得出分析结果见表2—表5。

表2 外观性质

编号	颜色	白度	匀度	杂质	手感	抗水性
1	黄	33.28	好	多	一般	强

续表

编号	颜色	白度	匀度	杂质	手感	抗水性
2	黄	26.93	好	少	平滑	强
3	白	50.25	好	少	一般	一般
4	棕黄	15.74	一般	少	粗糙	强

表 3　物理化学性质

编号	试样面积(cm^2)	试样厚度(mm)	试样重量(mg)	定量($g \cdot ^{-2}$)	紧度($g \cdot m^{-3}$)	表面 pH 值
1	11.68	0.065	29.2	25.0	3.846	4.63
2	9.55	0.12	65.6	68.7	5.724	5.83
3	2.36	0.15	11.3	47.9	3.193	6.22
4	18.78	0.14	145.7	77.8	5.557	5.63

表 4　显微特性(1)

编号	原料组成及配比	纤维长(mm)	纤维宽(μm)
1	竹	1.78	13.08
2	竹	2.19	15.07
3	竹: 构皮 2: 1	竹 0.97 皮 1.86	竹 13.38 皮 17.05
4	构皮	1.73	11.63

表 5　显微特性(2)

编号	切断度*(%)	填涂料	帚化率(%)
1	89.2	表面施胶	23.3
2	109.5	表面施胶	12.2
3	竹 48.6 皮 36.8	无	竹 36.2 皮 40.0
4	34.3	表面施胶	39.1

* 切断度 = 分散纤维长度/原料纤维长度

由于纸质文物无法测量原料纤维数据,因此采用该种类纤维的现代原料代替,其结果可视为半定量数据用于参考,据此可获得其纤维切断和老化断裂的半定量信息。

3.1　1 号古纸样本

1 号样本为浅黄色的薄纸,匀度较好,但杂质较多,杂质主要为纤维束。纸样表面 pH 值较低,说明酸化较严重。从表面显微图像(图 4)可见,表面有数处膜状物覆盖了纤维,说明表面涂有胶料。观察纤维分散图像(图 5),纤维较短而较挺硬,有竹薄壁细胞并可见导管。

故鉴定为竹纤维,图中还显示有较多的黑色粒状物,估计是淀粉。根据长宽度测量结果计算切断度,结合观察图像可知,该纸样打浆程度较高。

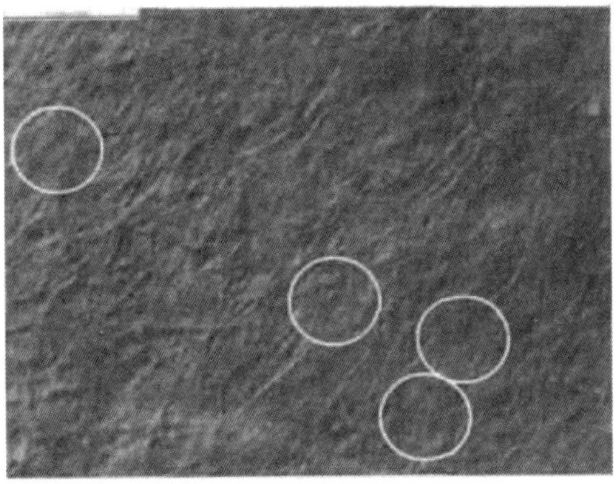

图4　1号样表面显微图,表面涂有胶料片

图5　1号样有竹纤维及淀粉胶

3.2　2号古纸样本

2号古纸样本为黄色厚纸,纸质紧密,匀度好,杂质少,触摸手感平滑。从表面显微图像(图6)可以看出,纤维间缝隙较少,说明经过重物研磨;有大片薄膜覆盖痕迹,说明表面涂有胶料。分散纤维观察(图7),可见纤维僵直、挺硬、端部尖削,可见竹薄壁细胞和竹导管,结合长宽度测量结果,可判断为竹纤维纸。

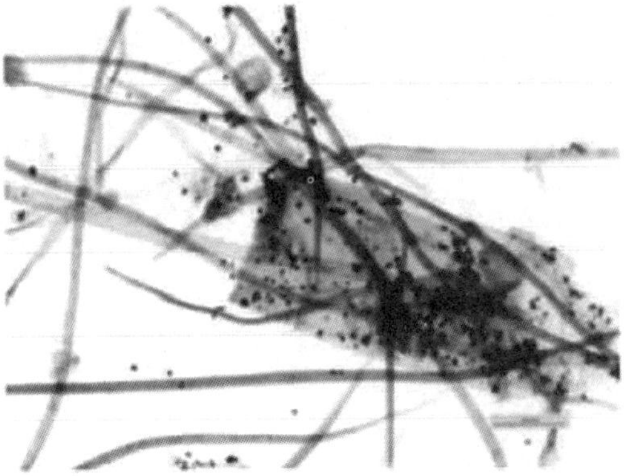

图6　2号纸样表面显微图像,纸面有胶料

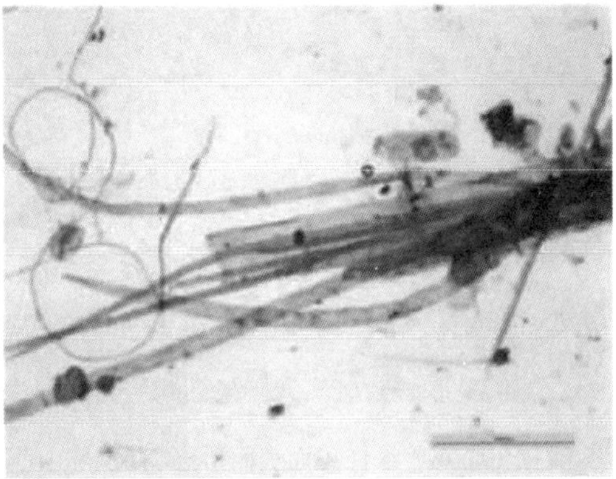

图7　纸样2号为竹纤维

3.3　3号古纸样本

3号样本永乐大典书叶为白色厚纸,纸质优良、柔软,匀度高,杂质少。从表面图像(图8)看,纤维清晰可见,无任何填涂料现象。分散纤维观察(图9),可见该纸样含两类纤维,一类纤维染色后呈酒红色,较细长柔软,有大量褶皱和明显胶衣,可判断为构皮纤维;另一类较细短,端头较尖细,伴随可见竹薄壁细胞与导管分子,判断为竹纤维。应用上一节所述测量方法测得皮、竹配比为2∶1。根据切断度及帚化率可知其打浆度较高;该纸中竹纤维较一般竹纤维柔软，构皮纤维颜色鲜亮，说明蒸煮曝晒较为彻底。

图8　3号纸样表面纤维形态

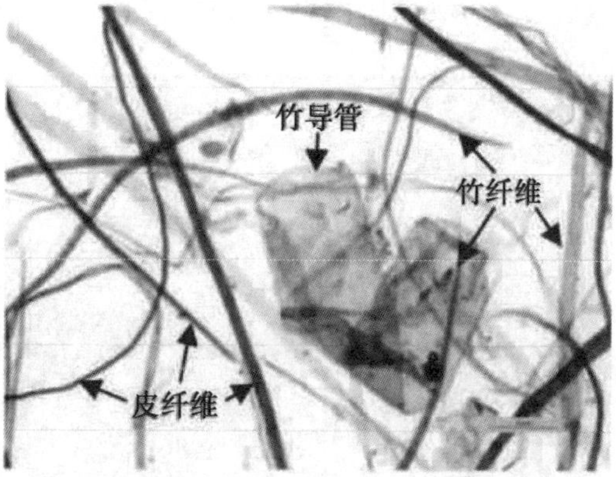

图9　纸样3号纤维图片中成分为构皮、竹

3.4　4号古纸样本

4号古纸样本为敦煌遗书残片，外观为棕黄色厚纸，纸质紧实，但表面粗糙，匀度较差。观察表面显微图像（图10），纤维经染潢，多数纤维覆盖在厚重的膜状物之下，说明原纸经历过涂布加工，判断为硬黄纸[7]。分别观察纸样的正面、背面（图11）和内部（图12）的表面形态，可以发现，该纸样正面施涂较重，背面较轻，而内部没有任何涂料，说明没有内施涂。

图10　4号纸样正面表面形态，有涂料

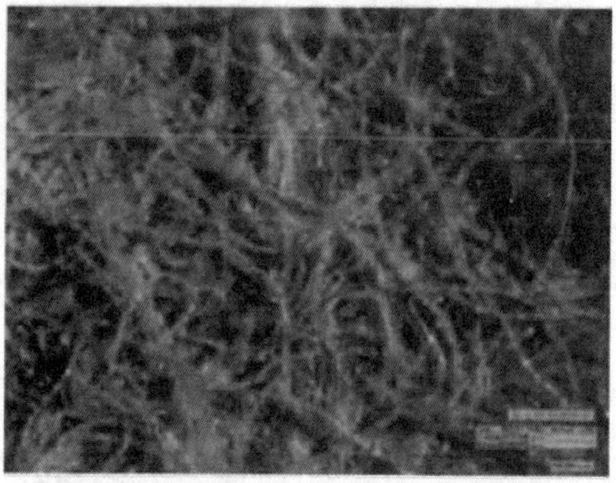

图11　4号样背面表面形态，有涂料，较正面少

从分散纤维观察（图13），可见其纤维细长，经染色剂染色后为棕红色，可见明显的胶衣和草酸钙晶体，故判断为构皮。另外，还可见成团的黄色膜片及附着在其上的蓝黑色物质，估计为施加的涂料和淀粉颗粒。淀粉颗粒可能为混合涂布材料之一涂布在纸表面，也可能是裱褙用的黏合剂残留在纸面。另外，该纸样纤维的切断度和打浆度均较高。

图 12　4 号样内部形态,纸面无涂料迹象

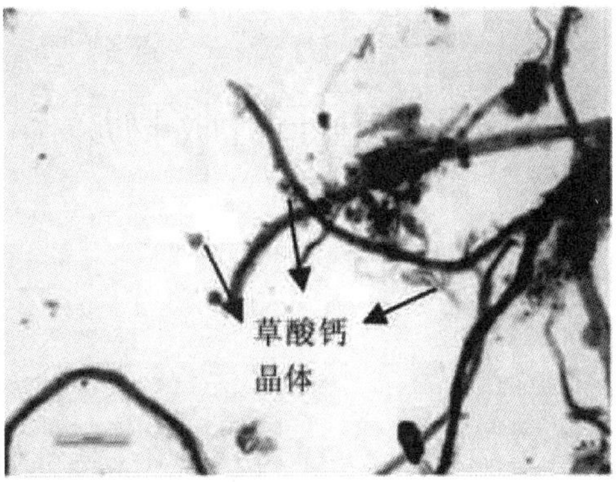

图 13　4 号样纤维分散图片,成分构皮

4　结论

(1)将现代显微技术应用于纸质文物的研究中,可进一步了解古纸样本的成分、工艺,其分析结果可作为古籍鉴定的工艺鉴定和断代支持和修复、保护的重要依据。

(2)从以上几个有一定代表性的研究实例可以看出,显微技术的使用使纸质文物的研究鉴定有了更加科学和直观的依据,并实现了研究结果数据化、微观化,而无损和微损检测技术的发展则在一定程度上扩展了显微技术的应用空间。

在今后的研究工作中,笔者还将对所研究领域的范围、深度和实用性作进一步的研究,以期更好地完成纸质文物的研究、保护和修复工作。

致谢:在论文的写作全程中,得到了王菊华老师的支持帮助和悉心指导,在此谨表示衷心的感谢!

参考文献

[1] 贾宏涛,周疆明,程路明,等. 显微镜技术研究进展[J]. 新疆农业科学,2006,43(1):53－56.

[2] 姜维. 浅析数字图像处理技术及其应用[J]. 信息与电脑,2012(3):130－131.

[3] 王菊华. 中国古代造纸工程技术史[M]. 太原:山西教育出版社,2006.

[4] 王玉,谭敏. 纸质文物的无损和微损分析方法[C]//首届中日韩造纸史学术研讨会论文集. 富阳:[出版者不详],2009.

[5] 杨海艳,郭金龙,龚德才. 古纸纤维形态特征与传统造纸工艺的对应关系[J]. 中国造纸,2011,30(12):32－35.

[6] 郭金龙,孙延忠,杨森,等. 新疆博物馆新获纸质文书结构与成分的分析研究[J]. 文物保护与考古科学,2012,24(3):41－46.

[7] 王菊华. 中国造纸原料纤维特性及显微图谱[M]. 北京:中国轻工业出版社,1999.

(原载于《文物保护与考古科学》2015 年 2 期)

馆藏音像电子出版物质检与迁移的长期保存实践研究

张立军

随着出版物载体形式的发展,以光盘为载体的音像电子出版物已经成为图书馆入藏的主要资源类型之一。但是由于介质质量、使用设备、保存环境等因素的影响,入藏光盘出版物在一定时期后无法继续利用,给图书馆带来巨大的损失。为了传承优秀文化资源、保证资源利用,图书馆必须开展数字资源长期保存的研究与探索,其中质检与迁移就是数字资源长期保存的有效途径之一[1]。国家图书馆作为国家文献资源总库和国家文献战略储备库,承担着文化传承重任,因此资源的长期保存至关重要。2010 年 9 月—2014 年 9 月,国家图书馆开展了为期 4 年的馆藏光盘的整理、检验、迁移实践,检查库存资源的保存状态及数据可读取性,为数字资源长期保存工作奠定了基础。

1 国家图书馆音像电子出版物馆藏情况调研

音像电子出版物指以光盘为介质进行数据保存发布与利用、符合《音像制品管理条例》的正式电子音像出版物,它是国家图书馆馆藏的重要组成部分。音像电子出版物按照载体类型主要包括 CD、DVD、VCD、MP3、EOD(电子出版物)5 种。截止到 2010 年,国家图书馆入藏音像电子出版物近 22 万张(见表 1),其中最早可追溯至 1987 年的音像出版物,很多属于在当今市场上已经无法购置的资源,具有较为珍贵的价值。

表 1 1987—2010 年馆藏质检迁移音像电子光盘数量

馆藏年份	DVD/张	VCD/张	CD/张	MP3/张	EOD 出版物/张	总量/张
1987—2005 年	13724	56692	37736	183	27075	135410
2006—2010 年	23085	27499	12106	2564	19026	84280
合计						219690

国家图书馆全部音像电子出版物资源保存在专门的音像资料库中,由于这些光盘大多数是一种一盘,受存储介质及借阅流通等诸多因素影响而遭受一定程度的磨损、划伤、破裂、变形甚至损毁。如果这种情况和问题得不到合理的控制和解决,将会造成大量馆藏音像电子出版物的遗失,直接影响到音像电子资源的长期保存和读者服务。

2 音像电子出版物库房再生性质检试验

为了更加有效地保存和利用各类馆藏数字资源，国家图书馆于2010年试验性地开展了音像电子出版物库房再生性质检，按照一定比例分别抽取：1987—2005年12016张光盘、2006—2010年3365张光盘，占总量7%的比例，开展音像电子资源的质检与迁移工作的实践性探索。该项工作包含了以下几方面内容：开展国内相关规范调研分析；初步调研国家图书馆馆藏音像电子资源的保存与利用情况，并及时进行可再生性音像电子出版物硬盘数据备份；分析音像电子资源损毁原因，并提出相应解决方案，以实现音像电子资源长期保存的利用与管理。

2.1 国内相关规范调研

为使质检迁移工作规范，国家图书馆围绕光盘介质出版物开展了相关规范调研工作。《新闻出版行业标准》规范定义了音像电子出版物光盘质量的检测主要指从物理层面上检测光盘质量现状、对光盘内存储的对象数据完整性和可读性进行判断与检验，对出现不可利用情况的光盘进行修复，并对损毁原因、修复结果进行记录。国内相关出版行业规范对光盘出版物全盘检测及区域检测都已制定了相关规范。全盘检测指利用相关仪器对音像电子出版物整张光盘的物理特性和光学特性进行检测。全盘检测时检测人员应依据DA/T 38—2008《电子文件归档光盘技术要求和应用规范》，对待质检光盘进行全盘的可读性、规范性和可靠性检测，建立有效的光盘检测监控机制，为音像电子出版物数据的迁移和长期保存提供有效的保障。区域抽检以块为基本单位，主要通过软硬件平台实现对音像电子出版物存储介质物理层面的质量检测。

新闻出版总署发布的新闻出版行业标准中，有光盘物理可读性检测方面的标准，其中《只读类数据光盘CD-ROM常规检测参数》《只读类数字音频光盘CD-DA常规检测参数》《只读类数字视频光盘VCD常规检测参数》《只读类光盘DVD-Video常规检测参数》《只读类光盘DVD-ROM常规检测参数》规定了对各类光盘进行BLER（块错误率，表示一级解码中出现的错误数）、E32（误码率参数，表示解码器中的不可纠正错误或盘中存在不可读数据）、PIE［奇偶校验内码错误，是误码参数的一种，表示1级解码（内码）中出现的错误］、PIF［奇偶校验内码错误，是误码参数的一种，表示1级解码（内码）中错误修正失败］、POF（POFailure，奇偶校验外码失败）等性能指标检测，其中，CD-R光盘的BLER＜50、E32＝0；DVD-R光盘的PIE＜80、POF＝0。CD-R光盘的BLER＝E11＋E21＋E31，E11、E21、E31是由于盘片自身工艺原因、刻录机的质量、刻录机盘片间的兼容性引起的错误，E32表示不可纠正错误，不能在盘中出现。DVD-R光盘主要测试参数PIE＜80，PIF＝0，PIF在内码校验中失败，传递到外码校验中。POE的产生原因有两个部分，一部分是内码校验失败的PIF，另一部分是指纹、划痕、灰尘等物理损伤[2]。

2.2 抽检过程

2.2.1 质检环境

为满足光盘质检试验所需软硬件要求,国家图书馆为质检人员配备具有独立带光驱 PC 工作站(见表2)、外置 USB 接口 LG 及先锋 DVD 光驱,并在工作站上部署支持不同种类音视频编解码器的多种播放器。

表 2 PC 工作站主要配置参数

序号	参数项	具体参数
1	CPU	Intel® Core™ 2 Duo CPU E4500
2	主频	2.20GHz
3	内存	1GB
4	操作系统	Microsoft Windows XP Professional、Service Pack 3

2.2.2 质检流程

质检过程包含诸多的环节,具体如图 1 所示。

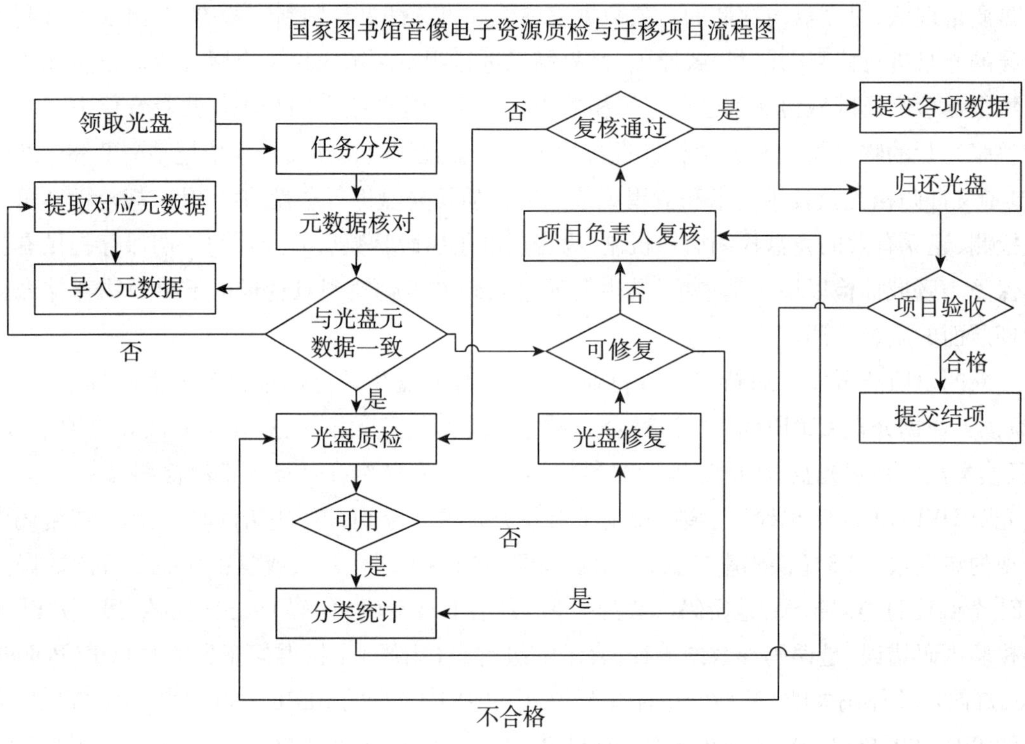

图 1 质检流程图

提取光盘:提取国家图书馆音像资料库房光盘(500—1000 张/次)。

环境检查:检查工作站环境是否完好,光驱是否有物理损坏,工作人员是否按照要求佩戴手套等。

分发光盘:任务分发员将光盘的介质类型、索取号、光盘状态等信息进行记录后,进行任务的分发和登记。

光盘质检:质检员记录光盘的元数据信息,包括索取号、介质类型、正题名、ISRC(International Standard Recording Code,国际标准音像制品编码)、出版社、出版年、所属类型、文件数量、总计时长等。

质检员用播放器对光盘进行播放,按介质类型均匀选取质检节点和确定节点观看时长(如DVD和VCD介质按时长5%进行质检,每个节点观看30秒,CD介质按曲目数除以10后的数值为质检的节点数,每个节点观看15秒),记录每个节点的观察结果,若所有节点均观看无故障且波形显示正常,则记录此光盘质检通过,为可利用。

质检时发现不能正常播放的光盘,使用其他类型的播放器和不同光驱再行播放,如能成功播放则按可利用记录,若始终无法播放,则初步分析原因并记录(如光盘破损、变形、划伤等)。

质检员提交质检结果,并将光盘返还至任务分发员,任务分发员进行相应记录。

任务分发员将质检完毕的光盘分发给审核人员进行审核,审核人员审核通过后,将光盘返还至任务分发员,若审核未通过则由相关质检员对该批次光盘进行重新质检。任务分发员对审核后的数据按可利用和不可利用光盘进行分类汇总。

抽检光盘:每批次光盘质检完成后,项目组都要按照可以利用与不可利用的类别进行抽检。

返还光盘:整批次光盘质检并经抽检完成后,返还至国家图书馆音像资料库房。

2.3 质检结果

抽检试验2010年度完成DVD、VCD、CD、EOD音像出版物光盘共14788张,其中DVD抽取4041张、VCD抽取4064张、CD抽取5275张、EOD抽取1001张、视频DVD抽取207张、音频CD抽取200张,质检光盘的抽取符合馆藏介质类型数量比例及年份数量比例,具备较强的科学性与代表性。表3是对质检结果进行的统计与分析。总体来看,国家图书馆入藏的音像电子出版物实体光盘类数字资源保存状况良好,具有较好的可再生性。

表3 音像电子出版物抽检保存状况分析表

序号	介质类型	抽检总量(种)	不可利用数(种)	不可利用光盘比例(%)
1	DVD	4041	38	0.94
2	VCD	4046	34	0.84
3	CD	5275	21	0.40
4	电子出版物EOD	1001	104	10.39
5	视频DVD	207	14	6.76
6	音频CD	200	0	0.00
合计		14788	211	1.43

2.3.1 介质故障现象统计与分析

(1)DVD介质故障原因统计与分析

本项目中DVD介质故障现象分为4种,分别是播放过程中死机、出现严重马赛克和停顿现象、无法读取、播放不流畅且无声音,4 种故障现象所占比例分别为:52.63%、34.21%、10.53%和2.63%,播放过程中死机所占比例最大。

本项目中 DVD 介质故障原因初步分析分为 4 种,分别是光盘表面被腐蚀、光盘表面有划痕、光盘表面凹凸不平、光盘有裂痕,4 种故障原因所占比例分别为:2.63%、60.53%、26.31%和10.53%。由此可见,人为造成的光盘资源的使用不当或者移动过程中产生的光盘资源划痕是光盘资源不可再生性利用最主要的原因。

(2)VCD 介质故障现象统计与分析

本项目中 VCD 介质故障现象分为 4 种,分别是播放过程中死机、光盘无法读取、播放过程中自动关闭和程序无法安装,4 种故障现象所占比例分别为:44.12%、35.29%、17.65%和2.94%,其中 VCD 类光盘资源在播放过程中死机和无法读取是最突出的故障现象。

本项目中 VCD 介质故障原因分为 6 种,分别是光盘有裂痕、光盘有划痕、盘面贴有纸条、程序无法安装、盘面有凹凸和斑点以及原因待查,其所占比例分别为:23.54%、52.94%、5.88%、2.94%、2.94%和11.76%。与 DVD 介质资源类似,VCD 光盘表面划痕是造成 VCD 资源不可再生性利用的主要原因。

(3)CD 介质故障现象统计与分析

本项目中 CD 介质故障现象分为 6 种,分别是版本不兼容、杂音、停顿/卡机现象、无法读取、无声音和没有 DTS 播放器,其所占比例分别为:4.76%、23.81%、28.57%、9.52%、19.05%和14.29%。

本项目中 CD 介质损坏原因可分为两种,分别是严重划痕和原因待查,其所占比例为:14.29%和85.71%,据初步判断人为使用不当造成的严重划痕是 CD 光盘不可再生性利用的原因之一。

(4)EOD 介质故障现象统计与分析

本项目中 EOD 介质故障问题分为两种,分别是无法安装和安装后无法运行,其所占分别为:67.31%和32.69%。

本项目中 EOD 介质损坏原因可分为 3 种,分别是缺少序列号、光盘损坏/有划痕和原因待查,其所占比例分别为:5.77%、0.96%和93.27%。光盘损坏和划痕也是造成 EOD 类光盘不可再生性利用的原因之一。

2.3.2　光盘质检耗时统计表

针对不同介质类型的光盘资源,项目组对其质检时间分别做了数据统计,这对后续项目的实施及相关项目的开展均具有较大的指导意义。

本项目中每种 DVD 介质质检平均耗时 21.41 分钟,每种 VCD 介质质检平均耗时 15.52 分钟,每种 CD 介质质检平均耗时 9.22 分钟,每种 EOD 介质质检平均耗时 13.79 分钟,每种视频 DVD 介质质检平均耗时 12.67 分钟,每种音频 CD 介质质检平均耗时 9.43 分钟,6 种不同介质的资源质检平均耗时为 13.67 分钟/种。综合来看,DVD 类介质的质检耗时最长,CD 类介质的质检耗时最短。

3 抽检试验总结

在前期试验的基础上，国家图书馆制定了质检迁移工作方案。

3.1 检验修复要求

视频类光盘：对光盘内每一个视频文件均按照标准进行质检。例如，一张 VCD/DVD 光盘中含有 1 个时长为 1 小时的文件，按照 5% 的质检比，则检验人员需要观察 3 分钟的内容和波形，共计需要均匀地选取 6 个节点。

音频类光盘：由于 MP3/CD 类光盘所包含的音频文件数量较多，检验人员需要将曲目总数除以 10 之后的数值（四舍五入为整数）作为该张光盘质检的节点数，所有节点要求均匀地分布在整张光盘包含的所有曲目中。MP3 类光盘每个节点需要持续 15 秒的时长，CD 类光盘每节点需持续 30 秒时长，同时检验人员观察节点的音频波形状态。

对于质检过程中不能正常读取及播放的光盘，检验人员需要使用其他设备再行检验并提交审核人员验证，如果光盘最终能够播放，则按可利用记录，如依旧不能正常读取及播放，则转入光盘修复环节。

光盘修复：对于多次验证仍然无法播放的光盘，检验人员要分析其原因，如盘片破损、变形、划伤等，并通过光盘修复技术，恢复其可利用性，并记录其损伤原因及修复结果。如果通过光盘修复技术依然不能恢复其可用性，则在提交审核人员验证后作为损毁光盘登记并分析记录其损毁原因[3]。

记录与统计：依照以上质检标准经过严格质检后，检验人员根据音像电子出版物的载体类型和入藏年份对其是否可利用现状、光盘损毁原因以及对应的修复结果进行翔实记录和分类统计。

3.2 数据结构

科学的存储结构会极大利于数据的管理、发布及利用。为了便于存储与移交管理，迁移与备份的对象数据需依据待检光盘的现有结构来进行组织。为了便于资源的利用与发布，国家图书馆确定对象数据组织的基本原则为：以光盘系列为组织单位，以 MARC 数据为组织标准，将该系列（即相同 MARC 数据对应的光盘资源）所属资源整合在一起。

对象数据组织结构采用三级目录结构，其基本原则为以下内容。

第一级目录：根目录。以种或光盘系列为单位，一种或一个系列光盘建立一个文件夹，存放该种或系列的所有光盘数据。

第二级目录：子目录。以音像电子出版物单张光盘为单位，每张光盘建立一个文件夹，存放该光盘内的所有数据。

第三级目录：个体文件。以镜像文件为单位，分别存放镜像文件或镜像说明文件。

具体按照图 2 展示的形式进行组织。

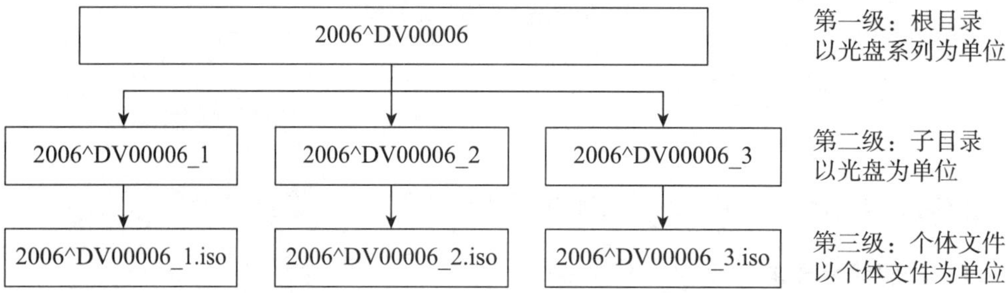

图 2　数据结构组织形式示例图统计表

3.3　数据命名规范

2006 年之前国家图书馆馆藏光盘以单张光盘为单位进行编目，一个光盘拥有一个索取号。2006 年后国家图书馆光盘制品编目规则有所变化，即 2006 年以后入馆的光盘以系列光盘为单位进行编目，即一个系列的光盘拥有一个索取号，一个索取号对应多张光盘。但由于国家图书馆之后在 ALPHE 系统中统一对老索取号进行过更改，故文件夹命名统一采用新索取号，基本原则为：采用三级目录组织结构命名方式，第一级目录以 MARC 数据为单位，使用新索取号命名；第二级目录以音像电子出版物原盘为单位，使用新索取号命名；第三级目录以光盘的镜像文件或个体文件为单位，镜像文件使用对应光盘的索取号命名，个体文件使用小流水号命名。

3.4　成果提交

光盘质检、修复和统计等流程结束后，馆方要求外包公司将光盘分类情况提交给馆内项目验收人员，并提供一份《音像电子出版物质检专项调查报告》，详细记述可利用光盘、修复光盘和不可利用光盘的数量以及各自的索取号、介质类型、正提名、ISRC、出版社和出版年等项目，同时还需提交关于光盘不可利用的分析原因与保护对策报告，对日后进一步加强光盘保存与保护方法、环境等各个方面提出建议。

3.5　成果验收

成果验收采取抽样合格率的方法进行，经质检不可利用的音像电子资源错误率不得超过 3%，可利用的音像电子资源错误率不得超过 1%，可利用光盘备份错误率不得超过 0.5%。

对于不可利用音像电子资源的原因分析要客观、具体和全面。验收人员提出的相关恢复建议应明确、可行，并且数据恢复有效；如确实无法恢复，应提供报废建议。

4　整体实践与结论

4.1　质检结果

2012 年 9 月—2014 年 9 月，国家图书馆在前期音像电子出版物库房再生性质检试验项目的理论和实践基础上，开展了为期两年的整体质检迁移工作，共完成质检光盘 215999 张，成功迁移 109942 种、205714 张,不可利用 10285 张,存储量达 252381.2GB。

国家图书馆 1987—2010 年共有音像及电子出版物光盘 215999 张,其中不可利用10 285 张,不可利用比率为 4.76%(见表 4)。

表 4 光盘不可利用比例统计表

序号	介质类型	总量/张	不可利用总量/张	不可利用比例/%
1	DVD	38785	2677	6.90
2	VCD	82272	5187	7.09
3	CD	44919	321	0.71
4	MP3	2815	112	3.98
5	EOD	47208	1988	4.21
合计		215999	10285	4.76

2005 年以前的 DVD 及 VCD 光盘受到保存环境、借阅流通等诸多因素影响,而遭受一定程度上的磨损、划伤、破裂、变形等,导致某些数据修复后也无法读取,损坏率较高。迁移数据无法读取,此问题有两种情况:一是光盘无法读取,二是光盘迁移完成后,加载后无法读取。对于此类问题,光盘验收人员要进行多次验证,验证后仍然无法播放的光盘,分析其原因,并通过光盘修复技术,恢复其可利用性。经过修复手段能够恢复使用的光盘,验收人员需要将其损伤原因及修复结果进行记录;经过修复技术依然不能恢复使用的光盘,则在提交审核人员验证后作为损毁光盘进行登记并记录其损毁原因[4]。

4.2 质检结论

经过本项目对光盘类数字资源的质检,并对其数据进行的统计与分析可以看出,造成光盘资源再生性利用障碍的主要因素可以分为四个方面,即人为因素、技术因素、保存环境因素、资源利用体制因素。

4.2.1 人为因素

人为因素对光盘类资源造成的损伤主要包含:使用不当造成的光盘表面划痕,使用环境中的污染物造成的光盘表面污渍、腐蚀,在光盘表面书写内容造成的光盘保护层损坏,在光盘表面粘贴纸条造成的光盘不平整[5],以及其他人为原因造成的光盘资源物理层面的损坏。这些因素直接造成了部分光盘类资源的再生性利用障碍,以致出现数据丢失、无法读取和马赛克等故障现象,无论是对光盘资源的保存还是再利用,均造成了不同程度的障碍。

4.2.2 技术因素

技术层面的因素主要分为两个方面:第一,光盘存储介质较快的更新换代速度造成了操作系统层面、专业设备层面的兼容性问题,如专业的旧式光盘播放机和 DOS、Win95、Win97 等操作系统,已经很难在市场上找到,造成了光盘类资源再生性利用的障碍。第二,普通 PC 工作站在读取数据时通常都会进行奇偶性校验,在遇到数据无法读取时,光驱会对无法正常读取的数据进行反复读取,从而消耗大量的 CPU 资源造成工作站死机,以致光盘内的数据无法读取[6]。

4.2.3　保存环境因素

光盘作为一种物理的存储介质，与保存它的环境因素息息相关。通过本项目的实施，我们对光盘资源的保存环境提出如下建议：①环境温度不易过高或者过低，在14℃—24℃较为适宜，相对湿度保持在45%—60%之间最佳。②库房降低空气中的含尘量，避免直接污染盘体，避免用手直接接触光盘的信息存储部分。③在对光盘进行信息的标注和记录时，记录员应避免直接使用硬笔尖在光盘表面书写；避免在光盘上贴小纸条，因为这会导致光盘的转动不规则，长期也会损害盘体。④光盘的保存环境应远离磁场，以降低外来磁场的干扰，如电视、电脑、手机等，光盘在存放过程中尽量使用专业的防磁光盘柜。⑤光盘应避免光线的直接照射，以避免破坏光盘内部光敏感的有机材料。

4.2.4　资源利用体制因素

国家图书馆保存了大量的光盘资源，甚至很多资源在目前市场难以觅得，具有较高的历史文化价值。然而为了保证读者资源使用权利，体现国家图书馆公益性服务特征，馆方必须将这些宝贵的资源给读者提供服务。于是，在读者频繁阅览的过程中因缺少专业的读取设备，造成了光盘资源的损伤与再生性利用的障碍[7]。因此，笔者建议图书馆建设数字资源存储库，以光盘备份或者网络传输等方式合理利用这些宝贵的数字资源。

参考文献

[1] 王世伟. 新环境下图书馆权利的再认识[J]. 图书馆建设，2015(1)：42－45.

[2] 沈国强. 光盘技术在图书馆工作中的应用及发展[J]. 图书馆工作与研究，2004(2)：45－48.

[3] 周继敏. 馆藏光盘的修复与保养方法[J]. 河南农业大学学报，2004(3)：25－28.

[4] 陈复光. 也谈光盘技术及其在档案管理中的应用[J]. 档案学通讯，2006(1)：23－24.

[5] 孙世玲. 高校图书馆的数字化建设[J]. 图书与档案管理，2007(32)：57－60.

[6] 李玉安. 数字图书馆建设的几个难题与对策[J]. 情报资料工作，2002(4)：68－71.

[7] 叶建平. 对数字图书馆建设的几点看法[J]. 现代情报，2005(11)：60－62.

（原载于《图书馆建设》2015年第7期）

中文数字资源处理用字揭示基础平台建设与应用*

杨东波　翟喜奎

“中文数字资源处理用字与主题概念揭示基础平台建设”是科技部科技基础性工作专项课题，旨在研究中文数字资源处理用字及主题概念标识、概念系统的构建规范，制定中文数字资源处理用字、主题概念标识与概念系统的构建规范以及生产中文数字资源处理用字、主题概念标识与概念系统的规范数据，为科学研究和知识服务提供权威的科学资料。研究任务包括“中文数字资源处理用字揭示基础平台建设”和“中文数字资源主题概念揭示基础平台建设”两方面内容。本文主要介绍“中文数字资源处理用字揭示基础平台建设”的主要研究工作。

1　汉字与汉字属性规范

汉字有极悠久的历史，是汉族人民自古以来一直用以记录汉语、交流思想的工具，它是汉族祖先在生产劳动和生活实践中创造出来的，已有六千年左右的历史，也是上古时期各大文字体系中唯一传承至今的文字。汉字字形包含笔画、部件和整字3个层次，从构字法来说，汉字的基本结构单位是字符1。汉字属性是汉字本身所具有的音、形、义三方面的特征及附加的有关特征，包括汉字标准发音、字形特征（汉字总笔画数量、起笔至末笔笔形值、部首序号、部首笔画数量、部首外起笔至末笔笔形值、异体字数量、异体字字形）、各种编码（四角号码、IDS编码、其他汉字字符集编码）以及构词和使用频度等，这些信息构成的数据库或字典就称作汉字属性字典。

为了规范汉字在计算机中文信息处理中的应用，20世纪80年代我国陆续发布了一系列汉字属性规范。1980年3月，中国颁布了第一个汉字编码字符集标准，即GB 2312—80《信息交换用汉字编码字符集—基本集》，共收录6763个汉字，其中一级汉字3755个，二级汉字3008个。1984年，“全国计算机与信息处理标准化技术委员会”提出编码字符集的繁体字和简体字对应编码的原则，并做出了制定6个信息交换用汉字编码字符集的计划，分别于1987年至1991年颁布。1990年，中国颁布了GB 13000《信息技术通用多八位编码字符集》，采用

* 本文系科技部科技基础性工作专项课题“中文数字资源处理用字与主题概念揭示基础平台建设”（项目编号：2009FY220400）和国家高技术研究发展计划（863计划）课题“面向基础教育的海量知识库建设与构建关键技术及系统”（课题编号：2015AA015401）的研究成果之一。

了全新的多文种编码体系,收录了中、日、韩20 902个汉字。2000年3月,中国颁布了国家标准GB 18030—2000《信息交换用汉字编码字符集基本集的扩充》,该标准是国家强制性标准,标准收录的字符分别以单字节、双字节或四字节编码,共76556个字符。

国际交流与合作促进了汉字走向国际。国际标准化组织(ISO)于1993制定了《信息技术通用多八位编码字符集(UCS)》国际标准,即ISO/IEC 10646,包括ISO/IEC 10646-1:1993内的20 902个汉字字符之外,又增补了6582个汉字字符(在扩展区A)。扩充ISO/IEC 10646-1:1993的表意字符集工作一直是在分阶段进行的,依次发布了扩展区A、扩展区B、扩展区C、扩展区D、扩展区E等,并且每年还在不断扩展。与ISO/IEC 10646:2003等同的工业标准是Unicode5.1。Unicode除了作为ISO/IEC 10646编码的一种称谓外,同时还是由HP、IBM、APPLE、MICROSOFT等一些国际知名企业组成的一个联盟的名称。目前,ISO/IEC 10646国际标准的最新版本是2014年修订的ISO/IEC 10646:20143。

2 课题研究内容

"中文数字资源处理用字揭示基础平台建设"课题首先要对汉字的字际关系进行研究;为文字研究提供汉字的基本属性;从汉字的字音、字形的规范控制出发,为计算机检索、排序、字音转换、代码转换提供规范;为古籍研究提供古音信息;为古籍全文数字化减少自定义字和大量非规范用字;为古籍中的个性化用字进行规范;解决汉字电子工具的应用问题。

2.1 汉字字际关系研究

汉字的异体字,也称俗体、古体、或体等,是一个非常宽泛的概念,至今缺乏一致的、严格的界定,一般是指音义相同而写法不同的字,繁简字、古今字也属于大的异体字范畴。本项目属性字典的异体字表,将全同异体字(音义全同而形体不同的字)和非全同异体字(音义部分相同的字)都收了进来。为避免因某一异体字的缺失而导致文献检索的缺漏,故收字上尽量做到宽而全。异体字有不同的类型,但其关系均成立于两字之间。超过两个字的联系,会滋生错乱,因此异体字表均采用一一对应的形式,分别标注其字际关系。我们以《康熙字典》《汉语大字典》《汉语大词典》为主,参照《说文解字》及其主要注本、《类篇》、《龙龛手鉴》等历代字书,整理成异体字表,包括5类共9种关系。

2.1.1 异体字

包括异构字和异写字。异构字是为同一词而造的形体不同的字。它们意义完全相同,可以互相替换,是最狭义的异体字。异写字是为了书写快捷简便而改变笔画或简省偏旁产生的异体字。异体字表中,用"正:异"或"异:正"来表示其字际关系。异体字又分为全同异体字和非全同异体字。后者有包孕字,即两字中一字的音义(或仅为义)包孕了另一字,也就是说其中一字仅为另一字的部分音义;也有交叉字,即两字仅在部分音义上重合,它们各有对方所具备的部分音义,又各有对方所不具备的部分音义。异体字表的"备注"栏中,用"非全同"来表示包孕字和交叉字。

2.1.2 繁简字

既有见于国家语委的“简化字总表”的，也有 GB 18030—2005（UNICODE、ISO 10646—2003）所包括的其他类推简化字。异体字表中，用“繁：简”或“简：繁”来表示其字际关系。有一部分简体字是承袭古代的异体字而来，对这一批字，在字际关系中也予以标示。同时也用“非全同”来表示其中的包孕字和交叉字。

2.1.3 古今字

可看作是异体字的一类，但它们反映了汉字的孳乳分化。其间的“正：异”或“异：正”关系往往与时代相关，所以单立为一类是比较合理的。异体字表中采用了“古：今”或“今：古”的字际关系来表示。

2.1.4 新旧字形

这是我国现代整理印刷字形时产生的概念。1965 年，文化部和中国文字改革委员会联合发布的《印刷通用汉字字形表》对相当一批汉字确定了规范字形，这种规范字形被称为新字形，相对应的非规范字形被称为旧字形。GB 18030—2005（UNICODE、ISO 10646—2003）所包括的汉字大多在中国国家标准中按新字形进行了整理。由于许多新旧字形过去是并存的，CJK 字形认同中为兼容不同国家和地区的及其不同年代的字符集，同时保留了若干新旧字形。异体字表中采用了“新：旧”或“旧：新”的字际关系来表示。

2.1.5 讹字

异体字中，不少是由民间俗字而来，前代字书多定为“讹字”。但其中不少流传很广，甚至作为正字流通。因而异体字表对这类字多作为异体关系处理。但仍然有一部分字形，历来被视为讹字，使用上与一般异体字有别，因而异体字表将它们与其正字的关系标示为“讹：正”。与上述 4 类字际关系不同的是，讹字只有单向关系。

2.2 汉字属性数据标引

根据汉字属性字典规范和古籍用字、生僻字、避讳字处理规范对 GB 18030—2005（UNICODE5.1、ISO 10646—2003）字符集所包括的全部汉字（即 7 万多字），还有在国家图书馆古籍数字化加工中遇到的 1 万个左右的汉字，共计 8 万多个汉字进行数据采集和汉字属性制作，生成数据库。汉字属性数据包括汉字的偏旁部首、笔画、笔顺、笔形、音、调等方面的基本属性信息，为利用计算机进行各种统计和分析研究提供依据。在收录的 82000 多个汉字中，包括基本集（20902）、基本集扩充字（39）、扩 A（6582）、扩 B（42711）、异体字（1014）、系统外字（10765）、部首（314）、部件（135）、避讳（106），共收录汉字属性 70 项，可分为八大类：形（汉字字形）、音（汉字字音）、意（汉字字意）、序（汉字字序）、编码（汉字编码）、统计（汉字统计）、异体字（汉字异体字）、避讳字（汉字避讳字）。

为了给古籍研究提供支撑，本课题提供上古音声纽、上古音韵部、上古音声调、上古音拟音、中古音韵摄、中古音开合、中古音反切、中古音声类、中古音韵部、中古音声调、中古音拟音、近古音韵部、近古音声母、近古音声调、近古音拟音等古音信息，以满足古籍研究与阅读需求；在数据制作中，标引了汉字的《康熙字典》和《汉语大字典》位置标引信息，为中文数字资源文献提供汉字在《康熙字典》和《汉语大字典》的具体位置信息，间接起到电子工具书的作用。

2.3 构建相关规范

2.3.1 制定检索用字规范

提供国家正形的通用汉字与异体汉字(包括繁体字)间的连接信息,以满足汉字信息检索和文字规范方面的使用要求,为实现简、繁字同级检索及异体字、生僻字、避讳同级检索等提供规范。

2.3.2 制定汉字排序规范

提供按国家有关部门规范的按照汉语拼音、部首、笔画、笔形和四角号码等排序方法对汉字进行排序所需的序值信息,满足检索结果的汉字排序以及在计算机系统上建立文件、显示、打印输出时所需的排序要求,实现8万余字的整体序列。

2.3.3 制定字音转换规范

提供汉字与汉语拼音、韦氏拼音、注音字母间的转换信息,以满足国内外用户对汉字罗马化的要求以及查询要求,为实现汉语拼音自动生成、汉语拼音与韦氏拼音、注音字母间的自动转换提供规范。

2.3.4 制定代码转换规范

提供我国已经颁布的《信息交换用汉字编码字符集》中的字符与其他国家和地区的汉字信息交换码的对照关系,实现我国与不同国家、地区之间的机读数据的相互转换;提供汉字输入编码与汉字编码字符集的对照关系,解决超大字符集的汉字输入问题。汉字编码分为汉字内码和汉字外码。汉字内码包括UNICODE编码、UNICODE十进制码、UTF-8、UTF-16、CCCII、CNS、Big 5、台湾码、JIS、日本码、韩国码、KSC、朝鲜码、越南码、澳门码、EACC:、EACC-1码、EACC-2码、EACC-3码、EACC-4码、EACC-5码、GB、GB:、GB 2312-80、GB 12345-90、GB 13131-91、GB 13132-91、GBK码、18030代码、ANSI码等。汉字外码包括五笔字型编码、IDS编码、四角号码、郑码、拼音编码等。

3 “汉字属性展示系统”的设计与实现

在完成了对8万余字进行数据采集和汉字属性数据库制作后,为了展示这些汉字属性在中文信息处理中的应用前景,课题组开发了“汉字属性展示系统”,对课题成果进行了可视化的应用展示,为中文数字资源处理用字规范及其揭示基础平台建设提供支撑。

3.1 系统的建设需求和意义

本课题的数据词典完成以后,还需要建立一个中文数字资源处理用字与主题概念揭示的网络平台系统,即汉字属性展示系统,该系统计划首先为国家图书馆的工作人员服务,提供本项目收录和产生的8万个汉字属性数据的网络服务。

“汉字属性展示系统”采用B/S系统架构。用户可以通过浏览器访问本系统,系统可以提供部首笔画、编码、拼音等多种检索方式查询汉字，也可以通过笔顺输入法输入汉字来查询对应汉字。对于部首笔画支持国标的 201 部首分组和康熙字典的 214 部首分组，检索结果不仅可以显示该字的字形、部首、四角号码、各类对应编码及在各种字典中的位置等等，还可以显示它的多种读音和异体字。在显示汉字属性的同时，用户可以通过点击相应的链接直接调用该汉字所在的《康熙字典》及《汉语大字典》所在位置页面的扫描页。

数据检索的方式包括部首笔画、编码、拼音以及通过笔顺输入法输入汉字。检索时可以对汉字的异体字、简体字、繁体字进行通检。笔顺输入法采用"札字法"，将我国古老形成的"永字八法"中的 8 个基本笔画纳入 5 个数字代码（横和斜提为 1、竖和竖钩为 2、撇为 3、捺和点为 4、折为 5），用户可以顺序选择笔画或者直接输入对应的数字来查找汉字。

检索结果可以根据 201 部首序值或者 214 部首序值进行排序，并在显示《康熙字典》位置及《汉语大字典》位置时，系统需生成相应的链接，用户通过点击这个链接可以直接打开该汉字在《康熙字典》和《汉语大字典》所对应位置页面的扫描页文件。

本系统完成后，将给国家图书馆提供汉字应用的基础支撑，在馆区内网应用成熟后还可以对系统进行升级改造，向外拓展，进而为全国的读者提供服务。该系统的建成为汉字研究的工作者提供了可靠的工具，同时也可以为读者在阅读中识别复杂难字提供便捷的服务。

3.2 系统的总体设计

系统采用单服务器架构（见图 1），数据库和应用服务运行在单台服务器上。服务器采用 IBM X3620 M3 服务器，配置如下：

CPU：Intel Xeon CPU2.4GHz ×2

内存：16GB

存储：500GB ×4 组成 RAID5 磁盘阵列

可以采用分离数据库和应用服务，使用服务器集群、负载均衡的方法进一步提高性能。

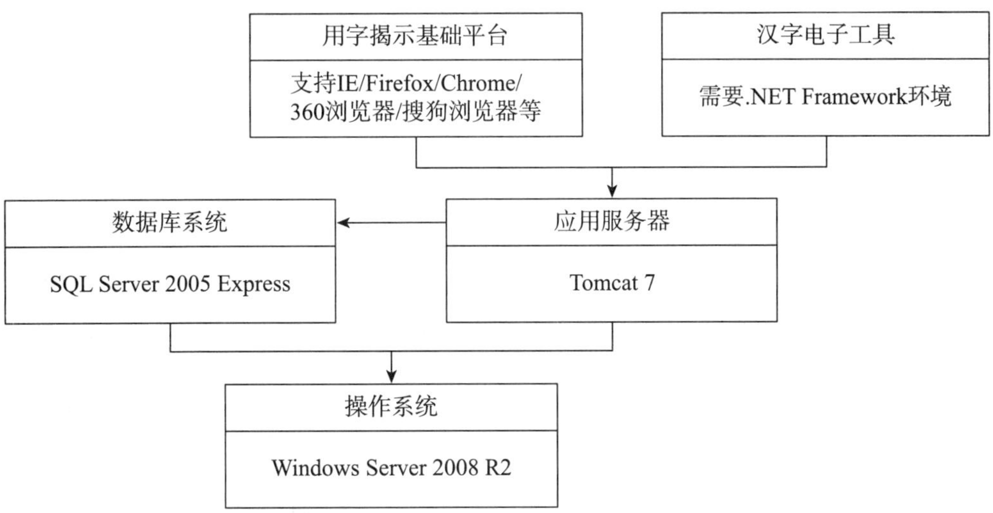

图 1　系统架构设计图

3.3 系统的实现与展示

3.3.1 系统内的汉字属性

(1)收录汉字数量

共收录82000多字,基本集(20902)、基本集扩充字(39)、扩A(6582)、扩B(42711)、异体字(1014)、系统外字(10765)、部首(314)、部件(135)、避讳(106)。

(2)收录汉字属性

共收录汉字属性70项,可分为八大类:形(汉字字形)、音(汉字字音)、意(汉字字意)、序(汉字字序)、编码(汉字编码)、统计(汉字统计)、异体字(汉字异体字)、避讳字(汉字避讳字)。

3.3.2 收录汉字标识符

为了在展示中方便用户辨识汉字的类型,系统对基本集和基本集扩充字以外的汉字进行了标识区分,标注在汉字图片的右上角:

(1)基本集,无标识符

(2)基本集扩充字,无标识符

(3)扩A,标识符为A(见图2)

(4)扩B,标识符为B

(5)异体字,标识符为Y

(6)系统外字,标识符为W

(7)部首,无标识符;部件,标识符为J

(8)避讳字,标识符为H

图2 扩A中的汉字

3.3.3 汉字检索

系统提供8种查找方法:字形查找、笔顺查找、拼音查找、部首查找、四角号码查找、五笔查找、郑码查找、编码查找。下面仅就笔顺查找和拼音查找法举例说明:

(1)笔顺查找

笔顺查找提供3种查找方式:单纯笔顺查找、复合笔顺查找、单纯笔顺和复合笔顺混合查找,同时提供2种匹配方式:完全匹配、前方一致。当用户遇到不认识的汉字时,可以只输入字形最前面的几个笔顺,再用前方一致就可以查找到汉字。对于由多个简单汉字组成的复杂汉字,用户也可以通过顺序输入简单汉字来找到所需汉字。

①单纯笔顺查找。将一个汉字拆成横、竖、撇、点、折等5个最基本笔画,其编码为:1(横)、2(竖)、3(撇)、4(点)、5(折);按照汉字的书写顺序依次输入。例如"札"为12345(见图3)。

②复合笔顺查找。将一个汉字作为一个复合笔顺;用一个或多个复合笔顺按照汉字的书写顺序依次输入。例如"章":直接输入"章";输入"立早";输入"音十";输入"立日十"(见图4)。用任何一种方法都可以找到"章"(注:可以实现用认识的汉字查找不认识的汉字)。

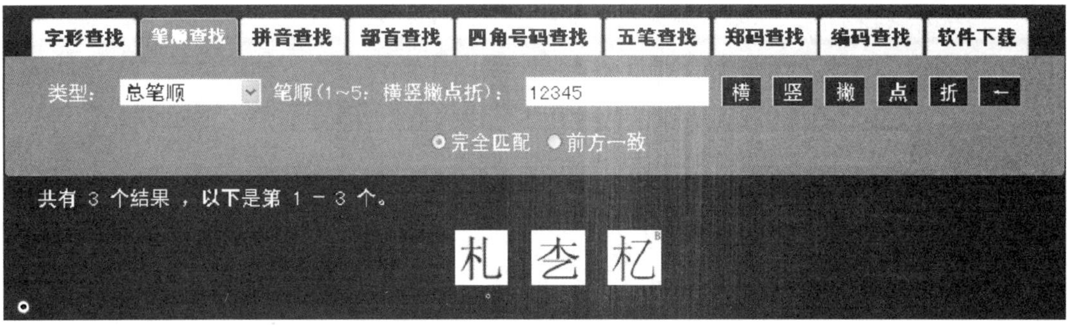

图 3 “札”字笔顺查找

③单纯笔顺和复合笔顺混合查找。将上述介绍的两种方法混合，按照汉字的书写顺序依次输入。例如“章”字，输入“立日 12”或“立 2511 十”或“41431 日 12”，用任何一种方法都可以找到(见图 4)。

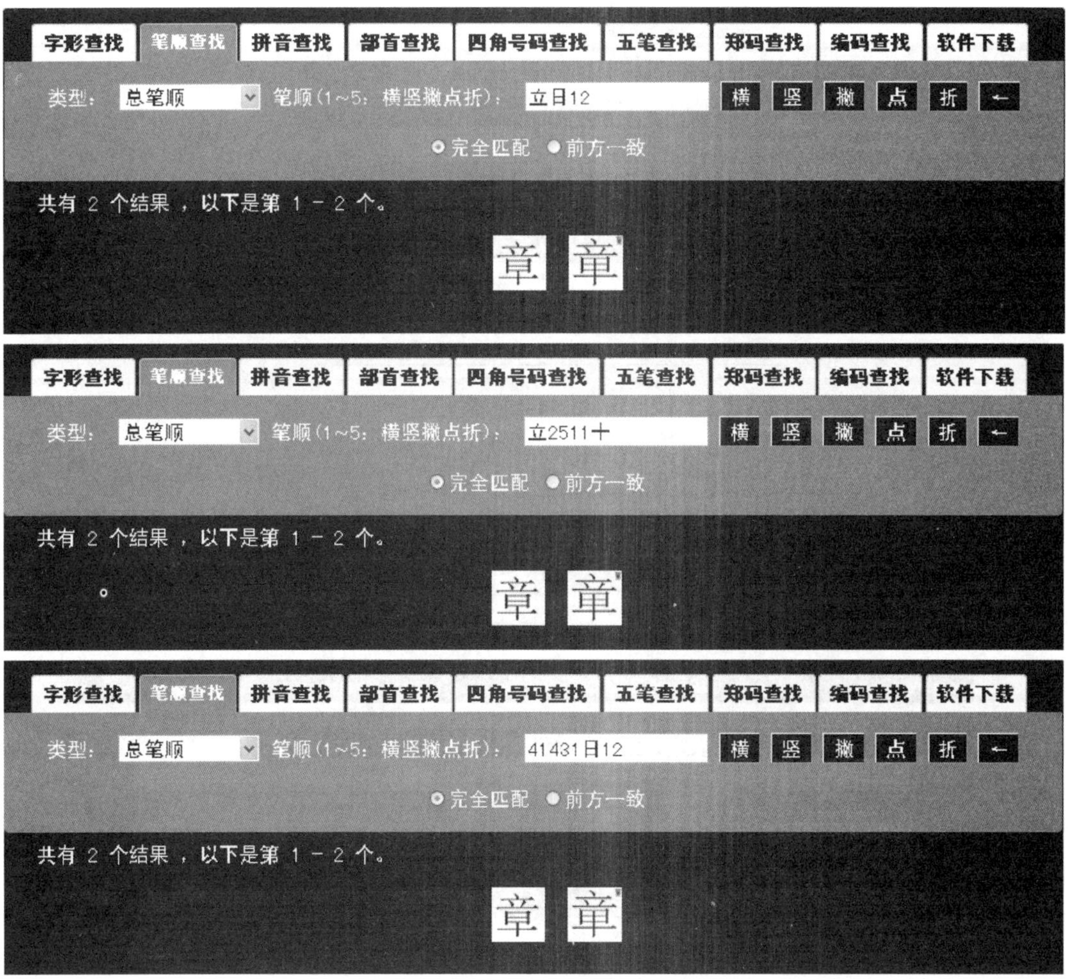

图 4 “章”字混合查找

(2)拼音查找示例

用户首先选择拼音查找项,然后在输入框中输入拼音,就可以得到该拼音对应的所有汉字;如果用户在拼音后面附加声调,则可以进一步缩小检索范围。例如,“颣”的拼音是 lei,音调是 4 声,输入“lei4”,就可以看到在符合条件的汉字中,最后一个就是“颣”字。

3.3.4　汉字属性显示

汉字的全部属性可以通过八大类进行全景展示,即形、音、意、序、编码、统计、异体字、避讳字。如和平的“和”字,见图 5—图 10。

汉字图片	字形
和	和
总笔数	总笔顺
8	31234251

201部首	201部首笔数	201部首序号	201部首笔顺
禾	5	109	31234
201部外笔数		201部外笔顺	
3		251	
214部首	214部首笔数	214部首序号	214部首笔顺
口	3	30	251
214部外笔数		214部外笔顺	
5		31234	

图 5　“和”的字形

	汉语拼音	注音字母	威氏拼音	拼音	声调	备注1	备注2	
1	hé	ㄏㄜˊ	ho2	he	2	《廣韻》	-	
	上古音声纽	上古音韵部	上古音拟音	上古音声调	近古音声纽	近古音韵部	近古音拟音	近古音声调
	-	-	-	-	-	-	-	-
	中古音韵摄	中古音开合	中古音	中古音声纽	中古音韵部	中古音拟音	中古音声调	
	果	合	-	匣	戈	ɣuɑ①	平	
2	汉语拼音	注音字母	威氏拼音	拼音	声调	备注1	备注2	
	hé	ㄏㄜˊ	ho2	he	2	《廣韻》	-	
	上古音声纽	上古音韵部	上古音拟音	上古音声调	近古音声纽	近古音韵部	近古音拟音	近古音声调
	匣	歌	ɣuai①	平	曉	歌戈	huɔ②	陽平
	中古音韵摄	中古音开合	中古音	中古音声纽	中古音韵部	中古音拟音	中古音声调	
	果	合	-	匣	戈	ɣuɑ①	平	
3	汉语拼音	注音字母	威氏拼音	拼音	声调	备注1	备注2	
	hè	ㄏㄜˋ	ho4	he	4	《廣韻》	-	
	上古音声纽	上古音韵部	上古音拟音	上古音声调	近古音声纽	近古音韵部	近古音拟音	近古音声调
	匣	歌	ɣuai③	去	曉	歌戈	huɔ④	去
	中古音韵摄	中古音开合	中古音	中古音声纽	中古音韵部	中古音拟音	中古音声调	
	果	合	-	匣	過	ɣuɑ③	去	

图 6　“和”的字音

意

《康熙字典》释义
【丑集上】【口字部】 和 （古文）咊龢【廣韻】【正韻】戸戈切【集韻】【韻會】胡戈切，𠀤音禾。【廣韻】順也，諧也，不堅不柔也。【書·堯典】協和萬邦。又【舜典】律和聲。【易·乾卦】保合太和。【中庸】發而皆中節謂之和。　又【書·堯典】乃命羲和。【註】羲氏，和氏，主曆象授時之官。　又【詩·小雅】和鸞雝雝。【傳】在軾曰和，在鑣曰鸞。【疏】和，亦鈴也，以其與鸞相應和，故載見曰和鈴央央是也。【廣韻】本作龢。　又【爾雅·釋樂】大笙謂之巢，小笙謂之和。【註】和，十三簧。　又【周禮·夏官·大司馬】以旌爲左右和之門。【註】軍

《康熙字典》位置	《汉语大字典》位置	《汉语大字典2》位置
第 0185 页	第 1 卷，第 0602 页	第 1 卷，第 0602 页

图 7 “和”的字意

注：点击画线的地方，可以显示字意所在的全文扫描文件，观看原文。

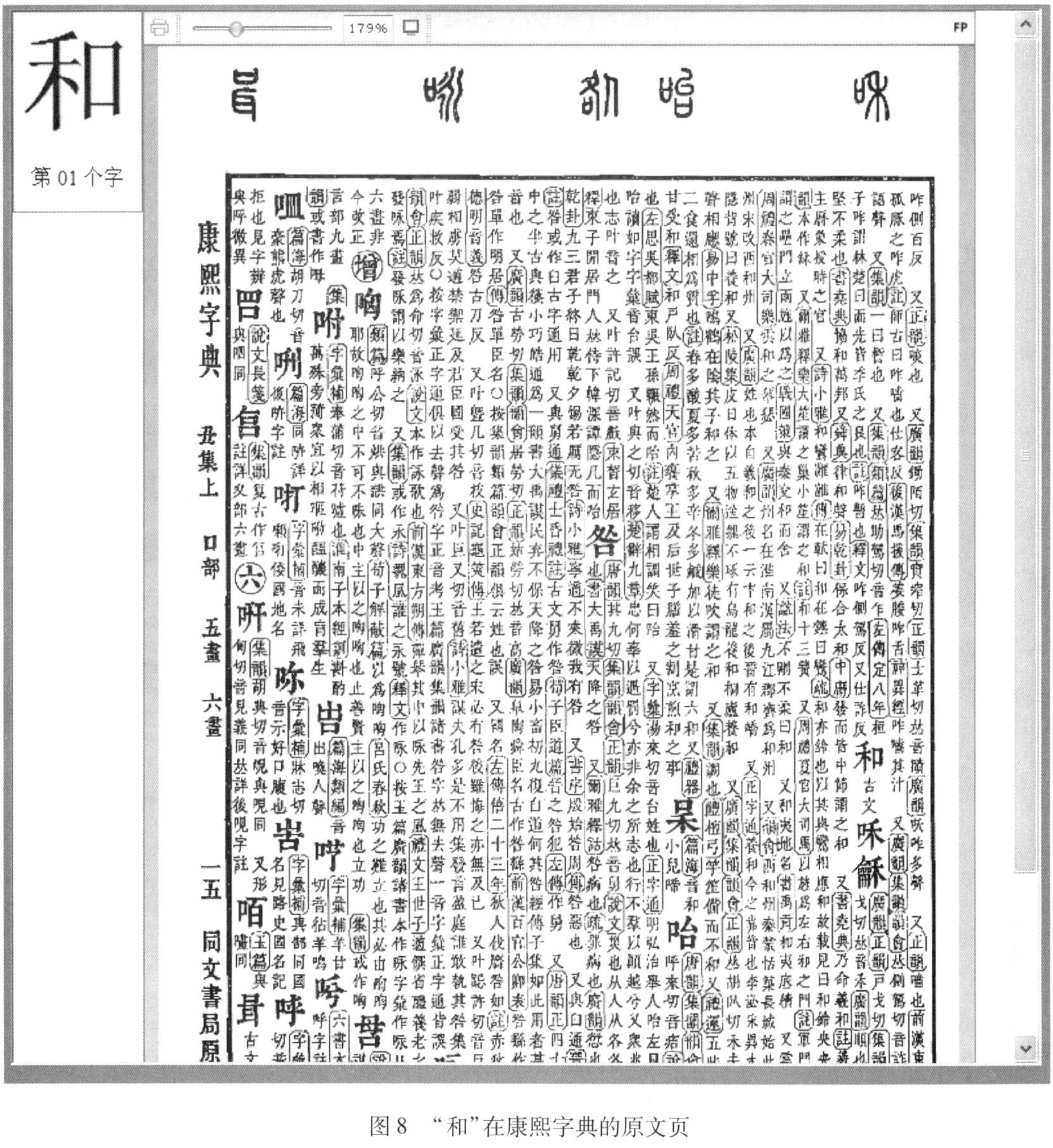

图 8 “和”在康熙字典的原文页

异体字

	对应字	字际关系
1	鉌	正：异
2	惒	正：异
3	訸	正：异
4	咼	正：异
5	瑀	正：异
6	龢	正：异
7	咊	正：异

图 9 “和”的异体字

避讳字

	避讳本字	避讳代字	避讳方式	备注
1	和	-	（禁用）	北燕太祖文成皇帝馮跋，祖追尊元皇帝名和。
2	和	-	（禁用）	三國吴大帝孫權，太子名和。
3	雍	和	-	金世宗完顏氏名雍。
4	中	和	-	隋文帝楊堅，父追尊太祖武元皇帝名忠。
5	邕	和	-	北周高祖武皇帝宇文氏名邕。

图 10 “和”的避讳字

4 结语

随着中国经济的腾飞和国际地位的不断提升，我国对世界的影响力越来越大。中文已经成为世界各国语言学习的一个热点语种，学习汉字也成为世界上很多国家的一个热潮。本课题填补了基于 UNICODE5.1(ISO/IEC 10646:2003)汉字属性标准研究的空白，推动了汉字的研究和利用,同时对我国数字图书馆资源建设和信息化建设起到了有力的促进作用。

参考文献

[1]《中国大百科全书》总编委会.中国大百科全书:第9卷[M].2版.北京:中国大百科全书出版社,2009:242-243.

[2] 张力伟,翟喜奎.汉字属性字典规范及应用指南[M].北京:北京图书馆出版社,2010:7-8.

[3] 翟喜奎.中文信息处理在数字图书馆中的应用[J].现代图书情报技术,2006(8):8-11,64.

(原载于《图书馆学研究》2015年第16期)

基于数字存档技术中缩微品解像力研究*

宁三香

1 数字存档技术概况

1.1 数字存档技术概念

数字存档技术是利用数字存档机将数字影像转换至缩微胶片上的技术,即把原生性或者再生性的数字影像转换至缩微胶片上,以便于数字信息的长期保存。该技术是缩微技术和数字技术发展到一定阶段的产物,将缩微胶片长期保存的优势与数字信息方便利用的优势结合在一起,是确保数字信息安全保存的最有效的措施之一。它将有保存价值的数字图像转换到缩微胶片上,便于文献的长期保存,是缩微技术新的生命力。

1.2 数字存档技术产生背景

文献缩微工作在20世纪八九十年代曾一度辉煌,在我国文献长期保存领域受到极高的重视。21世纪初,数字技术的广泛兴起,使文献缩微工作一度低迷。近年来,随着缩微文献数字化技术和数字资源缩微品存档技术的应用和普及,文献缩微工作再一次得到了国内外图书馆界的认可和重视。数字技术在数字文献长期保存中出现各种缺陷,导致数字资源丢失。珍贵数字资源的丢失是国家无法恢复的,我们以对历史负责的态度,针对珍贵数字资源进行文献的长期保存保护,提出了数字存档技术,将珍贵数字资源转换到缩微胶片上进行长期保存。这项技术已在国内外得到认可和较大规模使用。这项技术从21世纪初开始在国内推广使用,目前,在我国的使用领域主要在图书馆、档案馆、公检法系统、航空航天集团、船舶制造、兵工技术、核工业、医疗机构、金融机构、城市建筑等领域使用数转模技术。

数字存档技术在国内也在不断完善,影响和制约此项技术发展的重点在于理论的研究及探索。数字存档技术中,最重要的是缩微胶片的质量问题,缩微胶片的质量是数字存档技术的关键。其中,影响缩微胶片质量的重要参数分别是密度、解像力、色彩还原等。本文将详细介绍数字存档技术中解像力的研究,以此为出发点,论证解像力这项技术的可行性及相关的参照标准。

---

* 本文系文化部科技创新项目“缩微文献长期保存保护研究”(项目编号:5－2011),2015年度国家文化科技提升计划项目“中文字符数转模技术研究”(项目编号:2015－05)的研究成果。

2 缩微胶片解像力分析

2.1 解像力概念及测定方法

解像力又称鉴别率、分辨率、分辨力，是指缩微摄影系统(摄制、冲洗)对被拍摄原件细部的极限分辨，它是描述缩微品影像质量的重要参数之一。解像力读数的高低直接影响被拍摄原件缩微影像的清晰度；解像力的读数值越高，说明质量因数高，字迹越清楚，对长期保存和使用越有利。

解像力是光学摄影系统或元件对两个紧邻实体(通常是线条)分辨能力的测量值。以每毫米线对数(lp/mm)或每英寸线对数(lp/in)来表示。它的值通常以1毫米范围内尚能分辨出宽度相同的黑白线对数来表示，单位表示法为线/毫米(指黑线条或白线条数)或线对/毫米(黑白线的对数)。解像力值采用一幅含有大小不同的黑白线条组的解像力标板来测定。按照GB/T 6161—2008《缩微摄影技术 2号测试图的特征及其在缩微摄影技术中的应用》中规定，测定解像力采用的是ISO2号测试图(见图1)。ISO2号测试图由若干个ISO2号测试图图像构成的测试图，各图样的标示数字按照R20优先数系排列，表示该图样每毫米所含的线对数[1]。

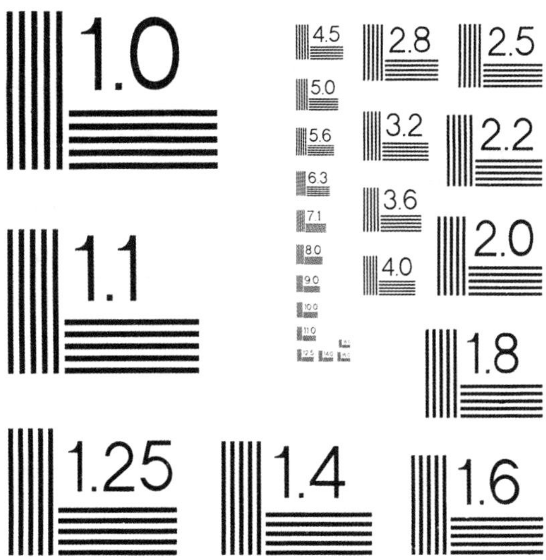

图1 ISO2号解像力测试图

参照国家标准GB/T 6161—1994《缩微摄影技术 2号测试图的特征及其在缩微摄影技术中的应用》，2号测试图样由两组相互垂直的五条平行线和标示数码组成。测试图样所标示的数码表示该组图样的空间频率，即每毫米所含的线对(线条与间隔)数，如，测试图样的标示数码为2.0，表示该线宽为0.25毫米，一个线条和一个线间隔组成的线对宽为0.50毫米，则该图样的空间频率为每毫米2个线对，即2线对/毫米。在测试时用显微镜检查测试图样时，如果某个测试图样上两个方向的线条都能分辨清楚，该图样则认为是可以分辨的。

一次读取可分辨的最小图样的空间频率。

2.2 影响缩微胶片解像力的因素

影响缩微胶片解像力因素有多种，包含缩微生片质量、原件（原图像）质量、机器设备、冲洗加工问题等。目前，缩微拍摄已经进行了30余年，胶片生片质量及冲洗、曝光控制方面已经非常完善，所以可以设定在一般情况下，不受影响，而影响数转模解像力的是原件质量和机器设备质量。

2.3 传统缩微拍摄解像力分析

传统缩微拍摄利用摄影设备对原始纸质文献进行拍摄，它的解像力测定是根据拍摄文献前的技术标板进行。传统拍摄的缩微胶片的解像力以GB/T 6161—2008中所规定的方法测量。技术标板内含有5个2号测试图，分别代表5个部分的解像力，以中央解像力为最高解像力。

传统缩微胶片的解像力标准则依据GB/T 19292—1998《缩微摄影技术第一代银明胶型缩微品的质量要求》[2]为准（见表1）。

表1 第一代缩微品清晰度与解像力的要求

名义缩率	缩率范围		1号测试图	2号测试图
	从	到小于		
1:10	1:9	1:11	45	9.0
1:12	1:11	1:14	50	8.0
1:16	1:14	1:17	56	7.1
1:18	1:17	1:20	63	6.3
1:22	1:20	1:23	71	5.6
1:24	1:23	1:28	80	5.0
1:30	1:28	1:33	90	4.5
1:36	1:33	1:38	100	4.0
1:40	1:38	1:44	112	3.6
1:48	1:44	1:52	125	3.2

传统缩微胶片的解像力能清晰地反映胶片对文献的表现能力，同时也反映缩微胶片对原始文献的解像力，测量此解像力标板也就可以得出正文被拍摄文献的解像力。技术标板测定的解像力可以直接代表胶片对所有纸本文献的解像力。

2.4 数字存档技术解像力分析

对于数字存档技术所生成胶片的解像力确定方法在GB/T 19474.1—2004中有所规定，该标准中所使用的测试标板为计算机原生标板，即数字标板，所检测的是数字存档拍摄系统解像力，可以直接检测缩微胶片对原生数字图像的解像力。目前数字存档技术中，涉及两种文献的存档,一种是原生性数字资源,一种是再生性数字资源。针对不同的资源类型,解像力最终确定方式不同。

(1)原生性数字资源转换缩微胶片解像力

在国外原生性数字资源被称为"Born Digital",即除了数字形式再没有其他载体形式的信息资源。国外的定义特别强调"数字形式"是原生数字资源的唯一形式,这既包括了原生数字资源的数字原创,也包括了其在存续期间的数字形式唯一。而在国内,李宝强、孙建军从数字资源产生的技术手段出发,把原生数字资源定义为:直接由文字处理软件、CAD、数字摄像设备等数字信息系统产生的数字资源。这里可以定义为:除去数字形式再没有其他载体形式的信息资源。它直接由文字处理软件、CAD、图像处理软件、数字摄像设备等数字信息系统产生的图像。如,由计算机直接生成的 Word、Excel 等文档和用绘图软件绘制的图像,如 InDesign、CoreDRAW、Photoshop 等矢量及图像文件。

原生性数字资源,标板的解像力可以直接代表胶片对原件的解像力,它的测试方式和传统缩微的测试方式均一致,是整个拍摄系统的解像力,所得出的解像力值也应能代表整个被拍摄文本的解像力。

目前,数字资源转换到缩微胶片上所采用的解像力测试标板根据机器设备不同,所采用的标板也不同(见图 2),是(GB/T 19474.1—2004)《缩微摄影技术图形 COM 记录仪的质量控制第 1 部分:测试画面的特征》中所规定的图形 COM 记录仪产生的缩微品的图像质量的测试画面的特征。适用于能够在黑白胶片上记录字符和图形的图形 COM 记录仪[3]。

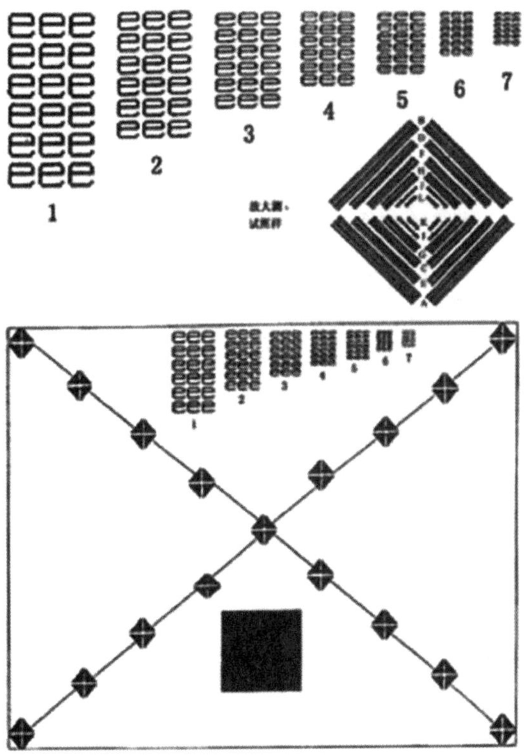

图 2 用于检测解像力、可读性和密度的测试画面样本

图3所示是目前检验机器设备厂家自身设计的测试机器设备所采用的技术标板测试样式。

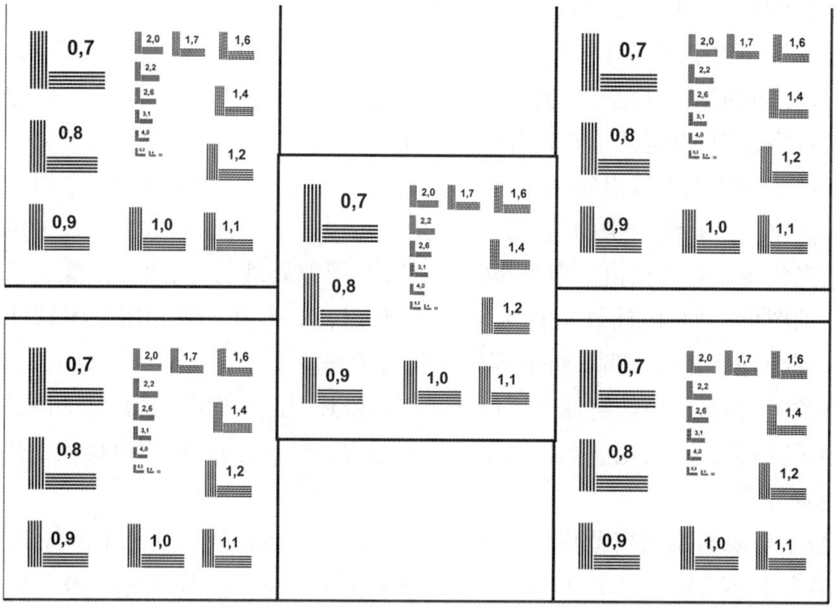

图3　OP500数字存档机所采用的技术标板

(2)再生性数字资源转换缩微胶片解像力

再生性数字资源是针对原生性数字资源进行解释的,是有其他载体形式的资源,原始文献非数字资源,而是经过后期加工处理得到的数字资源,如:用扫描仪将纸本文献扫描成电子版本的图像。

对于再生性数字资源来讲,最终胶片的解像力不能直接用数字标板来表示对被摄文献的解像力,再生性数字资源需要一个转换中介。如原生纸本文献需要经过扫描来得到数字资源,在扫描的过程中,我们也需要研究是否有解像力的损失。目前,国家图书馆对珍贵的纸本文献进行扫描成数字图像后,进行数转模,转换到缩微胶片上,这就需要研究整个系统的解像力。即从纸本文献—扫描设备—数转模设备—最终胶片整个系统进行研究。在此情况下,数字标板并不能代表整个系统的解像力,因为它未涉及纸本原件数字化扫描阶段的质量检测,即其检测范围只包含了数字影像转换缩微影像的过程,而不包含纸本原件转换数字影像的过程。

再生性数字资源进行数转模时,数字存档整个系统的解像力可分为两方面,一方面是数字存档拍摄系统解像力,是指拍摄系统再现被拍摄数字影像细部的能力;另一方面是数字存档全流程系统解像力,是指包括纸本文献扫描在内的整个数字存档系统再现纸本原件细部的能力。本项目致力于测试再生性数字存档拍摄解像力,同时还要在此基础上,研究数字存档原件解像力的测试方法,检测数字存档的系统解像力是否能够达到标准要求,并提出纸本原件扫描环节的最低分辨率。项目关注的是纸本原件通过扫描后再应用数字存档技术所生成的缩微影像是否符合技术要求,是数字存档的整个过程。在此情况下,我们将数字存档全流程划分为两个部分来研究,分别是纸本扫描解像力和数字存档拍摄系统解像力来分析。

在纸本扫描方面,数字化扫描设备的技术原理决定了其对固定频率线条的捕获能力不强,扫描获得的二号测试图读数并不能代表扫描精度表现,其原因是扫描设备 CCD 上的光敏元件与胶片乳剂内的光敏晶粒相类似,只不过光敏晶粒中心的位置,在所关注范围内是随机排列的,而 CCD 光敏元件则是均匀地分布在预定的栅格处,只能在这些位置上取样。对于固定频率的线条,每一行像元无法完全对准测试图上的每一个线条,这导致了像元在接收数据时捕获到的是部分黑线和部分白线,这就需要根据阈值来判断所捕获的既包括黑线又包括白线的影像接收为黑色还是白色。然而,不管接受为哪种颜色,另一种颜色信息都将被忽略掉,这就导致了细节的损失。固定频率的线条在接受过程中,CCD 上的每一个像元都会由于上述原因在捕获影像时损失细节,致使扫描设备无法正常反映固定频率的线条图[4]。

通过上述原理分析,我们需要确定纸本扫描图像的分辨率及标准才能确定是存档系统中再生性数字资源的加工标准,最终确保胶片解像力能达到标准。

在数字存档拍摄系统中,关于数字资源的分辨率标准,国外相关机构已经有相应研究,在 ISO/PDTR 18160(*Document management – Digital preservation – Analog recording to silver-gelatin microfilm*)技术报告通过分析指出数字图像的分辨率在 200dpi 即可获得较高的胶片质量[5]。

根据美国信息图像和管理协会 ANSI/AIIM TR 26—2000(*Resolution as it Relates to Photographic and Electronic imaging*)给出了数字存档扫描精度要求推算方法。推算公式为:P = QI/h,其中 P 是二号测试图分辨率的图样,QI 是质量因数,h 是文字高度。将文字高度及 QI =8(根据 2 号测试图标板设计思路,QI =8 时能够获得极好的质量)代入上述公式,在换算解像力时,分辨率提高 50%,即可得出数字影像分辨率的标准[6]。

在 GB/T 16573—1996 附录 C 中也提出了确定缩微摄影系统影像质量水平的方法即质量因数。提出质量因数是使用 2 号分辨率测试图的影像将摄影系统的分辨率与被拍摄文献中有意义的最小字符尺寸联系起来确定的[7]。通过测量最小字符的高度,可将测试图中的图案与预期的字符影像清晰度联系起来,对文献进行拷贝的分辨率要求取决于字符的尺寸、缩率和所要求的复制质量。在大多数的实际应用中,质量因数可以由以下公式确定:QI = 可分辨的最小图案 × 小写字母 e 的高度。这个公式中,可分辨的图案是指缩微影像中可分辨的 2 号测试图的最高线组数,小写字母 e 的高度即与原件中或由缩微影像复制出的文件中的小写字母 e 的高度。字符细部清晰可辨的优质拷贝,其 QI 值为 8 或者以上,若 QI 值为 5,其拷贝上的图案及细部即使不清晰,阅读也无困难,如果 QI 值为 3 其拷贝阅读起来较为困难。推荐 QI 值为 3.6,为产生临界影像质量的最低值。

上述均是以英文字符为基础的。而中文字符在文字结构上比英文字符更为复杂,解像力的要求也比英文字符的要求更高。所以,中文字符的数转模扫描分辨率标准必然高于上述标准要求。

中文字符根据 GB/T 16573—2008《缩微摄影技术在 16 mm 和 35 mm 银明胶型缩微胶片上拍摄文献的操作程序》附录 B 中和 GB/T 30536—2014《文献成像应用对原始文件制作的建议》中都有涉及:对于英文来讲:扫描宜使用小写字母“e”的最小高度为 1.4 mm 的字符

级，缩微拍摄宜使用小写字母“e”的最小高度为 1.8 mm 的字符级。使用更小的字符可能会产生问题。附录 B 和附录 C 中也均谈到字符的光学等级和质量因数[8]。

质量因数的概念能够为新文件选择字符字体或为缩微拍摄及扫描文献选择缩率提供帮助。质量因数是基于 2 号测试图，与摄影机/胶片/冲洗系统的解像力有关，和将要缩微拍摄的文本中有意义字符的最小尺寸相关。

2 号测试图是一系列从 1lp/mm 到 18lp/mm 图样，通过测量字符高度，这些图样与字符影像的易读性相关联。复制文本需要的解像力取决于字符的尺寸、缩率和所需要复制的质量。从使用角度出发，质量因数可定义为：QI = PR × H。其中 PR 为图像解像力，H 为小写“e”的高度。

这里提到的均为英文字符，而中文字符和英文字符存在较大差异，由于中文的笔画比英文多，在 GB/T 16573—2008 中，质量因数宜采用 18（清晰辨认）、11（阅读无困难）、7（阅读困难且难辨）。QI 因数宜采 18 为优秀级别。结合中文文字的复杂程度以及待转换文献的文字高度，在此以古籍善本文献数转模为例，清朝早期文献的文字高度一般在 6—7mm 左右，根据公式推导，其解像力在 2.8 以上均可以得到较好的图像解像力，结合后期的图像分辨率对应解像力分析可以得出图像的分辨率。

3 实验设计

3.1 实验步骤

为了验证上述的理论分析，根据目前实际工作设计了《原生与扫描 2 号测试图标板扫描及拍摄试验》，通过此实验通过测试不同分辨率的 2 号测试图在相同照度和曝光时间下，对解像力影响的试验数据收集及分析，了解原始图像的分辨率对整个数字存档系统的解像力的影响。该实验设备器材采用：扫描仪、德国 OP500 数字存档机、FP505 冲洗机、UOP UB200i 生物显微镜、佳能 600D 相机、倒片台。消耗品采用：35mm 柯达 1461 缩微胶片，柯达定影、显影药液。

在试验过程中，首先用高速高精度扫描仪以不同精度对 2 号测试图进行扫描，精度分别采用 100dpi、150dpi、200dpi、300dpi、400dpi、600dpi 扫描 6 张有 2 号测试图的技术标板（见图 2）。然后用数字存档机在相同照度和曝光时间下进行拍摄。在拍摄过程中要注意各组试验样片中间要有白片，要保证各拍在一卷内，这样排除了冲洗机温度导致的解像力误差。最终用冲洗机进行冲洗，得出试片。然后利用 64 倍显微镜和 UOP UB200i 生物显微镜来观察每拍技术标板的解像力（测量最高解像力，即中间一张 2 号测试图解像力），最终将结果通过照相机进行拍摄。得出的实验图像及数据如下。

3.2 实验数据

黑白图像原始大小：648.08 × 454.66mm，缩率为 1∶15。

灰度图像原始大小：631.11 × 446.91mm，缩率为 1∶15。

将黑白和灰度图像按照上述实验步骤进行拍摄，最终将数据进行整理分析得出表 2 和表 3。

表 2　原始图像分辨率与胶片解像力关系试验数据表（黑白扫描）lp/mm

分辨率	100dpi	150dpi	200dpi	300dpi	400dpi	600dpi
电子图像解像力	1.6	2.8	3.2	4.5	5.0	5.6
胶片解像力	1.6	2.8	3.2	4.5	5.0	5.6

表 3　原始图像分辨率与胶片解像力关系试验数据表（灰度扫描）lp/mm

分辨率	100dpi	150dpi	200dpi	300dpi	400dpi	600dpi
电子图像解像力	1.6	2.8	3.2	5.0	5.6	8.0
胶片解像力	1.6	2.8	3.2	4.5	5.6	6.3

3.3　实验结果分析

通过上述数据分析可以得出以下结论。

（1）在纸本扫描的过程中，扫描含有 5 块 2 号测试图标板时会损失一些细节，在数字存档后期拍摄的过程中，解像力基本不变，即 2 号测试图缩微影像的读数与数字影像读数基本保持一致。

（2）当数字图像像素大于数字存档设备所能容纳的最高分辨力时，胶片解像力将无法再还原电子图像解像力，解像力不再随着分辨率的增大而增大。如上述 600dpi 扫描完的图像像素大小为：14908 × 10557，已经超过数字存档机本身的屏幕最大像素数 11520 × 7200，则胶片解像力将不再随着电子图像解像力增加而增加。导致电子图像解像力和胶片解像力不一致。当像素数超过数字存档设备最大像素数时，需要分幅拍摄，否则将直接影响最终的解像力。

（3）为准确测得再生性数字资源生成的缩微胶片的最终解像力，需要在前期纸本文献前期扫描时增加解像力标板，为后期的解像力测定提供依据。

（4）在对已经完成的数字扫描图像进行数字存档时，前期未增加扫描标板，可以根据上章节的质量因数公式，结合上述实验数据，推导出符合数字存档的数字图像的分辨率。根据文字高度和中文字符质量因数要求，对应扫描分辨率，在分辨率达到 200 以上，则胶片的解像力则可以达到优秀的级别。即 200 以上分辨率扫描图像均可以满足数字存档的本身需要。

（5）通过上述实验，验证了原生性数字资源的解像力即数字存档设备系统的解像力，再生性数字资源解像力即也对之前的理论分析进行了验证。

解像力是研究数字存档技术的关键核心技术之一，了解缩微胶片解像力的标准，探讨数字存档技术对文献的细节清晰度的还原能力，将直接影响今后缩微工作的发展方向。确认数字存档技术的解像力将直接实现利用扫描设备将纸质文献数字化，再利用数字存档机将数字文献转换成缩微胶片一整套完整的新的加工流程。完整掌握此技术解像力的影响因素将有利于数字存档技术的理论完善,这对创新缩微工作机制,丰富文献缩微抢救方式,带动全国图书馆缩微工作的开展都具有至关重要的示范意义。

参考文献

[1] 缩微摄影技术 2 号测试图的特征及其在缩微摄影技术中的应用:GB/T 6161—2008[S]. 北京:中国标准出版社,2008.

[2] 缩微摄影技术第一代银明胶型缩微品的质量要求:GB/T 19292—1998[S]. 北京:中国标准出版社,1998.

[3] 缩微摄影技术图形 COM 记录仪的质量控制第 1 部分:测试画面的特征:GB/T 19474.1—2004[S]. 北京:中国标准出版社,2004.

[4] 王浩,刘小露,樊亚宁. 古旧文献数字信息转换缩微胶片技术探究——以馆藏方志家谱数转模项目为例[C]. 哈尔滨:2013 海峡两岸档案暨缩微学术交流会论文集,2013.

[5] Document management—Digital preservation—Analog recording to silver-gelatin microfilm: ISO/PDTR 18160[S]. 2014.

[6] Association for Information and Image Management. Resolution as it Relates to Photographic and Electronic imaging: ANSI/AIIM TR26—2000[S]. Washington, D. C. Association for Information and Image Management, 2000:19 - 20.

[7] 缩微摄影技术在 16MM 和 35MM 银明胶型缩微胶片上拍摄文献的操作程序:GB/T 16573—1996[S]. 北京:中国标准出版社,1996.

[8] 缩微摄影技术在 16MM 和 35MM 银明胶型缩微胶片上拍摄文献的操作程序 GB/T 16573—2008[S]. 北京:中国标准出版社,2008.

(原载于《图书馆理论与实践》2016 年 4 期)

德国国家图书馆数字资源采访策略的规划与实施*

唐玉屏

1 概念

德国国家图书馆从2006年起将数字资源作为文献采访的正式内容之一，这主要是由于德国2006年6月22日颁布的《国家图书馆法》，明确了国家图书馆的组织方式和使命任务，扩展了国家图书馆的任务范围，首次将非实体文献纳入法定采访范围之内。

德国《国家图书馆法》中的“非实体文献”（Medienwerke in Unkörperlicher Form）意指以非实体形式供公众使用的所有文字、图像和声音资源[1]，涵盖公共网络上的各种表现形式。2008年10月23日生效的德国《义务呈缴条例》中使用“网络出版物”（Netzpublikationen）[2]一词，该词是对在线出版物、网页以及电子书、电子期刊、电子报纸、网络文章、音频文件等电子资源的统称。网络出版物既可以同时与印刷出版物和存储在物理介质上的出版物相匹配，也可以网络专有形式存在；它既可以独立存在，也可以是相互关联的单独部分，或是某个整体的一部分。另外，“供公众使用”的含义不涉及版权范畴，仅指技术上可通过公共通信网络、互联网、WAN或LAN连接、平台等手段以有线或无线连接的方式获得。

这样看来，德国图书馆语境中的“非实体文献”和“网络出版物”是作为对同一个概念描述的同义词来使用的，区别于中文的“网络文献”“电子资源”等概念，因此本文使用“数字资源”一词来表示这种“非实体形式的网络出版物”。

2 采访策略框架思路

德国国家图书馆的数字资源采访策略，具备从法律层面到长期规划，再到优先战略的框架思路。首先《国家图书馆法》和《义务呈缴条例》中有关数字资源的规定是一切规划的基础和前提，其次才在馆定方针方面细化其战略部署和阶段目标。

* 国家图书馆科研项目“国家图书馆外文电子书馆藏发展政策研究”（项目编号：NLC－KY－2015－14）的阶段性成果。

2.1 使命任务

如前所述,《国家图书馆法》在对德国国家图书馆的使命任务进行规定的时候,明确了其作为收藏对象的文献范畴,既包括实体文献,也包括我们说的数字资源这种“非实体文献”。有关后者的含义前文已表述,概不重复。据此,包括数字资源在内的文献采访工作始终应以该使命任务为前提:

(1)搜集原版:①1913 年起在德国出版的文献;②1913 年起在国外出版的德语文献、德语文献的外文译本和关于德国的外文文献,并进行编目和长久保存,确保其可利用性,提供图书馆员核心服务,履行编制国家书目的职责。

(2)促进“1933—1945 德国流亡作家档案馆”“安妮—弗兰克—浩劫—图书馆”以及“德国图书文字博物馆”的发展;

(3)与国内外专业机构合作,在全国和国际性专业组织中发挥作用。

2.2 呈缴义务

《义务呈缴条例》的第 7、8、9 条分别对数字资源的缴送范围、版本和技术限制以及其他限制做出了规定。

第 7 条规定缴送的数字资源需以市场常见样式提交并能以市场常见方式使用,特别指出的是所有虽非市场常见,但能辅助被缴送数字资源供使用的工具也属于被缴送对象。这样就保证了德国国家图书馆履行其除收藏职责之外的长期保存和利用方面的法定任务。

第 8 条规定图书馆在被缴送资源同时或先后以其他技术样式出现的时候,以及技术手段无法或难以实现收集和保存的时候,可以放弃接受缴送;在用于收集的自动化技术无法或难以剔除此类可免除缴送的资源时,图书馆可以放弃对这类资源的保存;定期更新的数字资源的缴送范围和频次由图书馆进行规定。

第 9 条规定了包括最终版可再次通过网络获取的临时非实体版或演示版数字资源、无网络归档的电子邮件、私人群体内使用的数字资源等共 10 种不予呈缴的情况。

2.3 战略部署

为了一以贯之地实现其使命任务,德国国家图书馆在遵循法律规定的基础上,于 2013 年提出了中期愿景 10 年目标:“到 2023 年,德国国家图书馆将在紧密合作的信息基础设施、文化和科学机构所形成的国际网络中扮演主要角色。它的数据和服务将成为来自德国、以德语创作和关于德国的文字、图片和声音的入口。根据这一设想,未来德国国家图书馆将与国际、国内的多家机构合作,共同组建一个网络,该网络的元数据、服务和大量馆藏可以在任何地点、任何时间为任何人提供服务。这些馆藏易于检索,具有明确的使用条件,可以进行多语言检索,服务可靠,并且以读者的需求为导向。”[3]

同时在这 10 年目标的框架之下,德国国家图书馆还于 2013 年公布了《2013—2016 优先战略》,分别对文献采访、编目自动化、文献与书目数据的检索和利用、文献长期保存、人才发展这五大方面设定了优先战略。每个优先战略下又分设 4 至 6 个子目标。其中第一大优先战略就是“加强采访工作,面对新型出版物,不断优化采访流程和采访手段”,具体子目标也很清楚:到2016年之前,建立网络资源采访的整体方案;使数字化专著和连续出版物、灰色文献以及回溯采访达到预定的增长额;增强呈缴单位的呈缴意识[4]。

3 数字资源采访方针

在总体采访策略的框架之下,德国国家图书馆制定了具备重要操作层面意义的《采访方针》[5]。

3.1 采集方式

根据采集对象的性质和连接、获取方式不同,数字资源的采集方式分为“单个对象采集”和“网页收割/网络爬虫采集”两种。

“单个对象采集”是指不同的资源通过不同的接口界面来进行交付,媒体作品在跟国家图书馆协商后,也可以这样供领取。这种情况下,分布平台就可以作为被缴送品的数据源来使用。这种采集方式特别适合那种已完结或还未完结的连续性数字资源。在线论文的采集案例用的就是这种方式。

德国境内可公开访问的网页也是国家图书馆的采集对象之一。2012年起,德国国家图书馆开始有选择地收藏网页资源,这一采集过程由服务公司通过“网页收割”的自动程序来实现。它会按照既定目标采集有选择性地“收割”到的网页,选择的标准不是看网页的形式,而是要求网页内容关系大众利益。因为这些网页通常会定期更新内容,所以需要周期性地重复“收割”并区分不同版本。网址、采集深度和采集频率由人为设置,实际采集过程据此自动进行。此过程其实是通过“网络爬虫”扫描并采集事先定义的网址来实现的,因此也叫“网络爬虫采集”。这种采集方式比较适合公开访问的网页、论坛、博客等网络文献。

3.2 采选标准

公众可公开访问且关系大众利益的科学性、专业性和文学性数字资源属于采访的对象。资源类型涉及电子书、电子期刊、电子报纸、音频文件和数字化资源等。仅服务于私人目的的网页和产品则不属于被采集对象,例如旅行照片、家人日记、私人简历、婚礼网页、交友平台、无主题的互助空间、即时通讯服务或社交媒体服务如Xing、Twitter等。另外要加上《义务呈缴条例》提到过没有呈缴义务、不被呈缴的数字资源,包括独立发布的一手数据、研究数据和原始数据。

针对数字资源采访任务的实际执行,《采访方针》按不同文献类型进行了详细规定,尽管有些规定与当前实际工作不一致,但各项采访工作以此为目标逐步实现。

3.3 采选条例

《采访方针》为数字资源专辟章节列明了须参照执行的条例要求,针对九大类不同内容形式的数字文献,分别规定了不予采集和需要采集的各种详细情况。这九大类数字文献是:电影资料,广播节目,音乐、音频文件,地方政府数字资源,商务在线出版物,在线学习资源,操作系统、应用程序和应用工具,数字化资源以及并行出现的在线出版物。因篇幅有限,本文不加以详述,具体内容可参见《采访方针》原文。

4 实施重点与难点

4.1 长期采集项目

4.1.1 电子报纸

2009 年 12 月,“电子报纸项目”启动,一套覆盖纸版日报的电子版采集、加工、交付和存档全流程的工作程序研发上线并投入使用。截至 2010 年底,期间共采集到 1170 种电子报纸。其目录可在德国国家图书馆的官方网页上查阅,报纸内容具有 8 天的延迟性,读者可以到莱比锡和法兰克福的馆舍来阅读详细内容。德国国家图书馆自 20 世纪 60 年代起开始普遍运用缩微拍摄技术保存报纸内容。由于电子报纸采集流程稳定,技术质量高,2011 年德国国家图书馆开始逐渐用电子报纸采集技术替代缩微拍摄技术保存日报内容。2015 年还保留缩微拍摄报纸 49 种,大大少于最初的 447 种。

目前,每天通过报纸出版社的服务商采集电子日报 1202 种(占全德日报总量 1500 种的 80.13%),以 PDF/A 格式长期保存,并纳入馆藏目录和存档系统。2015 年 1 月,共有约 875 000 份报纸合计 2900 万页的内容供读者浏览,平均每月新增报纸约 3 万份共计 120 万页[6]。

4.1.2 在线论文

德国国家图书馆自 1998 年起开始收藏在线学位论文和博士论文,2011 年起开始通过网上标准缴送接口向德国国家图书馆提交论文。通过不断升级的技术系统[7],除了可以采集学业论文,采集高校服务器上的其他出版物也成为可能。

通过与各大高校、高校图书馆、高校计算中心等机构的紧密合作,在线论文的采集工作才得以不断拓展。以 2000 年为例,在全德出版的所有在线学位论文中,有 13% 缴送给了德国国家图书馆。此后,缴送比例节节攀升,至 2007 年已上升至 40%。截至 2012 年 2 月 18 日,馆藏电子论文共 113217 种[8]。

为了让这部分资源在国际上可见,德国在线论文的元数据还持续上传至“欧洲在线论文门户”[9-10]。

4.2 数字资源长期保存计划

早在数字资源还未列入官方采选范围时,德国国家图书馆就开始研究、建设和测试数字资源保存方面的各项技术和框架体系。现在,数字资源的长期保存正面临巨大挑战,一方面要确保存储数据的安全性,另一方面还要保证其长期可利用性。后者主要指的是数字化数据的内容可以经过解读再获得。技术的进步使得数字领域的软件和硬件都得到不断的升级,以新的文件格式保存的资源文件要能够利用当下的计算机设备准确无误地打开,而早就过时的文件格式也一样能够打开。为了实现这一目标,要么利用目前的技术重现早前的系统环境(仿真),要么将旧的文件格式转化为当前可使用的格式(迁移)[11]。

为应对这样的挑战和要求,同时为了履行其作为中央档案图书馆的职责,德国国家图书馆携手全国和国际上的先进力量,通过开发和应用新的技术程序,共同寻求可靠的解决方案,推出了"数字信息长期保存合作项目(Kopal)"[12]等一系列有关项目,取得了丰硕的成果。

2014 年 7 月 8 日,德国国家图书馆首次正式发布其《长期保存政策》。除对法律前提和职责使命做出阐述外,该政策对该馆数字资源的长期保存提出了 13 条具体原则[13],即:一致性、自动化、正确性、完整性、真实性、可获得性、封闭性、唯一可识别性、主动防患于未然、馆藏分组保护措施、值得信赖、符合标准和持续完善。

4.3 资源数字化

4.3.1 "流亡文献"数字化

1997 至 2003 年,德国国家图书馆针对其专题馆藏"1933—1945 年间德语流亡文献"实施了一个名为"流亡文献数字化(Exilpresse Digital)"[14]的项目,精选部分流亡时期的期刊报纸,进行数字化。同时进行数字化的资源,还包括莱比锡分馆以及其他图书馆所藏的部分 1933—1945 年间的流亡文献。值得一提的是,在该项目 31 种数字化德语流亡期刊中,有 7 种出自中国上海,它们分别是:

*《八点钟晚报》(Acht - Uhr - Abendblatt)(上海,1940.1.7—1941.8.29)

*《黄报》(Gelbe Post)(上海,1939.5.1—1940.6.17)

*《上海犹太社区报》(Gemeindeblatt der Jüdischen Gemeinde Shanghai)(上海,1939.9.14—1939.12.29)

*《远东犹太之声》(The Jewish Voice of the Far East)(上海,1940.8.2—1940.12.13)

*《上海犹太纪事报》(Shanghai Jewish Chronicle)(即《上海犹太早报》)(上海,1939.5.5—1945.9.25)

*《上海回声报》(Shanghai Echo)(二战后由《上海犹太早报》改名而来)(上海,1947.3.5—1947.9.17)

*《论坛报》(Die Tribüne)(上海,1940.2.2—1940.5.1)

可惜的是,这 31 种"数字化流亡期刊"目前出于法律原因均不能远程访问。

4.3.2 "犹太文献"数字化

2004—2006 年,德国科学基金会资助了"纳粹德国犹太期刊数字化项目"[15],希望为研究纳粹统治下的犹太社区的历史人物和苦难历程提供高水平的历史文献来源。该项目以 1933 年国家社会主义权力上台之后(或之前短时间内)在德国创办的犹太期刊为采集和数字化对象。这期间的期刊及其刊载的文章经过数字化处理后,可以在德国国家图书馆门户网站上检索到。目前共包括《犹太社区报》等 17 种期刊和 8 种犹太文化协会出版物。这部分资源目前访问也受限,只能在莱比锡和法兰克福分馆阅览室内获取。

作为犹太文献保护的最新进展,2015 年正值德国与以色列建立外交关系 50 周年之际,双方国家图书馆共同牵头,合作开展了“犹太文化遗产数字化项目”[16]。数字化工作将在两国的图书馆和档案馆同时进行,并通过德国数字图书馆供广大读者使用。其中,以色列国家图书馆藏的以德语、依地语或希伯来语出版的以及以希伯来文字书写的图书,德国图书馆藏的中世纪和近代早期的希伯来文字手稿,包括以色列国家图书馆藏的档案文献都将通过数字化的方式在常设虚拟展览“流亡的艺术”[17]中展出。

4.3.3 “欧洲之声”项目

欧洲拥有丰富多彩的声音遗产,“欧洲之声——欧洲音乐和声音的记忆”项目的开展使得许多声音能够首次在网上被听到。作为欧洲文化记忆数字化项目“Europeana”的扩展项目,“欧洲之声”将重点放在各种类型的声音上:当代音乐、传统音乐、古典音乐、语言和方言、口述史以及自然的声音等。借助多媒体设备、文件链接和更详细的描述信息,项目声音文件将拥有较通畅的访问途径和较佳的使用体验。目前,该项目已设有音乐、口述录音、环境录音、广播电台节目以及其他包括乐谱、口述史访谈记录、书籍、卡片、音乐带、照片、图片、绘画等与音频有关或以音频为内容的各种文件资源在内的声音文件分类。到 2017 年 1 月,“Europeana”总共拥有的声音文件计划达百万件(2014 年 2 月达 505257 件)[18],音频相关内容也将成千上万,更多的在线声音频道指日可待。

4.3.4 “一战记忆”项目

“日常文献中的第一次世界大战——一战记忆”是基于欧洲文化记忆数字化项目“Europeana”的一个关于个人一战记忆档案数字化的征集项目。在该项目于 2011 年 3 月开始运行的网站上,人们可以上传他们一战时期的私人物品的数字化拷贝,并添加必备的元数据信息。为向公众推广该项目,也为方便那些不太会操作的人们上传资源,项目组曾于 2011 年历时数月把推广活动带进了法兰克福、柏林、慕尼黑、斯图加特、德累斯顿等各地的图书馆,为人们带来的照片、信件、日记、明信片、影片、文件和其他物品等进行扫描、拍照、记录故事并上传到网上。从德国开始,该项目还向欧洲其他十余国家延伸,上传文件的人们遍布欧洲、美洲。据统计,目前共征集到各类资源共 183279 件[19]。

4.3.5 “书商的影像”项目

该项目涵盖了 3300 件 17 至 20 世纪时期众多图书销售商、印刷商和出版商的图片资料,其中许多内容都是此前从未公开过的珍贵影像,原件藏于德国国家图书馆的德国图书与文字博物馆。经过重新编目、索引和内容数字化之后的图片资料,为我们了解和研究德国图书发展及出版史提供了检索和获取一手史料更为便捷的渠道。

5 启发与思考

5.1 法规框架

德国在《图书馆法》的立法和实行方面所做的努力和成果,在世界图书馆界早已成为楷模。对数字资源的采集与保存,同样也以法律文本的形式规定了其基本框架和总体原则,这就为下行各项具体法规条例的制定和执行，奠定了有法可依的法律基础。正是在这样自上而下的有序环境下，《国家图书馆法》《义务呈缴条例》《采访方针》的三级法规框架稳稳当当地给了该馆的（数字）资源建设行为应有的规范。2006 年新颁布的《国家图书馆法》，对数字资源的法定采访职责进行了明确，这在国际图书馆界虽算不上领先，但法规颁布时机成熟，行之有效。

德国及其国家图书馆在相关立法层面的作为，为很多实际工作扫清了障碍，我国图书馆界在这方面的差距值得思考。实践纲领方面，包括采选条例和呈缴规定，我国的图书馆也有待随数字资源的发展而进一步完善。统一的规则，为实践工作的开展保驾护航。

5.2 技术先行

数字资源的采集、存储、利用以及长期保存等一系列问题都离不开网络技术和数字技术的支持。为此，德国国家图书馆最早从 1998 年开始，就参与了由欧盟承建的“欧洲网络化缴存图书馆”项目的研究和应用工作，重点研究数字资源的长期保存和长期可利用性等技术问题，搭建基础网络平台，研发以多媒体传输技术为技术组件的演示系统，评估仿真和迁移两种资源再现的技术手段，并起草元数据标准。时至今日，该馆参与和主持的数字资源开发、利用、保存等各方面的技术项目达十余项。而且很多技术成果是与欧盟其他成员国图书馆或德国各地区图书馆合作开发而成，具有明显的普适性和可应用性。在某些技术领域，甚至为世界数字图书馆做出了积极的贡献。

奉行科技精神的德国态度也体现在了图书馆技术领域。无论是数字图书馆技术，还是国际编目规则的标准制定和实践，该馆几乎都在国际范围内占据了重要的地位。开展的研发项目也并非局限于理论层面，而是真正具有可操作性的应用技术，很多都为后来的数字图书馆实践提供了基本的技术支持，而且应用比较广。实用的技术，为实践工作的开展提供动力。

5.3 规划清晰

德国国家图书馆在数字资源建设方面规划清晰，体现在法定任务、10 年中期愿景和近期优先战略这样有先后顺序、有重点的战略部署上。《国家图书馆法》《义务呈缴条例》等一系列法规限定了资源建设的底线，也是远景目标和长期准绳，即数字资源是采或不采，采选范围如何；2013 年提出的“中期愿景”则设定了 10 年目标，包括到 2023 年数字资源基础设施、元数据标准、资源检索体系等方面将达到的目标；而《2013—2016 优先战略》则对近期数字资源建设工作提出方向性的指导，到 2016 年之前，建立数字资源采访的整体方案，使数字化专著等资源的采访达到预定增长额，包括加强数字资源的呈缴工作。

这样由远及近的规划按时间先后顺序为数字资源的建设设定了由难而易的战略目标，实际上也安排了工作进度。相比而言，中国国家图书馆的馆藏资源建设除有《采选条例》《“十二五”规划》《“十三五”规划》等条例规划外，具有实际指导意义方面的资源建设尤其是数字资源建设方面的纲领性文件还尚缺，更别提具有全国指导性的方向策略。这也许跟我国的文化制度和环境有关，不可一味崇外，但需要完善的地方还很多。

清晰的规划,为实践工作的开展指引方向。

5.4 重点突出

在数字资源建设的具体实践中,德国国家图书馆很明确地将数字资源的义务呈缴、资源数字化和长期保存作为重中之重。在义务呈缴方面,除对呈缴具体条件和方式进行先期设定之外,更是在技术方面提供了有力的保证。资源数字化方面则重点依托专职任务、馆藏特色和专题馆区,建立了"流亡文献""犹太文献""音频资源""一战记忆"和"书业影像"为主的数字化开发、展示和检索利用的体系。数字资源长期保存计划更是筹备良久,实施成效指日可待。

相比之下,中国国家图书馆和国内其他馆在数字资源建设方面的重点和特色,通常主要集中在与数据库商合作搭建的数据库平台,以及各自特色馆藏的数字化方面。而在同样重要的长期保存领域,制度、技术连同内容方面还有很大的发展空间。

重点突出的内容建设,更有利于资源的长期保存、推广和利用。

希望在不久的将来,我国的数字资源建设行动能在法规、技术、内容的多重保障下有的放矢地展开,并从容应对各种挑战。

参考文献

[1] Gesetz über die Deutsche Nationalbibliothek(DNBG)[EB/OL].[2015-10-22].http://www.gesetze-im-internet.de/dnbg/BJNR133800006.html.

[2] Verordnung über die pflichtablieferung von medienwerken an die Deutsche Nationalbibliothek[EB/OL].[2015-10-22].http://www.gesetze-im-internet.de/bundes-recht/pflav/gesamt.pdf.

[3] Strategische prioritaten 2013—2016[EB/OL].[2015-10-30].http://dnb.info/1050432266/34.

[4] 何文波.德国国家图书馆2013—2016年文献采访优先战略[J].图书馆建设,2015(8):44-48,54.

[5] Deutsche Nationalbibliothek.sammelrichtlinien(Stand:1.Mai 2014)[EB/OL].[2015-10-22].http://dnb.info/1051940788/34.

[6] Tageszeitungen digital:die e-paper-sammlung[EB/OL].[2015-12-31].http://www.dnb.de/DE/Netzpublikation-en/ePaper.html.

[7] XmetaDissPlus[EB/OL].[2015-12-31].http://www.dnb.de/DE/Standardisierung/Metadaten/xMetadiss-Plus.html.

[8] Angaben zur statistik[EB/OL].[2015-12-31].http://www.dnb.de/DE/Wir/Kooperation/dissonline/dissonlineStatistik.html.

[9] Dart,das europäische portal für online-dissertationen[EB/OL].[2015-12-31].http://www.dart-europe.eu/basic-search.php.

[10] Dissonling und online-dissertationen an der Deutschen Nationalbibliothek[EB/OL].[2015-12-31].http://www.dnb.de/DE/Wir/Kooperation/dissonline/dissonline_node.html.

[11] Langzeitarchivierung[EB/OL].[2015-12-31].http://www.dnb.de/DE/Netzpublikationen/Langzeitarchivierung/langzeitarchivierung_node.html.

[12] Kopal-Kooperativer aufbau eines langzeitarchivs digitaler informationen[EB/OL].[2015-12-31].http://www.dnb.de/DE/Wir/Projekte/Abgeschlossen/kopal.html.

[13] Langzeitarchivierungs-Policy der Deutschen Nationalbi-bliothek[EB/OL]. [2015 - 12 - 31]. http://dnb. info/1053443919/34.

[14] Exilpresse Digital-Deutschsprachige exilzeitschriften 1933-1945[EB/OL]. [2015 - 12 - 31]. http://www. dnb. de/DE/Wir/Projekte/Abgeschlossen/exilpresseDigital. html; jsessionid = 9CC460C02267D53AF1266DC295459F3E. prod-worker3.

[15] Jüdische periodika in Ns-Deutschland[EB/OL]. [2016 - 02 - 13]. http://www. dnb. de/DE/DEA/Kataloge/Periodika/periodika_node. html.

[16] Digitalisierung von Deutsch-Jüdischem kulturerbe[EB/OL]. [2016 - 02 - 13]. http://www. dnb. de/DE/Wir/Projekte/Laufend/digitalisierungKulturerbe. html.

[17] Künste im exil[EB/OL]. [2016 - 02 - 13]. http://kuenste-im-exil. de/KIE/Web/DE/Home/home. html.

[18] Europeana sounds[EB/OL]. [2016 - 02 - 15]. http://www. europeanasounds. eu/about.

[19] Europeana 1914 - 1918[EB/OL]. [2016 - 02 - 15]. http://www. europeana1914-1918. eu/de/statistics.

（原载于《图书馆学研究》2016 年第 14 期）

软件定义存储:下一代存储在数字资源长期保存中的应用*

董晓莉

安全可靠的存储环境是数字资源长期保存工作的基础和保障,数字资源长期保存的关键在于维护数字形态资源的可用性、可表现性、可理解性、真实性和可识别性,但其面临着数据易丢失、介质故障、海量资源存储、软硬件过时等与存储资源息息相关的不良因素影响,给数字信息的稳定可靠带来巨大的挑战。

同时数字资源长期保存工作还面临着技术、经济、法律等诸多方面的问题,任何一个机构仅凭一己之力难以胜任,需要跨机构、跨行业、跨地域间的协同合作;且随着社会的发展和科学技术的进步,数字信息的增长量也呈现出指数级增长的趋势。面对数字资源爆炸式增长的存储需求以及协同合作长期保存工作模式的推广,存储系统必须具备足够的灵活性、高可靠性、开放性以及智能化,才能长期应对海量数字资源的保存需求;同时,为保障数字信息的长期可用性,在数字资源长期保存过程中还需要依托存储系统的数据服务完成对保存资源的合理备份和迁移。因此,从灵活性、安全性、支持跨地域协同工作、跨异构环境的配置和管理、对异构资源的持续监控、效能管理、降低成本、易扩展等方面考虑,探索可持续发展的数字资源长期保存存储解决方案,是当前长期保存领域面临的重要问题之一。

随着互联网、云计算的快速普及以及大数据时代下数字信息资源的爆炸性增长,为了打破传统存储系统软硬件紧耦合造成的系统割裂状态,增强存储系统的横向扩展能力,进一步实现资源的集中统一管理,提高系统的开放性,软件定义存储(Software Defined Storage,SDS)应运而生。数字资源长期保存工作中引入软件定义存储,不但可以简化运行管理,保障长期保存系统底层存储平台安全、稳定、高效运行,而且可以实现基础设施资源的按需配置和动态调整,改进合作模式下数字资源长期保存工作的业务流程,有效平衡效能与成本的比率,提高长期保存系统存储资源部署管理的自动化、标准化和一体化水平。本文通过对软件定义存储的分析,进一步探讨其在数字资源长期保存中的应用,为国内外同行提供参考。

1 软件定义存储对数字资源长期保存的影响

1.1 软件定义存储概念

2013 年“软件定义存储”的概念被提出,旨在创造一种新的存储方法,以此来改进原先

* 基金项目:国家社会科学基金重大项目“中国古籍数字化工程研究”(项目编号:12&ZH016)。

由硬件驱动的存储设计方式。由于软件定义存储的发展时间较短,目前国内外并没有对其形成统一的定义,各大存储厂商和存储研究机构分别从不同角度、不同侧重对软件定义存储做出了定义。如 2013 年,EMC[1] 推出其对软件定义存储的定义,该定义包括可以在不同的地理位置、不同服务器产品或不同厂商的磁盘阵列上扩展,能够将所有基础存储资源虚拟化后融入资源池,以及开放 API 等。同年,IBM 中国也推出了其软件定义存储的技术路线图,即 SDS1.0 实现存储虚拟化,并针对工作负载进行优化;SDS2.0 是在虚拟化基础上实现存储平台的开放和可扩展性;SDS3.0 将更突出平台开放和分析功能,并通过智能的数据管理完全实现应用对存储资源的动态分配和管理。

与此同时,各研究机构也纷纷推出其针对软件定义存储的定义。如全球网络存储工业协会(Storage Networking Industry Association,SNIA)认为软件定义存储应具备以下典型特征:容许用户"自主创建",用户可以自主选择硬件品牌,并通过所提供的软件完成解决方案;既支持通用硬件,又可支持专用硬件的既有增强功能;支持几乎所有存储的横向扩展和纵向扩展;支持异构存储资源的统一池化管理;提供的存储和数据服务可进行渐进式延展;支持全局自动化管理;为用户提供丰富的自助服务接口;提供基于服务级别的管理形式,可通过标注元数据来驱动某类型的存储数据服务;容许管理员设置存储数据服务的管理策略;支持存储和数据服务的解聚。IDC 对软件定义存储的定义如下:软件定义存储将数据中心或者跨数据中心的各种存储资源抽象化、池化,以服务的形式提供给应用,满足应用按需(如容量、性能、QoS、SLA 等)自动化使用存储的需求[2-3]。

由此不难看出,目前对软件定义存储的定义主要分成两类,一类是以传统存储厂商为代表,他们重点关注自身存储产品,将自身拥有的存储管理软件从存储设备中抽离出来,形成一套用于管理自身存储硬件和第三方存储硬件以及通用硬件的管理软件系统,并利用虚拟化技术将底层存储硬件池化,向前端应用提供存储资源。另一类以一些研究机构为代表,他们更强调硬件平台的通用性,通过软件功能完成传统存储系统的多路径、容错、故障恢复等功能并提供有质量保证的服务,同时其可以在不直接操作存储底层硬件的情况下,实现数据分配的动态部署并保证自动保持所需服务级别。

虽然目前各方对软件定义存储的定义不尽相同,各有侧重。但不难发现自动化、良好的扩展性、开放性以及基于策略或者应用驱动服务已经成为各家定义中的必备元素。笔者认为,软件定义存储与以往通用存储系统不同,它已经突破了存储功能与硬件绑定的限制,把存储资源提供的控制能力抽象出来,并将其与数据访问层面分开,通过抽象出的控制能力管理来自不同厂商的所有物理和虚拟存储资源,按需提供智能服务。软件定义存储已逐步转变为一种数据存储方式,一种由软件驱动的非专属存储系统。在该系统中,所有与存储相关的软件与物理系统相剥离,不再是一个固件;物理存储系统则成为不受限制的共享池,方便用户有效利用。

1.2 软件定义存储特征

软件定义存储架构的核心思想在于硬件解耦、软件定义、弹性扩展和资源融合。与传统存储架构相比,软件定义存储无论在可维护性、可扩展性、产品价格以及产品的选择等方面都有更大的优势和灵活性。限于当前技术环境下，软件定义存储应具有如下特征[4-5]：

1.2.1 智能且自优化

通过定义标准的应用编程接口(API)可以进行自动化存储配置，以满足应用程序和用户所需要的存储资源，无须人工干预；通过元数据设定，可以自动地进行存储资源的部署、优化和管理，并为应用提供所需的服务。该特性将极大地简化应用系统管理员的配置工作，有利于存储资源与应用系统的集成，有效降低管理成本。

1.2.2 系统架构灵活，支持异构设备的统一管理

软件定义存储的一个优势在于对异构存储设备的整合，其可以实现对不同类型的存储系统(如 NAS、SAN、对象存储等)和不同厂商存储设备的快速接入和统一管理，为实现存储资源池化和全局统一管理创造条件。

1.2.3 良好的可扩展性(主要指横向扩展)

软件定义存储的存储控制器可以放置在任何位置，比如将存储管理控制软件放置在虚拟服务器架构中，借用其主机的计算能力和扩展能力，不但可以消减部署费用，而且可以有力地增加存储架构的可扩展性。

1.2.4 存储虚拟化

存储虚拟化可以聚合异构存储资源并将其池化，使得所有存储设备中的存储容量均可以得到充分利用，有效提高空间利用率，降低成本。同时软件定义存储提供的资源(空间、I/O能力)自由分配和组合的能力，减少了应用对存储硬件资源的绑定，增加了异构存储设备的整合能力。特别是软件定义存储所具有的数据跨异构存储孤岛的功能，有助于实现数据的无缝迁移，方便管理。

1.2.5 丰富的数据接口

软件定义存储可以对外提供丰富的数据接口，如文件系统接口(NFS、CIFS 等)、块接口(iSCSI、FC 等)、对象接口(S3、SWIFT 等)以及大数据接口(HDFS)等，用户可以根据应用需求自行选择合适的存储接口和协议。

1.3 传统存储的劣势

当前基于传统存储(如 SAN、NAS、DAS 等)的独立存储中心仍是长期保存实践中的主流存储，但伴随跨行业、跨地域工作模式的增加以及丰富多样海量数据存储需求的驱动，传统存储在某些方面已经无法满足合作模式下长期保存用户对集中、动态管理存储资源的需要。

1.3.1 传统存储的扩展能力较差

传统存储通常采用专有存储硬件设备，系统部署和扩容较为复杂，需要专业人员处理，且周期较长；从其他存储设备中调配容量，将打乱原有数据的部署规则和原有的网络拓扑结构，不利于后续管理；传统存储以控制器为核心，存储管理软件与硬件紧密耦合的设计理念导致其仅支持纵向扩展，无法支持横向和纵向的双向灵活扩展。

1.3.2 传统存储的成本较高

传统存储产品硬件扩容时，由于受到原有设备选型的局限，无法采购新型性价比更好的产品；同时各家产品存在技术壁垒，通常采用专有存储硬件且与存储软件绑定，通用性差，对

厂商依赖性很大，维护成本很高。

1.3.3　传统存储运行管理复杂

传统存储由于各设备的运行管理方式较为独立，且差异较大，无法实现全局统一管理和调度，即使采用第三方管理软件，也无法脱离原有存储控制软件对底层存储资源进行调配的依赖性；对资源的调度只能局限于存储系统内部，无法实现跨存储节点的灵活迁移。

同时，伴随数字资源长期保存合作模式的推广，未来的保存机构对资源存储提出了更多的要求。首先，面对用户泛化的信息需求，特别是"大数据"技术的飞速发展，用户"大数据"也将作为一种重要资源被纳入数字资源长期保存对象集合之中。随着保存机构对保存对象的界定逐渐宽泛，数字资源长期保存将对结构化、半结构化和非结构化数据的存储空间产生更大的需求；其次，伴随长期保存由单中心模式变为多中心模式，其业务模式变化加快，这不但需要数字保存中心的存储拥有更灵活的扩展和响应能力，而且需要其具有更便捷的配置能力以及更精细化的管理模式。

软件定义存储和传统存储设备的主要差异在于其在可扩展性和统一操作方面的突出优势，而这些优势恰恰可以缓解合作模式下数字资源长期保存在存储容量和资源有效管理等方面的难题。采用软件定义存储的长期保存存储环境，不仅体现出数字资源存储容量的巨大变化，而且可以提供基于容量、性能等存储资源统一调配的管理控制，实现对资源的集中监控和动态管理，屏蔽底层 SAN、NAS 等异构存储、服务器、SAN 存储交换机、网络交换机等硬件设备的差异，从而解决数字资源长期保存在存储空间有限和难于有效管理方面的难题。同时其可以在不改变设备网络拓扑架构的情况下，将原各保存中心已购置的存储资源整合起来，及时响应业务需求，节约再次购置存储资源的成本，这既能使数字资源长期保存系统拥有无限量存储资源，又能有效降低保存成本，提升设备管理工作效率。

1.4　软件定义存储应用于数字资源长期保存的优势

目前，各数字文化遗产机构的存储系统各自自成体系，扩展能力有限，管理成本巨大，利用软件定义存储的优势，将存储软件从硬件资源中剥离出来，不但可以实现对全局存储资源和数字资源的自动化管理，同时可以打破不同机构存储间的壁垒，提高存储平台的横向扩展能力，延长存储资源的利用周期，加强长期保存系统平台的整体健壮性。软件定义存储可以解决合作模式下分布式数字资源长期保存存储平台建设的如下问题[6]：

1.4.1　异构存储的集中统一管理

各保存机构中已购置的大量异构存储进一步增加了管理的复杂性。如何利用有限的存储资源实现混合环境下各种异构存储的管理，同时最大化地简化管理难度是亟须解决的问题之一。软件定义存储的存储自动化集中统一管理能力，不仅可以在单一管理界面下实现跨异构环境的存储管理，而且可以有效简化异构存储的管理难度。此外，其自动化功能可以及时检测到存储系统故障并及时处理，有利于保持长期保存业务的连续性。

1.4.2　异构存储的整合

利用软件定义存储实现已有异构存储的整合再利用，不仅可以提高存储生命周期的使用效率，降低各保存机构新增存储的采购需求，而且对于新增的异构存储也可以通过整合实现统一管理。

1.4.3　异构存储的资源配置效率

传统存储配置方式造成大量存储资源闲置，同时无法满足合作模式下长期保存业务对大规模资源存储和管理效率的需求。软件定义存储可以实现在有限的存储资源条件下，通过资源池化提高存储资源利用率和配置率，简化以工作负载为核心的存储资源部署管理，降低异构存储资源配置所需的时间，提高整体存储资源的管理效率。

1.4.4　卷高可移动性

数字资源长期保存存储平台在运行过程中，无法避免会出现宕机，进而造成业务中断甚至数据丢失。软件定义存储的卷高可移动性，不但使数字资源长期保存的存储系统具有故障切换能力，而且可以有效确保其业务持续运行的能力和保存数据的安全性和高可用性。同时，多站点保存机构间的存储资源均衡，有利于存储资源利用最大化，特别是软件定义存储具有的跨数据中心的存储卷自动迁移能力，将有效确保存储卷的高可移动性。

此外，软件定义存储可通过增加复制、压缩等技术，优化数据存储，进而优化长期保存系统性能，加快保存系统的响应时间，减少能耗，消减保存成本。由此可见，软件定义存储已成为未来合作模式下数字资源长期保存存储平台建设的重要选择之一。

2　基于软件定义存储的长期保存存储系统架构设计

数字资源长期保存数据量飞速增长，如果需要保存这些珍贵资源，就需要存储系统快速地供给足够的存储资源，否则一旦存储容量的扩展速度跟不上海量数据的增长速度，将会导致数据管理失控，并直接导致保存资源失效。因此，在面向合作模式下的数字资源长期保存存储系统设计与实现中，与性能、成本等其他因素比，支持高效管理、弹性扩展、可靠性、数据一致性是刚性需求。

2.1　系统需求

合作模式下数字资源长期保存系统的底层数据集中存储平台应为上层提供安全、可靠的数据服务和稳定健壮的存储环境，以保证上层长期保存应用可为用户提供真实、可靠且具有可用性保障的数字资源。因此数字资源长期保存存储系统应具有如下能力：

2.1.1　跨数据中心的存储资源统一管理能力

随着长期保存数字资源总量的爆炸性增长，存储规模越来越大，而当资源量上升到 EB 或 ZB 级别后，很难由一个机构的数据中心完成，需要跨地域、跨机构、跨行业进行存储资源与存储服务的统一组织和管理。面对庞大的源于不同机构的异构存储资源以及难于统一调配的存储资源等难题，必须增强虚拟化管理、端到端的存储自动化管理以及异构存储自发现管理等方面的能力，以实现对各地各机构存储资源集中控制和统一管理。

2.1.2　完善的大规模分布式安全存储架构

存储系统应支持分布式架构，具有横向和纵向的双向扩展能力，可实现不同机构异构存储系统间的资源共享，同时支持对数字对象进行有效的管理、协作、控制共享、传输、备份与恢复，可通过层次逻辑名称实现对保存数据对象的统一有序的控制与管理，保障资源的安全性和一致性。

2.1.3 较强的智能管理功能

合作模式下，存储系统中的物理存储节点数量从几个到几十个不等，面对超大规模的 I/O 吞吐需求，在保证数据安全、一致的前提下，应高效进行节点间的负载均衡，充分发挥空闲节点的作用，保证服务质量，提高系统运行效能。

2.1.4 面向长期保存应用的专业化管理策略

可根据长期保存业务流程，设定合理的且简单易控的管理策略，并根据应用的变化进行弹性配额。通过采集长期保存应用系统运行的反馈数据进行容量、性能等方面的智能分析，结合存储设备的相关特性（如存储容量、设备类型、性能指标等），为保存应用选择最合适的存储资源，以完成自动化调配，如自动化精简配置、存储空间的动态分配等，实现针对长期保存应用进行的专业化策略管理。

2.1.5 开放灵活的自主服务机制

通过在面向数字资源长期保存工作流中嵌入相关存储技术，如快照管理、压缩解密、分层存储、备份恢复、性能监控、注册认证、硬件检测等，可形成数字资源长期保存需求驱动下基于存储策略的存储资源和保存数据的高效、统一的自助服务体系，并实现有效提高保存资源的安全可靠性、降低资源保存管理成本。

2.2 基于软件定义存储的长期保存存储系统架构

合作模式下的数字资源长期保存要求数据信息具有较强实时可用性、活动可控性和数据管理动态可维护性。因此，在数字资源长期保存存储系统的设计中，应结合不同保存机构的资源特征、来源以及保存需求，重点做好保存系统在资源质量保证、高效且可靠的存储策略以及资源存储平台可靠性和可扩展性等方面的建设工作。基于以上分析，结合软件定义存储的特征，笔者认为在设计基于软件定义存储的数字资源长期保存存储系统时，应重点考虑灵活的存储配置策略、多样化的异构存储供给能力、存储资源和保存信息的安全性以及存储资源的弹性扩展等方面的内容，其参考架构图如图 1 所示。

该系统的设计过程在坚持开放、互联、模块化和低复杂度的前提下，将系统划分为 3 个层次：策略驱动的控制平台层、虚拟数据平台层、集合存储池层。各个层次相互独立，高层系统模块依靠较低层的模块提供服务支持，最终为各机构和用户的数字资源长期保存应用提供安全、高效、经济、可控的存储保障。

2.2.1 集合存储池层

该层是非常重要的一层，主要由 3 个部分组成。其一是由各个保存机构存储构成的物理存储部分，该部分将各机构已购置的异构存储资源，如高性能的 SAN 存储、高扩展性的 NAS 存储以及对象存储等整合并池化。其二是存储管理接口部分，该部分支持通过多种访问接口实现对底层异构存储资源的访问，如全球网络存储工业协会（Storage Networking Industry Association，SNIA）定义的 SMIS-S 协议和 CDMI 协议，以及第三方专有访问接口等。系统可通过通用或专用访问接口,实现对存储硬件设备的访问和存储设备特性的充分利用。其三是数据服务部分,该部分通过软件定义可以实现或者提升传统存储设备的相关功能,如去重、快照、数据复制以及压缩加密等。集合存储池层由上层控制平台进行统一管理和调度,通过管理管理接口和数据接口面向长期保存应用提供存储服务。

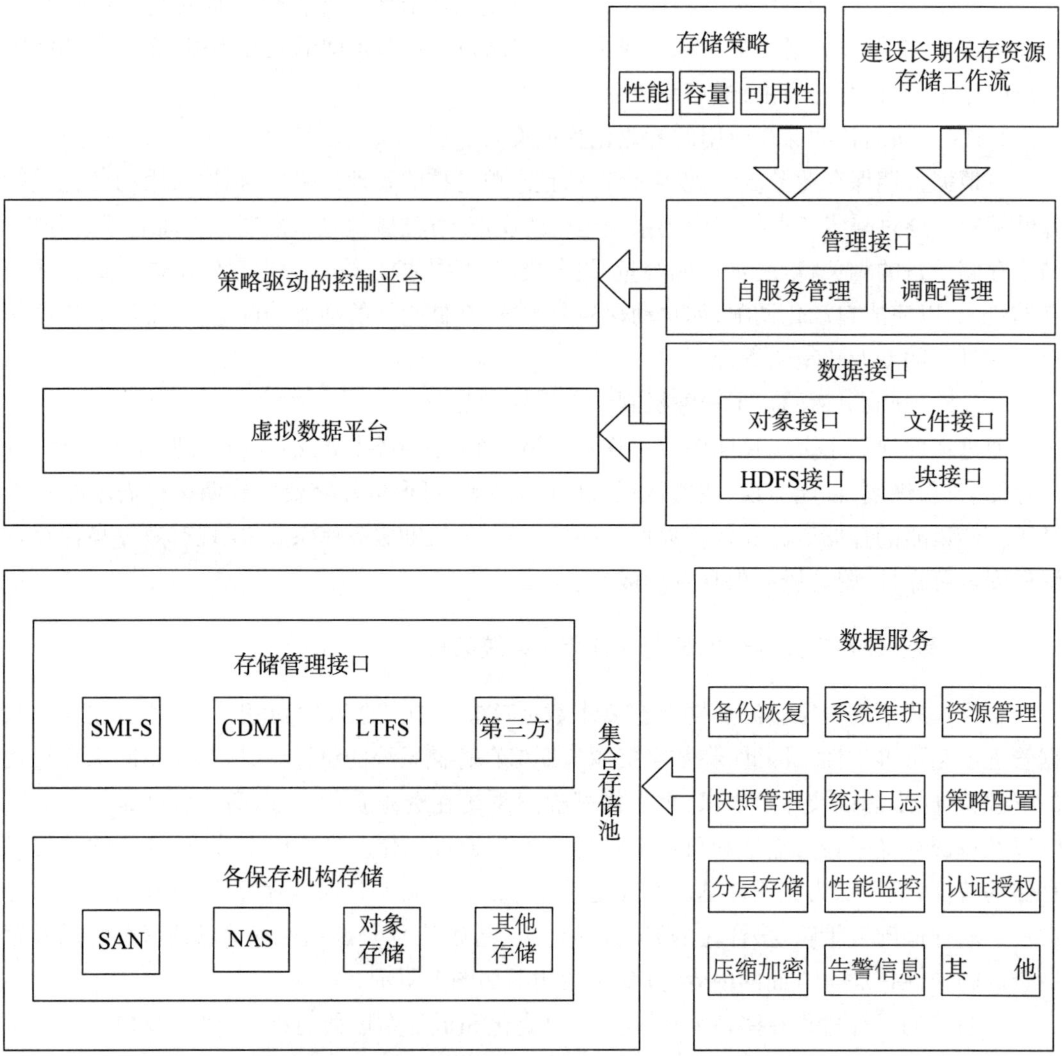

图1　基于软件定义存储的长期保存存储系统架构

2.2.2　虚拟数据平台

系统可通过协议转换的方式,对外部长期保存应用提供丰富的数据接口,如对象接口、文件接口、HDFS 接口、块接口等。

2.2.3　策略驱动的控制平台

系统可根据预设的基于存储设备的性能、可靠性等指标进行相关策略配置,同时结合长期保存业务工作预设的资源存储工作流,为保存应用提供自服务管理、调配管理等方面的控制。如计算方面的 CPU/GPU/内存等、网络控制方面的安全连接、带宽管理等以及存储资源提供、存储服务优化、全局数据目录、资源呈现管理等。

该模型通过软件对底层存储硬件资源进行池化和统一管理，克服了原有刚性存储架构扩容艰难，仅能静态分配的难题，有效增强了整体存储平台的扩展能力。采用基于存储设备的性能、可靠性等方面的规则进行相关存储策略配置，同时实现对存储资源进行统一管理，易于用户结合应用需求及时增加或调整存储策略，方便管理。集合存储池屏蔽了底层异构复杂环境，完成了对底层存储资源的抽象，以存储资源池的方式对外提供服务，有效提高了资源共享的能力。同时系统可利用数据压缩、重复数据删除、数据加密、分层存储、数据复制等技术有效提高数据安全管理的能力；利用多链路冗余管理，负载均衡管理，以及硬件设备的状态监控和故障维护等手段有效保障存储系统的健康运行。

在该模型中，用户可以通过管理接口开放的 API 进行存储配置并调用相应的数据服务，以满足长期保存应用所需的存储资源，无须人工干预；通过元数据设定，即长期保存应用可将存储需求信息标记至每个保存对象文件，自动调用策略驱动的控制平台和虚拟数据平台，分别形成控制流和数据流，以完成保存资源和存储资源的优化、部署和管理。策略驱动的控制平台可根据保存需求元数据和预设的存储策略以及长期保存工作流程，为不同的保存需求选择合适的数据接口，并通过这些数据接口指引保存对象调用相应的存储资源、执行相应数据服务。该模型将极大地方便长期保存系统管理员的配置、优化存储资源、降低管理和存储成本。

2.3 建设策略

基于软件定义存储的数字资源长期保存存储系统建设应重点考虑以下几点：首先在建设过程中，为了确保长期保存资源存储过程的安全、高效、经济和易控，保存机构可联合多个机构合作建设，采用分布式建设模式，利用软件定义存储数据服务所提供的多种存储技术，实现资源对象在集合存储池中的多份保存，以形成地域上分散的保存资源多副本。当单个保存机构存储系统硬件出现异常导致数据丢失时，由于集合存储池中多副本资源的存在，可有效保障长期保存的存储、访问等服务安全、高效、可控和不间断。其次，存储平台的建设应注重对海量保存资源的索引，充分利用软件定义存储较强的硬件兼容性、自服务、易扩展等特性，实现长期保存资源保存能力的动态扩展。第三，可充分利用软件定义存储预设的资源存储策略，结合不同机构的资源特点和保存需求，设定资源保存的安全级别、存储模式，满足保存资源短期和长期利用的需求，保障存储资源保存和利用的动态平衡。

利用软件定义存储建设数字资源长期保存存储系统需要分阶段实施。第一阶段，重点实现存储资源虚拟化。该阶段要结合长期保存工作对存储资源的需求，分析目前各机构长期保存存储资源的使用状况以及未来的购置计划，对存储资源进行合理配置。同时分析各机构长期保存资源，并按已设定的保存级别和安全级别进行等级划分，通过存储虚拟化手段，将各保存机构内部已有的异构存储资源整合为统一的存储资源池，以便于资源保存，并根据底层存储资源定义相关 API，简化存储配置，以实现上层保存系统透明访问底层存储资源。第二阶段，解耦存储软件，实现存储功能软件化，降低长期保存存储系统建设成本。该阶段主要完成在已构建的集中存储池上建设数据服务功能，并将原置于存储硬件内部的功能（如快照、存储精简配置，重复数据删除等）与存储硬件解耦，统一归并到数据服务部分。同时该部分应支持第三方软件的无缝接入，支持长期保存数据底层功能的自定义开发。第三阶段，实现基于策略的自动化智能管理，并实现存储软件和硬件的完全解耦，文件、块和对象存储设备将在通用的计算资源、存储资源上按需创建、灵活扩展。

3 结语

近年来，随着数字资源长期保存领域中各文化遗产机构合作增加，各机构原有的独立运行模式逐渐向跨行业、跨地域的工作模式转化，而传统存储明显在扩展能力、集中统一管理能力、成本控制等方面无法满足合作模式下数字资源长期保存用户对集中、动态管理存储资源的需要。而软件定义存储和传统存储设备的主要差异在于其在可扩展性和统一操作等方面的突出优势[7]，这些优势恰恰可以缓解合作模式下数字资源长期保存在存储空间和有效管理方面的难题。

软件定义存储作为一种新的技术已经引起很多业界研究和保存机构的重视，其出现为数字资源长期保存存储系统的建设提供了一种新的选择。在数字资源长期保存工作中引入软件定义存储，利用其存储自动化集中统一管理能力，可以有效实现跨异构环境的存储管理，降低异构存储的管理难度；利用其对异构存储资源的整合再利用能力，可以有效提高存储生命周期的使用效率；利用其资源池化能力，可以有效提高整体存储资源的管理效率；利用其卷高可移动性，可以有效确保长期保存业务持续运行，提高数据的安全性和高可用性。虽然目前数字资源长期保存领域应用软件定义存储的成功案例还很鲜见，但其已突显出在数字资源长期保存领域应用的技术优势。相信，随着软件定义存储技术的不断发展，其自动化、优良的横向扩展能力、开放性以及基于策略或者应用驱动服务等特点必然会在数字资源长期保存工作中发挥重要作用，其必将成为未来合作模式下数字资源长期保存存储平台建设的重要选择之一。

参考文献

[1] EMC 发布全新软件定义存储平台 ViPR[EB/OL].[2016 - 10 - 15]. http://storage. chinabyte. com/146/12608146. shtml.

[2][7] NADKARNI A, DUBOIS L, SHEPPARD E. IDC's worldwide software-based(software-defined) storage taxonomy[EB/OL].[2016 - 10 - 15]. http://www. idc. com/getdoc. jsp containerId = 240500.

[3] 孙振正，龚靖，段勇，等. 面向下一代数据中心的软件定义存储技术研究[J]. 电信科学，2014(1)：39 - 43.

[4] FICHERA R, WASHBURN D. The software-defined data center is the future of infrastructure architecture[EB/OL].[2016 - 10 - 15]. http://www. forrester. com/The+SoftwareDefined+Data+Center+Is+The+Future+Of+Infrastructure+Architecture/fulltext/-/E-RES81941.

[5] LECAT J. Is"software-defined"just a new way to whitewash old products[EB/OL]. [2016 - 10 - 15]. http://www.scality.com/is-software-defined-just-a-new-way-to-whitewash-old-products/.

[6] IDC brings clarity to software-based/software-defined storage markets[EB/OL]. [2016 - 10 - 15]. http://www.idc.com/getdoc.jsp?containerId=prUS24068713.

（原载于《现代情报》2017 年第 2 期）

Europeana 发展现状及启示

汪　静

近年来,世界各国及国际组织合作开展了一些面向公共文化服务的数字图书馆建设与服务项目,这些项目充分运用现代信息技术手段,探索图书馆、档案馆、博物馆等机构的数字文化资源整合,构建面向公共文化服务和数字化服务平台,面向公众共享人类文化遗产和信息。其中有全球性的世界数字图书馆项目(World Digital Library),区域性的 Europeana,还有美国公共数字图书馆项目(Digital Public Library of America)。在这些公共数字文化整合项目中,以 Europeana 建设的成效最为显著,其在资源整合模式、系统框架建设、服务体系设计等方面都取得良好进展。本文将从数字资源建设、技术框架建设、服务体系搭建及项目运作与管理四个方面介绍其现状,分析 Europeana 建设模式及特点,对我国公共数字文化相关建设发展提出建议,以期对未来相关研究和实践提供参考。

1　Europeana 建设背景

2004 年 12 月,Google 启动建造全球最大的数字图书馆计划,对欧洲各国图书馆产生巨大冲击。为使欧盟国家的人民充分了解本国历史瑰宝和文化遗产,从而与 Google 抗衡,法国于 2005 年 4 月组织欧洲 19 个国家联合创建数字图书馆,希望在数字图书馆方面形成统一的欧盟体系。Europeana 最初被命名为"European Digital Library",但随着越来越多的博物馆、美术馆等机构加入,该名称已不够准确,于是更名为 Europeana(拉丁文,意为"things European")[1]。国内很多文章仍将 Europeana 翻译为"欧洲数字图书馆"或"欧盟数字图书馆",本文认为保留"Europeana"的称呼更加贴切。

Europeana 建设目标是通过构建统一的网络平台来整合欧洲具有代表性的文化遗产资源,为人们了解欧洲历史文化提供一站式浏览与检索服务,实现欧洲数字文化资源更广泛地传播与共享。项目建设初期的重点是对历史文化资源进行数字化加工,2006 年底已完成 6 万册图书的数字化处理,2007 年完成 10 万余册,2008 年第一部分数字化图书投入使用,Europeana 正式对公众开放[2]。随后 Europeana 迅速发展,工作重心由大量纸质资源数字化逐步转向对数字资源的整合揭示。截至 2015 年底,已有 37 个国家的 3500 个机构参与,集聚了 4800 余万条元数据[3],在欧洲领先的研究型大学的支持下,已经拥有集博物馆、档案馆和图书馆三者为一体的资源平台,在现代化、网络化数字资源建设与服务方面发挥越来越重要的引领和示范作用。

2 Europeana 建设现状

数字图书馆建设主要涉及资源建设、技术支持、服务和管理四个部分,国内有学者将四部分的关系用一个构造图表示(见图1)。服务是数字图书馆建设的核心,在资源和技术的支持下,通过管理将各部分有机地连接和融合。本文对 Europeana 建设现状的分析将从数字资源建设、技术框架建设、服务体系搭建、项目运作与管理四个方面进行阐述、分析。

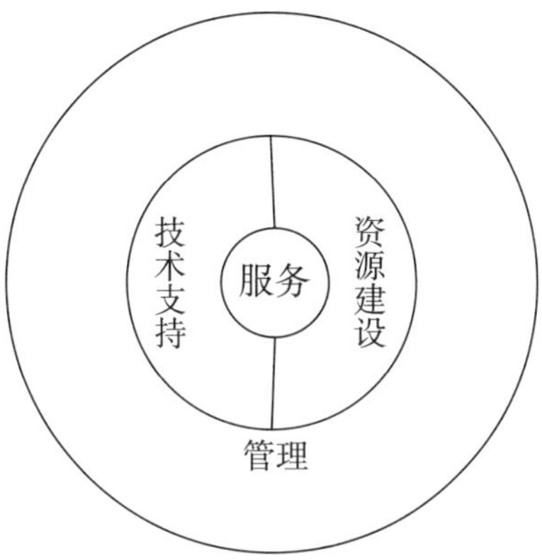

图1 数字图书馆建设结构[4]

2.1 数字资源建设

2.1.1 数字资源类型与内容

Europeana 建立初衷是"用文化让整个欧洲联合起来",即通过构建统一的资源平台为人们了解欧洲历史文化提供一站式浏览与检索服务,在已开展合作的 3500 多家机构中,不仅有博物馆、档案馆、图书馆等文化机构,还包括信息技术相关的企业、国际组织等。Europeana 网站可提供 54204217 条资源的检索[5],资源类型包括文本、图片、音频、视频、动画以及 3D 资源等。在形式方面,不仅涵盖传统的书目描述信息,还囊括 Web 2.0 时代流行的维基百科内容描述、用户标签与评论、社交网络中用户照片及视频等相关内容。这些由各机构长期积累的资源,内容十分丰富,反映了欧洲灿烂的历史、科学及文化底蕴。

2.1.2 Europeana 关联数据模型

欧洲各国图书馆、档案馆、博物馆等文化机构采用不同的元数据方案,要对不同标准的元数据进行有效的组织和管理,需要建立统一的数据规则。为此,Europeana 根据自身数据特点,设计了 Europeana Semantic Element(ESE)的元数据方案,它是基于 Dublin Core 的一种扁平式数据结构,只保留不同数据规则的最基本信息,舍弃资源的个性化内容。这种方式虽能实现数据规则的统一,但容易在资源描述过程中出现语义损失。随着关联数据的发展,Europeana 参照 METS 和 RDF 等相关标准和规范,设计了开放、跨领域的 Europeana Data Modal(EDM)数据模型。EDM 在保留原有 ESE 核心元素的基础上,增加类与属性。这种结构使 EDM 具有很强的可扩展性,不仅能尽可能多地保留原元数据信息,还允许其他来源的信息对该数据进行丰富和补充,并与很多现有数据模型(如 LIDO、EAD、MARC)建立关联[6],实现语义层面的互操作。

从 EDM 核心类的层级结构看(见图 2),包括数据集合、数字文化资源对象类、资源的数字表现形式类。Europeana 使用聚合关系将所有数字文化资源对象及其数字表达聚合,构成一个数据集合;此外,EDM 构建了获取对象相关情境信息的实体元素,包括事件、主体、地点、自然实体、时间范围。EDM 主要属性的层级结构描述了四种资源关联关系:一是聚合结构关系,用 aggregated CHO 来揭示与数字资源呈现形式、数据来源网页相关联的数据集合与数字文化资源对象的关系;二是资源对象间的关系,包括用衍生、后继、包含等属性描述资源对象间的相似关系,邻接属性表示资源对象的序列关系,注释、表现描述资源对象主题关系;三是事件情景关系,包括事件发生的主题、场所、时段;四是资源对象主题关联关系,包括主题、类型、实现、关联等(见图 3)[7]。

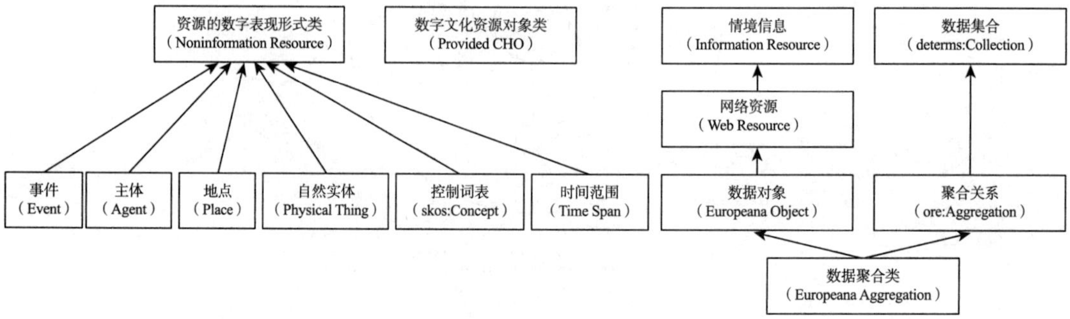

图 2　EDM 核心类的层级结构

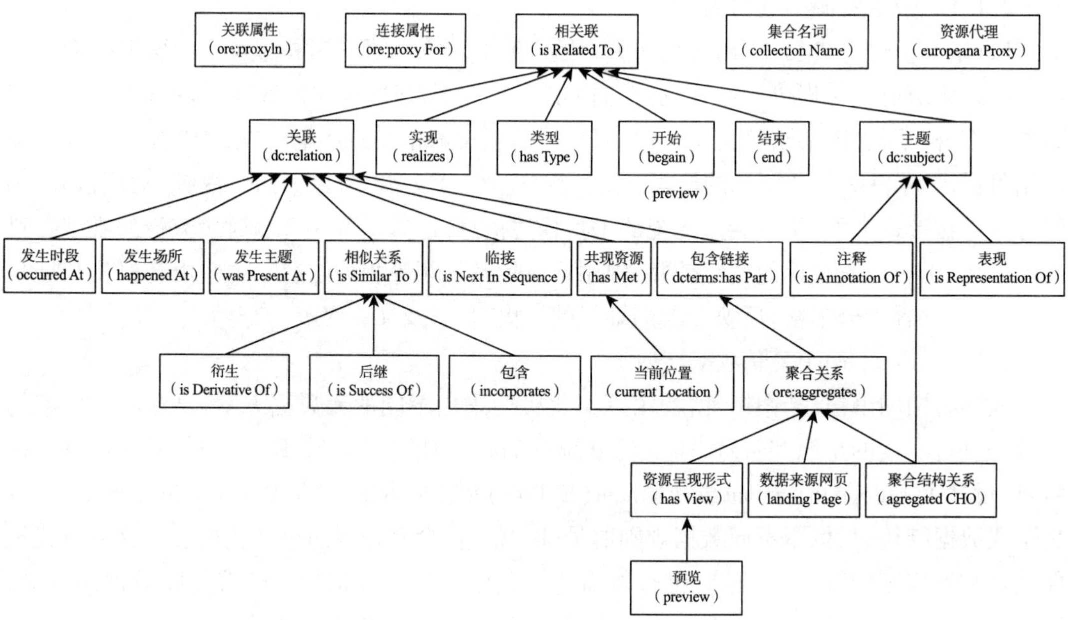

图 3　EDM 主要属性的层级结构

Europeana 在 2012 年初实施了关联数据试点,该试点中发布的关联数据量已超过 240 万条[8],资源类型包括文本、图片、音频、视频、动画等,资源内容涵盖传统的书目记录及 Web 2.0 时代流行的维基百科描述、用户标签与评论等。作为一个跨机构、跨领域的数字文化项目,Europeana 成功运用关联数据解决了在资源整合中面临的数据结构不统一问题,其 EDM 数据模型目前容纳 200 多家机构数据,这是 Europeana 最具代表性的建设成果。

2.1.3 Europeana 版权策略

版权保护与利用是数字图书馆可持续发展的重要保证。在数字资源建设与服务过程中,不可避免地会遇到版权问题。Europeana 版权策略与世界数字图书馆类似,是优先开展公共领域作品的服务。但与世界数字图书馆不同的是,由于各成员机构在政治、经济、文化方面的趋同性,Europeana 可借助欧盟组织积极地推动有利于自身发展的版权政策出台,并在成员机构内进行应用。

首先,优先开展公共领域作品的数字化及服务,*Europeana Strategy 2015—2020* 提到:“迄今已数字化的 3000 余万册/件作品只占欧洲文化遗产的 10%,这 10% 绝大部分是属于公共领域作品,不受版权限制。”[9]公共领域作品多为古代书籍、手稿、艺术作品等,年代久远,数字化再生性保护的需求较迫切,优先进行这部分资源的数字化。一方面可以有效规避版权问题;另一方面,实现了对文化遗产的及时保护,并面向公众提供服务实现双赢。

其次,重视版权制度的建立和维护,Europeana 制定 *Europeana Public Domain Charter*[10],规定公共领域作品合理利用的基本准则和指导方针,为公共领域作品的数字化、服务及长期保存提供工作标准。同时,积极与欧洲委员会相关机构沟通,推动有利于文化机构发展的版权条款的出台或修订。如 2011 年推动“孤儿作品”的处理原则出台,并协同制定绝版作品的处理办法;推动版权例外条款的修订[11];2016 年 9 月,推动欧盟委员会通过版权法修订条款,确定在欧盟法律框架下的成员国许可机制[12]。

最后,重视版权信息的服务,促进版权信息声明的标准化。2015 年 10 月,Europeana 发布工作方案白皮书,确定与美国公共数字图书馆项目及知识共享合作开展“国际互操作权利声明”项目[13],目的是为终端用户提供其平台上作品的版权状态信息,指导用户或机构合理使用不同版权状态的资源。目前仅与上述两家机构合作开展,Europeana 希望通过此次探索和实践,能吸引更多机构加入,从而促进全球版权信息声明的标准化。

2.2 技术框架建设

数字图书馆建设离不开技术支持。Europeana 在建设过程中,充分运用现代技术,构建云服务框架,全方位开展技术合作,创造环境促进新技术孵化。

2.2.1 Europeana Cloud

随着技术应用日益成熟与云计算在图书情报领域的应用,图书馆的技术架构、业务流程、服务方式发生质的变化。Europeana 于 2013 年 1 月正式启动 Europeana Cloud 项目[14],其目标是实现整体架构向云服务模式的转变,兼容多机构系统框架及服务需求,具有很强的可拓展性和交互性,支持更高效的数据存储、共享与服务,使用户更便捷地获取、分享云端数字内容。

Europeana Cloud 架构(见图4)主要包括两种类型的云,即计算云和存储云。计算云由前端系统和后端系统两层服务构成,前端服务层按照系统功能性标准,为用户提供各项数据信息服务,因此又被称为功能性服务层,主要融合数据处理验证服务、元数据及内容服务、数据注释服务、标识符服务、通知服务五项基本功能;后端服务层不直接服务于最终用户,主要满足系统管理及其他非功能性服务需求,主要融合异步信息传送服务、登录服务、许可/授权服务三项基本功能。存储云为计算云中的各项功能性服务提供相应的存储性服务。

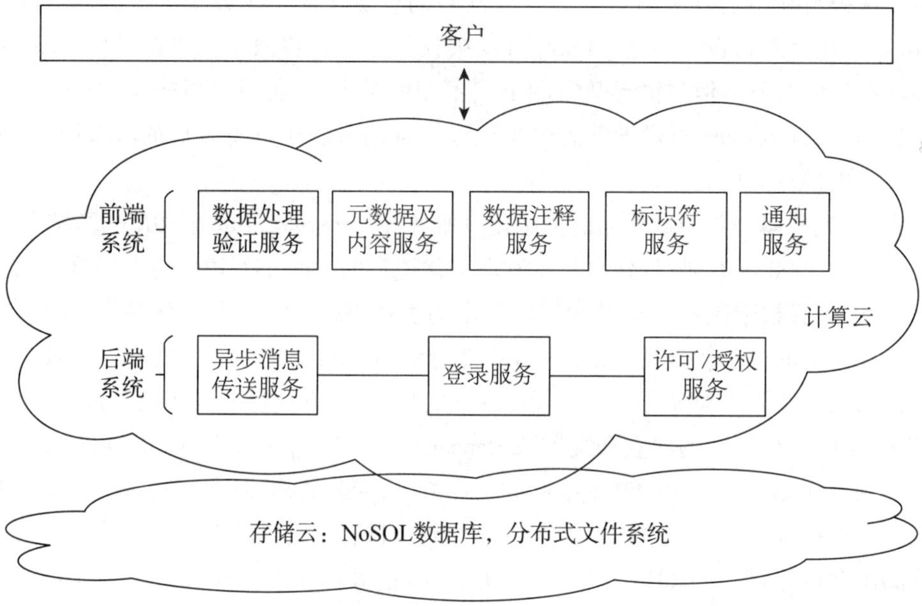

图4　Europeana Cloud 架构[15]

为保证系统的可扩展性,云框架每个功能化模块都提供两种形式的应用程序编程接口(Application Programming Interface,API),即客户端 API 和管理端 API。前者是用户服务使用端口,后者为服务管理端口。同时,为保证云服务纵向可拓展性,系统采用 Representational State Transfer 软件架构风格。Europeana 通过统一技术支持框架实现数据的循环流通,为终端用户提供完备的服务功能和云应用工具,实现计算云与存储云的有机结合。

2.2.2　拓展性技术开发

Europeana 是一个融合众多机构的内容建设及服务组织,不仅包括图书馆、博物馆、档案馆等公益性服务机构,还包括创意产业、开发商等营利性商业组织。因此,其在系统建设上既要兼顾内容提供方、信息集成方、终端用户等多方需求,又要兼容各方系统,才能满足多机构的数据传输及服务需求。

"合作、共建"是 Europeana 一直秉承的建设理念,在系统建设方面,合作机构最了解其自身数据特点,在长期的数据集成、管理过程中积累了丰富的经验,为 Europeana 平台的完善和可持续发展提供人力和技术资源;在创意产业的技术开发方面,将实现对传统文化的全新诠释,激发新的文化和商业活力。为支持云框架下的技术拓展,为技术开发人员搭建实验环境,Europeana 专门设计 Europeana Lab 网站,提供 API 等技术开发规范,展示 APP 等技术开发成果,促进新技术的孵化与应用。

目前 Europeana API 主要包括四种类型:REST-API(适用动态搜索和查询后台数据)、Annotations API(适用检索和创建用户批注)、OAI-PMH(允许通过协议收割 Europeana 数据)及 Linked Open Data(应用处于试验阶段,主要支持数据库下载和语义搜索,并通过 SPARQL1.1 检索 Europeana 数据)。基于四种 API 接口方式,Europeana 及其合作机构设计开发了功能多样的 APP 程序,并在其网站展示有 158 个,如 Storypix、Europeana Radio 等[16]。

2.3 服务体系搭建

2.3.1 资源全球共享

Europeana 建设初衷是让欧盟国家的人民充分了解本国的历史瑰宝和文化遗产,为用户提供免费无障碍的资源获取平台。其资源面向全球开放共享,不分时间、地域、种族,只要联通互联网即可获取。

同时,为便于不同语言用户检索和利用资源,Europeana 设计开发多语言存取系统,以支持跨语言检索,目前提供 23 种语言界面供用户使用[17],还有机器翻译功能,致力于跨语言信息检索功能的实现。项目前期已实现需求量最多的 6 种语言跨语言信息检索功能,包括英语、德语、西班牙语、法语、意大利语和波兰语,随后将加入荷兰语、葡萄牙语、瑞典语和匈牙利语等。

2.3.2 服务分层设计

在服务策略的设计方面,Europeana 一直将其与 Google、Flickr 等商业网站的区别作为竞争力,即提供权威、原始的欧洲文化信息资源,建设欧洲最大的文化遗产仓储库。基于巨大的文化宝藏,在其利用和开发方面,Europeana 紧密结合市场需求,主要服务于三类群体用户。

第一类群体是专业用户,即成员机构。截至 2015 年底,该群用户量已达 3500 个,目前还在持续增长。Europeana 建设专门的服务网站 Europeana Pro,面向全球介绍其机构合作机制及操作步骤、相关规范文档、最新机构动态等信息,目标是为机构用户提供更便捷的参与途径、更翔实的数据统计内容、更多的项目建设与商业合作机会。

第二类群体是终端用户,即普通公众。Europeana Collection 网站是面向终端用户的服务网站,目前提供 54204217 条数据的检索及查询服务[18],涵盖图书、音视频、美术作品、手工艺品等多种资源类型。除资源检索外,还重点开展专题资源建设,对资源内容进行深入挖掘和展示(如欧洲音乐库、欧洲美术库、1914—1918 年的欧洲史等)。信息技术的发展影响人们信息获取的方式,Europeana 及时捕捉这些变化,积极探索社交媒体资源(如 Wikipedia、Pinterest 等)的推广渠道,使文化遗产以熟悉的方式逐渐融入人们的生活、学习和研究。

第三类群体是开发者和企业界,或称为创业产业相关的机构。将创业产业作为服务对象,是 Europeana 创新性的一个体现,也将是项目未来发展的重点方向。目前,创意产业占欧洲经济的 3.3%[19],而文化创意产业将在未来占有更多的市场份额。为此,Europeana 创建 Europeana Lab 网站,提供各种开放 API 的接口文件,为需求方的系统开发和服务创新提供孵化环境。通过与创意产业融合,促进文化遗产资源向新兴产业渗透,促进欧洲旅游业发展,激发新的商业理念、创造就业机会,为文化历史遗产找到更好的现代诠释途径。

2.4 项目运作与管理

2.4.1 多样化经费运作方式

Europeana 是拯救欧洲历史文化遗产的系统工程,其发起和建设得到政府机构的支持,主要资金来源于欧盟的融资项目"联通欧洲设施"资助。但后期随着欧洲经济环境的变化,联通欧洲设施将其每年资助额度由 90 亿欧元降低到 10 亿欧元[20]。巨大的经费削减迫使 Europeana 改变其资金运作方式,多途径运作实现开源节流。

从供给侧讲,将合作者变为共有人或投资方。向 Europeana 投资或提供数据的机构,会根据投入获得相应权限的服务(如获取高质量数据、高效数据传输和更广范围的资源推广)。通过资金或资源交换服务方式,以节约 Europeana 事业发展的必要开支。

从需求侧讲,将用户变为顾客。作为公益性机构,Europeana 并不排斥商业运作。结合自身专业优势,开展系列咨询服务(如世界其他地区的数字图书馆规划与建设咨询、电子书等新产品开发咨询、文化旅游咨询等)。通过这些创收方式为 Europeana 开辟新的收入渠道,实现收入开源。

从自身角度讲,理顺工作流程,提升工作效率。将其核心服务的开支控制在 1000 万欧元/年,主要包括数据整合设施建设、云平台设施维护及机构运作的日常事业经费等,通过提高工作效率实现日常支出的节流。

2.4.2 精简高效的运作管理

Europeana 是一个分散的基于网络的国际性合作组织,要集合众多机构开展相关工作,必须有一套科学高效的运作和管理机制。Europeana 本部位于荷兰海牙,有 50 名员工负责联络、协调、项目推进等日常事务管理;17 人的管理委员会负责组织运作及未来发展相关的政策问题评估和决策;成员联合会是代表成员机构利益的松散组织,由来自各成员国的代表组成,规模接近 100 人;在成员联合会中选出 25 人组成成员委员会,代表成员利益,与管理委员会一起承担重要事务的决策[21]。随着 Europeana 经费的缩减,将进一步改进和简化管理策略,扩大成员委员会的职责范围,由其负责 Europeana 整体事务的推进,管理委员会负责发展策略及资金、法律等政策性问题的决策,而具体的执行工作则根据项目情况由不同组织或机构分组、分阶段负责。Europeana 虽有政府背景,但在管理上实现高度自治、自主决策,委员会使其机构决策更加科学民主,能够充分代表成员机构利益;精简机构,降低运营成本,使运作更加高效。

3 建设特点及启示

Europeana 是当前发展较成熟的公共数字文化建设项目,其在实现跨机构、跨领域数字文化资源整合方面取得重要进展,已成为世界各国相关领域研究和学习的典范。能够取得不错的成绩,主要归结于四个方面原因。

3.1 国际化合作意识

Europeana 在文化及信息传播方面有重要意义，通过互联网可将欧洲各国文化、历史珍宝在世界范围内共享，促进国际文化交流与合作，促进成员机构公共数字文化服务能力提升和技术交流。

随着我国经济飞速发展，国际地位和影响力逐步提升，越来越多的人开始学习和使用中文。我国的数字图书馆建设应树立跨国意识，建立中华地区中文资源共建共享的理念。如降低现有网站资源的可获取门槛，加大免费资源开放比重，使国外用户不必通过身份证等认证程序即可获取和使用资源；注重网站外语语种尤其是英文界面的建设，消除语言障碍。此外，从更广泛的程度看，应拓展国际合作，在已有数字图书馆建设成果基础上，联合世界各地中文文献、文化遗产机构，建设中文文化资源保存及服务平台。应借鉴 Europeana 的经验，加强国家政府组织的领导作用，同全球各地区的图书馆、博物馆、档案馆开展合作。除日本、韩国等技术实力较雄厚邻近国家外，东南亚国家普遍缺乏数字资源建设与管理的物质条件，我国应取长补短，在现有公共文化服务成果基础上，搭建资源整合的必要平台以提供资源建设标准，充分利用现代信息技术开展多媒体服务，联合具备条件的国家共同建设与共享中文数字资源。

3.2 全面开放发展理念

开放性是 Europeana 的灵魂所在，贯穿其项目建设的各环节设计和实践。在元数据建设方面，其 EDM 模型被设计成跨领域、可拓展的语义互操作框架，兼容多个领域标准，所有数据最终以开放关联数据的形式发布，其数据标准都是公开透明的，以鼓励更多的机构参与 EDM 建设和完善。正由于该模型的成功设计，才使跨机构资源深度整合成为可能。在技术应用方面，采用云系统架构，保证系统功能的可拓展性。项目涉及的技术多采用开源技术，并且开放各自 API 接口，所有技术标准的文档都可自由获取，促进机构间的系统对接与服务再开发。在资源服务方面，所有资源均可在全球范围内免费访问，并且持续通过优化版权方案开放更多资源，通过社交网站、设计服务 APP 等多种方式贴近用户需求，通过向创意产业的渗透为传统文化注入新活力。

我国于 1996 年开始数字图书馆的相关研究与实践[22]，但数字图书馆建设曾长期处于相对独立的环境，各建设机构间协作较少。近年来，我国数字图书馆建设者意识到开放协作的重要性，正逐步向协作建设、开放共享转变。如在国家层面建设高等教育领域的中国高等教育文献保障系统、国家科技图书文献中心，公共文化领域的国家数字文化网（全国文化信息共享工程）、数字图书馆推广工程等；在区域层面建设了公共图书馆联盟，如西北五省图书馆联盟等。各机构在资源技术共享、服务合作等方面取得重要进展，但相互间的黏合度和共享度并不高。机构间资源元数据标准不统一，导致多数资源检索都仅限于特定馆藏搜索，不支持跨类型、跨机构的资源发现；各业务支撑系统技术标准封闭、可扩展性较差，影响数据传输和利用；服务推广方式较传统，对用户需求把握滞后，用户黏性有待提升。数字图书馆本质是互联网应用，我国数字图书馆在未来发展中，应更多融入开放共赢的互联网思维，创新建设理念,打破机构间壁垒,在全国范围内搭建一个广泛参与的分布式平台,使各种资源在开放的环境下根据一定的规则实现共享,同时允许用户通过各种应用获取和共享资源,通过开放标准、开放技术、开放服务实现数字图书馆的可持续发展。

3.3 对新技术和新产业的关注

Europeana 一向重视技术的应用,通过新技术降低工作成本,提升服务效益。通过建设 Europeana Lab 平台,为技术开发人员提供实验环境,组织开发人员的竞赛活动"编程马拉松"、APP 竞赛等,促进新技术的孵化和应用。创意产业作为现代新兴产业在经济发展中占有越来越重要的份额,Europeana 将创意产业用户作为重要目标用户,为其提供相应的资源与服务。Europeana 对新技术和新产业的关注、应用,使传统文化与现代社会紧密结合,才焕发勃勃生机。

我国的数字图书馆建设一直存在重资源轻技术的问题,数字图书馆技术力量薄弱,在技术建设上存在"拿来主义",缺乏对技术的深度开发,导致在关键问题上无法取得重大突破。同时,我国公共数字图书馆主要由政府主导建设,注重服务的公平性、公益性和均等性,缺乏对市场的关注,导致图书馆与用户需求脱节,影响可持续发展。在未来的数字图书馆建设中,应加强对技术的投入和培育,充分融入云计算、大数据、移动互联网等新兴技术实践变革,创造有利于技术人员成长的环境,促进技术创新。同时,注重调动相关行业的优势力量,强化与技术行业、数据供应商、出版商等机构的合作,取长补短。注重市场和新兴产业的变化,在以公益性无偿服务为主的前提下,适当辅以市场化运作手段,不断充实自身业务流程,促进公共数字文化向新兴产业的渗透和流动,实现资源、技术的协调共享,提升服务能力和运作效率。

3.4 科学化机构运作与管理

Europeana 机构采取扁平化管理,强化成员委员会的机构职责,将具体执行工作分散到相应成员机构,这种组织方式一方面在决策中代表了成员机构利益,保障决策的科学性;另一方面,精简机构规模,节约事业性经费的支出,保障项目的执行效率。我国数字图书馆间合作,尤其是公共图书馆范畴内的合作主要由政府主导与出资,通过政府行政强制力保障实施,这种方式为项目建设提供稳定的资金来源,也保障图书馆的广泛参与,但由于不同合作机构的体制、机制所限,导致项目在执行过程中推进速度缓慢(一些建设计划不得不采取折中的办法,甚至搁浅),这在很大程度上影响项目的建设效果。我国数字图书馆在未来合作方面,应尝试创新合作方式,将更多的决策权留给成员机构,促进项目的规范化管理;此外,在资金支持方面,应鼓励基金会、行业协会、专业机构及个人投资项目建设,鼓励和引导社会力量广泛参与,拓宽经费来源,优化经费结构,推动项目建设长效发展。

参考文献

[1] WINER D. Judaica Europeana: an infrastructure for aggregating jewish content[J]. Judaica Librarianship, 2014,18(1):88-115.

[2] 李伟超. 欧盟数字图书馆项目研究进展[J]. 情报理论与实践,2016,39(4):141-144.

[3] Sharing the beautiful thing-annual report and accounts 2015[EB/OL]. [2017-03-13]. http://pro.europeana.eu/files/Europeana_Professional/Publications/europeana-annual-report-accounts-2015.pdf.

[4][22] 郑燕平. 我国数字图书馆建设模式发展研究[J]. 图书情报工作,2012,56(1):39-42,38.

[5][17-18] Europeana Collection[EB/OL]. [2017-03-13]. http://www.europeana.eu/portal/en.

[6][19-20] 夏翠娟. 图书馆目录平台化的技术实现方案研究[J]. 图书馆杂志,2015,34(9):19-22,112.

[7-8] 王萍,黄新平. 基于关联开放数据的数字文化资源语义融合方法研究——欧洲数字图书馆案例分析[J]. 图书情报工作,2016,60(12):29-37.

[9] "We transform the world with culture" Europeana Strategy 2015—2020[EB/OL]. [2017-03-13]. http://pro.europeana.eu/files/Europeana_Professional/Publications/Europeana%20Strategy%202020.pdf.

[10] The Europeana Public Domain Charter[EB/OL]. [2017-03-13]. http://pro.europeana.eu/files/Europeana_Professional/Publications/Public%20Domain%20Charter%20-%20EN.pdf.

[11] MATULIONYTE R. 10 years for Google Books and Europeana: copyright law lessons that the EU could learn from the USA[J]. International Journal of Law & Information Technology,2016,24(1):44-71.

[12] KELLER P. Copyright reform: a first look at the commission's plans for cultural heritage institutions[EB/OL]. [2017-03-13]. http://pro.europeana.eu/blogpost/copyright-reform-a-first-look-at-the-commissions-plans-for-cultural-heritage-institutions.

[13] GORE E, KELLER P. Final whitepapers for establishing international & interoperable rights statements released[EB/OL]. [2017-03-13]. http://pro.europeana.eu/blogpost/final-whitepapers-for-establishing-internationa linteroperable-rights-statements-released#sthash.wR61O98f.dpuf.

[14-15] 陈劲松. 欧盟数字图书馆云计划 Europeana Cloud 研究[J]. 新世纪图书馆,2015(10):84-87.

[16] Introduction to the Europeana APIs[EB/OL]. [2017-03-31]. http://labs.europeana.eu/api.

[21] About us[EB/OL]. [2017-03-31]. http://pro.europeana.eu/about-us/.

(原载于《数字图书馆论坛》2017 年第 3 期)

民国报纸数字化实践中的质检问题探析

肖　红　槐　燕

民国报纸是研究民国历史，把握民国精髓的重要文献，受载体损坏、组织形式复杂等因素影响，一直没能广泛为读者提供服务[1]。随着计算机技术和网络技术的不断发展，将民国报纸服务于大众的需求显得越来越迫切。2014 年至今，国家图书馆启动民国报纸数字化实践工作，在每版扫描图像的基础上，对文章篇目标题进行 OCR（Optical ChaRacteR Recognition，光学字符识别）文字识别，对篇目在版面上的区域范围进行置标，以期实现基于标题检索的民国报纸精准篇目阅览服务。高质量数据是优质服务的前提，本文对民国报纸数字化数据质检实践中的宝贵经验进行总结研究，希望为业内的相关工作提供一定的借鉴。

1　民国报纸质检方法

质检即质量检查，民国报纸数字化质检工作要求对民国报纸数字化产生的各种格式数据进行全面检查，涉及文件数量和命名，扫描图像分辨率、尺寸、位深等技术参数，记录 OCR 文字识别和篇目置标内容的 XML 文本文件等。

1.1　质检流程图

如图 1 所示，民国报纸质检工作包括多个环节，报纸数字化加工完成后生成验收数据，对验收数据采取全面通查，检查批量数据的共性问题，通查不合格的数据返回加工环节修改，合格的数据进入抽检环节。抽检即按一定比例对数据进行抽样检查，要求对抽检到的数据进行逐页或逐字的精细检查，抽检不合格的数据返回到加工环节，合格的数据为成品数据，可为读者提供服务。

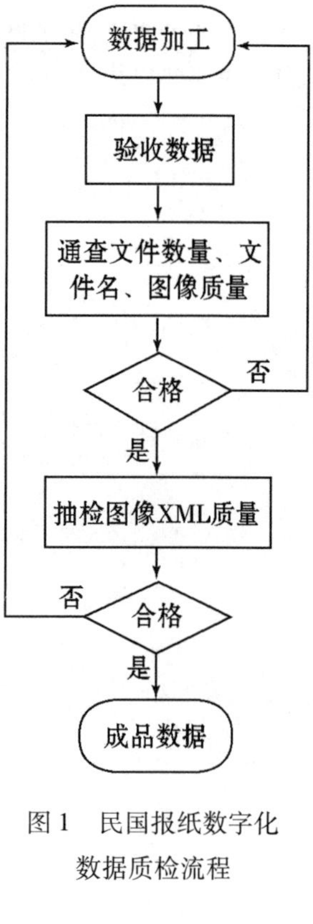

图 1　民国报纸数字化数据质检流程

1.2　质检方式和比例

民国报纸数字化数据质检采取通查和抽查相结合的方式。通查是利用计算机程序对数据中有规律的部分进行快速的检查，主要包括文件命名、图像尺寸、分辨率、压缩情况和 XML 文本数据中有规律的标签内容，如图 2、图 3 所示。抽查为按比例对数据进行抽样检查，抽检比例视数据质量决定，项目初期问题较多时一般为100%全覆盖方式；待项目平稳后，各种问题已暴露并解决后，抽检比例一般在30%到100%之间。抽查到的数据需要人工全面检查图像的清晰度、歪斜度和XML文本数据的所有标签内容。

ID	文件路径	图像文件名	图像扩展名	扩展名大小	图像类型	文件大小	图像宽度	图像高度	像素总数	位深度	压缩方式	页面个!	水平分辨率	垂直分辨率
1	I:\晨报\tif\00N001022\1	001.tif	tif	小写	TIFF	18.73	3760	5220	19627200	8	None	1	300	300
2	I:\晨报\tif\00N001022\1	002.tif	tif	小写	TIFF	18.73	3760	5220	19627200	8	None	1	300	300
3	I:\晨报\tif\00N001022\1	003.tif	tif	小写	TIFF	18.73	3760	5220	19627200	8	None	1	300	300
4	I:\晨报\tif\00N001022\1	004.tif	tif	小写	TIFF	18.73	3760	5220	19627200	8	None	1	300	300
5	I:\晨报\tif\00N001022\1	005.tif	tif	小写	TIFF	18.73	3760	5220	19627200	8	None	1	300	300
6	I:\晨报\tif\00N001022\1	006.tif	tif	小写	TIFF	18.73	3760	5220	19627200	8	None	1	300	300
7	I:\晨报\tif\00N001022\1	007.tif	tif	小写	TIFF	18.73	3760	5220	19627200	8	None	1	300	300
8	I:\晨报\tif\00N001022\1	008.tif	tif	小写	TIFF	18.73	3760	5220	19627200	8	None	1	300	300
9	I:\晨报\tif\00N001022\1	Z01.tif	tif	小写	TIFF	18.73	3760	5220	19627200	8	None	1	300	300
10	I:\晨报\tif\00N001022\1	Z02.tif	tif	小写	TIFF	18.73	3760	5220	19627200	8	None	1	300	300
11	I:\晨报\tif\00N001022\1	Z03.tif	tif	小写	TIFF	18.73	3760	5220	19627200	8	None	1	300	300
12	I:\晨报\tif\00N001022\1	Z04.tif	tif	小写	TIFF	18.73	3760	5220	19627200	8	None	1	300	300
13	I:\晨报\tif\00N001022\1	Z05.tif	tif	小写	TIFF	18.73	3760	5220	19627200	8	None	1	300	300
14	I:\晨报\tif\00N001022\1	Z06.tif	tif	小写	TIFF	18.73	3760	5220	19627200	8	None	1	300	300
15	I:\晨报\tif\00N001022\1	Z07.tif	tif	小写	TIFF	18.73	3760	5220	19627200	8	None	1	300	300
16	I:\晨报\tif\00N001022\1	Z08.tif	tif	小写	TIFF	18.73	3760	5220	19627200	8	None	1	300	300

图2　民国报纸数字化图像数据通查结果

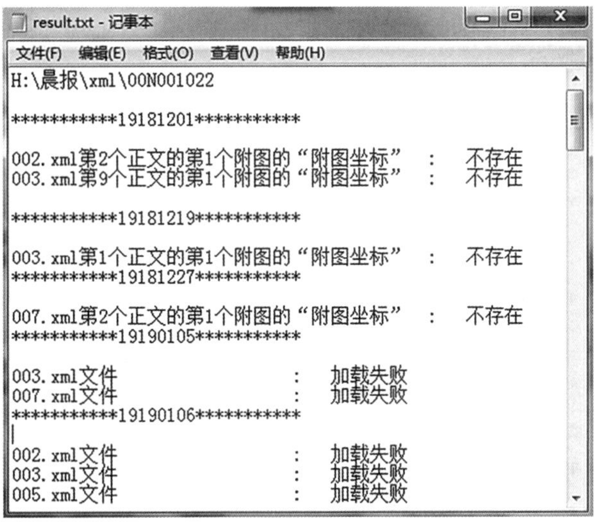
result.txt - 记事本
文件(F) 编辑(E) 格式(O) 查看(V) 帮助(H)
H:\晨报\xml\00N001022

***********19181201***********

002.xml第2个正文的第1个附图的“附图坐标”　:　不存在
003.xml第9个正文的第1个附图的“附图坐标”　:　不存在

***********19181219***********

003.xml第1个正文的第1个附图的“附图坐标”　:　不存在
***********19181227***********

007.xml第2个正文的第1个附图的“附图坐标”　:　不存在
***********19190105***********

003.xml文件　:　加载失败
007.xml文件　:　加载失败
***********19190106***********

002.xml文件　:　加载失败
003.xml文件　:　加载失败
005.xml文件　:　加载失败

图3　民国报纸数字化XML文本数据通查结果

1.3　抽检内容

XML(Extensible MaRkup Language，可扩展标记语言)是一种用于标记电子文件使其具有结构性的标记语言，语法简单且标签可灵活自定义，被选为结构性较强的民国报纸文本数据格式。XML文本文件主要内容及注释如表1所示，XML样例如图4所示。抽检工作主要是对XML文件的各标签内容与对应的报纸图像相应部分进行逐字逐句细致检查，包括报纸记录标识号、名称、出版日期、卷期、版次、标题和篇目位置的置标、标题文字识别结果等。

表1　XML文件主要内容

标签名称	标签含义
记录标识号	一种报纸的唯一标识号，取自MARC记录097$a字段前9位
题名	报纸名称，MARC记录中的200$a

续表

标签名称	标签含义
出版日期	8 位,4 位年 +2 位月 +2 位日,1936 年 2 月 12 日出版为 19360212
卷期	每期报纸的卷号或期号,如第七十二号,则为 72
版次	该版 XML 文件对应的版次
标题坐标	篇目标题的位置信息,以像素点的形式记录
篇目坐标	篇目标题的位置信息,以像素点的形式记录
转版信息	篇目在本版上的内容未完,在后按版上的内容
作者	篇目的作者
附图组	篇目中含有的附属图片

```
<报纸元数据>
    <记录标识号>00N001022</记录标识号>
    <题名>晨报</题名>
    <出版日期>19190302</出版日期>
    <卷期>80</卷期>
    <版次>2</版次>
    <整版PDF链接>002.pdf</整版PDF链接>
</报纸元数据>
<版元数据>
    <正文组>
        <正文  篇目号="001">
            <栏目 />
            <引题 />
            <标题>閱者注意</标题>
            <副题 />
            <标题坐标>3393,421,3393,670,3447,670,3447,421</标题坐标>
            <篇目坐标>3152,315,3152,1221,3447,1221,3447,315</篇目坐标>
            <转版信息 />
            <作者>本報編輯部</作者>
            <附图组 />
        </正文>
        <正文  篇目号="002">
            <栏目>論評</栏目>
            <引题 />
            <标题>國際盟約平議（中）</标题>
            <副题 />
            <标题坐标>2856,469,2856,937,2935,937,2935,469</标题坐标>
            <篇目坐标>370,328,370,1262,2935,1262,2935,328</篇目坐标>
            <转版信息 />
            <作者>勉己</作者>
            <附图组 />
        </正文>
        <正文  篇目号="003">
            <栏目>緊要新聞</栏目>
            <引题 />
            <标题>和議停頓後時局益險惡</标题>
            <副题>北代表全體辭職  中央發兩電慰留  和局破裂與否在本日上午九時  政府態度强硬但催張速行</副题>
            <标题坐标>2959,1405,2959,2166,3287,2166,3287,1405</标题坐标>
            <篇目坐标>386,1266,386,2198,2310,2198,2310,3112,3513,3112,3513,2186,3287,2186,3287,1266</篇目坐标>
            <转版信息 />
            <作者 />
            <附图组 />
        </正文>
```

图 4　XML 文件样例

1.4　检查工具

1.4.1　功能要点

XML 文件内容涉及栏目、标题和作者等识别文字和篇目范围置标等信息。这些文字内容在 XML 文件中不方便检查,尤其置标数据是一串表示像素点的坐标数字,无法直观判断其正确性。为提高检查的准确性以及工作效率，项目组自行开发软件用于 XML 与图像的对比验收。检查工具的主要功能如下：

• 能够判断 XML 语法的正确性，如不符合语法规则的，提示“加载失败”。

• 判断 XML 文件中的必备标签是否存在，不存在的则给出提示。

• 检查“出版日期”的合法性，避免出现类似“5 月 40 日”的情况。

• 检查篇目号的位数，不符合 3 位字符的则给出提示。

• 检查“标题”“篇目坐标”不为空，否则提示错误。

• 对正确的 XML 文件，显示对应的图像，及提取 XML 中相应的内容，便于下一步人工校对。

1.4.2　XML 检查工具的使用

XML 文件正确的情况下，软件界面如图 5 所示，区域一为当前检查的版次和篇目号，区域二为 XML 中对应篇目的文字识别和置标信息部分，区域三为与 XML 文件对应的图像展示，两个大框包含的内容为当前检查篇目在图像上的位置范围，箭头 1、2、3、4、5 分别表示栏目、标题、作者、篇目坐标在区域三与区域二的映射。该软件提供直观、可视化的检查方法，极大地提高了检查的速度和准确度。

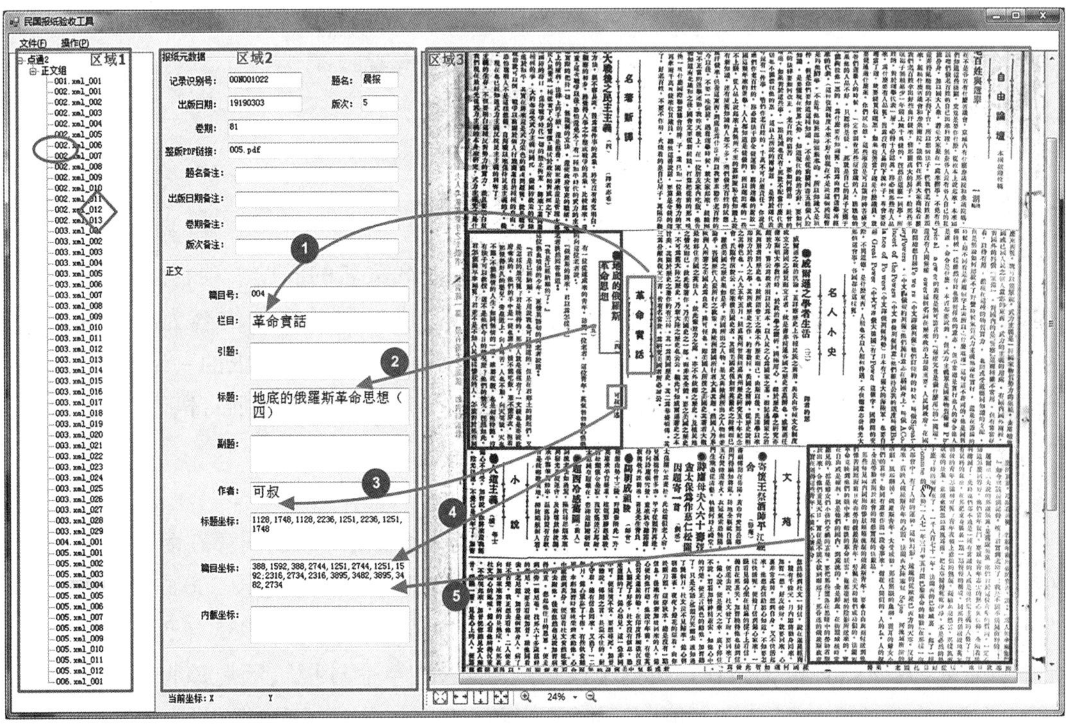

图 5　XML 检查工具示意图

1.5　质检中的主要问题

民国时期报纸纸张酸化严重，排版无规律，印刷技术、条件与校对相对较差，文字字体和字形多样,操作人员知识有限等因素都不同程度地影响着数字化数据质量。常见的问题有记录标识号错误、报纸名称错误、出版日期错误或与存储文件夹不对应,版次命名错误或 XML 记录的版次与实际图像不对应,栏目的统领范围问题,不同篇目之间的边界与置标错误,标题置标错误,各种文字识别错误等。下面针对每一类问题进行详细说明。

2 报纸层面的信息问题

民国报纸数字化数据按图像和 XML 文本两种类型分开存储,每种类型数据存储结构一致。如 XML 文件夹下第一级目录为记录标识号,对应的该种报纸均存在此文件夹下,第二级为出版日期文件夹,期文件夹下为版次文件,如图 6 所示。

图 6 民国报纸存储结构

2.1 记录标识号

记录标识号是一种报纸的唯一标识,很好地解决报纸重名的问题。项目组规定 MARC (Machine-Readable Catalogue,机读目录格式)记录 097 $a 字段前 9 位内容为记录标识号。为了保证每种报纸的 MARC 数据与数字化对象数据一一对应,每种报纸的一级文件夹命名为其记录标识号。此处应避免重名报纸放错位置或人为的记录标识号书写错误。

2.2 报纸名称

报纸名称一般为报纸报头位置印刷的报名,但某些报纸在出版期间存在名称的变更,这种情况下便无法确定该种报纸唯一的报名。因此,项目组将 MARC 记录 200 $a 字段内容作为报纸名称,在 XML 文件中以"题名"标签进行著录。《革命日报》于 1935 年创刊,1940 年 1 月 1 日更名为《贵州日报》,MARC 数据中该报纸题名为"革命日报",因此该报 XML 文件中"题名"为"革命日报"。"贵州日报"作为"备注题名"进行著录,便于提供检索服务时能将整份报纸搜全,如图 7 – 图 9 所示。

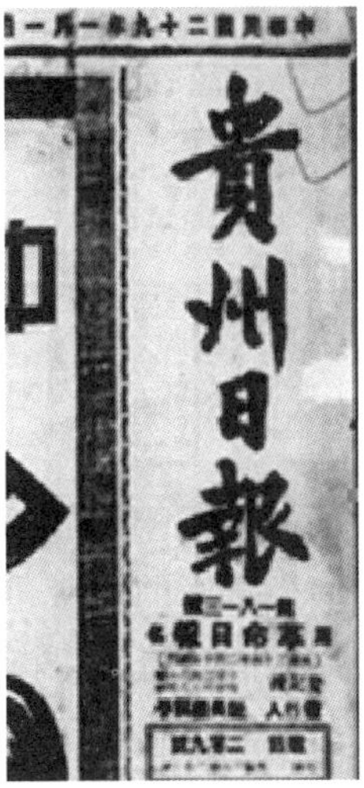

图 7 《革命日报》更名

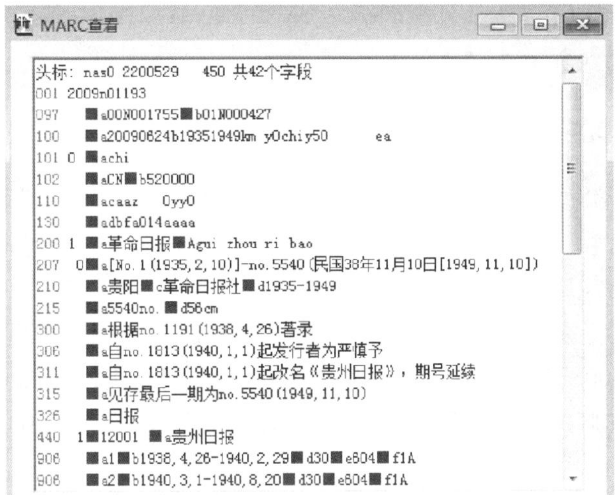


```
头标: nas0 2200529   450 共42个字段
001 2009n01193
097   ■a00N001755■b01N000427
100   ■a20090624b19351949km y0chiy50      ea
101 0 ■achi
102   ■aCN■b520000
110   ■acaaz   0yy0
130   ■adbfa014aaaa
200 1 ■a革命日报■Agui zhou ri bao
207  0■a[No.1(1935,2,10)]-no.5540(民国38年11月10日[1949,11,10])
210   ■a贵阳■c革命日报社■d1935-1949
215   ■a5540no.■d56cm
300   ■a根据no.1191(1938,4,26)著录
306   ■a自no.1813(1940,1,1)起发行者为严慎予
311   ■a自no.1813(1940,1,1)起改名《贵州日报》，期号延续
315   ■a见存最后一期为no.5540(1949,11,10)
326   ■a日报
440  1■12001 ■a贵州日报
906   ■a1■b1938,4,26-1940,2,29■d30■e604■f1A
906   ■a2■b1940,3,1-1940,8,20■d30■e604■f1A
```

图 8 《革命日报》MARC

2.3 出版日期

出版日期体现在存储文件夹命名和每版 XML 文件的著录中。出版日期格式为 8 位数字,4 位年 2 位月 2 位日。出版年份为公元年份,由民国年份换算得到,民国元年为公元 1912 年,民国 2 年为公元 1913 年,即公元年份 = 民国年份 + 1911。如图 10 所示,《东南日报》是中华民国十年十月十六日出版的报纸,公元年份由 10 + 1911 为 1921,XML 文件中"出版日期"标签内容和存储文件夹名称均为 19211016。

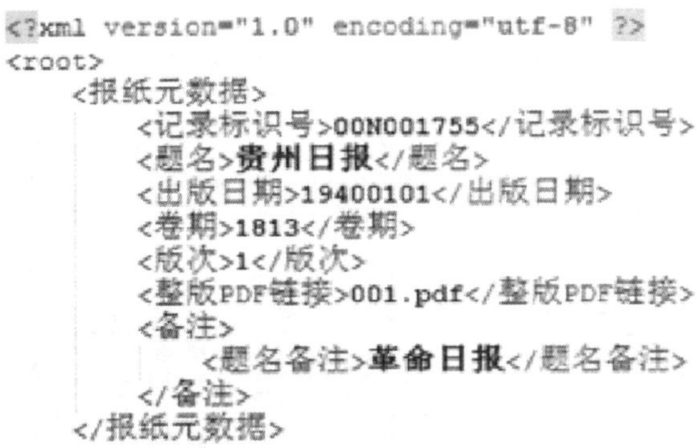

```xml
<?xml version="1.0" encoding="utf-8" ?>
<root>
    <报纸元数据>
        <记录标识号>00N001755</记录标识号>
        <题名>贵州日报</题名>
        <出版日期>19400101</出版日期>
        <卷期>1813</卷期>
        <版次>1</版次>
        <整版PDF链接>001.pdf</整版PDF链接>
        <备注>
            <题名备注>革命日报</题名备注>
        </备注>
    </报纸元数据>
```

图 9 《革命日报》XML

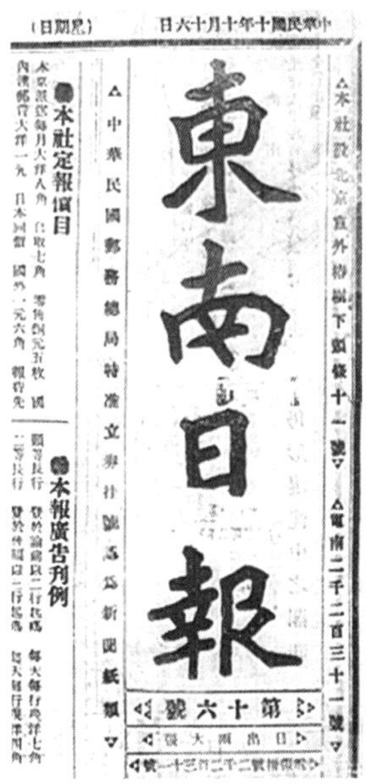

图 10 《东南日报》

出版日期有误的情况一般有两种,一是民国年份到公元年份的换算错误,表现为 XML 文件著录的"出版日期"和存储文件夹命名一致,且同为换算错误的年份;二是公元年份换算

正确,但由于人为操作的失误,将某期报纸放在错误的文件夹中,如将 19211016 的报纸,放在了 19211017 的文件夹下。

2.4 版次

版次体现在各版文件的命名和 XML 文件的“版次”著录中。版次由 3 位字符组成,通常情况第一版命名 001,第二版命名 002,增刊第一版命名 Z01,特刊第一版命名 T01,副刊第一版命名 F01,号外第一版命名 H01。

特殊情况,报纸原件缺版时按实际命名,如一期 4 版的报纸,原件缺少第二版,则版次为 001、003、004,与实际版面命名一致;某版扫描重复,留下扫面质量相对好的一版进行命名,正常加工即可;某版版次印刷不清晰,可参考其他期相同位置的报纸内容进行判断,如问题版上的内容与其他日期的报纸第三版内容类型一致,包括栏目和排版等,则可基本断定该版次为 003;另一种常见情况是印刷版次非顺序排序,而是先分成若干张,再区分第几张第几版,如香港《工商日报》有 4 张,每张 4 版,则第一张的 4 版分别命名为 001、002、003、004,第二张的 4 版分别命名为 005、006、007、008,以此类推,第四张的 4 版为 013、014、015、016,如图 11、图 12、图 13 所示。

報日商工港香
工商日報
日軍聲言將進攻張垣
中華百貨有限公司
皇后大道中六十二號至六十八號

图 11 《工商日报》第一张第一版样例

報日商工港香
全運會之港區
四騎士代表
香港人選

图 12 《工商日报》第一张第四版样例

報日商工港香
中外要聞二
西比利亞鐵路沿線
紅軍之配備
一切建築均有作戰準備

图 13 《工商日报》第四张第四版样例

版次错误涉及图像文件命名与XML文件内容不符,如图14所示;版次原件缺失时仍旧连续命名,未按实际印刷的版次命名;版次印刷不清楚的,人工判断版次出错;增刊等特种刊命名时首字母未用大写字母;文件命名不足3个字符或多余3个字符等。

```xml
<报纸元数据>
    <记录标识号>00N001022</记录标识号>
    <题名>晨报</题名>
    <出版日期>19280322</出版日期>
    <卷期>3231</卷期>
    <版次>10</版次>
    <整版PDF链接>010.pdf</整版PDF链接>
</报纸元数据>
<版元数据>
    <正文组>
        <正文  篇目号="001">
            <栏目 />
            <引题 />
            <标题>論易卜生（三）</标题>
            <副题 />
            <标题坐标>2672,360,2672,931,2757,931,2757,360</标题坐标>
            <篇目坐标>224,262,224,2010,2757,2010,2757,262;3681,2060,1497,2060,1497,2618,3681,2618</篇目坐标>
            <转版信息 />
            <作者>焦菊隱</作者>
            <附图组>
                <附图  附图号="001_01" 版次="F1">
                    <附图坐标>2158,812,2158,269,2592,269,2592,812</附图坐标>
                </附图>
            </附图组>
        </正文>
```

图14 《晨报》XML“版次”错误样例

2.5 印刷错误

报纸的印刷错误为原件问题,对数字化影响较大的印刷错误有出版日期、版次和卷期。原件的印刷错误,需通过仔细研究与考证来确定,并将错误的版次和日期整理成正确的。以《大刚报》为例,数字化时整理的原件问题如图15所示。

序号	包名	问题
1	大刚报19460125	原1月25日第4版印刷成1月24日
2	大刚报19460202	第1版图像有2张，选用最佳图像
3	大刚报19460323	原3月23日第3版印刷成3月26日
4	大刚报19460520	第2版版次印刷成第3版
5	大刚报19460609	第2版没有印刷日期，第3版印刷成第2版）
6	大刚报19460610	第3版版次印刷成第2版
7	大刚报19460627	原图像残缺，看不见版次日期
8	大刚报19460706	第3版版次印刷成第2版
9	大刚报19460723	第3版没有印刷版次
10	大刚报19460809	原图像残缺，第3版版次看不清
11	大刚报19460815	第3版没有印刷版次
12	大刚报19460817	第5版版次印刷成第6版
13	大刚报19460902	原9月2日第4版印刷成9月1日，第6版印刷成第3版
14	大刚报19460903	第2版版次印刷成第6版
15	大刚报19460912	原9月12日第1版印刷成9月13日
16	大刚报19461015	缺少1、2、3、4版，只有5、6版
17	大刚报19461019	原10月19日第4版印刷成10月18日第2版
18	大刚报19461020	第4版版次印刷成第5版

图15 《大刚报》数字化原件问题样例

2.5.1 卷期

《新天津画报》1941 年 11 月 16 日和 17 日出版的报纸卷期号为“第一一一三四号”和“第一一一三五号”，如图 16 所示。《西京日报》1934 年 10 月 15 日和 16 日出版的报纸卷期号为“第五百四二十号”和“第五百四二十一号”，为错误的卷期号，如图 17 所示。

图 16 《新天津画报》卷期印刷错误样例

图 17 《西京日报》卷期印刷错误样例

2.5.2 出版日期

如图 18 所示，《大刚报》1946 年 1 月 24 日出版两张印有第四版的报纸，按“漢口版”栏目和版上内容的连续性，可推断“漢口版第二十八期”所在版命名的日期应为 1946 年 1 月 25 日。《大刚报》1946 年 9 月 1 日印有两个第四版报纸，按版上内容的连续性，可以推断“大江第七十七期”所在版命名的日期应为 1946 年 9 月 2 日，如图 19 所示。

图 18 《大刚报》出版日期印刷错误样例 1

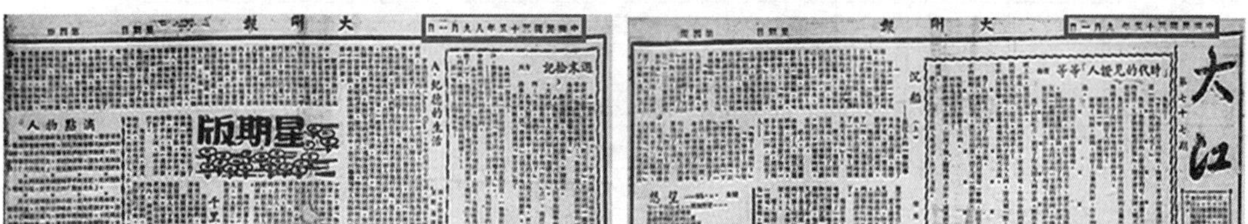

图 19 《大刚报》出版日期印刷错误样例 2

2.5.3 版次

如图 20 所示,《大刚报》1946 年 8 月 17 日印有两个第六版报纸,按 8 月 15 日和 16 日第五版“經濟新聞”栏目的连续性,可推断 8 月 17 日“經濟新聞”所在版面为第五版。

經濟新聞
經濟新聞
經濟新聞

图 20 《大刚报》版次印刷错误样例

3 版式问题

3.1 栏目问题

栏目是报刊上专门登载某一类文字的版面[2]。民国报纸的栏目设立形式多种多样,有与现代报纸接近的栏目,栏目名称即表达了栏目的意义,如图 21 和图 22 所示,《东南日报》的“社會新聞”栏目,《香港工商日报》的“體育界”和“工商界”栏目;有用题词内容充当名称的栏目,如图 23 所示,《西京日报》的一个栏目为彭昭贤题词的“合作”;也有名称字面上无具体意义的栏目,如图 24 所示,《京报》的“復活”“荒島”等栏目。栏目容易出错的地方即是栏目统领的篇目范围的确定。

東南日報
社會新聞

图 21 “社会新闻”栏目

香港工商日報
體育界
工商界

图 22 “体育界”“工商界”栏目

图 23 “题词”栏目

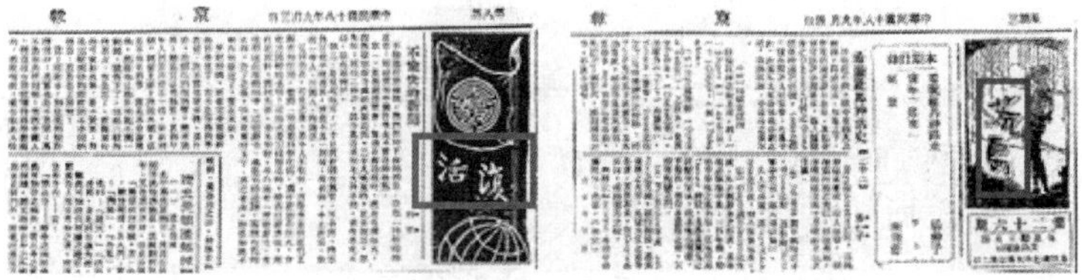

图 24 “复活”“荒岛”栏目

两个相邻栏目内的篇目归属经常很难判断,也有判断容易但因加工操作疏忽又判断错误的。如图 25 所示,《大刚报》的“教育體育文化”栏目和“學府風光”栏目的边界不易辨认。栏目错误样例如图 26 所示,《京报》1920 年 11 月 3 日第七版,误将篇目“通告”划在了“話劇”栏目下。

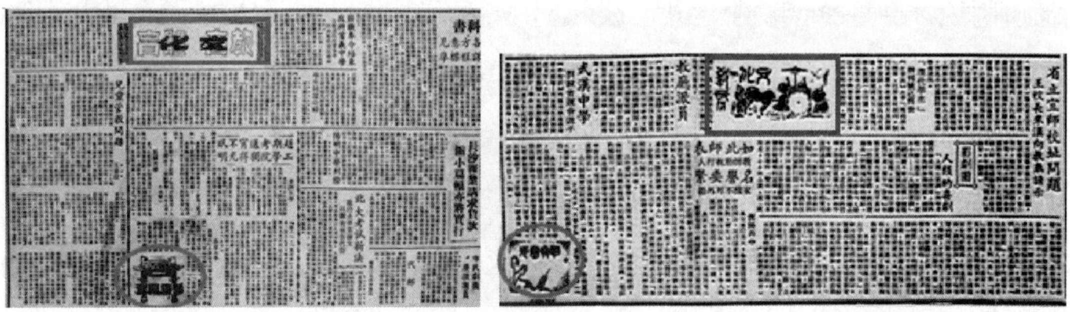

图 25 《大刚报》两个栏目边界不清晰

图 26 《京报》栏目错误样例

3.2 篇目置标

民国报纸排版随意性较强,图 27 所示的《晨报》排版较规律,大体上看,篇目从上到下从右到左顺序排列,每版从上到下规则地划出等距离的多条分隔线;图 28 所示的《北平小报》

排版相对不规则，需要仔细阅读前后文，才能判断一篇完整的篇目范围。也有一些篇目受当时出版政策等因素限制，内容删减或用无意义符号代替文字，此类篇目建议不加工。常见的错误有非同一篇内容被分在同一篇或一篇内容被分为多个篇目等。

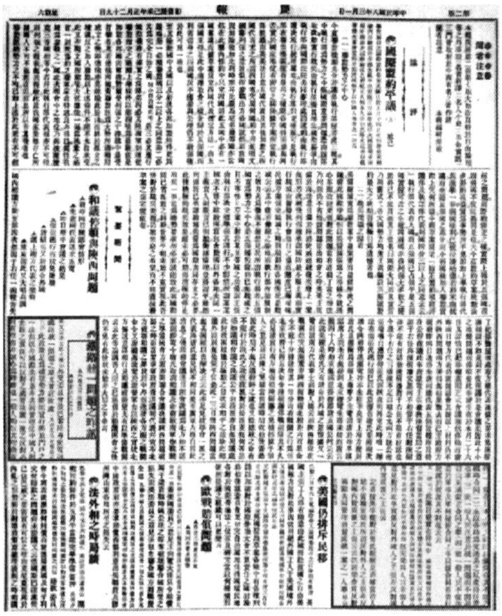

图 27 《晨报》排版规律

图 28 《北平小报》排版不规律

如图 29、图 30 所示，《北平小报》1948 年 7 月 3 日第三版的“市民之聲”《天壇存糧是做什麽的？請劉市長調查》和“電車月票八扣　優待有關係者”两个篇目范围置标错误，后者误把前者的篇目划到了自己的范围内，正确篇目划分如图 31 所示，XML 文件修改如图 32 所示，除了修改坐标，也对栏目进行了相应修改。

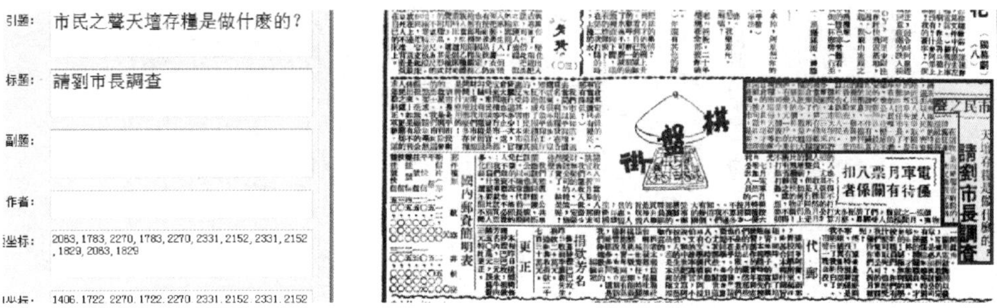

图 29 《北平小报》篇目置标错误 1

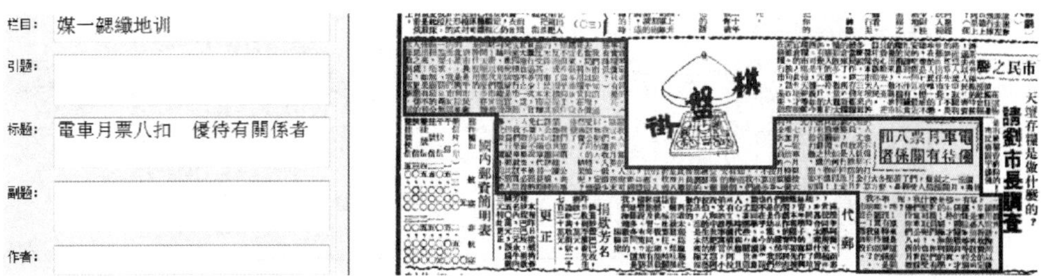

图 30 《北平小报》篇目置标错误 2

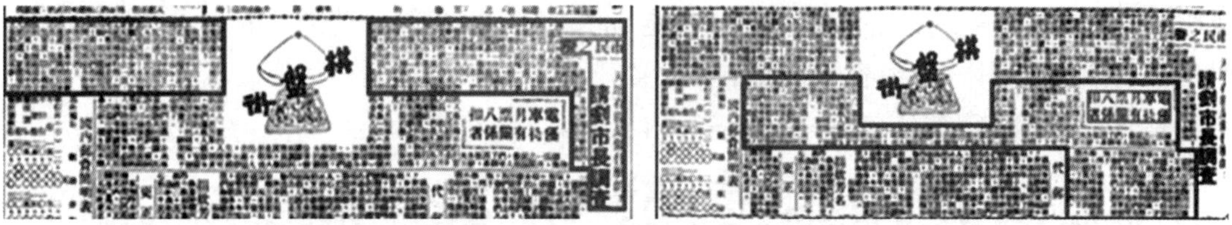

图 31 《北平小报》篇目置标修改结果

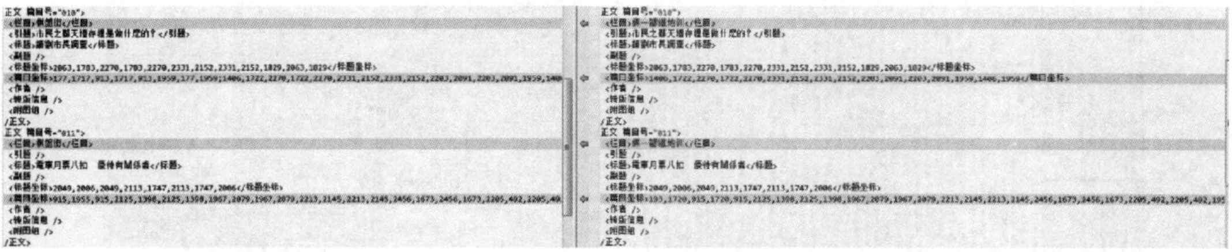

图 32 《北平小报》XML 修改，左侧正确，右侧错误

如图 33 所示，《大刚报》1945 年 11 月 27 日第二版的篇目"實行民生主義　最高經濟委員會昨成立"包含了"中樞紀念週　陳誠報告軍政"和"最高經委會對中國必有貢獻　美總統代表洛克談稱"两篇内容，正确的做法如图 34 所示。

實行民生主義

最高經濟委員會昨成立

蔣主席訓詞全文

今冬是經濟的難關

農民勞工均需扶助

發揮民族建設力量

社評

速開政治協商會議

全國運輸改善計劃

最高經委會對中國必有貢獻

美總統代表洛克談稱

幫助工業增加生產

迅速滿足人民需要

徵集五年經濟計劃

图 33 《大刚报》篇目置标错误

图 34 《大刚报》篇目置标修改结果

《晨报》1925 年 10 月 19 日第六版的“两坤伶住宅同時發生两巨案　孟小冬女僕被殺之詳情　鮮牡丹住宅被搶之經過”篇目置标混乱，修改前后效果如图 35 所示。

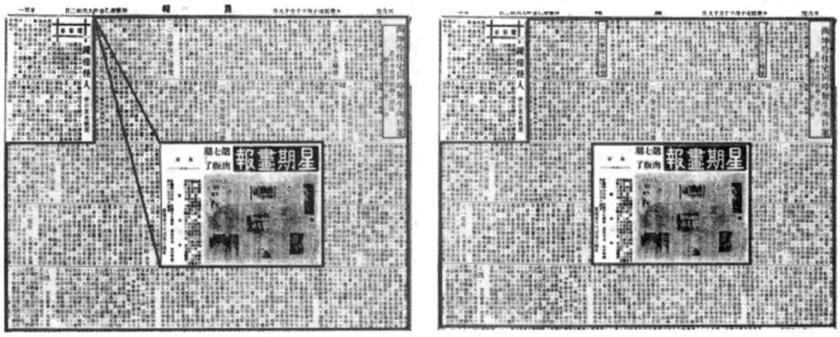

图 35 《晨报》置标修改前后

《工商日报》1937 年 10 月 17 日第一版上的篇目标题由若干“□”组成，内容由“X”和“・”组成，此篇内容无实际检索意义，数字化时无须加工此篇目，如图 36 所示。

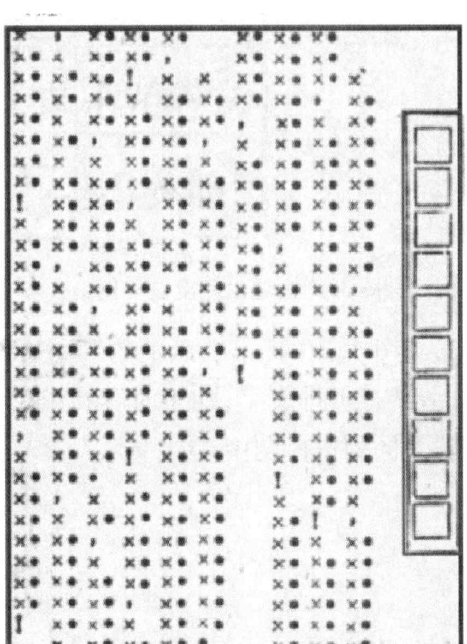

图 36 《工商日报》无须加工的篇目

部分篇目置标压字非常严重，如图 37 所示。

图 37　置标压字样例

3.3　标题置标

民国报纸的标题排版大多有一定规律，与此同时存在一定的多样化。横排文字，从右到左顺序，如图 33 中的“最高經委會對中國必有貢獻　美總統代表洛克談稱”；横排文字，从左到右顺序，如图 38 所示；竖排文字，从上到下顺序，如图 33 中的“實行民生主義最高經濟委員會昨成立”；也有图 39 所示的横竖混排的标题文字。标题置标错误包括标题未置标、置标包含多余内容、标题置标不完整和置标不美观等。

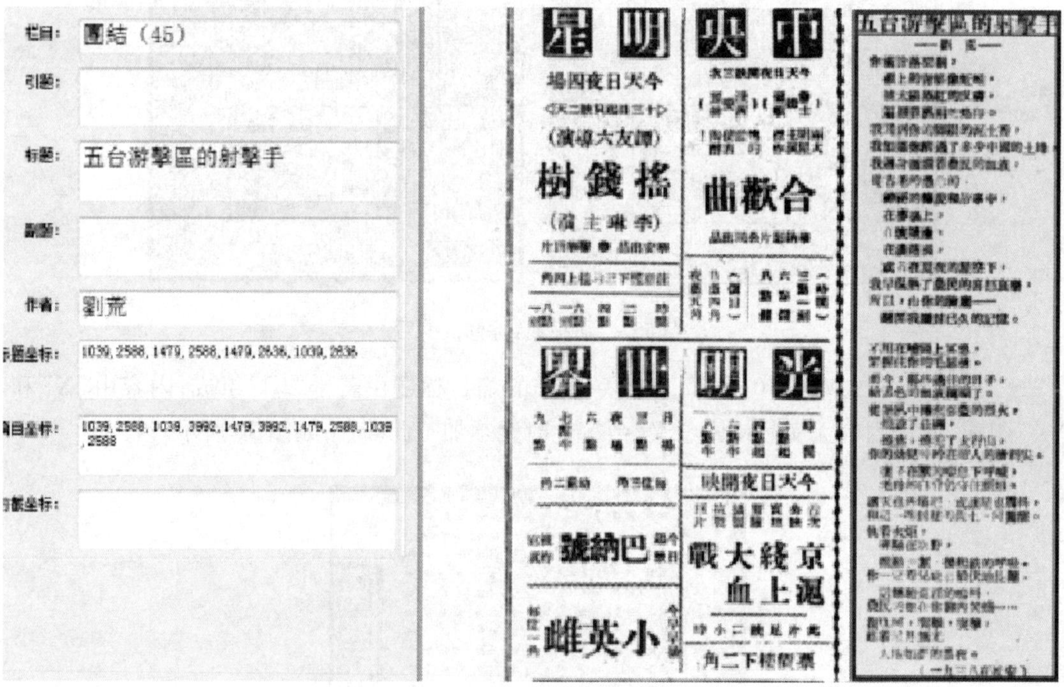

图 38　标题由左至右样例

如图 39 所示，《晨报》1938 年 6 月 10 日第二版上的“司法委員會議定辦法董康委長在常會提出”因标题既有横排文字又有竖排文字，加工时容易出错，需仔细判断。该篇目错在没有将“上訴三審案件之處理”一同划进标题中。

图 39 《晨报》标题置标不完整样例

如图 40 所示,《京报》1920 年 10 月 28 日第二版的“本報徵求「北京電燈公司內情」特稿”标题未置标。

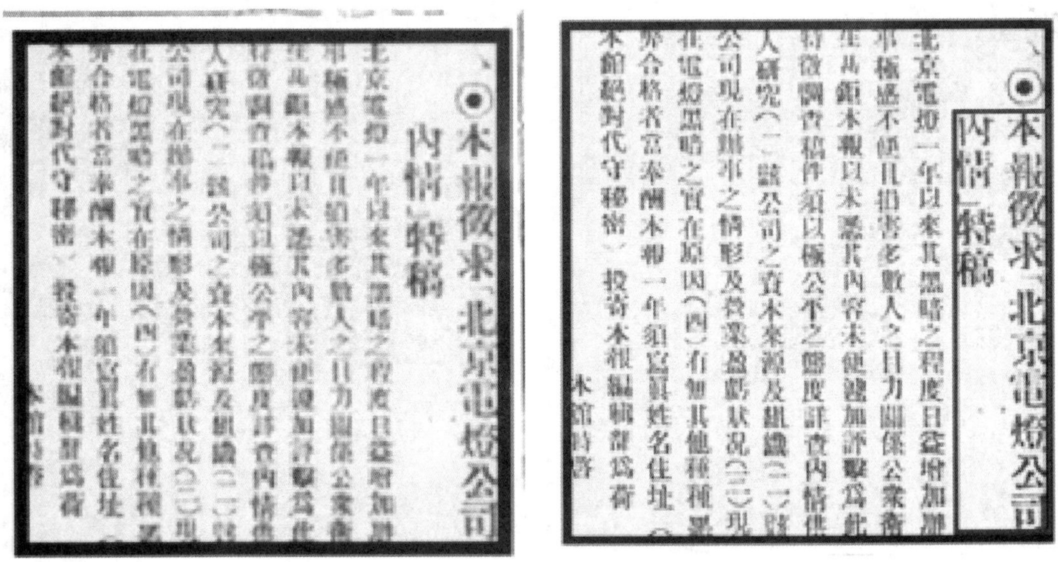

图 40 《京报》标题未置标样例

如图 41 所示,《晨报》1923 年 10 月 16 日第七版“七省截用鹽欵之細數(續)”標題置標不完整,缺少“奉閩川粵滇湘綏遠等七處提支鹽稅表”内容。

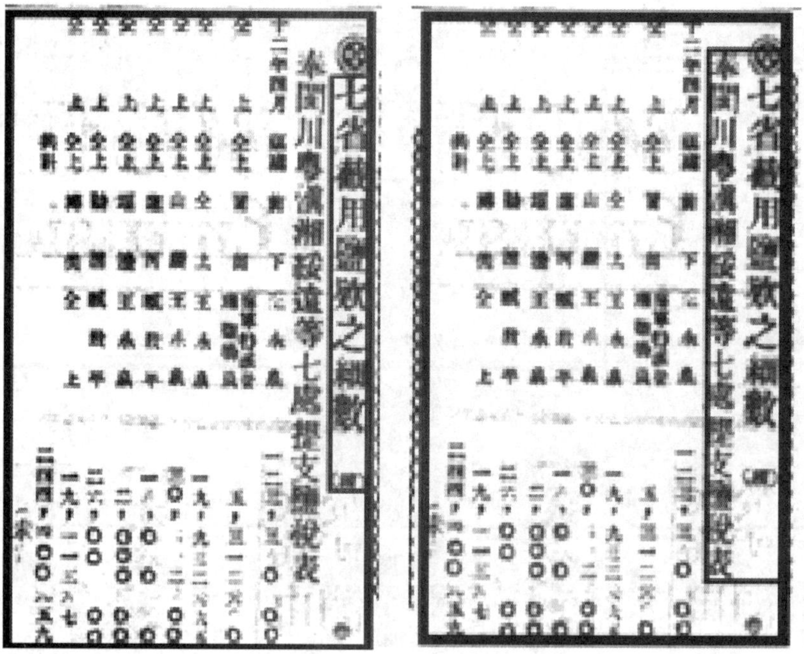

图 41 《晨报》标题置标不完整样例

如图 42 所示,《晨报》1923 年 11 月 17 日第三版“中國人請求外國人代出教育費的問題”的標題多劃了作者“江紹原”。

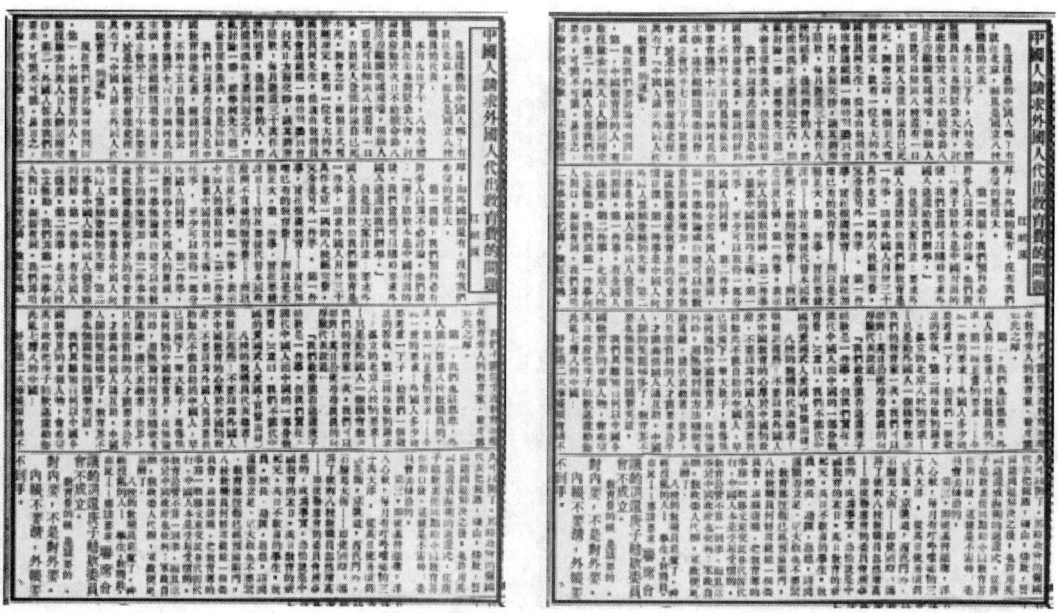

图 42 《晨报》置标内容过多样例

为后期发布考虑,一般要求置标框线规则美观,尽量合并为一个整体,不应有过多的折线,如图 43 显示了部分置标不美观标题修改前后的效果。

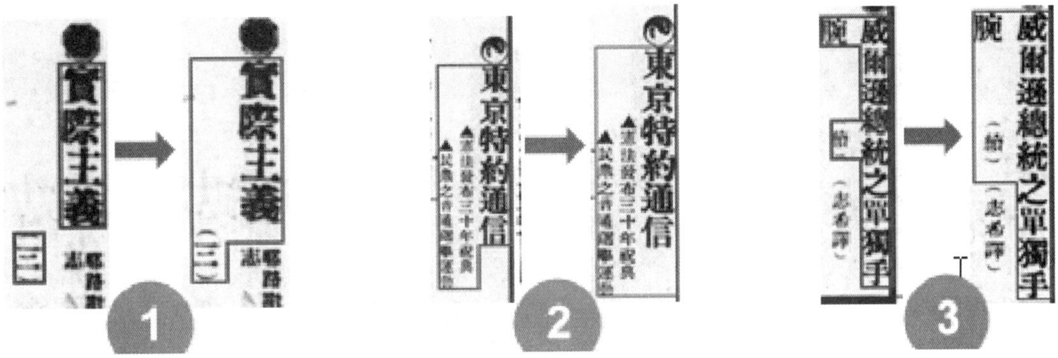

图 43　标题置标不美观样例及修改

4　OCR 文字识别错误

OCR 文字识别的内容包括栏目、标题和作者。在版式各篇目划分正确的基础上，即栏目、标题和作者的范围位置准确无误，对相应的文字内容进行识别，残缺、无法辨识的字用“＝”代替。识别错误包括识别后文字变多或变少、标点符号和修饰性符号的错误处理、无法识别的模糊字的错误处理、识别成字形相近的其他字等。

4.1　多字与少字

栏目、标题和作者在识别过程中，经常出现应该识别的字未识别，或原本没有的字识别出来，即为识别结果多字和少字。

如图 44 所示，《京报》1921 年 10 月 1 日第六版上的篇目“教育部試驗……”的标题“應”字后面少了一个“全”字。

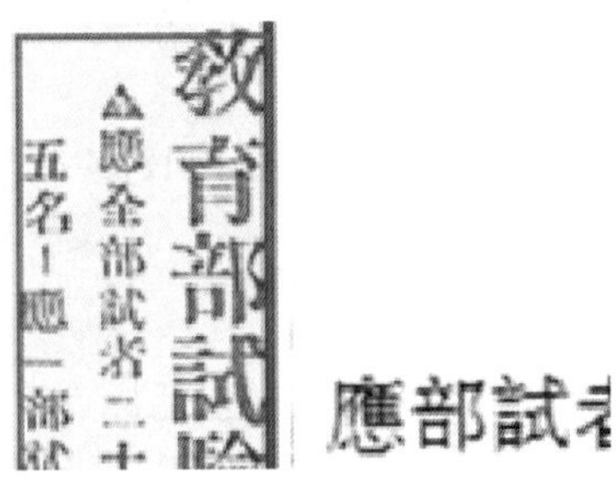

图 44　《京报》篇目识别少字样例

如图 45 所示，《东南日报》1921 年 11 月 20 日第七版“侯毅手録”中的作者“侯毅”，被误识别成作者“侯毅手”，多了一个“手”字。

图 45　《东南日报》篇目识别多字样例

如图 46 至图 48 所示，篇目“所谓六国银公司……”识别时，在标题“李黄”前面多了一个“一”字。篇目“金甲虫……”作者识别“Ed”后面少了英文字母“g”。篇目“清華停止派送女生留美之評論”标题识别少内容“譯中華教育改進社主任幹事與北京導報記者談話”。

图 46 识别多字样例

图 47 识别多字样例

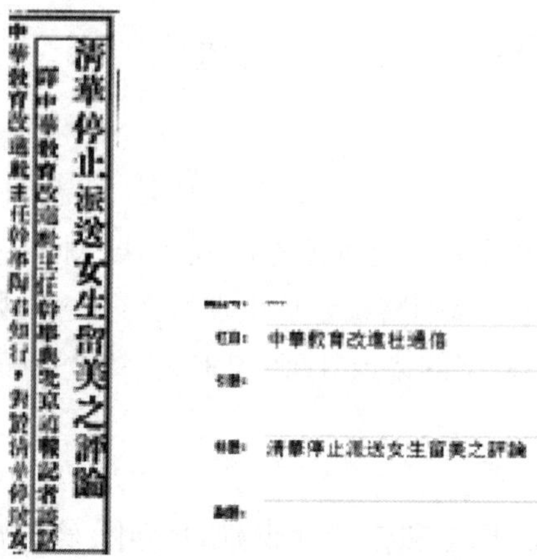

图 48 识别内容少字样例

4.2 符号错误

标题中的符号包括标点符号、修饰性符号和出版时受当时政策限制而采用的某些代替文字的符号。标点符号因表示一定的停顿和语气,应按实际内容识别。修饰性符号大多用来区分栏目和篇目,几乎没有实际意义,无须识别。代替某些字的符号,如果只占一个字的位置,建议原样识别,多个字的替代符号无须识别。

如图 49 所示,《工商日报》1939 年 3 月 29 日第九版的篇目“本港之安全防衛强化……”,标题和正文内容中有很多“X”,且有块区域标识“被检”,项目组推测该篇目内容,不符合当时的出版政策,因此出版社才会如此处理。对此情况,标题中的一列“X”,没有检索意义,不需识别。

如图 50 所示,《工商日报》1937 年 10 月 17 日第九版的篇目“本港人口激增二十萬”有两列“□”,代表某些“不能出版”的字,无须识别。

如图 51 所示,《工商日报》1932 年 4 月 21 日第十六版的篇目“往來漢江外艦之統計以日佔各國三分之二　漢市公安局之調查”,“〓”应原样著录为“□”。

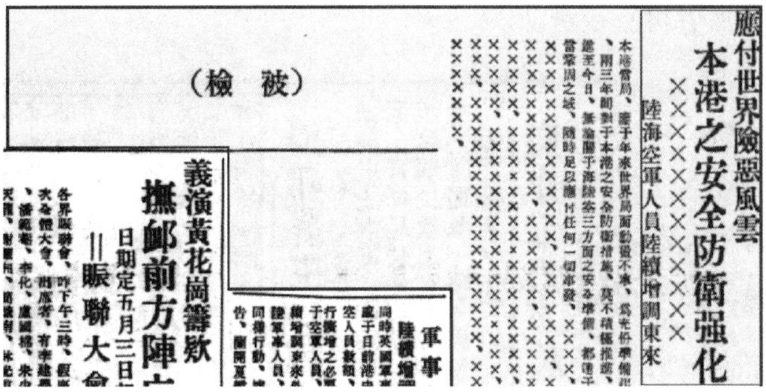

图 49　无须识别符号样例 1

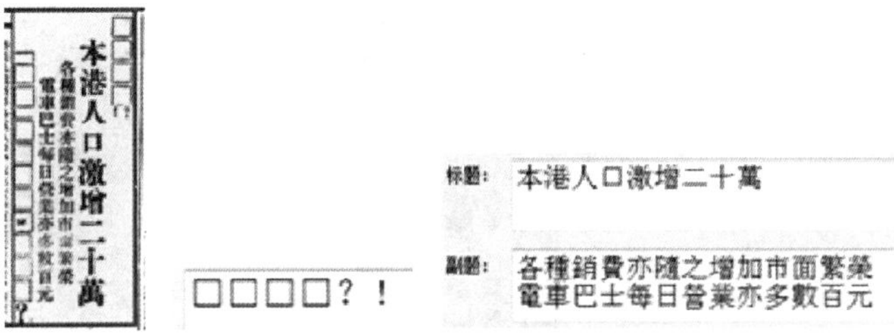

图 50　无须识别符号样例 2

图 51　未识别修饰符号样例

如图 52 所示,《晨报》1927 年 2 月 25 日第三版的“對華惟一讓步之國家”之前的符号“「”未识别,应原样识别。

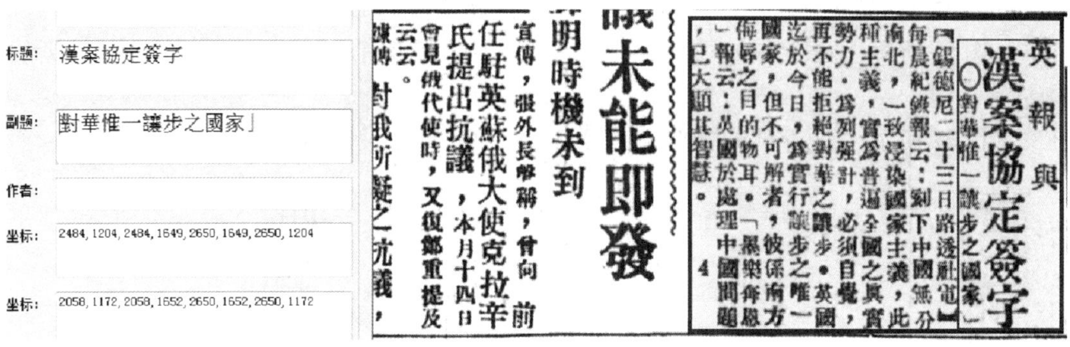

图 52　未识别标点符号样例

4.3　模糊字错误

民国报纸中印刷的文字,有些字迹模糊、字体字形差异或是因破损导致该字无法识别,此类字用“〓”代替。但在加工过程中,有些能够辨认的字或是从正文中可以找到相同的清晰字形的字,也被用“〓”代替,是 OCR 文字识别中常见的一种错误。

如图 53、图 54 所示,《晨报》1926 年 1 月 6 日第二版的篇目“南满日兵將撤回……”的“〓”应为“灤”,篇目“菜圃被人放火……”的“〓”应为“薄”,前者可以通过本篇正文和本版其他篇目内容辨别,后者可直接辨认。

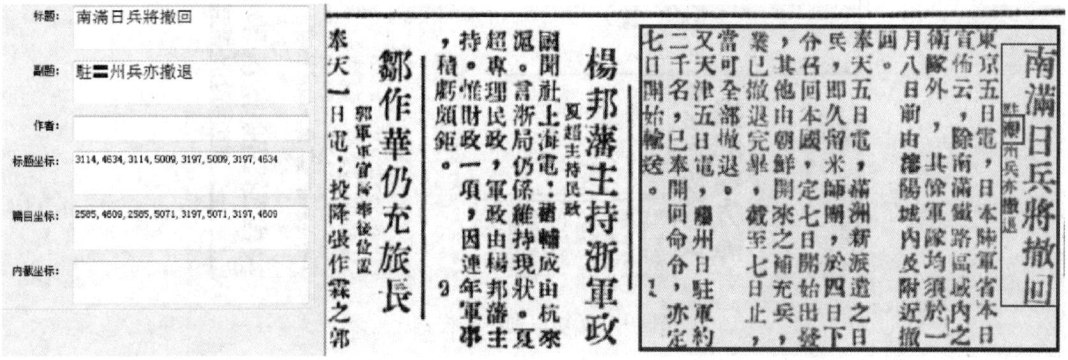

图 53　识别错误 1

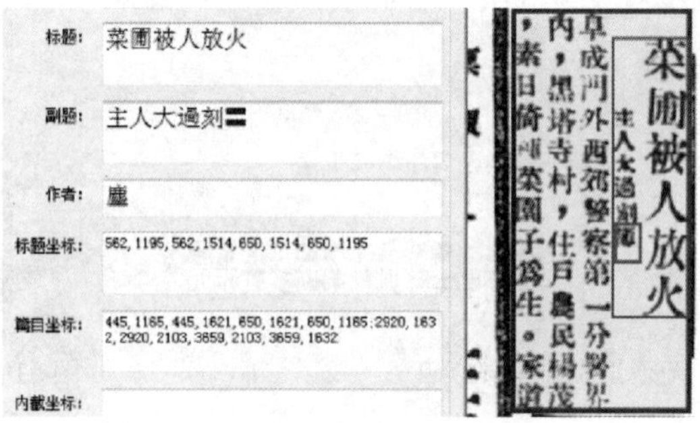

图 54　识别错误 2

如图 55 所示,草书字体的“春城飞絮録”,“春城”二字未被识别。

如图 56 所示,小篆字体的“歷代書家徵略”的“代”字没有识别,而“略”被识别成形近的“畸”字。

如图 57 所示,篆书字体的“春明憶語”的“春明憶”均未被识别。

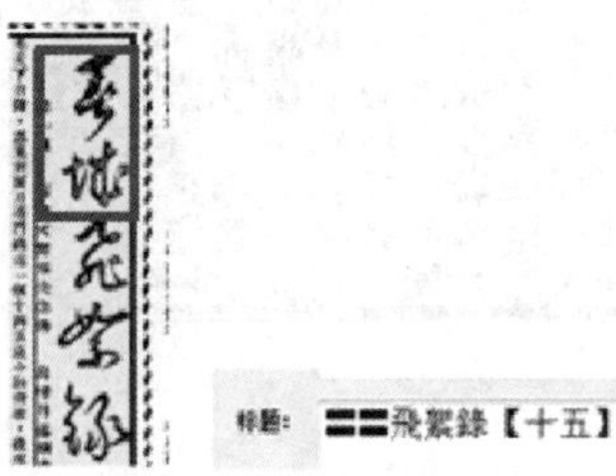

图 55　识别错误 3

图 56　识别错误 4

图 57　识别错误 5

更多模糊字错误样例,图 58 的“〓”应为“上”;图 59 的“〓”应为“陷”和“壘”;图 60 的“〓”应为“唪”。

图 58　识别错误 6

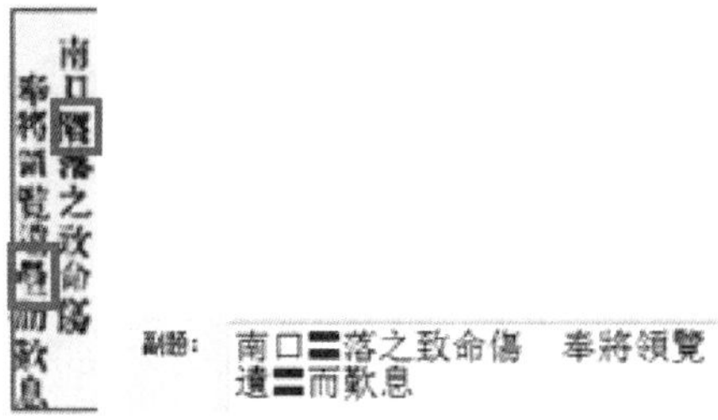

图 59　识别错误 7

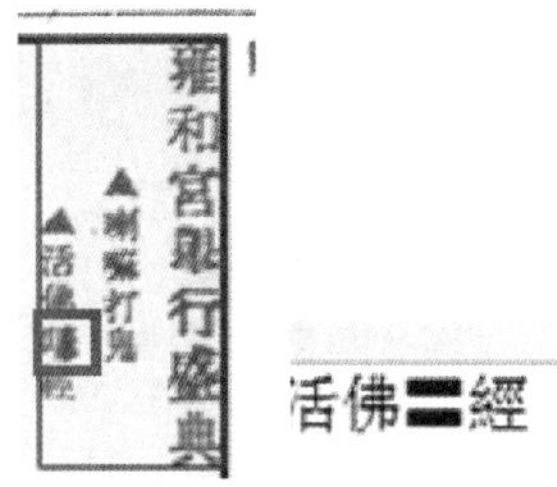

图 60　识别错误 8

4.4　识别为形近字或其他字

民国报纸原件很多已受损严重，文字不清晰或有断笔，多样的字体和字形等，都给文字的识别工作带来了很大困难，经常有文字被识别成其他字形相近的字。

如图 61 所示，《国风日报》1937 年 10 月 24 日第一版的“關東軍紛紛撤退……”的“關”识别成了“闔”。

如图 62 所示，《西北文化日报》1941 年 1 月 30 日第一版的“義境情勢紛亂……”的“打”识别成了“扛”。

图 61　文字误识别 1

图 62　文字误识别 2

如图 63 所示，《新华日报》1945 年 7 月 22 日第二版的“紐總理福拉塞……”的“合”字识别成“會”。

图 63　文字误识别 3

如图 64 所示，《晨报》1920 年 6 月 6 日第三版的“溫宗堯電辭浦口會辦……”的“毋”识别成“母”。

如图 65 所示，《京报》1922 年 2 月 21 日第二版的“大連會議俄代表提出最後答案……”

的“提”识别成“是”。

图 64　文字误识别 4

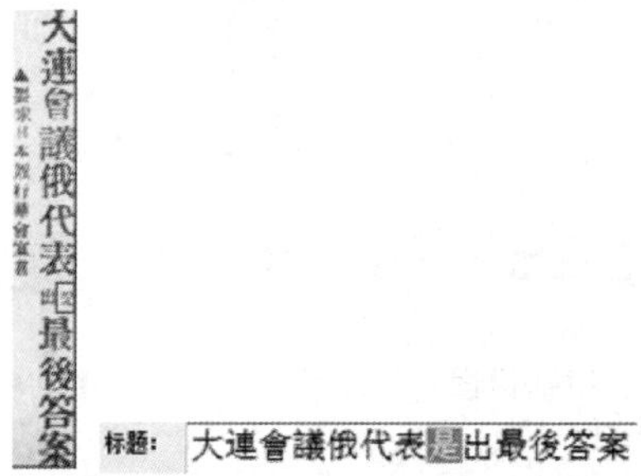

图 65　文字误识别 5

5　结语

民国报纸数字化工作，将纸质版面扫描成电子图像，对篇目范围进行置标，并对栏目、标题和作者等进行 OCR 文字识别，旨在为读者提供基于报名、栏目、标题和作者检索的精准篇目阅读服务。优质的民国报纸服务需要高质量的数字化数据做保障。项目组将竭尽全力，利用计算机技术和现代化手段不断提高民国报纸质检效率和数据质量。

参考文献

[1] 肖红. 民国报纸缩微胶片数字化及服务探析——以国家图书馆为例[J]. 图书馆学刊，2015(10)：89 - 92.

[2] 栏目[EB/OL]. [2017 - 02 - 06]. http://hanyu. baidu. com/s? wd = 栏目&device = pc&fRom = home.

（原载于《图书馆学研究》2017 年第 7 期）

数字图书馆网站建设视角下资源可视化揭示的实践探索

孙　倩

1　可视化对数字资源揭示的关键性作用

可视化信息是对知识的一种压缩，通过透彻的理解更简洁地表达海量的信息，以图形的形式表现信息的内在规律及其传递、表达的过程，是人们理解复杂现象、诠释复杂数据的重要手段和途径[1]。

对图书馆数字资源的信息单元与信息组织方式进行可视化建设，有利于用最直观的视觉展现方式为用户提供资源和信息的关联，运用数据和信息的可视化语言表达揭示抽象的数据，为各类资源和数据库提供更浅显直接的使用入口，可以使平台操作界面更加活泼生动、增强用户参与的兴趣度。有学者总结出可视化技术能够发挥的三大关键性作用[1]：一是降低用户信息搜寻的成本，减少用户因在模糊搜索状态下导致检索精确性与匹配度较低的问题，并且通过检索结果的展示帮助用户发现数据背后隐藏的联系；二是可以优化馆藏资源的用户界面，目前国内图书馆资源检索系统在搭建检索环境的过程中，对用户体验需求贴合度还较弱，导致交互方式单一、交互检索量较少。通过语义关系可视化信息，可使资源概览过程与用户形成交互性选择，创造出可理解的界面来明确用户所需，形成高效浏览工具。三是可以显著提高数字图书馆知识服务水平，通过对馆藏资源的关联、搜索及检索结果的直观展示，实现超出对知识领域文献的整体把握，扩展资源揭示的深度与广度。

2　以国家图书馆网站建设视角看数字资源揭示的可视化

数字图书馆网站是图书馆资源与服务的展示平台，它既是图书馆读者了解与使用图书馆的导航，也是直接面向读者提供在线资源服务的资源仓储。以国家图书馆网站为例，当前版本上线之时是Web2.0技术带来的交互技术受到热捧的时候，用户在网站服务个性化与交互性方面有较高需求。为改善网站呈现的友好程度，网站的可视化成果主要体现在新兴技术的应用与网站主页的UI（User Interface，用户界面）设计上。根据这种建设思路，网站相继增添了微博、微信以及二维码等接口，拓展了用户交互空间、丰富了数字图书馆服务形式。在资源内容的展示上，主要以传统的列表形式和线性结构为主，按照各类资源内容属性进行了归类梳理，并尽可能地在首页或二级页面进行展示。为尽可能的实现揭示程度的最大化，国家图书馆网站选择了“资源”“专题”“资讯”三个首页的布局方式。

总体来说，当前以国家图书馆网站为典型的多数图书馆网站信息组织方式仍是属于平面的、线性的结构，相互之间较为独立、分散。与互联网环境下数据挖掘与数据分析带来的网状化、立体化数据关系揭示方式相比，网站存在着大量单一、静态的信息数据，亟须通过更加生动、直观并富有交互性的展示或应用形式来进行知识组织和揭示，摆脱陈旧的数据表现方式，带给数字图书馆用户直观立体式的网站使用体验。以可视化的视角来看，网站目前存在着从资源信息整体布局到细颗粒度的资源关联与揭示、再到多元数据利用等多方面的改进空间。

2.1 以可视化强化网站架构和导航服务职能

用户需求决定内容、内容决定功能、功能决定设计。未来网站的整体内容架构和导航信息，可以充分结合用户需求调查与用户行为数据分析，利用可视化技术，通过 HTML5 的技术标准实现视觉美感与交互度更优质的动态页面展示，以主题、人物、时间、地域等方式实现更广范围内网站资源的关系型展示，给用户提供更形象、更明确的浏览指引。网站使用可视化技术来引导读者浏览网站信息，一方面可以直奔主题，节省读者的时间；另一方面也可以提高浏览的效率，增加对网站的好感度。

2.2 以可视化技术展现资源整合成果

2014 年开始，国家图书馆已开启基于馆藏资源的资源整合工作，包括为提升元数据揭示与发现功能，加强对书目关系的揭示，通过规范控制手段增强数据的关联性，提高用户检索的查全率与查准率；增加数字馆藏元数据数字资源特征，加强分类体系建设等。围绕聚合的知识点以二维、三维甚至多维的图形图像方式向读者提供一个资源分布的可视化界面，形象、直观地揭示馆藏资源的类型、数量和分布等情况，使读者能够快速、全面地了解馆藏资源，为用户浏览信息和检索提供极大的便利。

2.3 利用信息检索可视化挖掘资源价值

国家图书馆网站利用文津搜索系统，整合了图书馆的各类数字资源，实现了网站的“一站式”服务功能。强大的搜索系统更需要有力的信息揭示方式来支撑。由于图像不仅具有生动性和直观性，还能够表达线性的以及非线性的结构关系，因此可在用户使用搜索系统进行资源检索和查看检索结果时，利用色彩、形状等富有具象元素的图像来进行知识关联和提取。突破传统单纯依靠文本信息揭示的搜索功能，基于多样化图像的可视化搜索不仅对用户更具视觉上的吸引力，也可通过由图表、图像建立起的空间认知挖掘获取隐藏在背后的关联信息，帮助读者更加清晰明确地掌握相关领域的知识结构，在纷繁复杂的信息中确定自己的信息索取方向。

2.4 以网站用户数据可视化提升用户体验

大到网站的整体访问量、数据库平台的搜索量，小到细颗粒度的文献资源浏览量、下载量以及用户的使用满意度等,都将为网站服务的功能完善、服务提升带来巨大的数据支撑。而将这些始终处于动态流转的数据通过表图甚至动画方式在网站上展现出来,是最直接的增添用户交互性、提高网站友好度的方式。

3 国家图书馆网站馆藏数字资源揭示的可视化实践

结合上述问题以及今后深入运用可视化深入的思路,笔者以网站部分资源内容的可视化作为实践案例,以期从实践探索中寻找网站可视化的流程步骤、重点难点、实施效果以及未来建设思路等。

3.1 可视化对象选取

由于整个网站架构与内容庞大且复杂,可视化的过程涉及网站框架的后台技术支持、资源的各类数据格式与标准等多方面因素影响,在可视化设计案例的选择上,属于国家图书馆自建资源部分的馆藏数字资源成为设计案例选择的首要对象。主要原因如下:

(1)资源典型性。数字馆藏中的自建资源,囊括了国图多年来积累的数字资源建设成果,主要包含实体文献的数字化成果:馆藏中文图书、博士论文、数字方志、甲骨实物、老照片、年画以及民国期刊与图书等。这些资源汇集了馆藏文献的精华,使国家图书馆的珍贵资源脱离了实物阅读的限制,将这部分资源的利用范围与利用率进行充分扩展,是数字图书馆服务与网站服务的直接目标。

(2)数据较为规范。可视化的应用是以数据来支撑的,对数据的解析、映射与展现依赖于处理过程中数据的结构格式和数据质量。以试验为目的的可视化设计优先选取一些比较规范的、处理情况较为简单的数据对象是工作开展的起点选择。相对外购、征集的资源来说,自建资源有相对统一的数据格式,质量可控,可视化的数据处理效率会更高。

(3)数字馆藏的可视化预期效果较为明显。馆藏数字资源的类型多样、数据量大,是数字图书馆网站服务的核心资源内容,最能体现国家图书馆网站服务的特色,在可视化展现过程中也最能体现出资源的多样化、数值变化的生动性,能够提供给用户更广泛的可以挖掘利用的知识型主题,更容易展现国图数字资源服务的创新性,深化数字图书馆的服务成果。

3.2 可视化功能目标

(1)以创新的资源组织方式展示出资源的分布情况,为用户提供不同视角的馆藏数字资源分布情况、丰富资源与数据的表现形式甚至挖掘出隐藏在数据背后的一些关系现象。

(2)通过检索结果过程交互的拓展以及检索结果的延伸,创造资源发现与获取的便捷与兴趣吸引力,解决用户资源检索的实际需求。

(3)案例的数据基础为中文图书数字资源元数据,以期在规范处理后的样例数据上进行基于时间轴、词云以及检索结果列表的资源关联可视化探索。

3.3 可视化技术应用

考虑到数字图书馆与互联网发展的融合以及javascript、html5等基于Web的主流技术标准,可视化前段展示设计实施采用了D3的开源可视化框架。D3依靠SVG,Canvas和HTML技术让数据更生动,结合DOM(文档对象模型)操作方法将使数据实现动态交互。通过D3进行可视化开发,首先进行数据的绑定,D3可以处理的数据类型包括JS的数据类型,如数字、时间、数组、对象等,以及自定义的集合、映射等。接着从后台服务器获取数据、使用数据、绘制SVG、生成测试数据形成可视化展示效果。

在设计中,为展示出文献资源在历史上的走向以及文献热点的情况,故选取了时间轴和词云作为可视化表现形式。词云(word clouds)采用"d3 - cloud"[2],它基于D3.js库实现,使用HTML5Canvas来绘制输出,可以给予词频统计较好的展示。

3.4 可视化实现过程

为转好地展示结果,特将数据对象确定在以上海为出版地的区域文献范围内数据进行界面可视化。数据的可视化过程主要包括数据库后端与展示前端两部分的架构搭建。技术实现过程包含以下三部分。

(1)元数据解析。在数据库后端主要完成元数据的解析。馆藏数字资源部分的中文图书即试验数据为CNMARC格式元数据,根据时间轴和词云的设计目标,提取了CNMARC数据中的一些所需的著录字段进行解析。

(2)分解关键词与生成索引和统计数据。得到解析后的元数据,根据指定字段分解出关键词。通过实现可视化效果的关键词提取,生成关键词与记录索引(参考Lucene[3]的逻辑原理完成,Lucene是由Apache软件基金会发布的开源全文检索引擎工具包),进而生成前端展示所需的高频关键词与年份的记录统计数据。其中,要实现对元数据中相应关键描述字段的提取,需要完成对CNMARC数据中相应字段的取值:100字段$a子字段的9—12字符位(出版时间)作为时间轴的时间节点、200字段子字段作为资源的题名显示、200字段$f子字段显示文献作者、606字段$a子字段(主题词)作为最高频关键词、856字段$u子字段获取URL地址,从而实现数字资源内容的直接服务。在此基础上,"词云"中的关键词标签与检索结果的列表中关于主题词、作者、时间的显示也可以相应的获得。

(3)前端的可视化展示。根据统计数据生成各年份的文献数量记录趋势图,以时间轴的方式载入年度文献入藏量,以及每个年份出现最多的主题词(关键词),并根据某一年度中各关键词出现的频数生成年度词云。同时,以检索列表形式展示出关键词及年份相关的搜索数据,为用户直接检索并跳转到相应文献内容带来便捷。

3.5 可视化后的效果展示

完成后端数据处理与前端展示可视化的开发后,基本就完成了可视化整体设计过程。从该展示系统暂存服务器可以看到可视化展示效果。

(1)时间轴展示。在图1中,可以看到出版地为上海地区的馆藏中文数字资源中,从

1953 年开始到 2013 年的文献量走势，以及每年当中所含相关文献最多的关键词。为降低关键词显示出现 606 字段中含有的通用性词汇的可能性，在时间轴中提取的是 606 $a 子字段。以 1987 年文献中关键词“新诗”为例，当点击该关键词时，右面左下方的“词云”将展示出当年文献资源中频率较高的主题词集合，形成云图。而右下方的列表展示则会出现以“新诗”为检索词的文献检索结果。

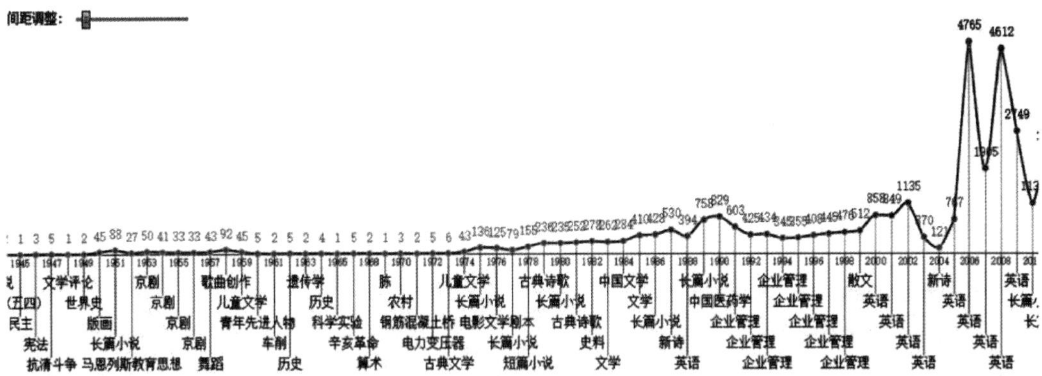

图 1　时间轴可视化效果

（2）“词云”展示。除图 1 的时间轴展示方式，在数据统计过程中还对数字资源的出版年份所在的所有图书关键词进行了汇总，并且根据文献各主题词被引用的热度来作为权重显示关键词的大小，从而形成图 2 中由关键热词形成的“词云”。当点击“词云”中任意一个关键词时，右侧列表将自动进行搜索并显示出以该关键词为检索词的所有文献检索结果。

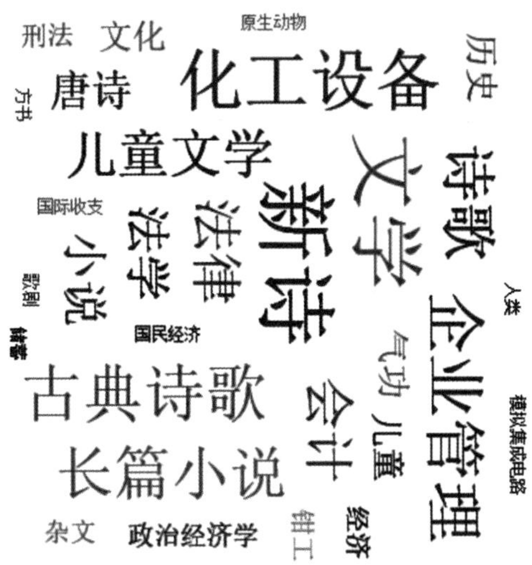

图 2　“词云”可视化效果

（3）列表结果展示。列表展示的作用主要是上述提到的对时间轴和词云的扩展与深入展现，为便于用户在对数据的浏览基础上随即可用，在界面中采取了传统的列表形式展示图书的集合，用户可以通过关键词和年份来进行搜索，列表上的某一条文献数据，直观地显示了本图书的关键词信息。为给用户提供更多知识点的选择，这里显示的关键词为该条书目数据中 606 的所有子字段，这是与时间轴与“词云”的主题词提取有所区别的。由于在数据解析时已经提取了元数据的 URL 地址，因此可以通过关键词用户直接跳转到相应条目的在线资源进行阅读浏览(见图 3)。

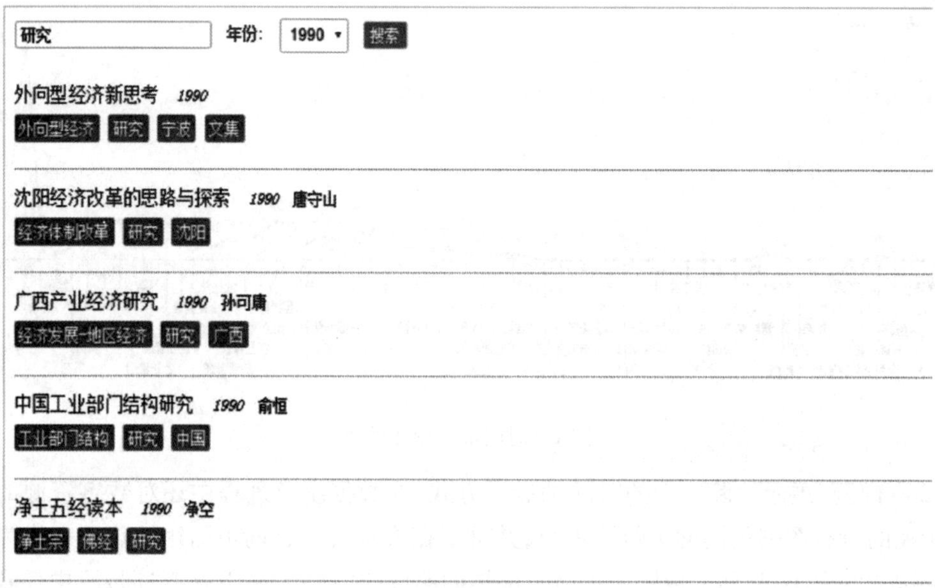

图 3　列表结果展示

可视化技术与应用是当前数字图书馆实现数字资源的服务目标、深化服务成果的趋势选择。可视化起到连接图书馆服务与用户使用效果之间的桥梁作用。信息可视化能够实现数字资源的最大化利用，也是实现数字图书馆资源整合的必要手段，有利于资源的发现与获取，实现知识聚合展示，解决用户资源检索的实际需求。立足于可视化应用视角，以国家图书馆网站为研究对象探索可视化优化方式，对于新信息生态环境下创新数字图书馆的资源提供与服务发展方向、使数字图书馆服务贴近社会化信息服务前沿、提升数字图书馆用户整体使用体验都将具有实际借鉴作用。

参考文献

[1] 邱均平，余厚强，吕红，等. 国外馆藏资源可视化研究综述[J]. 情报资料工作，2014(1)：12 – 17.

[2] D3-Cloud[EB/OL]. [2016 – 06 – 09]. https://www.jasondavies.com/wordcloud/.

[3] 实战 Lucene[EB/OL]. [2016 – 06 – 21]. http://www.ibm.com/developerworks/cn/java/j-lo-lucene1/.

（原载于《图书馆理论与实践》2017 年第 5 期）

国家数字图书馆网络资源保存的实践与探索①

张　炜　敦文杰　周笑盈

1　引言

人类的发展离不开信息传递与交流，以互联网为代表的信息技术日新月异，世界正处在信息化快速发展的进程中，信息的生产、传播和利用方式也发生根本性变革。据 CNNIC 发布的第 39 次《中国互联网络发展状况统计报告》显示[1]，截至 2016 年底，我国网民规模已达 7.3 亿人，相当于欧洲人口总量，互联网普及率达到 53.2%，以“.cn”结尾的域名总数达到 2061 万，同比增长 25.9 个百分点。网络信息资源已渗透至我国的社会、经济、文化领域，成为记录人类活动和文明的重要载体和战略资产，网络信息的及时保存和有效利用对推动我国社会和文化发展、增强国家综合实力具有重要意义。

国际社会高度重视网络信息资源的保存与利用，西方发达国家或组织密集出台多项专门政策给予支持。我国在 2016 年发布的《促进大数据发展行动纲要》提出，要加强互联网信息采集利用，加强顶层设计，加强互联网信息采集、保存和分析能力建设，制定完善互联网信息保存相关法律法规，构建互联网信息保存和信息服务体系[2]。从世界范围看，网络信息的保存保护一直是国内外图书情报界的研究与工作重点，且进行网络信息采集的机构一般为国家级图书馆。目前，国际上已完成或正在推进的网络信息保存项目大约有 100 个，从影响力和成果看，较重要的主要有美国 Internet Archive 的 Archive-It 项目[3]、美国国会图书馆 MINERVA 项目、澳大利亚国家图书馆 Pandora 项目、英国国家图书馆和英国国家档案馆等机构发起的 UKWAC 项目、法国国家图书馆 BnF 项目、芬兰国家图书馆 Finnish Web Archive 项目、瑞典国家图书馆 Kulturarw 项目等[4]。以这些项目为代表的各国公共文化机构对国际或所在地区有重要战略价值的网络资源进行采集，形成各具特色的网络信息保存体系，为传承人类文明、促进文化发展提供重要保障。

中国国家图书馆也十分重视网络信息资源的采集与保存。2003 年开展“网络信息采集与保存试验项目”[5]，2007 年加入国际互联网保存联盟，并于 2009 年成立国家图书馆互联网信息保存保护中心，通过国内外的广泛合作，致力于网络信息资源的长期保存和利用服务。经过十多年积累和发展，国家图书馆已形成涵盖国内外政治、经济、社会、文化、科技等领域重要网站和重大专题网络资源的特色化网络资源建设体系，数据量达到 114.73TB，成

①　*本研究得到国家社会科学基金项目“网络信息采集与保存策略研究”(编号:15BTQ019)资助。

为我国数字图书馆资源建设的重要组成部分,为政府决策、科学研究和满足民众信息需求提供重要支持。在国家图书馆的示范和带动下,各地方图书馆也开始根据自身需求开展具有地方文化特色的网络资源建设,网络信息保存的规模化效益逐渐显现。通过积极实践与探索,国家数字图书馆已初步形成较科学客观的网络资源评估和面向全国的长期保存与有效服务机制,对在互联网环境下,提高国家数字图书馆网络资源建设的规范性和质量水平,促进网络信息综合应用与服务能力提升具有重要意义。本文旨在通过对国家数字图书馆在网络资源遴选、平台技术架构和资源服务等方面进行总结和分析,为进一步改进网络资源的保存与服务工作,不断满足社会各界的文化信息需求提供参考和借鉴。

2 网络资源遴选

2.1 网络资源保存范围确定

信息资源指在人类社会活动中积累的以信息为核心要素的资源集合。网络信息资源区别于传统信息资源,是指以电子数据形式存储,借助计算机通过互联网进行传播的各类信息资源[6]。鉴于网络信息的海量性和复杂性,确定合适的网络资源保存范围是决定资源采集效益和内容质量的重要因素。结合国内外网络信息资源保存工作实践,我们在开展规模性采集过程中,既要做到网络资源的重点采集,也要防范垃圾信息的堆积。在保证信息采集全面性的同时,也应注重资源内容的权威性和保存价值。围绕我国公共图书馆的职能定位和服务需求,国家数字图书馆通过全面采集和重点采集的方式实现对不同领域和范围的重要网络资源的有效采集。同时,在采集过程中充分考虑采集内容的延续性和采集后数据的有效利用,不断修正网络资源采集范围。目前,国家数字图书馆全面保存的网络资源主要包括:党中央各部门及直属事业单位网站;全国人大、全国政协,及其他与国家立法、决策相关机构网站;最高人民法院、最高人民检察院网站;国务院各组成机构及其直属单位和行业协会网站;各民主党派中央机关网站;中央级社会团体网站等。重点保存的网络资源包括:我国经济领域重要机构、组织、研究单位网站;我国重要的科研教育机构网站;我国历史文化、传统艺术、地理人文、科技科普、国学研究类网站和专题;国家一级博物馆、省级及以上主要美术馆、艺术馆、展览馆等公益文化类机构,以及重要图情组织机构网站;我国重要历史人物和事件的纪念馆及专题网站;我国社会保障、劳动就业、人才法律、人口健康等领域重要机构和网站;国土资源监测与利用、环境气象、生态保护、防灾减灾等领域的重要机构、研究单位和专题网站;国家重大项目和工程建设网站;国际重要组织机构、国外主要国家和周边国家的官方网站,及其公开发布的重要文件和资料等。

2.2 网络资源评估和遴选

与传统文献资源相比,网络信息资源通常呈现出质量的不均衡性与内容的不确定性,这将严重地制约图书馆数字资源服务的深度应用发展。所以,网络信息资源保存与应用服务的第一步需要开展网络资源评估,确定网络资源质量,选择优质的网络资源进行采集和保存。

2.2.1　网络资源评估

国家数字图书馆在总结业界相关研究成果的基础上，利用定性与定量相结合的方法构建较科学合理的网络信息评价指标和评估流程。通过对国际上各种数字资源评价方案的深入调研和分析，国家数字图书馆采用德尔菲法对待采集的网络资源进行分析和排名[7]，评估流程如图1所示。

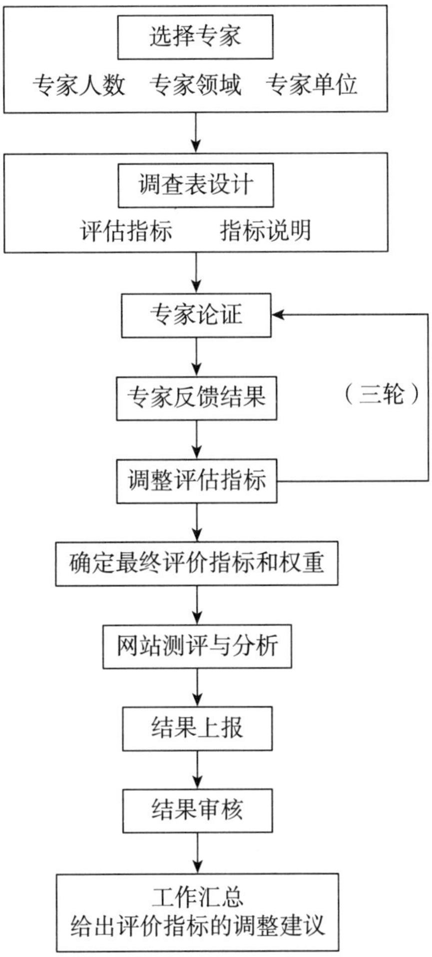

图1　网络资源评估流程

2.2.2　网络资源评估指标确定

基于以上流程，国家数字图书馆采用定量指标和定性指标相结合的综合评估方法对网络资源进行评估。定量指标属于客观性指标，是通过软件工具或相关评测网站能够对网络资源给出具体评测值的指标，评测过程不需人工干预；定性指标属于主观性指标，是评分者根据评估说明并结合资源具体情况给出评测值的评价指标，主要面向网站的内容表现形式与特征。初步确定的网络资源评估指标，如表1所示。

表1　网络资源评估的定性指标和定量指标

指标	一级指标	二级指标
定性指标	信息内容评价指标	准确性
		权威性
		广度和深度
		目的性
		客观性
		原创性
		创新性
		时效性
	编排与设计指标	结构设计
		外观设计
		多媒体效果
		兼容性
		互动性
	易用性评价指标	导航设计
		界面友好设计
		浏览速度和质量
		可检索性
		稳定性
		安全性
定量指标	影响力指标	网站排名
		引用次数
	访问指标	被访问次数
		用户访问深度
	质量指标	死链接检测
		网站更新频率
		链接数量

2.2.3　网络资源评估流程确定

在初步确定评估指标的基础上,专家组多次论证,确定最终的评估指标及其权重。

如图2所示,评估指标及其权重的确定共经过三轮专家论证。第一轮调查表的内容是向专家征询意见,以百分比形式展现专家所选各项指标的比例;第二轮调查表由第一轮的指标和专家新增指标构成;第三轮调查表展现各项指标的专家所选比例,依据各项指标最后得分进行权重分配。在最终确定的网络信息评价指标体系基础上,由工作人员对国内外符合采集范围的网站二级指标进行打分,并对所有网站按照加权分数进行降序排列,得到最终的网站评估排名,审核后的网站列表即作为最终采集任务列表。

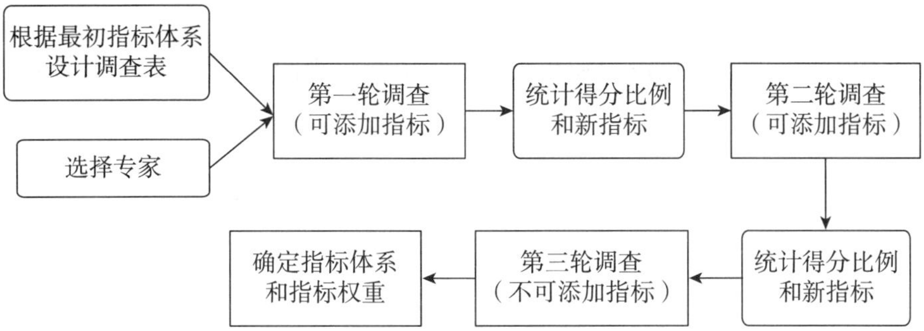

图2　基于多轮专家论证的评估指标确定流程图

3　网络信息资源保存平台的开发与建设

3.1　云管理系统平台技术架构

随着网络信息保存业务的发展,网络信息总量快速增长,传统的硬软件基础架构已不适合海量网络资源的存储与管理。为实现网络信息长期保存的可持续发展,国家数字图书馆加强设施改造和技术创新,建设基于分布式云存储管理平台以实现对网络信息的有效保存。

国家数字图书馆云管理系统平台包括采集层、存储层、管理层、应用层四级架构。在采集层,采用分布式采集结构,通过部署多个省级采集节点和机构节点进行具体的采集工作,以完整采集和重点采集相结合的方式由 Heritrix 软件完成对网络资源的采集和保存;在存储层,通过分布式文件系统实现资源的分布式存储和集中式管理;在管理层,通过云管理平台对采集层多个采集节点进行统一调度与配置,实现工作的高效运行;在应用层,搭建访问服务平台、嵌入第三方信息查询和检索接口,为用户提供资源访问和获取服务,并使用数据分析工具对存储资源进行分析与挖掘。

国家数字图书馆通过硬件基础设施共享来为海量网络信息管理提供最基本的物理资源(包括计算、存储、数据和网络设备),通过虚拟化技术和集群技术把内存、I/O 设备、存储和计算能力汇集起来成为一个虚拟的资源池,以虚拟化环境提供支撑平台硬件系统统一的管理能力。硬件系统处于平台技术结构的最底层,包括硬件设备和虚拟化。硬件设备由现有各类数字资源管理服务器、存储设备、网络设备等构成;虚拟化则运用虚拟化技术对物理硬件层进行管理,向上提供计算、数据存储和网络通信等虚拟资源,其主要目的是将异构的底层物理资源整合成相同类型的资源池(如计算资源池、存储资源池等),以便创造协同、统一的工作基础。

国家数字图书馆网络信息保存平台硬件系统建设方面主要包括计算资源(服务器等)建设和存储建设。计算资源用于运行支撑平台基础软件系统、应用服务集成系统及未来扩展系统等。支撑平台以共享的“云存储池”为基础,通过基础软件系统中的云管理系统实现对全国硬件系统资源的统一管理和调度。

国家数字图书馆网络信息保存平台软件架构主要由平台基础软件系统(即云管理系统)

组成,分别在国家数字图书馆的不同层级和机构进行部署,形成一一对接。云管理系统实现对不同层级图书馆硬件系统的综合使用管理并形成统一视图,实现对全国图书馆存档网络信息数据服务的基础支撑作用(见图3)。

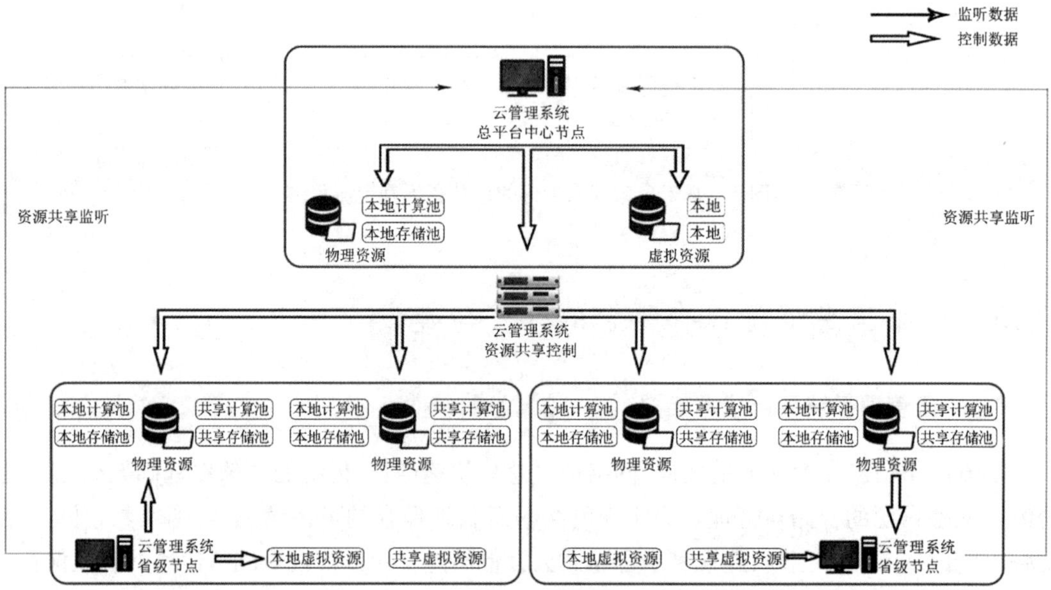

图3　国家数字图书馆网络信息保存平台架构

3.2　分级式资源共享与集成管理

资源的共享和集成是实现国家数字图书馆网络信息采集规模化、管理规范化、应用高效化的重要环节。通过对全国参与网络信息保存的各机构应用系统的"容器"作用,不断"共享"存档资源和应用软件,形成具有一定规模的"资源集成管理中心",从而推动以网络信息应用系统为服务"窗口"的全国数字图书馆网络信息服务新业态。国家数字图书馆网络信息集成管理系统架构如图4所示。

统一认证鉴权系统可实现对联建机构系统管理员和公众用户实现统一认证,系统管理员只需登录一次,即可访问接入统一认证的不同机构业务系统和各地存档资源;机构权限管理可实现对各联建机构存档网络信息资源的有效共享和管理。公众用户、各级文化共享机构需要在平台注册登记用户和机构的信息,系统管理员可授权用户与机构不同的访问或管理权限;合作单位在系统提交资源发布申请后,经审核通过即可实现所有申请单位的资源集成共享;开发者可使用应用构建工具按照应用规范开发出各类应用组件,并发布到内容展现门户或应用门户,供公众或其他机构和加工者使用。

同时,为提高国家数字图书馆的网络信息资源共享能力,系统提供接入国家各省市县及其他文化机构的应用系统能力,包括为各种应用系统提供受控的运行环境(由云平台基础资源提供)、应用监督和管理、应用自动化部署和监控,系统门户整合、业务处理整合、数据交换和数据整合等。

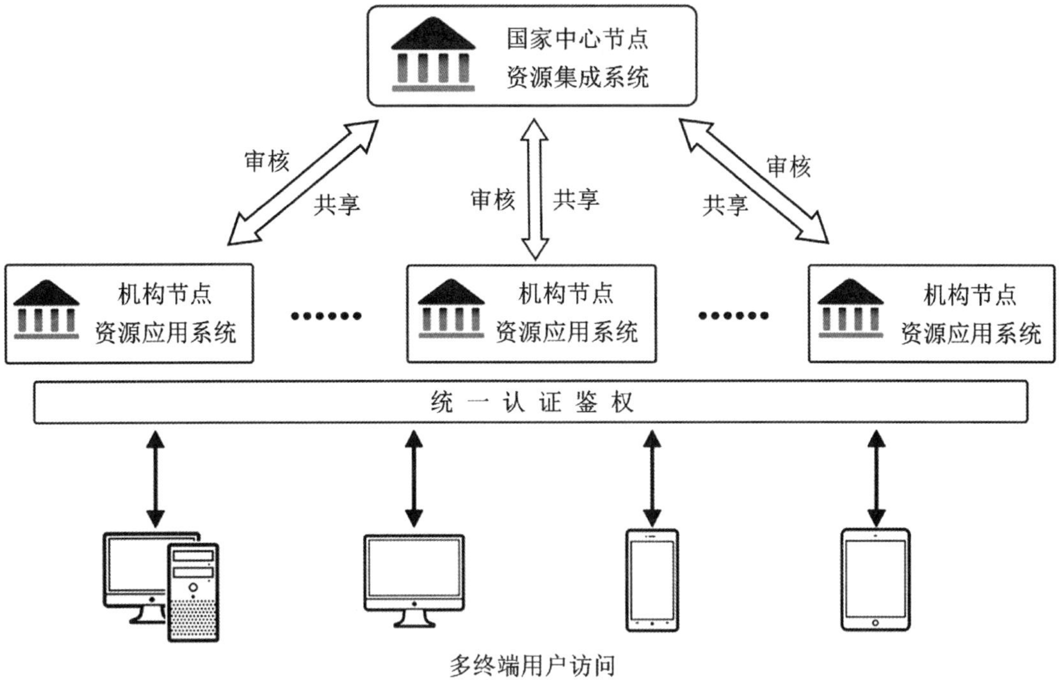

图4　国家数字图书馆网络信息集成管理系统构架

4　网络资源应用与服务

满足社会各界的信息需求是国家数字图书馆服务的根本目标。互联网环境下,国家数字图书馆充分利用网络信息保存成果,以全面采集、组织和分析后的网络数据信息应用手段与现代信息技术针对不同需求提供高水平、多层次的服务,为促进我国文化事业的发展以及国家软实力的提高提供支持。目前,国家数字图书馆开展网络资源服务的方式主要有以下五种。

4.1　制定元数据规范,加强资源整合与揭示能力

元数据是描述资源关键信息的一种结构化数据。制定规范化的元数据标准能实现对数字资源的查找揭示和有效管理,对用户发现资源、利用资源具有重要作用。与传统数字资源相比,网络信息资源无论是在结构、分布、种类,还是在传播范围、载体形态、对象格式等方面都显示出新的特点。为对网络资源进行客观深度描述,实现对资源内容最大限度的揭示,同时便于网络资源的组织整合与检索,国家数字图书馆在研究现有数字资源元数据规范的基础上,根据实际需求建立了一套较完善的网络资源元数据著录规范,实现对国内外网站资源、网络专题资源等的规范化著录。同时,为促进网络资源联建与共享,还制定"数字图书馆推广工程"网络资源元数据规范,并成为各地方馆资源建设的参考标准。基于网络资源元数

据著录规范,国家数字图书馆对国家图书馆及各地方馆存档的网络资源进行有序整合与统一发布服务,实现资源的一站式检索,提高资源发现与服务效益。

4.2 建设专题资源库,开展多样化、特色化网络资源服务

国家数字图书馆十分重视优质网络文化资源的建设与服务,每年都会围绕国家重要领域和热点议题,遴选并采集相当数量的网络资源,并通过门户网站发布。目前,国家数字图书馆提供服务的网络专题资源涵盖治国理政、文化与民俗、科学技术、环境保护等14个分类,专题数量超过175个,每个专题汇集约200个从国内各大门户网站精选的优质网络资源。此外,国家数字图书馆紧密结合国家重大发展战略,重点建设"一带一路"和"大众创业,万众创新"资源库,通过多种方式和手段对相关领导讲话、政策文件、重要事件、新闻报道、地方践行、背景知识等内容做出集中整合与展示,为相关科学研究和信息获取提供支持。此外,在"数字图书馆推广工程"的支持下,各地方图书馆积极开展具有当地文化特色的网络专题资源库建设与服务,进一步加强国家数字图书馆在公共互联网文化领域发挥的重要作用和影响力。

4.3 应用可视化技术手段,提升资源展示与服务效果

国家数字图书馆一直重视现代信息技术在文化资源建设和服务中的重要作用,通过技术创新构建基于互联网、移动互联网、广播电视网等渠道的文化服务网络,不断变革网络信息资源的组织和服务方式,较大程度提升了网络信息服务效果,取得良好社会效益。国家数字图书馆建有专门网络资源发布与服务网站,通过资源推荐、快照保存、信息检索、资源分类浏览等实现资源的有序组织与呈现、信息发现与检索,通过知识库向用户介绍网络信息保存相关知识和内容,并提供代存档服务。"一带一路"和"大众创业,万众创新"重大专题资源库中大量使用现代信息技术,通过时间轴、地域轴、地图、知识图谱等可视化手段进行资源展示与用户交互,以热门关键词实现资源推荐检索。可视化技术的应用改善资源组织与呈现方式,极大提升用户体验,较大程度提高网络资源服务效果,取得良好社会效益。

4.4 开展定制化资源服务,满足用户个性化内容需求

为用户提供准确的信息资源,使其享受到个性化的服务体验,是信息时代国家数字图书馆追求的主要目标。当前,我国数字图书馆服务人数急剧增多,年龄、学历、地域、民族情况复杂,若文化服务缺乏针对性,文化内容和服务手段千篇一律,不但会造成资源浪费,也容易降低数字图书馆的用户黏性,从而降低在文化信息传播和服务领域的影响力。鉴于此,国家数字图书馆主动寻求社会需求,积极与社会机构开展合作。特别是在与全国人大图书馆的合作中,国家数字图书馆针对其业务与服务需求,对其网络资源建设与发布进行定制化开发,建设"人民代表大会网站典藏"资源库,旨在通过对各地市级以上人大官方网站资源进行采集、保存与整合,提供在线资源展示与信息检索,从而促进全国人大网站资源长期保存和服务体系构建,为政府立法决策和服务提供支持。该资源库是国家数字图书馆联合政府机构开展资源和服务合作的重要示范项目,对于掌握我国人大组织和工作情况、研究我国人大

事业发展历程，为全国人大事业提供资源保障有重要意义。

4.5 依托国家重点文化工程，实现分布式合作模式

目前，国家图书馆作为社会记忆的保存机构，担负着网络信息资源构建的重要职责，依托国家“数字图书馆推广工程”，联合各地市级图书馆，共同构建面向全国的分布式保存机制。各机构合作选择需要保存的网络信息资源，统一实施网络资源评估标准，交流并分享网络信息资源保存的采集策略，形成规模化保存行动，各展所长，实现经验和技术层面的融合。

国家图书馆与各省级、市级及乡镇级图书馆间存在纵向关联关系，通过建立共同联盟机构可实现联合评估、分工采集、联合编目、建立统一管理平台和联机检索。近年来，依托“数字图书馆推广工程”，省级公共图书馆开展了网络信息资源联建工作，随着业务的推进和不断深入，各地图书馆存档的网络信息种类和数据量预计会有显著增长。

国家图书馆与其他数字文化保存机构存在平行关联关系，以国家图书馆为示范，辐射其他数字文化保存机构，形成分布式网络信息采集与保存机制；共同协商，划分各机构保存范围；统一开发和共享保存技术，由国家图书馆主导开发采集软件与网页回放工具，建立统一管理平台；使用统一数据存储格式和元数据保存标准，节省开发成本，共享技术成果。同时，国家图书馆与各机构联合开展人员培训，交流采集、编目、保存经验，与图书馆外机构合作，打破机构壁垒，与更多国家网络信息保存项目合作，借鉴先进经验、技术与标准。

5 结语

国家数字图书馆以保存人类文明为职责，是国内重要的文化知识传播中心。加快推进网络信息资源采集、保存和服务利用，对承载中华数字记忆、弘扬优秀文化、促进人类信息发展具有重要战略意义。国家数字图书馆将继续深入推进网络信息的资源联建和共享，构建全国统一的网络信息保存与服务平台，加强技术研发与创新，通过多种手段和方式面向全国不同用户群体开展知识化、个性化、精准化、一站式信息服务，为扩大国家数字图书馆服务范围和提高服务能力提供支持。

参考文献

[1] 中国互联网络信息中心. 第39次《中国互联网络发展状况统计报告》[EB/OL]. [2017-05-22]. http://www.cnnic.net.cn/hlwfzyj/hlwxzbg/hlwtjbg/201701/t20170122_66437.htm.

[2] 国务院关于印发促进大数据发展行动纲要的通知[EB/OL]. [2017-05-22]. http://www.gov.cn/zhengce/content/015-09/05/content_10137.htm.

[3] 王烁. 美国网页归档项目——Internet Archive发展研究[J]. 兰台世界，2012(6)：18-19.

[4] HAKALA J. Archiving the web：European experiences[J]. Program，2004，38(3)：176-183.

[5] 赵丽琴. 我国网络信息保存研究述评[J]. 图书馆学研究，2011(2)：5-7.

[6] 马费成，赖茂生. 信息资源管理[M]. 北京：高等教育出版社，2006.

[7] KAVOURA A, ERSSON T. Applying delphi method for strategic design of social entrepreneurship[J]. Library Review, 2016(3): 185 - 205.

（原载于《数字图书馆论坛》2017 年第 6 期）

公共数字文化工程建设评价指标体系构建研究*

——以数字图书馆推广工程为例

温　泉　高　馨

1　引言

随着公众对公共数字文化服务提出了更高的要求，客观评价公共数字文化工程的服务效果显得越发重要。2015 年中办、国办发布的《关于加快构建现代公共文化服务体系的意见》中将"完善公共文化服务评价工作机制"作为创新公共文化管理体制和运行机制的重要措施，并明确提出"建立公共文化机构绩效考评制度，考评结果作为确定预算、收入分配与负责人奖惩的重要依据"[1]。2016 年文化部发布的《文化部公共数字文化工程管理办法》中提到："加强对重大文化项目资金使用、实施效果、服务效能等方面的监督和评估。"从公共数字文化工程的实际运行情况看，全国文化信息资源共享工程、数字图书馆推广工程、公共电子阅览室建设计划（以下简称"三大工程"）覆盖面广、建设单位多，全面的、系统的、以工程建设为焦点的评价被人们所忽视，特别是中央转移地方专项经费所支持的工程建设，存在着考核的盲点。因此，构建评价机制及系统的评价指标，通过合理的办法对公共数字文化工程进行评价，有助于解决公共数字文化服务供需矛盾，有效提高整体服务效能，增强建设活力。本文通过对公共数字文化工程的分析，以数字图书馆推广工程为例，讨论公共数字文化工程建设评价指标的构建，并提出综合评价模型，对若干省级组织实施单位进行实证评价。

2　公共数字文化工程指标体系构建

2.1　确定评价的相关要素

2.1.1　评价目的

公共数字文化工程评价是通过统一、科学、规范的评价指标和方法对公共数字文化工程的实施情况、运行管理和建设成效进行考量和评价，明确其存在的实际问题，促使相关责任主体进一步改进工作、提升建设与服务水平。公共数字文化工程所属经费由中央和地方财

* 本文系国家社科基金青年课题"'互联网+'时代公共数字文化工程的服务模式转变研究"（批准号 16CTQ003）的成果之一。

政负担,开展评价能够准确评估各大工程的经费使用及其效率,为财政预算和经费管理提供决策依据。因此,开展公共数字文化工程评价,必须围绕各大工程的核心内容和重点任务确定评价内容、设置评价指标并使用适宜的评价方法。如数字图书馆推广工程的评价应重点围绕网络和平台等基础设施建设、数字资源建设、服务与推广等方面开展,同时涉及组织实施与经费管理等方面。省级组织实施单位,既是本机构公共数字文化工程相关任务的建设主体,又承担着组织实施本地区公共数字文化工程建设的重要任务,因此在设计评价体系时需要兼顾以上两大方面。

2.1.2 评价对象

评价的对象应覆盖不同级别的文化行政主管部门和工程组织实施单位,对不同的评价对象制定符合其职责定位的分类评价指标。“三大工程”均由文化部、财政部共同组织实施,各级公共文化服务机构负责建设。《文化部公共数字文化工程管理办法》明确指出文化行政部门作为管理部门,承担公共数字文化工程建设的组织管理职责[2]。文化部委托国家图书馆、全国文化发展中心作为中央级别的组织实施单位;省、市、县级图书馆和文化馆以及乡镇文化站也在不同层面承担着工程的实施职责。限于篇幅,考虑到省级组织实施单位是各省开展公共数字文化建设的组织中心,承担着资源建设、平台建设、服务推广以及协调管理等重要职责,本文后续的评价实证均以省级实施单位为例,进而提出公共数字文化工程综合评价的一般方法。

2.1.3 评价主体

根据评价工作的需求和复杂程度,评价主体可以由某个人(专家)承担,也可以由一个工作小组(专家小组)构成。为了评价的客观性,评价工作一般选择评价小组作为评价主体。从专业领域看,评价小组成员应当包括公共数字文化建设的技术专家、资源建设专家、管理专家和评价专家;从职业结构看,评价小组成员应包括学术机构、主管部门、事业单位的专家;从与评价对象的隶属关系看,评价小组成员可包括评价对象的上级、同级和下级代表[3]。需要指出的是,在整个评价流程中,专家起着至关重要的作用,评价目的的确定、评价指标的建立、权重系数的确定、评价模型的选择、评价指标的判定都与评价者密切相关[4]。

2.2 评价指标的确定方法

2.2.1 指标选取原则

评价指标体系是评价的基础,是连接评价者与评价对象的纽带。评价指标体系包含互相关联的一系列指标,是按照一定层次结构组成的有机整体。其指标的详细程度、依赖关系、逻辑呼应都会对评价产生影响[5]。本文归纳了一些适用于公共文化服务工程的原则,可以在实际应用中灵活运用:①全面系统。选取的指标必须紧紧围绕评价目的,涵盖评价目标的基本内容,反映评价对象的全部信息,避免工作任务和评价内容的错位。②简约实用。指标体系要层次分明,简单明了,太多的指标和层级结构会增加评价复杂度,应当有所取舍,把握主要问题,剔除次要因素[6]。③互相独立。指标应遵循独立性原则,内容不交叉重叠,不存在依赖、因果关系。④可比性。指标尽可能采用相对属性,对同一指标的不同对象进行评价,能够互相可比,可以得出排序结果。评价标准的制定要界定清晰,便于比较。⑤导向性。

评价指标应体现政策导向，能够利于解决现有问题，利于公共数字文化建设的发展，如注重服务效能的评价[7]。

2.2.2　确定指标的方法

在实际应用中，确定指标项目较为常用经验确定法，并参考已有规范和惯例来确定。鉴于“三大工程”开展多年，运行建设体系较为完善，各级实施单位有明确的责任和建设任务，可以由经验确定法初步构建指标体系。具体地说，利用工程建设者及专家的专业知识和经验，对不同类别评价对象职责和建设内容进行综合分析，确定出具体的评价指标体系。然后用专家调研法，通过征求专家对所设计指标的意见，对指标进行修正优化。

2.2.3　数字图书馆推广工程评价指标构建实例

根据以上原则及方法，本文以数字图书馆推广工程建设评价为例，并选取省级组织实施单位（即省级图书馆）作为评价对象，初步构建一套评价指标。考虑到公共数字文化工程的评价目标和评价对象，制定的评价指标一定要符合评价对象在工程建设中承担的职责。指标体系的构成，将最终的评价目的作为顶层目标，逐级分解，每一层的指标都应是上一级目标的核心因素。依据此原则构建各类指标如表1所示。

表1　数字图书馆推广工程评价指标（省级组织实施单位）

一级指标	二级指标	三级指标	指标说明及评价标准
组织实施(a)	政策规划(a1)	建设规划(a11)	制定全省工程建设规划与实施办法
		年度计划(a12)	制定本馆年度计划与总结
	经费投入(a2)	地方配套经费(a21)	地方政府对工程建设提供持续的经费支持
	制度建设(a3)	制度完备性(a31)	建设机制的完备合理性，包括工程建设协调机制、专家咨询机制、监督考核机制
	项目组织(a4)	项目组织(a41)	全省年度建设项目任务组织申报、申报材料核实、省内评审、报备等统筹管理情况
	人才培训(a5)	专题培训(a51)	组织全省专题培训的情况
		网络培训(a52)	利用网络讲坛、公开课等在线方式的培训
		培训效果(a53)	培训对象满意度
基础设施建设(b)	硬件平台建设(b1)	硬件平台建设(b11)	按照硬件配置标准的建设情况
	网络建设(b2)	本馆网络联通(b21)	本馆与国家图书馆虚拟网、专网联通情况
		地市网络互联(b22)	本省地市级图书馆虚拟网、专网建设情况
		基层互联互通(b23)	本省县级图书馆网络互联情况
	软件平台建设(b3)	必（选）备系统(b31)	本馆、本区域系统部署种类、馆次、覆盖率、应用情况
		适配情况(b32)	与本地各类业务系统的对接适配情况

续表

一级指标	二级指标	三级指标	指标说明及评价标准
数字资源建设(c)	本馆资源建设(c1)	资源建设选题立项(c11)	项目的选题论证情况、建设方案情况,是否按照建设进度、时间执行
		资源建设规范性(c12)	资源建设标准、加工规范的执行情况
		资源建设质量(c13)	各项目建设数量、完成率、完成量、验收情况
		资源发布(c14)	资源的发布量、发布渠道等情况
	资源联建管理(c2)	建设指导(c21)	对地市级图书馆在建设标准、流程、加工方法等方面的业务指导
		检查验收(c22)	资源建设的中期督导和质检验收情况
服务与推广(d)	网络资源服务(d1)	资源访问便利性(d11)	具备显著的导航或入口,可靠获取
		资源组织与揭示(d12)	对推广工程资源的专题揭示、与本馆资源整合揭示
		资源利用率(d13)	一定周期内资源访问次数
		用户满意度(d14)	用户需求及满意度
	新媒体服务(d2)	移动阅读(d21)	通过移动阅读平台提供资源服务的情况
		植入应用(d22)	利用微信、微博等第三方应用平台资源服务情况
		其他媒体终端(d23)	触摸屏、数字电视、移动电视等新媒体提供推广工程资源服务情况
	服务活动(d3)	区域活动组织(d31)	利用各种方式组织全省性服务推广活动的情况
		活动参与(d32)	参与推广工程统一组织的全国性活动情况
		宣传报道(d33)	本馆及组织区域内各图书馆利用各类媒体宣传、信息报送情况

2.3 评价方法的选择及过程

2.3.1 评价方法

现代科学评价方法主要包括层次分析法(AHP)、数据包络分析法(DEA)、模糊综合评价法(FCE)、人工神经网络评价法、灰色综合评价等,基于这些基本的评价方法的组合,又衍生出来数百种评价方法[8]。各种评价方法的特点及适用范围在很多文献中进行了充分的讨论[9],本文不再进行深入的分析。公共数字文化工程评价方法的选择要考虑两个关键因素:一是公共数字文化工程在应用时评价对象较多(41 家省级、400 多家市级、2000 多家县级工程实施单位);二是一些指标的评判结果的区分边界较为模糊,存在着如何区分优秀与良好、实力强与弱、水平高与低等模糊问题。

基于以上分析,本文认为对于公共文化工程评价较为适用先采用 AHP 与 FCE 集成的方法，即层次分析法确定指标体系的权重，再采用模糊评价法确定评价对象各指标的属性值，最后进行评判集成得出评价结果。这样能够充分发挥层次分析法在确定权重时层层分解、科学定量的优势，并避免在多评价对象评价中一致性判定难以通过的弊端，也能够利用模糊评价法解决对公共数字文化工程评价指标进行判断的模糊性和不确定性问题，对各个指标给出优劣判断，同时也能对不同评价对象进行综合对比。

2.3.2 确定指标权重

不同的评价指标体现了各自的价值取向，但从指标体系整体看，不同指标有不同的重要程度。因此，评价过程很重要的一个步骤就是对不同指标的重要程度进行区别，也就是定权。在公共文化建设评价中，往往忽视用科学的方法对指标定权，评价者根据经验对指标直接赋予分值，有较大的主观性和随意性。此外，习惯用绝对分值，适应性较差。如果调整二级指标的层次结构，不能很好地与其他评价体系匹配，如嵌入公共图书馆评价体系中，要重新确定分值。从确定指标权重开始，系统的数学模型及方法开始发挥作用。

按照评价主体的选取原则，笔者邀请了 5 位专家进行评价，其中包括了公共数字文化、数字资源建设、信息技术、数字图书馆服务等领域的专家，尽可能从不同视角进行评判。多位专家参与评价，具体过程如下：

(1)构造每位专家的判断矩阵群。在确定权重的操作过程中，评价指标权重根据德尔菲法(Delphi method)确定，即面向专家进行背对背匿名评判，分别统计各位专家对指标的相对权重值[10]。并采用 1—9 标度方法，对同一层级指标两两对比，选取重要性等级属性 M = {同样重要、i 指标比 j 指标稍重要、i 指标比 j 指标明显重要、i 指标比 j 指标强烈重要、i 指标比 j 指标极端重要、i 指标比 j 指标稍不重要、i 指标比 j 指标明显不重要、i 指标比 j 指标强烈不重要、i 指标比 j 指标极端不重要}，并赋值 C_{ij} = {1、3、5、7、9、1/3、1/5、1/7、1/9}。在构造每一位专家的判断矩阵群的过程中，对于不同专家取编号 1—5，以 1 号专家为例，数字图书馆推广工程建设综合评价(M1)，根据各类二级指标(a、b、c、d)相对的重要程度，构造出判断矩阵如下：

M1	a	b	c	d
a	1	5	1/3	3
b	1/5	1	1/7	1
c	3	7	1	7
d	1/3	1	1/7	1

相应地可以列出判断矩阵 A1、B1、C1、D1，即相对于 a、b、c、d 指标，各种三级指标的相对重要性比较矩阵，以及对应某些三级指标的判断矩阵。同样对于其他专家，第 i 位专家，可以构造出如下 Mi、Ai、Bi、Ci、Di 等判断矩阵群。

$$A1=\begin{bmatrix}1&1&1&3&3\\1&1&1&3&3\\1&1&1&3&3\\1/3&1/3&1/3&1&1\\1/3&1/3&1/3&1&1\end{bmatrix},B1=\begin{bmatrix}1&1&1/3\\1&1&1/3\\1&3&3\end{bmatrix},C1=\begin{bmatrix}1&1/5\\5&1\end{bmatrix},D1=\begin{bmatrix}1&7&5\\1/7&1&1/3\\1/5&3&1\end{bmatrix}$$

(2)层次单排序。层次单排序也就是对于某层次的指标相对于上一层次指标的相对重要性。对于矩阵相对特征向量(即相对权重)的求法比较成熟,主要步骤包括:对矩阵每列元素进行归一化处理;对归一化处理后的矩阵,按行求和得到行向量;将行向量归一化得出相对权重。

对于上述 M1、A1、B1、C1、D1 矩阵计算结果如下:

$$M1:W=\begin{bmatrix}0.257\\0.070\\0.594\\0.079\end{bmatrix} A1:W=\begin{bmatrix}0.237\\0.237\\0.237\\0.091\\0.091\end{bmatrix} B1:W=\begin{bmatrix}0.200\\0.200\\0.600\end{bmatrix} C1:W=\begin{bmatrix}0.167\\0.833\end{bmatrix} D1:W=\begin{bmatrix}0.731\\0.081\\0.188\end{bmatrix}$$

(3)一致性检验。一致性检验主要是判断不同专家对指标权重的差异性,是否存在较大矛盾。层次分析法引入判断矩阵最大特征根以外的其余特征根的负平均值,作为判断矩阵偏离一致性的指标,即用公式1,检查判断矩阵的思维一致性。然后引入平均随机一致性指标 RI 削弱判断的一致误差,求出 CI 与 RI 的比率 CR(见公式2)。当 CR 小于0.1 时,笔者认为判断矩阵具有满意的一致性。否则需要与专家沟通,进行判断矩阵的调整。

$$CI=\frac{\lambda_{max}-n}{n-1} \qquad (公式1)$$

$$CR=\frac{CI}{RI}<0.10 \qquad (公式2)$$

对于1—6 阶判断矩阵,平均随机一致性指标 RI 值分别为:

1	2	3	4	5	6
0	0	0.58	0.90	1.12	1.24

对上述 M1、A1、B1、C1、D1 矩阵计算结果如下:

M1:$\lambda_{max}=4.057$,CI=0.019,RI=0.9,CR=0.021。

A1:$\lambda_{max}=5$,CI=0,RI=1.12,CR=0。

B1:$\lambda_{max}=3$,CI=0,RI=0.58,CR=0。

C1:二阶以下矩阵无须一致性判断。

D1:$\lambda_{max}=3.065$,CI=0.037,RI=0.58,CR=0.064。

均满足一致性判断。

(4)层次总排序。对每一层的指标因素进行权重排序后,汇总可得出全部的权重排序。同时考虑对5 位专家的判断权重进行加权平均得出最终的指标体系权重。笔者把专家分为三类:第一类专家包括2、3 号专家,权重分别为0.25;第二类专家包括4、5 号专家,权重分别为0.175;第三类专家包括1 号专家,权重为0.15。对各位专家给出的权重进行加权平均,结果如表2 所示。

表 2　数字图书馆推广工程评价指标权重

一级指标	二级指标	三级指标
a(0.357)	a1(0.186)	a11(0.487)
		a12(0.513)
	a2(0.359)	a21(1)
	a3(0.183)	a31(1)
	a4(0.172)	a41(1)
	a5(0.100)	a51(0.234)
		a52(0.319)
		a53(0.447)
b(0.125)	b1(0.378)	b11(1)
	b2(0.235)	b21(0.427)
		b22(0.263)
		b23(0.310)
	b3(0.388)	b31(0.394)
		b32(0.606)
c(0.337)	c1(0.281)	c11(0.126)
		c12(0.212)
		c13(0.333)
		c14(0.330)
	c2(0.719)	c21(0.538)
		c22(0.462)
d(0.181)	d1(0.431)	d11(0.238)
		d12(0.184)
		d13(0.295)
		d14(0.283)
	d2(0.378)	d21(0.236)
		d22(0.525)
		d23(0.239)
	d3(0.191)	d31(0.309)
		d32(0.315)
		d33(0.376)

3 评价指标的实证分析

3.1 评价过程

为了验证评价指标体系的有效性，笔者共选取6家数字图书馆推广工程省级实施单位作为实证的评价对象，其中东、中、西部地区各两家，将评价对象集表示为 $X_i = \{x_1, x_2, x_3, x_4, x_5, x_6\}$。同时，邀请了8位专家作为评价主体参与评价，专家组的专业背景涵盖资源建设、技术、服务推广、工程管理等方面，对数字图书馆推广工程较为熟悉。

(1)定性评判。专家组以6家实施单位的自评总结和第三方实施情况报告为依据，按照五个梯度(差、稍差、一般、良好、优秀)对评价指标体系进行打分。

(2)构建评价集。在模糊综合评价的过程中，将以上五个梯度作为评价集，$v_i = \{v_1, v_2, v_3, v_4, v_5\}$，为了便于评价结果的对比，在计算过程中给评价集赋值 $V = \{1,2,3,4,5\}$。同时给出评价分级标准见表3。

表3 数字图书馆推广工程评价分级标准

评价值	等级
$x_1 \geqslant 4.54$	优秀
$3 \leqslant x_1 < 4$	良好
$2 \leqslant x_1 < 3$	一般
$1 \leqslant x_1 < 2$	稍差
$x_1 < 1$	差

(3)单因素评价指标量化。以评价对象 x_1 为例，首先对专家组给出的评价结果进行归一化，从三级指标，由下而上逐级构建全部评价指标的单因素评价矩阵，如政策规划 a1 指标下的建设规划 a11 和年度计划 a12 评价矩阵。

$$R_1 = \begin{bmatrix} 0 & 0 & 0.25 & 0.125 & 0.625 \\ 0 & 0.125 & 0.125 & 0.375 & 0.375 \end{bmatrix}$$

根据AHP法得出的评价指标权重，构建权重矢量 $A_1 = \{0.487, 0.513\}$。然后，对不同指标的权重和单因素评价结果进行合成，得出三级指标的模糊综合评价结果，并按照评价集的赋值评分。

$$WA_1 = A_1 \cdot R_1 \cdot V^T \qquad \text{(公式3)}$$

按照公式3可以得出每个指标的评分结果，逐级加权可以得出每一级指标的定量结果。

(4)加权汇总。经加权逐级向上汇总，可得出不同级别的综合得分结果(见表4、表5、表6)。

表 4　二级指标评价得分

二级指标/评价对象	x_1	x_2	x_3	x_4	x_5	x_6
政策规划	4.183	4.436	4.064	3.750	3.753	2.378
经费投入	4.125	4.375	3.875	3.875	3.625	2.625
制度建设	4.125	4.125	3.500	3.625	3.750	2.500
项目组织	4.000	4.375	4.125	3.500	3.750	1.750
人才培训	3.870	4.059	3.934	3.739	3.918	2.832
硬件平台建设	4.250	4.500	4.250	4.500	4.375	3.500
网络建设	4.124	4.413	4.044	3.880	3.886	3.135
软件平台建设	3.849	3.871	3.822	3.697	3.822	3.299
本馆资源建设	3.879	4.131	3.700	3.479	3.396	2.764
资源联建管理	3.817	4.000	3.750	3.558	3.500	3.000
网络资源服务	3.958	4.060	3.525	3.466	3.437	3.053
新媒体服务	3.677	3.708	3.618	3.553	3.493	3.404
服务活动	4.234	4.484	4.366	3.985	4.359	3.383

表 5　一级指标评价得分

一级指标/评价对象	x_1	x_2	x_3	x_4	x_5	x_6
组织实施	4.089	4.309	3.890	3.728	3.722	2.426
基础设施建设	4.069	4.240	4.040	4.047	4.050	3.340
数字资源建设	3.835	4.037	3.736	3.536	3.471	2.934
服务与推广	3.904	4.008	3.721	3.598	3.634	3.249

表 6　综合评价结果

评价目标/评价对象	x_1	x_2	x_3	x_4	x_5	x_6
数字图书馆推广工程建设	3.967	4.154	3.826	3.680	3.663	2.860

3.2　评价结果及讨论

根据评价分级标准，所选取的 6 个评价对象中，有 1 个达到了优秀，有 4 个达到了良好，有 1 个为一般，工程总体建设推进有序，效果良好，有以下几个值得关注的特点：①从评分情况看，我国东、中、西部地区数字图书馆推广工程建设地区差距依然存在，其中东部地区的两个省份得分均大于 3.9，中部地区的两个省份综合得分高于西部地区，说明东部地区数字图书馆建设起步早、基础好，工程建设取得较好的综合效果。从二级指标上看，6 个省的硬件平台建设、网络建设、服务活动总体水平较高，强化了基础设施建设，服务活动建设积极程度高，容易突出地方特色和亮点。②6 个省的软件平台建设和新媒体服务两项指标普遍偏低。软件平台建设评价得分均在 3.9 以下，新媒体服务评价得分均在 3.8 以下，说明这两项工作有待加强推进。结合工程实施情况,个别软件平台有待与地方数字图书馆系统平台进行更好的互联互通;新媒体模式有待借助各种互联网应用扩大资源服务范围,实现不同终端的有效供给。③组织实施的4个子指标差异度较大,而组织实施对工程建设起到关键影响。依据工程建设实际情况,缺乏对公共数字文化建设的统筹管理,会影响工程建设的开展,这也是导致6号评价对象总体评级为一般的主要因素。

4 小结

本文围绕公共数字文化工程的建设评价,提出了明确评价要素、评价指标及权重、评价过程的相关方法。并以数字图书馆推广工程为例,通过构建适用于省级实施单位的评价指标体系,选取有代表性的6个评价对象进行了实证分析。期待本研究对公共数字文化工程建设评价提供操作方法和思路参考。

本文采用层次分析与模糊综合集成方法,首先能够逐层分解细化评价目标,较为客观地确定指标项目的权重。在评价对象时,模糊综合法能够把定性分析转化为定量结果,可以得出不同评价对象对比排名,解决了模糊判断、难以量化的问题。以数字图书馆推广工程为例的这一套指标体系达到了评价预期,较为有效。然而,也存在两个问题值得关注:一是专家本身的专业性、客观性对确定指标体系权重、评价指标打分环节起到至关重要的作用。特别是对不同对象打分时,要依据评价对象的客观事实、工程建设情况进行打分,避免打出印象分;二是确定指标权重时,用1—9标度方法,各个级别取值差距较大,导致不同指标差异度较大,可以进行改进。在后续研究中,笔者将对评价对象进行追踪评价,即对同一评价对象,经过一定周期的发展,继续对其评价,得出评价纵向结果;借此对公共数字文化工程建设的发展趋势进行探索,并期待得出对公共数字文化建设的建议和策略。

参考文献

[1]《关于加快构建现代公共文化服务体系的意见》(全文)[EB/OL].[2017-02-22].http://news.xinhuanet.com/zgjx/2015-01/15/c_133920319.htm.

[2] 文化部办公厅关于印发《文化部公共数字文化工程管理办法》的通知[EB/OL].[2017-02-21].http://www.mcprc.gov.cn/whzx/bnsjdt/ggwhs/201506/t20150630_442521.html.

[3] 方振邦.战略性绩效管理[M].北京:中国人民大学出版社,2014:10-23.

[4-5] 杜栋,庞庆华,吴炎.现代综合评价方法与案例精选[M].北京:清华大学出版社,2015.

[6] 蒋建梅.政府公共文化服务体系绩效评价研究[J].上海行政学院学报,2008,9(4):60-65.

[7] 秦寿康.综合评价原理与应用[M].北京:电子工业出版社,2003:5-20.

[8] 陈珽.决策分析[M].北京:科学出版社,1987.

[9] 陈国宏,陈衍泰,李美娟.组合评价系统综合研究[J].复旦学报(自然科学版),2003(5):667-672.

[10] STEURER J. The Delphi method: an efficient procedure to generate knowledge[J]. Skeletal Radiology, 2011, 40(8): 959-961.

(原载于《图书馆研究》2017年第6期)

国家数字图书馆特色资源云平台的建设与实践*

童忠勇

由国家图书馆牵头、各级公共图书馆通力协作的国家数字图书馆已经形成，全国大部分省、市级图书馆都已建立具有地方特色的专题数据库[1]。截至2017年底，国家图书馆汇聚各省、市图书馆数字资源元数据超过3亿条[2]。然而，图书馆特色数字资源量的快速增长以及特色资源服务区域化、平台异构化、技术多样化等问题的出现，给读者检索、使用带来了很大的不便[3]。本文将重点探讨国家数字图书馆特色资源云平台的建设，旨在通过对公共图书馆特色数字资源的整合和共享，让读者更好地利用图书馆特色信息资源，不断提升公共图书馆馆藏特色数字资源的利用率。

1 国家数字图书馆特色资源云平台建设背景

2011年，数字图书馆推广工程[4]正式启动。随着服务器等硬件设备的统一配置、应用系统的统一搭建以及专网和虚拟网的同步铺设，各省、市级图书馆资源的加工能力和服务能力逐步加强，并纷纷开展特色资源的数字化工作，这极大地丰富了地方图书馆数字化馆藏建设[5]。2015年，数字图书馆推广工程资源联建项目正式启动后，全国各级图书馆充分结合地方特色，依托联建项目建设了一批内容丰富、形式多样的优秀数字资源[6-7]。

图书馆界高度关注互联网技术的发展和应用。笔者于2018年7月以CNKI为数据源，以“云计算”和“图书馆”为主题词进行检索，重点关注近三年在核心期刊发表的约50篇相关文献，发现图书馆界有关云计算理论的研究成果多集中于云计算在图书馆应用中的模型构建[8]、数据整合[9]、资源建设[10]和服务创新[11]等方面。与此同时，在云计算技术的实际应用层面，公共文化行业也开展了实质性建设，为国家数字图书馆特色资源云平台的建设提供了参考。如：国家公共文化云于2017年11月29日正式开通，统筹整合文化共享工程、数字图书馆推广工程、公共电子阅览室建设计划三大文化惠民工程，实现了资源共享和云化服务[12]。另外，随着大数据技术的成熟和应用，图书馆界有关大数据的研究热点集中于大数据环境下图书馆服务体系的创新和服务平台的构建、基于大数据的资源整合和可视化分析以及大数据挖掘视角下的智慧化服务等方面[13-14]，国家数字图书馆特色资源云平台可基于

* 本文系国家社会科学基金青年项目“公共图书馆线上线下服务融合研究”（项目编号:16CTQ004）研究成果之一。

大数据技术，根据读者行为提供定制化、智慧化和个性化服务；近年来图书馆界对关联数据的研究也从理论层面走向应用层面，如上海图书馆利用关联开放数据技术重组图书馆传统资源，构建历史文献数据服务平台[15]，为国家数字图书馆进行特色资源深层次的组织和整合提供了借鉴；移动互联网作为空前广阔的融合发展领域，与广泛的技术和产业相关联，正从技术驱动发展到需求驱动阶段[16]，在此背景下国家数字图书馆应以用户需求为导向，依托移动互联技术促进移动服务泛在化。云计算、大数据、关联数据以及移动互联网等新技术的快速发展和成功应用，为国家数字图书馆特色资源云平台的建设提供了技术保障。

《国家“十三五”时期文化发展改革规划纲要》指出要“运用云计算、人工智能、物联网等科技成果，催生新型文化业态”[17]；《文化部“十三五”时期文化产业发展规划》也指出要“大力培育基于大数据、云计算、物联网、人工智能等新技术的新型文化业态，形成文化产业新的增长点”[18]。基于互联网思维的服务转型已成为国家数字图书馆发展的必然趋势。

在图书馆特色数字资源建设、互联网技术发展以及相关国家政策等多重因素的驱动下，国家数字图书馆于2018年初正式开展特色资源云平台的建设，依托各图书馆在地方特色资源收集、整理方面的专业性和优势，利用数字图书馆工程和数字图书馆推广工程累积的技术和经验，统筹规划，采用科学标准的规范体系，加强知识层面的深层次关联和整合，构建出一套共享、开放、各图书馆共同参与的国家数字图书馆特色资源云服务体系。

2 国家数字图书馆特色资源云平台设计

2.1 总体设计

国家数字图书馆特色资源云平台致力于地方文献的数据挖掘和品牌包装，将分散在各级公共图书馆的资源按一定的知识管理规则和服务目的进行二次组织，并针对各类人群提供多种多样的资源服务。具体来说，可以从数据、用户、系统、服务四个层面对公共图书馆特色资源进行整合：数据层采用统一的元数据描述框架进行加工和制作，构建公共图书馆特色资源数据池，采用混合云模式进行数据存储和组织，通过唯一标识符技术进行资源的统一调度；用户层通过统一用户管理系统对公共图书馆的用户进行实名认证和单点登录，打通各级图书馆之间的用户数据；系统层采用 Web Service 等框架，标准化集成与资源相关的应用程序和服务；服务层应注重关联化、全媒体化、公益化和互动化，依托技术手段将各种公共数字文化资源、可利用的商业资源融合到公共图书馆特色资源的服务体系中来。依托国家数字图书馆特色资源云平台，各图书馆可通过定制化、组件化的功能模块搭建，遴选资源，快速构建本地的特色资源服务。

2.2 框架设计

国家数字图书馆特色资源云平台采用“云 + 端”的宏观框架，即云计算概念加上互联网化的智能终端。云端通过构建连接公共图书馆和各地读者的空间关系网络，实现集图书馆员资源上传、组织及发布，读者在线阅读、视频观看及科研人员学习、研究为一体的统一开放平台。国家图书馆作为云端的实施主体，搭建云资源发布平台，汇聚各省、市图书馆特色资源，为各图书馆的资源发布和线上服务提供技术支撑，实现公共图书馆特色资源的云化和大数据化，缩小地方特色数字资源建设和服务的鸿沟，减少公共图书馆管理和维护的成本，提供安全的运行保障机制。

平台基本架构（见图1）描述如下：底层搭建云计算基础环境，构建LINUX集群，提供弹性计算服务，计算资源在集群内的弹性伸缩，并在多个云服务器之间均衡请求分发。在云基础环境之上，搭建云数据中心，各图书馆上传的数据均汇聚在此，可进行资源的二次组织、聚类及分析。在应用层面，以分布式文件系统、任务调度系统为核心，基于弹性计算服务、关系型数据库、开放存储服务、开放结构化数据服务以及开放数据处理服务，为各图书馆提供各类特色资源的储存及发布服务，同时在云上为各图书馆开放统一的资源检索引擎。在服务层面，面向读者提供集Web端、移动端和电视端为一体的全终端、跨平台的终端揭示服务。

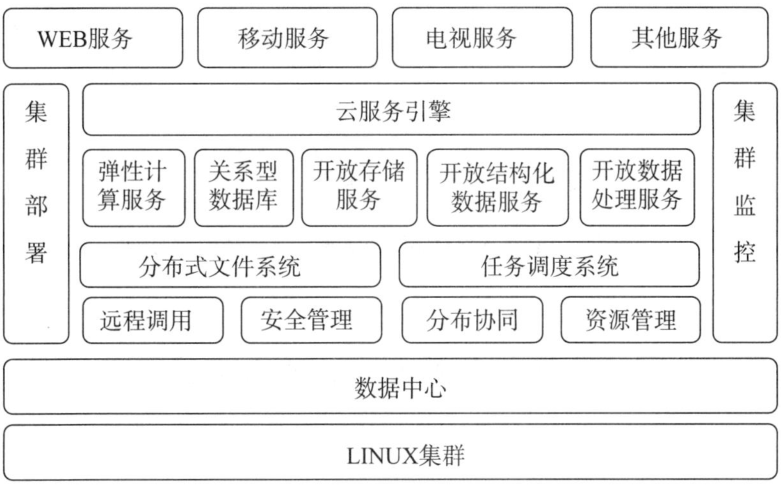

图1　国家数字图书馆特色资源云平台架构

2.3　技术架构

在技术架构上，由底层云计算、云存储、云缓存以及云数据库构建的IaaS层（基础设施即服务）为平台的安全稳定运行提供基础保障，各省、市图书馆可在云上动态获取资源。PaaS层（平台即服务）通过对特色资源的数据采集、组织、发布、调度、搜索、分析、管理以及用户身份认证、工作流处理、短信提示及报警等服务进行统一管理，建立开放合作的机制，面向各图书馆提供标准的接口规范，为应用服务提供支撑。SaaS层（软件即服务）面向终端读者，组合PaaS层核心服务，搭建公共图书馆特色资源服务门户。各图书馆可在云上开展本地专题库等云应用服务，建设包括地方志、民国资料、家谱、老照片等在内的多种特色文献，采用唯一标识符统一调度资源，将内容经由云平台上传、组织和发布；社会公众可以使用云搜索功能，随时查找所需的资源。与此同时，通过对用户、业务及操作的大数据分析，提供智能化推荐服务，基于云门户实现跨终端、跨平台的应用。具体框架如图2所示。

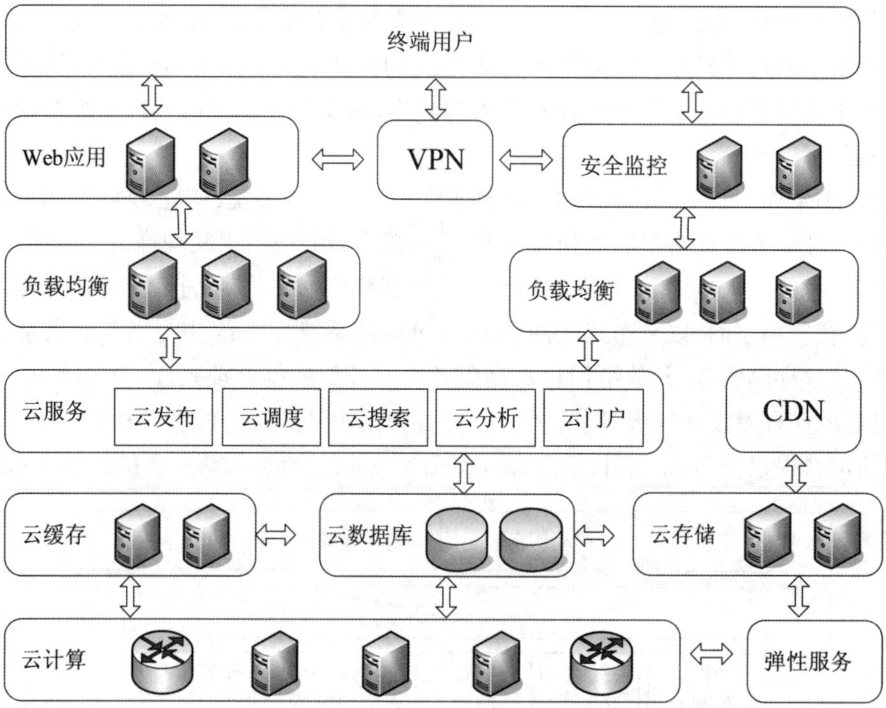

图2　国家数字图书馆特色资源云平台技术架构

3　国家数字图书馆特色资源云平台核心功能

3.1　弹性计算

弹性计算服务作为一种基础云计算服务，提供资源的按需供给和动态管理[19]。公共图书馆一方面可基于数字图书馆推广工程建设成果，依托推广工程专网构建公共图书馆特色资源服务私有云；另一方面也可以从云服务提供商处采购成熟的公有云服务，如阿里云、百度云、腾讯云等，组建公共图书馆特色资源混合云服务体系，向各成员馆提供安全、稳定、资源可伸缩的弹性计算云服务。计算资源包括云服务器、云数据库、云存储以及负载均衡等。各图书馆可根据自身业务需求，综合考虑自身安全及利益，灵活租用计算资源。基于云计算环境，各级图书馆不再需要搭建服务器及相应的网络等运行环境，在云上可以快速地搭建本地服务，减轻地方图书馆应用系统运维的压力，将工作重心更多地放到读者服务上。

3.2　数据管理

公共图书馆特色资源元数据基本上采用 DC、MARC、ACCESS、XML 等结构化数据来描述，因此在数据管理上需要构建云关系型数据库，按照资源的数据结构来组织、存储和管理数据，实现云上数据库管理，灵活揭示公共图书馆特色资源；同时提供 SQL 窗口、SQL 命令行等便捷操作，支持库表结构的可视化管理，直观地对业务数据进行增、删、改、查的实时监控，减轻公共图书馆对本地数据库维护的压力,使各图书馆更加方便快捷地对地方特色资源进行集中管理和统一服务。

3.3 云存储

随着计算机技术的发展,各图书馆特色资源的数据加工质量越来越高,对大容量存储设备的需求也越来越强烈。各图书馆可根据自身服务需要,灵活申请存储资源,调整服务方式,对安全性、隐私性有较高要求的数据可存放在私有云中;反之,则放入公有云中。国家数字图书馆特色资源云平台在云存储的设计上,一方面要考虑到资源类型的多样化,包括图书、期刊、报纸、学位论文等文本类资源,甲骨、老照片等图片类资源,政府信息类的网页采集资源,以及音、视频等流媒体资源等;另一方面国家数字图书馆云存储不仅仅是存储,还应该考虑应用层面,云存储应提供资源格式的在线和离线转换或处理,文本类资源支持 TXT、WORD 等转换成 PDF 格式,图片类资源支持 JPG、PNG、TIFF、GIF 等多种格式的转换,流媒体资源支持 FLV、WMV、MPG、AVI 等转换成 MP4 格式。为保证数据安全,格式转换还应提供加水印功能,服务层面应具备灵活的鉴权、授权机制以及防盗链等功能。此外,还应提供标准的 API 接口、SDK 包及客户端工具,可以方便地对 Web 网站或移动应用终端的海量数据进行上传、下载、检索、处理和管理。

3.4 云搜索

云计算环境下,国家数字图书馆提供一种开放的云搜索服务,面向公共图书馆开放搜索引擎,为公共图书馆特色资源服务提供简单、高效、稳定和可扩展的搜索解决方案。国家图书馆充分利用技术优势、人员优势和管理优势,基于云关系型数据库构建开放的搜索服务,在数据层面支持 RDS 数据源的灵活导入以及数据结构和数据处理的自由定制,在服务层面支持在网页中以插件形式灵活嵌入搜索引擎,从而将搜索技术简单化、低门槛化、低成本化和云服务化。各图书馆基于云搜索引擎可指定资源范围进行多条件搜索,并可进行搜索排序、统计分析等操作,使搜索引擎技术不再成为图书馆特色资源服务的业务瓶颈。各图书馆通过在云搜索平台直接配置相应的数据源,即可方便快捷地实现数据的统一搜索。

3.5 云加速

为保证资源内容传输得更快、更稳定,国家数字图书馆特色资源云平台采用内容分发网络(Content Delivery Network,CDN)进行加速,尽可能避开互联网上影响数据传输速度和稳定性的瓶颈和环节。平台租用第三方成熟的 CDN 服务,包括网页加速、大文件加速、视频加速等,解决网络拥挤的状况,提高用户访问的响应速度,使用户无论身处何地都能快速稳定地使用公共图书馆特色资源服务。

3.6 云分析

云分析服务主要是通过对公共图书馆特色资源云服务平台的业务数据和用户数据进行大数据分析,将结果反馈给用户,进而提升平台的易用性和吸引力。云分析服务通过全程跟踪读者访问数据,如浏览量、访客数、跳出率等,帮助各图书馆及时了解特色资源的服务效果,优化平台服务策略,提升用户体验。

4 应用展望

随着数字图书馆推广工程建设的深入,国家数字图书馆特色资源云平台将带动各省、市图书馆特色资源服务模式的创新和服务能力的提升;利用其灵活的部署方式和公开透明的服务资源,各地方图书馆可以更好地把握行业动态,提升竞争力;同时也有利于发挥各地图书馆的群体力量,推进特色资源的共建共享,减少重复加工,实现优势互补,提高图书馆特色资源的利用率。

4.1 创新服务模式

国家数字图书馆特色资源云平台采用"中心—地方"云架构模式,各地方图书馆采用"软件租用"的方式实现数字资源云发布。在发布内容上,不仅支持国家图书馆自建数字资源、征集资源和联建资源等所有裸数据的发布,还支持地方各级图书馆特色资源的发布,按地域、机构、资源类型、接入网络、用户角色实现资源的访问权限控制,并通过汇总地方图书馆提供的元数据来实现中心云平台对外提供资源的统一调度。在发布形式上,不仅支持地方图书馆异地资源发布,将对象数据导入到国家数字图书馆对象资源总库,还支持地方图书馆本地资源发布,以分布式对象数据存储的形式进行资源组织。在专题库建设上,各图书馆可对平台内的数据进行抽取和二次组织,在平台上创建适合本馆服务的资源库,面向读者提供互联网或推广工程专网服务。在读者服务上,地方图书馆向平台云中心进行数字资源与用户行为数据的汇聚,形成以国家图书馆为中心的数据池和行为池,借助大数据等先进技术面向读者提供智慧化服务。

4.2 提升服务能力

国家数字图书馆特色资源云平台建成后,为推广工程各级图书馆提供 SaaS 级的云服务。在资源整合方面,平台基于唯一标识符技术对公共图书馆的资源统一调度。由于使用统一的系统、统一的标准、统一的数据格式,各图书馆之间的数据传递也将变得简单而及时,各级图书馆可以快速搭建本地专题资源库,提供读者服务。此外,目前国家图书馆已经实现基于唯一标识符技术的电子资源与纸本资源的关联,借助国家数字图书馆特色资源云平台,未来可以将这一成果进一步推广应用到各级图书馆,再与馆际互借平台相结合,可使读者方便、快速地获取相应电子资源的纸本图书。在资源服务方面,平台集成了云搜索引擎技术,将满足大用户量、大并发量的检索、聚类等业务应用需求,可实现资源的篇名、目录、摘要及全文检索,为各图书馆专题库的构建提供系统支撑。在多终端支持方面,平台不仅提供 PC 端的展示,还支持手机、PAD 等移动设备以及电子触摸屏等交互设备的展示。

4.3 灵活的部署方式

在部署模式上,国家数字图书馆特色资源云平台将面向推广工程各级图书馆提供三种部署方式,分别是标准版、增强版和高级版。标准版部署独立的发布模块,提供数字资源发布、权限控制、资源检索等基本功能,作为独立的数据管理后台需借助第三方系统进行数据集成;增强版在标准版的基础上增加部署展示模块,可对外提供独立的资源服务,适用于简单的资源揭示场景;高级版在标准版的基础上部署资源门户模块,提供资源的逻辑库展示及专题库模板定制、用户交互等高级功能,适用于大型数据库的场景应用。

5 总结

国家数字图书馆特色资源云服务体系的构建是一项全方位的系统性工作,不仅是技术发展的趋势,更是资源管理和读者服务的需要。国家数字图书馆将进一步以优势技术和手段打破不同图书馆、不同类型特色资源之间的界限,树立跨区域资源整合的意识,将分散异构的特色数字资源纳入云体系中,使公共图书馆中各类特色资源关联起来,为社会公众提供更丰富的数字文化服务。

参考文献

[1] 魏大威,董晓莉. 利用区块链技术驱动国家数字图书馆创新升级[J]. 图书馆理论与实践,2018(5):98-103.

[2] 张福俊,高雪,周秀霞. 国内外数字资源发现平台比较研究——以 Trove、DPLA、Europeana、WDL 和文津搜索为例[J]. 国家图书馆学刊,2018(1):86-96.

[3] 吴高. 地方公共数字文化特色资源建设现状调查与思考——以全国文化信息资源共享工程省级分中心特色数字资源建设为例[J]. 图书馆建设,2016(1):39-46.

[4] 周和平. 加快实施推广工程建设覆盖全国的数字图书馆服务体系——在数字图书馆推广工程馆长培训班上的讲话[J]. 国家图书馆学刊,2012(5):5-13.

[5] 张丽玲. 省级公共图书馆网站地方文献信息资源建设调查与分析[J]. 图书馆学研究,2012(18):45-50.

[6] 林增兴. 近二十年我国图书馆特色数据库研究综述[J]. 图书馆工作与研究,2018(1):61-66.

[7] 郑云霞. 图书馆数字资源的共建共享——以数字图书馆推广工程为例[J]. 新世纪图书馆,2018(1):48-51.

[8] 董雪迪,刘万国,周秀霞. 基于云计算的国家数字学术资源多元保存模型构建研究[J]. 情报科学,2018(6):35-39.

[9] 徐延华. 云计算技术环境下数字图书馆资源的整合[J]. 山西档案,2018(4):100-102.

[10] 段杨军. 云计算环境下的图书馆资源库建设[J]. 图书馆,2016(8):108-111.

[11] 王琛,谢静华,李述成. 云环境下的图书馆移动阅读服务创新[J]. 山西档案,2018(3):108-110.

[12] 国家公共文化云正式开通[J]. 国家图书馆学刊,2018(1):47.

[13] 陈军营，白如江，王效岳，等. 中外图情领域大数据近十年(2007—2016)研究现状与发展趋势分析[J]. 情报科学，2018(7)：104－110.

[14] 曹霞. 国内大数据知识服务研究热点与进展[J]. 西南民族大学学报(人文社科版)，2017(9)：235－240.

[15] 孙翌，谭旻，杨界烋. 上海图书馆学情报学研究综述：2014—2016 年[J]. 图书馆杂志，2017(12)：27－36.

[16] 傅耀威，孟宪佳. 移动互联网技术发展现状与趋势[J]. 科技中国，2017(12)：60－62.

[17] 文化部"十三五"时期文化发展改革规划[EB/OL]. [2018－06－16]. http://zwgk.mcprc.gov.cn/auto255/201702/t20170223_491392.html.

[18] 文化部关于印发《文化部"十三五"时期文化产业发展规划》的通知[EB/OL]. [2018－06－16]. http://zwgk.mct.gov.cn/auto255/201704/t20170420_493300.html? keywords =.

[19] 郭毅可，韩锐. 云计算中的弹性算法：概要和展望[J]. 上海大学学报(自然科学版)，2013(1)：1－4.

(原载于《国家图书馆学刊》2018 年第 5 期)

互联网信息长期保存中可视化分析技术应用研究*

吕 琳 魏大威

1 引言

在过去的十多年中，国际互联网存档相关组织的成员及科研团体尝试开发各种采集工具、索引工具、访问工具，来实现互联网信息采集和长期保存。Internet Archive 通过各种技术、战略和伙伴关系，获取了庞大的历史网络数据集，其资源总量已超过 13PB[1]。互联网长期保存的资源与其他数字资源相比显得更为复杂，如前者的网页正文信息具有多样化的特征（文本、图像、视频等），网页之间存在相互链接，网页采用脚本和样式等技术手段也不同。数字资源保存过程中，与之相关的参考信息、出处信息、上下文信息、固定信息等也需要一并进行长期保存。如何高效地保存、管理和交换这些数据对象本身就是一个挑战。

展开对互联网信息长期保存的可视化分析研究，其主要原因是面对多样的数据类型、异构的数据源、对多维度数据展示的需求，网络软硬件环境的变化，借助于数理统计分析方法、大数据分析技术，将一些无序的、潜在的、隐藏在原始数据背后的信息转变为显现的知识，通过图形技术及交互技术，以更加直观、更易于认知的方式展示，达到互联网信息更好地长期保存，利于管理及服务的目的。

2 互联网长期保存的数字资源可视化相关理论及工作流程

2.1 可视化相关研究

Stephen Few[2] 给出的数据可视化定义是："数据可视化的主要目标是通过统计图形、绘图和信息图形清晰有效地传达信息，可以使用点、线或条来对数字数据进行编码，以视觉传达定量消息，有效的可视化帮助用户分析和推理数据和证据。"数字可视化主要处理两种类型的数据：分类（如文本标签）和定量数据（时间序列、偏差、频率分布、相关名、地理空间等）。它可以使抽象的数据以更易于理解、访问和可用的方式呈现。目前，人们常说的可视化分析则更关注视觉表示与数据统计、数据挖掘技术相结合，其应用范围主要为分析推理技

* 本文系国家图书馆项目"基于图书馆的互联网信息采集评估指标体系研究"（项目编号：NLC－KY－2016－07）研究成果之一。

术、数据表示与转换、交互技术相结合。

将可视化分析技术引入互联网信息保存领域，旨在利用数理统计或大数据分析方法对已采集的互联网信息进行基于链接、时序、空间、趋势、决策等多维度的应用，从原始资源中挖掘出所需信息，并借助于计算机学图形学与图像学处理技术，将抽象的数据以计算机所支持的可视化形式展现，以增加人的认知能力。其主要表现在以下三个方面：

(1)数据推理分析。分析推理技术，使用户能够直接在支持评估、规划和决策方面，获得深刻见解。根据 Card 和 Pirolli[3-4] 等人的信息觅食理论，信息管理人员和使用者对原始存档的信息使用聚类、时序、关联、回归分析等方法提取出所需数据，然后通过可视化界面对其显示图像进行一维或多维数据叠加显示、放大缩小查看细节信息、降维处理、人机交互等操作，从视觉角度来发现新问题，在此基础上提出假设条件并通过推理验证形成新知识，为下一步的决策分析提供帮助。

(2)数据表示与转换。数据表示和转换是指转换所有类型的冲突和动态数据，用以支持可视化和分析的方式。数据表示是适用于基于计算机转换的结构化形式。这些结构必须存在于原始数据中，或者可以从数据本身导出。它们必须尽可能保留原始数据中的信息、知识内容以及相关内容。底层数据表示的结构对于视觉分析工具的用户通常既不可访问也不直观，其性质也往往比原始数据复杂得多，并不一定比原始数据小。数据表示的结构可以包含数百或数千个维度，并且对于人来说是不可理解的，但是它们必须可变换成用于可视化和分析的低维表示[5]。

存档的原始资料经过数据分析处理转换，再到被人们视觉所感知的数据形式，要经过一系列的转换过程，即要将数据映射成带有可视化表征(空间基、图形属性)的可视化结构，再根据大小、比例、位置在指定设备上显示。

(3)视觉表现方面。视觉表现主要是借助于计算机图形、图像学技术，数据之间的位置关系(如不同的位置表示关系，多种坐标轴)、数据属性及表现方式的差异，突出共同点与异常点。使用者可以更快速地察觉数据的显著变化，通过视觉的获取分析数据可增加其对推理过程的感知，从而使推理分析过程变得更为集中。

2.2 可视化分析的工作流程

目前，互联网信息采集归档资源的可视化研究是针对互联网信息采集和长期保存整体工作流程展开的，尤其是对互联网信息归档周期各阶段相应的任务及产生的相关数据进行收集整理。互联网采集信息归档资源的可视化分析工作流程图借鉴了 Bolette Jurik[6] 的理论研究，并在此基础上与实际工作相结合，进行部分调整，最终确定工作流程。如图 1 所示：

互联网信息采集归档的可视化分析可分为如下几个阶段：

(1)数据的获取。根据专题确定的采集策略和采集范围，通过网络爬虫软件获取数据存储在本地数据库中，通过手工/自动抽取技术来录入描述、管理、使用性元数据[7]。

(2)语料库的建立。建立语料库索引文件和派生语料库。语料库索引文件中包含了互联网归档中的所有 Web 对象地址，并为不同的目的分析提供基础。派生语料库可以针对某一特定类型文件展开研究，它基于语料库索引文件派生出来。

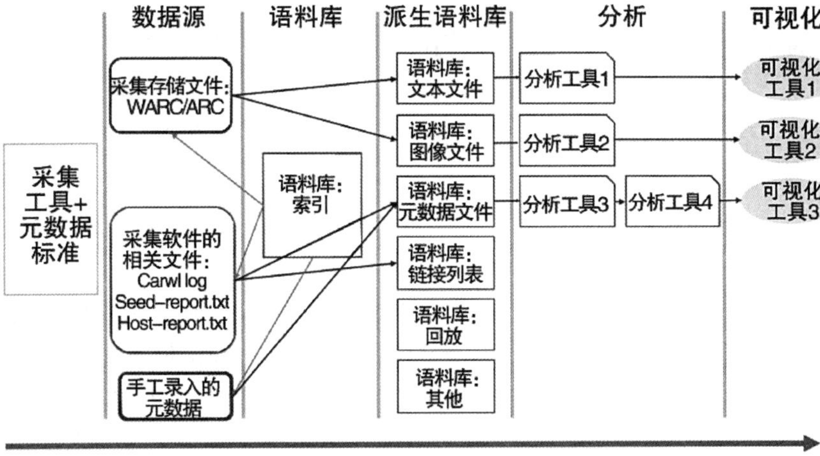

图1　互联网存档资源可视化工作流程图

(3)数据分析。基于语料库已有的数据,根据分析需求采用关联、聚类、时序方法进行数据深度挖掘,生成目标数据集。

(4)分析数据可视化。不同的目标数据集根据其自身数据特征,采用不同的可视化显示工具,为使用者提供更直观、更易于分析与决策的图形界面模式。

3　互联网保存资源的可视化数据获取

互联网采集与长期保存工作可分为网络信息采集、加工、管理、维护及数字资源长期保存这五个部分。需要长期保存的数据资源除了互联网信息采集资源外,还需要保留关于结构的、上下文、来源和访问信息,确保保存期数据的真实性和完整性,以更好地实现对网络归档资源生命周期的管理[8]。

3.1　可视化分析数据的来源

(1)采集资源内容保存文件。网络爬虫根据一定策略从某一个 URL 开始,沿着页面所有超链接,按广度优先或深度优先方式沿某一路径展开相关数据的抓取,并将它们添加到递归访问的 URL 中。对抓取的信息进行存储时需要一个容器格式,允许一个文件简单而安全地携带大量的组成数据对象,保留原始网页链接逻辑关系,用于存储管理和交换。1996 年以来,互联网存档(IA)使用原始的 ARC 格式文件来管理数十亿个对象。WARC(Web Archive)文件格式是互联网信息采集存档时所常用的文件保存格式。它是国际互联网保存联盟(IIPC)标准工作组于 2005 年向 ISO TC46/SC4/WG12 提出,2009 年被公布的国际标准,已被澳大利亚国家图书馆、加拿大国家图书馆、美国国会图书馆、英国国家图书馆、法国国家图书馆、中国国家图书馆等所采用。它所存储的范围包含:网页资源信息、存储互联应用层协议的有效载荷内容和控制信息、存储和其他存储相关联的数据转换结果、超长记录的管理等多方面内容。

(2)采集的相关过程数据。在进行互联网信息采集过程中,除了 WARC 文件之外,还有一些数据资源需要被合理保存。互联网信息长期保存的技术方法根据操作规模有所不同,目前对于大规模的互联网信息长期保存确定了三种主要的技术方法:客户端归档、事物归档、服务器归档[9]。在客户端的网络爬取工具 Heritrix 或 HTTrack,其抓取工具遵循"种子"指令,将与种子关联的一些数据信息(如 URL、爬网的频率范围、爬网的深度、数据字节数)存储在特定的文件中。

(3)手工录入数据和系统自动生成。根据数字图书馆长期保存元数据标准规范[10]、数字资源对象管理规范[11]的要求及实际工作需要的部分元数据,确定最终在互联网信息归档的全部元数据集合。一部分元数据可以通过采集获取的原始数据分析的基础上获得,另一部分则需要从事互联网信息长期保存相关的操作人员及管理人员通过手工的方式录入相应的系统中;对于系统中的固定属性(如唯一标识符)则由系统程序自动生成并存储至相应的元数据管理单元中。

3.2 数据的自动抽取

除了手工录入的数据之外,前两种数据来源可以通过数据分析方法实现自动提取。研究采用的网络信息采集工具为国际互联网保存联盟(IIPC)推荐的网络爬取工具 Heritrix,其文件保存格式为 WARC。

3.2.1 Heritrix 采集信息提取

在指定了采集专题后,对相关专题的互联网信息进行采集时,采集软件中会留下大量的参数信息。互联网信息抓取工具 Heritrix 用来获取完整的、精确的、站点内容的深度复制,包括获取图像以及其他非文本内容,抓取并存储相关内容[12]。在采集过程中,Heritrix 会产生大量的日志文件及报告,包含大量用于描述、结构性、管理相关的特征参数。在进行统计时,经常会用到的几个日志文件见表 1。

表 1 Heritrix 采集过程中的特征数据

文件	提取的信息
Crawl. log	时间戳;抓取速率;URI 统计信息;虚拟内存大小;虚拟机堆栈大小
Seed-report. txt	爬行状态、种子 URI、重定向
Crawl-report. txt	抓取名称;持续时间、爬取种子数相关统计;抓取 URI 相关统计;带宽;采集速率;抓取数量总数
Minetype-report. txt	抓取的多媒体类型、每种类型媒体抓取的字节数、给定的 MIME 类型抓取的 URI 数

3.2.2 WARC 文件特征数据提取

对 WARC 进行分析,并从文件读取出相应的数据资源,进行分别存储。主要可获取的资源有特征数据和内容数据。特征资源如时间戳、IP 地址、MIME 媒体类型等,内容数据主要是指网页的正文相关的数据资源。

国际标准化组织给出的WARC(Web Archive)文件格式定义为:“提供将多个资源记录(数据对象)连接在一起的约定,每个资源记录由一组简单文本标题和任意数据块组成一个长文件。”[13]换句话说,WARC格式文件就是由一个或多个WARC记录的简单连接,其中第一个记录通常是描述要记录的记录[14]。记录内容包含与检索直接结果相关的内容(如网页、内联图像、独立文件等)或是归档相关的附加信息(如元数据、变换内容)。WARC记录一般由一个记录头、记录内容块及两个换行符组成。记录头格式具有强制命名字段,大部分遵循HTTP/1.1[RFC2616]和[RFC2822]标题的传统,主要用于记录记录的日期、类型和长度,并支持每个收获的资源(文件)的方便检索。如图2所示:

```
WARC/1.0
WARC-Type: response
WARC-Date: 2013-12-04T16:47:32Z
WARC-Record-ID:
Content-Length: 73873
Content-Type: application/http; msgtype=response
WARC-Warcinfo-ID:
WARC-Concurrent-To:
WARC-IP-Address: 23.0.160.82
WARC-Target-URI: http://102jamzorlando.cbslocal.com/tag/nba/page/2/
WARC-Payload-Digest: sha1:FXV2BZKHT6SQ4RZWNMIMP7KMFUNZMZFB
WARC-Block-Digest: sha1:GMYFZYSACNBEGHVP3YFQNOSTV5LPXNAU

HTTP/1.0 200 OK
Server: nginx
Content-Type: text/html; charset=UTF-8
Vary: Accept-Encoding
Vary: Cookie
X-hacker: If you're reading this, you should visit automattic.com/jobs and apply to join the fun, mention
 this header.
Content-Encoding: gzip
Date: Wed, 04 Dec 2013 16:47:32 GMT
Content-Length: 18953
Connection: close


...HTML Content...
```

图2　WARC文件格式解析[15]

(1)特征属性提取。有8种WARC记录类型:WARC信息、响应、资源、请求、元数据、回访、转换和延续。从WARC文件头中来获取时间戳、元数据、重访、MIME媒体类型、转换、数据分割等。目前,已开发的关于WARC文件格式内容自动抽取相关的软件有:WGET、Warc-Tools、WarcBase、ArchiveSpark、WEAR等。

(2)内容数据提取。互联网信息归档资源内容挖掘主要是从网页内挖掘、提取和整合有用的数据、信息和知识。采集归档的网页信息中包含了文本信息、图像、视频、音频等多媒体资料。从目前已存储的各类资源总量上来看,文本资源、图像资源所占比例较大。本文在网页内容提取研究过程中,侧重于文本和图像数据提取的相关研究与技术。

互联网信息归档资源文本内容可视化是将蕴含于其中的语义特征(如主题聚类、词频分析等),以网络云标签、时间轴等可视化模式显示在指定的终端设备上。在对文本资源进行提取时,可以应用已有的网页文本提取工具(如Apache Tika、Jsoup)进行信息提取。按使用者的需求不同,可以将信息按提取粒度大小不同分为:粗粒度(篇章级):标签提取、文章分类、情感分析、垃圾评论的过滤等;中粒度(短串级):词重要性、句法结构、近义词替换、语义归一化等;细粒度(词汇级):中文分词、专有名词识别、词性标注、需求词识别、同义词分析、词汇关系计算、语义网分析等。

图像数据同样也是网络归档资源的网页内容信息中的重要组成部分。将可视化技术应用于图像信息资源检索研究,对图像数据进行语义分析、特征提取、图像自动标注,是对网络存档资源粒度的进一步细化。这既可以改善用户体验、扩展检索模式,又可以提高图像检索系统的性能。

4 可视化技术应用效果

采集的内容包含的媒体类型不断增加,管理数据包含相应的元数据总量也在不断增长。在此基础上,通过大数据分析技术将挖掘信息和知识发现作为目标,将网页原始内容提取的信息或特征属性数据通过一维信息、多维信息、时序信息、空间信息等方式进行可视化展示[16-17]。

4.1 基于时间的内容分析

互联网信息归档的网页包含的文本内容进行的文本挖掘技术,可用于分析当前新闻热点,常采用的可视化方式主要有文本可视化、图像可视化和图(网络)可视化。

英国网络档案馆采用 N-Gram 搜索对互联网归档资源文本进行可视化分析,发现其网络存档中随时间推移,用户每月定义的搜索词或短语的变化情况。荷兰阿姆斯特丹大学的 WebART 团队[18]基于荷兰国家图书馆网络存档收集的 Nu. nl 每日快照数据进行分析,通过 ANTA 对搜索结果进行共词分析,再利用 GEPHI 修正图中的时间戳,显示与主要新闻事件相关的词频可视化和随时间推移的术语同时发生的分析,如图 3 所示。

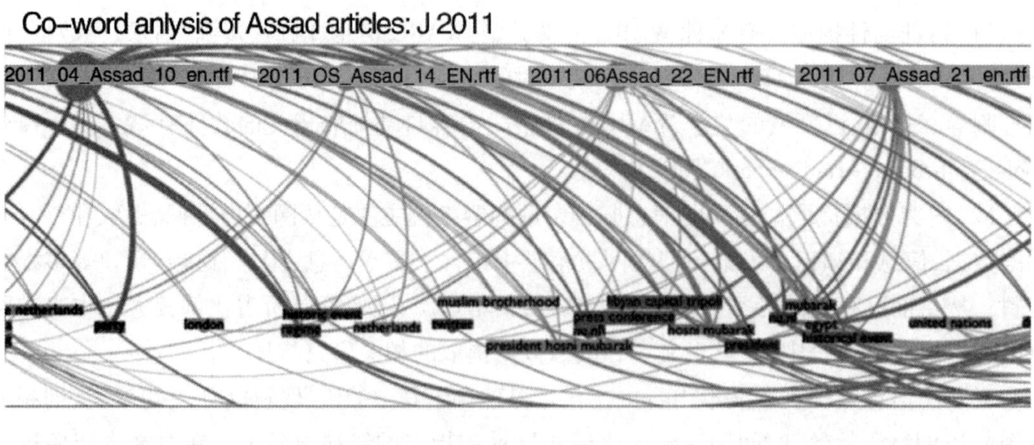

图 3 基于时间的共词分析[19]

基于图像的可视化方式来使用互联网信息归档资源,探索和叙述事件历史记录。Chorit 和 Rasmussen 在对 1999 年美国历史系师生做的基于美国国会图书馆历史图片库的实验中发现,用户对时事性感知在整个检索过程中起到重要作用[20]。荷兰阿姆斯特丹大学基于互联网信息归档资料,从包含图像的文件夹进行特征数据提取,并作为单独的图像返回到每一个URL的文件夹。通过WebARTist进行关键字查找,结果调用JavaScript可视化工具,自动在交互式时间轴上搜索相应的结果,如图4所示:

图4 基于时间的图像分析

图4是互联网归档资料中对穆罕默德·胡斯尼·穆巴拉克所有的新闻专题、事件进行图像语义标注及图像检索的系统。图4右侧图像下方显示的内容是以时间轴的方式列举出每次事件相关的单独图像或图像集,使用者可通过时间轴交互的方式去查找某一事件的相关图像。

4.2 链接分析

在网络理论中,链接分析是用于评估节点之间的关系(连接)的数据分析技术[21]。互联网中,不同的网站和网页通过链接而建立起相互之间的连接,它不仅可以将不同社交媒体的用户连接起来,还可以让不同公司、组织、政府机构建立起连接。链接分析不仅可以揭示某一热点讨论的核心,分析哪些用户扮演了重要角色,也可以分析在线组和内聚区域之间的分数,实体的大小和实体之间的关系。

随着大型网站被捕获,它们之间的链接和连接也被捕获。这些网络链接的网站和数据可以被挖掘以观察个人、组织及其他事物随时间的关系变化。正如在实时网络上的网站和社交网络上进行的这种分析一样,它可以与互联网归档数据集一起使用,以查看随时间或过去点的变化。互联网信息归档研究允许多维度数据基于时间进行分析[22]。

对于给定的域,可以使用链接分析来了解在线机构的结构,它们之间的关系以及它们与外界的交互以及它们对用户的导航性。对于英国政府二级域名(包括以.gov.uk结尾的所有网站),链接分析可用于分析政府部门和机构之间的变化结构和关系;他们在社会和信息网络中的地位,公民与政府互动的水平和层次。英国网络档案馆的互联网信息归档,链接分析的可视化研究主要基于JISC UK Web域数据集(1996—2010),分析HTML页面并从每个<a>链接中提取“href”属性,再将这些公共后缀聚合(如所有“*.ac.uk”被计算为

"ac. uk",所有" *. com"为"com"等),使用 d3. js 可视化引擎相结合,生成可视化的和弦图,用于趋势分析。图 5 所采用的数据集为原始数据集的六分之一所计算出的结果:

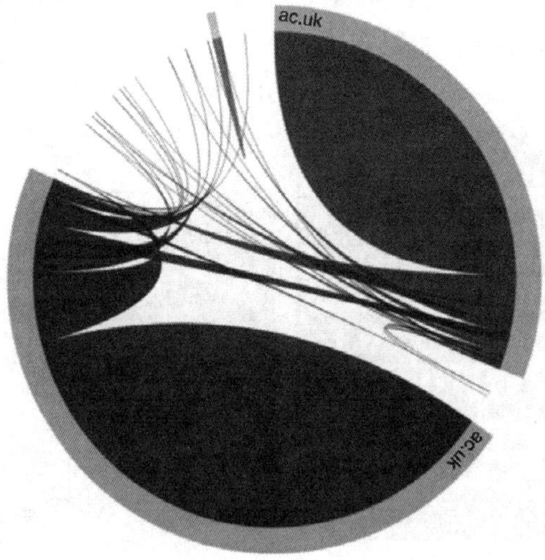

图 5　英国国家图书馆基于域名后缀的链接分析

4.3　技术趋势分析

互联网上的数据资源与其他数字资源的区别是种类繁杂,每年都会有新的技术产生并应用其中(如新的编程语言、新的数据格式等),同时也会有一些旧的数据文件被新技术文件所取代。网络爬虫获取的数据资源所包含的内容随着时间的变化,其文件格式、编程语言、标记和其他属性都会产生变化。对这些与网络存档相关的内外环境数据进行统计,分析其变化趋势,有利于采集策略的调整及数字资源长期保护存储方案的制定。

在互联网信息归档研究领域中,数字格式风险评估是数字资源长期保存风险评估的组成部分之一,对其进行检测将影响数字内容对象的可访问性和长期保存的技术环境和文件格式的更改时间和可能性[23]。丹麦国家图书馆通过网络爬取过程中所产生的 crawl. log 文件对采集存档的. dk 域名下的数据进行分析,得到各种文本、音频、视频及其他文件在 2005—2016 年存档文件所占的比例[24]。英国网络档案馆对互联网归档的 JISC UK Web 域数据集(1996—2010)进行分析,对所有 HTTP 200 响应中的数据格式(MIME 类型)进行分类和统计。使用格式数据集生成的示例可视化,显示流行图像格式和 HTML 随时间推移的趋势。捕获网站的分析可使这些数据集显示各种网络格式的上升和下降。

图 6 是英国网络档案馆对 1996—2010 年所采集的互联网信息归档资源中的图像数据进行统计分析。研究表明 JPEG 的使用多年一直保持稳定,TIFF、GIF 和 XBM 图像则变得更少,XBM 格式的使用下降特别突出。该图表也显示了 PNG 格式与通常用于创建的 ICON 格式的显著上升。

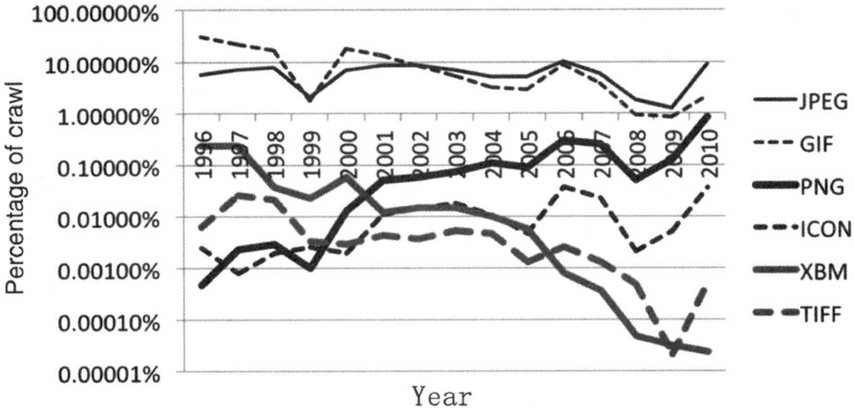

图 6　采集的图像格式统计分析

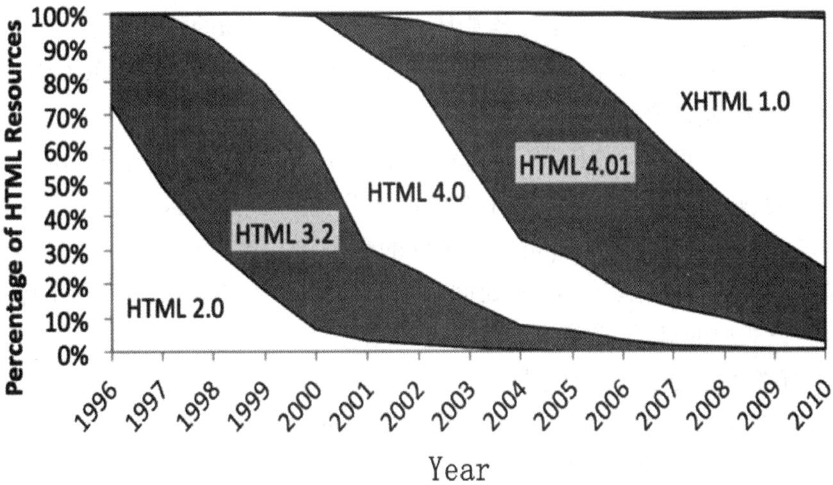

图 7　HTML 版本使用时间[25]

图 7 是基于已收集存档资源的 HTML 版本格式进行的评估。图中纵向上的数据是不同版本的 HTML 资源占当年所有 HTML 资源总量的比例。随着时间的推移,互联网采集获取到更多的版本。图 7 表明 HTML 2.0 -4.01 和 XHTML 1.0 -1.1 都存在于 2010 年爬网数据中。

从英国网络档案馆对 JISC UK Web 域数据集中 1996—2010 年图像格式和 HTML 版本的评估来看,格式范围可能不像以前所想的那样严重,文本和图像的网络格式可能不会像以前所担心的那样很快过时。

4.4　基于地理信息的可视化分析

地理空间数据的可视化主要是指与地理位置相关的数据与地理可视化相关技术及应用软件相结合,对与之相关的对象属性建立可视化表征,对与时间和空间密切相关的模式及规律进行展示。

互联网归档资源中有部分数据与地理数据相关,如网站中使用的地理术语、采集网页内容包含的地理位置/坐标,邮编等。这些数据经提取、变换、加载至地理信息系统相关的软件(如ArcGis、MapInfo、Suffer 等)相结合,显示为可视化的二维或三维图像为管理者和研究人员提供相关的决策分析辅助。英国网络档案馆[26]的 GeoIndex 对 1996—2010 年间的“.uk”结尾域的数据集中,扫描约 25 亿响应数据的地理参考值,特别是邮政编码。在爬行过的特定 URL 中发现的这组邮政编码引用形成了英国网络历史地理位置,其数据结构为每个单独爬行捕获给定归档网页上的给定邮政编码的权限,就是像在特定时间访问网络爬虫一样。邮政编码、URL 和时间戳的每个组合只会出现一次,无论特定邮政编码在给定的页面中出现多少次。

4.5 可视化技术应用效果分析

4.5.1 可视化分析技术特点分析

从认知模式上看,可视化分析技术在数据显示方面不再依赖于简单的图像显示模式,而是基于认知心理学、社会心理学及计算机用户满意度等人为因素,图形、图像显示上则更注重显示方式变化、空间排列位置不同、多视图显示等来突出事物的特征。在内容可视化实例中,以网络可视化分析方式运用,显示时间与新闻词频的共词分析结果,以人们更易理解的方法,来洞察事物的发展变化规律。

从交互模式上看,可视化分析技术较静态可视化分析来说,更善于接受用户的意图和需求,增加现实感及知识的驱动。交互技术在可视分析中的运用方式有动态改变聚集点、标记感兴趣的区域、动态过滤等,使用者可以从不同的角度和方式观察数据,更好地解读和剖析事物。在基于图像的可视化实例中,对时间轴和相关的图片/文件夹进行简单操作,可以更好地捕捉到自己想要的显示/隐藏信息内容。

4.5.2 可视化分析技术范围分析

首先,在对事物/对象自身全部或某一特征进行分析时可选用文本可视化或图像可视化。网络存档资源的主题热度、基于时间序列的主题跟踪、事物的发展趋势预测等方面则侧重于对事物/对象自身所隐含的语义特征展示。其次,在对事物/对象之间的关联进行分析时适合选用网络可视化分析技术。在网络存档资源的应用服务和长期保存管理过程中,事物/对象的分析需要多维度展开。常用在社会科学研究领域的共词分析、社会网络化分析是网络可视化技术应用的实例。最后,分析事物分布特征则可选择空间数据可视化。网络存档资源长期保存管理和提供应用服务,数据存储并不是仅存在一个地点或数据服务仅由一家机构提供。数据管理的分析采用空间数据可视化分析方法来实现网络存档资源长期保存及数据共享的应用服务。

5 对国内网络存档应用可借鉴之处

互联网归档的资源相关研究仅 20 余年,对其进行可视化分析也是近几年才展开,很多方面有进一步提升的空间。它对我国的互联网信息长期保存可视化分析应用仍有一定的借鉴和指导作用,具体表现在:

(1)在应用服务方面。借鉴互联网信息归档资源正文内容的文本、图像及图谱可视化应用的成功经验,可视化技术在应用服务方面,可以从两方面展开:一方面是侧重于信息粒度的细化。例如,访问者在对网络存档专题“一带一路”进行访问时,对此专题归档的数据进行可视化分析后,以更符合人认知的方式——云标签模式显示在指定终端。云标签对专题聚集的热点词集使用不同的字体、字号、颜色、排列次序,增强使用者的视觉感观。访问者可以从指定专题中选取中一个或多个热点词来进一步缩小信息检索范围,快速地获取所需信息。另一方面是基于时间轴的存档资源可视化服务模式。高频率的连续采集专题的互联网信息归档资源(如全国人民代表大会),提供基于时序分析的可视化分析。使用者操作时间轴快速地了解会议的全程或获取各时间节点的聚集热点,也可对所关注问题的交互区热点进行操作来获取相应的具体存档内容。

(2)在互联网信息长期保存管理方面。互联网信息归档生命周期由评估与选择、数据采集、存储与组织、质量保证与分析等若干模块组成,且各部分之间都存在一定的关联。这其中的很多模块都需要对数据进行分析处理,如互联网信息长期保存环境检测、数据的完整性与可信性评估、采集专题的确定、网站选择等。互联网信息长期保存的原始元数据借助于可视化分析技术中的分析推理、人机交互分析及隐含关系展示等,给管理者提供更高效、直观的辅助决策信息。

6 结语

数据创造的真正价值在于洞察隐藏在数据中的深层次价值,并提供一种稀缺的附加服务。互联网信息长期保存的可视化分析是对整个互联网信息保存生命周期的全部数据进行全面、深入分析,既要从归档正文内容及相关元数据进行挖掘以提供更好的数据索引、提取、推导服务,也要从数字资源长期保存管理角度提供高效的评估、审计控制等方面的辅助分析服务。目前,互联网信息保存的可视化分析研究仍处于起步阶段,在多维数据关联可视化分析、Post-WIMP 交互技术应用等方面的研究仍有待提高。

参考文献

[1] BAILEY J. Who, what, when, where, why, WARC: new tools at the Internet Archive[C/OL]. [2017-08-25]. http://netpreserve.org/wac2017/abstracts/#_abstract60.

[2] FEW S. Eenie, meenie, minie, Moe: selecting the right graph for your message[J/OL]. [2017-08-25]. https://www.perceptualedge.com/articles/ie/the_right_graph.pdf.

[3] CARD S K, MACKINLAY J D, SHNEIDERMAN B. Readings in information visualization: using vision to think [J]. San Francisco: Morgan Kaufmann Publishers, 1999.

[4] PIROLLI P, CARD S K. The sensemaking process and leverage points for analyst technology as identified though cognitive task analysis[C]//MAYBURY M. Proc. of the Int'1 Conf. on Intelligence Analysis. MacLean: MITRE, 2005, 1-6.

[5] THOMAS J J, COOK K A. Illuminating the path: the R&D agenda for visual analytics, national visualization

and analytics center[M]. National Visualization and Analytics Center,2005.

[6] JURIK B,ZIERAU E. Data management of web archive research data[C]. London: Researchers practitioners and their use of the archived web,2017.

[7] 波梅兰茨. 元数据:用数据的数据管理你的世界[M]. 北京:中信出版集团,2017.

[8] 魏大威,张炜. 国家数字图书馆网络资源保存和服务思考[J]. 图书馆理论与实践,2016(9):38 - 46.

[9] MASANÉS J. Web archiving[M/OL]. [2017 - 08 - 25]. https://link. springer. com/book/10. 1007/978-3-540-46332-0.

[10] 文化部. WH/Z 1—2012 图书馆数字资源长期保存元数据规范[M]. 北京:国家图书馆出版社,2016.

[11] 国家图书馆. 国家图书馆数字资源对象管理规范[M]. 北京:国家图书馆出版社,2013.

[12] Heritrix[EB/OL]. [2017 - 08 - 25]. https://fliaping. gitbooks. io/create-your-vertical-search-engine-with-solr/content/crawl-web-page-by-using-heritrix. html.

[13] WARC[EB/OL]. [2017 - 08 - 25]. https://www. iso. org/standard/44717. html.

[14] WARC[EB/OL]. [2017 - 08 - 25]. https://iipc. github. io/warc-specifications/specifications/warcformat/warc-1. 0/.

[15] WARC[EB/OL]. [2017 - 08 - 25]. http://commoncrawl. org/2014/04/navigating-the-warc-file-format/.

[16] 任磊,杜一,马帅,等. 大数据可视化分析综述[J]. 软件学报,2014,25(9):1909 - 1936.

[17] CHHIKARA R R,SHARMA P. A hybrid feature selection approach based on improved PSO and filter approaches for image steganalysis[J]. International Journal of Machine Learning and Cybernetics,2016,12(7):1195 - 1206.

[18 - 19] Searching the archives[EB/OL]. [2017 - 08 - 25]. https://wiki. digitalmethods. net/Dmi/Winter13-SearchingTheArchive.

[20] CHOI Y,RASMUSSEN E M. Users' relevance criteria in image retrieval in American history[J]. Information Processing & Manageent,2002,38(5):695 - 726.

[21] Link_analysis[EB/OL]. [2017 - 08 - 25]. https://en. wikipedia. org/wiki/Link_analysis.

[22] Big data:demonstrating the value of the UK web domain dataset for social science research[EB/OL]. [2017 - 08 - 25]. https://www. oii. ox. ac. uk/research/projects/uk-web-domain-dataset-for-social-science-research.

[23] OCLC digital archive preservation policy and supporting documentation[EB/OL]. [2017 - 08 - 25]. http://web. archive. org/web/20120307173539/http:/www. oclc. org/support/documentation/digitalarchive/preservationpolicy. pdf.

[24] JURIK B,ZIERAU E. Data management of web archive research data[EB/OL]. [2017 - 08 - 25]. https://archivedweb. blogs. sas. ac. uk/files/2017/06/RESAW2017-JurikZierau-Data_management_of_web_archive_research_data. pdf.

[25] Format profile[EB/OL]. [2017 - 08 - 25]. http://www. webarchive. org. uk/ukwa/visualisation/ukwa. ds. 2/fmt.

[26] GeoIndex[EB/OL]. [2017 - 08 - 25]. http://www. webarchive. org. uk/ukwa/visualisation/ukwa. ds. 2/geo. Research on Application of Visualization Analysis Technology in Web Archive.

(原载于《图书馆》2018 年第 5 期)

文献研究

国家图书馆藏甲骨与《甲骨文合集释文》之校勘

胡辉平

国家图书馆藏甲骨共有35600多片，是目前我国乃至世界上收藏甲骨最多的单位。其中8770片甲骨的拓片为《甲骨文合集》（以下简称《合集》）所收录[①]，但由于《合集》所收的拓片大多没有核对过原骨，其中背拓有字而缺漏者，拓片模糊，脱落字或字的笔画的情况多有存在，从而导致释文中缺漏字、误释字的现象时有发生。

近年来，国家图书馆对所藏甲骨进行重拓，释文等整理，已完成5000多个编号的甲骨片的清理，其中有1780片是《合集》收录过的[②]。本文主要就这1780片甲骨与《合集》进行甲骨实物与拓片的校勘，以及与《甲骨文合集释文》（以下简称《合集释文》）[③]和《甲骨文校释总集》进行释文校勘。其中《合集释文》将“[glyph]”释为“酒”，[④]我们认为应释为“酌”字；将“[glyph]”释为“㝉”，“[glyph]”释为“宾”[⑤]，而我们认为“[glyph]”和“[glyph]”均应释为“宾”字。《合集释文》中的“丝”即“兹”。以下出现这些字就省略说明。释文相同的部分，校勘中省略列举，仅列举存在异误的辞例。其他校勘与《合集释文》相同的，在此省略说明。

1.《合集》313　　(3)贞勿乎。六月。

北图5011　　(3)贞：勿[glyph]？六月。

《合集释文》辞(3)的“乎”字，在原骨应为“[glyph]”字。

2.《合集》1173　　𠦪[于]上甲豭……二……

北图633　　乙𠦪[于]上甲豭……二……[⑥]

《合集释文》漏释“乙”字。

3.《合集》1300　　面：贞翌甲申，勿[取]唐禝。

背：㝉

北图5190　　面：贞翌甲申勿[取]唐禝？

背：岳

---

① 胡辉平：《国家图书馆藏甲骨整理札记》，《文献》2005年第4期，第28－40页。

② 胡厚宣主编：《甲骨文合集来源表》，中国社会科学出版社，1999年。

③ 胡厚宣主编：《甲骨文合集释文》，中国社会科学出版社，1999年。

④ 《殷墟甲骨刻辞摹释总集》（以下简称《摹释总集》）将“[glyph]”释为“酌”字。

⑤ 《摹释总集》也将“[glyph]”释为“㝉”，将“[glyph]”字释为“宾”字。

⑥ 曹锦炎，沈建华：《甲骨文校释总集》（以下简称《校释总集》），上海辞书出版社，2006年12月版。“将此辞释为勿𠦪[于]上甲豕……二……”按“𠦪”前“勿’字，在原骨为“乙”，“豕”系“豭”之误。

《合集释文》背文“穷”系“岳”之误。

4.《合集》1482　　(2)壬戌卜,[酒]于祖辛。

北图 2094　　(2)壬戌卜,㞢于祖辛?

《合集释文》辞(2)中的“[酒]”字,在原骨为“㞢”字。

5.《合集》1502　　……昔……于中丁……酒……

北图 1938　　(面)……昔……于中丁……彰……

(背)……巳……㞢于……

《合集》缺背面拓片,见图一。

图 1

6.《合集》1533　　丙戌卜,穷,贞翌乙亥㞢于祖乙。

北图 2498　　丙戌卜,宾贞:翌丁亥㞢于祖乙……

《合集释文》中的“乙亥”,在原骨为“丁亥”。

7.《合集》1606　　丁亥卜,彙入七虎于祖乙。一二一二告

北图 637　　丁亥卜,彙入七虎于祖乙、丁? 一二一二告

《合集释文》漏释“丁”字。

8.《合集》1751　　(2)……蕾于祖辛。

北图 2889　　(2)……蕾于祖辛御?

《合集释文》漏释“御”字。

9.《合集》2627　　(2)其……𡆧。一

北图 5028　　(2)其……伐……二

《合集释文》误释“伐”为“𡆧”;兆序“一”,在原骨是“二”。

10.《合集》2861　　……旬亡□申,夕……竒龔帚姓……一

北图 2352　　……旬亡□申夕𡆥……㠯龔帚姓……一①

《合集释文》漏释“𡆥”字,“竒”字系“㠯”字与其上方一残字残笔之误释。

11.《合集》3089　　(1)辛丑卜,穷,贞叀令子甗竒□一二告。

(2)贞……隹……一

北图 5026　　(1)辛丑卜,宾贞:叀令子甗竒? 十月。一二告。

(2)贞……隹……一

(3)贞……

《合集释文》漏释辞(1)中“十月”和辞(3)“贞”字。

12.《合集》3128　　(2)[癸]酉卜,□,贞……雝……

(4)贞……不……

北图 2139　　(2)癸酉卜,□贞……雝……

(4)贞……辛……步……

《合集释文》辞(2)中“癸”字,原骨上可见;辞(4)将“辛”误释为“不”,漏释“步”字。

---

① 《校释总集》:“2861……旬亡……□申夕……孽龔帚𡛷……一”按“孽”字与“竒”同样属误释,“𡛷”《新编甲骨文字形总表》释为“姓”。

13.《合集》3594　　□□[卜],㱿,[贞]……立……

北图379　　(面)□□[卜],㱿[贞]……立……

(臼)……示……

《合集释文》缺骨臼拓片,见图二。

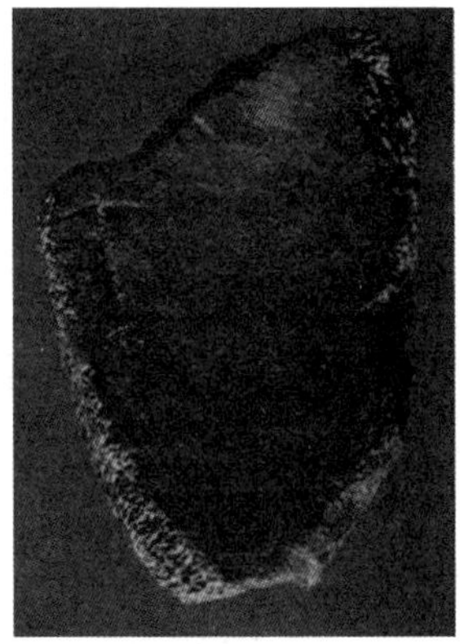

图2

14.《合集》3931　　□□卜,畀,[贞][今]日徙……翌……

北图1783　　□□卜,盧[贞]:[今]日徙……亦……

“畀”陈梦家《殷墟卜辞综述》卜人表中释为“界”,当释为“盧”字[①]。《合集释文》中的“翌”应为“亦”之误。

15.《合集》4317　　□□[卜],𢀛……见……二[月]。

北图171　　□□卜,𢀛……见……二月。

原骨上“卜”字及“二月”的“月”字均可见。

16.《合集》4395　　贞竝来。

北图1913　　(1)贞竝来。

(2)贞丁……

《合集释文》漏释辞(2)“贞丁……”。

17.《合集》4519　　(2)辛巳卜,内,贞言其㞢菁。

北图5012　　(2)辛巳卜,内言其㞢菁?

《合集释文》衍“贞”字,原骨无此字。

18.《合集》4740　　(2)……㽙……

北图2434　　(2)……㽙……入……

《合集释文》漏释辞(2)中的“入”字。[②]

19.《合集》4678　　(正)辛酉卜,亘,贞生十月旬不其[至]。一

(臼)己丑示三屯。小㪔。

北图5082　　(正)辛酉卜,亘贞:生十月旬不其至?一

(臼)岳。

《合集》5130　　(正)甲午卜,争,贞王往杏𩂣,若。一二

(臼)辛丑……岳。

北图5078　　(正)甲午卜,争贞:王往杏,若?一二

(臼)己丑示三屯。小㪔。

《合集》4678与《合集》5130将臼拓相互颠倒且释文有出入,现勘其误。北图5082的“至”字原骨可见,非补缺骨臼无“辛丑”两字,只有“岳”字。

20.《合集》4762　　(3)癸丑[卜],贞……矢……

---

① 参考于省吾考释说法。

② 白于蓝《殷墟甲骨刻辞摹释总集校订》第59页有相同校订。

北图 2320　　(3)癸[丑卜],贞:……畀……①

《合集释文》辞(3)中"丑"应为残字,"矢"即"畀"之误。

21.《合集》4779　　(1)□[亥]卜,□[贞]隫……

(2)辛……

北图 3364　　(1)□[亥]卜,□[贞]隫……一

(2)辛□[卜],贞……

《合集释文》辞(1)漏释兆序"一",辞(2)漏释"贞"字。

22.《合集》5205　　丙午卜,贞翌丁未步,夕日丁未王步。允步。

北图 2492　　丙午卜,𡗜贞:翌丁未步,夕日丁未王步,易日?允。②

《合集释文》漏释贞人"𡗜"及"易日",多释一个"步"字。

23.《合集》5600　　(3)贞兹云雨。二二告二二告

北图 5033　　(3)贞:兹云雨?二二告二

《合集释文》辞(3)多释一个"二告"。

24.《合集》6073　　(1)癸丑卜,㝣,贞今萅商𣪠舟𠙵。三

(2)己未卜,㝣,贞𢀛方其亦征。十一月。三

北图 5142　　(1)癸丑卜,宾贞:今春商𣪘舟𠙵?三

(2)己未卜,宾贞:𢀛方其亦征?十二月。三

《合集释文》辞(1)中"𣪠"系"𣪘"之误摹字,辞(2)中"十一月"应是"十二月"。

25.《合集》6757　　□□卜,争,贞我𢦏方。□月。八

北图 732　　□□[卜],争贞:我𢦔方?□月。八③

《合集释文》中的"卜",应为补缺字,"𢦏"应为"𢦔"。

26.《合集》6914　　贞今𠙴勿伐我。二

北图 5032　　贞:今者勿伐我?二

《合集释文》中"𠙴"摹写有误,应为"者"字。

27.《合集》7374　　(2)[今]𠙴勿共人。

北图 5044　　(2)[今]者勿共人?④

《合集释文》"𠙴"当释为"者"字。

28.《合集》8089　　己酉卜,王,在㝠。

北图 2157　　……在㝠。

《合集》仅拓有字部分,非全骨墨拓。而北图此版甲骨却保存不全,缺字。(见图三,图四)

---

①③④ 《校释总集》有相同校订。

② 《校释总集》"5205 丙午卜,贞翌丁未步,易日。丁未王步,允易日。"按贞人"𡗜"未释出,"夕日"释为"易日",后一"易日"放在验辞中。

图3 《合集》

图4 国图拓片

29.《合集》8223　　(2)贞王往于茁。
北图 1868　　(2)贞:王于声?
《合集释文》中“茁”应释为“声”,或“鹿”;“往”字衍,原骨本无。

30.《合集》8302　　……桒宰在[鼦]。
北图 360　　……帚宰在[鼦]?。
《合集释文》“桒”系“帚”之误。

31.《合集》8361　　……涂
北图 128　　……在涂。
《合集释文》漏释“在”字。

32.《合集》8630　　……仔……猷……
北图 3772　　……仔……猷……三①
《合集释文》漏释兆序“三”。

33.《合集》8951　　贞共豭祐……二
北图 194　　贞:共豕祐……二②
《合集释文》中“豭”本字作“[illegible]”,点靠近后腿;原骨作“[illegible]”,点在腹部中间,应释为“豕”字,两字豕腹部的点所在的位置有区别。

34.《合集》9210　　面:贞不隹……㞢。
北图 3335　　面:贞:不隹值㞢……
《合集释文》漏释“值”字。

35.《合集》9602　　背:[[illegible]]
北图 2536　　背:[女]示。
《合集释文》背文“[illegible]”应是“女”字,漏释“示”字。

36.《合集》9862　　(1)贞勿㞢于祖丁。

① 《校释总集》“8630……保……獇……三”,按“仔”与“保”释法不同,“獇”应释为“猷”。
② 《校释总集》“8951 贞收豕禓……二”,按原骨“示”字之上无“木”字,可知不是“禓”字。

(2)贞㞢于祖丁。

(3)贞不其受年。

北图2152　(1)贞：勿㞢于祖丁？

(2)贞：㞢于祖丁？

(3)贞：不其受年？

背：癸酉卜，宾……

《合集》缺背文拓片。(见图五、图六)

图5

图6

37.《合集》10278　(2)乙卯[卜]，贞……去……

北图2378　(2)癸卯[卜]，贞……去……

《合集释文》辞(2)中的"乙卯"系"癸卯"之误。

38.《合集》10456　□巳……貍……

北图4775　□巳…兕……

《合集释文》"貍"系"兕"的误释。

39.《合集》10703　(2)贞勿令□从。

北图2131　(2)贞：勿令𢀛从？

《合集释文》辞(2)中的未释字"□"，应是"𢀛"字。

40.《合集》10841　(2)王不隻。

北图760　(2)王不其隻？

《合集释文》漏释"其"字。

41.《合集》10868　……[田]不其隻。

北图4740　壬午[卜]……[田]不其隻？

"壬"字原骨可见，"午"字残仍可辨，"[卜]"为补缺字。

42.《合集》11234　……二豭

北图 290　　　　……二豕。一。①

《合集释文》将“”字误释为“豭”，同北图 194。漏释兆序“一”。

43.《合集》11407　　贞芻于旬。

北图 2472　　　　(1)贞:芻于旬?

(2)……不……

《合集释文》漏释“(2)……不……”。②

44.《合集》12084　　今日其雨。

北图 3787　　　　今日其雨? 允。

《合集释文》漏释“允”字。

45.《合集》12336　　背:(1)贞□□[卒]王…………不……

(2)…………不……

北图 5233　　　　背:(1)贞:□□[卒]王……③

(2)…………不……

《合集释文》多释了一个“…………不……”。

46.《合集》12387　　(背)□百,争。(甲桥刻辞)

北图 1065　　　　(背)丙寅□百争。(甲桥刻辞)

《合集释文》漏释“丙寅”。

47.《合集》12701　　……[多雨]。五

北图 2637　　　　□[多]雨不□? 五、七

《合集释文》漏释“不”字,“雨”字和兆序“七”原骨可见。

48.《合集》12744　　(2)□未□雨。

北图 2696　　　　(2)□雨□柬

《合集释文》中的“未”应是“柬”字,故此条释读顺序应颠倒,“□未□雨”意为未日雨,而“□雨□柬”意为雨已结束。

49.《合集》12919　　(1)庚申其雨。允不[雨]。

北图 4874　　　　(1)庚不其雨? 允不[雨]。

《合集释文》辞(1)中的“申”系“不”之误。

50.《合集》13550　　……宗不隹囚。八月。二

北图 3341　　　　……在中宗不隹囚? 八月。二

《合集释文》漏释“在中”二字。

51.《合集》13582　　(1)贞隹丁家美……

(2)[翌]……[至]……

---

① 《校释总集》“11234……二豕”,按“豕”字甲骨文字形腹部无点。

② 《殷墟甲骨刻辞摹释总集校订》第 102 页有相同释文。

③ 《校释总集》有相同校订。

北图 2081　　(1)贞隹丁家美……

(2)[翌]……[至]……

(背)……卜……[𠀠]……

《合集》缺背文拓片。(见图七)

52.《合集》14922　　□□卜,㱿,[贞]乎子族先𦊓邑……

北图 284　　□□[卜],㱿[贞]:乎子族先𦊓邑……

《合集释文》中的"卜"字原骨不存,应为补缺字。

53.《合集》15409　　……㞢于保用。九月。

北图 3439　　□□卜,……今日……㞢于保用? 九月。

《合集释文》漏释"□□卜,……今日…"。

54.《合集》15594　　背:……其豖……

北图 2670　　背:……曰其豖……

《合集释文》漏释"曰"字。

55.《合集》15844　　贞今福于雀鼎龙。

北图 671　　贞:今福于雀鼎?①

《合集释文》"龙"字,实际原骨上无"龙"字。系骨花与龟甲裂缝形成,在拓片上看似"龙"字。

56.《合集》17096　　面:□亥卜,贞□□死。印不……

北图 4517　　面:(1)□□卜,王……

(2)□亥卜,贞:□□死,印不?

《合集释文》漏释"□□卜,王……"。

57.《合集》18224　　贞……𣪊……一

北图 3056　　(1)贞……𣪊……一

(2)西。

《合集释文》漏释"西"字。

58.《合集》18246　　……乎……㞷……三

北图 1479　　丙辰卜,……乎……㞷……三

《合集释文》漏释"丙辰卜"。

59.《合集》18725　　□□卜,㕣,贞……□……四

北图 748　　□□[卜],㕣贞……□……四

《合集释文》中的"卜"应是补缺字,"□"系"□"之误②。

60.《合集》18756　　(1)……[止]。二

(2)……降疾。

---

① 《校释总集》"15844 贞今福于雀,鼎𣪘。"按"𣪘"字与"龙"字同理,系骨花之误。

② 《校释总集》"□"字同解。

(3)……[我]……

北图 4523　(1)……止。二

(2)……降疾。

(3)戊……一

《合集释文》辞(1)中"止"字原骨可见,辞(3)中"[我]"系"戊"之误,"一"为兆序。

61.《合集》18804　(1)……今日……其㞢……□巳……

(2)□[寅]卜,[贞]……今日……雨。

北图 4516　(1)□□卜,出[贞]……今日……其㞢……巳……

(2)□寅卜,贞今日雨?

《合集释文》辞(1)漏释"卜,出",[贞]为补缺字;辞(2)的"寅"和"贞"均非补缺字,原骨可见此二字。贞人"出",表明此版卜辞不属于宾组,而应属于出组。

62.《合集》19781　丙辰卜,丁[巳]其夆印,丁巳允夆。二

北图 5189　丙辰卜,丁[巳]其夆不?允夆。二

《合集释文》中的"印"应是"不"之误,后一"丁巳"系衍文,原骨上无。

63.《合集》19782　戊辰卜,王,犬允隻印不。一

北图 439　戊辰卜,王……犬允隻印五十……一

《合集释文》将"𠅏"即五十,误释为"不"。

64.《合集》19847　(2)壬[寅]……

北图 2463　(2)壬[寅]…于…桒…

《合集释文》漏释"于…桒…"。

65.《合集》19949　辛巳卜,王,㞢父乙羊。

北图 2573　辛巳卜,王㞢父辛一羊?用。一二三

《合集释文》将"父辛"误释为"父乙","羊"之前应有"一"字,漏释"用"及兆序"一二三"。

66.《合集》20084　(1)壬子卜,贞,㞷伯𩐁亡[疾]。

(2)贞……

(3)贞……

北图 1945　(1)壬子卜,贞:㞷伯𩐁亡[疾]?

(2)贞……

《合集释文》多释一个"贞"字。

67.《合集》20134　(1)己巳[卜]……皀……复……一

北图 4252　(1)己巳[卜]……食……复……一①

《合集释文》中的"皀"即"食"字,下缺刻横笔。

68.《合集》20158　(2)……王不征……

北图 3045　(2)……不征多……

---

① 《校释总集》有相同校订。

《合集释文》衍“王”字,漏释“多”字。

69.《合集》20495　　(5)……萑……乎……祉……

北图 2133　　(5)甲[寅]……勿……乎……萑……

《合集释文》漏释“甲[寅]……勿”,其中“寅”字为补缺;衍“祉”字,由“甲[寅]”知,《合集》此辞的释读顺序有误。

70.《合集》20513　　己亥[卜]……辜徆受又。

北图 2588　　己亥[卜]……辜迺受又?

《合集释文》“迺”本从“辵”,《合集》误从“彳”。

71.《合集》20679　　叀豕、羊、豕。

北图 698　　叀犬、羊、豕。①

《合集释文》前一个“豕”系“犬”字之误。

72.《合集》20735　　(2)……我毘……□……

北图 440　　(2)我麑……马……②

《合集释文》辞(2)中的“毘”应是“麑”,未释字“□”应是“马”字。

73.《合集》21033　　(1)□□卜,王㞢疾……庚……

(2)□□卜,㞢□己。

北图 454　　(1)己卜,㞢?

(2)庚卜,王㞢疾?

《合集释文》的释读顺序有误。此两条卜辞以龟版中缝为界,左边的卜辞从左往右读,右边的卜辞从右往左读。

74.《合集》21348　　(1)丙午卜,夕。

(2)翌丁从千。

北图 4531　　(1)丙申卜,夕。

(2)翌丁比斗?③

《合集释文》辞(1)中“丙午”系“丙申”之误,辞(2)中“从千”的应是“比斗”。

75.《合集》21681　　(1)辛巳卜……我又史。一

(3)辛巳卜,贞乙[illegible](我王合文)□史。一

北图 3308　　(1)辛巳卜,[illegible]贞:我又史今八[月]。一

(3)辛巳卜,贞:乙我史?一

《合集释文》辞(1)漏释“[illegible]贞”、“今八[月]”;辞(3)中所谓“[illegible](‘我王’合文)”应即“我”字。

76.《合集》21696　　己亥卜,[illegible]贞□来使氏隹从,我又史。二

北图 4579　　己亥卜,[illegible]贞:□来使氏隹从,㞢又史?二二

---

① 《校释总集》有相同校订。

② 《校释总集》“麑”字同解,“马”字仍未释出。

③ 《校释总集》辞(1)干支未校订,辞(2)“比斗”有同解。

《合集释文》中的“我”系“虫”之误。

77.《合集》21700　(3)史□□□▣□

北图1142　(3)史□祚□▣□

《合集释文》漏释“祚”字。

78.《合集》21824　……[垦]不……小子……𡆥▣。

北图2193　……[垦]不……中子……𡆥▣?[1]

《合集释文》中“小子”应为“中子”。

79.《合集》22269　(3)豕畐女。

(4)女𠂤。一。

北图154+179+384　(3)奚畐女。[2]

(4)女𠂤。一。

《合集释文》“豕”应是“奚”之误。[3]

80.《合集》22471　戊寅……犬方……人隹……

北图2591　(1)戊寅卜……妣乙……

(2)庚午卜……犬方……一人隹……虎二……

《合集释文》漏释“妣乙”和“庚午卜”及“一”、“虎二”,误将两条卜辞并成一条。

81.《合集》22670　[庚]辰卜,尹,贞翌辛巳[气]酒翌劦[自]上甲[衣至于多毓亡𡆥]。

北图938　□辰卜,尹贞:翌辛巳酌,翌劦[自]上甲[衣至于多毓亡𡆥]。

《合集释文》中的天干“庚”字原骨不存,“辛巳”与“酌”之间“[气]”字是不存在的。

82.《合集》23258　(1)……[卜],大,[贞]……父丁……𦎫……

北图3231　(1)……大庚……父丁……𦎫……

《合集释文》“[贞]”系“庚”之误。

83.《合集》23668　(1)丁酉卜,出,贞今夕亡▣。

北图5061　(1)己酉卜,出贞:今夕亡▣?

《合集释文》将辞(1)中“己酉”误释为“丁酉”。

84.《合集》24382　甲□卜,□,贞今夕亡▣。十月在鲛。

北图2749　壬辰卜,出贞:今夕亡▣? 十月在鲧。[4]

《合集释文》“甲□卜”,系“壬辰卜”之误,漏释贞人“出”字,“鲛”系“鲧”之误。

85.《合集》24556　(2)庚□[卜],□,贞勿……若。

(3)……𡧊……

北图2429　(2)庚□[卜],□贞勿……若。

(3)……𡧊……

---

① 《校释总集》“21824……[圣]不……中子……𡆥▣。”按“圣”与“垦”属不同释法。

② 《校释总集》“(3)奚女。”夺“畐”字。

③ 《殷墟甲骨刻辞摹释总集》有相同释文。

④ 《校释总集》“24382 甲□卜,□,贞今夕亡▣。十月。在鲧。”干支和贞人未校订。

（4）戊……

《合集释文》漏释辞“（4）戊……”。

86.《合集》24894　……家之……㫚衣……雨。二

北图 294　……家之……翌衣……雨。

《合集释文》“㫚”系“翌”之误。原骨无兆序“二”[①]。

87.《合集》25044　贞勿㞢。十月。

北图 5150　贞：勿㞢。十二月。一[②]

《合集释文》“十月”应为“十二月”的误释，漏释兆序“一”。

88.《合集》25098　（2）乙亥卜，贞王宦歳五牛。在十月。

北图 425　（2）辛亥卜，[贞]：王宾歳五牛？在□[月]。

《合集释文》“乙亥”系“辛亥”之误，“贞”“月”应为补缺字，“十月”之“十”字原骨不见。

89.《合集》25540　（1）贞亡尤。八月。

北图 2886　（1）贞：亡尤？在八月。

《合集释文》漏释“在”字。

90.《合集》25918　（2）□□卜，□，贞……王……歳……

北图 2126　（2）□□卜，……王……歳……

《合集释文》多释一个“贞”字。

91.《合集》27914　（1）叀成犬禹从，湄日亡𢦏，永王。

（2）王其田枎亡𢦏。

北图 1886　（1）叀□犬□湄□永□

（2）叀成犬乁㞢从，湄日亡𢦏，永王？

（3）王其田蓺，亡𢦏？[③]

《合集释文》漏释“叀□犬□湄□永□”，“禹”系“乁㞢”之误。

92.《合集》28086　（1）壬戌卜，王其㢸二方白。大吉

（2）王其㢸二方白于自厍。

（3）[于]南[门]㢸。

（4）弜㢸。

北图 1360　（1）壬戌卜，王其寻二方白？大吉

（2）王其寻二方白于自厍？

（3）[于]南[门]寻？

---

① 《校释总集》“24894……家出……晛，皿雨。二”按原骨作“ㄓ”，非“㞢”，“晛”字从《合集》旧释，误；“皿”字衍。《殷墟甲骨刻辞摹释总集校订》第 206 页：“按，翌应改作㫚”，事实正好反之。

② 《校释总集》有相同校订。

③ 白于蓝《殷墟甲骨刻辞摹释总集校订》第 217 页有相同校订。

(4)弜寻?[1]

《合集释文》未释出"寻"字。

93.《合集》28135　叀㡭遘,王受又。

北图 2603　(1)叀㡭遘,王受又? 一

(2)……王……

《合集释文》漏释兆序"一"及"王"字。

94.《合集》28168　□未卜,在牢……

北图 357　□未卜,在𡧡……[2]

《合集释文》中的"牢"字,宀下是"牛"字,而原甲骨上宀下是"午"字。

95.《合集》28293　……桒年……又大雨。

北图 2895　……大年……又大雨?

《合集释文》"桒"系"大"之误。

96.《合集》29073　(1)[于]噩亡[𢦏]。

(2)[于]盂亡𢦏。

(4)□□卜,王……亡𢦏。

北图 14　(1)[于]噩,亡𢦏?

(2)亡𢦏?

(4)□□卜,……王[于]噩,亡𢦏?

《合集释文》辞(1)"𢦏"字原骨尚存,非补缺字,辞(2)"[于]盂"原骨不见,辞(4)漏释"噩"字,"[于]"为补缺字。

97.《合集》29769　(1)翌日其雨。大吉。

北图 2724　(1)翌日其田……大吉。

《合集释文》辞(1)"雨"系"田"之误。

98.《合集》30306　(1)丙子卜,其𢍰秝于宗。

北图 1334　(1)丙子卜,其登粟于宗?

《合集释文》辞(1)"秝"系"粟"之误。

99.《合集》30441　(1)……河。

(2)于叀……

北图 46　(1)……□河。

(2)……于東。

《合集释文》辞(2)"于叀"系"于東"之误。

100.《合集》30498　(1)己[亥]又……㲋于……

北图 34　(1)己[亥]又[叀]㲋于……

(3)庚……

---

① 《校释总集》有相同校订。

② 《校释总集》有相同校订。

《合集释文》辞(1)“又”字下方原骨尚存半个“叀”字,漏释“(3)庚……”。

101.《合集》30532　王宊𠂤歲不冓雨。

北图 4983　乙卯卜,□贞王宾𠂤歲不冓雨?[①]

《合集释文》漏释“乙卯卜,□贞”。

102.《合集》30571　□丑卜,□贞……宊……亡[尤]。

北图 63　□丑[卜],[贞]□宾……亡[尤]?

《合集释文》中“卜”“贞”都应为补缺字。

103.《合集》30604　戊午卜,王其𠦪,叀……

北图 349　戊午卜,王其𠦪,叀……雨?

《合集释文》漏释“雨”字。

104.《合集》30683　叀旧䣄三牢用王受又。一[大]吉。

北图 2442　(1)叀旧䣄三牢用王受又?一[大]吉。

(2)……庚……牛……王受[又]?

《合集释文》漏释“(2)……庚……牛……王受[又]”。

105.《合集》30876　(1)叀庚酒。

(2)叀辛酒。

北图 1903　(1)叀今庚酢。

(2)叀辛酢。

《合集释文》漏释“今”字。

106.《合集》31317　(4)[癸]□[卜],[贞旬亡𡆥]。

北图 5036　(4)[癸]□[卜],何[贞]:[旬亡𡆥]?[②]

《合集释文》辞(4)漏释贞人“何”。

107.《合集》32202　(4)丁卯卜,王宊枂翌日。

北图 1374　(4)丁卯卜,王宾母戊日?

《合集释文》辞(4)中“宊枂翌”系“宾母戊”之误。“母戊日”及此版卜辞的字体风格,都表明将此版卜辞划分为历组是有可商。

108.《合集》32265　……伐……卯……三十……

北图 35　……伐……卯……三十又一……

《合集释文》漏释“又一”字。

109.《合集》32731　(1)丁卯……于……用……一

(2)丙子,贞祼兄丁于父乙。用。

《合集》32767　(1)丁巳,贞于来丁丑祼兄丁若。一

(2)□□,贞……

北图 1328＋北图 6166　(1)□乙□

---

① 《校释总集》有相同校订。

② 《校释总集》有相同校订。

(2)丁卯,贞:于上。一

(3)丙子,贞:㞢兄丁于父乙?用。

(4)丁巳,贞:于来丁丑㞢兄丁?若。一

此条卜辞为许进雄所缀合,《合集》未缀合。

110.《合集》32938　(2)辛丑其禾。

北图 2606　(2)辛丑卜,其木?

《合集释文》漏释"卜"字,"禾"系"木"之误。

111.《合集》33045　……寅卜,方其至于□自……

北图 1358　……寅卜,方其至于䪿自……

《合集释文》"□"字未释,即"䪿"。

112.《合集》33455　(1)□□,贞……

(2)戊□卜,贞王其田亡𢦏。

北图 2709　(1)乙□[卜],贞……亡[𢦏]?

(2)戊辰卜,贞:王其田亡𢦏?

《合集释文》辞(1)漏释"乙"和"亡"字,"[卜]"和"[𢦏]"为补缺,辞(2)漏释"辰"字。

113.《合集》33494　(1)壬寅[卜],贞王……

北图 2066　(1)壬寅[卜],贞:王……亡[𢦏]?

《合集释文》漏释"亡"字,"[𢦏]"为补缺。

114.《合集》33780　(1)庚寅,□……用□至……

北图 1874　(1)庚寅,□……用□至……

《合集释文》辞(1)中未释字应为"□"字①。

115.《合集》35231　丙申……望……□□……

北图 4400　(1)丙申……望……□[寇]……

(2)……其……

《合集释文》未释字"□"应是"[寇]"字,漏释辞(2)"其"字。

116.《合集》35705　(1)[癸]□[卜],[贞]王旬[亡𡆥]。在□[月]。[甲]□彡羌甲。

(2)……[在]霍。

北图 2305　(1)[癸]□[卜],[贞]:王旬[亡𡆥]?在□月。[甲]□彡羌甲。

(2)……[王旬]亡𡆥?[在]霍。

《合集释文》辞(1)中补缺字"月",原骨可见;辞(2)漏释"亡𡆥","[王旬]"为补缺。

117.《合集》36588　(1)壬申卜……黄□……亡灾。兹……□□……

① 《校释总集》有相同校订。

北图 3533　　(1)壬申卜……潢麓……亡灾？兹[节]。……[隻]犯……①

《合集释文》辞(1)中的“黄□”应是“潢麓”，“兹……□□……”应是“兹[节]。……[隻]犯……”。“兹节”后皆言获兽，为帝乙帝辛田猎卜辞之通例。

118.《合集》36595　　(1)己未[卜]，[贞]王□……

北图 4997　　(1)己未[卜]，[贞]：王田……[往来亡]灾？

《合集释文》漏释“田”和“灾”字，“[往来亡]”为补缺。

119.《合集》36655　　(3)乙亥卜，贞王迍于召往来亡灾。

北图 4993＋4994　　(3)乙丑卜，贞：王迖于召，往来亡灾？

《合集释文》辞(3)中“乙亥”系“乙丑”之误。

120.《合集》36704　　(2)乙酉卜，贞[王]迍于召[往]来亡灾？

北图 31　　(2)[乙]酉卜，贞[王]迖于召[往]来亡灾？

《合集释文》的“乙”字应为补缺字。

121.《合集》36946　　(2)戊寅卜，在□，贞王步于□亡灾。一

北图 4988　　(2)戊寅卜，在□贞：王步于□亡灾？一

《合集释文》辞(2)中“□”摹写有误，应是“□”。

122.《合集》37002　　(1)其[犆]。兹[用]。

(2)[其]犆。

北图 2401　　(1)其……兹[用]。二

(2)[叀]戠牛？

《合集释文》中“犆”应释为“戠牛”两字，卜辞“戠牛”多作合文，极少分书，可知不是“犆”字。两处补字有可商，“其”后畜牲并不具体，卜辞常卜“其牢”，或“其牢又一牛”等；但“戠牛”前之虚词多为“叀”，如“叀戠牛”，“叀黄牛”，“叀勿牛”等。

123.《合集》37628　　(2)□□王卜，[贞]田梌[往]来[亡灾]。王固[曰]：[吉]。

北图 131　　(2)□酉王卜，贞：田梌[往]来亡[灾]？王固[曰]：[吉]。

《合集释文》辞(2)漏释“酉”字，“亡”字原骨可见，不是补缺字。

124.《合集》37847　　(1)癸巳[王卜]，[贞旬亡畎]。王固曰：[吉]。[在]□[月]，隹王八[祀]。

(3)[癸丑]王卜，[贞旬亡]畎。[王固曰]：吉。在□[月]。[甲寅彡羌甲]

北图 5059　　(1)癸巳[王卜，贞：旬亡畎]？王固曰：[吉]。[在□月]，隹王六[祀]。

(3)[癸丑]王卜，[贞：旬亡]畎？[王固曰]：吉。在[□月]，[甲寅]彡[羌甲]。

---

① 《校释总集》“36588(1)壬申卜，[贞王田]泆䕩，[往来]亡灾。兹卩。隻狐三。”按“潢”字是原骨“氵”旁“黄”字，而非“矢”字；“卩”即“节”；“隻狐三”“隻”原骨本无为补缺字，“狐”系“犯”之误，“三”原骨无。

《合集释文》将辞(1)中“八[祀]”应为“六[祀]”,辞(3)中“[甲寅]彡[羌甲]”之“彡”字原骨尚存。

125.《合集》37931　癸未卜,贞王[旬]亡𡆥。在九月。

北图3044　癸未卜,贞:王[旬]亡𡆥?[在]七月。

《合集释文》“在九月”中的“在”为补缺字,“九”系“七”之误。

126.《合集》38199　□□卜,[贞今]日霎。[兹]卸。

北图2221　□辰[卜],贞[今]日霎?[兹]节。①

《合集释文》漏释“辰”字,“卜”字原骨不见,而“贞”字原骨可见。“兹节”是应验之辞,不是命辞。旧皆释“兹御卸”,但此字原骨作“卩”,御字作“𢓊”,两字绝不相同。

127.《合集》38255　丁酉卜,贞王宾□丁祭亡尤。

北图1161　丁酉卜,贞:王宾三[祖]丁祭,亡尤?

《合集释文》漏释“三”字,“三”字拓片模糊,原骨可见。补“祖”字,帝乙帝辛卜辞皆称祖丁为四祖丁,故此三祖丁应为中丁。

128.《合集》38308　(3)[癸]□王卜,[贞旬]亡𡆥。[王固]曰:吉。[在]□月,甲□甲。

北图4318　面:(3)[癸]□王卜,[贞:旬]亡𡆥?[王固]曰:吉。[在]□月,甲□酉□。

背:上甲其𦍒?

《合集释文》辞(3)中的“甲□甲”应是“甲□酉□”之误,《合集》缺背文拓片(见图八)。

129.《合集》38314　贞王宾𣪊亡尤。

北图4922　(1)贞:王宾𣪊亡尤?

(2)……于……

《合集释文》漏释“(2)……于……”。

130.《合集》38853　(1)甲午卜,贞王今夕亡𡆥。

北图2765　(1)壬午卜,贞:王今夕亡𡆥?

《合集释文》辞(1)“甲午”系“壬午”之误。

131.《合集》39228　(1)[癸卯卜],贞[王旬亡𡆥]。

北图4991　(1)[癸卯卜],贞:[王旬]亡[𡆥]?

《合集释文》辞(1)中“亡”字原骨尚存,非补缺字。

132.《合集》39380　(4)[癸亥]王卜,[贞旬亡]𡆥。[王固曰]:吉。

北图4990　(4)[癸亥王]卜,[贞:旬亡]𡆥?[王固曰]:吉。

《合集释文》辞(4)中“王”字原骨不存,是补缺字。

(原载于《文献》2009年第1期)

① 《校释总集》“38199□□卜,[贞今]日霎。[兹]卩。”释文基本与《合集释文》同,唯校订“卩”字。

国图所存陈垣藏书中的批校题赠本

张廷银

近现代历史学家、文献学家陈垣(1880—1971)先生与中国国家图书馆渊源颇深。他曾于1921年底至1913年5月和1928年至1929年间,先后两次职掌国家图书馆前身京师图书馆。去世后,他的数千种藏书辗转归入国家图书馆,成为服务于国家文化事业的珍贵典藏。陈垣先生藏书重于实用,因此,其所藏之书基本上为所阅读之书,留存于藏书上的珍贵批校、题跋,反映了他的艰辛学术历程。他又广交时贤,乐于助学,领袖群伦,与许多学者建立了十分融洽的关系,其藏书中有不少即来自同道故友、晚学弟子的呈赠,这部分书籍以及其中的题赠,不仅反映了他与题赠者的学术交谊,也能体现他的学术思想与方法。笔者兹据读书所见,结合相关材料,对陈垣藏书中的批校、题赠本做一初步的介绍。

一、显示陈垣先生读书治学之迹的批校本

陈垣先生为读书研究而收书、藏书,因此,凡经其手之书,大都经其阅读。其中相当一些是他仔细阅读、认真批注过的。从留存于眉端行间的批注校正,我们可以了解他当年孜孜治学的真实过程,也可以看到他对于相关学术问题的真知灼见。

由于我们目前无法准确掌握陈垣先生批注的书籍种类和具体书名,因此,他曾经专门进行研究和有所引用的书籍,是我们了解其批注情况的重要线索。根据这一线索,经过初步调查,目前所知陈垣批校书籍约有80余种(部)。其中批注文字最多、最重要的有《南史》《元和姓纂》《廿二史札记》《九史同姓名略》《唐尚书省郎官石柱题名考》《十七史商榷》《新元史》《碑传集补》《疑年录》《天一阁书目》《壬子文澜阁所存书目》《嘉兴藏目录》《藏书纪事诗》《册府元龟》《宋元学案》《日知录续补正》《景教碑文纪事考正》《景教碑文注释》等。就批校的条目及字数来说,似乎并没有特别之处。然而,正如王树民先生所说"数量虽微,然皆精审无可易也"①,陈垣先生的这些批注处处显示着一个专业学者的读书过程,而不仅仅是一般藏书家的版本校勘。兹以陈垣先生批注最多之几部为例,做一说明。

《元和姓纂》是中国第一部姓氏专著,陈垣先生对这部姓氏著作进行了认真的研读,在其所藏光绪六年(1880)金陵书局刻本《元和姓纂》上,做出了多处批注。如卷二"徐"下之"高平"条,朱笔眉批:"'山阳县'三字,库本连上,'令'作'今'。""瑕邱"条,批道:"'邱',库本

① 王树民:《廿二史札记校证》"前言",中华书局,1984年,第4页。

均作‘丘’。”卷九“奋”下“河南”条，批道：“今《官氏志》无此文，而《隋书》六五则有《吐万绪传》。《北史》七八。”从形式上看，似乎与一般的文字校勘无甚区别，但陈垣先生校勘之意非仅在于指出彼此之文字异同，其实还有很深刻的学术意义。在卷前署名孙星衍的《校补元和姓纂辑本序》结尾处，陈垣先生批道：“此本从四库本出，有极浅显之凭据：1. 六卷廿八页九行后及廿九页八行后，均脱去库本之半页；2. 七卷三页背八行‘陇西’二字库本原到脚，‘天水’二字另行，今误连，又衍‘郡’字；3. 八卷十七页第一行‘郎中’二字，库本原到脚，‘库成’二字另行，今误连。惟此本‘玄’改‘元’，‘胤’改‘允’，‘丘’改‘邱’，‘弘’独不改‘宏’，与库本异。”可以看出，全书的批注其实都是“此本从四库本出”这一结论的根据和基础。而要达到这一结论，没有很全面的知识和独到的学术眼光，则是很难实现的。陈垣先生的这些批校，后来都被岑仲勉吸收到他的《元和姓纂四校记》[①]中。

陈垣先生在《宋元学案》总目录之每卷上分别注出所指涉的人物，如卷四十八“晦翁学案”下，写：“朱熹”。卷首处之眉批则主要是列出每段文字所说的人物。如关于卷四十七一段，批：“陆子静家塾名槐堂，后人因建槐堂书院，在金溪县学东。”正文之批注，或指出引文之出处，如卷四“文穆蒋颖叔之奇”一段注解中“谢山为文穆端研记云”句，眉批：“谢山此语出《容斋四集》卷九。”卷五十“张忠恕……”一段后全祖望谨案“而不免有阿附史氏之诮”之语，眉批：“此指朱在，见四九，又见《鲒埼亭外编》十六《石坡书院记》。”有时指出此处记载与彼处之异，如卷二十五“杨时”小传，眉批：“《宋史》四二六《儒林传》与此不尽同。”有时指出文字记载之误，如卷五十一“吕祖泰……文靖公夷简五世孙”几句，眉批：“应作六世孙，《宋史》四五五《忠义传》附《祖俭传》作五世，误。”从文字到内容，从人物到史实，多方考证，彼此对照，这体现的是学者的孜孜探究精神和对相关知识的娴熟掌驭。

赵翼《廿二史札记》是陈垣先生反复阅读的书籍，除了王树民先生《廿二史札记校证》所引陈垣校注外，另外一部上也有不少他的重要批注。卷一“司马迁作史年岁”条“安受其节而不发兵”句，眉批：“因其受太子节而弃市，非因其不发兵而弃市，故‘不发兵句’可删，见《汉书》六六《刘屈氂》传。”卷六“三国志多回护”条“此尤曲笔之甚者矣”句眉批：“荀列传有其事，则又以为矛盾矣。”“街亭之败，亦不书”句后，眉批：“为魏讳，为蜀讳，盖各据本史。”卷六“裴松之三国注”条“所引书凡五十余种”眉批：“钱大昭《三国志辨疑自序》亦列举裴注书目，见《湖海文传》廿五。”“袁暐《献帝春秋》，孙思光《献帝春秋》”句眉批：“《吴志》十二《陆瑁传》注云，袁迪孙晔，字思光，作《献帝春秋》。此云袁暐，又重出孙思光，误。”卷八“晋书所记怪异”条“因此作《搜神记》”眉批：“《搜神记》无此事。”卷十三“魏书多曲笔”条“亦似略无忌讳”句眉批：“非无忌讳，乃不以再嫁为嫌也。”卷二十七“辽史二”条“《宋史·宋琪传》琪本幽蓟人……太子德光南侵”几句眉批：“原文‘太子’二字属下指东丹也，今指德光，误，若属上自在亦误。”

乾隆版《册府元龟》是陈垣先生藏书中部头较大的一部，有 320 册，但此书同时也是他批注最大的一部。陈垣先生将该本与宋本对勘，仔细辨析了其与宋本之区别，并据之在眉端指出具体的情形，在行间用朱笔补写了遗漏的内容。如卷五百一十七关于“旧勋加冠”，墨笔眉

---

① 岑仲勉：《元和姓纂四校记》，中华书局，1994 年。

批："'勋旧'下尚有五十八字，见三韩本卷卅一，'奉先门'十六页。'加冠'一段为《南齐书》卷九《礼志》，文见殿本卅二页，九行。又'加冠'至十七行'军容'，系卷五七七'奏议门'九页十四行。'百徒'下脱文错简于此。"卷四百七十四"台省部"中"九年三月……授威循王"一段，在"授威循王"前朱笔添写"到京详知其事南省会议众言可徵，理宜有归，事岂惮改，因追"等字。类似的批注在书中有数百条之多。

元朝历史是陈垣先生毕生从事的研究课题，其著名的"四校法"即来自他校勘《元典章》的实践经验。而且他不但孜孜研读《旧元史》等古人作品，对于近人之研究著作也给予了足够的关注，比如柯邵忞《新元史》一书，陈垣先生就不仅指出其讹误，还从史实考证、结构体例等方面提出善意的诤言。"目录""列传第四十八""也里迭儿"，眉批："卷廿九《氏族表》，依欧阳《圭斋集》卷九作'也黑迭儿'。""目录""文苑上""陈刚中"，眉批："据《旧史》及《元史类稿》，作杨刚中。"卷二十九"表第三""丑闾"，批："钱氏表引《元统元年进士录》皆著其字，如余阙字廷心、丑闾字时中是也，此何以删去。"卷二十九"表第三""也黑迭儿"，批："卷一五一列传及目录均作也里迭儿，误。"卷二十九"表第三""别罗沙"，批："前后引《元统元年进士录》皆去其字，别罗沙独存其字，何也？体例太不画一。"卷二十九"表第三""也里可温氏亦回回人"，批："也里可温非回回人。"卷二十九"表第三""马世德"，批："马世德为马祖常之季父，见马氏世谱。"卷二十九"表第三""塔海"，批："下页言塔海字仲良，此又以仲良与塔海并列，何也？下页有廼贤，此又出之，何也？"卷二十九"表第三""阿尼哥"，批："列传误作阿尼哥尼，此不误。"

景教是陈垣先生多年关注的问题，有关景教的著作当然是他仔细阅读的书籍。《景教碑文纪事考正》上之批注即为其显证。如卷一"景教流行中国碑"，眉批："碑连目卅二行，行六十二字。"碑文中"无元真主阿罗诃欤"一语，眉批："《翻译名义集》卷一，阿罗诃秦云应供，大论云变应一切天地众生供养。""判十字以定四方"一语，行间旁批曰："据此则先有十字，乃有耶稣。""贞观九祀，至于长安，帝使宰臣房公玄龄"几句，眉批："假定阿罗本来将廿岁，至武后初年亦已七十矣。"行间旁注："事实。""贞观十有二年秋七月诏曰"，行间旁批："此诏见《唐会要》卷四十九。"在《录钱氏景教考》"天地日月水火诸神西域诸胡"，旁批："语出《旧唐·波斯传》。"《录道古堂文集论景教碑事》，旁批："卷廿五"，题下又注："专论回回，可谓文不对题矣。""请于河南府太原府置摩尼寺，许之"两句，眉批曰："此又摩尼为回回。"《录金石萃编论景教碑事》之"大秦一名如德亚"语，眉批："此以犹太为大秦。""然无一语及景教入中国之事"一语，眉批："诚然，诚然，奇极，奇极。"诸如此类的批注有数百条，可见陈垣先生对此问题关注之深和考察之细。

上引几例说明，陈垣先生对古今学术著作的批读，无一不与其学术兴趣或研究题目相联系，无一不关乎重大的学术论题。这些批读中的一部分可以被我们所认知，而其中的绝大部分，若非该专业领域的专门学者，已经非常不易理解了，或者即使理解其文面意义，亦难知其学术意义。所以，像王树民先生那样，把这些批注撮录整理出来，提供给有关的学者，是非常必要的。已故学者牟润孙就曾说过："先师读书有所见必加眉批于其上。……他所常读的书有眉批的归了何处？至今我也未能问明白。……至于他所批的书，更应由公家集中保管，找专人整理,看看有无抄录在一起,编为笔记公之于世的必要。”[①]从上面所引述的几条就可以看出,撮录整理陈垣先生的批注是很有必要的,然而,牟润孙先生所关心的陈垣先生手批之书的归宿虽然已经明确,但要准确全面地掌握其数目、具体书名以及批注内容,进而展示陈垣先生的重要学术见解,则的确还有很多的工作要做。

二、见证陈垣先生学术交往情形的题赠本

陈垣先生是一位有影响力的教育家和史学家,因此,与其交往的人中即有多人亦为成就突出的学者和教育者。他们经常将自己的著作呈送陈垣先生进行交流或请益,从而构成了陈垣先生藏书中的题赠本。这些呈赠本上有的留有著作者的题赠语,有些甚至没有留下呈赠者的任何字迹,但我们都可以从中体会到浓浓的君子交情,有些则反映了他们切磋学术的过程,表达了某种学术见解。

可以确定是著者或藏书者呈赠给陈垣先生的书上,一般都有呈赠者的赠语,如《秦妇吟校笺》扉页处有陈寅恪题“敬求教正,寅恪”。《民治私议》首页有作者马相伯所题“马相伯呈授庵校长校正”等字。《双剑诒殷契骈枝三编》书衣上有作者于省吾的赠语:“援庵先生指正。”《更生记》上有作者冼玉清“援庵先生教正”的赠语,《清代的几个思想家》上有“援庵师教正,学生肇祖敬呈”的作者赠语。阚铎《阚氏故实》虽然未有题赠语,但在书衣上却钤捺了“呈”“政”两个铅印字,显然也是特意敬呈陈垣先生收存的。

陈垣晚年回忆,他在旧时代找资料主要是三个来源:自己的藏书、朋友的藏书和图书馆的藏书[②]。有些了解陈垣学术兴趣和研究方向的学者,常常也把自己拥有的相关书籍转致陈垣先生。阚铎曾致函陈垣说:“侧闻理董四库,搜集故实,甚盛甚盛。有壬子书目,虽系坊刻,却似博雅,谨以奉尘。”[③]傅增湘也致信告诉研究元史的陈垣:“前月在南京书肆见有写本《元秘史略》,匆匆不及细览,旋即函属寄来。”[④]而陈垣所藏的《异号类编》书套上就题写:“援庵夫子鉴存,乙酉冬日受业史树青谨呈。”史树青是陈垣先生辅仁大学的学生,与陈垣先生多年来往,当然了解老师从事研究的资料需求。这本《异号类编》无论是他原藏还是现购,都体现了其对老师学术研究的真诚襄助。这里尤其需要特别介绍容肇祖致赠陈垣先生《香山县志》的情形。

国家图书馆所存陈垣原藏《香山县志》的扉页处,有赠者容肇祖之题记一则:

黄慈博先生赠与此书,惟缺首本,赖氏族一志未缺,特寄上。肇祖已托中山县友人

---

① 牟润孙:《励耘书屋问学回忆》,《励耘书屋问学记》,三联书店,2006年,第75页。

② 健行:《利用图书馆来进行科学研究工作——陈垣老人访问记》,《图书馆》(北京)1961年第3期,第17页。

③ 《陈垣来往书信集》,上海古籍出版社,1990年,第27页。

④ 《陈垣来往书信集》,第58页。

搜觅此书，他日得之，当将首本寄上补完也。寄呈援庵师惠存。学生肇祖上。十月八日

容肇祖与陈垣先生有同乡之谊，在学生时代颇得陈垣之教导和提携。陈垣先生曾经以"粤中后起之秀，以东莞为盛"[①]来激励容肇祖，容肇祖也认为广东学者中陈献章的理学近于拘，梁启超的新学近于浅，都不及陈垣的朴学"沉实精密之不可移易"[②]。不过，这则题赠不仅反映了二人的深厚情谊，也体现了他们对方志和乡邦文献的珍重。容肇祖在撰写《孔尚任年谱》时，欲从方志中寻找孔尚任的确切卒年，便于1933年8月26日致函陈垣求援："闻有新修之《山东通志》，又知先生藏有山东县志多种，《曲阜县志》此间不可得见，如值记室之便，钞示孔尚任传如何？"陈垣先生则给他指出了《兖州府志》续编中孔尚任的卒年记载。容肇祖得到这个答案后，继续十分迫切地请求："《兖州府志》续编有卒年七十一条，尤为肇祖所急欲知者。"看来，二人对方志的价值都是非常倚重的。至于容肇祖特意呈赠陈垣《香山县志》，则起因于陈垣之所托。1933年8月26日容肇祖致陈垣函中云："前先生属为代觅《香山续志》，经托中山人回乡觅之，惟久未得复，大约需假以时日也。代借之《香山续志》，因借自中大，肇祖已离中大职，不便过于久借，如属缮录，尚幸督促记室早日成之，以便缴还耳。"看来此时他已为陈先生从中山大学借到了《香山续志》，正在想法为他寻购此书。为了使寻购的结果更有把握，容肇祖也动员了广东香山学者黄慈博，并在致陈垣函中予以交代："《香山县志》前托觅之香山人已付之浮沉，经再托黄慈博先生，据云商之友人，有重复可让出者，迟数日或可交来云云。如觅得时，当即邮寄上也。"又过了差不多两个月即1933年11月18日，容肇祖再致信陈垣说："《元典章校补释例》，当以一册代赠黄慈博先生。肇祖前曾以《滇云历年传》一部，酬其赠《香山续志》之谊。"[③]所以说，这部尚不完整的《香山续志》实际上凝结了三位学者的学术旨趣和人际交往，体现了学者之间以书会友的浓烈之情和淡雅之致。

陈垣不仅与学者交往，也与政治活动家来往，比如与民主革命者孙中山，就有过数次交往。陈垣在广东读书和办报期间，深受孙中山的革命思想影响，据广州《中国同盟会杂志》第3期记载，1912年8月，陈垣曾一度参加同盟会，并任广东支部评议员。在思想上他拥护孙中山的"反满排清"主张，并因此受到当局的迫害，1901年21岁在广州参加府试，广州知府施典章主持府试，对陈垣一、二试文章的思想倾向很不满，在试卷上批曰："直类孙汶（文）之徒。"后来又将孙汶二字圈掉，改为"狂妄"[④]。1912年5月陈垣还与广东医学共进会的同人欢迎孙中山并合影留念。陈垣先生如此敬重孙中山，孙中山也表现出同样的情谊。在陈垣先生收藏的孙中山所著《会议通则》封面，即题有"陈援庵先生惠览，孙文敬赠"等字。

陈垣先生所接受著者之赠书，有一部分毫无疑问只是一般的情谊往来和文化交流，这些书籍自然无须精读和通读，而有些书他则是必须要读和仔细阅读的，上面留下了阅读时的许多认真批注。在孙中山所著《孙文学说》上，虽然未见孙中山的题赠，因而不知是作者赠阅、

---

① 1933年9月24日容肇祖致陈垣函所引，《陈垣来往书信集》，第270页。

② 1933年9月24日容肇祖致陈垣函，《陈垣来往书信集》，第270页。

③ 《陈垣来往书信集》，第272页。

④ 刘乃和等：《陈垣年谱配图长编》，辽海出版社，2002年，第27页。

陈垣自购还是他人所赠。但其中有多处陈垣先生的圈点和读批，如第二章“以用钱为证”中“则经济革命之风潮因之大作矣”，即用朱笔改“经济”为“社会”。1963年6月12日陈垣曾复函张舜徽说：“大著《广校雠略》拜读一过，获益良多，博极群书，尤所佩服。……大著美矣，然词锋太利，时或伤人，试为拈出，略分四项。”所列四项为：骂尽一切；轻视后世；指名相讥；自视过高，看不起人[①]。看来，陈垣先生不仅仔细地读过张氏所著，还非常负责地指出了其中存在的问题，特别是四个关乎学术素养的问题，更见得陈垣先生之率直和卓见。在国家图书馆收存、原为张舜徽所赠陈垣先生的《广校雠略》上，虽然看不到陈垣先生所列四个问题的批注，却有他对于原书文字的一百多处朱笔校改，如：“著述体例论十篇”“论古人志在用世不得已而后著述”之“孔子立人道之极，末可谓立儒道之极”句，改“末”为“未”；“论太史公书为编述之正体”中“莫不代奇辞以浅语，古文为今字”句，“古文”前朱笔添加“易”；“悉符于雅训而未赏呈臆见”句，朱笔改“赏”为“尝”。这些改动基本与书后所附“刊误表”一致，因此也是代表了作者本来的意思。但“著书标题论八篇”之“论经传篇题多经后人增损”中“公羊传卷首标题云春公羊解诂”，朱笔添加为“公羊传卷首标题云春秋公羊经传解诂”，此处改动在书后所附“刊误表”中则并未标出，显然系陈垣自己所批。如此认真负责的精神和精准的修正，对著者无疑是最高的尊重。当然也反映了陈垣先生与著者之间的亲密学术关系。

陈垣先生与各层次的学者真挚而友善地进行学术交流，学者们同样表现出对他的无限信任与坦率。在国家图书馆所存、著者王祖彝呈赠陈垣先生的《中华民国疆域沿革录》中，夹有一纸王祖彝所致陈垣先生的赠书题语：

> 昨呈拙著《疆域沿革录》，顷又发现错误两处，俱在序中：一为少文卧游，误为宗慤；一为顾祖禹著《方舆纪要》，误为亭林。当时未及深思，率然属稿，致成大错，可笑也。敬乞代予改正，免为识者所讥。幸甚，幸甚。专此，敬候援庵先生刻祺。王祖彝谨启。

王祖彝请陈垣先生代为改正其书中之讹，这既反映了他对陈垣的尊重，同时也说明在王祖彝的眼里，陈垣先生具备为他人著作改错的胸襟和识见。

国家图书馆所存陈垣藏书中，有一本现代方志学家朱士嘉（1905—1989）所编的《宋元方志传记索引》（中华书局1963年出版），在该书书名页，有一则朱士嘉先生1963年8月10日给陈垣先生的赠书题记：

> 援庵老师早在三十年前就对同学们指出索引工作能为人民服务的重要意义。嘉能勉成此书，实与老师的教导分不开的。举以奉赠，聊表谢忱，并请指正！
>
> 学生　朱士嘉敬赠

《宋元方志传记索引》是朱士嘉先生所编关于三十三种宋元方志中传记人物的索引，问

---

① 《陈垣书信底稿》，《陈垣年谱配图长编》，第813页。

世以来,深受广大学者之欢迎。书甫出版,朱士嘉就恭呈陈垣先生,这首先反映了他对陈垣先生的崇敬之情,而他在赠书题记中特别指出陈垣先生当年的教导,则体现了对陈垣先生学术思想的深刻理解和无限推崇。朱士嘉所说三十年前陈垣先生有关索引工作的教导,我们可以从1928年8月20日顾敦鍒致陈垣函得到证实,其中云:"目录索引之学,实为整理国故必要之工具,吾师提倡已久。"①另据《陈垣年谱配图长编》记载:1956年1月6日,陈垣先生到东厂胡同1号历史研究所三所参加历史考古学科发展规划会议。"陈垣在会上提出要加强索引等工具书的编制。他说,我校《旧五代史》时,自己找人做《册府元龟》的资料索引,我不想用《永乐大典》,以前这种事情都要自己做,现在可以发动大家来做。以前刘申叔做学问,材料用得好,他比我大一点,我想他为何能如此,原来他家有《册府元龟》《太平御览》等索引,是他家几代相传,父子祖孙自己用,不传外人。有不少索引,像《左传》人名、地名索引,都是日本人编的,以前编工具书,是'智者不为',今后要改变这种风气。"②以此例彼,朱士嘉所说应不为虚,陈垣先生对索引工作之重视也可见一斑。

三、以学者眼光看待图书馆及其典籍

陈垣先生曾说:"我不是藏书家,不重藏宋元等版本;也无力购买,只藏我阅读、实用的书籍。"③伦明《辛亥以来藏书纪事诗》亦谓:"君藏书数万卷,非切用者不收。"④但尽管如此,他也承受了巨大的经济压力,为撰写《元西域人华化考》,他曾花费七百多元购买必要的图书资料,为此颇为感慨地说:"我们这些经济条件很差的穷秀才负担,的确是很困难的。""解放前做研究工作真是难关重重,图书资料就是一道难关。"⑤所以,陈垣先生始终倚重图书馆的作用,也非常强调图书馆在典守之上的资料服务功能。

当年北平图书馆请示陈垣先生是否购买山东寿县出土的古器物,陈垣先生明确表示:"本馆经费并不充裕,且系图书馆,非兼办古物馆。"⑥古器物相对于图书,博物价值多于实用价值,而且耗资甚巨,为使用计,图书馆当然要首先考虑购买图书而不是古物。也许今天可能有人会为当年未购买这批古器物而感到遗憾,但我们认为陈垣先生的决定恰好是保持图书馆地位的明智之见。不仅如此,陈垣先生还特别强调图书资料的使用价值,他晚年曾对前去专访的北京图书馆李希泌先生说:"在图书馆内,图书的保管与利用应有很好地结合,过分强调保管,会使很多有用的图书资料不能为专家学者所利用。"⑦不过,陈垣先生对我们今天的启示不仅仅是他对图书馆的学术要求和他对图书馆的最优化利用,他一生中与图书馆所

① 《陈垣来往书信集》,第362页。

② 刘乃和:《日记手稿》,《陈垣年谱配图长编》,第682页。

③ 刘乃和:《陈垣与北京图书馆》,《励耘承学录》,第104页。

④ 伦明:《辛亥以来藏书纪事诗》,上海古籍出版社,1990年,第81页。

⑤ 健行:《利用图书馆来进行科学研究工作——陈垣老人访问记》,第17页。

⑥ 陈垣致北平图书馆函,《陈垣来往书信集》,第370页。

⑦ 健行:《利用图书馆来进行科学研究工作——陈垣老人访问记》,第18页。

建立的协作、互助的友好关系，同样值得今天的图书馆和学者们共同学习。

陈垣先生与图书馆之间的最早因缘其实还不是他出任京师图书馆馆长，而是率先清点《四库全书》。1915 年，文津阁《四库全书》从热河移入京师图书馆，陈垣先生就开始进行全面调查和研究，并最终编制了《文津阁册数页数表》。当时，京师图书馆工作人员不知道四库馆最初编制的目录与成书的《四库全书》有目无书或有书无目实际情况并不相符，于是经常出现找不到书的现象，而且如此大部头的丛书如果不熟悉其排架，即使有书也难以很快找到。陈垣先生则在此前就调查过文渊阁《四库全书》，并绘制了《文渊阁四库全书排架图》。根据这个排架图，他自然十分了解每一部书的具体位置。陈垣先生回忆说，有一次他写了一张有书无目的借书条给管理人员。管理人员实在找不到，就称无此书，而陈垣先生根据自己对文渊阁《四库全书》的调查，确定必有此书，最后管理人员让陈垣先生自己进库去找，很快就找到了①。看来，对于有些藏书，读者熟悉的程度还要高于图书管理人员。因此，图书馆绝不能把读者仅仅理解为片面索取者，他们对于图书馆其实也经常会发挥意想不到的服务作用。

陈垣先生根据其对文津阁《四库全书》的调查和研究而编制的《文津阁册数页数表》，“提挈纲领，使观者若登泰山俯培楼，足虽未践，已历历在目”②，成了迄今为止唯一对《四库全书》册页数的全面统计。而他自己在研究元代历史过程中，所编写的《四库全书》文津阁本《元六十家文集目录》，对于其他读者也非常有用，于是北京图书馆善本部赵万里先生商得陈垣先生的同意，抄录一部弆藏馆中③。1956 年 3 月 16 日，陈垣先生复函朱师辙云：“奉二月廿八日书，知欲于《清史述闻》后附印拙编《清史稿列传检目》，征询同意。本人编此，原为自用，并未预备印行，三十年来，索抄者众，恐有错误，亦不敢轻以示人，仅北京图书馆抄去一部。尊处何年抄得，竟尔忘记，今若认为可以付印，以免大家重编之劳。我不反对。”④陈垣先生一直没有主动发表和出版自己所编写的《四库全书》文津阁本《元六十家文集目录》和《清史稿列传检目》，亦未轻允他人抄录，却同意北京图书馆录副弆藏，就是希望能对学者研究有用。因为他自己出于实用而编制两书并有实际的运用，他一定清楚其中虽然还有不完善之处，但绝对有用，因而应该付诸公用。

陈垣先生曾经说，他和北平图书馆的管理人员李耀南，由最初的争吵后来变成了好朋友⑤。当初的争吵或许曾令他十分恼火，但最终的结局显然亦令他倍感惬意。这就是真正的学者情怀，也是学者希望与图书馆所达成的和谐关系。

（原载于《文献》2009 年第 2 期）

---

① 李希泌：《陈垣与〈四库全书〉》，《健行斋文集》，书目文献出版社，第 201 页。

② 黄元蔚致陈垣函，《陈垣来往书信集》，第 19 页。

③ 刘乃和：《陈垣与北京图书馆》，《励耘承学录》，北京师范大学出版社，1992 年，第 103 页。

④ 《陈垣书信底稿》，《陈垣年谱配图长编》，第 683 页。

⑤ 健行：《利用图书馆来进行科学研究工作——陈垣老人访问记》，第 17 页。

王重民等有关《敦煌变文集》的信函二十四通

萨仁高娃

2008年9月,国家图书馆入藏了启功先生收藏的敦煌学资料218种,1500余叶。其中有王重民、王庆菽等编《敦煌变文集》过程中往来书信24通,19通为王重民先生致启功信函,4通为王庆菽致启功信,1通为王重民致王庆菽信。内容包括校稿的"传观传校"过程、校勘中所遇到的问题及解决方式、《敦煌变文集》交稿日期等众多信息,充分显示整理、校勘《敦煌变文集》的过程,具有较高的文献、文物价值。兹予以整理公布,与学界共享。

一、王重民六月十五日[①]致启功

元伯兄:

十二日来信,说到我们校勘工作[②]的深处,必须商得一个确定作法。

弟对于兄所提"衍文"办法极赞同,应决定者是一律用那一个符号?

关于字体问题,兄所指第一点,如"尘"字,自可那样办,但如"对""李"等字,敦煌卷不一律,而我们采用简体字,现在似仅及期刊日报,一般图书,似尚未开始采用。我们应否注明,如注明应如何与原卷分别,似应先讨论,再加入校例,以便共同遵守。

希望我们每人都校定几篇,并且稍稍传观之后,即开一会,决定这些问题如何?

敬礼!

弟王重民上。六、十五

二、王重民七月廿一日致启功

启功同志:

我想你大概是正在参加阅卷的工作;阅完试卷就展开学习,我想我们都是一样的。

我校变文的工作已完成十七八,希望在学习开始以前,能够达到十八九,但剩的工作问题较多,有一些要请您指教了。

我检我的旧稿,还缺《韩朋赋》[③]和一小段佛降生的故事,——就是吾兄所称赞和戏

---

① 由其余信函中出现的日期推测,此为1955年6月15日。

② 指编《教煌变文集》过程中的校勘工作。

③ 唐代故事斌,叙说韩朋和贞夫夫妇殉情的故事。教煌遗书存七件:P. 2653、P. 3873、S. 2922、S. 3227、S. 3904、S. 4901、S. 10291,皆为唐末五代抄本。《教煌变文集》以P. 2653为原卷,以S. 2922(校记中误作P. 2922)、S. 3227、P. 3873(校记中误作S. 3873)、S. 4901分别做甲、乙、丙、丁卷加以校勘。王庆菽校录。

曲起源有关的那一小段。请兄提醒我一下，您借用我的校稿时，是否借用《韩朋赋》？或者那时候您在我家里看见过《韩朋斌》的资料没有？因为那时候您如借用已还，或未借用而看见，便可帮助我的记忆，去猜想谁借用了。

昨与觉明[①]兄谈，不久我们要定统一体例，因吾兄校法最好，我们想统一在你的校法上。

敬礼！

弟王重民上。七、廿一

三、王重民七月廿二致启功

启功同志：

昨悉学习改期，因敢寄上校稿五篇，请指教。这五篇，有四篇——《晏子斌》[②]《燕子赋》[③]《下女夫词》[④]《孔子项托相问书》[⑤]都是复本最多的；另外一篇——《王陵变文》[⑥]，虽说复本不多，弟校阅数年，仍有不识之字（如“徤”）。但这五篇，都是我兄专门，蒙受指教之处当甚多。

寄上都是初稿，准备“传观传校”之后，再清抄一次。所以不论正文注语，凡兄有意见之处，不论用铅笔、钢笔，请随行在眉端行间批注。原来号码，是暂时记号，将来获得兄等批语后，再用朱笔重新次第。因此，请随意加批。

又全书体例（如第一条写校记写法），用语（如是否称“校记”，依……改，依……补）

---

① 向达（1900—1966），字觉明。史学家、目录学家。土家族。湖南溆浦人。《敦煌变文集》编者之一。时任中国科学院哲学社会科学部委员，中国科学院历史研究所第二所副所长。

② 唐代故事斌，叙说晏子使梁故事。敦煌遗书存八件：P. 2564、P. 2647、P. 3460、P. 3716、P. 3821，S. 5752、S. 6332，Дx. 1483，均抄于晚唐五代。《敦煌变文集》以 . P2564 为原卷，以 P. 3460、P. 3716、P. 3821、S. 6332、P. 2647 分别做甲、乙、丙、丁、戊卷加以校勘。王重民校录。

③ 唐代故事斌，共两种，名同体异：(1) P. 2491、P. 2653、P. 3666、P. 3757、P. 4019，S. 214、S. 5540、S. 6267，Дx. 1484，均为晚唐五代写本；(2) P. 2653，唐写本。《教煌变文集》亦分两种校录，前者以 P. 2653 为原卷，以 P. 2491、P. 3666、P. 3757、S. 6267、S. 214、S. 5540 分别做甲、乙、丙、丁、戊、己卷加以校勘。后者直收 P. 2653。皆为王重民校录。

④ 或题《下女词》《下女文》，唐代婚礼仪式歌。教煌遗书存十三件：P. 2976、P. 3350、P. 3893、P. 3909，S. 3877、S. 5515、S. 5643、S. 5949、S. 9501、S. 9502、S. 11419、S. 13002，北京大学图书馆藏 246 号。《敦煌变文集》以 P. 3350 为原卷，以 S. 3877、S. 5949、S. 5515、P. 3893、P. 3909、P. 2976 分别做甲、乙、丙、丁、戊、己卷加以校勘。王重民校录。

⑤ 唐代俗赋，咏孔夫子东游遇七岁儿项橐，二人问难而孔子告负的故事。敦煌遗书存十五件：. P. 3255、P. 3306、P. 3754、P. 3826、P. 3833、P. 3882、P. 3883，S. 395、S. 1392、S. 2941、S. 5529、S. 5530、S. 5674，散 022，Дx. 1356，均系唐、五代写本。《敦煌变文集》以 P. 3883 为原卷，以 P. 3833、P. 3255、P. 3754、P. 3882、S. 5529、S. 5674、S. 5530、S. 1392、S. 395、S. 2941 分别做甲、乙、丙、丁、戊、己、庚、辛、壬、癸卷加以校勘。王重民校录。

⑥ 又题《汉八年楚灭汉兴王陵变》，唐代变文。敦煌遗书存四件：P. 3627、P. 3867，S. 5437，北京大学图书馆藏 188 号。《敦煌变文集》以 S. 5437、P. 3627（一）、P. 3867、P. 3627（二）、北京大学图书馆藏 188 号分别做甲、乙、丙、丁、戊卷加以校订。王重民校录。

等等，亦等开会后再决定。决定后再统一起来，清抄一次。弟之计划如此，当然每人不必一样，可是常用格式要大致一样。

请兄随时亦记出有关格式的意见，俟一并讨论。

敬礼！

弟王重民上。七、廿二

四、王重民十月卅日致启功

元伯兄：

我们的传观传校一时陷于停顿，近又活跃起来。

大校五篇，开课后我方看完，提了几点意见，即转向公。向公看完后，我又转周一良兄了。周公的笔最快，我想几天之内，就可寄还您。

向公提的意见很好，《李陵变》[①]的“突骑尸蕃王”我猜而未中，向公指出，即突骑施，是西突厥十姓之一，由于作变文的人，把唐朝历史傅会到汉朝去了。

您看过的我校八篇，周、向二公都看完。周公也提了一条极好的意见，可与向公对比。该八篇，已寄王庆菽处，请她提意见。

老兄对那八篇，集中提在三篇上；可尚有雅兴看其余五篇，多提一些意见，请到王庆菽同志去看。

我想这次看完后，便遵从老兄所写新例，清抄成为样本，我们再吃一顿，共提意见，定卅下清抄格式，如何？

吃饭之前，周公对兄五篇，一定看完了，便可带去。

弟王重民上。十、卅

五、王庆菽十一月七日致启功

启功先生：

兹寄上我校过的变文五篇。其中有三篇您已看过的，请代转交曾毅公先生，并嘱他看后，直寄（双挂号）王重民先生。其余两篇亦望阅后转曾毅公先生，也请他阅后，寄王重民先生。（您们转寄变文时，望自已登记一下）

除了我的抄本以外，不知道您现在手中还有什么抄本是属我抄的呢？希望您看后，快些传给曾先生。假如您手中还有王重民先生的校本，亦望转我。我已收到您转来的八篇，已经看完，寄回给王先生了。另外我这里还有八篇是王先生寄我的（那是您看过的），我这几天晚上，准备看完，大概下星期又可转寄给曾先生了。

启功先生，我觉得校例有从新订定的必要，您说什么时候开会讨论较好呢？

敬礼

王庆菽上。十一月七日

请多与我通电话，日间 45293　五编室，晚上 45896。

---

① 唐代变文，仅存中国国家图书馆藏敦煌遗书新 0866 号。《敦煌变文集》收，启功校录。

六、王重民十一月十二日致王庆菽

王庆菽同志：

方才在电话中讲的事，请您详细算算，城外[①]看的并不慢，是由于都寄出城外，所以城内工作便少了。但寄到城内的十多篇，到今天只看完八篇，而城外的则不仅是十多篇，已经是看了四十几篇了。但不论城内城外，我们都应加强速度，则是真事！下礼拜日拟请您们来北大谈谈。

我寄上三篇（降魔[②]、刘家[③]、难陀[④]），请您们三人速看。

内有《降魔变文》一篇，要向你说明：

1. 你抄的伯四六一五卷，完全相同，我已校入，你的便可不单独发表，敬附还。

2. 伯三七八四《祇园因由记》[⑤]，与《降魔变文》不同，当然独立作一篇。

3. 伯四九七七，仅存一小段，似是《祇园记》，而不是《降魔变》，附上请你研究一下，放在何处较好。（如祇园记已有这一段，便可校入。）

4. 你写目录时，还有"伯二三四四"一卷，不知是什么东西？

敬礼！

王重民上。　十一、十二晚

七、王重民十一月十二日致启功

元伯兄：

尊校五篇，向、周和我都看完，上周末寄王庆菽处，俟她看完，即归还老兄，作最后定本矣！

兄看过弟之八篇，已接到，承兄那样耐心，帮助极多，感谢之至。弟当时抄校，虽有直接对阅原卷之方便，但由学力不够，不但未辨识之字尚多，而且有不忠实处。蒙兄看过，增价多多矣！此八篇，你们城内三公看完后，向达已看完，现正由周一良看。经他看过，我亦拟选出一篇，试抄写为定本。（形式多遵兄意。）

希望最近将来，我们以看定本样式为名，再吃一顿。

---

① 城外指王重民、向达、周一良先生，因家住北京大学或郊外，故称城外。相对而言，启功、王庆菽、曾毅公先生家住市中心，故称城内。

② 即《降魔变文》，唐代变文。敦煌遗书存 P. 4524、P. 4615，S. 4398、S. 5511，又有罗振玉旧藏及胡适旧藏。《敦煌变文集》以 S. 5511 与胡适旧藏本的缀合为原卷，以 S. 4398、罗振玉旧藏、P. 4615、P. 4524 分别做甲、乙、丙卷加以校勘。王重民校录。

③ 即《前汉刘家太子传》，一题《刘家太子变》，古小说，当是唐代民间作品。敦煌遗书存 P. 3645、P. 4051、P. 4692，S. 5547。《敦煌变文集》以 P. 3645 为原卷，以 S. 5547、P. 4692、P. 4051 分别做甲、乙、丙卷加以校勘。王重民校录。

④ 即《难陀出家缘起》，唐代因缘类作品。教煌遗书仅存 P. 2324。《敦煌变文集》收，王重民校录。

⑤ 唐代话本。敦煌遗书存 P. 2344、3784 两件，《敦煌变文集》以前者做原卷，与后者进行校勘。王庆菽校录。

关于《季布传文》①,弟有详校本,容后送上,供兄参考。

弟王重民顿。十一、十二

《敦煌零拾》内的《降魔变文》,原号未印入佚籍丛残,兄知其下落,或看到影片否?若能找来一校,则我们的工作更完备了。

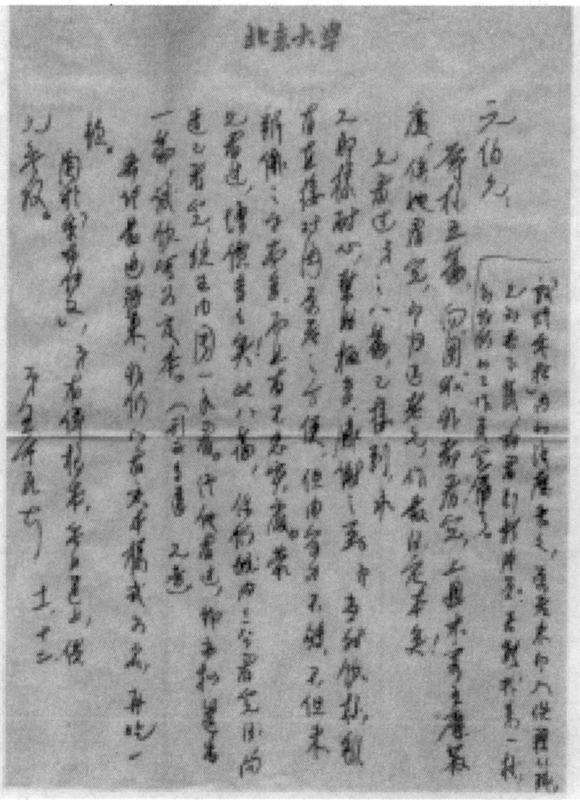
北京大学

图1　王重民十一月十二日致启功

八、王庆菽十一月十五日致启功

启功先生:

今日收到王先生寄来他的校稿和我的维摩②校稿(向、周二先生未看),现在先将这

① 又作《大汉三年季布骂阵词文》,唐代词文。敦煌遗书存 P. 2648、P. 2747、P. 3197、P. 3386、P. 3697, S. 1156、S. 2056、S. 5439、S. 5440、S. 5441、S. 8549。《敦煌变文集》以 P. 3697 为原卷,以 P. 2747、P. 2648、P. 3386、P. 3197、S. 5440、S. 2056、S. 5439、S. 5441、S. 1156 分别做甲、乙、丙、丁、戊、己、庚、辛、壬卷加以校勘。王重民校录。

② 有关《维摩诘经》的俗文学作品,有《维摩诘经讲经文》和《维摩诘经押座文》。据《敦煌变文集》,此处应指《维摩诘经讲经文》,敦煌遗书存九件:P. 2122v、P. 2292,P. 3079,S. 3872、S. 4571,北光 94(BD05394),φ. 101、φ. 252,罗振玉旧藏。《敦煌变文集》收六种,分别是(1)S. 4571,(2)S. 3872,(3)P. 2122v,(4)P. 2292,以上四种皆由王庆菽校录;(5)以北光 94 为原卷,与甲卷 . P3079 进行校勘,向达校录;(6)罗振玉旧藏,王庆菽校录。

六篇寄您，请阅后即传寄给曾毅公（曾先生看后请寄回王先生）先生。又前次的《季布词文》，您又拿回去了（我未看的）？日来我因身体不好，晚上不便行走，想等把王先生的三篇看完，再连胶卷送您。今晚我与王先生通电话，他说今天看见曾先生，曾先生说现在没有抄稿看了，王先生怪我们不传给稿曾先生看。也说我没有跟曾先生联系。其实城内的传稿是我传您，您传曾先生的，三人互传，大家都应该彼此联系。所以，我希望曾先生也能找您或我取稿来看，大家努力早日完成任务。本月廿日因向先生未暇，所以王先生也主张不开会，待廿七日再算，特函奉告。附上王先生信，阅后祈掷还。

敬礼

王庆菽上。十一月十五日

请您和曾先生看过的篇名自己登记起来，以便将来开会时可以查对。又及。

九、王重民十一月廿日致王庆菽、启功、曾毅公

庆菽、元伯、毅公诸兄：

顷接王庆菽同志来信，对于变文的传观传校工作，极应负责早日完成，完全同意。拟今后：

1. 每人接到传稿后，应在一周或十天内看完，传与第二人。逾期因故不能完成任务，亦必须在定期内传与第二人。

2. 启、王、王的校稿，已有一小部分传完，即可清抄样本，经讨论后，规定一格式，便可转入第二阶段——清抄工作。

北大留学生食堂有很好的西餐，请您们下礼拜天来北大开会，除商定格式外，还要谈谈最后的全稿如何安排！不知公等意见如何？

敬礼！

弟王重民上。十一、廿

十、王重民十一月廿九日致启功

元伯兄：

礼拜日因觉明兄赴外参观，弟与周一良兄随工会参观集体合作社，致方大驾，歉之。至晚下礼拜日或下下礼拜一（因向、周礼拜一下午均在城内。周在贵校兼课）我们一定能见面。

我们的传观传校工作，似已过半，急待展开清抄。而清抄后，还应总归一人（弟意请兄担任）统阅一过，方能发稿。凡此种种，急待协商。

兄对《敦煌曲子词集》[1]的意见，请早日提出，或以原校本见示，弟再迻录。因弟计

---

① 王重民从敦煌石室遗书中整理出的民间词曲总集，1950年1月商务印书馆初版。此处所指，应为1956年的再版。收录王重民从法藏敦煌遗书17卷，英藏敦煌遗书11卷，罗振玉旧藏3卷及日人桥川氏藏影片1卷中集录的曲子词213首。经过校补，删节重复的51首。该书上卷为长短句，中卷为唐人写本《云谣集杂曲子》，下卷为乐府，对研究唐代社会及民间说唱文学有重要价值。

划在下礼拜内，作校理工作，十五日前需交稿也。

敬礼！

弟王重民上。十一、廿九

十一、王重民致启功

元伯兄：

我们十一月底不能交稿，已由郑西谛[①]先生和赵主任说好，这样，我们亦可提高我们的工作。

今日寄上我的校稿四篇，请多提意见，看完后，在城内传（王、曾再看）。同时亦寄毅公兄一批，请他在北京图书馆校原卷或原相片。弟本礼拜二在北京图书馆工作一天，深知提高我们的工作，还必须多校原卷。

兄所有校本，望给我们多作补充。

下礼拜天见面时，你、我和王庆菽同志，都可能清抄一篇，作例，至祷！这样，下周以后，我们的工作便可转入第二阶段（清抄阶段）。能争取十二月内交稿最好也。

弟王重民上。

十二、王重民一月三日致启功

元伯兄：

毅兄转来兄信，关于两幅美术照片，已询王庆菽同志，确在《庐山远公》内，请兄问她去要。

《叶净能》蒙兄校补，方有可续，感佩之至。卷内"悪"[②]应是何字，更请指教！

敬礼！

弟王重民上。一、三

十三、王重民一月十二日致启功

元伯兄：

顷奉十一日手教，敬谢！

"悪"字一良兄未提出意见，弟亦未深思，已送人清抄，俟抄讫再依兄意加注。

关于分类问题弟尚无全面考虑。但从很早是有这样一种概念，即对语体的俗文是当时俗文中的一个派别，我们校过的，较显明的如《下女夫词》《燕子赋》，不很显明的如

---

① 郑振铎（1898—1958），笔名西谛、郑源新、落雪。曾任文化部文物局长、文化部副部长。

② 此批入藏启功手稿中有其《S. 6836〈叶净能诗〉录文及校改》，有"昨正月十五日夜，朕悪叶净"，但又在"悪"旁改为"与"。《敦煌变文集》亦依 S. 6836《叶净能诗》作"与"，因此"悪"恐为王重民先生等最初之误识。下函中之"悪"同此。

《晏子赋》《孔子项讬相问书》。我想把《茶酒论》[①]放入前一类，因此我主张编入。

至于咒愿新郎文[②]等，弟同意吾兄“附入”之说，即附在后面。王庆菽同志所校数篇，兄已看过，但所收不全，所据写本亦不完备，如决定附入，应（一）如“咒愿新郎文”有单行的，但原属《下女夫词》内的一部分，则应考虑归原或独立。（二）秦将[③]、月[④]、温泉[⑤]等赋，高兴[⑥]、酒、沧浪[⑦]等歌，都应属一类。但还要补和校。

弟已与向、周二兄商得同意，寒假期内一定看完。（大约兄已看了百分之八十五，弟与周看了百分之六七十，向看了百分之五十。）弟意清抄完后，必须由一人通校一过，所以兄稿即可暂存，或在考完后（兄赴政协会后），咱们再谋一聚。一可决定通阅人，一可写出一个总目，作排列分类工作也。不知兄意如何？

弟重民上。一、十二

向校之篇已完（只有五篇，都不长），不久可寄上。

十四、王庆菽三月二日致启功

启功先生：

昨日王重民先生寄回一批我的抄稿，我即于晚上寄了九篇给您，其中一篇您已看过的，只是征求您的同意（但曾先生未看过）。其余八篇只周、王二先生看过。请您和曾先生赶快校阅，因为我希望能够在十一号全部得回，以便抄正。

此次因周、向二先生事忙，把稿件压到今天才寄来，真是迫促了。我正赶紧请人清抄，但抄前抄后还要自己看一遍，所以日来我不能不请假来专做这个工作。因为离三月卅日交稿期只有二十八天，此次无论如何不能再延期交稿，是以王先生也着急了。向先生在三月中又要开会，王先生希望在三月中以前召集一次会议，决定本书种种问题，并希望三月十五日能够全部稿件清抄完毕。我的抄稿这两三天王先生才寄了大部分来，我幸得一人替我清抄，每日可抄五六千字。因此清抄可以来得及。刻下只差寄你的八本，和一些赋。千万请您帮助，最迟那八本能在三月十一日寄回，请您和曾先生商妥，用流水看法，您看一篇他看一篇，务必于八九日内两人都看过，寄还给

---

① 唐代俗赋，内容系寓言。敦煌遗书存 P. 2718、P. 2875、P. 2972、P. 3910，S. 406、S. 5774。《敦煌变文集》以 P. 2718 为原卷，以 P. 3910、P. 2972、P. 2875、S. 5774、S. 406 分别做甲、乙、丙、丁、戊卷加以校勘。王重民校录。

② 敦煌婚俗唱文，由专门从事活动的二郎到场唱《咒愿文》，婚主付一定报酬。敦煌遗书存 P. 2646、P. 2976、P. 3284、P. 3608、P. 3893，S. 0329、S. 2049、S. 5546、S. 6207 等。《敦煌变文集》未收。

③ 《秦将赋》，唐代故事赋，作者不详。写战国末秦将白起在长平坑杀四十万赵国降卒的悲惨景象。敦煌遗书存 P. 2488、P. 5037。《敦煌变文集》未收。

④ 《月赋》，唐赋体诗。敦煌遗书仅存 P. 255，《敦煌变文集》未收。

⑤ 《驾行温泉赋》，即敦煌本《驾行温汤赋》，唐人赋作，进士刘霞撰。敦煌遗书存 P. 2976、P. 5037。《敦煌变文集》未收。

⑥ 又名《酒赋》《高兴歌酒赋》，歌行体长诗。敦煌遗书存 P. 2488、P. 2544、P. 2555、P. 2621、P. 2633、P. 2712、P. 2976、P. 3812，S. 2049。《敦煌变文集》未收。

⑦ 《渔夫歌沧浪赋》，唐五代赋，何蠲撰。敦煌遗书存 P. 2488、P. 2621、P. 2712。《敦煌变文集》未收。

我清抄。

启功先生,这本书已延期二次交稿,此次不能再次延期了。过去因为大家忙,最近又因周、向二先生将稿压至今天,才匆匆寄来,现在要您赶着校阅,实在非常不安。不过,只希望大家再辛苦一些,努力赶一赶,如期交稿,完成任务,不胜盼祷!

专此并致

敬礼

王庆菽上。三月二日

十五、王重民三月六日致启功

元伯兄:

久未见,亦久未通讯,念念。

尊校《敦煌曲子词集》弟已校完交商务。此次重编,赖兄与盼老及北大孙贯文同志校本[①],增补新校颇多。嗣有见面机会,再将校本奉还,先此致谢。

我们的变文将届交稿日期,只因北大方面在寒假前希望在假期内搞,放了假又开起会来,以致推迟,而成绩亦不多。但总希望能够如期交稿。

兄与觉明部分容易完成,而我兄清稿早已完成。弟稿已全部发抄,并且抄讫又重校过者已有一半以上。其余十天之内可抄完,校完。王庆菽同志方面,亦正在赶抄。其中杂赋一部分,她的校稿不多,我的校稿虽很多,(每赋在巴[②]、伦[③]底本大致都校过,比相片多多。)但恐都不如兄校详细。弟已将她的稿子和我的旧稿一同寄她,并写信说,如果要登,最好都交兄整理。不知她说过否?

又关于云辩押座文[④],弟只根据巴黎写本迻录,刻本似在伦敦,故未校。吾兄既有校本,请看与刻本异同多否?如多,应以刻本作底本,而校抄本于其上。又云辩事迹兄考与杨凝式同时,弟前所未知。又 S. 4472 有云辩遗书一件,可略知其年代,统寄兄处,请详校详考,因文字不多,抄写不难,请作为吾兄校本,是幸。

日内愿谋一晤。

敬礼!

弟王重民上。三、六

---

① 王重民先生在 1956 年由商务印书馆再版《敦煌典子词集》的“叙例”中说:“第一版出版时得到周一良、孙楷第、赵万里、阴法鲁、万斯年、曾毅公、杨殿珣七位同志的校正;现在二版,又获得刘盼遂、启功、孙贯文三同志的校本。”在曲子词具体校注中常见“用刘启校”“孙校作”“刘云”“孙云”“启云”等字样。此处“盼老”,应指刘盼遂。孙贯文,北京大学历史学、考古学及博物馆学学者。

② 指法国藏敦煌遗书。

③ 指英国藏敦煌遗书。

④ 《故圆鉴大师二十四孝押座文》,五代押座文,云辩和尚撰。敦煌遗书存 P. 3361, S. 0007、S. 3728。《敦煌变文集》以刻本 S. 0077 为原卷,以 P. 3361、S. 3728 分别做甲、乙卷加以校勘。王庆菽校录。

十六、王重民三月九日致启功

元伯兄：

王庆菽同志寄回赋稿，我又挂号转给您。请您首先决定的是要不要，或可否作附录？

我的希望是：

1. 要，就由兄校。虽说时间迫促，还可加油。

2. 用您的校稿为底，参考我的和王庆菽的。因您是根据底片，我的好处是有一些为底片所无。

敬礼！

弟王重民上。三、九

十七、王重民三月十四日致启功

元伯兄：

示悉，敬谢！

兄忙弟所深知。无事如弟尚忙乱如此，况兄参加社会活动较多，其忙更可知。

变文已到最末关头，而向、周二公为了历史远景，忙的不可开脚，向大嫂每日倚门而望，昨日下午还看见她，她说："觉明现在还没有出门（出头条一号之门），再过一点半还到不了家。"忙人苦，忙人的太太也苦！

礼拜日（十八日）我们总想见一面，是上午、下午，抑晚上，容再奉闻。

弟重民上。三、十四

十八、王庆菽三月十六日致启功

启功先生：

刚刚接王重民先生来电，说我们的会决定在本星期日（十八日）开，正午十二时在西单恩成居[①]饭店一面吃饭一面讨论。因为那天上午他们要出来参加王融（?）先生的追悼会，所以选定那个时候开会。他负责通知曾毅公先生，我负责通知您，请您务必拨冗前来参加，作最后一次讨论决定关于变文集的问题为荷。

专此并致

敬礼！

王庆菽上。(1956)三月十六日晚

十九、王重民三月廿五日致启功

元伯兄：

有下列事奉商：

---

① 应为"恩承居"。

1. 兄担任的变文，请将清稿页数告知。现与王、向商定每篇末（校记末一条之后）写“△△△校录”。

2. 校稿都完了，只有觉明的两篇未抄清，至晚廿七日可抄完。向公引言[①]廿八日准交稿。目次亦已拟出即可一并发抄。（如有移动，再说）

3. 弟依兄底所写“叙例”[②]，望快提意见，最好廿六日或廿七日早能寄到，发抄。

4. 拟于本月卅日（礼拜五）晚六时，或仍在恩承居一晤。或仅你、我、王庆菽，或加入赵仓文、向达，看情形再定三人够了，还是五人较好，作最后决定，并交稿。

5. 选注本应即考虑，如赵来，可否当面提出，请兄看怎样好？但恐我们三人（向、周、王）注解非所长，又杂事多些，怕要以兄为中坚。因此，请兄多作主张。

敬礼！

弟王重民上。三、廿五

叙例已刻不容缓，越快寄越好。

二十、王重民三月廿八日致启功

元伯兄：

昨向城内联系，因赵主任忙，决定礼拜五我不进城，稿子寄去或捎去，交王庆菽转。

我们上次开会意见，已整理出，我们城外三人签名后，明日上午可交到曾毅公兄，他签后，即转兄。

兄稿及签名，本礼拜六交王庆菽，即可。

现知王稿约四百余张，我和向达共三百余张，连引言，叙例，目录已有八百多页。估计连兄稿在内，可有四十多万字。

敬礼！

弟王重民上。三、廿八

二十一、王重民三月三十一日致启功

元伯兄：

昨日接到兄稿，连同向达和我的校稿，一同寄给王庆菽，请她交卷了。我想今天您亦已签了名，将我们的联名信转寄给她。这一工作，暂告一段落，是否即时付印，我们只有等候了。

我们的校订，共包括七十九篇[③]，根据上次谈话，曾编出目次。已清抄两分，一份随校稿，一份由向公递给郑西谛了。我昨天又看了一次《苏武李陵执别词》[④]，觉着性质和

---

① 《敦煌变文集引言》，据《敦煌变文集》，向达定稿于 1956 年 3 月 27 日。

② 《敦煌变文集叙例》，据《敦煌变文集》，定稿于 1956 年 3 月 30 日。

③ 1957 年出版的《敦煌变文集》，实际收入七十八篇敦煌俗文学作品，至于提交七十九篇后撤出哪一篇，需与手稿进一步核实、查对。

④ 唐人诗话，叙写降将李陵泣涕送汉使苏武归国，后者责备李陵辜负汉廷，李陵哭诉不得已投降匈奴之经过。敦煌遗书仅存 P. 3595。《敦煌变文集》收，启功校录。

《季布诗咏》[1]差不多，应放在一起。请兄看看，应一同放入变文，抑应放入其他。将来如有更改必要，不难移动一下。

俗赋进行如何？日内可以完成么？

敬礼！

王重民上。三、卅一

二十二、王重民四月廿六日致启功

元伯吾兄：

讲唱文集出版合同，社中闻将草稿备好，由一人签字即可；他们希望由弟签名，已表示同意。想兄对此亦能同意。

为实习事，想兄正在忙，但有两事，希百忙中注意：一为《欢喜国王缘》[2]留一底片，可送交北京图书馆拍照。（由毅公兄对张全新副馆长说即可。）并由该信保存。一为向郑副部长要变文卷。

李陵变文原卷，如仍能得到，亦可交北京图书馆拍照。

“五一”以后，希望能有在城内晤游机会。（或一同找文怀沙同志吃小馆）

敬礼！

弟王重民上。四、廿六

二十三、王重民六月七日致启功

元伯兄：

久未见面，亦未通讯，不知现在或不久的将来要出外视察否？日来教学工作忙否？

我们的变文已由出版社提出意见，有的很好，有的不甚重要。最主要的还是不一律问题（文字形式和标点）。这一点弟早已虑及，故曾提议由兄统看一过。该社拟在本月内送出付印，故我们应赶快修改。本礼拜日十时以前，请兄来北大，我们共同开会谈谈。

敬礼！

弟王重民上。六、七

二十四、王重民礼拜五致启功

元伯兄：

想忙还未解除，我又催请惠寄尊校曲子词了。请不必另写，将原校本寄下即可。

因为下礼拜内，我的重校稿一定要交去付印。

---

① 唐代词文，歌咏垓下之战张良出谋设计四面楚歌瓦解项军事。敦煌遗书存 P. 3645，S. 1156v。《敦煌变文集》以 P. 3645 为原卷，以 S. 1156v 做甲卷进行校勘。王重民校录。

② 唐代因缘类作品。敦煌遗书原卷被裂为两段，前段又分为二卷，今藏上海图书馆（上图 028v），另一为罗振玉旧藏；后段藏法国，P. 3375v。另存上图 016 号。《敦煌变文集》收，启功校录。

敬礼！

弟王重民上。礼拜五

以上信件仅仅是校勘变文集过程中启功先生所收到的信函，而其余五位编者之间往来信函，甚至所藏校稿等，应仍不少，但至今未知其下落，遗憾至极。我们将继续关注、不断征集，使这部分珍贵资料更加完整。

（原载于《文献》2009 年第 2 期）

周叔弢傅增湘藏书校书合璧举隅

王 菡

周叔弢，安徽建德（今东至）人，其祖父周馥、父亲周学海均为近现代著名人物[①]。傅增湘祖父傅诚，即与周馥有交往，故傅、周二家为世交。

据吴汝纶《江安傅君墓表》[②]之记载，傅诚，字励生，官终北河通判。富藏书，与吴汝纶因书结友。傅诚曾从莫友芝处获元代兴文署刊《资治通鉴》，事见莫友芝《宋元旧本书经眼录》卷二《资治通鉴元兴文署本》题识[③]。该书后来由傅增湘继承。傅诚后经其友王祉蕃推荐，进入曾国藩幕府，远涉关陇，以后又历经左宗棠、李鸿章幕府，数十年间，虽职位不高，读书不辍，孙辈中有三人相继中进士[④]。周馥《秋浦周尚书全集》中有《感怀平生师友三十五律》，其《傅励生别驾》之章小序曰："名诚，四川江安人。左文襄招致甘肃军营，以无恩遇而归，余留于直隶襄理饷事。以通判需次未补缺而殁。"[⑤]诗中既有"四方游遍就微官"之慨，亦有"悟得尧夫击壤意，穷通都作等闲观"之赞语。从诗序可知，周馥与傅诚似早已相识，至李鸿章幕府时更为密切。

傅增湘父亲傅世榕，字申甫。遍览群籍，而不屑举业。早年与莫友芝、李鸿裔（字眉生，号香岩）[⑥]、廖纶（字养泉）等交往，彼此砥砺。光绪六年（1880）至天津，得周馥推荐，在天津海关任职。以后在河北诸县任职，廉洁干练。至光绪三十四年傅增湘任直隶提学使，遂引退，居天津。雅好山水书画，曾与周馥同游浙西，又多经眼宋元书画真迹，画学渐精[⑦]。

傅增湘之兄傅增湑为光绪十八年进士，同榜有张元济、蔡元培，还有周馥之子周学海、周学铭[⑧]。藏园校书跋识中有傅增湘与周馥四子周学熙一起郊游的记载，可见两家交往甚密。

傅增湘本人亦受到周馥的重视。周馥《秋浦周尚书全集》有《题傅润沅提学游吴越诗草》诗章，其小序曰："傅随尚书唐绍仪赴沪与革命军议抚，未终事，旋告退，游吴越。"诗曰：

---

① 周馥，曾在李鸿章幕府三十余年，清末官至两江总督，其传记资料近年刊出颇多，兹不一一。

② 上海师范大学图书馆编：《清代碑传全集》，上海古籍出版社，1987年，第1764页。

③ 张剑整理，中华书局，2008年。

④ 傅增湘之兄傅增湑为光绪十八年进士，傅增湘为光绪二十四年进士，其仲兄傅增浚为光绪三十年恩科进士。

⑤ 《近代中国史料丛刊》第九辑，台北文海出版社，1967年。

⑥ 参阅曾枣庄：《论李香岩手批纪评苏诗》，《中国典籍与文化》2008年第1期，第83－90页。

⑦ 参见王式通：《清故资政大夫直隶怀安县知县江安傅公墓志铭》，钱仲联：《广清碑传集》，苏州大学出版社，1999年，第1036页。

⑧ 见周馥：《秋浦周尚书全集》中《亡室吴夫人传》，《近代中国史料丛刊》第二册，台北文海出版社。1967年。

"昔君示我庐山吟,泉声山色清我心。今游吴越诗满轴,尤觉风光溢我目。……"1911 年,傅增湘以参议身份随唐绍仪赴上海进行南北议和,谈判不顺利,滞留上海数月。此期间,偶然购买到宋刊本《新刊诸儒批点古文集成》①,乃汪启淑进呈四库本,从此开始聚书,又遍交沈曾植、杨守敬、莫棠、徐乃昌、张元济诸公,相与讨论。至翌年三月,傅增湘裒集千余册旧籍,满载北归②。

周叔弢本人受到家庭影响,自 16 岁起开始买书,以后逐渐对收藏善本书有兴趣,积数十年成为近代藏书大家,在北方,与李盛铎、傅增湘齐名。傅增湘不仅继承家藏,又值盛昱、端方、徐坊、聊城海源阁等旧日藏家之书陆续散出,于是遍访书肆,极力搜求,渐成巨擘,其藏书楼名"双鉴楼",藏书二十余万卷,多宋、元、明精刻及名抄本。富藏书进而富校书③,在此过程中,藏书家们因书得友,亦为书史佳话。冀淑英先生整理《自庄严堪善本书目》中,录出周叔弢赠国家图书馆善本书上部分题识,其中涉及与藏园主人往来情形。笔者在整理傅增湘校书跋识过程中④,颇见周、傅二人关于藏书、校书而往来之书信及跋文,为其识见、情趣所感,特爬梳为文。

一、周藏傅跋

周易程朱传义音训十卷易图一卷 宋程颐、朱熹撰,吕祖谦音训。元至正六年虞氏务本堂刻本。每半叶十二行行二十一字小字二十五字,黑口,四周双边。钤"平阳汪氏藏书印""汪士钟读书""鹤侪""寒云秘笈珍藏之印""曾在周叔弢处"等印记。《藏园群书经眼录》及《藏园群书题记》均未及此书。

藏园先生丁巳年(1917)于封面内副叶跋曰:

元本《周易程朱传义》及《诗经朱子集传》,旧为沈经笙相国家藏书,壬子夏余见之孙伯恒许。余今年与叔弢兄游厂市,重见此书,叔弢出善价得之。初印精美,至可宝爱。近世收书者喜子集小帙而薄群经,至宋人说经之书尤无人过问。此帙流转厂市已五六年,而叔弢独能锐意收之,所谓读书者之藏书与流俗耳食者异矣。假读经月,郑重归之,因题数语以志钦佩。丁巳闰月二十六日江安傅增湘识。

《周易传义》有"至正丙戌良月虞氏务本堂刊"木记。考虞氏务本堂刊书存于今日者,瞿目有宋本《老子道德经》,目后有建安虞氏刊于家塾一条;《楹书隅录》元本《王状元注东坡先生诗》有虞平斋务本书堂刊木记;《皕宋廔目》元本《赵子昂诗集》目后有至

① 《藏园群书题记》卷八有长跋,载书之流传、购书过程、诸公题跋。

② 见《藏园居士六十自述》,民国年间石印本。

③ 章钰:《四当斋集》《傅沅叔属题双鉴楼图为顾鹤逸隐君作》曰:"岂况富藏更富校,当年研削曾同调。"(《近代中国史料丛刊》三编,第十八辑,台北文海出版社,1986 年。)

④ 关于本馆所藏藏园校勘古籍概况,可参阅笔者《藏园校书所用敦煌遗书、吐鲁番文书》一文,《中国典籍与文化》2008 年第 4 期。

元辛巳春和建安虞氏务本堂编刊一行；瞿目《周易经传集解》为洪武戊辰务本堂刊本。以一姓刊书之役，子孙世守，绵历三朝，流风余韵，与其人名字俱馨，亦云幸矣。增湘又记。

沈经笙，即沈桂芬（1818—1880），字经笙，苏州同里镇人，寄籍顺天宛平（今北京丰台区），道光二十七年（1847）进士。曾任军机大臣兼总理各国事务衙门大臣。孙伯恒（？—1943），名壮，号雪园。大兴人，原籍浙江余姚。曾任商务印书馆北京分馆经理。瞿目，即《铁琴铜剑楼书目》。《楹书隅录》，即海源阁藏书目。《皕宋廔目》，即陆心源之《皕宋楼藏书志》。藏园先生跋文不仅说明该书是周叔弢和自己一起逛书肆时所购，且条缕福建建安务本堂刊书历史，以及务本堂刊书在各部目录书中著录，颇可参鉴。冀淑英《自庄严堪善本书目》①记此书而未录傅氏跋文。

前汉纪三十卷后汉纪三十卷 汉荀悦 晋袁宏撰。明嘉靖年黄姬水刊本。每半叶十一行行二十字。冯舒朱笔校、黄丕烈墨笔校《前汉纪》。冯、黄二人校跋已收录于《藏园群书经眼录》，不赘。此书为周叔弢收藏，正文首叶钤“周暹”白文小印。目录叶钤“校书亦已勤”“兴志读书不求闻达”印。傅增湘另有长跋，在《题记》中。

前护叶有周书弢跋文一则，曰：“余所得善本书，每钤‘曾在周叔弢处’六字朱文印。盖收书只以遮眼，本无世藏之心，非好为旷达之语，以欺人也。今此印刓弊不堪复用，遂改钤‘周暹’二字白文小印。自此书始，后皆从之。丙寅夏，弢翁。”钤“周暹”印。

书末附傅增湘致周叔弢手札二通。一信写于1926年初，一信大约写于1929年。

其一曰：

叔弢三兄阁下：前日手书，回京与攸方商办《简斋诗》，竟非四百五十元不可（因书已售出，非徐氏所有，他人转售者须此价）。《史通》、两《汉纪》（《后汉纪》略有校语有跋）、《宏秀集》三书已贵至伍百元。《汉纪》总合三百以外。然实为秘笈，爱不能释。俟晤面时再商可也。《困学纪闻》屡索不见，据云德宝经手，似已售出矣。专此，敬候年安。弟增湘拜启，乙丑除日。

其二曰：

《东维子诗集》奉呈，较各本多诗四十余首，改董刻十□，集字句不可枚举。上车时又送来《汉纪》黄冯校本，索五百元，视各本补脱漏极多，罕秘之至。若二百余元可得，拟自留之，再多则或舍去。然公能留亦大妙，可从容临校也。余俟面罄。此上叔弢三兄。增湘叩首。

三点时或在北安利一叙何如？我有约十二点半至一点半起士林早餐，如来此亦可。

---

① 天津古籍出版社，1985年。

此前后《汉纪》因有冯、黄手迹，格外珍贵。冯舒字己苍，别署孱守居士，明末常熟藏书家，与其弟冯班并称“二冯”，《藏书纪事诗》有专章。关于宋陈与义《简斋诗集》，《藏园群书经眼录》记载有“因迫欲乘车赴津，遂携末册来津，子刻手书五跋如右。原书因火急催还，不能久留，又索价至四百五十元，岁暮无力举之。书此志慨。乙丑十二月廿四日记，沅叔”语，与此信相合。此《简斋诗集》为元刊本，黄丕烈跋语数则，今藏国家图书馆。德宝斋，琉璃厂书肆。杨维桢《东维子文集》三十卷校记一卷，傅增湘校勘，校本今存国家图书馆，是正、补录者甚多，1929 年商务印书馆收入重印《四部丛刊·初编》出版，藏园主人故以此书赠周叔弢。藏园老人此两通手札，均与《汉纪》相关，或因之附书末。

从所录跋文可以得知，这部《汉纪》由傅增湘荐于周叔弢，《弢翁藏书年谱》[①]未载此书。

诸儒鸣道七十二卷　清初宋氏荣光楼抄本。该书无撰辑人，是宋代著名理学家语录或名篇之集合。宋筠校，完颜景贤、傅增湘跋。钤“完颜景贤字淳父号朴孙一字任斋别号小如庵印”“咸熙堂鉴定”“景印长乐”“小如庵秘笈”“朴孙庚子以后所得”“景行维贤”“周暹”印。

护叶有完颜景贤题识：“是书各家书目鲜有收者，惟绛云著录宋板者乙部，此外传抄者尚无闻，况兹旧抄影宋者乎？此书系由河南书客处购来，每页均有宋氏荣光楼抄本字样，当是国初时商邱宋氏借牧翁本影录，自绛云一炬后未识宋板尚存天壤否。若以各家书目未载而论，正恐世上不复有二本矣。审矣，是书诚可宝也。小如庵记。”钤“小如庵秘笈”“戏墨”“烟波画舫”印。完颜景贤（？—1927），号朴孙，远祖为金源宗室。富收藏，精鉴定。殁后藏书散出。

卷七十二末叶藏园先生识曰：“岁在丙寅，从叔弢周兄假读，并搜索群书校勘一通，别撰跋语志其同异。特记于此，用表高谊。傅增湘，坡公生日书。”

《藏园群书经眼录》著录此本，其跋文较详细，详列书中目录，并分析其影写底本，称之“孤本秘笈，良可珍也”。傅增湘还用周叔弢此书校勘过《二程遗书》和《忘筌书》，所补脱文甚多。

文昌杂录六卷补遗一卷　宋庞元英撰。清乾隆二十一年卢见曾刻《雅雨堂丛书》本。记时闻及典章制度。钤“修敬堂藏”“织帘藏书”“周暹”印。壬申年（1932）藏园主人临沈钦韩手校。

卷六末叶沈钦韩识曰：“道光壬戌四月十二日校，半日毕。钦韩记。”此后为傅增湘题识：“壬申十月，藏园居士手临一过，竟日而毕。”

书末附加另纸，为一便条，曰：“文起手校书殊少见，此帙校笔虽不多，然改定错简三处乃致佳，似可留之。叔弢三兄座右。增湘拜覆。”

乃知此书原为周叔弢询问傅增湘是否可留。由《藏园群书经眼录》推测，便条写于 1919 年。沈钦韩，字文起，清苏州木渎镇人。嘉庆十二年举人。长于训诂考据之学。

---

① 李国庆编著，周景良校定，黄山书社，2000 年。

云麓漫抄四卷　宋赵彦卫撰。明王氏郁冈斋抄本。内容为宋代杂事及名物。半叶十一行,行二十二字。钤"曾在周叔弢处"印。

正文之前藏园跋曰:

地山新得此郁冈斋钞本,道出申江,从之假阅,携至西湖,以校稗海本,改定增补四百七十余字,是书从此粗可读矣。癸丑十二月初十日。沅叔记于小万柳堂。是日与周无角探栖霞洞,访灵峰寺,登韬光庵,坐冷泉亭,红梅欲绽,翠竹生妍,暄暖殆如初春,转惜吾地山之不获同游,领此清胜也。郁冈斋抄本多从宋椠出,久为世重。余曾收得《龙川略志》,行款与此同,旋归之涵芬楼。地山尚有《麈史》三卷,必有佳处,它日当乞一校,知方家决不吾吝也。沅叔再记。

方地山(1873—1936),名尔谦,字地山,江苏扬州人。以字行。曾于袁世凯家馆西席。于金石古泉颇有研究,善联语。与周叔弢家颇有往来,《弢翁藏书年谱》记1921年自方尔谦处收得此书,是在傅增湘题跋八年之后。

北窗炙輠录二卷　宋施德操撰。清抄本。钤"祥符周氏瑞瓜堂藏书""周印星诒""茂苑香生蒋凤藻秦汉十印斋秘箧图书""寿潜室手校""柯印逢时""曾在周叔弢处"印。黄锡蕃、周星诒校,傅增湘跋。

书末叶有黄锡蕃跋,曰:

《北窗炙輠录》二卷,宋施彦执撰,竹垞跋云得之海盐陈少典所藏,其书稍稍流传于世,今刊入《奇晋斋丛书》中。己酉长夏,以刊本校勘。互有异同,如关子开颐一则,虽中多阙文,而刊本删去,殊失本来面目。内载王子思,宋代知海盐县事,考图经只有王震、王本、王懋,所谓王子思者,未知何名,所记一事亦未载,后之续图经者宜补入焉。椒升记。

藏园跋曰:

此册为椒升所手校,所据刻本盖即奇晋本也。上卷浓朱笔识为周季贶所重校,所据为读画斋本。读画本出自吴方山,较竹垞本为长,故文字多胜处,如关子开二条。此本断烂不可读,而吴本则完具,亦其一也。癸丑暮春,承地山惠假,详较一过,附记于此。地山试取读画本一勘,当知余言不谬矣。沅叔。

周叔弢识曰:"癸亥九月,以士礼居刻《周礼》,从大方易得。叔弢。"

黄锡蕃(1761—1851),字晋康,号椒升,清浙江海盐人。有醉经楼藏书。周星诒(1833—1904),字季贶,祖籍绍兴。吴岫字方山。俱详《藏书纪事诗》。大方即方地山,此书亦周叔弢得自方地山。

以上举例六种书，无论周叔弢购书在傅增湘书跋之前还是之后，最后是以周氏藏书入藏国家图书馆，其藏与跋均为藏品增辉。

二、傅增湘往借周藏善本校勘

傅增湘校勘群书，世所周知。他曾撰有《西涯校书记》①，记1913年曾于京师图书馆借居什刹海旁广化寺读书校书事略。他校书所用校本，有古版书，比如宋刊本，甚至敦煌卷子，还有罕见古抄本，比如用过吴宽藏抄本、钱谷抄本等，大量过录名家手校本，特别重视何焯、黄丕烈、卢文弨、鲍廷博等人手校。这些珍稀校本，来源多处，有自家的；有出访各地所见，比如去日本，还有到南方游历时所见；从友人处借来善本，亦是藏园主人校勘群书重要途径，其中就包括与周叔弢先生借书校勘往来。

澄怀录二卷　宋周密撰。明芝秀堂抄本。多记唐宋人登临之胜及旷达之语。每半叶十行，行二十四至二十六字。无行格。钤“松江读有用书斋金山守山阁两后人韩德均钱润文夫妇之印”。

正文之前有藏园跋，曰：

> 叔弢新收松江韩氏抄本一帙，其首一种为《澄怀录》。余适藏有嘉靖百川高氏抄本，因以此帙相付，属为对勘。留几案者数月，未暇著笔。仲春二月，天气始和，阳台杏林正发，余以清明上冢，兼为亡弟越凡履勘茔城，遂载书入山，晨夕无事，偶得展卷。凡留清水院者六日，留万寿山者二日，遂尔蒇事，计订正讹失一百五十余字，补夺文一则。寥寥短卷之中，而所得至多，可云意外之获矣。原书自韩氏外别无印记，惟书名上标芝秀堂抄四字，自属明人所写，字法亦尚工雅，而竟脱误满纸。意其沿袭恶抄陋刻，未加考证耳。余本出古涿高儒家，儒本武弁而富藏书，有《百川书目》行世，然其写本乃绝少流传。余无意得之厂市，意其以罕见为珍，岂料文字佳胜，乃过流俗万万耶！校毕爰识数语，愿与叔弢共参之。岁在乙亥三月之望，藏园老人傅增湘书。
>
> （钤“增湘”印）

松江韩氏即韩应陛（？—1860），字鸣塘，号绿卿，清松江（今属上海）人。收藏多部黄丕烈散出之书，室名“读有用书斋”，有《读有用书斋书目》。其书至咸丰十年之后逐渐散出，1930年韩氏藏书尽出，张元济、傅增湘数次往返信函商讨“众擎以举之”②，然而未果。其中善本后来为周叔弢先生所收，此书系1934年购松江韩氏书之一，《弢翁藏书年谱》记有当时购韩氏书单。藏园主人认为韩氏所藏抄本虽然字体古雅，然不及百川高氏抄本文字精到，《藏园群书经眼录》亦记百川本，《题记》亦有跋文，文字与此跋不同，可参阅。

---

① 《藏园老人遗稿》，国家图书馆藏。

② 《张元济傅增湘论书尺牍》1930年部分，商务印书馆，1983年。

平江记事一卷 元高德基撰。清刊本。书中多记吴地古迹。钤“增湘”“藏园”印。1935年以周叔弢所藏芝秀堂抄本校勘。

四库提要之后空白处藏园老人跋曰：

叔弢世兄新获抄本一帙于松江韩氏。凡《澄怀录》《西台恸哭记》《平江记事》三种，卷首题芝秀堂抄四字，未详为明代何许人也。因取新刻本校此种，订正得六十一字。其纪年干支下注某宗某年，或为后人所加，高氏本文必无是也。惟庞山一则，抄本无之，当是传录时所脱佚。余别藏王宗炎家写本，其异字不及兹本之多，可知传本以古为贵，其沿袭之讹谬亦较稀矣。乙亥正月十一日校毕记之，藏园老人。

芝秀堂抄本今亦存国家图书馆。

雅雨堂丛书本《李氏易传》李鼎祚序言末空白处识曰：

叔弢新收松江韩氏书，有批校本《李氏易传》，其下方校语乃韩氏应陛所临诸家勘本，凡孙堂、张惠言、张惠、胡本师、吉按、杲按六家，余因手录于兹本上，其所临红豆斋考订之文，则不尽录也。甲戌二月初五日，藏园老人志。

据此1934年题识，知周叔弢所收韩氏书尚有《李氏易传》批校本，不见于《弢翁藏书年谱》所揭书单。

何博士备论二卷 宋何去非撰。清光绪元年湖北崇文书局刊本。论用兵之道。乙丑年（1925）据周叔弢藏明穴砚斋写本校勘。

卷下末叶藏园跋曰：

叔弢持穴砚斋写本来，留之二日，仓卒校读一过。原书有东坡荐去非两牍，留香室刊本已录之，不更复写。别有荛圃二跋、钱天树跋、黄廷鉴跋，《皕宋楼藏书志》全载。此外程春海、王惕夫、张芙川咸有题记，收藏历何义门、胡云坡、章紫伯、麐见亭诸人，印记累累，流传有绪，洵为有名秘笈，宜乎叔弢以重价收之，喜而不寐也。乙丑正月十日增湘校毕记。僭朱罪甚。

考皕宋楼著录一本亦称穴砚斋写，诸家跋语亦同，此书世间不应有二本，疑陆藏为照此重录也。沅叔又记。

周叔弢藏诸家题跋之明穴砚斋写本概况见诸《藏园群书经眼录》，今藏国家图书馆。

兼明书 唐丘光庭撰。清真意堂丛书本。钤“沅叔手校”印。目录叶藏园附纸书跋，曰：

昨以守和约赴津，为检定椒微师遗书事。夜访叔弢，得见明写本《兼明书》五卷，其书棉纸蓝格，自是天一阁之物，钤有翰林院典籍厅印，意乾隆时范氏进呈于四库者也。卷中有钩勒之笔，必馆中写书时纂修诸臣所为，前有朱书一行，云原本讹脱甚多，兹据宋本校正。未审何人所校，亦不言宋本所自。因余家旧藏有真意堂活字本，因假归，竭一日之力点勘卒业。吴本纰缪甚多，且各条空阙之文，弥望皆是，得此悉为补完，为之忻快不已。闻此亦李氏之书，叔弢转质而来者也。丁丑五月，藏园记。

（钤“增湘私印”）

袁同礼，字守和，国立北平图书馆馆长。李盛铎，字椒微，著名藏书家。此乃1937年抗战之前事。关于李氏藏书评价，傅增湘1937年5月有《审阅德化李氏藏书说帖》[①]一文甚详。

志雅堂杂钞 宋周密撰。清学海类编本。目录之末藏园过录戴光曾跋语。其后跋曰：

此渌饮手校抄本，不分卷，吴兴张渭渔家藏。敝估载之北来，为周叔弢世兄所得，因假归以此刻校改之。曾见余秋室手写付刊本，似与此校本相类，惜其书流传绝少，无从得而勘正也。叔弢同时所得者尚有：钱遵王、何义门校《南部新书》，渌饮校《钱塘遗事》，荛翁校《庶斋老学丛谈》，皆致佳，异日当一一从而移录之。先志此以为左券。甲子正月初二日，大雪翔舞，寒光满园，拥炉读竟炙砚记。沅叔。

戴光曾，字松门，号谷原，清浙江嘉兴人。擅长书画，亦嗜藏书，与鲍廷博、黄丕烈为友，大约因此得鲍廷博手校本。张渭渔，清末民初浙江海宁著名藏书家，殁后，藏书散于琉璃厂书肆，傅增湘、张元济曾经往来函札商议购买张氏书。此条跋文揭示周叔弢先生购书信息甚多，为《弢翁藏书年谱》所未及。周氏此部书今藏国家图书馆。

藏园手校群书之最后一种，仍以周叔弢家藏本为校本，即元揭傒斯撰《揭文安公文粹》明天顺五年沈琮广州府学刻本，何焯批校并跋。每半叶十一行行二十字，黑口，四周双边。钤“任邱王文进字晋卿藏”“周暹”“沅叔借观”印。藏园所校者为清同治十一年安徽藩署敬义斋刊本，卷首附纸印藏园先生七十画像，并长跋一则，字体依旧秀整端严。此跋已刊诸《藏园群书题记》，然首段文字关于自庄严堪藏明刊本之判断，与《题记》颇不同，这段文字称此明刊本不是天顺刊本，或为成化刊本，《题记》则肯定为天顺刊本，是知现通行本《题记》系后来又经审订，如傅熹年“整理说明”中所言。现将此段文字仍录于此，以便读者了解：

壬午(1944)仲冬，余至津沽，叔弢以新收《揭文安文粹》相示，明本，半叶十一行行二十字，黑口，四周双阑，不分卷。凡录文五十七首，卷中朱笔评校审为何义门笔。惟失去前序，未知为何时所刊。惟考同治覆天顺本，前有诗一卷，则是本非天顺刊可知。余以镌工观之，或成化间覆梓乎？

---

① 《藏园群书题记》附录之一，上海古籍出版社，1989年。

揭傒斯，字曼硕，元代翰林国史院编修官，与修《经世大典》，宋、辽、金三史总裁官。傅增湘先生曾于二十世纪二十年代以元刊本、谦牧堂抄本、鲍廷博校本校勘揭傒斯诗集，至四十年代又以明刊本校勘揭傒斯文集，并在此《揭文安公文粹》校勘识语末特钤“戊戌翰林”“史馆编修”印，令人尤增感触。

以上举例介绍傅增湘向周叔弢往借珍本校勘的情况数种，周叔弢先生亦多次借藏园珍籍进行校勘。《弢翁藏书年谱》中，比比皆是，兹不一一。

三、周校傅藏

新序十卷 汉代刘向撰。明万历程荣刊《汉魏丛书》本，半叶九行，行二十字，白口，左右双边。根据跋文，推知是周叔弢先生受傅增湘先生委托，庚午年（1930）以家藏宋刊本校勘于此本。钤“燕谷小隐”“钟曙长寿”“钟曙大利”“归钟曙读书记”印。

卷末附纸（纸之栏边刊“孝经一卷人家”字样）周叔弢手书跋文，曰：

> 宋本《新序》，海源阁旧藏，每半叶十一行，每行廿字，白口，左右双边，下记刻工姓名，曰：洪茂、洪新。卷五卷十末叶纸背有徐昌朝印四字，楷书墨记，缺笔至构字止，盖绍兴时刻本也。庚午二月，沅叔三丈授此书命校，因取宋本对勘一过。凡增改三百许字，其钱牧斋手跋一则、黄荛圃手跋三则、金轡庭手跋一则，具见《楹书隅录》，不复录云。建德周暹谨识。

经钱谦益、黄丕烈、金锡爵题跋之宋刊本今藏国家图书馆，《藏园群书经眼录》著录。周叔弢跋语尚可见诸《自庄严勘善本书目》。

四、周傅共校

宝刻丛编二十卷 宋陈思编撰。清光绪十四年陆氏万卷楼刊本。金石目录之书。钤“赤弢手校”印。1937年傅、周二位先生据各自所藏残宋写本校勘，校勘记集中于此本，亦是学林一佳话。书眉、行间校记颇多。

卷五叶十一空白处藏园老人识曰：“厂市得宋写本三叶，为卷五之九至十一，今夕偶检得此本，就校其上。闻叔弢有数十叶，异时当以此刻寄之，乞其临勘以饷我也。丁丑五月十二日藏园老人记。”卷中书眉书脚处标示宋写本起讫之行。

卷一末叶周叔弢先生以“自庄严堪”稿纸（每半叶十二行）补脱文并跋曰：

> 《宝刻丛编》世无宋椠，抄本流传，亦多阙佚。余前得宋抄本第一卷，颇矜罕秘。顷沅叔三丈出此书，属为对勘，因校读一过。目录中镇江府上有润州二字，建康府上有昇

州二字，已胜四库所据之本。至于酸枣县汉刘熊碑，补《金石录》《复斋碑录》二条，青州补后魏尧庙碑、唐尧山神记二则，齐州补唐薛宝积清德颂、唐刘彦恪清德颂、唐瑞气观天尊像碑、唐中兴圣教序、唐四禅寺七祖堂颂、唐房夫人碑六则，唐房彦谦碑补《复斋碑录》十一字，唐史封公德政碑补《集古录目》一条，沂州补全章九则，潍州补唐开元寺僧残碑一则，汉逢童子碑补《隶释》十三字，汉逢君神道补《诸道石刻录》廿九字、《金石录》十七字，北齐造像碑补《集古录》一条，淄州补魏史胥顺碑、魏衡纂碑二则，唐谥文宣王诏补《集古录目》三十二字、《金石录》一条，淮阳军汉严䜣碑补《金石录》二十二字，尤足快意。宋抄本出自内阁大库，他卷尚有残叶，流落人间，倘能搜集而通校之，所获必多也。丁丑六月六日至德周暹记。

该书宋抄本残卷今藏国家图书馆，卷一阙三叶，共五十四叶，所残不多；卷五仅存六叶（三十八叶至四十三叶），半叶十行，行二十字，白口，左右双边，蝴蝶装，版式宽大，字体端严，颇有上版写本意味。卷一首叶末叶钤"周暹"印。卷五大约曾经受潮，漫漶较多，曾予以修复，合订为一册，书号8115。《藏园群书经眼录》著录此书。

五、傅周藏善本合璧于国家图书馆

二十世纪五十年代初期，周叔弢数次捐赠善本图书给北京图书馆，1952年8月，一次向北京图书馆捐献善本七百一十五种，受到政府褒奖，时任文物局长郑振铎专函致谢。至1956年，傅氏藏园中宋金元明善本和名家抄校本经过陆续数次出让，也已全部汇入北京图书馆。傅忠谟看到藏园善本尽去，有时难免怅然若失，但又想到这批孤本珍籍保存在国家最高级图书馆，且与"双鉴"、手校群书在一起[①]，系遵从先父遗愿，心中亦欣慰。及至十年浩劫，多少私人藏书或化为灰烬，或为康生等人掠夺瓜分，傅忠谟又庆幸及早将藏园主要珍本入藏北京图书馆，是何等正确，藏园老人遗愿多么有远见。

"文革"结束后，在清理退还被抄图书中，傅熹年发现有可补北京图书馆缺卷者数种，于是检出，经与兄弟姐妹公议，捐赠北京图书馆，比如，宋朱绍安、潘四娘刊本《大方广佛华严经》八十卷，其七十九卷原系周叔弢自庄严堪藏书，已在馆中，所缺之第三十四卷，在退还藏园图书残册中恰有此卷，装帧全同，从此补配为全璧[②]。这也是藏园与自庄严堪化私藏为公藏愿望之赓续。

本文分五个层次介绍周、傅二位藏书家在几十年藏书活动中形诸文字的点滴事例，借此

---

① 手校群书于1947年捐赠国立北平图书馆，时藏园老人尚在世。宋百衲本《资治通鉴》与南宋内府写本《洪范政鉴》遵藏园遗愿，于1949年10—11月间捐赠北京图书馆。

② 参见傅熹年：《记先祖藏园老人与北京图书馆的渊源》，《北京图书馆馆刊》，1997年第3期，第49—52页。

感受其藏书旨趣，与学界交往，继承清代朴学传统。傅增湘曾有《题周叔弢勘书图》一文，赞许周叔弢先生藏书既精，“频岁所收宋元古椠殆百帙，名抄精校亦称是，声光腾焯，崛起北方”；校勘亦勤，“尝观手校群书，皆字画端谨，朱墨鲜妍，颇具义门风范”；不以珍籍为私密，“善藏善读者，志同道契”，全面介绍自庄严堪藏书。

洪亮吉曾在《北江诗话》卷三对各类藏书家有评，曰：“藏书家有数等，得一书必推求本原，是正缺失，是谓考订家，如钱少詹大昕、戴起士震诸人是也；次则辨其板片，注其错讹，是谓校雠家，如卢学士文昭、翁阁学方纲诸人是也；……”[①]周氏自庄严堪藏书和藏园双鉴楼藏书进入国家图书馆，不仅以其版本珍贵而享誉至今，亦因其数十年间孜孜于校勘，汲汲向学风气熏陶后学，特志于此。

（原载于《文献》2009 年第 3 期）

① 《续修四库全书》第 1705 册，上海古籍出版社，2002 年。

周作人藏书题记辑录

谢冬荣　石光明

国家图书馆古籍馆藏周作人藏书为数不少，书中多有其手书题记。这些题记，或叙得书经过，或对书的作者、版本、内容等进行评论、考辨。周作人部分藏书题记在其所作书话中已有揭示，近年，刘思源《周作人的两则题记》[①]和周伟文《新见周作人题跋一则略述》[②]又有所补辑。笔者在周作人藏书中又辑得二十一则题记，现加以整理，略附按语，以供研究者参考。

一、《通俗编》

此书系吾乡周半樵先生藏本。先生著有《越咏》二卷，刻于咸丰甲寅，盖去今已八十有三年矣。此本刻印均佳，不知何以流转至此。从海王村群玉斋书铺买得之，亦可珍也。民国廿五年十一月八日，知堂记于北平之苦雨斋。

按：《通俗编》三十八卷，（清）翟灏撰，清乾隆间刻本，十四册。书中钤"山阴周氏半樵藏书""调某私印"等印，是该书曾经周调梅收藏。周调梅（1781—1854），字半樵，浙江山阴人，著有《越咏》。

二、《海东逸史》

明亡后二百四十年此书终得出世，可谓有幸矣。同时邵武徐氏亦刻入丛书，无序跋，不知所据何本，校订不甚精。此有孙彦清序，稍有校注。卷十八董守谕以下四人，徐本不列目，固失之。而此本别据传记补入，本文似亦有过犹不及之嫌。眉间有朱批，不知出何人之手，殆亦是长恩阁之流，可以宝重也。民国壬午十二月廿六日，以十金得此书于北京，因记，知堂。

按：《海东逸史》十八卷，（清）翁洲老民撰，清光绪十年（1884）慈溪杨泰亨饮雪轩刻本，

---

① 《鲁迅研究月刊》1998 年第 11 期。

② 《鲁迅研究月刊》2007 年第 1 期。

二册。谢国桢先生《增订晚明史籍考》对《海东逸史》一书有详细的论述："是书纪鲁监国事，书为纪传体……称郑成功奉鲁监国曾驻澎湖，后又迎居金门，为他书所不载。罗列鲁监国诸臣事迹，忠义遗民抗节遗事琐闻，而尤以记舟山事为最详。"作者"翁洲老民"虽不知何许人，但"当是明季遗民而作于清康熙时也"①。该书除光绪十年本外，后又有《邵武徐氏丛书》本、《四明丛书》本。题记中所言"长恩阁"是晚清著名藏书家傅以礼的藏书处。傅以礼（1827—1898），字节子，浙江会稽人，官至道员，藏书处除长恩阁外，还有七林书屋、华延年室等。

三、《触藩始末》

《触藩始末》三卷，琴阁主人记英人占据广州、掳叶名琛事，其时任南海县知县，姓名俟考崇仁华廷杰也。自雅片事变以至焚圆明园，英人行事原系一致，叶相之胡涂乃不可及。掳赴印度时，需要衣物，其单中尚有《吕祖经》一本，可见一斑。此书记载颇详，可资查考。民国甲申六月十日，药堂。著者华廷杰，崇仁人，见《仰视千七百二十九鹤斋》本七弦河上钓叟《英吉利广东入城始末》。中华民国三十四年二月十日，知堂记于油灯下。

按：《触藩始末》三卷，（清）华廷杰撰，清末刻本，一册。叶名琛（1807—1858），字昆臣，湖北汉阳人，道光十五年（1835）进士，官至两广总督。咸丰七年（1857），英法联军攻陷广州城，掳掠了时任两广总督的叶名琛，后又将他移至海外，关押在印度加尔各答。不久叶名琛病逝于此。《触藩始末》一书前后无序跋，卷端仅题"琴阁主人记"，因此，依据本书尚难确定著者的确切姓名。《仰视千七百二十九鹤斋丛书》本《英吉利广东入城始末》卷端题"七弦河上钓叟记"，也未明言著者姓名，不过该书末有"记者日"，其中谈道："最后乃见崇仁华观察廷杰日记，观察于汉阳能不负生死者也，是尽取所记，句栉而字比之。"据此判断，《英吉利广东入城始末》一书的著者当是华廷杰。而《触藩始末》与《英吉利广东入城始末》在内容上有很多相同或相似之处，两书显然出自一人之手。因此，《触藩始末》的著者应当也是华廷杰。据同治《崇仁县志》卷八所载，华廷杰字樵云，江西崇仁县吴坊渡人，道光二十四年举人，二十五年进士，以知县分发广东，初署东莞，后奏补香山，因镇压三点会有功，调补南海知县，同治七年（1868）回籍，九年前往粤西帮办龙州军务。

四、《庭闻忆略》

宝竹坡江山花蒲鞋头船事件本无甚关系，乃图晚盖作此程朱眉眼向人，一何可笑。至于夏鼎武辈，则原不足道也。民国廿二年二月六日于厂甸得此册，重订讫记，作人。

---

① 谢国桢撰：《增订晚明史籍考》，上海古籍出版社，1981 年，第 586—587 页。

按:《庭闻忆略》二卷,(清)宝廷撰,(清)夏鼎武辑,清光绪间刻《富阳夏氏丛刻》本,一册。宝廷(1840—1890),字少溪,号竹坡,姓爱新觉罗氏,镶蓝旗人,同治七年进士,官至礼部右侍郎。"江山花蒲鞋头船事件"是指光绪八年,宝廷典试福建,归来时道经浙江,纳一船妓(吴人称为"花蒲鞋头船娘")为妾。此事为人所知,宝廷遂上疏自劾,请求辞职。宝廷为学宗法程朱,而周作人则极力反对程朱理学:"老实说,我是不懂道学的,但不知怎的嫌恶程朱派的道学家,若是遇见讲陆王或颜李的,便很有些好感"①,因此才有题记中"乃图晚盖作此程朱眉眼向人"之语。

五、《柳边纪略》

此书刻入《仰视千七百二十九鹤斋丛书》第五集中。前年曾得六集本一部,今取以相较,则丛书中本缺少卷头自序及费此度等序文六篇,共十叶。然则此虽似比较后印,却亦有其优点也。民国三十一年七月十八日改订讫,记于北京,知堂。

按:《柳边纪略》五卷,(清)杨宾撰,清光绪间会稽赵氏刻《仰视千七百二十九鹤斋丛书》本,四册。杨宾(1650—1720),字可师,号大瓢,又号耕夫,浙江山阴人。康熙初年,其父母因友所累,被流放宁古塔。杨宾在成人后即往东北省亲。《柳边纪略》一书记载了杨宾省亲时期的所见所闻等。"其书网罗巨细,足以订史书之谬,而补版图之缺。"②由于同乡的缘故,周作人对杨宾比较关注,曾著《关于杨大瓢》③一文予以介绍,对其著述也多方搜集、收藏。除《柳边纪略》外,周氏还藏有杨宾的《力耕堂诗稿》《铁函斋书跋》《大瓢偶笔》《杨大瓢日记》等。此外,周作人还撰有书话《杨大瓢日记》一文,利用《杨大瓢日记》对《柳边纪略》的著作年代进行了详细的考证。

六、《习苦斋画絮》

平常所见《画絮》,皆惠年编刊十卷本。今此书只四卷,字画精好,胜于惠刻,而前后无题序,意者或即戴兆春序文中所云"先君于服官吴门时曾裒集付刻数卷"者耶。此系吴氏石莲庵旧藏。数年前在北平所得,今日重阅,辄记数行。时中华民国廿八年二月八日,知堂。

按:《习苦斋画絮》四卷,(清)戴熙撰,清刻本,四册。戴熙(1801—1860),别号习苦斋,

---

① 钟叔河编:《知堂书话》,岳麓书社,1986年,第507页。
② 《清史列传》卷七十《杨宾传》,中华书局,1987年,第5739页。
③ 《中和》第1卷第9期。

浙江钱塘人，道光十二年进士，官至兵部右侍郎，著有《习苦斋画絮》《赐砚斋题画偶录》等。在光绪十九年惠年杭州鹾署刻本《习苦斋画絮》的《跋》中，其孙戴兆春叙述了该书一波三折的刊刻过程："先祖文节公所著有习苦斋诗文集，均已刊行，惟《画絮》十卷藏之箧中，迄未付梓。先君心耿耿焉。于服官吴门时，曾裒集付刻，乃刻未数卷而先君见背，春时正供职京华，丁忧回籍，后适就沪上蕊珠讲席之聘，见西法印书颇称精美，复出文节公手抄本付石印局，惜迁延岁月，工未及半，旋以起复入都，事又中止……菱舫世伯精于绘事，视鹾莅浙，得《画絮》抄本而喜之……因分类排比，力任剞劂之事。"周作人在为《习苦斋画絮》所作书话中曾引述题记的内容："后又得《画絮》别本四册，曾题其端云'平常所见《画絮》，皆惠年编刊十卷本。今此书只四卷，字画精好，胜于惠刻，而前后无题序，意者或即戴兆春所云，先君于服官吴门时曾裒集付刻数卷者耶。此系吴仲怿旧藏，卷首有海丰吴氏石莲庵一印。'"[①]与上引题记的内容微异，亦并存之。吴重憙（1838—1918），字仲怿，号石莲，室名石莲庵，山东海丰人，曾官江宁布政使、邮传部左侍郎、河南巡抚等职。

七、《醉古堂剑扫》

此书在日本甚通行，与《菜根谭》同为人所爱诵，但在中国则似久逸，素未闻有人说及也。民国二十一年五月从名古屋市其中堂书店买得此本，二十五日重订讫，题记于北平之苦茶庵，岂明。

书中颇有"违碍"字句，在前清或是禁书，但书目上不见。又记。

按：《醉古堂剑扫》十二卷，（明）陆绍珩编，日本嘉永六年星文堂等刻本，二册。陆绍珩生卒年不详，天启四年（1624）尚在世。该书是编者从《史记》《汉书》《世说新语》等书中摘录"嘉言格论、丽词醒语"编辑而成，全书共分醒、情、峭、灵、素、景、韵、奇、绮、豪、法、倩等十二部。该书除日本嘉永六年刻本外，还有明天启刻本、日本明治四十一年大阪嵩山堂刻本。另外，周作人收藏有一部《山房积玉》，十二卷，清刻本，书名叶题聚魁堂藏板，四册。该书前有雍正七年汾水李嘉声《叙》，其中谈道："余日与贤士大夫游，会文之暇，各集粹美之言以为座右铭，遂成一编，名曰山房积玉。"周作人在其护叶写有题记一则，指出该书实系伪书："此即《醉古堂剑扫》翻刻本，一字不易，只将书名改换而已。廿六年五月得于北平，三十一日改订讫记，知堂。"

八、《东山谈苑》

徐晟父树丕号活埋庵道人，著有《识小录》四卷，卒于康熙癸亥一六八三，晟时年六十

① 钟叔河编：《知堂书话》，第597—598页。

六，然则当生于万历戊午一六一八。澹心则生于丙辰一六一六。长于晟两岁也。

近年，南京影印澹心《玉琴斋词》行世。散原老人跋云，旧藏《东山谈苑》抄本，以活字印行。然则此本盖即陈氏所印者也。民国廿二年七月七日，知堂记。

按：《东山谈苑》八卷，(清)余怀纂，清光绪三年酉腴仙馆铅印本，一册。该书前有徐晟《叙》，末署"长洲同学弟徐晟题"。余怀(1616—1695)，字无怀，一字澹心，福建莆田人，所著有《东山谈苑》《板桥杂记》《五湖游稿》等。该书卷一开篇有余怀识语，叙述编撰此书的缘起："余氏曰，往余年少不羁，喜为豪华之事，爱读奇僻之书，究竟豪华、奇僻为害颇深，乱离之间，闭户深思，遇古人嘉言懿行，随笔辄记，积有岁月，裒然成编……余读二十一史及稗官野乘，著有《古今精义抉录》一书，大约强击古人，境无遁照，而此编则专言古人之长，理归忠厚，世之览者可以知其志焉。"题记中所言"近年，南京影印澹心《玉琴斋词》行世"是指民国十七年国学图书馆影印出版《玉琴斋词》之事。该书末有陈三立(号散原老人)跋，其中谈道："《东山谈苑》者，为余家旧藏抄本，笔致娴雅，疑亦澹心所手录。早岁侍先公居长沙，曾用坊肆铅制字印行。今垂五十年矣。"据此推断，周作人"然则此本盖即陈氏所印者也"之语当为确论。

九、《湘舟漫录》

此书本系二种合刻，今只存《湘舟漫录》三卷。数年前，曾得《白香丛刻》一部，《骖鸾集》亦缺，《漫录》题叶已重刻，仍署"嘉庆十六年"，龚氏一序亦遂撤去，可知其缺盖已久矣。此本虽不完，却有序文，卷末亦多十六至二十一共六叶，颇有可取。在护国寺庙会以一角钱得之，总算很值得的了。民国廿七年二月廿七日，知堂记于北平。

按：《湘舟漫录》三卷，(清)舒梦兰撰，清嘉庆十六年桂林郡城刻本，一册。舒梦兰(1757—1810)，字白香，晚号天香居士，江西靖安人，著有《天香全集》。该书书名叶题"湘舟漫录骖鸾集合刻"，可知出版时应为二种合刻，周作人所藏仅有《湘舟漫录》，尚缺《骖鸾集》。题记中所称《白香丛刻》即为《天香全集》，三册，存《游山日记》(卷7—12)、《婺舲余稿》、《和陶诗》、《香词百选》、《花仙小志》、《湘舟漫录》等。

十、《什一偶存》

此乌程徐氏家集，徐叶昭女史所编刊者也。古来女子作诗词者甚多，而写古文者不常见。《职思斋学文稿》三十五篇多朴实冲淡，可诵读，大不易得也。文中云"辛丑五十三岁"，计是年为乾隆四十六年一七八一，然则听松主人当生于雍正七年己酉一七二九，至作序之年乾隆五十九年甲寅则已六十六岁矣。此书得自杭州书店已三年矣，今日重阅，书此。民国二十四年一九三五一月二十一日，知堂于北平。

按：《什一偶存》五种，（清）徐叶昭编，清乾隆五十九年刻本，六册。《什一偶存》是徐叶昭所编家集，除《职思斋学文稿》为自己所撰外，其余四种《鄘城剩稿》《敬斋仅存稿》《清渠遗文》和《希之遗文》分别为叶昭父、兄、弟、兄子所撰。徐叶昭字克庄，适海宁许尧咨。

十一、《佚笈姑存》

残本尺牍一册，自七十五至百二十，凡四十五叶。板心题曰"王湘客书牍"，卷末则云"薄游书牍"，明临沂王若之所撰也。书中说明末官兵寇虏各种情形，多可供参考。其说及虏处字多铲毁，盖清初刻而又稍后印者欤。纸墨均佳，廿五年三月十八日从蜚英阁书店得此并记，知堂。

此书价值可以与陶崇道《拜环堂集》内尺牍相比，今日读之，尤增叹慨，如《答史道邻书》是其一也。又记。

按：《佚笈姑存》，（明）王若之撰，清顺治二年刻本，三册，存《王湘客书牍》《涉志》《诗卷》等。上述题记写于《王湘客书牍》护叶上。周作人对尺牍的价值赞赏有加，认为"中国尺牍向来好的很多，文章与风趣多能兼具"①，因而十分注意收藏尺牍文献。周作人收藏的尺牍文献，明人的有沈炼的《塞鸿尺牍》、王若之的《王湘客尺牍》、陶崇道的《拜环堂尺牍》等，清人的有商盘的《质园尺牍》、许思湄的《秋水轩尺牍》、龚萼的《未斋尺牍》、范濂的《世守拙斋尺牍》等。民国二十五年三月十九日，周作人撰有书话《王湘客书牍》，谈及上述题记第一段的主要内容②。

十二、《六朝文絜笺注》

《六朝文絜》应得有注，庶使初学。此本笺注虽不得力，亦尚可备览，胜于无有耳。唯校字太不精，首数叶中有误字五六，却均刻作一字，殊可骇笑也。乱世文人常多暇，如得有人重加订补，精校付刻，其有益于中国殆胜写报章文字万万也。廿八年八月末日，知堂记。

后得原刻本，颇精善，此盖是坊间翻刻本欤。又记。民国三十二年七月四日。

按：《六朝文絜笺注》二卷，（清）许梿评选，（清）黎经诰笺注，清光绪间刻本，四册。周作

① 钟叔河编：《知堂书话》，第 77 页。

② 钟叔河编：《知堂书话》，第 415 页。

人另收藏有一部《六朝文絜笺注》，书名、牌记与此均不同，目录末有“广陵浦锡五镌”字样，当是题记中所言“原刻本”。

十三、《重刊校正笠泽丛书》

此系清末翻刻本。元不足贵，唯因其为梁节庵旧藏、捐赠图书馆，今又于兵燹之余从广东散出来北京者，故购得之以为纪念云尔。三十一年十二月十四日，知堂记。

按:《重刊校正笠泽丛书》四卷，(唐)陆龟蒙撰，清刻本，二册。该书钤“番禺梁氏葵霜阁捐藏广东图书馆”印，则其曾经梁鼎芬、广东图书馆递藏。梁鼎芬(1859—1919)，字星海，号节庵，广东番禺人，光绪六年进士，官至湖北布政使，谥文忠。梁氏酷爱藏书，卒后，其子将在粤之书悉数捐给广东省立图书馆。抗战时期，广东图书馆之书因日寇侵华而荡然无存[①]。周作人所藏《重刊校正笠泽丛书》，当即此时散出而流落北京的。

十四、《祓园集》

前见《雕丘杂录》，觉得颇有意思，因欲得其诗文集读之。查《四库提要》一八一“别集存目”八有《祓园集》九卷，云“梁清远撰。清远有《雕丘杂录》已著录。是集清远所自编，凡诗四卷、文四卷、词一卷。其诗直抒性情，颇能蝉脱习俗之外。而人所应无尽无，人所应有尚未能尽有也。”语殊诙谐，岂纪大烟斗之手笔耶？邃雅斋有一部，甚居奇，今从荣华堂以五元得此，尚可读。书本有大小，墨色亦淡，为易书面并折正改订之。廿六年六月十一日，知堂记于北平。

按:《祓园集》四卷，(清)梁清远撰，清康熙间刻本，四册。梁清远(1608—1684)，字迩之。号葵石，直隶真定人，顺治三年(1646)进士，官至刑部尚书，著有《雕丘杂录》《祓园集》等。

十五、《历代名媛杂咏》

此书为吾乡龙尾山邵君所著。据道光十年刻《镜西阁诗选》汪允庄女史题辞及光绪初《越缦堂日记》所说，均云已散佚，不易得矣。予曾从上海购来一部，旋以赠徐耀辰君。后又于北平隆福寺街三友堂书店得此，可谓甚有缘分。今日偶翻阅，辄书数语以志欢

---

① 郑伟章:《文献家通考》，中华书局，1999 年，第 1251 页。

喜。时中华民国二十五年一月三十日灯下，知堂记。

按:《历代名媛杂咏》三卷，(清)邵帆撰，清嘉庆间刻本，四册。邵帆(1750—?)，字无恙，号梦余，浙江山阴人，乾隆三十五年举人，曾官江苏金匮知县等职。除《历代名媛杂咏》外，周作人还收藏有其所著《梦余诗钞》稿本八卷、《镜西阁诗选》八卷。题记中提到的“徐耀辰君”指徐祖正。徐祖正(1895—1978)，字耀辰，江苏昆山人，以收藏历代妇女著作而闻名。后其藏书多归国家图书馆，其中《历代名媛杂咏》的书衣上尚有周作人的墨笔赠语:“赠耀辰兄，作人，十八年十二月七日。”

十六、《冰雪堂诗》

《冰雪堂诗》一卷，正黄旗陈氏著。《天咫偶闻》卷五所举八旗人著述书目中未列入。《贩书偶记》中有之，注曰“乾隆甲午刊”，则亦不确。卷中记道光丙申年事，故序跋之甲午、庚子当俱是道光时也。在护国寺庙会得此册。诗不必佳，亦政以人存耳。民国廿七年二月廿七日，知堂记。

按:《冰雪堂诗》一卷，(清)归真道人撰，清道光间刻本，一册。归真道人，正黄旗陈廷芳女，镶蓝旗赫舍里氏巴尼浑妻。

十七、《偶存集》

此系吾乡陶子缜先生遗书，二面题字即其手笔也。民国十九年八月二十六日于北平记，岂明。

廿八年四月二十日晨重订讫，阅一过，再题数字，相去十年，即自己的字亦已大有改变了。知堂。

按:《偶存集》，(清)董贻清撰，清同治间刻本，一册。陶方琦(1845—1884)，字子缜，号兰当，浙江会稽人，光绪二年进士，曾督学湖南。

十八、《春在堂尺牍》

前年在护国寺书摊得此册，止四卷，以为是残本，盖《全书》中本有六卷也。近日阅《全书》卷首《清史列传》所记尺牍，只云四卷。俞先生文中亦说及云三卷，似陆续增刻，故初无一定。然则此册当系刻成四卷时所印者欤。旧书面题“俞荫甫先生尺牍”七字，不云上卷，且如有两册，亦应每册各三卷，不会上册乃有四卷也。廿七年十月十九日改订后记此，知堂。

按:《春在堂尺牍》四卷，(清)俞樾撰，清刻本，一册。俞樾(1821—1907)，字荫甫，号曲园，浙江德清人，道光三十年进士，官至河南学政，著有《春在堂全书》等。

十九、《群芳小集》

縻月楼主即谭复堂，兰当即陶子缜，眉子王眉叔也。洞仙歌词三首及原序均见《笙月词》卷四。民国二十一年二月从杭州书店得此册，二十四日改订讫，记于北平苦雨斋，作人。

按:《群芳小集》一卷续一卷，(清)谭献撰，清末刻本，一册。前有眉子《题词》，续集末有兰当词人《跋》。“谭复堂”指谭献(1830—1901)，原名廷献，字仲修，号复堂，自署縻月楼主，浙江仁和人。同治元年举人，官至知县。“陶子缜”指陶方琦。“王眉叔”指王诒寿(1830—1881)，字眉子、眉叔，号笙月，室名缦雅堂，浙江山阴人。著有《笙月词》《花影词》《缦雅堂骈体文》等。

二十、《日本杂事诗》

此本不著出板(版)时、地，查行款与同文馆本相同，但每半页少一行，铅字亦甚类似，或即黄君定本跋语中所云之中华印务局本与。廿六年二月二日，知堂。

按:《日本杂事诗》二卷，(清)黄遵宪撰，民国间铅印本，二册。黄遵宪(1848—1905)，字公度，室名人境庐，广东嘉应人。著有《日本国志》《人境庐诗草》《日本杂事诗》等。周作人对黄遵宪推崇有加，他在书话《人境庐诗草》一文中谈道:“黄公度是我所尊重的一个人，但是我佩服他的见识与思想，而文学尚在其次，所以在著作里我看重《日本杂事诗》与《日本国志》，其次乃是《人境庐诗草》。”①周作人对黄氏的著作比较关注，多方搜集。他先后于民国二十五年三月三日和二十六年二月四日撰写二篇书话，评述黄氏的《日本杂事诗》和《人境庐诗草》。此前，《日本杂事诗》共有九个版本，而周作人藏有五个版本，其中四种是光绪五年同文馆集珍本、光绪六年香港循环报馆巾箱本、光绪十一年梧州刻本、光绪二十四年长沙刻本，“又有一种系翻印同文馆本，题字及铅字全是一样，唯每半页较少一行，又夹行小注排

---

① 钟叔河编:《知堂书话》，第515页。

列小异，疑即是中华印务局本”[1]。此种即上述题跋本。

二十一、《洗斋病学草》

《洗斋病学草》系山阴胡寿颐所作，因有足疾，故号踵息道人。卷首原有画像，今已撕去。以廉值从杭州得来，不知旧为何人所有，乃如此勤学，于空白处写上许多笔记，其殆学法政之徒与。廿八年三月廿一日重订后记，知堂。

按：《洗斋病学草》二卷，（清）胡寿颐撰，（清）昨非居士辑，清光绪十年刻本，二册。胡寿颐字梅仙，浙江山阴人，与周作人是同乡。周作人比较关注乡贤著述的收藏，在书话《文饭小品》中叙述了其中的缘起：“民国初年我在绍兴城内做中学教师，忽发乡曲之见，想搜集一点越人著作，这且以山阴会稽为限。”[2]乡人著作中的纪事与写景是周作人比较感兴趣的，“但是诗文集中带有乡土色彩的却是极少，我所看过的里边只有一种可取”，这就是《洗斋病学草》。周作人曾撰有一篇书话，专门介绍此书：“书名《洗斋病学草》，凡二卷，光绪甲申刊，题踵息道人著，有自序，有道装小像，以离合体作赞，隐‘浙江山阴胡寿颐照’八字……自序言性喜泰西诸书，读之得以知三才真形，万物实理……序又言年三十七以病废，废四年始学诗自遣，学六年以病剧辍，先君题识谓其艰于步履，盖是两足痿痹也。”[3]周作人另收藏有一部相同版本的《洗斋病学草》，上有其父题记曰：“是书为山阴胡驾部丁卯孝廉讳寿颐字梅仙所著，尔时艰于步履，作诗遣怀，盖亦无聊之极思也。既赴道山，乃郎以此册见赠。披而阅之，真觉管中窥豹略见一班（斑）矣。丙戌初冬，剪烛读此，书数语于简端以志其由。伯霓周仪炳走草。”其后又有周作人的题记：“右为先君遗墨，去今已四十四年矣。民国十九年五月十五日，作人。”上引书话中所言《洗斋病学草》即指此本。

（原载于《文献》2009年第4期）

---

① 钟叔河编：《知堂书话》，第523页。

② 钟叔河编：《知堂书话》，第246页。

③ 钟叔河编：《知堂书话》，第272页。

国家图书馆藏彝文典籍概述

杨怀珍

一、典籍来源

中国国家图书馆古籍馆珍藏的古彝文典籍，先后收集到 569 册。其中，523 册是万斯年先生与马学良先生在抗日战争时期，从云南武定县慕连乡（万德乡）那安和卿土司家，以及武定、禄劝一带彝区收集的。当时法、英、德、美等国的所谓"文化人"都对古彝文典籍极为关注，妄图以高价争购。深入彝区进行社会考察的中央研究院历史语言研究所助理研究员马学良先生获悉那土司有出售家藏古彝文典籍之意后，唯恐这批珍贵的彝文典籍流散国外。于是，一面劝那土司深明大义，不要把彝文典籍售与外国人；一面向中央研究院历史语言研究所所长孟真（傅斯年）写信，请求所里购置。因所里经费不济，傅先生即转告国立北平图书馆。当时国立北平图书馆为保留民族典籍的长远之计，于民国三十二年（1943）六月，派万斯年先生前往征购。万斯年在马学良协助下，前后经过一年多的时间，最终从那安和卿土司家购得彝族典籍共计 535 册。其中包含彝文写经 507 册、彝文卷子 1 轴、彝文刻经 15 册、汉文档册 12 册、彝文刻版 15 块。当时这批典籍总计价法币 20 万元，那土司只收 9 万元，而将 11 万元捐赠国家，为此教育部向那土司颁发一等奖状，以示褒奖。图书馆答应在整理出版时，赠予那土司新书一套，以存祖宗之物①。

除此之外，还有来源不明的写本 12 册，包括云南武定、禄劝一带的彝文典籍 3 册，贵州彝文典籍 8 册，四川凉山彝文典籍 1 册，估计是从他处转拨至本馆的。1986 年复制的有 5 册，其中 3 册是从民族宫图书馆复制，原件为《西南彝志》抄本，2 册是从中央民族大学教授朱崇先处复制的。1986 年朱崇先先生寒假在云南省禄劝县彝区社会调查期间，帮助本馆收集彝文典籍 11 册，是从云南省禄劝县中屏乡昔纳村公所八洪村张姓呗耄家收集的。同年，笔者拜托云南民族大学教授张纯德先生帮助收集红河地区的古彝文典籍 18 册。但馆里当时未能及时收藏，而由张先生个人暂时购藏。直到 1989 年本馆少数民族语文组组长王梅堂和组员彭学云两位先生，到昆明开"民族古文字学术讨论会"之际，与张先生协商之后，才得以入藏。2009 年购得中央民族大学教授杨成老先生所藏的昆明西山区彝文典籍 3 册。

---

① 参考万斯年先生赴云南采购民族图书日记，见国家图书馆档案"采藏"。

这批彝文典籍大部分都有不同程度的残损，被本馆收藏后，经过整理和修复。在统一修补裱糊和重新装订时，因有些典籍书叶过多，需要把原来的一册分为两册装订。于是原来的569册典籍，被装订成577册。在编目著录中，发现许多册子，将多种经籍合订一起，因此，原来登录的书名不足以反映该册的实际内容，于是重新编目，实录每一册典籍中的所有经籍名称，新编后的书目计1200多种。

国家图书馆古籍馆所珍藏的古彝文典籍，在收藏过程中几经周折，实属不易。入藏后，经过反复整理和裱糊装订，并进行妥善的保存。能有现在的馆藏局面，与诸多专家学者的努力和奉献是分不开的。特别是马学良、万斯年两位先生，在交通十分闭塞、生活条件非常艰苦的情况下，冒着生命危险，深入彝区调查征集，为之付出颇多。当时的那氏土司，能够在定价很低的情况下，以多数书款作为捐赠，其精神实属难能可贵。

二、典籍特点

中国国家图书馆古籍馆珍藏的古彝文典籍与其他机构及个人收藏的古彝文典籍相比，具有以下特点：

（一）汇集多方言区彝文典籍。彝语分东部、东南部、南部、西部、北部、中部六大方言区。六大方言区又分十几个次方言或土语，各方言区的语言和文字的差异都很大，语言无法相互交流，文字无法相互读懂。国家图书馆馆藏的这批彝文典籍包括了东部方言的滇东北次方言黑彝土语的武定、禄劝古彝文典籍；东部方言的黔西北次方言水西土语毕节次土语的彝文典籍；南部方言的云南红河州彝文典籍；北部方言的四川凉山彝文典籍。

（二）稀有珍本和罕见孤本较多，现列举部分如下：

馆藏的彝文《劝善经》有三种不同的版本，除了2册为手抄本之外，15册属于两种版式完全不同的明代木刻本，是彝文典籍中稀有的木刻本。馆藏的《彝文六部经书》是明嘉靖四十四年（1565）抄本，为已知彝文典籍中最早的抄本。馆藏的彝文典籍《益博六祖史》都是清代的写本或抄本，最早的是清康熙四十九年（1710）的写本，其次为清乾隆三十二年（1767）、三十四年、五十八年写本，较晚的是清道光七年（1827）、十二年写本。目前各地收藏的彝文典籍大多数都没有抄写年代，因此这些有确切年代落款的清康乾抄本更显得珍贵。馆藏的37部彝文《指路经》，虽然书名相同，但是属于不同家族和不同地方的指路经，各书所指的路线和地点不一样，对沿途地理与景物的描述也详略不同。且都是清抄本，其中五种有确切的年款，分别为：嘉庆二十年（1815），道光十四年、十五年、二十四年和光绪十年（1884）。这些有年代可考的《指路经》不仅是孤本，也是彝文指路经中的珍本。馆藏彝文典籍《诺依苏》（雅乐诗赋）为古代诗词歌赋集。“诺依”是彝族最古老的说唱艺术样式，该集作为古老说唱艺术的诗词歌赋总集，属于文学艺术文献珍本。馆藏的8册彝文《彝汉教典》（四十九位彝汉导师语录），其中2册有年款，分别为清乾隆五十八年和清道光二十六年。其内容记述彝族伦理道德、历史、地理、社会生活、政治、经济等多门知识，辑录了众多彝汉先师的教育言论，是教育培养后代的教科书，也是研究彝族教育思想和彝汉文化交流史的重要文献，为彝文典籍中的稀有珍本。馆藏的5册彝文《德勒教洪传》，其中2种有年款，即：清嘉庆十四年和清嘉庆十六年。此书是记载德勒氏族历史和教洪个人事迹的珍贵文献。抄写于清光绪三十三年的彝文《实勺祭猴典故》记述实勺祭猴故事，以及彝族祭奠亡灵习俗的缘由，是反映彝族传统宗教礼仪和殡葬习俗的珍贵文献。抄写于清嘉庆十九年的彝文《六祖经纬史》除了在父系历史方面与《益博六祖史》等史籍有相同的记载之外，还详细地记述了横向（纬）的联姻史。不仅是孤本，也是彝文典籍中稀有的珍品。特别是书中画有栩栩如生的十二生肖，且盖有云南省武定县万德那氏土司三个不同的藏书印。孤本《阿哲乌撒战争记》主要记载彝族阿哲部落与乌撒部落之间的战争，不仅详细描述各自整军备战的过程，以及训练勇士、驯养战马和列兵布阵等军事情节，而且还记述了阿哲与乌撒两个部落之间的姻亲关系，以及长期相互辅佐和睦相处，而后来在开疆拓土和扩大势力范围的过程中出现矛盾斗争，乃至发展为兵戎相见的史实，是反映彝族军事战争以及冤家械斗史实的重要文献，尤其是在研究彝族古代战争和贵州彝族地区各部落之间的姻亲关系等方面的重要文史资料。彝文孤本《神座插枝图录》共绘制了23幅神座柴枝布插图，并在每幅图中用文字加以解说和注释，实属珍贵的宗教典籍。彝文《七十贤子传略》是极为重要的彝族历史人物传记，记述了彝族六祖中的第六个祖先慕阿齐的后裔，德勒氏族首领稿宗阿教在培通照矣（今贵州普安一带）当政的历史，并记述了德勒氏族历史上有所作为的人物。辑录如此众多历史人物，在彝文典籍中极为少见。记于清乾隆二十五年龙年的彝文《田赋账簿》也是彝文典籍中极为稀少的珍贵文献。《尼糯氏族史》属于专门记载尼部历史的孤本，记述了彝族六祖中的尼支，即尼氏族首领昭乃矣秋带领氏族和部众，从姆哦更往北方（今川南）开拓迁徙的历史，无疑是研究彝族部落迁徙发展历史的珍贵文献。彝文《罗婺姻亲史》为清光绪十五年写本，是一部系统记述罗婺部落酋族姻亲关系的历史文献，详细记载了该部落与川、滇、黔各地彝族首领之间的联姻情况，实属彝文史籍中稀有的珍本。

（三）抄刻年代落款和抄写者署名的写本较多。馆藏的彝文典籍落有年款的就有127册，其中清代121册，民国时期6册。最早的为抄于清康熙四十九年虎年的《益博六祖史》（书号455）；最晚的是抄写于民国二十年（1931）《抵御鬼怪经》（书号360）。在各地所收藏的古彝文典籍大多数都没有抄写年代的落款和写作者、抄刻者的署名，因此这批有年款和署名的古彝文典籍显得尤为珍贵，不仅可以准确地提示其抄写年代和抄刻者，还可以对其他类似的典籍提供一定的参考依据。

（四）文体种类多、著述内容丰富。国家图书馆馆藏的彝文典籍，根据其文体类别和实际著述内容，可以分为20多类，除了哲学、政治、法律、军事、经济、教育、文学、艺术、历史、地理、天文历法、医药、工艺技术等学科特点鲜明的典籍确定为单独的类别之外，还可以将册数较多、内容最丰富的宗教经典分为氏族祭祖经、殡葬经、供牲经、指路经、献药经、献祭经、祈祷祝颂经、预测书、占卜书、百解经等若干类别。

三、学术价值

国家图书馆古籍馆珍藏的古彝文典籍，大致可分为20个大类，著述内容极为丰富，涉及多学科领域，具有多方面的学术研究价值，可以概括为以下几个方面：

（一）在彝族历史和西南地方史以及彝汉关系史的研究方面，具有重要史料价值。如《益博六祖史》简要记述了宇宙、天地、万物从混沌中孕育产生，以及人类从万物进化中诞生等一系列物种起源问题。特别是重点记述了彝族共同祖先阿普笃慕如何成为部落首领，又如何娶妻生慕阿枯、慕阿卧、慕阿热、慕阿且、慕阿克、慕阿齐六子，以及这六子分支成为武、乍、尼、恒、布、默六大氏族部落，并向不同方向迁徙、发展的历史。《田赋账簿》则真实记录了清代云南省禄劝县彝族撒营盘地区的税收情况，不仅客观地反映了当时当地征收赋税的史实，还详细地反映了当地彝族的生产力状况以及农作物品种、粮食产量、收税等生产生活状况和经济形态，账簿记载了土地丈量方法与面积计算方式，以及粮食的计量容器等与经济生活相关的语词和习俗，有很高的文史资料价值。《西南彝志》作为彝文典籍中罕见的鸿篇巨制，是研究彝族和西南地区历史文化最系统、最全面的典籍文献。

（二）在伦理道德教育与文化交流等方面具有重要的学术研究价值。如：《劝善经》在翻译汉文道家经典《太上感应篇》的基础上，运用彝族传统伦理道德观念和价值取向，对《太上感应篇》的译文进行逐句解释。是反映彝汉文化交流的典型著作，也是彝文典籍中比较少有的几种木刻本之一，当时在禄劝、武定一带彝区广泛流传，影响很大。对研究彝族哲学思想及其伦理道德教育以及彝汉文化交流历史等方面，都具有重要的资料价值。

（三）在彝族古代迁徙历史和地理分布情况方面，具有很高的参考价值。如馆藏的37部《指路经》虽然书名相同，但是属于不同家族和不同地方的指路经，所指的路线和地点不一样，对所经道路沿途地理与景物的描述也详略不同，所以为同名异书。《指路经》是彝族殡葬礼仪中，请呗耄祭荐亡灵回归故里，进入列祖列宗行列念诵的重要经书。经文指示亡灵从生前所在地起程，沿着祖先迁徙路线，逐站走向祖先发祥地滇东北一带。从形式上看，《指路经》属于宗教经典，以经文内容而论，它不仅指示古代彝族先民迁徙路线，而且对历史上的祖先曾经经过的地方、居住过的圣地作生动的叙述和形象的描述，展现出一幅幅古代彝族先民的迁徙路线图和奋发抗争的历史画卷，无疑是我们认识和考察彝族古代迁徙历史和分布情况的重要文献依据，具有重要的文史资料价值。

（四）在研究彝族传统宗教以及祖先崇拜习俗方面有着特殊价值。如馆藏彝文宗教典籍《神座插枝图录》是一部彝族氏族祭祖大典道场祭坛与仪式专用之书，比较系统地反映了彝族传统宗教中以祖先崇拜为核心的多神崇拜观念和万物有灵论。23种《诺依苏》的内容题材涉及社会历史、伦理道德、文化教育、典章制度、风俗礼仪等方面，有极高的文学艺术和史料价值。

（五）许多彝文典籍同时具有多方面的功用和学术研究价值。如彝文《献药供牲经》是一部重要的彝族殡葬礼仪经书，内容非常丰富，涉及彝族古代社会的政治制度与古老的世界观和人生观,反映了彝族古代社会和先民们的哲学思想和伦理道德观念。特别是详细地叙述了采药过程和给亡灵献药的习俗,并回顾彝族先民寻药、识药、用药的艰难历程。对各种动植物药类的功用作了简明扼要的讲解,以教授死者配药饮用消除疾病,享受人间药礼,求得遗体清洁、亡灵健康,向人们传授医药知识。因此,该书从形式上看,似乎属于宗教典籍,但是以实际内容而言,涉及医药和社会历史以及宗教民俗等诸多方面。因此,具有多方面的学术研究价值。又如,《彝汉教典》是研究彝族教育思想和彝汉文化交流的重要文献,特别是此书的内容广泛涉及彝族伦理道德、历史、地理、社会生活、政治、经济等多方面的知识,在考察彝族社会历史和传统文化方面,具有重要的学术研究价值。

(原载于《文献》2010 年第 2 期)

《歌林拾翠》刊刻年代考论

——兼论奎壁斋郑元美的刊刻活动时间

尤海燕

《歌林拾翠》，全称《新镌乐府清音歌林拾翠》，是目前所发现的为数不多的明清折子戏选本之一。折子戏选本虽为片锦碎玉，但在保存戏曲资料，展现明清戏曲的发展流变等方面有不可替代的价值。许多戏曲全本已佚，只有一些片段保存在各种折子戏选本中，使后人得以揣测其全本的大致面目，是研究戏曲的宝贵资料。即以《歌林拾翠》来说，其所选《百花记》在远山堂《曲品》《曲录》《曲海总目提要》中均有著录，现昆剧舞台上尚有《赠剑》等出①，但此剧全本早已失传，只在《歌林拾翠》《时调青昆》《醉怡情》等几个明清折子戏选本中有零星收录，其中《歌林拾翠》收录十二出，是目前发现保存《百花记》最多的本子。

不过，明末清初折子戏选本多为坊间刊刻，众所周知，坊刻以营利为目的，少有精良之作，编者、刊刻者、刊刻时间等各类信息常不完整或不确切，这就给研究此类资料的工作带来了很大困扰。在对古籍资料进行研究时，首要的事情就是弄清刊刻时间、刊刻者等版本方面的信息，否则就难以以此立论。比如《歌林拾翠》，全书有十九处牌记，但都是有刊刻者而没有明确的刊刻时间，因此很难在研究中对其作戏曲史学的判断和描述。本文试图通过对其刊刻者刊刻活动时间的研究考证，解决《歌林拾翠》确切的刊刻时间的问题。《歌林拾翠》分一、二两集，卷首题"绣像歌林拾翠初集"，"宝圣楼梓"，有总目及精美插图。全书以剧目为序，每剧标题统一格式，如《新镌乐府浣纱拾翠》《新镌乐府幽闺拾翠》等。每剧选出在三出以上，篇幅较为庞大。每剧均有独立目录，牌记即附于独立目录后。举例来说，《新镌乐府浣纱拾翠》目录后有牌记曰"岁在己亥吉月金陵奎壁斋梓"，《新镌乐府千金拾翠》目录后牌记是"岁在己亥吉月金陵宝圣楼梓"。据牌记内容来看，刊刻者不仅有卷首的宝圣楼，还有奎壁斋（郑元美）、大有堂；刊刻时间则大部分为"己亥吉月"，也有题"乙丑吉月"的。

因为《歌林拾翠》牌记中只有干支纪年，没有朝代、年号记载，刊刻时间难以确定，大多数戏曲辞典、书目对《歌林拾翠》的解说都回避刊刻时间，而笼统以明人选编，清人刊刻概括之。如《中国曲学大辞典》"《歌林拾翠》"条云"明人编选，其姓名不详……有金陵奎壁斋刊本（版片后归宝圣楼，封面改刻为'宝圣楼'梓）"②；《中国昆剧大辞典》"《歌林拾翠》"条曰"昆

① 庄一拂：《古典戏曲存目汇考》，上海古籍出版社，1982 年，第 1566 页。

② 齐森华、陈多、叶长海编：《中国曲学大辞典》，浙江教育出版社，1997 年，第 641 页。

腔剧曲选集。明无名氏选编。书名全题为《新镌乐府清音歌林拾翠》,有《善本戏曲丛刊》影印清奎壁斋覆刻本"①;《善本戏曲丛刊提要》则认为《歌林拾翠》为"明无名氏编,清奎壁斋、宝圣楼、郑元美等书林覆刻本。"②从各方面迹象来看,可以肯定,这是个覆刻本。卷首总目剧出标题均为明末至清代常用的二字,正文中目录则为明代中后期常用的四字,这说明,总目与正文刊刻时间不一致,总目应是覆刻时后加的。十九处牌记有四处刻"宝圣楼梓",一处刻"大有堂梓",其余十四处为"奎壁斋梓"或"郑元美梓"。仔细观察,《歌林拾翠》的牌记都是竖排两行,每行六字,排列整齐,但《新镌乐府金貂拾翠》后的牌记"岁在乙丑吉月金陵宝圣楼梓",基本格式虽不变,"宝圣楼"和"乙丑"两处字迹却非常模糊,字形也比牌记中其他字大,很明显和牌记中其他字不是同时镌刻的。另外三处"宝圣楼"也都字迹不清,字形不正,放在牌记中明显与其他字不齐。显然,是宝圣楼覆刻了奎壁斋的版本,并把牌记挖改成自己的名字。或许是挖改十九处太过吃力,这一工作只做了四处就结束了,而挖改时间应该就是和"宝圣楼"三字一起出现在牌记中的"乙丑"年。至于"大有堂",或许是和宝圣楼一起进行再版工作的书坊。《中国版刻综录》中记载"秣陵周氏大有堂,万历间刊《皇明宝训》四十卷"③,但关于"大有堂"的记载极少,仅此一条,很难遽下论断是否就是《歌林拾翠》牌记中的这个"大有堂"。奎壁斋(郑元美)一直和"己亥吉月"同时出现,可以判断,《歌林拾翠》就刊刻于明末清初的某个"己亥"年。

明末清初的"己亥"年有万历二十七年(1599),顺治十六年(1659),康熙五十八年(1719),乾隆四十四年(1779)……到底应该是哪个"己亥"年呢?笔者以为,这个"己亥"应是顺治十六年(1659)。理由如下:

其一,根据《歌林拾翠》所收剧出,可排除万历"己亥"的可能性。《歌林拾翠》收录有周朝俊的《红梅记》。王穉登曾作《叙〈红梅记〉》曰:"己酉秋,余复有西湖之游,宿昭庆上人房",在此,他结识周朝俊,"余次过其寓中,见几上一帙,展视之,乃生所制《红梅记》也。循环读之,其词真,其调俊,其情宛而畅,其布格新奇,而毫不落于时套。削尽繁华,独存本色。嘻!周郎可为善顾曲焉……太原王穉登。"④根据王穉登(1535—1612)生平,"己酉秋"当指万历三十七年(1609)秋天,也就是说,万历三十七年时,王穉登第一次见到周朝俊的《红梅记》,当时这个剧本尚未在社会上传播开来,那么《歌林拾翠》必选编于万历三十七年后,因此,万历二十七年的"己亥"(1599)可排除。

其二,根据笔者的判断,奎壁斋郑元美的刊刻活动集中于明天启后到清康熙前这一段时间,可排除康熙五十八年(1719),乾隆四十四年(1779)这两个"己亥"。

---

① 吴新雷主编:《中国昆剧大辞典》,南京大学出版社,2002 年,第 919 页。

② 王秋桂主编:《善本戏曲丛刊提要》第二辑,台湾学生书局,1984 年,第 9 页。另据《中国古籍版刻辞典》(瞿冕良主编,齐鲁书社,1999 年),郑元美即书坊奎壁斋的主人,此将郑元美和奎壁斋作为两个刊刻者并提的说法是不准确的。

③ 杨绳信:《中国版刻综录》,陕西人民出版社,1987 年,第 42 页。

④ 蔡毅:《中国古代戏曲序跋汇编》,齐鲁书社,1989 年,第 1199 页。

奎壁斋，又作奎壁堂，“明万历间金陵人郑思鸣、郑大经的书坊名，在状元坊”[①]。从明万历间到清乾嘉间两百年左右的历史中，郑氏家族几代人都在从事坊刻事业，刻印了大量书籍。奎壁斋刻书牌记多署“书林郑氏”“金陵奎壁斋”，现已知姓名的坊主有“郑思鸣”“郑大经”“郑元美”。郑思鸣、郑大经出版刊刻的活动多集中在万历至天启间，比如明万历四十六年金陵书林郑大经奎壁堂刻《古今道脉》四十五卷[②]、明天启六年书林郑大经刻套印本《诗经秘旨》八卷[③]，明天启年间郑思鸣刻《急览类编》十卷[④]，等等。郑元美，生平不详。由于至今没有发现其刊刻书籍的明确朝代（仅有干支纪年），对他的刊刻活动时间说法不一。《中国古籍版刻辞典》认为“思鸣字元美”[⑤]，也就是说，郑元美就是郑思鸣；《中华印刷通史》第七章“清代的刻书事业”则提出：“奎壁斋主人乾隆时为郑元美，莆阳人，到光绪年间书板已多散售易主。其所刻《易经》，版片售归金陵富文堂，光绪十二年（1886）年刷印时，封面改题‘光绪十二年新镌，富文堂藏版’，而书内旧序末尾原刻：‘莆阳郑氏订本，金陵奎壁斋’双行牌记仍然存在”[⑥]。郑元美的刊刻活动时间如果能基本确定，那么《歌林拾翠》的刊刻时间就可以确定。而根据上文两书记载，郑元美或为万历时人郑思鸣，或为乾隆时人，莫衷一是。

首先我们可以排除郑元美是万历时人郑思鸣的可能性。上文我们已经论证，《歌林拾翠》只能刊于万历二十七年后，万历之后的第一个“已亥”是顺治十六年（1659），也就是说，《歌林拾翠》的刊刻不早于顺治十六年。如果郑元美就是郑思鸣，那么从明万历二十二年（1594）刻焦竑《养正图解》到清顺治十六年刻《歌林拾翠》，中间有六十五年时间，即使郑元美长寿，从事长达六十五年的刊刻工作也是难以想象的。如果是顺治之后的“已亥”，那就更不可能。所以郑元美不是郑思鸣，他应该是郑思鸣、郑大经之后奎壁斋的经营者。根据上文所述，郑大经、郑思鸣一直到天启年间仍在刊刻书籍，那么，郑元美当是天启之后掌管奎壁斋的。郑元美刊刻过《奎壁斋增订评注广日记故事》（下文简称《广日记故事》）、《女四书集注》、《书经》等书，其中《广日记故事》正文首页标注：“琅琊王相晋升增注　莆阳郑钐元美校梓”，由此我们知道，郑元美名钐，字元美，这个标注从另一个角度证实郑元美不是郑思鸣。

从郑元美刻《广日记故事》《女四书集注》等书来看，郑元美的集中刊刻活动不在清康熙、乾隆时期。一个重要的证据是，《广日记故事》《女四书集注》完全不避康熙、乾隆的讳。《广日记故事》中有则故事“九岁通玄”，讲扬雄子扬童乌与其父共同探讨高深莫测的《太玄经》的事迹[⑦]。全文共出现了四个“玄”字，既没有缺笔也没有用“元”字代替，可见郑元美刻书也不避康熙的讳；另有一则“射牛不问”：“隋牛弘（鹑觚人）性宽厚。弟弱，好酒，醉，射杀驾车牛。弘还，妻谓曰：‘叔射杀牛’。弘无所怪，直答曰‘作脯’。坐定，妻又激之（以言语激

---

① 《中国古籍版刻辞典》，第 425 页。

② 翁连溪：《中国古籍善本总目》，线装书局，2005 年，第 134 页。

③ 《中国古籍善本总目》，第 53 页。

④ 王重民：《中国善本书提要》，上海古籍出版社，1983 年，第 385 页。

⑤ 《中国古籍版刻辞典》，第 425 页。

⑥ 张树栋、庞多益、郑如斯：《中华印刷通史》，印刷工业出版社，1999 年，第 244 页。

⑦ 《奎壁斋增订评注广日记故事》“神童类”，中国国家图书馆藏清刻本。

发使怒),弘曰:'已知之矣'。颜色自若,读书不辍(止也)。"[①]此段故事共出现四个"弘"字,没有一个有缺笔等避讳现象,可见郑元美刻书并不避乾隆的讳。像这样不避讳的现象在郑元美刻的书里还有多处,如《曹大家女诫》"夫妇第二"。"……信天地之弘义,人伦之大节也(参,和也。弘,大也……)"[②],两个"弘"字亦不避讳……此不一一举例。在文网密集的康熙、乾隆时代,这样大量的触犯皇帝名讳的现象出现在民间普及读本《广日记故事》《女四书集注》中,应该是不可能的。这只能说明,郑元美刊刻《广日记故事》《女四书集注》不在康熙、乾隆时代。

从现有资料分析,郑元美很可能是自明人清之人。《广日记故事》《女四书集注》的笺注者王相,明末清初人,在蒙学方面颇有建树,现在已知《三字经训话》《增补重订千家诗注解》等皆其编定。《三字经训话》刊刻于"康熙丙午年"(1666),即康熙五年,可知此年前后王相应该在世。另据《王节妇女范捷录》题注,王节妇"苦节六十年,寿九十岁。南宗伯王光复,大中丞郑潜庵两先生皆旌其门"[③]。"宗伯"是古代对于礼部尚书的别称。在明朝,"南宗伯"乃特指南京礼部尚书,以区别北京的礼部尚书。此王节妇正是王相之母,旌表之时尚在明朝,所以王相定是自明入清之人。我们注意到,《广日记故事》标题云"奎壁斋增订评注",而实际增订评注工作由王相完成,这说明是奎壁斋或者说是郑元美主持这次刊刻,并把具体编订任务交给王相,《广日记故事》是郑元美与王相合作完成的。可见,郑元美和王相是同时代的人,他应该和王相一样经历了明清鼎革的动乱时代。《广日记故事》《女四书集注》的刊刻应该是在清初顺治时期,这正是两书完全不避康熙、乾隆讳的原因。

综上可见,《中国古籍版刻辞典》和《中华印刷通史》对郑元美的记载均误。郑元美集中从事刊刻活动的时间应该是明万历后到清康熙前。至少,要活到康熙五十八年(1719)的"已亥"并且从事刊刻《歌林拾翠》的活动对于由明入清的郑元美来说是不可能的。同理,可排除乾隆四十四年(1779)。

从各种资料来看,奎壁斋在道光年间已然衰落。一者,各种书目中全然不见奎壁斋在道光年间刊刻书籍的著录;二者,现存奎壁斋版《书经》有京都善成堂翻版。善成堂是清道光年间北京琉璃厂附近有名的书坊[④]。奎壁斋的版片落入善成堂手中,这说明至少在清道光年间,郑氏家族的刊刻事业已经后继无人,明末清初活跃了二百年左右的金陵奎壁斋在刊刻史上销声匿迹了。

综上所述,郑元美刊刻《歌林拾翠》的"己亥吉月"就是清顺治十六年(1659)。

或许正是因为郑元美自明入清,作为明朝遗民,对"清顺治"这样的年号一时难以接受,所以在所刻书籍牌记上索性不记朝代、年号,只写干支纪年了事。郑元美刊刻的时调小曲集《万花小曲》卷末牌记曰:"岁在丙申秋月金陵奎壁斋梓",与《歌林拾翠》如出一辙。通过对

---

① 《奎壁斋增订评注广日记故事》"友悌类"。

② 《女四书集注》卷一《曹大家女诫》,中国国家图书馆藏清刻本。全书卷首题"金陵郑元美梓行",每卷卷首题"琅琊王相晋升笺注,莆阳郑汉濯之校梓",此郑濯之生平不详,或是奎壁斋郑氏家族另一成员。

③ 《女四书集注》卷四《王节妇女范捷录》。

④ 《中国古籍版刻辞典》,第596页。

《歌林拾翠》刊刻时间的考证可以推断，这里的“丙申秋月”应该是指清顺治十三年(1656)。另外，折子戏选集《乐府歌舞台》(全名《新镌南北时尚青昆合选乐府歌舞台》)、《万家锦》(全称《新镌乐府名时曲万家锦》)亦为郑元美刊刻，虽然像郑元美刊刻的所有书籍一样没有具体的刊刻时间，但应该也是明末清初刻书，亦为戏曲研究之珍贵资料。

(原载于《文献》2010年第3期)

谈明代铜活字印书

汪桂海

明代弘治至万历初年，出现了很多铜活字印刷的书籍，当时无锡、常州、苏州一带有不少富豪以铜活字印书，其中最为著名的当属无锡华氏、安氏。这是中国古代印刷史上的重要事件，研究或介绍中国古代印刷史的著述，大都会谈到明代铜活字印本。张秀民、钱存训等先生所撰中国古代印刷史著作都肯定明代铜活字印书的存在。但近二三十年来，有学者提出疑问，认为当时没有铜活字印书。先是潘天祯先生多次撰文否定张秀民先生提出的铜活字说，认为应是锡活字[①]。潘先生的论点虽未改变目前对相关古籍善本的版本著录，但已经产生了影响，一些版本印刷史方面的重要论著在表述明代铜活字印刷技术的时候，大多要提一下潘先生的观点，有的甚至认为新说更为可信。最近，辛德勇先生也撰写长文，极辨明代铜活字印书说之非[②]。

笔者也对此问题有所关注。初曾颇为困惑，在对大家所熟知的资料经过反复研读之后，发现问题症结所在。笔者认为，明代铜活字印书应该是客观存在的，不容置疑。目前之所以会产生怀疑和否定的意见，问题关键出在基本资料阐释的偏差，误解、曲解和孤立地解释，导致对史实的认识走向反面。如果将相关资料联系起来考察，并且避免以后人的表述习惯来理解明代人的表述，就不会得出明代中期不存在铜活字印书的结论。

关于明代铜活字印书的基本材料很少，依照来源大致可分为两类，一是明代铜活字印本中的印书题记，一是明代人对此事的记载。今天无论是肯定还是否定明代铜活字印书的人，所援引的资料都不出此二类。下面就分别对这两类材料予以解释和讨论。

一、华氏、安氏等铜活字印本中的资料

明代华氏、安氏等家用铜活字摆印的书中，往往在版心、卷末等处印有“活字铜版印”的字样，例如：

华燧会通馆所印诸书：

弘治五年(1492)排印《锦绣万花谷》，版心上印“弘治岁在玄黓困敦”两行，下印“会通馆

① 潘天祯著《潘天祯文集》，上海科学技术文献出版社、北京图书馆出版社，2002年，潘先生的有关论文皆收入此书。

② 辛德勇《重论明代的铜活字印书与金属活字印本问题》，《燕京学报》2007年第2期(新23期)。

活字铜板印”两行。（小字本）

弘治七年（1494）排印《锦绣万花谷》，版心上印“弘治岁在阏逢摄提格”两行，下印“会通馆活字铜板印”两行。（大字本）

弘治八年（1495）排印《容斋随笔》，版心上印“弘治岁在旃蒙单阏”两行，下印“会通馆活字铜版印”两行。

弘治十年（1497）排印《音释春秋》，版心上印“弘治岁在彊圉大荒落”两行，下印“会通馆活字铜板印”两行。

弘治十年（1497）排印《音释诗经》，版心上印“弘治岁在彊圉大荒落”两行，下印“会通馆活字铜板印”两行。

弘治十一年（1498）排印《会通馆集九经韵览》，版心上印“弘治岁在著雍敦牂”两行，下印“会通馆活字铜板印”两行。

华燧之侄华坚兰雪堂所印诸书：

正德八年（1513）排印《白氏长庆集》，目录有“正德癸酉岁锡山兰雪堂华坚活字铜板印行”一行。

正德十年（1515）排印《元氏长庆集》，版心有“兰雪堂”三字，目录后有“锡山”图记，各卷卷末有“锡山兰雪堂华坚活字铜板”图记。

正德十年（1515）排印《蔡中郎集》十卷《外传》一卷，目录有“正德乙亥春三月锡山兰雪堂华坚允刚活字铜版印行”字样，卷五、卷六、卷八、卷九、卷十末有“锡山”“兰雪堂华坚活字板（版）印行”[①]篆文图记，《外传》卷末有“锡山兰雪堂华坚允刚活字铜版印”字样。

正德十年（1515）排印《艺文类聚》，版心上印“兰雪堂”三字，目录后有“乙亥冬锡山兰雪堂华坚允刚活字铜版校正印行”牌记三行。

正德十一年（1516）排印《春秋繁露》，版心上印“兰雪堂”三字，间有“活字印行”四字。卷后有“正德丙子季夏锡山兰雪堂华坚允刚活字铜板校正印行”三行。

无锡安国桂坡馆：

嘉靖三年（1524）排印《吴中水利通志》，卷后有“嘉靖甲申锡山安国活字铜板刊行”字样。

此外，建业张氏排印的《开元天宝遗事》卷前题有“建业张氏铜板印行”一行；嘉靖三十一年福建芝城姚奎排印的《墨子》卷八后印“嘉靖三十一年岁次壬子芝城铜板活字”一行。

所有这些活字印书中反映其所采用印刷方式的题记或牌记，没有一条采用“铜活字”这样的字眼，只是比较一致地称“活字铜板（版）”或“铜板活字”，或者干脆只称“铜板”。这是今天很多人怀疑乃至否定铜活字印书的重要原因。

对这些涉及活字印刷的文字资料应如何理解？否定铜活字观点的人认为这些表述没有明确说是用铜活字印刷，而只是说“活字铜版”，没有说是铜活字，“铜版”指摆放活字的铜板。这实际上是以今人的表述习惯去理解明代人的表述语言，方凿圆枘，岂能吻合？我们在面对这些资料时应该注意到，明代人在表述当时出现的铜活字印书技术时，有一个大致相同

---

① 卷五、卷十作“板”，卷六、卷八、卷九作“版”。

的特点，即他们往往摆脱不了或者说不能完全摆脱雕版印刷技术背景下一些常用或惯用术语的影响。举几个显著的例子：苏州金兰馆于弘治十五年(1503)排印《石湖居士集》《西庵集》，其版心皆印"弘治癸亥金兰馆刻"字样。又，无锡安国桂坡馆嘉靖三年(1524)排印《吴中水利通志》卷后有"嘉靖甲申锡山安国活字铜板刊行"字样，嘉靖年间印《古今合璧事类备要》各卷前有"锡山安国校刊"一行，《颜鲁公文集》各卷题"锡山安国刊"一行，《重校鹤山先生大全文集》各卷题"锡山安国重刊"一行。又如万历十四年崧斋活字印本《唐诗类苑》版心下印"崧斋雕印"四字。这些印本皆为活字摆印，却标记曰"刻"，曰"刊"，曰"雕"，如果我们简单地按照这些看似明白无误的常见于雕版印书中的字眼来理解，这些书岂非皆应为雕版刻印，而非活字摆印[①]？好在迄今似乎还没有人据此否定此二书为活字本。同样的道理，"活字铜版"也并不能作为否定铜活字论点的证据。因为，在这些活字印书中出现的"铜版(板)"，与"刻""刊""雕"等语词一样，都是明代人采用自己所习惯的表述雕版印刷的术语来称述当时出现的铜活字印书。运用传统的雕版印刷技术时，每一版面皆需加工一方木板，在其上雕刻所要印刷的文字，此为木板(版)印刷或雕版印刷。而铜活字印书则是将铜活字摆放出一个版面来印刷。相比较木板印刷而言，其字皆以铜材铸刻，摆放好的版面自然可以称作铜版。明代人正是受传统雕版印刷技术用语的影响，习惯性称新出现的铜活字印刷技术曰"活字铜版"。在当时的表述习惯下，这应该是比较理想的一种表述术语，当时人容易理解和接受，却没想到对今天的很多人造成了理解上的障碍。

简单地说，明人所说的华氏、安氏等豪家印书用的"活字铜板(版)"或"铜板活字"实际指的是用铜活字摆出来的书版，而不是说在铜板上摆放其他材质的活字。

二、明代人对铜活字印书的记载

除了华氏、安氏等活字摆印的书中留下简单题记外，与他们同时代或稍后的人们也留下了一些记载。而这些人对华氏、安氏用活字印书的记载更为确切的证明是采用铜活字。

邵宝《容春堂集》中的《会通君传》，记载了华燧以铜活字印书，云：

> 会通君，姓华氏，讳燧，字文辉，无锡人。少于经史多涉猎，中岁好校阅同异，辄为辩证，手录成帙。遇老儒先生，即持以质焉。既而为铜字板以继之，曰：吾能会通矣，乃名其所为"会通馆"。人遂以会通称，或丈之，或君之，或伯仲之，皆曰"会通"云。君有田若干顷，称本富。后以劬书故，家少落，而君莫如也。三子，埙、奎、壁。

此处邵宝明确说华燧印书是"铜字板"。"铜字"应即铜活字，这一点不会有疑问。值得注意的是，邵宝在表述时仍称"板"，这与前文提到的"活字铜板"一样，也反映了雕版印刷术

---

① 又如，清雍正三年汪亮采南陔草堂活字印本《唐眉山诗集》，封面镌"南陔草堂藏版"，卷后有"湖城潘大有刊"两行，"某处藏版"之类的语词同样很明显地采用了通行的雕版印书术语。

语对描述铜活字印刷技术在语词上的影响。

再看两条近似的材料。华燧的叔父华珵，弘治十五年(1502)曾采用铜活字排印《渭南文集》《剑南续稿》。康熙《无锡县志》记载说："华珵字汝德，……多聚书，所制活板甚精密，每得秘书，不数日而印本出矣。"明丽泽堂活字印本《璧水群英待问会元》书后有"丽泽堂活板印行"一行。两处所称"活板"，与"活字铜板"在表述方式上仅仅是详略之别，皆指活字摆出的印版[①]。这里的"板"字明显也是采用雕版印书的术语，绝不可以解释"活板"为活动的雕版。康熙《无锡县志》中用"活板"这样的词语，很可能是沿袭明人的记载用语。

又如，陆深《金台纪闻》卷下记载：

> 近时毗陵人用铜铅为活字，视板印尤巧便，而布置间讹谬尤易。夫印已不如录，犹有一定之义，移易分合，又何取焉？兹虽小故，可以观变矣。

唐锦《龙江梦余录》卷三：

> 近时大家多镌活字铜印，颇便于用。其法盖起庆历年间，时布衣毕昇为活字版法，用胶泥刻字，火烧令坚，作铁板二，密布字印，一板印刷，一板布字，更互用之，瞬息可得百本，其费比铜字则又廉矣。

陆深称"近时毗陵人用铜铅为活字"，唐锦也说"近时大家多镌活字铜印""铜字"，二人的记载意思完全一致，都是说当时这些地方的富豪用铜活字印书。陆深(1477—1544)，明藏书家、学者。初名陆荣，字子渊，号俨山，上海人，弘治十八年(1505)进士。唐锦(1474—1555)，明诗文家，字士纲，原籍晋阳灵石(今山西灵石县)，洪武迁于松江之上海(今上海市)，弘治九年(1496)进士。毗陵是晋武帝太康二年(281)分吴郡所置，下辖丹徒、曲阿、武进、延陵、毗陵(今常州)、既阳、无锡等县[②]。隋大业初又废州置郡，常州曾复名毗陵郡，统辖晋陵、江阴、无锡、义兴四县[③]。后人往往用毗陵指称常州、无锡等地。陆深、唐锦都生活在弘治、正德、嘉靖年间，他们所说的"近时毗陵人""近时大家"显然是指无锡华氏、安氏等家，这两家的铜活字印书在当时最具影响。这两条关于华氏、安氏等人用铜活字印书的记载是最为明白无疑的。另外，唐锦的记载有一点值得注意，他先是说"镌活字铜印"，继而又说"铜字"，前后所言乃同一事物，可见，"活字铜印"即"铜字"。"活字铜印"的表述方式与"活字铜板"类似，也保留有雕版印刷术语的影子[④]。

---

① 这里只是就其表述方式而言，并不是说丽泽堂活板也是铜活字印刷。

② 见《晋书·地理志下》，中华书局，1991年，第460页。

③ 见《隋书·地理志下》，中华书局，1987年，第877页。

④ 清初安璿《安氏家乘拾遗》中记载安国"每访古书中少刻本者，悉以铜字翻印，故名知海内。今藏书家往往有胶山安氏刊行者，皆铜字所刷也"。又说安国殁后，其子"六家以量分铜字，各残缺失次，无所用"。也明确说安国印书用的是"铜字"。张秀民先生引此条材料证明安氏铜活字印书的事实，甚是。详细可参看张秀民、韩琦《中国活字印刷史》，中国书籍出版社，1998年，第135页。

三、有关记载中"铅字""锡字"的问题

要辨明华氏、安氏铜活字印书，还需要就有关记载中出现的所谓"铅字""锡字"加以解释。

前文提到，陆深《金台纪闻》称"用铜铅为活字"，这是否又说明当时有铜活字和铅活字两种呢？

又，前文引邵宝《容春堂集》中的《会通君传》记载华燧以铜活字印书云"为铜字板"，此见于邵宝外孙秦榛重校本《容春堂后集》卷七，而嘉靖十一年华从智刻隆庆六年华察续刻《华氏传芳集》卷十五所收同一文，在文字上略有差异，后者作"为铜板锡字"。且同书同卷所收乔宇《会通华处士墓表》记载也称"范铜为板，镂锡为字"；清光绪三十一年存裕堂义庄木活字印本《勾吴华氏本书》卷三十一《三承事南湖公、会通公、东郊公》也作"范铜板锡字"。这是持锡活字说者最有力的一个证据。张秀民先生《中国活字印刷史》《中国印刷史》(插图珍藏增订版)中对这些不同文献中的文字差异，尤其是邵宝《会通君传》在《容春堂后集》与《华氏传芳集》两种文献中竟然出现"铜字板"和"铜板锡字"的不同也感到困惑，不知"哪个本子为正确"。事实上，《容春堂后集》与《华氏传芳集》所收录邵宝《会通君传》确实在关于活字印刷的记载上存在略微的差异，但这只是文字不同而已，其意思并不矛盾。无论"铜字板"，还是"铜板锡字"，抑或"范铜为板，镂锡为字"，所要表达的意思都是铜活字而非其他。要了解这一点，需要简单说一下古代青铜铸造技术。

众所周知，古代用铜铸造器物、工具，一般不用纯铜(红铜)，而是用铜与其他有色金属的合金，其中以铜、铅、锡合金冶炼成的青铜最为普遍。因为纯铜质地较软，易于变形。而铜、铅、锡按照一定比例冶炼成的青铜，熔点比较低，硬度也增高。例如，纯铜熔点为1083℃，若加15%的锡，熔点降低到960℃，若加25%的锡，熔点降低到800℃。就硬度而言，纯铜的布氏硬度35，若加锡9%—10%，硬度就达到70—100。加铅也能降低熔点。加有铅锡的青铜填充性较好，气孔少，具有较好的铸造性能[①]。中国古代的各类青铜器具、铜钱等都是用青铜铸造而成。华氏、安氏等印书所用的活字亦必为青铜铸造，这样可以保证每一个小的字模不会出现气孔等瑕疵，避免文字笔画的残缺。李氏朝鲜铸造铜活字也是用铜合金，据日人加茂仪一分析1455年乙亥铜字，含铜79%，锡13%，余为少量亚铅、铁、铅等[②]。明代人在记载华氏、安氏铜活字印书时的文字表述中出现"铅字""锡字"，并不能证明其时所铸造者为"铅字""锡字"，因为在提到"锡字"时无一例外都会提到"铜"，或"为铜板锡字"，或"范铜为板，镂锡为字"，或"范铜板锡字"。如前文所说，明代人在这些记载中所称的"铜板"，并非如有的人所理解，是用来摆放活字的铜板，而是指铜活字排版之后形成的印版。这些词语与今天的标准术语相比，确实不规范。因为古人撰写这些文章时，所关注的重点不是铜活字印书技

---

① 北京钢铁学院《中国冶金简史》编写小组编《中国冶金简史》，科学出版社，1978年，第22页。

② 转引自张秀民、韩琦《中国活字印刷史》，中国书籍出版社，1998年，第135页。

术本身，而是采用铜活字技术的人，他们行文时更多地注意遣词用句的文学色彩①，加上长期熟悉的雕版印刷术语的影响，故而出现这些在今天看来不能准确反映铜活字印书事实的语词。这些看似与铜活字无关的记载，反而可以作为华氏、安氏等用铜铅锡合金的青铜铸造铜活字的证明②。

通常而言，同时之人记同一件事，各自所记文字语词容有差异，但所记之事的基本情况不会出入甚大，尤其是类似华氏、安氏铜活字印书这样不涉及人事是非的史事。对这类材料，应放在一起，作统一的综合的分析，寻求其歧义的根源。如果简单地采用取其一二而不计其余的办法，甚而取其一二，怀疑乃至否定其余，把本来不矛盾的记载当作此是彼非的资料来处理，势必得出看似合理却背离史实的结论。陆深、唐锦、邵宝、乔宇与华氏、安氏生活在同时代或大致同时代，他们对华氏、安氏铜活字印书的记载与华氏、安氏印书题记或牌记所表述的意思应该是基本一致的，而不会是矛盾的。与历史上某些史事的记载因为涉及利益、立场、政治斗争、人事关系等因素而存在刻意掩盖、歪曲不同，他们对铜活字印书这件事的描述与个人之间没有任何利益等纠葛，基本上都是客观的。我们今天努力探究的重点应该是找出在看似矛盾的文字表述背后的原因。从这个角度重新审视这些材料，就不会把“为铜板锡字”之类的记载理解作锡活字印书了。

总之，众多记载华氏、安氏等活字印书的资料，没有一条确凿的证据可以否定他们采用了铜活字技术。这些资料反映了当时与铜活字印书有关的两个基本事实：一、华氏、安氏铸造的铜活字，其材质是铜铅锡的合金；二、明代人表述华氏、安氏铜活字印书时所采用的词语明显受到了长期以来所熟悉的雕版印刷术语的影响。此前之所以出现怀疑和否定的意见，在于没有把当时记载华氏、安氏等活字印书的所有资料放在一起做统一分析，才导致背离事实的结论。

（原载于《中国典籍与文化》2010 年第 4 期）

---

① “为铜板锡字”，“范铜为板，镂锡为字”等语词应属修辞中的互文。大家熟知白居易《琵琶行》“主人下马客在船”一句所表达的意思是主人与客人一起下马、登船，而不是说主人下马，客人登船。与此同理，“为铜板锡字”讲的是铸造铜锡合金的铜活字，用来摆出印版；“范铜为板，镂锡为字”讲的是冶铸铜锡为活字模，在其上镂刻文字为铜活字，用铜活字摆出印版，而不是说冶铸铜为铜板，镂刻锡活字。

② 黄永年先生曾驳所谓“铅活字”说之非，似乎少有人注意。姑录于此：“无锡这安、华两家是明代印铜活字本的大头。同时陆深在所撰《金台纪闻》中说：‘近时毗陵人用铜铅为活字，视板印尤巧便。’人们由此又说除铜活字外，常州人又已制造了铅活字，张秀民在《中国印刷史》中还据此发了一通议论，说什么‘现代印刷所用的铅字，许多人认为是十九世纪中叶以后，由西洋教士传到中国来的，这种说法并不符合事实’云云。他们不知道常州虽古称毗陵郡，但无锡向为常州的属县，到明清时仍如此，所以《金台纪闻》说‘用铜铅为活字’的毗陵人其实即指无锡的华、安诸人。而纯铜质软，必须加其他金属方能成器物，所以《纪闻》所说‘用铜铅为活字’，只是用铜加铅为活字之谓，并非在铜活字外又制造了铅活字。误解此语的人大概只知道后来常州和无锡成了两个平级的县市，从而认为毗陵人即常州人而与无锡华、安并不相干。”见黄永年著《古籍版本学》（江苏教育出版社，2005 年，第 185 页）。

王伯祥、叶恭绰致郑振铎函札

石光明　谢冬荣

国家图书馆藏有王伯祥和叶恭绰各致郑振铎手札一通，分别涉及《袁昶友朋书札》购藏及抗战时期善本古籍运美之事，颇具资料价值，故而不揣谫陋，予以整理，并略加按语，以为参考。

一、王伯祥致郑振铎

铎兄台詧：张祖南君昨日下午三时来，《袁氏藏札》十二册（计两包）面交点收。按册内略有揭去，但非新痕，照目开逐一点对，有多无缺，其中颇有粘附诗词及拓片，多未入目录中。当即以尊款六百元与之，兹原包送上（目录附入），乞加检收。此札内容甚富，价实便宜，所惜随时粘集，不免凌乱，如加以整治，别付装池，不失为一瑰宝也。明季史料如便拢集，幸假庋敝处，俾资渔猎，想亦我兄所乐许者。专此即候俪安，并颂撰祺不一。弟麒顿首，六月十七日。

此通书札共二纸，写在印有“开明书店股份有限公司用笺”的专用稿纸上。另附有信封，中间墨笔书“郑先生台收”，右侧墨笔书“外书札两大包并送”，左侧镌“上海开明书店沈阳分店缄”字样，并有墨笔书“王”字。

图书馆为该书札所拟题名为“开明书店王氏致郑振铎函”，盖因编目人员未详书札撰写者的具体名字而致如此。笔者从信封、称呼、所用笺纸以及落款诸方面判断，书札的作者应是王伯祥。王伯祥（1890—1975），谱名怀仁，字孟常，就学后改名钟麒，又改字伯祥，五十以后以字行①，江苏苏州人。曾执教于北京大学，先后任商务印书馆、开明书店编辑，中国社会科学院文学研究所研究员。王伯祥先生与郑振铎先生是商务印书馆的同事，两人交情笃深，王湜华先生认为“伯祥先生一生中交友自然不少，最早而且至老情意不断者，当推顾颉刚与叶圣陶。认识比此略晚，而交谊始终不凡者，则首推郑振铎。”王伯祥虽然比郑振铎长八岁，但是一直称呼郑振铎为“铎兄”②。

书札的主要内容是王伯祥先生将代为购买的《袁氏藏札》（入藏国家图书馆后，又拟名为《袁昶友朋书札》），托人捎给郑振铎先生。《袁氏藏札》现收藏在国家图书馆，共十二册，

① 王伯祥：《庋榢偶识》卷一，中华书局，2008 年，第 31 页。

② 王湜华：《王伯祥传》，中华书局，2008 年，第 65 页

另有目录一册，与书札所述相符。该书是晚清名人袁昶的友朋书札集。一九四〇年商务印书馆影印本《袁忠节公手札》后有袁荣叟跋，其中谈道："先父昔尝手辑友朋来函，装潢成册，题曰'停云留迹'，今犹藏之云间故庐。"该书札第十一、十二册的书衣正好有墨笔题"停云留迹"，与袁荣叟所述相吻合。

抗战时期，为抢救沦陷区的民族典籍，在国民政府的支持下，郑振铎等人在上海成立了"文献保存同志会"。郑振铎主要负责与书肆、藏书家的接洽，以及已购书籍的编目与保管①。在1940年12月2日给张寿镛先生的信中，他就谈及拟购买《袁氏藏札》之事："申报馆胡君介绍袁爽秋氏友朋函稿十二册（先送样本一册来），每册索一百元，经数次商议，已落价至一千元。此书关系颇大，且系编年者，于近代史料大有关系，菊老亦甚注意及之。似可购下。兹将样本一册奉上，并请决定。"信中的"袁爽秋氏友朋函稿"当即王伯祥先生书札中提及的《袁氏藏札》。不过此次并未成功，在第二天的信里，郑先生说："'袁爽秋氏友朋函稿'因原主来索取，已暂行退还。"②至于最终什么时间购获，目前尚不清楚。

王伯祥先生这通书札的撰写时间，因无明确的记载，尚难以确定。但是根据郑先生给张寿镛先生的信札来判断，它至少是在1941年以后，这一点应该没有异议。

二、叶恭绰致郑振铎函

西谛先生：一周前所上一书，计达。兹因整理在港运书各文件，欲奉告数事：

1. 在港装箱运美之书，弟处目录尚在，惟此目录限于运美各箱之书。其由沪运港之书的总目，大约尊处必有之，将来须由尊处除去其中运美各书，即为尚应存港平山图书馆之图书。可向该馆询查，是否尚在该馆（馆中经手乃马季明、陈君葆）。

2. 运美各书之目录，当时编制匆促，不及查注版本等等。弟拟向尊处补查补注，以为向日本索回之据。此项工作或由尊处办理，更为省便，因诸书皆经公看过，且有底册，易于覆按也。弟已觅人将各箱目录再抄一分，以备尊处应用。

3. 此运美各书又闻仍在港，但并无确据，尊处曾否得有何项最近消息？

4. 蒋慰堂要自运美各箱中抽出之书，经弟托人带渝，以为途中失去，兹查尚在香港，无恙，特此奉慰。但此部分之目，弟处无之，须候收回时点对方能明白，然必不出尊处所收者之外也。

读《求书日录》，不胜感触，故贡近况，以备参考。有人见赠《蜀笺谱》，知公所好，谨以奉贻。余不一一，即承安□。绰上，十一月七日。

此函请留存，并见覆。前呈《我也来谈谈教育》一文阅后乞交回，因无副本也。

---

① 苏精：《抗战时期秘密搜购沦陷区古籍始末》，《近代藏书三十家》附录，中华书局，2009年，第237页。

② 刘哲民、陈政文：《抢救祖国文献的珍贵记录——郑振铎先生书信集》，学林出版社，1992年，第162—163页。

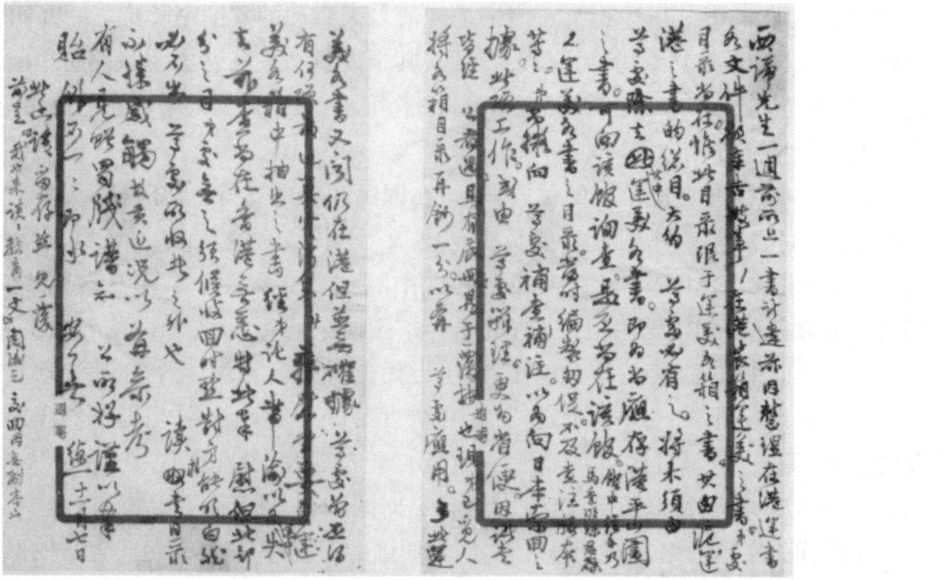

图 1　叶恭绰致郑振铎函

叶恭绰(1881—1968),字誉虎,号遐庵,广东番禺人。民国时曾任交通部总长、铁道部部长等职。新中国成立后,先后任全国政协常委、中央文史馆副馆长、北京中国画院院长等职。著名的政治家、教育家和收藏家、书法家。

此通书札的内容与“文献保存同志会”密切相关。1938 年上海沦陷后,叶恭绰避难香港。国民政府除了在上海成立“文献保存同志会”外,又在香港设立联络点。叶恭绰先生时任中英庚款董事会董事,被安排负责香港联络点的事宜,主要负责上海转运过来的古籍的保管、转运以及该地区流散古籍的搜购。

上海“文献保存同志会”搜购的古籍邮寄到香港后,由叶恭绰安排全部运到香港大学冯平山图书馆保藏。该校的负责人最初是许地山(1893—1941)。许氏卒后,又由马鉴和陈君葆接手负责。马鉴(1883—1958),字季明,浙江鄞县人,时任香港大学教授。陈君葆(1898—1982),广东中山人,时任冯平山图书馆馆长。

1941 年 6 月间,上海“文献保存同志会”陆续将搜购的甲类善本,共二千多部,邮寄至香港,由叶恭绰组织人员拆包、装箱等,准备运往美国暂存。不过随后太平洋战争爆发,这批运美古籍即告失踪,直至抗战胜利后方才在日本本土发现,并于 1946 年 8 月追还。

此通书札的撰写时间应该是 1945 年 11 月 7 日,可以借助信中的两点内容来确证:第一,信中谈及的“《求书日录》”是郑振铎先生在上海沦陷时期抢救典籍的日记,从 1945 年 11 月 1 日开始在《大公报》文艺版连载,至 12 月 2 日为止,叶先生所读的应该就是这段时期的;第二,信中提到“此运美各书又闻仍在港,但并无确据,尊处曾否得有何项最近消息”,说明当时还不明确这批书是否确实在日本,遑论追回,那么其时间应该在 1946 年 8 月前。

(原载于《文献》2011 年第 2 期)

周曰校刊《三国志通俗演义》的初刻年代问题

陈翔华

周曰校刊本《三国志通俗演义》是一部重要的明代版本。此本共分十二卷，其中某些情节和叙述文字，既与此前所题明嘉靖壬午序刊的二十四卷本、叶逢春刊的十卷本存在差异，也不同于稍后的余象斗等刊二十卷本。这是一部在《三国志演义》刊行流传演变史上很有研究价值的版本。

对于这部颇具特色的《三国志通俗演义》最早出现的时间，以前诸家著录为明神宗万历十九年辛卯(1591)刊行[①]，学术界一向并无争议。但是，近年来有些学者提出不同的说法。有学者以为周曰校最早刊行的是无图本(即所谓"周曰校刊本甲本")，推测其"刊行于万历十二年至十三年(1584—1585)左右"或"刊行于万历十年至十一年(1582—1583)左右"[②]。韩国学者又进而提出，此本刊于明世宗嘉靖三十一年壬子(1552)[③]，我国也有学者从其说。因此很有必要重新进行研究，以做出合乎事实的判断。今谨就此及一些相关的问题来谈谈拙见，敬请方家不吝指诲。

一、周曰校初刻的是明万历十九年的插图本

据著录及有关记载，海内外现存周曰校刊本与其残本计七部，另有未详今藏何处者两部。即(一)中国大陆三部：马廉旧藏残存七卷本(今存北京大学)一部；李一氓原藏残存六卷本(今存中国国家图书馆)一部；中国社会科学院文学研究所藏残存三卷本(无图)一部。(二)中国台湾一部：原北平图书馆藏本(今存台北故宫博物院)一部。(三)日本今藏内阁文库一部、蓬左文库一部；又，文求堂书坊原藏一部(见马廉、孙楷第著录)。村口书店原藏一部(见孙楷第著录)。不过这后两部书如今流落何处尚待详。(四)美国一部：耶鲁大学藏本一

① 见马廉：《旧本三国演义板本的调查》，载《北平北海图书馆月刊》第二卷第五号，1929年5月；孙楷第：《中国通俗小说书目》卷二，北京：作家出版社，1958年。

② 刘世德：《〈三国志演义〉周曰校刊本四种试论》，《文学遗产》2002年第5期。后来，他改从韩国朴在渊之说。

③ 见韩国鲜文大学学者朴在渊：《关于新发现的朝鲜翻刻本〈三国志传通俗演义〉》(《第四届东亚出版文化国际学术会议论文集》，日本：东北大学，2008年)。其说又见《近世中国古典小说在朝鲜之出版》第二节(载《第八届中国古代小说、戏曲暨数字化国际学术研讨会》论文集，北京：首都师范大学，2009年)、《关于新发现之朝鲜活字本〈三国志通俗演义〉》(《南京大学学报》2010年第3期)等。

部。此外，还有近见朝鲜翻刻无图本未计入。这些藏本的存在，表明周曰校所刊行的整理本，在当时流传广泛而且影响较大。但是其中有的是初刻本（包括初刻后印本），又有的是重刻本，在探索版本的原来面目上，它们的研究参考价值各自是并不完全相同的。

北京大学今存本（即马廉旧藏本）与耶鲁大学藏本，是最可值得瞩目的。耶鲁藏本未便查阅，现可从北大藏本中寻找到周曰校刊本初刻的真实消息，尽管北大本卷帙有所短缺（存卷一至二、卷六、卷九至一二），但考察其版本所需要的依据还是基本具备的。

所见北京大学藏本首卷端题“新刊校正古本大字音释三国志通俗演义”（他卷端题“志”下加一“传”字，即“三国志”作“三国志传”），“晋平阳侯陈寿史传/后学罗本贯中编次/明书林周曰校刊行”。半叶十三行，行二十六字。周氏万卷楼刊本（若干卷叶的板心下方，另刻“仁寿堂刊”四字）。卷前存二序：首修髯子《引》，末署“时嘉靖壬子孟夏吉望”（按“壬子”乃误，见下文）；次庸愚子《叙》，末署“弘治甲寅仲春几望”。

这里首先值得关注的是，此北京大学藏本保存有鉴定版本十分重要的依据：牌记和题识（识语）。牌记，或称木记，俗称书牌子，通常刻在卷尾书末或封面后面，序文、目录之后亦不复少见。北大此藏本的牌记，刻在修髯子《引》之后，其云：

> 万历辛卯季冬吉望刊于万卷楼

由这则牌记[①]，可以确认此书刊行于明万历十九年辛卯(1591)[②]。

尤其还应当引起注意的是，北京大学藏本存有非常稀见的此书封面，而他本诸如台北故宫藏本、社科院文学所藏本、朝鲜翻刻本等则付缺如。北大本的封面，分上、下栏。下栏左右两旁竖书大字“全像三国/志传演义”书名，其间夹刻“书林周曰校刊”。上栏有书坊主人周曰校的识语，介绍这部书的有关情况：

> 是书也，刻已数种，悉皆讹舛，茫昧鱼鲁，观者莫辨。予深感焉。辄购求古本，敦请名士，按鉴参考，再三雠校，俾句读有圈点，难字有音注，地里有释义，典故有考证，缺略有增补，节目有全像，如牖之启明，标之示准。此编之传，士君子抚卷，心目俱融，自无留难，诚与诸刻大不侔矣。览者顾諟书而求诸，斯为奇货之可居。

---

① 北京大学此藏本牌记，亦见台北故宫博物院今存本即原北平图书馆所藏本。按王重民：《中国善本书提要》子部十四小说类，谓原北图本惟“惜缺绘刻人姓氏；盖因后印，非是复本”云（上海：上海古籍出版社，1983年）；笔者还以原北图本文字漫漶而有些许补刻，或当也“不排除是重刻后的再印本”（《三国志演义纵论》，台北：文津出版社，2006年）。其外，李一氓原藏本、社科院文学所藏本由于残缺，俱不见此牌记。至于韩国鲜文大学今藏朝鲜丁卯（即明天启七年）耽罗（今济州岛）全十二卷翻刻本，修髯子《引》后亦无这则牌记。按在周曰校刊本中，置牌记于序后乃不乏其例。如明万历十八年刊《增定国朝馆课经世宏辞》在沈一贯《叙》后，也有牌记：“万历庚寅孟夏金陵/后学对峰周曰校勒/于万卷楼”。

② 此牌记“万历辛卯”，为万历十九年。而其下所署月日云“季冬吉望”，即阴历是年十二月十五，依阳历推算则为下年(1592年)1月29日（参见郑鹤声：《近世中西史日对照表》，北京：中华书局，1985年）。按周氏识语写于“万历辛卯秋月”，疑当在发刻之际，而至此年“季冬”之“望”日题牌记时或当刊毕。故其刻书时间主要在公元1591年。

万历辛卯秋月，周曰校谨识。①

周曰校此则识语，除自我宣传外，披露了十分重要的信息。

第一，识语指出，周曰校刊本的底本是他"购求"所得的"古本"。他还在诸卷卷端的书题上，也特别打出"古本"的招牌。这里所称的"古本"，不知究竟"古"到什么时候？当然不一定会是罗贯中这部小说最早的版本。尽管如此，这部底本既不是市面上流通的本子，也看不出来自什么所谓"周曰校刊本甲本"之类。这是可以确信无疑的。

第二，周曰校"敦请名士"对所购得的底本，在原有基础上大体上进行了"校正"与"音释"两方面的整理工作。首先，在文本方面：(一)"按鉴参考"，即依据《通鉴》来考订小说故事的编年排列；(二)校勘文字，改正错误；(三)增补原本叙述上的"缺略"。这些大致上也可以说就是诸卷正文卷端书题所谓之"校正古本"诸工作。其次，为帮助读者的阅读：(一)对行文加句读"圈点"；(二)对生僻字作"音注"；(三)对地名进行注解；(四)诠释历史典故。这些大致上也就是诸卷正文卷端书题之所说的"音释"。

第三，此本"节目有全像"。原底本是没有图像的，而周曰校刊行时则对所得的"古本"直接加以插图。所以，在封面与诸卷板心的书名(或简称)上都特别标示出"全像"二字，卷二以后诸卷卷端的书题也加"出像"，甚至书前二序的题目还擅添"全像"字样(如修髯子《引》之题目添此二字作《全像三国志通俗演义引》、庸愚子《叙》之题目添此二字作《全像三国志通俗演义叙》)。可见，从所称"古本"整理而来的周曰校初刻本，与底本("古本")之一个显著的区别就在于有了插图。

第四，识语撰作于"万历辛卯"即明万历十九年(1591)，是为周曰校此刊本的刻期。这与牌记上所题"万历辛卯"的刊刻年份是相一致的。

这则识语是周曰校专为其刊出《三国志通俗演义》而亲自撰作的文字，具有毋庸置疑的可信性。这里充分表达出初刻者如此声口的识语，有之则无疑乃为最早刻本。如果无图的所谓"周曰校刊本甲本"刻印在前，而插图本刻印在后的话，那么无图本就应该具备类此识语。中国社科院文学所藏无图本缺此封面及首卷，不知原来有否识语？而朝鲜翻刻周曰校刊全十二卷无图本不见识语，故疑原本未必有。无图本即使有识语的话，也不会陈说些违背事实的诸如"节目有全像"之言语。由此可以推见无图本不会有这则识语，也就是说它不可能是初刻本。再说，插图本如果是根据无图本重刻而增入此识语的话，那么其中周氏自称"深感"当时已出之本"悉皆讹舛"，而"购求古本"，请人加以整理并插图，便"与诸刻大不侔"云云，俱为无的放矢。也就是说，这些初刻者如此说话的声音，是不能出现在后刻本之中

① 此识语的首行字迹漫漶，但可辨认。按李一氓原藏本缺此封面，乃据北京大学本配补，过录时其中个别文字有所改动，如"地里"改作"地理"等，但无关乎宏旨。孙楷第《中国通俗小说书目》卷二著录此书时，曾节抄周曰校识语，并非全文。刘世德：《〈三国志演义〉周曰校刊本四种试论》转录此识语，仍较北大藏本短七十二字。

的。又看诸卷端题以及北京大学藏本封皮所题书名[①]强调“古本”“全像”（或作“出像”），这些都与其识语一一吻合。由此可见北京大学藏本的识语是原来所固有而并非后来增入，载有识语的插图本才真正是初刻本（至于北大本是否初印，另当别说）。

总之，从鉴定版本重要依据的牌记、识语入手，再结合考察其封面书题、卷端题署等多处记载，我们不难看到，周曰校最早刊行的版本是在其所“购求”得来的“古本”基础上，直接加以“全像（插图）”和整理的，刊刻的时间在明万历十九年辛卯（1591）。那种以为无图本是周曰校刊本的最早刊本的说法，缺乏根据而难以成立。

二、“嘉靖壬子”并不是周曰校刊本出现的年代

今见此书北大藏本、台北故宫博物院藏本以及朝鲜翻刻本[②]，卷前修髯子《引》末俱署“嘉靖壬子孟夏吉望关中修髯子书于居易草亭”。韩国鲜文大学朴在渊教授以为“嘉靖壬子”（1552）是周曰校刊刻的时间。其实，此“嘉靖壬子”乃为“嘉靖壬午”之误，并非周曰校刊本最早出现的年代。

据上海图书馆藏明嘉靖刊本《三国志通俗演义》存修髯子《引》，其末署“嘉靖壬午孟夏吉望关中修髯子书于居易草亭”。按“嘉靖壬午”即明世宗嘉靖元年（1522），而“嘉靖壬子”为嘉靖三十一年（1552），这里同一撰者的同一篇《引》文，所署撰作的时间竟然先后相差三十年，其间必定有一是一非。

在《三国志演义》流传史上，修髯子《引》是一篇有特殊意义的文献。修髯子撰《引》之前，《三国志演义》一直以抄本形态流传，雕版印行乃始于修髯子之时。其《引》记一“客”者提出：这部长篇小说“简帙浩繁，善（缮）本甚艰，请寿诸梓，公之四方，可乎！”于是，以前“简帙浩繁”的手抄缮本从此便有了“公之四方”的梓刻。因而，修髯子这篇《引》，便成为确定《三国志演义》首刻时间的重要文献。倘若修髯子撰《引》果然真如周曰校刊本所题为嘉靖三十一年壬子的话，那么《三国志演义》始刻乃出是年。然而，事实并非如此。

实际上，在嘉靖三十一年壬子（1552）前，《三国志演义》就已经有不止一部刻本。今存西班牙藏叶逢春刊本《通俗演义三国志史传》，刻于嘉靖二十七年（1548）。此前还有“武定板”（明晁瑮《宝文堂书目》卷中著录此书，下注“武定板”），即嘉靖间武定侯郭勋府刊本。“武定板”当刻于嘉靖十年（1531）以后数年间，最迟不晚于嘉靖十六年（1537），不仅比叶逢

---

① 北京大学藏本（即马廉旧藏本）的书皮在左边刻印书名：“古本全像三国志通俗演义”十一字，也以“古本”“全像”作为周曰校刊本的显著特点而招引读者注目。按其卷二以后的端题作“出像”，诸卷板心所题仍为“全像”。

② 朝鲜翻刻本，今藏韩国七处公私家各若干卷。朴在渊等搜集整理，交由首尔学古房影印出版（2008年6月初版，2009年8月再版）。朝鲜翻刻本为无图本，十二卷，半叶十三行，二十四字。首卷端题“新刊校正古本大字音释三国志传通俗演义”，又刻“晋平阳侯陈寿史传/后学罗本贯中编次/晚学庐陵叶才音释/明书林周曰校刊行”。无封面及周氏识语。卷首仍依次有修髯子《三国志通俗演义引》（《引》后无牌记）、庸愚子《三国志通俗演义叙》。下引此书俱见学古房2009年影印本，或略称之朝鲜翻周本。

春刊本早，更比嘉靖三十一年约早十五至二十年。既然如此，修髯子为首刻本而写的《引》应当不迟于“武定板”、叶逢春刊本以后。再从书目文献的著录来看，今见成书于嘉靖十九年(1540)的明高儒《百川书志》卷六，著录《三国志通俗演义》一书，并参考庸愚子《序》与修髯子《引》而撰作了内容提要。假设修髯子《引》撰于嘉靖三十一年的话，那么《三国志通俗演义》的首刻时间则要比《百川书志》成书晚，而高儒又怎么能在十二年前便将此书著录于他的家藏书目呢？显然，修髯子《引》的撰年绝不会如周曰校刊本所题作于嘉靖三十一年壬子，而只能写于嘉靖元年壬午。“壬子”与“壬午”，天干“壬”字相同，而地支“子”乃为“午”字之误①。

至于有的学者说周曰校刊刻时将修髯子《引》的撰年从“嘉靖壬午”改为“嘉靖壬子”，这是一种没有根据的猜测之词。今见日本名古屋市蓬左文库藏夏振宇刊本《三国志传通俗演义》所存录的修髯子《引》之末，亦署“嘉靖壬子孟夏吉望关中修髯子书于居易草亭”。夏振宇刊本与周曰校刊本虽然有很多相近的地方，其间当共出于某一个祖本，但毕竟是各有异同的两个版本。夏振宇刊本版心题“官板三国传”，表明其底本来自官刻本；而周曰校刊本乃来自购求得到的所谓“古本”。两者行文间，也有些差别。例如修髯子《引》：(一)夏振宇刊本“客仰而大嘘曰”；而台北藏周曰校刊本作“客仰而大噱曰”。按“大嘘”与“大噱”在词义上是有差异的。(二)夏振宇刊本“简帙浩瀚，缮本甚艰”；而台北藏周曰校刊本作“简帙浩瀚，善本甚艰”。“缮”(抄写)作“善”。(三)夏振宇刊本“客问于予曰”“予不揣谫劣”；而台北藏周曰校刊本作“客问于余曰”“余不揣谫劣”。按“予”作“余”。再如庸愚子《序》(夏振宇刊本同嘉靖刊本作“序”，周曰校刊本与朝鲜翻周本俱作“叙”)：(一)夏振宇刊本“告时君，必称尧舜禹汤文武”；而台北藏周曰校刊本作“告时君，必称尧舜禹汤”。台北藏本乃少“文武”(是指周文王、周武王)二字。(二)夏振宇刊本“若读到古人忠处，便思自己忠与不忠；读到孝处，便思自己孝与不孝”；而台北藏周曰校刊本作“若读到古人忠处，便思自己忠与不忠；孝处，便思自己孝与不孝”。台北藏本“孝处”前缺“读到”二字。(三)夏振宇刊本“流芳遗臭，在人贤与不贤”；而台北藏周曰校刊本作“遗芳遗臭，在人贤与不贤”。按“流芳”作“遗芳”。从上述异同可以看到，夏振宇刊本与周曰校刊本是两个各自来于底本互不承袭的本子，而其修髯子《引》所署的撰年“嘉靖壬子”两者却彼此毫无二致。这当出于共同祖本之所致。也就是说，它们的祖本已经讹误如此，底本之“官板”与所谓“古本”以及后来的刻本都相继沿袭之，必非为夏振宇或周曰校在刊刻时擅自加以改署。假设真如有的学者所说的那样，是周曰校在首刻此书时特意将修髯子《引》的署年由原来的“嘉靖壬午”改为“嘉靖壬子”的话，那么其证据究竟何在呢？况且这在中国版刻史上也缺乏先例。今见夏振宇刊本修髯子《引》末也署“嘉靖壬子”，若以执持此见学者的说法推之，那么“嘉靖壬子”岂不又成了夏振宇刊刻此书的时间了吗？但是，至今学术界并无人执持这种看法。因此，由于沿袭祖本上之修髯子《引》末所署撰年的错误，而以此断为周曰校刊本刻于“嘉靖壬子”的说法是不能成立的。

这里还需要提及的是，在缺佚书牌及书坊题识的情况下，对古籍版本年代的鉴定可以参

① 参见陈翔华：《三国志演义古版汇集序》，陈翔华主编：《西班牙藏叶逢春刊本三国志史传》卷首，北京：国家图书馆出版社，2009年。

考序跋撰年以及其他（如避讳字等），但是必须进行仔细而周密的考查。有的序跋是为本次出刊而作的，当然足可以参考；也有的只是存录以前的序跋，把前人撰作的年代当作为刊版时间就必然会出错。例如上海涵芬楼1929年影印明刊本《三国志通俗演义》时，因为底本缺佚修髯子嘉靖元年壬午（1522）《引》而只存庸愚子弘治七年甲寅（1494）《序》，便误题作"明弘治本三国志通俗演义"印行出书。这已成为众所周知的重大缺憾。历史的教训值得汲取，我们应当引以为戒。

三、周曰校从事刻书活动是在明万历年间

周曰校刊本《三国志通俗演义》初刻于明神宗万历年间而不在嘉靖时期，我们还可以从他的刻书生涯中得到印证。

周曰校，名对峰，字应贤，号虚舟生、万卷楼主人等。金陵（今江苏南京）人。明代著名刻书家。他对于所刊行书稿的选取，与托请高士评校及至名家撰作序文等事，多经心操持之。周氏的行年尽管至今未得其详，但我们还是可以从有关记载中，来探索他的刻书活动。

周曰校刻书的品种较多，存世刊本不少。现据笔者所直接披览的存本，并托请中外学者调查，搜检王重民《中国善本书提要》、杨绳信《中国版刻综录》以及其他典籍的有关记载，从中可了解到周氏刻书的年代。

首先，不少周曰校刊本的今藏本上存有直接的版本纪录，可以确切而具体地查见其梓刻于万历某年某月的时间。现将这些刊本，依刊行年月记叙如下：

（一）万历十一年癸未（1583）：《卓氏藻林》八卷，端题"武林卓明卿澂甫编辑/吴郡王世懋敬美校正"。封面题"万历癸未夏月书林周对峰刊"。按"万历癸未"，即明万历十一年（1583）。今藏美国国会图书馆，见王重民《中国善本书提要》子部类书类著录。又据杨绳信《中国版刻综录》第二章明代版刻著录，此书亦藏原"北京图书馆线装简编书"书库。

（二）万历十二年甲申（1584）：《重广补注黄帝内经素问》二十四卷，端题"启玄子次注/林亿、孙奇、高保衡等奉敕校正/孙兆重改误/绣谷书林周曰校刊行"。封面题"万历甲申夏月周氏对峰刊行"。按"万历甲申"，即明万历十二年（1584）。今藏美国国会图书馆，见王重民《中国善本书提要》子部医家类著录。

（三）万历十三年乙酉（1585）：《汉隽》十卷，端题"宋括苍郡林钺国镇辑/明会稽郡吕元调父校/金陵周曰校应贤刊"。有虞淳熙万历十二年序。封面署"重雕宋括苍郡校辑《汉隽》"，又小字"万历乙酉金陵周对峰镌"。按"万历乙酉"，即明万历十三年（1585）。今藏美国国会图书馆、中国国家图书馆（国图藏本除虞序外，还有万历十二年吕跋。按序跋撰后一年，此书乃刊行）。参见王重民《中国善本书提要》史部史抄类。

（四）万历十七年己丑（1589）：《新刊官板批评正百将传》十卷、续四卷。正传首卷端题"东光张预公立甫集/东浙赵光裕克荣甫评/金陵周曰校应贤甫刊"；续传端题"盱江何乔新编集/东浙赵光裕批评/金陵周曰校刊行"。正传版心刻"正百将传评林""仁寿堂刊"；续传版心刻"续百将传评林"。有《批评正续百将传序》云："东光张氏揭古百将以传之，而盱江何

氏复取宋元名将四十人续之”,“坊间周氏请刊木以广其传。”序末署“万历己丑岁孟秋吉日东浙古虞赵光裕书于英武堂”。按“万历己丑岁”,即明万历十七年(1589)。今见藏中国国家图书馆、北京大学图书馆等处。又据杨绳信《中国版刻综录》著录,南京大学图书馆亦藏此书。

(五)万历十八年庚寅(1590):《增定国朝馆课经世宏辞》十五卷,首卷端题“太原王锡爵元驭父增定/四明沈一贯肩吾父参订”。有王锡爵《经世宏辞序》、次沈一贯《增定馆课叙》。沈叙后有牌记字三行“万历庚寅孟夏金陵/后学对峰周曰校勒/于万卷楼”。其后钤印二枚:“周曰/校印”“万卷/楼主人”。诸卷之末行刻有“周氏万卷楼藏板”。按“万历庚寅”,即明万历十八年(1590)。所见原燕京大学旧藏本,今存北京大学图书馆。

(六)万历十八年庚寅(1590):《瓦釜漫记》四卷。端题“华容和父刘世节辑/秣陵仲甫黄申次/绣谷应贤周曰校刊”。有万历十八年自序。今藏中国国家图书馆,见王重民《中国善本书提要》子部杂家类著录。

(七)万历十九年辛卯(1591):《新编簪缨必用翰苑新书》前集十二卷、后集七卷、别集二卷、续集八卷。有陈文烛万历十九年序,称徐相公(阶)录有此书全本,“而武进徐给事中得之,梓人周曰校重价购焉,出以示余”。门人许以忠雠校之,“书成,请余叙首简”云云。总目后题“金陵书肆龙泉唐廷仁、对峰周曰校镌行”。封面又题“万历辛卯冬月金陵周对峰刊”。按“万历辛卯”,即明万历十九年(1591)。今藏北京大学图书馆,见王重民《中国善本书提要》子部类书类著录。又据刘海燕《明清〈三国志演义〉文本演变与评点研究》①所记,南京图书馆亦藏一部。

(八)万历二十一年癸巳(1593):《新纂事词类奇》三十卷,端题“武进徐常吉士彰父辑/秣陵焦竑弱侯父订/平原陆伯元幼辛父次/绣谷周曰校应贤父勒”。封面书名题“事词类奇”,中夹刻“癸巳岁万卷楼刊”。有许国《序》,末署“岁在癸巳阳月上浣……许国维桢甫撰”,下钤印三枚:“许氏/颍阳”“大学/士章”“柱国/太师”。次徐常吉《叙语》。按封面“癸巳岁”与许国《序》所署“岁在癸巳”,即明万历二十一年(1593)。今见藏北京大学图书馆。

(九)万历二十一年癸巳(1593):《皇明馆课经世宏辞续集》十五卷,端题“太原王锡爵元驭父续补/秣陵焦竑弱侯父参订/邑子陆翀之飞卿父纂辑/绣谷周曰校应贤父督刊”。书前除王锡爵去年十二月《叙》外,还有陈文烛《续经世宏辞序》云:“国朝馆阁诸公有经世宏辞,余序而传之矣。梓人周曰校复以续得者锲诸木,再请余序。”序末署“万历癸巳秋日,五岳山人沔阳陈文烛撰”。按“万历癸巳”,即明万历二十一年(1593)。所见原燕京大学旧藏本,今存北京大学图书馆。

(十)万历二十一年癸巳(1593):《焦氏易林》二卷,首有《校定焦贡易林序》,序后题“历皇岁在昭阳大荒落辜月皇极之日,茂苑陆翀之飞卿校订/绣谷周曰校应贤督刊”。按“昭阳”,岁时名,十干中“癸”的别称。又按太岁运作到地支“巳”的方位,此年称“大荒落”。故“昭阳大荒落辜月”,即癸巳年十一月。所以,中国国家图书馆著录是书为“明万历二十一年

① 刘润燕:《明清〈三国演义〉文本演变与评点研究》,福州:福建人民出版社,2010年。

(1593)周曰校刻本”。今见藏中国国家图书馆。

(十一)万历二十三年乙未(1595):《新镌翰林考正历朝故事统宗》八卷,首卷端题“翰林修撰九我李廷机考正/白华后学希尼丘宗孔增释/金陵书林对峰周曰校刊行”。封面书名题“翰苑汇选历/朝故事统宗”,其间夹刻“金陵周氏万卷楼镌行”,上栏题“万历乙未季冬吉”。有苏濬《叙故事统宗简端》(序),末署“时万历乙未黄钟之月”。按封面与叙所题“万历乙未”,即明万历二十三年(1595)。今见藏中国国家图书馆。据王重民《中国善本书提要》著录,美国国会图书馆亦藏一部。按王氏《提要》称是书为增释者纂辑而成,但伪托于李廷机“考正”、苏濬撰序。

(十二)万历二十五年丁酉(1597):《新刻京台公余胜览国色天香》(卷二至卷一〇端题“新锲幽闲玩味夺趣群芳”)十卷。首卷端题“抚金养纯子吴敬所编辑/书林万卷楼周对峰绣锲”。有谢友可万历十五年丁亥(1587)序。序后有牌记“万历丁酉/春金陵书/林周氏万/卷楼重锲”。按“万历丁酉”,即明万历二十五年(1597),此为是书重刊时间。今藏日本内阁文库。据日本大东文化大学中川谕副教授所赠之手记。又,日本大塚秀高《增补中国通俗小说书目》著录《国色天香》十卷:“周氏万卷楼刊本,万历一五年原刊,佚”;“周氏万卷楼刊本,万历二五年重刊,内阁文库(藏)。”①

(十三)万历二十五年丁酉(1597):《新锲全像包孝肃公神断百家公案演义》六卷(缺卷三),今藏韩国首尔大学奎章阁②。有《叙百家公案小说》(序),末云“是为时圣天子御极岁在丁酉春王正月饶安完熙生书于□山万卷楼”。这部周氏万卷楼刊本乃刻于“丁酉”年。按丁酉年,参酌其时前后有明成化十三年丁酉(1477)、明嘉靖十六年丁酉(1537)、明万历二十五年丁酉(1597)、清顺治十四年丁酉(1657)。根据此刊本的实际情况,首尾两个丁酉可以除去不计。再查朝鲜国王李宣祖(1567—1608 年在位)曾亲笔致函贞淑翁主(公主),说:“……《包公案》一帙,赠送驸马。《包公案》乃怪妄之书,只资闲一哂而已。”末署“万历癸卯冬十一月念五日午时”。按此书亦名《包公演义》《包公案》,万历三十一年癸卯(1603)已从中国传至朝鲜。既然李宣祖将此书作为礼物“赠送驸马”,当是从中国传来不会太久,故可推知此书在明万历二十五年丁酉出刊,即出书六年后便为朝鲜国王赠给贵戚了。如果是嘉靖十六年丁酉出刊,则在出书后六十六年才赠送,那么此物便已不足为新奇,难能成为国王赐赠的礼品。可见此书当在明万历二十五年丁酉(1597)刊刻无疑。孙楷第《中国通俗小说书目》卷三曾谓此丁酉“疑即万历二十五年”;日本大塚秀高《增补中国通俗小说书目》卷一则径作“万历二五年序刊”本。可从。

(十四)万历二十七年己亥(1599):《新刻顾会元注释古今捷学举业天衢》十卷,首卷端题“建业顾起元太初汇纂/(建业)陆翀之希有删定/绣谷周文翀仪廷编次/(绣谷)周曰校应贤刊行”。按“绣谷周曰校应贤刊行”,其他各卷端题或作“金溪周曰校应贤刊行”(卷二、卷四、卷六、卷七、卷八、卷九)、“金溪周曰校应贤校行”(卷三、卷五)、“金溪周曰校应贤督刊”(卷十)。封面书名作“诸子百家古今/捷学举业天衢”,其间夹刻“金陵万卷楼绣锓”。有邵

① 大塚秀高:《增补中国通俗小说书目》,东京:汲古书院,1987 年。

② 承韩国高丽大学崔溶澈教授寄赠有关书影及资料,谨此致谢。

景尧《举业天衢序》,末署“万历己亥春王正月”。按“万历己亥”,即明万历二十七年(1599)。今见藏中国国家图书馆。

(十五)万历二十七年己亥(1599):《新刻官板举业卮言》四卷,端题“关中武之望叔卿著/绣谷周氏万卷楼刊”。有武之望《自叙》,末署“万历岁次己亥孟夏之吉”。按“万历岁次己亥”,即明万历二十七年(1599)。今藏浙江大学图书馆,据浙江大学林家骊教授来函所记。又据杨绳信《中国版刻综录》著录,南京大学图书馆亦藏此书。

(十六)万历二十八年庚子(1600):《昭代典则》二十八卷,首卷端题“赐进士太子少保刑部尚书晋江黄光昇编辑/吴郡陆翀之校阅/金陵周曰校刊行”。封面正中刻书名“昭代典则”,左上刻“万历庚子岁”,右下刻“万卷楼刊行”。有祝世禄《昭代典则序》,其略谓:闽中黄公撰成《昭代典则》,“吾乡周氏见而悦焉,属之剞劂。介武车驾朱职方问序不佞,余故从周氏之请,为恭肃(即黄光昇)直序之”。末署“时万历庚子岁中秋日”。按“万历庚子岁”,即明万历二十八年(1600)。今藏中国国家图书馆及北京大学图书馆、美国国会图书馆。

(十七)万历三十四年丙午(1606):《新刻全像海刚峰先生居官公案》四卷,端题“晋人羲斋李春芳编次/金陵万卷楼虚舟生镌”。有插图。版心刻“万卷楼刊”。有李春芳《序》云:“时有好事者以耳目所睹,记其(即指海瑞)历官所案为之传其颠末。余偶过金陵,虚舟生为予道其事若此,欲付诸梓而乞言于予。余亦建言得罪者,忽有感于中,因喜为之序。”序末署“万历丙午岁夏月之吉,晋人羲斋李春芳于万卷楼中”。按“万历丙午岁”,即明万历三十四年(1606)。所见藏本三部:其一近代著名戏曲家吴梅旧藏(钤有“苏州吴梅字瞿安别号霜崖藏书”印),今存中国国家图书馆,全本。其二北京大学图书馆藏,全本。其三北京大学图书馆又藏残本,存两卷(卷三、卷四)。按所见北大藏残本与北大藏全本乃同板,但印次似在前。

以上十七种周曰校刊本(不包括《三国志通俗演义》),可以确认梓刻于明万历十一至三十四年,而其中尤以万历二十年前后数年间为多。

其次,还有些周曰校刊本之今存本的直接纪录欠详,尽管其具体年月待考,不过尚可以确定为明万历间刊刻之物。例如:

《新刊大宋中兴通俗演义》十卷。有郑振铎原藏残本存一卷(卷一),今藏中国国家图书馆;又有日本内阁文库藏十卷本[①]。所见郑振铎原藏本首卷端题“鳌峰熊大木编辑/书林万卷楼刊行”;但内阁藏本首卷及卷三至卷六、卷八至卷一〇端题改“书林万卷楼刊行”为“书林双峰堂刊行”(今见内阁藏本卷一书影,其端题“双峰堂”三字的挖改形迹十分明显)。而卷二、卷七两处端题失改,仍作“书林万卷楼刊行”。郑振铎原藏残本与内阁藏本,此二者版心皆刻“全像大宋演义”“仁寿堂刊”。按“万卷楼”为周曰校书坊名号,而“仁寿堂”亦见于周曰校万历十七年刊本《正百将传》版心与周氏万历十九年初刊本《三国志通俗演义》版心。此书版原为周氏所刻而后归属于余象斗“双峰堂”。查余象斗是明万历十九年(1591)始弃儒业而专以“锓笈为事”的建阳书坊主[②],可见此书版归余氏双峰堂的时间必在万历十九年

① 日本大东文化大学副教授中川谕先生寄赠内阁文库查书手记及书影数叶,谨此致谢。

② 参见陈翔华:《略论余象斗与其批评三国志传》,陈翔华主编:《双峰堂本批评三国志传》卷首,北京:全国图书馆文献缩微复制中心,1995年。

后。又两本俱有插图,卷一图下方都刻有“金陵王少淮写”。王少淮是明万历间的南京绘工。据李国庆《明代刊工姓名索引》①的记载,王少淮还为另外两部书刻过像,即万历二十一年(1593)南京唐氏世德堂《新刊出像补订参采史鉴唐书志传通俗演义题评》八卷,及万历四十年(1612)南京周氏大业堂《东西晋演义》十二卷。既然王少淮活动于明万历时期,那么他所“写”(刻像)的万卷楼《大宋中兴通俗演义》无疑也当是明万历间的刊本。按孙楷第《中国通俗小说书目》卷二著录此书为“万历间周氏万卷楼刊本”,大塚秀高《增补中国通俗小说书目》卷三亦著录作“万历间刊”。是。不过具体年月未详。

《保赤全书》二卷,端题“邑令沈尧中刊于阳春堂/医生李时中增补/庠生管橓编辑/医生施文举校正/金陵周曰校刊行”。有沈尧中明万历十三年(1585)序。今藏美国国会图书馆。按王重民有云:“疑周曰校曾翻沈尧中本”(见《中国善本书提要》子部医家类)。沈尧中原刊于万历十三年,周氏翻刻当在此后,亦当在明万历间。

《新锲云林神彀》四卷,端题“太医院医官金溪云林龚廷贤子才编著/男懋陞、门生同邑吴济民同校/金陵书林周曰校刊行”。今藏美国国会图书馆。王重民谓:“此本书题上冠以‘新锲’二字,周曰校重刻本也。”王重民著录为“明万历间刻本”,(见《中国善本书提要》子部医家类)可从。

以上诸本都为周曰校所刻,时间俱在明万历间,其中却找不出一种有明确记载刊刻于明隆庆乃至嘉靖年间的书籍。这亦大可作为周氏《三国志通俗演义》刊行于明万历年间的强有力之佐证。

至于在周曰校所刊行的某些书籍中,除了有板刻时间的记录可资直接查阅外,我们也还能够从记载的内容上捕捉到有关信息。例如《昭代典则》卷二八云:明隆庆六年(1572)五月穆宗崩于乾清宫,“六月,皇太子即皇帝位,时年十龄,诏以明年(1573)为万历元年”。可见周氏此刊本成于万历年间而绝不会在隆庆六年以前,足以证明北京大学图书馆等藏本封面所刻“万历庚子(1600)岁/万卷楼刊行”是完全可信的。

从这些种种迹象来看,周曰校的刻书活动(包括其所刻《三国志演义》在内)发生于明万历间是无可置疑的。

由上述所见,可以得到以下几点看法。

第一,据刊行者的识语与牌记,周曰校所梓刻的《三国志通俗演义》最早刊本是“全像”的插图本而不是无图本,其初刻时间为明神宗万历十九年辛卯(1591)。

第二,周曰校刊本上的修髯子《引》、庸愚子《叙》,乃是沿袭底本(即周氏所称“古本”)的原有文字,并非专为新近出刊而撰写的,因而不能作为周氏刻印年代的根据。此刊本上的修髯子《引》所署作年“嘉靖壬子”(即嘉靖三十一年),亦实为“嘉靖壬午”(即嘉靖元年)之误。以“嘉靖壬子”作为周曰校刊本的初刻年代,是完全没有任何事实依据的猜测,无可信从。

其时还有出自“官板”的夏振宇刊本《三国志传通俗演义》,也存留误署“嘉靖壬子”的修髯子《引》。与周曰校刊本相同,这“嘉靖壬子”也并非夏振宇刊本的刻印年代。

---

① 李国庆:《明代刊工姓名索引》,上海:上海古籍出版社,1998 年。

第三，周曰校的刻书活动，发生于明万历间。今存可以确认的周曰校所刻书籍二十一种，都为明万历时期的刊本（其中十八种有确切年份可辨识）。另有存疑待考的《太医院补遗本草歌诀雷公炮制》一种，据记载为万历十五年刊刻。这二十二种书籍，没有一种可以确定刊行于明隆庆及至于嘉靖间。从周曰校的刻书活动来看，也可以排除周氏《三国志通俗演义》初刻于明嘉靖三十一年的可能性。

（原载于《南开学报（哲学社会科学版）》2013 年第 1 期）

谱牒双璧：国图藏《仙源类谱》与《宗藩庆系录》

杨印民　林世田

在现今存世的数以万计家谱中，国家图书馆庋藏的《仙源类谱》与《宗藩庆系录》实谓谱牒“双璧”。其出身之贵、家族之显、年代之久，传世之孤，文献价值之高，皆足以夸耀当世。

《仙源类谱》与《宗藩庆系录》皆为赵宋王朝的皇族谱牒，国图所藏此传世孤本，乃清末由内阁大库拨交学部图书馆（今国家图书馆最早前身）。众所熟知，清内阁大库藏书主要源自于明代文渊阁，明文渊阁藏书的承接则可上溯至元秘书监、翰林国史院等宫廷及官府藏书机构，再上溯源流则可至南宋秘书省及缉熙殿的庋藏。

两书出自南宋临安内府，有具体史料可做依凭。据《元史》载，至元十三年（1276）正月，元军下临安（今浙江杭州市），降南宋。二月丁未，元世祖忽必烈诏谕：“秘书省图书，太常寺祭器、乐器、法服、乐工、卤簿、仪卫，宗正谱牒，天文地理图册，凡典故文字，并户口版籍，尽仰收拾。”当日，元行中书省右丞相伯颜即遣派宋内侍王埜入宫，收宋国衮冕、圭璧、符玺及宫中图籍、宝玩、车辂、辇乘、卤簿、麾仗等物。不几日，又命两浙宣抚使焦友直括宋秘书省禁书、图籍。三月，伯颜入临安，“遣郎中孟祺籍宋太庙四祖殿，景灵宫礼乐器、册宝暨郊天仪仗，及秘书省、国子监、国史院、学士院、太常寺图书、祭器、乐器等物。”同年十月，焦友直“以临安经籍、图画、阴阳秘书来上”[①]，呈献给世祖皇帝。据此可知，作为宗正谱牒的《仙源类谱》与《宗藩庆系录》，当是在至元十三年十月和其他图籍一起运来元大都（今北京市）宫廷的，其最后的收藏地推测当在秘书监。秘书监，至元九年置，秩正三品，“掌历代图籍并阴阳禁书”[②]，是元代宫廷藏书的重要机构。两书之来历斑斑可考者如此。

惜乎白璧微瑕，就像尘世间大多数珍罕贵重之物最后都免不了留给世人缺憾的一面，传世遗珍《仙源类谱》和《宗藩庆系录》并非完帙。两书先已残破不堪，后经抢救性修复，面貌为之一新，但虫蛀及潮湿霉烂的痕迹依然历历在目。由于缺佚甚多，乱无头尾，一些残页无法缀补，最终只得《仙源类谱》三十卷三十册，《宗藩庆系录》二十二卷二十二册。

两书为南宋内府抄本，装潢典雅华贵，书衣为皇室专用的明黄色织绫，开本阔大，高宽40×28厘米稍裕。版框为手工绘制，半框高宽27×20厘米稍裕。朱丝栏，白口、四周单边，纸张莹洁，正楷墨书，纸墨精良，书法工整流畅优美。道不尽的皇家气象，迥非凡书可比。

---

① 《元史》卷九《世祖纪六》，中华书局，1976年。

② 《元史》卷九〇《百官志六》。

一、关于仙源类谱与宗藩庆系录

北宋王朝的建立者宋太祖赵匡胤有兄弟五人：兄赵光济，早亡，宋兴，追封邕王，改曹王；弟赵光义，即宋太宗；次赵廷美，即魏王（魏悼王）；次赵光赞，幼亡，追封夔王，改岐王。由于赵光济和赵光赞皆早亡，未留支脉。

先是，宋皇族谱牒的续修皆以"祖簿"为据，但最初的"祖簿"仅21秩，对于日益繁衍的宗室成员"不能尽载"，又"本支不分，世系难别"，至政和八年（1118），便改为"以宣祖之后太祖、太宗、魏王分三祖而下，依次序编纂"，即是以太祖、太宗和魏王为三大本支祖，编成后为"太祖皇帝下九十九秩，太宗皇帝下二百六十九秩，魏王下一百四十八秩，总计五百二十六秩"①。后靖康之变，宋室仓皇南渡，"南渡有司失职，尽弃江浒"②，宗正寺谱牒几乎丧失殆尽。南宋高宗绍兴初开始，不得不"从建隆以来再行补修"③。但是以太祖、太宗、魏王为三大本祖各分世系的规制一直保留不变。

《宋史·宗室世系表》序言说："宋太祖、太宗、魏王之子孙可谓繁衍盛大矣，支子而下，各以一字别其昭穆，而宗正所掌，有牒、有籍、有录、有图、有谱，以叙其系，而第其服属之远近，列其男女昏因及官爵叙迁，而著其功罪生死岁月，虽封国之制不可以复古，而宗法之严，恩礼之厚，亦可概见。"④

如上所言，宋代皇族谱牒计分五种：凡编年以纪帝系，而载其历数及朝廷政令之因革者，为玉牒；序同姓之亲而第其五属之戚疏者，为属籍；具其官爵、功罪、生死及宗妇族姓与男若女者，为仙源类谱；推其所自出，至于子孙而列其名位者，为宗藩庆系录；考定世次、枝分、派别而归于本统者，为仙源积庆图⑤。五者之中，玉牒、属籍、仙源积庆图目前均未发现，惟余仙源类谱与宗藩庆系录。两书相较，以仙源类谱对宗室成员的履历记载更为全面。

（一）仙源类谱

宋真宗大中祥符九年（1016），宗正卿赵安仁"别修皇室新谱，赐名仙源类谱，二十卷"。⑥知为仙源类谱的首次创修。已见前说，仙源类谱的主要内容为记录宋皇室宗族男女成员的支脉、婚姻、官爵迁转、功罪是非以及生死年月。至于对宗妇的记录，就笔者从国家图书馆现存30册《仙源类谱》中，尚未发现相关记载。

国图馆藏《仙源类谱》主要存太祖下六世（"令"字行）、太宗下六世（"士"字行）；太祖下七世（"子"字行），太宗下七世（"不"字行）的部分皇亲世系。魏王位下世系无存。试移录

---

① ［清］徐松辑《宋会要辑稿·帝系》五之二八至二九，中华书局，1957年。

② ［宋］王应麟《玉海》卷五一《艺文》，广陵书社，2003年。

③ 《宋会要辑稿·职官》二〇之五七。

④ 《宋史》卷二一五《宗室世系表一》，中华书局，1977年。

⑤ 《宋会要辑稿·职官》二〇之五引《神宗正史·职官志》。

⑥ ［宋］王应麟《玉海》卷五一《艺文》。

一例以窥见一斑：

太祖皇帝下第七世仙源类谱卷第四十四"士壮"诸子条：

宣祖皇帝仍孙
太宗皇帝晜孙
士壮
子三人
长不割，政和八年六月九日生。

因祖该遇宣和四年南郊大礼，五年十一月授保义郎。该遇七年十二月二十三日钦宗皇帝即位，转成忠郎。该遇建炎元年五月一日高宗皇帝即位，转忠翊郎。绍兴十二年十二月磨勘转忠训郎。十七年八月磨勘转秉义郎。二十二年十一月磨勘转从义郎，转修武郎。该遇三十二年六月十一日孝宗皇帝即位，转训武郎，转武翼郎，磨勘转武节郎，转武□郎，转武翼大夫，赠武节大夫。

次不忽，宣和五年七月一日生。

次不薄，宣和六年二月二十七日生。因父阵亡恩泽，绍兴十四年四月授承信郎。二十一年五月磨勘转承节郎，累转从　郎，淳熙二年八月□八日亡。

女一人，宣和元年十一月十二日生。适秉义郎梁伟，再适右朝奉郎宋堪。

上面的宣祖皇帝和太祖皇帝、太宗皇帝几个字，都是用朱砂笔写在黄色长条形织绢上，然后贴在纸质书面上，以示尊崇。其余文字全部用恭楷墨书，书法工整靓丽。按行辈高低，顶头依次降一字。宣祖皇帝即为赵匡胤和赵光义的父亲赵弘殷，赵匡胤称帝后被追封为宋宣祖，谥号武昭皇帝。

从记录内容上看，《仙源类谱》对男性皇族成员的记录重点为官爵迁转，对每一位有官爵的入谱成员的任职经历都有较为详明真实的记录，类似小传，但是因个人经历的差异记载详略不同。除了因祖荫和自身考绩得到转迁外，朝廷的郊祀"大礼"及皇帝登基即位等都有转迁机会；无官者只记生卒年月日；不及名者完全不录。

北宋仁宗庆历朝以前，皇族宗女数量尚少，但至哲宗元祐间，已不下万员[①]，数量相当惊人。《仙源类谱》对于女性宗室成员的记录，则显得相当简略，只附于属籍，不书其名，不书其官，已婚者只书某适某人。从这一点上看，皇室宗谱与民间家谱没有任何区别，这一方面与修谱官较难取得皇室女眷的详细信息有关，另一方面，也毋庸否认，它与封建社会的重男轻女、男尊女卑思想密不可分。颇值一提的是，《仙源类谱》对于宗女的再醮亦作如实记录。

宋人李心传《建炎以来朝野杂记》载有宋初至孝宗淳熙八年（1181）太祖、太宗、魏王三

① ［宋］王巩《闻见近录》，中华书局，1982年。

祖下的宗室人数[①],据其内容列表如下：

	太祖下		太宗下		魏王下	
世次	字行	人口数	字行	人口数	字行	人口数
二世	德	4	元	9	德	10
三世	惟	8	允	19	承	32
四世	从、守	24	宗(英宗同此行)	75	克	127
五世	世	129	仲	388	叔	561
六世	令	564	士	1499	之	1425
七世	子	1251	不	2130	公	1774
八世	伯(孝宗同此行)	1645	善	2431	彦	1824
九世	师	1490	汝	1022	夫	1666
十世	希	1140	崇	413	时	253
十一世	与	110	必	19	若	24
十二世	孟、由	未见数	良、友	未见数	嗣	未见数

十二世未见数,说明尚未作统计。从第二世到十一世,太祖下共 6365 人,太宗下共 8005 人。魏王下共 7296 人。三祖下合计 21666 人。

上列表格不仅清晰地罗列了太祖、太宗、魏王三大支祖位下各支派子孙世次字辈排序,更重要的是,它直接反映了宋宗室成员自宋初立国到孝宗后期在人口数量上的消长变化。总体上看,宋宗室三大支派的人口繁衍速度可谓相当惊人,这应该直接与宗室男性成员妻妾众多,以及俸禄优裕,养尊处优有关。《宋史 · 宗室传》云:宋承唐制,宗王襁褓即裂土而爵之。然名存实亡,无补于事。降至疏属,宗正有籍,玉牒有名,宗学有教,郊祀、明堂,遇国庆典,皆有禄秩。所寓州县,月有廪饩。至于宗女适人,亦有恩数[②]。

三祖之下宗室人口数量繁衍从少到多,至第六世、七世突飞猛进,至第八世臻于高峰,九世稍有下降,至第十世、十一世,人口锐减。这应该与发生在公元 1127 年的靖康之乱密切相关,长居于都城东京(今河南开封市)的宋朝皇室几乎遭到金人毁灭性打击,"覆巢之下,焉有完卵"?他们或死于兵燹,或虏往北边,或沦徙他地,南渡所存十无一二,昔日的金枝玉叶们星散飘零,瓜瓞绵绵之象几不复见。

北宋时期仙源类谱的修纂记录,除上面已经提及的赵安仁于大中祥符九年修成二十卷外,尚有仁宗庆历八年(1048)张方平进书仙源类谱,张方平于庆历三年七月受命编修玉牒,补缀失亡,为书数百卷。其后四五十年并无成书。元祐间,王巩撰《仙源类谱》一卷。宣和四年(1122)二月二十九日,宗正少卿赵子崧请纂神、哲两朝帝系、类谱。九月书成,命藏于玉牒殿[③]。

然北宋时期修成的皇族谱牒,包括仙源类谱在内,在"靖康之难"中同样劫数难逃,"南

① [宋]李心传《建炎以来朝野杂记 · 甲集》卷一《三祖下宗室数》,徐规点校,中华书局,2000 年。

② 《宋史》卷二四四《宗室传一》。

③ [宋]王应麟《玉海》卷五一《艺文》。

渡有司失职，尽弃江浒”。至南宋高宗绍兴初，才开始着手重修宗正谱牒事宜。

（二）宗藩庆系录

宗藩庆系录，原本名为宗藩庆绪录，始修于北宋仁宗景祐五年（1038），“岁写皇族名位一编，黄绫装，题‘宗藩庆绪录’，与仙源积庆图同上”[①]。哲宗元祐六年（1091）八月，监察御史安鼎上言说：“‘庆绪’二字，是唐安禄山子之名，今以为皇朝本支牒谱之目，其为缪戾甚矣，乞特赐改易。”[②]于是改“绪”为“系”，名宗藩庆系录。《宋史》亦有载：元祐六年八月，“改宗正属籍曰宗藩庆系录”[③]。南宋人罗大经将其内容归结为“推其所自出，至于子孙而列其名位”[④]，正好印证《宋史》所说的“辨谱系之所自出，序其子孙而列其名位品秩”[⑤]。可见，宗藩庆系录是以清楚地记载宗室成员的世系传承关系为特色的，同时简要地记载子孙后代的名位品秩。

同《仙源类谱》一样，国图所藏《宗藩庆系录》亦为残帙，存魏王下五世（“叔”字行）；太祖下六世（“令”字行），太宗下六世（“士”字行），魏王下六世（“之”字行）；太祖下七世（“子”字行），太宗下七世（“不”字行），魏王下七世（“公”字行）的部分皇亲世系。下面分别节录太宗、魏王位下宗藩庆系录部分内容：

1. 太宗皇帝下第七世宗藩庆系录卷第十九“士感”诸子条：

宣祖皇帝仍孙
太宗皇帝晜孙
　士感七子一子不及名
　　授三班奉职不求
　　至武翼大夫不愚
　　赠武德郎不惑
　　授三班奉职不踰
　　入道赐上清宝箓宫丹林郎不渝
　　不盈

2. 魏王下第六世宗藩庆系录卷第十二“叔辦”诸子条：

宣祖皇帝晜孙
　魏王廷美来孙

---

① ［宋］王应麟《玉海》卷五一《艺文》。

② ［宋］李焘《续资治通鉴长编》卷四六四，元祐六年八月己亥，中华书局，2004 年。

③ 《宋史》卷一七《哲宗纪一》。

④ ［宋］罗大经《鹤林玉露·丙编》卷三，中华书局，1983 年。

⑤ 《宋史》卷一六四《职官志四·宗正寺》。

叔辨一十一子

至忠翊郎琇之

至承节郎珣之

瑊之无官亡

承节郎璨之

璟之无官亡

玠之

珙之

至保义郎琮之

成忠郎珏之

琮之未有官

至保义郎玖之

魏王廷美的顶头格式要比宣祖皇帝降一字,此与太祖、太宗不同之处,反衬了贵为天子的至高无上。

值得一提的是,宗藩庆系录对于出继的皇族男性成员不予书名,用一块方形黄色织绢粘贴于原本纸张上面覆盖。如太祖下第六世宗藩庆系录卷第四:“世融”诸子条就书有“世融子出继”[①]字样,然后下方用一块方形黄色织绢粘贴于原本纸张上面覆盖,应看作是避讳之一种。

比对《仙源类谱》和《宗藩庆系录》两书节录出的部分内容,我们还可以分辨出二书的主要异同。两书在装饰风格、用纸、用墨、字体、书写格式等诸多方面基本一致,对于宗族成员的支派划分,太祖和太宗下六世、七世字辈排行也完全一致。最大的不同就在于,《仙源类谱》详于男性宗族成员官爵迁转、功罪生死的记录,对于女性宗族成员,不记名字,只书适某人及配偶官职。而《宗藩庆系录》只书男性宗族成员最终官至某位,有官无官照录,十分简略,同时不书女性宗族成员。简言之,前者重“官爵迁叙”,后者重“辨谱系”。

事实上,两书的修纂周期也不相同。宋代皇族谱牒需定期修纂,宗正寺专门条例规定:宗藩庆系录需一年一修纂呈进,仙源积庆图三年一修纂呈进,玉牒、仙源类谱和属籍每十年一修纂呈进[②]。但事实上很难如期实现。哲宗元祐间曾做过宗正寺丞的王巩说:“宗正寺玉牒、仙源类谱、皇属籍,自庆历八年张文定以翰林学士为宗正寺修玉牒官修进之后,至元祐元年,凡四十五年……未尝成书。神宗朝官制行,分隶宗正寺。至予为丞,方建明修完。”[③]王巩更奏言立法:“宗正寺修纂成书,其玉牒官每二年一具草缴进,如会问未足,不得过进期两季;类谱等亦二年一具草,候及十年,类聚修纂成书,进呈奉安如故事。庶几国朝大典,永无废坠。”从之[④]。估计也是徒具纸文而已,从目前史料所记南宋时期进呈谱牒的情况看,并没

① 《太祖皇帝下第六世宗藩庆系录》卷四,国家图书馆藏宋内府抄本。

② 《宋史》卷一六四《职官志四 · 宗正寺》。

③ [宋]王巩《闻见近录》。

④ 《续资治通鉴长编》卷三九〇,元祐元年十月己酉。

有得到认真遵守。

中国古代社会，谱牒的修纂与其正名分、别远近，并作为承袭爵产的依据等社会功能是截然不可分割的，对于皇室亦概莫能外。以"天潢贵胄"自居的最高统治者更是将纂修谱牒视为关系王朝政权统治的一件要事。《仙源类谱》和《宗藩庆系录》等皇族谱牒的作用即在于此，它是赵宋宗室成员高贵身份的记录，对于确定皇族宗亲具有权威的价值。

二、国图藏《仙源类谱》与《宗藩庆系录》编修者及成书时间考

由于国图所藏《仙源类谱》与《宗藩庆系录》皆为残帙，缺佚甚多，这就给两书的著录工作带来很大不便。一直以来，《仙源类谱》的著者项被著录为史浩等纂修，而《宗藩庆系录》的著者项则完全空白。两书的成书时代也被笼统地著录为宋代。但是笔者以为，国图藏《仙源类谱》的著者项不能仅仅著录为史浩，应还有另外一个重要人物；《宗藩庆系录》的编修者也自有其人，并非不能考证出来。两书的成书年代完全可以确切到宋代的某年某月，而不必笼统地用整个宋代来概括。

那么，国图所藏《仙源类谱》与《宗藩庆系录》的编修者到底是谁？具体的成书年代又是哪一年月呢？

1.《仙源类谱》的编修者及成书时间

国图藏《太祖皇帝下第六世仙源类谱》第一卷的卷端页，有一竖行小字，为编修者的身份地位及姓氏，今移录如下：

> 少保右丞相提举编修玉牒提举修四朝国史提举编修国朝会要提举详定一司敕令卫国公食邑八千五百户食贯封叁仟柒伯户臣史　奉
> 敕编修①

国图藏本在"史"字与"奉"字中间的空白处，有一明显为后人添加的"浩"字。这就在一定程度上给后来的读者造成了某些误导作用，理所当然地认可史浩为整部《仙源类谱》的编修者。

那么史浩为何许人呢？他到底有没有编修过《仙源类谱》？

史浩（1106—1194），《宋史》卷三百九十六有传。他字直翁，南宋明州鄞县（今浙江宁波）人。绍兴十四年（1144）登进士第，三十一年迁宗正少卿。三十二年五月，擢起居郎兼左庶子。隆兴元年（1163）正月，拜尚书右仆射同中书门下平章事兼枢密使，未几罢政。淳熙四年（1177）春，除少保、观文殿大学士、醴泉观使兼侍读。五年三月，复拜右丞相。淳熙十年，请老，除太保致仕。尝历永、卫、鲁三国公，于是进封于魏，封魏国公。光宗御极，进太师。绍熙五年（1194）薨，年八十九，封会稽郡王。宁宗登极，赐谥文惠，御书"纯诚厚德元老之碑"

① 《太祖皇帝下第六世仙源类谱》卷一，国家图书馆藏宋内府抄本。

赐焉。嘉定十四年(1221),追封越王,改谥忠定,配享孝宗庙庭①。可谓生荣死哀,备极恩宠。当然,这与其子史弥远不无关系,也算父以子贵。

从上面知道,史浩曾经在绍兴三十一年出任宗正少卿,三十二年,除起居郎,这些经历,都会涉及参与皇室谱牒的编修工作。

宋代,负责修纂各种皇族谱牒的机构主要为宗正寺及下辖的玉牒所。其修纂人员,在宋初并无定制,只是由皇帝临时指派,具体人员数目亦不确定。南宋重建玉牒所后,修纂人员的设置是"提举一人或二人,以宰相执政为之,以侍从官一人兼修,宗正卿、少而下同修纂"②。宋人林駉在《古今源流至论》前集卷四《玉牒》条中论述南宋修纂人员的变动情况时说:"其提举以宰臣,充修以侍从,纂修以宗正卿、少而下,则见于绍兴之初者如此。其不置修书检讨,独以少卿承编修,既而宰臣提举,而修书之一员仍旧,则见于绍兴之末者如此。在乾道则以参枢提举,初不专系于宰相。在今日则提举有监修,有修玉牒,有检讨,皆以宰臣、侍从、他官兼。至于纂修,则卿、承、簿皆与。"说明皇族谱碟的修纂人员在不同时期是不断变化的,但最基本的纂修人员仍是宗正寺的官员们,而以宰相提举编修亦几乎是惯例。

《宋史·孝宗本纪》载:淳熙五年(1178)十月,史浩等上《三祖下第六世仙源类谱》《仁宗玉牒》③。回顾史浩的仕途履历,我们知道,他此间的身份恰恰就是太保、右丞相,且也有过封卫国公的经历,这就与国图藏《太祖皇帝下第六世仙源类谱》第一卷卷端页编修者的身份大体吻合,其他如"提举编修玉牒、提举修四朝国史、提举编修国朝会要、提举详定一司敕令"等身份,从上文可知,在南宋时期大多由宰执身兼。所以我们可以断定,国图所藏残存的太祖、太宗皇帝下六世《仙源类谱》的作者,就是《宋史》记载的,于淳熙五年十月上《三祖下第六世仙源类谱》的那个史浩。

这次仙源类谱的呈进,时秘书省秘书郎兼国史院编修官吕祖谦分别作了《礼部代宰臣以下进三祖下第六世仙源类谱、仁宗皇帝玉牒毕贺表》及《代宰臣以下进三祖下第六世仙源类谱毕贺太上皇帝表》以为庆。文中有"谱增属籍之华,牒冠史臣之录。发挥昌绪,见小宗大宗之蕃;申载宏纲,示特书屡书之重。源流综贯,典册崇成。"④"颢穹生民,浚发皇宗之盛;丕天大律,于昭帝系之严。显允熙朝,肇开圣统。德隆泽厚,命既仆于万年;胄远族蕃,谱方登于六世。戚疏区别,昭穆派分"⑤等句,极尽溢美之词。

但是,国图所藏《仙源类谱》残帙除了太祖、太宗下第六世外,还有太祖、太宗下第七世的内容记录,故而,肯定不是史浩所上《三祖下第六世仙源类谱》所涵盖的内容。那么,《三祖下七世仙源类谱》的编修者又是谁呢?

这个人就是史弥远,史浩第三子。《宋史》卷四百一十四亦有传。

史弥远(1164—1233),字同叔,淳熙六年(1179)补承事郎。十四年举进士。庆元四年

---

① 《宋史》卷三九六《史浩传》;楼钥《攻媿集》卷九三《纯诚厚德元老之碑》,《四部丛刊》初编本。

② 《宋史》卷一六四《职官志四·宗正寺》。

③ 《宋史》卷三五《孝宗纪三》。

④ [宋]吕祖谦《东莱吕太史文集》卷二《礼部代宰臣以下进三祖下第六世仙源类谱、仁宗皇帝玉牒毕贺表》,宋刻元明递修本。

⑤ [宋]吕祖谦《东莱吕太史文集》卷二《代宰臣以下进三祖下第六世仙源类谱毕贺太上皇帝表》。

(1198)授枢密院编修官。六年,改宗正丞。开禧元年(1205)授司封郎官兼国史编修、实录检讨,迁秘书少监,迁起居郎。三年,改礼部兼同修国史、实录院同修撰,仍兼刑部。迁礼部尚书兼国史实录院修撰。嘉定元年(1208),拜右丞相兼枢密使兼太子少傅,进开国公。二年,起复右丞相兼枢密使兼太子少师。宁宗崩,拥立理宗,拜太师,右丞相兼枢密使。绍定五年(1232),拜太傅。未几,拜太师、左丞相兼枢密使。进封会稽郡王。绍定六年卒,"遗表闻,帝(理宗)震悼,辍朝三日",特赠中书令,追封卫王,谥忠献①。史弥远独相宋宁宗朝17年,理宗朝9年,前后26年,专擅朝政,权倾内外。

《宋史·宁宗本纪》载:嘉定六年(1213)闰九月,史弥远等上《三祖下七世仙源类谱》《高宗宝训》《皇帝玉牒》《会要》等②。

事实上,史弥远所上这部《三祖下七世仙源类谱》的编纂工作,早在淳熙五年十月史浩进呈《三祖下第六世仙源类谱》后的两个月就开始启动了,这年的十二月十五日,兼修玉牒官王希吕等言:"《三祖下第七世仙源类谱》并《仁宗皇帝玉牒》,自庆历二年以后合接续编修之。"③孰料直至三十五年后,这部书才算大功告成,嘉定六年二月十五日,礼部侍郎兼中书舍人兼修玉牒官范之柔等言:"本所昨承指挥编修宣祖皇帝以后宗派,除已于淳熙五年进呈第六世仙源类谱外,所有第七世仙源类谱已及三十余年未经进呈今来编修并已成书……欲乞许令本所进呈。从之。"④估计是史弥远等人又对这部类谱进行了几个月的审定工作,最后才于当年闰九月呈进。

与父亲史浩的经历相似之处在于,史弥远也有做过宗正寺官员以及起居郎的经历,但作为国史实录院修撰,则是史浩所未经历的。父子二人日后皆显贵,荣登相位,得以进呈《仙源类谱》,与在宗正寺任职的经历或许不无关系。

综上可知,国图藏《仙源类谱》的编修者分别为史浩和史弥远,成书时间分别为南宋孝宗淳熙五年(1178)十月和宁宗嘉定六年(1213)闰九月。

宋代所修仙源类谱,见于史料记载的,除上述两次外,至少还有《三祖下上五世仙源类谱》的修进记录,此部为国图所不藏,当成于绍兴二十七年(1157)三月,提举编修的宰执为沈该⑤。

先是,修玉牒陈康伯言,先修太祖、今上玉牒,太祖、今上皇后命氏之源,三祖类谱五世昭穆⑥。绍兴二十七年(1157)三月,宰臣沈该言:"玉牒所官陈康伯等先次编修太祖皇帝玉牒……又编修今上皇帝玉牒……宣祖、太祖、太宗、魏王下各宗仙源类谱五世昭穆,今已修写进本,乞择日进呈。"⑦诏从其请,命涓日登进。四月二十四日,"沈该上宣祖太祖、魏王下仙

---

① 《宋史》卷四一四《史弥远传》。

② 《宋史》卷三九《宁宗纪三》。

③ 《宋会要辑稿·职官》二〇之四二。

④ 《宋会要辑稿·职官》二〇之五三。

⑤ 《宋史》卷一一四《礼志一七·进书仪》;《宋史》卷二一三《宰辅表四》。

⑥ [宋]王应麟《玉海》卷五一《艺文》。

⑦ 《宋史》卷一一四《礼志一七·进书仪》。

源类谱并玉牒等共三百七十六册”①。

宫廷为此举行了一个非常隆重的仪式——“进书仪”。《宋史·礼志》中不惜笔墨、不厌其详地铺叙了这次“进书仪”的整个过程，今节录一段如下：

> 其日五更，御史台、阁门、太常寺分引提领官、宰执、使相、侍从、台谏、两省官、知阁、礼官、南班宗室诣玉牒殿，北向立。礼直官揖、躬、拜，提领官拜，在位官皆再拜讫。次引提领官诣玉牒、类谱香案前，搢笏，三上香，执笏，退，复位。礼直官引提领官诣幄前，西向立。次骑从官分左右乘马，俟玉牒所率辇官奉擎玉牒、类谱，腰舆进行，乐人作乐，仪卫、仪仗迎引。次引提领官、宰执、使相、侍从、台谏、两省官、知阁、礼官、南班宗室骑从，至和宁门下马，执笏步从玉牒、类谱至垂拱殿门外幄次，步从官权归幕次，乐止。仪卫、乐人等并于幄次前排立，俟进呈玉牒、类谱，并如阁门仪讫。

接下来，玉牒、类谱经当朝皇帝过目后，再由玉牒所率辇官擎出，护送至宗正寺玉牒所，择吉时安奉。然后文武百官行拜礼，仪仗乐人作乐②，仪式才算告一段落。宋人李心传《建炎以来系年要录》对绍兴二十七年这次“进书仪”的介绍则非常简略：“玉牒所进呈太祖、太宗、魏悼王三祖下仙源类谱，用黄麾细仗、教坊乐、僧道威仪前导，上御垂拱殿观书，宰执皆升殿侍立，于是本所官吏及中使秩进者二百一十人。”③据《玉海》，官吏及中使们进秩的时间是“进书仪”两个月后的六月甲午④。仪式之隆重，以及一次性晋升如此多的官员，足以见皇帝对于修纂皇族谱牒的重视程度。

特别说明的是，宗正寺玉牒所等处保存皇族谱牒正本的同时，还要有若干副本分送别处保存。如玉牒副本要“留中备圣览”。每年的正月一日，宗正寺要将仙源积庆图、宗藩庆系录等各装写一本，“供送龙图、天章、宝文阁”⑤。

2.《宗藩庆系录》的编修者及成书时间

与《仙源类谱》的情况颇为相似，国图藏《宗藩庆系录》的提举编修者非只一人，而是三人；成书时间亦非一年，而是三年。

先是，南宋高宗绍兴五年(1135)六月十五日，宗正寺上编修而成的太祖支下《宗藩庆系录》四册，八年续修，十年闰六月又续修并呈进。又搜访到旧有《宗藩庆绪录》及宗正班位宗女、宗妇簿十五册送交宗正寺⑥。但三祖下上五世的宗藩庆系录直至淳熙元年(1174)才全部编修完成。据《宋会要辑稿》：淳熙元年十二月十六日，“玉牒所上新修《三祖下上五世宗藩庆系录》、真宗皇帝《玉牒》，诏于龙图阁安奉”⑦。

---

① ［宋］王应麟《玉海》卷五一《艺文》。

② 《宋史》卷一一四《礼志一七·进书仪》。

③ 李心传《建炎以来系年要录》卷一七六，绍兴二十七年四月己未。

④ ［宋］王应麟《玉海》卷五一《艺文》。

⑤ 《续资治通鉴长编》卷二一二，熙宁三年六月丁丑。

⑥ ［宋］王应麟《玉海》卷五一《艺文》。

⑦ 《宋会要辑稿·职官》二〇之四二。

之后，宗正寺的官员们又开始三祖下第六世宗藩庆系录的编修工作。淳熙十三年十月九日，给事中兼修玉牒官王信等言："本所恭修仁宗皇帝《玉牒》……及《三祖下第六世宗藩庆系录》已成书，未经进呈……乞许令本所与国史院一就同日进呈。从之。"最后于当年十一月二十一日进呈①。

此外，《宋史·宁宗本纪》又载：嘉定十三年（1220）五月："戊戌，史弥远等上《玉牒》及《三祖下第七世宗藩庆系录》。"②据《宋史·礼志》载，此次进《宗藩庆系录》还行了"告礼"。告礼，即告天地、宗庙、社稷、欑陵。其仪用牺尊、笾、豆各一，实以酒、脯、醢祭告。宋代自高宗建炎以后，"事有关于国体者皆告"③，依照制度，宗正寺修进玉牒、仙源类谱、仙源积庆图、宗藩庆系录、宝训、实录、日历、会要等，都要举行"告礼"。

上述几项史料清楚地告诉了我们三部《宗藩庆系录》各自进呈的时间：淳熙元年十二月、淳熙十三年十一月和嘉定十三年五月。前两部的提举编修官虽无明确记载，但按照惯例，应该也是当时的右丞相。查《宋史·宰辅表》，此两年在位的右丞相分别为叶衡和王淮。两人在《宋史·孝宗本纪》中都有进呈皇帝玉牒等记录，可以判定，叶衡和王淮分别就是《三祖下上五世宗藩庆系录》和《三祖下第六世宗藩庆系录》的提举编修官④。《三祖下第七世宗藩庆系录》已知为史弥远。

综前所述，特做《仙源类谱》和《宗藩庆系录》的编修者及成书时间表如下（注：国图未藏《三祖下上五世仙源类谱》）：

成书概况 / 世代	仙源类谱		宗藩庆系录	
	时间	提举编修官	时间	提举编修官
三祖下上五世	绍兴二十七年三月	沈该	淳熙元年十二月	叶衡
三祖下第六世	淳熙五年十月	史浩	淳熙十三年十一月	王淮
三祖下第七世	嘉定六年闰九月	史弥远	嘉定十三年五月	史弥远

三、余论

前面分析过《仙源类谱》和《宗藩庆系录》的编修者及成书时间后，笔者更进一步认为：目前国图馆藏的《仙源类谱》和《宗藩庆系录》各以一种一部的装函形式应该是不妥当的，

---

① 《宋会要辑稿·职官》二〇之四三。

② 《宋史》卷四〇《宁宗纪四》。

③ 《宋史》卷一〇二《礼志五·告礼》。

④ 《宋史》卷二一三《宰辅表四》。另据《宋史》卷三四《孝宗纪二》：淳熙元年十二月"壬申，叶衡等上真宗玉牒"，结合前揭《宋会要辑稿》所记时间的一致性，可知应还有《三祖下上五世宗藩庆系录》；《宋史》卷三五《孝宗纪三》载淳熙十三十一月："甲子，王淮等上仁宗、英宗玉牒、神宗、哲宗、徽宗、钦宗四朝《国史列传》《皇帝会要》。"再结合前揭《宋会要辑稿》所记时间的一致性，可知还应包括进呈《三祖下第六世宗藩庆系录》。

《仙源类谱》或析分为两种书较为合适;《宗藩庆系录》或可析分为三种书。

国图今藏《仙源类谱》残帙30卷30册,《北京图书馆古籍善本书目》(书目文献出版社1987年版,下同)及中国国家数字图书馆联机公共目录查询系统(OPAC)均记录为:

存30卷:太祖下六世1、22,太祖下七世2、22、26、30、45,太宗下六世4、6、21、39、41、56、□□,太宗下七世□□、27、□□、44、50、62、96、98、100、111、114、122、125、131、138、140。

但是,笔者以为,较为准确的记录方式应该如下所列:

存30卷:

太祖下六世卷1、22;太宗下六世卷4、6、21、39、41、56、□□。

太祖下七世卷2、22、26、30、45;太宗下七世卷□□、27、□□、44、50、62、96、98、100、111、114、122、125、131、138、140。

这一变更的理由是:国图所藏《仙源类谱》因成书时间不同,作者又各异,故而似析分为两种书更为合理,即以残存太祖皇帝下六世、太宗皇帝下六世仙源类谱并为一种,并依其宋时旧有题名《三祖下第六世仙源类谱》;以残存太祖皇帝下七世、太宗皇帝下七世并为一种,并依其宋时旧有题名《三祖下第七世仙源类谱》,这样才更符合历史真实原貌。

再看《宗藩庆系录》。目今国图馆藏《宗藩庆系录》残帙只存22卷22册,《北京图书馆古籍善本书目》及中国国家数字图书馆联机公共目录查询系统(OPAC)均记录为:

存22卷:太祖下六世4,太祖下七世13,太宗下六世20,太宗下七世18、19、23、27、28、30、34、39,魏王下7,魏王下六世2、3、9、12,魏王下七世8、22、23、35、36。

就像前述《仙源类谱》一样,笔者以为,较为准确的记录方式应该如下所列:

存22卷:

魏王下五世卷7。

太祖下六世卷4;太宗下六世卷20;魏王下六世卷2至3、9、12。

太祖下七世卷13、17;太宗下七世卷18至19、23、27至28、30、34、39;魏王下七世卷8、22至23、35至36。

笔者认为,国图藏《宗藩庆系录》残帙中的太祖下六世、太宗下六世、魏王下六世卷册可归入《三祖下第六世宗藩庆系录》;太祖下七世、太宗下七世、魏王下七世卷册可归入《三祖下第七世宗藩庆系录》。此外,尚余一卷册魏王下宗藩庆系录卷第七,查所录宗室人物为“叔”字行,属魏王下第五世,应归入《三祖下五世宗藩庆系录》。这样,国图现今定为一种一部的《宗藩庆系录》,就应该析分为三种各一部。

除了已知各有准确的编修者及成书时间这一要素外,还有两个理由可以支持前面提出的析分观点:一是仙源类谱和宗藩庆系录基本是以世代为单位不断进行续修的,故而三祖下第六世卷首题名与第七世卷首题名(还包括魏王下第五世卷首题名)名称并不一致。二是国图所藏《仙源类谱》残帙太祖下六世与七世;太宗下六世与七世皆各自单独分卷,而没有依次连续排序。《宗藩庆系录》太祖下六世与七世;太宗下六世与七世、魏王下五世、六世与七世也是各自单独分卷,没有依次连续排序。如果《仙源类谱》和《宗藩庆系录》两者都只为一种书的话,则各自单独分卷似乎有悖于常理。当然了,也不完全排除此种情况的存在。这里只是作为笔者析分观点的一个佐证。

综上,国图现藏《仙源类谱》和《宗藩庆系录》在成书时间、作者、卷首题名以及单独分卷等四个方面完全不同,则《仙源类谱》析分为两种书、《宗藩庆系录》析分为三种书是更为合理的。

(原载于《中国典籍与文化》2013 年第 1 期)

民国时期文献的整理与开发问题研究

陈晓莉　严向东

1　前言

民国时期文献的定义目前尚无定论。多数专家和学者认为,民国时期文献泛指形成于1911年至1949年这一历史时期的各种知识和信息的载体[1],包括书刊、报纸、政府公报、法律法规、照片、手稿、唱片以及非正式出版的日记、书信等。这些文献记录了民国这一特殊时期的政治、经济、文化等各个方面的发展历程,承载了社会制度的更迭、新旧思潮的争鸣及各种新生事物的涌现,具有很高的历史、学术和文献价值。但因这些文献分布广泛,加上其纸张老化过快而不便于直接提供阅览服务等因素,用户在利用民国时期文献方面存在着很多障碍,对其整理和开发也就日显重要。

2　民国时期文献出版及藏存情况

2.1　总体情况

随着铅印技术的引入和推广,人们在五四之后对新文化、新思想、新知识的关注和需求,加上当时相对宽松的出版环境和相较稳定的社会发展环境,民国出版业迅猛发展,出版物激增,数量浩如烟海。《民国时期总书目》收录的中文图书达124040种。但该书目仅基于北京、上海和重庆图书馆的馆藏,且未包括线装书、外国驻华使馆等机构印行的中文图书、国内出版机构印行的外文图书、少数民族文字的图书、儿童读物等。据了解,仅南京图书馆就额外藏有约2万种三家馆未藏的民国时期图书[2]。保守估计,《总书目》收书率约为60%,民国时期出版的图书总量约超过20万余种。报刊方面,《全国中文期刊联合目录(1833—1949)》显示全国50家图书馆1957年以前所藏的中文期刊近2万种[3],加上后出的补充本收录的16400种[4],估计中文期刊总量约3万种。报纸方面,仅就国家图书馆[5]和上海图书馆[6]的藏量就达8000种左右。总之,民国文献存世多,数量大,关于其总量,暂时尚未有精准的数字,有待开展全国性的普查工作。

2.2　文献分布

民国时期,中国图书馆事业已从萌芽阶段过渡到了稳定发展阶段。各地兴建了较完备的各级图书馆及各类型图书馆系统,为民国文献的传播、保存和流传提供了坚实的基础。同时,民国时期文献出版发行、订购已由各大书局、报馆、书店通过邮局寄送,因而大型公共图书馆得以入藏全国各地出版物,馆藏丰富。但是因各地出版业和图书馆事业发展的不平衡,同时各地在民国时期经历的政治、经济和文化发展历程各异,各馆收藏的民国文献还是有较大出入。主要收藏机构为国家图书馆、公共图书馆及部分高校图书馆。除图书馆外,党史馆、档案馆、博物馆、研究机构及一些私人藏家手中也有相当规模的藏量。

2.2.1　国家图书馆。国家图书馆是国内民国文献藏量最多、文献类型最丰富的机构。据统计该馆民国时期文献总藏量约 12 万种 88 万余册[7],涵括图书约 45 万余册,期刊 1.3 万种,报纸 4000 多种。特色文献包括过万种的抗战文献、万余种政府出版物以及丰富的未公开发行的书刊、档案、手稿等资料。

2.2.2　公共图书馆。民国时期文献馆藏量超过 10 万册的公共图书馆包括首都图书馆、上海图书馆、南京图书馆、重庆图书馆、广东省立中山图书馆、湖北省图书馆、吉林省图书馆、四川省图书馆、湖南图书馆,具体收藏情况见表 1。此外,散布在各市县级公共图书馆的文献数量也不在少数。

表 1　十家图书馆馆藏民国时期文献数量统计一览表

	图书（万册）	期刊（种）	报纸（种）	总量（万册）	文献特色
国家图书馆	45	1.3 万	4536（含晚清）[8]	88	数量最多,类型最丰富
南京图书馆	40	1 万	2000	70	政府出版物数量最多,范围最广
上海图书馆	40	19733	3543	48	新中国成立前出版的期刊和报纸收藏比较齐全;另有部分民国时期西文孤本图书
广东省立中山图书馆				25	孙中山文献 5300 多册(件);南海诸岛资料
重庆图书馆	10	5000	300	20	抗战文献品种最多、数量最多、保存最为完好
吉林省图书馆	12	4 万册	360	19	5 万种日文文献如《满洲年鉴》;伪满资料
浙江图书馆[9]	10	8000		17	丰富的新文学书报刊资料[10];地方出版的报刊如《杭州白话报》《浙江潮》等
湖北省图书馆	10			16	160 多种湖北地区新中国成立前出版的报纸
四川省图书馆[11]	11	8000	334	15	抗战文献丰富

续表

	图书（万册）	期刊（种）	报纸（种）	总量（万册）	文献特色
首都图书馆	12				1400 余种红色文献，主要为解放区出版物[12]；另有丰富的地方文献
湖南图书馆[13]	8	4921	400	10	地方报刊收藏比较齐全，如 1912—1949 年《湖南政报》、1919 年毛泽东在湖南主办的《湘江评论》等；另藏有毛泽东著作版本 2600 多种，新中国成立前印刷的多达 200 多种

注：数据来源为各图书馆网站及相关文章

这些图书馆入藏的民国时期文献多有重复，如《万有文库》《四库丛刊》等大型民国出版的丛书就为多家馆收藏。但各馆也均有不少的特色收藏。如首都图书馆藏有大量民国时期的北平（北京）的教育资料，尤其是各级学校和大学的概况等史料；天津图书馆则藏有不少民国时期稀见书刊报如蒋方震等写的《孙子浅说》孤本，以及八国租界遗留下来的外文图书等；河北省图书馆藏有大量有关晋冀鲁豫抗日根据地，冀东抗日根据地，以及西柏坡与中央临时政府的资料；陕西省图书馆藏有 15 种中共地下党团期刊如《青年生活》、61 种陕甘宁边区期刊如《布尔什维克的生活》等；上海图书馆藏有 1949 年之前出版的报纸 3543 种、期刊 19733 种，约占该时期报刊出版总量的一半以上。其中最具特色的一类文学类期刊如《瀛寰琐记》等、画报类刊物如《瀛寰画报》等、社会科学类期刊如《东方杂志》等均收藏齐全。南京图书馆收藏的政府出版物数量之多、范围之广在全国首屈一指，包括从中央到地方的各级政府公报、会议纪要、法令法规以及议会、国会等方面的重要文献，国民党政界、军界要人的传记资料等。尤其是大量尚未公开出版的油印本内部资料，史料价值很高。同时，日本同文书院及英国文化委员会留下的新中国成立前出版的日文、西文原版图书在该馆也保存得相当完好；重庆图书馆馆藏抗战版图书 27710 种、抗战时期的期刊 2839 种、抗战报纸 207 种，另外还有 860 种抗战时期报刊的微缩胶卷，是全国所有图书馆当中抗战文献品种最多、数量最多、保存最为完好的。

2.2.3　其他。高校图书馆也是民国时期文献收藏的主要机构之一，尤其北京大学、清华大学、北京师范大学、复旦大学、南京大学、武汉大学、中山大学、南开大学、河南大学、浙江大学等高校图书馆都具有一定收藏规模。如北京大学图书馆藏有 9566 种民国时期期刊，608 种民国时期报纸；中山大学图书馆收藏民国时期中文图书近 10 万册，期刊 17 万余册，报纸约 3000 册。

台湾地区也藏有相当数量的民国时期文献，主要保存在“国史馆”、中国国民党中央党史委员会、台湾近代史研究所三家机构。位于台北的“国史馆”收藏的各种史料达 400 余万件（册），主要是南京国民政府自 1927 年到 1948 年间的档案及一些人物专档。近年，蒋介石的“大溪档案”也移交到“国史馆”保存。国民党中央党史委员会收藏的档案也达 45 万件以上，多是原始档案。如孙中山的手稿、墨迹、著述、函件；重要人物的信札、日记、著作；国民党各个历史时期的史料及历次历届全国代表大会、全会、常会及中央政治会议、国防最高委员会的会议原始文件等。台湾近代史研究所入藏着一批北洋政府的经济和外交档案。还有一些共产党档案以及军事档案藏于其他单位[14]。

此外,美国、英国、日本、俄罗斯等地的图书馆和档案馆也收藏了一批珍贵的民国时期文献。如哈佛大学燕京图书馆藏有382种民国时期报纸,40236种民国时期图书,包括记载长征史实最早的文献《红军长征记》朱德签名本、2500多件胡汉民往来信函和文稿、大量的手稿如《慈溪县国税册稿》等、油印本如《北平私立燕京大学文学院课程一览》等。该馆还藏有海达·莫里森(Hedda Morrison)1933—1946年期间在中国拍摄的5000多张照片和1万多张底片等。另外,美国斯坦福大学胡佛研究所和哥伦比亚大学图书馆都收藏了大批有关国民政府和中国共产党的原始文献和口述史料,杜克大学藏有5000多张中国老照片,美国地理学会图书馆收藏了814张1932—1937年中国甘南及各地藏区照片。

2.3 文献特征

民国时期出版的文献就类型而言,既包括书刊报,还涵盖了政府出版物、内部书刊和报告、舆图、手稿、日记、书信、画报、音像制品等。内容涉及多个学科,但整体上社科类文献总量要远远超于科技类文献。据《民国时期总书目》统计,社会科学和文艺书籍占了绝大多数,而科学技术类书籍仅占收录总数的11%。社科类书籍中,又以文学、政治、经济为多,这三部分数量约占了收录总数45%[15]。从内容来说,占主导地位的主要有以下几种类型:1)政府出版物包括政府公报、会议纪要、行政法规和政策、政治宣言和训词、统计和调查报告等;2)各党派创办的读物,包括大量进步书刊和革命书刊;3)传播和普及科学文化知识的读物,包括西方译著、新型教科书和科学普及读物等;4)提高民众情操、丰富民众生活的各类文学艺术读物,尤以新文学读物为甚;5)继承文化遗产,积累和弘扬民族文化的古籍读物及与其有关的工具书。值得一提的是,民国时期,各学科领域都出现了一大批具有奠基意义的开山之作,如戈公振的《中国报学史》、杜定友的《图书馆通论》、李四光的《中国地质学》等。

民国时期文献采用的纸张有铜版纸、道林纸、新闻纸、土纸、嘉乐纸、片艳纸等,这些纸张的特性各异,自身的酸化也各有不同,因而保存时间长度不一,保存条件也就需要差别对待。从目前的保护状况来讲,因各馆之前的阅览服务政策和保存条件不一,文献的破损程度也各自不同。譬如,国家图书馆的民国小说一直用于流通,破损情况就相当严重,多册文献缺卷册情况也时有发生。而内部库中收藏的非公开发行的内部书刊、工作报告、手稿等就整体而言保存相对完整[16]。

3 民国时期文献的整理开发现状

3.1 总体情况

民国时期文献的整理和开发主要包括整理出版、编制书目和索引、数字化三种主要方式。20世纪50年代中后期,民国时期文献的整理开发工作才开始逐步得到关注,大致经历了“文革”之前的初始期、“文革”时期停滞期、“文革”之后改革初期的复兴期以及21世纪的兴盛期这四个阶段。在初始期，主要是零散的、单品种的简单翻印和编印，选题上较偏重于进步和革命文献，及党史等资料的整理。从复兴期开始，民国时期文献的整理出版正式进入新的征程，选题系统化、规模化和多元化，出品总量日益丰富。整理开发的方式也从影印出版为主，发展到整理编辑加工后出版，以及书目索引编制。同时，民国时期文献的数字化出版工作也逐步展开，并取得了阶段性成果。

3.2 影印出版

多家出版社都先后在影印出版策划和选题方面做了很多努力，如国家图书馆出版社、中华书局、商务印书馆、人民出版社、上海书店、大象出版社、岳麓书社、广西师范大学出版社等。这些成果中比较有影响力的包括人民出版社在20世纪50、60年代及80年代影印的一大批民国时期报刊如《新青年》《每周评论》《北京大学（日刊）》《少年中国》《解放》《中国文化》《中国农民》《大公报》《解放日报》《汉口民国日报》《热血日报》《红色中华》等；上海书店80年代影印的《申报》《生活日报》《新语林》《夜莺》《烽火》等一批报刊，及1989年开始影印出版的“民国丛书”；中华书局90年代影印的《中国近代期刊汇刊》；全国图书馆文献缩微复制中心出版的“民国珍稀期刊”、《民国佛教期刊文献集成》、《抗日战争期刊汇编》、《民国时事文献汇编》、《民国画报汇编》、《伪满洲国史料》等四十余种专题影印文献；广西师范大学出版社出版的《美国哈佛大学哈佛燕京图书馆藏民国文献丛刊》、“中日关系档案”等；大象出版社2009年出版的《民国史料丛刊》；北京图书馆（今国家图书馆）60年代影印的《人民日报》《新华日报》；国家图书馆出版社2007年启动的大型的“民国文献资料丛编”工程等。

3.3 整理排印出版

整理编辑加工后出版主要指对某一种文献或以人物、时间或学科领域为题材的某一类文献进行整理，通过选辑、摘录、重新排印等方法，将文献重新组织后出版。中华书局的《中华民国史资料丛稿》、人民出版社的“中国现代革命史资料丛刊”、中央党校出版社的《中共中央文件选集》、第二历史档案馆编印的《中华民国史档案资料汇编》、“中华民国史档案资料丛刊”，中央档案馆编的《日本帝国主义侵华档案资料选编》。台湾地区出版的相关文献有：中国国民党中央党史委员会编印的“革命文献”，中央文物社出版的《中华民国重要史料初编》，罗家伦主编的“中华民国史料丛编”等。近年来越来越多的专题文献经整理后出版，如“民国学术经典文库”、《民国学案》、《民国边政史料汇编》等。此外，以某一事件为重点题材就有关文献汇总后整理出版的情况也屡见不鲜，如《南京大屠杀史料集》《北平表情：荷兰女摄影师镜头里的民国世相》等。同时，出版界也整理出版了一批民国人物全集、文集、日记、年谱、笔记等。

3.4 书目及索引编制

相较影印和整理排印出版而言，书目及索引编制工作的进展比较缓慢，成果也有待进一步丰富。20世纪五六十年代，编印出版了系列革命文献书目，1957年由重庆图书馆编印的《抗日战争时期出版图书书目》、1961年由中国人民大学编印的《抗日战争时期、第三次国内革命战争时期(197.7－1949.10)解放区、根据地图书目录(初稿)》等。80年代之后,编印出版了少量大型的综合性书目,主要包括国家图书馆主持或参与编印的《民国时期总书目》,全国第一中心图书馆委员会全国图书联合目录编辑组编、书目文献出版社出版的《1833—1949全国中文期刊联合目录(增订本)》等。同时,一些以某一学科、某一地区、某一出版单位或某一收藏机构等为选题对象的专题书目也得到了长足发展。如《中华书局图书总目(1912—1949)》《中国现代文学总书目》《海内外图书馆收藏有关妇女研究中文期刊联合目录》《民国时期江苏版图书书目》《北京艺术博物馆民国版书目》《美国哈佛大学哈佛燕京图书馆藏民国时期图书总目》《国家图书馆藏民国时期抗战图书书目提要》等。索引编制的成果鲜有少见,目前已出版的索引仅包括几种大型的有深远影响力的报纸和期刊索引,如书目文献出版社的《解放日报人名索引》、上海书店的《申报索引:1919—1949》、《新华日报索引:1938—1947》、三联书店的《〈东方杂志〉总目》等。而大型的综合性索引更加罕见,仅见人民日报出版社的《十九种影印革命期刊索引》、人民出版社的《二十六种影印革命期刊索引》、复旦大学历史系资料室编印的《辛亥以来人物传记资料索引》、上海图书馆编印的《中国近代期刊篇目汇录》、文化艺术出版社的《二十世纪中国音乐期刊篇目汇编》、国家图书馆出版社的《民国四大报纸社论篇名索引》等十几种。

3.5 数字化

据全国缩微复制中心的调查,目前部分图书馆已经完成了馆藏民国时期文献题录数据库的建设工作[17]。如全国图书馆联合编目中心已建有“国家图书馆民国时期中文图书书目数据库”“国家图书馆民国期刊书目数据库”“国家图书馆新善本书目数据库”;湖北省图书馆建成的“馆藏民国时期中文图书书目数据库”,并内含“馆藏革命文献目录”子库;北京师范大学图书馆建成的“馆藏解放前期刊目录”“北京师范大学图书馆馆藏师范学校及中小学教科书书目库”。

缩微数字化进程相当迅速。国家图书馆已完成数字化转换民国时期文献34806种计935万页;上海图书馆完成民国时期文献数字化转换13195种;重庆图书馆完成馆藏全部民国时期图书、期刊、报纸的数字化,数据量达4TB;南京图书馆已转换民国时期图书1500种,共3200册45万页[18]。此外,广东省立中山图书馆、云南省图书馆等多家图书馆也正在加快缩微数字化的脚步。这些数字化成果已逐步开放,供公众使用。如国家图书馆推出了“民国期刊”“民国图书”“民国法律”三大数据库;天津图书馆推出了11种可全文浏览的民国期刊等。

自建数据库还在尝试性建设阶段,只有少数几个图书馆和商业公司在开展此项工作。民国图书数字化方面,尚未建有专门的数据库,仅维库民国电子资源数据库、大学数字图书馆国际合作计划(CADAL)及读秀中包含了部分民国图书。相对而言,旧报刊的数字化工作已小有成就,如上海图书馆的“民国时期期刊全文数据库(1911—1949)”和“北华捷报/字林西报全文数据库(1850—1951)”、重庆图书馆的“清末民初报刊篇名索引”、广东省立中山图书馆的“民国报刊与古籍全文数据库”、爱如生的“申报”数据库和“中国近代报刊库”、商务印书馆的“《东方杂志》期刊全文检索数据库”、尚品大成数据技术有限公司的“大成老旧全文数据库”、瀚堂公司“瀚堂近代报刊数据库”、青苹果公司推出的“华文报刊文献数据库”等。专题数据库建设也得到了初步发展，主要是各大图书馆根据自身的特色馆藏开发而成，典型成果包括南京图书馆的“中国近代文献图像数据库”等多个民国系列专题数据库、上海图书馆的“近代民国时期中医药专题数据库”、首都图书馆的“旧京戏报数据库”和“旧京图典”、广西壮族自治区图书馆的“广西民国照片”和“广西民国人物”等。

表 2　十大图书馆馆藏民国时期文献数字化进程一览表

图书馆	数字化进程
国家图书馆	已完成缩微数字化转换，建成“民国图书”“民国期刊”“民国法律”三大数据库
南京图书馆	已完成司法院公报、南京市政公报以及民国油印本和稿本等 2000 余种民国文献的全文扫描工作，并建成“中国近代文献图像数据库”等多个民国系列专题数据库
上海图书馆	已建成“民国时期期刊全文数据库(1911—1949)”“北华捷报/字林西报全文数据库(1850—1951)”“近代民国时期中医药专题数据库”等
广东省立中山图书馆	在建缩微期刊全文数据库(提供馆藏缩微期刊 50 万拍全文的检索、浏览及在线阅读)；在建缩微报纸全文数据库；“解放前广东报纸库”(题录)、“建国前广东期刊库”(文摘)；图片数据近 5000 条，包含“广东历史图片库”“广州历史图片库”“广东辛亥革命历史图片库”等；全文数据约 170 万页，包括“孙中山文献全文库”
重庆图书馆	5727 册民国期刊、61747 册图书、1400 多万页、2 亿多字数字化民国书刊，数据总量 4TB 以上[19]
吉林省图书馆	“东北抗日联军人物志数据库”(344 条)
浙江图书馆	“民国报纸”“民国期刊(206 种)”全文数据库
湖北省图书馆	“民国书目数据库”，收录馆藏民国时期中文图书书目 38600 条。其中建立一套“馆藏革命文献目录”数据库，收有“革命文献”1095 种。
四川省图书馆[20]	馆藏新中国成立前报纸(缩微品)目录；馆藏新中国成立前杂志(缩微品)目录
首都图书馆	旧京戏报数据库(近 800 种)；旧京图典；昨日报章(《北平日报》《京话日报》《群强报》《益世报》《京报》《顺天时报》)共 228947 页，版面清晰，不能全文检索，无目录
湖南图书馆	馆藏毛著版本书目数据库；馆藏缩微文献书目数据库(包括 5469 种新中国成立前期刊;450 多种新中国成立前报纸)；自建湖湘人物数据库(包括政治、军事、文化等近 500 位民国人物的资料)

注：数据来源为各图书馆网站及相关文章。

4　关于民国时期文献整理开发的几点思考

4.1　转变认识，加强保障

一是充分认识民国时期文献的重要意义。民国时期出版的浩瀚文献内容十分丰富，史料价值高。各阶段政府和民间的出版物记载着中国政治格局的剧烈变迁和不同思想流派的争论，特别是这时期产生的大量革命文献，对党史和历史研究具有重要价值。同时，这些出版物不仅记载了历史，对现实也有重要意义。譬如中国经济志、教育公报、赈灾史料等，对研究解决中国边境、民族及军事、经济、文化等方面的问题有重要的现实意义，也是开展革命传统教育和国情教育的生动材料。二是充分认识民国文献保护和利用任务的艰巨性，切实加强保障。民国时期文献总量十分恢宏，地区分布广泛，其整理和开发是一项复杂艰巨的工作，需要建立严谨统筹的工作流程。重中之重是政府和主管部门要转变观念，充分认识到民国时期文献存史资政、励志育人的重要功能和价值，提供系统的、强有力的制度保障，制定相应的倾斜政策和激励措施，从机构、人员和经费上保证民国时期文献收集整理工作的全面开展和实施。

4.2 通力协作，加强交流

一是通力协作，建立一个统一标准、规范的全国民国时期文献联合目录。借鉴《民国时期总书目》和《全国中文期刊联合目录》的经验，制定统一的文献著录标准，根据文献的题名、著者、分类、出版年、出版地、版本（卷期）、内容提要、流通需求、保存现状、收藏机构等信息，进行文献普查，建立一个统一、标准、规范的全国民国时期文献联合目录，并拓展出濒危文献、珍稀文献、特色文献、读者高需求文献等多类子目录。二是要加强海峡两岸及国际合作交流。开展面向海外和民间的文献征集工作，对海外文献进行调查，促使文献本体的回归和缩微化、数字化回归。

4.3 培养人才，改进技术

一是民国时期文献的整理和开发工作需要培养一支骨干队伍。从事民国时期文献采集、整理和开发的人员需具备多元兼容的知识结构，熟悉民国各阶段历史，了解期间的重大事件和著名人物，掌握民国时期出版的动向，具备较高的语言文学素养、计算机基础知识，懂得人际交流以及其他必要的专业知识，等等。各收藏机构既要聘请各领域的专家开展培训，又要鼓励员工在某一专业某一领域刻苦钻研，通过各种方式努力提高相关从业人员的业务能力。二是创新和引进先进技术，加强文献修复和保护。民国时期的纸张耐久性差，老化速度快，普遍出现了严重的老化或损毁现象。

4.4 统筹规划，稳步推进

民国时期文献的整理和开发工作已取得了很多阶段性成果。整理出版方面涌现出了一些质高量大的专题汇编和大套丛书，缩微和数字化方面建成了一批较有典型意义的书刊报数据库。但就整体而言，一是整理和开发的文献量过少，难以满足研究之用、购藏之需。譬如以影印出版的《民国史料丛刊》和“民国丛书”而言，前者收书2194种，后者收书1126种，两者相加仅占民国图书总量2%左右。报刊方面，目前已知的能全文浏览阅读的数字报纸总量最多不过数十种。二是整理和开发力量比较分散，缺乏整体规划，从而出现有的文献过度开发，有的文献无人问津的情况。如对《申报》进行数字化的单位就包括爱如生、翰堂及青苹果公司等。同时，经济、教育、政治等学科的文献关注度过高，也多有重复收录的情况。而一些非公开出版的读物，以及油印本、手稿本等不流通的读物和有相当存量的外文书报刊几乎无人关注。三是数字化虽已成趋势，但基本功能不齐全，建设标准不统一，读者利用起来存在很多困难。因此，各整理和开发单位需加强联系，稳步建设检索途径多且能全文检索的系列专题数据库和大型综合数据库，从而使得各收藏机构的民国文献能最大限度地发挥其价值，服务于社会。

参考文献

[1] [18] 马子雷. 国图报告献策民国时期文献保护[N]. 中国文化报,2011-05-19(2).

[2] 陈希亮,余红玲. 民国文献开发的新尝试[J]. 江苏图书馆学报,2001(2):36-37.

[3] 王建福,柴秋香.《1833—1949 全国中文期刊联合目录》(增订本)补遗 38 条[J]. 国家图书馆学刊,2001(1):80-83,95.

[4] 国家图书馆,上海图书馆. 1833—1949 全国中文期刊联合目录:补充本[M]. 北京:中央民族大学出版社,2000.

[5] 北京图书馆. 北京图书馆馆藏报纸目录[M]. 北京:书目文献出版社,1981.

[6] 上海图书馆. 上海图书馆馆藏中文报纸目录(1862—1949)[M]. 上海:上海图书馆,1982.

[7] 荣杰. 国家图书馆藏民国文献调研与分析[J]. 国家图书馆学刊,2012(4):30-34.

[8] 陈国英,杨静. 国内出版中文报纸的馆藏调研报告及馆藏体系分析——以国家图书馆为例[J]. 图书馆建设,2011(5):1-4,8.

[9] 谢雷. 图书馆民国文献保护探析[J]. 图书馆建设,2012(8):13-14,17.

[10] 徐由由. 浙江图书馆藏民国时期新文学图书探究[J]. 图书馆理论与实践,2009(9):53-55.

[11] 何先进,刘莉,何玉花. 对馆藏民国书刊文献数字化的探讨[J]. 数字与缩微影像,2009(2):10-12.

[12] 乔雅俊. 首都图书馆馆藏红色文献概述[J]. 科技情报开发与经济,2012(5):6-8.

[13] 湖南图书馆. 湖南图书馆民国图书期刊报纸目录[M]. 北京:线装书局,2010.

[14] 白寿彝. 中国通史(第十二卷)近代后编(1919—1949)(上册)[M]. 上海:上海人民出版社,2000.

[15] 邱崇丙.《民国时期总书目》述评[J]. 北京图书馆馆刊,1995(1/2):109-115,108.

[16] 刘永梅,陈森欲. 国家图书馆内部库民国文献资源的整合与思考[J]. 情报杂志,2011(S2):150-153.

[17] 张军. 百岁民国图书——从出版发行到保护抢救[J]. 图书馆工作与研究,2011(1):71-73.

[19] 黄登. 重庆图书馆数字化民国文献检索系统功能及服务模式探讨[J]. 重庆图情研究,2012(1):34-35,38.

[20] 何先进,马建平,田时伟. 四川省图书馆文献抢救工作 20 年回顾及展望[J]. 数字与缩微影像,2005(3):4-8.

(原载于《图书馆》2013 年第 4 期)

“岩窟梁氏”藏晋志题识辑考

柳　森

梁上椿(1888—?),字义乔,山西崞县(今定襄县)人,清季立宪派元老梁善济之三子,早年留学日本,获早稻田大学采矿科工学学士学位。归国后,历任晋北矿务局局长、伪山西省公署参议、山西旅京同乡会副会长等职。此前,学界对梁上椿的关注仅限于其《岩窟藏镜》,是书对中国古铜镜研究独具开拓之功。梁氏的藏书事迹却鲜为人知,也尚未被学界揭示。笔者在国家图书馆从事方志古籍的整理工作过程中,发现了梁氏所藏晋志共175种(180部),足见其对家乡方志古籍之珍视。由进一步探究可知,梁氏藏书室名为“岩窟”,自称“岩窟主人”“岩窟梁氏”“岩窟梁三”。目前笔者已见其藏书印有“岩窟梁氏”“梁氏岩窟藏书”“上椿”“梁氏义乔其书满家”“铜川梁三”“畦蕉珍藏”“岩窟所读”“梁岩窟印”等。值得一提的是,这批方志中尚有梁氏墨笔题识13则,这些题识内容丰富,以藏书家之视角,不仅详述购书轶事与藏书体会,亦讨论版本优劣,这对学界研究“岩窟梁氏”藏书及山西方志古籍版本流传均有裨益。现以梁氏所题时间为序,将这些题识迻录如下:

一、《云中郡志》

《云中郡志》

本志修于顺治九年,雕板全与明体相同,坊间极稀见。据《中国地方志综录》所载,国内外图书馆所藏,共仅五部。此外,民廿九,来薰阁①获一部,售与交通公司图书馆,但闻其中有残缺。又,苏氏省吾谓其故里朔县曾藏有一部,现仍存否,正在检查中,余概无所闻矣。客冬,蜚英阁②获此一部,今归余窟,完整无疵,难得之珍笈也。特为志。梁上椿识。三二,七。

按:《云中郡志》十四卷,(清)胡文烨纂修,清顺治九年(1652)刻本,二十册。是书为金镶玉装,正文首卷卷端下钤印“岩窟梁氏”“铜川梁三”“畦蕉珍藏”。识语题于“静文斋”笺

---

① 来薰阁由陈连彬(字质卿,河北南宫人)于民国元年(1912)开设。“至二十年,质卿侄杭,字济川,继其业。原来薰阁字号,在咸丰间有之,为陈质卿之祖伯叔开设,收售古琴。至光绪二十余年,租与他人,至民国元年,经质卿收回,故其匾额曰‘琴书处’者,盖不忘旧也。”(孙殿起辑:《琉璃厂小志》,北京古籍出版社,1982年,第128页)在陈杭的悉心经营下,来薰阁成为当时京城文化人士流连之地,鲁迅、朱自清、郑振铎等名家均是其中常客。

② 蜚英阁由枣强县人裴成武(字子英)于民国二十一年开设,设在南新华街长春会馆内(孙殿起辑:《琉璃厂小志》,第121页)。

纸之上，粘贴于书衣，落款处钤印“铜川梁三”。

此《云中郡志》是以当时“府”的建制比照古制“郡”而命名的。“顺治初年，胡文烨久购得明守汪承爵所纂《大同府志》，首尾三册，与郡之学博子衿辈，斤斤参稽，通牒报可，遂辑其事而纂修。”[①]这部府志对当时大同府及所属四州（浑源、蔚、朔、应）、七县（大同、广昌、怀仁、广灵、山阴、马邑、灵丘）的疆域沿革、建置兴废、分合迁徙、武备配置、人口田赋、水文气象等均有详细记载。同时，是书具有典型的以顺治刻本为代表的清初刻本特点，其版刻风格多有明代遗风，其显著特点是字形长方、横细竖粗，所以梁氏称“雕板全与明体相同”。识语中言及“据《中国地方志综录》所载，国内外图书馆所藏，共仅五部”。经查，其所参考的应为民国二十四年（1935）朱士嘉编《中国地方志综录》，其中记载了这五部《云中郡志》分别藏于北平东方文化委员会图书馆（一部）、国立北平图书馆（三部）、上海东方图书馆（一部）[②]。

另外，明清时期，朔州隶于大同府，民国元年五月改州为县，所以当苏氏友人前来拜会梁氏时，称家乡朔县藏有一部《云中郡志》。梁氏所用笺纸来自“静文斋”，其是当时北平琉璃厂地区著名笺肆。而识语中所言“来薰阁”“蜚英阁”，均为民国时期北平琉璃厂地区的著名书肆。此本即为梁氏由蜚英阁购入。

二、《高平县志》

同治《高平县志》

《高平志》，以顺治板为最早，然已不易见及，仅北平圕有二部。坊间习见，惟乾隆板（三十九年），至光绪续志，则亦少见。而介乎乾隆、光绪间之同治六年板，似最为精确。因三晋志书之缮修最普遍者，为乾隆、光绪两代，此外，则除本邑有笃学士绅或好学辑全外，鲜有纂修，故同治板实较他板为佳，取材当然正确也。岩窟梁上椿自志。三二，九。

按：《高平县志》八卷，（清）龙汝霖纂修，清同治六年（1867）刻本，六册。正文首卷卷端下钤印“岩窟梁氏”。识语题于“静文斋”笺纸之上，粘贴于书衣。

识语中所提“北平圕”即国立北平图书馆，即今国家图书馆前身。其实，早在明弘治八年（1495），时任县令杨子器即已纂成《高平县志》，但“书已佚，今存王守仁序一篇”[③]。此后，嘉靖、万历、天启间，该志均经重修，但均已佚失。入清以来，《高平县志》先后经顺治、乾隆、同治、光绪四朝重修。现存《高平县志》最早版本即为顺治志，十卷，范绳祖修、庞太朴纂，顺治十五年（1658）刻本。乾隆三十九年（1774），傅德宜修、戴纯纂《高平县志》二十二卷末一卷，其中，卷二图谱较顺治志增学宫、书院、八景十一图，但其体例较顺治志为次，多罗列门目且统属混乱。另外，识语中言及的“光绪续志”为《续高平县志》十六卷，陈学富、庆钟修，李廷

① 李学勤、吕文郁主编：《四库大辞典》上册，吉林大学出版社，1996年，第1143页。

② 朱士嘉编：《中国地方志综录》中册，商务印书馆，1935年，第9页。

③ 李裕民辑：《山西古方志辑佚》，山西省地方志编纂委员会办公室，1984年，第406页。

一纂，光绪六年(1880)刻本。虽光绪志所载唐牛元敬撰《清化寺碑》为《全唐文》所未收，但其目类多同乾隆志，并无变革。

梁氏推崇此同治志。观此同治志与顺治志、乾隆志、光绪志确有不同，尤其是其中人物、官司、选举等篇目所叙金人之事，可补《金史》之缺。此外，该同治志将“灾异”置于“食货志”下，是为与他志不同之处。值得一提的是，该志前刊有王守仁所撰《高平县旧志叙》，王守仁在叙言中言及“长平之战”，即“予惟高平即古长平，战国时秦白起攻赵，坑降卒四十万于此，至今天下冤之故。自为童子即知有长平，慷慨好奇之士，思至其地以吊千古不平之恨，而不可得，或时考图志，以求其山川形势于仿佛间，予尝思其志”。以此足见《高平县志》之重要，此篇叙言为其他存世版本所无，十分珍贵。

三、《灵石县志》

康熙《灵石县志》

《灵志》以嘉庆板为常见，康熙板则除一二大圜外，肆中极尠。三二秋，宋君纯如以在西单小肆见及相告。亟走视之，全镶玉之善本也，惜卷首序文有一页半之抄补焉，索价极昂，数商，方就范。忆夏间，某估以抄本来，索值尚近百，两年前，虽在厂肆亦见同样之抄本，但抄工极劣。今得此善本，喜而识之。岩窟梁上椿。三二，九。

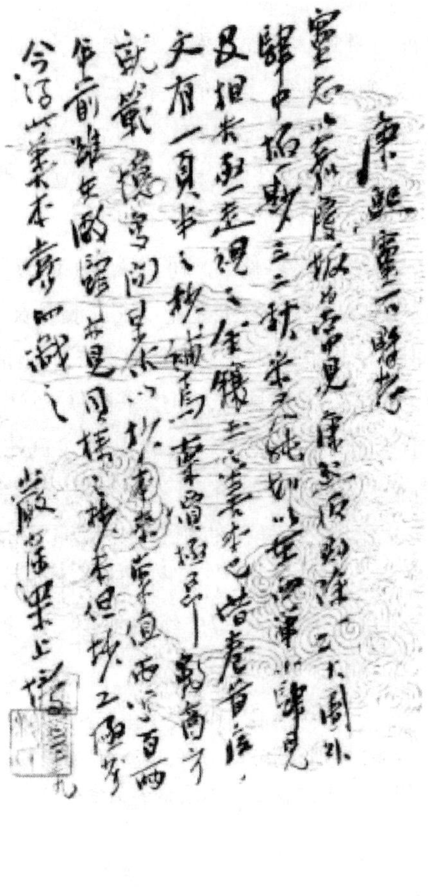

按：《灵石县志》四卷，（清）侯荣圭纂修，清康熙十一年（1672）刻本，四册。卷首《凡例》下钤印“畦蕉珍藏”“岩窟梁氏”。识语题于“静文斋”笺纸之上，粘贴于书衣，落款处亦钤印“岩窟梁氏”。

识语中所指“抄补之序文”为侯荣圭所撰，序文中简述了修志缘由。其实，查今存《灵石县志》，以明万历二十九年（1601）刻本为最旧，而此康熙志即因循万历志，如：在体例方面，其门目未作变化；在内容方面，该志卷首县城、县治图均取自万历志，艺文内容亦以旧为多，因此，该康熙志的文献价值比较有限，不过，因该康熙志存世较罕，版本价值较高，故为梁氏称善。此外，梁氏所言常见的“嘉庆板”即王志瀜修、黄宪臣纂《灵石县志》十二卷，嘉庆二十二年（1817）刻本。此嘉庆志较康熙志增加学校、武备、古迹三门，体例亦较康熙志合理。

四、《凤台县续志》

凤台，即今晋城，旧泽州府之治也。乾隆中，初有志，坊间流传较多。光绪八年，乃复有续志之修纂，距今年期虽近，然比较少见也。兹获某君旧藏，与其《长治志》一并归余窟焉（此志须与乾隆志合并读之）。三十二年九月。岩窟梁三识。

按：《凤台县续志》四卷卷首一卷，（清）张贻琯、陈继三修，（清）郭维垣等纂，清光绪八年（1882）刻本，四册。正文首卷卷端下钤印“岩窟梁氏”。识语题于“静文斋”笺纸之上，粘贴于书衣，落款处亦钤印“岩窟梁氏”。

乾隆四十九年（1784），林荔修、姚学甲纂《凤台县志》成书，是志二十卷卷首一卷，对旧有《泽州府志》中缺载与谬误之处均加以辨证或补遗。而此《凤台县续志》于光绪七年续修，八年成书付梓，记事亦止于光绪八年。此光绪志乃参乾隆志而作，分目亦遵乾隆志，凡无可续者则不再列目，所续事迹，少者则合而为一，并对乾隆志内容进行了纠误，其续记事时间起于乾隆四十九年，这也是梁氏在识语中特别指出“此志须与乾隆志合并读之”的主要原因。当然，“旧志在里甲目中仅记述里甲而无村庄，此编则按方隅里数详为增人，并绘其图，以备考核。”[①]此即为光绪志之可取之处。

五、《潞安府志》

顺治《潞安府志》

《潞志》除明刊《潞州》外，以顺治十六年之志为最古。顺治十六年时，明祚犹未斩，故此志之字体、刻法，仍为明代系统，称为明本，亦无不合。近来府志极缺，即乾嘉所刊亦已稀少，矧明本乎？足珍也。岩窟主人自识。三二，一〇。

① 李学勤、吕文郁主编：《四库大辞典》上册，吉林大学出版社，1996年，第1161页。

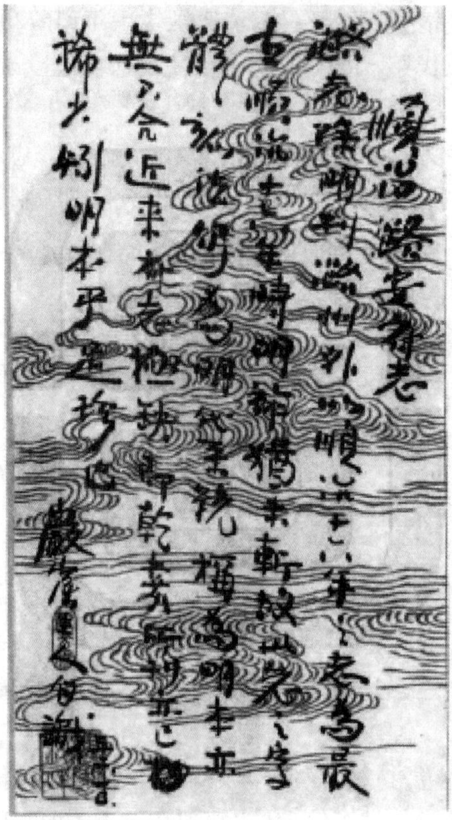

按:《潞安府志》二十卷,(清)杨晙修,(清)李中白、周再勋纂,清顺治十六年(1659)刻本,十册。正文首卷卷端下钤印“岩窟梁氏”。识语题于“静文斋”笺纸之上,粘贴于书衣,落款处亦钤印“岩窟梁氏”。

题识中所言“明刊潞州”即为明弘治八年(1495)版《潞州志》,实际上,除此之外,尚有明刊“潞志”存世,即现存于日本国会图书馆的明万历四十年(1612)版《潞安府志》,因此,梁氏“以顺治十六年之志为最古”之说有误,但囿于当时的信息条件,其得此结论情有可原。同时,观此梁氏所藏顺治本《潞安府志》,在版刻风格上确有明本风格,而正如其所言,在山西方志中,府志本就不多,故此《潞安府志》确可视为珍本。

六、《交城县志》

光绪《交城县志》

事变前,《交城志》极夥,而光绪刊更甚。兵燹之后,亦成不易见之籍。偶于隆肆获之,归而审视,乃吾师张贯三翁旧藏。贯师学业深邃,藏书尤富,虽闻民廿六之变稍有损失,然不审此书果系兵祸否?微闻有不肖子常窃书以肆,未知此亦属诸否?又其万卷晋志,今夏以万金售诸新民圕,此或其重本欤?椿志,三二,一〇。

按:《交城县志》十卷卷首一卷,(清)夏肇庸纂修,清光绪八年(1882)刻本,八册。正文首卷卷端下钤印"岩窟梁氏"。识语题于"静文斋"笺纸之上,粘贴于书衣,落款处亦钤印"岩窟梁氏"。书名页有墨笔题识:"民国五年九月二十七日靳子洁先生持赠贯三。"

由梁氏识语可知,该书由梁氏收于北平隆福寺书肆。是书为梁氏恩师张籁[①]旧藏。张籁是近代华北地区著名藏书家、教育家,其典籍收藏广盈,藏书达二十万册。作为私家藏书,张籁收藏的史部书侧重于方志,"山西全省各府州县志,除平鲁、方山两县外,全部收入囊中。"[②]其将藏书悉数让售于山西大学图书馆和山西省图书馆。一方面,"山西大学图书馆古籍藏书13万册,其中近55000册由近代华北地区大藏书家、山西著名学者、教育家张籁先生酌资捐赠"[③]。另一方面,其所藏方志于抗战时期让售于新民图书馆,即今山西省图书馆前身,这也证实了梁氏在识语中所言"又其万卷晋志,今夏以万金售诸新民圕"。此外,有关张籁藏书的研究成果也已指出:"无奈其子却不争气,盗卖珍籍,毫不手软。"[④]因此,该书为张籁之子盗卖于市的可能性较大,即梁氏揣测的"微闻有不肖子常窃书以肆",而并非当时的山西新民图书馆佚出的复本。

七、《续修隰州志》

贞如有此复本,适坐获《孝义》轻薄本二部,因以其一互换焉。椿识,三三,三。

按:《续修隰州志》四卷,(清)崔澄寰修,(清)王嘉会纂,清光绪二十四年(1898)刻本,四册。是书正文首卷卷端下钤印"卤城范氏贞如藏书""梁氏岩窟藏书"。识语题于书衣。该书为梁氏与好友范贞如交换所得。范贞如,应为下文识语中提及的"吾友范氏秀峰",即范秀峰,字贞如,山西卤城(今繁峙县)人。另,因梁氏专收山西方志,故识语中所指的"《孝义》轻薄本",或为《孝义县志》,但具体何种版本则仍待考证。

八、《兴县志》

此本系乾隆癸未原版,于光绪庚辰重印,并由署县事张启蕴[⑤]加增仓厫、书院两图增入,其他均仍旧观。惟《中国地方志综录》则载有光绪六年张启蕴纂修《兴县志》二卷,臆必另有续本。此则仅有二图,并无续志。岩窟志。卅三年九月。

---

① 张籁(1872—1959),字贯三,号闻三、闲田,山西平陆人,清光绪二十六(1900)年举人,京师大学堂法律系毕业,曾任山西大学教授、山西大学文学院院长。新中国成立后,任山西省政协常委、山西省人民政府参议。

② 李文林:《张贯三先生及其藏书》,《文史月刊》2000年第7期。

③④ 何满红、张梅秀:《张籁古籍题跋选录》,《晋图学刊》2012年第3期。

⑤ 张启蕴,字绍南,正蓝旗人,清光绪四年(1878)任兴县知县。

按:《兴县志》十八卷,(清)程云修,(清)孙鸿淦纂,(清)蓝山续纂修,清乾隆二十八年(1763)刻光绪六年(1880)藩州张启蕴永兴斋增刻本,四册。该书钤印"山西省立新民教育馆藏书印""梁氏岩窟藏书""梁氏义乔其书满家"。识语题于"静文斋"笺纸之上,粘贴于书衣,落款处亦钤印"梁氏义乔其书满家"。

是书应先藏于山西省立新民教育馆,或为多余复本,由梁氏交换所得。兴县有志,起于明万历年间,即知县朱学介纂万历五年(1577)刻本。入清以来,雍正八年(1730),程云修、孙鸿淦纂《兴县志》十八卷刻本面世。之后,乾隆二十八年,知县蓝山续修该志。不过,乾隆志卷目比雍正志仅新增"仓储"一目,故著名方志学家瞿宣颖称其"应自不凡,然俭陋特甚。"①同时,《中国地方志总目提要》评价乾隆志为:"是志之编纂,毫无特长,只在前志之职官、户口、田赋、选举、人物、艺文各目增雍正以来三十余年之事,其余因袭旧志,不作参订。"②光绪六年,张启蕴增刻乾隆志,如梁氏所言,此志仅新增常平仓与嵋山书院两图,且均为张启蕴手绘,其在此增刻本中言:"图者,所以形容其所言也。仓厫、书院,颠末均已分详各志,今并绘图于后,聊以当览志者之卧游耳。时光绪庚辰清和之月,署县事藩州张启蕴涂。"同年,张启蕴又修《兴县续志》二卷,即梁氏所言之"另有续本"。此"续志"较前志新增"仕宦""节妇"二目,但在职官人物条目行文中出现了时代前后倒置之误,是为硬伤,同时,"唯金石碑刻古迹,前志不载,续修未补,是为缺陷。"③

九、《盂县志》

> 余获嘉靖志孤本于故都书肆,校其叙,缺第二页,而原文与此复颇有出入,其第乙页按旧志注正之,第二页无从核校,第三页则舛错更多。意旧志叙残缺不全,纂此志时仅获其一部分,而搀以私意补成之欤?民国三十三年十二月梁上椿识。

按:《盂县志》十卷卷首一卷卷末一卷,(清)马廷俊修,(清)吴森纂,清乾隆四十九年(1784)刻本,八册。正文首卷卷端下钤印"岩窟梁氏"。书中有梁氏墨笔批校。识语题于卷首《序例·旧序一》文末。

查《中国地方志联合目录》著录可知,现存《盂县志》最早版本是明万鉴修、张淑誉纂的,有嘉靖三十年(1551)刻本,此即识语中所言的其获于北平书肆的"嘉靖志"。不过,该嘉靖志"草创简略,且多漏缺"④。识语中的"叙",即嘉靖志所载时任盂县知县万鉴所撰序言,亦即此乾隆本中卷首的《序例·旧序一》,梁氏对以上两版本所载的万鉴序言做了详细比对,从而得出了乾隆本之万鉴序言为残补而成的结论。同时,经笔者与同版本他志比对,此梁氏藏本尚缺(清)瑺亨序,此序

---

① 瞿宣颖撰:《方志考稿甲集》第五编,民国十九年(1930)天春书社铅印本,第11页。

② 金恩辉、胡述兆主编:《中国地方志总目提要》上册,台北汉美图书有限公司,1996年,第62页。

③ 刘纬毅主编:《山西文献总目提要》,山西人民出版社,1998年,第211页。

④ 陈光贻:《稀见地方志提要》上册,齐鲁书社,1987年,第165页。

撰于乾隆四十九年，其在序言中简述了盂县概括与修志缘由，并言参校《盂县志》一事。

十、《平顺县志》

影抄《平顺县志记》

余读晋志始于丁丑之后。全晋方志之中，最稀见者，当推平顺。因平顺在清初原属独立，故康熙时尚有志，而乾隆初合并于潞城，故乾隆时大修晋志，而平顺缺焉。光绪时，仍为乡治，故曾沅甫抚晋时再修县志，而平顺又不与焉。其康熙本复因年岁久远，兼以县治久废，无人注意保存，致流传极鲜。北平圕前虽存有一部，而丁丑南移，又致散佚。吾友范氏秀峰得一部于并市冷摊，喜以见示，因命侄子继武于公余影抄，以资研读。凡两阅月而竣事，因濡笔而识之。三四，二，二。尧山梁上椿识于岩窟。

按：《平顺县志》十卷，（清）杜之昂修，（清）路跻垣纂，民国三十四年（1945）梁上椿抄本，四册。正文首卷卷端下钤印“梁氏岩窟藏书”。书衣有梁氏墨笔题“康熙平顺县志十卷，四册，岩窟”，书名页题“康熙平顺县，岩窟影抄”，并钤印“梁氏义乔其书满家”。识语题于卷首，落款处钤印“上椿”。

此为梁氏影抄清康熙三十二年（1693）刻本《平顺县志》。由识语可知，第一，如其所言，《平顺县志》的文献价值在于其独有性。明嘉靖时，平顺始置县，因行政区划整合，平顺县在清乾隆二十九年（1764）并于潞城，因此，此康熙本《平顺县志》即为绝版，故而梁上椿称其为“全晋方志之中，最稀见者”。是书所载内容对于后世了解、研究平顺的历史文化及潞城的历史沿革均大有裨益。第二，抗战爆发后，为使国家珍籍免遭不测，国立北平图书馆奉命将善本古籍装箱，开始馆务南迁。识语中提及的国立北平图书馆丁丑南移，确与史实吻合。在此过程中，难免会出现极个别典籍散佚等情况，这也使得部分典籍存世渐罕、难以得见。不过，需要指出的是，梁氏所言国立北平图书馆藏康熙本《平顺县志》因南移而散佚一事，并不符合史实，经查，国家图书馆现藏2部康熙本《平顺县志》，且均为民国旧藏[①]。第三，识语中明确了是书的成书过程。梁氏好友范秀峰收得一部康熙本《平顺县志》，地点是“并市”，即今太原市，而身在北平的梁氏得见此书，遂令侄子梁继武利用公暇时间影抄一部。

十一、《静乐县志》

影抄《静乐县志记》

丁丑以还，吾业停顿，闭户攻书，聊迁岁月。三十年时，偶有晋西北乡野之游，归而

---

① 经查国家图书馆古籍馆目录卡片可知，此2部康熙本《平顺县志》均为民国时期入馆旧藏，现均已提善，索书号为A04489、A04490。

致力于晋志之研读。费三年之久,晋志已搜有成数,且获如嘉靖《盂县志》、康熙《寿阳志》、顺治《云中郡志》、顺治《浑源志》等诸珍本,而惟“静乐”“平顺”两志不遇焉。平顺偶于吾友范氏秀峰处见及,而“静乐”则除山西教育馆外未之见。其康熙本及雍正本,北平圕虽有存,而南移后,竟告遗佚;同治本则只闻天津任氏保有焉。爰托范氏向教育馆借出传抄,以资流传。惟原本印刷模糊,字句颇有残缺,而同治本则竟至无法辨认,乃托徐氏文堂影抄康熙、雍正两志,至同治本,则俟异日,并采范氏主张,将康熙、雍正两种分订,以免混同焉。中华民国三十四年二月二日。梁上椿识于故都。

按:《静乐县志》十卷,(清)黄图昌纂修,民国三十四年(1945)梁上椿抄本,四册。书衣有梁氏墨笔题“康熙静乐县志十卷四册,岩窟。”书名页题“康熙静乐县志”,并钤印“梁氏义乔其书满家”,序钤印“梁氏岩窟藏书”。识语题于卷首,落款处钤印“上椿”。

由上文“余读晋志始于丁丑之后”可知,梁氏系统研读山西方志始于民国二十六年(1937,丁丑),原因在于“丁丑以还,吾业停顿,闭户攻书,聊迁岁月。”即因社会时局的骤变,使其事业受到严重影响,继而致力于收藏、研读晋志。因家乡的地域因素及专业知识背景,梁上椿的事业由煤炭业起步。1918 年,其由日本学成归国,“任山西保晋矿务局矿师,河南中原煤矿公司总工程师,本溪湖煤铁公司技师,井陉矿务局矿师,平奉路局课长,津浦货捐局总办”①。1924 年,阎锡山在大同创办军人煤厂,1929 年,阎锡山请梁上椿出任董事兼经理,并将煤厂更名为晋北矿务局,由阎锡山任董事长。1930 年,梁上椿任晋北矿务局局长,负责全局业务管理并取得了出色业绩。1934 年,梁上椿出任阎锡山投资兴办的天津大同矿业公司经理。该公司将山西大同、阳泉的煤炭外销至天津、上海、日本等地,盈利颇丰。抗日战争爆发后,梁上椿将职工全部遣散并宣告公司停办。

此为梁氏影抄康熙三十四年(1695)刻本《静乐县志》。同时,现国家图书馆藏雍正本《静乐县志》亦为抄本,由国立北平图书馆于民国二十二年据故宫藏雍正八年(1730)刻本影抄。此外,梁氏同时影抄的雍正本,现亦藏于国家图书馆,但是书原缺卷二、五。另外,该志之“同治本”即清同治五年(1866)刻本《静乐县续志》,是志二卷,张朝玮纂修。如梁氏所言,此同治志十分罕少。参看《中国地方志联合目录》著录可知,现仅天津市图书馆及山西省图书馆庋藏。梁氏曾托人借阅山西省立新民教育馆藏本,此馆即为现山西省图书馆前身。而识语亦提及“同治本则只闻天津任氏保有焉”,此“天津任氏”应为民国时期专以收藏地方志而著称的藏书家任凤苞②。任凤苞是民国时期私家藏志“巨擘”,也有研究者称“任凤苞是我国藏书史上唯一的一位专门收藏地方志的藏书家”③。其藏书斋名“天春园”,后因得原抄本《康熙大清一统志》、清殿版《方舆路程考略》和《皇舆全览》三残本,故又名其室“三残书

① 刘国铭主编:《中国国民党百年人物全书》,团结出版社,2005 年,第 1998 页。

② 任凤苞(1876—1953),字振采,江苏宜兴人,民国时期著名银行家、方志收藏家。曾任民国时期的全国铁路协会评议员、金城银行董事、中南银行董事、盐业银行董事长、“北四行”(盐业、中南、金城和大陆四银行简称)信托部执行委员等职。

③ 江庆柏:《任凤苞与地方志收藏》,《中国地方志》1999 年第 4 期。

屋”。据任氏自撰《天春园方志目》载，其藏志达2536种[①]，约占我国现存方志种数的三分之一。其数量之庞大，在我国私家藏志中可谓空前绝后，且多珍善之本。新中国成立后，任凤苞将其所藏志书全部捐赠给天津市图书馆，其中，即包括梁氏提及的这部“同治本”《静乐县续志》。

十二、《崞县志》

后印《乾隆崞志》

《乾隆崞志》，县令邵、顾二氏所重修，而原稿成于邵令之时，顾令付剞劂时，又搜罗遗佚，成书二卷，顾又序之，所以称前编邵令稿、后编乃顾续稿，初印本均为前编八卷续编二卷。其顾之又序则附续编之前焉。其后不知何时再用原板付印之际，将续编两卷消除，或存板散佚，因而省去，惟续编之顾又序则留存，而附于篇首。后印颇模糊，且因避忌满清种族关系，将原板中之“突厥”“胡”“虏”“北寇”等字均易换焉。兹特表而出之，以便读者。铜川梁上椿志。三四，六，一六。

按：《崞县志》八卷，（清）邵丰锳、顾弼等纂修，清乾隆二十二年（1757）刻，民国间印本，四册。书签有梁氏墨笔题“乾隆板后修改印本，无顾补两卷。”正文首卷卷端下钤印“梁氏岩窟藏书”。识语题于“通成公司北京分公司用笺”上，粘贴于书衣。

梁氏在识语中详细讨论了乾隆本《崞县志》的成书过程。是志修于清乾隆二十一年，二十二年付梓。其实，梁氏原已藏有此乾隆二十二年本《崞县志》，且藏有相同版本的顾弼纂修的《崞县志续编》二卷，同时还收有光绪八年（1882）本《续修崞县志》[②]。正因其对《崞县志》版本收藏全面，且存其全帙，方得出顾弼续编两卷在此后版本中散佚而仅存其序言的准确结论。此外，梁氏注意到了光绪本《崞县志》中的“突厥”“胡”“虏”“北寇”等避讳字被替换，从这一细节可知，梁氏并未局限于藏书，更细心研读、比对版本间异同与优劣，可见其对山西方志颇有研究。

十三、《永和县志》

影抄《康熙永和县志》

余致力于攻读晋志以来，搜集晋志殆全，惟永和县志迄未见及。北平圕旧有藏本，而南移后，似已佚失。民廿二，来熏阁书肆以民国十九年铅印《永和志》来，正商购中，而友人范秀峰氏来自并州，谓如系旧考，高价自不当惜，如铅印新本，则原书必等年期亦

① 任凤苞撰：《天春园方志目》，民国二十五年（1936）荆溪任氏天春园朱印本。

② 梁上椿所藏三种“崞县志”现均藏于国家图书馆。

近，流传必较夥，不难获也，当代为留意，数坐可获也，乃任之。不意自日之后，竟不获再遇焉。廿三秋，与太原教育馆商，以所藏古籍与馆中复本晋志相交换，而永和因馆中只有康熙本一部，不与焉，乃商借来，并嘱李铭氏影抄一部。不意在未抄竣之际，刘氏吉甫为余由晋西山间访得民国十九年铅印本，见赠。喜其同时获得两志，乃特志之。民国三十四年二月崞县梁上椿自识。晋圕藏本缺刘氏、段氏原序，民十九铅印本载有焉，因亦摘抄补入，以期全璧。三四，七，二一，又志。

按：《永和县志》二十四卷，（清）王士仪纂修，民国三十四年（1945）梁上椿抄本，四册。本书钤印"梁氏岩窟藏书""梁氏义乔其书满家"。书衣有梁氏墨笔题"康熙永和县志二十四卷四册，岩窟"。识语题于卷首，落款处钤印"上椿"。

《永和县志》创修于明永乐、正统间，但清康熙四十九年（1710），刘愈深在该志序言中提及："吾永之志，自明季闯贼入寇，屠戮殆尽，版籍荡然。康熙十二年，署事张公始采辑成书。"即康熙十二年知县张君美复修县志，不过，未经数年该志即佚。故此，康熙四十九年之际，王士仪参校《山西通志》《平阳府志》，增其人物，修成此志，此志即为梁氏影抄之底本。梁氏在识语中详述了影抄此康熙志的来龙去脉。其中，梁氏对国立北平图书馆的重视可见一斑，涉及山西方志的收藏情况，其首先想见的便是该馆，由此也可窥见其时该馆在方志古籍收藏方面的权威地位。同时，梁氏友人范秀峰表达了其时古籍收藏的一些规律，即重视民国之前刻本，而轻视民国间铅印本。再者，梁氏欲与"太原教育馆"交换古籍，可见，当时此种"古籍复本易换"现象十分普遍，且已成为藏家互通有无、丰富藏品的有效手段。同时，笔者发现梁氏收藏的若干晋志书衣多钤有"山西省立新民教育馆藏书印"，由此亦可知，识语中所提"太原教育馆"即为"山西省立新民教育馆"，即今山西省图书馆之前身。此外，识语中提及"太原教育馆"藏本缺刘氏、段氏原序，即指康熙四十九年刘愈深、段丕猷所撰序言。

此外，梁氏亦藏有民国十九年（1930）铅印本《永和县志》，该志十六卷卷首一卷，四册。书衣有梁氏墨笔题："民国永和县志十六卷四册，岩窟，三三，一二。"书中钤印"梁氏岩窟藏书""梁氏义乔其书满家"。

（原载于《文献》2013 年第 5 期）

汲古阁原藏《贞观政要》版本初考

苏晓君　石光明

《贞观政要》是唐代史学家吴兢编写的一部政论史书，流传至元代，经史学评论家戈直采集唐柳芳等二十二家有关议论合为集论，因又名《贞观政要集论》，在四部分类中归为史部杂史类事实之属。这部书明代以前的印本流传极少，清莫友芝《郘亭知见传本书目》记录有"宋小字本"，清于敏中等人编《天禄琳琅书目・金版史部》著录颜体刻本一部，这两版宋、金本都已不存。元代刻本的记录虽不止一种，至今也很难见到实物。国家图书馆收藏的汲古阁原藏十卷本《贞观政要》一部（索书号 71393），被汲古阁、商丘宋氏认定为元代刻本，罕见稀传，汲古阁自家之外很少有人谈起过，一直未引起特别重视。近来在古籍核查中偶然遇见，经过一番查考，在版本方面有一些新的认识，下面简要谈谈。

一、汲古阁原藏本《贞观政要》

1. 雕版特征

汲古阁原藏本《贞观政要》，唐吴兢撰，元戈直集论。十册，十行二十至二十一字，小字双行二十字，黑口，四周双边，双鱼尾。卷前依次有元吴澄题辞、元至顺四年（1333）郭思贞序、戈直序、吴兢序、目次（十卷四十篇）、集论诸儒姓氏（二十二人）。赵字写刻，古雅工致，皮纸浓墨，摹印精整。版框高阔 25.5×18.5 厘米（7.5×5.5 寸），开本高阔 30.3×20.3 厘米（9.1×6.1 寸）。书经后人裱褙，包角线装，无封面页。卷四第一至十叶、卷九第十二至二十六叶系抄补，之中的"玄"字缺末笔。

此书共有九处墨钉，分别在卷三第二十至二十一叶、三十三叶，卷六第四叶，卷七第十九、二十一叶，卷八第四、九叶，卷十第七叶。墨钉也称墨等，雕版中用来表示阙文待补，也是一部书特有的标记，在版本比对时有重要的参考价值。鱼尾主要是黑尾，间杂有花尾。在版心两鱼尾间，上题"贞观政要"及卷次，下镌叶次。下鱼尾至底栏间多记刻工名姓，有的有姓有名，有的有姓无名，有的有名无姓，字体很不规范，或繁或简，大小不一，并有阳刻阴刻之别，十分随意，另有一些难以辨识的异体字。从叶次排列顺序看，每位刻工一次大约领刻两板，故相连的两叶多为同一人。具体各卷筒子叶数及书上有姓有名的刻工如下：

第一册，前序、目录等加卷一总四十二叶，卷一从第十三叶开始。吴澄题辞叶二"言道玑"（玑字简体），郭思贞序叶二"茍道珉刊"，戈直序叶一"茍道珉刊"。卷一，叶十六"刘士中"（刘字简体），叶十七"李溥"，叶二十三"王擕保"，叶二十九"陈中"（陈字繁体），叶三十

"陈中"(陈字简体),叶三十五至三十六"刘兴才"(刘字简体,兴字异体)。

第二册卷二,总六十叶。叶十九"李文正",叶二十一"张文玉"(张字繁体),叶二十二"文郁"。

第三册卷三,总三十九叶。

第四册卷四,总三十五叶。叶十三"王必文",叶二十四"陈中"(陈字繁体),叶三十三"张约山"(张字繁体)。

第五册卷五,总三十九叶。叶一"李浦才",叶三"文名",叶四"文民",叶二十三"王必文",叶三十五至三十六阴刻"路长"(长字繁体)。

第六册卷六,总三十五叶。叶十三至十四"陈中"(陈字简体),叶二十七至二十八"李才",叶三十三"文民"。

第七册卷七,总二十六叶。叶五"陈述"(陈字繁体),叶六至七"王必文",叶二十一至二十二"李才"。

第八册卷八,总二十五叶。

第九册卷九,总二十六叶。

第十册卷十,总二十四叶。叶十二至十三"王必文",叶二十三"文民"。

在一部古籍中,刻工署名不是每块雕版上都有,这种署名主要为便于计算工酬和质量检查,署刻者只将其作为一种标记符号,大都不甚介意字体工拙,之中有全名者并不多,这些信息也成为后人鉴别版本的重要依据之一。以上除去重复者,共有完整姓名的刻工十八人,都鲜有人提及过。

2. 钤印与题记

此本卷首、卷末叶下各有一方相同的白方"朱子儋印",铁笔粗放,无边框,钤盖略显率意,这是明代藏书家朱承爵的钤印。朱承爵(1480—1527),字子儋,号舜城漫士,又号左庵,室名朱氏文房,江苏江阴人,国子监生。朱子儋喜聚书,世传有以爱妾换宋刻《汉书》事,所藏书均有其藏书章。著有《存余堂诗话》《灼新剧谈》等。朱承爵生活在明成化至嘉靖间,早于汲古阁百多年,是这部书有明确印记的第一位收藏者,但很遗憾,除这两方藏印外书上再没有朱氏其他相关信息。

卷首上还钤有汲古阁的细朱文"元本"椭圆印和"甲"字方印。汲古阁藏书前后积至八万四千册,有独特的藏印,篆文精美。对于汲古阁藏书印,清代藏书家蒋光煦(1813—1860)在《东湖丛记》中有专门记载,云:"藏书家印记,或钤名印,或署斋号。惟汲古阁毛氏,于宋元刊本之精者,则以'宋本''元本'椭圆式别之,又以'甲'字印钤于首。"[①]此外,清嘉庆五年(1800)黄丕烈所刻《士礼居黄氏丛书》中,收有《汲古阁珍藏秘本书目》,由毛晋第五子毛扆(1640—1713)编撰,共著录毛扆晚年鬻贩善本四百余种,大体按四部排列。书后另外还开列了"续寄书目",没有标价,其中有"元板《贞观政要》十册"一条,记录虽然简单,证明汲古阁确曾收藏过元版《贞观政要》,且与卷首两方钤印正相吻合,因是推知这部书当是虞山毛家的旧藏。

---

① 蒋光煦:《东湖丛记》卷六"藏书印记",清咸丰六年(1856)刻本。

此本卷末附有清宋筠墨笔题记一纸（见图1），是另外一个版本鉴定的重要依据，云："元椠《贞观政要》八册，得之虞山毛氏家藏。镂字清朗，笔画工致，毫无污损。且纸色之旧，剧带古趣，虽元本，宛似南宋精刻，可爱也。惟卷四首抄补十页，卷九末抄补十五翻，稍嫌美玉微瑕。然书法苍劲，与镌版相称，几于莫辨，炼石之补，却成合璧。雍正十年闰五月既望，宿雨乍收，客窗尘净，发函展读，心目为之爽然，因题之简末。梁苑宋筠。"下钤篆体朱文"宋筠"、白文"兰挥"方印，这是公认的宋筠藏印款式。

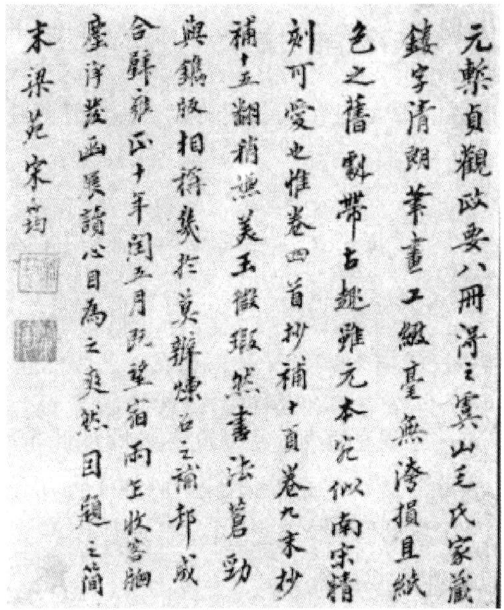
元槧貞觀政要八冊得之虞山毛氏家藏
鏤字清朗筆畫工緻毫無污損且紙
色之舊剧帶古趣雖元本宛似南宋精
刻可愛也惟卷四首抄補十頁卷九末抄
補十五翻稍嫌美玉微瑕然書法蒼勁
與鐫版相稱幾於莫辨煉石之補却成
合璧雍正十年閏五月既望宿雨乍收客牕
塵淨發函展讀心目為之爽然因題之簡
末梁苑宋筠

图1　宋筠墨笔题记

宋筠（1681—1760），字兰挥，号晋斋，河南商丘人，宋荦（1634—1713）次子，宋至（1656—1725）之弟。康熙四十八年（1709）进士，五十二年（1713）授翰林院检讨，官至奉天府尹。乞退后挈家归故里，继承父业，富藏书，颇得毛氏汲古阁秘本[①]。购藏秘本外，宋氏父子还喜刻书，毛扆精校雠，也参与过宋家镌刻事，康熙五十年（1711），在宋荦撰五十卷《西陂类稿》刻本上，就镌有"常熟门人毛扆校梓"印记，说明毛扆与宋家还曾有过多方面的合作，关系密切。雍正十年（1732）宋筠父兄都已过世，这时毛氏家藏"元椠《贞观政要》"成了八册，与《汲古阁珍藏秘本书目》的十册装订不同，表明经过几家收藏，中间装订分册上曾有过变化，不过最终又依卷数归为现在见到的十册。书中卷四、卷九的抄补，当是在这叶题记之前，而抄叶中所避的"玄"字，是避清圣祖讳，因此抄补时间约在宋筠题记之前的康雍间。宋筠的这段题记不但明确了此本为毛氏旧藏，更为重要的是毛、宋两家对此本为元刻，看法也是一致的。

卷末宋筠墨题附叶背面，还钤楷体朱文"句吴王懋明藏书记"长方印。此"句吴王懋明"无考，从钤印形制及位置看应是近代人。

二、元刻本《贞观政要》初考

有关《贞观政要》的元刻本，明清以来各大藏书目录极少有著录，即便仅见的几家，与汲古阁原藏本也有差别。

---

① 陆心源《仪顾堂题跋·元椠白虎通》条后有案语云："宋筠为商丘宋荦之子，《汲古阁秘本书目》为潘稼堂开值，议值不谐，其书多为商丘宋氏所得，故有兰挥两印，此流传源委之可考者。"（《仪顾堂题跋续跋》卷十。清光绪十六至十八年归安陆心源刻本）

1. 天禄琳琅旧藏本

清彭元瑞等人编撰的《天禄琳琅书目后编》卷九“元刻史部”中有：

> 贞观政要二函，十册
>
> 唐吴兢撰，元戈直集论……前有兢序目。直，字伯敬，临川人。吴澄之门人，采唐以来诸儒之说为《集论》。前有直自序，及所取诸儒姓氏二十二家，有吴澄题辞，至顺四年郭思贞序。

按：明有官刻《贞观政要》，即从此本翻雕，前有御制序者是也。

钤有朱文“宗藩清暇”“庐江王文房记”印①。

这部元刻本未著录行款，表述也有些含混。从按语中仅可知明官刻本“前有御制序”者是翻雕元版而来。

民国时期曾有三人对原昭仁殿所藏天禄琳琅古籍做过编目。第一位是施廷镛（1893—1983），民国十四年（1925）他被清室善后委员会聘为顾问，负责清点故宫图书，在整理昭仁殿藏书时，编撰了《天禄琳琅查存书目》②。据他在序文中讲，原有六百六十三部的藏书，此时仅存二百八十八部。这部书目的元版史部中，记录有“贞观政要十卷十册，唐吴兢撰”，与《天禄琳琅书目后编》归类相同，却缺少详细描述。第二位是陶湘（1871—1940），民国二十二年（1933）他受傅增湘之聘，任故宫图书馆专门委员，编辑书目。到任伊始即重辑《昭仁殿天禄琳琅续编目录》③，其中著录有“元版贞观政要十卷”一部，也与《天禄琳琅书目后编》一致。第三位是张允亮，却有完全不同的看法。

张允亮（1889—1952），字庾楼，别号无咎，河北丰润人。清末因在京师译学馆学业优秀，被奖举人出身。他自幼攻经史，后即专门从事古书版本目录研究，先后任职于故宫博物院、北平图书馆、北京大学图书馆、北平古物陈列所。著有《故宫善本书影》《故宫善本书目》《北京大学善本书目》等。《故宫善本书目》有民国二十三年（1934）故宫排印本，共分三编，一编天禄琳琅现存书目，二编天禄琳琅录外书目，三编宛委别藏书目。张允亮在序文中说：“究观存书，宋元赝者太半，则佚者或未足尽惜也……宋元传本日希，鉴别较易……兹编姑就历来簿录，参考名家藏目，排比成之。”因认为故宫善本“赝者太半”，故他所编的这部目录，与《天禄琳琅书目后编》多有出入。在一编天禄琳琅现存书目元版史部中，将《贞观政要》著录为“二函十册，唐吴兢撰，元戈直集论十卷，高丽复元本”，之所以仍放在“元版史部”，他在凡例第四条有解释性说明：“现存目，每书所标书名、函册，仍用原目旧题。次题撰人、卷数，又次题审定版本。其原目因辨别版刻未谛而误入者，仍依原次著录，不复更易。”但为何成为覆刻？为何是高丽本？他所参考的“历来簿录”“名家藏目”到底是何簿何家？均未作交代，故不得而知。

---

① 《天禄琳琅书目后编》，上海古籍出版社，2007 年，第 598 页。

② 民国间吴兴沈氏感峰楼抄本，西谛藏。

③ 民国 22—25 年《武进陶氏书目丛刊》本。

天禄琳琅的这部藏书，后来辗转到了台湾，现藏台北故宫博物院，他们做了详细的著录，并配有一帧书影，公布于网上，彭元瑞所认定的元本，因之得以细究。从其书目著录和卷端书影来看，此本比汲古阁原藏本板框稍小，高广 24.3×17.5 厘米，故两者应该不是一版。但版式、行格、字体一致，除记录的刻工略少外，两者基本相同。书上钤有“天禄继鉴”“乾隆御览之宝”“天禄琳琅”等多方藏印，其中也有“宗藩清暇”“庐江王文房记”两方藏印，与《天禄琳琅书目后编》所著录同，可知确为清宫旧藏。版本鉴定大致承袭了张允亮的《故宫善本书目》，但又有所改动，年代向后推移，被著录为“朝鲜覆元刊本”。台北故宫博物院的这个信息，也被 1998 年汉语大辞典出版社出版的《中国所藏高丽古籍综录》收入。不过在张伯伟所编《朝鲜时代书目丛刊》（中华书局，2004 年）中并没有朝鲜曾覆刻过元本《贞观政要》的记录，而这部书目被认为是“迄今为止收录书目最多的一种丛刊，举凡朝鲜时代重要的书目题跋，皆网罗无遗”。故有关天禄琳琅旧藏本的版本鉴定仍需更深入的研究。

无论天禄琳琅旧藏本是元刻本还是覆元刻本，此本与汲古阁原藏本的高度相似，已可作为后者是元刻本的一个佐证。

2. 皕宋楼旧藏本

著录元本《贞观政要》的，还有陆心源《皕宋楼藏书志》，该书卷二十四有：

> 《贞观政要》十卷，元刻本，上《贞观政要》表，自序。按：此元刊细字本，每叶二十六行，每行二十四字，小黑口，与明刊本相似①。

仅从著录看，此本似非戈直集论本，每版行字更密。汲古阁原藏本没有“上《贞观政要》表”，两者行款也不一样，显然不是一版书。

3. 杨守敬影真之元本

集宋元本而谱之的《留真谱初编》，是杨守敬编于清末的一部影刻本，也是我国第一部问世的古籍善本书影。每种书或摹刻其序，或摹其尾，皆有关考验者。其史部杂史类，选取了《贞观政要》一种，有序一面，目录一面，卷端一面。卷端下题“史臣吴兢撰”，版框高阔 22.2×15.7 厘米（6.7×4.7 寸），七行十七字，双鱼尾，左右双边。与汲古阁原藏本比较，差异也很明显，多出了卷端下题字，版框较小，行字不一，边栏非四周双边，字体瘦劲峻峭，有欧体风，也非戈直集论本样式。

4. 傅增湘所见之元本

傅增湘《藏园群书经眼录》卷四著录：

> 贞观政要集论十卷　元戈直撰

---

① 《皕宋楼藏书志》卷二十四叶十六，清光绪八年（1882）归安陆心源十万卷楼刻《潜园总集》本。

元刊元印本，十行二十字，黑口，左右双栏。板式阔大，高约八寸余，阔约六寸余。字体秀丽，雅近松雪，板心上记字数，阴叶。下记刊工人名，亦阴叶。有子才刊、彦正、施彦政、息斋刊、焦明、白文仲二、又其、刘、焦、永、施、化、陈、朱、仁等字。每卷有"礼部官书"朱文大印。

……

此书有人持至文友堂求售，因阅记之。（壬戌十一月十四日）①

这部元刊元印本，傅增湘记录得很详细，但他只于民国十一年（1922）在北京琉璃厂的文友堂见过，自己并没有收藏，如今更难觅其踪，因此这段文字尤显珍贵。其中刻工施彦政、焦明，在瞿冕良《中国古籍版刻辞典》都有记载，为元代刻字工人，并明确表示他们都参加刻印过《贞观政要集论》十行二十字本，而此二刻工在汲古阁原藏本中都没有。这部元版书版本尺寸略大，左右双栏也与汲古阁原藏本的四周双边有别，显然两书也不同版。元代中后期，版框边栏由左右双栏渐趋四周双栏，因此推测傅增湘经眼的这部双栏本或更早些。

5.《贞观政要集校》参校之元本

2003年中华书局出版谢保成的《贞观政要集校》，是当代对这部史书较为全面的整理研究成果，在其参校的十八种版本中，提到日本秩父宫家旧藏有元刻本。本书以抄本和元、明刊本比校，也叙述了一些元刊本的特征，如卷端下有"史臣吴兢撰"题字，这与杨守敬《留真谱初编》比较相像，而汲古阁原藏本无有。集校叙录中还列举了一些章节字句，也与汲古阁原藏本各有异同，不是同一版本。

6. 与汲古阁原藏本行款最接近之本

《中国古籍善本书目》著录五种《贞观政要》，其中虽没有元刻本，但有明成化元年（1465）内府刻本一种，十行二十字，小字双行同，黑口，四周双边，与汲古阁原藏本行款最为接近。此本应该就是上引《天禄琳琅书目后编》所谓从元本翻雕者，卷前有明宪宗御制序文，国家图书馆有藏本。

经过比较我们发现，汲古阁原藏本卷一"论君道一"第十五行作"问理国何如詹何曰未闻身理而国乱者陛下所明实"②（见图2），共二十一字，而成化元年内府本为"问理国何如詹何曰未闻身理而国乱者陛下所明"，无最后的"实"字，只有二十字；而且成化本版心下也无刻工。据此可知，《天禄琳琅书目后编》翻雕之说并不准确，成化本可能只是重刻本，而非覆刻本。

---

① 《藏园群书经眼录》第二册，中华书局，1983年，第285页。

② 天禄琳琅旧藏本卷一"论君道一"第十五行文字与汲古阁原藏本同。

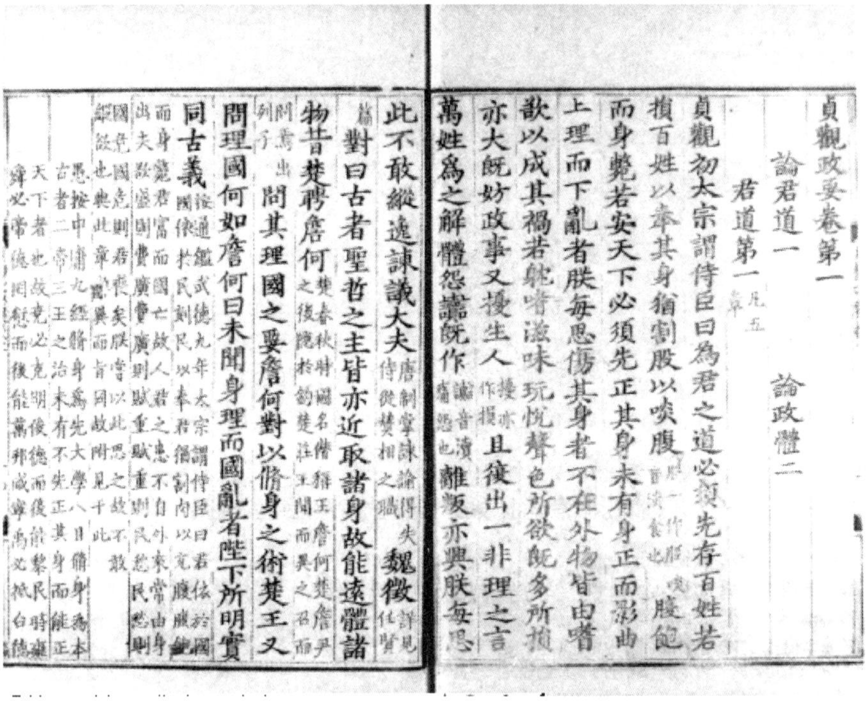
貞觀政要卷第一
論君道一　論政體二
君道第一
貞觀初太宗謂侍臣曰為君之道必須先存百姓若
損百姓以奉其身猶割股以啖腹　腹飽
而身斃若安天下必須先正其身未有身正而影曲
上理而下亂者朕每思傷其身者不在外物皆由嗜
欲以成其禍若躭嗜滋味玩悅聲色所欲既多所損
亦大既妨政事又擾生人　且復出一非理之言
萬姓為之解體怨讟既作　離叛亦興朕每思
此不敢縱逸諫議大夫　魏徵
對曰古者聖哲之主皆亦近取諸身故能遠體諸
物昔楚聘詹何　問其理國之要詹何對以脩身之術楚王又
問理國何如詹何曰未聞身理而國亂者陛下所明實
同古義

图 2　汲古阁原藏本《贞观政要》卷一

综上所述，纸墨古雅的汲古阁原藏本《贞观政要》，版式疏朗明净，刊印精工，罕闻稀见；《汲古阁珍藏秘本书目》所记“元板《贞观政要》十册”，由其卷首的“元本”“甲”字钤印得到印证；书后宋筠所题“元椠《贞观政要》八册，得之虞山毛氏家藏”，进一步确定这部书就是汲古阁原藏元刻本，这是我们认定其为元代刻本主要依据。在对相关版本的梳理后可以知道，元代至少雕刻过两版戈直集论的《贞观政要》，一版是傅增湘先生所见左右双栏本，另一版就是现藏国家图书馆的汲古阁原藏四周双边本，它也是已知现存《贞观政要》和戈直集论的最早刻本。本文只是对此本之初考，至于其版本价值，我们拟再作研究。

（原载于《文献》2013 年第 5 期）

古书旋风装形制赘言

程有庆

旋风装是中国古籍一种特殊的装帧形式，由于存世实物罕见，加之历史文献记述欠详，其具体形制究为何状，至今仍然众说纷纭，莫衷一是。近年来，随着中国古代书籍装帧技术被列为非物质文化遗产，涉及古代书籍装帧技术的研究日趋深入，而其中有关旋风装的学术探讨更成为引人关注的热门话题。有鉴于此，笔者不揣谫陋，也试就旋风装形制问题略陈管见，并借此求教于方家。

一、旋风装形制的几种观点

中国古籍的演变发展，有着漫长的历史，然而探究其演进过程却困难颇多，马衡《中国书籍制度变迁之研究》为此感言曰："惜年湮代远，书阙有间，欲求完全而有系统之知识，实属不易。所幸载籍之记录，实物之流传，虽属东鳞西爪，尚可得其大较。"古书旋风装大约出现于唐、五代时期，其传世实物早在宋、元时期即已十分稀见，无怪乎清代著名藏书家钱曾在遇见相关实物后，发出了"真旷代之奇宝"的惊叹。

20 世纪以来，旋风装得到书史研究者较多的注意，马衡、余嘉锡以及日本岛田翰等学者都已在各自的著作中对旋风装有所论述，然而时至今日，人们对旋风装具体形状的认识，却仍然存有歧见，未能统一。总结当今人们对旋风装形制的研究，主要有如下 5 种观点：

（一）旋风装即蝴蝶装

1918 年出版的孙毓修著《中国雕版源流考》书中"装订"一节论述旋风装时加有按语："按旋风叶即蝴蝶装"，明确表达了这一观点。

（二）旋风装即龙鳞装

其实物即现藏故宫博物院唐写本《王仁煦刊谬补缺切韵》。

此说见上海辞书出版社 1979 年出版的《辞海》"旋风装"第一条注释："（1）卷子。清钱曾云：'吴彩鸾所书《唐韵》，余在泰兴季因是家见之，正作旋风叶卷子，其装潢皆非今人所晓。'此卷现藏故宫博物院，宋人称之为龙鳞装。"

1981 年，李致忠先生在《文物》杂志上发表《古书"旋风装"考辨》一文，根据故宫博物院所藏唐写本《王仁煦刊谬补缺切韵》实物，指出"龙鳞装"就是旋风装，旋风装是对卷轴装的一种改良。

(三)旋风装即经折装

马衡《中国书籍制度变迁之研究》说:“所谓旋风叶者,谓以卷轴之长幅,变卷舒以为折叠,自首至尾,可以循环翻检,今俗称经折式,唐宋时谓之旋风叶。释教经典至今犹有作此式者。”(《图书馆学季刊》第一卷二期,1926 年出版)

李文裿《中国书籍装订之变迁》云:“卷轴展阅之时,舒卷极不便利,故进而为折叠状,谓之‘旋风装’。《墨庄漫录》云:‘世间所传《唐韵》犹有□旋风叶,字画清劲,人家往往有之。’此旋风装名称之所由来也。唐代佛教大盛,所有经典,因便于唪诵之故,多用此式,故亦名‘经折装’。”(《图书馆学季刊》第三卷第四期,1929 年出版)

(四)旋风装即“类龙鳞装”

“类龙鳞装”的名称由笔者自拟。按我个人的理解,持此说者所举实物均与龙鳞装相似,但不够规范,故取此名。

此观点见杜伟生 1997 年在《文献》杂志上发表的《从敦煌遗书的装帧谈“旋风装”》一文,原文描述云:“将书叶一侧码齐,在左边(或右边)涂上浆糊。逐叶粘牢,再粘上木棍或用一根破开的细竹管夹住书叶粘连处,打眼穿线装订。展阅时书叶虽参差不齐但排列有序,收藏时以集齐的一侧为轴心卷起,这种装帧就是‘旋风叶’,也就是中国古书旋风装。”其参考实物为法藏敦煌遗书 P. 2046 号、P. 2490 号,英藏敦煌遗书 S. 6349 号。①

《文献》杂志 2012 年第一期发表侯冲《从凤仪北汤天大理写经看旋风装的形制》一文,其中“旋风装形制之我见”一节,叙述旋风装特点为:打开时形似龙鳞,叶子分单面写、双面写两种,比卷轴装便于翻检等。

(五)旋风装即“包背式经折装”

“包背式经折装”的名称是笔者据周绍良先生文意而拟②,盖因其外观像包背装而取此名。

日本学者岛田翰所撰《古文旧书考》(1904 年出版)书首所附《书册装潢考》一章有云:“旋风叶者,盖出于卷子之变,夫卷子之制,每读一书检一事,䌷③阅展舒,甚为烦数,于是后世

---

① 杜伟生《中国古籍修复与装裱技术图解》(中华书局,2013 年)书末“附录”介绍了 4 种敦煌遗书旋风装的装帧形式,大致概括了 4 个特点:1.“书叶数量的多寡不一,有的双面书写,有的单面书写,书叶规格基本上都是横长竖短。”2.“有的书有底纸,有的书没有。没有的书一般情况下底叶加长,以用作底纸。”3.“书叶多数以左侧为准集齐,也有右侧集齐的。书叶集齐后,逐叶粘牢,然后或粘在木棍上,或用竹条夹住用麻线穿连订好。”4.“最重要的一点,这种装帧的书籍展阅时书叶有序排列,可逐叶阅览。卷收时以书叶集齐的一侧为轴心,卷起收藏。”

② 周绍良《绍良书话》(中华书局,2009 年)第 364 页:依我的看法,所谓“旋风叶”,应该是指梵夹的包背装。

③ 䌷:疑是“翻”字之误。

取卷子,叠折成册,两折一张褾纸,概粘其首尾于褾纸,犹宋椠藏经,而其制微异而其翻风之状宛如旋风,而两两尚不相离,则又似囊子,固皇国谓之囊草子也。”

余嘉锡先生《书册制度补考》赞成此观点,认为:“此说甚得之。岛田所谓褾纸,即护叶也。旋风叶之护叶,必以整张纸包其前后而粘联之,今之册叶,则上下护叶各只半张,露出书背,惟此为异尔。”(《国立北平故宫博物院十周年纪念·文献特刊》,1935 年 10 月)

1979 年上海辞书出版社出版的《辞海》“旋风装”第二条注释云:“(2)册子。相传用长卷子,折迭成册后,加一书面,使首页和末页相连缀。阅时可以循环翻阅,连续不断,不致散开。宋侯延庆《退斋录》云:哲宗以一‘旋风册子’手自录次。”

以上几种观点基本反映了当今旋风装研究的状况,需要说明的是,第一种旋风装即蝴蝶装,现今已少有人再持这种观点了。原因很简单,现存旋风装的有关文献的记述与规范的蝴蝶装形制相距甚远,实在有些联系不上。

第二、第三、第五种观点均源于旧说,三家所指旋风装形制都比较明确、单一;第四种观点则显然由第三种观点即旋风装即龙鳞装衍化而出。近些年来持第四种观点的研究者较多,但观点微有异同,其形制描述也较为纷杂。新近出现了不少结合新见古籍实物,对旋风装形制加以研究、探索的好文章①,读后令人受益匪浅。但概观这些文章,似乎存在着重“新说”、轻“旧说”的研究倾向,或许可以说,这也正是自 20 世纪 80 年代以来有关旋风装研究的一个显著特点。

二、旋风装历史文献辨析

中国历史文化悠久,存世的古籍文献堪称浩繁,但令人颇感惋惜和惊异的是,其中有关旋风装的记述竟然出奇地少。本文为便于说明问题,不得不赘引数条人们引证最频的材料,以略作分析。

> 唐人藏书皆作卷轴。其后有叶子,其制似今策子。凡文字有备检用者,卷轴难数舒卷,故以叶子写之。如吴彩鸾《唐韵》、李郃《彩选》是也。
>
> (宋欧阳修《归田录》)

这段话的文意不难理解。意思是说唐代流行卷轴装,之后出现叶子,叶子装的形制像当时(北宋时期)流行的策子,即经折装。例如吴彩鸾《唐韵》、李郃《彩选》等都属于叶子书。

需要说明的是文中“策”字的理解。按照《汉语大词典》的解释,“策”有 20 义,其中第十六义引用宋代程大昌的话释云:“古书不以简策,缣帛皆为卷轴,至唐始为叶子,今书册是

① 参阅:宋雪梅《“龙鳞装”与“旋风装”考》,《美术观察》2007 年第 7 期;王传龙《“旋风装”版本汇考》,《大学图书馆学报》2009 年第 3 期;方俊琦《古籍“旋风装”演变探微》,浙江师范大学学报(社会科学版)2009 年第 4 期。

也。”（程大昌《演繁露》卷十五）程大昌的话可以为欧阳修的观点做旁证。他认为当时流行的书册，基本来源于叶子。换句话说，当时装订成册的书，都是叶子装。这两条材料代表了宋人的观点。

> 成都古仙人吴彩鸾善书小字，尝书《唐韵》鬻之。今蜀中导江迎祥书院经藏中《佛本行经》六十卷，乃彩鸾所书，亦异物也。今世所传《唐韵》犹有，皆旋风叶，字画清劲，人家往往有之。
>
> （张邦基《墨庄漫录》卷三）

这段话大致是说唐代善于书法的女子吴彩鸾有《唐韵》等许多书法作品，到宋代已成稀罕物，当时还有一些吴彩鸾所书《唐韵》传世，都是旋风叶子装帧。

这段文字被视为旋风装即龙鳞装的重要证据，引用率极高。但有两点需提示注意：其一，文中虽然提到旋风装，但并未对旋风装的形状加以具体描述，故所言“今世所传《唐韵》”，其装帧形式不见得与现今藏于故宫的唐写本王仁煦《刊谬补缺切韵》相近或相同。其二，从这段文字的语意看，张邦基心中对旋风叶子装应该是清楚的，只不过他没有把话说明白。因此，如果仅仅依赖此文来证明现存唐写本《刊谬补缺切韵》即旋风装，显然还缺少足够的说服力。

> 吴彩鸾龙鳞楷韵，柳诚悬题云：“吴彩鸾，世称谪仙也。一夕书《唐韵》一部，即鬻于市，人不测其意。稔闻此说，罕见其书，数载勤求，方获斯本。观其神全气古，笔力遒劲，出于自然，非古今学人所可及也。时大（太）和九年九月十五日。”其册共五十四叶，鳞次相积，皆留纸缝。天宝八年制。
>
> （元王恽《玉堂嘉话》卷三）

不少研究者认为，此段文字所记述的龙鳞装吴彩鸾楷书《唐韵》，即今存故宫博物院的唐写本王仁煦《刊谬补缺切韵》。因两者叶数不合，故又推测文中“其册共五十四叶”的“五”字当作“二”字之误，但认为龙鳞装与旋风装有别的黄永年先生不同意此看法，其所著《古籍版本学》（增订本，江苏教育出版社 2009 年出版）①中“旋风装”一节说：“吴彩鸾这个所谓的‘女仙’（其实当是女道士之流）书写的《唐韵》并不止这一部，完全可以既装成旋风叶，也装成龙鳞式，怎样能够断定旋风叶就是像故宫博物院收藏的王仁煦《切韵》那样的龙鳞式呢？”

实际上，《玉堂嘉话》的这则记录明显存有疑问。如《唐韵》的书写时间在唐大和九年（835），卷子的制作时间在唐天宝八年（749），二者前后时间居然倒差了近百年，它又怎么可能被装帧出来呢？因此，《玉堂嘉话》所记《唐韵》几乎不存在与故宫博物院所藏唐写本王仁煦《刊谬补缺切韵》有什么联系的可能。

故宫所藏古写本《刊谬补缺切韵》，向被视为古书龙鳞装或旋风装最为典型的重要实物。

---

① 以下引黄永年先生语均出此书。

可惜宝物隐藏深宫,人们难以辨识其庐山真面目。不少研究者据图片或超视距直观,认为其纸两面写字,从而得出若不采用此种装帧方式,则纸背文字无法观看的推论。但事实似非如此。曾任故宫博物院院长的马衡先生早年亲眼看见过此书,鉴于他特殊的身份,我们有理由推测他是近距离细致观察过这本书的。试看他《中国书籍制度变迁之研究》中的记述:

> 一九四七年秋,故宫博物院收得唐王仁煦《刊谬补缺切韵》一卷,为海内佚书。其装潢虽为卷子,而内涵散叶二十四叶。盖以两纸裱成一叶,故两面有字。其装为卷子也,则以第一纸裱于内。自第二叶起,仅以叶之一端粘着卷上,以次错叠,如鱼鳞然。卷之则成卷轴,不见散叶之迹。宋濂跋称"其装潢之精,出自宣和内臣",是犹北宋原装也。其后虽有"洪武三十一年四月玖日重装"字样,意必修整原装,未更形式也。

按照马衡先生所说,因为《刊谬补缺切韵》用两纸裱成一叶,所以才会两面有字。这也是它为什么叶数少于其他《切韵》而只有二十四叶的原因。由此看来,《刊谬补缺切韵》采用此种装帧方法,其最主要的目的,似在于缩短卷子的长度,以利于翻阅。黄永年先生也因此而质疑说:"龙鳞式最多只能节省点卷子的长度,怎么能旋得起风来呢。"这句话也正是许多人心中的疑问。

> 《录》(云烟过眼录)云:"焦达卿有吴彩鸾书《切韵》一卷,其书'一先'为'二十三先'、'二十四仙'。"相传彩鸾所书《韵》散落人间者甚多。余从延令季氏曾睹其真迹,"一先"仍作"一先",与达卿所藏者异。逐叶翻看,展转至末,仍合为一卷。张邦基《墨庄漫录》云旋风叶者即此。真旷代之奇宝。因悟古人"玉燮金题"之意。《唐六典》所以有"熟纸装潢匠"之别也。自北宋刊本书行世,而装潢之技绝矣。余幸遇此《韵》,得睹唐时卷帙旧观。今季氏凌替,此卷归之不知何人。世无有赏鉴其装潢者,惜哉。
>
> (钱曾《读书敏求记》卷三)

这段话大意是说焦循家藏吴彩鸾书《切韵》1卷,钱曾在延令季氏人家看到过真迹,一叶一叶翻看,展转至末,仍合为1卷。张邦基《墨庄漫录》所说的"旋风叶",应该就是这个样子。

这段文字中的"仍合为一卷",研究者多视其为旋风卷子装的重要证据,但黄永年先生对此也有不同的看法,他说:"至于清初钱曾《读书敏求记》卷三《云烟过眼录》条说他在延令季氏所睹吴彩鸾《切韵》真迹,'逐叶翻看,展转至末,仍合为一卷'者,则是由于旋风叶如前所说前后连起来包上了一张书皮的缘故。"这话并非没有道理。

> 吴彩鸾所书《唐韵》,余(钱曾)在泰兴季因是家见之,正作旋风叶卷子,其装潢皆非今人所晓。
>
> (《涵芬楼烬余书目》子部《墨庄漫录》提要)

这段文字见于涵芬楼旧藏的明万历商濬刻稗海本《墨庄漫录》[①]之中，原书经劳格校藏。劳格曾据钱曾等人旧藏的几个抄本校勘，过录了钱曾、鲍廷博等人的校和跋。除上面的引文外，劳格还过录了一段钱曾的跋语："已酉岁三月九日，从隐湖归，校此二卷，字句殊觉此本为胜。但两本俱未完善，惜其中脱落多耳。"由此推析，《涵芬楼烬余书目》引文为钱曾之语大致可以信赖。

由于引文中明确提到"旋风叶卷子"，所以它确有可能是卷子装。也正因为此，这段文字被作为旋风叶卷子装最为重要的证据，为学者广泛引用。

但我觉得，钱曾对传统旋风装是有认识的，此处"旋风叶卷子"的称呼，可能只是钱曾个人忽见唐代旧装兴奋难抑的临时性见解，并不能由此来否定之前人们对旋风装的基本认识和定义。

另有一点需要说明，钱曾记述旋风装的这段跋文，傅增湘先生早于1914年即据涵芬楼旧藏《稗海》本过录到了自藏相同版本的《墨庄漫录》上面，其中"正作旋风叶卷子"一句，并无"卷"字，或许傅先生认为此"卷"字为衍文。真若如此的话，那人们有关旋风叶子装的争论将会减少许多。

> 蔡确之子懋，先宣和末为同知枢密院事，因奏事，言确南迁时事，云："苏轼有章救先臣确，臣家尝传录。"因袖出章进。上皇云："苏轼无此章。轼在哲宗朝所上章，哲宗以一旋风册子手自录次。今宫中无此章也"。懋怅然而退。
>
> （宋侯延庆《退斋笔录》）[②]

《退斋笔录》属于笔记小说，它讲述了这样一个故事：北宋奸臣蔡确之子蔡懋，在宣和末年做官时，想替自己的父亲翻案，便伪造了苏轼的文章，上奏宋徽宗说，苏轼曾写过救助蔡确的奏章。不料宋哲宗把苏轼所上奏章的名字都亲手抄录在了一本便于翻阅的旋风装册子上，很快就查清苏轼没有这个奏章。蔡懋因此被宋徽宗驳回，只得悻悻而退。

这段文字的重要性，在于它明确记录了宋哲宗曾使用旋风册子记录苏轼进呈的策章。古代臣子上呈皇帝的奏章，又称折子，均为经折装形式，此形制作为惯例，历久不变，一直沿用至清末。由此可证，宋人所谓旋风装，显然是折叠的册子装，也就是我们今天所说的经折装。

以上6条材料代表了旋风装各种观点的基本依据，被引用的频率很高。其中直接提到旋风装的只有张邦基《墨庄漫录》、宋侯延庆《退斋笔录》、钱曾《读书敏求记》及《涵芬楼烬余书目》提要4条。另外两条是与之相互补充印证的。通过各条材料的分析，认为经折装即旋风装，似较他说更具说服力。

兹再补充两条材料，以证明旋风装即经折装。

江少虞《宋朝事实类苑》卷六十记有《日本扇》条，其文云：

---

① 本文所列举宋、元、明刻本，原书均藏国家图书馆。

② 引自涵芬楼本《说郛》卷四十八。

熙宁末，余游相国寺，见卖日本国扇者，琴漆柄，以鸦青纸厚如饼，揲为旋风扇，淡粉画平远山水，薄傅以五彩，……

这段文字中的“揲为旋风扇”一句，显然说的是扇子，但由此联想古书旋风装的形制，不正说明经折装就是旋风装吗？可以说，《宋朝事实类苑》中的这条记述是目前所知旋风装各类资料中，对旋风装形态描述最为清楚的文字。

北宋小字本《妙法莲华经》七卷，作旋风叶装七册。首尾俱以宋藏经笺为副叶。字体纯似率更，行格亦极整齐。楮墨精洁，首尾完好，洵无双秘册也。半叶十行，行二十二字，得自装书工人(装书工人魏书衡，后死于娼院)。①

袁世凯次子袁克文，号“寒云”，喜好藏书，仰慕黄丕烈，嗜爱宋版，藏书楼称后百宋一廛。后因收藏两部宋刻《妙法莲华经》，藏室又添“双莲华庵”之名。文中所记旧藏旋风叶装“北宋小字本《妙法莲华经》”，即其“双莲华”之一，今藏国家图书馆。书中有袁克文手书跋语及印鉴，为七册经折旧装，每册上下均有夹板，装潢佳善至极。据此实物，足可断定旋风装亦即经折装的别称。

三、黄丕烈与旋风装

前面我们通过文献分析，基本证明了古人所谓的旋风装，就是我们今天所知道的经折装。下面我们再对包背式经折装做一些探索和讨论。

包背式经折装向被视为旋风装而得到尊重，这一具有传承性的观点直到20世纪80年代之前，始终占据着主导的地位，如中华书局1962年出版的刘国钧《中国古代书籍史话》说：“旋风装与梵夹装的不同之点，仅在于它将梵夹装的前后封面改为一张整纸，以其一端粘于最前页的左边，另一端向右包到书背面而粘在最后一页的左边，这样便将书的首尾粘连一气，因此在翻到最后一页的时候，便可以连着再翻到首页。往复回环有如旋风，所以叫作旋风装。”再如书目文献出版社1980年出版的肖振棠、丁瑜《中国古籍装订修补技术》说：“折装的书籍普遍使用之后，有人觉得这种装裱形式的书极易散开，于是又加以改进。即把卷子折叠成册，然后用一张比折子宽一倍的厚纸，从当中对折起来，上半折粘于卷首，后半折粘于卷尾，折叠时像一册平装书，全部拉开如同一个大的纸套。翻阅时既不会有散开扯断的缺点，还可以从第一叶翻起，直到最后一叶，并仍可继续由最后一叶翻到前面：周而复始，不会间断。这种回环往复翻阅的书，婉转如旋风，就叫它作旋风装。”

“包背式经折装即是旋风装”的这一观点，尽管有余嘉锡、刘国钧以及日本岛田翰等一批

---

① 引自王雨摘抄的《寒云日记》(乙卯日记，1915年)三月初一日记。见《王子霖古籍版本学文集》，上海古籍出版社2006年出版。

著名学者的支持，但还是由于缺少早期历史文献的佐证，逐渐被一些研究者忽视。就以1979年版《辞海》"旋风装"的解释来讲，先说龙鳞装后说包背式经折装，这本身就颠倒了以往的侧重，具有明显的倾向性。再如1999年印刷工业出版社的《中国印刷通史》，也肯定龙鳞装即旋风装，说"旋风装近于卷轴装"。特别是近年来，如果从已发表的著述看，几乎很少能看到维护包背式经折装是旋风装的文章了。而各种版本学著作，基本上都以龙鳞装式作为旋风装的正源。例如人民美术出版社2008年出版，被列入"普通高等教育'十一五'国家级规划教材"的《中国古代书籍装帧》一书，其中第二章有关旋风装的介绍，也是把龙鳞装作为主流，而把刘国钧认为的曾经有很大影响的"旋风装是经折装的变形"，列入"对旋风装书的另外的看法"。

包背式经折装的书籍虽已十分少见，但毕竟还有一些存世。难道承传已久的包背式经折装即是旋风装，真的就是空穴来风而就没有留下蛛丝马迹的根据吗？让我们来看一下黄丕烈旧藏善本的一个记录。《士礼居藏书题跋记》卷六著录《丁鹤年集》四卷，其开首记录了顾广圻、黄丕烈、夏文焘的3首唱和诗，之下有黄丕烈的题跋和题诗，试录文于下：

上《三益联吟》册中题元本《丁鹤年诗》也。此集为涧薲岁试玉峰时所收，而后归余者。故仿校宋本《建康实录》例，涧薲为首唱，而余次之，方米最后者。因余两人唱和时，方米挈徒小试玉峰归，后继和故也。时限"年"字而禁用本事者，亦册中例也。此书破损，不堪触手，重录三诗于卷首，以见题书纪事，一间宾主之欢有是也。荛翁跋。（均在卷首）

再赋《丁鹤年集》，得"丁"字，仍禁压本事。

搜来从架下，首叶已残零。我自一知己，人殊不识丁。收藏诚有数，呵护岂无灵。别具区区意，兹为隗始宁。（时命某贾为玉峰续访之役。）顾广圻稿。

重觏装潢旧，旋风叶未零。图章宜置甲，部次恰居丁。我愿稀千顷，君交托九灵。诗书情正切，空寐想难宁。（时玉峰书摊传闻有旧刻《大戴礼》涧薲欲与余买舟往访也。）次涧薲韵，荛圃黄丕烈。

莫嗟相见晚，全帙未奇零。他日夸黄甲，（二字借用荛圃将辑书目，此元刻元人集例入甲等）今朝笑白丁。（用涧薲诗压丁字句意。）受嗤遭目拙，特赏愜心灵。得陇休重望，教君五臧宁。荛圃同次韵，方米夏文焘。

中秋月，余得宋刻《千金方》，同人相约题诗纪事，限"孙"字而禁用其人本姓，自后因书而赋者，悉用是例矣。

初涧薲得此书，重为元刻，诗以纪事，拟用"丁"字，畏其难，而改用"年"字，卷端三首是也。昨涧薲自家至书塾，袖出一诗，谓向为所难者，今反见巧矣。所压"丁"字，果称巧绝，遂偕方米次和。时命工用也是翁所用旋风叶装潢法装之。事既竣，即就副叶界乌丝栏书其上，披览之余，亦颇快目。书中《哀思集》重第六叶，《续集》阙第八叶，总计七十七叶，每叶边楷书细字，笔墨亦古雅，涧薲谓是明人书，余亦绝爱之，故并及云。

荛圃

读了上面的题跋、题诗，大致可以明白其中的原委。顾广圻先得到元刻本《丁鹤年集》，后又把书给了酷爱宋、元本的黄丕烈，顾广圻、黄丕烈、夏文焘三人分别在书上题诗唱和。一段时间之后，三人重又雅聚观书，各再题诗一首。其中黄丕烈诗句中的“重觏装潢旧，旋风叶未零”二句，向我们透露出了一个非常重要的信息，即此书是采用旋风叶装帧法装订的。而之下黄丕烈的题跋，更明确提到：“时命工用也是翁所用旋风叶装潢法装之。”句中所说的“也是翁”，就是称旧写本《唐韵》为“旋风叶卷子”的著名藏书家钱曾。

可惜的是，黄丕烈旧藏《丁鹤年集》原书今已无存，故也是翁旋风叶装潢法究竟什么样子，竟又难以知晓了。这真是一个让人遗憾至极的事情。

然而，根据上述诗文所讲，我们至少可以大致明白 3 个问题：其一，钱曾和黄丕烈不仅都十分了解旋风装，并且都掌握了旋风装的装帧技术；其二，黄丕烈的这本《丁鹤年集》，是采用特殊的“也是翁所用旋风叶装潢法”装订的。其三，从元刻《丁鹤年集》书名、内容分析，它装订出来的样式不可能与龙鳞装相似。

珍贵古籍流传于今而其装帧不经改易者，今已稀若星凤，但毕竟尚有一些依存旧貌。国家图书馆藏有一些黄丕烈旧装的宋元版书，其装潢颇具风雅，如宋刻本《白氏文集》的装帧，即为包背式经折装。此书《读书敏求记》（卷四）著录，且钤有钱曾、黄丕烈的印章，当即钱曾旧藏而后又传归黄丕烈者无疑。黄丕烈号佞宋主人，嗜宋本如命，其所藏珍贵宋元本，采用此种包背式经折装法装帧者不少。根据黄氏《丁鹤年集》的跋语，我们可否做出这样的推测：即黄丕烈旧藏宋刻本《白氏文集》所采用的装帧，极可能就是“也是翁旋风叶装潢法”。

按常理分析，像钱曾、黄丕烈这样的著名藏书家，定会采用优秀、典雅的古籍装帧方法，以装点、保护自己所酷爱的珍秘古籍。他们不仅想让好书流芳久远，也希望旋风叶装潢法能够传扬下去。因此，如果这个推理可以成立的话，那么我们就有理由断定，古籍包背式经折装就是旋风叶装潢法。

四、旋风叶子装考辨

通过前面的分析，我们明确了包背式经折装就是旋风叶子装，因而也就从形状上区分开了它与经折装或者说是旋风装的差别。其实包背式经折装与经折装的差异，仅仅是多了一层包住书背的封皮纸，但如此一个小小的改装，就使传统的经折装无法展开、拉长，只能像册叶装那样翻阅。

然而，从词义上说，包背式经折装是否可以直接解释为旋风叶子装？换句话说，旋风叶子装与旋风装是否仅仅只是装帧形式上的这一点点差别？这个问题仍有探讨的必要。究竟旋风叶子装有什么样的特点呢？我们结合书籍装帧及其相关实物，就此问题再作一些分析和探索。

中国古代纸质书籍在册子本产生之前，主要流行卷轴装。自外来的贝叶经传入之后，出现过梵夹装本书籍。但古人常说的梵夹本，主要包含了两种形制的佛经[1]：其一是指仿照外来贝叶经穿线连叶的佛经，如国家图书馆收藏的唐五代写本《思益梵天所问经》，该经两面书写，纸叶中间留有空白，以用于穿绳线，上下有漆色夹板。其二指带有夹板的经折本，如周叔弢先生旧藏宋朱绍安刻本《大方广佛华严经》八十册[2]，每册上下均有漆板，为宋代旧物。从书籍装帧角度而言，前者源于外来的贝叶经，属于真正的梵夹装，后者则源于中国的卷轴装，实际属于经折装，二者形制其实是不宜混同的。

现存大量的唐代写经、文书等相关实物，基本上都是卷轴装，这表明梵夹装实际在唐代并不盛行。中国人接受了外来的佛经，但在典籍抄写格式与装帧形式上并未简单地仿照外来的梵夹、贝叶，而是按照自己的思维方式和习惯，发明了经折装。

经折装显然是学习了外国的梵夹装并继承了中国传统卷轴装的优点而产生的。经折装的纸张经折叠之后，外形很像外来的贝叶，而将折叠的纸张全部拉开，又与传统的卷轴装没有什么区别。现存宋刻经折本《毗卢藏》《崇宁藏》的版式均是一纸一版，每纸折为 5 至 6 个半叶，每半叶 6 行 17 字，这与唐代标准写经每纸 28 行，每行 17 字的款式显然是有密切关联的。

随着经折装的出现，尤其是雕版印刷术的普及，大大加快了书籍制作的速度。纸张大，印刷的字数就多；字数多，纸张的叶数就少；叶数少，书籍装帧的速度也就快。单从节省大量的时间和劳力说，经折装淘汰梵夹装，可谓经济发展之必然。

至于叶子，当然是受外来贝叶的影响之后产生的。叶德辉《书林清话》（卷一）“书之称叶”一节早已指出说：“吾尝疑叶名之缘起，当本于佛经之梵贝书。释氏书言西域无纸，以贝多树叶写经，亦称经文为梵夹书，此则以一翻为一叶，其名实颇符。”叶德辉的观点，从有关的历史文献中可以得到印证：

> 近者太学课试，尝出“文武之政，布在方册”赋，试者皆谓册为今之书册，不知今之书册乃唐世叶子，古未有是也。
>
> （程大昌《演繁露》卷七）

程大昌（1123—1195）生活于蝴蝶装本书籍最为流行的南宋前期，因此，他所说源自叶子本的“今之书册”，当即指蝴蝶装本无疑。

缘于此，我以为“叶子”的大小会稍微比照外来的贝叶，它应该比用于卷子的纸张要短小一些，而长大些的纸张不能称作“叶子”。宋人称作“叶子”的书，只能是册叶装，而不能是卷子装。既然蝴蝶装属于叶子装，那宋人所谓的旋风叶子装，也就可以排除纸张长大的经折装。

---

① 此为泛说。关于“梵夹”，详参方广锠《谈梵夹与梵夹装（上）》，见《版本目录学研究》第三辑，北京：国家图书馆出版社，2012 年。

② 此书周叔弢旧藏 79 册，于 1952 年捐献国家图书馆；傅增湘旧藏 1 册，傅氏后人于 1990 年捐赠国家图书馆，全书由此合璧。

考察现存宋、元时期各类刊本佛经的装帧，基本上就是卷轴装和形似贝叶的长条式经折装两种形式，它们所采用的纸张，都是需要经过多次折叠的长纸，各纸或各版之间，少有竖型的界栏（遇有不同的经文或章节，有时也会采用一些特殊的花饰、纹饰相隔），这便是具有传统概念的经折本。而考察同时期大量的诗文等非释、道书籍，则基本上全都使用只能一开一折的短纸，各纸或各版以及行与行之间均有界栏，这即是宋人所说"今之书册"的"叶子"本。其实，对于"叶子"的区分，关键看它是长纸还是短纸，这从宋人的有关记述中可以得到印证：

> 古书皆为长卷，至唐始有叶子，今称书册。
>
> （陈师道《后山丛谈》）[①]
>
> 古书皆为卷子，至唐始有叶子，今称书册。
>
> （程大昌《演繁露》卷10）

有了前面的分析，这两段引文的文意便不难理解，"长卷""卷子"意思相同，实际描述的是书籍的两种形状，意思是说书分两类：长纸类的是古书；短纸类的是今书，也叫"叶子"书。由于佛、道书都是长纸类，所以不能称为"叶子"；而非佛、道的文学、历史等书，由于都是短纸类，所以皆可以称作"叶子"。因此，佛、道经即使是经折装，也不能称为"叶子"本；"叶子"本实际是册叶本非佛、道类书籍的泛称。或许可以这样说，唐人所谓的"叶子"和宋人所说的"叶子"，含义已有所不同。唐人的"叶子"较多指向广义的梵夹本书，而宋人所说的"叶子"本，多数情况下是指册叶本的非佛经类书籍。

以叶子本装帧成包背式经折装的实物，还有少量存世。如黄丕烈旧藏宋刻本《周贺诗集》、《唐求诗集》[②]、《朱庆余诗集》、《唐女郎鱼玄机诗》[③]、元刻本《梅花百咏》以及瞿氏铁琴铜剑楼旧藏蒙古时期刻本《歌诗编》等，都采用包背式经折装加以装潢，颇显典雅、庄重。这种优秀的装帧技术，在黄丕烈之后被继承了下来。如海源阁旧藏元刻咏梅"双璧"《梅花百咏》《梅花字字香》，均是包背式经折装，前者为黄丕烈旧装，后者为海源阁旧装。可惜的是，有些书原本是旋风叶子装，但历经沧桑之后，已经改变了旧时的容颜。例如曾经袁克文及潘氏宝礼堂旧藏的宋刻本《韦苏州集》，内有袁克文手跋及题诗，其中的【千秋岁】词云：

> 道入经籍，二酉临安宅。联蝶翼，搜狐腋。十门工剞劂，四部同行格。存百一，苏州十卷千金易。
>
> 独爱旋风册（原作叶，改为册），邈矣连城璧。唐小集，兹为伯，罗书真古趣，佞宋原痴癖。签帖里，雄观未灭琳琅迹。
>
> 丙辰（1916年）四月十一日寒云倚声

---

① 文渊阁《四库全书》本未见此文，疑出其他版本。据李景新《中国书籍装潢小史》（《书林》第一卷第五期，1937年5月）转引。

② 此书中有黄丕烈手跋，题"士礼居命工重装"。

③ 此书虽是经折装，然已非黄丕烈旧装原貌。

从词中“独爱旋风册”来看，此书原是旋风叶子装。可惜其装帧已经后人改易，变成了现在的线装。虽然其容颜已变，但袁克文词中的“联蝶翼”一语，清楚地描述了这本书具体的装帧方法，是将蝴蝶叶子一叶一叶连接起来。由此足以证明，以往所说的包背式经折装即旋风叶子装，是完全可以认定的。

长期以来，人们对“叶子”的认识比较含混，由此导致了对旋风叶子装的认识不一。就以对旋风装大为赞赏的袁克文来说，他自己就把传统经折装本的宋刻《妙法莲华经》又说成是旋风叶子装，混淆了两者的区别，人们对“旋风叶子”也愈发难于理解。那么，旋风叶子装是否只有包背式经折装这一种形式呢？我们再举一例，以便分析。

20世纪50年代，国家图书馆收进一批由故宫博物院转来的清宫天禄琳琅旧藏珍籍，其中排于首位的是一部清内府精抄的经折本《天禄琳琅排架图》，其开本宏大，上下采用红木夹板，十分引人瞩目。令人稍感诧异的是，原书并非包背式经折装，但故宫的旧书签却标明此书为旋风叶子装。这是怎样的原因呢？

这个经折本的纸张比较厚硬，它的特殊之处，是以叶子式的短纸，采用“联蝶翼”的方式连接成经折装。然而在粘连两边“蝶翼”的时候，不像规范经折装那样铺平后再加衬纸，而是不用衬纸，直接在两张原书叶的连接处采取背靠背式的连接。为使粘连的部位不能全部顺利展开，背靠背粘连部分的宽度约达两厘米左右。如此装帧的结果，便使各个粘连的部分都无法展平，所以它只能作为册叶装的书籍展读，从而达到了不采用包背式，也可以控制经折装纸张拉长的效果。像这类“蝴蝶式经折装”，故宫标签著录得很有道理，应该划归旋风叶子装。实际上，以“蝴蝶式经折装”装帧的书籍，存世实物不算少，很多字画以及大量的诗文、通俗书籍也都采用了改型的经折装。有些蝴蝶装坏了之后，采用粘叶的方式把书改做成了折叠式。这大概也是产生蝴蝶装即旋风装说法的缘由。

综上所述，旋风叶子装应该包括“包背式经折装”和“蝴蝶式经折装”两种样式。总结旋风叶子装的特征，大致有这样三点：

（1）具有经折装的形状，但无法像经折装那样展开、拉长；

（2）纸张采用书叶式短纸，且只能以册叶方式展读；

（3）内容为非佛道类的书籍。

五、小结

旋风装是中国古籍装帧形式的一个形象而带有赞美性的称谓，它一定是有其指代的对象而非自属本身，那些不够优秀以及拙劣的装帧形式是没有资格享有这个声誉的。考察历史文献，经折装就是旋风装；包背式经折装和变形的蝴蝶式经折装就是旋风叶子装。而考察古籍装帧形式的演变历程，卷轴装和册叶装是两大主体，经折装作为二者中间的桥梁，承上启下，它既改进和克服了卷轴装难于卷舒、查找的缺点，又以翻检快如旋风的优点，使自身在古籍装帧上占有极其重要的一席之地。正由于经折装本的出现，才促成了册叶本书籍的发明、发展与成熟。

参考文献

[1] 岛田翰. 古文旧书考[M]. 东京:东京尾友社,1904.

[2] 刘国钧. 中国古代书籍史话[M]. 北京:中华书局,1962.

[3] 肖振棠,丁瑜. 中国古籍装订修补技术[M]. 北京:书目文献出版社,1980.

[3] 叶德辉. 书林清话[M]. 北京:中华书局,1987.

[4] 黄丕烈. 士礼居藏书题跋记[M]. 北京:书目文献出版社,1989.

[5] 上海新四军历史研究会印刷印钞分会. 装订源流和补遗[M]. 北京:中国书籍出版社,1993.

[6] 李致忠. 古书版本学概论[M]. 北京:北京图书馆出版社,1990.

[7] 李际宁. 佛经版本[M]. 南京:江苏古籍出版社,2002.

[8] 黄永年. 古籍版本学[M]. 南京:江苏教育出版社,2005.

[9] 王雨. 王子霖古籍版本学文集[M]. 上海:上海古籍出版社,2006.

[10] 余嘉锡. 余嘉锡论学杂著[M]. 北京:中华书局,2007.

[11] 钱曾. 读书敏求记[M]. 上海:上海古籍出版社,2007.

[12] 杜泽逊. 文献学概要[M]. 北京:中华书局,2008.

[13] 曹之. 中国古籍版本学[M]. 武汉:武汉大学出版社,2008.

[14] 李致忠. 简明中国古代书籍史[M]. 北京:国家图书馆出版社,2008.

[15] 周绍良. 绍良书话[M]. 北京:中华书局,2009.

[16] 来新夏. 书文化九讲[M]. 太原:三晋出版社,2012.

[17] 杜伟生. 中国古籍修复与装裱技术图解[M]. 北京:中华书局,2013.

[18] 杜伟生. 古书旋风装的再考辨[M]. 北京:北京图书馆通讯,1986.

[19] 李致忠. 敦煌遗书中的装帧形式与书史研究中的装帧形制[J]. 文献,2004(2):75 - 97.

[20] 张志清,林世田. S.6439 与 P.4924《易三备》写卷缀合整理研究[J]. 文献,2006(1):47 - 54.

[21] 宋雪梅. "龙鳞装"与"旋风装"考[J]. 美术观察,2007(7):104 - 106.

[22] 林世田. 中国古代书籍装帧形式演变的源泉与动力[G]//张志清,陈红彦. 古籍保护新探索. 杭州:浙江古籍出版社,2008.

[23] 王传龙. "旋风装"版本汇考[J]. 大学图书馆学报,2009(3):78 - 84.

[24] 方俊琦. 古籍"旋风装"演变探微[J]. 浙江师范大学学报(社会科学版),2009(4):49 - 53.

[25] 卢锦堂. 中国古籍纸本装帧演进考述[J]. 佛教图书馆馆刊,2009(49):48 - 60.

(原载于《中文古籍整理与版本目录学国际学术研讨会论文集》2013 年)

国图藏嘉靖本《永乐大典》来源考

赵爱学

《永乐大典》(下文简称《大典》)是明代永乐年间编成的一部大型类书,全书22877卷,11095册。嘉靖末年,宫禁失火,明世宗为防备不虞,命馆臣重抄一部,历时五年于隆庆元年(1567)抄成,《大典》于是有永乐本、嘉靖本两部。

明亡之后,永乐本不知所踪,一般认为是毁于明末战火;嘉靖本也没能逃脱被毁散佚的厄运。入清以后,由于官员监守自盗,清乾隆年间编修《四库全书》时,发现已丢失1000余册;第二次鸦片战争以后,嘉靖本《大典》惨遭劫掠,散佚非常严重。至光绪元年(1875)清理《大典》时,仅存5000册左右;光绪十九年(1893),更减少到600余册。1900年八国联军攻入北京,仅存的《大典》更是遭遇了灭顶之灾。至宣统元年(1909)筹建京师图书馆时,《大典》存藏处翰林院仅剩64册。据统计,目前所知散存世界各地的《大典》总数也不过400余册。

国家图书馆自1912年接收拨付的60册《大典》开始,历来重视《大典》的搜集。经过北平图书馆时期的大力搜求和新中国成立初期的捐献热潮,以及各时期的零星入藏,目前国家图书馆拥有嘉靖本《大典》224册(其中有62册因历史原因,现暂存台北故宫博物院①),高居各收藏单位之首。

《大典》的命运变迁就是中国近代以来善本古籍命运的一个缩影。对《大典》聚散源流进行梳理,对于古籍收藏史和《大典》本身的研究都有一定的参考意义。我们根据国家图书馆藏嘉靖本《大典》所钤藏书印②、馆藏采访档案和北平图书馆馆长袁同礼统计的几个"现存

① 此批书1965年从美国运回后,初存台湾"中央图书馆",后移到台北故宫博物院。关于此批书的迁移始末,可参看钱存训《东西文化交流论丛》(商务印书馆,2009年)所收之《北平图书馆善本古籍运美迁台经过》。此批书下文简称"平馆寄存书"。

② 限于条件,本文对藏印等信息无法一一核对原书,主要根据仿真影印本《永乐大典》(北京图书馆出版社,2003年)。但遗憾的是此次影印似没有保留书衣上的信息。现存台北故宫博物院的62册,则主要根据馆藏平馆寄存书胶卷及台北故宫博物院"善本古籍资料库"网络资源,网址:http://npmhost. npm. gov. tw/ttscgi/ttswebrb?@0:0:1:rbmeta::/tts/npmmeta/RB/RB. html@@0. 22107008676198225。

卷目表"[①],以及其他著录资料[②]等线索,对国图藏嘉靖本224册的来源及递藏情况逐一进行梳理,并按入藏时间顺序排列。

一、各册来源考

1912年 60册

1. 卷782、783、784:**诗** 诗话二十四 二十五 二十六[③](藏号:平图013152)

2. 卷2743、2744:**崔** 姓氏十一 十二(藏号:平图013155)

3. 卷2808、2809:**梅** 事韵一 二(藏号:平图013157)

4. 卷2810、2811:**梅** 事韵三 四(藏号:平图013156)

5. 卷2812、2813:**梅** 事韵五 六(藏号:平图013158)

6. 卷2948、2949:**神** 事韵一 二(藏号:平图013159)

7. 卷2950、2951:**神** 文一 二(藏号:平图013160)

8. 卷2952、2953:**神** 诗 医书素问四气调神大论篇 灵枢本神篇 道书太上飞行九神玉经等(藏号:平图013161)

9. 卷2954、2955:**神** 道书生神章一 二 姓氏 青神县 和神国 **旦**等(藏号:平图013162)

10. 卷3003、3004:**人** 文 诗一(藏号:5444)

11. 卷3150、3151:**陈** 姓氏二十四 二十五(藏号:5446)

12. 卷3507、3508:**坤** 坤卦四 五(藏号:平图013167)

13. 卷3527、3528:**门** 门名三 义门 孝门(藏号:5447)

14. 卷3549:**门** 普门品经三(藏号:平图013168)

15. 卷3586、3587:**遵** 事韵 **僎** **跧**等 **屯** 屯田 事韵 文 姓氏 **纯**等(藏号:平图013169)

16. 卷6523、6524:**妆** 事韵 **装** 事韵 **裘** **桩** 事韵 **庄**等(藏号:5448)

---

① 《〈永乐大典〉考》,《学衡》第二十六期(1923年作于英伦);《〈永乐大典〉现存卷目》,《中华图书馆协会会报》第一卷第四期,1925年;《〈永乐大典〉现存卷数续目》(袁同礼,刘国钧合编),《中华图书馆协会会报》第二卷第四期,1927年2月;《〈永乐大典〉现存卷数续目》,《中华图书馆协会会报》第三卷第一期,1927年8月;《〈永乐大典〉现存卷目表》,《北平北海图书馆月刊》第二卷第三、四期合刊,1929年;《近三年发见之〈永乐大典〉》,《读书月刊》第一卷第六号,1932年3月;《〈永乐大典〉现存卷目表》,《国立北平图书馆月刊》第七卷第一号,1932年12月;《〈永乐大典〉现存卷目表》,《图书季刊》新一卷三期,1939年。本文根据各文发表时间,简称为"某某年《表》",如"1923年《表》"。上述各《表》国家图书馆编《袁同礼文集》(国家图书馆出版社,2010年)均已收录,本文主要根据《袁同礼文集》,也对照原期刊进行了复核。

② 如张忱石《永乐大典史话》(中华书局,1986年。文中简称《史话》);张升《〈永乐大典〉流传与辑佚研究》(北京师范大学出版社,2010年)所附之《〈永乐大典〉现存卷目表》。

③ 各册所属韵字及内容据《永乐大典目录》,《永乐大典》第十册,中华书局,1986年。其中韵字加粗显示。

17. 卷 6584:**梁**　梁朝武帝二十三(藏号:平图 013172)

18. 卷 6764、6765:**王**　宗室封王二十八　金　宗室封王二十九　金(藏号:平图 013173)

19. 卷 6766、6767:**王**　宗室封王三十　金　元　宗室封王三十一　元(藏号:平图 013174)

20. 卷 7104、7105:**唐**　宣宗一　二(藏号:平图 013175)

21. 卷 7241、7242:**堂**　堂名二十七　二十八(藏号:平图 013176)

22. 卷 7329:**郎**　诗文　姓氏　夜郎国(藏号:平图 013177)

23. 卷 7378、7379:**丧**　历代丧礼三十九　四十　宋后(藏号:平图 013178)

24. 卷 7385、7386:**丧**　历代丧礼四十六　国朝成穆贵妃丧礼　谢妃丧礼　历代丧礼四十七国恤(藏号:5449)

25. 卷 7387、7388:**丧**　历代丧礼四十八　四十九　国恤(藏号:5449)

26. 卷 7449、7450:**丧**　礼记丧服小记篇三　四(藏号:5451)

27. 卷 7453、7454:**丧**　礼记杂记篇一　二(藏号:平图 013179)

28. 卷 7455:**丧**　礼记杂记篇三(藏号:5452)

29. 卷 7456、7457:**丧**　礼记杂记篇四　五(藏号:5452)

30. 卷 7458:**丧**　礼记杂记篇六(藏号:5452)

31. 卷 7459、7460:**丧**　礼记丧大记篇一　二(藏号:5452)

32. 卷 7461、7462:**丧**　礼记丧大记篇三　四(藏号:5452)

33. 卷 7650、7651:**黄**　姓氏十一　十二(藏号:平图 013180)

34. 卷 7701、7702:**京**　南京　北京　上京　中京　五京　事韵(藏号:平图 013181)

35. 卷 7889、7890:**汀**　**町**事韵　汀州府一　二(藏号:5454)①

36. 卷 7891、7892:**汀**　汀州府三　四(藏号:5454)

37. 卷 7893、7894、7895:**汀**　汀州府五　六　七　**鞓**等(藏号:5454)

38. 卷 7963:**兴**　绍兴府一(藏号:平图 013183)

39. 卷 8199:**陵**　大汉原陵祕藏经(藏号:5456)

40. 卷 8506、8507:**宁**　南宁府一　二(藏号:5458)

41. 卷 8844、8845:**遊**　事韵一　二(藏号:平图 013188)

42. 卷 8909、8910:**周**　康王三　昭王　穆王一(藏号:平图 013190)

43. 卷 8980、8981:**周**　五代周太祖一　二(藏号:平图 013191)

44. 卷 10876、10877:**虏**　事韵　诗文一　二　**卤**　事韵　卤县　**橹**　事韵　诗　**艣**等(藏号:平图 013193)

45. 卷 13018:**宋**　宗室十九(藏号:5459)

46. 卷 13020:**宋**　宗室二十一(藏号:平图 013194)

47. 卷 13074、13075:**洞**　洞名十四　十五　诗文　洪洞县(藏号:平图 013195)

---

① 此册为京师图书馆最初接受拨交的 60 册之一,张忱石《史话》备注“原日本京都谷村顺藏藏”,误。

48. 卷 14046：**祭**　祭文四（藏号：5460）

49. 卷 14049、14050：**祭**　祭文七　八（藏号：5461）

50. 卷 14051、14052：**祭**　祭文九　十（藏号：5461）

51. 卷 14461、14462：**禦**　备禦一　二（藏号：5463）

52. 卷 15138、15139：**帅**　诗一　二　**率**　事韵（藏号：5465）

53. 卷 19931：**箓**　正一盟威秘录四（藏号：平图 013203）

54. 卷 20121、20122：**日**　阴阳书诸家选日七　八（藏号：平图 013204）

55. 卷 20197：**日**　阴阳书诸家选日八十三（藏号：平图 013205）

56. 卷 20204、20205：**毕**　姓氏　二　三（藏号：5466）

57. 卷 20310、20311：**疾**　事韵　一　二（藏号：平图 013207）

58. 卷 20424、20425：**稷**　郡县社稷　诸里社稷一　二　事韵（藏号：5467）

59. 卷 20426、20427：**稷**　书益稷篇　一　二（藏号：平图 013208）

60. 卷 20428：**稷**　书益稷篇三（藏号：平图 013209）

上述 60 册《大典》，袁同礼 1923 年《表》著录①；卷端皆钤“京师图书馆收藏之印”。1909 年京师图书馆初建，学部提议将翰林院所余 64 册《大典》拨付京师图书馆收藏②，但未得办理；民国政府成立后，在时任教育部社会教育司科长鲁迅的建议和努力下，国务院批准拨付，1912 年 7 月 16 日教育部正式发函拨付；当时书尚在翰林院掌院学士陆润庠府，1912 年京师图书馆从陆府要回，当时仍留 4 册存教育部图书室作展览③，京师图书馆实际接收 60 册。这其中有 35 册为平馆寄存书（上列藏号为“平图”者即是），现存台北故宫博物院。

1923—1925 年　4 册

61. 卷 8587、8588：**生**　庄子养生篇　释书生经一（藏号：平图 013187）

62. 卷 13822、13823、13824：**寺**　僧寺八十二　八十三　八十四（藏号：平图 013196）

63. 卷 14837：**赋**　大全赋会三（藏号：平图 013198）

64. 卷 14838：**赋**　大全赋会四（藏号：平图 013199）

此 4 册袁同礼 1923 年《表》未著录，1925 年《表》著录藏地为“京师图书馆”，其后各《表》著录为“北平图书馆”。则此册当为 1923 年至 1925 年间入藏。为平馆寄存书，现存台北故宫博物院。

---

① 卷 7458、卷 7459、卷 7460 袁同礼 1923 年《表》为 1 册，其后各表则分为 2 册，与现在相同。卷 8844、卷 8845 袁同礼 1923 年《表》为 2 册，其后各表则合为 1 册，所以 1923 年《表》总数仍是 60 册。

② 宣统元年八月初五日学部奏折：“查翰林院所藏《永乐大典》……今所存者，仅数十百册，……拟请饬下内阁翰林院，将前项书籍，无论完阙破碎，一并移送臣部，发交图书馆妥慎储藏。”（转引自袁咏秋、曾季光主编：《中国历代国家藏书机构及名家藏读叙传选》，北京大学出版社，1997 年，第 85 页）

③ 参见陈红彦《国家图书馆藏〈永乐大典〉述略》，中国国家图书馆编《永乐大典编纂 600 周年国际研讨会论文集》，北京图书馆出版社，2003 年。教育部函：“兹由本部酌留四本庋置本部图书室以资展览，藉留纪念。”（《北京图书馆馆史资料汇编（1909—1949）上》，书目文献出版社，1992 年，第 30 页）

1927 年　3 册

65. 卷 8025、8026：**成**　书武成篇一　二（藏号：平图 013184）

所钤藏印为“锡五劫后收藏”“养福堂印”“两世为人”，印主待考；袁同礼 1927 年 8 月《表》著录为“北京图书馆”，1929 年《表》著录为“北平北海图书馆”，1932 年 12 月《表》始登记为“北平图书馆”；馆藏采访卡片记录为“购自肄雅堂[①]　16/1/21　二百二十元”。则此册最初是 1927 年 1 月为北平北海图书馆前身之北京图书馆以 220 元价从肄雅堂书店购得，1929 年北平北海图书馆并入北平图书馆后，成为北平图书馆藏品，现存台北故宫博物院。

66. 卷 7856、7857：**星**　太白星一　二（藏号：平图 013182）

袁同礼 1927 年 8 月《表》著录为“北京图书馆”，1929 年《表》著录为“北平北海图书馆”，1932 年 12 月《表》始登记为“北平图书馆”；馆藏采访卡片记录为“购自丰记书局　16/4/25　1 羊 205 元”。则此册最初是 1927 年 4 月为北平北海图书馆前身之北京图书馆，以 1 个大洋加 205 元价从丰记书局书店购得，1929 年北平北海图书馆并入北平图书馆后，成为北平图书馆藏品，现存台北故宫博物院。

67. 卷 19636、19637：**沐**　事韵　铱沐国　谢沐县　姓氏　**霂**等　**目**　事韵一　二（藏号：平图 013202）

所钤藏印为“礼培私印”“扫尘斋积书记”；袁同礼 1927 年 8 月《表》著录为“北京图书馆”，1929 年《表》著录为“北平北海图书馆”，1932 年 12 月《表》则著录为“北平图书馆”；馆藏采访卡片记录为“购自松筠阁[②]　16/5/3　二百元”。则此册原为王礼培[③]旧藏，1927 年 5 月以 200 元从旧书店松筠阁购入北平北海图书馆前身之北京图书馆，1929 年后北平北海图书馆并入北平图书馆，则成为北平图书馆藏品，现存台北故宫博物院。

1928 年　7 册

68. 卷 661、662：**雝**　事韵　诗　周颂雝篇　**灉**　**维**（藏号：平图 013151）

69. 卷 21025、21026：**律**　释书四分律删补随记羯磨一　二（藏号：平图 013210）

70. 卷 22761：**劄**　启劄语七（藏号：平图 013210）

此 3 册袁同礼 1929 年《表》录收藏地为“北平北海图书馆”，1932 年 12 月《表》录为“北

---

① 肄雅堂，北京琉璃厂旧书店，开设于清光绪年间，除收售古籍外，亦精于装潢古籍。店主丁梦松，字子固，河北束鹿人。

② 松筠阁，北京旧书店，开设于光绪年间，原址在地藏庵内，后迁至琉璃厂。店主刘际唐，字盛虞，河北衡水人。后其子继承其业，主营杂志。

③ 王礼培（1865—1943），字佩初，晚年自号潜虚老人，湖南湘乡人。光绪十九年（1893）举人，后曾加入同盟会。辛亥革命后多往来京沪，搜罗古籍。家中藏书甚富，被称为仅次于叶德辉的湖南第二大藏书家。藏书印有“礼培私印”“扫尘斋积书记”“湘乡王氏秘籍孤本”“佩初”“复壁藏书”等。

平图书馆”。馆藏采访卡片记录为“购自文禄堂[①] 17/10/15”；另据《藏园群书经眼录》，此3册皆为徐坊[②]旧藏，附记经眼时间为“戊辰”（1928年）[③]。则以上3册当是从徐坊归朴草堂流出后[④]，为文禄堂收得，傅增湘可能正于此时经眼，1928年10月为北平北海图书馆购藏，1929年北平北海图书馆并入北平图书馆，成为北平图书馆藏品，现存台北故宫博物院。

71. 卷3143、3144：**陈** 姓氏十七 十八（藏号：平图013165）

72. 卷3145、3146：**陈** 姓氏十九 二十（藏号：5445）

73. 卷3147、3148、3149：**陈** 姓氏二十一 二十二 二十三（藏号：平图013166）

74. 卷14380、14381：**寄** 诗十二 十三（藏号：5462）

此4册所钤藏印有“冯公度[⑤]鉴藏印”“大兴”“冯公度家珍藏”“国立北平图书馆收藏”，卷3147至3149中多“大兴冯氏玉敦斋收藏图书记”印。袁同礼1929年《表》著录藏地为“北平北海图书馆”，1932年之后各《表》著录藏地为“北平图书馆”。馆藏采访卡片记录为“购自丰记书局[⑥] 17/11/16”。此四册皆为冯公度旧藏[⑦]，1928年11月北平北海图书馆经由丰记书局购藏。1929年北海图书馆并入北平图书馆后，则为北平图书馆藏品，现存台北故宫博物院。

1929年 6册

75. 卷2807：**丕** 事韵 姓氏 **胚** **邳**等（藏号：5443）

76. 卷8339：**兵** 守兵（藏号：平图013185）

此2册袁同礼1929年2月《表》始著录藏地为“北平图书馆”。另据国家图书馆藏档案

---

① 文禄堂，民国时北京旧书店，店主王文进。1925年初设于东南园，1933年迁琉璃厂，1942年又迁厂甸路南。

② 徐坊（1864—1916），字士言，又字矩庵，号梧生、蒿庵，室名归朴草堂。山东临清人，后定居河北定兴。官户部，后擢升国子丞，京师图书馆初建时任副监督。辛亥革命后，以遗老自居，效忠清小朝廷。徐氏逝后，书归其长婿史宝安。

③ 《藏园群书经眼录》，中华书局，1983年，第846页。

④ 据雷梦水《书林散页》，徐坊书“丁卯（1927）秋，悉为北京文奎堂、晋华书局、待求书社三家所得”（《文史资料选编》第45辑，北京出版社，1992年，第230页）。1927年6月30日傅增湘函称：“徐氏书在定兴所存全售出，得四万六千元，书已到京。”（《张元济傅增湘论书尺牍》，商务印书馆，1983年，第163页）则徐氏书1927年散出。

⑤ 即冯恕（1867—1948），字公度，号华农。原籍浙江慈溪，寄籍河北大兴（今属北京）。徐世昌幕僚。清末曾历任海军各职，并倡议成立京师华商电灯股份有限公司。入民国后业余从事文物收藏与鉴赏，曾藏有“毛公鼎”“虢季子白盘”等青铜重器。藏书处名“玉敦斋”，又名“玉尊阁”。

⑥ 丰记书局，北京琉璃厂旧书店，书店在民国经营十多年后歇业，店址在土地祠内。店主为黄玉群，字昆山，河北冀县人。

⑦ 孙壮《永乐大典考》亦提到冯公度有此四册：“壬子冬，访玉尊阁主人，获见《永乐大典》真本三巨册……一册作三千一百四十三至四十四卷……一册作三千一百四十五至四十六卷……一册作三千一百四十七至四十八、九卷……又有残册作一万四千三百八十一卷。”（张升编：《〈永乐大典〉研究资料辑刊》，北京图书馆出版社，2005年，第291页）

1929年10月14日谢赠函："敬启者：本年三月承惠赠《永乐大典》第二千八百七卷及第八千三百三十九卷各一册……此致，大连图书馆。"[①]则此2册为1929年3月大连图书馆捐赠北平图书馆。卷8339为平馆寄存书，现存台北故宫博物院。

另，卷8339册钤有藏印"乾隆御览之宝""惟精惟一""乾隆宸翰"。有乾隆三十八年御笔题七言诗《题陈规守城录》。此册为当时进呈乾隆帝御览的各册之一[②]。清乾隆五十九年（1794）军机大臣曾遵上谕查《大典》内有御题诗章者[③]呈览，或此批有御题者一直存宫内，未归回原处，而后来流散至大连。

77. 卷3001：**人**　事韵二十九（藏号：平图013163）

78. 卷3141、3142：**陈**　姓氏十五　十六（藏号：平图013164）

79. 卷8526、8527：**精**　事韵一　二（藏号：平图013186）

80. 卷8908：**周**　康王二（藏号：平图013189）

此4册袁同礼1923年、1925年《表》著录藏地为"教育部图书室"，1929年《表》开始著录收藏地为"北平图书馆"。另据《国立北平图书馆馆务报告》（1929.7—1930.6）记载，"前北京教育部图书室存有中文旧籍多种，本馆承教育部之盛意，将馆中此前未入藏者拨交本馆"[④]。则此4册原为翰林院劫余者，1912年教育部拨交京师图书馆60册，4册留教育部图书室，后于1929年将存教育部图书室的4册最终拨交北平图书馆收藏，现皆存台北故宫博物院。

1931年　5册

81. 卷489、490：**终**　事韵　文　无终县　姓氏　送终　**螽**　事韵　**众**　姓氏　**霴**（藏号：平图013150）

82. 卷2257、2258、2259：**壶**　投壶　礼记投壶篇　大戴礼投壶礼　姓氏　**瓠**　事韵　盘瓠　诗　姓氏　**瑚**等（平图013154）

83. 卷7393、7394：**丧**　公卿士庶丧礼一　二（藏号：5450）

84. 卷18207、18208、18209：**将**　事韵十二　十三　十四（藏号：平图013201）

此4册袁同礼1932年3月《表》始著录藏地为"北平图书馆"；馆藏采访卡片记录为"法使馆代购　20/4/10（与2257—2259、7393—7394、18207—18209一起购买）"。另据《中国国

---

① 国家图书馆档案，采藏3-004。

② 乾隆三十八年二月初十日《军机大臣奏检出〈永乐大典〉目录及全书各十本呈进片》载："今谨将目录六十本内检出首套十本，及全书内首套东、冬字韵十本，一并检出，先行进呈御览。谨奏。"乾隆五十九年十月二十日《军机大臣奏遵查〈永乐大典〉内有御题诗章者一并呈览片》载："遵查《永乐大典》内奉有御题诗章者，共十三册，又卷末一册，谨一并呈览。"（中国第一历史档案馆编：《纂修四库全书档案》，上海古籍出版社，1997年，第56页、2372页）

③ 关于《永乐大典》有御题诗者，详参张升《〈永乐大典〉乾隆御题诗考》（《文献》2011年第4期）一文的介绍。

④ 《国立北平图书馆馆务报告》（1929.7—1930.6），国立北平图书馆，1930年，第10页。

家图书馆馆史》记载,1912 年至 1931 年,“由驻法公使高曙青[①]介绍,由巴黎购得《大典》10 卷”[②]。则此 4 册于 1931 年 4 月由驻法公使高曙青介绍购入北平图书馆。目前卷 7393、7394 册在国家图书馆,其余 3 册为平馆寄存书,在台北故宫博物院。

85. 卷 8091、8092、8093:**城**　城名三十　三十一　三十二(藏号:5455)

袁同礼 1932 年 3 月《表》始著录藏地为“北平图书馆”;馆藏采访卡片记录为“美国英格利先生赠 20/9/20”;原书卷末有英格利(Inglis)夫妇致北平图书馆英文短笺,表明其基于钦佩和国际友谊而捐赠此册,日期署 1931 年 7 月。《国立北平图书馆馆务报告》(1930. 7—1931. 6)记载,1931 年为庆祝北平图书馆文津街新馆开馆,各界贺赠图书、拓片等,其中即有“美国 John Inglis 夫妇写本一种　永乐大典卷八千零九十一之八千零九十三册”[③]。此册乃是 Inglis 教士夫妇于庚子之乱中所得,1931 年经北平长老会希克司 Mr. Hicks 夫人介绍,为祝贺北平图书馆文津街新馆落成,捐赠国立北平图书馆[④]。

1932 年　2 册

86. 卷 5838、5839、5840:**花**　事韵四　五　六(藏号:平图 013171)

87. 卷 16841、16842:**善**　大明仁孝皇后劝善书十七　十八(藏号:平图 013200)

此 2 册袁同礼 1932 年 12 月《表》始著录藏地为“北平图书馆”;馆藏采访卡片记录为“黎劭平[⑤]代购　21/10/12。则此 2 册为 1932 年经由黎邵平购藏北平图书馆,现均存台北故宫博物院。

1934 年　2 册

88. 卷 8413、8414:**兵**　诗文三　四(藏号:5457)

89. 卷 20308、20309:**一**　事韵三　诗文　道书玉清太境守一等经道法　姓氏　**壹**　事韵　乙　事韵　姓氏　**虲**等(藏号:平图 013206)

此 2 册钤藏印“钮经堂藏”“钮经堂珍藏金石书画碑帖记”,经考证,印主应为胡若愚[⑥];

---

① 高曙青(1877—1947),名鲁,字曙青,福建长乐人。中国近代天文事业的奠基人。曾任中央观象台台长,发起成立中国天文学会。1929 年春,被任命为中国驻法公使。

② 《中国国家图书馆馆史》,国家图书馆出版社,2009 年,第 46 页。

③ 《国立北平图书馆馆务报告》(1930.7—1931.6),国立北平图书馆,1931 年,第 11—12 页。

④ 《应氏寄赠北平图书馆永乐大典残卷》,《中华图书馆协会会报》1931 年第六卷第六期。

⑤ 黎邵平(1883—?),名澍,又字少屏,湖北黄陂人。黎元洪的同乡和亲信幕僚。清末孝廉,曾任大清银行江西分行总理,辛亥革命后任湖北财政司长、总统府副秘书长。1925 年任湖北省财政厅长,1947 年任国民政府监察院监察委员。

⑥ 胡若愚(1897—1962),本名言愚,字如愚,后改为若愚,号悔庵,安徽合肥人。国立北京大学毕业,法学士。历任法制院参事、参政院参政、清室私产清理局总办、青岛市市长、北平代市长、故宫博物院理事等职。晚年定居天津锄经里。喜收藏图书字画。其藏印有“悔庵长物”“若愚所得”“钮经堂珍藏金石书画碑帖记”“钮经堂藏”等。

馆藏采访卡片记录为“与20308/20309共2册　崇文斋[①]购　23/12/6共一千元”。则此二册初为胡若愚旧藏，1934年购自琉璃厂崇文斋。卷20308、20309册现存台北故宫博物院。

1935年　1册

90. 卷3615：**寒**　诸寒证治十（藏号：平图013170）

袁同礼1939年《表》著录藏地为“北平图书馆”；馆藏采访卡片记录为“李威年处购　三百元24/4/2”。则此册为北平图书馆于1935年4月以300元从李威年处购藏。现存台北故宫博物院。

1936年　2册

91. 卷14217、14218：**地**　相地九相龙法　相地十相龙法（藏号：平图013197）

袁同礼1932年12月《表》著录藏地“未详”，1939年《表》著录藏地为“北平图书馆”；馆藏采访卡片记录为“文禄堂购　25/6/22”。则此册于1936年6月经文禄堂旧书店购入北平图书馆。现存台北故宫博物院。

92. 卷14999：**泰**　易泰卦四（藏号：5464）

袁同礼1939年《表》始著录藏地为“北平图书馆”；馆藏采访卡片记录为“李劲庵[②]处购　25/7/14　二百五十元”。则此册乃1936年7月北平图书馆以250元价格购自李劲庵处。

1937年　1册

93. 卷7507：**仓**　常平仓二（藏号：5453）

袁同礼1939年《表》始著录藏地为“北平图书馆”；馆藏采访卡片记录为“张卿五[③]处购　26/3/4　350元”；另据《国立北平图书馆馆务报告》（1936.7—1937.6）载，“《永乐大典》除向南京国学图书馆借影吴兴刘氏藏本外，复于平市购得仓字韵（笔者按，即卷7507）原本一册，为袁氏《现存卷目表》所未收，尤足珍贵”[④]。则此册为1937年3月自北平张卿五处以350元购入北平图书馆。

1938年　1册

94. 卷623、624：**农**　事韵四　诗文　弘农县　弘农郡　多农县　姓氏（藏号：839）

---

① 崇文斋，北京琉璃厂旧书店，开创于1921年。店主孙清淮，字瑞卿，河北冀县人。

② 李劲庵（1910—？），名棪，字劲庵，亦作劲葊，号棪斋，广东顺德人。李文田之孙，继承李文田之藏书。

③ 张卿五，名书云，字慰龙，号卿五。广西临桂（今桂林）人。光绪二十九年（1903）年进士，散馆授检讨。曾参与撰修《清史稿》。

④ 《国立北平图书馆馆务报告》（1936.7—1937.6），国立北平图书馆，1937年，第4页。

袁同礼1939年《表》著录此册收藏地为北平图书馆。此卷卷末贴有纸笺，上有“NORWICH Missionary Loan Exhibition/Portion of our old Chinese Dictionaxy from ruins of Han Lin”[①]。另据王重民致胡适函，“在英国时，重民曾以六磅半为北平图书馆买一册《大典》（农字韵）”[②]，而国图所藏农字韵《大典》只有卷623、624一册。据《王重民教授生平及学术活动编年》，王重民1934年至1938在法、英二国进行学术考察，期间，1938年在英国伦敦阅览斯坦因敦煌经卷[③]。则此册约于1938年王重民自英国为北平图书馆购入。

1948年　12册

95. 卷980：**儿**　小儿证治十三（藏号：2088）

96. 卷2217、2218：**泸**　泸州一（藏号：2089）

97. 卷5769、5770：**沙**　长沙府十八　诗文　长沙府十九　诗文　沙洲　沙县　奇沙县　佉沙州　扇沙县　鸣沙县　荼弼沙国　弗敌沙国　竖沙国（藏号：2090）

98. 卷9762、9763、9764：**诚　鹹**　事韵　**椷　涵**　事韵　**锎**等　**嵒　碞**　岩　事韵一（藏号：2091）

99. 卷10888、10889：**古**　钱天祐叙古颂表　道书太上赤文帝君洞古经　姓氏（藏号：2092）

100. 卷14544、14545：**处**　事韵　诗　释书佛说无上处经　佛说处处经　**絮　闰**等　**著　箸**　事韵　诗齐风著篇　**翥**　事韵（藏号：2093）

101. 卷14707、14708：**度**　事韵三　韩非子有度篇　心度篇　乾凿度　坤凿度（藏号：2094）

102. 卷14998：**泰**　易泰卦三（藏号：2095）

103. 卷15873、15874、15875：**论**　十住毗婆沙论三　四　五（藏号：2096）

104. 卷20353、20354：**席**　诗文二　姓氏　**蓆　夕**　事韵一（藏号：2097）

此10册所钤藏印有“濠园秘笈”“徐印世章[④]”。袁同礼1929年《表》始记藏家为“天津徐氏”；张忱石《史话》旧藏地阙；馆藏采访卡片记录为“徐濠园处购入/1948.8.9/与其他九册共700,000,000元”。则此10册为天津徐世章旧藏，1948年8月转让北平图书馆。

105. 卷821、822、823：**诗**　诗话六十三敬斋古今黈　诗话六十四维扬志等书　诗话六十五　编类（藏号：2087）

此册所钤藏书印有“藏园秘籍”“双鉴楼珍藏印”“莱娱室印”“傅印增湘”“佩德斋”“晋生心赏”，分属近代著名藏书家傅增湘及其长子傅忠谟（字晋生）；袁同礼1939年《表》始著

---

① 大意谓：此册为得自翰林院遗址的《大典》中的一册，曾作为诺维奇传教士外借展展品。

② 《胡适王重民先生往来书信集》，第413页。

③ 《冷庐文薮》附录一，上海古籍出版社，1992年。

④ 徐世章（1886—1954），字端甫，号濠园居士，民国总统徐世昌之弟。曾任交通部次长，兼交通银行副总经理。喜好收藏古籍、字画、砚台等。

录藏家为“江安傅氏”；馆藏采访卡片记录为“傅晋生处购入 1948. 8. 10”。据《藏园群书题记》卷九《永乐大典跋》，此册最初是傅氏购于史吉甫太史家①。则此册原为史宝安②旧藏，后归傅增湘，1948 年 8 月傅忠谟转让北平图书馆。

106. 卷 901、902：**诗** 元诗三 四（藏号：551）

袁同礼 1927 至 1939 年各《表》均记收藏地为“京都府立图书馆”；张忱石《史话》著录此册旧藏地阙。馆藏采访卡片记录此册来源为“沪 1 37. 7”；馆藏中文登录簿第肆拾捌册（沪1—390）记录此册信息为：“第沪 1 号 永乐大典 存二卷 一册 明解缙等辑 明抄本 三十七年七月收藏 存卷九百一之九百二。”此册《大典》当为 1939 年至 1948 年间由北平图书馆上海办事处采进，后于 1948 年运回北平③。据袁《表》，此册原藏日本京都府立图书馆，后不知因何原因流回国内。

1950 年 3 册

107. 卷 13494、13495：**智** 诗文二 智州 姓氏 **缴** 事韵 **致** 事韵 诗文 **置** 事韵（藏号：2611）

108. 卷 13506、13507：**制** 除官制九 兼官制一（藏号：2612）

109. 卷 20648、20649：**易** 易书九十二 九十三 杂论（藏号：2610）

此 3 册皆有藏印“弢斋藏书记”，为徐世昌藏印。袁同礼 1923 年《表》著录藏家为梁启超，1925 年《表》著录藏家为叶恭绰，1929 年《表》著录为“新会叶氏”，1932 年 12 月《表》及其后各《表》则著录为“未详”；馆藏采访卡片记录为“顾子刚④先生赠 1950. 3”。据考，此 3 册皆叶恭绰 1919 年夏购自伦敦（袁同礼 1923 年《表》所记恐误），1932 年后归徐世昌所有，不为人知。徐世昌书散出后，永和书局张璞臣收得其中一批普通书，雷梦辰从中发现《大典》，后仍由徐氏直接售与顾子刚，当即此 3 册⑤。1950 年 3 月顾子刚把此 3 册捐献北京图书馆。

---

① 《藏园群书题记》，上海古籍出版社，1989 年，第 483 页。

② 史宝安（1875—），字吉甫，河南卢氏人。清光绪二十九年（1903）进士，任翰林院编修，人民国后任国会参议员。为徐坊（梧生）长婿，1916 年徐氏故后，所藏善本多归史宝安。藏书室名枣花阁书库。史宝安辑有《枣花阁诗话吉金》，中国科学院图书馆藏其稿本，上有史氏跋曰：“我家枣花阁书库中藏有明初《永乐大典》多本，中有数卷诗话。”以内容为“诗话”分析，则应即卷 821、822、823，为嘉靖副本，所谓“明初”本似误。

③ 袁同礼一直致力于存世《大典》的搜集，若 1939 年前已有新的《大典》入藏国立北平图书馆，则 1939 年《表》不可能不反映，故推测此册乃 1939 年后入藏。另，所谓“三十七年七月收藏”当为自沪运回北京的时间，而非采进时间。

④ 顾子刚（1899—1984），北京图书馆副研究员，资深专家。兼任馆办大同书店经理，利用书店盈余购买了不少善本古籍，捐献国立北平图书馆及后来的北京图书馆，包括《永乐大典》《敦煌遗书》。详参赵爱学、林世田：《顾子刚生平及捐献古籍文献事迹考》，《国家图书馆学刊》2012 年第 3 期。

⑤ 张升：《梁启超、叶恭绰与〈永乐大典〉的收藏》，《中国典籍与文化》2012 年第 2 期。

1951 年　35 册

110. 卷 538、539:**容**　姓氏三　四(藏号:4058)

111. 卷 540、541:**颂**　事韵　**溶**　事韵　**蓉**　事韵　芙蓉县　**庸**　事韵　诗　姓氏(藏号:4059)

112. 卷 5296、5297:**昭**　昭公十四　十五(藏号:4060)

113. 卷 5453、5454:**郊**　郊祀十九　神位　郊祀二十　神位　座席(藏号:4061)

114. 卷 10286、10287:**子**　道家子书五　六(藏号:4062)

115. 卷 10309、10310:**死**　事韵一　二(藏号:4063)

116. 卷 14053、14054:**祭**　祭文十一　十二(藏号:4064)

117. 卷 18402、18403:**状**　谢状三　四(藏号:4065)

118. 卷 21029、21030、21031:**律**　释书沙弥尼戒经　舍利弗问经　释书目连问戒律中五百轻重事经一　二　五戒相经(藏号:4066)

119. 卷 22180、22181、22182:**陌**　事韵　诗文　**佰**　**貊**　事韵　**貉**等　**麦**　事韵一　二(藏号:4067)

120. 卷 22576、22577、22578:**集**　大方等大集经十　十一　十二(藏号:4068)

此 11 册袁同礼 1932 年 3 月《表》始著录藏地为"俄京大学语言部";馆藏采访卡片记录为"文物局拨交苏联列宁格勒大学东方学系图书馆移赠　1952.8.11"。另据记载,"1951 年 7 月 6 日,文化部文物局 1464 号函,拨交苏联列宁格勒大学东方学系图书馆赠还《大典》11 册归北图收藏"①。则此 11 册原藏苏联列宁格勒大学东方学系图书馆,赠还中国后,1951 年 7 月文化部文物局拨交北京图书馆,1952 年 8 月与其他卷册集中登记入藏②。

121. 卷 7602、7603:**杭**　杭州府五十一　五十二(藏号:4090)

所钤藏印有"周暹"。袁同礼 1929 年、1932 年 12 月《表》皆著录为"海盐张氏",1939 年《表》则著录为"秋浦周氏"。海盐张氏即著名出版家、藏书家张元济,秋浦周氏即著名藏书家周叔弢。馆藏采访卡片记录为"周叔弢先生捐赠　1952.8.11"。又据傅增湘致张元济函及《艺风老人日记》,此册为傅增湘代购,且托缪荃孙转交张元济③;1935 年元月 13 日张元济

---

① 《中国国家图书馆馆史资料长编》,国家图书馆出版社,2009 年,第 415 页。

② 采访卡片上的时间一般应为收到书的时间,此"1952.8.11"涉及多册,当是对新中国成立之初捐献热潮中受捐之书作集中登记。

③ 1914 年 11 月 24 日傅函:"陈仲鱼手批季目交缪小山带申转交。"据缪氏日记,本日(农历甲寅十月初八)"傅沅叔来交《大典》一册";11 月 28 日傅函:"筱珊明日行。"缪氏日记载同年 12 月 15 日(农历甲寅十月二十九)"送大典一册与菊生";12 月 27 日傅函:"杭字《大典》小山前辈以百元购去。款固未付。当时属交尊处,刻既由公留之。"据上述记载,《大典》卷 7602、7603 杭字册由傅增湘代购后于 11 月 24 日与陈仲鱼手批季目一起交缪荃孙带交张元济。缪荃孙 12 月 15 日交到张元济手上。上引傅函见《张元济傅增湘论书尺牍》,第 57—60 页;缪氏日记见《艺风老人日记》,北京大学出版社,1984 年,第 2768、2773 页。

函称，此册约于1933年售归周叔弢[①]。1951年8月周叔弢将其捐献北京图书馆。另馆藏档案有1951年8月20日周叔弢捐赠卷7602、7603函及同月28日北京图书馆谢赠函[②]。

122. 卷2275：**湖**　湖州府一（藏号：4073）

123. 卷2276：**湖**　湖州府二（藏号：4074）

124. 卷2535、2536：**斋**　斋名十一　十二（藏号：4075）

125. 卷2539、2540：**斋**　斋名十五　十六（藏号：4076）

126. 卷3525、3526：**门**　门名一　二（藏号：4077）

127. 卷6558、6559：**梁**　孟子梁惠王篇十一　十二（藏号：4078）

128. 卷7325：**郎**　承事郎等官（藏号：4079）

129. 卷7326：**郎**　左武郎等官（藏号：4080）

130. 卷7506：**仓**　神仓　藉田仓　太仓　醴源仓　常平仓一（藏号：4081）

131. 卷7510：**仓**　社仓（藏号：4082）

132. 卷7513、7514：**仓**　仓名三　事韵一（藏号：4083）

133. 卷8020：**蒸**　骨蒸证治二（藏号：4084）

134. 卷11127、11128：**水**　水经一　二（藏号：4069）

135. 卷11129、11130：**水**　水经三　四（藏号：4070）

136. 卷11131、11132：**水**　水经五　六（藏号：4071）

137. 卷11133、11134：**水**　水经七　八（藏号：4072）

138. 卷11620：**老**　寿亲养老书四（藏号：4085）

139. 卷14384：**冀**　異　事韵　冀州（藏号：4086）

140. 卷15140、15141：**队**　事韵　**兑**　事韵　易兑卦一（藏号：4087）

141. 卷21983、21984：**学**　郡县学二十九　三十　文（藏号：4088）

142. 卷22749、22750：**劄**　启劄云锦裳三　四（藏号：4089）

上述21册皆钤"涵芬楼""海盐张元济经收"藏印；袁同礼1929年《表》始著录藏地为"上海东方图书馆"；1951年7月23日"商务印书馆董事会将所藏21册《永乐大典》捐给中央人民政府"[③]；馆藏档案存文化部文物局1951年8月13日通知："商务印书馆将《永乐大典》廿一本捐献国家，即拨交你馆庋藏。特此通知。"[④]除通知外另有同年8月6日交接清单，则实际交接日期当为8月6日。故此数册原为张元济在1929年之前收入商务印书馆涵

① 1935年元月13日张元济函："至村字册为弟所藏，已于前岁售与叔弢矣。"（《张元济傅增湘论书尺牍》，第330页）柳和城《张元济涉园善本藏书钩沉》（《张元济研究论文集：纪念张元济先生诞辰140周年暨第三届学术思想研讨会论文集》，中国文史出版社，2009年）即认为杭字、忠字、村字等于1933年春让与周叔弢。然据《张元济全集　第三卷　书信》（商务印书馆，2007年）1937年4月复袁同礼函："承询敝藏《永乐大典》四册，前岁以资用告竭，货于周君叔弢。"似又为1935年，或张氏此处为泛泛而言，非实指1935年。

② 国家图书馆档案，039/2－（2）－3－003。

③ 李致忠主编：《中国国家图书馆百年纪事（1909—2009）》，国家图书馆出版社，2009年，第44页。

④ 国家图书馆档案，039/2－1－2－002。

芬楼[1]（后改名上海东方图书馆），1951 年 7 月捐献国家，同年 8 月由文物局拨交北京图书馆。

其中 124 号[2]、125 号、127 号、132 号、134—137 号、140 号，共 9 册，蒋汝藻《传书堂书目》[3]著录，标明“永乐大典　10 册”（所列详细卷目仅 9 册）。《张元济年谱》载商务印书馆 1926 年 1 月决议购入蒋氏密韵楼藏书，其中有“《永乐大典》10 本”[4]，则商务印书馆所捐 9 册为蒋汝藻旧藏，1926 年购入。

蒋汝藻旧藏 134—137 号 4 册为《大典》本《水经注》之前半部，所钤藏印除“涵芬楼”“海盐张元济经收”外，另有“双鉴楼藏书印”（卷 11133、11134 无）。袁同礼 1925 年《表》著录藏家为“傅增湘”，傅增湘称“《永乐大典》……余所见者不下数十册……所自藏者只《水经注》四册、《南台备要》一册而已”[5]。则此 4 册初为傅增湘所藏，后傅氏让与蒋氏密韵楼，1926 年再由蒋氏售归商务印书馆。

130 号、131 号 2 册为傅增湘 1925 年代购。张元济 1925 年 8 月 10 日致傅增湘函：“《永乐大典》仓字四册自可留。”10 月 5 日又函：“《大典》仓字号三册，如文友肯让，弟愿出伍百元。”同年 11 月 3 日又函：“又代购《永乐大典》两册，均收到。”[6]

141 号中除“涵芬楼”“海盐张元济经收”藏印外，另钤“孝劼所藏书画金石”，知为宝康[7]旧藏。据 1912 年 10 月 5 日傅增湘函：“都中见《永乐大典》一册。系学字号。系三万一千九百八十四、五卷，索价五十元，不肯减。”10 月 31 日函：“《永乐大典》已为留下。”[8]则此宝康旧藏册由傅增湘 1912 年 10 月在京城为张元济收得，入商务印书馆涵芬楼。

143. 卷 2401：**苏**　姓氏十二（藏号：4092）

此册袁同礼 1932 年 3 月、1932 年 12 月《表》皆记藏地为“琅琊王氏”，1939 年《表》改为“文安王氏”，皆为王氏，应是藏家未变，而袁氏修正了藏家信息。“文安”属河北省，然无法确定“文安王氏”究竟为何人，尚待考证[9]。据馆藏档案 1951 年 9 月 28 日文化部文物局通

---

① 据雷梦水《书林散页》，孙华卿 1931 年左右自北京吴姓处购得 2 册《永乐大典》售与东方图书馆（《文史资料选编第 45 辑》，第 233 页），然无法确定究为何册。

② 即卷 2535—2536 一册。下文称某册，如采用本文所拟序号，不再一一注明卷次。

③ 《传书堂书目》，国家图书馆藏民国间抄本。

④ 张树年主编：《张元济年谱》，商务印书馆，1991 年，第 263 页。

⑤ 《藏园群书题记》卷九《永乐大典跋》，第 482—483 页。

⑥ 《张元济傅增湘论书尺牍》，第 121、123、124 页。

⑦ 宝康，字孝劼，清末满人。云贵、陕甘总督崧蕃之子，盛昱女婿。受其岳父影响，喜聚典籍，精于鉴别，多藏宋元旧本。其藏书 1911 年散出，多为董康收得。

⑧ 《张元济傅增湘论书尺牍》，第 28 页、29 页。按，函中所记卷次当误，应为卷 21983、21984。

⑨ 张升《关于嘉业堂收藏的两册〈永乐大典〉》（天一阁博物馆编：《天一阁文丛》第 9 辑，浙江古籍出版社，2011 年）一文猜测为“王祖彝”，但并无确证。

知[1]，此册为金息侯[2]捐献政府，拨交北京图书馆[3]。

144. 卷 7328：**郎**　事韵（藏号：12171）

此册钤“诗外誃藏书”印，为徐伯郊[4]藏印。袁同礼 1929 年《表》始著录藏家为“上虞罗氏”，则为罗振玉旧藏。据北京图书馆善本部编《北京图书馆善本书目》[5]，此册为“徐伯郊先生捐赠”。另据师陀《怀念“老郑”》文[6]，此册捐赠时间为 1951 年。

1952 年　2 册

145. 卷 2277、2278：**湖**　湖州府三　四（藏号：4093）

此册袁同礼各《表》均未著录藏地；馆藏采访卡片记录为“赵元方[7]先生捐赠　1952.8.11”。馆藏档案存 1951 年 10 月 16 日赵元方致北京图书馆函：“兹将敝藏明抄本永乐大典卷二二七七至二二七八共一册捐赠贵馆。”[8]次日，北京图书馆报文物局备案并为其申请褒奖状。北京图书馆于 1952 年 8 月与他册统一登记入藏。

146. 卷 18222、18223、18224：**像**　贤人像图三　事韵一　二（藏号：4091）

此册袁同礼 1927 年 2 月《表》著录藏家为“慕玄父[9]”，1929 年后则著录为“蓬莱慕氏”；

---

① 国家图书馆档案，039/2 -（1）-3 -001。

② 即金梁（1878—1962），字息侯，号瓜圃老人，满洲正白旗人，杭州驻防。光绪甲辰（1904）进士。历任奉天旗务总办、京师大学堂提调、奉天省政府厅长、清史馆校对、东三省博物馆筹委会委员长等职。

③ 文物局《通知》明确指出，“金息侯先生将家藏《永乐大典》苏字韵第三千四百一卷计一册，捐献政府，即拨交你馆庋藏”，交接清单明确标明韵次为“六模　苏”；然据《永乐大典目录》，“六模　苏”为卷 2401。另据《北京图书馆善本书目》（中华书局，1959 年）著录，卷 2401 为“金梁先生捐赠”。故 3401 应误，可能为窃书者或书贾妄改。巧合的是，顾力仁《永乐大典及其辑佚书研究》（台湾文史哲出版社，1985 年）附录载，台湾中研院历史语言研究所藏亦有一册标为卷 3401，实为卷 2400，与国图所藏此册当为同时所改。

④ 据施万逸《诗外簃藏张大千书画》（文物出版社，2006 年），“诗外簃”为徐伯郊斋号。藏印中“誃”为“簃”字同音替换，较常见。徐伯郊（1913—2002），著名文物鉴赏家、收藏家徐森玉之子。浙江吴兴人。秉承家学，精于书画及古籍版本鉴定。

⑤ 中华书局，1959 年。此版善本书目主要收建国十年来新入藏及抗战期间所入藏的善本书。

⑥ 王莲芬、王锡荣主编：《郑振铎纪念集》，上海社会科学院出版社，2008 年，第 258—261 页。据此文，师陀回忆徐伯郊捐赠《永乐大典》时同时押送的宋版书为苏州潘祖阴旧藏，但不确定《永乐大典》是否亦属潘氏。

⑦ 赵元方（1905—1984），名钫，字元方，蒙古族人。世居北京，历职银行界。喜好收藏古籍，与文禄堂店主王晋卿交谊最厚，收藏甚得其臂助。其收藏多宋、金、元、明著名刻本，尤喜收藏明代铜活字印本。藏书室名“无悔斋”。新中国成立后，择其精本，捐献给北京图书馆。据馆藏档案，曾于 1952 年 9 月、1956 年 5 月、1967 年 9 月分别捐赠，共计 326 种 1604 册，多明清刻本、抄本及部分活字本。

⑧ 国家图书馆档案，039/2 -（2）-3 -007。

⑨ 慕玄父，“父”“文”形近，当为慕玄文之误。慕玄文（1880—1929），名学勋，山东蓬莱人，毕业于天津北洋大学。曾在北京德国公使馆担任中文秘书 17 年。慕氏雅好积书，一生搜罗中国古籍甚富。民国年间编印的《蓬莱慕氏藏书目》，收其藏书 2551 种。慕氏去世后，其所藏古籍约 4 万余册于 1933 年被加拿大中华圣公会河南主教怀履光（Rev. William Charles White，1873—1960）收购，1935 年运至加拿大多伦多大学。

张忱石《史话》著录为“原蓬莱慕氏藏,后归北京富晋书社[①],1951 年捐赠”。馆藏档案有文化部文物局 1951 年 8 月 2 日拨交《大典》通知:“为配合你馆《永乐大典》展览,兹将我局新收此书共三卷拨交你馆,以便同时陈列,希即派员来取。特此通知。”[②]则此册原藏蓬莱慕玄文,后为富晋书社购得,并于 1951 年捐献国家,由文物局于 1952 年 8 月拨交北京图书馆。

1953 年　1 册

147. 卷 7159:**唐**　庄宗六(藏号:5549)

此册袁同礼诸《表》未著录;张忱石《史话》著录“张季芗[③]捐赠”;馆藏采访卡片记录为“社会文化事业管理局移交 1953. 10. 10”。另据 1959 年版《北京图书馆善本书目》,此册为“张季芗先生捐赠”。则此卷为张季芗捐献国家,1953 年 10 月由文化部社会文化事业管理局拨交北京图书馆。

1954 年　54 册

148. 卷 8978:**周**　后妃宗室一(藏号:7200)

袁同礼各《表》均未著录;张忱石《史话》著录为“原广东郑广权藏,1954 年捐赠”。馆藏采访卡片记录为“社会文化事业管理局移交 1954. 3. 31”,馆藏档案有北京图书馆所收 1954 年 2 月 20 日文化部社会文化事业管理局发文,称“兹拨交你馆广州文化局送来《永乐大典》一册。附去移交单证一件,请即派人来局洽取”[④]。另据《广州市文化局发现〈永乐大典〉一卷》[⑤],此卷原为广东顺德县翰林欧家濂[⑥]旧藏,后售归郑广权[⑦],再由郑广权捐献国家。文化部社会文化事业管理局 1954 年 2 月拨交北京图书馆。

149. 卷 480、481:**忠**　忠义十五　十六(藏号:7202)

150. 卷 551、552、553:**庸**　中庸十　十一　十二(藏号:7203)

151. 卷 895、896:**诗**　宋诗四　五(藏号:7204)

---

① 富晋书社,北京琉璃厂旧书店,开设于 1912 年。店主王富晋,河北冀县人。

② 国家图书馆档案,039/2 - 1 - 2 - 001。档案所见移交清单标明 3 卷 3 册,馆藏采访卡片记录“合装 1 册”。

③ 张季芗,云南大理人。民国时期曾任北京大学图书部书记(王学珍、郭建荣主编:《北京大学史料第二卷(1912—1937)》,北京大学出版社,2000 年,第 368 页)。

④ 国家图书馆档案,039/2 - (1) - 7 - 005。

⑤ 《文物参考资料》1954 年第 1 期。

⑥ 欧家濂(1869—1925),字介持,广东顺德人。“濂”文献所见多作“廉”。光绪二十一年(1895)进士,光绪二十四年授翰林院编修,历任武英殿协修官、国史馆纂修官、湖南大道监察御史等(《中国第一历史档案馆藏清代官员履历档案全编 8》,华东师范大学出版社,1997 年,第 746—747 页)。

⑦ 郑广权(1908—1968),广东顺德人,民国时期曾在广州中山大学、岭南大学、国民大学等处任教。新中国成立后在广州市文管会、广东革命历史博物馆、广州市博物馆等单位工作,曾担任广州革命历史博物馆和广州市博物馆馆长、广州市政协委员。

152. 卷 899、900：**诗**　宋诗八　元诗一　二（藏号：7205）

153. 卷 905、906、907：**诗**　诸家诗目一　二　三（藏号：7206）

154. 卷 917、918、919：**师**　太师二　少师　三师　太子太师　太子少师（藏号：7207）

155. 卷 2262、2263：**湖**　湖名三　四（藏号：7208）

156. 卷 2264、2265：**湖**　湖名五　六（藏号：7209）

157. 卷 2270、2271：**湖**　湖名十一　十二（藏号：7210）

158. 卷 2340、2341、2342：**梧**　梧州府四　五　六（藏号：7211）

159. 卷 2343、2344：**梧**　梧州府七　八　**悟**　**郚**等　事韵（藏号：7212）

160. 卷 2345、2346、2347：**乌**　事韵　诗文一　二　义乌县　飞乌县　姓氏　**恶洿**等事韵（藏号：7213）

161. 卷 2367、2368、2369：**苏**　苏州府十九　二十　二十一（藏号：7214）

162. 卷 2406、2407、2408：**初**　事韵　汉初县　姓氏　**刍**　事韵　文　释书佛说苾刍五法经　佛说苾刍迦尸迦十法经　**㹊**等（藏号：7215）

163. 卷 2537、2538：**斋**　斋名十三　十四（藏号：7216）

164. 卷 2603、2604：**台**　台名十四　十五（藏号：7217）

165. 卷 2605、2606、2607：**台**　事韵一　二　御史台一　二（藏号：7218）

166. 卷 2739、2740：**崔**　姓氏七　八（藏号：7219）

167. 卷 2741、2742：**崔**　姓氏九　十（藏号：7220）

168. 卷 2754、2755：**陂**　陂名三　四　诗文　黄陂县　**波**　**罴**　事韵　诗文　**蘢**等（藏号：7221）

169. 卷 2978、2979、2980：**人**　事韵六　七　八（藏号：7222）

170. 卷 2999、3000：**人**　事韵二十七　二十八（藏号：7223）

171. 卷 3005、3006、3007：**人**　诗二　三　柏人县　道人县葰人县　安人县　淳人先宁人县　姓氏　慎子君人篇　春秋繁露天辨在人篇　吕氏春秋慎人篇　求人篇　医书素问阴阳二十五人篇（藏号：7224）

172. 卷 3008：**人**　易同人卦一（藏号：7225）

173. 卷 3009、3010：**人**　易同人卦二　三（藏号：7226）

174. 卷 3133、3134：**陈**　姓氏七　八（藏号：7227）

175. 卷 3155、3156：**陈**　姓氏二十九　三十（藏号：7228）

176. 卷 3614：**寒**　诸寒证治九（藏号：7229）

177. 卷 5345：**潮**　潮州府三（藏号：7230）

178. 卷 6504、6505：**庄**　庄公二十三　二十四（藏号：7231）

179. 卷 6564、6565：**梁**　梁朝武帝三　四（藏号：7232）

180. 卷 6837、6838：**王**　姓氏二十二　二十三（藏号：7233）

181. 卷 7235、7236：**堂**　堂名二十一　二十二（藏号：7234）

182. 卷 7239、7240：**堂**　堂名二十五　二十六（藏号：7235）

183. 卷 7517、7518：**仓**　事韵四　五　陈仓县　姓氏　**苍**　事韵　姓氏　**沧**　沧州鸽等

(藏号:7236)

184. 卷 7543:**刚** 释书金刚般若波罗蜜经一(藏号:7237)

185. 卷 7960、7961、7962:**馨** **馫** 事韵 **兴** 中兴一 二 事韵 诗文 姓氏 吴兴郡 永兴郡 新兴郡 始兴郡 隆兴郡 义兴郡(藏号:7238)

186. 卷 8164、8165:**程** 姓氏七 八(藏号:7239)

187. 卷 8979:**周** 宗室二(藏号:7240)

188. 卷 10458、10459:**礼** 文三 文四 诗(藏号:7241)

189. 卷 13017:**宋** 宗室十八(藏号:7242)

190. 卷 13019:**宋** 宗室二十(藏号:7243)

191. 卷 13082、13083、13084:**动** 事韵 诗文 王充论衡变动篇 **恸** 事韵 诗 **迥**等 **哄** 事韵 **閧**等(藏号:7244)

192. 卷 14382、14383:**寄** 诗十四 十五 **徛**(藏号:7245)

193. 卷 14463、14464:**禦** 备禦三 四 事韵 防禦 姓氏 **圉** **语** **渔** **敔**(藏号:7246)

194. 卷 14536、14537:**树** 树名一 二 事韵一(藏号:7247)

195. 卷 14574、14575、14576:**铺** 急递铺一 二 三 事韵 **诵**等(藏号:7248)

196. 卷 14620、14621:**部** 吏部七 八(藏号:7249)

197. 卷 14624、14625:**部** 吏部十一 十二(藏号:7250)

198. 卷 14626:**部** 吏部十三(藏号:7251)

199. 卷 22570、22571、22572:**集** 大方等大集经四 五 六(藏号:7252)

200. 卷 22760:**劄** 启劄锦语六(藏号:7253)

上述 52 册馆藏采访卡片皆登记为"外交部转苏联中央列宁图赠 1954. 6. 17";除 149 号、150 号外,皆钤有列宁图书馆俄文馆藏印,以及"南满洲铁道株式会社大连图书馆藏(印中间有日期:昭 14 12 11)"或"满铁图书之印""大连图书馆藏"印。赵万里《苏联列宁图书馆送还给中国人民的永乐大典》[①]列出苏联 1954 年 6 月所归回上述 52 册《大典》目录。此 52 册皆为大连满铁图书馆[②]旧藏,1945 年大连解放,《大典》和其他善本书作为战利品被苏联运回国内。1954 年 6 月经由外交部从苏联中央列宁图书馆转归北京图书馆。

上述 52 册虽来源比较清楚,但上面的藏印信息却不统一。上文已指出,149 号、150 号无列宁图书馆俄文藏印。满铁藏印,150 号仅有"大连图书馆藏"印,无满铁其他藏印;大部分卷册同时钤有"南满洲铁道株式会社大连图书馆藏(昭 14 12 11)""大连图书馆藏"印,但亦有差别,149 号、162 号无"大连图书馆藏"印,163 号、185 号钤印为"南满洲铁道株式会社图书印""南满洲铁道株式会社大连图书馆藏(昭 18 2 3)";166 号与 192 号满铁藏印仅有

---

① 《文物参考资料》1956 年第 2 期。

② 大连满铁图书馆,最初是 1907 年南满洲铁道株式会社调查部下设的图书室,1908 年改为南满洲铁道株式会社图书馆,1922 年又改称南满洲铁道株式会社大连图书馆。

“满铁图书之印”“SMR LIBRARY SMR[①]”英文印。这种种差异或反映了各册入藏的先后,如“南满洲铁道株式会社大连图书馆藏(昭 14 12 11)”印,反映了入藏时间大约为昭和十四年(1939),“昭 18 2 3”的入藏时间大约为昭和十八年(1943);钤“满铁图书之印”“SMR LIBRARY SMR”者则或许入藏时间较早,当时还没有较常见的满铁大连图书馆藏印。

上述 149—162、164、165、167—175、178—184、186、188、189、191、193—197 号除钤有“南满洲铁道株式会社大连图书馆藏(昭 14 12 11)”印外,另皆钤“吴兴刘氏嘉业堂藏书印”“刘承幹字贞一号翰怡”印,184 号则多出“人间孤本”“翰怡汲古”“御赐平衡清格”三印,印主为近代著名藏书家嘉业堂主人刘承幹,则此 41 册原为刘承幹所藏。关于刘承幹旧藏《大典》的册数,及转让满铁大连图书馆的情况,学术界讨论得已比较多。一般认为刘承幹旧藏《大典》44 册[②],除卷 5248、5249 与 5251、5252 二册售予他人外,其余 42 册[③]皆让与大连图书馆,嘉业堂出让此 42 册《大典》的时间,一般认为是 1938 年[④]。

关于嘉业堂所藏《大典》的来源,尚无专门研究,文献记载不过一鳞半爪。如张崟《南浔刘氏嘉业堂观书记》[⑤]载 1935 年 5 月赴嘉业堂观书,其中《大典》四十二巨册,并注明“此盖得自朱邸者”;《嘉业堂志》[⑥]“大事记”载 1913 年章棂代刘承幹购《大典》3 册,价 416 元;朱小燕《嘉业堂藏书之聚散考略》[⑦]载“从李紫东处购入《大典》数册”。至于其入藏详细经过,有待进一步研究。

除嘉业堂旧藏的 41 册外,苏联列宁图书馆回归的其余 11 册中,166 号、192 号 2 册来源相同,袁同礼 1925 年《表》始著录藏地为“大连图书馆(原存述古堂[⑧])”,满铁藏印为“满铁图书之印”“SMR LIBRARY SMR”,则此二册为述古堂旧物,至迟于 1925 年入藏满铁大连图书馆,早于其他各册。此亦证明“满铁图书之印”“SMR LIBRARY SMR”似为满铁大连图书馆早期藏印。176、177、187、199、200 号共 5 册,袁同礼各《表》著录为“吴兴丁氏百一斋”,皆钤“南满洲铁道株式会社大连图书馆藏(昭 14　12　11)”,则约于 1939 年让与满铁。190 号,袁同礼 1932 年 3 月《表》始著录藏地为“琅琊王氏”,1939 年《表》调整为“文安王氏”,钤满铁大连图书馆昭和十四年藏印,则此册为 1939 年得自文安王氏。163 号、185 号、198 号 3 册袁同礼各《表》均未著录,据满铁藏印,前二册入藏时间大约为昭和十四年,后一册入藏时间大约为昭和十八年,来源则不可考。

---

① 此亦满铁图书馆馆藏印,SMR 为“South Manchuria Railway”(满铁)的缩写。

② 袁同礼 1929 年《表》详细列出“吴兴刘氏”44 册卷目。

③ 卷 2190、2191 不在 1954 年列宁图书馆归回之册内。

④ 王若:《关于嘉业堂所藏〈永乐大典〉的下落》(《图书馆工作与研究》2002 年第 6 期)推测为 1938 年;《嘉业堂藏书的流布及其与日本的关系》(钱杭辑主编:《传统中国研究集刊》第五辑,上海人民出版社,2008 年)引《书香》1940 年 5 月第 112 号《送别柿沼馆长》,“前年……一次就为大连图书馆搜藏 44 册”云云,亦证转让时间为 1938。书上藏印作昭和十四年(1939),或许为正式登记的时间。

⑤ 《浙江图书馆馆刊》1935 年第 3 期。

⑥ 应长行、李性忠主编:《嘉业堂志》,国家图书馆出版社,2008 年。

⑦ 《图书馆》2010 年第 4 期。

⑧ 此述古堂当为琉璃厂旧书店述古堂。开办于光绪年间,前后营业 40 余年。1914 年由于魁祥主持后,营业极盛(李正奋:《永乐大典考》,《图书馆学季刊》第一卷第二期,1926 年)。

吴兴丁氏百一斋旧藏之 199 号，书衣左侧有高世异[①]题记："甲寅初夏，得明《永乐大典》集字类所录《大方等大集经》三卷残篇，敬贻抱道人讽藏。"右上有袁克文题记："《大方等大集经》奉贻大方师[②]鉴存。甲寅初秋门人袁克文合十。"则此册 1914 年夏由高世异收得，随即赠送袁克文，同年秋，袁氏又赠予其师方尔谦，后归丁氏百一斋。

关于满铁大连图书馆所藏各册《大典》的时间，前人说法也较多。张升《再谈嘉业堂藏〈永乐大典〉的下落》[③]综合前人说法，认为 1938 年前入藏了卷 2739、2740 与卷 14382、14383 二册，1939 年入藏嘉业堂 42 册及丁氏百一斋 4 册计 46 册，1944 年前又入藏卷 482、卷 483—484、卷 2537—2538、卷 7960—7962、卷 8979、卷 13019、卷 146267 等 7 册，共计 55 册。然根据书上藏印信息，这种说法不确。据我们现在的统计，钤有昭和 14 年藏印的恰有 46 册，然非嘉业堂 42 册加丁氏百一斋的 4 册，而是嘉业堂 39 册，丁氏百一斋 5 册，文安王氏 1 册，不确定来源者 1 册。另张文所引田仲一成《日本东洋文库收集〈永乐大典〉残本的过程》提及满铁购买嘉业堂藏《大典》事，"昭和 18 年 2 月 3 日，该书全部 49 册就由满铁大连图书馆接受了"。张文与田文皆指出此"昭和 18 年"当为"13 年"之误，然据藏印"南满洲铁道株式会社大连图书馆藏(昭 18 2 3)"，日期完全吻合，不过有此藏印的二册并不是嘉业堂旧藏。为何有这种种差异，实在令人费解。姑罗列于此，以供进一步研究。

201. 卷 14948：**妇**　妇人证治二十四(藏号：7201)

此册袁同礼 1932 年 3 月、1932 年 12 月《表》著录藏家为"琅琊王氏"，1939 年《表》调整为"文安王氏"。馆藏采访卡片记录为"由陈李霭如捐书内提出/社会文化事业管理局移交/1954.6.21"。陈李霭如为陈一甫[④]夫人。则此册初为王氏旧藏，后归陈一甫，1954 年捐献国家，由文化部社会文化事业管理局拨交北京图书馆。

1955 年　7 册

202. 卷 920、921、922：**师**　太子三师　师氏　国师　宗师　诸侯师　先师　儒师　事韵一二(藏号：10691)

203. 卷 5343：**潮**　潮州府一(藏号：10692)

204. 卷 13450：**士**　处士二(藏号：10693)

此 3 册袁同礼 1923 年《表》记卷 920 藏地为"考龙某书店[⑤]"，1925 至 1939 年各《表》均记藏地为莱比锡大学。馆藏采访卡片记录为"德意志民主共和国移赠 1955.12.13"；馆藏档

---

① 高世异，字尚同，一字德启，号念陶，四川华阳人。书斋号有苍茫斋、拥经堂等。

② 即方尔谦(1871—1936)，字地山，又字无隅，别署大方，江苏江都人。室名一宋一廛。曾任袁世凯家庭教师，袁克文从其学。

③ 《图书馆研究与工作》2005 年第 3 期。

④ 陈一甫(1869—1948)，名惟壬，以字行，号恕斋居士。祖籍安徽石埭县(今石台县)广阳乡，寄居天津，近代实业家、藏书家。其藏书楼为居敬轩。

⑤ 同文注明考龙为 cologne，即德国科隆。

案有文化部文物局 1955 年 12 月 12 日此 3 册拨交清单,同月 20 日文物局正式发函拨交[①]。则此 3 册原为德国莱比锡大学从科隆某书店购得,后于 1955 年 12 月由德国政府送还,拨交北京图书馆。

205. 卷 5248、5249:**辽**　世宗　景宗　圣宗(藏号:9652)

206. 卷 5251、5252:**辽**　天祚　九主年谱　辽控制诸国(藏号:9653)

207. 卷 7213、7214:**堂**　明堂十九文　二十文(藏号:9654)

208. 卷 8706:**僧**　僧讲　僧律　僧官　僧隶　僧封　僧谥　僧号　僧衣　僧籍　度僧　鬻僧　汰僧(藏号:9655)

此 4 册皆钤有"祁阳陈澄中[②]藏书记"印,馆藏采访卡片记录为"文化部文物局拨交 1955.7.7"。则此 4 册 1955 年为文物局从香港陈澄中手中购回,同年 7 月拨交北京图书馆。

其中前 2 册另钤有"吴兴刘氏嘉业堂藏书印""刘承幹字贞一号翰怡""御赐金声玉色"三印,袁同礼 1927 年 2 月《表》始著录藏地为吴兴刘氏嘉业藏书楼,据"御赐金声玉色"印[③]及袁《表》,此 2 册应为 1922—1927 年间入藏嘉业堂。另据张元济、刘承幹过往书函,卷 5248、5249 及 5251、5252"辽"字二册辽宁皇宫博物馆金息侯求购于刘承幹,刘氏允以一千元出售,1931 年 5 月 11 日委托张元济经由商务印书馆沈阳分馆寄给金梁,6 月 11 日寄到并成交[④]。后此册至迟于 1934 年似又流回上海市面,为陈澄中所得[⑤]。袁同礼 1939 年《表》著录藏地为"大连满铁图书馆",当误。

卷 8706 一册,袁同礼 1929 年《表》始著录藏地为"武进陶氏",为近代著名藏书家陶湘[⑥]。陶湘雅好明本,曾发愿收集嘉靖本,后共收嘉靖本 200 余部[⑦],嘉靖本《大典》当即其中之一。陶湘晚年困窘,1930 年左右,涉园藏书开始散去。陶氏 1934 年迁居上海,1940 年去世,所藏《大典》当于此期间让与陈澄中。

---

① 国家图书馆档案,039/2 -(1)-9 -027。

② 即陈清华(1894—1978),字澄中,号郇斋,湖南祁阳人。民国时在上海从事银行业,公馀喜藏书,为民国时期著名藏书家,与周叔弢并称"南陈北周"。新中国成立后,其藏书曾分别于 1955 年、1965 年、2004 年分三批为国家购回,由北京图书馆收藏。

③ 据《嘉业堂志》,1922 年 11 月,刘承幹因贺溥仪大婚,获赐"金声玉色"匾额,之后特治"御赐金声玉色"藏印(第 14 页)。另据袁同礼 1927 年 2 月《表》,则此二册于 1922—1927 年间入藏。

④ 《张元济全集　第一卷　书信》,商务印书馆,2007 年,第 449—450 页。

⑤ 据张升《关于嘉业堂收藏的两册〈永乐大典〉》所引《缘督庐日记抄》及《静晤室日记》,此册初为周颂芬求售叶昌炽而未得,后归刘承幹;1931 年金毓黼委托金梁搜求此二册,收到书后,金毓黼似对此书较为失望,指出其水平不高,且并非全关辽东事。陈澄中 1934 年 1 月 5 日函称,寄还忠厚书庄《大典》(杨健:《陈澄中致王晋卿函十一通笺释》,《文津学志》第五辑,国家图书馆出版社,2012 年,第 296 页),《张元济全集　第七卷　书信》1937 年 3 月 1 日、6 日皆记忠厚书庄李紫东向其兜售辽字《大典》二册(第 342、343 页),则迟至 1937 年仍未出手。但后来终为陈澄中所得。

⑥ 陶湘(1870—1940),字兰泉,号涉园,江苏武进人。清末从事实业,民国后入商界、金融界。一生极喜藏书、刻书。

⑦ 苏精:《近代藏书三十家》(增订本),中华书局,2009 年,第 92—93 页。

1956 年　1 册

209. 卷 22536、22537：集文集名十三　十四（藏号：4470）

此册所钤藏印有“皕印斋”“北皮亭刘氏所藏秘笈”“盐山刘千里藏书”“戊辰”，印主为刘驹贤[①]。刘氏 1956 年过世后，其藏书归琉璃厂藻玉堂书店[②]。则此册或为 1956 年藻玉堂经手售予北京图书馆。

1957 年　2 册

210. 卷 975、976：儿　小儿证治八　九（藏号：平图 013153）

211. 卷 10483、10484：礼　礼记曲礼篇十六　十七（藏号：平图 013192）

此 2 册袁同礼各《表》均著录藏地为“汉堡大学”；张忱石《史话》此 2 册藏地阙。据《“国立中央图书馆”典藏国立北平图书馆善本书目》载，此册及卷 10483、10484 皆存台湾[③]。关于此 2 册递藏源流，张升考证指出，此 2 册大约于 1912 至 1914 年间由商衍鎏协助购入汉堡大学，1937 年 7 月前袁同礼与汉堡大学达成图书交换协议，换回此二册，但因二战影响，大概于 1950—1957 年间寄至美国，由袁同礼接收，并汇入平图寄存书中，后随之一起运至台湾，现存台北故宫博物院[④]。

1958 年　6 册

212. 卷 11135：水　水经九（藏号：12172）

213. 卷 11136、11137：水　水经十　十一（藏号：12173）

214. 卷 11138、11139：水　水经十二　十三（藏号：12174）

215. 卷 11140、11141：水　水经十四　十五（藏号：12175）

此 4 册即《大典》本《水经注》之后半部，皆李宗侗[⑤]旧藏。所钤藏印有“看云忆弟居珍藏善本书籍印”“李宗侗藏书”“玄伯”“国立北京大学藏书”。李氏在卷 11141 之末有篆文题记，记此《水经注》后半部得书经过及前半部递藏源流：“右《永乐大典》内《水经注》后七卷，

---

① 刘驹贤（？—1956），字伯骥，一字千里，河北盐山人。藏书甚富，尤喜袖珍本和精刊初印本。室名为“传经堂”“皕印斋”。逝后所藏图书多归琉璃厂藻玉堂（雷梦水：《书林琐记》，人民日报出版社，1988 年，第 76 页）。

② 藻玉堂，琉璃厂旧书店，1915 年开业。店主王雨，字子霖，河北深县人。

③ “国立中央图书馆”出版，1969 年，第 160—166 页。

④ 《德国汉堡大学所藏两册〈永乐大典〉的流传》，《国家图书馆学刊》2012 年第 6 期。

⑤ 李宗侗（1895—1974），字玄伯。河北高阳人，晚清名臣李鸿藻之孙。早年留学法国，回国后任北京大学讲师、清室善后委员会顾问、故宫秘书长等职。1948 年后去台湾，曾任台湾大学教授、台湾“故宫博物院”理事。

今年春间得于北平，祁文端公[①]旧藏也。盖自张石州先生校后，近代学者未有见之者矣。其前八卷曾藏蒋孟苹家，现归涵芬楼。民国十有九年八月高阳李宗侗识。"1947 年 1 月 15 日胡适致张元济函，告知北大图书馆购藏《大典》本《水经注》下半部[②]。馆藏采访卡片记录为"北京大学赠 1958.4.11"[③]。则此册原为祁寯藻旧藏，1930 年春李宗侗购于北平，大约 1947 年 1 月李宗侗售之于北京大学图书馆，1958 年北京大学把此 4 册赠送北京图书馆，使之与商务印书馆所捐《水经注》之前半部合璧。

216. 卷 13135、13136：**梦**　事韵三　四（藏号：12312）

此册袁同礼 1939 年《表》著录藏地为"海参崴远东大学"。赵万里称："1954 年苏联科学院又把《永乐大典》梦字韵的一册，送还我科学院访苏代表团。"[④]馆藏采访卡片记录为"中国科学院图书馆赠 1958.12.3"。则此册原藏苏联海参崴远东大学，1954 年苏联科学院经中国科学院归还中国，1958 年 12 月中国科学院交由北京图书馆收藏。

217. 卷 978：**儿**　小儿证治十一（藏号：11982）

此册无相关信息可供参考。1951 年 8 月《大典》展览 50 册目录[⑤]，尚未包括此册。另据此册与他册索书号推断，当为 1955—1958 年间入藏。

1962 年　3 册

218. 卷 18764、18765、18766：**命**　诸家星命一百二十六　一百二十七　一百二十八前定数（藏号：17541）

219. 卷 18767、18768、18769：**命**　诸家星命一百二十九　一百三十　一百三十一前定数（藏号：17542）

220. 卷 18770、18771：**命**　诸家星命一百三十二　一百三十三　前定数（藏号：17543）

此 3 册馆藏采访卡片记录为"广东省博物馆赠（62）采捐 54"。馆藏档案存广东博物馆 1962 年 9 月 5 日致北京图书馆函，寄赠卷 18764 至 18771 四册。另据《佛山市钟毅弘捐献永乐大典三册》[⑥]，卷 18764 至 18771 共 3 册为钟毅弘[⑦]捐献国家，由广东省博物馆于 1962 年 9 月移赠北京图书馆。

---

① 即祁寯藻（1793—1866），字叔颖，又字淳甫，自号春圃，又号观斋。山西寿阳人。嘉庆十九年（1814）进士。历迁内阁学士，礼部、兵部、户部侍郎，兵部尚书，军机大臣。道光二十九年（1849）以户部尚书协办大学士。咸丰元年（1851）拜体仁阁大学士、实录馆总裁。同治帝即位，特旨起用，以大学士衔为礼部尚书。卒谥文端。

② 张树年主编：《张元济年谱》，第 520 页。

③ 国家图书馆馆藏档案有北京大学 1958 年 4 月 11 日赠函及北京图书馆 4 月 15 日谢赠函。4 月 11 日函云："北京图书馆：经我校校务委员会决议，将我校图书馆所藏《永乐大典》八赙三十八至四十一共四册赠归你馆收藏。请查收为荷。"

④ 赵万里：《苏联列宁图书馆送还给中国人民的〈永乐大典〉》，《文物参考资料》1956 年第 2 期。

⑤ 赵万里：《永乐大典展览的意义》，《文物参考资料》1951 年第 9 期。

⑥ 《文物》1963 年第 1 期。

⑦ 钟毅弘，字白苍，广东佛山人。书画家、收藏家。

1965 年　2 册

221. 卷 2972：**人**　贵人　才人　美人　御人等（藏号：17539）

222. 卷 2973：**人**　事韵一（藏号：17540）

221 号袁同礼 1932 年 3 月、1932 年 12 月《表》皆记馆藏地为“琅琊王氏”，1939 年《表》改为“文安王氏”，222 号袁氏各《表》馆藏地均阙。此 2 册馆藏采访卡片记录为“文化部文物管理局拨交（65）采移 1”。另据馆藏档案，此 2 册及《宋次道洛阳志图》为赵万里捐献国家，由文化部文物局于 1965 年 1 月 19 日发函移交，同年 2 月 11 日北京图书馆点收[①]。另，张忱石《史话》著录此二卷为一册，谢国桢亦曾述及赵万里藏《大典》，“君藏有《永乐大典》美字韵一厚册……现归北京图书馆。”[②]则此 2 册或曾合为一本，222 号是否亦为文安王氏旧藏，暂存疑。

1983 年　1 册

223. 卷 3518、3519：**门**　门制　周泰宫门　汉至隋宫门（藏号：19548）

此册前人均未著录，为 1983 年 1 月山东掖县孙洪林捐赠北京图书馆[③]。

2013 年　1 册

224. 卷 2272、2273、2274：**湖**　诗文一　二　三

此册未见前人著录，为近年重要新发现。卷末钤有“江南六俊世家”“南通沈燕谋[④]印”“曾藏沈燕谋家”“曾在袁安圃[⑤]处”四印，则此册曾经沈燕谋、袁樊递藏。2007 年 11 月全国古籍普查专家组赴华东核查古籍善本时，意外从袁氏后人（加拿大华侨）手中发现此册。2009 年由文物局动用国家文物征集经费购回，2013 年 9 月正式由国家图书馆借藏。此册能与国图旧藏之册前后相连，使《大典》“湖”字号的内容得以相对完整，具有重要的文献价值。

---

① 国家图书馆档案，039/2－（1）－27－001。

② 谢国桢：《怀念版本学家赵万里先生》，《文献》第 12 辑，书目文献出版社，1982 年，第 149 页。文中所谓“美字韵”当误，赵万里所藏为“真”韵“人”字号，事目有“美人”。

③ 参见国家图书馆馆藏档案及任宝祯《在莱州发现的一册〈永乐大典〉》（《春秋》2007 年第 4 期）、李西宁《山东掖县发现〈永乐大典〉佚卷始末》（《中国文化报》2008 年 12 月 21 日第 4 版）。但关于之前的源流情况没有确切的说法。

④ 沈燕谋（1891—1974），名绳祖，号南村，江苏南通人。曾留学美国维斯康星大学。民国期间从事纺织业，新中国成立后定居香港，曾任新亚书院图书馆馆长。家有藏书数千册，1950 年捐献国家（《沈燕谋的二三事》，《南通县文史资料》第 3 辑，1988 年，第 136 页）。

⑤ 即袁樊（1904—1963），字安圃，别号梦庵，江苏苏州人。擅昆曲、书画，皆有造诣（《上海昆剧志》，文化出版社，1998 年）。

二、余论

根据以上对国家图书馆藏嘉靖本各卷册来源情况所作分析，我们进一步思考和总结如下：

1. 国家图书馆历年入藏嘉靖本《大典》来源分析

总体来看，国家图书馆藏《大典》的来源主要包括购买、政府拨交、接收捐赠、馆际交换等，这也是善本古籍来源的几种方式。作为国家图书馆四大专藏之一，《大典》反映了国家图书馆善本古籍来源的一般情况。据下表对《大典》历年入藏来源情况的统计，由购买而来的有36册，拨交而来的有164册，捐赠而来的17册，馆际交换而来的2册。从中可见政府拨交所占比重最大，购买和捐献也各占一定比例。尤其值得注意的是，馆际交换虽然仅有一次，却是一个较为难得的亮点。

国家图书馆历史上经历了京师图书馆、国立北平图书馆（北平北海图书馆1929年并入）、北京图书馆（1998年改名国家图书馆）三个时期。国立北平图书馆之前，入藏74册，其中京师图书馆自有60册，新入藏4册，北平北海图书馆购买10册；北平图书馆时期（1928年至1949年）共入藏32册，其中教育部图书室新转来4册，捐赠3册，购买25册；新中国成立后入藏118册，其中购买1册，拨交100册，捐赠14册，交换2册，不确定来源者1册。北平图书馆时期入藏量所占比重虽然不大，却已是国家动荡、经费不能保障背景下取得的最大成绩。新中国成立后国家逐步趋于安定，加之新中国成立初期掀起的捐献热潮，《大典》渐次汇入北京图书馆，也反映出国家安定对古籍传承命运的重要影响。

历年入藏来源统计表

<table>
<tr><th>时间</th><th>购买</th><th>拨交</th><th>捐赠</th><th>交换</th><th>不确定</th><th>合计</th><th>各时期入藏册数</th></tr>
<tr><td>1912</td><td></td><td>60</td><td></td><td></td><td></td><td>60</td><td rowspan="2">京师图书馆64册</td></tr>
<tr><td>1925</td><td></td><td></td><td></td><td></td><td>4</td><td>4</td></tr>
<tr><td>1927</td><td>3</td><td></td><td></td><td></td><td></td><td>3</td><td rowspan="2">北平北海图书馆10册</td></tr>
<tr><td>1928</td><td>7</td><td></td><td></td><td></td><td></td><td>7</td></tr>
<tr><td>1929</td><td></td><td>4</td><td>2</td><td></td><td></td><td>6</td><td rowspan="7">国立北平图书馆32册</td></tr>
<tr><td>1931</td><td>4</td><td></td><td>1</td><td></td><td></td><td>5</td></tr>
<tr><td>1932</td><td>2</td><td></td><td></td><td></td><td></td><td>2</td></tr>
<tr><td>1934</td><td>2</td><td></td><td></td><td></td><td></td><td>2</td></tr>
<tr><td>1935</td><td>1</td><td></td><td></td><td></td><td></td><td>1</td></tr>
<tr><td>1936</td><td>2</td><td></td><td></td><td></td><td></td><td>2</td></tr>
<tr><td>1937</td><td>1</td><td></td><td></td><td></td><td></td><td>1</td></tr>
</table>

续表

时间	购买	拨交	捐赠	交换	不确定	合计	各时期入藏册数
1938	1					1	
1948	11				1	12	
1950			3			3	北京图书馆(现名国家图书馆)118 册
1951		34	1			35	
1952		1	1			2	
1953		1				1	
1954		54				54	
1955		7				7	
1956	1					1	
1957				2		2	
1958			5		1	6	
1962			3			3	
1965		2				2	
1983				1		1	
2013			1			1	
合计	35	164	17	2	6	224	

2.《大典》旧藏者分析

嘉靖本《大典》自抄录完成后,由于朝代更替、存储地点变换以及保管不善等诸多原因,各时期均有散佚。《大典》自雍正年间移储翰林院后,接触的人多了,流失可能性也相应变大。其中翰林院诸臣因有近水楼台之便,前人谈及《大典》散佚,多列其为罪魁祸首。根据我们考证,国图藏《大典》确实有不少卷册为翰林院臣旧藏,如徐坊、史宝安、欧家濂、张卿五、李劲庵祖父李文田等,我们当然不能就此断定这些即是私自夹带留藏,但翰林持有多册《大典》却是事实;除此之外,藏家亦有权贵,如宝康。清朝覆亡后,皇权不再,拥有《大典》不再被视为非法,《大典》的流传就活跃起来。民国时持有者多为政要及银行家,以天津、上海两地居多。关于《大典》的流散,我们有个疑问,一般认为光绪年间即有几千册《大典》散出,但目前所见国内外仅 400 余册,其余几千册的去向实在令人费解。

3. 国图藏《大典》凝聚了先贤无数心血

袁同礼及同仁、商务印书馆张元济、傅增湘等为《大典》的收集和保存贡献良多,实在令人感佩。国立北平图书馆馆长袁同礼先生,非常重视存世《大典》的调查和收集。他从 1923 年作《永乐大典考》开始,共 8 次调查《大典》在国内外的存藏情况,至 1939 年已著录 367 册。各家所藏能让与的袁氏会尽力购藏,不能让与的则想方设法录副或拍摄,如卷 9762 至 9764 一册 1948 年入藏,根据馆藏采访卡片所载,1935 年即已拍摄复制;卷 2275 一册 1929 年获知为商务印书馆收藏,次年平馆就已雇人抄录副本;卷 18222 至 18224 为蓬莱慕氏旧藏,1951 年由文化部文物局拨交,但早在 1935 年平馆就已拍摄复制。据《国立北平图书馆馆务报告》(1930—1931 年度),一年时间即请馆外拍摄《大典》37 卷,影抄 27 卷。傅增湘先生与张元济先生更是持续追踪市面上《大典》的踪迹。据傅、张来往书札,傅增湘当时经眼数十册之多,傅氏本人曾收藏 6 册,张元济则给商务印书馆涵芬楼购藏 21 册。

4.《大典》分离之叹

《大典》部分卷册来源相同,却因战争和历史原因,分藏两地,令人心生感叹。即以京师图书馆初藏之 60 册为例,现 35 册在台湾,大陆仅存 25 册;冯恕旧藏 4 册,2 册在台湾,2 册在大陆;驻法使馆高曙青代购 4 册,其中 3 册在台湾,1 册在大陆;胡若愚旧藏 2 册,1 册在台湾,1 册在大陆。

5. 北平图书馆寄存台湾《大典》的数量

关于北平图书馆寄存台湾《大典》的数量,一般说法都是 60 册。查平馆原寄存美国善本书缩微胶卷中,《大典》有 60 册,且各盒胶卷的卷标皆有手写说明"嘉靖本永乐大典残存 60 册",这也许就是 60 册说法的来源。其实台湾学者早已指出,"该馆(中央图书馆)旧藏十五卷八册,其余代管前国立北平图书馆部分一二五卷六二册现寄藏'国立故宫博物院图书馆"[①],台北故宫博物院图书文献处卢雪燕女士 2006 年也明确指出,"运到台湾的《永乐大典》不是很多大陆文献中记载的 60 册,而是 62 册"[②]。经核查,多出的两册即一般所谓曾藏德国汉堡大学者[③]。

本文修订期间,又得一册存世《大典》信息,附记于此:2013 年 10 月,中国国家图书馆代表团出访德、法二国,调查中文古籍及民国时期文献的存藏、保护等情况。在德国柏林国家图书馆期间,代表团见到了一册明嘉靖本《永乐大典》,为卷 7078 至卷 7080 "阳"字韵"唐"字册,内容是唐宪宗十三、唐宪宗十四。经查,中华书局 1986 年影印《永乐大典》、上海辞书出版社 2003 年《海外新发现永乐大典十七卷》等均未公布此册。张忱石《永乐大典史话》、张升《永乐大典流传与辑佚研究》均著录此册收藏地为德国科隆基莫图书馆,然据德国馆高杏佛研究员介绍,此册是该馆 20 世纪 80 年代从一私人收藏家手中征集。

(原载于《文献》2014 年第 3 期)

① 顾力仁:《〈永乐大典〉及其辑佚书研究》,第 523 页。

② 邢宇皓:《两岸中华古籍:期待"合璧"》,《光明日报》2006 年 9 月 22 日。

③ 张升:《德国汉堡大学所藏两册〈永乐大典〉的流传》,《国家图书馆学刊》2012 年第 6 期。

周作人未刊藏书题记六则

杨　靖

笔者在国家图书馆发现周作人未刊藏书题记六则，兹予整理如下。

一、《传芳录》

前日阅《越缦堂日记》，查所记王山史、全谢山关于王谑庵死节之论辩。《孟学斋日记》乙集下“同治四年乙丑十月十九日”条下有云：谢山《与绍守杜君札》力辩王遂东之非死节，而极称余尚书，自是乡里公论。杜守名甲，尝刻《传芳录》，于有明越中忠臣皆绘像系赞，而有遂东无武贞，盖未以谢山之言为信也。昨游厂甸，忽见此书，喜出意外，亟购以归。录中凡有像十幅，似皆转录《越中三不朽图赞》者。题语则杜补堂自撰，其谑庵一赞，亦颇有致，末云“饿死事小，行其所志”。王、全诸人可以塞口矣。越缦对于谑庵之死，前后所说亦不一致，大可笑也。廿五年二月八日知堂。

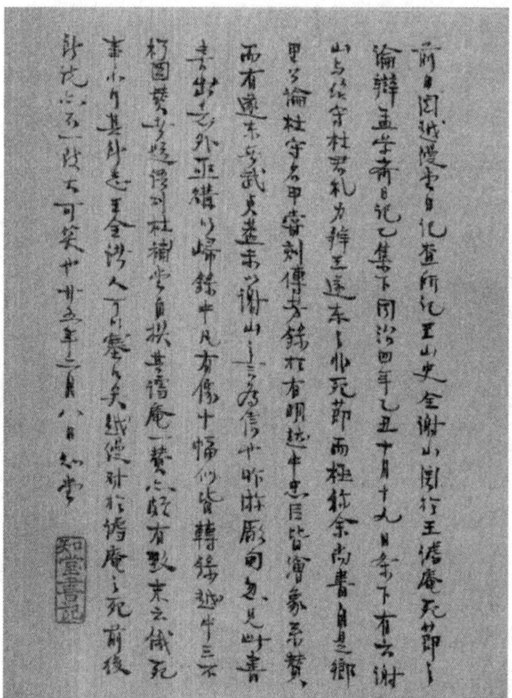

图1 《传芳录》

《传芳录》一卷，清杜甲辑，清乾隆十四年(1749)刻本，一册。题记下钤"知堂书记"印。叙下有"苦雨斋藏书印"。杜甲，字补堂，号晚晴。江都人。清乾隆十二年由通州知州擢浙江宁波知府，历知杭州、河南等府。此《传芳录》当为杜甲任绍兴知府时所编辑汇刻而成，书中记录了王守仁、孙燧、沈炼、黄尊素、施邦曜、倪元璐、周凤翔、刘宗周、祁彪佳、王思任等十位越中忠烈先哲之像赞。王思任，字季重，号谑庵，又号遂东，山阴(今浙江绍兴)人。明万历年进士，曾任袁州推官、九江佥事等职。清兵入南京后，鲁王监国，任命王思任为礼部右侍郎。顺治三年(1646)，绍兴为清兵所破，王思任绝食而死。

周作人这则题记主要涉及王山史、全谢山、李慈铭等人对王思任死事的评论。

王弘撰，华阴人，号太华山史。李慈铭《越缦堂日记》中未见他关于王思任死难之事的评论，其所著《砥斋集》卷三有《甲申之变论》一文，则称："顺治初，山阴王思任寄书龙门解胤樾，其词悖慢，追咎神宗、追咎熹宗不已也。终之曰，继之以崇祯尅削自雄。呜呼，生勤宵旰，死殉社稷，此普天哀痛之时也。思任有女曰端淑，能诗文，刻《映然子集》行世。中有言思任之死，嫌其数十日之生之多者，盖谓其死非殉难，不能择于泰山鸿毛之辨也。呜呼！臣而非君，女而非父，一何其报之之符也，但祖章皇帝祭中帝之陵，哭之流涕，以为大明有君无臣也，大哉言乎，崛起而在斯位，非偶然矣。"虽然王思任"死非殉难"出自其次女王端淑之口，但王弘撰确实对王思任颇有微词。

全祖望对于王思任死事的评论，见于其《鲒埼亭集外编》卷四十三《与绍守杜君札》："丙戌画江之役，虽建国于越，而越人首事者，义兴从亡，格庵行遯，其死者只余尚书一人耳。"此处所说"余尚书"，指余煌，字公逊，号武贞，浙江会稽人。鲁王监国时，任命其为兵部尚书。顺治三年六月，清兵直逼绍兴，鲁王渡海而逃。余煌见大势已去，放军民出城避难，他自己则投水殉国。对于全祖望称颂余煌而非议王思任，李慈铭显然并不赞同。《孟学斋日记》同治四年(1865)十一月二十日称引云："至以王遂东为不食而死，陈玄倩为山阴产，鲒埼皆纠其谬。然礼部死节，越人相传，孤竹名庵，采薇署号，揆其素志，盖已不诬。或江上之溃，适遘寝疾，固非绝粒，不失全归。"认为王思任即使没有绝粒而死，也称得上全节而归。其《越中先贤祠目序例》又说："王遂东于监国之败，入秦望山丙舍以卒。《越殉义录》及《思复堂集》诸书皆以为饿死，惟王山史弘撰及全谢山谓其非殉节，然采薇庵之筑，拟节首阳。迨江上溃时，老疾已笃，数日即逝。无魏成仁且平所至，贬官终不掺屈，风流文采照映寰中。檄马士英一书，正气凛然，其云'会稽乃报仇雪耻之乡，非藏污纳垢之地'二语尤足廉顽立懦，景仰千秋。"进一步表示对王思任的称颂。

周作人引述《传芳录》王思任像赞中"饿死事小，行其所志"两语也表达了对王弘撰、全祖望贬低王思任的不满。但他说李慈铭对王思任死事的认识前后不一致，目前还未发现相应的资料，不知何指。

周作人对越地文化先贤及其著述，格外关注。其藏书中即有两部山阴王思任所著《谑庵文饭小品》，并曾撰书话《谑庵文饭小品》，称《文饭小品》"颇可以代表谑庵的作风，其好处在于表现之鲜新与设想之奇辟，但有时亦有古怪难解之弊。他与徐渭、倪元璐、谭元春、刘侗，均不是一派，虽然也总是同一路，却很不相同，他所独有的特点大约可以说是谑罢。以诙谐手法写文章，到谑庵的境界，的确是大成就，值得我辈的赞叹，不过这是降龙伏虎的手段，我们也万万弄不来。”[①]颇有羡而不得之叹。不过，周作人虽如此言，其实他的散文写作还是很受王思任的影响的。他曾自述：“这四百年间越中风土的影响大约很深，成就了我的不可拔除的浙东性，这就是世人所通称的‘师爷气’。”[②]他那种以嬉笑怒骂之笔，严厉贬斥旧事物的风格，即深受王思任《文饭小品》等著作的影响，可见周作人对王思任其人其文特别推崇和赞赏。除了藏有两部《谑庵文饭小品》外，周作人还收藏王思任的《避园拟存诗集》《王季重九种集》《王思任乡会试墨》等著作。

二、《瀫祭值年祭簿》

平景孙手书祭簿一册，三十一年四月从杭州书贾得来。五月廿三日重订讫记。知堂。

《瀫祭值年祭簿》，为一册朱丝栏稿本，版心下题“安越堂”。安越堂为平步青之堂号。本书是平步青手定稿本。书中详细记录了山阴平氏一族的祭规，包括除夕、元旦、元宵、清明、孟冬送寒衣的祭祀成规，以及诞讳祭祀成规和祝文成式等。从其中《值年房逐年交代清帐》一文可知，此祭簿从同治十一年（1872）起，记至光绪十六年（1890）。题记下钤“作人”印，卷末钤“周作人印”蓝印。平步青，字景荪，号栋山，山阴（今浙江绍兴）人。周作人在民国癸未年（1943）撰写《两种祭规》，称：“案头放着两部书，草草一看似乎是很无聊的东西，但是我却觉得很有意思，翻阅了几回之后，决心来写一篇小文，作为介绍。”文中着重介绍了这部《瀫祭值年祭簿》：“山阴平氏的《瀫祭值年祭簿》，约在光绪十六年，为平步青所订定，手写稿本。”并肯定其价值和意义：“祭规本来只是宗祠或房派的祭祀规则，想来多是呆板单调的，没有什么可看，但是祭祀是民俗之一重要部分，这祭规正也是其中的一种重要资料，况且汪平二氏都是绍兴大家，又经过两位名人的手定，其文献上的价值自然更是确实无疑的了。”[③]周作人是中国现代反封建意识较强的文人，但他对承载了历史和文化的一切民俗资料，则是非常珍重的。尤其是记录乡土风俗的资料，他更不愿吝惜自己的称赏。由于同乡的缘故，周作人还着意收藏了平步青的多部著作，如《樵隐昔呓》《越吟残草》《安越堂文集》《葛园丛书》《读经拾沈》《读史拾沈》等。

三、《姜露庵杂记》

据卷一末条，著者盖即会稽施山也。知堂记。廿四年十一月。

---

① 周作人著，止庵校订：《周作人自编文集》，河北教育出版社，2002 年，第 129 页。

② 周作人：《雨天的书 · 自序二》，周作人著，止庵校订：《周作人自编文集》，第 3 页。

③ 周作人：《苦口甘口 · 两种祭规》，周作人著，止庵校订：《周作人自编文集》，第 118 页。

《姜露庵杂记》六卷，清光绪间上海申报馆铅印本，二册。卷端题著者为骈蕖道人，周作人根据卷一末条“予尝笺愚山诗，卒卒未就”云云，推测“骈蕖道人”即为会稽施山。施山，原名学宜，字子山，更名山，字寿伯，号望云，别号骈渠。浙江会稽(今绍兴)人。费行简所编《近代名人小传》，对《姜露庵杂记》有评价：“雅约得体，近世笔记中之硕果矣”。周作人还藏有施山的《通雅堂诗钞》。

四、《鉴湖棹歌》

廿四年十月九日从杭州复初斋书店得此册，铅印光纸，而价须壹圆，可谓贵矣，却仍买得之，则其有鉴湖棹歌也。此真可谓乡曲之见欤。次日灯下订讫记此。知堂。

《鉴湖棹歌》一卷，清陈祖昭撰，清光绪十三年(1887)刻本，与《西湖棹歌》合印，一册。卷端下钤“苦雨斋藏书印”，扉页钤“会稽周氏”“知堂和南”印。鉴湖，又名镜湖，位于今浙江省绍兴城西南，因湖水光可鉴人而得名。杭州复初斋书店是民国时期杭州一处专营古旧书籍的书铺。很多爱书藏书的大家，都喜欢光顾杭州的这家小书店。其中包括浙东藏书家朱赞卿①。周作人在1935年12月15日所写书话《三部乡土诗》一文中，提到“诗文集有专讲一地方的，那就很值得翻阅。这有些是本乡人所撰，有些是出于外乡人之手，我都同样地想要搜集。……陈祖昭的《鉴湖棹歌》是第二类”，并解释了乡曲之见：“纪事写景之工者亦多矣，今独于乡土著作之事与景能随喜赏识者，盖因其事多素知，其景多曾亲历，故感觉甚亲切也。”②周作人自幼就怀有对故土的深厚感情，特别是他离开绍兴旅居日本和定居北京之后，一股浓浓的乡愁就一直弥漫在他的心头。故乡的一山一水、一花一草以及一件文物古迹、历史事件和一个生活习俗，都是他所关注的内容。对于“节候之变换，风物之欣赏”③，尤其是风土名物、岁时习俗，具有十分浓厚的兴趣。因此，对于那些记载了故土自然风情与历史衍变的书籍也十分关心，或者可以说，他正是通过阅读这些记载自然风情与历史活动的书籍而走进了故乡的世界。

五、《竹生吟馆墨竹诗草》

此新印本，已颇漫漶。民国初年在绍兴城内清道桥刻字店买得，二十一年二月二十三日重订一过。二十五日记于北平苦雨斋。作人。

---

① 朱赞卿，名鼎煦，字赞卿，浙江萧山人，藏书家，藏书室名别宥斋。

② 钟叔河编：《知堂书话》，中国人民大学出版社，2001年，第622页。

③ 周作人：《立春以前·立春以前》，周作人著，止庵校订：《周作人自编文集》，第168页。

《竹生吟馆墨竹诗草》二卷,清周师濂撰,清光绪十一年(1885)刻清末重印本,一册。题记下钤“作”字印。书中钤有“苦雨斋藏书印”“知堂收藏越人著作”。周师濂,字又溪,号竹生吟馆,会稽(今浙江绍兴)人。清嘉庆六年(1801)拔贡。善书,工墨竹,与童震等结“十人书画社”,对花木、盆景亦有造诣。周作人对这样一部非常普通的诗集先予购藏,再予重订,可见他对越人著作的关注与珍赏。

六、《梦痕馆诗话》

玉津翁不知何名,自云系石笥宗人,然则当姓胡,亦山阴人也,诗话无足取,其系乡邦文献,故存之。民国廿四年三月二十日知堂记。

此人名胡薇元,大兴人虽原籍山阴,今不以越人论可也。廿八年三月廿日又记。

《梦痕馆诗话》四卷,民国三年(1914)刻本,一册。民国二十四年(1935)题记下钤“知堂”印。卷端题“七十二峰隐者撰”,即谓出自胡薇元之手。胡薇元(1850—1920后),字孝博,号诗舲、壶庵,别署玉津居士、百梅亭长、七十二峰隐者等。原籍直隶大兴(今属北京),祖籍浙江山阴(今绍兴)[①]。胡薇元有《玉津阁丛书甲集》《湖上草堂诗》《天云楼诗》《伊川草堂诗》《梦痕馆诗话》《岁寒居词话》《壶庵五种曲》《公法导源》等多部著作传世。石笥,为清代骈文家、诗人胡天游之山房名。

周作人收藏了胡天游《石笥山房集》和《春秋夏正》,也收藏了胡天游族叔孙胡薇元的这部《梦痕馆诗话》,但其缘由则是“其系乡邦文献”即越人著作。然而,周作人对这部作品甚不看好,视为“无足取”,以至于连胡薇元本人都“不以越人论”。目前尚不得知其中原因,但《梦痕馆诗话》多处提到立宪共和、辛亥革命等时事,且流露出严重的不满。如卷一“宣统戊申秋”条云:“方今立宪之说,议院之设……仆太息叹曰:‘忧心如惔,不敢戏谈,国既卒斩,何用不监’”,借古喻今,颇怀幽怨。或许这种情绪与反对封建的周作人不合,因而引得周作人对整部书的轻视,以至于废书及人,不肯把胡薇元归为山阴人。今人则评价《梦痕馆诗话》曰:“胡氏身经旧朝复亡之痛,故评诗颇分雅、郑,以与世之治乱隐相联系,如于明诗人重七子而轻三袁,于清诗人扬王士禛而黜袁枚,均系此意。然论颇腐旧,全无创意特见。”[②]

(原载于《文献》2014 年第 4 期)

---

① 梁淑安主编:《中国文学家大辞典 · 近代卷》,中华书局,1997 年,第 319 页。

② 傅璇琮、许逸民、王学泰等主编:《中国诗学大辞典》,浙江教育出版社,1999 年,第 266 页。

国家图书馆藏明清刊本《左传》题跋辑释[*]

梁葆莉

《左传》是中国古代要籍之一，历代有很多相关著作刊刻行世，载于其上的手书题跋，颇具学术价值：第一，有些题跋涉及《左传》的内容、艺术形式等多方面的信息，识见亦高，成为《左传》研究的珍贵资料；第二，有些题跋记录了《左传》类善本的递藏信息，为其版本源流研究提供重要线索；第三，这些题跋大多为清代以来著名藏书家所写，是深入研究藏书家的第一手资料。国家图书馆藏宋元版《春秋经传集解》上的题跋，李致忠先生《宋版书叙录》已予收录。兹对国家图书馆藏明清刊本《左传》类善本题跋进行辑录、考释，冀有裨于学术研究。

一、春秋经传集解三十卷，晋杜预撰，唐陆德明释文，明刻本，清朱邦衡校并跋又录惠栋校，索书号3802

北宋本《正义》三十六卷，经、传、《正义》都计壹佰肆仟伍佰叁拾字。

假钱氏景开所得南宋本，略校一过，南宋本误处甚多，其岳本是而南宋本实误者，皆去而不录，疑似参半者以朱别之，释文乃宋本所无，故亦缺如。甲辰三月廿三日校毕志。秋厓邦衡。

合唐石经及淳化本《正义》、陆氏《释文》、许氏《说文》、《六经正误》、康成所引《左传汇释》，参校南宋本《正义》，校数卷三十，匝月而毕，松崖惠栋。乾隆戊申三月下浣门人朱邦衡校正。（卷三十末下钤朱文方印“秋崖”）

此书另钤印：“敬舆”（白方）、“秋崕居士”（白方）、“滋兰堂藏书记”（朱方）等。“敬舆”“秋崕居士”为朱邦衡藏书印。朱邦衡追随吴派汉学的核心人物惠栋，曾传录《国语》惠栋校本，于此书中手录惠栋校语，承传惠氏之学。余萧客（1732—1778）（曾以《注雅别钞》就正于惠栋，遂执弟子礼，惠栋殁后，世欲传惠氏学者，多从余氏游。滋兰堂是朱邦衡侄朱奂藏书处，朱奂精版本、目录之学。

跋中《正义》即孔疏。北宋时期，经注与孔疏并未合刻[①]。北京图书馆藏有南宋绍熙三年（1192年）两浙东路茶盐司刊刻的《礼记正义》，书末有茶盐司提举黄唐跋语，得知南宋始

* 本文为国家社科基金重点项目“大陆藏汉文古籍藏书题跋整理与研究”（10ATQ005）成果之一。

① 顾广圻：《百宋一廛赋》，《顾千里集》，中华书局，2007年，第4页。

有注疏合刻本[①]，确切地说，《左传》经注与疏合刻始于南宋庆元六年的绍兴府刻本[②]。由此可知，《春秋经传集解》的北宋本经注与疏并未合刻，南宋本则合而为一。

岳本即元初相台岳氏荆溪家塾刻本。每半叶8行，行17字，注文双行，行字同。细黑口，四周双边。不避宋讳，写刻俱精。元初岳氏荆溪家塾据廖莹中世彩堂本校正重刻，南宋私家刻书，廖莹中以精美，为诸家之冠。“其后开《九经》，凡用十余本对定。各委本经人点对，又圈句读，极其精妙。”[③]岳本由此而来，足资校对。

钱氏景开即钱听默，号景开、景凯，乾嘉时书贾。洪亮吉在《北江诗话》中谈及不同类型的藏书家时，将钱听默归为掠贩家[④]，有鄙薄之意。其实，钱听默并非空疏之辈，“能诗，善鉴宋元板刻并法帖书画”[⑤]。顾千里曾谓：常熟钱遵王、毛晋父子等家藏书散出后，“乾隆年间滋兰堂主人朱文游三丈、白堤老书贾钱听默皆甚重常熟派，能视装钉签题根脚上字，便晓属某家人之物矣。余喜从两人问各家遗事颇悉”[⑥]。另外，钱听默校《说文》《河南邵氏闻见录》等，抄《徐公文集》《玉壶清话》等，并有诗集《梦云小稿》。可见，钱听默赏鉴功力与才情拔于流俗，非寻常书商可比，颇受当时宿学藏家青睐，吴骞拟之为宋之陈起，黄丕烈称之为“书友中巨擘”，朱邦衡从其手中借得南宋本校勘，便不足为奇。

二、春秋经传集解三十卷，晋杜预撰，春秋名号归一图二卷，蜀冯继先撰，明刻本，清黄廷鉴跋，索书号3287

> 此宋刻《春秋经传集解》三十卷，前有《春秋名号归一图》一卷，即《石经提要》所引南宋巾箱本，阮氏《校勘记》所载淳熙小字本也。《校勘记》历叙是书旧本，北宋刻有二，而皆残卷，其完善无阙者，首列是书，其为世珍，足可知已。书中《庄六》“后君噬齐”作“噬脐”；《僖廿三》“怀与安”作“怀其安”；《宣十二》“楚军讨郑”，“军”作“君”；“屈荡尸之”，“尸”作“户”；《襄廿八》“武王有乱臣十人”，无“臣”字；《昭八》“臣必致死以息楚”，“楚”下有“国”字；《定八》“晋师将盟卫侯于鄟泽”；“鄟”作“剸”，皆足正明监本及坊本之失，间有俗体讹字，无伤大指，阮氏定为宋刻中善本，有以也。子雍明经于去冬以厚价购得是本，出以示余，从此书库中缥缃益生色矣。宋椠经籍，传世日少，余耄矣，犹幸获拭目展审一过，洵于翰墨缘中不浅也，读竟，为识数语于后。道光庚子秋九月下澣，七十九叟黄廷鉴书。[⑦]

---

① 郑玄注、孔颖达正义《礼记正义》，国家图书馆藏南宋绍熙三年（1192）两浙东路茶盐司刻本。
② 张金吾：《爱日精庐藏书志》卷五，清光绪十三年刻本。
③ 周密：《志雅堂杂抄》卷下，《笔记小说大观》，江苏广陵古籍刻印社，1983年。
④ 洪亮吉：《北江诗话》卷三，人民文学出版社，1983年，第46页。
⑤ 严元照：《书春秋经传集解宋刻残本后》，《悔庵学文》卷六，光绪五年湖州义塾刻湖州丛书本。
⑥ 顾千里：《题清河书画舫》，《思适斋书跋》，上海古籍出版社2007年，第63—64页。
⑦ 瞿良士：《铁琴铜剑楼藏书题跋集录》，上海古籍出版社，2005年，第13页。

据黄国光《铁琴铜剑楼藏书活动系年述要》(上),道光二十年(1840)庚子,10月16日至10月24日间(九月下旬),黄廷鉴读竟此书并题跋①。黄廷鉴跋语误断此书为宋本,虽收入《铁琴铜剑楼藏书题跋集录》,惜瞿氏未作辨析,故有必要略作考释。

《石经提要》即《石经考文提要》,彭元瑞撰,傅增湘《乾隆石经考文提要书后》:"五十九年夏,高宗幸避暑山庄,文勤以校正石经事未随扈,命每时晨携笔砚入乾清宫,金勤恪简为之备食,于是文勤得尽观天禄琳琅所藏宋元椠各经,多人间未见之本,与监本、坊本考其同异,著为一书,名曰《乾隆石经考文提要》,凡衡书不合于古俱改正之。"②甘鹏云《石经考文提要书后》:"将天禄琳琅所藏宋椠各经本,与监本坊本,校勘异同,于石经内,改从宋本,文勤于是有《考文提要》之作。"③彭元瑞得观天禄琳琅所藏珍罕异本,校勘异同,因此,《石经提要》所载的版本信息颇为重要。《石经提要》屡屡引用淳熙三年阮氏种德堂刻本《春秋经传集解》,定为南宋巾箱本。黄廷鉴跋中则径引阮元"淳熙小字本"的说法,到底确否,值得考究。

嘉庆二十年(1815)阮元主持刊刻《十三经注疏》,《左传注疏校勘记序》列举校勘所引书目,其中有"淳熙小字本《春秋经传集解》三十卷",阮氏注云:"每半页十行,行十八字,注文双行,行廿二字,附释音。此宋时坊刻,有讹字俗体,大致不失其为善本。卷末题'淳熙柔兆涒滩中夏初吉闽山阮仲猷种德堂刊',柔兆涒滩乃宋孝宗淳熙三年丙申也,末附《春秋名号归一图》二卷,蜀冯继先所作。"④阮元见到的是小字本,于是,自阮元起,淳熙三年种德堂本被当作小字本。阮元《校勘记》影响着实不小,黄廷鉴依据阮元《校勘记》的说法,将铁琴铜剑楼收藏的这本书定为宋刻淳熙小字本。瞿镛编纂的《铁琴铜剑楼藏书目录》亦标明此书为宋刊本,录卷末墨围识语:"谨依监本,写作大字,附以释文,三复校正刊行,如履通衢,了亡室(疑'窒'之误)碍处,诚可嘉矣。……淳熙柔兆涒滩中夏初吉,闽山阮仲猷种德堂刊。"⑤并加案语:"柔兆涒滩为丙申,乃宋孝宗淳熙三年也。与阮氏《校勘記》所载淳熙小字正同……是本佳处,黄琴六廷鉴尝为之跋……阮氏定为宋刻善本,有以也。"⑥瞿镛认为自家所藏为阮元所说的淳熙小字本。杨守敬亦沿用阮元之说,光绪六年至光绪十年(1880—1884),杨守敬在居日期间编撰《留真谱》,收录宋淳熙种德堂本《春秋经传集解》,摹刻牌记:"谨依监本写作大字附以释文三复校正刊行如履通衢了亡室处……清监淳熙柔兆涒滩中夏初吉闽山阮仲猷种德堂刊。"⑦并加案语:"此即阮氏校刊所称淳熙小字本也。"⑧

近几十年,专家鉴定此书当为明翻宋刻,陈先行先生的看法最有代表性:"宋淳熙三年种德堂所刻乃大字本,小字本当为后来翻刻……《留真谱》所据之底本也不是种德堂大字本。牌记文字与版本实际情况不符合,主要是受阮氏'淳熙小字本'的影响。……宋淳熙三年种

---

① 黄国光:《铁琴铜剑楼藏书活动系年述要》(上),《文献》1999年第3期。

② 傅增湘:《藏园群书题记》,上海古籍出版社,1989年,第44页。

③ 英和:《恩福堂笔记》卷七,上海古籍出版社,1985年。

④ 阮元:《春秋左传注疏校勘记序》,《十三经注疏》,北京大学出版社,1999年。

⑤ 瞿镛编纂、瞿果行标点、瞿凤起覆校《铁琴铜剑楼藏书目录》,上海古籍出版社,2000年,第96页。

⑥ 瞿镛编纂、瞿果行标点、瞿凤起覆校《铁琴铜剑楼藏书目录》,上海古籍书版社第96—97页。

⑦⑧ 杨守敬《留真谱》,北京图书馆出版社,2004年,第114页。

德堂所刻乃大字本,小字本当为后来翻刻,而从版刻风格看,翻刻时间应在明代中期。”[①]此观点基本得到学界公认。黄廷鉴跋误将此书定为宋淳熙小字本,主要是因为明中期仿宋之风兴起,出现了许多翻宋精品,增加辨别版本的难度。

三、春秋经传集解三十卷,晋杜预撰,唐陆德明释文,明刻本(卷六、二十六配清抄本),许瀚跋,索书号 849

> 此刻向见二本,皆有明人补刻处,凡补率多讹误。此本有缺叶无补叶,盖印在未补前,可珍已。瀚所藏乃明初覆本,刻者署“书林宗文堂乐斋郑希善”,其年则丙戌,惜被书贾挖去“丙戌”上二字,补以“至元”以充元椠,遂无由知其年号。取校此本,纤毫毕符,其附《释文》或间以圈,或字外加□,或标以黑地白文。淳熙原刻本不画一,兹抄各叶,酌以朱字代其白文,其有显谬,别以朱字记诸眉端,恐系覆刻之误,非宋本真面也。

许瀚勤于训诂、校勘,精审不让顾、黄。此跋重在辨版本。此本有刻书牌记“书林宗文堂乐斋郑希善”,书林宗文堂乃元明两朝福建建安刻书世家郑氏所营,自元至明,刻书颇多。叶德辉《书林清话》“元时书坊刻书之盛”条中,确定元时宗文堂刻有《春秋经传集解》三十卷。其实,之前森立之早已将此书定为明覆宋刻,他在《经籍访古志》中说:“青归书屋所藏明刊本即覆刻此本者(注:此本指宋淳熙阮氏种德堂本),卷末木记亦全同,但淳熙以下十九字改作‘□□丙戌孟冬之吉书林宗文堂乐斋郑希善刊已’。”[②]宗文堂为元时郑天泽所创,故元代刻书多署“郑天泽”,明代多署“郑希善”,绵延 200 多年[③]。可见,叶德辉定为元本不妥。许翰依牌记和内容,通过校勘,判定刊刻时间,确实可信。

四、春秋经传集解三十卷,晋杜预撰,唐陆德明释文,明刻本,存十五卷　一至十五,傅增湘校并跋,索书号 11

> 癸酉二月十三日依抚州本校定,凡改正十二字。藏园雪窗记。(卷一末)
>
> 癸酉二月二十日依抚州本校定,改订十有二字。藏园傅增湘记。(卷二末)

上跋中所谓抚州本,即宋抚州公使库刻本的第一、二两卷,钤有“白拙居士”和“潘耒私印”两枚白文印,曾入天禄琳琅,定为真宋监本,1933 年,傅增湘从东华门外收得这两卷,定

---

① 陈先行:《宋版之魅力》,《收藏家》2008 年第 12 期。

② 森立之:《经籍访古志》,卷二,《宋元明清书目题跋丛刊》第 19 册,中华书局,2006 年,第 330 页。

③ 谢水顺、李珽:《福建古代刻书》,福建人民出版社,1997 年,第 199—200 页。

为抚州公使库本，李盛铎认同[1]。抚州本为宋刻精品，故可依据校定此明本。

五、春秋经传集解三十卷，晋杜预撰，唐陆德明释文，明刻本，钱陆灿批，李葆恂跋并录李兆洛题识，索书号7935

> 余读《左氏传》，谓其文前后非一手，又谓其序事不尽与《经》《传》相傅，然同余论者颇少。此吾乡湘灵先生评本，薛画水以赠康竹吾者，喜其持论之多与予意合，故属守之仿录而存之。其所论未必尽当，要之，读书者不可不存此眼，左氏且然，馀书抑可知，能推此法，则读破万卷书不难矣。此是求其心之事，然无疑非求新异也，守之故能读若解，从此反隅于学，其庶几乎？嘉庆二十三年四月圈识毕，持以请益，故为书其卷端。

此跋是李葆恂录李兆洛跋。李兆洛（1769—1841）深研文章之道，认为《左传》内容前后非一人所作。李兆洛所谓湘灵先生，即钱陆灿（1612—1689），字尔弢，号湘灵，因晚年寓居武进，故李兆洛称之为“吾乡”。钱陆灿学诗、学佛，并学古文于顾大韶，其评《左传》，当非偶然。

上跋后有李德恂墨跋：

> 右武进李申耆先生所作副本跋，予从集中见之，具录于此。画水先生名玉堂，与吴仲伦先生善，有《七家文钞》行世。守之名尚玺，先生高足弟子、完白山人之子也。竹吾名兆奎，兰皋中丞之子，亦先生弟子，其弟名兆晋，字康侯，则仲伦先生弟子也。中丞曾受（？）业姚姬传先生之门，父子并得名师，故言山右文学者，推与称康氏焉。康侯先生之子名曾定，字麦生，以县令需次河南，先大夫抚中州时，属以章奏，一时府中宾僚称盛，名声皆出君下。余学治古文辞，得君之指授为多，后权知备武职事，濒行，语余曰：“余有钱湘灵先生手评《左氏传》，为世父竹吾公所赐，君家申耆先生曾录副以教学者，为治古文辞者不可不读书。余老矣，异日当奉以赠子，此书早得所归矣。子其珍之。”余谨识之，弗敢忘，未几，君遽归道山。今年正月，君嗣鲁门孝廉始出以见遗。余即□君之不及见，而孝廉之善承先志，不可以勿识也，遂录申耆跋语于右，以见此书之可宝，并记其流传之绪如此，盖悲喜交至矣。我子孙得有此书者，其永宝藏之，勿轻以借人也。光绪辛卯正月初十日，义州李葆恂文石甫识于大梁。

薛画水，名玉堂，字又洲，号画水，无锡人。嘉庆十二年（1807）十二月，薛玉堂赴庐州府同知任，时任安徽凤台知县的李兆洛为其下属，薛画水嗜好古文，自然与李兆洛同气相投，李兆洛有《薛画水文钞序》以及《薛画水携杖山行小照》《简薛画水即留别》等诗作，记述二人相交之情。薛画水作品有《薛画水文钞》《诗钞》《四书便钞》《词》等，此处独言薛画水的《七家

---

[1] 傅增湘：《藏园群书题记》，上海古籍出版社，1989年，第24—26页。

文钞》，旨在突出古文是薛画水与桐城古文的核心人物李兆洛交往之纽带。

薛画水何以与吴仲伦善？一因书法，薛玉堂工于书法，而同属常州府的同乡吴仲伦（德旋）于书坛亦颇有声名，志趣相投，相互友善便合乎情理；二因古文，吴仲伦在当时亦有文名，"当嘉、道间，传古文法者，有宜兴吴德旋、上元梅曾亮诸人，曾亮自有传。德旋，字仲伦。诸生。以古文鸣。与阳湖恽敬、永福吕璜以文相砥镞。诗亦高澹绝俗，有《初月楼集》"①。吴仲伦传古文法，且其身边有恽敬等古文家，薛画水与此群体以文砥镞。

完白山人即邓石如，与桐城派古文大家姚鼐相知甚深，守之即其子，"子传密，初名尚玺，字守之。从李兆洛学，晚客曾国藩幕。能以篆书世其家"。父交姚鼐、子师兆洛，足见邓石如父子与古文家过从甚密。

兰皋中丞即康绍镛，字兰皋，山西兴县人，嘉庆四年进士。嘉庆二十四年，调广东巡抚，故称"康中丞"。高承钰为李兆洛《端溪砚坑记》一文题识云："嘉庆庚辰（1820）先生游粤东，馆于康兰皋中丞所，越二年乃归，此稿作于是时。"②李兆洛游粤东时，与康绍镛来往厚密，并为康绍镛校刻姚鼐的《古文辞类纂》，李、康二人同好古文，同气相求。李兆洛坐馆康府，康绍镛之子康竹吾从之学，《古文辞类纂后序》中提及父子二人与李兆洛俱好古文之事："余抚粤东之明年，儿子兆奎师阳湖李君兆洛申耆来，语次及桐城姚姬传先生《古文辞类纂》一书在其家。余尝受学于先生，凡语弟子，未尝不以此书；非有疾病，未尝不订此书，盖先生之于是，亦勤矣。"③李兆洛的《与康竹吾书》，写于康竹吾以道员引见并别有除授之时信中谈论进退、畅叙读书，情深意笃。《与康竹吾主客图记》记述康竹吾暂居扬州时与当地文人诗酒唱和的情景，潇洒超脱、风神毕现。

康绍镛还有一子康兆晋，字康侯，从学于吴德旋。吴德旋《初月楼论书随笔》："道光辛卯，在四明馆中理旧箧，得门人康侯为予所录本，复自书一过。"康兆晋编辑并刊刻吴德旋《初月楼闻见录》十卷、《续录》十卷，确为吴氏得意门生。由此可见康绍镛本人及二子均与当时古文名家李兆洛、吴德旋颇有交往。上跋中"父子俱得名师"，诚此之谓也。

不但如此，康绍镛的孙辈亦与桐城古文家关系甚密。"康曾定，字少侯，号麦生，兴县人，道光己酉拔贡，河南候补知县。《诗话》'麦生以诗古文名家，久居李子和尚书幕府，数权大县，有政声，遗集无闻，惜哉！'"④。康曾定继承先志，担荷着康氏三代人的期望，终以古文名家。李葆恂此跋记录康曾定调任前仍不忘教授古文之道的谆谆话语，情深意切，令人动容。康氏第四代、康曾定之子鲁门孝廉，亦不忘先人传习古文之志。

此书终归李葆恂处。李葆恂依然保留着对古文足够的尊重与热爱，以及身体力行学习与传承的习惯。通过上述考释可看出，收藏家与桐城派学者之间错综密切的关系，师徒相授，父子、兄弟并从名师，互相砥砺，绵延学风。

---

① 赵尔巽、柯劭忞等：《清史稿》卷四八五，中华书局，1977年，第13397页。

② 李兆洛：《端溪砚坑记》，金武祥《粟香室丛书》本。

③ 康绍镛：《古文辞类纂后序》，张启蕴《（光绪）兴县续志》，清光绪六年刻本，卷下。

④ 徐世昌编、闻石点校：《晚晴簃诗汇》卷一五〇，中华书局，1990年，第6534页。

六、古文春秋左传十二卷，汉贾逵、服虔等撰，题宋王应麟辑，清抄本，王大隆跋，索书号 3743

此宋王伯厚辑《春秋左传古注》及《论语郑注》，皆吾吴惠定宇征君所托名者也。前人虽有知之，而不能甚悉，故袁陶轩于《论语》又疑为出于严厚民，惟劳季言决其为惠氏辑本，并言鲍以文曾有刻本。今未见《春秋》，则余昔于亡友君初我处见原稿本，想即此本之所自出也。顷以严豹人辑《左传注》、宋于廷辑《论语注》与此本比勘，大致皆无异。严、宋二家序中皆不言有惠氏书，二人素称藏书家，又为同郡后学，于惠辑本不但未见，且又未知也，岂以托名伯厚，故遂无注意及之者耶？尝思惠氏托名伯厚之故，其以伯厚辑有《郑氏易》《三家诗》，故托以为重耶？以惠氏之笃古，似不宜出此。或本非定本，未经付刊，偶题古人之名，而后之传抄者遂亦仍而未改与？固与有心作伪者有异矣，且较攘窃他人著述而自名者何如也。余服膺惠氏之学，近辑《松崖读书记》，观书于瞿氏铁琴铜剑楼，凤起吾兄出此见示，以余审知其详，属为跋尾，遂书臆见于此，乙亥三月十一日王大隆记。

此书卷一题下、卷十二末均钤有“铁琴铜剑楼”白文长印一枚，可见为瞿氏家藏。王大隆因辑《松崖读书记》之需，乙亥年(1935)观书于铁琴铜剑楼，瞿凤起以家藏《古文春秋左传》见示，以王大隆详知此书渊源，故嘱其题跋。王大隆服膺惠栋之学，并非虚言。1942 年二月廿九日，王欣夫欲请郭则沄为自己的《抱蜀庐校书图》题词，致郭函曰：“素治校雠之学，服膺惠定宇、钱竹汀、王石臞、顾涧蘋四先生，既成《松崖读书记》《思适斋遗书》，本师曹叔彦先生已序之矣。近倩友人为作《抱蜀庐校书图》，以志微尚，仅具素笺，求赐题咏，以光卷帙，不胜大幸。”[①]函中重在求题咏，故所及己之学术旨趣实在无须矫饰，当为可信。《松崖读书记》今存二卷，藏复旦大学图书馆。

跋中所及的《论语注》，即《论语郑康成注》二卷，郑玄撰，《隋书・经籍志》《新唐书・艺文志》著录为十卷，后不见于志目，当亡佚。跋中“袁陶轩《论语》”即袁陶轩所辑《论语注》十卷，收入《郑氏佚书》，今有浙江书局本。劳季言辑有《论语郑注》一卷，《月河精舍丛钞・读书杂识》收入。劳氏所谓鲍以文刻本，指嘉庆鲍氏知不足斋刻《古文论语》二卷，陈鳣、吴骞校补并丁杰补，《碧琳琅馆丛书》《芋园丛书》均收入。王大隆此跋着重辨析《古文春秋左传》辑者，并主惠栋所辑的观点。他将严蔚(豹人)所辑《春秋内传古注辑存》，与此书对比，发现大致无异；他又将宋于廷所辑的《论语注》与题王应麟辑的《论语郑康成注》相比，亦大体相同。由于劳格断言《论语郑注》虽题为王应麟辑，实乃惠栋所辑。王大隆据此推断《古文春秋左传》亦属此种情况，题为王应麟辑，亦实为惠栋辑。王大隆此跋中认为造成将惠栋之作署为王应麟的原因是，惠栋著作未经付刊时，偶题古人之名，后来传钞者沿用未改，遂致误将

---

① 见徐俊：《王欣夫先生手札读记》，http://blog.sina.com.cn/yangzyxinju，2011－11－13。

此书辑者传为王应麟。

王大隆从丁初我处所见原稿本,即稿本《古文春秋左传》,现藏于上海图书馆。是书无框格,每半叶十一行,行二十四字。书签钤印"淑照堂丁氏藏",卷端初题"春秋左传集注",后改题为"古文春秋左传汉学",又涂乙"汉学"二字,钤印"虞山李氏"。此稿本潘景郑曾藏,他说:"此书及《补注》稿本,俱为故人丁初园先生旧藏。此本有'虞山李氏'藏印,初园先生盖得诸乡里者。此书几经流徙,幸不出闾阎间,乡贤遗泽,吉光片羽,可不实诸!"①

国图另藏一种《古文春秋左传》,题为清惠栋辑,陈鳣、吴骞、吴昂驹校补,亦为十二卷,二册,九行十九字无格。内容与此书大同小异。书前有序。序中明确指出惠栋是真正的辑者:"此亦惠定宇所辑,不出王厚斋手。丙申春传写程渔门本,庚子夏粗阅一过,其秋九月钱可庐手辑本互校(初七上册校毕,十五下册校毕)。"②此序未署名,不知何人所作。序中虽已指明此书是惠栋所辑,但该书卷二、卷九等多处注明"浚仪王应麟撰集",可见,这三位乾嘉时期的藏书家仍然认为王应麟是真正的辑者。将此书的序与三位乾嘉学者的校语结合起来,实际上间接提出了《古文春秋左传》由王应麟辑、惠栋补辑的观点。

七、春秋左传补注六卷,清惠栋撰,清乾隆三十七年胡亦常刻、三十八年张锦芳续刻本,王萱龄录春秋内传古注辑存并跋,索书号 16914

惠定宇先生《九经古义》刊于常熟,蒋氏所刊多有,唯《左传补注》至为难得。乙亥冬,钤庵师授余是本,癸未冬,又以严豹人《春秋内传古注辑存》录于书首。

跋中所言惠氏《九经古义》蒋氏刊本,即常熟蒋光弼省吾堂刻本。此书卷一、卷二、卷三末署"益都李文藻覆校",有牌记"潮阳县衙锓版",应是李文藻为潮阳县令时所刻,流行并不广泛,故跋中言"至为难得"。李文藻与此书颇有缘。五月至十一月,李文藻以谒选居京师,期间多次至纪昀家中,并为之检曝书籍,故得见惠定宇经义底稿《周易述》《易汉学》《周易本义辨证》《左传补注》《古文尚书考》等数种。

跋中所及钤庵即洪莹,淹通经史,于五经皆有撰述,并见《汉学师承记》③。跋中所说录于书首的《春秋内传古注辑存》,即在此书卷首天头处,署"东吴严蔚豹人",前有王鸣盛序,落款"丁未仲春西庄老史王鸣盛题,时年六十有六"。序后接《例言》,次录正文。王鸣盛从"惠栋问经义,遂通汉学",为乾嘉时期吴派汉学的主要力量,他说:"门人严蔚豹人采集《春秋内传古注辑存》三卷,所采家数自服虔、贾逵、刘歆以下,约如千家,豹人知有遗漏,实能补

---

① 潘景郑:《著砚楼书跋》,上海古籍出版社,2006年,第7页。

② 贾逵、服虔等:《古文春秋左传·序》,国家图书馆藏清抄本。

③ 石国柱:《(民国)歙县志》卷七,民国二十六年铅印本。

之，诚为有功。”[①]自是知言。《春秋内传古注辑存》有乾隆二酉斋刻本，三卷，北京大学图书馆存臧庸校本。“分隐、桓、庄、闵、僖为上册，文、宣、成、襄为中册，昭、定、哀为下册。……卷首有自撰例言及乾隆丁未卢抱经文弨、王西沚鸣盛、钱竹汀大昕三序”[②]。

此书另钤有朱文方印“长乐郑振铎西谛藏书”和朱文长印“长乐郑氏藏书之印”，可见经郑振铎收藏。

八、春秋左氏传补注十二卷，清沈钦韩撰，清同治十二年刘履芬抄本，刘履芬跋，索书号 14716

同治癸酉闰六月录始，七月二十四日工竣。是书稿本存吴冯中允桂芬家。江山刘履芬记于江苏书局。

沈钦韩，嘉庆间举人，肆力于左氏之学。此书自作序曰：“奈何杜预以罔利之徒，懵不知礼文者，蹶然为之解，俨然行于世，害人心，灭天理，为左氏之巨蠹，后生曾不之察，腾杜预之义，而播左氏之疵，左氏宁受焉？亦见其粗中薄植，一魏晋之妄人，莫觉莫悟，何有于古学哉？区区之衷，久怀愤懑，遂补注十二卷，发明婉约之旨，逐条纠驳，各见于卷，则左氏之沉冤稍白，杜预之丑状悉彰，其么麿蠢类，横蠛左氏，殆不足辨，不悉著。”[③]杜预《集解》在春秋学史上地位甚为重要，沈钦韩如此不屑，显为个人狭隘刻急之意气使然，然沈钦韩矻矻穷年以期有所建树的焦灼感亦可体会。

刘履芬藏书宏富且勤于抄录。叶裕仁《刘泖生莎厅课经第二图后序》：“江山刘泖生刺史，性嗜书，遇善本必倾囊购之，其不能得者，手自抄录，日课书十纸，终日伏案矻矻，未尝见其释卷以嬉也。”[④]抄写此书即其一例。刘履芬身后，书散出，归章钰，故此跋后有朱文长印“长洲章氏四当斋珍藏书籍记”。跋中言此书有稿本存冯桂芬家，冯桂芬之文才、政见颇得李鸿章欣赏，曾主讲金陵、上海、苏州诸书院，与后进论学，朝夕不辍。

九、左氏古义六卷，清臧寿恭撰，清劳氏丹铅精舍抄本，清劳格校并跋，索书号 10985

《左氏古义》六卷，长兴臧晋卿先生（寿恭）著，前从乌程周莲伯孝廉（学濂）借录，咸丰己未七月十日戊寅校阅一过。劳格记。

---

① 王鸣盛：《蛾术编》卷二《说录》二，清道光二十一年世楷堂刻本。

② 周中孚：《郑堂读书记》卷十一《经部》六之下，民国吴兴丛书本。

③ 丁晏：《春秋杜解集正》卷一，适园丛书本。

④ 叶昌炽：《藏书纪事诗》，北京燕山出版社，1999 年，第 544 页。

段大令(玉裁)《春秋左氏古经》,每条时出订正之语,有可补此书之漏略及互相证明者,录于卷端。丹铅生又记。

著者臧寿恭,好读书,尤精小学,且"肆力于经籍,得原本《北堂书钞》手自校录,传写古本书十数种,端楷细书,有沈骥士风"①。此书采摭以刘歆、贾逵、服虔三家为主的汉人佚说,多附案语。潘祖荫评曰:"其体例简质,亦得古注家之法,后之考左氏经者,当有取于斯焉。"②

此书另有朱文方印"盐山刘千里藏书"、白文长印"皕印斋"、朱文长印"北皮亭刘氏所藏秘籍"、白文方印"刘印驹贤"、朱文方印"千里",此乃民国藏书家刘千里收藏。书中另有朱文方印"元方审定",又经赵钫收藏。

十、左氏条贯十八卷,清曹基撰,清刻本,丁晏批注并跋,索书号12035

此书分国系年,颇有条理,惜乎事实始末,不能完具,颇多遗略。盖事有见于经者,必当编入。此乃专据传文也,余不能分明矣。小国如滕、薛、杞、莒皆略之,而梁与潞事迹寥寥,反刊于国之图册,子之陋如此。丙辰冬十二月丁晏记。

丁晏道光举人,兼收汉学、宋学两家之长而不偏废,他治学求精,治一书毕,方治他书,手校书籍极多,必彻终始。光绪元年,卒,年八十有二。所著书四十七种,凡一百三十六卷,其已刊者为颐志斋丛书。可谓精勤矣。此书第一册记周、鲁,第二册记郑、卫、齐,第三册记宋、秦、晋,第四册记晋、楚、吴、越、曹、虞、虢、纪、邾、陈、梁、许、潞。《总目》后有《纂要》,列周十二王、鲁十二公、鲁三桓、晋八卿、郑七穆、春秋五始等,后有《例言》。即丁谓所谓"分国系年,颇有条理"者。因感"小国如滕、薛、杞、莒皆略之",故于卷十八末手抄"滕、薛、杞"三国渊源附后。

十一、左氏蒙求一卷,元吴化龙撰,清同治三年刘履芬抄本,清刘履芬跋,索书号14684

同治甲子七月抄。江山刘履芬记。

吴化龙《左氏蒙求》一卷,朱彝尊以为佚而此间有刊本行焉。第其每句夹注某公某年者,恐系后人所搀,然是册原不过供童蒙之求,故姑存以便检寻。刊本改题曰《左传比

① 赵定邦:《(同治)长兴县志》卷二十三下,清同治修光绪增补本。

② 臧寿恭:《春秋左氏古义》叙,清同治光绪间吴县潘氏京师刊本。

事》，今复其旧名。化龙，元人，以为明人者，误。庚申涂月，五費天瀑识。

同治癸亥，仲宣漕帅购得抄本佚存丛书，是阮文达公旧藏本。逾岁，从漕帅假录《文馆词林》《左氏蒙求》两种，并检《百三名家集》，用紫笔校其同异，弃诸簏衍。丁卯新春，来吴门待缺，见唐蕉庵司马有是书原刊本，辄用朱笔对勘一周，亦有抄本不误而原刊本转讹者，亦一一注于篇侧。天瀑原跋称校书之难风庭扫叶，又述古人之言云读书耐讹字，校订诚不易哉，二月初四日灯下履芬记。

天瀑谓朱彝尊以为此书佚，乃指《经义考》卷一百八十一著录"《左氏蒙求》，宋志二卷，未见"[①]，卷一百九十四著录"吴氏(化龙)《左氏蒙求》，佚"[②]。并谓此书原供童蒙之求，元戴表元《剡源集》早已言及此说："盖尝取义类对偶之相洽者，韵为蒙求，以便学者。"[③]戴表元与吴化龙早年相识，识之甚深，言及吴化龙深于《左传》，诚不虚也。

此书卷首首行顶格书"左氏蒙求序"，下署"戴表元撰"，序末落款"右序从朱锡鬯《经义考》录补庚申杪冬月吉天瀑"。正文首行顶格题"左氏蒙求"，下署"元吴化龙撰"。无边框，半叶十行。此书卷首有天瀑墨跋。天瀑山人即日本人林衡之号，辑中国久佚古籍17种，一百十一卷，即《古佚丛书》，日本宽政至文化间(清嘉庆间)有活字印本，时颇受中国学者重视，阮元选取10种刻入《宛委别藏》。跋中唐蕉庵即唐翰题。卷末跋为刘履芬墨笔跋。跋中所及仲宣即吴棠，号棣华，安徽盱眙人。

十二、春秋传注三十六卷提纲一卷，清严启隆撰，清康熙四十一年朱彝尊家抄本，朱彝尊跋，索书号5938

《春秋传注》三十六卷，乌程县学生严启隆尔泰著。尔泰名在复社，甲申后遁迹，自称"巅軨子"，始为是书示学徒，以胡氏为非，而不致尽攻其谬，钱尚书受之遗之书，劝其改作。此编成，庶几起《膏肓》而针《废疾》矣。康熙戊子二月竹垞老人抄竟，因书其略。

严启隆为明朝遗民，入清后隐遁。卷首有朱彝尊墨笔题跋，跋中言严启隆并不赞同胡安国的《春秋传》，但也不尽数攻讦。钱谦益看过此书，劝其修改。跋中《膏肓》《废疾》即《左氏膏肓》和《谷梁废疾》，用郑玄与何休论战之典故："时任城何休好《公羊》学，遂著《公羊墨守》《左氏膏肓》《谷梁废疾》。玄乃发《墨守》，针《膏肓》，起《废疾》。休见而叹曰：'康成入吾室，操吾戈以伐我乎！'"朱彝尊以郑玄"针《膏肓》，起《废疾》"之事比严书，实因此书主旨特出，《四库全书总目》谓："其意盖深厌说《春秋》者之穿凿，欲一扫而空之，而不知矫枉过

① 朱彝尊：《经义考》，第932页。

② 朱彝尊：《经义考》，第9969页。

③ 戴表元：《剡源集》卷七序，四部丛刊景明本。

直，反自流于偏驳也。”①

此书9行17字，无格，跋后有朱文方印“竹垞老人”。书中另钤有朱文方印“曾经东山柳蓉邨过眼印”、朱文长印“吴兴刘氏嘉业堂藏书记”、朱文方印“牧翁蒙叟”、朱文方印“钱印谦益”，可见经钱谦益、刘承幹、柳蓉邨收藏。

（原载于《文献》2014年第4期）

---

① 《四库全书总目》卷三一。

清宫的，中国的，世界的

——样式雷与样式雷图档的前世今生

苏品红

2015 年 7 月 18 日，国家大剧院。随着 74 岁高龄的评书表演艺术家连丽如一声惊堂醒木的脆响，话剧《样式雷》拉开了帷幕。随着剧情的展开，被誉为“华夏建筑意匠传世绝响”的清代样式雷建筑图档从专家研究的象牙塔中走出来，以话剧艺术的形式呈现在普通观众的面前，一时间，成为大街小巷民众的关注点。

8 年前的 2007 年 6 月，世界文化遗产委员会的委员们经过郑重审议，将清代样式雷建筑图档纳入“世界记忆名录”。这是当时我国纳入这个世界性名录的第五项。这个以手稿形式存世的、独一无二的文化遗产正式迈入了世界文化的殿堂。

12 年前的 2003 年，样式雷建筑图档入选“中国档案文献遗产名录”。这个清代宫廷建筑的专用图档全面进入中国文化界的视野。

85 年前的 1930 年 6 月，中国营造学社创始人朱启钤先生经多方努力，帮助当时的北平图书馆从北京东观音寺雷宅购回了第一批样式雷建筑图档。这个濒危散佚、几乎淹没在历史长河中的文化瑰宝成为中国文化大厦中的重要柱梁。

近百年来，样式雷建筑图档从深宫宅院走向全国，走向世界，其科学价值、艺术价值、文化价值、历史价值开始熠熠生辉。

那么，样式雷建筑图档到底是什么样的文化珍品？它有怎样的传奇经历？其价值到底体现在什么地方？

借样式雷图档出版之机，我们对样式雷及样式雷图档的情况进行一次简单的梳理。

一、样式雷与样式雷图档

1. 样式雷

我国著名建筑学家梁思成（1901—1972）先生在《中国建筑与中国建筑师》一文中写道：“在清朝（1644—1911）二百六十余年间，北京皇室的建筑师成了世袭的职位。在 17 世纪末年，一个南方匠人雷发达来北京参加营造宫殿的工作。因为技术高超，很快就被提升担任设计工作。从他起一共七代直到清朝末年，主要的皇室建筑如宫殿、皇陵、圆明园、颐和园等都是雷氏负责的。这个世袭的建筑师家族被称为‘样式雷’。”

“样式”或“样子”，是我国古代对器物、建筑等图样的称谓，绘制图样的人被称为“样子匠”。雷氏家族就是在样式房专职皇家宫殿、衙署、坛庙、园林、行宫、陵寝等工程的设计，绘制建筑图样和相关家具、器物等陈设、装饰品图样，制作建筑烫样，即今天的建筑模型，并就设计施工予以说明。雷氏家族先后有八代几十人从事样房工作，这是一个不争的事实，但究竟谁是“样式雷”的开山鼻祖？有几代雷氏执掌过样式房？对这些问题，学界还存在不同看法。

最早研究样式雷家族者当推朱启钤（1872—1964）先生。1930年，朱先生发起创立了中国营造学社。学社为撰写《哲匠录》，联系雷氏后人，征集雷氏事迹。雷献瑞、雷献华将所藏族谱和有关营造方面的信札等资料交学社。朱先生根据这些资料及其他相关文献，撰写了研究样式雷的开山之作——《样式雷考》，作为《哲匠录》中“样式雷”词条的补充专文，发表在1933年3月出版的《中国营造学社汇刊》第四卷第一期上。该文影响深远，被后继研究者奉为经典，时常引用。

在《样式雷考》中，朱先生将雷发达作为样式雷的开山鼻祖，列有七代九人。梁思成先生所言“七代”，就是出于此。后来，研究者对文中所言康熙中叶重建太和殿的时间产生疑问，并在1985年出版的《中国古代建筑技术史》中将重修太和殿的时间更改为康熙八年（1669）。1987年，天津大学王其亨先生与北京图书馆（今国家图书馆）项惠泉先生以此观点，结合《雷氏迁居金陵述》及《雷金玉碑记》等文献，撰写《“样式雷”世家新证》一文，认为后人是将雷金玉的上梁故事张冠李戴到雷发达头上，并以家谱中是将雷发达之子雷金玉作为雷氏迁京的支祖为由，否认了雷发达作为样式雷始祖的观点，确认雷氏是自雷金玉始至雷廷昌终的六代服务于清宫廷建筑业。该文发表在1987年第二期的《故宫博物院院刊》上。

1993年，国家图书馆苏品红在当年第二期《文献》上发表《样式雷及样式雷图档》一文，对《“样式雷”世家新证》一文提出商榷，认为雷发达第一次赴京供役朝廷的时间非康熙二十二年（1683），在康熙八年（1669）重修太和殿时完全有可能成为故老传闻中的上梁英雄，而皇帝重视重要殿堂上梁、亲临典礼并嘉奖有功之臣，是一件很正常的事，因此，对时隔二十余年的太和殿和畅春园正殿上梁的功臣分别有嘉奖之举并非“雷同迭次”，肯定了雷发达的始祖地位。这一观点随着对《样式雷考》的底稿整理研究而得到一定程度的支持。天津大学张威和陈秀在2003年出版的《建筑世家样式雷》一书中撰写的《朱桂辛〈样式雷考〉补遗与校勘》一文认同苏品红的观点。

进入21世纪，随着王其亨先生及其学生们研究的深入，提出了雷廷昌之子雷献彩是样式房的最后一个掌案之说。

其实，这是一个如何定义“样式雷”的问题。如果将“样式雷”的概念局限在样房的掌案范围，那就只有自雷金玉至雷献彩的七代七人。但这样的定义不符合“样式雷”字面含义和历史事实。

按“样式雷”字面意义，并无掌案的局限，而应涵盖所有参与样房工作的雷氏。更进一步，“样式雷”的称谓是民间对雷氏家族为清代皇家建筑做出突出贡献的肯定，是对雷氏的美誉。至于对雷发达的定位，按照朱启钤先生《样式雷考》中记载的民间传闻，他是工部营缮司营造所的长班，也许与样房工作无关，但专职清宫廷的建筑工程是不可否认的。正因为有他在营造所的地位，才使其子雷金玉有子从父业的便利，有成为样子匠、继而成为样房掌案的机会。从这个意义上说，言雷发达是“样式雷”的奠基人并不为过。因此，我们可以说，“样式雷”是对自雷发达至雷献彩的八代雷氏的美誉，包含了十余位代表人物几十位雷氏成员。这八代十余位代表人物的主要事迹可以概述如下。

第一代，雷发达，字明所，生于明万历四十七年（1619），卒于清康熙三十二年（1693）。为避明末战乱，随其父雷振声从江西建昌迁居金陵（今南京）。清初以艺供役宫廷，卓有成就，尤以清初太和殿重修时上梁之功而传为佳话，为雷氏从事皇家建筑事业奠定基础。

第二代，雷金玉，字良生，雷发达长子，生于顺治十六年（1659），卒于雍正七年（1729）。先以监生考授州同，后来继任父亲的工部营造所长班之职。在康熙年间畅春园的修建工程和雍正年间圆明园修建工程中成绩显著，得到皇帝封赏，并成为雷氏执掌样房的第一人。朱启钤先生在《样式雷考》中评价道：“样式房一业，终清之世，最有声于匠家亦自金玉始也”。

第三代，雷声澂，字藻亭，雷金玉幼子，生于雍正七年（1729），卒于乾隆五十七年（1792）。他出生后仅3天，父亲去世，归葬南京。家人均随行回南京，唯雷声澂与其母张氏留守北京。成年后，其母张氏向工部泣诉，得皇上恩准，乃得嗣业。但在既无父亲指点，又无兄长帮助的情况下，要学习和掌握样房技艺，是非常困难的事。因此，尽管雷声澂的生活时代正值乾隆皇帝大兴土木时期，但他少有建树。在雷氏家谱和相关墓碑中几乎没有他在样式房的工作记载。然而，如果没有当年他与他母亲在京的坚守，也就不会有后面几代雷氏在样房的辉煌成就，可能就没有今世还能叫响的“样式雷”这个称谓。所以，从这个角度说，雷声澂是“样式雷”得以传承的关键人物。

第四代，雷家玮、雷家玺、雷家瑞三兄弟。家玮，字席珍，生于乾隆二十三年（1758），卒于道光二十五年（1845），是雷声澂的长子。家玺，字国贤，生于乾隆二十九年（1764），卒于道光五年（1825），是雷声澂的次子。家瑞，字徵祥，生于乾隆三十五年（1770），卒于道光十年（1830），是雷声澂的三子。兄弟三人在乾隆、嘉庆盛世，通力合作，将样房工作搞得有声有色，使在其父手中处于低潮的祖业重新发扬光大。家玮在乾隆年间曾奉派随皇帝南巡，为各省办理沿途行宫景点及堤工工程。家玺承建过万寿山、玉泉山、香山、热河避暑山庄、圆明园东路及同乐园戏楼等园庭工程，还有嘉庆的昌陵等陵寝工程和宫中年例灯彩、西厂焰火及乾隆80岁万寿典景楼台等工程，成绩斐然，尤其是为万寿庆典沿街搭建的典景楼台，更是争奇斗艳，让老百姓也大开眼界，一睹盛况，影响极佳。家瑞也干得有声有色，在两位兄弟在外办理工程期间，样房的一切事宜由他料理。“样式雷”四世的这三兄弟还承建过故宫乾隆花园的装修工程，这是一个集古典装修艺术之大成的工程。可以说，第四代雷氏是将样房事业推向兴旺之辈。

第五代，雷景修，字先文，号白璧，生于嘉庆八年（1803），卒于同治五年（1866），是雷家玺的三子。他16岁随父亲在样房学习祖传的建筑设计技术，不辞辛劳，勤奋努力。道光五年（1825），其父去世时，他年仅22岁。由于差务繁重，唯恐办理样房失当，他遵照父亲的遗言，将样房掌案之职让给伙伴郭九承担，自己则甘居其下，并竭尽心力，不分朝夕，兢兢业业20余载。到道光二十九年（1849），他以自己丰富的建筑经验和卓越的才识，又将样房掌案之职收回。直到咸丰十年（1860）八月圆明园被焚，样房工作停止，才移居西直门内观音寺。雷景修虽然身怀绝技，但生不逢时。咸丰一朝内忧外患，经济衰败，清室无力大兴土木。所以，虽然收回掌案一职，终无更大作为。雷景修的一生，除了工作勤奋，还聚集了不少图稿、烫样等。大量样式雷图档得以留存至今，很大程度上得益于雷景修当年精心的收藏。因此，可以说，雷景修对“样式雷”的贡献更重要的是体现在他有意识收存样式雷图档上。

第六代，雷思起，字永荣，号禹门，生于道光六年(1826)，卒于光绪二年(1876)，是雷景修的三子。同治四年(1865)，自其祖父雷家玺设计嘉庆的昌陵后，他承担起设计咸丰的定陵的任务。在此工程中，由于他努力勤奋，立下大功，因此以监生赏盐大使衔。同治十三年(1874)重修圆明园，雷思起与其子雷廷昌因进呈所设计的园庭工程图样而蒙皇帝五次召见。雷氏的这一代中，雷景修的五子雷思泰也在样房中发挥过重要作用，都是“样式雷”的重要继承人。

第七代，雷廷昌，字辅臣，生于道光二十五年(1845)，卒于光绪三十三年(1907)，是雷思起的长子。雷廷昌随父亲参加过定陵、重修圆明园等工程。其后，自己又承担过同治的惠陵、慈安太后陵、慈禧太后陵、光绪崇陵、三海和万寿山庆典等工程的设计工作。光绪三年(1877)，雷廷昌因惠陵金券合拢和隆恩殿上梁有功，而以候选大理寺丞列保赏加员外郎衔，并为祖父母、父母捐请了二品封典匠家，子孙也列入缙绅之列。“样式雷”的事业由雷思起、雷思泰和雷廷昌、雷廷芳等两代人掀起了一个新的高潮。

第八代，雷献彩，字霞峰，生于光绪三年(1877)，卒年不详，是雷廷昌的长子。雷献彩未满二十岁就担任起圆明园样式房掌案，此后他又同父亲一道承担了普陀峪定东陵重建和被八国联军损毁的京城、宫苑、坛庙、府邸等皇家建筑的重建与修缮，以及“新政”期间各类新式洋房的设计。光绪二十六年(1900)，八国联军入侵，北京城和城内外各类皇家建筑再度罹劫。雷献彩主持了大规模修复、重建工程，如北京正阳门及箭楼等城楼、大高玄殿、中南海以及颐和园的重建等。雷廷昌去世后，清末的崇陵、摄政王府等重大工程设计，则均由雷献彩主持完成，参与者还有雷献祥等雷氏后裔。他们成为“样式雷”最后的传人。

2. 样式雷图档

由于雷氏家族从事样房工作延续二百余年，加之雷景修等雷氏的精心收藏，所存图档数量庞大，内容十分丰富。尽管历经沧桑，现今也有2万余件图档存世，是世界古代建筑档案存世最多的一种，这也是样式雷图档能成为“世界记忆名录”中一员的重要原因之一。

现存样式雷图档，时间涵盖18世纪中叶到20世纪初，地域覆盖北京、天津、河北、辽宁、山西等清代皇家建筑所在地；在类型上可分为图样、烫样、做法等文字档案三大类，涉及城市、宫殿、园林、坛庙、陵寝、府邸、工厂、学堂等建筑在内的各种建筑勘测、设计、施工图和装修图以及建筑模型，还有大量工程做法、随工日记、旨意档及堂司谕档等文字资料，内容十分丰富、系统。

样式雷图样品种多样。按设计过程可分为勘测图、糙底(或草图、粗图)、准样、改样、进呈样、留底样等；按表现形式可分为平面图(或地盘图)、剖面图和立面图，以及平面与立面结合图等；按比例有一分样、二分样、五分样、寸样、二寸样、四寸样等，这些比例的含义是实物的一丈在图样上作几分或几寸，如，一分样即相当于实物的一丈在图样上作一分，即比例为千分之一；按图样功用可分为施工图和施工进程图、烫样制作图、装修图、布局图、装饰图等。现存样式雷图样中，最大的图幅长达3米左右，最小的只有6厘米左右。

样式雷制作的烫样是现存唯一的中国古代建筑模型。这种模型是在按一定比例绘制的图样基础上制作的。制作材料主要是质地松软的白松和红松木，元书纸、麻呈文纸、高丽纸等纸张以及各种涂饰颜料。制作工具中有一种特制的小型烙铁，用于熨烫模型的一些构件，如瓦垄，"烫样"一名也由此工艺而得。这种烫样用松木构建建筑物框架，屋顶、墙身、门窗以及室内陈设均用由纸张敷制的纸板制作而成，并分片安装，可方便拆卸，还可揭顶洞悉室内布局、装修、陈设等情况。在样式雷的烫样中，除单体建筑模型外，还有景群建筑模型，包括景群中的山石、树木、花坛、水池、船坞以及庭院陈设，等等。

虽然建筑模型在唐、宋两朝已开始出现，当时叫"木样"，但那时的模型很简单，且制作材料也不一样。样式雷制作的烫样要复杂得多，也规范得多，它们是按一定比例制作出来的，其构件可灵活拆卸、安装，以便修改房屋及房屋内的布局。中国古代建筑群的布局多由个体建筑组成一个庭院，多座庭院组成一座大建筑群，在空间组合上注意建筑物错落有致，左右对称，山石水木和谐，富有意境。烫样是按一定比例制作的立体模型，所以，通过烫样，可以直观地看出建筑物是否符合我国传统的建筑审美观。据此进行修改，更易达到目的。

样式雷图档中的文字档案以工程做法为主，另有旨意档、司谕档、堂谕档、工程日记及书信，还有少量私人书信、账单等杂物。这些档案是对图样和烫样的最好补充，是图档不可分割的组成部分，有些文字档案显示的内容弥足珍贵。

二、样式雷图档的聚散

样式雷图档包括皇宫的进呈图档和雷氏所存图档两大部分。

进呈皇宫的部分原存故宫博物院文献馆（即第一历史档案馆前身），约千余件图样，另有部分文字档案。在样式雷图档三大收藏单位中，只有该馆收藏的样式雷图档是直接继承清皇家档案，未经商业性聚散的。这些图样是样式房呈送给皇宫的正式设计施工图样，因此，一般都比较工整、精细。

雷氏有意识存储图档主要自雷景修开始，据称当时雷景修曾用三间瓦房存放图样、烫样。此后代代相传，不断增加。在各代分家立业时，少不了分藏图档，因此，雷氏手中图档流散之前已经分藏在各相关子孙之手，其后的流散则是从他们手中先后流出。

20 世纪 20 年代末，市面上开始出现零星样式雷图样出售。中国国家图书馆即当时的北平图书馆在朱启钤先生的不懈努力下，终于在 1930 年 6 月从北京东观音寺的雷氏住宅购回第一批图档，也是最大一宗图档。同年冬，第二批图档经人介绍入藏北平图书馆。此后几年，北平图书馆又先后在雷宅购得零星图档，在五洲书局、群英书社、东华阁等 30 余个书社斋阁购得 2000 余件。此外，"中国营造学社"一直致力于搜集散佚市面的样式雷图档，并转交北平图书馆。到 1937 年"七七事变"，北平图书馆收购样式雷氏图档的工作基本结束，共收藏图档 15000 幅册，烫样 76 具。1937 年，北平图书馆将购存的烫样寄存历史博物馆，新中国成立后转交故宫博物院保存。

朱启钤先生为中国国家图书馆收藏样式雷图档立下了汗马功劳。早在民国初年，朱先生因工作关系，与雷氏后代有所接触，并认识到样式雷图档的重要价值，打算收集，以便开展研究。但“彼时雷氏犹以为将来尚有可以居奇之余地，乃挈家远引，并将图样潜为搬运，寄顿藏匿，以致无从足迹”（见《中国营造学社汇刊》1930 年第 1 卷第 2 册“建议购存宫苑陵墓之模型图样”一文）。十余年后，雷氏后代穷困潦倒，终于开始零星变卖图档，散见于书市、小书摊上，并开始四处求售。

雷氏后代四处求售之时，正值朱启钤先生发起成立“中国营造学社”之日。以梁思成、刘致平、刘敦桢等前辈建筑学家们组成的这个专门研究中国建筑的学术团体，非常看重样房的这些资料。朱启钤先生作为营造学社的社长，更是为图档的流散而担忧，尤其是发现日本人也在收集图档时，更深感图档流失海外的危险，便积极奔走呼号，力主政府用庚子赔款收购样式雷图档。1930 年 5 月，朱先生闻讯有雷氏出售图档，便急迫地向当时管理庚子赔款的文化基金会上书建议函，希望筹款购存于北平图书馆，为营造学社研究之用。文化基金会采纳了朱先生的建议。其间，朱先生又为雷氏出价高达 3 万元而为之多次磋商。最后，文化基金会终于拨款 5000 元，于 1930 年 6 月将这批图档购藏北平图书馆，成为该馆第一批入藏品。

国内其他收藏机构的积极购藏，避免了样式雷图档大量流失海外，对此，朱先生也是功不可没。朱先生以他的慧眼、他对样式雷图档的重视和倾心研究感染和带动了很多仁人志士致力于对样式雷图档的收集和研究。

1937 年，居住在北京东水胡同的雷氏一房扬言要出售他们所存的图样。经北平市工务局局长汪申伯先生从中斡旋，为中法大学购得共 2000 余件。从所列图样目录看，与北平图书馆购藏的图多数重复，但道光以后的圆明园部分及内廷、行宫、坛庙、府第之图也有值得重视的。

中法大学是 1920 年在北平成立的一所大学。其前身是 1919 年由留法的李石曾、蔡元培、吴玉章等人创办的法文预备学校。新中国成立后，中法大学的部分科系合并到北京工业学院，剩余科系分别合并到其他高等院校。中法大学撤销时，所藏样式雷图档在原中国营造学社社员、故宫博物院研究员单士元先生的主持下，由故宫博物院购藏。加之故宫博物院零星购买的其他图档，该院共藏样式雷图档 2900 余件。

此外，国内还有清华大学建筑学院藏图档 300 余件，国家博物馆、社科院图书馆、科学院图书馆、北京大学、北京档案馆、文物研究所等单位也有少量收藏。相信一些私人还有少量收藏，尤其是雷氏后人或与其相关的人。

在国外，1931 年日本人荒木清三在华收购了 277 张图样及上千件文档，其中 200 余张图样至今下落不明，其余 53 张图样和文档现藏东京大学东洋文化研究所。所见 53 张图样以陵寝图为主，如《东陵风水形势图》《平安峪万年吉地地盘尺寸画样》等。2000 年开始，东京大学东洋文化研究所开展清代建筑历史资料专项整理研究，现已将所有图档整理、修复完毕，并已出版专著介绍图档。此外，美国康奈尔大学东方图书馆收藏有《天津行宫地盘图》等图样，法国吉美东方艺术博物馆收藏有《圆明园地盘画样》等图样。

三、样式雷图档的价值及其评价

1. 史料价值

雷氏世家为清代的建筑，尤其是皇家园林、陵寝等建筑做出了巨大贡献。他们所留下的图档，也成为中国古代建筑技术、园林艺术的瑰宝，是中国古代建筑史上最丰富翔实、直观形象，而且大多数图档能与遗存的建筑实物对应的珍贵的史料，对于中国古代建筑史，传统建筑图学，传统建筑设计思想、理论和方法，建筑施工技术和清代工官制度，以及相关文物建筑保护和复原等多方面的研究，均具有其他文献无法替代的作用。同时，样式雷图档还隐含了大量中国清代社会、政治、经济、文化等信息以及中国古代建筑理念、建筑美学、建筑哲学等思想，因此，图档不仅体现了很高的建筑学成就，而且也为研究中国清代历史提供了珍贵文献。

样式雷图档独特的史料价值具体表现在以下方面：

第一，样式雷图档是唯一幸存的系统的中国古代建筑工程图档，是研究、修缮、复原中国古代建筑唯一的第一手资料。

具有五千年灿烂文明的中国，在建筑上也有着同样辉煌的历史，被列为世界文化遗产的建筑有 20 余处。但与其对应的建筑图档仅存样式雷图档。诚然，现在保存完好的清代建筑是研究中国清代建筑的最好实例。但是，建筑物本身是历史瞬间的凝固物，而样式雷图档则是活生生反映某个建筑物的选址、建筑设计草案、反复修改过程、最终实施方案、施工过程以及各时期修建、改建方案，等等，记录了建筑物的形成、演变历史，是建筑实物和其他文献不可替代的唯一原始建筑档案，对于诸如圆明园这样的已在人间消失的经典建筑尤其如此。因此，样式雷图档是研究、修缮、复原中国古代建筑最直接、最可靠的唯一第一手资料。著名建筑学家刘敦桢先生，就在参阅雷氏关于圆明园的图样、烫样、旨意档、堂谕档、司谕档及其他有关圆明园文档的基础上，撰写了《同治重修圆明园史料》这部极具价值的著作。圆明园、颐和园、香山、北海、恭王府等管理处多次查阅有关样式雷图档，为整修园林、撰写园史提供了可靠依据。

第二，样式雷图档是书写世界建筑史的实物佐证。

中国建筑是世界建筑史上的一朵奇葩，是世界建筑史的重要组成部分。样式雷图档在为撰写中国古代建筑史提供重要史料的同时，也为书写世界建筑史提供了重要佐证。比如，在样式雷图档中大量存在的模数网格足以证明模数网技术至少在二百多年前就被中国人熟练应用，是中国对世界建筑的贡献，由此颠覆了“是日本对世界建筑的贡献”的结论。样式雷图档为澄清历史、改写历史提供了有力的佐证。

第三，样式雷图档是研究世界杰出建筑世家样式雷的不可多得的珍贵史料。

雷氏家族在二百余年间为中国清代皇室设计修建、改建了大量建筑，其中被列为世界文化遗产的故宫、天坛、颐和园、避暑山庄、清东陵、清西陵等建筑，占中国的世界文化遗产的五分之一。这些文化遗产，或从始至终由雷氏设计施工，或部分改扩建由雷氏统率工程，其中凝结了以雷氏家族为主的几代清朝哲匠的卓绝智慧。一个建筑世家与这样多的世界文化遗产密切相关,这在世界建筑史上也是绝无仅有的。同时,样式雷图档所反映出建筑师的高超技艺和先进的图学成就,足以证明雷氏世家是当之无愧的世界杰出建筑大师,是值得大力研究的古代哲匠。研究一个建筑师如同研究文学家、艺术家一样,其作品应该是最直接、最可靠的研究资料。因此,对样式雷的研究,其图档无疑是最好的、也是唯一的第一手研究资料。

2. 艺术价值

样式雷图档中,图样和其他文字资料主要是用毛笔和炭条绘制在中国宣纸上,采用中国国画颜料染色。样式雷图样从图种到绘制方法、表现内容和表现形式等各方面均与现代建筑图存在一定差异。样式雷图样所用模数网法、图层法、透视法、投影法等制图方法丰富多彩,且表现技法先进。同时由于样式雷图样中很多图样绘制精细、色彩斑斓,具有相当的审美价值,成为风格独特的建筑美术作品。

烫样不仅具有易拆装、修改的便利和极佳的示意效果,在当今人们的眼中,烫样还不失为绝妙的工艺美术作品。可以说,无论是制作材料、工具,还是表现手段、形式,烫样都是世界建筑史上风格独具的建筑模型和美轮美奂的艺术作品。

样式雷图档中的一些文字书写工整,布局美观,不失为书法佳品。

总之,不少样式雷图样、文档具有较高的艺术价值。

3. 文物价值

文物是人类社会历史发展过程中遗留下来的、由人类创造或者与人类活动有关的一切有价值的物质遗存。《中国文物保护法》第二条规定:“历史上各时代珍贵的艺术品、工艺美术品”,“具有历史、艺术、科学价值的手稿、古旧图书资料”,“反映历史上各时代、各民族社会制度、社会生产、社会生活的代表性实物”等文物,受国家保护。第二条的规定实际上是从一个侧面确定文物的定义及范围。按照这样的定义及范围规定,结合上述样式雷图档的史料价值和艺术价值,样式雷图档的文物性不难确立,其文物价值也不言而喻,尤其是样式雷图档的手稿性、系统性、大型性以及专业性,使其具有更加独特的文物价值。

第一,样式雷图档因其手稿性质而成为世界独一无二的珍贵史料。

样式雷图档几乎全部绘制、书写在中国传统手工纸张上,书写工具主要是中国的毛笔和炭条,绘制工具主要有界尺、圆规和烙铁等,使用颜料主要是传统中国国画颜料等。可见,样式雷图档是带有浓郁中国传统特色和风格的古代手稿,无疑是世界独一无二的极其珍贵的史料。

第二,样式雷图档的系统性、完整性及其规模是世界范围内现存古代建筑档案绝无仅有的。

现存样式雷图档20000余件,包含了从建筑选址到设计、施工、修缮、改建等完整而成系统的建筑图样和相关档案,因此,无论是在图档的规模上,还是在图档的系统性和完整性方面,样式雷图档都是世界范围内现存古代建筑档案中唯一的,它是人类在建筑学领域的记忆的一大重要实物标本。

4. 社会价值

中国古代建筑以其独特的建筑风格成为世界建筑中的一朵奇葩，是世界建筑史上不可或缺的辉煌乐章。清代建筑是现存最多的中国古代建筑，其时代特征和民族特色鲜明，建筑风格独特，蕴涵了中国深刻的文化理念和哲学思想。尤其是皇家建筑，更是气势宏大，建造精美，令世界瞩目，成为清代建筑的代表。很多清代皇家建筑作品被列入《世界文化遗产名录》的事实，充分证明了中国清代建筑所具有的民族意义和世界意义，成为中国民众乃至世界民众关注的重点。样式雷图档正是这些建筑的工程档案，自然也成为公众关注的焦点。为此，国家图书馆曾以样式雷图档为主题举办过多次讲座和展览，拍摄过多个专题片，宣讲中国杰出的建筑世家样式雷，以及雷氏等清代建筑师留给我们的珍贵文化遗产样式雷图档。每次讲座、展览都能吸引众多听众、观众。几个专题片，尤其是《国宝背后的故事》中的"探访样式雷"，播出十余年，反响强烈，增强了中国人的民族自豪感，成为民族精神的一个彰显点，对社会产生较大影响。

样式雷图档成功登录"世界记忆名录"，这给社会带来了更大影响。

"世界记忆名录"是由联合国教科文组织世界文化遗产委员会设立的世界记忆工程项目所建立。世界文化遗产委员会设有自然遗产、文化遗产、自然与文化双遗产、人类口头与非物质文化遗产、世界记忆工程等旨在保护人类遗产的国际保护项目。世界记忆工程是联合国教科文组织于 1992 年发起，旨在实施联合国教科文组织宪章中规定的保护世界珍贵历史文献的任务，对世界范围内正在逐渐老化、损毁、消失的文献记录，通过国际合作与使用最佳技术手段进行抢救，从而使人类的记忆更加完整。凡载入"世界记忆名录"的，必须是具有世界意义、对人类有参考价值和利用价值的文献档案。

1993 年，联合国教科文组织成立了国际咨询委员会，负责对整个工程的计划与实施进行指导。各国申报列入"世界记忆名录"的项目，须首先经国际咨询委员会评审，每两年由联合国教科文组织审批一次。自 1997 年至今，共有 100 个国家的 299 项进入名录。我国先后有民族传统音乐与民间音乐录音档案、《清代内阁秘本档》中有关 17 世纪中叶西洋传教士在华活动的 24 件满文档案文献、纳西族东巴古籍、清朝金榜、清代样式雷建筑图档等 9 项入选"世界记忆名录"。

样式雷图档是继 2003 年入选"中国档案文献遗产名录"后，被国家档案局推荐申报"世界记忆名录"，2007 年 6 月正式成为名录中的一员。为此，国家图书馆专门举办"大匠天工——样式雷图档荣登'世界记忆名录'特展"。展览引起良好的社会反响。

5. 对样式雷及样式雷图档评价问题

样式雷图档公之于世后，尤其是上世纪末以来，有些研究者无限夸大雷氏家族的作用和贡献，将清代皇家建筑，尤其是被评为世界文化遗产的清代皇家建筑，都归功于样式雷家族，称样式雷创造了中国五分之一的世界文化遗产。这样的评价言过其实，与历史事实不符，对其他在清代皇家建筑工程中做出贡献的建筑师、样子匠不公。我们应该客观地、充分地肯定雷氏世家所做的贡献，同时，也同样要客观地、充分地肯定其他建筑师、样子匠的成绩。不能因为贡献没有雷氏世家大,或不是几代相传的建筑世家,或没有较多文字档案记录,就对他们的工作熟视无睹,甚至将他们的成绩归于雷氏。也许,我们可以这样评价样式雷及样式雷图档:

第一,样式雷是我国清代建筑史上杰出的建筑设计世家。

雷氏家族自清康熙年间供职宫廷建筑工程,自雷发达供职皇家建筑,至20世纪初,先后有八代几十人主持或参与了皇家等建筑的设计、施工等工作,为清代建筑业、为中国的多项世界文化遗产的留存做出了巨大贡献,是中国古代杰出的建筑设计大师,也是世界唯一一个以八代几十人的庞大家族为集合体,专为皇家建筑服务的建筑世家。像这样一个延续二百余年、主创了众多经典作品、影响了一个朝代的建筑世家,在世界历史上是绝无仅有的。

第二,样式雷图档是集体智慧的结晶。

按照清代的工官制度,样式房下属工程处,由工程处、内务府或工部管理,上可到帝后直接过问样式房工作。清华大学建筑学院刘畅在《清宫营造体系中的设计者和设计机构刍议》中言道:“清代皇家建筑设计并非为样式雷家族一手拟定,也不是样式房所能够独立完成,还不是单纯凭借皇帝一人设计构想,而是综合了皇家营造体系内多层次、多专业的设计参与。”现存图档中就有帝后修改的图样,还有大量旨意档、司谕档、堂谕档中记录的帝王、大臣等相关人员对工程设计施工方面的意见,慈禧还曾为她的陵寝亲自修改图样。

样式房并非世袭。雷金玉去世后,是他姓样子匠执掌样式房,雷景修弱冠之时将样房掌案之职让给郭九。样式房的工作非雷氏一家成员承担,更非八代几十人所为。国家图书馆藏样式雷图档第94包19号有雷思起向内务府提交一则禀文:“谨禀烫画样人现在数目。掌案头目人雷思起、雷廷昌,散众当差人郭成名、白廷堃、李文升、雷思森、郭成治、雷思跃、沈钧、雷廷芳、李英、(雷)廷栋、白耀恒、白耀璞、李俊、罗荣以上共十六名。”

我们将样房进呈皇宫的建筑图样、烫样及相关文档和从雷氏家族手中散佚出的图档统称为“清代样式雷图档”,并不是不承认图档中存在雷氏之外的样子匠的作品的事实。也就是说,“样式雷图档”并不是雷氏一个家族的成果,而是清代相关皇家建筑师共同创造的财富。

第三,样式雷图档呈现出的建筑设计成就,是对我国古代建筑历史传承、发扬光大的结果。

任何事物都不可能从天而降,尤其对于历史、文化而言,也包括技艺方面。建筑是自人类进入文明阶段后就产生的事物,随着文明的发展而发展,各时代有各自特点。留存下来的有关建筑的古典文献也为数不少。北宋著名建筑师李诫所著《营造法式》就是当时官方建筑的规范。全书正文共34卷,加上“看详”一卷,“目录”一卷,共计36卷。正文共有357篇,3555条,其中除解释名词的两卷283条外,其余3272条是来自工匠的实际经验。可以说《营造法式》是众多建筑工匠在建筑方面宝贵经验的总结。

《营造法式》在我国古代建筑史上起着承前启后的作用,对后世的建筑技术的发展产生了深远影响。元朝水利工程技术中关于筑城部分的规定,几乎和《营造法式》的规定完全相同。明朝的《营造法式》和清朝的《工部工程做法则例》也吸取了其中很多精髓。

样式雷图档是在前人的建筑成果之上,在清朝《工部工程做法则例》及细化的各种工程做法规定框架下发挥集体智慧的结晶。

四、样式雷图档的整理研究

对样式雷图档的整理研究起于20世纪30年代,至今已有80余年历史。整理研究主要集中在对样式雷世家的研究、对图档的整理编目、对图档的研究和利用三大方面。纵观80余年的整理研究历史,这并不是一个连续不断推进的过程,在抗日战争爆发后至20世纪70年代,有近30年时间,有关样式雷图档的研究处于停滞状态。80年代,研究才重新开启,这与中国社会历史环境有直接关系。

考察80余年对样式雷图档的研究历程,大致可以分为三个阶段:

1. 中国营造学社时期的研究阶段

中国营造学社于1930年正式成立,朱启钤先生任社长,下设法式组、文献组,梁思成、刘敦桢分别任组长,主持古建筑形制和史料研究,曾经在中国建筑理论领域发挥过重要作用,所开展的大量田野调查,为中国古代建筑研究搜集了大量珍贵数据,至今仍有极高的学术价值。

中国营造学社成立之时,也正是朱启钤先生将第一批样式雷图档追踪入藏北平图书馆之日,此后几年,图档不时被公藏机构收存。样式雷图档的大量面世,以及雷氏族谱等相关资料的现身,为学界研究样式雷图档提供了文献保障。中国营造学社的诸位先哲,在朱启钤先生的带领下,成为研究样式雷图档的先驱,取得了很多研究成果。这些成果包括从对雷氏家族研究到对样式雷图档整理编目和图档利用等方面的研究。在家族研究中,开山之作是朱启钤先生的《样式雷考》,还有梁思成先生所撰《中国建筑与中国建筑师》中有关样式雷部分。在图档整理编目中,有金勋先生所编《北平图书馆藏样式雷制圆明园及其他各处烫样目录》和《北平图书馆藏样式雷藏圆明园及内廷陵寝府第图籍总目》。在图档利用方面有刘敦桢先生著《同治重修圆明园史料》。《同治重修圆明园史料》围绕圆明园的烫样、画样等有关档案展开,这应该是关于样式雷资料研究的最早成果,也是现代史上最早研究皇家园林的著作。随后,刘敦桢先生还开展了对清西陵的研究,利用了样式雷的大量陵寝设计图。

当时的北平图书馆还专门开设了工程参考室,主要提供样式雷图档及相关工程文献的阅览。

2. 20世纪80年代图档利用阶段

中国营造学社研究阶段的黄金时段在20世纪30至40年代,50、60年代有一点延续。此后一段时期未见研究成果面世,直至20世纪80年代,对样式雷图档的研究和利用才再次悄然兴起,到90年代,研究成果逐渐问世。

这一阶段的研究与圆明园学会和圆明园管理处的成立,以及颐和园、北海、天坛等公园的相关复原修缮工程的开展有密切关系。因此,这一时期对样式雷及其图档的研究利用主要体现在对图档的利用上，尤其在相关复原、修缮工程中对图档的利用研究方面，圆明园、颐和园、北海以及天坛等公园管理处为相关工程先后查阅国图藏样式雷图档，并翻拍、摹绘了大量图档。也有个别研究者查阅、整理、研究相关图档，如方谨先生整理出了圆明园图档子目，时为天津大学研究生的王其亨先生整理出东、西陵寝提要式目录，还发表了《样式雷世家新证》和《雷发达太和殿上梁的历史真相》等文。

3. 20世纪90年代后期至今全面研究阶段

90年代后期，以天津大学和清华大学的建筑学院为主导，先后开展了样式雷图档全部或部分整理、研究工作，均取得丰硕成果。天津大学在王其亨教授的带领下，开展了一系列研究，形成了一批涉及雷氏家族、样式雷图档和相关建筑理论的研究成果。清华大学建筑学院则在郭黛姮教授的率领下开展以圆明园为重点的研究，进行建筑复原和圆明园复建的工作，取得很大成绩。

目前，相关研究已从中国扩展到日本等国，从建筑领域扩展到史学领域，硕果累累，《建筑世家样式雷》是部分成果的结集，《清代皇宫陵寝》《风水理论研究》《在投影之外——文化视野下的建筑图学研究》《雷动星流》等专著中也有大量研究样式雷及其图档的成果，更多的研究论文分散在国内外出版的专著或报刊上。

国家图书馆在配合开展相关查阅、整理以及研究课题的同时，也自主开展一些研究整理工作，包括开展馆级课题的研究和机读数据的制作，并着力进行图档的出版整理、编辑工作，在保护样式雷图档的同时，更好地为广大图档利用者、研究者提供准确、便捷的服务。

五、样式雷图档的整理出版

1. 出版意义

如前所述，样式雷图档具有很高的研究利用价值，尤其是国家图书馆藏部分，图档覆盖面广，图样种类齐全，设计、绘图、施工及修缮、改建等过程尽显图档中。比如，从样式雷的草图到正式图以及修改图样，可以研究雷氏的工程设计思想、设计过程，也可以了解一些皇家园林、陵寝的设计变化或修改经过。因此，样式雷图档值得进行更加广泛的研究和更有效的利用。

但是，由于样式雷图档的手稿性质使其所有图档均可谓独一份，其纸张又是容易损坏的介质，且绝大多数图样折叠存放，因此，样式雷图档不宜经常、多次翻阅，否则容易损毁、消亡。国家图书馆担负着国家总书库、永久保存民族文化遗产的重任，因此，对样式雷图档的阅览只能仅限于目标明确的研究者或研究项目上，对泛泛了解图档的读者一般不予提供，这也许是样式雷图档的研究一直局限在极少部分研究、利用者中的原因之一。

为了样式雷图档能更广泛为学界及相关建设单位研究和利用，同时更好保护这份世界记忆遗产，整理影印出版样式雷图档，使之化身千百，成为学术公器，显得尤为重要，也迫在眉睫。

2. 出版计划

样式雷图档与一般出版物相比有很大差别。没有题名、绘制年代的图档比比皆是，很多图档不言所绘、所写对象为谁，地点何处。在此前的一些整理研究中，有些问题已经得以解决，但仍有大量图档的绘制年代、所绘地点或内容不能确定。如果待所有图档都彻底弄清这些问题，估计图档永无出版之日。因为，有些研究结果存在争议，有些结果现在看来也许是正确的，但在未来的新证据下可能会有新结果，更何况还有大量图档需要研究确定这些基本要素。

鉴于图档的这些特殊情况，本次出版的宗旨是：快速揭示国家图书馆藏样式雷图档，为学界及相关领域提供研究的第一手资料，以此推动对样式雷图档的整理研究。本着这一目标，图档的编辑体例方面，将以呈现图档为主，简单、客观著录图档的相关信息，为研究、利用者提供参考。

国家图书馆藏样式雷图档共有 15000 余幅册，其中，圆明园图样 2720 幅册，颐和园、香山、静明园等园林图样 840 幅册，其他园林、寺庙、王府公第及内外檐装修图 3450 幅册，陵寝图样 4820 幅册。根据图档存藏分布情况，国家图书馆藏样式雷图档出版拟分为圆明园、圆明园属园、颐和园，香山 · 玉泉山、故宫 · 前门、三海、南苑、其他园林、行宫、王公府第、城市、坛庙、清东陵、清西陵、装修、拾遗等 16 卷，约 50 册。各分卷不分先后，分别整理编辑出版。

由于样式雷图档内容庞杂，研究基础还很薄弱，专业性又极强，因此，本次整理出版中难免出现错误，希望通过广大研究者的研究纠正错误、完善我们的整理工作。

（本文为《国家图书馆样式雷图档》代总序，国家图书馆出版社，2016 年）

中国古代雕版印刷术起源新论

陈　力

印刷术是一种用直接或间接的方式对文献内容进行复制的技术，它能够大量、经济地复制文献内容，从而使其能够得到广泛传播。

在中国古代文明史上乃至世界文明史上，印刷术的发明是一个划时代的事件，其意义不仅仅在于一种新的图书复制技术的发明，而更在于其改变了文化的传播模式，极大地推动了社会的进步。美国学者卡特指出："欧洲文艺复兴初期四种伟大发明的传入流播，对现代世界的形成，曾起重大的作用。造纸和印刷术，替宗教改革开了先路，并使推广民众教育成为可能。火药的发明，削除了封建制度，创立了国民军制。指南针的发明，导致发现美洲，因而使全世界、而不再是欧洲成为历史的舞台。这四种以及其他的发明，中国人都居重要的地位。"[1]9英国学者李约瑟指出："要是没有这种贡献，就不可能有我们西方文明的整个发展历程。因为如果没有火药、纸、印刷术和磁针，欧洲封建主义的消失就是一件难以想象的事。"[2]因此，在现代几乎所有研究中国图书史的著作中，雕版印刷术的起源都是一个备受关注的问题①。

1　雕版印刷起源探因

谈到雕版印刷术的发明，学者大多归之于刻石捶拓技术和玺印原理的启发。

中国的刻石起源很早，初唐时在今陕西凤翔发现十个石鼓，上刻有文字，为春秋时期秦国的石刻，也是目前我国所发现的最早的石刻文字。到了东汉，人们开始将儒家经典刻在石碑之上，作为士子学习的范本。南北朝以后，又出现了大量的佛经与道经的刻石。伴随着刻石，捶拓技术也发展起来了。捶拓技术起源于何时，现已不得其详，但根据现有的史料，至迟到南北朝时，这项技术就已被普遍采用了。据《隋书·经籍志》记载，唐初秘府尚存北齐以前石经拓本。

用捶拓的方法可以进行文献的批量复制，但是，一则刻石不易，二则捶拓技术也较复杂，三则刻石的字体都较大，如是篇幅较长的文献，刊刻捶拓都更加困难，再加上拓片的裱糊、收

---

① 参见：张秀民、韩琦：《中国印刷史（插图珍藏增订版）》，浙江古籍出版社，2006年；李致忠：《古代版印通论》，紫禁城出版社，2000年；肖东发等：《中国出版通史》，中国书籍出版社，2008年。此类研究成果很多，不俱录。

藏和展阅也都很麻烦，所以不可能用捶拓技术来进行普遍性的、大规模的文献复制。古人除了直接从碑石上捶拓，也用枣、梨等硬质木板仿刻前代一些著名的碑刻，然后再从其上捶拓，唐杜甫诗云："峄山之碑野火焚，枣木传刻肥失真。"[3]后世许多"法帖"就是用此方法翻刻拓印的。用枣木翻刻古代名碑与用枣木雕印书籍，虽有阴文、阳文之异①，但其原理毕竟是相同的。因此，将雕版印刷的产生与捶拓技术的发明联系起来自有一定道理。

由于捶拓的对象为正字书写，与雕版印刷术的反字书写然后刷印出正字的印本尚有一定的区别，中国古代很早就出现的玺印就提供了另一种启示。

玺印在中国出现很早，到战国时，它的使用已经很普遍了。玺印是将反体的文字刻在金属或石、木质块上，然后沾上印泥盖在纸上（最早是封泥），这样文字便印在纸上了。玺印的原理与后来的雕版和活字印刷术完全一样。清人李元复曾说："书籍自雕镌板印之法行，而流布始广，亦籍以永传。然创之者初不必甚难，以自古有符玺可师其意，正无待奇想巧思也。"[4]美国学者卡特亦谓："模印的小佛像，标志着由印章至木刻中间的过渡形态。"[1]43

东晋葛洪（284—364）说，道士入山，为了避免虎狼及鬼魅的侵害，要带上一种有一百二十字的黄神越章之印[5]，这种印是盖在封泥之上的。一个黄神越章可以盖无数个护身的灵符，如果盖在纸上，那就是一件小小的印刷品了。向达先生指出：印刷术最先可能是由于需要大量复制佛、道教的画像及禁咒等而发明的[6]。根据上面这些分析，捶拓与玺印技术与印刷技术有着非常相近的原理，当然有可能是印刷术的源头之一。

不过，所谓起于玺印，起于捶拓，仅仅是就技术原理的相似性而言，玺印早在先秦就已出现，为何那时没有用于复制图书？又，将雕版印刷技术起源与玺印、捶拓相联系，也只是局限于在纸质物品上的复制技术而言，如果我们眼光放远一点，就会发现：其实在先秦两汉时期，以纺织品为承印物的印刷技术就已经非常成熟了，而这种技术从原理上说与雕版印刷技术是完全一样的，印刷的品质也完全不输于宋元以后的雕版印刷品。

中国古代纺织品很早就有了印花，至迟到西汉前期，凸版印染技术就已经非常成熟了。凸版印染是用木板或其他材料雕刻成凸出的花纹，然后在纺织品上压印而成。1972 年，湖南长沙市郊马王堆一号汉墓出土了大量的丝织品，其中有相当数量的印花丝织品，分为两大类：一类是印花敷彩纱，一类是金银色印花纱。根据其中一件具有代表性的印花敷彩纱分析，该件织物通体图案由若干印花菱形单元连缀而成，"印花菱形单元图案的高约为 40 毫米，宽约为 22 毫米（花穗部分，嵌入下一单元之间的缝隙中，不计在内）。印花的图案由四个单元图案上下左右连接，构成印花分版的菱形网格。在织物上的印花单元图案纵横连续，错综排列，通幅有二十个单元图案分布。"[7]105在这些图案花纹中，没有发现渗墨和晕染的现象，也没有出现块面花纹，根据这些现象分析，它是用阳纹版（雕刻凸版）印制而成[7]106。在马王堆出土的丝织物中，还有三件金银色印花纱，"印花纹样的单元图案由三块纹板套印而成"[7]109。

1983 年，广州南越王墓出土了两件铜质印花凸版，其中一件正面花纹近似松树

---

① 王国维先生曾指出此乃阴识，非阳刻，是。王说见《观堂别集·晋开运刻毗沙门天王象跋》，上海古籍书店影印民国上海商务印书馆《王国维遗书》本，1983 年。

形[8]图版四八:2,同时还出土了一些印花织品,其中一件印花织品的图案恰与花纹近似松树形的凸版相吻合[8]彩版三一:3。不少学者都指出,从印刷技术的原理上看,马王堆一号汉墓所出土的印花织品与文献的印刷没有什么不同,它们都是雕版印刷,只是前者是印刷在丝织品上,而后者是印刷在纸上。

马王堆一号汉墓中出土的印刷织物与广州南越王墓出土的印花凸版,其印刷原理与图书印刷是完全一样的,其纹样精美、精细的程度,也完全不亚于文字刻印,可见,至迟到西汉初年,中国人就已熟练地掌握了版印原理与技术,只是那时更多地将其用于纺织品花样的印刷而已。到宋代时,这项技术仍然在广泛使用并有了进一步的发展。宋代郭若虚《图画见闻志》记:

> 皇祐(1049—1054)初元,上敕待诏高克明等图画三朝盛德之事,人物才及寸余,宫殿、山川、銮舆、仪卫咸备焉。命学士李淑等编次序赞之,凡一百事,为十卷,名《三朝训鉴图》。图成,复令传摹镂版印染,颁赐大臣及近上宗室。[9]

这里所提到的"镂版印染",可能不是指简单的镂版印刷,而是指彩色套印,或者先版印后着色。宋代朱熹知台州时,控告前任唐仲友任用正在服刑的犯人、用公款雕刻《荀子》等四子书版,然后运回其在家乡开设的书铺印书出售,"又乘势雕造花板,印染斑襭之属凡数十片,发归本家綵帛铺,充染帛用"[10]。所谓"花版"及其使用,原理与印书雕版完全相同,只是一个是印在纸上,印的是文字;而另一个则是印在布帛上,印的是花纹。由此又提出了一个值得思考的问题:为什么早在汉初人们就已完全掌握了模印技术,却未将其用于印刷图书?吾师徐中舒先生尝云:

> 盖中国雕刻当殷周之世,已极发达。其时遗物,如骨器铜器等,纹制精美,而甲骨文字及铜器铭文之刻铸,尤其铜范上反镌之字,与印刷之雕版,其形制几无差异。秦汉而后印刷用之纸张,既已发明于中国,而石刻碑碣,又日增月盛,汉魏石经,一再勒于太学,又与书有雕版何异?以如是宜于发生印刷之环境,历如是悠久之岁月,而印刷术犹不能立即发生。必待隋唐而后,石刻渐有毡拓,如今碑帖之打本,其与印刷相差只一间,以此为前导,而后印刷术乃继之而起。[11]

显然,在图书印刷技术发明与应用的背后,有着更为深刻的社会与文化原因。

任何一种技术发明与应用,都要有一些基本的条件:一是技术本身,包括原理和具体方法;二是制作的材料;三是功能,即能满足人们的某种需求;四是能让这种技术得以应用的社会环境。原理与方法属于技术的层面,通常我们将其纳入技术发明的范畴;而功能,它应该是可以满足人们的某种需求,如果仅仅是一项技术发明,但其成果不为人们所需要,便不会得到实际的应用。V.戈登·柴尔德教授指出:"任何一种技术,就像人的生活本身一样,包含着人的群体甚至社会成员之间常规的、经常的合作,群体的规模,社会公认的需求及群体成员之间的关系(社会组织),都对这种合作性群体的特征有深刻的影响。"[12]当然,社会环境也十分重要，历史上曾有一些技术和发明，被当作奇技淫巧，不被人们所认同；还有一些技术，与人们生产、生活的实际需要距离太远因而无法得到应用和推广。只有得到社会的广泛认同与广泛使用，一项技术发明才有意义。

印刷术的发明与印刷出版业的出现是有区别的。印刷术应用只是利用印刷技术进行文献的复制，有可能规模很大，也有可能只是小规模、小范围的应用，对于社会并没有太大的意义。而印刷出版业的出现是以社会化的需求为前提的，它需要相关产业如造纸、制墨、专业的雕版和刷印工匠以及发行、销售等条件的支撑。作为一种产业，在有组织的社会中，还应当有相关的规则与管理制度。在中国古代，虽然印刷技术的原理早就被发现并应用于纺织品印染，且其精细、精美程度不输于图书印刷，但是，在很长时间，雕版印刷技术并未用于图书的复制，究其原因，当与中国古代社会的、经济的发展水平有关，而其直接原因，则与隋唐以前中国的文化、教育、宗教发展进程有关，即文献大规模批量复制的社会需求尚未形成，雕版印刷技术的应用尚未有足够的需求驱动，也缺乏必要的市场环境。

从社会发展的角度来看，城市在中国出现很早，但与欧洲中世纪的城乡二元结构不同。隋唐以前，城市与农村基本上是一元结构，战国以后一直到隋唐，城市的发展一直都比较缓慢，虽然有的城市的规模不小，如战国时代齐国都城临淄人口已达七万户，“临淄之途，车毂击，人肩摩，连衽成帷，举袂成幕，挥汗成雨”[13]，但其他地方的城市功能并不十分明显。有学者指出，中古以前，城市不过是有围墙的农村。之所以如此，主要是因为中国古代的经济形态基本上是自给自足的自然经济，乡村自身就可以满足基本的生活需求，虽然自商代开始就已经出现了商业贸易，但商业活动基本上属于各地特产物资的贩运，专门为销售而生产和买卖的市场经济发展很不充分。另一方面，春秋以前，农民与土地、农民与地主或者领主的依附关系十分强烈。战国以后，由于国家的控制力增强，一些原来依附于领主的农民通过赎买特别是通过政府推行的授田制，逐渐成为国家的“编户齐民”，农民与领主之间的依附关系虽然被削弱，但同国家和土地的依附关系却增强了，“重农抑商”政策的社会根源即在于此。另一方面，由于土地兼并和为了逃避政府的徭役，一些原来的自耕农后来又逐渐成了豪强地主的荫附客户。魏晋南北朝时期，由于长期的战乱，人民流离失所，又转而依附于豪强地主，“流民多庇大姓以为客”[14]，因而魏晋南北朝时期出现了大量“坞壁”“坞堡”①，社会被分割成一个个有相当独立性的社会单元，很难形成一个开放、商贸活跃的大市场。因此，直到隋唐时代，除盐铁等由国家专营的产业以外，其他方面的手工业并没有形成规模化的产业，而在中国十分发达的纺织制造也基本上局限于自给自足或小范围内的交易。在这种情况下，像图书印刷出版这种需要造纸、制墨和雕版、刷印等多种行业配合，需要写样、刊刻、刷印、装潢装订等多项专门技术人才的结合，需要有能够满足全国范围内原料供给以及最终产品销售的大市场等多方面条件支撑的产业，必待社会发展到一定阶段后才有可能出现，而这种条件应该是随着南北朝混乱局面的结束、隋唐大一统局面的形成后才逐渐成熟的。

再从社会需求的角度来看，尽管早在商周时代中国就已进入了文明高度发达的时代，文

① 魏晋南北朝时期由于战乱出现的地方据险自守、经济自足的军事堡垒，在每个坞壁、坞堡之中，聚集了大量农民，依附于豪强，以求自保。

化的传播当然离不开书籍的流传，但直到隋唐以前，无论是文化还是学术，其传播方式都是单点式的。例如文学作品的传播，需要批量传播的社会需求很少，虽然西晋左思的《三都赋》一出，“洛阳为之纸贵”，但手工抄写本身就是一种学习和欣赏，并且属于个案，尚不足以刺激一个行业的产生。一般的文学作品以及普通百姓需求量较大的医书、占卜、农书等的流传，都主要是依赖手工抄写和小范围的市场来完成的，像东汉著名思想家王充少时家贫，就曾以替人抄书为生。同样，商周时代就已有了学校存在，特别是两汉魏晋南北朝时期经学十分发达，除了中央官学聚集了大量的学生以外，一些有影响的学者座下门徒往往以成百上千计，虽然他们对文献的需求量很大，但由于学术的专门化、家族化，老师教授、学生学习的内容常常局限于很少的几部儒家经典，抄写这些经典又是学生学习活动本身的重要内容，除了像《苍颉》《凡将》《急就》这类识字书以外①，通用性、标准化的图书很少，因此，对于图书批量复制的社会需求并不旺盛，其他相关条件也不成熟。

隋唐以后，中国社会发生了很大的变化，为雕版印刷术的发明与应用提供了很好的社会环境：此后虽然仍有一些战争发生，但总的说来社会相对稳定，中国由此进入了一个长期、持续的发展时期，城市快速发展，工商业有了很大的进步；佛教、道教在魏晋南北朝时期发展很快，隋唐时达到了极盛；随着科举制的产生与发展，教育逐渐走上了普及之路。社会对宗教、教育和其他类图书的需求十分旺盛。

窃以为，直接催生雕版印刷用于图书复制的主要原因有三点：一是宗教类图书的大规模社会化需求；二是科举制产生以后对教育的推动，以及科举考试自身带来的特定文献批量复制需求；三是普通百姓日常生活常用之物，如日历、字书等，这类社会需求量大，价格又不能过于昂贵，印制也比较简单。

自汉代以来，中国封建社会进入了其发展的高峰时期，经济高度发展，文化学术繁荣。东汉后期，佛教及其经典传入中国，道教也从本土产生，但对普通百姓的影响还很有限，佛经还没有大规模翻译成汉文（虽然也有一些佛经翻译成汉文，但数量较少，影响不大，传播的范围有限），而道经许多也“犹在天宫”[15]，并未结集。晋代以后，佛教、道教迅速发展，佛经经鸠摩罗什、法显等人的翻译，广为传播，而道教经典也逐步成文并形成体系。由于佛、道教的盛行，人们需要大量的宗教经典和宗教画像，而人手抄录显然不能满足需要，特别是满足那些身居社会下层、没有文化的宗教信众的需求，社会亟须一种能够以大量并且价廉的方法来复制宗教图书供人诵念甚至仅仅是供奉，因而，迄今为止所发现的早期印刷品绝大多数都与宗教特别是佛教有关，这正如卡特指出的那样：“给世界以印刷术的，也就是佛教”[1]42。这是因为，在佛教文化中，制作、供奉佛经、佛教画像以及传播佛经、佛教画像本身就是一种功德。对于宗教信众来说，相当部分是并不识字的妇孺老人，佛经对于他们来说是一种“法物”，必须有，但自己又无能力抄写，虽然可以由专门的“经生”（敦煌遗书中大量佛经即由

① 罗振玉先生曾经提到，汉代常有将《急就》之类字书的文字制作于砖上（参见王庆祥、萧立文校注：《罗振玉王国维往来书信·罗振玉致王国维（1919 年 7 月 27 日）》，东方出版社，2000 年），看来像这类通用的识字书的确有批量复制的社会需求，只是当时社会环境、物质条件等不成熟而未以更为方便的形式进行大规模复制而已。

“经生”抄写而成)来抄录,但其效率低,成本高,远不能满足一般的社会需要。因此,以批量的方式制作廉价的佛经、佛像形成了强烈的社会需求。特别是唐代密宗盛行,大规模制作陀罗尼经咒求得菩萨护佑颇为盛行,如果依靠人工抄录,费时费力,因此,用雕版印刷技术来大规模复制的方法就成了人们的必然选择。

对于雕版印刷的另一大需求来自于教育,即随着隋唐科举制出现和逐步完善而带来的教育的发展。科举制产生于隋代,但隋代的科举仅仅是“分科举人”,并未与学校教育直接挂钩。到唐代,一个很大的进步就是考试与学校教育相结合。由于科举与学校教育的结合,从中央到地方各级官学有着数量庞大的官学生,唐太宗时中央官学有学生三千二百六十人,玄宗时全国州县官学生达六万七千人[16],而作为基础教育以及官学补充的私学数量自应大大超过此数。科举制是分科举人,选拔人才的方式基本固定,考试的科目基本固定,学习的内容也基本固定,特别是与经学有关的考试内容也基本固定。换言之,过去是个性化的学习,而现在变成了制式化的学习。除了普通的考试之外,还有不少专科,如医学、律学、书学、算学等等,考试科目既定,学生学习的内容也就基本确定了,由此带来的一个巨大变化就是全国同一科举考试科目下学习的内容是基本相同的,教材也大同小异。因此,因科举而产生了对文献的大规模、批量化的复制需求。

对于像日历、字书之类日常生活用品的需求,在进入文明时代后就已经产生了,但它有一个前提:日历、字书之类的东西要能够卖得出去,首先要有一个相对较大的市场,能够以销量来降低单位成本的价格,这样才能为普通百姓所接受、购买。同时,有字的东西只有识字的人才需要,因此这类产品的一个社会前提就是教育特别是基础教育的相对普及,识字的人多了,购买日历、字书的人才多,产品才有销路。隋唐时代,随着社会的发展,特别是科举制的产生,中国古代的教育开始向普及化方向发展,也为印刷品的普遍使用提供了条件。

自汉代造纸技术发明以来,经魏晋南北朝,无论是纸张的质量还是产量,都有大幅度的提升。北魏《齐民要术》记载当时已有专门种植用于造纸的原料楮,因其“自能造纸,其利又多。种三十亩者,岁斫十亩,三年一遍,岁收绢百匹。”[17]据史料记载,唐代纸的产地几乎遍及全国,用于印刷的松烟墨也早已发明。如纸、墨这种需要通过大区域流通交易的物资不仅是印刷出版的物质条件,它们的商品化也说明当时已经具备了良好的市场条件。

因此,雕版印刷技术的应用与普及,与其说是技术发展的结果,不如说是社会发展的结果。

2 早期雕版印刷实证

图书的雕版印刷在何时进入实用阶段并开始普及,在目前仍是一个争议很大的话题。学者在研究这个问题时,主要通过对史料的分析来进行,这当然是正确的。但是,我们现在见到的关于早期雕版印刷的史料,一方面大都出自后人之口,其所说是否符合历史实际,难以论断;另一方面,对史料的解释也是众说纷纭。不过,从历史研究的方法来看,傅斯年先生曾说过一段话,可以帮助我们客观、全面地认识中国古代印刷术的发明与应用问题:

古史者，劫灰中之烬余也。据此烬余，若干轮廓有时可以推知，然其不可知者亦多矣。以不知为不有，以或然为必然，既违逻辑之戒律，又蔽事实之概观，诚不可以为术也。今日固当据可知者尽力推至逻辑所容许之极度，然若以或然为必然，则自陷矣。即以殷商史料言之，假如洹上之迹深埋地下，文字器物不出土中，则十年前流行之说，如"殷文化甚低""尚在游牧时代""或不脱石器时代""《殷本纪》世系为虚造"等见解，在今日容犹在畅行中，持论者虽无以自明，反对者亦无术在正面指示其非是。[18]

中国古代印刷术的发明与应用问题与殷商历史一样，如果仅有文献记载而没有实物证明，自不足以服人；但没有实物证明，也不能证明其无有；有实物证明，也只能反映其时间之下限，因此，"据可知者尽力推至逻辑所容许之极度"，实为研究这个问题正确而可行的方法。

关于印刷术发明的时间，学术界有许多不同的观点。最早的一种观点认为起于汉代，其他还有如始于东晋、始于六朝以及唐太宗印刷长孙皇后《女则》等说法，但都没有什么充分、可靠的证据，前人已有辩驳，是不赘。

在前人的记述中，亦有谓印刷术起于唐末者。明末清初学者朱明镐云："《志》曰：'周显德中始有经籍刻板，学者无笔札之劳。'此言失之不考。按刊板始自后汉之乾祐中。聂崇义为国子博士，校定《公羊春秋》，刻板于国学，则经籍刻板，已大行于汉之乾祐时矣。愚又以刊板之事，固不始于周，亦不始于汉，而实始于唐之季代。五代之天子，率兵强马壮者为之，何知有诗书经籍之可重、而屑屑为梓木之举乎？其事始于武宗、宣宗之世无疑，但事实年月无所考耳。又真宗景德元年夏，上幸国子监，阅库书，问邢昺经板几何？昺曰：'十余万。臣少从师业儒，经有疏者，百无一二，盖力不能传写。今板本大备，士庶家皆有之。'由此言之，经籍刻板，权舆于唐，而盛行于宋，即显德学者无笔札之劳，亦非确论也。"[19]朱氏之说在否定刊板始于五代之说，固属确论，但谓起于唐末，亦属推论，并且已为后来所发现的唐末之前的雕版印刷实物以及相关文献所推翻。

我们认为，如果以傅斯年先生所谓"逻辑所容许之极度"推之，以雕版印刷术印制图书，始于隋末唐初，应无大的问题，而从已知雕版印刷的实物及相关文献来分析，这种推论也有强烈的事实支撑。

从我们现在所掌握的材料来看，雕版印刷术至迟在唐代初年就已经出现并已比较广泛地应用了，开始可能是用捺印即像后世加盖印信的方式来印制，后来随着印制内容的复杂化，逐渐过渡到了刷印的方式。

目前所能见到的捺印实物几乎都出自敦煌遗书。敦煌遗书中有为数不少的捺印佛像，但都没有明确的捺印年代，只能根据一些相关的资料来分析、推测。据信年代较早的一件是收藏在中国国家图书馆的写本《杂阿毗昙心论》卷十，其黄麻纸的背面捺印佛像数幅并永兴郡印，据学者研究，其时代大概在北周武帝改晋昌郡为永兴郡至北周武帝灭佛即公元561—574年之间[20]。

古代印度佛教信众常制作小佛塔，里面供奉抄写的佛经，然后积许多小塔放入大佛塔之内，以积功德。唐玄奘、辩机曾介绍说："印度之法，香末为泥，作小窣堵波（即梵文"佛塔"之音译），高五六寸，书写经文，以置其中，谓之法舍利也。数渐盈积，建大窣堵波，总聚于内，常

修供养。”[21]这种习俗也传到了中国、日本,唐义净记供奉佛像之法与《大唐西域记》所载基本相同:

造泥制底及拓模泥像,或印绢纸,随处供养,或积为聚,以砖裹之,即成佛塔,或置空野,任其销散。西方法俗,莫不以此为业。[22]

原本应该是手书经文置于佛塔之内,由于需求量大,手抄已不敷使用,因此便通过捺印、刷印等方式来大规模复制佛像、经咒。唐冯贽的《云仙散录》引《僧园逸录》说,唐“玄奘以回锋纸印普贤像施于四方,每岁五驮无余”①,而玄奘弟子慧立亦记:玄奘在唐高宗显庆三年(658)左右以唐皇所赐礼物“为国造塔及营经像,给施贫穷并外国婆罗门客等,随得随散,无所贮蓄。发愿造十俱胝(佛)像,百万为十俱胝,并造成矣”[23]。此与《僧园逸录》所载正可相互印证。要制作一百万佛像,如果不是采用印刷的方式,显然不可能。此所谓制百万佛像,与日本称德天皇于公元764—770年间制作百万陀罗尼经性质相近(详后),时代也仅相差百年,因此可信程度极高。虽如一些学者已经指出的那样,无论是道士的黄神越章之印还是佛门弟子印制佛像,都与图书印刷有些差别,但是,从印刷原理来说,印刷符咒和佛像与印刷佛教经典并无质的差异,开始可能以印刷符咒、佛像为主,到后来便用来印刷道经、佛经甚至其他文献了。根据上面的史料我们可以推断,在唐高宗时,大规模的印造佛像和佛经已经开始,说明雕版印刷术已经成熟。与玄奘大致同时的法藏有一段话与佛经的印刷有关:

于此二七之时即摄八会同时而说,若尔,何故会有前后?答:如印文,读时前后,印纸同时。[24]

在法藏的著作中,曾多次以此作为譬喻。对于这一段话的理解,日本学者神田喜一郎指出:

我们读印刷的书籍时,是由前往后循序而读的,而书籍在印刷之时,却没有前后的区别,而是同时被印刷出来的。明了这种用版片一版一版印刷出来制成书籍的雕版印刷方法,是有必要的。法藏则以这一众所周知的事实作为比喻来进行阐说。从以上所说的看来,我想可以充分证明,在法藏之时,雕版印刷已获广泛推行了。[25]

如果神田先生这一理解不错的话,在唐代前期,雕版印刷术就已经非常普及了,并且这种技术的原理已为一般人所认识,否则,法藏不会用一个世人不太明白的东西来做譬喻。孙毓修先生在其《中国雕板源流考》中说:“近有江陵杨氏藏《开元杂报》七叶(《孙可之集》有读《开元杂报》文,当即此也),云是唐人雕本,叶十三行,每行十五字,字大如钱,有边线界

① 宋代张邦基、洪迈等人认为此书为宋王铚伪作,其证据并不充分。姑不论《云仙散录》成书究在何时,但所引《僧园逸录》中玄奘印普贤像一事当无可疑。

栏，而无中缝，犹唐人写本款式，作蝴蝶装，墨影漫漶，不甚可辨，此与日本所藏永徽六年《阿毗达磨大毗婆娑论》刻本，均为唐本之仅存者。”[26]可惜杨氏所藏现在已不知去向，其真伪如何也无从查考了，而所谓日本所藏永徽六年（655）刻《阿毗达磨大毗婆娑论》，亦不详根据何在。如果二说属实，那么至迟在唐初永徽时，已有雕版印刷的佛经，而开元年间（714—741）已用雕版印刷来出版邸报了。

1966年韩国庆州佛国寺释迦塔内发现了用汉字印刷的《无垢净光大陀罗尼经》，虽无确切纪年，但文中使用了四个唐武则天创制的文字，结合藏经的石塔和寺庙均完工于公元751年等史实，因此日本学者长泽规矩也提出此卷是唐武后长安四年至唐玄宗天宝十载（704—751）间雕印的。此说一出，争议不断，其刊刻的年代、地方等等都是争议的焦点，有学术性的，也有非学术性的，恐怕一时难有共识①。

还有一件有争议的雕版印刷实物据说出自吐鲁番。1906年新疆吐鲁番曾发现了《妙法莲华经》之“分别功德品第十七”一卷，黄麻纸印成，初归新疆布政使王树楠，后辗转由日本学者中村不折购得，因其中有武则天时制字，据长泽规矩也考定，此为武周时刻本。长泽规矩也是著名的印刷史和版本学家，他的说法曾经得到了许多学者的引用，但最近也引起了很大的争议，同样，一时恐怕也难有共识②。

目前已知有确切年代且无争议的雕版印刷品是日本称德天皇印制的《无垢净光经自心印陁罗尼》（即《无垢净光大陀罗尼经》）。日本天平宝字八年（764），称德天皇在平定了惠美

---

① 参见辛德勇：《论中国书籍雕版印刷技术产生的社会原因及其时间》，载《中国典籍与文化论丛》第16辑。

② （日）长泽规矩也：《和漢書の印刷とその歴史》，吉川弘文馆，1952年，第5—6页。近年中国国家图书馆李际宁先生、北京大学辛德勇先生对此提出了异议（李说详见《中村不折藏吐鲁番出土小字刻本〈妙法莲华经〉雕版年代考》，载《版本目录学研究》第一辑；《中村不折藏传吐鲁番出土小字刻本〈妙法莲华经〉雕版年代补证》，载《敦煌文献 · 考古 · 艺术综合研究——纪念向达先生诞辰110周年国际学术研讨会论文集》。辛说详见《论中国书籍雕版印刷技术产生的社会原因及其时间》，载《中国典籍与文化论丛》第16辑。辛说基本上沿用李说），认为中村不折旧藏实与1978年苏州瑞光塔发现的宋天禧元年（1017）九月初五日由雍熙寺僧人舍入之《妙法莲华经》（现藏苏州博物馆，其图版详见《第三批国家珍贵古籍名录图录》，编号07174）的版本相同，据此认为中村不折旧藏传出吐鲁番的《妙法莲华经》的刻印时代也在北宋初年。不过，李说尚存二个疑问：第一，所据以比较的是2005年日本书道博物馆出版之由矶部彰所编《台东区立书道博物馆所藏中村不折旧藏禹域墨书集成》（以下简称《禹域墨书集成》）中收录的《妙华莲华经》（编号120），而该书编者并未明确说此即传出吐鲁番者，且其中并无武周制字，行款也与长泽规矩也所述完全不同。此外，李文介绍《禹域墨书集成》中收录的《妙华莲华经》与龙谷大学1931年入藏的《妙华莲华经》为同一卷而被撕裂为两段，但龙谷大学所藏，长泽规矩也曾亲自见过，并明确指出其“无异体字（即武周新字）”，“其年代远远晚于前者（指传出于吐鲁番者）”。显然，长泽规矩也明确指出了两者不仅存在着内容上的差异（用与不用武周制字），刻印的时间也不相同。关于这一点，李文怀疑长泽规矩也未曾亲见中村不折所藏，但李氏的怀疑仅仅是推测，并无确证。因此，要推翻长泽规矩也的旧说，显然还缺乏足够的证据；第二，即使李氏前说成立，但苏州瑞光塔第三层塔心天宫中同出之佛经，还有唐大和辛卯（931）之前抄写、大和辛卯修补并经唐显德三年（956）再次修补后舍入者。同理，苏州瑞光塔所出《妙华莲华经》手书题记中“天禧元年”只是刻本《妙华莲华经》舍入佛塔之年，而非版刻之年。因此，中村不折旧藏相传出于吐鲁番之《妙法莲华经》的年代问题甚至苏州瑞光塔所出刻本佛经的年代问题都还有待于进一步研究。

押胜之乱后，为镇护国家和忏悔灭罪，于是发宏愿造小木塔百万基①，内置雕版印刷（也有学者认为是铜版捺印）《无垢净光经自心印陁罗尼》中的四段咒语，黄麻纸印制（少数为手抄），分置于十大寺。据统计，日本国内现仍存实物三千余件，清末驻日公使黎庶昌的随员陈矩也曾从日本购得二件送回国内，杨守敬在日本编印的《留真谱》中也曾影印了此塔经。虽然此经上并没有明载印刷的年代，但据记载，时间应该是称德天皇太平宝字八年至宝龟元年（764—770）间，而木塔底也多有墨书“神护景云元年”（767）、“神护景云二年”（768）等题记，正可与《续日本纪》的记载相印证，因此，这是目前世界上可以考订确切年代的、最早的雕版印刷品实物，学术界公认，无论是造纸还是印刷技术，都受到了中国的影响。

1974年西安柴油机厂唐墓出土了置于铜腭托中的梵文陀罗尼经咒印本，1975年西安冶金机械厂唐墓又出土了一件置于小铜盒中的汉文《佛□□□□得大自在陀罗尼神咒经》，根据两种陀罗尼经咒纸张、雕刻技术以及同时出土的铜镜等器物的综合研究判断，整理者认为梵文陀尼罗经咒的刻印时间定为初唐（约公元七世纪），而汉文陀尼罗经咒刻印的时间大约在盛唐（陀罗尼经咒翻译成汉文时在唐武则天长寿二年，即公元693年，因此汉文陀罗尼经咒的刻印时间应在此后）[27]。

此后的雕版印刷实物及文献数量不少，为省篇幅，不一一列举。

除了宗教文献以外，雕版印刷的世俗文献在唐代中后期大量出现。唐元稹在长庆四年十二月十日（825年1月5日）所作《白氏长庆集序》中写道：

> ……乐天《秦中吟》《贺雨》《讽谕》等篇，时人罕能知者。然而二十年间禁省观寺、邮候墙壁之上无不书，王公妾妇、牛童马走之口无不道。至于缮写模勒，炫卖于市井，或持之交酒茗者，处处皆是。（自注：杨、越间多作书模，勒乐天及予杂诗，卖于市肆之中也。）[28]

清代著名学者赵翼指出：“‘摹勒’即刊刻也，则唐时已开其端欤。”[29]近代学者王国维先生也说：“夫刻石亦可云摹勒，而作书鬻卖，自非雕板不可，则唐之中叶，吾浙已有刊板矣。”[30]

在雕版印刷的文献中，数量最大的应该是百姓日常生活用书。唐太和九年（835）十二月丁丑，东川节度使冯宿奏请禁断印历日版：

> 剑南、两川及淮南道皆以版印历日鬻于市，每岁司天台未奏颁下新历，其印历已满天下，有乖敬授之道，故命禁之。[31]

印历即雕版印刷的历书，是民间百姓日常生活用书，在过去几乎家置一本，且每年更新，

① （日）藤原继绳、菅野真道、秋筱安人等：《续日本纪》卷三十：“初，天皇八年乱平（惠美押胜之乱），乃发弘愿，令造三重小塔一百万基，高各四寸五分，基径三寸五分。露盘之下，各置根本、慈心、相轮、六度等陀罗尼，至是功毕，分置诸寺，赐供事官人已下仕丁已上一百五十七人爵，各有差。”吉川弘文馆，2000年。

社会需求量极大。在中国封建时代,对于农业社会来说,掌握季节的变化对于农业生产来说至关重要,《尚书·尧典》开篇即曰:“乃命羲、和:钦若昊天,历象日月星辰,敬授民时。”因此,制定、颁布历书自古以来就是一项中央政府最重要的权利和职责,民间私自编印历书,既有可能弄错季节时令致误农时,更是对国家权力的冒犯;而对于民间来说,历书除了官方历书所有的季节、时令等内容之外,还会加上其他一些内容,如六甲四柱之类的东西,关乎祭奠祖先神灵、趋吉避凶,等等,因此虽然国家禁止私造历书,而民间私造历书却屡禁不绝。在印刷术普及之前,仅靠手抄私造历书影响还不大,但当利用印刷技术来大规模复制后,矛盾就突显出来了。因此,冯宿奏请下令不准民间私自雕印历书。唐太和中民间刊印的“版印历日”今日仍有实物流传:《俄藏敦煌文献》新近公布了一件雕版印刷的“具注历”[32],经学者考证,这是唐大和八年(834)的历书,时间就在冯宿请禁民间私自雕印历书前一年,正可与《册府元龟》载冯宿所奏内容相印证[33]。据此推断,至迟到公元834年,四川、淮南等地民间已经用雕版的方式私印日历贩卖了,并且成为一种十分普遍的现象。由于历书社会需求量很大,同时又要求价格便宜,雕版印刷大批量复制、成本低廉的特点正好可以满足需求。根据对敦煌文献的初步清理,现在已经发现并能考证出时间的至少就有唐乾符四年(877)刻印的历书和唐中和二年(882)剑南西川成都樊赏家刻印的历书等。

除了历书等居家必备之书外,小学、占卜之书也是社会需求量很大的图书,自然也成为雕版印刷对象。唐代柳玭在其《柳氏家训序》中记载说:

> 中和三年癸卯(883)夏,銮舆在蜀之三年也。余为中书舍人,旬休,阅书于重城之东南,其书多阴阳杂记、占梦相宅、九宫五纬之流,又有字书小学,率雕版印纸,浸染不可尽晓。[34]

这段文字说明当时成都书肆中所卖的小学及占卜之书等大多为雕版印刷。

前面已经提到,从唐初开始,随着科举制与学校教育结合,产生了大量与科举有关的文献需求,这也是雕版印刷术得到应用并普及的一个重要原因,但在已经发现的五代以前的雕版印刷品实物中,还没有发现科举类参考书。我们认为,这与科举类参考书的性质有关。一般科举类参考书属于实用书籍,用坏即止,人们不会去刻意加以保护保存,同时因其非所谓“正经”图书,一般也不会被藏书家所收藏,这也是为什么宋代科举类雕版印刷的图书在记载中已经很多,但留传下来的实物并不多的缘故。

需要特别指出的是,无论是有争议还是无争议的雕版印刷实物及相关记载,它们所能证明的只是雕版印刷的时间下限,也只是具有傅斯年先生所说的“或然性”。前面所论,虽仅及古籍记载与今日所见古代印刷品实物,但印刷术产生的实际年代应当远早于此。因为一种技术产生并得到广泛应用,是一个渐进的过程,当其刚刚出现时,一般难以引起人们的重视,只有在大量应用并对人们的生产生活产生影响后才会有人来记述。至于印刷品的实物,未见未必即未有,所见必晚于未见。因此,我们在探讨雕版印刷术的产生时,只能指出其年代的下限,而很难确指其时间的上限,也没有必要纠结于一条具体记载与一件印刷品实物的发现,而应该从文化史发展的一般规律和特点来认识和思考。

大量的文献和实物资料都已充分证明，至迟到唐初，我国已用雕版印刷术印刷图书，并且其镂板和墨印技术已臻成熟。到唐末时，刻印者主要是来自民间的佛教寺院、道观和书坊，内容主要是佛教和道教经咒、百姓日常生活和生产所用的历书、阴阳杂记、占梦相宅等杂书，以及小学字书和时人诗文集等，而儒家所谓“正经正史”尚未开雕，而昔人所谓雕版始于五代冯道，乃基于儒者心目中“正经正史”才算得上是“正经图书”而言，并不是指雕版印刷术的发明始于冯道。五代时，又出现了官府刻书和学者私家刻书，刻书的内容已发展到了经史子集四部，刻书的范围大大增加了。尤其重要的是，雕版印刷图书范围的扩大，特别是儒家经典，对于一般读书人来说，雕版印刷这时才真正有了意义。所以，五代以后，中国古代雕版印书进入了快速发展和完全成熟的时期。

参考文献

[1] 卡特. 中国印刷术的发明和它的西传[M]. 吴泽炎，译. 上海：商务印书馆，1957.

[2] 李约瑟. 中国对科学和技术的贡献[M]. 戴开元，译//潘吉星. 李约瑟文集. 沈阳：辽宁科学技术出版社，1986：123.

[3] 杜甫. 李潮八分小篆歌[M]//文苑英华：卷三百三十八. 影印宋版配明刊本. 北京：中华书局，1966：1752.

[4] 李元复. 常谈丛录：卷一“刊刻板印”[M]//晚清四部丛刊：第三编，第86册. 台中：文听阁图书公司，2010：29.

[5] 葛洪. 抱朴子・登涉[M]. 王明《抱朴子内篇校释》本. 北京：中华书局，1985：313.

[6] 向达. 唐代刊书考[J]. 中央大学国学图书馆第一年刊，1928：1－19.

[7] 上海市纺织科学研究院，上海市丝绸工业公司文物研究组. 长沙马王堆一号汉墓出土丝织品的研究[M]. 北京：文物出版社，1980.

[8] 西汉南越王墓博物馆. 西汉南越王墓（下）[M]. 北京：文物出版社，1991.

[9] 郭若虚. 图画见闻志：卷六“训鉴图”[M]//景印文渊阁四库全书：子部・艺术类. 台北：台湾商务印书馆，2008：812－565.

[10] 朱熹. 晦庵先生朱文公文集：卷十八“按唐仲友第三状”[M]//朱杰人，严佐之，刘永翔. 朱子全书：第20册. 上海：上海古籍出版社，2002：836.

[11] 徐中舒. 古代灌溉工程原起考[J]. 国立中央研究院历史语言研究所集刊，1935，第五本第二分：255－269.

[12] 辛格，霍姆亚德，霍尔. 技术史：第一卷[M]. 王前，孙希忠，译. 上海：上海科技教育出版社，2004：25.

[13] 刘向. 战国策：齐策一“苏秦为赵合从说齐宣王”[M]. 上海古籍出版社整理标点本. 上海：上海古籍出版社，1985：337.

[14] 萧子显. 南齐书：卷十四“州郡志”[M]. 中华书局标点本. 北京：中华书局，1972：255.

[15] 道世. 法苑珠林：卷五十五“破邪篇・妄传邪教第三”[M]//大正新修大藏经：第53册. CBETA数位藏经阁电子版.

[16] 王仲荦. 隋唐五代史：上[M]. 上海：上海人民出版社，2003：525.

[17] 贾思勰. 齐民要术：卷五“种谷楮”[M]. 缪启愉，校释. 北京：中国农业出版社，1998：348.

[18] 傅斯年. 性命古训辩证[M]//傅斯年全集：第二卷. 长沙：湖南教育出版社，2000：594.

[19] 朱明镐. 史纠：卷五“艺文志”[M]//指海. 清守山阁刻本，1836—1840（清道光十六年至二十年）.

[20] 李之檀. 敦煌写经永兴郡佛印考[J]. 敦煌研究,2010(3):108 - 111.
[21] 玄奘,辩机. 大唐西域记:卷九[M]. 季羡林,校注. 北京:中华书局,1985:712.
[22] 义净. 南海寄归内法传:卷四"灌沐尊仪"[M]. 王邦维,校注. 北京:中华书局,1995:171.
[23] 慧立. 大慈恩寺三藏法师传:卷十[M]. 释彦悰,笺,孙毓棠,谢方,点校. 北京:中华书局,2000:215.
[24] 法藏. 华严经探玄记:卷二[M]//大正新修大藏经:第35册. CBETA数位藏经阁电子版.
[25] 神田喜一郎. 中国雕版印刷术的起源[M]//日本学士院记要:第34卷,1976:2. 转引自:肖东发. 中国图书出版印刷史论[M]. 北京:北京大学出版社,2001:57.
[26] 孙毓修. 中国雕版源流考[M]//国学小丛书. 上海:商务印书馆,1934:2.
[27] 保全. 世界最早的印刷品——西安唐墓出土印本陀罗尼经咒[G]//石兴邦. 中国考古学研究论集——纪念夏鼐先生考古五十周年. 西安:三秦出版社,1987:404 - 410.
[28] 元稹. 元氏长庆集:卷五十一[M]//四部丛刊. 影印明嘉靖三十一年刊本. 上海:商务印书馆:1922.
[29] 赵翼. 陔余丛考:卷三十三"刻书书册"[M]. 上海商务印书馆排印本. 上海:商务印书馆,1957:695.
[30] 王国维. 观堂集林:两浙古刊本考序[M]//王国维遗书. 影印民国上海商务印书馆本. 上海:上海古籍书店,1983:1.
[31] 王钦若. 册府元龟:卷一百六十"帝王部·革弊第二"[M]. 周勋初,校订. 南京:凤凰出版社,2006:1782.
[32] 俄罗斯科学院东方研究所圣彼得堡分所,俄罗斯科学出版社东方文学部,上海古籍出版社. 俄藏敦煌文献:第10册,原编号:Дх02880[M]. 上海:上海古籍出版社,1998:109.
[33] 邓文宽. 敦煌三篇具注历日佚文校考[J]. 敦煌研究,2000(3):108 - 112.
[34] 薛居正,等. 旧五代史:卷四三注引[M]. 中华书局标点本. 北京:中华书局,1976:589.

(原载于《中国图书馆学报》2016年第2期)

山西绛县《雕藏经主重修太阴寺碑》研究

李际宁

任继愈先生一直关注佛教大藏经研究，从20世纪80年代到21世纪初，任先生主持了以《金藏》为基础的《中华大藏经（汉文部分）》的编纂工作。1987年，任先生出任国家图书馆馆长。1989年之后，任先生主持《国家图书馆藏敦煌遗书》出版工作。该项目由任先生的博士、时任善本部副主任方广锠先生具体组织，笔者有幸参加了这个项目组的工作。从这个时候起，笔者在工作中多次聆听到任先生的教诲。整理敦煌遗书之余，笔者也对馆藏佛教典籍开始做初步研究，2003年撰写了《〈金藏〉新资料考》，利用金明昌四年（1193）赵沨撰文的《敕赐弘教大师雕藏经板院记》碑文，对崔法珍刊雕《金藏》史事做了考证，得到任先生的肯定。今年是任继愈先生百年诞辰，笔者以山西绛县太阴寺发现的《雕藏经主重修太阴寺碑》为题，讨论一个与《金藏》刊雕历史有关的话题。谨以此文，表达对任继愈先生的纪念。

1 重修太阴寺碑现状

山西省绛县，现隶属于运城市。县境内有名胜古刹太阴寺，寺位于太阴山（也称东华山）麓而得名。太阴寺分上寺和下寺，上寺在东华山上，下寺在山下张上村。

太阴寺的记录，传世资料少而简略。《[雍正]山西通志》卷一百七十一记："太阴寺在县东十五里张上村，明万历间修。"太阴寺大殿前，立有元代刻石的《雕藏经主重修太阴寺碑》（下文简称《重修太阴寺碑》）。该碑于传世碑刻史料，如《山右石刻丛编》等，悉皆缺载。

《重修太阴寺碑》内容与《金藏》刊雕历史关系密切，2002年开始有学者正式发表论文，揭示内容并录文。2010年有论文刊载了该碑的拓片①。至今学术研究论文少，其他多以报纸、网络、电视等媒体介绍为主。

此前的研究，对该碑的来历少有介绍，仅有的拓片也不甚清晰，故笔者一直期盼到实地考察。2016年年初经朋友帮助，联系到绛县文物局局长柴广胜先生。1月底，笔者专程拜访

① 王泽庆：《〈解州版金藏〉募刻的重要文献》，《佛学研究》2002年总11期。王泽庆：《解州版〈金藏〉募刻的重要文献——雕藏经主重修大阴寺碑考释》，《文物世界》2003年第4期，山西省文物局。张德光：《关于赵城〈金藏〉研考中几个问题的商榷》，《文物世界》2006年第1期。咸增强：《一座不容忽视的〈金藏〉史料碑——从〈雕藏经主重修大阴寺碑〉看〈金藏〉募刻的主要人物》，《运城学院学报》2010年第3期。咸增强：《当代出版史作中的〈金藏〉募刻问题》，《运城学院学报》2011年第4期。

了柴先生，并在柴先生陪同下考察了太阴寺和这座重修太阴寺碑。

太阴寺背南面北，现存山门及南北两殿。据寺院陈列的文字介绍，北殿于民国五年（1916）被烧毁，现存建筑是从附近整体搬迁来的家庙；南殿为金代遗构，尚存“大雄之殿”匾额。

柴先生是“发现”该碑人员之一。据他介绍，重修太阴寺碑原来一直竖立在大殿前，“发现”时，驮碑赑屃几乎全部没入土中，碑额不知去向。绛县文物部门清理整修后，加盖碑亭和碑座，保护起来。

2001 年，国务院公布太阴寺为全国重点文物保护单位。2004 年确定为山西省重点文物保护单位。2014 年 12 月，由柴广胜先生负责主编的《三晋石刻大全·运城市绛县卷》出版[①]。该书为首次比较全面揭示绛县收藏石刻文物的专著，对收集到的众多石刻碑铭立目（包括索引）、照相、录文、撰写说明等[②]。《三晋石刻大全·运城市绛县卷》是揭示绛县碑刻资料的重要文献，柴先生等人的工作功德无量。

《三晋石刻大全·运城市绛县卷》对《重修太阴寺碑》阳面文字全部录文，并首次披露了碑阴内容。同时，该卷还首次披露了与《重修太阴寺碑》相关的另外几则碑文，该书对全面揭示太阴寺历史具有重要意义。

关于《重修太阴寺碑》，笔者虽非鉴定碑石专家，但从该碑的石质、字体风化程度、字体形态、碑文两侧牡丹卷纹装饰、赑屃形式等方面看，笔者同意绛县文物部门的说法，应该是元代实物。

碑为青砂石质。碑高 223 厘米，宽 97 厘米，厚 30 厘米。碑额已佚。碑之阳面，刊文字 32 行，满行者约 80 字上下，总 2100 余字。碑阴分为上下两部分，上半部分为太阴寺法脉牌位，共有两层；下半部分为“外护助缘功德姓氏定名”。

目前，学者普遍认为《重修太阴寺碑》与《金藏》研究有关联，但有不同解读。笔者认为，与其各说各话，不如先将该碑内容详细解读，条析考辨，看一看该碑到底记述了哪些史实，何简何详，最后再来审视应该如何认识该碑的性质。

为便于下文叙述和讨论，笔者首先对《重修太阴寺碑》录文。笔者的整理和录文，参考了前述各位学者的录文和研究，在此一并致谢[③]！

雕藏经主重修太阴寺碑绛台　　　　杨瑗刊/

圆慧大师绛阳龙兴寺千部院讲经律论传大乘戒释　文秀　述/

妙性大师金台天宁万寿禅寺讲经律前绛州僧正释宝定书丹并篆额/

夫妙觉灵明，名言之路攸绝；真如澄湛，性相之义都捐。然则发启心聋，资法雷而激

---

① 笔者访问太阴寺前，专门在网上搜寻三晋出版社出版的《三晋石刻大全》有关分卷，“运城市绛县卷”尚未见到上市，考察期间，承柴先生向笔者赠送此重要资料，谨此表示感谢！

② 柴广胜主编《三晋石刻大全·运城市绛县卷》，山西出版传媒集团、三晋出版社 2014 年 12 月出版。柴广胜先生另有论文《〈雕藏经主重修太阴寺碑〉碑文探析》和《重修太阴寺、木雕卧佛与〈赵城金藏〉——〈雕藏经主重修太阴寺碑〉碑文探析》。未知原刊处，见“百度文库”网络版。

③ 录文体例：1. 尽可能保存原碑行款，每行末用“/”符号表示回行；2. 因本书用简体字出版，故原碑中的异体字、俗体字，在不影响读者了解原碑的情况下，尽可能改为规范字。

响，奖导迷众，俟觉首以司方。繇是报身，假起接十地之高机；化质权施，诱五乘之浅识。或隐秽土而为净土，或变大身而作小身，/或现妇人形而度生，或示男子体而化道。证理圆于一路，方便设于多门。爰有寔公律师菩萨，矧乃怀州河内县人也，尹氏之子。其母夜梦于佛，因而身怀有孕。常占其梦曰："龙象之征也。"胎月既满，夜诞红光晃室，/状若白昼。岁当龆龀，不参时童作戏。父母见其异，舍于孟州天王院，礼师出家，执篲添瓶，罔惮勤劳。笃好经书，年登十五，负笈游学。二十以来，洞晓经旨。内闲五教，外醉六经。行洁寒霜，戒圆秋月。一日辞师，礼泗州/观音宝塔，到彼火燃左手，感观音真容显现。又闻台山文殊应现，凡圣交踪，再启胜心，步礼五台。至归德府，路逢大宋徽宗御驾。帝问曰："何谓如是礼也？"师曰："礼五台山文殊菩萨。"话契圣心，龙颜大悦，将金果园/敕改作普明禅院，更赐金刀剃发，玉检防身。自天佑之，吉无不利。至于台山，恳祷志诚，感文殊菩萨空中显化，得法眼净，见佛摩顶授记，曰："汝于晋绛之地，大有缘法，雕造大藏经板。"语门人刘居士曰："诸佛如来与/我授记，汝还见闻否？"曰："然。"于是居士庆得见闻，踊跃悲喜，断于左臂以献于佛。回至潞州长子县崔氏宅中，因化斋饭。有一童女，见师巍巍荡荡，慈悲作室，忍辱为衣，持斋则一食自资，坐禅乃六时不倦。童女启白/父母，求出尘劳。堂亲赧然龃龉，抑禁不从。童女于隐奥之处，自截左手。父母见其如是，舍令出家，趁随其师。届于太平县，有尉村王氏之子，投师出家，亦燃左手，法名慈云，心恬清素，戒节孤高，不栖名闻，好居寂静，/时人呼为王菩萨，随从于师。趑至金台天宁寺，请师住持。童女、居士左右辅弼，纠集门徒三千余众，同心戮力，于河、解、隰、吉、平水、绛阳，盛行化缘，起数作院，雕造大藏经板。声震天下，如雷霆，如河汉。后旌幢花烛，钹/鼓笙箫，迎归舜都城里，说法利生，广施饶益。有门人刘居士，于普救塔前，自燃其身，供佛舍利。火烬，俄然塔顶五色光现。倾城士庶，蠢蠢而往，瞻礼神光。见普贤菩萨身骑白象，冉冉光间，人皆仰而叹曰："仍乃居士/之后身也。"至大定十六年(1176)，寔公菩萨忽闻空里有声云："入灭时至，兜率天众来迎导汝。"寔公律师于方丈内焚香端坐，谓门徒曰："人生天地之间，若白驹之过隙，忽然而已。道之将行也与命也，/道之将废也与命也。我今四大将离，六根欲谢，我终之后，当以未雕大藏经板补雕圆者。"言讫，奄然神逝。闻空中仙乐，异香馥郁，门人弟子哀恸之甚，如哭私亲。荼毗已，所获舍利，粒不胜数。时童女菩萨住持河府广化胜刹，振扬教海，/大播宗风。大定十八年(1178)，将所雕藏经部帙卷目，总录板数，表奏朝廷。世宗皇帝特降紫泥，慈部七十二道给付行功，以度僧尼。更赐大弘法寺之名额，敕降童女菩萨以为弘教大师。云公遵师遗嘱，于新田、翼城、/古绛三处，再起作院，补雕藏经板数圆备。云公游于南山，登山四顾，见一胜所，林峦蓊郁，岩壑清奇，东连太行之高峰，西控中条之旷野，北观浍水，南望天台，中有太阴古寺。旧时基址，唐朝创建，晋代重修。/断碑风雨剥其残文，坏砌榛丛拔其故址。云公于此，步寻丹峤，栖偃白云。芟荆棘而终日无疲，拾瓦砾而长时不倦，重悬佛日，再起梵宫。大金大定二十年(1180)，与门人法澍、法满，纠集缁素百余人众，经之营之，法堂/佛殿未期而成，厨屋僧廊经年而就。梁妆蝃蝀，瓦砌鸳鸯。雕释迦卧佛丈六金身，刊弥陀三十一堂玉像，莲眸月面，绀发天容。于泰和二年(1202)，铸鸿钟而待扣，绘彩像以垂祈。更向绛县张上村中构修堂殿，印造藏经。/贞佑二年(1214)，天兵至此，殿堂灰烬，贤圣烟飞，鬼哭神号，山鸣海沸。门人法澍再寻良匠，重录圣贤。未圆备间，大兵又进，枪刀汇怒，人马蜂喧，侁侁而战旅相残，赳赳而征夫互害。虽有南堂西舍，已无北殿东厨。圣像俨然，/僧众零落。壬辰年间(1232)，澍公菩萨、满公上人复立华山下寺，荐修堂殿，垦种地田。庚子年(1240)时，保达公门人行圆，以为住持，上赐紫衣满静大师，传授天宁寺制律师菩萨戒。癸巳年(1233)前，襄陵县胡李村李三郎二子/出家，双桂并耸，长曰了志，礼童女菩萨孙无碍大师；次曰行光，礼华山云公菩萨门人满山主为师。其光敏而好学，冠岁之时，听习经论，绅年之日，性相精通，湛性海之波澜，朗慧天之星象。讲开鼎沸，僧衲云/奔，文质彬彬，刚毅木讷。童女菩萨孙空公戒师，见其仪彰慈相，德布仁风，传授菩萨大戒。于戊午年(1258)，上赐紫衣显教大师。于戏，华山太阴古寺，兵火已后，殿堂疏漏，楹栋颓隳。庭柖号风而夜悲，砌草垂露而朝泣。/欲行洊盖揆力难为，谅蚊背而岂负太山，倾蠡心而奚测巨海。是以行智洗心钻仰，礼请光公论师以为住持。公受请已，心思所欲不求而获，何谓然也。盖公之行业恢隆，声震时世，德之所感者也。虽则如是，长时/矻矻，终日乾乾，重修南堂、西舍，创盖北殿、东厨，妆佛绘画，甃堂砌塔，三门修磨，兰房葺蕙，峤甍驾烟。钟鼓鸣于宝坊，馢乳焚于金鼎，晨夕礼念，旰午行持，种种功勋，端为祝延。/

当今皇帝圣寿万岁，更祈椒房永固，鹤禁长坚。金枝擢彩于千春，玉叶腾芳于万代，文修武偃，海晏河清，万邦翘首而同贺太平，四海倾心而尽蒙至化。命予作序，黾勉无由，姑以猥词，聊为铭曰：/

寔公菩萨，行业超然。泗州礼塔，匪石心坚。
步礼台山，路逢御天。紫泥授受，防御身边。
台山恳祷，众圣现前。释迦授记，晋绛行缘。
居士断臂，愿献金仙。童女截手，父母弃捐。/
建数作院，雕造真筌。从师河府，盛化市廛。
奄然神逝，如蜕之蝉。所雕经板，表奏皇乾。
世宗皇帝，敕赐授宣。云公再启，藏教雕圆。
太阴古址，重建金田。雷堂葺蕙，雪屋驾烟。/
雕佛圣像，丈六雄佺。贞佑兵革，化火焚焉。
澍公菩萨，再录完全。张上寺立，壬辰之年。
宗派住持，继踵争妍。光公论主，修造懋迁。
精闲十谛，饱醉七篇。贻镌玉石，芳迹留传。/

时大元国大德元年岁次丁酉(1297)孟夏蓂生九叶本寺讲经律沙门了威等立石/
绛县主簿兼尉兼诸军奥鲁席佑/
从仕郎绛县尹兼管诸军奥鲁劝农事王仲钦/
奉议大夫绛州达鲁花赤兼管诸军奥鲁劝农事火迹赤
进义副尉绛县达鲁花赤兼管诸军奥鲁劝农事尕儿班/

《重修太阴寺碑》碑阴的内容，《三晋石刻大全·运城市绛县卷》整理者有说明："碑阴记载的是功德人及捐资者籍贯姓名等。"由于碑阴文字漫漶严重，整理者未能完整录文，只有简略说明。

2 《重修太阴寺碑》解读

《重修太阴寺碑》的内容，可以逐行分解，以便概括大意：

第 1 行，记碑名《雕藏经主重修太阴寺碑》，记勒石工匠“绛台杨瑗刊碑”。

第 2—3 行，记碑文撰著者及书碑僧法名、寺籍、僧职。

（以下正文）

第 4—5 行，序，颂佛教化导众生的意义。

第 5—6 行，述祖师寔公菩萨身世。

第 6—8 行，述寔公菩萨出家、游学、参礼。

第 8—9 行，记述感文殊应现，得佛摩顶授记等雕藏因缘。

第 9—10 行，记潞州长子县崔氏童女断臂出家经过。

第 10—11 行，记太平县尉村王氏子燃左手出家经过。

第 1l—12 行，述寔公菩萨住持解州天宁寺，童女居士左右辅弼，门徒三千余众，于河、解、隰、吉、平水、绛阳等地，“盛行化缘，起数作院，雕造大藏经板”等事。

第 12 行，叙寔公菩萨被迎归“舜都城里”；门人刘居士于普救塔前自燃其身，供佛舍利。

第 13—14 行，述大定十六年（1176）寔公菩萨将入灭时，付嘱刊雕大藏经未完之事。

第 14—15 行，详述童女菩萨住持河府广化胜刹，振扬教诲，大播宗风，大定十八年（1178）将“所雕藏经部帙卷目，总录板数，表奏朝廷”，金世宗赐紫、给牒、度僧，赐童女菩萨“弘教大师”德号等事。

第 15—16 行，述慈云菩萨遵寔公祖师遗嘱，“于新田、翼城、/古绛三处，再起作院，补雕藏经板数圆备”。

第 16—20 行，详述慈云菩萨于大定二十年（1180）之前“发现”太阴寺，至壬辰年太阴寺屡毁屡建史事。

第 20—25 行，详述了志、行光身世；赞颂行光住持太阴寺时期的芳迹和功德。

第 26—28 行，铭赞，总括碑文大旨。

第 29—32 行，立碑大德及官员功德衔名。

面对如此复杂的内容，如何判定该碑的性质呢？笔者认为，关键是考察碑中所记有关人物在相关历史活动中的作用和地位。笔者在下文逐次分析。

2.1 寔公菩萨

在《重修太阴寺碑》中，最早发起雕刻藏经的人物，当推“寔公菩萨”①。

---

① 按理说，“寔公菩萨”是《重修太阴寺碑》记述的第一位重要人物，而碑只记其俗姓“尹氏”，没有记载他的名字，“寔公菩萨”这个称呼，很难判断是其法名或是法号。称之为“寔公律师菩萨”或“寔公菩萨”，当是碑文撰写者以常人对其敬称的口吻。

“寔公菩萨”为怀州河内(今河南省焦作沁阳市)人,俗姓尹氏,幼年时在孟州(今隶属焦作市)天王院出家。15岁“负笈游学”,20岁之后,“洞晓经旨”。之后,礼泗州观音塔,火燃左手,感观音显现。在“步礼五台”的途中,经归德府,“路逢大宋徽宗御驾”,话契圣心,得敕金果园改为普明禅院,“更赐金刀剃发,玉检防身”。在五台山,“感文殊菩萨空中显化,得法眼净”,又“见佛摩顶授记”,被誉“于晋绛之地大有缘法”。这是寔公菩萨发心刊雕大藏经的缘起。

之后,收崔氏童女和王氏之子为徒,“趌至金台天宁寺”为住持,在童女、居士的左右辅弼下,集门徒三千,起数作院,雕造大藏经板。其盛况“声震天下,如雷霆,如河汉”。又被“旌幢花烛,钹鼓笙箫”迎到舜都城里,“说法利生,广施饶益”。大定十六年,寔公菩萨去世。去世前将雕大藏经板未完事业郑重付嘱门徒,“当以未雕大藏经板补雕圆者”。这些渲染,说明寔公菩萨的身份极为崇高,是雕造大藏经的藏主。

寔公菩萨的岁数是个悬疑。《重修太阴寺碑》既没有记载寔公菩萨出生年月,也不记载大定十六年去世时的寿腊。据碑所述,寔公菩萨幼年在“孟州天王院”出家,“年登十五,负笈游学。二十以来,洞晓经旨”,之后“礼泗州观音宝塔”,在“步礼五台”的途中,“至归德府①,路逢大宋徽宗御驾”,得赐金果园②改为普明禅院,赐金刀剃度,玉检防身云云。考虑到他活动的地区都集中在今豫东北一带,相距并不遥远,路途中所费时间应该不多。由此,他遇见徽宗时的年岁,当在20至30岁间。

查宋徽宗巡南京的时间,《宋史》中只有一次记录,在钦宗继位之初(1126)③。《宋史·钦宗本纪》卷二十三:“(宣和七年十二月)徽宗诏皇太子嗣位,自称曰‘道君皇帝’。”“靖康元年(1126)春正月丁卯朔……道君皇帝东巡。”“癸未,遣李纲迎道君皇帝于南京。”假设寔公菩萨在1126年的时候是25岁,那么,上推他的出生年代大致应该在崇宁元年(1101)前后,到大定十六年,寔公菩萨的年纪应该在75岁上下。

---

① 归德府(今河南商丘),《文献通考》卷三百二十记:“宋升为应天府,号南京,属京西路。靖康,金人入京师。建炎元年(1127)四月,高宗即位于南京,十月幸淮甸,三年(1129)没于金,金改为归德府。”元初略有变动,后仍称“归德府”,《元史·地理志》记述详备。

② 金果园在宋南京城东南十八里。宋楼钥(1137—1213)《攻媿集》卷一百十一“北行日录”记:“六日丁亥,霜,晴。车行四十五里,沙山冈。换驴三十五里,谷熟县、早顿县,即商之南亳,汤所都也。县外有虹桥跨汴,甚雄,政和中造,今两傍筑小土墙,且敝损不可行,绝河以入。又二十二里至金果园,果木甚多。马行十八里入南京城,市井益繁……”

李纲《梁溪集》卷十九“建炎行”载:“余去岁夏初,自长沙闻尹京之命,率义旅入援王室,次繁昌……以六月朔抵南都,有旨,执政出迓,赐燕于金果园,具奏丐免,即入城,是晚召对内殿,叙陈国家祸故。”

(宋)王应麟《玉海》卷一百七十一“建炎金果园”条记载:“建炎元年(1127)六月己未朔,右相李纲至行在,上闻纲且至,命侍读董耘往劳,又命执政燕纲于金果园。纲力辞,上趣召入见于内殿。”

高宗以后,金果园依然是皇家园禁之地。直到宁宗、理宗时期,“金果园”一名仍然沿用,只是已经荒芜。南宋王纶《涉斋集》卷十七“金果园”诗云:“暂抛汴岸入斜垧,金果园中信马行。满目桑麻惧沃壤,可怜持节看春耕。”

③ 建炎元年(1127)李纲得高宗皇帝金果园赐燕事,见《梁溪集》卷十九“建炎行”和卷一百七十四“建炎进退志总叙上”。

整体看来,寔公菩萨的地位体现于两点:第一,发起雕刻大藏经,他是当然的藏主。第二,寔公菩萨最初住持的天宁寺,在法脉传承中具有最高地位,因而被后代尊为宗祖。

2.2 崔氏童女

寔公菩萨住持天宁寺雕刻藏经,之后,“迎归舜都城里,说法利生,广施饶益”,始终随侍左右的,是崔氏童女和刘居士两人。

“潞州长子县崔氏童女”的身份与经历,就是“赵沨碑”[①]中“潞州长子县崔进之女名法珍”无疑。在《重修太阴寺碑》中,有关法珍的记录,虽着墨不多,却极为关键,主要有如下内容:

(一)断臂出家,比“赵沨碑”更详细地介绍了法珍的出家因缘。

(二)辅弼寔公菩萨,“纠集门徒三千余众,同心戮力,于河、解、隰、吉、平水、绛阳,盛行化缘,起数作院,雕造大藏经板”,产生了巨大的影响。碑文以短短一句的渲染,凸显了法珍在雕藏过程中的重大作用。

(三)表奏朝廷,进献经板,其内容与“赵沨碑”正可相互印证。进献经板以外,世宗皇帝特降紫泥,慈部七十二道给付行功,“敕降童女菩萨以为弘教大师”。这些“眷遇”,使崔法珍周围形成一个小小僧团,对奠定崔法珍的地位,定有重大影响。

(四)太阴寺后代住持,大多出自于天宁寺一系传承的菩萨戒,比如:“庚子年(1240)时,保达公门人行圆,以为住持,上赐紫衣满静大师,传授天宁寺制律师菩萨戒。”又如:襄陵县胡李村李三郎二子出家,长子了志“礼童女菩萨孙无碍大师”;次子行光,先礼太阴寺系云公菩萨弟子满山主为师,再得童女菩萨孙空公戒师传授菩萨大戒。因此,才有后来礼请光公论师为太阴寺住持之事。这或许说明崔法珍(或其弟子)在寔公菩萨之后,因“弘法大师”及紫衣德号的身份,使其(及其弟子)更具有了传承天宁寺制菩萨戒的至高无上的地位。

2.3 刘居士

《重修太阴寺碑》所云与崔法珍“左右辅弼”寔公菩萨的“居士”,当是与寔公菩萨相伴“步礼五台”、断臂献佛之门人刘居士。在雕藏事业中,他的地位堪称元老。有学者猜测,这位“刘居士”,或许就是“赵沨碑”中“协力助缘”的刘法善[②]。

2.4 慈云菩萨

慈云菩萨是金元时期重修太阴寺的开山大师,生卒年未详。慈云籍里在太平县尉村,俗姓王氏,《重修太阴寺碑》称之“云公菩萨”,其事迹主要为“发现”太阴古寺,并重新经营修缮。他性格“心恬清素,戒节孤高,不栖名闻,好居寂静”。寔公菩萨去世后,慈云遵师遗嘱,“于新田、翼城、古绛三处,再起作院,补雕藏经板数圆备”。慈云到太阴古寺的时间,根据太阴寺现存大

---

① “赵沨碑”见《〈金藏〉新资料考》,原载方广锠主编:《藏外佛教文献》,宗教文化出版社,1997 年。

② 咸增强:《当代出版史作中的〈金藏〉募刻问题》,《运城学院学报》2011 年第 4 期。刘法善一名,见《〈金藏〉新资料考》之“赵沨碑”。

定十七年(1177)刻石的《华山十方太阴寺记》所载,应该在大定十年(1170)之前不久。

又据此《华山十方太阴寺记》所录,慈云菩萨对太阴寺僧团的建设,似乎很有章法:“此太阴寺者,始终请命十方有德僧行看守住持,勤求佛道,若有纵心违佛禁戒及犯王制,作诸过如是之人,……(李济宁按,此处似残若干字)兰若之规,永远为记。颂曰:幽幽栖栖宝刹地,召集十方德行人。惟愿皆行二利行,自他同证法王身。时大定十七年三月　日上石。”①慈云是寔公菩萨亲度弟子,大金大定十年已是“开雕此大藏经都功德主”的慈云,受寔公菩萨委托,独立承担太阴寺一系的工作,他的贡献相当巨大。

慈云菩萨的地位,或许因为曾与崔法珍等共同随侍寔公菩萨左右,协助其雕造大藏经,故而被视为“雕藏经主”之一。这也就可以解释为什么此碑名为《雕藏经主重修太阴寺碑》,这个名称与“赵沨碑”被称为《最初敕赐弘教大师雕藏经板院记》相对应,“赵沨碑”所称之“最初”者,是指崔法珍与天宁寺在开始雕造大藏经板中的地位,而太阴寺碑所称之《雕藏经主重修太阴寺碑》之名称,是太阴寺后代为突出祖师慈云在雕造大藏经中的重要作用而言。

2.5　澍公菩萨

澍公菩萨,法名“法澍”。在太阴寺一系法脉中,澍公菩萨具有特殊重要地位,《重修太阴寺碑》记:“大金大定二十年,(慈云)与门人法澍、法满,纠集缁素百余人众,经之营之,法堂佛殿未期而成,厨屋僧廊经年而就。”金元之际,太阴寺屡遭浩劫,“圣象俨然,僧众零落”,“门人法澍再寻良匠,重录圣贤”,“壬辰年间(1232),澍公菩萨、满公上人复立华山下寺,荐修堂殿,垦种地田。”

今太阴寺中还保存一块《华山太阴寺澍公菩萨行状》碑,碑文云:“师讳法澍,俗贯新田

---

① 《华山十方太阴寺记》,载《三晋石刻大全・运城市绛县卷》。以下照录整理者说明和录文:金大定十八年勒石。现存卫庄镇张上村太阴寺。石碣长方形,青石质,高55厘米、长90厘米。碣石楷书,共20行,满行20字。碣石记录了太阴寺始建、重建年代及历届住持姓名,是目前太阴寺发现年代最早的一方石碣。

【碣文】

华山十(方太)阴寺记

大唐永徽元年二月八日建

大晋天福三年四月八日重建

周天和三年岁次戊子重建

大金大定十年三月十九日开雕大藏经都功德主寔公菩萨门人慈云等三十余众与维那裴十一评事及众维那人等重建

今具十方僧行,次弟看守住持上下寺姓名于后:乃至时有游礼僧惠海住持,次有游礼人崔行者住持,又游礼僧法臻住持迁化,次本寺王老行者住持亦化,复有游礼僧源泽与王行者同住持。

此太阴寺者,始终请命十方有德僧行看守住持,勤求佛道,若有纵心违佛禁戒及犯王制,作诸过愆,如是之人,……(李济宁按,此处似残若干字)兰若之规,永远为记。

颂曰:

幽幽栖栖宝刹地　召集十方德行人

惟愿皆行二利行　自他同证法王身

时大定十七年三月　日上石

杨村，杨氏子……诣华山太阴寺，礼慈云菩萨……后辅翼慈云，创修上下二寺殿堂屋宇，洎诸圣像成，造藏经于太阴寺。五十年间，积功为冠，由是人佥以杨菩萨呼之。后天兵至，上寺先废。慈云泣曰：屋宇火废，再修诚难，圣像成灰，何由复睹？澍曰：今闻平水良匠贾公尚在蒲阪，再补何难？于是，澍不辞迢递，复命贾公重雕三大圣像，克日而就……后经大朝兵革，缁徒零落。岁至壬辰(1232)，独师复立本寺坚守，圣像与南堂等保存者，皆师力也。阅世七十一岁，至辛丑年(1241)示微病而终……。"澍公菩萨在重修太阴寺、接续太阴寺法脉中，所起作用巨大。上述碑文记澍公菩萨曾"造藏经于太阴寺"，当是"印造"之意，而非雕刻大藏经板。

2.6 光公论师

光公论师是襄陵县胡李村李三郎次子。兄弟二人出家，被誉为"双桂并耸"。其兄了志"礼童女菩萨孙无碍大师"。光公是慈云菩萨的再传弟子，其后亦由童女菩萨孙空公戒师传授菩萨大戒。光公"敏而好学"，"文质彬彬，刚毅木讷"，戊午年(1258)上赐紫衣显教大师，并成为太阴寺住持。光公时代，太阴寺达到鼎盛，碑云："重修南堂、西舍，创盖北殿、东厨，妆佛绘画，甃堂砌塔，三门修磨，兰房葺蕙，峤甍驾烟。"是有"贻镌玉石，芳迹留传"之举。巧合的是，《华山太阴寺澍公菩萨行状》碑，撰写于戊申年(1248，蒙古时期)，但立石于元至元二十八年(1291)，参与立石诸人中，有署名"显教大师讲经律论传戒本寺尊宿沙门光吉祥"者[①]，正是这位住持太阴寺的光公论师。

---

① 《华山太阴寺澍公菩萨行状》，见《三晋石刻大全·运城市绛县卷》。整理者说明如下："元至元二十八年(1291)勒石。现存卫庄镇张上村太阴寺。石碣青石质，高45厘米、宽87厘米、厚12厘米。碣文楷书，共33行，满行16字。僧人智体与陈文进撰文，王福谦书丹。"

【碣文】：

华山太阴寺澍公菩萨行状

师讳法澍，俗贯新田杨村。杨氏子，无昆仲，年弱冠，父母为婚，已从二亲。诣华山太阴寺，礼慈云菩萨，一见顿尒发心，恳求出家，亲不允许，复坚请，乃遂其愿。殆二亲俱殁，愧不能报其劬劳，启心然(燃)左手，供佛以酬罔极，其至孝也如此。后辅翼慈云，创修上下二寺殿堂屋宇，洎诸圣像成，造藏经于太阴寺。五十年间，积功为冠，由是人佥以杨菩萨呼之。后天兵至，上寺先废。慈云泣曰："屋宇火废，再修诚难，圣像成灰，何由复睹？"澍曰："今闻平水良匠贾公尚在蒲阪，再补何难？"于是，澍不辞迢递，复命贾公重雕三大圣像，克日而就，故今仍存，岂非愿力乎？其兴福田也如此。虽精通禅教，而披阅藏经，澄心息虑，昼夜不懈，唯以菩萨行愿，终身为怀。后经大朝兵革，缁徒零落。岁至壬辰(1232)，独师复立本寺坚守，圣像与南堂等保存者，皆师力也。阅世七十一岁，至辛丑年(1241)示微病而终，度门人三，曰：行澄、行恩、行智。其在家受三归戒资，不啻数百余，不具云。

时戊申年(1248)仲春有五日华藏庵云龛长老智体记　乡人陈文进撰铭。

菩萨澍公　俗杨氏孙　年方弱冠　性乐空门　舍亲弃眷　师礼慈云

逝然左手　供佛酬恩　精通禅教　深解经文　重雕圣像　行愿弥敦

太阴福寺　广建功勋　其神虽逝　名誉长存

大元至元二十八年(1291)三月　日　孙了英　了怜　了昌等

通惠大师前都纲见住仓丰洪福院智吉祥立石显教大师讲经律论传戒本寺尊宿沙门光吉祥新田直学王福谦书丹　擒昌许邦杰刊。

由上述人物事迹考察，大体可以得到这样一条记录太阴寺历代法脉的线索：第一代寔公菩萨，第二代慈云菩萨，第三代慈云门人法澍菩萨和满公上人（又称满山主），第四代保达公门人行圆（保达公在太阴寺法脉中未见，从碑阴"牌位"图所示看，他应该是天宁寺一系过来的，故其弟子行圆任住持，传授天宁寺制律师菩萨戒），第五代光公论师（先是"礼华山云公菩萨门人满山主为师"，后"童女菩萨孙空公戒师"传授菩萨大戒，住持太阴寺）。

笔者认为，《雕藏经主重修太阴寺碑》的作用，是以记述太阴寺传承法脉为主旨。此一认识，还得到《重修太阴寺碑》碑阴文献的印证。

《重修太阴寺碑》碑阴文献分为上下两部分。

上半部分有两层牌位：

（上层）

（左）王公菩萨　（中）宗祖律师菩萨　（右）居士菩萨　童女菩萨

（下层）

（左）满公山主　（中）杨公菩萨　（右）达公和尚

居中：

依据牌位，上层居中的"宗祖律师菩萨"，当然是指碑阳中的"寔公菩萨"，他是雕藏经主，在天宁寺和太阴寺传承法脉中，具有至高地位。

牌位下层居中的是杨公菩萨，是《华山太阴寺澍公菩萨行状》的碑主，新田杨村杨氏子，即法澍菩萨。金元之际遭遇兵革，太阴寺"僧众零落"，法脉危机，"独师复立本寺坚守"，他是承上启下维系太阴寺法脉的功臣。太阴寺碑将其牌位居中，显示其所具有的重要地位。

右侧：

位列"宗祖律师菩萨"右侧的居士菩萨、童女菩萨，同属天宁寺一系。

位列童女菩萨、刘居士下面的是达公和尚，又称"保达公"。他的弟子行圆可以"传授天宁寺制律师菩萨戒"，保达公或许也是天宁寺法脉。

右侧最下层，是天宁寺所在地区河中府诸寺院讲主的功德芳名。

左侧：

位列"宗祖律师菩萨"左侧的"王公菩萨"，是随寔公菩萨出家的太平县尉村王氏之子，又称慈云菩萨。他开创了金元时代太阴寺的历史。

位列"王公菩萨"之下的"满公山主"（又称满公上人），是慈云之门徒，他与澍公菩萨对维系太阴寺法脉，作用巨大。

左侧最下层是太阴寺所在地区太平县诸寺院讲主功德芳名；

河中府、太平县诸寺院讲主功德芳名之下，是三十余僧众功德芳名。

上述牌位以寔公菩萨居中的分布形式，极为鲜明地标出右侧为天宁寺一系法脉，左侧为太阴寺一系法脉。而杨公菩萨位居下一层的中央，反映出他在太阴寺法脉中的重要地位。

《重修太阴寺碑》碑阴的下半部，通栏从右至左大字雕刻"外护助缘功德姓氏名单"，以下记录古绛、正平县、襄陵县、闻喜县、曲沃县、翼城县等处功德主名单及所属村镇，名单多达百余人[①]。

由此，笔者有理由相信，《重修太阴寺碑》的性质是以记述太阴寺一系法脉为主，是赞颂从慈云菩萨以下至光公论师等历代太阴寺住持事迹的功德碑。其他有关雕藏、印藏、修缮太阴寺等等活动的记述，皆以服此目的为要。

3 遗留的问题

《重修太阴寺碑》提出了新问题。碑文称，寔公菩萨住持天宁寺，童女、居士左右辅弼，"纠集门徒三千余众，同心戮力，于河、解、隰、吉、平水、绛阳，盛行化缘，起数作院，雕造大藏经板。"费解的是这句"起数作院，雕造大藏经板"，以往研究《金藏》者都注意到天宁寺有"开雕大藏经会"，如《地藏十轮经》卷一题记，有"绛州太平县吴翼为忘父吴海特发虔心，谨就天宁寺开雕大藏经会下，镂雕《地藏十轮经》一部十卷……"《大乘智印经》卷五，有"大定十三年三月　日，藏经会下重雕造"题记。而《重修太阴寺碑》称在天宁寺以外，又"起数座院，雕造大藏经板"。难道，在天宁寺开雕经板的同时，其他地方还有雕刻大藏经板的活动吗？慈云菩萨遵师嘱，"于新田、翼城、古绛三处，再起作院，补雕经板数圆备"，这是否说明，当时的确有多处"作院"在同时雕刻经板？这些问题，可能需要将来更多资料来解释。

4 结语

总之，《雕藏经主重修太阴寺碑》记载的是太阴寺一系传承法脉，是太阴寺的历史。该碑与明昌四年(1193)赵沨所撰《最初敕赐弘教大师雕藏经板院记》堪称合璧，后者重点记述经板雕毕后，崔法珍将经板进呈朝廷的经过；前者记录法珍的师傅寔公菩萨发心雕藏，以及太阴寺一系法脉在雕藏中的作用和地位，特别赞颂了慈云菩萨以下至光公论师经营太阴寺的功德。该碑补充了以往《金藏》研究资料的缺失。

（原载于《永远的怀念——任继愈先生百年诞辰纪念文集》，
国家图书馆出版社，2016 年）

① 《三晋石刻大全·运城市绛县卷》只有"重修太阴寺碑"阳面拓片，缺碑阴的拓片。由于碑阴文字漫漶，该书录文亦颇简要。

北堂善本书目的编撰过程

雷　强

1937年10月14日,国立北平图书馆(以下简称"平馆")副馆长袁同礼先生自长沙致信美国洛克菲勒基金会(以下简称"洛氏基金会")驻沪代表耿士楷(Selskar M. Gunn),信的主旨是回复其10月8日来函询问北平耶稣会士旧藏图书编目的可行性。袁先生认为虽然北京局势趋于安稳,但巨大的工作量极有可能花费颇多,故希望待美国图书馆学专家到北京调查后再做决定。

这批珍贵图书的西文部分确由耶稣会士带到中国,始于1583年9月10日利玛窦来华传教,后由耶稣会士如金尼阁(Nicolas Trigault S. J.)从欧洲采购、募集而不断扩大;中满文图书则多由皇室赐予,另有传教士的译著及手稿。因礼仪之争、耶稣会解散、教案等诸多事件,归俄国东正教团代管,1860年由后者移交给法国遣使会(Lazarist Mission)保管。从某种意义上讲,这批藏书是近代中西文化交流的见证,亦可算作汉学发源地的珍贵遗存。然而,北堂中西文图书在相当长的时间里只在来华遣使会教区中小规模传借,对外则秘不示人。民国以降,马相伯、英敛之两位教友极愿前往观看其中的中文善本,但均未如愿。事实上,只有极少数学者有幸利用过北堂藏书,如伯希和、陈垣、方豪、孙楷第等人。洛氏基金会的工作人员极有可能并不清楚这批书的现状,故统称为耶稣会士的藏书。

时值抗日战争日趋激烈,整个远东地区陷入动荡之中,洛氏基金却郑重考虑资助北京北堂藏书整理、编目的计划,颇令人不解。更出于意料的是,提交资助申请的并非北堂遣使会,而是身处北京一地的美国人士。

前期讨论

1937年10月4日,北京华文学校(College of Chinese Studies)校长裴德士(William B. Pettus)和北京协和医学院(Peiping Union Medical College)院长胡恒德(Henry S. Houghton)分别去信洛氏基金驻沪工作人员安兰生(John B. Grant),均称北堂保存了大量珍贵中外图书,为免损坏、遗失、无人问津,希望给予资金支持,协助其整理、修复、编目,并最终形成一个现代意义上的图书馆,让世人皆可利用这座宝库。裴德士的信中附了该校图书馆馆长舒尔特海斯(F. D. Schultheis)的调查报告,包括北堂藏书的历史沿革、现状概述和整修意见三个部分。其中大致估算了藏书的数量,西文15000卷、中文约为80000册;内容上西文书约四分之三为世俗类的,包括科技和文学作品;西文多是17、18世纪的欧洲印刷品,中文则以皇家印刷书籍为主。中西文图书保存现状堪忧,物理状况和分类都不是很好,舒尔特海斯基于此提出了针对性意见:设备购买,如书架、书桌、椅子、灯具;由北堂印书馆负责重新装订图书;编目要尽可能详细,并发行目录以利学者查阅。在结尾处,附录了一份详细的预算,包括建筑修缮、家具购买、装订和修复、编目及其他可以预见的花费,总计法币 21470 元。非常可惜,他并未参与之后的编目工作中。

安兰生收到两份函件后,立刻请耿士楷致信询问袁同礼先生,并将申请信及袁先生的意见一并寄送纽约洛氏基金人文部主任史蒂文斯(David H. Stevens),由其全盘考虑。10 月 28 日,胡恒德直接去信史蒂文斯,以老友身份陈述自己的观点:在他看来,虽然战事不断扩大,但北京的学术工作并未终止,反而因局势日渐平稳,研究活动仍然很繁盛,因此耿士楷之前的顾虑可以忽略。此外他还强调了两点:一是被北堂珍贵藏书深深震撼;二是这一重要事件的影响将不仅限于北京,更会让世界各地不同领域的学者受益。11 月 23 日,史蒂文斯收信后立即回复,虽然在行文中并未表态,但也给出了些许暗示。

1937 年 12 月 10 日,美国学术团理事会(American Council of Learned Societies)执行干事格雷夫斯(Mortimer Graves)去信史蒂文斯,就是否赞助整理北堂藏书交换意见。四天后,格雷夫斯再次致信史蒂文斯,并附上该理事会下属的中国研究委员会(Committee on Chinese Studies)成员对整理北堂藏书的看法,分为反对、中立、支持三种态度:

一、反对者,魏鲁男(James R. Ware,美国汉学家)和毕乃德(Knight Biggerstaff,美国汉学家)。其中魏鲁男以遣使会非美国教会,无法保证其对美国学者友好为由,坚决反对。

二、中立者,赖德烈(Kenneth S. Latourette,美国历史学家)。虽然对天主教没有偏见,但因为对藏书情况知之甚少,希望派人去考察,并推荐洪业先生担此重任。

三、支持者,叶理绥(Serge G. Elisséeff,哈佛燕京学社社长)、顾立雅(Herrlee G. Creel,美国汉学家)、富路特(Luther C. Goodrich,美国汉学家)。其中富路特因为本年春在北平,亲自去过北堂,对藏书有非常直观、深刻的印象,故极力赞成。

反对和中立的三位学者都有同一顾虑,该藏书现由法国遣使会保管,而遣使会与美国无任何关联,且与梵蒂冈教廷关系密切,这些文献倘若获得美方的赞助得以整理,将来能否对美国学者或者无宗教信仰的研究人员开放?反观此次资助申请,无论是藏书的保管者法国遣使会还是深知其珍贵价值的耶稣会裴化行神父(Henry Bernard S. J.),都没有直接投书洛氏基金会,而是由在北京的美方热心人士越俎代庖,这意味着直接关系人均知悉以自己的欧洲天主教派身份很难申请到美国洛氏基金,因为后者几乎只愿代表基督教的利益。因此,在上述信函中虽然均转达了北堂遣使会极愿提供一切协助,如房屋、书架等硬件,但保管者却从未表明意欲主导此项计划,反倒是裴德士、胡恒德等美籍人士成立了委员会,全权、全程负责。

彼此对立的专家意见,让史蒂文斯在相当一段时间内犹豫不决。直到 1938 年 8 月 10 日,司徒雷登去信史蒂文斯,明确表示愿意竭尽所能从旁协助此项计划。五天后,裴德士和胡恒德也都再次去信,告知由于汇率处于非常有利的情况,资助款由最初拟定的 6500 美金降低至 3000,此外司徒雷登、刘兆慧(George Loehr)、燕京图书馆主任田洪都(H. T. Tien)、刚刚获得博士学位的侯感恩(George N. Kates)均表示愿意协助编目。鉴于各方面的有利因素,

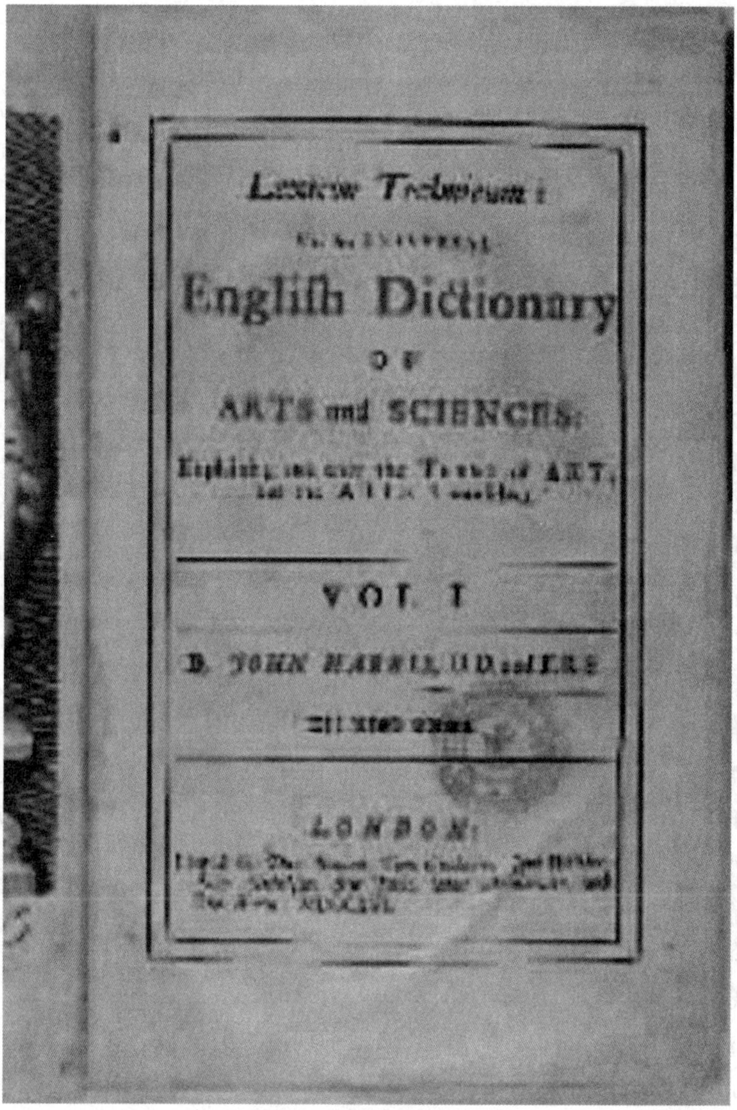

北平图书馆西文善本书影

10月14日，洛氏基金批准了代号为H200的赞助案，决定给予3000美金用于北堂旧藏图书编目、整理，以备公开阅览，有效期至1939年12月31日。

至此，是否支持该项图书整理计划终于获得肯定答案，但在北京美方人士，初衷似值得深入探讨。北堂图书馆馆长惠泽霖神父（Huber Verhaeren C. M.）在1949年出版的全本《北堂西文善本书目》（*Catalogue of the Pei-T'ang Library*）序言中提及："北京故都作为学术中心，聚集于此的学者越来越多，渴望利用北堂藏书的愿望日益高涨，其中的一些人透过美国使馆莱昂秘书（C. B. Lyon）向教会表达了该要求。"现在想要考察出哪些人提出了请求，已毫无可能，但根据"美国使馆"这一线索推断似乎应为美籍人士，譬如富路特这样的年轻汉学家。而为何在此抗战军兴之时提出，亦值得推敲。恕笔者揣度，卢沟桥事变爆发后一月，袁同礼先生即奉令南下，留平事务由顾子刚、张允亮、王访渔三人代理，并由中华教育文化基金董事会

(以下简称“中基会”)的美方人士监管。1938 年 5 月 14 日教育部指令第 3403 号,核准(国立北平图书馆)“长沙办事处迁昆明后继续与西南各教育机关合作,以推进西南文化”,并同意在香港暂设办事处。此令一出,以司徒雷登为代表的中基会美方人士要求袁先生及其他南下馆员返回北京的企图落空。不仅如此,5 月 31 日,日伪组织“北平新民会”强行提走平馆图书 4473 册,司徒雷登虽抗议,但其亦意识到以中基会的美方身份保全平馆馆务、财产安全的想法并不切实可行。虽然此时留守馆员仍有九十余人,中基会拨付款项中“经常费”(即馆员薪金)亦将其中大部分拨付北京,但只能勉强维持最基本的阅览服务,采购、编目已不再继续开展,且平馆绝大部分珍贵图书数年前已南运存于上海租界。卢沟桥事变爆发迫使平馆及国立高校陆续内迁,北京一地的外国学者只能寄希望于辅仁、燕京、中法等校的图书资源,然而这三所高校图书馆馆藏文献无论是从质还是量上均无法满足专业需求。极有可能正是由于以上诸多困境,司徒雷登才恳请洛氏基金会务必给予支持,力图为外国学者开辟全新的、不易被日方骚扰的学术资源库,而北堂遣使会保存的耶稣会士旧藏是当时最好的选择。

实施与中断

在接到洛氏基金赞助的通知后,1938 年 11 月 8 日华文学校董事会协商讨论后同意由胡恒德、司徒雷登、裴德士组成委员会,并指派协和医学院的鲍文(Trevor P. Bowen)担任该笔赞助款的审计和出纳。12 月 8 日,辅仁大学的卢华民神父(Theodore Rühl S. V. D.)受委托考察北堂图书馆现状,撰写了一份计划书,包括概述、任务、方法、分工四个方面。在这份计划书的结尾处,卢华民神父估算了整理、编目工作的时间和费用,该文不仅记述了北堂藏书整理前的状况,更直接影响了实际工作的方法和步骤。

1939 年 1 月 9 日,北堂藏书的分类整理工作正式开始。遣使会北京地区满德贻主教(Mgr. Paul Montaigne C. M.)授权卢华民神父、惠泽霖神父、葛尔慈神父(Joseh Goertz S. V. D.)及十位中国人员展开编目整理工作。卢华民神父任教于辅仁大学哲学心理学系,主要课程有“西洋哲学研究”,另外设通选课“和声学及作曲、高级钢琴班”。数年前,他曾在辅仁大学和协和医学院演奏过遣使会士德理格(Teodorico Pedrini C. M.)谱写的奏鸣曲,由此可见他对北堂藏书有相当程度认识。惠泽霖神父,荷兰人,1895 年 9 月 16 日在巴黎入修道院,1902 年 5 月 24 日抵达上海,先在直隶教区传教,后为北堂图书馆馆长。葛尔慈神父为辅仁大学图书馆部主任,在 1941 年后离华返欧,后于二战结束前回到北京辅仁大学。其中,卢华民、惠泽霖、葛尔慈等神职人员是无薪水的,洛氏基金支付十位中国人员的薪水。

在洛氏基金会档案中,保存了卢华民神父寄送的两份工作报告,分别撰写于 3 月 31 日、6 月 2 日。截至 1939 年 5 月底,编目人员共完成 688 种西文图书、一半中文图书的书单编纂工作,其中至少有一种西文摇篮本图书,并发现了 18 世纪中叶《圣经》中译稿。裴德士在 1939 年 4 月 11 日给史蒂文斯的信中提及了这份珍贵的手稿,并强调其尚未出版,虽然在信中并未指明,但应该就是耶稣会士贺清泰(Louis de Poirot S. J.)的《古新圣经》白话汉译稿。

摇篮本则是在3月31日的报告中提及,称发现了一种15世纪西文出版物。根据半年来的工作进度,卢华民神父认为每个月可以撰写200种西文图书的书单,这与计划书中每天撰写40至50种图书详单的预期有较大差距,但他也向洛氏基金承诺编目工作会在一个合理的时间内完成。然而,由于第二次世界大战全面爆发,卢华民神父被迫返回德国,改由葛尔慈神父主持工作。

1939年1月14日,《北京时事日报》(*Peking Chronicle*)以"Great Task of Cataloguing Famed Pei Táng Library Begun by Experts"为题刊发了介绍文章,这是现在能找的最早的新闻报道。同年《公教学校》第5卷第3期"著名北堂图书馆编制目录"。1939年3月平馆主办的《图书季刊》在昆明复刊,其新一卷第一期即刊登"北平天主教北堂图书馆编制目录"之消息,其文属"出版消息"一列,虽只三百余字,但颇为精到,将北堂中西文书的来源、数量、珍惜性、门类、传承均一一介绍。翌年《图书季刊》英文版(*Quarterly Bulletin of Chinese Bibliography*)亦复刊,在新1卷第2期刊发了题为"The Ancient Library of Pei Táng"的文章,其为1940年1月14日惠泽霖神父在北京辅仁大学的法文演讲稿,后由西南联合大学吴可读教授(A. Pollard-Urquhart)翻译成英文刊发。此外,洛氏基金档案中保存了一份来自南非德班(Durban S. A.)的报道,题为"Chinese Savants Ignore War, Work on Ancient Library",该文不仅讲述了北堂藏书的来源、历来遭受的磨难,更强调了洛氏基金的襄赞和以现代图书馆为目标的整理计划。这些报道引起了相关领域研究机构的关注。1939年6月10日美国卡特·布朗图书馆去信在洛氏基金会兼职的历史学家伦纳德(Irving A. Leonard),希望得到北堂藏书目录。三天后,伦纳德将已完成部分的书单影印件寄送给卡特·布朗图书馆。

1940年11月25日,葛尔慈神父提交了一份新的报告。西文部分至本年4月份完成4960卷登记、4043张书单撰写。为了降低难度,书目排序只以作者的字母为序,但主题分类尤其是二十个大类下的细目划分比预想中困难许多,因为很多书籍内容模棱两可。11月底,已经撰写到了"les",即西文藏书量的3/5。因为缺乏专业参考书,所以一些书籍无法撰写书单详目,遂决定先按照字母顺序继续,随后在北京寻找工具书补写。书单排序后修书就会开始,大约涉及3000册图书,预计四到五个月完成。中文部分,2194种书的登记和校对已经完成,大约需要4000个函套,所有工作预计在明年2月份完成。根据进度及北京本地的汇率水平,之前给予的3000美金完成整个工作没有问题。

1941年7月17日,尚在北京留守的鲍文去信身处洛杉矶的裴德士,告知已将拍摄完成的题名页照片全部挂号寄出,卢华民神父的继任者葛尔慈亦已返回德国,编目工作只有两三个人仍在继续,在此人力空缺期,决定先由北堂印书馆重新装订、修复西文图书。同年9月份,这批珍贵的题名页照片由史蒂文斯转寄给伦纳德,交卡特·布朗图书馆代为长期保管。至于中文善本书编目工作,未再提及,但根据前文,似可推断已大体完成。

紧随其后爆发的太平洋战争,不仅使中美之间的通信变得极为困难,更直接中断了北堂藏书的整理工作。一方面在北京的外籍人士被统一押送至山东潍县集中营,除了惠泽霖神父因为身体缘故免于驱禁;另一方面洛氏基金赞助款的余额被日伪政府冻结无法提用。人力、财力均处于枯竭状态,北堂藏书的编目工作被迫停顿。

恢复与完结

1944 年,北堂西文善本书目的法文部分得以单独出版,如惠泽霖所说这是由于法国驻华大使戈思默(Henry Cosme)及驻北京使领馆秘书杜伯秋(Jean P. Dubosc)的赞助,但该分册的付梓并非意味着工作恢复正常,而主要基于之前工作的结果,其数量只是北堂西文善本图书中的一小部分。事实上,由于财务、人员、时局的问题,直到 1947 年 8 月整理、编纂工作才正式恢复。

1946 年 10 月上旬,转任上海震旦大学(Aurora University)教授的裴化行神父向洛氏基金会提交了一份申请,希望继续赞助北堂善本书目的出版。11 月 7 日,人文部助理法斯(Charles B. Fahs)复信裴化行,感激其与其他编目人员的艰苦努力,但就目前状态,除非基金会的工作人员实地考察过,所有远东地区的申请计划都将被搁置。巧合的是,早已回到北京的富路特于 9 月 26 日向洛氏基金会总部呈送了一份北堂现状的报告。十分遗憾,在洛氏基金会档案中并未保存此份报告,但从 11 月 7 日法斯的复信、11 月 8 日史蒂文斯的复信中可以看出,洛氏基金会对于编目、整理工作的状况和进展是满意的,并因美国学者对之前所寄题名页照片的评价,意识到北堂藏书珍贵程度,如历史学家伦纳德就曾明确表示其中 16 世纪的西班牙语书籍在欧洲的图书馆已经难觅踪迹了。

翌年,法斯访问中国,亲赴北京北堂考察编目情况。7 月 19 日,惠泽霖神父以北堂图书馆馆长身份去信法斯,恳请继续资助整理、编目工作,并称根据辅仁大学图书馆西文图书组组长朱乃鑫(Chu Nai-shin)的推测,仍需 1500 小时的工作量,此外希望将之前漏拍的题名页全部补照,并购买一个吸尘器去灰。8 月 1 日,刚由北京回到纽约的法斯复信惠泽霖,一方面感谢其友善、周到的接待,一方面询问如提供 500 美金是否足够完成此项计划。在得到肯定答复后,1947 年 10 月 23 日洛氏基金会批准了代号为 H4767 的补充资助,总计 500 美金,有效期至 1950 年 12 月 31 日。

至此,北堂藏书整理、编目工作又恢复到正常状态。虽然国共内战导致资助金不能及时到位,但在北堂遣使会和洛氏基金会的共同努力下,时局的消极因素被尽可能降低,书目的编纂出版计划仍能积极推进,拉丁文(第二分册)、多语种(第三分册)分别于 1947 年、1948 年问世。1948 年 9 月起,惠泽霖神父与洛氏基金会的通讯中断,虽然美国的汉学家如富路特十分关注该计划的进度,不断去信基金会询问可否收到最新出版的两个分册,但直到 1950 年 1 月双方的联系才得以恢复。惠泽霖神父将 1949 年出版的《北堂西文善本书目》全本寄送洛氏基金会主席巴纳德(Chester I. Barnard)、法斯、胡恒德等相关人员,表示感激之情。1950 年 11 月 5 日,惠泽霖神父赶在资助截止日之前,寄出了一份最新的收支报告,这亦是洛氏基金会档案中保存的最后一份相关史料。

1947 年,《上智编译馆馆刊》第二卷分四次刊登了"北平北堂图书馆暂编中文善本书目",依次分为普通善本图书(甲编)、公教善本古籍(乙编)、满文善本书目(丙编),从中文书籍编号上不难看出编目之初便遵照中国目录学的经史子集传统分类。该书目中编号最大者为2160，其书为元代王德信撰、清康熙刻本《有图满汉西厢记》。虽然普通、公教、满文三类图书的号码大致接续，但每一种图书的编号则并不绝对连续，其间常有缺号情形，这意味着该书目并无2160种之实，与前文所提2194的总数差距恐远在数十种之上。究竟因为何故，现无从查证。

如果只从刊印书目所收录的数量上着眼，北京北堂图书馆中西文善本图书并不能称得上巨富，其中西文4101种、中文则在两千种上下浮动，两者相加或只稍逾六千种。常人恐怕很难想象这六千种书的编目整理工作，自1939年1月始至1949年西文总目出版终，历时十年才最终完成，尤其是西文部分主要参照1862年狄仁吉神父（Jean B. Thierry C. M.）编就的老书目，似非难事。但如果仔细读过惠泽霖神父在1949年1月21日写就的《北堂书史略》（*Historical Sketch of the Pelt'ang Library*），就可以明了编写一部如此繁杂的书目所需要的巨大心血，涉及依时间拣选、识别各种款识、考辨源流、撰写各项书目信息、分语种以作者排序、编制索引、修补图书、印刷排版，无不需要极丰富的专业知识、强大的耐心。考虑到抗日战争、国共内战的时局，北堂善本书目的问世就显得弥足珍贵了。这得益于诸多方面的共同努力，尤其是北京遣使会、美国洛氏基金会和参与具体工作的专业人员。

但必须指出，刊行于世的北堂中西文善本书目所收录的只是北堂藏书中的一部分，即1800年之前的西文出版物和1911年之前的中满文书籍，在此之外，还有相当规模的馆藏文献。舒尔特海斯在其调查报告中曾估算藏书的大致数量，即西文15000卷、中文约为80000册，这两个数字相加恐怕远远超过6000种图书的卷数。《图书季刊》新一卷第一期"北平天主教北堂图书馆编制目录"对中西文图书数量的表述与舒尔特海斯完全一致，这意味着北堂藏书似有十万册。笔者认为这一数字是可信的，理由如下：一是无论是狄仁吉神父所编书目还是后来的编目均以1800年为线取舍，这一原则本身就意味着遣使会在最初接收图书时即有远多于4101种的西文图书；二是北堂遣使会拥有自己的印书馆，自1864年起至1951年终印制了数百种不同语言的图书，其中颇多精品，北堂图书馆亦多有留存；三是法国遣使会接收中西文图书后并非不再增购，笔者曾见及相当数量的19世纪法文图书盖有北堂藏章，其中既有宗教类图书也有世俗类出版物，涉及领域之多令人出乎意料，如热带植物图谱、1900年出版的巴黎世博会图册（En 1900），这些书籍可能由法国遣使会总部募集后一并寄送北京，或者由来华传教士个人携带后留在北堂；四是除了法文图书外，有其他西方语种的图书，笔者藏有一本艾萨克（Jorge Isaacs，1837—1895）撰写的小说《玛丽》（Maria），这是一本西班牙语著作却也盖有两方北堂藏章；五是北堂似与献县天主堂、上海土山湾慈母堂建立了出版物交换协议，这三处教堂均有自己的印厂、图书馆，笔者不仅见过献县出版的法中辞典，亦藏有一本1934年土山湾印制的*Recherches sur les Superstitions en chine, inde-chine jusqu'aux t'ang*，两书均钤北堂藏书章，后者为耶稣会士禄是遒（Henri Dore S. J.，1859—1931）所著《中国民间信仰》系列丛书的第十六卷；六是北堂图书馆订阅了相当数量的国内外报刊，如著名的《北京政闻报》（*La politique de pékin*），这些期刊报纸均由北堂印书馆制作成为合订本以便于保藏、借阅。

（原载于《文汇报》2016年7月15日第W13版）

别集起源琐议

刘　明

别集是古籍四部分类法中集部的一个类目，与总集相对，指作为个人的文章著述（文学作品）的汇编结集。而作品编一般冠以“集”名，如集、文集、诗文集、诗集等；也有不称“集”者，如“稿”“钞”“编”等，在著录上均置于别集类（笔者注：也存在称“集”而不属于别集的著述）。魏晋时期开始出现称“集”名的文人别集，降至南朝以别集涵盖作家个人的作品编，已基本为定例。但“别集”之称援据何处，作品编明确称“集”又源自何时，均值得详加探讨。魏晋南北朝是集部形成和确立的时期，而别集与之密切相关，集部的成立很大程度上以别集的形成为标志。故考察和分析别集的源起，无疑有助于充分理解早期集部确立的内在过程，颇具学术价值。

1　“别集”之称的源起

“别集”一词最早见于《七录》，其《文集录内篇》四有“别集部”①。但《隋志》小序云：“别集之名，盖汉东京之所创也”②，今检现存东汉之史料，并没有使用“别集”一词的记载。详按《隋志》本意在言“集”之名出现在东汉，而称以“别集”乃将类目之“别集”与文人作品编称“集”混为一谈。又《文献通考·经籍考》引吴兢语云：“盖东京别集之名，实本于刘歆之《辑略》，而辑略又本于《商颂》之辑云。”③以为东汉时期“别集”之称本于《辑略》和《商颂》。按“辑”同“集”，《辑略》言集诸书而总略叙之；春秋宋国大夫正考父《商颂》之“辑”是作为“汇集”“集成”的动词义使用。但就《辑略》和辑十二篇诗为《商颂》的文献形态而言，却又具备“集”的特征，文人作品汇编称“集”或受此启发。故“别集”之称尽管首见于《七录》，但其自身有渊源发展的过程，也就是说文集已经有相当阶段的成熟和发展之后，方反映在目录学中有“别集”类目的设立。与之相适应，早期文献中存在与“别集”之称直接相关的材料，既反映初创时期文人集的形态，也揭示了何为“别集”的原始含义。学界对此鲜有探讨者，兹据六朝文献略加探析。

① ［南朝梁］阮孝绪《七录目录》，严可均校辑《全梁文》卷六六，中华书局，1958 年，第 3348 页。

② 《隋书》卷三三，中华书局，1973 年，第 1081 页。

③ ［元］马端临《文献通考·经籍考》，宋元明清书目题跋丛刊本元代卷，中华书局，2006 年，第 333 页。

“别集”之称，当脱胎于《三国志·蜀书·诸葛亮传》“亮言教书奏多可观，别为一集”句。陈寿纂修《诸葛亮传》，录其《出师表》。但史传容量毕竟有限，无法全录或节录诸葛亮更多的“言教书奏”。陈寿别出心裁，在史传之外编诸葛亮的集子，将其文章悉数收入，解决了史传容量有限而无法承载传主文章著述之间的矛盾。所编的集子名为《诸葛氏集》，还详列篇目，体例已经相当完善。陈寿称之为“别为一集”，“别集”之称或即滥觞于此。钱志熙先生认为，“早期别集的编纂，是编撰正史时进行的。所以从文献目录的角度来讲，集部其实是从史部派生出来的”，又称：“史书之外专录的个人文集则称‘别集’，都是相对于正史而言的。”①钱先生此论颇为精当，这就涉及早期文集形成之前文章（作品）的保存问题。魏晋时期开始出现文集，两汉总体而言是不存在文集编纂观念的，《汉志》“诗赋略”著录的文人赋作还是篇目的概念，不是成书的形态。换言之，发生在西汉的创立书籍以定本的阶段，主要指的是经史和子书著述，文人集子绝对是“缺席”的。诗赋等作品恰恰保存在史传中，如《史记》《汉书》的《司马相如传》《扬雄传》等便选录了他们重要的赋作，史传是主要的载体。至陈寿，采取把作品从史传里独立出来编集子以流传的方式。这的确是创举，意味着史传可以不具有保存文学作品的功能，文学和史学得到分离，从大的方面讲意味着集部开始趋向独立和形成。

陈寿“别为一集”的处理方式，从表面而言是对汉代史传中部分载录文人赋作、另附诗文篇目处理方式的不满足，意味着新的史学叙述体例。但就其内在理路，则是在四部趋向形成（荀勖甲乙丙丁四部）、文人集开始独立编纂的背景下而进行的尝试。所编的诸葛亮集，从部类而言自《隋志》之后便明确著录在集部别集类，此之前包括荀勖《晋中经簿》以及《七录》等书目如何著录不得而知。陈寿称“定故蜀丞相诸葛亮故事”而遂编有是集，而“故事”，《隋志》史部有此类，云：“古者朝廷之政，发号施令，百司奉之……晋初，甲令已下，至九百余卷，晋武帝命车骑将军贾充，博引群儒，删采其要，增律十篇。其余不足经远者为法令，施行制度者为令，品式章程者为故事，各还其官府。搢绅之士，撰而录之，遂成篇卷。”②朱自清认为：“故事，历史上之材料也。”③故有学者认为荀勖荐陈寿编纂诸葛亮故事，“依自己所为四部言之，显然是把陈寿将撰之书归入丙部（史部）”④。诸葛亮集归入荀勖四部中的何部，缺乏直接史料的证实；但可以肯定的是陈寿将诸葛亮篇章著述的汇编冠以“集”名，显然是受到了当时文人作品编称“集”的影响，这也正是《隋志》之后目录类著述悉归入“别集类”的直接原因。

“别有一集”意味着文学（集部）从史学中脱胎而为独立的形态，后世史书编纂袭用此例，即在叙述文人传中的文学类著述时一般不再节录作品，也不需要附上篇目，而是以“别有集录”或“自有集录”的说法直接省略。如《魏书·李顺传》称李骞“所著诗赋碑诔，别有集

---

① 钱志熙《早期诗文集形成问题新探——兼论其与公讌集、清谈集之关系》，《齐鲁学刊》2008 年第 1 期，第 108 页。

② 《隋书》卷三三，第 967 页。

③ 刘晶雯整理《朱自清中国文学批评研究讲义》，天津古籍出版社，2004 年，第 131 页。

④ 李伯勋《陈寿编诸葛亮集二三考》，《成都大学学报》（社科版），1995 年第 3 期，第 44 页。

录”,《魏书·卢玄传》称其“性好玄理,作史子新论数十篇,文笔别有集录”,《魏书·李平传》称其“所制诗赋箴谏咏颂,别有集录”,《魏书·裴延儁传》称裴景融“所作文章,别有集录”,《北史·高谦之传》称其“所著文章百余篇,别有集录”。“集录”前均冠以“别有”两字,意指上述诸人各体文章已在个人文集中,无须在本传中再加以节录或全录所撰文章,明显可以看到陈寿的影响。

“别集”出自“别为一集”,反映了早期集子产生的一种路径,即在人物史传之外另行编集子,“别”的含义即“另”。张可礼先生认为:“别集的别是个别的意思。”①集子的产生也包含其他的路径,如以诸体文章为主,近于今之文学作品集;或收录个人各种性质的文章,包括经、子等类,而总以“集”称之。按照章炳麟《国故论衡》的说法,陈寿所编的《诸葛氏集》以子书称“集”②。《四库全书总目》集部总叙称“四部之书,别集最杂”,就与“别集”来源路径的不同相关,也与“别集”称名的不严谨、含混有关。有些谈论经史、诸子的文章,无法成为单行的书籍形态,只好笼统归入集内,而实际上与文学作品没有关系,造成章炳麟所称的“集品不纯”现象。形式上而言,“别集”就是对于不宜收入经史子三部的文章著述,另行汇编为个人集;但实际操作中将本不属于集的内容也混迹其中,从而形成“别集最杂”的面貌。

2 “别集”之称的具体使用

“别集”之称,首先是目录学意义上着眼于分类功能的概念,著录或描述某人集时一般不使用此称。比如现存六朝文献称作家集时从不称某某别集,而是以“集”“文集”来指称。南朝梁阮孝绪《七录》其四曰“文集录”,在类目上设“别集部”“总集部”,据《隋志》推知在著录上均称某某集。总体而言,六朝称文人别集有下述诸称:

2.1 文集、集和杂文集

“文集”一词始见于《晋书》③,称“文集”者凡八处,分别见于《晋书》之《王鉴传》《卢谌传》《傅玄传》《束皙传》,《文苑》之《应贞传》《顾恺之传》《郭澄之传》以及《隐逸》之《陶潜传》,属于集部内文、笔二体文章兼收。称“杂文集”者一处,见于《干宝传》,指集部内笔体文章的汇集。而称“集”者亦为一处,见于《蔡谟传》,云“文笔论议,有集行于世”。“集”与“文集”“杂文集”虽均指文人别集,但三者却存在着细微的差异。从辑录文章的范围而言,“集”的涵盖性最为宽泛,既包括属于集部范畴的文、笔二体文章,也包括经史和子类性质的“笔”体文章。陈寿编诸葛亮“言教书奏”为“诸葛氏集”即属此例。“杂文集”范围最窄,专收杂文

---

① 张可礼《中国古代文学史料学》,凤凰出版社,2011 年,第 134 页。

② 章炳麟《文学总略》云:“陈寿定诸葛亮故事,命曰《诸葛氏集》”,“然其目录,有《权制》《计算》《训厉》《综覈》《杂言》《贵和》《兵要》《传运》《法检》《科令》《军令》诸篇……若在往古,则《商君书》之流。”载《国故论衡》,商务印书馆,2010 年,第 82 页。

③ [明]张溥《汉魏六朝百三家集叙》认为:“文集之名,始于阮孝绪《七录》,后代因之,遂列史志”,是从目录学上的“文集”而论,参见殷孟伦《汉魏六朝百三家集题辞注》,中华书局,2007 年。

类文章，近似于分体集。出现上述差异的原因在于魏晋时期开始出现的文笔之别，从而使得文章在结集中出现三种形态：近似今之纯文学的集子、杂文学的集子和不分文笔四部兼收的集子。

《晋书》所标举的上述集之三称的差异，现存南北朝文人史传中称集子主要以“文集”为名。如《宋书·沈怀文传》称“（沈怀远）撰《南越志》及怀文文集，并传于世”，《梁书·萧子范传》称“前、后文集三十卷”，《梁书·刘之遴传》称“前、后文集五十卷”，《魏书·文苑·袁跃传》称“所制文集行于世”，《北齐书·卢文伟传》称“子询祖，袭祖爵大夏男，有术学，文章华靡，为后生之俊……有文集十卷，皆致遗逸”等。这里的“文集”大多为集部之内文、笔二体文章的汇编。少数也属集部之外广义的“笔”体文章的汇编，如《南齐书·刘瓛传》称“所著文集，皆是《礼》义，行于世”。刘瓛之集虽也名为文集，但都是经部礼学方面文章的汇集，显然与以诗赋等文体为主的文集不同。《晋书》中的“杂文集”，南北朝则未见再使用此称。按《七录》“文集录”设置“杂文部”，所著录者或为杂文集，但不属于文人别集的范畴。《隋志》别集类著录梁武帝《杂文集》，很可能是唐初典籍整理的结果，很难证明梁时即存在此集。

南北朝史传中也存在称“集”者，如《宋书·自序》称“（沈）林子简泰廉靖，不交接世务……所著诗、赋、赞、三言、箴、祭文、乐府、表、笺、书记、白事、启事、论、老子一百二十首。太祖后读《林子集》，叹息曰：‘此人作公，应继王太保’”，《梁书·萧洽传》称“集二十卷，行于世”。《陈书·陆琼传》称“（琼）第三子从典，字由仪，幼而聪敏，八岁读《沈约集》，见回文研铭，从典授笔拟之，便有佳致”。称名虽稍异，但与“文集”相同。证以下述两例，《梁书·武帝纪》称“诏铭赞诔，箴颂笺奏，爰初在田，洎登宝历，凡诸文集，又百二十卷”，《周书·萧大圜传》称有《梁武帝集》四十卷。《南史·梁本纪》称“（梁简文帝）弘纳文学之士，赏接无倦……所著《昭明太子传》五卷……文集一百卷，并行于世”。《周书·萧大圜传》称《简文集》九十卷。知南北朝虽有“集”“文集”二称，但本身无别。这并不意味着南北朝文集的编撰不存在文笔之辨，而是由于南北朝四部体制的确立，一般而言不需要收入集子的便以单行本的文献形态在其他部类中呈现，一般不需要区分“集”和“文集”。而两晋还处于四部的形成期，有些明显是集之外的文章著述缺乏明确的归类，只好统归入集内，造成集有“纯”和“不纯”之别，故在集子的名称上有所区别（笔者注：南北朝的集子也存在“纯”与“不纯”的现象，原因则是与文笔两者各有侧重有关）。

需要指出的是，并非所有的六朝人集均以“集”名，似乎自编文集者多不称“集”，《艺文类聚》卷五十五《杂文部》引曹植《文章序》云：“余少而好赋，其所尚也，雅好慷慨，所著繁多。虽触类而作，然芜秽者众，故删定别撰，为《前录》七十八篇。”程千帆云：“自定其文，又不以集名，盖体式初兴，尚无定称耳。”①《三国志·吴书·薛综传》称“凡所著诗赋难论数万言，名曰《私载》；又定《五宗图述》、《二京解》，皆传于世”，《晋书·卢钦传》称“所著诗赋论难数十篇，名曰《小道》”，《南齐书·张融传》称“融自名集为《玉海》，司徒褚渊问《玉海》名，融答：‘玉以比德，海崇上善。’”，但也有称“集”者，《北史·李概传》称“自简诗赋二十四首，谓之

① 程千帆《文论十笺》，《程千帆全集》第六卷，河北教育出版社，2000年，第195页。

《达生丈人集》”。而普遍称“集”主要出现在他编之集和官编之集两种结集方式中,他编者,如《梁书·萧机传》称“机美姿容,善吐纳。家既多书,博学强记……所著诗赋数千言,世祖集而序之”。《金楼子·著书篇》有“《安成炀王集》一秩四卷”,即此部。官编者,如《周书·萧大圜传》称“(保定间)开麟趾殿,招集学士,大圜预焉。《梁武帝集》四十卷、《简文集》九十卷,各止一本,江陵平后,并藏秘阁。大圜既入麟趾,方得见之,乃手写二集,十年并毕”。

总之,六朝的集子虽也称“文集”,但与隋唐之后的文集是不同的,恰如章学诚所指出的那样:“经学不专家,而文集有经义;史学不专家,而文集有传记;立言不专家,而文集有论辨。后世之文集,舍经义与传记论辨之三体,其余莫非辞章之属也。”①

2.2 史志目录等使用的“集”

六朝文人史传中的“集”“杂文集”和“文集”诸称,反映在史志目录如阮孝绪《七录》、《隋志》的著录中均称“集”。再者子类著述及南朝裴松之及刘孝标等注所引文人集也都称“集”,如《颜氏家训》称“陆机集”。按萧绎《金楼子·立言》云“诸子兴于战国,文集盛于二汉。至家家有制,人人有集”②,又阮孝绪《七录序》云:“窃以顷世文词,总谓之集,变翰为集,于名尤显,故序《文集录》为《内篇》第四。”③便是将两者等同的事例,推知文人集在著录或引用时基本一律称“集”。可以说从《七录》到《隋志》创立的“别集”类目,涵盖六朝存在的“集”“文集”和“杂文集”(笔者注:不合《七录》杂文部著录的集子)三类名称的文人集子。

今之四部分类中之所以有称为“集”一部,主要即在于此部内所收文人著述大都以“集”为名。“集”作为文人集此类文献的统称,最早出现在南朝宋,《宋书·氐胡传》云元嘉三年(426)“(蒙逊)世子兴国遣使奉表,请《周易》及子集诸书,太祖并赐之,合四百七十五卷”。此后均循此例,如《梁书·王筠传》称“幼年读五经……子史诸集皆一遍”。《南史·庾仲容传》称“仲容抄子书三十卷,诸集三十卷,众家地理书二十卷,《列女传》三卷”。庾仲容为南朝梁时人。又《陈书·文学·陆瑜传》称“时皇太子好学,欲博览群书,以子集繁多,命瑜抄撰,未就而卒”。但也存在以“文集”代指一类文献之“集”者,如《北史·儒林·刘炫传》称:“隋开皇中,奉敕与著作郎王邵同修国史……尚书韦世康问其所能,炫自为状曰:‘《周易》《礼记》……孔、郑、王、服、杜等注,凡十三家,虽义有精粗,并堪讲授……史子文集,嘉言故事,咸诵于心。’”故四部之集部的定名,从荀勖称为“丁部”,至《隋志》明确称为“集部”(笔者注:《隋志》及两《唐志》均沿用甲乙丙丁,但为分部次第,而“列经史子集”四库以分别藏书),沿用至今。

集部以“集”为名,从形式上与经史子作了区分,它所著录书目的称名特点也与前三部有显著的区别。但不可否认的是,由于集部是最晚形成和确立的,而且有脱胎于史子两部的痕迹,使得它有“不纯粹”的地方。这也是典籍目录从六分到四分的过程中,不可避免地带来类目不清晰、边界不严谨的结果。

---

① [清]章学诚《文史通义》,叶瑛校注、靳斯点校,中华书局,1985年,第61页。

② [南朝梁]萧绎《金楼子》卷四,许逸民校笺,中华书局,2011年,第852页。

③ [南朝梁]阮孝绪《七录序》,严可均校辑《全梁文》卷六六,第3345页。

2.3 分体集

关于魏晋南北朝的分体集，存在别集的分体集和总集的分体集两种，而刘师培称"西汉之时，总集、专集之名未立；隋、唐以上，诗集、文集之体未分"①。此说并不尽准确，西晋便已经产生以"杂文集""赋集""诗集"等为名的分体集。如陆云《与兄平原书》云："视仲宣《赋集》，初《述征》《登楼》前耶甚佳，其余平平，不得言情处。"似当时存在王粲《赋集》之编，或编在曹魏。又《晋书·干宝传》云："宝又为《春秋左氏义外传》，注《周易》《周官》凡数十篇，及杂文集皆行于世。"②这是文人别集的分体集事例。至于《隋志》著录萧衍《诗赋集》《杂文集》两集，有可能是唐初典籍整理的结果，不能据此而断定南朝即将萧衍作品分别按文体编辑。

总集的分体集，如《三国志·魏书·苏则传》裴松之注云："(苏)愉子绍，字世嗣，为吴王师。石崇妻，绍之女兄也，绍有诗在《金谷集》。"又按《水经注》卷十六"谷水"注引石崇《金谷诗集叙》云："余以元康七年(297)，从太仆出为征虏将军，有别庐在河南界金谷涧中，有清泉茂树，众果、竹、柏、药草备具。"③《世说新语·品藻》刘孝标注引作"《金谷诗叙》"，云："余以元康六年，从太仆卿出为使持节，监青、徐诸军事、征虏将军。有别庐在河南县界金谷涧中……时征西大将军祭酒王诩当还长安，余与众贤共送往涧中……及住，令与鼓吹递奏。遂各赋诗，以叙中怀……故具列时人官号、姓名、年纪，又写诗箸后。后之好事者，其览之哉！凡三十人，吴王师、议郎、关中侯、始平武功苏绍字世嗣，年五十，为首。"推知石崇之时便已将金谷文人群体游宴赋诗结集，恰如王瑶所称："如金谷、兰亭的诗集，也都成于晋时。"④又《北堂书钞》卷一百三十二引程咸《华林园诗序》云："平原后三月三日从华林园作坛，宣宫张朱幕，有诏乃延群臣。"《华林园诗》虽不题"集"字，实亦属以诗为体的总集。

其实分体集恰主要出现在总集中，挚虞《文章流别集》以文体为集，也属分体集。锺嵘《诗品》云："至于谢客集诗，逢诗辄取，张骘文士，逢文即书，诸英志录，并义在文，曾无品第。""谢客集诗"当即《隋志》著录的谢灵运撰《诗集》五十卷，小注援据《七录》云梁本为五十一卷本，又云除此书外尚有"宋侍中张敷、袁淑补《谢灵运诗集》一百卷。又《诗集》百卷，并例、录二卷，颜峻撰；《诗集》四十卷，宋明帝撰"。除诗集外，还有以诗体为选择标准的专集，如杂诗集、五言诗集等，《隋志》"谢灵运撰《诗集》五十卷"条小注称"梁有《杂诗》七十九卷，江邃撰；《杂诗》二十卷，宋太子洗马刘和注；《二晋杂诗》二十卷；《古今五言诗美文》五卷，荀绰撰"。也存在其他文体的集子，如谢庄撰《讚集》五卷、《诔集》十五卷，《吊文集》六卷和谢庄撰《碑集》十卷等。

2.4 汉魏六朝别集研究中的集

汉魏六朝别集研究中称"集""文集"等，一般均就文人别集而言。现存汉魏六朝文人别

① 刘师培《论文杂记》，商务印书馆，2010 年，第 172 页。

② 《晋书》卷八二，第 2151 页。

③ 陈桥驿《水经注校证》，中华书局，2007 年，第 393 页。

④ 王瑶《文体辨析与总集的成立》，《中古文学史论》，北京大学出版社，1986 年，第 92 页。

集多经明人重辑,以丛书本某人集的形式存在,如明张燮编《七十二家集》本、汪士贤编《汉魏六朝二十一名家集》本、《汉魏诸名家集》本、《汉魏六朝诸家文集》本、张溥编《汉魏六朝百三名家集》本和《六朝诗集》本等,不作为文人集版本考察的对象。研究以现存的单行单刻的文人别集版本为重点,通过校勘学、目录学等手段,叙其版本系统、考其流传脉络、还其原本旧貌、论其编纂底本等,以呈现汉魏六朝文人别集的"谱系图景"。

3 从实与名两层面看别集的起源

探讨别集的起源,存在"名"和"实"两个层面,前者指作品集明确称"集"之名源自何时;而后者则指有作品集之体的起源,包括从形式而言即集子(如诸子著述)和从体式而言近集之实(如《诗赋略》)两层含义。区别为此两层面,也是充分考虑到四部确立与文人集之间的关系,即在四部确立之前的先秦至两汉时期,不存在严格意义上的文人集,却存在与文人集类似的体式特征,或者蕴含有文人集的早期形态。"名"和"实"两者孰为依据,张可礼先生认为:"应当着眼于实,从实际出发。"[①]但相较而言,"集"名的出现更为重要,意味着集的名和实兼具,是真正意义上的文人集,实际也与四部确立的时期相接近。但梳理集"名"出现之前集之"实"的特征,也为考察作品集缘何称"集"提供启发,仍有其学术意义。

"实"的层面关于别集的起源,主要有下述诸说:

3.1 起源于先秦诸子

明胡应麟称:"周、秦之际,子即集也。"[②]又清章学诚认为魏晋文章诸体,皆滥觞于战国,意即诸子著述已蕴含后世诗赋书论等体,而文集亦属此类文体文章的汇编。故从形式而言,诸子之作即类于六朝文集,六朝文集中的某人之集则亦等同先秦诸子某家的著述。他在《文史通义》之《诗教》上云:"后世之文,其体皆备于战国,何谓也? 曰:子史衰而文集之体盛,著作衰而辞章之学兴。"[③]章氏从汉魏时期子学的衰落来论述魏晋文集的出现,又《诗教》下云:"后世专门子术之书绝,而文集繁。"[④]《文集篇》云:"著作衰而有文集。"[⑤]又《和州志艺文书序例》云:"魏晋之间,专门之学渐亡,文章之士以著作为荣华。诗赋章表铭箴颂诔,因事结构,命意各殊。其旨非儒非墨,其言时离时合,裒而次之,谓之文集。"[⑥]按照章氏的理解,魏晋之世原本从事子书著述的文士,转而着意于辞章创作,裒其篇翰而成文集,实自一家之学转变为一家之集。

---

① 张可礼《中国古代文学史料学》,凤凰出版社,2011 年,第 136 页。

② [明]胡应麟《少室山房笔丛》,甲部《经籍会通》二,中华书局,1958 年,第 20 页。

③ [清]章学诚《文史通义》,第 61 页。

④ [清]章学诚《文史通义》,第 78 页。

⑤ [清]章学诚《文史通义》,第 297 页。

⑥ [清]章学诚《文史通义》,第 650 页。

受章氏之说的影响，今人钱穆称："中国之集部，本源先秦之子部。"[①]程千帆先生亦认为："四部之书，经与史为近，子与集为近，盖官学、私学之分耳"[②]，"《三国志·诸葛亮传》载陈寿所定《诸葛氏集目录》，其名虽集，而实是子书。"[③]余嘉锡《古书通例》云："西汉以前无文集，而诸子即其文集"[④]概而言之，由于儒家学说处于"独尊"的地位，相对抑制了其他诸家学说的发展，汉魏的专家之学呈现衰退之态，文士转而以写作文章篇翰为主，恰如程千帆先生所称："考古人著书，重在学术流别，究其面目，多属一家之言，故纯而不驳。逮后学术日进，则成家者不多；文明日启，则操觚者日众。"[⑤]文士各体文章，以类似子书的形态结集。

因诸文不主一体，内容旁涉六艺子史，稍显博杂，权且笼统以"集"名之，取其集合、缀集之义。故称"集"之初并不严谨，也存在其他部类文献称"集"的事例，如《韵集》《交集》等（笔者注：再如《抱朴子内篇·论仙》所称的《神仙集》，又《遐览》所列道经有《角里先生长生集》）。"集"之名虽有"不纯"的缺憾，却为各体文章的汇编找到一个合适的名字，避免了烦琐地罗列各体篇目，从而使得自身在很大程度上与经史子书著述区分开来。

3.2 起源于西汉

班固本自刘歆《七略》，在《汉书·艺文志》中设"诗赋略"类目，《隋志》云："班固有《诗赋略》，凡五种，今引而伸之，合为三种，谓之集部。"自荀勖的"丁部"至《隋志》的"集部"，均源自"诗赋略"，确有后世"集部"之体，明胡应麟《少室山房笔丛》甲部《经籍会通》二即称"诗赋一略，则集之名所由昉"。清姚振宗《隋书经籍志考证》也称："《诗赋略》五篇则汉时一大总集，合之为总集，分之即为别集。"[⑥]刘师培本于姚说，在《论文杂记》中进一步称"自吾观之，客主赋以下十二家，皆汉代之总集类也，余则皆为分集。"姚、刘二人所指，为《诗赋略》含后世"总集""别集"二体，并非说西汉已有总集和别集。

但姚振宗又根据《汉书·东方朔传》称"凡向所录朔书具是矣"的记载，认为："然则《七略》《别录》载有《朔集》审矣，其文诸体皆有明，是后世别集之类，由是知别集之体亦始于向也。"[⑦]为西汉存在别集，今人余嘉锡也认为："疑西京之末，已有别集，班固录扬、刘之文，即就本集采掇之耳。"[⑧]王重民也称："西汉时代的文学作品已经有了按撰人或按文体编辑的汇编本，但还没有'集'这个名称。"[⑨]张可礼先生指出："别集的起源至晚应定在刘歆时，也可能在刘向，甚至在西汉初期就出现了，到了东汉又有了进一步发展。"[⑩]两汉总体而言不存在编

① 钱穆《现代中国学术论衡》，三联书店 2001 年，第 249 页。

② 程千帆《文论十笺》，第 200 页。

③ 程千帆《文论十笺》，第 195 页。

④ 余嘉锡《古书通例》，中华书局 2009 年，第 230 页。

⑤ 程千帆《文论十笺》，第 48 页。

⑥ ［清］姚振宗《隋书经籍志考证》，二十五史补编本，中华书局 1955 年，第 5674 页。

⑦ ［清］姚振宗《隋书经籍志考证》，第 5671 页。

⑧ 余嘉锡《古书通例》，第 245 页。

⑨ 王重民《中国目录学史论丛》，中华书局，1984 年，第 69 页。

⑩ 张可礼《中国古代文学史料学》，第 137 页。

纂文集的观念，不仅不存在文人各体文章的汇编本，更不存在“集”的名称。刘师培《搜集文章志材料方法》称“自《汉志》本刘氏《七略》，列诗赋为四类，诸家所作，均以篇计，《后汉书》各传亦云凡着文若干篇，是两汉并无集名也。集名始于魏晋”。刘说断定两汉无“集”之名，《后汉书》文士传之所以烦琐列举各体篇目，恰在于当时并不存在文人集。

3.3 起源于东汉

《四库全书总目》卷一四八《别集类》小序云：“集始于东汉，荀况诸集，后人追题也。”[①]按《总目》称“集始于东汉”当本自《隋书·经籍志》，云：“别集之名，盖汉东京之所创也。”[②]明焦竑在《经籍志论》中云：“汉初著作，未以集名”，“古者人别为集，盖起于东汉。”[③]四库馆臣结合《隋志》等的说法，认为荀况诸集出于后人追题，至东汉方出现文人集，但并未明确表示东汉也出现“集”名。

按《金楼子·立言篇》云“诸子兴于战国，文集盛于二汉，至家家有制，人人有集”，认为两汉已大量存在文人集。其实根据现存有关汉代的文献史料，东汉始产生编文人集的初步意识，至于汇编称“集”则尚不具备，正如四库馆臣所言“荀况诸集，后人追题也”。钱志熙先生也指出，《金楼子》的说法是从齐梁时期整理两汉文集的成果来立论的，“容易让人误解别集之名在汉代已经流行。事实上，两汉时期，还没有真正与后世类似的诗文集出现。”[④]《文献通考·经籍考》引吴氏语云：“汉时未以集名书。故汉《艺文志》载赋颂歌诗一百家，皆不曰集……至梁阮孝绪为《七录》，始有文集录。”[⑤]清赵翼《陔余丛考》卷二十二“诗文以集名”条则云：“《汉书·艺文志》有辑略，师古曰：辑与集同。然当是时，犹未有以集命书者，故志所载诗赋等皆不曰集……梁阮孝绪为《七录》，始有文集录。故《隋书·经籍志》以荀况、宋玉等所著书及诗赋等皆谓之集。然《经籍志序》云别集之名，汉东京之所创也……则集之名又似起于东汉。然据此则古所谓集，乃后人聚前人所作而名之，非作者之自称为集也。”[⑥]赵翼之说颇为准确。探讨早期诗文称“集”，恐怕要在魏晋南北朝的文学发展中加以解决，诚如饶宗颐先生所称：“魏晋南北朝文学的最大发展，是集部的形成和推进。”[⑦]

总之，东汉确实已经产生编集子的观念，而且可能也已经有集子存在，如《后汉书·班昭传》云：“所著赋、颂、铭、诔、问、注、哀辞、书、论、上书、遗令，凡十六篇，子妇丁氏为撰集之。”[⑧]又《后汉书·东平宪王苍传》载刘苍薨后，“诏告中傅，封上苍自建武以来章奏及所作书、记、赋、颂、七言、别字、歌诗，并集览焉”[⑨]。但总体而言，两汉不存在文人集，恰如《四库

---

① ［清］永瑢等《四库全书总目》，中华书局，1965 年，第 1271 页。

② 《隋书》卷三五，第 1081 页。

③ ［明］焦竑《澹园集》，李剑雄点校本，中华书局，1995 年，第 320 页。

④ 钱志熙《早期诗文集形成问题新探——兼论其与公讌集、清谈集之关系》，第 107 页。

⑤ ［元］马端临《文献通考·经籍考》，第 333 页。

⑥ ［清］赵翼《陔余丛考》，栾保群、吕宗力校点本，河北人民出版社，1990 年，第 398 页。

⑦ 饶宗颐《从对立角度谈魏晋南北朝文学发展的路向》，第 1 页。

⑧ 《后汉书》卷一一四，中华书局，1965 年，第 2792 页。

⑨ 《后汉书》卷七十二，第 1441 页。

全书总目》集部总叙云:"洎乎汉代,始有词人。迹其著作,率由追录。"①简言之,东汉或有集之实,但应无"集"之名(笔者注:需注意东汉与建安的关系,详下文所述)。

从"名"的层面,文人诗赋诸体作品编称"集",《隋书·经籍志》云:"自灵均已降,属文之士众矣,然其志尚不同,风流殊别。后之君子,欲观其体势,而见其心灵,故别聚焉,名之为集。"②又晁公武《郡斋读书志》云:"昔屈原作《离骚》,虽诡谲不可为训,而英辨藻思,闳丽演迤,发于忠正,蔚然为百代词章之祖。众士慕向,波属云委。自时厥后,缀文者接踵于斯矣。然轨辙不同,机杼亦异,各名一家之言。学者欲矜式焉,故别而序之,命之为集。盖其原起于东京,而极于有唐,至七百余家。"③两说均认为称"集"名,缘于为别诸家之文而各集一家。根据《后汉书》中《文苑传》及其他文士传罗列篇目烦琐,似可推知早期称"集"的本意在于集合诸体文章于一书,遂笼统冠以"集"名。既避免了烦琐,又能起到简明之效。关于"集"之称的出现,有下述诸说:

3.4 出现在东汉

此说最早见于《隋志》,称"别集之名,盖汉东京之所创也",又《文献通考·经籍考》引吴兢语称"盖东京别集之名,实本于刘歆之《辑略》,而辑略又本于《商颂》之辑云"。按《国语·鲁语下》载鲁大夫闵马父语云"昔正考父校商之名《颂》十二篇于周太师,以《那》为首,其辑之乱曰",韦昭注"辑"为"成也"。吴兢据《商颂》十二篇的集合形态而将"辑"视为"集",刘歆《辑略》之"辑"也取"集合"之义,"辑"与"集"两字本相通。而早期文集的确是集合诸体篇目的文章汇在一起,也属一种"集合"。所以认为文人集称"集"受到上述两者的诱发,是有道理的。

《隋志》说东汉已有"集"名也是可信的,按曹丕《与吴质书》云:"昔年疾疫,亲故多离其灾,徐陈应刘,一时俱逝,痛可言邪……,顷撰其遗文,都为一集。"此书撰写在东汉建安二十三年(218),"都为一集"即《邺中集》,现存资料中文人集称"集"始自此。即东汉曹氏主政的建安时期,开始明确出现名实兼具的文人集编纂。由于古人并不认同建安时期曹氏政权的合法性,故认为东汉出现"集"名是可以的。但同时也考虑到建安紧接曹魏,文学史也已经习称魏晋文学自觉,实际曹丕《典论·论文》即撰写在建安时期,故笼统也称"集"名出现在魏。近人刘师培即认为:"至于东汉,文人撰作,以篇计,不以集名"④,又称:"六朝以前,文集之名未立。"⑤实际就是如此区分,他不会不清楚此条材料。而徐有富先生认为"别集起源甚早,东汉以集命名别集是可信的"⑥,也是基于建安时期文集编纂的实际,两说均可。总体而言,两汉不存在文人集,东汉虽然开始萌生编集子的初步意识。为了避免混淆,似可表述为"集"名出现在曹氏主政的东汉建安时期,开启了魏晋编纂文人"集"的先河。

---

① [清]永瑢等《四库全书总目》卷一四八,第1267页。

② 《隋书》卷三五,第1081页。

③ [宋]晁公武《郡斋读书志》卷一七,孙猛点校本,上海古籍出版社,1990年,第801页。

④ 刘师培《论文杂记》,第173页。

⑤ 刘师培《论文杂记》,第180页。

⑥ 徐有富《先唐别集考述》,《文学遗产》2003年第4期,第32页。

3.5 出现在魏晋

朱自清根据《与吴质书》“撰其遗文,都为一集”的记载,认为:“文集之起源,应该在三国时……文集之名虽始见于此时,而‘文集,一词乃泛称,而非如后日之为专称……恐怕自晋以后始有文集。”①在“文集”的起源上也是将建安与东汉切割,似属约定俗成。朱自清又称:“挚虞《文章流别集》,是‘集’之始。这是总集而以集名者。至于别集(一家一家的集子),还要后起。”②根据曹丕《文帝集序》,此时的“集”已为专称,而且是别集以“集”名者(笔者注:曹丕明确给自己的集子写序,是已有曹丕集之证,而称为“文帝集”当属曹丕殁后改题。根据现存资料,曹魏时可能还存在《孔融集》《孔臧集》等)。刘师培《搜集文章志材料方法》云:“自《汉志》本刘氏《七略》,列诗赋为四类,诸家所作,均以篇计,《后汉书》各传亦云凡著文若干篇,是两汉并无集名也。集名始于魏晋。”所以,认为魏晋时期出现“集”名是比较符合历史实际的。

需要说明的是,文人集称“集”是出于国家藏书机构秘阁整理或他人编辑的结果,文人自编集且称“集”出现在南朝梁时。但《四库全书总目》卷一四八《别集类》小序称“其自制名者,则始张融《玉海集》”,又清人撰《唐书艺文志注》云:“《四库提要》集始于东汉,荀况诸集后人追题也。后人集其文故谓之集至融始,自名曰《玉海集》《金波集》。”③实则有误,按《南齐书·张融传》云:“融自名集为《玉海》,司徒褚渊问《玉海》名,融答:‘玉以比德,海崇上善。文集数十卷行于世。”④知张融自名其集日“《玉海》”,而非“《玉海集》”。《隋书·经籍志》“《张融集》”条小注据自阮孝绪《七录》称“又有张融《玉海集》十卷、《大泽集》十卷、《金波集》六十卷”,知阮孝绪在著录时称《玉海集》,而非张融自称,这也是自编集称名和史志著录称名的区别。作品编自称“集”当始自北齐李概,《北史》本传称“自简诗赋二十四首,谓之《达生丈人集》”。南朝梁萧绎在《金楼子·著书篇》中自称有“《集》三帙三十卷”,似也属自称集之例。

4 结语

根据本文的梳理和探讨,得出了下述三条结论:(一)“别集”之称主要源自《诸葛亮传》“别为一集”的说法,意味着集子脱离史部而独立,既属新的史学叙述体例,也反映了早期文人集产生的一种路径。(二)“别集”主要是作为文献分类的类目名称,魏晋南北朝时期主要使用“集”“文集”“杂文集”诸称,实际即文人别集。(三)“别集”的起源存在“实”和“名”两个层面,真正意义上的“别集”起源于魏晋。考察别集起源和形成的过程,有助于了解魏晋南北朝集部确立的内在动因。

(原载于《中国典籍与文化》2016 年第 4 期)

---

① 刘晶雯整理《朱自清中国文学批评研究讲义》,第 131 页。

② 刘晶雯整理《朱自清中国文学批评研究讲义》,第 131 页。

③ [清]佚名《唐书艺文志注》卷四,清藕香簃抄本,第 840 页。

④ 《南齐书》卷四一,中华书局,1972 年,第 730 页。

丁日昌致翁同龢信札考释

张燕婴

丁日昌(1823—1882),字雨生(一作禹生),号持静,广东丰顺人。年二十成秀才,后屡应乡试不举。咸丰四年(1854)因"潮州军功"入仕,历任万安、庐陵知县。同治初,入曾国藩幕府,受到曾国藩与李鸿章赏识,被举荐至上海专办兵工,参与筹设机器制造局。同治四年(1865)授苏松太道,旋升两淮盐运使。同治六年任江苏布政使,升江苏巡抚。光绪元年(1875)转任福建巡抚,兼督船政。五年加总督衔,会办南洋海防、节制水师,以病辞未就。

政务之余,丁氏亦重著述之事。从赵春晨整理的《丁日昌集》(上海古籍出版社,2010年)收录的情况来看,计有奏稿十二卷、公牍七十七卷、书信八卷、文四卷、诗词联语八卷,外如《红楼二百咏序评》一卷、《百将图传》二卷、《淮鹾摘要》三卷等不一而足。总体而言,丁著恰好是其"吏治、洋务冠绝流辈"①的一生的传真写照。相比之下,由于丁著中反映个人心性的作品较少②,难免其人生的真实状态隐没在倥偬政事中。

国家图书馆藏《常熟翁氏亲朋书札诗翰》(索书号17950)第十八册中有丁日昌致翁同龢手札十二通,均未收入《丁日昌集》。因系私人间的通信③,可从中略见其友朋雅谈、赏玩古籍、摒挡出行、乡居养疴的点滴生活细节,亦见其专办船务、巡阅台闽、陈情疏奏的繁忙政治生涯,更贯穿着清廷就中秘换约、古巴华工问题、马嘉理事件、日本占领琉球等事与各国艰难交涉的重大外交史实。今整理如下,并约略揭橥其间史实情态。

一

叔翁先生大人阁下:

往返彼此相左,至为怅歉。承璧之件,极佩清操。但区区菲礼,尚非来自不义,仍以奉上,伏希大君子一笑存之。行期准于廿四,今日在寓收拾行李,不复出门。如蒙赐顾,

① 李鸿章:《复丁雨生中丞(同治十一年九月十一日)》,《李鸿章全集》第30册,安徽教育出版社,2008年,第474页。

② 比如这批书札的收信人翁同龢,因有几百万字的日记传世,人们甚至可以了解到他每日衣着饮食起居等细节。

③ 赵春晨整理的《丁日昌集》(上海古籍出版社,2010年)中,因"丁日昌的书信以往未曾单独结集出版,本书所辑书信主要采自丁日昌著、李凤苞编《百兰山馆政书》和佚名编《丁中丞抚闽书牍》",只有"少量据手稿录出者"(《丁日昌集》,第865页脚注①)。可知收录的手札不多。其中致翁和龢的两封信,分别出自《丁中丞抚闽书牍》和《百兰山馆政书》,因此都不是真正意义上的私人通信。

敬当拱候。此请台安,惟希丙照,不尽依依。

愚弟丁日昌顿首。

按,《翁同龢日记》记同治八年(1869)四月二十一日"访丁中丞……未晤。丁中丞赠新刊《通鉴》,受之,又赠百金,却之。"次日,"中丞复以书来赠金,却之……诣丁中丞处长谈"①。与本札所言时间(二十四日之前)、事件(丁氏有所馈赠,翁氏回绝;丁氏作书再赠,并约翁氏见面)均合符节②,可知本札作于同治八年四月二十二日。本年四月二十七日为翁同龢四十寿辰③,丁日昌所赠或即寿礼。

同治六年十二月十八日,任江苏布政使不满一年的丁日昌升任江苏巡抚④,同治八年三四月间进京陛见⑤。封疆大吏、股肱之臣的人生方始展开,此时的丁氏当自有抱负在胸中,这从他同治七年正月十三日所上《谢恩请陛见疏》⑥中可概见。

二

叔平先生阁下:

陈荔秋比部⑦已为代邀,可否仍约伯翁⑧、芍翁⑨同听海客之谈乎?敬请台安。

弟日昌顿首。

按,《翁同龢日记》光绪元年(1875)四月初九日记:"申初赴丁雨生招,陈荔秋、彭芍庭、潘伯寅在座。荔秋名兰彬,癸丑庶常,其人磊落,尝至美国及古巴国。古巴诱致华民五六万,伊欲以口舌争令归国,犹未得要领也。"⑩与本札提及的人物、事件("同听海客之谈")均同。

---

① 翁同龢著,翁万戈编:《翁同龢日记》,中西书局,2012年,第721、722页。

② 按,《翁同龢日记》光绪元年五月二十四日记:"丁雨生(有赠,却之,赠新译各种书,并沿海图,受之)、荣仲华来此夜饭。"(第1171页)虽所言事与本札亦似相同,然时间并不吻合,故可排除之。

③ 《翁同龢日记》,第722页。

④ 《清穆宗实录》卷二一九,《清实录》第49册,中华书局,1987年,第881页。

⑤ 孙淑彦:《丁日昌先生年谱》,黑龙江人民出版社,2006年,第197页。丁日昌应于四月十八日觐见了同治帝(《翁同龢日记》,第721页)。

⑥ 《丁日昌集》,第11页。

⑦ 即陈兰彬(1816—1895),字荔秋,广东吴川人。咸丰三年(1853)进士,授刑部主事。同治十一年(1872)以留学监督身份率领第一批留学生赴美。光绪四年(1878)出使美国、西班牙、秘鲁。回国后历任兵部、礼部侍郎及会试阅卷大臣等职。晚年归里,主编《高州府志》《吴川县志》。著有《使美纪略》《毛诗札记》《治河刍言》等。

⑧ 应即潘祖荫(1830—1890),字伯寅,号郑庵,江苏吴县人。咸丰二年(1852)进士。官至工部尚书,军机大臣。通经史,擅楷法,藏金石甚富。著《滂喜斋读书记》《郑庵诗存》《文存》《潘文勤公杂著》。辑刻《滂喜斋丛书》《功顺堂丛书》。

⑨ 应即彭祖贤(1819—1885),号芍亭(又作芍庭),长洲人,彭蕴章第四子。咸丰五年(1855)举人。官至湖北巡抚。尝辑刻《长洲彭氏家集》。时任顺天府尹。

⑩ 《翁同龢日记》,第1162页。

且四月初七日翁同龢曾拜访陈兰彬，未能晤面；夜邀丁日昌便饭，并约陈氏，而陈氏未至①。或即因此，翁同龢请丁日昌出面约请陈氏，丁日昌则建议再约潘祖荫、彭祖贤二人，遂成四月初九日之局。

同治九年(1870)，丁日昌举荐时为刑部主事的陈兰彬为幼童出国副使②。同治十一年秋，首批留学生在容闳、陈兰彬带领下赴美，开中国留学教育之先河。陈兰彬在美期间，被委任为古巴专使，往古巴调查了解古巴华侨生存状况。有关研究显示：陈兰彬调查团于1874年3月到达哈瓦那，1874年5月8日结束调查，陈兰彬回国禀报调查情形，10月调查报告写成，年底呈递总理衙门，后续清廷即以此报告为依据与西班牙(古巴时为西班牙殖民地)交涉华工保护的问题③。这就是丁札与翁氏日记所言之背景。

三

叔平先生阁下：

昨日小有感冒，明日之约恐不能践，可否改迟数日再来闲寓何如？此请台安。芍、伯二公均求转致。

弟日昌顿首。

附呈药物四种，并乞赏收。宋板《集韵》一包并缴。

按，《翁同龢日记》光绪元年(1875)四月三十日记："诣丁雨生谈，并问其疾。"④或即翁同龢得知丁日昌有恙故前往探视。暂系本札于此。

翁同龢所藏宋版《集韵》为南宋初年明州刻修补本⑤，同治四年二月十五日购得⑥，同治十年潘祖荫见过此书⑦。丁日昌雅好藏书，为官之余，以搜罗古籍善本为乐。尝自称"中岁嗜古籍，简编时在手。佞宋复佞元，第恨乏科斗"(《园居杂咏十一首》其四)⑧。因此当他得知翁同龢有宋版《集韵》时，难免要有一饱眼福的愿望。

四

叔坪仁兄大人阁下：

都门养疴，数得蒙饮食教诲，两月之密，足补八年之疏矣。敬维道履康绥，至为慰颂。头痛不知复作否？薄荷油不可常抹，多抹久恐毛贯太开，受风尤易；不如服理气补血之药以清其源，节饮食、少应酬以遏其流。公之身为天下有用之身，非比弟等，荣枯开

---

① 《翁同龢日记》，第1161页。

② 孙淑彦：《丁日昌先生年谱》，第220页。

③ 陈晓燕：《古巴华工案与晚清外交近代化》，《浙江社会科学》2005年第3期，第163页。

④ 《翁同龢日记》，第1167页。

⑤ 此本民国时由翁氏后人携往美国，今已为上海图书馆购回。

⑥ 《翁同龢日记》，第403页。

⑦ 据潘祖荫观款，《上海图书馆藏善本题跋真迹》叁，上海辞书出版社，2013年，第299页。

⑧ 《丁日昌集》，第1175页。

谢,无关得失也。伯寅已痊愈否?饮食起居日常否?每欲奉讯安否,辄恐元规尘污人,坐是愧恧中止。与公别已六十日矣,忽忽如有所失,心中目中梦中醉中,无一时一刻无我公流连辗转于方寸之间。屡屡作书伸悃,伸纸复废,今南行在即,不能不倾吐于知己之前矣。弟到津后,闭门养疴,李伯相[①]礼意有加。然此间实无所事事。病势虽未痊可,亦未加增。六月中奉命与秘鲁国换约,与该酋龂龂争持,增入"除去凌虐华工"各条款数则,英使威妥玛从旁为之推波助澜,不禁怒发冲冠,愿与偕亡,触动肝气,是晚呕血旧症遂尔大作。然当时该酋等见弟丝毫不能迁就,条款亦遂照办。或者从此十数万华工不致常沦苦海,虽贱疾因此沉痼所不惜也。威酋复因滇事得有授意,确据大肆要求。弟病势深矣,不能复有所赞助。昨日已陈吁回籍调理,得旨后拟即由运河南下,屈指到家已在庾岭梅开时矣。南北万里,无由合并,用是恋恋。自念踽踽独行,特世所唾弃,我公独赏识之于牝牡骊黄之外,每一念及,辄中夜起立,仰天太息。又自念积劳神瘘,积惧气馁,病势已入膏肓,终不能有所树立表建,以上副期许,辄复爽然自失,沮丧若有不可终日者。相距虽远,轮船易通,尚求时赐教言,规其失阙,则衔感无有已时也。

海上波澜,方兴未艾,外攘由于内修,时事若再因循,则长此泄泄岘岘,岂尚可以身立?我公目击时艰,当必慨然三叹也。弟本不能作字,病中潦草弥甚,伏乞原宥,死罪死罪。敬叩道安,伏祈心鉴,临风惆怅,不知所云。

弟日昌顿首,七月十八日。

附呈气垫二件,未知车中合用否。

按,札中提及"六月中奉命与秘鲁国换约"一事,则本札当作于光绪元年(1875)七月十八日。

光绪元年五月初七日,丁日昌授北洋帮办大臣,谕令赴天津,协助北洋大臣李鸿章商办对外事宜[②]。六月十一日,李鸿章上奏称"此次秘鲁换约,虽属照例之事,惟访闻华工在彼人数颇多,受苦情形几与古巴相等。臣拟于前定查办专条互换时,再由换约大臣给与照会,令将以前虐待华人各情弊严为禁革"[③],这就是丁札说与秘鲁换约时"增入'除去凌虐华工'各条款数则"的背景。六月十三日,清廷批准李鸿章的上奏,派丁日昌与秘鲁换约[④]。七月初七日,条约互换完成[⑤]。丁日昌有《秘鲁国换约事宜疏》(与李鸿章合上[⑥])、《照会秘鲁国爱钦使》、《爱使议立凭单》、《与爱使互换执据》[⑦]等奏,详细说明换约过程中的交涉情形,可参看。此外,丁日昌进一步提出后续保障华工利益的措施,称"我若无使臣在彼,则华工相隔七八万里,其保护与否、除弊与否,乌从而知之?即知之又乌从而拯救之乎?合无仰恳天恩,迅

① 即李鸿章,时任北洋大臣。

② 《清德宗实录》卷九,《清实录》第52册,第187页。

③ 《请派丁日昌商办换约片(光绪元年六月十一日)》,《李鸿章全集》第6册,第327页。

④ 《清德宗实录》卷十一,《清实录》第52册,第216页。

⑤ 《秘鲁国换约事宜疏》,《丁日昌集》,第200页。

⑥ 《秘鲁换约事竣折(光绪元年七月初八日)》,《李鸿章全集》第6册,第340—341页。

⑦ 《丁日昌集》,第199—202页。

派正使、副使前往秘鲁,按照条约等件,凡遇可以为华工保护除弊之处,随时商同该国,妥立章程,是此日在水火十数万之华人将死而得生、已危而复安也”[①]。惟是时清廷国力太弱,内忧外患纷呈,已无能力顾及秘鲁华工的利益[②]。

英国政府为在中国西南扩张势力,拟修建缅甸仰光到云南思茅地区的铁路。同治十三年(1874)末派上校军官柏郎率武装探路队近二百人,探测从缅甸进入我国云南的路线。英国驻华使馆职员马嘉理奉命在云南接应。光绪元年正月,在未先行知会地方官的情况下,马嘉理代领武装探路队员闯入云南,并扬言要进攻腾越城(今腾冲),遂与当地居民发生冲突被杀。是为“马嘉理事件”,又称“滇案”(本札称“滇事”)。英使威妥玛就此案向总理衙门提出派员观审、偿款、免厘等六项要求,并不断给清政府施加外交压力,声言将派兵入滇。当时新疆正面临来自中亚、受英国支持的阿古柏军侵略,沙俄也出兵占领了伊犁地区,清廷方命左宗棠收复新疆。由于担心西南边疆再起事端,遂命李鸿章、丁日昌妥善办理此事[③]。这就是本札称英使威妥玛“因滇事得有授意,确据大肆要求”的背景。

《翁同龢日记》记光绪元年三月二十六日至五月二十五日之间与丁日昌见面长谈十余次[④];而此前二人谋面,则是同治八年四月间的事[⑤],此即札中“数得蒙饮食教诲,两月之密,足补八年之疏”之所指。

五

叔翁仁兄大人再览:

前函率就,无便未发,适折弁回,奉旨赏假两月,并赏赐人参。自顾孱躯,难酬高厚,抚躬循省,感激涕零。此时惟有连求医药之一法。津门苦无良医,李伯相云:湖北有候补道陈君,岐黄极精,已函托雅兄玉夫[⑥]先生转饬陈君,由轮船北来,闻伯相系函嘱盐道蒯公[⑦]代回。未知陈君能远行否?倘公有竹报时,乞询及为幸。比来饭食已稍进,惟血症尚未全止。知念并及,载请台安。

弟日昌又叩,七月廿三日。

赏参辗转多手,脱胎换骨,绝非庐山真面矣。然虚声可以吓鬼,或者病魔从此遂当远避乎?又叩。

按,从内容看,本札与上札接续,当作于光绪元年(1875)七月二十三日。在与秘鲁换约

---

① 《请派正副使赴秘鲁保护华工片》,《丁日昌集》,第202页。

② 关于秘鲁华工问题的研究,可参瓦特·斯图尔特的《秘鲁华工史(1849—1874)》(海洋出版社,1985年)。

③ 《清德宗实录》卷十四“光绪元年乙亥七月壬戌(二十八日)”条,《清实录》第52册,第252页。

④ 《翁同龢日记》,第1160—1171页。

⑤ 《翁同龢日记》,第718—722页。

⑥ 即翁同爵(1814—1877),字侠君,号玉甫,江苏常熟人,翁心存次子,翁同龢之兄。以父荫授官,由生员而至盐运使,历官陕西巡抚、湖北巡抚,卒官湖广总督。著《皇朝兵制考略》。

⑦ 即蒯德标,字蔗农,安徽合肥人。道光二十四年(1844)举人。历官湖北盐法道、湖北按察使、湖北布政使、台湾布政使、广东布政使。

过程中，丁日昌因动怒引发呕血旧症，奏请回籍调理。所以上札中有“得旨后拟即由运河南下，屈指到家已在庾岭梅开时矣”的设想。不过朝廷仅批准其在天津休息两月[①]。惜天津无良医，李鸿章欲从湖北为丁日昌延请名医，所以丁氏在本札中拜托翁同龢询问时任湖北巡抚的翁同爵此事进展，急于求治之心态显露无遗。

六

叔翁仁弟大人阁下：

到上海时曾肃一函，谅邀鉴照。迩来头晕之症已霍然否？吾弟身子并不结实，皆因悲天悯人之故，务望少读书、少应酬、少用心，将此身料理结实，则进退俱绰然矣。日昌初到工次，未谙门径。幼丹[②]慷慨能任事，是其所长；过信洋人，未能深求其故，是其所短。补帆[③]在台湾，饱受瘴气而回，病状委顿殊甚。南北司水火颇深，殊切杞忧。贱恙依旧，呕吐少止，而海风吹人，头痛欲裂。所可告慰者，几席间可看拍天巨浪耳。计芜函之到日，已椒酒之迎年，顺叩新祺，不尽百一。

如小兄日昌顿首，十月廿一日沕于船政署中。

按，光绪元年（1875）八月二十七日，丁日昌被任命为福建船政大臣[④]。十月十二日到任莅事[⑤]。本札末署“沕于船政署中”，则当作于此后；又札中有“日昌初到工次，未谙门径”云云，则其时到任未久，故本札作于光绪元年十月二十一日无疑。

丁日昌之任福建船政大臣，乃由其前任沈葆桢举荐。光绪元年八月十八日，沈氏奏称“臣思维再四，计惟有北洋帮办大臣丁日昌，果毅精明，不避嫌怨，近日讲求洋务罕出其右者。可否仰恳圣恩，准派丁日昌督办船政”[⑥]。不过从本札与其他几封写给翁同龢的信来看，丁氏对沈之事功则小有意见，如曰：“幼师本一清正之人，无奈偏信日意格，是其短处。”[⑦]又曰：“幼丹在台时劝捐海防，某一文不舍；迨兄经手，遽捐至五十万，又来揭阳添捐二万。台中绅民闻兄劝办捐务，亦纷纷捐至十余万。可见人孰无良想，上游不能鼓舞振作之耳。”[⑧]光绪二

---

① 《清德宗实录》卷十四“光绪元年乙亥七月甲寅（二十日）”条，《清实录》第52册，第247页。

② 即沈葆桢（1820—1879），本名振宗，字幼丹，又字翰宇，福建侯官人，林则徐之婿。道光二十七年（1847）进士。咸丰同治间与太平军作战，屡有军功。同治六年（1867）出任福建船政大臣，十三年赴台湾办理海防。光绪元年（1875）升两江总督兼南洋大臣，负责督办南洋水师。卒于任。

③ 即王凯泰（1823—1875），字幼轩，号补帆，江苏宝应人。道光三十年（1850）进士。咸丰间在籍襄办团练，后入李鸿章幕。同治间历任浙江督粮道、浙江按察使，六年（1867）迁广东布政使，九年授福建巡抚。卒于任。著《台湾杂咏》等。

④ 《清德宗实录》卷十六，《清实录》第52册，第273页。

⑤ 丁日昌：《莅工任事叩谢天恩折（光绪元年十月十五日拜发）》，《丁日昌集》，第101页。

⑥ 沈葆桢：《船政需人甚急请派重臣接办折》，《沈文肃公政书》卷四，清光绪六年（1780）刻本，七十七叶。

⑦ 《致翁叔平侍郎台字第□号书》，《丁日昌集》，第954页。

⑧ 《复翁叔平尚书书》，《丁日昌集》，第982页。

年闽省水灾后,沈葆桢曾出金三千赈灾[①],足可见其爱护乡黎之心。只是非常之时,确需有非常之人,才能办非常之事,丁氏是也[②],沈氏非也。

俞樾《赠太子少保谥文勤福建巡抚王公神道碑》记王凯泰得病情形曰:“光绪元年五月,由省赴台,维时炎曦毒雾,酷暑郁蒸,公以国事为重,不避艰险……七月初,亲诣凤山,时已得痰湿痞满之疾。至八月,病日臻……九月,乃以疾闻,请一月假。而刘夫人卒于家。公蠹焉心伤,然不敢以私废公,治事如故。十月初,以整顿台地并巡抚兼顾省台大局事宜入告,拜疏后即内渡,甫至省城,而疾不可为矣。同治初,公入都,坠车,伤于股,气血衰耗,自此始。其回闽抚任也,本舆疾以往,又在海外积劳,且受瘴疠,宜其疾之不起也。”[③]可与本札所言参看。而《神道碑》称“光绪元年冬十月甲戌,福建巡抚王公巡阅台湾,还至于省城,越十有三日丙辰,薨于位”[④]。光绪元年十月甲子朔,甲戌为十月十一日,越十三日即十月二十三日为丙戌,而丙辰则为十一月二十三日。光绪元年十一月十四日,以王凯泰病故,授丁日昌福建巡抚,兼办船政[⑤]。可知《神道碑》作“丙辰”误。

《翁同龢日记》记光绪元年九月初二日“得丁雨生书,寄帖子来,以兄自居”[⑥]。可知本札以上各札末丁日昌自称“弟”,而本札及以后诸札末则署“兄”,实出于此。

七

叔平仁弟大人阁下:

闰五月初七奉五月十七日赐书,语长心重,洒然若侍谈左右,披拂清风。所谓自强之术,宜先立骨鲠之臣,然后徐俟其定,以观其敝等语,于中外之情一语破的,快若干镆之锋豪可以削铁,明若秋日之在霄,万物之情态无能揜护而遁藏也。然今日所谓骨鲠之臣者仅乎,浮薄鄙陋之夫,非可滥膺使事。彼族固已深窥吾中国无人,而后敢于挟制要求,迨利权全然断授,中国乃徒拥虚号。读公“统中土之利权,谁能知此,谁能肩此?另想消息”之言,辄俯仰歔欷,仰天太息而不能已已也。滇案自已了结,都门八条已敷衍于前,烟台三端复将就于后,无术挽回,惟有痛哭。日昌不职召灾,闽省骤被大水,虽设法救援,全活颇多,而未能绸缪未雨,愧对遗黎,引咎自劾。圣恩优容,不即立赐罢斥。然自此劳碌病势,弥不可为。其时徒以滇事未了,未能乞身。秋闱搘柱旬余,病乃大发,不得已扶病出闱,吁请开缺调理。苦此间良医绝少,稍读《医方集解》,便以和缓自居,多服一药便病重一分,枝梧揜护,虽即长逝不返,而医尚自诩其道高也,伤哉伤哉!公前骑马

① 沈葆桢:《复丁雨帅(三)》,《沈文肃公牍》卷八,福建人民出版社,2008年,第331页。

② 即如翁同龢就认为丁日昌“其人终是霸才,可用”(《翁同龢日记》,第1160页)。

③ 俞樾:《春在堂杂文续编》卷一,清光绪刻本,三十三叶。

④ 俞樾:《春在堂杂文续编》卷一,二十九至三十叶。

⑤ 《清德宗实录》卷二一,《清实录》第52册,第334页。

⑥ 《翁同龢日记》,第1189页。

受伤，当早已霍然，虽云骑者善随，然究不如不骑之为愈也。筠仙[1]慨然西行，其人极有血性，然过于忠厚，或恐能融洽而不能分明。玉兄推公之爱，手书往复者再，其在楚，挽回积弊，举重若轻，鄂人之官于闽者恒道之。李崧臣[2]孝廉卒未来见。日昌行将去此，恐无缘再晤面也。力疾手肃，敬请勋安，匆匆，百不尽一。

如兄日昌顿首，八月廿一夜。

此间积弊以延搁词讼、瘐毙平民为第一弊政。半年以来极力整顿，今词讼已清至十之六七，囹圄则应办者办，应释者释，已清至十之八九矣。人皆议弟过严，然非严则万办不到此。惟小民颇为得所，而官绅则怨之又怨矣。过承知爱，并以奉达。

再，临淮在此数年，刚愎昏庸，坐令闽事疲敝至此，固无足取。然在敝处，势处瓜李，固患不着劾之也。临淮滥保柯抡[3]一案，潞国曾屡次面商，尚答以事虽应劾，但系某未到任以前之事，当可从缓。讵初间入闱，而潞国即会衔疏劾，开门后送到疏稿，追之业已无及。而事属因公，又未便过于迁避，兼以滇事如此敷衍，只可自行引退而已。公知我最深，故密以奉布，阅后即付丙为叩。又叩。

按，札首称"闰五月初七奉五月十七日赐书"，且据札中内容知丁日昌正在闽省为官。此期间仅光绪二年（1876）有闰五月，而《翁同龢日记》光绪二年五月十七日确有"答丁雨生函"[4]的记载，则本札当作于光绪二年八月二十一日。

上文提及丁日昌曾参与马嘉理事件（本札称"滇案"）后的对英交涉事。该案直到光绪二年七月二十六日中英签订《烟台条约》后方始了结。条约正文包括"昭雪滇案""优待往来各节""通商事务"三个方面，此即札中"烟台三端"之所指。札中提到的郭嵩焘出使英国事，正因滇案处理过程中英方要求清廷派遣大员亲往英国道歉之由。不过这也开启了我国正式向国外派驻公使的外交新局面。

光绪二年五月中旬，闽省暴雨数日，溪流泛滥，海潮又值大汛顶涌，遂发生严重水灾。丁日昌全力救灾，详情可参《闽省水灾办理拯恤情形疏》[5]。丁氏上《不职召灾吁请褫职疏》[6]，是即札中所谓"引咎自劾"事。附信一中之所言，则可与《清理积案以苏民困片》《设法清理监押人犯并勒限查办疏》[7]参看。

附信二中所言事颇隐晦。光绪二年八月二十六日上谕称："文煜、丁日昌奏'请将借端科派办

① 即郭嵩焘（1818—1891），字筠仙，湖南湘阴人。道光二十七年（1847）进士。咸丰间佐曾国藩幕。同治元年授苏松粮储道，迁两淮盐运使。二年署理广东巡抚，后罢官回籍。光绪元年授福建按察使，旋出任首任驻英公使，四年兼任驻法公使，后称病辞归。

② 即李藩岳，字崧臣，台湾淡水人，原籍福建闽县。光绪元年（1875）举人。曾就读于福建鳌峰书院郭柏荫门下。

③ 柯抡，号健庵，湖北兴国人。同治二年进士。署福建建宁知县。

④ 《翁同龢日记》，第1246页。

⑤ 《丁日昌集》，第117—118页。

⑥ 《丁日昌集》，第119页。

⑦ 《丁日昌集》，第116—117、159—160页。

事荒谬之知县严议’一折：福建准补清流县知县柯抡，前在署建宁县任内……实属荒谬。柯抡着交部严加议处。”[①]则前此与丁日昌联名上奏弹劾柯抡的是时任福建将军文煜[②]（札称“潞国”，或以潞国公文彦博为出典）。《申报》清同治十三年（1874）二月十八日录二月四日京报，有“闽督李奏：署建宁县知县柯抡，操守廉洁，办事实心，奏请优奖”之说，可知札称“滥保柯抡”的为时任闽浙总督李鹤年[③]（札称“临淮”，或以临淮王李光弼为出典）。从本札看，丁氏始无意参劾柯抡，文煜则于丁氏主持秋闱之时联名参奏，造成既成事实。若无丁札存世，则历史的真相就被成文的公牍完全遮蔽了。至于文煜坚持而丁氏则意欲回避的原因，则或可从光绪元年十一月十四日任命丁日昌为福建巡抚当日的另一通上谕中窥见端倪：“文煜、李鹤年奏王凯泰因病出缺、李鹤年奏委藩司暂护抚篆各一折……李鹤年遽委藩司护理，殊属非是。着传旨申饬：该省办理海防并中外交涉事件，该督当与文煜、丁日昌随时会商，和衷共济，毋得稍存意见，刚愎自用，致误时机。”[④]看来李鹤年本欲保举时任福建布政使的葆亨升任巡抚，这就无怪丁氏会认为“势处瓜李”了。闽省官场的上层斗争（上札“南北司水火颇深”之说，或亦指此），令到此不及一年的丁日昌战战兢兢，如履薄冰。这一“不能说的秘密”或许也是除病痛之外他要屡辞其职的主观原因。

《翁同龢日记》光绪二年三月二十八日记曰：“出城拜客，晤……李藩岳，崧臣，台湾举人，徐宝穆之叔丈人也，徐号香云。李以新孝廉来都，而通晓事体，谈台湾事能见其实，可用才也。”[⑤]翁氏或在五月十七日的信中向丁日昌推荐此人，故丁氏回信有“李崧臣孝廉卒未来见”云云。

八

叔平仁弟大人阁下：

昨奉手书，适值台湾生番有事，兼闻西班牙复有窥伺台湾之信，力疾东渡，是以久未奉复。承嘱令亲一事，已嘱藩垣调其一缺。李[⑥]、季[⑦]二公请谥事亦嘱上详。日昌到台后，日行事件系由督署代办，已面嘱星帅[⑧]照行，渠亦应允矣。现在查看后山。该生番如同禽兽，恐非用抚所能了局。内山瘴疠尤重，汉人无不病者。日昌亦两足浮肿，诸葛公《出师表》中八字，上四字做不到，下四字即在意中矣。由后山而至前山，计须岁除方能

---

① 《清德宗实录》卷三九，《清实录》第52册，第563页。

② 文煜（1820—1884），费莫氏，字星岩，满洲正蓝旗人。由官学生授太常寺库使，历任刑部郎中、直隶霸昌道、四川按察使、江宁布政使、江苏布政使、山东巡抚、直隶总督等职，因剿捻不力革职。同治七年（1868）出为福建将军，旋兼署闽浙总督。光绪三年（1877）被召回京，历任刑部尚书、总管内务府大臣、武英殿大学士。著《文文达公纪事诗》。

③ 李鹤年（1827—1890），字子和，号雪樵，奉天义州人。道光二十五年（1845）进士。官至河道总督。

④ 《清德宗实录》卷二一，《清实录》第52册，第333页。

⑤ 《翁同龢日记》，第1235页。

⑥ 应即李殿图（？—1812），字桓符，直隶高阳人。乾隆三十一年（1766）进士。典湖南乡试、督广西学政。六十年迁福建按察使，嘉庆三年（1798）迁布政使。擢安徽巡抚，七年调福建，十一年转江西巡抚。降职，终官翰林院侍讲。

⑦ 应即季芝昌（1791—1861），字云书，号仙九，江苏江阴人。道光十二年（1832）进士。历官山东学政、浙江学政、安徽学政等职。咸丰元年官闽浙总督，二年兼署福建将军。

⑧ 即文煜。

回至台郡。恐公悬念，百忙中泐此数行，敬请勋安，百不尽一。

如兄日昌顿首，十一月廿四，台湾后山苏澳营次。

再，芍亭与兄至好，公所知也，其东床蒋君[①]弱不任事，兄以芍翁故亦遂意外置之。乃蒋君竟以千金密寄，有不能不劾之势。因芍老之故，尚参活笔。公见芍老时祈为代达苦衷，恕其事出有原。他日见芍老再负荆请罪也。又叩。

付丙。

按，光绪三年二月，丁日昌致信翁同龢，称“上年十一月曾在台湾后山苏澳递寄寸函”[②]，所言作书时间地点均与本札合，则本札当作于光绪二年（1876）十一月二十四日。本年十月十五日丁日昌由闽赴台，开始其任福建巡抚以来冬春间的首次例行巡视[③]。

《翁同龢日记》记光绪二年九月二十一日“季士周来，求致书丁雨生，为仙九师请谥。先是，闽人公请予谥，因与嘉庆中闽抚李殿图同请，李系降调人员，于例未合，故中止。李即兰孙之祖也。”九月二十八日“致丁雨生函，托季师请谥事”[④]。此即本札称“李、季二公请谥事”之由来。李氏乾嘉间曾为闽官，以“于军事无所陈奏，又不能禁止海口透漏水米火药，降四五品京堂；又以所属久羁案犯，以中允、赞善降补。寻迁翰林院侍讲，引病归。十七年，卒。光绪初，闽浙总督文煜疏陈殿图前任福建政绩昭著，谥文肃”[⑤]。季氏在福建任上未满一年即“谢职归。久之，卒于家，未予恤典”，光绪初始应文煜之奏追谥文敏[⑥]。从本札知文煜奏请追谥李、季二人，当与翁同龢拜托丁日昌有关[⑦]。

札中称“台湾生番有事”云云，可参丁日昌《勘台湾北路后山大略情形疏》《台北生番滋事办理情形片》[⑧]诸奏。至若“闻西班牙复有窥伺台湾之信”，详情可参《日国兵船来华预先筹办片》及《现探小吕宋已到兵船二号情形片》[⑨]；而此事的起因乃是上文提到过的陈兰彬调查古巴华工受虐事件后，清廷与西班牙交涉保护华工的问题。

附札所及丁日昌参劾蒋凤藻之由，据查为“本任抚臣丁日昌上年（引者按：指光绪二年）因候补知府蒋凤藻辗转函托，密交捐款，情节可疑，当经奏参”[⑩]一事。后经福建布政使葆亨调查，乃因光绪二年闽省水灾后，蒋凤藻奉命办捐，为能尽快报命，从家族祭产中筹银一千两，“正欲由沪寄闽，适奉差到彼，又值素识之船委员金德鸿亦正在沪。比闻知有轮船旋闽，遂将银两托其转呈，一面回寓缮禀。送去，轮船已开，以致漏禀”。孰料金德鸿到闽后未将款

---

① 即蒋凤藻，字香生，江苏长洲人。承南京大学徐雁平教授赐知，特此致谢。

② 《丁日昌集》，第953页。

③ 丁日昌：《勘台湾北路后山大略情形疏》，《丁日昌集》，第145页。

④ 《翁同龢日记》，第1276、1278页。

⑤ 《清史稿》卷三五九《列传》一四六，中华书局，1977年，第11360页。

⑥ 《清史稿》卷三七五《列传》一六二，第11569页。

⑦ 《清德宗实录》卷四五记赐谥二人之事在“光绪二年丙子十二月甲辰（十八日）”（《清实录》第52册，第629页）。

⑧ 《丁日昌集》，第145、146页。

⑨ 《丁日昌集》，第151、158页。晚清官方文献中称西班牙“日斯巴尼亚”，或简称“日国”。

⑩ 《申报》光绪四年正月十一日第六版录光绪三年十二月十二日京报“葆亨片”。本段所言均据此。

项交与主持赈灾的善后局，而是直接交给丁日昌，又未能说明缘由，故而引起丁氏的误会。

九

叔平仁弟大人再览：

承嘱，李孝廉藩岳确是台中寉士，惟日昌未到之前一月渠已逝世，可叹也。李、季二公请谥事，奉手书时适将下船来台，当嘱藩司上详，并请星帅代发。此次本奏明，凡本署一切奏疏，由督署代办。兹将疏稿呈电。史君[①]已嘱藩司委厘局差使，缘现严禁擅受，佐杂虽有缺，尚不如差使也。前劾蒋君一事，至今心为耿耿，乞于芍翁前说明，并非负心，实出于万不得已也。非面言不能明。疏末已参活笔，为转圜地步。兹有芍翁一信，乞饬送为叩。

名心叩。

按，本札所言为“李、季两公请谥事”及“劾蒋君一事”，均与上札相关。因无其他系年线索，故暂置于此。丁日昌《台湾生番未靖力疾渡台办理疏》中称“兹将本署应题、应奏、应咨一切事件，商由督臣代办；其日行一切公事，由藩司代印代行”[②]，可与本札及上札所言参证。上引光绪三年二月丁日昌致翁同龢札中又称“嘱史君，已为位置厘金差使，较胜得缺，缘现在严禁擅受，佐杂即有缺亦下不去也”[③]，也可与本札参看。

十

叔平仁弟大人手足：

顷奉正月晦日手谕，知二月间所肃一函尚未达览。敬谂我公自去冬以来常服补药，近体已渐复元，深以为慰。承示台事尚不能另设一省，合肥[④]议亦如此。极为见到之言。然本初此言，意别有在也。来书言举办大事，须得真人才，此真甘苦见爱者，感激欲涕。闽省既无人才，海外更乏。台中瘴疫大兴，来者辄死。前奏调高碧湄[⑤]，吴人不以为然也，然高亦终不果来。此间章奏文檄，皆系本店自造，有时十余，日夜不能合眼，不可谓不劳苦，然终于大局无济也。来书谓：此间所上，仅见筹饷一疏[⑥]，精微者不可得而见。兄以为公在密勿，不敢以俗事上渎，今抄数纸奉阅。公识微见远，当必有以教之。轮路、电线，他处不可行，而台中则不能不行，所谓以夷制夷也。台中从天主教者极多，实为心腹之忧。现经正法教首二人，又永远锁墩四人，又陆续枚毙六人。今百姓始纷纷出教。又书谓：蛮峒邛壑自专，与人无争，未可以微利歼别之。与鄙见正同。惟生番近海者，皆被彼人接济军

---

① 《翁同龢日记》记光绪四年六月十四日“得福建徐姨母函，尚健在，可喜。托其孙婿史君事”（第1401—1402页）。或即此人，惟时次稍有不合处。

② 《丁日昌集》，第141页。

③ 《丁日昌集》，第953页。

④ 即李鸿章。

⑤ 即高心夔（1835—1883），字伯足，号碧湄，又号陶堂、东蠡，江西湖口人。咸丰九年（1859）进士。出肃顺之门，先后入曾国藩、李鸿章幕府，论功以直隶州知州发江苏，官吴县知县。著《陶堂志微录》。

⑥ 当指《闽省水灾催提各省协饷疏》，《丁日昌集》，第118—119页。

火，足为心腹之忧。兄顷破格令番童进学，并筹款赈济如疏，均呈核，足以见兄之用心矣。兄去秋本已乞身，旋因彼人有觊觎台湾之举，是以藉攻剿生番为名，先事来台布置，请办各事，半系实济，半系虚声，亦欲彼人知我有备，可以潜消其窥伺之心。今闻彼人业已中止，亦可见兄之用心经营，揔胜于从前之献纳当事也。水部[①]到后，极意龃龉，若与争较，徒为世间高人长者所笑，只可避之。兄在南路巡阅，受瘴至深，顷卧榻中，不思饮食者已十余日，皆由肝病求治太急，以致如此。比又因公不能见谅于南北洋，俯仰身世，味同嚼蜡，虽欲披沥肝胆，以图报效，而身子不能做主，祗增太息。乞假一月，但此间无医无药，亦未必有效也。数人扶掖，始能勉强起坐，作此数行，然不能尽百分之一也。敬请勋安，统惟心照。临书惘惘，言有尽而意无穷。

如兄日昌顿首，三月初一日。

各稿乞阅后付丙。

按，本札称“兄去秋本已乞身，旋因彼人有觊觎台湾之举，是以藉攻剿生番为名，先事来台布置”，与第八通“适值台湾生番有事，兼闻西班牙复有窥伺台湾之信，力疾来渡”云云所言当为一事，知本札作于光绪三年（1877）三月初一日。《翁同龢日记》记正月三十日“复丁雨生……函”[②]，可与札首之言参证。同年三月二十四日，翁同龢“得丁雨生函数百言”[③]，或即是本札[④]。

光绪二年十一月，丁日昌上《省台远隔重洋难以兼顾片》，提及福建、台湾远隔重洋，交通不便，福建巡抚一职实难以兼顾两地之情形[⑤]，此当为札中提及翁同龢、李鸿章均以为“台事尚不能另设一省”的背景[⑥]。本札中丁日昌并向翁同龢说明自己巡台后所上各折的要旨，其中“轮路、电线，他处不可行，而台中则不能不行”之说，详参《统筹台湾请开办轮路矿务疏》[⑦]与《奏台湾设立电线片》[⑧]；“兄顷破格令番童进学，并筹款赈济如疏”等事，可与《添设熟番学额饬部立案片》[⑨]《内山番民饥困动款施赈片》[⑩]参看。这些政策客观上达到了纾解民困、开拓民智的效果；特别是修铁路、架电线“这些工作可能是台湾现代化的第一步”[⑪]，已足以显

---

① 当指何璟（1816—1888），字伯玉，号小宋，广东香山人。道光二十七年（1847）进士。光绪二年九月授闽浙总督。称其“水部”，或以何逊《何水部集》为出典。

② 《翁同龢日记》，第1304页。

③ 《翁同龢日记》，第1315页。

④ 本札首纸天头有墨笔题“丙子三月廿五日到”字样。丙子为光绪二年，核以《翁同龢日记》，本年正月朔日并未致信丁日昌、三月二十五日亦未收到丁日昌信札。而从本札所言诸事来看，本札作于光绪三年无疑。由此推测天头留字或有笔误。

⑤ 《丁日昌集》，第140页。时间据《清德宗实录》卷四三（《清实录》第52册，第609页）。

⑥ 李鸿章说见光绪三年正月十六日所上《筹议台湾事宜折》（《李鸿章全集》第7册，第297页）。

⑦ 《丁日昌集》，第142—145页。

⑧ 《丁日昌集》，第112页。

⑨ 《丁日昌集》，第165—166页。

⑩ 《丁日昌集》，第163—164页。

⑪ 许倬云：《许倬云说历史：台湾四百年》，浙江人民出版社，2013年，第56页。

示丁日昌作为洋务派重臣的眼光之不群。

十一

叔平仁弟大人阁下：

八月杪在揭阳奉公天津舟次手书，知有回籍省墓之行。匆遽中尚荷垂念肫切，感入心肺。旋阅邸抄，骇悉玉甫兄于秋间仙逝。吾弟得信之余，伤感如何可言。籍中料理丧葬，想亦深费一番经营，六十日为期太促，尚须展假【残】。海船颠簸，身子尚吃得住否？深以为念。兄【残】受瘴过重，足肿至膝，兼有隔食之症。假旋后始知二胞兄于四月间去世，更复无意世事，病势比尤增剧，不得已疏乞开缺。屈指四海，惟公知我最深，从此长为农夫，南北相去万里，知无合并之日，为之黯然。送上安南清花白水玉桂一枝，乞检存。此物佳者能引火归元，白水为上，绿水次之，赤水则下品矣，皮须去净，方无燥气。手战【残】亲书，口授达意。天气渐寒，诸祈眠食加意。有书乞交招商局转寄，可到也。

如兄日昌顿首，十月十六日。

按，札中提及翁同爵已去世[①]，则当作于光绪三年(1877)十月十六日。《翁同龢日记》记光绪三年十一月初四日“得丁雨生书，大约疏请开缺，寄桂一枝”[②]，从内容看，翁同龢收到的正是本札。

光绪三年(1877)七月十七日，翁同龢请假出京回籍修墓；原奉皇太后懿旨，需于九月抵京(札中称“六十日为期太促”即指此而言)；后以新遭五兄同爵之丧，迟至十月十六日回京[③]。

本年秋七月初五日，谕准丁日昌回籍养病[④]。故札中有“八月杪在揭阳”与“假旋后”之说。丁日昌“二胞兄”“讳日升，族名庆生，嘉庆九年夏六月十六日生，卒年未详，诰封光禄大夫武功将军”[⑤]。据本札可知丁日升卒于光绪三年四月间。

十二

叔平尚书仁弟大人阁下：

上年六月初十日奉五月十六日手谕，语重心长，感何可言。拟即肃复，而此后并无便人至都，故半年无一字也。献岁发春，伏惟勋福日隆为颂。日昌精神、气体初无大损，惟左右足在台受瘴发肿，不能步履，而右尤甚。去夏旨准辞差，令来京陛见。秋间足肿稍退，拟即行，而求效过急，服补剂过多，遂致旧恙全发，卧床不起者二月有余。服石羔、大黄、羚羊诸凉品殆斤许，病始稍退。然非人扶持，行即欲倒，衰态益可想矣。疆吏渡台

---

① 光绪三年八月初一日，翁同爵病逝于湖广总督任上(朱尚文编：《翁同龢先生年谱》，台湾商务印书馆，1971年，第36页)。

② 《翁同龢日记》，第1364页。

③ 朱尚文编：《翁同龢先生年谱》，第36—37页。

④ 《清德宗实录》卷五三，《清实录》第52册，第471—472页。

⑤ 孙淑彦：《丁日昌先生年谱》，第24页。

者四人，王[①]、沈[②]均先后物故，存者皆等凿齿半人，想亦不复能久。倭事尚无头绪，俄又接踵而起，群议纷纭，究竟如何归宿？吏治非彻底澄清以清内患，军政非改章整顿以御外侮，不能有济。去秋曾痛哭上陈，原稿呈阅，乞付丙。惜人微言轻，不能嘉听。尊论谓蓄全力以办铁甲，诚为中肯。然铁甲亦须三年始能竣事，及今而办，已觉其迟；今犹不办，将来更难措手。倭俄气息相通，有击首尾应之势。东三省实逼处者，似宜先为料量。俄事不慎于始者，时恐非空言所能拒绝。凡此刍荛之见，皆在洞烛之余，想朝廷固有成算，非草野所能上窥万一也。前年有《园居诗十一首》，后一首奉怀我公[③]，以其语鄙俚，久未寄呈。顷饬抄胥录寄，乞公取其意而略其词可也。适邻人邱孝廉会试，托其顺携此函，敬请勋安。天下事方未了，诸乞为时自爱，临纸依依。

如小兄日昌顿首，正月廿六日。

如蒙赐覆，乞交邱君邮递。

按，本札提及"去夏旨准辞差，令来京陛见"，应指光绪五年夏五月十七日，上谕命丁日昌病愈后即入京觐见一事[④]；且札中提及沈葆桢已去世，则本札当作于光绪六年（1800）正月二十六日。本年正是春闱之年，故札中称"适邻人邱孝廉会试，托其顺携此函"。札首称"上年六月初十日奉五月十六日手谕"，而《翁同龢日记》光绪五年五月十六日确有"发丁雨生信"[⑤]的记载，亦可证。

"倭事尚无头绪，俄又接踵而起"，分别指光绪五年日本占领琉球与沙俄胁迫崇厚擅订《里瓦几亚条约》后所引起的中外交涉事件。丁日昌有多封上书涉及两事，前者如《复闽浙督何论倭人废球事宜》《复总署书》《上总署书》[⑥]，后者如《复刘岘庄制台书》[⑦]。而札称"去秋曾痛哭上陈"者，当为《上总署论海防事宜书》，其中慷慨言道"目前东西洋环而窥我，我若加一分整顿，彼即减一分轻藐；我若早一日自强军事，彼即早一日消弭衅端。盖必我有可战之具，而后将来可出于不战；若我势不能战，而希冀旁人调停，使不出于战而出于和，则其势必至于战而后已"[⑧]，足见其为洋务派中坚之识见。

---

① 即王凯泰。

② 即沈葆桢，卒于光绪五年十一月十三日之前（《清德宗实录》卷一〇三，《清实录》第53册，第538页）。

③ 应即《后园居诗十一首》其十一，诗曰："佳节倏重九，我归行一年。南方气候殊，荷叶犹田田。荷花余几枝，篱菊开未全。美人隔云海，赠我琼瑶篇。读之涕滂沱，情思何缠绵。欲往从之游，海阔波连天。不虑道里远，但愿情意坚。秋风已策策，秋雨何连连。嘐嘐鸡鸣声，孤芳难为妍。寸心托金石，不在蹄与筌。愿各保晚节，亦兼保食眠。"（《丁日昌集》，第1181页）据本札知此诗乃光绪四年为翁同龢而作。孙淑彦系之于光绪五年（《丁日昌先生年谱》，第328、333页），恐误。

④ 《清德宗实录》卷九五，《清实录》第53册，第414页。

⑤ 《翁同龢日记》，第1464页。

⑥ 《丁日昌集》，第1002—1006页。

⑦ 《丁日昌集》，第1012页。

⑧ 《丁日昌集》，第992页。

上揭各札，分布在同治八年到光绪六年的十余年间，丁日昌从上任江苏巡抚不久意气风发的中年，变成病辞闽浙总督后的垂垂老者。其间王事与生命相互纠葛，理想与现实难免牵绊。观其手札字迹，也可想见其身饱受病痛折磨（特别是在第十一通中，丁氏提到因其手战不得不请人代笔的窘况）、其心受累于职事冲突的详情。这些正是手札整理（包括影印[①]）之于历史人物研究具有不可替代作用的具体表现。相信随着丁日昌与其友人间私人信札不断有所发现与揭布，这位晚清洋务运动中坚人物的个人形象能更加立体鲜活地再现出来。希望他（或他们）不再仅是史籍中显赫（或幽隐）的名字，而是曾经生龙活虎般存在过的人。

（原载于《文献》2017 年第 3 期）

---

① 据悉，国家图书馆藏《常熟翁氏亲朋书札诗翰》年内将由国家图书馆出版社影印出版。

清代内府刻书用"开化纸"来源探究

易晓辉

在古典文献学领域,"开化纸"和"开化榜纸"一直被视作精美古籍的标签。特别是清宫武英殿曾大量使用"开化纸"刻印书籍,其纸质洁白柔韧,细薄平滑,在文献史、印刷史上都有极高的评价,被称为"清代书籍刻印的楷模"①。黄永年曾称:"这些武英殿本讲究的都用开化纸印,有的也用开化榜纸。"②故宫翁连溪也称"用纸多为宫廷特制的上等开化纸,其纸细腻、薄而不透、挺括,洁白绵韧,无帘纹,有白玉般润目之感"③。陶湘在编撰的《清代殿版书始末记》中写道:"殿板书以开花纸印本为尤精美,予平生酷嗜之。"通常认为,"开化纸"出现于明末,因纸中常出现不规则的黄褐色斑点,又称"开花纸"或"桃花纸",一说因产自浙江省开化县而得名,也有说因"开花纸"谐音而来。而"开化榜纸"则为"开化纸"中较厚实的一种,因被用于抄写北四阁《四库全书》而著名。

2015年第一期《文献》中曾刊载厦门大学王传龙博士《"开化纸"考辨》一文,文中详细考证了"开化纸"纸名在明代以来相关的资料记载,并指出明代"开化纸"产地并非浙江开化,而可能在江西广信府一带;清代殿版书采用"开化纸"一说应为讹误,其并不同于明代"开化纸",也与浙江开化县无关,真实名称应为"连四纸"④。王传龙博士考证的结论不仅与笔者近年掌握的相关资料相印证,还解答了笔者的一些疑惑。然而该文在指出清代"开化纸"实为"连四纸"之后,并没有对清宫殿版刻书所用"连四纸"来源做进一步考证。笔者将以近些年搜集的资料和实物样本为基础,顺着清宫刻书档案所载"连四纸"这一线索,从文献记载和纸样纤维分析两方面切入,尝试揭示清代"开化纸""开化榜纸",或者说殿版刻书所用"连四纸"的来源,包括其纸张纤维成分、类别和实际产地。因目前掌握的资料和样品还不尽完备,谨期望能以此掀起"开化纸"神秘面纱的一角,抛砖引玉,为解开"开化纸"疑团尽绵薄之力。受学力和专业所限,不周之处尚祈方家斧正。

① 魏隐儒:《古籍版本鉴赏》,北京燕山出版社,1997年,第89页。

② 黄永年:《古籍版本学》,江苏教育出版社,2005年,第156页。

③ 翁连溪:《清宫武英殿刻书》,《中国典籍与文化》2000年第4期,第55页。

④ 王传龙:《"开化纸"考辨》,《文献》2015年第1期,第15—23页。

1 文献学中的“开化纸”与清宫的“连四纸”

在古典文献领域，“开化纸”是一个非常常见的概念，许多精美殿版古籍的介绍资料中，常能看到“开化纸精印”这样的描述。相较于麻纸、皮纸、竹纸等其他纸张种类，“开化纸”的外观特征非常明显，总结起来主要有以下几个方面：(1)纸质细腻，薄而匀，纸面平滑。(2)纸色洁白，受墨乌黑莹亮。(3)纸质绵软而有韧性。(4)帘纹细密，目视不明显。(5)纸面易见黄褐色浅斑。

这些明显的特征使得“开化纸”辨识度很高，很容易跟其他纸张区别，因此在一些有关文献学著作或是古籍拍卖的提要中，经常能看到“开化纸本”或“开花纸”一类的字眼。而“开化榜纸”则是一种外观跟“开化纸”极为相似，质地细腻，亦极洁白，柔软韧性强，但较“开化纸”略厚，帘纹较宽，颜色略显发乌，质量略次于“开化纸”的一种上等纸张①。“开化榜纸”多见于乾隆以后的内府印书，此时“开化纸”的质量有所下降，产量也开始减少，“开化榜纸”开始替代“开化纸”使用。

在文献学界极负盛名的“开化纸”，其纸张来源却一直扑朔迷离，颇为神秘。通常认为“开化纸”“开化榜纸”产于浙江开化，但在开化县当地的文献中竟无半点可靠的记载，造纸史上开化也并不是手工纸的规模化产区。开化县及周边至今也没发现曾有过大规模生产优质手工纸的历史遗留，当地现存几家手工纸小作坊和所谓“开化纸”非遗传承人造出的纸张跟清宫所用“开化纸”纸质天差地别。甚至在明清造纸史中“开化纸”也仅存只言片语，就连使用最多的清宫刻书档案中竟也找不到“开化纸”的相关记录。这跟“开化纸”在文献学中的地位和影响严重不符。似乎“开化纸”自乾嘉以后便随着用量的减少而悄然消失，仅在文献史中存在一段传奇。“开化纸”竟如此神秘，不得不说这既不合常规，也不合逻辑。

对于这一问题，王传龙博士给出了初步答案。即“开化纸”产于开化县一说纯属望文生义，清代殿版书使用“开化纸”一说应为讹误，可能是习惯性地沿袭了明代“开化纸”的叫法，实际名称应为“连四纸”。当代中国殿版古籍研究专家、故宫图书馆翁连溪老师在《清代内府刻书研究》中也称：“所谓连四纸，即人们常说的开化纸，清宫档案对开化纸基本没有记载，但据大臣奏折、皇帝谕旨提到连四纸印刷的图书，如《御选古文渊鉴》等，所用即为开化纸，故连四、开化，其名虽异，其义则一。”②

对于王传龙博士和翁连溪老师的结论，笔者非常认同。在近年搜集“开化纸”相关资料的过程中，对这一说法的依据做过一些梳理，一些在文献学界被认为是“开化纸”的古籍，在清代内府的刻书档案和相关的文献记载中的确能够找到使用“连四纸”的对应记录。在国家图书馆普通古籍数据库中，一些书目信息特地标注有“开化纸”或“开花纸”，标注“开化纸”的信息主要来自于书中所带的标签。这些标签据称都是一些前辈书家所留，有些甚至可追

---

① 翁连溪:《清代内府刻书研究》,故宫出版社,2013 年,第 108 页。

② 翁连溪:《清代内府刻书研究》,第 107 页。

溯到晚清民国时期,具有很高的可信度。笔者将这些“开化纸”相关的书目信息跟武英殿刻书档案进行对照,的确有关于用“连四纸”进行刷印的档案记录。例如带有“开化纸”标签的康熙二十四年内府刻本《古文渊鉴》,在清代内府刻书档案中记载则为“皆用连四纸各印百部、榜纸各印六百部”①;康熙五十二年内府刻本《御选唐诗》,内府刻书档案中记载为“即用连四纸、竹制纸刷一千部”②。另外陶湘在所著《书目丛刊》中的《武英殿造办处写刻印工价并颜料纸张定例》部分,也多处提到使用“连四纸”刷印重要典籍③。这些“连四纸”典籍在今天都常常被称之为“开化纸”本。随着近年来越来越多的学者将清宫刻书档案整理出版,清宫内府刻书所用“开化纸”的真实身份也会更加明晰。

2 殿版刻书用“连四纸”的来源

当然,关于“连四纸”的概念也是众说纷纭。在今天跟“连四纸”相关的主要是指产于江西铅山的“连四纸”以及产于福建连城的“连史纸”。跟历史上的许多著名纸张名称的情况类似,“连四纸”在不同的时期也有不同的含义。我国许多地方都曾有出产“连四纸”的记录,不同地方出产的连四纸也常有不同的叫法,仅在清宫档案和清代史料中就有“连四纸”“清水连四纸”“双料连四纸”“棉料连四纸”“竹客连四纸”“川连四纸”“毛边连四纸”“古色连四纸”等众多不同的说法。造成这一现象的原因可能有二:其一是“连四纸”可能指的是纸张的规格。元人费著在《笺纸谱》中说:“凡纸皆有连二、连三、连四笺。”④这一概念就如今天的“四尺单宣”一样,只不过由于某种规格最为普遍,逐渐演化成某种纸张的代名词。其二是“连四纸”概念的泛化,就像如今的“宣纸”,原本“宣纸”的概念仅限于安徽宣城泾县所产,用青檀皮和稻草双料混配制成的纸张,但由于宣纸的壮大所引起的概念泛化,“夹江宣纸”“富阳宣纸”“腾冲宣纸”等各个地方性纸张也都冠以“宣纸”之名。

正是由于纸张名称在不同时期不同地域极易出现泛化和混淆,对于某一种纸张来源的考证应尽量避免采用较大时间跨度的史料,尽可能以同时期同渠道的相关记载为准,否则很容易造成错讹。许多学者在提到连四纸时,常跟现代“连史纸”“铅山连四纸”的概念相混淆,认为是一种竹纸。且不说这跟“开化纸”古纸样本纤维成分分析的结果是完全不符的。在康熙年间的《江西通志》中就有记载“上饶县有黄白表纸,亦有连四纸,俱不甚佳”⑤。康熙朝正是内府刻书使用“连四纸”最为普遍,纸质也最好的时期,上饶所产“俱不甚佳”的竹制“连四纸”显然不可能是内府刻书所用最为名贵的“连四纸”。而且这句“亦有连四纸”的言外之意,也提示“连四纸”应有更佳的产区。

---

① 翁连溪:《清内府刻书档案史料汇编》,广陵书社,2007 年,第 7 页。

② 翁连溪:《清内府刻书档案史料汇编》,第 32 页。

③ 陶湘:《书目丛刊》,辽宁教育出版社,2000 年,第 215 页。

④ 费著:《笺纸谱》,清嘉庆墨海金壶本,二叶。

⑤ [康熙]《江西通志》卷二七,清文渊阁四库全书本,十二叶。

因此关于清宫武英殿刻书所用“连四纸”来源和产地的考证，还需从同时期的官方史料中寻找相关线索才最有可能避免这种概念泛化所造成的讹误。尽管在目前公开的内府档案中尚未有纸张来源的记载，但在同时期的清代史料中还是能找到有关的记录。清康熙五年韩世琦所著《抚吴疏草》卷三十九的《报销康熙三年纸张价值疏》中有如下记载：“连四纸二万张，以上共一百九十二万张，若不预行采买，必致临期有误”，以及“江南布政司遵照办解内除宁国府分办榜纸、呈文、连四等项，因开槽定造尚需时日，先经安徽抚臣会同咨部，展期在案。续据左布政使崔澄将办完江宁府纸七十五万张，太平府纸四十五万张，批差解官邢嘉祺、刘国才于四月初八日赴臣衙门挂号起解，并将各纸价值造册呈报”①。

韩世琦《抚吴疏草》卷五十六的《报销康熙四年右司分办纸张价值疏》中也记载道：“康熙三年十一月二十六日准户部咨：江南清吏司案呈，奉本部送户科抄出该本部题前事，照得康熙四年分各衙门应用毛边纸四十万张，毛头纸三十万张，绵料榜纸五十万张，台连纸六十万张，呈文纸二十万张，古连纸十万张，棉料连四纸二万张，若不预行采买，必致临期有误，相应请勅江安二抚，转檄左右藩司，动支康熙三年分地丁钱粮，照依时价速行如数采买。”②

在这两段奏疏的文字中，提到清廷采买“连四纸”涉及的机构有江南布政司、安徽抚臣、江南清吏司、江安二抚和宁国府。在清初时江南省管辖现在的江苏和安徽一带，并在顺治十八年被拆分为江苏和安徽二省。“连四纸”的分办部门宁国府在清初隶属于江南省，拆分后属于安徽省。而宁国府即为今天的宣城、泾县、宁国一带，这里从元末明初至今一直是我国宣纸的主产地。因此简单来讲，这两段奏疏所提供的信息就是：康熙初年清廷使用的“连四纸”来自安徽省的宁国府，也就是宣纸的产区。

除这两段奏疏以外，有关安徽宁国府一带出产“连四纸”的相关记载早在明代周嘉胄的《装潢志》中便有提及：“纸选泾县连四，或供单，或竹料连四，覆背随宜充用。馀装轴及卷、册、碑帖，皆纯用连四……用连四，如美人衣罗绮。”③可见《装潢志》对“泾县连四”就已有极高的评价。明代《新法算书》卷四中有“崇祯三年十月起陆续给过秋官周胤等买泾县呈文连四等纸共银二十二两四钱”④的说法。明末书画家文震亨《长物志》卷七论纸时，认为“泾县连四（纸）最佳”⑤。这里都直接提到了“泾县连四”，按照当今造纸史的研究结论，泾县从元末明初以来便一直是宣纸的产区，只是在不同的历史时期，纸张的名称有所不同。另外，清抄本《左司笔记》卷十一中提到江南省的物产时，也有“清水连四纸二万张”的说法⑥。由这些记载可以看出，泾县一带出产的“连四纸”自明代起便已有之，在清代不仅直供清政府，而且出产量较大，常以万张计。此时泾县所产“连四纸”为御用刻书之首选，质量超群，产量稳定，岁供上用，为一时之翘楚。

---

① 韩世琦：《抚吴疏草》卷三九，清康熙五年刻本，四十八叶。

② 韩世琦：《抚吴疏草》卷五六，四十一叶。

③ 周嘉胄：《装潢志》卷四十四，清昭代丛书本，十二叶。

④ 徐光启、李之藻等：《新法算书》卷四，清文渊阁四库全书本，五叶。

⑤ 文震亨：《长物志》卷七，清粤雅堂丛书本，十八叶。

⑥ 吴燮：《左司笔记》卷一一，清抄本，一叶。

3 《四库全书》所用“开化榜纸”及其来源

作为一种经常跟“开化纸”同时提及的纸张,“开化榜纸”的确跟“开化纸”有许多相似之处。前述有关“开化纸”的许多史料文献当中,也多处同时提到“榜纸”。可见二者应为有一定相似性的两个不同纸张品种。关于清宫内府所用“开化榜纸”,名气最大莫过于乾隆年间所成《四库全书》,笔者首次参观文津阁《四库全书》时,便听前辈专家称北四阁俱为“开化榜纸”所抄。跟“开化纸”的情况类似,清宫内府刻书档案中未见使用“开化榜纸”这一字眼的记载,清代各类史料中极少有相关的说法。

而关于北四阁《四库全书》的用纸,在清宫内府刻书档案中则是有详细记载的,乾隆四十七年八月二十日,永瑢、英廉等人在给乾隆的奏章中写到“现办《四库全书》,俱用金线榜纸”[①]。而这个“金线榜纸”,在清宫档案的用纸记录中偶有所见。然而对照北四阁《四库全书》经、史、子、集各部书籍的形制,全部都是白纸朱丝栏纸样,并未有任何特征跟“金线”有关。关于这个“金线”,笔者认为应是“泾县”的谐音,因为清宫档案中亦有“泾县榜纸”的纸名。并请教过翁连溪老师的看法,翁老师表示谐音说法有一定可能性。“金线榜纸”从字面看比“泾县榜纸”更容易辨识,也更显档次,符合《四库全书》的定位,无论是有意为之还是无意使然,都是有可能的。美国普林斯顿大学葛思德东方图书馆曹淑文在《普林斯顿大学加勒特书库藏本〈大清世祖章皇帝实录〉》中对“金线榜纸”和“泾县榜纸”有过考证,认为“金线榜纸”即为“泾县榜纸”[②]。纸张名称的谐音叫法其实并不稀奇,譬如富阳元书纸中的“京仿纸”如今被称作“京放纸”,汤志钧先生《梁启超论孟子》中所说“金糕纸”实为产于浙江的“京高纸”。

此外,在泾县的地方志中还发现有“金榜纸”的说法,可以与之相对照。清乾隆十八年修《泾县志》记载:“食货之属,泾县供上用者曰金榜,高四尺,阔四尺五寸……曰连四,曰公单,悉常用……皆皮为之。”[③]嘉庆十一年修《泾县志》也记载:“金榜……连四……皆皮为之。”[④]县志中不仅有“金榜纸”,还有“连四纸”,这个“金榜纸”跟“金线榜纸”乃至“泾县榜纸”是否为同一种纸,此处不做进一步推测,仅供参考。另外县志所述“皆皮为之”也是一个非常重要的信息,这同笔者纤维分析的结果是吻合的,本文后续将详细论述。

当然,除了上述的考证,《四库全书》的“泾县榜纸”在史料中也确有其说法。清代著名藏书家周广业曾在清廷编纂《四库全书》时担任校勘,在他的《过夏杂录》卷四中曾有专门记载:“《四库全书》计三万六千卷,先写成四分,计共十四万四千册,分贮文渊、文源、文津、文

---

① 翁连溪:《清内府刻书档案史料汇编》,第324页。

② 曹淑文:《普林斯顿大学加勒特书库藏本〈大清世祖章皇帝实录〉》,《宫廷典籍与东亚文化交流国际学术研讨会论文集》,2013年,第457—472页。

③ 转引自曹天生:《中国宣纸》,中国轻工出版社(第二版),2000年,第76页。

④ 《泾县志》卷五,民国三年重印本,六十七叶。

溯等阁,续写三分颁发江南、浙江两省,计共十万八千册。四分全书俱用泾县榜纸,续三分全书用棉白榜纸,纸质稍薄,前后面页恐有磨损,仍用泾县榜纸为页。”[①]周广业的这段记载包含两点非常重要的信息:(1)北四阁《四库全书》俱用“泾县榜纸”;(2)南三阁用“棉白榜纸”(实为太史连纸[②]),但前后面页为防磨损仍用“泾县榜纸”。

第二点信息所描述的处理方式在一些殿版书中非常常见,即较低档的太史连纸书籍常常也会采用质量较好的“连四纸”和“泾县榜纸”来制作书皮,以防止磨损。陶湘在《书目丛刊》的《武英殿造办处写刻印工价并颜料纸张定例》中对这种操作方式即有详细记载。笔者曾给某省图书馆藏《古今图书集成》分析封面纸张纤维成分时,也发现与此相吻合的现象。

综上,文献学者常说北四阁《四库全书》所用的“开化榜纸”实为“泾县榜纸”,“开化榜纸”可能是文献学中专有的名称,相关说法并没有可靠的依据,抑或并不存在这一说法。

4 四种清代“开化纸”样品的纤维成分分析

前文是从文献史料当中搜寻有关清代内府刻书用“开化纸”的相关资料,通过整理相关史料记载并对照文献学领域有关专家的研究结果,初步探明内府刻书用“开化纸”和“开化榜纸”的原产地应在安徽泾县一带。然而在文献记载当中,涉及“开化纸”“连四纸”的记录并不止这些,如同现今所有的手工书画用纸都常被人为冠以“宣纸”之名一样,在泾县之外的许多地方都有零星的关于“开化纸”和“连四纸”的记录,尽管这些记录都比较散碎,可靠性不足,缺乏严谨和完整的证据链支持,但由于篇幅所限,本文并没有将其一一列出证伪。因为从考古学的角度来看,文献史料考证结果的可靠性总归是比不上实物史料的。对于“开化纸”来源的考证亦是如此,如果采用实物考证的方法,只要能取得一些有代表性的武英殿所用“开化纸”(“连四纸”)和“开化榜纸”(“泾县榜纸”)纸样进行纸张纤维显微分析,其纤维成分、纤维显微形态、纸张抄造工艺等信息便可随即掌握。然后对照造纸史中有关古纸纤维成分及产区等相关现有的研究结论,破解纸张的原料及产地信息并不是难事,尤其是一些地域特性比较明显的纸张种类,这种结论的指向性往往会更加明确。而“开化纸”和“开化榜纸”的纸样分析结果恰好就属于这种有确切指向性的情况。

由于近年来古籍保护意识的加强,对于古籍原件的科学研究都尽可能限定在无损的范围之内。纸样纤维分析尽管属于微损测试,也一直因各收藏单位在这方面审慎的态度,以及殿版书多涉及珍贵善本而没有真正地开展,对“开化纸”和“开化榜纸”疑团的揭示便因此一直被搁置。幸因笔者所事专业之故,自工作以来常有机缘接触到各类古纸,多次有幸亲睹一些业内前辈个人收藏的“开化纸”老纸样本,并慷慨提供珍贵的残片纸样以供研究。通过对这些“开化纸”样本进行纤维分析,获得了明确的,跟文献考证结果相吻合的纤维成分和产地的信息。

---

① 周广业:《过夏杂录》卷四,清种松书塾抄本。

② 翁连溪:《清内府刻书档案史料汇编》,第324页。

表1所示为笔者近年陆续检测过的四种清代武英殿“开化纸”本古籍残片和“开化榜纸”纸样信息，以及对应纸样纤维成分测定的结果，图1、2、3、4则为每种纸样的纤维显微图。在文献学领域康熙朝内府刻本《资治通鉴纲目》和《御制清文鉴》都是“开化纸”本的代表，而且在清宫内府刻书记录中都为“连四纸”刷印。“修复组存老开化榜纸”是国图古籍修复组老一辈修复师所存旧纸样，具有一定代表性。雍正六年的太史连纸本《古今图书集成》护页符合“每副页六篇用连四纸一张”①之描述，亦跟前文所述“前后面页恐有磨损，仍用泾县榜纸为页”为同一范式。四种纸样俱照《中国造纸原料纤维特性及显微图谱》中的方法，取少量纤维用Herzberg染色剂染色制成装片，置于显微镜下观察。纤维显微形态都符合青檀皮的特征：纤维染色后呈棕红色，形态柔软纤细，纤维表面光滑，有稀疏且不明显的斜向横节纹②。四种纸样纤维成分均为100%青檀皮，纤维显微分析结果亦经纸张纤维分析专家王菊华老师把关确认。这一结果不仅完美吻合了前文所述清宫武英殿刻书所用“开化纸”（“连四纸”）、“开化榜纸”（“泾县榜纸”）产地为泾县的结论，也印证了《泾县志》中“皆皮为之”的说法。依据手工造纸史的相关研究结论，规模化的使用青檀皮造纸为安徽泾县所特有。同时，这一结果也否定了江西“连四竹纸”的可能性，更排除了开化当地所谓以“花皮、野皮、藤皮”等原料造“开化纸”的说法③。

表1　四种“开化纸”残片样本纤维成分分析结果

古纸样本来源	纸样纤维成分测定结果
资治通鉴纲目，康熙三十年内府刻满文本	100%青檀皮
御制清文鉴，康熙四十七年武英殿刻本	100%青檀皮
修复组存老开化榜纸	100%青檀皮
古今图书集成，雍正六年武英殿印本，太史连纸本	封面及护页为100%青檀皮，内页为100%毛竹

在很多宣传“开化纸”的文章中，常见到“一般人甚至往往将它误以为是宣纸”“手感有点像宣纸”“比一般宣纸质量要好”的描述，二者易混淆，并非没有缘由。因清宫所用“开化纸”的确就是一种特殊的宣纸，它由纯青檀皮所造，不添加沙田稻草，比常见宣纸质量要好。其实，纵观清代手工造纸的发展概况以及全国几个主要产区的纸质特点，对比不同产区纸张的工艺水平和特性，也能对“开化纸”和“开化榜纸”的来源有大致判断。除宣徽产区外，其他地方能够出产如此品级的纸张，跟宣纸质感又这般接近的可能性不大。

其实“开化纸”来源问题的考察，并不是一项难以解决的题目。随着科学技术的发展，许多问题的探究变得更加简便。清宫内府刻书流传至今者众多，只要从其中一册“开化纸”本中取些许纸毛做一下纤维显微分析，答案便即刻明晰。期待本文的观点能够抛砖引玉，为解开“开化纸”的更多疑团垫石铺路。

---

① 陶湘：《书目丛刊》，第221页。

② 王菊华：《中国造纸原料纤维特性及显微图谱》，中国轻工业出版社，第179页。

③ 刘仁庆：《论开化纸——古纸研究之二十一》，《纸和造纸》2012年第6期，第74—78页。

图1　康熙三十年内府刻满文本《资治通鉴纲目》纸样纤维显微图

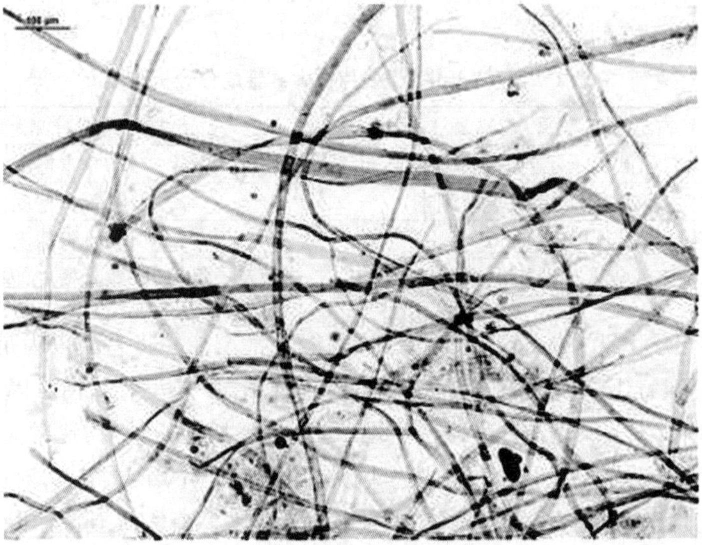

图2　康熙四十七年武英殿刻本《御制清文鉴》纸样纤维显微图

5　小结

文献学领域所谓清宫内府刻书用“开化纸”和“开化榜纸”的说法是一种讹误。经考证“开化纸”实为“连四纸”,“开化榜纸”实为“泾县榜纸”。从同时期的相关史料记载来看,“连四纸”和“泾县榜纸”的源产地都在安徽省宁国府泾县一带,在明清时期这一地区为宣纸产区,“连四纸”和“泾县榜纸”可能为当时最为优质的宣纸品类。

四种内府刻书所用“开化纸”(“连四纸”)和“开化榜纸”(泾县榜纸)古纸样品纤维成分测定结果都为纯青檀皮,青檀皮造纸为安徽泾县所特有。纸样成分检测结果跟文献史料考

图 3　修复组存老开化榜纸样纤维显微图

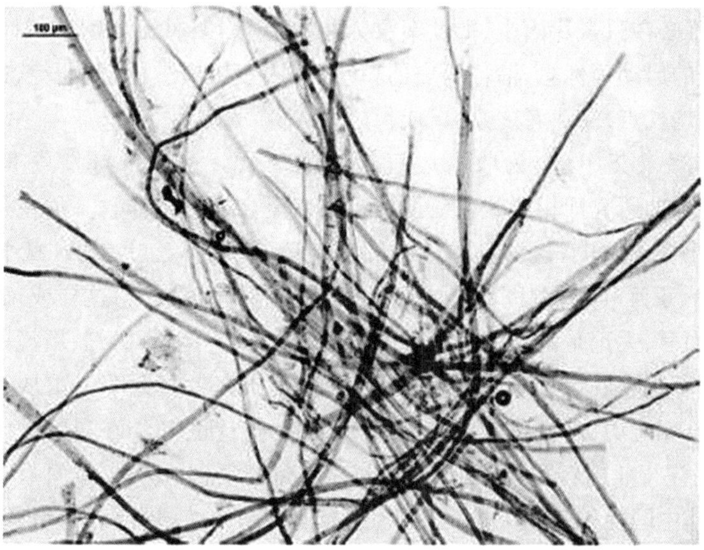

图 4　雍正六年武英殿印本《古今图书集成》护页纸样纤维显微图

证的结果相吻合，证明清宫内府刻书用“开化纸”（“连四纸”）和“开化榜纸”（泾县榜纸）的源产地确在安徽泾县一带，跟宣纸为同一体系。

致谢：在本文写作中，国家图书馆同事樊长远、郑小悠，北京大学史睿老师，原天一阁博物馆李大东老师曾给予大力帮助，谨致谢意！

（原载于《文献》2018 年第 2 期）

清代藏书史研究的内容、方法与愿景

刘　鹏

清代是一个学问的时代，不仅诞生了乾嘉学派这样影响深远的学术群体，在经、史、子、集乃至西学诸般领域，其知识生产也集历朝之大成，蔚为大观。

就参与人数而言，可谓巨子丛出，群贤竞起，而他们所留下的著作，也远迈前代。今人笔下所谓"浩如烟海"的"古代典籍"，其实绝大多数都是清人著述。据杜泽逊先生《清人著述总目》统计，有清一代著述（含亡佚者），约计227500余种。[①]

去今未远，文献浩繁，是以只要惟志惟勤，清代几乎所有历史问题，都可以有较为清晰、切实的答案，而不必在只言片语中，揣度秦汉人物，怀想邺架风流。因此，21世纪以来，以国家清史纂修工程的启动为标志，清代历史（这里并不限于历史学科）的研究，逐渐成为相关学科的热点和新的增长点，从业者之众，新成果之多，都令人瞩目。

在这一片方兴未艾中，作为收藏风气最盛的时代——学问与收藏本是天然相映发的——清代藏书史的研究却相形失色。虽然自清末至今，既有袁同礼《清代私家藏书概略》、谭卓垣《清代藏书楼发展史》这样篇幅较小的宏观论著，也不乏叶昌炽《藏书纪事诗》、郑伟章《文献家通考》、丁延峰《海源阁藏书研究》、刘蔷《天禄琳琅研究》这样或拓新体，或树高标的力作，但整体而言，无论是研究的广度还是深度，都仍处于鸿蒙初判、新境待开的状态。其内容往往限于珍稀版本的考订和人物生平的叙述，其研究者多为图书馆从业人员或文献学领域的少数学者，而乏历史、文化领域学者的广泛参与，这也符合许多历史分支草创阶段的特点，[②]即更多关注行业内容和具体细节，而缺乏历史的观念与方法。

自2010年从中国社科院研究生院毕业，进入国家图书馆研究院，笔者的工作内容、研究兴趣，逐渐从古代诗学转向藏书史尤其是清代藏书史领域。八年间，从参与詹福瑞先生主持的"大陆藏汉文古籍藏书题跋整理与研究"项目、负责"《国家珍贵古籍名录》中题跋整理"项目日常工作，去善本阅览室一条条抄录藏书题跋、一方方辨识藏书印章，并广泛接触业界同人开始，到选择藏书家个体、群体加以研究，乃至探索更为宏观的规律，在学而思之与师友论辩中，笔者慢慢形成了对于清代藏书史的一些尚不成熟的看法。

笔者以为，藏书史意在以收藏者的藏书（访书、购书、抄书、校书、刻书乃至散书）活动为中心，研究这一活动涉及的文化、政治、经济、社会现象及其相互作用。而其可论者，约有四方面，即：

---

① 杜泽逊：《〈清人著述总目〉述例》，《微湖山堂丛稿》上，上海古籍出版社，2014年，第306页。

② 如医学社会史在英国的发展即是由以医学界人士为主，向非医学界人士为主转变。

（1）藏书史研究的内容与核心。

（2）藏书史研究的史料问题。

（3）藏书史研究的路径问题——理论、方法与题目。

（4）藏书史研究的愿景。

今请以清代为例，分而言之。

1 藏书史研究的内容与核心

笔者以为，书籍和收藏者（人、机构）的活动是藏书史研究的两大内容；而藏书史研究的核心，则是以收藏者（人、机构）为代表的形形色色与书有关的人及其活动。

1.1 书籍

1.1.1 中外之传统

中国的古籍研究，一向较为重视“善本”，而善本的定义，则因以代降。清代最重宋刻，故陆心源、杨以增分建“皕宋”“宋存”之楼、室，钱曾、黄丕烈皆有“佞宋”之雅称[1]；至清末，宋、元刻本，影宋、明抄，乃至较为罕见的明刻本，均为藏家所重。总体而言，所谓的“藏书家”之“书”，多指善本而言——虽然他们无一例外拥有数量远为庞大的“普通”书籍。

以善本书为核心的版本目录学研究，构成了中国传统古籍研究的主要取向，并延续至今。从研究形式上，我以为较为重要者，一是“辨章学术，考镜源流”意义上的目录之学，二是从创作（作者）、生产（版本）、流传（递藏）等角度全景式深度展现古籍内涵与外延的（藏）书志之学。二者一偏内容，一偏形制，在实际中往往难以分割，全看撰写者的学养所系。清代名家自不必言，民国时期的著名学者，即使以新学（西学）见称，这方面的学问，往往也都造诣颇深，如王国维的南浔蒋氏传书堂藏书研究（以《传书堂藏书志》为成果）和宋刻本研究（以《五代两宋监本考》《两浙古刊本考》为代表），以及胡适的《红楼梦》《水经注》研究，都得益于此。

而时至今日，中国古籍中较为重要者（包括但不限于宋元本），多已随着点校整理本的普及而“形”“神”两分。今日之文史学者，虽普遍接受过版本目录学的相关训练，却日渐隔膜于那些借阅不易、使用不便的善本，以及版本目录学的相关研究。而我们所熟知的藏书史意义上或文献学层面上的古籍研究，也已逐渐与内容研究剥离，或者说，从业者已自觉将其限于“版本”这一层面，而形成其研究的“护城河”。但即使在这一层面，目前也面临某种滞碍：

---

① 钱曾《述古堂藏书目序》云：“然生平所酷嗜者，宋椠本为最。友人冯定远每戏予曰：‘昔人佞佛，子佞宋刻乎？’相与一笑，而不能已于佞也。”（清）钱曾撰；瞿凤起编：《虞山钱遵王藏书目录汇编》，上海古籍出版社，2005 年，第 312 页。顾千里《百宋一廛赋》云：“佞宋主人搜求经籍，鸩集艺文，深识妙览，博学赡闻。”黄丕烈自注云：“‘佞宋’出《述古堂书目序》，予恒引为窃比，故居士设此名也。”（清）顾千里：《顾千里集》，中华书局，2007 年，第 1 页。

对于版本学,业界整体上并不比20世纪以顾廷龙、赵万里、潘景郑、冀淑英等为代表的前辈有更深的理解,更高的造诣,甚至更精微的“观风望气”之能[①];而预期中因研究条件极大改善而伴随着的对于古籍版本的全面梳理和理论升华,也并未如期而至。

所谓无独有偶,西方自20世纪初以来,也有一门与中国的版本目录学相差仿佛的学问“Bibliography”,可译为“目录学”或“书志学”,而“书志学”似更符合其内涵。[②] “书志学”(bibliography)分为彼此紧密相关的四个方向:

列举书志学(enumerative bibliography,按照一套统一的原则如作者、书名、时期、主题或其他要素列举图书。每一条目包括书名、作者、出版日期、出版地点等等,类似文献目录)。

分析书志学(analytical bibliography,调查图书的印刷过程和图书的所有物质要素,在所得出的相关证据的基础上重建图书形成和传播的历史。书志分析是书志描写的预备阶段,为描写书志学提供所需的术语、数据、技术以及描写的基础。类似中国的版本学或版本考证)。

描写书志学(descriptive bibliography,按照多种分析角度得出的结论,按固定体例对图书的书名页、插图、字体、装订、纸张等物质要素进行系统描写。个人以为有些类似中国的藏书志)。

文本书志学(textual bibliography,甄别文本异文及其来源,确立最正确的文本形式。类似校勘学)。

东海西海,心理攸同。东西方的“版本目录学”虽然各有其独特之处,但从根本理念方面并无大异。藏书史的研究自然需要依靠它们,但它们终归不是历史研究,而只能是历史研究的基础与参照。

1.1.2 书籍史之映照

二十世纪中叶以来,西方学术界逐渐兴起了一个跨学科的研究领域——书籍史。西方“书籍史”研究领军人物之一,美国学者罗伯特·达恩顿在《何为书籍史?》一文中说:“书籍史,其法语名为‘Histoire du livre’,德语名为‘Geschichte des Buchwesens’,英语国家则将它称作‘history of books’或‘history of the book’。其叫法随地方的不同而不同,不过无论其身在何方,它都被人们认为是一个重要的新学科。书籍史,甚或可称作(通过印刷而展开的)交流的社会—文化史(这有些拗口),因其目的是理解在过去的五百年里,观念如何通过印刷传

① 关于“观风望气”,笔者较为认同沈乃文先生在《北宋刻本〈结净社集〉与版本鉴定》中的论述:“观风望气原本为勘宅占验用语,常见以占风望气为多。……前辈学人所以借用观风望气,是作为形象化的一种比喻。……可知传统的观风望气是比喻面对书卷展开时的直观感觉,而不是以参照书比对后得出的结果。……如果版本有幸流传到以后的时代,则必然带有历经多少岁月的特征,或者说是痕迹,也就是历史感或沧桑感。如上感觉是目检者展开书卷时的第一感觉,前辈学人称为古籍的气息。”《版本目录学研究》第七辑,北京大学出版社,2016年,第402—403页。

② 本节采用苏杰先生《中西古典语文论衡·西方版本学述略》(浙江大学出版社,2014年,第30—35页)一文的相关论述。

播,如何影响了人类的思想和行为。”①

从这个层面而言,西方书籍史的理论和实践,目前已经非常深入,深入到近乎得鱼忘筌,从书籍本身的研究,逐渐导向围绕书籍生产和流通中“书籍与不同社会历史时期的信仰、制度以及与权力变迁的关系”②这一社会文化研究领域。达恩顿如此描述20世纪60年代法国新书籍史家所引起的书籍史的转向:

> 新书籍史家将该学科带入“年鉴学派”所进行的一系列社会经济史的研究主题范围内。他们**不耽于对书目学的细节研究**③,而是力图发现长时段书籍生产、消费的一般模式。他们收集申请“特许权”(privilèges,一种版权形式)的数据,分析私人图书馆的具体材料,并通过被人忽略的书籍类型如“蓝皮书”(bibliothèque bleue,最初的平装书)追寻人们观念意识的演变足迹。**珍本、善本书不在他们的兴趣之列,他们转而着力探究最一般的书籍**,以发掘普通读者大众的阅读经验④。

这种研究取向至今从根本上而言仍变化不大,与传统的版本目录学研究习惯可谓大异其趣。

1.1.3 中西之融合

愚以为,今日藏书史意义上的古籍研究,传统与新知、中学与西学不妨并存共荣,相互促进与融合。可着重于以下二端:

一曰书志。即在全面梳理、总结前人成绩基础上,为现存古籍(尤其善本)一一撰写书志。此书志,既参照传统藏书志与外国书志学⑤,又当有所不同,其说又有三:

(1)存其真。即对于古籍,做考古标准之标注⑥,其版刻、藏印、序跋、批校、递藏之全缺、位置、形制、内容、次序,乃至馆藏地与索书号,皆不厌其详,并可以通过影像及绘图,补传统方法之不足。

---

① 陈恒、耿相新主编,屈伯文译:《新史学》第10辑《古代科学与现代文明》,大象出版社,2013年,第144页。

② 张炜:《书籍史研究:核心议题与关键概念》,《光明日报》2016年11月19日,第11版。

③ 本节字体为笔者加粗。

④ Damton Robert. What is the History of Books. Daedalus,1982年第3期,第145页。

⑤ 如西方书志学中,“书志描写在著录图书基本项目之外,主要对图书物质载体进行全面细致的描写,描写的项目包括开本、折叠、页数、封面加装、书名叶、内容细目、用纸、插图、印刷、检核过的拷贝及其藏家,等等。近些年来,描写所涉及的项目益趋精细”,可以为中式书志做参考。G.托马斯·坦瑟勒著,苏杰译:《分析书志学纲要·译者序》,浙江大学出版社,2014年,第8页。此外,美国还有“书志学会”(Bibliographical Society of America),并出版有《美国书志学会论丛》(Papers of the Bibliographical Society of America)。而早在1934年,《图书馆学季刊》第八卷第三期、第九卷第二期即刊登了李尚友所译日本小见山寿海著《书志学》一书。

⑥ 此说得诸高柯立兄。

(2)订其讹。在以上工作基础上,对于现存古籍的著录审慎地陆续加以修订。[①]

(3)求其例。以统计学—计量史学的方法,用大数据手段,对于所有古籍,按其时代(可细分至年号)、地域、刻工等,加以精密分类和分析,以见古籍刊印风气、地域之嬗变,借以商量旧说,培养新知。如对于样本足够庞大之明代版刻,其前期“黑口赵字继元”、中期“白口方字仿宋”、后期“白口长字有讳”之成说[②],在何种程度上符合事实,而又在何种程度上存在例外,均可得以厘清。而宋元本虽样本较少,亦绝非不可能归纳出异于今人习见的新知。事实上,近年来《礼部韵略》《妙法莲花经入注》《西湖结莲社集》等北宋刊本的现世,已促使研究者重新审视以往仅据存世南宋本归纳出的宋刻本整体版刻特点。[③]

其实书志之学,西方及日本均颇发达,可资借鉴之论著不少;而近年来古籍数字化、数据库之发展(如中华古籍保护计划中的“中华古籍资源库”和“全国古籍普查登记基本数据库”[④],爱如生“中国基本古籍库”等),《书志》辑刊[⑤]的出版,都颇有利于以上工作。本书中的《士礼居善本书志稿(一)》《重辑小读书堆善本书志(经部)》二文,也是初步的尝试。需要特别指出的是,书志的撰写应该尽量做到令读者如见其书,但一定不应止于会计或考古报告般的巨细无遗,在梳理海量个案的基础上,发现并总结书籍生产和流通中的若干规律,更是书志研究的应有之义。

二曰书籍史研究。即全面借鉴西方书籍史研究的理论和方法,从社会文化史的角度去认识和解读古籍的生命周期和其社会影响。例如周绍明(Joseph P. McDermott)《书籍的社会史——中华帝国晚期的书籍与士人文化》[⑥]、卜正民(Timothy Brook)《明清时期的国家图书检查与图书贸易》[⑦]、米盖拉(Michela Bussotti)《中国书籍史及阅读史论略——以徽州为例》[⑧]等论著,即西方学者从社会学视角对于中国书籍史的研究。本书中《深心作伪,百密一疏——以宋刘克撰〈诗说〉的宋刻本伪跋为中心》一文,也是基于这种理念的一点粗浅的尝试。

实际上,对于中国的传统,西方学者也较易理解——因为重视善本以及书目学考据的研究,这本是西方“早期书籍史”的主要取向——只是他们已经有意识地将西方书籍史的研究理念,贯穿到中国书籍史的相关领域了。

近十几年来,一些通常活跃在中国之外的作者试图进行一些研究,其目的是编写出一部

---

① 2015年8月在台湾举行的“鉴藏——两岸古籍整理与维护研讨会”上,上海图书馆陈先行先生曾做“修订《中国古籍善本书目》刍议”的报告。

② 此据赵前先生《明代版刻图典》(文物出版社,2008年,第54页)

③ 相关论述,参见陈先行先生《〈杭州西湖昭庆寺结莲社集〉版本之我见——兼谈宋版鉴定研究》(《版本目录学研究》第七辑,北京大学出版社,2016年,第365—370页)一文。

④ 据国家图书馆网站数据,截至2018年3月,“中华古籍资源库”累计公开发布全文影像古籍2.5万余部,“全国古籍普查登记基本数据库”累计发布155家单位古籍普查数据600473条5987890册。

⑤ 《书志》杂志由国家古籍保护中心主编,中华书局2017年1月出版第一辑。

⑥ [美]周绍明著,何朝晖译:《书籍的社会史——中华帝国晚期的书籍与士人文化》,北京大学出版社,2009年。

⑦ [加]卜正民著,孙竞昊译:《明清时期的国家图书检查与图书贸易》,《史林》,2003年第3期。

⑧ 韩琦、[意]米盖拉编:《中国和欧洲:印刷术与书籍史》,商务印书馆,2008年,第58—81页。

中国书籍的整体历史(histoire globale),并将此(至少是部分地)与世界上其他国家这门学科的发展联系起来。他们的研究路径同时涉及社会、经济、文化,甚至“政治”等各个层面。尽管我们知道给出一些泛泛的概念有其局限性,但可以肯定的是,当技术史研究、受到目录学传统影响的方法、“版本学”研究在中国占着主导地位之时,别处正在发展出一种中国书籍的“文化与文学史”研究,对于社会经济史研究来说具有无可置疑的意义①。

不过,毕竟中西方历史、社会各有其特点,以西方书籍史研究的理念去研究中国书籍史,也有其不适应之处。例如,西方书籍史研究对于书籍的定义,基本上限定于印刷类书籍,而不包括属于中国古籍重要研究范畴的写本、抄本、稿本等②,如此,“海外研究将‘书’局限于印本,或将‘明清书籍史’与古代书籍史截然分开,并主要以印刷术以后的书籍为对象,忽略写本时代特别是经典发生时代的探讨,那么,对书籍作为历史中的一种力量的理解,至少就是不全面的。……由于中西文献书籍史的状况和社会特性的差异,如果单纯地移植问题,必然也会发生某种阐释‘错位’”③。另外,一些西方学者并不能熟练使用中文阅读与写作,尤其是直接阅读古籍文献,这必然会影响他们对于中国书籍史的理解和判断,这些都是需要我们注意的。

1.2 收藏者(人、机构)及其活动

与书籍史“以书籍为中心,研究书籍创作、生产、流通、接受和流传等书籍生命周期中的各个环节及其参与者,探讨书籍生产和传播形式的演变历史和规律,以及与所处社会文化环境之间的相互关系”④有异,我以为藏书史的核心,应该是那些面目、性情、际遇各异,却对于书籍有着共同的铭心绝爱的藏书家,而书籍则是他们那种伟大的好古敏求行为的永久对象。

需要说明的是,两部有代表性的藏书通史⑤均将官府(皇家)藏书、书院藏书、寺观藏书与私家藏书并列为四大藏书主体,且均以官府藏书为首。这种处理自然更加全面,但愚以为私家藏书才是清代藏书的真正主体,其说亦有二:

1.2.1 从重要程度和数量而言,私家藏书均占据主流

据范凤书先生《中国私家藏书史》统计,清代有文献记载藏书万卷以上的藏书家,有543人,而“整个清一代确有文献记载藏书事实者,经笔者查明,计有二千零八十二人”⑥;郑伟章

---

① 韩琦、米盖拉编:《中国和欧洲印刷术与书籍史》,商务印书馆,2008年,第58-81页。

② 正如苏杰《中西古典语文论衡·西方版本学述略》(浙江大学出版社,2014年,第34—35页)所云:“中国学者大多倾向于将写本与印本囊括在‘版本’这一概念中,不强调两者之间的区分。西方学者则倾向于将研究写本图书与研究印本图书分为两门学问。前者称‘写本学’(codicology)或‘古文书学’(paleography);后者称‘书志学’(bibliography,bibliology)或‘古印本学’(palaeotypography)。”

③ 赵益:《从文献史、书籍史到文献文化史》,《南京大学学报(哲学·人文科学·社会科学版)》,2013年第3期。

④ 张炜:《书籍史研究:核心议题与关键概念》,《光明日报》2016年11月19日,第11版。

⑤ 傅璇琮、谢灼华:《中国藏书通史》,宁波出版社,2001年。任继愈:《中国藏书楼》,辽宁人民出版社,2001年。

⑥ 范凤书:《中国私家藏书史》,武汉大学出版社,2013年,第322、266页。

先生《文献家通考》则“网罗清初以来文献家一千五百余人”[①]。这两位于清代藏书文献用力极深的老先生,为我们勾勒出了清代私家藏书的惊人规模。明代编纂《永乐大典》主要靠官府藏书,而清代编纂《四库全书》,却主要依靠雄厚的民间藏书基础,这也从另一方面,彰显了私家藏书的主流地位。

此外,彼时重要善本皆在江南一带藏家手中流转,几乎不出其域。清末杨守敬《藏书绝句序》云:

其收藏之地,于吴则苏、虞、昆诸剧邑,于浙则嘉、湖、杭、宁、绍诸大郡。大都一出一入,此散彼收,朱玺红泥,灿然罗列。[②]

可以说是一语中的。藏书的此散彼收,循环流转,实际上就是一种文化的“闭环”,一方面彰显其自成体系的独立性,另一方面也为官府势力的试图介入(典型的行为就是编纂《四库全书》的征书之举)提供了动机。但无论如何,清代私家藏书为藏书之主流,江南私家藏书又为私家藏书之主流,殆无可疑。

1.2.2　私家藏书是图书流通环节的关键

无论善本或“普通”书籍,无论买、借、抄、刻,能够流通,才能彰显其存在价值。虽然私家藏书必不能如当代图书馆一样对于读者一视同仁,自由开放,但藏书为私人财产,本应受到保护,古代的(包括当代的)藏书家显然也不应承担政府的“教化”与“服务”责任(部分藏书家也会在家族祠堂置书以便族人阅读,如孙星衍即编有《孙氏祠堂书目》),故以今人观念,责古人保守,实在是混淆公私,不足为训。

且细察文献,无论是明末曹溶约集同好,互抄秘本留存的《流通古书约》,还是清初丁雄飞与友人黄虞稷订立彼此互抄所缺的《古欢社约》,抑或乾隆朝周永年倡设“儒藏”,以至清代藏书家文集、题跋、信札中俯拾皆是的友朋借读异书、借抄孤本、借校众本以及重刻善本之事,都可以看出藏书家们普遍存在的读书人“独乐乐,不若与人”的共享理念和流播图书以求自我实现的开放思想[③]——毕竟,正如司马迁欲将《史记》“藏”之名山,是为了能“传之其人,通邑大都”(《报任安书》)一样,对于藏书家而言,“藏”与“传”本就是一个问题的两个方面,藏是暂时的,而传(流通)才是常态,实际上,许多重要版本皆赖藏书家的抄、刻而得以书亡神在,不绝于天壤。此外,藏书家的主动(借与被借、刻)和被动的(书籍散出)流通活动并不是孤立的,而是伴随着一个由书估(书商)、中介主导的,包括抄工、刻工、印工、书坊、书船、书摊、书铺等在内,庞大的沟通南北甚至中外的流通网络。如前所论,可见私家藏书,才是藏书史的主流;藏书家,才是藏书史的核心。

至于官府藏书,清代乾隆朝因皇帝的附庸风雅和倡修《四库全书》,曾一定程度改变了善本图书不出江南一隅的局面,以“天禄琳琅”为代表的皇家藏书也颇有可彰显其“盛世”的一面,都

---

① 其中绝大多数都是藏书家。郑伟章:《文献家通考·前言》,中华书局,1999年,第3页。

② [清]杨守敬:《藏书绝句》,古典文学出版社,1957年,第3页。晚清山东聊城海源阁藏书异军突起,实际上其所藏善本,也大半为其第一代主人杨以增任职江南时所得。

③ 周少川先生《文化情结——中国古代私家藏书心态探微》(《图书馆学研究》,2002年第6期)一文,将藏书家的心态总结为:文化认同的心理(保存书籍即保存文化、保存传统)、以读书为乐的意识、“遗金满籯,不如一经”的心态、藏书私密、祈求永保的心态、藏书公开的心态等。

颇值得研究,但皇家藏书和政府机构藏书整体上的封闭性与独占性[①],使书籍基本失去了流动性,也就损害了其存在的价值。此外,清代官府因为钳制思想而进行的禁书活动和大小"文字狱",实际上阻碍了书籍的流通,成为书籍史上一种"反向而动"的力量[②]。其余诸如书院、寺观等藏书,虽自有其特色与研究价值,但与私家藏书相较,则远不能代表藏书史的主流。

从藏书"流通"这个角度而言,我们也可以将藏书史理解为,以收藏者的藏书(访书、互易、抄书、校书、刻书乃至散书)活动为中心,研究这一活动中涉及的文化、政治、经济、社会现象及其相互作用。在我看来,书籍固然可以构成连接作者(读者)、出版商、印刷商、承运商、书商、读者的彼此联通的"传播循环"[③],或者作为覆盖从生产、制作到流通、阅读的全过程的"媒介"[④],作为书的主人,并且还给书籍留下了签题、批校、题跋、藏印等不可磨灭的印迹的收藏者又何尝不可以如此?愚以为,藏书史和书籍史(当然是相对较为狭义,而尚未无限扩展的书籍史)的研究核心虽别,视角有异,其方法和路径取向则是异曲同工的。其具体情形,容于"藏书史研究的方法"一节加以讨论。

2　藏书史研究的史料问题

愚以为,藏书史研究在内容与核心之外,其次要厘清的,在于史料。

就目前而言,清代藏书史研究的史料问题,其不足之处在于,首先,文献准备不足。虽然因清史研究所需出版了大量清代著作,但与藏书史密切相关的海量文献,正式出版者,尤其非影印、经过精心归类整理者仍嫌不足。

其次,文献利用不足。目前的清代藏书史研究,其程度往往止于罗列习见文献,往往言之无物与陈陈相因并举,顾炎武所谓"旧钱充铸"也。文献准备不足,固然极大地制约了研究的进展,但已出版文献的利用不足,则是更加严重的问题。

我以为藏书史相关文献应该包括但不限于以下几类:

2.1　著作

包括藏书家等人的诗文别集、学术著作。已正式出版者,是他们着意构建的自我,最为"权威",是研究藏书史的基本材料。

---

① 位于江浙的"南三阁"杭州文澜阁、镇江文宗阁、扬州文汇阁中所存《四库全书》,允许士子入阁抄录,有助于书籍流通,但终究限于一隅。

② 关于《四库全书》编纂中"寓禁于征""寓毁于修"的问题,《〈四库禁毁书丛刊〉编纂缘起》云:"据不完全统计,在近二十年中,全毁书二千四百多种,抽毁书四百多种,共约三千种,删改书无法计算,禁毁书籍总数在十万部以上,因惧祸而私自毁弃者尚不在其内,销毁版片八万余块,杀害士人和其他无辜者以及惩办亲属均难以计数。"四库禁毁书丛刊编纂委员会:《四库禁毁书丛刊》第一册,北京出版社,1997 年,第 2 页。

③ [意]罗伯特・达思顿《何为书籍史?》,见屈伯文译,陈恒、耿相新主编:《新史学》第 10 辑《古代科学与现代文明》,大象出版社,2013 年,第 147 页。

④ 张炜:《书籍史研究:核心议题与关键概念》,《光明日报》,2016 年 11 月 19 日,第 11 版。

2.2 信札、日记

具有私密性、即时性,真实性(少数生前公开或准备公开出版者,类似于著作),往往是我们体察藏书史面相和细节,显幽烛隐的重要途径。其中,海量的清代、民国信札目前还散落民间,除了在拍卖会上偶露峥嵘外,仍隐藏于学者的视野之外。

2.3 批校、题跋、藏书印

介于公开论著与私人的信札、日记之间,因批校、题跋、钤印行为发生时,藏书是私人的,故行为也具有私密性;但藏书终将流转,其私密性将转为公开性(批、跋于他人藏书上者类此)。批校多关学术,题跋无所不包,藏印则最见藏主性情和心态,本书中即有《国家图书馆藏顾之逵题跋考释》《国家图书馆藏袁廷梼题跋考释》《清黄增禄稿本〈拜石词〉及诸家题跋考略》《黄丕烈名号藏印释义发微》四文注意于此。正如程千帆先生说"从事文学批评研究的人不能自己没有一点创作经验"①,附编中的自撰书跋,也是一种仿效昔贤的体验性尝试。

2.4 原书(刻书)序跋

每部书籍均有序跋,是撰述和刊刻行为最原始、最重要的材料,也保留了大量善本流播和递藏的线索以及藏书故实。本书中《国家图书馆藏清顺治间傅以渐家抄本〈贞固斋书义〉及诸家序跋考略》一文,即据书前傅氏作于明清鼎革之际(1644 年,甲申)的《自叙》及其以干支代年号题署的做法,讨论其出处选择之微旨。

2.5 书目

藏书家藏书行为的全面记录,也是掌握其藏书范围、分析其藏书行为的最佳出发点。整理藏书目,可在保持原貌基础上加以笺注,所谓将书读厚也。但需要注意的是,藏书家的"书目",往往只是"善本书目",而非其全部藏书的详细记录。

2.6 年谱、传记(正史、笔记)

中国史学本极重传记及年谱,但藏书史人物,多非帝王将相,故其谱固不多,传更散见,撰新谱,搜旧传,可为者甚多。

2.7 方志、家谱

方志、家谱一向是辑佚、寻根的重要来源,而从中汲取藏书史料,目前尚较少。本书中《清藏书家袁廷梼生平发覆——一个苏州家族的兴衰》一文的袁廷梼家世,即据光绪重修本《吴门袁氏家谱》中详细的记载描绘而成。

---

① 杨锦辉:《程千帆诗歌研究思想与方法论补》,《山西师大学报(社会科学版)》,2017 年第 5 期。

2.8 档案、报纸、杂志

档案也是颇为重要的材料，只是在清代，由于史观的限制，其"档案"多以政治为中心，辅以其他，与藏书尤其是私家藏书有关者较少（当然发掘得仍然不够）。而民国档案中，尤其是教育部档案中，关于其所辖各图书馆者颇多；各图书馆档案中关于清末民国私家藏书的记录也非常丰富。近现代档案中触目皆宝，只是往往材料庞杂而题名简单，远不能揭示其丰富的内容，故需细心发掘。本书附编中《中央图书馆的成立与国立北平图书馆的困境及其纾解——以抗战为中心》即参考国家图书馆档案（国立北平图书馆时期）及第二历史档案馆的民国教育部档案草就。

有藏书史意义的报纸和杂志出现在近现代，其中各图书馆所出杂志（如《国立北平图书馆馆刊》《国立中央图书馆馆刊》等）有大量反映彼时公私藏书状况的材料。

2.9 其他

碑刻、墓志、口述、书法、图像等。这些史料在清代藏书史方面，或包含在前述史料形式中，或不居主流，故不备述。其中图像包括藏书家画像和各类藏书、得书图，是重现彼时藏书人事的绝佳形式，然而流传甚少，亦须谨慎鉴别①。

诚然，不同于传统史学试图通过细致严密的史料考订去"描绘历史原貌"，当代史学倾向于认为，史料并不是历史认识的唯一来源，也并不能自动产生历史认识；再多的史料也无法"真实"地再现历史，历史研究者本就是从现在出发，带着自己的理解，与史料对话，去构建历史。不过，从另一方面说，史料的留存、取舍和解读，固然可能充满主观性和偶然性，但清代藏书史的现状，是"采铜于山"者尚少，史料尚远未得到系统的清理和利用，个案研究和中、短时代研究都极不充分（但反而已有多部通史和地方性藏书通史诞生），实在还远谈不上史学的构建或者对于"惟史料论"的警惕。

历史绝不应流于绚丽而奇妙的猜想，而是在一定的客观范围内根据可靠史料对过去的建构。愚认为，没有扎实和细致的并且是海量的一手文献的阅读与理解，一切对于藏书史（或书籍史）的研究，包括西方学者某些充满新意的结论，都不可避免地带有某种想象的色彩。精彩的假设可以给我们很多启发，也自可备一说，但必须经过严格的检验——这至少可以让我们把无凭无据的想象、借题发挥的断章取义和基于史实的个体理解区别开来。

3 藏书史研究的路径问题——理论、方法与题目

史料、文献学是藏书史研究的基础，但绝不应是其终点，故综合借鉴史学理论与方法，殊为必要。从目前已有的藏书史研究来看，其研究方法仍是传统史学的：

---

① 如近年面世的描绘黄丕烈书事的《百宋一廛校书图》，即为伪作。参鲍国强先生《〈百宋一廛校书图〉伪作考》，《藏书家》第18辑，齐鲁书社，2014年。

研究范围始终围绕藏书与藏书家本身,而较少涉及与藏书行为有关的政治、经济、社会乃至文化领域,较少跨学科研究;

研究对象围绕"著名"藏书家及其行为,而较少涉及围绕在他们身旁的同好、友人、书估乃至普通人的行为;限于人的行为,而较少涉及行为背后的精神活动和心理机制;

研究方法以传统文献学的考证为主,而较少理论的概括和对于文献的多角度解读与阐释;

写作风格以叙述为主,而缺少对于现象的深层分析与解释、对于藏书史趋势与规律的探索与总结。

是以现有研究,看来面面俱到,实际上却因缺少问题意识而制约了其深度——实际上大多数研究,都是在前人路径上的有限扩展,从根本上并无不同。即使是可以视作清代最重要的藏书家之一的黄丕烈、藏书之风最兴盛的乾嘉时代,似乎研究得最为充分,然而若以新的理论与方法视之,其人其时,都有许多可以论述的新角度,可以探讨的新问题,遑论其他。当然,我们并不是彻底否定旧的研究范式,而是希望其在新的角度和理念下得到发展和升华。即如被视为传统史学重要代表的政治史和历史叙述,在新史学兴起后一度受到冷落,又在二十世纪七八十年代"复兴",但其研究模式早已取新旧之所长,与传统史学大不相同了。

鉴于目前藏书史的研究现状,几乎未受到20世纪以来新史学(以年鉴学派为代表)以及"新的新史学"(后现代主义史学)的影响,故愚以为各种理论和方法虽皆有所谓局限性,但皆可加以尝试,以丰富研究路径,开阔研究视野。今不辞引玉之诮,试以若干题目为例,探讨各种理论和方法的运用,所谓管窥蠡测也:

从政治史角度,研究清代文化政策(如文字狱)、政府行为(如征书、庆寿)对于藏书活动的影响。

以年鉴学派的历史时段理论,从长时段(如地理格局、生物现实、气候变迁、社会组织、经济结构、文化心态等)、中时段(人口增减、价格曲线、流通分析等)、短时段(重大事件等)等角度,来探讨藏书活动与这些因素的互动及其规律,并且尝试不按照年号而是按照藏书史的自身发展规律去划分研究时段。

从经济史角度,探讨清代中前期重要善本"不出江南一隅"及之后北京、山东成为藏书重镇的原因等。

以比较史学理论,来比较中外书史,如其整体历史的异同、相同历史时期的异同、彼此的影响等;也可比较古今书史,如清代与前代、清代与民国及现当代的异同等;更可比较不同时代(治世、乱世)藏书家的异同、同时代的不同收藏行为(官府、寺观、书院与私家藏书,藏书与藏其他古董,近现代图书馆与藏书家的关系)的异同等。在比较中,发掘独特性和差异性,分析其原因,并作为研究的重点切入。

从历史研究"鉴往知来"以及"鉴今知古"的两个维度,研究清代藏书史对后世藏书史的影响;又可通过当代的藏书行为,去理解清代的藏书活动。

以心态史的理论,来探究藏书家(或书商、刻工等)的心灵变迁,以及他们的欲望、动机和价值观在藏书(或其他相关活动)中的作用。

以计量史学方法,来统计清代的书价问题及其波动曲线,与经济生活的关联;统计书籍的出版数量和区域的关系，以及所有具有数据基础、可以量化统计的藏书行为。

以社会史的角度，来研究藏书活动的相关人员乃至普通人的收藏生活、家庭日常乃至两性关系及其与藏书活动的互动，研究藏书家善本收藏之外的普通阅读。

从新社会文化史强调文化独立而非决定于经济和社会的理念，探讨藏书活动对于社会和经济的生产与塑造，探讨书籍收藏与流通对清代文化政策、文字狱的反向影响等。

……

以上的种种想法，不论是否可行，只要广泛地加以尝试，都将会对藏书史研究带来新的理解、新的思路。但需要说明的是，一切理论和方法，都不是孤立的，而应是彼此连接，综合运用的。对清代藏书史大的规律和趋势的总结，有赖于一个个细微的结论，但这一个个细微结论的取得，背后也须有宏观的认知。

4 藏书史研究的愿景

个人对于清代藏书史研究，有着如下的期待：建立研究平台，出版研究论著；融合业界学界，扩展研究队伍。请分而言之。

4.1 建立研究平台，出版研究论著

其实一个研究领域想要有所发展，并不需要很多创新，有许多其他学科或领域成功的方法、前人的经验可以借鉴。为者常成，行胜于言，以下所列，能否施行，本非笔者所知，亦聊以为刍荛之言而已：

(1) 成立以研究为中心的藏书史研究会，定期开展学术会议、读书会、讲座等学术活动。

(2) 出版《藏书史研究》定期刊物。

(3) 翻译西方书籍史、藏书史论著[①]。

(4) 有针对性地整理和出版藏书史相关文献。

(5) 建立相关书目、书志、文献、研究成果数据库，以及公众号等数字传播与分享形式。

(6) 资助发表、出版国内学者尤其是青年学者的相关论著。

4.2 融合业界学界，扩展研究队伍

图书馆学界的主要研究力量在图书馆学和情报学，于文献学乃至藏书史，从研究方向和研究方法上都差异甚大。图书馆业界古籍从业人员，多专注于古籍版本学研究，从事文献领域以外的藏书史研究者不多，而文史学界对于藏书史（包括书籍史）的研究意义，近年来虽有

---

① 浙江大学出版社"书之爱"系列丛书已着先鞭。另如民国时期国立北平图书馆所办中英文本（内容不全相同）《图书季刊》，包括中外学术书评、学术与出版消息、图书与期刊介绍等，亦可为今日之借鉴。

所认识，但仍不够重视[①]，或将其视作图书馆业界的研究领域。是以注重版本和文献的图书馆业界与注重内容与理论的文史学界的沟通与融合，于推进藏书史研究有极大的意义。

笔者向有"考据癖"，乐在其中，然而近年耳闻目见人工智能(AI)的自我进化，大数据的迅猛发展，以为文献学研究将首当其冲：从理论上说，能够轻松战胜围棋世界冠军的阿尔法狗，能够作曲、绘画、写作的高级AI，将之用于高度依赖经验、感觉、技能或有固定模式和流程的古籍的标点、注释，书志、提要的撰写，版本、书法(钤印)的释读、鉴定，年谱、书目的编订，绝不是天方夜谭，而很可能是商业力量和学界需求风云际会的一时之事。当然，预测人工智能在文献学领域的能力边际和应用时间，不是本文及笔者所能者，但同仁在继续从事相关研究的同时，当有居安思危之念，而藏书史研究，即彼此关联最高、转型最易的研究领域之一。

清代藏书史研究的现状固然不令人满意，但如果我们考察西方书籍史的变迁历程，便可以对未来抱有更多的希冀。供职于法国国家图书馆的梅洛先生在《何为书籍？何为书籍史？——出发点与展望》一文中，谈及"书籍的早期史"时，替我们勾勒出这样一幅场景：

在18到19世纪：

> 藏书家对古籍刊本(即"摇篮本"，incunables，专指1501年前刊行的书籍)的兴趣与日俱增……这种新的好奇心引发了一些考据的书目著作，特别是由英国人米歇尔·梅泰(Michael Maittaire，1668—1747)建立的第一份古籍刊本目录《初创期印刷年鉴》。……随后，在18世纪，文艺复兴人文主义的印刊本遗产再次引起收藏者和学者们的兴趣。
>
> 同样19世纪也有些图书馆员、书商、收藏家和学者投身从事一些坚实而考据详尽的书目著作。[②]

在20世纪之前，关于书籍的历史的研究面貌是这样的：

> 这一类型的历史曾经首先是专业人士、职业人士或者诸如书商、图书馆员和藏书家等书籍业余爱好者的工作。这些人当然能便利地接触到书籍(与大多数的大学学者不同，至少在法国如此)，但他们的工作比起官方历史和学院派来说只能算是边缘研究。那时的文学史与学术史仅仅建立在对成名的作者作品的研究之上，而不是采取对书籍产品整体进行研究的方法，更不以书籍为研究对象。这种互不联系的状况持续了很长时间。[③]

直到20世纪50年代，由著名历史学家吕西安·费弗尔(论文译作费夫贺)与法国国家

---

① 在中国知网和读秀网检索"藏书史""书籍史"相关论著，从较为宏观的学科层面加以探讨者仍较少。

② 韩琦、[意]米盖拉编：《中国和欧洲：印刷术与书籍史》，商务印书馆，2008年，第241页。

③ 《中国和欧洲：印刷术与书籍史》，第242页。

图书馆古籍印本特藏部的马尔坦合作完成的书籍史奠基之作《书籍的诞生》（中译作《印刷书的诞生》）出版后，书籍史的研究发生了巨大的变化：

> 它很早便吸引了古文献历史学家和图书馆专业人士的关注。他们从中看到一个机会来给予自己的研究工作以新的活力和希望。按照文献学家夏尔·萨马朗（Charles Samaran，1879—1982）的看法，书籍史从此被纳入了"更为广阔的文明史的框架之中"。[①]

罗马不是一天建成的，没有精密而有深度的个案研究、群体研究、地域性研究，缺乏精彩而多角度的长、中、短时段研究，便不会有能够与其他学科如史学、文学、社会学、经济学、文化学等发生联结，并融合业界、学界，而非各说各话的清代藏书史研究。清代藏书史研究的前景如何？余将登轼而望之，绵薄以献之，拭目以待之。

（原载于《清代藏书史论稿》，知识产权出版社，2018年）

---

① 《中国和欧洲：印刷术与书籍史》，第244页。

国家图书馆同人文选（第五辑）

上

国家图书馆◎编

国家图书馆出版社

图书在版编目(CIP)数据

国家图书馆同人文选:第五辑:全二册/国家图书馆编.—北京:国家图书馆出版社,2019.9

ISBN 978-7-5013-6840-2

Ⅰ.①国… Ⅱ.①国… Ⅲ.①图书馆工作—文集 Ⅳ.①G25-53

中国版本图书馆CIP数据核字(2019)第212067号

书　　名 国家图书馆同人文选　第五辑(全二册)
著　　者 国家图书馆　编
责任编辑 张　颀　高　爽　王炳乾　唐　澈　邓咏秋
封面设计 麒麟轩设计

出版发行 国家图书馆出版社(北京市西城区文津街7号　100034)
(原书目文献出版社　北京图书馆出版社)
010-66114536　63802249　nlcpress@nlc.cn(邮购)
网　　址 http://www.nlcpress.com
排　　版 凡华(北京)文化传播有限公司
印　　装 北京鲁汇荣彩印刷有限公司
版次印次 2019年9月第1版　2019年9月第1次印刷

开　　本 787×1092(毫米)　1/16
印　　张 82.25
字　　数 1887千字
书　　号 ISBN 978-7-5013-6840-2
定　　价 580.00元

序

2019年是国家图书馆建馆110周年。编辑出版《国家图书馆同人文选》(以下简称“《同人文选》”)第五辑,既是对馆庆之禧的献礼,也是对近十年国家图书馆同人学术研究成果的一次系统梳理和集中展示。

国家图书馆的学术研究传统由来已久。自京师图书馆草创伊始,110年间,人才荟萃,形成了沉潜笃实、学有根柢的谨严学风。翻开1987年出版的《同人文选》第一辑,开首一篇即是首任馆长、著名学者缪荃孙所著《〈永乐大典〉考》。此后,国家图书馆又于1992年、1997年和2009年先后编辑出版了《同人文选》第二至四辑,梁启超、蔡元培、马叙伦、陈垣、王重民、赵万里、刘国钧、谭其骧、任继愈等一批在中国近现代学术史上熠熠生辉的大家名家,均垂名于国家图书馆《同人文选》之中,反映出国家图书馆在中国近现代学术史上不容忽视的重要地位。保持和发扬我馆优良的学术研究传统,延续往圣先贤的学术使命担当和立足岗位孜孜不倦、笔耕不辍的奉献精神,是每一代国图人不可推卸的重任。

近代以来的中国公共图书馆,均具有社会服务、社会教育和学术研究等多项职能。根据《中华人民共和国公共图书馆法》的规定,国家图书馆主要承担国家文献信息战略保存、国家书目和联合目录编制、为国家立法和决策服务、组织全国古籍保护、开展图书馆发展研究和国际交流、为其他图书馆提供业务指导和技术支持等职能,同时具有公共图书馆的功能。要履行好这一职能,学术研究就显得尤为重要,它与图书馆基础业务建设如鸟之双翼、车之两轮,相辅相成,并行不悖。于国家图书馆而言,具备一定学术造诣和业务研究水平的馆员队伍,既是事业持久发展的内在要求,也是履行国家图书馆职能的基础保障。同人学术研究水平的整体提升,必将有助于国家图书馆更好地为国家立法决策服务,发挥智库作用;必将有助于国家图书馆更好地适应建设学习强国需要,发挥公民教育终身学校的作用;必将有助于国家图书馆更好地凝练业务能力,发挥对全国图书馆事业的带动引领作用。

编辑出版《同人文选》,汇集一段时期内国家图书馆同人的学术研究成果,以展示不同阶段同人学术研究的整体水平和业务研究的发展脉络,管窥国家图书馆事业的快速发展,供同人研读、业界参考,此为历届编委会编纂出版《同人文选》的初衷。值110年馆庆之际,国家图书馆启动了《同人文选》第五辑的编辑出版工作,对我馆同人发表于2009至2018年的学术论文广为采集蒐罗,共计3402篇。十年间,几近日发一篇,篇帙之富,成果之盛,为国图百余年学术发展史所未见,令人欣喜。论文作者中,既有学者宿儒,亦有后学新秀,在各自的学术领域多有研究与建树。馆内数十位专家参与初评，严加遴选，评出298篇入围论文。国家图书馆学术委员会按照评选标准，对入围终评文章进行投票，共有151篇最终收入《同人文选》。收录论文按内容分为图书馆管理与事业发展研究、图书馆业务研究、数字图书馆与现代技术研究、文献研究四大类，同类之下以论文发表时间为序。编选之中，虽博观慎取，务求精当，但篇目至繁，势不能遍为掇拾，挂漏遗珠之憾在所不免。

在国家图书馆110年馆庆之际，习近平总书记给我馆8位老专家回信，充分肯定了他们对"传承文明、服务社会"初心的坚守，充分肯定了国家图书馆在传承中华文明、提高国民素质、推动经济社会发展等方面所发挥的积极作用，并对国家图书馆事业未来发展提出殷切期望。国图人将把总书记在回信中提出的重要目标和要求作为新时代的奋斗方向，不负初心，凝心聚力，汇聚起面向第二个百十年壮阔征程再出发的力量，为建设社会主义文化强国再立新功！

国家图书馆馆长 [signature]

2019年秋于北京

总目录

上　册

图书馆管理与事业发展研究

图书馆业务研究

下　册

数字图书馆与现代技术研究

文献研究

图书馆管理与事业发展研究

国家图书馆百年沿革与传承

李致忠

2009 年是中国国家图书馆百年华诞。探寻百年来国图发展的轨迹,大体呈现出前四十年和后六十年的阶段性,而后六十年中又表现出前三十年和后三十年的明显差异。前四十年,社会动荡,政权迭更,战争连年,山河破碎,纲坠国殇,国家图书馆只能在夹缝中苟延残喘;后六十年中的前三十年,发展虽然不算很快,但进展平稳,脚步扎实;后六十年中的后三十年,伴随国家的改革开放,国家图书馆也迎来了自己的春天,实现了历史性的跨越,跻身于世界国家图书馆的先进行列。站在国家图书馆百年的历史节点上,回顾其发展,理顺其沿革传承,令人思绪万千,心情激越。

1 馆名的沿革

国家图书馆的前身名为京师图书馆,创建于清宣统元年(1909)9 月 9 日。十六年后馆名始发生变化。

1900 年 8 月 14 日,八国联军攻占北京,慈禧太后挟光绪皇帝逃往西安。这一年是中国干支纪年的庚子,故称“庚子之乱”。翌年,即 1901 年 9 月 7 日,美、英、法、德、意、日、俄、奥等 11 国强迫清政府与他们签订了屈辱的《辛丑条约》。条约规定清政府要向各国赔偿“战争损失”4.5 亿两海关银,年息 4 厘,分 39 年偿清,本息合计约 9.82 亿两,史称“庚子赔款”。然列强并不满足,故于条约签订后,各国都虚报战争损失,索要赔款总额高达 4.6 亿多两,比条约规定的 4.5 亿两多出 1000 余万两。在如何分配赔款问题上,列强纷争,多次谈判。美国政府则从刚确立的对华门户开放政策出发,强调“更多的优惠和行政改革要比大量的金钱赔偿更合乎需要”,因此,不但表示愿意按比例削减赔款数额,还多次指示美国驻华公使康格说服其他列强,在将各国的赔款总额削减至 4.5 亿两之后,美国愿意做出进一步削减,同时也希望其他各国按比例削减,但未得到其他列强的响应。美国游说失败后,时任美国国务卿的海约翰和当时负责远东事务的外交官柔克义便开始考虑美国单独退还庚款中虚报、高报的部分,想用实际行动促使其他列强一同退还。1908 年 5 月,美国国会参、众两院正式通过议案,授权美国总统退还中国部分庚款。12 月 14 日美国总统发布退款令,12 月 31 日时任美国驻华公使柔克义通知清政府,退还部分赔款。此次退款是从 1904 年 1 月算起美国摊得庚款多余的 1078 万美元,本息合计 2892.2 万美元。这是美国退还的第一笔庚款。1924 年 5 月,美国国会参、众两院再次通过议案,决定将从 1917 年 10 月算起的庚款余款 1254.5 万美元全部退还,此为美国的第二笔退款。两次总计为4146.7万美元。

美国既率先退还部分庚款,其用向当然要贯彻美国政府的意图。1907年12月3日,罗斯福在为争取国会支持退还部分庚款而写给国会的报告中表示:“我们这个国家应在中国人的教育方面给予十分实际的帮助,以便中国这个幅员辽阔、人口众多的帝国逐渐适应现代形势。实现这一目标的途径之一,就是鼓励中国学生来我们这个国家,吸引他们在我们的大学和高等教育机构里就学。”可知早在退还部分庚款之前,美国已经确定了庚款退还后的使用方向。

美国最初退还的部分庚款,都委托美国在华的花旗银行进行管理。按照前边所约“先赔后退”的办法,清政府每年要先将该赔付的庚款,汇入美国在华的花旗银行,经该行理收后,再由它按照美国政府的旨意进行退还,而中国政府收到“退款”后,又被限定存储在花旗银行的一个账户(后被习称为“清华基金”)。1924年5月,美国退还第二笔庚款。为保证退款不被中国政府纳入国库,经美国国务院同意,要求中国特设一个机构来进行管理,名称就叫“中华教育文化基金会”,也称为“中华教育文化基金董事会”(以下简称“中基会”)。中基会于1924年10月1日正式成立。1925年6月2日至4日,中基会在天津裕中饭店举行会议,会上通过了美国退还庚款应用以“(1)发展科学知识,及此项知识适于中国情形之应用,其道在增进技术教育,科学之研究,试验,与表证,及科学教学法之训练;(2)促进有永久性质之文化事业,如图书馆之类。”[1]两项决议案。

为贯彻上述第二项决议案,1925年10月22日,中基会与中国教育部协商订约,决定合办“国立京师图书馆”。11月26日,教育部下达第206号令,谓“原设方家胡同之京师图书馆,应改为‘国立京师图书馆’,暂移北海地方”[2]。12月2日,教育部训令第313号又谓:“此次本部与中华教育文化基金董事会协商,组织国立京师图书馆委员会,将该馆改名为‘国立京师图书馆’,并经派定委员在案。现经本部函聘梁启超为国立京师图书馆馆长,李四光为副馆长。合亟令行该馆,仰即遵照可也。此令。”[3]这是京师图书馆馆名的第一次变更,即在“京师图书馆”之前加上了“国立”二字。

1925年10月22日,中基会与中国教育部合办国立京师图书馆议决并签契约。契约规定:“馆中经费分两种:‘(一)临时费,为一百万元,供开办时建筑、设备及购置书籍之用,由董事会完全担任,分四年支出。(二)经常费,第一年度内暂定为每月五千元,由董事会与教育部各任其半’。”“旋即于11月依约成立国立京师图书馆委员会,订定委员会章程,聘定梁启超、李四光为正、副馆长,袁同礼为图书部主任。并租定北海公园内之庆宵楼、悦心殿、静憩轩、善安殿一带房屋;拨京师图书馆原有职员之一部,组织国立京师图书馆筹备处。”[4]这些举措表明中基会与教育部合办“国立京师图书馆”之初进展十分顺利。契约中明文规定,教育部只需支付图书馆日常费用两千五百元,应该说这样的契约大概已经考虑了中国彼时的经济社会状况,似无难为教育部之意。然彼时中国军阀混战,国无宁日,国库空虚,连每月两千五百元的日常经费也拿不出来,无法履约。故于1926年1月13日,中基会致函中国教育部,要求履行《合办国立京师图书馆契约》。1月26日,教育部正式复函中基会,曰:“因国库支绌,难于履约。”[5]中基会于1926年2月24日再次致函教育部:“正式声明在教育部未能履行契约规定条件以前,应即暂缓实行契约。”[6]“而原定计划中之图书馆,则暂由董事会独立进行，并改名为北京图书馆。所有原定之临时费一百万元，仍分四年支付。并聘梁、李二君为正、副馆长，袁君为图书部主任。又由董事会派委员五人，组织北京图书馆委员会，以为管理机构。本馆遂于十五年(1926)三月一日成立。"[7]此为"北京图书馆"名称之所由来，也是梁启超、李四光又任北京图书馆正、副馆长的由来。可知"北京图书馆"名称的第一次出现，是由中基会擅改"国立京师图书馆"之名而来，与1949年新中国成立后的"北京图书馆"之名有本质的区别。

1927年，南京国民政府成立。1928年5月，北京政府解体，由南京国民政府接管。6月21日，国民党中央政治会议议决改北京为北平，北平、天津为特别市。7月18日，南京大学院致函京师图书馆，谓"旧京师图书馆奉中央命令改为北平图书馆"[8]。7月24日，南京大学院又通知京师图书馆"京师图书馆应改为北平图书馆，属大学院"[9]。这样，京师图书馆又改名为"北平图书馆"了。而中基会独办的"北京图书馆"亦不得再行用"北京"之名，而只好于是年10月改名为"北平北海图书馆"。这是"北平图书馆"及"北平北海图书馆"名称的由来。

1929年6月，中基会在天津举行第五届年会，会议议决接受当时中国教育部部长蒋梦麟的提议，继续执行前北京教育部与中基会合办国立京师图书馆的契约，将北平图书馆与北平北海图书馆合组，成立"国立北平图书馆"。但在谁合并谁的问题上，又几经周折，后经国立北平图书馆委员会陈垣等人的据理力争，始将中基会之"北平北海图书馆"向"北平图书馆"合并，称为"国立北平图书馆"。此为"国立北平图书馆"名称的由来。

1949年1月，北平和平解放。9月，中国人民政治协商会议在北平召开，决议改北平为北京，并定都于此。10月1日中华人民共和国成立以后，改"国立北平图书馆"为"北京图书馆"。这个"北京图书馆"，与1926年中基会独自改"国立京师图书馆"为"北京图书馆"的那个馆，既有一定的联系，又有本质上的差别。说它有一定的联系，是因为：中基会的"北京图书馆"后来改名为"北平北海图书馆"，1929年"北平北海图书馆"又与"北平图书馆"合组成为"国立北平图书馆"；而新中国成立后的"北京图书馆"是改"国立北平图书馆"而来，故其中含有中基会之"北京图书馆"的影子，但本质有别。

1999年，经国务院批准，北京图书馆在是年9月9日90周年馆庆时举行揭牌仪式，正式更改"北京图书馆"的馆名：对内称"国家图书馆"，对外称"中国国家图书馆"。中共中央政治局常委、全国人大常务委员会委员长李鹏出席揭牌仪式并讲话，热烈祝贺国家图书馆九十年的发展和对社会做出的贡献。

2 馆舍的沿革

1909年，虽经晚清政府正式批准成立了京师图书馆，亦曾计划在北京德胜门内净业湖南北一带辟建新的馆舍，但中经辛亥鼎革，事遂中辍。1912年，民国政府成立，京师图书馆归教育部领属。经过一番考察，是年8月27日始在今什刹海东北隅的广化寺开馆。此为国家图书馆最早的馆舍。可是开馆不足两个月，即同年10月，教育部又"部议本馆馆址湫隘卑湿，不宜存贮图书,拟更诸爽闿者,以谋永久”[10]。并于翌年派本部社会教育司“佥事周树人、沈彭年、齐宗政,主事胡朝梁、戴克让前往,会同该馆馆员王懋镕、乔曾劬、秦锡纯、雷渝、王悳醇、杨承煦,迅将收藏图书,按照目录检查,装箱封存。其存款、账册,亦应逐一清理,悉交周树人等接收报部。该馆人员务宜交代清楚,以便迁移,听候改组”[11]。此表明,京师图书馆在广化寺开馆一年多一点,又闭馆待迁。

既然广化寺不宜开办图书馆,就要另谋他处以开之。经过鲁迅等人将近五年的努力,到1917年1月26日才又在安定门里方家胡同原清代国子监南学旧址开馆。此为国家图书馆历史上的第二处馆舍。

清乾隆二年(1737),刑部尚书孙嘉淦掌管国子监事,因国子监原有号房损坏,无法住人,便奏请将国子监以南也就是方家胡同的官房,让给国子监助教及肄业诸生居住,这就是所谓的南学,也称为南监。以后经嘉庆、道光、同治,至光绪二年(1876)时学生最多,共60名。但因为管理不善,入南学的人越来越少。同时,贡生又可以花钱捐纳,这样,南监事实上就停办了。国子监南学馆舍总计房屋119间,较广化寺宽敞得多,地势也不低洼潮湿,作为图书馆馆舍并无不可。但四周民户杂居,火灾隐患较大,并不利于消防。

京师图书馆在国子监南学办馆12年,仍不断遭到批评。批评的焦点是认为此地偏居北京东北一隅,交通不便,读者寥寥。故到1928年10月又将方家胡同馆南学舍改为京师图书馆分馆,而本馆则搬到了中南海居仁堂,于1929年2月重新开馆。

居仁堂原名海晏楼,是庚子年慈禧从西安回北京后所建,专为招待女宾之用。门外陈列十二生肖兽首人身像。1911年,袁世凯曾在此殿恫吓隆裕,迫使清帝逊位。袁世凯窃取大总统职位后在此办公,于是将该殿改名为居仁堂。1915年12月13日,袁世凯在此殿做复辟登基准备,受百官朝贺,因而又改总统府为新华宫。冯国璋执政时,又把居仁堂改做家属住宅,堂门改名为宝光门。居仁堂后有福昌殿、延寿斋、福寿轩、延庆楼、福禄居等建筑。曹锟时在延庆楼办公,在福禄居会客,居仁堂、延寿斋、福寿轩等处则成了他妻妾们的住房。第二次直奉战争爆发后,1924年11月2日,曹锟辞职,被冯玉祥软禁在延庆楼。解放战争时期,傅作义在居仁堂办公。此为国家图书馆的第三处馆舍。

中基会在成立后,1925年与教育部签订契约,合办国立京师图书馆。契约中规定两项费用,其中临时费为100万美元,供馆舍建筑、设备及购置书籍之用,由董事会完全负担,分4年支出。后因日常费用教育部不能履约,终止了合同,但临时费用并未改变。中基会与教育部商办契约之初,曾择定北海公园西墙外御马圈空地,与养蜂夹道迤西之公府操场为新馆地址。该地本属官有,故契约原有无偿拨用之规定。其后契约既未实行,乃由中基会出资2万元,购定御马圈空地,先行筹备,委托北平长老会建筑师丁恩氏(S. M. Dean)丈量基地,拟绘设计草图。至征募图案之事,则托协和医院建筑师安那氏(C. W. Anner)主持进行。安那氏参酌美国建筑学会前例,拟订征募条例十八条,经图书馆委员会议决后,公布征集。1927年3月,收到的图案共计17份,全部装箱,邮寄美国建筑学会审查评定。是年8月,该会电告,莫律兰氏(V. Leth-moller)获膺首选,遂照条例聘为建筑工程师,而以获第四奖之安那氏充监督工程师任务。

1928年9月5日,天津复新建筑公司中标承建新馆,17日举行破土仪式。1929年5月

11 日，新馆建筑举行奠基仪式。1931 年 5 月 20 日，北平馆呈文教育部报告新馆落成。"该馆以绿瓦红墙围绕，正门为三间琉璃门座式，体量高大，气势宏伟。门内庭院开阔，环境疏朗，主楼前矗立石碑、华表、石狮（由圆明园安佑宫迁来），增强了庭院环境气派。主楼二层带前廊，配楼一层，楼间连以平顶连廊，书库在主楼后部，各楼均有地下层。造型仿自清宫式大殿楼阁，绿琉璃庑殿顶，汉白玉须弥座石栏杆，半拱梁枋施青绿彩画，柱身也漆绿色（仿自故宫文渊阁）。比例端庄，色调雅致，总体权衡与细部做法基本合乎则例，是此类设计中比较成功的一座"[12]。这是张复合《北京近代建筑史》一书对文津街老馆的评价。1931 年 6 月 25 日，国立北平图书馆在文津街新馆举行开馆典礼。是日，教育部等机关官员、国内外学术单位代表、名流学者、社会贤达，以及各国驻华公使两千多人前来参加开馆仪式。蔡元培馆长专程从上海赶到北平，主持开馆典礼，并致开幕词。教育部代表蒋梦麟、中基会代表任鸿隽等贵宾也分别致辞，表示热烈祝贺。袁同礼副馆长致答辞。仪式后，全体与会人员进楼参观，而后是社会公众参观，前后持续 4 天，参观人数达 1 万多人，盛况空前，轰动一时。这是国家图书馆建馆以来第一次有了专门的馆舍，它是当时北平地标性的建筑之一，不但国图人感到由衷的高兴，图书馆界同人也为之欢呼。

新中国成立以后，国家图书馆发展很快，虽然在原地又扩建了书库，并先后新建了三栋小楼，但总计不过 3.4 万平方米，与书刊增长速度不成比例。书刊无处收藏，就由政府先后拨借神武门楼、北海松坡图书馆、故宫西路寿安宫、柏林寺、甘水桥皮肤病研究所及其门诊楼等，作为北京图书馆的临时藏书之地。但书分多处，管理不便，阅览不宜，加之周围环境复杂，更构成了安全威胁，故国家图书馆一直想在文津街老馆院内进行扩建。

1973 年 10 月 29 日，当国家图书馆老馆扩建计划呈送到周恩来总理手中时，总理看了扩建计划和模型以后指示说："只盖一栋房子不能一劳永逸，这个地方就不动了，保持原样，不如到城外另找地方盖，可以一劳永逸。"①但那时还在"文革"当中，无法落实总理指示。1978 年十一届三中全会之后，党和国家的工作重心转向经济建设，实行改革开放，国力不断增强，才有了为国家图书馆建设新馆的可能。

1980 年 5 月 26 日，中央书记处第 23 次会议听取了馆长刘季平关于图书馆的工作汇报。6 月 1 日发出《中央会议决定事项通知》，指出"关于新建北京图书馆问题，会议决定，按原来周总理批准的方案列入国家计划，由北京市负责筹建，请万里同志抓这件事"[13]。其后经过一系列的筹划和准备，到 1983 年 9 月 23 日下午，新馆在风景秀丽的紫竹院公园长河北岸破土动工。同时，邓小平同志也在百忙中为北京图书馆题写了馆名。1987 年 7 月 25 日新馆落成，10 月开馆接待读者。新馆总建筑面积达 14 万多平方米，设有 3000 个阅览座位，可容纳 2000 万册（件）藏书。这样，连同文津街老馆 3 万多平方米，国家图书馆就拥有了 17 万多平方米的馆舍，在当时排名世界第二位。这是国家图书馆在馆舍建设方面的跨越式发展，实现了国图人的夙愿。

2001 年，国家图书馆二期工程暨国家数字图书馆工程获准立项。2004 年 12 月 28 日举行了奠基仪式。该工程设计总建筑面积 8.0353 万多平方米，国家总投资 12.35 亿元人民

---

① 来自国家图书馆档案，北京图书馆新馆技术资料卷。

币，目标是建成世界上最大的中文文献收藏中心、中文数字资源基地和国内最先进的信息网络基地。工程于2008年6月竣工，是年9月9日开馆。国家图书馆又新增2900个阅览座位，每日可再增加接待读者8000人次。这样，国家图书馆就拥有了25万多平方米的专门馆舍，成为亚洲第一大图书馆，排在世界第三位。

从1909年到1987年，时间长达78年，国家图书馆积累拥有自有产权的馆舍面积只有3.4万平方米，平均每年增加不到436平方米。而从1987年至2008年的21年间，馆舍面积就猛增22万多平方米，平均每年增加1.1万平方米，是前78年每年净增量的25倍多。这是我国改革开放30年国力增强的有力表现，是国家在文化建设方面大力投入的有力证明，是掀起文化建设新高潮的坚实基础。

3　缴送制度的承传

1916年3月6日，教育部片奏北洋政府，要求饬下内务部，凡立案出版之图书请该部分送京师图书馆庋藏。片奏称："查国立图书馆为一国图书渊府，网罗宜广，规制务宏，非并纳兼收，无以极坟典之大观，供士民之搜讨。今世欧、美、日本各国图书馆所藏卷帙，皆多至以亿万计。京师图书馆现藏旧籍尚称富有，自应益求美备，广事搜罗，以验社会与时进化之几，而彰一国文物声明之盛。惟是时贤新著，海内名篇，辄以鸠聚为难，不免珠遗之憾。查英、法各国出版法中均规定，全国出版图书依据出版法报官署立案者，应以一部送赠国立图书馆庋藏。日本自明治八年设立帝国图书馆后，亦采用此制。法良意美，莫尚于兹。京师图书馆正在筹备进行，似可仿行此制。拟请饬下内务部，以后全国出版图书依据出版法报部立案者，均令以一部送京师图书馆庋藏，以重典策而光文治，似于教育政化裨益匪浅。是否有当，理合附片具陈，伏乞圣鉴。谨奏。"教育部片奏送呈之后，北洋政府"政事堂奉批，令交内务部查照办理。此令。洪宪元年三月八日"[14]。这是京师图书馆接受国内出版物缴送的开端，也由此确立了中国图书出版缴送的最初制度，亦进一步确立了京师图书馆乃国家图书馆的明确地位。

1929年10月14日，国立北平图书馆委员会呈文教育部转咨内政部，要求内政部修订《著作权法实施细则》时，增加新出版图书寄存国立北平图书馆条款："查民国五年三月由前教育部陈明政府，凡新出版之图书依据按照出版法报部立案者，应以一部呈缴国立图书馆庋藏，通令照办在案。惟行之未久，遂等具文。十六年十二月，前大学院曾颁新出图书呈缴条例，十七年六月重申前令。现在国立北平图书馆改组伊始，旧藏卷帙尚称富有，新刊图籍尚待收罗，自应接受此项呈缴图书，以供阅览而广文化。拟请通令全国出版机关依例照办，并请转咨内政部修订《著作权法实施细则》，凡新出版之图书应以一部寄存本馆为必须条例。"[15]1930年1月，教育部函告国立北平图书馆，闪烁其词，未予正面答复。在1930年3月28日教育部公布的《新出图书呈缴规程》（以下简称《规程》）中，也未规定向国立北平图书馆缴送。为此，国立北平图书馆再次致函教育部，要求修改《规程》。教育部又致函国立北平图书馆，谓《规程》公布不久，不宜遽改。国立北平图书馆再次致函教育部，申明前规，呼吁教育部修改《规程》。1931 年 4 月 8 日，教育部复函，谓："顷准大函，请将国立北平图书馆与中央图书馆规定于《新出图书呈缴规程》第三条之内，并先通令全国出版机关，先行缴寄北平图书馆；或将本部保管中央图书馆之一份，悉数拨借，以供众览等由。查《出版法》及《新出图书呈缴规程》所规定，凡新出图书，应行呈缴之数，已在六份以上，似未便再行增加。所请将国立北平图书馆规定于《新出图书呈缴规程》第三条之内一节，碍难照办。惟拨借本部代管之中央图书馆一份，在中央图书馆未成立以前，尚属可行。除分别咨令青海省政府及各省市教育厅局，将呈缴新书检出一份，迳寄北平图书馆；并饬本部图书馆，将暂代中央图书馆保管之呈缴新书整理检寄外，相应函复，即希查照为荷。"[16] 显然这是在形式上作的某些变通，但本质上还是答应了国立北平图书馆的合理要求，从而保留了国立北平图书馆接受呈缴本的资格。

1955 年 4 月 25 日，文化部颁布《中华人民共和国文化部关于征集图书、杂志样本办法》。办法称："凡公开发行的书籍、图画、杂志（以上均包括汉文、民族文字、外国文字的，装订成册或单张的，定期出版或不定期出版的，以及杂志的临时特刊），均应在出版后三日内由出版者按照左列规定缴送样本：1. 从第一版起，每出一版均应缴送文化部出版事业管理局二份，中国共产党中央宣传部一份，中国科学院图书馆一份，北京图书馆一份。当地文化局（处）一份。2. 同一版次而印次不同的，每一印次缴送本部出版事业管理局一份。3. 如同时或先后有不同装帧、开本、版式的版本出版时，其中一种版本按上列规定缴送，其余版本只缴送本部出版事业管理局一份。4. 影印外国出版的外文图书、杂志，第一次印刷应缴送本部出版事业管理局一份，北京图书馆二份。""三、各机关、团体、学校用机关、团体、学校名义出版的书籍、图画、杂志除须保密者外，按照第二条第一项规定缴送样本。"[17] 此为新中国成立后由中央政府主管部门颁布的关于书、刊缴送的法规，又一次明确了当时北京图书馆接受书、刊缴送的资格。

1956 年 7 月 12 日文化部修订全国报纸缴送样本办法。办法称："一、全国县、市级以上（包括县、市级）报纸和各地厂矿、高等院校定期出版的报纸，应定期（日报按月，其他刊期报纸按季）向我部出版事业管理局（地址：北京东总布胡同十号）缴送合订本 2 份，向北京图书馆缴送 1 份。有目录索引者，应附寄目录索引，份数同上（缴送时间不得迟于该报出齐后两个月）。""三、本办法自 1956 年 7 月份起实行。县、市级报纸以及各地厂矿和高等院校定期出版的报纸，自创刊至 1956 年 6 月底以前出版各期，应补送合订本 2 份（1 份寄出版局，1 份寄北京图书馆）。"[18] 这表明新中国成立后中央政府主管部门对县市及县市以上单位、各地厂矿及高等院校所出版报纸的缴送，也做出了明文规定，当时北京图书馆同样享有此项受缴的资格。至此，北京图书馆对国内出版物有了全面接受缴送的权利，建设国家总书库的天职光荣地落在了国家图书馆的肩上。

改革开放后，出版体制虽无多大变化，但出版机制不断创新，各出版社缴送出版物状况参差不齐，为此，新闻出版署从国家大局出发，不止一次发文，要求各级各地出版社及时如数地向国家图书馆缴送各自的出版物。近年来，随着科学技术的飞速发展，出版介质多样化，电子出版物层出不穷，新闻出版署亦适时发文，规定缴送制度，确保国家图书馆的受缴权利和国家总书库建设。

从1916年3月北洋政府批准建立出版图书呈缴制度，迄今已历经九十三年，中间虽履经波折，但却赓续未断，传承有序。从单纯缴送图书，到相继缴送期刊、报纸、电子出版物，出版介质虽不断更新，但缴送规定也与时俱进，使国家图书馆在接受不同载体出版物上也能赓续不断，承传有序。国家总书库建设更加宏伟和有声有色。

4 藏书建设的传承

国家图书馆的前身是京师图书馆，成立于1909年，但到1949年，也就是在四十年的时间里，虽然迭经馆员百般搜采，到北平和平解放时，所积累的藏书也只不过140万册(件)，平均每年净增书刊3.5万册(件)。其中还包括1929年北平北海图书馆合并到国立北平图书馆的藏书，1945年8月15日日本投降、北平光复后接收敌伪单位的一些藏书，以及1949年松坡图书馆合并到北京图书馆的部分藏书，真真正正京师图书馆自己的藏书还不及此数。但它的藏书品类、文种在当时还算齐全，形成了国家图书馆初期的藏书基础。

1949年，伴随新中国建立，国家图书馆回到了人民的手中，事业得到恢复和发展。1950年至1978年的二十八年间，国家图书馆各方面都有了新的进展，其中藏书净增755万册(件)，是新中国成立前四十年累计总藏量的5.4倍；平均每年净增书刊26万册(件)，是1949年以前年均净增量的7.5倍。这是一个很了不起的跨越。但截止到1978年底，也就是国家图书馆走过六十九年历程时，其藏书总量也只是891.5万册(件)，平均每年净增12.9万册(件)。而从1979年到2007年，又是一个二十八年，藏书净增量则是1748.0842万册(件)，年均净增63万册(件)，是1950年至1978年那个二十八年年均净增量的2.4倍，是1909年至1949年年均净增量的18倍。截至2008年底，国家图书馆的藏书总量已达到2696.7万册(件)，较1978年底增加了1805.2万册(件)，三十年走出了1978年以前69年的两步半。这是何等惊人的增速？

上述几组数据清晰说明国家图书馆藏书发展变化最快的时段是1978年至2008年。这个时段，正是我国改革开放的三十年，是神州大地发生天翻地覆变化的三十年。人们可以用诗的语言讴歌这个伟大的时代，也可以用数字编织出一幅幅豪迈的蓝图。

世界上任何类型的图书馆，尤其是国家图书馆，其藏书量的增加，大概缘自三个方面的支撑：一是购书费的不断增加从而提高自身的购藏能力；二是本国出版物缴送率的不断提高从而增加免费入藏的数量；三是公私捐赠热情高涨从而增加公益助藏的数量。但放眼全世界国家图书馆的藏书建设，这三者当中最本质、最重要、最有效、最可靠的还是政府对国家图书馆购书经费的不断增加投入。没有这种投入做保障，藏书量持续增加是不可想象的。

1978年国家图书馆的国拨购书经费是210万元。第二年增至275万元，比上一年增加了65万元。而到1988年，国家改革开放已经十年，国家图书馆紫竹院新馆也已经落成开馆，读者量陡增，书刊流通量成倍增长，该年政府财政拨款1655万元，专供国家图书馆购置书刊报等文献信息资源，比十年前的1979年多拨1380万元，年均增拨138万元。而到1998年，政府下达给国家图书馆的购书经费已到了8000万元，较1988年增拨6345万元，年均增长 576.8 万元。到 2008 年,国拨购书经费已达 14500 万元,是 1978 年购书经费的 69 倍,1979 年的 53 倍,1988 年的 8.7 倍,1998 年的 1.8 倍。这种表面上不合逻辑的增长速度,反映的则是党的工作重心有效转移、改革开放三十年经济社会协调发展、综合国力不断增强等合乎逻辑的投入。当然,三十年来书价上涨也不少,有一种不太准确的说法,世界书价大概每年以 15% 的速度上涨。我们扣除这些涨价因素,国拨购书经费仍然保持着逐年增长的态势。这是国家图书馆藏书量倍增的根本原因,也是国家图书馆藏书建设赖以传承的生命线。

5 服务能力的提升

传统图书馆的阵地服务能力,一是取决于藏书量多少,二是取决于阅览座位多少,三是取决于每年开馆天数及每日开馆时间的长短,还有就是利用书刊外借外延阅览范围。1931 年至 1978 年,国家图书馆的阅览座位,总计不过 1300 个,读者接待能力受到严重制约。1987 年紫竹院新馆落成后,增加了 3000 个阅览座位,使多年排队领号入馆阅览的窘况得到了根本改观。2008 年 9 月,国家图书馆二期工程暨国家数字图书馆落成,又新增加 2900 个阅览座位。这样,国家图书馆拥有的阅览座位达到了 6000 个,读者接待能力大幅提升。

为读者服务是图书馆的天职,是图书馆的核心价值,所以图书馆都要千方百计地创造条件,提高自己的服务能力,改善服务态度,提高服务质量。当然,主观服务意识强,可以弥补一些客观条件的缺失,但要从根本上解决问题,还得两者兼备。改革开放三十年来,不仅仅是国家图书馆实现了跨越式发展,各省馆及大城市图书馆也先后新建或改扩建了馆舍,提升了读者接待能力。

1978 年至 1987 年,国家图书馆还在文津街老馆办公,但通过挖掘潜力,延长每日开馆时间,接待读者总计达 597 万多人次,年均接待量接近 60 万人次,但日均不过 1600 多人次。1987 年 10 月迁入新馆后,从 1988 年至 1997 年的十年间读者接待总量为 1370 多万人次,是前十年(1978—1987)的 2.29 倍。如此巨大的变化,原因很简单,就是 1987 年新馆落成,馆舍面积净增 14 万多平方米,读者阅览座位增加到了 3000 多个,接待读者能力实现了跨越式提升。1998 年国家图书馆实行全面改革,特别是 1999 年始实行 365 天全天候开馆,加之突破多年来大学三年级以下学生不得进馆的陈规,18 岁以上公民都可以来国家图书馆阅览,来馆读者逐年猛增。1998 年当年尚未看出明显效果,1999 年则跃升到 298 万人次,比前一年多接待 127 万人次,一年等于前十年年均接待读者的两倍,日均接待量是前十年的 2.18 倍。2001 年全年接待读者 453 万余人次,是 1998 年全年接待读者人次的 2.7 倍。2002 年接待读者 498 万人次,日均接待 13644 人次,一年接待的读者差不多与 1929 年至 1948 年二十年接待读者的总人次、与 1949 年至 1977 年二十九年接待读者的总人次相埒。这只是读者服务工作中的一种统计,尚不是全貌,且统计的只是来馆读者,也就是图书馆自己所说的阵地服务。图书馆的核心价值就是服务,服务就有效益。读者来馆阅读,就会增长知识、陶冶情操、获取资料、解决难题、促进创新、做出学问,这些既是读者的成果，也是图书馆的服务效益。

当然，这还只是传统服务的一面，伴随国家图书馆二期工程馆舍的落成，国家数字图书馆也同时建成。国家数字图书馆，构建了数字资源采集、加工、发布、保存技术支撑平台，配备了软、硬件系统设备，可满足公众通过网络索取数字资源的需求；构建了数字图书馆与服务所需的网络、服务器、存储和通信平台，不但能实现自己馆区的网络连接，还能实现与教育网、科技网以及中国电信的连接，并实现卫星、数据广播的有线传输及双向网络连接，接通短信网关和呼叫中心接口，从而实现广泛的网络服务；同时还将陆续完成馆内各个数图业务子系统的建设。国家数字图书馆配备了1500台读者使用终端计算机，8000个信息节点，有线网、无线网同时覆盖，每日可以满足网站读者5万人次的点击，实现"让读者回家去""国图随时在你身边"的新型服务理念。这种发展，是国家图书馆革命性的变革，是又一历史性的跨越，它将带领国家图书馆进入真正复合型图书馆的时代，并继续阔步前进。

参考文献

[1] 中华教育文化基金董事会. 中华教育文化基金董事会第一次报告[R]. 北京：[出版者不详]，1926.

[2][4-5][8-9][11][15][16] 北京图书馆. 北京图书馆馆史资料汇编(1909—1949)[M]. 北京：书目文献出版社，1992.

[3][6-7] 北京图书馆. 北京图书馆第一年度报告[R]. 北京：北京图书馆，1927.

[10] 王祖彝. 京师图书馆回顾录[J]. 中华图书馆协会会报，1931，7(2)：1-2.

[12] 张复合. 北京近代建筑史[M]. 北京：清华大学出版社，2004.

[13] 谭祥金. 北京图书馆新馆工程纪事(1975—1987)[J]. 北京图书馆通讯，1987(3)：3-10.

[14] 郭锡龙. 图书馆暨有关书刊管理法规汇览[M]. 北京：北京图书馆出版社，1997.

[17-18] 北京图书馆. 北京图书馆馆史资料汇编(二)[M]. 北京：北京图书馆出版社，1997.

（原载于《中国图书馆学报》2009年第5期）

实施图书馆国际化发展战略,促进知识的全球共享

詹福瑞

当今图书馆事业正处于经济全球化和现代信息技术浪潮的影响之中。全球化推动了人力、资金、商品、服务、技术、信息等的跨国界流动,促进了各种生产要素和资源的优化配置,而信息技术则为经济全球化提供了强大的推动力。作为信息与知识的重要集散地,图书馆也将在全球化进程中,实现国际化战略,从而在信息与知识的跨国界共享、世界范围内的文化交流与融合中发挥更加重要的作用。

1 图书馆国际化是图书馆事业发展的必然趋势

图书馆国际化,简单地说,就是图书馆作为国际图书馆系统中的一员,开展国际化图书馆活动,包括:多文种、多元文化的图书馆馆藏,国际化的图书馆服务,采用国际图书馆标准与规范,开展国际图书馆交流与合作等。

1.1 图书馆国际化的背景

在全球化趋势下,信息与知识的流动早已跨越国界,图书馆必须融入国际社会,积极参与国际交流与合作,推动知识在全球范围的流动。

第一,经济全球化是图书馆国际化的发展动力。随着社会生产力的不断发展,世界各国、各地区经济,包括生产、流通和消费等领域相互联系、相互依赖、相互渗透,以前那些由于民族、国家、地域等因素所造成的阻碍日益减少,世界经济越来越成为一个不可分割的有机整体。经济全球化促使国际信息与知识的交流日益频繁,从而促进了图书馆的国际化发展。

第二,高新技术的发展加速了图书馆的国际化进程。现代计算机技术、通信技术、存储技术、数字技术、网络技术等深刻影响着人们的知识获取与交流方式,也影响着图书馆的馆藏资源建设与服务。特别是互联网的发展与普及使图书馆与读者的距离不复存在,同时也使图书馆之间的联系与合作更加紧密,建立世界一体化的图书馆馆藏与服务已不再是遥远的梦想。

第三,国际化是图书馆满足多样化信息需求的必然选择。当今社会,信息需求的主体、方式、内容、结构都呈现出多元化、多样性的特点。而与此相矛盾的是,图书馆馆藏资源的有限性及单个图书馆信息处理能力和服务提供能力的有限性,使得任何一个图书馆、甚至一个国家、一个地域的图书馆都难以满足这种多样性的信息需求。因此,为满足用户不断增长的

多样化信息需求，图书馆必须跨越地域，跨越国界，实现资源与服务的合作共享。

第四，图书馆国际化是图书馆自身发展的需要。在人类活动日益走向全球化的今天，单个图书馆已成为整个人类社会信息与知识传播系统的一个节点，如果不参与国际化进程，就失去了来自图书馆群体的相互支持，就无法实现图书馆作为社会知识中心的职能，而只有国际化，才能真正实现知识的全球共享，才能使图书馆事业对整个世界的文化、科技和经济的交流与发展做出贡献。

1.2 图书馆国际化的历史追溯

纵观图书馆事业的发展，图书馆国际化的思想可以追溯到一个世纪以前近代图书馆开展的国际活动以及建立的国际组织。1895 年比利时人奥特莱和拉封丹等人就创建了国际书目协会，即今天的国际文献联合会；1927 年在英国图书馆协会成立 50 周年的庆祝会上，由英、美、法、中等 15 个国家联合倡议并签署协议，成立了国际图书馆与目录学委员会，即今天的国际图书馆协会联合会（IFLA，简称国际图联），国际图联的宗旨便是“促进图书馆事业所有领域，包括书目、信息服务与人员培养等各方面的国际了解、协作、讨论、研究和发展”。国际图联成立后，在书刊国际交换与互借、书目数据标准化、图书馆资源共享、文献保存与保护、图书馆合作等多方面进行了卓有成效的工作。近几十年来，世界性资源共享、图书馆网络化全球化服务一直是国际图联重点关注的领域。1993 年第 59 届国际图联大会还曾以“全球图书馆：图书馆作为世界利用的信息中心”为主题，号召在全世界范围内建立一个全球性的图书馆，使图书馆作为一个信息中心为全世界利用。

1.3 图书馆国际化的内涵

图书馆国际化主要包括办馆理念的国际化、文献信息资源建设的国际化、服务的国际化、管理模式的国际化、人才队伍建设的国际化、科学研究的国际化以及参与国际交流等诸多方面。

在办馆理念方面，应当树立国际化发展战略，力求把一馆馆藏变为全球馆藏，把一馆设施变为全球图书馆的设施，把一馆服务变为全球图书馆的服务。在文献信息资源建设方面，应当充分考虑文献信息的多语种形态和多文化特征，以服务于多民族、多国家用户的需求。在服务方面，应当拓展图书馆的服务范围，面向全球用户开放馆藏，打破国家之间在知识信息占有与传播上的限制，利用馆际互借、国际互借和文献传递等方式，最大限度满足信息利用者的需求。在管理模式方面，应当建立符合国际化发展需要的科学、合理的图书馆规章政策，在业务管理方面采用国际图书馆界通用的标准规范和惯例。在人才队伍建设方面，拥有一支具有娴熟的图书馆专业知识、积极参与国际图书馆事务、具备多语言服务与交流能力的“国际图书馆员”队伍，是图书馆国际化的关键。在科学研究方面，既要对关系到本国图书馆事业发展的重要课题进行研究，更要具有国际视野，对国际图书馆事业发展的动态与趋势进行研究，广泛采用国际同行的研究成果。在国际交流方面，应当将一馆、一国的图书馆发展置于整个世界图书馆事业发展的大背景下，积极参与国际图书馆事务，推进双边与多边的国际图书馆合作，促进全球图书馆事业的同步发展。

2 中国国家图书馆在实现图书馆国际化方面的努力

一个世纪以来的中国国家图书馆史,正是一部从传统图书馆走向现代化、国际化图书馆的发展史。

2.1 馆藏建设国际化

中国国家图书馆历来重视多语种、多文化的文献资源收藏。在馆藏发展政策中,除明确规定全面入藏本国出版物之外,还确定了"外文求精"的外文文献建设政策,通过购买、交换、赠送、寄存等多种方式,不断丰富外文馆藏。早在1911年,国家图书馆就接受过法国人沙畹、洛威的赠书;1926年,国家图书馆便受出版品国际交换局委托接收交换来的各国政府出版物。截至目前,国家图书馆已与117个国家和地区的500多家图书馆以及科研机构建立了出版物定期交换关系。近几十年,国家图书馆每年的书刊文献购置经费80%左右用于外文文献资源的采购,截至2008年底,馆藏文献总量中有接近45%为外文文献,涉及语言115种,外购外文数据库77个。

2.2 联合国与外国政府出版物托存

中国国家图书馆对国际组织和外国政府出版物的收藏至今已有60多年的历史。自1947年起就是联合国文献的保存图书馆,并开始接收联合国资料,主要包括世界银行集团、联合国教科文组织、联合国粮农组织、国际劳工组织等机构的资料。从1975年起,国家图书馆成为加拿大政府出版物的托存图书馆。截至2009年6月,国家图书馆国际组织和外国政府出版物总藏量达70余万册件。

2.3 业务建设标准化

中国国家图书馆在全国图书馆业务工作标准化、规范化建设中发挥着骨干作用。长期以来,国家图书馆在相关标准规范制定方面一直坚持遵循国际通用行业标准与规范,并结合中国图书馆行业的特殊问题进行研究。例如,参照国际机读目录格式(UNIMARC)制定了《中国机读目录格式》和《中国机读规范格式》,参照IFLA有关文献编目规则制定了《中国文献编目规则》,参照国际分类法与主题法的有关研究与实践成果,主持编制了《中国图书馆分类法》《中国分类主题词表》,这些标准规范为国内图书馆界普遍采用。在数字图书馆建设过程中,国家图书馆密切跟踪国际有关研究进展,目前正在基于都柏林核心元数据、OAIS等有关国际标准制定数字图书馆建设相关标准规范。对国际标准规范的遵循为我国图书馆界的国际化建设奠定了基础。

2.4 面向国际用户的图书馆服务

中国国家图书馆自20世纪50年代开始国际互借业务,至今已与67个国家的500多家图书馆进行过国际互借业务，是全世界国际互借的中国国家中心。国家图书馆的参考咨询工作开始于1928年，距今已有80多年的历史，答复了来自世界各国读者的咨询，曾被国际联盟智育互助委员会确定为中国的咨询机构。2006年，国家图书馆推出了虚拟参考咨询服务，面向全球用户提供网络化参考咨询服务。国家图书馆藏有许多珍贵的古代文献，为使全球的研究者能够方便地利用这些资源，国家图书馆自2000年开始进行馆藏文献的数字化加工工作，截至2008年底，已经加工完成180TB的数字资源，全文文本达1.15亿页，其中大部分已经通过中国国家图书馆网站面向全球用户提供互联网服务。

2.5 国际交流与合作

积极参与国际交流与合作是图书馆国际化建设的一个重要内容，国家图书馆历来非常重视这项工作。

第一，积极参与有关国际组织的活动。中国是国际图联的15个发起国之一。1996年，中国国家图书馆与中国图书馆学会联合主办了国际图联年会暨世界图书馆和信息大会（IFLA-WLIC）；2004年5月，与国际图联保存保护中心（IFLA-PAC）正式签署合作协议，国际图联保存保护中心中国中心在国家图书馆成立；继2006年中文正式成为国际图联工作语言后，2009年，国际图联中文语言中心在国家图书馆成立。目前国家图书馆有11名馆员在国际图联的专业组中任职。此外，国家图书馆还积极参与国际标准化组织第46技术委员会、ISDS国家中心等国际组织的活动。

第二，积极推进双边或多边国际交流与合作。包括推进中日韩三国在数字图书馆建设方面的交流与合作、中美两国图书馆界的交流与合作，参加亚洲及大洋洲地区国家图书馆馆长会议等。近年来，国家图书馆参与了多项双边或多边国际合作项目，为国际合作与交流开辟了更广阔的道路。1993年，国家图书馆作为发起单位之一，发起并参与了旨在促进敦煌文献保护、研究以及数字化的国际合作项目——国际敦煌项目（IDP）；2008年11月，国家图书馆作为发起馆发起并参与了联合国教科文组织世界数字图书馆项目，并首批贡献了20种馆藏珍品；2008年国家图书馆与联机计算机图书馆中心（OCLC）签署了合作协议，将中文书目数据上传到OCLC的世界目录中，供全球用户使用，截止到2009年5月已上传200万条；2009年3月，国家图书馆和澳门基金会合作发起“全球中华寻根网”项目，双方希望通过专业力量和资源的互补与合作，让全球华人实现寻根访祖的愿望。

第三，专业人员的互访与交流。早在1929年，俄罗斯著名汉学家、俄罗斯科学院院士阿列克谢耶夫就被国家图书馆特聘为通讯员。此后，美国图书馆员钱存训、李华伟等先后受聘为国家图书馆顾问。近来，美国亚利桑那大学教授陈忻均、美国斯坦福大学图书馆馆长迈克·凯勒也受聘为国家数字图书馆顾问。国家图书馆自1930年与美国纽约哥伦比亚大学签订协议开展馆员交换以来，先后与美国、日本、德国、法国、新加坡等国家以及我国香港地区的图书馆之间建立了馆员交换与专业人员业务学习和研修关系。2006年10月，国家图书馆推出世界图书馆馆长论坛，法国国家图书馆馆长让·纳内、新加坡国家图书馆管理局总裁华拉保绍、美国国会图书馆馆长华灵顿、美国斯坦福大学图书馆馆长迈克·凯勒、日本国立国会图书馆馆长长尾真、澳大利亚国家图书馆馆长简·弗勒顿、俄罗斯国家图书馆馆长扎伊采夫等都曾先后在论坛上演讲。

3 建设国际化中国国家图书馆的若干设想

正如前面所述，中国国家图书馆经过若干年的不断探索与实践，在图书馆的国际化方面取得了一定的成效。目前，走国际化的发展之路已成为领导层以及全体员工的共识，并被确定为国家图书馆未来几年的发展战略之一。建设国际化的国家图书馆是一个长期的过程，需要经过长时间的不懈努力，未来我们将主要在以下几个方面加紧工作。

3.1 开展建立“国家图书馆国际化指标体系”的研究

建立指标体系是为了“指导方向、量度进程”，构建国家图书馆国际化指标体系的基本目的，就是要把抽象的宏观的总目标变为可以量度、计算与比较的数据，以此判定当前中国国家图书馆国际化建设处在什么阶段，厘清今后需要努力的方向。国家图书馆在两年前就开始对“国家图书馆国际化指标体系”进行研究，目前已经取得了阶段性研究成果，我们希望通过这个课题的研究，制订出一套可量化的评价指标，以便为国家图书馆制订国际化建设总体规划及方针政策提供依据。

3.2 加快国际化人才队伍建设

国际化人才队伍建设既是影响图书馆国际化程度的因素，也是图书馆国际化程度的表征。国家图书馆将在“人才兴馆”战略目标的指导下，着力培养具有国际视野、与国际化相适应的专业知识结构国际化人才队伍。适时面向全世界招聘馆员，包括中层管理干部；继续实施“创新人才工程”，吸纳海外优秀专业人才；继续实施选派员工赴海外培训与实习的计划；继续利用世界图书馆馆长论坛等多种形式，邀请海外图书馆馆长、专家学者来馆讲座、授课；充分利用交换馆员机制，加强图书馆人员之间的国际交流。

3.3 完善文献交换与补缺计划

文献交换是图书馆之间最普遍、最基本的一种合作形式，国家图书馆将继续加强与国外图书馆在交换文献资料方面的合作，扩大文献交换覆盖范围和数量，以彼此所有换彼此所缺所需，实现双赢。为期五年的“中国之窗”计划进入最后一年，国家图书馆正在策划以此为基础，按照托存图书馆模式，建设中国政府出版物在海外的托存图书馆；按照互利对等原则，大力开展为各国国家图书馆补缺古籍文献的工作，特别是通过数字化途径补缺各自的古籍文献。

3.4 加强国际交流与合作

中国国家图书馆进一步深化与欧美地区国家图书馆的交流，加强与周边国家图书馆的联络，开展与发展中国家图书馆的友好往来，积极参与世界性、区域性国际组织的图书馆事务与活动;继续执行世界数字图书馆项目(WDL)、国际敦煌项目(IDP)、中文文献资源共建共享会议确定的项目、与 OCLC 书目数据合作项目等多边与双边合作项目;努力通过参加国际图联大会、亚洲及大洋洲地区国家图书馆馆长会议、中美图书馆合作会议等,积极策划新的合作项目,促进中华文明与中国文化在世界范围内的传播与共享。

3.5 实施国际访问学者项目

目前,国家图书馆正在实施国际访问学者项目。中国国家图书馆将资助国外学者和研究人员来馆进行中国学、古籍保护、数字图书馆等多领域的研究。国际访问学者可使用中国国家图书馆馆藏资源,参与图书馆业务研讨,就双方共同确定的研究课题进行研究。我们致力于通过国际访问学者项目,邀请有较高学术声誉的国际知名学者和相关领域的研究专家,与国家图书馆的研究团队共同进行业务研讨与学术研究,从而促进中国国家图书馆和世界各地区研究机构及图书馆的交流与合作,以提升国家图书馆的业务研究能力和科研水平,进而推动图书馆的业务发展。

3.6 倡议设立"世界图书馆日"

图书馆在传播知识和传承文明等方面发挥着重要的作用。为促进图书馆行业的发展,让公众了解图书馆,认识图书馆,走进图书馆,有必要通过国际图联的努力,设立"世界图书馆日"。当前设立"世界图书馆日"的条件已经具备。一是各国图书馆行业发展和图书馆学发展已经相当成熟;二是一些国家的图书馆已经开展了各种形式的"图书馆日"活动,如美国佛罗里达州图书馆协会举办的图书馆日、国际学校图书馆日等;三是公众希望更深入地了解图书馆,更好地利用图书馆。设立"世界图书馆日"有利于图书馆举办形式多样和不同主题的活动,促使图书馆在保护文化多样性、加强不同文化间的交流与融合、促进全球知识共享等方面发挥积极作用。

美国学者贝克(S. K Baker)与杰克逊(M. E. Jackson)在《资源共享的未来》(*the Future of Resource Sharing*)一书的前言中指出,"今天的图书馆正生存在一个相互依存的时代。每一个图书馆都必须视自己为世界图书馆系统中的一部分,必须摆脱自给自足的状态,必须能够找到快速地从世界图书馆系统中获取资料并送到用户手中的方式,必须随时准备将自己图书馆所藏提供给世界其他的图书馆"。让我们共同努力,实施图书馆国际化发展战略,为实现人类知识的全球共享做出贡献。

(原载于《国家图书馆学刊》2010 年第 2 期)

国家图书馆的著作权管理

李春明

随着网络技术和数字化技术的飞速发展，图书馆在服务理念、服务方式、服务范围等方面都有很大转变。在传统的物理环境下，图书馆向读者提供文献信息资源服务一般不会存在著作权侵权的风险；在数字环境下，信息、知识通过网络传播的特性决定了著作权问题的高度敏感性，著作权问题一度成为作者、出版社、资源提供商等权利人关注的焦点。在贯彻和落实国家知识产权战略的大背景下，国家图书馆作为我国重要的公益性文化设施，在构建覆盖全民的社会公共文化服务体系中深刻认识到充分履行自身社会教育与文化传播职能的重要使命。多年来，国家图书馆积极探索为中央和国家机关、社会组织及社会公众提供信息与知识服务的模式与方法，对著作权问题给予了一贯的高度重视，取得了一定成绩。

1 国家图书馆版权事务的有效开展

1.1 参与相关立法与行业规则的制定

继2001年《著作权法》修订之后，为适应时代发展的需要，关于著作权法再次修订的调研于2007年启动。为此，国家图书馆于2007年11月22日邀请新闻出版总署（国家版权局）权利限制立法调研组负责人张今教授、北京大学信息管理系李国新教授及本馆的相关领导、专业人员进行座谈，座谈人员积极表达了图书馆界的立法理念与实际需求。2008年初，国家图书馆向张今教授提交了正式书面立法论证意见。作为中国图书馆界的首馆，国家图书馆还通过各种方式联合业界各方力量，积极向相关立法机关与负责立法调研的科研单位反映图书馆界（包括资源建设著作权方面在内）的法律诉求。

参与起草《信息网络传播权保护条例》是图书馆界在法治实践方面的一件大事，是中国图书馆界第一次以积极主动的态度参与国家立法，也是中国图书馆界第一次旗帜鲜明地代表社会公众利益参与著作权保护的制衡与博弈，带动了信息网络传播权研究的发展。国家图书馆参与了实践探索与理论研究，为条例的制定提供了充分的立法论证依据。

在行业自律层面，国家图书馆与中国图书馆学会合作，积极推进相关规范的出台、宣传与推行。在2002年11月发布的《中国图书馆员职业道德准则（试行）》中，充分显现知识产权的重要性，在正文10条准则中的第5条明确提出了："尊重知识产权，促进信息传播。"[1] 2005年7月27日—8月10日，中国图书馆学会第7届理事会对《关于网络环境下著作权问题的声明》（以下简称《声明》）进行通讯表决并获得通过，《声明》于当年8月20日正式公布。《声明》认同并支持国际图联关于著作权问题的“和谐的著作权有利于每一个人;实现著作权平衡是图书馆的职能之一;数字作品与传统作品没有本质的不同;图书馆的公共借阅促进了知识和信息的传播与普及;图书馆不为第三方承担侵权责任”等立场[2]。

1.2 建章立制、规范管理

国家图书馆对与著作权相关的法律、法规及与图书馆相关的法律条款进行整理、汇编,力争做到馆级相关文件与相关法律条文的有机结合和统一;积极主动地促进馆内各部、处涉及相关法律法规的管理性文件的立、改、废工作;通过有效的政策与制度来保障业务的开展,先后制定了若干著作权管理文件,它们大多是专门性文件,也有一些散见在某些综合性管理文件当中,如先后颁布或起草了《国家图书馆数字资源建设管理条例》《国家图书馆合作开发馆藏特色资源管理条例》等。

在落实层面,国家图书馆制定并实施与法律有关的、可持续性发展的方案,对各类业务合同涉及的著作权相关条款进行审核,尝试对本馆的数字资源从采选、加工、管理到服务与保存的整个生命周期进行著作权审核、跟踪与监督,以有效规范数字资源建设与服务中的著作权问题,为国家图书馆的数字资源建设与服务提供有力保障。2009 年起,作为具体业务负责部门的国家图书馆数字资源部开始起草《国家图书馆享有著作权作品管理办法》与《数字资源及著作权捐赠管理办法》等知识产权管理性文件。

国家图书馆在对外服务中,积极地通过书面、口头等方式告知读者有义务遵守著作权法律法规。网站是网络环境下提供服务的主要阵地。大到网站的版权声明,小到具体栏目的版权声明或免责声明,国家图书馆都尽到了自己的合理注意义务,并制订了防范相关法律风险的救济预案,用实际行动表明了国家图书馆在国家法律框架内提供知识信息服务的决心与态度。

为重大活动提供法律保障是依法治馆的重要内容与体现。在 2009 年国家图书馆百年馆庆筹备阶段,国家图书馆版权管理组经过充分调研起草了《百年馆庆法律支持方案》,为国家图书馆百年庆典系列活动的顺利完成提供了重要的智力支持。

1.3 组建行之有效的专门管理团队

国家图书馆先后设立的知识产权管理专门岗位和科组与法律顾问等一起构成国家图书馆有效的知识产权管理队伍。2005 年,国家图书馆设立了知识产权管理岗,由专人负责协调与解决馆内的知识产权事务,在撰写“国家数字图书馆工程”初步设计方案及国家图书馆数字资源建设与服务等诸多方面提出了解决著作权问题的综合方案,并促进其贯彻实施。2008 年 4 月,国家图书馆馆长办公会议决定在数字资源部设立版权管理组。该版权管理组为科级建制,正式人员逐步发展到 9 人,专门负责解决馆藏建设与服务中的知识产权事宜。

自 2005 年起,国家图书馆陆续成立了若干与知识产权有关的社团组织,如“国家图书馆知识产权小组”“法意文津——数字图书馆理论与实践研究组”及“芸窗版权学习会”等。这些组织关注的领域有图书馆立法、《著作权法》修改调研、《信息网络传播权保护条例》在图书馆中的应用及国外发达国家和相关国际组织在著作权方面的理论研究动态和实践发展等。此类组织通过开展座谈、举办讲座等方式每年召开3—5次较大规模的学术研讨活动，在引导馆内有法律及相关学科背景的或对法律感兴趣的馆员持续关注、了解并参与国家图书馆法律研究与实践方面，发挥了积极作用。

近年来，国家图书馆还一直聘请优秀律师事务所的法律顾问。这些法律顾问大都具有系统的、深厚的知识产权法律知识，与馆内的专、兼职人员一起保障国家图书馆的重大业务在合法的框架下运行，并通过参与合同签约审批、提供业务的法律咨询与风险防范预案等途径提供高质量的法律服务。

国家图书馆的卢海燕与翟建雄同志先后作为国际图联版权与其他法律事务委员会(Committee on Copyright and Other Legal Matters，简称CLM)的常任委员，代表中国图书馆界积极发表对相关问题的看法与建议，每年通过充分调研向该委员会提交中国报告，为扩大中国图书馆界法制建设在国际上的影响做出了努力。在贯彻实施“人才兴馆”战略的创新人才计划中，有多名业务骨干与成员入选首席专家李国新教授带领的“图书馆理论与发展”学术梯队，参加包括知识产权在内的相关研究活动，受到了专业学术锻炼并逐步成长起来。

1.4 利用专项经费保障资源建设与服务中的著作权授权工作

自2007年起，在文化部的指导与支持下，国家图书馆申请到国家财政拨付的专项经费3000万元，这大大改变了之前国家数字图书馆工程经费中没有资源建设费用的窘境，获得了相对充足的资金保障，为解决大量数字作品的著作权使用授权奠定了较为坚实的物质基础。目前开展的项目包括：①中文图书公益性网络阅读项目。截至2010年4月，国家图书馆已经获得28家出版社、共计22646册图书的正式授权，内容涉及政治、经济、文化、历史、科技等方面。②公有领域图书目录征集项目。截至2009年12月，国家图书馆共选出10000条符合要求的图书，预计2011年筛选出进入公有领域的图书总数约50000种。③数字资源征集项目。2010年4月起，国家图书馆开始面向全国省级图书馆、数字图书馆联席会议成员单位及国家数字图书馆分馆进行数字资源征集，大规模征集各馆享有的可转授著作权的数字资源。④“中华寻根网”资源建设项目。第一期将历时两年，由澳门基金会提供经费支持，国家图书馆负责项目建设并提供文献资源和部分经费。目前，国家图书馆已挑选出有关谱牒学等方面的现代中文图书(含丛书分册)53种，涉及36个出版社，并派专人洽谈此事。

1.5 积极探索“多条腿走路”

国家图书馆积极探索多种著作权解决机制与模式，力争做到“图书馆放心提供，读者使用无忧”。本着“先授权，后传播”的原则，充分利用《著作权法》《信息网络传播权保护条例》规定的“例外”，先后或同时开展了对公共领域作品的批量著作权捐赠、搜集工作，并获取了允许开放获取的资源、著作权使用权共享或置换方式(“交叉许可”)。

1.6 进行著作权科研课题研究，深刻认知著作权前沿问题。

国家图书馆从2000年左右开始跟踪图书馆相关法律问题研究，承担了文化部立项“世界主要国家图书馆比较研究”课题，对相关著作权、图书馆法、缴送法及缴送方式等进行了资料收集及专门研究,先后完成了“数字图书馆资源建设著作权问题的对策研究”“国家图书馆业务工作中涉及的法律问题及对策研究”“数字版权的多样性获得及其在国家数字图书馆工程中的应用研究”“国内外图书馆学研究与实践进展(2007—2008)”等项目研究。

1.7 策划多种形式的著作权宣传活动

国家图书馆通过策划召开著作权主题活动及编辑内部刊物、网站专栏、发表文章等方式进行著作权宣传。2008 年,策划并组织完成 4 · 23“世界读书与版权日”以“促进知识获取,倡导网络阅读”为主题的座谈会,向社会各界宣传国家图书馆促进全民公益性阅读的理念与行动,社会反响良好;策划、编辑资讯类内部交流刊物《数字版权传真》,以促进信息共享,截至 2010 年,2008 年创刊的《数字版权传真》已编辑完成 9 期,目前在全馆范围内发布,在条件成熟时将向全国图书馆界发布,为业界提供及时的著作权理论与实践信息播报;国家图书馆利用网站、图书情报界知名刊物和媒体及一年一度的中国图书馆学会年会,积极宣传在知识产权保护方面的理论思考与实践探索。

1.8 进行员工与读者知识产权知识培训

国家图书馆举办的员工或读者的科学讨论会、图书馆服务宣传周及继续教育培训讲座,聘请了馆外专家或者安排本馆专业人员进行著作权知识宣讲与交流。选题涉及“图书馆与知识产权保护”“知识产权相关问题”“国家图书馆数字资源建设中的法律问题与对策探讨”“《信息网络传播权保护条例》对国家图书馆数字资源建设的影响”等方面,取得了一定效果。

2 困难和问题

计算机与互联网技术的飞速发展使我们继续探讨传统环境下的著作权授权等疑难问题,同时又为《著作权法》在数字环境下的应用带来新的课题。一方面,互联网的优势使跨越空间传递、接收大容量信息成为可能;另一方面,目前《著作权法》权利保护的规定又使这一优势的作用不能充分发挥。这就出现了以下的两难困境。

2.1 现有法律无法一时突破,读者需求无法充分满足

我国现行的《著作权法》在 2001 年修改前后没有对图书馆通过网络向公众提供数字资源给予合理使用的豁免,图书馆在此方面受到法律的严格限制;2006 年颁布实施的《信息网络传播权保护条例》虽然给了图书馆一定程度的“例外”,但是其第 7 条第 2 款的限定注定了其“先天不足”[3],实际效果必然有限。

可以看出,我国现有的法律法规并没有给予图书馆等公益性文化传播机构符合广大受众需求的侵权豁免,甚至有些在传统环境下享有的豁免权也并未延伸到数字环境。这导致了数字环境下该类机构责任豁免的缩小,而与此相对应的则是社会公众对文化信息资源的

需求与渴望的不断扩大。

2.2 授权核准的质量难保

一直以来，著作权授权的瓶颈困扰着图书馆的数字资源建设与服务，主要表现为：面对着海量作品与庞大数量的权利人群体，图书馆获取授权必然面临授权凭证的核准问题，只有合法有效的著作权授权凭证才是其随后放心传播作品的"护身符"。但是，如今的著作权授权市场早已不是一池清水，受利益驱动，抑或法律意识淡薄，原始权利人与资源提供商等实际权利持有人并非人人都是守法模范。未授权而称已授权、甲授权伪称乙授权等种种违法及不规范操作，都使得图书馆工作人员难以保证审核授权凭证的质量。对此，图书馆一时半刻别无良策，也只好一方面依靠授权人或授权代理人的诚信，另一方面由专业人员通过规范适当的业务流程努力把好质量关，尽到合理注意的义务。

2.3 权利元数据标准的研究需要进一步推进

权利元数据属于管理元数据的一种，在数字信息建设与利用生命周期中的重要性不言而喻。国家图书馆早已意识到这个问题，目前正在抓紧研究。但是，由于它是一个新鲜事物，国内外没有现成的经验可资借鉴，只好摸着石头过河，那么这就需要一个过程，显然不能满足现实的需求。

3 建议与对策

3.1 借国家修法或立法之际，适时积极参与，提出诉求

笔者希望在下次《著作权法》修订时能将图书馆等公共文化信息机构的豁免权从传统环境下延伸并适当拓展。例如，对于像国家图书馆这样负有国家总书库职能的机构，应赋予其可以不经许可及时存取互联网络信息及可以基于保存目的复制本馆需要的作品等"特权"，并可在一定条件下提供利用。

《信息网络传播权保护条例》虽已出台，但图书馆在数字时代的豁免权并未适当体现，这在很大程度上影响了图书馆的公共文化服务，使得图书馆难以满足广大知识受众的需求。这不能不说是一个重大缺憾，因为对相关条款进行修订是实践发展的必然要求。

建议在已纳入国家立法规划的图书馆立法中，列入反映国家图书馆有权接受网络文献缴送并在一定范围内适当利用等相关内容。因为时至今日，网络出版已经成为出版和传播的重要途径之一，而网络信息资源却始终没有被纳入到保存、保护的范围，这必将造成网络信息资源的日益流失。反观国外，很多国家已经立法授予国家图书馆收集与保存网络信息资源并在一定条件下适当利用的权利。

3.2 制定网上著作权使用报酬付费标准时给予政策倾斜

鉴于国家数字图书馆工程、全国文化信息资源共享工程、"送书下乡"工程等公共文化工

程的公益性和非营利性，建议新闻出版总署在今后有可能制定数字作品著作权使用付酬标准时分类处理，考虑将图书馆公益性文化工程与社会上的商业经营加以区别，大幅度降低对图书馆等公益性文化工程承建单位的收费标准，这也符合著作权法平衡权利人与社会公共利益的立法宗旨。

3.3 切实发挥著作权集体管理组织的作用，有效解决著作权授权问题

从理论上来说，著作权集体管理方式可谓是解决作品著作权授权的捷径，但是由于种种原因，其价值尚未凸显。至2010年上半年，我国已经成立了5家著作权集体管理组织，分别涉及音乐作品、文字作品、音像制品（含卡拉OK）、摄影作品、电影作品。

今后，国家图书馆会在继续关注文字作品著作权集体管理的基础上，尝试与中国摄影著作权协会、中国音乐著作权协会、中国音像著作权集体管理协会等组织取得联系，调研摄影、音频、视频作品的版权授权解决方案。同时，国家图书馆也希望文化部站在文化系统的广度与高度，指导、帮助国家图书馆与这些著作权集体管理组织实现合作，建立有操作性的著作权解决机制。

3.4 强化技术保障

在提供公益性服务过程中，图书馆应当确保技术措施与法律授权并举，妥善保护运行在网络环境下的数字作品，以技术手段保证著作权人的合法权益不被侵犯。为此，应积极采用现代高新技术强化技术措施，并通过跟踪调查、定期统计分析等方法做好对著作权权利管理信息的动态管理，充分保障著作权人的合法权益。

3.5 进一步加强对外宣传，树立国家图书馆正面版权形象

国家图书馆充分认识到合理、合法开展业务工作的重要性，历来重视在“苦练内功”的同时加大“外塑形象”的力度。今后，国家图书馆将继续不遗余力地与各种媒体及时沟通、搞好公关，把本馆各种与著作权相关的活动通过新闻的形式及时报道出来让社会知晓，从而加强国家图书馆在全社会的正面版权形象。

参考文献

[1] 中国图书馆学会. 中国图书馆员职业道德准则（试行）[EB/OL]. [2010-08-25]. http://www.lsc.org.cn/CN/News/2006-04/EnableSite_ReadNews13633051143993600.html.

[2] 中国图书馆学会. 关于网络环境下著作权问题的声明[EB/OL]. [2010-08-25]. http://www.lsc.org.cn/CN/News/2006-04/EnableSite_ReadNews13633071143993600.html.

[3] 中华人民共和国国务院. 信息网络传播权保护条例[EB/OL]. [2010-08-25]. http://www.ncac.gov.cn/cms/html/205/1872/200701/671741.html.

（原载于《图书馆建设》2010年第10期）

我国城市化进程中的图书馆建设*

周和平

图书馆是伴随着城市的发展而逐步发展起来的，它是城市记忆的存储器，在彰显和提升城市文化品位、促进城市文化发展、培养城市精神、提高城市综合竞争能力、推动城市持续健康发展等方面具有重要意义。随着我国城市化进程的加快，图书馆建设也应当同步加强。

1 城市化进程中图书馆的永恒价值

城市是伴随人类文明与进步发展起来的，它是人类文明的重要组成部分。世界上最早的城市起源于中东，而最早的图书馆大约在公元前3000年前也诞生于中东两河流域的美索不达米亚。在中国，最早的城市出现于距今3500年左右的殷商时期，与此同时，皇室有了保存典籍的地方，也就是图书馆的萌芽，《史记》记载，老子曾任“周藏书室之史”，也就是最早的国家图书馆馆长。可以说，图书馆是贯穿于人类的城市发展史，承载着城市的记忆与文明，与城市一同发展起来的。古希腊先哲亚里士多德说：“人们来到城市是为了生活，人们居住在城市是为了生活得更好。”目前世界城市人口已经超过全球总人口的一半，达到35亿人。随着城市化进程的推进，21世纪将是城市的世纪，预计到2020年，全世界约有三分之二的人居住在城市。

改革开放以来，随着中国经济的快速发展，我国的城市化水平迅速上升（见图1）。从2000年到2009年，中国城镇化率由36.2%提高到46.6%，年均提高约1.2%。城镇人口由4.6亿人增加到6.2亿人，净增1.6亿人。城镇县城区面积由2000年的2.24万平方公里，增加到2008年的3.63万平方公里，增加了62%。目前，我国共有建制城市655座，其中50万人以上人口的城市达236个，占全球50万以上人口城市总量的四分之一，百万人口以上的特大城市有122个，城市市辖区地区生产总值占到当年全国GDP的62.7%。

在中国城市化步入快速发展期的同时，人们也越来越意识到城市化过程存在的诸多问题。例如从文化视角来看，在城市化快速进行的同时，大量进城务工人员因文化差异难以真正融入城市；城镇居民的整体素质与建设一个和谐、美好的宜居城市的要求还存在差距；城市贫困人群普遍缺乏信息获取渠道，就业竞争力不足；各种利益群体之间的矛盾加剧，犯罪率升高，其中城市远高于农村；城市管理水平有待提高，管理方法有待改进，交通拥堵、环境

* 本文为作者在第五届上海（杭州）国际图书馆论坛上所做的主旨报告。

污染等诸多问题亟待解决,城市品质和城市化质量较低。

这些问题的存在迫切需要我们加强城市文化建设,培育城市精神。城市精神是一个城市在发展过程中形成的独特的城市文化和城市性格,是一个城市的灵魂。一个没有文化和精神的城市,必然是灵魂缺失的城市,也必然缺乏可持续发展能力。图书馆作为城市公益性文化服务体系的重要组成部分,在城市精神的培育中有着特有的价值。

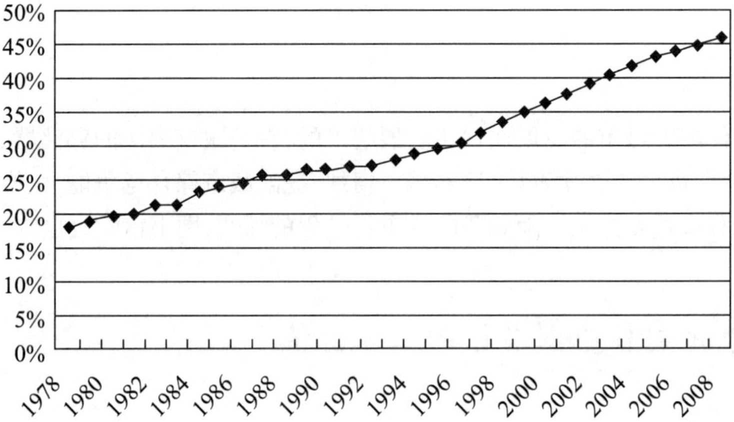

图 1　中国城市化率示意图(1978—2008)

注:数据来源于《中国统计年鉴》。

1.1　市民素质的提高需要图书馆

城市的现代化不仅意味着城市空间的拓展、经济结构的优化、基础设施的完善,更重要的是作为城市化主体的城市市民的发展、优化与完善。只有全面提高人的思想道德素质和科学文化素质,城市才有可持续发展的空间。图书馆是社会教育的学校、终身学习的场所,它能够提供一种浓厚的文化氛围,营造崇尚知识、倡导文明、选择阅读的共同意识和行为方式,其丰富的文献信息收藏为人们学习知识、了解信息、完善自我提供了内容丰富、形式多样、使用便捷的学习资源,使城市居民通过学习获得其社会角色所需要的知识与能力,从而使自己不断适应变革中的城市生活。图书馆所提供的教育是面向全体社会成员的,教育的目的是注重提高人的整体素质,促进人的全面发展,并且这种教育贯穿于每个社会成员的一生,图书馆教育在学习范围上更具广泛性,在学习方式上更具灵活性,在学习内容上更具个性化。可以说,图书馆是通向知识之门,为个人和社会群体的终身学习和事业发展提供了基本的条件。它是没有围墙的大学,承担提高市民学习能力与创新能力、滋养市民思想道德素质的重要责任,影响着城市精神的凝聚,推动着城市的发展与进步。

1.2　人的城市化需要图书馆

城市化的发展一方面使城市在空间上不断向乡村扩张,过去的农民变为了市民,另一方面使大量涌入城市的农民实现了职业与身份的双重变换,使农民成为城市居民的一员。这两部分人群共同构成了城市“新市民”。尽管这些新市民已经从农村走进了城市,实现了农民角色向市民角色的身份转换，但他们中的大部分人仍然生活在城市中的“农村社区”，原有的生活状态并没有得到改变，在生活方式、行为方式、思想观念等各方面表现出种种的不适应，这种不适应归根结底源于以农村和农民为载体的村落家族文化与以城市和市民为载体的城市文化之间的文化冲突。城市化不仅仅是“人口城市化”，更是“人的城市化”，是这些新市民群体在价值观念、思维方式、行为模式等方面完全适应城市文化，从而从城市边缘人真正转换为城市市民的过程。在这个过程中，图书馆秉承开放、平等的人文精神，成为促进人的城市化转换的一个重要阵地。

图书馆是国家和政府为保障公民自由、平等地获取信息和知识而进行的制度安排，正如联合国教科文组织在《公共图书馆宣言》中所宣称的那样：“公共图书馆应不分年龄、种族、性别、宗教、国籍、语言或社会地位，向所有的人提供平等的服务。”在我国，各城市的公共图书馆在进城务工人员融入城市的过程中都发挥了重要作用，仅深圳一市就拥有劳务工图书馆（室）近100家。各级公共图书馆向他们敞开大门，提供没有门槛的与城市文化互动的场所，使城市外来人口可以通过图书馆及其所组织的文化活动获得城市文化的熏陶，激发他们积极融入城市的意愿和努力，使他们在接受图书馆服务的过程中逐渐了解城市文化、适应城市文化，学习和接受与现代化的城市社会相适应的生活方式和价值观念，从而不断调节自己和社会的关系，最终促进农民的市民化进程。

1.3 建立社会交流平台需要图书馆

当代中国正处在社会转型期，以农耕文化为基础的传统文化在城市化背景下受到严重冲击，尤其是使得我国传统文化中最具代表意义的家庭代际关系发生了诸多方面的改变。过去，村落是人们生存的环境，人们几代同堂，同族居于一地，生产生活、繁衍生息。家庭成员“血浓于水”，家庭组织成为一个内聚力很强的非常稳定的社会组织。此外，中华民族历来重视邻里关系，所谓“远亲不如近邻”，强调邻里之间保持和谐的关系。然而，城市化进程使“高楼、围墙和深院代替了村头看到村尾，鸡犬之声相闻的田园格局”，家庭逐渐变小，邻里关系日趋淡化，经常是同住一栋楼里，邻居间却互不认识，每户家庭都封闭在一个空间里，居民之间十分融洽的关系已成为一个美好的回忆。这种人际关系的冷漠使得社会成员之间缺乏信任，社会组织原有的内生规则，包括道德舆论约束都不再有效，社会缺乏凝聚力，公民缺乏公共精神。因此，迫切需要建设公共交流平台，促进良好人际关系的形成，推动城市的和谐发展。图书馆作为社会公共文化空间，在促进人们思想交流、推动城市文化的传承与发展方面发挥着积极作用。

图书馆是知识与信息的集散地，人们在这里与古今圣贤对话。图书馆是城市传承历史、延续文明、拓展未来的重要资源基础，人们在这里回忆城市发展脉络，感受城市精神和文化。同时，作为一个开放的公共空间，图书馆也为人们提供了一个日常交流和文化休闲的场所，人们在这里开展文化娱乐，交流思想，发布信息，讨论共同关心的话题，加强彼此之间的了解，建立起人与人之间新的文化关系。图书馆依托丰富的信息与知识仓储，利用讲座、展览、文化沙龙、读书活动等丰富多彩的社会文化活动，丰富人们的精神文化生活，鼓励人们进行思想上的对话与碰撞，培育高尚的生活情趣，从而搭建起市民关注公共事务、探讨公共话题、沟通思想、互相交往的共享空间，促进公共文化氛围和公共理性思维的形成，培育良好的公共精神，在城市化建设中发挥着越来越重要的作用。

综上，图书馆作为城市公益性文化服务体系的重要组成部分，是保存城市历史、传播城市文化、增强城市综合竞争力的重要手段，对城市的现代化建设有着不容忽视的促进作用。然而，当前我国城市图书馆在馆舍数量、馆藏文献资源、服务水平与服务能力、信息化水平等方面都还滞后于城市化发展的需要，还不能满足人民群众日益增长的对图书馆的需求。因此，加快图书馆事业建设是各级政府义不容辞的责任，也是现代化城市建设的必由之路。

2 加快城市公共图书馆事业建设

图书馆是城市文化的重要组成部分，一个国家的城市化水平越高，人们对知识和信息的需求就越强烈，对图书馆的依赖程度就越高。因此，公共图书馆与城市发展是相互作用、相互促进的。在建设现代化城市的同时，应当同步加强图书馆建设。

2.1 要将图书馆建设纳入城市规划

没有图书馆的城市将是一个不完整的城市，不重视图书馆事业发展的城市将是一个精神与文化缺失的城市。要将图书馆建设纳入当地经济和社会发展总体规划，充分发挥图书馆对城市文化建设的促进作用。改革开放以来，中国的图书馆事业进入了快速发展的时期，截至 2009 年，全国县级以上公共图书馆共有 2850 个，其中城市图书馆 358 个，县级图书馆 2491 个。此外，乡镇（街道）文化站 38736 个，村（社区）文化室 246780 个，覆盖全社会的公共文化服务网络和公共图书馆服务网络正在形成。

各级政府要按照《公共文化体育设施条例》的要求，将本行政区域内的公共图书馆建设、维修、管理经费列入本级人民政府基本建设投资计划和财政预算，根据国民经济和社会发展水平、人口结构、环境条件以及文化事业发展的需要建设图书馆。根据《公共图书馆建设标准》的要求，服务人口在 20 万人以下的，应当建设 800—4500 平方米的小型公共图书馆；服务人口在 20 万—150 万人的，应当建设 4500—20000 平方米的中型公共图书馆；服务人口在 150 万—1000 万人的，应当建设 20000—60000 平方米的大型公共图书馆。各地区公共图书馆事业的建设目标应当是，人均拥有公共图书馆藏书 0.6—1.5 册，千人拥有公共图书馆座席 0.3—2 个，千人拥有公共图书馆建筑面积 6—23 平方米。要按照公益性、基本性、均等性、便利性的要求，实现公共图书馆网络的全面覆盖与普及。只有这样，才能使图书馆与城市建设同步协调发展，从而充分发挥图书馆满足人民群众基本文化需求，营造与城市化建设相适应的城市文明氛围的功能。

2.2 要建设覆盖广泛的图书馆服务网络

图书馆是公共文化服务体系的重要组成部分，承担着为社会公众提供普遍均等的公共文化服务、保障人民群体基本文化权益的重要职责。要建立覆盖市、区、街道、社区的公共图书馆服务网络，扩大公共图书馆服务的覆盖面，让全体城市居民都能够方便均等地享受图书馆所提供的公共文化服务，满足社会公众日益增长的多样化、多层次、多方面精神文化需求。目前，我国一些大中城市在图书馆服务网络建设中做了许多有益的探索，出现了多元化模式，例如，国家图书馆的部委分馆和国家数字图书馆分馆、上海的总分馆制、广东的“流动图书馆”模式、天津的“社区分馆、行业分馆”模式以及杭州的“平民图书馆，市民大书房”建设等，都取得了较好的成效。要结合我国城市化建设以城带乡、城乡互动、协调发展的特点，使广大农村群众也能够享受到与城市居民相同的图书馆服务。例如浙江嘉兴等地整合图书馆资源，以城带乡，统筹发展，推进农村公共图书馆服务网络建设，构建城乡一体化公共图书馆服务体系。要注重社区图书馆建设，将图书馆设置在老百姓身边，使图书馆融入百姓日常生活，为民众提供图书借阅、知识共享、文化交流等的便利，让孩子们从小在书香中长大，在阅读中成长，在全社会营造出浓郁的文化氛围。

保存人类文明成果和文化遗产是图书馆的重要职能。作为城市记忆的存储器，图书馆系统地收集、整理、保存、展示、传播那些记载着城市变迁历程与城市文明成果的、有地域特色的文献信息资料，它们是城市历史的见证，是城市发展的脉络，是城市文明的载体，是城市精神的积聚。要通过将地域内的各级图书馆组成一个有机的图书馆群，充分实现这些资源的合理配置与共建共享，各级图书馆间要相互合作、共同服务，实现信息资源由孤岛到共享、信息服务由一馆独立到多馆联动的转变，确保所有城市居民都能够方便地利用图书馆的各种服务。

2.3 要建设传输快捷的数字图书馆服务网络

随着互联网的快速普及，网络日渐成为人们获取信息的一种重要渠道，数字图书馆作为基于网络环境的一种新的信息资源组织与服务方式得到快速发展。要使城市各级图书馆都具备数字图书馆的服务能力，充分利用数字图书馆的建设成果，搭建起覆盖互联网、卫星网、移动通信网、数字电视网的虚拟服务网络，一方面满足社会公众通过网络获取图书馆服务的需求，另一方面充分利用数字图书馆的服务手段，拓展图书馆公共文化服务能力和传播范围，使数字图书馆在保障人民群众基本文化权益，促进城市文化建设方面发挥重要作用。

“国家数字图书馆工程”是由国家批准立项的重点文化建设项目，目前软硬件基础设施平台已经初步搭建完成，数字资源保有量已达414TB。为使国家数字图书馆的建设成果惠及更广泛的社会公众，2010年2月，文化部启动了全国“县级数字图书馆推广计划”，在今年内将国家数字图书馆的资源陆续推送到全国2940个县和一批城市的社区，在此基础上进一步实现国家数字图书馆在全国的推广服务，力争用几年的时间，使全国各级公共图书馆都作为国家数字图书馆的基层节点，形成一个资源丰富、服务快捷、技术先进、稳定可靠的分布式国家数字图书馆服务网络，从而充分利用公共文化基础设施，提高公共文化数字化服务水平。

截至2009年底，中国手机用户达7.47亿，数字电视用户达6500万；截至2010年6月，互联网用户达4.2亿。要充分利用这些广大群众喜闻乐见的新兴媒体，打造传播内容更为丰富、传播速度更为快捷、传播方式更为多样的、基于新媒体的数字图书馆服务，使图书馆真正成为人们身边的图书馆，成为嵌入人们生活的图书馆，为全民阅读提供便利条件。目前，国家图书馆正在打造新媒体数字图书馆服务平台，其目标是使全体社会公众能够方便地利用手机、电视、互联网以及其他离线方式使用国家数字图书馆，从而实现国家数字图书馆建设成果的全民共享，为全面提高人的素质，推进城市现代化建设做出更大的贡献。

一个有文化积淀的城市才是有底蕴、有魅力、有可持续发展能力的城市。城市文化在城市的历史进程中形成，镌刻着岁月的痕迹，承载着地域的文明，反映着市民的风貌，引领着城市的未来，是一个城市的灵魂。让图书馆成为塑造城市文化、凝聚城市精神的旗帜，让图书馆使城市生活更加美好。

（原载于《中国图书馆学报》2010 年第 6 期）

从图书馆公共服务的商品属性看政府保障责任

魏　崇

在社会转型期新的政治、经济、社会背景下，建设公共服务型政府是转变政府职能、改善民生、促进经济社会协调发展的需要。作为公共文化服务体系中的重要组成部分，图书馆在新形势下不断优化自身机制，通过改善服务、创新服务、拓展服务等措施，在满足广大人民群众基本文化权益上发挥了重要作用。政府是公共服务的提供者和保障者。2011 年 2 月，文化部、财政部共同出台了《关于推进全国美术馆公共图书馆文化馆（站）免费开放工作的意见》（以下简称《免费开放的意见》）[1]，中央财政每年投入 18 亿元，在 2012 年底之前实现“三馆”全部对公众免费开放[2]。这充分体现了政府对公共服务的保障责任的进一步落实。如何在有限财政的支持下实现公共服务价值的最大化是当前面临的重要课题。对图书馆公共服务的商品属性进行分析，将有利于制定图书馆公共服务的保障政策。

1　公共物品的界定

对于公共物品，当今学界比较一致地认为其基本特点是：非排他性（non-exclusion）、非竞争性（non-rivalry）、外部经济性（external economies）、不可拒绝性（non-rejection）[3]。

1954 年，保罗·A. 萨缪尔森在《经济学与统计学评论》上发表《公共支出的纯理论》一文，第一次提出了公共物品的严格定义，他是从非竞争性来定义公共物品的：公共物品就是指消费具有非竞争性的物品，其特征是任何人消费这种物品不会导致他人对该物品消费的减少[4]。马斯格雷夫在萨缪尔森的基础上对公共物品问题做了进一步研究，提出了“优效品”（merit goods）这一概念，并将现实世界的物品分为公共物品、私人物品、混合物品和优效物品四类；他还提出了两个矢量的概念，并指出每个矢量有三种可能性，可根据矢量和可能性间的组合来判定物品属性。1965 年，布坎南指出纯粹的私人物品与纯粹的公共物品（如国防和水坝）都不存在拥挤现象（拥挤现象是指在有限的消费容量和无限的消费规模之间的冲突），而在这两极之间还存在一些公共物品，其消费超过一定界限就会发生拥挤现象。这种介于纯粹私人物品和纯粹公共物品之间的产品和服务被定义为“俱乐部物品”[5]。埃利诺·奥斯特罗姆在对公共物品分析中，对与俱乐部物品属性相反（在消费上具有竞争性）、但是却无法有效地排他的物品称为“公共池塘资源”（common pool resources）。俱乐部物品和公共池塘资源通称为“准公共物品”（quasi public goods）。准公共物品一般具有拥挤的特点，当消费者的数目增加到某一个值后，就会出现边际成本为正的情况，产生拥挤成本。

2 图书馆公共服务的商品属性

2.1 图书馆服务从整体商品属性上看属于准公共物品

一般准公共物品不完全同时具备非排他性和非竞争性这两个特征,但却具有拥挤性的特点,即消费者增加到一定数值后,边际成本即为正,不像纯公共物品那样边际成本为零。图书馆资源的使用明显体现出这种特征[6]。图书馆服务从整体商品属性上看应属于准公共物品。

第一,图书馆服务的非排他性因其“公共性”而比较明确:人人都享有阅读和获得信息的权利,人的自由平等首先是建立在获取信息的自由平等之上的。因此,图书馆的排他性在道义上不可取。从效率角度考虑,图书馆公共服务具有巨大的正外部性——个人的受教育程度高可能促使其他人提高知识素养,使整个社会受益。进入现代阶段以后,图书馆被认为具有启迪民智、提高公民素质、推动社会全面发展的社会职能,能够作为构建学习型社会、促进知识创新的一项基础社会资源。

第二,图书馆服务的非竞争性是具有一定限度的非竞争。任何一个现实中的图书馆都存在一个最大可容纳读者数量,因为不管它的馆舍面积、规模有多大,图书馆文献资源有多少,图书馆服务的时间、空间、设备以及服务人员等都会有一定的限制,过度消费会影响读者利用图书馆的质量和图书馆正常功能的发挥。例如读者争相借阅某一本畅销书,造成书库资源拥挤;周末文化休闲人群增多,引发阅览室座位爆满。熊义志在对知识物品的商品属性进行分析后,将知识物品根据其竞争性和排他性的程度分为了 6 种物品[7],并把一般意义上的“不拥挤的公共图书馆”列为准公共物品,将“拥挤的公共图书馆”列为公共财产。这说明,环境变化也可能改变公共物品的界限,拥挤效应也可能使得非竞争性转化为竞争性。由此可见,图书馆服务的非竞争性不是绝对的,它具有一定的非竞争性。

2.2 图书馆具体服务产品的商品属性研究

既然图书馆服务的整体商品属性属于准公共产品,那是否所有公共服务都采用一样的收费政策和服务政策,都由财政买单?显然不是。这一方面取决于有限财政,政府所能保障的公共服务永远是有限度的。另一方面,对于如复印、打印等公共服务,如果不加以控制,进行成本核算,也有可能导致公共资源的滥用[8]。因此,对图书馆服务进行细分是有意义的,不同的细分服务应具有不同的公共物品属性。图书馆所能提供的公共服务随着现代社会的发展在不断拓展,从文献资源到服务手段、技术应用进一步多元化,图书馆服务的内涵和外延都有了新的发展。笔者以某大型图书馆为例,把图书馆现有公共服务划分为若干细分服务产品(见表 1),再根据表 1 细分服务的竞争性和排他性填入公共服务商品属性中(见表 2)。

表 1　图书馆细分服务分类(以某大型图书馆为例)

<table>
<tr><th>一级分类</th><th>二级分类</th><th>明细分类</th></tr>
<tr><td rowspan="8">1　一般公共服务</td><td rowspan="4">1.1　纸质文献服务</td><td>1.1.1　纸质文献的阅览服务</td></tr>
<tr><td>1.1.2　纸质文献的外借服务</td></tr>
<tr><td>1.1.3　书目数据查询</td></tr>
<tr><td>1.1.4　复印、打印及扫描</td></tr>
<tr><td rowspan="4">1.2　电子文献服务</td><td>1.2.1　互联网使用</td></tr>
<tr><td>1.2.2　自建数字资源(或称电子资源、电子文献)</td></tr>
<tr><td>1.2.3　外购数字资源,已解决网络传播权利许可</td></tr>
<tr><td>1.2.4　外购数字资源,局域网使用或特定范围使用权</td></tr>
<tr><td rowspan="2">2　特殊服务(或称专属服务)</td><td rowspan="2">2.1　参考咨询</td><td>2.1.1　浅层咨询(基于图书馆文献服务的综合咨询)</td></tr>
<tr><td>2.1.2　深层专属咨询(科技查新、竞争情报、企业信息服务)</td></tr>
<tr><td rowspan="6">3　一般意义上的延伸服务</td><td rowspan="2">3.1　展览</td><td>3.1.1　公益性文化展览</td></tr>
<tr><td>3.1.2　商业展览</td></tr>
<tr><td>3.2　讲座</td><td>—</td></tr>
<tr><td rowspan="3">3.3　培训</td><td>3.3.1　基于图书馆本身的读者使用培训、数据库培训等</td></tr>
<tr><td>3.3.2　与建设全民终身教育相关的基础文化、教育培训等</td></tr>
<tr><td>3.3.3　社会培训,包括艺术培训、商业培训等</td></tr>
<tr><td rowspan="3">4　广义意义上的延伸服务(非图书馆主业的相关服务,一般体现为商业服务)</td><td>4.1　餐饮服务</td><td>—</td></tr>
<tr><td rowspan="2">4.2　休闲服务</td><td>4.2.1　电影、音乐会、演出</td></tr>
<tr><td>4.2.2　书店</td></tr>
</table>

表 2　图书馆细分服务的商品属性

<table>
<tr><th></th><th>完全非竞争性</th><th>不完全非竞争性</th><th>竞争性</th></tr>
<tr><td>非排他性</td><td>公共物品
1.1.3　书目数据查询
1.2.2　自建数字资源(或称电子资源、电子文献)
1.2.3　外购数字资源,已解决网络传播权利许可</td><td>准公共物品
1.1.1　纸质文献的阅览服务
1.1.2　纸质文献的外借服务
1.2.1　互联网使用
2.1.1　浅层咨询(基于图书馆文献服务的综合咨询)</td><td>公有财产
3.1.1　公益性文化展览
3.2　讲座
3.3.1　基于图书馆本身的读者使用培训、数据库培训等
3.3.2　与建设全民终身教育相关的基础文化、教育培训等</td></tr>
</table>

续表

	完全非竞争性	不完全非竞争性	竞争性
排他性	专利物品 1.2.4 外购数字资源,局域网使用或特定范围使用权	俱乐部物品 2.1.2 深层专属咨询(科技查新、竞争情报、企业信息服务)	私人物品 1.1.4 复印、打印及扫描 3.1.2 商业展览 3.3.3 社会培训,包括艺术培训、商业培训等 4.1 餐饮服务 4.2.1 电影、音乐会、演出 4.2.2 书店

由表2可见,图书馆细分服务的竞争性、排他性的特点各有不同,既有公共物品、准公共物品,也有存在一定竞争性的公共财产,还有部分服务由于其个性化的服务特点决定了其排他性。从竞争性角度来看,公共物品基本不存在拥挤现象,准公共物品存在一定的拥挤现象,而公有财产则存在拥挤现象,只是由于其正外部性的特点,由政府提供而已。而具有排他性的专利物品、俱乐部物品和私人物品则需要根据其特点提供有一定限制的服务,才能使资源不被滥用,保障实际需求群体的有效使用。

3 政府的责任在“保障基本文化权益”上

3.1 界定“基本服务”

中央对构建公共文化服务体系提出了要体现其公益性、基本性、均等性、便利性的要求[9]。“基本性”就是要保障基本的公共服务,这与陈力提出的图书馆公共服务“适度原则”是一致的。“适度原则”是基于公共服务应该是一种有限的、主要以满足社会公众最基本的公共服务需求的性质提出的,即公共图书馆提供的服务应该是适度的,应该免费提供的必须免费提供,应该通过公益性收费提供的就应该按非营利的原则提供服务,不应该提供或者不应该由本级图书馆提供的就不提供,或者通过其他方式来满足读者的需求。政府提供的公共服务,特别是基于中国目前的国情和现状,更多应考虑广覆盖,因此决定在有限条件下只能有限保障基本的公共文化服务[10]。

我们界定一种服务是否是“基本服务”,是否是政府需要保障的公共产品,非常重要的判断标准是要看这种服务产品的属性排他与否,可实现排他的可以利用市场机制来控制,无法实现排他的一般应当是政府的责任边界,因为市场已经失灵。据此,我们把表2中具备非排他性的公共物品、准公共物品以及公有财产都列为图书馆的“基本服务”,这应是图书馆需要公益性保证的部分,主要包括图书馆的传统服务以及理论上可以实现无限供给的服务产品;而对于具备排他性的专利物品、俱乐部物品以及私人物品则要通过市场机制来提供服务,这些服务的特点是外部性相对要弱化,服务的对象常常是特定的,因此需要特定的付费人,这些服务界定为增值服务。

3.2 “非基本服务”如何保障

按照物品是否具有排他性和消费的共同性(非竞争性),E. S. 萨瓦斯对物品的收费特征进行了研究,绘制出了广为引用的对物品进行分类的坐标系散点图[11]。根据排他和消费特征,我们来分析图书馆具体细分服务,特别是“非基本服务”的保障措施、提供手段以及利用收费政策来引导和保障服务。仿照萨瓦斯坐标散点图,我们绘制了图书馆消费特征图(如图1)。通过对这个图的分析,我们可以发现,复印、打印及扫描等业务最接近于个人物品,应当采取市场化的定价,用市场手段引导使用;商业展览、社会培训接近于可收费物品,应当采用非营利的原则进行定价。而对于接近共用资源的纸质文献阅览服务、外借服务则应当实行免费,但共用资源会在消费大量增加时变得拥挤,所以应当通过增加投入来发展资源,增加资源量,改善服务来予以解决;对于接近“集体产品”的书目数据查询、自建数字资源来说,既不会排他,也不会拥挤,是最接近公共物品的服务项目。《免费开放的意见》要求公共图书馆免费开放的区域中包括多媒体阅览室,而在我们的分析中,此类阅览室在现阶段存在资源有限的问题,导致一定的拥挤效应。在实际工作中,为了避免免费后部分读者过度占用资源而影响其他读者使用,部分图书馆推出了上线1—2小时后便自动下线等措施,这些举措虽然保障了基本公平,却在资源有限的情况下牺牲了部分效率,甚至使部分真正服务需求者遭到了限制[12]。从这个角度看,目前对于电子阅览室的服务尚不具备全面免费的条件。

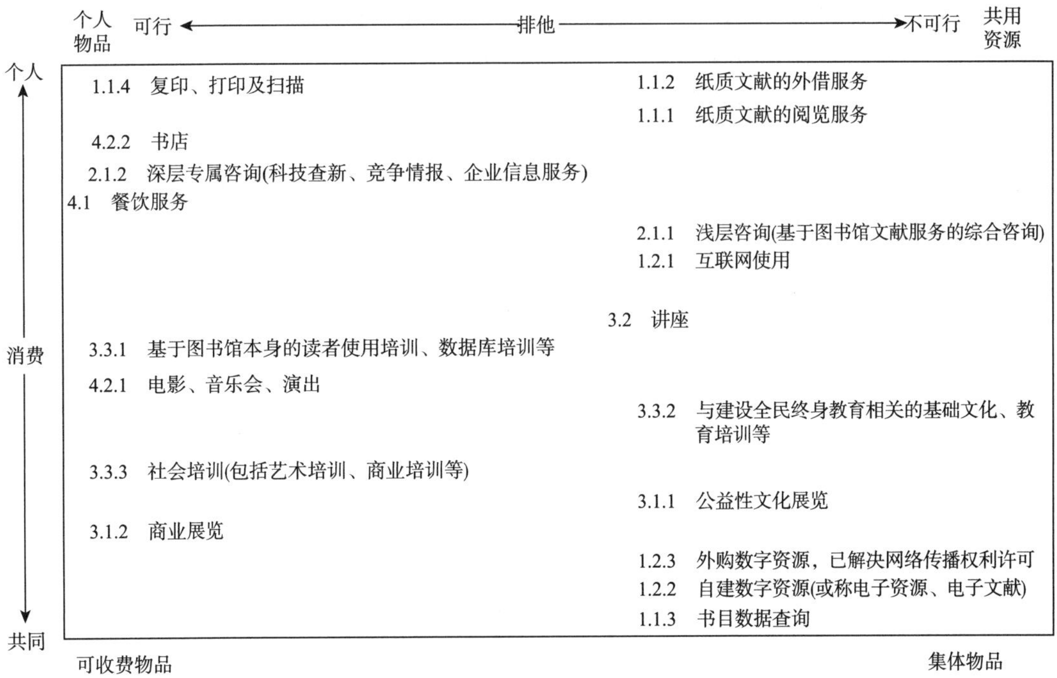

图1 图书馆具体服务产品的排他和消费特征

对于不同属性的服务产品，应当采取不同的服务提供和保障政策，这样才能在保障权利的同时而不损失效率，即市场在市场可以发挥作用的地方发挥作用，政府在市场失灵的地方弥补和保障，同时避免了片面的服务扩大化以及扩大化导致的服务效率、质量下降。

综上所述，图书馆公共服务的整体商品属性是准公共物品，但具体到图书馆的细分服务又分别有其不同的商品属性，由此也决定了不同细分服务的服务特点和保障措施的不同。图书馆公共服务中的"基本服务"项目需要政府加大投入，最大限度增加公共服务供给，这是政府保障的边界，政府保障责任不能缺失；对于"非基本服务"的部分，则应当主要利用市场机制的手段来解决。这样才能体现公共服务的"基本性"，也才使政府保障机制符合客观的、可持续的发展规律。

参考文献

[1] 文化部、财政部. 关于推进全国美术馆、公共图书馆、文化馆(站)免费开放工作的意见(文财务发〔2011〕5号)[EB/OL]. [2011-10-10]. http://www.gov.cn/zwgk/2011-02/14/content-1803021.htm.

[2] 应妮. 中央财政18亿资金保障美术馆等"三馆"免费开放[EB/OL]. [2011-10-10]. http://www.chinanews.com/cul/2011/02-18/2854284.shtml.

[3] 马庆钰. 关于公共服务的解读[J]. 中国行政管理,2005(2):78-82.

[4] SAMUELSON P A. The pure theory of public expenditure[J]. Review of Economics and Statistics,1954(36):387-390.

[5] 吴伟. 公共物品有效提供的经济学分析[D]. 西安:西北大学,2004.

[6] 俞楠. "文化认同"的政治建构:当代中国公共文化服务战略研究[D]. 上海:华东师范大学,2008.

[7] 熊义志. 知识的经济属性分析框架及其在教育研究中的应用[C]//北京大学教育经济研究所. "中国教育与人力资源发展"高级国际研讨会论文集. 北京:北京大学教育经济研究所,2004.

[8] 陈力. 公共服务中的图书馆服务[J]. 中国图书馆学报,2006(1):5-12.

[9] 顺应时代要求深化文化体制改革　推动文化大发展大繁荣——胡锦涛在中央政治局第二十二次集体学习上的重要讲话[EB/OL]. [2011-10-10]. http://theory.people.com.cn/GB/12434689.html.

[10] 陈威. 公共文化服务体系研究[M]. 深圳:深圳报业集团出版社,2006:4-7.

[11] 萨瓦斯. 民营化与公私部门的伙伴关系[M]. 北京:中国人民大学出版社,2002:50.

[12] 杨竞. 有人把电子阅览室当成免费网吧[N]. 辽宁日报,2011-06-17(A05).

(原载于《图书馆界》2012年第2期)

百年来我国图书馆学著作出版状况剖析

——写在《中国图书馆学著作书目提要》付梓之际

卓连营

1　引言

数易寒暑,几经伏起,由中国图书馆学会专项资金资助编纂的《中国图书馆学著作书目提要》(以下简称《提要》),在各方帮衬扶持下,终于交付国家图书馆出版社排印出版了。该书共收录1909年至2009年百年间我国出版的图书馆学相关著述6436种(含1949年后港台地区部分图书馆学著作605种),应该说这是迄今为止收录国内图书馆学著述最为详尽的一部重要参考工具书。朝花夕拾,其嘉惠图林者自不待言。而更为重要的是,我们可以借此推演百年来我国图书馆学研究及图书馆事业的发展轨迹,并在跌宕起伏的脉动中探寻可资借鉴的重要影响因子。正所谓前事不忘,后事之师。

2　我国图书馆学著作出版的年代分布

我国图书馆学著作出版经历了1949年前后两个大的发展时期。按《提要》所录,1909至1949年,40年间我国共出版719种图书馆学相关著述,年均出版18种;1949至2009年,60年间出版5112种,年均出版85种。仅就年均出版数量而言,1949年后是1949年前的4.7倍。而就绝对数量而言,719种对5112种,后者是前者的7倍有余。个中原因是多重而周知的:时局由战乱而趋稳定,内容由简约而至丰繁,载体由单一而为多元,以及图书馆事业与出版业的日渐隆盛,等等(见表1)。

表1　我国图书馆学著作出版年份(1909—2009)分布情况

代	量	代	量	代	量	代	量	代	量	代	量	代	量	代	量	代	量	代	量	计
1909-10	2	11	1	12		13		14	1	15	2	16		17	4	18	5	19		15
1920	3	21	4	22	5	23	3	24	5	25	16	26	12	27	8	28	20	29	27	103
1930	36	31	40	32	29	33	52	34	78	35	56	36	87	37	37	38	16	39	11	442
1940	10	41	20	42	10	43	7	44	4	45	3	46	10	47	19	48	29	49	3	115
不详	44																			44
小计																				719

续表

代	量	代	量	代	量	代	量	代	量	代	量	代	量	代	量	代	量	代	量	计
1949－50	4	51	10	52	3	53	8	54	18	55	12	56	12	57	28	58	16	59	18	129
1960	2	61	4	62	6	63	8	64	1	65	2	66	0	67	0	68	0	69	0	23
1970	0	71	1	72	0	73	4	74	1	75	5	76	6	77	5	78	8	79	25	55
1980	65	81	60	82	91	83	81	84	79	85	124	86	117	87	124	88	212	89	162	1115
1990	148	91	149	92	157	93	136	94	131	95	100	96	152	97	113	98	125	99	139	1350
2000	153	01	159	02	235	03	223	04	241	05	177	06	235	07	323	08	398	09	295	2440
小计																				5112
合计																				5831

注:再版者只著录首版年份。

就出版总体趋势而言,1949 年之前的 40 年,我国图书馆学著作出版经历了 20 世纪初叶、20 年代的兴起与发展、30 年代的兴盛及 40 年代的渐入消歇等三个重要时段。而 1949 年以后 60 年,则经历了 50 年代的初起,60、70 年代的沉寂,80 年代的复苏,90 年代的发展,21 世纪初叶的兴盛这样一个曲折发展的过程。整体态势,以 1980 年为分水岭,前 30 年的寂寞枯竭与后 30 年的迅猛发展形成强烈反差,大相径庭。而这一过程与中国社会发展历程亦步亦趋,从一个方面印证了我国图书馆学、图书馆事业与生俱来的显著的社会属性。参见图 1。

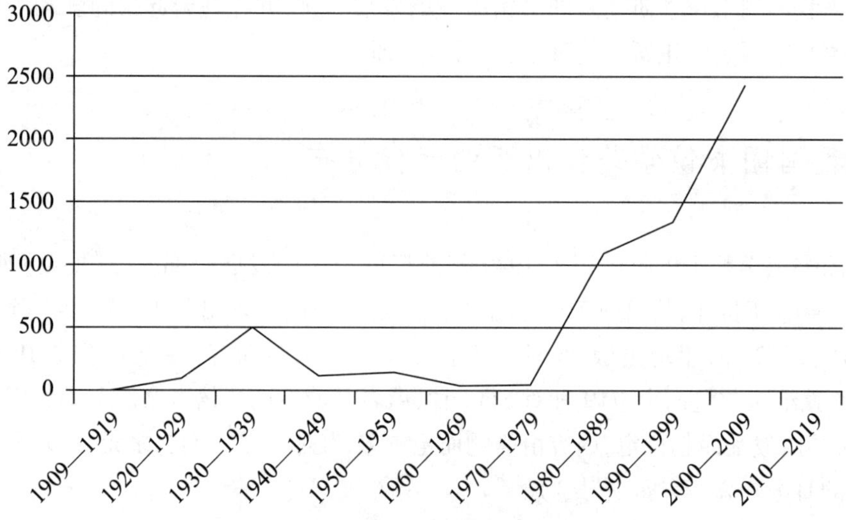

图 1　我国图书馆学著作出版年代曲线图

3　我国图书馆学著作的种类

中国的图书馆学是一门发展中的实用型学科,既与传统的文献学、目录学、图书学相依相伴,又与现代意义的档案、情报、信息管理、阅读等相关学科彼此交融,密不可分。有鉴于此,《提要》的收录范围也并没有完全局限在学科意义上的图书馆学范畴,所收录的 5831 种图书馆学相关著作参照《中国图书馆分类法》分成了 25 个类别:

如表 2 所示,就各类别所占比重而言,《提要》所收录的 5831 种图书,明确在图书馆学、图书馆事业范畴(G25—G259)的有 4748 种,占总数的 81.4%;其他相关图书有 1083 种,占 18.6%。这 18.6%中,包括:①情报学、情报工作(G35—G359)801 种占 13.7%;②图书目录、文摘、索引(Z8—Z89)88 种占 1.5%;③管理信息系统(C931.6)87 种占 1.4%;④信息与传播理论(G20)46 种占 0.7%;⑤信息经济学(F062)33 种占 0.5%;⑥经济信息管理(F270)14 种占 0.2%;⑦信息法与知识产权(D912)14 种占 0.2%。

表 2 《中国图书馆学著作总目提要》分类表(总)

序号	类别	种数	序号	类别	种数
1	图书馆学、图书馆事业综论(G25)	354	14	情报检索(G354)	382
2	图书馆学综论(G250)	400	15	情报过程自动化的方法和设备(G356)	11
3	图书馆管理(G251)	138	16	世界各国情报事业(G359)	47
4	读者工作(G252)	1102	17	管理信息系统(C931.6)	87
5	藏书建设和藏书组织(G253)	123	18	信息法与知识产权(D912)	14
6	文献标引与编目(G254)	547	19	信息经济学(F062)	33
7	各种文献工作(G255)	134	20	经济信息管理(F270)	14
8	文献学(G256)	693	21	信息理论(G201)	7
9	目录学(G257)	206	22	信息处理技术(G202)	8
10	各类型图书馆(G258)	336	23	信息资源及其管理(G203)	26
11	世界各国图书馆事业(G259)	715	24	传播理论(G206)	5
12	情报学、情报工作综论(G35)	225	25	相关图书目录、文摘、索引(Z8)	88
13	情报学综论(G350)	136	合计		5831

如果按照新制定的《中国图书馆分类法(第五版)》的分类,合并 G25、G35 图书馆学情报学体系,修改 G25 类名为"图书馆事业、信息事业",把 G350/G359 全部合并到 G250/G259 类目体系中[1],则前述图书馆学类图书所占比重将从 81.6%增加到 95%以上,由此可见,中国的图书馆学科虽然其外延始终处于变量之中,未曾闭合,但其核心部分还是保持了一个相当稳定的态势,并随时代的推演而不断充实,这也是这个学科的生命力之所在。

3.1 1949 年前的图书馆学著作种类

在《提要》收录的 1949 年前出版的 719 种图书馆学相关图书中,明确为 G25 类的图书有 699 种,另有 D912 类 2 种,Z8 类 18 种。如表 3 所示,699 种图书馆学著述中数量居多的前两位是"世界各国图书馆事业"(G259)与"文献标引与编目"(G254),分别为 399 种和 109 种,两者合计占全部图书馆学著述的 70%以上,这既与民国时期我国图书馆事业尚处于兴起和发展阶段,国人关注的重点还主要集中在图书馆基础建设、规范化管理以及借鉴世界各国图书馆先进经验的实际状况相吻合，同时也在一个方面显露了民国时期图书馆学不务空言、注重实际的本色与品质。

表3 1949年前出版的图书馆学著作分类及比重

分类	G25 图书馆学、图书馆事业（总论）	G250 图书馆学	G251 图书馆管理	G252 读者工作	G253 藏书建设和藏书组织	G254 文献标引与编目	G255 各种文献工作	G256 文献学	G257 目录学	G258 各类型图书馆	G259 世界各国图书馆事业
数量（种）	24	23	18	25	10	109	4	30	21	36	399
比重（%）	3.32	3.29	2.47	3.46	1.38	15.07	0.53	4.15	2.9	4.98	55.46
排序	7	5	9	6	10	2	11	4	8	3	1

3.2 1949年后图书馆学著作种类

《提要》所收录的1949年以后出版的5112种图书（见表4），明确在图书馆学、图书馆事业范畴（G25）的有4049种，占总数的79.42%，而在4049种图书馆学（G25）著述的11个主要类别中，读者工作（G252）、文献学（G256）、文献标引与编目（G254）分别以1077种、663种、438种居于前三位，三者合计，占总量的53.8%，充分体现了图书馆学的实践性、应用性特征。而在下一级类目中，文献检索（G252.7），文献编目（G254.3），图书馆自动化、网络化（G250.7）分别以923种、156种、136种居于前三位。而尤为值得关注的是文献检索（G252.7）类图书，共有924种之多，占全部图书馆学著作的22.83%，也就是说差不多每4本图书馆学著作中就有一本是文献检索类图书，这是一个值得分析和总结的特殊现象。

表4 1949年后出版的图书馆学著作分类及比重

分类	G25 图书馆学、图书馆事业（总论）	G250 图书馆学	G251 图书馆管理	G252 读者工作	G253 藏书建设和藏书组织	G254 文献标引与编目	G255 各种文献工作	G256 文献学	G257 目录学	G258 各类型图书馆	G259 世界各国图书馆事业
数量（种）	330	377	120	1077	113	438	130	663	185	300	316
比重（%）	8.1	9.31	2.96	26.60	2.8	10.82	3.21	16.4	4.57	7.41	7.81
排序	5	4	10	1	11	3	9	2	8	7	6

4 我国图书馆学著作出版的机构与作者

4.1 1949 年前

在 1949 年前出版的 719 部图书馆学相关著作中，机构作者为 365 部，个人著述者为 354 部，基本上各占 50%。

4.1.1 出版机构

民国时期图书出版无正式与非正式一说，无论个人、机构，凡有能力而欲为者均可为之。这一时期，出版图书馆学相关著作的机构主要有两类，一是传统意义上的出版机构，二是各类图书馆及相关组织。前者首推商务印书馆，其次是中华书局；后者首推国立北平图书馆，然后是中华图书馆协会、文华专科学校。

(1) 商务印书馆（出版图书馆学相关图书 67 种）

作为中国近代成立最早、规模最大、最具代表性的民营出版机构，商务印书馆自其创设伊始即与中国的图书馆事业结下不解之缘。其所创东方图书馆藏书之富冠盖全国，其所编大型丛书《万有文库》直接促成了全国数千家图书馆的诞生，总经理王云五主持编制的《四角号码检字法》成为图书馆最常使用的汉字排检法[2]。《提要》所录包括商务印书馆 1917 年至 1949 年 30 余年间辗转上海、长沙、重庆三地出版的 67 部图书馆学著作，其中朱元善的《图书馆管理法》(1917)、杨昭悊的《图书馆学》(1923)、洪有丰的《图书馆组织与管理》(1926)、杜定友的《图书馆学概论》(1927)、王云五的《中外图书统一分类法》(1928)、刘国钧的《图书馆学要旨》(1934)、姚名达的《中国目录学史》(1938)、裘开明的《中国图书编目法》(1944)等，均为时人所重，并影响后世深远。

(2) 中华书局（出版图书馆学相关图书 28 种）

较之商务印书馆，民国时期中华书局出版的图书馆学图书似乎更注重实际的应用方面，如杜定友的《汉字形位排检法》(1932)，《普通图书馆图书选目》(1935)，楼云林的《工具书使用法》、《中文图书编目法》(1947)，徐旭的《民众图书馆实际问题》(1935)，叶绍钧的《怎样在图书馆里看书》(1948)等。

(3) 国立北平图书馆（出版图书馆学图书 32 种）

通过编辑出版图书馆学相关文献推动图书馆规范化建设和学术研究是国立北平图书馆秉持不懈的立馆之道。除编辑出版《国立北平图书馆馆刊》《读书月刊》《图书季刊》等学术刊物外，在编辑出版图书馆学相关图书方面，尤其是编辑出版目录、索引方面，国立北平图书馆不遗余力、贡献卓著，仅 1931 年至 1937 年间国立北平图书馆编纂、出版目录、索引就达数十种，涉及众多学科，如《中国官书目录》《中国通俗小说目录》《满文书联合目录》《元明清戏曲总目》《国立北平图书馆方志目录》《馆藏法文书目录》《清代文集篇目分类索引》《唐人写经索引》等[3]。而由于体例所限，上述目录、索引多未收入《提要》中。《提要》中收录的 32 种图书主要分三类：一是报告类，如《北平图书馆馆务报告》《北平图书馆年度报告》；二是概述类，如《北平图书馆概况》《北平图书馆阅览指南》；三是章程规则类，如《北平图书馆各项章程》《北平图书馆借书暂行规则》《国立北平图书馆普通图书分类表》等。

(4)中华图书馆协会(出版图书馆学图书31种)

编辑出版图书馆学相关图书是中华图书馆协会借以实现其“研究图书馆学术,发展图书馆事业,并谋图书馆之协助”宗旨的核心手段之一,协会为此专门设立了出版委员会,这也是现在中国图书馆学会编译出版委员会的前身。《提要》中所收录的31种图书主要有二类:一是《图书馆学季刊》的单行本。《图书馆学季刊》是中华图书馆协会会刊,与文华图书科所创办的《文华图书馆学专科学校季刊》并称图书馆学期刊的“南北双璧”,均为二十世纪二三十年代中国图书馆学学术期刊的杰出代表。《图书馆学季刊》因“发表会员著作甚众,其中数种篇幅较长者予以单行出售;又有时为酬投稿者雅意,另印单行本若干为赠”[4]。如李小缘的《英国国立图书馆藏书源流考》(1932)、傅振伦的《编辑中国史籍书目提要之商榷》(1933)、李钟履的《图书馆参考论》(1933),以及(美)吉罗德(J. T. Gerould)著、吕绍虞译的《大学图书馆建筑》(1936)等。二是概述、调查、报告。如《中华图书馆协会概况》(1933)、《全国图书馆调查表》(1929)、《中华图书馆协会第一次年会报告》(1929)、《中华图书馆协会第二次年会报告》(1933)等。

(5)文华图书馆专科学校(出版图书馆学图书19种)

文华图书馆专科学校出版的图书馆学著作集中在20世纪30年代中期,译著及国人专著各居其半,前者如《图书馆使用法的指导》(1934,哈勤斯等著、喻友信译)、《世界民众图书馆概况》(1934)、《西洋图书馆史略》(1934,萨费基著、毛坤译)、《标题目录要论》(1934,加藤宗厚著、李尚友译)、《目录学概论》(1934,福开森著、耿靖民译)、《图书馆的财政问题》(1934,卫迟编、戴镏龄译)、《世界民众图书馆概况》(1934,鲍士伟编、徐家麟译)、《世界各国国立图书馆概况》(1935,A. Esdalle编著、严文郁等译)等。后者如皮高品的《中国十进分类法及索引》(1934)、钱亚新的《拼音著者号码编制法》(1937)、吴鸿志的《图书之体系》(1934)、赵福来的《图书馆建筑与设备》(1935)、黄星辉的《普通图书编目法》(1934)、刘子钦的《分类之理论与实际》(1934)等。

4.1.2 作者

在1949年前出版的354部个人著述中,涉及编、译、著者200余人,其中个人著述5种以上的有7人,而杜定友一人编、译、著图书馆学相关著述高达46部,占全部个人著述总量的13%,杜氏其于中国图书馆学研究与事业发展贡献之著,可见一斑。其后依次为吕绍虞(15部)、钱亚新(13部)、桂质柏(9部)、蒋复璁(7部)、马宗荣(6部)、陈子彝(6部)。

4.2 1949年后

4.2.1 出版机构

1949年后出版的5112种图书学相关著作中,属于内部出版物的有501种,其余4611种正式出版物分别由444家出版社在60年间陆续出版发行。据国家新闻出版总署公布的《2010年全国新闻出版业基本情况》,2010年全国共有出版社581家(包括副牌社33家),则60年来出版过图书情报类图书的出版社占出版社总数的76.42%,平均出版图书情报学图书(4611/444)10.38种,就涉及的出版单位而言,范围相当广泛。而另一个值得关注的现象是,在涉及的出版单位中,出版数量在 50 种以上的又主要集中在 10 家出版社(参见表 5),这 10 家出版社共出版图书情报学类图书 1701 种,占总数 4611 的 37%,又突出地反映了专业而集中的特点,这是我国图书馆学著述出版中值得注意的一个特殊现象。其中国家图书馆出版社(其早期名称曾先后为书目文献出版社、北京图书馆出版社)自 1979 年成立后的 30 年间,共编辑出版图书馆学相关图书 637 种,占已出版图书馆学相关图书总数的 13.86%,成为国内图书馆学相关图书编辑出版的最大贡献者。

表 5　出版图书馆学著作 50 种以上的 10 家出版社

序号	出版社名称	出版数量(种)
1	国家图书馆出版社	637
2	科学技术文献出版社	277
3	科学出版社	162
4	武汉大学出版社	136
5	北京大学出版社	115
6	中华书局	100
7	高等教育出版社	89
8	海洋出版社	64
9	东南大学出版社	62
10	清华大学出版社	59
合计		1701

4.2.2　作者

按《提要》所录,1949 年后正式出版的 4611 部图书馆学相关著述涉及作者 3300 余人,人均出版图书 1.39 部,其中出版 1 部著作的多达 2700 余人,约占作者总数的 82%,而出版 10 部以上的仅有 14 人,仅占作者总数的 0.42%。说明在我国涉足图书馆学领域者相对广泛,而术有专攻、持之以恒者则为数甚寡,因而造成多者恒多、寡者恒寡的畸形态势,也从一个侧面折射了我国图书馆学研究现状的缺陷与弊端(参见表 6)。

表 6　作者编著出版状况

个人出版状况(部)	涉及作者状况(人)	涉及图书数量(部)	占作者总量比重(%)	占图书总量比重(%)
1	2712	2712	82.08	59.02
2	332	664	10.04	14.45
3	117	351	3.54	7.64
4	47	188	1.42	4.09
5	36	180	1.09	3.92
6	15	90	0.45	1.96
7	14	98	0.42	2.13

续表

个人出版状况（部）	涉及作者状况（人）	涉及图书数量（部）	占作者总量比重（%）	占图书总量比重（%）
8	13	104	0.39	2.26
9	4	36	0.12	0.78
10	4	40	0.12	0.78
11	3	33	0.09	0.72
12	3	36	0.09	0.78
14	1	14	0.03	0.30
15	1	15	0.03	0.32
16	1	16	0.03	0.34
18	1	18	0.03	0.39
合计	3304	4595	100	100

20 世纪 40 年代末至 70 年代末，我国图书馆学著作的出版出现了一个长达 30 年的低迷时期，这在世界范围内都是一个特例。这一超常的低迷随即换来了此后 30 年的超常增长，1980 年至 2009 年出版图书 4889 种，是此前 70 年 926 种的 5 倍有余。这种超常增长是否同样也违背了学科发展的正常规律？尤其是最近 10 年图书馆学著作出版井喷式增长是否已经透支了学科发展的所有利好？与之相较，越到后来我国的图书馆学著作精心构撰者越少，大量的书籍游走于理论与现实、宏观与微观之间，看似通吃，放之四海而皆准，实则叠床架屋、无的放矢。除却共有的社会因素——整个文化出版领域的共同趋势之外，我们是否应该静下心来、放缓脚步，认真分析我国图书馆事业发展和图书馆学研究的种种境况，从理想与现实的比较与纠结中，从图书馆学著作出版这一特有的视角，推导出影响图书馆学研究乃至图书馆事业发展的核心要素并引以为鉴？

历史是无可更改的，无论以怎样的情状展露在我们面前，成功也罢，遗憾也罢，它都已是一种注定，一种抉择。呈现在《提要》中的数千部专著，每一部都是一个真实的历史节点，而问题的关键在于，我们能否通过这些节点所串联起的历史轨迹，准确地解读它们所传达给我们的深刻含义，以备未来者借鉴。

参考文献

[1] 国家图书馆《中国图书馆分类法》编辑委员会. 中国图书馆分类法[M]. 5 版. 北京：国家图书馆出版社，2010：8.

[2] 刘丽萍. 商务印书馆与中国近代图书馆事业[J]. 图书馆论坛，2010(3)：47 – 48.

[3] 李致忠. 国家图书馆馆史长编[M]. 北京：国家图书馆出版社，2009：260 – 267.

[4] 宋建成. 中华图书馆协会[M]. 台北：育英社文化事业有限公司，1998：184.

（原载于《图书馆》2012 年第 3 期）

国家图书馆民国文献保护人才队伍建设刍议

王青云

民国时期是中国历史上的一个重要时期。民国文献是民国时期的全景式纪录，它全面展现了民国时期波澜壮阔的历史画卷；精彩呈现了风云变幻的历史格局；生动描绘了中西文化急剧碰撞，学术思想百家争鸣的繁荣局面；忠实记录了马克思主义中国化的历史进程；真实叙述了中华民族抵御外族入侵，走向民族独立的斗争历程；如实记载了中国共产党带领人民建立新中国的丰功伟绩。民国时期文献具有极高的历史价值与文化价值，是中华民族的宝贵精神财富。

近年来，民国文献越来越受到政府、学界以及社会公众的重视，民国文献保护的重要性与紧迫性也越来越被大家所认识。保护好、利用好民国文献，必须造就一支与民国文献保护工作相适应的人才队伍，这是做好民国文献保护的根本保证。国家图书馆是我国民国时期文献的重要收藏单位，打造一支业务精湛、学养深厚的民国文献保护专业人才队伍对于做好馆藏民国文献的保护与利用至关重要。

1　民国文献保护人才队伍建设的重要意义

1.1　建设民国文献保护人才队伍是传承中华文化的现实需要

民国文献所具有的极其珍贵的历史价值、文化价值与文献价值都是无可取代的，是具有重大战略意义的文化资源。将它们尽可能完整地传承给后代是国家图书馆和全国图书馆界的历史责任。民国文献虽然多数只有几十年的时间，但是由于纸张酸化、保护条件相对简陋等原因，损毁已十分严重，整体的老化速度更是十分惊人。就国家图书馆馆藏民国文献而言，纸张发黄、脆化现象普遍存在，虫蛀、霉变等情况也不同程度的存在；更有部分文献已经无法翻阅，稍加触碰纸张就脆断成屑。从根本上改善民国文献的存世状况，延缓文献老化速度，需要一批专业理论扎实，实践经验丰富的专业人才对文献进行原生性与再生性保护。

1.2　建设民国文献保护人才队伍是服务当代、服务社会的现实需要

随着我国经济社会的不断发展，社会公众对文化的需求日益迫切。近年来，民国史研究及民国时期社会生活等诸多领域的研究渐成热点。社会公众对于优质文化产品，特别是优秀传统文化的渴求度不断提高，在各大图书销售排行榜上，介绍中国传统文化的优秀著作经常高居榜首。民国时期，依托工业化印刷手段，产生了大量的政府出版物，各种社会机构也

出版了大量文献,加之各种档案材料,构成了空前丰富与翔实的文献群。民国时期还是中国学术思想空前活跃的历史时期,造就了胡适、陈寅恪、傅斯年等一批学术巨擘和思想巨人,各个领域都不乏足以垂范后世的学术经典。对这些文献进行有序整理、深度挖掘,对满足社会大众的文化渴求,促进学术研究,增进海峡两岸人民的民族情怀和文化认同都将发挥积极作用。民国文献的整理揭示和文化推广等工作都要求从业者必须掌握丰富的专业知识,熟悉文献特性,了解服务对象的需求,准确把握揭示与推广的策略和手段,因此必须培养一批具有较高专业素养与服务水平的人才。

1.3 建设民国文献保护人才队伍是传播先进文化的现实需要

民国时期是中国共产党领导全国各族人民抵御外敌侵略,争取民族解放与独立的历史时期,也是马克思主义中国化的重要历史阶段。党的十七届六中全会通过的《中共中央关于深化文化体制改革推动社会主义文化大发展大繁荣若干重大问题的决定》指出,“社会主义核心价值体系是兴国之魂,是社会主义先进文化的精髓,决定着中国特色社会主义发展方向”。通过深入整理、揭示民国时期大量的革命历史文献,推动党史研究,普及党的历史,充分发挥党史的借鉴功能,从我党建设先进文化的发展历程中吸取营养,对社会主义核心价值体系的建设能够起到积极作用。因此,培养一批信仰坚定、作风踏实、专业深厚的革命历史文献的整理研究人才,是十分必要的。

2 民国文献保护人才需求与现状

国家图书馆目前民国文献总藏量约12万种、88万余册,主要包括图书、期刊和报纸,此外还有数量可观的老照片。这些文献目前的总体状况是:文献自身均存在着程度不等的老化现象,绝大部分文献未经专业修复,所有文献均未经过脱酸加固;大部分文献已经完成了机读目录的编制,并通过缩微拍照或数字化方式取得了复本用于读者服务;文献整理、深度揭示与文化推广工作已经有计划地展开,但相对文献总量而言,尚属初步。

国家图书馆藏民国文献的保护工作主要由典藏阅览部、古籍馆、缩微文献部三个部门完成。典藏阅览部和古籍馆主要负责典藏管理、读者服务、文献整理和文献保护与修复工作;缩微文献部主要负责缩微拍照工作。从事民国文献保护工作的专职人员不足30人,民国文献保护人才队伍相对于将近百万册的馆藏民国文献数量而言比较薄弱。

针对上述情况,国家图书馆民国文献保护工作需要如下几方面的人才:

第一,文献修复人才。鉴于馆藏民国文献普遍破损的现状,应当组建一支专门的文献修复队伍,着手对文献展开修复与加固。考虑到文献数量的庞大,这支队伍应当具有一定的规模,以保证文献能够在较短的时间内得到修复与加固。

第二,文献保护人才。文献保护是一门专业性很强的实践性科学,尤其是民国文献普遍涉及脱酸问题,在国内尚没有适于大规模实践的成熟技术方案。国家图书馆应当在现有文献保护重点实验室的基础上,进一步扩充人才力量,在民国文献纸张、脱酸等保护技术、保护设备及装具的实践性研究方面逐步形成人才高地。

第三,文献整理与研究人才。揭示民国文献的价值必须要进行深入的整理,要通过文献目录、索引、数据库、整理出版等手段向读者展示文献内容与价值。国家图书馆需要培养一支熟悉馆藏文献特色、了解学术动向、精通揭示手段的人才队伍。

第四,文化推广人才。民国文献整理、研究的成果,需要通过展览、讲座、影视制作等文化推广手段,转化为社会公众喜闻乐见的文化产品,满足文化市场的需求。国家图书馆需要一批了解馆藏民国文献资源特色,精于选题策划的文化推广人才。

3 民国文献保护人才队伍建设建议

现阶段,国家图书馆民国文献保护人才队伍建设的主要目标:一是保护人才队伍总量与保护工作需要相适应;二是人才队伍的素质明显提升;三是营造促进人才成长的良好环境。

3.1 广开渠道,引进人才

首先,继续从应届高校毕业生中遴选优秀的专业人才。其次,面向海内外广泛吸纳实践经验丰富的业务骨干和能够引领民国文献保护事业发展的高层次人才。第三,积极开展人才柔性引进工作,充分利用业界、高校及科研机构的人力资源,搭建合作平台,推动保护工作发展。

3.2 开展系统培训,提高业务水平

一是加强民国文献保护基础业务知识和基本业务技能培训,提高业务能力。二是结合实际工作需要,开展非学历、定题继续教育,提升业务水平。三是创造条件,鼓励员工参加国内外专业会议,开阔视野,了解专业动态。四是通过项目实践,提高民国文献整理研究人员的选题策划能力。五是加强文献保护理论与技能培养,提高修复人员对前沿理论技术的吸纳、利用能力。六是充分依托“民国时期文献保护计划”,为保护人才创造更多的业务锻炼和学习深造机会。

3.3 营造良好环境,促进人才成长

首先,根据民国文献保护工作实际需要,科学设置岗位,引导人才资源合理配置、有序流动。其次,建立符合民国文献保护工作规律的工作机制,探索常规业务工作与项目制工作相结合的工作模式。再次,建立健全民国文献保护工作相关业务工作流程,规范有关业务制度。此外,鼓励民国文献保护专业人才参与业务研究,为发表研究成果提供便利,引导科研成果向业务实践转化。最后,围绕民国文献保护工作,与业界、高校科研机构等,充分开展业务合作。

(原载于《国家图书馆学刊》2012 年第 4 期)

在图书馆设立典籍博物馆的思考

张志清

2012年8月，经文化部、国家文物局、中央编制办公室批准，文化部下发了《关于国家图书馆加挂“国家典籍博物馆”牌子的通知》(文人函〔2012〕1238号)，在国家图书馆加挂“国家典籍博物馆”牌子。由此，国家图书馆又有了一个传承书籍文化、开展社会教育的新阵地。

在图书馆设立典籍博物馆，在国内还不多见。笔者有幸参与国家典籍博物馆的筹备工作，对典籍博物馆的概念、功能、在图书馆设立典籍博物馆的意义以及国家典籍博物馆的初步设计等内容进行了一些思考，在此谈谈个人浅见。

1 典籍博物馆的概念

我国早在殷商时期就有典册。《尚书·多士》说：“惟殷先人，有册有典。”[1]“典”在字形上区别于“册”的地方，是把简册供于案上，表示其重要性。“典”在《辞海》中被解释为“可以作为典范的重要书籍”，对“典籍”，则解释为“国家重要文献”[2]。《左传·昭公十五年》：“且昔而高祖孙伯黡，司晋之典籍，以为大政，故曰籍氏。”[3]后也用“典籍”一词统称各种典册、书籍。我理解典籍博物馆可有广义、狭义两种概念，广义的典籍博物馆就是书籍博物馆，狭义的典籍博物馆则特指以典藏、展示、教育、保护、研究国家重要书籍为内容的、具有传承书籍文化、开展社会教育作用的博物馆。本文主要讨论狭义的典籍博物馆。

2 典籍博物馆与图书馆的关系

2.1 共同的基本藏品和相似的功能

文献典籍是图书馆的基本藏品，是图书馆开展采访、编目、典藏、阅览、咨询、保护、展示、教育、研究等各种业务工作的对象和基础，是人们在图书馆可以享受的精神食粮。作为文化载体和艺术作品的文献典籍，特别是具有历史文物性、学术资料性、艺术代表性的文化典籍、名家手稿和重要特藏文献，蕴含着一个民族的思想智慧、历史记录和知识体系，是民族文化的重要组成部分；文献典籍的版本流变、传播繁衍的过程，反映了人类思想发展和知识传承的脉络；文献典籍的文字、用纸、印刷、装帧反映了民族文化的特点和艺术特色。由于具备这些特点，文献典籍具有收藏和研究价值，可以进行陈列展示、开展教育宣传、传播优秀文化，完全符合传统博物馆收藏、展示、教育、研究四大基本功能，使得在图书馆中建立典籍博物馆成为可能。

2.2　典籍博物馆与图书馆有着深厚的历史渊源

汪东波主编的《公共图书馆概论》中有："博物馆和图书馆作为不同的文化现象，两者之间你中有我，我中有你，在历史上互相联系、互相融合。"[4]这是关于博物馆和图书馆关系最明确的表述。

2.2.1　藏书楼

中国古代藏书楼虽然不是现代意义的图书馆，但在保存传承民族文化遗产、形成独特书籍文化、促进典籍传播和文化进步中发挥了重要作用。宁波天一阁博物馆既是古代藏书楼，又因其建筑、设施、藏书都属于文物，作为文化遗产加以保护、展示和利用，具备博物馆职能，所以特别设立了博物馆。为加强对古籍的保护，天一阁博物馆旁又修建了现代化图书馆，典藏珍贵典籍，服务社会大众。宁波市在旧城改造时，将许多重要的藏书楼、藏书室移来天一阁，成为一个藏书楼文化遗产群落。常熟的铁琴铜剑楼、杭州的文澜阁、湖州的嘉业堂藏书楼、承德的文津阁等，都是国家重点文物保护单位，也是重要的典籍博物馆。

2.2.2　博物馆中的图书馆

许多著名博物馆因收藏文献典籍，一般都设有图书馆，如北京故宫博物院图书馆收藏清代皇家典籍和雕版数十万册件；台北"故宫博物院"也设立文献处，典藏文渊阁《四库全书》、清皇室天禄琳琅藏书等珍贵典籍。这些图书馆典藏的文献典籍既开放给公众或研究人员阅览，又是博物馆的展品，如曾在清代内府刊印典籍的武英殿现在是北京故宫博物院图书馆举办珍籍展览的常设展室，台北"故宫博物院"文献处也常设珍籍展室。1735 年，经过英国议会立法，成立了英国国家博物馆，其中分为图书馆和博物馆两部分。素有"图书馆员的拿破仑"称号的英国国家博物馆第六任馆长，在 1856 年设计了圆顶阅览室和铁质书库。1973 年，图书馆从英国国家博物馆中分出，正式独立建制运行，在博物馆外新盖了图书馆大楼。如今，圆顶阅览室变成博物馆的一部分，作为文化遗产接待读者阅览和参观。

2.2.3　图书馆中的博物馆

许多历史悠久的国家图书馆都建立或计划建立博物馆。从 18 世纪初起，法国国家图书馆设立铜版画部和勋章部，承担博物馆收集珍贵文物的使命[5]。埃及亚历山大图书馆建立了印刷博物馆，德国国家图书馆计划用三分之一的馆舍建立典籍博物馆。俄罗斯圣彼得堡国家图书馆专辟伏尔泰藏书室作为博物馆，藏书室正中是伏尔泰坐像，后面书柜中摆放着伏尔泰的全部藏书，书柜和地板都十分典雅考究。美国哈佛大学善本图书馆同时也是典籍博物馆，走进善本图书馆，大厅中央是一排书柜，镌刻着对哈佛大学图书馆藏书有重要贡献的人物名字，展示他们的部分藏书。大厅右侧是善本阅览室，左边是大型书籍博物馆，西文善本古籍展示在四壁到顶的书架中，神圣而辉煌。大厅特设展柜对重要典籍加以展示。二层复原了部分著名藏书家和作家的藏书室，著名美国诗人艾米莉·狄更生简朴的起居室虽不像其他藏书室那样辉煌，但特别打动人，小小的壁炉、书架、躺椅和书桌展示了她一生默默无闻的乡村生活，人们把这间居室和她充满想象力的诗作联系起来，会产生探寻狄更生生平事迹的强烈愿望,也为哈佛大学最早发现和出版这位诗人的诗作感到赞叹。

2.2.4 图书馆中的典籍展馆

图书馆一般都开辟展览空间或展室举办文化展览。特别是近年大型图书馆新建馆舍,很多都设有可展示珍贵典籍的展厅或展馆。国家图书馆展览厅有1300多平方米,由该馆社会教育部管理,常年举办各种与书籍文化有关的专题展。善本特藏珍品展示室(位于总馆南区)、稽古右文厅(位于总馆北区)和古籍馆展示室(位于文津街古籍馆)是面积较小的展览室,由国图古籍馆管理,常年举办以善本特藏为主的专题展览。仅在这十年间,国家图书馆利用各展厅展室举办的展览就超过一百场,其中,"文明的守望:国家图书馆善本特藏暨古籍保护成果展"、"新疆历史文献暨保护成果展"、三届"国家珍贵古籍特展"、"艰难与辉煌:纪念中国共产党成立九十周年馆藏革命文献珍品展"等都是投资达百万元以上的大型展览,在社会上引起了强烈反响。展览在国家图书馆业务工作中的重要性日益提高,对中华古籍保护计划等国家重大工程的立项起到了促进作用,也直接促成了国家典籍博物馆的建立。首都图书馆、上海图书馆等也都拥有设备设施完善的展览厅,常年举办专题典籍展览,开展社会教育活动。上海图书馆举办的"琅函鸿宝——上海图书馆藏宋本展""典册琳琅——庆祝上海图书馆建馆60周年文献特展"等,其展品的珍贵性和展览的专业性不亚于博物馆珍品展览,广受社会关注和好评。图书馆的这些展览,一般还不是常设展览,也不拥有典籍博物馆的全部职能,只是典籍博物馆功能的部分体现。

3 图书馆设立典籍博物馆的意义

3.1 典籍博物馆汇聚典籍精品,传播书籍文化,提升图书馆的精神价值

上海博物馆馆长陈燮君认为,博物馆文化拥有四大力量,即以其民族凝聚力,诉说着文化的博大精深、源远流长;以其历史穿透力,演绎着漫长历史的沧桑巨变、岁月坦诚;以其文明渗透力,寻觅着中华文明的悠悠源头、绵绵根脉;以其艺术感染力,守望着精神家园的世代传承、人文自豪[6]。

中国是善于运用典籍记述历史的国度。钱存训指出,中国在3000年前所采用的文字是至今唯一仍在通行的交流媒介。中国的文字不仅为中国人所采用,也是东亚其他民族所共同采用的一种书写字体[7]。与典籍文化相关的两个书籍必备技术——造纸术和被称为"世界文明之母"的印刷术,都是由中国人发明的。自公元前722年以来,中国历史每年都有编年的记录。截至15世纪末叶,中国人著述出版的书籍超过全世界出版物的总和。中国古代文献的延续、多产和广被性,在世界文明的长河中是独具的特质[8]。荣新江说:"我们且不论从商周的甲骨到秦汉的简帛,只就留存下来的六朝唐宋的敦煌写本和宋元明的刻本古书来说,其数量恐怕都是世界上任何一个国家所无法比拟的。"[9]发达的典籍文化,使中华文明一脉相承,至今延续不断,在世界文明史上极其罕见。中华典籍是我们在世界上可以引为自豪的重要内容,是增强民族凝聚力的最好的爱国主义教材。

典籍之美,表现在典籍内容的思想深邃、文辞优美、叙事生动和批判犀利上,也表现在典

籍形式的手泽如新、写刻精美、墨乌纸玉、装帧典雅上，有很强的艺术感染力。但真正震撼人心的，还是典籍本身带给人的精神启迪。一部《史记》，记载从黄帝到汉武帝3000多年的历史。《史记》对商代世系的记载，与甲骨文记录基本吻合，说明西汉仍然有可据为信史的文献遗存。试想，如果《史记》湮灭无存，那么我们民族的历史将会有多么巨大的缺憾！中国历史上百家争鸣，留下许多彪炳千秋的伟大著作，儒释道相互交融，形成中华文化思想体系的主干。如果这些典籍无存，中华文化就会断裂，成为无源之水、无本之木。在澳大利亚国家图书馆新馆开馆展览中，中国国家图书馆参展的十几件珍贵展品，因其年代久远和独具特色受到广大澳大利亚民众的青睐。在展览中颇具人气的还有英国图书馆参展的一张纸，上面有爱因斯坦潦草写下的著名的狭义相对论公式。这个公式改变了世界，它静静躺在那里接受无数人的瞻仰，这就是典籍穿透历史、震撼人心之处。博物馆通过集中展示、剖析经典文献，可以将典籍的历史价值和艺术价值充分表现出来，使人们受到心灵的洗礼。

徐忠文认为："博物馆是历史的终点，更是历史的起点，即人类发展的驿站。它的责任是尽可能地收集、保护好人类前行中所取得的成就和过失，更要为人类走向更高的文明提供路标，同时也应是人类心灵得以进化的圣殿。"[10]此语揭示了当今人类对于历史文化承前启后的使命和责任。完整收集，科学保护，通过展示给人们创造一个静静观赏思考、仰望星空、进行冥想的场所，使人类心灵得以净化。美国华盛顿林肯纪念堂是美国平等自由精神的具体体现，也是人们思索人类理想的冥想之地。古代中国皇家把太庙、家族祠堂作为祭祀冥想、追远继志、维系道德伦理的场所。今天的中国失去了这样的敬仰冥想之地，如果说图书馆是精神家园、知识殿堂、文化绿洲的话，那么图书馆中的典籍博物馆通过对经典的集中表述，就是精神家园的一扇窗户、知识殿堂的一盏明灯、文化绿洲的一泓清水。

法国卢浮宫博物馆馆长H. 瓦鲁莱特（H. Valurette）说："今天的博物馆不能仅仅满足于接待。博物馆应该在城市生活中占据重要的地位，扮演重要的角色。它是公民责任感的工具，是批判精神的孵化器，是品味的创造地，它保存着理解世界的钥匙。当然前提条件是它必须有能力通过各种手段，不仅将这些钥匙传达给他的同道，而且还要传递给所有其他的人。"[11]这段话说明，博物馆不是为小众而开放的，应该把提高全民文化水平和素养的社会责任放到重要方面加以表述。故宫博物院院长单霁翔也说："今天博物馆的核心价值，是从保护文物藏品到保护文化遗产，再到服务社会，进而向参与推动社会变革的神圣责任回归。"[12]如果说大多数文物还只能在博物馆中展陈，被动接受大众参观的话，典籍博物馆则能更好发挥图书馆原有的经典阅读推广的长项，在全民公共文化服务体系建设中走向社会，开展服务，把藏品导向转变为需求导向，向社会化和人性化方向发展，用原属于社会的宝贵精神财富更好地为社会服务。

3.2 建立典籍博物馆是传承文明的迫切需要

中国典籍浩如烟海，历代因兵燹灾祸，存留至今的古代典籍百不存一，但据国家古籍保护中心统计，国内3800多家藏书单位收藏的古籍数量仍然超过了5000万册件。此外，还有大量甲骨简帛、碑帖拓本、舆图文书以及流散在世界各地的数百万册件古籍尚未统计在内。仅对近期汇集11个古籍大馆目录的《中国古籍总目》进行粗略统计，该目收录古籍品种不低于25万种,版本不少于50万个。至于近现代文献典籍更是浩如烟海,难以计数。祖先给我们留下的丰厚文化遗产堪称民族文化的宝库、民族智慧的结晶,是我们继承传统、延续文脉的重要根基。中国书籍发展到近现代,受到西方书籍文化和印刷技术的影响,从书籍内容到装帧形式都发生了根本变革,特别是近三十年来,书籍印刷告别了铅与火,迎来了光与电,载体从纸质到胶片,再到磁盘、光盘,从固定存储到移动存储,每年都在发生变化,不断改变着我们对于书籍和阅读的理解,这些变化和发展,也需要加以总结和记录。目前,虽然我国有国家级文字博物馆、印刷博物馆、出版博物馆,许多图书馆和博物馆也不断举办书籍展览展示,但迄今尚未有一家以宏富典藏为依托的国家级典籍博物馆能够长期、系统、全面地展示博大精深和丰富多彩的中华各民族典籍,展示中华典籍产生、传播的历史和对社会发展所起的重要作用,展示中华典籍对促进世界文明发展的重要意义。各地也缺乏展示地域书籍文化和典籍特点的地方典籍博物馆,不能不说是个缺憾。这不但使典籍博物馆的建立成为必然,而且成为当前十分迫切的需要。

3.3 建立典籍博物馆符合当今图书馆发展的趋势

在信息化和数字图书馆飞速发展的今天,图书馆在信息化的同时,也加快了博物馆化的步伐。一方面是大量书籍数字化,服务全媒体化,阅读可移动化;另一方面是古代文化典籍日益成为博物馆的藏品,在展览陈列、教育推广、藏品保护、整理研究中发挥作用。有研究认为,在一个国家或地区人均GDP进入3000—5000美元后,居民生活方式、城市功能和产业结构等方面会相继出现休闲化特点[13],人类将走过信息时代的高峰而进入休闲化时代,"而图书馆与博物馆在引领健康休闲方面具有举足轻重的作用"[14]。吴慰慈也说:"现代图书馆不仅向读者提供舒适的阅读环境,而且还向社会提供文化活动的场所,几乎每一个新建的图书馆都把文化活动设施看成是图书馆建筑的一个重要组成部分。"[15]民众对图书馆的要求不只是借阅图书,而更多的是要在图书馆享受展览、讲座、沙龙、影视等文化生活,图书馆社会教育的作用日益凸显,与博物馆的结合日益紧密。在这种大背景下,在图书馆建立典籍博物馆,在传播典籍文化的同时满足民众日益增长的对高品位文化的需求,就变得特别重要。

3.4 建立典籍博物馆正值文化发展繁荣的历史机遇期

目前,我国正处在文化大发展大繁荣的机遇期,党的十七届六中全会要求深刻认识增强国家文化软实力、提高中华文化影响力的重要性。在构建公共文化服务体系中,明确提出加强博物馆、图书馆等公共文化服务设施和爱国主义教育示范基地的建设。要求建设优秀传统文化传承体系,"全面认识祖国传统文化……坚持保护利用、普及弘扬并重,加强对优秀传统文化思想价值的挖掘和阐发,维护民族文化基本元素,使优秀传统文化成为新时代鼓舞人民前进的精神力量"[16]。我国光辉灿烂的书籍文化,正是我们在世界文化中引为自豪和骄傲的地方。典籍博物馆的建立,对更好地继承弘扬中华优秀传统文化,增强民族自信心和自豪感,建设中华民族精神家园,促进世界范围的文化交流,提高我国文化软实力,都会起到积极、重要的作用。

3.5 建立典籍博物馆可以带动图书馆界创新发展

在图书馆建设典籍博物馆,对于带动图书馆创新发展具有重要作用。国家典籍博物馆的挂牌,对地方公共图书馆建设地方典籍博物馆具有推动作用。不少图书馆在改造或新建馆舍中,非常重视保留和利用具有文化传承意义的老图书馆馆舍,如山东省图书馆曾在民国间大量收集碑刻、画像、泉币、古物等加以展示,这是在图书馆中建设博物馆的早期例证。主持此事的王献堂在山东图书馆界和博物馆界都享有盛誉。近年来,山东省图书馆对该馆大明湖畔暇园和奎虚书藏的利用,提出延续传统,建立国学图书馆和典籍博物馆的主张,利用暇园仿天一阁传统庭院式建筑、奎虚书藏具有民国图书馆风格的特点,加以开发利用。在目前新馆馆舍内,也集中《四库全书》系统的多部影印书,开办珍品展示室,常设展柜展示珍贵典籍和古籍修复成果。该馆还在 2012 年 9 月 26—28 日举办《论语》版本大展,凸显传承弘扬优秀传统文化与服务民众相结合的创新思路,很值得借鉴。

4 典籍博物馆的规划

4.1 规划原则

在图书馆中建立典籍博物馆,应因地制宜,继承传统,发挥专长,办出特色。典籍博物馆规划不能求全求大,要充分根据原馆舍的布局特点和藏书特色进行设计,要和图书馆业务紧密结合,对图书馆业务起到辅助和促进作用,避免本末倒置,把博物馆功能凌驾于图书馆服务之上。

典籍博物馆既是一种存在,也是一种理念。图书馆中的典籍博物馆理念应是无处不在的,只要实现了博物馆功能,助益了图书馆业务,受到广大读者喜爱,典籍博物馆就已经在图书馆实现了。天一阁藏书楼之所以成为皇家《四库全书》南北七阁、一些民间藏书楼和近代图书馆仿效的对象,就是因为天一阁的规划理念完美体现了中国典籍文化的诸多特点,实现了人文与自然的有机结合,符合古代哲学思想体系。天一阁的建筑和园林把实用、保护、美观结合一处,大到园林规划、小到窗棂设计都体现出古代文人追求的理想和中国书籍文化的特点。要规划建立具有中国特点和民族风格的典籍博物馆,就必须把中国传统书籍文化研究透彻。增加图书馆文化元素和博物馆展示职能,让展品走进图书馆,走到读者身边,使读者在图书馆安静阅读中受到文化熏陶,感受精神生活的神圣庄严,也不失为典籍博物馆和图书馆结合的好形式。世界许多著名图书馆都十分注重图书馆区域的文化建设,有的图书馆建筑本身就是具有浓郁民族风格的文化殿堂,或是某种文化理念的表达,建筑周围布置著名作家和学者的雕塑,图书馆内通过雕塑、壁画、艺术作品、名人画像、非遗橱窗、书籍长廊、题词等展示民族文化精华、著名人物和书籍文化。阅览民族典籍珍品的善本阅览室往往被精心打造成艺术精品。如匈牙利国家图书馆位于奥匈帝国皇宫旧址内,建筑本身就是重要的文化遗产和精美的艺术殿堂。其中善本阅览室命名为金厅和银厅,雕梁画栋,金碧辉煌。阅览台和服务台都用珍贵木材精心雕作,堪称精美的艺术品。这种规划方式,可以使图书馆和博物馆融为一体,相互渗透,相互促进,是一种大文化理念的建设思路。

历史悠久、传统深厚的图书馆,应该在建设新馆同时,力求保留具备文化传承意义的图书馆旧建筑,因地制宜,建立典籍博物馆。如前面谈到的山东省图书馆所属大明湖暇园馆区,就是一组仿天一阁藏书楼的文化建筑,历史悠久,景色优美,特点鲜明,周围院内碑刻、假山、月池、读书亭等一应俱全。奎虚书藏既是图书馆,又是抗战胜利后山东国民政府接受日军投降处,空间宽阔,是非常理想的典籍博物馆馆舍,也是和民众生活贴近的图书馆文化服务场所,经过精心规划,将图书馆和博物馆职能有机结合,一定能够焕发异彩。浙江图书馆处于江浙深厚的历史文化积淀之上,拥有很多理想的典籍博物馆空间。如湖州刘承幹嘉业堂藏书楼,1956 年由刘家捐赠给浙江图书馆,目前还保存有大量藏书和刻板,就是一座完整的典籍博物馆。杭州小孤山浙江图书馆旧馆区,目前是浙江图书馆古籍部所在地,处在杭州西湖文化区域,拥有多所民国间图书馆标志性建筑,是保存最完整的近代图书馆馆舍。旧馆区旁边就是闻名遐迩的典藏《四库全书》的皇家藏书楼文澜阁。与北四阁不同的是,文澜阁旁边有一所为江南士子看书而建的读书楼,是典型的皇家图书馆。浙江图书馆新馆舍位于黄龙,是一座现代建筑,据说省政府还有意在杭州再建一所浙江图书馆新馆舍,以适应现代信息社会图书馆的新特点。综合来看,浙江图书馆拥有古代皇家图书馆、民间藏书楼、近代和现代图书馆标志性建筑,更拥有丰富的古籍特藏品、数十万片雕版专藏,以及淳化阁碑刻等文化遗产,加之西湖周边的人文景观,完全可以打造一个超大型博物馆概念,充分发扬自唐宋以来浙江的典籍文化特色,成为全国图书馆独一无二的文化重镇。

4.2　展陈设计

展陈设计是决定展览成败的重要因素。目前许多图书馆展陈珍贵典籍,有向博物馆展陈文物靠拢的趋势,选用安全系数较高的文物展柜和防红防紫灯具,还普遍使用电视、触摸屏和投影等多媒体设备,增加展览的表现力,这是向科学展陈迈出的可喜一步。

但应该指出的是,典籍展陈向文物展陈靠拢可能是个误区。以内容见长的典籍,面貌单一,不容易吸引人,其艺术表现力一般要弱于大多数文物展品。把典籍一册册地摆在柜子中,即使是珍贵善本,上面有色彩鲜艳的画作,也往往只能展示一页或两页,很容易使普通观众产生疲劳感,失去继续观赏的兴趣。所以典籍博物馆要想长期吸引读者,必须在展陈手段上下功夫。对于像中国典籍通史这样的大型展览,在展示珍贵典籍的同时,要伴有详细的、有声的说明,尽可能事先将全部展品数字化,制作成电子读物,辅助国宝档案之类的影视,一起提供给观众进行深度鉴赏。在展览中,还可以使读者亲自参与造纸、写板、刻板、刷印、传拓、修复、装订等项目,也可以通过电脑模拟从造纸到印刷的全过程,使观众通过几个按键,得到满意的纸张和印刷品,或现场发邮件给亲朋,增强展览的互动性、趣味性。对于巨型书籍,如文津阁《四库全书》之类的展品,要力求全面展示出来,营造典雅、庄重的气氛,增加读者对文化经典的尊敬。对于名家手稿等,应设计立体抽屉式展柜,让读者在一个空间欣赏诸多名家手迹,提高观众的满足感。对于某些故事性强、色彩鲜艳、可以全部打开的卷轴装典籍,要设法完整展现典籍全貌,并充分展示与之相关的文化。比如对于司马光《资治通鉴》残稿,因为上面既有《资治通鉴》校改文字,也有范纯仁写给司马光母亲的信,还有司马光起草的谢惠物状——所谓“三绝”，可以尝试用电脑在大屏幕上模拟，按前后顺序一行行将字表现出来，包括钤印的先后等，加之有声解说，使读者更深刻地认识这件国宝。笔者曾在英国国家图书馆看过一个展览，专门介绍印度神猴哈努曼的书籍，该书色彩十分鲜艳，展览不惜逐页介绍每个故事，同时展示与神猴哈奴曼有关的印度风俗、舞蹈影视，以及衣物、器具等实物，使人受益匪浅。中国国家图书馆曾经举办的“新疆历史文献暨古籍保护成果展”中，曾将馆藏最重要的北宋拓本柳公权书《神策军碑》的割裱本复制件复原成整碑，让人看到了《神策军碑》的磅礴气势和民族交往的重要史料，成为展览亮点。

当然，典籍博物馆还可以通过讲座、影视和礼品开发等手段加强典籍的社会教育推广，通过使观众亲身参与文献保护工作让他们了解典籍保护的重要性。典籍博物馆应力争创造书籍展陈的新形式，实现实物展陈、文献展陈和影视、数字化展示的有机结合，使典籍博物馆成为人人得以进行文化学习和文化享受的大课堂。

5　国家典籍博物馆的初步规划

在国家图书馆规划国家典籍博物馆，应该有整体设计理念。把国家图书馆整体作为国家典籍博物馆来看待，通过规划设计，在图书馆内阐释博物馆的理念和功能，以实现图书馆和博物馆的有机结合，助益图书馆业务，成为图书馆功能的新拓展。当前主要的任务是借助国家图书馆总馆南区维修改造工程，设立国家典籍博物馆专区；同时逐步把博物馆理念融入图书馆服务环境中，形成两者密不可分的关系；保留文津街馆区已有的典籍博物馆风貌，加以精细化设计，逐步把国家图书馆打造成为富有文化品位的国家典籍博物馆。

5.1　定位

国家典籍博物馆应是世界同类博物馆中面积较大、藏品较丰富、代表性展品多、能够全面系统反映中国书籍文化特点的博物馆，同时起到世界各国书籍文化交流展示中心的重要作用。国家典籍博物馆是国家图书馆的重要组成部分，是国家图书馆“传承文明、服务社会”宗旨的具体体现，是国家图书馆社会教育和典藏保护职能的新拓展。

5.2　服务对象

国家典籍博物馆将吸引广大图书馆读者、青少年、来自全国的社会公众和研究者前来参观，是广大民众特别是青少年接受文化教育的重要场所，使人们在享受图书馆借阅服务的同时，享受高品位的文化生活。典籍博物馆可以促进读者对书籍的喜爱和对书籍文化的自觉建设，提高公民的人文素养。

5.3　典籍博物馆专区

2012 年初，国家典籍博物馆筹备小组在国家图书馆成立，结合国家图书馆总馆南区维修改造工程，正式启动国家典籍博物馆筹备工作。筹备小组经反复讨论，提出国家典籍博物馆初步规划，经过专家多次论证和馆领导讨论，最终确定总馆南区以文津厅为中心、面东共四层楼1.2万平方米区域为国家典籍博物馆专区，展厅面积达到8000平方米。由于1987年建设的国家图书馆总馆南区大楼荣膺80年代十大建筑之首，也是80年代最具代表性的图书馆建筑，工程采用“整旧如旧”原则，对楼道、庭院等基本布局保持原貌，不加变动，只在房间封闭和设备设施上，按照博物馆建设规范进行改造。

国家典籍博物馆依托国家图书馆3000万册件宏富馆藏，特别是其中240万册件珍贵善本特藏，拟全面展示中国书籍的发展历程；展示中国四大发明，特别是造纸术和印刷术对书籍文明发展的重要作用；展示甲骨、简帛、敦煌遗书、历代汉文和少数民族古籍、名家手稿、金石碑帖、舆图文书等国家珍贵典籍文献；展示国内外独具特色的典籍文化；展示中国现当代著名作家、书画家和非遗传承人创作的经典作品；展示中国记忆项目的成果。

5.3.1　中国典籍通史展区

国家典籍博物馆的常设展览是中国典籍通史展，目前规划在4楼平层，四个大型展室合为一个展览。展览拟通过书籍、实物和现代化手段全面展示中华民族光辉灿烂的典籍文化和对典籍文化做出重要贡献的历史人物，展示中国书籍从古到今的发展历程。展览将实现中华各民族文化典籍的综合展出，从而凸显各民族历史上的交流融合和对中华文明所做出的卓越贡献。

中国典籍通史将立足于世界，通过对比，揭示人类书籍文化发展的成就和我国书籍文化在世界上所处的地位。如文字的产生，将展示馆藏甲骨和青铜铭文拓片，特别注重展示甲骨文和钟鼎文的系统性、成熟性，与现代文字的继承关系和与世界上其他古老文字的比较，反映我国文字在世界文明史上所处的重要地位。

展览拟全面展示在民族历史上做出巨大贡献的重要著作家、文献整理家和收藏家，展示中国历史上具有代表性的书籍著作的重要版本和写印本系统，展示中国历史上重要的文化典籍纂修工程。展览将汉民族和各少数民族在历史上创造的文化典籍按时代或专题展出，特别彰显各民族文化的交流融合和各民族对中华文明发展所做出的贡献。

展览拟系统展示我国书籍材料和装帧形式的变化，古代中国人曾使用龟甲、兽骨、青铜、石料、竹木、砖瓦、缣帛、纸张等镌刻、铸造、书写、拓印、雕印、摆印文字。展览将通过再现方式展示重要材质书籍的制作、写印过程，展示从先秦到现代书籍的各种装帧形式和特点，因为有大量的实物资料，特别是国家图书馆保存的书籍纸张，从公元417年起，几乎涵盖了每个时代、每个地域，保证展览的系统性和全面性。展览特别展示不同民族造纸选料和抄造技术的不同特点，展示雕版印刷术和活字印刷术的技艺和遗存，展示科技发明对中国书籍发展所起的重要作用。

展览还将展示不同时代、不同地域的典籍制度，展示从写本时代到印本时代书籍制度的差别和继承关系，揭示书籍文化发展的时代和地域特点。

5.3.2　“四大专藏”展区

国家典籍博物馆以国家图书馆“四大专藏”为核心展区，目前规划在以文津厅为中心的二层到四层纵向展厅，与四层的中华典籍通史展区形成“T”字形，相互补充衔接。集中展示敦煌遗书、《赵城金藏》、《永乐大典》和文津阁《四库全书》这四部在中国书籍历史上重要的、经历坎坷的、与中华民族命运紧密相连的珍贵典籍。对这些典籍的集中展示，可以激发民族自豪感、自信心，增强公众保护、传承祖国珍贵文化遗产的意识。

其中，清文津阁《四库全书》128 架 6144 函拟规划放置于国家典籍博物馆中心展厅，让观众能看到这部中国最大丛书的整体面貌。围绕这部珍贵典籍，系统介绍四库纂修史、文献辑佚史、重要编纂人物、四库体系、四库在编修过程中的得失、四库文化和相关保护等。

敦煌遗书、《赵城金藏》和《永乐大典》布置展室择要展出，不追求整体表现。这四部重要典籍是从 5 世纪至 18 世纪中国典籍发展变化的缩影，装帧和版本颇具代表性，其聚散历史颇具传奇性，也是国家民族命运的缩影，是典籍文化的突出例证。对"四大专藏"纂修流散历史和文化进行全面介绍和展示，可以给观众留下深刻印象，增强守望文化典籍的责任感。

5.3.3　馆藏珍贵文献展区

国家典籍博物馆拟设立汉文和少数民族古籍善本、名家手稿、碑帖拓本和舆地图等珍贵文献展示区，目前规划在二层，作为"四大专藏"展区的补充，通过各类珍籍，揭示诸子百家的博大精深、历史著述的厚重辉煌、地方文献的丰富多彩、科学技术的巨大成就、文学艺术的光辉灿烂和非物质文化遗产在书籍中的凝固图画。通过金石拓本展示"勒之金石、传之久远"的重要历史，通过舆图展示中国疆域的历史变迁和中华民族与世界的交往，通过外文善本展示中国与世界的文化交流。这些琳琅满目的珍贵典籍文献，相信能带给读者极大的精神享受。

5.3.4　名家藏书室展区

国家所藏珍贵典籍，与众多藏书家和众多爱国人士的无偿捐赠是分不开的。曾经担任京师图书馆（国家图书馆前身）馆长的梁启超先生，在任期间不但以只身之力维持馆务，而且在退职后还呼吁创设寄存制度，号召藏书家将书籍寄存公立图书馆，供大众阅览。梁先生以身作则，将自己所藏全部图书连同家具永久寄存京师图书馆。周叔弢先生和傅增湘先生是京津地区藏书大家，他们先后向国家无偿捐赠了最珍贵的宋元版藏书和《永乐大典》。郑振铎先生在生前不但为抢救民族文化典籍奔走，为国家图书馆建设努力，他因飞机失事牺牲后，夫人高君箴根据他的遗嘱将全部十万册藏书无偿捐赠北京图书馆（今国家图书馆）。从他们的行动中，充分体现出中国学者和藏书家们为保护民族珍贵典籍呕心沥血、公而忘私的高尚情操，这种精神值得现代人、特别是青少年学习。国家典籍博物馆拟根据场地具体情况，适时安排专题展览，或从学者和藏书家中选择恢复个别的藏书室，彰显他们对祖国文化发展所做出的巨大贡献和爱国、无私的高尚情操。

5.3.5　专题文献展区

国家典籍博物馆计划设立专题文献展区，如中华典籍展区、世界典籍展区和中国记忆展区等。其中，拟在国家典籍博物馆开幕式上举办中华珍贵典籍特展，汇集入选《国家珍贵古籍名录》中的珍贵典籍到国家典籍博物馆参展，也拟举办世界珍贵典籍特展，邀请部分国外著名图书馆提供展品，来京举办特展，向中国读者展示世界重要文化典籍和名家手稿。国家典籍博物馆还计划创设一个中国记忆展区，结合正在开展中的中国记忆项目，举办重要人物、重大事件、重要专题、地方记忆、非遗技艺、艺术作品等系列成果展览。国家典籍博物馆将以此为平台，引进全国乃至世界各国的特色珍贵馆藏和书籍文化，使国家典籍博物馆成为一座架设在世界文化上的桥梁，促进世界范围内的文化交流，提高公民文化素质和文化生活品质。

以上探讨了典籍博物馆与图书馆深厚的历史渊源，以及典籍博物馆在汇聚典籍精品、服务社会大众、提升图书馆精神价值方面的重要意义。对典籍博物馆的规划建设，需秉持因地制宜、继承传统、发挥专长、办出特色的原则，希望典籍博物馆无论是实体还是一种发展理念，能够成为现代图书馆发展的有机组成部分。

参考文献

[1] 李学勤. 尚书正义[M]. 北京:北京大学出版社,1999:426.

[2] 辞海编辑委员会. 辞海[M]. 6 版. 上海:上海辞书出版社,2009:452 - 453.

[3] 李学勤. 春秋左传注疏[M]. 北京:北京大学出版社,1999:1344.

[4][5] 汪东波. 公共图书馆概论[M]. 北京:国家图书馆出版社,2012:7.

[6] 陈燮君. 博物馆——守望精神家园[N]. 人民政协报,2009 - 09 - 14.

[7][8] 钱存训. 回顾集[M]. 南宁:广西师范大学出版社,2012.

[9] 荣新江. 中华古籍特藏保护展览随想[G]//国家图书馆. 文明的守望:古籍保护的历史与探索. 北京图书馆出版社,2006:4.

[10] 徐忠文. 走出博物馆免费开放后的迷茫[N]. 中国文物报,2009 - 02 - 20.

[11] 曹静,黄玮. 世界文明的高处相逢[N]. 解放日报,2008 - 03 - 19.

[12] 单霁翔. 关于新时期博物馆功能与职能的思考[J]. 中国博物馆,2009(4):6.

[13] 楼家军,徐爱萍. 试论休闲时代发展阶段及特点[J]. 旅游科学,2009(2):61 - 66.

[14] 唐晶,辛璐,马新蕾. 图书馆与博物馆公共休闲服务合作初探[J]. 图书与情报,2012(4).

[15] 吴慰慈,董焱. 图书馆学概论[M]. 修订本. 北京:北京图书馆出版社,2002.

[16] 中国共产党第十七届中央委员会第六次全体会议公报[EB/OL]. [2012 - 10 - 01]. http://www.gov.cn/jrzg/2011-10/18/content_1972749.htm.

（原载于《中国图书馆学报》2012 年第 6 期）

美国图书馆基金会的发展及其启示

李 丹

在美国图书馆事业发展中,各类型图书馆基金会①发挥了积极作用,它们一方面为图书馆广泛募集资金以填补公共财政支持的不足,另一方面也通过类型多样的宣传推广活动扩大了图书馆的社会影响。美国图书馆基金会在运作和管理方面积累了丰富的实践经验,对我国在图书馆事业发展中吸纳社会资金参与有重要的借鉴意义。

1 美国图书馆基金会概况

美国图书馆界倡导广泛地建立各类型基金会,以更规范、更安全地募集和使用社会资金来支持图书馆的各项活动。根据美国基金会中心[1]的统计数据,截至2011年10月,美国至少②已有255个与图书馆直接相关的基金会组织,这些基金会组织分布在全美45个州。其中,罗得岛州拥有图书馆相关基金会组织数量最多,达28个;纽约州和宾夕法尼亚州紧随其后,分别为23个。尚未登记相关基金会组织的州包括:阿拉斯加州、阿肯色州、蒙大拿州、内华达州、新墨西哥州和南卡罗来纳州。根据美国商务部经济分析局2011年6月发布的初步估算数据,这些州2010年的国民生产总值(GDP)均在全美各州排名的前25名以外[2]。

作为非营利性的免税机构,美国大部分基金会组织均在联邦税务局登记备案,在该局登记的图书馆基金会主要有三种类型:独立型基金会(independent foundation)、运作型基金会(operating foundation)和公共慈善机构(public charity),其数量分别为158个(62.0%)、45个(17.6%)和52个(20.4%)。其中,独立型基金会和运作型基金会属于私营基金会(private foundation)性质,相当于中国的非公募基金会,通常由财力雄厚的个人、公司或团体出资运作,而公共慈善机构则相当于中国的公募基金会,面向社会公众募集资金,汇涓流以成大海,用以支持相关图书馆的发展。

此外,在美国的图书馆基金会组织中,有一类以"图书馆之友"为名成立的特殊机构,如科罗拉多有声读物图书馆之友、麦迪逊公共图书馆之友等。这类机构与一般的图书馆基金

① 本文所指"图书馆基金会",仅指由图书馆或与图书馆相关的团体或个人发起成立并以图书馆为其主要或唯一服务对象的基金会组织,以图书馆作为其众多服务对象之一的综合性基金会组织不在此列。

② 根据笔者的调查了解,并不是所有的图书馆基金会都已经在美国基金会中心进行了登记,因此该中心统计数据仅作参考。

会不同，通常由经常利用图书馆的读者、离职的专业馆员以及图书馆委员会的卸任人员等热心人士组成，在常规的募款工作以外，往往还在图书馆开展的各类业务和服务活动中提供人力支援，同时，它们还经常代表民众向图书馆提出意见或建议，督促图书馆实现其应尽的社会义务并帮助其提高服务水平。

美国各类型图书馆行业组织在图书馆基金会的业务指导和监督管理方面发挥了重要作用。以美国图书馆协会为例，为支持美国各州及地方性的“图书馆之友”组织的发展，1979年，该协会下属的图书馆行政管理协会组织成立了一个全国性的“图书馆之友”组织，全名为“美国图书馆之友”，简称 FOLUSA。1999 年，该组织更名为“图书馆受托人、拥护者、友邻及基金会联盟”，简称 ALTAFF[3]，其主要职责是为“图书馆之友”或图书馆基金会等机构的成立提供必要的指导并为其改进管理、提升效率提供信息支持，它长期为美国各大小“图书馆之友”组织举办研习会、讲座、展览、比赛等活动，为其提供改进图书馆管理的最新理念和信息，确保图书馆受托人更好地为图书馆的公益性目标服务。同时，该组织也致力于向公众宣传各类型“图书馆之友”和基金会的目标宗旨及其开展的各类型活动，以争取和鼓励更多的公民广泛参与其中。值得注意的是，美国一些图书馆行业协会也在政府部门登记注册为公共慈善机构类基金会组织，面向大众募集善款开展相关的图书馆公益活动，如美国图书馆协会、美国医学图书馆协会、纽约图书馆协会、哥伦比亚地区图书馆协会、波士顿公共图书馆协会和图书馆与信息资源理事会（CLIR）等。

2 美国图书馆基金会的经费募集

根据美国基金会中心的统计，截至目前，全美 255 个图书馆相关基金会中，总资产超过 100 万美元的已有 73 个，超过 1000 万美元的有 16 个，而最富有的纽约公共图书馆阿斯特、雷诺克斯与蒂尔登基金会（The New York Public Library, Astor, Lenox and Tilden Foundations），其总资产已超过 10 亿美元。

从一定意义上来说，各类基金会最为主要的工作之一就是尽可能筹集更多的资金来支持相关的图书馆活动，其努力的方向主要包括两个方面：一是通过各种形式的宣传推广活动，增强公众对基金会的信任与认同；二是在法律许可范围内开展各种投资活动，以获得稳定可持续的增值收入。

2.1 基金会的宣传

公共慈善机构类的基金会，其基金主要来源于个人、公司或社会团体的捐赠，为了获得潜在出资人的信任，这类型基金会除了按照法律规定按期出版年度财务报告，提交非营利法人年度报表以外，往往还通过编发各类型出版物和建设基金会网站等方式主动地公开更多的信息以扩大影响。

美国很多图书馆基金会都有定期或不定期编发“简报”“通讯”等出版物的传统，通过这种方式，一方面保持与基金会的支持者们的联系，对其提供的支持和帮助给予鼓励和表彰；

另一方面则使公众对基金会的了解更加全面、深入，从而逐步建立起可持续的信任关系。以加利福尼亚州图书馆基金会为例，早在1982年该基金会成立之初，其首任理事长Gary E. Strong就倡导创办了基金会的简报——《加利福尼亚州图书馆基金会简报》，至2011年，该简报已编发100期[4]。在基金会网站建立以前，该简报发送范围主要包括基金会内部成员、加利福尼亚州当地各类型图书馆以及相关的潜在兴趣团体。简报内容除了对基金会自身的运作情况定期进行梳理总结并答谢社会各界捐助以外，也对加利福尼亚州图书馆的各类型馆藏珍品及其开展的各种活动进行跟踪报道，以提升公众对图书馆事业的认知和兴趣。1997年，该简报第72期编发之际，借助于数字技术的发展，已开始以PDF格式制作电子版本和在线版本，其影响力大大提升，据该刊现任主编Gary F. Kurutz称，在发行电子版和网络版以后，有许多人通过Google搜索到刊物并被其内容所吸引到图书馆来，其中不少人因此做出为图书馆提供资助的决定[5]。

通过网站进行基金会相关工作宣传是在20世纪90年代中期以后逐步兴起的。根据美国基金会中心公布的信息，目前美国52个公共慈善机构类的图书馆相关基金会中，至少有31个(59.6%)通过在相关机构网站发布网页或自建网站开展宣传活动。通过这些网页/网站，公众可以全面了解这些基金会的历史渊源、目标愿景、组织机构、成员名单以及联系方式，特别是基金会的募款政策和主要资助方向以及最近正在开展的各种项目活动等。一些基金会还提供在线的捐资渠道，并支持包括信用卡在内的多种支付方式。

2.2 基金会的投资

在美国，基金会除了从事慈善活动外，还会进行一些投资，如购买共同基金、股票、债券，开设书店或创意礼品商店以及举办符合自己宗旨的服务项目等，以保证资金的保值和增值。基金会基金的增值收入和经营项目收入根据相关法律免收所得税。

美国的图书馆基金会大多也有相应的投资政策。以普林斯顿公共图书馆基金会[6]为例，该基金会捐赠款项的管理和投资活动由一个专设的投资委员会管理。委员会的主席由基金会的财务主管兼任，其他成员由基金会的理事会指定，原则上不能同时是理事会成员。图书馆董事会主席是该委员会的当然成员，必要时也可指派专人代其参与。基金会制定有专门的投资政策指南，并定期对其进行审查修订。2008年最新修订的指南[7]中，除了规定投资委员会的设置和管理事项以外，还明确规定了基金会投资收益的预算办法、投资组合决策方式以及投资收益的评估与审计等问题。

根据该政策指南，基金会每年根据其前三年的平均资产及收益情况，从总资产中留出2.5%到5%的资金用于保障对图书馆的必要运营资助，其他资金则可用于购买股票型基金、定息债券和现金等价物等投资产品。在指南限定的范围内，投资委员会有权决定各类型投资产品的组合购买比例。其中，股票是基金会投资的主要方向，为了确保投资安全，指南还规定，购买的股票必须是在美国证券市场上公开交易的品种，私人配售基金、各类型限制股票都不在基金会的投资范围之内，单只股票的购买份额不能超过基金会总投资额度的5%；另外，指南还禁止基金会进行期货和金融衍生品等的交易活动。基金会投资收益采用定标比超方法进行评估，其中，股票投资收益率与标准普尔500种股份指数进行比对，定息债券投资收益率与雷曼兄弟中级政府/企业指数进行比对。指南要求,基金会的理事会至少每年一次对基金会受赠资金的运营情况进行审查,并对基金会的投资政策进行评估。必要时,经理事会成员过半多数投票同意,可对投资政策进行调整。投资委员会每三个月须向基金会报告一次财务信息,基金会理事会则于每财年末向图书馆董事会提交年度报告,此外,基金会还与知名会计审计公司签约,由其负责基金会的年度审计工作。

3 美国图书馆基金会的项目资助活动

不论是面向团体或个人募集资金,还是通过自身投资获得收益,各类型图书馆基金会的最终目的都在于弥补公共财政对图书馆事业投入的不足,或是引导和鼓励图书馆在公共财政支持开展的图书馆一般建设与服务活动的基础上,积极探索和开拓新的发展空间。

美国的图书馆基金会围绕自身职能开展的项目资助,通常包括两种情况。一种是利用基金会所筹资金自行运作慈善项目,其资助对象通常为基金会所直接依附的图书馆或图书馆系统,如拉辛公共图书馆基金会将其募得资金主要用于改善和拓展本地区中心图书馆服务、移动图书馆服务、图书快递上门服务以及其他延伸服务[8];阿拉莫戈多公共图书馆基金会的募得资金主要用于本馆图书馆设施设备的修缮与维护[9];弗吉尼亚图书馆基金会致力于提升本地区居民的历史文化素质并为相关的阅读、写作、艺术展览和文化出版活动提供资助[10];西雅图公共图书馆基金会主要支持该馆购买文献资源和免费开展学前儿童信息教育、中小学生作业辅导、知名学者或作家的讲演等活动[11]等。另一种则是通过公开招标或购买服务等方式实施公益服务,基金会在相关跟踪研究的基础上,确定和发布一段时期内的重点资助领域和方向等信息,相关图书馆、图书馆系统或图书馆领域教学科研人员均可根据这些信息提出资助申请,通过基金会规定的程序成为其资助对象。采取这种资助方式的,一般是区域性或行业性的图书馆基金会组织,如美国图书馆和信息资源委员会(CLIR)[12]向数字图书馆、长期保存、信息资源的经济价值、信息利用趋势、国际发展趋势和图书馆功能定位的变化等领域的研究工作提供支持等。

4 小结

目前,国内外关于图书馆设立基金会统一管理捐赠资金的重要性已逐渐形成共识。美国华盛顿州伊萨夸市金恩县图书馆系统基金会执行理事珍妮·托尔森曾指出,作为捐赠方和受赠图书馆之间公平高效的中介平台,基金会更容易受到社会公众的信任,它一方面帮助图书馆更加高效地募集社会资金,另一方面也帮助社会捐赠者更加规范地管理和监督资金的使用,从而在基金会、捐赠者和受赠图书馆之间形成一个三赢(win-win-win)的格局[13]。珍妮特等人在讨论图书馆的经费筹措问题时也曾指出,图书馆自设基金会能够帮助图书馆实现财务工作的相对独立,并确保相关经费能够按计划投入指定项目活动[14],这些都是提升社会各界对图书馆的信任，从而增加对图书馆的资助的重要因素。

我国诸多学者也先后从不同角度对建立图书馆基金会的重要意义进行了阐释，其中以黑龙江省图书馆张铁的总结较为系统，包括“合法地接受社会各界的捐赠”“确保对社会捐赠的善款实行有效管理”“整合社会力量办馆资源”“唤起全社会关注”等[15]。

2003 年，中国第一家图书馆基金会①在杭州成立，则进一步将多年的理论探讨付诸了实践，《中国图书馆学报》2012 年第 1 期刊登的北京大学信息管理系教授刘兹恒等人的调研文章，是目前可见的关于该基金会最为完整系统的介绍和评述[16]。除此之外，中国图书馆学会作为我国影响范围最广的图书馆行业组织，也已经在相关领域进行了初步的尝试。该组织除通过收取会员会费、合法开展业务活动等方式获取经费[17]以外，还利用其经营和受赠收益，建立了“中国图书馆学会专项资金”，并根据《中国图书馆学会专项资金管理办法（试行）》[18]中规定的程序，为国内图书馆领域的学术交流、编译出版、阅读推广、组织建设和教育培训等活动提供资助，其组织开展的“志愿者行动——基层图书馆馆长培训”“图书馆在行动——赈灾重建”等公益活动，也得到了国内外图书馆界的广泛好评。从以上情形而论，该组织具备本文所称“图书馆基金会”的性质，也与美国图书馆协会、美国图书馆与信息委员会等组织有类似之处。

但是总体来说，我国图书馆对于自设基金会还缺乏成熟的经验和广泛的实践。根据从中国基金会中心[19]获取的信息，迄今为止，我国（不包括台湾）正式注册的与图书馆直接相关的基金会组织仍然仅有杭州市图书馆基金会一家。

因此，本文认为，有必要鼓励我国各类型图书馆在借鉴美国等发达国家经验的基础上，逐步建立起各自相对独立的图书馆基金会组织，对图书馆接受各类型社会捐赠进行统一和规范化的管理。同时，也可以考虑在更加宏观系统的层面，充分发挥各类型图书馆行业组织作用，建立国家或区域性的图书馆事业发展基金，根据国家或地区的图书馆事业发展整体规划，有针对性地开展经费募集和项目资助活动。

参考文献

[1] Foundation Centre[EB/OL]. [2011-10-16]. http://foundation-center.org/.

[2] Economic recovery widesperad across states IN 2010: Advance 2010 and Revised 2007-2009 GDP-by-State Statistics[R/OL]. [2012-01-18]. http://www.bea.gov/newsreleases/regional/gdp_state/2011/pdf/gsp0611.pdf.

[3] Association of library trustees, advocates, friends and foundations[EB/OL]. [2012-01-18]. http://www.ala.org/altaff/.

[4] The 100th issue of the California State Library Foundation Bulletin[EB/OL]. [2012-01-18]. http://www.cslfdn.org/pdf/Bulletin100.pdf.

---

① 杭州市图书馆基金会作为“中国第一家图书馆基金会”，是近年来图书馆界所共持的观点。但是据笔者调查，可能并非最早。广东省梅州市兴宁县曾于 1989 年 10 月成立过一个“兴宁县图书馆事业发展基金会”，并订立了基金会章程，受到兴宁县委县政府的支持和赞许。详见：邹新茂. 兴宁县图书馆“图书馆事业发展基金会”取得出初步成效[J]. 图书馆论坛，1990(3).

[5] KURUTZ G F. On reaching one hundred:A short history of the California State Library Foundation Bulletin[J/OL]. the California State Library Foundation Bulletin, Iss. 100[2012 - 01 - 18]. http://www.cslfdn.org/pdf/Bulletin100.pdf.

[6] The Princeton Public Library Foundation [EB/OL]. [2012 - 01 - 18]. http://foundation.princetonlibrary.org/.

[7] Princeton Public Library Foundation Investment Policy and Guidelines[EB/OL][2012 - 01 - 18]. http://foundation.princetonlibrary.org/files/StatementAmended11-10-08.pdf.

[8] The Racine Public Library Foundation[EB/OL].[2012 - 01 - 21]. http://www.rplfd.org/wordpress/.

[9] Why Give To The Alamogordo Public Library Foundation? [EB/OL].[2012 - 01 - 21]. http://www.apl-foundation.org/overview.php.

[10] The Library of Virginia Foundation[EB/OL].[2012 - 01 - 21]. http://www.lva.virginia.gov/involved/about.asp.

[11] The Seattle Public Library Foundation. Support your library[EB/OL].[2012 - 01 - 21]. http://foundation.spl.org/.

[12] Council of Library and Information Resources[EB/OL].[2012 - 01 - 18]. http://www.clir.org/.

[13] THORSEN J. Establishing a library foundation:planning, persistence, patience, progress[R/OL].[2012 - 01 - 18]. http://www.folusa.org/sharing/establishing-a-library-foundation.pdf.

[14] POTTS J C, ROPER V P. Sponsorship and fundraising in public libraries:American and British perceptions [J]. New Library World, 1995, 96(1118).

[15] 张铁. 对设立“农村图书馆发展基金会”的思考[J]. 新世纪图书馆,2011(1):91 - 93.

[16] 刘兹恒,严越君. 对我国本土图书馆基金会的探索——杭州市图书馆基金会调查报告[J]. 中国图书馆学报,2012(1):21 - 24.

[17] 中国图书馆学会. 中国图书馆学会章程[EB/OL].[2012 - 01 - 21]. http://www.lsc.org.cn/CN/News/2009-12/EnableSite_Read-News102041151261670400.html.

[18] 中国图书馆学会. 中国图书馆学会专项资金管理办法(试行)[EB/OL].[2012 - 01 - 21]. http://www.lsc.org.cn/Attachment/Doc/1169793931.doc.

[19] 基金会中心网[EB/OL].[2012 - 01 - 19]. http://www.founda-tioncenter.org.cn/finder_xin.html? action = index.

(原载于《图书馆杂志》2012 年第 12 期)

论图书馆学论文写作的学术规范

支　娟

1　引言

孟子曰："不以规矩，不能成方圆"，"不以六律，不能正五音"。同样，学术研究有规范才能健康发展，为学术交流营造良好的学术环境，没有规范的保驾护航，则容易走入歧途，与追求真理的初衷渐行渐远。因此，学术规范是学术研究永恒的话题，是学术研究的根本，不容有一丝一毫的放松。图书馆学情报学界对于学术研究规范的关注主要集中在2005年左右，《图书与情报》期刊2005—2006年推出"专题研究"，聚集近20篇文章，从期刊和作者角度、写作格式和道德规范层面共同探讨学术研究中的规范问题。南京大学叶继元教授的《学术规范通论》专著也于2005年出版面世。期刊与著作共鸣，掀起图情界学术规范研究的一阵小高潮。但是，似乎从那之后学术规范问题研究开始有所冷却。

但是近几年来，学术不端现象似乎愈演愈烈，高校学者造假事件时见报端[1]。学术规范、学术道德、学术风气的净化问题再次成为舆论关注的焦点。为反对不良学风，有效遏制学术不端行为，营造风清气正的育人环境和求真务实的学术氛围。2012年3月14日，教育部发布《教育部关于切实加强和改进高等学校学风建设的实施意见》，从充分认识高校学风建设的重要性和紧迫性、坚持标本兼治综合治理的原则、构建学风建设工作体系、强化高校的主体责任、建立学术规范教育制度、加强教师的科研诚信教育、切实改进评价考核导向、发挥专家咨询委员会和学术委员会的作用、加强科学研究的过程管理、强化全方位监督和约束、规范学术不端行为调查程序、建立定期检查制度等12个方面规范学术研究[2]。文件的发布主要面向各省、自治区、直辖市教育厅（教委），有关部门（单位）教育司（局），部属各高等学校。首次以部委文件的高度规范学术研究的过程和程序监控。

教育机构作为科研创作的源头机构从严要求、严格监控，学术期刊作为学术科研的交流平台，在学术论文的发表环节从学术规范的具体层面认真审查，二者相互配合，从源头到出口共同控制，让学术研究的规范化更具有操作性。笔者在期刊编辑过程中发现论文写作中的问题多集中于以下方面：或是选题立意不切实际，论述重复而空洞；或是论证乏力，难以信服；或是结构不清晰，表述不通畅，缺乏逻辑；由此而导致文章无法达到发表要求。"三言二拍"也正是基于此而提出的论文写作规范的一些思考。言之有物、言之有理、言之有序，可以说是一篇学术论文内容撰写需符合的最为基本的规范，而学科和事业发展的节拍，经济、政治、文化、技术所构造的社会环境，则是图书馆学这门应用性学科赖以生存的土壤，学科研究无法脱离,需要紧紧跟随。

2 “三言”

“三言”是针对图书馆学学术论文的内容而言。言之有物、言之有理、言之有序,三者缺一不可。

2.1 言之有物

言之有物,即文章或讲话内容具体而充实,不空洞。现实生活中,夸夸其谈的人惹人厌恶,空话连篇的演讲让人昏昏欲睡。同样,学术论文的写作中,最为忌讳的也是苍白空洞的堆砌。图书馆学本身是一门实践性很强的学科,学术论文是专业性的写作,其选题和论述应该是立足图书馆事业和图书馆学科,发现问题,总结分析,解决问题。正如刘兹恒教授所言,图书馆学研究者的社会责任,就是要推动图书馆事业不断发展和图书馆学研究不断进步[3],而不是单纯的无意义的重复他人,也不是个人主观的臆断,更不是漫无目的天马行空的玄想。

近年来,图书馆学论文中的“现状、问题、建议”式的八股文处处可见。作为应用性极强的社会科学,图书馆学和图书馆事业需要找问题,有问题才能有突破,才能有所发展,但问题必须有实实在在的资料和现实数据作为依据。同样,学科研究和事业发展也欢迎提建议,更加鼓励提建议,但是必须要保证所提的建议有理有据,切实可行,可资借鉴。否则,只能说是为文而文的一厢情愿。

图书馆业务和事业发展过程中面临的问题很多,需要我们创新、求真、务实的方向也有很多。生活是我们最好的老师,工作是我们写作最真实的素材,图书馆员作为图书馆工作人员,每时每刻都在从事图书馆的业务工作,图书馆采选、分类编目、流通、阅览、读者服务、参考咨询等,亲身实践、切身体会给我们带来的丰富经验、教训和启发都是我们开展学术研究的丰富素材,但是坚决要避免仅局限于本馆的本职工作,不考虑实践结论的代表性、通用性、可借鉴性,往往难逃“坐井观天”之嫌。例如:图书馆学学术论文中这类以某馆为例的文章不少,以具体的图书馆为例,可以具有更强的现实说服力,“现身说法”可以增强实证性,但是这类论文在论述过程中往往会局限于本馆,仅仅停留于自身具体工作的介绍,并未发挥它真正的价值。因此,实践性的研究只有立足于现状,站在整个行业的高度,或者一个比较大的层面,考虑到对别人的借鉴作用,进而推动图书馆事业的发展,才能真正体现来源于实践并应用于实践的科研真谛。

理论层面也有诸多我们可以发挥的领域。首先,学科领域内前人的研究成果是诸多实践的积累和智慧的结晶,借由这些研究成果和历史资料,我们可以从中梳理图书馆事业发展脉络,厘清图书馆学研究的历史演变。一方面从中挖掘新的史料出来,填补历史的一些空白,提供给他人更多的历史信息,比如,“北平私立木斋图书馆藏书聚散及价值”“钱亚新先生索引思想研究”“顾子刚生平及捐献古籍文献事迹考”等选题。另一方面可以对部分史料从新的角度进行思考，开展更为深入的探讨和研究，提供给今人新的启发，对今天的事业和理论研究有所借鉴和启示，比如“清末和民国时期图书馆人事制度考略——民国图书馆相关法规研究”。其次，论文也可以介绍国外相关行业和学科领域的最新发展动向或理论研究状况，拓展国内学科研究的视野，对国内图书馆事业发展有所启迪，如“多元理念与美国公共图书馆多元文化服务——美国公共图书馆馆员访谈解析”“英国公共图书馆法律规范体系”“英国公共图书馆服务标准调整及其启示”。再次，理论研究可以引入其他学科的一些方法，或者理论剖析图书馆事业发展中的相关问题，启发图书馆界的思考，在图书馆学术论文中此方面的选题也是较为频繁出现的，如“论图书馆本质的哲学解构与建构”“西方话语的困惑和中国先贤的智慧：图书馆哲学新论”“管理心理学在图书馆中的应用——兼谈图书馆员工的心理调适”，以及计算机领域web2.0、云计算概念在图书馆的应用研究。但是此类研究需要避免的最大问题是生搬硬套，无视图书馆的学科特点和图书馆事业的特殊性，不假思索的套用。因此，我们所开展的图书馆学理论研究，必须要紧紧围绕图书馆学科发展、学科研究和事业发展中的实际问题，绝不能是漫无方向的空论。

综上，也许有人会由此认为我们排斥理论思辨，并非如此，理论思辨只是观点论述的一种方式，并不是内容上的空洞，优秀的理论思辨是针对具体问题具体观点的纯思维性的考证论证过程，可以给我们带来很多理论上的火花，拓展我们的思维和视野，对实际工作有所启示，这种思辨往往是建立在深厚的理论功底的基础上的，而并不是无的放矢空对空的思辨。在图书馆学研究过程中，研究者必须以实事求是的科学态度，在研究的各个环节上保证其具有客观性，特别是不能把仅凭自己感觉到的东西作为研究的论据，要尽可能减少甚至杜绝个人的主观偏见对图书馆学研究产生的影响[4]。

2.2 言之有理

言之有理，是指文章的论述有理有据，而非自说自话、自圆其说。论文写作言之有理，要做到论据充分，论证科学。两者紧密结合，相辅相成，文章才能最终实现言之有理，让人信服。

2.2.1 论据充分

学术论文的论点要让人信服，需要有充分的论据作为支撑。图书馆学学术论文所使用到的论据主要分为事实论据和理论依据。图书馆业务实践中的具体事例、统计数据以及历史文献资料都属于事实论据的范畴。而名人名言、导师先贤的权威观点、一些科学的规律和定律以及社会学科或者本学科的一些大家公认正确的论点，都可以作为理论依据。论据充分要求论据真实、典型、标引规范。

首先，要保证论据的真实性。作者采用的事例、数据、图片等材料真实、全面且可靠，绝不能为了达到某种目的而伪造试验数据或研究结果。以道理为依据，则要保证所使用的道理是正确的、公认的一些观点、规律或准则。引用先贤或者他人的观点必须要持科学严谨的态度，不可错漏，断章取义。例如，对于文献统计和问卷调查的数据，作者获取数据过程的科学性是论据真实客观的保证，文献检索的数据库是否权威、检索时间是否合适、检索方法是否科学，问卷调查选取样本的数量、特征、范围，最终有效样本的数量和特征，样本数据的真实性，都是论据是否客观充分的关键影响因素。

其次，论据要典型。我们在论述过程中要选择最贴合论点的，最有说服力的论据。例如，要论述国内图书馆编目中存在的问题，仅仅以某一小规模的“学院图书馆”或者“公共图书馆”为例，就存在以偏概全，以局部代替整体的问题，这种选题下，更好的选择是寻找多个图书馆（或高校图书馆群体，或公共图书馆群体），进行共性问题的阐释，才能让人信服。而如果要论述某一创新技术或者理念的应用，则图书馆业界一些领先大馆的做法，或者已经证明取得一定的实际应用效果的实例更加容易让人信服。

再次，论据要标明准确来源。这些论据是否客观真实，最能体现作者在写作过程中是否遵守学术规范和学术道德。我们理应做到，无论是直接引用还是间接引用，所有论据严格注明出处，不虚引造假，不张冠李戴。对于调研的数据，要准确表明其来源渠道和具体的获取时间，对于引用他人的资料或者观点，要严格按照《文后参考文献著录规则》（GBT 7714—2005）的规定，分类型规范著录，以方便读者可以按图索骥进行查证，同时也增加文章论据的信服力。

2.2.2　论证科学

论证是联系论据和论点的纽带，是对论据进行分析、推理，证明论点的过程。论证要坚持科学、严谨、系统的原则，合理的组织客观充分的论据，或逐层剖析，或边分析边做结论，集中围绕论点展开论述。论证过程要做到层次清楚，推理严密，合乎逻辑，说理透辟。

首先，论证要准确严谨。论证过程中要准确把握专业术语和相关的概念。一篇学术论文的全部论证是由若干个小的论证环节有机联系的论证系统，每个论证环节又有若干个知识点组合，每个知识点都需要使用一些准确的科学概念。论文写作必须对自己要表示的科学内容所涉及的有关术语、概念的内涵和外延理解清楚，从而将论题限制在一个适当的范围内，确定论证的逻辑安排和论述的方向。比如，《体感技术驱动下的图书馆应用平台架构创新与体验革命》[5]一文，开篇就对“什么是体感技术”“体感技术的技术理念”以及“体感技术的广泛应用”进行了阐述，为后文的图书馆技术平台的应用奠定了理论基础。《“世界图书馆”理念及其实践述评》[6]一文亦是如此，“世界图书馆”概念的界定和由来的追溯，指导了整篇文章述评采集资料的范围，也确定了论证的方向。此外，语言方面要坚决杜绝主观性、绝对性的表述，“我认为”“在我看来”“有人认为”“众所周知”“非常”“一定”“最”等字眼，都是一篇严谨的学术论文需要回避的语言，令人信服的论证要力争让事实说话。

其次，论证要坚持系统性和一致性。在写作过程中，必须保持论据、论证和论点的一致性。一篇论文肯定会有一个中心论题，我们论证的过程中一定要紧紧围绕这一论题展开，前后要保持一致，在不同层次的论述中，要围绕每个分论点展开讨论，所有的分论点又都为中心论题服务。比如，《图书馆空间的审美化与阅读环境设计》[7]一文，其主体论述部分由“让图书馆空间成为认知文化与审美文化沟通的桥梁”和“图书馆空间审美化促进读书生活审美化”两个分论点构成，第一个分论点又从“图书馆建筑空间设计的诗化，建筑环境设计的自然化，室内设计的审美化，家具陈设的创意化、人性化、平易化”等角度展开论述，从整体到部分，从分论到总论，文字辅以图片，基于对图书馆的功能和精神的理解，从审美的视角，系统地论证了图书馆空间和阅读环境设计。没有犯常见的单纯从建筑学的角度讲图书馆建筑然后戴一顶图书馆帽子的貌合神离的错误，而这个貌合神离、前后割裂的问题在其他学科理论应用到图书馆的相关研究中是较为常见的,其关键问题是对于该理论和图书馆二者的理解不够深入和透彻,难以把握其中精髓。因此,要保证论证的系统和一致,需要对中心论题所涉及的对象有深刻的理解,进行细致的剖析。

2.3 言之有序

言之有序主要是指说话、写文章有条理。作为一篇学术论文,写作者一定要有清晰的思路,并将其体现在文章的行文表达中。论文结构清晰,条理分明,语言通顺,才能将自己的观点更为准确的传达出来,也才更有益于别人阅读和理解。

2.3.1 结构清晰

学术论文的内容一般包括立论、论证和结论三部分。立论部分,主要交代选题的背景、缘由、价值和目的等,选题相关的研究进展,存在的问题,采取何种研究方法,或者什么样的研究思路,最终解决什么问题或者得出什么样的结论,让读者在开篇对于选题有一个较为宏观和直观的认识。论证部分,论证过程是对研究对象层层剖析,对占有的论据进行归类梳理的过程,是一篇论文的主体内容。结论部分,作者基于对现有研究成果和问题的分析论证,提出自己观点、看法或者方案,也包括对未来事物发展的展望。以上只是文章的大致结构,写作过程中灵活掌握,绝对不能走入"八股文"的误区。同时,我们还需要考虑文章内容的主次,各个部分着墨的多少,以免喧宾夺主,本末倒置。

2.3.2 条理分明

文章内容安排要有层次,先后有序。这种层次是客观事物发展的阶段性和作者思维发展的进程在文章中的反映。一般有总分式、并列式和递进式几种。总分式,一般是采用先总说、后分说、再总说的层次进行观点的论证。并列式则是围绕中心论点,从不同角度进行论证,形成若干分论点,几个分论点构成并列关系,共同论证中心论点。图书馆学论文中常见的同类对象的对比分析、某一对象的多种特性或特色分析、主题类综述等,多是采用这种方式展开论述。递进式则是在阐述中心论点时,各层次、段落之间环环相扣、逐层深入,前一部分论述是后一部分论述的基础,最后推导出文章的结论。比如,我们在文章中常常提到的"必要性、可行性和实施""现状、问题、对策"以及对于事物发展或者历史问题的分阶段论述等,或逻辑递进或时间递进,都是典型的递进式论证方式。当然,在实际写作过程中,上述方式常常交错使用,一般是以某一种结构方式为主,以其他方式为辅,这样,既可使行文富于变化,又不会使文章杂乱无章。

2.3.3 语言通顺

按常理说,语言通顺应该是一篇文章最为基本的基本功,作为学术论文其严谨性更是要求如此。孔子曰:"言而无文,行之不远",文章没有文采,就不能流传很远。对于学术论文,先不用说多好的文采,语句不通,让人无法读懂、难以理解,更不用说传播。但现在图书馆学学术论文中,语句不通、语病连连、晦涩难懂的问题却似乎已经见之不怪。一句话或者有头无尾,或是前言不搭后语,读之不知其然更不知其所以然。同时,语句通顺并非仅仅是指一句话有无语病、是否通顺,还考虑句与句之间的逻辑关联。前一句说 A,A 还没有说完就开始说 B,B 说完又想起 A,这样一来只能把读者绕得云里雾里,自己浪费笔墨也表达不清。所以,要考虑各句与每段中心观点之间的关系以及各句之间关系,根据人们认识事物的规律,结合观点论述的思路,合理有序地组织语言。此外,我们也要考虑语言的准确性和严谨性,未经调研、缺乏来源的、过于主观的语言,是学术论文的大忌。

3 “二拍”

二拍是针对学术论文的选题而言,图书馆学学术研究,既要考虑社会发展的大环境,也要跟踪图书馆学科和事业发展的专业小环境。

3.1 符合社会发展节拍

图书馆学学术论文的选题要考虑社会发展的大环境,图书馆作为一个公共服务的社会机构,它的发展与社会政治、经济、文化等各方面都有密切关联,相关领域的一些大的政策或者环境的变化,往往会在某种程度上给图书馆或者图书馆事业的发展带来影响。所以,我们在进行图书馆学相关研究的时候,不能忽略社会发展的大节拍。最为明显而直接的是,党的十六大以来,公益性文化事业的发展越来越得到重视,从“十一五”规划明确提出,加大政府对文化事业的投入,逐步形成覆盖全社会的比较完备的公共文化服务体系,到2011年10月,中国共产党第十七届六中全会审议通过《中共中央关于深化文化体制改革推动社会主义文化大发展大繁荣若干重大问题的决定》。一系列国家层面文化政策的出台,让图书馆的发展获得了新的契机,拓展了新的思路。文化发展、文化体系、公共文化服务之于图书馆,都是我们与时俱进研究的好题材。技术层面,计算机技术、网络技术、信息技术快速发展,新技术层出不穷,web 2.0之于lib 2.0、微博、云计算、RSS、SNS等新概念的提出,如何将新技术应用到图书馆的发展中去,也是不少图书馆“技术酒徒”追逐的热点方向和创新思路,就算有些人不推崇,但也不能忽视技术对图书馆发展所产生的作用。

3.2 符合图书馆学和图书馆事业的发展节拍

事物在不同时期以及自身发展的不同阶段总是有其不同的特征,我们要学会选择、吸收和融入,而不能无视其发展,盲目地停滞在现在或沉溺于过去。毋庸置疑,图书馆学学术研究是必须要紧紧跟随图书馆、图书馆事业的发展节拍的。

图书馆的构成,主要包括文献信息资源、用户、工作人员、技术方法、建筑与设备等基本要素,这些要素的相互结合和相互作用构成了图书馆这个发展着的有机体[8]。从最初的文献演化到后来的信息,再到信息资源、知识,文献信息资源正是时代发展变化的产物。用户,也告别了传统的图书借阅时代的用户,读者或者用户的需求出现了诸多信息时代的新特点。技术方法,从传统的手工分类编目到机读目录,以及现在数字化技术、移动互联技术、RFID、数据挖掘、知识集成等,技术创新和应用为图书馆所带来的变化是最为快速而直接的。建筑与设备,伴随经济发展,图书馆行业的经济投入也在加大,图书馆建筑在近些年有了大跨度的发展,从占地面积到内容结构与环境,设备设施也更为先进,都在朝着更好地为读者服务的方向前进。图书馆事业方面,《公共图书馆法》立法工作、《全国公共图书馆事业发展“十二五”规划》出台和贯彻落实、《公共图书馆服务规范》颁布实施、公共图书馆免费开放、公共数字文化建设三大工程(文化共享工程、数字图书馆推广工程、公共电子阅览室建设计划),从单个图书馆到图书馆联盟、总分馆体系的发展,从政策到实践,从国家到图书馆自身,这些发展和变化无疑都应该纳入我们图书馆学学术研究的视野。如果无视这些变化,当诸多图书馆已经告别传统手工编目使用 OPAC 的时候,再大谈手工编目的种种问题或者细节,当免费服务成为常态的时候,再谈图书馆的创收,都只能称之为不合时宜的妄谈。

当然,此处我们并非是摒弃历史、排斥基础理论的研究,对于历史资料的挖掘,以及对于基础理论问题的研究,有着其永恒的价值。但是历时更新更可以为我们的历史研究和基础理论研究补充新的血液、拓展新的思路。

言之有物、言之有理、言之有序,可以说是对一篇规范的学术论文的最为基本的要求,符合社会发展、学科和事业发展的节拍,则是进行选题的基本前提。选题的过程,需要大量文献资料的搜集与整理,更需要对相关实践的深入了解;创作的过程,是基于现有研究成果,发现新思路,提出新观点,层层剖析、小心求证的过程,都需要科学严谨的精神和态度。学术论文的写作,绝不是一朝一夕之功,不容半分的投机取巧。

参考文献

[1] 近年中国学术造假事件集合[EB/OL].[2012-04-20]. http://www.jslib.org.cn/pub/njlib/njlib_zzjg/njlib_xxsb/njlib_xxczwqhg/201106/t20110601_101030.htm.

[2][4] 教育部关于切实加强和改进高等学校学风建设的实施意见[EB/OL].[2012-03-01]. http://www.moe.gov.cn/publicfiles/business/htmlfiles/moe/s6305/201203/132047.html.

[3] 刘兹恒. 也谈图书馆学的研究规范[J]. 图书与情报,2005(5):30-31,37.

[5] 李东旭,江澄,刘海峰. 体感技术驱动下的图书馆应用平台架构创新与体验革命[J]. 大学图书馆学报,2012(5):12-17.

[6][8] 王细荣. “世界图书馆”理念及其实践述评[J]. 大学图书馆学报,2012(5):39-45.

[7] 张彬. 图书馆空间的审美化与阅读环境设计[J]. 大学图书馆学报,2012(5):28-38.

(原载于《国家图书馆学刊》2012 年第 6 期)

民国时期儿童图书馆述略

黄　洁

1　儿童图书馆产生的背景

19 世纪末 20 世纪初,美国实用主义教育家杜威的教育思想对中国的教育界产生了初步影响。杜威提倡从儿童的天性出发,促进儿童的个性发展。他认为,儿童天然具有社会交往、制造、探究和表现等活动本能,这些本能是学校教育的重心所在,教育的一切措施都要围绕儿童转动。1919 年 5 月,杜威来华,先后在 11 个省市讲学,传播他的学说思想,对 20 世纪 20 年代的中国教育界产生了极大的影响。1919 年 10 月,全国教育会联合会议定《废除教育宗旨宣布教育本义案》,明确要以杜威的"儿童中心论"为理论基础,强调:"从前教育只知研究应如何教人,不知研究人应如何教;今后之教育应觉悟人应如何教,所以儿童本位教育是也。"1923 年,民国政府要求"新学制课程标准纲要及围绕新课程所编写的各种材料、读物都强调以儿童为中心"。1924 年 1 月,提出要"例行普及教育,以全力发展儿童本位之教育"。此后,全社会都加大了对儿童教育的重视度,儿童得到了前所未有的广泛关注,为儿童图书馆产生和发展提供了社会基础。

作为儿童教育的重要载体,新教科书及儿童读物的编制出版工作得到教育界充分重视,但和教科书相比,当时儿童读物的数量极为有限。1909 年孙毓修编撰、商务印书馆发行的"童话"丛书成为我国最早的大型儿童读物。五四运动之后,对于儿童的再发现,促进了儿童普通读物的迅猛发展。出版界、教育界普遍认为儿童读物不能仅以课本为主,应大力提倡儿童课外读物。商务印书馆和中华书局大力推进儿童读物的出版和发行。商务印书馆刊发《儿童画报》和《儿童世界》,中华书局发行的《小朋友》,这三种期刊称霸民国的儿童出版领域多年。此外,大量儿童读物的单行本和丛书出版,如商务印书馆的《小学生文库》500 册、《幼童文库》200 册、《小学生分年补充读本》600 册、上海新中国书局的《儿童图书》、中华书局的《小朋友文库》450 册等。儿童读物的出版进入一个鼎盛时期,为儿童图书馆发展提供了文献资源保障的基础条件。

1909 年,商务印书馆创办的《教育杂志》成为教育界传播和交流思想的核心刊物。该刊不遗余力地倡导我国儿童图书馆的建立与发展,在短短两年中,发表了多篇有关儿童图书馆的文章。创刊号中即刊载有《藏书楼与学堂之联络》一文。该文介绍了欧美儿童图书馆事业发展的梗概,首倡我国兴建儿童图书馆。1910 年,蔡文森在该刊发表的《设立儿童图书馆办法》和《欧美之图书馆制度》,对美日欧的儿童图书馆事业做了较全面的介绍,倡导我国图书界及初等教育界效仿办理儿童图书馆事业。孙毓修在该刊上连载的《图书馆》一文中亦有“欧美多有儿童图书馆,兹事甚盛,吾国图书馆事业草创伊始,尚难别设,似可仿日本之法,于寻常(普通)图书馆中,附设一处,为儿童观书观画之所”的描述。此外,该刊还介绍过日本东京日比谷图书馆设立的儿童阅览室的情况。这些关于设立儿童图书馆的报道、介绍、研究及倡议为我国儿童图书馆的建立不仅准备了社会舆论基础,还提供了一定的专业技术指导,这些著述对当时各小学设立儿童图书馆具有直接的参考价值。在这些社会背景下,1912 年,我国诞生了第一所近代儿童图书馆——位于湖南省双峰县青树镇的儿童图书馆。

2　儿童图书馆的理论研究

2.1　儿童教育作用得到认可

民国初年,一批留学欧美日的有识之士认识到现代图书馆的社会价值,开启了通过研究和建设图书馆开启民智之路。沈祖荣、戴志骞、胡庆生、李小缘、刘国钧、杜定友等图书馆界的先辈者译介了大量国外儿童图书馆方面的书籍,鼓励兴办儿童图书馆事业。杜定友提出,“现在是儿童的世界,什么事情都应该让儿童居先”,而设立儿童图书馆的意义就在于“养成儿童的读书习惯和儿童的图书馆习惯”,认为“儿童图书馆是一种教育机关,方才可以见得他范围的广阔、责任的重大。我们对于儿童的阅览,非但加以指导,随时提高其兴趣程度,而且要对于儿童的将来生活,有所准备”。董明道在《儿童图书馆在教育上之价值》一文中将儿童图书馆的设立意义概括为:①能增加儿童课外生活的兴趣;②能养成儿童读书的习惯;③增加儿童自动求学之能力;④培养儿童使用参考书的能力;⑤帮助学校教育发展儿童之才能;⑥培养儿童的公德心;⑦陶冶儿童优美的性情。由于这些教育界、图书馆界的先知人士的大力宣传和推广,儿童图书馆的童稚启迪作用迅速被公众所认知并接受。

2.2　理论研究著述大量涌现

随着民国时期儿童图书馆事业的整体发展,图书馆界和教育界对儿童图书馆的理论探索也不断深入和具体。在系统性的儿童图书馆概论方面,以陈逸译的《儿童图书馆研究》,杜定友著的《学校图书馆学》,王柏年、黄警顽合著的《怎样办理儿童图书馆》的影响力最大。此外还有张九如、周翥青编写的《可爱的小图书馆》,陆静山著的《儿童图书馆》,卢震京著的《小学图书馆概论》,徐能庸著的《儿童图书馆》,王京生译的《儿童图书馆》。这些著作全面系统地介绍了建立儿童图书馆所需考量的因素和条件,成为当时儿童图书馆建立、管理与运营的重要参考资料。通过对这些著述的分析,结合对《图书馆学论文索引》一书中收录的200 余篇与儿童图书馆有关论文的梳理和归纳汇总,我们可以发现民国时期儿童图书馆研究的主要方向及相关成就。

2.3　重视儿童文献资源采选

根据儿童出版物的情况以及儿童的生理心理特点,当时的图书馆学者从儿童视角出发,重视儿童读物的选择，除对字体、印刷、纸质等提出要求外，在内容方面也有一定的理论建树。杜定友在《儿童图书馆》一书中认为儿童读物的选择“应该注意三个方面：社会、儿童和书本。社会方面，认为图书馆是社会文化中心，而书籍是图书馆的重要工具。一方面要适应顾客的需求；另一方面要利用书籍去教化他们，用书籍去提高他们的意志与学识。因此，眼光并不是专注在来馆的阅读的人，而且要注意全社会的儿童，使他们个个都受着图书馆的教育，个个都受着书籍的感化。儿童方面，除适应他们的兴趣程度外，还要注意伦理、道德方面；二是儿童图书馆的选择书籍，除注意儿童的现在之外，还要注意儿童的将来”。这一描述证明民国时期对儿童读物的研究已经超越儿童读物本体，它的视角独特且站位高远。在儿童图书馆的资源建设方面，有20余篇专题论文，其中胡叔异的《儿童读物的标准》、陆文衡的《对于选择儿童读物的一点意见》、镇石的《精选儿童读物之我见》和《儿童图书馆图书选择和推广问题的商榷》、王人路的《儿童读物的分类与选择》等著述比较具有代表性。

2.4 探讨儿童读物分类编目法

民国时期的图书馆先辈十分注重儿童读物的分级分类研究，认为“儿童图书的排列，宜按照儿童的智力划分阶段，分类不宜过细，以适合儿童的生理与心理”。杜定友、陈独醒等人曾专门对儿童图书馆分类法进行专门论述。曾宪文的《儿童图书之分类与编目》、陈独醒的《儿童图书馆分类法的初拟》、舒纪维的《儿童读物及其分类法之商榷》、陈东原的《儿童用书的分类编目》、王柏年的《儿童图书馆分类法》、杜定友的《学校图书馆分类法》、吴谨心的《儿童图书分类法》等论文分别就儿童读物的分类和编目问题进行了全面探讨。但当时对于儿童读物尚没有统一标准的分类编目规则，各馆一般根据馆情选择独自适用的分类和编目规则，因此“简单之分类，每因内容笼统不清而多所变更，反具儿童于无所适从之弊，故简单未必适合简单之原理，读物仍无法包容，两不得益，此为以往各小学儿童图书馆所犯一般之弊病”。

2.5 注重针对儿童的阅读指导

民国图书馆人士已认识到阅读指导的重要性，认为“阅览指导方法之优良与否，关系儿童图书馆事业的前途，实为研究此事业之中心点”。杜定友认为，“儿童图书馆与其他图书馆不同的地方，就是偏重在阅读的指导和图书的选择方面”，“儿童图书馆的设立，应属不分男女及在校失学的儿童均自动来馆阅览，唯儿童时期，天性活泼，大多数贪图玩耍心理较胜于求知识心理，须用招徕方法，引起儿童来馆阅读兴趣，方可以广收实效”。当时对儿童图书馆阅读指导方面的研究，主要是从儿童阅读兴趣入手，归纳总结出阅读指导的方法，主要的代表著述有蒋励材的《儿童阅读兴趣的研究》、于修荃的《关于儿童阅读的研究》、高仲衣的《儿童阅读兴趣发展的过程》、徐亚清的《儿童阅读兴趣的研究》、吕绍虞的《怎样鼓励儿童的阅读兴趣》、袁鼎昌的《对于儿童阅读兴趣的研究》等。纵观这些著述所提倡的阅读指导方法，归纳起来主要包括读书环境的布置、儿童读物的审查、新书揭示和提要介绍、阅览及摘录笔记方法的指导、阅览卫生的注意和纠正不良习惯、阅览参考书使用方法的指导、故事讲读、组织儿童读书会的指导、设置儿童巡回文库等。这些具体的可操作性的阅读指导方法对儿童图书馆的阅读指导工作具有很强的指导意义。

2.6 强调儿童图书馆专业人才的培养

民国图书馆学人非常强调馆员素质对儿童的影响,几乎所有相关著述都对此问题有所涉及。杜定友在《儿童图书馆问题》中提出对儿童图书馆馆长和馆员的要求,"她至少要有普通学识、专门训练。对于教育学、图书馆学的原理,都要明了,而且能够实用。她要有普通图书馆学识,而有儿童图书馆的专门训练。她是一个教育家,而且是一个专门的教育家——儿童图书馆专家。她对于普通文学,要有根底。对于儿童文学,尤要有研究。熟稔儿童的兴趣,善忖儿童的心理。对于社会现状和儿童的家庭境况,都要了然于胸""她的性情要非常的温和,她的举动要非常的文雅,她的态度要非常的亲昵,她的容貌要非常的慈爱。时常都要笑容可掬,仍带三分孩子气""她要有高尚的意向、皎洁的心志、多方的兴趣、广阔的胸襟"。此外,冷淑媛的《儿童图书馆馆员之训练及责任》和熊文翻译的《儿童图书馆员之训练》等两篇论文还专门针对儿童图书馆馆员的养成进行论述。

3 儿童图书馆的实践探索

3.1 普遍组织开展儿童阅读活动

在图书馆学人积极从事理论探究的同时,图书馆工作者积极行动起来,通过丰富多彩的儿童阅读活动积极推进儿童图书馆和儿童社会教育事业的发展。主要表现在:

(1)制定儿童阅览奖励规则,吸引儿童进馆阅览。北平特别市市立第一普通图书馆针对儿童设置阅读奖励政策,发布《诱导儿童阅览简章》。简章规定"初次来馆登记即发给阅览证一件,每次来馆携带,盖章月底考核"等;在阅读指导上,说明"不能自行选择图书者或对于书中文字音意不解者"均由工作人员负责指导并详细解释,"使其视图书馆如家庭如学校毫无隔阂而欣然赶赴"。

(2)经常编制主题书目和推荐目录。比较著名的有徐家麟编著的《儿童图书馆一个最低限度的书目》,对儿童图书馆的藏书建设提供了具体实践上的指导。北平市立第一普通图书馆编制了一套适合自己馆的儿童书目,并详细写明了编制标准及分类概况。说明该书编制的目的是"充分容纳幼稚园及小学用书,同时并能容纳初中一年级中等程度之用书""共分十大类,每大类再分若干小类,每小类遇必要时再分若干细目""目录之分类,仍求简便,以利儿童"。

(3)编写儿童阅读指导手册。以广东景堂图书馆编写的《儿童阅读指导》为例。该手册从"为什么要读书"说起,强调读书是为了"①在做人;②适应社会,解决生活问题;③为社会服务,为人群谋福利"。该手册对正确的姿势、错误的姿势做了图示对比,对阅览室的秩序、签名、借书、还书手续、阅读姿势、写笔记的方法做了详细讲解,并且"希望时常来这里讨生活,能够增进读书的兴趣,养成读书的习惯,以训练一种优美的德行和生活的知能"。这些小册子是非常实用有效的儿童图书馆意识普及和应知应会读物。

(4)广泛开展各种儿童读书活动。各儿童图书馆经常举办儿童读物展览、儿童读书会、儿童图书巡回等活动，以促进儿童读书。天津市市立通俗图书馆为扩大活动范围，“拟定暑期儿童竞读会简章数则，函致各校，招收小朋友入会市五图书馆暑期儿童竞读会”；福建省立图书馆“自开办儿童馆，阅览者日形增加，近特函各小学，征求学生作品，请将小学生书法图画之佳者，各检数份，陈列室中”。

3.2 行业组织和学术团体的出现

20世纪20年代，教育和图书馆相关的协会组织先后成立，其所提议案推进了当时儿童图书馆事业的发展。1921年12月，中华教育改进社成立。这是图书馆界第一个全国性的联络组织，该社的每届年会均有儿童图书馆议案提出。第一届年会便有“各市区小学应就近联合与校内创设巡回儿童图书馆，以补充教室内教育”的提案。1925年，中国现代图书馆专业学术团体——中华图书馆协会的成立推进了儿童图书馆事业的快速发展。最初的三届年会中均有多项儿童图书馆议案获得通过。首届年会便有“请教育部通令各大学区各省教育厅训令各小学设立儿童图书馆，遇必要时联合数校共同组织”一案。1931年3月7日，中华慈幼协会执行委员会呈请上海市政府和南京国民政府设立儿童节。儿童节由民国政府教育部规定后，教育界和出版界对儿童文化骤然注意，各种杂志关于儿童福利的文章都在重要位置，进而促进了儿童图书馆事业的发展。后来，教育部公布的纪念儿童节办法，其中第四条便有以文具书画作为儿童节纪念品的规定，自此儿童节风行赠送儿童读物。儿童节确立后，中华慈幼协会再次向民国政府呈请将1935年设为“儿童年”并获准，之后举行的大型庆祝活动定为“儿童读物展览”，展示了优秀的国内外儿童读物，吸引儿童到图书馆读书，激发儿童读书的兴趣。

3.3 儿童图书馆体系初步形成

民国时期的儿童图书馆多见于各地公私小学校，是大力兴办教育的产物。民国初年，大多小学都设立了儿童图书馆。虽然当时儿童读物缺乏，儿童图书馆没能发挥其应有的功效，但随着社会对儿童的关注，各地公私小学校图书馆数量和规模都得到较大发展。

通俗图书馆是民国初年政府倡导社会教育的一个重要组成部分。1913年10月，教育部创办京师通俗图书馆添设儿童阅览室1所，这是我国最早的公共图书馆附设的儿童图书馆。1915年教育部颁布《通俗图书馆章程》和《图书馆规程》，认为开办通俗图书馆的目的是“诱启社会之常识，儿童之智能”。1925年8月，中华教育改进社在第四届年会上通过《请公立图书馆和通俗图书馆增设儿童部》的决议案，要求公立图书馆及通俗图书馆另开一室为儿童部，设专人管理，并且儿童部于必要时得分设在各小学附近或适中地点。随后，几乎所有通俗图书馆都将提供儿童阅览服务作为一项必备服务。山东、陕西、云南、浙江、湖南等地十余个省立图书馆设置了儿童阅览室。例如，福建省立图书馆“建议西湖民众馆增设儿童阅览室”，并提出“宜采用开架式”的阅览室服务模式，主张儿童服务应“任其选择，以引其兴趣”，图书馆员应“随时指导讲解”。1917年，天津社会教育办事处创办起了独立的儿童图书馆。之后，上海、杭州、长沙等地也都创办了独立的儿童图书馆。据王柏年《儿童图书馆发达史》

统计,在20世纪30年代,全国28个省市建有独立的儿童图书馆8所、学校图书馆100所、附设在成人图书馆里的儿童阅览室48所、附设在民众教育馆的26所,其他类型2所。可见,当时一个以公立图书馆、通俗图书馆、公私立小学图书馆组成的儿童图书馆体系已经初步形成。

从民国时期儿童图书馆理论与实践的总体情况可以看出,当年对儿童图书馆的理论探讨已达到了比较高的水平,对儿童图书馆的认识也有比较深的理解,儿童图书馆的实践活动也进行得如火如荼。王柏年在他的《儿童图书馆发达史》中对我国儿童图书馆的未来发展做了一个很有价值的预期,比如儿童图书馆教育将积极施行、事业重心将集中于指导机关、分类编目纲领有统一趋势、推广事业之更加积极、产生儿童读物的大革命等。这些预期无一不在百年后的今天得到了验证。

参考文献

[1] 郭晓丽,段二明. 杜威实用主义教育思想对中国教育的影响[J]. 考试周刊,2009(4):210-211.

[2] 杜银蝶. 民国时期儿童社会教育初探(1927—1937)[D]. 武汉:华中师范大学,2011.

[3] 吴永贵. 民国出版史[M]. 福州:福建人民出版社,2011.

[4] 杜定友. 儿童图书馆问题[J]. 教育杂志,1926(4):2.

[5] 赵为容. 民众图书馆设施法[M]. 济南:山东省立民众教育馆出版部,1932.

(原载于《图书馆工作与研究》2013年第3期)

对国家典籍博物馆职能定位的思考

陈红彦

自1905年实业家张謇创立中国第一座近代博物馆南通博物苑起，中国的博物馆事业已走过百年。百余年来，中国的博物馆事业以强烈的使命意识，在启迪民智，传播文明上发挥了重要作用。特别是近年来，随着国家经济的发展和社会文化需求的增长，博物馆建设飞速发展。据统计，至2011年底，中国各类型博物馆达3589座，几乎2—3天就新建成一座博物馆[1]。2012年7月，中央机构编制委员会办公室的《关于国家图书馆加挂国家典籍博物馆牌子的批复》（中央编办复字〔2012〕130号），由文化部转发，国家典籍博物馆正式挂牌成立[2]。在3500多家博物馆中，国家典籍博物馆作为专题博物馆应如何定位，如何吸引观众，作为筹备者，笔者将在参与筹展中对国家典籍博物馆定位、功能的思考发表于此，希望有更多的人参加讨论，使在建的典籍博物馆形成自己的特色，赢得更广阔的发展空间。

基于典籍专题博物馆的性质，笔者认为，国家典籍博物馆基本定位应是典籍收藏中心、研究保护中心、展示中心、交流中心、教育基地、公众文化娱乐休闲场所。

1　国家典籍博物馆应是典籍的收藏中心

1.1　中华典籍承载中华民族昨天的记忆，留给未来今天的记忆

中国是历史悠久的文明古国，在世界诸多文化体系中，中华文化绵延数千年不断，中华典籍功不可没。“伏羲氏始画八卦，造书契”的记载，“仓颉造字”的传说，中华典籍从甲骨刻辞、青铜器铭文、石刻文字，中经竹简木牍、帛书，后出现写卷、刻本，其数量之大，世所罕见。

中华典籍的存在让我们了解中华民族在这片土地上各族人民不断繁衍融合、共同创造历史的事实，了解让中华儿女世世代代根脉相承、生生不息的源泉。

1.2　国家典籍博物馆应该是典籍，特别是中华典籍的收藏中心

尽管今天存世的中华古籍依然可以用浩如烟海来形容，但是典籍载体的脆弱性，决定着典籍从开始生产传播就面临着不断的消亡。初步统计，国内汉文古籍存世数量总数超过4000万册，品种约20万。这是先贤历尽艰辛创造和保护的财富，是为我们留下的昨天记忆。收藏保护这些典籍既是国家典籍博物馆的责任，也是其赖以生存的资源。国家图书馆作为国家总书库，目前馆藏已达近3000万册（件），其中善本古籍28万余册（件）、善本特藏73万余册（件）、甲骨实物3万余万片、金石拓片27余万张、古今舆图11余万件、普通古籍164万

册(件),民国文献及革命历史文献67万余册(件)。国家典籍博物馆依托于国家图书馆丰富的典藏,从诞生就具有了典籍收藏得天独厚的优势。更全面地收藏典籍,既是保护文化遗产的责任,也是更好展示典籍文化的根本。

1.3 国家典籍博物馆的收藏应兼容并包,以展示世界文化的多元性

流传至今的中外典籍,反映了人类各个历史时期社会文化经济和科学技术水平,收藏研究本民族以外的典籍,了解、尊重其他民族的文明和文化,开展比较研究,对今天的发展意义重大。早期传入中国的外文善本,既包括欧洲摇篮本,也有早期传教士手抄本;既有西方科技著作,又有道德伦理经典;见证了中外文化交流的历史进程,成为具有独特意义的文化遗产。而大量外国人对中国的描述,则从另一个视角观察研究中国文化、记录中国,这对更加客观地认识那一时期的中国,具有无可替代的作用。

国家典籍博物馆,通过展示中国典籍,让世界了解中国,又要通过国外典籍的研究展示、吸收世界各国文化的精华,在不同文化的对比中,深刻反省中国传统文化的局限,为新时代中华文化的发展积蓄力量。典籍融汇中外、沟通古今的功能,是其他载体无法比拟的。

1.4 国家典籍博物馆应充实与典籍相关的文化遗存收藏及展示

中外典籍史,如同人类历史,光辉灿烂,源远流长。研究几千年中外典籍在创作上的不同倾向和特色,收藏与典籍相关的生产材料、生产工艺、保护史,揭示它们之间的相互关系和演变规律,应是中国国家典籍博物馆的主要内容。

中国古代四大发明中,造纸作为书籍制作材料的伟大变革,不仅在中国书史上具有划时代意义,也大大促进了世界文明的进程。古法造纸在敦煌文书收藏中呈现的防虫、防酸、加固等理念和实践,让我们今天对古人的智慧充满了敬意。搜集收藏造纸材料、造纸工具,通过博物馆的静态展示和动态演示,同时辅以观众体验,可以让更多的人了解,使技艺更久地传承。

中国是印刷术的发明者,但早期活字印刷已无印刷品实物留存。明清时期金属活字、木活字印刷品仍有留存,而活字实物已经很难寻见。目前,一些地区活字摆印家谱的方式依然保留,搜集展示是一种记忆和技艺的抢救。

世界上各个古老民族在各自书籍的发展过程中,都曾经采用过不同的材料制作典籍。国外的纸草、树叶、树皮、砖刻、蜡版、铜叶、铅叶、金叶、亚麻布、羊皮、犊皮,乃至于人皮,中国的龟甲、兽骨、人的头盖骨、青铜器、石鼓、石碑、石碣、石片、玉片、摩崖石、竹简、木牍、缣帛等都应和纸质文献一起成为典籍博物馆的收藏和展示对象。

与典籍相关的藏书楼、装具、管理模式同样应该成为典籍博物馆的收藏对象。几千年前,甲骨文如何书写,竹简如何杀青,帛书原来装在什么样的盒子里,收藏典籍档案的库房是什么样的,“曝书节”怎么晒书,典籍博物馆的收藏和场景模拟会给观众身临其境的体会。

2　国家典籍博物馆应该是典籍及典籍文化研究的中心

2.1　典籍中还包含着很多需要探讨的未知因素

刻甲骨的工具是什么样？写本上书写、画栏线用的是什么样的笔，什么材质的墨，什么样的收藏环境才让它恒久不变？雕版印刷是书籍生产的革命，但印刷书版如何保存，使用寿命有多少次？书籍售卖渠道，刻书管理方式各时代有什么不同？

典籍博物馆的收藏和展示涵盖甲骨、敦煌遗书、善本古籍、金石拓片、舆图、样式雷图档、老照片、年画、方志家谱、民族语文文献、名家手稿、新善本（革命文献）、外文善本等各种类型，研究的对象涉及方方面面。探讨典籍中的未知因素，解决学术研究中的疑惑、问题，典籍博物馆责无旁贷。

2.2　国家典籍博物馆有组织研究的优势和责任

历代的官私藏书机构不仅收藏、校勘、研究，一些开明的藏者还选择存世稀少的书籍刊行，以广流传。藏家访书、选书、借书、抄书、购书、赠书、征书、读书、校书、书之补阙、辑佚、编撰、刊刻，以及与收藏相关的整理加工、分类编目、题跋提要、藏书印记、藏书保护、藏书设施、藏书建筑等皆是研究藏书史不可或缺的内容。

国家典籍博物馆依托国家图书馆的海量古籍收藏，研究藏书史、典籍文化具有得天独厚的优势。而研究的成果也为进一步丰富典籍文化的内涵，设计展陈内容提供翔实的证据。古籍上累累钤印，字体隽秀的批校题跋，翔实的流传过程的叙述，让我们从中了解藏书家的家世渊源、社会交游、专业联系乃至生活时代之政治风云、学术潮流、价值取向，也为研究古代社会提供了根据。

让典籍中的文化、智慧启迪更多的民众，这对整个民族素质的提高，定会起到无可替代的积极作用。而对于我们这个以典籍记载历史的民族而言，国家典籍博物馆无疑肩负着一份保存历史记忆，并以尽可能多的更为立体和生动的方式和手段，让更多人了解和延续历史的责任。

2.3　典籍研究是典籍博物馆自身发展的需要

对于以典籍为核心的博物馆而言，对典籍本身的研究、展陈环境对书籍的影响研究、布展操作规范的研究、展览材料及修复材料的研究和使用的研究、观众心理及需求的研究，是做好展览最基本的要求。而对相关典籍文化的研究则是典籍博物馆进一步发展的基础。如对不同时期阅读习惯的研究，对书籍保护史的研究、对书籍收藏史的研究，对书籍传播史、接受史的研究，都是进一步做好展览所必需的。

3 国家典籍博物馆是典籍文化的展示中心

3.1 典籍博物馆应该通过典籍的展示，让更多的人认识典籍对民族文化传承的作用

文化力量的强弱能够反映出一个社会经济发展水平的高低，因此任何一个国家、任何一个民族，在致力于发展经济的同时，都不能不高度重视文化建设；都不能不倾注热情增强文化力量；都不能不防止和及时纠正文化建设落后于经济建设的状况[3]。

中国是历史悠久的文明古国，卷帙浩繁的各民族文献典籍忠实地记载着历史，延续着中华民族的根脉，是国家文化软实力的基本要素。国家典籍博物馆的设立，让丰富的典籍从地库的“尘封”中走出来，搭建系统研究与了解中华典籍文化的平台，有利于进一步拓宽优秀传统文化的传播途径，拉近优秀传统文化与社会公众的距离，进一步增进社会公众对中华文化的认同。

3.2 典籍博物馆通过与典籍相关的活态展示，让更多的观众认知典籍和典籍文化

典籍展陈理念，基于“典籍—文物—技艺”的活态展陈模式，可以使观众从纸张的制作、活字的摆印、雕版刷印的操作、传拓的实践、古籍修复的尝试中领略古人的思想和智慧，让观众穿越时空，与先贤对话，为中华民族的创造力及其对世界文明发展的贡献感到自豪，让外国的观众通过参观了解古老中国的文化魅力，更喜爱中国。

4 国家典籍博物馆是世界典籍文化的交流中心

4.1 国家典籍博物馆应该成为代表国家与各国交流书籍文化的机构

世界上许多发达国家都设有国家级典籍博物馆，德国早在1884年就设立了专门的典籍博物馆——德国书籍与手稿博物馆。国家级典籍博物馆对开展本国文化展示、文化交流、学术研究及社会教育发挥了重要作用，极大地提升了国家文化形象。国家典籍博物馆的设立，开辟了向世界展示中国典籍文化的窗口，有利于彰显中国文化魅力，为世界上书籍文化的交流和研究拓展更为广阔的专业平台。让中国的典籍走到世界各地，也让国外的典籍在中国展出，以书为媒，促进不同文化间的融合认同，也在另一个层面服务了世界各地的观展者。

4.2 加入国际博物馆大家庭，典籍博物馆将获得更大的发展空间

20世纪开始，一些国家在探讨流动博物馆，让更大范围的人群享受博物馆资源。国家图书馆的展览近年也在国内外举办若干次巡展。如挪威、新加坡的中国古代书籍史展览，日本的版画展；我国香港的地图展，内地的论语版本展、辛亥革命百年纪念展等，反响热烈。

任何一座博物馆都有其特色收藏，以共享的机制让馆藏资源实现效益最大化，是近年博物馆共同繁荣，共同惠民的举措。近年中国的博物馆界与国际博物馆大家庭的联系日益广

泛,国际社会的经验可以为中国博物馆事业的发展开拓思路[4],在典籍文化的平台上与世界各国的博物馆图书馆合作会让世界更多地了解中国,也让中国观众更多了解世界文化的发展。

5 国家典籍博物馆应是教育基地

5.1 爱国主义教育基地

“博物馆文化以其民族凝聚力,诉说着民族文化的博大精深、源远流长;以其历史穿透力,演绎着漫长历史的沧桑巨变、岁月坦诚;以其文化渗透力,寻觅着中华文明的悠悠源头、绵绵根脉;以其艺术感染力,守望着精神家园的世代传承、人文自豪;以其全球影响力,促进着世界文明的文化对话、智慧养育”[5]。作为典籍博物馆,让典籍说话,还原一段历史的真实,是翔实有据的爱国主义教育。

新疆古称西域,地处欧亚腹地、丝路要冲,自古以来各族人民不断开拓,使新疆这块辽阔土地,成为人类优秀文化的荟萃之区。这里也是中国乃至世界上遗落了最多样文字的地方,素有“语言文字博物馆”的美誉。有时,流沙中的一根木简、古墓里的一片文献、洞窟壁画旁的一段题记、古币两面的几个数字,竟同时书写了多种的文字,呈现出迷人美妙的文明景观[6]。

存世的数十万册新疆历史文化典籍,记录着四大文明的交汇,见证着各民族不断交流融合。2009 年和 2010 年,文化部委托国家图书馆分别在新疆和北京举办了“西域遗珍——新疆历史文献暨古籍保护成果展”,系统反映了新疆多民族、多语言、多文化、多宗教以及历史悠久的鲜明特点。展品包括从先秦至明清的汉文和 20 余种民族文字的木简、文书、古籍、舆图、拓片。历史的事实,让“疆独”的言论不攻自破,爱国主义在这里不再是口号。

5.2 社会教育场所

随着社会的发展,公众通过不断学习充实完善自己,已经成为生存需要。免费开放的博物馆,提供机会让不同背景、兴趣、能力及年龄的人士吸收不同的知识和信息,有机会参与策划展览,公众在观赏展览时,也可以对眼前的展品自由演绎,自我领悟,完全体现观众的自主性[7]。

英国博物馆学会发表的《建立 21 世纪卓越博物馆的宣言》指出:“在社会经济冲击下,广义的博物馆是科学与艺术普及教育或终身学习的中心,是公民与社区的空间,是社会变迁与促进文化理解的机构,典藏人类文化遗产的博物馆是创造力的触媒,是旅游与观光的关键伙伴,也是文化研究与创新事业中重要的一环。”[8]典籍博物馆应以典籍的丰富性和展示的开放性,让参观者尽情享受书籍的魅力。

2009 年 4 月 23 日,温家宝总理在国家图书馆参加“世界读书日”活动时指出,“读书决定一个人的修养和境界,关系一个民族的素质和力量。影响一个国家的前途和命运。一个不读书的人、不读书的民族,是没有希望的……读书可以给人智慧,可以使人勇敢,可以让人温暖”。典籍博物馆以不断变化的展览主题和展示品，以读书沙龙、读书班、古籍工艺、装帧艺术 DIY 为典籍博物馆拓展服务，让更多的观众走近典籍，开始读书之旅，意义重大。

5.3 青少年教育基地

典籍博物馆的收藏几乎涵盖了中小学课本中重要的人物、事件，中小学的中国历史，而高等院校的中国历史、文献学以及中国版本目录学等的课程也可以在现场授课，如果配合模拟互动等教学方式，学生得到的不仅仅是知识的拓展，还有文化的滋养，作为中国人的自豪感、自信心增强的同时，文明素质也得到提升。2012 年，在国家图书馆的“传拓记忆展”上，北京十五中组织专题教学活动，学生现场传拓，了解石头上的书如何迁移到纸上，也了解印刷和传拓的不同，教学效果得到了学生、家长、老师的一致认同。

与学校等教学机构的长期合作是典籍博物馆发展的一个重要方向。通过一日修复师、经典诵读、鉴定师之路等衍生的活动，吸引学生，培养青年学生养成读经典的习惯，培养对书籍文化的爱好，甚至影响他们的研究之路或者职业人生的选择。

6 国家典籍博物馆应成为公众文化休闲中心

20 世纪中后期，从世界范围看，不同层面特别是经济发达国家和地区休闲化进程已成为时代的潮流。中国近三十年经济的持续发展，公众消费也逐步从以物质产品为主导过渡到以精神产品为主导。多元的休闲娱乐越来越多地改变着我们的生活。在走向休闲时代的进程中，文化休闲需要发展，博物馆成为公众文化休闲场所的经营理念应该更多地落实。

6.1 博物馆功能的拓展

伴随着博物馆确立以“为社会及其发展服务”的宗旨，国际博物馆界日益关注将“有助于人的发展与愉悦”作为博物馆的任务。博物馆服务社会的理念无论是体现在以专业化为基础的博物馆功能方面，还是体现在以社会化为基础的博物馆职能方面，都逐步拉近了博物馆与广大民众的距离。博物馆工作从以往的仅仅以物为中心，逐渐过渡到以物、人为中心，更加关注人们文化享受的需求。其定位也增加了满足人们休闲需求，使观众乐于走近博物馆、走进博物馆。

6.2 博物馆文化的营造

有博物馆专家指出，中国社会对博物馆的关注度大大逊于发达国家。有统计表明，在一些发达国家，平均每人每年 3—5 次进入博物馆，而在中国平均每 5—6 人每年一次走进博物馆。尽管博物馆免费开放，但博物尚未成为人们的休闲需要，以更多的方式把观众吸引到博物馆，让“中国的博物馆往往是高高在上而板着脸的教官”[9]，到博物馆是体验快乐的地方，需要文化的营造。希望在典籍博物馆开馆后，人们有问候语是：“典籍博物馆，去看了吗?”

6.3 让典籍博物馆成为一种生活方式

博物馆应“以人为本”，不论身份、地位、收入、文化，参观博物馆是所有公民的选择。典籍博物馆的书籍载体和其中的记载很多是人们耳熟能详的在小学阶段就接触的史事、发明，是现在还在使用的家谱、食谱，是戏曲的剧本，是仍在诵读的经典。其本身具有的亲和力，让历史文化走出书本，以技艺加记忆的方式呈现，交互式的交流和体验，会让更多的人通过典籍博物馆走向书香中国，书香世界。

7 典籍博物馆可实现博物馆图书馆服务的全面聚合

博物馆和图书馆在传承文明、服务社会的定位上，完全相同。在服务对象和服务内容上有很多共同点和交叉点，如同为知识和宝库，内容上互相补充；同为公共文化服务的空间，读者及其兴趣点存在很多的交叉；同为没有围墙的大学，在社会教育上最大限度地体现了公民平等受教育的权利，在促进和引导阅读上互相促进；同为文化信息的集散地，人们可以自由存取，在获取知识的同时，个人的成果也可以纳入博物馆和图书馆的收藏；同为文化休闲场所，提供公众文化享受。在一流的设施和优雅的环境中，大型的学术会议、报告会、研讨会、音乐会、中小型的读书会、仪式、庆典、沙龙使博物馆和图书馆在庄严的同时又增加了一份灵动和亲切。专业的典籍博物馆在功能的聚合和融合上更可实现无缝链接。

7.1 博物馆与图书馆结合的发展趋势及经营理念

汪东波主编的《公共图书馆概论》中有这样的论述：“博物馆和图书馆作为不同的文化现象，两者之间你中有我，我中有你，在历史上互相联系、互相融合。”[10]这个理念就典籍博物馆而言，更为契合其发展需求。国家典籍博物馆应使图书馆、博物馆的职能充分结合，使二馆服务互相补充，实现效益最大化。博物馆的展用结合，将进一步拓展国家图书馆的社会服务与教育功能。

7.2 图书馆中博物馆曾经的实践

国际上博物馆图书馆职能的融合早已有之，如德国国家图书馆19世纪便开始有独立展馆展示德国书籍和手稿，及图书设计、生产材料、工具和机器，并开展书籍交易的活动。埃及亚历山大图书馆展示埃及多元文化的历史，手稿展、亚历山大印象展、印刷史展让参观者印象深刻。英国国家图书馆则在图书馆入门最显著的位置上，安排了展示，不仅展示印刷、集邮，也展示保存和修复技术，笔者对其定期轮换展品、控制光照、温湿度以及文化产品的开发出售都有深刻印象。这家图书馆曾经与英国国家博物馆同为一体。几年来国家图书馆的“中华医学典籍展”“辛亥百年纪念文献展”等展览，也在履行着博物馆的展览职能。

7.3 国家典籍博物馆与国家图书馆的天然联系，为典籍博物馆创造巨大发展空间

图书馆丰富的收藏涵盖着古今中外的历史、政治、经济、农业、科技、军事、文学艺术、文化发展，这些丰富的收藏是展示的优秀资源，这些资源和博物馆丰富的展示手段形成合力，以丰富的表现手段让河图洛书、诸子百家、佛道兴衰、宋明理学等从典籍中跳出，让甲骨文、篆书、隶书、楷书、草书、行书流淌，让装帧、印刷技艺表现，让典籍专题展览，使观众观展乐在其中。

8 把博物馆带回家，让典籍成为生活中重要的组成部分

8.1 发挥博物馆的引导作用，让探究典籍成为时尚

到馆的参观往往是走马观花，时间和收获还是有限的，博物馆区别于图书馆，应以生动活泼的形式，让人对书中记载的人和事产生兴趣，产生探究奥秘的冲动，养成读书习惯，图书馆和博物馆的作用也会因此体现。

8.2 用各种手段，让典籍博物馆走进生活，让每个人拥有自己的博物馆

博物馆展什么，怎么展，观众应有机会参与设计，让典籍博物馆成为爱书人的乐园，成为典籍爱好者自己的博物馆，可以带回家的博物馆。

总之，文化是民族的血脉，是人民的精神家园。全面建成小康社会，实现中华民族伟大复兴，必须推动社会主义文化大发展大繁荣，兴起社会主义文化建设新高潮，提高国家文化软实力，发挥文化引领风尚、教育人民、服务社会、推动发展的作用，典籍作为文化的载体，典籍博物馆在文化建设中理应发挥更加重要的作用。

参考文献

[1] 李北辰. 中国博物馆：精神寄存的难题[N]. 华夏时报，2013－03－21(A21).

[2] 文化部关于国家图书馆加挂“国家典籍博物馆”牌子的通知(文人函〔2012〕1238 号).

[3][4][8] 单霁翔. 从“馆舍天地”走向“大千世界”——关于广义博物馆的思考[J]. 国际博物馆全球中文版，2010(3)：69－75.

[5] 陈燮君. 博物馆——守望精神的家园[N]. 人民政协报，2009－09－14(C4).

[6] 张春贤. 贺词[M]//国家图书馆国家古籍保护中心. 西域遗珍——新疆历史文献暨古籍保护成果展图录. 北京：国家图书馆出版社，2011：7.

[7] 黄秀兰. 面向未来的博物馆定位与职能[J]. 中国国家博物馆馆刊，2012(8)：26.

[9] 英国广播公司：中国博物馆经营理念亟待改进[EB/OL]. [2012－12－03]. http://europe.oe.cn/hqbl,/hwkz9/210610/11/t20061011_8912789.shtml.

[10] 汪东波. 公共图书馆概论[M]. 北京：国家图书馆出版社，2012：7.

（原载于《国家图书馆学刊》2013 年第 4 期）

节能型图书馆建设初探

——以郑州市图书馆为例

汤更生　李红岩

1　背景

近年来，中国建筑的能源消耗量越来越大，尤其是公共建筑的能源消耗量更为突出。从1996年到2008年，中国总商品能耗从2.59亿吨标准煤（tce）涨到6.55亿tce（不含生物质能），增加了1.5倍[1]。当前，建筑能耗约占全国社会总能耗的1/3[2]。其中公共建筑面积约为建筑总面积的10%，但其总能耗（采暖除外）占建筑总能耗的22%；大型公共建筑面积比例占公共建筑总量的5%，其耗电量占公共建筑总耗电量的17%。近年来，为了解决建筑高耗能的问题，政府大力宣传推广节能减排理念和技术，已初见成效。图书馆作为传承文明、提供普遍均等信息服务、满足社会精神文化需求的特殊公共建筑和公共文化服务机构更应承担起为社会做出节能环保示范的社会责任。在中国，很多图书馆已经开始感觉到每年馆舍所消耗的水电煤气、汽油柴油煤炭能源资源费用可观，甚至很可能已经超出购书经费。因此，让图书馆成为一个低能耗的绿色图书馆逐渐成为业界关注的重要问题。2009年10月，中国图书馆学会倡议并联合中国建筑标准设计研究院、北京市建筑设计研究院、维态同慧（北京）科技有限公司（合同能源管理公司）、中关村国际环保产业促进中心以及基层图书馆等多家单位，共同发起了图书馆节能减排项目。由图书馆、节能、环保、建筑等各领域专家组成的项目组开展了大量的调查和研究，提出了相应的对策。2010年7月，该项目得到了文化部科技司的认可，“图书馆节能减排现状调查与对策分析项目”正式在文化部科技创新项目中立项。同年12月第一个示范项目——郑州图书馆新馆节能建设正式开始实施。

2　调查研究和对策分析

2.1　现状调查

数年前，在我国部分西部欠发达地区的图书馆经费严重短缺，出现了“人吃书”（人员经费挤占购书费用）的现象，还出现了“书吃人”（有的图书馆为了挤出少量的购书经费，不得不扣减职工的工资）的现象[3]。近年来，随着国家对公共文化服务体系建设的重视，加大力度进行图书馆馆舍建设，很多新馆、大馆陆续建成，如果我们在图书馆建筑建设中不注重节能设施及节能管理控制，新馆、大馆落成的同时，也就诞生了一个耗能大户、排放大户。

我国公共图书馆基本上依照全国行政区划设立，全国省级行政区 34 个、地市级行政区 332 个、区县级行政区 2853 个[4]，县级以上独立建制的公共图书馆已有 2951 个[5]。馆舍建筑面积超过 10000 平方米的图书馆约 300 所。为了摸清能耗现状，提出对策措施，在全国各级各类图书馆中积极倡导节能减排，中国图书馆学会于 2010 年 5 月向全国 100 家具有代表性的省、市、区、县级公共图书馆和高校图书馆发出了“图书馆能耗现状调查表”。该调查表涉及 48 项具体指标，希望通过定量分析图书馆的体形设计、墙体、窗设计、空调系统、照明系统、水循环系统、新型能源技术的利用，结合图书馆行业特点，提出节能减排的有效对策。

调查收回的 54 份有效问卷显示，20 世纪 90 年代中期以前建设的、10000 平方米以下的、一般白天采用外窗采光且未安装中央空调设备的图书馆，耗能较低，属于每年每平方米耗电不到 40 度，一年总耗电量不到 50 万度的低耗能建筑。20 世纪 90 年代末及以后建设的、投资在亿元以上、建筑面积在 20000 平方米以上的大型图书馆，是图书馆行业或所在城市的耗能大户。由于馆舍建筑体量大，白天自然采光条件差，室内区域需要依靠人工照明，室内的空气质量需要依靠机械通风换气维持，室内温度需要长时间通过中央空调或暖气维持，且电梯数量较多，从而导致每年每平方米耗电超过 70 度。调查发现，图书馆耗电的主要设备有空调系统、照明系统、电梯、电脑、服务器、防盗器、存包柜和消防监控等。这个结果与国家级权威机构发布的调查结果基本一致。

2.2 对策方案

基于上述调研，图书馆节能减排项目组设计了两种方案解决图书馆耗能问题。

第一，对已建成的高耗能的图书馆通过合同能源管理方式进行改造。合同能源管理的引进既可以降低图书馆投入又可以达到节能减排的目标。黑龙江图书馆较早地意识到了节能问题的重要性，对空调系统进行了节能改造，通过将普通空调系统改为变频系统使空调能耗降低了近 40%。2010 年 3 月，专家通过一系列《系统能源审计信息调查表》分析了黑龙江图书馆近两年来的各项能源数据，最终经过实地考察、计算、分析，形成了一个节能改造方案。计划一期对照明系统施行改造。采用更加节能的荧光节能灯，在不降低照度（照度可能会有一定程度提高）的前提下，预计投入 80 万元，可将照明总功率降低约 33%。在同样使用条件下，每年可节省照明用电费用约 20 万元。计划二期改造水蓄冷与空调系统自动控制和太阳能生活热水系统，但这两项需要投入的费用较高，在节能效果、技术经济性上还需要进一步针对需求深入论证、评测。此外，项目组还为南京图书馆拟定了空调变频改造方案。

第二，针对新建图书馆，在建筑设计阶段优先选用节能技术及产品。郑州图书馆的新馆建设就是一个典型的例子，笔者将重点介绍郑州图书馆的经验和成果。

3 郑州图书馆新馆的节能改造

3.1 气候、位置与建筑概况

郑州市是河南省省会，素有“中国铁路心脏”之称，地处中华腹地，九省通衢，中原地区最大的城市，全市总面积7446.2平方公里，人口735.6万[6]。郑州属暖温带季风气候，四季分明，年平均气温14.4℃。7月最热，平均27.3℃；1月最冷，平均0.2℃；年平均降雨量640.9毫米，全年日照时间约2200小时。从郑州气候平均数据（表1）中可以看出，郑州夏季温度较高，日照较强烈，冬季气温较低，日照时间较短。在此气候条件下，建筑节能的关键是围护结构的隔热性和保温性。

表1 郑州气候平均数据（1971—2000年）

月份	1月	2月	3月	4月	5月	6月	7月	8月	9月	10月	11月	12月	全年
平均高温（℃）	5.7	8.6	14.0	21.7	27.2	31.6	31.8	30.5	26.7	21.5	14.1	8.0	20.1
平均低温（℃）	−4.3	−1.9	2.9	9.5	14.7	19.8	22.8	21.7	16.2	9.9	3.1	−2.4	9.3
降水量（mm）	8.8	12.0	28.5	39.6	58.0	62.8	155.5	112.5	77.4	45.1	22.3	9.8	632.4
相对湿度（%）	60	60	62	61	62	62	78	81	75	70	66	61	66.5
平均降水日数（≥0.1mm）	3.3	4.3	6.2	6.6	6.8	7.7	11.6	9.9	8.2	6.8	5.0	3.5	79.9
日照时数	144.3	139.0	164.8	202.8	234.0	229.5	199.9	199.6	179.2	182.4	158.3	148.1	2181.9

来源：中国气象局，国家气象信息中心. http//cdc. cma. gov. cn/shuju/index3. jsp? tpcat = SURF&dsid = SURF_CLI_CHN_MUL_MMON_19712000_CES&pageid = 3.

郑州市图书馆新馆坐落于郑州市郑东新区拓展区，整个项目总用地面积约50666平方米，总投资6亿人民币。总建筑面积72095平方米，其中地下19053平方米，地上53042平方米，建筑总高度30.6米。主楼地上五层，裙房二层，地下一层，局部有设备夹层。规划总藏书量240万册（件），阅览座席总数1600个。人性化服务体现市民参与、互动是贯穿始终的建馆思想。工程于2009年6月动工，2011年6月竣工，2012年1月交付使用。新馆由北京市建筑设计研究院和机械工业第六设计研究院共同设计，在设计理念上突破了传统意义上的图书馆功能，复合了一个市民文化活动中心的功能，即图书馆和市民文化中心的结合体，是集文献典藏、检索咨询、学术交流、文化创意、教育培训、休闲娱乐等功能为一体的综合性现代化大型公共文化场馆。

郑州图书馆新馆紧邻街道，易受到交通噪音的干扰，同时，裙楼位置、商业服务设施和人群产生的噪音也不容忽视。为了体现公共文化设施的开放性和包容性，为使用者创造良好的空间感受，建筑设计围护结构采用大面积玻璃幕墙，立面窗、墙比达到67%，玻璃屋顶占比达到20%，均接近公共建筑节能设计标准的规定上限①。特别是为营造图书馆的外观效果，在南、东、西立面各有一面高透光性的拉索玻璃幕墙，其热工性能不能满足河南省公共建筑节能设计标准的要求，这就对围护结构其他部位的热工性能提出了更高的要求。

3.2 建筑节能改造设计

郑州市图书馆新馆在设计之初优先考虑的是其作为多功能市民文化中心的作用和外观效果，并未充分考虑建筑节能问题，因此其原有设计并不能达到《公共建筑节能设计标准》《河南省公共建筑节能设计标准实施细则》等的要求。为了坚持节能环保的原则，专家对其原有设计进行了节能改造，节能改造设计主要体现在以下 5 个方面。

3.2.1 监测与控制系统——采用综合能耗管理系统

楼宇的节能降耗是一个各系统综合运作的过程，能耗计量与监测系统的主要作用是管理和优化。它通过实时的能耗计量与分析，实时监测大楼各节能措施的运行效果，使各系统节能控制与使用时的情况结合得更加完美；另外，实时分析、及时发现运行的异常情况，及时帮助管理者找到问题并加以解决，减少异常损耗持续的时间。具体有以下 6 个措施：

①系统实时监控环境质量并自动调整，确保人身安全和健康、舒适，维护安静的阅读环境；

②全面能耗在线监控，确保各设备运行在最佳状态，做到既安全又节能，同时尽可能延长设备使用寿命；

③方便对内计量考核管理，对具备收费条件的外部合作单位实行计量收费等，从而杜绝人为浪费；

④中央空调末端节能控制，可以远程设定温度、开关、定时控制等，在确保舒适的前提下降低管理成本；

⑤通过实际数据，建立理想节能数学模型，从而实现设备的联动控制；

⑥与中央空调主机的群控、水泵的变频节能控制、新风的智能控制、照明智能控制等楼控系统结合实现最佳节能控制。

根据该系统在其他项目中的实际节能效果分析，每年将节省 20%—30% 能源消耗。郑州图书馆新馆 7.2 万平方米建筑，每年能耗估计为 7.2 万平方米 ×118 度/平方米 =849.6 万度/年（文化场馆建筑的能耗约为 118 度/平方米[7]），因此每年将节省 170 万—255 万度电。

3.2.2 建筑围护结构——采用复合型真空玻璃技术

在公共建筑的全年能耗中，大约 50%—60% 的能耗消耗于空调制冷和采暖系统，其中

---

① 参考《河南省公共建筑节能设计标准实施细则（DBJ 41/075 – 2006）》。

50%以上是由门窗（幕墙）传热所消耗，有大面积玻璃幕墙结构的建筑更是如此。郑州图书馆新馆的围护结构大量设计玻璃幕墙，给节能提出了挑战。此外，为了满足建筑外形设计理念的需要，一楼共享大厅需要使用通透性较好但隔热性较差的单层玻璃幕墙，即采用单层夹胶钢化 Low-e 玻璃（其传热系数为 5.22W/m^2K）。通过权衡判断计算，需要玻璃幕墙的传热系数小于 1.86W/m^2K，该建筑才能满足《公共建筑节能设计标准》的要求。为此，改造设计通过以下 3 种措施来弥补不足并实现节能。

①将单层玻璃幕墙占整个玻璃幕墙的面积比例控制在 9.1%；

②加强其他部位幕墙的保温性，采用复合型真空玻璃作为玻璃幕墙的主材料；

③充分考虑直射阳光对室内空间的影响，天窗部位设置电动遮阳帘。

其中，最主要的措施就是采用复合型真空玻璃作为玻璃幕墙的主材料。真空玻璃是继中空玻璃之后最新一代的高性能玻璃。此技术已经有 1 万平方米以上，7 到 10 年的实际成功使用案例。复合真空玻璃可以把对流、传导和辐射 3 种方式传递的热量降到最低，传热系数 K 值可低至 0.8W/m^2K 以下，计权隔声量可达 42 分贝以上，与保温墙体基本处于同一级别，可有效防止两层玻璃间内结露的可能。此外，真空玻璃具有较低的遮蔽系数（通常在 0.76—0.23 之间），特别是阻止远红外光的进入，可以尽量减少夏季太阳光辐射的热量传递。

使用真空玻璃可以大幅提高图书馆的舒适性，提供一个更安静的阅读环境。当室外温度为零下 10℃时，真空玻璃的内表温度仅比室内空气温度低 3—4℃。即使坐在窗前也不会有凉气袭人的感觉，从而提高了室内环境的体感舒适度。较好的隔音性能也解决了建筑的外界噪音问题。此外，真空玻璃可以阻止紫外光的进入，也对藏书具有一定的保护作用。

复合型真空玻璃最重要的功效是可以满足节能要求。经过计算，如果将新馆主楼的可透视部分全部采用真空玻璃，将比使用能达到《公共建筑节能设计标准》的中空玻璃每年多节电 32%，约 39 万度，节约资金近 30 万元（具体参数计算见下表 2，表 3，表 4）

表 2　Low-e 中空玻璃与真空玻璃幕墙的性能参数对照

类别	围护结构部位	横明竖隐玻璃			隐框幕墙玻璃		
		型材 – 断桥铝合金	玻璃	系统	型材断桥铝合金	玻璃	系统
Low-e 中空玻璃	传热系数 U（W/m^2K）	3.7	1.7	2.2*	3.7	1.7	2.0*
真空玻璃	传热系数 U（W/m^2K）	3.7	0.8	1.4	3.7	0.8	1.1

因为共享大厅等部分需要用单层玻璃幕墙，需用夹胶玻璃（传热系数为 5.22W/m^2K）。通过权衡判断计算，需要玻璃幕墙的传热系数小于 1.86W/m^2K，才能满足《公共建筑节能设计标准》的要求。可见 Low-e 中空玻璃不能满足节能要求。故下表用可达标的传热系数计算。

表 3　达标中空 Low-e 玻璃与真空玻璃能耗

<table>
<tr><td colspan="6">夏季</td></tr>
<tr><td>类别</td><td>透光围护结构</td><td>面积(m^2)</td><td>性能参数
(W/m^2K)</td><td>全年总能耗
(kWh)</td><td>总耗电量
(万度)</td></tr>
<tr><td rowspan="3">达标 Low-e 中空玻璃</td><td>横明竖隐玻璃幕墙</td><td>5238</td><td>1.86*</td><td>41497.00</td><td rowspan="3">15.37</td></tr>
<tr><td>隐框玻璃幕墙</td><td>1886</td><td>1.86*</td><td>14941.45</td></tr>
<tr><td>玻璃采光顶</td><td>2574</td><td>1.86*</td><td>20392.00</td></tr>
<tr><td rowspan="3">真空玻璃</td><td>隐框玻璃幕墙</td><td>5238</td><td>1.4</td><td>31234.30</td><td rowspan="3">10.43</td></tr>
<tr><td>玻璃采光顶</td><td>1886</td><td>1.1</td><td>8836.346</td></tr>
<tr><td>透光围护结构</td><td>2574</td><td>1.1</td><td>12059.78</td></tr>
<tr><td colspan="6">冬季</td></tr>
<tr><td>类别</td><td>透光围护结构</td><td>面积(m^2)</td><td>性能参数
(W/m^2K)</td><td>全年总能耗
(kWh)</td><td>总耗电量
(万度)</td></tr>
<tr><td rowspan="3">达标 Low-e 中空玻璃</td><td>横明竖隐玻璃幕墙</td><td>5238</td><td>1.86*</td><td>285787.88</td><td rowspan="3">105.83</td></tr>
<tr><td>隐框玻璃幕墙</td><td>1886</td><td>1.86*</td><td>102901.10</td></tr>
<tr><td>玻璃采光顶</td><td>2574</td><td>1.86*</td><td>140438.72</td></tr>
<tr><td rowspan="3">真空玻璃</td><td>隐框玻璃幕墙</td><td>5238</td><td>1.4</td><td>215109.16</td><td rowspan="3">71.80</td></tr>
<tr><td>玻璃采光顶</td><td>1886</td><td>1.1</td><td>60855.49</td></tr>
<tr><td>透光围护结构</td><td>2574</td><td>1.1</td><td>83055.15</td></tr>
</table>

表 4　　外围护节能效果

冬季取暖期节电量(万吨)	夏季取暖期节电量(万吨)	全年节电量(万吨)	节约标准煤(吨)
34.03	4.94	38.97	136.75

冬季 20:00—7:00 室内设计温度为 10℃,8:00—19:00 室内设计温度 20℃;供暖季为 11 月 25 日至 2 月 28 日,共计 96 天。夏季 7:00—20:00 室内设计温度为 26℃,供冷季为 5 月至 9 月。郑州室外气象参数引用 DEST 气象参数。玻璃窗负荷计算公式 $Q = KF\Delta t$ 总/1000(kWh),Δt 总是供热季(供冷季)室内外温差总和。本表只计算由玻璃产生的冷热负荷,不包含建筑物中单层玻璃及不与室内空气直接接触的玻璃。电能耗换率为 0.5。

3.2.3　照明系统——采用 LED 照明、照明控制系统和光伏发电照明系统

照明系统方面,主要采用 3 方面的节能措施:

(1)采用节能型产品尽量减少能耗

在书库和阅览室中,采用 LED 照明。LED 灯具没有频闪,眩光小,是保护视力并且环保的健康光源。其光谱中没有紫外线和红外线,既没有热量,也没有辐射,有利于书库文献的保护。而且废弃物可回收,没有污染,不含汞元素,可以安全触摸,属于典型的绿色照明光源。LED 光源寿命长达 50000 小时,是传统日光灯的 6.25 倍(传统日光灯使用寿命为 8000 小时左右),且灯具透光罩在设计时增加防静电材料,可以防止静电吸尘,基本不需维护。此

外,采用 LED 照明还可以通过不同角度的配光,采取混合照明方式,同时满足水平照度和垂直照度,使读者更舒适。

LED 照明最主要的优点是能耗小,应用 LED 照明比同照度的传统荧光灯照明年节电 10512kW,节电 64.2%(见表 5)。

表 5 LED 照明与传统荧光灯照明耗能对比

类型	功率(W)	数量(个)	8 小时(一天)(kW)	一年(kW)
2 个 28W 荧光灯盘	56	100	44800	16532
20 颗 1W 的 LED	20	100	16000	5840

另外,LED 灯具设计配置红外感应控制系统,可根据不同情况进行调光,实现人来灯亮人走灯暗。此种照明方式比传统照明方式节电 30%—40%。

(2)在室内增加照明控制系统并与综合能耗管理系统相配合

在满足照明质量的前提下,合理地对图书馆内照明进行调光,可节省大量的电能。公共照明均采用智能化照明控制系统,设在现场的各控制单元可根据需要,通过预编程序,对各照明系统进行多场景或定时开启等多种功能控制,各照明子系统之间可通过数据总线构成完善的管理网络系统。根据不同环境的照度设定值,通过感应系统对灯具进行实时调节。当天然光减弱时,自动增加灯具数量和亮度;当天然光较强时,自动减少灯具数量和亮度。此外,管理人员可通过集中监控单元监测各地点的照明状态,并可随时更改或控制各区域的照明方式,通过管理程序的不断优化,达到进一步降低能耗的目的。

(3)室外采用太阳能光伏发电系统解决庭院和草坪用灯的电能

通过庭院灯等自带的太阳能发电装置白天收集太阳能,夜间用于庭院和草坪用灯。郑州所处地理位置,全年日照时间约 2200 小时,适合使用太阳能技术,为推广绿色能源树立样板;太阳能电池板使用寿命 20 年以上,具有节能环保、使用安全、造型美观、使用简单的特点;安装 1kW 太阳能光伏发电系统,每年可减少二氧化碳排量 600—2300 公斤。

3.2.4 供热通风与空气调节——采用变频空调

郑州市图书馆新馆在暖通和空气调节方面,设计采取如下措施:

①采暖以热水为热媒,并充分考虑分区热量计量的灵活性、方便性和可能性。

②空调系统优先采用节能型冷暖空调设备,合理确定供热(冷)指标;合理配置设备的容量和数量,完善调节手段,防止轻载或过载,节约能源。

③阅览区域、报告厅、展厅等由于空间较大,人员较多,应采用全空气空调系统,风机设备采用变频调速技术,以提高设备总效率、降低电能损耗。

3.2.5 节水——雨水综合利用系统

郑州市年均降雨量 613.7 毫米。建筑设计屋面使用虹吸排水,汇水面积约为 5000 立方米,综合雨量径流系数为 0.9。年均可直接利用雨水量 QP = 5000 × 0.6137 × 0.9 = 2761.65 立方米。收集的雨水主要用于绿化、景观补水、道路浇洒。

降雨前期的初期径流储存在系统内,后期的洁净雨水进入雨水储水池。根据现场条件可将一部分雨水收集管线设置成渗排一体化管线,已达到渗透、弃流的目的。绿地内铺设

450 米渗透雨水管,一次降雨可直接收集雨水 Qs =450 ×1 ×0.21 =94.5 立方米。

雨水综合利用具有良好的节水效能和环境生态效益。一是年节水 2761.65 立方米,直接节省自来水费 12700.3 元(按商业用水每立方米 4.6 元计算);二是减少向市政管网排放的雨水量,间接减少市政雨水排放设施建设的投资。

3.3 节能改造实现情况

郑州图书馆新馆于 2012 年 1 月交付使用,最终实现了监测控制系统和建筑维护结构的改造。因对原始建筑设计方案修改较大,且工期紧张,电压、电路等较难匹配调整,供热通风和空气调节系统改造未能实现;由于项目资金投入有限等原因照明和节水系统也未能采用。虽然未能实现全部的节能改造设计,但综合能耗管理系统和复合型真空玻璃的安装应用已经使郑州图书馆新馆达到了公共建筑节能设计标准,控制了主要的能源消耗。可见,今后在图书馆建筑设计之初就应充分考虑功能、外观和节能环保的关系,做好工程项目规划和预算,将更多的节能技术融入建筑设计,最大限度地实现图书馆建筑的节能减排。

4 小结

图书馆作为文化教育建筑,理应在生态文明建设中发挥引导和示范作用,成为节能环保行动的积极参与者和倡导者。一方面,图书馆作为文化教育类的公共建筑,其本身就面临着诸多方面的节能问题,亟待解决。图书馆节能不仅关系自身的生存和发展,而且关系到公共财政投入建设的公益性文化基础设施的投资效益和社会效益能否充分实现。另一方面,图书馆作为文化传播和社会教育机构,承担着教化公众的重要职责,是向社会传播节能环保理念和提供知识信息的重要基地和平台,并通过开展多种形式的科普活动和信息服务,为生态社会和节约型社会建设做出应有贡献。

图书馆建筑应在注重建筑美观和服务功能完善的基础上,提高节能环保意识,更加重视人与自然环境的和谐,成为一个国家、一座城市的“绿色名片”。建设节能型图书馆犹如一个系统工程,需要完善的政府政策,舆论的正面引导,公众的自觉意识,成熟的技术支持,以及产业体系的创新和图书馆行业的积极行动,才能最终得以实现。

参考文献

[1] 清华大学建筑节能研究中心. 中国建筑节能年度发展研究报告 2010[M]. 北京:中国建筑工业出版社,2010.

[2] 李松涛. 如何堵住建筑能耗的大嘴[N]. 中国青年报,2012 - 11 - 24(3).

[3] 图书馆现状:不是“书吃人”就是“人吃书”[N/OL]. [2013 - 01 - 20]. http://news.xinhuanet.com/edu/2005-08/22/content_3387760.htm.

[4] 国家统计数据库. 行政区划和自然资源——2011 年全国行政区划[DB/OL]. [2013 - 01 - 20]. http://219.235.129.58/reportView.doUrl =/xmlFiles/a61bff3ea25d4f0f8aab1e9f95619e96.xml&id = 30ff6c14bc

944ebd972de8bd80009381&bgqDm = 20110000&i18nLang = zh_CN.

[5] 周和平.中国图书馆事业发展报告[M].北京:国家图书馆出版社,2013.

[6] 郑州市人民政府.郑州概览[EB/OL].[2013 - 01 - 20]. http://www. zhengzhou. gov. cn/viewCmsCac. docacId = fdae9f5d2880d70e012880ebfba0005e.

[7] 住房和城乡建设部信息中心建筑节能项目执行办公室.政府办公建筑和大型公共建筑能耗调查、评价与能效公示制度研究[R].2008:11.

（原载于《图书馆学刊》2013年第9期）

从藏书楼到近代公共图书馆：1949年前我国公共图书馆政策发展分析*

申晓娟

公共图书馆作为主要由政府兴办的公共文化事业，其发展受国家政策的影响非常之大，我们常常能够从其事业发展的轨迹中找到政策影响的深深烙印，也常常能够从政策的发展变化中预测到其事业的发展变化。因此，研究图书馆事业不可避免地也涉及对相关政策的研究。本文主要着眼于20世纪初公共图书馆诞生至新中国成立期间我国的主要公共图书馆政策，以抗日战争为界，分两个阶段对其进行分析、研究。

1 有法可依：由封建藏书楼走向近代公共图书馆

在西方大举兴办公共图书馆事业的影响下，在清末新政废除科举制度、兴办新式学堂的巨大社会变革力量的推动下，以面向社会公众开放为主要特征的中国近代公共图书馆自数千年的封建藏书楼中破茧而出。在这一近代公共图书馆萌芽的重要时期，清政府制定的有关政策及时回应了当时社会开明士绅、社会团体和地方政府兴建公共图书馆的强烈呼声与先行实践。至抗日战争爆发前，与公共图书馆密切相关的主要政策文件如表1所示（各省立图书馆规程等文件不包括在内）。其表现出以下几个特点。

表1　1937年前公共图书馆主要政策文件一览表

名称	颁布机构	颁布时间
京师图书馆及各省图书馆通行章程	清政府	1910年
筹设中央图书馆收买古籍启事	南京临时政府教育部	1912年
教育部咨三都统、各巡按使、京兆尹饬属查明该省府有无图书馆，所藏部帙种类名目报部以资考核文	教育部	1914年
通俗图书馆规程	教育部	1915年
图书馆规程	教育部	1915年
教育部饬京师图书馆所藏书籍盖印编号妥为办理文	教育部	1915年

* 本文系国家社科基金项目“我国公共图书馆服务体系政策保障研究”的阶段性成果之一，项目编号：12BTQ003。

续表

名称	颁布机构	颁布时间
外交部颁布图书处章程文	外交部	1915 年
教育部请饬内务部将立案之出版图书分送京师图书馆庋藏文	教育部	1916 年
教育部咨各省区请通饬各省县图书馆注意搜集乡土艺文文	教育部	1916 年
教育部咨各省区饬属征取最新志书径行送部文	教育部	1916 年
教育部咨各省区征求各种著名碑碣石刻等拓本文	教育部	1916 年
教育部会同内务部呈请将端门、午门一带地方拨归教育部设置京师图书馆文	教育部	1917 年
教育部咨内务部请申明前案通行京内外，饬将禀报立案之出版图书分送京师图书馆文	教育部	1917 年
教育部训令京师图书馆据商务印书馆呈请影印该馆古籍，应由该馆按照前订规则办理文	教育部	1918 年
教育部令京师图书馆所拟订与分馆交换阅览图书简则连同阅览互借图书暂行规则准予备案文	教育部	1919 年
教育部令京师图书馆遵照办理钞阅书籍特许券文	教育部	1919 年
教育部咨山西省长准财政部咨复山西教育图书博物馆所购图书物品所有五十里外常关税及内地厘金准予免征文	教育部	1919 年
图书馆条例	大学院	1927 年
新出图书呈缴条例	大学院	1927 年
新出图书呈缴规程	教育部	1930 年
图书馆规程	教育部	1930 年
私立图书馆立案办法	教育部	1930 年
民众图书馆办法	吉林省教育厅	1930 年
民众教育馆暂行规程	教育部	1932 年
江苏省各县县立图书馆组织暂行规程	江苏省政府委员会	1932 年
江苏省各县县立图书馆馆长任免及待遇暂行规程	江苏省政府委员会	1932 年
江苏省各县县立图书馆馆员聘任及待遇暂行规程	江苏省教育厅	1932 年
江苏省各县图书馆馆员服务细则	江苏省教育厅	1932 年

1.1 及时呼应了社会各界对公共图书馆事业发展的强烈诉求

鸦片战争后，有关西方图书馆的信息及其图书馆观念开始陆续传入我国，一些面向社会公众开放的新式藏书楼落成。1905 年 7 月 16 日，清政府派遣以载泽和戴鸿慈为首的“五大臣”赴西方国家和日本考察，两路考察团大大小小共参观了 20 多所图书馆（阅览室），次年考察大臣戴鸿慈、端方等便奏请朝廷举办图书馆[1]。之后，考察大臣端方在“创建图书馆摺”中再次奏请：“窃维强国利民莫先于教育，而图书实为教育之母。近百年来欧美大邦兴学称盛,凡名都巨埠皆有官建图书馆,闳博辉丽,观书者日千百人。所以开益神智,增进文明,意至善也。臣奉使所至,览其藏书之盛,叹为巨观。回华后敬陈各国导民善法四端,奏恳次第举办,而以建筑图书馆为善法之首。”[2]此后,山东、山西、浙江、安徽、贵州、广西、奉天等地也相继上书,奏请在本地区设立图书馆。

在此过程中,中央政府及时出台了相关政策。光绪三十四年(1908 年)十二月,清政府颁布《城镇乡地方自治章程》,规定“自治范围,一为学务,如中小学堂、蒙养院、教育会、劝学所、宣讲所、图书馆、阅报社等”[3],首次在中央政府政策层面对地方兴办图书馆的责任予以了明确。1909 年,清学部为筹备立宪奏请要求在宣统二年(1910 年)即预备立宪第三年,“行各省一律开办图书馆”[4]。这些政策的发布,极大地激发了各地政府兴办图书馆的积极性,1903—1910 年间,共有 20 所省级以上的公共图书馆成立,其中 1908—1910 年间成立的图书馆占了 75%,年均成立 5 所[5]。

此后,清政府颁布了专门的图书馆法规,这也是截至目前我国中央政府唯一颁布有图书馆法规的历史时期。1910 年的《京师图书馆及各省图书馆通行章程》第二条规定“京师及各省省治,应先设图书馆一所。各府、厅、州、县治应各依筹备年限以次设立”[6]。1915 年的《通俗图书馆规程》第一条规定“各省治、县治应设通俗图书馆……各自治区得视地方情形设置之。私人或公共团体、公私学校及工场,得设立通俗图书馆”[7];同年公布的《图书馆规程》第一条规定“各省、各特别区域应设图书馆……各县得视地方情形设置之”,第二条规定“公立、私立各学校,公共团体或私人,依本规程所规定得设立图书馆”[8]。1927 年的《图书馆条例》第三条进一步明确规定了各级图书馆的主管部门,“省区立图书馆,以省区教育行政机关为主管机关;市县立图书馆,以市县教育行政机关为主管机关;私立图书馆,以该图书馆所在地之教育行政机关为主管机关”[9]。

同时,不少地方也出台了图书馆章程,如 1906 年湖南巡抚庞鸿书制定的《湖南图书馆暂定章程》,1909 年云南提学司叶尔恺制定的《云南图书馆章程》等。这些章程由地方行政官员颁布,一定程度上具有政府行政规章的性质,规定了图书馆的命名、设立宗旨、人员、经费、开馆时间、文献阅览、社会捐助、文献管理、服务收费等内容。

1.2 明确了政府兴办公共图书馆的主体责任

1937 年前的政策除规定各地方政府均应兴办图书馆外,还从图书馆的人员配备、经费安排等方面对政府兴办图书馆的责任做了进一步明确。

在人员方面,政策规定涉及人员配备及其数量、核定机构、人员待遇、任职资格等。例如,《京师图书馆及各省图书馆通行章程》第六条规定“图书馆应设监督一员、提调一员。(京师书籍浩繁,得酌量添设,以资助理。)其余各员,量事之繁简,酌量设置。京师图书馆呈由学部核定。各省图书馆呈由提学使司转请督抚核定。各府、厅、州、县治图书馆呈由提学使司核定。(各省治暨各府、厅、州、县治图书馆,事务较简,图籍较少,只设管理一人,或由劝学所总董、学堂监督、堂长兼充)”[10]。1915 年的《图书馆规程》第五条规定“图书馆得设馆长 1 人,馆员若干人。图书馆馆长及馆员,均于任用时开具履历及任职日期,具备于主管官署,并转报教育部”,第六条规定“公立图书馆馆长及其他馆员,关于任职、服务俸给等事项,准各公署所属教育职员之规定"[11]；同年颁布的《通俗图书馆规程》第四条规定"通俗图书馆得设主任1人，馆员若干人。通俗图书馆主任、馆员，应照图书馆规程第五条之规定，分别具报"，第五条规定"公立通俗图书馆主任、馆员之任职、服务、俸给等事项准各公署委任掾属之规定"[12]。1927年颁布的《图书馆条例》第八条还专门规定了图书馆馆长的任职资格，"馆长应具左列资格之一：国内外图书专科毕业者；在图书馆服务3年以上而有成绩者；对图书馆事务有相当学识及经验者"[13]。该条例于1930年修订为《图书馆规程》时，仍然保留了对图书馆馆长任职资格的规定。

在经费方面，这一时期的政策主要对经费来源、经费构成、社会捐助等做了规定。例如，《京师图书馆及各省图书馆通行章程》第十八条规定"京师图书馆经费，由学部核定筹拨，撙节开支。各省由提学使司核定筹拨，撙节开支。各府、厅、州、县由地方公欵内筹拨，撙节开支"[14]。1915的《图书馆规程》第八条规定"公立图书馆之经费，应于会计年度开始之前，由主管公署列入预算，具报于教育部"，并专门设立第十条，规定"私人以资财设立或捐助图书馆者，由地方长官依照捐资兴学褒奖条例，咨陈教育部核明给奖"[15]；同年发布的《通俗图书馆规程》第六条沿用了《图书馆规程》第八条的规定，并要求"公立学校、工场附设通俗图书馆之经费，列入主管学校、工场预算之内"，第十条参照《图书馆规程》的有关规定，要求"私人以资财设立或捐助通俗图书馆者，由地方长官依照捐资兴学褒奖条例，咨陈教育部核明给奖"[16]。在此基础上，1927年的《图书馆条例》第十一条又进一步规定，"公立图书馆之经费，应于会计年度开始之前，由主管机关列入预算，呈报大学院，但不得少于该地方教育经费总额的百分之5"，第十四条规定"私人以资财设立或捐助图书馆者，得由主管机关呈报大学院核明给奖"[17]。

1.3 在政策层面确立了公共图书馆的性质

1937年前，民众对西方公共图书馆性质的认识逐步走向深入，这一认识的过程和结果也直接反映在了政策文件中。《京师图书馆及各省图书馆通行章程》中将图书馆藏书分为"保存之类"和"观览之类"，并在第八条中规定"保存图书，别藏一室。由馆每月择定时期，另备券据，以便学人展视。如有发明学术堪资考订者，由图书馆影写、刊印、钞录，编入观览之类，供人随意浏览"，第九条中规定"凡中国官私通行图书、海外各国图书，皆为观览之类。观览图书，任人领取翻阅，惟不得污损剪裁及携出馆外"[18]。该规定对于观览图书给予了"任人领取翻阅"的开放服务政策，但尚不允许"携出馆外"，对于保存图书则采取限定时间（"每月择定时期"）、限定读者（"学人"）、限定使用方式（持"券据""展视"）的有限度开放政策。而1915年的《图书馆规程》则在第一条就提出图书馆应"储集各种图书，供公众之阅览"，首次在政策文件层面将图书馆的服务对象定位为公众，体现了图书馆的公共性，此后的图书馆政策文件也大都将"公众"作为图书馆的服务对象，但《图书馆规程》第九条又规定"图书馆得酌收阅览费"[19]，由于该规定同时适用于《图书馆规程》所调整的公共图书馆和私立图书馆，可见当时公共图书馆的开放性与公益性尚不彻底；同年发布的《通俗图书馆规程》依然强调了通俗图书馆应"储集各种通俗图书，供公众之阅览"，同时在第七条规定"通俗图书馆不征收阅览费"[20]，确保了公众可获得通俗图书馆提供的免费阅览服务，一定程度上弥补了《图书馆规程》关于征收阅览费规定对公众阅读图书馆通俗文献可能造成的障碍。1927 年的《图书馆条例》则在第七条进一步提出“图书馆为便利阅览起见,得设分馆、巡回文库及代办处,并得与就近之学校订特别协助之约”[21],此规定已有通过建立不同形式的图书馆设施,构建服务网络,提高图书馆服务对公众的覆盖率和方便公众阅览的理念,并在 1930 年的《图书馆规程》中得以延续。

1.4 政策制度尚不够系统

如表 1 所示,1937 年前颁布的政策文件涵盖的范围比较宽泛,其中既有关于各类型图书馆建设与管理的综合性文件,也有关于私立图书馆创设的专门规定,如《私立图书馆立案办法》(1930 年);既有旨在加强图书馆业务建设与管理的规定[如《教育部咨各省区请通饬各省县图书馆注意搜集乡土艺文文》(1916 年)等],也有旨在重点解决图书馆开办过程中一些紧要事务的规定。但是,这些政策文件所提供的政策保障对于图书馆的建设来讲还远远不够系统。

以图书馆建筑为例,仅有《京师图书馆及各省图书馆通行章程》第四条规定,“图书馆地址,以远市避嚣为合宜。建筑则取朴实谨严,不得务为美观。室内受光通气,万当考究合度,预防潮湿霉蚀之弊”[22]。该规定仅对图书馆选址与建筑做出了原则性规定,对于图书馆建设实践来说,尚需要更为细致、全面且具有可操作性的规定,但此后的各类图书馆政策文件均再无有关图书馆选址与建筑方面的要求。

又如,这一时期的政策文件中包含了文献资源建设的总体政策,除建立对国家图书馆的文献呈缴制度外,还对图书馆文献资源采选做出了规定。例如,《京师图书馆及各省图书馆通行章程》第十条规定“中国图书,凡四库已经著录及四库未经采入者,及乾隆以后所有官私图籍,均应随时采集收藏。其有私家收藏旧椠精钞,亦应随时假钞,以期完备。惟近时私家著述有奉旨禁行及宗旨悖谬者,一概不得采入”,第十一条规定“海外各国图书,凡关系政治学艺者,均应随时搜采,渐期完备。惟宗旨学说偏驳不纯者,不得采入”[23]。1915 年的《图书馆规程》和《通俗图书馆规程》第一条分别规定图书馆应“储集各种图书”及“储集各种通俗图书”[24],在此基础上,《图书馆条例》则在第六条进一步规定“公立图书馆除搜集中外各书籍外,应有收集保存本地已刊、未刊各种文献之责”[25]。1930 年的《图书馆规程》第六条又进一步明确为“公立图书馆除搜集中外各书籍外,应负责收集保存本地已刊、未刊各种有价值之著作品”[26]。上述规定基本延续的都是全面采集文献的思路,但在面对文献数量增加、图书馆经费有限的现实情况下,应如何执行这一思路,却没有系统的规定,特别是对图书馆如何根据公众的需求采集文献的问题,更是缺乏相应的政策规定。对此,沈绍期 1918 年在《中国全国图书馆调查表》的结论中给予批评,“图书馆书籍,不在搜罗美备,而在适切地方人民之需用。现各省馆内所藏之书,备参考者实占多数。今后添购书籍,选择必求其当,种类毋求其备,以能培养国民之常识为要旨”,并指出有些图书应“概从缺略,既可省购多少闲书,且留多数金钱,广设图书馆焉”[27]。

公共图书馆作为一个新生事物,经过清末民初的发展,至抗日战争前已初具规模,根据教育部 1916 年所做的调查,全国有图书馆 260 所[28];根据 1925 年中华图书馆协会成立时所做的第一次图书馆调查，全国图书馆计502所[29]；根据《申报年鉴》1936年的统计，除西藏外，全国二十八省、六直辖市区共有图书馆5196所，其中各地单设图书馆及民教馆达2492所[30]。其发展速度之快，与政策的引导与推动有很大关系。

2 艰难引导：抗日战争期间至新中国成立前的公共图书馆政策

1937年7月7日，抗日战争爆发。战争期间，侵略者毁灭和强占中国各地的图书馆，大肆掠夺和毁坏珍贵古籍与进步书籍、报刊，各地图书馆大规模西迁，损失惨重。据统计，战争爆发仅一年时间，全国图书馆损失就达2166所[31]，全国图书损失至少在1000万册以上[32]。八年抗战期间共损失图书馆2118所，民众教育馆835所[33]，“公共图书为敌劫运者，北平约20万册，上海约40万册，天津、济南、杭州等处各10余万册……损失书籍当在1500万册以上”[34]。到战争结束后的1947年，图书馆的数量从1936年的5196所锐减到2702所[35]。刚刚经历第一个发展高峰的我国公共图书馆事业遭到了严重破坏。

然而，即便是在这一特殊的历史时期，国民政府对图书馆事业的监督与扶持仍未松懈，先后颁发了《修正图书馆规程》《图书馆工作大纲》《图书馆工作实施办法》《国立中央图书馆组织条例》《图书馆规程》等旨在规范和促进图书馆事业发展的专门政策文件，并在有关促进社会教育的政策文件中，将公共图书馆作为社会教育的重要机构纳入其中。在中央政策的引导下，一些地区也颁布了专门的图书馆政策。这些政策对于抗战时期图书馆事业有着重要的引导作用，使图书馆事业能够在战火纷飞的年代得以存留，并在西迁的时代背景下艰难发展，最终为图书馆事业在战后的迅速恢复打下了基础。

这一时期颁布的政策主要由国民政府和陕甘宁边区制定，其中一些主要政策文件如表2所示。

表2 1937—1949年公共图书馆主要政策文件一览表

名　称	颁布机构	颁布时间
广西省各县设置巡回文库办法	广西省政府	1937年
浙江省战时各级图书馆工作大纲	浙江省教育厅	1937年
广西省各县设置县立图书馆办法	广西省政府	1938年
社会教育工作纲要	陕甘宁边区教育厅	1938年
民众教育馆辅导各地教育办法大纲	教育部	1939年
社会教育机关协助各级学校兼办社会教育办法	教育部	1939年
修正图书馆规程	教育部	1939年
图书馆工作大纲	教育部	1939年
图书馆辅导各地社会教育机关图书教育办法大纲	教育部	1939年
社教指导团工作纲要	陕甘宁边区教育厅	1939年
陕甘宁边区民众教育馆组织规程	陕甘宁边区政府	1940年

续表

名　称	颁布机构	颁布时间
县各级组织纲要计划	福建省政府	1940 年
国立中央图书馆组织条例	国民政府	1940 年
广西省立民众图书馆计划	广西省政府	1940 年
陕甘宁边区民众教育馆组织规程	边区政府教育厅	1940 年
普及全国图书教育办法	教育部	1941 年
各级学校及各机关团体设置图书馆(室)供应民众阅览办法	教育部	1941 年
县(市)立图书馆设置巡回文库办法	教育部	1941 年
各抗日根据地文化教育政策讨论提纲(草案)	中共中央	1941 年
广西省普及图书馆教育实施计划	广西省政府	1941 年
普及全国图书教育办法	教育部	1943 年修正
国立西北图书馆筹备委员会组织规程	教育部	1943 年
图书馆工作实施办法	教育部	1944 年
普及全国图书教育办法	教育部	1944 年修正
国立中央图书馆组织条例	国民政府	1945 年修正
图书馆规程	教育部	1947 年

2.1　国统区公共图书馆政策的特点

侵略战争对政治、经济、文化、社会等造成了全面破坏,公共图书馆在新的社会环境下逐步承担起新的职能,事业发展的重心也有所调整,这一时期的政策文件反映了这一变化。

2.1.1　重视图书馆社会教育职能的发挥

1939 年,教育部对 1930 年公布的《图书馆规程》进行了修订,颁布了《修正图书馆规程》,其第一条即开宗明义地提出“图书馆应遵照中华民国教育宗旨及其实施方针与社会教育目标,储集各种图书与地方文献,供众阅览,并得举办各种社会教育事业,以提高文化水准”[36],首次在图书馆专门政策文件中对图书馆应承担社会教育职能做出了规定。1947 年的《图书馆规程》的第一条仍然保留了该规定,同年颁布的《图书馆工作大纲》第三条又指出“图书馆之施教目标,在养成健全公民,提高文化水准,改善人民生活,促进社会发展”,并在第八条详细列出了社会教育工作的主要形式(1944 年的《图书馆工作实施办法》也有类似规定)[37]。1939 年颁布的《图书馆辅导各地社会教育机关图书教育办法大纲》第二条规定,“图书馆应以辅导各地社会教育机关教育为主要任务之一”[38]。为发挥图书馆在战时的宣传作用,1941 年颁布、1943 年和 1944 年两度修订的《普及全国图书教育办法》第十二条还对县市立图书馆及乡镇书报阅览室选购书报应遵循的原则做出了统一规定,包括“阐扬三民主义者”“适应抗战建国之需要者”等[39]。浙江省教育厅还于 1937 年专门颁布了《浙江省战时各级图书馆工作大纲》,明确提出了两条工作原则,即“战时各级图书馆工作以指导民众参加全体动员之准备,从事抵抗敌人侵略,并指导民众应付战时各种之智识为目的”“战时各级图书馆，为适应战时需要，应运用平时已有之组织及活动，从事广大救国宣传工作，并领导民众作长期搞战之准备”，并提出了九项具体的工作实施措施[40]。

2.1.2　开始对县以下基层图书馆（室）的发展有所规划

清末民初的图书馆政策文件主要着眼于省、市、县级图书馆的建设，1939 年的《修正图书馆规程》第二条要求各省、直辖市应当至少设置省、市立图书馆各一所，而对县市级图书馆的设置则没有强制要求，仅提出“各县市（普通市）应于民众教育馆内附设图书室，其人口众多、经费充裕、地域辽阔者，得单独设置县市立图书馆”[41]，并在其后补充规定“地方自治机关、私法人或私人，亦得设立图书馆”[42]，这是首次对县以下地方自治机关设立图书馆做出的规定。1941 年 2 月颁布的《普及全国图书教育办法》，经 1943 年、1944 年两次修订，首次对乡镇设立书刊阅览室做出了明确规定。例如，第四条要求“各乡镇应即设置书报阅览室 1 所，并应逐渐增设，以期每保有书报阅览室 1 所，其经费以乡镇自筹为原则，贫瘠乡镇得由县市政府补助”；第五条规定“各级图书馆应尽量于集镇或人口稠密之处设置分馆或书报阅览室，以利阅览”；第七条规定各级图书馆应“设置书报供应站，办理各该下级图书馆（室）及书报阅览室书报供应事宜”；第十一条规定“乡镇书报阅览室得附设于乡镇中心学校及保国民学校办理”[43]。可以看出，国民政府对县以下基层图书馆的发展已经开始重视。1941 年 6 月颁布的《各级学校及各机关团体设置图书馆（室）供应民众阅览办法》第五条又进一步要求“各图书馆（室）应协助当地乡镇保设置书报阅览室”[44]。此外，一些地方政府也对加强本地区基层图书馆建设做出了相应规定，如当时的广西省规定各村街国民学校一律设立书报阅览室，并制定《广西省立民众图书馆计划》以期将图书教育推及至各乡镇[45]。政策文件对这一时期基层图书馆（室）建设的重视，可能源于许多省、市图书馆在战乱中西迁，对当地基层民众服务的重任需要下移。

此外，这一时期的政策文件还着眼于扩大图书馆服务的覆盖范围，为民众阅览提供便利，并提出了明确要求。例如，1939 年颁布的《修正图书馆规程》第十条规定“图书馆为便利阅览起见，应设分馆、巡回文库、图书站及代办处，并得协助学校办理图书阅览事宜”[46]；同年颁布的《图书馆工作大纲》第八条关于县市（普通市）立图书馆的工作规程中，对推广组的工作提出了“按照县市人口之分布，设立分馆、图书站及图书代办处”“办理巡回文库，便利人口稀疏、交通不便之山区及边区民众”的要求[47]。1941 年还专门颁布了《县（市）立图书馆设置巡回文库办法》。这些规定反映出政策的制定者已经开始结合人口分布，思考如何使更多的民众能够利用图书馆的文献。

2.1.3　图书馆专门政策文件对规范图书馆事业的要求更加细化

1939 年 7 月 22 日，国民政府教育部公布《修正图书馆规程》，对此前的条例、规程进行了修订，修订后的规程范围更为宽泛，内容更为详尽，对图书馆的设立、内设机构、人员配备、运行管理、经费管理、开放时间等都做出了规定。例如，《修正图书馆规程》不仅规定了省市、县市图书馆的设立办法，还对私立图书馆的设立及管理制度做出了规定，提出“图书馆之由私法人或私人设立者，以董事会为其设立者之代表，负经营图书馆之全责，有处分财产、推选馆长、监督用人行政、议决预算决算之权”；首次对图书馆的内设机构做出了规定，要求省市立图书馆设置总务部、采编部、阅览部、特藏部、研究辅导部，县市立图书馆设置总务组、采编组、阅览组和推广组,并规定了各部门职责;在人员设置方面,除配备馆长外,还首次提出"图书馆每部组设主任1人,干事若干人",并对各级图书馆的馆长、主任及干事的任职资格分别提出了明确要求;规定图书馆应当按期召开图书馆馆务会议、辅导或推广会议,对参会人员、会议内容及会议召开频率都有详细要求,同时还对图书馆应当成立的各种讨论会、委员会提出了要求,并特别提出"图书馆为谋事业之发展起见,得连络地方党政机关、社会团体及热心图书馆事业人士,组织各种委员会";要求省市图书馆承担对县市及地方自治机关、公立或私立图书馆的辅导职责;在经费方面,要求"薪工不得高于百分之50,事业费及图书购置费不得低于百分之40,办公费占百分之10";还对图书馆的休假制度、开放时间等做出了规定,要求"图书馆每日工作时间,以8小时为原则,并须酌量地方情形,于晚间开放"[48]。即便是将《修正图书馆规程》放在今天公共图书馆事业发展的环境下来审视,其要求之具体、内容之全面、对公立图书馆精神之深入把握,都值得我们在今天的图书馆立法中思考与借鉴,这些规定在1947年公布的《图书馆规程》中基本得以延续。

根据《修正图书馆规程》第八、九条对图书馆内设部组及其职能规定的基础上,教育部于当年又颁布了《图书馆工作大纲》,对各个部组的工作内容、工作方法及工作考核都提出了非常详细的要求,几乎囊括了今天各级公共图书馆所开展的大部分工作;特别是其中对省市图书馆研究辅导部的工作要求,既包括对本省区内各级图书馆的调查、统计,也包括对图书馆员的辅导,对图书馆工作的研究,对读者的研究以及图书馆服务的推广和对其他学校团体机关在图书阅览方面的支持;对县市图书馆推广组的工作要求则着眼于用分馆、巡回服务、学术演讲、读书顾问、巡回壁报、放映幻灯片或教育影片等各种方法推广图书馆服务,辅导民众提高阅读素养。不难看出,图书馆工作在这些政策文件的引导下,越来越走向专业化和规范化。

尽管这一时期图书馆事业受到较大冲击,但是国民政府和许多地方政府都先后颁布出台了多部图书馆政策文件,正因为国民政府在民族危亡的困难时期仍未放弃图书馆事业,国统区的图书馆事业在全面萎缩的大背景下才能保存一线生机。图书馆数量在战后逐步恢复,1946年全国公私立图书馆约831所,至1947年即增至2702所[49]。

2.2 陕甘宁边区图书馆政策的特点

1935年10月,中央红军长征到达陕北,1936年,在中国共产党的领导下,陕甘宁边区建立根据地,中国共产党领导革命事业。在特殊的历史条件下,中共中央与边区政府仍然将培育并发展图书馆事业作为一项重要工作。与国统区图书馆在战时惨淡经营、勉强维持的情况不同,抗日战争时期是陕甘宁边区图书馆事业迅速发展的鼎盛时期[50]。在这一时期,抗日根据地的图书馆事业经历了从无到有,从初创到兴旺的发展历程,陕甘宁边区从最初的只有3个图书馆,到1941年7月延安图书馆协会成立时有各类图书馆(材料室)60多个,被誉为"是在中国图书馆事业发展史具有特殊意义的重要篇章"[51]。这一时期陕甘宁边区图书馆政策具有以下几个特点。

2.2.1 引导图书馆根据战时需要最大限度地发挥职能

1937年,陕北省委宣传部召开的各县宣传部长联席会议决定,"为宣传抗日救国方针,发展民众教育，提高人民文化政治水平，将在各市、镇设置图书馆、阅报室”[52]。1938 年，陕甘宁边区教育厅印发了《社会教育工作纲要》，将图书馆纳入文化工作的范畴。在“怎样办社会教育”一章中，专门设立了“怎样办民众图书馆”部分，从图书馆的中心事业、设立、图书购置、图书阅览、活动的开展与组织等 6 个方面做出了详细规定，被认为是“边区政府关于图书馆工作最早、最系统的一个指导性文献”[53]。《社会教育工作纲要》中除规定图书馆提供借阅书报服务外，还提出图书馆应“提倡正当的娱乐”“应成为当地的社会教育中心”，并详细规定了图书馆应开展的活动形式，包括设民众代笔问字处、请人讲演、出版墙报、说书，在民众生产之暇举行娱乐活动，组织读书会、读报会、歌咏会、新文字班等。《社会教育工作纲要》还特别对图书馆在抗战的特殊历史背景下发挥作用提出了要求，规定图书馆应“充分搜集并购置各种有关救亡、军事的书报”，在阅览室“壁上悬挂国难统计、战事常识挂图”，经常由负责人召集民众报告时事，提倡救亡读书竞赛，以及剪贴报纸、揭示时事等[54]。1940 年，陕甘宁边区教育厅发布了《陕甘宁边区民众教育馆组织规程》，指出“民教馆为进行社教之机关，其任务为消灭文盲，宣传政治常识、科学常识，发展经济建设，提倡卫生，破除迷信，组织与提高群众文化娱乐工作”[55]。陕甘宁边区政府非常重视民众教育，兴办了多种组织，采取了多种形式开展社会教育工作，这些工作许多都依托图书馆开展。例如，1938 年的《社会教育工作纲要》在“怎样办民众墙报”部分提出，“如果图书馆有负责人，墙报可由图书馆负责”；在“说书、打鼓书”部分提出，“说书场可利用图书馆或俱乐部”[56]。因此，陕甘宁边区的图书馆常与教育馆、俱乐部、阅览室、书店、出版社甚至文艺团数位一体，兼具普及教育、文艺娱乐、编辑出版多种功能，最大限度地发挥了图书馆的服务功能。上述政策中的规定对于边区图书馆及类似机构在陕甘宁边区的政治、文化、经济建设和抗日救国宣传中发挥作用起到了重要的引导作用。

2.2.2　因地制宜，鼓励多样化的办馆方式。

因各方面条件所限，陕甘宁边区“大部分馆只是一些十分简陋的土窑洞”[57]，条件都比较艰苦，馆舍简陋，经费紧缺，藏书匮乏，人员不足，但边区政府在政策上积极创造条件，鼓励多种办馆方式，广大图书馆工作者因陋就简，创造了形式多样的服务方式。1936 年 9 月，毛泽东、周恩来、博古在给彭德怀、刘晓、李富春的致函中表示，同意李富春同志提出的办法，组织流动图书馆，并规定了流动图书馆的运行方式，这是边区最早的流动图书馆。1939 年 4 月，陕甘宁边区教育厅印发的《社教指导团工作纲要》中提出要“充实已经设立的民教馆、建立新的民教馆（或室）”，并提出民教馆应“设立图书报章，图书报章要通俗适用”[58]。1941 年 2 月，中共中央《各抗日根据地文化教育政策讨论提纲（草案）》第九条规定，要“建立通俗图书室，大众阅报室，通俗教育馆等等”[59]。中共陕西省委在 1939 年 7 月 5 日发出的通知中，也提出“县级、区级流动图书馆的设立，是为解决对该级干部在学习研究上图书报章供给的调剂问题，其设立是按实际需要与环境来决定”[60]。到延安图书馆协会 1941 年 7 月成立时，陕甘宁边区已有各类图书馆 60 多个[61]。

2.2.3　尚未形成专门、系统的图书馆政策文件

上文提到的《社会教育工作纲要》中有关“怎样办民众图书馆”的内容，是陕甘宁边区政府关于图书馆工作较为集中的政策规定。除此之外，边区政府未颁布专门的图书馆政策文

件，但在其他各种相关的政策文件或其他各种形式的决定中，散布有不少与图书馆有关的内容，涉及图书馆的设置、经费、人员、文献资源建设等。

在图书馆设置方面，《社会教育工作纲要》不仅规定“每县、区、乡、村，都要有图书馆或红角（红色文献阅读区域）的设立”，还要求阅览室要设在“人口集中点，要宽大，光线充足，出入方便”[62]的地方。陕甘宁边区两所规模最大的公共图书馆都是由边区政府主导建设的，1936 年 10 月，中共中央致电国民党中央与南京政府，提出为悼念鲁迅，决定“改苏维埃中央图书馆为鲁迅图书馆”；1937 年夏，中共中央决定成立中山图书馆；1939 年秋，中共中央又决定将因遭日寇轰炸而一度停办的中山图书馆扩建为延安最大的公共图书馆；1943 年 3 月，中央政治局通过了成立中央研究局的决定，并在中央研究局下成立了一个比较完备的图书馆——中共中央图书馆。正是在党中央的直接倡导与推动下，边区众多图书馆、民教馆、图书室、阅览室等才得以陆续成立。

在经费与人员方面，党中央、陕甘宁边区政府和边区教育厅局发布的一些文件中对各机关、学校的图书馆及各县民教馆的机构设置、人员编制、购书经费都有明确的规定。1939 年的《民教馆简则》和《民众教育馆简则》中均规定民教馆应设馆长、总务干事、教育干事和宣传干事，并规定了其相应的职责。《民教馆简则》中规定了民教馆经费的三个来源，即“由教育厅按月发给，由各县教育基金开支或部分补助，民众自由捐助”[63]。1940 年的《陕甘宁边区民众教育馆组织规程》第五条规定“民教馆设馆长一人，由县、市政府荐请教育厅核委，或由教育厅委派；干事若干人，由县、市政府委派，或由馆长荐请县市政府核委。民教馆在初开时，得先设馆长、干事各一个，以后工作开展，再行增设干事”；第九条规定“民教馆之经费由各县市政府自行筹集”[64]。1942 年，陕甘宁边区政府发布命令，指示边区政府教育厅给鲁迅图书馆增加一名工作人员。1943 年的《陇东分区 1943 年教育工作计划》提出“建立图书室，镇原的三岔、环县环城区各建立一处，干部一人为限”[65]。1946 年 5 月的《陕甘宁边区政府命令》指出“目前农村经济发展的情况下，群众生活比较富裕，亟须提高文化，但书报甚少！教育厅可抽款拨发各地，设立图书馆供给大家阅读”。1949 年 5 月，《陕甘宁边区政府命令——关于公布各厅、处、院、行及所属各机关学校人员、编制》中明确规定，边区政府秘书处下设“图书馆员”编制[66]。1949 年 4 月颁布的《陕甘宁边区中等学校及完小工作人员编制暂行标准》中规定，各校“一般设图书仪器管理员一人，如图书仪器充足者可增设一人”[67]。1949 年 8 月颁布的《新区中等学校及完小工作人员编制暂行标准》中又重申了这一规定。

在文献资源建设方面，毛泽东、周恩来多次给在国统区工作的同志去电、去函，指示他们利用一切条件注意为陕甘宁边区的图书馆采买图书。中共中央宣传部做出规定，凡陕甘宁边区和各根据地出版的马列著作与其他政治理论图书，都要送一定数量给中央研究院图书馆，可视为边区呈缴本制度的先河。

此外，在图书馆事业管理方面，1939 年 4 月 4 日公布的《陕甘宁边区政府组织条例》第十二条规定教育厅应负责“关于图书馆、博物馆、科学馆及公共体育娱乐场所之管理”[68]。1941 年发布的《陕甘宁边区政府组织条例草案修正案》第十四条再次明确由教育厅掌管图书馆管理事项。1949 年 4 月发布的《陕甘宁边区政府暂行组织规程》第十二条又规定，教育厅掌管“关于有历史文化价值之古物、纪念陵园、名胜古迹、图书馆、博物馆、人民体育事业之筹划管理与保护事项”[69]。1942 年 1 月发布的《陕甘宁边区县政府组织暂行条例》第十一条规定，县政府“第三科掌理教育行政、学校教育、社会教育、民教馆、图书馆……及其他文化建设事项”[70]。

综上，陕甘宁边区图书馆事业虽然呈现出了欣欣向荣的发展景象，反映出革命圣地的特有风貌，但总体上事业规模不大，且由于处在特殊的历史时期，文化建设尚非亟须解决之主要矛盾，因此，在边区政府颁布的各项政策文件中，有关文化建设的政策文件并非主体，图书馆政策因而也只是散布于有关政策文件中，尚没有形成专门、全面、系统的图书馆政策文件。

3 启示

一部公共图书馆事业发展史同时也是一部公共图书馆事业政策的发展史。今天，当我们回首对我国图书馆事业的政策变迁历史进行梳理时，特别是将政策与其时的经济社会发展结合起来进行考察的时候，其中有许多值得借鉴的经验，也有许多值得吸取的教训，在本文所阐述的这两个历史阶段，至少有两点启示值得我们在今天完善面向公共图书馆服务体系建设的图书馆事业政策时借鉴与参考。

一是缺乏必要的社会环境与经济基础，图书馆政策对图书馆事业发展所能发挥的作用将受到很大限制。

例如，民国时期虽然颁布了不少图书馆专门政策文件，但因经济基础所限，实际执行情况并不都十分理想。特别是县、市图书馆，其建设情况不容乐观。截至抗战前，我国共有 1900 多个县，虽然几乎每县、市政府所在地均设有图书馆，但大都因陋就简，规模通常很小，藏书为数亦少，且多半由没有受过充分训练的馆员主持馆务或从事工作[71]。甘肃省在 1913—1927 年间有 18 个县设有县图书馆，但“形同虚设者多，名实相符者少”[72]。潮汕地区的县、市图书馆则“整体较为落后、发展较缓慢，主要表现在管理不足、活动场地极为狭小、设备简陋、经费紧张、人员少、藏书量少等方面”[73]。湖南省立通俗图书馆于 1912 年开始筹建，“由于缺乏经费，无力购书开馆”，1914 年冬其才在湖南通俗教育图书编辑所下设湖南通俗图书馆，但藏书较少，直至“1920 年 11 月，湖南通俗图书馆重新整顿开馆，计划添置通俗图书，设置平民阅览室，终因省政权变化，计划再次落空”[74]，开办后因藏书少而不能满足读者需要。1936 年，浙江省的通俗图书馆（包括县市区立或私立图书馆、民众教育馆图书部）约有 185 所，但“图书大都缺乏且不使用，经费不够最低限度的购书，阅览事业和其他设施更多未能达到相当的水平线”，图书馆读者寥寥。面对此现象，陈训慈先生感慨道：“单看图书馆数的增加，而没有阅者的增加，根本算不来进步。”[75]受民国时期政治局势的影响，这一时期政策的执行也缺乏良好的政治环境。由于政治动荡，政府与地方政区建制更迭频繁，使主要依靠政府建设的公共图书馆受政局影响颇大。例如，1929 年宁夏建省后，军阀马仲英、孙殿英先后率军进犯，战祸为宁夏的图书馆事业带来了较大冲击，“到民国二十五年（1936 年），全省民众阅报所仅有二、三处，且多简陋”[76]。

在全国抗战的特殊时期，政策规定就更难落实。例如，1941 年的《普及全国图书教育办法》中规定“图书馆经常费，省市立者每年不得少于5万元，县市立者每年不得少于1万5千元，乡镇书报阅览室每年不得少于2千元”[77]，但地方政府多无足够财力，图书馆经费遭到裁减，且战争期间物价飞涨，图书馆的开办举步维艰。广东省立图书馆1943年因物价上涨无力维持而不得不闭馆1年；1944年正式开放的国立兰州图书馆也因经费问题于1945年初奉令停办[78]。由于图书价格涨幅达数十倍，许多图书馆在战争期间不得不停止更新书刊或仅少量购入新书刊，广东省立图书馆在1946年的前8个月仅购书43册，加之原有图书在战火中损毁严重，图书馆的文献已远不能满足民众的需要。为缓解这一窘境，教育部与外交部会同有关机构共同成立了“战时征集图书委员会”，并由该委员会“向英美各国大规模宣传与募集图书”[79]。

二是政策应当及时反映社会的变化及其对图书馆的需求。

历史经验告诉我们，凡是社会发生巨大变化，人们对图书馆的需求有所增强时，如果政策能够及时感知和响应这种社会需求，对图书馆事业发展做出相应的规划、调整与引导，图书馆事业就会有突飞猛进的发展。例如，在近代意义的公共图书馆诞生之初，清政府以国家专门法规的形式及时地对社会发展变化所带来的对公共图书馆的需求做了回应，1910年清政府颁布《京师图书馆及各省图书馆通行章程》，这是我国历史上第一个由中央政府颁布的图书馆法规。该章程共20条，分别对图书馆的宗旨、设立、命名、选址、馆舍布局、人员配置、藏书采集与保管、藏书利用、经费、图书馆管理等一一进行了规定。1915年，北京政府教育部先后发布了《通俗图书馆规程》和《图书馆规程》，对各地区通俗图书馆和图书馆的设立、人员配备和待遇、经费、管理、社会资助、服务收费等事项进行了规定。这两个规程可以说是我国政府最早颁布的真正近代性质的图书馆法规，其充分体现了为普通民众服务的近代图书馆精神[80]，使公共图书馆在这个社会变革的时期得到了高度关注与快速发展，一度营造了公共图书馆诞生之初的发展高潮。

参考文献

[1] 夏白鸽. 中国历史上第一次与图书馆事业有关的出洋考察[J]. 大学图书馆学报，1998(1)：42－46.

[2] 端方. 端忠敏公奏稿：第12卷[M]. 台北：文海出版社，1982.

[3] 高旺. 晚清中国的政治转型：以清末宪政改革为中心[M]. 北京：中国社会科学出版社，2003.

[4][6－8][10－12][14－16][18－20][22－24][27] 李希泌，张椒华. 中国古代藏书与近代图书馆史料[M]. 北京：中华书局，1982.

[5] 吴稌年. 清末新政与中国近代公共图书馆运动[J]. 图书馆理论与实践，2008(1)：112－114.

[9][13][17][21][25－26][36－39][41－44][46－48][77] 河北大学图书馆学系. 图书馆法规文件汇编[G]. 石家庄：河北大学图书馆学系，1985.

[28－29][32][35][45][71][79] 严文郁. 中国图书馆发展史：自清末至抗战胜利[M]. 新竹：枫城出版社，1983.

[30] 陈训慈. 中国之图书馆事业[G]//浙江图书馆. 陈训慈百年诞辰纪念文集. 北京：北京图书馆出版社，2006：310－335.

[31] 谢灼华. 中国图书和图书馆史[M]. 武汉：武汉大学出版社，2005.

[33] 黄颖. 日本帝国主义对我国图书馆事业的破坏与掠夺[J]. 津图学刊，1995(3)：1－5.

[34] 韩启桐. 中国对日战事损失之估计:1937—1943[M]. 上海:中华书局,1946.
[40][52][59] 浙江省图书馆志编纂委员会. 浙江省图书馆志[M]. 北京:中国书籍出版社,1994.
[49][53][57][65-66] 陈源蒸,张树华,毕世栋. 中国图书馆百年纪事:1840—2000[M]. 北京:北京图书馆出版社,2004.
[50][60] 赖伯年. 陕甘宁边区的图书馆事业[M]. 西安:西安出版社,1998.
[51][61][78] 杨玉麟. 抗日战争时期的陕甘宁边区图书馆事业[J]. 四川图书馆学报,2005(1):66-69.
[54-56][58][62-64][69] 陕西师范大学教育研究所. 陕甘宁边区教育资料:社会教育部分[M]. 北京:教育科学出版社,1981.
[67] 陕西省档案馆,陕西社会科学院. 陕甘宁边区政府文件选编:第十三辑[M]. 北京:档案出版社,1986.
[68] 陕西省档案馆,陕西社会科学院. 陕甘宁边区政府文件选编:第一辑[M]. 北京:档案出版社,1986.
[70] 陕西省档案馆,陕西社会科学院. 陕甘宁边区政府文件选编:第五辑[M]. 北京:档案出版社,1986.
[72] 邵国秀. 民国时期甘肃的图书馆事业[J]. 图书与情报,1992(3):57-64.
[73] 郑喜胜. 民国时期潮汕地区图书馆事业发展概述[J]. 图书馆学研究,2009(7):11-14.
[74] 沈小丁. 民国视野下的湖南地方图书馆事业:1912—1949[J]. 图书馆,2009(1):129-132.
[75] 陈训慈. 民众图书馆改进之管见[G]//浙江图书馆. 陈训慈百年诞辰纪念文集. 北京:北京图书馆出版社,2006.
[76] 李景华,索冰. 民国时期的宁夏公共图书馆事业[J]. 图书馆理论与实践,1999(3):48-51.
[80] 疏志芳. 清末民初的公共图书馆事业[J]. 安徽教育学院报,2006(4):124-126.

(原载于《图书馆建设》2014 年第 4 期)

《公共图书馆服务规范》指标内容分析

——与美国、澳大利亚、英国公共图书馆服务标准的对比研究

王秀香

标准规范是贯穿于图书馆事业发展的一个复杂而又重要的问题，是规范图书馆工作的重要基础。美国图书馆界早在1917年就公布了公共图书馆标准，而国际性的标准也以1949年由联合国教育、科学及文化组织公布的《联合国教科文组织公共图书馆宣言》为滥觞。其后，国际图书馆协会和机构联合会于1958年在马德里通过了《公共图书馆服务标准》，于1959年又通过了《公共图书馆建筑标准》，这些标准都对各国图书馆事业之影响至深且远[1]。

2011年底，我国图书馆界的第一个国家标准——《公共图书馆服务规范》（以下简称《规范》）发布，2012年5月1日正式实施。《规范》适用于县（市）级以上的公共图书馆，街道、乡镇级公共图书馆以及社区、乡村和社会力量创办的各类公共图书馆基层服务点可参照执行。《规范》的发布填补了当前我国图书馆标准规范体系中服务类标准规范成果的空白，对于改善公共图书馆服务的条件、提高公共图书馆服务的整体品质、提高公共图书馆的服务效能和管理效益具有重要意义，体现了文化大发展大繁荣中公共图书馆事业的理性发展、包容性发展和可持续发展[2]。

1 公共图书馆服务标准的内涵

公共图书馆服务标准是由各国政府主管部门或图书馆专业组织，或政府指定的专门委员会负责研订，其内容多根据图书馆设置的目标，就图书馆服务所应达到的素质要求及图书馆经营涉及的具体条件（如藏书、人员、经费及建筑设备等）所应达到的最低数量要求做出规定[3]。公共图书馆服务标准是用以管理和指导公共图书馆服务行为的原则与规范，其制定的目的在于清楚、明了地界定公共图书馆的社会责任，为图书馆提供绩效评估的指标框架，它是公共图书馆通过读者服务调研和宣传推广，了解读者获取文献信息的期望或要求，将有价值的信息转变为服务标准的全过程[4]。

2 《公共图书馆服务规范》与国外公共图书馆服务标准的指标内容对比

作为我国图书馆界的第一部国家标准,《规范》对于改善公共图书馆的服务条件、提高公共图书馆的服务质量、提升公共图书馆的服务效能和管理效益具有重要意义。本文将美国、英国、澳大利亚等国家的具有一定代表性的公共图书馆服务标准(见表1)与《规范》进行对比分析,一方面总结国外在图书馆标准体系建设中的经验与理念,另一方面为《规范》的进一步完善与发展提供坚实的理论和实践基础。

表1 国外公共图书馆服务标准一览表

国别	标准名称	颁布时间
美国	《威斯康星公共图书馆标准》[5]	1987年制定,2010年第5次修订
英国	《公共图书馆服务标准》[6]	2001年制定,2008年第3次修订
澳大利亚	《超越优质服务:澳大利亚公共图书馆标准与指南》[7]	1990年制定,2010年第3次修订

由于各国图书馆事业的发展现状及管理体制各有不同,故不能就标准中的每一处内容进行对比,兹就《规范》中的一些重要的量化指标为主线,将各国公共图书馆服务标准中的共同事项进行对比分析。

2.1 计算机设备配备标准

技术设施是信息环境下保障公共图书馆服务有效开展的基础,《规范》指出,公共图书馆应配备一定数量的计算机专供读者使用[8],并分省级、地级和县级3个层次对其数量进行了规定。这种设定方法对提升各图书馆的计算机配备能力具有较大的帮助,但是依然没有突破"一级政府一个图书馆"的体制限制。而国外相关标准主要从计算机服务能力的角度出发,按服务的人口数量分层次地设置指标数值(见表2)。

表2 国内外公共图书馆服务标准中关于计算机配备的指标一览表

国别	指标说明	指标内容
中国	计算机总数	省级馆100台以上;地级馆60台以上;县级馆30台以上
美国	每千人拥有可访问互联网的计算机数量	服务人口数量小于2500人,2.19—6.48台;2500—4999人,1.25—2.58台;5000—9999人,0.73—1.75台;10000—24999人,0.6—1.35台;25000—49999人,0.53—1.37台;50000—99999人,0.53—0.93台;大于100000人,0.53—0.73台
英国	每万人拥有可访问互联网的计算机数量	6台
澳大利亚	能够提供互联网服务的计算机数量	基础目标:至少每3000人拥有1台;扩充目标:至少每2000人拥有1台

2.2 工作人员数量标准

《规范》指出，公共图书馆工作人员数量的确定，应以所在区域服务的人口数量为依据，还应兼顾各图书馆的服务时间、馆舍规模、馆藏资源数量、年度读者服务量等工作[9]。关于人员数量的确定，根据如表3所示的国内外的相关经验，以所服务的人口数量来规定工作人员数量是科学、合理的。但是，因为我国图书馆事业的行政体制限制及所服务的人口数量多种因素的存在，单以所服务的人口数量来对图书馆工作人员的数量做出规定并不是最理想的。笔者认为，针对该指标，可将绝对值和相对值综合来用，对不同级别的图书馆制定不同的标准，人口较为密集的省、直辖市、市图书馆应以所服务的人口数量进行规定，而在人口相对稀疏、面积较为广阔的县域、乡镇则可根据辖域内人口数量设置图书馆员的总数，这避免了一刀切规定所存在的不合理性。

表3 国内外公共图书馆服务标准中关于工作人员数量的指标一览表

国别	指标内容
中国	每服务人口10000—25000人，应配备1名工作人员
美国	无论服务人口的多寡，至少配备1名图书馆员。其中，服务人口数量小于2500人，每千人拥有图书馆员0.6—1.4人；2500—4999人，每千人拥有图书馆员0.5—0.9人；5000—9999人，每千人拥有图书馆员0.5—0.9人；10000—24999人，每千人拥有图书馆员0.5—0.7人；25000—49999人，每千人拥有图书馆员0.5—0.7人；50000—99999人，每千人拥有图书馆员0.5—0.6人；大于100000人，每千人拥有图书馆员0.5—0.6人
澳大利亚	基础目标：至少每3000人配有1位图书馆员；扩充目标：至少每2500人配有1位图书馆员

2.3 馆藏文献标准

与其他国家及地区的公共图书馆服务标准相比（见表4），《规范》除了对馆藏总量和年馆藏增长率进行了规定之外，还对电子文献的年入藏量进行了规定。在公众信息获取方式及数字资源迅速增长的今天，《规范》的这些规定对于提升公共图书馆的数字服务能力起到了较好的推动作用。此外，《规范》还强调，公共图书馆应根据当地读者和居住的外籍人员的需求，积极配置相应的外文文献；少数民族聚集地区的公共图书馆应承担地区少数民族文字、文献资料的收藏和服务职能[10]。这些都是对图书馆多元文化服务规定的体现。但是，我们也发现，《规范》尚未对图书馆的藏书质量做出规定，包括馆藏文献资源的更新频率、剔旧、评估及馆藏结构等。以馆藏更新频率为例，国外的相关标准都有涉及，如澳大利亚的《超越优质服务：澳大利亚公共图书馆标准与指南》规定，50%的馆藏为过去5年之内购买，图书馆事业相对发达的地区58%的馆藏为过去5年之内购买；英国的《公共图书馆服务标准》规定，流通馆藏的更新年限为6.7年。馆藏质量的优劣直接关系到图书馆的文献服务水平，所以，在后续的标准制定或修订过程中，馆藏质量应作为重要方面被予以明确规定。

表4　国内外公共图书馆服务标准中关于馆藏文献数量的指标一览表

国别	指标说明	指标内容
中国	馆藏总量	省级馆大于135万册;地级馆大于24万册;县级馆大于4.5万册
	年新增馆藏量	省级馆大于1.7册/百人;地级馆大于1册/百人;县级馆大于0.6册/百人
	电子文献年入藏量	省级馆、地级馆、县级馆的年入藏量分别应达到9000种、500种和100种以上
美国	人均拥有图书数量	无论服务人口的多寡,图书馆至少配备8000册图书。其中,服务人口数量小于2500人,人均拥有图书6.4—15册;2500—4999人,人均拥有图书4.1—8.2册;5000—9999人,人均拥有图书3.1—6.6册;10000—24999人,人均拥有图书2.9—5.2册;25000—49999人,人均拥有图书2.8—4.1册;50000—99999人,人均拥有图书2.7—4册;大于100000人,人均拥有图书2.5—3.3册
英国	每千人年新增馆藏量	216册(件)
澳大利亚	人均拥有馆藏量	基础目标:2册(件);扩充目标:2.2册(件)/人

2.4　开放时间标准

开放时间是衡量图书馆利用能力的一个重要指标。《规范》指出,公共图书馆应有固定的开放时间,双休日应对外开放,并规定了各级图书馆每周的最低开放时间[11]。从表5中可以发现,相对于其他国家或地区而言,在我国,该指标值偏高。读者能否方便地获取图书馆服务,并不仅是通过开放时间的长短来衡量的,还应考虑开放的时间段。所以,有些国家并未对该指标给出量化的规定,而是做出原则性的指导,如《超越优质服务:澳大利亚公共图书馆标准与指南》声明,公共图书馆应在读者最期望开放的时间段开放;在确定开放时间时,应评估已有用户和潜在用户的需求、社区的人口情况,如青少年数量、拥有孩子的家庭数量、老年人数量等;图书馆远程服务(如在线服务、电子资源服务等)应在任何时间都能获取等[12]。

《规范》在做出量化规定的同时,还应给出一些指导性的建议,且开放时间的长短可结合各地实际情况有所变化,如东三省地区,一年中冬天时间较长,且冬天的白昼时间短,所以其每周的开放时间可适当缩短。此外,开馆时间的概念也需要进一步明确,随着技术的不断发展,许多图书馆都设有24小时自助窗口,这些窗口的开放时间能否含在开馆时间内呢?图书馆开馆具体指提供哪些服务或哪些空间开放?在评估标准中都应给出相关的界定,笔者认为,图书馆的开馆时间应是在一般情况下(不是法定节假日,无重大事项),图书馆在一周内提供主要服务(文献借阅服务、参考咨询服务)的时间。

表 5　国内外公共图书馆服务标准中关于开放时间的指标一览表

国别	指标说明	指标内容
中国	开放时间	省级馆大于等于 64 小时(每周);地级馆大于等于 60 小时(每周);县级馆大于等于 56 小时(每周);独立建制的少年儿童图书馆大于等于 40 小时(每周)
美国	开放时间	无论服务人口的多寡,图书馆每周至少开放 25 小时。其中,服务人口数量小于 2500 人,每周开放 30—48 小时;2500—4999 人,每周开放 44—58 小时;5000—9999 人,每周开放 57—64 小时;10000—24999 人,每周开放 58—66 小时;25000—49999 人,每周开放 62—67 小时;50000—99999 人,每周开放 64—68 小时;大于 100000 人,每周开放 65—69 小时
英国	每千人拥有累计开放的时间	128 小时(计算方法:该指标 = 所有图书馆服务点 1 年的开放时间总和/人口总数)

2.5　人均借阅量标准

人均借阅量是衡量馆藏流通情况和读者对图书馆利用情况的重要指标。《规范》对该指标并未给出具体的量化规定,仅指出,公共图书馆应适时调整外借册数、借期等流通规则,并制定有针对性的服务策略,逐步提高人均借阅量[13]。关于馆藏流通情况的衡量,笔者建议在后续标准的修订中,结合国外的情况(见表 6),可以设置"馆藏流通率"(书刊文献年外借册次/可外借馆藏文献总量 ×100%)的指标,以衡量馆藏文献的利用情况。

表 6　国内外公共图书馆服务标准中关于人均借阅量的指标一览表

国别	指标说明	指标内容
中国	人均借阅量	逐步提高
澳大利亚	人均外借册数	基础目标:8.4 册;扩充目标:10.3 册

2.6　读者满意度标准

读者满意度既是管理部门衡量图书馆服务能力的重要参考指标,也是图书馆进行自我管理与评估的重要参考依据。《规范》规定,读者满意度调查表中对图书馆满意度的选项为"满意""基本满意"和"不满意"3 项[14]。读者满意度以参与问卷调查的读者中选择"基本满意"和"满意"的人数占调查总人口的比例计。国内外标准对读者满意度应达到的要求也做出了相应规定,如表 7 所示。

表 7　国内外公共图书馆服务标准中关于读者满意度的指标一览表

国别	指标说明	指标内容
中国	读者满意度	各级公共图书馆的读者满意度应在 85%(含)以上

续表

国别	指标说明	指标内容
英国	对图书馆服务的评价	94%以上的7—16岁读者对图书馆服务的评价为"非常好"或"好";87%以上的16岁以下的用户对图书馆服务的评价为"好"
澳大利亚	用户满意度	基础目标:95%的用户认为图书馆服务"非常好"或"好";扩充目标:98%的用户认为图书馆服务"非常好"或"好"

3 几点思考

随着社会经济、信息技术的不断发展及公众信息获取方式的不断变化,寻求全国范围内的长期适用标准是不切实际的,结合事业发展现状定期对标准进行修订才是标准功能有效发挥的重要保证。国外较为成熟的公共图书馆服务标准都是在不断的修订中完善的,如美国的《威斯康星公共图书馆标准》自颁布以来共修订了5版,英国的《公共图书馆服务标准》也是前后修订过3次。因此,《规范》的起草单位应结合我国图书馆事业的发展现状及《规范》实施后的效果调查情况,对其进行定期更新与修订,以使其能够准确、全面地规范并指导全国图书馆事业的发展。

笔者在对其他国家和地区的公共图书馆服务标准进行研究的过程中发现,这些标准的内容设置或指标体系建设存在一些亮点,且《规范》的后续修订中有可借鉴之处,具体可以概括为以下几点。

3.1 注重服务效能

从国外公共图书馆服务标准的指标设定中可以发现,其多以馆藏利用率、服务效力为基础进行思考,不单提总量,而是从人均、流通、比例等角度出发设计评价指标,重内涵、重质量、重社会效益(如服务水平的提高、开发和利用文献资源的广度和力度、文献利用率的提升等)的指标应是重点考虑对象。例如,澳大利亚的《超越优质服务:澳大利亚公共图书馆标准与指南》的12个指标都是具体的效能量化指标,如人均、百分比;英国的《公共图书馆服务标准》的10个指标除了用户对图书馆服务的评价外,其他都是具体的效能量化指标。笔者建议《规范》在后续的修订过程中,充分考虑服务效能、图书馆利用率等问题,设置更多的效能量化指标。

3.2 分层次划分指标值

作为全国性的公共图书馆服务标准,各个指标涉及不同地区的图书馆或者不同类型的读者,所以整齐划一的标准并不是最为科学的。所以国外在指标设置时,都遵循"统一规划,分类指导"的原则,如澳大利亚的《超越优质服务:澳大利亚公共图书馆标准与指南》中就通过"基准指标"和"扩展指标"对各地的公共图书馆进行分类指导,增强其可操作性,对同一指标提出不同的量化标准。在下阶段的工作中,图书馆利益相关者建议其将原有的二维指标体系扩展为三维指标[15]。我国由于历史、地理等原因使中西部图书馆事业的发展存在较大差距,所以设置统一的标准指标并不是非常合理的,《规范》的起草单位可以考虑在后续的修订过程中,结合东西部的图书馆事业发展情况,对各个指标设置不同层次的指标值,以增强对各地区的指导意义。

3.3 注重特殊群体服务

《公共图书馆宣言》指出,每个人都有平等享有公共图书馆服务的权利,而不受年龄、种族、性别、宗教信仰、国籍、语言或社会地位的限制[16]。国外的相关标准充分体现了公共图书馆的公平性与普遍性,如在澳大利亚的《超越优质服务:澳大利亚公共图书馆标准与指南》的20个指南中,其中有6个是与特殊人群服务相关的,包括青少年、老年人、残疾人、土著居民服务,家庭服务及多元文化社区服务;美国的《威斯康星州图书馆标准》中对残疾人、不使用英语人群的图书馆服务进行了规定。《规范》仅在总则中指出,应当注重培养少年儿童的阅读习惯,并努力满足残疾人、老年人、进城务工者、农村和偏远地区公众等的特殊需求。笔者建议《规范》的起草单位在后续的修订中,对这些特殊人群的服务进行更为细化的规定,并设置一定的量化指标,如少儿读物的馆藏数量、为有阅读障碍读者提供的技术设备数量及种类等。

3.4 合理的标准规范体系

澳大利亚的公共图书馆服务规范体系建设较为完善。横向来看,其包括了图书馆事业发展的各个方面,使宏观标准与重点领域的具体标准相结合,如昆士兰州除了宏观层面的公共图书馆服务标准外,还详细制定了图书馆员标准、图书馆建筑标准、流动图书馆标准、特殊服务标准、馆际互借标准、图书馆馆藏标准等[17];纵向来看,其形成了国家级、地区级及单个图书馆互为补充的标准规范体系,在实践中,各地区主要实行地区级标准,国家级标准作为参考与借鉴。自《规范》颁布以来,我国多个省都颁布了相应的公共图书馆服务标准(如新疆、江西、安徽等),但是围绕公共图书馆工作的多个重点工作领域还尚未制定详细的标准规范,如馆藏建设、人员队伍、特殊群体服务、数字图书馆建设等。我国的公共图书馆服务标准规范体系的构建还需要不断的探索与实践,这是一个连续的、从局部到整体的复杂过程,不可能一步到位,建议在后续的标准制修订过程中,先易后难、由点到面,通过循序渐进的方式最终建立完整的公共图书馆服务标准规范体系。

《规范》的颁布与实施为检验公共图书馆服务效能与管理提供了技术依据,也推动了我国公共图书馆事业健康发展,有效保障了社会公众的基本文化权益。但是,任何事物的发展都是遵循着更好的逻辑不断演进,而不是一步到位的尽善尽美,《规范》也需要在实践的基础上予以进一步完善,所以笔者希望《规范》能够定期修订,并在修订过程中形成以事业发展现状为基础、多方调查、各方利益相关者共同参与以及进行定期监督评估的工作机制。

参考文献

[1][3] 文化部图书馆事业管理局科教处. 世界图书馆事业资料汇编[M]. 北京:书目文献出版社,1990:111.

[2] 王世伟.《公共图书馆服务规范》的编制及其特点论略[J]. 国家图书馆学刊,2012(2):6-11.

[4] 王雪超. 我国公共图书馆服务标准发展脉络及趋势[J]. 图书馆学刊,2012(5):73-76.

[5] Wisconsin Public Library Standards[EB/OL]. [2013-11-21]. http://pld. dpi. wi. gov/pld_standard.

[6] Public Library Service Standards[EB/OL]. [2013-11-22]. https://www. gov. uk/government/publications? keywords=Public+Library+Service+Standards+&publication_fzilter_option=all&topics%5B%5D=artsand-culture&departments%5B%5D=all&world_locations%5B%5D=all&from_date=&to_date=&commit=Refresh+results.

[7][12] Standards, Guidelines and Benchmarks for Public Library Services in Australia and Overseas: A Guide to Resources[EB/OL]. [2012-05-26]. http://www. alia. org. au/governance/committees/public. libraries/standards. html.

[8][9][10][11][13][14] 中华人民共和国国家质量监督检验检疫总局,中国国家标准化管理委员会. GB/T 28220—2011 公共图书馆服务规范[S]. 北京:中国标准出版社,2010.

[15] Quinn S, McCallum I. Continuous Improvement: National Standards and Guidelines for Australia's Public Libraries[EB/OL]. [2011-11-08]. http://www. thefreelibrary. com/Continuous+improvement%3A+national+standards+and+guidelines+for...-a0267708721.

[16] 公共图书馆宣言[EB/OL]. [2013-10-22]. http://www. dxhlib. gov. cn/file/tsgxy. htm.

[17] Standards and Guidelines[EB/OL]. [2012-03-23]. http://www. plconnect. slq. qld. gov. au/manage/policies-standards-and-protocols/standards-and-guidelines.

(原载于《图书馆建设》2014 年第 6 期)

图书馆营销现状及策略研究

王雁行

1 图书馆营销概念

营销最早为经济学概念,于20世纪发源于美国,其定义为:个人和群体通过创造并同他人交换产品和价值以满足自身需求和欲求的一种社会和管理过程。

现代营销学早已被拓展到图书馆等非营利领域。国外对于图书馆营销的研究很早即出现并已经较为成熟。图书馆引入营销理念,源自营销学泰斗菲利普·科特勒在20世纪70年代出版的《非营利组织战略营销》一书。1977年加拿大皇后大学企业管理学系教授劳伦斯撰写的《图书馆:一种可营销的资源》一文,强调图书馆的管理应以读者为中心,图书馆员应利用营销的技巧,不断创造机会,促进图书馆发展。在营销学家的倡导下,图书馆学家对如何将市场营销原理与方法应用到图书馆领域开始投入研究并推动图书馆开展相关实践工作。

1997年,国际图联(IFLA)专业委员会设立"管理与营销专业组",其宗旨是诠释图书馆营销,促进相关专业人员的培养以及在全球范围内普及和推广图书馆营销理念。2001年,为更好地宣传图书馆营销理论,推动世界范围内的图书馆信息服务,IFLA设立"国际营销奖",以表彰在这一方面做出突出成绩的组织与机构。

图书馆营销的核心理念就是以读者为中心、需求为导向,利用市场营销原理、策略和有效方法,运用于图书馆的管理以及其非营利性的信息服务当中,让图书馆的信息资源得以充分挖掘和利用、不断提升服务水平,满足读者获取优质信息产品和高效信息服务的需求,从而使广大公众了解图书馆、依赖图书馆、加入图书馆,让图书馆成为提供信息服务的中心。

2 开展图书馆营销的必要性

市场营销就是在充分了解客户需求的基础上,通过一系列策略和方法,使商品得到客户最广泛的了解和接受。图书馆提供信息服务,虽然区别于营利性市场行为,是非营利性活动,但也需要根据读者需求,推出一系列信息产品和信息服务,使读者充分了解并愿意获取和利用,使信息资源得到最广泛的认知与传播。因此,在图书馆提供信息服务过程中引入营销学理念是完全可行的。由此可见,图书馆营销由经济发展客观规律所决定,是时代发展的必然结果。

在市场经济条件下，一方面，图书馆以文化为纽带，将人们聚合起来，通过多种形式的服务来满足人们社会生活和精神生活上的需求；另一方面，图书馆向社会提供产品交换，产品交换越频繁，对其产品的需求也就越大，从而越能推动图书馆事业的发展。

2.1 适应竞争环境的必要

现代科技迅速发展，信息社会日新月异，图书馆不再是社会中唯一的信息提供者。数字与网络时代带给图书馆信息服务较强的冲击力，市场中应运而生了很多信息服务机构，包括一些营利性的信息服务和信息咨询公司，且他们的一些现代化信息产品和服务手段更加吸引本属于图书馆的用户群体。要在激烈的社会竞争中处于主动地位，图书馆必须运用营销策略来宣传推广自身，以确保其固定的用户群并吸引更多的社会公众加入其中。

2.2 满足用户需求的必要

新技术的发展，使得用户需求和阅读习惯发生了很大变化。用户获取信息资源的渠道愈加丰富便捷，更多人习惯使用搜索引擎来查询信息，而较少寻求专业图书馆员的帮助。同时，社会大众早已不满足于看书、借书等简单的信息服务，而对在图书馆获取更丰富的精神文化产品的需求愈加强烈。图书馆应充分了解和分析用户的需求，利用营销策略与技巧，不断提高图书馆服务能力和层次，提升用户满意度，更好地扩大图书馆的社会影响力。

2.3 促进服务创新的必要

随着外部环境和用户需求的变化，数字图书馆发展迅速，通过互联网与手机、电视及各类自助终端等新媒体应用，国内图书馆都开展了广泛的服务内容和创新模式。但相关的服务内容和服务模式是否符合用户信息习惯、满足用户信息需求，需要图书馆通过营销手段向广大用户推介并获取反馈，以求持续地完善和创新服务内容和服务模式，不断促进图书馆事业健康快速发展。

3 图书馆营销现存问题

改革开放30多年来，和国外图书馆相比，中国图书馆界尚未全面树立起科学的营销观，对图书馆营销的专业性研究相对落后，对营销原理、策略在图书馆信息服务中的应用仍处于浅层次上，国内图书馆开展营销的成功案例数量不多。总之，国内的图书馆营销从专业化、制度化、体系化等方面看，同国外图书馆相比仍有较大差距。

3.1 对图书馆营销的认识和重视程度不够

图书馆营销并没有在大范围内获得国内各级各类图书馆，特别是公共图书馆的充分重视。一些图书馆管理者对图书馆营销的定义和内涵不够清楚，有的甚至认为其带有市场营利性色彩，作为公益性文化事业单位，图书馆不便大谈特谈营销理论，而是以“宣传”“推广”等字眼代替，很大程度上缩小了图书馆营销所涵盖的范畴。这使得很多图书馆员对图书馆营销的重要性认识不足，相关研究不够，实践工作也没有被纳入图书馆常规工作任务当中。

3.2 缺乏专业的图书馆营销团队和人才

国内大多数图书馆并没有设立专门负责图书馆信息服务营销的部门或团队，即便有些图书馆设有宣传部门，但其职责也仅仅局限于新闻类的宣传报道，和真正意义上的图书馆营销所涉及的工作内容相差甚远。绝大多数图书馆员没有系统接受过图书馆营销方面的培训，在工作中很难正确运用营销策略和技巧，限制了图书馆营销工作的顺利开展。我国图书馆的人才建设虽已取得较大成绩，但图书馆人不善经营、不善营销已成为制约图书馆发展的严重障碍。

3.3 营销策略的专业性、系统性不够

由于图书馆员缺乏专业的营销知识，且鲜有专门团队负责图书馆营销工作，很多图书馆所采取的营销策略表现出专业性不强、系统性不够的问题，缺乏利用新技术、新模式开展图书馆营销工作的能力。宣传推广等营销手段单一、随意性大，图书馆往往仅采用传统的方式如张贴服务公告、举办服务宣传活动、邀请媒体报道等形式进行推广。实际能够参与活动和了解到相关信息的人数非常有限，社会公众对图书馆的认识并没有通过类似的宣传推广方式得到明显提高，不了解或不善于利用图书馆的问题并没有得到解决。

3.4 缺乏科学的图书馆营销评价体系

国内图书馆绝大多数缺乏一套科学且完整的图书馆营销评价体系。一些图书馆开展了某些宣传推广等营销活动，但活动后缺乏统计分析，使活动组织方并不了解宣传推广的效果如何，是否达到了预期目标。即便开展了某些较好的营销实践，但也缺乏在整个营销活动结束后科学严谨地收集数据并开展统计、进行整体评价和经验总结的环节。图书馆营销的重要目的之一就是根据用户反馈，不断完善和提升服务水平，没有科学严谨的评估，提升服务水平则缺乏针对性。

4 图书馆营销策略

营销是一种管理过程，营销策略是管理层必备的管理手段。图书馆虽为非营利组织，具有公益性特点，但同时又需要了解读者要求，并尽量提供令他们满意的服务，以扩大图书馆的影响力，提高图书馆社会价值的作用。因此，建立和运用图书馆营销策略是非常必要的。

图书馆应发挥所长，结合自身特点，制定并运用用户策略、产品策略、价格策略、渠道策略、推广策略、人员策略等全方位开展图书馆营销工作。国家图书馆二期工程暨国家数字图书馆工程（总馆北区）于2008 年9 月投入使用并正式接待读者；一期（总馆南区）历经三年维

修改造于2014年9月全面恢复服务。软硬件服务设施设备的大大改善及数字图书馆服务的广泛应用,使国家图书馆在履行国家总书库职能的同时,成为社会公众获取信息资源和满足精神文化需求的重要平台。为使广大用户深入了解和利用图书馆,不断提升服务水平,国家图书馆确定了系统性的营销策略并开展了一系列营销实践活动。以下即结合国家图书馆实践对图书馆营销策略逐一论述。

4.1 用户策略

4.1.1 需求分析

开展图书馆营销,首先要了解的就是用户的需求。图书馆应对用户需求进行分析研究并据此将用户划分成不同的目标用户类型。通过这种细分目标市场并进行准确定位,图书馆就可以掌握不同目标用户的现实需求和潜在需求,并针对用户的特征,采取相应的营销策略,扩大信息服务领域,提高用户满意度。国家图书馆通过问卷调查、网络互动、客户反馈等形式对用户需求进行收集和分析,将用户划分为中央及政府机关、科研院所、企事业单位、普通公众、特殊群体(少年儿童、残疾人)等目标用户类型,提供符合相应群体信息需求和自身特点的图书馆信息服务。

4.1.2 用户培训

图书馆需要通过对用户进行培训,使用户充分了解图书馆信息资源和各项服务,促使那些有潜在需求的社会公众成为对图书馆有现实需求的稳定用户。在用户利用图书馆时,应有专门的图书馆员帮助其掌握新技术环境下检索和获取信息的技巧和方法,从而提高用户的信息技能以及对图书馆的认知。国家图书馆自2013年9月起,在馆区人流量大的公共地点设立“每日课堂”,每日固定时间由参考咨询馆员或相关业务人员向读者做图书馆专题知识介绍和演示,内容包括馆藏资源、特色服务、图书馆利用、数字技术应用等,成为用户了解国家图书馆的重要窗口。

4.2 产品策略

图书馆必须持续推出优质的信息产品以确保其稳定的用户群,应根据用户的不同需求,确定信息资源建设方案,通过有针对性的信息采集、加工,同时充分利用新技术手段,挖掘、整理、开发各类资源,提高信息的附加值,从而推出高质量的品牌产品并推送给用户使用,这样才能在市场竞争中处于不败地位。国家图书馆利用数字图书馆建设之机,确立数字资源建设和发布方案,通过自建特色资源、购买授权的中外文商用数据库、网络资源采集等方式为用户提供海量资源;利用网络推出文献提供、科技查新、信息咨询、企业资讯等服务产品,满足不同用户群体的信息需求。

4.3 价格策略

图书馆作为重要的公益性机构,其性质决定不能以经济效益为目标开展信息服务工作,应当在坚持公益性服务的原则下,在确保服务产品质量和服务水平的前提下,制定合理的信息产品和信息服务价格体系。大部分的基础性服务应以无偿或只收取成本费为主要价格策略,凝结了馆员智力劳动的附加值高的信息产品应制定适当的有偿服务标准,同时,针对不同的目标用户群体,有偿服务应进行差别定价,以保障信息服务的高质量。国家图书馆于2008年、2011年先后两次大幅减免服务收费,简化读者入馆手续。免费服务推出后,服务数据屡创新高,社会影响力显著增强。通过网络访问权限分级设置,在保障知识产权的前提下,对用户无偿开放中外文各类数据库,同时,针对一些科研机构和企事业单位,适当收取费用,量身定做高附加值的信息产品,获得了良好的用户反馈和社会效益。

4.4 渠道策略

4.4.1 传统渠道

图书馆通过实体空间及配套的设备设施向用户提供信息服务是传统渠道。影响传统渠道开展信息服务质量的因素很多,包括馆舍布局环境、书刊陈列方式、开馆时间安排、室内设计等,需要充分考虑读者阅读习惯,营造高雅舒适的阅览环境,让用户有走进图书馆的主观意愿。国家图书馆总分馆设计理念各异。总馆北区现代别致,全通透式的室内空间设计让读者感受大气开阔,透明屋顶带来的自然采光为读者提供舒适的阅览环境;总馆南区改造后延续典雅朴素的阅览环境,为研究型读者提供了安静的个人空间;位于文津街的分馆(古籍馆)传统古朴,是读者品味传统典籍文化的优雅之所。此外,国家典籍博物馆和国图艺术中心的建成开放,大大满足了社会公众获取高水准精神文化的需求,成为国家图书馆公共文化服务的新亮点,在社会中产生广泛影响。

4.4.2 网络渠道

数字图书馆的快速发展,大大拓展了图书馆开展信息服务和营销活动的渠道,并逐步占据了主体地位。图书馆应充分利用门户网站将各类资源和服务整合为一体,通过兼具美观和功能性的设计,使读者随时随地便捷地获取图书馆的丰富资源和信息服务。国家图书馆通过数字图书馆建设,对门户网站进行了全面升级改版,推出资源、专题、咨询三大板块,整合各类资源库群、实现统一检索,推出虚拟参考咨询等各类信息服务产品;同时利用网络渠道,推出立法决策服务平台、政府公开信息整合服务平台、中国少儿数字图书馆、中国残疾人数字图书馆等专题网站,以满足各类用户的信息需求。

4.5 推广策略

宣传推广是图书馆营销中的重要一环,包括广告、公关、促销等。数字图书馆带来了图书馆服务的革新,一些很好的数字产品和品牌服务完全不为公众所知,对很多老百姓而言,图书馆仍是看书借书的简单场所。图书馆员应彻底转变观念,积极利用市场营销中的促销策略和技巧,主动出击,广泛开展对非营利性图书馆信息服务的推广。唯有此,才能使读者由不了解图书馆转而利用图书馆,依赖图书馆。

4.5.1 新闻宣传报道

通过平面媒体、电视电台等新闻媒体了解社会信息的人群依然庞大,通过此类公共媒体宣传图书馆是扩大其社会影响力,争取潜在用户的有效手段。国家图书馆强调宣传整体策划,分专题、有步骤地围绕节庆日、重大文化工程、重点服务项目,通过召开新闻发布会、约请专题采访、邀请媒体现场报道、组织稿件刊发连载专版等形式，广泛开展新闻宣传报道，在业界和社会公众中产生了较大的影响力。

4.5.2 事件与活动宣传

事件营销是制作具有新闻价值的事件并通过具体操作将其传播出去，集新闻效应、广告效应、公关效应、形象传播于一体，是国内外十分流行的一种公共传播手段。图书馆应通过举办研讨会、文化活动、展览讲座等邀请读者参与，并采用刊印宣传品、服务互动演示、推介信息产品等形式开展营销，吸引社会公众了解图书馆，利用图书馆。国家图书馆在春节、世界读书日、文化遗产日等重点节庆日举办丰富多彩的文化活动，每年围绕社会热点举办各类展览数十场。“文津讲坛”等讲座已成为获得社会公众认可的一张国图名片。

4.5.3 新媒体推广

国家图书馆在利用网络和新媒体技术开展信息服务方面进行了很多有益尝试：推出“掌上国图”移动服务品牌，使读者通过手机随时随地查看服务和活动信息、进行 OPAC 检索、浏览数字资源；与北京歌华有线电视台合作开通“国图空间”频道，使用户足不出户收看讲座视频、馆藏精品推介等；在馆区配置数字资源触摸体验系统，展示特色馆藏、电子报刊、在线展览讲座、服务介绍等内容；开通官方微博微信，发布信息并与网友互动，树立亲切友好的图书馆形象。

4.6 人员策略

图书馆营销工作能否较好开展，人才是关键。图书馆可采取引进专业营销人员和馆员培训相结合的方式，培养一支既掌握图书馆专业知识，具备较高现代化技术水平，又掌握市场营销知识的人才队伍；同时应建立专门的图书馆营销部门，整体制订营销方案，通过评估和激励机制，宣传推广图书馆各项服务。国家图书馆办公室负责全馆整体宣传方案的制订，每个部门都设有专门的宣传推广岗位并尽量配备具有专业背景的人员，形成了一支自上而下的宣传队伍。一些以开展对外服务为主要工作内容的部门还设有专门的服务宣传推广科组，与外界的专业营销公关机构合作，开展图书馆服务的宣传推广。

参考文献

[1] 付东霞.现代图书馆营销策略[J].现代营销(学苑版),2013(9):50－51.

[2] 郑文晖,司莉.高校图书馆服务营销现状与策略研究[J].图书馆理论与实践,2009(10):94－97.

[3] 翟华丽.图书馆营销策略的建立与运用[J].情报杂志,2003(9):6－7,10.

[4] 张志青.图书馆的信息营销策略[J].现代情报,2006(8):149－150.

[5] 徐双,刘勇.浅论当代图书馆的十五种营销模式[J].大学图书情报学刊,2010(2):15－19.

（原载于《图书馆工作与研究》2014 年第 11 期）

我国图书馆立法近观与远望

——写在《国外图书馆法律选编》出版之际

牛淑娟　刘英赫　田贺龙　卢海燕

2014年7月,由国家图书馆立法决策服务部组织编译的《国外图书馆法律选编》一书正式出版,该书汇集了世界上有代表性的17个国家的93部图书馆相关法律法规。包括国家图书馆法、公共图书馆法、呈缴法、版权法、公共借阅权法等。笔者作为该书编委会成员,基于对世界其他国家的图书馆立法情况的了解,分析我国图书馆立法过程中的六大关系,对未来图书馆法制定工作提出思考和建议。

1　近观我国图书馆立法

2001年4月,文化部在天津召开"图书馆法专家座谈会",标志着《图书馆法》的制定工作开始启动;2006年9月,国家发布《"十一五"时期文化发展规划纲要》,第一次把"抓紧研究制定图书馆法"作为国家文化发展的目标之一;2008年,全国人大常委会把《图书馆法》作为"第二类项目"(即研究起草、条件成熟时安排审议的法律草案)纳入十一届全国人大常委会立法规划;2013年,全国人大常委会把《公共图书馆法》作为"第一类项目"(即条件比较成熟、任期内拟提请审议的法律草案)纳入十二届全国人大常委会立法规划。从新千年伊始到如今,14年走过了,一部国家层面的图书馆法迟迟没有出台,相比国外图书馆立法现状,笔者思索的不仅仅是图书馆法的出台能给图书馆事业带来哪些利好,更多的是这部关系到图书馆事业发展的国家立法举步维艰的种种原因。

1.1　社会需求与图书馆立法

需求决定供给,图书馆法的产生同样遵循这一规律。改革开放之初,党和政府将建设社会主义物质文明作为阶段性奋斗目标,一系列促进物质文明建设的法律、制度和措施相继出台。国内生产总值(GDP)从1978年的3645.22亿元逐渐增长到2013年的568845.21亿元。历经了30多年的经济发展,人民群众在满足了温饱的基本需求之后,开始关注生活品质的提高,对民生的关注成为这一阶段社会民众的主体需求。虽然党的十七届六中全会已经做出了"深化文化体制改革,推动社会主义文化大发展大繁荣"的重大决定,文化事业、文化产业也随之有了长足的发展,公共文化服务体系不断完善,但是与百姓关心的教育、医疗、住房、环保、养老等需求相比,公众对文化的关注度和需求依然处于次要地位。公众对图书馆的认知水平相对较低,图书馆的社会需求与现代图书馆传承文明、服务社会的功能供给之间尚有较大差距。

据统计,截至2013年末,全国公共图书馆总数量为3112个,从业人员56320人,总藏量74896万册件[1]。相对于2013年末全国人口达到136072万人[2]的数据,全国约每43.7万人才拥有一个公共图书馆,人均约拥有公共图书馆藏量0.55册,这样一个统计数据,相比国际图联于20世纪70年代颁布的每5万人应有一座公共图书馆,人均拥有藏书最少3册的标准,距离之大毋庸讳言。公众远离图书馆,通过图书馆获取知识和信息的机会较少,使用图书馆意识淡薄,社会对图书馆的需求较低,图书馆法立法进程缓慢也就成为必然。

1.2 国民经济社会发展与图书馆立法

从1995—2015年近20年我国国民经济和社会发展规划中关于图书馆等文化服务机构的规划,以及全国人大常委会立法规划中的相关计划,可以看出我国图书馆事业在不同历史时期发展的轨迹。

第一,国民经济和社会发展的四个"五年计划"中,图书馆等文化机构的规划重点是设施建设,这一点在"九五"规划和"十五"规划中得以集中表述。"九五"规划明确提出"大力发展各类社会文化,保护少数民族文化,开发和利用图书馆信息资源,加强文物的保护和合理利用。加强图书馆、文化馆、博物馆、剧场、音乐厅、美术馆、青少年活动基地、图书发行网点等公共文化设施建设"。"十五"规划要求"加强图书馆、博物馆、文化馆、科技馆、档案馆和青少年活动场所等文化设施建设"。正是在国家层面的统一规划下,各省市的图书馆建设如火如荼,新馆舍相继投入使用,图书馆建筑成为各地具有代表性的文化坐标。全国公共图书馆实际使用房屋建筑面积从1996年的441.4万平方米[3]增加到2013年的1158.45万平方米[4],从"九五"到"十二五"的20年间,全国图书馆的建筑面积增加了近2倍。

第二,国民经济和社会发展的四个"五年计划"中,图书馆等文化机构的规划重点实现了从设施建设到全覆盖公共文化服务体系建设再到免费向社会开放的转变,亦即从国家投入的物理性图书馆的设施建设向由国家投入免费开放为社会公众服务的转变。例如,"十一五"规划关于加强文化建设方面提出"加大政府对文化事业的投入,逐步形成覆盖全社会的比较完备的公共文化服务体系……推进国家博物馆、中国美术馆(二期)、国家话剧院等和地方重点文化设施建设"。"十二五"规划关于大力发展文化事业要求"增强公共文化产品和服务供给。公共博物馆、图书馆、文化馆、纪念馆、美术馆等公共文化设施免费向社会开放"。这是我国图书馆文化事业发展的很有代表性的发展阶段。在这样一个转变过程中,我国图书馆在馆藏资源建设、数字资源开发、信息资源服务、人才队伍培养、对外文化交流、联盟化的发展,以及国家数字图书馆推广工程等重大项目建设方面,都取得了实质性的进步。

但是,分析全国人大关于图书馆立法规划的时间轨迹,不难看出图书馆立法工作的滞后性。图书馆立法在国家"十一五"规划时期,只是作为二类项目纳入全国人大立法规划,作为一类项目已是2013年即国家"十二五"规划实施的后半程了。从图书馆设施建设到全覆盖公共文化服务体系建设,再到免费向社会开放提供服务,是伴随着国家社会经济发展水平而逐步推进的。但是在有关行政立法、经济立法等部门法立法速度不断加快的形势下,图书馆立法及法律保障体系的建设,还未同步得到发展。

1.3 文化投入与图书馆立法

"十一五"以来,在中央财政的带动和引导下,各级政府不断加大对文化建设的投入,全国文化事业费①呈现稳步增长的态势(见图1)。特别是2010—2012年全国文化事业费年均增长速度保持在18%以上的较高水平[5]。

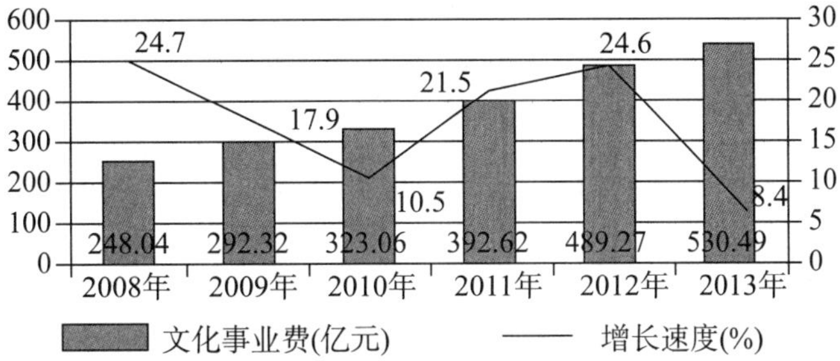

图1 2008—2013年文化事业费情况[6]

表1 2008—2012年各项社会事业费占财政支出比重[7]

类目	2008年	2009年	2010年	2011年	2012年
文化事业费	0.40	0.38	0.36	0.36	0.38
教育事业费	14.32	13.68	13.96	14.79	16.84
卫生事业费	4.36	5.23	5.35	5.85	5.73
科技事业费	3.38	3.60	3.62	3.49	3.52

文化事业费作为反映文化事业发展的核心指标,集中体现了各级政府对文化事业的资金投入及文化事业的重视程度。分析我国政府对其他事业费的投入情况(见表1),以及文化事业费占国家财政总支出的比重,可以看出文化事业费的投入总量虽然屡创新高,相对于其他事业费占财政支出比重的大幅增长,近几年文化事业费占国家财政总支出的比重却一直在下降,位于0.4%以下(见图2)。

图2显示,"十一五"以来,文化事业费明显不足,尤其是2010、2011两年,文化事业费均占财政总支出的0.36%,是"十一五"以来的最低点。究其原因一是由于长期以来我国经济发展不均衡,文化建设基础薄弱,欠账太多,虽然各级政府不断加大对文化事业的财政支持,但很难改变文化发展相对滞后的现状;二是在经济效益意识的主宰之下,文化事业的价值和功能难以带来可观的社会效益,对文化建设特别是公共文化服务体系建设重视不足,缺乏文化自觉;三是由于缺乏与社会经济发展相适应、符合文化发展内在规律、稳定的财政投入机

① 文化事业费是指各级文化行政主管部门和各文化企业事业单位在报告期内实际收到的本级财政拨款(或财政补贴),不含基本建设的财政拨款,不包括政府作为企业所有者投入的资本,也不包括文物经费。

制和管理模式，导致文化发展的财政供给缺乏长效机制和保障机制。

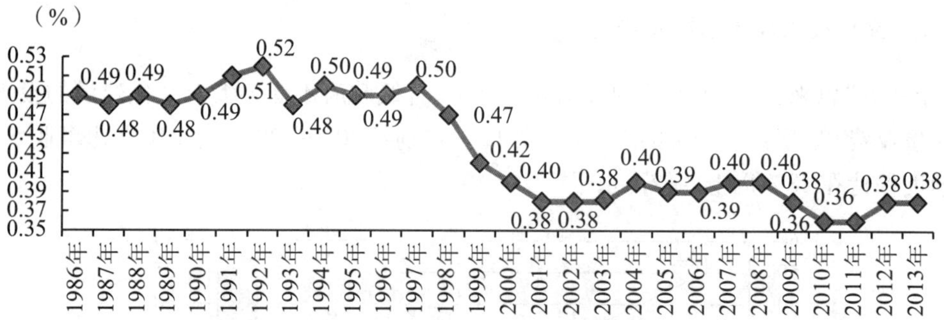

图2 1986—2013年全国文化事业费占财政支出比重[8]

1.4 社会主义法律体系建设与图书馆立法

中国特色社会主义法律体系，是以宪法为统帅，以法律为主干，以行政法规、地方性法规为重要组成部分，由宪法相关法、民法商法、行政法、经济法、社会法、刑法、诉讼与非诉讼程序法等多个法律部门组成的有机统一整体[9]。2011年3月10日，全国人大常委会委员长吴邦国在十一届全国人大四次会议上宣布，一个立足中国国情和实际、适应改革开放和社会主义现代化建设需要、集中体现党和人民意志的中国特色社会主义法律体系已经形成。截至2013年12月底，中国除现行宪法外，现行有效的法律共241件[10]，据笔者不完全统计，目前我国现行有效的宪法相关法约40部、民法商法30余部、行政法80部左右、经济法60部左右、社会法20部左右、诉讼与非诉讼程序法10余部。在业已形成的中国特色社会主义法律体系中，我们还没有看到国家层面的图书馆法，这在某种程度上折射出国家立法在文化领域的缺失。从经济学的角度来看，立法和与之不可分离的司法都是一种经济活动，而经济活动的目标就是追求社会资源的最优化配置。我国立法资源的稀缺和不合理配置是导致文化立法稀缺、图书馆立法进程缓慢的重要因素之一，不改变法律资源分享和配置格局，公民的文化权利就难以获得合理合法的保护。

1.5 公民基本文化权益与图书馆立法

长期以来，图书馆界在呼吁立法的时候一直强调，图书馆法是图书馆事业繁荣发展的根本保障，这一定位基本上在当前所有论述图书馆立法的著作和文章中都能窥其一二。这种定位上的“短视”导致图书馆立法仅被视为图书馆界自身的事情，广大社会民众对图书馆立法重要性及意义认识不足，图书馆立法工作社会支持力量不够，是我国图书馆立法工作进展缓慢的深层次原因。

现代图书馆立法从原则上讲是图书馆事业自身发展的需要，但最根本的定位应该是公民文化权利的保障法。文化权利不仅是国际法所承认的基本人权，也是宪法和法律所保障的基本权利。但现实的注意力更多地集中于经济权利和社会权利，对文化权利鲜有讨论。在促进文化大发展大繁荣的背景之下，明确图书馆法的功能定位，在对图书馆进行条件保障和制度设计时，才有可能站在更好地保障公众的图书馆权利、保障公众的文化权利的高度去审视、去选择、去研究、去设计。只有把对文化权利的保护放在提升国家文化软实力的高度，才有可能敦促图书馆法尽早出台，真正实现文化崛起。

1.6 理论研究支撑与图书馆立法

法律不仅仅是应需而立，还应同步开展相关立法的法理学研究，为立法提供理论支撑。长期以来，图书馆立法问题，一直都由图书馆界人士在孜孜不倦地研究，难以从法理学的角度深度剖析图书馆法在法律体系中的定位以及图书馆法的法律归属问题。另一方面，法学理论工作者对图书馆业务了解较少，难以进行深入研究，图书馆法研究在法学界仍属于研究空白区域，致使图书馆立法研究的法理学基础薄弱。

21 世纪以来的图书馆立法研究，取得的相关成果主要集中在对国外图书馆立法的研究。但从研究层面上看，多半停留在对国外图书馆立法经验借鉴的表面分析，缺乏对相关国家立法之时的社会经济基础、政治制度和民主意识、历史文化传统、公民权利信仰、社会文明程度等多种背景因素的深层分析。因此，其结果必然是片面化的追求国外图书馆最新立法成果，忽视了从深层次的研究中找出与中国今日国情相近阶段国外图书馆法律制定和产生的社会根源、法律基础，致使在图书馆立法工作中，研究和借鉴分离、理论与实践脱节的现象存在。

2 远望我国图书馆立法

基于对图书馆立法中的六大关系的认识，我们应该着手从以下六个方面总体规划和安排图书馆立法工作。

2.1 以依法治国为理念提升社会文明程度

法律制度作为一种制度文明，是社会文明的关键内核。一个文明的社会，必然是一个法制完备的社会，而依法治国，作为一种先进的治国方略与法律文化，是社会进步、社会文明的重要标志，是人类社会的共同价值追求。图书馆法的空白、文化立法的缺失、公民文化权利保护意识的薄弱，折射出我国的社会文明依然有待提高的社会现实。

法治以社会为基础，当代中国转型期的法治建设与中国社会的发展呈互动关系。实现依法治国，建设法治文明是中国迈向富强、民主、文明的社会主义现代化国家的必然选择。法治文明的标志不仅要求有“法”，更要有“治”，即便作为十二届人大 2013 年一类项目的《公共图书馆法》得以通过，图书馆事业立法也仅仅是在有法可依的道路上迈出了第一步，图书馆事业能否因图书馆法律制度的构建而走上法治化发展的轨道，还有赖于依法治国的基本方略能否真正在图书馆及其相关领域贯彻落实，有赖于文化事业的总体发展水平，更有赖于社会文明程度的整体提升。

2.2 以提升公众法律意识为途径培育图书馆法治环境

1850年英国颁布世界上第一部图书馆法——《公共图书馆法》,开启了图书馆立法史,无论是经济发达的欧美国家,抑或重视福利的北欧四国,以及近在咫尺的日本、韩国,通过不断制定、修订相关图书馆法,促进了图书馆事业的发展。我们无须用量化的方式来衡量图书馆立法工作之于这些国家图书馆事业发展的作用,法律秩序虽然未必是图书馆等文化机构发展的必要条件,但却是图书馆等文化机构发展成熟的前提条件。制定符合现代法治精神的图书馆法律,不是"要还是不要"的问题,而是已经没有选择,否则就难以发展出具有现代管理理念的图书馆,也难有图书馆的良序发展。

我国图书馆立法之所以进程缓慢,源于公众的图书馆意识薄弱,现代图书馆理念没有在公众心中生根发芽,公民的权利保护意识还远没有达到对这一"软权利"诉求的高度,社会缺乏适合图书馆法生存和发展的法治土壤。

法治环境的优化与法律制度的完善是一个良性互动的过程,实现这个目标的难度远远大于一部或几部法律的出台。图书馆立法进程不是一劳永逸的事情,普及现代图书馆理念,增强民众的法律意识和权利意识,培育良好图书馆法治环境才是从根源上解决图书馆立法问题的关键。

2.3 以建立不同门类法律的内在关系构建图书馆法律保障体系

图书馆法的实施,并非是单一一部图书馆法在相关国家图书馆利益调节中产生作用,而是与其相关联的一系列法律、法规共同实施生效,在一个法律体系中整体发挥作用,才能为图书馆法的实施营造完善的法制环境。

以英美为例,两国的图书馆法经过较长时间的发展,已经形成了比较完善的法律体系。其一,两国的图书馆法律体系与其政治体制密切相关。美国的图书馆法分为联邦立法和州立法,联邦立法如《博物馆与图书馆法》主要规范和引导全国图书馆事业的发展,而各州图书馆法则是图书馆专门法及其他法律中与图书馆相关条例的综合[11]。英国也是如此,除了适用于全国范围的《英国国家图书馆法》之外,苏格兰、北爱尔兰也制定了适用于本地的地方性图书馆法。其二,英美两国的图书馆法涉及的图书馆类型多样。例如,英国的图书馆法主要涉及国家图书馆、公共图书馆、法定缴存图书馆等。美国的《博物馆与图书馆服务法》涉及公共图书馆、学校图书馆、高等院校图书馆、研究型图书馆、私人图书馆及其他专业图书馆等。其三,完善的图书馆法律体系不仅包括图书馆专门法,还应该包括与图书馆相关的其他法律。例如,两国的著作权法、法定呈缴法、信息服务法甚至教育法中都有与图书馆相关的法律条款。其四,法中有法、法后有法的特点是图书馆立法相对成熟的表现。以《美国国会图书馆法》为例,在多达113个法律条款中,《美国广播电视档案馆法》《国会图书馆数字馆藏和教育课程法》《国会图书馆监察长法》即为"法中立法";而《年度拨款法》《补充拨款法》《外交事务法》《立法机构拨款法》《国家电影保护法》《监察长法》则为"法后有法",其他国家的国家图书馆法也具有同样的情况。这一特点不仅体现了图书馆法与其他法律之间的相互关联,更体现出不同法律的交互作用才是图书馆法得以实施的关键[12]。

图书馆相关法律法规对图书馆事业关注的空白和缺失，将大大制约一部图书馆法的权威性和实效性，仅有图书馆专门法，而没有整个社会对图书馆事业的综合性保障，图书馆事业的春天必将是短暂而缺少阳光的。积极构筑和完善包括图书馆基本法、图书馆行政法规、地方性图书馆法规和规章在内的图书馆法律保障体系才能在图书馆事业发展领域实现真正的法治文明。

2.4 以高度的文化自觉提高图书馆法立法站位

立法是法治的关键环节，法治的建构在立法之初就以立法宗旨和立法目的的形式表现出来。明确的立法宗旨和目的有助于实现法律自身的价值。

阅读《国外图书馆法律选编》，无论是英美法系，还是大陆法系，都在图书馆法立法之初明确了立法的目的及宗旨。一如，韩国《图书馆法》第一条就明确指出“制定本法的目的在于：对图书馆的社会责任及履行其职责所需注意事项加以规定，旨在保障国民信息邻接权和知情权，加强图书馆事业发展和图书馆服务，使图书文献在全社会中得到有效利用和流通，消除知识鸿沟，增强国民的终身学习，为国家和社会文化发展做出贡献”[13]。又如，加拿大《国家图书档案馆法》指明，本法的目的在于：“(a)保存加拿大的文化遗产，造福当代和后代人；(b)应建立一个机构，作为一个持久的知识获取的资源，为所有人服务，为一个自由、民主社会的加拿大的文化、社会和经济进步而服务；(c)该机构为加拿大搜集、保存和传播知识的机构之间的合作提供方便；(d)该机构作为加拿大政府及其机构的永久记忆器”[14]。再如《新西兰国家图书馆法》在第一章第3条中，以9款法律条文明示了该法的立法目的。从中，我们不难看出，图书馆法以明确的权利义务规定，保障的不仅仅是图书馆机构的利益，更是公民的文化权利；从长远看，图书馆法保障的是一个国家、一个民族的文化继承与发展[15]。

2007年，党的“十七大”报告明确提出“提高国家文化软实力，使人民基本文化权益得到更好保障”，2011年《中共中央关于深化文化体制改革推动社会主义文化大发展大繁荣若干重大问题的决定》开启了文化体制改革的新航程，党的十八大报告和十八届三中全会相继提出了“扎实推进社会主义文化强国建设”“建立健全现代公共文化服务体系、现代文化市场体系，推动社会主义文化大发展大繁荣”的发展目标。这一系列重要决定的出台，昭示着“保障公民文化权利”将成为党和政府今后一段时期在文化事业发展领域的重要目标，这不仅是我国文化发展基本观念的一个重大转变，更是一种文化自觉的深刻体现，即为当前也为今后我国文化事业立法、图书馆立法指明了方向。

2.5 以完备的内容、规范化的细则提升图书馆法的生命力

国外图书馆法立法内容主要涵盖图书馆的职责定位、功能管理、资源服务、经费保障、人事任免、权利义务等六大方面，这些方面集中体现了法律内容完备、程序规范的特点。以《美国国会图书馆法》为例，该法内容几乎涵盖国会图书馆工作的方方面面，包括馆舍设备、资金划拨、对特殊人群的服务、馆长的任命及职责薪金，馆藏安全及秩序维护、会计制度、信托基金委员会的管理、馆员薪酬及人事管理、国会研究服务部的职能、联合采购等[16]。这些规定不仅详细，而且具有很强的可操作性，例如对国会图书馆员工的工资规定，从薪酬标准到授

信待遇,从代扣代缴到医疗保险、从工资单到人事运行,都有详细的规定。法律细则的完备不仅充分保障了图书馆机构的良性运转和规范化管理,更透过精细化的条款体现了一个国家立法技术的成熟性和法律文明的程度,同时从程序上保障了图书馆法的可操作性。

法律的生命力在于实施,法律制定的细,可操作性强,公权和私权的界限就会清晰,人治的因素就会减少,法治的因素就会增多,法律的权威性自然得以提升。目前就我国图书馆行业而言,作为“有法可依”的“法”虽尚未产生,但我们在着手制定图书馆法过程中,如果注意到法律的可操作性问题,自是有益而无害。

2.6 以成熟的立法技术和手段保障图书馆法的实施

成熟的立法技术、多样化的立法手段的运用,不仅是法律规范科学性、统一性的重要保障,更是提高法律质量、保障法律实施的技术支撑。国外图书馆法多以财政税收措施、刑事手段等多种方式保障图书馆事业的发展及法律的实施。

图书馆事业是一项公益性事业,它的持续稳定发展离不开经费的支持,世界各国无一例外都在图书馆法中对图书馆经费的来源、数量及使用做出规定。韩国《图书馆法》第二十九条,日本《国立国会图书馆法》第十二章,印度《国家图书馆法》第三章、第四章,《南非国家图书馆法》第十三条,《俄罗斯联邦图书馆事业联邦法》第七章,法国《国家图书馆法》第三章,芬兰《图书馆法》第九条,《大英图书馆法》第五条,英国《公共图书馆与博物馆法》第九条、第十一条,澳大利亚《国家图书馆法》第四章等,都以或多或少的法律条款,对此内容做了或原则性或确定性的规定;美国《博物馆与图书馆服务法》§9131—§9134 更是对财政拨款的保留、分配、管理、支付、联邦政府和州政府的担负比例、维护费等做出了详细的、可操作性的规定[17]。在图书馆立法中,以财政税收措施作为资源配置的手段,有助于在法治的层面保障图书馆事业的经费来源和使用,更有助于保障图书馆事业与社会经济的同步发展,使公众共享社会经济发展带来的文化利益。

国外图书馆立法常以刑事手段来保障图书馆利益及安全。例如,新加坡《国家图书馆管理局法》第十条对违反呈缴规定的判罚,南非《法定呈缴法》第九条明确规定出版者违反呈缴义务的行为属于犯罪,法国《法定呈缴本法》法律部分第一卷第三编第三章对违反呈缴义务的刑事规定,加拿大《国家图书档案馆法》第二十条等,都属于对呈缴义务人的犯罪行为的规定;而《北爱尔兰图书馆法》第七条是对违法使用图书馆设施的入罪界定,《新西兰国家图书馆法》第四十条是对出版者或印刷者义务的犯罪界定[18]。类似的规定在国外图书馆法及其相关法律中并不鲜见,这种立法手段以国家机器的强制力,充分保障了图书馆的相关利益及安全。

党的十八届四中全会通过的《中共中央关于全面推进依法治国若干重大问题的决定》指出,建立健全坚持社会主义先进文化前进方向、遵循文化发展规律、有利于激发文化创造活力、保障人民基本文化权益的文化法律制度。制定公共文化服务保障法,促进基本公共文化服务标准化、均等化。制定文化产业促进法,把行之有效的文化经济政策法定化,健全促进社会效益和经济效益有机统一的制度规范。《中共中央关于全面推进依法治国若干重大问题的决定》不仅是依法治国的宣言，更是厉行法治的航标，必将推进包括图书馆法在内的文化法治建设。

参考文献

[1][4][8] 中华人民共和国文化部 2013 年文化发展统计公报[EB/OL].[2014－12－23]. http://zwgk.mcprc.gov.cn/auto255/201405/t20140516_30294.html.

[2] 中华人民共和国国家统计局[EB/OL].[2014－12－23]. http://data.stats.gov.cn/search/keywordlist2;jsessionid＝1B879796FF460319DCDA1273BC38830C? keyword＝%E6%80%BB%E4%BA%BA%E5%8F%A3.

[3][6] 中华人民共和国文化部. 中国文化文物统计年鉴 2013[M]. 北京：国家图书馆出版社，2013.

[5] 江畅，孙伟平，戴茂堂，等. 中国文化发展报告（2013）[M]. 北京：社会科学文献出版社，2014.

[7] 中华人民共和国文化部. 2013 文化发展统计分析报告[M]. 北京：中国统计出版社，2013.

[9] 中华人民共和国国务院新闻办公室. 中国特色社会主义法律体系白皮书[EB/OL].[2014－12－23]. http://www.gov.cn/jrzg/2011-10/27/content1979498.htm.

[10] 中国法学会. 中国法治建设年度报告（2013）[N]. 法制日报，2014－06－18(9).

[11] 赵玉宇. 关于英美图书馆法的调查与特色分析[J]. 图书馆学研究，2011(6):97－101.

[12－18] 卢海燕. 国外图书馆法律选编[M]. 北京：知识产权出版社，2014.

（原载于《图书馆杂志》2015 年第 2 期）

中外图书馆申请专利分析

邵思蜜

专利是科技创新的核心及最富经济价值的部分[1],专利的持有量反映了专利权人的科技创新能力,图书馆类专利也是如此。自我国1985年《专利法》实施以来,国内众多图书馆基于自身的工作申请了一些专利,部分专利对行业的发展和进步起到了促进作用。有学者对我国图书馆人申请的专利以及涉馆专利(专利内容与图书馆工作相关)情况进行了统计和分析研究,获得了一些研究成果[2-4]。但是这些文章将图书馆作为专利权人所申请的专利与其他机构和个人申请的专利合并分析,而未对我国图书馆所申请的专利主要集中在什么领域,发展态势如何,在国际上处于何种地位等课题进行系统的研究。本文主要通过对图书馆作为专利权人所申请的国内外专利进行系统清洗与分析研究,旨在发现图书馆所涉及领域的研究趋势及自身优劣势,认清方向和目标,以期对我国图书馆的未来技术研发及专利申请等方面提供借鉴。

1 专利检索及数据获取

针对我国图书馆申请的专利,本文运用中华人民共和国知识产权局(SIPO)"专利检索与服务系统"[5]进行专利检索与分析。使用检索式:申请(专利权)人=(图书馆),共检索到83条数据(检索日期2014年10月9日),将其加入到同系统的分析工具中,经过公告去重,并去掉专利权人非中国的专利,共67条,进行统计分析。在数据清洗过程中采用曾用名与现用名合并,子母公司合并的原则。

世界图书馆申请的专利采用汤森路透公司的Thomson Innovation(TI)专利平台进行检索和分析[6],检索范围为全选,即包含了世界知识产权组织(WIPO)、欧洲专利局(EPO)、美国、英国等主要发达国家/组织的授权专利和申请专利,还有亚洲主要国家如日本、韩国、印度、新加坡以及印尼、马来西亚、越南等国家的专利,并同时检索以上范围内的德温特数据(DWPI)字段。使用检索式PA=(library NOT craig ADJ library NOT silicon ADJ library)检索到479个DWPI同族共823条专利(检索日期2014年11月17日)。应用TDA、EXCEL等工具对数据进行清洗和分析作图。

在本文所述的检索范围内,检索到的专利权人除图书馆外,还有企业和高校等,这些申请人或是由于公司名称中出现了图书馆字样被检索到,如书生集团子公司"北京书生数字图书馆软件技术有限公司";或是作为图书馆的合作申请人被检索到,如深圳市海恒智能技术有限公司、清华大学等。出于对数据库检索结果事实尊重的考虑,仅将结果中与图书馆业务完全不相关的企业数据舍弃,如 Silicon Library Inc. 公司(主营半导体产品)等,而保留与图书馆业务相关的申请人数据并加以分析。

2 专利分析结果

随着世界技术竞争的日益激烈,各企业、科研院所、高校等单位纷纷开展专利战略研究,而其核心正是专利分析(Patent Analysis),以期从战略层面布局整个行业的未来发展之路。

2.1 我国图书馆申请专利分析

对于我国的图书馆申请专利分析而言,专利权人的分析、专利趋势的分析、专利类型与法律状态、专利技术布局分析都相当有必要。结合我国的实际情况,中国国家图书馆(以下简称"国图")作为我国唯一的国家图书馆,在专利申请数量上处于较高水平,因此以其为例分析图书馆在相关领域的技术活动的水平、发展的过程及发展趋势等问题。

2.1.1 专利权人分析

专利权人是专利权的主体,对其进行分析可有效掌握该技术领域的分布及发展情况。首先对专利申请量排名前十位的专利权人进行申请量的分析,如图 1 所示,专利申请量排名第一位的为国图,随后为书生集团。此集团成立于 1996 年,致力于纸本资源的数字化技术,其申请专利属于涉馆专利,且以数字图书馆领域为主。此文目标在于分析图书馆作为专利权人所申请的专利,但书生集团在检索结果中的出现提示了笔者,数字图书馆相关技术虽然应用于图书馆,但其技术创新过程可能是由企业独立完成,故在本文 2.2.4 部分对世界数字图书馆专利的专利权人情况进行了简单检索和分析。

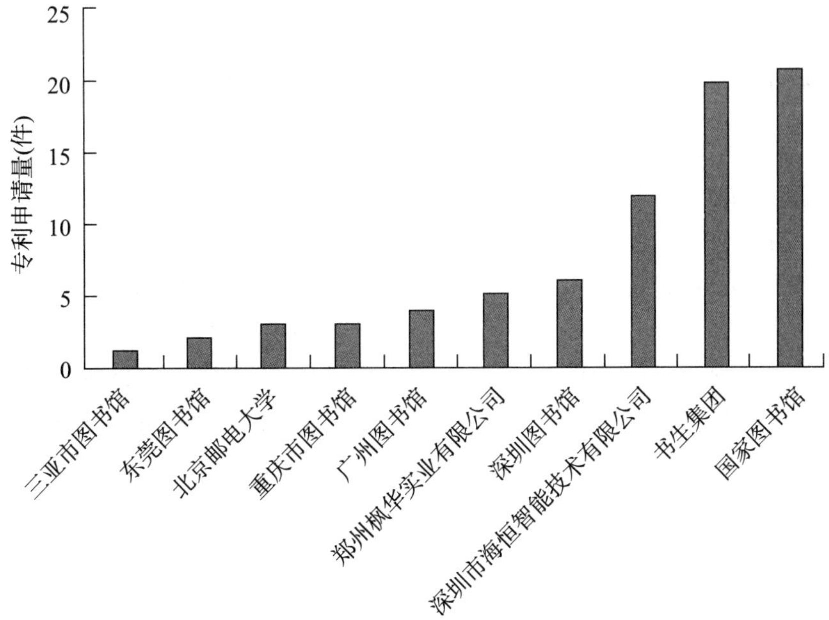

图 1 国内图书馆专利申请量前十位专利权人统计情况

同时,在对专利权人合作关系的分析中发现(如表1所示):图书馆与企业或高校共同申请的专利共25个,占了总申请量的37.31%,这是一个很高的比例。也就是说在图书馆进行技术创新时,由于其自身科研能力的限制,往往需要与科研单位或生产单位合作。从表1也可以看出,一般图书馆倾向于与同一家机构合作,如深圳图书馆与深圳市海恒智能技术有限公司合作申请了5个专利,而广州图书馆也与此公司合作4次;只有国图,分别与4个机构进行过合作。在主要的合作者中,深圳市海恒智能技术有限公司明显成为最受图书馆欢迎的企业,它分别与5个图书馆进行过合作,共合作申请了12个专利,此公司是图书馆RFID系统集成服务的领袖企业,因此有机会与图书馆进行多次合作,从专利数量来看,此公司在与图书馆的合作中进行了技术创新,从而使企业与图书馆实现了双赢。

表1　专利权人合作分析

申请人	合作专利数	合作者数量	主要合作者	合作次数
国家图书馆	10	4	郑州枫华实业有限公司	5
			北京邮电大学	3
			深圳市海恒智能技术有限公司	1
			深圳清华大学研究院	1
深圳图书馆	5	1	深圳市海恒智能技术有限公司	5
广州图书馆	4	1	深圳市海恒智能技术有限公司	4
沪杏科技图书馆	1	1	上海长江数码科技有限公司	1
中国人民解放军第四军大学图书馆	1	1	长沙琴海数码有限公司	1
邓小平图书馆	1	1	深圳市海恒智能技术有限公司	1
上海市宝山区图书馆	1	1	深圳市海恒智能技术有限公司	1
首都图书馆	1	1	开元信息服务公司	1
浙江图书馆	1	1	浙江大学医学院	1

2.1.2　专利申请趋势分析

我国实施专利权法以来,重庆市图书馆于1985年申请了本领域第一个涉馆专利。其专利名称为“采用U型或L型传送通道的垂直—水平方向物体传送系统”,该专利有效提升了国内图书馆馆藏书籍的传送效率,为该领域的技术升级起到了很好的引领和推动作用。同时这也说明当时重庆市图书馆在专利保护意识方面很超前。但是这仅是个别现象,2005年之前图书馆作为专利权人一共只有13个专利申请,说明图书馆人的整体专利保护意识不强,也显露出创新研发方面的动力不足。2005年之后,随着IT技术的进步及数字图书馆工程的开展,图书馆人在创新动力和能力方面不断加强,专利保护意识也逐步提高,从专利申请量方面可见一斑,见图2所示。

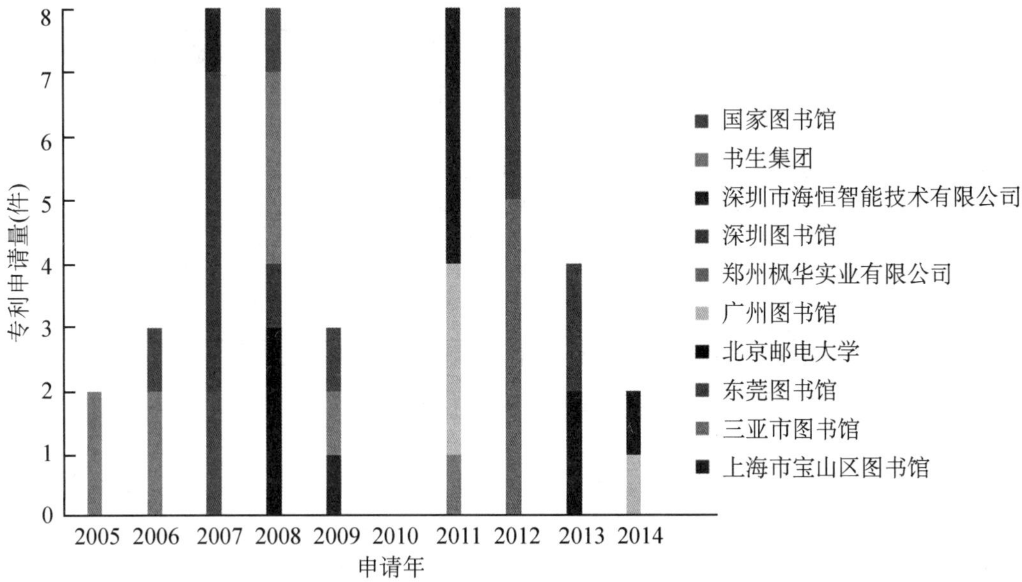

图 2　专利申请量排名前十位专利权人按年份申请量

2.1.3　专利类型与法律状态分析

在检索的结果中,国内图书馆申请的发明专利、实用新型及外观设计专利分别占 52%、39% 和 9%。与涉馆专利做同型对比可知,其发明专利所占的比例明显提高。而涉馆专利的检索结果显示,半数以上的专利为实用新型专利[7]。从图书馆申请专利的法律状态分析可知:有效专利为 35 个、失效专利有 19 个、未决专利 8 个、撤回 3 个、驳回 2 个,专利权有效的专利超过半数。由此可知,虽然该领域专利申请的数量偏少,但在专利申请的质量水平和法律保护意识方面都较为不错。

2.1.4　专利技术布局

在检索到的专利技术分类中,IPE 大类 G06(计算;推算;计数)占总数的 36.97%,排在第一位,H04(电通信技术)排在第二位,占 13.69%。在 IPC 大组的统计中(表 2),可以看出排名前三位分别为应用于现金核算、数字计算的处理设备以及电路系统,说明在图书馆申请专利中,关于数字化、计算和数据处理是比较主要的创新热点及发展趋势。从各个主要专利权人申请专利的技术分类分析结果可知(图 3):书生集团申请的专利主要集中在 G06 和 H04 两个大类,而其他专利权人申请专利的技术分布则比较平均,书生集团的研发重点集中于纸本资源数字化技术领域,这也是该公司立足并持续发展的原动力。

表 2　我国图书馆申请专利申请量前 11 位的技术领域

IPC 大组	IPC 分类号含义	文献计数(件)	百分比(%)
G07G0001	现金登记器	14	14.29
G06F0017	特别适用于特定功能的数字计算设备或数据处理设备或数据处理方法	11	11.22

续表

IPC 大组	IPC 分类号含义	文献计数	百分比(%)
H04L0029	H04L1/00 至 H04L27/00 单个组中不包含的装置、设备、电路和系统	9	9.18
G06F0021	防止未授权行为的保护计算机或计算机系统的安全装置	7	7.14
D21H0025	不包括在组 D21H17/00 至 D21H23/00 中的纸的后处理	7	7.14
G01N0021	利用光学手段,即利用红外光、可见光或紫外光来测试或分析材料	4	4.08
G06F0009	程序控制装置,例如,控制器	4	4.08
G06F0003	用于将所要处理的数据转变成计算机能够处理的形式的输入装置;用于将数据从处理机传送到输出设备的输出装置,例如,接口装置	3	3.06
H04L0009	保密或安全通信装置	3	3.06
H04N0007	电视系统	3	3.06
B07C0005	按照物品或材料的特性或特点分选,例如用检测或是量这些特性或特点的装置进行控制;用手动装置,例如开关,来分选	3	3.06

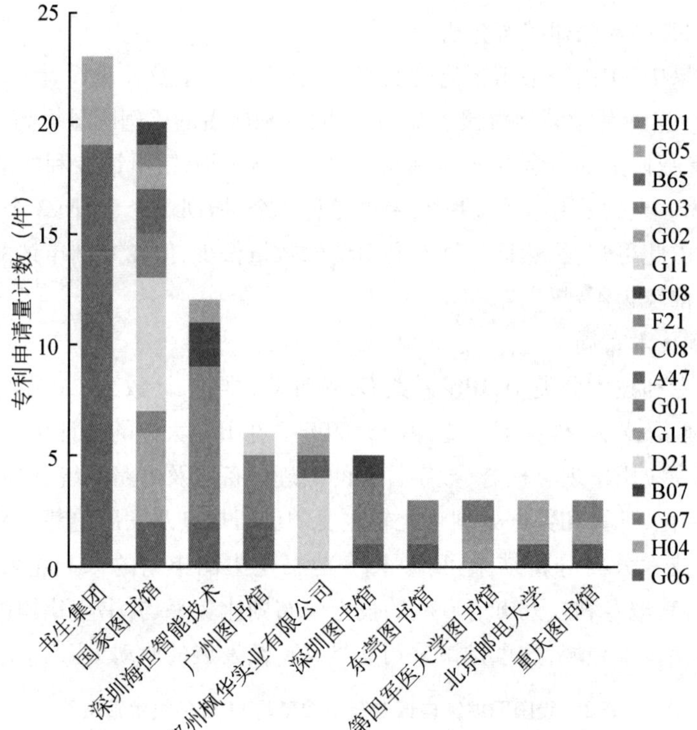

图 3　主要专利权人技术布局

2.1.5　国家图书馆专利分析

国图在专利申请方面起步较晚,1990 年以北京图书馆名称申请了 3 个外观设计专利,1991 年申请了第一个实用新型专利。但是在 2006—2012 年间,国图基于国家古籍修复及纸张处理方面的业务需要,紧抓契机不放,关注核心研发,积极创新开拓,取得了很不错的成就,并在该领域(D21)以国图古籍馆作为专利权人申请了大量具有实用性及前瞻性的专利(图4),同时也奠定了国图在古籍保护领域的领先地位。

2001 年 10 月,“国家图书馆二期暨国家数字图书馆基础工程”经国务院批准立项,之后在国图新馆内建成了“国家数字图书馆国家中心”。随着数字图书馆工程的开展,国图在数字图书馆方面进行了很多的科技创新,2008 年与北京邮电大学合作申请了 3 个发明专利,涉及数字资源、数字电视、移动终端等范畴。2013 年,国图作为独立申请人又申请了“基于服务端运行的面向多终端的媒体资源同步方法和系统”以及“面向多终端的媒体资源同步方法和系统”两个发明专利,现处于实质审查阶段,其发明是以服务读者为目的技术研发,可见用户导向是科技创新及员工职务发明的重要动力。

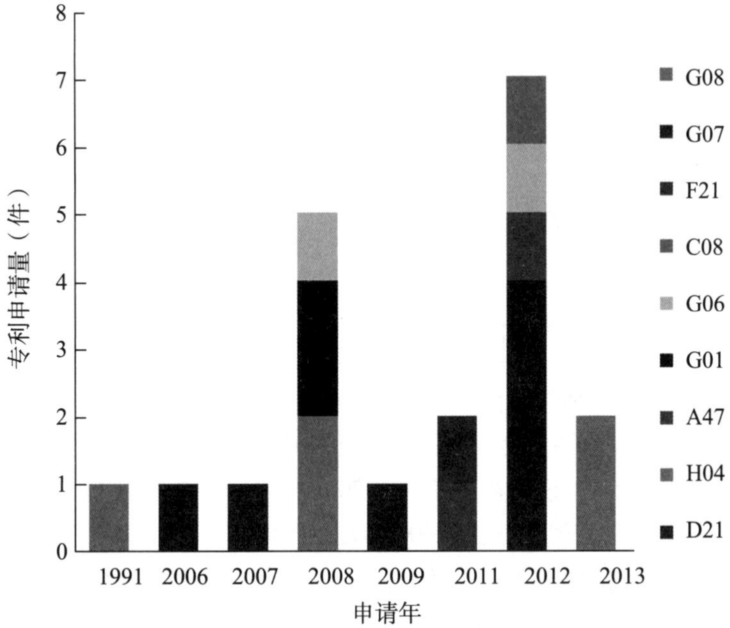

图 4　国家图书馆专利按申请年划分的技术布局

2.2　世界图书馆申请专利分析

2.2.1　专利权人分析

分析世界图书馆作为专利权人所申请的专利可知(图 5),排名前两位的专利权人是图书馆局和英国国家图书馆,他们所申请的专利数量占总数的 45%,其他专利权人申请的专利数量远小于以上两个机构。图书馆局是麦维尔·杜威(Melvil Dewey)于 1876 年创建,主要生产图书馆所需要的家具及设备,在 20 世纪初一度成为图书馆一站式采购中心,此机构向图书馆提供书柜、卡片纸、目录柜和公文格等设备以及服务,因此它所申请的专利也集中在图书馆设备领域,他们的许多发明奠定了现代图书馆工作的基础,其设计至今为很多图书馆所采用[8]。

图 5 显示,排在第三位的是中国的书生集团,第四位是中国国家图书馆,由于外观设计

未被包含在TI数据库中,所以中国国家图书馆的排名位于书生集团之后。随后是国际图联,其后的新科位识系统私人有限公司与新加坡国家图书馆管理局是共同专利权人,他们共同申请了11个专利(同族归并)。由图5也可以看出,对于专利家族的布局来说,英国国家图书馆委员会所申请的专利在同族扩展后数量几乎翻倍,书生集团同族扩展后数量更是归并同族专利的3倍以上,新加坡国家图书馆管理局的专利进行同族扩展后数量也倍增,说明他们都非常重视专利在不同国家/地区的布局。

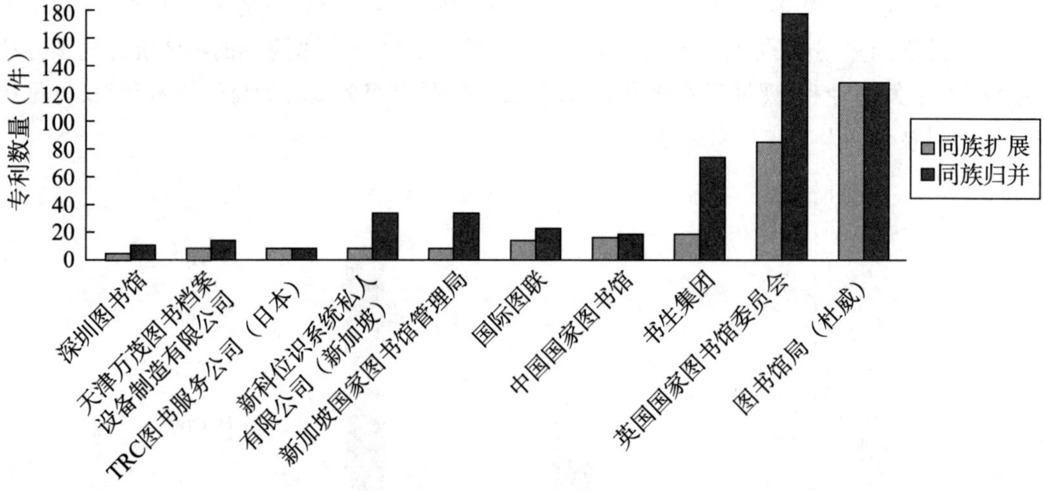

图5　图书馆专利申请量居前十位的专利权人

通过分析主要专利权人所申请的专利年代我们可以发现,图书馆局拥有的专利公开日期是1899—1941年。英国国家图书馆拥有的专利公开日期是1985—1995年,即在检索范围内,最主要的两个申请人的活跃时期都在20世纪。2003年之后的专利公开数量总体也比较少(图6),与中国专利的发展趋势相似,也是在2006年之后出现一个小高峰,但年度公开量也未超过30个。我国在该领域的创新及研发工作还有待提升,以便尽快掌握核心竞争力。

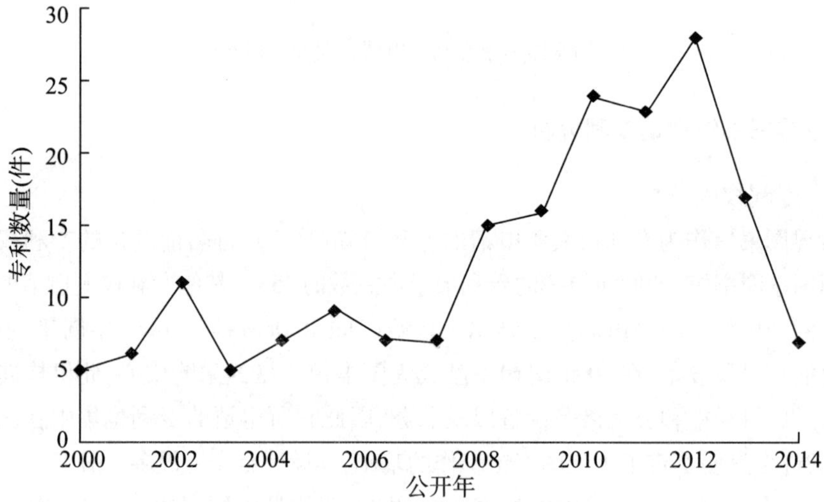

图6　近15年图书馆专利公开趋势

2.2.2　地区分布

从研究世界图书馆申请专利的地区布局可以看出(图 7),美国排在第一位,其后是中国、英国。对比不同时期的地区布局可以更清楚地了解申请国的专利分布情况(图 8)。1995 年之前,该领域的专利主要分布在美国和英国两个国家,其他国家只占不到 20% 。而 1995 年之后,中国成为最主要的申请国,随后是美国、WIPO 以及日本。说明从 21 世纪以来,中国的图书馆人在专利保护方面还是走在世界同行前列,在数字图书馆发展的大趋势下,我国的图书馆抓住了这个利好时机,积极创新,锐意进取。

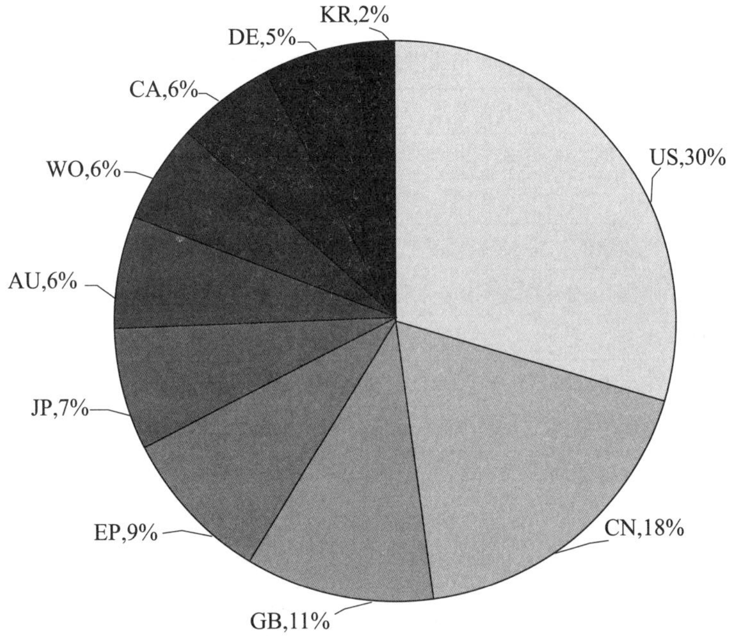

图 7　世界图书馆申请专利的国家/地区分布

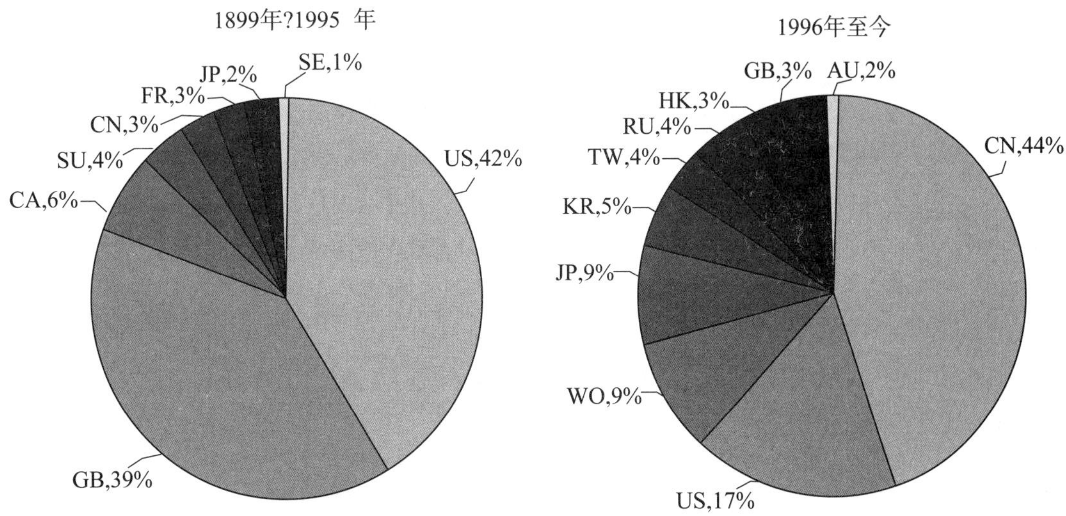

图 8　1995 年之前及之后的图书馆专利优先权国家/地区分布

2.2.3 技术布局

由于检索到的专利公开时间跨越了整个世纪，在这期间内，全球技术经历了不止一次巨大的飞跃，所以考察专利的技术布局也需要分时间段来分析。在1995年之前（表3），最主要的技术领域在于复印和扫描领域，主要由英国国家图书馆申请。从前十位的专利技术领域可以反映这一时期图书馆所应用的主要技术。而在1996年之后（表4），处于第一位的技术领域则变为数字计算及数据处理，可以看出科学技术的进步以及其对生产生活各领域的影响和带动作用。当然图书馆领域也紧跟时代潮流，最好的体现就是数字图书馆技术成为现代图书馆技术的最主要研究热点。

表3　1899—1995年图书馆专利申请量居前十位的技术领域

IPC大组	IPC分类号含义	文献计数（件）	百分比（%）
G03G0015	应用电荷图形的电记录工艺的设备	56	25.23
G03B0027	印片设备	51	22.97
H04N0001	文件或类似物的扫描、传输或重现，例如传真传输；其零部件	44	19.82
B42F0017	卡片存放用具，如卡片索引或目录表或卡片存放箱	15	6.76
B42F0019	合订卡片	12	5.41
D21H0025	不包括在组D21H 17/00至D21H 23/00中的纸的后处理	10	4.50
H04N0005	电视系统的零部件	10	4.50
G06T0001	通用图像数据处理	9	4.05
G08F0002	聚合催化剂	8	3.06
B41M0007	印刷的后处理，如加热、照射	7	3.15

表4　1996年至今图书馆专利申请量居前十位的技术领域

IPC大组	IPC分类号含义	文献计数（件）	百分比（%）
G06F0017	特别适用于特定功能的数字计算设备或数据处理设备或数据处理方法	31	20.26
G06Q0050	专门适用于特定经营部门的系统或方法，例如公用事业或旅游	21	13.73
G06K0017	在包括G06K 1/00至G06K 15/00两个或多个大组中的设备之间实现协同作业的方法或装置，例如，结合有传送和读数操作的自动卡片文件	20	13.07
B65G0001	在仓库或库房内贮存单个的或顺序布置的物件	16	10.46
G06F0021	防止未授权行为的保护计算机或计算机系统的安全装置	12	7.84
G07G0001	现金登记器	11	7.19
G06Q0010	行政；管理	11	7.19

续表

IPC 大组	IPC 分类号含义	文献计数(件)	百分比(%)
H04B0001	不包含在 H04B 3/00 至 H04B 13/00 单个组中的传输系统的部件;不以所使用的传输媒介为特征区分的传输系统的部件	11	7.19
A47B0063	存放书籍、文件、表格等专用的柜橱、架或搁板组件	10	6.54
G06K0019	连同机器一起使用的记录载体,并且至少其中一部分设计带有数字标记	10	6.54

2.2.4 数字图书馆专利分析

在对上述检索结果分析的基础上,我们可以看到进入 21 世纪以来,全球范围内图书馆作为专利权人所申请的专利总量较少,而数字图书馆相关专利的申请数量近年来有所增长,笔者为了考察数字图书馆技术的专利权人情况,在 TI 检索平台中对数字图书馆的相关专利进行了检索。为求检索结果格式规范且数据清洗方便,选择德温特数据来源,在德温特摘要中的用途(USE)字段进行检索,检索式如下:USE = (mobile ADJ2 librar*) OR USE = (net-librar*) OR USE = (network*-librar*) OR USE = ((digital OR virtual OR internet OR electronic OR online OR on-line) ADJ2 librar*) OR USE = (e-librar*),检索日期为 2014 年 11 月 17 日,检索到 535 个 DWPI 同族专利共 1292 条专利数据。

对检索到的数据进行德温特专利权人代码的分析,发现排名前五位的专利权人为 IBM、富士通、理光、NEC 日本电气公司、日本电信电话公司,这些专利权人均为世界著名的电子通信类企业,且有四位是日本公司。说明主要的数字图书馆技术研发是在电子通信类企业完成,图书馆缺乏关键的研发能力。但图书馆可以与企业合作,在应用领域进行技术创新,打造适合自己的产品和应用。通过分析数字图书馆专利主要的技术布局(表 5)可以发现,G06F0017 仍是最主要的技术领域,这与图书馆所申请专利的领域相同(见表 2、表 4)。

表 5　数字图书馆专利申请量前五位的技术领域

IPC 大组	IPC 分类号含义	文献计数(件)	百分比(%)
G06F0017	特别适用于特定功能的数字计算设备或数据处理设备或数据处理方法	227	40.39
G06F0003	用于将所要处理的数据转变成为计算机能够处理的形式的输入装置;用于将数据从处理机传送到输出设备的输出装置,例如:接口装置	66	11.74
G06F0012	在存储器系统或体系结构内的存取、寻址或分配	64	11.39
G06F0013	信息或其他信号在存储器、输入/输出设备或者中央处理机之间的互联或传送	34	6.05
G06Q0030	商业,例如:购物或电子商务	33	5.87

3 讨论与总结

根据上述的检索和分析可以看出，图书馆所申请的专利总体来说数量偏少。就我国的情况来说，图书馆人申请专利的数量与其发表科研论文的数量之比远远小于一般学术单位以及企业[9]。当然由于图书馆的性质所限，作为一个公益性机构，图书馆更多的是承担社会责任，所以在创新动力及研发精力方面受限，且由于其服务机构的特性，人员的科技水平普遍偏低，创新能力不足，所以导致图书馆申请专利数量较少；但另一方面也说明了图书馆人对专利的重视程度不足。因此图书馆人应加强对专利知识的学习和掌握，并强化专利保护的意识，重视已有专利的保护和知识产权的转化。另外，在图书馆的工作中，除了图书馆自身建设需要的技术发展外，更要注重读者需求的开发以及读者体验的提升，以此作为图书馆科技研发的增长点和不绝动力。

在对比国外的图书馆专利情况时，除了看到问题，我们也看到了机遇，同时充满信心。我国自 21 世纪以来，图书馆申请专利已经在国际排名靠前，说明我们研发实力不俗。针对图书馆的机构性质，需要在增加图书馆人自身的专利知识和增强保护意识的同时，应当更加注重同企业的合作，优势互补，积极发展有利于提升读者服务体验的技术和应用，在图书馆出需求、企业出技术的合作方式下，相信能实现二者的双赢，推动图书馆事业健康快速发展。

参考文献

[1] 李晓壮. 中国专利申请状况的映射——关于科技创新动力的思考[J]. 科技管理研究，2009(11)：323－325.

[2][7][9] 黄传生. 图书馆专利状况与发展[J]. 大学图书馆学报，2011(2)：13－17.

[3] 吴静. 我国图书馆专利现状与发展[J]. 现代情报，2013(3)：139－141.

[4] 常飞，刘晓庆. CNIP 视角下图书馆技术态势分析[J]. 农业图书情报学刊，2014(5)：50－54.

[5] 中华人民共和国国家知识产权局. 专利检索与服务系统[EB/OL]. [2014－11－25]. http://www.pss—systern.gov.cn/sipopublicseareh/portal/index.shtm1.

[6] REUTERS T. Thomson Innovation[EB/OL]. [2014－11－25]. https://www.thomsoninnovation.com/login.

[8] 郑永田. 麦维尔 · 杜威与美国公共图书馆运动[J]. 图书馆，2011(4)：45－50.

（原载于《现代情报》2015 年第 3 期）

我国公共文化机构建立法人治理结构的探索与实践

许京生　刘晓颖

推动公共文化机构建立法人治理结构和理事会制度，是构建现代公共文化服务体系的一项重要内容，也是公共文化服务机构改革的一个有益尝试。党的十八届三中全会通过的《中共中央关于全面深化改革若干重大问题的决定》提出，要“明确不同文化事业单位功能定位，建立法人治理结构，完善绩效考核机制。推动公共图书馆、博物馆、文化馆、科技馆等组建理事会，吸纳有关方面代表、专业人士、各界群众参与管理”。近年来，在各级文化行政部门指导推动下，结合事业单位改革、公共财政投入机制改革、免费开放等工作，按照政事分开、管办分离的总方针，一些地方的公共图书馆、文化馆、博物馆等公共文化机构在推进管理体制改革、建立法人治理结构等方面进行了积极探索和实践活动，形成了一批符合地方实际的做法，取得了初步成效。近日，我们对有关专家的研究成果和各地经验进行了梳理，为推进我国公共文化机构法人治理结构建设提供参考。

1　关于公共文化机构法人治理结构的内涵

公共文化机构法人治理是政府、社会公众与公共文化机构为实现公共服务目标而进行的共同治理。从法人治理结构的构架来看，主要是通过搭建决策层、执行层、监督层，形成分权制衡的权力分配机制。决策层的组织形式，根据举办主体、投资主体是否多元的情况，可酌情采取理事会、董事会等多种形式。一般来讲，投资主体单一的法人适宜采取理事会形式，淡化股权结构，突出公益目标；投资主体多元的法人适宜采取董事会形式，强化股权结构，突出经济效益。公共图书馆、文化馆和博物馆等公共文化机构作为公益性文化事业单位，举办主体通常是政府，所以一般采取理事会的组织形式，理事会向政府主管部门负责。执行层以公共文化机构现有的领导体系和员工组成，主要是执行理事会做出的决策或通过的重要事项，向理事会负责。监督层有两种形式，一种是设立独立的监事会，对理事会和执行机构的工作进行监督检查；另一种是，如果理事会成员中外部理事占大多数，能够对执行层进行有效监督，也可以由理事会同时行使监督职能，不再单设监事会[1]。

组建理事会是为分离管理权与所有权的一种新的管理制度，以激发事业单位活力和促进公益事业发展为目标，推动公众和社会力量参与到公共文化机构各项决策和建设中，从而强化公共文化机构的公共性、增加管理的公开透明度，促进公共文化机构公共职能的深度实现。在遵循公共文化机构事业发展规律基础上，改变由政府直接管理，成本高、效率低、活力不足的现状，顺应时代要求，确定先进的服务理念在公共文化建设中的基础作用，使各类公共文化机构不断拓展服务功能和项目，鼓励公共文化机构突破传统的服务理念，以促进人的全面发展为核心，努力实现由单一文化功能向综合教育功能转变，真正树立以人为本的现代服务理念，着力在完善服务功能、创新服务项目、提高服务标准上下功夫，大力推进科学化、专业化、精细化服务，增强公共文化机构对群众的吸引力和感召力，使其成为人们陶冶情操、学习知识、文化创造和自我完善的平台，成为公民终身学习的重要平台。

2 各地探索建立公共文化机构法人治理结构情况

2011 年，国家出台了《中共中央　国务院关于分类推进事业单位改革的指导意见》，并配套下发了《关于建立和完善事业单位法人治理结构的意见》，就面向社会提供公益服务的事业单位建立法人治理结构提出了要求。2013 年，党的十八届三中全会正式将公共文化机构建立法人治理结构作为文化改革发展的一项重要任务提上日程。按照中央要求，各级文化行政部门积极推动公共文化机构探索建立法人治理结构，截至目前，以组建理事会为标志，形成了几种比较有代表性的工作模式。

2.1 深圳图书馆和浙江省苍南县文化馆等议事与决策型理事会构架

深圳图书馆于 2007 年启动法人治理结构试点工作，拟定了《深圳图书馆理事会章程（草案）》及《深圳图书馆理事会决策失误追究制度》《深圳图书馆审计与绩效评估制度》《深圳图书馆年度报告制度》《深圳图书馆信息公开制度》等 4 个配套制度。2010 年底，市文体旅游局举行深圳图书馆理事会揭牌仪式。理事会召开第一次会议，审议通过了理事会章程及 4 个配套制度。理事会被定位为议事决策机构，负责确定图书馆的发展战略和规划，行使深圳图书馆重大事项议事权和决策权。理事会对深圳市文体旅游局负责，由 11 名成员组成，其中政府代表 2 名，均来自市文体旅游局；社会人士 7 名，是来自社会科学、文学艺术、图书情报等各界的代表；图书馆代表 2 名，1 名是行政执行人，1 名是员工代表。理事长由市文体旅游局分管副局长担任，图书馆馆长为执行理事。理事每届任期 3 年。理事会会议一般一年不得少于两次[2]。

浙江省苍南县于今年初启动了法人治理机构试点筹备工作，6 月正式召开了理事会成立大会。与深圳图书馆相似，浙江省苍南县文化馆理事会为议事决策机构，制定了理事会章程和相关配套制度。理事中，苍南县文广新局 2 名，文化馆 2 名，县财政局、人力资源社会保障局、审计局以及县工、青、妇等单位各 1 名，文化艺术知名人士代表 2 名，群众代表 3 名，目前试点属于试运行阶段。

2.2 广州图书馆、云南省博物馆等决策监督型理事会

2012 年 7 月，广州图书馆理事会成立大会暨第一次会议召开，任命广州市文广新局分管副局长为理事长，提名并选举图书馆馆长任副理事长，审议通过了《广州图书馆章程》。理事

会被定位为决策和监督机构。理事会由15名理事组成,其中政府代表5名;社会代表5名,其中图书馆行业专家1名,文化艺术、地方历史等社会人士代表2名,读者代表2名;图书馆代表5名,馆长、党委书记为当然理事,副馆长、馆员代表、职工代表各1名。理事每届任期4年。

云南省博物馆理事会为决策监督机构。2014年4月,首届理事会成立并召开第一次会议,在组织、制度、管理、服务等方面实现了多个创新:①组织创新。理事会由政府部门代表、社会人士代表、省博物馆干部职工代表3部分构成,博物馆管理层为执行机构,进一步落实省博物馆的法人自主权。②制度创新。理事会负责本单位的发展规划、财务预决算、重大业务、章程拟订等决策事项,依照有关规定履行监督职能。③管理创新。制定《云南省博物馆章程》,严格实行管理干部任期目标责任制。④人事创新。中层干部全部实行竞聘上岗,理事会理事长由举办单位委任(省文化厅厅长任理事长),管理层实行馆长负责制,馆长作为单位法人,由理事长提名,理事会选举。⑤服务创新。向社会公开发展规划、工作计划、业务活动开展情况、经费收支和财务管理情况,进一步接受公众监督,改善和提高公益服务水平。

2.3 浙江嘉兴市文化馆、博物馆理事会、监事会分设型治理结构和无锡市图书馆咨询型理事会

浙江嘉兴市文化馆、博物馆正在筹划的法人治理结构试点工作,已经完成了工作方案和相关制度起草工作,主要思路是在试点单位以理事会的方式建立决策机构,以监事会的方式建立监督机构,以现有的馆领导班子为执行机构,推进政事分开和决策民主化,是为数不多把理事会与监事会分设的公共文化机构。

无锡市图书馆2009年成立理事会,理事会被定位为图书馆的咨询机构。理事会成员11人,其中图书馆理事4名、馆外理事7名、文管中心代表1名,另有市残联、市文明办、学校校长、读者等代表。按照无锡市相关规定,事业单位法人不进入理事会。理事长由1名副馆长担任。一般一年开一次理事会会议。

与之类似,南京图书馆于2014年初着手进行建立法人治理结构的试点工作,在上级主管部门的指导下,经多方沟通、反复论证,根据实际情况,拟定了《南京图书馆章程》,明确规定了法人治理结构中理事会、监事会、管理层和党委会的职能作用,全面确立了南京图书馆新的运行管理机制。理事会成员15名,包括人大政府方代表3名、图书馆方代表6名和社会方代表6名,理事长由省文化厅任命;监事会成员5名,包括举办单位省文化厅1名,馆方监事2名,社会方监事2名。为扩大社会影响力,鼓励更多的社会贤达参与图书馆的决策和监督,南京图书馆还向社会公开招募6名社会理事和2名社会监事。南京图书馆法人治理结构建立后,将形成"四位一体"的管理体制,"四位"是指:理事会决策、管理层执行、监事会监督、党委会保障;"一体"是指:理事会、管理层、监事会、党委会分工不分家,围绕着南京图书馆事业发展大局,齐心合力,各尽其职,共同推进图书馆工作的开展。

2.4 温州市图书馆社会型理事会

温州市图书馆于2014年初启动了法人治理结构试点筹备工作,制订了改革方案,在理

事成员招募、制定章程以及运行机制方面进行探索。一是面向社会公开招募理事。温州市图书馆于2014年6月举办了理事会成立仪式，以面向社会公开招募的方式吸引各阶层市民代表加入理事队伍，13名理事中，有10名是公开招募产生的，确保了理事会成员结构的多元性、身份的公开性和公众的参与性。二是大胆尝试由社会代表理事“掌舵”。温州市图书馆除了政府部门，其余理事中包括文化教育界代表3名、工商企业界代表3名、普通读者3名和图书馆志愿者1名。在第一次理事会议上，经投票选举温州总商会副会长李国胜为首届理事长，由其推荐《温州晚报》高级编辑郑雪君为副理事长，得到理事全票通过，突破了由政府部门有关负责人担任理事长的惯例。三是提升理事会工作效率。设立了理事工作微信群，设立“理事接待日”，积极探索“图书馆基金会”的运作模式。四是完善机制。《温州市图书馆章程》明确了理事会职能，梳理了其与主管局之间事权委托与被委托的关系。依照《章程》，理事会将享有图书馆建设发展规划、重大项目、重要服务、大项经费开支、薪酬分配等事项的决策权，包括大部分公共文化服务的事权，主管部门主要行使行政指导和监管职能，真正实现管办分离。

与温州市图书馆相似，唐山丰南区图书馆理事会由13名理事组成，其来源与名额、产生方式为：文广新局委派代表1名、图书馆主要负责人及职工代表各1名，其余10名向社会公开招募，包括文化教育界代表3名、工商企业界代表3名、普通读者3名和图书馆志愿者1名，其中必须有2名以上的市区级以上人大代表或政协委员。目前试点正在上级有关部门的统一协调部署下，按照相关方案的要求，逐步地开展工作。

3　公共文化机构法人治理结构主要特点

从目前建立法人治理结构和理事会制度的公共文化机构来看，主要有四个特点：一是组织结构一般以决策监督合一的理事会为主。从我国实际情况来看，通常采取决策监督合一的方式，只设立理事会，理事会既行使决策职能，又开展监督工作，这也在一定程度上降低了运行成本。目前，国内只有浙江嘉兴市文化馆、博物馆和成都市成华图书馆等较少公共文化机构单独设立监事会。二是理事会职能定位呈现多元化。目前，根据职能定位，我国公共文化机构理事会主要分为决策型理事会、咨询型理事会、决策监督型理事会、议事与决策型理事会等几种模式。根据理事会中政府部门理事占比情况，特别是理事长出任情况，又可分为政府主导型理事会和社会型理事会。由于仍在探索阶段，因此，目前理事会的类型较多。三是外部理事占大多数。理事会一般由政府部门代表、社会人士代表、公共文化机构代表三方面组成。除公共文化机构外，其他均为外部理事。目前，各地都很注重社会理事参与，政府理事和公共文化机构产生的理事比重偏小。四是重视制度建设。各地在试点或者工作探索中，都比较重视制度先行，大都制定了理事会章程和相关配套制度，有些还完善了评价和监督机制。另外，很多公共文化机构法人治理试点还积极探索社会力量参与公共文化机构建设与管理的新模式，例如济南市群众艺术馆，重视与高等院校的合作，开拓公益性培训新路，聘请艺术顾问参与业务建设，增强服务对象交流渠道等，每年两次开展民主评议座谈会为平台邀请公共文化服务对象，收集反馈服务意见来让社会各界进行监督，多方平等性的参与为其理事会的构架奠定了良好的基础。深圳市福田区图书馆积极探索社会力量参与其建设与管理的新模式，以理事会机制创新带动办馆模式创新，走社会化合作办馆、开放办馆之路，探索政府、图书馆、社会合作办馆的新模式，同时借助理事成员的行业背景和社会影响力，促进图书馆与政府、社会和国际的沟通交流，推广图书馆的行业价值，扩大图书馆的社会影响等。

4 存在的主要问题和对策建议

公共文化机构建立法人治理结构、组建理事会是十八大提出的明确要求，也是公共文化机构改革发展到一定阶段的必然要求，法人治理结构的建立是一个复杂的系统工程，更是一项艰巨的任务，它不仅是文化系统内部的事情，更重要的是调整、规范公共文化部门与政府、社会各方利益的关系的一个重要过程。我国的公共文化服务体系建设发展时间较短，要避免走弯路，结合我国实际现状，在我国建立法人治理结构注定是一场自上而下的革命，而非一种自发性的制度革新，法人治理结构只是为运行机制的高效创造了一种可能，其形式上的完备不等同于实施上的有效，因此要尽可能地进行全面而周密的制度建设，制订并完善切实可行的顶层设计方案以及相关配套的政策法规，削减来自多方的阻力，提高各方认识，消除顾虑，积极而稳妥地推进，力求避免运动式发展、政策式发展。既要避免形式主义，真正发挥和实施理事会的应有作用，又要防止理事会过多干预具体工作事务，从而促进公共文化机构有效快速发展。

公共文化机构建立法人治理结构作为一项文化领域的改革任务和制度创新，目前仍处在探索起步阶段，尽管各地通过实践积累了一些经验，但仍存在一些问题和不足：一是部分地方对法人治理结构重要性认识不够，政事不分、管办不分的现象仍然存在，有些地方虽然建立起法人治理结构，但权责界定不清晰，公共文化机构仍按照以前的传统模式运行管理，理事会作用发挥有限[3]。二是公共文化机构改革内在动力不足。不少地方担心，由于法人治理结构工作机制不完善，政府和理事会都参与管理，会造成公共文化机构运行秩序混乱；员工也会担心实行法人治理结构以后，自己的身份、薪酬分配以及社会保障机制会发生变化。三是我国社会荣誉机制尚未形成。理事会成员作为不授薪的公益职位，其社会价值没有得到广泛宣扬，人们对此普遍缺乏了解，参与社会事物治理的愿望不强烈，担任理事的动力不足。

下一步，应当围绕构建现代公共文化服务体系，加强顶层设计和政策指导，出台法律法规，为公共文化建设发展提供刚性保障，实行非营利机构法人治理模式后，政府不再对公共文化机构进行直接管理，通过加强国家立法和制定地方法规，逐步实现公共文化机构的依法管理。尽快推进公共文化机构法人治理结构在全国范围开展：一是开展深入调研并启动全国试点工作。在浙江、广东、上海等对公共文化机构法人治理结构做了先期探索的地方进行深入调研，系统总结各地经验。同时，由各级文化行政部门协调指导，在现有工作基础上，在全国各省动员选取有积极性的公共图书馆、文化馆、博物馆等公共文化机构作为试点，结合实际,探索形成一批具有示范意义的做法和经验。二是开展相关制度课题研究。由文化行政部门组织指导,委托中国图书馆学会以及相关研究机构同步就公共文化机构法人治理结构和理事会制度建设开展制度课题研究,在法律法规、文件政策、机构章程和配套制度等方面,逐步形成一套比较完整的制度体系。三是建立社会荣誉机制。借鉴发达国家经验,设立社会荣誉制度,对在公共文化机构的理事会中,认真履行职责,积极建言献策,做出重要贡献的理事,给予必要的精神或物质奖励,带动更多社会力量参与公共文化服务。四是加强宣传推广工作。大力宣传公共文化机构实行法人治理结构的重要意义、基本内容和工作成效,让更多人了解这项工作对于转变政府职能、推进政事分开、提高公共文化服务效能的积极作用,为工作开展营造良好氛围。

参考文献

[1] 肖容梅. 我国公共图书馆法人治理结构建设现状与分析[J]. 国家图书馆学刊,2014(3):22-28.

[2] 张岩. 我国公共图书馆理事会制度建设面临的几个难点问题[J]. 国家图书馆学刊,2014(3):29-33.

[3] 王冬阳. 试论公共图书馆法人治理结构建设的几个发展阶段[J]. 2014(3):34-40.

(原载于《图书馆杂志》2015 年第 9 期)

“西学东渐”与中国近代图书馆研究概述

苏　健

从晚清西方图书馆观念传播至辛亥革命前夕各行省设立省级公共图书馆，这一阶段被认为是中国近代图书馆初创时期。这一时期的“西学东渐”集中于传播西方图书馆管理思想和引进欧美图书馆技术，完成传统藏书楼向近代图书馆的转化。我国效法欧美图书馆制度，实现近代图书馆功能转化，以至本自中国文化的图书馆学，即中国近代图书馆学的形成，是在20世纪20年代新图书馆运动输入欧美特别是美国图书馆学的理论和技术之后了。本文仅就前一阶段的研究做一概述性分析。

1　因果关系

传统藏书楼走向式微，新型近代图书馆崛起最终取代藏书楼。传统观点认为战争的破坏和经济的萧条导致藏书楼由辉煌到没落，而“西学东渐”为近代图书馆取缔传统藏书楼奠定了文化基础。谢灼华在《近代我国封建藏书楼之衰落》中解释说，太平天国革命战争直接冲击封建藏书楼，经济原因是封建经济逐步解体，文化原因是西方社会学说之传播，维新改良派提倡公共藏书楼，直接影响了私人藏书家队伍的衰落，促使私藏之失散，近代图书馆取代封建藏书楼是历史发展的必然[1]。“西学东渐”与中国近代图书馆的诞生被认为是一对因果关系。

旧事物的消亡与新事物的产生总是同时进行的，郑观应在《盛世危言・藏书》中说，中国自都中四库外，镇、扬、杭三阁早付劫灰。私家藏书在战火兵乱中大都散佚。然而“中国幅员广大，人民众多，而藏书仅此数处，何以遍惠士林?”[2]晚清有识之士已认识到封闭的藏书楼即便在历史劫难中存活下来也不能担负开启民智、普及知识的历史重任，单纯典藏传统书籍的藏书楼势必会由传播新知、教育民众为职能的图书馆取代。因为中国近代自鸦片战争到甲午海战的一系列受创，令中国人省悟到“西人之强者兵，所以强者不在兵”，国家富强仅仅依靠科学技术的引进是不够的，更要紧的是要吸收西洋的政治、法律、文化，作为文化教育机构的图书馆随“西学”的推进而登上历史舞台。图书馆的产生与其说是西方文化渗透和冲击的结果，不如说是中国人“师夷长技以制夷”积极探索强国富民道路长期努力的结果，这是所有论述近代图书馆兴起原因的共识，许多论者把这一观点进行了细化，其实讲的都是一个问题。

比如，19世纪末20世纪初，接受过新式教育的中国知识分子开始把目光转向下层普通民众,提倡社会教育,以开启民智,有人把这种意图总结为教育救国思想:近代中国之所以贫弱落后不发达,根本原因是人才不足,也就是教育不发达、不普及,不注重培养人才,要使中国能够由贫而富,转弱为强,必须通过发展学校教育以及其他一些民众教育来造就人才,最终达到救亡图存的目的。中国近代图书馆的产生就深受近代教育救国思想的影响,许多教育救国论者同时也是近代图书馆建设的积极倡导者和实践者[3]。

有人从教育体制出发,把近代图书馆的产生归结为教育体制的变革。教育体制直接导致社会主流文化的转变,所产生的强大的思想洪流促成了近代图书馆的诞生。此种观点持有者认为旧的教育体制与近代教育体制的根本差别在于:旧学通向科场,教育是为统治集团培养官吏,而新教育体系通向社会,教育是为整个社会培养人才。近代教育体制的推行,使社会主流文化发生根本性变化,居正统之学的四书五经等儒学经典被新学或西学取代,西方科学文化的传播依赖相对封闭的藏书楼是做不到的,新型图书馆才登上历史舞台[4]。

有人谈到社会风气,认为近代图书馆的产生受到当时“国粹思潮”的影响。中国在学习西方近代文明的道路上“醉心欧化”而蔑弃国学,产生了严重偏向,国粹论者感到如不捍卫并发扬自己的传统文化,就有被“新学”吞噬之势,他们强调保存传统典籍,热心于公共藏书实践,“国粹思潮”加快了近代图书馆形成的步伐[5]。

在学术上,西方图书馆学的传入,加快了封建藏书楼的分化瓦解,使其发生了本质的变化,从而产生了以开放性为特征的近代图书馆。中国近代图书馆产生、发展的过程,也是西方图书馆学由浅入深的传播过程[6]。

在技术层面,机械化印刷术缩短了图书印刷周期,降低了生产图书的成本,图书生产效率得到提高,它丰富了图书的品种,繁荣了图书的市场,为近代图书馆提供了丰富的文献资源,改善了图书馆的藏书结构[7]。

在国家政策方面,清末新政直接导致了近代图书馆的产生。清末新政是一场自上而下的体制与政策改革,推动了社会民主化进程,所产生的新的文化思想表现于图书馆,就是新的近代图书馆思想:赋予人民利用图书馆藏书的合法权利,这是近代图书馆产生的社会原因,也是最根本的原因[8]。

2 参与者

2.1 西方传教士

最初作为西方文化载体的传教士,是“西学东渐”这一过程的重要参与者。他们通过“著书立说”和“建造基督教图书馆”传播西方图书馆思想。明万历年间,意大利传教士艾儒略所著的《职方外纪》,第一次向中国介绍了西方藏书和图书馆事业。鸦片战争后,传教士的“著书立说”日渐增多,这些著述为一些“睁眼看世界”的先进士大夫们认识西方图书馆提供了最原始、最珍贵的材料,林则徐的《四洲志》和魏源的《海国图志》都曾大量取材于《职方外纪》《外国史略》等西人著述。所以有论者指出,近代早期中国人的图书馆学知识有不少是经西方传教士这一媒介而得到的,并形成了感性认识[9]。而他们所创办的基督教图书馆,使近代图书馆在中国实现了从无到有的突破，有文章分别从藏书观念、技术方法、办馆模式论述这些图书馆在中国的启迪作用[10]。

2.2 早期先进士大夫

林则徐、魏源是最早介绍西方藏书和图书馆的中国人。林则徐组织翻译的《四洲志》，使中国人认识到外国图书馆与中国传统藏书楼最大的不同就是开放与封闭的区别。魏源的《海国图志》进一步丰富和加强了对西方图书馆的译介。除此之外，还有陈逢衡、姚莹、徐继畬等人的《英吉利纪略》《康辅纪行》和《瀛环志略》等介绍西方的著作。由于这些书中的材料靠间接采辑而来，他们对西方图书馆的介绍可能最大的作用是“让中国人开了眼界”[11]，有人评价说：“这些著作仅仅局限于一般介绍，未有明确的思想认识，也没有在中国兴建新式图书馆的具体设想。”[12]显然对他们提出了过高的要求。

随后一些士大夫有机会走出了国门，实际接触到西方的图书馆和西方的图书馆观念。凡论述西方图书馆传播者的文章无一不提到王韬，他的《漫游随录》对西方图书馆考察最为详尽，而且开始把开“书籍馆”(当时对图书馆的译名)提高到了“维新”和“专尚西学”的认识层面，称得上是中国真正考察西方图书馆的第一人[13]。

2.3 使官

鸦片战争使中国被迫对外开放，与欧美一些国家建立了外交关系，驻外使官自然有机会接触到西方国家的图书馆，他们在实地考察的基础上，以大量的日记、奏折、信函、书牍等形式，记述了对西方图书馆的观感。其中郭嵩焘的《伦敦与巴黎日记》详细记述了英国国家博物馆、牛津大学的几所图书馆，在记述牛津大学图书馆总馆——“波里安大学堂”(Bodleian Library)时，还提到“凡书成必首纳献一部”的制度，也就是呈缴本制度，这是迄今为止中国有关西方图书呈缴制的最早记述[14]。此外，曾纪泽、薛福成、刘锡鸿、李凤苞、张德彝等均对西方图书馆事业有不少记载，这批使官集中在1876年至1895年间[15]。

程焕文从他们留下的文字分析，当时他们可能已明显注意到西方公共图书馆与中国藏书楼的差别，但并没有认识到西方公共图书馆的社会意义和对中国近代化可能发生的潜在作用[16]。

2.4 维新派

维新派基于文化教育救国的思想，寄希望于清政府的革新，在中国设立公共藏书楼，作为传播新思想、改变旧风气的措施。1895年，维新派的第一个政治团体强学会在北京成立，同时设立了学会书楼——强学书局，随后全国各地出现了大量学会书楼，这些书楼仿效西方图书馆制度，制定相应的藏书、借书章程，已不同于中国传统意义上的藏书楼。谢灼华对学会书楼做了性质上的界定，认为它们已具备供读者共同使用的近代图书馆的特点，可视为近代图书馆的先声[17]。

康有为、梁启超、李端棻等都有过关于图书馆的许多论述。梁启超在《戊戌政变记》中称“开办大图书馆”是强学会所做的五件大事之一。特别指出的是，出于维新变法的政治目的，这一时期梁启超等维新派的图书馆学理论与实践具有更多的政治色彩[18]。维新变法失败后,梁启超流亡日本。脱离政治身份的梁启超,继续寻求中国图书馆学的发展方向,是西方图书馆学"东渐"的积极倡导者。1899 年,梁启超在日本横滨主办的《清议报》上发表《论图书馆于开进文化一大机关》一文,列举"图书馆有使人皆得用贵重图书之利也","图书馆有不知不觉使养成人才之利也"等八大功用[19],这段史料最能反映图书馆的社会教育功用,所以被研究者多次引用。

2.5 出洋大臣

1905 年,清政府为"预备立宪",派出以载泽和戴鸿慈为首的五大臣出洋考察政治。考察分为两路:一路由载泽、尚其亨、李盛铎率领前往日本、美国、英国、法国、比利时;一路由戴鸿慈、端方率领前往美国、德国、奥匈帝国、俄国、意大利。考察范围包括政治、经济、教育、文化、军事、公共设施、社会福利等方面,五大臣在考察过程中对公共设施尤为注意,1906 年回国后即上奏清政府举办各种公共设施,图书馆是其中之一。清政府采纳了五大臣建议,1909 年学部制定《奏报分年筹备事宜折》,其中编制了图书馆建设的计划:宣统元年(1909)"颁布图书馆章程""京师开办图书馆";宣统二年(1910)"行各省一律开办图书馆"[20]。中国图书馆事业进入近代化阶段[21]。1906—1909 年,十几个省立图书馆建立起来,京师图书馆也加紧筹建。在考察团出国前,国内已出现了中国传统藏书机构向公共图书馆转变的趋势,出洋大臣奏请之后,在中国建立图书馆才摆上议事日程,中国图书馆事业的建设才发生根本改变[22]。可以说出洋考察的大臣直接促成其事。

3 "拿来"了什么

3.1 管理方式和先进技术

中国创办近代图书馆,改进藏书内容和管理方法,固然有启蒙民众的主观因素,但也存在客观原因。旧藏书楼的藏书不准外借,引起知识分子的不满,陈旧的借书观念已不适应时代需要[23];大量新书籍、报纸杂志的出现,逐渐改变了藏书楼的藏书内容;读书的人日益增多,书刊已不能局限于少数人使用,怎样组织共同使用图书也就提到日程上来了。西方传教士所办的图书馆采用本国的收藏、借阅制度和系统的分类及目录体系,这些先进的图书馆管理方法和技术,虽不完善但能适合公共藏书楼的需要,很快就被欲办新式藏书楼的中国人接受[24]。

有文章指出无论是维新派创办的学会书楼、各省公共图书馆,还是徐树兰创办的古越藏书楼,或者京师图书馆,都制定了相应的章程,比如《苏学会简明章程》《南学会藏书处章程二十四条》《皖省藏书楼开办大略章程十二条》《古越藏书楼章程》《湖南图书馆章程》以及《京师图书馆及各省图书馆通行章程》,这些章程均参酌借鉴了西方图书馆章程,在图书馆设立宗旨和各项管理规定上有一定的趋同性[25],包括机构组织与人员配置、藏书原则、图书采集方式、服务对象、借阅制度、经费问题等。

3.2 图书馆学

旧的藏书理论体系不能适应形势需要，西方图书馆学理论和方法的输入，加速了传统藏书楼的瓦解，使传统藏书楼在西方化选择中实现了向近代的历史转变，有论述称“中国近代图书馆学是中西文化撞击和融汇的必然产物和趋势”[26]。

图书馆学引入中国是在辛亥革命前后，之前没有更早的记载。有人给出确切年代：大约起自19世纪90年代中期，止于1919年[27]。吴稌年认为这是中国近代图书馆学术思想“以日为师”的阶段[28]。在这一时期，“图书馆”一词被正式引进并得到广泛运用[29]；一批日本图书馆学专著被翻译编纂至中国，国人开始系统地了解日本、欧美近代图书馆制度，包括图书馆学的方法和技术。康有为、梁启超分别编制了《日本书目表》《西学书目表》两部目录著作，打破中国传统的四部分类，提出新的图书分类体系，以容纳更多类型的图书。1907年，孙毓修著文《图书馆》，连载于教育杂志第1、2卷各期，将西方图书馆所使用的杜威十进分类法介绍到中国，国内开始仿照杜威法编制图书分类法。有研究者指出，“西学东渐”加速了图书馆学知识的渐进过程，而且孕育着图书馆学形成的某些直接因素[30]。除孙毓修的《图书馆》外，译自日本的近代早期图书馆学专著还有《图书馆小识》和《图书馆指南》。严文郁评价说：“民国六年，北京通俗教育研究会翻译日本图书馆协会之《图书馆小识》，为我国图书馆学书籍之滥觞。七年有顾实之《图书馆指南》出版，此二书为东洋图书馆学流入中国之代表。”[31]由于西方图书馆学的输入，中国古代研究图书馆学术的目录学、校雠学、版本学，成为图书馆学的一部分[32]。

3.3 开放理念

中国人早期对西方近代图书馆的考察与认识，并不仅仅局限在馆内的藏书数量，图书的齐全程度和藏书中的善本与珍本，也重视考察图书的使用和流通所体现的图书馆的公共性[33]。近代图书馆的建立，结束了传统藏书楼藏而不用或藏而难用的保守状况，取而代之的是以“开放性”为特征的新模式。这种模式为大多数人提供阅读机会，凡有阅读能力者，都有在图书馆受教育的权利，它是为大多数人而设的。所以研究者普遍认为，“西学东渐”带来了与我国古代藏书楼形成鲜明对比的公共、开放、共享、服务的西方图书馆新观念[34]。

有研究者对这一时期的“西学东渐”进行了反思，认为当时我国除了古代藏书楼遗下大量行将散佚的经典古籍外，没有任何基础，要找到一条顺应潮流挽救民族危亡的捷径，学习西方是最佳选择。同时又指出，单纯的拿来主义不能解决问题，急于学习“西用”，疏于研究“西体”，忽略了“器物”背后的“制度”，造成了“体用”分离的思维定式[35]。

4 单一的解释模式

关于中国近代图书馆的诞生过程，近代图书馆史研究所呈现出来的是一条线性发展脉络，即西方图书馆观念输入中国，得到中国有识之士的回应，从而在地方乃至京城仿效西方图书馆初建近代藏书楼和图书馆,完成其诞生过程。

几乎所有图书馆史研究都认为中国近代图书馆的形成与发展,是在“西学东渐”下,即西方近代文化向东方国家传播导致中西文化碰撞、交融的情况下运行的。不只是图书馆这一事物,中国近代许多事物的产生,人们都是按照这样的思维取向推断的,图书馆只不过是其中之一。较有代表性的观点是:“鸦片战争以后,随着‘西学东渐’的潮流,西方的资产阶级民主思想和文化也传入中国,形成强大的民主文化运动,反映在图书馆,不仅促进了我国近代图书馆的产生与发展,而且带动了图书馆学教育、图书馆学理论研究的兴起。”[36]在他们看来,“西学”对中国图书馆界的影响是全方位的。程亚男采用了“跨文化交流”的说法:在中国图书馆的发展进程中,曾明显地有过几次较大的跨文化交流,鸦片战争(1840)以后的60年间,是藏书楼向图书馆转变的阶段,也是中国与外界的第一次跨文化交流。这次跨文化交流带给中国图书馆界两方面的意义:一是中国图书馆界开始学习西方,以实现藏书楼的转化;二是图书馆开始从单一的文献收藏机构向民众教育机构转化[37]。

不管哪种说法,西方图书馆的管理方式、观念与先进技术在中国的传播,被认为是中国近代图书馆产生的前提条件,在解释近代图书馆在中国诞生过程时,都是沿着这条标准路线。“西学东渐”给中国带来了西方近代图书馆建设的开放思想和模式、新式图书分类法和图书馆管理方法,这是不可否认的,但是从“小”处着眼,参与这一过程的有西方传教士、早期士大夫、维新派、使官、出洋大臣,他们的国别、身份、政治背景、社会地位不同,在看待“图书馆”这一新生事物上,他们的态度和目的不一定是一致的。中国近代图书馆有些东西是“拿来”的,有些具有中国“本土”特色,二者如何共存,“拿来”的东西如何本土化等问题几乎没有人论证。如果从“小”处着眼来考察中国近代图书馆的诞生,无疑会有助于图书馆史研究向纵深层次发展。

参考文献

[1] 谢灼华. 近代我国封建藏书楼之衰落[J]. 图书情报知识,1982(3):20-23.

[2] 郑观应. 郑观应集:上册[M]. 上海:上海人民出版社,1982:305.

[3] 周红. 教育救国思想与中国近代图书馆的产生[J]. 图书情报,2005(5):11-14.

[4] 沈小丁. 湖南图书馆创设的历史机缘[J]. 图书馆,2011(3):140-143.

[5][7] 卿玉弢,王黎,朱俊波. 简析中国近代图书馆的产生和发展[J]. 图书馆,2009(4):44-46.

[6] 刘素艳. 西方图书馆学与中国近代图书馆事业[J]. 温州大学学报,2001(1):60-63.

[8] 蒋秀丽. 论清末新政与中国近代图书馆的创立[J]. 理论学习,2005(9):61,50.

[9] 胡俊荣. 西方传教士对中国近代图书馆的影响[J]. 图书馆,2002(4):88-91,85.

[10] 张树华. 19 世纪西方人士在中国创办的几个图书馆[J]. 江西图书馆学刊,2007(1):3-6.

[11][13][16] 程焕文. 晚清中国人对西方图书馆的考察(上)[J]. 图书馆理论与实践,2004(3):87-91.

[12] 周庆,项玉兰. 从启蒙、萌发到诞生——论我国近代图书馆的建立过程及西方图书馆思想的影响[J]. 图书馆理论与实践,2012(7):85-88.

[14] 曾主陶. 我国对西方图书馆的认识过程[J]. 图书馆理论与实践,1988(2):58-62.

[15][25] 韩淑举. 我国近代公共图书馆制度变迁中的精英参与[J]. 图书馆工作与研究,2011(1):4-14.

[17] 谢灼华. 维新派与近代中国图书馆[J]. 图书馆杂志,1982(3):70-73.

[18] 于迎娣.梁启超的图书馆学理论重温[J].图书与情报,2004(2):8-10.
[19] 梁启超.论图书馆于开进文化一大机关[N].清议报,1898-05-01.
[20] 李希泌,张椒华.中国古代藏书与近代图书馆史料[M].北京:中华书局,1982:132.
[21] 王兆辉,王祝康,任竞.清末新政与我国近代图书馆的兴起[J].图书馆论坛,2012(6):163-166,126.
[22] 夏白鸽.中国历史上第一次与图书馆事业有关的出洋考察[J].大学图书馆学报,1998(1):41-45.
[23] 印永清.近代中国图书馆事业对外开放的历程[J].情报资料工作,2001(5):74-77.
[24] 钱维钧.论十九世纪后期西方图书馆模式的输入[J].山东图书馆季刊,1984(4):28-31.
[26-27] 罗德运.中国图书馆学:20世纪的历程与反思[J].武汉大学学报(社会科学版),1990(1):119-124,112.
[28] 吴稌年.中国近代图书馆"西学东渐"阶段的学术思想特征[J].图书情报知识,2009(9):64-71.
[29] 平保兴."图书馆"名源探微[J].山东图书馆学刊,2012(9):4-6.
[30] 戴煜滨.论中国图书馆学的形成与发展[J].中国图书馆学报,1996(6):7-14.
[31-32] 严文郁.中国图书馆发展史:自清末至抗战胜利[M].新竹:枫城出版社,1983:197.
[33] 邹振环.晚清中国人对西方近代图书馆的考察和认识[J].图书馆杂志,1987(5):56-58.
[34] 万香英."西学东渐"对晚清藏书文化的影响[J].江西图书馆学刊,2009(2):126-128.
[35] 刘兹恒,楼丽萍.我国图书馆事业之"西学东渐"[J].图书情报工作,2002(10):111-115,110.
[36] 刘文科."西学东渐"对中国近代图书馆文化的影响[J].图书情报工作,2006(7):139-141,135.
[37] 程亚男.跨文化交流与中国图书馆现代化[J].图书情报工作,1997(1):11-14,47.

(原载于《图书馆界》2015年第5期)

图书馆文献储备库:国外建设模式及比较分析

翟建雄

文献储备库通常是指某个图书馆或若干个图书馆之间为解决馆藏空间紧张问题和实现老旧文献的长期保存及共享利用,以自建或联建方式设立的专门储藏馆藏中那些利用率较低或多复本文献的高密度、高自动化和多功能仓储式书库。这类书库通常是在馆外适宜地点建设或通过改/扩建方式在馆区内另辟空间单独设置;库内通常安装有高层密集书架,并采用恒温恒湿和低氧等文献保护技术以及自动化存取技术管理藏品。

1 建设文献储备库的必要性

图书馆通常是各国历史最为悠久的一类文化教育机构,成百上千年流传下来的文献资料最终在图书馆得到积淀。自近现代以来,随着工业革命的兴起,造纸工艺和印刷术取得了巨大进步;同时,科技的进步也促进了知识的创作和传播,这两方面因素促使出版物种类和数量大为增加,图书馆也因此收获了丰厚的藏品。但是,与世间万事万物一样,任何一种知识从其产生到传播利用都会经历一个由盛而衰的生命周期,与此相对应,图书馆馆藏中相当一部分藏品的利用率也会随着时间的推移而逐年下降。据美国康奈尔大学图书馆 2010 年发布的一项馆藏利用率调查报告,其馆藏中 1990—2010 年期间出版的专著流通率仅为 45%,其余 55% 竟未流通过一次[1]。另据美国一独立研究人员 2013 年对 10 个学科领域 2812 种学术期刊利用率的统计分析,其总体半衰期约为 2—4 年,其中化学、计算机、能源与地球资源、工程、生命等学科和社会学期刊的平均半衰期为 3—4 年,人文、物理和数学等学科为 4—5 年,健康学科为 2—3 年,仅有 17% 的期刊利用率半衰期超过 6 年[2]。馆藏文献利用率的这些变化就导致出现了这样一对矛盾:一方面记载着某一历史时期知识的文献资料,其使用价值随着时间的推移而逐渐衰减,致使相当一部分藏品因无人问津或鲜有使用而处于"死亡"或"休眠"状态,经累年所积,其所占存储空间越来越大;而另一方面,随着出版物种类的增多,图书馆的入藏量却又在快速增加。前述两方面因素经年叠加,造成图书馆文献储藏空间日趋紧张,并因此对图书馆扩大新版出版物入藏量和拓展新的服务功能产生影响。另外,随着 20 世纪末以来信息和数字技术的广泛应用,出版物的载体和传播途径发生了巨大变化,大量数字版、网络版出版物(数据库)的出现也在很大程度上减少了读者对传统介质出版物的利用率。为适应人们新的阅读习惯,图书馆也势必需要开辟更多的馆舍空间用于新媒体服务。因此,从长远看,随着科学技术的进步和图书馆服务功能的拓展,藏书空间紧张的矛盾将长期存在,而仅靠在馆区内新建或扩建书库,简单和有限地改善藏书空间的做法已非长远之计。

以我国公共图书馆为例,2001 年全国 2696 家公共图书馆藏书总量为 42130 万册/件,书库建筑面积 146.4 万平方米;而到 2010 年,2884 家公共图书馆藏书总量已达 61726 万册/件,书库建筑面积也增加到 204.5 万平方米。10 年间图书馆数量和书库面积分别增加了 7.0% 和 39.7%,然同期藏书量却陡增了 46.5%,高于书库面积增加值 6.8 个百分点。再以承担收藏地方文献职责的省级公共图书馆为例,2005 年 38 家省级公共图书馆藏书总量为 14355.4 万册/件,书库建筑面积 35.5 万平方米;而到 2010 年,37 家省级公共图书馆拥有藏书总量 16601.8 万册/件,书库建筑面积 34.96 万平方米。5 年间馆藏总量增长了15.65%,而同期书库总面积却未见增加(2010 年省级馆数量减少 1 家)[3]。另外,根据现行《公共图书馆建设标准》,作为大型公共图书馆的省级图书馆,其藏书区用房使用面积应占该类馆各类用房使用面积的 30%—35%,并按 300—350 册/平方米的标准计算藏书区使用面积。若按此标准计算,2010 年省级公共图书馆书库总面积仅占馆舍总面积(128.6 万平方米)的 27.18%,不及标准规定的最低值;若按 350 册/平方米计算,则书库总面积应为 47.4 万平方米,而现书库总面积低于该值 26.24%。

面对如此之大的书库建设缺口和日益增多的文献入藏量,图书馆再走单纯依靠扩大书库面积的老路是行不通的,而应转变思路,借鉴国外成功做法,走联合共建、资源共享的新路子。从国外发展情况看,文献储备库从理念到实践再到理论都有了较大发展。这期间,许多国家的图书馆界根据本国国情和馆情进行了大胆探索,摸索总结出了“馆外储存库”“文献仓储中心”“文献储存图书馆系统”和“国家文献储备库”等各有所长的文献存储模式。建库的出发点也由最初的图书馆层面单纯解决书库空间紧张上升到地区性、全国性馆际文献合作和协调,再到集文献长期保存和数字化加工等诸多功能于一体的国家层面的防灾备份、战略储备和文化遗产保护。这些变化说明,建设文献储备库已非一馆之事,一事之宜,而系事关地方乃至国家文化资源整体安全和协调利用的重大问题,宜尽早规划建设之。

2 美国图书馆文献储备库发展沿革及现状

19 世纪末,时任美国哈佛大学图书馆馆长的莱恩(William Coolidge Lane)较早提出了建立文献储备库的设想。1900 年,他在致校长的图书馆年度报告中指出,缺少足够的藏书空间不仅导致图书馆日常服务受阻,而且也迟滞了本馆对新书的入藏和随后的再次分类工作。考虑到再建一个新馆耗资巨大,他建议,将目前馆藏中那些使用率较低的图书从馆藏中剔除,单设库房以密集方式存放[4]。到 20 世纪 40—50 年代,在美国图书馆系统先后出现了两个规模较大的地区性合作型文献储备库——“新英格兰存储书库”(New England Deposit Library,NEDL)[5] 和“中西部图书馆馆际合作中心”(Midwest Inter-Library Corporation,MILC)[6]。前者系由哈佛大学图书馆联合美国国内 7 家图书馆于 1941 年共同设立的一座文献储备库,也是美国国内第一家图书馆间文献联合存储库。该库可容纳图书 100 万册,并面向全国图书馆提供文献的临时、长期和永久存储服务。后者则是由芝加哥大学与其他9所美国国内大专院校于1949年联合创办的一座规模更大的存储书库（现更名为美国研究图书馆中心，Center for Research Libraries，CRL）。该书库集中存放成员馆移送的那些利用率低但又具历史保存价值的文献资料。到20世纪60—70年代，MILC的藏品规模和业务进一步扩大，并开始由最初区域性和功能单一的存储书库向全国性和提供多样化服务的大型文献储备库方向发展，收藏的文献种类也由最初的纸本文献逐步扩大到缩微制品等特殊文献。到1971年，成员馆已由初创时的10家增加到66家。目前，MILC共储藏有来自本国、加拿大和我国香港地区共250家图书馆提交保存的藏品约450万件[7]。到20世纪80年代初，一种以高技术、高自动化和高储藏量为特征的新型仓储式书库开始在美国一些大学出现，如由加州大学分别于1982年和1987年建成的“北部地区藏书库”（Northern Regional Library Facilities，NRLF）[8]和“南部地区藏书库”（Southern Regional Library Facilities，SRLF）[9]。这些新型书库采用高层高密度书架集中存放各分校图书馆流通率较低的文献。在北美地区当时已建有此类文献储备库15座，藏书量达1400万册。进入21世纪后，美国图书馆文献储备库建设再掀高潮。到2007年，美国国会图书馆和北美地区32所大学图书馆共建有高密度文献储备库68座，藏书量达7000万册，约占这些馆藏书总量的7%。其中54个库系由各图书馆自行设置，如哈佛大学的保存本库（Harvard Depository）、耶鲁大学的下架文献储藏库（Library Shelving Facility，LSF）等；另有14个库系由多个图书馆合作共建，如由哥伦比亚大学图书馆、普林斯顿大学图书馆与纽约公共图书馆共同建立的“研究性藏品获取与保存书库”（Research Collections Access and Preservation，ReCAP），由华盛顿哥伦比亚特区8所大学图书馆共同设立的“华盛顿地区研究图书馆联盟”（Washington Research Library Consortium，WRLC），由美国多所大学图书馆联合组建的“西部地区文献储存信托联盟”（Western Regional Storage Trust，WEST）和由佛罗里达州11所大学图书馆共同发起成立的“佛罗里达图书馆藏品高密度存储和共享联盟”（Florida High Density Facility and Shared Collection）等[10]。此外，近年来英国、法国、荷兰、挪威、俄罗斯、日本和澳大利亚等国的图书馆也陆续投入巨资建设具有共享性质的文献储备库，以此达到缓解库房紧张、保障文献安全和实现共享利用等多重目的。

3 文献储备库建设模式

经过一个多世纪的探索和实践，国外图书馆陆续建成了一批规模不等、功能多样的文献储备库，其建设模式概括起来主要有以下几种。①自建自管型。即单个图书馆为解决自身馆藏空间紧张和文献保存保护问题而自行建立和管理的文献储备库，其功能主要是储存本馆利用率较低的藏品和多余复本，包括在馆区内单独建立的高密度存储书库和在馆外专门修建的自动化高密度仓储式书库。②合作共建型。即由若干个图书馆联合建立的文献储备库，主要收藏各成员馆移送的罕用或流通率较低的藏品，同时也面向成员馆以外的其他图书馆提供临时或长期古旧文献的保管或保存服务，由于参与馆较多，这类文献储备库收藏的文献量较单馆自建的文献储备库要大许多，其建设地点一般选在馆外交通较为便利处，建设规模和投入资金也较大，库内多采用金属超高书架和自动化程度较高的仓储式存取技术，恒温、恒湿、低氧，文献保存条件较好。③国家建设型。即由国家出资建设的面向国内所有类型图书馆开放的全国性文献储备库，其对提交储存的文献通常设有一定的条件或年代限制，如某一特定年代以前出版的文献或在某一段年限期间未曾使用过的文献或使用率较低的文献，但也有对送存文献不做任何限制，各馆可将剔除文献径送该库，由其根据保存国家文化遗产的需要，按文献价值依一定标准选择保存，目前美英等国为本国国家图书馆专建的文献储备库即属此类型。④特种文献型。即为保存某些特定类型或载体文献而专设的文献储备库，这些特种文献或因保管条件特殊，或因其利用须受某些限制而需专门库房存放管理，如专为保存缩微制品、音像制品、手稿等特殊文献而建的特藏书库。但就具体建设及运行模式而言，目前国际上文献储备库可主要分为"哈佛模式"(Harvard-model facilities)和"自动储存和检索系统模式"(Automated Storage and Retrieval Systems，ASRS)两大类。

3.1 哈佛模式

该模式是目前各国图书馆界应用较多的一类文献储备库建设模式，目前在北美已建的68座高密度储备库中就有38家采用此模式，其中既有单馆独立建设，也有多馆合作共建。哈佛模式的建库理念是以较低的建设成本达到最大的空间利用率和存储量，而非为快速便捷地利用藏品，故其选址通常是在馆区外地价较低的地点，藏品管理也主要采取人工和机械方式。哈佛模式仓储库单库建设成本一般在450万—780万美元之间，均摊下来，每件藏品的成本在3—4美元之间。另外，由于藏品流通率极低(1%—2%之间)，因而人工成本也相对较低，一般每百万册/件藏品只需管理人员2—4人。这类书库在建设过程中通常采用模块式渐进建设模式，每个模块可吸纳藏品近150万册。由于先期投入中已包括加工区等附属建筑和预留土地成本，故后续建设投入会逐渐减少。

3.2 自动储存和检索系统模式

该模式通常是由单馆在馆区内通过改/扩建方式建设的一类高密度藏书库。与其他传统类型的密集书库相比，这类书库具有基建成本低(无购地费用)、收藏文献量大(采用超高书架)、自动化程度高(文献存取全自动)和获取利用方便(申请后5—10分钟内获得文献)等优点。但受馆区空间所限，也存在库容相对较小、使用年限较短和设备投资相对较大等不足。尽管如此，较之使用积层式书架和手、电动式密集书架等老式密集书库，仍有较大优势。以日本国际基督大学图书馆存储50万册藏书的储备库为例，其建设的二代自动储存和检索系统书库的各项指标多优于传统密集型书库，建设成本也相对较低(见表1)[11]。

表 1　自动储存和检索系统书库与传统密集型书库综合指标对照表

藏书库类型藏量及成本	积层式书架	密集书架	二代自动储存和检索系统
书库容量(册)	500000	500000	529920
每平方米藏书量(册)	491	550	1380
所需库房建筑面积(平方米)	1018	909	384
设备成本(万日元)	34932	20000	50500
建筑成本(万日元)	50915	45454.5	26880
建设总成本(万日元)	85847	65454.5	77380
平均造价(日元/册)	1717	1309	1460

在具体建设和使用上,哈佛模式、自动储存和检索系统模式各有长短。一般而言,前者由于为馆外另建,通常规模较大,储藏文献量多,使用年限也相对较长,同时有关文献修复及数字化处理等业务也可在此一并进行,故综合功能较后者要强,不足是建设成本较高,藏品获取利用亦多有不便;而后者则主要是在馆区内通过改/扩建方式建设,虽藏品利用比较方便,但受馆区面积所限,库容相对较小,藏量亦不及前者,两者功能对比见表 2[12]。

表 2　哈佛模式与自动储存和检索系统模式功能对照表

建设模式对比项目	哈佛模式	自动储存和检索系统模式
始创馆	哈佛大学图书馆,1986 年	加利福尼亚州立大学图书馆,1992 年
建库地点	校园外地点	现有馆区内改/扩建
建库成本	3—4 美元/册件(含建筑成本)	4 美元/册件(不含建筑成本)
人力成本	100 万册件/2—4 人	100 万册件/2—4 人(可由本馆馆员兼管)
储存书架高度	9.1 米	12.1 米
文献存放方式	按尺寸分类,存放于专用纸盒内	按尺寸分类,存放于特制储存盒内
存放文献性质	使用率较低文献	使用率较低或需特殊管理的特种文献
藏品存取方式	利用升降机人工取件	利用自动机械手臂取件
读者获取时间	申请后 24 小时内	申请后 5—10 分钟
内藏品年流通量	库存文献总量的 1%—2%	库存文献总量的 2%—3%

4　国外图书馆文献储备库建设案例

近年来,建设文献仓储库已引起许多国家的重视,一些国家的中央政府还从保护本国和人类文化遗产的高度斥巨资建设国家级文献战略储备库,现举若干简要介绍。

4.1　美国国会图书馆文献储备库

国会图书馆文献储备库是目前美国规模最大的联邦级文献储备库。作为当今世界建筑规模和藏书量最大的图书馆，近 20 年来其馆藏一直以每年 35 万册/件的速度快速增长，位于国会山馆舍的藏书空间也愈发紧张。为解决此问题，该馆决定在馆外另觅地点建立文献储备库。1994 年，美国军方将位于马里兰州米德堡的一块面积为 100 英亩（约合 404686 平方米）的土地转让给国会图书馆用于建设文献储备库。该馆计划利用这片地皮建设 13 座功能各异的模块型书库，目前已先后完成了四期建设工程。其中 1—2 期工程分别于 2002 和 2005 年建成，各建有两座书库，主要用于储存图书和期刊合订本，四个书库合计藏量达 400 万册；3—4 期工程及 4 个冷藏室共投资 4070 万美元，已于 2009 年 7 月竣工，其中书库内共安装有 22803 个超高书架，4 个冷藏室中也装有书架，合计 12798 个，设计藏品容量为 3300 万册/件[13]。这些库房主要用于储藏地图、手稿、照片、唱片和缩微胶片等特殊藏品。国会图书馆计划到 2027 年完成全部储备库建设。目前，米德堡储备库与国会图书馆总馆之间每日有两次文献传递，读者在总馆提交文献请求后可很快获得该库中的资料。

4.2 哈佛大学文献储备库

哈佛大学文献储备库（The Harvard Depository）建于距图书馆 26 英里的绍斯伯勒市（Southborough），1986 年开始建设。该库采用单元化设计，以便根据需要增加新的单元，计划将建设 15 个单元，总面积将达 20 万平方英尺（约合 18581 平方米），可容纳 300 万英尺（约合 914 千米）长的书架，到 2009 年已建成 7 个单元库。库内配有恒温、恒湿、空气过滤和防酸化等先进设备，以确保藏品处于最佳保存状态。为提高库房空间利用率，库内皆安装有高层高密度书架和加工、存取设备。为最大限度地增加储藏量和保证准确提取藏品，藏品入库时须首先按其规格尺寸归类，然后分别存放于相应大小的书架上。入库藏品均贴有条形码，并建立与之对应的准确目录。通过便携式、手持式激光扫描仪记录条形码信息，以便藏品的识别、跟踪和定位，并通过先进的计算机跟踪系统快速准确地查找和存取藏品[14]。

4.3 英国国家图书馆文献储备库

英国国家图书馆馆藏宏富，目前藏品总量已达 1.5 亿册/件，且正以每年 300 万册/件的速度快速增加，馆藏空间日趋紧张。在此背景下，2005 年，英国政府决定投资 2600 万英镑在距伦敦 300 千米处的英格兰西约克郡利兹市的波士顿斯帕村为该馆建造一处新的文献储备库（Additional Storage Building，ASB），2007 年该库竣工，2009 年 12 月投入使用[15]。该储备库内安装了 7 组高达 21 米的高密度书架群，总长度达 262 千米，可容纳 700 余万册/件藏品；库内配有 14.4 万个特制的存储箱，用于藏品的传输和存放。库内配备了先进的环境控制系统，恒温恒湿；同时还安装有高灵敏度烟雾报警装置，并采用了先进的低氧防火技术，可将库内含氧量控制在 14.8% 左右，从而达到最佳防火效果。此外，该储备库采用了目前世界上最先进的全自动存储和检索系统，藏品的传输、上架、查找和提取均可自动完成。英国国家图书馆计划未来将主馆区内与读者服务关系不大的数字加工业务移至此地。储备库与总馆之间设有文献传递交通车，读者在伦敦主馆提交预约申请后 48 小时即可获得所需文献。目前，该储备库每月处理大约 6000 件文献使用请求[16]。2009 年，英国政府又批准了一项 3300

万英镑的财政拨款,用于在该库址内再建一座大型报纸储备库,以解决老旧报纸的保存和保护问题[17]。

4.4 法国国家图书馆文献储备库

法国国家图书馆文献储备库共建有两处,分别为距巴黎 30 千米发达工业区内的比西·圣乔治技术保护中心(Centre technique de Bussy-Saint-Georges)和距巴黎 250 千米勒芒市附近萨尔特河畔一座建于 18 世纪城堡内的乔尔·勒特勒技术保护中心。前者建于 1995 年,主要存放报纸、期刊、手稿、舆图、缩微胶片等类文献,并通过缩微复制、数字化和消毒灭菌等方式对文献进行保存和保护;后者建于 20 世纪 80 年代,最初主要从事文献脱酸处理,从 20 世纪末起,开始利用现代数字技术对馆藏各类文献实施保护。储备库中的藏品一般不提供流通借阅,但可复制利用[18]。

4.5 挪威国家图书馆文献储备库

20 世纪 80 年代末,挪威国家图书馆为实现馆藏文献的长期保存,开始考虑馆藏异地储存和灾备问题。1988 年,挪威议会批准该馆建设文献储备库。目前,该馆共建有 4 个储备库,其中较具知名度的是 2003 年在首都奥斯陆以北 1000 千米的工业重镇摩城附近建成的山体储备库。山体内部温度相对较低,湿度等环境条件相对稳定,是建设文献储备库的理想场所。该山体储备库内共安装有 4.2 万米长的书架,可容纳 150 万件藏品,存放的藏品既有图书、期刊、地图、海报等各种纸质文献,也有缩微胶片、照片、录音制品等特殊载体资料。大部分藏品被保存在经脱酸处理的盒子或信封中。在山体库外还建有 37 个胶片专用库房,目前共存放有胶片 45 吨,库内配有现代化的防火报警和自动灭火系统。出于文献保护和安全考虑,库中藏品原件一律不对公众开放,但可通过复制获取复本。2000 年,山体储备库内又增建了数字文献存储库[19]。

5 文献储备库未来发展展望

由前述介绍可以看出,在各类型出版物数量日增、图书馆馆舍和经费渐绌而其服务功能和手段又日呈多样化的今天,文献储备库的优势已日益显现。首先,有利于节省经费和实现文献资源共享。文献储备库可以使那些不承担或承担较少文献保存职能的图书馆,特别是中小型图书馆能够及时剔除本馆馆藏中那些陈旧过时且利用率较低的藏品,腾出空间用于增加入藏新型载体出版物。由此不但可减少因新扩建库房和实施文献保存及保护而产生的基建、设备、人员、加工和维护成本,又可便于集中保存各馆多余文献,建设本地区或跨地区、跨系统的联合馆藏。这样既可拾遗补阙,变一馆之藏为多馆之藏,实现稀缺文献的资源共享,又可为古旧文献的联合编目、集中揭示和数字化处理及在更大范围的传播利用创造条件。其次,有利于提高图书馆服务效能。通过集中单独存放利用率较低文献,可在不增加馆舍面积的情况下改善现有读者服务和活动空间布局,便于图书馆开展讲座、培训、展览等社会教育活动，开设诸如老龄阅览室、少儿阅览室、盲文阅览室、特藏阅览室和多媒体阅览室等专题服务项目，从而增加各类新出版文献入藏量，提高馆藏利用率及图书馆的社会服务功能。再次，有利于密切区域内各类型图书馆之间的业务合作和资源共享。通过设立文献储备库，可促使某一区域内的各系统图书馆之间建立以文献资源共享为纽带的合作关系，通过文献互补、服务互利，实现区域内文献资源的合理布局和彼此间的合作互助，以满足各自服务的读者群体对稀缺和特殊文献的需求。最后，有利于珍贵和稀缺文献的长期保存和保护。建设文献仓储库将有可能使目前各图书馆分散使用的有限文献保护经费集中使用，提高文献保护的技术条件，改善保存环境；同时，扩大文献保护的覆盖面，并进而实现珍贵和稀缺文献的整体安全和长久利用。

文献储备库百余年来的发展演变历程告诉我们，建设高密度、高自动化的文献储备库，是解决目前书库空间紧张与文献保存保护及有效利用多对矛盾的重要途径。随着科学技术的发展，文献储备库从建设理念到管理模式都将会发生一系列新的变化。①建设理念的变革。百余年前，建设文献储备库的初衷是通过单独存放利用率低的文献，解决馆藏空间紧张问题，以实现增加新出版文献入藏量、提升图书馆服务效能等目的。而随着时间推移，这种单纯以集中存放低利用率文献为目的的做法正逐渐被以联合建库、共享利用为目的的新型文献合作关系所取代，由单个图书馆自建自用向地区性、全国性乃至国际性文献合作方向发展。②建设模式的转变。基于文献资源共享的理念，文献储备库也将会由最初的单馆自建向合作共建的方向发展。通过各地区建立的文献储备库以及由其组成的跨地区的文献储备库体系，各类型、各系统的图书馆可以将本馆利用率低的藏品移交本地区的文献储备库，由其有目的、成系统地保留那些具有学术和文献价值的文献，并在此基础上编制藏品联合目录，以实现本地区和跨地域图书馆间文献及书目信息的共享利用，使那些分散于各馆的老旧文献得以集中系统揭示，更好地发挥其应有的作用。目前，国外图书馆文献储备库建设模式也呈现出多样化趋势：既有跨地区、跨系统以联盟或伙伴关系联合建库的模式，也有系统内部合作建库及政府出资建库的模式；在储备库利用上既有库房共同所有、各馆文献独立存放的模式，也有寄存保管等模式。美国有学者还进一步提出了建设由地方图书馆书库、区域储备库、档案储存库三级构成的、同时收藏实物及数字藏品的分布式合作书库设想[20]。这一设想对于今天我国图书馆构建集实物藏品和数字资源为一体的文献资源储备库，并使之成为数字图书馆服务网络的重要节点、在更大的地域范围内满足更多读者需求具有重要参考价值。③书库功能的转变。随着文献储备库藏品数量的增多和由此产生的大量老旧及珍稀文献保存和保护的需要，文献储备库也将会由最初保存文献的单一功能向文献修复、除菌、脱酸和数字化处理等多功能文献保护中心方向发展，以发挥文献储备库的综合效能。这些变化充分预示着图书馆文献储备库建设的未来发展方向。

参考文献

[1] Report of the collection development executive committee task force on print collection usage Cornell University Library[EB/OL]. [2014-01-14]. http://staffweb. library. cornell. edu/system/files/CollectionUsageTF_ReportFinal11-22-10. pdf.

[2] DAVIS P. Journal usage half-life[EB/OL]. [2014-01-14]. http://www.publishers.org/_attachments/docs/journalusagehalflife.pdf.

[3] 中国图书馆学会,国家图书馆.中国图书馆年鉴2012[M].北京:国家图书馆出版社,2013.

[4] DOHERTY F X. The New England Deposit Library: history and development[J/OL]. The Library Quarterly, 1948,18(4):245-254[2013-12-20]. http://www.jstor.org/stable/4303703.

[5] DOHERTY F X. The New England Deposit Library: organization and administration[J/OL]. The Library Quarterly, 1949, 19(1):1-18[2013-12-20]. http://www.jstor.org/stable/4303732? seq=2.

[6] FRODIN R S. The Midwest Inter-Library Corporation[J/OL]. ALA Bulletin, May1949: 170-172[2013-12-20]. http://www.jstor.org/stable/25693214.

[7] History of CRL[EB/OL]. [2013-12-20]. http://www.crl.edu/about/history.

[8] Northern Regional Library Facility[EB/OL]. [2013-12-20]. http://www.lib.berkeley.edu/NR-LF/.

[9] Southern Regional Library Facility[EB/OL]. [2013-12-20]. http://www.srlf.ucla.edu/.

[10] PAYNE L. Library storage facilities and the future of print collections in North America[EB/OL]. [2013-12-20]. https://www.oclc.org/content/dam/research/publications/library/2007/2007-01.pdf.

[11] NAGANO Y. Changing library buildings & organization automated storage system in japanese libraries[EB/OL]. [2013-12-22]. http://rizal.lib.admu.edu.ph/conf2005/conf/yuki%20nagano.ppt.

[12] 郑小祺.高密度仓储藏书库简介与案例分析[J/OL].台南成功大学图书馆馆刊,2011,19[2013-12-22]. http://www.lib.ncku.edu.tw/journal../19/pdf/19-04.pdf.

[13] Urschel D. Expanded cold storage: space opens for special formats at Fort Meade[J/OL]. Library of Congress Information Bulletin, 2009, 68(7-8)[2013-12-21]. http://www.loc.gov/loc/lcib/09078/ftmeade.html.

[14] The Harvard Depository. The facility, background and design[EB/OL]. [2013-12-21]. http://hul.harvard.edu/hd/pages/facility.html.

[15] British Library. The value of knowledge, annual report and accounts 2009/2010[EB/OL]. [2013-12-21]. http://www.bl.uk/about/annual/2009to2010/full.pdf.

[16] British Library. Fit for purpose: British Library storage buildings of the future[EB/OL]. [2013-12-22]. http://web.zhbluzern.ch/liber-lag/PP_LAG_10/Friday/Fit_for_purposefinal2_Novotny-100416_bearb_un.pdf.

[17] British Library. Newspaper storage building[EB/OL]. [2013-12-22]. http://www.bl.uk/aboutus/foi/transparency/contracts/Contract%20ESTS7226.pdf.

[18] La BnF. Les sites de conservation[EB/OL]. [2013-12-22]. http://www.bnf.fr/fr/la_bnf/sites/a.sites_conservation.html.

[19] MYRBAKK G. Mountain vaults: a thousand years perspective[EB/OL]. [2013-12-22]. http://lib.ncepubd.edu.cn/GYZJ/NEPAPER/papers/153e-My-rbakk.pdf.

[20] SCHOTTLAENDER B E C. "You say you want an evolution…" The emerging UC libraries shared collection[J/OL]. Library Collections, Acquisitions, and Technical Services, 2004 28(1): 13-24[2013-12-22]. http://www.sciencedirect.com/science/article/pii/S1464905503001453.

(原载于《法律文献信息与研究》2016年第1期)

公共图书馆法人治理结构现状调研及思考

霍瑞娟

法人治理结构最早出现而且现在也普遍应用于公司治理中，是现代企业制度的组织建构，其最大的特点是所有者与经营者责权利分明。在公司治理中取得良好效果之后，法人治理结构逐渐向图书馆、博物馆等机构扩展。从世界范围来看，以理事会制度为代表的公共图书馆法人治理结构始于美国，1848 年美国马萨诸塞州议会通过了一项法案，决定在波士顿市建立公共图书馆并将相关事务交由专门成立的理事会管理。此后，英国、日本等国家都相继建立了公共图书馆法人治理的制度。在我国，民国时期部分私立图书馆曾尝试用董事会制度来管理图书馆，但相关制度及运行并不成熟。进入 21 世纪以来，法人治理结构开始逐步进入我国公共图书馆界和图书馆学界的研究视野。2007 年以后，深圳市图书馆、广州市图书馆等率先进行法人治理的试点，此后试点范围逐渐扩大，随着改革的深入，实践中也出现了新的问题，需要探索解决。在已有研究文献中，高校学者的研究倾向于理论问题的探索，而图书馆从业人员的研究多关注图书馆的发展与建设等实践层面。概括起来，我国关于公共图书馆法人治理结构的研究主要集中在以下方面：①我国建立公共图书馆法人治理结构的理论探讨[1-2]；②对美国、英国等国公共图书馆法人治理情况的经验介绍[3-6]；③对已进行法人治理试点的图书馆的实践总结与思考[7-9]。已有研究缺乏对当前我国公共图书馆法人治理结构改革现状的调查和研究，也缺乏对具体实施操作层面细节的思考。本文对全国省、市、县的部分公共图书馆法人治理结构改革的情况进行调查，分析图书馆法人治理结构建立及运行中存在的问题和障碍，提出完善的路径，建议中国图书馆学会应在推进全国公共图书馆法人治理结构的建立和完善方面发挥积极作用。

1　我国公共图书馆法人治理结构发展概述

1.1　我国建立公共图书馆法人治理结构的政策分析

随着我国市场经济的发展和法制建设的完善，法人制度已经成为一个熟悉的概念，但是对于公共图书馆来说，法人治理结构的建立仍然处于探索阶段。公共图书馆法人治理结构的建立依托于事业单位分类改革。2008 年 2 月，党的十七届二中全会通过了《中共中央关于深化行政管理体制改革的意见》，在第四部分“推进政府机构改革”中提出要推进事业单位分类改革，要求“主要从事公益服务的，强化公益属性，整合资源，完善法人治理结构，加强政府监管”。2011 年 3 月，中共中央、国务院下发《关于分类推进事业单位改革的指导意见》（中发〔2011〕5 号），提出要推进从事公益服务事业单位改革，建立健全法人治理结构；2011 年 7 月，《国务院办公厅关于印发分类推进事业单位改革配套文件的通知》（国办发〔2011〕37 号），其中《关于建立和完善事业单位法人治理结构的意见》对面向社会提供公益服务的事业单位建立和完善法人治理结构提出了具体要求。上述两份文件从国家政策层面为公共图书馆构建法人治理结构提供了基础和依据。2012 年，中央编办发布了《关于印发〈事业单位章程示范文本〉的通知》（中央编办发〔2012〕11 号），为事业单位构建理事会、编制相关章程提供了示范和参考；2013 年，党的十八届三中全会通过了《中共中央关于全面深化改革若干重大问题的决定》，明确提出要“推动公共图书馆、博物馆、文化馆、科技馆等组建理事会，吸纳有关方面代表、专业人士、各界群众参与管理”，公共图书馆建立法人治理结构，实行理事会制度，成为深化文化体制改革的重点工作。2014 年，公共图书馆法人治理结构的建设成为全国各地文化体制改革的重点工作。

公共图书馆法人治理结构的构建得到党和政府的高度重视，在法人治理结构下，公共图书馆能够更灵活地处理事务，吸纳更多专业及社会人士参与管理，从而能够更好地顺应社会发展的趋势，满足广大人民群众日益增长的精神文化诉求和公共服务需要。

1.2 公共图书馆法人治理结构的实践及现状

1.2.1 现状调研

2007 年，公共图书馆法人治理结构的构建就已经开始了试点，但该制度对于我国的公共图书馆毕竟是一个新生的事物，各地的试点工作进程也各有不同。到 2013 年底，先期试点的无锡市图书馆、深圳市图书馆、广州市图书馆、深圳市宝安区图书馆、成都市成华区图书馆才建立起理事会制度，初步完成了法人治理结构的构建。随着先期试点工作的开展，十八届三中全会又提出了推动公共图书馆组建理事会的要求，公共图书馆法人治理结构改革实际上自 2014 年才开始广泛展开。

为全面了解和把握我国公共图书馆法人治理结构改革的现状，笔者所在单位中国图书馆学会对全国省、市、县的公共图书馆进行了问卷调查。调查时间自 2016 年 2 月 26 日至 2016 年 3 月 20 日，问卷主要包括以下内容。本馆是否已完成法人治理结构构建；若未完成，那么计划在何时间段完成法人治理结构的构建；若已完成，则对下列问题进行调研：①本馆已建成理事会的性质；②本馆理事会现任理事长人选；③本馆理事长产生方式；④本馆理事会人数；⑤本馆现任理事构成人员类型及占比；⑥本馆理事会是否设立了特别议事机制。除上述问题外，问卷内容还包括被调查者认为当前公共图书馆构建及完善法人治理结构面临哪些问题和困难，及对此有哪些意见和建议。我国（港澳台除外）除天津、辽宁、青海、贵州 4 个省市外，其余 27 个省（自治区、直辖市）级公共图书馆参与了调查，208 个市县区公共图书馆参与了调查（市县区图书馆的地区分布情况见表 1）。

表1　208个市县区公共图书馆地区分布

序号	所在地区	参与调研图书馆数量(个)	序号	所在地区	参与调研图书馆数量(个)
1	北京市	4	11	陕西省	6
2	河北省	11	12	新疆维吾尔自治区	6
3	山西省	9	13	重庆市	3
4	内蒙古自治区	3	14	四川省	4
5	上海市	9	15	云南省	8
6	浙江省	20	16	河南省	9
7	江苏省	19	17	湖南省	12
8	安徽省	8	18	江西省	24
9	福建省	7	19	广东省	36
10	吉林省	9	20	海南省	1

数据显示,在调查回收的27个省级图书馆中,已经建立起理事会的图书馆有9个,分别是广东省、湖南省、江苏省、内蒙古自治区、山西省、上海市、浙江省、重庆市、湖北省,占比为33.33%;在208个市县区图书馆中,已经完成理事会构建的有53个,占比为25.48%。尚未建立但预计2016年能够完成构建的省级图书馆有4个,占未完成构建的省级图书馆的比例为22.22%;市县区图书馆预计年内能完成构建的有19个,占未完成构建的市县区图书馆的比例为12.26%。虽然上述数据未能涵盖全部的省市县级公共图书馆,但也基本体现了全国范围内的基本情况,说明我国公共图书馆法人治理结构的构建仍处于起步阶段,完成理事会构建的各级公共图书馆仍是少数,而且大部分图书馆短期内未制订构建计划。

1.2.2　理事会的构建

先期试点的5所图书馆在构建理事会的过程中,对理事会的职能进行了不同定位,大体分为三种类型:一是议事决策型,即将理事会作为图书馆的议事和决策机构;二是议事监督型,即理事会不仅是图书馆的决策议事机构,同时也是监督机构,向主管单位报告工作;三是咨询型,理事会作为图书馆的议事协调和咨询机构发挥作用。根据调查,目前已经建立起理事会的公共图书馆中,对理事会职能的定位也大致在上述三种类型范围内。在全部已经完成理事会构建的62所公共图书馆中,理事会职能为议事决策型的有22个,为议事监督型的有31个,为咨询型的有8个,还有1个是议事协调型,即类似于咨询型,也不具有决策和监督职能,仅为协调机构(见图1)。

理事会作为公共图书馆法人治理结构建立的主要标志和重要机构,职能的定位直接影响着其作用的发挥。《关于建立和完善事业单位法人治理结构的意见》中指出,理事会作为决策和监督机构,依照法律法规、国家有关政策和本单位章程开展工作,接受政府监督和社会监督。由此可见,意见对理事会职能的定位是"决策和监督机构"。根据调查数据显示,各级公共图书馆的理事会具备决策和监督职能的仅占50%。

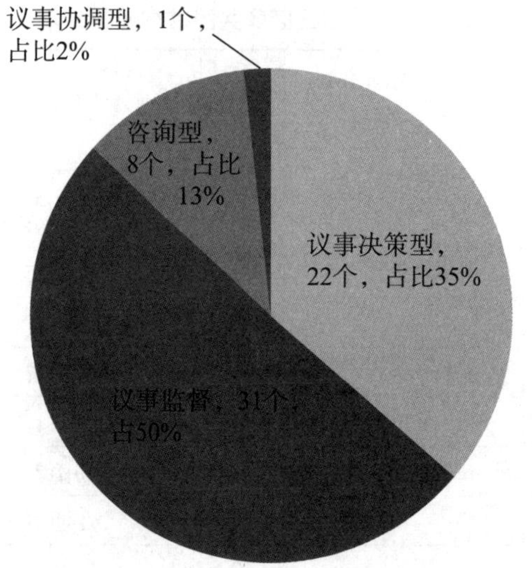

图1　理事会的性质与职能状况

事业单位之所以要建立法人治理结构，其根本目的就是要实现“政事分开、管办分离”，其核心应当是将决策权从主管行政机关转移到理事会，从而实现图书馆的灵活和多元化管理。如果理事会不能掌握决策权，那么所谓法人治理结构的建立也只能是流于表面。因此，在改革中必须明确图书馆理事会的决策地位，将行政主管部门对图书馆的具体管理职责交给理事会，使政府由直接管理转变为间接管理。

1.2.3　理事会的构成

《中共中央关于全面深化改革若干重大问题的决定》指出，在理事会的构建中，要吸纳有关方面代表、专业人士、各界群众参与管理。即积极鼓励和引导外部人员加入理事会，参与图书馆的管理。

调查显示，目前公共图书馆的理事会章程规定人数规模多为9—15人，实际人数也多为9—15人，部分市县区图书馆的理事会人数为5—7人。理事会的构成人员包括行政主管部门领导、图书馆管理层人员、本馆职工、业界专家、社会人士等，少数公共图书馆的理事还包括外籍人士及所在地区的服务对象。总的来看，构成方式较为多元，彼此都存在差异。但是其相同之处是，除了3个市县区公共图书馆的理事会外，其他所有理事会都包括行政主管部门的领导和本馆管理层人员。所调研的部分公共图书馆理事会构成情况见表2。

表2　公共图书馆理事长产生及理事会构成情况

序号	名称	理事长人选	理事长产生	理事会人数	理事构成						
					行政主管部门领导	本馆管理层	本馆职工	业界专家	社会人士	外籍	其他
省级公共图书馆											
1	上海图书馆	社会人士	行政主管部门任命	13	4	2	1	4	2	0	0

续表

序号	名称	理事长人选	理事长产生	理事会人数	理事构成						
					行政主管部门领导	本馆管理层	本馆职工	业界专家	社会人士	外籍	其他
2	浙江图书馆	社会人士	理事会选举	13	1	2	1	0	9	0	0
3	南京图书馆	行政主管部门领导	行政主管部门任命	15	1	5	1	2	6	0	0
4	广东省立中山图书馆	行政主管部门领导	行政主管部门任命	13	4	1	3	3	2	0	0
5	湖北省图书馆	本馆管理层人员	理事会选举	13	1	4	2	3	2	0	1
6	湖南图书馆	行政主管部门领导	行政主管部门任命	11	3	2	1	0	5	0	0
7	重庆图书馆	业界专家	行政主管部门任命	15	1	2	1	1	5	0	5
8	山西省图书馆	本馆管理层人员	理事会选举产生	13	4	2	1	2	2	0	2
9	内蒙古图书馆	社会人士	理事会选举	13	2	0	1	0	10	0	0
市县区公共图书馆											
1	上海市杨浦区图书馆	行政主管部门领导	理事会选举	9	2	3	1	1	2	0	0
2	江苏省镇江市图书馆	社会人士	理事会选举	9	1	1	1	0	6	0	0
3	江苏省无锡市崇安区图书馆	业界专家	理事会选举	13	0	2	0	2	9	0	0
4	浙江省宁波市图书馆	社会人士	理事会选举	13	1	1	1	5	5	0	0
5	浙江省德清县图书馆	行政主管部门领导	行政主管部门任命	9	1	2	1	2	1	0	2
6	广东省深圳市福田区图书馆	业界专家	理事会选举	15	1	1	1	2	6	2	2

续表

序号	名称	理事长人选	理事长产生	理事会人数	理事构成						
					行政主管部门领导	本馆管理层	本馆职工	业界专家	社会人士	外籍	其他
7	深圳图书馆	行政主管部门领导	行政主管部门任命	11	2	1	1	1	5	0	1
8	广东省中山市图书馆	行政主管部门领导	行政主管部门任命	9	3	2	1	0	3	0	0
9	安徽省合肥市图书馆	行政主管部门领导	行政主管部门任命	11	5	2	0	1	2	0	1
10	河南省信阳市图书馆	社会人士	理事会选举	11	1	1	1	1	7	0	0
11	湖南省株洲市图书馆	社会人士	理事会选举	9	1	1	0	1	6	0	0
12	江西省赣州市图书馆	行政主管部门领导	行政主管部门任命	11	1	1	1	2	3	0	3
13	吉林省长春市图书馆	行政主管部门领导	行政主管部门任命	11	2	2	1	1	5	0	0
14	内蒙古包头市图书馆	社会人士	理事会选举	15	1	1	3	1	9	0	0
15	山西省太原市图书馆	行政主管部门领导	行政主管部门任命	13	2	2	1	2	6	0	0
16	山西省阳泉市图书馆	本馆管理层人员	理事会选举	11	2	2	1	2	1	0	3
17	四川省巴中市图书馆	本馆管理层人员	理事会选举	5	1	2	1	0	1	0	0
18	新疆克拉玛依市图书馆	行政主管部门领导	理事会选举	13	1	3	3	2	3	0	1
19	云南省昆明官渡区图书馆	行政主管部门领导	理事会选举	11	1	3	1	3	1	0	2

《关于建立和完善事业单位法人治理结构的意见》要求,"直接关系人民群众切身利益的事业单位,本单位以外人员担任的理事要占多数"。笔者认为,为了更好地带动社会公众参与图书馆管理和更好地发挥理事会的作用,这里的"外部理事",也不应当包括行政主管部门的领导。从调查数据来看,所有构建起理事会的62个公共图书馆中,有56个反馈了理事

会构成情况的有效数据，具体见图 2，其中除行政主管机关领导和本单位人员外，有 33 个即 58.93% 的图书馆理事会外部理事占比超过 50%。

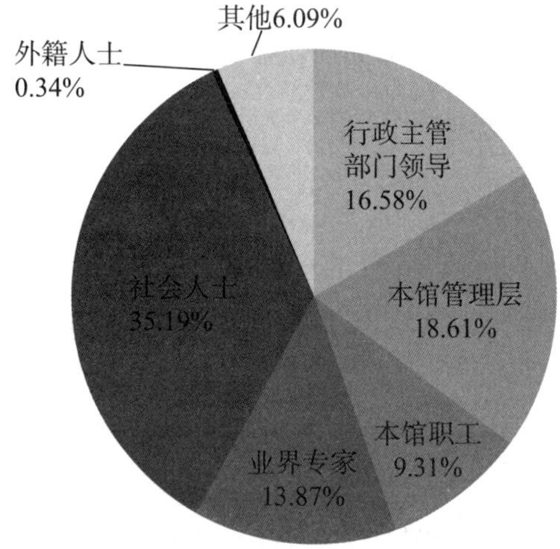

图 2　公共图书馆理事会构成情况①

2　公共图书馆法人治理结构建立及运行存在的障碍

公共图书馆法人治理结构自 2007 年开始试点以来，已经进行了近 9 年的尝试，而真正推广开展则只有一两年的时间，尽管一些公共图书馆已经完成了法人治理结构的改革，但无论是在改革过程中还是改革完成后都还面临着一些问题，制约着图书馆的进一步发展。

2.1　改革缺乏立法层面的依据

如前所述，法人治理结构最早应用于公司治理当中，虽然公司法人治理制度对于我国来说也属于舶来品，但是目前我国已经建立起较为完善的公司法人制度，对企业和市场经济的发展起到了积极的促进作用，而这其中一个重要原因就是立法层面的支持和保障。1993 年我国出台《公司法》，随后根据发展需要不断对其进行修订，针对重要问题多次出台了相关司法解释，为国内企业的设立、运营和终止提供了明确且完善的法律依据。

虽然公共图书馆的法人治理结构与公司的管理有相似之处，可以参考《公司法》中的相关规定。但是公共图书馆的公益性与公司的营利性存在本质上的区别，这决定了公共图书馆法人治理结构的构建必须有专门的法律法规对有关问题进行规定。从世界范围内来看，公共图书馆事业发展处于前列的国家都建立了较为完善的图书馆治理的法律体系。无论是美国的《图书馆服务与技术法》，英国的《英国国家图书馆法》，还是韩国的《图书馆法》，都在本国图书馆发展的过程中起到了重要作用。由于我国公共图书馆的事业单位属性，早期忽

① 有 6 个图书馆理事会构成情况反馈资料不完整或有错误，故未纳入统计数据中。

视了图书馆的立法工作,至今没有出台《图书馆法》,现行的法律、法规及规章也没有关于公共图书馆法人治理结构的明确界定[10]。目前关于图书馆法人治理结构改革的依据更多还是停留在政策性文件层面,缺乏立法层面的依据。关于图书馆管理,上层法律制度缺失,不仅导致改革的“底气不足”,也使得制度如何构建“问题难解”。

2.2 政府与图书馆权责不清

公共图书馆法人治理结构的构建其实也是政府“简政放权”的改革,政府与图书馆之间的关系由行政隶属关系向“政事分开、管办分离”管理模式转变。这就要求政府将对图书馆相关事务的管理权和决定权转移给理事会和图书馆本身,变直接管理为间接管理和外部监督。由于法人治理制度的建立仍处于摸索阶段,这就使得图书馆虽然完成了理事会的构建,但是政府与图书馆之间的权力清单却未能明确。这种权责不清会产生两个方面的消极影响:一方面是政府在管理过程中未能摆脱旧制度的影响,过度干预公共图书馆的人事、财务、发展规划等事务的决策;另一方面也可能使政府在改革过程中“过度放手”,导致在对公共图书馆的必要投入和监督方面发生缺位。

除了政府与公共图书馆之间权责模糊,理事会难以拥有真正的人事权和财政权,也阻碍了法人治理结构的真正实现。人事权和财政权是图书馆构建理事会制度,实现灵活自主处理内部事务的应有之义。但是现行收支两条线的财政划拨体制①和事业单位人员编制体制,使得公共图书馆理事会实际上没有真正的人事权和财政权。而对财政和人事的决策权的缺失,使得理事会很容易与图书馆内部的馆务委员会或者工作委员会相提并论[11]。

2.3 理事会定位及作用存疑

公共图书馆构建法人治理结构的一个重要目的就是扩大图书馆的自主权和灵活性,而这种自主权主要体现在图书馆理事会的决策地位。调查显示,目前已建成的图书馆理事会中,有一部分并不具备决策职能,而仅仅是起到了咨询的作用②;即便是具有决策职能的理事会,有些也只是拥有片面的决策权③。另外,有的理事会还设立了“一票否决制度”,即政府代表理事对理事会讨论事项享有一票否决的权力。部分公共图书馆在调查中表示,虽然已经建立起了理事会,但是只是流于表面,并未发挥实质作用。这些现象不仅与国务院办公厅《关于建立和完善事业单位法人治理结构的意见》将理事会定义为决策监督机构的要求不符,也与法人治理结构的本质相去甚远。

---

① 按照现行财务体制,公共图书馆的经费是由政府财政部门先拨付至其行政主管部门,再由行政主管部门综合考虑本系统及本辖区内的整体情况后,再对下辖图书馆拨付经费,这就使得公共图书馆所获得的财政经费,取决于行政主管部门的年度计划,往往不能满足图书馆发展的需要。

② 在第一批试点单位中,无锡市图书馆对于理事会的定位就是咨询机构,未赋予其决策权和监督权。在笔者此次调查过程中,合肥市图书馆、无锡市图书馆、赣州市图书馆、新余市图书馆等 7 所图书馆的理事会职能也是咨询机构。

③ 深圳图书馆理事会的定位是议事决策机构,虽然章程规定了其决策职能,但对图书馆的部分事务却只有议事权,因此其决策权仍然是片面的、不完全的。

此外，目前对于理事会的构成及作用，也存在质疑。十八届三中全会明确规定，在公共图书馆理事会构建的过程中，要让有关方面代表、专业人士、各界群众参与管理。调查显示，目前已建立的理事会中，除了图书馆管理层人员外，业界专家、社会人士等外部人士在理事会中也确实占据了相当大的比例。这样的结构虽然有利于集思广益，使图书馆在提供公共服务的过程中更有效地满足不同类型民众的需求，但是部分公共图书馆在调查中反馈，在专业事项的判断和决策中，“外部人员”在缺乏相关专业知识和经验的情况下，很难做出科学有效的决策。

3 公共图书馆法人治理结构的完善

3.1 尽快推动《公共图书馆法》出台，重视后续修订和完善

让公共图书馆发展“有法可依”，推动《公共图书馆法》的出台，这一议题在公共图书馆法人治理结构改革的初期就提上了日程。2008 年 11 月，文化部召开《公共图书馆法》立法启动工作会议，开始了立法支撑研究和法律条文的起草。随后经过多次探讨和完善，文化部将《中华人民共和国公共图书馆法（送审稿）》报送国务院审议。2012 年，国务院法制办公布《中华人民共和国公共图书馆法（征求意见稿）》，向社会公开征求意见。经过再次研究和修改后，2015 年 12 月 9 日，国务院法制办就修改后的《中华人民共和国公共图书馆法（征求意见稿）》，再次征求社会各界意见。

《公共图书馆法》的出台经历了一个较为漫长的过程。一方面其作为我国公共图书馆领域的首部法律，对公共文化服务的发展和图书馆法人治理结构的改革有着重要的意义，需要进行充分的调研与不断完善；另一方面，社会各界也希望通过这部法律解决目前公共图书馆发展中尚待明确的问题，理顺各方关系，因此期间进行了多次讨论和修改。《公共图书馆法》的出台无疑应当谨慎和周全，但是考虑到改革的迫切需要，立法进程也应适当加快，尽快推动《公共图书馆法》的出台，明确公共图书馆的权利与责任，推动法人治理结构的改革。此外，在《公共图书馆法》出台后，还应重视后续的修订和完善工作，以及配套法律制度的构建，因为任何一部法律的出台都难免受到时代局限性的影响，随着社会的发展总会有新问题出现。美国联邦政府相继颁布了 1956 年、1964 年、1996 年图书馆法，韩国图书馆基本法于 1963 年颁布后，也历经四次重大修订[12]。因此《公共图书馆法》的出台仅仅是国内图书馆法律体系建设的一部分，后续的完善工作和配套法律制度的构建应该得到同样的重视。

3.2 确定理事会决策地位，明确政府与公共图书馆权责关系

理事会不具备真正的决策权，公共图书馆法人治理结构的构建只能沦为空谈。对于理事会决策地位的确立，笔者认为有两点必须明确：一是在制定理事会章程时，必须明确理事会的决策地位，赋予其对图书馆重要事务的决策权；二是应慎重考虑理事会中政府代表的“一票否决权”，因为该制度实际上违背了公共图书馆法人治理结构中“协商共治”的基本理念，既不符合理事会制度中各方利益不占优的基本原则，也不符合中央改革文件的基本

精神。

对于政府与图书馆之间的权责关系，可以借鉴日本经验，通过权力清单和责任清单进行明确。例如，浙江图书馆在改革的过程中，就以权力清单的方式规范了政府行政主管部门的权力，明确对图书馆事务的权力为审核并批准章程，提名馆长，依照法律法规和章程考核监督等。理事会对财政权和人事权的欠缺，无疑也应当是改革中必须解决的问题和完善的方向，但是也正如前文所述，该问题与我国的现行财政制度和人事制度密切相关，改革也不能急于求成，而应当明确方向，逐步实现理事会对图书馆财政和人事事务的充分决策。

3.3 构建专业委员会，完善决策支撑体系

理事会外部人员比例的增加，使得公共图书馆事务由内部人员管理转向外部人员参与决策。现代公共文化服务机构是专业化的服务机构，专业性是其基本特征[13]。但是理事会组成人员特别是外部人员的多元化又是公共图书馆法人治理结构改革的必然要求。针对该矛盾，可以借鉴国际上成功的经验，即在理事会下设置咨询委员会和专门委员会，建立理事会决策的专业支撑体系。如《英国国家图书馆法》规定，理事长需要聘请学界、业界精英，组建成咨询委员会，为英国国家图书馆制定重大战略规划与政策出谋划策，为政府部长、理事会的重要决策提供咨询建议。此外，英国国家图书馆理事会还设立了审计委员会、薪酬委员会、建设项目委员会和理事会投资委员会四个专门委员会，针对专业问题提出意见[14]。再如波士顿公共图书馆理事会下设资金项目委员会、馆藏委员会等四个专门委员会，以及市场营销和筹资特别小组和技术特别小组两个特别小组[15]。上述咨询委员会和专门委员会都为理事会决议的科学性和专业性提供支撑，提高了理事会非专业人员决策的有效性。笔者在调查中发现，内蒙古图书馆和深圳市福田区图书馆在改革中都设立了专业委员会，对此进行了有益的实践和探索。因此，在我国图书馆法人治理结构改革的过程中，关于理事会决策专业性的问题也可以通过建立专业委员会来解决，通过聘请相关专家作为委员，针对专业问题的决策提供支撑方案。

3.4 推进管理运行公开化，构建社会评价监督机制

公共图书馆从本质上来说是为公民提供精神文化服务的公益性机构，应当对公众开放并接受公众监督。图书馆外部理事的引入就体现了社会公众对图书馆事务的管理和监督。推进运行公开化，构建社会评价监督机制，可以进一步加强公众对公共图书馆及理事会进行监督，也可促使公众关注公共图书馆的发展，积极建言献策，更好地发挥公共图书馆的职能，满足公民的精神文化需求。英国国家图书馆的服务政策与文件、理事会会议备忘录、年度工作报告和财务报表、理事个人利益等级、图书馆长远发展规划等重要文件或文档都可以被公众自由获取，实现了机构运作的高度透明化[16]。在纽约公共图书馆的运营中，社会公众除了从图书馆网站获取信息，还可以通过直接给理事会主席及其他高级主管写信、网络留言等方式行使监督权力[17]。这些举措既能促进公众对公共文化事业发展的关注，也使得公共图书馆及理事会更容易得到公众的信任和支持。因此，在我国公共图书馆法人治理的改革及运行过程中，可以通过公共图书馆网络平台，及时公布与图书馆发展相关的文件，以及理事

会的重要决议事项等内容，完善信息公开制度，开通社会评价监督渠道，推动公共文化服务与群众文化需求的有效对接。

4 中国图书馆学会应在公共图书馆法人治理结构的建立及运行中发挥作用

4.1 宣传理念

中国图书馆学会作为政府联系图书馆工作者的重要桥梁和纽带，在推动全国图书馆改革和发展的过程中一直发挥着重要的作用。随着政策的完善和实践的深入，构建法人治理结构已经成为公共图书馆改革发展的新方向，中国图书馆学会更应当对此进行积极的宣传，通过开办相应的研讨班、交流会等形式，搭建经验分享和问题探讨的平台，加深社会对公共图书馆法人治理结构内涵的理解。中国图书馆学会也应当发挥科学的统筹和引导作用，使各地公共图书馆认识到，由于自身发展条件及所处地域社会环境的不同，法人治理结构构建不能照搬照抄已有的做法，必须通过认真的调研和总结，建立起科学有效且适合自身发展需要的法人治理结构。

4.2 牵头制定和完善理事会章程

理事会章程是法人治理结构构建的基础和运行的保障。虽然已经完成法人治理结构的图书馆都制定了相关的理事会章程，但是部分图书馆的理事会章程仍然不符合政策要求，不符合法人治理结构的内涵，以至于不能适应自身发展的需求。2012 年中央编办发布了《关于印发〈事业单位章程示范文本〉的通知》，为事业单位构建理事会、编制相关章程提供了示范和参考。中国图书馆学会应当发挥自身的资源优势，在该文本的指导下，结合公共图书馆的公益性特点，在吸取前期实践经验和教训的基础上，发动相关领域的专家、学者，牵头制定和完善公共图书馆理事会的章程范本，为各地公共图书馆管理提供有益的参考。

4.3 对建立和运行状况进行评估，为相关部门提供参考

公共图书馆法人治理结构的构建并不仅仅是行业内的改革，更是我国事业单位分类改革的重要组成部分，各地图书馆对法人治理结构构建的探索和实践不仅对于尚未建立起该结构的图书馆有重要的参考意义，对于其他事业单位也有一定的借鉴价值。中国图书馆学会应当积极关注各地公共图书馆法人治理结构的构建及运行情况，牵头组织专家、学者对各地的情况进行评估，并针对地方图书馆遇到的问题和困难提供建议和帮助。针对收集和反馈的信息，中国图书馆学会及时进行梳理和总结，对先进经验进行宣传推广，对其中存在的问题和困难组织专家进行研讨，为政府和各地公共图书馆提供参考。

公共图书馆法人治理结构的改革是我国事业单位改革的重要一环，对文化事业的发展

具有重要意义。但所有的改革都不可能一蹴而就，无论是尚未开始改革的公共图书馆还是已经开始运行的公共图书馆，面对法人治理结构这一新制度，都面临着各类不同的问题。改革的过程同样也是不断探索和解决问题的过程，面对改革中的障碍，我们应当认真总结经验，提高各方认识，完善配套制度，在我国建立起真正有效的公共图书馆法人治理结构，推动我国现代公共文化服务体系的建设。

参考文献

[1]蒋永福. 论公共图书馆法人治理结构[J]. 图书馆学研究，2011(1)：40－45.

[2][13]李国新. 公共图书馆法人治理：结构·现状·问题·前瞻[J]. 图书与情报，2014(2)：1－7.

[3][15]冯佳. 国外公共图书馆理事会制度及启示——以美国波士顿公共图书馆理事会制度为例[J]. 图书馆建设，2010(6)：93－97.

[4][14][16]金武刚. 大英图书馆的法人治理结构[J]. 国家图书馆学刊，2014(3)：41－46.

[5]陈慰. 公共图书馆法人治理结构探析——以美国弗吉尼亚州公共图书馆理事会为例[J]. 图书馆杂志，2015(9)：43－48.

[6][17]罗珊珊. 纽约公共图书馆的法人治理结构[J]. 图书与情报，2014(2)：17－19.

[7]肖容梅. 深圳图书馆法人治理结构试点探索及思考[J]. 中国图书馆学报，2014(3)：13－19.

[8]马春. 我国公共图书馆法人治理工作探析——以上海图书馆理事会运行实践为例[J]. 图书馆建设，2016(2)：40－43.

[9－10]潘锦亚. 公共图书馆法人治理结构改革的探索与实践——以湖州市图书馆为例[N]. 新华书目报，2014－11－14(A18).

[11]顾晓光，刘兹恒. 图书馆实行法人治理结构的难点[J]. 图书馆杂志，2015(9)：28－32.

[12]刘璇，张丽，冯佳. 国外图书馆法演变特点及对我国图书馆法的启示[J]. 图书情报工作，2011(21)：45－51.

（原载于《中国图书馆学报》2016 年第 4 期）

美、英、澳国家图书馆基于馆藏的出版研究

陈秋慧

馆藏是图书馆服务的基础,除了用户根据需要对图书馆资源进行选择性利用外,图书馆也可以多方主动推介馆藏资源,大众出版就是向公众宣传馆藏的途径之一。欧美大型图书馆成立出版部门,专司基于馆藏的大众出版,成果丰富。我国对欧美图书馆出版研究集中于以开放获取运动为背景的学术机构出版[1],而对欧美图书馆利用馆藏从事大众出版则缺乏研究。为此,本文考察美、英、澳国家图书馆基于馆藏的大众出版策略,并将之与我国图书馆的出版实践进行对比,旨在为我国图书馆的大众出版提供参考。

1 美、英、澳国家图书馆馆藏概况

丰富的馆藏是美、英、澳国家图书馆大众出版的基础。美国国会图书馆(Library of Congress,简称 LC)是世界上最大的图书馆,根据 2015 年 9 月的统计,美国国会图书馆馆藏 1.62 亿件实体文献,包括图书、缩微品、地图、手稿、照片、招贴画等[2]。英国国家图书馆(British Library,简称 BL)是世界上最大的学术图书馆之一,每年约有 300 万件新文献入藏,目前馆藏文献超过 1.5 亿件,特色馆藏包括简·奥斯丁等英国著名作家的小说手稿、逾 400 万件的地图等[3]。澳大利亚国家图书馆(National Library of Australia,简称 NLA)馆藏约 1000 万件文献,截至 2015 年 6 月,网上目录揭示 93% 的馆藏,包括地图、书、刊、档案在内的 235622 件文献实现数字化[4]。

2 美、英、澳国家图书馆大众出版概况

2.1 美国国会图书馆

美国国会图书馆成立的出版办公室(Publishing Office)最初仅负责传播馆内新闻,由美国政府印刷局(Government Printing Office)出版成书。20 世纪 50 年代之后,该部门开始独立出版图书[5]。根据美国国会图书馆组织架构图,馆内一级部门“图书馆服务部”(Library Services)下设的“合作拓展项目部”(Partnerships and Outreach Programs Directorate)主管出版办公室[6]。出版办公室主要负责执行“普通出版项目”(General Publishing Program),该项目及其成果服务于公众,还承担由政府专项经费支持的若干出版项目,合作单位涉及国会图书馆编目部、美国

版权局、国会研究处等馆内外机构。近年该馆每年出版的普通新书保持在20种左右[7]。美国国会图书馆网站展示的馆内出版图书涉及该馆馆史馆情、馆藏导览等主题,共182种,各类别图书数量见图1。该馆的出版介质涉及纸本图书、电子图书,但纸质图书占绝大多数,见图2。在大众图书出版上,该馆与耶鲁大学出版社(Yale University Press)、普雷斯特尔出版社(Prestel Publishing)等出版机构保持着良好的合作关系,合作出版成为常态,见图3。

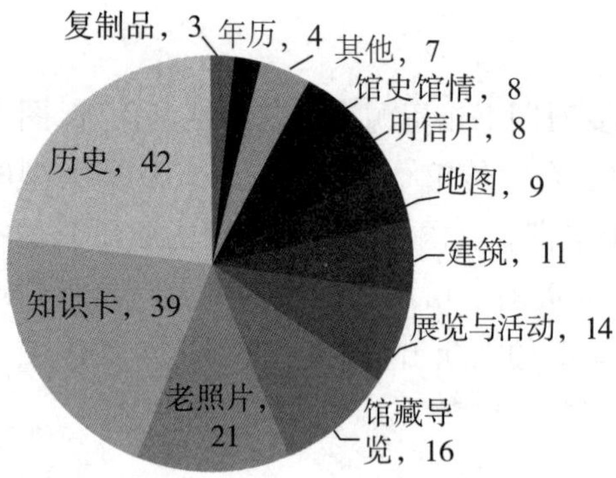

(类别,种数)

图1　LC图书主题分布

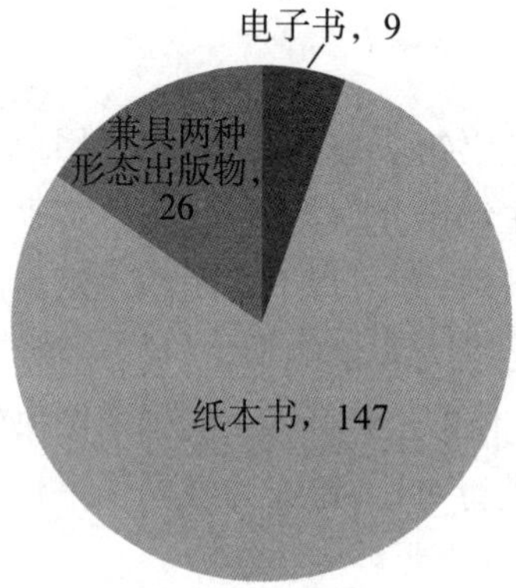

(类别,种数)

图2　LC图书形态

(类别,种数)

图3　LC独立与合作出版数量

2.2　英国国家图书馆

英国国家图书馆设置的出版处隶属于商业服务部(Commercial Services)①。该馆每年出版30—40种新书,每年在网站发布春、秋两期图书目录[8],每期目录分为当季新书介绍、往期图书目录两部分。以该馆2015年春季目录为例,若将CD计入,往期图书共154种,主题分布见图4。在该目录中,经典侦探小说并未含在文学专题中,而是单独列示,可以视为该馆出版物中较具特色的门类。以2015年春、秋两季的目录以及2016年春季目录为例,目录前

① 此部分信息通过用电子邮件联系英国国家图书馆出版处工作人员Robert Davies获得。

半部分“新书介绍”关于经典侦探小说的篇幅逐期增加,见图5。在外界合作方面,该馆与馆外机构广泛合作出版新书,除出版英国本土版本,还与美国芝加哥大学出版社等机构合作,出版国际版或销售国际版权,我国译林出版社、广西师范大学出版社、磨铁图书公司等与英国国家图书馆出版处均有合作关系①。该馆出版的图书均委托 NBN 国际图书公司(NBN International)发行。

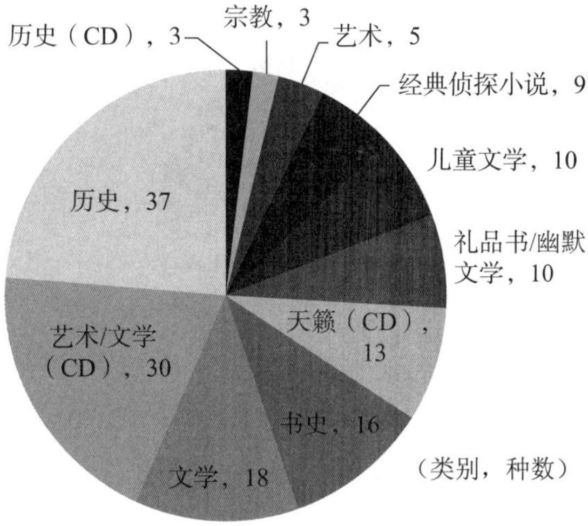

图4　BL 2015 年春季图书目录主题

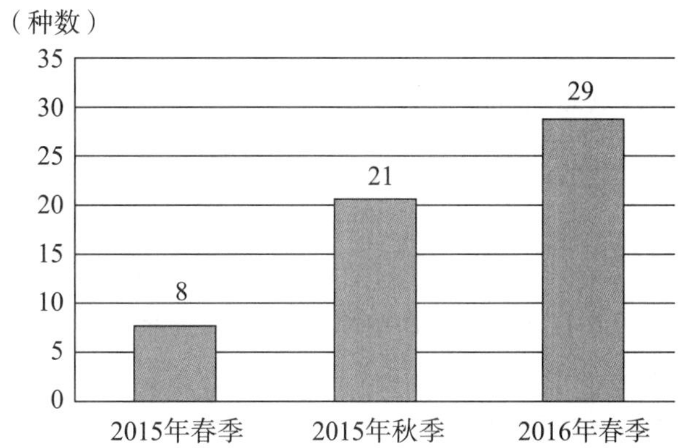

图5　BL 新书目录中的经典侦探小说

2.3　澳大利亚国家图书馆

澳大利亚国家图书馆成立了出版委员会,由馆长担任主席。根据该馆网站提供的组织架构图,出版销售组(Publications and Sales)负责新书出版,隶属于行政与公共项目部(Executive & Public Programs)[9]。该馆出版实践始于1995 年,每年约出版20 种大众图书。该馆在网站设置专栏介绍馆内出版物,目前共展示 230 种,其门类见图6。该馆出版物以纸质书为

① 此部分信息通过用电子邮件联系英国国家图书馆出版处工作人员 Robert Davies 获得。

主,图6揭示的书均为纸质书,其中少部分有电子书版本,并在网站上提供免费下载。因电子书与纸质书分开展示,且不揭示主题,所以未计入图6。可在线阅读、下载的电子书共64种,其中12种电子书有相应的纸质书[10]。该馆出版主要由馆方独立完成,仅在少数情况下与新南威尔士州立图书馆、澳大利亚国家海事博物馆合作①。该馆出版图书由新南图书公司(NewSouth Books)负责发行。

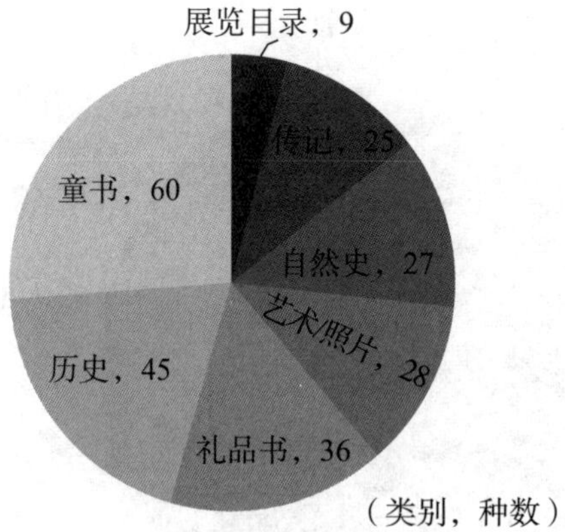

图6 NLA出版图书主题分布

3 美、英、澳国家图书馆大众出版特点

3.1 彰显馆藏,提升资源知晓度

图书馆投身于出版事业的一个目的是揭示馆藏,引导公众了解馆藏,提高馆藏资源的利用率。美国国会图书馆的出版物特别设置"馆藏导览"主题,涵盖16种图书指南,按馆藏形态、地域等要素介绍特色馆藏[11]。英国国家图书馆也出版类似图书,如《英国国家图书馆之书》(*The Book of the British Library*)。这些书帮助读者快速了解馆藏概况,知晓珍贵文献的独特价值,也为读者进一步利用馆藏提供了路径。

为提升馆藏利用率,除对馆藏进行工具书式的揭示,选择馆藏经典重印出版也是可行之道:一是原书原貌呈现,契合部分读者的怀旧情结,也较具收藏价值;二是重新编辑、包装,让老书焕发新的生命力。比如,英国国家图书馆2015年春季目录上的《战时儿歌》(*Wartime Nursery Rhymes*,1918)等10种新书都是原书重印,其中最早面世的书于1829年出版,最晚的则在1940年出版,均已进入公有领域;"英国国家图书馆经典侦探小说"系列丛书则是将老书(大多初版于20世纪前半期)统一包装,已出版近30种,因风格统一、识别度高,已形成品牌。

为深度开发馆藏,三馆出版重心均放在综合开发上,比原书重印更具可持续性。在三馆出版的图书中,馆藏图片占不少篇幅,而作家撰写的历史故事、人物传记、深度论述等文字材

① 此部分信息通过用电子邮件联系澳大利亚国家图书馆出版销售组工作人员Susan Hall获得。

料与图片互为补充、交相辉映。

3.2 重温历史，阐述国家文化特质

历经世变，图书馆馆藏成为国家文化遗产，出版可以重新发掘这些财富，加深读者对国家文化特质的认识。美、英、澳国家图书馆馆藏海纳百川，从不同角度展现国家、民族的发展历程。三馆均将馆藏中最能阐释国家文化特质的符号加以提炼、付诸出版，从而向公众传播国家形象，增强民族的共同体意识。以历史题材图书为例，美国国会图书馆有42种，占全部出版图书的23%；英国国家图书馆2015年春季图书目录中，往期已出版历史题材图书37种，占全部出版图书的24%；澳大利亚国家图书馆有45种，占全部出版图书的20%。三馆出版的历史题材图书中，重要的历史事件、杰出的历史人物、关键的历史时期均得以充分体现。比如，美国国会图书馆自述其职责是“国家记忆的守卫者”[12]，出版实践就遵循这一理念，其出版物中以“南北战争”主题最为突出，美国国会图书馆网站展示的相关出版物多达13种，涉及普通图书、明信片、知识卡等类型。在英国国家图书馆2016年春季新书目录中，与莎士比亚相关的出版物（包括有声读物）有6种。2016年4月23日是莎翁逝世400周年纪念日，该馆充分发掘馆藏，以出版图书来缅怀这位伟大作家。此外，英国国家图书馆近年出版的图书中有12种在题名中出现“中世纪”字样，如《中世纪女性》（*Medieval Woman*）、《中世纪的怪兽》（*Medieval Monsters*），从不同角度揭示英国历史文化中最具话题性的要素。

3.3 形象亲民，满足公众多元文化需求

因为面向公众，美、英、澳国家图书馆出版物寓教于乐，将“趣味”作为重要的出版要素。根据发展战略，英国国家图书馆致力于向全民开放馆藏，服务于公众“研究”“启发灵感”“趣味”三类文化需要[13]。为契合大众的阅读喜好，近年该馆因英国是著名文学人物福尔摩斯的故乡，一方面重新出版馆藏经典侦探小说，另一方面重新出版部分馆藏经典惊悚小说、间谍小说。这方面美国国会图书馆案例颇多，比如根据馆藏中历届总统约200万件手稿，策划公众感兴趣的出版选题，2006年出版的《我亲爱的总统：总统伉俪书信集》（*My Dear President:Letters Between Presidents and Their Wives*）很受读者欢迎。

三馆均重视儿童读物的出版，童书占比较大。在出版纸质书的同时，也推出电子书、CD有声读物，以契合不同读者的阅读习惯。在出版图书之外，三馆还制作了大量文化衍生品，如明信片、知识卡、年历、海报、包装纸、日记本[14]，满足公众多元的文化需求。

3.4 开放合作，锻造优质出版内容

图书馆的强项是收集、整理、保存、传播文献。依托馆藏进行出版，需要整合馆内外资源，打造优质出版内容，如与作家、学者等专业人员深度合作。在这方面，三馆的选题策划有不同的操作流程。英国国家图书馆一般先由馆方策划选题，然后再委托馆外作家、学者撰稿①。澳大利亚国家图书馆在策划阶段即向社会开放通道，申请人提交的选题由馆内出版委员会审

① 此部分信息通过用电子邮件联系澳大利亚国家图书馆出版销售组工作人员 Susan Hall 获得。

核,综合考量彰显馆藏程度、出版成本、预期收益等因素,选题一旦通过,申请人即与馆方签署出版合同,从选题成型到正式出版通常需要三年[15]。

与此同时,三馆出版部门均加强与馆内其他部门的合作。三馆都是大型图书馆,内设部门众多,出版往往成为整合各部门资源的系统性工程。以展览为例,展览中使用的文字内容、图片等成为出版素材,出版的新书又作为导览,促进参观者深入感知相关展览。美国国会图书馆网站显示,与展览相关的出版物有 14 种;澳大利亚国家图书馆已出版的展览类图书有 9 种;英国国家图书馆的出版物虽未单列展览主题,但也有不少书源于展览,如 2016 年 4 月出版的《从十幕剧看莎士比亚》(*Shakespeare in Ten Acts*)的很多素材来自于为纪念莎士比亚去世 400 周年而开设的展览。

3.5 扬长避短,推动图书营销

图书馆出版图书并非为了谋利,但出版与图书馆发展战略相一致的优质图书,实际上仍然追求利润最大化[16]。澳大利亚国家图书馆 2013 年出版的展览类图书《地图与我们的世界》(*Mapping Our World*)热卖,出版 3 个月内加印两次,总销量超过 1.2 万册。澳大利亚国家图书馆 2013—2014 年度报告称,该年度出版物销售收入为 38 万澳元,较上年度增加 21 万澳元[17]。英国国家图书馆 2014—2015 年度报告称,出版品销售良好,重印的经典侦探小说销量大,该年度盈利较上年度增加 140 万英镑[18]。

三馆出版事业取得良好的经济效益,这得益于与出版社、发行机构的合作。携手专业出版机构和发行机构,图书馆可以专注于出版内容建设,并降低人力成本。美国国会图书馆与哈珀柯林斯出版集团、兰登书屋、小布朗出版社、耶鲁大学出版社等数十家出版社合作过。英国国家图书馆出版采取国际化战略,以自己出版的大众图书为基础,携手各国出版社出版国际版、多语言版。英国国家图书馆每年出版 30 至 40 种新书,但出版处仅有专职工作人员 4 人和兼职人员 2 人①。澳大利亚国家图书馆出版销售组每年负责出版 20 种大众图书,但只有专职人员 7 人和兼职者 2 人②,这均得益于与出版机构的密切合作。

在发行上,三馆除了在馆内礼品商店、网站搭建销售平台外,主要借助于发行机构。美国国家图书馆主要通过书商橡树山图书公司(Oak Knoll Books)等发行自己出版的图书,公众可以在各实体书店、线上售书平台购买该馆的出版物。英国国家图书馆的出版物经由 NBN 国际图书公司发行,其销售网络遍及欧洲、美洲、亚洲、大洋洲[19]。澳大利亚国家图书馆借助新南图书公司发行图书,该公司在澳大利亚和新西兰有 1550 家销售终端[20]。美国国会图书馆与澳大利亚国家图书馆的电子书均交由 iBook store 等第三方电子书销售网站发售。

---

① 此部分信息为通过用电子邮件联系英国国家图书馆出版处工作人员 Robert Davies 获得。

② 此部分信息为通过用电子邮件联系澳大利亚国家图书馆出版销售组工作人员 Susan Hall 获得。

4　中外图书馆馆藏出版比较

在欧美文化传统中，公立博物馆、档案馆、图书馆的资源被视作公器，这些文化机构普遍重视大众出版[21]。美、英、澳国家图书馆特色馆藏丰富，其大众图书出版已成为业内标杆。近年法国国家图书馆开始配合馆内展览出版大众图书①。日本、韩国、新加坡等亚洲国家的图书馆出版均以影印重要典籍、编制目录索引为重心，尚未积极开展大众出版②。

近三十余年来，我国图书馆在利用馆藏出版方面硕果累累，但大批出版物以再现稀见史料、为中华传统文化传承薪火为要旨，学术性突出。我国图书馆成立的出版社非常少，在国家扶持下，很多图书馆在整理开发古籍、民国文献和特色文献过程中，积极谋求与出版社合作出版，大量珍贵典籍获得新生[22]。中国国家图书馆下设的国家图书馆出版社自20世纪70年代末至今，已出版古籍丛书600余种[23]。而由中国国家图书馆牵头、各地图书馆参与的“民国时期文献保护计划”已影印出版了大量民国史料。这类出版物学术价值巨大。不过，我国图书馆以馆藏资源为基础进行大众图书的出版则比较少，成为一块尚待开发的处女地。

图书馆具有收集保存、有序组织、知识交流、休闲娱乐的社会职能，有独特资源或者能够提供深度信息咨询服务的图书馆可以成为知识的出版者和发布者[24]。在新时期“出版即服务”的理念下，我国大型图书馆扮演着行业引领者角色，可在学术出版的基础上，与作家、学者、出版社等社会力量合作，发掘馆藏，拓展大众出版。这样，一方面继续为专业读者提供精深服务；另一方面通过出版大众图书，进一步揭示馆藏资源，使图书馆的出版服务能让普通民众受益，并强化图书馆的开放性，提升图书馆馆藏资源的利用率。

参考文献

[1]宋臣国. 数字时代图书馆出版服务模式研究[D]. 大连：辽宁师范大学，2013.

[2]General information[EB/OL]. [2016－06－12]. https://www.loc.gov/about/general-information.

[3]Fact sand figures[EB/OL]. [2016－06－21]. http://www.bl.uk/about us/quick info/facts.

[4]Fact sand figures[EB/OL]. [2016－06－20]. http://www.nla.gov.au/facts-and-figures.

[5][7][12]About the program[EB/OL]. [2016－06－12]. https://www.loc.gov/publish/general/about.html.

[6]About the library[EB/OL]. [2016－06－12]. https://www.loc.gov/about.

[8]About British Library publishing[EB/OL]. [2016－06－21]. http://www.bl.uk/aboutus/publishing/index.html.

[9]Organisational structure[EB/OL]. [2016－06－20]. http://www.nla.gov.au/about-us/organisational-structure.

① 限于语言障碍，笔者利用中国国家图书馆OPAC检索到馆藏中有不少法国国家图书馆所出图书。

② 信息渠道主要是日本、韩国、新加坡三国国会/国家图书馆官方网站。

[10]EBooks[EB/OL].[2016-06-20].http://www.nla.gov.au/content/ebooks.

[11]Library of Congress resource and collection guides[EB/OL].[2016-06-13].https://www.loc.gov/publish/general/catalog/resourceguides.html.

[13]The British Library's content strategy 2013-15[EB/OL].[2016-06-16].http://www.bl.uk/aboutus/stratpol-prog/contstrat.

[14]For booksellers and retailers[EB/OL].[2016-06-23].http://publishing.nla.gov.au/pages/retailers.do.

[15][16]Publishing guidelines[EB/OL].[2016-06-15].http://www.nla.gov.au/publishing-guidelines.

[17][20]Annual report 2013-2014[EB/OL].[2016-06-12].http://www.nla.gov.au/corporate-documents/annual-report/2013-2014.

[18]British Library annual report and accounts 2014/15[EB/OL].[2016-06-12].http://www.bl.uk/aboutus/annrep/2014to2015.

[19]Publishing:January June 2016[EB/OL].[2016-06-18].http://www.bl.uk/aboutus/publishing/publications-catalogue-spring-2016.pdf.

[21]张新.美国国家档案馆的出版工作[J].上海档案,1999(3):55-56.

[22]国家图书馆古籍影印出版成果展[EB/OL].[2016-08-01].http://www.nlc.gov.cn/newzqwqhg/cc/index.html.

[23]赵嫄.耕耘古籍三十载,甘做影印铺路人[J].出版参考,2014(9):14.

[24]刘炜.未来的图书馆[J].数字图书馆论坛,2009(9):39-44

(原载于《图书馆论坛》2017年第2期)

最深厚的文化软实力

韩永进　葛　伟

在人类社会数千年的文明发展中,中华民族创造出光辉灿烂的文化。历史最悠久的世界四大文明中,唯有中华文明五千年来一脉相承、从未中断。20世纪初,梁启超在《新民丛报》发表文章,他热情洋溢地说:“四千余年之历史未尝一中断者谁乎?我中华也。”[1]回顾人类长的发展历史,越是古老悠久的文明,其社会风俗、礼仪节庆、表演艺术、手工技艺等无形的非物质文化遗产越容易随着岁月渐渐流逝消亡,而古代建筑、历史文物等有形的物质文化遗产则易因风蚀雨浸、地震洪水、战祸离乱等自然灾害或人为破坏而损毁消失。中华文明之所以没有中断,最重要的因素就是我们中华民族有着深厚的文化软实力;有一脉相承的精神追求、精神特质、精神脉络;有从古老的甲骨卜辞、青铜铭文、碑铭石经一直到书写在简帛、纸张上的汉字系统;有“易代修史”和整理典籍的文化传承。这些就是中华民族历经磨难而绵延发展的精神密码。

作为最深厚的文化软实力的重要载体,我们的历史文化典籍浩如烟海。我国是造纸术和印刷术的发明国,自古以来习用文字记载历史,创造了卷帙浩繁的文献典籍,其丰富和完备的程度,没有任何一个国家可以相比。这是中华文明特有的重要标志,是中华民族的宝贵财富。这些典籍是中华民族在历史长河中创造的重要文明成果,记述了历朝历代人们在思想、文学、艺术、科学、技术等各方面的成就,蕴含着中华民族丰富而宝贵的历史记忆、思想智慧和知识体系,包含着丰富的哲学社会科学内容、治国理政智慧,为中华文明提供了重要内容,为人类文明做出了重大贡献,更是今天中华民族屹立于世界民族之林的强大底气和自信来源。

1　思想的力量

作为最深厚的文化软实力,中华优秀传统文化首先表现为思想的力量。这种思想的力量以丰富的哲学思辨、人文精神、教化思想、道德理念等形式,为人们认识和改造世界提供有益启迪,为治国理政提供有益启示,为道德建设提供有益启发。

“轴心理论”的提出者、德国存在主义哲学家卡尔·雅斯贝尔斯这样描述春秋战国时期,“在这一时期充满了不平常的事件。在中国诞生了孔子和老子,中国哲学的各种派别的兴起,这是墨子、庄子以及无数其他人的时代……这个时代产生了所有我们今天依然在思考的基本范畴,创造了人们今天仍然信仰的世界性宗教……”[2]在这一时期,儒家的醇厚端正,道家的清静超逸，墨家的谨严兼爱，法家的因势严峻，兵家的深谋远虑，名家的周密善辩，各家学说在社会变革中不断锤炼，创造出中国思想学术文化的高峰，形成了文化灿烂辉煌的“轴心时代”。春秋战国“士”人具有博大胸怀与开放心态，提倡经世致用，注重修身养性，讲究道德文章，孔子“和而不同”[3]的文化观，荀子“兼陈万物而中县衡焉”[4]，学派之间相互辩驳但又非全盘否定，相互吸收但又非生硬拼接，为后世形成中华文化“有容乃大”的格局奠定了基础。以儒家为代表的中国传统文化追求“以仁”“以礼”，提倡“己所不欲，勿施于人”[5]“老者安之，朋友信之，少者怀之”[6]等主张，追求“修身、齐家、治国、平天下”“民为贵，社稷次之，君为轻”[7]“先天下之忧而忧，后天下之乐而乐”①等理想信念，在讲求个人价值自觉的基础上，强调社会秩序的安定和谐。这与我们今天追求的中国特色社会主义价值理想，主张从全社会的进步、公正、和谐中追求和获得个人利益，实现个人价值异曲同工。两宋理学是中国封建社会最为精致、最为完备的理论体系。北宋中期周敦颐、邵雍、张载提出理学的基本范畴；南宋时期朱熹发展了“二程”关于理气关系的学说，建立完整的理学体系。宋代理学对中国封建社会伦理体系构建具有重大意义，并在中国民族心理和中国实践理性的形成发展过程中发挥了积极作用。

中华优秀传统文化自古以来就有家国天下、修齐治平的社会理想。中国传统文化中蕴含天人合一的思维模式，天下为公的大同理想，以民为本的治国原则，和谐人际的伦理主张，自强不息的主流价值取向。《礼记·大学》言：“物格而后知至，知至而后意诚，意诚而后心正，心正而后身修，身修而后家齐，家齐而后国治，国治而后天下平。”[8]其中，格物致知、诚意正心、修身是个人层面的要求，齐家是社会层面的要求，治国平天下是国家层面的要求。今天我们提出的社会主义核心价值观将国家、社会和公民的价值要求融为一体，正是吸收了中国传统文化将对个人、社会的教化同对国家的治理相结合的思想精髓。这也正是中华民族虽历经内忧外患仍能自立自强、昂首前进的内在动力，为中华民族生生不息、发展壮大提供了丰厚滋养，其深远影响波及整个世界。

中华优秀传统文化自古以来就有天下为公、为政以德的政治主张。“天下为公”是中国古代美好的社会政治理想。《尚书·泰誓》中就有设君利群政治观念的萌芽。《管子·任法》提出“任公而不任私”[9]。《吕氏春秋》提出“贵公”“利群”的政治主张。《贞观政要·公平》中记载了唐太宗“古称至公者，盖谓平恕无私”②的政治理念。宋初“三先生”之一的胡瑗倡导“一谋一虑，必以天下之利存于心”③，主张“虽旁行于天下之间，亦无私邪淫过流荡之事，所以然者，盖至公至正而致然也”④，描绘了“以正性制之耳，不私于己而于天下同也”⑤的政治理想。张载则从方法上提出“心既虚则公平，公平则是非较然易见，当为不当为之事自知”⑥。南宋朱熹也有“一心可以兴邦，一心可以丧邦，只在公私之间尔”⑦的观念。清初思想

---

① 范仲淹《范文正公文集》卷七，四部丛刊景明翻元刊本。

② 吴兢《贞观政要》卷五，四部丛刊续编影明成化刻本。

③ 胡瑗《周易口义》卷五，文渊阁四库全书本。

④⑤ 胡瑗《周易口义》卷十一，文渊阁四库全书本。

⑥ 张载《张子全书》，上海中华书局《四部备要》本。

⑦ 朱熹《晦庵先生朱文公文集》卷五十六，四部丛刊景明嘉靖本。

家赓续前代“天下为公”的思想,黄宗羲在《明夷待访录》主张“不以一己之利为利,而使天下受其利,不以一己之害为害,而使天下释其害”①。王夫之提出“勿任意见之私”②,在《读通鉴论》中标举“社稷者,天下之公也”③。近代孙中山,则终其一生践行“天下为公”的理想。

2 道路的必然

数千年来,中华民族走着一条不同于其他国家和民族的文明发展道路。当代中国所走的中国特色社会主义道路不是偶然的,是我国历史传承和文化传统决定的。在我国浩瀚的历史文化典籍中,完整记载着国家和民族的发展历史,能够帮助我们历史地认识中国,认识中华民族五千年发展的历史脉络,深入思考今天所选择的发展道路的历史必然性。回首中华民族数千年来不断探寻求索的发展道路,不断走向团结统一的艰辛历程,我们感到由衷的自豪,这正是我们历经岁月淬炼而形成的强大文化自信。

以“二十四史”为代表的正史、万余种存世方志和公私收藏数以万计的家谱,是华夏民族国史、地方史和家史的历史记忆。正史记王朝兴替,方志为郡县资政,家谱载家族繁衍,这些官私并修的历史典籍,从中央朝廷到地方郡县,从天潢贵胄到闾阎百姓,把国家、社会、家族乃至个人的兴衰荣辱紧紧串联在一起,构成华夏民族共有的家国记忆,形成了全国各族人民一致认同的价值观念,为我们今天选择和坚持适合本民族的发展道路和理想信念提供了重要的文化基石。从《三国志》到《晋书》,再到《南史》《北史》,这些典籍记录了三国鼎立、五胡十六国、南北朝的对峙;《旧唐书》《新唐书》再现了唐代统一天下的历史必然;新旧《五代史》《宋史》、《辽史》、《金史》展现了五代十国的乱象和宋、辽、金的分立,之后的《元史》《明史》《清史稿》则有力地揭示了大分裂之后必然是更为长久的国家统一。更为重要的是,典籍的记载反映出即使在分裂时期,天下一统依然是历朝历代共同追求的社会理想,国家统一是两千多年来维系中华民族命脉的重要思想纽带,是中国五千年历史演进的主旋律,是中国政治文化的核心内容。

两千多年前,《礼记》就提出了“大同世界”的理想:“大道之行也,天下为公,选贤与能,讲信修睦。故人不独亲其亲,不独子其子,使老有所终,壮有所用,幼有所长,鳏、寡、孤、独、废、疾者皆有所养,男有分,女有归……是谓‘大同’。”[10]然后在“今大道既隐,天下为家,各亲其亲,各子其子,货力为己”[11]的现实条件下,提出“以著其义,以考其信,著有过,刑仁讲让,示民有常”[12]的政治主张。我们今天提出全面建设小康社会的治国理念与这一政治主张一脉相承。

中国自古以来就是一个多民族国家,上古时期,黄河中游地区生活着众多部族,这些部族不断融合,形成中华民族的主体——华夏族,华夏族与周边其他部族在后世演变

---

① 黄宗羲《明夷待访录・原君》,清指海本。

② 王夫之《噩梦》,清光绪刻王船山先生四种本。

③ 王夫之《读通鉴论》卷五,清船山遗书本。

为汉族与其他民族。一部中华民族的历史就是汉族与其他民族之间团结互依、共同发展的历史。从西汉的和亲政策、唐朝的蕃亲政策、宋朝的互市政策到魏孝文帝的汉化政策、松赞干布与唐公主的通婚、耶律阿保机仿制汉字偏旁创制契丹文字、元昊仿唐宋建立科举制,典籍完整地记载了各民族融合发展、团结友好的历史。少数民族文字典籍所记述的材料,与汉文史料相互印证,忠实记载了各民族数千年来交流交往、融合统一的发展进程,是中华民族崇尚民族团结优良传统的历史见证。例如,新疆和田、吐鲁番等地区发现的唐人临写的王羲之《兰亭序》,童蒙写本《千字文》《论语》《孝经解》等汉文古籍,反映了西域各少数民族对中原汉族基本人伦观念的接受与传播情况;西夏仁宗年间,曾专门编制西夏文与汉文双语对照字典《番汉合时掌中珠》,极力倡导党项民族与汉民族互相学习,体现了我国古代各民族之间在语言风俗方面的彼此理解、互相尊重;中国少数民族图书馆馆藏的满文《资治通鉴纲目》,展示了清初统治者对汉族经国纬世制度的学习热情。在政治思想和国家制度上,中国很早就形成了“大一统”的观念,国家统一是中华民族发展的必然趋势。《荀子》明确提出了“四海一家”和“一统”的思想。秦统一六国以后,以法家思想为基础,构建了“大一统”的政治制度、经济制度,并希望达成社会思想的统一。《山海经》较系统地反映出大一统的自然地理观,《尚书·禹贡》则较清晰地体现出大一统的社会经济观和政治地理观。西汉时期,以董仲舒为代表的儒家学派进一步发展了“大一统”的思想。他指出:“春秋大一统者,天地之常经,古今之通谊也。”[13]“王者必改正朔,易服色,制礼乐,一统于天下。”[14]经过董仲舒的解释,“大一统”成为中国儒家思想的核心,秦汉时代所奠定的中华民族大一统观念,随着历史的演进不断得到强化与充实,形成了中华民族国家统一的观念。

3 历史的智慧

作为最深厚的文化软实力,中华优秀传统文化表现为历史的智慧。读史使人明智,历史是最好的教科书,中国优秀传统文化宝库是我们取之不尽用之不竭的智慧源泉。

中华民族自古就有自强不息拼搏奋斗的坚定信念。《周易》乾卦中的“天行健,君子以自强不息”[15],是中华民族积极进取、刚健有为、勇往直前的内在动力。司马迁在《报任安书》中说“盖西伯拘而演《周易》;仲尼厄而作《春秋》;屈原放逐,乃赋《离骚》;左丘失明,厥有《国语》;孙子膑脚,《兵法》修列;不韦迁蜀,世传《吕览》;韩非囚秦,《说难》《孤愤》……”[16],无不体现出中华民族坚强刚毅、奋斗不息的优良传统。女娲补天、精卫填海、大禹治水、愚公移山等古代神话故事之所以能够广为流传,是依靠《山海经》《搜神记》等古代典籍完整地记载和保留下来,并且通过历代诗词歌赋、戏曲小品等文学作品不断演绎、发展,也是因为其中蕴含着中华民族共同认可的自强不息、积极进取的人生态度。今天,无论是国家、社会的发展,还是我们每一个人的学习、成长,都面临前所未有的机遇与挑战,而中华民族血液中所流淌的自强不息、拼搏奋斗的勇气与智慧,必将为我们在新的历史条件下取得新的辉煌成就提供强大精神支柱。

中华民族自古就有锐意变革、开拓创新的民族禀赋。创新是一个民族进步的灵魂，是一个国家兴旺发达的不竭源泉。中华民族是一个锐意变革的民族，中华文明是一种与时俱进的文明。古代贤君商汤王即追求“作新民”[17]，提出“苟日新，日日新，又日新。”[18]“周虽旧邦，其命维新。”[19]北宋理学奠基人之一的程颐进一步认为：“君子之学必日新，日新者日进也。不日新者必日退，未有不进而不退者。”①这与《增广贤文》中的“学如逆水行舟，不进则退”一样，都阐述了进取的重要性。中华民族在五千多年的发展进程中，创造了高度发达的文明；发明了造纸术、火药、印刷术、指南针，在天文、算学、医学、农学等多个领域硕果累累，并通过典籍的记载而流传。明清时期，一批集大成的科技著作相继问世，影响深远。李时珍的《本草纲目》全面总结了 16 世纪以前的中国医药学，被誉为“东方医药巨典”；徐光启的《农政全书》是中国古代最完备的农学著作；宋应星的《天工开物》被誉为“中国 17 世纪的工艺百科全书”；《徐霞客游记》对石灰岩溶蚀地貌的观察和记述比欧洲早约两个世纪。在日新月异的现代社会，在全面深化改革的重要历史时期，秉承这种锐意进取、开拓创新的精神力量，将为我们的事业带来新的动力。

中华民族自古就有和而不同、有容乃大、兼容并蓄的博大胸怀与宽厚品格。中华文明是在中国大地上产生的文明，也是同其他文明不断交流互鉴而形成的文明。五千年中华文明之所以生生不息，绵延不绝，日益走向繁荣兴盛，正是因为其能够不断吸收融合其他国家民族的文化精髓。从《史记》《汉书》《后汉书》的记载中可以看到，西域瓜果蔬菜的引进丰富了汉人的物质生活；绚丽动听的歌舞启发了汉人的艺术思维；来自印度的佛教，中亚的祆教、摩尼教，欧洲的景教渐次传入中国，充实了以儒家思想为核心的中国文化。《法显传》和《大唐西域记》，生动描述了两位中国僧人西行求法的经历，展现了自汉末至唐中叶，中国僧人翻译、释讲等传播佛教思想的行为。《六祖坛经》《五灯会元》等禅宗典籍，则反映了中国文化在老庄思想、魏晋玄学的基础上，融合佛教思想并进而形成了具有独特智慧的中国禅宗思想。《二程集》《张载集》等典籍则反映出儒家思想、道家思想吸收了佛教思想，进而发展出“性即理”“心即理”“内省”“明心见性”“事理圆融”等观念的宋明理学。随着近代西学东渐之风，《明史·四国传》中不乏中华文化吸收西方近代科技知识的记载。到了清初，西方教士协助清廷绘制《皇舆全览图》，成为此后中国各种地图之重要根据。

中华优秀传统文化中蕴含的历史智慧，为今天的治国理政提供了许多有益的启示。中国儒家思想中强调为政以仁、以德，包含着深刻的廉政思想智慧。《尚书·吕刑》记载了“惟官、惟反、惟内、惟货、惟来”的“五过之疵”[20]，其中就蕴含着廉政思想。《周礼》提出考察官吏的“六廉”标准：“廉善、廉能、廉敬、廉正、廉法、廉辨”[21]，将“廉”作为官员行为的基本要求。《墨子·修身》将“廉、义、爱、哀”[22]视为人的四种基本道德规范。《孟子·离娄下》将不取身外之物和不义之财视为廉，提出“可以取，可以无取，取伤廉”[23]。《管子·牧民》将为政之廉提升到关系国家命运的高度，提出礼义廉耻，国之四维，“四维不张，国乃灭亡”[24]。《韩非子·六反》认为实现廉政的根本途径在于法治，提出“明主之治国也，众其守而重其罪，使民以法禁而不以廉止”[25]。宋代司马光则认为廉政是关乎治国理政成败的关键因素，

① 程颐、程颢《二程全书》，上海中华书局《四部备要》本。

提出“吏不廉平则治道衰”[26]。从历史典籍中考察历朝历代反腐倡廉的成败得失，可以给人以深刻启迪，有利于我们运用历史智慧推进反腐倡廉建设。

4　文化的滋养

作为最深厚的文化软实力，中华优秀传统文化表现为文学与艺术对中华民族的丰厚滋养。从《诗经》、《楚辞》、汉赋到唐诗、宋词、元曲、明清小说，从书法绘画、音乐舞蹈到戏曲戏剧、曲艺杂技，源远流长，高潮迭起，万古长青。一代又一代文人墨客，唱出盛世元音，描绘华彩乐章，引领百代风骚。

唐朝就是诗的时代。《全唐诗》及其补编共收诗五万余首。李白诗中“君不见黄河之水天上来，奔流到海不复回”的雄浑气势，“俱怀逸兴壮思飞，欲上青天揽明月”的万丈豪情，王维“孰知不向边庭苦，纵死犹闻侠骨香”的英气勃发……都使唐诗在中国文学史上光彩夺目。唐代艺术更是光耀千古。“颠张狂素”将草书艺术推向高峰，欧、虞、颜、柳的楷书，在中国书法艺术史上更是举足轻重。唐人张彦远用“灿烂而求备”概括唐代绘画气派：以莫高窟为代表的壁画艺术，以龙门石窟为代表的雕刻艺术，熔南北技艺、集中外文化于一体的《十部乐》等都是中国文化史上的杰出代表。宋代上层文化与市民文化都各具其美。宋代文学既有载道之古文，也有勾栏瓦舍的傀儡戏、参军戏，宋词更是成为与唐诗并列的“一代之文学”。宋画既有李公麟之人物，米芾父子之山水，又有生动再现市民生活的《清明上河图》。中国古代小说经过“魏晋志怪志人、唐传奇、宋元话本”的历程，到明清时期达到巅峰，不仅出现了“三言二拍”、《聊斋志异》等短篇小说集，还产生了以四大名著为代表的长篇小说，而以汤显祖的《牡丹亭》为代表的剧作则成为中国戏曲艺术的瑰宝。

习近平总书记提出了一个重要的历史判断：中华优秀传统文化是中华民族的突出优势，是我们最深厚的文化软实力。今天，中华民族要继续前进，就必须学习历史、了解历史、铭记历史、借鉴历史。更重要的是，这种最深厚的文化软实力是我们实现“两个一百年”奋斗目标、实现中华民族伟大复兴的中国梦的精神动力和智慧源泉。

参考文献

[1] 梁启超. 论中国学术思想变迁之大势[J]. 新民丛报，1902(3)：62－77.

[2] 雅斯贝尔斯. 历史的起源与目标[M]. 魏楚雄，俞新天，译. 北京：华夏出版社，1989：7.

[3] 程树德. 论语集释[M]. 程俊英，蒋见元，点校. 北京：中华书局，1990：935.

[4] 王先谦. 荀子集解[M]. 沈啸寰，王星贤，点校. 北京：中华书局，1988：394.

[5] 梁启超. 论中国学术思想变迁之大势[J]. 新民丛报，1902(3)：1106

[6] 梁启超. 论中国学术思想变迁之大势[J]. 新民丛报，1902(3)：353－354

[7] 金良年. 孟子译注[M]. 上海：上海古籍出版社，2004：800.

[8] 杨天宇. 礼记译注[M]. 上海：上海古籍出版社，2004：801.

[9] 黎翔凤. 管子校注[M]. 梁运华,整理. 北京:中华书局,2004:900.
[10] 孙希旦. 礼记集解[M]. 北京:中华书局,1989:582.
[11－12] 孙希旦. 礼记集解[M]. 北京:中华书局,1989:583.
[13] 班固. 汉书[M]. 颜师古,注. 北京:中华书局,1962:2523.
[14] 钟肇鹏. 春秋繁露校释[M]. 校补本. 石家庄:河北人民出版社,2005:421.
[15] 周振甫. 周易译注[M]. 北京:中华书局,1991:3.
[16] 班固. 汉书[M]. 颜师古,注. 北京:中华书局,1962:2735.
[17]《十三经注疏》整理委员会. 尚书正义[M]. 北京:北京大学出版社,2002:428.
[18－19] 杨天宇. 礼记译注[M]. 上海:上海古籍出版社,1997:803.
[20]《十三经注疏》整理委员会. 尚书正义[M]. 北京:北京大学出版社,2002:642.
[21]《十三经注疏》整理委员会. 尚书正义[M]. 北京:北京大学出版社,2002:72.
[22] 孙诒让. 墨子间诂[M]. 孙启治,点校. 北京:中华书局,2001:9.
[23] 金良年. 孟子译注[M]. 上海:上海古籍出版社,2004:180.
[24] 黎翔凤. 管子校注[M]. 梁运华,整理. 北京:中华书局,2004:3.
[25] 王先慎. 韩非子集解[M]. 钟哲,点校. 北京:中华书局,2003:418.
[26] 班固. 汉书[M]. 颜师古,注. 北京:中华书局,1962:263.

(原载于《文化软实力》2016 年第 4 期)

以出版物国际交换为媒介的政府出版物海外传播机制研究*

张　玮　李　伟

1　引言

自2008年5月1日《中华人民共和国政府信息公开条例》颁布实施以来,图书馆作为信息收集、整合、揭示、传播的重要媒介在政府信息公开与传播方面的主体作用日益凸显,已经成为国内外个体读者、机构用户了解中国政府相关信息的重要途径。条例第16条确立了公共图书馆在政府信息公开体系当中的法律地位,这是一种观念上的突破,表明我国已经开始了构筑政府信息公开体系的进程[1]。近年来,随着中国经济发展水平不断提高,综合国力不断增强,国外图书情报机构对获取、保存中国实体政府出版物需求日益迫切,特别是"一带一路"战略背景下,政府出版物已成为图书馆际出版物交换的重要合作内容。因此,系统研究以出版物国际交换为媒介的政府出版物海外传播机制,探研相关文献有序整合、有效传播的方案对推进我国政府信息公开工作,服务"一带一路"重要战略具有十分重要的理论和现实意义。

2　我国政府出版物海外传播的难点

2.1　政府出版物概念的缺位

政府出版物,又称"官方出版物",依据国际通行的概念,即指"政府出资出版或法律规定由政府出版的信息";此外,1958年联合国教科文组织巴黎会议通过的《官方出版物与政府文献国际交换公约》明确以出资出版方是政府当局来界定"政府出版物和政府文档"[2]。

欧美国家的政府通常都设有专门负责出版、发行政府出版物的部门,如美国的政府出版局及政府书店、英国的女王印刷所、加拿大出版与寄存服务部等机构。上述国家政府通过专属授权的方式,将政府出版物的出版工作委托给特定的机构,从而在概念上明确了政府出版物的界限,赋予了相关文献的官方权威性。与上述国家的情况不同,中国并未设立专门的政

* 本文系国家社科基金青年项目"公共图书馆出版物国际交换研究"(项目编号:14CTQ037)阶段性成果之一。

府出版物管理部门，而是由各政府信息发布的主体单位以公报、年鉴、皮书等形式自行组织出版。这种出版模式使得国内政府出版物因管理层级和职能分工的不同而呈现出高度分散化的特点，为国外相关机构的文献采访工作造成了一定程度困难。

2.2 部分无效政府信息的杂糅

政府信息衍生出版物权威性和有用性的界定是馆配商面临的另一难点。依照惯常的标准，海外机构对我国四套班子发布的各类公报、报告，各类法律法规的原文，以及各行业年鉴、皮书、发展报告的权威性认定一般没有争议。但除了上述一手文献外，各级机构直属的研究单位通常会为了配合新政策发布，出版一系列阐释性出版物，这其中不乏一些扮演国家智库角色的研究单位，如中央党校、国务院政策研究室等撰写的具有较强权威性的官方、半官方解读。海外图书情报机构在采选中国政府出版物时往往将上述类型文献亦列为收藏重点。但随着我国出版行业市场化程度的不断加深，部分出版社也开始出现过度迎合市场，一味追求销量的倾向，部分图书在政策分析和解读上缺乏深入的理论研究和事实分析，不能完整正确地体现政府信息的正确意图。这部分出版物混杂其中，事实上形成了无效信息的杂糅，对馆配商的书目报道和文献收藏单位的采访工作造成了困难。

2.3 馆配商利益驱动不足

随着国际图书贸易的不断发展，图书情报机构在文献资源建设中对馆配商的依存度不断提高。从某种角度上讲，馆配商的贸易能力和贸易倾向直接影响到了图书馆的馆藏情况。但作为经营主体，图书贸易馆配商实现利润最大化是其无可指摘的首要行为宗旨，因此，馆配商在国内政府出版物目录报道和文献采购上往往积极性不高。

首先，国内政府出版物专题目录整理难度较大，相关文献采购相对困难。由上所述，我国并未形成清晰的政府出版物概念，没有明确的出版单位承担相应的出版职责。相关政府出版物的出版工作分散在各级政府相关领域的出版社，部分具有重要参考意义的皮书的出版情况更为复杂，各级社科院、行业协会等学术科研团体均有涉及。此外，政府信息的披露涉及领域十分广泛，难于通过学科分类的方法集中报道书目信息。因此，馆配商在搜集整理书目信息时往往缺乏有效的抓手，拉高了相关文献采购的前期成本。其次，图书情报机构在政府出版物的入藏原则各异，重点各不相同，呈现出典型的长尾特征。馆配商在目录报道和文献采购上面临出版分散和需求稀薄的双重压力，且由于政府出版物的市场规模往往相对固定，难于通过做大市场的办法降低成本，使得政府出版物的贸易成本较之其他文献类型处于高位。最后，出版社在发行相关印刷品时定价弹性通常较小，进货折扣较少，很大程度上压缩了馆配商的利润空间。尽管部分进口主体单位在国有资产管理上，对相关文献做了单独招标的处理，给予书商较高的折扣，但较之其他类型文献，馆配商在政府出版物的采购方面仍略显消极。

3 海外部分国家图书馆政府出版物交换实践概览

3.1 美国国会图书馆

为了使全国各系统政府信息的出版和发布更为公开和权威,1813 年经过国会批准,美国成立了专门出版官方政府出版物的行政机构,即美国政府出版局(以下简称"出版局")。该部门隶属美国商务部,负责采集、编目、出版、发行和保存国会发布的政府出版物,包括国会报告、国会意见、听证会记录、国会辩论记录、国会档案、法院资料以及由美国具体实施部门如国防部、内政部、劳动部、总统办公室等出版发行的文件[3]。近年来,为了更好地适应数字出版的形势,出版局开始将越来越多的政府信息以光盘或线上有偿访问的形式对外发布,其名称也由之前的"Government Printing Office"更名为"Government Publishing Office"。

在政府出版物的国际交换上,美国国会图书馆与出版局紧密合作,大力推进本国政府出版物的海外传播。区别于一般出版物交换时遵循的等量交换原则,美国国会图书馆政府出版物交换项目依托国会的专项拨款,较少受到成本的限制,实现了按需向交换合作单位提供政府出版物的目标。此外,图书馆与出版局间根据专业特长不同,还进行了清晰的分工,即美国国会图书馆负责交换单位间的通信联络及关系维护,经过甄别、筛选、整合后将订单发送至政府出版局,后者根据订单需求完成相关出版物的寄送工作。这种合作方式有利于图书馆转移低附加值劳动,可以更好地专注政府出版物的信息追踪及采访入藏工作,实现专业优势的产业链集中,出版局将订单涉及的出版物同异地邮购的环节进行融合,减少了流通环节的时间成本,提高了政府信息传播的效率。但是,从实际操作上看,这种分工也存在一定的不足,政府出版局在完成相关出版物的投递后,并不能及时全面地掌握出版物物流的情况,交换接收单位在遇到投递丢失的情况时只能同美国国会图书馆进行沟通。某种程度上,这种物流配送环节的简化方案客观上造成了交换核心信息的传递滞化。

3.2 日本国立国会图书馆

日本自进入近代起就十分重视政府出版物的收集与传播,早在明治时期,日本外务省就负责牵头内阁各部,征集整合政府出版物,由官房记录课负责政府出版物交换的相关工作,并同美国签订了《史密森学会图书交换事业备忘录》,明确了两国政府出版物交换的权利义务关系。1911 年帝国图书馆成立之后,该项工作正式由图书馆接管,国家图书馆开始成为日本政府出版物交换的主体性机构。二战后,日本为了更好地融入国际政治经济新秩序,在国际社会中重新树立国家政府的良好形象,日本国立国会图书馆加大了出版物交换、特别是政府出版物交换的力度,并于 1959 年制定颁布了《政府出版物国际交换业务要领》,明确了政府出版物在交换业务中的优先性地位,《日本国立国会图书馆法》更是明确将国家机关出版物、地方公共团体出版物、独立行政法人出版物列为该馆重要的交换资源[4]。目前,日本国立国会图书馆同美国国会图书馆、英国国立博物馆、德国国立图书馆、加拿大图书及档案馆、澳大利亚国立图书馆、巴西国立图书馆、芬兰议会图书馆、比利时皇家图书馆等单位签有政府出版物全面交换协议。此外，日本国立国会图书馆负责编纂的《日本全国书志》专门政府机关出版物的目类，充分发挥了国家图书馆政府信息权威集散的文化作用。

在政府层面，日本也十分注重相关出版物的出版发行工作，专门成立了全国官报销售合作社，用以辅助政府出版物服务中心的工作。此外，隶属于内阁的政府资料普及与调查会编辑发行的《政府资料目录》和《月刊政府资料》将国内出版的政府出版物进行了较为全面系统的整合，向国内外政府信息受众提供了官方的信息指导，为日本政府信息国际化传播提供了权威性的导航工具。

3.3 韩国国立中央图书馆

目前，韩国并未设立刊行政府出版物的统一机构，但是韩国国立中央图书馆在其文献资源建设政策中对其国内的政府出版物收藏范围进行了较为清晰地描述，即全面收藏韩国中央政府各组成部门、各部委附属机构、地方政府及公共研究机构所刊行的正式出版品。为了使读者能够更加便捷地利用相关文献，韩国国立中央图书馆设立了政府出版物专门阅览室，并针对上述文献编纂专题目录。一定程度上，该专题目录发挥了韩国国家政府出版物官方目录的作用，不仅服务于国内读者，使之能够一览其概况，对国外收藏机构获取韩国政府出版物书目信息，进行海外采选也具有十分积极的指南性意义。

韩国国立中央图书馆明确将本国政府出版物交换列为其工作要点，该类型交换文献主要来源于政府机构的呈缴本。根据呈缴的相关规定，韩国国立中央图书馆在第一副本满足典藏保存需求，第二副本满足流通使用需求后，其余副本均可作为交换文献提供给交换合作单位。在交换方式上，与多数图书情报机构的采选式交换不同，韩国国立中央图书馆并不向交换单位提供政府出版物的相关目录，而是根据协议，按照交换的优先顺序，将出版物打包寄送给对方。例如，美国国会图书馆是韩国国立中央图书馆的第三顺位交换合作单位，韩方接收的政府出版物呈缴第三副本即全品种寄送给对方，以此类推。由于各呈缴单位缴送的副本量不同，则交换顺位越靠前的单位，获取的出版品种类也相对越全。目前，韩国国立中央图书馆同美国国会图书馆、中国国家图书馆、日本国立国会图书馆等多家单位签有政府出版物互换协议。

4 中国国家图书馆政府出版物交换实践分析

4.1 文献来源与范畴界定

中国国家图书馆政府出版物国际交换受财政部专项预算支持，这种专项购买的方式对交换文献的时效性和交换订单的满足率都起到了很好的保障作用，也体现出了我国政府对政府出版物海外传播工作的支持与重视。目前，中国国家图书馆每年制作一期专题目录，向海外 97 家国家图书馆、议会图书馆、重要智库研究机构寄送。根据交换合作单位情况的不同，中方采取选赠结合的原则，即向交换方有中文采访能力的单位提供目录，在对方根据馆藏需要进行勾选后，按订单向其提供文献；若对方不具备相关政府出版物的甄选能力，中方则向其询问收藏的类目重点和载体偏好，并根据其要求向其推荐寄送政府出版品。

在范畴的界定上，中国国家图书馆政府出版物交换目录主要由三类出版品组成。即全国人大及其常委会、国务院、全国政协、最高人民法院、最高人民检察院刊行的国家级政府出版物；国务院25个组成机构、15个直属机构，32个（不含港澳）省、直辖市、自治区政府发行的省部级政府出版物；在重要领域具有重要影响力的国家级智库撰写的研究类出版物。

4.2 实践分析

中国国家图书馆每年向交换合作单位发送9期目录，除1期为政府出版物专题目录外，其中8期为常规目录，主要由国内出版的哲学社会科学部类新书构成。经对比近三年交换合作单位图书目录选中率的情况，可以较为确定地得出以下几点结论：

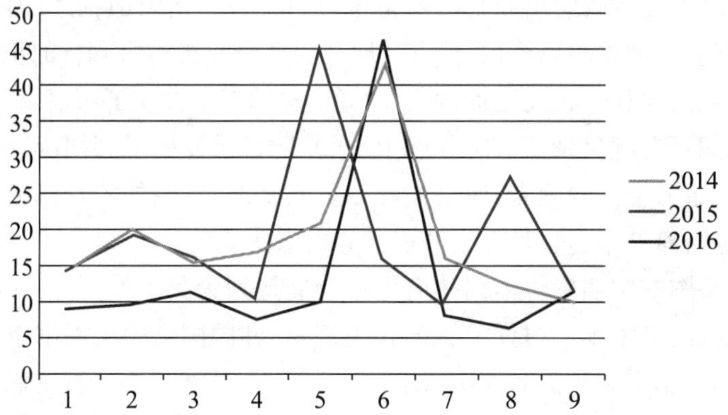

图1　中国国家图书馆出版物交换目录选中率(2014—2016年)

首先，选中率曲线明确地显示出了交换合作单位对中国政府出版物的突出偏好。三组数据中，政府出版物专题目录的选中率均明显高于普通图书，且关注度呈逐年上升的趋势，特别是2016年的目录选中率超过了一半。近三年普通图书选中率曲线则呈下降趋势，一定程度上也说明了政府出版物交换增长的绝对化趋势。其次，政府出版物选中率三年数据较为接近，中值为44.6%，数值波动不超过+2.1。数据的相互收敛表明交换合作单位对中国政府出版物的关注较为集中，需求较为稳定，各图书情报机构在收集相关文献时已经形成了明确的采访重点和较为完备的政府出版物馆藏体系。最后，通过上述数据，可以分析出海外图书情报机构对获取中国政府出版物持有较强的关注度，且由于此类文献的采访难度较大，海外机构对出版物交换渠道依存度较高。各国国家图书馆在政府出版物收集、整合、传播这个闭合链条中发挥着重要的媒介作用。

以学科领域为观察窗口，政府出版物的交换亦呈现出鲜明的特点。此组数据的截取亦是以2014—2016年三年的实际交换情况为切口。海外图书情报机构在采选我国政府出版物时体现出了较为明显的学科偏好，采选比例上经济、政治(外交)、法律始终排列前三，说明海外舆情机构对我国经济数据和经济政策关注度最高，十分重视各级政府发布的权威论述和相关数据，其次为各类政治性报告和外交公报、现行法律法规和权威释读，这种倾向亦是与2013年9月以来我国推行的“一带一路”区域战略合作机制相呼应，体现出了国际社会，特别是周边国家对我国政治经济发展动态的关注与重视。此外,本组数据与前组选中率数据相同,在三年观察窗口内呈现出了较强的稳定性,无论是纵向学科比例分配,还是横向数值波动均未出现较大的变化,这亦从另一角度证明了交换合作单位在政府出版物采访上关注点相对固定的结论。

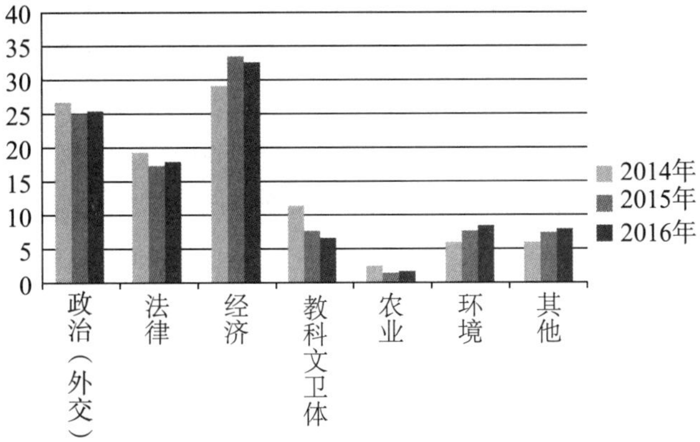

图 2　中国国家图书馆政府出版物交换学科领域分布(2014—2016 年)

5　图书馆间开展政府出版物交换的优势分析

5.1　权威性

在一国政府出版物概念边际模糊的情况下,由图书馆,特别是国家图书馆充当相关出版品的发布传播媒介具有较强的可行性和合理性。国家图书馆作为该国的总书库和书目数据中心,对该国所发行的出版物负有全面收藏、整理的责任,因此其能对全国范围内各类出版社的业务情况和出版成果有较为全面的了解。基于上述优势,国家图书馆所界定的政府出版物范围往往相对权威,能够得到本国政府和国际社会的认可,许多国家的国家图书馆均明确承担本国政府出版物的交换职能。故而,以图书馆为主体开展的政府出版物国际交换实际上成了具有一定官方性质的政府信息公开渠道,具有较强的权威性。

5.2　系统性

理论上,无序信息在本质上等同于无效信息。由于我国对于政府出版物没有明确的定义,亦无专门的机构统筹相关文献的出版工作,因此,各机构出版的具有政府信息性质的出版品散布在庞大的信息群中,缺乏相关信息的组织和揭示,海外图书情报机构对此类文献的采访工作难以开展。为了解决上述问题,包括韩国国立中央图书馆在内的部分图书馆,在信息组织环节对本国政府出版物进行了专门的分类和索引,在本馆馆藏内部构建了一套政府出版物体系。基于此体系,图书馆间可以共享出版时间、出版机构、分类等重要的书目信息,进而为馆际交换合作提供系统性支撑。

5.3 开放性

图书馆作为服务性公共机构先天即具有较强的开放性，在用户获取政府信息需求、自身文献资源建设需求和推动政府信息海外传播需求的共同作用下，以图书馆为主体的政府出版物国际交换吸引了大量基于双边共赢利益基础的合作机构。而且，由于出版物交换合作形式较为灵活，双方在相互提供所需政府出版物的前提下，投入的物质成本较低，承担的附加义务较少，使得合作双方在文献需求和资源建设方面均有良好的接入性和参与性。在实践层面，图书馆间较易围绕特定的文献需求开展双边交换合作，世界主要国家图书馆间均建有双边和多边的相关合作，这也为国家间政府出版物的有效传播提供了便捷稳定的渠道。

6 政府出版物交换工作的建议

6.1 设立政府出版物官方机构

应充分重视政府出版物官方机构在政府信息公开中的主体性作用。对于国内市场，政府出版物官方机构的设立能够有效地整合国内相关出版资源，改变不同政府机构各自刊行、各行其是的现状。明确政府出版物的范畴，从源头做好政府出版物分类工作，集中整合发布出版动态，授权官方销售渠道，统合从出版发行到批发零售的政府出版物产业链，对于建设中国政府信息传播体系，推进政府信息的有序传播具有十分重要的作用。国际影响方面，通过构建统一的政府出版物出版发行渠道，打造中国官方权威政府出版物品牌，编订学科目类和出版时间横纵双向的书目信息导航，有利于减少海外用户在采选我国相关文献时的障碍，从而协助用户在获取信息时消除冗赘信息、剔除无效信息、隔离错误信息。

6.2 重视政府出版物交换协议的订立

政府出版物的内容和特性决定了其使用价值与文献的连续性及时效性密切相关。由于不同年份的政府信息涉及的文字和数据均具有很强的关联性和连续性，碎片化的政府出版物难以全面、客观地体现出该国特定领域的全貌。断裂的信息非但无益于学术和政策研究，还会对信息用户产出误导。此外，政府信息的发布具有极强的时效性，需要及时使国内外公众和机构知悉信息的具体内容，并为各行为主体做出决策提供信息支撑。然而，出版物交换作为一种非强制性的文化合作，其权利义务的约束性往往较弱，容易受到预算经费、海关政策等因素的制约。因此，出版物交换在双边合作过程中常常体现出一定程度的波动性，这种波动性与政府出版物的稳定性间构成了矛盾。为了缓解上述矛盾，交换双方应积极通过订立协议的形式规约合作权责，形成具有一定效力的合作框架机制。

6.3 积极应对数字环境下的政府出版物交换

随着数字技术的不断发展，出版业也经历着从传统纸质印刷出版向数字信息发布的转型过程，部分国家的政府出版物比例已经开始有意识地向数字资源倾斜，特别是美国政府出版局的更名,更昭示着数字化出版已成为不可忽视的潮流。此外,从个人对数字化服务的需求可以看出,数字化服务的发展势在必行。特别是公共部门,有必要通过数字化服务,降低服务成本,简化服务流程,从而利于公众从公共部门获取信息[5]。目前,一些国家的部分政府出版物品种已经停止了纸质文献的印刷发行,代之以网络发布或光盘发行,但更多的情况则是纸本文献与数字资源并行发布,如《美国联邦登记》既有纸本、缩微平片,亦有在线资源供读者使用。面对上述情况,出版物国际交换应当主动适应,积极应对。一方面,摸索政府信息数字资源的交换模式,满足交换单位获取网络政府信息的需求;另一方面,要平衡好纸电之间的关系,提高满足交换单位对某种政府出版物不同载体需求的能力,对于部分停止印刷出版的种类,可以借助按需印刷等技术手段,继续向个别强调文献保存功能的机构用户提供实体文献交换。

6.4 坚持国家相关信息的保密原则

政府出版物交换工作必须在遵守国家各项法律法规的前提下进行,在交换实践中,要严把交换目录报道关,确保目录所列文献均为正式备案出版物,且须有国际标准书号。严肃工作流程,落实责任到人,严格排查"内部发行"等不宜公开或具有密级的非正式出版品和未经新闻出版机构备案的灰色文献,确保不从交换途径流出任何不当出版品。对于交换单位于目录外提出的个别采选需求,要严格甄选,谨慎辨识,在满足海外机构正当的政府出版物交换要求的同时,杜绝泄露国家秘密,危害国家安全的隐患。

参考文献

[1]李国新. 公共图书馆在政府信息公开体系中的地位和作用[J]. 情报资料工作,2008(4):10-13.
[2]杜大力. 从国外实践看如何规范和改进我国政府出版物[J]. 中国出版,2013(20):13-17.
[3]张玮. 美国信息公开过程中的政府机构与图书馆[J]. 图书馆建设,2009(1):103-108.
[4]丸山昌子. 国際交換と議会資料一ワシントンかけあるき[J]. びぶろす,1983(11):48-52.
[5]陈传夫,余梅. 公共部门信息获取途径研究[J]. 情报理论与实践,2015(2):33-38.

(原载于《图书馆》2017 年第 3 期)

民国时期中华图书馆协会图书出版概述

吴澍时

中华图书馆协会(以下简称“协会”)是中国现代图书馆专业学术团体,于1925年4月成立,宗旨是“研究图书馆学术,发展图书馆事业,并谋图书馆之协助”。协会倡导应用“专学”管理现代图书馆,启发社会力量,发展图书馆事业。编辑出版与图书馆发展相关的出版物是协会的一项重要工作内容。中华图书馆协会作为当时国内出版图书馆学图书的主要机构之一,组织编制传统国学文献目录和索引,宣传现代图书馆管理理念,介绍图书馆实用管理方法,汇总全国图书馆和学术机关团体发展概况,并与国际图书馆界交流。

协会出版物包括期刊和图书。期刊有定期刊物《中华图书馆协会会报》(以下简称《会报》)和《图书馆学季刊》(以下简称《季刊》),已有专文研究论述[1-2],此不赘述。另曾有短期刊物,但持续时间较短。在1929年协会第一次年会上编纂组的讨论中,李小缘提出“本会应筹办短期图书馆刊物以资通讯案”[3],会后曾组织编辑:“本年年会有出版短期刊物之决议,本会当于闭会后聘李小缘为编辑主任,组织编辑及发行两部,出版月刊一种。嗣以材料及其他种种关系,因之停顿,现拟扩充《会报》,将于第五卷第一期起实行之。”[4]

现有对中华图书馆协会的研究集中在其成立过程、历史作用的评价[5-6],以及对《会报》和《季刊》的研究[7-8]。关于协会的图书出版情况,目前见到的有《图书馆学书籍联合目录》[9]、《民国时期总书目》(文化科学 · 艺术)[10]、《中国图书馆学著作书目提要(1909—2009)》[11]和《民国时期图书馆学著作出版与学术传承》[12]收录的部分协会出版的图书目录。其中,《民国时期图书馆学著作出版与学术传承》中关于“中华图书馆协会的出版物”重点介绍协会的年会报告和指南、协会概况和会员录[13]。总体来看,现有研究欠缺对协会图书出版历史的梳理和总结。本文结合上述成果,查阅了《会报》上登载的图书策划、编辑信息和出版目录,共获得协会出版的图书64种,重点考察协会的图书策划、编辑、出版情况,以期为深入了解和研究协会的历史以及民国时期图书馆学术史提供参考。

1 编辑出版组织机构

中华图书馆协会的组织机构中与图书编辑出版相关的部门主要有执行部、出版委员会、索引委员会和编目委员会。执行部是常设机构,编辑出版协会概况、会员名录、年会报告和指南、全国图书馆调查统计报告、学术机关团体调查报告等;出版委员会主要负责协会出版物的策划和项目实施;索引委员会除在全国倡导索引行动,制定索引条例外,还组织编辑出版各种专题索引；编目委员会负责编订标准编目条例，倡导编制专题目录和联合目录。

此外，在协会的年会上，全国各地学者和机构提出了诸多与目录编制、文献整理、工具书编纂、丛书策划相关的议案。这些议案通过会议讨论及广泛宣传，对于专业图书的编纂和出版起到了重要的推动作用。从内容来看，年会提案可分为六大类：

（1）编制联合目录，包括专题书目和全国联合书目。在协会第一次年会上，柳诒徵提出"请本会编制全国地志目录案"，郑婉锦、柳诒徵、李小缘提出"编制累积式中国出版图书目录案"，中央大学图书馆提出"请由本会编译海外现存中国古逸典籍录及域外研究中国学术论列中国问题著作目案"，刘纯、袁同礼提出"调查及登记全国公私板片编制目录案"。第二次年会上，分类编目组讨论"请全国各图书馆于卡片目录外应酌量情形增编书本目录以便编制联合目录案"和"建议书业联合会编制出版物联合目录案"，民众教育组讨论"编制通俗图书目录案"。第三次年会提出"应编全国图书馆善本联合书目案""由各省省立图书馆调查各该省区内关于有清一代之著术汇为目录案"和"呈请教育部筹拨经费刊印全国图书馆联合目录案"。第四次年会提出"分区编制联合目录案"和"请协会负责编订抗战文献书目案"。

（2）整理影印出版古籍。第一次年会上，由国立中央大学国学图书馆、河北省立第一图书馆和刘纯提出"本会调查登记国内外公私所藏善本书籍编制目录以便筹备影印案"，徐韫知等提出"影印《四库全书》应每省指定一图书馆陈列以广流传而维国粹案"。第二次年会行政组讨论"建议当局传钞及影印孤本秘籍以广流传案"和"建议教育部，此次选印《四库全书》，应以发扬文化为原则，在书店赠本内，提出若干部，分赠各省市立重要图书馆，暨国立各大学图书馆案"。

（3）编制索引。第一次年会上金陵大学图书馆提出"编纂古书索引案"和"编制中文杂志索引案"。

（4）编纂工具书。第一次年会上南京图书馆协会提出"每年编纂图书馆年鉴案"，李继先、金敏甫、李小缘、万国鼎提出"订定中国图书馆学术语案"，陶述先提出"编纂中国图书志案"，李小缘提出"编制中华人名大字典案"。第三次年会提出"请本会设法编印出版月刊及中国图书年鉴案"。

（5）编辑丛书。第一次年会上李小缘、陈准、孔敏中提出"本会应编刊新旧图书馆学丛书案"，中央大学区立苏州图书馆提出"图书馆内刊行掌故丛书及先哲遗著案"。

（6）编制分类法和编目条例。第一次年会上金敏甫等提出"由分类委员会编制分类法案"；文华图书科等提出"由编目委员会编订标准编目条例于下届年会发表案"。第二次年会提出"请本会督促标题编纂委员会，从速编制中文标准标题表出版案"[14-17]。

就各次年会提出的议案来看，目录编纂是被讨论最多的内容。尤其是关于编纂专业图书联合目录和全国出版物联合目录的提议，在当时的历史条件下，体现出比较先进的学术视野。专业图书联合目录有朱士嘉编《中国地方志综录》、邓衍林编《北平各图书馆所藏中国算学书联合目录》，出版物联合目录有 1935 年开明书店编《全国出版物总目录》、1935 年平心编《（生活）全国总书目》。但是，由于特殊的历史环境，这些多属"累积式中国出版图书目录"，即当时的国家书目未能连续编制。

2 图书编辑出版

2.1 “中华图书馆协会丛书”的策划出版

1926年,在《出版委员会第一周年报告》中提出了刊印丛书的建议:“宜刊印丛书,盖《季刊》系杂志性质,对于过长之文字,颇不便于登载,若任其隐没,尤非提倡学术之本意,故遇此等著作,均非专门刊行不可。况《季刊》出版期,相隔太久,成本亦较昂,不利于刊登宣传文字,而我国图书馆事业,正在萌芽,高深之研究,固当提倡,鼓吹之著作,亦不可少。现《季刊》虽间登宣传文字,究虞不足,倘能印成单行之本,或廉售,或赠送,收效必可宏大。且进数年来,我国之图书馆虽多有感觉采用新法之必要,无如无师可资,不知何以着手,此又协会不能不发行实用一方面之书籍,以指导之者也。”[18] 由以上论述可知,出版委员会认为丛书可补刊物之不足,在三个方面发挥作用:其一,丛书可刊行较长的文字,使其不致隐没,以体现学术之本意;其二,丛书可刊载鼓吹宣传图书馆事业的内容,刊载单行本,以广传播;其三,发行关于图书馆新法等实用方面的书籍,以指导实践。在1929年1月举办的协会第一次年会编辑组的讨论中,李小缘、陈准、孔敏中也提出“本会应编刊新旧图书馆学丛书案”。

1927年7月,王重民的《老子考》作为《中华图书馆协会丛书》第一种出版。至1936年3月,“中华图书馆协会丛书”共出版图书11种。

(1)《老子考》。1927年5—6月间,《会报》第二卷第六期刊登《老子考》的出版消息,介绍该书的作者、著术经历、引证书目、卷次、附录,注明“由中华图书馆协会出版,作为中华图书馆协会丛书第一种”。同年《中华图书馆协会第二周年报告》亦称:“自本会成立以来,即有刊行丛书之计划,以限于经费,未能实行。本年先将王重民君之《老子考》印行,为本会丛书第一种。此外尚有袁同礼编之《明清私家藏书史料》,亦待付刊。”[19] 1927年7月,《老子考》正式由协会出版并发行,有袁同礼序及王重民自序,书名页题“中华图书馆协会丛书第一种”。

(2)《国学论文索引》。此书由协会委托北平北海图书馆编目科编辑,实由王重民主持,拟定叙例,并撰写后记,1929年7月出版。“业于年前脱稿,并于年会时提交编辑组审查。现又加以整理付印,顷已出版,为本会丛书第二种”[20]。该书收录1905年至1928年7月发表于82种报纸杂志中的论文3000余篇。1933年《国学论文索引》因绝版重印。另外,1934年出版的《国学论文索引三编》和1936年出版的《国学论文索引四编》亦题为“中华图书馆协会丛书”第二种,二书均为刘修业编辑。《国学论文索引三编》于1934年10月初版,收192种杂志、报刊1928年至1933年5月间所载国学论文,分类如前编,有王重民序。《国学论文索引四编》于1936年6月初版,收210余种杂志1934年1月至1935年12月间所载国学论文,分类与上编同,有郭绍虞序。

(3)《日本访书志补》。王重民辑,1930年出版,孙楷第序,卷首题“中华图书馆协会丛书第三种”。《会报》介绍此书的编纂缘起及经过:“宜都杨守敬氏《日本访书志》一书,搜罗宏富,考证精详,多著录中土久佚之书,久已传遍士林,脍炙人口。杨氏归道山后,藏书辗转归于故宫图书馆,王君重民曾服役馆中,得遍阅观海堂书,因逐录手跋,更参益他书,较访书志得多四十余篇。本会以诸题记多属巨制,足补前志之缺,特行印出,以广其传,为中华图书馆协会丛书第三种。”[21]

(4)《国学论文索引续编》。北平图书馆编纂部索引组编,1931 年 7 月初版。该书接续正编,体例大体相同。除少数外,均为 1928 年至 1930 年 10 月杂志上发表的论文。“体例一如前编,通所收杂志凡 77 种,论文与前编略等,除少数系民国初年出版者外,余均最近出版之新刊物,有关于国学者尤至巨焉。今编为本会丛书第四种”[22]①。

(5)《文学论文索引》。张陈卿、陈璧如、李维垿编,1932 年 1 月出版,分上中下三编。“因与《国学论文索引》有同一旨趣,遂编为本会丛书第五种”[23]。收录 162 种杂志、报纸自 1905 年至 1929 年 12 月间的文学论文、消息和序跋 4000 余篇,王重民序。

(6)《文学论文索引续编》。刘修业编,1933 年 11 月出版,收录报纸、杂志 193 种,时间自 1928 年至 1933 年 5 月,论文数量与前编相近。“本年赓续前编完成续编,门类依旧,所著录之材料,足与初编相埒。遂编为本会丛书第六种”[24]。王重民序,刘修业后记。

(7)《文学论文索引三编》,刘修业编,1936 年 1 月出版,版权页亦题“中华图书馆协会丛书第六种”。收录报纸、杂志 220 种,时间自 1933 年 5 月至 1935 年 12 月。郭绍虞序,刘修业后记。

(8)《官书局书目汇编》一卷,朱士嘉编,民国二十二年(1933)9 月协会出版。收江南书局、淮南书局、江楚编译局、江苏书局、浙江书局、山东书局、山西官书局、湖北官书局、广雅书局等所藏官书目录,包括苏浙鲁晋鄂粤各局刊行书籍,备注纸质售价。版权页题“中华图书馆协会丛书第七种”。

(9)《现代中国作家笔名录》,国立北平图书馆中文编目组组长袁湧进编,封面题“中华图书馆协会丛书第十一种”②。1936 年 3 月初版,袁同礼、周作人、刘国钧序。

2.2 索引和书目

2.2.1 倡导索引及编辑实践

协会索引委员会成立之后,制订了三项计划:第一,编辑《中国索引条例》。此事为中国索引事业上最重要之要务,“犹规矩绳墨之于工作,宪法之于国家也”。第二,着手索引编撰的实际工作。已开始的有时任索引委员会主任杜定友的《九通索引》和该会委员钱亚新的《四书字汇及索引》,计划编制《十三经》《廿四史》《资治通鉴》索引。第三,广为宣传,促进索引事业,增加索引的效用[25]。同一时期,学者也撰文倡导开展索引运动。万国鼎 1928 年在《季刊》第二卷第三期发表《索引与序列》一文,论述索引的效用,并介绍欧美的索引情

---

① 另有《国学论文索引五编》:《中华图书馆协会会报》第十五卷第三四期合刊刊登了此书的出版预告:“国立北平图书馆索引组编印。所收论文约二万余条,凡民国二十五年一月以后出版之杂志共收三百余种,论文依性质分类,极便检查,不日出版。”正式出版是在 1955 年 1 月。

② 第二种中包括三部书,第六种包括两部书,总数量是十一种。目前所查协会出版的图书,未见“中华图书馆协会丛书”第八种至第十种。

况[26]。刘纯在《会报》第四卷第四期发表《杂志索引之需要及编制大纲》一文,建议编制全国期刊索引,并制定详细的"编制杂志索引大纲",包括具体如何组织、调查和编辑[27]。

1930年索引委员会书记钱亚新编成《索引和索引法》一书,由上海商务印书馆排印出版。该书系统论述索引和索引法的定义、索引的功用和种类、索引法的编制方法等,是中国索引学的奠基之作,标志着中国现代索引学理论体系的建立。该书起到"条例"的作用,指导索引的编制实践。在协会索引委员会的影响和支持下,全国的"索引运动"广泛展开。"索引是治学问最需要的一种工具书,年来各学术机关,纷纷编制索引,学者称便"。据钱亚新《中国索引论著汇编初稿》统计,1912—1936年共编制294部(篇)索引(另有15种外国人编的未统计在内)。

协会组织编辑出版的索引以《国学论文索引》和《文学论文索引》为代表(该两种索引在上文已详细介绍,此不重复)。另编《图书馆学季刊总索引第一号》(自第一卷至第十卷),1937年出版。"本会出版之《图书馆学季刊》,为吾国研究图书馆学之唯一专门刊物,自出版迄今,已逾十稔。兹为便于参考起见,特编总索引,俾易翻检。自卢沟桥事变发生,本会工作,颇受影响,几经努力,始于困难环境之中,完成此书,盖为本年最后之作,此则深为庆慰者也。本书内容,计分:(一)凡例,(二)分类索引,(三)人名索引,(四)题目索引,(五)译名对照表"[28]。

2.2.2 编纂书目

书目整理和编纂是协会图书策划出版的主要内容,上文也提到在历次年会的议案中都有关于书目编纂的内容。协会单独出版的书目有两种。另有由杜定友主持编纂的"党义标准书目"[29],但未刊行。《季刊》抽印本中有关于目录的图书7种,将在下文介绍。

(1)《北平各图书馆所藏中国算学书联合目录》。邓衍林编,李俨校,1936年6月中华图书馆协会暨北平图书馆协会出版。收录当时北平各图书馆所藏中国算学著作千余种,以书名首字笔画分类,著录书名、卷数、著者、版本、馆藏地,采用互见形式著录同种但不同名的书籍,个别书籍详列子目或加附注。研究国算者不可不人手一篇,极具参考价值。

(2)《古逸书录丛辑》。赵士炜辑,民国二十二年(1933)国立北平图书馆和协会联合出版。协会第八年度报告中记录了该书出版的消息:"《古逸书录丛辑》,计包含《中兴馆阁书目辑考》五卷,续目一卷,《宋史艺文志辑本》二卷,为贵阳赵士炜所辑,本会与国立北平图书馆共同出版"[30]。

2.3 文集

协会编辑出版的文集有两种,均为英文出版,主要目的是进行国际交流,向国际图书馆界介绍中国图书馆事业发展的状况。

(1)《中国图书馆概况》(英文)。1929年6月15日至30日,第一次国际图书馆协会会议在罗马举行。中华图书馆协会作为发起者之一,成立参加国际图书馆会议筹备委员会,聘任委员16人,并征集到论文4篇:顾子刚的《中国图书制度之变迁》、戴志骞的《中国现代图书馆之发展》、胡庆生的《中国之图书馆员教育》、沈祖荣的《中国文字索引法》,这4篇论文在北平以论文集形式印刷出版,英文书名为 *Libraries in China* 。同时,协会留美会员裘开明、桂质柏各撰写论文一篇，直接递交大会[31]。

(2)《中华图书馆协会十周年纪念论文集》(英文)。1935年，协会成立十周年之际，组织征集纪念论文，文字不限中文西文，主题为国内图书馆实况及十年来之改进以及以后发展方针。约稿选题及作者见表1[32]。

表1 中华图书馆协会成立十周年纪念论文作者及选题

作　者	题　　目
袁同礼	中国十年来近代图书馆运动
李小缘	十年来目录学上之工作
吴光清	十年来之分类法与编目法
蒋一前	中国图书馆之索引与检字
沈祖荣	中国图书馆员专门教育
查　修	立法与中国图书馆
严文郁	中国图书馆间之合作
章新民	中国图书馆宣传藏书之方法
柳诒徵	省立图书馆
杜定友	中国之公共图书馆与成人教育
王文山	中国政府机关之图书馆
戴罗瑜丽夫人	中国之医学图书馆
王钟麟	日本之中文图书馆
裘开明	海外之中文图书馆
洪范五	大学图书馆
田洪都	中国之专门图书馆
蒋复璁	国立图书馆
桂质柏	中国图书馆建筑晚近之进展
王云五	印刷出版与中国之图书馆
赵万里	中国之私家藏书
沈学植	学校图书馆及儿童图书馆
谭卓垣	中国图书馆之参考事务
梁思庄	儿童图书馆及学校图书馆
顾子刚	中国之书评

以上约稿分为以下主题：①十年来中国图书馆事业发展总结及各类型图书馆的发展概况；②图书馆专业教育；③图书馆管理，包括参考业务、立法、建筑等；④海外之中文图书馆；⑤书评、私人藏书研究等。所收西文论文先行印刷成论文集，提交给第二次国际图书馆大会，中文书名为《中国之图书馆》，英文名仍为 *Libraries in China* 。有袁同礼序文一篇，主要阐述十年来中国图书馆的状况；收入论文9篇，分别是裘开明、吴光清、沈祖荣、查修、严文

郁、蒋复璁、柳诒徵、戴罗瑜丽、杜定友的论文[33-34]。除裘开明的论文题目改为《中国图书馆近代运动》，其他8篇均与约稿选题相同。所收中文论文陆续刊登在《季刊》上。

2.4 报告、指南、调查表

报告、指南、调查表主要由执行委员会组织调查、编辑和出版。协会曾发布致全国各图书馆书："图书馆为表明内容于社会，为报告一年度之成绩，为自身事业之按步进行，应按年编辑周年报告"[35]。

（1）年会报告和指南：单行出版的年会报告、指南、分组报告书等有5种。

《中华图书馆协会第一次年会报告》。协会执行委员会编纂，1929年7月出版，协会事务所发行。协会第一次年会于1929年1月在南京举行，年会结束后，即编撰年会纪事简要报告，载于《会报》第四卷第四期。随后出版详细报告，收录年会所有议案及会议记录，"乃留心图书馆之发展及改进者，所不可不备"[36]。同时，用英文撰写报告及年会经过，向国际图书馆界宣传。"胡庆生先生为英文报告员，撰拟年会纪事，在欧美著名之图书馆学杂志发表，以广宣扬"[37]。

《中华图书馆协会第二次年会报告》。协会执行委员会编纂，1933年10月出版，协会事务所发行。协会第二次年会于1933年8月在北平清华大学召开。此书内容与第一次年会报告相似，目录部分详细列出了民众教育组、图书馆经费组、图书馆行政组、图书馆教育组、分类编目组讨论通过的议案名称。

第三次至第六次年会没有专门整理报告出版，会议之后即在《会报》上刊载年会的信息，包括会议议程、议案讨论情况等。

《中华图书馆协会第二次年会图书馆教育组报告暨意见书》，该教育组编，1936年前出版。《中华图书馆协会第二次年会指南》，1933年由该会编辑出版。《中华图书馆协会、中国博物馆协会联合年会指南》，1936年7月由两协会编辑出版，书后附"中华图书馆协会出版品目录"。

（2）《中华图书馆协会概况》。协会执行委员会编纂，1933年8月由协会事务所出版，介绍协会的沿革、组织和事业情况。其中，沿革部分详述协会的成立缘由及经过；组织部分包括会务机关、会员、经费；事业部分包括图书馆行政之促进、分类、编目、索引及检字、图书馆教育、图书馆建筑与设备、编纂及出版、调查、国际图书馆事业之参加。附中华图书馆协会职员表、中华图书馆协会会员录两种。另外，《中华图书馆协会会员录》于1935年由协会单行出版。

（3）全国图书馆调查，包括《全国图书馆调查表》、《全国图书馆调查表》（第四次订正）、《全国图书馆及民众教育馆调查表》和《中国之图书馆事业》4种。前3种均为中华图书馆协会编，第4种为陈训慈编。

《全国图书馆调查表》和《全国图书馆调查表》（第四次订正），前者为第三次订正。两书原载于《会报》第五卷第五期和第七卷第三期。第三次订正于1929年，列出全国1428所图书馆的名称和地址；第四次订正于1931年，收录全国图书馆1527所。协会分别出版抽印本。

《全国图书馆及民众教育馆调查表》(第五次订正),1935 年出版。表列 1934 年 12 月前调查的全国 2818 所图书馆及民众教育馆的名称和地址,由协会单行出版。

《中国之图书馆事业》,由上海申报年鉴社与浙江省立图书馆合作调查,陈训慈编。原载于《季刊》第十卷第四期,1936 年 12 月协会出版单行本。该书介绍中国图书馆事业的历史、发展,并有全国各类图书馆之统计,包括各地单设图书馆、民教馆、机关图书馆、学校图书馆共 5196 所。

(4)《国际图书馆合作指南》(英文本)。随着近现代以来中国图书馆事业发展,需要向国际社会介绍我国图书馆的发展状况,同时国际同行也有了解此类内容的意愿。《国际图书馆合作指南》(英文本)的中文书名多次见于《会报》刊登的协会出版图书目录,但因为是英文出版,李钟履所编《图书馆学书籍联合目录》和《民国时期总书目》均未收录。在《会报》1937 年出版的第十二卷第四期刊登的“本会消息”中有“编制英文本中国重要图书馆指南”条目:“本会于二十四年曾编有英文本《中国之图书馆》一书,出版以来,畅销海外,备受各国图书馆之赞许。兹又拟编制英文本中国重要图书馆指南一种,借广国际上之宣传。”[38]在同一卷第五期再次刊载此书的消息:“此种指南拟于毕少博博士来华以前出版”[39]。同时,还刊载另外一条消息“代伦敦大学图书馆学校征求我国图书馆概况及书目:伦敦大学图书馆学专科学校,School of Librarianship,University College,London 近托本会代为征集我国重要图书馆概况及书目,当即致函各馆代为征求,近来收到者颇不少,即将转寄该校云。”[40]《国际图书馆合作指南》(英文本)书名最早见载于 1939 年 7 月《会报》第十四卷第一期的《中华图书馆协会出版书籍目录》,以后各期的目录中多见该书中文名称。

2.5 《季刊》抽印本

协会出版的《季刊》抽印本 37 种,《会报》抽印本 2 种。协会的周年报告中提出:“年来《图书馆学季刊》发表会员重要著作甚多,其中数种篇幅较长颇有单行之必要,势宜抽印别行装订。”[41]《会报》抽印本,两种调查表《全国图书馆调查表》和《全国图书馆调查表》(第四次订正),与《季刊》抽印本《中国之图书馆事业》在上文“报告、指南、调查表”中已介绍,此不重复。余下 36 种可分为以下几类。

(1)图书馆事业发展概况及图书馆经营管理。前者有李小缘著《中国图书馆事业十年来之进步》、李钟履著《北平协和医学院图书馆馆况实录》和《山西铭贤学校图书馆概况》、王柏年著《两年来之师大一小儿童图书馆》,后者有金敏甫著《图书馆术语集》、毛宗荫著《图书馆事业合理化之刍见》、李文祷著《儿童图书馆经营与实际》、李钟履著《图书馆参考论》、毛坤著《档案处理中之重要问题》。

(2)编目、分类及检字。包括刘国钧著《中文图书编目条例(草案)》,邢云林著《簿式目录中著录详略之研究》《图书目录著录法与编辑法论》,岳良木著《中文图书登录条例》,于震寰著《中国善本图书编目法》,傅振伦著《编辑中国史籍书目提要之商榷》,毛裕良、毛裕芳著《中国方志编目条例草案》,江苏省立国学图书馆编《江苏省立国学图书馆编目分类纲要》,张英敏著《四部分类号码表》,万国鼎著《各家检字新法述评》。

(3)书目。包括朱启钤编、茅乃文补辑《存素堂入藏图书河渠之部目录》,邓衍林编《元太祖成吉思汗生平史料目录(附成吉思汗遗像补编)》,李濂镗编《方志艺文志汇目》,崔骥著《方言考》,以及董其昌编《玄赏斋书目》和许宗彦编《鉴止水斋藏书目》。另有《翁何宝真斋法书赞评校》,记唐以来各代法帖目录及后人评校。

(4)藏书研究。包括李小缘著《英国国立图书馆藏书源流考》,吴春晗著《江苏藏书家小史》,汪訚著《明清蟫林辑传》。

(5)译著。包括(英)悌德、托玛合编,王国维译《世界图书馆小史》;(美)毕孝普著、金敏甫译《现代图书馆编目法》;(美)吉罗德著、吕绍虞译《大学图书馆建筑》;(美)曼因原著、钱亚新编译《编目部底组织与管理》;(美)锡尔曼著、陈宗登译《公共图书馆预算》;(英)罗伯赐讲、章新民译《图书馆博物馆美术馆间的关系》;以及(日本)小见山寿海著、李尚友译《书志学》。

民国时期中华图书馆协会策划编辑出版的系列图书,在一定程度上代表当时图书馆事业发展和图书馆学术研究的成果,展现了传统文献目录学与现代图书馆学发展的脉络,以及现代中国图书馆学中西融合的特征。

参考文献

[1][7]王阿陶,姚乐野.图学史卷 时代华章——《中华图书馆协会会报》研究[J].大学图书馆学报,2014(3):120-126.

[2][8]刘宇,罗方,王赞.论《图书馆学季刊》对民国时期图书馆学的贡献[J].图书馆建设,2009(5):92-95.

[3]中华图书馆协会第一次年会纪事[J].中华图书馆协会会报,1929,4(4):5-14.

[4][20][31][37]中华图书馆协会第五次会务报告[J].中华图书馆协会会报,1929,5(1/2):27-31.

[5]沈占云.中华图书馆协会成立的背景因素、历史意义之考察[J].图书馆,2006(1):24-26.

[6]李彭元.八年抗战中的中华图书馆协会[J].图书馆论坛,2009(5):42-45.

[9]李钟履.图书馆学书籍联合目录[M].北京:中华书局,1958.

[10]北京图书馆.民国时期总书目(文化科学·艺术)[M].北京:书目文献出版社,1994.

[11]卓连营,李晓娟.中国图书馆学著作书目提要(1909—2009)[M].北京:国家图书馆出版社,2012.

[12-13]范凡.民国时期图书馆学著作出版与学术传承[M].北京:国家图书馆出版社,2011.

[14]中华图书馆协会第一次年会报告[M].北平:中华图书馆协会事务所,1929.

[15]中华图书馆协会第二次年会报告[M].北平:中华图书馆协会事务所,1933.

[16]李文裿.写在第三届年会之后[J].中华图书馆协会会报,1936,12(1):1-5.

[17]本会第四次年会会务纪录[J].中华图书馆协会会报,1939,13(4):10-11.

[18]出版委员会第一周年报告[J].中华图书馆协会会报,1926,2(2):10-11.

[19]中华图书馆协会第二周年报告[J].中华图书馆协会会报,1926,3(2):3-5.

[21]新书介绍:日本访书志补[J].中华图书馆协会会报,1930,6(1):44-46.

[22][29]中华图书馆协会第六年度报告[J].中华图书馆协会会报,1931,7(1):1-6.

[23]中华图书馆协会第七年度报告[J].中华图书馆协会会报,1932,8(1/2):1-3.

[24][30]中华图书馆协会第八年度报告[J].中华图书馆协会会报,1933,9(1):1-6.

[25]中华图书馆协会索引委员会启事[J].中华图书馆协会会报,1929,5(3):37.

[26]万国鼎. 索引与序列[J]. 图书馆学季刊,1928,2(3):373-384.
[27]刘纯. 杂志索引之需要及编制大纲[J]. 中华图书馆协会会报,1929,4(4):14-16.
[28]新书介绍:图书馆学季刊总索引第一号:自第一卷至第十卷[J]. 中华图书馆协会会报,1937,13(1):23.
[32]十周年纪念论文[J]. 中华图书馆协会会报,1925,10(4):20.
[33]十周年纪念论文刊出版[J]. 中华图书馆协会会报,1934,11(4):14.
[34]Libraries in China:paper prepared on the occasion of the tenth anniversary of the Library Association of China[G]. Peiping:Library Association of China,1935.
[35]中华图书馆协会致全国各图书馆书[J]. 中华图书馆协会会报,1929,5(1/2):2.
[36]新书介绍:中华图书馆协会第一次年会报告[J]. 中华图书馆协会会报,1929,5(1/2):70.
[38]编制英文本中国重要图书馆指南[J]. 中华图书馆协会会报,1937,12(4):13-14.
[39]编印重要图书馆指南进行状况[J]. 中华图书馆协会会报,1937,12(5):17-18.
[40]代伦敦大学图书馆学校征求我国图书馆概况及书目[J]. 中华图书馆协会会报,1937,12(5):18.
[41]中华图书馆协会第九年度报告[J]. 中华图书馆协会会报,1933,10(1):1-6.

(原载于《图书馆论坛》2017 年第 7 期)

民国时期文献保护计划现状及思考

毛雅君

民国时期文献指记录1911—1949年期间各种知识和信息的载体,包括图书、期刊、报纸、手稿以及日记、传单乃至商业契约和票据等[1]。民国时期是中国历史上一段重要而特殊的历史时期,民国时期文献全面记载了马克思主义在中国的传播,记载了中国共产党人的奋斗历程以及最终取得革命胜利的史实,记载了中西文化的交融以及新旧思想的碰撞。民国时期文献种类丰富,具有较高的历史价值、学术价值和重要的现实意义。但是,这一时期造纸材料非常复杂,制浆工艺、装帧工艺非常落后,酸化程度非常严重,经调研,有些民国时期文献纸张的pH值已经降到4[2],保存保护状况堪忧。为了抢救、保护这些珍贵的文献资料,2011年,国家图书馆联合国内文献收藏单位,共同策划了"民国时期文献保护计划"项目[3],这是继"中华古籍保护计划"之后的又一个全国性文献保护项目。2012年起,财政部每年拨付一定的专项资金保障保护计划的顺利推进。几年来,民国时期文献保护计划在工作机制建立、标准规范建设、文献普查、海外文献征集、整理出版和人才培养等多方面均取得了可喜的成绩。随着该计划的实施,绝大部分图书馆已经提高了民国时期文献的保护意识并切实开展馆藏民国时期文献的编目揭示与保护利用、整理研究与人才培养。2016年3月,"民国时期文献保护计划"被列入《中华人民共和国国民经济和社会发展第十三个五年规划纲要》文化重大工程"中华典籍整理"专项。2016年基于"民国时期文献保护计划"的研究成果,国家图书馆获批第一批国家社科基金抗战专项工程项目5个,其中"日本战犯审判文献征集、整理与数据库建设"和"日本对华调查档案资料整理和数字化"两项国家图书馆为第一牵头单位。这些为民国时期文献保护计划的长足发展创造了难得的机遇。

1 民国时期文献保护计划发展概况

1.1 建立工作机制,标准先行

为了有效组织、推进民国时期文献保护计划,国家图书馆设立了"民国时期文献保护工作办公室";聘请专家成立了"民国时期文献保护工作专家委员会、文献出版工作委员会、文献编纂委员会、民国时期文献出版工作顾问委员会、对日战犯审判文献丛刊"编委会等。研究发布了《民国图书普查登记数据制作标准》,研制开发了"民国时期文献联合目录"系统平台,合作开展了"民国时期文献检测及国内外脱酸技术调研",开展民国时期文献脱酸研究与脱酸设备研制,编制完成了《民国时期文献库房建设规范》。

1.2 文献普查

在民国时期文献保护计划启动前，国家层面未对国内存藏的民国文献进行过系统普查。民国时期文献底数不清，存藏情况不明。据书目文献出版社（今国家图书馆出版社）1986—1997 年陆续出版的《民国时期总书目》记载，以国家图书馆、上海图书馆和重庆图书馆三家馆藏为基础编纂的总书目，收录了 1911—1949 年 9 月间中国出版的中文图书 12.4 万余种；北京大学出版社 2000 年的《中文期刊大辞典》中著录的民国时期期刊有 2.5 万种；1967 年全国图书联合目录编辑组编印的《解放前中文报纸联合目录草目》著录的民国时期报纸近 8000 种。为了尽快摸清家底，了解民国时期文献的存藏情况，民国时期文献保护计划首先开展了民国图书的普查工作。2012 年即面向全国民国时期文献主要存藏单位开展民国图书普查登记数据标准培训，并与试点单位先后签订《民国时期文献书目数据普查登记项目协议》。截至 2016 年底，"民国时期文献联合目录"系统平台已汇聚国家图书馆、首都图书馆、南京图书馆、上海图书馆、重庆图书馆、黑龙江省图书馆、东北师范大学图书馆、辽宁大学图书馆以及中国社会科学院近代史研究所和中国科学院文献情报中心等 21 家文献收藏单位的书目数据 30 万余条、馆藏数据 66 万余条。其中国家图书馆约 13 万条，广西壮族自治区桂林图书馆、南京图书馆各约 7 万条，重庆图书馆、上海图书馆、首都图书馆、广东省立中山图书馆等均超 5 万条。基于普查登记数据，启动《民国时期文献总目（图书卷）》的编撰出版工作，以服务学界利用，推进民国时期文献抢救与保护。

1.3 海外征集

2011 年起，民国时期文献保护计划对海内外民国时期文献存藏、开发和缩微数字化情况进行了深入调研，在调研基础上，按照"分载体、分专题、分步骤"以及"先易后难、先主后次、务实推进"的工作原则，通过海外合作、现场拍摄、缩微复制等方式对美国、英国、日本、俄罗斯等 5 个国家和地区的文献进行重点征集。截至 2016 年底，已征集文献包括远东国际军事法庭庭审记录 4.9 万页、远东国际军事法庭证据文件 2.8 万页、日本乙丙级战犯战争罪行审判文献缩微胶卷 800 卷、日本二战期间战争罪行证据文献缩微胶卷 1261 卷、日本侵华证据资料缩微胶卷 6202 件 156 卷、日本细菌战罪行档案数字化征集 1.1 万拍、二战时期抗战历史照片 1.6 万张。日本战犯审判系列文献和日本二战罪行等史料的回归填补了我国国内相关一手资料的空白，以此为基础，形成了《远东国际军事法庭庭审记录》《横滨审判文献汇编》《马尼拉审判文献汇编》等数百卷对日战犯审判文献资料整理出版成果和"东京审判资源库"等专题数据库，为学者研究以及国际学术的交流提供了基本文献保障。

1.4 整理出版

2013 年起，国家图书馆面向全国文献存藏单位组织申报民国时期文献出版项目，采用项目申报、评审立项、项目资助方式开展出版工作。截至 2016 年底，已立项 120 项，已完成 60 项，出版 3266 册，涵盖政治、经济、文化、教育、军事等领域，涉及公共图书馆、高校图书馆、档案馆，形成了"民国时期文献资料丛编系列""对日战犯审判文献资料丛刊""抗日战争文献史料丛编系列”“民国时期珍稀档案、日记、手札文献”“革命历史文献资料丛编”和“目录、图录、索引系列”六大整理出版系列。在六大整理出版系列中，尤以“对日战犯审判文献资料丛刊”系列整理成果最为突出，已整理出版《远东国际军事法庭庭审记录》(80册)、《远东国际军事法庭证据文献集成》(50册)、《国际检查局询问笔录》(70册)、《横滨审判文献汇编》(105册)、《马尼拉审判文献汇编》(53册)、《二战后审判日本战犯报刊资料选编》(6册)等数百册中、英、日语言的档案文献、报刊资料、图片集等，在国内首次构建了比较完整的对日战犯审判文献资料库，为学界和公众提供了最基本的远东国际军事法庭审判一手文献。

1.5 原生性保护

民国时期文献保护计划在原生性保护方面着重开展了调研论证与科学研究。2014年，国家图书馆委托古籍保护科技文化部重点实验室编制完成《民国时期文献库房建设规范》，该规范对文献存藏单位的民国书库建设具有实用性的指导意义；与南京图书馆合作开展“民国时期文献酸化检测及国内外脱酸技术调研”项目。紧密围绕国内近现代纸张酸化状况和国内外规模化脱酸技术研发应用情况进行检测和调研；组织设立“民国时期文献脱酸研究与脱酸设备研制”项目，研究制定适用于不同民国时期文献不同液相脱酸方法的操作规范及评价；研究探索适合民国时期文献脱酸的具体工艺技术。

1.6 专题数据库建设

2014年，国家图书馆启动了“东京审判资源库”和“抗日战争图片专题库”的建设。2015年8月14日，“东京审判资源库”正式上线。以海外征集的东京审判等日本战犯审判资料为基本素材，开设庭审记录、证据文献、判决书和影像记录等8个部分，全面展现日本战犯审判的历史史实。同时，考虑到史料文献多为英文和日文资料，为了方便公众了解和掌握日本战犯审判的史料文献，2015年国家图书馆组织专门人员对日本战犯的判决、罪行及其证据进行整合编译，聘请相关专家予以审核，以“每日一则”的形式多渠道发布“日本战犯罪行审判史料编译”，为驳斥日本右翼保守势力歪曲否认侵华历史言论提供强有力的武器和佐证，服务国家战略大局。“抗日战争图片专题库”通过海外征集的万余幅图片，记载了二战时期中国军民与盟军共同抵御日本侵略的历史场景。专题库开设中国远征军、军民抗战、日军暴行、对日受降和对日审判等5个栏目。

1.7 宣传推广和人才培养

2012年开通的“民国时期文献保护网”，对各项工作进展进行全方位展示，通过专题展览、系列讲座、电视采访、报纸专版、宣传推广活动等各种形式的宣传，积极开拓民国时期文献的社会教育功能，重在增强保护意识，展示保护成果。国家图书馆配合国家重要纪念日举办“不朽的长城——馆藏抗战文献展”和“红色记忆——纪念中国共产党成立95周年馆藏文献展”等，对于知史鉴今、资政育人和弘扬革命文化、爱国主义精神，具有重要的现实意义和深远的历史意义。国家图书馆通过举办不同范围的专业培训、召开国际研讨会等多种形式，建立民国时期文献保护人才队伍。

2 下一步工作思考

“十二五”期间，民国时期文献保护计划在工作机制建立、标准规范建设、文献普查、海内外文献征集、整理出版、原生性保护和人才培养等多方面均取得了一定的成绩，但是与民国时期文献保护的紧迫性、中华优秀传统文化特别是革命文化的整理挖掘、研究利用等需要相较，还有较大差距。“十三五”期间，各文献存藏单位特别是国家图书馆需要充分抓住“民国时期文献保护计划”被列入“十三五”规划以及承担国家社科基金抗战专项工程项目的机遇，坚持问题导向，秉持“保护为主、抢救第一、合理利用、加强管理”的基本方针，在工作机制广泛性、文献普查登记方式，特别在民国时期文献保护研究和人才培养模式等方面统筹规划，强化基础，强化社会教育。

2.1 推动建立更广泛的合作协调机制

良好的合作协调机制是有效推动民国时期文献保护计划顺利开展的根本保障。“十二五”期间，国家图书馆本着“优势互补、合理分工、资源共建、成果共享”原则，与图书馆系统、档案馆系统和教育科研系统内部分文献存藏单位在文献普查、整理出版、原生性保护以及人才培养等方面开展了一些合作，形成了一定共识，但全局化、系统性不足。为了进一步摸清全国范围内的民国时期文献存藏情况，推动全国民国时期文献保护研究，国家图书馆仍需要进一步从机制入手，尽早建立与档案馆系统、博物馆系统、教育科研系统乃至更广泛的文献存藏单位之间的跨系统的合作协调机制。推动国家层面加强对全国民国时期文献保护工作的组织领导，促进部门间的协调配合，做好全国民国时期文献保护工作，建立全国民国时期文献保护工作部际联席会议制度，或者将民国时期文献保护工作纳入全国古籍保护工作部际联席会议统筹推动。此外，还要通过建立全国范围的分级管理体制、召开学术研讨和项目合作、设置专门机构等多种方式，加快推动民国时期文献保护工作。

2.2 全面开展文献普查

文献普查是基础，鉴于各图书馆民国时期文献编目整理情况差异较大，文献普查工作先期主要采用试点单位先行的方式开展。经过了几年的工作实践和经验积累，民国图书普查登记工作已经形成了一套行之有效的普查流程和规范。为了进一步做好文献普查工作，需要进一步从两方面入手：一方面是如何尽快实现全国范围的普查和数据共享；另一方面是如何推进民国时期文献的分级保护。要加快推进全国范围的文献普查和数据共享，可考虑联合分享全国图书馆联合编目中心等已成熟的数据共建共享机制，在加大培训力度、开放数据共享的基础上，逐步扩大文献类型，全面开展全国范围的民国书刊报、民族语言文献以及革命文献、日本战犯审判、日本对华调查资料等文献的普查登记工作，同时鼓励民间收藏机构或个人参与普查登记，全面了解各地区民国时期文献存藏情况，编制民国时期文献总目，为保护工作打下坚实的基础，为研究工作提供有力的文献保障。要推进民国时期文献的分级保护,需要在普查的基础上,研究制定民国时期文献分级标准,形成《国家珍贵革命文献名录》和《民国时期文献分级名录》。同时加强与海外藏书机构合作,制订计划,分步骤地开展海外民国时期文献调查工作,有重点、分专题地开展海内外文献征集工作,探索通过联合开发、合作保护等多种方式促进海内外民国时期文献,特别是进一步加强海内外所藏日本战犯审判、日本对华调查、抗日战争、日本战争罪行和革命历史文献等专题档案性史料的调研和原件数字化或缩微化成果的征集回归,鼓励社会文化遗产捐赠。

2.3 推动民国时期文献保护及研究

民国时期文献保护计划的根本落脚点是文献保护。经调研,目前仍然主要存在保存环境和保护措施不够、纸张酸性强,脆化、老化加剧、缩微化和数字化等再生性保护进展缓慢和出版利用不够等方面问题,需要进一步加大保护力度。

加强脱酸修复等关键技术标准的研制,努力实现民国时期文献脱酸与保护技术的创新与突破,逐步建立、完善符合中国国情的标准体系,引导和指导全国民国时期文献保护工作。加强基础实验和研究工作,进一步加大民国时期文献酸化情况的摸底调研,全面分析近代文献不同类型纸张和在不同藏书条件、不同气候条件等情况下,纸张酸化的情况及其原因,全面调研民国时期文献脱酸技术的发展现状,加快开展脱酸技术应用研究,积累科学数据,分阶段、分步骤、有重点地逐步推动脱酸工作开展。探索并开展民国时期文献的修复与加固工作,不断提高民国时期文献修复水平。落实《民国时期文献库房建设规范》,完成一批民国时期标准库房,改善文献保存环境。具备条件的图书馆、档案馆、博物馆可以设立重点实验室,开展文献保护技术的研究、实验和实施。

民国时期文献原生性保护与再生性保护同样重要,继续加快民国时期文献缩微化和数字化等再生性保护进程也是当务之急。国家图书馆统筹全国 22 家成员馆共缩微拍摄完成民国图书 11 万多种,截至 2016 年底,国家图书馆已完成 8 万多种民国图书的数字化,已完成全部已拍摄民国报刊缩微胶卷转化数字化工作,并严格遵照著作权法等有关规定提供不同发布范围的数字化文献服务。按计划,2017 年国家图书馆可完成全部民国图书的缩微拍摄,河南省和山西省图书馆已完成全部馆藏民国图书的拍摄,部分成员馆拍摄进度较缓慢,部分成员馆还未启动拍摄。虽然市场上民国文献数据库越来越多,有些数据库包含的民国图书多达 13 万种,民国期刊多达 2 万余种,但是相较丰富的民国时期文献,差距还较大,尤其缺乏专题性数据库。各文献存藏单位在开展缩微化、数字化再生性保护的同时,可着重选择有历史和学术价值的特色文献,特别是革命文化等的深度挖掘与揭示,组织整合多载体、多文种和多类型的文献信息资源,建设形成一批特色专题资源库。

紧密结合国情大势和国内学者研究需求,策划选题,加快民国时期文献的整理与影印出版等工作。各文献存藏单位既是文献资源的保管者,又可以是文献资源的重要建设者。中华优秀传统文化、革命文化和社会主义先进文化,共同构成了中华民族独特的精神标识。其中,革命文化是中华民族最为独特的精神标识。下一步需要特别加强抗战文献和革命历史文献资料的整理出版,推动革命文化的发掘梳理利用。

2.4 多渠道培养人才,加大宣传力度

民国时期文献数量庞大,近几年通过多种形式,培养了一批熟悉民国时期文献普查、整理研究、文献保护等方面的人才,但与事业发展的客观需要之间还有非常大的差距。下一步要特别研究探讨保护人才培养的渠道和模式。要注重培养普查、保护修复等师资人员,以便依托各地区分级组织培训。同时,可考虑策划民国时期文献脱酸保护与整理出版等方面的项目,以项目促进人才培育和发展。加强与学校教育的衔接,加快培育一批熟悉历史文献、技术精湛、素质较高、能够解决文献保护工作实际问题的具有较高水平的民国时期文献保护专业人员,使文献保护工作者的整体水平在实践中不断提高。

民国时期文献的保护意识以及保护氛围已有较大提高,但提升全社会的民国时期文献保护意识,记录历史、保存文献、传承民族记忆仍是下一阶段的主要任务。要加强舆论宣传,服务国家战略,支持学术研究,提供公众利用,吸引一批有志于民国时期文献保护工作的人士,共同为还原历史,传承国家优秀文化做出更大贡献。

参考文献

[1]陈涛.民国文献:使用与保护的博弈[N].北京日报,2011-09-01(17).

[2]陈绪军.南京图书馆馆藏民国时期文献酸化情况调研[J].数字与缩微影像,2013(3):4-7.

[3]周和平.民国文献抢救保护刻不容缓[N].中国文化报,2011-03-13(2).

(原载于《图书馆杂志》2017年第5期)

《公共图书馆法》与国家图书馆

汪东波　张若冰

2017 年 11 月 4 日,《中华人民共和国公共图书馆法》(以下简称《公共图书馆法》)正式通过,将于 2018 年 1 月 1 日起施行,这是继《中华人民共和国公共文化服务保障法》之后我国公共文化领域立法和文化法治建设的又一重要成果。《公共图书馆法》不仅明确了政府在公共图书馆事业发展中的主体责任,为公共图书馆事业发展、全面提升服务效能、保障公民基本文化权益提供了法律依据,而且首次通过法律条文确定了国家图书馆是一种特殊类型图书馆,强调了其不同于公共图书馆的独特职能,并授予其接受出版物缴送的权利,同时具备"公共图书馆"属性,为国家图书馆在新时代继续秉承"传承文明,服务社会"的宗旨,更好地履职尽责提供了法律保障。

1　明确国家图书馆的独特职能

1976 年,联合国教科文组织(UNESCO)通过了一项专门针对国家图书馆的政策声明,指出:"国家图书馆应是图书馆事业的首要推动者,是各类型图书馆的领导。国家图书馆应在全国图书馆工作的各项规划中起到中心作用"[1]。为此,许多国家制定了专门的国家图书馆法或在图书馆法中设置国家图书馆专门章节明确规定相关内容。1997 年,联合国教科文组织又发布了《国家图书馆服务立法指南》,对相关内容进行了更详细的规定和说明。

文化部曾于 1998 年以批文的方式明确过国家图书馆的职能。2016 年,国家图书馆主要承担国家古籍保护中心、国家典籍博物馆、国家文献信息资源总库(国家总书库)、国家书目中心、全国图书馆信息网络中心和全国图书馆发展研究中心的职责再次得以明确。《公共图书馆法》第二十二条规定,"国家设立国家图书馆,主要承担国家文献信息战略保存、国家书目和联合目录编制、为国家立法和决策服务、组织全国古籍保护、开展图书馆发展研究和国际交流、为其他图书馆提供业务指导和技术支持等职能"[2]。这既符合国际组织关于国家图书馆立法的原则声明和规定,也符合世界上许多国家针对国家图书馆立法或设置法条的惯例,更体现了新时代党和政府对国家图书馆履行职能和发挥作用的新要求。

1.1　国家文献信息战略保存

保存国家和民族文化遗产历来都是国家图书馆最为重要的职责,是国家图书馆最为基础和核心的职能,也是国家图书馆与其他类型图书馆最主要的区别所在。很多国家立法都充分强调了国家图书馆作为国家总书库保存国家文化遗产的职能。如《关于设立法国国家图书馆的法令》规定"法国国家图书馆的首要使命是采集、编目、保存、保管及丰富各领域知识和国家遗产,尤其是法语和涉及法国文化方面的文化遗产"[3],又如《加拿大国家图书档案馆法》规定"加拿大国家图书档案馆的目标是,获取并保存加拿大的文化遗产,确保文献遗产被加拿大和对加拿大感兴趣的人所了解和方便获取"[4]。

中国国家图书馆自20世纪初以京师图书馆为名初创以来,在不同的发展时期,基本上都承担了全面采集和长期保存国家文献的职能,全面收集国内出版的各文种、各类型、各载体文献,尽可能保证入藏品种和版本的齐全,同时加强特殊类型中文资料以及港澳台地区和海外中文出版物的入藏。截至2016年底,国家图书馆馆藏文献总量达3646万册(件)[5],除实体资源外,还保存有大量的数字资源、网络资源和活态记忆资源。为兼顾馆藏文献的长期保存和当前利用,国家图书馆建立了保存本、基藏本和借阅本的分设制度。此外,出于国家文化战略安全考虑,2015年国家批准立项国家图书馆国家文献战略储备库工程,建设国家级文献资源保障中心和保存基地,开展国家文献战略储备,对国家重要文献实现异地备份保存。

1.2 编制国家书目和联合目录

编制国家书目以及联合目录,是国家图书馆作为国家总书库职能的延伸,很多国家立法中均有相关规定。如《加拿大国家图书档案馆法》规定加拿大国家图书档案馆应"编制和维护信息资源,如国家书目和国家联合目录"[6],《关于瑞典皇家图书馆章程的条例》规定"瑞典皇家图书馆应:编制国家文献目录;负责向国内研究型图书馆提供国外文献的联合目录,并与国外文献编目中心交换文献编目数据"[7]。

中国国家图书馆长期致力于发挥国家书目中心作用,推进国家书目和全国图书馆联合馆藏目录建设。自1929年开始编辑全国书刊联合目录起,陆续编制了《中国古籍善本书目》《民国时期总书目》《珍贵革命历史文献名录》《国家珍贵古籍名录图录》等30余种有较大影响力的书目,特别是,1987年首次出版《中国国家书目(1985)》,1988年以"中国国家书目数据库"的形式服务于全国图书馆的书目编制和公众查询,1997年成立全国图书馆联合编目中心。截至2016年底,已拥有成员馆2150家,共享书目数据超过1356万条,年下载数据超过1019万条,全面推动全国图书馆书目数据的共建共享[8]。

1.3 为国家立法和决策服务

为国家立法和政府决策提供文献信息服务也是国家图书馆区别于其他类型图书馆的独特之处。很多国家立法都将立法决策服务作为国家图书馆的主要职能予以重点保障,如日本《国立国会图书馆法》规定"国立国会图书馆的设立目的是通过收集图书及其他图书馆资料,帮助国会议员履行职责,并对行政及司法各部门提供法律规定的图书馆服务"[9],澳大利亚《国家图书馆法》规定"澳大利亚国家图书馆的职责是代表联邦为国会图书馆、联邦各部及机关、各领地及政府各专门机构提供服务"[10]。

新中国成立以来,为党和国家领导人以及中央国家机关提供决策服务成为国家图书馆业务工作的重要内容。近年来,国家图书馆为党和国家领导人重大国务活动和出访提供文献信息服务、为全国人大常委会立法工作提供文献信息服务、为每年召开的全国“两会”提供专门信息服务、为国家重大工程、重大项目和重大决策提供专题信息服务,在国家立法和重大政策制定中发挥了积极作用。以2016年为例,国家图书馆全年共完成立法决策专题咨询1913件[11]。

1.4 组织古籍保护

组织全国古籍保护是此次立法中明确由国家图书馆承担的重要职能,国外立法中关于国家图书馆古籍保护职能的内容并不多见,其中《俄罗斯联邦图书馆事业联邦法》规定“珍本是国家图书馆馆藏中特别珍贵的部分”“珍本应在珍本目录中进行登记”[12]。作为国家古籍保护中心,中国国家图书馆除不遗余力地收藏古籍善本外,还组织开展了一系列有关古籍保护的工作,如2007年承担国家“中华古籍保护计划”,联合全国古籍存藏机构,在古籍普查、文献修复、书库建设以及人才培养等方面发挥了重要作用。截至2016年底,已完成全国1218家古籍收藏单位的普查登记,由国务院公布五批《国家珍贵古籍名录》,收录古籍12274部,命名180家全国古籍重点保护单位[13]。

1.5 开展图书馆事业发展研究

国家图书馆是一个国家的图书馆事业发展中心,很多国家立法均将图书馆事业发展研究作为国家图书馆的职能之一。如《英国国家图书馆法》规定,英国国家图书馆的使命是“成为在科技事务和人文科学方面的全国参考中心、研究中心、文献目录和其他信息服务中心”[14],《关于瑞典皇家图书馆章程的条例》规定“瑞典皇家图书馆应当致力于图书馆领域的协作、发展以及图书馆领域的研究工作”[15]。

中国国家图书馆作为全国图书馆事业发展研究中心,多年来承接政府主管部门的工作项目,主持国家科研项目,主办学术刊物,出版图书馆年鉴、图书馆事业发展报告蓝皮书以及其他业务指导用书,借助中国图书馆学会和中国古籍保护协会等行业组织开展业务交流和学术研讨,依托全国图书馆标准化技术委员会、全国文献影像技术标准化技术委员会制定图书馆行业标准规范体系,推动了事业发展关键领域的研究和创新。

1.6 开展国际交流

代表本国与国际图书馆界开展合作和交流,执行国家相关文化合作与交流协议,是国家图书馆的独特职责。很多国家立法通常赋予国家图书馆这一重要职能,如《德国国家图书馆法》规定“国家图书馆负有以下使命:开展与本国及他国专业机构的合作,参与本土及国际专业组织的活动”[16],澳大利亚《国家图书馆法》规定国家图书馆代表联邦“在图书馆事务方面(包括推动图书馆科学的进步)与国内外的图书馆相关机关和个人进行合作”[17]。

中国国家图书馆代表中国图书馆界积极参与国际图书馆协会联合会(国际图联IFLA)等国际图书馆事务,是国际图联中文语言中心、国际图联保存保护中心中国中心,举办国际会议和展览,根据国家文化外交的需要,牵头筹建区域图书馆联盟。截至2016年底,已与50

个国家的图书馆建立人员交流与合作关系，与117个国家和地区的552家机构建立国际交换关系①，持续增强我国图书馆事业在国际图书馆事务中的影响力和话语权，推进中华文化的对外传播与交流。

1.7 为其他图书馆提供业务指导和技术支持

国家图书馆作为一个国家图书馆事业的推动者，为业界其他类型图书馆提供业务指导和技术支持责无旁贷，很多国家立法也都将其作为国家图书馆的职能之一。如韩国《图书馆法》规定，国立中央图书馆须行使"图书馆馆员教育培训和对国内图书馆的指导、支持及合作"[18]的职责；《南非国家图书馆法》规定，"国家图书馆须领导南非各类图书馆，并提供指导和建议；负责规划和协调与其他图书馆和信息服务机构的合作"[19]。

中国国家图书馆通过联合编目、馆际互借、文献传递、数字资源共享、业界培训等方式，为各级公共图书馆开展服务提供文献保障，倡导并主持建设全国图书馆联合参考咨询服务网络、省级公共图书馆立法决策服务协作平台、全国公共图书馆讲座联盟、全国图书馆信息无障碍服务联盟、全国图书馆文化创意产品开发联盟等，为图书馆界提供业务指导和技术支持。同时，还依托"中华古籍保护计划""数字图书馆推广工程"等，帮助基层图书馆培训数字图书馆建设、古籍保护等领域的人才队伍。

2 从法律上确认国家图书馆接受出版物缴送的权利

出版物缴送制度，又称出版物呈缴制度，是保障一个国家出版物完整收藏的重要措施，很多国家的相关立法中通常都明确规定国家图书馆为接受本国法定出版物缴送的机构。如韩国《图书馆法》规定，"任何人发表或出版文献时，自其发表或出版之日起30日内要向国立中央图书馆呈缴""并根据总统令指定呈缴文献的采选、种类、形态、册数和呈缴程序及补偿金等相关事项"[20]。《德国国家图书馆法》规定，"自出版物发行或对公众开放之日起一周内，呈缴义务人必须免费向国家图书馆呈缴完整、优质的出版物"[21]。

2.1 国家图书馆接受出版物缴送简史

早在1916年，内务部通令全国，缴送一份出版物复本庋藏京师图书馆（中国国家图书馆的前身），"以重典策而供众览"，标志着该馆开始履行收缴典藏全国出版物的职能[22]。1927年，南京国民政府大学院公布《新出图书呈缴条例》，但未将国立北平图书馆（中国国家图书馆的曾用名）列为接受呈缴本的机构，而后馆方多次呈文教育部，1933年《新出图书呈缴规程》予以修正，将原归属于中央教育馆的一份呈缴图书改由出版机关直接寄交国立北平图书馆，恢复了该馆接受呈缴的地位[23]。

新中国成立后，国务院文化和出版主管部门制定了《中华人民共和国关于征集图书、杂

---

① 来自国家图书馆2016年馆情数据。

志样本办法》等多项涉及出版物样本缴送国家图书馆的规范性文件。近年来,国务院发布的《出版管理条例》和《音像制品管理条例》也明确规定出版物要向国家图书馆免费送交样本。此外,《中华人民共和国学位条例暂行实施办法》《图书出版管理规定》《报纸出版管理规定》等分别对国家图书馆接受学位论文、图书、报纸等不同类型出版物的缴送予以规定。然而,因这些文件执行欠严、管理力度不够,致使多年来一些出版机构出版物缴送时好时差、整体比例不高,特别是印数少、价格高的出版物缴送更差。统计数据显示,2016 年图书全品种缴送率为 74.1%,报纸缴送率为 70.6%,音像制品缴送率为 53.4%[24]。

2.2 国家图书馆接受出版物缴送的法律规定

《公共图书馆法》第二十六条规定,“出版单位应当按照国家有关规定向国家图书馆和所在地省级公共图书馆交存正式出版物”。第五十一条规定,“出版单位未按照国家有关规定交存正式出版物的,由出版行政主管部门依照有关出版管理的法律、行政法规规定给予处罚”。该法从立法层面规定了我国出版物缴送问题,明确了出版物缴送主体、缴送客体、接受缴送的单位以及缴送主体不履行缴送义务时依法进行的处罚等。

《公共图书馆法》规定,解决出版物缴送需要出版行政主管部门制定相应行政法规或实施细则予以配套。审视目前我国已有的出版行政法规,有关出版物缴送的规定虽然涵盖出版物类型较全,有的也已实施较长时间。但这些规定不仅分散,而且内容也过于简单,相较于英国、德国、法国、日本等国家的缴送立法,关于缴送类型、缴送方式、缴送程序、缴送标准、接受缴送的义务等条款都不详细。因此,下述几个方面有待进一步完善:一是关于缴送时间。《图书出版管理规定》《期刊出版管理规定》《音像制品出版管理规定》规定,图书、期刊、音像制品在出版 30 日内应向国家图书馆免费送交样书,但对报纸、电子出版物等出版物没有明确缴送时间。二是关于缴送数量。《期刊出版管理规定》《中华人民共和国学位条例暂行实施办法》明确了样刊 3 本和博士论文 1 份的缴送数量要求,其他类型的文献并没有明确缴送数量。三是关于网络出版物的缴送。互联网信息业已成为人们生活、学习、工作和研究的重要资源,英国、德国、日本等国家纷纷修改立法或制定新法,将网络出版物纳入对国家图书馆的出版物缴送范围,以避免互联网信息快速消逝可能给国家文化遗产的长久安全保存和利用带来损失,而我国目前还没有关于网络出版物的缴送规定。此外,相关行政法规中需增补出版单位所在地省级图书馆接受出版物缴送的规定。

2.3 国家图书馆接受出版物缴送的意义

《公共图书馆法》首次以法律的形式明确了国家图书馆接受出版物缴送的权利,对国家图书馆加快建设完备馆藏以及更好地提供文献服务有重大而深远的影响。首先,出版物缴送是国家图书馆馆藏文献资源的重要来源,为其履行国家总书库职能、保存和传承中华文化遗产奠定了坚实基础。其次,出版物缴送为国家图书馆编制国家书目、更好地挖掘和利用文献资源、向政府立法决策和社会公众开展信息咨询服务提供了重要保障。最后,出版物的全面缴送,也为国家图书馆面向业界开展馆际互借和国际互借提供资源保障。

3 明确国家图书馆的“公共图书馆”属性

国家图书馆因承担不同于其他类型图书馆的特殊职能，因而其公共服务功能通常只能兼顾。国际上虽有通过立法将公共服务作为国家图书馆职能的案例，如《新西兰国家图书馆法》规定，国家图书馆收集、保存和保护文献，并“使之可以为新西兰公众获取和利用”[25]。但也有一些国家图书馆对为公众服务设置了限制或先决条件，如韩国《国会图书馆法》规定，在不影响为国会立法活动提供支持的前提下，韩国国会图书馆可向公众提供图书馆服务[26]；《英国国家图书馆法》规定，“国家图书馆优先服务于教育学术机构、其他图书馆和工商界”[27]；《德国国家图书馆法》规定，“原则上，使用国家图书馆馆藏及服务者必须缴费”[28]。

中国国家图书馆在不同时期对其独特职能和公共服务职能既有兼顾，也有偏重。1912年，国家图书馆的前身京师图书馆正式开馆，藏书向社会公众开放，明确“无论士农工商军界暨女学界，皆得入览”[29]，随后不断扩大服务人群，现已成为开放程度较高的国家图书馆之一。《公共图书馆法》第二十二条规定，“国家图书馆同时具有本法规定的公共图书馆的功能”[30]，明确了国家图书馆归属两种类型，同时要发挥两种类型图书馆的功能，这既是对过去百年来国家图书馆理论认识和实践做法的充分肯定，又是当前和今后全面做好国家图书馆工作的明确要求。

党的十九大报告指出，新时期“我国社会主要矛盾已经转化为人民日益增长的美好生活需要和不平衡不充分的发展之间的矛盾”。国家图书馆作为国家级公共文化服务机构，必须将促进图书馆服务普遍均等，满足人民对图书馆服务需求作为着力点。国家图书馆在发挥公共图书馆功能方面并不能简单地等同于其他公共图书馆，除了向社会公众提供免费、便捷、高效、优质的服务外，更要在公共图书馆事业发展中充分发挥示范引领作用，尤其要在服务人群全覆盖、全民阅读、传承弘扬优秀传统文化、服务创新引领等方面下功夫。

3.1 促进服务人群全覆盖

为了推动公共图书馆的服务普遍均等，保障社会公众获得图书馆资源与服务的基本权利，国家图书馆要努力促进服务人群的全覆盖。首先，为国家立法与决策机关、教育科研和生产建设单位以及这些机构的科研人员提供文献信息服务，仍然是国家图书馆发挥公共图书馆功能的重要支点。其次要加强针对少年儿童、老年人、残疾人等特殊群体的服务，帮助特殊群体更好地融入现代社会。再次，利用现代数字技术、网络技术延伸服务范围，扩大服务人群。以“国图公开课”为名的网络视频课堂，是继国图系列讲座后成功运用现代技术服务网络阅读的有效手段；以“数字图书馆推广工程”为抓手的数字资源建设与服务，是国家图书馆联合图书馆界促进服务全覆盖的重要形式。

3.2 推动全民阅读

为保障社会公众的基本阅读权利，国家图书馆应当在推动、引导、服务全民阅读方面发挥重要作用。一是进一步巩固“文津图书奖”“国图讲坛”“文津经典诵读”等经典阅读服务品牌，提升服务内容的思想性、学术性和知识性，以社会主义核心价值观为引领，培养和引导公众健康的阅读兴趣与倾向。二是充分利用发展研究优势，深入开展读者阅读需求调查和阅读理论研究，研究针对不同读者群体的优秀读物推荐机制。三是加强数字阅读平台建设，促进阅读的新技术、新载体、新设施的开发与应用，并联合全国公共图书馆建立阅读资源共建共享机制。四是重视特殊群体的阅读需求，尤其是在少年儿童的阅读需求保障方面，编制未成年人阅读分类指导目录，探索与学校教育合作，共建校园阅读推广机制。

3.3 传承弘扬中华优秀传统文化

建设社会主义文化强国，增强文化软实力，需要对中华优秀传统文化进行创造性转化和创新性发展。国家图书馆要充分利用馆藏典籍，在中华优秀传统文化的保存保护、挖掘阐发、传播推广和展示利用等方面发挥更加积极的作用，一方面要推进国家图书馆国家文献战略储备库项目、中华古籍保护计划、民国时期文献保护计划、“中华优秀传统文化百部经典”编纂项目等“中华优秀传统文化传承发展工程”中的重点项目，另一方面依托国家典籍博物馆，以建设“青少年中华传统文化教育基地”为契机，通过巡回展览、公益讲座、开发文化创意产品等方式，普及典籍文化知识，展示和传播中华优秀传统文化。

3.4 服务创新引领

飞速发展的信息技术正在深刻改变着社会公众获取信息与知识的方式，也改变着图书馆的发展形态，国家图书馆要在利用新技术、打造新空间、拓展新服务、提升新体验等方面开展战略思考和实践探索。一方面，为建设世界科技创新强国提供全方位支持，建设国家图书馆科学评价中心，为企业技术研发和社会公众创新创业提供工具、空间、文献与咨询服务；另一方面，密切跟踪信息服务领域设施设备、软件工具的更新换代，加快推进数字图书馆服务、特殊群体服务等领域关键技术标准的研制和推广应用，同时优化馆区环境、空间布局和服务格局，为读者提供更好的阅读体验。

《公共图书馆法》作为公共图书馆事业发展的基本法，为推动我国公共图书馆事业发展提供了强有力的保障，也为国家图书馆事业发展提供了新的机遇。当前，我国图书馆界的同行应该积极行动起来，认真学习宣传贯彻《公共图书馆法》，对照法律条文改进与改善图书馆的工作，提升服务效能，在保障公民基本文化权益、提高公民科学文化素质和社会文明程度、传承人类文明、坚定文化自信等方面做出更大贡献。

参考文献

[1]宓浩. 图书馆学原理[M]. 上海：华东师范大学出版社，1988：81.

[2][30]中华人民共和国公共图书馆法[EB/OL]. [2017－11－15]. http://news.xinhuanet.com/2017-11/04/c_1121906584.htm.

[3－4][7]卢海燕. 国外图书馆法律选编[M]. 国家图书馆立法服务部，编译. 北京：知识产权出版社，

2014:303.
[5][8][11][24]国家图书馆.国家图书馆年鉴2017[M].北京:国家图书馆出版社,2017:6-16.
[6]卢海燕.国外图书馆法律选编[M].国家图书馆立法服务部,编译.北京:知识产权出版社,2014:429
[9]卢海燕.国外图书馆法律选编[M].国家图书馆立法服务部,编译.北京:知识产权出版社,2014:100
[10][17]卢海燕.国外图书馆法律选编[M].国家图书馆立法服务部,编译.北京:知识产权出版社,2014:536.
[12]卢海燕.国外图书馆法律选编[M].国家图书馆立法服务部,编译.北京:知识产权出版社,2014:234.
[13] 韩永进.典籍传承智慧 文明守望未来——写在"中华古籍保护计划"实施十周年之际[EB/OL].[2017-11-10].http://epaper.ccdy.cn:8888/html/2017-05/22/content_203687.htm.
[14][27]卢海燕.国外图书馆法律选编[M].国家图书馆立法服务部,编译.北京:知识产权出版社,2014:360.
[15]卢海燕.国外图书馆法律选编[M].国家图书馆立法服务部,编译.北京:知识产权出版社,2014:358.
[16]卢海燕.国外图书馆法律选编[M].国家图书馆立法服务部,编译.北京:知识产权出版社,2014:210.
[18][20]卢海燕.国外图书馆法律选编[M].国家图书馆立法服务部,编译.北京:知识产权出版社,2014:9.
[19]卢海燕.国外图书馆法律选编[M].国家图书馆立法服务部,编译.北京:知识产权出版社,2014:161.
[21][25]卢海燕.国外图书馆法律选编[M].国家图书馆立法服务部,编译.北京:知识产权出版社,2014:213.
[22]李致忠.中国国家图书馆史:1909—2009[M].北京:国家图书馆出版社,2009:20.
[23]李致忠.中国国家图书馆史:1909—2009[M].北京:国家图书馆出版社,2009:74-75.
[26]卢海燕.国外图书馆法律选编[M].国家图书馆立法服务部,编译.北京:知识产权出版社,2014:58.
[28]卢海燕.国外图书馆法律选编[M].国家图书馆立法服务部,编译.北京:知识产权出版社,2014:211.
[29]国家图书馆.国家图书馆年鉴2017[M].北京:国家图书馆出版社,2017:17.

（原载于《国家图书馆学刊》2017年第6期）

国家图书馆一期馆舍建筑设计之路

胡建平

国家图书馆一期馆舍是我国20世纪70、80年代的一项重要工程，该项工程的建筑设计工作共历时13年。2017年是国家图书馆一期馆舍（当时称北京图书馆扩建工程）建成三十周年。该建筑曾获得建筑工程鲁班奖、全国优秀工程设计金质奖、国家优质工程银质奖（金奖空缺），在1989年"北京八十年代十大建筑"评选中，位列榜首。30年来，国家图书馆一期馆舍以其鲜明的民族风格深受广大读者喜爱。作为20世纪优秀的建筑遗产，它的建设曾凝聚了杨廷宝、张镈、戴念慈、吴良镛、黄远强、杨芸、黄克武、翟宗璠等为代表的诸多建筑前辈的智慧。笔者经查阅相关资料和历史档案、采访当事人，基本厘清了该工程的设计经过以及主要参与者的工作内容。

1 筹划扩建新馆

新中国成立后，为改善办馆条件，北京图书馆（现更名为国家图书馆）曾多次提出扩建馆舍的计划。1956年4月19日，文化部向国务院上报《北京图书馆增建书库基地问题的报告》。报告提出，征用文津街馆舍相邻的北京市产科医院等地皮作为北京图书馆长远规划的建筑基地。4月24日，在国务院秘书厅《关于北京图书馆增建书库建筑基地问题的答复》中，习仲勋秘书长批示："原则同意。另请文化部考虑，是否所有书库都设在一起。北京图书馆位在市中心区，为长久计，似可分设书库或分馆，以保安全"[1]。该计划未得以实施。1963年12月，文化部党组向中央报送了《关于北京图书馆修建新馆舍的请示报告》，1964年1月9日，中宣部部长办公会就北京图书馆新馆的建设规模、期限、投资及选址问题进行了研究。同年3月2日，中央批准北京图书馆建设新馆，并指示"目前可以先选定地址，进行设计，何时开工待研究长期计划和北京市规划再定"。4月22日，根据文化部指示，北京图书馆成立了基建办公室，开展新馆建设的调研、选址等相关工作。计划建设的新馆总面积14万平方米，藏书2000万册，职工1500人。关于建设的选址，选择了两个地段。一是人民大会堂以西的地段；二是景山公园以东的地段。建设期限争取在1966年正式施工，计划用3年完成，1969年新中国成立20周年以前投入使用。但此计划由于1966年"文化大革命"开始而被迫搁置[2]。

1972年，鉴于书库空间严重不足，藏书日益增加无处可藏等情况，北京图书馆向国博口领导小组以及国务院报送了《北京图书馆关于扩建书库的请示报告》。报告提出在文津街馆舍内进行扩建的计划，建筑面积27400平方米。1973年2月，国务院批准北京图书馆进行扩建，并要求抓紧地质勘探和设计工作。1973 年 7 月 12 日,扩建方案报送时任北京市委书记万里同志审阅。万里认为文津馆舍地方太小,扩建后塞得太满,建筑密度太大,并对方案谈了一些具体意见。北京图书馆按照万里等同志的意见对设计方案做了调整。10 月 29 日,周恩来总理审阅了扩建方案模型。指示:“只盖一栋房子不能一劳永逸,这个地方不动了,保持原样,不如到城外另找地方盖,可以一劳永逸。”[3]1974 年初,国家基本建设委员会谷牧主任主持召开会议。会议决定由国家建委向党中央、国务院提出北京图书馆新馆建设的基本方案。经多方研究论证并报周总理等中央领导同意,项目选址在白石桥紫竹院公园东北侧;建设规模为馆舍藏书 2000 万册,阅览座位 3000 个,建筑面积 16 万平方米(含家属宿舍 2 万平方米)。

2 广泛征集北京图书馆扩建工程设计方案

北京图书馆扩建工程是继 1959 年人民大会堂之后,我国兴建的规模最大的公共建筑,也是当时全国规模最大的一次建筑创作活动。为做好方案设计工作,1975 年 4 月,在时任国务院副总理兼国家建委主任谷牧同志的建议下,由国家建委和国家文物局组织召集国家建委建筑科学研究院、陕西省第一建筑设计院、北京市建筑设计院、上海市民用建筑设计院、广东省建筑设计院 5 家设计单位;清华大学、同济大学、天津大学、南京工学院、哈尔滨建筑工程学院 5 所院校以及其他有关单位在北京召开北京图书馆扩建工程方案设计预备会议。杨廷宝、张镈、林乐义、吴良镛等建筑师参加了预备会。根据杨廷宝先生的杂记(1975 年 2 月 28 日—7 月 20 日),这次会议从 4 月 21 日晚上开始,一直到 4 月 29 日才结束。会议期间,参会代表认真学习了周总理有关北京图书馆扩建工程“一劳永逸”的讲话精神,研究了北京图书馆扩建工程的建筑风格、建筑标准,机械化程度等问题;参观了北京图书馆北海馆舍、北京大学图书馆、北京饭店等地。会议要求各单位在月底前拿出一两个较好的方案供下一次设计工作会议讨论。

预备会议结束后,承担方案设计的 10 家单位十分重视这项工作,纷纷召开动员大会传达预备会议精神,并号召全员参与方案设计工作。有的单位派员来北京图书馆参观、考察、座谈,有的单位通过参观各类大型建筑汲取经验。1975 年 7 月底,10 家单位共提出 114 个方案。方案形成后,有的单位专程来馆介绍方案和征求意见。北京图书馆也派人前往各地了解方案情况并交换意见。8 月,各单位又对原方案进行了修改和综合[4]。

1975 年 9 月 5 日,北京图书馆扩建工程方案设计第一次设计工作会议在日坛路全国总工会招待所举行。逾百人参加了这次会议(表 1)[5]。会议由国家建委副主任宋养初同志主持。他在会上说,新中国成立以来,国家从没有花费这样长的时间,投入这么大的力量来集中讨论一个建筑项目。即使是讨论人民大会堂的方案设计时,参加的单位范围也没有这么广泛。他要求各单位在会上充分介绍经过认真思考后形成的方案。要把方案的设计创作过程讲出来,曾经有过什么设想,又推翻了哪些设想,最后怎么形成的,有哪些特点,都要充分讲出来。他还要求,充分介绍之后要对方案进行充分的讨论。参会代表要以对国家、人民高度负责的态度,对每个方案发表自己的意见[6]。他还请与会的老专家谈谈看法。杨廷宝拿出了一张草图，介绍了他对北京图书馆扩建工程方案的设想（该方案在南京工学院讨论时，未被采纳）。宋养初认为想法很好，请杨老画出来，供大会讨论。根据会议安排，9 月 6—10 日，每天上午由各家单位介绍方案，下午分成若干小组讨论方案。承担方案设计的 10 家单位共提出了 28 个方案供大会讨论。杨廷宝细化后的方案被列为第 29 号方案。10 日上午，他向大会详细介绍了如何运用传统的民族建筑形式来构思方案设计的过程和设想。据吴良镛回忆①，杨廷宝当时提出北京图书馆作为国家图书馆，要有传统建筑艺术的风格和气派。他力崇西安大明宫含元殿的气魄。图 1—3[7] 是杨廷宝先生绘制的 3 张草图。国家图书馆留有 3 张草图的复印件，并将其作为第 29 号方案存档。清华大学王贵祥回忆②，第 29 号方案并非如此。3 张草图中，图 1 标注日期为 1975 年 7 月 13 日；图 2、3 没有时间落款，是否是会议期间所画有待考证。

表 1　北京图书馆扩建工程第一次方案设计工作会议部分参会代表名单

参会设计单位	部分代表名单
国家建委建筑科学研究院	蒋利郎、罗仁熊、林乐义、杨芸、李培林
北京市建筑设计院	张镈、成德兰、田万新、刘永梁、潘辛生
陕西省第一建筑设计院	洪青、刘绍周、黄克武、梁应添、柯志德、潘丽娟、应高飞、王觉
上海市民用建筑设计院	陈植、李昌达、张皆正、李学熙、陈芝萍、张鸿英
广东省建筑设计院	黄远强、郑振紘、方培雄、郭怡昌、叶子贤
清华大学	吴良镛、李道增、徐伯安、徐键、李群、王贵祥
天津大学	胡德瑞、徐中、方咸孚、于维良、王淑纯、王乃香
同济大学	傅信祁、吴景祥、喻维国、张耀曾
南京工学院	杨廷宝、成竞志、潘谷西、黄伟康、奚树祥、王文卿
哈尔滨建筑工程学院	满际明、常怀生、张之凡、刘志和、张跃曾、李行、吴玉敏

此次会议从建筑的总体环境、平面布局、建筑造型、结构形式、建筑设备等各方面对 29 个方案的优缺点进行了分析总结。决定按 6 种基本类型，由相关单位联合组成 6 个工作小组，进行第二轮方案设计。陕西省第一建筑设计院、天津大学、南京工学院进行“不对称方案”的设计；上海市民用建筑设计院、同济大学进行“对称书库居后方案”的设计；北京市建筑设计院、哈尔滨建筑工程学院进行“对称书库居前方案”的设计；国家建委建筑科学研究院、清华大学进行“对称书库居中方案”的设计；国家建委建筑科学研究院进行“高层方案”的设计；由南京工学院杨廷宝、北京市建筑设计院张镈、国家建委建筑科学研究院戴念慈、清华大学吴良镛、广东省建筑设计院黄远强组成五人小组（以下称“五人小组”）进行“民族形式较浓方案”的设计（该方案在业内被称为“五老方案”）。会议结束后，北京图书馆扩建工程方案设计展览于 1975 年 10 月 13—25 日在西郊百万庄建筑工业展览馆举行。谷牧、万里等领导同志以及近万人观看了展览。

---

① 采访时间：2015 年 5 月 8 日，采访地点：国家图书馆一期馆舍。

② 采访时间：2017 年 9 月 6 日，采访地点：国家图书馆综合服务楼。

图 1　杨廷宝 1975 年绘制的鸟瞰图

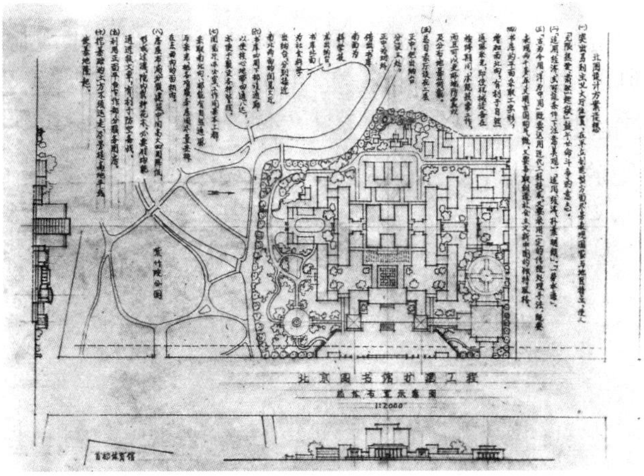

图 2　杨廷宝绘总体布置示意图

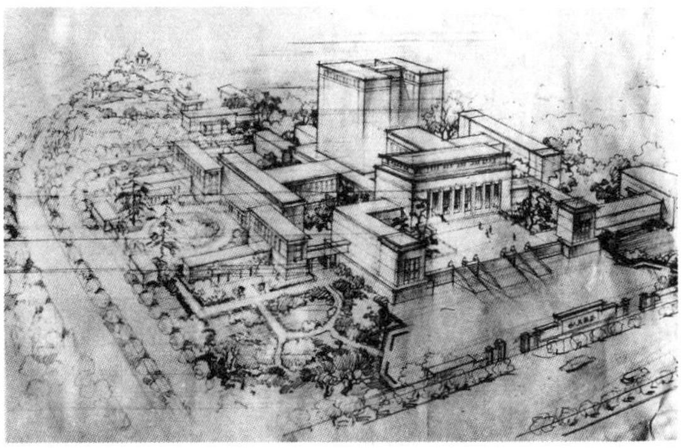

图 3　杨廷宝绘制的另一张鸟瞰图

按要求,“五人小组”自 1975 年 10 月开始在国家建委招待所进行“民族形式较浓方案”设计。王贵祥回忆,他当时作为清华大学即将毕业的学生参与了国家建委建筑科学研究院与清华大学组成的“对称书库居中方案”设计组的相关工作。该组由国家建委建筑科学研究院杨芸牵头。他所在的小组与“五人小组”相邻办公。设计期间两个小组还一同前往承德避暑山庄进行实地调研。经过 3 个月的创作设计,6 个不同类型的设计小组完成了 9 个方案。上述方案在

1975 年 12 月 22—29 日召开的北京图书馆扩建工程方案设计第二次设计工作会议上进行了集中讨论。60 余位参会代表出席了会议。会后，经国家建委指定由“对称书库居中方案”“对称书库居后方案”“民族形式较浓方案”3 个设计小组继续对方案进行修改和完善。1976 年 1 月 23 日—2 月 10 日，此次会议上提出的 9 个方案在北京图书馆展览厅公开进行展示。

1976 年 4 月 16—19 日，国家建委、国家文物局召开了“北图工程方案设计汇报会”，听取了 3 个设计小组的方案汇报(图 4、5[8]、图 6[9]、图 7—10[10])。从“五老方案”和国家建委建筑科学研究院、清华大学联合设计的“对称书库居中方案”可看出，经过 3 轮的比选，两个方案的平面布局已基本趋同，均采用了书库在中间，阅览在四周；底层为业务采编用房、2—4 层为阅览、高层为书库的布局形式。在建筑群的组合上，两个方案都广泛运用“口”字形与“日”字形布局形成内部庭院营造馆园结合的书院气息。稍有不同的是，“五老方案”将部分阅览室空间探入内部庭院，增添了阅读的舒适性和趣味性；“对称书库居中方案”在建筑群西侧采用“U”形布置形成半围合空间，该手法更加关注与紧邻的紫竹院公园的空间对话。这次会议决定 3 个方案稍加修改后上报国务院。该轮方案也曾举办展览。时任国家文物局局长王冶秋、副局长彭则放，北京市委书记郑天翔等同志观看了展览。三人都赞扬“五人小组”设计的“民族形式较浓方案”[11]。此次会议结束后，“五老方案”“对称书库居中方案”“对称书库居后方案”分别被列为第一、第二、第三方案。

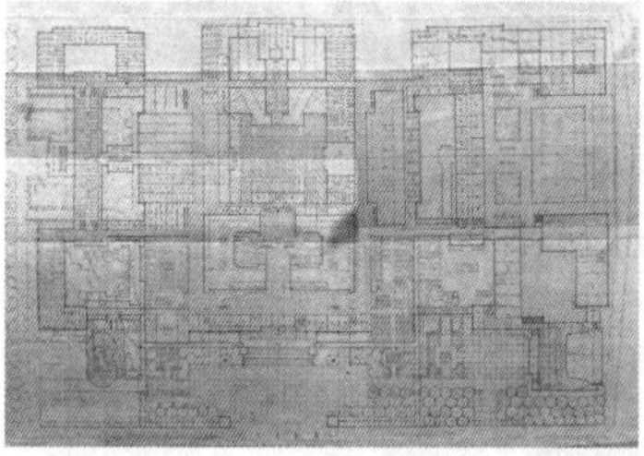

图 4 “五老方案”二层平面图

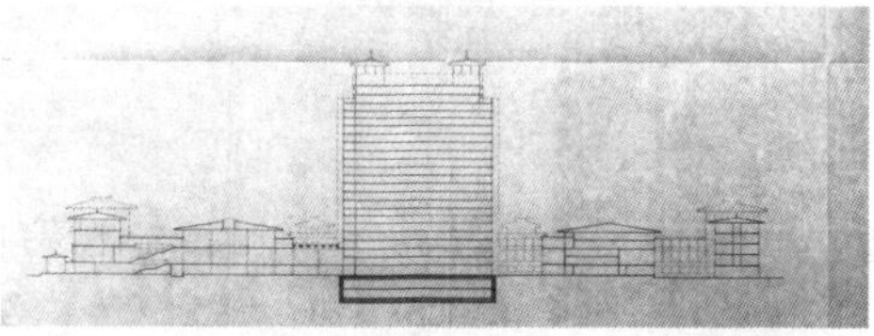

图 5 “五老方案”南北剖面图

图 6 “五老方案”效果图(吴良镛、傅熹年、华宜玉 1976 年绘水彩画)

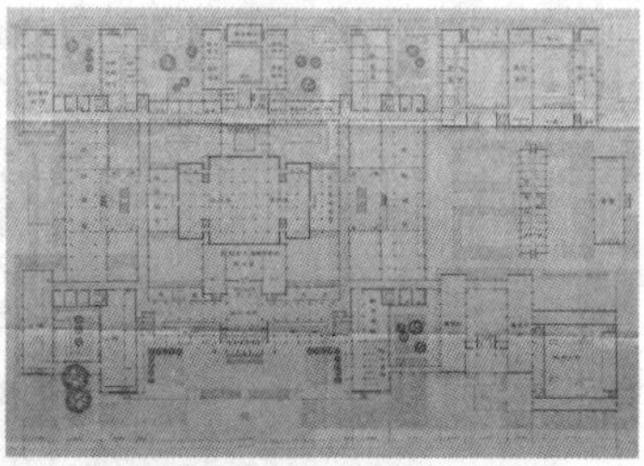

图 7 国家建委建筑科学研究院、清华大学方案二层平面图

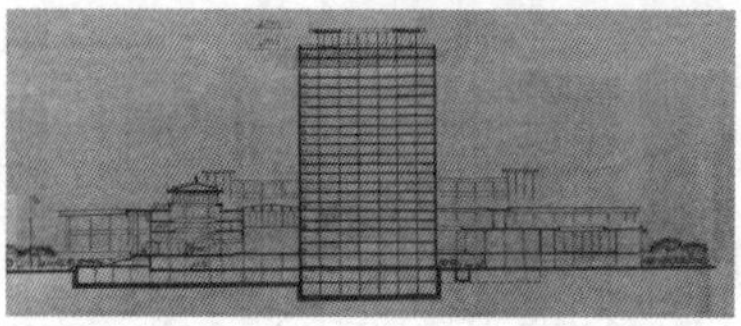

图 8 国家建委建筑科学研究院、清华大学方案南北剖面图

图 9 国家建委建筑科学研究院、清华大学方案东南视角

1976 年 5 月 25 日，国家文物事业管理局向国务院报送了《关于送审北京图书馆扩建工程方案设计的报告》。报告认为“五人小组”的方案更为突出。该方案具有平面局部功能分区明确，适应图书馆多方面要求；主要读者活动场所设在一层，交通流畅，使用方便；报纸库合理利用了书库阴影区，设计布置方便；部分屋顶选用釉面板瓦小坡顶，利于排水隔热、维修管理，在体现民族风格上又有所创新的特点。报告建议从适用的角度研究，倾向于采用“五人小组”的方案。报告还建议最终方案在该方案基础上，吸取其他两个方案的优点加以修改完善。1976 年 5 月 28 日，谷牧同志批复同意报告中提出的以第一方案为基础，吸取第二、三方案的优点并加以修改的做法。至此，北京图书馆方案征集工作告一段落。

3 设计方案修改并确认

由于受到“文化大革命”以及唐山大地震的影响，国家财政较为困难。北京图书馆扩建工程后续工作受到影响，设计方案修改工作往后推迟。1978 年 2 月，由国家建委建筑科学研究院和中国建筑西北设计院组成修改设计方案班子对“五人小组”方案进行调整优化。该项工作由前期负责“对称书库居中方案”的杨芸牵头。1978 年 8 月 3 日，国家文物事业管理局向国务院报送修改后的方案。报送的方案以同一建筑平面做出了两个立面造型（图 11—14）[12]。该方案在“五人小组”设计的“民族形式较浓方案”基础上又有了新的调整。主要体现在两个方面：一是原方案中建筑群西侧的“口”字形、“日”字形布局形式多数改用“U”形布置。二是室内空间在原有东门厅的基础上，增加了几个活动空间，进一步丰富了室内空间序列。1978 年 9 月 21 日，宋养初同志传达了李先念等中央领导同志对方案的意见。从 1978 年 10 月袁镜身同志写给谷牧副总理的信中可以了解到，国务院领导同志就 8 月报送的北京图书馆扩建工程设计方案主要提了两点意见。一是建筑群东侧的高度可再高一些，二是书库的造型比较单调、笨重。10 月中下旬，修改后的方案送国务院复审（图 15）[13]。11 月中旬，中央领导同志审阅并同意了该方案。至此北京图书馆扩建工程设计方案基本确定。经过这次调整，书库改为“工”字形体型，整个方案更趋轻盈。颇有趣味的是，这与杨廷宝早年绘制的草图（图 3）所采用的书库形式完全一致。

图 10　上海市民用建筑设计院、同济大学方案东立面

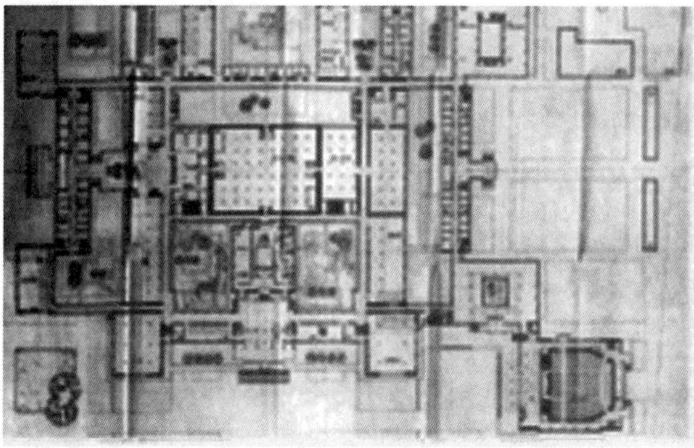

图12　综合方案立面方案1

图11　综合方案二层平面图

图13　综合方案立面方案2

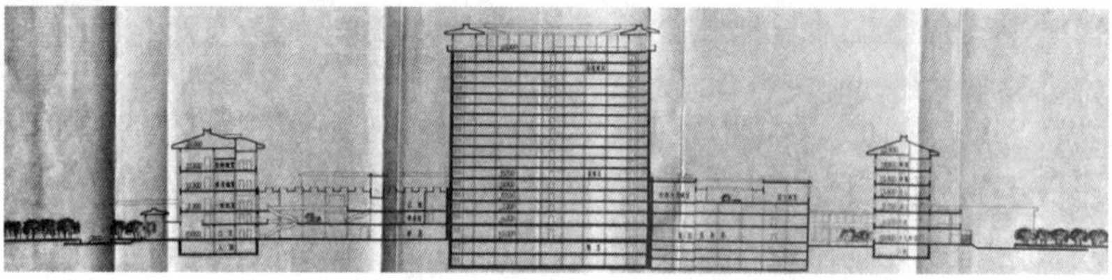

图 14　综合方案南北向剖面图

图 15　国务院批复同意方案

4　北京图书馆扩建工程初步设计及施工图设计工作

北京图书馆扩建工程初步设计及施工图设计工作由国家建委建筑科学研究院和中国建筑西北设计院共同承担。两家单位为该项目配备了强有力的设计团队。其中,杨芸、黄克武、陈世民、王觉等人参加了方案设计阶段的工作。1979 年 5 月 14 日,初步设计工作正式开始。设计团队在北京图书馆进行现场设计。在设计过程中,设计人员深入现场,调查研究。“五人小组”成员之一戴念慈也多次到现场与设计人员一起研究和工作[14]。他的加入有助于参设人员更好地理解方案设计意图。据沈三凌回忆①,当年她绘制东立面的施工图时,专门请戴念慈提

① 采访时间:2017 年 6 月 26 日,采访地点:国家图书馆综合服务楼。

意见。由于图纸很长，戴老站在凳子上看全貌。他提出在建筑两端突出部分增加两道垂脊以收敛向外延展的屋面。经过大家的努力，1979 年 11 月 23 日，初步设计工作全部完成。为顺利推进施工图阶段的工作，两家设计单位进行了分工。国家建委建筑科学研究院承担 A、B、C、D 四个子项及总图部分。建筑面积约 82000 平方米。中国建筑西北设计院承担 E、F、G、H、J、K、L、M、N 九个子项及电气总体部分。建筑面积约 59000 平方米。1983 年 6 月，两家单位完成了施工图设计工作，设计图纸近 3000 张（图 16、17[15]）。据设计主持人黄克武介绍，共有 150 多位设计师投入该阶段的工作[16]。时任建设部副部长的戴念慈在施工图阶段曾主持召开会议，专门研究解决影响开工的设计问题。从完成的图纸分析，北京图书馆扩建工程平面布局在初步设计阶段已经定稿。与前阶段的综合方案相比，整体布局更加紧凑，内部交通组织更加简洁。进入施工图阶段后，国家建委建筑科学研究院和中国建筑西北设计院在室内设计方面做了大量细致的工作。中国建筑设计院有限公司（前身为国家建委建筑科学研究院）原顾问总建筑师饶良修当年负责室内装饰设计工作①。据他介绍，国家图书馆一期馆舍公共空间的重要灯具都是他根据现场情况设计的。为了化繁为简，他采用了组合式灯具设计，也就是设计出一个单元组件，通过拼插组合成多种样式。一期馆舍文津厅的满天星灯、公共走廊的球形网格灯和壁灯、室外的盘格灯都采用了这种形式，由一个球形灯泡和一个直杆组合而成。这些灯具都由他画出工艺结构图，并联系工厂生产监制。

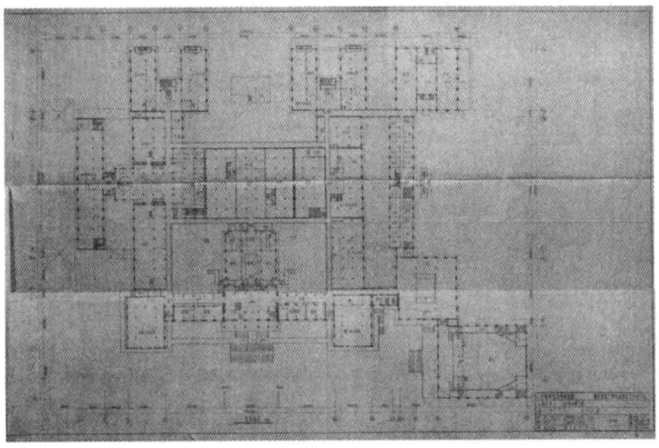

图 16　初步设计二层平面图

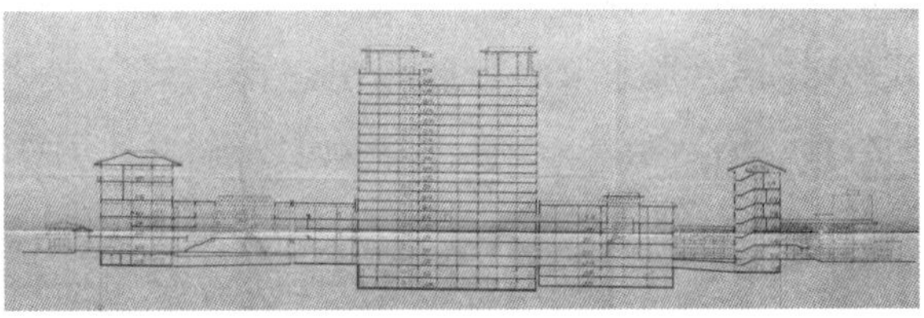

图 17　初步设计南北向剖面图

1983 年 9 月 23 日，北京图书馆扩建工程举行奠基仪式。施工期间，两家单位还分别选派技术骨干到现场配合施工。在长达 5 年的施工过程中，设计单位配合施工单位及时协调解决相关问题，还协助北京图书馆进行传送、防灾系统及空调、冷冻、电气等项设备引进方面的技术谈判和询价工作。据统计，施工阶段修改的图纸近 1000 张，办理设计变更和工程洽商 1000 余份。1987 年 10 月 15 日，工程竣工并面向读者开放。据中国建筑设计院有限公司总工程师任庆英回忆②，他当年刚参加工作不久，便被单位派到本项目工地解决施工现场问题。在李培林、吴学敏等老前辈的指导下，他画了不少结构变更图纸。时年 91 岁高龄的翟宗璠先生在谈到当

① 采访时间：2015 年 6 月 29 日，采访地点：饶良修先生办公室。

② 采访时间：2016 年 10 月 19 日，采访地点：任庆英先生办公室。

年的设计时说[①],建筑屋面的筒瓦和底瓦是连在一起合成一个构件烧制的。细部施工做法取消了厚重的泥背,利用挂瓦条进行铺装。琉璃瓦也未采用传统颜色而改用了孔雀蓝,为了研配和烧制出让人满意的颜色,她曾几次到宜兴工厂出主意、看样板。据时年96岁高龄的黄克武先生回忆[②],国家图书馆一期馆舍建设时,国内各种建材较为单一,为提升建筑的品质,他曾多次赴国外考察。瑞士的防灾系统、英国用于结构楼板体系的塑料模壳工艺、日本的铝合金门窗、美国的块状地毯等建筑材料都被引进并运用到本项目中。

5 北京图书馆扩建工程设计方案形成和发展的关键人物

综上所述,北京图书馆扩建工程设计工作采用了选定单位做方案,通过会议讨论和评比,再指定单位按照不同类型发展方案,最后集中力量对最终方案进行综合。这种组织形式是特定历史条件下的产物。从北京图书馆扩建工程设计工作开展的整个过程可以看出,每一次方案设计都是在总结前一次方案的基础上完成的,最终的方案是互相学习、取长补短的结果。因此,北京图书馆扩建工程的设计方案是集体创造的成果,共同劳动的结晶。其中,杨廷宝、张镈、戴念慈、吴良镛、黄远强、杨芸、黄克武、翟宗璠8位建筑师在方案的形成、演变、定稿、落实等不同阶段分别做出了重要贡献。征集方案之始的1975年,建筑行业历经了多次"运动"和"主义",建筑师对采用哪种建筑式样进行设计左右为难,是杨廷宝先生旗帜鲜明地提出北京图书馆扩建工程应采用民族风格,并勾勒出了与最终实施方案布局基本吻合的鸟瞰图。由杨廷宝、张镈、戴念慈、吴良镛、黄远强组成的"五人小组",自1975年10月开始对"民族形式较浓方案"做进一步的研究深化,直到1976年4月形成终稿上报国务院。获得通过的这稿方案与最终实施的方案十分接近。可以说,"五人小组"对方案的形成与演变起了无可替代的作用。其后,国家建委建筑科学研究院的杨芸先生作为"对称书库居中方案"设计小组以及"修改班子"的牵头人参与了方案综合工作,还作为该院北京图书馆项目的设计负责人承担了后续的设计工作。中国建筑西北设计院的黄克武先生从1975年便开始参与方案设计,并作为该院北京图书馆项目的设计负责人一直服务到1987年工程竣工。国家建委建筑科学研究院的翟宗璠先生是国内著名的女建筑师,她从1979年开始介入初步设计阶段的工作。在杨芸离开团队后,由她主持该项目直到工程完成。可以说,杨芸、黄克武、翟宗璠3位先生对方案的确定与落实,特别是室内空间的形成和定稿发挥了重要作用。

6 北京图书馆扩建工程方案特点

根据北京图书馆扩建工程的最终方案,扩建后的北京图书馆由13个建筑单体组成,建

---

① 采访时间:2015年6月30日,地点:翟宗璠先生北京住所。

② 采访时间:2016年6月20日,地点:黄克武先生上海住所。

筑面积14万平方米，可容藏书2000万册，拥有3000个阅览座位。设计方案采用对称严谨、高低错落、馆园结合的布局。墙面采用淡乳白泛蓝色小块面砖、花岗石勒脚基座、白色粒状大理石薄抹窗套和线脚装修。屋顶采用简洁平直的汉阙形式，覆盖孔雀蓝色的琉璃瓦。门窗采用古铜色铝合金框和茶色玻璃。该立面方案外观考究、用色独到，建筑形式、尺度、比例均经过仔细推敲，具有鲜明的民族特色和时代特征。在院落规划方面，方案保留了基地东南角两棵已达400多年树龄的珍贵银杏树，并利用用地紧邻紫竹院公园的条件，运用水池、叠台、花木、瘦石等手法突出“馆中有园，园中有馆”的环境主题。室内空间通过三横两纵五条轴线组织交通流线，并链接起5处大小不一、趣味各异的公共空间，围合出7个不同主题的内部庭院。而室内装修则以红（地面）、白（墙面和吊顶）两种颜色作为主要基调，并运用少量传统材料，比如汉白玉、紫砂陶板、青白石加以烘托，构建了明快淡雅、安静舒适的阅读环境[17]。

图18 国家图书馆白石桥一期馆舍东南视角

图19－1 文津厅

图19－2 紫竹厅

图19－3 贵宾厅

图19－4 阅览室

图19 室内空间

1987年7月，北京图书馆扩建工程竣工在即。项目设计负责人杨芸先生从建筑美学、民族化风格、现代化功能等方面向记者扼要介绍了北京图书馆扩建工程的设计意图。他谈到这是一次创造具有中国风格的图书馆建筑的尝试。在建筑风格的传统继承方面，虽未采用东京代代木体育馆那样的"神似"表现手法，但方案仍从汉魏画像石、石窟浮雕中取法，使屋顶线条粗放、简洁有力更趋现代。内部空间的设计不搞烦琐豪华的装修，而着重于改善阅览及工作条件，探讨完整的空间处理[18]①。

2014年，国家图书馆白石桥一期馆舍经过近4年的施工，完成了一次全面改造。考虑到设计的连贯性，国家图书馆将设计任务委托给中国建筑设计院有限公司，并邀请该院总建筑师崔愷院士担任设计负责人。崔愷带着对前辈的敬意，在原有空间结构体系，色彩、比例关系基本不变的原则下完成了这次极富挑战性的改造任务。2017年10月12日，张锦秋院士在国家图书馆南区（一期馆舍）建成30周年座谈会上指出，国家图书馆一期馆舍是中国建筑师探索现代建筑与民族传统相融合的典范之作。在改造过程中仍保持文脉，着意创新，为突出首都城市文化的中国特色提供了成功经验，做出了杰出贡献。如今，改造完成后的一期馆舍已经重新对外开放，她将以更加自信的姿态迎接下一个30年。

参考文献

[1]国家图书馆档案[Z]. 档案卷号1956－&206－012－1－001.

[2]李致忠. 中国国家图书馆馆史[M]. 北京：国家图书馆出版社，2009.

[3][5][14]李家荣，朱南，李以娣，等. 北京图书馆新馆建设资料选编[M]. 北京：书目文献出版社，1992.

[4]国家图书馆档案[Z]. 档案卷号3－1989－1－0001－003.

[6]国家图书馆档案[Z]. 档案卷号3－1989－1－0001－002.

[7]国家图书馆档案[Z]. 档案卷号3－1989－1－0017－003.

[8][10]国家图书馆档案[Z]. 档案卷号3－1989－1－0024－001.

[9]图书编辑部. 建筑画选[M]. 北京：中国建筑工业出版社，1979.

[11]张镈. 我的建筑创作道路[M]. 北京：中国建筑工业出版社，1994.

[12－13]国家图书馆档案[G]. 档案卷号3－1989－1－0026－001.

[15]国家图书馆档案[G]. 档案卷号3－1979－1－0027－008.

[16]毛泽英，邵智玲. "东方泱泱大国的气度"——访北京图书馆设计方案总负责人黄克武[N]. 北京日报，1987－09－04.

[17]胡建平，陈明颖. 图书馆旧馆改造探索——以国家图书馆一期维修改造工程为例[J]. 国家图书馆学刊，2015(2)：49－54.

[18]李彤. 话说"书城"——访北京图书馆新馆总建筑师扬芸[N]. 人民日报，1987－07－04(8).

（原载于《建筑学报》2017年第12期）

① 此处参考文献用"扬芸"，文章中用"杨芸"。据他的同事讲，他在单位一般都用"杨芸"。两种用法，生前都用过，他本人都不反对。且在他发表的文章中，两种也都出现过。

国外公共图书馆理事会制度对我国的启示研究述评

吴　凯

理事会制度是公共图书馆法人治理结构的核心。《关于深入推进公共文化机构法人治理结构改革的实施方案》明确要求公共图书馆等公益性文化事业单位建立以理事会为主要形式的法人治理结构。《中华人民共和国公共图书馆法》第二十三条“国家推动公共图书馆建立健全法人治理结构,吸收有关方面代表、专业人士和社会公众参与管理”,就我国公共图书馆管理体制改革提供了指导意见。最早的图书馆理事会制度始于1848年的美国波士顿公共图书馆,从国外百余年来的实践经验来看,建立理事会制度是最能够“吸引有关方面代表、专业人士和社会公众参与管理”的法人治理结构。而国内公共图书馆理事会制度的试点才刚刚起步,以副省级以上公共图书馆为例,截止到2017年10月,我国47个省级和副省级公共图书馆中,仍有四成以上的图书馆未建立理事会。已建立理事会的图书馆普遍存在运行效果欠佳、实际作用有限等问题,仍需进一步借鉴国外公共图书馆理事会制度设计和运行实践中的有益经验,探索出既符合我国公共图书馆事业发展需要,又具备管办分离、精干高效、规范合理等特色的理事会多元治理运行机制。

近年来,国内学术界已就该议题进行了相关研究,一是关于国外公共图书馆理事会制度设计的研究,着重介绍国外公共图书馆理事会的立法依据、职能定位、组织框架、议事程序,理事会成员的任免与构成、责任与义务等;二是关于国外公共图书馆理事会制度的运行实际与履职情况研究,从理事会对外发布的理事会章程、理事名单、理事会议的召开频次与会议纪要等内容入手评价其实际运行效果;三是关于中外公共图书馆理事会制度设计与运行特点的比较分析;四是关于国外公共图书馆理事会制度治理经验的归纳总结及其对国内的启示研究。本文将重点梳理有关国外公共图书馆理事会制度对我国的启示研究类文献,从制度认识、法律保障和设计运行等层面展开分析,以期对国内公共图书馆理事会制度设计和运行实践产生一定的借鉴作用。为全面收集有关国外公共图书馆理事会制度对我国的启示研究类文献,笔者利用中国知网(CNKI)网络期刊总库、优秀硕士博士学位论文库、中国重要会议论文全文数据库和中国重要报纸全文数据库作为文献源,以“图书馆”并含“理事会”或者“理事”或者“法人”或者“治理”或者“启示”等关键词的组配为主题检索词,在获取全文的过程中,通过浏览题名、摘要、关键词、正文和引文信息对检索结果进行筛选,最终获得中文研究文献共计30篇(截至2017年11月30日)。

1 制度认识

部分文献重点研究了国外公共图书馆理事会制度的起源、成因、演变与发展，从历史溯源角度分析了政府、图书馆、社会力量等利益相关方在公共图书馆理事会制度的创立与发展过程中观念的演化与角色的转变，可大体归纳为如下几点启示。

1.1 立足于我国现实需要

刘晓玲[1]认为对国外公共图书馆理事会制度的借鉴应回归到改革的初心，不能简单照搬国外模式，要立足我国现实，确保制度理论的科学性和实践的可操作性。蒋永福[2]归纳了图书馆理事会制度在西方国家运行成功的首要原因便是牢固的观念传统。他认为理事会制度兼具民主精神和民意基础的特点迎合了国外民众摆脱政府直接行政控制的观念取向，是被普遍接受和认可的管理决策模式，而这一点与我国现实情况并不相符。胡海荣[3]认为美国公共图书馆理事会制度与美国国情相适应且具有自身历史传统，对我国公共图书馆而言，理事会制度的设立要以发挥公益属性和社会效益为最终目的，分析其特点，结合其优势，坚持循序渐进原则，从易到难，逐步改革试点理事会制度。杨曈[4]通过中美图书馆理事会制度比较研究认为我国图书馆应根据国情，结合各地的具体情况，设置有特色的图书馆理事会制度。

1.2 明确相关方的职责

许蕴茹[5]参考波士顿市政府对图书馆的管理模式，建议理事会处理好与政府和图书馆的关系。关于政府方面，作者认为政府的职能转变与角色定位是理事会制度设立的关键，建议在政府与图书馆之间设立理事会管理机构。关于图书馆方面，作者认为当前我国公共图书馆“行政化”思想过重，一方面要转变观念认可理事会的价值，另一方面要积极在理事会机制下提升图书馆服务的水平与质量。曲蕴和马春[6]认为要认清理事会制度下，政府与理事会之间是一种以政策和法律为纽带的契约关系，并非纯粹的领导与被领导关系。其还建议理事会要与图书馆执行层明确划分权责，各司其职。孙慧明[7]分析了新加坡国家图书馆管理局特殊的法人治理及其理事会，认为理事会存在的必要性是基于如何界定我国各地公共图书馆事业主管单位和图书馆之间的关系的。路阳和张雪峰[8]以埃及亚历山大图书馆为例，建议借鉴该馆的管理模式，由政府授予理事会、馆长和监事会相应的决策权、执行权和监督权，实现图书馆的有效管理。

1.3 重视社会力量的参与

马玲[9]认为图书馆理事会的成长离不开良好的社会环境和坚实的民意基础，政府有责任强化公民的图书馆意识，提高对图书馆的认知度与支持度。如新加坡社会对普遍实行法人治理机制的公共图书馆热情度较高，从人才、技术、资金等方面给予支持，美国联邦和地方政府则通过实施税收政策引导社会力量资助图书馆。王铮[10]介绍了美国早期城镇图书馆发展历程中个人、社团、协会等社会力量参与图书馆建设的情况，认为理事会制度设计要根植于具体的社会环境之中，广泛吸纳社会民间力量。杨曈[11]建议政府应加强社会宣传，普及图书馆相关的文化知识和公民享有的文化权利，使民众能主动参与到图书馆的管理之中。冯佳[12]以波士顿公共图书馆为例，认为该馆理事会的发展与社会力量的支持紧密相连，民间的捐助能有效发挥理事会相关委员会成员的才能，更能有效解除图书馆发展的后顾之忧。胡海荣[13]则重点介绍了美国公共图书馆基金会制度的成功经验，认为图书馆设立基金会是促进事业可持续发展的有力举措。

2 法律保障

部分文献从国外公共图书馆理事会制度的立法基础研究入手，介绍了有关国家公共图书馆理事会制度立法保障体系的组成内容、演变过程和本土化特征，并总结出以下若干启示。

2.1 加强图书馆立法建设

刁霄宇和高波[14]以美国犹他州图书馆法为例，认为该法内容全面、可操作性强且不断修订完善，建议我国借鉴其做法，建立以图书馆基本法及相关法律条款为核心，以地方图书馆法及行政法规为辅的图书馆法律法规体系，同时该法明确规定图书馆理事会是犹他州图书馆的管理机构，对理事会相关的条文规定十分细致。赵益民和普蕊[15]调研了美国、英国、法国、澳大利亚、日本和韩国图书馆理事会制度的政策法律保障体系，建议我国尽快制定图书馆专门法，将设立理事会制度明确写入法律并做详细的阐释。冯佳[16]分析了美国各州图书馆理事会制度有关的立法依据，该国从联邦到州建立起了一整套完善的法律体系，确保了理事会的行为有法可依，建议我国一方面积极倡导专门法的出台，另一方面从其他行业相关法中寻求完善理事会治理的依据。马玲[17]分析了英国和新加坡国家图书馆法定机构的性质，认为法定机构是图书馆进行法人治理的强力保障，建议通过立法赋予图书馆法定机构地位。

2.2 制定配套政策法规

赵益民[18]介绍了美国、印度、日本等国的图书馆管理模式，认为除图书馆专门法的必要保障之外，还应重视图书馆有关的规章制度的建设，如制定各级各类图书馆章程、行业规范、组织规程、治理准则等来指导并提升图书馆的管理水平。冯佳[19]介绍了美国新泽西州等图书馆理事会专门制定理事会操作规章的做法，认为精细化建章立制的图书馆管理理念为理事会相关工作的开展奠定了坚实的基础，值得我国图书馆理事会借鉴学习。刘晓莹和陈汝南[20]对比分析了中美两国地方性图书馆法规或行政规章的情况，建议我国应重视制度条款的可操作性，如细化理事会成员的构成，明确其责任与义务等。同时还建议我国已成立理事会但未出台理事会章程的图书馆,在有关部门和专家的指导下,尽快将制定图书馆理事会制度实施细则提上议程。叶旻[21]以美国马萨诸塞州为例,介绍其州图书馆理事会制度的法律保障,除州图书馆法外,州图书馆理事会还通过制定理事会法规来规范图书馆资源服务和项目标准,制定图书馆工作相关政策来调控和引导系统的运作和发展。

2.3 修订完善法律法规

杨家骆[22]分析了美国布鲁克林公共图书馆理事会立法保障体系,认为其图书馆立法高度重视立法实施效果的做法值得借鉴,建议根据图书馆事业的发展趋势和民众需求来及时调整立法。王铮[23]回顾了美国公共图书馆从19世纪中期出现后运行至今经历的立法层级不断提升、法律体系不断健全、法律效力不断扩大的历史过程,认为图书馆的法律规范需不断调整以满足图书馆的现实需要。杨琪[24]介绍了美国公共图书馆理事会在引入战略管理、科学制订战略发展规划方面的做法。以美国公共图书馆协会编制的《公共图书馆战略规划指南》为例,其从20世纪80年代开始至今已编制了6版,体现了图书馆战略规划的制订紧跟时代发展、不断调整完善并兼顾前瞻性和可行性的特征。冯佳[25]则以俄亥俄州图书馆理事会制度的发展为例,介绍其经历了170年的漫长历史,屡次变更并最终形成当下较为成熟的制度。

3 设计运行

部分文献侧重于研究国外公共图书馆理事会制度设计与运行实践,详细概述了国外公共图书馆理事会制度的职能定位、组织架构、议事规则、决策监督机制,理事的任免与构成、责任与义务、评估与培训,理事会制度下决策层、管理层与监督层之间的关系等内容,并得出几点启示。

3.1 明确理事会职能定位

赵益民[26]认为图书馆理事会制度的实施首先要解决的是理事会定位问题。目前国内已设立理事会的定位处于多样化状态,应进一步加强对理事会制度的认知,明确其定位。徐引篪、盛小平和黄颖[27]认为借鉴美国图书馆理事会管理经验,我国各种类型图书馆应该分别建立相适应的图书馆理事会,其职能定位是对图书馆进行管理和监督。张汝昊、魏凌煦和江向东[28]通过研究英国国家图书馆法人治理,建议在设定理事会的性质与相关权力时,确保其在整个图书馆运行和发展决策中占据主导地位。

3.2 合理设置理事会架构

蒋永福[29]认为合理设置理事会组织机构是理事会开展工作的基本组织保障,他以美国波士顿公共图书馆理事会为例,介绍了理事会执行委员会、咨询委员会和各类型专业委员会设置的模式。崔丽[30]以新加坡国家图书馆管理局良好运作的组织机构为例，介绍了其理事会设置编制委员会、财政委员会、国家图书馆咨询委员会、公共图书馆咨询委员会、创新及科技咨询委员会、国家档案馆咨询委员会等的经验做法。王晴[31]则介绍了国外图书馆理事会常务委员会和特殊委员会的组成模式，常务委员会负责图书馆日常事务的决策管理，特殊委员会根据特殊事务增设以应对突发事件。李大玲和杨琪[32]介绍了英国国家图书馆的组织架构，其通过设立建设项目委员会、薪酬委员会、审计委员会等机构来保障理事会的专业性和高效运作。

3.3 完善理事会人员结构

许蕴茹[33]通过分析美国公共图书馆理事会人员组建情况，建议理事会的组建遵循几个原则：一要广泛代表社会各阶层利益；二要有责任心，热衷于图书馆事业；三要按程序和标准选人。柴赟[34]介绍了南澳大利亚图书馆理事会理事人员组成来源广泛、决策科学合理、公益性和独立性强等特征，建议大力倡导奉献精神，吸引管理经验丰富、专业素养高的人才加入图书馆理事会。徐引篪、盛小平和黄颖[35]建议严把图书馆理事关，明确理事的人数、构成与个人素养，还应加强理事的继续教育培训和自我评价体系建设。冯佳[36]介绍了美国许多州通过发布“理事指南”来明确理事的职能定位，规范理事相关工作的做法，为图书馆理事队伍提升科学决策水平提供了参考。冯佳[37]还专门介绍了美国公共图书馆理事教育培训机制与内容，建议我国公共图书馆在推行理事会制度中，应高度重视理事的教育培训，加强区域间联动，博采众长，共同提升理事的能力与水平，从而实现图书馆的高效治理。

3.4 规范理事会议事流程

张汝昊、魏凌煦和江向东[38]认为理事会会议的有序进行重点在于规范议程设置。建议一要规范会议频次，二要规范会议准备程序和会议内容结构，从而提高会议的效率和质量。赵益民和普蕊[39]认为图书馆理事会制度应追求科学、民主的议事决策模式，可采取“会议商讨、投票决议”的形式，做好会前、会中和会后 3 个阶段的充足准备。蒋永福[40]建议理事会会议制度必须遵循平等协商、自由发言和程序民主原则。会议决议实行多数表决原则，会议形成的决议文件须由会议召集人签名生效。

3.5 健全理事会内外监督机制

杨家骆[41]认为理事会制度的实施应逐步建立和完善失误追究制定、绩效考核制度和信息公开制度，拓宽社会公众参与公共图书馆管理、运行和监督的渠道，构建内外结合的图书馆理事会监督机制。赵靖[42]介绍在美国公共图书馆中，理事会既是监督者也是被监督者，内外监督机制的构建将为我国公共图书馆理事会的稳定发展提供保障。马玲[43]以英国国家图书馆为例，介绍该馆理事会每 3 年与政府签订拨款协议，其中明确设定图书馆重要产出和考核评价标准。此外，每年还向议会递交财务报表、接受外部审计等，建议借鉴其经验，注重理事会绩效评价和内外监督体系的构建。路阳和张雪峰[44]介绍了亚历山大图书馆在财务审计、薪酬分配、人事制度等方面开展绩效评价与内外部监督的做法，建议我国公共图书馆理事会注重信息公开、财务审计、绩效考评和奖惩等方面的制度化建设,接受来自理事会、政府、社会等各方面的监督。

结合制度认识、法律保障和设计运行3个层面的研究主题分析,有关国外公共图书馆理事会制度对我国的启示研究类文献呈现出几大特征:一是从研究视角上,重视运用历史学、经济学、管理学、社会学多学科来透析国外理事会制度的历史、现状与未来发展;二是从研究维度上,既有纵向分析理事会与政府、社会各界等各层级的关系,又有横向分析理事会制度环境下图书馆决策层与执行层、监督层之间的关系;三是从研究方法上,注重综合国外单个或多个公共图书馆理事会制度设计的案例分析、国内外相关公共图书馆理事会情况的比较研究、国外公共图书馆理事会实施运行的经验总结等方法。基于此,有关国外公共图书馆理事会制度对我国的启示研究成果较为丰富、内容较为翔实,具备一定的参考价值。

从研究的发展趋势来看,应进一步拓宽研究主题的覆盖面,建议从这几个方面入手:一是加强已建立理事会制度的国内公共图书馆的情况调研,全面分析各馆理事会制度运行的问题与不足,为进一步开展国内外比较研究奠定基础;二是深入加强国内外理事会制度设计与运行实际的比较研究,尤其注重国内外情况现状差异背后的成因分析;三是引入国外公共图书馆其他管理制度与运行机制的启示研究,如分析公共图书馆总分馆制本土化的经验;四是将研究对象从美国、英国等研究较集中的国家适当转移至金砖国家和"一带一路"沿线主要国家,参考与我国发展阶段相近和地缘环境相似的有关国家的公共图书馆理事会制度设计与运行情况。

参考文献

[1]刘晓玲.我国公共图书馆实行理事会制度探析:以中美对比为视角[J].图书馆建设,2014(8):17-20.

[2]蒋永福.论公共图书馆法人治理结构[J].图书馆学研究,2011(1):40-45.

[3][13]胡海荣.美国公共图书馆的理事会制度与基金会运作[J].图书馆研究与工作,2017(6):9-12.

[4][11]杨曈.中美图书馆理事会制度比较研究[D].哈尔滨:黑龙江大学,2016.

[5][33]许蕴茹.谈我国公共图书馆法人治理结构的建立和完善:基于中美公共图书馆治理结构的比较分析[J].图书馆,2015(1):59-63.

[6]曲蕴,马春.国外公共图书馆法人治理政策研究及运行实践[J].图书馆杂志,2016,35(11):9-13.

[7]孙慧明.新加坡国家图书馆管理局法人治理结构观察与思考[J].图书馆理论与实践,2016(9):11-13.

[8][44]路阳,张雪峰.亚历山大图书馆法人治理结构研究[J].图书馆建设,2016(10):13-16.

[9][17][43]马玲.国外图书馆法人治理结构建设特色与启示[J].图书馆工作与研究,2015,1(9):53-56.

[10][23]王铮.美国早期城镇图书馆组织治理制度考察[J].情报资料工作,2016,37(5):17-22.

[12]冯佳.国外公共图书馆理事会制度及启示:以美国波士顿公共图书馆理事会制度为例[J].图书馆建设,2010(6):93-97.

[14]刁霄宇,高波.美国地方性图书馆法研究:以《犹他州图书馆法》为例[J].图书馆学研究,2015(23):74-79.

[15][39]赵益民,普蕊.国外主要国家图书馆理事会制度的政策法律保障体系[J].情报资料工作,2016(5):6-11.

[16][19][36]冯佳. 美国各州图书馆理事会制度研究[J]. 国家图书馆学刊,2017,26(3):10-20.
[18][26]赵益民. 国外主要国家图书馆的管理决策与实施研究[J]. 图书情报工作,2016,60(9):18-27.
[20]刘晓莹,陈汝南. 美国公共图书馆理事会制度的立法基础及其启示[J]. 图书馆建设,2016(7):10-15.
[21]叶旻. 美国马萨诸塞州图书馆理事会制度研究[J]. 新世纪图书馆,2016(12):79-82.
[22]杨嘉骆. 布鲁克林公共图书馆理事会制度研究及启示[J]. 图书馆工作与研究,2017(8):24-28.
[24]杨琪. 美国公共图书馆理事会制度的现状和发展趋势[J]. 情报资料工作,2016,37(5):23-29.
[25]冯佳. 美国俄亥俄州图书馆理事会制度[J]. 国家图书馆学刊,2014,23(3):47-52.
[27][35]徐引篪,盛小平,黄颖. 美国图书馆理事会及其启示[J]. 四川图书馆学报,2004(3):2-7.
[28][38]张汝昊,魏凌煦,江向东. 大英图书馆法人治理对我国图书馆的启示[J]. 图书馆,2017(8):75-82.
[29][40]蒋永福. 在我国实行公共图书馆理事会制度的理论思考[J]. 山东图书馆学刊,2010(6):23-27.
[30]崔丽. 新加坡国家图书馆管理局的法人治理结构[J]. 图书与情报,2014(3):67-73.
[31]王晴. 国外公共图书馆理事会建设特点及对我国的启示:基于美、英两国典型案例的分析与思考[J]. 公共图书馆,2014(3):4-7.
[32]李大玲,杨琪. 英国国家图书馆理事会制度及对我国的启示[J]. 情报资料工作,2016(5):12-16.
[34]柴赟. 南澳大利亚图书馆理事会制度[J]. 山东图书馆学刊,2017(2):83-87.
[37]冯佳. 美国公共图书馆理事教育培训研究[J]. 图书馆,2017(5):1-7.
[41]杨嘉骆. 美国爱荷华州图书馆法人治理结构研究及启示[J]. 山东图书馆学刊,2017(4):92-96.
[42]赵靖. 中美公共图书馆理事会制度对比研究及启示[J]. 四川图书馆学报,2017(5):19-23.

(原载于《图书馆研究与工作》2018 年第 3 期)

《中华人民共和国公共图书馆法》对文献缩微事业发展的现实意义及启示

李晓明

对于图书馆事业来说,2017 年是具有里程碑意义的一年。11 月 4 日,十二届全国人大常委会第三十次会议表决通过了《中华人民共和国公共图书馆法》(以下简称《公共图书馆法》)。这是公共文化领域继《中华人民共和国公共文化服务保障法》之后的又一部重要法律。《公共图书馆法》形成了中国特色的公共图书馆法律界定,强化了政府设立和保障公共图书馆的责任,推动了公共图书馆体制机制的改革,明确了国家图书馆的性质功能,为促进图书馆事业发展,保障人民群众基本文化权益,建设社会主义文化强国提供了强有力的法律支撑。本文以《公共图书馆法》中关于缩微制品及缩微技术的有关规定为立足点,分析这部法律对于我国文献缩微事业发展的现实意义及启示。

1　现实意义

1.1　从国家立法层面明确缩微制品是公共图书馆文献信息的重要组成部分

在档案界,缩微制品的地位和法律效力早有明文规定。《中华人民共和国档案法实施办法》第二十条规定,“各级各类档案馆提供社会利用的档案,应当逐步实现以缩微品代替原件。档案缩微品和其他复制形式的档案载有档案收藏单位法定代表人的签名或者印章标记的,具有与档案原件同等的效力”。该实施办法于 1999 年 6 月 7 日发布,根据 2017 年 3 月 1 日《国务院关于修改和废止部分行政法规的决定》而修订,具有十分重要的现实意义,体现了国家在档案行业对于缩微制品的最新定义。

但是,由于之前我国图书馆界并无一部全国性的法律,因而关于缩微制品的价值和定义,大多出现在国家文化事业或图书馆事业发展规划中。如《“十三五”时期全国公共图书馆事业发展规划》提出的“建立涵盖纸本文献、缩微文献、数字资源、网络资源等各种资源类型的公共图书馆信息资源体系”“开展海内外民国时期文献的征集与合作开发,促进文献实物回归以及缩微、数字化成果回归”,等等。

《公共图书馆法》第二条规定,“本法所称公共图书馆,是指向社会公众免费开放,收集、整理、保存文献信息并提供查询、借阅及相关服务,开展社会教育的公共文化设施。前款规定的文献信息包括图书报刊、音像制品、缩微制品、数字资源等”。

《公共图书馆法》在国家立法层面明确了缩微制品是公共图书馆文献信息的重要组成部

分，这为我国公共图书馆收集、整理、制作缩微文献并以阅览、开发、利用等形式提供服务确立了法律基础。

1.2 从国家立法层面明确了缩微技术对于古籍文献整理、出版和研究利用的重要性

党的十九大报告强调："坚持社会主义核心价值体系。文化自信是一个国家、一个民族发展中更基本、更深沉、更持久的力量。必须坚持马克思主义，牢固树立共产主义远大理想和中国特色社会主义共同理想，培育和践行社会主义核心价值观，不断增强意识形态领域主导权和话语权，推动中华优秀传统文化创造性转化、创新性发展，继承革命文化，发展社会主义先进文化，不忘本来、吸收外来、面向未来，更好构筑中国精神、中国价值、中国力量，为人民提供精神指引。"公共图书馆是社会主义公共文化服务体系的重要组成部分，传承发展中华优秀传统文化，继承革命文化，发展社会主义先进文化，是公共图书馆必须承担的社会责任。《公共图书馆法》第四十一条规定，"公共图书馆应当根据自身条件采用数字化、影印或者缩微技术等推进古籍的整理、出版和研究利用"。

全国图书馆文献缩微复制中心（以下简称"缩微中心"）于1985年成立后，在全国率先提出对公共图书馆馆藏善本展开大规模抢救。截至2017年底，缩微中心各成员馆共拍摄善本古籍3.1万种1800万拍，其中国家图书馆拍摄1.7万种800余万拍，此外民国文献及新中国成立后报纸等各文献，共计17余万种7000余万拍。文献的保护离不开开发和利用。习近平总书记多次强调，要让"古籍里的文字活起来"。缩微技术在文献开发利用方面，具有先天的优势。事实证明，直接通过缩微胶片进行文献数字化，是目前数字化产量和效率最高的文献开发方式。国家图书馆自建的数字善本数据库、民国图书数据库、民国中文期刊数据库等所发布的成品影像，几乎全部来自于缩微胶片数字化。截至目前，国家图书馆已完成了8万余种1470万页民国图书缩微胶片数字化工作，1.7万种800余万页古籍缩微胶片数字化，4000余种505万页民国期刊缩微胶片数字化，25种6万余期36万余版的民国报纸缩微胶片数字化，500余种16万页宋人文集缩微胶片数字化等。

《公共图书馆法》中，直接提到"缩微"的地方共两处，提到"文献信息"的地方共35处，涉及文献信息的定义、使用、收集、捐赠、命名、保存、整理、共建共享、查阅、服务、借还、损坏等各个方面。《公共图书馆法》对于文献信息的各方面规定，一并适用于缩微制品，在此不一一赘述。

2 重要启示

2.1 缩微工作对公共图书馆文献信息共建共享的作用

《公共图书馆法》第三十条规定，"公共图书馆应当加强馆际交流与合作。国家支持公共图书馆开展联合采购、联合编目、联合服务，实现文献信息的共建共享，促进文献信息的有效利用"。第四十条也规定，"政府设立的公共图书馆应当加强数字资源建设，配备相应的设施设备，建立线上线下相结合的文献信息共享平台，为社会公众提供优质服务"。

十九大报告指出："中国特色社会主义进入新时代，我国社会主要矛盾已经转化为人民

日益增长的美好生活需要和不平衡不充分的发展之间的矛盾。”结合文献缩微工作实际，可以将目前我国文献保护工作的主要矛盾理解为我国珍贵文献的抢救开发的需要与我国图书馆事业发展不均衡和各馆文献抢救开发能力不均衡之间的矛盾。

在缩小公共图书馆发展不均衡方面，缩微工作是国内起步最早并且一直在推进的全国性文献抢救工程。在缩微中心历年的调研与统计中可见，由于获取文献信息、资源建设能力及对于文献抢救重视程度等因素的影响，各成员馆文献抢救成果差异很大。缩微中心带领各成员馆，以共建共享的方式，统筹开展文献抢救工作，实质上就是尝试解决我国文献抢救需要与抢救能力不均衡之间的矛盾。一方面，通过各馆共建，可以避免重复抢救，既降低了对珍贵文献的损害，也节省了大量的资源；另一方面，通过共享，各馆可以利用缩微中心这个平台，以缩微胶片及数字化为载体，既可以共享本馆有但还未抢救的珍贵文献，也可以共享本馆没有的他馆文献，为读者提供服务，开展社会教育。

在文献揭示与利用方面。2015 年，缩微中心联合各成员馆整理出版了《全国公共图书馆缩微文献联合目录》，该目录收录了缩微中心自成立以来至 2013 年 6 月间，中心及各成员馆拍摄制作的各类文献 14 余万种，其中民国图书 8.5 万种、报纸 2000 余种、期刊 1.5 万种、古籍 3 万余种，是缩微中心联合各公共图书馆文献信息资源共建成果的集中体现。此外，各成员馆即便已经通过缩微方式抢救了大量文献，但也有很多馆尚未开展馆藏缩微文献的数字化工作。提供服务的方式也仅局限于让读者在馆内阅览缩微胶片，抢救成果服务方式单一，无法提供很好的揭示和应用。为了带动各馆开发利用缩微资源，缩微中心于 2015 年启动了成员馆缩微胶片目次数据库建设项目，计划通过统一的目次数据加工标准，从成员馆拍摄的民国图书入手，对现有各馆民国图书缩微胶片的封面及目次页进行扫描加工，制作目次数据，在此基础上，向成员馆共享该馆已拍摄民国图书的目次数据资源，以此带动各馆开展缩微文献数字化工作的积极性，丰富缩微文献的服务方式。截至目前，缩微中心已完成成员馆 1.9 万种 8.7 万页的民国图书目次数据建设，数据库将于 2018 年正式上线。

2.2 缩微工作对于数字文献长期保存的作用

《公共图书馆法》第四十条规定，“国家支持数字阅读产品开发和数字资源保存技术研究，推动公共图书馆利用数字化、网络化技术向社会公众提供便捷服务”。

目前，数字文献的保存主要有光盘、硬盘、USB 闪存和网络云存储等方法，但技术与媒介更新速度快，对资源的长期保存需要“不断迁移”，且运行经费不菲。以国家图书馆馆藏犹他家谱数字资源及哈佛燕京图书馆馆藏中文善本数字资源等为例，这些珍贵文献数字资源都来自海外，国家图书馆并无纸本文献，长期保存上存在很大风险。现在，除传统拍摄外，国家图书馆及部分成员馆一直在通过数转模的形式，将珍贵文献的数字资源转换成缩微胶片，以加强数字资源的保存力度。截至 2017 年底，缩微中心共将部分未拍摄的民国图书、家谱、地方志，以及犹他家谱、哈佛燕京中文善本等珍贵文献的数字资源转换成缩微胶片共 5600 余种约 300 万拍。2017 年国家图书馆及部分成员馆完成各类珍贵文献数字资源转换缩微胶片 70 余万拍，这为解决珍贵文献数字资源长期保存的问题提供了有效方案。

2.3 缩微文献对国家文献信息战略保存职能的作用

《公共图书馆法》第二十二条规定,“国家设立国家图书馆,主要承担国家文献信息战略保存、国家书目和联合目录编制、为国家立法和决策服务、组织全国古籍保护、开展图书馆发展研究和国际交流,为其他图书馆提供业务指导和技术支持等职能。”

缩微中心由国家图书馆领导,《国家图书馆“十三五”规划纲要》明确提出“十三五”期间要进一步“加强缩微复制工作”,并指出:“依托全国图书馆文献缩微复制中心,探索创新统筹建设与自主建设并举的全国文献缩微工作机制。联合全国各级公共图书馆,开展特色文献缩微抢救工作,推进珍贵文献资源的缩微化长期保存进程,扩大缩微文献入藏范围,拓展缩微文献入藏方式,完善国家缩微母片库建设,‘十三五’时期实现年入藏量300万拍。推动数字缩微工作,开展缩微文献整理出版,建立缩微文献服务网络,进一步提升缩微文献服务能力。”

缩微中心承担的国家母片库管理职能,本质上就是国家文献信息战略保存职能的重要组成部分。国家缩微母片库是缩微中心30多年来联合23家成员馆及20余家资料馆共同参与缩微抢救文献拍摄工作的成果,目前存放各类型缩微文献13万余卷,年入藏母片1万种、4000余卷约200万拍。母片是缩微抢救拍摄的原始成果,相当于文献的保存本,是文献补藏的蓝本。为加强存藏管理,缩微中心一直在对缩微母片进行整理与核查工作。

3 继续推进文献缩微事业发展

《公共图书馆法》的颁布与实施,将进一步推进文献缩微事业的发展。缩微中心将继续充分利用缩微技术的优势,加大文献保存、开发与利用力度,将中华优秀传统文化传承下去。

同时,以国家战略储备库建设为契机,完善国家母片库建设、推进缩微存藏标准化,完善缩微标准规范体系;以“共建共享”为基本原则,缩小地区差异和馆际差异,逐步解决文献保护与开发利用的不平衡问题。

3.1 充分利用缩微技术的优势,加大文献保存、开发与利用力度

在《公共图书馆法》的指引下,缩微中心将继续发挥缩微技术在文献信息长期保存、开发利用的优势,推进成员馆数字缩微建设工作,使数字缩微与传统缩微共同发展。文献保存方面,继续依托传统拍摄及数转模两条技术路线,推进国家图书馆及各成员馆对古籍文献、民国时期各类型文献、新中国成立初期中文文献进行抢救;依托数转模技术路线,开展珍贵文献数字资源转换缩微胶片工作。文献开发与利用方面,缩微中心要继续开展善本、民国图书、民国期刊等缩微胶片的数字化项目,继续开展全国图书馆缩微文献目次数据库建设;继续与各成员馆共同开展古籍善本、民国时期文献等各类文献选题策划及整理出版工作。

3.2 以国家战略储备库建设为契机，完善国家母片库建设

在《公共图书馆法》的指引下，缩微中心将继续在国家图书馆国家文献战略储备库建设的大框架下，完善国家缩微母片库建设，开展母片库及拷底片库的清点核查，同时针对缩微胶片老化、破损等问题，研究开展胶片修复工作，制定修复标准。在缩微文献入藏方面，拓展文献补藏方式，加强遗散海外的中华珍贵典籍和民国时期文献的补藏，加大非成员馆珍贵文献缩微品入藏力度。缩微标准化库房建设方面，继续推动各馆缩微品库房标准化建设，继续开展国家母片库及拷底片库的系统化管理及缩微品长期保存与保护问题研究。

3.3 以共建共享为原则，缩小地区差异和馆际差异

在《公共图书馆法》的指引下，缩微中心将继续以"共建共享"为原则，带动各成员馆开展缩微文献资源建设与服务。通过缩微胶片或数字化的形式，加强成员馆共享力度，带动各馆缩微胶片数字化进程，继续开展缩微文献目次数据库建设，对已抢救的馆藏文献资源实施联合出版。以新疆维吾尔自治区图书馆建设为契机，探索少数民族语言文献的缩微抢救方案；以数字缩微推广为契机，加强民间收藏古籍及地方特色文献抢救能力。

参考文献

[1]习近平.决胜全面建成小康社会 夺取新时代中国特色社会主义伟大胜利：在中国共产党第十九次全国代表大会上的报告[R/OL].[2018-02-15].http://www.gov.cn/zhuanti/2017-10/27/content_5234876.htm.

[2]第十二届全国人民代表大会常务委员会.中华人民共和国公共图书馆法[EB/OL].[2018-01-01].http://zwgk.mcprc.gov.cn/auto255/201711/t20171106_693582.html.

[3]文化部公共文化司."十三五"时期全国公共图书馆事业发展规划[R/OL].[2018-02-15].http://zwgk.mcprc.gov.cn/auto255/201707/t20170726_685747.html.

[4]国家图书馆.国家图书馆"十三五"规划纲要[R/OL].[2018-02-15].http://www.nlc.cn/dsb_footer/gygt/ghgy/.

[5]全国图书馆文献缩微复制中心.全国图书馆文献缩微工作"十三五"时期规划纲要[R/OL].[2018-02-15].http://www.nlc.cn/newswzx/newswzxwxyx/201708/t20170803_153579.htm.

（原载于《数字与缩微影像》2018年第2期）

抓住新时代发展机遇,服务中国梦伟大征程

饶　权

中国梦是中国人民立足中国发展实践,对未来美好生活的憧憬和向往。习近平总书记在党的十九大报告中指出,中国特色社会主义进入新时代,人民美好生活需要日益广泛,并强调,“满足人民过上美好生活的新期待,必须提供丰富的精神食粮”。这个精神食粮,就是适应新时代中国特色社会主义建设和发展所需要的知识与文化。图书馆作为人类文明成果最重要的收藏机构,始终承担着促进文化传承与发展,推动知识传播与利用的神圣职责,应该而且能够为实现中华民族伟大复兴中国梦提供精神支柱和智力支持。下面,我结合国家图书馆实际,谈两方面体会。

1　不忘初心服务中国梦

百余年来,国家图书馆始终秉承“传承文明,服务社会”的宗旨,为国家赓续文脉、为民族守护文明。

一是守护文献典籍,传承优秀文化。

中华文化典籍是中国之精神,民族之灵魂,是实现中华民族伟大复兴、树立文化自信的根基所在。自20世纪初京师图书馆初创以来,历代国图人不遗余力地多方搜采、细致整理和精心保护文献典籍,积累了近4000万册件馆藏文献,涵盖纸质文献、缩微文献、音像制品、数字资源等各种载体,其中古籍近200万册件,数字资源约1700TB,使国家图书馆成为中华优秀传统文化典籍最重要的收藏机构。

21世纪以来,国家图书馆联合国内外存藏机构,组织实施了多项国家重点文化工程。中华古籍保护计划实施十年来,已完成24个省的古籍普查登记;建立国家和地方珍贵古籍名录,不断完善古籍分级保护制度;由国务院命名五批全国古籍重点保护单位,带动全国古籍库房存藏条件显著改善;完成“天禄琳琅”等珍贵古籍的抢救性修复,累计修复古籍250余万叶;设立古籍修复技艺传习中心和传习所培养人才,古籍保护从业人员由工程实施前的不足千人增长至上万人。民国时期文献保护计划积极开展革命历史文献的征集、整理工作,组织编纂《民国时期文献总目》,从海外征集日本二战罪行档案4000余卷,200余万页,整理出版对日战犯审判文献5000余册。

此外,国家图书馆还以数字化形式推动古籍再生性保护与整理利用,累计发布数字化古籍6万余部。在中宣部、文化和旅游部等有关方面支持指导下,国家图书馆组织实施了多个

典籍整理出版项目,“中华传统文化百部经典”编纂项目通过对经典文献深入浅出的解读,发掘典籍蕴涵的时代价值,推动传统经典普及传播,首批十部图书已正式出版;《鲁迅手稿全集》编辑出版项目对海内外鲁迅手稿进行全面搜集、系统整理和影印出版,已基本编辑完成文稿编、译稿编、书信编和日记编。

二是传播知识文化,服务社会发展。

衡量美好生活,文化是重要尺度。随着人民生活水平不断迈上新台阶,人们对精神文化生活的需求也越来越高,越来越期待更加便利、更加高效的图书馆服务。国家图书馆依托海量文献资源、专业信息处理能力、现代信息技术手段,在服务国家重大战略关切、经济社会发展、重点领域科研攻关、社会公众终身学习等方面做出了积极贡献。

国家图书馆通过为全国“两会”服务、建立全国人大代表和政协委员服务平台、设立部委分馆、举办部级领导干部历史文化讲座、编制信息专报等方式,为提升中央国家机关决策科学化水平提供文献信息保障,着力打造为国家立法和决策服务的新型智库。由国家图书馆整理出版的《文献为证:钓鱼岛图籍录》《南海诸岛图籍录》等文献,为维护国家主权提供了宝贵历史文献依据。

国家图书馆是许多重要教育科研机构所倚重的文献保障基地,通过文献传递、馆际互借、科研基础数据库共享等方式,为教学科研提供文献信息支持。国家图书馆还专门设立科技查新中心、科学评估中心,为科研机构提供基于大数据分析、可视化呈现的科学分析与评价。

国家图书馆是世界上开放程度最高、服务范围最广、服务规模最大的图书馆之一,向社会公众提供文献借阅、参考咨询、讲座、展览、培训、阅读推广、艺术普及教育等服务,年均接待到馆读者近560万人次,举办活动550余场次,在推动、引导、服务全民阅读方面发挥了重要作用。为了让书写在古籍里的文字活起来,国家图书馆设立国家典籍博物馆,运用现代化展陈手段,对馆藏珍贵典籍进行实物展示、背景讲解、历史再现,开馆四年来举办专题展览90余场,年均接待参观100余万人次。

近年来,国家图书馆还充分利用现代化技术手段拓展服务范围,搭建基于互联网、移动通信网、广播电视网的服务平台,实现全媒体、多终端的24小时不间断服务。依托数字图书馆推广工程,建立覆盖全国的数字图书馆服务网络,举办“网络书香过大年”等阅读推广活动,服务近4000万人次;建立图书馆移动阅读平台,全国分站达394家;建设“M·地铁”图书馆,使公众能够通过移动终端扫码读书;推出“国图公开课”,打造互联网时代精品网络教育与阅读品牌,课程网站累计访问量达5500万人次。

2　昂首阔步迈向新时代

进入新时代,文化的地位和作用被提升到一个崭新高度,人民群众的精神文化生活需求日益增长,现代信息技术极大地拓展了文化事业的发展空间,图书馆事业未来发展机遇与挑战并存。国家图书馆作为社会主义公共文化服务体系的重要组成部分,将不断开拓创新,为满足新时代人民群众日益增长的美好生活需要做出新贡献。

一是坚持正确发展方向，培育践行社会主义核心价值观。

社会主义核心价值观是当代中国精神的集中体现，凝结着全体人民共同的价值追求。国家图书馆将不断提升“国图公开课”“文津图书奖”“文津经典诵读”“文津讲坛”等阅读服务品牌影响力，建设好“青少年中华优秀传统文化教育基地”“全国中小学生研学实践教育基地”，通过阅读服务引导人们从传统文化中汲取智慧，以先进文化丰富人们的精神世界，为社会主义核心价值观的涵养提供文化滋养。

二是提高文献保存保护水平，推进中华优秀传统文化创造性转化、创新性发展。

建设社会主义文化强国，增强文化软实力，对中华优秀传统文化的创造性转化和创新性发展是关键。国家图书馆将继续发挥好国家文献信息资源总库职能，积极推进国家文献战略储备库建设，确保中华民族文明成果的安全保存和永久传承；继续推进古籍、革命历史文献的保存保护，通过展览、讲座、文创产品开发等方式对传统文化典籍进行现代解读，普及典籍文化知识，使中华优秀传统文化能够以更为通俗和生动的形式润泽百姓心灵。

三是应用现代信息技术，提升公共文化服务效能。

习近平总书记指出，要以信息化培育新动能，用新动能推动新发展，以新发展创造新辉煌。今天，人类社会已经进入数字化、网络化、智能化时代，未来信息技术还将以更加惊人的速度发展，对知识传播利用产生更为深远的影响。国家图书馆必须主动适应信息技术突飞猛进的发展趋势，积极应用成熟技术、先进设备和海量数据，分析社会需求、优化资源配置、改善空间布局、提升服务能力。

四是服务科技强国，发展先进网络文化。

科技强国和网络强国建设是习近平新时代中国特色社会主义思想的重要内容。国家图书馆将为企业技术研发、教育科研机构开展科学研究搭建数字科研环境，为鼓励、引导和支持公众创新创意活动提供科学知识普及、创新能力培养等服务。同时，积极担负起新时代维护网络安全、文化安全的重要使命，以服务改革开放大局和网络强国建设为目标遵循，大力发展先进的网络文化，营造风清气正的网络知识学习新空间。

五是加强对外文化交流，推动中华文化走出去。

党的十九大要求加强中外人文交流，讲好中国故事。国家图书馆将继续依托丝绸之路国际图书馆联盟、金砖国家图书馆联盟、海外中国文化中心图书馆等平台，服务国家“一带一路”战略，充分发挥图书馆传播中国价值、弘扬中国精神的独特优势，进一步深化与世界各国图书馆的交流与合作，以文献典籍为载体推动各民族多元文明的交流互鉴，实现共同发展。

“文化兴国运兴，文化强民族强。没有高度的文化自信，没有文化的繁荣兴盛，就没有中华民族伟大复兴”。新时代赋予了文化事业新的历史使命，国家图书馆将坚持以习近平新时代中国特色社会主义思想为指导，进一步学习贯彻党的十九大和十九届二中、三中全会精神，不忘初心，牢记使命，树牢“四个意识”，坚定“四个自信”，传扬中国梦，践行中国梦，努力开拓进取，为满足新时代人民群众日益增长的美好生活需要，实现中华民族伟大复兴中国梦做出新的更大贡献。

（原载于《中国国家博物馆馆刊》2018 年第 12 期）

图书馆
业务研究

国家图书馆中文图书自由词标引规则

曹玉强

自由词是指未经规范化处理的、词表以外的自然语言词汇,如文献题名、文摘以及正文中可揭示文献主题内容的关键词,自由词通常为名词、名词性词组或术语。《中国分类主题词表》(以下简称《中分表》)是一种动态性的检索语言,须随着科学技术的发展不断修订、更新,但是时差问题时常存在,肯定不能满足文献主题标引的所有需求,弥补这一缺陷的最好方法就是充分发挥自由词标引的作用[1]。

1 自由词标引历史

自由词标引由来已久,在手工编目时代的手工标题中就已存在,只不过是以说明语的形式跟在相关标引词之后,并用逗号","隔开。在计算机编目时代的机检标题中,自由词必须单独著录,与正式主题词完全分开。

例1:《滑板》

手工标题:文娱性体育活动,滑板运动—基本知识

机检标题:文娱性体育活动—基本知识

自由词标引:滑板运动

例2:《正说华夏十二相》

手工标题:政治家,宰相—列传—中国—古代

机检标题:政治家—列传—中国—古代

自由词标引:宰相

2 自由词标引著录规则

在机检标题中,自由词应著录在610非控主题词字段,不得与正式主题词相混淆。610字段的指示符1表示主题词主次等级:"0"表示主题词不分主次或难分主次;"1"表示主要词,指该主题词可概括图书的中心主题内容;"2"表示次要词,指该主题词只能概括图书的非主要内容。中文图书主题标引对主题词不作主次区分,因此该指示符值固定为"0"。610字段的指示符2未定义,因此,610字段的指示符值固定为"0#"。610字段只有一个子字段

$a,并且可以重复,如果有多个自由词需要著录,可以重复使用 $a 子字段[2]。

例 1:200 1#$a 桑塔纳、捷达系列轿车电系维修 587 问

606 0#$a 轿车 $x 电气设备 $x 维修

610 0#$a 桑塔纳轿车 $a 捷达轿车

例 2:200 1#$a 巴金的两个哥哥

600 #0$a 巴金 $f(1904-2005)$x 亲属 $j 纪念文集

610 0#$a 李尧枚(1897-1931)$a 李尧林(1903-1945)

3 自由词标引规则

自由词不能单独使用,只能作为补充标引使用。一篇文献须先用正式主题词作较泛指的组配标引、上位词标引、靠词标引,再用自由词作较专指的标引,即作双重标引。

3.1 组配标引规则

较泛指的正式主题词标引可提高文献的检全率,自由词在其中起着补充正式主题词专指度不足的作用,能够增加检索入口,提高检准率。自由词的选用,也应做到词形简练、概念明确。

博客是近几年随着互联网络技术飞速发展而出现的新概念。博客是英文 Blog 的中文音译,Blog 又是 Weblog 的缩写,意思是网络日记,是一种互联网网页。标引有关博客的文献时,可以先将主题内容组配标引为"互联网络—网页",再将较常用的关键词"博客"作为自由词标引。

数字签名是针对传统的书写签名或印章而言的,也是近几年随着计算机技术飞速发展而出现的新概念。数字签名就是通过某种密码运算生成一系列符号及代码,组成电子密码进行签名,来代替书写签名或印章。对于这种电子式的签名还可进行技术验证,其验证的准确度是一般手工签名和图章验证所无法比拟的。标引有关数字签名的文献时,可以先将主题内容组配标引为"电子计算机—密码术",再将较常用的关键词"数字签名"作为自由词标引。

例 1:200 1#$a 博客 $e 信息革命最前沿的定位

606 0#$a 互联网络 $x 网页 $x 研究

610 0#$a 博客

例 2:200 1#$a 数字签名理论

606 0#$a 电子计算机 $x 密码术

610 0#$a 数字签名

凡词表中已收入有用代关系的主题词,则被代用的非正式主题词(入口词)不能作为自由词标引

例 1:200 1#$a《煤矿安全规程》读本

606 0#$a 矿山安全 $x 安全规程 $y 中国

610 0#$a 煤矿安全(错误标引)

注:本例 610 字段标引错误,因为《中分表》中规定“矿山安全 D 煤矿安全”。

例 2: 200 1#$a 魏晋玄学史

606 0#$a 玄学 $x 思想史 $x 研究

610 0#$a 魏晋玄学(错误标引)

注:本例 610 字段标引错误,因为《中分表》中规定“玄学 D 魏晋玄学”。

3.2 上位词标引规则

表达某主题概念时,如词表中没有相应的专指词,也不能通过相应的主题词组配,可选用最直接的上位词标引。当词表中有最直接的上位词时,不得使用间接的上位词标引。使用上位词标引,可满足检全率的要求,但会增加误检率,可以结合自由词标引,以增加专指度。

例 1: 200 1#$a 獭兔高效养殖教材

606 0#$a 兔 $x 饲养管理 $j 教材

610 0#$a 獭兔

例 2: 200 1#$a 地藏菩萨大传

606 0#$a 菩萨 $y 中国 $j 通俗读物

610 0#$a 地藏菩萨

3.3 靠词标引规则

表达某主题概念时,如果既没有专指词可用,又不能组配标引和用直接上位词标引,可采用靠词标引,即选用与该主题概念关系最密切的词(近义词或反义词)标引。靠词标引应与自由词标引相结合,以增加主题标引的专指度。

例 1: 200 1#$a 攀岩

606 0#$a 攀登(登山运动) $x 高等学校 $j 教材

610 0#$a 攀岩

例 2: 200 1#$aWindows Vista 操作系统

606 0#$aWindows NT 操作系统 $x 基本知识

610 0#$aWindows Vista

3.4 专有名词自由词标引规则

如果某些专有名词(个人名称、团体名称、题名、地理名称)由于受到主题词增词规则的限制而不易增词标引,在采取上位词标引、组配标引后,可为专有名词增加自由词标引,以增加文献的检准率,为日后的主题词表增词提供文献保证[3]。

3.4.1 个人名称自由词标引规则

如果文献研究内容涉及某个人物,而词表中又没有此人物的个人名称主题词时,可先按文献研究内容概括标引,同时酌情将此人物的个人名称著录于非控主题词字段。个人名称自由词的著录格式参考个人名称主题词的显示格式,所有附加成分均排在主要成分之后的圆括号内,不同附加成分之间用空格分隔。

例 1：200 1#$a 妈妈的一生 $e 王苹传

606 0#$a 电影导演 $x 传记 $y 中国 $z 现代

610 0#$a 王苹(1916-1990)

例 2：200 1#$a 普兰丁格的宗教认识论

330 ##$a 本书重点研究 20 世纪美国著名的基督教哲学家之一阿尔文·普兰丁格的宗教认识论思想。

606 0#$a 基督教 $x 宗教哲学 $x 研究 $y 美国 $z 现代

610 0#$a 普兰丁格(Plantinga,Alvin 1932-)

3.4.2 团体名称自由词标引规则

如果文献研究内容涉及某团体,而词表中又没有此团体的团体名称主题词时,可先按文献研究内容概括标引,同时酌情将此团体的团体名称著录于非控主题词字段。

例 1：200 1#$a 山东大学第二医院志 $e1978-2007

606 0#$a 医院 $x 概况 $y 济南市 $z1978-2007

610 0#$a 山东大学第二医院

例 2：200 1#$a 共铸辉煌 $e 北京市顺义区第一中学示范校建设纪实

606 0#$a 中学 $x 学校管理 $x 经验 $y 顺义区

610 0#$a 顺义区第一中学

3.4.3 题名自由词标引规则

如果词表没有所涉专著的题名主题词,可按照原著内容标引,专著题名著录于非控主题词字段,并加题名符号,以区别于其他专有名词。但是,由于文艺作品主题标引的特殊性,文艺作品研究与原作品的主题标引不同。

例 1：200 1#$a《寂静的春天》导读

606 0#$a 环境保护 $j 普及读物

610 0#$a《寂静的春天》

例 2：200 1#$a 达·芬奇解码

606 0#$a 长篇小说 $x 小说研究 $y 美国 $z 现代

610 0#$a《达·芬奇密码》

例 3：200 1#$a 绘画的史诗 $e 连环画《地球的红飘带》研究

606 0#$a 连环画 $x 绘画研究 $y 中国 $z 现代

610 0#$a《地球的红飘带》

3.4.4 地理名称自由词标引规则

中国的县(中央直辖市属各区)及县以上地区名称可直接作为标引词,以中华人民共和国行政区划名称为标准,取全称。中国的非中央直辖市区名、乡镇名、村名不能作为标引词,必须选用最直接的县市(中央直辖市属各区)名称为标引词,区名、乡镇名、村名著录于非控主题词字段。

例1：200 1#$a 哈尔滨市太平区志

607 ##$a 哈尔滨市 $x 地方志

610 0#$a 太平区

例2：200 1#$a 忠县忠州镇志

607 ##$a 忠县 $x 乡镇 $x 地方志

610 0#$a 忠州镇

例3：200 1#$a 玉树村志

607 ##$a 广州市 $x 村史

610 0#$a 玉树村

如果文献研究或论述的对象涉及某一自然区域名称、历史地名，该自然地理名称、历史地名应标引为主标题，词表中没有收入的自然地理名称、历史地名，可以按上述原则著录于非控主题词字段

例4：200 1#$a 四姑娘山 $e 东方圣山 $e 中英日文本

606 0#$a 山 $x 风光摄影 $x 摄影集 $y 阿坝藏族羌族自治州 $z 现代

610 0#$a 四姑娘山

4 小结

计算机主题检索系统之所以在标引深度上优于手工检索系统，很重要的一点是使用了自由词标引，自由词标引是计算机主题检索的重要手段。

情报检索语言发展的过程，是一个不断自然语言化的过程。许多书目数据库由原来以采用受控语言为主已逐步过渡到自然语言与受控语言结合使用，其方式就是增加自由词标引。自由词标引加大了书目数据库的检索深度；较好地满足了读者的检索需求，更适应了读者使用自然语言检索的需求；为词表的增补修订提供了文献数据保证。

《中分表》是汉语叙词表，以单词型叙词为主，词组型叙词相对较少。为了表达一些复杂概念，大多数情况需要用多个单词型叙词组配标引。但是，主题词组配应避免简单的字面组配，注重概念组配，参加组配的主题词之间必须具有一定的逻辑关系，如概念交叉关系、概念限定关系、概念联结关系，不能进行简单的语词字面分拆和语词字面拼接。复杂的字面组配不但增加了编目员的标引难度，而且没有任何实用价值，因为缺乏概念逻辑关系的字面组配很难为读者所掌握。如：①刑事相貌学是指人类相貌研究在刑事侦查中的作用，属法医人类学研究范畴。切忌字面组配为“面—刑事侦查学”，可以采取上位词或靠词标引为“法医人类学”，同时结合自由词标引“刑事相貌学或相貌学”。②唐代科举诗是指与科举制度或科举考试有关的唐诗。切忌字面组配为“科举制度—唐诗”或“科举考试—唐诗”，应直接标引为“唐诗”，可以结合自由词标引“科举诗”。③乱伦有狭义与广义之分，狭义是指有血缘关系的家庭成员之间的性交，广义包括有近亲关系的家庭成员之间的性交，比如继父母与其子

女等。切忌字面组配为“血缘家庭—性—禁忌”或“血缘家庭—性问题”，可以采取上位词或靠词标引为“性问题与性道德”，同时结合自由词标引“乱伦”。

目前的《中分表》并不是网络版本，其更新周期大约还保持在每10年一版。现在科学技术发展迅速，新主题、新概念层出不穷，即使有一天《中分表》出现网络版，也不可能完全满足文献主题标引的所有现实要求。大多数新主题、新概念不可能在第一次出现时就得到增词标引，而增词标引又需要向《中图法》编委会提出申请，在申请未获批准前，采取自由词标引与组配标引、上位词标引、靠词标引相结合的方式无疑是最佳选择。

适度的自由词标引与组配标引、上位词标引、靠词标引相结合的标引模式，应该是未来汉语叙词表主题标引大力提倡的标引方式。它不仅可以降低编目员的标引难度，适应读者的检索习惯，同时也为增词标引提供文献保证，比如：电子商务、电子政务、小尾寒羊、红掌等主题概念在《中分表》第1版中并没有对应的专指词可用，但是《中分表》第2版均将其收为正式主题词或非正式主题词。

参考文献

[1] 卜书庆.《中国分类主题词表》(第二版)及其电子版手册[M]. 北京:北京图书馆出版社,2006:222-223.

[2] 全国图书馆联合编目中心,国家图书馆图书采选编目部. 中文图书机读目录格式使用手册[M]. 北京:华艺出版社,2000:119-120.

[3] 曹玉强. 近年国家图书馆主题标引的发展及若干问题的处理[J]. 国家图书馆学刊,2005(2):71-74.

(原载于《图书馆建设》2009年第3期)

推荐书目的过去、现在与未来

邓咏秋

推荐书目对于读书人，尤其是阅读的起步者来说，具有向导的作用。没有一位好的向导，读书人很可能因为阅读不得法或没有读到适合他的图书而气馁，进而退出阅读者的行列。这是十分可惜的一件事。推荐书目好比领我们进入美丽的阅读殿堂的天使，它是走在我们前面的读书家对于后来者的忠告，是先行者的经验总结，使我们不必在黑暗中孤独地摸索，进而提高我们的生活效率。

1 20世纪以前中国的推荐书目

现在我们可以看到的最早的推荐书目[1]出现在唐代末年，被后人称为"唐末士子读书目"，所开列的图书主要是重要的儒家经典和历史著作。

元代时，学者程端礼(1271—1345)所著《程氏家塾读书分年日程》详细地开列了应读书目和读书次序，它是一部重要的推荐书目，被元朝国子监颁发给郡县官学，作为学生阅读的重要参考书目。

明朝末年，陆世仪在其所著的《思辨录》中为青少年开列了一个推荐书目，将阅读的人生分成三个阶段，每个阶段读书的方法不同：5—15岁重"诵读"，15—25岁重"讲贯"，25—35岁重"涉猎"，每个阶段分别开列书目若干，其中有少量是相同的，如三个阶段都开列了"四书""五经"，但是不同阶段所强调的阅读点并不相同。虽然这个推荐书目中的具体书目并不适合当今的读书人，但是他所强调的三阶段读书法(诵读、讲贯、涉猎)对于阅读指导仍具有积极的意义。

此后重要的推荐书目还有：

- 清代康熙年间，由李颙口授、门人李士瑸记录的《读书次第》。
- 清代道光年间，龙启瑞撰《经籍举要》，为读书人开列经史子集四部图书要目。
- 清代光绪年间，张之洞为了答复科举学生的问题(应读哪些图书？每种图书以阅读哪一个版本为最佳？)而写作了著名的《书目答问》一书，收录图书2200多种，对于所收各书，注明作者、卷数、版本，重要图书下加有按语，指出阅读时应注意的事项。

这一时期的推荐书目重视儒家经典的推荐，强调推荐书目的教育性。

2 20世纪以来的中外推荐书目

这一时期推荐书目的种类和数量众多,可分作几个主要的大类来讨论。

2.1 读中国书,还是外国书?——谈谈中国的推荐书目

随着西方新学科新知识的引进,以及科举制度在中国被废除(1905年),那些诞生在科举制度下的推荐书目也就逐渐失去了用武之地。由于现代印刷术和出版业的发展,西学东渐之风越来越强劲,涌现了许多翻译的西学著作,出版物总数也大大增加了。根据杨家骆对中国历代著作的统计,明代(1368—1644)中国平均每年产生著作51种,而1912—1937年5月中国共出版新著71680种,平均每年出版新著2811种,相较明代的平均年产著作数增长了55倍[2]。在这样的情况下,读书人更有不知应读何书的困惑,于是一帮大读书家开列推荐书目的热情也就越来越高。

开列西学图书推荐书目,早在20世纪之前就出现了。1896年,梁启超因其门人和其弟问及应读哪些西学图书,于是编辑推荐书目《西学书目表》(时务报馆出版),共收录西学图书352种,在有些图书下还加了简短的评语,如"最精善""极要""难读""简明""粗浅""可缓读"等。

面对西方发达的科技和蜂拥而至的外国图书,中国文化界的确曾展开争论,到底应该读外国书,还是读中国书?吴稚晖曾说:"一切线装书都该丢进茅坑里去!"1925年《京报副刊》记者孙伏园发起了一个征求"青年人十部必读书"书目的活动,向鲁迅约了稿,鲁迅交了白卷,回答说:"从来没有留心过,所以现在说不出。"接着在附注意见里写下了那句著名的表白:"我以为要少——或者竟不——看中国书,多看外国书。"

当然不能仅从字面上去理解他们的意思。在当时的环境下,鲁迅等提倡多读外国书,其实是希望不要仅仅拘泥于中国的文化,而是要放眼世界,吸收全世界的先进文化为我国发展所用。一直以来,中华古代文化和古代典籍面临质疑,为了回答社会上青年人是否应该阅读国学书的问题,一批国学家通过推荐书目做出肯定的回答,编制国学书目一时蔚为流行。

1920年,胡适开列了"中学国故丛书"目录,列举古籍31种,以备中学生阅读。

1923年2月,清华学校《清华周刊》的记者邀请胡适和梁启超两位学界泰斗分别为将要去国外留学的清华学生开列一份"最低限度的国学书目"。胡适先"交卷",他开列了《一个最低限度的国学书目》,收录图书约190种,分工具、思想史、文学史三大类。不久,梁启超也开出了自己的《最低限度的国学书目》,收录图书约170种,分为五类:修养应用及思想史关系书类、政治史及其他文献学书类、韵文书类、小学书及文法类书、随意涉览书类。不仅如此,梁启超还对胡适的书目进行了批评,批评胡适的书目不收《史记》《汉书》《资治通鉴》这样的史学经典,而收《三侠五义》《九命奇冤》这样的小说,开列这样一份"最低限度的国学书目"是文不对题。

20世纪20年代初兴起推荐书目的热潮,在1925年达到了一个顶峰。这一年,《京报副

刊》的记者孙伏园发起了一个征求“青年人十部必读书”书目的活动。在这样的情况下，顾颉刚开出了包含有14种书的《有志研究中国史的青年可备闲览书目》，有意避开了“必读”二字，淡化了强制阅读的色彩，显得更加亲切。

即使是在这次活动中提倡“要少——或者竟不——看中国书；多看外国书”的鲁迅也在事隔五年后（1930年），因其好友许寿裳之子许世瑛进入清华大学中国文学系就读，鲁迅开出了一份学习中国文学的书单，开列中国图书12种。

1942年，朱自清出版《经典常谈》，分13篇深入浅出地讲述了《说文解字》《周易》《尚书》《诗经》等中国重要典籍，以求能启发读者的兴趣，引导他们到经典的大路上去。在他看来，“在中等以上的教育里，经典训练应该是一个必要的项目”“经典训练的价值不在实用，而在文化”。

在20世纪前半期，开列出国学推荐书目的学者还有章太炎、汪辟疆、钱穆、张舜徽等。从20世纪后半期一直到现在，学者开列国学推荐书目的热情依然未减，不过与此形成鲜明对比的是：由于学制和教学内容的变化，普通读者对于中国传统经典的阅读能力在不断削弱，一些过去开列给中学生阅读的传统经典现在连大学生都感到阅读困难。也许正是由于这一原因，以及学者们深信阅读传统经典对于传承文化和提高素质大有裨益，所以他们不遗余力地呼吁学习中国传统经典有其必要性，开列推荐书目也就成了学者在当代提供阅读传统经典的重要手段。

20世纪后半期，以传统经典为主的推荐书目继续发展，其中较为著名的是1953年10月北京图书馆编制的《中国古代重要著作选目》，这个目录是经过郭沫若、俞平伯、何其芳等人审订过的，选书20种，分文史和科学两方面。另外，无论在大陆还是台湾和香港地区，学者开列传统经典推荐书目的热情也依然未减。如1964年，学者屈万里在台湾开明书店出版《古籍导读》一书，书中开列经、史、子、集四部书38种。在20世纪90年代北京大学、清华大学为大学生开列的推荐书目中，中国传统经典仍是其中非常重要的内容。

是读中国书，还是读外国书？其实争论的双方没有绝对的不可调和的分歧。“兼收并蓄”可能是最好的一种解决方案。

20世纪20年代，朱光潜在《给青年的十二封信·谈读书》中，对中学程度的青年谈他喜爱的中外图书，开列了一些他喜爱的中外图书，这其实也有推荐的效果。更重要的是，在他的这个书目中，中外图书大约各占一半，其中被提到的外国文学著作有济慈的诗集、莎士比亚的《哈姆莱特》等。

20世纪80年代，较有影响的一部推荐书目是季羡林主编的《中外文学书目答问》（中国青年出版社，1986年版），从名字上即可看出这也是一部中外合璧的推荐书目。至于1997年清华大学参考校内外专家意见而编印的《清华大学学生应读书目（人文部分）》，以及1998年北京大学组织校内外50多位著名教授开出的《北京大学学生应读选读书目》，也都是如此。

2.2 中外大学推荐书目

学生一直是推荐书目的主要受众。大学生阅读能力强，阅读需要旺盛。20世纪以来，中外许多知名大学为了学生的全面发展，为大学生开列了不少的推荐书目。

哥伦比亚大学在20世纪初便在美国的大学中率先开设名著导读课，向学生推荐哲学和社会科学领域的名著，并作导读性的讲解。后来这一做法被芝加哥大学和其他一些大学采用。具体而言，据哥伦比亚大学学生大卫·丹比记录，哥伦比亚大学面向一二年级的本科生开设的名著导读课，其实是两门必修课，分别叫“文学人文”与“当代文明”。这两门课所推荐的书单并非固定不变的，大约每年会有10%—20%的调整。

随着中国教育界对素质教育提倡力度的加大，中国大学也积极地组织专家学者为学生开列旨在提高学生素质的推荐书目，除前面讲到的《清华大学学生应读书目（人文部分）》（1997年）、《北京大学学生应读选读书目》（1998年）外，还有武汉大学的《大学生文化素质教育百部名著导读》（1997年）等。

为大学生推荐基本的名著，这一做法也是世界性的。日本岩波书店2005年出版的《向大学新生推荐的101册图书》，就是广岛大学为文理新生制作的一份推荐书目。该推荐书目由四个部分组成：一是超越时代的基本教养，二是人类的记录，三是跨学科的知识，四是现代的重要问题，共包括101种图书。

还有下面这样的书目，虽然不是严格的推荐书目，但是客观上，它们可能是另一种更亲切的推荐书目，对于大学生来说，也会激发他们去阅读其中开列图书的兴趣。

美国哈泼—罗出版社（Harper & Row）1986年出版的《哈佛大学有影响的书籍指南》（*The Harvard Guide to Influential Books*）就是这样一部书目。在这本书中，世界著名学府——哈佛大学的113名教授现身说法，介绍了对他们的思想、事业和生活产生过重大影响的书。这些教授来自社会科学和自然科学领域的各个专业，在美国及国际上均有一定的声誉。他们的推荐和介绍对于读者来说有很好的吸引力，其推荐效果并不差。受这一选题的启发，中国也出版了一部相类似的书目，即《北京大学教授推荐我最喜爱的书》（李常庆编，陕西师范大学出版社，2001年版）。

2.3 中外影响书目

外国的爱书人很早就在探讨书的影响力问题，探讨书籍对于世界或某一国家、历史、人类的影响力，以及哪些图书具有比其他图书更大的影响力。这些书目虽然其主旨不是向读者开列便于他们阅读的书目，但是实际上，也会引起人们的兴趣去阅读。所以，如果不把推荐书目的含义限制得过于死板的话，影响书目也可以归入推荐书目的范畴。

1929年，美国文学评论家、作家考利（M. Cowley，1898—？）同史密斯（B. Smith）在其合著的《改变我们心灵的书》中，公布了一批当时美国名人推选的书目，共有134本书被提名。《梦的解析》等12本书得票最多，是“对于当代美国精神影响最为重大的书籍”。

1945年英国作家奚普（Harace Shipp）不受时间、地点和主题的限制，只就世界历史范围最重要的书选出10本书，被称为“震撼世界的书”。

1985年美国《生活》杂志社在百万读者中开展评选“人类有史以来的最佳书”的活动，结果有20种书名列前茅。

1956年，美国图书馆学家唐斯（Robert B. Downs，1903—1991）出版了《改变世界的书》

(*Books That Changed the World*)。这是一部很成功的影响书目,共销售了 50 万册,足可见这个话题对于公众的吸引力。

20 世纪 80 年代,我国也出现了类似的书目。

1982 年,史学家蔡尚思提出"最能代表中国文化的 40 种书",分文学、史学、哲学和科学四个方面,载于《书林》1982 年第 5 期上。

1990 年,王余光先生主编《影响中国历史的三十本书》由武汉大学出版社出版。本书介绍了中国历史上对中华民族各方面产生过深远影响的 30 本书(另附 3 本),它侧重于从书籍对历史进程的影响,深入而系统地剖析了它们对读者在思想深处的巨大作用。在这部书之后,中国又出版了一系列影响中国和世界的书目。

2.4　推荐书目的新发展

前面已经略有提及,20 世纪以来,推荐书目向更广的范围发展。具体来说,主要呈现以下新的发展态势。

(1)推荐书目的开列者更加多元。过去,推荐书目的开列者以学者为主,现在不仅学者继续保持着开列推荐书目的热情,更多爱书的民众也加入到这一行列,网络等新媒体为民众开列和传播自己的推荐书目提供了便利。如全球最大的网上书店亚马逊网上书店(www. amazon. com)在其网页上就有许多普通读者捐献的推荐书目。中国豆瓣网(www. douban. com)是 2005 年创立的一个很有特色的读书网站,在这个网上,每个注册用户都有权发布自己最喜欢的书,即推出自己的推荐书目。

(2)面向各类细分读者群的推荐书目大量涌现。以前的推荐书目主要针对读书求学的学子,现在,不仅各种面向中小学生和大学生的推荐书目依然热闹,同时,现在的推荐书目更注重面向各种细分读者人群,如出现了一批面向家庭、女性、老人的推荐书目,面向某一职业,如 IT 人士、律师、医生、农民等的推荐书目。

(3)各种专门性的推荐书目层出不穷。如唐诺的"推理小说入门书单"从名称上即可知这是一个关于推理小说的推荐书目。此外,关于健身、厨艺、旅游指南、养育孩子等生活类推荐书目在当前也很受欢迎。

(4)推荐的原则更加多样。以前的推荐书目主要强调图书教育和文化价值,现在则出现了强调图书其他功能的推荐书目。如在世纪之交,牛津大学墨顿学院英国文学教授约翰·凯里根据书籍带给人的快乐这一简单原则,选出从柯南·道尔《巴斯克维尔庄园的猎犬》(1902)到格雷厄姆·斯威夫特《遗言》(1996)共 50 本"20 世纪最令人愉悦的书"。凯里认为,阅读是非常普通的行为,不要错误地为它贴上精英专有的标志。"我们得承认,有些自以为懂书的人,他们做了许多破坏的事。他们在公众的大脑中把阅读与炫耀、虚伪的文雅联系在一起,吓跑了那些可能成为读者的人。还有一些专家组编造出一些'伟大的书'的书单子,不断出版。"凯里称自己的这个书单是这一现象的解毒剂。这些图书的入选不是因为它的伟大价值,或体现的人类精神,"虽然这个书目中有些书,即使用这一标准来检验,也是杰出的",他的这一见解对于鼓励更多的人加入阅读的行列是有益的。

(5)传播的手段也更加丰富。由于有了现代传播工具,推荐书目也很快与新兴的传播媒介结合起来了。报刊电视网络出现之后，推荐书目也很快与它们结合，如前面提到的1925年《京报副刊》的“青年人必读书”推荐书目活动；从1959年4月12日起，美国著名节目主持人、专栏作家和报人费迪曼（C. Fadiman）开始在《吉斯周刊》上连续推出他的推荐书目，这是一份为18岁到80岁的读书人推荐的大规模的读书计划；前面提到的约翰·凯里的推荐书目——“20世纪最令人愉悦的书”，最初也是在美国《星期天泰晤士报》上连载的。推荐书目与电视结合的例子，有中国中央电视台的“读书时间”，中国香港凤凰卫视“开卷八分钟”等节目，它们通过谈书的形式鼓励读者阅读它所推荐的图书，一般每期重点介绍一本书，有时还把作者约到演播室来与读者互动，其实这些每期重点介绍或品评一种图书的电视节目，也是在向读者推荐读物。可惜的是，“读书时间”由于收视率不足而停播。不过，在这方面还是有非常成功的例子，如美国的“奥普拉读书俱乐部”（Oprah's Book Club）电视节目、英国第四频道的“理查与茱蒂读书俱乐部”（Richard & Judy Book Club）等电视节目。如果一本书能获得奥普拉节目的推荐，至少可以多卖出50万本，甚至100万本，足可见其号召力之大。至于利用网络发布推荐书目的例子在当代更是不胜枚举，前面提到的亚马逊网上书店、豆瓣网都是成功的例子。另外，通过BBS读书版、网上论坛、个人博客发布推荐书目也是很普遍的事情。

（6）推荐书目不仅受到学者的重视，更日益受到政府和各种社会组织的重视和支持。各种新媒体的出现以及当代人越来越忙碌，阅读有衰落之势。但与此同时，社会上有识之士日益认识到阅读对于提高国民素质等具有重要的意义，因此各国政府和包括联合国在内的国际组织近年来不遗余力地投入推动鼓励阅读的活动。为了鼓励阅读，必须要解决读什么的问题，于是各种政府组织和社会组织也很重视组织相关专家为公众开列推荐书目。2000年1月，我国教育部颁布最新教育大纲，第一次明确指定中学生（包括初中和高中）课外文学阅读必读的30种文学名著，即推出了中学生课外必读文学名著书目。

作为中宣部、文化部、教育部等9部委、团体联合开展的“知识工程”的实施项目之一，知识工程推荐书目活动于2004年启动。自2007年开始，新闻出版总署等8部委在全国范围联合实施“农家书屋”工程，力争在全国农村建设20万家“农家书屋”，作为此项活动的一部分，每年组织专家选出历届农家书屋推荐书目。经过专家组的评选，最终确定4400余种图书作为“农家书屋”工程第一批推荐书目。

各地读书活动的开展，也相应地出现了一批推荐书目。如2007年第八届深圳读书月（11月1日至30日）活动，推出了藏书与阅读推荐书目100种、优秀青少年读物推荐书目50种、优秀音像电子出版物推荐目录30种。

在社会组织鼓励阅读方面，图书馆和图书馆协会始终是一股重要的力量，美国图书馆协会下设的青少年图书馆服务协会每年评选出“最佳青少年读物”等推荐书目。中国图书馆学会科普与阅读指导委员会于2006年4月23日成立，与此同时，其下设的“推荐书目组”也宣布成立，该组织将集合图书馆界和社会力量，为鼓励阅读、推荐好书作出努力。

（7）各种图书评奖结果、图书销售排行榜也成为事实上的推荐书目，鼓励人们去阅读这些榜上有名的图书。

（8）推荐阅读的形式不断创新，以前的推荐书目给人的感觉经常是比较严肃，而现在为了更好地为读者所接受，各位推荐者也不断在形式上力求创新，如以前“必读书”“最低限度”书目的名字较多，而现在也有打着“不必读”“不读书”等旗帜劝人读书的做法，以求增强对大众的吸引力和亲和力。如中国台湾就有一档知名的读书节目，以前叫“周二不读书”（后改名“今天不读书”）。总之，不管形式如何变，目的仍然是鼓励更多的人来爱书。鼓励阅读的事业要想达到好的效果，推荐者的方法和个人魅力的确是一个重要因素。例如：美国的奥普拉，有人这样评论：“即使她推荐人们去阅读电话号码簿，也会有人去读的。”这也说明她在推荐方面的确有高人一筹之处。

3 推荐书目的未来

在这里，我们展望一下未来推荐书目的发展趋势。讨论这个问题必须同时考虑推荐书目的环境，结合推荐书目产生环境的变化，我认为推荐书目在未来会有以下变化：

（1）人们生活越来越忙碌，面对多媒体的冲击，读书时间越来越少。在有限的时间里，人们更加呼唤符合自己需要的推荐书目，以节省自己的时间，提高生活和阅读的效率。

（2）图书越来越多，不知应读何书的困惑也就越来越大，越来越需要推荐书目的指引。单以中国为例，现在中国每年出版新书 10 万多种，而且还是在新闻出版署对书号实行统一分配，全国只有 500 多家出版社的情况下。设想一下，随着将来书号管理制度的放宽或消失，开办出版社的限制放宽，那么中国每年出版新书数还会有更大的增长。姑且不考虑这种情况，就以现在的情况而论，图书出版是历年不断累积的，去年出版的新书在今年仍然会摆在书店里，几百年几千年前出版的图书仍然会摆在图书馆里，且看现在书城不断扩大店面面积，图书馆不断建设新馆，仍然面临图书摆不下的困境。这样一来，未来的人可获得的图书就会越来越多。

（3）推荐书目的功能、种类和数量会发生变化。人们不仅需要以教育功能为主的推荐书目，以轻松、实用、休闲等为目的的推荐书目更有大量的需求。不仅推荐书目的数量和种类会呈现出多样性，需要推荐书目的人群也会呈现最大的多样性。以前，需要推荐书目的，主要是需要指点治学和读书门径的学子。而现在和将来，随着知识的多元化和生活的复杂化，谁都不可能精通所有的领域，我们需要有效地了解其他领域，图书是最好最系统的工具。那么“应读何书？书以何本为善？”这样的老问题就再次出现了，这时推荐书目便是我们理所当然的首选。比如一位文学系的教授，他可能需要了解一些经济学、理财或炒股方面的知识，这时他便需要类似于“家庭理财推荐书目”或“炒股者的十本最佳入门书”这样的推荐书目。

（4）推荐书目会朝着更加个性化、专业化的方向发展。大而全的推荐书目越来越没有吸引力。随着技术的发展，向个人推送为他定制的推荐书目会更加符合他的需求。另外，专业化的推荐书目也会更加受人欢迎。如专门针对律师、医生、音乐人士的推荐书目。

（5）推荐书目会与新媒体融合，发挥更大的影响。随着网络等新媒体的发展，个人表达意见和相互间交流的机会大大增加，不仅博览群书的大学者可以继续像过去一样为我们开列推荐书目，普通人也可以通过推荐书目发表自己的阅读见解。以网络为例，不论是需要推荐书目的人,或是想发布推荐书目的人,都可以通过网络轻松如愿。而新媒体的传播效果也远胜于传统的推荐书目。例如,传统时代,推荐书目可能是教师在课堂上为学生开列,或通过纸质出版物向大众公布,这种方式与网络等新媒介比起来望尘莫及。

综上,笔者姑且预言一下,未来的推荐书目将会朝着数量和种类更多、平民更多地参与推荐、与新媒介相融合、更加贴近人们生活的方方面面等方向发展。

参考文献

[1] 王余光. 中国阅读文化史论[M]. 北京:北京图书馆出版社,2007:9.

[2] 杨家骆. 中国古今著作名数之统计[J]. 新中华,1946(7):22 - 27.

[3] 丹比. 伟大的书——我与西方世界不朽作家的历险记[M]. 曹雅学,译. 南京:江苏人民出版社,1998:3.

(原载于《高校图书馆工作》2009 年第 3 期)

国家图书馆分类法及分类目录百年回顾与思考

卜书庆

分类法及分类目录在国家图书馆已经历一个世纪，在其不同发展阶段，分类法理论体系与实践内容都得到了充分发展。笔者通过分期总结其历史实践成就，探索其发展特征，以期为未来发展实践提供参考。

1 京师图书馆时期(1909—1929)

1909年清政府批准筹建京师图书馆，并同意调拨热河文津阁《四库全书》、内阁翰林院藏书等移送京师图书馆。这一时期，京师图书馆的藏书主要分为两部分，一为善本书，即凡旧刊旧抄之经史子集各部书籍暨敦煌石室之唐人写经、文津阁《四库全书》等；一为阅览书，即普通刊本的经史子集各部书籍暨地图书帖，还有前青厂分馆收集的一些译本和杂志①。1926年，拟合办国立京师图书馆的“中华教育文化基金董事会”在北海赁屋组织成立了北海图书馆，特藏有京师图书馆未备的志书及西文的政府出版物、西文自然科学的书籍、地图、金石拓片等②。此时，藏书呈现语种、主题多样化，东西文书籍，科学、哲学、实业内容的书籍逐渐增多，不局限在经史子集的四部范畴中(当时把这些新主题的图书称为“新书”)。如何编制目录、整理组织书籍以适用于公众阅览、外借及藏书，这是近代图书馆走向专业化以及当时图书馆学、国家图书馆业务建设的主要研究问题。

由于此时藏书的纷繁复杂，四部分类体系又无法容纳“新书”的内容，探讨新书分类体系、统一组织新旧图书并建设新分类法体系，成为同期馆内外学者研究探讨的问题。新书分类完全抛弃了四部分类体系，虽然有使用19类或21类或32类分类体系的记载，但总的来讲，中外文图书基本采用或仿“美国国会图书馆分类法”(以下简称LCC)的分类体系组织，对国家图书馆使用“杜威十进分类法”(以下简称DDC)的分类体系持否定态度。随着分类表的编制研究，分类目录的检索功能也得到不断发展，分类目录开始具备查找阅览图书的功能，不再仅为辨章学术、清查造册之工具。卡片目录与书本式目录同时编制，建立起以分类

---

① 1916年教育部行政纪要——京师图书馆及分馆[G]//北京图书馆馆史资料汇编(1909—1949).北京：书目文献出版社，1992.

② 1934年1月国立北平图书馆概况[G]//北京图书馆馆史资料汇编(1909—1949).北京：书目文献出版社，1992.

目录为主、书名目录和著者目录为辅的多套读者服务的目录体系。

1.1 新旧书分类体系并行

国家图书馆的分类体系呈现出新旧分类体系并行的特点是从这个时期开始的。一方面，国家图书馆的善本书继承了四部分类体系，采用四库分类为核心的五部类的分类体系。据史料对善本书分类记载："本馆编目原依四库全书体例，均变通分为经史子集及汇刻五大类，各分别列子部。"①另一方面，由于四部分类体系无法容纳此时期"新书"的内容，中国学者及京师图书馆的分类专家开始了对中外分类法的研究和自行编制分类法，探讨新书分类体系。1910年，我国著名学者孙毓修把DDC引进中国。1923年，戴志骞把LCC引进中国。同期国家图书馆学者如蒋复璁、严文郁等发表多篇文章研究和尝试编制分类法。中华图书馆协会组织成立分类法方面的专门委员会，我国著名图书馆学家刘国钧担任主席并组织业内研究。

国家图书馆经过对中外各种分类法比较研究，决定中外新书暂时使用LCC和仿LCC简编的21大类，并作为统一编辑新旧书分类法的过渡办法，"分类方法也将取新旧各式，博采兼收，已期适合时势之要求，便于检阅"②，北海图书馆"特取各种分类法与他处已得经验详加研察，以为旧法有所偏倚，实难合我国国学发展之途径，而四库分类又不合于科学之用，后出之书且亦无法容纳，是就别立方案不可。上承旧学下启新知，方足合现代图书馆之需要，今于立案之。先编客观的分类法，预先灼知各书之内容，再按其性质详加分析逐类草定，树立全部纲领。期于古今群籍皆有归，即使没有新作也可随时增其子目也。DDC也嫌其不易分配强而行之，难免滞碍"③。"类别符号乃为中国从来所无，不能不借镜于他国，然国内通行者多袭自杜威，全用数字。本馆用之殊觉不便，而别分类法虽便于西书，然以中国独体文字也不能采用。本馆拟用之法：每一个大类即用其首字母为纲，再以小类首字母为目，其下再系以数字，如志类丛书则标目用志丛，与不相关的数字比便于解悟。西文书本馆为将来之需要，故决取LCC，随间有目而无书者，而大致合于科学又适用于大图书馆之收藏，至16年(1927年)1月公开阅览，中文书籍购入渐多，为整理及便于阅览起见，现藏书书籍分类事暂停。"④"现藏书籍分类仍取LCC……各类也全为过渡办法，借将旧籍如予变通，将来并省分析，因当有待也。"⑤

通过这些史料记载，可以了解到，当时为古今图书力求统一分类法是编制新分类法的旨意，比较选择了LCC和仿LCC简编中文新书分类法，作为新编分类法的过渡方法。对于西文书的分类，则认为文字、学术思想与中文有别，故应单独成体系使用LCC分类。

---

①② 1934年1月国立北平图书馆概况[G]//北京图书馆馆史资料汇编(1909—1949).北京：书目文献出版社，1992.

③ 1930年10月国立北平图书馆第二馆概略[G]//北京图书馆馆史资料汇编(1909—1949).北京：书目文献出版社，1992：1189—1190.

④ 1930年10月国立北平图书馆第二馆概略[G]//北京图书馆馆史资料汇编(1909—1949).北京：书目文献出版社，1992：1190—1191.

⑤ 1930年10月国立北平图书馆第二馆概略[G]//北京图书馆馆史资料汇编(1909—1949).北京：书目文献出版社，1992：1192—1194.

1.2 分类目录为主导的书卡目录体系并行

1916 年，京师图书馆设置"目录课"等部门，其职能为目录编制、整理统计、图书解题、增废图书调查等①。至 1924 年，"目录课"下已设置 6 个组，分别为编辑善本书目录兼办各项总纂审核组、编辑普通旧书碑拓等目录组、编辑新旧杂志兼研究图书馆学组、编辑外国书籍目录兼译述关于图书馆学之书组、编辑唐人写经目录兼专门研究图书馆学组、编辑丛书分出目录组，要求每个组编辑分类目录的同时应编辑著者目录及书名目录两种，编辑详细目录同时编辑简明目录。

由此可知，此时期的国家图书馆，已建立各种文献目录且以分类目录为主的藏书目录体系。为了满足阅览检索服务等工作的需要，开始编制与书本目录并行的卡片目录："本馆目录均用卡片，计有两种。其一置于阅览室，其排列按本馆新分类法，其一置于编目科以备检查者，暂依四库分类，并将丛书零种加入。另有书本目录按新类编辑以备付印，丛书按类分散列入，丛书目录以互见之经史子集，陆续在本馆月刊发表，约半年可以完成。"②逐步形成了以分类目录为主导、书本和卡片式目录并行的目录体系。

2 国立北平图书馆时期(1929—1949)

这一阶段，国立北平图书馆逐渐建立起中文著录规范，建立了平装书、中文普通线装书分类体系。

2.1 建立中文图书著录规范

为图书编目的需要，刘国钧先生总结中西编目规则，撰写《中文图书编目条例》。条例吸取了中国古代和西方目录学的编目原则："紬绎宋元以来之公私著录，抉其通例，征之于西方目录学家之规定，而略为变通，笔之于纸，以为临事之一助，盖五年于此矣。稿凡数易。"③刘先生还特别说明："国人习于分类之目录，以为不分类不足以为目，实则不尽然也。盖编目之法乃图书著录之法，非论图书部居之法。今所拟者，非仅为编分类目录而用。"④

该条例曾先后在金陵大学图书馆、河南省图书馆、国立北平图书馆试用。1929 年，在《图书馆学季刊》1929 年第 4 期上公开发表，1930 年由中华图书馆协会印行推广，这是我国较早的中文图书著录规范，一直影响我国图书馆的编目和目录组织工作。

---

① 1916 年 12 月 30 日教育部指令第 320 号批准京师图书馆暂行办事规则[G]//北京图书馆馆史资料汇编(1909—1949). 北京：书目文献出版社，1992

② 1930 年 10 月国立北平图书馆第二馆概略[G]//北京图书馆馆史资料汇编(1909—1949). 北京：书目文献出版社，1992.

③ 见刘国钧该条例导言。

④ 刘国钧. 刘国钧图书馆学论文选集[G]. 张树华，史永元，编. 北京：书目文献出版社，1983：11－13，54.

2.2 建立平装书、中文普通线装书分类体系

1930 年前后，国家图书馆在善本书、线装书、平装书的分类中，出现了不同的分类体系。这与当时强调新旧书不同的装帧形式及分别分类排架的要求，强调新旧书不同的借和阅功能，以及旧书分类的保守习惯、经济实力等因素有关，致使形成新旧书不同的分类体系。

2.2.1 《中国图书分类法》

刘国钧先生认为："采用新旧并行制，往往因新旧标准之无定，以致牵强附会，进退失据，言之似易，行之实难；至于采用西人之成法，则因中西学术范围方法问题不同者太多，难于一一适合，勉强模仿，近于削足适履。故决定采新旧书统一之原则，试造一新表。"①因此，本着新旧书统一分类之原则，刘国钧先生编制了《中国图书分类法》（以下简称"刘法"），国立北平图书馆平装书即选用此法。

"刘法"将图书分作 9 部，总涵一切的图书目录之学称为总部，总部之下依次为哲学部、宗教部、自然科学部、应用科学部、社会科学部、历史与地理部（中国与外国）、语文部、美术部。标记符号为数字，相应为 000—999，采用了 DDC 的编号制度。从分类体系看，"刘法"重置四部分类体系，把经部中的六经即六艺分属各部，通论群经列在总部下；史部中的通史、断代史、传记、金石等类归入历史与地理部，专史各入其类，如政书归人社会科学部；子部根据内容各入其类；集部全部归入语文部文学类。

1935 年，国立北平图书馆已开始依据"刘法"分类并定期向全国发行卡片目录。通过《国立北平图书馆馆刊》公布刊载新旧书不同的分类目录。1936 年"刘法"增订再版，被多种类型的大型图书馆所采用。据文化部文物局 1950 年对全国各大图书馆分类法调查统计："在当时流行的 1948 年以前编制的十多部中外图书分类法和此后编制的多部新法中，使用最多最广者均为刘法。"②在国家图书馆，"刘法"组织分类目录一直沿用到 1975 年《中国图书馆分类法》第一版诞生，而藏书排架则一直沿用至今。

2.2.2 《中文普通线装书分类表》

1929 年合组后，北平图书馆提出线装书与平装书分别分类庋藏，而且要求线装书应合于四部分类体系。为解决善本书之外的中文线装书的分类，刘国钧先生主持编制了《中文普通线装书分类表》，在四部分类体系的基础上，兼容现代科学的内容设立了 15 个基本大类，编制出 1800 多个类目的十进层累制体系表。类目取舍根据当时本馆藏书的具体情况确定，在每个大类前均设双位数字标记的"通论"类，并增设经籍门，集中六艺，与四部分类法排列取得相同顺序，把"总部"拆分为"目录门"与"总记门"，把"历史与地理部"拆分为"史乘门""地志门""传记门""古器物学门"，把"语言与文学部"拆分为"文字学门""文学门"，旧学、新学两大部分依次排列，四部分类体系基本存在，只是子部分散在"新学"各部类中，形成 15 大类。该表在国家图书馆线装书的藏书排架和书目编制中，一直沿用至今。

---

① 刘国钧. 刘国钧图书馆学论文选集[G]. 张树华，史永元，编. 北京：书目文献出版社，1983：11－13，54.

② 罗德运，黄宗忠. 刘国钧先生和中国图书馆事业[J]. 图书馆工作与研究，1999(6).

3 北京图书馆时期(1949—1999)

新中国成立后,图书馆事业成为社会文化事业的一部分并得到了充分发展,改进旧意识形态下的图书分类法成为一项重要而紧迫的课题。在文化部的领导下,图书馆界和学术界提出编制一部以马列主义为指导思想、以科学分类为基础的新图书分类法,而且“新的分类法,必须是集体写作,而绝不是个人的创作”[①]。北京图书馆曾先后组织全国力量编制《中小型图书馆图书分类表》(以下简称《中小型表》)、《大型图书馆图书分类法》(以下简称《大型法》)、《中国图书馆分类法》(以下简称《中图法》)等中外文图书统一的分类法,编制分类主题一体化的《中国分类主题词表》(以下简称《中分表》),在分类法集体编制及应用方面起到了组织和指导作用。在图书目录编制方面,分类目录由手工编目进入到计算机编目时代。

3.1 组织编制中外文图书的统一分类法

3.1.1 修订“刘法”

1951 年始,北京图书馆对当时普遍使用的“刘法”进行了修订,以使其成为新分类法的过渡分类法,解决图书分类思想性等现实问题,1957 年修订完成。修订版增设了“马恩列斯毛泽东著作”为第一部类,称“马克思列宁主义部”,用 11/19 符号标记,并纠正政治上认为错误的类名,补充了一些新主题、新思想、新事物等。修订版的“刘法”为新中国成立后的分类法以马克思列宁主义为第一部类的分类体系立下了标杆。

3.1.2 编制《中小型表》

新中国成立后,新建的一些中小型图书馆没有统一的适用分类表,而新中国成立前编制的一些旧分类表已有诸多不适。因此,1956 年社会文化事业管理局与北京图书馆共同组织编制《中小型表》以便积累经验,为将来把该表扩充为大型图书馆图书分类法和缩减为小型图书馆图书分类表做准备。

其间,北京图书馆组织成立编辑小组,邀请刘国钧、杜定友、皮高品、钱亚新、张照、袁涌进等图书馆学专家参与讨论和拟制类表,多次召开全国中小型图书馆座谈会,参考国内外有影响的分类法,特别是苏联国立列宁图书馆的新分类表(ЪЪК),确定以马列主义为指导的五部类 21 个大类的编制原则,采用拉丁字母与数字结合的层累制号码体系。多方征求学科专家意见,并在北京图书馆新旧图书中试用本表,几经修改,《中小型表》最终于 1957 年 8 月出版。该表为日后《中图法》分类体系的思想性、科学性奠定了重要基础,五部类的分类体系一直影响至今。自 1957 年始,国家图书馆的俄文图书编目,全国期刊、中西俄文图书联合目录均采用了该表,直至 1975 年《中图法》第一版面世。

---

① 白国应. 历史不会忘记:纪念《大型图书馆图书分类法草案》编制 40 周年[J]. 图书情报论坛,1999(1):2-13.

3.1.3 编制《大型法》

1959 年,在"全国省市图书馆干部培训班"上,多数省市图书馆馆长建议在《中小型表》基础上扩编详表,以便解决大型图书馆对新图书分类法的迫切需要。北京图书馆经与有关图书馆协商,决定以大协作精神,共同编制一个合乎马克思列宁主义思想体系、便于大型图书馆使用的分类法。

1959 年 4 月 1 日,北京图书馆组织成立了"大型分类编辑工作临时领导小组",1960 年 2 月 15 日,组成大型分类法编辑委员会,下设综合工作组和专业工作组。综合工作组协助领导小组研究分类法的编制原则、方法等问题,负责分类法的汇编工作、部分类目的编制及组织联系工作等。专业工作组由同性质的专业图书馆组成,负责分工范围内的专业类目的编制工作。

综合工作组动员了百余个单位、近千余人参加分类表的编制和讨论,针对大型图书分类法基本序列、编制原则、图书分类与科学分类的关系、基本大类定类标准等主题展开充分论证,最终于 1960 年 7 月完成《大型法》草案(初稿),开始在一部分大型图书馆试用,广泛征求意见。《大型法》以马克思列宁主义为指导思想,以鲜明的政治思想性和科学性的分类体系为编制原则,以今、中为主,充分反映出科学的新成就和新事物,同时适用于古今中外图书的分类,共约 5 至 6 万条类目,其基本序列为马克思列宁主义、哲学、社会科学、自然科学、综合性图书,基本大类为 21 个,标记符号采用汉语拼音字母和阿拉伯数字相结合的号码。1964 年《大型法》自然科学部分完成,开始在中国科技情报所及所属单位和部分大专院校图书馆使用。1966 年《大型法》社会科学部分刚刚完成初稿,便因"文革"冲击被迫停止。《大型法》虽然是一部未完成的图书分类法,但其体系结构、标记制度以及编表技术为后来的《中图法》所借鉴。

3.1.4 编制《中图法》

1971 年 2 月,北京图书馆根据图书馆界需要,再次倡议以大协作的方式编辑新的图书分类法,这一倡议得到全国各系统图书馆的积极响应,共有各省、市、自治区图书馆,高校图书馆以及中国科技情报所等 36 个单位参加。在《大型法》和《中小型表》的编制体例基础上,确立从总到分的编制原则,梳理纠正分类体系,经过两年多时间的努力,于 1973 年 3 月完成草表,并由北京图书馆以试用本的形式印出。1974 年 7 至 11 月,编辑组在广泛征求各地图书馆意见的基础上,对该试用本进行了修订、补充,于 1975 年 10 月由科学技术文献出版社正式出版。陆续为全国许多图书馆和情报文献单位所采用,较好地解决了大型图书馆的图书和资料的分类问题。北京图书馆的中外文图书也从此开始统一采用《中图法》排架及组织馆藏分类目录。

1979 年 7 月《中图法》第一届编委会成立,开始对《中图法》进行系统修订。1980 年 6 月《中图法》第二版出版,1999 年第三、四版相继面世。为明确其对于各类型文献分类的适用性,由《中国图书馆图书分类法》改名为《中国图书馆分类法》,并出版了适用各类型图书馆和各类型文献的系列版本,如期刊版、资料法、简本、中小学少年儿童版、索引、专业版等。今天,《中图法》已成为我国图书情报界广为使用的一部综合性分类法。据 1986 年不完全统计结果表明,全国已有 94% 的图书馆和情报资料单位使用《中图法》。除汉文版外,国内尚有维、蒙等少数民族语言版,国外则有日本近野中国语研究所翻译的日文版。

3.2 编制《中分表》

1986 年 11 月,《中图法》与《汉语主题词表》(以下简称《汉表》)的对应表编制方案开始提出。1994 年《中分表》成稿。《中分表》以分类法、主题法一体化研究成果为基础,既能满足文献主题标引和检索,又能满足分类标引和检索的需要,是一部大型的、综合性的分类号与主题词兼容转换的一体化标引工具。

《中分表》的编制从中国编目实践出发,考虑《中图法》使用广泛以及《汉表》如何在图书馆界尽快推广这两个因素,选择与我国国情相适应的分类主题一体化的道路。而事实上,《中分表》出版后,在主题编目和检索等方面所起到的作用远远超出最初的设计目的,对信息组织的影响更为深远。

3.3 分类目录由手工编目到计算机编目

1981 年,北京图书馆立项研究中国机读目录,1988 年开始依据中国机读目录格式(CNMARC)制作国家书目中文图书机读目录数据,并由计算机系统打印生成中文图书目录卡片。1984 年,北京图书馆依据《汉表》开始手工编制中文图书主题目录,1988 年与分类目录同时转为计算机编目。但由于人力、物力等方面的原因,1995 年主题卡片目录编制工作首先停止,1999 年以后中外文图书分类卡片目录也陆续停止编制,机读目录的分类号索引、主题词索引取代卡片分类目录、主题目录。从此,随近代西学引进的卡片分类目录等退出历史舞台。

4 国家图书馆时期(1999—2009)

4.1 分类法机读化、电子化、网络化的发展

随着计算机编目、网络编目和网络检索的发展,《中图法》机读化、电子化、网络化的研究成为这一时期的主要研究课题。国家图书馆依据 USMARC 的分类法格式和《中图法》类目体系特点建立了《中图法》机读数据库。2001 年研制出版的《中图法》视窗电子版,是我国第一部电子化的、可用于机算机辅助标引的分类法。2002 年又根据 IFIA 推出的国际标准"UNIMARC Classification Format"拟订中国分类法的 MARC 格式并修订《中图法》数据。2005 年修订《中国分类主题词表》并研制出版其视窗电子版,真正实现了分类号与主题词的互操作及互动映射,实现了分类主题一体化的机算机辅助标引和检索,这是国内第一部电子化的、可应用于局域网服务的分类主题一体化的知识组织工具。

2005 年,国家图书馆组建《中图法》第七届编委会,2006 年启动《中图法》第四版的修订调研工作,编制《中图法》第五版,并试图解决分类法结构和分类法可视化检索等个性化服务问题。

《中图法》虽然已从印刷型工具发展成电子工具,但电子版还不能完全满足知识组织系统网络共享和交互发展的需求、网络服务的需求和实时修订的需求。因此,自 2008 年起国

家图书馆开始研发《中分表》修订维护系统及网络版,包括《中图法》网络版,将支持基于XML和MARC的机读格式,通过网络访问实现分类号与主题词的互操作检索和浏览,并通过用户订制,方便快速实现多个OPAC的文献主题一体化检索,实现基于知识组织的文献网络检索服务。

4.2 公共联机检索目录系统(OPAC)的分类检索

1999年,国家图书馆引进以色列的Aleph集成系统,其中OPAC系统集成了多种数据的逻辑库,形成各类型文献的字典式的多字段多途径的检索系统,包括分类号字段的多途径分类检索,可集中查找同一类号下多语种、多类型文献。在Aleph系统中,任何读者目录均为虚拟索引形式,对具有强结构性特点的分类目录也不例外。分类卡片目录虽然被OPAC的分类检索系统所代替,但分类目录的等级结构及分类号形式化的特点决定了分类检索系统的结构化和可视化的要求,所以OPAC字典式的分类检索途径形同虚设,更不具备分类卡片目录的导引功能,不能满足系统知识的检索需求。因此,该系统有待升级完善,只能作为分类检索的短期过渡形式。

5 结语

从国家图书馆分类法和分类目录的发展过程可以看出,分类法的变化体现在对文献内容揭示的深度和广度不断发展,从文献组织到知识组织结构的转变,分类法与主题法结构相结合的转变,体现在编制维护技术手段的发展,从单人编制到集体编制,从而到计算机维护系统辅助编制,进而到网络自动聚类、知识挖掘的辅助技术应用的自丰富的动态维护和实时修订。分类目录体现在组织对象的发展,从对文献间的关联结构到对知识间的动态关联结构的组织。分类法的应用体现在服务范围的发展,从封建社会的典籍整理以及辨章学术、考镜源流的学术研究的应用,到图书分类排架、书目组织进而到知识组织的应用服务。

参考文献

[1] 俞君立.中国文献分类法百年发展与展望[M].武汉:武汉大学出版社,2002.

[2] 卜书庆.《中国分类主题词表》(第二版)及其电子版手册[M].北京:北京图书馆出版社,2006.

(原载于《图家图书馆学刊》2009年第3期)

国家图书馆如何加强博士学位论文的开发与利用

蒋宇弘

1 导言

自1981年正式实行学位制度以来，随着社会对科学知识需求的不断加大，我国接受研究生教育的人数也越来越多，从首批18名博士发展到2006年的36247名博士[1]。由于博士论文具有内容专深、选题现实等特点，因而近年来倍受读者的关注和青睐，在图书馆界受重视的程度也在不断提高。但是这部分珍贵的文献，却并没有被充分利用。国家图书馆作为教育部指定的全国博士论文收藏中心①，有义务也有能力在博士论文的开发利用中起到带头作用。本文探讨作为国家图书馆，如何带领全国各论文收藏机构，对博士论文由简单的收藏模式，转变到对博士论文的深层次服务中来，最终实现博士论文信息资源全面利用，最大限度地发挥博士论文的应有价值。

2 国家图书馆博士论文利用现状

国家图书馆作为国务院学位委员会指定的全面收藏和整理我国博士论文的专门机构，专门设置学位论文收藏中心，根据博士学位论文的特点，制作博士论文书目数据提供读者查询；开辟了博士论文文库阅览室，为读者提供包括博士论文在内的纸质版学位论文阅览服务；建立了博士论文全文影像资源库，提供博士论文全文前24页的展示浏览。同时，国家图书馆还注重加强对博士论文二次文献的编写工作。早在1990年，国家图书馆就编辑出版《中国博士学位论文提要》一书，该书分两本，分别介绍了1981年至1990年期间社会科学和自然科学的博士论文7000余篇。2007年，国家图书馆又编辑出版了《中国博士学位论文提要(人文社会科学部分，2005)》，收录5600余篇。

---

① 《中华人民共和国学位条例暂行实施办法》(1981年5月)第二十三条的规定"已经通过的硕士学位和博士学位的论文，应当交存学位授予单位图书馆一份，已经通过的博士学位论文，还应当交存北京图书馆(中国国家图书馆)和有关的专业图书馆各一份"。

3 博士论文的开发利用

作为国家图书馆,如何充分利用代表国内最前沿学术水平和技术水平的博士论文,为知识学习、信息传播和教育发展提供更全面的服务,引导读者最大限度地使用这种文献资源,还有很多地方需要完善。仅仅通过图书馆阅览的方式来介绍博士论文读者面还是非常有限,博士论文的内容也不能充分被利用。以国家图书馆为例,2006 年接待查阅学位论文的读者人数为 47088 人[2],甚至还不足 2006 年全部毕业研究生人数[3]的 20%。国家图书馆应该变被动服务为主动服务,开展深层次服务,为博士论文的深层次开发利用尽自己的力量。

3.1 扩大收藏范围

国家图书馆博士论文的收藏范围包括大陆地区高等院校和科研机构的博士学位论文、台湾地区部分博士论文、部分海外华人华侨博士论文。除了大陆地区的博士论文得到系统全面的收藏以外,其他收藏还有待改进。

首先,作为专业的博士论文收藏机构,不仅应该收藏大陆范围的博士论文,还应收藏包括港澳台地区在内的博士论文。由于港澳台地区的博士学位授予不归属国务院学位委员会管理,收藏起来有一定的难度。所以可以采取多种形式相结合的方式增加收藏:①直接索取。可以由国家图书馆学位论文收藏中心直接和港澳台各学位授予单位或者下属图书馆、档案馆联系,索取他们的博士论文。②交换。利用馆际交换的方式,国家图书馆与港澳台各学位授予单位图书馆进行交换论文。但是由于博士论文的版权不归国家图书馆所有,可以由国家图书馆或者国务院学位委员会出面与大陆各学位授予单位进行版权的协调。③购买。通过图书进出口公司等图书销售单位,直接购买港澳台地区已经处理过版权的博士论文。

其次,国家图书馆在做好中国的博士论文收藏工作的基础上,也应该将收藏的范围进一步延伸。例如 20 世纪 50 年代以来,随着新中国的建立及国际地位的提高,特别是改革开放以后,海外中国学已经成了国际热点。海外中国学在相当程度上代表国际学术界对中国历史和现实的认识,影响国际社会及其学术界对中国问题的看法,加强对海外中国学的研究已经成为学术界共识。但是国家图书馆关于海外学者(包括华人、华裔和非华裔)研究中国问题的论文却没有收藏。所以国家图书馆在努力收集全球华人博士论文的同时,还应有计划地逐步将亚洲乃至全球范围内研究中国学的博士论文全面收藏。

3.2 全面揭示信息

国家图书馆现在的书目数据可以提供题名、作者、导师、学科专业、学位授予单位、授予时间等信息检索到相关论文。随着图书馆的发展,对书目数据的要求也不断变化。MARC 作为保存书目信息的方式,其包含的内容也应随之不断加强。

为了增加博士论文信息的深度和广度,更加充分地揭示博士论文信息,让读者通过书目数据就可以更全面地了解博士论文全部内容,应该将博士论文的摘要、目次、参考文献等信息放到机读格式中。我国台湾地区早在20世纪末就已经将学位论文的摘要、目次、参考文献等信息,放到机读格式中[4]。具体来说,国家图书馆博士论文MARC数据除了现在的这些著录项目,还应该在MARC数据的3XX字段增加对摘要、目次、参考文献、基金或项目等信息的揭示;同时为了丰富研究生及导师个人信息,让读者通过书目数据就可以更全面地了解研究生和导师的情况,方便进行人称规范,应该将研究生及导师的出生年月、性别、籍贯、民族等个人信息放到机读格式中。具体来说,应该在MARC数据的7XX字段增加研究生及导师信息的揭示,如表1所。

表1 学位论文机读目录格式字段

<table>
<tr><th>字段</th><th>子字段</th><th>使用情况</th></tr>
<tr><td>300 一般性附注</td><td>$a 基金、项目</td><td>未使用</td></tr>
<tr><td>301 标识号附注</td><td>$a 论文编号</td><td>未使用</td></tr>
<tr><td>307 载体形态附注</td><td>$a 附注内容</td><td>未使用</td></tr>
<tr><td>312 相关题名附注</td><td>$a 附注内容</td><td>未使用</td></tr>
<tr><td>314 知识责任附注</td><td>$a 作者和导师个人信息</td><td>未使用</td></tr>
<tr><td>320 文献内书目、索引附注</td><td>$a 附注内容</td><td>未使用</td></tr>
<tr><td rowspan="3">321 被外部文献索引、摘要和引用附注</td><td>$a 索引、文摘、引文附注</td><td>未使用</td></tr>
<tr><td>$b 涵盖时间</td><td>未使用</td></tr>
<tr><td>$x 国际标准连续出版物号</td><td>未使用</td></tr>
<tr><td rowspan="6">327 内容附注</td><td>$b 一级子章节</td><td>未使用</td></tr>
<tr><td>$c 二级子章节</td><td>未使用</td></tr>
<tr><td>$d 三级子章节</td><td>未使用</td></tr>
<tr><td>$e 四级子章节</td><td>未使用</td></tr>
<tr><td>$p 页码</td><td>未使用</td></tr>
<tr><td>$z 其他信息</td><td>未使用</td></tr>
<tr><td rowspan="5">328 学位论文附注</td><td>$b 论文细节及学位类型</td><td>未使用</td></tr>
<tr><td>$c 学位的学科领域</td><td>未使用</td></tr>
<tr><td>$d 学位授予时间</td><td>未使用</td></tr>
<tr><td>$e 学位授予机构</td><td>未使用</td></tr>
<tr><td>$z 附注前后的文字说明</td><td>未使用</td></tr>
<tr><td>330 提要或文摘附注</td><td>$a 附注内容</td><td>已使用</td></tr>
<tr><td>333 保密级别与保密期限附注</td><td>$a 附注内容</td><td>未使用</td></tr>
<tr><td rowspan="4">334 获奖附注</td><td>$a 获奖说明</td><td>未使用</td></tr>
<tr><td>$b 奖项名称</td><td>未使用</td></tr>
<tr><td>$c 获奖年代</td><td>未使用</td></tr>
<tr><td>$d 颁奖国家</td><td>未使用</td></tr>
</table>

续表

字段	子字段	使用情况
393 系统外字符附注	$a 附注内容	已使用
701 个人名称—等同知识责任	$a 作者名称	已使用
	$b 名称的其余部分	未使用
	$c 名称附加	未使用
	$f 年代	未使用
	$g 名字首字母的展开形式	未使用
	$p 任职机构/地址	未使用
	$3 规范记录号	未使用
	$4 责任方式	已使用
702 个人名称—次要知识责任	$a 导师名称	已使用
	$b 名称的其余部分	未使用
	$c 名称附加	未使用
	$f 年代	未使用
	$g 名字首字母的展开形式	未使用
	$p 任职机构/地址	未使用
	$3 规范记录号	未使用
	$4 责任方式	已使用
711 团体名称—等同知识责任	$a 学位授予单位名称	未使用
	$p 机构/地址	未使用
	$4 责任方式	未使用

3.3 资源共建共享

作为国家图书馆，要逐渐完善自建数据库。具体来说，国家图书馆博士论文全文影像资源库现有博士论文近 10 万种已完成影像扫描，但和现在的博士毕业生人数相比，数据库的进度还需要继续加快。同时，还应该采取其他方式直接获取电子版博士论文。例如，争取得到学位授予单位或者博士本人的许可，获取博士论文的使用授权，直接使用博士自己的电子版，既提高了数据库的制作速度，又避免因扫描带来的误差。

国家图书馆还可以借助联合编目的力量提高博士论文的编目速度。国家图书馆全国联合编目中心现在拥有学校成员馆数百家，如果这些成员馆都可以为国家图书馆提供博士论文的联合编目数据，在实现博士论文书目数据资源共建共享的同时，不仅提高了国家图书馆博士论文编目的速度，也提高了文献信息和作者信息的准确性。

3.4 出版发行

由于许多博士论文的选题直接来自国家各部委的科学基金和国家科技攻关项目，各类基金和攻关项目主持单位通常要求项目承担者将最终成果以报告形式公开出版。因此，近年来博士论文以纸本印刷方式公开出版的数量大幅增长。

但是，博士论文中能够出版发行的所占比重仍然很低。截止到2004年，博士研究生毕业人数达到13万余人①，而能够正式出版发行的学位论文仅3590篇②。同时，虽然有40余家出版社出版了不同数量的博士论文，但是出版有一定延续性、达到一定数量的出版社很少；而且出版方式混乱，有的按学校出版，有的按学科出版，甚至会重复出版。国家图书馆应该发挥自己有出版社的优势，联合教育部、学位授予单位等相关机构相互沟通协调，建立一个有序的出版网络，尽可能多地出版博士论文，力争系统地对博士论文进行资助出版，全面揭示我国博士论文研究成果。

由于博士论文内容专深，尤其是自然科学方面的博士论文出版确实有一定的难度。为了全面、快速传播数量巨大的博士研究生研究成果，应该全面编纂博士论文摘要。摘要通过较短的篇幅概括出论文的中心思想和主要内容，揭示出论文的精神要义，反映出作者的学术观点和研究成果的优势，便于读者掌握某一专业在某一时期所发表的论文数量和内容。现已编纂出版的博士论文摘要如表2所示。但是统计发现，博士论文摘要的出版发行情况并不受重视，无论是结集出版还是在杂志上刊登，无论是按照学科门类还是授予单位出版，都缺乏连贯性。国家图书馆应该充分利用自身既是博士论文收藏机构，又拥有国家图书馆出版社的双重优势，一方面将2005年以后的博士论文摘要继续编辑出版，同时尽快地将1991年至2004年之间的博士论文摘要回溯出版。保证《中国博士学位论文摘要》的连贯性和完成性。

表2　博士论文摘要编纂出版情况

出版社名称	题名	出版年
石油工业出版社	石油勘探开发科学研究院研究生部学位论文摘要汇编. 第一集，石油天然气（石油勘探开发科学院研究生部硕士生、博士生论文摘要）	1990
石油工业出版社	石油勘探开发科学研究院研究生部学位论文摘要汇编. 第二集，油气田钻井	1990
石油工业出版社	石油勘探开发科学研究院研究生部学位论文摘要汇编. 第三集	1994
石油工业出版社	石油勘探开发科学研究院研究生部学位论文摘要汇编. 第四集	1998
石油工业出版社	中国石油勘探开发研究院研究生部学位论文摘要汇编. 第五集：1996—2002	2003
福建教育出版社	1998年福建省优秀博士学位论文摘要	1999
清华大学出版社	清华大学博士学位论文摘要汇编：1983—1988年（清华大学1983—1988年通过博士论文答辩并授予博士学位的研究生论文摘要178篇。）	1991

① 数字取自国务院学位办公室《历年授予博士学位人员情况》。

② 数字源于2008年2月18日查询国家图书馆馆藏目录。

续表

出版社名称	题名	出版年
清华大学出版社	清华大学博士学位论文摘要汇编. 1989 年	1993
清华大学出版社	清华大学博士学位论文摘要汇编. 1990 年	1993
清华大学出版社	清华大学博士学位论文摘要汇编. 1991 年	1994
清华大学出版社	清华大学博士学位论文摘要汇编. 1992 年	1994
清华大学出版社	清华大学博士学位论文摘要汇编. 1994 年	1997
清华大学出版社	清华大学博士学位论文摘要汇编. 1995 年	1997
华东师范大学出版社	华东师范大学 1998 年度博士学位论文摘要(1998 年博士学术论文 80 余篇)	2002
华东师范大学出版社	华东师范大学 1999 年度博士学位论文摘要(1999 年博士学术论文 100 篇)	2003
山西科学技术出版社	山西省优秀博士硕士学位论文摘要(2002)(收入博士学位论文 5 篇)	2003
中国大百科全书出版社	福建师范大学博士学位论文提要集(1997 年至 2007 年 266 篇博士论文提要)	2007
社会科学文献出版社	中国社会科学学位论文提要. 1990 年(本书为 1990 年度专辑,汇集了全国 76 所科研单位和高校 3800 余篇学位论文,其中博士论文 171 篇)	1993
科学技术文献出版社	全国优秀博士学位论文举要	2006
北京图书馆出版社	中国博士学位论文提要. 2005,人文社会科学部分(2005 年度人文社会科学博士学位论文提要 5698 篇)	2007
辽宁大学出版社	中国博士学位论文提要:1981—1990,自然科学部分,理学分册	1995
书目文献出版社	中国博士学位论文提要,社会科学部分:1981—1990	1992
高等教育出版社	全国优秀博士学位论文摘要. 2000	2001
中国统计出版社	统计学博士论文内容摘要(2000—2001)	2002
中国农业大学	中国农业大学博士学位论文摘要. 1999 年	1999

3.5 网络交流平台

作为信息资源中心的国家图书馆,应开辟一个专门的学术交流平台,提供一个能够迅速调整与更新的网络环境,集合海内外博士介绍各自博士论文的内容,就各种议题开展学术交流与研讨,使专家学者能较及时地发现最有意义的研究课题,为各学科的发展建设献计献策。首先可以在图书馆学方面建立这种学术交流平台。目前,国家图书馆数字图书馆在互联网、馆域网上向读者提供超过 200TB 的丰富数字资源;中国博士后科学基金会与国家图书馆签署了合作协议;图书馆学专业博士后工作站也已经设立,要充分利用这些优势,将图书馆学的学术交流平台建立起来。图书馆学作为一门应用科学,与图书馆的具体工作是分不开的。在这个学术平台上,图书馆学博士不仅可以方便与其他博士交流,更方便他们真实接触到图书馆的实际工作。对于图书馆员,也比以往更容易学习到先进理论,提高工作效率,改善工作流程。

4 结语

博士论文作为重要的科研文献资源,系统、全面、具体地反映了各学科专业前沿领域的科研成果和发展状况。加强对博士论文的开发利用,可以更好地提高博士论文利用率,达到资源共享的目的。

参考文献

[1] 教育部2006年分部门、分计划研究生数[EB/OL].[2008-02-18]. http://www.moe.gov.cn/edoas/website18/info33517.htm.

[2] 国家图书馆2006年年度报告服[EB/OL].[2008-02-18]. http://www.nlc.gov.cn/service/guanyuguotu/baogao.htm.

[3] 2006年研究生毕业人数为255902人[EB/OL].[2008-02-18]. http://www.moe.gov.cn/edoas/website18/17/info33517.htm.

[4] 台湾博硕士论文信息网[EB/OL].[2008-02-18]. http://etds.ncl.edu.tw/theabs/index.jsp.

[5] 姚蓉,方怡.学位论文编目实用指南[M].北京:书目文献出版社,2007.

[6] 姚蓉.中国博士学位论文数据库建设的思考[J].国家图书馆学刊,2002(3):26-31.

[7] 罗凤平,崔绪美.高校学位论文的管理实践及开发利用的思考[J].图书馆学研究,2005(8):40-42.

[8] 赵嘉朱.中国学位论文管理的历史回顾与前景展望[J].中国社会科学院研究生院学报,2006(4):136-141.

[9] 中国国家图书馆[EB/OL].[2008-02-18]. http://www.nlc.gov.cn.

[10] 中华人民共和国教育部[EB/OL].[2008-02-18]. http://www.moe.gov.cn.

(原载于《大学图书馆学报》2009年第5期)

CIS 统计系列缩微资料的内容特征与收藏管理

罗　晨

1　概述

美国国会信息服务公司(Congressional Information Service Inc.,简称 CIS)是一家以出版政府与国际组织文献和统计数据而著名的世界性出版公司。该公司成立于 1969 年,坐落在美国首都华盛顿附近[1]。CIS 凭借其与美国政府之间的密切关系,以出版美国国会文献起家[2],以后出版物范围逐渐扩大到:①美国政府机构发表的社会、经济、人口诸方面的统计资料;②世界各国政府和国际组织公布的官方文献和统计资料;③学术、科研机构的统计资料与研究成果,等等。公司的专家将上述海量的文献资料分类、编目,编制出索引和文摘,并将其与文献资料全文一起以印刷品、缩微平片、磁带和光盘形式出版。

CIS 整理统计资料始自 20 世纪 70 年代,最初以缩微平片的载体形式出版,多年来形成了 4 个系列,如表 1 所示:

表 1　CIS 出版的 4 个系列统计缩微资料

序号	统计系列	简称	参考译名	出版年[3]	收藏年代
1	American Statistics Index	ASI	美国统计索引	1973—现在	1974—2004
2	Statistical Reference Index	SRI	统计参考索引	1980—现在	1986—1994
3	Index to International Statistics	IIS	国际统计索引	1983—现在	1986—现在
4	National Statistical Compendium (Current National Statistical Compendium)	NSC(CNSC)	各国统计概要(当前国家统计概要)	1970—现在	1970—现在

这 4 个统计系列名为"Index"(索引),其中 ASI、SRI 和 IIS 这 3 个统计系列又被 CIS 统称为 Statistical Universe(统计大全)。实际上它们并非只是指引人们查找统计资料的索引,而是经过索引和分类的原文献资料的全文复制品。这些统计资料中不仅包含单纯的统计数字和表格,还包括许多叙述性的文献,如对有关统计数据进行分析、评论与研究的研究报告,指南、摘要和行政性报告、文件以及含有图表、地图等的专著等。

20 世纪 80 年代,中国国家图书馆(以下简称"国图")新馆在白石桥建成(1987 年),前后集中引进一批国外出版的缩微资料。1986 年,国图通过代理商国际图书贸易总公司,订购了 CIS 出版的 IIS 和 SRI 两套缩微平片;后来又相继订购了 ASI 和 NSC,均为按出版物号整套订购。由于它们都是连续出版物,为保证资料的完整性,国图将其作为长期订单,并每年续订一次,具体由国际组织与外国政府出版物组负责收藏和管理。后因种种原因,国图于1994、2003 年先后停止了 SRI、ASI 的续订。

1998 年,CIS 成为著名的联机数据库服务公司 LexisNexis(莱纳公司)的子公司,归属莱纳出版公司(LexisNexis Academic & Library Solutions)旗下,其出版物开始在计算机网络上向用户提供。

2 内容特征

2.1 ASI

ASI 收录美国联邦政府机构出版的统计资料,早在 1973 年起就开始为联邦统计出版物编制摘要和索引。美国政府是世界上最大的出版者,拥有世界上出版发行数量最大、内容最为丰富的政府出版物,内容涵盖人口统计、法律、经济、健康、教育、国际贸易、劳工、环境、能源、科技等多方面,几乎是各个研究领域文献资料的最佳来源。对于美国联邦政府数百个行政、立法、司法机构发行的统计资料,不论它是由美国政府印刷局出版还是由某个机构出版,不论以印刷还是在线形式出版,不论是否已通过美国政府出版物保存馆计划被提供给保存馆,ASI 都将其收入,并迅速、准确地向公众提供。ASI 覆盖了各种类型的统计出版物,如期刊、丛书、特别报告、年度或多年度出版物等。

其出版物号首先按年度区分,再按出版机构代码(由 3—4 位阿拉伯数字组成)排序,如 ASI:91/1922 - 3。ASI 平片上端可目视的印刷文字(亦称首标)底色统一采用黄色,而不像 SRI、IIS 平片那样,用不同颜色的底色来区分不同的年份。

2.2 SRI

SRI 收录美国大约 1000 家私营组织和各州政府机构 1980 年以来出版的重要统计资料。这些机构分为几类:①A,即 associations(专业与贸易协会),包括学会、协会、研究中心等学术机构,这些学术团体有国际性的、地区性的,也有美国全国性的,其中不少是国际上著名的协会;②B,即 business organizations(商业组织);③C,即 commercial publishers(商业出版家),这一类以期刊居多;④R,即 independent research organizations(独立研究机构);⑤S,即 state governments(各州政府),包括各州政府主要机构的年度报告,如年度财政报告、司法部门年度报告等;⑥U,即 universities(大学及其附属研究中心)。

其出版物号首先以缩微平片的出版年加以区分,不同年份的平片上端印刷文字的底色不同,如红、黄、蓝、绿等。每年同一颜色的平片再以上述来源机构类型区分。如 SRI:87/R9280 - 2,说明其是 CIS 在 1987 年出版的源自美国独立研究机构的文献;SRI:88/S0090 - 1 说明其是 CIS 于 1988 年出版的源自某州政府机构的文献。

SRI 对市场研究、行业分析以及政策决策尤其具有参考价值。

2.3 IIS

IIS 收录国际政府间组织(IGO)出版的统计资料。国际政府间组织的统计出版物是世界各国和地区的人口、商业与金融活动、外贸、教育、健康和其他经济、人口学与政治学等基本信息的重要来源。这些出版物包含世界各国政府的统计机构报道,或政府间组织通过研究和合作数据交换项目收集的权威数据,还包括国家间的交叉比较。IIS 收录的文献以英语为主,也兼顾其他语言。虽然 IGO 统计出版物可通过世界各地的保存馆和销售部获得,但由于缺乏综合和及时的索引与检索系统,它们不容易被获取和广为人知。CIS 正是看到了其中蕴含的无限商机,从 1983 年起启动了 IIS 项目。它为来自主要国际政府间组织的统计标题编制摘要和索引,涵盖 110 个主要的国际政府间组织出版的约 2000 种主要的统计资料[3]。

IIS 出版物号首先以缩微平片的出版年加以区分,不同年份的平片上端印刷文字的底色不同,如粉、黄、蓝、绿等。每年同一颜色的平片再以原出版文献的国际组织机构号分类,由 1000—4900 之间的一个 4 位的阿拉伯数字代表出版机构。每个机构下又分为以下几类:①D,即 documents(文件);②M,即 monograph or special one-time publications(专著或特别的一次性出版物);③P,即 periodicals(期刊);④S,即 other serials(including annual publications and continuing series,其他连续出版物,包括年度出版物和连续性丛书)。例如:IIS:2000/1600 - M41 表示 2000 年翻印的欧盟专著类文献;IIS:2005/4110 - D32 表示 2005 年复制出版的联合国教科文组织的文件。

这套缩微平片是重要国际组织出版物,为《国家图书馆采选条例》中规定的重点采选文献,因此被国图国际组织与外国政府出版物组列为收藏的重点。由于只能按出版物号整套订购,其中有少量与印刷型图书或文件内容重复。

2.4 NSC(CNSC)

与以上 3 个系列的统计索引不同,NSC 是一个由绿林出版社发起的缩微平片项目,后由 CIS 继续进行。这个项目是为了满足各个国家的总体数据的研究者需要而专门设计的。它是一种各国政府的连续出版物,包括各国每年的重要社会、经济和人口学数据,并以集中和容易使用的格式提供。NSC 报道始自 1970 年,从 1986 年起每年更新,2001 年后改名为 CNSC。国图在进行其书目数据回溯编目时,索取号仍沿用 CIS/NSC。

NSC 的目标是收录将一国作为整体描述的概括性数据的政府出版物。如果某个国家未出版发行这类出版物,NSC 就尽量收录相似或相近的出版物。就其收录的社会、经济和人口数据而言,虽然各国对每一个具体的统计项目的定义、统计口径可能不尽相同,数据详细程度也差别很大,但它仍是各国基本数据的一个权威来源。

除主权国家以外,NSC 还收录了一定数量的非主权地区,即殖民地和附属国的统计出版物(少于 25 000 人的非主权地区不包括在内)。这个项目总共收录全世界 170 个以上的国家和地区的统计资料[4]。

在大多数情况下,一个国家一年只收录一种连续出版物,如中国被收入的先后有两种:中国国家统计局出版的 China Statistical Abstract(1988—1990 年);中国统计信息和咨询服务中心出版的《中国统计年鉴》英文版(1991—2002 年)。在 1976 年前,NSC 收录的是台湾以所谓的"中华民国"名义出版的 Statistical Yearbook of the Republic of China(1970—1976 年)。但也有几个国家收入了 1 种以上的连续出版物。NSC 也收录最近出版的、内容是历史性统计数据的文献。

NSC 中的大多数文献要么是原本就以英语出版,要么是含有全文的英译。因此 NSC 收录的文献中有相当数量的双语、三语出版物。一般为各国政府以其本国官方语言和英语(或其他较通用语种)出版。NSC 还特别注意收录各国出版的统计资料的单纯英文版。

NSC 将收录的国家和地区按大区分类,包括非洲、亚洲与中东、欧洲、北美洲与中美洲、大洋洲和南美洲。每个大区下再按国家名称的英文字母顺序排列,国家下面再按年份排列。

这个系列的统计资料对读者非常需要,但其缺点是时效性较差。CIS 从各国的年鉴翻印成缩微平片有一段时滞,国图订购 CIS 的缩微平片到馆又有较大的滞后,因此到馆的资料已经是数年前的内容,使用价值大打折扣。如 2007 年下半年、2008 年初国图收到一部分 CIS 2004—2006 年间出版的缩微平片,其内容是各国 2002—2005 年间的统计数据。

CNSC 平片与 ASI 平片一样,不同年份的平片上端印刷文字的底色用同一种颜色——绿色,且均为正片,而其他三个系列都是副片。

3 收藏管理

3.1 手工编目时期的管理

缩微胶片对存放环境,特别是温度有比较严格的要求。国图一直将其保存在有空调设备的国际组织与外国政府出版物阅览室中,并免费向读者提供阅览服务。在手工编目时期,国图按照 CIS 缩微平片原有的分类号将其排入平片柜中,出版物号即来自于缩微平片上端目视可读的印刷数据,如 CIS/IIS:1990/1300 - P15、CIS/NSC:Cyprus - 2002 和 CIS/SRI:88/S0090 - 1 等。平片中插入随片配送或自制的纸质分类导卡。由于当时的人力、财力所限,未编制真正揭示其内容的卡片目录。读者检索 CIS/IIS 缩微平片主要依靠随平片附赠的纸本指南 *Index to International Statistics: a guide to the statistical publications of international linter governmental organizations*(《国际统计索引:国际政府间组织统计出版物指南》)。该指南每月出版,分为 Abstracts(摘要)与 Index(索引)两种,每年出版累计本。IIS Index 包含 5 种索引:Index by Subjects, Names, and Geographic area(主题、人名、地理区域索引)、Index by Categories(分类索引)、Index by Issuing Sources(出版、发行来源索引)、Index by Titles(题名索引)、Index by Publication Numbers(出版物号索引)[5]。Abstract 包括统计出版物摘要,某些标准分类表,某些国际政府间组织成员、发行机构地址簿等[6]。SRI 也附有纸本的 Annual Index 和 Annual Abstract 可供读者使用。其他统计系列则没有书本式目录。在这种情况下,读者检索不太方便,甚至工作人员对其具体内容也不十分了解。

这些统计类缩微平片很好地充实了馆藏,有较高参考价值,并节省了藏书空间。一张薄薄的标准尺寸的 10.5×14.8cm 的胶片,根据缩微比例的不同,可拍摄复制 60—98 页的印刷文献[7]。一本数百页厚的图书,缩微复制到平片上也不过就是几张。但缩微资料终究只是图书馆一种好的保存方式,而不是一种好的获取手段。其缺点是阅读时需要使用专门的阅读器,且清晰度、保真度要受到一定影响,因此在阅览工作中并不被广大读者所接受。加之一些统计系列没有反映其内容的目录,因此基本处于休眠状态,利用率很低,以致许多宝贵的信息被埋没了。

3.2 CIS 缩微平片回溯书目数据库的建设

2002 年 10 月,国图采用了 Aleph 500 计算机集成系统,这给缩微资料的数据库建设提供了良好的平台。全部载体形式的资料的数据库建设开始提到议事日程上来。2003 年春,国图着手进行缩微平片计算机编目的试验。2003 年 6 月,正式开始进行 CIS IIS 系列缩微平片机读书目数据的编制。数据库的建设分为这样几个步骤:

(1) CIS 的这 4 类缩微平片都是完全裸露的,不像美国政府出版物缩微平片装在一个纸质封套内。回溯建库的第一步,是按照平片的尺寸统一订制了一批纸质封套,将这些缩微平片按种分别装入护封。这样既解决了条形码无处可贴的问题,又对缩微平片起到很好的保护作用,防止平片出现粘连。

(2) 进行缩微平片编目的试验。首先是编目主体选择的问题。CIS 出版的缩微文献均由纸本印刷型出版物翻印(获得授权)而来。美国国会图书馆对缩微资料的编目,一般采取以原版印刷型文献(如图书)作为编目主体,在原图书书目记录上增加 533 字段(复制品的附注)的方法。但这似乎不符合 AACR Ⅱ 规定著录时要以手头文献为依据的规定,并且这种做法有一个前提条件,即本馆须收藏有缩微复制品所依据的原版文献。而我们收藏的缩微平片只有小部分有纸本印刷型原版。最终我们确定遵循 AACR Ⅱ 和《西文文献著录条例(修订扩大版)》的规定:“图书、地图、绘画等资料复制品的著录应以复制品本身为依据,此类复制品包括缩微复制品。”决定以缩微平片复制品而不是原版文献作为编目主体的原则。索取号仍沿用其出版物号,使读者一望而知文献是属于哪一系列的。对其中的多卷书以集中著录为主,对丛书以分散著录为主,既减少了重复数据,又较好地揭示了文献内容。

(3) 从最为熟悉的 IIS 系列开始,国图先后对 ASI、SRI、NSC 缩微平片进行了计算机编目。从 2003 年开始,以每年数千条至上万条的速度进行书目数据的制作。由于 Aleph 500 计算机集成系统能实时反映文献的状态,编目一旦完成,即可在国图 OPAC 上检索到,大大方便了读者。机读目录对缩微资料的内容进行了充分的揭示,使尘封已久的缩微平片终于见了天日,利用率明显提高,缩微资料“重藏轻用”的状况得到很大改善。

到 2008 年 5 月,这 4 个系列统计资料的回溯编目已全部完成,共有书目数据 4 万余条。随着新订购平片的到馆,这个数字还将不断增加。

CIS 统计系列缩微平片是国家图书馆的特色馆藏之一,其价值越来越被人们所认识。今后国图将继续做好其采订、收藏、管理工作,使其作用得到更充分的发挥。

参考文献

[1] 美国国会信息服务公司,美国大学出版公司. 推荐目录 1998[M]. Bethesda, Md. : Congressional Informa-

tion Service Inc. ,1998.

[2][7] 顾犇.外文文献采访工作手册[M].北京:北京图书馆出版社,2004.

[3] Congressional information service[EB/OL].[2008 -04 -10]. http://academic. lexisnexis. com/cis/cis. aspx.

[4] Current national statistical compendiums:Bibliographic guide to the microfiche collection[M]. Bethesda,Md. : Lexis Nexis Academic& Library Solutions,2003.

[5] Index to international statistics 2008:A guide to the statistical publications of international intergovernmental organizations[M]. Bethesda,Md. :LexisNexis Academic& Library Solutions,2008.

[6] Index to international statistics 2006. Abstract[M]. Bethesda,Md. :LexisNexis Academic & Library Solutions, 2006.

(原载于《图书情报工作》2009 年第 S1 期)

特征因子及其在JCR Web中与影响因子的比较

朱　兵

1　特征因子的提出背景

科学进步是由载有新概念和实验的出版物来推动的,在同行评审中最通常的期刊,现在越来越多地只出现在互联网上。每年,数以万计的学术刊物发表数十万篇学术论文,集合了数千万的引文,正如De Solla Price 1965年所认为,这些引文形成一个庞大的网络连接起学术社会的共同研究成果。关于哪些是最具影响力的期刊,每个人有自己的想法,但是哪一个是评价期刊学术影响力的指标,大多数科学家将说影响因子(Impact Factor,IF)[1]。Eugene Garfield提出将影响因子,即某期刊前两年发表的论文在统计当年的被引用总次数除以该期刊在前两年内发表的论文总数,作为一个国际上通行的期刊评价指标,使用这一指标有一定优势:简单的计算和简单的解释,很好理解并被广泛使用。但是这种简单的评价方式也丢弃了很多有用的信息,如被引用次数和影响因子不考虑引文来自于哪里,来自顶级的期刊和一个很少被人引用的期刊的引文价值是相等的,并没有试图调整不同学科之间期刊的"引文文化"差异。对每个引文来源进行统计需要更复杂的计算,但收获是丰富的质量测度。2007年,美国华盛顿大学Carl Bergstrom教授和他的实验室组成的文献计量研究项目组,发布了一种网络评价学术期刊影响力的新指标——特征因子(Eigenfactor Metrics),创新性地将学界热切期望的"引文质量"纳入测评范围。2009年1月汤森路透(Thomson Reuters)科技集团宣布,在2007 JCR(*Journal Citation Reports*,期刊引证报告)Web中开始引入重要的特征因子指标[2]。

2　特征因子的研究模型

特征因子对应一个简单的研究模型。设想一位研究人员进入图书馆后,随机选择一份期刊,然后随机通过该期刊中的一篇参考文献链接到另外一份期刊,然后在这个期刊中又随机选取一篇参考文献链接到下一份期刊,模型中研究人员跟随着引文链接从一份期刊转移到另一份期刊,无止境地阅读下去。特征因子计算研究人员在每份期刊上所花费时间的百分比[3]。

无论一份期刊引用了10个还是100个其他期刊,研究者每次只能跟踪这些链接中的一个。这就像归一化的投票系统，如果一个人投票，他的投票就是全票，10 个人投票每人投票的权重就是 1/10，100 个人投票每人投票的权重就是 1/100。无论如何，一个人的选择只有 1 票的权重。当从期刊 A 链接到期刊 B 时，就认为“期刊 A 投了期刊 B 一票”。这样，特征因子根据期刊 B 所收到的投票数量来评价该期刊的重要性。

除了考虑期刊得票的纯数量之外，特征因子还考虑链接到它的期刊本身的质量等级，其指导思想是重要的期刊所投出的票会有更高的权重，并且有助于提高来源期刊的重要性。特征因子使用 JCR 为数据源，构建期刊相互引用的二维矩阵，先假定所有期刊的重要性是相同的，并且根据这个初始值算出各个期刊的第一次迭代排名，然后再根据第一次迭代排名算出第二次的排名，实现了引文数量与质量的综合评价。

特征因子运用源自所有 JCR 的近 8000 种期刊的引文数据，不仅包括自然科学和社会科学的学术期刊，而且还包括大约 110 000 种其他期刊、图书、报纸、博士学位论文等[4]，这样做能更公平地评价这些期刊，缩小社会科学和自然科学之间的差距，如图 1 所示。

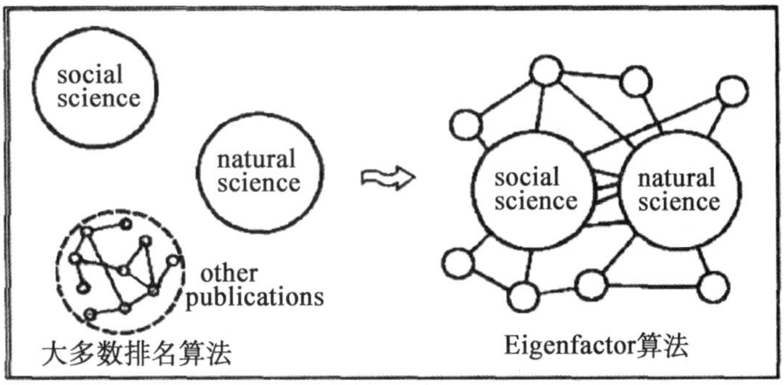

图 1　特征因子研究模型

3　特征因子指标

特征因子测度包括两项指标，特征因子分值（Eigenfactor Score，EF）和论文影响分值（Article Influence Score，AI），利用引文数据来评价和跟踪一种期刊相对于其他期刊的影响力。

3.1　特征因子分值

特征因子分值测度一种期刊过去 5 年出版的论文在当前年的整体价值。

以 2008 年 JCR Web 为例计算特征因子分值。从 Thomson Scientific JCR 数据集中，为 8000 种 ISI 收录的自然科学和社会科学期刊提取一个相互引用的矩阵 Z，$Z_{i,j}$ = 2003 年至 2007 年期刊 i 中发表的论文在 2008 年期刊 j 中的引用次数。

现在，将 Z 的对角线置零来忽视期刊的自引。从期刊 i 链向期刊 j，有链接置为 1，无链接则置为 0，自引置为 0，而行列式的维数是整个 JCR 的总期刊数 8000。这样构建一个 Z 的归一化版本,得到矩阵 H,由列和归一,即每种期刊被引用次数的归一。

$$H_{i,j} = \frac{Z_{i,j}}{\sum_k Z_{k,j}}$$

项目组还计算了一篇文章的向量 α,α_j 指期刊 i 在过去 5 年发表论文数,除以过去 5 年所有来源期刊发表的论文总数。在 H 矩阵中,某些期刊是悬挂节点——该期刊没有引用任何其他期刊。H 矩阵中若某列所有元素为 0。我们用 α 向量替换掉 H 中所有的悬挂节点,产生了一个新的修正矩阵 H'。由此,构建了一个新的随机矩阵 P:

$$P = \alpha H' + (1 - \alpha) ae^T$$

这里,e^T 是所有 1 的行向量,αe^T 是具有相同列 α 的矩阵。设阻尼系数 $\alpha = 0.85$,还有 0.15 的概率没有跟随参考文献的进程而随机地跳转期刊,其权重与该期刊出版的论文数量成正比。

定义向量 π^* 为 P 的主特征向量,对应于花费在 P 中每一种期刊上时间的分数,这个分数作为期刊影响力的权重。

特征因子分值定义为:

$$\text{EF} = 100 = \frac{H\pi^*}{\sum_i [H\pi^*]_i}$$

由此可见,这个算法不以论文排序,期刊的特征因子分值由一个个独立的期刊决定;期刊的特征因子分值由链入期刊(被引用)的特征因子分值决定,但每个链入期刊的贡献值是不同的;如果期刊引用文献越多,它对链出期刊的贡献就越小;链入期刊越多,其特征因子分值也越高;阻尼系数的使用,减少了其他期刊对当前期刊排序的影响,保证结果在实际中的应用;引用文献的数量、质量和相关性都会影响期刊的排名。

表 1 列出了 2008 年 JCR Web 影响因子、特征因子分值、论文影响分值各 Top20[5]。从表 1 的特征因子分值 Top20 可以看出,排在前三位的分别是 NATURE,P NATL ACAD SCI USA 和 SCIENCE,特征因子分值为 1.76407、1.69893 和 1.58344,这意味着研究人员花费在 NATURE,P NATL ACAD SCI USA 和 SCIENCE 三种期刊上的时间大约为 1.76407%、1.69893% 和 1.58344%,研究人员花费在某期刊上的时间越多,该期刊的影响力也就越大。

表 1　影响因子、特征因子分值、论文影响分值 Top20 比较(2008 JCR Web)

序号	期刊名称	影响因子	期刊名称	特征因子分值	期刊名称	论文影响分值
1	CA-CANCER J CLIN	74.575	NATURE	1.76407	REV MOD PHYS	24.863
2	NEW ENGL JM ED	50.017	P NATL ACAD SCI USA	1.69893	ANNU REV IMM UNOL	24.688
3	ANNU REV IMM UNOL	41.059	SCIENCE	1.58344	ANNU REV BIOCHEM	20.894
4	NAT REV MOL CELL BIO	35.423	J BIOL CHEM	1.32999	NAT REV MOL CELL BIO	19.974
5	PHYSIOL REV	35.000	PHYS REV LET T	1.28128	ANNU REV NEUROSCI	18.915
6	REV MOD PHYS	33.985	J AM CHEM SOC	0.95109	CELL	18.876

续表

序号	期刊名称	影响因子	期刊名称	特征因子分值	期刊名称	论文影响分值
7	***JAMA-J AM MED ASSOC***	31.718	PHYS REV B	0.76480	NEW ENG L J MED	18.764
8	NATURE	31.434	APPL PHYS LET T	0.72389	CA-CANCER J CLIN	17.506
9	CELL	31.253	NEW ENGL J MED	0.68060	NATURE	17.278
10	NAT REV CANCER	30.762	CELL	0.67211	SCIENCE	16.283
11	NAT GENET	30.259	ASTROPHYS J	0.54469	***ANNU REV CELL DE VBI***	16.222
12	ANNU REV BIOCHEM	30.016	J NEUROSCI	0.52199	NAT REV CANCER	15.265
13	NAT REV IMMUNOL	30.006	ANGEW CHEM INT EDIT	0.51352	PHYSIOL REV	15.262
14	***NAT REV DRUG DISCOV***	28.690	CIRCU LA TION	0.48312	NAT REV IMMUNOL	15.255
15	***LANCET***	28.409	J IMMUNOL	0.47587	NAT GENET	14.507
16	SCIENCE	28.103	BLOOD	0.46309	ANNU REV ASTRON ASTR	14.438
17	NAT MED	27.553	J PHYS CHEM B	0.43821	NAT IMMUNOL	14.069
18	ANNU REV NEUROSCI	26.405	CANCER RES	0.43486	***NAT REV NEUROSCI***	13.938
19	NAT REV NEUROSCI	25.940	LANCET	0.41221	NAT MED	12.967
20	ANNU REV ASTRON ASTR	25.826	JAMA-J AM MED ASSOC	0.38132	***NAT PHYS***	12.709

特征因子分值可以是个累积值,这种累积的特性对于馆藏管理者是非常有用的。要找出一组期刊的特征因子分值,只要累积该组中每个期刊的特征因子分值即可,像 Elsevier 大单期刊的捆绑处理,捆绑的特征因子分值正是该组各期刊特征因子分值的总和,但人们不能这样捆绑计算影响因子和另一个特征因子指标——论文影响分值。用特征因子分值比较订购价格,查看一种期刊的成本效益也是有用的[6]。

较大的期刊将会有较大的特征因子分值。他们出版了更多的论文,经常被引用的期望就高。但是,在学术出版中,最权威的期刊不一定是最大的。这些期刊可能已经磨损得很破烂需要多次从书架上换掉修补,但却是每篇论文接收引用最多的期刊。

3.2 论文影响分值

论文影响分值决定期刊在过去 5 年中论文的平均影响力,是基于每篇论文的被引用情况来测度期刊的相对重要性。

计算方法:

$$AI_i = 0.01 \frac{EF_i}{\alpha_i}$$

期刊 i 的论文影响分值 AI_i,是衡量期刊中每篇论文的引用影响力,EF_i 是期刊 i 的特征因子分值,α_j 是归一化的论文向量 α 的第 i 个分量。

因此论文影响分值可以理解为特征因子分值除以归一化的该期刊 5 年出版的论文数占所有出版物中论文数的比值。这个指标大致类似于 5 年期刊影响因子,是一个 5 年期内期刊引文影响与期刊论文贡献大小的比例,可以与影响因子直接比较[7]。

在 JCR 数据库中所有论文影响分值的平均值为 1,若该期刊论文影响分值大于 1,表示该期刊每篇论文的影响力居于 JCR 数据库中所有论文影响力的平均值以上。如果某期刊有一个 3 的期刊影响分值,它的所有论文都具有 3 倍的影响力;反之,小于 1 则在平均影响力以下。

从表 1 可以看出,特征因子分值高的期刊其论文影响分值也高,这是一个基本趋势。但也有个别情况。例外,如 P NATL ACAD SCI USA 期刊,特征因子分值排在第二位,由于前 5 年出版的论文数 15809 篇,是排在第三名 SCIENCE(4386 篇)的 3 倍多,因此论文影响分值会减小,排在了第 105 位,远远地在 SCIENCE 之后。正如影响因子一样,综述性期刊会获得较高的论文影响分值,因为这些期刊中的单篇论文会被大量引用,因此非综述性期刊与非综述性期刊比较和综述性期刊与综述性期刊比较是非常重要的。

4 特征因子与影响因子的比较

我们把表 1 中的论文影响分值与影响因子进行比较,作为特征因子与影响因子比较的实证分析。因为论文影响分值和影响因子来源于相同的底层期刊引用数据,因此这些指标值之间的相关性非常大。表 1 中的论文影响分值 Top20 和影响因子 Top20 有 17 种期刊是相同的,还有 JAMA-J A M MED ASSOC、LANCET 等 6 种期刊(黑斜体表示的期刊)是不同的;在相同的 17 种期刊中按两种测度方法排序,每种期刊所处的位置还是有较大差异的。如期刊 CA-CANCER JCLIN 2008 影响因子达到 74.575,排在第 1 位,而按照论文影响分值(17.506)排序位列第 8。

4.1 特征因子较影响因子所具有的优势

特征因子除了考虑期刊被引用的次数,还考虑了被引用期刊的质量,是质与量的结合。由于在被引期刊的权重上存在差异,被 Nature 或 Cell 期刊引用相对于被一般性期刊引用的价值要高。

特征因子考虑了不同学科领域的引文差异,让各学科能在同一引文基准点上进行比较。由于在不同学科间论文的引用次数、预印本的引用率、被引论文的平均年龄等方面都存在差异,不同学科之间影响因子的差异很大。特征因子在引文模式上进行了调整,只关注引文对来源文献的比例,而不考虑引文对来源文献的绝对值,这样做尽管不能完全消除学科领域之间的差别,但学科之间的特征因子(包括特征因子分值和论文影响分值)差异比影响因子的差异呈下降态势。

特征因子扣除期刊自引。在一种期刊一篇论文的参考文献中,引用了来自同一种期刊中另外一篇论文则为自引,投票数为零,分值是要打折扣的。这样做减少了给期刊编辑提供通过艺术性的手段把自引放进系统的游戏机会,而影响因子的计算则包括自引。

特征因子采用更长时间跨度的统计数据。与影响因子的 2 年引文时间段相比,5 年引用时间段更能客观地反映期刊论文的引用高峰年份。如在数学和生态学领域,一篇论文开始接受引用可能需要更长时间,这样做能更全面地反映在引文产生时间上各具特点的不同学科论文的被引情况,也特别适用于社会科学类的期刊。

特征因子计算引文数不仅包括被SCI和SSCI收录的近8000种期刊,而且还包括其他未被SCI和SSCI收录的期刊、图书、报纸、博士学位论文等。这样做不仅能更公平地评价这些期刊,还缩小了社会科学和自然科学之间的差距。

4.2 特征因子较影响因子存在的不足

特征因子指标目前仍难以检验。影响因子算法简单,我们可通过Web of Science进行粗略的验证。特征因子把图书馆用户花在每一份期刊上的时间量作为期刊重要性的评价指标,其计算结果的正确性目前仍难以检验[8]。

对于影响力较低的期刊群来说,它们的特征因子分值很低,离散程度很小,往往在特征因子分值的小数点后第5位和论文影响分值的小数点后第3位才开始出现差别,并且在排序的尾部出现一些重值现象。因此在评价排名靠后的期刊时,区分度较差。

5 结语

JCR是备受公认的期刊评价权威性报告,所提供的量化数据可以综合、客观地评价世界领先期刊,以及为评价它们在全球研究领域的影响力提供佐证支持。特征因子通过把学术文献看成期刊与期刊之间关系的网络,来评价每个期刊的重要性,作为一种理念更为先进、计算更为繁杂的计量指标,更能客观地反映期刊的影响力。当一个新的期刊影响力评价指标被推出时,重要的是不能只依赖一个标准。在JCR Web中增加特征因子指标,更加深入和全面地反映期刊影响力,扩展了JCR对学术期刊的评价角度,对影响因子及其他JCR测度数据起到了补充作用。

参考文献

[1] FERSHT A. The most influential journals: impact factor and eigenfactor[J]. Proc Nat l Acad Sci USA, 2009, 106(17): 6883 - 6884.

[2] 汤姆森路透发布新版《期刊用报告》,新增 Eigenfactor TM Metrics,开创期刊绩效多面观[EB/OL]. [2009 - 05 - 51]. http://www. thomsonscienti fic. com. cn/news/news2009/news2009-02. html.

[3] Ranking and mapping scientific journals[EB/OL]. [2009 - 06 - 20]. http://www. eigenfactor. org/.

[4] BERGSTROM C. Eigenfactor: measuring the value and prestige of scholarly journals[J]. College and Research Libraries News, 2007, 68(5): 314 - 316.

[5] Journal Citation Reports[EB/OL]. [2009 - 06 - 12]. http://isiknowledge. com/JCR.

[6] BANKS M A, DELLAVALLE R. Emerging alternatives to the impact factor[J]. OCLC Systems & Services: International Digital Library Perspectives, 2008, 24(3): 167 - 173.

[7] WEST J D, BERGSTROM T C, BERGSTROM C T. The eigenfactor metrics TM: a network approach to assess-

ing scholarly journals[J]. The Journal of Neuroscience,2008,28(45):11433 - 11434.
[8] 任胜利. 特征因子(Eigenfactor):基于引证网络分析期刊和论文的重要性[J]. 中国科技期刊研究,2009,20(3):415 - 418.

(原载于《情报杂志》2010 年第 5 期)

国家图书馆学科馆员和学科化服务

赵　红

在国家图书馆的参考咨询服务中，有相当一部分用户是具有专业背景的决策型和科研型用户，他们委托的课题具有较强的专业性，百科全书式的参考馆员由于缺少专业背景知识，不易深入到咨询课题之中，难以满足专业用户的需求。学科馆员是图书馆咨询服务发展到知识服务阶段的必然产物，也是各学科深入发展的需求。近年来学界比较关注大学图书馆的学科馆员制度，几乎没有人对公共图书馆是否应实行学科馆员制度加以探讨。

1　国内学科馆员制度和学科化服务概况

学科馆员最早出现于20世纪70年代中后期的美国图书馆界。1998年，清华大学在国内首先建立学科馆员制度。随后国内高校图书馆纷纷建立学科馆员制度，开展学科化服务。近些年随着图书馆界对知识服务理论和实践的探讨，学科馆员制度和学科化服务被认为是开展知识服务的重要举措。考察有关学科馆员的文献可以发现，国内除中科院文献情报中心外，绝大多数都是讨论高校图书馆的学科馆员制度，而国内公共图书馆大都没有实行学科馆员制度和开展学科化服务。分析其原因可以归结为：其一，高校图书馆服务对象相对固定，学科馆员与专业领域的师生联系紧密，学科馆员容易掌握院系师生和科研院所的文献需求；其二，高校图书馆为教学服务，学科范围相对集中，综合性大学下属学院多有各自的专业图书馆。其三，大学教师兼职学科馆员可以免除图书馆设置学科馆员的后顾之忧。中科院文献情报中心虽然不是高校图书馆，但它有许多与之相似的特征：中科院文献情报中心以科学院系统诸多科研院所的研究人员作为主要服务对象，用户群体和专业领域相对固定，科研院所的情报所与中科院文献情报中心形成了一个专业服务的网络。相比之下，国家图书馆用户群体构成复杂，各行各业、各个层次的用户使国家图书馆难以建立学科馆员和针对某一领域开展学科化服务。长期以来国家图书馆一直以公共图书馆的身份履行职责，直到现在仍有不少人认为国家图书馆没有必要也不可能设立学科馆员，因为它不能针对所有领域建立学科馆员。那么作为一个面向全社会、综合性的研究型图书馆到底有没有必要建立学科馆员制度和开展学科化服务呢？随着知识服务的深入，这似乎已成为摆在我们面前一个不容忽视的新课题。

2 国家图书馆建立学科馆员制度的必要性

张晓林等人认为:设立学科馆员是两方面压力的结果。一是来自图书馆内部的压力。图书馆需要进一步扩宽服务范围,深化服务层次,而实现这个目标的重要途径在于图书馆员采取积极主动方式介入到科学交流和信息传播的过程之中。二是来自用户及外部环境的压力。当图书馆在资源、服务、环境等方面做出改善后,用户会进一步提出新的要求。

面对信息社会的"信息爆炸",人们不得不缩小自己的专业领域,使自己更加专业化。而专业化的直接后果是新的专业领域越来越多,一个人所熟悉的专业领域越来越少。一个人在越来越少的领域中有能力,是以在越来越多的领域中丧失能力(无能)为代价的。在自己不熟悉的领域中工作必然受到各种限制,甚至处处碰壁,也不可能深入到该领域的核心知识中去,最多只能进入外围知识,并且常常与虚假知识纠缠在一起。在没有学科馆员的领域,百科全书式参考馆员不得不面对许多生疏的专业领域的知识,这导致了他们在专业领域的"无能"。

国家图书馆是研究型图书馆,应该把研究型用户作为主要服务对象。研究型用户与普通公众用户需求最大的不同之处在于研究型用户需要较为专深的学科领域知识服务,学科馆员的学科化服务正是为他们的研究活动提供不同于普通公众服务的必要方式。国家图书馆在"十一五"规划中提出:在重点服务领域、针对重点服务对象,逐步试行学科馆员服务制度。这体现了国家图书馆从公共图书馆向研究型图书馆转型所做的努力,同时也反映了要在参考工作中决心改变百科全书式参考馆员面对多学科专业所面临的困境。

如果我们把参考服务划分为文献服务、信息服务和知识服务三个层次,那么在文献服务和信息服务层次,学科背景知识的重要性并不明显,即使不具备某一学科知识,只要按用户要求,用指定的书名、作者或主题词就能定位所需文献,完全可以满足用户需求。这个阶段对文献源的熟悉、对检索工具的了解和检索技能的掌握成为参考馆员的看家本事,百科全书式的参考馆员最受欢迎。但到了知识服务阶段,需要深入用户课题内容和跟踪用户研究过程,没有专业知识背景则难以胜任。因此建立学科馆员制度是将传统参考服务提升到知识服务的重要保证。

3 国家图书馆建立法律学科馆员制度及开展学科化服务的可能性

在长期开展参考服务的过程中,国家图书馆形成了由立法决策部门和法学科研为主要服务对象的法律文献用户群。围绕这些用户,依托丰富的馆藏资源,同时也逐渐形成了一支较为专业的咨询队伍。这些有利因素为国家图书馆建立法律学科馆员和开展学科化服务提供了可能。

3.1 用户群

为中央国家机关立法与决策服务是国家图书馆的首要服务职能。早在1991年,时任全国人大常委会副委员长的王汉斌就曾要求国家图书馆设立专门机构,为全国人大等立法机关提供服务。根据王汉斌同志的指示,在当时的参考部设立了"法律政策研究室"。此后,随着立法与决策需求的不断扩大,1999年在原参考部的基础上成立了立法决策服务部,专门为立法和决策部门提供服务。经过十多年的实践、探索和发展,已形成稳定的立法与决策用户群。主要服务对象包括全国人民代表大会、全国人民代表大会常务委员会和专门委员会、全国人大的文献信息保障部门以及各部委的政策法规研究部门;党和国家主要领导人、中共中央及其直属机构、国务院及其所属机构和部委等。

作为研究型图书馆,为重点生产科研和教育单位服务也是国家图书馆的重要职能之一。经过多年的实践,国家图书馆的工作人员已能承担专业性很强的科研课题。如某大学法学博士为撰写"政府价格管理法律制度"论文,参考咨询服务人员有针对性地向他提供外国价格法和价格管理的资料。某法学机构为开展"基本公共服务均等化"课题研究,参考咨询服务人员持续跟踪用户研究进展,连续不断地为其提供资料。从基本公共服务不均等的现状和成因到解决这一问题的所有资料。法学教育机构和科研用户已成为参考服务的重要组成部分。

3.2 法律学科馆员

经过多年的实践和积累,国家图书馆已经拥有一批熟悉馆藏法律文献、精通法律资源检索,能够为法律用户提供专业化服务的法律参考馆员。例如,有读者要查找美国宾夕法尼亚州统一商法典,法律参考馆员则能利用专业的Lexis法律数据库迅速地找到这个法典。具备法律专业知识的法律馆员能够比其他馆员较为容易地深入到咨询内容之中。例如,在一件"行政机关纠纷解决的职能"的咨询中,由于法律参考馆员通晓国内外行政机关解决纠纷的主要形式,能够从备案审查和司法审查的角度出发,为用户提供"日本宪法81条违宪审查规定""1803年美国联邦最高法院审理的'马伯里诉麦迪逊案'的判决""澳大利亚1989年首都辖区行政上诉裁判所法"等针对性极强的资料。当我们把咨询结果交给用户时,他们认为这样的资料只有法律专业人员才有可能做到。专业用户的需求催生了专业化的学科馆员。国家图书馆在长期为立法和法律用户服务的过程中有意识地加强法律人才的培养和引进,使我们拥有了一批法律专业人才,这些人是建立法律学科馆员的重要人才基础。

3.3 法律文献

在法律文献方面,缴送本制度保证了国家图书馆拥有国内出版的各个时期中文法律文献的完整性;充足的资金保障了国家图书馆可以购买丰富的外文法律文献、港台法律文献和国内外重要法律数据库。据2006年《国家图书馆法律文献藏用研究》课题报告统计,国家图书馆拥有中外文法律类文献约12万种,其中以西文文献、日文文献、民国时期文献、地方文献以及古籍文献特色突出,无论是收藏的数量还是质量在国内图书馆界都首屈一指。另外国家图书馆购买了国内知名的北大法律信息网、北大法意数据库以及国外权威的 Lexis、Westlaw International、MOML(现代法律之路)和 HeinOnline 等网上法律数据库。国家图书馆丰富的法律资源为法律参考馆员提供专业化服务奠定了坚实的文献保障基础。

4 建立法律文献室是建立学科馆员和开展法律学科服务的重要举措

深层次的参考服务是一种基于文献内容的深入分析和整理,对有用信息进行挖掘和再组织的过程。考虑目前国家图书馆馆藏情况、专业咨询馆员学科结构、重点用户的研究领域等方面的因素,2009 年国家图书馆重新恢复了法律文献室的建置,成为学科馆员开展学科化服务的阵地。建立专科文献室可以使学科馆员相对集中、专业文献相对集中、专业用户和咨询课题相对集中,容易形成专业研究力量。

4.1 专业人员集中

国家图书馆具有法律专业背景的参考馆员不少,在没有法律专业文献室时,担任社科咨询的科室要照顾多学科的需要,只能配备很少几个法律咨询人员,这些法律参考馆员要承接法律咨询以外的课题。建立法律文献室后,可以配备较多的法律学科馆员,并使他们能够专注于法律方面的学科化服务,有利于提高专业化服务的水平。

4.2 专业文献集中

国家图书馆的文献通常按载体形式收藏在不同地点。同一收藏地的文献再按《中国图书馆分类法》分类存放。造成法律工具书、图书、期刊、报纸、电子出版物等不同载体的资料放在不同的服务区域。按照《中国图书馆分类法》,还有相当一部分法律类文献分布在非法律类文献中。如《外国环境保护法规选编》被分在环境科学之中;刊载中央和地方政府发布的政策、法规、条例的百余种公报类刊物分散在 D6(政策)和 D9(法律)等不同类别中。这样的分类即使是熟悉《中国图书馆分类法》的参考馆员也难以迅速定位文献的地址,这给专业研究者的使用造成很大的不便。建立法律文献室,可以把分散在不同类目的、各种载体的文献集中在文献室中,既方便了专业读者的使用,也大大减轻了学科馆员解答咨询课题的工作量。自 2009 年 9 月 9 日法律文献室开馆以来,受到不少读者的好评。他们普遍反映是利用专业法律文献方便了。

4.3 专业用户和专业咨询集中

国家图书馆对外服务的窗口很多,服务人员常需要解答读者提出的问题,在没有法律文献室的情况下,涉及法律专业的咨询可能会分散到不同的部门。建立法律文献室后,使用法律文献的用户会相对集中到法律文献室中,法律专业的咨询也会相对集中到法律学科馆员手中。法律文献室的学科馆员可以开展有针对性的用户研究,深入了解立法决策部门和法学研究部门等重点用户的需求，并根据用户需求有针对性地进行资源建设。专业用户的集中，使得学科馆员经常和专业用户沟通和交流，更容易理解专业用户的文献需求和利用文献的行为模式。专业咨询的集中，使学科馆员能够更加贴近立法和法学领域发展动态，不断更新知识结构。

5 开展法律学科化服务的建议

建立法律文献室为开展学科化服务提供了基础和保障，但国家图书馆现有法律学科背景的参考馆员长期以来扮演的却是“万金油式”的角色，无法专注法律领域的资源和咨询课题。建立学科馆员制度、开展学科化服务应该在法律文献资源建设、跟踪长期课题和团队化服务方面进行努力。

5.1 学科馆员参与法律文献资源建设

专业文献是图书馆向专业用户提供学科化服务的基础。建立法律文献室不仅可使馆藏文献相对集中，还使开展法律专业文献的资源建设成为可能。法律资源建设要根据学科体系的规定性，对现有分类体系中分散的与法律学科有关的类目进行整合，根据用户关注较多的领域编制专题目录。例如，在一次对立法机关用户的调研中我们了解到，有45%的用户在谈到立法借鉴时希望我们能够给他们提供翻译成中文的外国法律。根据这一需求，为了使馆藏外国法律中译本得到有效利用，我们对其进行了整合，编制了外国法律中译本篇名数据库，并在实际运用中受到广泛欢迎。

在法律文献采访工作中，外文法律文献和中文法律灰色文献的采访工作常常觉得无从下手，需要法律文献室专业人员的介入，法律学科馆员参与选书是国家图书馆法律文献资源建设的重要措施。同时现在专业法律网站很多，法律文献资源也很丰富，法律文献室有能力也有可能对网络法律资源进行导航。

这些法律专业文献资源建设工作是开展学科化服务的基础性工作，应该以法律文献室为依托持续开展下去。

5.2 深入长期用户和开展长期课题的跟踪服务

在参考咨询中，并不是所有咨询课题都适合知识服务的特征。相比之下，只有针对那些长期用户和长期课题才可以开展跟踪服务，才可以做出有分量的咨询。因此要鼓励参考馆员深入长期用户单位，介入专业用户的咨询课题，通过与专业人员的交流与沟通，根据用户研究的不同阶段提供不同内容的服务。只有这样才能够有效增加学科化服务中的个性化和针对性。

多年的咨询经验告诉我们，立法决策服务用户多为长期连续性用户，这类用户的需求特点具有长期性和连续性。例如自2000年起，我们就开始接连不断地接受来自某立法机关的委托，为配合法规条例的制定，先后为《历史文化名城名镇名村保护条例》《殡葬管理条例》

《森林防火条例》《规划环境影响评价条例》《基础测绘条例》的出台提供立法背景资料。立法决策长期用户是法律学科服务的重要用户群,参考馆员与长期用户易于相互沟通,有机会获得用户反馈意见,可以深入了解和掌握用户信息需求的特点,这正好弥补与高校图书馆相比国家图书馆开展学科化服务的不足之处。

在参考咨询中,还有许多长期课题。例如,为协助某高级法院编写地方审判志,我们花了3年时间,查遍馆藏中所有涉及该地方的审判制度、审判活动和审判案例史料。在完成此项咨询课题的过程中,参考馆员与审判志编写组成员不断沟通和交流,在把握用户需求的每一个细节之后,有针对性地提供文献内容。最终,将上百份审判史料汇集起来,编制成65卷册的审判志资料汇编。通过对用户长期课题信息需求的记录和分析,可以帮助参考馆员了解和掌握用户信息需求的特点;对于用户在特定领域的信息需求进行分析,可以在用户服务方面得出很多有价值的带有预见性的结论,有利于提高服务的针对性。实践证明只有在完成这样的长期课题过程中,才能使参考馆员深入到文献内容之中,发挥学科馆员的特长。

实行法律学科馆员制度,与长期用户保持业务联系,可以克服国家图书馆没有固定用户群的弱点;盯住长期课题,可以使学科馆员融入用户研究过程,了解专业用户的行为方式,接触前沿学科研究进展,在咨询课题中与研究人员有更高层次的交流,对法律文献方面有更多的话语权。这些是深入开展学科化服务的重要环节。

学科化服务最为强调的就是学科馆员深入到用户的决策或科研活动过程中,为用户提供针对性更强的信息资源。因此,融入用户过程的参与式跟踪服务,使学科馆员与用户能够真正成为知识利用的合作者。

5.3 团队化服务模式

知识创新的发展,导致学科划分越来越细,同时学科交融使得咨询课题涉及越来越多的跨学科知识。综合性图书馆的参考咨询部门,不可能容纳各个学科的专家,咨询馆员总会遇到超出自身知识无法回答的问题。如某一专业立法不仅涉及法律知识还会涉及其他学科知识,而这些学科知识已经超出法律学科馆员的知识领域,则需要有其他学科专业人员的辅助。例如,卫生部曾为"脑死亡"立法委托我们查找世界各国关于"脑死亡"的法律,当时具有法律学科专业的参考馆员利用馆藏和法律数据库查到了美国、日本等国相关法律,但却没有查到英国的资料。后来,在一位医学专家的指导下我们得知了英美两国对于"脑死亡"有不同称谓,在美国叫"brain death",而在英国叫"brain stem death"(脑干死亡),把握了这一线索后我们顺利地将英国的相关法律检索出来。为了使咨询问题的解答更具有准确性和可靠性,聘请和吸纳图书馆内外的资深专家加入到具体咨询课题之中,是必然的和可行的。

在知识服务模式下,参考咨询工作已由单一参考馆员服务发展到参考咨询团队的服务。这种协作服务能够充分利用各个参考馆员和图书馆的文献资源、人力资源、智力资源和知识资源,提供单个参考馆员或单个图书馆无法达到的更加优质的参考咨询服务。因此,团队化服务是提供高水平学科化服务的重要保证。正如2009年9月张晓林在西宁召开的以知识服务为主题的年会上所说,让每个人具有所有能力是不可能的,但在一个团队里总会有具有某项能力的人做支撑。因此,只要有分工,互相支持,协同作战即可形成合力。

用户信息环境发生根本性变化,图书馆也必须因应而变,保持对用户需求变化的高度敏感,动态适应用户的变化。而对这样一种变化,图书馆服务能力和用户能力需要根本性提升。其中很重要的手段就是学科馆员服务及其模式的不断创新。

参考文献

[1] 张晓林. 国际图书馆发展态势[J]. 图书情报工作动态,2002(6):2-8.

[2] 王知津. 知识组织的目标与任务[J]. 情报理论与实践,1999(2):65-68.

[3] 国家图书馆"十一五"规划纲要[EB/OL]. [2007-03-20]. http://www.nlc.gov.cn/service/guanyuguotu/gangyao.htm#2.

[4] 王磊,卢海燕. 国家图书馆立法与决策服务十年历程回顾与思考[J]. 国家图书馆学刊,2008(1):10-15.

[5] 初景利,张冬荣. 第二代学科馆员与学科化服务[J]. 图书情报工作,2008(2):6-10,68.

(原载于《法律文献信息与研究》2010 年第 3 期)

美国国会图书馆地图收藏服务的调查研究

吴碧华

地图是一种特殊资料，它在国家的经济、国防、文化、教育等各方面都具有十分重要的作用。因此，各国政府对地图的编绘、印刷、出版都相当重视。同样，世界上许多重要的图书馆，尤其是国家级的图书馆，如美国国会图书馆[1]、英国国家图书馆[2]、法国国家图书馆[3]、德国国家图书馆[4]、澳大利亚国家图书馆[5]、俄罗斯国立图书馆[6]和日本国立国会图书馆[7]，都非常重视地图的收藏。它们都把地图作为重要的特色藏品进行收藏，并设有专门负责采、编、藏、阅的部门。美国国会图书馆是世界上收藏地图资料最多、最全面的图书馆。笔者根据美国国会图书馆网站（尤其是其地理与地图部的主页）上所提供的信息，对其地图资料收藏与服务的历史、现状及未来的发展趋势做了较深入细致的调查分析，以期为大家了解美国国会图书馆地图资料收藏与服务提供参考。

1 历史背景

地图作为美国国会图书馆藏品的重要组成部分，是1800年美国国会图书馆成立之初获得的第一批藏品之一[8]。当时美国国会图书馆的联合议会委员会从一位伦敦商人那里购买了3张地图和1册地图集[9]。不过，直到1897年，美国国会图书馆才有一个独立的地图存放室。1896年颁布的年度立法拨款法案对国会图书馆的业务产生了重大影响，从而为地图藏品设立了单独的行政管理部门[10]。

现在，美国国会图书馆地理与地图部（Geography and Map Division）是专门负责地图资料的采访、编目、典藏和阅览服务等工作的部门。地理与地图部设在1983年落成的詹姆斯·麦迪逊纪念大楼里的地下一层，面积为9万平方英尺。这个区域是专门为存放地图资料而设计建造的，可以存放各种类型的地图藏品，包括单页地图、地图集、超大尺寸的地图集、地球仪、地形模型等。截至2008年底，美国国会图书馆的地图藏品为5357385件[11]，是世界上收藏地图资料最多、最全面的图书馆。

2 现状

2.1 采访与编目

2.1.1 采访

美国国会图书馆地理与地图部所采选的地理和地图资料涵盖了世界各地区及各主题范围。为了提升地图藏品的品质、保证馆藏地图资料的完整性,地理与地图部非常注重补选现有藏品的缺失部分。对于新的地图资料,其重点采选的是美国各级测绘机构的官方制图出版物、美国商业地图出版商出版的地图及其他国家的国家级测绘机构的产品。对于绝版资料或历史资料,其采选重点主要放在与美国相关的资料上。不过,对于一些反映了历史上地理知识与测绘技术的重大突破与发展的地图资料,地理与地图部则是尽力访求,不受时间、地点、语言和形式的限制。

地理与地图部所藏地图的采选除了依赖于各级政府部门的调拨和出版机构与版权登记保护部门的呈缴外,还通过各种捐赠、交换和购买的途径来补充其地图藏品。地理与地图部非常重视个人和机构的捐赠,对于重要的捐赠都会设立专藏。为促进更广泛的民间捐赠,地理与地图部在 1995 年成立了一个友好组织——菲利普斯协会(Philip Lee Phillips Society),专门负责处理和发展民间地图资料的捐赠事务[12]。

2.1.2 编目

像所有的图书馆一样,在实现机读编目之前,美国国会图书馆的地图文献编目都是做卡片目录。从 1969 年开始,地理与地图部对当时采访的地图资料进行机读编目[13]。

此外,为方便读者查找利用其地图藏品,地理与地图部还编写了一些特定主题的书本目录。如《美国国会图书馆地理地图集一览表》,其内容包括书目、注释等信息,1909 年初版,1914 年、1920 年、1958 年、1963 年、1973 年补充再版;《土地所有权地图》,为美国国会图书馆所藏 19 世纪美国郡县地图目录,1967 年出版;《美国城市的行政区域地图》,为美国国会图书馆所藏 1900 年以前出版的地图的精选目录,1975 年出版,等等[14]。

2.2 典藏管理

地理与地图部的地图资料是根据其内容和形式的差异来分类收藏的,其排架号(或称索取号)是在分类号的基础上再加文献号组成的。文献号包含内容和形式方面的信息,如责任者卡特号、次一级区域卡特号、主题卡特号、比例尺、出版时间及超大图幅说明等。而《美国国会图书馆分类表》(Library of Congress Classification Schedule)中有关地图分类的 G 类设置也充分考虑了地图资料的形式特征差异,其中 G1000—3122 为地图集,G3160—3171 为地球仪,G3180—9980 为单页地图[15]。

地图集指的是在一本书内收录多幅地图的出版物。受特殊应用需求和内容的影响,地图集的载体形态差异特别大,既有常规尺寸的地图集,又有超大版面的地图集,还有便于携带的袖珍地图集。为使地图集的排架美观整齐,也为了更好地保护地图集藏品,对于常规尺寸地图集和超大尺寸地图集，美国国会图书馆采用不同的书架分别排放(见图1和图2)。

图1　常规尺寸地图集书架

图2　超大尺寸地图集书架

单页地图包括单幅地图和散页的多幅系列地图。单页地图一般都存放在专门设计的保存柜里，如图3和4。

图3　单页地图的保存柜(1)

图4　单页地图的保存柜(2)

地球仪和地形模型是指仿造地球的形状，按照一定的比例缩小后制作的地球模型。地球仪各种各样，包括袖珍式地球仪、桌面式地球仪、拼排式地球仪和折叠式地球仪。其存放的柜子或架子都是量身定做的，如图5和图6。

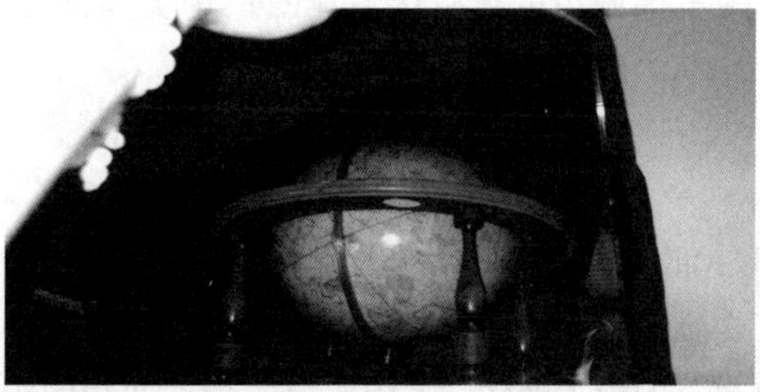

图5　地球仪有机玻璃箱子和棕色保护布

图6　地形图收藏有机玻璃柜子

此外，地理与地图部拥有约3000件手绘地图和珍贵的印刷地图以及100多个专藏[16]。这些藏品有的来自于捐赠、有的是政府调拨的、有的是该部的专家根据某个主题整理而成的。这些珍贵的善本地图和专藏地图存放在一个特别设计的、配有温度和湿度控制装备的保存库中。

2.3 读者服务

美国国会图书馆原是根据美国国会法令作为美国立法机构的研究图书馆而建立的，是专供美国国会议员及政府高级官员使用的参考图书馆，现已对公众开放。美国国会图书馆中的地理与地图部阅览室为公众提供其馆藏查阅服务，并对研究利用其馆藏的读者开放。读者必须持有美国国会图书馆的读者卡才能进入地理与地图部的阅览室，通常不允许儿童（独自或有成年人的陪同均不可）在该部进行调查研究。

当读者需要该部的资料时，可以直接到地理与地图部的阅览室查阅资料和咨询其参考馆员，也可以通过网络、电话等途径查阅和咨询问题。从1969年开始，地理与地图部对当时采访的地图资料都做了机读目录，读者可通过图书馆的联机目录进行检索[17]。

对于读者通过信件、电子邮件和传真咨询的问题，地理与地图部都会给予答复，通常是4周之内。不过，他们不会承接那些需要花费时间较长、咨询内容过于宽泛的研究项目，也不协助学生准备参考书目和学期论文。

在美国国会图书馆的地理与地图部，除易脆的、太大的或属于善本的受版权保护的测绘资料外，大多数的测绘资料是可以向读者提供静电复制服务的，但阅览室禁止读者使用扫描设备。

2.4 数字地图

在20世纪90年代初，美国国会图书馆地理和地图部就意识到数字地图将是其藏品的一个重要组成部分。地理和地图部除了注重数字地图资料的采选外，还致力于实现馆藏中非电子形式地图资料的数字化。1995年，该部成立了一个“地理信息中心”（Center for Geographic Information）[18]，专门致力于研究有效的方法来扫描和发布其地图藏品，迄今已有1万多件地图的数字化影像在美国国会图书馆的主页上发布[19]。这些地图影像是通过扫描仪实现数字化的，使用的是GIF或JPEG格式文件，不需要特殊的阅读器就可在线浏览。如果用户需要下载到自己的电脑中离线查看这些地图，则必须安装相应的阅读软件。这些地图影像除使用GIF或JPEG格式外，有些也使用MrSID格式或JPEG 2000格式[20]。

3 结论与讨论

美国国会图书馆是世界上收藏地图资料最多、最丰富的国家级图书馆之一，其良好的地图收藏服务作为一个综合的系统工程，是建立在丰富的藏品、科学的分类和合理的保存等基础上的。

3.1 地图资料的采访

采访是丰富馆藏、实现馆藏功能的前提。美国国会图书馆文献资料来源于调拨、缴送、购买、交换和捐赠。尽管调拨和缴送的途径占地图资料来源的绝大部分，但地理与地图部仍非常重视各种捐赠。为更有效地获取捐赠资金和藏品，地理与地图部成立了专门负责相关事务的菲利普斯协会。地理与地图部对于地图资料的采访非常注重专业的完整性和地区的广泛性:专业上强调的是测绘制图资料的完整性,而非单纯的地图;地区上强调以反映美国的制图资料为重点,同时保证所藏地图资料能够涵盖世界各个地区。

3.2 地图资料的编目分类

在《美国国会图书馆分类表》的G大类中,G1000—G9980是有关地图的专门分类,这反映了地图的重要地位。由于G类主要与地理和测绘制图资料有关,地理与地图部除了负责地图的编目与发展以及维护地图MARC数据库之外,还负责分类表G类的增补和修订,并且还与国会图书馆编目政策和支持处(Cataloging Policy and Support Office)合作,负责编写和修订《测绘资料编目手册》[21],这也为地图藏品的发展创造了良好的环境。

3.3 地图资料的保护、保存

为避免地图资料排放架位混乱并且被损坏,地理与地图部在地图资料分类上对单页地图、地图集、地球仪的差异给予了充分的考虑。另外,除了在典藏管理上体现地理与地图部对资料的保护意识外,在建筑上也同样给予了关注,地理与地图部的保存库是专门为保存地图而设计的。这说明文献资料的保护、保存是一项综合的系统工程,而不只是保存空间的环境保护。

3.4 读者服务

尽管美国国会图书馆原是专供美国国会议员及政府高级官员使用的参考图书馆,主要职责是为美国国会和政府服务,但现在已对公众开放,而且公众服务做得一点也不逊色。在不违反有关政策法规的情况下,对于公众使用其藏品和享受其服务,美国国会图书馆给予了充分的自由,这体现了图书馆存在的社会价值。为了给公众提供更有效的服务,美国国会图书馆非常关注热点话题,为此策划了一些专题展览,并实现了在线服务[22-23],这说明美国国会图书馆非常重视网上远程服务。地理信息中心的成立则进一步表明,发展数字化地图资源和提升网上远程服务能力将会是美国国会图书馆未来馆藏和服务的重要内容。

致谢:本文的资料调查得到了美国国会图书馆地理与地图部高级编目员张敏女士的帮助,在此表示衷心的感谢!

参考文献

[1] The Library of Congress. Geography & Map Division[EB/OL]. [2009-10-18]. http://www.loc.gov/rr/geogmap/.

[2] The British Library. Maps Department[EB/OL]. [2009-10-18]. http://www.bl.uk/reshelp/bldept/maps/index.html.

[3] Biblioth èque Nationale de France. Géographie Dé partement[EB/OL]. [2009-10-18]. http://www.bnf.fr/pages/bibliotheque.htm.

[4] Deutschen National bibliothek. Kartensammlung[EB/OL]. [2009-10-18]. http://www.d-nb.de/sammlungen/sondersammlungen/kartensammlung.htm.

[5] National Library of Australia. Map Section[EB/OL]. [2009 - 10 - 18]. http://www. nla. gov. au/map/mapcoll. html.

[6] Russian State Library. Departament of Maps [EB/OL]. [2009 - 10 - 18]. http://www. rsl. ru/en/s1/s13/d71/.

[7] 国立国会図書館. 地図室[EB/OL]. [2009 - 10 - 18]. http://www. ndl. go. jp/jp/service/tokyo/map/index. html.

[8] The Library of Congress. Geography & Map Division: history and background[EB/OL]. [2009 - 10 - 18]. http://www. loc. gov/rr/geogmap/gmhist. html.

[9] The Library of Congress. Geography & Map Division: an illustrated guide-introduction[EB/OL]. [2009 - 10 - 18]. http://www. loc. gov/rr/geogmap/guide/gmillint. html.

[10] COLE J Y. Jefferson's Legacy: A brief history of the Library of Congress[EB/OL]. [2009 - 10 - 20]. http://www. loc. gov/loc/legacy/.

[11] The Library of Congress. Year 2008 at a glance[EB/OL]. [2009 - 10 - 18]. http://www. loc. gov/about/generalinfo. html.

[12] The Library of Congress. Philip lee phillips society[EB/OL]. [2009 - 10 - 18]. http://www. loc. gov/rr/geogmap/phillips. html.

[13] The Library of Congress. Tips for locating digital images online[EB/OL]. [2009 - 10 - 18]. http://www. loc. gov/rr/geogmap/tips. html.

[14] The Library of Congress. Guides to the collections[EB/OL]. [2009 - 10 - 18]. http://www. loc. gov/rr/geogmap/guides. html.

[15] The Library of Congress. Library of Congress classification outline[EB/OL]. [2009 - 10 - 18]. http://www. loc. gov/aba/cataloging/classification/lcco/lcco_g. pdf.

[16] The Library of Congress. Geography & Map Division: an illustrated guide-special collections[EB/OL]. [2009 - 10 - 18]. http://www. loc. gov/rr/geogmap/guide/gmillspc. html.

[17] The Library of Congress. Library of congress online catalog[EB/OL]. [2009 - 10 - 18]. http://catalog. loc. gov/.

[18] The Library of Congress. Center for geographic information[EB/OL]. [2009 - 10 - 18]. http://www. loc. gov/rr/geogmap/center. html.

[19] The Library of Congress. Landmark in map digitization[EB/OL]. [2009 - 10 - 18]. http://www. loc. gov/loc/lcib/0611/map. html.

[20] CAHILL C R, ROBERTS G E, SHUG-O'NEILL D. Scanning and delivery of historic maps over the web: the library of congress experience[EB/OL]. [2009 - 10 - 20]. http://pubs. usgs. gov/of/2002/of02-370/cahill. html.

[21] The Library of Congress. Cataloging team[EB/OL]. [2009 - 10 - 18]. http://www. loc. gov/rr/geogmap/catteam. html.

[22] The Library of Congress. Online exhibition[EB/OL]. [2009 - 10 - 18]. http://www. loc. gov/rr/geogmap/exh. html.

[23] The Library of Congress. Online map collections[EB/OL]. [2009 - 10 - 18]. http://lcweb2. loc. gov/ammem/gmdhtml/gmdhome. html.

（原载于《图书馆建设》2010 年第 5 期）

跨行业编目共享发展趋势探析

王　洋

长期以来,文献编目一直是图书馆专业技术含量较高的基础业务工作之一,是图书馆核心竞争力的重要组成部分[1]。但是随着文献出版数量的激增、文献类型的不断拓展,编目工作的劳动强度越来越大,加之联合编目兴起、图书馆编目业务逐渐外包,图书馆编目员职业陷入了前所未有的危机。如何解放图书馆编目员、如何提高图书馆编目员的职业竞争力、编目工作将何去何从,是所有编目员不得不思考的现实问题。笔者将结合国家图书馆和全国联合编目中心的编目现状,探讨跨行业编目共享的可能性与模式。

1　现有编目模式的发展瓶颈

目前我国图书馆领域的图书编目工作主要采取独立编目、联合编目及编目外包等形式,一般都是两种或三种方式并行,完全依靠自身解决所有编目问题的图书馆已经越来越少了。以国家图书馆普通中文图书为例,目前约60%的书目依靠自身的力量进行原编,40%的书目套录全国图书馆联合编目中心数据后再进行细化补充和规范维护。绝对的独立编目方式在现今信息膨胀的大环境下已经越来越不能适应图书馆的发展步伐,联合编目和编目业务外包逐渐成为主流的编目模式。

联合编目工作的确可以缓解工作量快速增长带来的压力,但是它的出现也使数据套录逐渐成为一种普遍现象,这使得图书馆对于专业编目员的后续需求越来越少,很多图书馆面临着经验丰富的专业编目员退休、年轻的编目员流失严重等问题。图书馆行业编目员的培养若长此以往,"青黄不接",则各个联合编目中心的发展必然会陷入质量和时效不能两全的困境。

另外,近几年图书馆业务外包的幅度与速度进入了前所未有的发展时期,国内图书馆界对这一问题的探讨十分热烈。目前的编目外包主要分为两种方式:一种是由书商提供免费编目服务;一种是纯粹由外包公司进行编目。外包虽然可以降低成本、弥补人力不足、提高编目速度,但是它的很多缺点也是有目共睹的,如数据分编质量不高、编目人员业务水平不强、人员流动频繁、集体协调性较差等。多数编目外包商都是有了活儿再去找队伍,这样的临时队伍不可能制作出高水平的书目数据。尤其是那种书商免费提供的编目服务,更是问题百出。因为商人的目的是追求利益最大化,书商主要是依靠图书销售来获取利润,即使提供免费编目服务,但羊毛出在羊身上,其主要目的还是为了能够成为图书馆的供书商。由于供书商的获利点在售书而非编目，因此图书馆根本不可能寄希望于书商自发地拿出已经进入口袋的利润用于维持编目队伍的长期稳定、业务水平的持续提高。此外，一般这种免费提供的服务只是购书招投标中的一个附加条件，招标合同的主体还是购书，因此更不可能有完善的约束机制。这导致多半书商为了尽可能地减少成本投入，只是把人聘来并直接交由图书馆的编目人员进行培训，图书馆成了外包公司的培训基地，没有办法从经济上处罚或制约书商“免费服务”的不妥之处，只有等合同到期再更换书商。如此反复，编目外包人员频繁更换，图书馆需要大量时间与之重新磨合。这样的外包编目模式短时期内尚可缓解燃眉之急，但是从编目工作性质和编目事业的发展来看，不是一种长效的解决机制。尤其随着业务外包的深入，书商和编目外包公司通过图书馆提供的编目数据平台发布数据，成为各个联合编目中心间接的数据贡献者，这会把前述的各种弊端带到联编数据中。由于多个联合编目中心并存，数据规则不统一，这些有问题的数据又会反过来影响书商和编目外包公司的数据质量，进而影响整个图书馆系统的编目工作。

综上所述，笔者认为独立编目越来越难以抵挡文献数量的不断激增，而联合编目模式虽然可以在图书馆系统内部寻求合作、共享机读数据、共享编目人才、避免重复劳动，但是随着整个图书馆界编目外包规模的逐渐扩大，专业人才队伍萎缩，数据质量问题越来越难以控制。因此，外包模式多半只是引入了一部分成本较低但专业素质不强的人力资源，并由其分担了图书馆专业编目员的一部分劳动。可见，上述各种模式都无法从根本上改变目前图书馆编目员的工作性质和地位，无法把编目岗位变成一个有吸引力、有后继人才持续补充、有前景的职业，无法从根本上解决图书馆编目工作日渐萎缩的趋势。

2 跨行业编目共享的可行性

2.1 跨行业编目共享的必然性

如果编目工作的内容和性质不变，仍然是劳动密集型岗位，那么随着社会的发展，劳动力成本的不断增加，编目工作必然会成为成本越来越昂贵的工作。但同时与之相对应的文献出版量和出版类型的不断增长则会导致对编目人员需求的持续增长。然而，绝大多数图书馆是公益性运营机构，人员编制有限，很难保证持续的财政投入和人员扩充，因此图书馆将不得不走编目外包服务之路。按照这样的发展趋势，当依靠外包公司或者书商提供数据的现象扩展到整个图书馆界时，图书馆界将越来越依赖编目外包，对编目专业人员的后续补充越来越少。不同层次的编目人才必然不断向外包公司、提供编目数据的书商或有编目行为的出版行业集中（即编目专业人员会逐渐向图书馆的上游机构慢慢地转移），加之原有的编目专业人员陆续退休，使图书馆的编目专业优势弱化。此外，高成本的编目数据对于图书馆来说，是用以满足本馆公益性服务的，不能产生其他收益；而对于数据商而言，一次投入成本产生的数据可以提供给多个图书馆重复使用，既可以均摊成本也可以产生更多的经济效益；对于出版社而言，在出版环节从实名申领书号开始就编辑原始的书目数据内容，直接利用和开发此项数据内容不但能够降低出版流程管理成本、统一数据源，而且更有利于新书及时与读者见面。因此,无论从图书馆自身发展瓶颈还是客观存在的人才流向和效益驱动角度,高成本、劳动密集型的编目工作必将逐步转移到上游环节,当出版源头编目日趋规范时,编目数据必将伴随文献的产生而出现,跨行业的编目共享将是一种不可逆转的大趋势。

不仅国内编目工作面临此等困境,国际图书馆界也一样,各国同行也都在积极地探寻编目问题的解决之道。近几年,推动跨行业的书目共享已经成为目前国内外图书馆领域和出版行业关注的热点问题之一。

2.2 跨行业编目共享的试验计划

真正吹响跨行业编目共享号角的是美国国会图书馆(Library of Congress,简称 LC)的书目控制未来工作组(Working Group on the Future of Bibliographic Control),该机构于 2007 年 11 月 30 日发布了《书目控制未来报告》草案(以下简称《草案》),其中指出:书目控制未来将是合作的、去中心化的、国际范围的、基于 Web 的;它的实现需要与私营机构的合作、与图书馆用户的积极协作;数据将从不同来源获取,变化将迅速出现,书目控制将是动态的而非静态的[2]。《草案》还表明,在书目控制领域,曾经提供了大量高质量书目与规范记录的美国国会图书馆已不想再辛辛苦苦地为全世界其他图书馆做原编了,只想做一个普普通通的联合编目成员馆。很显然,《草案》中描述的联合编目模式已不仅仅局限于图书馆领域的合作。

在《草案》发布不久,OCLC(Online Computer Library Center,联机计算机图书馆中心)立刻推出了名为“新一代编目”(Next Generation Cataloging)[3]的试验计划。该计划主要探索能否从出版商和上游销售商那里捕获元数据。该试验已于 2008 年 1 月开始,许多公共图书馆、学术图书馆、出版商和销售商都参与了试验。OCLC 希望通过试验找到多方合作的方法,从而利用出版商的 ONIX(Online Information Exchange,在线信息交换)元数据,使出版社的图书一经面世就有一条网络书店、图书馆、联合编目中心等各个环节用户都能够利用的与实体相对应的数据,并且各方都是基于大致相同的标准下,各司其职,逐步完善书目数据。如此一来,图书馆仅作为书目数据流的一个节点从源头上共享编目数据,这对于“出版商—销售商—图书馆”这条数据流上的各个节点来说都是节约成本的,保证了各方的利益,这无疑对于整个社会来说是十分经济的选择。

2.3 跨行业编目共享的优势

2.3.1 避免大量的重复编目

目前图书从出版社出版到图书馆上架的过程,要经过出版社从总编室到各个发行部门的图书信息加工、正式出版后书店为方便管理和出售进行的书目数据加工、图书馆根据本馆馆藏习惯进行的详细编目等烦琐的过程,不难想象各个环节中图书的数据信息一直在重复建设。而跨行业编目共享是直接从出版物生命周期开始就进行编目,并直接共享出版行业原始编目数据或借助二维码等技术将图书编目数据物化在图书上,供后续的各个环节使用,能够节省很多重复劳动。

2.3.2 提高书目数据发布速度

传统编目模式下,图书到馆后还需经过一段时间的编目、加工后才能上架;而跨行业编目共享模式下,图书馆采访和编目人员可以与书商同步看到图书信息,直接选书或根据网络样本制作书目,使图书一到馆即可借阅,省掉了很多中间环节,提高了书目共享速度。

2.3.3 减轻编目员工作量,提升数据质量。

目前传统编目模式下的文献内容客观揭示工作可以转变为跨行业编目共享模式下的出版环节一次性信息输入、多次使用的方式。这样既能够减少编目人员的工作强度,也能够降低多环节著录过程中出现错误的概率,使所有客观内容都出自文献生命的源头,提高数据质量,将编目员从繁重的重复性工作中解脱出来,使其把主要精力放在文献深度揭示和知识组织方面,从而提升编目岗位的吸引力和人员层次。

2.3.4 改变编目方式

目前图书馆编目员必须拿到实体的文献才能进行分编工作,而跨行业编目共享模式下,编目员可以借助包含有题名页、版权页、目次页等图像的数字出版信息完成远程图书编目,使编目员足不出户进行远程编目。

3 我国跨行业编目共享模式的构建

虽然我国接受并引进"业务外包"概念相对滞后,但对于"跨行业编目共享"这个新模式的反应还是较快的。2008 年初,在部分图书馆界知名博客及刊物上早就已经有了相关的报道和探讨。而且国内出版界也在积极关注跨行业的编目共享的发展,正在通过引进、消化、吸收、再创新,努力将 ONIX 转化成我国发行行业的《出版物在线信息交换标准》。此外,推动出版行业标准化进程的新闻出版行业国家标准《中文图书标识数据》也已经通过评审。国家数字复合出版系统、国家知识资源数据库、中华字库、数字版权保护技术研发 4 个重点数字出版工程项目也在有序进行[4]。

OCLC 咨询委员会成员 Norman M 认为:"目前图书馆大量的时间和金钱花费在人工创建个人目录记录上,以补充馆藏目录和知识库。现在无论技术还是标准,都已经成熟,是各相关方紧密合作、共同制定方法并将这种昂贵的、劳动密集型的编目工作进行自动化的时候了。"[5]笔者认为,跨行业编目共享模式已得到国际普遍认同并成为业界的发展趋势,我国图书馆界必须抓住时代机遇,加速跨行业整合。国家图书馆作为全国总书库,应责无旁贷地肩负起引领图书馆行业编目工作发展方向的重任。

当然,跨行业编目共享不是一蹴而就的事情,需要一个逐渐发展的过程,因为这不只是图书馆界单方面的事,还需要出版界、发行界的共同协作。国家图书馆要想率先实现跨行业编目共享应从以下几个方面着手:①积极通过部分业务外包的方式将编目员从简单的工作中解脱出来,使优秀的编目员能够集中精力从事主题分类和名称规范控制等核心编目工作,逐渐提升编目工作的层次,丰富编目工作的内容。②积极介入到出版、发行环节各项跨行业书目著录规则的制定工作之中,以提高跨行业编目共享的可行性。③逐步将上游各个环节有重复建设的数据信息前移,尝试与网络书目运营商的合作,搭建试验平台。④根据积累的经验采取逐步推进的方式,力争借助中间机构联系出版源头,搭建编目共享平台,创建为书找人、为人找书的纽带。

如果这样的跨行业编目共享合作模式得以实现,则一方面可以提高图书馆新书书目发布速度,另一方面使图书馆的上游机构可以借助图书馆的专业编目队伍得到更准确、完善的配套书目数据,扩大图书影响,从而吸引更多读者,达到图书馆和上游机构的双赢。跨行业编目共享的实现能够使全国图书馆联合编目中心由原来的依托多个用户贡献数据再“转销”给其他数据用户的“分销商”,转变为依据上游数据进行原始数据加工后再“供应”给所有数据用户使用的“供应商”,更有利于图书馆数据标准的统一。

参考文献

[1] 严敏斐,赵伯兴. 合作编目条件下编目工作发展趋势研究[J]. 图书馆建设,2009(5):22-25.

[2] 编目精灵.《书目控制未来报告》草案解读[EB/OL]. (2007-10-25)[2010-01-12]. http://catwizard.blogbus.com/logs/11556054.html.

[3] 顾犇. 关于《书目控制未来报告》草案[J]. 国家图书馆学刊,2008(1):76-78.

[4] 王玉梅. 国家四大数字出版工程项目开始论证[N]. 中国新闻出版报,2007-09-24(1-2).

[5] 王秀华. OCLC 开始新的元数据试验计划[EB/OL]. (2008-06-20)[2010-01-12]. http://odp.nit.net.cn/test/admin/show.php? dno=1042.

(原载于《图书馆建设》2010 年第 6 期)

试论博硕士论文资源建设中的知识产权问题

姚　蓉　方　怡

1　国家图书馆博硕士论文资源建设的历史回顾

自1981年恢复学位制以来,我国的学位与研究生教育事业得到了长足发展。根据国务院学位委员会办公室统计数据,截至2008年8月,我国已经授予博硕士学位256余万人,并以每年30多万人的速度递增。学位论文特别是博硕士论文由于在内容价值、传播形式、版权归属及作者队伍等方面均表现出不同于其他文献的特点,已经成为一种越来越重要的文献信息资源,具有重大的开发和利用价值。

按照国际惯例,国家图书馆负有收藏和保存学位论文的职责。国家图书馆收藏学位论文,最早可以追溯到20世纪20年代。1921年6月24日教育部训令第172号,令京师图书馆接收留学生学位论文。大规模入藏学位论文始于20世纪80年代中期。1982年,国务院学位委员会即确定国家图书馆为全国唯一负责全面收藏、整理我国社会科学、人文科学和自然科学等方面博士学位论文的专门机构,并以法律形式写入《中华人民共和国学位条例暂行实施办法》。此后,国务院学位委员会办公室先后多次发文,要求各学位授予单位严格执行向国家图书馆缴送制度,使国家图书馆全面入藏博士学位论文得到可靠保证。20多年来,在全国研究生培养单位的大力支持下,国家图书馆博士学位论文收缴率达到95%以上。为了适应形势的发展,国家图书馆专门设立了学位论文收藏中心,开辟学位论文阅览室,按年度编辑出版《中国博士学位论文提要》,为读者提供阅览和咨询服务,取得了良好的社会效益。根据读者的需求,在国务院学位委员会和博士后基金委员会等单位的大力支持下,国家图书馆除了对博硕士学位论文进行全面采集外,还有计划、有步骤地加强硕士学位论文和博士后研究报告的采集力度。在此基础上,又启动了对港澳台和海外华人的博士论文的采集。目前已入藏博士学位论文26万多种、硕士学位论文50余万种,一个以国家图书馆为龙头的大中华学位论文收藏中心初露端倪。从2002年底开始,国家图书馆将博士学位论文和博士后研究报告数字化纳入到国家数字图书馆工程之中。截至目前,已完成博士学位论文全文影像扫描15万余种。2004年开始研发学位论文电子呈缴系统,现正在试运行阶段。应该说,国家图书馆学位论文资源建设已经取得了阶段性成果。然而,随着我国经济建设的发展,特别是信息网络的普及,传统、陈旧的服务方式已远远无法满足日益高涨的读者需求,越来越多的读者希望国家图书馆能够将博硕士学位论文全文上网提供公众利用,但是由于知识产权问题一直没有解决,使得国家图书馆学位论文资源建设与服务不敢越雷池一步,导致博硕士学位论文的前沿性、创新性得不到有效发挥,造成了巨大的资源浪费。

从目前国内外学位论文资源建设的发展来看,已从若干层面上涉及著作权人的权益保护问题,如印本资源的数字化、原生数字资源的管理、存取与服务、网络传播等。如何既保护著作权人的正当权益,又保障社会公众广泛获取信息资源的利益,从而实现两者之间的利益平衡,无疑已成为摆在我们面前的一个极为重要的任务。如果不能制订一套行之有效的知识产权保护方案,国家图书馆学位论文资源建设将举步维艰,进而制约学位论文资源建设的可持续发展。

正是基于这一背景,本文在分析与研究目前国内博硕士学位论文资源建设与服务过程中所涉及的知识产权问题的基础上,为数字环境下国家图书馆学位论文资源建设规避版权风险寻求应对措施。

2 博硕士论文资源建设中的知识产权问题

数字与网络技术的发展极大地推动了学位论文数字资源建设的进程,也引发了大量知识产权保护问题。在学位论文数字资源建设过程中,人们往往专注于资金投入、技术攻关与资源环境等因素,而对学位论文数字资源赖以生存和可持续发展的法律环境缺少认真的研究,导致学位论文知识产权纠纷日益尖锐。在资源利用上,著作权人、传播者与社会公众之间产生巨大的利益冲突,知识产权问题已经成为学位论文数字资源建设与发展的最主要的瓶颈问题。

2.1 博硕士论文的知识产权归属问题

研究生学位论文的知识产权归属,是指学位论文著作权的主体,换而言之,就是谁享有学位论文的著作权。如果不厘清这个问题,将会因版权主体混淆而出现法律理论的悖论以及规范对象不明确,导致学位论文资源建设的版权风险。由于我国学位与研究生教育的现实情况以及研究生培养形式的多样化,博硕士学位论文知识产权归属较为复杂,业界争议很大。其中,有代表性的观点有 4 种:第一,研究生与导师共同享有著作权;第二,研究生享有全部著作权;第三,学位授予单位享有著作权;第四,研究生享有部分著作权。

根据我国著作权法的有关规定,笔者认为,学位论文的著作权应该归作者所有。原因有四:第一,研究生获得学位最基本的要求是学位论文必须由本人独立完成,对博硕士学位论文还要求在本学科领域有独创性,否则不授予学位。第二,博硕士学位论文虽然在选题、写作、预答辩与答辩等过程中得到导师和论文指导小组的指导,但《中华人民共和国著作权法实施条例》第三条规定,指导教师不属于研究生学位论文的创作者,故学位论文著作权不应该由导师与研究生共有。第三,从研究生与学位授予单位的关系来看,研究生与学位授予单位不具有劳动合同和聘任合同关系。研究生的职责是完成学习任务并获得相应学位,而不是完成学位授予单位的工作任务。因此,研究生学位论文著作权不属于学位授予单位。第四,即使研究生以参加导师的科研项目或完成学位授予单位科研任务的研究成果作为学位论文,学位授予单位也不具有学位论文的法人资格。因为,第一,学位论文撰写不是由学位授予单位主持的;第二,学位论文不代表学位授予单位意志,仅仅代表研究生本人的意志;第三,学位论文发现抄袭、剽窃并不是由学位授予单位承担责任。总之,学位论文是经过作者大量的创造性劳动而独立创作完成的作品,作者应当单独享有其作品的著作权。因此,未得到学位论文作者的授权擅自开发与利用学位论文,将构成侵权。

2.2 博硕士论文采集过程中的知识产权问题

数字资源的采集是学位论文资源建设的基础,通常有两种渠道:一是电子版学位论文的采集,包括软盘、光盘、网络版等;一是大型数据库的采集,包括书目数据库、文摘数据库、全文数据库等。涉及的知识产权包括两个方面:其一是原生学位论文作者的著作权保护问题,其二是学位论文全文数据库出版商的版权保护问题。未经著作权人许可采集与加工学位论文数字资源,很有可能引起知识产权风险。

2.3 博硕士论文数字化过程中的知识产权问题

馆藏学位论文数字化是指利用计算机技术把其他载体形式(印刷型、缩微型等)的学位论文中的信息,包括文字、表格、图像等转换成计算机能识别的二进制数字编码的技术。法律界与图书馆界普遍认为馆藏学位论文数字化行为是一种典型的复制行为。因为将馆藏学位论文数字化,只是学位论文的载体形态进行数字化转换,而这种转换过程是由机器来完成的,不包括人的创造性劳动,其间没有产生新的作品,知识产权仍属于原著作权人。国家版权局 2000 年 3 月 1 日发布的《关于制作数字化制品的著作权规定》第三条规定:“利用受著作权保护的他人作品制作数字化作品,应事先向著作权人直接取得授权或通过著作权集体管理组织间接取得授权。”复制权是著作权中最核心的权利,是著作权人的专有权利,未经著作权人许可将其享有著作权的作品进行数字化处理,很可能会侵犯著作权人的复制权。

2.4 博硕士论文传播过程中的知识产权问题

学位论文数字化的最终目的是为了提供利用,也就是将数字化后的学位论文通过互联网络进行传播并为社会公众服务。将学位论文数字化并通过网络向社会传播,属于著作权法规定的使用作品方式,是著作权人合法权益的组成部分。学位论文的著作权人有权决定其论文是否上载网络,以及何时何地上载网络,使社会公众以其选定的方式获取该学位论文。未经著作权人的许可或授权擅自将属于权利人的学位论文上载服务器进行网络传播,将构成对学位论文著作权人信息网络传播权的侵权风险。目前国内高校图书馆、公共图书馆开展的学位论文原文传递和馆际互借、网上提供学位论文前 16 页或 24 页等服务,基本遵循的是合理使用原则。殊不知,我国的著作权法规定:“合理使用”的对象应该是已经发表的作品,学位论文大多是未发表的作品,因此不在合理使用范围,如果没有著作权人的授权,就会构成侵权。

3 解决博硕士论文资源建设中知识产权问题的对策建议

鉴于我国的“学位法”和“图书馆法”尚未出台，为了尽快推进国家图书馆博硕士学位论文资源建设的进程，有效解决在数字环境下制约博硕士学位论文资源建设的法律瓶颈，笔者认为应从以下几方面入手。

3.1 完善博硕士论文呈缴制度，促进相关法律的确立

鉴于学位论文资源建设中面临的种种知识产权问题，国家图书馆应尽快与国务院学位委员会办公室进行沟通，修改国家学位管理条例，通过行政手段完善学位论文呈缴制度。首先，恳请国务院学位委员会下发文件，重申向国家图书馆呈缴学位论文的法律义务；其次，明确授权国家图书馆为纸本和电子版博硕士学位论文唯一法定收藏机构，从而节省数字化成本，避免重复建设；再次，要求下发红头文件中让学位论文作者将学位论文复制权、使用权、网络传播权授予国家图书馆用于公益性服务，一方面可以避免国家图书馆学位论文建设中的法律风险，一方面可以保障公众获得知识的权利。此外，国家图书馆还应上文上级主管部门以及相关法律制定机构，积极促成将纸本和电子版博硕士学位论文同时呈缴国家图书馆并授权国家图书馆用于公益性服务等内容，写入正在修订的《中华人民共和国学位条例》之中，使国家图书馆博硕士学位论文资源建设与服务有法可依。

3.2 加强对海内外博硕士论文资源建设的研究与借鉴

我国实施学位制度的时间不长，有关学位论文的资源建设还处于探索阶段，特别是在数字资源建设的知识产权问题上，由于起步相对较晚，在法律、技术措施和管理方面与发达国家如美国、英国相比还有一定的差距。因此，国家图书馆应当加强对学位论文资源建设的研究，借鉴其他国家或地区学位论文资源建设的成功模式，为我所用。近年来，笔者一直在跟踪、研究我国台湾“中央图书馆”学位论文资源建设的进展，发现台湾博硕士学位论文的收藏与利用虽然起步较晚，但在博硕士学位论文数字化、网络化建设上却走在我们前面，这有赖于下面几个因素：第一，行政支持。台湾教育主管部门在台湾“中央图书馆”博硕士学位论文资源建设的整个过程中，不仅提供了大量的经费，更重要的是提供具体的行政支持。例如按1994年新修订的台湾学位授予有关规定，博硕士学位论文应以文件、录影带、录音带、光碟或其他方式，于“中央图书馆”保存之；台湾教育主管部门每年以信函的方式通知台湾的各大学，要求他们协助研究生向“中央图书馆”报送博硕士学位论文（包括电子版），以及办理全文网络使用授权事宜，否则不予办理离校手续。这些要求为台湾“中央图书馆”的博硕士学位论文收藏与利用提供了可靠保证。第二，大学的通力协作。台湾的大学认真执行上级的指示，积极配合台湾“中央图书馆”的工作。第三，台湾“中央图书馆”在此项工作中扮演项目策划、承办人和传播与推广人的角色。他们的很多经验和做法值得我馆借鉴。

3.3 设立博硕士论文版权管理机构

由于学位论文数量巨大,涉及学位授予单位上千家、作者有数百万,解决学位论文知识产权问题是长期而艰巨的任务。为此,建议国家图书馆会同教育部学位与研究生教育发展中心,共同设立学位论文版权管理机构。教育部学位与研究生教育发展中心是教育部直属事业单位,在教育部和国务院学位委员会的领导下开展工作,主要负责全国学位与研究生教育的评估、认证等。国家图书馆和教育部学位与研究生教育发展中心都具有得天独厚的资源优势,可以优势互补、强强联合。该版权管理机构应设在国家图书馆,可将其相关业务纳入到中国国家数字图书馆版权机构之中。国家图书馆应从人力物力上给予充分保障,使其健康、持续地发展,为国家图书馆学位论文资源建设保驾护航。学位论文版权管理机构还应聘请图书馆界、法律界以及研究生管理等方面的专家学者,解决学位论文开发与利用中的法律问题。此外,如果条件成熟还可以成立学位论文"版权集体管理组织",代表论文作者与学位论文商业服务公司商谈授权使用作品并向其发放使用作品的许可证,最终将获取的报酬回馈给论文作者。

3.4 委托学位授予单位进行博硕士论文版权处理

早期的纸质学位论文一般都没有签署使用授权许可协议,如何解决其授权,也是一个难题。对于国家图书馆来说,查找博硕士论文作者毕业的去向并与每一位作者签署使用授权许可协议,其难度如同大海捞针。为此,国家图书馆应当主动与学位授予单位建立良好的合作关系,委托学位授予单位协助国家图书馆获得授权,因为学位论文作者与母校有着千丝万缕的联系,无论通过导师或研究生院还是校友会,都会比较容易获得论文作者的信息。鉴于国家图书馆现有未处理版权的博硕士学位论文比较多,一次全部处理,就人力、物力、财力来说是不可能实现的。因此,应分阶段、有选择地进行版权处理,可先博士后硕士,或先重点大学后普通大学,还可以按学位授予单位和学位授予年代由近及远地顺序解决。

3.5 建立综合服务平台,从技术上保障博硕士论文合理使用

全国各学位授予单位的图书馆均收藏本单位的博硕士学位论文,其全文数据库也已经基本建立。国家图书馆应当积极利用这笔资源,避免不必要的重复性开发。为此,应本着资源共享、优势互补、互利互惠、自愿参加的原则,建立以国家图书馆为主导、全国学位授予单位共同参与的学位论文数字资源共建共享系统平台。为了避免网上论文被大批量恶意下载、转作他用,该平台除具有强大的查询检索、资源集成整合、数据分析与监控等功能外,还应采用最先进的知识产权保护技术对复制、下载等行为进行限制,包括认证技术、加密技术、数字水印、数字权利管理(DRM)、防火墙等,从技术角度保证学位论文的合法使用。此外,国家图书馆还必须加强行业自律,在博硕士学位论文资源建设和服务过程中坚持非营利、公益性的原则,不能利用自身作为法定学位论文收藏单位的便利,在学位论文开发与利用中牟利,损害著作权人的利益。

目前,全球范围内的数字化学位论文知识产权保护制度仍处于探索阶段,中国国家图书

馆应该在这方面有所作为，形成自己的特色。

参考文献

[1] 王小会. 数字图书馆与版权保护[M]. 北京：国家图书馆出版社，2008.

[2] 徐迈. 数字图书馆信息资源建设中的知识产权问题综述[J]. 现代情报，2007(3)：83－85.

[3] 曹树人，党跃臣. 学位论文馆际互借的知识产权风险及其规避[J]. 大学图书馆学报，2007(6)：56－60.

[4] 陈传夫，汪晓方，刘婧. 我国学位论文知识产权管理现状与制度创新[J]. 国家图书馆学刊，2008(4)：16－22.

[5] 姚蓉. 台湾和大陆学位论文数字资源建设述略[J]. 中国研究生，2005(3)41－43.

[6] 谭志君. 研究生学位论文开发利用中的法律问题[J]. 学位与研究生教育，2008(12)：55－59.

（原载于《现代情报》2010 年第 7 期）

Lib2.0 环境下谱牒文献的收集与整理

——以全球中华寻根网项目为例

肖 禹

章学诚在《为张吉甫司马撰大名县志序》中说："夫家有谱，州县有志，国有史，其义一也。"谱牒文献内容丰富，包罗甚广，能够反映一个家族在一定历史时期的社会、政治、经济、军事、文化等方面的情况，具有一定的学术研究价值。研究者可以从历史学、社会学、民俗学、民族学、方志学、经济学、教育学、人口学、遗传学、伦理学等角度来研究和利用谱牒文献。

宋代以后，民间编撰家谱的风气开始兴盛，私修家谱大量出现，但是每种家谱抄写或刻印的数量有限，很多家族还有家谱秘不示人的家规，古代家谱能够流传下来已殊为不易。除了部分家谱保存在图书馆、档案馆、博物馆等公藏机构，还有更大量的家谱散落在民间。对于公藏机构而言，大范围全面征集谱牒文献存在一定的困难。相对于其他古代文献，谱牒文献的整理还比较薄弱。谱牒文献收集和整理的现状，也在一定程度上限制了谱牒文献的利用与研究。

随着互联网应用的普及，互联网上与家谱相关的网站（网页）达到 24400000 个①。2003 年创建的家谱网站 MyHeritage. com，6 年时间内注册用户超过 3000 万个，支持 34 种语言（包括中文）[1]。现有注册用户 52073742 个，人物数据 592224834 条，亲属关系图 15348197 个②。虽然互联网上的家谱相关资源数量巨大，但是内容庞杂，数据质量良莠不齐，给用户使用带来了相当的困难。

"Library2. 0"（以下简称 Lib2. 0）提出了新的理念与方法，使谱牒文献、网上资源、收藏机构、用户紧密地联系在一起，也为谱牒文献收集和整理提供了新的思路和方法。

1 Lib2. 0 的理念与方法

到目前为止，"Library2. 0"还没有统一的定义。维基百科的 Lib2. 0 词条是这样描述的，Lib2. 0 是图书馆世界内部的转变，它将改变与转换向图书馆用户提供服务的方式，图书馆 2. 0 的概念借用了 Web2. 0，与它有同样的理念与概念基础，这一概念的支持者期待最终的 Lib2. 0 服务将取代过去数世纪以来过时的、单向的服务[2]。Talis 白皮书提出了 Lib2. 0 的 4 项原则：图书馆无处不在、图书馆没有障碍、图书馆邀请参与、图书馆使用灵活的单项优势系统[3]。

---

① 使用 Google 作为统计数据源，"家谱"作为检索词，2010 年 9 月 11 日进行检索得到数据。

② 使用 MyHeritage. com 的动态数据统计作为数据源，引用 2010 年 9 月 11 日的数据。

Lib2.0 不仅仅是 RSS(简易信息聚合)、Blog(博客)、WIKI(维基百科)、Tag/Folksonomy(标签/大众分类)、SNS(社会网络)、IM(即时通信)等一系列 Web2.0 技术在图书馆的应用,而且是图书馆发展理念的变革。Lib2.0 为用户带来真正的个性化,使用户充分享有信息自主权,图书馆和用户间平等、交互、去中心化,用户越多,服务也就越好。

2 “全球中华寻根网”项目

“全球中华寻根网”项目(以下简称寻根网)是建立在国际合作基础上的全球家谱数字化服务、教育和研究项目,以保存人类文明的共同记忆为最终目标。寻根网将在互联网上实现中华家谱目录检索、家谱全文阅览、家谱谱系分析、家谱编纂互动、家谱专家咨询等功能,再逐步扩展到其他语种,最终实现人类历史“文明树”的展示。寻根网项目建设始于 2008 年,该项目将采用分期建设的模式,第一期的主要任务是建立寻根网系统模型、数据模型和软件系统,并制作姓氏数据 500 条、家谱书目数据 30000 条,采用扫描、置标、全文化等多种方式逐步数字化全部馆藏家谱,目前已完成 500 余种约 50 万筒子页。同时发布与家谱相关的文献 6000 余种约 300 万筒子页。寻根网将在 2010 年年底前上线提供服务。

寻根网项目从项目策划之初,就引入了平等化、个性化、去中心化等理念,依据用户需求,结合资源特性,选择适用的技术(包括 Lib2.0 的技术)分阶段进行项目建设。项目中大量的谱牒文献、族姓资料和其他文献资料将被数字化,建立影像、全文文本等对象数据和相应的元数据,同时将这些文献分解成大量的微内容,与用户创建的微内容共同构成 Lib2.0 系统的内容支撑。这些对象数据、元数据、微内容共同存在于时间、空间、文献(目录)、应用等不同维度构成的数据空间中,如图 1 所示。用户在数据空间中可以重构新的数据,用户和图书馆可以同时获得这些数据,并将这些新数据放置在数据空间中。

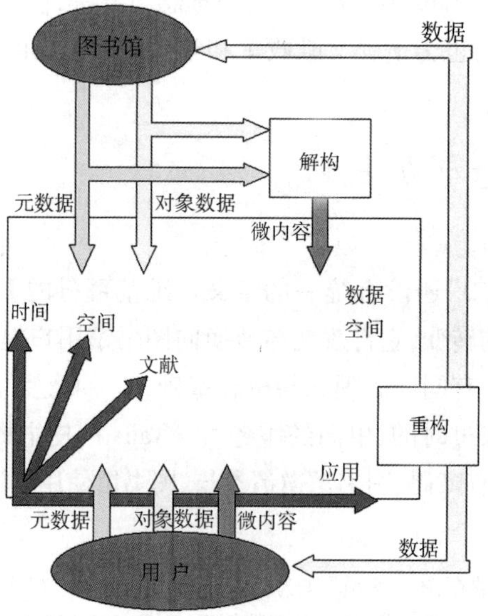

图 1 寻根网数据流向图

3 谱牒文献的收集

图书馆、档案馆、博物馆等公藏机构在谱牒文献收集中受政策、人力、物力、财力等诸多因素的制约,大范围全面征集谱牒文献存在一定的困难。随着人们对家谱日益重视,很多人不愿意将家藏旧谱(1949 年以前出版的家谱)捐赠给图书馆,或是只愿意捐赠复印件或扫描图像。对于新谱(1949 年以后出版的家谱),由于印制数量有限,又多为非正式出版,通常只会捐赠给所在地的省级图书馆和国家图书馆、上海图书馆等大型文献收藏机构。以国家图书馆为例,2000 年以后平均每年接受新修家谱捐赠超过 200 种。

在寻根网项目中,用户可以在线编制家谱目录数据,也可以上载家谱的数字化版本。用户可以简单便捷地将家谱或家谱目录发布到网上,其他用户可以自由地获取和使用。用户编制的目录数据,不仅可以丰富系统内的家谱目录数据,而且可以为谱牒文献的收集提供宝贵的信息,而上载数字化家谱可以直接丰富系统内的谱牒文献资源。

寻根网项目不仅允许用户发布家谱和家谱目录,而且还鼓励用户发布相关资源、相关研究。用户发布的内容既可以是完整的,如一部家谱,也可以是完整内容的片段,如家谱中的一卷或几页。同时,系统要求用户对发布的资源进行简单描述、评价和纠错,在此基础上对数据进行自动分类和进一步的标引。在整个系统中无论是完整资源还是资源片段都经过标引,系统内的资源逐渐多样化、有序化。

4 谱牒文献的整理

4.1 目录

经过多年的努力,谱牒文献目录的整理取得了一定的成就,先后出版了多本谱牒文献目录,如表 1 所示。其中以上海图书馆主编的《中国家谱总目》收录谱牒文献最多,包含的姓氏最多。《中国家谱总目》涵盖的家谱量多面广,著录要求高,收录范围下限为 2003 年,以收录公藏家谱为主,尽可能收录散藏民间的家谱,著录项为书名、修纂者、版本形式、载体形态、装订方式、先祖名人和收藏者,还附录了《分省地名索引》《谱名索引》《纂修者索引》《堂号索引》《先祖索引》《名人索引》6 个索引[4]。

表 1 家谱目录收录情况表[5]

家谱目录名称	收录范围	收录数量(种)	姓氏数量(个)
中国家谱总目	中国大陆及海外 491 家机构及个人	52401(下限为 2003 年)	608
中国家谱综合目录	中国大陆及海外 400 余家机构	14719	451
上海图书馆馆藏家谱提要	上海图书馆馆藏家谱	11700 余	335
浙江省家谱提要	浙江地区 190 家机构及个人	13287	299

续表

家谱目录名称	收录范围	收录数量/种	姓氏数量/个
台湾地区族谱目录	台湾地区所藏家谱	10613	251
台北故宫博物院所藏族谱简目	台北故宫博物院馆藏家谱	10300余(胶卷)	300
美国家谱学会中国族谱目录	美国家谱学会所藏中国家谱	3140(胶卷)	270

寻根网项目在尊重知识产权的前提下,希望尽可能多地利用前人成果,整合现有的家谱目录。考虑到还有大量旧谱散藏在民间,新谱也在大量编修的特点,鼓励用户在线编制家谱目录数据,允许用户对已有的数据进行补充、修改等。同时将国家图书馆每年收集的谱牒文献编制目录上载到系统中。

只有充分利用现有成果,鼓励用户积极参与,才能使家谱目录数据在数量和质量上不断提高,满足用户的多样化需求。

4.2 索引

很多图书馆都对馆藏谱牒文献进行了数字化(主要是影像扫描),这样既保护了古籍原件,又促进了家谱文献的利用。但是很多家谱影像数据库标引比较简单,给用户使用造成一定的不便。

寻根网在对国家图书馆馆藏谱牒文献进行扫描的基础上,对谱牒文献中的人物和篇目进行索引。索引数据的加入提高了影像数据库的可用性,对谱牒文献进行了更深层次的揭示。

对全部馆藏谱牒文献进行人物和篇目索引工程量巨大,难免存在这样或那样的错误。为了提高索引数据的质量,系统鼓励用户对索引数据进行补充和修改修正,同时鼓励用户对上载的家谱进行索引。同时,用户可以为系统内的任何资源创建标签,系统自动或半自动对用户创建的标签进行分类,将涉及人物和篇目的标签自动转换为索引数据。引入Lib2.0技术,鼓励用户积极参与,就能对系统内的全部资源进行标引和索引,这就使得系统内的全部资源逐渐有序化,提高了资源和系统的可用性。

4.3 全文

寻根网项目对谱牒文献全文的整理主要体现在馆藏家谱的全文化和用户上载全文数据的标引上。

馆藏家谱的全文化是在影像扫描的基础上,选择文献价值高、版本价值高、书品好的谱牒文献进行全文化。家谱全文化包括两种方式:全文版式还原和谱系树构建。谱牒文献的非谱系部分采用全文版式还原方式进行数字化,谱系部分(包括谱系图、谱系表等)都按照"谱系树"的方式存入数据库,每个人物作为一个节点,每个节点包含该人物的主要信息和父子、兄弟等亲属关系,同时将像赞、荣恩、家传、艺文等与该人物进行关联。"谱系树"中的每一个人物具有唯一的ID号,以结构化数据的方式记录每一个人物的姓、名、字、号等信息和父子、兄弟等关系,如图2所示。

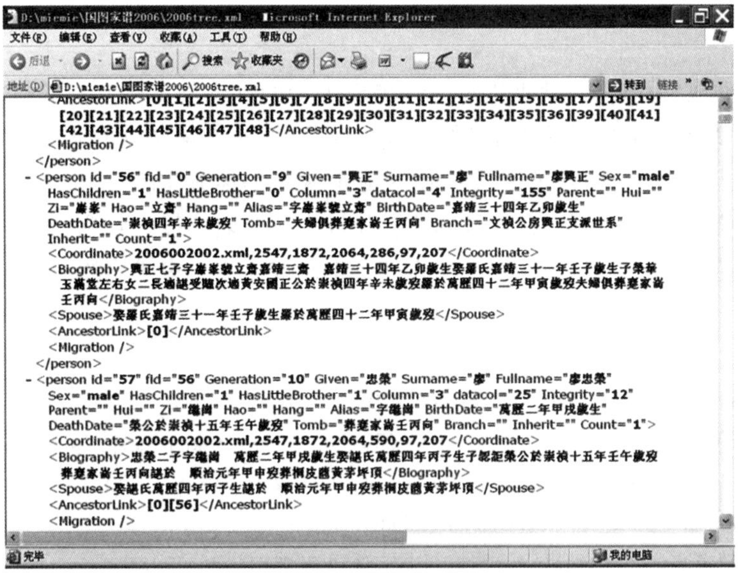

图2 谱系树数据实例图

以“谱系树”为基础,系统可以生成比较规整的谱系图,用文字来描述人物的信息,用线段来表示人物之间的关系,如图3所示。同时依据用户的需求,可以采用多种方式显示“谱系树”。馆藏家谱全文化数据面向所有用户开放使用,允许用户进行纠错。同时,用户使用系统提供的工具,可以创建自己的家谱全文数据并对这些数据进行标引,系统自动或半自动对用户自建数据进行标引和分类。

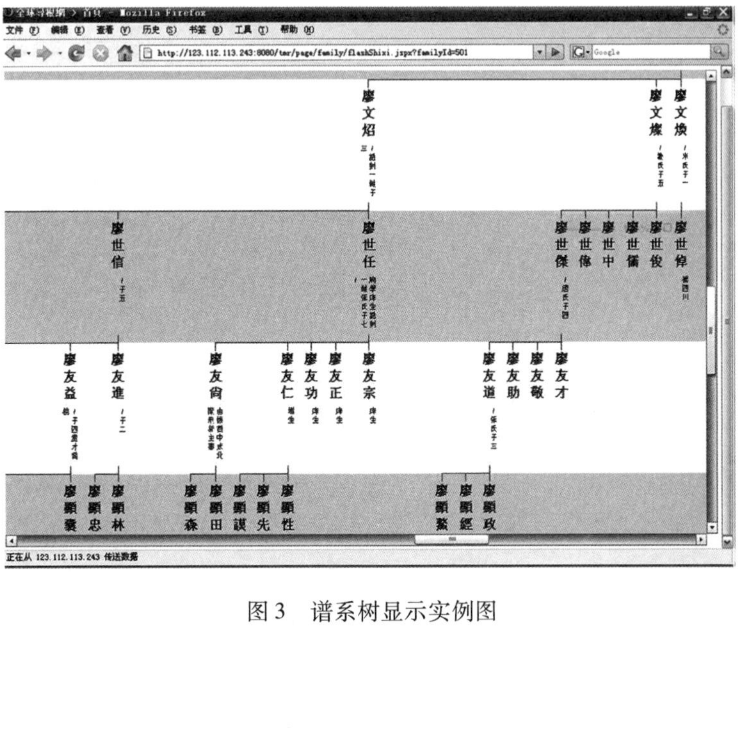

图3 谱系树显示实例图

5 结语

Lib2.0 的出现，为谱牒文献收集与整理提出了新的理念与方法。新的技术和广泛的用户参与使得 Lib2.0 系统的资源具有良好的成长性，这就为谱牒文献的研究提供了更为广泛的文献资料。寻根网项目中除了谱牒文献外，还有大量的地方文献，例如方志、乡土志、游记等文献资料，种类超过 6000 种，在后续的项目建设中还会陆续投入年谱、传记、总集、别集等类别的文献资料。大量文献资源的投入，将使寻根网成为一个集成化的谱牒文献研究平台。

参考文献

[1] MyHeritage In Wikipedia[EB/OL]. [2009-06-20]. http://en.wikipedia.org/wiki/MyHeritage#History.

[2] Library2.0 In Wikipedia[EB/OL]. [2009-06-20]. http://www.wikipedia.org/wiki/Library2.0.

[3] CARD K, MILLER P. Do libraries matter? The rise of Library 2.0[EB/OL]. [2010-06-20]. http://www.talis.com/downloads/white_papers/DoLibrariesMatter.pdf.

[4] 王鹤鸣.《中国家谱总目》的编纂[J]. 国家图书馆学刊,2008(1):35-39.

[5] 顾燕.《中国家谱总目》的特色和编纂特点[J]. 图书馆工作与研究,2008(3):57-61.

（原载于《科技情报开发与经济》2010 年第 29 期）

RDA——资源描述与检索的新标准

吴晓静

1 引言

计算机技术和网络技术的发展,给图书馆工作带来了深刻变化,对传统的编目理论和编目规则形成巨大挑战。为了适应新的编目环境的需要,英美编目规则 AACR2 从 2004 年起进行了全面的修订,并于次年更名为 RDA:Resource Description and Access。经过数年的努力,RDA 网络版终于在 2010 年 6 月发布。RDA 基于英美编目规则,遵循国际编目原则声明,以 FRBR、FRAD 为理论基础,体现了国际编目界的最新进展,目的是成为世界性的资源描述与检索的内容标准。

2 RDA 的结构与内容[1]

RDA 包括导言和 10 个部分的指南和使用说明,它们按照 FRBR、FRAD 模型定义的实体、属性和关系来组织,还有几个附录。每个部分的各章集中支持特定用户任务——查找、识别、选择、获取的元素。导言简单介绍 RDA 的目的和范围、主要特点以及和其他资源著录与检索标准的关系。它阐明 RDA 的基本原则,并简要介绍作为 RDA 基本框架的概念模型。导言还介绍 RDA 的结构,列出其核心元素,解释用于表现使用说明和示例的惯例;涉及语言和改编本时,RDA 使用说明和惯例如何调整以适应不同的环境(如某机构的主要使用对象所用的语言不是英语)。

2.1 第一部分 记录载体表现与单件的属性

第一部分包含 4 章,指导如何记录 FRBR 所定义的载体表现与单件的属性。第 1 章记录载体表现与单件的属性的一般规则,提出第 2—4 章的用法和指南所体现的基本目标和原则,说明识别和描述载体表现与单件的核心元素。本章还提供转录、记录数字和日期,以及附注构成等一般方法。第 2 章载体表现与单件的识别,主要集中在通常用于识别载体表现与单件的元素。包括题名、责任说明、版本说明等,用户根据这些信息确定所描述的资源与所查找的资源相符,或区别两个或多个具有类似识别信息的资源。第 3 章描述载体,包括用户根据自己的需要选择资源所考虑的载体的物理特征,信息在载体上存储的格式和编码等元素。第 4 章提供获取与检索信息,包括用于获取或检索资源的元素,如获得方式、联系信息、限制检索等。

2.2 第二部分 记录作品与内容表达的属性

第二部分包含 3 章,指导如何记录 FRBR 所定义的作品与内容表达的属性。第 5 章记录作品与内容表达的属性的一般规则,提出第 6—7 章的用法和指南所体现的基本目标和原则,说明识别和描述作品与内容表达的核心元素,提供构建作品与内容表达的规范检索点和变异检索点的用法和指南。此外,第 5 章还指导记录识别作品或内容表达的数据鉴定等级,记录作品或内容表达的题名和其他信息的来源如何引证、怎样做附注以便数据的使用和修正。第 6 章识别作品与内容表达,集中识别作品与内容表达的主要元素,包括作品的选用题名和变异题名、格式、日期、起源地、内容表达的语言等,用户根据这些信息确定数据所描述的作品或内容表达与所查找的资源相符,或区别两个或多个具有类似识别信息的作品或内容表达。本章还包括构建表现作品或内容表达的规范检索点和变异检索点,音乐作品、法律作品、宗教作品、官方通信的选用题名和变异题名与其他识别属性。第 7 章描述内容,焦点是用户选择满足其内容需求的资源时所依据的作品与内容表达的属性,包括内容的性质和范围、预期读者等元素。

2.3 第三部分 记录个人、家族与团体的属性

第三部分包括 4 章,指导如何记录 FRBR、FRAD 所定义的个人、家族与团体的属性。第 8 章记录个人、家族与团体属性的一般规则,提出第 9—11 章的用法和指南所体现的基本目标和原则,说明识别个人、家族与团体的核心元素。对于记录名称、构建表示个人、家族和团体的规范检索点和变异检索点提供指导。此外还指导与名称使用有关的各种元素(如范围、日期)如何记录,识别个人、家族和团体的名称与其他信息的来源如何引证、怎样做附注以便数据的使用和修正。第 9 章识别个人,第 10 章识别家族,第 11 章识别团体。第 9—11 章重点在于识别个人、家族和团体最常用的元素,包括个人、家族和团体的选用名称和变异名称,与个人、家族和团体相关的日期和地点等,用户根据这些信息确定数据中的个人、家族和团体与所查找的相符,或区别两个或两个以上具有类似名称等的个人、家族和团体。本章还指导如何构建表示个人、家族和团体的规范检索点和变异检索点。

2.4 第四部分 记录概念、实物、事件、地点的属性

第四部分包括 5 章,指导如何记录 FRBR、FRAD 所定义的概念、实物、事件、地点的属性。第 12 章记录概念、实物、事件、地点的属性的一般规则,提出第 13—16 章的用法和指南所体现的基本目标和原则,说明识别概念、实物、事件、地点的核心元素。本章提供记录术语和名称的一般规则,概念、实物、事件、地点的规范检索点和变异检索点如何构成。此外,本章还指导与术语和名称有关的各种元素(范围、使用日期等)怎样记录,术语和名称及识别概念、实物、事件、地点的信息来源如何引证、怎样做附注以便数据的使用和修正。第 13 章识别概念,第 14 章识别实物,第 15 章识别事件,第 16 章识别地点。第 13—16 章重点在于识别概念、实物、事件、地点的最常用元素,包括概念、实物、事件、地点,概念或实物的类型等选用

和变异的术语或名称，用户根据这些信息确定数据中的概念、实物、事件、地点与所查找的相符，或区别两个或两个以上具有类似名称等的概念、实物、事件、地点等。本章还指导如何构建表示概念、实物、事件、地点的规范检索点和变异检索点。

2.5 第五部分 记录基本关系

第五部分只有一章，第 17 章记录基本关系的一般规则，指导如何记录 FRBR 所定义的作品、内容表达、载体表现与单件的基本关系。包括记录作品、内容表达、载体表现与单件的基本关系的用法和指南所体现的目标和原则，说明实现这些目标的核心元素，还提供记录基本关系的标识符、规范检索点、综合描述等应用指南。

2.6 第六部分 记录与资源相关的个人、家族和团体的关系

第六部分包含 5 章，指导如何记录 FRBR 所定义的资源和与其相关的个人、家族和团体的关系。第 18 章记录与资源相关的个人、家族和团体关系的一般规则，提出第 19—22 章的用法和指南所体现的基本目标和原则，说明反映资源和与其相关的个人、家族和团体关系的核心元素。本章指导如何用标识符和规范检索点记录这些关系，如何用关系标识准确说明个人、家族和团体与资源的确切关系。第 19 章与作品有关的个人、家族和团体，第 20 章与内容表达有关的个人、家族和团体，第 21 章与载体表现有关的个人、家族和团体，第 22 章与单件有关的个人、家族和团体。第 19—22 章集中在作品、内容表达、载体表现、单件和与之相关的个人、家族和团体间的关系。所含元素用于识别作品的创作者，对作品的内容表达负责的编者、译者等，载体表现的生产者和出版者，单件的所有者和保管者等，用户根据这些信息查找与特定的个人、家族和团体有关的资源。第 19 章还包括适用于与法律作品、宗教作品相关的个人、家族和团体的特定指南。

2.7 第七部分 记录主题关系

第七部分只有一章，第 23 章记录作品主题关系的一般规则，指导如何记录 FRBR 所定义的作品与作品的主题间的关系，提出记录作品主题关系的用法和指南所体现的基本目标和原则，说明实现这些目标的核心元素，本章还指导如何用标识符和规范检索点记录主题关系。

2.8 第八部分 记录作品、内容表达、载体表现与单件之间的关系

第八部分包括 5 章，指导如何记录作品、内容表达、载体表现与单件之间的关系。第 24 章记录作品、内容表达、载体表现与单件之间关系的一般规则，提出第 25—28 章的用法和指南所体现的基本目标和原则，说明反映作品、内容表达、载体表现与单件之间关系的核心元素，还包括标识符、规范检索点的使用，如何记录各种关系，如何使用明确各种关系实质的关系标识。第 25 章相关作品，第 26 章相关内容表达，第 27 章相关载体表现，第 28 章相关单件。第 25—28 章的焦点为作品、内容表达、载体表现与单件之间的关系，包括记录衍生作品与原作品的关系，复制品与原载体表现的关系等元素。用户根据这些信息确定数据所表示的作品、内容表达、载体表现和单件是否符合其查找需求。

2.9 第九部分 记录个人、家族与团体之间的关系

第九部分包括 4 章,指导如何记录 FRAD 所定义的个人、家族与团体之间的关系。第 29 章记录个人、家族与团体之间关系的一般规则,提出第 30—32 章的用法和指南所体现的基本目标和原则,说明反映个人、家族与团体之间关系的核心元素,还包括标识符的使用、记录这些关系的规范检索点以及明确各种关系实质的关系标识如何使用。第 30 章相关个人,第 31 章相关家族,第 32 章相关团体。第 30—32 章的焦点为个人、家族与团体之间关系,包括用于记录合作者、家庭成员、上级团体、下属团体等关系的元素,用户根据这些信息确定检索点所表示的个人、家族和团体与其所查找的目标相符。

2.10 第十部分 记录概念、实物、事件、地点之间的关系

第十部分包含 5 章,指导如何记录概念、实物、事件、地点之间的关系。第 33 章记录概念、实物、事件、地点之间关系的一般规则,提出第 34—37 章中指南的基本目标和原则,详细说明反映概念、实物、事件、地点之间关系的核心元素,指导如何使用标识符、规范检索点记录这些关系,如何使用明确关系实质的关系标识。第 34 章相关概念,第 35 章相关实物,第 36 章相关事件,第 37 章相关地点。第 34—37 章焦点在于概念、实物、事件、地点之间的关系,包括用于记录广义概念与狭义概念的关系等元素,用户根据这些信息确定检索点所表示的概念、实物、事件、地点是否与其所查找的目标相符。

2.11 RDA 的附录和术语表

RDA 有 12 个附录,它们是:附录 A 大写,附录 B 缩写,附录 C 首冠词,附录 D 描述数据记录句法,附录 E 检索点控制数据记录句法,附录 F 个人名称补充说明,附录 G 贵族头衔或等级,附录 H 公历日期,附录 I、J、K、L 是一系列关系标识的列表。

术语表定义 RDA 中具有特定技术含义的术语。其中大部分术语的定义在第 1—37 各章的使用说明中介绍过。

从已经发布的 RDA toolkit 中我们可以看到,有些章目前只是占据相应位置,并无具体内容,有待日后继续补充。它们是:第 12 章记录概念、实物、事件、地点的属性的一般规则,第 13 章识别概念,第 14 章识别实物,第 15 章识别事件,第 23 章记录作品主题关系的一般规则,第 33 章记录概念、实物、事件、地点之间关系的一般规则,第 34 章相关概念,第 35 章相关实物,第 36 章相关事件,第 37 章相关地点,以及附录 L 关系标识:概念、实物、事件、地点间的关系。

3 RDA 的主要特点

3.1 FRBR 化的编目标准

FRBR 问世后,对国际编目界产生了很大影响,也成为修订 AACR 2 的理论基础。2001 年 10 月,JSC 决定将 FRBR 的术语融入 AACR。在 2005 年的会议上决定进一步使 RDA 的结

构与 FRBR、FRAD 模型相一致[2]。2007 年 10 月，JSC 接受了 RDA 的编者建议，决定采用新结构，将数据元素与 FRBR 的实体和用户任务更密切地联系起来。RDA 将按照 FRBR 的实体、属性和关系来组织，各部分各章集中在支持特定用户任务的元素，RDA 核心元素选自那些与 FRBR 和 FRAD 定义的用户任务具有"高"匹配值的属性和关系[3]，可以说它是一部充分体现 FRBR 概念和结构的编目标准。FRBR 和 FRAD 模型给 RDA 提供了一个基本的框架，使它具有支持全面包括各种类型内容与媒体所需的范围，具有适应新出现的资源特征所需的灵活性和可扩展性，具有在广泛的技术环境范围内数据的生产和运行所需的适应性。

3.2 适于网络的编目标准

- RDA 是一种为数字环境设计的资源描述与检索新标准，在设计上利用了新的数据库技术在数据获取、存储、检索和显示方面的有效性和灵活性。对于信息的转录，通常是"take what you see"[4]，简化著录过程，大大减少了编目员在转录中对数据的改变，节约了编目员的时间，也方便了机器抓取，提高检索与存储的效率。
- 作为一种载体类型，网络资源的数量急剧增加。RDA 将描述网络资源方面的规则做了进一步的改善，便于应对网络资源的编目。
- RDA 的使用是基于网络的，适于 Web 环境的应用和操作。RDA 主要是一个网络产品（Web-based Product），虽然也会出版活页印刷型版本，但以网络版为主，使用 RDA 产生的编目记录适于在网络环境下的获取和利用。

作为网络产品，RDA 具有许多印刷版所没有的优势，它使编目过程更加简便、快捷、合作性强。如果对编目规则不熟悉，通过联机工具就可以很方便地检索到所需要的规则。除了可以利用超级链接从一个说明访问另一个说明，在线 RDA 的用户可以浏览、滚读、在线评注、任意打印其内容、为特定说明添加书签、按不同级别检索，可以设计、存储和共享工作流程，还可以访问其他相关编目工具。此外，以网络形式发布 RDA，让培训和使用比印刷方式更为便捷。

3.3 使用范围广、兼容性强的编目标准

- 减少以往数据的调整

如何将 RDA 产生的数据整合到现有文件（尤其是那些利用 AACR 及其他相关标准开发的文件），是 RDA 设计中要考虑的关键因素。RDA 标准适应性强，使用 RDA 产生的数据易于融入现有文件，特别是采用 AACR 及相关标准的文件，因而经济适用，可降低需要回溯的数量，节约编目成本。

- 与业内其他标准兼容

RDA 为了最大限度地体现数据在存储和显示上的灵活性，将记录数据和显示数据划分出清楚的界线，以独立格式应用于书目信息交流，与其他资源描述与检索标准兼容。各种元数据格式都可以采用这一标准，不论 ISBD、MARC21，还是 DC 等。

- 与相关行业的标准兼容

RDA 不仅能兼容应用于图书馆界的资源描述与检索标准，也能用于其他领域的信息系统。除了出版商使用的在线信息交换标准（ONIX），RDA 还可与档案界、博物馆界的标准兼

容,所用语言去掉不必要的图书馆专业术语,便于艺术馆、档案馆、博物馆及其他信息机构的使用,为跨行业的合作与共享创造了条件。

4 负责RDA的团体和个人

4.1 主任委员会(CoP)

Committee of Principals of RDA(CoP),主任委员会,是全面负责RDA计划的最高机构,成员包括三个国家的图书馆协会——美国图书馆协会(ALA)、加拿大图书馆协会(CLA)、皇家特许图书馆与情报专业协会(CILIP)的执行总裁/馆长(或其代表),四个国家图书馆——美国国会图书馆(LC)、加拿大图书档案馆(LAC)、澳大利亚国家图书馆(NLA)、英国国家图书馆(BL)的馆长(或其代表)。CoP负责所有相关政策和规划、新版与修订版的出版及下属团体事务。它监督RDA的出版,检查JSC的工作进展,评议资金的状况及应用,决定JSC的未来工作计划等。CoP下辖3个机构,分别是:合作出版者、联合指导委员会(JSC)和基金委员会。

合作出版者

经Committee of Principals授权,三个国家的图书馆协会——美国图书馆协会、加拿大图书馆协会、皇家特许图书馆与情报专业协会负责RDA的发行,是在线和离线产品的出版者。它们享有AACR/RDA及其衍生作品的版权,是合作出版者(The Co-Publishers)。

AACR基金委员会(理事会)

The AACR Fund Committee(Trustees),AACR基金委员会(理事会),从AACR2和其他授权出版物的销售中获取版税收益,负责基金运作以实现收益最大化,可对CoP建议AACR基金的适当应用,并向CoP报告资金管理方面的重大进展,成员包括前文所述3个图书馆协会的代表[5]。

4.2 RDA发展联合指导委员会(JSC)

The Joint Steering Committee for Development of RDA(JSC),RDA发展联合指导委员会,原名为Joint Steering Committee for the Revision of AACR(JSC),修订英美编目规则联合指导委员会。JSC由6位来自英美主要编目机构的代表组成,它们是:美国图书馆协会(ALA)、澳大利亚编目委员会(ACOC)、英国国家图书馆(BL)、加拿大编目委员会(CCC)、皇家特许图书馆与情报专业协会(CILIP)和美国国会图书馆(LC)。JSC与RDA的编者共同负责RDA的内容,JSC的秘书和RDA项目经理负责协助JSC和编者的工作。

4.3 专门小组

有几个专门小组参加RDA的研发工作。其中包括格式转换工作组(2001—2004),其任务之一是实验为内容表达创建书目记录的可行性;GMD/SMD工作组(2005—2006),主要任务是提出适当的术语,用来识别内容和载体;RDA延伸小组(2005—),负责汇集RDA使用者的意见供JSC参考;2个RDA样例工作组(2005—、2006—),评估和更新RDA中的样例;

附录工作组(2006—),负责大写、缩写、首冠词等附录的修改。此外,还有 DCMI/RDA 任务组(2007—),负责 RDA 与 DC 的映射,开发 RDA 元素的注册词汇表;RDA/MARC 工作组(2008—),研究采用 RDA 所需的 MARC21 格式变化,使其包容 RDA 新增字段和元素,确保有效的数据交换。

4.4 RDA 的编者 Tom Delsey

1997 年,修订英美编目规则联合指导委员会责成 Tom Delsey 准备 AACR 3 第一部分和第二部分,他提交了《英美编目规则的逻辑结构》。2004 年 9 月英美编目规则主任委员会 The Committee of Principals for AACR 任命他为 AACR 3 编者,准备对 AACR 进行全面的修订。Delsey 是加拿大人,信息模型方面的专家,曾就职于加拿大国家图书馆,参加过国际图联的 FRBR 项目和 FRAD 概念模型的开发等,在图书馆与信息模型研究方面具有极为丰富的经验。由于他在分类编目领域的杰出贡献,2003 年荣获 Margaret Mann 奖[6]。任命 Tom Delsey 作为编者,将有利于 RDA 充分融入 FRBR、FRAD 的概念和结构。

4.5 RDA 项目经理 Marjorie Bloss

2005 年,Marjorie Bloss 被 CoP 任命为 RDA 项目经理。Bloss 在美国和国际编目组织中是个活跃人物,担任过许多技术服务方面的业务研究和行政管理职务,曾在合作编目计划(Program for Cooperative Cataloging)和 IFLA 供职,曾任 Endeavor 信息服务的培训服务经理,还担任过 OCLC 市场与用户服务部负责资源共享的经理,在学术和商业项目管理方面具有丰富的经验。项目经理协调包括编者、JSC 成员、主任委员会、合作出版者以及联机/网络产品开发商的整个团队。她负责项目的发展进度,组织和协调与编目领域和资金方的磋商,管理市场和影响这些机构的交流计划[7]。

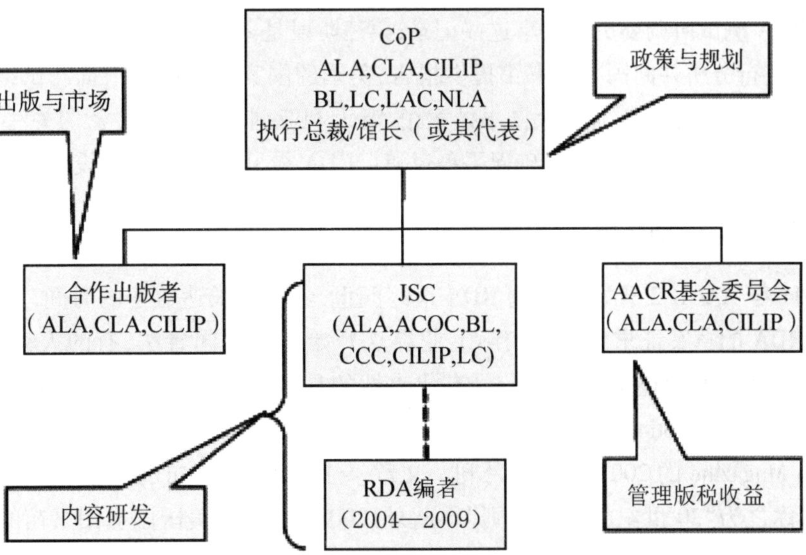

图 1 RDA 的管理结构与商业模式[8]

5 RDA 的测试与应用

5.1 RDA 的测试

RDA 正式发布后，美国需要对其进行较为广泛的测试，并且成立了国家图书馆 RDA 测试指导委员会，以便有效管理和协调测试工作。除了美国的 3 个国家图书馆（国会图书馆、国家医学图书馆、国家农业图书馆），还有 23 家美国图书馆界及其他机构或团体成为测试的正式参与者。它们包括公共图书馆、大学图书馆、政府图书馆、专业图书馆、档案馆、博物馆、书商、系统开发商等各方面的代表。测试的目的是确定 RDA 的可操作性、使用 RDA 在经济上的可行性。根据 RDA 内容和网络产品的测试结果决定是否采用 RDA。指导委员会选择 25 种数字资源与模糊资源作为核心测试集，包括文本的单行性资源、视听资料、连续出版物和集成性资源。每个测试机构至少指定 2 名成员担任测试者，他们分别用其现行的编目规则和 RDA 为核心测试集内的各种资源创建书目记录，要将结果直接报告给 RDA 测试指导委员会。此外，测试者还要采用 RDA 为他们常见的各种资源创建记录。这些资源包括外语、地图资料或音乐总谱等。

对于每一个记录，测试者都要完成一个网络调查表，包括创建该记录所需时间，理解 RDA 指南与现行规则的容易程度，采用 RDA 需要对工作流程进行怎样的改动，在本地系统中采用 RDA 会遇到哪些障碍，创建该记录的过程中与同事进行过何种磋商、查阅过哪种文献。

测试者还要请该机构内部的最终使用者对于他们所创建的 RDA 记录提出反馈意见，并将记录提交给 RDA 测试指导委员会进行评估和分析[9]。

2010 年 6 月 RDA 的网络版发布后测试开始，分为三个阶段进行，第一阶段是 2010 年 7—9 月，主要是熟悉新文本和联机工具的使用；第二阶段是 2010 年 10—12 月，制作测试记录并与美国 RDA 测试协调委员会共享这些记录；第三阶段是 2011 年 1—3 月，委员会对测试结果和回馈意见进行分析并向国家图书馆提供报告，美国的国家图书馆将根据测试结果决定是否采用[10]。英国国家图书馆、加拿大图书档案馆、澳大利亚国家图书馆将密切关注 RDA 的测试情况，为 RDA 投入使用做好准备，确保平稳过渡。RDA 最早可于 2011 年投入使用。

5.2 使用 RDA 的障碍

从 2004 年 AACR 2 开始修订到 RDA 最终问世，经历了长达数年的时间。在此期间 JSC 多次公布 RDA 的草案征求意见。实际上业界从开始就有不同看法，有的人认为 RDA 改得过头，也有人认为改得还远远不够。最有代表性的是 Karen Coyle 和 Diane Hillmann 合著的文章“Resource Description and Access（RDA）：cataloging rules for the 20th century”[11]，该文发表在 D-Lib Magazine 的 2007 年 1/2 月刊。文章基于 RDA 已发布的草案，批评其篇幅太长、过于复杂，称之为“20 世纪的编目规则”。此外，2008 年 1 月，美国国会图书馆的书目控制未来工作组发布报告“On the Record”[12]，建议暂停 RDA 的工作，等待 FRBR 的进一步测试。尽管 CoP 和 JSC 经过深思熟虑后决定继续 RDA 的开发，并根据反馈的意见对 RDA 草案进行完善，而 RDA 的最终发布也不得不多次推迟，但仍有不少人对 RDA 持怀疑态度。

RDA 的使用可能面临一些问题：首先是其本身虽经数年开发，仍有不少质疑之声；其次是来自其他标准的"竞争"；再就是不同编目机构用 RDA 编目的数据之间会存在较大差异，等等。仅 RDA 的翻译问题，就不是轻而易举的事。众所周知，翻译成使用者的本国语言，是国际性标准的推广和运用的前提。从时间上看，不可能是 RDA 的各语种版本同时正式出版，对于非英语国家的绝大多数编目人员来说，使用英语进行 RDA 编目是不可想像的。除了版权问题外，将 RDA 翻译成其他语种也是一项重要的任务，翻译的过程中会面临许多问题，比如对概念、样例的理解，术语的一致性等，此外还可能会或多或少地加入适于本国特点的解释与补充，这绝非是能一蹴而就的工作。毫无疑问，至少在非英语国家，很快使用 RDA 进行编目是不现实的。RDA 要实现其战略目标，成为国际性的资源描述与检索的内容标准还有很长的路要走。

参考文献

[1] Joint Steering Committee for Development of RDA. RDA: resource description and access. prospectus[EB/OL]. [2010-06-20]. http://www.rda-jsc.org/rdaprospectus.html.

[2] Joint Steering Committee for Development of RDA. Incorporating FRBR terminology and concepts[EB/OL]. [2009-10-20]. http://www.rda-jsc.org/rda.html#presentations.

[3] KIORGAARD D. RDA core elements and FRBR user tasks[EB/OL]. [2009-12-02]. http://www.rda-jsc.org/docs/5chair15.pdf.

[4] TILLETT B. RDA overview[EB/OL]. [2009-10-26]. http://www.rda-jsc.org/docs/iflasatellite-20080808-tillett.pdf.

[5] Anglo-American Cataloguing Rules Governance[EB/OL]. [2009-08-10]. http://www.aacr2.org/governance.html.

[6] Joint Steering Committee for Development of RDA. Tom Delsey appointed as AACR3 editor[EB/OL]. [2009-07-25]. http://www.rda-jsc.org/aacr3editor.html.

[7] Marjorie bloss appointed RDA project manager[EB/OL]. [2009-07-25]. http://www.aacr2.org/about.html.

[8] DANSKIN A. A long and winding road: RDA from principles to practice[EB/OL]. [2010-09-25]. http://www.rda-jsc.org/docs/A_long_and_winding_road_format_150310.pdf.

[9] Joint Steering Committee for Development of RDA. RDA testing by the three United States National Libraries [EB/OL]. [2009-07-20]. http://www.rda-jsc.org/rdafaq.html#12.

[10] Tentative timeline for U.S. National Libraries RDA test[EB/OL]. [2010-09-20]. http://www.loc.gov/bibliographic-future/rda/timeline.html.

[11] COYLE K, HILLMANN D. Resource description and access (RDA): cataloging rules for the 20th century[J/OL]. D-Lib Magazine 2007(1/2)[2009-03-26]. http://www.dlib.org/dlib/january07/coyle/01coyle.html.

[12] Working Group on the Future of Bibliographic Control. On the record: report of the Library of Congress Working Group on the future of bibliographic control[EB/OL]. [2009-04-14]. http://www.loc.gov/bibliographic-future/news/lcwg-ontherecord-jan08-final.pdf.

（原载于《数字图书馆论坛》2010 年第 12 期）

美国国会图书馆的立法决策服务*

田贺龙

美国国会图书馆成立于1800年，是美国历史最悠久的联邦文化机构，也是世界上最大的图书馆[1]。美国国会图书馆既是美国的议会图书馆又是国家图书馆，下设6个部门，分别是国会研究服务部、版权办公室、馆长办公室、法律图书馆、图书馆服务部和战略项目部[2]。国会研究服务部是为国会提供研究和信息服务的主要部门。法律图书馆也有为国会服务的职责，主要范围是与外国法、国际法相关的研究和信息服务，还为联邦行政、司法机构提供与法律相关的研究和信息服务。此外，图书馆服务部下设的联邦研究部，履行为联邦行政、司法机构提供研究和信息服务的职责。

1 国会研究服务部

国会研究服务部成立于1914年，最初称立法参考服务部，1970年改为现名。国会研究服务部的服务对象是国会议员、国会的各专门委员会和国会工作人员，主要职责是在国会的整个立法过程中，提供保密、权威、超党派和客观的研究和信息服务。

1.1 建立和发展

自1800年成立后，为国会服务一直是国会图书馆最重要的职能。然而，国会图书馆却不是最早设立专门立法参考部门的图书馆。1890年，著名图书馆学家杜威在纽约州立图书馆内设立了美国也可能是世界上最早的立法参考部门，主要从事州法律文献索引的编纂。1901年，威斯康星州图书馆委员会在州议会大厦内设立了一个专供立法和行政部门使用的图书馆，其立法参考部门不仅按照议员的需要提供信息，还帮助议员对这些信息做出评价。这种服务理念得到州议会的认可和支持，被称为“威斯康星理念”，即强调完善的立法和行政管理依赖于可靠的知识和专家建议。其他州的图书馆把这种理念作为设立立法参考部门的主要依据。到1913年，至少有32个州不同程度上开展了这种服务，被称为是一场“立法参考运动”[3]。

不久以后，“威斯康星理念”被介绍到国会图书馆。国会最终于1914年通过了设立国会图书馆立法参考服务部的法案。二战爆发后，国会议员的信息需求迅速增加，立法参考服务部的年咨询总量从1920年的1604件增至1946年的16444件[4]。工作内容包括制作战争必

* 本文系国家图书馆调研项目“全面提升国家图书馆立法决策服务能力”（常丕军主持）的成果之一。

需品相关文献目录、精选外语出版物并编译摘要、制作和发行与战争相关的国会听证会记录摘要等。一些国会议员对二战期间立法参考服务部的优异表现印象深刻,呼吁扩大它的规模和服务。1945 年,美国政策科学协会公布的报告也主张,应为国会提供与政府行政机构、特殊利益团体同等的独立研究机构和研究人员。

1946 年,国会机构重组法案通过。法案扩大了立法参考服务部的职责,并增加了拨款;从法律上给予其作为国会图书馆内独立部门的地位;按照新一届国会各个委员会的工作职责,聘请国内 19 个学科领域的杰出专家;并给予这些专家不少于行政部门内同行的工资。在接下来的 20 年里,由于美国面临着如何领导世界、环境领域的新挑战、日渐严重的种族冲突和城市贫困等诸多问题,国会议员的研究和信息需要继续扩大并日趋复杂。1970 年,新的国会重组法案获得通过,立法参考服务部正式更名为国会研究服务部。法案再次扩大了国会研究服务部的职责,重点强调政策研究与分析服务和直接对国会各专门委员会、国会议员的服务。法案还扩大了可聘请专家的学科范围,并可以利用馆外其他专家、顾问和研究机构提供的服务。法案还规定,国会图书馆馆长应赋予国会研究服务部最充分的研究自主权和最大限度的行政自主权,保证其有效地完成职责。法案实施后,国会研究服务部的规模迅速扩大,正式员工由1970 年的 323 人增至 1975 的 703 人。法案的很多规定和影响也一直延续到今天。

1.2 产品和服务

1.2.1 国会会议期间的研究报告

国会会议期间分发给用户的研究报告主要有两种:一种是国会研究报告,是根据多数国会用户的需求、针对相关立法问题而制作的研究报告,随着新情况的出现,国会研究服务部的研究报告会不断更新;另一种是备忘录,是根据少数国会用户需求制作的研究报告,或者是时效性较短的政策研究报告,随着报告涉及问题重要性的提高,备忘录会升级为国会研究报告。

1.2.2 根据个别用户需求,提供研究和信息服务

主要是根据国会议员、国会各专门委员会及其工作人员提出的需求,为他们提供研究和信息服务。主要形式有:以备忘录的方式提供保密的立法和政策分析服务;与用户面谈或电话沟通,解答咨询问题;针对某个具体立法或政策问题制作简报等。

1.2.3 电子信息服务

主要是指通过国会研究服务部的网站提供的服务。主要包括:在线提供国会研究服务部的各种报告和检索服务、年度拨款法案的分析和跟踪服务、汇编各种法案和决议的立法信息系统等。

1.2.4 研讨会、培训班及相关服务

研讨会是为国会议员、各专门委员会及其工作人员举办的关于公共政策问题的专家讨论会。由国会研究服务部的专家和从外部邀请的专家与用户一起探讨各种公共政策问题。培训班主要指立法和预算程序培训班。这种培训班按照相对固定的周期,为用户提供关于立法和预算程序的短期培训服务。此外,国会研究服务部还参与一些国会组织的支援外国立法机关的项目,为这些国家立法机关的工作人员提供培训或者解答立法制度方面的咨询。

上述之外,国会研究服务部还负责立法资料的摘要、分类和汇编。从 1935 年起,这项工

作就已经成为国会研究服务部的法定义务，相关的主要出版物有《公共法案与决议汇编》等[5]。

1.3 机构设置和人员构成

国会研究服务部由一位主任领导，主任的人选由国会图书馆馆长征得图书馆联合委员会的同意而确定。下设5个研究部门、1个研究支持部门和8个管理部门。研究部门有美国法律部、国内社会政策部、外交、国防和贸易部、政府和财政部、资源、科学和产业部。研究支持部门是知识服务组，为上述五个研究部门的政策专家提供研究所需的信息支持；管理部门有联络办公室、管理运营办公室、审查办公室、主任顾问办公室、财务和管理办公室、国会信息和出版办公室、信息管理和技术办公室、人力资源管理和发展办公室，这些管理部门负责监督长期发展目标的实施，并提供管理和行政支持。

每个研究部门又下设不同主题的研究组：美国法律部下设行政法、商法、国会相关法律、法院和国际法、自然资源法5个组；国内社会政策部下设儿童和家庭、国内安全与移民、教育和劳动、医疗保险和金融、卫生服务和研究、收入保障6个组；外交、国防和贸易部下设亚洲、国防政策和军备控制、国防预算和人事管理、欧洲和美洲、外交政策管理和全球问题、国际贸易和金融、中东和非洲7个组；政府和财政部下设银行、保险、证券和宏观政策、国会和司法机构、行政机构运营、联邦制度、选举和应急管理、政府财政和税收、立法和预算程序6个组；资源、科学和产业部下设农业和食品供给、能源和矿产、环境政策、科技政策、交通和产业分析6个组。

国会研究服务部的工作人员，由各种学科的专家所组成，其中包括法律、经济、外交事务、公共行政、信息、社会、政治科学及自然科学等各领域的专业人员，能针对各种复杂立法问题，迅速提供分析报告供国会议员参考。

2 法律图书馆

2.1 基本情况

国会图书馆的法律图书馆成立于1832年，是世界上馆藏最丰富、最全面的法律文献收藏机构。目前，馆藏法律文献总量约为265万册(件)，覆盖世界范围内的近260个法域[6]。

19世纪的前30年，一些有着显赫法律工作经历的国会议员曾数次提议建立一个服务于国会和联邦最高法院的法律图书馆，但都没有成功。1832年，曾任陪审法官的纽约州参议员威廉姆·马尔西提出的“增强和改进国会图书馆法律部门”法案最终在国会获得通过。该法案规定在国会图书馆内设立专门的法律图书馆，同时明确了法律图书馆的日常运营经费由国会给国会图书馆的拨款中支出。

国会研究服务部(时称立法参考服务部)成立的最初十年间，其主任是由法律图书馆馆长担任的。当时的国会研究服务部从事了大量制作美国法律和外国法律索引的工作，并解答国会关于美国法律、外国法律和国际法的咨询。19世纪20年代末，国会研究服务部和法律图书馆两个机构之间为国会服务的分工得到了明确并延续至今。国会研究服务部下设的美国法律部利用法律图书馆的馆藏为国会提供美国国内法律的研究服务，而法律图书馆则负责阅览室的运营，并负责所有外国法律问题、国际法问题相关的参考服务和研究服务。许多来自国会的咨询需求通过国会研究服务部转交给法律图书馆，而法律图书馆的出版物也列入每月的《国会研究服务部产品指南》之中。

2.2 产品与服务

目前，除直接的电话咨询外，法律图书馆每年为国会用户撰写大量的研究报告。2009 财政年度，法律图书馆为国会用户制作各种研究报告共 611 份。内容涉及儿童权利、人身保护权、医疗事故责任等问题。法律图书馆还每月出版一期《世界法律简报》，向国会介绍世界各国法律的最新发展。此外，法律图书馆还通过阅览室为国会服务，具体包括解答咨询问题、文献提供服务、在国会会期时延长阅览室开放时间、设置专门为国会开放的时段，等等。2009 财政年度，共有 3036 人次的国会用户访问法律图书馆的阅览室，为国会用户延长阅览室的开放时间达 1141 小时。法律研究部也接受联邦行政、司法机构的委托，提供专门的法律研究服务。

2.3 机构设置和人员构成

法律图书馆下设全球法律研究委员会，馆藏、推广和服务委员会，运营和计划委员会三个部门。全球法律研究委员会下设东方法律部、西方法律部和全球法律信息网络部；馆藏、推广和服务委员会下设馆藏服务部和公共服务部。法律图书馆一直尽可能培养和聘用那些在外国学习过该国法律，并能用英语对外国法律做出专业解释的人才。

3 联邦研究部

3.1 基本职责

联邦研究部隶属于图书馆服务部，其职责是：按照成本补偿的原则，为国会以外的联邦政府机构、哥伦比亚特区的政府机构提供关于国内和国际问题的研究和分析服务。按照《联邦采购条例》的规定，联邦研究部还可以为经授权的联邦合同人提供研究和分析服务。此外按照与美国国家技术信息局的全面合作协议中的规定，联邦研究部可以向私人用户、州和地方政府、国际组织和其他用户提供服务[7]。这种收费服务的具体工作内容，由委托方的政府机构和联邦研究部以机构间协议的方式约定。联邦研究部一般不开展主动服务，而完全按照委托方的要求开展工作。

3.2 产品与服务

3.2.1 研究报告

联邦研究部最重要的研究报告是国家研究丛书项目。1953 年至 1998 年，国家研究丛书项目接受美国陆军部的资金支持，提供世界各国的历史背景和社会、经济、政治、国家安全等方面的介绍和分析,用于培训海外工作的军事人员。这套丛书由美国政府出版局出版后,成为第一批进入公众视野的联邦研究部出版物,至今依然非常受欢迎。联邦研究部已经完成了 100 多个国家的研究,大部分可以在国会图书馆的网站上获取,每月平均检索量高达 50 万次。

除了国家研究丛书项目,联邦研究部还为政府用户提供了许多不同领域的研究报告,其中影响较大的报告有两个。一个是 1991 年联邦研究部的 8 位专家完成了一项重要的研究报告,名为《2015 年的国家发展趋势:对美国未来的预测》。报告分析了美国在人口、经济、自然资源、教育、技术、地缘政治等领域的发展趋势和原因。报告中的很多预测后来成为事实,并经常被引用。另一个是 1999 年联邦研究部一份名为《恐怖主义的社会学和心理学分析:谁会成为恐怖分子? 为什么?》的报告,预测恐怖分子可能用携带高爆炸药的飞机袭击五角大楼、中央情报局总部或者白宫。2001 年"9·11 事件"后,在征得委托方的同意后,联邦研究部将此报告公布在网站上,引起了媒体和公众的广泛关注[8]。

3.2.2 数据库和网站制作

为用户梳理相关文献,并将文献数字化后构建数据库,或者以网站的形式发布在互联网上,也是联邦研究部的重要服务形式之一。在这方面比较有影响的两个项目是战俘与战争失踪人员数据库和军事法律文献资源网站。

20 世纪 90 年代初,按照与国防部战俘与战争失踪人员办公室的机构间协议,联邦研究部开始制作战俘与战争失踪人员数据库。工作内容是标引未分类的越战时期失踪军事人员的相关文献,并将其拍成缩微胶卷。后来,这个数据库被上传至国会图书馆网站,成为在线数据库,并持续更新。目前,每月检索量约为 30000 次。

2003 年,按照美国陆军律师法律中心和学院图书馆的需要,联邦研究部制作并维护的军事法律文献资源网站正式上线。这个网站很快受到军事法律律师、法律编辑、法学教授、法学院学生的欢迎,2008 年 2 月的网站访问量达到 60 万人次,比一年前增加了一倍。

3.2.3 文献调查报告

这一类型的服务与传统图书馆参考咨询服务基本相同,充分发挥图书馆文献资源丰富和图书馆员熟悉各种文献资源的优势,为政府用户提供了许多有价值的文献调查报告。比较典型的有:1999 年,受美国陆军部委托,制作《寒冷地区科技资料目录》和《寒冷地区研究与工程实验室相关技术出版物》[9];2003 年 11 月,受国家司法研究所委托,制作《恐怖主义相关社会科学数据库目录和评估》[10];2004 年 9 月,受美国宇航局监察长办公室委托,制作《保护敏感非加密信息相关法律法规汇编》[11],等等。

3.2.4 外文摘要和翻译服务

这一类型的服务充分利用图书馆文献资源丰富和联邦研究部工作人员在外语能力上的优势,为政府用户提供相关文献的外文摘要和翻译服务。例如,2000 年联邦研究部曾为美国能源部提供中译英服务、为美国国防部的机器翻译项目提供中文语言支持、为美国人口调查局提供英语到西班牙的翻译服务、为国防技术情报中心提供德语到英语的翻译服务等[12]。

3.3 机构设置、人员构成和经费保障

联邦研究部下设管理、产品支持部和研究部。管理、产品支持部下设业务办公室、市场

办公室和编辑办公室;研究部下设若干研究项目组[13]。联邦研究部的大部分员工都具有硕士或博士学位,并有不同的职业背景,如学者、情报分析人员和咨询人员。所有的研究人员都能够使用一到两门外语进行研究,研究人员平均拥有10年以上的利用国会图书馆馆藏资源提供研究服务的经验。出于研究项目需要,联邦研究部可以通过合同制的方式雇佣馆外专家或国会图书馆内其他部门的员工。

2000年国会图书馆财政运营改进法案通过并生效。该法案规定在美国国库建立属于联邦研究部的周转基金账户,用于存储其为其他联邦机构服务所带来的收入,并且不受财政年度结束的限制,可以用于支持下一财政年度的研究工作。这为联邦研究部的发展提供可靠的财务制度保障。

4 对我国国家图书馆开展立法决策服务的借鉴与启示

尽管国会研究服务部、法律图书馆、联邦研究部在为政府机构服务的模式、规模及相关机制上有所不同,但是在立法支持、机制保障、研究服务等方面仍有很多值得借鉴的共同之处。

4.1 立法支持

国会图书馆直接隶属于美国国会,其下属的国会研究服务部、法律图书馆都是通过国会立法设立的。同时,相关法案中都不同程度地明确了这两个部门的人员组成、经费来源和服务方式。2001年国会图书馆财政运营改进法案也以立法的方式规定了联邦研究部的经费来源。正是这些相关立法的支持,使得国会图书馆在为政府机构用户服务的过程中,得到充足的人力和财力的支持,成为其作好立法决策服务的坚实基础。

长期以来,中国国家图书馆积极为政府机构立法决策提供信息服务,并取得了一定成果。但是,未能从国家法律法规层面对这种服务予以规定,加之中国国家图书馆与国家立法、行政、司法机关并不存在隶属关系(文化部除外),这都在一定程度上限制了立法决策服务的拓展和深化。因此,亟待从法律法规层面对相关问题做出规定,为国家图书馆开展立法决策服务提供制度保障。

4.2 机制保障

从机构设置上看,国会研究服务部、法律图书馆下属研究部门都是按照学科设置的。国会研究服务部下属的5个研究部门又按照主题细分为30个研究组[14],有针对性地开展研究工作。法律图书馆也设有东方法律部和西方法律部分别开展研究工作。联邦研究部与前两者有所不同,按照委托方的研究需求,配备适合的人员,成立专职的研究项目组,开展研究工作。由此可见,根据用户对不同学科的研究和信息需求,指定相关学科的专业人员开展专项研究工作,是国会图书馆为立法决策服务的主要模式。

中国国家图书馆可以在总结以往立法决策服务工作经验的基础上,参考美国国会图书馆的这种服务模式及国内外图书馆界关于学科馆员的实践,针对政府机构用户对不同学科的研究和信息需求配备专门的学科馆员。由具备专业知识的学科馆员负责长期跟踪用户需求并开发馆藏文献资源,开展深层次的研究服务。

4.3 拓展研究服务

从产品和服务上看,尽管国会研究服务部、法律图书馆、联邦研究部也为用户提供传统的图书馆参考服务,但研究服务仍是其立法决策服务的重点。这种服务的产品就是三个部门提供的各种研究报告。这些研究报告的价值就在于突破传统图书馆参考服务的限制,由研究人员充分利用馆藏文献资源,撰写研究报告,直接满足用户的信息需要。或者说,国会图书馆为立法决策服务的核心能力在于研究人员的研究能力与宏富馆藏文献资源的结合。

在以往的立法决策服务工作中,中国国家图书馆也曾为用户提供了相当数量的研究报告或研究性较强的文献服务产品,但还不成规模且比较零散。在今后的工作中,应确立研究服务在立法决策服务中的核心地位,并在产品设计、服务模式、人才招聘、员工培训、业绩考核等诸多工作中把提高研究能力作为重点来抓,实现由传统图书馆参考服务向研究服务的转变。

参考文献

[1] Fascinating Facts-About the Library(Library of Congress)[EB/OL].[2010-11-10]http://www.1oc.gov/about/facts.html.

[2] Library of Congress organization chart as of September 30,2010[EB/OL].[2010-11-10].http://www.1oc.gov/about/lcorgchart.pdf.

[3] ROTHSTEIN S. The origins of legislative reference services in the United States[J]. Legislative Studies Quarterly,1990,15(3):401-441.

[4] COLE J Y, AIKIN J. Encyclopedia of the Library of Congress:for Congress,the Nation & the World[M]. Lanham,MD:Bernan Press,2004.

[5] Congressional research service Annual Report Fiscal Year 2009[EB/OL].[2010-11-10].http://www.1oc.gov/crsinfo/about/crs09_annrpt.pdf.

[6] About the Law Library-Law Library of Congress(Library of Congress)[EB/OL].[2010-11-10].http://www.1oc.gov/law/about/.

[7] Federal Research Division Brochure[EB/OL].[2010-11-10].http://www.loc.gov/rr/frd/pdf-files/FRDbroch.pdf.

[8] DALRYMPLE H. Federal research division at 60[J]. Library of Congress Information Bulletin,2008,67(3):31-37.

[9] Library of Congress. Annual report of the Librarian of Congress:for the fiscal year ending September 30,1999[M]. Washington,DC:Library of Congress,2000.

[10] Inventory and assessment of databases relevant for social science research on terrorism (November 2003).[EB/OL].[2010-11-10].http://www.loc.gov/rr/frd/pdf-files/inventory_04.pdf.

[11] Laws and regulations governing the protection of sensitive but unclassified information(September 2004).[EB/OL].[2010-11-10].http://www.loc.gov/rr/frd/pdf-files/sbu.pdf.

[12] Library of Congress. Annual report of the Librarian of Congress: for the fiscal year ending September 30,2000 [M]. Washington, DC: Library of Congress, 2001.

[13] Library of Congress, Federal Research Division, Organization Chart (May 2005) [EB/OL]. [2010-11-10]. http://www.loc.gov/rr/frd/pdf-files/FRD_chart.pdf.

[14] Areas of research-congressional research service [EB/OL]. [2010-11-10]. http://www.1oc.gov/crsinfo/research/.

（原载于《国家图书馆学刊》2011年第1期）

图书馆 OPAC 的 FRBR 实践及相关思考
——来自 RDA 标准的启示

高 红 靖翠峥

OPAC(Online Public Access Catalogue,联机公共检索目录)是图书馆最早建设的数字资源之一,其本身也是图书馆最基础的数字资源。作为一种揭示与利用馆藏资源最基本、最直接的手段,随着 Google 时代的到来,因其受到书目结构与显示模式的限制,这种曾经最为读者熟悉、最常用的检索工具逐渐受到人们的质疑和冷落。

FRBR(Functional Requirements for Bibliographic Records,书目记录的功能需求)的出现,为图书馆新一代 OPAC 的诞生创造了条件,使基于 FRBR 模型的 OPAC 检索系统在功能、结构和服务方面产生质的飞跃,从而更加便捷、高效地满足了用户的需求。近年来,国内外同行就 FRBR 对 OPAC 可能产生的影响,纷纷发表见解,一些书目情报机构也开始尝试并实施了基于 FRBR 的 OPAC 应用,效果显著。但由于 FRBR 仅是一个抽象的概念模型,不利于具体的操作,使得 OPAC 的 FRBR 化进程受到阻碍。

RDA(Resource Description and Access,资源描述与检索)是替代 AACR2 的新规则,它在很大程度上继承了 AACR2,同时又汲取了当今信息组织领域最先进的思想,极大地丰富和发展了 AACR2,成为数字时代的编目规则。RDA 组织文献资源的理念更新,涉及的内容和范围更宽,它承载了图书馆人整序资源、传递信息以及获取知识的理想。作为一部充分体现 FRBR 概念和结构的新的内容标准,它的诞生不仅会对书目记录的结构和关系产生深远的影响,也将为 OPAC 的革命性变革提供有力的支持。

1 图书馆 OPAC 的 FRBR 实践

1.1 FRBR 结构显示的必要性

图书馆 OPAC 经历了近 40 年的发展,在其功能、结构和书目情报服务方面都取得了较大的发展。但目前多数图书馆 OPAC 是根据与用户检索词的匹配程度来显示检索结果,结果集往往是对单独书目的罗列,对书目关系的揭示明显不足,很难了解同一作品有多少种版本或载体形式。这种情况在高产作家作品以及文学名著、音乐作品、宗教文献中表现得尤为突出,给用户获取文献带来了极大的不便。

FRBR 以作品、内容表达、载体表现逐层聚集书目的理念表明,图书馆目录已不再是简单罗列文献及其复本或其他版本的清单,而是由作品、内容表达、载体表现、单册和属性、书目关系构成的一组实体信息的情报网络。其核心就是将文献形态进行分面分类，分解成不同的层次，从而建立一种能够准确描述数字环境下文献多种形态的有效方法。FRBR 的这种模式是革命性的，它打破了传统书目记录概念的单一性和平面性，使业已形成的情报网络可以揭示出同一作品的不同实体之间的关系以及不同作品的实体之间的关系[1]。

由此，我们设想，基于 FRBR 模型的 OPAC 可以以作品为聚合点，进而提供作品的不同版本和译本，以树状结构进行区分，按作品进行集中和浏览，并关联相关作品与主题，从而对资源及其关系进行清晰的揭示。在基于 FRBR 模型的 OPAC 系统检索书目时，用户不仅能查询到特定检索条件下所需的资源，还能查询到馆藏中显示出的其他有关的版本及有关某一著者、某一主题或某一种载体的所有资源。因为，FRBR 的每一个著录实体都是基于作品内容的相互关联。如印第安纳大学 FRBR 试验项目“Scherzo”，在目录中用检索词“Franz, Liszt”查询，在众多的检索结果中，通过 FRBR 的几组实体的内在属性进行组织并提供导航链接，从而使用户执行一次检索就可以获取所有相关资源，这些资源按照作品聚合的形式呈现，便于用户能在海量数据中识别和选择资源。如图 1、图 2 所示。

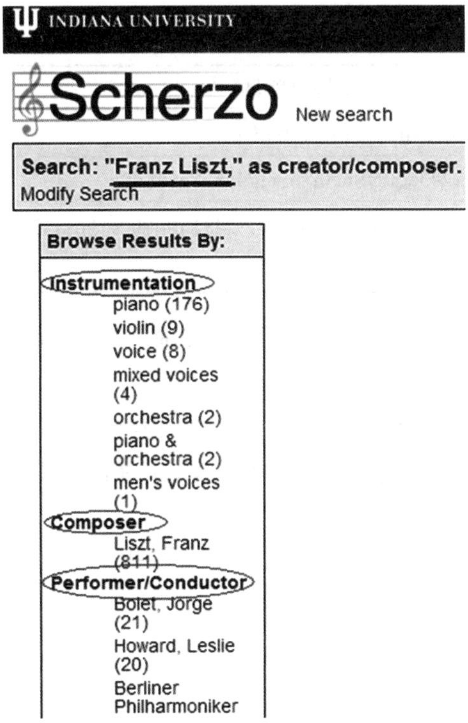

图 1　基于 FRBR 相关实体属性组织的检索结果

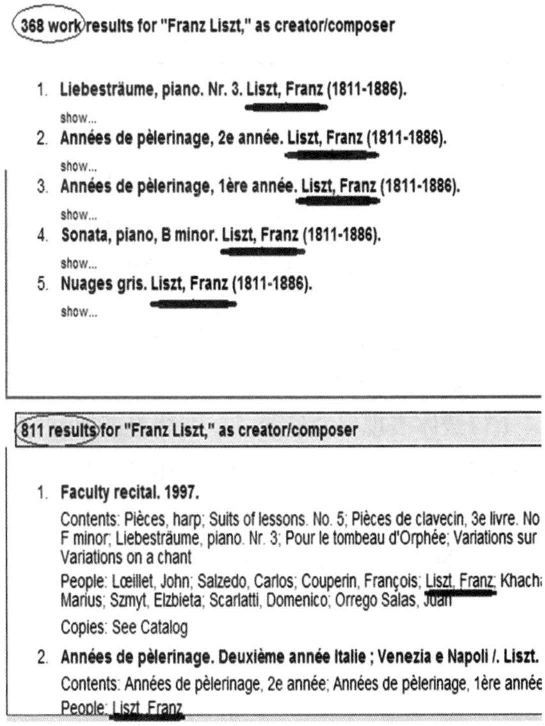

图 2　基于 FRBR“个人”实体属性组织的检索结果

1.2　FRBR 结构的显示途径

FRBR 化的 OPAC 显示，因能较好地弥补传统 OPAC 的缺陷而成为信息组织领域的研究热点之一。目前，国外一些 FRBR 化或类似 FRBR 结构的 OPAC 系统已开发成功并提供信息服务。总体看，OPAC 实现 FRBR 化的途径包括前组聚类方式（pre-coordinated clustering）

和后组聚类方式(post-coordinated clustering)。前组聚类方式需要在内容表达层编制书目数据,在文献编目的实际操作中难度较大,成本也较高。因此,图书馆的编目机构普遍认同后组聚类方式。

后组聚类方式要求编目员编制较低层次(即载体表现层)的 MARC 记录,系统管理员利用转换程序按 MARC 字段自动抽取有关文献内容的共性部分,并生成作品和内容表达层记录。再进一步讲,就是系统运用特定的运算法则,按照 FRBR 第 1 组实体的 4 个层次,对其中的书目内容,按作品—内容表达—载体表现三个层次或简化的作品—内容表达两个层次进行了区分和层次关系构建。其中,运算法则是 FRBR 实现分层组织的核心,目前国外开发的运算法则中,"FRBR 显示工具"(FRBR Display Tool)和"FRBR 作品聚焦算法"(FRBR Work-Set Algorithm)具有相当的代表性。

"FRBR 显示工具"由美国国会图书馆网络发展办公室和 MARC 标准办公室联合发布。该工具由 XSLT 语言编写,具体操作流程就是运用运算法则,把原有的 MARC 记录聚集成作品、内容表达、载体表现三个层次。

(1)作品层以"责任者"和"题名"为匹配条件

表 1 MARC21 与作品层的匹配

实体层级	匹配条件	MARC21 提取项目
作品	责任者/题名	100abcd;110abcd;111acdn$q
		240adkmnp$r;243 admnpr;245agkn$p
	缺少责任者,则以题名为匹配条件	130adkmnp$r;240$adkmnpr;243admnpr;245agkn$p

(2)内容表达层以"记录类型"和"语种"为匹配条件。MARC21 提取规则为头标/06 字符位(记录类型)和 008 字段/35—37 字符位(语种代码)。

(3)载体表现层的显示。在载体表现层,匹配条件无须另外分配,只需将内容表达层聚集的书目记录按 008 字段中的第 07—10 字符位的出版时间进行排序,并按照以下元素进行显示。

250ab(版本项)
245abnp(题名项)
245$c(责任说明项)
260bc$g(出版发行项)
300(载体形态项)
020ac$z(ISBN 项)或 022$ayz(ISSN 项)
028ab(出版号项)
030az(CODEN 码)
533(复制品附注)[2]

"FRBR 作品聚焦算法"与上述算法则有所不同,它引入了 LC 的规范文档,利用 LC 名称规范建立"责任者/题名"规范信息,再抽取书目记录中的"责任者"和"责任者/题名"与规范信息进行匹配后,建立作品集信息标识[3]。

综上可知,目前 OPAC 实现 FRBR 化的基本原理都是将书目记录和规范记录中的相关记录以"FRBR 树结构"形式反馈给用户,因此,高质量的书目数据和规范数据正是真正实现 FRBR 化的前提。众所周知,书目质量控制是图书馆编目工作的灵魂,其内容范围涵盖编目规则的制定与应用、书目文献的查证与补正、复本控制、相关书目关系的建立以及规范控制,尤其后两者在 OPAC 的 FRBR 化显示中的作用十分重要,其带来的互动关系也相当微妙。只有认识和领会 RDA 的思想与方法,才能建设高质量的书目数据库和规范数据库,进而有效地构建基于 FRBR 模型的 OPAC 检索系统。

2 认识 RDA

如前所述,FRBR 仅是一个概念模型,它对文献信息的转录、信息源、著录语言、大小写、缩写等均无任何规定。如此,我们做个比喻,FRBR 就好比一个"球",究竟是足球、排球还是篮球,球场的大小,球员的人数以及球赛规则都无从知晓。而 RDA 所做的正是制定规则,按照 FRBR 的实体、属性和关系做出一系列的指南和说明,从而有效地支持了 FRBR 的用户任务(发现、识别、选择和获取)以及 FRAD 的用户任务(发现、识别、情景化和论证)。RDA 继承了 AACR2 的优点,除能与 AACR2 记录兼容外,还能兼容如 MARC21、UNIMARC、XML、MODS、MARCXML 及 DC、EAD、VRA、MPEG7、ONIX 等多种标准数据格式,足以加强和改进书目描述和资源间的相互关系[4]。RDA 增加的最核心的内容就是"书目关系"和"规范控制",这既是对 FRBR 模型的具体运用,同时也为 OPAC 实现进一步的 FRBR 化提供了充分的条件。

2.1 强化书目关系是核心

RDA 的结构分为两大部分外加附录。第一部分覆盖第 1—16 章,包括载体表现和单件的属性,作品和内容表达的属性,个人、家族和团体的属性,概念、实物、事件和地点的属性等四小部分;第二部分覆盖第 17—37 章,包括主要关系(检索点选取的一般原则),与资源相关的个人、家族和团体之间的关系,作品的主题关系,作品、内容表达、载体表现和单件之间的关系,个人、家族和团体之间的关系,概念、对象、事件和地点之间的关系等六小部分。上述各种关系均体现了 FRBR、FRAD 中表达的关系。RDA 附录 I—L 中则描述了书目记录与规范记录中实体间的关系类型,如下表:

表 2 RDA 附录 I—L 与 FRBR、MARC21 的关系

名称	附录	内容	与 FRBR 的关系	在 MARC21 字段中的实现方式[5]
关系标识:资源和与资源相关的个人、家族及团体的关系	附录 I	作品:创作者、其他;内容表达:无特指;载体表现:制造者、出版者、发行者;单件:拥有者、其他	FRBR 第 1 组与第 2 组实体相互关系	1)启用书目记录中 1XX、6XX、7XX、8XX 字段的子字段 $e 或 $4; 2)启用规范记录中 1XX、4XX 和 5XX 字段

续表

名称	附录	内容	与 FRBR 的关系	在 MARC21 字段中的实现方式[5]
关系标识：作品、内容表达、载体表现、单件间关系	附录 J	相关、衍生、描述、整体/部分、附属、连续、等同关系等	FRBR 第 1 组实体内部关系	1）标识号：启用大量的 \$o、\$u、\$x、\$w、\$0 子字段及 856 字段； 2）附注：启用书目记录中字段 5XX 和规范记录中字段 6XX； 3）结构化著录：启用书目记录中字段 76X—78X； 4）结构化检索点：启用书目记录中 7XX 字段和规范记录中 4XX 和 5XX 字段。另外，在书目记录 7XX、76X—78X 字段和规范记录 4XX、5XX 字段中启用关系术语 \$i
关系标识：个人、家族、团体间关系	附录 K	雇员、赞助者、后裔、家庭、雇主、前辈等（该部分还在不断修订中）	FRBR 第 2 组实体内部关系	在规范记录的 4XX 和 5XX 字段启用 \$i
关系标识：概念、对象、事件、地点间关系	附录 L	待发布	FRBR 第 3 组实体内部关系	暂缺

说明：

* 附录 I—L 所列出的关系标识，分别用于对应第 6、第 8、第 9 和第 10 章中的关系元素。
* 附录 J 在书目记录中的样例：

245 00$aTriumph：$bfor concert band/$cby Michael Tipett.

500 ##$a" A paraphrase of music from The mask of time. " ISWC T - 010. 304. 108 - 2.

700 1#$iparaphrage of(work) $aTippett, Michael. $d1905 - 1998. $t Mask of time.

* 附录 K 在规范记录中的样例：

010$an79036327

110 20$aI. M. Pei & Partners

500 1#$aPei. I. M$d 1917 - $ifounder

2.2 充实规范控制规则

规范控制是手段，借此某种特定实体的多个款目被汇集在一个单一、统一的标目形式下，检索将从多种变异形式指向规范形式，实体间的各种关系将被表达。一旦我们提供对书目资源的规范控制，读者便能更容易、更精确地检索到所需要的资源。

FRAD《规范记录的功能需求》是 RDA 中检索点和名称规范的理论基础。RDA 中描述的数据元素反映了 FRAD 中定义的个人、家族、团体、地点等实体的属性，还反映了名称、标识符、受控检索点和规则等实体的属性。另外,RDA 还涵盖了 FRBR 中不具备而 FRAD 中所定义的作品的一些属性。

RDA 细化了规范记录元素的属性,增加了家族属性。以个人名称规范为例,FRAD 模型中定义的“个人”实体之属性包括生卒年、称谓、其他名称、性别、出生地、死亡地、居住地、所属单位、传记/历史等。个人名称的相关参照关系包括笔名、归属、合作、兄弟、父母/儿女关系,个人与团体、个人与家族的成员关系,以及与个人有关的单纯参照关系,如实名、笔名、俗名、教名、职务名称、旧名称、新名称、交替语言形式、其他变异名称关系等。通过在规范记录里将这些复杂的关系进行细化,并通过符号的形式表达清楚,无疑有利于提高信息资源查全率和准确率。

RDA 规则充实了书目规范控制的内容,对规范记录的创建做出了必要的指导,这是 AACR2 所不具备的。它指导编目员判断何时文献题名为新作品或内容表达,如何在作品或内容表达层面创建标目,如何提供作品、内容表达、个人、家族、团体的选用检索点及其变异形式。RDA 还沿用了 AACR2 关于统一题名的功能,它指出,代表作品和内容表达的首选检索点(统一题名)可以用于各种目的,并为下列目的提供了实现方法:①当作品的各种内容表达或载体表现以不同的题名出现时,应著录统一题名汇集和反映体现作品的所有资源;②知名作品的题名不同于所著录资源的正题名时,统一题名可用于识别该作品;③区分以相同正题名发行的两部或多部作品;④当资源体现作品的各种内容表达时,可为资源组织有层次的显示;⑤为相关作品(RDA 第 25 章)或相关内容表达(RDA 第 26 章)命名。

值得一提的是,MARC21 也为适应 RDA 在规范记录中的应用新增了以下字段:046/特殊编码日期、336/内容类型、370/相关地点、371/地址、372/活动领域、373/关系、374/职业、375/性别、376/家族信息、377/相关语言字段、380/作品形式、381/作品、内容表达的区分字符、382/表演媒介、383/音乐作品的数字标识等。当然,RDA 还正在开发主题关系,必将为主题规范控制的实现提供有效的指南。

2.3 文献类型标识的新表达

RDA 是一种为数字环境设计的资源描述与检索新标准,它在设计上利用了新的数据库技术,在数据获取、存储、检索和显示方面具有有效性和灵活性。一般资料标识的变化是本次 RDA 修订的亮点之一,它为解决多文献类型、多元化、动态的资源描述提供了崭新的方法,解决了文献类型多元化与线性描述之间的矛盾。

RDA 引入了一种全新的方法,从技术和内容方面对资源进行了分类,它采用三元素替换了一般资料标识(GMDs),三元素分别为内容类型、媒介类型和载体类型,它们是用户发现资源、限定检索的重要切入点。

表 3 文献类型标识三元素

RDA 元素	MARC21 字段	说明
内容类型	336	应用于 FRBR 的内容表达层
媒介类型	337	应用于 FRBR 的载体表现层,可自动从内容与载体类型产生
载体类型	338	应用于 FRBR 的载体表现层

例 1：印刷型图书

245 10$aQianlong chao ben bai er shi hui Hong lou meng gao.

300 ## $a12 volumes；$c30cm

336 ## $atext$btxt$2rdacontent

337 ##$aunmediated$bn$2rdamedia

338 ##$avolume$bnc$2rdacarrier

例 2：不断更新的网络资源

245 04$aThe Oyez Project：$bU. S. Supreme Court media.

300 ##$al online resource.

336 ##$atext$btxt$aspoken word$bspw$2rdacontent

337 ##$acomputer$bc$2rdamedia

338 ##$aonline resource$ber$2rdacarrier

在图书馆 OPAC 的显示中，RDA 中新的资料标识元素比 AACR2 中的 GMDs 更具灵活性：界面显示可采用按钮、图标等更直观的方式来表现资源的一个或多个类型；MARC 字段可以从公共显示中屏蔽；336—338 字段中的信息可用于资料类型的限定检索[6]。

3 RDA 对图书馆 OPAC 构建的启示与思考

RDA 是具体化的 FRBR，作为一种全新的资源组织标准，由 RDA 指导创建的书目记录，注重了各个实体之间关系的客观揭示，注重了书目规范控制的实施，每一个著录实体都基于作品内容的相互关联，形成了一张覆盖各种相关作品的网络，为文献资源编目、OPAC 的检索服务以及数据显示带来诸多启示。

3.1 继续探索文献层次的划分问题

FRBR 本身是一个概念模型或参考模型，而不是数据模型，它在实践中还有不明确、不完美之处，它为每个实体所定义的属性在多数情况下都过于一般化，它既没有表明如何架构数据单元，亦没有说明如何显示数据单元。于是，在文献层次划分方面，FRBR 的操作性能还具有一定的局限。而 RDA 在文献的层次划分方面做了大量的工作，采用大量的样例进行说明，力图使 FRBR 中的抽象概念明确化。

3.2 强化书目关系的建立

实现 FRBR 结构的 OPAC 显示，书目关系的建立至关重要，它必应遵循如下的原则：

(1)易识别性。书目记录应该能够识别目录中编目实体和其他实体之间的关系。

(2)方便连接。书目记录的数据元素应方便连接，书目记录应提供足够的信息识别关系和建立连接。

(3)用户至上。建立书目记录应时时考虑到：①少数常用的关键项目就可满足多数读者的检索需求；②多数读者将目录作为检索工具，习惯上会首先用题名、著者检索；③读者希望目录中增加关于文献内容的说明，以帮助区分和选择图书；④读者喜欢简略型目录；⑤读者用主题检索时，通常不是太多就是太少；⑥读者与检索系统采用的检索词很难相符；书目数据编制应符合用户方便使用原则。

(4)多层描述。编目规则应提供一个实体不同层次的独立描述，包括抽象的作品、载体表现和特定单册，这些层属间的描述应彼此连接。

(5)一致性。书目关系的识别和连接应本着一致性原则，打破文献载体的界限，即不同文献类型的处理采用相同的方式，包括应用中的一致性和使用统一题名[7]。

3.3 加强书目规范控制的实施

规范控制的核心是书目控制，其目标是实现目录系统中的精确查找和同类实体的汇集，达到准确查找目录中某一特定文献、同一著作的所有版本、特定责任者的全部著作、特定主题的全部资源等目的。为达此目的，必须通过建立规范形式的名称、主题和题名来实现，通过单纯参照、参见参照或连接款目的形式连接。名称可汇集相同责任者的不同作品，题名可汇集相同文献的不同题名、相同文献的不同语言版本、相同文献的不同载体版本、相同文献的不同印次等。规范控制的应用，实际是在目录中构建了书目实体之间隐含的书目关系，即通过名称、题名和主题汇集、区分作品，并在作品间建立导航。

3.4 持续的实践投入

实践应用表明(如 OCLC 支持的“FRBRisation”实验项目)，依据当前编目规则所编制的书目记录，还不能完全满足不同层级数据间的匹配，书目记录中还需要著录大量的通用性元素，这仍有待于我们进一步的实践与拓展[8]。

3.5 提高用户检索的全面性

关系标识的广泛使用和规范控制的加强，不仅能够有效划分作品、内容表达、载体表现和单件的层次，还能细化实体间的关系，提高用户检索的准确性。用户检索的关注点是作品及其内容表达，而传统书目记录都是针对“载体表现”进行的，在这种情况下，同一个作品可能有多条记录，例如小说、录音带和唱片等，而传统的编目规则又不能系统揭示这些记录之间的关系，因此很难满足用户对检索全面性的要求。RDA 转向以作品为基础来创建书目记录，使相关记录以“作品”为核心聚合在一起，执行一次检索就可以获取所有相关资源，提高了检全率，同时也为数据库节省空间，提高检索效率。

3.6 增强图书馆 OPAC 的导航功能

RDA 通过揭示实体关系的内在、外在联系，有利于增强 OPAC 的导航功能。从编目效率看，在相对开放的网络环境下，使 OPAC 向 WebPAC 转化，对纷繁复杂的信息进行迅速揭示和有效组织变得更加困难，由此，提高编目效率就成了实现转化的关键。FRBR 使书目信息可以被同一作品的不同载体表现直接利用，这将在很大程度上节省编目开支，提高编目效率和质量。从查询方式看,将图书馆的OPAC纳入搜索引擎的检索范围,如Google中的图书搜索,既可扩大用户的检索范围也可以提高图书馆的利用率。图书馆中的OPAC系统和Web上的搜索引擎是两种查询方式,这对于只进行一次搜索的用户来说不太方便,所以,增强图书馆资源在网络中的可见度成为OPAC的革新方向。而基于FRBR的这种方式刚好为这种革新提供了便利,用户可以按照关键词进行检索,结果则可以按照FRBR中的作品内容和相关度进行排序,并附加提供馆藏地址信息。而除了MARC21,它还可以与MODS、Dublin Core、ONIX等格式兼容,有利于OPAC向WebPAC方向发展。

3.7 加强对多载体、多种类型的文献资源的整合

任何一所图书馆资源的来源都可能包括自建、外购、缴送、网络采集等多种渠道,因此,资源类型复杂多样、元数据格式亦复杂多样是多数图书馆的现状。为保证元数据在组织、管理与检索中的质量,必须建立元数据组织结构模型,以统一的机制管理图书馆元数据。组织模型需要重点解决:①确定核心元数据集,用于元数据交换与整合;②确定元数据映射规则,用于不同元数据间映射;③确定元数据唯一标识符,用于元数据管理。同时,在元数据的组织结构中,更要关注元数据的等级关系、元数据之间的关联关系以及元数据的识别机制;在数字环境下,还要特别注重元数据与对象数据的关系,探索通过元数据连接与揭示、对象数据唯一标识与元数据唯一标识建立关联、同一内容不同载体的对象数据要有明显的识别信息并有连接关系等。

3.8 一站式检索界面

一站式检索界面需要从以下几点入手设计:①文献类型及语种多样化。除了被大家重点整合的数据库、电子期刊外,还应增加电子图书的整合,特别加强不同语种资源的分类,使读者可按需要获得中外文文献资源。②要求用户入口统一化。一次登录即可按需要有目的的浏览不同主题、不同类型的文献。③要求检索界面一体化。读者在同一个检索界面上,可以检索馆藏资源,如印刷型文献、非书资料、电子期刊、电子图书和中外文数据库等,若读者没有特别指定文献类型时,则会根据主题同时提供满足要求的数据库、期刊和图书,并可直接浏览。④要求显示信息丰富化。不同类型文献的揭示程度与显示内容应有所区别。如普通图书只需显示著者、题名等基本信息,电子资源除基本信息外,更注重URL的显示,而馆藏特色资源、学术资源等则更需要目次、提要等详尽信息。此外,RDA所具有的兼容性与新资料标识元素的应用,可为界面显示丰富的信息提供强大的灵活性。

综上所述,笔者介绍和分析了基于FRBR模型的OPAC检索系统的特点,着重探讨了RDA对图书馆OPAC可能产生的积极影响和变革。作为信息组织者,我们可以预见,RDA势必会对OPAC的改进升级提供强有力的支持。不过,由于RDA目前尚未完全发布,初期的测试阶段也刚刚进行完毕,一些概念还在讨论中,所以,RDA对图书馆OPAC所可能产生的实际作用,还有待进一步的验证。

参考文献

[1] 高红.编目思想史[M].北京:国家图书馆出版社,2008:154－213.

[2] Library of Congress. FRBR display tool [EB/OL].[2011－02－05].http://www.loc.gov/marc/marc-functional-analysis/tool.

[3] FRBR work-set algorithm[EB/OL].[2011－02－05].http://www.oclc.org/research/aclivities/past/orprojects/frbralgorithm/2009-08.pdf.

[4] Joint Steering Committee for Development of RDA. RDA:resource description and access[EB/OL].[2011－02－05].http://www.rda-jsc.org/rda.html.

[5] RDA in MARC[EB/OL].[2011－02－05].http://www.loc.gov/marc/RDAinMARC29.html.

[6] HILDER P, HUITHWAITE A. The potential impact of RDA and OPAC displays[EB/OL].[2011－02－05] http://www.nla.gov.au/lis/stndrds/grps/acoc/documents/Hider_Huthwaite.doc.

[7] 高红.书目关系的综合研究[J].图书情报工作,2006(9):108－112.

[8] O'NEILL E T. FRBR:Application of the entity-relationship model to Humphry Clinker[J]. Library Resources & Technical Services,2002(4):150－159.

（原载于《国家图书馆学刊》2011 年第 2 期）

以特定许可方式向农村地区推送精品文化资源的实践与思考

李华伟

我国是传统的农业大国,占国民大多数的同胞至今仍生活在广大农村地区。与城市地区相比,由于多种条件的限制,他们的文化生活相对比较单一,所接触的文化资源有限,通过互联网等新媒体获取文化知识更是不可同日而语。为改善这一状况,国家制定的法律法规充分考虑到了文化扶贫工作的重要性,例如在著作权法规《信息网络传播权保护条例》(以下简称《条例》)中特意对广大农村地区“网开一面”,给予了公益性文化传播机构特定许可的待遇。

“工欲善其事,必先利其器”,法律法规是有国家强制力做后盾的武器。下文笔者将以我国公共图书馆为例,说明在具体操作中公共文化服务机构应如何用好法律武器,通过信息网络向农村地区推送精品文化资源。

1 《条例》与公共图书馆

1.1 主要法律依据

《条例》第九条规定:为扶助贫困,通过信息网络向农村地区的公众免费提供中国公民、法人或者其他组织已经发表的种植养殖、防病治病、防灾减灾等与扶助贫困有关的作品和适应基本文化需求的作品,网络服务提供者应该在提供前公告拟提供的作品及其作者、拟支付报酬的标准。自公告之日起30日内,著作权人不同意提供的,网络服务提供者不得提供其作品;自公告之日起满30日,著作权人没有异议的,网络服务提供者可以提供其作品,并按照公告的标准向著作权人支付报酬。网络服务提供者提供著作权人的作品后,著作权人不同意提供的,应当立即删除著作权人的作品,并按照公告的标准向著作权人支付提供作品期间的报酬。

1.2 《条例》第九条的法律定性

对照著作权法理论上法定许可制度的概念及厘定规则,该条的规定不符合“无须征得权利人许可”的典型特征,因此不属于法定许可的范畴。根据合同法的相关原理,基本可以认定,该许可方式属于默示许可的一种,毕竟涉及重大公共利益(具体来讲可以理解为农村居民的知识获取权),其在制度设计时,赋予适格的公益机构以公告方式发出要约的特权,同时加大了适格权利人的注意义务(在一定期间不予反对即视为承诺)。因此,与一般的默示许可相比,其又显得“卓尔不群”,有鉴于此,笔者在本文中以“特定许可”称之。

1.3 公共图书馆的主体资格

根据《条例》第九条规定,凡是建设有官方互联网站并向外提供服务,根据相关规定在我国互联网信息管理机构取得互联网内容提供商 ICP 号批准或备案的公共图书馆,都是向农村地区推送文化资源的符合条件的主体。

1.4 公共图书馆推送精品文化资源的内容

1.4.1 已进入公有领域的作品

凡是超过著作权保护期的作品,视为进入公有领域。公共图书馆可根据我国著作权法的规定,对馆藏作品进行版权状态甄别,将确定进入公有领域的作品通过互联网发布,供包括农村地区在内的广大公民无偿使用。

1.4.2 仍处于著作权保护期的作品

根据《条例》第九条,公共图书馆可通过互联网向农村地区的公众推送以下尚处于版权保护期内的文化资源:

(1)已完成数字化或本身以数字化形式显现的中文馆藏中,以中国公民、法人或者其他组织名义发表的,属于种植养殖、防病治病、防灾减灾等与扶助贫困有关的和适应基本文化需求范围内的文字作品。

(2)符合以上条件的录音录像制品。

1.4.3 准公有领域的作品

主要包括:

(1)权利人明确放弃版权的作品;

(2)开放存取(OA)作品;

(3)采用 CC(Creative Commons)协议发布的作品。

1.4.4 民国文献中的孤儿作品①

目前有些民国图书虽未进入公有领域,但由于诸多因素已成为孤儿作品,可以考虑采用特定许可的方式予以发布。

1.4.5 国家享有著作权的作品

国家享有著作权作品的情况,具体指在一定情况下,国家通过购买、受赠、征集后的让度或直接根据法律规定,成为新的著作权主体之情形。

① 指那些作者身份不明或者包括作者在内的权利人难以找到的作品。

2 实施步骤设计

2.1 资源遴选

公共图书馆首先需遴选符合《条例》第九条规定的中文作品，制作包含作品名称、作者、出版者、出版时间、定价等内容的目录用以公示。

2.2 确定农村地区的范围

关于中国农村地区的认定，鉴于未查询到国家关于农村地区认定法定标准的官方文件，综合多方因素，笔者提出以下认定方案：

（1）全国贫困县所辖范围及各省级行政区域辖区内的省级贫困县所辖范围属于农村地区；

（2）中西部地区的县级行政区域（含县级市）所辖范围属于广义的农村地区范畴。

按以上方案认定的我国农村地区的范围包括1555个县级行政区域所辖的广大地区。

2.3 确定支付标准

考虑到扶贫性质，公共图书馆综合各种因素确定的付酬标准应低于同类情形下的市场价格。

2.4 公示

依据《条例》第九条，公共图书馆应在全国发行的平面媒体与（或）图书馆自己的网站上发布公告，包括拟提供的作品及其作者、出版项以及支付报酬的标准，公示期为30天。

2.5 资源发布

公告30日期满后，公共图书馆便可以对公示无异议的作品通过图书馆的网站向广大农村地区的公民提供服务。

2.6 费用支付及后续处理

2.6.1 公告30日期满后的付酬方式

各公共图书馆根据情况不同，可从以下两种方式中选择一种作为支付方式。

（1）图书馆自行支付。具体方式为，由著作权人持其本人与出版社等相关方签署的协议或授权书等授权凭证向图书馆领取报酬，图书馆经审核后按照公告的标准予以支付。

（2）根据《著作权集体管理条例》委托著作权集体管理组织支付。

2.6.2 对权利人提出异议作品的后续处理

（1）删除作品并支付提供作品期间的报酬；

（2）继续协商，视协商结果采用相应方式处理作品。

对那些仅仅对公共图书馆所支付的报酬有异议的作者等权利人，公共图书馆可以与其协商著作权许可使用费事宜，对于达成一致的，可与其签订著作权许可使用合同获得授权；对未协商一致的，删除其作品并支付提供作品期间的报酬。

以上步骤之具体流程涉及，参见图 1 所示。

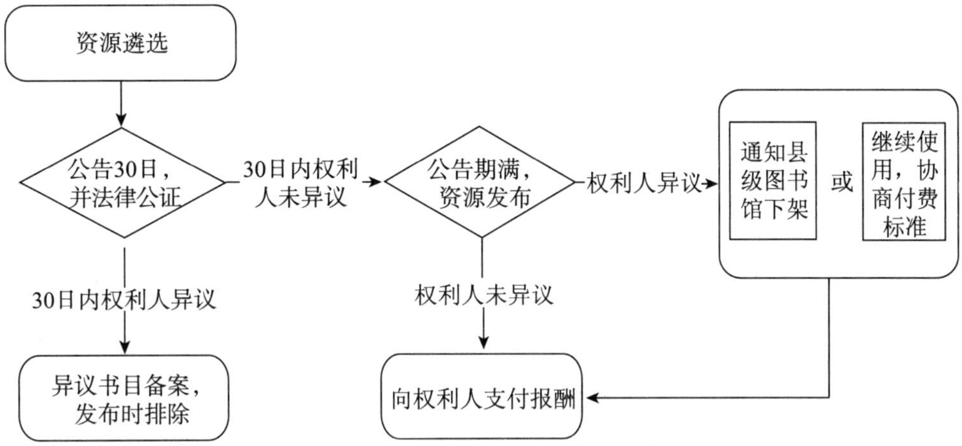

图 1 “公共图书馆以特定许可方式推送中文图书”工作流程图

3 国家图书馆的实践

根据《条例》第九条的规定，国家图书馆是完全符合条件的网络服务提供者。作为在 2010 年着力推广的“县级数字图书馆推广计划”的重要组成部分，国家图书馆在充分调研的基础上，于 2010 年实施了“以法定许可方式①向农村地区免费推送中文图书电子版项目”。

3.1 具体项目操作实践

按照既定方案，国家图书馆在《中国文化报》2010 年 7 月 8 日的第二版上发布了《国家图书馆以法定许可方式提供中文图书电子版项目公告》；同时，在本馆网站首页登载了公告与首批 6000 种中文图书的目录等信息。

综合《条例》相关条款之规定与实际操作中的各种因素，含作者与出版社等在内的权利人的态度是此项工作能否如期开展的关键。为稳妥地促进该项目进展，从 2010 年 7 月中旬起至 2010 年 9 月下旬，国家图书馆在对此次征集书目进行专项统计分析的基础上，选择了涉及图书较多的权利人进行联系沟通。基本情况如下：

---

① 为便于公众理解，国家图书馆在公告中采用了“法定许可”这一称谓，其实该许可与真正的法定许可在法理上还是有区别的，其实质是一种特殊默示许可（详见文中 2.2 之分析），所以本文标题及其他地方通称为特定许可。

(1)从出版50种以上图书的出版社着手进行调查

经统计,6000种书目中,涉及50种以上图书的出版社为18家,共涉及作品2662种,占全部图书总量的44%。对这些权利人的调查结果如下(见表1):

表1 权利人反馈——以出版50种以上相关图书的出版社抽样标准

出版社态度类别	涉及作品数量	占样本比例
明确反对	553种	20.8%
态度消极	436种	16.4%
谨慎处理	103种	3.9%
欣然同意	1516种	56.9%
尚未反馈	54种	2.0%

显然,从反馈态度与将来的实施效果来评估,表1中的前两类基本上属于不可操作型,共涉及图书989种,占2662种图书总量的37.2%。

(2)从出版5种以上图书的作者着手开展调查

经统计,项目涉及的6000种书目涉及出版5种以上图书的作者为41位,涉及作品308种。对这些权利人的调查结果如下(见表2):

表2 权利人反馈——以出版5种以上相关图书的作者为抽样标准

作者态度类别	涉及作品数量	占样本比例
明确反对	38种	12.3%
存在疑虑	5种	1.6%
欣然同意	34种	11.1%
无法联系作者继承人	13种	4.2%
作品已进入公有领域	13种	4.2%
尚未反馈	205种	66.6%

在表2第3种和第5种情况下,可视为该推送模式能够有效操作,共涉及图书47种,占308种图书总量的15.3%。

3.2 在调研基础上工作思路与计划

3.2.1 两种思路

基于调研结果,关于下一步工作,有两种工作思路可供选择:

(1)不管调研结果如何,根据法律规定径行使用,并做好预案,妥为处理善后问题;

(2)考虑到执行效果,减少或者避免纠纷处理或诉讼风险,对那些已知持不反对态度的作品以该种特定许可方式发布。

3.2.2 工作计划

经过与权利人反复联系并分析论证,可以判定,占总量80%的4804种图书原则上可以向农村地区的县级图书馆推送,其中1550图书确定不会带来法律风险,可以放心提供。

今后一两年内,国家图书馆会将权利人未持明确反对态度的中文普通图书的电子版在“国家数字图书馆推广计划”实施过程中,免费提供给全国农村地区的公共图书馆,并通过公共图书馆服务于广大基层群众。同时,将采取有效技术保护措施防止非法下载等复制行为以保护权利者的权益。

4 几点思考

在项目策划、执行以及调研权利人态度的过程中,笔者也发现了《条例》第九条的一些有待完善之处影响到法规的落实力度与社会效果,笔者在结合相关法理与专业论著的基础上,提出以下见解。

4.1 完善基于扶助贫困的许可规则

针对现行法规制度设计的概括性与模糊性,建议从以下方面进一步完善扶助贫困的许可规则:

(1)明确被许可人条件

建议规定只有非营利性的公益性网站可以实施基于扶助贫困的许可。考虑到当前我国的实践操作条件尚不成熟,建议由文化部、国家版权局等相关主管部委定期公布一批学术类网站和政府类网站,一方面确认这些网站所具有的扶助贫困资格,另一方面也明确它们所应承担的扶助贫困义务,从而确保实践中有一定数量的网络服务提供者从事扶助贫困的传播活动。

(2)进一步细化许可对象

可以考虑从以下方面进行限定:

第一,作品内容上的限定。进一步细化与扶助贫困有关的作品和适应基本文化需求的作品的类型。

第二,作品形式上的限定。可以考虑排除具有重大经济价值的图形作品、数据库作品、计算机软件和视听类作品。

第三,作品性质上的限定。宜局限在学术类、研究类和普及性的作品范畴,排除娱乐性、高档次的消费类作品。

(3)建构“确认书”程序

可以借鉴《德国商法典》第362条的做法①,要求网站不仅应在互联网上刊发拟定公布的作品名称,而且应该向作者发出“确认书”,只有作者在法定期间没有提出异议的情况下,才可以推定其已为默示许可。与此同时,为尊重权利人的意思自治自由,立法应明确权利人

① 根据《德国商法典》第362条规定,一个经营为他人提供事务处理业务的商人,如果接到一个人的要求处理此种事务的要约,而他与该人之间存在业务关系,他就负有对此项要约毫不迟延地予以答复的义务。如果他没有这样做,那么他的沉默即“视为”对该要约的承诺。

可以排除适用基于扶助贫困的许可。

4.2 设立相应的特定许可专项基金

按照法规规定，基于扶助贫困的许可需要支付报酬，但是法规并没有明确报酬来源。由于基于扶助贫困的许可是对于特定（公益性）网络服务提供者提供特定作品的支持和鼓励，所以不应该由其承担筹集资金的义务。

有鉴于此，考虑到基于扶助贫困许可的特殊性，建议由国务院委托国家版权局、文化部筹建设立相应的特定许可专项基金，网络服务提供者基于扶助贫困许可而向权利人支付的报酬均由该基金资助。

4.3 通过提存、认领等方式建立行之有效的利用机制

建议由国家版权局发布规范性管理文件，对图书馆类公益性文化传播机构以特定许可方式利用作品做出规定，允许该类机构在公告期满并实际使用该作品的一定期间（如，半年）后，根据公布的标准将使用报酬按照规定的程序向指定的机构（如，相应的文字作品著作权协会等五大著作权集体管理机构）提存。同时，建立此类组织利用作品的目录并向社会公布查询方式（如数据库检索平台等），方便权利人以认领方式主张权利。从而弥补该类组织自行公告等公示效果、公信力有限以及单位财务预决算不便执行等不足。

5 结语

图书馆不仅是一个提供信息的社会机构，更是一种保障信息公平的社会制度。从这个意义上说，“赋予图书馆信息网络传播的豁免权，事实上就是给予公众公平接触数字形式的知识和信息的机会。如果说扩张的数字版权和技术措施把公众通往网络信息和知识宝库的门关上了，那么，对信息网络传播权进行适度限制，给图书馆信息网络传播的豁免权，就是为公众在网络世界开了一扇窗”。《条例》第九条即是适应我国国情的立法创举，国家图书馆的实践结果则使旧时藏入深闺、以前驻扎城市的精品文化资源，开始插上网络的翅膀，飞入寻常百姓家，既惠及群众，又兼顾著作权人，无疑具有典型的示范意义和重大现实意义。

另一方面，《信息网络传播权保护条例》尚颁布不久，对其进行修改尚需漫长等待，作为国家全额拨款的公益性文化服务机构，公共图书馆应充分运用这一法律武器的现行效能和“火力”范围，在认真调研的基础上，制定详细方案，做好充分准备与贯彻落实，实现通过国际互联网这一强势媒体向广大农村地区推送认真筛选的精品文化资源，以更好地满足基层群众日益增长的文化信息需求，丰富农村人民群众的文化生活。

参考文献

[1] 梅术文.信息网络传播权默示许可制度的不足与完善[J].法学,2009(6):50-58.

[2] 梅术文.信息网络传播权的法律规制与制度完善[J].时代法学,2007(2):67-77.

[3] 王应宽.信息网络传播权保护对开放存取的影响及版权策略[J].数字图书馆论坛,2008(6):67-71.

[4] 信息网络传播权保护条例.[EB/OL].[2010-10-01].http//www.gov.cn/zwgk/2006-05/29/content_294000.htm.

[5] 国家图书馆.国家图书馆以法定许可方式提供中文图书电子版项目公告[N].中国文化报,2010-07-08(2).

[6] 李华伟.国家享有著作权作品在数字时代的利用探析[J].数字图书馆论坛,2008(2):54-58.

(原载于《中国版权》2011年第3期)

国家图书馆非正式出版物收藏的国内外比较

赵志刚

1 非正式出版物的界定

目前,国内对“非正式出版物”的定义和范围尚未有一个完全统一的界定。通常,经过新闻出版监管单位审查批准后由出版单位公开或内部印刷出版的各类读物称之为“正式出版物”,非出版单位印制的内部使用的小册子或教材(须由出版管理部门发准印证)等称之为“非正式出版物”[1]或“内部资料”。新闻出版总署《内部资料性出版物治理办法》第2条第2款对内部资料的界定是“在本系统、本行业、本单位内部,用于指导、交流信息的非卖性成册、折页或散页印刷品”。从目前实际出版现状中出版者的角度来看,出版物可以分为由专业出版单位出版的出版物、政府出版物、机关团体出版物和个人出版物,如果按照通常区分正式出版物与非正式出版物的方法,政府出版物、机关团体出版物和个人出版物都可以纳入“非正式出版物”的范畴。

国外图书情报界将这类介于“黑色文献”(保密文献)和“白色文献”(正式出版文献)之间的文献统称为“灰色文献”(Grey Literature),从其名称就可看出这是一个边界模糊的过渡性称谓。对于灰色文献目前比较认可的定义是“不经营利性出版者控制,而由各级政府、学术单位、工商业界所产制的各类印刷与电子形式的数据”[2]。

非正式出版物与灰色文献在内涵上有很多重合之处,但又略有不同。从出版者的角度来看,灰色文献主要来源于各类组织或机构,而非正式出版物除来源于组织和机构外,还有相当一部分来源于民间个人。这可能与中国特殊的出版体制有关,一方面是正式出版成本较高(审查报批、书号总量控制等),另一方面是非正式出版随着印刷技术的发展变得相对容易,所以很多民间个人都更愿意选择以费用低廉的非正式出版的形式来出版自己的作品。不过,灰色文献与非正式出版物都具有下列相同的特征:虽然公开发行,但却没有通过普通出版物的流通渠道传播,大部分属于非卖品;发行数量较少;有限定的使用者,传播渠道受到限制;出版、发行消息获取极为困难;本身的书目数据通常不完整;多为非卖品,文献上一般不标定价格。基于上述分析,为了名称一致便于表述,同时方便做国内外情况的比较,本文不再一一区分灰色文献和非正式出版物的名称差异,文中统一称之为“非正式出版物”。

国家图书馆在实际工作过程中,通常对非正式出版物的判定是指那些未公开出版或发行的、一般不具有CN或ISSN标志的连续出版物和不具有ISBN标志的印本资料,诸如学位论文、会议文集、研究报告、社会调查报告、地方文史资料、民间诗文集、内部刊物和内部交流资料等[3]。

2 国内外收藏非正式出版物的概况

2.1 国外非正式出版物收藏与利用的现状

国外,特别是美英等发达国家都把非正式出版物作为一种重要的情报源,非常重视其收藏和利用,一般都有较系统的机构或网站对非正式出版物进行收集。

(1)欧洲。欧洲目前在非正式出版物的收集与开发利用方面,以欧洲非正式出版物利用协会推动的合作计划"欧洲非正式出版物情报系统(System for Information on Grey Literature in Europe,简称 SIGLE)"最为重要。该系统始建于 1980 年,1985 年开始由欧洲非正式出版物开发协会管理,2007 年由"法国信息研究所—法国国家科研中心"接手后被整合成为一个开放存取数据库 OpenSIGLE。其成员共有 18 个,均是一些重要的情报中心或文献提供中心,分别负责鉴别、收集该国家或地区的非正式出版物、建立联合书目、向用户提供非正式出版物的信息查询并递送非正式出版物的复印件[4]。"欧洲非正式出版物系统"是欧洲科学与技术、经济、人文与社会科学非正式出版物的书目数据库,涉及的文献类型主要有研究报告、会议录、数据档案和翻译资料等,其中研究报告所占比重最大。截至 2005 年 2 月,数据库记录已有 855260 条,其中研究报告占 63%[5]。

(2)英国。英国非正式出版物的出版发行单位很多,诸如:协会、图书馆、教堂、博物馆、郡县委员会、教育机构、私人出版者、联盟、研究机构、政府部门、学会、研究所、商业、工会、研究院、实验室、大学、信托公司等。英国政府也扮演出版者角色。英国主要以呈缴方式收集非正式出版物,该国出版发行单位根据呈缴规定,缴送非正式出版物给大英图书馆入藏。该馆制定"有选择性地征集国外重要非正式出版物"的馆藏政策,积极建设国外非正式出版物馆藏。大英图书馆收藏的非正式出版物内容丰富,包括:报告(缩微形式尤为丰富)、翻译作品、非营利性会议论文集与政府官方文件等。以 1997 年为例,非正式出版物占馆藏总量的 9.74%。大英图书馆为非正式出版物特编印《英国报告、翻译作品与博硕士论文目录》(*British Reports Translations and Theses*,简称 BRTT)专供在线与网络查询。此外,大英图书馆也编制光盘数据库《全球会议论文数据库》(*Boston SPA Conferences*),收录该馆文献供应中心搜集的全球会议论文资料。

(3)美国。美国根据非正式出版物的类型对其进行收藏和利用。研究报告由国家技术信息服务中心(National Technical Information Service,简称 NTIS)收集与服务,该中心隶属美国商务部,主要负责收录美国政府立项研究及开发的项目报告,同时收录其他国家政府及研究单位的研究报告,并将处理的数据建立书目数据库,其覆盖了 1964 年以来 200 多万篇政府支持的科技、工程和商业类报告,近年来平均年增记录超过 60000 条[6]。会议文献由 ISI Proceedings 负责收集,其汇集了世界上最新出版的会议录资料,目前收录了来自于 60000 多个会议的 350 多万条记录,每年增加 260000 条记录,其中 66% 是以图书形式出版的会议录,其他的 34% 来自于期刊[7]。

(4)日本。日本在国家、地方、企业都有专业的非正式出版物管理机构[8]。根据日本的相关制度规定,凡在该国发行的资料都需缴送一册到国立国会图书馆,而日本中央各部、各厅都设有国立国会图书馆的分馆,官厅数据都可以通过这些分馆缴送给国立国会图书馆。学术情报中心通过数据库的检索的方式提供政府资助的研究成果等信息。日本科学技术振兴事业团(Japan Information Center)负责收集官厅等公立机构的出版物、大学纪要、民间企业的技术报告、学会与协会的预印本等,并将各种数据内的论文制作摘要数据库提供在线检索服务。各种普及调查学会以推广官厅资料为目的而设立,收集并提供有关官厅数据的咨询服务。

2.2 国内非正式出版物收藏与开发利用的现状

国内目前尚缺乏整体、系统地收藏和开发利用非正式出版物的机构。开发类型也有限,主要是以数据库方式在会议论文、研究报告等类型的非正式出版物方面进行了一定程度的收集和开发利用工作,内容宽泛不一。开发来源也很有限,主要限制在国内的高等院校、研究所、协会、学会和政府等。

(1)会议文献。目前国内收集会议文献的机构较多,且正式出版与非正式出版的会议文献均涵盖,内容以自然科学类为主,通过网络数据库的方式提供服务,分类举例如下。公共图书馆中,1995 年与上海图书馆合并的上海科技情报所,自 1958 年起就开始征集入藏各种科技会议文献,现提供 1986 年至今约 40 万件资料网上篇名检索服务,每年新增数据 3 万条[9]。

专业图书馆领域,国家科技图书文献中心(NSTL)中文会议论文数据库主要收录了 1985 年以来我国国家级学会、协会、研究会以及各省、部委等组织召开的全国性学术会议论文,数据库的收藏重点为自然科学各专业领域,每年涉及 600 余个重要的学术会议,年增加论文 4 万余篇[10]。

商业数据库中,中国学术会议论文全文数据库(万方数据)收录了国家一级学会、协会、研究会组织在国内召开的全国性学术会议论文,数据范围覆盖理工、农林、医学等所有领域,目前共收录论文近 150 万篇[11];中国重要会议论文全文数据库(清华同方)收录我国 2000 年以来国家二级以上学会、协会、高等院校、科研院所、学术机构等单位的论文集,目前累积会议论文全文文献超过 126 万篇,涵盖理工、农业、医药卫生、文史哲、政治军事与法律、教育与社会科学综合、电子技术与信息科学、经济与管理等领域[12]。

(2)研究报告。国内虽然在研究报告的收集中取得了一些成绩,但目前仍处于起步阶段。现有的研究报告主要集中在一些商业化的网站上,且内容更多是以经济类信息为主;一些政府和科研院所网站上发布的研究报告,虽然具有很高的权威性和预见性,但数量较少,且大多不提供全文;此外,一些以数据库形式提供服务的机构,如上海图书馆上海科技情报研究所、国研网和中经专网等,主要偏重于对国外政府研究报告、科技报告及国内经济类应用型报告。

(3)其他类型的非正式出版物。各省市公共图书馆在收集地方文献时,将部分地方性的非正式出版物纳入地方文献的范围予以收藏。例如首都图书馆地方文献部,系统收藏具有北京地域特征的各类非正式出版物；广东省立中山图书馆所收藏的地方文献中，非正式出版物占有较大的比例；《深圳公共图书馆条例》规定“市各出版单位和个企业、事业单位均须向深圳图书馆缴送两本公开及内部出版物样书（刊）”。但目前在国家层面还缺乏对这些资料全面、系统地收集与开发利用。

3 国家图书馆非正式出版物收藏的国内外比较

国家图书馆对非正式出版物的收藏虽然也有较长的历史，目前收藏工作也取得了一定的进展，但与国外发达国家相比，总体仍处于起步阶段。下面将从模式特色、理论法源、文献类型、出版机构、征集方式、书目控制及利用管理七个方面逐一比较（表1）[13]，以作为今后的国家图书馆非正式出版物收藏的借鉴。

英国非正式出版物收藏与利用采用集中模式。根据英国呈缴规定，出版发行单位有义务呈缴非正式出版物给大英图书馆入藏，并依据该馆“选择性的征集国外重要非正式出版物”的馆藏政策，致力于国外非正式出版物收藏。美国和日本皆采用分散模式，无法像英国成效卓著。美国国会图书馆在非正式出版物征集并未扮演主导角色，但其馆藏中收集有大量国会议员的个人文献和手稿；日本国立国会图书馆依呈缴法征集非正式出版物，但主要负责官厅数据。国家图书馆目前仅有学位论文依据《中华人民共和国学位条例暂行实施办法》来征集，博硕士论文的收藏已有积极成果，其他种类非正式出版物的征集目前还缺乏相应的法源依据，而且很难全面掌握出版信息，各单位一般也不会主动缴送，致使目前研究报告和会议文献等非正式出版物均无法完整收集与保存。

表1 各国非正式出版物收藏模式比较

模式要件	大英图书馆	美国国会图书馆	日本国立国会图书馆	中国国家图书馆
模式特色	集中模式	分散模式	分散模式	分散模式
理论法源	1. 依据世界出版品利用计划原则成立大英图书馆文献供应中心，征集非正式出版物并提供利用服务； 2. 依据该国呈缴法征集	1. 依据美国联邦科技优势法案由国家技术信息服务中心专门收集技术报告； 2. UMI公司收集博硕士论文书目与全文资料以提供服务	1. 依据日本科学技术振兴事业团法成立日本科学技术振兴事业团征集非正式出版物提供利用服务； 2. 国立国会图书馆依呈缴法征集非正式出版物	1. 依据《中华人民共和国学位条例暂行实施办法》征集博硕士论文； 2. 以公告和公函的形式征集各类非正式出版物
文献类型	报告、博硕士论文、会议论文集、翻译著作等	研究报告、博硕士论文、会议论文集等	研究报告、博硕士论文、会议论文集、政府文件、进行中计划报告等	研究报告、博硕士论文、社科类会议论文集、民间诗文集、资料汇编等

续表

模式要件	大英图书馆	美国国会图书馆	日本国立国会图书馆	中国国家图书馆
出版机构	各研究机构、政府单位、公私立企业机构、大学等	各研究机构、政府单位、公私立企业机构、大学等	各研究机构、政府单位、公私立企业机构、大学等	各研究机构、政府单位、大学等单位及个人
征集	1. 国内非正式出版物出版单位依呈缴法集中向大英图书馆缴送； 2. 大英图书馆选择性征集国外非正式出版物	1. 国家技术信息服务中心征集技术报告； 2. UMI 公司征集博硕士论文书目与全文资料	1. 国立国会图书馆依呈缴法征集； 2. 学术情报中心征集博士论文； 3. 日本科学技术振兴事业团征集科学技术非正式出版物； 4. 普及调查会征集官厅资料	1. 国内高校及研究机构向国家图书馆呈缴博硕士论文； 2. 面向社会广泛征集研究报告、会议论文集、民间诗文集、资料汇编等
书目控制	1. 由 The Stationery Office（简称 TSO）与 Chadwyck-Healey 编制非正式出版物目录； 2. 大英图书馆将非正式出版物编目建置数据库； 3. 大英图书馆编印《英国报告、翻译作品、与博硕士论文目录》	1. *Monthly Catalog* 与 *Government Reports Announcements & Index* 收录非正式出版物书目； 2. 国家技术信息服务中心建置数据库	1. 政府数据、政府数据摘要或日本全国书志等收录非正式出版物书目； 2. 日本科学技术振兴事业团建置非正式出版物数据库； 3. 国立国会图书馆建置非正式出版物数据库； 4. 学术情报中心建置非正式出版物数据库	1. 编制博硕士论文书目数据库，并着手开始建设学位论文全文影像数据； 2. 初步编制研究报告、会议论文集、民间诗文集、资料汇编等书目数据库
利用管理	1. 由大英图书馆文献供应中心提供查询与供应全文服务； 2. 提供在线目录、BLAISELINE、光盘数据库等查询	1. 国家技术信息服务中心提供数据库查询与供应全文； 2. UMI 公司建置博硕士论文索引与摘要，并提供全文； 3. 会议消息来自各学会刊物	1. 国立国会图书馆提供数据库系统查询利用； 2. 学术情报中心提供数据库系统查询利用； 3. 科学技术振兴事业团提供数据库系统查询利用	1. 提供全国博硕士论文信息网查询与来馆使用全文数据； 2. 其他非正式出版物数据暂时未对外开放查询

4 对国家图书馆收藏非正式出版物的思考

4.1 非正式出版物收藏的几个基本问题

(1)使命:收集和保存中文非正式出版物中有价值的部分。

(2)定位:建立非正式出版物的综合性研究资料室。

(3)核心用户:政府部门与学术研究机构。

(4)当前主要任务:系统收集国内中文非正式出版文献中成体系、有价值的资料。

(5)采访方针:中文非正式出版物求精(注重文献的价值性、完整性与系统性)。

(6)资源建设的基本原则(精选标准):记录社会历史和现状、人民生活和成就的完整且具有代表性的资料原版或复制版。

(7)采访内容:收集采访范围内的各种载体的文献,但目前以纸本为主;优先侧重社科类文献(因自然科学类文献时效性强、生命周期短,且国内目前收藏自然科学类资料的专业机构较多,交叉、重复收集意义不大)。

(8)主要的采访渠道:征集、购买、接受捐赠和交换。

4.2 非正式出版物收藏范围的调整

通过总结过去两年来非正式出版物文献采访工作,并对现有文献进行梳理和分析,对下一阶段的非正式出版物的采访范围将做如下调整:会议文献只全面采选人文、社科类学术会议论文集,民间诗文集全面采选,研究报告和资料汇编在系统性和完整性的基础上重点采选,具体如表 2 所示。

表 2 国家图书馆中文资料组文献采访范围和采选要求

资料类型		采选要求
会议文献	人文社科类会议论文集	• 全国性、高水平的学术会议和专业会议的论文集全面采选 • 按照来源机构系统追踪
研究报告	政府机构的各类报告	• 选择重点机构(如省级以上政府研究部门等)、国家重大项目(如三峡工程等)、国家重大活动(如奥运会等) • 按照来源机构和专题系统追踪
	高校和科研机构的报告	• 选择重点机构(如重点高校或省级以上研究机构)或重大科研项目(如社科基金、国家重点科研计划等) • 按照来源机构和专题系统追踪
	民间研究团体及个人的研究报告	• 以田野调查资料、项目报告、内部讲座等研究性资料为主 • 按照来源机构和专题系统追踪

续表

资料类型		采选要求
民间诗文集	民间文集	● 回忆录、口述史、纪念文集、日记、个人研究选集等 ● 按专题全面采选
	民间诗词集	● 诗词集等文学作品 ● 按照作品的编纂机构或作者所处的生活地域全面采选
资料汇编		● 选择重点机构(如省级以上政府部门、科研院所、重点高校等)、国家重要事件(如"两会"、机构改革、奥运会等)、重大科研项目和工程(如863计划、南水北调等) ● 按照来源机构和专题系统追踪

4.3 将非正式出版物纳入呈缴范围

虽然国家图书馆自1916年就开始获准接受国内出版物的呈缴本,但呈缴的内容主要是正式出版物,非正式出版物中只有学位论文通过1981年实施的《中华人民共和国学位条例暂行实施办法》纳入了呈缴范围[14],其他类型众多的非正式出版物都游离在呈缴制度之外。

目前国家图书馆在非正式出版物征集过程中,最大的瓶颈约束就是缺乏非正式出版物呈缴制度的支持。对国家图书馆征集非正式出版物工作本身的意义,社会各界是普遍认可的,《中国青年报》等媒体撰文称"这是具有文化眼光和历史眼光的明智举措""如果光收藏公开出版物,不收藏非公开出版物,图书馆的功能就大大地打了折扣"[15]。然而,由于缺乏相应的政策依据,非正式出版物的来源机构,特别是官方机构在向国家图书馆提交非正式出版物时就有很多顾虑,诸如上级是否同意?会不会涉及泄密问题?合作方是否愿意?会不会产生版权纠纷?会不会发生政治问题等。虽然国家图书馆对非正式出版物的征集是以保存文献为目的,上述这些担心很多都没有必要,但是因为非正式出版物呈缴制度的缺位,不但大大增加了国家图书馆与非正式出版物来源机构之间的沟通成本,而且让征集工作变得很被动且缺乏效力,严重制约了非正式出版物资源收藏的完整性和连续性,官方文献尤其如此。

IFLA出版的《法定呈缴立法准则》中,关于法定缴存所阐述的一个基础原则是"除非在法律上有特别的例外规定,否则所有广义上的出版物,即所有向公众提供的资料都在缴存范围之内"[16]。我国的出版物包括由专业出版单位出版的出版物、政府出版物、机关团体出版物和个人出版物,呈缴者应当包括专业出版单位、政府机构、机关团体和个人,呈缴物应当包括正式出版物和非正式出版物。但是一般认为,法定呈缴的范围应限定在可以明确法律责任的范围,而非正式出版物中只有经出版管理部门批准出版的"内部资料"(有内部准印证号)有明确的责任者,可以追究其法律责任。所以针对这些经批准出版的非保密性的非正式出版物,可以在呈缴相关法规中明确规定纳入呈缴范围。至于其他没有内部准印证号的政府机构、机关团体和个人编撰、绘制、印刷的具有保存价值的资料,可以实行鼓励呈缴和主动收缴的制度,规定"国家鼓励单位和个人自愿呈缴"。

参考文献

[1] 孙树松,林人.中国现代编辑学辞典[M].哈尔滨:黑龙江人民出版社,1991.

[2] 王梅玲.英美日中四国灰色文献的征集与利用[EB/OL].[2008-12-03].http://www.lac.org.tw/admin/ArticleFolder/2/64%E6%9C%9F/gray.doc.

[3][13] 赵志刚.中国国家图书馆灰色文献收藏的历史和现状[G]//香港图书馆协会.香港图书馆协会50周年学术会议论文集.香港:[出版者不详],2008:243-250.

[4] 徐刘靖,刘细文.国外网络非正式出版物开发利用模式及服务方式研究[J].图书情报知识,2006(1):78-80.

[5] System for Information on Grey Literature in Europe[EB/OL].[2010-06-08].http://en.wikipedia.org/wiki/System_for_Information_on_Grey_Literature_in_Europe.

[6] NTIS Database[EB/OL].[2010-06-08].http://www.ntis.gov/products/ntisdb.aspx.

[7] 百度百科.ISI[EB/OL].[2010-06-08].http://baike.baidu.com/view/486401.htm.

[8] 吴斌,赵光林.发达国家非正式出版物的收集及其对我们的启示[J].现代情报,2006(2):31-32.

[9] 上海图书馆.会议资料数据库说明[EB/OL].[2010-06-08].http://www.library.sh.cn/skjs/hyal.

[10] 国家科技图书文献中心.中文会议论文数据库简介[EB/OL].[2010-06-08].http://www.nstl.gov.cn/NSTL/facade/search/preRetrieve.do? act=toCommonRetrieve.

[11] 万方数据.资源更新[EB/OL].[2010-06-08].http://www.wanfangdata.com.cn/.

[12] 中国知网.中国重要会议论文全文数据库[EB/OL].[2010-06-08].http://dlib.cnki.net/kns50/index.aspx.

[14] 中国国家图书馆.国家图书馆缴送情况简介[EB/OL].[2010-06-08].http://www.nlc.gov.cn/service/zcwm_cbwjs_jsjj.htm.

[15] 梁子民,毕文昌.国家图书馆的明智之举[N].中国青年报,2008-10-08(10).

[16] LARIVIHRE J. Guidelines for Lagal deposit Legislation[R]. Paris:United Nations Educatoinal Scientific and Cultural Organizafion,2000.

(原载于《图书情报知识》2011年第4期)

我国呈缴本制度发展举要

刘英赫

呈缴本制度,又称出版物呈缴制度、缴送制度,是指一个国家或地区为完整的收集和保存全部出版物,要求所有出版者必须向指定的图书馆或出版主管机关呈缴一定份数的最新出版物的制度[1]。该制度的英文术语为 Legal Deposit,译为"法定缴存",另有称为样本缴送等,本文对上述概念不做严格区分。该制度的起源可追溯到16世纪的法国,当时法国国王弗兰西斯一世在1537年发布《蒙彼利埃敕令》(*Ordonnance de Montpellier*)。该法令规定,凡国内出版社和印刷者在其出版的图书销售前均应向设于国王城堡内的国王图书馆缴存一册,否则将悉数没收出版物并科以重金。自法国首先设立呈缴制度以来,经过四百多年的发展,世界上已经有一百多个国家和地区确立了这一制度,在保存国家文化遗产和保障公民自由利用信息资源的民主权利方面,发挥了重要的作用,它有力地保证了知识和信息的积累、传承与自由利用。

我国的呈缴本制度发展与国外的情况有所不同,有其自身的特色,本文以历史时期为线,仅以法律规定之维度,对其进行梳理和介绍。

1 清政府时期

在我国,有一说认为对呈缴本制度追根溯源可至汉代,认为从汉代初年就开始实行的"大收篇籍,广开献书之路使谒者求遗书于天下"的政策已经具有典籍呈缴的意味[2]。另有一说认为,中国确切的呈缴制度源头已有800多年的历史[3]。本文此处对其渊源不予追溯,单以法律文本规定为准,认同我国的呈缴本制度始于20世纪初即清末的观点。

1.1 《大清印刷物专律》

清末,由于外国列强入侵,统治者腐败,清政府处于风雨飘摇之中。一部分有志之士为了挽救中华民族的危亡,纷纷著书立说,创办报纸,介绍西方学说,宣传自己的主张,出版印刷业随之发展起来。清政府为了控制和规范出版印刷行业,于1906年6月由商部、巡警部、学部共同制定出《大清印刷物专律》,共6章42条,于次年颁布实施。其中有关呈缴本的规定有两条。第二章第九条规定:"凡印刷人印刷各种印刷物体,即按件备两份呈送印刷所在之巡警衙门,该巡警衙门即以一份存巡警衙门,一份申送京师印刷注册总局。凡违犯本条者,所科罚锾不得超过银元五十元,监禁期不得过一月,或罚锾监、禁两科之。"第三章第七条规定："经理记载物体出版之人，须将所出版发行之记载物体，每件备两份呈送发行所在之巡警衙门，并同时由邮局禀呈一份于京师印刷注册总局。凡违犯本条者，即按照本律第二章第七条科之。"[4]

1.2 《大清报律》

1908年1月16日，清朝商部、民政部、巡警部、法部参考日本的新闻纸法拟定了《大清报律》草案报清廷审批。同年3月14日《大清报律》奉旨颁行。该报律共45条，规定了报纸的呈缴专核与惩罚制度。其中第七条规定：每日发行之报纸，应于发行前一日晚十二点钟以前，其月报旬报星期报等类，均应于发行前一日午十二点钟以前，送由该管巡警官署或地方官署，随时查核，按律办理。第十七条规定："凡违第二、三条及第五条之第一项与第六、七条者，该发行人处三元以上三十元以下之罚金。"[5]

1.3 《大清著作权章程》

20世纪初，清政府预备立宪，并委任沈家本、伍廷芳为修订法律大臣，引进资产阶级的法律体系与原则，制订了一系列的专门法律，《大清著作权章程》便是其中之一，其于1910年1月1日颁布并实施，共分五章五十五条，其中第三章（第十六条至第二十三条）专门对"呈报义务"进行规定。该律规定著作者应用本人姓名、备样本2份，呈送民政部，申请著作权之注册，经民政部审查批准后，方能取得著作权之保护[6]。学界认为其把版权登记和出版物缴送作为版权保护的条件写进了版权法，是一大进步[7]。中华民国建立后，鉴于《大清著作权章程》"尚无与民国国体抵触之规定"，大总统于民国元年3月命令通告"暂行援用"，直到1915年。本法是中国历史上第一部版权法，为北京政府1915年和国民党政府1928年制定版权法起了一定的示范作用，对中国今天实行版权立法也有一定的参考价值。

2 民国时期

民国时期是从清王朝到中华人民共和国之间的一个历史断代，从1911年10月辛亥革命后成立湖北军政府时起至1949年10月中华人民共和国成立，前后历时38年。其间曾先后出现过多个性质迥异、对峙并存的政权：有以孙中山领导创建的中华民国临时政府（南京）、中华民国军政府（广州）、中华民国陆海军大元帅府大本营（广州）和中华民国政府（广州和武汉）；有北洋军阀统治的中华民国政府（北京）；有国民党统治的南京政府；有日本帝国主义侵华期间扶持建立的"满洲国""华北政务委员会"和汪精卫的"国民政府"等伪政权；有中国共产党领导建立的中华苏维埃工农民主政府和各革命根据地政府[8]。上述政府在其存在期间制定颁布了大量法律、法规和其他规范性文件。在此时期，与我国呈缴本制度发展有密切关联的主要为以下几部法律。

2.1 《出版法》

辛亥革命后，《大清著作权章程》一直沿用到1915年，北京政府才颁布新的《著作权律》。与《著作权律》相对应,北京政府于1914年12月颁布《出版法》。其第四条规定:“出版之文书、图画,应于发行或散布前禀报该管警察官署,并将出版物以一份送该官署,以一份由该官署送内务府备案。官署或国家他种机关或地方自治团体机关之出版品,应送内务部备案,但其出版关于职权内之记载或报告者,不在此限。”第十四条规定:“如未依规定禀报者,处50元以下、5元以上的罚金。”[9]根据该出版法规定的呈缴制度,1916年元月京师图书馆呈文教育部,以“英、法各国出版法中均规定全国出版图书报部立案者,应以一部交国立图书馆存贮。日本自明治8年设立帝国图书馆后,亦即沿用此例”为由,要求在“前岁所颁出版法内,酌增此项条文,以莞图书而彰文化”。3月6日,教育部呈文《教育部片奏内务部立案出版之图书请饬该部分送京师图书馆收藏摺》,该文首次明确要求出版者向图书馆缴存出版物:“查英、法各国出版法中,均规定全国出版图书,依据出版法报官署立案者,应以一部送赠国立图书馆庋藏……京师图书馆正在筹备进行,拟可仿行此制。拟请饬下内务部,以后全国出版图书,依据出版法报部立案者,均令以一部送京师图书馆庋藏,以重典策而光文治,似于教育政化,裨益匪浅。”[10]3月8日北京政府批复同意“以后全国出版图书依据出版法报部立案者,均令以一部送交京师图书馆庋藏”,并批令内务部查照办理。同年4月1日,内务部以行政命令通行全国,“嗣后凡有文书图画依据出版法应行察报者,由察报人于按照出版法第四条,应行票送两份外,另行添送一份,以备图书馆庋藏之用。即由各该管官署,随时转逞京师图书馆,以重典纂,而供众览”[11]。自此,京师图书馆成为我国历史上第一个接受呈缴本的国立图书馆,这一法令一直沿用到1926年初,学界认为此处的呈缴不同于之前的为控制言论以及审查之需向警察署以及内务部等部门的呈缴,它标志着真正意义上的呈缴本制度在我国的出现。

2.2 《新出图书呈缴条例》和《新出图书呈缴规程》

1927年国民革命军北伐成功后,成立了中华民国大学院,为最高学术文化及教育行政机关。同年12月,中华民国大学院颁布了《新出图书呈缴条例》,共四条,其第一条规定:“凡图书新出时,其出版者,须自发行之日起两个月内,将该项图书三份,呈送中华民国大学院。”第三条规定:“出版者如不遵缴所出图书时,大学院得禁止该图书之发行。”[12]后因大学院制取消,该条例未能执行下去。1930年3月,中华民国教育部修订原《新出图书呈缴条例》,颁布新的《新出图书呈缴规程》,共六条,其第三条规定:“凡呈缴之图书,经教育部核收,发交教育部图书馆、中央教育馆、中央图书馆各一部,分别保存。”[13]根据条文规定可见,此处的呈缴馆为三处,并未有国立北平图书馆(1928年7月18日,京师图书馆更名为国立北平图书馆),后经多次呈文,终于1933年6月,在国立中央图书馆筹备处设立之后,教育部才通令各省市教育厅局“仰将各书局呈缴新书,除缴部1份外,分别改寄国立中央图书馆筹备处暨国立北平图书馆”[14],才算是完全恢复国立北平图书馆接受出版物缴送本的地位。

3 新中国成立后

1949年以来,呈缴本制度继续发展,不同部门制定的各种行政法规、规章层出不穷,法出多门并且尚未有一部专门规定呈缴制度的法律,实际的执行情况亦是纷乱异常。学者呼吁,业界讨论,但现状仍是如此而未有实质改变。此处对我国呈缴本制度存在的问题不做探讨,仍按本文的主旨,以法律规定之维度,进行梳理。由于此历史时期条文规定较多,本部分将以 20 世纪 90 年代为区分点进行介绍,具体如下。

3.1 90 年代前关于呈缴的主要规定

我国政府重视呈缴本制度,新中国成立初期便制定了有关规定。1951 年政务院通过、1952 年公布的《管理书刊出版业、印刷业、发行业暂行条例》是新中国成立后最早提出有关出版物缴送的文件,其第八条第九款规定:“每种书刊出版后,应向各级行政机关及国立图书馆送缴样本,其办法另订之。”除此之外,出版总署 1952 年发布的《关于征集图书、期刊样本暂行办法》、1953 年发布的《专区级以上报纸缴送样本办法》以及 1955 年对 1953 年办法的修订和补充——《修订全国报纸缴送样本办法的通知》都是这一时期国家对呈缴本制度重视的体现。此外,1955 年 4 月 25 日,文化部颁布了《中华人民共和国文化部关于征集图书、杂志样本办法》,对 1952 年的暂行办法作了修订补充,规定“凡公开发行的书籍、图画、杂志、均应在出版后三日内,由出版者缴送样本给出版事业管理局图书馆、北京图书馆、中国科学院图书馆各 1 份”。同年 7 月 8 日,发布《征集图书杂志样本补充说明》。1956 年 7 月 12 日,又颁发《修订全国报纸缴送样本办法的通知》,原出版总署发布的两个办法即行作废,修订后的两个办法自 50 年代至 70 年代执行了 20 多年[15]。

“文革”期间,呈缴本制度遭受破坏。“文革”后,国家出版局根据变化了的情况和工作需要,对原有征集图书、杂志、报纸样本办法重新做了修订,于 1979 年 4 月 18 日颁布了新的《国家出版事业管理局关于征集图书、杂志、报纸样本办法》,同时宣布以前的征集办法及补充规定即予作废,规定出版社、杂志社、报纸编辑部应向国家出版局(现为新闻出版署)、中国版本图书馆(包括二库)、北京图书馆呈缴样本。1982 年国家出版局并入文化部,称文化部出版事业管理局。该局于 1984 年 6 月、1985 年 1 月先后颁布《图书、期刊版权保护试行条例》以及《实施细则》,重申图书期刊出版后,出版单位须按国家规定缴纳样本。1987 年出版局撤销,其职能并入新成立的新闻出版署。

3.2 90 年代后关于呈缴的主要规定

20 世纪 90 年代以后,国家又修订和颁布了一些行政法规和部门规章对出版物呈缴问题做了进一步的规范,并且各地根据自身的不同情况,在地方法规规章中也见有关于呈缴问题的规定,这一时期也是众多历史时期中对呈缴问题规定最多的时期。为更好地进行区分和梳理,本部分将不以时间为序,而代之以法律渊源,即相关规定属于行政法规、部门规章还是地方法规规章进行区分:

3.2.1 行政法规

国务院于 1994 年 8 月 25 日发布了《音像制品管理条例》,于同年 10 月 1 日开始实施,其第十二条中规定“音像出版单位应当自音像制品出版之日起 30 日内向国家版本图书馆缴送样品”。1997 年,国务院颁布实施《出版管理条例》,其中第二十二条规定:“出版单位发行其出版物前，应当按照国家有关规定向北京图书馆、中国版本图书馆和国务院出版行政部门免费送交样本。”2001 年，国务院重新制定颁布《出版管理条例》，宣布自 2002 年 2 月 1 日起施行，1997 年发布的同时废止，其第二条中对“出版物”的界定是“报纸、期刊、图书、音像制品、电子出版物等”，第二十三条规定：“出版单位发行其出版物前，应当按照国家有关规定向国家图书馆、中国版本图书馆和国务院出版行政部门免费送交样本。”同年，国务院重新制定颁布了《音像制品管理条例》，宣布自 2002 年 2 月 1 日起施行，1994 年发布的同时废止，其第十二条中规定“音像出版单位应当自音像制品出版之日起 30 日内向国家图书馆、中国版本图书馆和国务院出版行政部门免费送交样本”。

3.2.2　部门规章

新闻出版署于 1991 年 9 月 11 日发布了《重申〈关于征集图书、杂志、报纸样本办法〉的通知》，通知重申 1979 年修订颁布的《关于征集图书、杂志、报纸样本办法》仍然有效，并做了补充规定，对缴送样本的期限作了限制，对不履行缴送义务者规定了相应的惩罚措施。同年 11 月 3 日，又发布《关于调整向北京图书馆缴送杂志样本数量的通知》，该通知对向北京图书馆缴送杂志样本的数量进行了调整，由 1 本增至 3 本。2004 年 6 月新闻出版总署（2001 年，新闻出版署更名为新闻出版总署，升格为正部级机构）发布了《音像制品出版管理规定》，其第二十九条规定：“音像出版单位、经批准出版配合本版出版物音像制品的出版单位，应自音像制品出版之日起 30 日内，分别向国家图书馆、中国版本图书馆和新闻出版总署免费送交样本。”2005 年 9 月发布的《期刊出版管理规定》和《报纸出版管理规定》的第四十三条和四十五条分别对期刊和报纸的呈缴进行了规定，内容分别为：“期刊出版单位须在每期期刊出版 30 日内，分别向新闻出版总署、中国版本图书馆、国家图书馆以及所在地省、自治区、直辖市新闻出版行政部门缴送样刊 3 本。”“报纸出版单位须按照国家有关规定向国家图书馆、中国版本图书馆和新闻出版总署以及所在地省、自治区、直辖市新闻出版行政部门缴送报纸样本。”

关于本部分，需要单独一提的是关于电子出版物呈缴制度的规定。20 世纪 90 年代中期以后，随着电子出版物数量的不断增多，新闻出版署于 1996 年 3 月发布了《电子出版物管理暂行规定》，其中第十二条规定：电子出版物出版单位应当自电子出版物出版之日起 30 日内向新闻出版署、北京图书馆和中国版本图书馆缴送样品。并随后下发了《关于缴送音像、电子出版物样品的通知》，对电子出版物的缴送方法做出了具体规定。为加大管理力度，提高管理水平，1997 年又发布《电子出版物管理规定》，废止了之前的暂行规定，在第三十五条中进一步明确规定：“电子出版物出版单位在电子出版物发行前，应当向北京图书馆、中国版本图书馆免费送交样本。”2007 年 1 月发布的《关于加强音像制品和电子出版物样本缴送工作的通知》对音像制品和电子出版物的呈缴做了进一步的补充规定。2007 年 12 月发布了《电子出版物出版管理规定》，宣布自 2008 年 4 月 15 日起施行，1997 年颁布的《电子出版物管理规定》同时废止，并要求“此前新闻出版行政部门对电子出版物制作、出版、进口活动的其他规定，凡与本规定不一致的，以本规定为准”。《电子出版物出版管理规定》第三十五条规定：“电子出版物发行前，出版单位应当向国家图书馆、中国版本图书馆和新闻出版总署免费送交样品。”学者认为，上述我国关于电子出版物呈缴制度的规定，其定义的电子出版物并不包括网络出版物，在《互联网出版管理暂行规定》中亦未涉及网络出版物呈缴制度方面的问题。为了有效保存我国丰富的网络文献遗产，制定有关的网络出版物呈缴制度需要提上议事日程[16-18]。

3.2.3　地方法规规章

我国地方文献呈缴本制度始于20世纪90年代，由于购书经费相对减少，各地公共图书馆纷纷呼吁地方政府立法，以加强地方文献的入藏和保护，于是陆续出台了一些地方文献呈缴的规定。这些“量身定做”的地方文献呈缴的规定虽初始目的良好，但无疑使得我国整体的呈缴本制度出现了一个不可避免的问题——呈缴多头。关于呈缴多头的弊端何在以及如何解决，学界多有论述，本文不予涉及，仅对几个主要的规定了地方文献呈缴本制度的法规规章进行梳理。我国规定了地方文献呈缴的法规规章主要为如下几部，具体条文内容详见表格：

表1　文献呈缴的地方性法规

发布日期	名称	条文内容	时效性
1997年7月15日	《深圳经济特区公共图书馆条例(试行)》	第二十四条　深圳图书馆是本市出版物版本收藏单位。市各出版单位和各企业、事业单位均须向深圳图书馆缴送两本公开及内部出版物样书(刊)	现行有效
2000年8月6日	《内蒙古自治区公共图书馆管理条例》	第十五条第一款　面向社会出版发行出版物的出版单位，应当自出版物正式出版发行之日起30日内将出版物向当地盟市以上公共图书馆呈缴1—3册(份)	现行有效
2001年7月27日	《湖北省公共图书馆条例》	第十二条第二款　省内各出版社、报社、杂志社等出版单位，应当在出版物出版30日内，向省图书馆及出版单位所在地的市、州公共图书馆缴送两册(套)样本	现行有效
2002年7月18日	《北京市图书馆条例》	第四十条第一款　首都图书馆是本市出版物版本的收藏单位。出版单位应当在公开出版物发行后2个月内，向首都图书馆送缴两套出版物	部分失效
2002年7月23日	《河南省公共图书馆管理办法》	第二十一条　公共图书馆是本行政区出版物版本收藏单位，本行政区出版社、报社、杂志社等出版单位和有关单位，应当自出版物出版之日起30日内，将出版物样本两部送当地公共图书馆收藏	现行有效

续表

发布日期	名称	条文内容	时效性
2002 年 11 月 18 日	《上海市公共图书馆管理办法》(2002 修正)	第十九条　除特殊种类或者出版数量较少的出版物外,本市出版社、报社、杂志社等出版单位应当自本单位出版书刊资料之日起 30 日内,将样本送缴市图书馆收藏,具体送缴办法由市文化局另行制定	已被修订
2003 年 8 月 6 日	《浙江省公共图书馆管理办法》	第二十三务第三款　地方文献资料呈缴单位应当在地方文献资料出版、编印之日起 30 日(非合订本报纸在出版之日起 7 日)内向省图书馆及所在地市、县(市、区)图书馆送缴样本一册(件)	现行有效

除上述列表中所见的七部地方性法规规章外,还有《抚顺市地方文献呈缴办法》(1991 年)、《威海市人民政府办公室转发市文化局关于建立地方文献呈缴本制度的意见的通知》(2003 年)、《合肥市地方文献样本缴送办法》(2005 年)等,都对地方文献的呈缴有所规定,具体内容较为近似,不在表格中一一表述。

4　小结

纵观我国呈缴本制度发展的历程,不难看出,其作为法律这一上层建筑领域的规定,与我国不同历史时期的经济以及文化发展状况息息相关。从清末到民国,再到新中国成立后,呈缴本制度的发展也经历了一个不断渐进的历史进程。虽然目前为止,我国尚未有一部统一的关于文献呈缴的法律,而只是体现在行政法规和规章的层面,但对于其发展进程的梳理有助于我们对这一制度的掌握。尤其是自 20 世纪 90 年代以来,呈缴本制度的规定层出不穷,并出现了地方文献的呈缴制度,至此形成"呈缴多头"的局面,此类问题应如何处理已经是文献保护领域必须面对和解决的问题。

如何规定以及规定之后如何更好地贯彻执行,笔者认为其根本问题是认识的问题。一言以蔽之,对呈缴本制度的认识应提高到足够的高度。不应把呈缴本制度仅仅视为图书馆可以免费获得文献的手段,而应该更深层次的认识到它与留存、传播和发展一国文化息息相关,是保存本国文化遗产和利用文献信息的重要措施。反之,如果没有一种制度来保证一个国家文献的完整收藏,会造成精神文化产品的巨大流失,其危害笔者不言读者自知。呈缴本制度的发展方向,关乎个人、社会、国家、子孙后代,需要不断的充实、完善,于循序中演进。

参考文献

[1] 中国大百科全书总编辑委员会. 中国大百科全书图书馆学、情报学、档案学[M]. 北京:中国大百科全书

出版社.2004:32.

[2] 班固.汉书·艺文志·总序[M].北京:中华书局,1962:1701.

[3] 李国新.论出版物样本缴送制度改革[J].中国图书馆学报.2007(2):5-12.

[4] 刘哲民.近现代出版新闻法规汇编[M].上海:学林出版社,1992:4-5.

[5] 刘哲民.近现代出版新闻法规汇编[M].上海:学林出版社,1992:31.

[6] 刘哲民.近现代出版新闻法规汇编[M].上海:学林出版社,1992:11.

[7] 翟建雄.图书馆与出版物缴存制度:中外立法比较研究[J].法律文献信息与研究,2006(2):11-23.

[8] 国家图书馆民国法律数字化资源库[EB/OL].[2011-04-14].http://res4.nlc.gov.cn/home/index.trs?channelid=28.

[9] 刘哲民.近现代出版新闻法规汇编[M].上海:学林出版社,1992:54-56.

[10] 郭锡龙.图书馆暨有关书刊管理法规汇览[M].北京:中国政法大学出版社,1995:67.

[11] 邵文杰.出版物缴送制度立法[J].中国图书馆学报,1995(1):8-16.

[12] 刘哲民.近现代出版新闻法规汇编[M].上海:学林出版社,1992:206.

[13] 刘哲民.近现代出版新闻法规汇编[M].上海:学林出版社,1992:214.

[14] 刘哲民,近现代出版新闻法规汇编[M].上海:学林出版社,1992:224.

[15] 谈金铠.新中国的出版物缴送制度[J].中国出版,1994(1):32-33.

[16] 赵俊玲,杜国芳.网络信息呈缴初探[J].图书馆理论与实践,2006(2):31-33.

[17] 吴钢.网络出版物呈缴制度研究[J].情报理论与实践,2006(4):406-408.

[18] 宋国臣,王运显.网络出版物呈缴问题探讨[J].图书馆理论与实践,2008(4):14-15.

(原载于《法律文献信息与研究》2011 年第 3 期)

出版物样本缴送立法的必要性及制度设计

邓 茜 申晓娟 汪东波

出版物样本缴送制度是指出版单位及其他相关单位,根据有关法律规定,向指定的保存单位缴送各类型出版物的制度①。该项制度对于确保本国出版物样本的完整收藏与保存、传承历史与文明具有重要作用,同时也为编制国家书目,以更有效地开发和利用文献资源提供了基本条件,因而成为国家管理出版物的一项重要手段。笔者拟就我国出版物缴送制度的现状及存在的问题,从制度设计层面,对国家制定专门行政法规,规范出版物样本缴送制度,提出相关建议。

1 我国出版物样本缴送制度的发展状况

我国近现代意义上的出版物样本缴送制度始于清代,并随时代变迁而不断发展。新中国成立后,在政府的高度重视下,逐渐形成了现有的出版物样本缴送制度体系。

1.1 出版物样本缴送制度的历史沿革

我国早在宋代就有缴送出版物的规定,南宋淳熙十三年(1186)孝宗皇帝下敕各地政府将《中兴馆阁书目》中未收书的印本缴送秘书省,以"广秘府之储"[1]。但有明确规定的出版物缴送制度的立法始于20世纪初。光绪三十二年(1906),清政府颁布了《大清印刷物专律》[2],这是我国近代最早的有关出版物缴送制度的法律规定,其中规定,"凡印刷人印刷各种印刷物件,即按件备两份呈送印刷所在之巡警衙门,该巡警衙门即以一份存巡警衙门,一份申送京师印刷注册总局"。其后,清政府于1907年颁布的《大清报律》[3]和1910年颁布的我国历史上第一部版权法《大清著作权律》,重申了出版物缴送的规定。1914—1915年,北洋政府相继颁布《报纸条例》《出版法》和《著作权律》,然而上述法规中均无出版单位向图书馆缴送出版物的相关规定。因此,京师图书馆(今国家图书馆)于1916年呈文教育部,要求在《出版法》中增加出版单位向京师图书馆缴送出版物的规定,北洋政府虽未对《出版法》进行修订,但同意"以后全国出版图书依据出版法报部立案者,均令以一部送交京师图书馆庋藏",并批令内务部查照办理。据此,1916年教育部、内务部先后通令或发文予以落实。这

① 目前,业内专家、学者对于出版物样本缴送制度的理解各不相同,笔者主要基于本专题的研究成果做出上述解释。

是京师图书馆据以接受出版物缴送的最早行政法令,也是我国图书文献出版单位向图书馆缴送出版物制度的开始。1927—1930 年,国民政府相继颁布《新出图书呈缴条例》《新出图书呈缴规程》《出版法》,然而上述法规均未将国立北平图书馆(今国家图书馆)列为出版物缴送的受缴单位。为此,国立北平图书馆多次呈文相关部门,至 1933 年,教育部通令全国,图书文献出版单位须向国立北平图书馆缴送出版物。1937 年,国民政府修订《出版法》时增加国立北平图书馆为受缴机关的条款[4]。

新中国成立后,党和政府非常重视出版物缴送工作,先后出台《关于征集图书、期刊样本暂行办法》[5](1952 年)、《文化部关于征集图书、杂志样本办法》(1955 年)、《修订全国报纸缴送样本办法的通知》(1956 年)等行政规章,以保障出版物缴送工作的开展。

1.2 现行出版物样本缴送制度的主要立法依据

新中国成立以来,国务院及相关部委相继出台了十余部有关出版物样本缴送的行政法规和部门规章。现行有效的行政法规包括《出版管理条例》(2001 年,2011 年修订)和《音像制品管理条例》(2001 年,2011 年修订);部门规章包括新闻出版总署颁布的《音像制品出版管理规定》(2004 年)、《期刊出版管理规定》(2005 年)、《报纸出版管理规定》(2005 年)、《电子出版物出版管理规定》(2008 年)、《图书出版管理规定》(2008 年)。规范性文件包括《关于征集图书、杂志、报纸样本办法》(1979 年)、《关于调整向北京图书馆缴送杂志样本数量的通知》(1991 年)、《关于缴送音像、电子出版物样品的通知》(1996 年)、《关于加强音像制品和电子出版物样本缴送工作的通知》(2007 年)、《关于进一步加强新闻出版总署出版物样本缴送工作的通知》(2011 年)。此外,一些地方也颁布了包含出版物样本缴送相关规定的地方性法规、地方政府规章,例如:《天津市图书报刊管理条例》(1999 年)、《深圳经济特区公共图书馆条例(试行)》(1997 年)、《北京市图书馆条例》(2002 年)、《上海市公共图书馆管理办法》(1996 年,2002 年修订)、《浙江省公共图书馆管理办法》(2003 年)、《山东省公共图书馆管理办法》(2009 年)等。

上述规定具有一定的完整性和系统性,并随着社会的发展逐步完善,为我国出版物样本缴送工作提供了重要的法律依据,推动了我国出版物样本缴送制度的发展。

2 现行出版物样本缴送制度存在的问题

2.1 实践中执行不理想

2.1.1 图书馆受缴出版物样本缴送率和缴全率均有待提高

多年来,国家图书馆出版物样本的缴送率一直不太理想。根据表 1 的统计,2004—2009 年,图书年均缴送率为 63.39%,报纸为 42.66%,电子出版物为 41.54%,音像制品缴送率最低,仅为 24.77%,期刊缴送率最高,年均达 86.85%,在 2009 年更是达到 92.62%。然而,作为连续出版物,期刊和报纸的缴送需要在考查缴送率的基础上,同时考查该种期刊和报纸当年出版各期缴送的完整性,即缴全率。从表 2 可以看出,目前这两类连续出版物的缴全率均不容乐观。期刊年均缴全率为53.71%，报纸年均缴全率为38.44%。从发展情况看，多年来，图书和期刊的缴送率基本持续不变，没有增加的趋势；而报纸、音像制品、电子出版物的缴送率虽有较为显著的增长，但是缴全率依旧维持在较低的水平。期刊的缴全率常年维持在50%—60%之间，而报纸的缴全率虽然逐年略有增长，但目前最高比率仍然仅为55.94%。

表1　2004—2009年度国家图书馆各类型出版物缴送率

	2004年	2005年	2006年	2007年	2008年	2009年
图书	64.94%	69.59%	66.11%	59.18%	61.50%	59.01%
期刊	85.84%	86.01%	84.02%	84.96%	87.63%	92.62%
报纸	31.69%	34.00%	40.65%	44.39%	45.00%	60.23%
音像制品	6.14%	9.06%	17.76%	34.00%	40.62%	41.01%
电子出版物	29.76%	26.59%	32.91%	46.04%	56.86%	57.06%

表2　2004—2009年度国家图书馆期刊、报纸缴全率

	2004年	2005年	2006年	2007年	2008年	2009年
期刊	51.31%	52.17%	53.23%	53.89%	54.22%	57.43%
报纸	28.56%	32.21%	32.31%	40.76%	40.86%	55.94%

2.1.2　出版社拒缴、漏缴问题较为普遍

向法定单位缴送出版物样本是出版单位应履行的法定义务。然而，在实际工作中，这一义务的履行情况并不乐观。极少数出版单位长期不履行缴送义务，或者只缴送少量出版物样本，大多数出版单位都存在漏缴现象。例如，根据《关于征集图书、杂志、报纸样本办法》(1979年)的附表《缴送图书、杂志、报纸样本一览表》的规定，初版新书向北京图书馆(今国家图书馆)缴送三份，根据《重申〈关于征集图书、杂志、报纸样本办法〉的通知》(已于2011年3月废止)规定，"图书、杂志、音像出版物出版后1月内缴送样本(以邮寄日期为准)"，而实际上许多出版社每种图书缴送不足三份，有些出版社一年只缴送一次。特别是高价书的缴送执行情况尤其不好，出版社出于经济效益的考虑，往往不愿意缴送定价较高的出版物，尤其是定价上万元的图书，几乎鲜有缴送。为确保这些文献的入藏，国家图书馆不得已对部分高价书采取了出版社缴送一套，国家图书馆按定价购买一套的政策。

鉴于上述情况，长期以来，国家图书馆在催缴方面投入了大量人力物力，2011年还专门成立了出版物样本缴送管理部门。尽管如此，催缴效果仍不理想，有些出版社称自身经济效益差，缴送负担重，难以承受；有些出版社认为相关缴送规定是计划经济时代的产物，已经不适应当前市场经济条件下的出版现状，拒绝履行缴送义务；有些出版社在接到催缴通知后无任何反馈。

2.2　现行出版物样本缴送制度的不足

造成我国出版物样本缴送制度执行状况不理想的原因有很多。例如，出版行业新的发

展变化;受缴单位与缴送单位分属不同行业,由不同的行政主管部门管理;而现行出版物样本缴送制度不健全,缴送缺乏有效的制度保障是其中最主要的原因。

2.2.1　现有立法的效力层次偏低,强制力和约束力有限

有具体缴送规定的条文基本集中在规范性文件中,法律级次和效力都比较低。作为行政法规的《出版管理条例》对出版物样本缴送也仅做出原则性规定:一是在第二十二条中规定"出版单位应当按照国家有关规定向国家图书馆、中国版本图书馆和国务院出版行政主管部门免费送交样本";二是在第六十七条规定"出版单位未依照本条例的规定送交出版物样本的……由出版行政主管部门责令改正,给予警告;情节严重的,责令限期停业整顿或者由原发证机关吊销许可证"。但是,对于缴送工作的具体实施办法、奖惩监督机制等重点问题则缺乏明确的、细化的、可操作的规定。

2.2.2　现有规定过于分散,缺乏统一的规范

现行的出版物样本缴送制度由不同时期、不同层级的规定组成,体系较为零散,具体规定不一致,给缴送单位和受缴单位的理解和执行带来困难。以不同类型出版物的缴送规定为例,在部门规章这一立法层级进行横向比较,图书、期刊、报纸、音像制品及电子出版物分别规定于新闻出版总署颁布的《音像制品出版管理规定》(2004 年)、《期刊出版管理规定》(2005 年)、《报纸出版管理规定》(2005 年)、《电子出版物出版管理规定》(2008 年)、《图书出版管理规定》(2008 年)这五个规章中,规定较为繁杂,在缴送时间和缴送份数等具体规定上也存在差异,如表 3 所示。再如,当前我国印刷型出版物和电子出版物配套出版的情况比较常见,上述规章中二者的缴送工作分别由不同的规定进行规范,一定程度上影响了随书配盘或随盘配书出版物的缴送。

表 3　出版物样本缴送制度的部门规章

规章	缴送时间	缴送份数	受缴单位
《音像制品出版管理规定》	出版之日起 30 日	未规定	国家级受缴单位
《期刊出版管理规定》	出版 30 日内	3 本	国家级和省级受缴单位
《报纸出版管理规定》	未规定	未规定	国家级和省级受缴单位
《电子出版物出版管理规定》	发行前	未规定	国家级受缴单位
《图书出版管理规定》	出版 30 日内	未规定	国家级受缴单位

注:国家级受缴单位包括国家图书馆、中国版本图书馆、新闻出版总署,省级受缴单位指出版单位所在地省、自治区、直辖市新闻出版行政部门。

2.2.3　现行规定较为滞后,落后于出版行业的发展

作为出版物缴送主要依据的文件大多颁布时间较早,有些规定已经不适应当前社会的发展。据统计,截至 2010 年底,中国电子书总量已达 115 万种,年新增 18 万种[6];单独出版的数字报已达 700 份以上,电子期刊已近万种[7];中文网页数量达 600 亿页,年增长率达 78.6%[8]。网络出版物已经成为一种重要的出版物类型,是科技进步和文明发展的重要记录,而现行的有关缴送政策与规定均未涉及网络出版物的缴送问题。

2.2.4 重要规定被废止,立法衔接存在偏差

1991 年颁布的《重申〈关于征集图书、杂志、报纸样本办法〉的通知》曾经是出版物样本缴送的最主要依据之一,并且是国家图书馆接受"不同装帧、开本、版式和字号的版本"和"重印本"图书缴送的唯一法律依据。然而,根据《新闻出版总署废止第五批规范性文件的决定》,该文件已于 2011 年 3 月 1 日正式废止[9]。该文件的废止使出版物样本缴送的依据进一步削弱,同时,也使国家图书馆接受"重印本"等图书的缴送变得无法可依,在 2011 年 3 月新出台的《关于进一步加强新闻出版总署出版物样本缴送工作的通知》[10]中,并未对前述文件所废止的相关缴送规定做出进一步的明确和补充规定,尤其是对向法定保存单位之一的国家图书馆进行缴送的规定较为笼统,给国家图书馆的受缴工作带来新的困难。

3 出版物样本缴送立法的制度设计

3.1 关于立法模式的选择

世界大多数国家都基于审查和管理出版物、保护著作权、保存本国文化遗产、编制国家书目等目的建立了出版物样本缴送制度。归纳起来,大致分为下列四种立法模式:一是规定于著作权法中,如美国、英国、澳大利亚等;二是规定于图书馆法中,如日本、加拿大、新加坡、新西兰、德国等;三是规定于出版法、新闻法或信息法中,如泰国、巴西等;四是专门为出版物缴送制度立法,如法国、俄罗斯、挪威、马来西亚、芬兰等。

在我国,业界专家、学者对于提高出版物缴送制度的立法层级意见较为一致,但在具体立法模式的选择上意见各异。有学者认为,将出版物呈缴制度纳入《著作权法》已无可能,"出版法"的制定短期内难以启动,呈缴制度单独立法在可以预见的未来难以实现,最具现实可能性的是将呈缴制度纳入正在制定的"中华人民共和国图书馆法"[11]。还有业界人士建议,尽早出台一部"缴送法"或包括文献缴送制度有关章节和条款的"出版法"或"图书馆法",提高现行缴送规定的法律效力,作为出版物缴送规定的法源依据,用法律手段追究缺缴出版社的责任,加大对缴送制度的保障力度[12]。

笔者赞同业界专家、学者建议提高出版物缴送制度立法层级的意见,但是对于将出版物缴送制度的法律化寄托于"缴送法""图书馆法""出版法"等法律的想法存有较大的疑虑。基于我国原有的法律体系和目前的立法实践进程,笔者认为,应由国务院颁布"出版物样本缴送管理条例"(以下简称"条例"),以这一行政法规作为出版物缴送制度的主要法律渊源,对出版物缴送制度进行系统规定。一方面,制定一部专门的"条例"以解决现行规定过于分散、杂乱的问题,对出版物样本的缴送工作予以全面细致的规定;另一方面,通过制订"条例"将原缴送立法层级提高至行政法规,以增强立法效力,提高制度的强制力和约束力,有效规制分属不同行政主管部门的出版单位与接受缴送单位的行为。

3.2 整合调整对象,适度扩大缴送范围

将原缴送制度范畴内的印刷型出版物(图书、期刊、报纸)、音像制品、电子出版物、博士

论文[13]及博士后出站报告[14]统一纳入"条例"的调整范围,并具体规定上述各类型出版物的缴送时间、缴送数量、缴送范围、缴送方式、缴送标准等,以解决现有规定过于分散、杂乱、不完善等问题,从而使出版物样本缴送的法律依据更具系统性和操作性。与此同时,建议将缴送范围扩大至网络出版物、硕士论文、非正式出版物。

网络出版物作为一种新兴的出版物,正随着互联网的蓬勃发展而日益兴盛,尽早将其纳入缴送范畴是完整保存本国文化遗产的需要。

博硕士学位论文是国家信息资源体系的重要组成部分。学位论文研究主题一般较为新颖,选题往往涉及国内外研究前沿,具有较高的学术价值。因此开发利用学位论文对于减少科研重复、实现资源共享、促进科技进步和学术信息公平获取等都具有重要意义[15]。现行规定只要求博士论文和博士后出站报告向国家图书馆缴送,硕士论文则只向学位授予单位的图书馆缴送[16]。然而,考虑到硕士论文的学术价值,存藏于高校图书馆较难为公众获取,加上国家图书馆良好的论文存藏基础,因此应当将硕士论文纳入缴送对象的范畴予以规制。

非正式出版物一般指没有通过正式出版发行渠道而在社会上流传的出版物,具有出版速度快、传播范围窄、形式多样并且易流失等特点,同时因其具有学术性和资料性等文献价值而深受重视。目前,法国、日本、韩国、俄罗斯、丹麦、澳大利亚等国家已有缴送非正式出版物的明确规定。国家图书馆曾于2008年发布《国家图书馆关于征集"非正式出版物"的公告》[17],呼吁社会各界积极捐赠非正式出版物。因此,将非正式出版物纳入"条例"的调整范围有利于完善文献资源体系。

3.3 建立多元化的缴送模式

考虑到我国出版模式的多样化特点,笔者认为,较为可行的是根据出版物的不同性质,建立以法定缴送为主,以自愿缴送和依通知缴送为辅的多元化缴送模式。除经国务院出版行政主管部门审批成立的出版单位和其他依法从事出版活动的国家机关、企事业单位、社会团体应当履行缴送出版物样本的法定义务外,对于出版单位以外的国家机关、企事业单位、社会团体编辑制作的出版物和在我国境外制作出版的合法出版物,国家应当鼓励其自愿缴送。为确保有研究参考和保存价值文献的入藏,还应同时建立依通知缴送的辅助缴送模式。

3.4 完善归责体系

明确界定缴送单位、法定保存单位和行政主管部门的法律责任,以完善出版物样本缴送制度的归责体系,更好地发挥出版物样本缴送制度的效力。

明确出版物样本保存单位的职责是现行出版物样本缴送制度中较为薄弱的环节之一,现行制度基本都是对缴送单位的相关义务进行规定,缺少关于保存单位具体职责的规定。因此,为确保出版物样本得到妥善的长久保存,并方便社会公众学习与研究所用,应当在"条例"中对保存单位的受缴行为进行规范,明确保存单位在出版物样本保存、利用、处置等方面的职责。对于缴送单位未按规定缴送出版物样本和出版行政主管部门怠于履行相关监管职责的行为均应规定相应的法律责任,以提升缴送规定的执行力。

结合出版业和图书馆行业的发展变化因素,制度设计一方面考虑现行制度的延续性,参考现行出版物样本缴送制度的相关规定;另一方面充分借鉴国外的相关规定及业界学者的研究成果,为推动和完善出版物样本缴送制度提供有益参考。

参考文献

[1] 徐雁.古今中外的缴送本制度[J].中国出版,1986(8):53-56.

[2] 大清印刷物专律[EB/OL].[2011-07-28].http://baike.baidu.com/view/4983842.htm.

[3] 来新夏.中国近代图书事业史[M].上海:上海人民出版社,2000:205.

[4] 邵文杰.出版物缴送制度立法[J].中国图书馆学报,1995(1):8-16.

[5] 北大法律信息网[DB/OL].[2011-07-28]http://www.chinalawinfo.com/index.aspx.

[6] 电子图书迈入高速成长期[EB/OL].[2011-07-20].http://www.cbbr.com.cn/info_21925_1.htm

[7] 石峰:中国期刊数字化的现状和未来[EB/OL].[2011-07-20].http://b2b.toocle.com/detail-5521885.html

[8] 第27次中国互联网络发展状况统计报告[R/OL].[2011-07-20].http://tech.qq.com/zt2011/cnnic27/.

[9] 新闻出版总署废止第五批规范性文件的决定[EB/OL].[2011-03-18].http://www.gov.cn/flfg/2011-03/18/content_1826843.htm.

[10] 新闻出版总署通知要求:各种出版物应在30日内缴送样本[EB/OL].[2011-03-29].http://www.gapp.gov.cn/cms/html/21/367/201103/714141.html.

[11] 李国新.论出版物样本缴送制度改革——围绕图书馆立法的制度设计研究[J].中国图书馆学报,2007(3):5-12.

[12] 李华伟.中外缴送制度的立法与实践及其对我国制定缴送法规的启示[J].国家图书馆学刊,2004(1):47-51.

[13] 中华人民共和国学位条例暂行实施办法[DB/OL].[2011-07-18].http://www.chinalawinfo.com/index.aspx.

[14] 博士后管理工作规定[DB/OL].[2011-07-18].http://www.chinalawinfo.com/index.aspx.

[15] 陈传夫.欧美高校学位论文开发利用版权政策调研及启示[J].学位与研究生教育,2008(12):63-68.

[16] 中华人民共和国学位条例暂行实施办法[DB/OL].[2011-07-18].http://www.chinalawinfo.com/index.aspx.

[17] 国家图书馆关于征集"非正式出版文献"的公告[EB/OL].[2011-05-28].http://www.nlc.gov.cn/syzt/2008/0709/article_27.htm.

(原载于《国家图书馆学刊》2011年第4期)

国家图书馆藏民国文献调研与分析

荣　杰

民国时期是中国从近代社会向现代社会转型蜕变的一个重要历史阶段。这个时期，产生了大量图书、期刊、报纸、手稿、档案、舆图、照片、传单、票据、海报，以及非正式出版的日记、书信等纸质文献，也诞生了中国第一批电影、唱片等声像型文献。这些民国文献全景式地记录了民国时期的历史轨迹，具有极其珍贵的历史价值与文化价值。同时，民国时期文献生产条件与工艺相对落后，民国文献普遍老化严重，部分文献甚至濒临消亡。图书馆、档案馆是民国文献最为主要的收藏机构，有效保护与揭示民国文献既是其应尽的历史责任，在当前推动社会主义文化大发展、大繁荣的时代背景下，更具有重大的现实意义。

1　民国文献的价值

民国文献的价值可以从文献内容、文献形态、时间和空间几个视角进行考察。文献内容维度主要关注文献内容的历史与思想价值；文献形态维度主要关注文献载体及其形态在文献发展历程上所具有的标志性价值或审美价值；时间和空间维度主要关注文献产生的历史时期、传播范围、传世源流以及由此所带来的文物价值。

1.1　史料价值

民国时期是中国社会发生深刻变化的时代，民国文献正是这一"千年未有之大变局"的时代记录。借助于工业化的生产方式，短短38年间出版的文献数量超过了有清一代出版文献量的总和[1]；文献内容远远超越了经史子集的范畴，政治经济和社会生活的种种场景、细节都能够在浩如烟海的文献中得到呈现。因此，民国文献对于全面了解民国时期的历史进程和社会生活具有极高的史料价值。

1.2　艺术价值

清末以来，文献印刷方式完成了从手工印刷到机械印刷的变革，文献载体和形态均发生了明显变化；各种社会思潮和政治主张，催生了多元化的读者需求和读者群体；陶元庆、钱君匋等一批受到现代教育的艺术家参与出版行业，推动了现代书籍装帧艺术的发展。上述因素的共同作用，促使民国文献，特别是民国图书和期刊形成了鲜明的时代风貌（如新文学作品），具有独特艺术价值。

1.3 文物价值

除了上述两方面的价值之外，一些民国文献还具有很高的文物价值。例如国家图书馆所藏赵凤昌藏札、毛泽东《蝶恋花·答李淑一》手稿、周恩来签名的1938年5月解放社重印本《马克斯与恩格斯论中国》，以及闻一多、吴晗、巴金、曹禺、丁玲、茅盾、柔石、罗尔刚等文化名人的手稿等，都具有珍贵的文物价值。

2 国家图书馆保存本民国文献基本概况

国家图书馆民国文献总藏量约12万种88万余册，是我国民国文献保存的重要基地。目前，国家图书馆馆藏民国文献分别由古籍馆和典藏阅览部两个部门管理。其中，民国图书（不含线装图书、新善本）及民国期刊、报纸由典藏阅览部保存本文献库房统一管理，习惯上统称保存本民国文献。本文即以国家图书馆保存本民国图书为对象进行调研与分析。

2.1 保存本民国图书馆藏量分析

根据统计，保存本民国图书总藏量约为26.6万册。由于历史的原因，其中一部分采用中国图书分类法（习称“刘国钧分类法”）编目，总量约14.3万册；一部分采用中国图书馆分类法编目，总量约12.3万册。

中国图书分类法编目图书中，社会科学部类图书藏量最高，约占30%左右，该部类中政治、经济（含财政）、军事类图书占较大比重；语言与文学部类图书藏量位列第二，约占20%左右，该部类中文学类图书占较大比重；“总部”部类图书藏量位列第三，约占14%左右，其下子类目较多，各类目图书分布较为平均；历史与地理部类图书藏量位列第四，约占13%左右，其中历史类图书占较大比重。

中国图书馆分类法编目图书中，“政治、法律”部类图书藏量最高，约占18%，其中政治类图书占有较大比重；文学部类图书藏量位列第二，约占14%；经济部类图书藏量位列第三，约占12%；“历史、地理”部类图书藏量位列第四，约占10%左右，其中历史类图书占有较大比重。综合上述情况，保存本民国图书中政治、经济、文学、历史、军事类图书所占比例较高，与《民国时期总书目》中文献量前6位的类目（文学理论、世界文学、中国文学，经济，政治，历史、传记、考古、地理，教育、体育，军事）[2]基本一致。

2.2 特色文献举例

2.2.1 抗战文献

抗战文献主要指记录1931年“九一八”事变爆发到1945年日本战败投降这一时期日本侵略及中国人民奋起抵抗历史的民国文献。2010年，《国家图书馆藏民国时期抗战图书书目提要》出版，该书共收录数据9811条，其中政治类3453条，军事类1324条，经济类1361条，外交与国际关系类389条，法律类328条，社会类174条，教育与体育类123条，日本研究类397条，抗战史、传记资料类720条，文学、艺术、文化事业类1355条，资料汇编类187条。如果将抗战时期比较集中反映战时情况的报纸、期刊也计算进来，国家图书馆藏抗战文献估计可逾万种。

1939 年 1 月，国家图书馆前身国立北平图书馆与西南联合大学合组建立了中日战事史料征辑会，专门负责搜集整理抗战史料。征辑会本着“宁滥勿缺”的原则广泛开展史料征集。所征集的史料不仅局限于战争本身，政治、经济、外交、文化、社会生活等各个方面，凡与抗战有关者都尽量收录；不仅搜集国内各地域的文献史料，更注意搜集世界主要国家有关抗日战争的史料文献；不仅注意搜集各种正式出版的书报刊，还特别重视搜集各类政府文稿、战地通讯报告，甚至通行证、各种票证等稀见史料。为了保证史料征集尽量完备，国立北平图书馆除了利用昆明、北平、上海、香港的办事处进行征集，还在各大城市派驻了采访专员，广事搜集[3]，征集地域覆盖了大后方、抗日革命根据地及日伪统治区。

“中日战事史料征辑”是国家图书馆历史上，历时最久、成绩最为卓著的文献征集活动，所征集到的文献中除了正式出版物外，还包括大量内部、甚至涉密文献。例如日伪机构出版物、国民政府战地军事指挥机构情报资料、国民政府外交部等机构编印的内部情报资料等。

2.2.2 政府出版物

政府出版物，系指政府部门在其公务活动中形成，通过官方渠道或指定出版机构公布，反映政府机构活动、传播政府信息、反映官方意识形态的信息资料。民国时期，北洋政府、南京政府、日伪政府都曾发行过一定数量的政府出版物。政府出版物以其权威性在民国文献中具有独特的价值。根据初步统计，保存本民国图书中，政府出版物总量有万种左右。

馆藏民国政府出版物主要依靠征集和调拨。据馆史资料记载，1913 年国家图书馆①曾向各省征集官书；抗战期间，通过中日战事史料征辑会征集到一定数量政府机构出版物；新中国成立初期，中央政府向国家图书馆调拨的文献中，也包括了部分民国时期政府出版物。

从内容上看，馆藏政府出版物涉及政治、经济、军事、教育、社会生活、法律、外交等各个方面。如《训政时期国民政府内政部施政纲领及进行程序》《鄞县县政统计特刊》《教育部视察员视察各省市教育报告汇编》《全国土地调查报告纲要》《全国工人生活及工业生产调查统计总报告》《华北农赈报告书》《禁烟宣传汇刊》《驻华外交团衔名录》《蒙藏委员会第二周年会议议决案一览表》等。

2.3 入藏渠道概述

馆藏民国文献是在国家图书馆百年历程中，通过多种渠道，经过努力搜采，逐步积累起来的。1916 年，国家图书馆开始接受国内正式出版物呈缴本，缴送成为民国文献入藏的主要渠道。此外，还包括以下几个渠道。

2.3.1 采购

民国时期，国家图书馆除了注重善本古籍的采访外，还比较留意当世普通图书、期刊报纸的采访。一方面，与商务印书馆、中华书局等出版机构建立并保持了较为密切的联系。另一方面，通过北平佩文斋书店等中介机构采访了大量中小书局、社会机构及个人的出版物。新中国成立后，国家图书馆也先后数次通过中国书店、上海书店等旧书店采购了多批民国文献。近年来，国家图书馆则通过拍卖等渠道，采访了多批民国文献。

---

① 民国时期，国家图书馆经多次更名。为便于读者理解，如无特别说明，文中均用“国家图书馆”表述。

2.3.2　调拨

民国时期,国民政府曾经多次向国家图书馆调拨文献,这其中即包括当时的“新书”。如1930年前后民国政府教育部将北洋政府教育部图书室旧藏调拨国家图书馆,其中包括“东西文蒙藏文及新籍亦千数百本”[4]。1946年至1947年间,国家图书馆曾奉命接收处理东方文化协议会、兴亚院、联合准备银行等平津地区日伪机构及人员的藏书,其中一部分调拨入馆。解放初期,中央政府也曾向国家图书馆调拨了若干批次民国文献。

2.3.3　征集

民国时期,国家图书馆先后开展过几次规模比较大的文献征集活动,除前文述及的几次文献征集外,还包括1935年开始的向解放区征集出版物等征集活动。这些文献征集工作为国家图书馆保留了大批珍贵文献。

2.3.4　赠送

国家图书馆自建馆以来一直享有崇高的文化声誉,许多社会机构、学术团体及专家学者都主动向国家图书馆赠送图书资料。通过民国时期国家图书馆出版的历次馆务报告,可全面了解当时的赠书状况。以1930年7月至1931年6月馆务报告为例,共有145位个人和189家机构向国家图书馆赠送文献千余册(件)。

2.3.5　寄存

1930年,国家图书馆颁布了《接收寄存图书暂行规则》,规定机构或个人可将其藏书交馆寄存。寄存期内,馆方负责文献的保护管理,文献提供读者阅览。民国时期,国家图书馆先后接受了数批次寄存文献。这些寄存文献,除部分在民国时期已经归还委托者外,剩余的在新中国成立后全部由中央政府划归入国家图书馆收藏。

3　民国文献保护相关措施建议

馆藏民国文献总量庞大、源流复杂、文献状况参差不齐,因此要采取综合措施,全面梳理馆藏、加强原生性保护、广泛补充缺藏文献、积极开展整理揭示。具体而言,在进一步改善文献库房条件、优化文献流通政策、全力推进抢救性修复、加强专业人才队伍建设的同时,建议做好以下几个方面的工作。

3.1　展开文献调查,全方位掌握文献状况

文献调查的主要内容包括:首先,摸清文献总况,包括馆藏文献总量、各部类文献藏量、文献时代分布、复本量等情况。其次,摸清老化破损情况,包括文献用纸情况、文献老化程度。再次,摸清特色文献,即将具备一定规模、较为完整的专类(专题)文献及内容稀见文献的情况梳理清楚。最后,摸清文献价值,包括具有特殊历史文物性的珍本(孤本)文献、具有特殊文化价值的文献(如签名本、批注本)、具有版本代表意义的文献(如特殊装帧形态的文献)。

3.2　建立文献分级保护体系

根据调查结果,制定馆藏民国文献分级保护体系。可根据以下几个要素确定文献保护

级别。第一,老化程度。对已经出现严重老化、破损的文献必须展开抢救性修复,遏制老化势头,力争延长寿命。对尚无副本(包括缩微及数字化副本)的此类文献要尽快完成副本制作。第二,文献价值。对具有较高历史价值的文献,如批校本、签名本、名家旧藏、稀见版本,以及具有独特文献学标本价值(如装帧形式、印刷方式等)的文献等,无论其时代和保存现状如何,都应当尽快展开修复与保护。第三,流通程度。对读者需求量较大,流通、复制相对频繁的文献需要制定相应保护策略,避免在流通中遭到进一步损坏。第四,复本数量。在以上三项要素基本相当的情况下,还需要考虑文献的复本数量。复本数量少,或复本数量虽多但现状都比较差的,需要优先安排。

根据文献分级,编制濒危文献目录,有序安排文献的脱酸处理、修复加固等保护措施。

3.3 逐步完善民国文献数据著录,不断丰富民国文献机读数据

在馆藏民国文献的编目揭示上,一方面,要将文献调查的成果全面地反映在书目数据上;另一方面,要充分参照古籍编目的经验,从历史文献的角度不断完善民国文献著录体系,形成能够完整反映文献价值与文献特点及保存状态的数据体系。对比这一目标,数据著录还需视条件许可,在以下几方面加以改善:

第一,明确著录馆藏源流。对馆藏源流的揭示有助于了解馆藏文献的历史构成,为利用文献提供更多的历史信息;同时也为更好地保护、利用名家旧藏等文献提供必要的信息。建议将文献中能够反映馆藏源流的藏书印、题签等信息加以著录。

第二,补充体现文献特殊形态或价值的信息。文献中涉及的题赠、批校,装帧形态相对特殊的毛边本,版权印花等都具有特殊价值与内涵。建议增加对这些信息的著录,使我们更全面掌握馆藏文献的特殊价值,避免文献保护中的隐患(如流通中的损坏等)。

第三,增加文献保存状态信息。文献纸张类型,文献老化、破损程度等反映文献载体保存状况的信息,目前属于缺项。建议结合文献调查逐步增补相关信息,同时文献保护级别等调查成果性数据也应当一并著录。

第四,精确著录出版时间。著录规则要求只著录出版年,对于同一年内重印的各个版次则不再著录,而民国图书中很多图书当年即再版,甚或重印若干次,只著录到年容易导致版本关系不清,建议将出版时间著录到月。

3.4 加强原缺民国文献采访力度

从文献资源战略安全角度考虑,国家图书馆应当加强民国时期原缺文献的补藏工作。建议通过与《民国时期总书目》等联合目录以及部分大型图书馆民国文献书目数据的比对,确定原缺文献;加强原缺文献缩微胶片、数字化资源的采访力度;通过馆际民国文献复本交换,以及购买、捐赠等方式采进原本民国文献;研究书报刊形式之外的其他民国文献(如照片、传单、票据、海报等)的馆藏建设政策。

3.5 推进文献整理与文化推广

鉴于馆藏民国文献数量庞大、内容丰富,在文献整理与揭示上,要采取分布展开、长线短线结合的方式,以社会需求为引导、以特色文献为主攻,逐渐形成若干个"品牌系列"。建议

将学术研究群体、文献收藏单位、收藏群体作为主要目标对象，兼顾其他文化消费群体，在充分了解其个性化需求的基础上策划具体项目。

目前，可以在以下几方面开展工作。第一，编制馆藏民国文献全目，全面揭示民国图书、报纸、期刊的馆藏状况。第二，编制专题文献目录，可以根据主题，跨越文献形态，充分整合图书、期刊、报纸的信息资源。第三，逐步建立馆藏民国文献目次数据库，根据目前条件，可先着手馆藏民国图书目次信息库的建设，建议先从资料性文献相对集中的经济、政治、军事等方面开始建设。目次数据库可以本着边建设边服务的原则进行建设。第四，继续推进文献整理出版，围绕学术界的研究前沿与研究热点，把更多馆藏特色文献整理出来。文献整理出版可以和专题书目编制、目次数据库建设相结合。第五，挖掘与文献相关的文化内涵。除文献内容外，民国文献的产生、传播过程，入馆源流，时人及今人的评价等都是文献所附带的文化信息，这些信息有些直接反映在具体的某册文献上，有的则是民国时期文献群体所共有的文化背景，隐藏在文献的背后，都值得加以挖掘、呈现。

3.6 注重研究工作

加强民国文献保护必须开展相应研究。一是文献保护与修复技术研究，重点研究民国文献纸张理化特性，探索符合国情的脱酸技术与工艺，研究适合民国文献加固与修复的技术手段，研制更加利于文献保护的器材设备。二是民国时期出版文化研究。民国时期出版文化对民国文献历史风貌、版本特性的形成具有重要影响，很多民国文献版本问题需要通过出版文化的考察才能找到合理的解释，因此民国时期出版文化研究对于民国文献的保护与揭示利用有着直接的现实意义。目前，出版文化研究可以围绕出版制度、阅读史、民国文献版本问题三个方面展开。三是专类文献整理研究。结合馆藏民国文献特色与社会需求，对若干馆藏较为丰富的文献群体展开史料整理，形成史料集成、目录索引等研究成果；同时，围绕文献及其入藏源流，对历史上与之相关的文化活动展开研究。四是文化推广策略研究。就民国文献的需求情况、用户使用习惯及心理、揭示与推广手段开展研究，为相关项目策划提出参考性意见。

参考文献

[1] 桑兵. 晚近史的史料边际与史学的整体性——兼论相关史料的编辑出版[J]. 历史研究，2008(4)：168－180.

[2] 邱崇丙.《民国时期总书目》述评[J]. 北京图书馆馆刊，1995(2)：109－115，108.

[3] 中日战事史料征辑会工作报告(二十八年一月至十二月)[J]. 中日战事史料征辑会集刊，1940(1)：11－26.

[4] 1931年10月31日京师图书馆回顾录[G]//北京图书馆史资料汇编第一编. 北京：书目文献出版社，1992：1205－1221.

（原载于《国家图书馆学刊》2012年第4期）

新媒体环境下的图书馆参考咨询服务
——以国家图书馆为例

王　磊

参考咨询服务是一项通过参考咨询馆员的专业技能,将特定用户的特定信息需求与特定文献的特定内容联系起来的服务。参考咨询服务也是现代图书馆的一项重要的标志性服务。

国家图书馆参考咨询服务始自20世纪10年代,至今已经历了百余年的发展历史。随着信息技术的不断发展,以及全社会对图书馆文化服务职能认识的逐步深化,参考咨询服务与图书馆的其他各项服务一道,面对新技术革命带来的挑战,自身得到不断充实和发展。以数字技术和网络技术为基础,移动媒体、数字电视、触摸媒体等一系列新的媒体形态逐渐产生并得到广泛应用,这些新媒体大多以多媒体作为信息呈现形式,具有全天候和广域覆盖的特征,媒体边界也不断变化并呈现出相互融合的趋势。在应用方面,新媒体技术不仅体现出经济便捷的特点,在解决海量信息共享、服务的交互性与即时性、个性化服务与社群交流等方面的问题时都提供了很好的用户体验[1]。新媒体信息环境为包括参考咨询业务在内的数字图书馆服务技术的发展和应用带来了广阔的前景,也为图书馆参考咨询业务注入了新的发展动力,使图书馆参考咨询业务在全新的信息环境中呈现出新的特点和面貌。

1　新媒体环境下国家图书馆参考咨询业务体系构建的指导思想和基本原则

国家图书馆参考咨询服务的业务发展过程,在很大程度上体现了社会信息环境的变化、用户信息需求的增长和演变以及信息服务技术、服务手段的丰富和完善。在这个过程中,图书馆参考咨询服务从散布在各个服务点的零散服务,逐步向面向整个图书馆用户群体进行系统化规划和设计的方向发展,现代信息技术手段不仅加速了这一演进过程,更为之提供了有效的技术手段和支持。国家图书馆参考咨询业务体系架构的设计和实现主要遵循如下原则。

1.1　资源配置效益最大化

资源是图书馆开展各项服务的基础和必备条件。在传统图书馆的服务理念中,资源特指图书馆收藏的各类文献资源,馆藏文献资源的完备程度越高,图书馆开展参考咨询服务的潜力也就越大。随着现代图书馆服务理念的发展和普及,人们感到仅凭借图书馆馆藏文献资源开展服务是远远不够的,必须通过图书馆员能动地发挥自己的知识和专业技能,才能使馆藏文献资源得到更有效地揭示,图书馆人力资源也成为图书馆赖以开展服务的重要依托。

随着信息化社会的到来,信息技术发生着日新月异的变化,信息环境也经历了深刻的变化。随着服务手段的丰富以及 Web2.0 等新的信息技术和信息服务理念的提出,图书馆界也逐步认识到,图书馆与用户之间不再局限于简单的服务和被服务的关系。在很多服务中,用户的参与不仅可以带来良好的服务感受,为服务的有效开展提供重要支撑,用户在参与服务过程中的智力贡献如能够得到有效组织,更可以成为开展服务的一项重要资源。

国家图书馆参考咨询服务体系,就是在对文献资源、图书馆人力资源和用户智力资源充分认知的基础之上进行设计和规划的。这一服务体系以国家图书馆的馆藏文献资源为依托,通过对文献的有效组织和挖掘,以数字图书馆相关服务应用系统和管理系统为工具,将参考咨询馆员在不同形式的参考咨询服务中进行合理分派,使图书馆用户与服务系统,服务系统与参考咨询馆员,参考咨询馆员与图书馆用户之间形成良性互动关系,力求实现资源配置效益的最大化。

1.2 强化参考咨询业务协作网络的建设

组建服务联盟、共同开展服务是现代图书馆普遍采用的一种服务手段[2-4]。随着社会信息化程度的提高和社会公众信息素养的普遍提升,图书馆的参考咨询服务已经演变为一个泛在信息环境下面向泛在的图书馆用户的文献信息服务。在这样一种服务要求之下,图书馆业界参考咨询服务的业务协作的必要性尤为突出。

早在因特网产生之前,图书馆间就已经开始以各种方式建立起业务协作网络,互联网的快速发展对图书馆协作关系的巩固起到了积极的促进作用,网络技术的普及和成熟应用更为业务协作网络的完善和发展提供了坚实的技术支撑。

1998 年国家图书馆牵头组建了全国图书馆信息咨询协作网,这是我国图书馆界参考咨询网络化协作的开端。此后,各种形式的参考咨询业务协作不断涌现。在国家数字图书馆建设中,以虚拟参考咨询系统、文献传递与馆际互借系统等为代表,先后有多个旨在促进业界开展参考咨询业务联合的应用服务系统建成并投入运行。通过实践和探索,国家图书馆进一步明确将强化参考咨询业务协作网络建设作为规划未来图书馆参考咨询业务的基本理念,其主要内容包括:图书馆参考咨询协作网络服务策略制定的协调、参考咨询服务技术标准和服务规范的制定和实施、参考咨询馆员队伍的建设与协调、图书馆参考咨询协作服务的开展和协调等。

1.3 注重用户信息行为数据的收集和分析

以用户为核心是现代图书馆的一项重要服务理念,落实这一理念的措施之一就是在服务中注重收集和分析用户的信息行为数据。通过这种方式,可以及时有效地对参考咨询服务状态进行动态监控,保证服务的效率和稳定,做到对服务的统筹安排,同时也可为服务改进和新服务形式及内容的设计提供第一手的数据[5]。

国家图书馆参考服务体系将通过独立的用户调查系统、嵌在应用服务系统内部的业务统计分析系统、独立于服务应用系统之外的机构知识库系统和日志分析系统等几个层面,对用户信息行为数据进行收集和分析研究,以期实现从服务绩效和服务成效两个不同维度全面了解和把握用户的信息行为和图书馆参考咨询服务的效果。

2 新媒体环境下国家图书馆参考咨询业务的服务策略

经历了百余年的发展,国家图书馆参考咨询服务已经形成一套较为完备的服务体系,除根据不同服务对象对从事参考咨询业务工作的内设服务机构进行精细化划分外,在参考咨询业务流程的各环节之间也形成了较为完整、运行顺畅的业务链条,参考咨询服务达到了较高的服务水准和服务规模。从国家图书馆用户服务的整体来看,参考咨询业务主要采取了如下策略。

2.1 到馆服务与远程服务统一

参考咨询服务以接受到馆用户咨询请求为发端,并以此为基础,形成了以总咨询台、阅览室咨询台和社科、科技咨询室等为服务界面的较为完整的到馆用户咨询服务体系。随着信息网络技术的发展和新媒体技术的发展和利用,利用网络技术和新媒体技术面向远程用户提供的参考咨询服务也逐步发展起来,主要包括:借助因特网的网上咨询台、借助电话网络的 IP 呼叫中心、借助无线通信网络的 WAP 服务平台等。到馆咨询服务与远程咨询服务,借助于统一的服务策略和相应的技术手段,形成了一体化的服务格局,为用户提供全方位的参考咨询服务。

2.2 交互服务与自助服务统一

参考咨询服务一个重要的外在特征就是在咨询馆员与用户间进行有效信息传递,是一种交互式服务。通过交互式服务,咨询馆员可以满足用户各种个性化的信息服务需求,最大限度地实现人与资源的有效关联。但是交互式服务需要占用较多人力资源,这也成为影响参考咨询业务规模的限制因素。在对参考咨询服务档案进行分析和整理的基础上,国家图书馆利用现代信息技术和服务手段,推出了网上咨询台的问题答案匹配、用户自助问询等一系列自助服务系统,不仅实现了交互服务与自助服务的统一,也给用户带来了全新的服务体验。

2.3 分散服务与集中管理统一

国家图书馆是一座综合性研究图书馆,接待的用户来自社会各行各业,他们的咨询请求会出现在图书馆的各个服务窗口,信息需求也涵盖各个专业领域。因此,参考咨询服务界面也散布于图书馆的各服务点,为用户提供不同内容和深度的咨询服务。为用户提供服务的界面虽然分散,但却都是在一个统一的用户管理系统管控之下进行服务。分散服务与集中管理的统一,不仅可以方便用户有效利用国家图书馆各项资源和服务,同时也可实现用户信息行为数据的自动化收集,进而通过统计和分析有针对性地进行服务调整。

2.4 公益服务与增值服务统一

为社会公众提供公益性信息服务是图书馆的一项重要社会职能。国家图书馆除提供文献资料阅览、检索以及用户辅导外,也接受用户委托的各类深层次信息咨询服务,如文献查证、科技查新、文献传递、专题检索、舆情监测等,这些服务通常是以有偿方式进行。公益性服务与增值性服务共同构成了国家图书馆参考咨询服务体系。

2.5 咨询服务与其他服务统一

对于图书馆用户而言,图书馆是一个服务的有机体。图书馆的参考咨询服务作为图书馆服务体系的一个组成部分,无论在用户服务层面还是在用户管理层面,都与图书馆的其他服务之间存在着密切的联系。参考咨询服务作为一项将特定用户与特定文献信息连接起来的服务,将其与图书馆其他服务进行一体化规划,不仅可以有效提升参考咨询服务的效能,对于图书馆整体服务网络的形成和有效运转也都将起到积极的促进作用。

3 数字图书馆推广工程中的参考咨询应用系统

国家图书馆参考咨询服务体系是由一系列应用服务系统组成的,这些系统遵循国家图书馆参考咨询业务体系的基本原则,围绕国家数字图书馆建设总体规划和国家图书馆参考咨询的服务定位,充分利用新媒体环境下较为成熟的信息服务技术、工具和手段,本着“边建设、边服务”的原则,在统一规划之下分步实施建设和开展服务。2013—2015 年是数字图书馆推广工程(以下简称“推广工程”)全面推广阶段,在已经完成的硬件平台搭建工作基础上,加大对新媒体服务的推广力度,提高数字图书馆服务能力,提升公共图书馆服务水平是这一阶段的核心工作任务,其中可纳入推广工程的参考咨询业务相关应用系统主要包括如下几个部分。

3.1 参考咨询服务应用系统

网上咨询台:国家图书馆网上咨询台是国家图书馆开展虚拟参考咨询服务的平台,于 2005 年 5 月正式面向社会开通并服务至今。系统在 2011 年 1 月进行了升级,升级后的系统,除能够进行实时和表单咨询外,还可以实现文件推送、网页推送、窗口共览、咨询馆员对话、咨询传递等多项功能。系统在设计中很大程度上参照了 QuIP 和 QATP 等技术协议,因此除可以用于本地服务外,还可以星状和网状两种拓扑结构组建参考咨询协作网络,共享图书馆的馆藏、咨询馆员和用户资源,实现服务协作。

IP 呼叫中心:国家图书馆 IP 呼叫中心于 2009 年正式开通服务,这也是我国图书馆界首次开通该项服务。IP 呼叫中心以 400 电话方式为用户提供统一的电话服务界面,通过系统内部转接实现咨询问题的分派，以人工值守和语音值守两种方式为用户提供 24×7 的不间断服务。

用户自助问询系统：是利用电子触摸屏技术为到馆用户提供的自助式问询系统。该系统于 2012 年 6 月正式开通服务，内容包括常见问题、用户指南、馆舍导航、馆史回顾、馆藏资源及服务介绍等多个栏目，供用户以自助方式浏览。

文献传递与馆际互借系统：该系统主要基于国际标准 ISO 10160/ISO 10161 协议进行设计和开发，于 2008 年正式开通服务。这一系统的启用，不仅实现了文献传递与馆际互借全业务流程的自动化管理，在资源揭示、流程控制、提升效率、服务协作、提供决策支持等方面也发挥了重要作用，成为国家图书馆为国内用户提供文献传递和馆际互借业务的服务与管理的重要平台。目前该系统长期机构用户（图书馆）已达 600 余家，临时性用户 6 万余个。

企业信息服务平台：是国家图书馆面向企事业单位以及教育、科研等类型机构用户提供信息服务的综合性平台。该平台自 2007 年开始建设，目前已经完成基本服务功能的建设，实现了信息自动采集、用户统一认证、个性化信息发布等功能，在舆情监测服务和竞争情报搜集、整理、发布等服务中起到积极作用。

3.2 与参考咨询业务相关的数字图书馆应用系统

文津搜索系统：国家数字图书馆工程四大基础项目之一。该系统的建设将为参考咨询系统提供海量的元数据支持和强大的计算能力支持，参考咨询体系中基于文献篇名和目次信息的服务将以此为基础进行设计和规划。

WAP 平台：国家数字图书馆建设项目之一。该平台的推出为用户以无线通信方式接入国家图书馆的服务系统提供了界面支持。目前，国家图书馆 OPAC 检索、网上咨询台等参考咨询服务已实现与 WAP 平台的连接。

短信平台：主要以短信方式提供服务。目前除面向用户提供各类服务提示信息外，在咨询业务监控管理等领域也将得到应用。

数字电视：目前国家图书馆主要通过交互式数字电视、IPTV 和互联网电视三种业务形式进行数字电视业务的拓展。通过数字电视，可实现书刊推荐、文献检索、图书预约等服务功能。

3.3 参考咨询业务管理应用系统

参考咨询业务管理系统：2011 年 12 月完成项目初验，用于国家图书馆各类专题咨询的内部业务管理工作。借助该管理系统，可实现国家图书馆专题参考咨询的自动化档案管理、业务统计及分析等功能。

电子触摸屏远程信息发布管理系统：是基于电子触摸屏的后台管理系统。2012 年 8 月完成项目验收。通过该系统，可以在同一后台，通过点对点连接方式，对分布于各地的多个电子触摸屏进行远程内容发布、运行状态监控和服务维护。

远程信息访问授权管理系统（U-Key，U-Lib）：用于对应用系统的远程访问授权管理。2010 年完成以 USB-Key 的方式实现访问权限管理，2012 年将以同样的方式在实现访问授权管理的同时，实现个性化服务内容的同步展示，在保证服务安全的同时，提升服务的便捷性。

3.4 在建的参考咨询应用系统

快速咨询服务及管理系统：是面向快速咨询服务的支持和管理系统。该系统可对散布在图书馆各处的咨询服务窗口进行统一的前台服务支持和后台管理。

文献传递与馆际互借系统功能升级：是对原有文献传递与馆际互借系统的功能升级。升级重点在于系统对二次文献数据的个性化自动整合和发布以及与 CALIS 和 NSTL 等全国文献服务机构的服务协作。

用户调查系统：是面向用户进行网上问卷调查和分析的应用系统，主要用于收集和统计分析用户服务反馈信息。

4 借助数字图书馆推广工程，筹建全国图书馆参考咨询协作网

数字图书馆推广工程是以国家数字图书馆为核心，以技术手段使全国分散异构的数字图书馆系统连接成为一个超大型数字图书馆，跟进以手机、数字电视、网络电视等为代表的新兴媒体的发展，最终实现每个机构、每个家庭、每个公众都能拥有属于自己的数字图书馆的重大文化惠民工程。数字图书馆推广工程的实施，不仅可以进一步加强资源共享，扩大资源总量，形成规模效益，而且势必全面提升各级公共图书馆的文献保障水平和信息服务能力，拓展服务渠道，丰富服务手段，打造基于新媒体的图书馆服务新业态。作为数字图书馆推广工程的一个重要组成部分，一个旨在面向全国图书馆参考咨询馆员传递业界信息、分享服务经验、加强咨询馆员培训和协调开展服务的业务交流平台——全国参考咨询协作网也在积极地规划和建设中。

4.1 参考信息源的共建共享

国家数字图书馆推广工程建设内容可概括为“一库一网三平台”。其中“一库”即建设一个海量分布式数字资源库群。参考咨询服务协作的一个重要内容是文献资源。中国国家书目、全国图书馆联合编目系统等数字图书馆项目的实施和推广、数字资源登记等工作内容的逐步展开，以及文津搜索项目的实施应用，不仅有力地推动了在全国范围内建立公共图书馆联合馆藏目录等一系列工作，也为在全国范围内实现图书馆文献资源的进一步协作提供了较为完备的元数据支持，使得图书馆在未来开展参考咨询服务协作中，能够得到更为全面和有力的参考信息源支撑，使图书馆间进行资源统一揭示和服务调度成为可能。

4.2 参考咨询馆员业务培训

注重人才培养，加强队伍建设是推广工程的一项重要工作内容。随着推广工程的推进，当一个覆盖全国公共图书馆的数字图书馆虚拟网络建成后，是否能有一支与之相适应的高素质图书馆员队伍来驾驭这个网络，使其高效率运转，将成为衡量推广工程实施效果的重要

参照指标。对于图书馆参考咨询业务而言也是如此，参考咨询馆员的业务素质将直接影响到图书馆参考咨询服务水平及运转情况。因此，建立参考咨询馆员业务培训机制对推广工程实施效果的重要性是不言而喻的。作为推广工程实施工作内容之一，全国参考咨询协作网将为全国公共图书馆参考咨询馆员提供业务交流和讨论的渠道，分享各地的业务培训信息和内容，或通过集中培训的方式进行业务培训和研讨。

4.3 协调开展服务

建设覆盖全国公共图书馆、面向不同用户群体的开放式信息服务平台是推广工程的重要建设内容。推广工程并不是在公共图书馆间进行简单机械的单一模式复制，而是通过将已建成的国家数字图书馆应用系统和服务模式提炼出来，供全国公共图书馆在结合本地特色进行数字图书馆建设时参考选用，同时由国家图书馆辅以必要的资源、服务和技术支撑。对于与参考咨询业务相关的各应用系统而言，无论是国家数字图书馆建设中各应用系统的本地化复用，还是建立区域或全国性的参考咨询服务协作关系，都需要建立起一个有效的协调运作机制，以保证项目和服务的顺利进行。全国参考咨询协作网将为此提供一个有效的协调沟通界面。

5 结语

回顾现代图书馆参考咨询服务的发展历程，我们可以看到衡量图书馆成功的标准就在于其为社会群体提供的服务内容是否满足其需求，服务已然成为体现图书馆核心价值最为重要的组成部分。1876 年，美国马萨诸塞州伍斯特公共图书馆馆长塞缪尔·格林(Samuel Sweet Green)最早提出图书馆开展参考咨询服务的倡议，并具体指出参考咨询馆员应该履行指导读者认识图书馆、帮助读者检索信息、辅助读者选择好的文献和在社会群体之间宣传图书馆四项基本职责[6]。经过一个多世纪的发展，这四项基本职责不仅仍然是参考咨询馆员职责的核心内容，而且其服务自动化、个性化的程度也在不断提升。新技术将会给我们带来更多、更新的参考咨询工具，参考咨询馆员以及参考咨询服务对象群体的结构也更趋多样化[7]。推广工程为在新媒体环境下系统地思考、规划和建设符合现代信息环境和用户信息行为特点的图书馆参考咨询服务体系提供了一个宝贵的历史机遇。国家数字图书馆的建设和服务应用，使国家图书馆拥有了一批经过实践检验的参考咨询应用系统，在应用系统建设和服务以及参考咨询体系建设等方面，都积累了一定的经验，一个适应现代信息技术和环境特点的图书馆参考咨询业务发展体系越来越清晰地呈现在社会公众面前。可以预见，在以新媒体为代表的现代信息环境下，参考咨询馆员将会在信息选择、组织、服务和创建方面扮演更加重要的角色，图书馆参考咨询业务也势必在收集和组织信息、服务社会公众方面发挥越来越重要的作用。

参考文献

[1] 孙一钢，魏大威. 数字图书馆的新媒体服务[J]. 国家图书馆学刊，2008(1)：46-49.

[2] 邵敏,李旭. 合作虚拟参考咨询服务——Question Point 系统剖析[J]. 现代图书情报技术,2003(3):37-41.
[3] 许异兴. 联合参考咨询网建设实践与探索[J]. 图书馆工作与研究,2009(3):55-57.
[4] 金毅,黄敏,林皓明. CALIS 分布式联合虚拟参考咨询系统的开发[J]. 大学图书馆学报,2005(3):30-33.
[5] 汪东波. 公共图书馆概论[M]. 北京:国家图书馆出版社,2012:176-178.
[6] PENA D S, GREEN S S. Personal relations between librarians and readers[J]. Journal of Access Services, 2007,4(1-2):157-167.
[7] TYCKOSON D. On the desirableness of personal relations between librarians and readers: the past and future of reference service[J]. Reference services Review, 2003,31(1):12-16.

(原载于《国家图书馆学刊》2012 年第 5 期)

全国省级公共图书馆决策咨询服务协作平台构建与设想

卢海燕　谢德智　毛　瑞

2010年12月,在国家图书馆召开的"国家数字图书馆推广工程启动仪式暨全国图书馆创新服务工作座谈会"上,与会全国副省级以上公共图书馆(以下简称省级公共图书馆)的代表,就加强全国省级公共图书馆间的交流与协作,建立全国省级公共图书馆立法决策服务馆际协作平台进行了深入的讨论,并达成了《全国公共图书馆立法决策服务合作共识》(以下简称《共识》)。《共识》旨在全国省级公共图书馆间形成有效协调与沟通机制,通过共享与协作方式,共同开展面向各级政府机构的服务,全面提升公共图书馆立法决策服务水平[1]。至此,建立全国省级公共图书馆立法决策服务协作平台(以下简称协作平台),作为国家数字图书馆推广工程的建设内容之一,正式纳入工程的整体工作计划。

本文旨在国家数字图书馆建设和数字图书馆推广工程的大背景下,对建立全国省级公共图书馆决策咨询服务协作平台的动因、建设条件以及近期规划做一简单阐述。

1　协作平台建设的动因

1.1　全国省级公共图书馆开展决策咨询服务的现状

公共图书馆作为我国公共文化体系建设的重要组成部分,在促进社会文化发展与繁荣中发挥着越来越积极的作用。近年来,随着我国经济社会的快速发展,特别是十七大党和政府明确提出,要实现社会主义经济建设、政治建设、文化建设、社会建设四位一体发展的目标,对加快社会主义法制建设,推进政府科学立法、民主决策提出了新的要求。公共图书馆正是在这样的社会环境下积极探索、不断创新,相继推出为各级政府提供的立法决策咨询服务项目。

国家图书馆2010年面向全国31个省、自治区及直辖市公共图书馆的问卷调研结果显示[2],全国省级公共图书馆普遍开展了立法决策文献信息服务,并呈立体化服务发展趋势。在所有被调研对象中,有超过86%的图书馆为地方政府及立法机构开展长期服务;超过63%的图书馆开展了为地方"两会"的服务工作;超过46%的图书馆开发了拥有特定立法决策用户群组的信息服务产品;超过16%的图书馆研发了专为立法决策服务提供支撑的数字化信息服务平台。这些服务的开展,在一定程度上推动和促进了省级政府法制化建设和大政方针政策制定过程的科学化与民主化,提高了地方政府对图书馆在国家经济发展和文化建设中的角色作用的认知。

但与此同时，公共图书馆在开展决策咨询服务工作中，也面临着几个方面的困难和问题：其一，文献保障支撑能力强弱不均。截至 2011 年底，省级公共图书馆馆藏文献总量已达到千亿册/件的数量级，但是根据对各省级图书馆馆藏情况的调研结果来看，近 60% 的文献资源都集中在发展水平较好的 7 家公共图书馆，如上海图书馆、首都图书馆等。其余 20 余家参与调研的公共图书馆馆藏文献基本处在 300 万册/件以下。对于作为决策咨询文献支撑的重要组成部分的法律文献的建设工作，各公共图书馆的重视程度同样存在较大的区别，有近一半的公共图书馆未对其法律文献的入藏量进行统计，有 10% 的公共图书馆的法律文献入藏量在 10 万册/件以上。除此之外，各公共图书馆决策咨询人员素质及所在地区经济发展水平的差异，也在一定程度上造成了在专业法律文献资源以及外文数字资源支撑能力上的差别。

其二，人员队伍状况亟待改善。据统计，截至 2010 年底，国内各省级公共图书馆从事立法决策服务人员的数量仅 200 余人，其中大部分是设置在参考咨询部门中的参考咨询馆员兼职承担立法决策服务工作。且从业人员学历结构和专业结构不甚合理，拥有较高学历和法律专业的从业人员比例过低，大大限制了立法决策信息服务开展的深度与广度。

其三，服务产品质量良莠不齐。据调研结果显示，近一半的全国省级公共图书馆在以传统的纸质文献提供和专题咨询为立法决策服务主要方式的同时，还制作了如《决策信息参考》《立法动态》《电子剪报》等数字化信息产品。这充分说明各馆在开展立法决策信息服务的同时不再满足于以往的文献借阅、文献提供和简单专题咨询等传统图书馆服务模式，而是开始向着服务手段现代化、服务内容深层化的方向转变。但与此同时也衍生了另外一个问题，即面对众多立法决策服务产品的编制，如何避免质量参差不齐和信息重复建设。面对上述问题，以现代信息网络技术为依托，在国家图书馆和省级公共图书馆之间、公共图书馆和公共图书馆之间，建立有效的协调沟通机制，加强文献信息资源的共建共享，开展满足立法决策服务需求的专业人才的培养和培训，全面提高为各级政府的立法决策服务能力，成为全国公共图书馆解决上述问题、深化政府决策咨询工作的共同需求。

1.2 政府机构用户在立法决策过程中的信息需求及特点

图书馆决策咨询服务的开展，主要以服务对象——政府机构用户的需求为导向。政府机构用户的需求特点直接决定着作为服务主体的图书馆制定什么样的服务策略，采取何种服务方式和服务手段开展怎样的服务。结合国家图书馆长期以来为中央国家领导机关立法决策服务的业务实践，政府机构用户的需求主要体现出以下特点：

首先，从政府机构用户信息需求产生的来源看，贯穿于立法制定和国家大政方针决策整个过程。政府机构用户是治国理政的执行主体，全面了解有关法律制定和政策决策的历史依据，借鉴国际社会有益做法，是政府机构在立法决策过程中必须完成的工作任务。

其次，从政府机构用户信息需求内容来看，与党中央在各个历史时期的中心任务密切契合。如新中国成立初期，为解决我国与苏联、蒙古、越南、缅甸等国家的边界和领土问题，国家图书馆编辑整理有关我国与周边国家边界问题的历史文献，为我国政府妥善解决与边界国的领土纷争，争取更有利的国际环境以发展经济，提供了重要的支撑和保障。

再次,从政府机构用户信息需求的保障途径来看,具有强烈的系统性和需求内容的共同性。国家图书馆开展立法决策服务主要面对的是中共中央及其所属各部委、全国人民代表大会、国务院及其所属各部委、中国人民政治协商会议、中央军委及所属各总部。作为国家法律和重大方针政策的制定者,这些国家机构其建制在全国范围内具有垂直性和系统性的特点。如全国人民代表大会是国家的最高立法机构,相应的在全国范围内会同步设置省、市、区级人大机构。这种垂直性、系统性的特点,一方面决定了中央国家机构的信息保障具有强烈的系统性和高度的集约性特点;另一方面,虽然各级机构职责有别,但他们在国家立法和方针政策制定中的信息需求,从整个系统来看又具有一致性。因而,把握中央国家机关在国家立法和大政方针政策制定过程中的信息需求,即把握了这些需求的整体方向和走势,同时为进一步把握相关系统不同层级的政府机构用户需求提供了良好的基础。如,每年全国"两会"召开前夕,国家图书馆与全国人大信息服务机构,都会针对大会主题共同讨论,形成全国"两会"文献信息服务的若干专题信息框架。这些框架代表了全国"两会"所关注的国家立法和重大方针政策制定的走向,因而对地方省级公共图书馆有针对性地开展各省市的"两会"服务,提高服务质量,具有重要的参考作用。国家图书馆在每年岁末年初应全国公共图书馆需求所提供的全国"两会"信息服务框架,为省级公共图书馆服务地方"两会",从而保障全国"两会"的顺利召开,提供了有力的支撑。

最后,依托政府机构用户建制垂直性和信息需求共同性的特点,做好为中央一级政府机构的文献信息服务,将会在一定程度上影响或辐射到同一系统内部的各级政府机构。如何更好地满足地方政府大政方针政策制定过程中的信息需求,除了依托政府机构自身垂直系统性的建制获取相关信息外,建立省级公共图书馆与国家图书馆的合作也是全面提升各级政府科学决策水平的重要途径。

基于上述分析,一方面是全国省级公共图书馆在面向地方政府提供决策咨询服务的过程中所产生的合作需求,另外一方面则是政府机构用户在政策决策过程中的信息需求,这是国家图书馆与省级公共图书馆,以及公共图书馆之间建立合作与交流的双重动因。

2 协作平台建设的条件

2.1 国家数字图书馆推广工程阶段性成果的保障与支撑

旨在建设分布式公共文化资源库群,搭建以各级数字图书馆为节点的数字图书馆虚拟网的"数字图书馆推广工程"于2010年12月15日正式启动。该工程的启动和服务,为全国省级公共图书馆协作平台的搭建奠定了良好的软硬件环境基础。

首先,在数字资源建设方面,国家数字图书馆数字资源总量已达561.3TB(截至2011年底),涵盖电子文本、图片、音频、视频、网络资源等多种资源类型,其中78%的资源可通过互联网提供服务。截至2011年6月底,数字资源发布总量396.7TB,占数字资源建设总量的72.8%。丰富的数字资源是图书馆开展各项服务的前提条件和基础。

其次,在硬件平台和网络建设方面,国家数字图书馆新馆主机房、网络系统、存储系统、无线网络系统、无线射频识别(RFID)系统已部署完成,硬件基础设施的建设极大地提高了国家图书馆的服务能力。

再次,国家数字图书馆工程有关数字资源采集、加工、组织、保存、管理、服务方面的标准规范已研制完成,国家数字图书馆标准规范体系基本形成。标准规范的制定是在全国范围内实现公共图书馆基于互联网开展服务协作的重要保障。

国家数字图书馆推广工程实施不到两年,在得到地方政府财力支持的同时,与15家省馆实现了虚拟网联通(截至2012年5月),硬件实力大幅提升。相关省馆在当地即可访问全国各地建设的地方志、家谱、老照片等特色文化数字资源。全国公共图书馆统一用户系统的设计与开发工作已经完成。系统不仅能实现馆内各服务系统之间的单点登录还能实现图书馆间的相互认证;与VPN设备的认证集成也已同步完成,极大方便了各地认证读者的资源获取。数字图书馆推广工程的实施及其取得的阶段性成果,为我国公共图书馆的快速发展提供了有力的技术支撑;现代信息网络技术拓展了各馆间服务与协作的领域,同时也使为政府机构提供高效的决策咨询服务成为可能。

2.2 数字化环境下国家图书馆立法决策服务的经验借鉴

20世纪90年代末以来,国家图书馆立法决策服务进入快速发展时期,形成了多种品牌性的服务项目,在国家立法和政府决策中发挥了积极的作用。但是,在电子政务已经成为中央国家机关信息网络环境下的新型工作方式和服务方式的形势下,如何在传统决策咨询服务模式基础上突破与创新,是信息网络技术融入政府决策过程、融入图书馆信息服务向我们提出的时代要求和挑战。为此,国家图书馆自2001年起,以中央国家机关用户需求为导向,依托现代信息网络技术、多媒体技术和数据库技术,先后策划推出服务于中共中央办公厅、国务院办公厅的“中南海网站”;服务于全国人大的“两会”代表专区;服务于中央国务院各部委的“国家图书馆立法决策服务平台”“国家图书馆部委分馆内网平台”等多种数字化立法决策服务产品和项目。这些以数字化方式开展的立法决策服务工作,为全国省级公共图书馆决策咨询服务协作平台的构建提供了有益借鉴。

2.3 全社会对国家立法和政府决策的高度重视

图书馆开展什么样的服务,或者说图书馆的服务怎样实现可持续发展,主要受制于三个要素:社会基础、用户需求、服务能力。从整个社会发展过程来看,社会基础是图书馆存在和发展的基石。对于今日的图书馆而言,党的十七届六中全会已将文化的繁荣和发展作为国家建设的重要内容来规划,社会公民关注点也已经从经济生活中基本的温饱需求转向公共文化问题。具体讲,社会公众对公共政策、社会治安、市场秩序、食品安全、义务教育、公共医疗、公共文化、社会保障等关系到国计民生的问题的关注,以及在关注过程中对政府、对社会提出的要求较之以往更高。这些要求直接导致的结果是“在未来5—10年,我国要经历制度性重构的过程”。这个“重构的过程”正是我们图书馆发展和存在的重要社会基础。因此,党中央、政府机构对于我国社会发展的大政方针政策的制定,社会公众对于关系国计民生的政府决策的关注,是图书馆开展决策咨询服务的前提条件,也是全国省级公共图书馆决策咨询服务协作平台建设的社会基础。

3　协作平台规划与建设

随着数字图书馆推广工程不断推进,以及全社会对图书馆开展决策咨询服务的重视程度不断提高,以信息网络技术和数字图书馆建设成果为依托,构建面向全国省级公共图书馆并最终服务各级领导机构的决策咨询服务协作平台变得越来越重要。

3.1　协作平台基本定位

“全国省级公共图书馆决策咨询服务协作平台”是以国家图书馆宏富的数字资源为依托,以专业的咨询服务团队为支撑,依据图书馆资源建设、服务的标准和规范,全面采集并整合我国各级公共图书馆数字资源,为各级政府提供数字化决策咨询服务的协作平台。

该平台旨在通过国家图书馆与省级公共图书馆,以及公共图书馆之间的相互协作,共同构建面向各级领导机关的服务协作网络。通过协作平台,用户能够一站式地发现、获取决策咨询信息资源并得到相关服务。

“全国省级公共图书馆决策咨询服务协作平台”不仅能成为各级政府获取决策参考信息资源的窗口,同时也将为各级公共图书馆开展政府信息服务提供基础资源,从而促进全国公共图书馆决策咨询服务快速发展,全面提升图书馆业界决策咨询服务水平。

3.2　协作平台总体目标

以国家数字图书馆推广工程为依托,以全国副省级市公共图书馆为节点,建立“全国省级公共图书馆决策咨询服务协作平台”。在国家图书馆和各省市公共图书馆的协作建设下,形成如图1所示的服务于各级政府的多维度决策咨询服务网络。发挥各馆优势,积极开展馆际立法决策服务的协作与开展,推进“两会”等立法决策服务品牌项目的合作和共享,共同为各级政府提供辅助立法决策的文献、咨询服务,从而整体提升业界决策咨询服务能力及各级政府的决策水平。

我们对协作平台的目标规划主要体现在纵横两个网络维度上。

通过协作式的服务与省级公共图书馆合作建立横向协作网络。根据国家图书馆2010年对全国31个省、自治区及直辖市公共图书馆开展的问卷调研及2011年进行的实地走访,我们了解到各馆,如上海市、重庆市、辽宁省、福建省、湖北省、陕西省等公共图书馆,都在决策咨询服务当中有了一定积累,也在很多方面做了许多积极的探索和实践。可以说,在全国范围建立决策咨询服务协作网络已具备基本条件,通过由国家图书馆服务全国副省级以上公共图书馆,带动各省各地区公共图书馆共同服务于各级领导机关,形成全国公共图书馆决策咨询横向服务网络。

通过嵌入式的服务,建立中央国家机关垂直工作网络。中央国家领导机关及各地市领导机关是国家图书馆及全国公共图书馆借助协作平台所服务的最终用户。如何更好地挖掘用户的需求,叩开各级政府对我们紧闭的大门,往往是各馆决策咨询服务最艰难的第一步。国家图书馆通过六十余年的实践与探索,逐步形成了以传统咨询服务为基础,以国家图书馆宏富资源为依托,以网络服务平台为桥梁,以现代信息技术为手段的面向中央国家机关的服务保障体系。通过由国家图书馆服务于中央国家机关,并借助政府机构用户垂直性系统对各地市的辐射作用,引导各级领导机关对地市公共图书馆的业务需求,从而形成用户内部的决策咨询垂直服务体系。

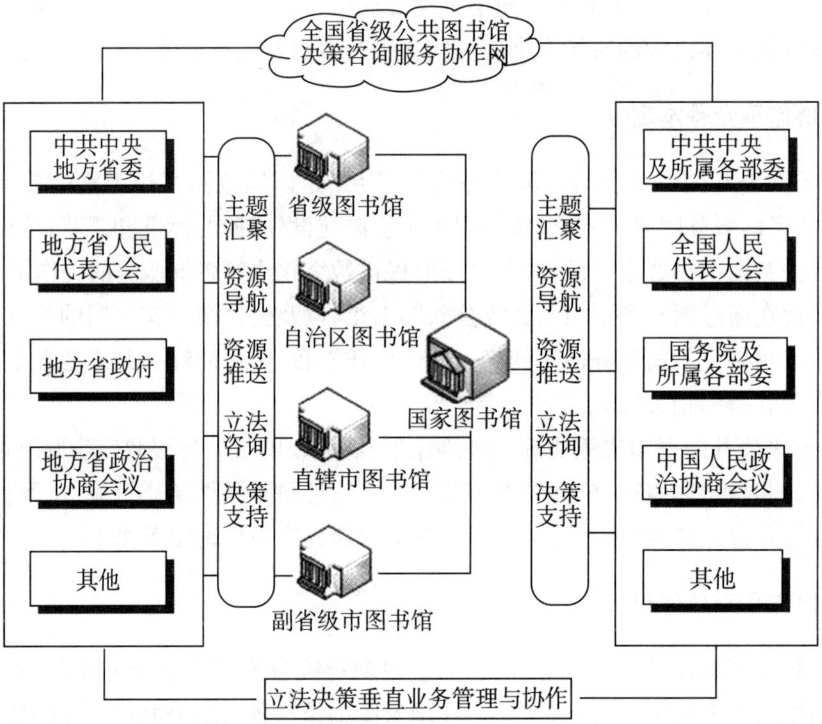

图1 “全国省级公共图书馆决策咨询服务协作平台”架构图

3.3 协作平台架构

协作平台由国家图书馆中心平台、省级公共图书馆分中心平台及成员馆终端平台三部分构成。在国家图书馆、省级公共图书馆的合作建设下,协作平台可以为中共中央、国务院及各部委、地方政府机构提供一站式的信息服务,即不同层级的公共图书馆用户通过区域联合认证,即可登录协作平台获得服务。

从总体框架设计上,协作平台由基础平台、数据平台、应用平台组成。

基础平台建设。基础平台支撑体系的建设需利用当前主流的云计算和虚拟化技术,将所有的服务器硬件资源、存储资源、网络资源、数据资源、系统软件资源有效地整合和管理起来,构建协作平台运行的基础设施,为应用提供数据、存储、网络、软件和系统的集中调度、分配和管理。基础平台支撑体系建设主要涉及:虚拟化管理设备及软件,网络带宽及出口设备扩容,服务器配置,统一存储配置,安全管理系统,监控、管理系统和基础及应用支撑软件等。

数据平台建设。数据资源是协作平台管理和服务的核心内容，是用户的需求对象。根据图书馆决策咨询服务的需要，协作平台在原有资源布局的基础上整体规划、合理配置，建立一个多方位、多载体，多层次、多系统的资源覆盖体系。协作平台数据从资源分布及配置角度分析，是由国家图书馆和省级公共图书馆拥有的数字资源共同构成；但从构建方式角度分析，则是由馆藏资源、各地区特色数据库、商业数据库，以及网络资源采集数据构成。

应用平台建设。应用平台是用户最终获取服务的渠道与途径。从技术架构上来看，协作平台可以分为决策咨询服务门户层、应用功能层、应用支撑层、图书馆数字资源层以及图书馆基础设施层。应用平台的建设遵从图书馆业务与资源建设标准，通过决策咨询服务协作体系与其他图书馆服务平台进行对接，实现公共图书馆决策咨询服务的全国性协作与共享。

3.4 协作平台规划

“全国省级公共图书馆决策咨询服务协作平台”是以构建国家图书馆与各成员馆资源共建共享为核心，形成资源整合、资源管理、资源利用、互相沟通、协作服务的平台。从用户应用层面上来说，协作平台的主体规划主要分为资源和服务两部分。

平台资源共建共享。成员馆可在中心馆及区域分中心馆的指导下，自愿加入并完成下发资源建设任务，也可单独提交或联合其他成员馆共同申请资源共建项目。完成的数据将通过系统提交至协作平台资源中心进行集中管理和发布展示，为各成员馆搭建资源共享环境；平台各级成员馆通过协作可以共享权限范围内的数字资源，并可通过部署在本地的协作平台子系统构建个性化门户，发布展示当地资源，从而为地市领导机关开通数字化网络资源服务。

平台服务丰富多样。与资源相比，服务作为协作平台另一个规划主体，更多的是体现在其多样化的需求和丰富的展现形式上。从用户维度来说大致可以分为两个方面：一方面是以协作平台资源中心为数据支撑，搭建各级门户站点，展示中心及成员馆相关资源，通过细粒度的权限控制用户访问，为各级成员馆共享资源提供更便捷的服务；另一方面则是以成员馆本地子系统为桥梁，构建集公共资源和特色资源于一体的个性化决策咨询服务网络，共同开展面向各级领导机关的决策参考与咨询服务。

3.5 协作平台建设与展望

“全国省级公共图书馆决策咨询服务协作平台”的搭建遵循总体规划、分步实施的原则，根据协作平台的建设规模和需求，初步计划分为三个阶段逐步实施。

第一阶段，以国家图书馆现有资源为基础，按照既定架构完成协作平台总中心门户的初步搭建。兼顾相关培训工作，为部分成员馆开放访问权限，共享协作平台已有资源，逐步完善总中心平台内部系统的搭建。

第二阶段，选定各区域试点成员馆，搭建分中心协作平台。由于目前各成员馆并未采用统一的信息采集处理子系统，所以前期拟优先选择已部署协作平台选定的信息采集处理系统的成员馆为试点单位。一方面可以从实施配合层面降低对成员馆的要求，从中吸取经验，并有效运用至下一阶段工作中；另一方面也能够借助上述经验，根据各馆具体情况完善系统,从而完善并规范各成员馆的采编及上传标准,健全管理访问权限。

第三阶段,全面推进各级成员馆的系统部署及培训服务,构建面向各级政府的决策咨询服务协作网络。以协作平台为途径,加强国家图书馆与各成员馆在立法决策服务经验方面的沟通与交流,全面提升国内图书馆界立法决策咨询服务水平。

以信息网络技术为手段,为各级政府机构提供决策参考和信息咨询服务是全媒体时代赋予图书馆的责任。“全国省级公共图书馆决策咨询服务协作平台”的提出,是数字化环境下公共图书馆拓展、创新传统咨询服务,深化服务领域,推动国家民主立法、科学决策的积极努力。协作平台的建设既可以形成全国公共图书馆开展决策咨询服务合作的一种机制,也可以整体提升公共图书馆政府决策咨询服务能力。我们希望建成后的协作平台,不仅要达到这个目标,还能远远超过我们对它的期待和设定。

参考文献

[1] 全国公共图书馆立法决策服务合作共识[J].国家图书馆学刊,2011(1):93.

[2] 国家图书馆立法决策服务部.2010 年全国省级公共图书馆立法决策服务情况调研报告[R].北京:国家图书馆,2010.

(原载于《国家图书馆学刊》2012 年第 5 期)

数字时代中国国家书目的探索与实践

廖永霞　毛雅君

计算机技术和网络技术的迅猛发展为传统图书馆提供了新的发展机遇和广阔的发展空间，大大提升了传统图书馆的服务能力，拓展了服务范围，丰富了服务手段。数字图书馆的建设，将使我们能够在新的信息环境下重新设计图书馆，利用数字图书馆技术充分整合各类型信息资源，提供基于全媒体的信息与知识服务，从而使图书馆能够更好地适应社会发展和技术进步。在传统图书馆和数字图书馆的融合发展过程中，书目一直以来发挥着不容忽视的基础性和纽带性作用，计算机和信息处理技术在图书馆的应用起源于机读目录的诞生，网络技术在图书馆的推广也最早应用于联机联合编目。大量实践表明，书目的内容和质量一定程度上决定了数字图书馆服务业态下传统资源与数字资源的整合效率和服务效益。本文通过回顾中国国家书目的发展历程，分享建设数字时代中国国家书目门户的构想，希望能够为各级各类图书馆的本区域书目建设或本馆书目建设提供有益借鉴，为做好全国各级各类图书馆实体资源普查登记工作，以及数字图书馆推广工程的资源推送与揭示服务打下坚实的基础。

1　国家书目的内涵

《数字时代的国家书目指南》开篇指出，“国家书目是一面镜子，反映了一个国家的文化。通过现有的国家书目能够了解一个国家的独特性。对农业与技术的重视，借助不同语种出版物所反映出来的社会结构，国民生活中重要的特殊风俗和特别庆典，教育的重要性，文学和科学，当代杰出的文学创作者，以及政治、社会和宗教的发展趋势都可以（在国家书目中）反映出来”[1]。国家书目是一个国家全部出版物的历史与现状的记录，是揭示与报道一个国家在一定时期内出版的所有文献的总目录，包括报道最近出版物的现行国家书目和反映一定历史时期内出版物的回溯性国家书目。它客观地反映图书，系统地报道文献，是检索情报资料的重要工具[2-4]。

1950 年 UNESCO 国际会议、1977 年 UNESCO 与国际图联联合会议以及 1998 年 11 月国际图联大会所做出的一系列重要决定与建议，将国家书目的涵盖范围扩展至所有文献类型，对世界各国的国家书目服务结构产生了重要影响[5]。世界各国国家书目的发展历程都向我们昭示，随着数字时代的来临和数字出版的蓬勃发展，国家书目已逐步由传统的对印刷型出版物的单一书目揭示，拓展为涵盖多种文献类型、多种载体形式、多种语言文种的集书目、书影、目次和全文等为一体的立体化展示，其服务对象也面临着由主要为图书馆服务向同时为图书馆、出版社、书商、政府机构和个人读者服务转变。

2 中国国家书目的历史

我国历史文化悠久，典籍丰富，自汉代以来就有着国家编制书目的传统。各朝官修书目、艺文志反映了我国古代的图书概貌。我国历史上最早有计划、有组织的书目工作可追溯至汉代的《汉书·艺文志》。它以刘向、刘歆的《别录》《七略》为蓝本，是我国现存距今最早具有国家书目性质的文献。自汉代以后，各朝代修撰正史几乎都仿照《汉书·艺文志》的先例，搜集"天下遗文秘籍"编纂以"艺文志"或"经籍志"命名的国家书目。及至清代《四库全书总目》，可谓达到了中国古代官修书目的巅峰[6]。

新中国成立后，我国呈缴本制度的制定与实施使我国国家书目登记工作得到了迅速发展。在呈缴本制度的基础上，先后由新闻出版总署和新华书店分别编辑《全国新书目》和《全国总书目》，继而由版本图书馆统一编辑，保障了这两大书目的定期编辑与出版，成为了解最新出版动态的重要工具，一直维持至今。

1970 年，联合国教科文组织在通过的《关于图书馆统计国家标准化的建议》文件中，要求各个国家的国家图书馆编纂出版现行国家书目和回溯性国家书目。国家图书馆（时称北京图书馆）自 1985 年起开始了中国国家书目印刷版的编纂，1987 年出版了《中国国家书目》（1985），这是我国第一部正式以"国家书目"命名的书目。之后相继出版了 1986 年本、1987 年本、1991 年本、1992 年本、1993 年本、1994 年本，集中揭示与报道了当时的出版情况。

3 中国国家书目的数字实践

3.1 全国图书馆联合编目中心的缘起

20 世纪 90 年代，随着计算机技术与信息技术的迅猛发展，图书馆编目工作的环境与技术发生了巨大的变化。编目工作从传统、手工、封闭的独立操作向着机读化、网络化、集成化、社会化的方向发展，推动着书目也从书本式、印刷式向计算机可自动存取形式转变。自 1988 年起，国家图书馆开始中国国家书目数据库的建库工作，先后编制了《中国国家书目 1985—1987》和"中国国家书目数据库（1988—1995）"。1991 年成立了中国机读目录数据中心，开始正式发行机读版（CNMARC）《中国国家书目》。为完善中国国家书目数据库，实现新中国成立后全国所有正式出版的中文图书书目数据衔接，1995 年由国家图书馆（时称北京图书馆）牵头，协同上海图书馆、广东省立中山图书馆、深圳图书馆共同组成课题组，开始国家重点科技项目"中国国家书目回溯数据库（1949—1987）"的建设工作，于 1998 年 8 月完成。该数据库包含了 1949—1987 年国内正式出版的近 40 万种中文图书书目记录，与 1990 年正式发行的 1988 年以来出版的中国国家书目数据库共同组成了当时我国完整的国家书目数据库[7]。这项工程为所有计划建立本馆回溯书目数据库的图书馆提供了完整的机读目录数据,使用单位通过套录数据库中本馆馆藏的书目记录,再加上馆藏信息字段,即可制成本馆书目数据。不仅节约了大量人力、物力和时间,而且统一编目的数据适应网络化发展的趋势,便于联机检索和资源共享。在此基础上,1997 年 10 月,依托于国家图书馆的全国图书馆联合编目中心应运而生,本着"资源共享、优势互补、互利互惠"的原则,中心将图书馆丰富的书目数据资源和人力资源整合起来,通过全国各级各类图书馆携手合作、群策群力,实现了书目资源的共建共享,降低了成员馆及用户的编目成本,提高了编目工作质量,避免了书目资源的重复建设,为数字图书馆推广工程的开展积蓄了力量。

3.2 全国图书馆联合编目中心的服务成效

十余年来,全国图书馆联合编目中心本着为全社会服务的宗旨,切实履行公益性服务理念,通过统一规划、统一标准、逐步推进、合作建设、协调管理,采用中心—分中心—成员馆的组织架构,积极推动全国书目信息资源共建共享,实现了联合编目的科学管理与可持续发展,一定程度履行了编制国家书目的职能。截至 2012 年 6 月,联合目录数据已达 961 万余条,其中中文书目数据约 533 万条,包括图书、期刊、报纸、学位论文、音像资料、电子资源、缩微文献等,外文书目数据约 304 万条,涵盖英文、俄文、日文、德文、法文、韩文、阿拉伯文等 80 余个语种的文献,名称规范数据约 112 万条,主题规范数据约 12 万条。为了将全国图书馆联合编目中心打造成最完整最优质的书目信息集散地,近五年来在开拓图书、期刊、音像资料、电子资源等文献类型的基础上,中心逐步开展特色文献资源的数据采集,如少年儿童出版物、学位论文、海外中文图书等,2012 年平均每月新增中文书目数据 3 万余条。在数字环境下,随着文献类型的不断拓展,书目资源的不断丰富,联合目录共建共享的广度和深度都将大幅度提升,其所承担的国家书目职能也将逐渐完善。

2011 至 2012 年度,全国图书馆联合编目中心不断深化业界服务内容,创新服务方式,提升服务水平:实现了对成员馆的免费数据服务,有效扩大了服务规模,2011 年新增成员馆 189 家,全年用户下载数据量约 394 万条,较往年翻番;探索了与版本图书馆的数据资源共享模式,取得了阶段性成果,CIP 数据作为联合目录数据的有益补充,为成员馆用户提供了及时的参考信息。截至 2012 年 7 月,中心已发展成员馆 1161 家,成立分中心 16 个。

在标准规范建设方面,中心从数据制作标准、上传数据流程、系统操作规则等层面进行了严格把关,多次组织修订讨论和业界交流,并通过多年的实践形成了良好的共建共享机制,保证了中心数据库的统一和质量控制,在 2010 年的联合编目新系统切换过程中保证了有序过渡。在人才建设方面,为更好地将成员馆人力资源整合起来,中心除了定期组织上传资格培训(自 2000 年以来,全国已有约 2558 名编目员取得中心的上传资格,组织各类培训 40 余次),2011 年还通过各馆推荐、集中培训和考核的方式,正式聘请了 28 名全国骨干上传馆的资深编目员担任中心的质量监控员,在统一平台上远程参与中心数据库的日常维护,中心总审校和质量监控员之间可以开展实时的远程指导和双向反馈。这一模式既为各骨干馆培养了编目队伍,又提升了联合目录的数据质量,真正实现了从书目数据共建共享延伸到人力资源的共建共享。

3.3 联合目录平台的建设及应用

为了进一步提高全国图书馆联合编目系统大数据量处理能力，实现多层级多角色的分配、书目数据和馆藏数据的统一登记功能等，国家图书馆于2005年启动国家数字图书馆工程全国联合编目子项目。新的联合编目系统进一步推动了网络环境下全国图书馆联合编目工作的开展，真正实现全国范围书目数据、馆藏数据等联合目录的建立，进而拓展信息资源共建共享领域的全方位服务。该项目于2010年7月完成基本开发，同年10月试运行，2011年1月1日正式面向成员馆、数据用户和普通读者提供服务。该联合编目系统（以下简称UCS系统）是基于Aleph图书馆自动化系统设计和开发的新一代联合编目系统。新的联合编目系统实现了与图书馆自动化集成管理系统的无缝集成。不仅可以应用于全国图书馆联合编目中心，同时也可作为区域性图书馆联盟的基础业务平台，实现区域图书馆联盟成员的图书馆业务集成管理、联合编目、联合馆藏以及馆际互借等一体化建设。同时，UCS系统也为国家图书馆、各级各类图书馆成员、普通数据用户成员，分别提供了合适的工作入口和界面，以实现功能、数据、流程的集成和最佳工作效率。借助该平台，中心不仅实现了日常的上传、下载流程的多角色多层级控制，而且开始全方位收割和管理成员馆馆藏，实现了由单一的书目共享向共建文献资源联合馆藏体系的巨大转变，并取得突破性的进展，馆藏库总量超过2360万条，涉及近50家骨干成员馆，全国公共图书馆联合馆藏体系初见规模；至此，联合编目系统不仅可以服务于图书馆的采编工作，而且可以延展服务于图书馆的读者服务工作。

目前，国家图书馆通过网站和手机服务平台已经启用联合目录数据为读者提供检索，充分发挥了联合目录多馆藏的服务价值，让读者不仅能够查找是否有此文献，而且能够了解到哪些图书馆有此文献，再借助后续开发的地图显示功能和定位导航功能辅助读者就近获取提供服务的图书馆信息。此外，通过联合目录馆藏数据库中登记的成员馆实体馆藏信息，国家图书馆数字资源分发平台即可向该馆发送相应实体馆藏的数字化产品供其在本地提供服务，极大节省各馆馆藏数字化的成本，实现数字资源的共享与服务。同时通过与各级各类区域性书目系统的相互链接，将全国的图书馆资源融合成一个整体，形成全国图书馆实体资源普查登记平台，形成包括多种资源类型、多种服务方式的资源保障能力，进而形成全国性联合目录到区域性联合目录再到各图书馆的多层级文献保障体系和服务格局，为国家数字图书馆推广工程的资源揭示与服务推送打下坚实的基础。

馆藏数据的实时性和准确性是影响联合目录服务效应的重要因素，中心通过实践总结归纳出三种馆藏更新方式可供借鉴。第一种是在线添加、修改或删除本馆馆藏。这是目前区域性联合目录在新建馆藏时主要采取的方式，地区联盟内的各馆在统一自动化平台制作和完善数据，从而实现新增馆藏信息的实时更新；其准确性和实时性最有保障，但是需要系统支持和配套的人力支持。第二种是批量提交完整书目数据在统一平台查重灌装。这种方式主要便于大批量回溯数据或指定时间段的馆藏上载和更新，目的是快速建立起基础馆藏信息库，2010和2011年中心建立全国联合目录集中采用的就是这种方式，由各馆从系统内导出带系统控制号的完整书目数据；这种方式基本能保证准确性，但实时性有所欠缺，数据差异性导致后期查重、一对多数据处理等人工成本需要评估。第三种是远程在线访问并收割 OPAC 数据，通过一定的查重匹配程序自动添加或删除馆藏。这种方式主要用于便捷获取完整有效馆藏实现馆藏信息的补充和更新，中心正在进行小范围测试；这种方式基本能保证实时性，但准确性较差，同时需要系统支持和配套的技术人力支持。各省市级图书馆在建设区域性联合目录的过程中可以根据本地区的系统状况和数据资源情况选择最经济有效的方式进行馆藏数据建设。

4 中国国家书目门户的构想

为了强化和深化数字时代中国国家书目的服务职能，全力整合书目资源，及时报道文化建设的最新成果，从出版情况集中展示我国政治、经济、文化、科技的发展状况与水平，国家图书馆 2012 年正式启动了中国国家书目门户系统的建设，预计 2012 年底发布 2011 年中国国家书目网络版。借助数字图书馆的相关建设成果，将中国国家书目门户打造成我国全部出版物的总目录，打造成各级各类图书馆实体馆藏资源的普查登记平台，推动跨行业、跨系统、跨区域的网络合作，建立起出版物的上下游交互机制，使得出版物供应链的各个环节都能获取一致且有效的信息，最终实现全社会的信息与资源共享。

4.1 建设目标

将中国国家书目门户打造成我国全部出版物的总目录。在现有自动化系统和数字化环境的大框架下，借助数字图书馆实现全面的、多角度的、多元化的国家书目的集成发布、展示、检索和推送服务。第一，应当为国内外图书馆及同类机构采选提供便利，促进高效低成本的编目；第二，通过提供出版物统计，客观再现不同历史时期政治、经济、文化等的发展变化，使其成为公众重要的信息资源；第三，为国内外个人读者，提供集书影、目次、摘要、全文等于一体的一站式展示，通过书目的 FRBR 化揭示提供便利检索的用户体验；第四，成为出版机构了解整个出版行业宏观情况和市场的平台，成为出版机构新书推荐、推广的重要工具，同时，通过分析各类文献在各级各类图书馆的分藏情况与利用情况，辅助出版机构进行出版选题。除此之外，网络版国家书目还可以与上游供应商合作打造中国可供书目，也可以与版权管理机构合作，进行版权登记和管理，与数字化产品结合提供立体化的国家书目等。

将中国国家书目门户打造成各级各类图书馆实体馆藏资源的普查登记平台。依托数字图书馆推广工程，帮助各级各类图书馆建设本馆、本区域的书目系统，整合全国公共图书馆 OPAC 服务，开展各级各类图书馆实体馆藏资源的普查登记，通过与数字资源普查登记平台、资源发布与服务平台的集成，实现实体资源与数字资源的关联服务和广泛推送。在此基础上通过馆藏分析的成果，使各图书馆了解同类型、同级别或同区域图书馆馆藏情况，有针对性地建立特色馆藏，实现图书馆间文献资源的合理布局，避免重复建设，进而推进文献提供与馆际互借，提高馆藏文献的质量和服务水平。

4.2 收录范围

依照数字时代的国家书目指南中给出的建议,国家书目应当包括所有类型的出版物,但不必包括所有出版物,穷尽所有不是最终目标;实用的选择原则应当正式予以规定和出版;国家书目机构应当根据资源的重要程度,针对不同类型的出版物制定不同的编目级别[8]。国家图书馆 2011 年底确定了最新的中国国家书目收录范围,收录原则为“领土—语言”,收录范围涵盖国内出版印刷型出版物、电子出版物并逐步延伸到网络资源,收录的内容也从本国出版物逐步延伸到其他国家研究本国的出版物以及国人在境外出版的作品。涉及中文普通图书、少数民族语文图书、连续出版物、音像制品、电子出版物、盲文读物、本国出版的各种外国语言文献、台港澳及海外中文图书、学位论文、中文资料、海外中国学文献(包括海外研究中国的文献以及华人在海外出版的文献)、数字出版物等书目数据信息和馆藏数据信息。

4.3 数据来源

国家书目门户的数据基础是书目,主要来源于联合目录数据库。但随着互联网上各类开放数据的蓬勃兴起,国家书目门户也将适时接收对完善国家书目服务有益的数据。如适时接收和整合 CIP 数据和出版社、书商 ONIX 数据,以提升国家书目的完整性和及时性;在条件成熟的前提下,有针对性地引进外部关联数据,提升用户体验。基于此,国家书目收罗的数据格式将涵盖 MARC、DC、Excel、MODS、XML、RDF 等多种类型,MARC 数据也将涉及 CNMARC、MARC21 等多种格式。为了提高门户的使用体验,将结合数字图书馆相关建设成果集中显示书影、目次和有版权许可的全文信息。

4.4 功能设计

国家书目门户的功能由发布管理、检索和展示、用户服务、出版文献统计、系统管理等五大模块组成,力求实现面向不同用户群体的一站式服务体验,通过各类记录的 FRBR 化集成显示,提高书目揭示与服务的准确性和友好度。以图书馆用户为例,编目员可以借助国家书目进行辅助编目;采选馆员可以利用国家书目门户获取出版物信息(包括最新出版物和绝版出版物),确定出版状况,获取实体馆藏普查登记信息,了解分析出版与馆藏分藏情况;参考咨询馆员能借助国家书目门户实现便利检索,为读者查找所需文献(无论是馆藏还是非馆藏),可按专题设定个性化关注领域,接收定期的书目推送服务,借助国家书目的统计功能辅助参考咨询;数字资源建设馆员借助门户系统与推广工程相关系统的连接实现实体资源与数字资源的关联分发与共享等。

4.5 实施倡议

联合编目多年的实践表明,中国国家书目的建设需要全国各地图书馆的相互合作,共建共享。为加快数字时代中国国家书目的建设步伐,实现全国图书馆的资源共知和有效共享,各馆需要充分发挥主人翁意识,积极投入到实体馆藏和虚拟馆藏的统一登记项目中,为馆藏资源的统一检索、整合、开发和利用提供元数据基础。各地在上传国家书目元数据的过程中,以本地出版物和特色资源为优先上载对象,结合自身的资源和人力条件,统筹考虑区域性特色资源书目库的联合共建。通过数字图书馆推广工程的实施,将各级各地图书馆联系在一起,共同构建数字时代的中国国家书目门户。

数字时代的国家书目从概念范畴到服务方式都发生了显著变化,国家书目的作用也遇到了来自互联网丰富资源的挑战。面对挑战,诸多国家都有所行动,瑞典、匈牙利、英国、德国、西班牙、法国、日本和韩国等多家国家图书馆,相继将国家书目或规范数据发布为关联数据[9],供多方利用,使得国家书目的服务突破了图书馆的围墙,由封闭数据变为了开放数据,借助互联网提供给更多的用户使用,更大范围的发挥国家书目数据的价值。数字时代的中国国家书目也将秉持联合、开放、共享的原则,不断拓展其数据范围和服务方式,借助数字图书馆推广工程的实施完善其各项功能,进而促进数字图书馆的资源建设和服务推送。

参考文献

[1] [5][8]IFLA 国家书目指南工作组. 数字时代的国家书目:指南和新方向[EB/OL].[2010-03-26]. http://www.ifla.org/files/bibliography/publications/national-bibliogratphies-digital-age-zh.pdf.

[2] 黄俊贵,姚蓉. 我国书目系统控制的流弊及其对策[G]//全国总书目(2006)电子版使用手册. 北京:新闻出版总署信息中心,2007:1-23.

[3] 文榕生. 中国国家书目探究[J]. 图书馆论坛,2011(6):207-213.

[4][6]彭斐章. 目录学教程[EB/OL].[2012-08-03]. http://jpkt.whu.edu.cn/jpkc2004/mlxgl/teaching-content.htm.

[7] 李致忠. 中国国家图书馆馆史 1909—2009[M]. 北京:国家图书馆出版社,2009:340-341.

[9] 日本国会图书馆规范库的关联数据[EB/OL].[2012-07-18]. http://catwizard.net/posts/20120818231432.html.

(原载于《国家图书馆学刊》2012 年第 5 期)

我国图书馆参考工作起源及相关问题考辨

李　凡

1　引言

图书馆参考咨询工作19世纪下半叶起源于美国。1876年,美国马萨诸塞州伍斯特公共图书馆馆长格林(S. Green,1839—1918)首先提出"参考工作"的概念。七年后,1883年波士顿公共图书馆就设立了世界上第一位全日制的参考馆员。1918年,美国国会图书馆设置了普通读者顾问服务处和专家参考服务部,开展由专家值班的学科咨询服务。19世纪末到20世纪初,美国多数图书馆都成立了参考咨询部门或设置了专职参考馆员。

早期图书馆参考工作就组织形态而言主要有三种模式:①将参考工作置于阅览、流通部门之中,这种模式往往存在于规模较小的图书馆中;②设立参考部,专门开展参考咨询工作,在大型图书馆中,这是被普遍采用的模式;③设立专门参考部,即按专业或藏书门类,在一个图书馆中设立若干相互独立的专业参考部,由专家充任参考馆员,这种模式只能存在于超大型图书馆中。后两种是图书馆专门开展参考咨询工作的机构,又可叫参考研究部、信息咨询部等,一些中小图书馆,因规模较小,工作人员较少,也有称"参考组(股)"或"参考研究组(股)"的,但其性质上都属于从事参考咨询工作的专门部门。它们拥有专门的设备、专业的参考咨询馆员、独享的参考信息资源等。一般认为,图书馆唯有设立参考工作专部,才能够聚精会神、专心致志地从事参考咨询工作,才能够使参考工作迅速发展,取得良好的业绩。本文所讨论的"参考部"属于后者。

我国虽然在19世纪晚期就已经出现了近代图书馆,但在图书馆中开展参考工作却相对较晚,直到20世纪20、30年代,参考咨询工作对于我国图书馆来说还是一个新生事物。到1930年刘国钧还发出这样的感叹:"参考事业最能表现出新图书馆的服务精神,但在我们中国似乎不发达。"[1]岭南大学图书馆馆长谭卓垣在1936年为何多源《中文参考书指南》作序时写道:"我们图书馆里头,扯起旗帜来办参考事业的甚少,这不是说中国图书馆没有做过参考事业工作,因为在任何一个图书馆里,都有答复阅者的咨询和辅助读者找资料的工作,不过大多数是没有正式设立参考部。"[2]何多源在该书《通论·中国图书馆之参考部》一节中提出:"外国图书馆之设参考部,其历史虽不过三十年,但因社会与学者需要此部之设立者甚殷,故现在几一切图书馆均有参考部之设置,而我国图书馆之专设有此部者唯国立北平图书馆与清华大学图书馆。"

2 我国早期图书馆开展参考工作理论研究的情况

1922 年朱家治所著《图书馆参考部之目的》一文，是目前所见我国最早论述参考咨询工作的文章，该文开篇即指出："图书馆设参考部系组织上要素之一，其特异处即集若干图书，或其他参考品，供读者来馆阅览，自成一部分内之事务……参考部之职务，即支配、管理、答问、置备书目等，此种职务在普通图书馆中，概执诸参考馆员之手。"[3] 并认为参考部应该分"管理""询问""目录""稽考"四股。

1925 年李小缘在《公共图书馆之组织》一文中特别阐述了公共图书馆设立参考部的重要性：在公共图书馆中"除馆长而外，馆中最重要之职务即为参考部"[4]。1926 年洪有丰所著《图书馆组织与管理》第八章"参考部"中认为："参考部之职务，有管理书籍(参考书)、答问读者、置备书目等事。"[5] 1928 年杜定友在《学校图书馆学》第十二章"参考法"第一节"参考部"中论述："在大规模的学校图书馆内，参考可以另设一部，有主任有部员。"他认为参考部的工作可以归纳为 7 点：①运用馆内参考书，解答阅者的问题；②代阅者选择适当的参考书；③代阅者搜集及保存参考资料；④代拟各项书目及发布通告，以助阅者参考；⑤教授或演讲各参考书的内容和用法；⑥搜集馆外材料，以供馆内阅者参考；⑦答复关于参考的信件、电话及口头问话[6]。

1930 年刘国钧写成《图书馆内之参考咨询事业》，该文和其后出版于 1934 年的著作《图书馆学要旨》对参考部进行了较为详尽的阐述："图书馆中汇集并利用参考书来答复阅览人的问询，并于相当时机指导读书途径的部分，便是参考部。"他进一步说明参考部是"一个问讯的机关，是一个答复咨询的机关，同时也是一个指导读书的机关，这里的两大要素便是参考书和管理员"。参考部"是阅览人的顾问，是阅览人的指导者。所以图书馆与阅览人发生密切关系的部分，外界多拿这部分成绩，评量其图书馆的好坏"[7]。

1931—1932 年李钟履所译著的《图书馆参考论》可谓这一时期参考咨询工作研究的集大成者，该书内容虽多取材于韦尔(James I. Wyer)的《参考事务》一书(*Reference Work*)，但作者在翻译过程中仅采撷其适合中国情况的内容，并且增加了许多中国的内容，可说是一部根据原著再创作的研究专著。书中对参考工具、参考事务、参考行政逐一进行了介绍与阐述。在本书的序言中："夫若参考事务，在图书馆则尤为重要而具有无上之价值，良以机械式的供给书籍，诚难扩大图书馆之效用，以表现图书馆服务社会之真精神，故必须竭心尽力，诱导襄助，务使参考者之目的得达，图书馆之宝藏无隐，而后可然。"文中论述参考部道："美国图书馆除规模极小不便分部者外，概莫不有参考部之设，亦莫不唯参考部是重。推其原因，不外参考部之事务较诸他部多具意义与价值而已。图书馆之效用伟大与否，多因参考部之贡献于社会者如何转移。贡献伟大则效用亦伟大，贡献微小则效用亦微小。效用即名誉，是即图书馆多注意参考部之设立与工作之原因。"他指出我国图书馆忽视设立参考部"有碍乎图书馆事业之发展。甚望各图书馆从速增辟之，勿使美国专美于前也"[8]。

国立北平图书馆馆长袁同礼在 1935 年以《欧美图书馆之新趋势》为题进行演讲时提到

应重视参考工作,指出:"在我国今日经济情况之下,欲效欧美参考讲座之设立,自属难能之事,但原则上则应谋此参考工作之发展,由所谓藏书之所,而变为用书之所,不但之供参考者之咨询,而更应由被动变为主动,提出问题而引起一般人士探讨之兴趣。""图书馆参考工作,实属刻不容缓之事也。"[9]

我国早期图书馆学家对参考工作重要性进行过探讨。这些讨论充分肯定了图书馆中设立参考部的必要性,并对参考部组织结构、工作内容和方法进行了阐述。在他们的论述中,普遍认为参考部的本质特征应该有二:①应该是专门开展参考工作的部门;②参考部的核心业务应该是答复读者咨询、代读者搜集资料、管理并介绍工具书等。他们不仅介绍了美国图书馆设立参考部的先进经验,而且和中国国情进行了结合。可以说,这些研究是新图书馆运动的一个重要组成部分。

3 我国图书馆开展参考工作的起步阶段

我国图书馆参考咨询工作发端于 20 世纪 10、20 年代。已知最早见诸文献记载的为 1918 年的《京师图书馆分馆民国七年度年终工作报告》,在该报告中"关于阅览人之接待事项",有"馆中对于阅览人,向属谨慎周妥,取纳书籍必求迅速,茶水火炉,必求温洁,遇有质问,必婉词答复。凡馆中未备之书,只在阅览人之要求正当,决无不速为购买或设法介绍"的记载[10],其中"遇有质问,必婉词答复"即是参考咨询工作。

清华学校图书馆在这一时期也尝试开展了一些参考咨询工作。清华学校是清政府学部在 1911 年创办的留美预备学校,清华学校图书馆是该校的参考图书馆,它在创办之初,仅有小规模的图书阅览室,隶属于庶务处之下。1914 年随着学校课程的增加,阅览室脱离庶务处,成为独立的图书馆。此后,它在 1919 年和 1931 年两次扩大图书馆建筑,对于图书馆的组织机构也进行了多次改组和完善。1919 年由留美学成归国的戴超(字志骞)担任图书馆主任(馆长)。1928 年,清华学校正式升格为国立清华大学。1931 年,洪有丰继戴超之后担任图书馆主任。《清华学校图书馆概略》[11]记载:"八年三月(1919 年),(清华学校图书馆)新馆落成……图书馆虽入新居,而一切办法仍仿旧制,每多欠善之处。迨八年秋,主任戴志骞(戴超)先生自美国习得图书馆学归来,乃改弦更张。"具体内容为清华学校图书馆设主任、副主任和参考部等 6 个部门,其中参考部有职员 1 人,由副主任监理。

1926 年戴超撰写的《清华学校图书馆概况》中介绍该馆"参考股的职责有三款:管理教员指定参考书及普通参考书;书籍之出纳;整理杂志及书库"[12]。可见,其中没有答复咨询的职责,而是更像一个典藏、阅览部门。在 1931 年该馆主任洪有丰撰写的《二十年之清华图书馆》中提到参考股负责五项事务:典藏、借阅杂志、借阅图书、搜集参考资料、参考指导[13]。可以看出,虽然参考工作的比重增加了一些,但它仍然不是专门开展参考工作的部门。由此可见,清华学校图书馆参考部虽然名为"参考",却没有真正开展参考工作中答复咨询这一核心业务,更多的是履行着保存和管理参考书的职责。

东南大学图书馆也是我国较早开展参考工作的图书馆,东南大学图书馆的前身是成立于1915年的南京高师图书馆。1921年6月,洪有丰留学美国归来,适逢南京高师升格为国立东南大学,特聘其任东南大学图书馆主任。洪有丰到任后,首先募捐集资建造新馆,其后厘定图书馆组织,该馆“组织:分借书、杂志、典藏、编目、参考、购书、装订等七股。各股事务由馆员八人分任”[14]。此外,1923年上海圣约翰大学罗氏图书馆和此后的南京金陵大学图书馆也都尝试过开展参考工作,但也均属试办性质。1932年《圣约翰大学罗氏图书馆概况》把“加增参考指导部之工作”作为其发展计划,“加增参考指导部之工作,以便读者随时咨询,提供各种参考资料”[15]。1929年出版的《金陵大学图书馆概况》中把添设参考部作为其发展计划:“国外较大之图书馆概设有参考部。本馆前曾试行,以限于人力中止。”[16]试想,假若其已经开展参考工作,还需要制定这些发展计划吗?可见各大学图书馆当时在设立参考部时均受到人力、物力等因素的限制。

目前,研究我国参考工作历史的学者认为清华学校图书馆是我国第一个开展参考工作的图书馆,戚志芬在1988年出版的《参考工作与参考工具书》中对我国图书馆参考工作的历史进行了回顾,指出:“清华大学图书馆可谓先驱,在二十年代初就有参考部的设立。当时主要工作是图书馆选择购买参考工具书,集中在参考部,这些书不外借,只供读者来查阅。图书馆员要负责管理这些图书,指导读者查阅方法,答复这方面的咨询,而且编制参考工具书书目。”[17]这种观点得到了学者的广泛认同,1992年出版的《中国大百科全书图书馆学情报学档案学》在“参考咨询”条中采用了戚志芬的这一观点:“20世纪20年代初参考咨询理论传入中国,清华大学图书馆首先成立参考部。”詹德优在《信息咨询理论与方法》一书中细化了这一提法:“我国现代意义的信息咨询发端于20世纪20年代前夕。原为约翰大学图书馆馆长、后为清华学校图书馆馆长的戴志骞,自美国学习归来,乃改弦更张,把清华学校图书馆办成学校参考图书馆。馆长和副馆长下设6个部:参考部,职员一人,由副馆长兼理,此外有购置部、编目部、出纳部、登录部、装订部。参考部的工作,专备顾问,指导事项主要有:①读书法;②参考书使用法。清华学校图书馆参考部的设立,被公认是我国图书馆信息咨询之开端。”[18]此外,还有许多教材和讨论参考咨询的文章中反复引用这一观点,似乎已成为共识。

笔者认为尚需对历史资料审慎、周密地加以考察。从上述史实不难看出,我国早期大学图书馆中所设立的参考部,无论其组织结构、工作内容和管理方法都是十分不成熟的。诚如1926年清华学校图书馆主任戴超在《清华学校图书馆概况》所写的:“吾国大学,创设图书馆,本在幼稚时代,各种管理方法均属试验性质。”续任清华大学图书馆主任的洪有丰在《二十年之清华图书馆》中写道:“图书馆管理,为馆务最重要之部分。而各图书馆情形不同,其管理方法,应各具所著之精神。即欧美新方式方法,以各国国情互殊,亦未能尽合于实事。本馆之管理方法,虽系力谋改进,务求适应,然处处仍在研究,更期完备。但改进事项,尚非一蹴可及。若轻易更张,必影响于全部计划,如牵一发而动全身,故须详加研究。”当时在这些图书馆中设立参考部的条件尚未成熟,笔者认为有以下5个原因:

第一,理论准备不充分。国内新图书馆运动还没有全面展开,我国第一篇参考咨询理论文章出现在1922年,此后随“新图书馆运动”的展开,才逐渐为人们所接受。此时,虽有少数留美知识分子积极倡导,努力实践,但是还没有被广泛接受与重视,不具备设立参考部的条件。

第二，物质条件不具备。当时我国大学还处在草创时期，学校图书馆无论基础设施建设还是机构组织等都在摸索之中，特别是这一时期受到社会动荡等因素影响，普遍存在经费不足的情况。例如1919年到1920年，清华学校图书馆中文藏书约2.8万本，西文藏书约1.3万本，中、外文杂志约280种，中、外文报纸57种[19]。其编制不足10人，经费不足万元。在诸多问题中，图书馆需优先解决购书、编目、制定借阅制度这些基本问题，也使得其无暇顾及参考咨询工作。

第三，难以选到适宜人才。参考咨询馆员要熟练掌握中、外文工具书，知识全面，当时这种人才在图书馆中是十分稀缺的。例如清华学校图书馆1919年所设参考部只设职员一人，而且是由副主任监理。1936年何多源论及此点时指出："盖熟悉全部中文参考资料者，必不熟悉西文。反之，娴熟西文参考资料者，则中文未必精晓，如分请两专门人才担任一部之工作，则中国图书馆尚未有此充裕之经费也。"[20]可见，何多源并不把这种由馆长兼任的情况作为专部，在当时人员编制不十分充裕的情况下，找到专职从事参考咨询工作的馆员更加困难。

第四，大学图书馆服务对象的限制。学校图书馆以教师和学生为固定读者群进行服务，他们的阅读目的通常相对固定，知识水平相对较高，对于参考咨询的需求不及公共图书馆读者那么强烈。这也制约了参考咨询工作在当时图书馆中的开展。

第五，参考信息源的相对匮乏。在新文化运动爆发前，我国学术偏重国学研究，其他社会科学、自然科学、工程技术方面的工具书几乎没有。1919年以后，特别是20世纪20年代中、后期，随着社会需求的增加，这些方面的参考书才如雨后春笋般涌现，这对于图书馆参考事业的发展也有一定影响。

4　我国真正参考工作的开展——北京图书馆参考组

成立于清宣统元年(1909年)的京师图书馆是国家图书馆的前身。辛亥革命后，该馆由北京政府教育部接管，并于1912年8月27日开馆接待读者。1916年京师图书馆按规定正式接受国内出版物呈缴本，标志着它开始履行国家图书馆的部分职能。1917年馆移方家胡同原国子监南学旧址。1928年7月更名为国立北平图书馆，馆舍迁至中南海居仁堂。它不仅是当时我国最大的图书馆，1936年南京中央图书馆开馆以前还是我国唯一的国家级图书馆。

1924年9月，北洋政府成立专门负责管理美国退还第二次庚子赔款的机构，名为"中华教育文化基金董事会"(简称"中基会")。1925年6月，中基会与北洋政府教育部达成协议，在原京师图书馆的基础上共同创办国立京师图书馆。但因时局动荡，教育部未能履行协议，中基会决定自行开办图书馆。该馆于1926年3月成立，1927年1月正式开放，馆名为北京图书馆(1928年10月起改名北平北海图书馆)。地点设在北海公园内的庆宵楼、悦心殿，聘请梁启超为馆长，李四光为副馆长，袁同礼为图书部主任。开馆之初，该馆正副馆长以下设图书、总务两部,总务主任由副馆长兼任。1927 年 6 月梁启超、李四光因故辞职,中基会改聘范源廉为馆长,袁同礼为副馆长。范源廉多病(1928 年初病故),不能视事,馆务实际上由袁同礼主理。组织上裁撤两部,设立编目、采访、总务三科,该馆开办时总共有馆员 11 人,到 1928 年 5 月就增加到 27 人,1929 年更增加至 39 人[21]。

4.1 北京图书馆设立参考部的过程

1926 年成立的北京图书馆是我国第一个实行科学管理的大型图书馆,它开创之初就十分重视参考工作,1927 年开馆时设在北海悦心殿的大阅览室中就"两壁列字典、辞书、年鉴、人名、地名辞书,参考用书约一千二百册"[22]。翌年,随着阅览室开放,读者增加,图书馆越加感到了参考工作的必要,该馆《北京图书馆第二年度报告》中记载:"阅览室中有一种络绎不绝而事涉专门之咨询,在本馆现在组织之下无所专属者。此一年中所受国内、外来函与当地咨询之件为数至多,虽有立即答复者,而其中亦有颇需翻检者。上列之各书目多为年来应答之一部分资料,至馆员之分配于阅览室者本已极少,年来需要渐增,凡有咨询之件多由编目科人员为之担任。而该科事务遂不免时有停顿之苦,是增设咨询专科之需求愈为迫切也。"[23]1928 年 7 月号的《北京图书馆月刊》中言:"各国大图书馆均特辟一参考部以便学者之咨询。我国各图书馆均未暇顾及于此,本馆开办后每月收受各界咨询为数不少,近此类事务见渐增多,拟特设专部以应需求,新馆落成后,当更有完备之组织也。"[24]《北平北海图书馆第三年度报告》(1929 年)记载:"咨询事项或由面问,或用电话,或通书札,终日不绝。"[25]

北京图书馆负责参考咨询的专门机构在 1928 年 9 月应运而生。1929 年出版的《国立北平图书馆概况》中记载:第二馆(北京图书馆)"十七年九月增设参考科"[26]。1929 年出版的《北平北海图书馆第三年度报告》记载:"年来因咨询事件之增加,势非设专科不可。本年度因派馆员二人专司其事。"[27]

由此可见,参考部于 1928 年 9 月设立在北京图书馆中,成为该馆编目、采访、总务三科之外的第 4 个科(后归入阅览部)。该科是应广大读者需求而设立的,其主要职责为接受阅览公众的咨询、代编辑书目或代为搜集材料和指导读书。参考部成立以后,在北京图书馆以及后来的北平北海图书馆、国立北平图书馆、新中国成立后的北京图书馆、国家图书馆中作为一个机构 80 多年间始终没有中断,可以说是我国时间最长、咨询档案资料保存最完整的参考部,在我国图书馆的参考咨询史上占有重要地位。

4.2 参考部设立于北京图书馆的原因

京师图书馆成立以后未能从藏书楼式的陈旧、落后的管理理念中解脱出来,无论采、编、阅览制度都是与现代图书馆的观念格格不入的。1925 年中基会的介入,才使它真正过渡成为一个现代图书馆。1930 年出版的《国立北平图书馆馆务报告》中阐述了该馆成立参考咨询机构的动机:"中国公家藏书向来注重收藏,本馆目标则注重应用,亟愿以此已有之基础供大多数人利用,爰在阅览部内立参考组,专备阅览公众之咨询,或代编辑书目或为搜集材料。所以减少其翻检之时间而谋其便利,而直接间接又负指导之责者也。"[28]笔者认为 1928 年北京图书馆创设参考部主要有以下 5 个原因:

第一，参考咨询理论的成熟。参考咨询理论19世纪下半叶起源于美国，到20世纪初期，美国多数大、中型图书馆设置了专门的参考部门，拥有专职参考馆员，逐渐成为图书馆中的固定部门。同时，在图书馆教育中，也开设参考工作专门课程，这给我国早期留美学习图书馆专业的学者留下了深刻印象。后来，正是在这些留美学者的呼吁下，我国图书馆界和广大读者才开始逐渐接受了参考咨询理论。

第二，社会的需要。北京图书馆作为面向社会大众的公共图书馆，开馆时间虽然不长，但读者对其开展参考咨询的需求却十分迫切。这一点经由其年度报告中提到的“咨询事项或由面问，或用电话，或通书札，终日不绝”，“年来因咨询事件之增加，势非设专科不可”等记载便可以清楚地看到。

第三，管理者先进的理念。北京图书馆当时管理者的先进理念是创设参考部的必备条件。首先是当时的馆长袁同礼。袁同礼(1895—1965年)，是我国最早的图书馆学家之一。河北徐水人，早年就读于北京大学。1916年到清华学校图书馆工作，次年任图书馆主任。1920年赴美国哥伦比亚大学和纽约州立图书馆专科学校学习，获文学学士和图书馆学学士学位。1924年回国，先后任北京大学图书馆主任和岭南大学图书馆馆长，并担任中华图书馆协会书记。1926年回北京，中基会组建北京图书馆，聘其为图书部主任、副馆长、馆长。该馆的各种规章制度都由他一手制定。袁同礼在美国留学的经历，使他成为图书馆参考工作理论的积极倡导者和早期实践者，他在1935年以《欧美图书馆之新趋势》为题演讲时指出：“应谋此参考工作之发展，由所谓藏书之所，而变为用书之所。”“图书馆参考工作，实属刻不容缓之事也。”

其次，是当时阅览部主任刘国钧。刘国钧(1899—1980年)，字衡如，江苏南京人。1920年毕业于金陵大学。1922年赴美国威斯康星大学留学，学习哲学和图书馆学。1925年学成回国后，曾任金陵大学教授兼图书馆主任，1929年10月被中基会聘为北平北海图书馆阅览、编纂部主任。刘国钧在北平北海图书馆和国立北平图书馆期间任职阅览部主任，参考组即归其管辖。这一时期也是他对参考工作研究最集中的时期，如前文所述，刘国钧在其《图书馆内之参考咨询事业》一文和《图书馆学要旨》对参考部进行了较为详尽的阐述。

第三位是北京图书馆第一位参考咨询馆员、第一任参考组组长汪长炳。汪长炳(1904—1988年)，字文焕，湖北汉川人。1926年毕业于武昌文华图书馆专科学校。正值中基会筹建北京图书馆，被聘入编目科负责西文编目工作。1928年9月参考科成立，他成为第一任参考咨询馆员，次年被聘为首任参考组组长，1932年8月赴美学习图书馆学。他在1936年所撰《一种研究图书馆学之方法》一文中谈到参考咨询工作时写道：“图书馆事业贵在流通图书，使读者便于阅览参考。而参考部之组织之讨论，参考工作方法之研究，接收咨询者之方案，记录问题之格式，做研究工作之步骤，利用馆外材料之手续，编辑书目之原则之讨论及修习等均须详细研究以利参考事业。”[29]可以说，没有以上三位图书馆前辈的远见卓识，就不会有北京图书馆的参考部。

第四，参考信息源的积累。参考书是指那些主要用于查询而不用于连续阅读的书籍，如字典、百科全书、地图册等。在“五四”新文化运动以前，我国的参考书编制数量极少，而且大多集中在国学方面。“五四”以后，新科学运动兴起，新式参考书编制逐步增加，例如商务印书馆、中华书局、世界书局等编纂的辞书、字典、年鉴等，各大图书馆出版的索引，政府机构出版的官书以及期刊、报纸及其索引等已经积累到一定数量，为参考工作的开展创造了条件。

第五，充足的资金保障。图书馆日常经费主要分为购书和经常费两部分，京师图书馆建立虽早，但是它的经常费每月只有 0.5 万元，从教育部支领，因时局动荡，教育部经常拖欠，实际每月仅能够领取到千余元。而北京图书馆经常费由中基会足额发放，1925 年度 1.5 万元，1926 年度 3.6 万元，1927 年度 4 万元，1928 年度 5 万元。两馆合并后，1929 年度增至 9.3 万元，1930 年度 9.6 万元，1931 年度 13.6 万元。经常费的保障使得北京图书馆能够更好地延揽人才，自建馆以来馆员人数逐年成倍增加。北京图书馆 1925 年至 1929 年的购书经费高达 30 余万元。丰富的馆藏文献和充裕的经费，为开展参考咨询工作创造了良好物质基础[30]。

4.3 北京图书馆参考部设立的意义

第一，北京图书馆参考部的设立，标志着我国第一个成熟的图书馆参考机构的诞生。北京图书馆和其后的国立北平图书馆是当时国内最大的公共图书馆，是中国的国家图书馆，它设立参考咨询机构具有重大影响和深远的意义，说明图书馆参考咨询理论诞生近半个世纪以后真正被中国图书馆界所接受。北京图书馆参考咨询机构的设立改变了我国公共图书馆中没有参考部的历史。此后，中国图书馆的参考咨询事业才开展起来。据 1934 年出版的《第一次中国教育年鉴》记载，在公共图书馆中，山东省立图书馆、江西省立图书馆和安徽省立图书馆等当时都设立参考咨询部门，中央大学、清华大学和中山大学等大学图书馆中也设立了参考咨询部门。

第二，北京图书馆参考咨询机构的设立，极大地提高了其读者服务的水平和档次。1932 年出版的《国立北平图书馆馆务报告》记载：该机构为国际联合会调查委员会、东北外交研究会、中国大辞典编纂处、中央研究院历史语言研究所、北平研究院、中华教育文化基金董事会编译委员会、中国营造学社、国立清华大学和国立北京大学等单位提供研究参考资料，其中几乎囊括了国内著名学术研究机构和一些政府机关，在国联调查“九一八”事变过程中为其提供了重要历史资料。还接待了北京大学教授、哲学家汤用彤，中央研究院历史语言研究所研究员、语言学家罗梓田，燕京大学教授、方志学家朱士嘉等学者和很多普通读者，起到了服务国家和学术界，普及、传播知识，提高国民素质的作用。此外，还编辑出版了《中文参考书举要》和《西文参考书书目》等[31]。

第三，代表国家进行国际交流，提高我国图书馆的声誉，扩大其影响。北京图书馆参考组成立伊始，就极力开展对外服务，1929 年《国立北平图书馆馆务报告》提到：“本馆与国际学术界之关系日益密切，国外治东方学者每有咨询事项请求答复，西方人士关于中国之一般问题亦屡有咨访，由馆解答”。同年，北京图书馆还被国际联合会委托为中国咨询机关。

国际联合会智育互助委员会是国际联盟为增加各国图书馆联系，达到资源共享目的而成立的专门机构，总部设在法国巴黎。该会 1928 年起开始编制《各国咨询机关指南》[32]，旨在指导各国学者利用外国图书馆的图书资源。法文版《各国咨询机关指南》出版于 1930 年，该书前言中说：“本指南中收入的咨询机构是智育互助委员会委员从各国大型图书馆中遴选的。”书中共收录了世界上 55 个国家的国家图书馆或大型学术图书馆,其中亚洲只有中国和日本两国入选,在该书第 15 页介绍了国立北平图书馆的参考咨询事业。北京图书馆及其后来国立北平图书馆参考组是当时我国图书馆界唯一对外服务的窗口,在传播中国文化的同时,也提高了我国图书馆的声誉。

第四,北京图书馆参考机构的设立还保存了一些我国早期图书馆参考咨询的记录。这样的记录十分少见,而在清华学校图书馆等图书馆的报告中对参考咨询只字未提。北京图书馆参考组自成立以来,在历年馆务报告中都对参考组的工作情况有所记载。其形成的咨询产品有些还公开出版,例如:1936 年 6 月《图书馆学季刊》第 10 卷第 2 期发表邓衍林(国立北平图书馆参考组馆员)的《元太祖成吉思汗生平史料目录》,该文内容在《国立北平图书馆馆务报告》上被记载为所解答咨询的一种,那些没有出版的咨询产品都汇集一处,另有分类目录可以查找,可提供给读者参考。以上咨询记录和咨询产品,为分析当时的读者需求、了解当时的热点问题以及参考馆员检索情况、我国参考咨询史提供了极其珍贵的资料。

5 结论

史料证明,国内最早见于文献记载的参考咨询工作是 1918 年京师图书馆分馆的“遇有质问,必婉词答复”。其时,清华学校图书馆等大学图书馆尚不具备开展参考工作的条件,它和其他一些学校图书馆中的参考部还只是试办性质,无论其组织结构、工作内容和管理方法都还不完善。诚然,这些参考工作的开展在我国参考工作史上具有重要意义,但不得不说它们是不成熟的,况且有些只是昙花一现。

因此,我们将 1928 年以前的我国图书馆的参考工作视为起步阶段。1928 年 9 月京师图书馆分馆成立参考科当为我国参考工作走向成熟的标志,因为它不仅组织架构完善,而且工作内容和性质也开创了国内多项第一。北京图书馆参考咨询机构自创办起,积极开展各项参考咨询业务,不仅服务于国内读者,还为世界各国读者服务,而且创办以来从未中断。鉴于其国家图书馆和国内最大公共图书馆的地位,其影响之深远和意义之重要不言而喻。

参考文献

[1] 刘国钧. 图书馆内之参考事业[J]. 文华图书科季刊,1931,3(3):303.
[2] 谭卓垣. 中文参考书指南[M]. 广州:岭南大学图书馆,1936:卷首.
[3] 朱家治. 图书馆参考部之目的[J]. 新教育,1922,5(1/2):121.
[4] 李小缘. 公共图书馆之组织[J]. 图书馆学季刊,1926,1(3):375 - 396.
[5] 洪有丰. 图书馆组织与管理[M]. 上海:商务印书馆,1926:65 - 76.
[6] 杜定友. 学校图书馆学[M]. 上海:商务印书馆,1928:165.
[7] 刘国钧. 图书馆学要旨[M]. 上海:中华书局,1934.
[8] 李钟履. 图书馆参考论[J]. 图书馆学季刊,1932,7(3):1.
[9] 袁同礼. 欧美图书馆之新趋势[J]. 文华图书馆专科学校季刊,1935,7(1):1 - 3.
[10] 京师图书馆分馆民国七年度年终工作报告[J]. 教育公报,1917,6(3).

[11] 李希泌. 中国古代藏书与近代图书馆史料(春秋至五四前后)[M]. 北京:中华书局,1982:357.
[12] 戴超. 清华学校图书馆概况[J]. 图书馆学季刊,1926,1(1):93-102.
[13] 洪有丰. 二十年之清华图书馆[C]//清华大学校史研究室. 清华大学史料选编:第一卷(1911—1928). 北京:清华大学出版社,1991:449-465.
[14] 洪有丰. 东南大学图书馆概要[J]. 新教育,1923,6(1):25.
[15] 圣约翰大学图书馆. 圣约翰大学罗氏图书馆概况[M]. 上海:圣约翰大学图书馆,1932:16.
[16] 金陵大学图书馆. 金陵大学图书馆概况[M]. 南京:金陵大学图书馆,1929:6.
[17] 戚志芬. 参考工作与参考工具书[M]. 北京:书目文献出版社,1988:6.
[18] 詹德优. 信息咨询理论与方法[M]. 武汉:武汉大学出版社,2004:35.
[19] 刘聪强. 清华图书馆[J]. 新教育,1921,4(1):124.
[20] 何多源. 中文参考书指南[M]. 广州:岭南大学图书馆,1936:12.
[21] 北京图书馆. 本馆略史[J]. 北京图书馆月刊,1928,1(1):1.
[22] 北京图书馆. 北京图书馆第一年度报告[R]. 北京:北京图书馆,1927:17.
[23] 北京图书馆. 北京图书馆第二年度报告[R]. 北京:北京图书馆,1928:23.
[24] 北京图书馆. 馆讯[J]. 北京图书馆月刊,1928,1(3):3.
[25] 北平北海图书馆. 北平北海图书馆第三年度报告阅览事项[M]. 北京:北平北海图书馆,1929:29.
[26] 国立北平图书馆. 国立北平图书馆概况[M]. 北京:国立北平图书馆,1929:7.
[27] 北平北海图书馆. 北平北海图书馆第三年度报告[R]. 北京:北平北海图书馆,1929:22.
[28] 国立北平图书馆. 国立北平图书馆馆务报告[R]. 北京:国立北平图书馆,1930:6.
[29] 汪长炳. 一种研究图书馆学之方法[J]. 文华图书馆专科学校季刊,1936,8(4):455.
[30] 教育部中国教育年鉴编审委员会. 第一次中国教育年鉴[M]. 上海:开明书店,1934:787-880.
[31] 北平图书馆. 国立北平图书馆馆务报告[R]. 北京:北平图书馆,1932:26-32.
[32] Ordination des bibliothèques. Guide des services nation aux de renseignements, du prêt et des échanges internationaux. International Institute of Intellectual Co-operation[M]. Paris: Institut International de Coopération Intellectuelle, 1930:168.

(原载于《图书情报工作》2012 年第 23 期)

历史照片保存问题探析

金　靖

历史照片将某一瞬间定格在方寸之中，真实生动地记录了当时的社会事件、历史人物、城乡面貌、名胜古迹、民生百态等，比文字资料更加真实地记录、还原了历史。最常见的照片多为纸质，也有玻璃底片和胶片；当照片被装裱、装入相册或相框后，他们的载体便随之变为木质品、金属、纺织品或皮革；照片的显影材料以银盐居多，更古老的是蛋白，之后又有上色照片及彩色照片[1]；国家图书馆（以下简称国图）馆藏历史照片还包括部分照片印刷品。照片的特殊性决定了他们比一般纸质文献更容易受到外界环境的影响而损坏，也决定了他们的保存与保护将更为复杂，并涉及多个层次。本文以国图馆藏历史照片为例，对照片保存的相关问题进行探讨。

1　历史照片库房应具备的条件

历史照片库房应避光、干燥，符合照片藏品所需的温度、湿度标准，还应保持空气流通，配备过滤有害气体和粉尘颗粒的设备。

照片包括负片、正片、玻璃片等，所要求的储存环境是不同的。黑白银盐照片最容易受潮，不良的保存材料或空气污染也会给它们带来损害；彩色照片则对光照、高温和潮湿很敏感，长期储存于潮湿的环境中（相对湿度大于65%）会引起霉菌滋生。温度和相对湿度的波动会使照片发黄，出现污点和变色，臭氧和其他污染气体会加快照片老化。

在国际标准化组织确立保存和处理影像藏品的统一标准中，根据材质的不同限定了不同的保存条件。按简单划定，照片总体的保存湿度应低于50%，保存温度应在4—12摄氏度[2]。因此，珍贵的照片应始终存储于条件适宜的库房中，不宜反复翻阅。对于读者有阅览需求的照片，可以通过数字影像方式供读者网络浏览或以复制品展览。

国图馆藏历史照片保存于善本特藏库房中，具有良好的恒温恒湿的大环境，需要进一步改善的是照片保存的小环境，即符合历史文献保护要求的装具及科学的分类排架方式。

2　馆藏历史照片分类及保存情况

历史照片从内容上，可按事件、人物、景观分类；从种类上，可分为负片、反转片、彩色正片、黑白正片、照片出版物等;从形态上,可按普通单幅照片、裱褙板单幅照片、长幅(巨幅)照片、照片册、相框等区分。

照片的分类及保存需要从种类和形态两方面考虑。

普通单幅照片:馆藏照片中最常见的是普通单幅照片,小至 1 吋[①],大至 20 吋以上。目前 12 吋以下的照片大多存于牛皮纸袋中,如果一个牛皮纸袋中存放一两张照片,对照片起到一定的保护作用,但若放入多张,照片间会相互挤压摩擦,容易粘连在一起。放在牛皮纸袋中的照片在取放时,容易被牛皮纸锋利的纸边划损,也容易在照片表面留下指纹。

裱褙板(纸)的单幅照片:清末民初的专业影楼流行以厚纸板托裱照片,褙板上通常印有影楼、照相馆的信息或徽标。也有些收藏者会自行托裱照片,有的直接将照片贴裱在各类纸张上,有的是用四角贴纸将照片固定在褙纸上。这类照片没有合适装具,多裸露平置于书柜中,在取放时难免造成照片表面磨损,较大幅的照片褙板也容易折损。

长幅(巨幅)照片:长度在 40 厘米以上的照片。因幅面较大,照片在入藏时多呈卷状,有些配有纸盒,更多的没有装具。

照片册:有简装、精装之分,有收藏者自制的照片贴册,也有正式出版发行的照片册。精装照片册保存状况基本良好,但有些相册中的照片有脱落现象,因为相册外没有函套、纸盒等装具,在取放时需要格外小心,以防止册中照片遗落。

照片相框:在相框中保存的照片数量较少,目前均平置于书架上。

3 馆藏历史照片库房排架方式

目前馆藏照片采取流水号式排架法排架,即按照藏品财产号依次排列,这种方式便于藏品的取放。由于照片不宜频繁取放翻阅,这种排架方法的优势被削弱了。同时,单纯按流水号排架,外观大小不一的照片叠放在一起,不利于藏品的保护。常用照片的排架方法还有如下几种:

(1)按照片大小、外观形态分类排架,将中小幅照片(不超过 20 吋/8 开的单页照片和相册)、大幅照片(大于 20 吋/8 开的单页照片和相册)、卷轴、巨幅照片及相框分类放置。这种排架法相对简单,便于管理,使库房预留空间比较好掌握,但某些重要的专藏必然会分散开。

(2)按内容排架,将各类专藏照片与普通照片分别存放。这种排架法则需要较大的预留空间,对库房管理人员的要求也比较高。

综合考虑,把上述几种方法结合起来,才更合理可行。以国图馆藏为例,先按内容分类,名人专藏、领导人及国礼照片、照片出版物多是规格相对统一的单幅照片和相册,可将这几类照片集中放置,不必严格区分大小幅。其他照片再按形态加以区分,顺次排架。重新排架时,应与照片账目对照,在原有财产号前增加一个排架号,做出财产号与排架号的对照表,以便日后查找藏品时参照。

---

① 照片的尺寸通常以“吋”为单位,“吋”即英寸,1 吋 = 2. 54cm。

4 选择照片装具

在改变排架方法之前,还有一项非常重要而复杂的工作——更换照片的装具。

通常,用于制作照片装具的材料多种多样,其中纸张是保存照片所用的最广泛的材料。用于制作照片装具的纸质品,要选用 pH 值在 7.5—9 之间,不含酸性物质的;因木质素会引起照片褪色和污损,所以纸张中木质素的含量要低于 1%;为了保护照片不易为外力所伤,用于照片装具的纸质品还应具有一定的强度,可以为照片提供支撑力。如果把照片装入透明的塑料封套,便可以直观地看到照片画面,因此塑料材质也是制作照片装具很好的选择。塑料材质并不是用于一般商品包装的普通塑料,而是化学性能非常稳定、不含添加剂和表面涂层的专业材料。目前,聚酯纤维、聚丙烯材料、聚乙烯材料这 3 种塑料类材料适用于摄影作品的长期保存,它们在透明度和强度上有所差别,价格也不同,可以针对不同需求选择不同的材料[3]。

此外,当照片摆放在库房书架(书柜)中时,应根据照片的大小形制选择不同尺寸的包装盒,以便于整理和取放。材料应选用具有一定硬度、厚度的无酸纸盒,且规格不宜过多。

4.1 选择照片装具需考虑的问题

(1)照片的外观形态

主要包括普通单页照片、已经装裱的照片(仅裱了背板,还是有正背面保护的夹套)、长幅卷状照片、相册、相框。

(2)照片的规格大小

照片藏品不同于一般的图书,其尺寸小到 1 吋(约 2.50×3.80 厘米),大到 80 吋(约 100×200 厘米),不同规格的照片在贴裱或装入相册后,其外观尺寸又不相同。

(3)照片的保存现状和价值

如果照片价值很高,或者较为残破,应该特别制作装具;如果照片价值不高且年代较近,从节约成本的角度考虑,可以暂时选用普通装具。

4.2 针对不同类型照片的选择

(1)普通单幅照片

此类照片较薄且脆弱,取放时容易在表面留下指纹印,应将照片放入照片册中保存,或者配备单独的保护夹或封套,再按照规格大小放入适宜的保存盒中。根据照片的不同情况,可选择以下几种保存形式:①DIY 形式的照片册及无酸纸盒(见图 1),这种方式可使照片得到相册、纸盒的双重保护,常规尺寸的照片基本能够不受限制统一存入,整理、归取、翻阅都比较方便。因为每一财产号下照片的数量和大小不一,DIY 形式有助于灵活整理,以无酸纸制作单独的内页,照片以角贴固定(这种方法不会伤及照片本体,如要取出仅需撤除角贴),按财产号将册页装订成照片册,再将照片册放入无酸纸盒中保存上架;②透明聚酯纤维封套(见图2),透过封套可以直接看到影像,同时也对照片提供了更好的保护。适用于保存背面有信息、不宜粘贴背纸的照片,或者一个财产号下照片数量较少,无法单独成册的照片;③四叶形的纸夹(见图3),适用于保存已经残破、暂时无法修复的照片,或者一个财产号下仅有一两张照片的情况;④保存盒,如果一个财产号下有多张照片,且价值不高(如翻拍的展览照片),可以将照片直接放入保存盒存放,但照片之间要用无酸保护纸隔开。

图1 DIY形式的照片册①

图2 透明聚酯纤维封套图

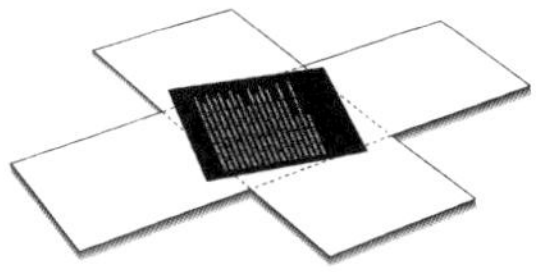

图3 四叶形的纸夹

(2)裱褙板(纸)的单幅照片

主要用于装裱有硬卡纸背板的照片,虽然少有折损,但由于没有外装具,照片表面容易磨损,背板纸也容易因酸化变脆而折裂。对于保存状况较好,或者同一财产号下有若干张裱背板照片的,可将照片间用无酸纸间隔,再放入保护盒中。对于已有残损,或者一个财产号仅有一张照片的情况,应先将照片放入较硬的透明聚丙烯封套中,再将若干张照片放入统一的无酸纸盒保存。放入同一纸盒的照片财产号应保持连续,并在盒外标签上清楚标示。这类照片背板多为大16开或大8开,可选择适合这两种尺寸的保护盒,过多照片的叠放对照片保存不利,因此盒子内部深度应在3—6厘米。如有小幅照片,可配备少量无酸隔板,用于纵向隔开盒内空间,这样既可保证外包装规格统一,便于排架,又不浪费空间。

(3)长幅、特大幅照片

以卷状保存的长幅照片,应由专业修复人员展平。展平后的长幅照片和大于12吋的照片虽然可以装入相框中,但相框并不适于库房保存,笔者建议根据照片尺寸定制无酸硬纸板托裱,或者四边压裱,之后用透明的聚乙烯材料包裹,或者以与背板同大的硬纸板覆盖。硬纸背板的支撑力可以保证照片在取放时不会被折损,透明的包裹材料保护照片表面不会被磨损且方便查看;而对于已经数字化、短期内不会再查看的照片,以硬纸板覆盖更好。装裱好的大幅照片以2—5幅一摞平放于架(柜)中为宜。

(4)相册

以相册形式保存的照片藏品,仅需将相册放入保护盒(见图4)中保存,这样可以保护相册在取放时不受损伤。如果资金有限,对于暂时不会使用的相册,也可以暂时用无酸纸包裹并平放储存。需要注意的是,如果相册中的照片

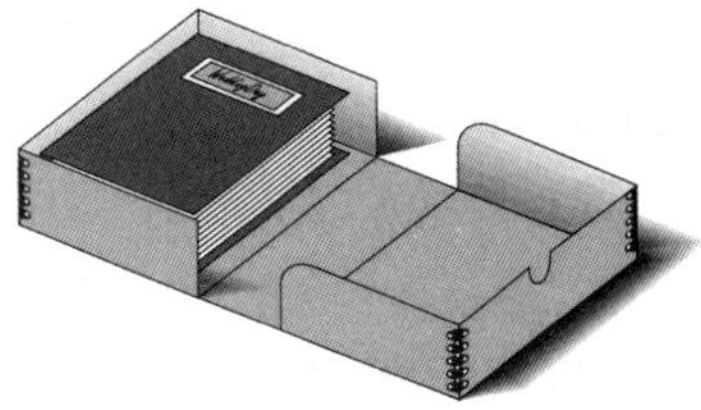

图4 相册保护盒

① 本文插图为瑞德博物馆服务中心罗晓东提供。

画面相对，应在照片之间夹入无酸纸。

(5)相框

相框是较为特殊的照片装具，虽然会对照片起到一定的保护作用，但是仅适于悬挂观赏或展示，并不适于普通库房的平放保存。含有酸性物质或木质素的相框会对其中的照片造成伤害，相框的玻璃表面如果破裂也会划伤照片，因此应视情况对相框加以防护或者改变装具。对于已装入相框的照片，如果相框本身具有文物价值，应保留原貌，订制合适尺寸的无酸保存盒，垫入缓冲物后将相框收入盒中平放保存；如果相框本身无特殊价值，其材质又不利于照片长久保存，可考虑将照片取出，放入专业的照片封套或其他适合的装具中。

(6)画片(明信片)

照片藏品中有一些是印刷的照片明信片，大小规格统一，背面大多会有文字信息。可以与未装裱的散页照片一样选择 DIY 相册或者插袋式无酸透明活页，整理好后装订成册并放入专业保存盒。

(7)胶片

胶片分为正片和负片，正片也叫反转片，负片则是我们通常所说的底片。对于成套的胶片，可订制专门的胶片保存活页，将胶片整理装入，再装订起来放入保存盒中，注意每张胶片下方应标注与之对应的照片编号。如果是零散照片所附的胶片，可将胶片放入专门的胶片保存袋中，再与对应的照片装入同一套装具中。

5 改换装具的过程及问题

在良好的库房环境下，能对破损的照片加以修复并将照片全部归入上述装具中，是最为理想的结果。但在有限的人力、财力下，馆藏数万张照片的整理及换装是个大工程。在更换装具前如何快捷而有效地减少不良装具对藏品的伤害？在改装过程中又会遇到什么问题？这些都是需要思考的问题。

5.1 改换装具的实践过程

针对目前馆藏照片保存的状况，国图舆图组先对一些破损较严重或比较珍贵的照片进行了临时性的保护，在没有新装具之前，这些照片不宜再翻阅。例如，对于没有外包装的散页照片，将较平整的照片用棉纸包裹，若干张包一个纸包，照片之间尽可能以撤潮纸间隔；对已有残损、卷曲的照片则单幅包裹，尽量展平，并辅以硬纸固定。对于没有外包装的卷状照片，因长期卷放，如果强行展开极易造成断裂，所以先用棉纸包裹，再用瓦楞纸加固保护，交由专业修复人员修复展平并装裱。针对一个财产号中照片尺寸大小不一的情况，可按照片大小规格分类，将若干张同样大小的用棉纸包为一包，12 吋以上的较大幅照片在棉纸外再用瓦楞纸固定保护。

做了上述临时性防护后，便可开始分期分批更换照片装具。

从新入藏照片开始，对于常见规格的照片，要做到随采随配装具；对于特殊规格的照片

(如卷状长幅照片),可统一修复展平并定制装具。此外,针对专藏照片比较复杂的情况,逐项"量身订制",分批进行。例如,2011 年 8 月国图获赠一批珍贵的彩色反转片,摄影者只是将几百张反转片简单分类,每类用橡皮筋捆绑起来。我们先将反转片交由中国图片社冲印成纸质照片,又订制了胶片保存活页及带装订环的保存盒用于存放原始反转片及带活页照片裱褙板、无酸装裱相角和蛤壳式保存盒(见图 5),将冲印出的照片用相角贴裱在活页裱褙板上,再装于蛤壳式保存盒。这样既适于保存又便于利用,同时也使捐赠者安心。

图 5　蛤壳式保存盒

对于专藏照片的整理,国图计划从"法国工程师普意雅专藏照片"开始。这些照片是普意雅的夫人朱德蓉女士 1932 年 10 月捐赠给国图馆的,内容以北京及平汉铁路周边的古迹、民俗为主,包括有普意雅拍摄及收集的照片和印刷品,共计 5000 余幅。普意雅先生自己曾进行了初步的整理分类,将各类照片按内容归入纸袋或者简易的硬质文件夹中,有些还附有相关的文字资料。其中数量最多的 4—6 吋照片,是在 16 开的草纸上按尺寸大小切出四角,将照片卡入其中,并在草纸上手写了简单的法文题名;有些画册上印刷的图片,也被他剪下粘贴在相同的草纸上;还有一些是 8—10 吋已裱背板的照片和 16 开大小的照片出版物单页。这些照片还需要进一步研究和整理,草纸上的手迹需要保留,文字资料需要一并收存,而不同材质的照片又如何能归于同一类装具中?首先将照片全部进行了数字化扫描,然后拟定了两种保存方案:一种是以活页的方式将不同材质的照片集结成册;另一种是根据单幅照片的不同情况选择贴裱或装聚酯封套,之后将每类照片分别装入保护盒中。

5.2　改换装具过程需注意的问题

(1)目前专藏照片并不集中,改装具时应汇总排架、做好记录,以避免取放时发生混乱。

(2)要特别留意那些破损的照片,这些照片应先进行修复后再装入适宜的装具。对特别残破或者具有代表性的破损照片,可先将残破情况拍摄下来留作修复资料。

(3)对藏品原有包装上面的信息进行备份。如果是原收藏者的包装需完整保存,如果是编目人员做的简易包装,可将上面有用的信息记录下来,再销毁旧包装。

(4)改装具时应注意移除照片上的物品(如曲别针、橡皮筋等),它们通常是用于固定与某照片相关的字条等文字资料,所以应特别注意这些文字资料的处理,可用铅笔在统一位置标注每份资料与照片的对应关系。

(5)尽可能用 2B 铅笔或无酸签字笔将照片信息记录在粘胶无酸标签上,再将标签贴在照片保护封套或者保存盒上。对于必须标注在照片上的藏品编号等信息,应用 2B 铅笔写于照片背面一角,遇到表面有涂层无法用铅笔书写的相纸,可用专用的记号笔标注。

(6)如果条件允许,应在更换照片装具之前进行数字化扫描。今后不论是读者阅览、展览展示还是进行研究,都可依赖数字影像而不必再翻动照片原件,这也是一种间接性的保护。

历史照片藏品保存状况的改善不是一朝一夕的事情,需要了解国际行业标准,建设符合保护要求的库房环境和适宜的保存架(柜),通过专业修复及保护人员的辅助,根据照片内容、形态进行科学的分类整理以及耗费人力与时间的改装工作,才能使逐步趋于理想。我们要秉承可逆性操作,不断努力探索,寻求最理想的保存方法,珍存这些比文字更有说明力的历史影像。

参考文献

[1] 孟广泰.博物馆如何保存照片与底片[N].中国文物报,2006-06-23(6).

[2] 图书馆资料保护与保存原则:照片和胶片媒体资料的保存[EB/OL].[2012-02-08].http://www.hongkongretek.com/NewsShow.asp? newsid=63.

[3] 罗晓东.摄影藏品耐久保存产品选购指南[EB/OL].[2012-06-01].http://www.hongkongretek.com/NewsShow.asp? newsid=78.

(原载于《图书馆建设》2012年第12期)

坚持儿童优先原则　开创图书馆未成年人服务工作新局面

王志庚　李俊国

儿童代表未来。加强儿童教育、培养和服务，是关系到党和国家事业兴旺发达的重大战略性任务。在建设文化强国，构建公共文化服务体系的今天，研究“儿童优先”与公共图书馆服务问题意义重大。现就公共图书馆的儿童优先服务谈几点意见。

1　儿童文化权利是儿童基本权利，是儿童发展权的重要组成部分

联合国《儿童权利公约》和《中华人民共和国未成年人保护法》都规定未成年人享有生存权、发展权、受保护权、参与权等权利。文化权益，作为基本人权的重要组成部分，是人与生俱来、理应享有的发展权的基本内涵。具体而言，人的文化权益包括文化共享权、接受教育权、人格发展权、精神自由权、文化参与权、思想表达权、作品创造权、文化交流权等。其中，文化共享权、接受教育权、人格发展权、文化参与权，可以称之为基本文化权利，因为它对人的综合素质的形成影响巨大，个人的人格、精神、素质、知识积淀和劳动技能的形成，无一不与他所生活的人文环境赋予他的直接和间接影响有关。儿童时期是人生发展的关键时期，为儿童提供必要的文化方面的发展机会和条件，最大限度地满足儿童的发展需要，发挥儿童潜能，将为儿童一生的发展奠定重要基础。因此，儿童的文化权利是儿童的基本权利，是儿童发展权的重要组成部分。

2　儿童优先正在逐渐成为国家战略和基本国策

中国共产党第十八次全国代表大会通过的大会报告在“统筹推进城乡社会保障体系建设”的论述中表明，“坚持男女平等基本国策，保障妇女儿童合法权益。”新颁布的《中国儿童发展纲要（2011—2020）》的指导思想中明确规定“坚持儿童优先原则，保障儿童生存、发展、受保护和参与的权利，提升儿童福利水平，提高儿童整体素质，促进儿童健康、全面发展”，并将“儿童优先原则”设定为五个必须坚持的工作原则之一。我国新修订的《未成年人保护法》在第三条和第四十条规定：未成年人享有生存权、发展权、受保护权、参与权等权利，国家根据未成年人身心发展特点给予特殊、优先保护，保障未成年人的合法权益不受侵犯。学校、幼儿园、托儿所和公共场所发生突发事件时，应当优先救护未成年人。

近几年发生的几起校车事故，让校车安全成为社会关注热点。之后，国务院颁布的《校车安全管理条例》中明确了校车的“优先权”。校车“优先”包含了政府和社会对儿童人身安全的高度关切和保护，也体现了对儿童的重视和关爱。

近年来，我国儿童福利界呼吁将“儿童优先”的理念上升为国家战略和基本国策。我国宪法中规定了男女平等是基本国策。笔者认为，应该将男女平等和儿童优先相提并论，把儿童优先上升为国家战略，让儿童优先成为国民共识。这方面，我们还有很多工作要做，但公共服务行业应该率先提倡和践行儿童优先的原则，公共图书馆更应该积极实践和推广儿童权利保障和儿童优先理念。

3 儿童优先已成为国际图书馆界通行惯例

1994 年联合国教科文组织发布《公共图书馆宣言》称，公共图书馆是教育、文化和信息的有生力量，是透过人的心灵促进和平和精神幸福的基本力量，并将“从小培养和加强儿童的阅读习惯”作为公共图书馆的第一使命。国际图联成立专门儿童服务委员会，加强公共图书馆在少年儿童服务方面的国际研究和合作，并推出了三大工作指南。欧美等发达国家的公共图书馆都将儿童图书馆建设和未成年人服务作为工作的重中之重。美国、日本、瑞典、芬兰、新加坡等国家还建立国家级的少年儿童图书馆，负责对全国少年儿童图书馆的工作进行指导和协调。世界各国的公共图书馆、社区图书馆都将服务少年儿童作为首要任务，把图书馆里的最好的空间用来服务少年儿童，并配置足够的师资、设备、图书和其他资源。我国公共图书馆在儿童服务方面还需要进一步加强，所以有必要倡议和推广“儿童优先”的服务理念。

4 儿童优先是我国公共图书馆事业发展的新要求

众所周知，由于历史的原因，我国的公共图书馆形成了一般公共图书馆和独立建制少年儿童图书馆两个服务少年儿童的阵营。改革开放以来，我国公共图书馆事业取得了长足进展，基本上实现了“县县有图书馆”的目标，然而公共图书馆的未成年人服务工作却是差强人意，与广大未成年人日益增长的精神文化需求相比，与我国经济社会协调发展的要求相比，与发达国家相比，我国少年儿童图书馆事业还存在着较大的差距，主要表现在投入不足、设施落后、文献资源总量少、品种单调、服务网络不健全等方面。为促进少年儿童图书馆事业的快速发展，2010 年 12 月文化部下发了《关于进一步加强少年儿童图书馆建设工作的意见》，要求各级文化行政部门要进一步增强责任意识、大局意识，把加强少年儿童图书馆服务的工作，作为当前和今后一个时期文化建设的一项重大任务，在政策、经费投入、人才培养等方面予以重点支持，促进少年儿童图书馆事业的快速发展。按照我国《全国公共图书馆事业发展“十二五”规划》的要求，“十二五”期间，我国公共图书馆事业将实现从全配置到全覆盖的战略转型，少年儿童图书馆事业面临新的发展机遇。

2011 年我国颁布实施的《中国儿童发展纲要》设定的目标之一就是要“培养儿童阅读习惯，增加阅读时间和阅读量”。纲要制定的策略措施包括：“创造有益于儿童身心健康的文化环境；为儿童健康上网创造条件；加大儿童活动设施建设；为儿童阅读图书创造条件。”纲要还规定了“在公益性文化场所和儿童活动场所建设公共电子阅览室，为儿童提供公益性上网服务；增加社区图书馆和农村流动图书馆数量，公共图书馆设儿童阅览室或图书角，有条件的县（市、区）建儿童图书馆；广泛开展图书阅读活动，鼓励和引导儿童主动读书”。

5　倡导儿童优先服务的建议

公共图书馆的儿童服务不是一个新课题，但公共图书馆工作的儿童优先却是值得深入研究的新课题。公共图书馆是保障儿童文化权力，促进儿童全面发展的重要基础设施，因此，按照《中国儿童发展纲要》的规定，儿童优先原则应该成为公共图书馆（含少年儿童图书馆、少年儿童阅览室）今后工作的重要方针，公共图书馆的立法活动、政策制定、发展规划和资源配置等方面应优先考虑儿童的利益和需求，这些涉及政策制定者、行政管理者、图书馆管理者和儿童服务工作者等方方面面。我们要积极宣传和践行儿童优先原则，首先要提高所有相关人员的儿童权利意识和儿童优先意识，全国公共图书馆行动起来积极践行儿童优先原则，保障儿童利益最大化。具体建议如下：

（1）各级立法机关应该坚持儿童优先原则，在公共图书馆立法和政策法规制定等活动中，要充分考虑儿童和儿童图书馆（室）的利益和需求，为公共图书馆的儿童服务工作提供法律保障。建议正在立法进程中的《中国图书馆法》加入坚持儿童优先原则的内容。

（2）各级文化行政管理部门应该坚持儿童优先原则，在发展规划编制和预算审批和拨付等活动和工作中，要优先考虑儿童和儿童图书馆（室）的利益和需求，把少年儿童图书馆（室）的建设纳入当地国民经济和社会事业发展总体规划和文化发展专项规划。

（3）各级文化行政管理部门应该坚持儿童优先原则，在项目立项和公共图书馆评估等工作中，要优先考虑儿童和儿童图书馆（室）的利益和需求，在乡镇综合文化站建设、街道（社区）文化中心（活动室）建设以及国家公共文化服务体系示范区（项目）创建、公共图书馆评估定级等工作中加大对儿童服务项目考核与评估的指标和权重。

（4）各级图书馆学会及其专业委员会应该坚持儿童优先原则，在标准规范制定、学术活动组织、会员发展和评审表彰等工作中，要优先考虑儿童和儿童图书馆（室）工作人员的利益和需求，为公共图书馆的儿童服务工作创造良好的行业环境。建议尽快制定“儿童图书馆室服务规范”和“儿童图书馆建设标准”。

（5）重大文化惠民工程和数字文化建设项目，应该坚持儿童优先原则，文化信息资源共享工程、数字图书馆推广工程、公共电子阅览室项目、农家书屋工程等项目要优先考虑儿童和儿童图书馆（室）的利益和需求，加强少年儿童适用的设施设备和信息资源的建设和服务。

（6）各级公共图书馆应该坚持儿童优先原则，在馆舍规划和服务布局方面优先考虑儿童的利益和需求，应建立专门的儿童服务部门，有条件的地方建设独立建制的少年儿童图书馆。所有公共图书馆应建立少年儿童分馆或阅览室，努力构建包括少年儿童图书馆、少年儿童阅览室、少年儿童图书馆分馆在内的覆盖城乡的服务网络体系。

（7）各级公共图书馆应按照分级服务的原则，从儿童身心发展特点和利益出发策划、组织和开展儿童阅读、亲子阅读和分享阅读等活动，吸引少年儿童多读书，读好书，保障儿童利益最大化。

（8）各级公共图书馆应在人力资源管理方面优先考虑儿童的利益和需求，积极引进或培养儿童服务的专业化人才，优先安排从事少年儿童服务工作的馆员参与培训、进修、课题研究和学术交流等活动，提升少年儿童服务工作者的能力和水平。

（9）各级公共图书馆应在预算管理和使用方面优先考虑儿童的利益和需求，每个公共图书馆都应安排一定比例的独立预算用于少年儿童图书馆（室）的建设、管理和服务，应设置专门预算用于购置少年儿童读物和组织儿童推广阅读活动。

（10）各级公共图书馆应按照平等原则，创造公平的服务环境，确保不同户籍、地域、性别、民族、信仰、教育状况、身体状况和家庭财产状况的少年儿童平等地享有接受公共图书馆服务的权利与机会。开展儿童图书馆流动服务、新媒体服务。

（11）各级公共图书馆应按照儿童参与原则，创造有利于儿童参与、分享和表达的图书馆环境，鼓励并支持儿童参与图书馆志愿服务等活动，畅通儿童意见表达渠道，重视并积极吸收儿童读者及其监护人的意见。

（12）各级公共图书馆应积极开展社会合作，加强同出版界、科技界、文学界、教育界的合作，开展和民办公益儿童阅读推广机构的合作，举办面向儿童的讲座、培训和展览等活动，开展儿童阅读推广进校园，进社区、进乡镇等活动。

（13）各级公共图书馆应积极拓展儿童服务的渠道，积极开展推送服务、特殊服务和新媒体服务，有条件的地方要配置流动图书车及有关设备，开设盲文阅览室，坚持阵地服务与流动服务相结合，组织面向残障儿童、城市流动儿童、农村留守儿童等特殊群体的服务活动，有条件的地方应开展新媒体服务，提高儿童的信息素养。

（原载于《图书馆工作与研究》2013 年第 3 期）

论国外智库的中国研究对我国政府决策以及决策服务的参考价值

李　嘉　卢海燕

随着中国全球影响力的提升,国外政策研究咨询机构有关中国研究的规模增大,人员增多,成果与日俱增。这些研究既在一定程度上反映了国际社会对中国发展和中国问题的认识,也在一定程度上影响着各国政府的对华政策和中国的世界形象。国外的中国研究主题广泛,有政治经济议题,也有社会民生议题;既有宏观战略性研究,也有微观操作层分析。其研究成果借助互联网得以在世界范围内迅速传播。在海量的互联网信息资源中,国外中国研究信息和成果具备知识性、可靠性、及时性、针对性等高价值信息的特点。

国外政策研究咨询机构依据机构性质、运作方式和研究目的的不同大致可划分为三类。①专业智库。其组织宗旨和目标是影响公共政策的制定,特点是媒体曝光率高、政策和舆论影响力大。其研究成果通过报纸、杂志、广播、电视以及互联网等媒体平台广泛传播。②政府和军队内部的行政或情报部门。其工作主要是进行特定情报的收集和研究。此类机构很少出现在公众视野,也几乎不公开研究成果。③大学里的研究机构。具体到中国研究又可分为两类,一是传统的汉学研究机构,二是当代中国研究机构。近年这两类机构的研究内容有交叉和融合的发展趋势,此不赘述。大学研究机构的特点是重学术、轻实用,不以对政府短期决策施加影响为目的。从研究成果的针对性、实用性、影响力和可获取性考虑,本文着重分析第一类机构,即国外专业智库的中国研究对我国政府决策以及决策服务的参考价值。

1　国外智库中国研究具有全球视野和比较客观、严谨的研究态度

近年越来越多的智库正在逐渐突破立足于某国的立场,把发展目标定位在服务全球。他们研究并试图解决那些影响地球和人类生存的根本问题,如环境、人口、气候、能源等,即使在政治、外交、军事、安全等传统智库研究领域,在顾及国家和民族利益的同时,也日益关注对全球和平、稳定和发展的影响。

在研究立场和研究内容具有全球化的特点之外,智库发展的全球站位思想还表现在研究阵地的全球化。有百年历史的美国知名智库卡内基国际和平研究院率先提出并示范了一个全新的理念:在当今世界,一个肩负着为全球安全、稳定和繁荣做出贡献的重要使命的智库,应该在世界范围内设立永久性的分支机构,以跨国的视角开展其核心工作[1]。目前,卡内基已分别在华盛顿、莫斯科、北京、贝鲁特和布鲁塞尔设立办公机构,针对当今世界共同面

临的问题和挑战,寻找建设性的解决方案。

国外智库发展的全球站位思想在中国研究上表现得尤为突出。很多国际知名智库在中国建立了研究基地。日本野村综合研究所2002年在上海设立了野村综研(上海)咨询有限公司,2005年设立了北京事务所,2007年与清华大学共同创办了清华大学·野村综研中国研究中心。2004年卡内基首次在北京设立办公室,2010年与清华大学合作创立清华—卡内基全球政策研究中心。连续多年占据《全球智库评估报告》(*The Global ´Go-To Think Tanks´*)综合排名第一的智库——美国布鲁金斯学会2006年在华盛顿设立约翰·桑顿中国中心,同年在清华大学设立北京办事处,与清华大学合作成立清华—布鲁金斯公共政策研究中心。德国两家知名的基金会智库都在中国设立了办公室:阿登纳基金会(Konrad-Adenauer-Stiftung)中国办公室成立的宗旨是支持中国的改革进程,特别是经济转轨和法治国家改革领域的改革进程;支持将中国进一步纳入国际关系的网络之中[2]。海因里希·伯尔基金会(Heinrich Böll Stiftung),则与中国国际民间组织合作促进会合作,成立了伯尔基金会—中国民促会项目合作办公室,在环境与气候、经济与社会变革、全球化与国际关系等方面与中国的民间团体、政府部门和学术机构一起开展研究,积极促进中国的发展和改革,增进中国和德国之间的理解[3]。

国外智库在中国开展中国研究的优势,除了保持和加强研究的国际化视野之外,还包括:①更加近距离地观察和感受中国的变化,提高研究效率和研究质量;②便于同中国本土的研究机构进行学术交流与研究合作;③有机会与中国决策者直接沟通,获取第一手的信息情报,建立“二轨外交”沟通渠道;④可以扩大这些智库在中国乃至全球的影响力。

目前把中国研究的阵地转移到中国的还只是少数资金雄厚的大型国外智库,更多的国外智库还是立足本国进行中国研究,但他们也并非闭门造车,而是通过研究人员互访、组织国际会议、开展项目合作等方式积极寻求与中国政府、学术研究机构和研究人员的接触与交流。随着对中国的了解和研究日趋深入,国外智库对中国来说已不仅仅是观察者的角色,而是逐渐成为中国改革和发展的参与者。

在全球站位思想指导下,国外智库的中国研究日渐脱离了西方中心观或中国中心观的研究意识,开始把中国作为世界的一个组成部分,给予恰当的关注。正如布鲁金斯学会约翰·桑顿中国中心研究主管、资深研究员李成所说:“我们的研究必须脱离美中关系的局限,要有全球的关怀和视野,为全球服务。”[4]正是这种全球关怀和视野使国外智库的中国研究成为对我国政府决策具有参考价值的关键因素。

2 国外智库中国研究的选题具有针对性、实用性和前瞻性的特点

国外智库研究工作的针对性、实用性和前瞻性的特点在中国研究上表现得非常充分。下面以近期国外智库在外交关系领域的中国研究情况为证。

美国海军分析中心(Center for Naval Analyses)是由美国联邦基金支持的服务于美国海军和其他国防机构的智库,素有“海军的兰德公司”之称,2012年是该中心成立70周年。该

中心有20余人的中国研究团队，以中国在国际秩序中的新角色为研究主题，为美国军队和政府提供中国战略和中国安全事务方面的分析报告和政策建议。自奥巴马上台以来，美国一直致力于重返东南亚，越南、菲律宾等国也企图拖美国介入南海问题。海军分析中心2012年3月份发布了研究报告《美越关系中的中国因素》(*The China Factor in U. S. -Vietnam Relations*)[5]。报告指出，虽然美越两国已经开始寻求共同利益，但中国方面的行动将继续影响美越之间合作发展的进程和范围，特别是在安全事务方面；美越关系发展的最大障碍是美越两国都想尽量避免破坏与中国的双边关系。从中可以看出，美国既想遏制中国又不想破坏美中关系，因此必然会小心翼翼地处理与东南亚各国的关系。

中俄关系是中国的大国外交战略中最重要的双边关系之一，对俄罗斯而言同样如此。2012年普京再度当选俄罗斯总统伊始就来华访问。6月6日，普京访华第二天，卡内基莫斯科中心主任Dmitri Trenin发表专栏文章《灵活的合作关系》(*Flexible Relationship of Cooperation*)[6]。文章指出，普京已经意识到当代国际关系的复杂性，希望通过全面发展与欧洲、美国和亚洲的关系，最终达到全球政治格局的平衡。在经济贸易和地缘政治方面中国是俄罗斯最重要的合作伙伴，俄罗斯不会做出任何破坏目前俄中两国友好关系的举动。文章最后建议，与中国建立更加灵活的关系比建立单纯的盟友关系对俄罗斯更有利。

愈演愈烈的欧债危机考验着欧中关系。2007年成立的欧盟外交关系委员会(European Council on Foreign Relations)是第一个泛欧洲智库，致力于促进欧洲整体外交政策的建立。2012年5月该委员会发布政策简报《中国与德国：一种新型的特殊关系?》(*China and Germany：A New Special Relationship?*)[7]。文章指出，德国的外交政策是基于这样一种思想，即通过经济交流来引导中国政治和社会的变革，而德国则被中国视为有助于其经济发展的国家。在中国需要技术、德国需要市场的情况下中德之间一种新型的特殊关系正在形成。作者认为中德之间的这种特殊关系对整个欧洲来说也是很重要的，应该把这种关系发展为真正的欧中战略伙伴关系。

智库不仅对时政事件反应迅速，还对将要发生的事件进行前瞻性的长期的跟踪和研究。2012年11月举行的总统大选是美国国内最重大的政治事件之一。布鲁金斯学会早在2012年年初就设立了"Campaign 2012"研究项目。该项目计划针对国内外最紧迫的问题，通过一系列的政策简报、评论和专家对话，为候选人和选民提供基于事实的思想观点，同时为候选各方提供讨论和辩论的平台。该研究项目设置了12个被认为是下届美国总统必须面对的国内外政策议题，包括经济增长、财政赤字、卫生保健、恐怖主义、制度改革、气候变化、阿富汗和巴基斯坦问题等。"全球经济与中国"(The Global Economy and China)是12个议题之一，对该议题的设置说明是：在一个日益全球化的世界中，美国必须面对诸如中国等新兴经济力量的竞争，未来的美国总统必须具有处理这一棘手局面的战略管理能力。在此议题下，3月16日约翰·桑顿中国中心主任李侃如(Kenneth G. Lieberthal)与资深研究员Jonathan D. Pollack发表联合报告《建立信誉与信赖：下任总统必须处理好美国最重要的外交关系》(*Establishing Credibility and Trust：The Next President Must Manage America's Most Important Relationship*)[8]。报告指出，美国自身财政状况重建的关键有赖于发展与中国的关系。建议下任总统应积极创造与中国新的领导层建立基于深度磋商和具体行动的互信的可能性。5月23

日“Campaign 2012”项目主管、资深研究员 Benjamin Wittes 与 Jonathan D. Pollack 进行了一场名为“改善与中国的关系”(Improving Relations with China)的专家对话(Expert Q & A)[9],探讨下一任美国总统应怎样保持与中国政府的持久关系。

成立于 1921 年的美国对外关系委员会作为外交领域的智库对美国政府外交政策的影响力无与伦比。该委员会也设立了“Campaign 2012”项目,与布鲁金斯学会的项目不同,该项目专注于大选中的外交问题和候选人的外交立场,并对各位候选人的对华立场(The Candidates on U. S. Policy toward China)进行梳理和总结[10]。其中奥巴马最有力的竞争对手罗姆尼的对华态度值得关注,他认为美国在经济上应该对中国采取强硬态度,必须反对中国的贸易保护、违反知识产权以及操纵货币的行为,并声称将在当选总统的第一天就将中国列为汇率操纵国。他还强调美国需要加强军事霸主地位来应对中国不明意图的潜在威胁等。在 2012 年美国大选结果未卜的情况下,这些信息揭示出今后中美关系走向的一种可能性,也提示我国政府在处理中美关系问题的过程中对这一可能性做出应对准备。

3 国外智库中国研究人员具有较高研究水平,对政府决策和社会舆论的影响力较大

智库的研究质量取决于研究人员的研究水平。智库研究人员的主体大致由两类人员构成,一是各项公共事务领域的学者专家;二是“退居二线”的政府官员。但是正如有人把智库比作“旋转门”,很多智库的研究人员其实已经模糊了上述两类人的界限,他们在政治与学术之间穿梭,在政府、智库和大学之间流动,这种现象在美国表现得尤为突出。现任布鲁金斯学会约翰·桑顿中国中心主任李侃如博士就是其中一个典型代表。他的履历包括,1983—2009 年任密歇根大学教授,其中 1998 年 8 月至 2000 年 10 月任美国国家安全事务总统特别助理兼国家安全委员会亚洲局资深主任,负责制定美国的东北亚和东亚政策。2009 年从密歇根大学退休后就任现职,继续活跃在政策咨询舞台。关于在布鲁金斯的工作,李侃如说:“布鲁金斯学会有两个显著特点,一是严肃而认真的研究;二是坚持使这些研究产生影响。对我来说,这是一种很好的平衡。我喜欢做研究,喜欢写书,喜欢通过研究把事情的来龙去脉搞清楚。但我也喜欢自己的研究成果对真实的世界产生影响……现在我发现,布鲁金斯学会是一个真正适合我工作的地方,因为它把优质、独立和影响三者合一,而且非常认真地践行这个座右铭。”[11]

角色的转换使他们既具有专业学识,又具有实践经验;既能够有的放矢地进行公共事务和具体问题的分析,又能够从政治学、社会学、经济学等学术角度,对理论问题、根源问题和长期性问题进行深思,是名副其实的沟通知识和权力的桥梁。高水平的研究人员产生高质量的研究成果,他们的成就决定了他们关于中国问题的看法应引起我们的重视。

影响力是评估智库成功与否的重要标准。因此,智库努力通过各种渠道和方式,包括承接政府课题、出席听证会、发布研究报告、接受媒体访问、举办研讨会、向政府输送高级人才等来影响公众舆论与政府决策,以实现其研究价值。“包括布鲁金斯学会在内的美国智库对

于美国政府决策的影响力很难用数字来量化,我们不能自吹自擂,但我想'旋转门'这个提法能够从一定程度上反映出智库的影响力,现在奥巴马总统首席亚洲顾问杰弗里·贝德正是从约翰·桑顿中国中心出去的,而克林顿总统的首席亚洲顾问李侃如和布什总统的首席亚洲顾问韦德宁也都是我的同事。布鲁金斯学会目前已经有 15 名研究员在奥巴马政府中担任要职。"[12]

回顾中美关系发展的历史,很多关键性的外交思想和政策建议都出自那些有过"旋转门"经历的中国问题专家。出生于中国上海,曾先后在美国驻港总领事馆、哥伦比亚大学、布鲁金斯学会、约翰霍普金斯大学等机构供职的中国问题专家鲍大可(A. Doak Barnett,1921—1999),1966 年 3 月在参议院外交委员会听证会上作证时指出:"我们对中国采取的是一种遏制与孤立的政策。在我看来,遏制的因素是必要的,在某些方面也还算是成功的,但孤立的努力是不明智的,从根本上讲也是不成功的,它无法为一种合理的长期政策提供基础。我们的政策目标不仅在于限制中国的力量,而且在于减少紧张局势,软化中国的态度,增进非社会主义国家在中国问题上的共识,并逐渐将中国纳入到更为规范的国际交往范式中。"[13]自此,"遏制而不孤立"的对华外交思想开始深刻影响美国的对华政策,直至促成 1972 年尼克松的"破冰之旅"和中美建交。

曾任美国副国务卿、2012 年 6 月 30 日刚刚卸任的世界银行行长佐利克(Robert Bruce Zoellick)宣布分别以高级研究员和客座研究员的身份加盟哈佛大学贝尔弗科学与国际事务中心和彼得森国际经济研究所。在美中关系方面,佐利克以提出"利益攸关方"(Stakeholder)概念而著称。他在 2005 年 9 月美中关系全国委员会发表演讲时说:"我们不仅仅考虑为中国加入国际体系打开大门,我们需要促使中国成为这个体系中利益攸关的负责任成员。""利益攸关方"的概念既避免了为中美关系贴上"好"或"坏"的标签,也回避了美国国内遏华派与接触派的争论,可以团结最大多数人的对华立场,由此引起美国政府的重视,并被视为美国对华政策的新动向。佐利克任世界银行行长期间,世界银行与中国国务院发展研究中心共同进行了大型课题研究,并于 2012 年 2 月发布了名为《2030 年的中国:建设现代、和谐、有创造力的高收入社会》(*China 2030:Building a Modern,Harmonious,and Creative High-Income Society*)的研究报告。可以预见,佐利克加盟上述两家国际知名智库后,其对中国的关注与研究将继续在全球政策领域产生影响。

除了对政府决策的影响力外,智库中国研究的社会舆论影响力也不容忽视。特别是那些在某个专门领域对世界各国进行监测和评估的智库组织,比如透明国际(Transparency International),每年发布的各国政府和行政机构的清廉指数(Corruption Perceptions Index,CPI)、行贿指数(Bribe Payers Index,BPI)、国家廉政体系测评报告(National Integrity System,NIS)、全球腐败趋势测评(GCB)。大赦国际(Amnesty International)和人权观察(Human Rights Watch)发布的人权报告等都具有影响全球舆论和国家形象的力量。这些报告客观与否姑且不论,但它们的影响力却是我们不能不积极应对和认真思考的。

4 系统采集、分类整理和深入研究国外智库的中国研究成果是图书馆亟待开展的一项重要工作

笔者供职的国家图书馆承担着为中央国家领导机关立法与决策提供文献信息支持和保障的重要职能。国家图书馆近年来承接的诸如国外医疗制度改革、国外生物安全立法研究、南美国家的行政执行法、发达国家的行政督察制度等文献信息查询委托,反映出我国立法机构和政策制定部门信息需求的国际化。与此同时,法律法规的实施效果、政策执行过程中的社情民意、国际社会的反应与评价等舆情信息也成为立法决策机构关注的重点,在委托咨询和专题信息定制业务中的比例逐渐上升。从重视立法决策的前期文献调研、论证和借鉴,到关注立法决策结果的舆情和影响,无一不体现出我国立法决策日趋科学化和民主化的发展态势。国外智库有关中国研究的信息和丰硕成果对于上述信息需求而言提供了一个领域较完整、相对独特且具有很高价值的参考信息源。与其他立法决策服务机构相比,文献信息咨询服务是图书馆立法决策服务的特色和优势。重视并尽早着手开展国外智库中国研究成果的系统采集、分类整理和深入研究,使高质量、高价值的网络信息资源得以长久保存、有序整合和有效利用,使参考服务信息源在图书馆传统馆藏文献的基础上得到丰富和扩充,使决策者能够及时获取不同立场的观点和不同角度的分析,从而使以文献信息为基础和特色的图书馆决策参考服务水平得到切实提高。

据笔者统计,在2010年《全球智库评估报告》(*The Global 'Go-To Think Tanks'*)综合排名前20位的智库中,大约有15家智库建立了中国研究中心或中国研究项目(区域研究或主题研究)。这些研究项目产生了大量的研究成果,并以文本、音频和视频等多种媒体形式发布,诸如研究报告(Paper)、简报(Brief)、综述(Roundup)、分析(Analysis)、评论(Commentary)、证词(Testimony)、演讲(Lectures)、访谈(Interviews)、专栏(Op-Ed)、文章(Article)和专著(Book)等。发布渠道则囊括机构网站、E-mail、手机、RSS订阅以及Blog、Twitter、Podcasts、Facebook、YouTube等各种流行的互联网传播渠道。凡此种种,在为信息资源的全面采集和有序整合带来便利的同时也给图书馆等决策信息服务机构带来不小的挑战。

对收集到的国外智库的中国研究信息和成果进行解读和综述是另一种挑战。有别于其他文献和信息,针对国外智库中国研究的特点,除了结论以外,还应特别关注诸如问题分析的角度和方法,采用的事实和理论依据,引用的言论、文本和数据,智库和研究人员的意识形态背景,研究结果可能产生的决策和舆论影响等问题。全面的解读、理性的分析、准确的提炼和综述是决策参考工作人员的责任。

作为信息资源的集散地,图书馆在采集、组织、研究网络信息资源方面具有得天独厚的条件,包括人力条件——在信息查询、信息组织和信息解读方面具有丰富经验的图书馆员;网络条件——国家图书馆、大型研究型图书馆和省级公共图书馆已具备互联网使用条件;技术条件——图书馆应用系统和网络信息采集软件的研发和应用。因此,对国外智库中国研究信息和成果进行收集整理并将之运用到决策参考服务中去,对于承担决策服务职能的图

书馆来说，既是应为之事，也是可为之事。至于“何为”，笔者拟另文再论，此不赘述。

在《旋转门：美国思想库研究》一书的序言中，布鲁金斯学会董事会主席约翰·桑顿写道：“在本世纪，所有国家都应当更好地培养具有国际视野的领导人。对于中国和美国这样对国际事务有重要影响的国家，这一点尤为重要。”

领导人的国际视野除了自身修为之外，部分也有赖于具有国际视野的“谋士”——决策服务工作者的支撑和帮助。图书馆的决策服务只有不断更新服务理念、拓宽服务思路、深化服务内容、创新服务手段，才能满足决策者的需求，为决策的科学化、民主化尽己之力。

参考文献

[1] Carnegie Endowment for international peace[EB/OL]. [2012 - 06 - 06]. http://chinese. carnegieendowment. org/about/.

[2] Konrad-Adenauer-Stiftung-Auslandsbüro China(Peking/shanghai)[EB/OL]. [2012 - 06 - 06]. http://www. kas. de/china/zh/about/.

[3] Heinrich-Böll-Stiftung[EB/OL]. [2012 - 06 - 06]. http://www. cn. boell. org/web/index. html.

[4] 全球顶尖智库如何研究中国[EB/OL]. [2009 - 07 - 06]. http://news. xinhuanet. com/globe/2009-07/06/content-11662132. htm.

[5] The China factor in US-Vietnam relations[EB/OL]. [2012 - 03 - 01]. http://www. cna. org/research/2012/china-factor-us-vietnam-relations.

[6] TRENIN D. Flexible relationship of cooperation[EB/OL]. [2012 - 06 - 06]. http://camegie. ru/publications/? fa = 48522.

[7] China and Germany: a new special relationship? [EB/OL]. [2012 - 05 - 07]. http://ecfr. eu/content/entry/China-and-Germany-a-new-special-relationship.

[8] Establishing credibility and trust: the next president must manage America's most important relationship[EB/OL]. [2012 - 03 - 16]. http://www. brookings. edu/research/papers/2012/03/16-china-lieberthal-pollack.

[9] Improving relations with China[EB/OL]. [2012 - 05 - 23]. http://www. brookings. edu/research/expert-qa/2012/05/23-china-pollack.

[10] The candidates on U. S. policy toward China[EB/OL]. [2012 - 05 - 04]. http://www. cfr. org/us-election-2012/candidates-us-policy-toward-china/p26883.

[11] 赵梅. 寻找学术与政策影响间的平衡——访李侃如博士[J]. 美国研究，2011(2)：1 - 10.

[12] 李增田. 鲍大可与中美关系正常化[J]. 美国研究，2004(2)：79 - 99.

[13] 王莉丽. 旋转门：美国思想库研究[M]. 北京：国家行政学院出版社，2010.

(原载于《情报资料工作》2013 年第 3 期)

中国近代目录学理论研究之学术遗产

全根先

目录学在我国可谓源远流长，然而“于20世纪开始步入理论目录学的发展阶段。它已经走过了科学发展的完整的历史过程，成为一门真正独立的科学”[1]。目录学之所以到20世纪二三十年代能从校雠学、版本学等相关学科中剥离出来，发展成为一门真正独立的学科，既是中西文化、新旧文化碰撞与交流的结果，也是近代以来目录学自身发展与演变的产物[2]。其中，目录学家对于目录学理论的研究起到了关键性的作用。近代目录学是连接古典目录学与现代目录学之间的纽带，在中国目录学史上处于承上启下的地位。因此，对于近代目录学理论研究学术遗产的整理，无疑具有重要的学术价值与实践意义。

1 目录学学科地位的确立

在中国古代，由于目录学并没有成为一门独立的学科，因而非但没有人为目录学下过确切的定义，许多著名的目录学家甚至否认目录学的独立存在。如宋代的郑樵、清代的章学诚等，均认为目录学是校雠学的一部分。章学诚说：“校雠之学，自刘氏父子，渊源流别，最为推见古人大体，而校定字句，则其小焉者也。绝学不传，千载而后，郑樵始有窥见，特著校雠之略，而未尽其奥，人亦无由知之。世之论校雠者，惟争辩于行墨字句之间，不复知有渊源流别矣，近人不得其说，而于古书有篇卷参差，叙例同异，当考辨者，乃谓古人别有目录之学，真属诧闻！”[3]章学诚所说的校雠学，实际是广义的校雠学，包含了校雠学、目录学的内容，不过也反映了目录学未曾从校雠学独立出来这一事实。著名图书馆学家、目录学家杜定友在《校雠新义》一书中，撰有《中国无目录学论》一文，旗帜鲜明地提出“中国无目录学”[4]。

近代以来，特别是20世纪20至40年代，目录学家对目录学的一些基本理论问题进行了广泛而深入的研究，并形成了不同的流派。大体说来，有以刘纪泽《目录学概论》、余嘉锡《目录学发微》、汪国垣《目录学研究》为代表的史的目录学家，有以叶德辉《书林清话》、孙毓修《中国版本源流考》、柳诒徵《中国版本略说》为代表的版本目录学家，有以刘咸炘《目录学》《校雠述林》、张舜徽《广校雠略》、蒋伯潜《校雠目录学纂要》为代表的校雠目录学家，还有以姚名达《目录学》《中国目录学史》为代表的“中西合璧”式的目录学家[5]。乔好勤先生曾将这一时期的目录学研究归纳为旧派、新派、新旧俱全三派[6]；而究其实质，不外乎以叶德辉、刘纪泽、余嘉锡等人为代表的传统派，与以梁启超、王国维、柳诒徵、陈垣、杜定友等人为代表的改革派。尽管他们所持观点有所不同，但是对于目录学学科地位的确立均起到了积极作用。

姚名达可以说是近代目录学理论研究的集大成者。在《目录学》一书中，他在吸收前人目录学思想成果的基础上，提出了自己的目录学思想。他说："目录学者，将群书部次甲乙，条别异同，推阐大义，疏通伦类，将以辨章学术，考镜源流，欲人即类求书，因书究学之专门学术也。"[7]又说："目录学这种学术，是把许多乱七八糟的书籍，一一考察它的性质，分成许多种类，按照一定的次序，放在一定的地方，再编成一种目录，使得看书的人先查目录，可以知道书籍的所在，明白书籍的大概，决定应该看什么，应该在什么地方找。这种目录不但应该有书目，把书的名称、著者、册数、出版地点、出版年月告诉读者，而且应该有叙录，把书的主要篇目、内容大概、著者生平、版本好坏等等有关系的事情，用极简明的文字告诉读者，使读者不但知道某书在那一类，某类有什么书，而且明白某种学术应该读什么书，某种书籍值得读不值得读。像这样，才是目录学的正轨。"[8]在这里，他不仅给目录学下了定义，同时也确定了目录工作的范围。

汪国垣在《目录学研究》一书中，通过对以往目录学理论的研究，把目录分为"目录家之目录""史家之目录""藏书家之目录""读书家之目录"四类，并指出"藏书家之目录"重视版本，"读书家之目录"重视提要，"史家之目录"强调"辨章学术，考镜源流"，"目录家之目录"则认为目录学为"簿属甲乙纲纪群籍"之事。他给目录与目录学下了这样的定义："目录者，综合群籍，类居部次，取便稽考是也。目录学者，则非仅类居部次，又在确能辨别源流，详究义例，本学术条贯之旨，启后世著录之规，方足以当之。"[9]杜定友虽然提出"中国无目录学"，但是他又主张："目录学者，图书簿记之法也。所以便检查而利求学，故有其目必有其书，有其书即可究其学。""故有著者目录、书名目录、字典式目录、分类目录，多至数十种。而我国旧日目录学，惟分类目录一种而已。"[10]由此可见，他所说的"中国无目录学"，其寓意是要建立新的目录学。

2　明确目录学的研究对象

在中国古代，由于目录学与校雠学、版本学等多个学科联系在一起，目录学的研究对象不很明确。近代目录学家姚振宗说："目录之学，言其粗，则胪列书名，略次时代，亦不失其体裁；言其精，则六经传注之得失，诸史记载之异同，子集之支分派别，各具渊源，版椠之古刻今雕，显有美恶，与夫纸墨优劣，字画精粗，古之人亦不废，抉奥提纲，溯源散委，盖实有校勘之学寓乎其中，而考证之学，且递推递密至无穷尽也。"[11]在他看来，目录学必须有版本、校勘、考证学的辅助，一部好的书目应该鉴别版椠优劣，校勘异同，考证讹谬。他还说："目录之学，固贵乎有所考证。"[12]他本人的目录学著作，如《汉书艺文志条理》《隋书经籍志考证》等，都是穷校勘、竭考证、通版本之作。进入20世纪，随着西方目录学理论与方法的不断引进，区别目录学与其他学科的关系已成为目录学家的自觉行为。

目录学与校雠学的关系最为密切。姚名达认为，目录学与校雠学虽有密切的联系，却不能等同。在《中国目录学史》一书中，他指出："目录学与校雠学有关，但重其篇卷之整理而忽其字句之校雠。"校雠"原指校勘文字篇卷之错误而言。然自向、歆领校秘书，始将流动不居、杂乱无序之古书，编定目录以固定其性质。晋世荀勖、宋世谢灵运，皆尝受诏'整理记籍'。故校雠之义即为整理"[13]。他还说："校雠之义近乎整理，非只校勘字句……校雠在目录之先，目录为校雠之果。古之书籍，未经校雠，难于著录，故两事相因，不易分辨。"从现代学术分科观点看，"则刘向之事近乎校雠学，刘歆之事近乎目录学；纵使歆亦校书，向亦有目，要其精神各有所重，学术断然分途，可无疑也。"[14]这就为将目录学作为一门独立学科提供了坚实的理论基础。

目录学与学术史的关系也十分密切。郑樵《通志·校雠略》中说："类例既分，学术自明。"胡应麟在《经籍会通》中说："观其类例，而四部之盛衰始末亦可以概见矣。"[15]章学诚《校雠通义·叙》云："校雠之义，盖自刘向父子，部次条别，将以辨章学术，考镜源流。"近代目录学家也注意到了这点。如余嘉锡在《目录学发微》中指出："目录者，学术之全史也。"汪国垣认为："目录之学，与史相纬；其重在周知一代之学术源流，及一家一书之宗趣。"[16]正因为如此，"辨章学术，考镜源流"成为我国古典目录学的优良传统。但是，两者又有各自的研究重点。蒋伯潜在《校雠目录学纂要》一书中所表达的观点较有代表性。他说：如果说"部次条别""著录部次"属于目录学的范畴，那么，"辨章学术，考镜源流"则更多是学术史研究的内容了[17]。

然而，究竟什么才是目录学的特定的研究对象？杜定友认为："目录学之对象为图书。"在他看来，目录学的基本功能，就是为读者提供检索、求学的路径，而"我国目录学，其原理为考镜源流，未尝为阅者设想"[18]。有必要指出，杜定友所说的目录与书目是有区别的。他认为图书馆的各种卡片目录是目录，研究其编制方法为目录学。而中国古代的各种目录，他称之为书目，究其学者为书目学。书目之编，以书为目，其学不限于一科一门，其书不限于一时一地，此乃书目与目录之最大区别。他还提出了目录学的基本原则：藏书目录有其书必有其目，有其目必有其书；目录惟便检查；目录必记明书次，以方便即目求书；检查目录必用直接方法；编次必有规则；目录必用活页，即卡片。另外，他还将目录分为著者目录、书名目录、字典式目录、分类目录等十多种。从中可以清晰地看出近代目录学与传统目录学之分野。

3 强化目录学的社会作用

对于目录学的作用，历代学者多有论述。清代学者王鸣盛说："（目录学是）学中第一紧要事，必从此问途，方能得其门而入"[19]。章学诚在"六经皆史""道不离器"的史学、哲学思想指导下，撰写了目录学巨著《校雠通义》，强调目录学的作用，提出了"辨章学术、考镜源流"的目录学思想。近人张之洞则认为目录学是"读一切经史子集之途径"[20]。虽然各家说法不尽相同，但是他们大多从学术的角度进行论述。具体说来，目录学于社会而言，则有助于学术文化的整理与传承；于个人而言，则有助于读书治学。事实上，目录学的产生本身就是对过去学术文化进行整理的结果。至于其指导读书治学的作用，正如谢国桢先生所说：它是"研究学问必备的常识"[21]。

到了近代,维新派将目录学的社会作用提高到前所未有的水平。康有为的《新学伪经考》,作为一部辨伪目录学著作,从理论基础上向封建正统思想开了第一炮,吹响了资产阶级学术思想的号角;其介绍西学之作《日本书目志》,则成为他向光绪皇帝进呈,敦促其放眼世界、锐意改革的书目著作。梁启超在《西学书目表》中强调:“国家欲自强,以多译西书为本;学子欲自立,以多读西书为功。”为了加速西学的传播,使西书能迅速地让国人了解并方便阅读,只有通过目录学这一捷径。他说:“启超平素主张,谓须将世界学说为无限制的尽量输入,其固然矣。然必所输入者确为思想之本来面目,又必具其条理本末,始能供国人切实研究之资。”[22]由此可见,目录学在他的心目中,其地位与作用已超越了传统目录学的范畴。在编纂《图书大辞典》时,他为目录著作单独立一部类,名为“簿录之部”。维新派对于目录学作用的宣传,促进了目录学学科地位的确立。

当然,更多的学者是从学术角度来探究目录学的作用。余嘉锡根据自己的治学经验,提出目录学的作用是“辨章古人之学术”[23]。这一观点与章学诚“辨章学术,考镜源流”的目录学思想一致。他结合目录学在辨伪、考据方面的作用,认为目录学的作用主要有六个方面:“一曰以目录著录之有无,断书之真伪;二曰用目录书考古书篇目之分合;三曰以目录书著录之部次,定古书之性质;四曰因目录访求阙佚;五曰以目录考亡佚之书;六曰以目录书所载姓名、卷数,考古书之真伪。”因此,“目录之学为读书引导之资,凡承学之士,皆不可不涉其藩篱”[24]。至于目录如何才能体现“辨章学术,考镜源流”,章学诚认为应从分类、编目、著录等入手,而余嘉锡则主要从书目著作体制特点方面加以论述,即篇目以考一书之源流、叙录以考一人之源流、小序以考一家之源流。

姚名达认为,人类的知识和学术日益进步,书籍日益增多,在读书治学上“目录学就是唯一最有用的工具”[25]。“将欲因书究学,非有目录学为之向导,则事倍而功半。故分言之,各种学术皆有其目录学;合言之,则目录学实负有指导各种学术之责任。浅言之,将繁富乱杂之书籍编次为部别州居之目录,使学者自求之,目录学家之职务也;深言之,不特使书籍有一定之位置,且能介绍其内容于学者,使学者了然依南针以前趋,尤目录学家之功勋也。”[26]他明确主张:“我们现在要唤醒沉迷,转变方向,使得目录学能够领导一切学术向新的未来世界前进,这是我们的主要任务。”[27]应该说,姚名达对于目录学社会作用的阐述更切合现代社会与学术发展的实际。

4　汲取古典目录学之精华

4.1　目录学之变革

目录学在我国有着悠久的历史,并形成了许多优良的传统。从催生近代目录学的角度论,古典目录学中与时俱进的变革思想尤为重要。在我国古代,书目基本上都是分类排列的。刘歆作《七略》,既标志着古典目录学的诞生,也标志第一个图书分类体系的创立。此后,历代目录学家无不重视研究图书分类。虽然“七分法”、“四分法”是图书分类的主流,但是对于图书分类问题的探索却从未停止。正如余嘉锡所说:“夫部类之分合,随宜而定。书之多寡及性质既变,则部类亦可随之而变”故“四部可变为五(祖暅)、为六(《隋志》)、为七(阮孝绪、许善心、郑寅)、为八(李淑)、为九(王俭),为十(孙星衍)、为十二(郑樵),今何尝不可为数十,以致于百乎?”[28]汪国垣(辟疆)也说:“学术随时代而变化,故著录之体例,不能一成不变。魏晋以来,学术日歧,典籍弥众,《七略》所部,已难尽遵。于是不得不别用概括之法,出附庸为大国,纳细流于巨川,而四部分类之法,遂得以乘时而起。”[29]古典目录学发展中所表现的这种变革思想,为近代目录学的诞生准备了必要的理论条件。

4.2 书目之多样性

一门学科要健康发展,不仅需要顺应社会与学术发展的潮流,也需要学科本身发展的内在动力。我国古典目录学之所以能在历史发展的长河中始终保持其发展活力,与目录学家对目录体制、目录形式坚持不懈的探索密切相关。余嘉锡认为,古代书目可以分为三类:“一曰部类之后有小序,书名之下有解题者;二曰有小序而无解题者;三曰小序解题并无只著书名者。”[30]第一种类型的书目,如《郡斋读书志》《直斋书录解题》《文献通考·经籍考》《四库全书总目提要》等;第二种类型的书目,如《汉书·艺文志》《隋书·经籍志》等;第三种类型的书目,如《宋史·艺文志》《明史·艺文志》《通志·艺文略》等。他还说:“以此三者互相比较,立论之宗旨,无不吻合,体制虽异,功用则同。”[31]当然,书目还可以从不同的角度进行划分。如郑樵、胡应麟根据书目收录范围,将书目分为总目、家藏目录、文章目、经史目;龚自珍、周贞亮、李之鼎根据书目编者,将书目分为部录(官修)、编目(私藏)、补志(史志);汪国垣根据书目功能,将其分为目录家之目录、藏书家之目录、史家之目录、读书家之目录。这种书目类型的多样性,为近代目录学家所继承,也成为近代目录学的一大特征。

4.3 佛教目录之发掘

佛教自东汉传入中国以后,佛经不断地被翻译成汉文,逐渐成为古代图书中的一个重要门类。从东晋道安编撰《综理众经目录》开始,历代僧侣编撰了大量的佛经目录,成为我国古典目录学的重要组成部分。遗憾的是,以往的目录学家对于佛经目录少有关注,更不用说吸收其目录学研究成果。梁启超是对佛经目录进行深入研究、发掘其优良传统的第一人。梁启超认为,佛经目录有五大优点,即:“一曰历史观念甚发达……二曰辨别真伪极严……三曰比较甚审……四曰搜采遗逸甚勤……五曰分类极复杂而周备。”[32]通过对佛经目录优点的深入分析,他认为普通目录在这些方面相差甚远。他说:“不能不叹刘《略》、班《志》、荀《簿》、阮《录》之太简单、太朴素,且痛惜于后此踵作者之无进步也。”[33]梁启超对佛经目录在目录学史上的地位与作用的研究,对我国近现代目录学的发展产生了重大影响。正如姚名达所说:“自尔以还,恍如敦煌经洞之发露,殷墟卜辞之出土焉,目录学宫黑暗之一角,重幕骤揭而大放光明。”[34]

5 目录学方法的重大创新

中国古典目录学在漫长的历史长河中,已形成了一系列实用有效的目录编制方法。正如《四库全书总目》所言："四部之首，各冠以总序。撮述其源流正变，以挈纲领。四十三类之首，亦各冠以小序，详述其分并改隶，以析条目。"[35]这种在书目中撰写总序、小序的方法，对于读者厘清学术渊源、知晓书目大概十分有益。又如互著与别裁两种编目方法，在近现代目录学中依然采用，前者如图书分类表中的类目互见法，后者则为类目参见法。再如重视撰写书目提要，姚名达在《中国目录学史·结论篇》中说："我国古代目录学之最大特色为重分类而轻编目，有解题而无引得""其优于西洋目录者，仅恃解题一宗。"他认为编目应当重视解题（即提要），并主张编制提要式目录。这些都是古代目录学家所遗留下来的宝贵经验。而近代目录学家在继承古典目录学之优良传统、汲取西方目录学理论方法的基础上，又有了许多重大的突破与创新。

近代目录学方法的创新，首先体现在图书分类上。近代图书分类体系的变革，可以追溯到康有为《日本书目志》、梁启超《西学书目表》、徐树兰《古越藏书楼书目》对四部分类体系的突破。而1917年沈祖荣、胡庆生《仿杜威书目十类法》（初版名《中国书目十类法》）的编制，则是我国近代图书馆学和目录学发展史上的里程碑，该法被认为是"我国第一个为中文书而编的新型分类法"[36]。此后，新型的图书分类法蜂拥而出，当时共编制了几十部"仿杜""改杜""补杜"十进分类法，其中影响较大的有：杜定友的《世界图书分类法》、王云五的《中外图书统一分类法》、刘国钧的《中国图书分类法》、皮高品的《中国十进分类法及索引》等。杜定友的《世界图书分类法》在我国分类学史上开创了中外图书统一分类之先河，刘国钧的《中国图书分类法》"独创了图书的九分法，最终结束了中国图书的四分法时代"[37]。这些新型图书分类法与传统图书分类法的最大区别，就是它们都是独立于任何具体书目之外的分类法，以资产阶级学术思想为指导，采用全新的学科分类体系，并运用参见类目、多重列类、仿分复分、类目注释等多种先进的编制技术。

编目理论与方法的创新，与图书分类法的变革具有同等重要意义。近代目录学家在编目理论与方法上的创新，是借鉴和吸收中西目录学研究成果的结果。如梁启超重视佛经目录优点的发掘，余嘉锡、姚名达强调提要的重要性，是对我国传统目录学优良传统的继承与发扬。而杜定友、刘国钧等人则在吸收西方目录学理论的基础上，提出了全新的编目思想。杜定友建议图书馆编制八种类型的目录以便应用，包括书名目录、著者目录、种类目录（相当于现在的主题目录）、分类目录、参考目录、分析目录、字典式目录、书架目录，并提出必须编制一部统一的编目条例。他于1921年编制的《中文图书编目法》，是我国最早的现代图书编目条例。刘国钧提出图书馆一部完全的目录应该包括字典式目录、分类目录、登录簿、排架目录四种，并将著录事项定为九种，即：书名、著者姓名、版本、版次、书形、标题、附注、提要和索书号码；在著录中，可根据不同的目录确定其详略。1929年，他还编制了具有中国特色的《中文图书编目条例》。这些近代编目方法的创立，不仅对当时图书编目起到积极的指导作用，直到今天仍然具有重要的参考价值。

总之，中国近代目录学家在理论目录学研究方面成就非凡，取得了许多创造性的成果，架起了古典目录学与现代目录学之间的桥梁。以上所论，仅择其要者，不免有疏漏之处。不妥之处，恳请方家指正！

参考文献

[1] 彭斐章,乔好勤,陈传夫. 目录学[M]. 武汉:武汉大学出版社,2003:前言.
[2] 全根先. 试论中国近代目录学史的分期问题[J]. 晋图学刊,2012(3):1 - 7.
[3] 章学诚. 章氏遗书 · 外篇:卷一 · 信摭[M]. 台北:汉声出版社,1973:818.
[4][10][18] 杜定友. 中国无目录学论[G]//校雠新义,上海:中华书局,1930.
[5] 彭斐章,付先华. 20 世纪中国目录学研究的回眸与思考[J]. 图书馆论坛,2004(6):5 - 10,57.
[6] 乔好勤. 略论我国 1919—1949 年的目录学[J]. 云南图书馆,1982(1):244 - 256.
[7 - 8] 申少春. 中国近现代目录学简史[M]. 北京:中国致公出版社,2001:203.
[9] 汪辟疆. 目录学研究 · 目录与目录学[M]. 上海:华东师范大学出版社,2000:10.
[11 - 12] 姚振宗. 汉书艺文志条理[G]//二十五史补编:第 2 册,上海:开明书店,1936:1573 - 1574.
[13 - 14][26][34] 姚名达. 中国目录学史[M]. 上海:上海古籍出版社,2005:5 - 127.
[15] 胡应麟. 少室山房笔丛 · 经籍会通[M]. 上海:上海书店出版社,2001:38.
[16] 汪辟疆. 汪辟疆文集[M]. 上海:上海古籍出版社,1988:4.
[17] 蒋伯潜. 校雠目录学纂要[M]. 北京:北京大学出版社,1990:169.
[19] 王鸣盛. 十七史商榷:卷一[M]. 北京:中国书店,1987.
[20] 孙文泱. 百年前的"好书榜"——《书目答问》的文化地位和阅读价值[N]. 光明日报,2011 - 12 - 06(13).
[21] 谢国桢. 史料学概论[M]. 福州:福建人民出版社,1985:10.
[22] 梁启超. 西学书目表[G]//梁启超. 饮冰室合集,北京:中华书局,1989.
[23 - 24][28][30 - 31] 余嘉锡. 目录学发微[G]//刘梦溪. 中国现代学术经典. 石家庄:河北教育出版社,1996:21 - 146.
[25 - 27] 姚名达. 目录学[M]. 上海:商务印书馆,1933:7 - 166.
[29] 汪辟疆. 论唐宋元明四朝之目录[M]//汪辟疆. 目录学研究,上海:商务印书馆,1934:52.
[32 - 33] 梁启超. 佛家经录在中国目录学之位置[J]. 图书馆学季刊,1926(1):3 - 30.
[35] 纪昀. 四库全书总目提要:凡例[M]. 石家庄:河北人民出版社,2000:11.
[36] 杜定友. 图书分类史略[J]. 广东图书馆学刊,1987(1):1 - 9,13.
[37] 孟昭晋,王锦贵,李国新. 刘国钧在中国目录学史上的地位——纪念衡如师百年诞辰[J]. 大学图书馆学报,1999(6):14 - 21,28.

(原载于《北京师范大学学报(社会科学版)》2013 年第 3 期)

基于 MARC21 与 ISSN MARC 的连续性资源编目比较研究

崔明明

ISSN(International Standard Serial Number,国际标准连续出版物编号)国际中心及各个ISSN 国家中心一直以来都是采用由 ISSN 国际中心制定的 ISSN MARC(Machine Readable Catalogue,机器可读目录)对连续性资源进行编目,建立书目数据,各个国家中心提交国际中心的书目数据也均为 ISSN MARC 格式。但是2009 年起 ISSN 国际中心编目规则并入了 UNIMARC(Universal Machine-Readable Cataloging,国际书目数据通信格式)和 MARC21[1],且未来将采用 MARC21 替代 ISSN MARC。ISSN 中国国家中心也正在由原来采用 ISSN MARC 过渡到采用 MARC 21 进行编目。

MARC 21 是由美国国会图书馆和加拿大国家图书馆在 1999 年共同完成的,是一种面向21 世纪的、一体化的新格式,可用于描述、检索各种类型的文献;也是一种重要的交换格式,能与 UKMARC(英国机读目录格式)、UNIMARC 等标准格式兼容。MARC21 现为美国、英国、法国、加拿大等许多国家所使用,在国内其主要用于外文文献编目。

ISSN MARC 是 ISSN 国际中心在其编目规则《ISSN 手册》中规定使用的,该格式的制订除参照《英美编目条例》(第 2 版)(Anglo-American Cataloguing Rules 2,简称 AACR 2)和《国际标准书目著录(连续性资源)》[International Standard Bibliographic Description for Serials and Other Continuing Resources,简称 ISBD(CR)]规则外,还与行业专家进行了沟通,尽可能地使之与各国际规则兼容。《ISSN 手册》规定使用 ISSN MARC 著录,其著录说明较为详细,并且给出了诸多编目样例,便于各成员中心参照使用。

比较两种格式,其都采用 ISO 2709 格式,编排体系结构相同,可谓同中有异。ISSN MARC 数据记录相对简约,数据元素相对较少,记录有简短记录和完整记录之分,当前绝大多数 ISSN 中心建立的均为完整记录。与 ISSN MARC 不同,MARC 21 著录数据的卷期标识等描述性细节和附注项内容,而 ISSN MARC 相对重视揭示题名信息,特别是与识别题名有关联的变异题名、缩略题名、先前题名、后续题名,且在有关联关系的连续性资源间使用关联款目建立起连接。

具体而言,ISSN MARC 与 MARC 21 两种格式对数据元素的定义的区别主要体现在记录头标区、地址目次区和代码字段、可变长字段和子字段以及指示符和标识符的使用上。本文从实际工作出发,对一些主要字段进行比对分析,供编目员在新建 MARC 21 格式数据及对历史数据(ISSN MARC)进行格式转换时参照,以提高编目的准确性和时效性。

1　008 字段(定长数据元素)

008 字段的各数据元素主要应用于数据检索和数据管理,所以该字段的正确著录非常重要。ISSN MARC 与 MARC 21 的 008 字段都包含 40 个字符位置(00—39),但数据元素按字符位的定义有相同之处也有不同之处(见表 1)。

对于 008 字段的著录,ISSN MARC 与 MARC 21 应用的异同可对照下列实例。

表 1　008 字段比较

<table>
<tr><td rowspan="12">ISSN MARC</td><td>代码</td><td>数据元素</td><td>包含字符位数</td></tr>
<tr><td>$a</td><td>记录生成日期</td><td>(6 位)</td></tr>
<tr><td>$b</td><td>出版状态</td><td>(1 位)</td></tr>
<tr><td>$c</td><td>创刊年</td><td>(4 位)</td></tr>
<tr><td>$d</td><td>停刊年</td><td>(4 位)</td></tr>
<tr><td>$e</td><td>出版国</td><td>(3 位)</td></tr>
<tr><td>$f</td><td>出版频率</td><td>(1 位)</td></tr>
<tr><td>$g</td><td>中心代码</td><td>(2 位)</td></tr>
<tr><td>$h</td><td>出版物类型</td><td>(1 位)</td></tr>
<tr><td>$i</td><td>原题名语种代码</td><td>(1 位)</td></tr>
<tr><td>$j</td><td>出版物语种</td><td>(3 位)</td></tr>
<tr><td>$k</td><td>物理载体</td><td>(2 位)</td></tr>
<tr><td rowspan="14">MARC 21(未定义的和连续性资源不常用的数据元素不包含在内)</td><td>字符位置</td><td colspan="2">数据元素[2]</td></tr>
<tr><td>00-05</td><td colspan="2">记录生成日期</td></tr>
<tr><td>06</td><td colspan="2">日期类型/出版状态</td></tr>
<tr><td>07-10</td><td colspan="2">创刊年</td></tr>
<tr><td>11-14</td><td colspan="2">停刊年</td></tr>
<tr><td>15-17</td><td colspan="2">出版地</td></tr>
<tr><td>18</td><td colspan="2">出版频率</td></tr>
<tr><td>19</td><td colspan="2">发行规律性</td></tr>
<tr><td>21</td><td colspan="2">连续性资源类型</td></tr>
<tr><td>22</td><td colspan="2">原始文献载体状态</td></tr>
<tr><td>23</td><td colspan="2">载体形态</td></tr>
<tr><td>24</td><td colspan="2">整体内容特征</td></tr>
<tr><td>25-27</td><td colspan="2">内容特征</td></tr>
</table>

续表

	28	政府出版物
	29	会议出版物
	33	原题名语种代码
	35-37	语种
	38	修改记录

1.1 出版状态

MARC 21 的出版状态代码采用 c、d、u,分别表示现仍出版的连续性资源、已停止出版的连续性资源、出版状态不详的连续性资源,如例 1、例 2。

例 1:008/6:130311c20079999cc mr|p|r ||||||||e0chio(出版状态为现仍出版)

例 2:008/6:090629d19792007cc br||p|r ||||||||e0chio(出版状态为已停止出版)

ISSN MARC 的出版状态代码采用 c、d、?,分别表示现仍出版的连续性资源、已停止出版的连续性资源、出版状态不详的连续性资源,如例 3、例 4。

例 3:008/$b:020625d20022004chnq22p e multx(出版状态为已停止出版)

例 4:008/$b:020625c20019999chnm22p e chitx(出版状态为现仍出版)

1.2 出版物起止时间

MARC 21 用 4 位数字或用字符"u"表缺失数字,如例 5、例 6。

例 5:008/7-10:030523d19992007cc br|p|r ||||||||e0mulo(创刊时间为 1999 年)

例 6:008/11-14:881214d1978uuuucc mr|p|r ||||||||e0mulo(停刊时间缺失)

在出版物起止时间著录上,ISSN MARC 与 MARC 21 相同,如例 7、例 8。

例 7:008/$c:020625c20029999chnm22p e chitx(创刊时间为 2002 年,停刊年用"9999"表示仍在出版。)

例 8:008/$d:020626d20022012chnj22p e chitx(停刊时间为 2012 年)

1.3 出版国别

MARC 21 的出版国别著录在 008 和 044 字段,代码取自《ISSN 手册》附录部分或美国国会图书馆维护的 MARC Code List for Countries,如例 9。

例 9:008/15-17:900830d19841995cc qr|p|r ||||||||e0chio

044##$cCHN

ISSN MARC 的代码取自《ISSN 手册》附录部分或 ISO 3166 第 1 部分,如例 10。

例 10:008/$e:020625c20019999chnm22p e chitx(出版国为中国)

1.4 出版频率

MARC 21 的出版频率代码有:#(无明确或规律的出版频率)、a(年刊)、b(双月刊)、c(半周刊)、d(日刊)、e(双周刊)、f(半年刊)、g(双年刊)、h(三年刊)、i(每周三期)、j(每月三期)、k(不断更新)、m(月刊)、q(季刊)、s(半月刊)、t(每年三期)、u(不详)、w(周刊)、z(其他),如例11。

例11:008/18:110607d20102011cc mr|p|r ||||||||e0chio

ISSN MARC 与 MARC 21 出版频率代码相同,如例12、例13。

例12:008/$f:020626c19929999chnq22p e multx(出版频率为季刊)

例13:008/$f:020627c19899999chna22p e chitx(出版频率为年刊)

1.5 ISSN 中心代码

MARC 21 的 ISSN 中心代码著录在 022 字段 $2 子字段,代码取自《ISSN 手册》附录国家中心代码表,如例14。

例14:022 0#$a1671-5969$222(22 为中国国家中心代码)

ISSN MARC 的 ISSN 中心代码著录在 008 字段,代码取自《ISSN 手册》附录国家中心代码表,如例15

例15:008/$g:090105c20089999chnq22p e multx

1.6 连续性资源类型

MARC21 的连续性资源类型代码有:#(非下列代码)、d(更新型数据库)、l(不断更新的活页)、m(专著丛编)、n(报纸)、p(期刊)、w(更新的网页),如例16。

例16:008/21:130313c20129999cc br|p|r ||||||||e0chio(连续性资源类型为期刊)

ISSN MARC 与 MARC 21 连续性资源类型代码基本相同,如例17。

例17:008/$h:041008d19992004chnw22p e chitx

1.7 载体形态

MARC 21 著录在 008 字段的载体形态代码有:#(非下列代码)、a(缩微胶卷)、b(缩微平片)、c(不透明缩微片)、d(大型印刷本)、e(报纸)、f(盲文本)、r(普通印刷本)、s(电子文献),如例18。

例18:008/23:930531d19922012cc mr|p|r ||||||||e0mulo

MARC 21 著录在 007 字段的载体形态代码有:ca(盒式磁带)、cf(计算机盒式光盘)、cm(磁光盘)、co(光盘)、cr(远程访问)、fa(蒙氏盲文)、fb(布莱叶盲字)、he(缩微平片)、ou(多载体配套资料)、sd(唱片)、ss(盒式录音带)、ta(印刷本)、tb(大型印刷本)、tc(盲文本),如例19、例20。

例19:007/00-01:co

例20:007/00-01:ta

ISSN MARC 著录在 008 字段的载体形态代码有:tx(印刷本)、tb(盲文本)、cd(CD-ROM 或计算机磁盘或 DVD)、cf[计算机磁盘(磁性的)]、ct(计算机磁带)、co(联机)、he(缩微平片)、hd(缩微胶卷)、sc[录音带(盒式)]、vx(录像带)、zn(多种载体形式)、zz(其他载体形式)、zu(不详),如例21、例22。

例 21:008/$k:940419d19832004chnq22p   e chitx

例 22:008/$k:100419c20089999chnb22p   e mulcd

1.8 题名原文文字

MARC 21 的题名原文文字代码有:a(基本罗马字母)、b(扩展罗马字母)、c(西里尔字母)、d(日语)、e(汉语)、f(阿拉伯语)、g(希腊语)、h(希伯来语)、i(泰语)、j(梵语)、k(朝鲜语)、l(泰米尔语)、u(不详)、z(其他),如例 23。

例 23:008/33:900830d19812003cc br|p|r ||||||||e0chio

ISSN MARC 与 MARC 21 题名原文文字代码基本相同,如例 24、例 25。

例 24:008/$i:110810c20119999chnb22p   a engtx

例 25:008/$i:110503c20109999chnm22p   e chitx

1.9 出版物语种代码

MARC 21 的出版物语种代码著录在 008 和 041 字段,代码取自《ISSN 手册》语种代码表,如例 26、例 27。

例 26:008/35-37:030203c19919999cc br|p|r ||||||||e0chio

例 27:041 0#$achi$beng

ISSN MARC 的出版物语种代码著录在 008 字段,依《ISSN 手册》语种代码表或 ISO 639-2 语种代码表著录,如例 28。

例 28:008/$j:060407c19939999chnm22p   e chitx

2 022 字段(ISSN)

在 022 字段,ISSN MARC 与 MARC 21 两种格式著录的不同包括指示符、子字段代码等,具体如表 2。

表 2 022 字段比较

两种格式比较	指示符		子字段代码	数据元素	必备性	重复性
	1	2				
MARC 21				ISSN	必备	不可
	#			未说明级别		
	0			有国际影响的连续性资源		
	1			无国际影响的连续性资源		
		#		未定义		
			$a	ISSN	必备	不可
			$l	ISSN-L	必备	不可
			$m	注销的 ISSN-L	有则必备	可
			$y	错误的 ISSN	不必备	可

续表

两种格式比较	指示符		子字段代码	数据元素	必备性	重复性
	1	2				
			$z	注销的 ISSN	有则必备	可
			$2	ISSN 中心代码	必备	不可
ISSN MARC				ISSN	必备	不可
	#	#		有国际影响或国家影响的连续性资源		
	1	#		有地区影响或短时影响的连续性资源		
			$a	ISSN	必备	不可
			$z	注销的 ISSN	有则必备	可

3　082 字段(杜威分类号)

在 082 字段,ISSN MARC 与 MARC 21 两种格式的不同包括指示符、子字段代码、字段重复性及子字段的重复性,具体如表 3。

表 3　082 字段比较

两种格式比较	指示符		子字段代码	数据元素	重复性
	1	2			
MARC 21				DDC 号	可重复
	0			详版	
	1			简版	
		0		美国国会图书馆分配	
		4		非美国国会图书馆的其他机构分配	
			$a	DDC 号	可重复
			$x	文献号	可重复
			$2	DDC 版本号	不可重复
ISSN MARC	#	#		DDC 号	不可重复
			$a	通用参考版本号	可重复
			$b	其他版本号	可重复

4　210 字段(缩略识别题名)

在 210 字段,ISSN MARC 与 MARC 21 两种格式著录的不同包括指示符、标识符(缩略的限定信息)等,具体如表 4。

表 4　210 字段比较

两种格式比较	指示符		子字段代码	数据元素	重复性
	1	2			
MARC 21				缩略识别题名	不可重复
	1			附加款目	
		#		缩略识别题名类型	
			$a	缩略识别题名	不可重复
			$b	缩略的限定信息	不可重复
			$6	连接	
ISSN MARC	#	#		缩略识别题名	不可重复
			$a	缩略识别题名	不可重复
			$b	区别于相同识别题名的缩略限定信息	不可重复
			$c	区别于相同缩略识别题名的缩略限定信息	不可重复

5　222 字段（识别题名）

在 222 字段，ISSN MARC 与 MARC 21 两种格式著录的不同包括指示符、标识符等，具体如表 5。

表 5　222 字段比较

两种格式比较	指示符		子字段代码	数据元素	重复性	注释
	1	2				
MARC 21				识别题名	不可重复	编目员给出标识符
	#			未定义		
		0-9		不排档的字符数		
			$a	识别题名	不可重复	
			$b	限定信息	不可重复	编目员给出标识符
			$6	连接	不可重复	
ISSN MARC				识别题名	不可重复	编目员给出标识符
	#	#		未定义		
		0-9		不排挡的字符数		
			$a	识别题名	不可重复	

续表

两种格式比较	指示符		子字段代码	数据元素	重复性	注释
	1	2				
			$b	限定信息	不可重复	$b 信息不带圆括号，系统自动生成

6　245 字段(正题名)

在 245 字段，ISSN MARC 与 MARC 21 两种格式著录的不同包括指示符、子字段代码等，具体如表 6。

表 6　245 字段比较

两种格式比较	指示符		子字段代码	数据元素	重复性
	1	2			
MARC 21				正题名	不可重复
	1			有题名附加款目	
		0-9		不排档的字符数	
			$a	题名	不可重复
			$n	文献分卷/分节号	可重复
			$p	文献分卷/分节题名	可重复
			$6	连接	不可重复
ISSN MARC	#	#		正题名	不可重复
		0-9		不排档的字符数	
			$a	题名或正题名的共同题名部分	不可重复
			$s	分卷、附属丛编、补编标识	可重复
			$u	分卷、附属丛编、补编标识	可重复

7　246 字段(变异题名)

在 246 字段，ISSN MARC 与 MARC 21 两种格式著录的不同包括指示符、子字段代码等，具体如表 7。

表 7　246 字段比较

两种格式比较	指示符		子字段代码	数据元素	重复性
	1	2			
MARC 21	1			有附注，有附加款目	

续表

两种格式比较	指示符		子字段代码	数据元素	重复性
	1	2			
	3			无附注,有附加款目	
		#		未指定类型	
		0		部分题名和识别题名的扩展形式	
		1		并列题名	
		2		区别性题名	
		3		未专指的其他题名	
		4		封面题名	
		5		附加题名页题名	
		6		卷端题名	
		7		逐页题名	
		8		书脊题名	
			$a	题名	不可重复
			$n	文献分类/分节号	可重复
			$p	文献分类/分节题名	可重复
			$6	连接	不可重复
ISSN MARC	#				
		0		部分题名和识别题名的扩展形式	
		1		并列题名	
		3		未专指的其他题名	
		4		封面题名	
			$a	题名	不可重复

8　260 字段(出版发行项)

在 260 字段,ISSN MARC 与 MARC 21 两种格式著录的不同包括指示符、子字段代码等,具体如表 8。

表 8　260 字段比较

两种格式比较	指示符		子字段代码	数据元素	重复性	注释
	1	2				
MARC 21				出版发行项	可重复	用于一个资源第一次编目的情况。这一信息不改变,除非在其后的出版信息中提供连续出版物的错误或提前发行

续表

两种格式比较	指示符 1	指示符 2	子字段代码	数据元素	重复性	注释
	#			最早出版者		用于出版者或出版地发生变化的情况
	2			中期出版者/		用于出版者发生变化或与最早出版者相关的出版地发生变化的情况
	3			当前/最近出版者		编目员给出标识符
		#		未定义		
			$a	出版、发行地	可重复	标点符号添加在后一个子字段代码之前，如紧随其后的是$b，用“:”标记；如紧随其后的是另一个$a，用“;”标记
			$b	出版、发行者	可重复	标点符号添加在后一个子字段代码之前，如紧随其后的是$c，用“,”标记；如紧随其后的是另一个$b，用“:”标记；如紧随其后的是另一个$a，用“;”标记
			$c	出版、发行日期	可重复	标点符号添加在结尾子字段$c之后，用句点“.”、或末端开口日期的连字符“-”、或结尾方括号“]”、或结尾圆括号“)”标记
			$3	专指资料	不可重复	如果愿意，那些适用的出版地或出版者的日期信息可加在该子字段
			$6	连接	不可重复	
ISSN MARC	#	#		出版发行项	可重复	
			$a	出版发行地	可重复	
			$b	出版者	可重复	
			$c	不同于008字段的出版日期	可重复	

9 362 字段(出版日期和/或卷期标识)

MARC 21 采用 362 字段,而 ISSN MARC 未设置 362 字段,具体如表 9。

表 9 362 字段比较

两种格式比较	指示符		子字段代码	数据元素	重复性
	1	2			
MARC 21				出版日期和/或卷期标识	可重复
	0			格式化形式	
	1			非格式化附注	
		#		未定义	
			$a	出版日期和/或卷期标识	不可重复
			$z	信息来源	不可重复
ISSN MARC	#无 362 字段数据项				

10 720 字段(非控制名称)

MARC 21 采用 720 字段著录"非控制名称",而 ISSN MARC 采用 550 字段,两种格式著录在指示符、子字段重复性等方面有所不同,具体如表 10。

表 10 720 字段和 550 字段比较

两种格式比较	标识符	指示符		子字段代码	数据元素	重复性	注释
		1	2				
MARC 21	720				附加款目——非控制名称	可重复	多个名称时可重复使用 720 字段分别著录。本字段没有专指的标点符号或空格
		#			未定义		
		2			其他		
			#		未定义		
				$a	名称	不可重复	
				$6	连接	不可重复	
ISSN MARC	550	#	#		题名信息源中的团体名称	可重复	
				$a	名称	可重复	

11　776 字段(其他载体形态款目)

在 776 字段,ISSN MARC 与 MARC 21 两种格式著录的指示符有所不同,具体如表 11。

表 11　776 字段比较

两种格式比较	指示符 1	指示符 2	子字段代码	数据元素	重复性
MARC 21				其他载体形态款目	可重复
	0			显示附注	
		#		其他载体形态	
			$t	识别题名	不可重复
			$x	ISSN	不可重复
			$6	连接	不可重复
ISSN MARC	2	#		其他载体版本	可重复
			$t	识别题名	不可重复
			$x	ISSN	不可重复

12　780 字段(先前款目)

在 780 字段,ISSN MARC 与 MARC 21 两种格式在指示符及数据元素的著录上有所不同,具体如表 12。

表 12　780 字段比较

两种格式比较	指示符 1	指示符 2	子字段代码	数据元素	重复性
MARC 21	0			显示附注	
		0		继承	
		1		部分继承	
		2		替代	
		3		部分替代	
		4		由…与…合并而成	
		5		吸收	
		6		部分吸收	
		7		分自	
			$t	识别题名	不可重复
			$x	ISSN	不可重复
			$6	连接	不可重复

续表

两种格式比较	指示符		子字段代码	数据元素	重复性
	1	2			
ISSN MARC	#				
		0		继承	
		1		部分继承	
		4		由…与…合并而成	
		5		吸收	
		6		部分吸收	
			$t	识别题名	可重复
			$x	ISSN	不可重复

13　785 字段(后续款目)

在 785 字段,ISSN MARC 与 MARC 21 两种格式在指示符及数据元素的著录上有所不同,具体如表 13。

表 13　785 字段比较

两种格式比较	指示符		子字段代码	数据元素	重复性
	1	2			
MARC 21	0			显示附注	
		0		由…继承	
		1		由…部分继承	
		2		由…替代	
		3		由…部分替代	
		4		并入	
		5		部分并入	
		6		分成…和…	
		7		与…合并成	
			$t	识别题名	不可重复
			$x	ISSN	不可重复
			$6	连接	不可重复

续表

两种格式比较	指示符		子字段代码	数据元素	重复性
	1	2			
ISSN MARC	#				
		0		由…继承	
		1		由…部分继承	
		4		并入	
		5		部分并入	
		6		分成…和…	
		7		与…合并成	
		8		改回	
			$t	识别题名	不可重复
			$x	ISSN	不可重复

14　856 字段(电子资源定位与访问)

在 856 字段,ISSN MARC 与 MARC 21 两种格式在指示符及数据元素的著录上有所不同,具体如表 14。

表 14　856 字段比较

两种格式比较	指示符		子字段代码	数据元素	重复性
	1	2			
MARC 21				电子资源定位与访问	可重复
	0			电子邮件	
	1			文件传输协议	
	2			远程登录(Telnet)	
	3			拨号上网	
	4			超文本传输协议(HTTP)	
	7			访问方法在 $2 说明	
		0		资源	
		1		资源版本	
		2		相关资源	
		8		不生成附注导语	
			$u	统一资源定位(URL)	可重复
			$2	访问方法	不可重复

续表

两种格式比较	指示符		子字段代码	数据元素	重复性
	1	2			
ISSN MARC	0			电子邮件	
	1			文件传输协议	
	4			超文本传输协议(HTTP)	
		0		资源	
		2		相关资源	
			$u	统一资源定位(URL)	可重复

15　结语

综上所述,从ISSN MARC到MARC 21可变长字段指示符变化涉及多个字段,用空格(#)或数字(0-9)表示的每个指示符的值都具有独立的含义,可变长字段最前面的这两个字符位的值,提供字段内容、字段之间相互关系及数据处理中所需操作的附加信息。所以,编目员在编目时应给予高度重视,避免混淆。

从ISSN MARC到MARC 21子字段及标识符的变化涉及几个字段。例如,022字段增加$2子字段用以著录国家中心代码,082字段取消了$b子字段,222字段$b需添加"( )",系统不再自动生成。子字段前置标识符和字段结束符都需编目员自己添加。例如,245字段需添加结束符".";260字段$b前需添加":",$c前需添加",";等等。

从ISSN MARC到MARC 21字段及子字段的重复性的不同也要引起重视。例如,ISSN MARC的082字段不可重复,$a或$b子字段则可重复,而MARC 21的082字段及其子字段$a可重复。另外,还需注意ISSN MARC不采用而MARC 21采用的007字段、044字段、720字段的著录。

总之,编目员只有在实践中不断掌握ISSN MARC与MARC 21两种格式的区别,才能顺利地由基于ISSN MARC编目转换到基于MARC 21编目,确保数据质量,从而达到实现书目数据标准化的目标。

参考文献

[1] ISSN Manual Cataloguing Part 2009[EB/OL].[2012-05-27]. http://www.issn.org/2-23364-ISSN-Manual.php.

[2] 国家图书馆MARC21格式使用手册课题组. MARC21书目数据格式使用手册[M]. 北京:北京图书馆出版社,2005:90.

(原载于《图书馆建设》2013年第9期)

关联数据在馆藏书目组织中的应用进展研究①

赵　悦

1　引言

书目组织是图书馆的核心工作,图书馆通过馆藏书目的建设实现对文献资源的序化组织、管理与服务。而随着语义网的发展,图书馆传统的书目组织已不能满足人们对信息与知识的需求,图书馆的书目组织与服务面临着新的挑战。

2006 年蒂姆·伯纳斯－李(Tim Berners-Lee)提出了"关联数据"的概念,是指在网络上发布、共享、连接各类数据、信息与知识的一种方式,是语义网环境下的一项应用技术。2007 年 W3C 关联开放数据项目(Linking Open Data,LOD)正式启动,其目标是号召人们将现有的数据发布成关联数据,并将不同数据互联起来[1]。此后,越来越多的机构将它们的数据发布到 Web 上,加入关联数据的行列,英国广播公司、美国《纽约时报》、世界银行等机构都以关联数据的方式发布了数据。据 LOD 社区统计,截至 2011 年 9 月,LOD 云图中拥有 295 个开放数据集,包括 310 多亿个 RDF 三元组、5 亿多个 RDF 链接[2],而目前在开源数据门户平台 CKAN 登记的开放数据集已达 337 个(截至 2013 年 3 月)[3],涉及多媒体、政府、出版物、生命科学、地理科学、用户产生的内容及跨领域的数据等众多领域,包括 DBpedia 等很多知名的数据集。Google、Yahoo 等搜索引擎也已经开始抓取关联数据,并利用关联数据丰富其检索结果[4]。

关联数据的出现为图书馆馆藏书目组织与服务提供了新的方法与思路,在图书馆界也引起了广泛的关注和认可,并得到了一定的应用。本文旨在通过比较研究、典型应用项目分析等方法对关联数据在图书馆知识组织中的应用进展进行综合分析,以探索如何将图书馆书目中包含的大量结构化、高质量的数据发布为关联数据,并与其他领域的数据相连接,使其纳入到语义网环境中,为用户提供知识化的服务。为了全面掌握目前该领域的研究与实践进展,笔者以"关联数据"(linked data)为关键词对 2006—2013 年 CNKI、EBSCO 等数据库及互联网资源进行了查询,获得中文文献 119 篇、外文文献 92 篇,经筛选得出其中与图书馆书目组织、知识组织等相关的中文文献共 64 篇、外文文献 54 篇。通过对文献内容的全面分析,可以看出国外图书馆在关联数据应用方面已取得了一定的进展,在馆藏书目体系关联化

---

① 本文系国家社会科学基金重大项目"基于语义的馆藏资源深度聚合与可视化展示研究"(项目编号:1182D152)研究成果之一。

组织上已有一些项目实践经验，并且开展此项应用的图书馆越来越多；从国内研究文献情况看，自2011年开始该领域的文献量明显增加，2012和2013年则继续大量增长，2013年上半年的发文量已达33篇，可以看出国内对关联数据应用的研究日益活跃，已将之作为新的研究热点，但目前仍以理论和跟踪性研究居多，缺乏成规模的、相对成熟的应用实践。

2 关联数据的理念与实现

关联数据提出的目的是构建一个计算机能理解的具有结构化和语义信息的关联的数据网络，而不仅是人能读懂的文档网络。Tim Berners-Lee在提出“关联数据”概念的同时，亦提出了关联数据遵循的几个基本原则，即：①使用URI作为任何事物的标识名称；②使用HTTP URI，使任何人都可以访问名称；③当有人访问名称时，提供有用的RDF信息；④尽可能提供相关的URI，以使人们发现更多的信息。可以认为符合上述4项原则的数据即为关联数据，其核心理念是开放、关联及复用[5]。

关联数据被认为是一种轻量级的语义网实现技术，其关键内容即是URI、RDF三元组及通过HTTP URI的方式发布并可获取数据，是实现从“文档的网络”(Web of document)到“数据的网络”(data of document)的关键技术。关联数据实现应遵循两个基本准则：①利用RDF数据模型在万维网上发布结构化数据；②利用RDF链接将不同数据源的数据互连起来[6]。仅就技术而言，关联数据的实现并不复杂，主要建立在已有的Web技术(如URI、HTTP)及RDF三元组基础上，目的是使数据之间建立尽可能多的关联，关联关系越丰富，数据的价值越能得到体现。夏翠娟等曾将关联数据的发布简单概括为如下步骤：①用RDF数据模型描述要发布的数据资源，为其生成HTTP URI(通常是一个Cool URI)，并生成资源的RDF描述文档；②在数据与数据之间建立RDF链接；③在Web上发布RDF文档；④提供一个标准开放的访问接口，支持使用RDF的标准化检索语言SPARQL对RDF数据库进行检索，供远程调用本地数据[7]。

3 传统元数据vs关联数据

W3C图书馆关联数据孵化小组的最终报告中将图书馆数据定义为“图书馆为描述及检索信息资源所产生的数字化信息”，并将其分为三大类，即数据集、元素集、取值词汇；将图书馆关联数据定义为“任何应用关联数据技术描述的图书馆数据”。由此可以看出，传统图书馆数据主要是馆藏书目体系组织与服务相关的元数据，包括书目数据、规范数据、知识组织系统数据以及术语词汇数据等，而目前图书馆关联数据应用较多的也正是这几类数据，同时也表明关联数据主要针对的是结构化数据，而非各类文档。通过对图书馆传统元数据与关联数据的对比分析，可以发现二者在应用中的区别主要体现在：

封闭vs开放。图书馆传统元数据是在一个相对封闭的系统内运行的，数据不易为其他系统所整合,如 MARC 数据大多为 ISO 2709 格式,与基于 XML 的 RDF 描述相比,不仅更依赖于特定的平台,而且不易于实现与其他系统的互操作,缺乏开放性。

孤立 vs 互联。图书馆传统元数据可以说是因封闭而孤立,不仅缺乏与外部数据的关联,即使是内部数据间的关联也比较缺乏,其中有些书目数据字段与规范数据、词表数据的关联也主要是依靠文本字符串,而非采用 URI 标识符的关联机制,发展受到很大限制。

静态 vs 动态。图书馆传统元数据一般是在制作完成后提供服务,内容基本是稳定的、静态的,但关联数据因其开放性、关联性,会随着环境的变化、外部数据的增长而不断丰富关联的内容,出现动态变化。当然,也有可能因外部连接失效等原因导致关联内容的不可获得。

记录 vs 数据。“记录”到“数据”的变化是传统元数据与关联数据在组织理念与方法上的根本改变,是二者的本质不同,是其他区别点的基石。关联数据将一条记录变成一条条描述,以记录中的知识点为单位,将揭示粒度尽可能地变小,为用户提供的不再只是对文献整体的描述,而是片断化的知识信息。

此外,W3C 针对数据的关联程度提出了一个“五星”排行标准,也可以从一个侧面反映出传统元数据与关联数据的差异,具体为:

一星数据★:以任何开放协议和格式发布在网上;

二星数据★★:以一种机读格式,如 excel 表格格式而不是扫描图片格式,发布在网上;

三星数据★★★:以一种开放而非私有的格式,如 CSV 而不是 excel,发布在网上;

四星数据★★★★:采用开放格式,并以 W3C 的开放标准标识和描述(URI 和 RDF),使人们可以链接指向;

五星数据★★★★★:采用开放格式,并以 W3C 的开放标准进行标识和描述,并尽可能关联、引用其他人以 URI 标识、RDF 描述标准发布的数据[8]。

目前,图书馆数据还基本处在二星或三星的位置上,而四星数据才开始符合关联数据的定义,采用语义描述规范,具有了表达语义的功能[9]。

4 关联数据在馆藏书目组织中的应用

图书馆拥有大量高质量、结构化的馆藏书目资源,有着不断积累的数据优势和规范控制的实践经验,但随着网络环境尤其是语义网技术的发展,图书馆数据在标准、格式、系统等方面相对的封闭性导致了这些数据无法融入语义网环境,其发展受到了很大的限制。关联数据的出现为图书馆书目组织提供了新的发展思路与技术路线,为图书馆数据融入语义网提供了可能,自产生起就受到了图书馆界的关注。而另一方面,语义网的发展也需要图书馆高质量、可信任的数据资源。2010 年 5 月 W3C 成立的图书馆关联数据孵化小组(W3C Library Linked Data Incubator Group),其主要目标就是促进图书馆数据在万维网上的互操作,探讨图书馆如何应用关联数据技术来增进图书馆数据的组织与服务。

4.1 应用现状

图书馆馆藏书目体系主要包含书目数据、知识组织系统数据、名称规范数据等。馆藏书目体系关联化组织即是要实现馆藏书目体系内部及与外部万维网相关数据的自动化、知识化的互联，关联数据技术的引入正是为实现这一目标。2008 年美国国会图书馆的 Ed. Summers 建立了 lcsh. info 网站，将美国国会图书馆标题表（LCSH）以关联数据的形式发布；同年，瑞典国家图书馆将瑞典全国联合目录 LIBRIS 按照关联数据框架发布，成为首个以关联数据形式发布的国家书目，并且二者之间还实现了数据的关联。作为图书馆领域应用关联数据的开拓性项目，这两个项目充分实践并验证了关联数据在图书馆书目组织中的应用，起到了很好的示范作用。此后大量的关联数据应用在图书馆界涌现，西班牙国家图书馆、德国国家图书馆、法国国家图书馆、匈牙利国家图书馆、英国国家图书馆、OCLC 等均开放了其书目数据（或规范数据）的关联数据服务。根据对 CKAN 图书馆关联数据小组站点的统计，目前图书馆关联数据项目已达 57 个，总计提供了约 50 亿个 RDF 三元组[10]，主要集中在书目数据、知识组织系统数据及名称规范数据方面。

4.1.1 书目数据的关联数据化

书目数据是馆藏书目体系的核心部分。目前图书馆书目数据大多是以 ISO 2709 格式存在的 MARC 记录，其关联数据化的关键点在于：①将 MARC 2709 格式转变为 MARC XML 格式，进而采用 RDF/XML 进行描述；②将记录标识（ID）转变为数据标识（URI），并为属性、属性值分别赋予 URI；③发布 RDF 三元组并建立关联。因各机构书目数据及相关系统的差异，其关联数据化的方法、步骤以及面临的难度是不同的，但总体上都需要解决描述的颗粒度问题以及 URI、RDF 三元组生成等关联数据实现的核心技术。目前，书目数据主要是与内部的知识组织系统数据（如 LCSH、DDC）、规范数据（如 VIAF）以及外部的 DBpedia 等数据实现了关联。

瑞典国家图书馆是世界上首个将国家书目发布成关联数据的图书馆，其全国联合目录 LIBRIS 开放了 200 多个成员馆的大约 650 万条书目记录、20 万条规范记录，并创建了与美国国会图书馆标题表（LCSH）和维基百科（DBpedia）的链接。该项目在关联数据应用方面颇具影响力，是第一个书目数据关联数据化的实例。此外，2012 年 6 月，OCLC 宣布 WorldCat 增加关联数据服务，成为目前 Web 上最大的关联书目数据集，8 月又宣布已提供近 120 万条最有代表性作品的关联数据文件下载，其中包含约 8000 万个三元组[11]。目前，英国国家书目（BNB）[12]、德国国家书目（DNB）[13]等也已加入关联数据发布的行列。

4.1.2 知识组织系统的关联数据化

图书馆采用关联数据形式发布最多的即是词表、分类法等知识组织系统，其中最具代表性的是 LCSH 的关联数据。知识组织系统的语义化、关联化大多是采用将原有数据 SKOS 化的模式。美国国会图书馆亦是将 LCSH 的 MARC 数据转化为 SKOS 数据，并提供了 LCSH 词表 SKOS 数据的下载[14]。SKOS 即简单知识组织系统（Simple Knowledge Organization System），是由 W3C 制订的推荐标准，是建立在 RDF 基础上，支持语义网框架下对知识组织系统描述的一种简单的语义置标语言，其为词表、分类法等知识组织系统提供了一套简单、灵活、可扩展、机器可理解的描述和转换机制，目的是为了实现资源的共享和重用。SKOS 提供了表达各种知识组织系统基本结构和内容的模型，将概念模式及语义关系表达为机器可理解的方式，支持概念在万维网上编辑和发布，将概念与 Web 上的数据相连接，并支持将概念集成到其他概念体系中，是目前实现知识组织系统语义化、关联化的首选途径[15]。除美国国会图书馆标题表(LCSH)外，杜威十进分类法(DDC)、联合国粮农组织叙词表(AGROVOC)等都采用 SKOS 对其数据进行了组织和描述(见表 1)。我国国家图书馆也已对《中国分类主题词表》数据进行了 SKOS 转换，为知识组织系统的共享打下了基础。

表 1　关联开放词表(Linked Open Vocabularies)

资源 (resource)	主题 (topics)	概念 (concepts)	语言 (languages)	关联数据 (linked data)	链接类型 (type of link)
AGROVOC	农业食品 渔业林业	31956	多语种	是	skos:broader skos:narrower skos:related
EUROVOC	综合	6799	多语种	是	skos:exactMatch
GEMET	环境	5298	多语种	是	skos:exactMatch
LCSH	综合	30784	英语	是	skos:exactMatch
NAL Thesaurus	农业	30298	英语 西班牙语	是	skos:exactMatch
RAMEAU	综合	16407	法语	是	skos:exactMatch
STW	经济	1165	英语 德语	是	skos:exactMatch
TheSoz	社会科学	7750	英语 德语	是	skos:exactMatch
Geopolitical Ontology	国家地理	253	多语种	是	skos:exactMatch
DDC	综合	409	多语种	是	skos:exactMatch
DBpedia	综合	10989	多语种	是	skos:exactMatch
SWD	综合	6245	德语	是	skos:exactMatch skos:closeMatch skos:broadMatch skos:narrowMatch
GeoNames	地理	212	多语种	是	skos:exactMatch

资料来源：根据 Dr. Johannes Keizer 的报告“*Linked open data for science, culture and society*”整理而成。

4.1.3　规范数据的关联数据化

世界上许多国家图书馆或大型图书馆为对书目进行规范控制，建设有人名、题名、地名等规范数据，它们是高质量的知识性资源，是馆藏书目体系的重要组成部分。通过将规范数据关联数据化,在互联网上发布并服务,可以为用户获取精确、完整的检索结果及相关知识提供便利,有利于丰富用户的体验,也有利于规范数据的整合,是图书馆应用关联数据的重要方面。

OCLC 虚拟国际规范文档(VIAF)的关联数据是最具代表性的项目,其主要是利用 SRU 信息检索服务为 VIAF 项目提供关联数据,并支持机器和 Web 浏览器的访问[16]。VIAF 是 OCLC 实施的多个国家图书馆及其他机构共同参与的联合项目,该项目是将参与机构的名称规范文档整合成一个名称规范服务,旨在通过匹配和关联不同语种的国家图书馆的规范文档,提高图书馆规范数据的利用效率,目前已有 24 个机构参与其中。此外,前文提到的发布了国家书目关联数据的国家图书馆一般也将其规范数据发布为关联数据,并与书目数据建立内部关联,提供整合服务。

4.2 应用特点

目前关联数据在馆藏书目组织中的应用主要呈现出以下特点:

4.2.1 应用对象类型广泛

涵盖书目数据、规范数据、知识组织系统数据等,均为图书馆拥有的结构化数据,是图书馆最主要的数据资源,它们之间的关联也构成了图书馆整个书目组织体系,而将其扩展至网络上,与其他国家、语种甚至其他领域的数据资源进行连接,将使其更具价值。从目前来看,国外图书馆界开展的关联数据应用大多都是以国家图书馆为先导,这主要是由于国家联合目录数据、规范数据、词表数据大多由国家图书馆作为主要的建设者和维护者,国家图书馆的关联数据应用将有效带动整个图书馆界的应用,起到一定的引领作用。

4.2.2 图书馆的角色发生转变

图书馆在关联数据应用中,既可以作为数据发布者、提供者,将其数据发布成关联数据,供外界使用,也可以作为消费者、利用者,充分关联、利用外部数据,以丰富自身的资源及服务。长期以来,发布者是图书馆在数据网络中的主要角色之一,这是由图书馆及其数据的使命与特点决定的,图书馆特有的书目数据、规范数据等资源需要"走"出去,被更多的用户利用、消费。关联数据的应用使得图书馆的书目数据成为能够通过网络向其他应用提供服务的数据,同时"走"出去的数据也将实现与其他语义网络数据的融合。但就图书馆而言,无论从哪个角度考虑,都不应忽视自身作为关联数据"消费者"的角色,应充分利用关联数据所能提供的数据整合和重用的功能,以"消费"的模式整合其他机构、领域的数据,促使图书馆自身的书目体系与服务日趋完善和丰富。从目前的应用来看,图书馆已日益重视与其他领域的数据关联服务,但与发布相比,图书馆在"消费"关联数据方面还比较欠缺,需要我们在理念上和技术上进行更多的探索与实践。

4.2.3 带动了图书馆在知识组织、聚合与发现方面实现新的突破

传统图书馆的资源组织基本是以文献为单位,如一本图书一条 MARC 记录,而关联数据则把记录细化到数据,为题名项、作者项、出版项等均赋予 URL,并用 RDF 三元组进行说明,揭示粒度更加细化,是以概念及关系作为组织的核心,突破了传统图书馆资源组织的理念,将以文献为单元的组织模式拓展为以知识为单元的组织模式,并将有助于图书馆知识聚合

与知识发现的实现。馆藏资源语义层面的聚合是图书馆在语义网环境下实现知识服务所面临的重要课题,以往图书馆信息聚合研究大都集中在跨库、跨文献类型的资源集成与聚合上,无法很好地解决语义异构的问题,而关联数据提供的是一种数据语义化的方法,支持实现知识内容的关联、聚合与展示,可应用在馆藏资源语义聚合与服务中。关联数据亦为图书馆知识发现服务提供了有力的技术支持,创造了图书馆数据与外部知识世界关联的机会,不仅促进了图书馆数据的开放,使其能被外部网络世界发现与利用,也扩展了图书馆自身作为知识发现平台的能力,通过关联可以使用户获得更多的知识与体验。

4.3 趋势与挑战

语义网环境下图书馆数据必然走向开放与互联,关联数据在图书馆领域的应用已成为一种趋势。关联数据的良好应用前景主要得益于其技术相对简便易行,且对目前图书馆馆藏书目数据的制作冲击较小,初步实现起来相对于本体等语义技术成本较低,而又非常利于图书馆提供知识服务、整合外部资源,进而达到吸引更多用户、提升自身价值的效果,因此短短几年的时间里,关联数据在图书馆已有很多的应用实例。与此同时,也应看到关联数据的应用还面临着诸多挑战,主要有以下几点。

4.3.1 理念转变

关联数据带给图书馆的不仅是技术、标准的改变,还有理念的转变,既要"走出去"又要"请进来",将一个相对封闭的、自成体系的系统开放,真正融入语义网环境,做到你中有我、我中有你,需要的不仅是技术,还有决策。在 W3C 图书馆关联数据孵化小组的最终报告中也指出图书馆领导者"应尽早地确定哪些数据集可以以关联数据形式发布。应尽早地确定高优先级、低成本的关联数据项目"[17]。

4.3.2 数据发现与维护问题

图书馆数据一向以高质量著称,大多由专业人员制作并维护。在关联数据应用实践中,如何发现、选择并整合网络上高质量的开放数据资源,如何应对大量外联数据及关联关系增多带来的维护问题,一直保持数据的可靠性、权威性及可获取性,是图书馆面临的一大挑战。

4.3.3 版权问题

关联数据涉及数据被其他人利用,也涉及利用其他人的数据,这就必然牵扯到权属、利益等问题。目前在协议方面应用较多的是知识共享(Creative Commons)许可协议,其授权机制比较灵活[18]。但在具体应用实践中,版权问题涉及内容比较复杂,需要项目实施者进行全面考虑。通过对相关应用进展的分析研究,笔者认为实现馆藏书目体系的关联化组织需从两方面入手:①数据基础建设。就图书馆而言,主要是通过对传统元数据的关联化改造来实现。数据关联化改造需要打破图书馆传统的资源描述方法,涉及对描述规则等的变革,其中最主要的是描述粒度的变化,将以文献为描述对象形成记录变为以某一知识点为描述对象形成多个 RDF 三元组描述,进而实现以知识点为核心的关联化组织。②技术基础建设。主要是需要在技术层面解决标识机制、查询语言、开放接口等问题,这其中标识机制是实现关联的重点,而查询语言、开放接口等则为实现与外部数据的互联打下基础。总体上,馆藏书目体系关联化组织的难点并不在于技术的应用与实现,而更在于编目理念与描述规则的变革。

5 图书馆书目组织的未来

语义网环境下图书馆书目组织的发展是机遇与挑战并存。馆藏书目的组织与服务受到了来自网络新理念、新技术的巨大挑战，图书馆传统的以文献为单元的组织模式已不能满足人们的需求。但同时语义网技术的发展也为图书馆书目组织带来了新的发展机遇，尤其是图书馆多年积累下来的高质量数据优势和规范控制的经验，如能与新技术相结合，将使图书馆在关联数据运动中担当领导者的角色[19]。图书馆面对的是多学科、多领域的文献资源，需要建立一种通用的、与领域无关的文献资源的描述和组织方法[20]。结合关联数据的发展与应用，笔者认为图书馆书目组织的未来将会有以下转变，需要予以关注。

5.1 文献单元向知识单元的转变

这种转变一直是图书馆实现知识组织的目标，以往的一些方法和技术都因对现有资源冲击太大或技术实现难度较大而较少在实践领域中大规模应用，而关联数据的出现加快了这种转变的进程。关联数据的技术特点会促使未来有越来越多的图书馆数据实现关联化、语义化，使基于知识单元的书目组织从理想变为现实。

5.2 概念模型与编目规则的转变

FRBR（书目功能记录需求）及之后发布的 FRAD（规范记录功能需求）和 FRSAD（主题规范记录功能需求），分别是针对书目记录、规范数据、主题规范数据的概念模型，从根本上打破了传统元数据描述与组织的理念与方法，为组织不同层次和粒度的信息资源、更清晰地描述和聚合相关资源提供了模型基础。而适应 FRBR 模型思想和结构的新一代编目规则 RDA（资源描述与检索）也已正式出台，旨在取代 AACR 2 成为新的内容标准。RDA 描述粒度细化（即把记录细化到数据）等特点将更有利于实现数据的关联化，有利于提高关联数据发布与服务的质量，甚至有研究者指出“RDA 是图书馆由传统数据观转轨至关联数据及语义网的开端”[21]。FRBR、RDA 与关联数据的结合，将使图书馆书目组织呈现全新的风貌。

5.3 专有封闭向相互融合的转变

网络环境特别是语义网技术的发展，已使图书馆书目从封闭走向开放、互联成为必然，如何将图书馆数据纳入到语义网环境中，是我们目前的重要任务。国外图书馆界在这方面已取得了很大突破，在关联数据应用上产生了许多成功的案例，并且无论是理念还是技术都日趋成熟，非常值得我国图书馆界借鉴。

参考文献

[1] SWEOL G. Linking open data[EB/OL]. [2013 - 03 - 11]. http://www. w3. org/wiki/SweoIG/TaskForces/CommunityProjects/LinkingOpenData.

[2] CYGANIAK R,JENTZSCH A. Linking open data cloud diagram[EB/OL]. [2013 - 03 - 11]. http://lod-cloud. net/versions/2011-09-19/lod-cloud. html.

[3] Open Knowledge Foundation. Linking open data cloud:the data hub[EB/OL]. [2013 - 03 - 12]. http://datahub. io/group/lodcloud.

[4] 王涛. 基于关联数据的馆藏信息资源聚合研究[J]. 图书馆学刊,2012(8):44 - 46.

[5][8] LEE T B. Linked data[EB/OL]. [2013 - 02 - 27]. http://www. w3. org/DesignIssues/LinkedData. html.

[6] BIZER C,CYGANIAK R,HEATH T. How to publish linked data on the Web[EB/OL]. [2013 - 03 - 11]. http://wifo5-03. informatik. uni-mannheim. de/bizer/pub/LinkedDataTutorial/.

[7] 夏翠娟,刘炜,赵亮,等. 关联数据发布技术及其实现——以 Drupal 为例[J]. 中国图书馆学报,2012(1):49 - 57.

[9] 刘炜,胡小菁,钱国富,等. RDA 与关联数据[J]. 中国图书馆学报,2012(1):34 - 42.

[10] Open Knowledge Foundation. Library linked data: the data hub[EB/OL]. [2013 - 03 - 12]. http://datahub. io/group/lld.

[11] OCLC. Linked data at OCLC[EB/OL]. [2013 - 03 - 12]. http://www. oclc. org/data. en. html.

[12] 王薇,欧石燕. 关联数据在图书馆领域的应用研究[J]. 新世纪图书馆,2012(9):25 - 28.

[13] 张海玲. 图书馆书目数据的关联数据化研究——以德国国家图书馆为例[J]. 图书馆论坛,2013(1):120 - 125.

[14] LC. Linked data service[EB/OL]. [2013 - 03 - 12]. http://id. loc. gov/.

[15] W3C. SKOS Simple knowledge organization system[EB/OL]. [2013 - 03 - 12]. http://www. w3. org/2004/02/skos/.

[16] 黄永文. 关联数据在图书馆中的应用研究综述[J]. 现代图书情报技术,2010(5):1 - 7.

[17] BAKER T,BERMES E,COYLE K,et al. Library linked data incubator group final report[R/OL]. [2013 - 03 - 11]. http://www. w3. org/2005/Incubator/lld/XGR-lld-20111025/.

[18] 张春景,刘炜,夏翠娟,等. 关联数据开放应用协议[J]. 中国图书馆学报,2012(1):43 - 48.

[19] 林海青,楼向英,夏翠娟. 图书馆关联数据:机会与挑战[J]. 中国图书馆学报,2012(1):58 - 67,112.

[20] 欧石燕. 面向关联数据的语义数字图书馆资源描述与组织框架设计与实现[J]. 中国图书馆学报,2012(6):58 - 71.

[21] 胡小菁. RDA 的实施与本地化[EB/OL]. [2013 - 03 - 13]. http://conf. library. sh. cn/sites/default/files/RDA%E7%9A%84%E5%AE%9E%E6%96%BD%E4%B8%8E%E6%9C%AC%E5%9C%B0%E5%8C%96_%E8%83%A1%E5%B0%8F%E8%8F%81. pdf.

（原载于《图书情报工作》2013 年 18 期）

国家图书馆学科馆员服务模式探讨

万仁莉

1 引言

学科馆员也称联络馆员,它最早产生于美国卡内基－梅隆大学图书馆。1998年清华大学图书馆首先引进学科馆员制度。随后,国内众多的高等院校图书馆以及中科院文献情报中心相继实行学科馆员制度,并开展学科化服务。与我国高等院校图书馆学科馆员制度发展的趋势相比,公共图书馆的学科馆员制度建设则处于初步探索阶段。国家图书馆是综合性研究图书馆,长期以来国家图书馆一直以公共图书馆的身份履行职责。"学科馆员"与"学科服务"是国际图书馆界的一种先进的办馆理念和全新服务模式,探索国家图书馆如何借鉴国内外高校图书馆实行学科馆员制度成功的经验,逐步建立具有国家图书馆特点的学科馆员制度显得十分必要。

2 国家图书馆实施学科馆员制度的必要性

2.1 学科馆员的内涵

关于"学科馆员"的定义,美国图书馆学会(ALA)对学科馆员的定义是:受过专业训练和拥有丰富学科知识的馆员,主要负责图书馆某一学科专业文献的选择和评价,有时也负责学科信息服务和书目文献的组织[1]。国内对学科馆员尚无一个明确、规范的定义,笔者认为:学科馆员是具有学科知识背景,能够组织学科信息资源,并提供学科化服务的图书馆馆员。

2.2 实施学科馆员制度的必要性

国家图书馆实施学科馆员制度可有效促进参考咨询服务不断贴近用户需求,实现传统服务向现代知识服务的转化。在知识服务阶段,要求参考馆员深入到用户课题之中并跟踪用户的研究过程,如果参考馆员没有专业知识背景则难以胜任此项工作。国家图书馆应适应专业研究与行业发展的需要,为用户提供高水准的学科化、知识化的信息服务。建立学科馆员制度是将参考咨询服务提升到知识服务的重要保证,学科化和知识化服务是提升国家图书馆学术水平和核心竞争力的重要手段。

学科馆员制度在促进图书馆资源的有效利用,提升图书馆社会效益方面起着十分重要的作用。国家图书馆馆藏宏富,种类齐全,学科覆盖面广,专业领域多,只有学科馆员才能与信息需求者之间进行专业层面的有效交流,最大限度地提高馆藏资源的利用率。国家图书馆要对相关学科馆藏文献进行深度开发,需要既具备学科专业背景,又具备文献开发能力的学科馆员,为用户提炼出有价值的文献信息,学科馆员制度的建立,在促进图书馆信息资源深度开发,增进信息资源有效利用方面有着不可忽视的作用。

3 国家图书馆参考咨询工作现状

3.1 立法决策服务

为中央国家机关立法与决策服务是国家图书馆的重要服务职能。为了适应国家法制建设发展的需要,1998 年国家图书馆在原参考部的基础上成立了立法决策服务部,以丰富的馆藏资源和网络资源为依托,在对文献信息分析、整合及对信息产品进行深层次加工的基础上,专门为立法决策核心机构和各部委的决策提供专题文献汇编、文献综述及专题报告等形式的深层次咨询服务。国家图书馆的馆藏法律文献独具特色,是履行国家图书馆职能,为中央国家机关提供立法决策服务的重要文献基础。

3.2 科研服务

参考咨询工作是国家图书馆的重点工作之一,在国家图书馆参考咨询用户中有相当一部分是具有专业背景的决策型和科研型用户,其委托的课题具有较强的专业性。根据用户特点,国家图书馆设立社科咨询、科技咨询室,开展科技查新、文献查证、专题咨询、定题跟踪服务、撰写文献综述,开展专题文献调研,根据用户需要编制社科、科技类专题书目、论文索引和资料汇编等。经过多年的实践和积累,国家图书馆已经逐渐形成了较为专业的咨询队伍,这些有利因素为国家图书馆进一步实施学科馆员制度奠定了基础。

4 合理规划学科馆员岗位

4.1 设置原则

考察有关学科馆员的文献可以发现,国内学科馆员制度大多在用户群体和专业领域相对固定的高校图书馆及中科院国家科学图书馆实行,相比之下,国家图书馆用户群体构成相对复杂,优先为国家立法与决策服务,重点为国家教育、科研与生产单位服务,兼顾为社会公众服务。在设置学科馆员时,要充分认识国家图书馆与高校图书馆实行学科馆员制度的差异性,并针对这些差异,在实施学科馆员制度时,进行必要的调整。国家图书馆现有的参考馆员在专业划分上只是粗略地分为社会科学和自然科学两大类,这些参考馆员向用户提供一般的参考咨询可能会应付自如,但对于涉及较为专深的学科领域的咨询可能会感到力不从心。但国家图书馆现有的体制和人员结构不可能在短期内形成一个包容多学科的学科馆员队伍[2]，学科馆员的设立必须适应国家图书馆的具体状况。

4.2 设置方法

国家图书馆学科馆员岗位设置要考虑国家图书馆的职能任务，根据国家图书馆所承担的立法决策服务、国家教育服务及科研与生产单位服务等特定任务设置既具专业性，又具学科交叉性的学科馆员。鉴于国家图书馆读者服务对象与高校图书馆服务对象的不同点，国家图书馆在考虑学科馆员设置结构时，可参考我国1997年颁布《授予博士、硕士学位和培养研究生的学科、专业目录》所规定的学科门类来设立由多个学科馆员组成的学科小组。这些学科小组可以划分为哲学、经济学、法学、教育学、文学、历史学、理学、工学、农学、医学、军事学和管理学12大门类，可结合馆员的学科专业背景、跟踪研究能力、文献分析能力设置学科馆员小组。每个学科小组应该以同一学科门类的不同专业进行编制，可采用多个学科小组服务一个用户群体的模式[3]。比如，咨询用户需要有关军事设施立法的相关文献，除了军事学知识以外，更需要的可能是与军事专业无关的工程技术和工程建筑方面的背景资料，这就需要学科馆员的学科背景要多样化，要能达到优势互补，协同作战的效果。国家图书馆可根据馆藏特色及参考咨询的重点用户，选择某些学科领域，率先在某些成熟的学科建立学科馆员制度，构建具有国家图书馆自身特点的学科馆员制度。

4.3 选拔条件

考察美国高校图书馆学科馆员的聘用条件，要求学科馆员具备图书馆专业硕士学位，还要有对口专业相关的学科知识背景。国家图书馆人力资源较为丰富，截至目前，具有副高级职称以上人员比例为20%左右，35岁以下青年员工比例为40%左右，青年员工中有相当一部分是具有较高专业素养的硕士或博士研究生。

笔者认为，国家图书馆学科馆员的选拔要从思想品德、专业学科背景、学历、工作经历等方面进行资格认定。学科馆员应是热爱图书馆工作，爱岗敬业的专家型复合型人才，首要条件可要求学科馆员具备大学本科以上学历，并具备专业的学科知识背景。不但要拥有某一学科的专业知识，还要具备图书馆学、文献学、信息学基本知识，熟悉图书馆各项业务、馆藏资源，熟悉各类检索工具，能熟练编制二、三次文献，掌握计算机技术、网上资源的搜索与获取技术[4]。学科馆员要拥有较宽的知识面和较好的外语能力；对文献内容具有较强的分析、判断、综合能力；对跨学科、交叉学科、边缘学科、新兴学科有敏感的认识；具有对各种信息进行分类、组织的能力。另外，学科馆员还应具备良好的沟通能力，要善于与专业用户进行沟通。

4.4 选拔培训方法

建立行之有效的人员选拔和培训制度是学科馆员制度得以顺利实施的关键，人才引进是学科馆员制度能够深入发展的保障，科学的人才激励、竞争机制是实现学科馆员制度的重要手段[5]。

国家图书馆学科馆员选拔培训方法可采用:一是在国家图书馆具备学科馆员条件的现有馆员中采用双向选择,择优录用的方法直接选拔。二是对具有学科背景的现有馆员进行系统的图书馆学、情报学知识的培训。如去高校对口院系听课;聘请国内外学科咨询专家来馆讲学;选派馆员到高等院校进修深造,待完全具备学科馆员选拔条件时再行聘任。三是鼓励现有馆员报考非图书情报专业进行深造。四是根据国家图书馆馆藏特色和重点用户实际情况,面向社会招聘有相应学科背景,相关岗位工作经验的急需、紧缺专业人员。

5 国家图书馆学科馆员服务策略

国家图书馆可首先在参考咨询岗位实行学科馆员制度。可将参考咨询岗位按知识含量分为不同层次,第一层为咨询台馆员,负责到馆用户的现场咨询,为用户解答简单问题,引导接收进一步的咨询服务。第二层为虚拟咨询馆员,负责在线虚拟咨询,通过虚拟平台为用户提供服务。第三层为学科馆员,负责立法决策服务及社科、科技类的参考咨询。

5.1 专科馆藏服务模式

学科馆员可在专科阅览室开展学科化服务。2009 年国家图书馆重新恢复了法律文献阅览室,使专业文献、专业用户和咨询课题相对集中,法律学科馆员可以更专注于法律方面的学科化服务。学科馆员可对法律文献资源建设提出有针对性的建议,在馆藏建设方面发挥出学科馆员的作用;深入了解用户需求,经常与专业用户进行沟通和交流,解答专业咨询,提供专题咨询服务;充分利用专业法律网站和丰富的法律资源,为用户提供法律资源网上导航服务,将法律文献阅览室作为法律学科化服务的阵地。

5.2 专业馆藏开发服务模式

国家图书馆学科馆员可主动与同学科、同专业的政府部门、科研机构、企事业单位建立联系,了解用户的信息需求,深入实际开展调研。在一次对立法机关用户的调研中了解到,有 45% 的用户在谈到立法借鉴时希望国家图书馆能够为他们提供翻译成中文的外国法律,根据这一需求,法律学科馆员对馆藏外国法律中译本进行了整合,编制外国法律中译本篇名数据库,并在实际运用中受到广泛欢迎[6]。学科馆员还可以开发专题信息资源为目的,为专业用户提供新书动态,编制有关专题的文献书目、文摘、综述等,深入学科专业领域,提供学术层面上的定题服务。同时,可利用各种机会、各种方式进行图书馆资源与信息服务的宣传与推介,使更多的用户了解并利用图书馆的信息资源,使国家图书馆的学科化服务进一步得到深化。

5.3 专业数据库开发模式

专业数据库建设是国家图书馆围绕重点学科构建信息服务平台的有效方法,国家图书馆学科馆员可运用先进的数字化技术对各类专题文献进行搜集整理及深度加工,对互联网上相关信息及专题网页进行系统采集并加以保存，对馆藏资源进行深度揭示并科学地加以组织，建立具有一定规模、具备高效检索功能的专业资源库。国家图书馆学科馆员也可负责相关网络资源、电子资源的选择、评价、组织与管理；还可负责试用、评价相关专业的参考工具和电子资源，收集反馈信息，为引进数据库提供参考。

5.4 面向专家、课题组的个性化服务模式

国家图书馆学科馆员可深入用户单位，介入专业用户的咨询课题，如某大学人文社会科学重要研究项目《20世纪中国古代经典在域外传播与影响》，国家图书馆中国学文献阅览室的馆员，应邀参与了对口学科的项目课题研究工作[7]，通过与专业人员的沟通和交流，针对科研人员的研究课题，跟踪学科进展，研究学科信息发展态势，在指导用户获取、理解、使用信息资源的同时，根据用户研究的不同阶段，提供不同内容的信息服务，并在长期跟踪课题中，使学科馆员深入文献内容，充分发挥出学科馆员的优势和作用。

5.5 基于网络平台的学科化服务模式

网络已经成为信息沟通与交流领域最重要的工具，国家图书馆学科馆员可通过有效的虚拟交流渠道，及时获取用户需求，为用户提供形式多样的服务，如基于BBS、Blog信息交互服务以及网络的学术资源导航与资源利用指导服务等。学科馆员还可利用网络报道他人的研究成果，或直接发布自己首创的信息以及提供专业化的参考咨询服务，缩短学科馆员与用户之间的距离，建立学科馆员与用户之间的合作伙伴关系[8]。

6 学科馆员服务效果评价

要建立一套科学分明的考评体系。考评体系既是促进学科馆员制度有效运行的重要措施，也是检验学科馆员制度运行情况的一项重要内容，还是考核学科馆员工作业绩的依据[9]。

6.1 双向考核制度

要使学科馆员制度能有效地运作，还需要建立一套相应的管理措施。国家图书馆学科馆员的考核可实行双向考核制度，既接受图书馆的考核，又接受用户的考核，其中以用户评价为主，即学科馆员工作业绩的评价取决于用户的满意程度。用户满意度在具体指标上可包括：①理念满意，用户对学科馆员服务理念、发展思路的认同度；②管理满意，对于管理体制、规章制度的满意度；③资源满意，对馆藏资源、网络信息整合、信息开发的满意度；④人员满意，人员数量、知识结构、业务技能、行为规范的满意度；⑤服务质量满意，服务态度、服务效率、服务权威性、隐私保护的满意度[10]。可参考以下主要指标：①用户联络人数及其频率；②解答用户咨询问题质量及其数量；③用户满意度，包括用户对学科馆员业务能力以及提供帮助能力的综合评价等；④重点研究项目跟踪服务数量；⑤定题服务数量及其全文传递

数量[11]；⑥学术资源导航建设情况；⑦专业数据库建立情况。

6.2 奖惩制度

国家图书馆可建立有效的激励机制，给予学科馆员以较高的岗位待遇，让学科馆员定期接受进修培训。如，参加专业学术研讨会、出国访问等，为学科馆员制度的顺利实施提供保障。学科馆员制度还可建立相应的奖惩制度，将学科馆员综合评价的结果作为依据，与学科馆员的奖惩直接挂钩，通过这种考评体系，可以使学科馆员认识自己的成绩和不足，激励学科馆员不断完善自己的专业结构和知识结构，在实践中不断强化学科馆员的专业能力，使学科馆员在国家图书馆的建设中发挥出最大的作用。

7 结语

综上所述，国家图书馆可根据实际情况积极探索适应未来学科发展的学科馆员服务模式和管理模式，制订出学科馆员制度的近期计划和远景规划，探索创新，循序渐进，不断完善学科馆员制度，找出一条适应国家图书馆发展的学科馆员制度的路子。

参考文献

[1] 陈楠，胡晓梅. 公共图书馆学科馆员制度的建立与学科化服务[J]. 图书馆学刊，2011(9)：68－70.

[2] 赵红. 知识服务下的参考咨询[J]. 图书馆建设，2010(11)：74－78.

[3] 陈虹. 国内公共图书馆学科馆员服务的新发展[J]. 绵阳师范学院学报，2010(12)：144－147.

[4] 彭凤阳. 建立公共图书馆学科馆员制度刍议[J]. 图书馆论坛，2004(4)：35－37.

[5] 童敏. 我国图书馆学科馆员制度建设研究概述[J]. 高校图书馆工作，2009(3)：69－71.

[6] 赵红. 国家图书馆学科馆员和学科化服务[J]. 法律文献信息与研究，2010(3)：22－27.

[7] 赵红. 图书馆参考咨询案例的知识服务解读[J]. 图书情报工作，2008(增刊2)：81－84.

[8] 李春旺. 学科化服务模式研究[J]. 图书情报工作，2006(10)：14－18.

[9] 刘璟. 略论图书馆学科馆员的能力要求与管理制度[J]. 中共成都市委党校学报，2008(1)：78－79.

[10] 柯平，唐承秀. 新世纪十年我国学科馆员与学科服务的发展：下[J]. 高校图书馆工作，2011(3)：3－8.

[11] 杨心宁. 信息时代公共图书馆建立学科馆员制度的必要性[J]. 图书馆理论与实践，2011(8)：70－72.

（原载于《图书馆》2013 年第 5 期）

社会公众对公共图书馆政府信息服务需求的调查研究[①]

梁蕙玮　萨　蕾　许玉梅　敦文杰　赵荣荣　陈秋慧

《中华人民共和国政府信息公开条例》的颁布将我国公共图书馆纳入了政府信息公开体系，向社会公众提供政府信息服务成为公共图书馆的义务和责任。如何开展政府信息服务成为公共图书馆不断思考和研究的新课题。

1　调研目的

政府信息与公众生活密切相关，这一性质确定了公共图书馆政府信息服务的主要对象是社会公众，因此，了解用户的信息需求是图书馆更好地开展政府信息服务的基础性工作。开展社会公众对图书馆政府信息服务调查主要目的是为了解用户对图书馆政府信息服务工作的希望、掌握不同用户在不同环境下所面临的问题和实际需求，并据此有针对性地制定全面的服务策略，不断完善图书馆政府信息服务体系的建设，从而满足社会公众多元化的政府信息需求。

2　调研内容

本项研究采用直接调研的方法，即通过向不同用户发放调查问卷来获取基础数据，并根据基础数据进行分析，从而得出有价值的结论。调研的关键在于调查问卷的设计，调查问卷设计的主要内容和侧重点有以下几点。

2.1　用户基本信息

这一部分旨在对被调查人群进行分类统计比较，使结论更加具有针对性和普遍适用性。主要指标有：性别、年龄、居住地、学历、职业等。

① 本文系国家社科基金项目“我国公共图书馆的政府公开信息服务机制与模式研究”（项目编号：10BTQ021）研究成果之一。

2.2 用户对政府信息公开和图书馆政府信息公开服务的知晓程度

这一部分旨在了解用户对我国政府信息公开政策、体系以及图书馆服务方式的熟悉程度,以便为今后的宣传普及工作做出指导。

2.3 用户固有习惯分析

这一部分主要包括用户所关注的政府信息包括哪些主题及内容、用户使用何种查阅途径及方式、使用中遇到的困难及问题等。由此了解用户习惯,服务中可以尽可能贴近用户习惯、满足用户需求。

2.4 用户的资源需求

这一部分旨在了解用户所关心信息的资源类型和重点关注领域,以便在日后对资源进行选取时,有所依据。

2.5 用户的服务需求

这一部分旨在了解用户对图书馆服务方式的需求,以便拓宽图书馆政府信息服务思路,开展多方式、多手段的服务。

2.6 用户建议

这一部分通过开放式问题来调查用户对于图书馆政府信息服务的意见和建议。以便更深入地了解用户对图书馆政府信息服务工作的看法和希望,从而提升图书馆的服务水平。

3 调研过程

为使调研更具有科学性,在发放调研问卷时,兼顾了不同地域、不同行业的人群。对不同人群的需求数据进行分析,会为图书馆政府信息服务提供更加有益的反馈和参考。调研工作从2011年5月开始,到2012年5月底结束,共分4次进行,受访者基本涵盖了国内主要省级地区,具体的发放时间及范围如下。

3.1 国家图书馆读者调查

2011年5月,在国家图书馆数字共享空间,对到馆读者进行问卷调研,收回读者有效问卷126份。

3.2 社会公众调查

2011年5月,以电子问卷形式向多个行业的社会公众发放,发放过程中充分考虑到用户的年龄、地域、行业等因素,覆盖面广,收回有效问卷318份。

3.3 图书馆工作人员调查

2012 年 1 月,向国家图书馆及北京、天津部分公共图书馆的从业人员发放问卷,收回有效问卷 104 份。

3.4 各地读者调查

2012 年 4 月,委托 32 个省级公共图书馆在当地图书馆进行调研,共收回各地读者有效问卷 361 份。

通过以上方式,截至 2012 年 5 月 28 日,共计收回有效社会公众调查问卷 909 份。

4 社会公众需求分析

从 2007 年条例颁布至今,图书馆开展政府信息服务工作已有四年的时间,公众对图书馆开展政府信息服务是否知晓、是否满意呢? 下面结合本次调查的数据,从受访者的基本情况、受访者对图书馆政府信息服务知晓情况、用户获取政府信息的习惯、用户对政府信息资源的需求、用户对政府信息服务的需求及对图书馆提供政府信息服务的建议几个方面分析社会公众的需求。

4.1 受访者基本情况

(1)性别结构

在 909 份有效调查问卷中,男性 492 人,占 54%;女性 400 人,占 44%;另有 17 人未填,占 2%。

(2)年龄结构

859 个有效答案,覆盖了各个年龄段人群。其中,21—30 岁这一年龄段的公众最多,共有 476 人;其次为 31—40 岁年龄段 192 人;40—50 岁年龄段 85 人;50 岁以上和 20 岁以下公众最少,均为 53 人。

(3)学历结构

在 897 个有效答案中,受访者的学历基本涵盖了从高中到博士后,其中大学本科人群 424 人,占比最大达 47%;高中或大专有 220 人占 25%;硕士有 190 人占 21%;博士 27 人;高中以下 25 人;其他 11 人。

(4)职业结构

受访者所从事的职业基本涵盖了各个领域。总体来说事业单位和学生人群的比例相对高一些,这和问卷发放的场所主要是图书馆有一定的关系,见图 1。

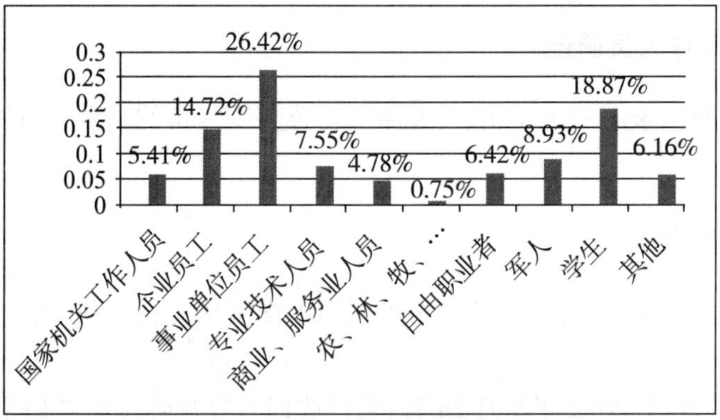

图 1　受访者职业结构

(5)城市分布

在返回的问卷中,共有 889 份填写了城市。因调查问卷主要在北京发放,故北京的受访者达到 390 人,占据较大比例。其他 499 人分布在 29 个省、自治区、直辖市中,基本涵盖了我国绝大部分地区,详见表 1。

表 1　受访者地区分布

地区	北京	山西	广西	四川	山东	河北	陕西	吉林	海南	江西	重庆	安徽	浙江	新疆	江苏
受访者数量	390	83	41	29	28	25	23	20	19	19	19	18	18	17	16
地区	福建	内蒙古	青海	贵州	黑龙江	天津	甘肃	上海	广东	西藏	河北	河南	云南	深圳	香港
受访者数量	15	12	12	11	11	11	10	10	9	9	6	3	3	1	1

4.2　用户对图书馆政府信息服务知晓情况

《条例》颁布后,许多公共图书馆都开展了多种形式的政府信息服务。社会公众对图书馆政府信息服务的知晓情况如何、是否使用过、了解哪些图书馆开展政府信息服务等,为此,调查问卷中设置了如下题目:

(1)《中华人民共和国政府信息公开条例》于 2008 年 5 月 1 日实施后,我国公共图书馆开展了多项政府信息服务工作,您是否知道此事?(单选)

A. 知道,也用过　B. 知道一点,但没用过　C. 不知道,但用过　D. 不知道,没用过,但想了解

在收回的问卷中,除 5 份问卷没有填写该题外,在其他 904 份有效答案中,120 名(13%)受访者表示知道此事且利用过相关服务,357 名(39%)受访者表示有所耳闻但并未使用过,另有 52 名(6%)受访者表示不知此事但已用过,375 名(41%)受访者则表示不知道但想了解。分析

可知在图书馆使用过政府信息服务功能的合计172人,占比仅为19%。这说明,目前在图书馆使用政府信息服务的公众人数占调查总数的比例相对较低。还有375位受访者不知道图书馆提供政府信息,说明社会公众普遍未将图书馆和政府信息公开联系到一起,不知道查找政府信息可以到图书馆。这其中有24份是出自于图书馆员的问卷,在104份图书馆员工的调查问卷中占了23%,折射出图书馆界政府信息服务的宣传推广还有待加强。

(2)据您所知,有哪些图书馆开展了政府信息服务工作?

有142位受访者(占全部受访者的15.6%)填写了他们所知道的图书馆,主要集中在国家图书馆及福建省图书馆、首都图书馆、天津图书馆、上海图书馆、陕西省图书馆等省级公共图书馆。其余的受访者或是写得不清楚,或是没有填写,这也反映出知晓图书馆提供政府信息服务的社会公众比例还很小。

因此,图书馆在开展政府信息服务时,宣传推广是非常基础也是非常重要的一项工作,它可以让社会公众普遍树立起一个基本的观念,即查找政府信息可以到图书馆。

4.3 用户获取政府信息习惯

对于用户获取政府信息的习惯,问卷从用户获取政府信息的途径、关注内容、查阅频率和载体形式选择等方面来考虑,设置了如下问题:

(1)您关注哪些政府部门的政府信息?(多选)

A. 中央政府及各部委　B. 省级政府及各厅局　C. 市级政府及各部门　D. 县级(及以下)政府及各部门

结果显示,公众普遍关注中央政府的信息,73.38%的公众都选择了中央政府信息。另外,公众也比较关注其所在地的政府信息,如省政府信息、市政府信息,选择这两部分的人群数量相差不多。对于县级及以下政府信息关注的受访者相对不多,其中一个原因是这次调查主要通过国家图书馆和各地省级图书馆进行,在县级馆接受调查的政府信息服务用户相对比较少。

(2)您经常通过哪些渠道查阅或获取政府信息(多选)?

A. 广播、电视、移动设备　B. 报纸、期刊　C. 政府机构网站　D. 门户网站　E. 图书馆网站　F. 其他网站　G. 政府办事机构　H. 图书馆　I. 档案馆　J. 其他

909名受访者中,78%的受访者(711人)获取政府信息主要来源于广播、电视、手机等移动设备;67%的受访者(610人)表示传统的报纸、期刊等纸本信息目前仍是获取政府信息的重要途径;33%的受访者(300人)获取政府信息来源于政府机构网站;而40%的受访者(370人)获取政府信息主要来源于门户网站。

相对于在网站上获取政府信息,到实体机构获取政府信息的公众数量就比较少,选择到政府办事机构获取政府信息的占9.68%,到档案馆获取政府信息的仅占3.3%。尽管数据显示有近26%的受访者是通过图书馆来获取政府信息,但考虑到发放调查问卷主要是在图书馆,因此选择图书馆的比例会比实际情况偏高。

(3)在我国公共图书馆,您经常获取哪种载体形式的政府信息?(多选)

A. 纸本形式　B. 光盘、数据库等电子载体形式　C. 网络　D. 其他

结合上文可知,在图书馆查找政府信息的 172 人中,有 117 人(占全部 68.02%)通过网络获取政府信息。在通过网络获取政府信息的 117 人中,又有 53 人(占全部 30.81%)仅通过网络获取政府信息,有 58 人(占全部 33.72%)也通过纸本获取政府信息,其中有 35 人(占全部 20.34%)仅通过纸本获取政府信息,这说明网络已经超越纸本,成为公众获取政府信息的主要渠道之一。

(4)您查阅政府信息的频率?

A. 经常查　B. 偶尔,需要时查阅　C. 很少查　D. 基本不查

从查阅政府信息的频率看,900 份有效答案中,只有 11%(103 人)经常查,61%(553 人)偶尔或需要时查阅,18%(162 人)很少查,还有将近 10%(82 人)基本不查。可以看出,大部分社会公众在需要的时候才会查阅政府信息,也就是说,查询政府信息的用户一般是带有明确的目的或需求的。

4.4　公众对资源的需求

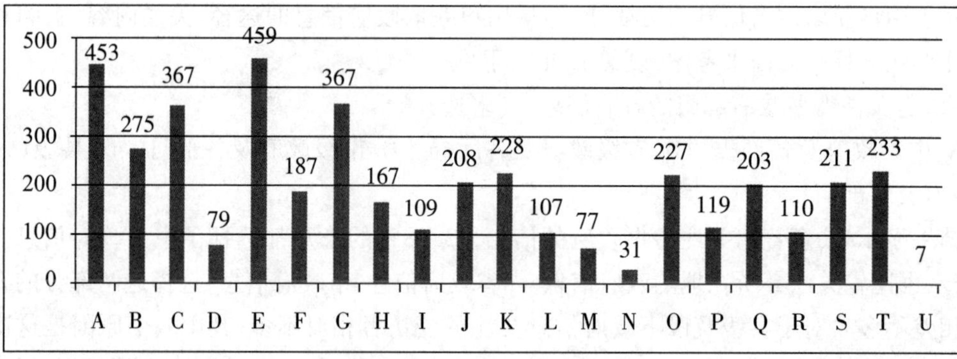

图 2　公众所关注的政府信息的主题

社会公众对政府信息资源的需求包括很多方面,我们主要从政府信息资源内容主题和资源类型来考虑用户需求,设置了如下问题:

(1)对于我国公共图书馆提供的政府信息资源,您关心哪些主题?(多选)

A. 综合政务　B. 市场监管、安全生产监管　C. 财政、金融、审计　D. 农业、林业、水利　E. 科技、教育　F. 工业、交通　G. 文化、广电、新闻出版　H. 国土资源、能源　I. 国民经济管理、国有资产监管　J. 公安、安全、司法　K. 劳动、人事、监察　L. 对外事务　M. 民族、宗教　N. 港澳台侨工作　O. 城乡建设、环境保护　P. 商贸、海关、旅游　Q. 民政、扶贫、救灾　R. 人口与计划生育、妇女儿童工作　S. 国防　T. 卫生、体育　U. 其他

调查显示,受访者最关心的政府信息集中在:综合政务;市场监管、安全生产监管;财政、金融、审计;科技、教育;文化、广电、新闻出版;劳动、人事、监察;城乡建设、环境保护等方面。

(2)您最希望公共图书馆提供哪类政府信息?(多选)

A. 法律法规　B. 专利　C. 统计数据　D. 公文公报　E. 其他

从资源需求类型来看,受访者中 61%(537 人)关注法律法规;54%(474 人)关注统计数

据;47%(414 人)关注公文公报;21%(192 人)关注专利信息;还有 5%(46)关注其他政府信息。不同用户有不同的关注领域,公共图书馆政府信息资源建设的需注意两点:首先,由于面向所有公众服务,资源收集的范围要广,要尽量涵盖所有领域;其次,对于公众普遍关注的政府信息要进行重点建设,做到广度与深度的有效结合。

4.5　公众对服务的需求

关于公众对图书馆政府信息服务需求的调查,问卷从公众在图书馆查阅政府信息的困难入手,并请公众对图书馆政府信息服务中的五个要素进行重要性排序,同时收集了公众希望图书馆开展政府信息服务的渠道、方式和内容。

(1)您在图书馆查询政府信息时有什么困难或问题?(多选)

A. 资源分散,不易查找　B. 无使用帮助或专业咨询　C. 没有问题　D. 其他

结合上文可知,在图书馆查找过政府信息的 172 人中,有 49 人(占 28%)认为没有困难;有 110 人(占 81.2%)认为在图书馆查找政府信息有困难,资源分散、不易查找和无使用帮助或专业咨询是普遍问题,50% 和 34% 的受访者分别提到了资源分散不易找和没有专业咨询的问题;11% 的受访者认为同时存在上述两个问题。因此,图书馆需要对政府信息进行有效的管理,使信息有序化,方便用户使用,同时应配备专业的咨询人员,帮助用户解决查询政府信息的困难。

(2)对图书馆提供的政府信息服务工作,您最关注哪方面,请按重要性排序。

A. 数据是否全面　B. 数据是否准确　C. 数据是否及时　D. 获取是否方便　E. 服务是否到位

在 839 个有效答案中,332 人(占 39.57%)将“数据准确”排在第一位,238 人(占 28.37%)将“数据及时”排在第一位,将“获取是否方便”和“数据是否全面”排第一的基本持平,分别占 14.18% 和 13.71%,只有 4.17% 的用户最关心“服务是否到位”。

社会公众关注的第二位、第三位重要因素中,选择“数据准确”“数据及时”的受访者人数基本持平,分别为 676 和 673,其次为“数据是否全面”有 478 位受访者选择,接下来是“数据获取方便”(377 人选择)和“服务是否到位”(109 人选择)两项因素。显示,相对于服务的便利,用户普遍更关心数据本身的问题:首先是数据的准确性,其次是及时,再次是全面。

另外,把“服务是否到位”作为第一重要因素的 35 位受访者中,有 20 人将“获取是否方便”作为第二重要因素,这两项因素直接与服务相关,而与数据无关,反映出,极少数用户仍关注服务。

由此,图书馆在提供政府信息服务时,应将政府信息资源建设放在首位,尤其是提升信息的准确性和及时性,这是用户普遍关注的问题;其次要开展多种类型的服务,以满足不同类型用户的需求。

(3)您希望我国公共图书馆提供哪些渠道查阅或获取的政府信息(多选)?

A. 电视　B. 触摸屏　C. 手机　D. 网络　E. 纸质文献　F. 其他

在有效的 874 份答案中,希望通过网络方式获取信息的有 694 人,占所有方式的第一位;其次是通过手机的方式获取政府信息,这也说明在技术飞速发展的当下,手机已经成为

公众获取信息的一个重要渠道[1]。另外通过电视、触屏及纸质文献方式获取政府信息也是公众希望获取政府信息的渠道。因此,图书馆在开展政府信息服务时,还要考虑多渠道的服务,正如现在数字图书馆所倡导的数字资源多屏服务。

(4)在我国公共图书馆,您希望获取哪种载体形式的政府信息?(多选)

A. 纸本形式　B. 光盘　C. 网络　D. 其他

在有效的 870 份答案中,766 人希望获取网络形式的政府信息,占全部受访者的 88%,其中 390 人只希望获取网络形式的政府信息,占希望获取网络政府信息用户的 50.9%,说明网络资源对用户日益重要;在希望获取网络政府信息的用户中,有 326 人(42.5%)同时也希望获取纸本的政府信息,说明纸本政府信息目前仍是一个良好的补充,图书馆在开展政府信息服务工作时,可以重点提供网络政府信息,同时兼顾纸本资源,并做好不同类型资源的有效整合,为公众提供整体服务。

(5)您希望在政府信息服务方面,公共图书馆还应提供其他什么服务?(多选)

A. 设置政府信息查阅室　B. 配备专业咨询人员　C. 提供政府办事指南或网络导航　D. 由工作人员帮助下载并填写表格　E 查询服务(办证查询、结果查询等)　F. 纸质文献传递　G. 在线咨询　H. 信息推送　I. 其他

公众对图书馆提供政府信息服务的需求主要集中在:提供政府办事指南或网络导航、配备专业咨询人员、设置政府信息查阅室、在线咨询四个方面。其中超过 54% 的受访者都提到提供政府办事指南或网络导航这个需求;超过 51% 的受访者提到需要配专业咨询人员;超过 45% 的受访者提出要有在线的咨询。其他查询服务(办证查询、结果查询等)、信息推送、纸质文献传递及由工作人员帮助下载并填写表格等服务在社会公众中也存在一定的需求。

4.6 公众建议

在调查问卷的最后,请受访者留下对公共图书馆政府信息服务的意见或建议,共有 222 位受访者填写了该项内容。其中有 53 人都提到要加强宣传;有 62 人所提的建议与资源相关,包括资源收集范围更大、资源类型更多、数量更多、更新及时,多收集与百姓生活密切相关的信息,注重不同类型资源的整合,对社会关注的热点问题进行重点收集,做成专题等等;有 78 人所提的建议与服务相关,包括开设专门的查询场所,提供使用手册,增加咨询人员;开展对公众的培训活动,增加手机等新媒体的服务,增加和用户的互动,增加定制功能信息推送功能,提供绿色通道,开展舆情监测定期提供报告等;还有受访者提出信息服务应以网络为主,文献资料为辅,建立专门的网络平台。另外还有一部分受访者提出应该加强和政府部门及其他机构的合作,要多范围、多领域地开展工作,政府重视支持,更快地推进政府信息服务的公益化进程。

综上所述,可以发现社会公众对图书馆提供政府信息服务的需求可以归纳为:①希望图书馆在政府信息资源建设方面全面收集资源,并重点关注与民生相关的政策、法律信息;在提供纸本政府信息资源的同时,重点加强网络信息资源建设。②希望图书馆在政府信息服务方面提供互联网、手机、电视等多种媒体形式的服务;提供的数据准确及时;配备专业咨询人员给用户查询政府信息提供帮助;提供政府办事指南或网络导航。③希望图书馆加强政

府信息服务的宣传与培训，让公众更多地了解获取政府信息的渠道和查阅政府信息的途径。

5 针对公众需求的思考

为更好地开展政府信息服务，我国公共图书馆界在政府信息服务工作上应重视社会公众的需求，以公众需求为中心开展相关服务。

第一，针对用户对政府信息准确性、全面性的需求，研究并大力推动政府信息资源建设与服务相关技术的逐步完善。

用户对政府信息的需求首先是对信息的准确、全面的获取，即不仅获取到自己所需的信息，而且可以获取到相关信息。图书馆对这一需求的满足是建立在对资源的有序组织基础上的。

实现资源获取的准确性，应充分运用元数据、知识组织工具等方式和手段，对多来源、多类型的政府信息进行类聚、融合和重组，构建一个有序高效的政府信息知识体系，提供知识的有效获取与利用，实现知识的共知和共享。由于政府信息的有序化是基于元数据、受控词表等工具实现的，而图书馆对政府信息的整合还处在初期阶段，尚未建立完善的知识体系，因此，为提高用户对政府信息的查全率与查准率，应深入研究对政府信息进行知识挖掘所应用的相关技术，推动政府信息元数据标准的建设，构建完善的政府信息知识组织体系。

实现资源获取的全面性，应围绕政府信息，聚合与之相关的信息资源，如与法律法规颁布相关的信息资源包括颁布的背景，颁布前、颁布中、颁布后的各种消息报道，颁布后各级政府的转发执行，社会各界对法律法规执行情况的反响，法律法规的版本更替等。按照知识内容进行多维整合，构建信息资源组织的立体框架，为用户汇集更广范围内的政府信息资源，满足用户多样化的需求。政府机构在实现政务电子化的过程中，建设了一系列政府信息元数据标准，电子政务信息资源描述元数据标准(e-GRMS)[2]和中国政府信息资源元数据核心集(CGMIC)[3]，以及国务院办公厅发布的政府公开信息核心元数据。但由于这类标准通用性不强，造成图书馆等信息提供机构在对政府信息进行整合与利用时，无法共享政府机构已建的元数据，并严重影响对多种类型、多种来源政府信息的整合。因此，图书馆应加强与政府机构使用的元数据标准及受控词表的互操作研究。

此外，元数据是为了资源的使用者而产生的，因此，应建立与使用者之间良好的沟通、互动机制，通过使用者的反馈、贡献推动技术的逐步完善。

第二，针对用户对政府信息的个性化、多样化需求，在保证公众普遍信息需求得到满足的同时，提供各种增值信息服务以满足个性化需求。

信息增值包括信息效用增值和信息经济增值[4]。增值的主要方式是通过对原始信息进行加工、整理、挖掘等，增加信息的价值，提高信息的可利用性。

按照受众的需求不同，图书馆可提供的政府信息增值服务的内容主要包括：整合图书馆以文件或信息碎片的形式采集到的政府信息，将与公众生活密切相关的政府信息汇集成专题发布，以满足公众需求；从内容层面对政府信息进行深入挖掘，制成具有针对性的数据库等知识产品，满足社会公众或是机构等对政府信息的学术研究需求；对政府信息进行深入挖掘与分析，为一些有特定需求的个人或机构提供咨询服务。

为不同地域、不同类型的人群提供增值服务应以便利性为原则，为公众提供普遍均等的服务，实现信息服务的泛在性。除了网络服务外，还应拓展多种媒体的服务形式，如数字电视、触摸屏、手机等移动终端、流动图书车等，使政府信息服务真正实现对所有社会公众的覆盖。

第三，针对用户需求，积极培养优秀的政府信息服务人员，对政府信息服务工作进行宣传推广，并为公众提供各种专题咨询服务。

政府信息服务涉及政府部门的业务运作、政府信息的使用、法律法规的执行等各个方面，因此，要为公众提供高质量的政府信息服务，必须对图书馆员进行培训。公共图书馆中有不同专业背景的馆员，凡具有法律、行政管理、政治学、社会学等专业背景的馆员都可以参与到政府信息服务工作中来。培训重点一方面是政府信息内容，政府部门的动态；另一方面是拓展咨询服务人员的知识领域，使其对政治学、社会学等都有所了解，并在此基础上，通过会议、论坛等方式逐步开展对社会公众的培训工作，使社会公众能建立起到公共图书馆查找政府信息的意识。作为政府信息的发布者，政府部门是政府信息最权威的解释者，因此公共图书馆应与政府各部门建立密切的联系；此外，公共图书馆还应结合自身发展的需求，构建多馆合作共建的工作机制，借助业界整体的力量，充分发挥公共图书馆的专业优势，实现公共图书馆界政府信息服务整体的飞跃发展；与此同时，还应积极探索与政府机构的合作模式，构建公众、图书馆、政府多方受益的合作机制，确保公共图书馆政府信息服务的可持续发展。

参考文献

[1] 中国互联网络发展状况统计报告[EB/LO]. [2012 - 07 - 30]. http://www.cnnic.cn/hlwfzyj/hlwxzbg/hlwtjbg/201207/P020120723477451202474.pdf.

[2] 闰伟，杨洪山，孙莉. 政务信息资源描述元数据标准的制定研究[J]. 计算机与信息技术，2005(10)：85 - 87.

[3] 王芳. 我国电子政务元数据的构建及其基于 Web 服务的共享实现. [J]. 情报科学，2007(1)：125 - 133.

[4] 程万高. 政府信息资源增值服务供给机制研究[M]. 北京：科学出版社，2011：19.

（原载于《图书馆》2013 年第 5 期）

海外中国文化中心图书馆文献资源建设与配置之思考

武学良　于菲菲

在国外设立文化中心，法国起步最早，于19世纪80年代开始建立。在20世纪尤其是二战以后，西方各国纷纷采用这种方式，促进本国文化在外国确立落脚点，为外交和对外经济服务。英国、法国和德国在世界各国开设了上百家文化中心，意大利、俄罗斯、日本等也分别在数十个国家设有文化中心。海外文化中心均是国家派驻在境外的官方机构，工作对象为驻在国民众。中国海外文化中心正是为了适应中国文化走出去的需要而不断发展的。海外中国文化中心是我国国际文化战略的重要组成部分，对中国文化走出去，提高文化软实力、传播中国文化具有重要的作用。海外中国文化中心图书馆是中心实施"信息服务"职能的关键载体，作为海外中国文化中心的重要组成部分，配合文化中心开展多层次的服务工作，对促进对外文化交流与合作起着独特的作用。本文将主要针对海外中国文化中心图书馆文献资源建设与配置提出一些建议和思考，以期能够使现有海外中国文化中心图书馆馆藏建设更有特色，更具合理性，使驻在国民众享受更便捷、更好的服务，也为中国在世界范围内设立的其他更多海外文化中心图书馆文献资源建设提供有益的思路，从而更好地推动中国文化走向世界。

1　海外中国文化中心的发展

1988年7月和9月，新中国首批海外文化中心分别在非洲的毛里求斯和贝宁建成并对外开放，开启了中国对外文化交流的新篇章。步入新世纪，中国确立文化外交在整体外交中的重要地位，海外中国文化中心迎来第一次大的发展机遇[1]。从2002年至今，中国驻开罗、巴黎、马耳他、首尔、柏林、东京、乌兰巴托、马德里、莫斯科和曼谷文化中心相继建成并对外开放[2]。各海外中国文化中心不间断地开展对外工作，活动内容涉及艺术、教育、体育、经济等诸多领域，体现了大文化概念，加之教学培训、图书馆信息服务和影视放映等日常活动，搭建起了一个大文化平台。目前中国在海外运营的文化中心有12个，在建7个，与22个国家签署了成立文化中心的协定、备忘录或声明，中外互设文化中心工作进入新阶段[3]。海外文化中心系统、全面、有计划地开展了"大文化"领域的交流活动，在国家对外关系中的作用和影响日益彰显。每一所中国文化中心内都设立了以中文文献为主体馆藏的图书馆，文化中心有三大职能："举办文化活动、提供信息服务、开展教学培训"。图书馆作为信息服务的主体，具有十分重要的地位。而图书馆的文献资源建设作为主体中的主体，更占有核心的地位。文献资源采访质量的好坏,各种文献资源是否适应驻在国民众的需要也成为海外文化中心图书馆工作的重中之重。

2 海外中国文化中心图书馆现状

海外中国文化中心图书馆是海外文化中心重要的组成部分,为中心各项服务工作提供多方面的资源保障;图书馆策划并举办的内容丰富的展览、讲座等专题文化活动,促进了中心工作卓有成效的延展与提升。在9个运营较成熟的海外文化中心图书馆中基本都藏有一定数量的图书和音像制品,为驻在国民众提供借阅的同时,也为举办的各种讲座或展览提供支持。图书馆具体提供的信息服务简况见表1。

表1 海外文化中心图书馆提供信息服务简况[4]

中心名称	信息服务
毛里求斯中国文化中心	图书馆提供中国文化信息,为赴华旅游、经商、留学者提供咨询服务。定期举办讲座
贝宁中国文化中心	图书馆藏书1.7万册,中外期刊、音像资料丰富。具有网络浏览、儿童阅览、留学咨询和信息咨询等功能。定期举办讲座
开罗中国文化中心	图书馆藏书1.6万册,多媒体光盘320多部。开放式服务便于读者借阅资料。定期举办讲座、小型展览
巴黎中国文化中心	图书馆供民众查阅中国信息。定期举办讲座,涉及文物、绘画、摄影、书法、服饰等内容
马耳他中国文化中心	定期出版《月报》,为当地民众查阅中国资料提供便利
首尔中国文化中心	图书馆藏书1.1万册,还有大量中外文期刊、音像资料供民众阅览
柏林中国文化中心	图书馆有1万余册书刊资料;定期举办讲座
东京中国文化中心	提供信息咨询、图书期刊阅览。定期举办讲座等活动
乌兰巴托中国文化中心	提供有关中国的信息咨询、图书期刊借阅服务

目前,在12个投入运营的文化中心,已经有部分文化中心图书馆形成了自己的馆藏特色。比如,柏林中国文化中心图书馆主要以社会科学文献为主,中文图书馆藏量居于前三位的分别是I类(文学)、K类(历史地理)、D类(政治法律)。而其中的《续修四库全书》《古体小说集成》,500余种德译中图书、300余种汉语学习教材以及以德汉互译及汉语词典和百科全书为主的100余种工具书形成了其特色馆藏[5]。

我国的海外文化中心建设起步较晚,相应地在图书馆建设方面也存在一些不足,如图书馆文献资源配置的针对性有待加强,图书馆应配有具有特色且符合驻在国民众的专藏图书。同时由于海外中国文化中心图书馆空间有限,馆藏图书的种册数也受到一定的限制,另外,限于经费不足等原因,更新速度较慢,大多难以满足驻在国民众的文化需求。由于语言和文化的差异，图书馆所采选的图书并不一定全都符合驻在国民众的阅读习惯和需求。提供给海外中国文化中心的各类图书、音像资料（尤其是用驻在国语言翻译的各类出版物）无论从数量还是质量上看，都还远远满足不了驻在国民众的需求。

3　海外中国文化中心图书馆文献资源建设与配置

党的十七大以来，海外中国文化中心建设受到中央领导高度重视，党和国家领导人多次视察文化中心，或出席见证与设立中心有关协定的签字活动，并做出一系列重要指示。2012年，《国家"十二五"时期文化改革发展规划纲要》对"海外中国文化中心建设"做出了具体要求，即要"统筹宣传文化系统与地方文化系统，形成布局合理、功能多样、内容丰富的中华文化海外展示、体验并举的综合平台"[6]。2012年12月，《海外中国文化中心2012—2020年发展规划》获得国务院批准，标志着中国文化中心事业成为国家对外战略的重要组成部分。根据规划，截止到2020年，将再建成约40个驻外文化中心，初步形成覆盖全球的中国文化中心主干系统，为我国文化产品和服务"走出去"搭建更广泛和有效的信息服务和推介平台。在国家多方面重视下，海外文化中心图书馆要充分抓住对外文化发展的大好机遇，对文献资源进行丰富、合理的建设和配置。

3.1　充分调研驻在国民众需求

海外中国文化中心馆舍空间有限，如何有效的满足驻在国民众的文化需求，需要在调研其需求的基础上，制定针对性强的文献配置方案，形成海外中国文化中心图书馆基本馆藏目录，同时应重点考虑结合驻在国特性，形成特色馆藏目录。比如，通过对德国柏林民众的调查，德国柏林民众想了解中国的内容主要有：中国概况、中国历史、中国旅游、中国的风俗习惯等等，另外还需要一些汉语学习教材、可供学者和大学生做研究参考的图书。因为语言的不同，驻在国民众更希望能从海外文化中心图书馆获取到本国文字与中文对照，或是用驻在国语言翻译的图书，这样更有利于他们阅读和理解。所以海外文化中心要深入调研驻在国民众对文献的需求，然后通过部际之间的协调，如文化、教育、广电、出版等系统的共同努力，研究并提高图书馆文献配置的针对性，满足驻在国民众的需求。在充分调研驻在国民众需求的基础上，图书馆采访人员进行合理的文献配置才能有的放矢。

3.2　合理配置文献资源

各国文化中心馆藏文献建设主要以满足大众阅读需求，宣传中国文化，普及汉语教学，弘扬民族精神为主要宗旨，并结合各国特点提供特色藏书目录，促进两国之间文化交流。合理配置各国文化中心的文献资源，需要有一个较为完备的馆藏依托，在充分调研驻在国民众需求的基础上，还应借鉴其他较成熟的文化中心图书馆馆藏建设经验。

2012年，受驻莫斯科文化中心和驻马德里文化中心委托，中国国家图书馆为两个图书馆各选取图书书目5000条，选取的原则为：一是尽量选择介绍中国国情、展示中国文化的书籍；二是尽量扩大包含驻在国语言图书的比例（莫斯科中心：俄语；马德里中心：西班牙语）；三是选择一定比例面向青少年、通俗易懂的图书；四是选择一定比例的汉语教学和中国文化技能学习类的图书；五是尽量避免价格昂贵的大部头、高精深专业读物。所采选书目分类信息见表2。

表2 采选图书书目分类表

序号	类别	册数	比例（%）
1	历史、地理	885	17.70
2	文学	710	14.20
3	艺术	619	12.38
4	双语对照图书（俄汉、俄英、西汉、西英）	537	10.74
5	青少年推荐	315	6.30
6	语言、文字	305	6.10
7	哲学、宗教	277	5.54
8	政治、法律	250	5.00
9	工业技术	223	4.46
10	畅销图书	176	3.52
11	医药卫生	174	3.48
12	获奖图书（鲁迅文学奖、文津图书奖、茅盾文学奖、国家图书奖）	160	3.20
13	文化、科学、教育、体育	101	2.02
14	经济	95	1.90
15	自然科学	76	1.52
16	综合性图书	49	0.98
17	工具书	48	0.96

根据书目选取原则，选取的图书价格合理，没有价格昂贵的大部头图书，这样可使用有限的经费配置品种更多、质量更高的图书。同时，从表2可以看出，历史地理、文学、艺术、哲学宗教等类图书所占比例较大，占图书总量的50%，这几类图书作为各个海外文化中心图书馆的必要资源，对展示源远流长的中国文化起到重要的推动作用；政治法律、经济、文化科学教育体育等方面的图书所占比例为9%，这类介绍中国国情的图书旨在帮助驻在国民众了解中国概况；双语对照图书（俄汉、俄英、西汉、西英）比例占10%，这类图书可方便驻在国民众阅读和理解相关文献；工业技术、医药卫生、自然科学等各学科普及方面的图书比例占10%，这几类图书为驻在国民众学习各学科知识、提高文化技能提供有力的帮助；面向青少年的图书占总量的6%，可供驻在国青少年阅读；语言文字类图书比例也相对较高，约占总量的6%，与我们的选取原则相符，目的是引入汉语教学方面的图书，从而提高驻在国民众对中国汉字、汉语的认识和认知。另外辅以获奖图书、畅销图书、综合性图书及工具书的配置。这样的图书配置主要是以提高驻在国民众知识层次为目的，有助于驻在国民众阅读，同时对中

国文化的传播起到重要的作用。因此,海外文化中心图书馆不同类别图书配置比例可参照上述比例,并有针对性地根据驻在国民众的需求形成有特色的文化中心图书馆馆藏。但由于各驻在国国情、文化等方面存在差异,所以在不同图书类别配置比例上可根据驻在国实际情况做适当调整。

通过我们为驻莫斯科文化中心和驻马德里文化中心图书馆选取图书经验来看,海外中国文化中心图书馆文献资源建设应以通俗易懂、知识普及、学习提高类图书为主体,重点涉及文化、历史、宗教、文学、语言、地理等学科,以经典图书、学术研究类文献为特色。同时,可在当地采买少量以驻在国语种介绍中国的图书,该部分图书根据当地出版的具体情况而定。另外还需辅以配置一些以大众阅读类为主的期刊,对科研参考期刊需求可由数字资源满足;报纸以 PDF 数字版本为主,满足大众文化生活需求;音像制品可以大众需求类为主。

3.3 建立文献定期更新机制

从海外文化中心图书馆长远规划来看,定期对文献进行更新与剔除是文化中心图书馆馆藏建设的必要手段和重要内容,由于文化中心图书馆一般空间有限,建议海外文化中心图书馆对馆藏文献建立定期更新机制,提高文化中心文献质量,不但要重视文献的补充,更要重视文献的剔除,定期补充新书,只有对文献进行定期调整,活化、优化文献信息质量,才能提高文化中心图书馆文献流通率,适应形势的发展,更好地为驻在国民众服务,保证驻在国民众获取最新的文献资源信息,从而促进文化交流与共享。

而图书馆经常使用的文献半衰期理论[7],即文献的使用价值随着时间推移而逐渐减少,一般结合文献老化的速度进行剔除,但可能不太适合海外文化中心图书馆,由于海外文化中心在最初的文献配置时已经是采选实用价值很强的藏书,因此,可以对流通率低且驻在国民众不太感兴趣的文献进行有目的的剔除,对文献进行优化。

3.4 积极探索与驻在国图书馆文献资源合作

由于海外中国文化中心面向的受众是驻在国民众,所以要积极探索与驻在国图书馆的合作,通过海外中国文化中心图书馆与驻在国国家图书馆及文献收藏机构的联系,签署馆际互借协议,建立并加强图书馆间的良好关系,从而达到文献传递互通有无的效果,丰富图书馆文献资源,为驻在国民众提供更多适合本国民众的信息服务。

3.5 建立合理的文献资源购置经费来源与使用机制

目前,海外中国文化中心图书馆的经费是在文化中心年度经费中划拨,全年购书经费、活动经费、人员培养经费等极为有限。要想改变经费不足的局面,需探索多元投入主体,尤其要注意整合资源形成合力,构建新型的投资渠道,共享文化资源。可探索市场化运作模式,吸纳民间资本参与海外文化中心建设,包括图书馆及文献资源的建设。通过制定有关法律法规,如减免税收等措施,鼓励和吸引社会组织、企业参与海外文化中心建设;创办海外文化中心基金,鼓励企业赞助对外文化交流事业。另外建议将图书馆建设经费列入海外中国文化中心的经费中,文献购置经费可专项下达,专款专用,可由中国国家图书馆严格按照经费管理的有关规定负责完成文献采选、编目等工作。

3.6 加强数字化与新媒体资源的建设

随着全球信息化水平的发展,图书馆也在逐步进行信息化建设。建议海外文化中心图书馆可考虑依靠中国国家图书馆数字化、信息化建设成果为驻在国民众提供信息化和数字图书馆服务。海外文化中心图书馆还可为读者提供舒适的有线及无线上网环境。提供视听作品欣赏区、有线电视节目欣赏区、移动阅读器及电子触摸屏、墙上电子相册等多种终端方式的数字资源检索和浏览服务。通过数字资源和新媒体的建设,实现对传统文献资源建设的有效补充。

海外中国文化中心向世界开启了一扇近距离了解和感知中国的窗口,对中国文化软实力建设具有非常积极的意义。海外中国文化中心图书馆作为向驻在国民众提供全方位中国信息咨询与服务的重要部门,要充分抓住文化大发展大繁荣的良好机遇,拓展经费来源,合理建设和配置文献资源,同时辅以互联网、数字多媒体等形式向驻在国民众介绍中国历史、文化、科技发展和当代社会生活等,从而增进驻在国民众对中国文化作品、社会现象以及价值观的了解、理解和认同,实现信息交流,促进中国文化在世界范围内广泛的传播。

参考文献

[1] 春雨润物细无声——记驻外中国文化中心的建设与发展[EB/OL].[2012-07-28]. http://paper.people.com.cn/rmrb/html/2009-02/26/content_200506.htm.

[2] 海外中国文化中心:让中华文化更好更广地传播[EB/OL].[2012-06-28]. http://www.cccweb.org/cn/bdypl/14307.shtml.

[3] 中华名片闪亮世界——海外中国文化中心建设采访札记[EB/OL].[2012-08-15]. http://news.xinhuanet.com/world/2012-07/3l/c_123500049.htm.

[4] 如何参加海外中国文化中心活动[EB/OL].[2012-07-21]. http://paper.people.com.cn/rmrbhwb/html/2011-12/31/content_986667.htm.

[5] 国家图书馆外文采编部何文波借调柏林中国文化中心工作体会[EB/OL].[2012-12-04]. http://dangjian.ccnt.com.cn/jcdj.php? col=15l&file=37946.

[6] 海外中国文化中心建设　推动中华文化走向世界[EB/OL].[2012-05-30]. http://culture.people.com.cn/GB/22226/244082/244102/18028606.html.

[7] 王林军.浅谈建立中国的文献剔除体系[J].科技情报开发与经济,2005(2):45-46.

(原载于《国家图书馆学刊》2013年第6期)

RDA在中国的实施设想*

罗　翀

《资源描述与检索》(Resource Description & Access,RDA)是由美国、英国、加拿大和澳大利亚联合编制的元数据内容标准,是《英美编目条例(第2版)》(AACR2)的升级产品,其名称充分体现了这部新时代编目条例在适用范围和应用领域上的理想和抱负。经过漫长的6年,RDA于2010年6月以工具套件(RDA Toolkit)的形式发布,标志着RDA的正式诞生。

从RDA制定之初,各国编目界就不断追踪其动态和最新成果,相关研究风生水起。在RDA面世之后,各国都逐渐将研究重点从对RDA的自身分析过渡到启用RDA的实践应用上来。目前,以美国、英国、澳大利亚和加拿大为首的几个国家的图书馆都已经宣布采用RDA开展编目工作,甚至在编目传统与英美传统有很大差异的欧洲,以德国为首的几个国家的图书馆也对RDA抛来了橄榄枝,表达了"欢迎"的态度[1]。由此可见,RDA正逐渐以"国际编目标准"的姿态向我们走来。尽管RDA为越来越多的国家所采纳,但是真正实现应用的前提是本地化,而其过程一定是艰巨而持久的。正如有的人曾这样评价"标准":"标准就像牙刷,每个人都认为那是好东西,但没有人想用别人的。"[2]

我国编目界也一直关注RDA的进展,但与国外相比,无论在研究广度还是深度上都略显不足。以学术论文为例,2010年在RDA发布之前,与RDA相关的学术论文我国仅发表了13篇,RDA发布之后,学术论文的发表数量有所增加,2010—2013年共发表论文53篇,但涉及的内容以RDA产生的背景、RDA的结构与特点、RDA的内容等客观性介绍居多,对RDA的实践应用和未来实施前景的分析比较鲜见。

2012年7月,由国家图书馆主办的"RDA理论与实践"培训班暨"RDA在中国的实践和挑战"研讨会在北京隆重举行。会议邀请到了RDA发展联合指导委员会(The Joint Steering Committee for Development of RDA,JSC)主席芭芭拉·B.蒂利特(Dr. Barbara B. Tillett)作为培训教师,传授RDA的相关知识,宣传RDA的研究成果,探讨RDA的未来走向,来自全国各地的编目领域的专家学者及图书馆专业馆员200余人参加了盛会。此次会议开启了RDA在中国实施的新征程。此后,RDA中文版翻译工作顺利开展,与本地化应用相关的实践研究课题也陆续启动,RDA在中国实施的脚步走近了。但是,不可否认,新标准的启用必然有一个长久被接受的过程,更何况是在编目环境十分复杂的我国,RDA的实施会面临诸多挑战和困难。要实施RDA,使我国的编目工作顺利过渡到RDA时代,需要做好各方面的准备,

* 本文系国家图书馆馆级重点项目"资源描述与检索(RDA)在国家图书馆的实施方向及应用策略研究"(项目编号:NLC-KY-2012-02)的研究成果之一。

笔者认为主要的准备工作包括如下几个方面:

1 组织机构方面的准备

RDA 能够得以顺利的制定和推广使用与其完善的组织机构密不可分。在我国,编目规则的制修订在组织机构方面与 RDA 存在着差异。虽然也成立专门的机构,但是这样的机构往往是临时性的组织,当编目规则制定完成之后即解散,也没有后续的反馈修改机制用于完善规则。RDA 在我国实施的前提是必须出台具有可操作性的本地化产品用于指导编目工作,要达到这样的目标,就需要成立一个类似 JSC 的专门机构负责此项工作。

笔者建议,应由在行业内具有一定的权威性、承担制定并颁布我国图书情报行业标准职责的专门机构牵头,或者由这样的机构委托国家图书馆等单位负责牵头,成立"RDA 在中国实施领导小组",规划和协调 RDA 在我国实施的各方面工作。"RDA 在中国实施领导小组"为常设机构,其成员应由来自国家图书馆、公共图书馆、高校图书馆、专业图书馆等各系统图书馆的代表组成,以便协调各方面的关系,打破系统之间的壁垒,同时使制定的规则具有广泛性。该小组的主要任务是向国家争取专项基金,用于 RDA 本地化的开发和推广,待开发成熟后再考虑市场化的运营;组织业内专家在充分研究 RDA 的基础上,确定其本地化应用的策略并制定具体应用规则;建立 RDA 本地规则编修专门网站,随时公布规则制定的进程,及时收集各方对规则的反馈意见,并反映到下一步的修订中;出版 RDA 本地化规则,并策划和组织规则的推广和应用;出版一系列培训用教材,建立培训网站;组织面向实际应用的培训活动,组建师资团,根据全国各地的实际情况,开展实地培训或远程在线培训;组织 RDA 测试工作,根据测试结果,修订规则,随时保持对规则的完善机制。

2 本地化规则方面的准备

新的国际编目标准为世界各国全盘采纳的可能性不大,因为各国长久以来已经形成了编目实践传统,要想完全突破传统要受到多种因素的制约。因此,在保有新标准的原则和特色,并尊重各国原有编目传统的基础上,适度采纳新标准是编目实践中最容易接受的做法。例如,我国的编目实践采用的是中文文献和外文文献分立式目录的模式,中外文文献的编目遵循不同的标准体系。在西文编目方面,由中国图书馆学会牵头制定的《西文文献著录条例》是西文编目的标准,这部条例可以说是 AACR2 的中国翻版,因为在我国西文编目的规则基本上与国际编目规则保持一致。尽管如此,《西文文献著录条例》还是根据我国国情做了许多本地化的修订。在 2003 年出版的修订扩大版中对中国个人、团体和地理名称标目部分进行了修订,参照了中文编目条例的做法,对中国名称的标目构成进行了补充规定[3]。中文编目规则在遵循 ISBD 和参考 AACR2 的前提下,1996 年出版了《中国文献编目规则》,2005 年出版了第 2 版,该规则与西文文献编目规则存在很大的差异,特别是在标引规则方面。西文之外的其他外文文献,如日文和俄文文献处于"中间地带",有的图书馆按中文文献的方法编目,有的则遵循西文编目的规则。21 世纪之后,国家图书馆在日文和俄文文献的编目中已经基本采用了向西文文献编目一致的方法,只是在语言和文字上保留了一些特殊性。

鉴于上述复杂性,RDA 要想在我国被采纳,必须及早出台适合我国国情的本地化 RDA 规则。在 RDA 本地化规则的制定过程中必须考虑的首要问题是:规则是否按中文和外文文献两个体系分别制定,还是借此契机使中文文献编目完全纳入"国际化"的轨道?正如王绍平将这两种途径概括为"另起炉灶"和"拿来主义"[4]。笔者认为,完全消除中文文献编目的传统,忽略民族性,使中外文文献的编目完全融合在短期内是不可能实现的。因此,先从与国际规则接轨较好的外文文献入手,在外文文献编目开展 RDA 实践的基础上,再开展中文文献编目规则的 RDA 化是比较明智的选择。

虽然外文文献编目一直以来都严格遵循国际上通用的编目标准,直接采用 RDA 开展外文文献编目具有一定的可操作性。但是,笔者认为,完全采纳 RDA 也有其不现实性,制定外文文献编自 RDA 的本地化标准是十分必要的。一方面,充分理解 RDA 并非易事。原因在于:第一,尽管 RDA 以易于使用和理解作为自身的发展目标,但是从现有文本的篇幅、结构和内容来看,庞杂程度和 AACR2 相比有过之而无不及;第二,RDA 采用 FR 家族的模型作为创建的基础,也颠覆了传统编目员的思维理念,在理解上需要转换的过程;第三,RDA 的官方语言是英语,在英语国家进行本地化相对容易,而在我国这样的非英语国家,要将其翻译成本国语言,对概念、术语、规则进行准确释义也存在困难。因此,从这方面讲 RDA 本地化的过程也就是简化和释义的过程。RDA 本地化的规则应比 RDA 本身更为简洁、更为清晰、更符合本国的表达习惯。另一方面,充分把握 RDA 并非易事。原因在于:RDA 中新增的"交替规则""可选择的附加""可选择的省略"体现了 RDA 的包容性和灵活性,这可以说是 RDA 的优势所在。因为这表明 RDA 更符合柳别斯基(Seymour Lubetzky,1898—2003)在《编目规则和原则》(*Cataloging Rules and Principle*)中所倡导的"应注重规则背后的原则"。RDA 赋予了各国编目机构和编目员更多的自主权,增加了编目的弹性。但与此同时这样的特色也不免造成了对规则执行的不一致,降低了标准化,更多的选择有时更让人无所适从。因此,RDA 本地化的过程也是平衡灵活性和规范性的过程。

基于上述分析,"RDA 在中国实施领导小组"建立之后的首要任务就是准备 RDA 本地化的规则。其中的工作包括:首先应完成 RDA 中文版的翻译,进而制定我国外文文献编目 RDA 规则,该规则应以简洁的结构和清晰的表述指明编制外文文献 RDA 记录的要求,细化的程度,强调可操作性。同时逐步探讨中文文献编目的走向,根据 RDA 的理念,按照 FR 家族模型重新构建《中国文献编目规则》。

3 应用平台方面的准备

2010 年 6 月,RDA 以工具包的形式在互联网上发布。RDA Toolkit 是一个集成的、动态的在线文件集,用户可通过一站式的检索获取与 RDA 相关的各种资源,打破了传统编目规则书本式的应用模式,可以说为 RDA 的应用提供了一种新的技术平台。首先,RDA Toolkit 具有很强的检索功能,通过术语、关键词、章节号或条款号等都能快速定位到所需内容,改变了在书本式规则中靠人脑记忆的查找方式,避免了大海捞针。其次,RDA Toolkit 具有很强的导航功能,增加了规则条款之间的指引,使用户快速从某个条款跳转到其他相关条款,充分体现了规则之间的内容联系和逻辑关系,改变了在书本式规则中孤立使用某个条款的方式,便于用户掌握 RDA 更全面的内容。再次,RDA Toolkit 具有很强的个性化功能,以满足不同用户个性化的需求。例如,个人可根据需要创建不同的工作流程,这些工作流程起到了模板的作用,大大减少了工作的重复性,提高了工作效率。

上述功能使 RDA Toolkit 具有了应用的便捷性,为 RDA 的推广使用创造了有利条件。虽然各国用户可通过购买的方式在得 RDA Toolkit,但是仍然存在两个问题影响到 RDA Toolkit 在我国的广泛应用。第一,RDA Toolkit 的商业运作模式使其具有较高的价格,许多中小型图书馆在使用 RDA Toolkit 而造成的高额成本面前望而却步;第二,RDA Toolkit 是以英语为官方语言,对于非英语国家的中国,编目员具有很高的英语水平还并非普遍现象,语言障碍降低了 RDA Toolkit 的可用性。因此,要在我国很好地实施 RDA,解决 RDA Toolkit 本地化的问题也是十分重要的。

RDA Toolkit 本地化有两种方式:第一种是将 RDA Toolkit 完全翻译成中文版;第二种是采用 RDA Toolkit 的理念,重新构建适合中国编目员使用的工具包。笔者认为,第一种方式并不是很好的方式,因为简单的翻译并不能使我国用户完全理解 RDA,进而很好地使用 RDA,同时将如此庞杂的内容翻译成中文也是一件巨大的工程。而第二种方式却能克服第一种方式的这两个缺陷。我们可以保留 RDA 平台的诸多优势功能,但在平台内容上可根据中国人的思维习惯和实际需要重现构建。我们可以完成 RDA 中文版的翻译,然后在此基础上制定与美国国会图书馆政策声明(Library of Congress Policy Statemen,LCPS)类似的本地化规则,例如可命名为 NLCPS(中国国家图书馆政策声明)。为了方便编目员使用,可编写与 MARC21 规则相结合的 RDA 简明使用手册,以及各种供我国编目员学习的 RDA 培训教材。此外,我们还可以根据文献类型编制各种工作流程,供编目员参考使用。将上述与实践密切相关的内容纳入 RDA Toolkit 中国化版。而将 RDA Toolkit 中对我国编目员实用性不强的内容从中国化版中剔除。这些被采纳的内容不是简单的 RDA 翻译,而更多是对我国编目员使用 RDA 的指导。

由于 RDA Toolkit 是商业运作,所以其中国化的过程一定得要探讨商业模式的问题。RDA Toolkit 本身高昂的价格是许多图书馆都无法承受的,这在很大程度上影响了 RDA Toolkit 的普及。众所周知,电子数据库是最受图书馆用户欢迎的学术资源之一,但是其价格也十分昂贵。近年来,为推广外文电子资源的使用,国家图书馆采用了国家采购、再通过全国授权开通给各图书馆和科研机构使用的新方式,获得了很大的成功。截至 2013 年 6 月,国家图书馆共引进全国授权外文数据库 3 个,分别是 Emerald 期刊电子回溯数据库、SAGE 期刊电子回溯数据库和剑桥期刊电子回溯数据库。自开通以来,累计的机构用户超过 1300 家,各数据库的全文下载量比开通此服务前平均提升了 30% 左右。笔者认为,在 RDA Toolkit 的推广使用上可借鉴国家图书馆国家购买电子资源的方式,由国家出资购买,经过 RDA

Toolkit 中同化之后，全国各地的图书馆再通过本地化之后的平台进行使用。此方式大大降低了国内各编目机构使用 RDA Toolkit 的成本，从而提高其在我国的利用率。

4　教育培训方面的准备

RDA 成果的使用者是信息用户，而 RDA 的直接使用者是信息组织工作者，即传统意义上的编目员。因此，要推广 RDA，编目员对规则的接受和掌握程度是关键因素。培养一批能够熟练运用 RDA 编制书目记录的编目员是实施 RDA 中必不可少的环节。在我国开展 RDA 的培训工作特别需要考虑三个方面的问题：培训教材的编写、培训平台的搭建和教师队伍的建设。

培训教材应以面向实际为方针，重在帮助编目员理解和掌握 RDA，特别是 RDA 的实际运用方法。笔者建议，培训教材应为系列教材，除 RDA 中文版之外，还要特别编制与 MARC21 使用相结合的实用手册。RDA 的设计是独立于通讯格式之外的[5]，即不是为 MARC 而编制，而是适合于任何格式标准，因此在 RDA 中并未出现机读格式，所有的样例也都没有采用 MARC21 的表示方法，可见 RDA 并没有把 MARC21 视为最佳的元数据方案。2011 年 5 月，美国国会图书馆提出书目框架转换行动，表达对 RDA 的支持。“行动”设想以语义网和关联数据技术取代 MARC21[6]。我们似乎已经预测到 MARC21 在未来将逐渐消亡的命运。尽管如此，LCPS 中的样例还是采用了 MARC21 的格式，而且在测试期间和“RDA 切换日”之后，美国国会图书馆依然在使用 MARC21 建立书目记录。由此可见，MARC21 在未来一段时间内，还会是绝大多数图书馆编制 RDA 数据的主要格式标准。从编目传统上看，编目的内容标准和格式标准虽然都是各自制修订，但是从使用上看，内容标准和格式标准一直是共同使用、不能分离的。基于上述分析，编制 MARC21 与 RDA 结合使用的编目手册最符合我国编目员目前的需求。此外，培训教材还可包括练习手册、工作流程、教学 ppt 等辅助资料。

培训教材的发布除出版之外，还可借助 RDA Toolkit 中国化平台开设培训专栏。在信息社会的今天，远程教育是便捷高效的手段。我国的图书馆和编目员遍布全国各地，实地培训成本高，普及面小，如果借助网络平台开展培训活动就能最大限度地扩大受众面。在课程设置上，除理论和规则之外，要重点进行上机实践，通过编制实际的记录加深对规则的理解。

为了更好地开展培训，建立强大的教师队伍至关重要。RDA 本地化规则的制定者应该是第一批教师，他们对规则的理解比较深，通过他们的传授培养一批接续者，再接着精养各馆的教师，各馆教师再培训各馆的编目员，由此逐渐形成庞大的 RDA 编目员队伍。

5　测试方面的准备

新标准的适应性应该接受实践的检验。对 RDA 本地化的规则开展测试工作需要考虑如下方面：首先，测试工作开展的范围。测试应在各类型图书馆开展，参加测试的编目员能具有更广泛的代表性，从而检验规则适用的范围。

其次，测试的评估项目。测试的方面包括 RDA 的功能性，即用 RDA 本地化规则编制的记录能否满足读者检索的需求，而且与之前的记录相比，查全率和查准率是否有所提升，RDA 的兼容性，即 RDA 记录能否与各馆现有数据库中的记录相兼容；RDA 的操作性，即编目员使用 RDA 本地化规则是否得心应手，如对 RDA Toolkit 中国化平台的使用情况，对规则本身的适应情况，编目的难易程度等；RDA 的经济性，即编目员用 RDA 本地化规则编制记录的成本如何，如编制记录的时间是否比过去有所延长。

再次，测试的方法。测试应尽可能涵盖更多的文献类型以及原始编目和套录编目两种情况。在测试前需设计好问卷表格供参加测试者填写，表格设计要科学简洁，问卷的内容要包括客观和主观的问题，例如在客观方面可询问测试者编制记录的类型、所用时间、检索情况等，在主观方面可询问测试者的感受和体验，如对规则的接受度、RDA Toolkit 中国化平台的易用性、培训的效果等。

最后，测试结果的收集与分析。定期收集各馆的测试结果，并对测试记录的质量进行评定。通过分析测试结果，对 RDA 本地化规则、RDA Toolkit 工具包的设计进行完善和改进。

不管我国编目界对 RDA 的态度如何，RDA 被越来越多的国家所采纳已是不争的事实。我国的信息组织者在注重民族性的同时，也应越来越关注编目国际化的趋势，对 RDA 更应该从观望和质疑中走出来，投入到对其本地化应用的研究和实践中来。

参考文献

[1] Who's cataloging in RDA[EB/OL].[2013-07-22]. http://www.rdatoolkit.org/RDA_institutions.

[2] 徐涌. 资源描述与检索(RDA)的发展概况与应用前景[J]. 现代情报,2007(12):16-22.

[3] 沈正华. 西文文献著录条例(修订扩大版)的本土化特色[J]. 国家图书馆学刊,2004(1):22.

[4] 王绍平. RDA 与中文编目规则[J]. 国家图书馆学刊,2011(2):11.

[5] 张秀兰. 英美编目条例联合修订委员会 RDA2005—2008 战略计划[J]. 新世纪图书馆,2008(5):102,33.

[6] 胡小菁. RDA 实施前景分析[J]. 数字图书馆论坛,2012(9):42.

（原载于《国家图书馆学刊》2014 年第 1 期）

提供大于外显需求的服务

——政府用户的隐性需求

边晓利

在政府决策参考服务中，超越用户期望，需要高效反映用户的真实需要，为用户提供大于外显需求的服务，不仅满足用户想要获取的，同时提供用户有必要获取的。为此，参考馆员要充分考虑到政府决策及其过程的特殊性和规律，注重对于用户隐性需求的发掘，以求拓宽决策思路，深化决策信息内涵，提高决策信息质量，最大化地为政府提供决策支持。

1 隐性需求的特点及规律

按用户信息需求的明确化程度，可把用户信息需求分为显性需求(Explicit Demand)和隐性需求(Implicit Demand)。显性需求也即外显需求，是那些用户自己已经意识到的，并能够用语言和文字明确表达出来的现实信息需求；隐性需求也即内隐需求，是用户尚未意识到或朦胧的，或意识到，但未能完全或明确表述出来的信息需求，也是一种对用户需求目的和目标有潜在价值的需求。关于显性需求和隐性需求还有其他类似的表述，如有意识需求与无意识需求、明确需要与隐含需要、外在性需求与内在性需求、现实需求与潜在需求[1]等。

隐性需求是行为主体的一种潜意识需求或缺乏状态，具有两种不同的情况：一是用户已经意识到，但尚未表达出来的信息需求；二是用户尚未意识到，但确已存在的信息需求。隐性需求具有隐蔽性、模糊性、关联性、延续性、互补性、多维性、可转化性等特点和规律，具体表现是：

(1)隐性需求相对显性需求而存在，它不是直接显现出来的，而是隐藏在显性需求之中，必须经过分析和挖掘才能显现。

(2)隐性需求是模糊和不确定的，不要指望用户能直接将其表达出来。

(3)用户完全和准确地表达信息需求只是相对的，实际上用户很难意识到与需求相切合信息的存在情况。

(4)隐性需求是显性需求的延续，在满足用户显性需求的过程中，其隐性需求就会显现。

(5)隐性需求来源于显性需求，并可以弥补和完善显性需求的不足，使需求目标更好地实现。

(6)隐性需求具有多维性的特点，一个具体的显性需求，往往可以在不同方向、方面和学科领域派生出若干个新的隐性需求。

(7)以用户的显性需求为基础,通过与用户的沟通交流,可以启发用户将隐性需求转化为新的显性需求[2]。

事实上,用户的信息需求会处在已知和未知的模糊状态,尤其难以描述还应该知道什么。即便用户感觉到了自己的信息需求,也不一定能准确地表达出来,有时是因为各种原因限制,不方便或不愿表达,有时是因为无法用语言清楚地表达,即使清晰地表达,也还可能会有隐性需求,其原因主要有两点:一是用户的主观信息需求只是客观存在的信息需求的一部分;二是用户表达出来的信息需求也并非就是他的主观需要,即所需非所要。隐性需求的复杂性要求参考馆员不能仅仅局限于用户表达出来的信息需求,还要考虑各种因素,联系具体情况,主动探究用户内在的真正需要。

2 政府决策中的隐性需求

在政府决策参考服务中,明明按用户所需提供信息,但用户却对咨询结果不十分满意。这种现象的存在促使我们去思索政府用户的隐性需求或许经常存在,甚至其存在具有某些必然性。以往研究更多将隐性需求的存在归因于用户层面,如受限于用户的认知、表达能力和知识体系等,却较少从政府决策特殊性和规律的角度进行研究,由此忽略隐性需求存在的可能以及所带来的负面影响,甚至将隐性需求归类于有缺欠的需求。提供大于外显需求的服务,源于隐性需求存在的某些可能性和必然性,这在很大程度上与政府决策及其过程的特殊性和规律有关,它们是:

2.1 政府决策的超前性和创造性

政府决策中碰到的大多是新情况、新问题,是尚待认识而又急于解决的问题,许多决策问题原本没有可供参照的先例,尤其是那些具有宏观性、全局性、方向性和原则性的重大战略决策,这决定了政府决策信息需求带有很大的未知空间,因而决策的关键在于如何进行创造性思维,这要求决策使用的决策信息必须兼顾各种必要的显性信息和可能的隐性信息[3]。

2.2 政府决策的复杂性和综合性

与其他类型的决策相比,政府决策是对多方案的制定、比较、权衡、选择与执行,所涉及的决策问题范围广,牵扯的因素多,需考虑的关系复杂,跨专业、跨学科、跨部门、跨地区,具有普遍性、具体性、复杂性和持久性等特征,因而对于所涉及问题的需求往往不是单纯的字面表述所能涵盖的,加之决策问题有明显和潜在之分,那些被掩盖的、潜在的决策问题常常超出用户的外显需求。

2.3 政府决策的模糊性和不可预知性

决策问题日益庞杂、多变,政府决策的目标不仅多元,而且并非完全明确,政府决策模糊性和不可预知性的特点,决定了政府用户多以抽象及其简化的方式表达需求,而其中隐含了更多的需求点。

2.4 政府用户现有认知的有限性

决策是涉及判断、选择和行动的变化过程,面对决策因素的不确定性、决策约束的复杂性和决策环境的多变性,政府用户个体的认知显然是有限的,加之政府决策的多方案选择,不仅会存在需求的“盲区”和空白,而且会出现用户认知和心理的偏向,包括受直觉、心理、经验、习惯、素质、情感、环境等多种因素的影响。

3 实现隐性需求的转化

3.1 使需求立体化

决策的复杂性决定参考馆员在多大的范围选择信息,现实情况是,越是高层决策者的信息需求就越简单、笼统,但又常常是蕴含“子系统—系统—超系统”的复杂问题。整个咨询过程,参考馆员要做的一个重要工作就是不断将用户需求变得更具体,多层面、多角度,使需求立体化,也就是把需求的框架搭起来,以求对决策问题的性质、特点和范围有比较系统的把握。使需求立体化要求参考馆员要站在用户的角度和高度看问题,不仅要善于发现问题,还要全方位、多视角、多层次地思考问题,在多种问题的交合中拓展用户解决问题的思路。

使需求立体化常常能发现用户需求的“盲区”,用户需求的“盲区”是用户自己都没察觉的需求,特别是那些一句话的“标题式”的需求表述,还有内涵或范围模糊,容易产生歧义,甚至是存在误点的需求。使需求立体化也为实施信息检索提供了必要的条件。以“民主党派政治资源配置的历史情况”专题咨询为例,对于这种过于简单的需求表述,不仅影响准确理解需求的内涵,甚至很难有相对应的关键词可供检索,需要参考馆员进行多层面的认识和理解,补充和丰富用户的显在需求,使咨询问题系统化、立体化,以求对内容准确和全面的把握。经过初步的文献调研,参考馆员发现对于民主党派政治资源配置问题的研究,不乏理论,缺的是详尽的、各层面的数据支撑。又经与用户反复沟通交流,最终确认用户的实际需求是:党外人士(民主党派)权力分享机制及实职安排(统计数据),具体包含以下需求重点:

(1)全国人大、政协人员组成情况统计(第八届至第十一届)。

(2)各省市人大、政协人员组成情况统计。

(3)各省市政府机构及司法机关人员组成情况统计。

(4)党外人士在中央国家机关中任职情况统计(第八届至第十一届)。

(5)有关民主党派政治资源配置的理论研究(机制、政策与做法等)。

该咨询修正了最初模糊的咨询需求,由系列统计作为论据来支撑课题研究,其中有的统计量相当大,且没有现成的素材,费时耗力,但也更凸显了论据的难得和说服力,如“各省市人大、政协人员组成情况统计”“各省市政府机构及司法机关人员组成情况统计”。考虑课题研究的理论性,同时还提供了新近不同视角的相关分析研究。

3.2 了解与用户需求相关的信息

了解与用户需求相关的信息,有助于参考馆员准确把握需求的内涵与核心。相关的信息可以包括对于决策特点、过程及其规律性的了解,对于政府决策者特殊性的了解,对于用户需求产生时间和环境情况的了解,对于用户需求意图和目的的了解,以及对于用户工作中存在问题的了解。除此以外,还包括与用户个人相关信息的了解,如用户信息认知的特点,用户现在的工作及其职位,用户的信息利用习惯与环境等,这些都有助于在紧急情况下避免过量信息的干扰,超越显在需求的字面意思,洞悉隐匿于文字背后的需求内涵。特别值得一提的是,在非常有限的时间内实现一个简单笼统的需求,不仅要细化需求内容,还要能抓住隐含的需求主线,因为这直接与咨询结果的适用程度和用户的期望值相关联,也是最重要的隐性需求,但很少有政府用户会意识到这点,并将其列入需求表达的内容,同样也常常被参考馆员所忽略。在信息过剩的环境中,人们更习惯于先入为主式地获取信息,特别是应对那些时间要求苛刻的紧急咨询。

2008 年,我接到一单下派的紧急咨询,一位高层决策者急需获知有关当代文艺评论的动态、动向和主要观点,这是一个表面看上去简单而又不需要过多解释的需求表述,但由于涉及文艺评论的信息太多,因此特别需要了解用户需求的目的,以便缩小检索范围。这位领导身兼数职,以往咨询所涉及的领域就比较宽泛,很难推测此次需求的目的。在信息沟通渠道不畅的情况下,确立有效实现需求的立足点只能从现状和主要问题入手,即曾经拥有话语霸权地位的文艺评论,在当代全球化语境和商业语境中越来越显现出失境、失语、失准和失范等诸多问题,这应该是整个咨询所围绕的主线。对于相关研究观点的遴选原则为尽量涉及不同程度、视角和风格的论述。考虑这个层级决策者信息需求的宏观性特点,又决定对涉及各具体门类评论的研究,除文学评论(文学批评)外,其他各类概不入选。这位领导拿到咨询结果后,认为非常有必要让有关部委的负责人也尽快掌握情况,于是又要求加印份数。咨询实践表明,准确感知用户尚未表述的部分,经常需要对多种相关因素进行综合考虑。

了解与用户需求相关的信息,还包括对与需求问题关系密切信息的了解,在"民主党派政治资源配置的历史情况"专题咨询中,用户所要研究的是中国共产党领导的多党合作中政治资源的配置问题,而要准确把握需求内涵,需要对相关中央政策文件的精神有所了解。另外,该咨询是一个子课题,对于总课题"党外人士(民主党派)政治资源的合理配置问题研究"的了解,便于准确把握子课题的内涵和作用。

3.3 不断发现隐性需求

实现对用户隐性需求的挖掘和转化常常不是一次完成的,是一个不断提升和扩展需求认知的过程,通过以下 3 个环节,参考馆员得以不断趋近需求、发现需求、引领需求。

3.3.1 在与用户的深入沟通中领悟隐性需求

事实上,我们无法指望用户一次性完成所有需求的表达,政府决策领域时刻与外界发生着信息的交换,用户在决策过程中的认知也会不断发生变化,其中包括又有了新的想法或新的认识,因此要充分考虑到需求的动态变化,在整个咨询过程中加强与用户的交互,适时通报进展情况,尤其是对于比较复杂的咨询问题。与用户的适时沟通不仅可以激发、引导和完善用户需求,也促使参考馆员根据特定语境,进一步掌握用户的内在需求。

需求的真实常常是在意义相关的对话的交替中显现的,这需要参考馆员越出会话的表面意义,结合具体问题的实际情况进行判断,因为用户表达出的需求不一定就是真正需要的,参考馆员要能理解用户的言外之意,对于表述模糊的地方,需要结合整体语境来理解。例如,一位部委用户曾在表述需求时,特别强调需要有关下一步国有院团转企、改制(相关问题内在原因)的参考信息,但这仅仅是用户的需求目的而非具体需求,在逐级下发的专题咨询中,传递信息的中间人常常会过滤掉许多重要细节,直接将用户的需求目的作为需求,致使信息失真,这种误导有时很难发现,如果没有与用户深入地沟通,参考馆员只是“照单”行事,用户会对咨询结果大为不满,认为这并不是他真正需要的。经过进一步的需求确认,这位用户的真正需求是文化事业单位企业化运作(财务管理、人事管理)的实际案例。

3.3.2 在不断检索和对相关文献内容的分析与梳理中发掘隐性需求

任何人都不可能达到对具体事物完全彻底的认识,用户表达出的需求仅仅只是当时所能想到的或所能表达出来的,总会有尚未把握到的部分,因此信息检索在某种程度上是基于认知缺陷的信息获取行为,是一个从部分已知出发去寻求未知的过程,而实现用户需求也大多不是一次信息的输出就能解决的,将用户需求的内涵转化为检索系统能够识别的语言,要经过多次尝试。由于任何问题都是较大问题系统的一部分,因此参考馆员要以检索结果为线索和依据,以咨询思路为整合工具,通过对已检出信息内容的梳理、分析和判断,尽可能延展与需求相关联的各点,丰富用户的显在需求,发现需求信息中没有明确提及的关键部分。

以 2013 年完成的“西部大开发”专题咨询为例。在咨询工作中,类似咨询专题重复做的情况还是比较多见的,特别是来自全国人大的各类咨询,如立法与修法审议或“两会”热点专题咨询等。不同时期都曾提供过关于“西部大开发”的专题咨询,要想做出“新”意,只有在吃透用户显在需求的基础上,深入发掘具体专题所隐含的重点和主线。西部大开发是一项长期、规模宏大的系统工程,有目标、分阶段推进的总体规划按 50 年划分为 3 个阶段:奠定基础阶段(2001—2010)、加速发展阶段(2010—2030)、全面推进现代化阶段(2031—2050)。为此,专题咨询围绕 3 个阶段实施西部大开发的重点任务展开,提出西部大开发第一个 10 年中存在的问题,西部大开发新 10 年规划的总体思路、抓手及政策措施;兼顾未来 20 年的长期任务,在前十年强力推进的基础上,解决西部大开发如何深入推进的问题。根据对检出文献内容的分析与梳理,结合当前存在的主要问题,得出 2013 年“西部大开发”专题咨询的重点——把握未来深入推进的大方向和原则:首先,西部地区的开发处于重要转型期,加快西部地区大开发,依靠政策的引导、帮扶和支持固然重要,但关键是要实现转型,即从政策性开发转向制度性开发;从单纯依赖国家财政投资,转向通过市场手段吸引资本,增强西部自我发展的内生能力;从重视资源开发,转向重视经济发展;从城市转向农村贫困地区,加速推进西部地区城镇化。其次,西部地区具有特殊重要的战略地位,西部地区的特殊性决定在分析该专题时,不仅要考虑西部地区人口、资源、环境与经济社会的协调发展,还要顾及区域协调发展、城乡协调发展等问题。由于人们对所处理问题的认识是逐步深入的,因此发掘隐性需求的过程是动态变化的,参考馆员在检出信息的作用下不断发现新问题,形成新认识,也是产生复杂心理及思维变化的过程。

3.3.3 转变对用户需求的调研方式

不断发现用户真正的需要，创造新的价值空间，还需要转变对用户需求的调研方式，尤其要转变已往惯用的“撒网式”调查方式，由追求调研范围的大规模覆盖，转变为对于用户需求的深度挖掘，以潜在需求为开发契机，加强对用户特殊性的研究，实现用户研究在方法论上的转变，即从宏观定量研究（通过问卷法或结构化访谈，对大规模用户群进行研究）向微观定性研究转化，以非结构化观察或访谈等形式，更深入地研究小规模用户群[4]。转变对用户需求的调研方式，要尽可能实现咨询过程与用户调研的一体化，将调研结果直接有效地用于咨询实践，见诸咨询结果，这意味着参考馆员个体能动性的充分发挥和综合实力的不断提升。

3.4 以书面形式提出需求

与其他类型的信息用户相比，政府用户的某些特殊性决定了参考馆员真正实地面对终端用户的机会是很少的，而其他类型的联系方式也主要是口述需求，致使上情下达、口口相传成为一种需求传递模式，这种模式的最大问题是用户需求表达和传递的随意性大，准确性差。尽管用户的表达能力是需求表达的关键环节，但传递信息的中间人由于工作背景、知识结构各异等原因，难以把握用户需求中语言所代表的内容深度，真正从语义层面领悟需求，因而出现理解上的偏差。咨询实践表明，用户以书面形式提出需求，将自然语言转变为相对规范的书面语言，比口头传达的方式更准确，也更具体，因为书面提出需求的过程促使用户会更多考虑如何将自己的需求表达清楚，同时更系统地提炼需求，使需求立体化，因此也更利于准确地将真正的需求表达出来，尤其是那些复杂程度较高的专题咨询。

4 结语

政府决策参考服务是一个具有较强“默会”性质的工作，可意会而非言传，需要参考馆员为用户提供大于外显需求的服务，千方百计变通满足需求，这源于相对超前的用户需求、复杂多变的咨询问题、难以捉摸的用户思维，以及相对有限的信息系统，等等。而对于用户隐性需求的探究一定是要结合特定用户的，因为由于用户的不同，会有各式各样的隐性需求，应对策略也会有很大不同，遗憾的是，目前从参考服务的角度对政府用户隐性需求的研究还很少。

参考文献

[1] 罗永泰，卢政营. 需求解析与隐性需求的界定[J]. 南开管理评论，2006(3)：22－27.

[2] 王均林. 隐性情报需求的特征及其开发方法[J]. 情报科学，2001(9)：910－913.

[3] 朱红，沈固朝. 论决策信息及信息决策的生物原理[J]. 情报科学，2003(10)：1104－1106.

[4] 邓小昭. “后巴思”时代的社科情报用户研究[J]. 中国图书馆学报，2001(3)：66－70.

（原载于《现代情报》2014年第3期）

美国国家档案馆日本二战罪行文献资料馆藏情况分析

雷　亮

美国国家档案馆是美国保管联邦政府档案文件的机构。美国国家档案馆建立于1934年，直属联邦政府，馆长由总统任命，1949年改属美国国家档案与文件局，现称美国国家档案和记录管理局，又称联邦记录中心、总统图书馆、国家历史文献出版委员会，总馆馆址设在华盛顿，目前在全美设有38家分馆[1]。

1937年，美国国家档案馆先后接收了美国联邦政府原藏档案、罗斯福新政和第二次世界大战的全部档案，形成该馆早期馆藏。1949年2月对日本甲级战犯进行审判的远东国际军事法庭解散后，相关法庭文书移交美国国家档案馆收藏。1952年4月，美国结束对日占领后，美国军方又将在日本缴获的日本帝国政府文书档案带回美国，其中经情报部门审查准予解密部分移交美国国家档案馆收藏①。该馆日本二战期间战争罪行文献史料就主要来源于上述馆藏，内容包括日军战争罪行罪证、战争期间截获情报、相关政府文书档案等，卷帙浩繁，弥足珍贵，是目前全世界最为开放和使用最为方便的日本二战罪行文献资料，对于今天研究日本二战罪行、认清历史真相和解决中日关系中的历史问题具有重要价值。

为方便国内学者使用、填补一手文献史料空白，2012年国家图书馆民国时期文献保护工作办公室启动海外日本二战罪行文献资料的征集回归工作，并赴美调研，基本摸清日本二战罪行史料在美收藏情况，并计划逐步有序复制回归，以供国内学界、公众使用。

1　美国国家档案馆收藏日本二战罪行文献资料情况

由于美国政府档案分藏和分类方式历经多次较大规模的改革，导致不同时期、不同机构来源的馆藏有不同的管理方式，日本二战罪行文献资料也因此零散分布于不同机构、不同主题的浩瀚文档中。从20世纪50年代起美国政府开始逐步解密相关档案，到70年代解密约数百万页[2]，但仍有大量档案虽已到解密期限但尚未解密，而已解密部分文献因分散保存于多个机构而未能得到有效和广泛的利用。

20世纪90年代，美国国内二战受害者索赔浪潮兴起，公众对德、日纳粹战争罪行档案解密吁求高涨[3]。受多种民间力量推动，1998年10月8日，美国总统克林顿签发了《纳粹战

① 后经日本政府要求，这部分文献中的绝大部分分别于1958年和1974年归还日本，但部分文档在归还前进行了缩微复制，存于美国国家档案馆、美国国会图书馆等单位。

争罪行公开法》(*Nazi War Crimes Disclosure Act*, *P. L.* 105 – 246);2000 年 12 月 6 日,美国国会通过《日本帝国政府档案公开法》(*Japanese Imperial Government Disclosure Act*, *P. L* 106 – 567)[4],对美国政府档案中有关日本战争罪行的档案文献进行清点解密并提供 OPAC 检索。这些资料主要来源于美国中央情报局、美国陆军部、美国联邦调查局、美国国家档案馆、美国国务院等机构,时间涵盖 1931—1951 年,分散于 43 个记录组(Record Group, RG)中,有助于人们全面深入了解日本在第二次世界大战期间所犯的大屠杀、细菌战等战争罪行细节,以及美国政府和美国智库在战后对日处置方面的决策和行为[5],为进一步文献研究奠定了基础。现将其中涉华馆藏情况介绍如下。

1.1 军事作战记录

由于"违反战争法"是战后日本战争罪行诉因之一,因此美国军方保留的军事作战记录是判定日本战争罪行和战争责任的重要凭据,虽然战后由于国际局势的变化,日本的战争罪行未能得到彻底清算,使得这部分档案未能发挥其应有作用,但对今天研究日本二战期间的军事行动、战争罪行仍具有重要史料价值。其中几宗包涵了大量中国抗战史料,梳理概述如下[6-7]:

(1)关于边界、各种要求和仲裁的档案(记录组号 BG 76,下同)。其中包括二战期间有关中国边界冲突的国际会议档案,参加李顿调查团的美国代表麦考益(Frank McCoy)所保存的有关"九 · 一八"事变的国联会议记录、报告、备忘录等。

(2)美国海军陆战队档案(RG 127)。包括美国海军陆战队二战期间在中国沿海作战的军事档案、调查报告,以及华北接管与移交相关档案。

(3)美国陆军部档案(RG 165)。包括中缅印战区军事情报,史迪威、魏德迈与参谋长联席会议之间有关战区情况的函电,英美日军力分布情况报告,日本军事警察驻汉口人员名单等。

(4)参谋长联席会议档案(RG 218)。完整保存了美国参谋长联席会议和英美联合参谋长会议档案,包括太平洋战区、中印缅战区、中国战区作战讨论记录,及其下属美国联合情报委员会、英美联合作战计划处等提交的各种有关军事行动的报告、备忘录、往来函电,参谋长联席会议给中印缅战场美军司令官的命令等。

(5)美国陆军参谋部档案(RG 319)。包括在重庆、香港、昆明、上海等地区收集的军事情报,中国远征军、中国驻印军在印缅战场作战的历史照片,中国伪军名单等。

(6)美军驻中缅印战区总部档案(BG 493)。包括中缅印战区和中国战区的历史纪要、盟军军队(含中国军队)的参谋档案、作战记录、接收到的作战命令等。

1.2 战争罪行史料

主要包括日本虐待战俘和平民俘虏,化学战和细菌战,针对盟军军事人员和平民的暴行三类。

(1)虐待战俘和平民俘虏

在太平洋战区战争结束阶段,美国军队参与了一系列解救战俘和平民俘虏的行动,因此美国国家档案馆收藏有大量日军虐俘证言证据档案。这些档案主要分布在以下卷宗:美国国务院一般档案(RG59);美国海军军法处档案(RG 125);美国陆军军法处档案(RG 153);战略情报局档案(RG 226);二战盟军总部及其下属机构档案(RG331);美国宪兵司令办公室档案(RG 389);美国陆军副官署档案(FIG 407)。

其中比较著名的一组档案是战略情报局档案中有关奉天战俘营的档案,记录了1942年巴丹死亡行军幸存战俘和一些韩国、菲律宾俘虏在沈阳"奉天战俘营"的生活情况,国际救助情况,日军对其虐待、奴役情况,1945年8月中美部队联合开展营救战俘计划情况,以及美军抵达沈阳后收集到的有关中国东北地区和苏联军队的情报[8]。

(2)化学战和细菌战

美国国家档案馆所藏有关日军化学战和细菌战的文献不及日军虐待战俘和平民俘虏档案数量大。为便于学者和公众利用,2007年美国国家档案馆编制了《日本战争罪行与日本细菌战文献选编1934—2006》[9],从1400余份有关731部队、细菌战实验和实施等方面的文献中节选而成,同时还影印了25份馆藏文献原文,可作为日本细菌战人类活体实验相关课题研究人员的起始参考资料。除上述已汇成专题数据库的文档外,有关细菌战相关史料可在以下卷宗找到:美国陆军医务长办公室(RG 112);美国陆军军法处档案(RG 153);美国陆军部档案(RG 165);美国化学战争技术局(RG 175);美国战略情报局档案(RG 226);美国陆军参谋部档案(RG 319);二战盟军总部及其下属机构档案(RG 331)。

这些档案中有日本在中国东北进行化学战和细菌战实验的相关情报,日本在中国使用化学毒气和细菌弹的报告(包括有关哈尔滨中马城①的情报,日本在东北居民身上注射鼠疫杆菌并引发疫情的报告,日军在湖南空投含有鼠疫的粮食、纸张并引发大范围疫情的报告等),战后美军逮捕和审问日方从事生物战研究人员的情况,苏联要求公开审讯生物战战犯档案,以及美国政府最终决定与石井四郎等人进行秘密交易,赦免其战争罪行的相关档案等。

(3)针对盟军军事人员和平民的暴行

美国国家档案馆所藏日本战争罪行档案的另一大类为日本在亚洲太平洋战区针对盟国军队和所侵略国家平民的暴行记录,这些记录主要分布于以下卷宗:美国海军军法处档案(RG 125);美国陆军军法处档案(RG 153);二战盟军总部及其下属机构档案(RG 331);美军驻中缅印战区总部档案(RG 493)。

这些档案的内容极其丰富,包括日军对菲律宾、中国等国家平民进行屠杀、强奸、虐杀、实施酷刑等种种行为的记录,例如南京大屠杀、将中国劳工强行运至日本进行奴役和强迫劳动、杀害迫降于上海的美国飞行员俘虏的相关证言证据记录等。

1.3 战犯审判档案

二战结束后,依据波茨坦公告和日本投降条约,盟军组织对日本战犯的罪行进行审判。依据犯罪性质,战犯分为甲、乙、丙三级。对于甲级战犯,1946年5月3日,由中、美、英、苏、

---

① 即石井四郎所建立731部队的前身背荫河细菌实验场。

澳、加、法、荷、新、印、菲十一个国家在日本东京组织远东国际军事法庭对日本28名甲级战犯进行审判,1948年11月12日审判结束,18日宣判。28名战犯除2人病亡、1人因精神病被免予起诉外,全部25名战犯被判有罪,其中7人绞刑,16人终身监禁,2人有期徒刑。对于乙级和丙级战犯,1945年10月至1956年4月,在盟军总部的主导下,由美、英、澳、荷、法、菲、中等国家分别在马尼拉、横滨、上海、南京、关岛等43个地区组织了军事法庭进行审判。期间共开庭2200次,有5379名日本人和148名韩国人被审讯,最终4300人被判有罪,其中984人被判死刑,475人被判终身监禁,2955人被判有期徒刑。

有关上述审判的庭审记录、证据材料、法官档案、检方档案以及部分辩方材料等可在美国二战时期陆军军法处档案(编组号RG153)、日本二战战争罪行档案(编组号RG238)、二战盟军总部及其下属机构档案(编组号RG331)三个卷宗内找到。

2 思考与建议

2.1 站在保存民族历史记忆高度,重视日本战争罪行文献史料征集

中国作为反法西斯战争的主战场,屡遭战火毁坏,又因当时证据保存意识不强,日本战败后有意销毁罪证,导致国内有关日本侵华战争罪行的一手资料十分欠缺。目前,大陆地区有部分满铁文献、日本乙丙级战犯审判文献以及伪满洲国、汪伪政府和国民政府档案散存于中国第二历史档案馆、辽宁省档案馆、吉林省档案馆、公安部档案馆、国家图书馆、南京图书馆等单位,另有台北"国史馆"等单位所藏抗战损失调查、日军暴行报告等史料为较大卷宗,其余较为零散。相比之下,在第二次世界大战期间,美国政府即已组织军方和相关人员有目的地收集、保存日本战争罪行证据资料,战争结束后,美国利用这些资料主导了包括远东国际军事法庭审判在内的一系列针对日本甲、乙、丙级战犯的审判。这些资料无论是在内容、数量和价值上,还是在文献的系统性、丰富度上,均为其他国家所不及。

鉴于这批资料的重要价值,日本国立国会图书馆从20世纪70年代起即组织人员对其进行系统的复制回归。很多日本学者据此发表研究成果,客观上起到了以"学术研究"方式支持本国政治和外交的作用。我国相关工作开展起步较晚。在文献研究方面,改革开放后,有中国社科院、南京大学、中国第二历史档案馆等单位派学者和研究团队赴海外查阅研究;在文献征集方面,除上述单位学者曾少量复制回国外,未有开展较大规模征集工作。2011年国家图书馆启动"民国时期文献保护计划",将远东国际军事法庭审判文献史料作为征集重点。2012年,国家图书馆又与上海交通大学合作共建"东京审判研究中心",针对国内一手资料匮乏的情况,组织对美国国家档案馆所藏日本战争罪行档案史料情况进行系统性摸底和征集。目前已征集到缩微胶卷1261卷,并计划在未来继续加大征集。

日本二战罪行特别是其中的侵华战争罪行文献资料是有关中华民族近现代兴衰荣辱历史的重要见证,中国作为日本侵略战争的受害国和战胜国,应站在"为子孙后代保留关于本民族兴衰荣辱历史记忆"的高度,重视资料征集,为我国国内抗日战争研究、中日关系及历史研究提供有力文献支撑。建议一方面强化制度保障,参考美国国家档案馆通过国会立法的

做法，推动有关领导部门下发文件，从政策乃至法律层面，为这类文献的征集、整理、利用和人才队伍建设提供保障；另一方面提供专项经费支持，参考日本国立国会图书馆、我国台北"中研院"近代史研究所等单位的做法，设立专项资金资助相关文献调研，促进文献征集。

2.2 依托学术力量，开展征集工作

日本二战罪行文献资料征集与普通文献采访有很大不同。首先，从文献性质上，日本二战罪行文献资料不是正式出版物，文献源流复杂，需在掌握相关文献流转历史背景知识基础上开展征集。例如，美国国家档案馆的这一馆藏虽然已非常宏富但仍不完整，仅在北美地区就有美国国会图书馆，罗斯福、杜鲁门和艾森豪威尔总统图书馆，斯坦福大学胡佛研究所图书馆等收藏大户，馆藏内容各有特长。此外，20 世纪 50、60 年代日美签订和平条约后，美国国家档案馆曾将大批档案归还于日本，其中除少部分经美国国会图书馆挑选复制保存外，很大部分当时未留副本和清单，去向与存世情况有待进一步调研。其次，从使用价值上，它们具有唯一性和稀有性，属于珍贵一手史料，为开展相关学术研究、厘清历史事实所亟须。再次，从征集方式上，这类文献很少通过商业渠道发布，主要通过内容定制实现。以美国国家档案馆为例，由于战后并未像对德国纳粹战犯那样对日本战犯进行持续的追捕，因此美国各部门未对日本战犯建立个人卷宗，在各部门将文献移交美国国家档案馆时，这些文献本身是极其庞杂混乱的，此外还有大量日本二战罪行档案分散于浩如烟海的其他主题卷宗中，未进行专题性梳理、汇集，特别是其中涉及中国的内容仍需我们自己去梳理、揭示。因此，日本二战罪行文献资料的征集过程实质上是在对目标馆藏、文献组织情况、文献价值、未来用户需求等多方调研基础上，设计征集方案、探索征集渠道、定制文献内容、实施文献管理、开展知识服务的综合过程，这对采访人员的学术素养、与公私机构团体沟通合作能力、知识组织与揭示能力以及用户服务能力提出了极高的要求。

在国家图书馆"民国时期文献保护计划"立项以前，中国社会科学院、南京大学、台北"中研院"等单位曾以项目资助形式组织学者赴海外进行专题文献查访调研，并出版了《南京大屠杀史料集》等重大成果。但总体来看，目前国内对这些文献在海外的存藏情况尚未进行系统性调研，已开展工作存在主题单一、零散、不同单位间横向沟通合作较少、征集渠道狭窄难以形成规模、文献征集回国后整理揭示不够等问题。因此建议依托"民国时期文献保护计划"，由国家图书馆牵头，依托学界力量，组织由学界、图书馆界专家和社会贤达共同组成的工作团队，优势互补，形成合力，对这些文献资料的海外存藏情况进行系统性梳理调研，探索有效征集渠道，充分整理揭示，以利国民使用。

2.3 推动征集成果整理揭示，发挥文献利用价值

在文献的著录与揭示方式上，档案类文献与传统图书馆文献有很大不同，难以通过传统书目著录方式进行有效管理。在 20 世纪初美国国家档案馆曾一度试图以大部制分类法和十进制分类法整合所有馆藏，结果发现这很容易造成建档信息丢失和排架混乱，而且馆藏管理成本巨大。因此，在文献著录上它强化了描述字段的功能，内容包括档案的来源、历史沿革、内容描述、缩微化情况、数字化情况、与其他文献关系、适用于哪些研究方向等，有的甚至

包括相关领域专家在学术著作中的引用情况。对于已有数字化版本的，提供 URL 链接，使得读者能够迅捷找到自己真正需要的档案。此外，该馆还不断出版专题索引目录和使用指南，由相关领域的专家学者和馆员共同对文献进行深层挖掘揭示，以促进文献利用。这些做法值得借鉴。

“民国时期文献保护计划”开展近 3 年来，在日本二战罪行文献资料的征集方面取得了阶段性成果，包括远东国际军事法庭庭审记录 5 万余页，庭审照片 700 余张，横滨审判庭审记录 6.3 万页，马尼拉审判庭审记录 3.2 万页，美国国家档案馆藏日本战争罪行相关档案缩微胶卷 1261 卷、日本国立公文书馆藏东京审判辩方档案 176 种 6202 件，中国抗战照片 1.6 万余张等。这些文献的征集回归填补了国内相关文献史料的空白，但仍不能满足学者和公众的利用需求。为此，2013 年国家图书馆将征集回归的《远东国际军事法庭庭审记录》英文版编纂出版并举办专题展览，得到媒体和社会各界的广泛关注与支持，配合了外交大局，发挥了文献的社会教育价值和史料价值，为促进征集成果的有效利用进行了很好的探索尝试。建议未来进一步加强与各方合作，参考美国国家档案馆在资源组织和揭示方面的经验，尽快组织专业力量大规模开展对这些资料的索引、揭示、翻译、整理、出版和展览，充分发挥文献的学术支撑作用，为公众了解历史真相提供便捷的文献获取途径。

参考文献

[1] NARA. National archives history[EB/OL]. [2013 - 06 - 01]. http://www.archives.gov/about/history/.

[2]IWG. 100,000 pages declassified in search for japanese war crimes records[EB/OL]. [2013 - 06 - 24]. http://www.archives.gov/press/press-releases/2007/nr07-47.html.

[3] 孙伶伶. 美国解密日本二战档案考察[J]. 日本学刊,2008(1):98 - 105.

[4] IWG. Implementation of the japanese imperial government disclosure act and the japanese war crimes provisions of the nazi war crimes disclosure act: An interim report to Congress[EB/OL]. [2013 - 06 - 27]. http://www.archivees.gov/iwg/reports/japanese-interim-report-march-2002-1.html.

[5] IWG. The nazi war crimes and japanese imperial government records interagency working group(IWG)[EB/OL]. [2013 - 06 - 24]. hap://www.archives.gov/iwg/about/.

[6] BRADSHER G. Japanese war crimes and related topics: a guide to records at the national archives[EB/OL]. [2013 - 06 - 24]. http://www.archives.gov/iwg/japanese-War-crimes/introductory-essays.pdf.

[7] 陶文钊. 美国国家档案馆(总馆)所藏有关中国档案材料简介[J]. 近代史研究,1985(5):190 - 226.

[8] NARA Staff. Japanese war crines records at the national archives: research starting points. in: IWG. researching japanese war crimes[EB/OL]. [2013 - 06 - 28]. http://www.archives.gov/iwg/japanese-war-crimes/.

[9] IWG. Select documents on japanese war crimes and japanese biological warfare[EB/OL]. [2013 - 06 - 25]. hap://www.archivees.gov/iwg/japanese-war-crimes/select—documents.pdf.

（原载于《国家图书馆学刊》2014 年第 2 期）

RDA 与 AACR2 著录规则变化之详解*

蔡　丹　朱　虹

《资源描述与检索》(Resources Description & Access,简称 RDA)是由美国、英国、加拿大和澳大利亚联合编制的元数据内容标准,是《英美编目条例(第2版)》(Anglo-American Cataloguing Rules,简称 AACR2)的升级产品,其目的在于满足数字环境下资源著录与检索的新要求,成为全球数字世界的通行标准。2010 年,联机版“RDA 工具套件”(RDA Toolkit)的正式发布标志着 RDA 正式诞生。与 AACR2 相比,RDA 在著录规则部分做出了不少变动,本文以 AACR2 和 RDA 原文为依据,对其中的变化进行比较分析,对其中的关键点进行释义,以期能够更为全面、准确地展示 RDA 在著录规则部分的变化。值得一提的是,在 RDA 的开发过程中,RDA 编制联合指导委员会(Joint Steering Committee for Development of RDA,简称 JSC)就注意到了这些变化,JSC 的秘书 Nathalie Schulz 曾于 2009 年 7 月向 JSC 提交了报告 *Changes to AACR2 Instructions* 的更新版,包含了 2008 年 11 月 RDA 草案全文发布后,JSC 根据反馈意见对某些规则做出的修改[1]。报告按规则条款详细列出了从 AACR2 到 RDA 具体内容的主要变化。但是,该报告自发布之日至 RDA 的正式诞生又经历近一年的时间,从而未能反映 RDA 与 AACR2 之间的最新变化。RDA Toolkit 自发布以来又分别于 2012 年 4 月和 2013 年 7 月进行了两次更新(Update)。本文以 RDA Toolkit 最新版本为研究依据,因此,时效性更强。在下文中用到的举例说明,有些为使说明更清晰,采用了 MARC21 书目数据格式。

1　从 AACR2 到 RDA 著录规则变化之概述

在 RDA 中,著录规则并未像 AACR2 那样先按载体类型,再按著录八大项排序,而是以 FRBR 和 FRAD 的实体—关系模型为基础,先按实体属性,再按载体类型排序[2]。因此,很多 AACR2 中出现的内容顺序完全被颠覆,穿插于 RDA 的各个章节当中。

总体来看,RDA 较 AACR2 在著录规则方面的变化主要体现在以下几个方面[3]:首先是关于著录详简级次的变化,RDA 取消了 AACR2 中“著录级次”的概念,增加了“核心元素”的概念,定义核心元素是描述不同实体属性与关系时所要求著录的必需元素。RDA 第 0 章规

* 本文系国家图书馆馆级重点项目“《资源描述与检索》(RDA)在国家图书馆的实施方向及应用策略研究”(项目编号:NLC-KY-2012-02)的研究成果之一。

定了记录载体表现和单件属性的核心元素,从中可以看出 RDA 的变化:(1)在题名信息中强调正题名,弱化副题名;(2)在出版、发行信息中,凸显了发行、生产信息和版权日期的重要性;(3)载体类型为新增著录元素,同时取消了一般资料标识。

其次,关于著录信息源的选取。RDA 取消了"主要信息源"(chief source of information)的概念,取而代之以"首选信息源"(preferred source of information),将题名与责任说明等重要著录项目的信息源范围扩大至整个资源本身,包括可作为资源构成一部分的包装,如匣、盒等。

再次,依资源照实转录及易于读者理解的原则贯穿始终。例如,关于单词的大小写,可依资源原样著录;对文字中的错误,照样著录,另外加附注说明;文字不用刻意缩写;标点符号照实转录,除非会产生歧义,可增加标点符号以帮助理解文字;不采用读者看不懂的特殊符号如[s. l.]、[et al.]等,而是用读者容易理解的文字替代,如[place of publication not identified]、[and 4 other authors]等。

最后,对著录标识符进行了调整。主要包括:(1)句点的添加,RDA 规定缩写形式的句点与作为标识符的句点互不影响,作为结束符的句点不可省略。例如:信息源显示版本信息为:3rd ed. ,依 AACR2 著录为 3rd ed. ,而依 RDA 则为 3rd ed.. 。(2)方括号的添加,RDA 要求将一个著录项目内的相邻元素置于方括号内时,每个项目单独用一组方括号分别括起来,而不是 ACCR2 要求的相邻元素可以置于同一组方括号中。

例如:

AACR2:[Paris:OECD,2013.]

RDA:[Paris]:[OECD],[2013].

2 从 AACR2 到 RDA 著录规则变化之著录项目

2.1 内容形式和媒介类型项

内容形式和媒介类型项是 ISBD(2011 年统一版)新增的著录项目,替代了原题名与责任说明项中的一般资料标识,可更准确、全面地反映编目资源类型。RDA 取消了 AACR2 中的一般资料标识,取而代之以媒体类型、载体类型和内容类型,并分别列出了相应的术语表。对应上述 RDA 新增的三个著录元素,MARC21 书目记录格式相应增加了 336、337 和 338 字段。

例如:

336$atext$2rdacontent

337$aunmediated$2rdamedia

338$avolume$2rdacarrier

该例中编目资源为印刷型图书,其中 $2 表示类型术语的选取来源为 RDA 术语表。

2.2 题名与责任说明项

2.2.1 题名

RDA 关于题名著录规则的变化主要体现为以下几点[4]。

(1)正题名著录信息源扩大至整个资源。

(2)关于题名中的标点符号,照实转录,无需用“--”和“( )”去替代“...”和“[ ]”。

例如:信息源显示正题名为:Health risk behaviors of...

AACR2:Health risk behaviors of--

RDA:Health risk behaviors of...

(3)关于大小写,照实转录,但这是一个可选规则,由编目机构自行确定。

(4)关于订正,取消了添加[sic]或[i. e.]予以说明的做法,如实转录,如果认为对识别或检索重要,可以添加附注说明,也可以同时将正确形式作为变异题名予以记录。

例如:信息源显示的正题名为 Twelveth meeting

AACR2:245$aTwelveth[sic]meeting

或 245$aTwelveth[i. e. Twelfth]meeting

RDA:245$aTwelveth meeting

246$iTitle should read: $aTwelfth meeting

但是,对于连续出版物或集成性资源,在著录其正题名时,若信息源显示有明显的排印错误,则应当按正确的形式予以著录,同时编制一个附注说明原有的错误形式。如果对一个词的拼写是否正确有疑问,则按所见拼法转录。

(5)关于总题名。RDA 规定如果资源正题名的信息源同时载有总题名和资源内单独内容的题名,则在对其进行综合著录时,将总题名作为正题名予以记录。还规定了可选择的附加,即将单独内容的题名作为相关作品的题名予以记录。而 AACR2 中虽然也规定了将总题名作为正题名著录,但要求同时将各单独作品的题名著录于附注项中。

例如:资源包括两部作品,信息源显示总题名为 Andersen's Fairytales,两部作品的题名分别为 Little match girl 和 Ugly duckling

AACR2:245$aAndersen's Fairytales.

505 0#$aLittle match girl--Ugly duckling.

RDA:245$aAndersen's Fairytales.

740 02$a Little match girl.

740 02$a Ugly duckling.

根据 RDA,无须做 505,是否添加 740 由各编目机构自行决定。

(6)关于并列题名,变化较大,以“并列正题名”替代了“并列题名”,扩大著录信息源范围至整个资源,取消了数目及语言选择的限制,例如 AACR2 规定“在做第二级著录时,著录第一个并列题名。著录任何后继的英语并列题名”。RDA 中没有这样的限制,还规定如果并列正题名取自与正题名不同的来源,且该事实重要,需编制一个有关来源的附注。

(7)关于其他题名信息,是否著录由各编目机构自行决定,取消了 AACR2 中关于对正题名自行添加副题名以进行解释的规定,但有例外:可为地图资源和动态图像资源提供进行解释用的其他题名信息。

例如:编目资源为国际劳工组织(ILO)会议报告

AACR2:245$aSocial security for social justice: $b[ILO Conference report]

RDA:245$aSocial security for social justice

根据 RDA,无须著录 $b,但对于地图资源或是电影预告片,可以著录为:

245$aVegetation: $b[in Botswana](地图资源)

245$aAnnie Hall: $b[trailer](电影预告片)

(8)关于连续性资源的正题名,AACR2 中包含了何时将团体名称认为是连续性资源题名的一部分的说明。而 RDA 中没有这样的说明,因为它不再是题名主要/次要变化的条件。此外,AACR2 规定如题名含有逐册变动的日期、名称、编号等,省略此日期、名称、编号等,代之以省略号,若日期或编号见于题名之首,则不用省略号。RDA 关于此种情形的规定是题名之首也用省略号。

例如:信息源显示 2010annual report of United Nations

AACR2:Annual report of United Nations

RDA:...Annual report of United Nations

(9)关于连续性资源的其他题名信息。AACR2 规定只在认为重要时才将连续性资源的副题名著录于题名与责任说明项,或做一个附注,或不予考虑。而 RDA 没有这种限制。

2.2.2 责任说明

RDA 关于责任说明著录规则的变化主要体现在以下几点。

(1)著录信息源扩展至整个资源。

(2)关于责任者数量,变动较大,取消了"3 原则",照实转录,包括责任者的机构等附加信息,不必考虑其所承担的职能。但是,RDA 还规定了可选择的省略:如果单一的责任说明列出 3 个以上承担相同职能的或具有相同程度责任的个人、家族或团体,则对每一组这样的个人、家族或团体,省略第一个之外的其他名称,用著录机构首选的语言和文字总括地说明所做的省略,并置于中括号内。

例如:信息源显示的责任说明信息为 by Arnold van Huis, Joost van Itterbeeck, Harmke Klunder, Esther Mertens and Paul Vantomme

AACR2:Edible insects/by Arnold van Huis...[et al.].

RDA:Edible insects/by Arnold van Huis, Joost van Itterbeeck, Harmke Klunder, Esther Mertens and Paul Vantomme.

或 Edible insects/$cby Arnold van Huis[and 4 others].

(3)关于与责任者的尊称、荣誉称号等,RDA 和 AACR2 的规定刚好相反,AACR2 的总原则是不予著录,但对有可能造成信息损失的四种特殊情况要求著录;而 RDA 的总原则是照实转录,但可选择省略,即对省略后并不损失任何信息的称号等可省略不予著录。例如:信息源显示责任者信息为 by Dr. Harry Smith,则依 AACR2:by Harry Smith,而依 RDA:by Dr. Harry Smith 或 by Harry Smith,是否选择省略由各编目机构自行决定。

(4)关于与责任说明相连的名词短语,如果名词或名词短语与责任说明一起出现,则将其作为责任说明的一部分,不像 AACR2 中规定那样还需判断该名词短语是否为说明作品的性质。若是,就要作为副题名处理。例如:信息源显示第 1 行为 Characters from Dickens,第 2 行为 dramatized adaptations by Barry Campbell,通常编目员会判断认为 dramatized adaptations 是为了说明作品的性质,因此,AACR2:Characters from Dickens:dramatized adaptations/by Barry Campbell. RDA:Characters from Dickens/dramatized adaptations by Barry Campbell。

(5)RDA 取消了 AACR2 中将题名中出现的责任者名称在必要时还要作为责任说明信息予以著录的规定。

例如:信息源显示题名为 Malo's complete guide to canoeing and canoe-camping,没有另外单独显示著者姓名,则

AACR2:Malo's complete guide to canoeing and canoe-camping/by John Malo.

RDA:Malo's complete guide to canoeing and canoe-camping.

2.3 版本说明项

RDA 取消了 AACR2 中关于缩写及用阿拉伯数字替代罗马数字的规定,遵循照实转录的原则。例如:Second edition, Version IV 等。值得一提的是,RDA 中条款 1.8"用数字或词表达的数"规定数字的表达形式采用编目机构首选的形式记录,但同时列出了适用该条款的著录元素,对不含在内的元素仍遵循照实转录的原则,版本说明恰为不含在内的元素,因此,对于版本说明中出现的各种形式的数字,无须改为阿拉伯数字。

2.4 资料或资源类型特殊项

根据 ISBD(2011 年统一版),该著录项目只涉及地图资源、乐谱和连续出版物三种资源类型,具体来说包括:

(1)地图资源的制图数据,变化在于信息源的扩大、缩写及相关提示语的取消,例如:比例尺信息源扩大至任何来源;关于投影说明和用于记录赤经和赤纬的说明均采用缩写的规定在 RDA 中均予以取消;在比例尺信息缩率前不再使用"Scale"一词,在二分点和历元前面也不再加文字或缩写。

(2)乐谱的演奏说明,RDA 规定乐谱演奏说明将作为版本标识记录于版本说明项,同时调整了所使用的术语,具体在 7.20 中列出,包括:score(乐谱)、condensed score(缩写谱)等。

(3)连续出版物的编号,主要包括取消缩写、重新规定了数字的著录形式以及对编号标识不完整的情况如何处理。其中关于数字的著录,AACR2 要求用阿拉伯数字替代罗马数字,而 RDA 在条款 1.8 中对各著录元素中的数字的著录做出了规定,其所涵盖的著录元素就包括了连续出版物的编号,具体规定为"用创建数据的机构首选的形式记录数字,除非该形式会导致数字信息不清晰"。同时有两个交替规则,一是按信息源上出现的形式记录数字。二是按信息源上出现的形式记录数字,同时用创建数据的机构首选的形式添加数字对应词,但要置于中括号以表明该信息取自资源本身之外的来源。例如:信息源显示为 tome III,依 AACR2 著录为 tome 3,而依 RDA,根据编目机构政策的不同,可能著录为(a)t. 3;(b) tome III;(c)tome III,三种形式都是正确的。

2.5 出版、制作、发行等项

RDA丰富了该著录项目的内容,分别规定了"制作说明""出版说明""发行说明"和"生产说明",主要变化有以下几点:

(1)取消了使用缩写的规定。对于地点(包括制作地、出版地、发行地和生产地)和名称(包括制作者、出版者、发行者和生产者),AACR2要求采用规定的缩写形式,而RDA要求转录即可,除非信息源显示为缩写。例如:信息源显示出版地为California,依AACR2为Calif.,而依RDA则为California;信息源显示出版者为Department of Agriculture,依AACR2为Dept. of Agriculture,而依RDA为Department of Agriculture。此外,RDA还取消了AACR2中以国际上能理解并识别的最简短的形式著录出版者、发行者等的名称的规定。

(2)更新了关于附注的规定。AACR2规定对编目员自行添加的信息置于中括号内说明,而RDA规定照实转录,无须添加中括号,若有必要在附注予以说明。涉及的情形包括更正信息、地名的其他形式、未见于信息源的上级地名、缩写地名的全称形式等。

例如:

AACR2:Paris:Impr. Vincent,1798[i. e. Bruxelles:Moens,1883]

RDA:Paris:Impr. Vincent,1798. 附注:Actually published in Bruxelles by Moens in 1883.

(3)调整了多个相同著录元素的排序,规定了当信息源出现两个及以上的出版、发行等地点或出版者、发行者等名称时,各名称之间的著录顺序。RDA规定按信息源上名称的序列、版面和字体设计所指示的顺序记录,取消了AACR2要求必须记录第一个出现的名称以及选择著录编目机构所在国家所涉及名称的规定。例如:信息源显示出版地为New York,London,Sydney,其中London排版格式显著,依据AACR2,还有可能由于编目机构所在地的不同而采用不同的著录顺序,如若编目机构在London,则著录为New York;London即可,若编目机构在澳大利亚,则应著录为New York;London;Sydney。依据RDA,则应统一著录为London;New York;Sydney。

(4)进一步加强了"用户便利性原则"在RDA中的体现,取消了用户难以理解的拉丁缩写[s. l.]和[s. n.],代之以完整的说明[Place of production not identified](制作地无法识别)、和[publisher not identified]等。

(5)关于日期,变动较大,加强了制作、出版、发行及生产等日期的独立性,避免相互混淆;使表述更为清晰及取消缩写;取消了以阿拉伯数字代替罗马数字的规定。如:出版日期无法估计时,RDA要求著录[date of publication not identified];如果发行日期、版权日期或制造日期可知,将根据各元素的不同分别记录,而不是彼此代替;在AACR2中著录为[197 –]、[ca. 1969]、[not before Apr. 20,1971]等的情形,依RDA分别著录为[between 1970 and 1979]、[1969?]、[not before April 20,1971]等;关于日期中数字,依据RDA条款1.8规定,如信息源显示为出版年为MCMLXXX,依AACR2著录为1980,而依RDA,根据编目机构政策的不同,可能著录为①1980;②MCMLXXX;③MCMLXXX[1980],三种形式都是正确。

2.6 载体形态项

载体形态项在 AACR2 中的英文表述为 physical description，在 RDA 中变为 carrier description。该著录项目是不同载体类型文献之间差异最大的著录项目。总的来看，RDA 较之 AACR2 的变化主要在于公制单位的使用、缩写的取消以及相关术语的调整等几个方面，具体包括[5]：

（1）在 AACR2 中，用于记录尺寸的计量体系根据资源类型的不同而变化，而 RDA 规定除非另外说明，以厘米记录尺寸，向上取整，用公制符号 cm。同时给出了交替规则为用著录机构首选的计量制度记录尺寸。如适用，依附录 B（B.5.1）所列的说明，缩写计量单位（如 inches 的缩写为 in.）。

（2）AACR2 附录 B 包含了用于记录载体形态的缩写，在 RDA 中缩写只用于描述载体或内容的尺寸和持续时间。例如，在 AACR2 中著录为"p.""v.""ill."的情形在 RDA 中分别应著录为"pages""volumes""illustrations"。只有用于描述尺寸和持续时间的术语在 RDA 中仍使用缩写，如"inch"（或"inches"）和"hour"（或"hours"）分别记录为"in."和"hr."。

（3）在 AACR2 中，公制单位被认为是缩写，要加句点，如"cm."，而在 RDA 中，它们被认为是符号，不加句点，如"cm"。针对不同载体类型的资源，RDA 关于载体形态项规定的变化较多、较细，主要体现在表示文献数量的术语、特殊资料标识术语及相关描述语的调整，主要变化见表 1，其中关于特殊资料标识术语可参见 RDA3.3.1.3 中的术语列表。

表 1　不同载体类型文献载体形态项著录规则变化

载体类型	从 AACR2 到 RDA 的主要变化
图书、小册子、单张印刷品	1）"大张单页印刷品"的英文表述由"broadside"改为"sheet"
	2）对未编号页等数量的处理更为清晰和灵活，如： AACR2：[200]p. RDA：approximately 200 pages 或 200 unnumbered pages 或 1 volume（unpaged）
	3）用"that is"代替"i. e."，如： AACR2：51[i. e. 102]p. RDA：51 leaves，that is 102 pages
乐谱	1）AACR2 中的"Close score"（密集总谱）和"Miniature scores"（袖珍总谱）在 RDA 中均用"study score"代替
	2）当特殊资料标识不适用时，AACR2 规定可用 v. of music，p. of music 或 leaves of music，而 RDA 中，这些情况均用 score 表示

续表

载体类型	从 AACR2 到 RDA 的主要变化
录音资料	1)特殊资料标识术语在 RDA 中均由“sound”开头改为以“audio”开头,只有“soundtrack reel”(声带卷)是例外
	2)记录声道数量的术语也由“mono.”(单声道)、“stereo.”(立体声)、“quad.”(四声道)相应地变为“mono”(单声道)、“stereo”(立体声)、“quadraphonic”(四声道),同时增加了“surround”(环绕)
	3)AACR2 规定只有当磁带盒/卡不是标准尺寸或磁带不是标准宽度时,才予以著录。RDA 取消了这样的规定,要求将宽度记录在盒/卡的尺寸或盘的直径之后,如:某种盒式磁带,依 AACR2 著录为 5 1/2 × 4 in. ,1/2 in. tape,依 RDA 著录为 14 × 10 cm,13 mm tape
影片和录像资料	1)表示物理单位数量的术语 video cartridge(盒式录像带)、video reel(卷式录像带)在 RDA 中分别用“video cartridge”和“video tape reel”代替
	2)AACR2 规定对于卷式影片,用 mm.(毫米)记录影片的宽度,RDA 规定以厘米记录卷的直径,其后随以用毫米记录的磁带宽度。记录磁带宽度用公制符号 mm。例如某种卷式影片, AACR2:film reel(10 min.):sd. ;16 mm. RDA:film reel(10 min.);sound;30 cm,16 mm tape
电子资源	1)AACR2 中软盘用“computer disc”,其他磁盘用“computer optical disc”,在 RDA 中二者均采用“computer disc”
	2)RDA 新增了 AACR2 中没有的术语“online resource”
缩微资料	1)RDA 取消了只有非标准尺寸时才予著录的规定
	2)对于缩微胶卷,AACR2 仅要求以 mm. 著录宽度,而 RDA 规定以厘米记录卷的直径,其后随以用毫米记录的胶片宽度,用公制符号 mm
	RDA 增加了一个正常缩率范围内的术语“normal reduction”

2.7 从编和多部分单行资源项

RDA 关于该著录项目的变化主要体现在对编号缩写、数字及分丛编 ISSN 规定的变化上。具体如下:

(1)关于丛编编号,AACR2 要求采用附录 B 中的缩写规定和附录 C 中的数字写法,丛编编号要用阿拉伯数字替代罗马数字。RDA 中则应用 1.8 所列的关于用数字或词表达的数的一般性规则。例如,信息源显示为 January 1996,则依 AACR2 著录为 Jan. 1996,而依 RDA 著录为 January 1996。又如,信息源显示为 volume Ⅲ,则依 AACR2 著录为 v. 3,而依 RDA,根据编目机构政策的不同可著录为 v. 3、v. Ⅲ、v. Ⅲ[3],三种形式均是正确的,此处缩写 v. 根据的是 RDA 附录 B 5.5 说明。

(2)关于分丛编,AACR2 规定如果分丛编的 ISSN 见于所著录的文献中,则应著录,此时,省略主丛编的 ISSN。而 RDA 中该省略是可选择的,而不是必需的。

2.8 附注项

RDA 增加了对附注项的使用,对认为有必要的信息均可添加附注,例如更正、变异题名等等,此处不再一一叙述。几个较为明显的变化主要体现在不同资源类型的附注上。

(1)手稿附注。RDA 规定用于附注说明的特定术语不再缩写,而且使用单数,如 holograph(亲笔书写)、manuscript(手稿)、printout(打印稿)typescript(打字稿)。此外,RDA 要求如果摄影复制品是负片,要记录在极性元素中。

(2)乐谱附注。AACR2 规定如果作品用于独奏乐器,如不超过 11 种乐器则全部著录。RDA 没有这种限制,其规定如果音乐内容适用于独奏乐器,则记录全部乐器。如果作品适用于管弦乐队、管乐队等,则不列出所涉及的乐器。

2.9 资源标识号和获得方式项

没有明显变化。

3 结语

在著录规则上,RDA 改变了很多传统的做法,有些变得宽松,有些变得严格,特别是很多可选择的规定给了编目机构更多的自主空间[6]。总的来看,RDA 著录规则的变化更强调客观性、灵活性和易理解性,而降低了对一致性、严谨性的要求,随着计算机检索技术的进步,这种要求的降低也成为顺其自然的结果,并无大碍。但是,对于传统编目员来说,要适应新的规则、新的术语以及一种新的思维方式,尚需时日。

参考文献

[1] 吴晓静. 从 AACR2 到 RDA 的内容变化[J]. 数字图书馆论坛,2012(12):21-33.

[2] RDA Toolkit:resource description & access[EB/OL]. [2013-11-29]. http://access. rdatoolkit. org.

[3] 吴龙涛,叶奋生,吴晓静. 最新详解《英美编目规则》[M]. 2 版. 2002 修订本. 北京:北京图书馆出版社,2006.

[4] 王忠红. RDA 描述的不同:以普通图书为例[J]. 图书馆杂志,2012(1):17-25.

[5] 吴跃. AACR2 与 RDA 的联系及在图书著录部分的区别[J]. 大学图书馆学报,2010(4):77-83.

[6] 朱虹. RDA 新著录标准之利弊探析[J]. 大学图书情报学刊,2012(1):52-54.

(原载于《图书馆杂志》2014 年第 5 期)

基于 CNMARC、ISSN MARC 和 MARC21 的连续性资源连接款目编目的比较分析

宋文燕

1 CNMARC、ISSN MARC 和 MARC21 概要

CNMARC 是参照国际图联 UNIMARC 并结合中国语言文字特点和出版物具体情况及用户需求,经过图书馆不断地编目实践,于 1996 年正式编制完成,2004 年又修订完成新的版本。它已经成为中国图书馆业内普遍遵循和使用的一种符合中国特色的标准格式。

ISSN(International Standard Serial Number,国际标准连续出版物编码)作为世界上唯一标识不同题名、不同语种、不同版本的连续性资源的国际性编码,其权威性已经得到世界各界的认可。ISSN MARC 是参照《英美编目条例》(第 2 版)和《国际标准书目著录(连续性资源)》规则制定的,由 ISSN 国际中心为方便建立 ISSN 记录而编制的一种专门针对连续性资源编目的机读目录格式,它在使用上能与许多国际上常用的规则兼容。

MARC21 是基于美国国家标准学会国际标准 Z39.2 格式,源自 CANMARC(加拿大机读编目格式)和 USMARC(美国机读编目格式),再整合各国的 MARC 格式而成。MARC21 在描述、检索、交换功能上具有一定的优势,广泛被如英国、法国、美国、加拿大等一些 MARC 发展比较早的国家普遍采用,国内西文文献编目遵循其编目规则。

以上 3 种 MARC 在编目实践中都在不断自我完善和改进。ISSN MARC 为适应新技术和新环境的不断变化,ISSN Manual Cataloguing Part 也在不断修订,分别有了 2003 版、2009 版和 2012 版。由于 2005 年 ISSN 国际中心把数据处理系统由 ISSN Online 更换为 The ISSN Portal,再加上编目规则的变化,ISSN 国际中心将建立 ISSN 记录的格式改为 MARC21。2013 年 3 月,ISSN 中国国家中心为了适应新形势的变化,加强编目工作的国际化,进一步与 ISSN 国际中心编目工作融合,在建立 ISSN 记录时,开始启用 MARC21 进行编目。

由于建立 ISSN 记录的编目格式改变,ISSN 中国国家中心在本地数据库建立、维护数据时,要从使用 CNMARC、ISSNMARC 两种格式转换到 CNMARC、ISSNMARC 和 MARC213 种格式并行使用,另外,ISSN 国际中心的数据系统中也长期存在着各中心提交的 ISSNMARC 和 MARC21 格式的两种 ISSN 记录。无论哪种情况,都会对编目员和用户在一定程度上产生一定的困扰。

2 连接款目字段简述

在机读目录格式中,连接款目字段是一个十分特殊而重要的字段,它为数据记录之间的连接提供了可操作的技术,是机读目录的特点和优势所在,可以说是机读目录的精华。它在编目工作中占有很大的分量,也是编目中需要重点掌握的难点字段,编目员对连续款目字段的掌握程度直接关系到书目数据质量的优劣,也直接影响到用户检索的质量,更关系到文献信息是否能广泛传播和交流。

对于连续性资源而言,连接款目字段的设置,不仅表明一种连续性资源与其他连续性资源之间具有的某种特定关系,既可以多角度地揭示一种连续性资源与其他连续性资源之间的关系,也能更大程度地揭示和查找到要连接的记录或资料本身,从而为用户提供多渠道的检索途径。连接款目字段从另一方面也表明了连续性资源的特质—连续性、集成性、终止日期的不确定性、持续更新性。它为连续性资源的各种关系建立了一个谱系表,也为用户展示了与这一连续性资源有关的各种关系的生命力。

总而言之,连接款目字段在连续性资源管理中具有非常重要的作用:(1)连接作用,包括不同记录之间的连接,同一记录中不同字段的连接,记录与全文多媒体电子资源之间连接;(2)检索作用,作为检索字段,它能在书目记录中提供连续性资源的更名信息,把与之相关联的数据提供给用户,具有自动生成附注和连接内容的功能,方便用户多途径检索到文献;(3)便于连续性资源的管理,为连续性资源的采访、分编、装订、入藏等查漏补缺,保证其连续性、系统性。

3 连接款目字段在 CNMARC、ISSNMARC 和 MARC21 中的使用分析

一般而言,某一连续性资源记录中的连接款目字段所定义的子字段和与之相关的其他连续性资源记录中的字段或字段块是对应的关系。连续性资源之间的关系一般有:平行关系,涉及的数据元素有原著款目、译著款目、其他版本款目、其他载体形态款目、合订款目等;层次关系,涉及的数据元素有主丛编款目、附属丛编款目、补编/特辑款目、正编/正刊款目等;年代关系,涉及的数据元素有先前款目和后续款目。3 种格式中连接款目字段的使用不同之处见表 1。

表 1 连接款目字段在 CNMARC、ISSN MARC、MARC21 中的使用情况及其说明

数据元素	CNMARC	ISSN MARC	MARC21
原著款目	454	759	765
译著款目	453		767
主丛编款目	410	760	760

续表

数据元素	CNMARC	ISSN MARC	MARC21
附属丛编款目	411	762	762
其他版本款目	451	769	775
其他载体形态款目	452	776	776
正编/正刊款目	422	799	772
合订款目	423		777
先前款目	430、431、432、434、435、436、437、	780	780
后续款目	440、441、442、443、444、445、446、447	785	785
相关款目	488	787	787
补编,特辑款目	421	789	770

下面以编目实践中常见的与连续性资源有关的关系为主,来分析这些关系在 3 种格式中的不同用法。

3.1 平行关系

平行关系是一种横向关系,指书目文献之间不同版本的关系。连续性资源间的平行关系常用到的数据元素为其他版本款目和其他载体形态款目(原著款目、译著款目和合订款目在 ISSN 中国国家中心编目实践中不常见,而且 ISSN MARC 对后两者不做描述,在此不对这 3 种款目做分析)。其他版本是指载体相同,版本不同。当连续性资源同时以两种以上语言并由同一出版机构出版发行时,我们把这种情况看作是不同语言版本,如果是由不同出版机构出版,则看作是译著。其他载体形态款目是为连接与目标连续性资源有关的其他载体版本的相关记录而设置,如印刷版连续性资源的缩微制品版本、网络版或光盘版等。根据 ISSN Manual Cataloguing Part 的规定,不同物理载体版本不必为了实现连接,而使内容、版面设计或题名完全相同。3 种格式在其他版本款目和其他载体形态款目的不同见表 2 和表 3,著录形式和区别分别见例 1 和例 2。

表 2 其他版本款目在 CNMARC、ISSN MARC、MARC21 中使用说明

3 种格式不同字段比较	指示符		数据元素说明
	1	2	
CNMARC 451			同一载体的其他版本
	#		未定义
		0	不生成附注
		1	生成附注
ISSN MARC 776	2	#	其他载体版本
MARC21 776			其他载体形态款目
	0		显示附注
		#	未定义

表3　其他载本形态款目在 CNMARC、ISSN MARC、MARC21 中使用说明

3 种格式不同字段比较	指示符		数据元素说明
	1	2	
CNMARC 452			另一载体的其他版本
	#		未定义
		0	不生成附注
		1	生成附注
ISSN MARC 776	2	#	其他载体版本
MARC21 776			其他载体形态款目
	0		显示附注
		#	其他载体形态

例 1：ISSN 1006－9305

CNMARC：

2001#$aScience in China$hSeries C$iLife Sciences

451#0$t 中国科学$hC辑$i 生命科学 $x1006－9259

ISSN MARC：

222#0$aScience in China. Series C，Life Sciences

7692#$tZhongguo kexue. C ji，Shengming kexue　$x1006－9259

MARC21：

222#0$aScience in China. Series C，Life Sciences

7750#$tZhongguo kexue. C ji，Shengming kexue$x1006－9259

例 2：ISSN 1006－1495

CNMARC：

2001#$a 少年电世界

452#0$t 少年电世界（CD-ROM）$x1009－3885

ISSN MARC：

222#0$aShaonian dianshijie

7762#$tShaonian dianshijie（CD-ROM）$x1009－3885

MARC21：

222#0$aShaonian dianshijie

7760#$tShaonian dianshijie（CD-ROM）$x1009－3885

CNMARC 在对其他版本和其他载体形态编目时，451 和 452 字段的第二指示符代码值取“0”，而不取“1”。事实上，随着编目环境的改变，编目规则的变化，编目工作的国际化趋势，对于这么重要的连接字段，显示附注才能为用户提供更广的检索范围，展示更多的信息，方便检索需求的取舍和满足，而不是局限于某种客观存在的情况造成文献信息的关联缺失。

3.2 年代关系

连续性资源间的年代关系反映了其在出版过程中的变化情况。中国的出版管理政策规定,连续性资源改名后,新题名的连续性资源要先取得国内刊号,然后再申请识别题名及ISSN。之所以称为连续性资源,不仅体现在其出版时间的延续性,还体现在其与另一个新名的连续性资源的关系上,当这种关系以时间呈现的时候,连续性资源就有先前和后续的关系。编目时,我们把这种关系用先前款目和后续款目来揭示。反映连续性资源年代关系的连接字段由于出版情况的不确定性,在所有连接款目中是最复杂的字段。因此,编目员要认真分析连续性资源出版情况、出版责任、资源内容等细节,清晰分辨连接字段的意义及作用,针对不同的情况采用合适的字段来揭示这种变化过程的书目之间的关系。

3.2.1　先前款目

CNMARC、ISSN MARC、MARC21 描述先前款目的不同之处见表 4,著录形式和区别见例 3、例 4。

表 4　先前款目在 CNMARC、ISSN MARC、MARC21 中使用说明

<table>
<tr><td rowspan="3"></td><td>CNMARC</td><td colspan="3">ISSN MARC</td><td colspan="3">MARC21</td></tr>
<tr><td rowspan="2">标识符</td><td rowspan="2">标识符</td><td colspan="2">指示符</td><td rowspan="2">标识符</td><td colspan="2">指示符</td></tr>
<tr><td>1</td><td>2</td><td>1</td><td>2</td></tr>
<tr><td>数据元素</td><td></td><td>780</td><td></td><td></td><td>780</td><td></td><td></td></tr>
<tr><td>显示附注</td><td></td><td></td><td>#</td><td></td><td></td><td>0</td><td></td></tr>
<tr><td>继承</td><td>430</td><td></td><td></td><td>0</td><td></td><td></td><td>0</td></tr>
<tr><td>部分继承</td><td>431</td><td></td><td></td><td>1</td><td></td><td></td><td>1</td></tr>
<tr><td>替代</td><td>432</td><td></td><td></td><td></td><td></td><td></td><td>2</td></tr>
<tr><td>部分替代</td><td>433</td><td></td><td></td><td></td><td></td><td></td><td>3</td></tr>
<tr><td>吸收</td><td>434</td><td></td><td></td><td>4</td><td></td><td></td><td>4</td></tr>
<tr><td>部分吸收</td><td>435</td><td></td><td></td><td>5</td><td></td><td></td><td>5</td></tr>
<tr><td>由…和…合并而成</td><td>436</td><td></td><td></td><td>6</td><td></td><td></td><td>6</td></tr>
<tr><td>分自</td><td>437</td><td></td><td></td><td></td><td></td><td></td><td>7</td></tr>
</table>

例 3:ISSN 1009 - 4415

CNMARC:

2001#$a 海峡科技

430#1$t 技术开发与引进$x1002 - 283X

440#1$t 新电视 $x 1673 - 8152

ISSN MARC:

222##$aHaixia keji

MARC21:

222#0$aHaixiakeji

78002$tJishukaifa yu yinjin$x1002 –283X

78502$tXin Dianshi$x1673 –8152

例 4:ISSN 1005 –4391

CNMARC:

2001#$a 中学外语及其他各科教学

410#1$t 复印报刊资料

430#1$t 中学其他各科教学$x1001 –2966

446#1$t 中学外语教学$x1007 –8398

446#1$t 中学政治及其他各科教学$x1007 –8363

ISSN MARC:

222##$aZhongxue waiyu ji qita geke jiaoxue

7602#$tFuyin baokan ziliao

780#0tZhongxue qita geke jiaoxue$x1001 –2966

785#6$tZhongxue waiyu jiaoxue$x1007 –8398

785#6$tZhongxue zhengzhi ji qita geke jiaoxue$x1007 –8363

MARC21:

222##$aZhongxue waiyu ji qita geke jiaoxue

7600#$tFuyin baokan ziliao

78000tZhongxue qita geke jiaoxue$x1001 –2966

78506$tZhongxue waiyu jiaoxue$x1007 –8398

78506$tZhongxue zhengzhi ji qita geke jiaoxue$x1007 –8363

3.2.2 后续款目

CNMARC、ISSN MARC、MARC21 描述后续款目的不同之处见表 5,著录形式见例 3、例 4。

编目中,要特别注意三种格式描述数据元素的“与…合并成”的字段用法:CNMARC 使用 447 字段来描述这一数据元素,MARC21 使用 785 字段,第二指示符代码值取“7”,这两种格式在著录时,要注意每个重复字段的顺序。最后一个出现的字段与前面所有的字段含义不同,根据定义及其按照字段的重复产生对应的附注,最后一个字段指的是合并后所形成的连续性资源。ISSN MARC 前面的 785 字段第二指示符代码值取“7”,最后一个 785 字段第二指示符代码值取“8”,表明最后一个字段是合并后形成的连续性资源。具体著录形式见例 5。

表5　后续款目在 CNMARC、ISSN MARC、MARC21 中使用说明

数据元素	CNMARC	ISSN MARC			MARC21		
	标识符	标识符	指示符		标识符	指示符	
			1	2		1	2
		785			785		
显示附注			#			0	
由…继承	440			0			0
由…部分继承	441			1			1
由…替代	442						2
由…部分替代	443						3
并入	444			4			4
部分并入	445			5			5
分成…和…	446			6			6
与…合并成	447			7			7

例5:ISSN 1009－2439

CNMARC:

2001#$a 邵阳高等专科学校学报

447#1$t 邵阳师范高等专科学校学报$x1008－1674

447#1$t 邵阳学院学报$x1672－1012

ISSN MARC:

222##$aShaoyang Gaodeng Zhuanke Xuexiao xuebao

785#7$tShaoyang Shifan Gaodeng Zhuanke Xuexiao xuebao$x1008－1674

785#8$tShaoyang Xueyuan xuebao$x1672－1012

MARC21:

222##$aShaoyang Gaodeng Zhuanke Xuexiao xuebao

78507$tShaoyang Shifan Gaodeng Zhuanke Xuexiao xuebao$x1008－1674

78507$tShaoyang Xueyuan xuebao$x1672－1012

CNMARC 使用不同的字段描述连续性资源间的年代关系;ISSN MARC 和 MARC21 在描述年代关系时,先前款目使用 780 字段,后续款目使用 785 字段,第二指示符的代码值不同,描述的连续性资源间的关系也不同。

CNMARC 先前和后续款目各字段中,第一指示符为“#”未定义,第二指示符为“0”不生成附注,第二指示符为“1”生成附注。一般情况,第二指示符为“1”。MARC21 与另外两种格式的不同还表现在:780 字段第二指示符为“4”,785 字段第二指示符为“7”时,按 LC 的编目实践和 CCM 规则来看,通常第一指示符不用“0”,而是用“1”,这样,生成的附注导语形式与 AACR2 就是一致的。

3.3 层次关系

层次关系是一种竖向关系，指整体文献和其组成部分，组成部分和其整体文献的从属关系。根据编目实践，连续性资源间的层次关系常用到的数据元素为主丛编款目，附属丛编款目，正编/正刊款目，补编/特辑款目。当一个连续性资源是另一个连续性资源的主丛编或附属丛编，或有一种或多种副刊或增刊或补编时，用到上述数据元素来描述连续性资源间的这种关系。

字段的使用上，对于主丛编款目，CNMARC 使用 410 字段描述，ISSN MARC 和 MARC21 采用 760 字段；对于附属丛编款目，CNMARC 使用 411 字段描述，ISSN MARC 和 MARC21 采用 760 字段；对于正编/正刊款目，CNMARC 使用 422 字段描述，ISSN MARC 采用 779 字段，MARC21 采用 772 字段；对于补编/特辑款目，CNMARC 使用 421 字段描述，ISSNMARC 采用 789 字段，MARC21 采用 770 字段。层次关系的连接款目指示符使用上，CNMARC 指示符代码值都为“#1”，ISSN MARC 指示符代码值都为“2#”，MARC21 指示符代码值都为“0#”。

事实上，由于国内刊号和 ISSN 的标准性，尤其 ISSN 是识别连续性资源的唯一标识，拥有副刊、增刊、补编等的连续性资源，鲜有国内刊号和 ISSN，如常见的“复印报刊资料”。编目时如遇到，需按照具体的编目规则做相应的处理。

3.4 其他

连续性资源间的关系，可以通过卷期标识、连续性资源的内容、责任者等多方面客观出版事实来判断。比如，ISSN 中国中心在分配 ISSN 时，如果一种连续性资源是因为另一种连续性资源不再出版而从出版管理部门申请到的国内刊号（即 CN 号），编目员除了根据以上内容来判断，还可以根据出版管理部门分配国内刊号的文件、许可证内容、申请单位提交的材料说明以及办刊宗旨等来判断连续性间的关系。如果是新创办的刊物，则在后期维护书目数据时，注意是否有其他连续性资源与其发生联系。大多数由于院校改名而更名以及因其他原因更名的科技类连续性资源，它们与更名前的连续性资源间的关系按照一般判断标准都能准确给出连接关系。其他情况在实际工作中就需要编目员多角度、多方位细致地做出判断了。

连接款目字段提供的连接是记录与记录之间的连接，也就是说某一连接性资源和与其相关的连续性资源在目录中都有各自单独的书目记录。一个连续性资源与另一个连续性资源若存在某种联系，必须在同一个书目库中都有记录，而且双方都通过连接款目建立对方的有效字段，这种关系才算真正确立起来。如继承与被继承的关系，CNMARC 格式中，一个记录中有 430 字段时，该记录所连接的另一个记录中应有相关联的 440 字段连接本记录；ISSN MARC 和 MARC21 格式中，一个记录有 780 字段时，该记录所连接的另一个记录中应有相关联的 785 字段连接本记录。其他关系的连接也是如此。

CNMARC、ISSN MARC 和 MARC21 的连接款目字段都是以完整记录来著录，而且为有则必备。三种格式的所有字段都可重复，ISSN MARC 的原著款目字段除外。3 种格式的子字段都包含 $t 识别题名和 $xISSN，而且这两个子字段无论完整记录还是简短记录都是有则必备,不可重复的,MARC21 的子字段多一个 $6 连接,为可选用子字段。著录时,三种格式的字段中没有著录限定信息的子字段,必要时编目员必须使用圆括号把限定信息置于其内,如例 2。

通过上述分析可以看出,连接款目字段在连续性资源编目中的重要性及复杂性。连接款目字段是连续性资源编目工作中的重点、难点,也是最容易出错的地方。一种 MARC 格式对其编目的复杂性尚且如此,3 种格式可想而知。编目员在编目过程中,只有全面掌握 3 种编目格式的规则和著录要求,认真分析连续性资源的信息,注意表明同一连续性资源信息的数据元素、字段代码及指示符的使用,避免对数据元素的误解,使用准确揭示连续性资源关系的字段、子字段、指示符等,才能确保书目数据的标准化、规范化和科学化,才能促进连续性资源书目数据的交流、传播、共享。

参考文献

[1] 国家图书馆. 新版中国机读目录格式使用手册[M]. 北京:北京图书馆出版社,2004:247 - 275.

[2] ISSN Manual Cataloguing Part:January 2009[OL]. [2012 - 06 - 12]. http://www. issn. org/2-23364-ISSN-Manual. php.

[3] 国家图书馆 MARC21 格式使用手册课题组. MARC21 书目数据格式使用手册[M]. 北京:北京图书馆出版社,2005:611 - 694.

(原载于《农业图书情报学刊》2014 年第 8 期)

《俄罗斯国立图书馆国内外文献统一采选条例》修订版解析

张　芳

俄罗斯国立图书馆位于首都莫斯科，以前为苏联国家图书馆，现为俄罗斯国家图书馆，藏有367个文种、不同种类的图书4500多万册[1]，藏量居俄罗斯图书馆之首，世界排名第三，仅次于英国国家图书馆（1.5亿册）和美国国会图书馆（1.42亿册）[2]。为适应俄罗斯社会、政治及信息资源环境的变化与发展，俄罗斯国立图书馆于2010年重新修订完成了新版《俄罗斯国立图书馆国内外文献统一采选条例》。对此条例的形成、结构及主要内容、外文文献的采访标准、条例新的变化及特点进行介绍和分析，有助于我国国家图书馆的信息资源建设。

1 《俄罗斯国立图书馆国内外文献统一采选条例》的形成

俄罗斯国立图书馆始建于19世纪60年代，在其150多年的历史中形成了内容独特、复杂、多层次的综合藏书体系，它包括基本馆藏、辅助馆藏、公务馆藏、交换馆藏和储备馆藏，这些馆藏相互补充，构成了俄罗斯国立图书馆的统一馆藏。俄罗斯国立图书馆历来按不同层次及用途形成各种馆藏，采选条例分开制定，如有《中央参考书目馆藏采选条例》《苏联国立列宁图书馆国内印刷出版物采选条例》《苏联国立列宁图书馆国外出版物采选条例》等。但随着图书馆采选集约化的发展，为保障入藏文献的合理分配、提高补藏速度、控制低流通率文献的复本量及剔除信息量少的出版物，并保证藏书稳定和降低馆藏数量的增长，依据1988年12月8日俄罗斯国立图书馆馆委会决定，在对文献流①组成、馆藏结构及利用以及俄罗斯国内外科学图书馆采选条例进行研究和分析的基础上，由国内外文献采选部及藏书持有部门的专家，于1990年共同制订了其历史上首个国内外文献统一采选条例，即《苏联国立列宁图书馆国内外文献统一采选条例》[3]。

《苏联国立列宁图书馆国内外文献统一采选条例》针对整个馆藏，包括俄罗斯国内、国外出版物，与俄罗斯国立图书馆各部门原有馆藏条例共同组成了采选条例系统[4]。自1990年起，《苏联国立列宁图书馆国内外文献统一采选条例》在俄罗斯国立图书馆实施了20年。从2006年起，俄罗斯国立图书馆开始对现有各种条例进行修订，历时4年多，于2010年完成了

① 指文献的创作、编辑、出版、传播、利用等一系列环节和过程以及文献的增长与老化等具有一定自然特征的动态过程。

《俄罗斯国立图书馆国内外文献统一采选条例》(以下简称:《条例》修订版)。新条例根据当今俄罗斯国立图书馆的职能、馆藏形成的立法及理论基础,综合考虑了世界文献流的发展趋势以及新兴信息采集和存取技术的发展,对1990年的统一采选条例进行全面的修订[5],为俄罗斯国立图书馆资源建设以及图书采选工作和馆藏管理提供战略指导。

2 《条例》修订版的结构及主要内容

《条例》修订版共89页,除序言外共分为12章。序言介绍了俄罗斯国立图书馆文献采选的依据、政策以及文献类型、采选途径及各部门的分工。其余12章分别为各类文献的采选说明,涉及图书和小册子、杂志和连续性出版物、报纸、非书资料、测绘制图资料、乐谱、光盘电子出版物、非正式出版物(学位论文、提要、手稿和档案文件)、视听资料、缩微资料、本地电子网络资源、远程访问电子网络资源等多种文献形式,对新入藏文献的品种、结构、入各分藏的数量、采选途径以及在馆藏系统中的分布特点进行了具体、详细的说明。其中,第1—7章还以表格形式对文献类型、国家属性(国内或国外)、采选途径、采选级别(完整采选、选择采选、严格采选)、采选数量以及新文献的流向等信息给予了明确描述,并采取脚注的方式对出版物采选优先性和特殊标准做出补充说明。最后,条例包含2个附录:分别为"不予采选入藏的俄罗斯国内文献列表"和"缩写词表"。

《条例》修订版为俄罗斯国立图书馆入藏文献选择及其馆藏分布提供了规范,其采选政策包括以下几个方面的内容:

(1)俄罗斯国立图书馆馆藏地位:俄罗斯联邦国家藏书属于世界知识资源的组成部分,是俄罗斯全国图书馆及信息机构统一协调收藏的最重要组成部分。

(2)俄罗斯国立图书馆馆藏采选的目标:为当代及后世尽可能完整收集并保存本国文献以及世界文献流中的最重要文献,特别是"俄罗斯学"文献,确保其馆藏资源能与其作为国家图书馆、俄罗斯国内最大的综合性科学图书馆、全国书库、文化及艺术资料中心,以及作为图书馆学、书目学和古籍版本学研究中心的多种职能相符合。

(3)文献采选的综合性、完整性、不间断性、协调性和区别性原则:综合性原则体现为新入藏文献在类型、专题、语言、年代以及国家属性和信息载体方面的无限制;完整性原则体现为尽最大可能完整入藏国内文献,以履行馆藏的记忆职能(1825年以前出版物)、档案职能(1924年前出版物)以及相对完整收藏职能(现代文献);不间断性原则保证图书馆信息资源在年代、内容和空间方面的完整性;采选的协调性原则强调俄罗斯联邦及地方各大档案馆、图书馆和信息中心的相互协调,尽量排除采选协调馆的目标文献;区别性原则强调文献采选的品种和数量在各个馆藏系统的分布必须体现差异性,以拉近文献组成与用户需求结构的距离,提高文献的利用率。

(4)图书馆入藏文献的甄选标准:选择信息量大,具有科学、文化、历史意义的文献,并综合考虑文献的类型、语言、年代、所属国家、馆藏用途和地位;电子文献采选的技术标准为文献质量、合法性、存取规则、软件资源,并充分考虑与俄罗斯国立图书馆软硬件设备的匹配性。

依据上述文献采选政策，俄罗斯国立图书馆的采选对象定义为：以文本、录音、图像或其复合形式记录、传播的具有社会意义的国内外文献，其具体媒介形式包括：羊皮纸、织物、纸张、缩微胶片、缩微平片、光盘、唱片、高密盒式磁带等，包括俄罗斯国立图书馆入藏文献原件和拷贝（原样拷贝和缩微品）。

此外，俄罗斯国立图书馆采选的主要途径有：

（1）缴送：从俄罗斯出版物登记局获得俄罗斯国内各俄文出版物 2 份，俄罗斯联邦各民族语言、对照语言和外文出版物 1 份，报纸 1 份，提要 1 份。从“信息登记”科技中心获得国内出版的光盘 1 份。可从俄罗斯联邦教育与科学部高等教育认证委员会和各学位论文委员会获得博士和副博士学位论文。

（2）购买：可通过书店、图书博览会、拍卖会以及机构、团体、个人购买文献。

（3）交换：俄罗斯国内和国际图书及文献交换。

（4）文献数字化和缩微。

（5）俄罗斯国内外远程电子资源的授权访问。

3 俄罗斯国立图书馆国外文献采选标准

俄罗斯国立图书馆收藏有 367 种语言的文献 4500 万件，其中约 1270 万件为外文文献，近几年入藏的约有 10 万件。在《条例》修订版中，外文文献的采选级别为“选择采选”和“严格选择采选”，属于三个采选级别中的后两级，但不包括联合国及其他国际组织资料（俄罗斯国立图书馆是联合国资料的托存馆）。俄罗斯国外文献采选的基本标准为具有科学、文化和历史意义的文献，更为细化的甄选标准为：

（1）内容的现实性或出版物的主题性

精密及自然科学方面，优先选择纳米及生物技术、气候变化、能源及生态、信息安全、基因工程等现代科学，也选择数学、物理、化学、生物等传统自然科学文献。因莫斯科拥有专业面比较狭窄的技术、工艺、医学等专业图书馆，因此不挑选此类行业的出版物。文献类型偏向时效性更强的期刊，并订购了相当数量的电子刊物。

人文科学方面，选择历史、语言、文学、哲学、国情与宗教、法律、文化、艺术方面的文献。近些年开始关注移民、民族冲突、恐怖主义、经济等社会热点问题的文献。文献类型偏重传统形式，而非联机存取，其原因在于许多出版物没有电子版本，也因读者传统的阅读习惯。

优先选择“俄罗斯学”出版物，这其中包括 3 方面内容：国外俄语出版物，含俄侨在世界各地的出版物，除教材等文献外，其余尽可能完整采选；国外研究俄罗斯的外文文献，依据其出版水准选择采选：俄罗斯作者的外文译作，依照作者、内容、是否重复出版等因素选择采选。

优先选择图书馆学、图书学、图书及出版事业史的出版物，地图及图册，乐谱及各种媒介录制的音乐作品。

(2)出版物的权威性

选择入藏科学、文化和艺术类杰出人物和具有世界水平学者的作品,如诺贝尔奖或其他国际奖项的获奖作品,世界文学艺术经典及其再版作品。

(3)出版物的稀见性

俄罗斯国立图书馆还尽力采选国外古代、稀见和有价值的出版物,如近几年俄罗斯国立图书馆入藏了12件16世纪出版物(其中4件为欧洲古版书),21件17世纪出版物,100多件17—18世纪孤本地图,18世纪稀见版画,20世纪20—30年代俄侨出版物,以及第二次世界大战时的标语等。

(4)出版国别的地位与威望

俄罗斯国立图书馆采选英国、德国、荷兰、美国等世界出版大国的世界级出版社和大学出版社的出版物,但也采选一些印数少,名气、规模较小的出版社的文献,特别是艺术、图书馆学、舆图、俄罗斯学、军事等人文学科的专业文献,也采选西班牙、意大利、法国、斯堪的纳维亚国家、东欧和波罗的海国家出版的有关本国历史、文学等方面的出版物。俄罗斯国立图书馆非常重视独联体国家的出版物,虽然这些出版物在世界图书出版中不占有显著的位置,但对于俄罗斯来说有着重大的文化和政治意义。俄罗斯国立图书馆还采选亚非国家出版的英文、欧洲语言和这些国家本国语言的出版物。

(5)出版物的语言

世界重要出版社出版的学术著作多采用英文,这对于读者来说非常适宜,如果同时用英文和别的文种出版,选择英文版本。但是,对于印数少的人文科学的文献,则优先选择原文文种,尤其是国外出版的俄语文献。

(6)其他标准

俄罗斯国立图书馆藏书中是否有类似专题文献、艺术图册的装帧水准、舆图出版印刷的比例和质量等,都作为是否采选的标准而考虑。还有一个重要标准便是价格[6]。

4 俄罗斯国立图书馆采选条例的新变化及特点

新版俄罗斯国立图书馆采选条例在结构及内容上都有较大变化。结构上,1990年的条例是按各馆藏的采选来排序的,在叙述采选政策、原则及俄罗斯国内外文献不同的采选政策后,是图书馆中央基藏、各专藏、阅览室辅助馆藏及公务馆藏的采选,而新条例则按基本的文献类型加以划分。内容上,电子文献的出现及快速增长、新技术的采用、图书馆信息机构协调收藏思想的形成,这些特征都在条例中得到了体现,条例中具体变化及原则归纳如下:

(1)更坚定地实施俄罗斯国内文献"相对完整"的采选原则

俄罗斯国立图书馆1990年版《苏联国立列宁图书馆国内外文献统一采选条例》第1.2条规定,"国内外文献的采选政策有一定的差异,国内文献的采选特征通常为尽可能全面采选,国外文献是选择性采选",在该条例第1.2.1.2条涉及俄罗斯国内文献采选特点时规定,"对于具有短期意义的某些出版物采取(相对)完整的馆藏采选原则,通过选择入藏文献、控制其复本数量并可从新入藏文献中剔除的方式加以实现”。而《条例》修订版序中规定,“完整性原则体现于尽最大可能完整入藏国内文献,履行1825年以前出版物的记忆职能、1924年前出版物的档案职能,以及对现代文献的相对完整职能”。

《条例》修订版对俄罗斯国立图书馆完整入藏俄罗斯国内文献的职能进行了划分和限定。俄罗斯国立图书馆尽最大可能完整履行记忆职能,收集入藏写本及其他古籍,以及现代出版物孤本;完整入藏科学、文化和历史意义的出版物,同时也视文献的信息量、印刷装帧、读者使用频率等而定;对俄罗斯国内出版物中信息量小、使用期短或使用范围狭窄的图书,如地区再版的俄联邦法律图书、地区定期广告信息出版物、休闲娱乐小册子、儿童读物等200多种文献,采取筛选剔除、减少复本数量或缩短保存年限的原则,以提高馆藏的信息量和学术性、教育性。该项原则的实施是基于建设俄罗斯国家信息资源储备总库的发展战略,与俄罗斯国家书库、俄联邦各大图书馆和信息中心、国家档案馆,以及地区中心图书馆在协调与职责划分的基础上实现。

(2)重新布局馆藏,加强馆藏的利用

俄罗斯国立图书馆可获得2份缴送本,以实现馆藏完整和更大程度上保证馆藏体系的发展。以前这2份缴送本均送往中心基藏书库保存,现在其中很大一部分学术、科普、大众读物、文艺、教学图书的第2复本在读者利用高峰时期送往各专藏辅助书库,如地图测绘资料、非书资料、录音、国外俄罗斯文献等专藏书库,这既符合读者的需求,也节省了图书馆文献的采购费用。

(3)扩大和更新电子资源,包括远程网络资源

该采选条例首次将本地和远程电子网络资源、光盘出版物、缩微资料分别单列章节,并将电子出版物的采选依据确定为内容、适宜价格及读者需求。鉴于电子资源总量的快速增长,俄罗斯国立图书馆为印刷及电子出版物、远程网络资源制定了“拥有”(收藏)与“存取”(访问)合理平衡的基本政策。对于电子资源,为建立电子图书馆一般选择“拥有”;如市场上既有网络资源,又有光盘,在远程网络资源及其程序环境能及时更新并能无限制链接到别的网络资源又不增加额外支出的前提下,优先选择“存取”。对于印刷出版物,俄罗斯国内文献如存在网络资源,则对该网络资源选择“存取”,并根据情况还可进一步探讨缩减印本册数的问题;如印刷出版物不存在网络资源,可依据《条例》修订版中印本文献的标准选择“拥有”。国外的定期出版物,优先选择“存取”,国外出版的图书,暂时定为购买纸本并“拥有”其电子版本(如果出版商提供有电子版本)。对于昂贵的网络资源,特别是国外资源,俄罗斯国立图书馆正与其他图书馆和信息机构协调,尽可能使读者能从其中一家获取到所需信息[7]。

文献采选条例是图书馆在一定时期馆藏发展战略的体现,虽然同为国家图书馆,但由于各国政治、经济、历史等条件的不同,条例也会存在一定差异,《条例》修订版有如下特征:

(1)根基扎实,立足点高

条例的采选政策明确规定,“俄罗斯国立图书馆的馆藏为俄罗斯联邦国家藏书,为世界知识资源的一部分”,文献的采选依据《图书馆法》《缴送本法》、联邦预算机构“俄罗斯国立图书馆章程”、国家标准等诸多法律及规定,在《条例》修订版首页有文化部副部长及俄罗斯

国立图书馆馆长的签名，条例显得正式、规范，获得了国家法规的有力支持。

(2)文献协作采选分工详细，注重经费及文献的利用

面对迅速增长的印刷及电子出版物，为建设国家信息资源储备总库，俄罗斯国家书库、俄罗斯两家国家图书馆、国家档案馆以及各级图书馆及信息机构依据文献内容主题、出版时间、语种等对文献的收藏进行了详细的分工，俄罗斯国立图书馆的采选条例也紧紧围绕自己所承担的职责，收藏项目及范围责任清晰、重点突出，果断处理俄罗斯国内出版物中信息量小、使用期短或使用范围狭窄的图书，并加强对第2缴送本图书的利用，节省了经费与空间。并且，由俄罗斯国立图书馆牵头制定跨系统、跨部门的《俄罗斯联邦图书馆信息机构收藏条例(草案)》正在征求意见，拟作为俄罗斯新版《图书馆法》的合法条文[8]。

(3)强调"拥有"与"存取"的平衡关系

加强电子文献的采选.并对新形势下文献"拥有"与"存取"的平衡关系确定了较为详细的政策，工作指导性强。

(4)外文文献甄选细则详细、清晰

从馆藏级别说明、文献选择标准、学科选择政策、特色文献政策4个馆藏政策细则衡量，其采选俄罗斯国外文献时采取分级采选、自然科学与社会科学文献区别对待的思路和做法也值得借鉴。

5 俄罗斯国立图书馆采选条例的启示

通过以上对《条例》修订版的形成、结构及主要内容、外文文献甄选标准、新的变化及特点的介绍与分析，可以看出俄罗斯同行的努力与经验对我国的信息资源建设有一定的借鉴意义。

我国应尽快改变目前共建共享活动中条块分割、各自为政的局面，加强国家信息资源保障系统的建设。我国属发展中国家，国家拨给的资源建设经费有限，而重复建设又造成资源的浪费。信息社会的快速发展导致文献信息数量的急剧增长，世界上没有一个国家图书馆能真正收全所有印刷文献和电子资源，因此，我们应借鉴俄罗斯建立国家信息资源储备总库的经验，做好国家宏观控制、统筹规划，在地区跨系统的文献资源共建共享活动中，由公共图书馆负责组织、协调包括高校系统和科研系统各类型图书馆的合作活动[9]，当然国家图书馆在此项活动中的作用更是举足轻重。同时，还应加强国家图书馆采选条例细则的研究和制定，以指导和规范采选工作。目前，我国国家图书馆对各类文献的采选只有原则上的规定，需要制定面对各种情况的操作细则，一方面有利于新入馆员工的培训，另一方面也可作为对书商所派增值服务人员进行培训及工作的规范。国家图书馆以前的采访细则中更多的是对采访工作及流程的规范，建议加强对文献采选内容的把握与限定，以便于各文种及类型文献的协调与统一，形成国家图书馆统一又独具特色的馆藏。

参考文献

[1] О библиотеке[EB/OL].[2014-02-17]. http://www.rsl.ru/ru/sl/s13478/.

[2] 高红,朱硕峰,张玮,等.世界各国图书馆馆藏发展政策精要[M].北京:海洋出版社,2010.

[3] Александрова О Н(сост.),и др. Единый профиль комплектования фондов Государ ственной б иблиотеки СССР имени В. И. Ленинаотечественными и иностранными д окументами[M]. Москва: Государственная библиотека СССР имени В. И. Ленина. 1990.

[4] Надежда Сергеевна Масловская. Профиль комплектования библиотек как инструмент управления справочно-бибиографическим фондом[J]. Ьиблиотековедение,2011(1):42.

[5] Анхимюк И В, и др. Единый профиль комплектования фондов Российской госуд арственной библиотеки отечественными и иностранными документами[M]. Москва:Российская государственная библиотека,2010.

[6] Петрунина С И. Комплектование Россий ской государственной библиотеки иностра нными документами[J]. Библиотековед ение,2011(3):92 –94.

[7] Светлана Михайловна Щпанцева, Наталвя Николаевна Литвинова. Профиль компле ктования...как отражение стратегии компл ектования фондов национальной библиотеки[J]. Ьиблиотековедение, 2008(2):18 –20.

[8] Хахалева Н И, и др. Положениео библиотечно-информационном фонде Российской Федерации [Проект][EB/OL].[2014 –04 –03]. http://www.library.ru/1/act/doc.php?o_sec=130&o_doc=1109.

[9] 肖希明,张勇.我国公共图书馆文献资源建设法律需求的调查分析与研究[J].中国图书馆学报,2010(3).

(原载于《国家图书馆学刊》2014年4月)

《中国分类主题词表》主题词 SKOS 化描述及自动转换研究①

刘华梅

1 SKOS 简介

SKOS(Simple Knowledge Organization Systems,简单知识组织系统)是 W3C 语义网部署工作组制定的推荐标准。SKOS 为知识组织系统(叙词表、分类法、主题词表、术语表等)提供了一套简单、灵活、可扩展、机器可理解的描述和转换机制,目的是为了实现语义网环境下资源的共享和重用。

SKOS 建立在 RDF(Resource Description Framework,资源描述框架)基础上,提供了表达各种知识组织系统基本结构和内容的通用模型,将知识组织系统的概念模式及语义关系表达为机器可理解的方式,还支持概念在万维网上编辑和发布,支持概念与网络上的数据相关联,还可以将概念集成到其他概念体系中[1]。通过 SKOS 描述,受控词表中的词汇对应转换为 SKOS 模型中的具体概念,并实现语义网与其他 RDF 数据的合并与融合,从而实现真正意义上的资源共享。对传统知识组织系统进行 SKOS 描述,不仅可以充分利用其现有成果,而且可以实现其与语义 Web 的良好结合。

根据 2009 年 8 月 18 日发布的《SKOS 参考》(*SKOS Simple Knowledge Organization System Reference*)及《SKOS 初级读本》(*SKOS Simple Knowledge Organization System Primer*),SKOS 中的词汇标签及其说明如表 1 所示。

2 《中国分类主题词表》主题词 SKOS 化描述

《中国分类主题词表》(以下简称《中分表》)是我国目前规模最大的分类主题一体化词表,目前广泛应用于全国各类型图书馆和信息机构的文献标引工作中,由国家图书馆《中国图书馆分类法》(以下简称《中图法》)编辑委员会负责修订维护,2005 年 9 月修订并研制出版了《中分表》(第 2 版)电子版;2009 年 6 月开通了《中分表》网络版,用户可在网站(http://cct.nlc.gov.cn)上登录浏览、检索。虽然《中分表》已推出了网络版,但数据仍基

① 本文系科技基础性工作专项项目“中文数字资源处理用字与主题概念揭示基础平台建设”的成果之一,项目编号:2009FY220400。

于 MARC(Machine Readable Catalogue,机器可读目录)格式,应用面相对狭窄,还不能完全满足网络共享、交互发展的需求。而 SKOS 的提出,为各种传统分类法、主题词表提供了一套语义 Web 环境下简单、灵活的描述和转换机制,如果将《中分表》转换成 SKOS 的描述形式,将方便其在网络上的共享和重用,并可运用到网络信息检索的各个环节和领域[2]。

目前,《中分表》主题词是以 MARC 规范格式存储和维护的,MARC 格式中包含记录控制号、记录维护时间、主题词、主题词类型、英译名、汉语拼音、注释、分类号、入口词、入口词拼音、属项词、分项词、参项词、族项词等信息,需要将所有这些信息用 SKOS 格式描述出来。以下笔者从《中分表》的宏观结构和主题词微观结构两个方面具体分析描述方案。

表 1 SKOS 词汇及其说明

类型	SKO 词汇	说明
概念	skos:Concept	概念
语词标签	skos:prefLabel	首选标签
	skos:altLabel	非首选标签
	skos:hiddenLabel	隐藏标签
文档注释	skos:note	文档使用注释
	skos:scopeNote	范围注释
	skos:definition	定义注释
	skos:example	实例注释
	skos:historyNote	沿革注释
	skos:editorialNote	编目员注释
	skos:changeNote	编目或使用变更注释
语义关系	skos:semanticRelation	语义关系
	skos:broader	直接上位概念
	skos:narrower	直接下位概念
	skos:related	相关概念
	skos:broaderTransitive	上位概念(直接和非直接)
	skos:narrowerTransitive	下位概念(直接和非直接)
概念体系	skos:ConceptScheme	概念体系
	skos:inScheme	在概念体系中
	skos:hasTopConcept	顶层概念是
	skos:topConceptOf	是…的顶层概念
概念集合	skos:Collection	集合
	skos:member	成员
	skos:OrderedCollection	有序集合
	skos:memberList	成员列表

续表

类型	SKO 词汇	说明
映射关系	skos:mappingRelation	映射关系
	skos:exactMatch	准确匹配
	skos:closeMatch	相似匹配
	skos:broadMatch	上位匹配
	skos:narrowMatch	下位匹配
	skos:relatedMatch	相关匹配
扩展标签	skosxl:Label	skosxl 标签
	skosxl:prefLabel	首选 skosxl 标签
	skosxl:altLabel	非首选 skosxl 标签
	skosxl:hiddenLabel	隐藏 skosxl 标签
	skosxl:LiteralForm	文本形式
	skosxl:labelRelation	skosxl 标签关系
	cct:transliteration	自定义

表 2 《中分表》主题词 MARC 格式各字段与 SKOS 词汇的对应关系

MARC 字段	字段名称	SKOS 词汇	备注
001	记录控制号	skos:Concept	可将记录控制号转化成 HTTP 协议下的 URI,作为概念的唯一标识
100	一般处理数据	skos:editorialNote	编目员注释
200 个人名称主题词 210 团体或会议名称主题词 215 地区名称主题词 220 家族名称主题词 230 统一题名主题词 250 普通主题词		skos:prefLabel、 skos:inScheme、 skos:orderedCollection、 skos:topConceptOf	不包含“$7ba”的 2--字段。各种类型名称主题词用“skos:orderedCollection”区分。若该概念是族首词,则为该概念添加“skos:topConceptOf”的属性;同时在概念体系中添加相应的“skos:hasTopConcept”属性
		skos:altLabel(@zh-pinyin)	2--字段的 $7ba$a 子字段
300	一般信息附注	skos:Note	主题词使用说明注释
305	相关参照附注		《中分表》暂无此数据
310	单纯参照附注		《中分表》暂无此数据
320	说明参照附注	skos:histoyNote	主题词沿革注释;《中分表》暂无此数据
330	一般范围附注	skos:scopeNote、 skos:denifition	目前《中分表》主题词注释都用 330 字段,未加以区分,需人工区别各类型注释

续表

MARC 字段	字段名称	SKOS 词汇	备注
400 个人名称主题词单纯参照根查 410 团体或会议名称主题词单纯参照根查 415 地区名称主题词单纯参照根查 420 家族名称主题词单纯参照根查 430 统一题名主题词单纯参照根查 450 普通主题词单纯参照根查		skos:altLabel(@en)	4--字段的 $8eng$a 子字段
		skosxl:altLabel skosxl:literalForm	4--字段的 $6a0*$a 子字段
		cct:transliteration(@zh-pinyin)	4--字段的 $6a0*$7ba$a 子字段
500 个人名称主题词相关参照根查 510 团体会议名称主题词相关参照根查 515 地区名称主题词相关参照根查 520 家族名称主题词相关参照根查 530 统一题名主题词相关参照根查 550 普通主题词相关参照根查		skos:related	5--字段的 $5k 子字段
		skos:broaderTransitive	5--字段的 $5g 子字段
		skos:narrowerTransitive	5--字段的 $5h 子字段
690	《中图法》类号	skos:notation	690 字段的 $a、$c 子字段
801	记录来源	skos:editorialNote	子字段:$a 国家、$b 机构、$c 处

(1)《中分表》宏观结构

首先将《中分表》定义为一个主题概念体系(skos:ConceptScheme),所有主题词和主题词集合都在这个概念体系中,用"skos:inScheme"表示。其次,《中分表》将主题词分为 5 种类型,分别是"200 个人名称主题""210 团体或会议名称主题""215 地理名称主题""230 统一题名主题""250 普通学科主题",这里我们定义 5 种主题概念集合(OrderedCollection)来聚集各种类型的主题词,即"人名主题概念集合""团体或会议名称主题概念集合""地理名称主题概念集合""统一题名主题概念集合""普通主题概念集合",各种类型主题词分别归属于对应的集合,用"skos:memberList"表示。另外,将《中分表》中的族首词定义为词表的顶层概念,用"skos:hasTopConcept"表示《中分表》所包含的族首词。

（2）主题词微观结构

①记录控制号：《中分表》包括12余万正式主题词，这些词都有唯一的记录控制号（001字段，Sxxxxxx），我们将所有主题词定义为概念（skos：Concept），将记录控制号转化成HTTP协议下的URI（Uniform Resource Identifier，统一资源标识符），作为概念的唯一标识，如http://cct.nlc.gov.cn/Subject/S100084#concept。②主题词相关信息：《中分表》主题词用MARC的2--字段表示，转换为SKOS用语词标签属性“skos：prefLabel”表示。主题词款目中所有英译名（4--字段的$8eng子字段）、汉语拼音（2--字段的$7ba$a子字段）都可以相应地用“skos：altLabel”加语种代码来表示。主题词注释都用330字段，未加以区分，所以都用“skos：scopeNote”来表示。主题词对应的《中图法》分类号在690字段，且不同指示符表示不同的对应方式（主要类号、次要类号、交替类号），此处只能简化处理，只用“skos：notation”表示对应的分类号，不区分对应方式。③入口词：《中分表》包括4万多入口词及对应汉语拼音，如果不加区分地归入“skos：altLabel”属性里，就会打乱入口词同它的拼音之间的一一对应关系，所以我们对入口词进行了特殊处理和单独描述，用“skosxl”扩展标签来表示，利用程序为所有入口词自动赋予记录控制号（Dxxxxxx），生成入口词的URI标识，用“skosxl：Label”表示URI，用“skosxl：literalForm”表示入口词，另外，还使用了自定义的扩展标签“cct：transliteration”，用于表示入口词的汉语拼音。④参照关系：《中分表》中主题词之间通过C（参）、S（属）、F（分）、Z（族）4种关系相联系，在MARC格式中是由5--字段及相应子字段表示的。5--字段的$5k子字段表示C（参）关系，可转换为“skos：related”属性；5--字段的$5g子字段表示S（属）关系，可转换为“skos：broaderTransitive”属性；5--字段的$5h子字段表示F（分）关系，可转换为“skos：narrowerTransitive”属性。因为《中分表》的主题词概念具有传递性，选用“Transitive”属性表示概念间的上、下位关系，各级上位词、族首词、下位词都可以推理得出，形成一条词族链，所以Z（族）关系在每个概念中不再揭示，只将族首词用“skos：topConceptOf”表示为概念体系的顶层概念。

通过上面的分析，我们可以基本得出《中分表》主题词MARC格式各字段与SKOS词汇的对应关系，如表2所示。

3 《中国分类主题词表》主题概念自动转换为SKOS的实现方案

本文利用VB程序和Access数据库编写程序实现《中分表》主题词从MARC格式到SKOS格式的转换，首先将《中分表》MARC格式按字段类型导出为文本格式，再将文本数据读取到Access数据库中，数据表结构包括主题词、字段类型、控制号、汉语拼音、英译名、注释、分类号、代项、属项、分项、参项、族项等全部内容，最后利用VB程序从数据库中提取相关字段，写入SKOS描述的对应标签中。节选的部分实现方案代码如下：

通过对《中分表》所有主题词进行自动转换，程序生成的描述代码完全符合SKOS语法要求。《中分表》主题词的节选及其相应的自动转换后的SKOS描述见表3。

表 3 《中分表》主题词及 SKOS 描述

lu xun 鲁迅(1881—1936) 中国现代伟大的文学家、思想家和革命家。 Lu Xun(1881—1936) I210.96;|K825.6⑤| D 周树人 C 周建人(1888—1984) 周作人(1885—1967) 木刻讲习会 《野草》 《阿 Q 正传》 《朝花夕拾》 《故事新编》 《中国小说史略》 《呐喊》 《彷徨》 ——————— 记录控制号:S049224	< skos:Conceptrdf:about = "http://cct.nlc.gov.cn/Subject/S049224#concept" > < skos:inSchemerdf:resource = "http://cct.nlc.gov.cn/Subject#conceptScheme"/ > < skos:prefLabel xml:lang = "zh" >鲁迅(1881 – 1936) </skos:prefLabel > < skos:prefLabel xml:lang = "zh – pinyin" > lu xun </skos:prefLabel > < skos:prefLabel xml:lang = "en" > Lu Xun(1881 – 1936) </skos:prefLabel > < skosxl:altLabelrdf:resource = "http://cct.nlc.gov.cn/Subject/D018886"/ > < skos:scopeNote xml:lang = "zh" >中国现代伟大的文学家、思想家和革命家。</skos:scopeNote > < skos:relatedrdf:resource = "http://cct.nlc.gov.cn/Subject/S130672#concept"/ > < skos:relatedrdf:resource = "http://cct.nlc.gov.cn/Subject/S097275#concept"/ > < skos:relatedrdf:resource = "http://cct.nlc.gov.cn/Subject/S053666#concept"/ > < skos:relatedrdf:resource = "http://cct.nlc.gov.cn/Subject/S125531#concept"/ > < skos:relatedrdf:resource = "http://cct.nlc.gov.cn/Subject/S126350#concept"/ > < skos:relatedrdf:resource = "http://cct.nlc.gov.cn/Subject/S126741#concept"/ > < skos:relatedrdf:resource = "http://cct.nlc.gov.cn/Subject/S126747#concept"/ > < skos:relatedrdf:resource = "http://cct.nlc.gov.cn/Subject/S126771#concept"/ > < skos:relatedrdf:resource = "http://cct.nlc.gov.cn/Subject/S127855#concept"/ > < skos:relatedrdf:resource = "http://cct.nlc.gov.cn/Subject/S131383#concept"/ > < skos:notation > I210.96 </skos:notation > < skos:notation > |K825.6| </skos:notation > < skosxl:Labelrdf:about = "http://cct.nlc.gov.cn/Subject/D018886" > < skosxl:literalForm xml:lang = "zh" >周树人 </skosxl:literalForm > < cct:transliterationxml:lang = "zh – pinyin" > zhoushuren </cct:transliteration > </skosxl:Label >
zhi wu dan bai 植物蛋白 Plantprotein Vegetableprotein Q946.1⑨;|O629.73|;|Q51⑨|;|TS201.+1|;|TS219| D 芝麻蛋白 植物性蛋白 植物\蛋白质 S 蛋白质 F 大豆浓缩蛋白 谷蛋白	< skos:Conceptrdf:about = "http://cct.nlc.gov.cn/Subject/S095560#concept" > < skos:inSchemerdf:resource = "http://cct.nlc.gov.cn/Subject#conceptScheme"/ > < skos:prefLabel xml:lang = "zh" >植物蛋白 </skos:prefLabel > < skos:prefLabel xml:lang = "zh – pinyin" > zhi wu dan bai </skos:prefLabel > < skos:prefLabel xml:lang = "en" > Plant protein </skos:prefLabel > < skos:altLabel xml:lang = "en" > Vegetable protein </skos:altLabel > < skosxl:altLabelrdf:resource = "http://cct.nlc.gov.cn/Subject/D036641"/ > < skosxl:altLabelrdf:resource = "http://cct.nlc.gov.cn/Subject/D036642"/ > < skosxl:altLabelrdf:resource = "http://cct.nlc.gov.cn/Subject/D036643"/ > < skos:broaderTransitive rdf:resource = "http://cct.nlc.gov.cn/Subject/S012046#concept"/ > < skos:narrowerTransitive rdf:resource = "http://cct.nlc.gov.cn/Subject/S104014#concept"/ >

续表

<table>
<tr>
<td>水解植物蛋白
叶蛋白
Z 蛋白质

———————
记录控制号:S095560</td>
<td>< skos:narrowerTransitive rdf:resource =
"http://cct.nlc.gov.cn/Subject/S026993#concept"/ >
< skos:narrowerTransitive rdf:resource =
"http://cct.nlc.gov.cn/Subject/S116462#concept"/ >
< skos:narrowerTransitive rdf:resource =
"http://cct.nlc.gov.cn/Subject/S120042#concept"/ >
< skos:notation > Q946.1 < /skos:notation >
< skos:notation > |Q51| < /skos:notation >
< skos:notation > |0629.73| < /skos:notation >
< skos:notation > |TS201.2 + 1| < /skos:notation >
< skos:notation > |TS219| < /skos:notation >
< /skos:Concept >

< skosxl:Labelrdf:about = "http://cct.nlc.gov.cn/Subject/D036641" >
< skosxl:literalForm xml:lang = "zh" > 芝麻蛋白 < /skosxl:literalForm >
< cct:transliterationxml:lang = "zh-pinyin" > zhimadanbai < /cct:transliteration >
< /skosxl:Label >
< skosxl:Labelrdf:about = "http://cct.nlc.gov.cn/Subject/D036642" >
< skosxl:literalForm xml:lang = "zh" > 植物性蛋白 < /skosxl:literalForm >
< cct:transliterationxml:lang = "zh-pinyin" > zhiwuxingdanbai < /cct:
transliteration >
< /skosxl:Label >
< skosxl:Labelrdf:about = "http://cct.nlc.gov.cn/Subject/D036643" >
< skosxl:literalForm xml:lang = "zh" > 植物\蛋白质 < /skosxl:literalForm >
< cct:transliterationxml:lang = "zh-pinyin" > zhiwu\danbaizhi < /cct:
transliteration >
< /skosxl:Label ></td>
</tr>
<tr>
<td colspan="2">……
Do While Not rs.EOF
    If rs.Fields("控制号") < > "" Then
      kzh(i) = rs.Fields("控制号")
    Print #1," < skos:Concept rdf:about = "http://cct.nlc.gov.cn/Subject/& kzh(i)& #concept" > "
    Print #1," < skos:inScheme rdf:resource = "http://cct.nlc.gov.cn/Subject#conceptScheme"/ > "
    End If
    If rs.Fields("字段类型") < > "" Then
      zd(i) = rs.Fields("字段类型")
      If zd(i) = "200" Then
      Print #2," < skos:memberList rdf:resource = "http://cct.nlc.gov.cn/Subject/& kzh(i)& #concept"/ > "</td>
</tr>
</table>

```
  End If
  If zd(i) ="210" Then
  Print #3," <skos:memberList rdf:resource ="http://cct. nlc. gov. cn/Subject/& kzh(i)& #concept"/>"
  End If
……
If rs. Fields("主题词") < > "" Then
  ztc(i) = rs. Fields("主题词")
  Print #1," <skos:prefLabel xml:lang ="zh" > & ztc(i)& </skos:prefLabel>"
End If
If rs. Fields("拼音") < > "" Then
  py(i) = rs. Fields("拼音")
  Print #1," <skos:altLabel xml:lang ="zh-pinyin" > & py(i)& </skos:altLabel>"
End If
……
If rs. Fields("代项") < > "" Then
    dx(i) = rs. Fields("代项")
    Do While InStr(dx(i),";") > 0
      tempdx = Mid(dx(i),1,InStr(dx(i),";") -1)
    Print #1," <skosxl:altLabel rdf:resource ="http://cctg. nlc. gov. cn/Subject/& tempdx &" >"
    dx(i) = Mid(dx(i),InStr(dx(i),";") + 1,Len(dx(i)) - InStr(dx(i),";"))
    Loop
End If
If rs. Fields("属") < > "" Then
  sx(i) = rs. Fields("属")
  Do While InStr(sx(i),";") > 0
 tempsxc = Mid(sx(i),1,InStr(sx(i),";") -1)
 Print #1," <skos:broaderTransitive rdf:resource ="http://cctg. nlc. gov. cn/Subject/&tempsxc& #con-
        cept"/>"
  sx(i) = Mid(sx(i),InStr(sx(i),";") + 1,Len(sx(i)) - InStr
  (sx(i),";"))
    Loop
End If
……
If IsNull(rs. Fields("族"))And rs. Fields("分") < > "" Then
  Print #1," <skos:topConceptOf rdf:resource ="http://cct. nlc. gov. cn/Subject#conceptScheme"/>"
  Print#7," <skos:hasTopConceptrdf:resource ="http://id_cct&heading. nlc. gov. cn/Subject/&kzh(i)
  & "#concept"/>"
End If
……
```

我国图书情报领域广泛使用的各种知识组织系统正处于由电子化向网络化发展的关键时期。SKOS这种表达知识组织系统的通用数据模型，能提供比RDF更精确的语义关系的约束，又不像OWL（Web Ontology Language，网络本体语言）那样要求逻辑精确，具有简洁、通用、易扩展的特点。基于SKOS研究《中分表》的网络化，与现有网络版相比，除了提供基本的浏览、检索、标引、组织信息功能，主要优势是便于网络环境下《中分表》数据的获取、交换、共享和重用，进一步实现可视化、术语注册、术语服务、关联数据、互操作、构建本体等服务，我们将继续这方面的研究。

参考文献

[1] SKOS Simple Knowledge Organization System Primer[EB/OL].[2014-02-25]. http://www.w3.org/TR/2009/NOTE-skos-primer-20090818/.

[2] 刘华梅.简单知识组织系统(SKOS)的应用研究及《中分表》的SKOS化[G]//第二届全国文献编目工作研讨会论文集.北京:国家图书馆出版社,2010:57-63.

（原载于《图书馆建设》2014年第8期）

探索图书馆在儿童阅读推广活动中的新模式

——“图书馆+”儿童阅读推广模式

王天琪

1 国外阅读推广情况

阅读在任何时代背景下都是获得知识和享受精神愉悦的重要途径。从人类成长过程中来看,儿童时期是一个人开发思维,想象力、行为培养的重要阶段,良好的阅读习惯对于其今后的发展有着至关重要。儿童阅读习惯的培养一直以来也都是各方关注的重点。相对于国外阅读推广活动层出不穷的状况,我国的阅读推广活动还处于探索发展阶段,整体规模不大,数量中等,缺乏趣味性和连续性。尤其是在活动方面形式上,不似国外灵活,交流度和参与度也相对较低。

图书馆作为社会公共文化服务单位重要组成部分,在推广儿童阅读乃至全民和培养良好阅读习惯上都有着义不容辞的责任。作者在图书馆工作数年,不仅日常接触少儿图书较多,并在研究生期间在某小学做过为期两年的儿童成长行为研究和日常观察活动。因此本文将结合国外阅读推广活动和国内儿童阅读的自身特点,从图书馆角度探索新时代下公共文化服务体系中的儿童阅读推广活动模式的创新。

1.1 美国的阅读推广

美国的阅读推广几乎无处不在,作为成功进行全民阅读推广的国家之一,许多活动经验和模式是值得借鉴的。

政府领导人发起的阅读推广。布什夫人提出“Ready to Read,Ready to Learn”计划。此计划旨在对儿童进行阅读推广的同时能够提高家长对儿童阅读的重视程度。领导人的特殊号召力加以完善的项目策划,使这个阅读推广计划必然获得成功。“Ready to Read,Ready to Learn”计划率先得到了德克萨斯州政府的支持,他们率先将学龄前儿童阅读计划作为一项政府资助项目。除此之外还有时任美国总统克林顿曾提出“美国阅读挑战”运动,小布什制定了“阅读优先”方案等,许多以领导人为主要代表的美国阅读推广活动都在一定程度上获得了成功。

非营利团体发起的阅读推广活动。美国 Jumpstart 组织是 1993 年成立的专注于儿童早期教育的非营利组织[①]。2006 年 Jumpstart 组织与其众多合作伙伴动针对儿童和家长通过电话投票的方式统计出在同一天最受欢迎的图书,这就是著名的"Jumpstart 阅读创纪录活动"。该活动方式新颖,对出版商读者都是一种新奇的体验,后续影响越来越大。2009 年世界上最大的大众图书出版商之一企鹅集团向 Jumpstart 组织捐赠了大量的图书并资助 140 万美元用于 Jumpstart 组织对学龄前教育的发展。

除了推广活动,美国人还有各种各样的阅读日。除了众所周知的 4 · 23 国际阅读日之外,美国还将 3 月 2 日定为"阅读遍及全美日"、将 5 月的第一个星期六作为"免费漫画日"、美国国会图书馆每年举办的"国际图书节",还有多家机构合办的"好奇日"等。在这些节日里主办方、出版商、读者或有组织或自发的举行各种有意思的活动,用以欢庆阅读的喜悦。

在美国不仅有定期的各种阅读推广活动还有长期为儿童阅读活动提供支持的各种资源。如美国图书馆儿童服务协会(ALSC)(http://www.ala.org/alsc/aboutalsc),美国 PBS 公共电视台的儿童阅读学习网站(http://www.ala.org/alsc/aboutalsc),美国国会图书馆的教育资料库(Education Resources from the Library of Congress),美国国会图书馆阅读中心(http://www.read.gov/),等等,他们或者专门致力于儿童阅读和教育,或者为儿童设有相应的阅读兴趣版块,除了线上阅读之外经常还会有一些小的线上线下的阅读互动活动。

综合美国全面阅读推广和儿童阅读推广活动的特点可以简单地归结为以下几点:一、政府及领导人支持,推广力度较大,影响力和号召力强。二、非政府组织和民间的自发性阅读推广活动较多。三、多媒体多平台,或单独或跨界合作进行阅读推广。四、阅读推广活动连续性较强,日常推广和活动推广的资源丰富、相辅相成。

1.2 新加坡的儿童及全民阅读推广

在新加坡基本上每个公民包括儿童都能充分理解享受到阅读的乐趣。

新加坡在儿童阅读推广方面最成功的项目要数 2004 年启动的"儿童启蒙阅读计划"(KidsRead),这个项目由新加坡图书馆和其他五个 NGO 联合主办的。主要目标是:不分种族宗教,针对新加坡 4—8 岁儿童,尤其是低收入家庭(家庭收入不超过 6000 美元,或者人均收入不超过 1500 美元)的儿童,提高其阅读喜爱度,培养良好阅读习惯,提供一个平台让不同种族的孩子从小就能够相互沟通影响。项目以来自各行各业的志愿者为主导,为孩子讲述故事,帮助他们发现阅读的乐趣并帮助他们养成良好的阅读习惯。志愿者经过培训计划及获取各方资源包括阅读俱乐部(reading clubs),帮助孩子产生对阅读的兴趣和喜爱。

截至 2014 年 10 月 27 日,已经有 27537 儿童参与这个项目。读书俱乐部遍布整个新加坡[②]。

---

① Jumpstart 组织简介译自 Jumpstart 官网,网址 http://www.jumpstartoffices.com/。

② "儿童启蒙阅读计划"相关资料及数据图表摘自其官网,http://www.nlb.gov.sg/kidsread/。

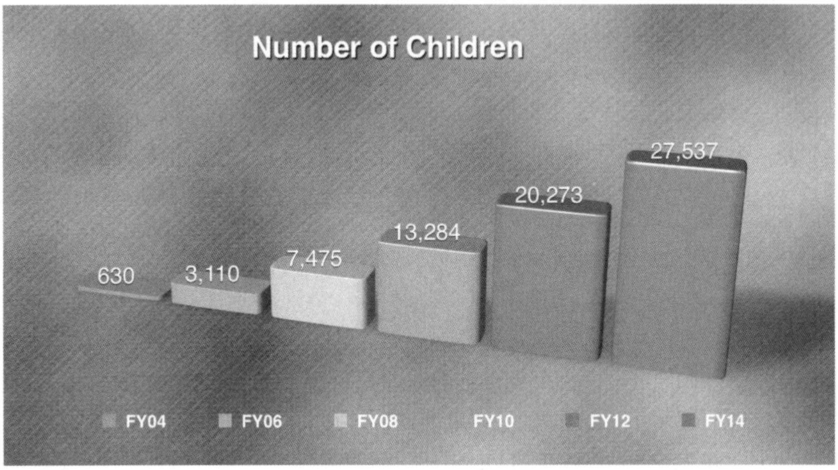

图 1　历年新加坡参与儿童启蒙阅读计划的人数

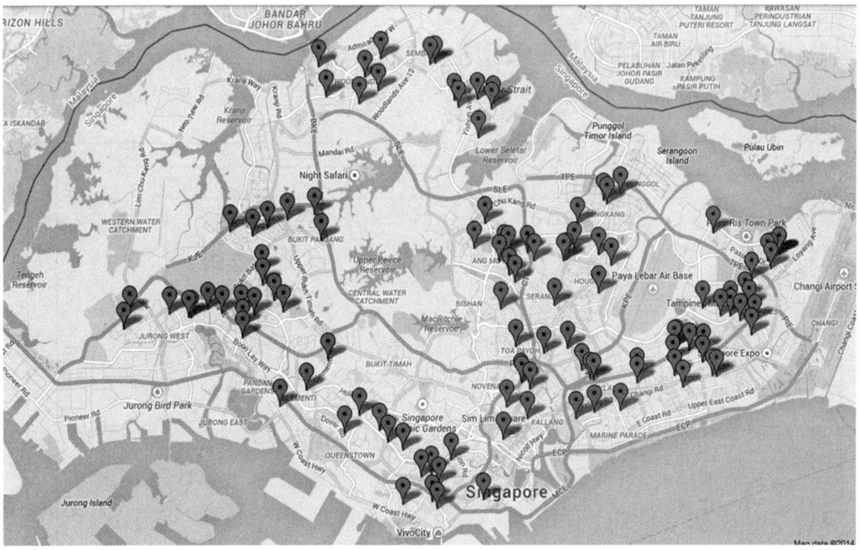

图 2　新加坡阅读俱乐部的分布情况

除了儿童阅读推广之外，新加坡还举行了很多全民参与的大型系列的阅读推广项目(大都是新加坡图书馆主办)例如“Read Singapore!”和“Singapore Memory”等。“阅读新加坡”系列计划于 2005 年 5 月 24 日启动，项目将读者划分为儿童读者、青年读者和成人读者三大区域，从 2005 年起每一年都有一个新的主题书目通过对图书的推荐、阅读、导读还有读后讨论等过程让人们享受阅读的乐趣①。“新加坡记忆项目”起始于 2011 年，是新加坡图书馆和其组织机构面向整个新加坡征集有关新加坡历史记忆的项目，无论是个人、组织或者机构只要愿意参与这个项目就可以直接上传有关于新加坡发展的任何形式的资料。

---

① “Read Singapore”项目相关资料译自其官网 https://www.nlb.gov.sg/readsingapore/。

除此之外新加坡图书馆还设立个各种各样的颇具特色的图书阅读场所,如儿童绿色书屋、商场图书馆等。

新加坡的儿童阅读推广服务主要特征有以下几点:一是阅读推广活动持续性和连贯性较强,主题鲜明。第二是各项活动趣味性和参与性较强,宣传力度较大,内容和形式新颖,趣味性和参与度较高。第三是图书馆主导,并且充分发挥了非盈利和民间组织的积极性。

2 国内儿童的阅读生活

从人类行为与成长环境理论角度可以将影响儿童生活的因素粗浅概括为:儿童本身的阅读兴趣、主动性和周围环境对于儿童阅读生活的影响。环境因素又分为内部生活环境因素即儿童本身家庭和学习环境。外部社会环境,即社会整体阅读风气及图书馆、各种图书及阅读推广活动。

那么这些因素是如何作用于儿童阅读生活的呢?这些因素中间又有着怎样的关系呢?我们从下图来进行一一梳理。

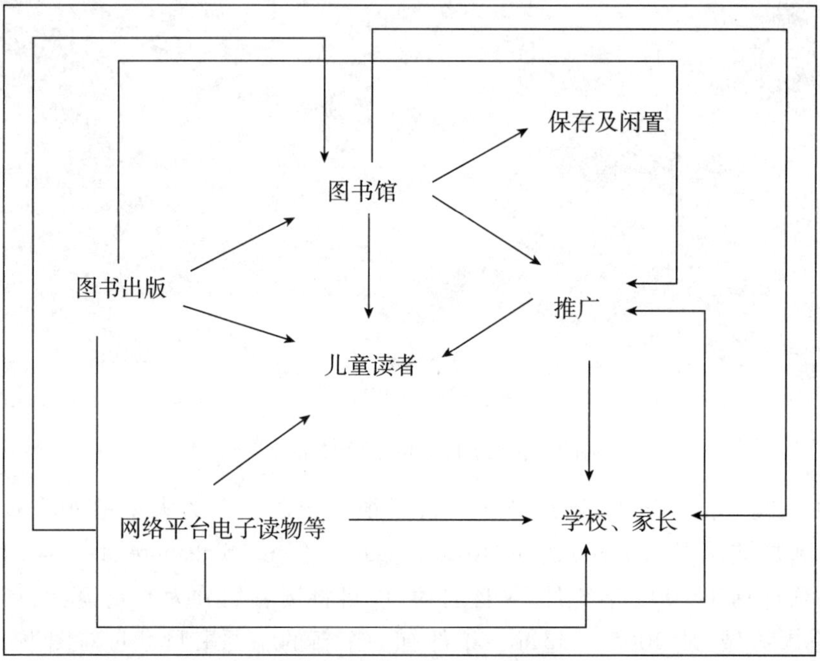

图3 环境因素对儿童阅读生活的影响

从图3我们可以看出,围绕着儿童读者,有来自5方不同的因素影响着其阅读生活。其中,学校和家长也就是我们说的内部生活因素。此外,儿童图书的出版、图书馆、网络电子读物、各种推广活动,我们可粗略地将其归为影响儿童阅读生活外部社会因素。我们从图中可以观察出,各个因素之间也有着千丝万缕的联系。

同时我们可以将图3分解为:

图书出版—儿童获取阅读

图书出版—学校、家长获取信息—儿童获取阅读

图书出版—图书馆采集—儿童获取阅读

图书出版—图书馆采集—学校、家长获取信息—儿童获取阅读

图书出版—图书馆采集—推广活动—儿童获取阅读

图书出版—图书馆采集—推广活动—学校、家长获取信息—儿童获取阅读

图书出版—推广活动—儿童获取阅读

网络及电子读物—儿童获取阅读

网络及电子读物—学校、家长获取信息—儿童获取阅读

网络及电子读物—图书馆采集—儿童获取阅读

网络及电子读物—图书馆采集—家长、学校获取图书信息—儿童获取阅读

网络及电子读物—图书馆采集—进行推广活动—儿童获取阅读

网络及电子读物—图书馆采集—进行推广活动—家长、学校获取信息—儿童获取阅读

网络平台和电子读物—推广活动—儿童获取阅读

通过分解进一步得出结论,儿童阅读活动的资源来源:图书出版和网络及电子读物;核心受众为儿童本身;次核心受众为家长和学校;主要过程因素为:图书馆及各种推广活动。

2.1 儿童阅读资源分析

首先是我国少儿图书的出版情况。2008 年至 2014 年伴随着我国图书出版行业快速发展,少儿阅读资源也呈现了快速增长的趋势。下面我们就我国历年少儿读物类资源出版数据进行分析①。

从 2008 年到 2013 年我国少儿读物类图书从最初的 11310 种 25420 万册,涨到 2013 年的 32400 种 45686 万册,5 年间增长将近 186%。少儿初版图书由 2008 年的 6638 种增加到 2013 年的 19968 种,增长了 200%。过去的 5 年间少儿读物不仅仅是在总量上增长较快,新书出版量也在不断增长。

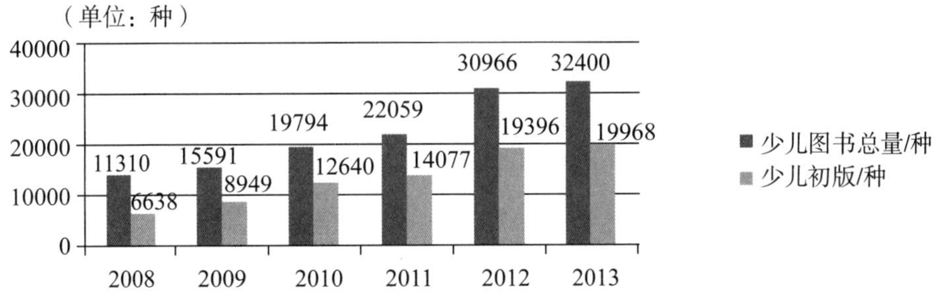

图 4 2018—2013 年我国少儿读物类图书数量变化

少儿读物不仅在总量和新书品种上不断增长,其在全国图书中所占的比例也是逐年增

① 出版统计数据资料摘自国家新闻出版广电总局历年政府信息公开工作年度报告。

加。从图5中我们可以看出，少儿读物从2008年占全国总数目的4.13%涨到了2013年的7.29%，说明少儿读物正在悄悄地占领全国的图书市场。

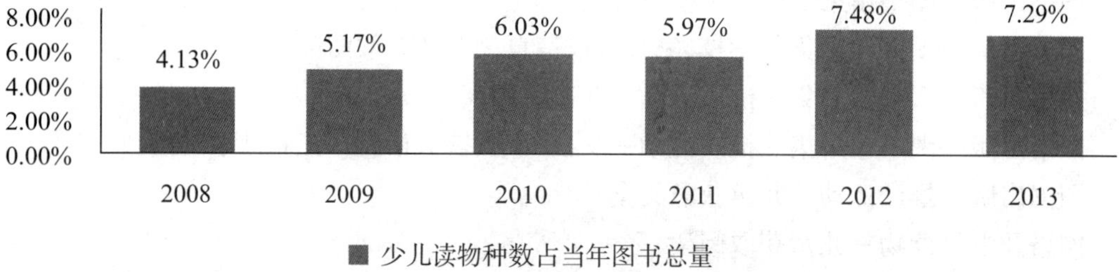

图5　2018—2013年我国少儿读物种数占图书总量比例变化

我国少儿阅读资源除了在量上不断地增长之外，出版的形式和内容也在不断的创新。从内容上主要可分为以下几类：一、思维开发类；二、故事、绘本类；三、手工模型及游戏类；四、日常认知读物类。在外在形式上主要可分为以下几种：一、正常开本纸质图书；二、纸质图书配电子视听设备；三、电子玩具、卡片书；四、异形图书、模具制作类图书。综合来看，我国儿童阅读资源丰富、内容上更加多元化，趣味性和参与性逐渐增强，能够充分开发调动儿童阅读积极性。

其次是我国儿童阅读使用的网络电子资源。随着互联网的飞速发展，网上阅读和电子资源也逐渐渗入儿童的阅读生活中。2014年我国小学生每周平均上网时长为14.4小时，中学生每周平均上网时间是23.7小时①。那么儿童经常使用的网络阅读资源到底有哪些呢？

首先是学习类电子阅读资源。这类资源通常是以辅导儿童课业学习为主旨。包括在线阅读和电子终端产品。这类儿童阅读资源目标明确，针对性很强。但是由于资源内容可读性较小、娱乐性、趣味性较差，儿童使用的主动性小。

然后是儿童游戏阅读类。这类阅读资源娱乐性高、获取方便，儿童通常对此类资源主动性较高。但是由于这类资规范性较差、质量参差不齐，因此这类儿童阅读资源对于儿童阅读生活的利弊很大程度上取决于如何控制和使用。

最后是网络文学、视频及社交类阅读资源。此类资源获取容易，娱乐性、趣味性相对较高，基本上满足了大部分网民的视听、阅读和社交需求，儿童对于此类阅读资源也十分好奇。但这类资源很少有针对儿童设计的特殊设计，对于儿童来讲有些资源和内容超出了其应该接受的范围。各中利弊在于如何取用？

2.2　影响儿童阅读的内部因素的现状分析

我国儿童阅读量和水平虽然在不断提高，但是整体水平仍然不容乐观。2014年0—8周岁儿童图书阅读率为59.2%，低于2013年的66.0%；9—13周岁少年儿童图书阅读率为95.4%，较2013年的93.5%提高了1.9个百分点；14—17周岁青少年图书阅读率为

① 儿童上网时长数据引自中国互联网络信息中心。

88.3%,较2013年的79.1%提高了9.2个百分点。综合考察来看,2014年我国0—17周岁未成年人图书阅读率为76.6%,较2013年的76.1%略有增加①。但是与世界平均水平仍有一定距离。那么影响儿童阅读的原因究竟有哪些呢?

学校及家长等内部因素对儿童阅读的影响及现状。

首先是儿童对于父母的阅读习惯的模仿,以及父母陪伴儿童进行阅读的时间影响着儿童的阅读。一方面由于科技发展大多家长舍弃了传统的阅读资源,选择了相对便捷,娱乐性较高的视听资源,另一方面家长陪伴儿童阅读的时间有限。家长本身阅读意识的弱化以及缺少家长的引导和陪伴,儿童对于阅读的兴趣难以在家庭环境中被激发。

其次,学校和家长对于儿童阅读的倾向性引导和对于非课本类图书的限制阅读。在许多家长和学校眼中儿童读物通常分为"有用"和"没用"两种而并非"适合"与"不适合"。对于儿童吸引力十足的漫画、故事、绘本通常被认为是无用的书并在阅读方面加以限制。而学校家长认为有用的书在儿童眼中趣味性较差,无法吸引儿童阅读,久而久之孩子的阅读兴趣和积极性极具下降,甚至还会导致孩子将阅读当成一种负担。

最后,学习和生活中缺乏常设的阅读机构和组织。在国外儿童阅读俱乐部或者交流组织是促进儿童阅读交流、分享阅读乐趣的重要组成之一。这种自发性的阅读组织不仅促进阅读交流,还能够让参与者以最小的成本获取更多的阅读资源,充分享受阅读和分享的乐趣。但是在国内除了有少部分的家长和学校组织非定期的阅读交流之外,这种自发性的阅读交流组织非常少,缺乏固定的阅读交流组织同样制约着儿童阅读的交流和发展。

2.3 影响儿童阅读的外部环境现状分析

儿童的阅读大环境的现状及儿童的阅读大环境的现状及存在的问题。

第一,阅读资源和目标受众的信息不对称。一方面现在儿童可获取的阅读资源较多,儿童和家长难以选到合适的资源;另一方面,每年大量出版的儿童图书因种种原因无法找到其合适的读者。由于信息不对称,儿童和家长获取所需类型儿童图书的时间和精力成本较大,从而降低了儿童及家长的使用兴趣和频率,造成了儿童阅读质量的下降。

第二,大量使用网络阅读资源造成的儿童有效阅读量的降低。由于网络信息的便捷性和低成本,更多的家长和儿童选择了网络电子资源。但是儿童本身对网络资源使用控制能力较差,造成了其有效的阅读量的降低。

第三,传统的阅读行为本身参与感和交流较少,无法激发大部分儿童的阅读兴趣。儿童处于成长期,好动,好奇心和交流欲望较强,但由于年龄特点,不能够自主的参与社会交流和团体活动。传统的阅读模式通常是由家长带领或者由儿童自行阅读,交流对象有限,儿童的代入感和参与度较低。儿童无法就感兴趣的话题与其相同的社会角色进行交流,因此很难激发大部分儿童的阅读兴趣。

---

① 摘自凤凰网读书,网址 http://book.ifeng.com/a/20150504/14604_0.shtml。

3 促进儿童阅读的社会因素分析

3.1 图书馆的资源与服务

图书馆是社会文化服务的重要阵地之一,同样也是影响儿童阅读乃至全民阅读的重要因素。图书馆在全民阅读生活中有着特殊的意义和位置。一方面图书馆作为社会公益性文化服务机构,是社会中拥有最多阅读资源的机构之一,图书馆的一举一动从某种程度上影响着整个阅读风气;另一方面图书馆具有广泛的受众基础,连着人们阅读活动中的各方主体,处于一个中间特殊位置。

同时通过前面对于儿童阅读生活过程图的分析,可以看出图书馆是对于儿童阅读生活影响最多的中间环节。图书馆对于儿童及成人阅读不仅仅提供专业的阅读资源而且还提供免费舒适的阅读环境和检索服务。面对儿童阅读的推广的全面来袭,图书馆的资源和服务现状如何?该如何改进?下面从馆藏资源和服务两方面进行分析。

3.1.1 图书馆馆藏资源情况

近些年来随着儿童阅读习惯和培养逐渐被重视,我国各地少儿图书馆纷纷不断扩藏。通过2013中国图书馆年鉴我们可查到部分少儿图书馆馆藏资源情况,详见表1。

表1 各地区少儿公共图书馆馆藏情况 单位:万册/件

图书馆	级别	总藏量
天津市少年儿童图书馆	省级	146
上海市少年儿童图书馆	省级	93
湖南省少年儿童图书馆	省级	90
重庆市少年儿童图书馆	省级	81
广西少年儿童图书馆	省级	28
广州少年儿童图书馆	地市级	265
深圳少年儿童图书馆	地市级	173
厦门市少年儿童图书馆	地市级	144
武汉市少年儿童图书馆	地市级	119
大连市少年儿童图书馆	地市级	112
沈阳市少年儿童图书馆	地市级	105
杭州少年儿童图书馆	地市级	95
长春市少年儿童图书馆	地市级	75
内蒙古鄂尔多斯市东胜区少年儿童图书馆	县级	66

从统计数据中可以看出,大部分少儿图书馆馆藏资源比较丰富。儿童图书馆藏书数量如此之大都有哪些类型的图书呢?据不完全统计现在儿童图书馆收藏最多的儿童图书类型有:故事书、绘本、画册以及启蒙读物和智力开发等传统类型的图书。对于手工制作材料,配套益智玩具的开发类图书,异型图书以及镶嵌电子视听设备的新型图书,许多图书馆出于保存环境,管理成本等原因收藏量减小。但通常也就是这些新型的图书能够更加吸引孩子的阅读使用。

3.1.2　图书馆服务及改进方向

图书馆作为公共文化和公共阅读的重要服务单位,虽然为儿童阅读提供了重要的资源和服务,但是面对当今日益提高的儿童阅读要求,想要做好儿童阅读的推广工作,在服务方面有哪些地方还有待改进?

要点一:服务下沉,减少来图书馆的阅读成本,让阅读更便捷。图书馆由于自身位置固定,虽然资源丰富,但是借还图书和到馆阅读时间精力成本太高。由于儿童读者年龄特点,去图书馆使用阅读资源难度相对于成人来说更大一些。再者图书馆虽然不属于国家行政单位,但是由于我国公益事业机构的特点,图书馆的服务仍旧带有一定的行政色彩,服务以及举办的活动灵活程度有所欠缺。虽然各馆不断简化流程、改善服务但是对于读者来说尤其是本身时间精力有限的家长和儿童读者这仍然是其不选择图书馆的重要因素之一。

要点二:根据儿童需求特点,建设特色馆藏。不同的地域、不同的环境下成长的儿童在某种程度上会有相似的需求。地域的限制性对于图书馆来说在某些方面是不利因素,但是从某种程度上来说也是一个能够更好为当地读者服务的有利因素。根据当地儿童需求、创建特色馆藏,增加图书馆本身对于儿童读者及家长的吸引力,也是提升图书馆服务质量和儿童阅读生活质量的要点之一。

要点三:增强儿童阅读趣味性,各类图书儿童图书兼容并纳。儿童阅读与成人阅读不同,处于成长发育时期的儿童趣味性强、色彩丰富、模式新颖的图书更加能够吸引儿童的眼光。对于儿童阅读来说知识性的阅读固然重要,激发儿童阅读兴趣也不容忽视。

要点四:平衡好儿童图书藏与用、学与玩的关系。图书馆既是保存资源文化的机构,也是为公众提供文化服务的机构。一方面图书的收藏保存时图书馆肩负的对内的业务;另一方面,为读者提供优秀适合的图书是图书馆对外的责任和义务。然而图书馆的资源有限,当两者发生冲出时,如何平衡好保存与利用的关系?对于儿童图书馆来说采访政策是应该倾向于适合保存还是倾向于适合利用?如上文所说的那些管理和保存相对困难的但又吸引儿童的新型图书,图书馆是否会因为难以保存的原因,而全部都拒之门外?

3.2　阅读推广活动的现状

对于阅读资源的使用除了读者的主动获取,另外一个途径就是推广活动。好的推广活动不仅能够让读者心获取到适合的阅读资源,更能让读者享受到阅读的乐趣。

对于儿童读者,由于其本身辨别力不高,多数阅读资料是与家长共同选择的,所以良好的推广活动不仅要面对儿童本身,还要考虑家长因素。当今社会上的儿童阅读推广又是什么样的状况呢?

首先是出版商及相关利益群体的图书及阅读推广活动。此类活动的特点:注重商业效果,推广的是图书本身,顺道推广阅读。影响力大,形式灵活、新颖。商业图书推广活动是当下图书推广活动数量最多的形式之一。最常见的形式有签售会、新书发布会、网络参与活动造势和户外广告。通常这些图书商业推广创意十足,能够引起人民的好奇心。印象深刻的有王府井图书大厦,为了推广某书曾经有将近一个月的时间在门前的广告柱上挂出与图书相关的大幅艺术彩绘,配以书中精简的文字和图书上市时间。对于儿童图书的推广商家更是别出心裁,针对儿童家长双向推广,玩具、视听设备、卡通形象加以提高孩子“某某”能力的口号,充分调动了儿童和家长购买图书的欲望。且不论书本身内容如何,或具有针对性或出奇的推广方式首先就能吸引受众的注意力。但是这类商业活动对于阅读推广本身来说效果并不大,通常商业推广的内容本身是以销售为目的的,推广的是购买图书本身,对于阅读的推广偶尔只是顺带。

其次是公益团体的推广活动。此类活动分为大型活动推广和小型活动推广两种,他们有着一定的共性但又有所不同。共性表现为:有一定的专业性并且公益性较强。现存的大型公益活动的推广面大,影响力较大,面对的受众也大都是资源匮乏地区儿童展开,以阅读资源输出为主,缺乏后续反馈,收效有待考察,如:蒲公英乡村图书馆、阳光书屋、公益小书屋等。但是也是由于项目较大,监管和效果测评难度较大,后期收尾和反馈的信息不够详尽。现存的小型公益活动特点:数量较多、推广面小、针对性强,读者触手可及,补了大型活动推广面大覆盖面和受众群体上的遗漏,但通常资源匮乏难以长期坚持。

最后是行业推广活动包括书展、评奖、图书馆阅读推广等。图书相关行业的图书和阅读推广类型和数量也较多,通常包括以下几种:书籍展览会、各类单位机构主办的图书评奖会、图书馆的各类型宣传活动。书籍展览会通常主要目标群体是出版商、采购单位,然后才是面对广大读者。因此此类活动虽然规模大、专业性强,但是对于普通读者来说参与有些困难。其次是各个机构的图书评奖活动,尤其是在世界图书日和年末,大大小小的图书评奖活动纷至沓来,让读者和大众眼花缭乱。此类评奖活动质量参差补齐,有的曲高和寡、有的目的不纯、还有的虽然是质量较高但也已经被淹没在各类评奖当中让大众难以辨识。图书馆的阅读推广活动可分为常设的阅读推广活动和有大型推广活动。常设的阅读推广活动通常,如上海少儿图书馆的“乐儿公开课”,厦门图书馆定期举办的“图书馆服务宣传周”主题活动等。除此之外,每个少儿图书馆都会在特定节日里举行大型的阅读推广活动。但是由于图书馆本身机构性质、资源问题以及地域的限制,大多推广活动在投入和宣传上有所欠缺,推广效果有待加强。

4 新时代图书馆+的儿童阅读推广新模式探索

4.1 图书馆+儿童阅读推广模式理念构想

综上所述,现代儿童阅读的整体情况和面临的问题是,在资源方面:儿童阅读资源充足,并且内容形式相对丰富。在学习和生活环境影响方面:学校家长对于儿童阅读虽然有所重视,但是仍然和儿童阅读本身存在一定误解。在儿童自身方面:接触的大多数资源不能够完全的激发儿童的阅读兴趣。在社会环境方面,图书馆虽然拥有大量的阅读资源和专业的阅读指导经验但是服务和便捷性有所欠缺。推广活动上,社会上有众多推广活动,但是处于不同目的和原因,能够真正引导和推广儿童阅读的活动不多。以图书馆或者其他机构为单一主体的儿童阅读推广效果有限。

笔者综合分析各方影响儿童阅读的主体因素和当下各类型阅读推广模式的特点后,提出在以图书馆为主导下的新型合作型儿童阅读推广模式。希望此模式在充分吸纳各方资源及优势同时充分利用图书馆本身的专业知识和丰富资源。

在目标对象方面,将目标受众为:儿童,此目标受众为:学校和家长。在合作方面,与不同的平台进行合作,扩大针对目标受众的影响力。在活动模式上充分考虑儿童的性格特质并借鉴商业营销的模式,增加儿童、家长学校的参与感,进行交流互动,充分激发参与者的好奇心和阅读兴趣,提升目标受众对活动的满意度。在活动内容方面综合考虑儿童和学校家长双方的心理和需求,在传播知识的同时提高活动和阅读的趣味娱乐性,激发孩子主动阅读探索的兴趣。

笔者根据此儿童阅读推广模式的特点将其命名为“图书馆 + ”儿童阅读推广模式。

4.2 图书馆 + 的儿童阅读推广主体模式探索

图书馆 + 的阅读推广模式的构想,是以图书馆为主导,与儿童阅读推广相关方进行合作,进行有效的儿童阅读推广,使图书馆、合作方和儿童读者三方受益。同时通过阅读推广活动收集有关儿童阅读生活的有效信息,充分调动儿童阅读兴趣,形成线上或线下交流团体,培养儿童良好的阅读兴趣,并建立有效的儿童阅读交流组织。

图书馆 + 的儿童阅读推广模式的核心观念为:多媒体跨平台,个性化、趣味性、便捷性、参与交流互动。

在合作方面,拟将以图书馆为主体,与不同的平台进行合作,以便扩大对目标受众的影响力。在活动模式上充分考虑儿童的性格特质并借鉴商业营销的模式,增加儿童、家长学校的参与感,进行交流互动,充分激发参与者的好奇心和阅读兴趣,提升目标受众对活动的满意度。在活动内容方面综合考虑儿童和学校家长双方的心理和需求,在传播知识的同时提高活动和阅读的趣味娱乐性,激发孩子主动阅读探索的兴趣。

4.2.1 图书馆 + 学校的儿童阅读推广

图书馆 + 学校的儿童阅读推广模式,是以学校为儿童阅读推广的合作方,针对儿童本身和学校主体的双重阅读推广。学校作为儿童学习的主要场所,与儿童学习生活息息相关,拥有着与家长沟通的便捷资源。同时学校本身的教育和阅读理念以及对儿童阅读的重视程度也影响着儿童的阅读生活,是影响儿童阅读生活的重要因素之一。图书馆有专业的阅读经验和阅读资源,但是对于儿童本身阅读需求所知不多,而学校虽然本身阅读资源有限,但是却在儿童教育方面有着专业经验,对儿童和家长都有一定的影响力。因此图书馆与学校的结合,不仅仅是对儿童本身的阅读推广,更是将阅读生活理念潜移默化的推广给校方。因此图书馆 + 学校模式的儿童阅读推广,借助图书馆丰富的阅读资源与学校在儿童及家长当中的特殊地位，充分弥补双方资源上的不足，联合策划进行有针对性的儿童阅读推广。过程和特点如图6。

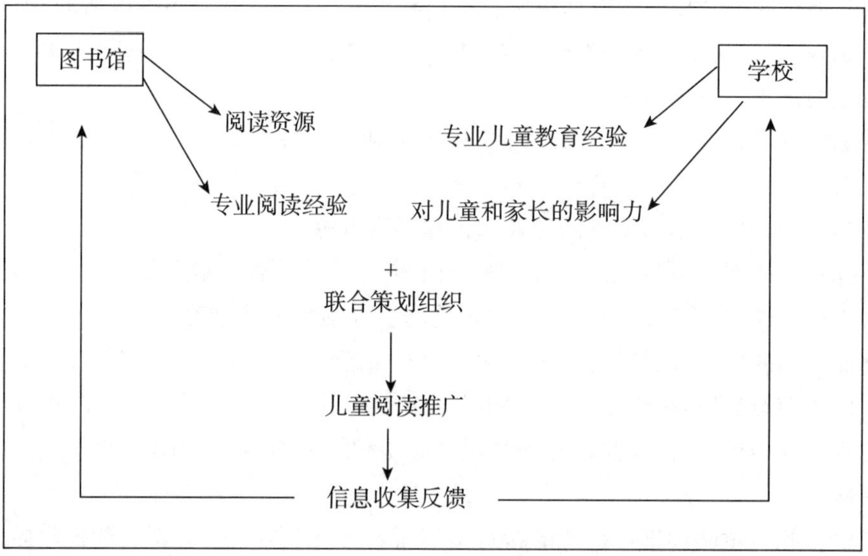

图6 “图书馆 + 学校”儿童阅读推广模式

在图书馆 + 学校主体的阅读推广模式下，应注意因为学校毕竟是以学习为主要目标如果儿童阅读推广活动过于强调宣传度和娱乐性与学校的氛围不符。联合开展儿童阅读推广活动既要兼顾学校本身的特点又要充分考虑儿童的兴趣，那么活动的参与性、学习性和趣味性就必不可少。

在活动模式方面相对灵活，既可以是与学校联合组织参观体验图书馆阅读生活等这种不定期的活动，也可以是联合开展阅读兴趣培养等活动参与性公益课程。因而学校直接拥有着儿童和家长资源，儿童和家长参与活动的时间精力成本较低。如果双方合作条件允许的话，图书馆还可以与学校建立长期联系，提供部分资源，进行常态化的阅读推广活动。具体模式应在推广实践中进一步摸索。

在信息收集反馈方面，图书馆可以更进一步了解儿童阅读需求。学校在获得丰富阅读资源和专业阅读指导的同事对学生阅读生活也有进一步的了解。

4.2.2 图书馆 + NGO 的儿童阅读推广

NGO 组织无论是在国内还是在国外都是一股不可忽视的民间力量。在某种程度上图书馆的专业理念和性质与 NGO 有着相似之处，都是社会福利组成的一部分。图书馆属于专业定点的社会福利和服务提供机构，而 NGO 属于带有一定专业背景的自发性社会福利倡导及改善机构。NGO 组织有着大量的活动经验，众多的媒体和社会资源，以及专业的工作手法，尤其是真对儿童等特殊群体，因此是图书馆进行儿童阅读推广的良好合作伙伴。

图书馆 + NGO 的儿童阅读推广模式即，以 NGO 组织作为图书馆合作的主体，一方面利用图书馆可提供的大量的阅读资源和对于阅读的专业理解，另一方面利用 NGO 组织的渠道资源、媒体资源、广泛的影响力及丰富的活动组织策划经验。使儿童阅读推广能够更加广泛,更专业,更具有针对性。

具体合作特点模式如图7。

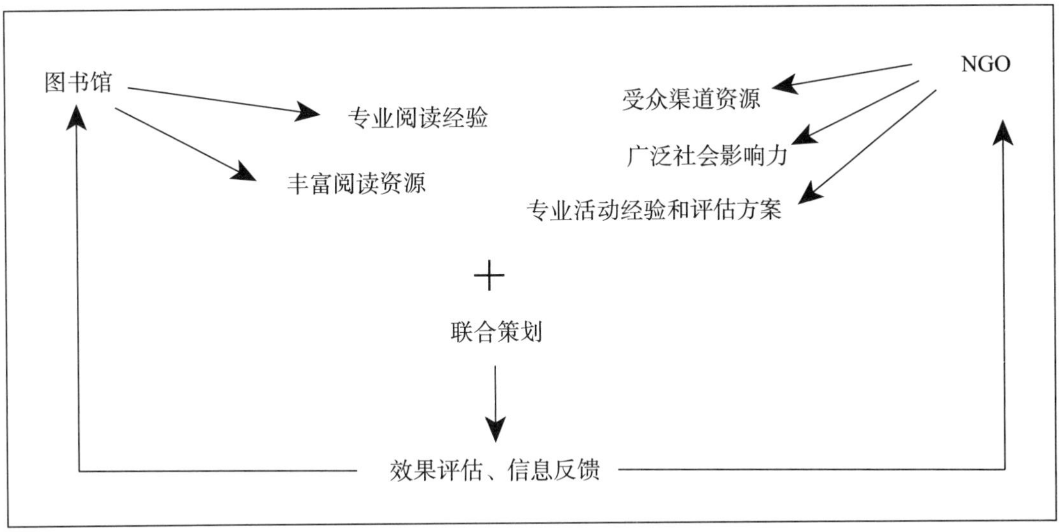

图7 “图书馆+NGO”儿童阅读推广模式

图书馆+NGO的阅读推广模式,在合作方规模上可以分为与大型NGO合作的大型儿童阅读项目推广,和与小型NGO组织合作的特定儿童群体的阅读推广。在持续上,可分为长期推广和短期推广两种模式。我国图书馆+NGO的儿童阅读推广也充分借鉴NGO本身的阅读推广经验和国外图书馆与NGO联合组织的阅读推广模式。

图书馆与NGO组织合作的儿童阅读推广项目国外有成功的先例,如新加坡图书馆联合5个NGO组织举办的大型儿童阅读推广项目“儿童启蒙阅读计划”。图书馆与小型NGO组织联合的儿童阅读推广,也可考虑社区儿童阅读推广,将图书馆下架的图书充分利用,一方面利用NGO组织特有的受众渠道,另一方面也弥补我国现存小型NGO组织资源匮乏的缺点。例如针对流动人口较多社区的流动儿童社区书屋等,针对特殊群体的儿童阅读推广活动等。

同样图书馆+NGO的儿童阅读推广方式在信息收集反馈方面:通过NGO组织专业的监督机制和效果评估,完成NGO自身使命的同时也获得了更有效的目标受众信息及更丰富的阅读资源支持。

4.2.3 图书馆+出版单位(实体或网络出版商)的儿童阅读推广

随着文化产业的不断发展,出版单位的竞争也越来越激烈,尤其是在数字时代网络资源的冲击下,各种各样的图书宣传活动更是层出不穷。而图书馆与出版单位的结合也是进行阅读、图书推广新模式的尝试。图书馆+出版单位的儿童阅读推广从合作主体上可划分为与实体出版单位和网络出版单位这两种合作模式。实体出版单位和网络出版单位各自特点不同,各有长处,适合不同目标的儿童阅读推广。

利用图书馆的专业阅读资源和出版商丰富的媒体资源加以更能够吸引目标受众的宣传

模式,使得图书馆+出版商的儿童阅读推广影响力和对目标受众的吸引力更大。

具体合作情况和特点如图8。

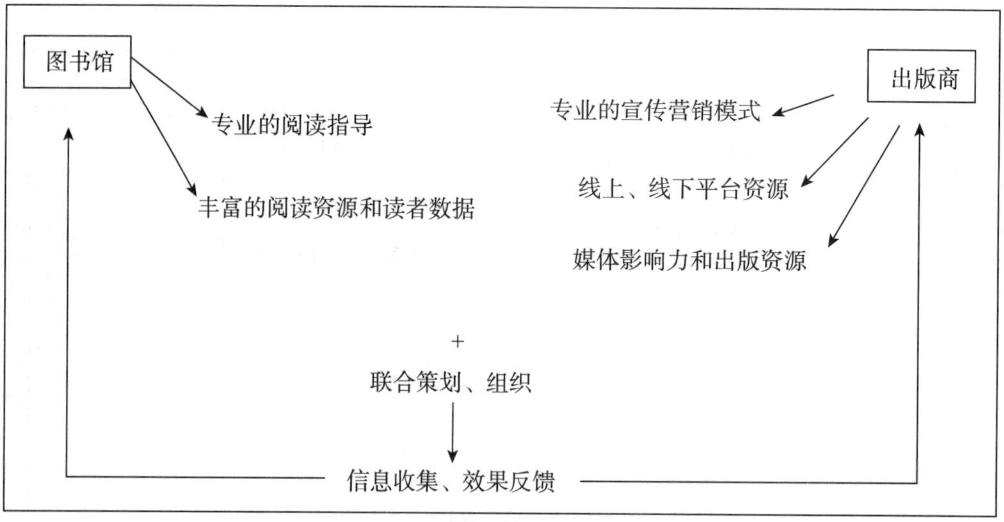

图8 “图书馆+出版单位”儿童阅读推广模式

首先是图书馆+实体出版单位的儿童阅读推广。实体出版单位一般资金和出版资源比较丰富,并且具有专业的营销推广模式。而图书馆具有专业的儿童阅读指导和丰富的阅读资源和儿童读者数据。两者合作可以仿照国外模式如“免费漫画日”等,在书店或其出版商的网点定期提供部分免费阅读资源。而网络出版商拥有丰富的线上平台资源和网络阅读宣传经验,在全民皆网民的互联网时代,但就网络出版商本身的平台资源就不可小觑。图书馆+网络出版商的儿童阅读推广模式也是值得探索。

出版商通过与图书馆合作的儿童阅读推广一方面可以收集到儿童阅读需求的有效信息服务于选题,另一方面给自身做了一定的企业形象宣传,并且吸引了一定量的消费者。并且图书馆作为出版单位的采购商之一,出版单位也在举办儿童阅读推广的活动中拉近了与图书馆的距离。

但是由于出版商具有商业营利性,而图书馆的儿童阅读推广是一种公益性行为,因此图书馆+出版单位的儿童阅读推广方式需要进一步实践探索。

4.2.4 图书馆+早教、儿童娱乐等机构的儿童阅读推广

早教、儿童娱乐机构是当下发展迅速的一个集娱乐和学习为一体的儿童教育培养行业。许多家长不惜花重金将孩子送入到早教机构,早教机构拥有众多的儿童和家长资源。图书馆+早教、儿童娱乐机构的阅读推广模式就是希望能够充分利用早教机构的众多儿童、家长资源与其专业的儿童教育娱乐模式。

具体合作情况和特点如图9。

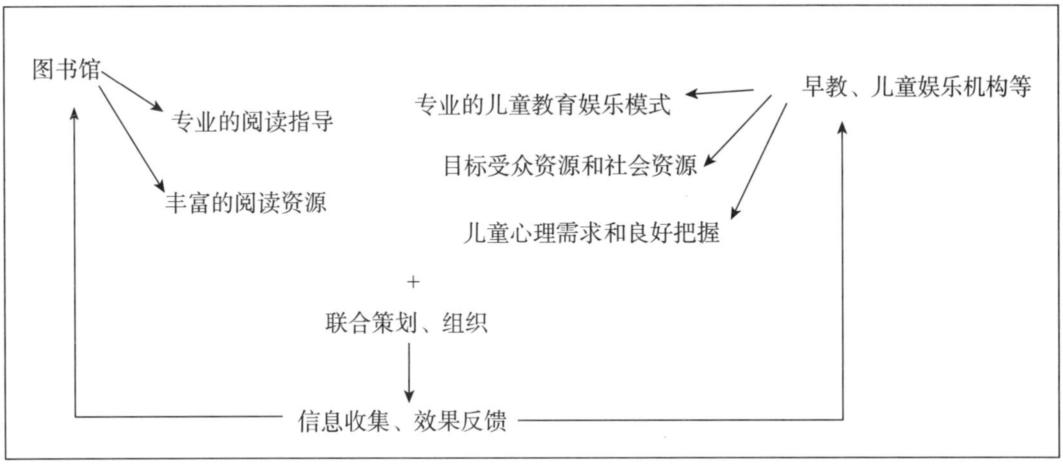

图9 “图书馆+早教、儿童娱乐机构”儿童阅读推广模式

儿童阅读兴趣的启发源于其对于图书的好奇和阅读带给儿童的心理满足。图书馆+早教、儿童娱乐机构的儿童阅读推广方式，一方面利用图书馆的专业阅读资源和指导，另一方面利用早教机构对儿童娱乐教育的专业经验及其对儿童心理需求的良好把握。以儿童和家长为主要受众，图书馆和早教机构、儿童娱乐机构可以联合开展“图书馆免费阅读日”“儿童阅读公开课等活动”“儿童阅读故事会”等活动邀请儿童家长参与并进行交流。培养儿童的阅读兴趣。

对于图书馆来讲能够收集到激发儿童阅读兴趣点，充分发掘促进儿童阅读的渠道，对于早教机构来讲公益的儿童阅读推广活动一方面对其企业和形象进行宣传，另一方面对于目标消费这也增加了吸引力。与此同时关于儿童阅读相关的信息和资料也更加丰富。

同样由于出版商具有商业营利性，而图书馆的儿童阅读推广是一种公益性行为，因此图书馆+出版单位的儿童阅读推广方式需要进一步实践探索。

“图书馆+”只是一个儿童阅读推广的理念，其实图书馆作为拥有最丰富阅读资源和最专业读者服务的机构之一，可合作单位有很多。在我看来图书馆不仅仅是一个馆，更是一种阅读服务的理念。社会中出于不同原因对于阅读资源生产、销售或提供服务的相关机构很多。术业有专攻，想要办好对于儿童阅读推广工作涉及面较广，涉及因素和资源也较多，图书馆不可能面面俱到，样样精通，但是社会上却有精通这样方法擅长那样模式的机构组织。在当今社会儿童阅读的推广并不缺乏资源，缺乏的是合作，并非图书馆不尽力，而是有的时候力量有限，孤掌难鸣。虽然不同的机构特点和目标不同，但是这些特点只要稍加引导都可以作为不同类型儿童阅读推广活动的优势。以双赢作为合作基础，在推广儿童阅读的同时让合作方也有所受益。只要主要目标是提高儿童的阅读生活品质，图书馆都可以广开胸怀，兼容并包，与其“同归”共同合作，做好儿童阅读推广工作。

（原载于《中国图书馆学会年会论文集》2015年卷）

中国记忆项目的构想与实践

田　苗　汤更生

1　什么是“记忆资源”

记忆，是一种客观存在，是人脑对经验过的事物的识记、保持、再现或再认[1]。记忆资源，从文献学的角度讲，就是将人的记忆作为一种资源类型和资源蕴藏，加以探索、开采、记载、转录、整理，使之不再依赖于大脑为唯一载体而独立存在，可被永久保存并以各种载体形式为他人所获取和使用的一种文献资源类型和文献组织形式。

记忆最原始也最基本的载体是人。从古到今的历史记载，正是脱胎于一代代人对自己记忆的持续记录。每个人一生中所积累的记忆，如果没有及时记录下来，就会随着生命的结束而永远消失。记忆的重要性因衡量标准或视角不同而存在差异，某个人的某段记忆可能被认为无关大局，但也可能对另一个历史细节的解读至关重要。在这样的衡量尚无从做出的时候，当今的人们能做的只有尽己所能，把记忆及时地记录下来。无数历史经验告诉我们，这种记录的缺失一旦蔓延开来，势必在历史的长卷上形成令人遗憾的盲点。

2　记忆项目的国际实践概览

目前，世界上许多国家的图书馆都承担着相关的抢救与保存记忆的项目，特别是许多国家图书馆成为国家记忆项目的发起和实施单位。根据调研，已有 12 个国家开展了国家记忆项目。

美国国会图书馆的“美国记忆”项目是最早开展、最负盛名的国家记忆工程[2-3]。“美国记忆”以美国公民教育为主要内容，以传播美国精神和美国文化为主要目的，以建立服务于终身学习的知识库为主要形式，通过在线记录美国历史上的重大事件、重要人物、重要文化传承，并不断扩充深化，加入海量数据和多层次记忆，搭建起一个国家的文化殿堂。“美国记忆”成为美国对外的文化名片，是互联网时代重要的国家文化创新工程。其理念先进，影响巨大，为世界各国争先效法。

在此之后，世界上多个国家和国际组织实施了一系列类似的记忆项目，也有着各自的特点。例如：建立重要文献典籍知识库平台的联合国教科文组织的“世界记忆”[4]；建立口述史资源知识库的英国国家图书馆“口述史料资源库”，澳大利亚口述史协会“世界记忆澳大利亚口述史项目”；建立民族历史文化编年知识库平台的“日本年历”；建立影像资源知识库平台的“荷兰记忆”；以当事人讲述的视频短片为特色资源的德国“我们的故事——民族的记忆”；以在线数字图像图书馆为主要形式的美国国家科学基金会“全球记忆网”[5]。

特别值得关注的还有“新加坡记忆”[6]，它是由每个国民和家庭记忆所组成的参与人群和范围最广的国家记忆项目，统一简称为“新忆”。该项目由新加坡政府直接领导、新加坡国家图书馆管理局负责规划实施；以记录新加坡历史、彰显新加坡精神、促进国民和谐进步为宗旨；以搭建新加坡国民记忆平台为主要目的。全民参与是其重要特色，每个新加坡人和其家庭都是“新忆”的重要组成部分。项目还组织各种大型文化活动，李显龙总理亲自倡导，是纪念新加坡建国50周年的重大项目。

从目前国外相关情况来看，国家记忆或类似项目的实施，在所在国的国民教育、公共文化建设等领域中发挥了重要的作用。其国民不仅可以通过这些项目的平台和成果了解本国和本民族的历史与文化，更可以通过主题鲜明、形式丰富的专题资源和开放、亲切的分享途径（如“新加坡记忆”提供的国民记忆分享平台），增强历史参与感、文化归属感和民族认同感。

3　建设中国记忆项目的重大意义

中国记忆项目以人为本记载历史，充分体现出对个体生命的尊重，对历史真实的追求。将一个个的个体记忆抢救、保存下来，形成中华民族的集体记忆，传承文明。

3.1　大量重大事件和重要人物的记忆亟待收集、抢救

在高速发展的当今社会，有着太多已经发生或正在发生的重大事件，即将成为明天的历史。大量的历史信息在文字记录的过程中被筛除或者被遗忘，许多重要历史事件的亲历者、民族文化遗产的传承人已经进入了生命的晚期，来自他们的信息是不可逆的、不可再生的资源，一旦缺失，将造成无可挽回的损失，因而对此类信息的抢救性收集尤其重要和迫切。我国现在的实际情况是大量记忆资源尚未开采、记载，一部分已收集的记忆资源储藏分散，保存情况不一，流失损坏严重。国家尚未建立起一个统一的、永久性的记忆资源收藏机制。因此，亟须进行全国性的统筹规划，聚合国家、集体和个人的力量，对这些珍贵资源开展有计划、有组织、有步骤的收集、保存、传播和利用。

3.2　国家文献资源体系亟待完善

目前，我国图书馆的文献资源体系主要由传统纸质文献和数字文献资源组成。以音、视频直接记录历史的口述史、影像史，已成为很多国家和地区图书馆馆藏文献体系中的重要组成部分，而它们在我国的图书馆文献资源体系中仍处于缺位和空白状态。因此，建设以口述、影像史料为特色资源的专题文献资源库，整合已有记忆资源，共同构建“国家记忆资源库”，对于填补文献体系收藏的“空白”，完善我国图书馆文献资源体系有着重要意义。

3.3 建设记忆资源是国家图书馆的职责所在

记忆资源对国家的发展、民族的振兴具有重大意义。国家图书馆责无旁贷,理应担当起这一历史使命。图书馆要站在国家和民族的高度,将中国记忆项目作为构建中华民族优秀传统文化传承体系的重要举措,全面履行社会教育与文化传播职能,充分发挥图书馆文献信息资源的保障和支撑作用,集合社会力量,对国家重要的文化遗产、重大事件和重要人物的记忆资源进行制度化、规模化、规范化的收集、保存、组织,使其更加安全、系统、完整,为当世以及后世人们研究、解读和传承提供服务。

4 中国记忆项目的设想

根据对全国(含港澳台)70多个机构和个人的100余项相关信息的调研,少数省级公共图书馆和社会机构已经开展了"记忆"和口述史项目,如首都图书馆的"北京记忆"、上海图书馆的"上海年华"、湖南省图书馆的"抗战老兵口述史"、长春图书馆的"百年长春"、山西社科院历史研究所的"山西抗战口述史"和中国传媒大学口述史资料馆等。港澳台地区也有类似项目开展,如香港康乐及文化事务署和香港赛马会携手推动的"香港记忆"、香港民政事务局发起的"香港口述历史库藏计划"、澳门基金会支持的"澳门记忆"和台湾图书馆的"台湾记忆"等。这些项目都为中国记忆项目的开展提供了良好的经验和基础。

4.1 中国记忆项目定位

中国记忆项目是国家图书馆以中国现当代重大历史事件、重要人物为主题,以口述文献、影像文献等新类型文献的建设为核心的特色文献资源体系建设与服务项目。项目的特点是运用先进的影音技术,发挥图书馆文献保存与传播的优势,系统性、抢救性地进行"以人为本"的记忆资源采集与收集。其成果将建成专题资源库体系,作为国家记忆资源在国家图书馆集中、有序、永久保存,并通过网络和实体方式发布与提供服务。此外,还将以中国记忆丛书、展览、讲座等文化产品与服务面向社会展示、传播。中国记忆项目是国家总书库建设的重要内容,是图书馆社会教育与文化传播职能的新拓展,是社会公众分享个人记忆、汇聚集体记忆,开展国民教育的新平台。

4.2 标准与规范

中国记忆项目的相关标准和规范在图书馆文献收藏及国家数字图书馆标准规范体系等现行标准规范体系基础上进行研制。中国记忆项目各项工作中将包含《口述史料采访规范》、《影像资源采集规范》、《中国记忆项目资源编目标引规范》(其中包括原有专题文献搜集整理标准,非遗项目采集和发布标准,口述史料、影像史料采集标准等)、《中国记忆项目资源服务与开发规范》、《中国记忆项目文献采集分级标准》等多种操作标准,以及《中国记忆项目专题项目管理办法》《中国记忆项目接受文献捐赠及入藏资源管理与使用办法》《中国记忆项目选题申报指南》《中国记忆项目合作与共建办法》《中国记忆项目著作权解决办法》等指导规范。标准与规范的目录及内容视具体工作需要由中国记忆项目执行机构会同专家委员会制定,并汇编形成《中国记忆项目工作手册》,供中国记忆项目参与及合作实施者参照执行。

4.3 工作目标

4.3.1 建立中国记忆项目资源收藏体系

中国记忆项目专题资源库建设,包括现当代各领域著名人物、重大历史事件的专题内容。选题原则主要体现代表性和抢救性:对于在中华民族历史文化和各领域有重大贡献的代表人物、重大历史事件、重要发明创造、重要文献典籍、代表性技艺传承人、重要思想和文化价值体系的记忆,分类、分专题进行建设;对于高龄人物、重大历史事件亲历者、珍稀孤罕的文献典籍、濒危代表性记忆传承项目、物质遗产和文化群落进行抢救性整理、采集。

在已建设完成的中国记忆项目专题资源库中,选取具有较强代表性和重要史料意义,且资源建设较为系统、完整的专题资源库;或在尚未完成和尚未开始建设的中国记忆项目专题资源库中选取能够填补历史空白,或实现该领域记忆资源整合的专题资源库,列入"国家记忆资源总库",由中国记忆中心组织协调相关建设单位进行重点建设、保护、利用和推广。

4.3.2 建立中国记忆项目服务与推广体系

项目专题文献资源在建设完成之后,进入保存和服务阶段。在服务阶段,专题文献资源将以在线和实体阅览的形式为公众提供基础服务,并以讲座、展览、书籍、影视作品和文化活动等形式为公众提供延伸服务。因此,项目将建立包括网站、丛书、影视作品和文化活动等在内的综合服务平台,以多种渠道为公众提供专题资源服务。

(1)中国记忆资源库——中国记忆网站

按照联合开放、共建共享的原则,统一标准,建设供中国记忆项目专题资源即时发布、及时更新、动态管理、不断完善的中国记忆资源发布平台——中国记忆项目网站。开展中国记忆项目网站中、英文版建设,必要时扩展其他文种,使中国记忆项目成果成为民族精神和中华文化对外展示的窗口。项目初期,在国家图书馆网站下建立中国记忆项目实验网站,发布中国记忆项目基本情况介绍、标准规范、项目成果和相关新闻,并链接各地方综合记忆网页,为建立中国记忆项目网络平台奠定基础。

(2)《中国记忆丛书》

成立《中国记忆丛书》编纂出版委员会,编纂《中国记忆丛书》。下分史事卷、人物卷、非物质文化遗产卷、地方记忆卷等。将中国记忆项目的优秀成果,包括历史事件和重要人物相关文献目录、资料汇编、影像史、口述史、专题成果等,纳入《中国记忆丛书》中,可以出版纸质品、电子书、影视光盘等。

(3)中国记忆主题影视作品

利用中国记忆项目所获得和自建的影音视频资源,自主或与社会机构合作开发专题片、纪录片等影视文化产品,通过广播、电视、网络、新媒体等渠道向社会传播推广,取得更大的社会效益和经济效益。

(4)中国记忆主题文化活动

利用全国图书馆讲座展览联盟，在全国范围内举办中国记忆主题系列展览、讲座和文化活动，开展国民特别是青少年教育，丰富国民文化生活，提高国民文化素质。

4.3.3 《国家记忆名录》

预期项目经过数年的专题资源建设与积累，待社会条件和行政条件成熟时，发布《国家记忆名录》。该名录将选取史料价值突出、社会认同感强、对国家发展和民族精神的养成产生深远影响的专题记忆资源，通过社会推荐、评审的机制进行选拔，逐年列入《国家记忆名录》。《国家记忆名录》是中国记忆项目专题文献资源的荣誉载体，是对记忆资源建设和推广成果的最高规格表彰，也是民族核心记忆和中国记忆项目精神主旨的生动诠释。列入名录的记忆，应是所有中国人应当了解、记住并传给下一代的民族共同记忆，应该是一代中国人对上一代中国人生命的认可与尊重，也应是中华民族所共有的情感纽带和精神史诗。

5 资源建设原则和方向

5.1 选题原则

发生在我国现当代各时间阶段、各领域、各地域的重大事件和重要人物，是中国记忆项目资源建设选题的核心部分和主体内容。其中，关系到国家兴亡与民族发展的核心事件，体现了中华民族的民族性格、精神品质与价值观念的文化传统和精神遗产，都是中国人应该了解的；在中华民族的发展和国家建设过程中，在各领域做出重要贡献，发挥过重要作用的人物，在民族存亡和国家发展的大历史背景中的每位亲历者、见证者都是中国人应该铭记的人物。在此，我们列出中国记忆项目进行选题的三个基本原则。

5.1.1 抢救性原则

记忆资源的最大特点，就是以人为载体。能不能将记忆资源从人的大脑里开采出来，记载下来，其最大的制约因素就是人的寿命和记忆力。很多我国现当代重大历史事件已经发生数十年以上，其亲历者已在世不多；很多曾为国家的发展与建设做出过重要贡献的老专家、老学者也已经进入暮年；很多文化传统、文化遗产的传承者也已经步入晚年。避免亲历者们所承载的对国家和民族有着重要价值的记忆随生命的结束而消失，在其有生之年，进行记忆抢救，是中国记忆项目的首要任务。此外，很多文化传统、人文现象和社会活动也都面临着改变和消失，在它们消失之前，对它们进行记录、保存，也同样是中国记忆项目的任务。因此，抢救性是选题的第一原则。

5.1.2 代表性原则

中国记忆项目选择有代表性、典型性的人群或主题进行记忆资源建设。通过一个选题，对有特定代表性人物的记忆资源进行发掘、记载，不仅将他们自身的记忆保存下来，也从中透视一个时代、一个群体普遍的、共同的命运和经历。因此，代表性是中国记忆项目选题的第二原则。

5.1.3 前瞻性原则

记忆资源具有亲历性、实证性和不可再生性等特点，可被视作一种特色史料应用于未来的不同需要，并发挥特殊作用。因此，在选题设计的过程中，应考虑到该选题所对应的事件和主题可能发挥作用的特殊领域，前瞻性地对有可能在未来成为重要事件、热点领域、焦点话题的主题，提前进行储备性的记忆资源建设。前瞻性，是选题设计的第三原则。

5.2 选题方向

中国记忆项目资源建设涉及的选题方向大致如下。

5.2.1 政治历史

此选题方向关注那些涉及国家兴亡与民族发展的核心事件，包括抗日战争、民族解放、党和国家的发展历程等重大题材。这些题材承载着中华民族生存与发展所必需的记忆与信息，体现了中华民族的民族性格、精神品质与价值观念，是国家与民族的核心记忆。

5.2.2 传统遗产

此选题着眼于中华民族传统的生产方式与生活习俗，塑造了民族性格的传统、知识、行为准则、社会规范与审美取向；承载着历史记忆的物质与非物质文化遗产，以及所有在现代化的过程中经受过考验的古老记忆与技艺。

5.2.3 文化艺术

该选题关注现代中国的精神财富与文化现象，中国人的生活方式与观念；影响着现代中国人的文学与艺术作品，以及这些现象和作品背后所反映的思想与社会氛围。

5.2.4 社会民生

中国社会的发展与变革，各种新领域、新事物、新思潮的产生与社会影响；百姓的生存状况以及生活方式的改变；政府职能与民生改善；各种关系到中国社会安定、繁荣、法制、和平与发展的社会问题和事件。上述方面都属于社会民生选题方向。

5.2.5 地理环境

这个方向包括：中国版图上的自然特征、人文特征以及人与自然界的关系；和地理与环境有关的动植物、资源、气候、海洋、灾难、历史、经济等方面以及各地区特有的居民与人文样态；涉及地理与环境的探索、考察、开发、抢救、保护等主题。

5.2.6 科学技术

我国在自然科学及社会科学各领域的研究与所取得的成就；重要的工程建设和技术突破；科学技术进步所带来的生产生活方式的转变；中国的科学技术现代化过程。

5.2.7 经济产业

农业、工业和其他支柱性产业的发展过程，各种传统行业的现代化挑战与转型，新兴产业与国民生活的关系，以及中国产业经济与世界经济间的竞争与合作，都是本方向关注的主题。

5.2.8 少数民族和语言文字

我国是个多民族国家，每个民族都有着自己宝贵而独特的文化传统和生活样态。在现代文明的冲击下，丰富的少数民族语言文字和部分方言、土语，面临着使用人数减少，甚至濒临灭绝的境地。抢救、保存与传承各民族的传统文化、语言和文字，是本方向所关注的主题。

5.2.9 成长与生活

本类别与上述各类别的分类方式不同。严格地讲，它不是一种分类方式，而是一个历史、社会的人文关照角度。本类别选题的关注点不是国计民生的大事，而是通过记录不同个体和家庭的生活故事、生存状态，反映中华民族的整体风貌。

6 中国记忆项目的进展及展望

中国记忆项目不只是建设记忆资源，而是将记忆资源的建设、保存和分享视为一个完整的、系统的工作链条。中国记忆项目的工作内容基本上可分为调研与采访、记忆开采、文献整合、资源发布、利用和推广等五个步骤。中国记忆项目 2012 年开始试点工作，2013—2014 年列为文化部专项，目前已进行了部分专题文献建设。其中部分主题已基本完成，并已在国家图书馆网站——中国记忆项目实验网站上发布，部分主题还在建设中。

6.1 工作进展

已发布的项目有：东北抗联联军，中国现代音乐家，中国的质感：中国年画、大漆髹饰、蚕丝织绣，我们的故事：我们的文字、中国家庭故事；在建的项目有：中国远征军、抗战中的华侨、伊万诺沃国际儿童院的中国学生、日籍八路军、解放军、知名学者、我们的故事：我们的史诗、濒危的非物质文化遗产、汶川地震中的志愿者、中国图书馆界老馆员等。

目前，中国记忆项目共对超过 200 位各界人士进行了口述史访问，获得视频资源总时长近 600 小时。

截至 2014 年底，中国记忆项目出版书籍四部：《大漆中的记忆》《丝绸中的记忆》《大漆髹饰传承人口述史》《我们的文字》，并计划于 2015 年出版《东北抗联战士口述史》和《冯其庸口述自传》。除专著外，项目还将每个专题中精彩的口述史料编辑成文章，已在《中国文化报》等报刊上先后发表十余篇。

标准规范方面，项目组已完成《中国记忆项目口述史访问伦理规范》（访问者版和受访者版）、《中国记忆项目资源建设技术标准》、《中国记忆项目资源建设著作权、隐私权及法律问题说明》等。《中国记忆项目资源编目、保存与服务标准》正在编写当中。

基于工作所得资源，现已举办中国记忆系列展览三场："中国年画""大漆的记忆"和"丝绸的记忆"，累计参观人次超过 30.9 万。"我们的文字"展览，也于 2014 年 12 月 30 日开展。

6.2 未来工作展望

通过三年的试点工作，中国记忆项目已积累了初步的资源建设和服务经验，我们深深认识到，我国口述文献、影像文献的建设与保护工作任重道远。在未来的工作中，我们希望重点推进并逐步实现以下几方面的工作。

6.2.1　建立完善的资源建设、收藏与服务体系与规范

研发出整套的针对以口述文献、影像文献为代表的记忆资源的建设规范、收藏规范和服务规范,用标准化的工作流程将中国记忆项目所建设的特色资源纳入馆藏体系,提供统一的编目与查询标准,并进行在馆和在线发布。通过到馆阅览、网站和客户端远程访问等方式实现全文本、全资源的检索和使用。将此套体系和规范提供给图书馆系统和其他的记忆资源建设部门作为参考,并为建设我国统一的记忆资源工作标准做准备。

6.2.2　面向社会开展资源征集与合作

第一方面,提高图书馆界对记忆类文献的保护与收藏意识,形成业界共识,共同建设记忆资源收藏体系,并提供相应的技术、资源支持和人才培训;第二方面,面向我国各界文献建设和收藏的单位、组织和个人进行资源征集,搭建一个永久、安全、使用方便的文献保存和服务平台。所有文献的捐赠将不改变其原有的著作权属性和其他权利归属,并将尊重各利益关切方的意愿和先决条件。中国记忆项目将提供对入藏文献的系统整理与加工服务,使之能更有效地服务于捐赠者,也更方便地为公众所利用。同时,国图还可承诺在捐赠者研究成果未发布之前不向他人提供该内容的文献查询服务,并可根据捐赠者的意愿确定全部或部分文献的公布时间和公布方式。第三方面,中国记忆项目可与其他机构或个人共同策划、实施资源建设项目,并提供相应的资金、人力、物力支持。此外,国图还将为口述文献和影像文献的工作者提供文献、场所、技术等方面的支持。

6.2.3　推动中国记忆项目资源的利用与传播

履行图书馆社会教育和文化传播的职能,根据社会公众需求,依托多载体文献资源,充分利用中国记忆项目的特色资源,通过专题讲座、展览、出版和纪录片等多种形式的公益性文化活动,推动记忆类文献在社会公众中的使用、传播与推广。

6.2.4　建立记忆资源共建共享体系

希望在政府和社会力量的共同努力下,探索建立一个以政府为主导,以全国的文献保存单位和学术机构为实施主体,充分发动民间力量和民间资金,全民共同参与并共享成果的中国记忆资源共建共享体系。

参考文献

[1] 辞海编辑委员会. 辞海(1999 年版)[M]. 上海:上海辞书出版社,1999:594.

[2] 国会图书馆信息技术战略委员会. 21 世纪国会图书馆数字战略[M]. 蒋伟明,苑克俪,译. 北京:北京图书馆出版社,2004:3.

[3] American memory home[EB/OL]. [2014 - 11 - 15]. http://memory. loc. gov/ammem/index. html.

[4] UNESCO. Memory of the world[M]. Glasgow:Harper Collins Publishers Ltd. ,2012:2.

[5] Globel memory net[EB/OL]. [2014 - 11 - 15]. http://www. memorynet. org/.

[6] National Archives of Singapore. Memories & reflections:Documenting a nation's history throush oral history-The Singapore Experience[M]. Singapore:Oral History Centre,The National Archives of Singapore,2007:5.

(原载于《国家图书馆学刊》2015 年第 1 期)

决策咨询服务设计与用户体系构建

——基于国家图书馆的业务实践

张曙光

图书馆决策咨询,一般是指为各级决策部门提供文献信息支撑的一项参考咨询服务。决策咨询用户及用户需求,决定了决策咨询服务的设计、服务的策略。决策咨询服务按照用户特点设计才能提高针对性和有效性,同时良好的用户体系的构建更是决策咨询服务规模化、持久性健康发展的基础和保障。

1 决策咨询用户特点

(1)用户的间接性。决策服务相对其他参考咨询服务而言,咨询最关键环节——用户接谈缩短或缺失,咨询中,呈现出用户“不在场”和需求模糊的特点。一方面,咨询需求,多数是通过间接渠道抵达咨询馆员,转述者并非最终用户,缺乏有效沟通环节。另一方面是决策咨询本身的功用所决定,用户以及用户需求是“隐性”的存在。因此,咨询馆员须以“显性”的姿态,站在用户的角度分析、研判需求,并根据用户角色、用户工作特性有针对性地提供适于需求的咨询服务。

(2)用户的非个体性。决策咨询用户按照用户所涉部门及角色、用户咨询用途、用户咨询内容、用户业务频繁度、用户服务深度等标准可划分为不同类型。但不论按照什么样的标准划分决策咨询用户,其有别于其他类型用户的最大特点是,决策咨询用户主要为机构用户,是代表了一个领域、以机构为标签、有着机构身份的用户。虽然,咨询最终也许服务于个体,但这个个体代表的是他所属的机构。决策咨询用户的服务,一定是机构对机构的服务,是机构间的认同与合作。基于这一点,在服务的设计和推介中,一定突出机构用户所特有的机构特色和需求特点。

(3)需求的系统性。决策咨询用户,是一个较为独立和类型化的用户,自成体系,能够分离,容易量化,机构特色明显,有严格的机构规制和做法。随着服务的深化以及决策咨询用户机构化,其需求以及对服务的要求越来越趋向系统性和全方位。这里所指的系统服务,有两个层次。一个层次是指决策咨询用户对图书馆服务的全面系统需求,囊括了服务的方方面面。包括图书馆文献提供等基础服务,还包括咨询服务、讲座展览服务、数字图书馆服务等。同时,随着服务的深化和合作的密切,服务手段和形式不断多样化,完全超越了单一的咨询服务模式,或单一的图书馆服务。另一个层次,指延伸到决策咨询用户机构内部的系统服务。决策咨询用户机构性特点，对于服务的推广有一定的机构便利性。通过与用户文献保障部门的合作，可将服务嵌入用户内部平台，服务于整个系统。也由此，扩展用户界面和服务宽度，获得系统性用户资源。

(4)需求的共通性。决策咨询服务是为帮助决策咨询用户减少在决策过程中对事物认识或判断的不确定性和信息的不对称性而开展的一项信息服务。一方面决策机构和用户需求大部分都是为及时性问题的解决而提出的，或者是为了解社情民意，解决热点难点问题，预警突发事件提供参考的。因此，用户之间的需求有其一定的关联性和共通性。另一方面，决策咨询用户有其层级性和纵深性，构成一定的环环相扣的需求链。不同机构关注的问题，有一定的重合度；不同层级的用户，需求有一定的连贯性，只是需求的侧重点有所不同。比如，文化部和财政部，都关注文化体制改革，文化投入问题。又比如中国的立法体制是一级多层次的立法体制，一部法的出台也是层层递进，从下到上的过程，经历立法调研、起草、审议、通过等多个环节，涉及多个部门。由此，同一专题，通过多个机构不同的阶段提出不同的需求，相互之间有一定的参见性。如《公务员法》在经过 4 年起草、13 易其稿后，2004 年 12 月 25 日提请全国人大常委会会议审议。在该法起草阶段，即 2000、2001 年，国家图书馆先后应相关部委的委托，就国外公务员聘任制度、特征、公务员立法情况以及法律文本等进行搜集，为起草该法提供了国外立法参考。之后，2004、2005 年《公务员法》草案进入全国人大常委会讨论审议阶段，又为常委会提供了与审议该法案相关的研究及各方意见。由此可见，决策咨询有其较高的关联性和参见性，需要咨询馆员分析和把握不同机构不同阶段的需求特点，提供跟踪服务和针对性服务。

(5)服务的合作性。图书馆的决策服务，对接的是决策机构文献信息保障部门或政策制定和研究部门。服务的开启以及合作的开始，一定是借助于这些机构而得以辐射到整个系统。因此，与用户相关机构间的合作，是基础，是决策咨询用户服务特色之一。在合作基础上，才能延展图书馆服务的触角，推进服务的多样化，并逐步加强图书馆服务主体性和产品的品牌化。更确切地说，决策咨询常态化的服务是服务于相关机构，达成服务和需求的对接，通过这些机构共同服务于机构内的最终用户。如国家图书馆与全国人大的合作是通过与全国人大信息中心和图书馆的合作，共同服务于大会、常委会以及专委会[1]。服务提供者之间的合作，更是一种趋势，共同合力服务于最终用户。

2 决策咨询服务设计

(1)机构服务。机构服务的设计，需要协调服务的深度与广度，服务推广的面与点，服务内容与形式的多样化，以及服务双方的合作模式。更需要对服务的用户进行分类，分析机构特色，工作领域和范畴，定位需求，制定不同的服务策略。根据用户角色分工，大体可将决策咨询用户分为信息保障型用户、政策制定类用户、机关事务型用户、领导决策类用户等；又可根据机构类型划分为立法用户、党政机关用户等；还可根据各个机构系统内的部门为单位划分为办公厅用户、政研室用户、各司局用户等。对不同机构用户的分类划分，是为了提供更为针对性的个性化服务,也易于把握机构需求。机构服务设计中,合作关系的确立和保障也是重要一点,不论是以协议签订还是以备忘录的方式,明确服务的内容和范围、服务双方的责任权利等,有助于机构间合作的规范性和持久性。

(2)产品服务。产品服务是决策咨询服务发展的重点,有利于塑造机构服务品牌,拓展用户服务领域,培养专业咨询馆员,形成用户服务链。产品服务,是专题化、持续性、规模化的服务,是基于充分调研和掌握用户需求,顺应本机构定位和发展战略而推出的服务。

产品服务的设计,有一定的规制和要求。首先,需要分析产品的优势和定位,以确定产品的方向和目标。其次,产品服务中,要充分调动咨询馆员的能动性,换位思考,将自己以"用户"身份介入产品设计中,同时也要跳出身份的限域,发现问题引导需求。其三,产品服务,需要持续跟踪与不断改进。需要根据信息周期、需求变化不断调整策略。

(3)系统服务。系统服务源自决策咨询用户的机构性,也源自用户整体性、一站式网络化服务的要求。国家图书馆部委分馆模式,是系统服务的一个典型。通过分馆模式,国家图书馆和部委之间在信息沟通、资源与服务的共享机制方面建立起了较为直接的联系纽带,形成了有效、常规的沟通机制。每个部委分馆的建立,都根据其需求和机构条件,设计不同的服务内容。有的分馆没有文献保障部门,国家图书馆为其量身定制信息服务平台,将资源、服务整合为一体;有的分馆基于地理优势,将国家图书馆数字图书馆服务嵌入自己的机构内网,实现资源和服务的共享。

国家图书馆立法决策服务平台是为国家立法决策机构提供的综合性信息服务平台,是决策咨询系统化、网络化服务窗口。2008 年 12 月正式发布并提供服务,目前已建成数个个性化的服务平台。如针对"两会"代表的专供服务平台,针对部委的民政部平台、财政部平台等。立法决策服务平台,不仅实现了决策咨询用户服务的一个跨越,成为决策咨询用户日常工作的信息保障系统,更为重要的是为服务的立体化、纵深化提供了平台。立法决策服务平台,也为咨询馆员分析用户行为和需求特点,整合资源、产品化服务提供了窗口。

(4)协作服务。决策服务也是协作服务,是一项以机构合力、服务最终用户的服务。协作,不仅包括与决策咨询用户相关机构的合作,也包括服务机构之间的合作。决策服务更多是通过与决策相关机构的合作而开展的,是用户机构内信息保障部门的协作者,是其机构信息保障平台中的一个窗口。

决策机构建制在全国范围内具有垂直性和系统性的特点。如,全国人民代表大会是国家的最高立法机构,相应的在全国范围内会同步设置省、市、区、县级人大机构。这种垂直性、系统性的特点,一方面决定了中央国家机构的信息保障具有强烈的系统性和高度的集约性特点;另一方面,虽然各级机构职责有别,但他们在国家立法和方针政策制定中的信息需求,从整个系统来看又具有一致性[2]。由此,决策服务机构间建立协作,整合系统内的资源和服务,形成优势合力,有助于使用户一站式发现、获取决策咨询信息资源以及相关服务。

"全国省级公共图书馆决策咨询服务协作平台"的建立是协作服务的一种尝试。它不仅有利于公共图书馆之间的协作服务,更利于整合不同层级决策机构需求,形成垂直体系化网络服务。该平台旨在通过国家图书馆与省级公共图书馆,以及公共图书馆之间的相互协作,共同构建面向各级领导机关的服务协作网络。

3 决策咨询用户体系构建

(1)制度保障。制度化,是服务长期性、规范化的基础,是构建用户体系的有效途径。国家图书馆信息联络员制度的建立,在国务院各部委政策法规制定部门与国家图书馆之间建立了有效的信息沟通和日常联系机制。信息联络员是服务以及信息沟通的重要渠道,代表的是所在部门的用户,也是政策法规制定系统的整体用户。通过信息联络员,国家图书馆获得部委立法工作计划或重大研究项目规划,并制定年度或一定时期内的专题文献信息服务计划。同时,能够定期了解到信息联络员所在部委用户对国家图书馆立法决策文献信息服务需求的变化,并适时开展对服务的评估,获得直接用户反馈。

国家图书馆部委分馆制度,也是以制度保障服务,建立长期用户关系的一种模式。而中央办公厅系统的信息直报点的设立,将服务扩展至最高决策咨询用户,成为战略决策咨询用户日常信息保障部门之一。

(2)领域服务。领域服务,是指根据决策咨询用户所处领域开展专项联络与专业化服务。设立与决策服务用户业务领域相适应的业务机构或专业馆员,为服务的专向对接与专业化发展,以及体系化、类型化专业领域用户队伍的形成奠定基础。

国家图书馆于2011年底对专职承担为中央国家机关服务的业务机构立法决策服务部进行了自2008年以来的再次调整(见表1、2)。

表1 立法决策服务部内设机构调整前后对比表

序号	2008年科组建制	2012年科组建制
1	办公室	办公室
2	全国人大与政协服务组	综合服务组
3	中央国家机关服务组	教科文卫组
4	法律文献组	社会经济组
5	中国学文献组	内务司法组
6	部级领导干部历史文化讲座工作组	外交与国防组
7	系统与服务保障工作组	部级领导干部历史文化讲座服务组
8		服务推广组
总计	37人	62人

表2　国家图书馆立法决策服务部内设机构与国家立法决策机构设置对照表①

立法决策服务部	全国人大专门委员会	全国政协专门委员会	国务院组成部委	备注
办公室	—	—	—	—
综合服务组	—	提案委员会	—	综合服务组系承担面向所有中央直属机关用户综合业务协调科组
教科文卫组	教科文卫委员会 民族委员会	教科文卫体委员会 民族和宗教委员会 文史和学习委员会	教育部、科学技术部、工业和信息化部、文化部、卫生部、国家人口和计划生育委员会、民族事务委员会	
内务司法组	法律委员会 内务司法委员会	社会和法制委员会	民政部、司法部、人力资源和社会保障部、监察部	最高人民检察院、最高人民法院作为独立机构纳入内务司法组服务范围
社会经济组	财政经济委员会 环境与资源保护委员会 农业与农村委员会	经济委员会 人口资源委员会	国家发展和改革委员会、财政部、商务部、交通运输部、铁道部、水利部、住房和城乡建设部、中国人民银行、审计署、国土资源部、环境保护部、农业部	
外交与国防组	外事委员会 华侨委员会	外事委员会 港澳台侨委员会	外交部、国防部、公安部、安全部	
部级领导干部历史文化讲座服务组	—	—	—	部级领导干部历史文化讲座服务组系承担面向在京所有副部级以上领导干部提供讲座服务的业务科组
服务推广组	—	—	—	服务推广组系承担面向所有中央国家机关用户的服务宣传与推广工作的业务科组

① 引自国家图书馆立法决策服务部内部文件。

调整后的内设机构（见表2），与国家立法机构、政府机构的设置实现了相对一致的对接，在一定程度上兼顾了服务对象与服务领域的结合，使国家图书馆为中央国家机关提供专业化的服务在机构建制上得到了保障。经过三年的运作，各个科组基本形成了自己所涉领域的服务用户、服务产品和用户管理模式，在用户纵深服务方面有了一定的积累，向专业化用户体系的形成迈进了一步。

（3）用户维系。用户维系，最关键环节就是用户的沟通与联络，它是用户服务中常态化的内容。不论是服务设计之初、之中，还是服务之后，都不可或缺。用户联络，不是单一的信息反馈或服务评价，而是常规的沟通机制与联络平台的搭建。用户调查与走访，定期会议制度以及用户培训等，都是用户联络与维系的有效举措。①国家图书馆每年定期举办国家图书馆部委分馆馆长联席会议，商谈服务中存在的问题，服务的改进以及服务的新举措，交流彼此的工作进展和工作计划，共商下一步的合作重点。②通过立法决策服务年会以及信息联络员会议等，加强不同层面，不同类型用户的沟通与联络，促进服务的针对性，提高用户认同度。③“走进政府”是国家图书馆长期开展的一项用户联络方式，以到用户机构培训的方式将机构特色服务或已具品牌效益的项目推介给用户。这种做法，在强化和宣传服务的同时，在一定程度上提高了决策咨询用户获取文献信息资源的自我服务能力。④与之对应的是通过专题讲座、专题展览、专题会议，让用户“走入国家图书馆”的活动。通过走入图书馆，开启认识图书馆服务的新视角，更为直观、全面地了解我们的服务，提高用户对服务的认知度，从而有助于从机构层面上获得更多的支持。

为了更好地把握服务对象的需求特点，国家图书馆十余年来进行了服务用户的四次大规模全面需求调研。调研机构包括信息服务部门（图书馆、档案室、信息中心）；法律法规政策制定部门（政策研究室等）以及机关事务运行部门（办公厅、秘书处等）。全面调研，有助于了解决策咨询用户整体情况，如机构性质、工作职能、资源状况、人员情况、网络建设环境、信息需求主要内容、信息获取的主要途径等，便于系统分析决策咨询用户行为、信息习惯和需求特点。在每次调研之后，又召开与之相关的中央国家机关立法与决策信息咨询服务座谈会。

此外，每年或不定期根据工作重点，开展个性化的、针对性的调研走访，对接需求，获得反馈，以利于及时调整服务，改进服务。如与相关部委建立分馆制度时，针对该部委各司局进行深度的需求调研，以细化该机构信息需求，以便制定适于该机构用户的服务策略。又如每年“两会”服务之前和之后，都要开展相应的调研。而这种沟通和调研，即可密切双方的合作关系，又有助于需求把握，为下一步的服务奠定基础。

（4）用户管理。用户管理，是为了更全面了解所服务对象分布情况、身份角色，分析其需求类型、需求趋势、需求频度、需求实现程度、需求用途等，明晰用户结构和用户层级，根据用户差异性制定服务策略。

国家图书馆决策咨询用户类型多元，服务渠道多样化。需通过日常咨询档案统计分析、资源使用情况报表、特定类型用户的分析等，及时掌握用户信息和需求动态。①咨询档案库的建立，是用户管理的较原初的做法。档案的建立和管理，不仅对咨询业务的积累和再利用提供参见，也为用户维系和服务设计提供数据。通过每月咨询统计报表、每年咨询分析报告以及不同类型用户、不同类型咨询的分类统计等,实时跟踪用户,分析需求,调整服务。②通过用户服务平台利用情况的分析,获得最新鲜最直接的用户行为数据,为评价平台服务和资源提供参考。③对潜在用户和机构用户的分析也是日常服务所需。在"两会"服务期间,为提高服务的针对性,提供差异性服务,国家图书馆对政协委员的身份、界别、专业、工作领域、任职情况、会期驻地等进行了分类统计分析,并根据驻地和界别进行了不同产品的推送。

用户管理,更是需要技术改进和理念创新,它是一个动态的过程,也是相互关联和作用的关系网络。机构知识库、档案库的建立,将用户管理、机构隐性知识共享在同一平台得以实现,并使二者达成一致。用户资源和隐性知识资源是一个机构最具优势的竞争资源,形成机构内部无障碍的知识共享对于机构的成长、团队协作、竞争力的积累以及用户认知的提高都是不可或缺的推动力。而机构知识库、档案库以及决策服务平台等不同系统之间的链接和互通,将用户、资源、馆员、技术、时间等彼此作用彼此影响的决策服务所必备的要素相统一相一致,形成广泛的服务链和用户网络,构建了健康的决策咨询服务环境。

参考文献

[1] 张曙光. 国家图书馆"两会"服务产品的设计、编制及服务[J]. 国家图书馆学刊,2013(2):14-19,39.

[2] 卢海燕、谢德智、毛瑞. 全国省级公共图书馆决策咨询服务协作平台构建与设想[J]. 国家图书馆学刊,2012(5):89-95.

(原载于《图书馆理论与实践》2015 年 08 期)

十字路口的图书馆编目工作

顾　犇

图书馆编目工作是图书馆的基础业务工作，也是核心业务工作。伴随着图书馆业务范围的拓展、新技术的日益发展，以及图书馆管理模式的改变，采编工作的未来发展正处于十字路口，进退两难。

1　转变中的阵痛

回顾十几年来走过的道路，编目工作经历着多方面的阵痛。

1.1　工作量

工作量化是采编工作经历的第一次“阵痛”。在20世纪90年代以后的各种管理模式（包括定量管理、目标管理、岗位管理等）中，采编工作的计量成为很重要的方法。增加定额是总体要求，而实际操作的难度导致管理人员忽视或者不愿意考虑不同类型图书馆的差别和不同部门工作量之间的协调。可以计量的采编工作负担日益繁重，而不可计量的其他工作却缺少合理的考核标准，这成为导致采编工作衰弱的一个因素。

1.2　人员流动

第二次阵痛是人员流动。与各地图书馆馆长们聊天，大家普遍表示喜欢用采编出身的干部。凡新成立部门，都从采编调人，新提拔干部，都从采编选人，采编部门成为培养干部的基地。

这是好事还是坏事？如果说是好事，就是说采编工作培养人，在那里可以受到扎实的图书馆基础业务训练，培养人们严谨的工作作风。如果说是坏事，那也肯定是，因为采编工作专家培养需要很长的周期，真正入门需要五年时间，成为行家需要十多年时间，而成为业内专家起码需要20年左右。如果干几年就离开，采编的专家如何培养？

1.3　边缘化

第三次阵痛可以说是采编工作的边缘化。过去的图书馆工作主要是买书、借书、藏书，业务部门不多，自然采编工作的重要性不言而喻。经过多次改革，图书馆新增加的讲座、数字资源、决策服务、展览等职能，都在人力资源配置和财力资源配置上对基础采编工作产生影响。

在人力和财力投入不足的情况下，业务外包和书商增值服务是不得已而为之的大趋势，可以说是社会化的浪潮，这在许多行业都存在，图书馆也不例外。特别是对于采编工作这种劳动力密集的工作，社会化趋势也更加明显。

图书馆的新业务需要人，只有通过采编业务的社会化，才能有人力资源调配的空间。图书馆的数据回溯工作，不采用社会化的方式，确实不可能完成。采编业务量增加，人员不可能增加，对于采编工作来说社会化也是必走之路。

采编工作社会化严重地影响了采编业务人员的培养和发展。中小型图书馆都大大减少采编工作人员的数量，只有很少的大型图书馆还有一定规模的采编工作队伍。从业人数的减少自然影响到这个领域业务和学术的发展，而一些学者的推波助澜，也加剧了这一势态的发展。

以上三次"阵痛"密切相关，互为因果。

2 现状和问题

2.1 标准化问题

在图书馆编目领域，数据交换是很重要的一个环节，标准化尤其重要，于是国际化和中国特色之间的争论就成为一个老话题。现代文献编目的方法和标准都是在与国际交流中产生的，但是也总有不适应中国具体情况的地方，一些学者和从业人员坚持中国本地特色，总希望制定自己的标准，而且有闭门造车的趋势。

国际标准中确有尚未考虑到中国特色的问题，所以我们要积极参加国际学术会议，提出我们的特点，建议国际标准考虑中国特色。同时我们应该看到，出版物的形式在全世界基本上是类似的，国际标准已经有几十年的历史，经过了国际上无数编目专家的讨论，他们的集体智慧应该予以承认。我们要先看懂他们在讲些什么，才能发表自己的意见，不能在没有看懂之前就先入为主，用"中国特色"这个标签来解脱、逃避研究责任，掩盖自己看不懂国际标准的弱点。事实上，与西方图书不同的"中国特色"是极少的。

不与国际标准接轨的弊端，第一是浪费大量的人力资源。重新起草一个标准，我们要经历国际标准的翻译、国内标准的起草等烦琐的过程，没有三五年是完不成的。等我们完成了标准，国际上又有了新的标准，致使我们一直比国际标准落后十多年。第二是国内标准不一致。全国性的权威机构有若干个，缺少统一协调机构，做标准的人多，推广标准的人却很少。大家似乎把标准作为科研项目，做完了就是成果，不管后面标准应用推广的事情。

2.2 技术的浪潮

信息技术的发展深刻改变了我们的工作模式和生活方式。作为从事信息组织的图书馆员，我们不得不认真考虑技术对我们的影响。OCLC 的王行仁先生指出，技术变化容易，人的习惯难改。

人的习惯难改,有几个方面的原因:第一是人的惰性。不愿意花时间学习。第二是既得利益。在现有的条件下,已经成为专家的人,在新的环境下就没有优势,这样的人就不容易接受变化。第三是能力局限。有一些人学不会新的技术,于是就成为变革的阻力。

也许某种变革本来就不合理,也许某种变革是大趋势,我们目前都无法预言。如果变革成为必然,不是我们自己坐而论道就能解决的,这种变革也许就会摧毁一个行业、一个单位或者一个部门。对于图书馆行业,道理同样如此。图书馆如果不努力,也许会成就技术业,也许会成就出版业,也许会成就作者本身。因为现在做技术的都在关心编目问题,出版界也在关心编目前移的问题,而豆瓣等网站采用的读者自助编目、不少网站采用的分众分类法等网络编目方法也在争夺着传统编目员的饭碗。只要技术和标准等问题得到解决,编目数据直接从出版业获取是完全有可能的事情。

我们不是预言家,但是需要思考问题,万万不可守旧。图书馆编目人员因为巨大的工作压力和狭小的工作空间,往往缺少走出去的勇气和时间,久而久之就形成排斥新事物、孤芳自赏的习惯。从长远来看,这很容易被外来的力量所淘汰。

2.3 理论研究

图书馆的科研工作是把实践经验归纳上升到理论的高度,并且反过来指导实践工作,脱离了实践的编目理论研究是没有生命力的。但是正如我们在其他领域看到的类似情况,在编目领域的研究有理论教条化和科研具体化的倾向。不少编目研究者死抱着老祖宗的理论,奉为金科玉律,不能修改;也有一些研究人员缺少宏观视角,过多地着眼于编目规则、机读格式、分类法等某一个细小的方面进行研讨。而对于国际编目界的进展,却很少有人去跟踪、研究并考虑本地化问题,更少有人去关注跨行业和跨学科的研究进展。甚至不少编目员只知道用自己的系统软件进行编目,却不知道为什么要这样编目,不知道指示符、代码等设定的意义,不知道它们在联机目录检索中的作用。在目录系统发生问题的时候不能及时发现,更不知道如何解决。本人担任不少杂志投稿和会议征文的评审,学术期刊中的编目类文章越来越少,图书馆年会征文中编目员的参与度也低得可怜。

在国际编目领域,现代信息组织的规则和标准都是由老一代编目专家制定,国际图联大会上活跃的也都是老一代的编目专家。而在中国,传统文献编目和数字资源编目貌似两个不同的领域,由完全不同的两批人在进行研究,一方面是机构设置上把传统和现代截然分离,另一方面是因为传统编目员缺少学习新知识的能力。导致的结果就是,技术人员不了解传统文献编目,做出的研究不能适应图书馆检索的需要,而传统文献编目人员则在参与度、话语权等方面进一步被边缘化。

如果有一天国际编目界发生了根本性的变革,涉及中国图书馆界,那被淘汰的首当其冲就会是传统编目员。

2.4 产业链的变化

技术带来的另一个变化,就是从作者到出版到书店到图书馆到读者这条产业链的变化。历史发展受到技术驱动,不以人的意志为转移。现在许多人反对电子书,也许某一天电子书长得就和纸书一个模样。更何况,我们的后代也不一定接受纸书。如果不紧跟潮流,我们就会被淘汰。

近二十多年来,报刊的数字化已经发展到极致,从印本报刊到文摘索引,到全文报刊,到纯电子期刊,到按需印刷。电子图书虽因其阅读模式、销售模式、赢利模式都与期刊不同,暂时发展缓慢。但是近几年来,电子图书市场似乎走过了拐点,进入了上升发展期。正如二十年前我们无法预料现在的智能手机有诸多功能一样,我们也不能一概说以后纸本图书会永远存在下去,或者说永远是主流的阅读方式。

出版业的变革,必然会引发图书销售行业(书商)的变革,从而也会引起图书馆功能的变革。到目前为止,图书馆的功能都不知道会发生哪些变化,更何况图书馆的采访和编目工作。

未雨绸缪的事情,大到一个行业,小到一个单位和一个部门,都需要认真考虑。出版业需要考虑自己的未来,书商需要考虑自己的未来,图书馆也需要考虑自己的未来。不过这个未来是什么,谁也说不清楚。图书馆的职能有很多,其核心价值到底是什么?采编工作是否为图书馆的核心价值所在?是否需要加强投入?作为图书馆管理人员,需要思考未来发展的路向,图书馆编目员也需要提前做好准备。

我们也希望相关标准制定的权威机构能发挥作用,拥有话语权的各大机构也放下架子精诚合作,为了共同的事业和未来形成合力。

可以说我们现在位于十字路口,是进是退?是抢占地盘还是坐等消亡?我个人认为,编目工作在未来还是需要有人去做的,但是究竟谁应该去做,谁有能力去做,谁最后做成了,都是需要我们思考的问题。

(原载于《国家图书馆学刊》2015 年第 6 期)

国家图书馆期刊缴送统计方法剖析与体系重构

孙保珍　王来祥

期刊是国家图书馆馆藏资源的重要组成部分，是国图总书库中重要的信息资源类型。依据“中文求全，外文求精”的采访总原则，国家图书馆对期刊文献的采选原则是：具有国内统一连续出版物号、在中国境内出版的中、外文正式期刊全部入藏；非正式期刊选择性入藏。截至 2013 年底，国家图书馆馆藏中文期刊数据 10503 种（含非正式期刊 1046 种），国内出版外文期刊 281 种，已成为世界上收藏中文连续出版物最丰富的图书馆。

接收出版物样本缴送是国家图书馆的基本职责之一。1906 年始，国家图书馆即被列为我国法定的出版物样本缴送接收单位。一直以来，国家图书馆依据国家相关规定全面接收国内出版物样本的缴送，缴送本是国家图书馆馆藏资源的重要来源之一。依据“（91）新出图字第 990 号、（91）新出图字第 1316 号”文件的规定，国内发行的公开出版的期刊应在每期出版后一个月内向国家图书馆缴送样本三份[1]。

1　国家图书馆期刊缴送统计工作现状

1.1　期刊缴送统计管理

为了加强出版物样本缴送工作力度，国家图书馆于 2011 年成立“国家图书馆出版物呈缴办公室”，全面负责各文献类型的样本缴送工作。同时开发出版物缴送管理平台，于 2012 年正式上线，实现了对缴送样本的信息化、精细化、自动化的管理。缴送管理平台中期刊模块的样本统计原理基于现有的 Aleph 系统，将 Aleph 系统中期刊缴送样本的数据登记信息平移至平台中，依据统计的需要设置统计规则，实现对期刊缴送样本实时、精确、自动化的统计。

1.2　期刊样本统计方法

（1）统计评价的范畴。国家图书馆对期刊样本缴送的统计评价基于实际馆藏情况进行，范围是全部馆藏的正式期刊，即有国内统一连续出版号（CN 号）的期刊，按照文种区分，中、外文分别进行统计评价。

（2）统计评价的指标。依据《国家图书馆缴送工作管理暂行办法》的规定，对样本缴送工作的统计评价指标是馆藏正式期刊的缴送率与缴全率。

（3）期刊“种”数的统计标准。在现行的样本缴送统计评价中对期刊“种”数的统计标准是：凡具有国内统一连续出版物号（CN 号），同时，根据业务工作的需要为其单独制作一条书目数据的即算为一种期刊，即现行的统计评价的基数实为期刊的书目数据量。

(4)现行期刊统计方法。依据对于期刊“种”数的统计标准，统计出馆藏期刊中具有国内统一连续出版物号的期刊种数，这就是用于计算缴送率与缴全率的基数。由此可得出期刊缴送率与缴全率的计算方法：

$$缴送率=\frac{有缴送行为正式期刊种数}{馆藏正式期刊种数}\times 100\%$$

$$缴全率=\frac{缴全正式期刊种数}{馆藏正式期刊种数}\times 100\%$$

上述计算公式中，“有缴送行为期刊种数”是指，全年中期刊的缴送单册不为0的期刊种数，即全年中有缴送单册的期刊的种数；“缴全期刊种数”则是指，全年中每期都能够足册(3册)缴送到馆的期刊的种数。缴送率越高，说明有缴送行为的期刊越多，缴全率越高，说明每种期刊缺缴的期次越少。在对缴送工作进行评价时，对这两项指标的要求同等重要，不分伯仲。

以对2011年期刊的缴送情况的统计为例：2011年国家图书馆入藏的中文期刊中有国内统一连续出版物号的期刊为9185种，其中有缴送行为期刊种数为8573种，缴送全的期刊种数为5062种，按照缴送率与缴全率的计算公式，可得出2011年中文期刊的缴送率为：$8573/9185\times 100\%=93.3\%$，缴全率为：$5062/9185\times 100\%=55.1\%$。

2011年国家图书馆入藏外文期刊有国内统一连续出版物号的期刊为246种，其中，有缴送行为期刊种数为223种，缴送全的期刊种数为140种，按照缴送率与缴全率计算公式，可得出2011年外文期刊的缴送率为：$223/246\times 100\%=90.7\%$，缴全率为：$140/246\times 100\%=56.9\%$。

2 对现行期刊缴送统计方法的分析

国家图书馆现行的对期刊样本缴送的统计方法是在多年实际工作经验的基础上形成的，对于实际的业务工作具有较强的可操作性。在自己的统计原则的基础上，也能较为真实地反映期刊样本的实际缴送情况，无疑是具有合理性的。但深入分析不难发现，这种统计方法也存在一定的局限性。

2.1 统计单一，不完整，不能反映期刊样本缴送工作的全貌

依据采访条例，国家图书馆对内部期刊是选择性入藏，选择入藏的标准是：有连续性和价值性。一是从期刊出版的连续性上来判断，对于能够连续出版，且能够向国家图书馆缴送样本，能够保证馆藏的连续性与完整性的期刊进行入藏；二是从期刊出版的内容上判断是否有收藏价值。我国内部期刊的出版量比较大，以广东省为例，内部刊就有300多种，出版量大于正式期刊的数量。以2013年为例，国家图书馆入藏的中文内部期刊有1046种。内部期刊的获取渠道非常有限，大部分内部期刊只能靠杂志社、编辑部的缴送，催缴工作人员投

入了大量的时间与精力，付出了艰巨的劳动。虽然相对于馆藏的正式期刊来说，内部期刊只是一小部分，但内部期刊的样本缴送是国家图书馆期刊样本缴送工作中必不可少的一部分，而现行的缴送统计方法却未能体现内部期刊的缴送情况，致使催缴工作人员的劳动付出未能得到全部体现。

2.2 统计不够细化，对实际缴送工作指导性不强

现有的统计虽按文种进行了区分，但仅限于中文与外文。除此之外，对于馆藏的正式期刊只统计一个总体的缴送率与缴全率，这样的统计虽能反映出馆藏正式期刊的整体缴送概况，但没有对期刊的缴送情况进行细分，例如哪种类型或哪个地区的期刊样本缴送较好或不好，这就无法对呈缴工作人员的具体工作安排提供具体有效的借鉴。只有对缴送情况进行细分，明确哪种类型或哪个地区缴送的好或不好，工作人员才能有的放矢，根据全年任务，结合具体的缴送情况进行阶段性的工作安排。

2.3 统计标准与出版行政管理部门不一致，导致统计结果缺乏可比性

目前，国家图书馆对期刊“种”数的统计标准，是有国内统一连续出版物号且为其制作一条书目记录的算为一种，在这样的统计标准下，用同一个国内统一连续出版号出版的多版本的期刊，如果做了多条书目记录，则会算为多种期刊。例如：《广告大观》有三个版本，即《广告大观 · 综合版》《广告大观 · 理论版》《广告大观 · 媒介》，这三个版本拥有相同的国内统一连续出版物号，即 CN32 - 1730/F，其中“综合版”与“媒介”的出版频率为月刊，而“理论版”的出版频率为双月刊，各自有着独立的卷、期标识。根据文献编目规则、加工及典藏管理的要求，国家图书馆对这三个版本分别做书目记录，在做缴送统计时算三种期刊。

这种统计标准与出版行政管理部门是不一致的，例如《中华人民共和国国家标准——中国标准连续出版物号》(GB/T 9999—2001 eqv ISO 3297:1998)中规定：中国标准连续出版物号采用一个号对应一种连续出版物的基本原则[2]。即期刊“种”数的统计标准是“中国标准连续出版物号”。而新闻出版总署所颁布实施的《期刊出版管理规定》中第三章第三十三条明确规定：一个国内统一连续出版物号只能对应出版一种期刊，不得用同一国内统一连续出版物号出版不同版本的期刊[3]。也就是对于期刊“种”数的统计标准是“国内统一连续出版物号”。即上述《广告大观》在出版管理部门的统计中是算一种刊。

这种与出版行政管理部门统计方法的不一致性，不仅显示出国家图书馆对于期刊“种”数统计的不规范性，还导致了所统计的结果缺乏行业间的可比性。

3 新型期刊缴送统计体系构建

3.1 构建期刊新型统计体系的原则

作为国家总书库，国家图书馆对于期刊的采访方针是：中文求全，外文求精。同时，国家图书馆又是法定的出版物样本缴送的接受单位，这双重条件，使得国家图书馆对于样本缴送

情况的统计理应反映出全国期刊的出版及缴送面貌,但由于目前统计评价方法的欠科学性,使得缴送统计的这种功能未能实现。因此,构建新型期刊缴送统计体系要考虑各方面情况,满足不同需求,既要满足本馆实际缴送工作的开展及业务考核评价的需要,也要尽可能的体现全国期刊的出版及缴送情况,为管理部门相关政策的制定及修改提供有力的数据支撑,为图书馆界以及出版界了解期刊的相关情况提供一个参考,以更好地履行总书库的职能。同时,构建新型体系要遵循如下几个原则。(1)可操作性原则。缴送评价体系的构建要立足于业务工作实际,具有切实可行的操作性。(2)规范性原则。应考虑出版界的统计制度,统计口径保持一致,使统计结果具有行业间的可比性。(3)沿承性原则。应考虑历史评价方法的过渡性,新、旧方法并行,平稳过渡,以便于历史情况的纵向比较。

3.2 新型期刊缴送统计体系的设计

统计指标:缴送率缴全率

基于实际需求及构建的原则,拟采用层级式缴送统计体系。将全部入藏期刊的缴送统计设为顶层级,再根据不同的需求,依据不同的标准作次级层的期刊缴送统计分类,以满足不同的需求。次级层的缴送统计遵循可操作性原则,主要依据期刊的外在客观属性进行划分,按出版量、有无 CN 号、语种,也可依据期刊的学科属性分为科技刊、社科刊。按区域分为西部 12 省(区)、中部 6 省、东北 3 省、东部 10 省。

(1)全部入藏期刊的缴送统计。以目前入藏的全部期刊为统计基数,包括中文、外文、民文,正式期刊和非正式期刊。此项评价主要用于业务主管部门对于缴送工作的业务考核,这样的统计能够全面、完整地体现缴送工作的实际工作情况和催缴工作人员的劳动量。计算公式如下:

$$缴送率=\frac{有缴送行为期刊种数}{馆藏期刊种数}\times 100\%$$

$$缴全率=\frac{缴全期刊种数}{馆藏期刊种数}\times 100\%$$

(2)按出版量进行缴送统计。即对于期刊“种”的概念与出版行政管理部门及出版界保持一致,以“一号一刊”的原则进行统计。此方法做出的缴送统计可以在出版行政管理部门、出版界及图书馆界进行横向比较,也能够相对准确地反映出全国期刊的出版情况,为出版行政管理部门及出版界提供数据查询渠道。

计算公式如下:

$$缴送率=\frac{有缴送行为“一号一刊”期刊种数}{年度出版种数}\times 100\%$$

$$缴全率=\frac{“一号一刊”中缴全期刊种数}{年度出版种数}\times 100\%$$

在此统计系列中,先计算出整体的缴送情况,再依据 CN 号的分配原则,即前两位数字为省份的地区代码,如《文学遗产》CN 号为 11 - 1009,前两位“11”代表出版地是北京。按此原则进行各省份的缴送统计，为出版行政管理部门的管理提供依据。

(3)按有无 CN 号分别统计正式期刊与非正式期刊的缴送情况。此处，正式期刊包含“一号多刊”中的期刊，即所有馆藏的有 CN 号的期刊。

(4)按语种区分为中文、外文和民文期刊的缴送统计，这样不仅可以了解不同语种期刊的缴送情况，也可以从中了解全国期刊出版中各语种的分布情况。

(5)按照期刊的学科属性，分为社科类期刊的缴送统计与科技类期刊的缴送统计。

(6)按区域划分进行缴送统计，是便于缴送工作人员根据各区域缴送情况制定相应的工作策略。在按区域的基础上再按省份分别进行统计。区域和省份的划分依据各地区的代码。

国家图书馆对于样本缴送工作的统计评价要有多维性，从不同的角度分别进行，以满足不同的需求。同时，国家图书馆的缴送统计体系要具有行业的示范性，不仅在本馆适用，在其他接受出版物样本缴送的单位也同样具有适用性。

参考文献

[1] 中华人民共和国国家标准 · 中国标准连续出版物号[S]. 北京：中国标准出版社，2002：2 - 3.

[2] 杨金奇. 国家图书馆中文连续出版物接受缴送情况统计分析及改善对策[J]. 农业图书馆情报学刊，2012(7)：113 - 115.

[3] 期刊出版管理规定[EB/OL]. [2014 - 11 - 19]. http://baike.so.com/doc/6036038.html.

（原载于《图书馆理论与实践》2015 年第 12 期）

利用开放语义资源丰富个人名称规范数据

——基于 FOAF 的方案设计

郝嘉树

我国个人名称规范数据因不完整数据量大、重名严重及同名标目形式多样化等问题导致标目间区分度低，在维护规范数据和规范书目责任者时给编目员甄别和选择带来较大障碍，需要人工逐条分析、比对和辨别。编目员在个人名称规范维护和控制工作中花费的时间、精力与名称规范发挥的作用形成较大反差。截至2014年底，国家图书馆名称规范数据量已高达140万条，7年时间增长62%，因此当前名称规范工作重点不应该是盲目扩张规范库规模，而是要靠高效获取和完善数据提升名称规范数据的维护效率和质量，从而真正发挥名称规范的区分、汇聚等功能。探索低成本高效率的信息源获取模式是关键所在。目前，维护规范数据的信息来源有受编文献、工具书、期刊、网络、电话、邮件和交友软件等渠道，这些渠道大多是被动获取信息，可获得内容取决于是否提供和提供哪些信息；电话、邮件和交友软件虽然能得到指定信息，但沟通成本高不利于大规模开展。因此需探索新的信息源获取模式，在获得所需信息的同时，能快速大规模开展个人名称规范数据维护工作并降低人力物力成本。

国内外已有学者从开放关联数据的角度论述发布名称规范数据可以发现、整合信息，其中有些完成了数据的语义化发布，但并未给出如何实现规范数据的丰富和具体实施方案[1-2]；Elliott 提出利用 FOAF 帮助名称规范消歧，但只论述了潜在可能性，并提出相关疑问[3]。考虑到机构对自身数据不愿公开以及开放关联数据操作、管理的复杂性，本文提出不发布为开放关联数据，而是收割语义资源丰富本地名称规范的方法，并论述该方法可行的相关依据，同时以 FOAF 为例，制定语义资源获取策略、分析发现整合技术以及给出自动丰富名称规范数据的具体算法和方案。

1 开放语义资源：高效信息源获取模式

开放语义资源是发布在 Web 中以机器可理解可处理的资源描述框架（Resource Description Framework，RDF）模型和统一资源标识符（Uniform Resource Identifier，URI）表示的可分享、链接的数据集合[4]。语义数据通过“主体—谓词—客体”三元组（Triple）形式描述不同对象和它们之间的关系，资源用 URI 标识并用 RDF 模型表示后，经过发布，任何人都可以使用 HTTP URI 参引 Dereference，查找和获取该数据。开放语义资源是有效的名称规范信息源。目前互联网上发布的 RDF 三元组数量已是百亿级别，在这些开放语义资源中，包含了由网络用户发布的“自我申明”，它们通过用户创造内容（User Generated Content，UGC）[5]形式整合存在人头脑里有关人的事实信息，例如 FOAF（Friend-Of-A-Friend）[6]、BibApp[7]和 VIVO[8]，这些资源描述个人的兴趣爱好、开展的工作及项目、发表的著作及认识的朋友同事等，可用来补充、完善个人名称规范数据相关信息项；除此之外，开放语义资源中还有权威机构发布的名称规范档、人名表和叙词表等，如德国国家图书馆联合权威档（Gemeinsame Normdatei，GND）[9]及国际虚拟规范文档（Virtual International Authority File，VIAF）[10]等基于 RDF/XML 描述的名称规范档，英国档案叙词表（UK Archival Thesaurus，UKAT）[11]及美国国会图书馆标题表（Library of Congress Subject Headings，LCSH）[12]等用简单知识组织系统（Simple Knowledge Organization System，SKOS）[13]表示的个人主题词，这些词汇表包含了权威的个人信息，其本身就可用来丰富名称规范附加成分、单纯参照和相关参照等，提高个人名称规范数据质量。

利用开放语义资源维护名称规范数据的高效性体现在易获取性、自动化程度和维护速度三个方面。目前国内外维护名称规范数据的主要方式是由编目员通过受编文献、工具书、期刊、网络和邮件等渠道查找责任者相关信息，并进行手工维护。利用开放语义资源的自动维护较之基于传统信息源的手工维护：

（1）易获取性方面，前者的 RDF 三元组描述方式及 URI 技术容易在数据集之间跳转，将不同数据集合以各种关系形式连接起来，从而能极大程度上发现和获取资源，并且准确性高；而后者需人工逐一在各信息源中查找，并需辨识同名异人的情况。

（2）自动化程度方面，前者结构化的数据可将 RDF 谓词和规范数据 MARC 字段建立映射，计算机程序能自动将语义资源收割到规范记录对应的字段中去；而后者需人工查找、辨识各字段对应的内容并手工输入。

（3）维护速度方面，前者大部分流程都可以根据相关算法和 RDF 机制由机器自动、定向和批量地获取资源和维护规范数据，对于超出本地规范库范畴外的资源可快速新建记录扩张本地规范库规模；而后者在各环节主要靠人工来逐条比对、判断和维护，影响维护的速度。

从以上三个评价指标可以得出，利用开放语义资源的自动维护较之基于传统信息源的手工维护效率高，有利于个人名称规范数据质量及规模的提升。

开放语义资源可信度高。语义数据的技术架构提供可追踪来源的 RDF 语义描述方案，通过数据来源判断数据的可靠性，还有通过计算网络可信度推断来源名誉[14]；语义网为各类实体和所涉及的大量概念、术语提供了规范控制，使得提及某一实体或概念术语时，系统能自动给予归并或参照，这种规范控制的结果就使信息在一定程度上更加可信[15]；开放的语义资源中，网络用户发布的“自我申明”是个人对自我的真实反映，排除恶意欺诈，该种模式下申明的内容是客观的；发布的规范文档和叙词表等是由权威机构编制，内容准确真实。

调查发现 FOAF 是最受欢迎的本体之一[16]，为方便理解，本文即以 FOAF 为例，设计用语义资源丰富个人名称规范数据的方案，探究如何识别和获取开放语义资源进行个人信息的自动发现及聚合，并自动匹配和丰富名称规范数据。

2 FOAF

FOAF 是网络用户用已定义好的 RDF 词汇表形式化描述个人信息和其相关的社会网络,其本质为描述个人的简单本体。它由 Brickley 等于 2000 年创建,遵循 W3C 体系,最初只描述个人,后扩展到各类群体,如机构、公司和地点,FOAF 描述词汇随之历经 10 次更新,于 2014 年最终确定下来[17]。

计算机对 FOAF 文档可读可理解,文档经发布便可搜索和处理。FOAF 命名空间用 RDF Schema 定义的词汇(标签)描述个人及相关属性(信息项),计算机通过这些标签理解和处理 FOAF 文档;FOAF 文档可使用"FOAF-a-Matic 2.0"[18]、"Quatuo"[19]等在线工具生成,也可参考 RDF/XML 语法和 FOAF 词汇手工创建。获取有关人的信息并不容易,FOAF 通过 UGC 形式整合存在人头脑里有关人的事实信息,并通过 URI 分散的协同形成社会网络。本文所使用的 foaf:Person(个人)类包含的属性如表 1 所示:

表 1 foaf:Person 包含的属性标签及说明

属性标签	说 明
foaf:pastProject	曾做过的项目
foaf:currentProject	正在进行的项目
foaf:publications	发表的文章
foaf:knows	认识的人
foaf:workplaceHomepage	工作单位网站
foaf:workInfoHomepage	从事工作的相关信息
foaf:schoolHomepage	学校信息
foaf:firstName	名
foaf:surname	姓氏
foaf:lastName	姓
foaf:gender	性别
foaf:birthday	出生日期
foaf:mbox	邮箱 URI
foaf:mbox_sha1sum	加密的邮箱 URI
foaf:interest	兴趣
foaf:geekcode	网络个性签名
foaf:img	图片
foaf:plan	工作、个人生活计划
foaf:jabberID、foaf:aimChatID、 foaf:yahooChatID、foaf:icqChatID	各种网络账号

续表

属性标签	说　明
foaf:myersBriggs	迈尔斯布里格斯类型指标(表征人的性格)

其中,用 foaf:mbox 或 foaf:mbox_sha1sum 作为识别个人的 URI,名字等不具唯一标识性,而不同人使用不同的邮箱,FOAF 用邮箱代表背后使用的人[20]。foaf:knows 表示认识的人,通过该标签可以很容易把相关人员和实体关联起来形成社会网络,从而丰富个人规范数据相关参照。

3 基于 FOAF 丰富个人名称规范数据的方案设计

利用 FOAF 丰富名称规范数据流程如图 1 所示。

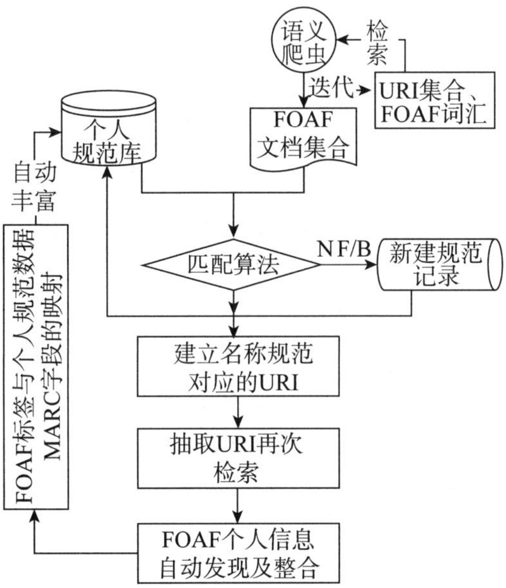

图 1　利用 FOAF 丰富个人名称规范数据的方案设计

使用语义爬虫软件根据限制条件获取 FOAF 文档集合,采用相关算法和名称规范数据进行匹配,匹配成功则利用 URI 自动发现聚合个人信息,并根据 FOAF 标签与规范数据 MARC 字段的映射自动完善规范数据,匹配失败则对 FOAF 文档进行筛选用于名称规范数据的新建,从而扩大规范库种类和数量,具体实施方案如下。

3.1　识别和获取 FOAF 文档

选用开放语义资源作为信息源的一个重要原因是可由计算机自动批处理大量数据,而人只是制定规则。在获取资源之前，要制定限制条件、类型和规则，保证获取资源的有效性，具体方案如下：

(1)识别限制条件

数据集满足下面条件即视为 FOAF 文档：

①是有效的 RDF 文档；

②文档使用 FOAF 命名空间；

③X 是 rdf:Property 的实例并且来自 FOAF 命名空间；

④在主体位置只能有一个类型为 foaf:Person 的实例并且不能作为文档中任何三元组的客体。另外，文档中出现的其他 foaf:Person 实例必须作为客体，不能出现在主体位置。

其中涉及的 FOAF RDF 模型如图 2 所示。

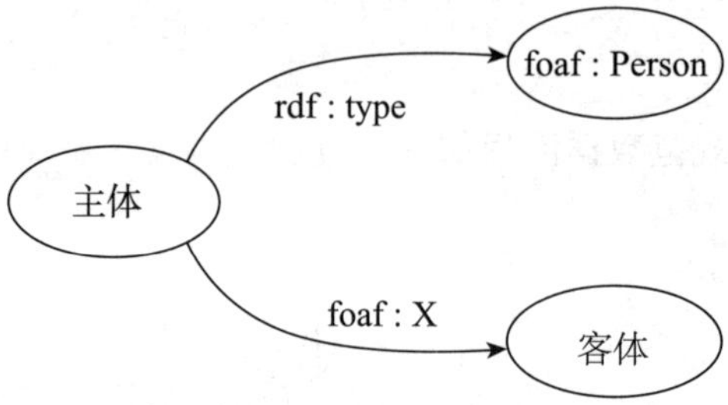

图 2　FOAF 文档模型

在具体实施时，RDF 的有效性使用 RDF 解析器验证；判断命名空间通过检索是否包含"http://xmlns.com/foaf/0.1/"；条件③可以具化为判断 foaf:X 的 rdfs:domain(定义域)是否为 foaf:Person；条件④是理想的 FOAF 文档，在实际中过于严苛，可以将其简化，排除没有揭示实例的情况就是符合定义的 FOAF 文档。

(2)获取接口的选择

关联数据的获取方式有 5 类：SPARQL 查询准确率高，但需掌握相关语法及获取的资源少；WebService API 可长期、批量获取数据，但需熟悉 API 背后的各种协议；批量下载简单直接，但不适用于大规模、更新频率高的数据源；动态网页抽取和语义搜索引擎/爬虫能同时获取多个数据源资源，但受自身算法、策略影响大[21]。结合以上 5 种获取方式的优势和劣势，本文选用语义爬虫方式，如 LDSpider[22]，目的是发现更多未知、可能存在的语义数据集。

(3)收割规则

为不引起版权纠纷，在搜索数据集时要注意数据规定的访问权限，选择访问方式为免费和可开放获取的关联数据集；对于有限制的数据集获取其公开部分的元数据内容。

获取 FOAF 文档是迭代的过程。将前述规则转化为语义爬虫中有效提问，相继搜索包含 FOAF 命名空间、foaf:Person 及文件类型为.foaf 的文档和后缀为.rdf、.xrdf、.owl 的 RDF 文档，从而收集 FOAF 文档和 URIs 集合。再次在语义爬虫中利用已搜集的 URIs 和 FOAF 词汇，如 foaf:knows 和 rdfs:seeAlso，发现新的 FOAF 文档。通过在爬虫中搜索发现，FOAF 文档主要来自于博客，常用标签排名为 foaf:mbox_sha1sum、foaf:nick、foaf:name、foaf:homepage、foaf:knows、foaf:birthday、foaf:interest 和 rdfs:seeAlso 等[16]。

3.2 FOAF 个人信息的自动发现及聚合

RDF 具有开放性和互联性，实体经 RDF 描述、发布后可被计算机检索和处理，并可将网络上离散的数据片段自动关联起来发现新内容。数据之间的链接主要依靠三元组中谓词和 URI 的使用，其中谓词只要根据应用领域选择相应的 RDF 属性即可[23]。

如在 FOAF 中，从个人发布的 FOAF 文档中获取信息，还通过唯一标识 foaf:mbox 或 foaf:mbox_sha1sum 或 foaf:homepage 游历到另外的 FOAF 文档，从而自动发现和整合文档集合中有关此人的所有信息，也因此可用来完善规范数据的附加成分、单纯参照和注释，提高个人名称规范数据质量；FOAF 通过 foaf:knows 将自己的朋友、同事或认识的人关联起来，再通过唯一标识匹配 FOAF 文档集中不同个体的 owl:sameIndividualAs（个体相同）关系[24]，这样分散的文档集合就能形成社会网络，可帮助构建、完善个人名称规范数据的相关参照。

通过分析语义数据集的谓词和获取 URI 集合，就可以使用开发包或已有的语义搜索软件发现和整合语义资源。其中，对 RDF 数据有处理能力的开发包有 Jena[25]、Sesame[26] 和 PHP[27] 等，已有的语义搜索软件有 Sindice[28]、Swoogle[29] 等。图 3 是利用 FOAF 搜索器 NetEstate[30] 对上海图书馆刘炜自动发现和整合的结果。

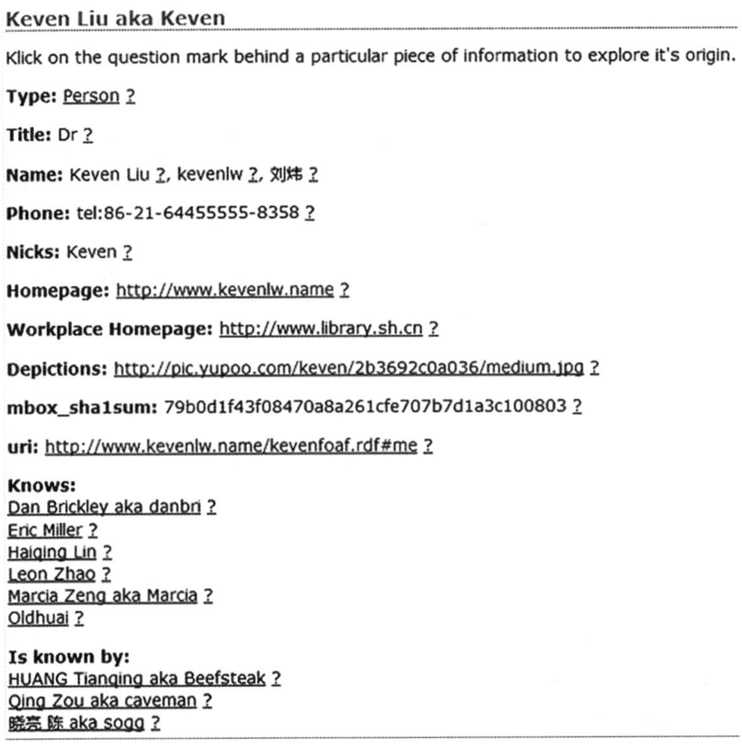

图 3　FOAF 资源的自动发现及整合

通过 URI（foaf_sha1sum）排除同名异人，聚合同人异名，检索结果都为上海图书馆刘炜的相关信息；通过相关谓词，即 FOAF 标签自动发现、聚合同一信息项，如“刘炜”本人发布的 FOAF 文档姓名为“Keven Liu”，通过 foaf_sha1sum 及 foaf:name 可自动发现文档集合中他人描述“刘炜”使用的名字“Keven Liu”和“刘炜”，并通过 foaf:name 标签整合显示；另外 foaf:knows 将文档集中所有认识此人和此人认识的人自动聚合在一起，即用嵌套在 foaf:knows 中描述的结构进行关联，最终形成个人社会网络。

3.3 FOAF 与名称规范数据的自动匹配及丰富

为高效开展规范数据的丰富，需开发自动匹配算法识别规范记录对应的 FOAF 唯一标识。“姓名/生卒年/著作”“姓名/生卒年”和“姓名/著作”组合对个人的识别度依次降低，可根据信息完整程度和是否匹配成功，逐一采用这三种组合进行自动识别；另外姓名作为匹配的主要内容，要充分利用名称规范数据的变异名称和 FOAF 昵称，使同一人的不同名称形式都参与比较提高匹配率。规范数据匹配 FOAF 唯一标识的算法如下：

（1）分别抽取名称规范记录 200 字段名称及其 400 字段变异形式、200$f 和挂接书目数据 200$a$e，建立集合 N_{ij}、B_i 和 W_i（N_{ij}为规范记录 i 的第 j 个名称，B_i 和 W_i 分别为规范记录 i 的生卒年和著作）；

（2）分别抽取 FOAF 文档 foaf:lastName + foaf:first Name 及 foaf:nick、foaf:birthday 和 foaf:publications 建立集合 F_{mn}、B_m 和 W_m（F_{mn}为 FOAF 文档 m 的第 n 个名称，Bm 和 Wm 分别为 FOAF 文档 m 的生卒年和著作）；

（3）将“F_{mn}/B_n/W_n”与“N_{ij}/B_i/W_i”匹配，即采用“姓名/生卒年/著作”模式并将名称的各种变异形式都与生卒年、著作组合进行比对；

（4）根据匹配结果再逐一用“姓名/生卒年”和“姓名/著作”进行比对；

（5）识别成功的建立规范记录对应的 FOAF 唯一标识（foaf:mbox 或 foaf:mbox_sha1sum 或 foaf:homepage），以便名称规范数据的完善和定期抓取、更新数据；

（6）未识别成功的，筛选“姓名/生卒年”模式中生卒年信息完整的 FOAF 文档作为新的记录，用来丰富名称规范数据种类和数量（著作是否完整无法判断，因此不包括另外两种模式）。

另外，在匹配过程中要对数据进行相关处理、算法进行调整以提高匹配率：

（1）对于姓名，中、日、韩名称直接抽取规范数据 200 和 400 字段的 $a 与 FOAF 中 foaf:lastName + foaf:firstName、foaf:nick 匹配；而外国人的拉丁文名称则选取 200 字段 $c（去除其中逗号）、400 字段 $a + $b（去除之间逗号）与 foaf:lastName + foaf:firstName、foaf:nick 匹配，如果比对未成功，则对姓名进行缩写以提高匹配率。

（2）对于生卒年，有些规范数据因著录错误将生卒年著录入 $a 和 $c 中，可通过判断是否为日期数据获取该信息；对于完整生卒年信息未匹配成功的情况，可逐一去除生卒年末尾数、卒年或生年以提高匹配率[31]。

（3）对于题名，对书目数据中不规范、错误著录进行处理，如检验是否为题名和删除当中的姓名；去除两类集合中题名的标点符，如破折号、方括号、冒号等；对于拉丁文要去掉前后空格、去除开头冠词和助词和不区分大小写等[32]。

计算机可以解析 RDF 数据含义，通过语义标签定向找到相关信息，因此只要将个人 RDF 资源语义标签和规范记录 MARC 字段建立映射，计算机程序就能自动将 RDF 数据收割到规范记录对应的字段中去,用于完善名称规范数据。在 FOAF 中,根据名称规范记录揭示的个人信息项寻找与之对应的 FOAF 属性,并将属性对应的标签和名称规范 MARC 字段及子字段建立映射,如表 2 所示:

表 2　FOAF 标签与个人规范数据 CNMARC 字段的映射

]CNMARC	字段解释	FOAF 词汇	说明	重复与否
091$aFOAF $bURI	开放数据类型 FOAF 及 URI	foaf:mbox 或 foaf:mbox_sha1sum	方便数据定期维护	可重复
091$aSKOS $bURI	与 FOAF 对应的 SKOS 及 URI	foaf:focus	与 SKOS 搭配使用,帮助指明不同 SKOS 体系中的个人和团体	可重复
120$a	编码数据字段	foaf:gender	区分于 200$c 职业行业	唯一
200$c	附加成分	foaf:interest	职业、行业	可重复
200$f	生卒年	foaf:birthday		唯一
391$a	发表著作	foaf:publications		可重复
391$b	开展项目	foaf:pastProject、foaf:currentProject		可重复
391$c	工作计划	foaf:plan		可重复
392$a	性格	foaf:myersBriggs、foaf:geekcode		可重复
392$b	博客	foaf:weblog	可重复	
392$c	人物肖像	foaf:image	指向图片库	可重复
393$a	工作单位	foaf:workInfoHomepage、foaf:workplaceHomepage	可重复	
393$b	学校	foaf:schoolHomepage	可重复	
400$a	单纯参照	foaf:name 或 foaf:lastName + foaf:firstName、foaf:nick、foaf: yahooChatID、foaf: skypeID、foaf:icqChatID	其他形式的名字、昵称及网络账号	可重复
500$a	相关参照	foaf:knows	相关的人与机构	可重复
810$a	参考数据源	URI	发布的 URI 地址	可重复

启用和扩展新字段对个人名称规范数据中信息进行结构化处理。我国名称规范格式中,200 字段附加成分 $c、300 字段个人相关信息并没有进行区分,为符合当下编目主流趋势,适应 RDA 规则及新修订的 UNIMARC 规范格式,也方便名称规范库后续开发利用,建议启用和扩展新字段对个人信息进行结构化处理。其中,启用 120 字段用于区分 200 字段附

加成分性别与职业;因 FOAF 多个属性与 300$a 对应,新增 391、392、393 字段分别著录个人工作科研情况、兴趣性格和相关团体信息,其中包含的子字段揭示更具体的信息项;新增 091 字段记录对应语义数据的唯一标识,开放数据处于动态变化中,通过唯一标识可定期完善数据。

本文针对名称规范数据质量差且维护效率低下的情况,提出收割开放语义资源丰富本地名称规范数据的方法,在论述其可行性的基础上以 FOAF 为例设计实现流程,并制定识别获取语义资源的限制条件、接口方式和收割规则策略,给出发现、整合资源的 RDF 谓词以及两种实现技术开发包和软件,设计自动丰富名称规范数据的多重匹配算法和映射表。FOAF 只是开放语义资源的一个典型应用,只要是与个人相关的开放语义资源,如 VIAF、GN、CNO (CSHL Name Ontology,冷泉港实验室姓名本体)和 SKOS 表示的个人主题数据等,都可用于自动发现和收割语义信息,丰富本地个人名称规范数据。

下一步将开展试验工作,重点关注匹配算法的效果,根据结果调整匹配策略和相关参数;另外语义资源与一般资源不同,带有语法和格式,因此要研究数据存储方式和提取、处理的实现技术。

参考文献

[1] MYNTTI J,COTHRAN N. Authority control in a digital repository:preparing for linked data[J]. Journal of Library Metadata,2013,13(2-3):95-113.

[2] 刘炜,张春景,夏翠娟. 万维网时代的规范控制[J]. 中国图书馆学报,2015,41(3):22-33.

[3] ELLIOTT S. Survey of author name disambiguation:2004 to 2010[J/OL]. [2015-06-07]. http://digitalcommons. unl. edu/cgi/viewcontent. cgi? article=1459&context=libphilprac.

[4] SCHREIBER G,RAIMOND Y. PDF 1.1 primer[EB/OL]. (2014-06-24)[2015-06-07]. http://www. w3. org/TR/rdf11-primer/.

[5] UGC[EB/OL]. [2015-10-21]. http://baike. baidu. com/subview/713949/9961909. htm.

[6] FOAF(2000-2015+)[EB/OL]. [2015-08-07]. http://www. foaf-project. org/.

[7] BibApp[EB/OL]. [2015-10-21]. http://bibapp. org/.

[8] VIVO[EB/OL]. [2015-10-10]. http://www. vivoweb. org/.

[9] Gemeinsame normdate[EB/OL]. [2015-06-15]. http://d-nb. info/standards/elementset/gnd.

[10] Virtual international authority file[EB/OL]. [2015-06-15]. http://www. viaf. org/.

[11] UK archival thesaurus[EB/OL]. [2015-06-15]. http://www. ukat. org. uk/.

[12] Library of Congress subject headings [EB/OL]. [2015-06-15]. http://id. loc. gov/authorities/subjects. html.

[13] Simple knowledge organization system [EB/OL]. (2012-12-13). [2015-06-15]. http://www. w3. org/2004/02/skos/.

[14] GOLBECK J,PARSIA B. Trust network-based filtering of aggregated claims [J]. International Journal of Metadata,Semantic and Ontologies,2006,1(1): 58-65.

[15] 刘炜. 关联数据: 概念、技术及应用展望[J]. 大学图书馆学报,2011,29(2): 5-12.

[16] DING L,ZHOU L,FININ T,et al. How the semantic web is being used: an analysis of FOAF documents

[C]. In:Proceedings of the 38th Annual Hawaii International Conference on System Sciences. IEEE,2005:113 - 121.

[17] FOAF vocabulary specification 0.99[EB/OL]. [2015 - 07 - 11]. http://xmlns. com/foaf/spec/.

[18] FOAF-a-Matic [EB/OL]. [2015 - 07 - 31]. http://www. ldodds. com/foaf/foaf-a-matic. en. html.

[19] Quatuo [EB/OL]. [2015 - 07 - 31]. http://www. quatuo. com/.

[20] DUMBILL E. XML 观察：使用 XML 和 RDF 找到朋友[EB/OL]. [2015 - 08 - 18]. http://www. ibm. com/developerworks/cn/xml/x-watch/part3/index. html.

[21] 王思丽,马建玲,李慧佳,等. 关联数据集中开放资源的自动获取研究[J]. 图书馆学研究,2015(18):49 - 54.

[22] LDSpider [EB/OL]. [2015 - 07 - 31]. https://github. com/ldspider/ldspider.

[23] GRAVES M,CONSTABARIS A,BRICKELEY D. FOAF: connecting people on the semantic web [J]. Cataloging & Classification Quarterly,2009,43(3 - 4): 191 - 202.

[24] MOTIK B,PARSIA B. OWL 2 web qntology language structural specification and functional-style syntax (2nd Edition) [EB/OL]. (2012 - 12 - 11). [2015 - 08 - 12]. http://www. w3. org/TR/2012/REC-owl2-syntax-20121211/#Symmetric_O bject_Properties.

[25] Apache Jena [EB/OL]. [2015 - 10 - 21]. http://jena. apache. org/.

[26] Sesame [EB/OL]. [2015 - 10 - 21]. http://rdf4j. org/.

[27] PHP [EB/OL]. [2015 - 10 - 21]. http://php. net/.

[28] Sindice: disambiguation page [EB/OL]. [2015 - 10 - 21]. http://www. sindice. com/.

[29] Semantic web search-swoogle [EB/OL]. [2015 - 10 - 21]. http://swoogle. umbc. edu/.

[30] NetEstate. Friend of a friend (FOAF) search engine[EB/OL]. [2015 - 10 - 21]. http://www. foaf-search. net/.

[31] FRBR work-set algorithm Version 2.0[EB/OL]. [2015 - 10 - 11]. http://www. oclc. org/content/dam/research/activities/frbralgorithm/2009-08. pdf.

[32] FRBR work-set algorithm [EB/OL]. [2015 - 10 - 11]. http://www. oclc. org/content/dam/research/activities/frbralgorithm/2005-04. pdf.

(原载于《现代图书情报技术》2016 年第 2 期)

网络舆情监测的理论与实践研究

罗　嘉

随着网络技术的推陈出新,论坛、博客、微博、微信等相继出现,网络信息源呈现出传播范围广、交互性强、更新速度快等特点。互联网上的信息快速地发酵与扩散,导致网络舆情成为社会影响力的一种重要表现形式,使其对于政府和企业的决策参考、对外形象构建等的情报价值愈发凸显,开展网络舆情监测成为越来越多机构用户的现实需求。

1　网络舆情概述

1.1　网络舆情及其主要特征

目前,关于舆情的概念众说纷纭,尚无定论。一般认为应包含主体、客体、本体、载体和引体5个方面的内容。其中,引体是指引发舆情活动的事件,也称舆情事件[1]。笔者认为,网络舆情的概念,是在舆情概念的基础上对舆情的载体做进一步的界定。综合多名学者的观点可以认为,网络舆情是指受各种事件的刺激而产生的,主要通过互联网进行传播和形成的,人们对于该事件的所有认知、态度、情感以及行为倾向的集合。

在时间轴上,网络舆情呈现出明显的波峰与波谷交错的态势,同时网络舆情事件的持续时间一般不会太久。"喜新厌旧"是网络舆情话题的转变特征,网民的注意力很容易被新发生的事件所吸引[2]。但舆情话题也会长期酝酿,择机而起。在网络空间中,网络舆情的产生非常随机,而网络信息转变为舆情的过程,必然有意见领袖和关注社会生活的公共知识分子们的参与。他们会定期或者不定期地发表言论,不仅将信息或观点扩散给网民,还起着重要的中介或过滤作用。

1.2　网络舆情的传播过程

正确认识网络舆情的传播过程,是有效进行舆情监测的关键之所在。网络舆情的传播有其独特的阶段性和规律性,其传播过程的一般模式为:①形成期。如果某一事件或议题在互联网产生共鸣和反响,并吸引一定数量网民的积极参与和讨论,则标志着网络舆情的形成。那些存在较大风险、公众热切关注、很容易引发网络舆情的事件又称为网络舆情热点事件[3]。②扩散期。受好奇心驱使,网民们迫切需要了解舆情事件的真相,争相浏览相关网络信息,使得网络舆情一经形成便在网上扩散开来。经过网民和网络媒体的合力作用,促使该舆情事件快速发酵,持续扩散。③爆发期。在该阶段,网民情绪迅速升温,舆情信息量以几何级数膨胀,有学者形象地称之为“爆米花”模式[4]。舆情事件成为网民讨论的焦点,并在网络空间刮起舆情风暴。随着网络意见领袖的出现,网络舆情开始出现分化和聚合。与此同时,传统媒体也纷纷参与其中推波助澜,导致舆情形势进一步演进和升级,引发社会广泛的关注。④缓解期。面对愈演愈烈的舆情态势,相关机构必须及时介入,澄清事件真相。由于舆情事件得到妥善处理,网民诉求得到满足,其关注度和参与度势必降低,媒体报道随之减少,舆情事件的网络影响和现实影响均逐渐减弱。最终,舆情事件逐步淡出公众视野。⑤长尾期。随着话题的兴趣衰减和新的兴趣点出现,网民的关注度下降,但由于网民的多元性和利益诉求不同,网民对舆情事件的关注一般不会终止。虽然事件已得到一定程度的解决,但仍会存在一个较长的消弭期,这一时期通常比较漫长,就像一条长长的尾巴,故称之为长尾期[5]。“时间是影响网络舆情的重要因素”[6],网络舆情每个阶段的演进时间因舆情事件的性质和影响力而不同。需要注意的是,并非所有的网络舆情传播都遵循此演进路径,相邻阶段之间也并无严格界限。

2 网络舆情的监测流程

2.1 网络舆情信息的采集

作为了解舆情的常规途径,舆情监测人员通过每天浏览论坛、贴吧的特定板块或与行业相关的专业论坛,利用站内搜索和采集热点话题,定时浏览新闻门户网站或信息类网站,特别是关注新闻评论及行业资讯,采集相关信息。作为新兴的自媒体平台,微信信息量大、扩散速度快。据腾讯公司公布的 2015 年全年综合业绩数据显示,微信和 WeChat 合并且活跃账户数达到 6.97 亿,比 2014 年增长 39%[7]。这一特殊的信息载体也成为网络舆情的重点监测信息源。有针对性地关注某些行业专家、意见领袖的博客、微博、微信,可以帮助我们积累有价值的信息。如有需要还可以针对某些个人言论导致的影响进行跟踪分析。此外,按照特定的监测意图,可以利用谷歌、百度等互联网搜索引擎搜索关键词或关键词组合,并对筛选后的搜索结果进行采集。从技术手段来说,还可以通过 RSS 订阅、邮件订阅等方式搜集网络舆情信息。

2.2 网络舆情信息的存储

通过各种渠道采集舆情信息之后需要进行有效存储,以形成网络舆情信息资料库。通常采用两种存储方式:①文件型存储。即将舆情信息保存为纯文本、Word 等特定的文档格式。然后按照文件夹的方式进行存储和管理,通过文件夹的层次来展现舆情信息本身的分类体系。这是最简单的舆情信息管理方法。②数据库型存储。即利用数据库系统建立舆情信息资料库,按照特定的数据结构对所有的舆情信息进行归类存储。在数据库的基础之上,可以构建管理信息系统,从而实现对网络舆情信息更有效的管理。

2.3 网络舆情信息的分析

网络舆情信息的分析方法有很多,常用的主要有:①内容分析方法。属于舆情的个体分析方法。旨在对采集回来的舆情信息进行内容的识别,如舆情信息的归类、传播主体的意图分析、情绪倾向性分析等。②聚类分析方法。属于舆情的群体分析方法。旨在从众多的舆情信息中,聚合分析哪些是热点信息、热点讨论等。③趋势分析方法。属于舆情的量化分析方法。旨在对舆情进行多个维度的量化分析,如按时间维度的热点趋势分析、按信息传播载体维度的传播链分析等。

2.4 网络舆情信息的加工

网络舆情信息经过加工,面向服务对象可以提供如下几类产品:①舆情简报。将舆情进行归类汇总分析,形成常规性舆情汇报。②舆情报告。按照既定的舆情监控意图,形成全面的舆情分析报告。③舆情预警。按照既定的舆情预警规则,向指定预警提醒对象发送危机处理提醒。

2.5 网络舆情信息的服务

舆情产品面向终端客户提供服务,按照传统的模式,主要有:①纸质产品服务,即通过纸质简报、报告等方式,为服务对象提供舆情文献汇报服务;②管理信息系统服务,通过管理信息系统提供舆情信息的浏览和检索服务,例如将舆情简报、报告整合到服务对象的办公自动化系统或集成到内部门户中;③通讯方式服务,包括舆情的预警信息等,可以通过手机短信、电子邮件等方式提供服务。

3 网络舆情监测的难点

实践中,对于网络舆情信息的采集和分析是网络舆情监测的两大主要难点。

开展网络舆情监测,首要工作就是需要对网络舆情信息进行有效的采集。网站的舆情价值与其对网民的开放程度成正比,公众的参与度越高,则舆情价值就越大[8]。以此作为衡量标准可知,网络舆情信息的主要载体并不是网页,而是像论坛、贴吧、博客、微博、微信以及具有新闻评论功能的网站等这样具有交互性质的网络信息源。通常这些信息源很难仅仅依靠搜索引擎搜索到,这是因为搜索引擎在采集范围、元数据解析及更新及时性等方面均无法满足专业网络舆情监测的要求,而完全依靠人工浏览的方式不仅费时费力又效果不佳。

网络舆情监测需要具备强大的网络舆情信息分析功能,其难点主要体现在:①热点和主题发现。一般来说,利用舆情采集工具可以收集到来自网络舆情信息源中的大量原始素材,但如何在海量数据中自动发现热点问题,特别是在热点形成时能够第一时间发现,是网络舆情监测面临的一大难题。②热点和主题跟踪。网络环境下,热点问题的产生、发展、高潮、减弱、消退是一个动态的发展过程,如何准确反映热点问题的发展状态和趋势,对于网络舆情引导和决策应对具有重要意义。③敏感问题监控。即对于用户所关注的领域或事件进行有效监控和预警。为此,需要解决两类问题:一是如何对用户关注的舆情内容建立科学的分类体系并进行有效的自动分类;二是如何根据舆情自动分类的结果评估和分析当前的宏观舆情态势,并给出预警信号。

4 网络舆情监测的系统实现方式

如前文所述,鉴于网络舆情监测的实际困难,仅仅依靠人工采集和统计分析的方法难以应对网络舆情监测的现实要求。因此,在开展监测的过程中,迫切需要一套高效的采集、整理、分析的系统作为技术支撑,提高工作效率,发挥人力资源的研判优势。笔者将以研发中的国家图书馆舆情监测系统为例,阐述网络舆情监测的系统实现方式。

4.1 网络舆情的信息采集

监控信息源主要有新闻、电子报纸、论坛、博客、贴吧、视频、微博等。采集工具支持网页结构自动分析、元数据解析、RSS 解析以及境外网站监控,实现对各类型信息的及时、精确采集。对信息采集进行分布式部署,实现多线程采集,能够在规定时间内完成监测信息源的采集。信息采集的方式有两种:①利用国内外搜索引擎的全网采集特点,对检索后的结果集进行元采集,见图 1;②依据监测网站列表的定点采集,又可分为指定网站全部信息采集和对指定关键词进行检索后的结果集进行采集。由于微信数据的封闭性,在腾讯尚未开放数据接口之前,还不能对其数据进行系统监测。

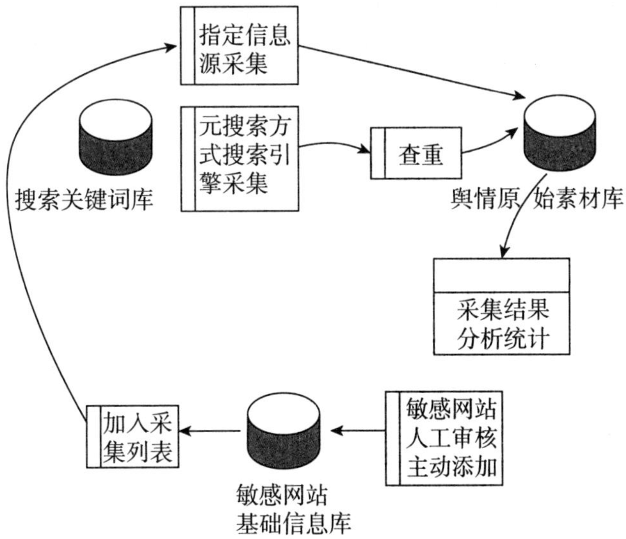

图 1　利用搜索引擎采集实现全网搜索的服务模式

4.2 网络舆情的监控处理

针对某一关注方向或者舆情事件进行实时监控,并通过系统自动判断与人工手动调整相结合的方式将监控到的信息进行标注和分类。包括对指定人物、指定地区、指定机构、指定关键词、指定事件进行自动聚类、自动摘要、相似性排重以及关键参数智能提取等智能分析和加工过程。

在关注方向监控方面,通过设置多个关键词进行逻辑组合监控,并对监控到的信息按照关注点进行自动分类予以显示。对于各个关注方向的信息,可从新闻报道、网民关注点、热点话题的角度进行划分,也可根据指定地域、人物、机构进行分类,同时也可以利用内容相似性判定技术实现新闻报道的转载判定,对热点事件进行聚类。监控指标有网站自身的点击量、点播数、转载率、视频点播率、帖子点击率、微博转载率、微博评论数、帖子回帖数、信息转发量等。

在事件监控方面,在关注方向的信息监测过程中,如果发现需监控的事件,可通过采取特定关注的方式,进入跟踪监测过程,也可在跟踪监控中自定义创建跟踪事件。系统通过监控事件的新闻报道、网民关注、时间传播的情况对该事件的特点进行总体描述,包括来源、发布时间、热点人物、热点机构、事件关键词、相关新闻、相关博客、相关帖子、原文链接、内容分类等。还可以预设敏感或重点网站,一旦这些网站参与了某个热点事件的报道,系统予以提示。

4.3 网络舆情的预警管理

系统通过点击量、回帖数、评论数建立相应预警策略,按照信息类别设置预警模型,实现预警处理的全过程管理,重大突发事件能及时通知相关人员,预警流程见图2。此外,还可以根据个性化需求,定制各种敏感信息的分析条件,启动定时监控,自动发现敏感信息,实现敏感信息的主动监控。在敏感信息突发时,系统自动启动发送功能,通过短信、邮件、弹窗等预警方式将敏感信息通知到指定用户/用户组,便于监测人员进一步判断和取证。

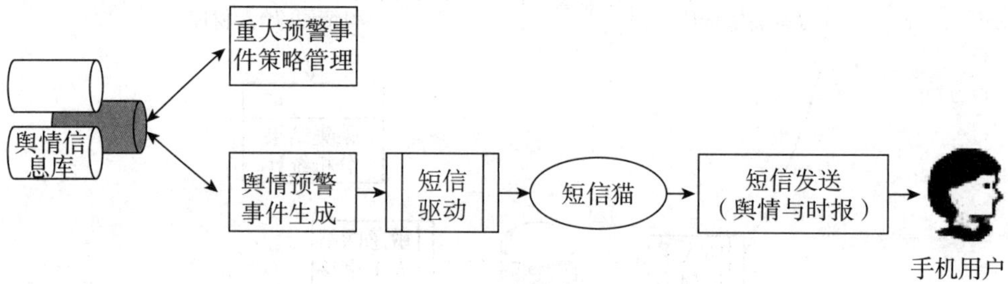

图2　重大突发事件预警处理流程

4.4 网络舆情的统计分析

系统对采集到的舆情信息进行分析与统计,并将结果通过可视化的形式展现,自动生成图表并支持图表的导出及舆情简报的便捷生成。同时支持对用户指定的舆情信息进行统计分析。统计方式包括但不限于以下几种：总体统计、传播分析、趋势分析、聚类分析、网民参与度分析、重点关注人物分析、特定信息分析、事件描述、微博舆情分析等。

以事件描述为例，系统可以通过全面刻画模型对舆情事件进行全方位的揭示，如图 3 所示：

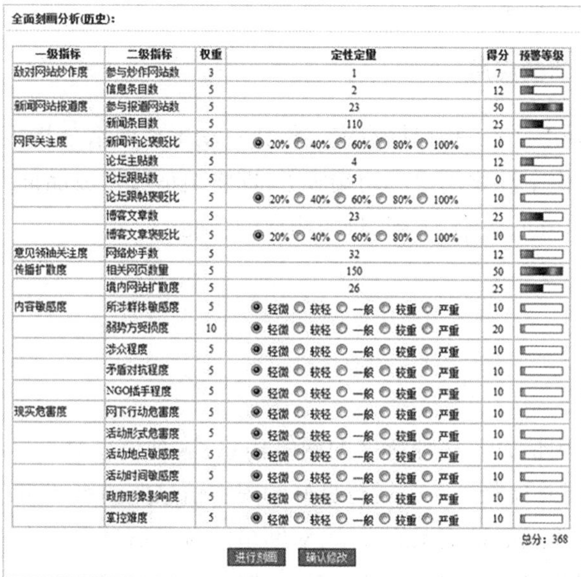

全面刻画分析(历史)：

一级指标	二级指标	权重	定性定量	得分	预警等级
敌对网站炒作度	参与炒作网站数	3	1	7	
	信息条目数	5	2	12	
新闻网站报道度	参与报道网站数	5	23	50	
	新闻条目数	5	110	25	
网民关注度	新闻评论褒贬比	5	◉ 20% ○ 40% ○ 60% ○ 80% ○ 100%	10	
	论坛主贴数	5	4	12	
	论坛跟贴数	5	5	0	
	论坛跟帖褒贬比	5	◉ 20% ○ 40% ○ 60% ○ 80% ○ 100%	10	
	博客文章数	5	23	25	
	博客文章褒贬比	5	◉ 20% ○ 40% ○ 60% ○ 80% ○ 100%	10	
意见领袖关注度	网络炒手数	5	32	12	
传播扩散度	相关网页数量	5	150	50	
	境内网站扩散度	5	26	25	
内容敏感度	所涉群体敏感度	5	◉ 轻微 ○ 较轻 ○ 一般 ○ 较重 ○ 严重	10	
	弱势方受损度	10	◉ 轻微 ○ 较轻 ○ 一般 ○ 较重 ○ 严重	20	
	涉众程度	5	◉ 轻微 ○ 较轻 ○ 一般 ○ 较重 ○ 严重	10	
	矛盾对抗程度	5	◉ 轻微 ○ 较轻 ○ 一般 ○ 较重 ○ 严重	10	
	NGO插手程度	5	◉ 轻微 ○ 较轻 ○ 一般 ○ 较重 ○ 严重	10	
现实危害度	网下行动危害度	5	◉ 轻微 ○ 较轻 ○ 一般 ○ 较重 ○ 严重	10	
	活动形式危害度	5	◉ 轻微 ○ 较轻 ○ 一般 ○ 较重 ○ 严重	10	
	活动地点敏感度	5	◉ 轻微 ○ 较轻 ○ 一般 ○ 较重 ○ 严重	10	
	活动时间敏感度	5	◉ 轻微 ○ 较轻 ○ 一般 ○ 较重 ○ 严重	10	
	政府形象影响度	5	◉ 轻微 ○ 较轻 ○ 一般 ○ 较重 ○ 严重	10	
	掌控难度	5	◉ 轻微 ○ 较轻 ○ 一般 ○ 较重 ○ 严重	10	

总分：368

进行刻画　确认修改

图 3　舆情事件刻画模型

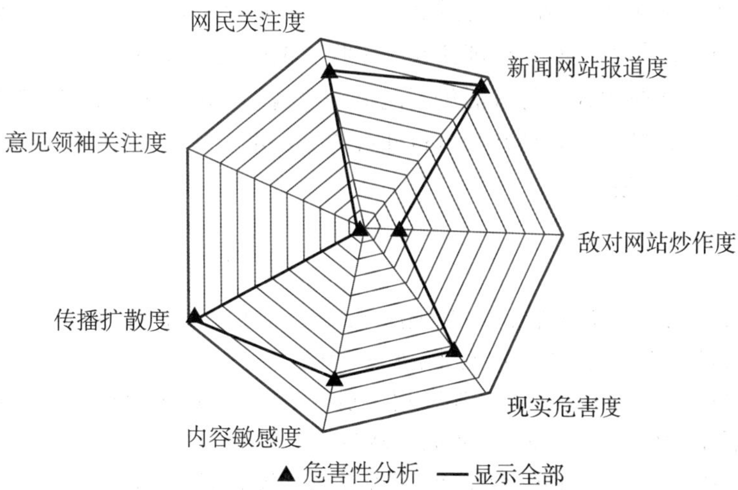

图 4　舆情事件描述可视化

该刻画模型分为 7 个维度：敌对网站炒作度、新闻网站报道度、网民关注度、意见领袖关注度、传播扩散度、内容敏感度、现实危害度等。并细分为多个二级子维度，每个子维度有相应的权值。总体来说，刻画模型的各个维度分为两种形式：一种是定量的形式，如传播扩散度等，系统将自动根据该事件的传播扩散情况进行统计；另一种是定性部分，如网下行动危害度等，需要用户进行打分。刻画模型将事件的危险程度分为轻微、较轻、一般、较重、严重共5级。系统将根据危险程度和权重值逐项打分，并根据预设阈值进行预警。最终，系统通过该刻画模型宏观地反映出该事件的危害程度。

图4可以形象地反映该舆情事件的全方位情况。从图4中可以看出，该事件的传播扩散较广，网民较为关注，新闻网站广泛报道，也产生了一定的现实影响。但没有意见领袖的参与，也没有国外网站对此事进行报道。

4.5 网络舆情的功能应用

舆情应用提供两种形式：一是根据自定义格式自动生成舆情分析报告并提供服务，还可人工后期编辑；二是提供个性化用户应用端服务，即将舆情数据成品面向用户进行定制化展示，实现网络远程实时访问、检索、下载、打印输出的功能。

5 结语

从本质上讲，网络舆情属于一种特殊的网络信息，这种信息具有一定的特质，并可以通过监测和研判进行捕捉并预警。一个运行良好的舆情信息监测系统可以整合网络搜索技术和信息智能处理技术，通过信息挖掘的方法，对网络的海量信息进行自动抓取、自动分类、自动聚类等处理，实现网络舆情主题监测和追踪、敏感信息的监测报警等功能，最后形成简报、报告、图表等分析结果，为全面掌握舆情动态，做出正确引导，提供分析依据。但不容忽视的是，没有一个系统是完美的，机器还不能取代人脑。任何监测系统对于信息的处理能力不可避免地存在一定的滞后性和简单化，即使在一定程度上解放了人力资源，但在高层次的信息处理，如情感判别和影响力评估等方面仍不能很好地满足要求。也就是说，在对网络舆情监测的实践中，系统处理数据的有效性和可行性有待进一步提升，后期人工主观判断的有效介入和精准研判仍不可或缺。

参考文献

[1] 高承实，陈越，荣星，等. 网络舆情几个基本问题的探讨[J]. 情报杂志，2011，30(11)：52－56.

[2] 靳戈. 网络舆情分析方法研究[D]. 北京：北京大学，2013.

[3] 魏淑艳，唐荣呈. 网络舆情的传播过程、助推因素与引导策略分析[J]. 理论月刊，2014(10)：116－121.

[4] 刘建明. 舆论传播[M]. 北京：清华大学出版社，2001：89.

[5] 喻国明，李彪. 社交网络时代的舆情管理[M]. 南京：江苏人民出版社，2015.

[6] 钟忠. 中国互联网治理问题研究[M]. 北京：金城出版社，2010：66.

[7] 杨玉红. 腾讯2015年收入超1000亿元[N]. 新民晚报，2016－03－22(24).

[8] 钟天炜. 北京拓尔思公司网络舆情监测管理系统建设研究[D]. 长沙：湖南大学工商管理学院，2011.

（原载于《图书情报工作》2016年第S1期）

从一般资源标识到内容形式和媒介类型*

——以音像电子资源为例

刘 峥

1 引言

音像电子资源书目记录的编制始于20世纪90年代,经过近20年的实践积累,无论是在书目记录的数量,还是规范统一上都有了长足的发展。然而,随着计算机技术、网络技术、数字出版技术的迅猛发展,各类检索系统也越来越注重通过设置信息资源的类别体系来帮助用户识别和选择所需资源。作为新型视听资源,音像资料、电子资源由于其内容形式、载体类型的特殊性,在书目记录中对于资料类别的著录则更为重要。编目实践中,图书编目机构对文献资源的类别体系有相关规定,而对这一类别体系的命名,称之为一般资料标识(GMD),后称之为内容形式和媒介类型(CMT)。笔者以音像电子资源为例,就现有的"一般资料标识和特定资料标识"的适用性问题给予探讨。

2 一般资料标识在音像电子资源中的发展应用

2.1 一般资料标识概述

一般资料标识也称一般文献类型标识,简称GMD,"是概括地表示文献所述类型的术语"[1],其基本作用是显示和说明在编资源所属的资料类别,在计算机检索书目系统中被作为区分馆藏类型或划分资源逻辑库的重要标识。

GMD之称是伴随着公共图书馆对非印刷品文献的编目需要而出现的。如1967年版AACR1的"影片和条状幻灯片"章节中规定:在正题名之后,在圆括号内用斜体字标注"影片(motion picture)"或者"条状幻灯片(filmstrip)",称为"限定词"[2]。1977年版ISBD(G)和ISBD(NBM)中第一次提出GMD概念,在以后的规则修订中,逐渐趋于规范化。1978年版的AACR2中,JSC正式采纳了GMD的概念,如用"机读数据文件"表示电子资源。

1983年中国文献标准化委员会制订了GB3469—83《文献类型与文献载体代码》的国家

* 本文系国家图书馆科研项目"RDA和关联数据在国家图书馆音像资料编目工作中的应用研究"(项目编号:NLC-KY-2015-09)成果之一。

标准,也就是中国的 GMD 标准。该标准参考 ISBD 和 AACR2 中的相关规定,结合中国文献出版物的实际情况和特点,分别从文献的类型和文献的载体编制文献资源的 GMD。与音像资料相关的文献类型有“录音带”“录像带”“唱片”“电影片”等术语,文献载体有“录音制品”“录像制品”。电子资源在当时的文献类型表中并未体现,而文献载体中的“机读磁性制品”则是早期的电子资源了。

2.2 一般资料标识的发展必然性

一般资料标识是音像电子资源著录过程中的一个重要属性。根据著录规则,音像资料的一般资料标识使用“录音制品”“录像制品”表示,特殊资料标识有“盒式录音带”“唱片”等;电子资源的一般资料标识也是几经周折,从最早的“机读数据文件”到“计算机文档”再到今天的“电子资源”,特殊资料标识有“电子芯片”“电子磁盘”“电子光盘”,光盘又根据记录格式的不同划分为“CD-ROM、CD、VCD、DVD”等。

国家图书馆于 2003 年使用 Aleph 系统后,所有文献资源开始启用 GMD。从音像电子资源的一般资料标识使用来看,尽管初衷很好,编目机构希望通过细致的划分尽可能地帮助用户识别文献资源的类型,提高检索效率,但结果却不尽如人意。更多的标识仍然是基于资源和资源载体类别上的划分,如音像资料的“录音制品”,只给用户一个信息,即录音资料且需要借助设备使用,并没有内容形式特征的识别和说明,是音乐作品还是朗读、对话或讲座,模糊难辨。

再说光盘,根据其容量以及信息记录技术的不同,可分为音频(CD、MP3)、视频(VCD、DVD)以及机读文件(文本、数据、程序、多媒体)等不同格式的光盘类型。例如,仅从“电子资源. CD”来标识,依然无法揭示资源的主要内容形式,是歌曲还是有声读物,难以区分,更何况标识“. CD”是国图自定标准;记录在 DVD 光盘上的视频资源著录为“录像制品”还是“电子资源. DVD”等。由于 GMD 的构成在信息层次上涉及多重属性,其专用术语在概念上存在逻辑涵盖和交叉问题,有的反映了载体表现的属性(如录音、录像资料),有的却表达的是内容属性(程序、文本),从而导致 GMD 类别体系的混乱。

在多种载体出版形式和品种多样化的今天,GMD 的专用术语所涵盖的资源范围发生了变化,从非书资料扩展到记录型信息资源和实物型信息资源所涵盖的各个领域,GMD 的使用已经无法满足各类型资源标识的复杂和多样性,各机构对 GMD 标准设置和使用的随意性、灵活性都很大,加之,在书目记录中 GMD 紧随正题名之后,打乱了著录的逻辑顺序,最终使 GMD 的著录处于一个尴尬的局面。1998 年推出的 FRBR 概念模型为 GMD 的变革提供了一种新的思路,也就是说,既然 GMD 的作用是用高度概括性的术语揭示信息资源的本质性特征,那么这种本质特征应该包含存在于信息资源内部的内容形式和承载信息资源的载体类型。

3 内容形式和媒介类型项应运而生

随着多种物理载体或数字媒体出版的资源数量和类型日益激增,如何解决资源现有 ISBD 中的一般资料标识和特定资料标识的适用性问题,就变得更为急迫[3]。为此,在 FRBR 概念模型思想的影响下,2003 年 ISBD 修订组组织人力研究适用于多种形式和混合媒体的一般资料标识和特定资料标识(GMD/SMD),并提出未来要在书目记录中建立一个单独的、唯一的、高层的著录单元,以解决信息资源类型的区分问题。2011 年 ISBD(《国际标准书目著录》)统一版正式设置了第 0 项"内容形式和媒介类型项"。2014 年《GB/3469—2013 信息资源的内容形式和媒介类型标识》的颁布实施,替代了 GB/T 3469—1983,意味着未来的书目记录将增加"0"项的内容已是大势所趋。以下所举样例均依据此标准。

3.1 第 0 项的数据元素

根据规则,第 0 项的位置在所有著录项目前端,是为了给用户一个"早期提示",标明资源内容的形式和承载内容的载体类型,帮助目录用户在海量的信息资源中缩短检索时间,更快捷地识别和选择需要的信息资源。

内容形式和媒体类型项由 3 个元素构成:内容形式、内容限定、媒体类型,著录时使用著录标识符。结构模式[4]:细化如表 1。

内容形式(内容限定):媒体类型

内容形式(内容限定;内容限定):媒体类型

内容形式. 内容形式(内容限定):媒体类型

内容形式(内容限定). 内容形式(内容限定):媒体类型

内容形式(内容限定):媒体类型 + 内容形式(内容限定):媒体类型

表 1 内容形式、内容限定和媒介类型的术语

著录元素	术语
内容形式	数据集;图像;运动;音乐;实物;程序;声音;文本;多种内容形式;其他内容形式
内容限定	类型说明:测绘型;记谱型;表演型 运动说明:动态;静态 维数说明:二维;三维 感官说明:听觉;味觉;嗅觉;触觉;视觉
媒体类型	音频;电子;缩微;显微;投影;立体;视频;多媒体;其他媒体

3.2 音像电子资源著录样例

作为视听资料,音像电子资源的内容形式和载体特征更为突出。因此,第 0 项著录元素应用于此类资源的著录,更能有效地揭示其资源的本质特征。

例 1：

> 程序. 文本(标准文献):电子
>
> 中国审判法律应用支持系统. 2015.02/最高人民法院司法行政装备管理局等[研制开发]. —v3.0—北京:人民法院电子音像出版社,2015
>
> 5　光盘(DVD-ROM):有声,彩色:12cm
>
> 题名取自题名屏幕

说明:本例为光盘版法律法规文献数据库,有数据、程序、文本等内容形式,“标准文献”根据 GB/T 3469—2013d 扩充内容限定词,承载资源的载体为电子光盘。

例 2：

> 图像(动态;视觉). 话语(听觉):电子
>
> 小学英语疑难问题解决培训:新教材基于单元课堂教学专题研讨/郑文主编. —杭州:浙江电子音像出版社,[2014]
>
> 7 光盘(DVD-ROM):有声,彩色;12cm
>
> 题名取自盘面标签

说明:本例为学生课堂教育的视频资源。内容形式有图像、动画、听说教学,资源的载体为光盘。

例 3：

> 多种内容形式(动态;静态;视觉):电子
>
> 英语教学资源包. 三年级,下册:电脑版/深圳市智乐园科技发展有限公司制作. —广州:广东海燕电子音像出版社,[2014]
>
> 2　光盘(CD-ROM):有声,彩色;12cm
>
> 人教版义务教育课程标准实验教科书教学软件
>
> 题名取自盘面标签

说明:本资源为教学平台,有图像(动态、静态)、程序、文本、声音等形式,根据著录规定 3 个或 3 个以上混合内容形式的资源,可选多种内容形式词著录。

例 4：

> 图像(二维;动态;视觉):视频
>
> 古墓丽影 2/(美)简·德·邦特(Jan de Bont)导演;(美)安吉丽娜·朱莉(Angelina Jolie),(苏格兰)杰拉德·巴特勒(Gerard Butler)主演. —广州:太平洋影音公司,[2014]
>
> 1　光盘(BD,NTSC3.58)(117min):有声,彩色;12cm
>
> 题名取自盘面标签

说明:本资源为承载在蓝光光盘上的影视片。

4 内容和媒介类型在机读格式中的应用

4.1 MARC21 的著录

RDA 根据 ISBD 关于“0”项的最新规则,也对 GMD 进行了新的规定,将其分为 3 个数据元素:内容类型、媒介类型和载体类型。MARC21 为配合 RDA 新增的 3 个数据元素,启用 336、337 和 338 字段分别描述上述 3 个元素。

字段结构形式[5]:

336 ##$a 内容类型术语 $b 内容类型代码 $2 来源

337 ##$a 媒体类型术语 $b 媒体类型代码 $2 来源

338 ##$a 载体类型术语 $b 载体类型代码 $2 来源

其中在子字段描述中, $a 为必备,可重复; $2 为必备,不可重复。

如以题名为“红楼梦”不同资源类型为例,在 MARC21 分别用 3 个字段表述为:

例 1:在线访问的电子书

336 ##$acomputer dataset$2cdacarrier

337 ##$acomputer$acdacarrier

338 ##$aonline resource$2cdacarrier

例 2:红楼梦视频资源(电影)

336 ##$atwo-dimensional moving image$2cdacarrier

337 ##$avideo$2cdacarrier

338 ##$avideo disc$2cdacarrier

说明:存于光盘上的二维动态图像的视频资源。

例 3:红楼梦影视歌曲

336 ##$aperformed music$2cdacarrier

337 ##$aaudio$2cdacarrier

338 ##$aaudio disc$2cdacarrier

说明:存于音频盘上的音乐歌曲。

4.2 CNMARC 中的实现设想

2012 年 UNIMARC 委员会发布的修订征集提议中,提到了两种内容形式和媒介类型的实现方案。如:用 203 字段统一容纳内容和媒体类型,或是用 281 和 282 字段分别容纳。虽然使用 203 字段会比较适合与 ISBD(第 0 项)相对应,但考虑到 RDA 的影响,据国内专家推测,UNIMARC 很可能启用 281 和 282 字段,用于记录内容类型和媒体类型。目前国内对内容形式和媒体类型的使用,无论是在著录规则还是机读格式的修订中都尚未涉及,只有 GB/T 3469—2013 代替了 GB/T 3469—1983 颁布实施,然而各个编目机构都还在“观望”据了解,国家图书馆在数字资源整合中启用 281 和 282 字段,记录信息资源的内容类型和媒体类型。著录样例：

LDR-----nlm0^22-----^^^450^

001 006821364

005 20131014161408.0

010 $a978-7-89476-776-9 $dCNY10.00

100 $a20130924d2013^^^^em^y0chiy50^^^^^^ea

102 $aCN $b500000

135 $ahongannnauudn

2001 $a 乡村舞 $9xiang cun wu qu $f 艾蒙作曲 $g 韦岚迪编曲 $g 韦岚迪配器

210 $a 重庆 $c 电脑报电子音像出版社 $d2013

215 $a1 光盘(CD)(75min) $c 有声 $d12cm

281 $a 音乐 $b 表演型

282 $a 音频

304 $a 题名取自盘面标签

337 $a 系统要求:windows98 以上及相应播放软件

5101 $aClassic country music collection $zeng

6100 $a 舞曲 $a 中国

690 $aJ645 $v5

701 0 $a 艾蒙 $4 作曲 $9ai meng

702 0 $a 韦岚迪 $4 编曲 $4 配器 $9wei lan di

从数据整合样例可以看出,数据的整合是在国家图书馆音像电子资源书目记录的基础上删除 200 $b 子字段的一般资料标识以及 230 字段资源类型和数量项,根据 GB/T 3469—2013 著录规则,增加 281、282 字段来描述内容形式(音乐)内容限定(表演型)、媒体类型(音频)。

通过著录样例可以看出,信息的内容形式和媒体类型的整体结构和专用术语都与现行的 GMD 体系有着颠覆性的改变,虽然它是严格按照统一的信息资源的内容属性和媒体属性编制的专用术语,但与目前编目人员和用户所熟悉的文献类型的划分标准以及对相关术语的理解都存在很大的差异。比如媒体类型词“音频”和原书目数据的一般资料标识“电子资源. CD”相比,似乎后者更能让用户一目了然。

4.3 内容形式和媒体类型词著录尚待完善

不容置疑,《ISBD 统一版》用“0”项的“内容形式”和“媒介类型”取代 GMD,意义深远,它不仅改变了世界范围内 GMD 著录不一致的混乱状况,还为制定基于 FRBR 的编目条例奠定了重要基础,甚至与 DC 现代元数据标准都有着紧密的关联[6],然而在实际操作中,依然存在着一些不适应的元素。笔者所举样例是参考对照 GB/T 3469—2013 中的内容形式词、内容限定说明、媒体类型词表中的术语词进行著录的,面对资源(著录对象)在选择相应的词语时,总是觉得“词表”中的有些术语词及其解释较为“深奥”,难以理解和把握。

首先，如内容形式词“dataset”（数据集）是电子资源特征明显的术语，其规则中的定义和范围是由数字编码数据表示的、要用计算机处理的内容。百度百科的解释“是不依赖于数据库的独立数据集合”[7]“不依赖于原始形式显示”。对其理解是否就是各种类型的数据，如数字的、表格的、文字的；没有应用程序进行处理的，比如直接扫描的 PDF 文件，只可浏览无检索功能。然而规则中又进一步解释“不包括文本”，因此编目员在著录时很难把握。前文在 3.2 的样例 1，其内容就是一个法律法规数据库，但在“内容形式词”表中却没有相应的词语来标识，笔者在接触的电子资源中，无论是实体还是网上访问的资源，用自己所理解的“数据集”概念来标识资源的内容形式，实在是困惑另外。对于“program”（程序），百度百科解释是“指一组指示计算机每一步动作的指令，通常用某种程序设计语言编写，运行于某种目标体系结构上”。而规则中的解释是“通过计算机处理或执行的数字编码指令表示的内容，包括操作系统和应用软件”。这样的解释实在难以理解，到底是指令还是指令表示的内容？因此 3.2 的例 1 用“程序”表示内容形式，是基于资源题名中“应用系统”考虑的，笔者甚至认为不十分准确。

其次，内容形式的类别通过内容的限定来修饰，在术语词的组配上过于“含蓄”。如，对“导航电子地图”的描述：图像（测绘型；二维；三维）：电子，相比一般资料标识和特定资料标识的描述：“电子地图”，似乎后者更能直接明确地说明内容特征。术语词“图像”的百度百科解释“有多种含义，其中最常见的定义是指各种图形和影像的总称”。当下人们在学习生活中，还很难把熟悉的常用的“地图”与习惯中理解的“图像”联系在一起，认为他们是包含于或被包含的关系。

再次，媒体类型词“audio（音频）”“video 视频”，在规则中的解释是可用音频播放器和视频播放器的资源，这条规定与 GMD 的录音、录像资料相比，所涵盖的范围扩大了，无论是数字编码还是模拟信号的都可以用“音频”或“视频”标识，但是用户在查找、检索资源时，仅从“音频”“视频”的标识很难立刻分辨出所需资源的播放设备，那么“为用户早期提示或检索过滤器”的目标就没有得以体现。在这个问题上，MARC21 采用 RDA 术语的做法，在 337 字段描述资源的媒体类型（audio），338 字段描述资源的载体类型（audio disc），进一步具体揭示资源使用的设备，使得整个资源无论从内容形式的表述还是媒体类型、载体类型都得到了全面揭示。然而，如果完全照搬 RDA 术语也存在着问题，如“audio disc”，中文直译是“音频盘”，国内有翻译成“唱片”的，在实际应用中依然不够“完美”。“音频盘”或者“唱片”的涵盖面广泛，含不同尺寸、不同信息记录。目前市场上主要有的，一种是光盘（CD-ROM）记录的信号是数字的，文件格式是 CD，通常称为 CD 唱片；一种是正在悄然复出的密纹唱片或者黑胶唱片，两种资源无论是尺寸还是记录信号、使用设备均不同，因此仅仅用一个“音频盘”或者“唱片”来描述显然是不够准确的，并且仍然没有解决当前 GMD 所存在的问题。

通过分析可以看出，GB/T 3469—2013 的信息资源内容形式和媒体类型标识的概念、规则直接用于音像电子资源的书目记录，还不够成熟和完善，有待商榷。

5 结语

随着计算机技术、网络技术的不断进步，一种信息多种载体是未来出版的发展方向，“内容为王”在数字出版时代更多地体现在技术和载体上，信息的内容可以通过不同的技术手段和不同的载体形式得以呈现。编目机构在对信息资源的描述上应该考虑和容纳这些巨变，不断地更新观念，设置科学的信息资源类别体系，提供通俗易懂的检索词或专业术语，这对用户快速查找相关资源和过滤（缩小）信息资源具有重要的意义。因此，在“中国文献编目规则”及“中国机读目录格式（CNMARC）”的修订和完善中，不能照搬照译国际标准，而要更多地考虑以上因素，制定一个既符合国际标准又能体现国内出版物变化的中国式“RDA”，这将是国内编目机构和编目人员需要考虑和解决的问题。

参考文献

[1] 国家图书馆《中国文献编目规则》修订组. 中国文献编目规则[M]. 2 版. 北京：北京图书馆出版社，2004:432.

[2] 曹宁，姜萍萍. 一般资料标识（GMD）的产生、变化和发展趋势[J]. 国家图书馆学刊，2005(4):21-26.

[3] 国际图联. 国际标准书目著录：2011 年统一版[M]. 北京：国家图书馆出版社，2012.

[4] 中华人民共和国国家标准（GB/T3469—2013）信息资源的内容形式和媒体类型标识[M]. 北京：中国标准出版社，2014.

[5] 罗翀，等. 电子资源 MARC21 组织法[M]. 北京：国家图书馆出版社，2013.

[6] 王松林，顾犇. 从一般资料标识到内容形式和媒介类型——《ISBD 统一版》的新特点[J]. 中国图书馆学报，2012(9):103-108.

[7] 百度百科在线翻译工具[EB/OL]. [2015-06-30]. http://baike.baidu.com/link? url = Q1OGq2rY8bXkUwr-L5F-PCU-muqD2tnIUjOUPONeWPbgsJoH384Djo96fngHcUy-yrO4HWOwKXPDjBEzJR6YEJ_.

（原载于《图书馆学刊》2016 年第 6 期）

缩微文献的“醋酸综合症”对涤纶胶片的影响探究*

孙莹莹　史鹏超

缩微胶片、电影胶片等以感光材料为载体的影像资源，自问世100多年来，为全人类的文献档案记录、文化传承等做出了巨大的贡献。不同时期胶片的感光材料受当时科学技术发展的限制，其形质以及构造等都存在着明显的差异，这些差异导致了胶片在后来的长期保存过程中，由于各种原因，产生病害，严重威胁了胶片的长期保存。

在电影行业，国内外相关单位很早便开始了电影胶片病害和长期保存问题的研究，也取得了可喜的成就。在缩微文献档案领域，对“醋酸综合症”，特别是对其发生机理、表现等方面的研究也较为成熟。另外，在分子筛、氧化铝、活性炭等除酸方法的基础上，国内专家也专为延缓缩微文献“醋酸综合症”研制了除酸材料并已投入应用[1]，为缩微文献档案醋酸综合症的预防做出了重要的贡献。

但是，在实践中，多数缩微文献保存部门受库房管理成本或存储空间的限制，并未按照相关要求将醋酸胶片与涤纶胶片分开存放。据课题组对全国图书馆文献缩微复制中心的22家成员馆的调查，有16家成员馆藏有醋酸胶片，其中包括国家图书馆在内的13家成员馆均将醋酸胶片与涤纶胶片混放在缩微文献库房中。另一方面，由于涤纶片基稳定性较高，且在国内应用于缩微文献仅有20余年的时间，这与涤纶胶片1000年左右的概率寿命相比，时间不长。所以我们目前很难在实践中判断涤纶胶片是否受到与其共同保存的醋酸胶片的影响。在这种情况下，课题组应用人工加速老化的方法，通过对比单独老化的涤纶胶片和与醋酸胶片一起老化的涤纶胶片的各项性能指标，探究已经发生醋酸综合症的醋酸胶片与涤纶胶片共同存放的情况下，醋酸综合症对涤纶胶片的影响，希望以此作为缩微胶片长期保存的实践中是否需要对库房分区管理的依据。

作为全国图书馆文献缩微复制中心，研究醋酸综合症对涤纶胶片长期保存的影响，找出两种胶片长期保存的更好的方法，对于全国图书馆缩微品的存放和保存保护具有普遍的指导意义，对于国家文献资源总库的建设具有重要参考价值。

1　调研情况与试验条件的确定

本研究主要的难点在于老化试验条件的选择。从课题组的调研情况来看，国内外对于

* 本文系文化部科技创新项目“缩微文献长期保存保护研究”（项目编号:5－2011）的研究成果之一。

胶片类老化试验的条件主要有以下几个：

(1)美国影像持久性研究所(IPI)在50—100℃,相对湿度20%—80%的条件下老化,其中较低温度的老化研究了10年[2]。

(2)同为IPI的老化试验,老化条件为50℃,相对湿度50%,同样老化了10年[3]。

(3)国内的乐凯胶片公司第二胶片厂用几种不同型号的印刷胶片以温度50℃、相对湿度80%的条件进行1—4天的人工老化试验[4]。

(4)化工部第一胶片厂马进言指出,黑白电影胶片采用50℃,相对湿度80%的条件老化3天,相当于在温度20±2℃、相对湿度65±5%的环境下存放1.5—2年[5]。

(5)国际标准ISO 18901:2010《成像材料——已加工银-明胶型黑白胶片——稳定性规范》中,加速老化条件为在23±2℃,50±2%相对湿度的条件下平衡15小时以上,之后放入密闭容器中,置于100±2℃的老化箱中72小时。

我们认为,由于研究时间有限,不适用第1—2种老化条件;第3种老化试验的对象为照相用胶片,且为未经冲洗加工的生片,与本文研究对象不符;第4种老化条件为理论推测,没有相关试验成果佐证,权威性不够。在这种情况下,课题组按照ISO 18901:2010中所规定的条件进行老化试验。

2 试验流程

2.1 准备样片和试管

醋酸胶片,35mm宽度,三醋酸纤维素酯片基,pH值已达3.8以下,胶片变形明显,片基发软,变色,醋酸气味强烈,醋酸综合症非常明显。

涤纶胶片,16mm宽度,为最新拍摄的柯达胶片,拍摄内容为解像力标板和栅栏格图案(分为横向和纵向两种),pH值在5.4左右(见图1、图2)。

参照ISO 18901:2010中关于老化试验所用试管的规定,试管为硅硼玻璃材质,规格为直径25mm,长度100mm,螺纹口,配套的塑料盖内嵌聚四氟乙烯垫(见图3)。

图1 涤纶胶片试样中的解像力标板影像(投射扫描)

图 2　涤纶胶片试样中的栅格图案影像(投射扫描)

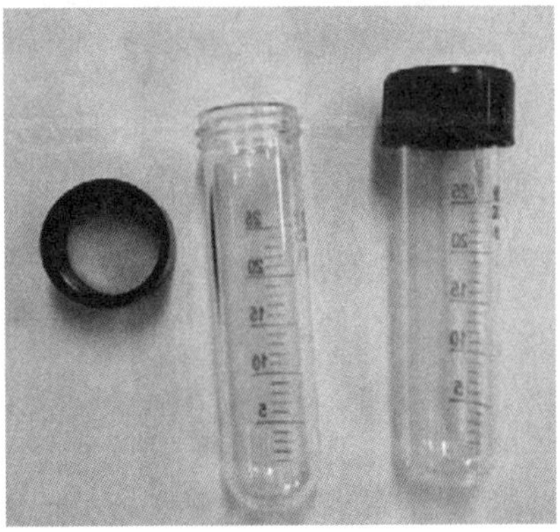

图 3　老化实验所用的试管

2.2　试样制作

醋酸胶片取 15 段,每段约 50cm,卷成片卷,分别放入 15 个试管底部。另取 30 段涤纶胶片,每段 30cm,卷成片卷,其中 15 段放入已放置醋酸胶片的试管内(但要注意两种胶片不能接触),另外 15 段分别单独存放在 15 个试管中。

2.3　加热老化

将全部前期制备的 30 个试管置于 23℃、相对湿度 50% 的条件下稳定 24 小时后,盖紧试管。稳定后将全部 30 个试管放入 100℃的老化箱中,连续不间断老化 72 小时。之后将试管取出,在与老化前同样的条件下平衡 15 个小时。取出试管内的涤纶胶片,进行相关性能数据的测定。

3　试验数据

取出试样后,通过肉眼观察可见:单独老化的涤纶胶片均可正常取出,且外观上与老化前相比片基略发棕黄色,但变化不大,有待进一步使用仪器检测。与醋酸胶片一起加热老化的15个涤纶胶片试样中,有2个因粘连严重,无法从试管中完整取出;另有2个粘连明显,但不影响从试管中取出。从外观看,取出的11个与醋酸胶片一起加热老化的且无粘连出现的涤纶胶片试样中,有3个出现了表面严重污染的情况(见图4,以下称为污染胶片),其他涤纶胶片从外观上看与老化前相比变化片基略发棕黄色,变色程度比单独老化的涤纶胶片严重,有待于进一步使用仪器检测。

图4 与醋酸片一起加热老化后的表面污染胶片

通过相关仪器设备检测并将结果进行对比。所用仪器设备包括:Crowley Micrographics 4004E 密度测定仪、布鲁克 tensor27 红外光谱测试仪、Instron 3365 拉力测试机、TMI 耐折度仪、3M(No.610)压敏胶带。

3.1 密度

影像区部分:未加热老化的涤纶胶片的密度范围为0.89—0.95;单独加热老化的涤纶胶片,密度范围为0.90—0.97;与醋酸胶片一起加热老化的涤纶胶片,密度范围为1.01—1.08。(以上密度为解像力标板中的灰板部分密度)

非影像区部分:未加热老化的涤纶胶片密度为0.01;单独加热老化的涤纶胶片密度为0.04;与醋酸片一起加热老化的涤纶胶片,密度为0.04—0.05。

3.2 解像力

未加热老化的涤纶胶片的解像力为7.1/15X(见图5);单独加热老化的涤纶胶片和与醋酸胶片一起加热老化的涤纶胶片的解像力均降至6.3/15X(见图6、图7)。

图5 未加热老化的涤纶胶片解像力

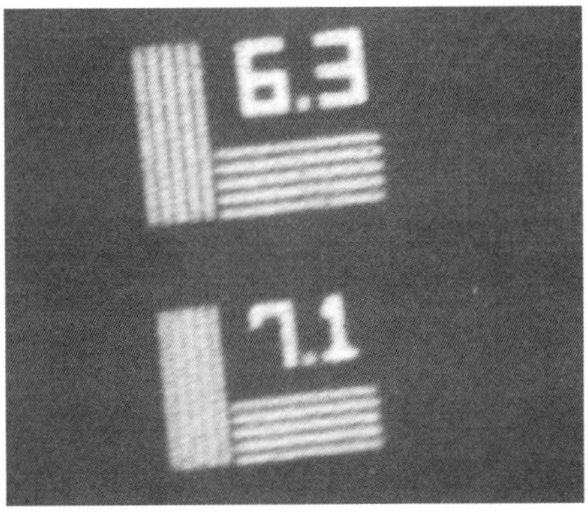

图 6　单独加热老化的涤纶胶片解像力

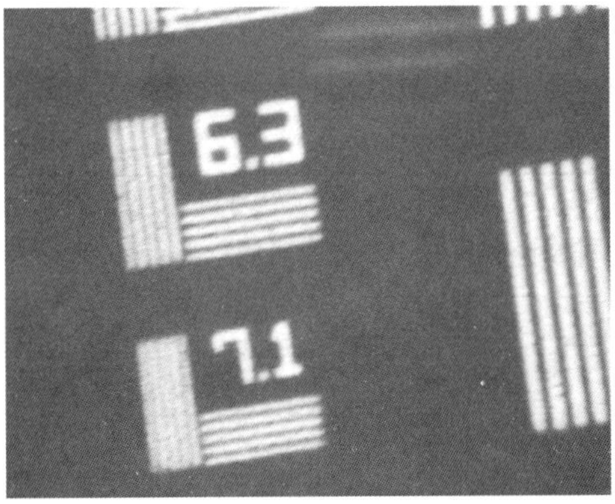

图 7　与醋酸胶片一起加热老化的涤纶胶片解像力

3.3　pH 值

利用气敏性 pH 试纸对几种试样检测，测试结果为：未老化的涤纶胶片 pH 值在 5.4 左右，单独老化的涤纶胶片的 pH 值为 5.2，与醋酸胶片一起加热老化的涤纶胶片的 pH 值多数在 5.2—4.8 之间，出现严重粘连和表面污染的涤纶胶片 pH 值已低至 4.4。

3.4　抗张强度和拉伸率

按照 ISO 18901:2010 中 8.4 章的相关规范来检测抗张强度和拉伸率，以未加热老化、单独加热老化和与醋酸胶片一起加热老化的三种涤纶胶片作为检测对象，每种取 5 个试样进行检测，具体结果见表 1—表 3：

表 1　未加热老化的涤纶胶片的抗张强度和拉伸率

试样编号	抗张强度(MPa)	拉伸率(%)
1	189.6	150.9
2	178.1	145.0

续表

试样编号	抗张强度(MPa)	拉伸率(%)
3	182.8	144.9
4	178.6	143.3
5	171.7	123.8

表 2　单独加热老化的涤纶胶片的抗张强度和拉伸率

试样编号	抗张强度(MPa)	拉伸率(%)
1	182.6	148.1
2	181.2	145.1
3	177.5	139.7
4	175.0	143.0
5	177.7	140.8

表 3　与醋酸胶片一起老化的涤纶胶片的抗张强度和拉伸率

试样编号	抗张强度(MPa)	拉伸率(%)
1	152.6	101.1
2	167.9	126.2
3	157.6	104.3
4	148.1	95.69
5	179.3	146.6

为了避免因某些偶发因素造成的试验误差,将每组数据去掉最大值和最小值,之后取平均数,得出的数据见表 4:

表 4　去掉极值之后的抗张强度与拉伸率的平均数

试样(均为涤纶片)	抗张强度(MPa)	拉伸率(断裂伸长%)
未加热老化	179.83	144.40
单独加热老化	178.80	142.97
与醋酸胶片一起加热老化	159.37	110.53

3.5　耐折度

因设备性能限制,未加热老化的涤纶胶片的耐折度已超过设备的最高测试值(即 99999),无法测定准确的耐折度。单独加热老化的涤纶胶片和与醋酸胶片一起加热老化的涤纶胶片各取 5 个试样进行检测,具体检测结果见表 5、表 6。

表 5　单独加热老化的涤纶片的耐折度

试样编号	耐折次数
1	7351
2	18630
3	33608
4	35516
5	35249

表 6　与醋酸片一起加热老化的涤纶胶片的耐折度

试样编号	耐折次数
1	30827
2	1394
3	35482
4	47679
5	11260

为了避免因某些偶发因素造成的试验误差，将每组数据去掉最大值和最小值，之后取平均数，得出的数据见表 7：

表 7　去掉极值之后的耐折度的平均数

试样（均为涤纶片）	耐折次数
单独加热老化	29162
与醋酸胶片一起老化	25856

3.6　乳剂流

按照 ISO 18901:2010 中 8.7 章的相关规范，通过查看涤纶片中的横向与纵向的栅格图案来检测经加热老化试验的涤纶胶片是否发生乳剂流现象。检测结果均为合格，即单独加热老化的涤纶胶片和与醋酸胶片一起加热老化的涤纶胶片均未发生乳剂流现象。具体情况见图 8、图 9。

3.7　胶带剥离牢度

按照 ISO 18901:2010 中 8.5 章的相关规范，课题组使用 3M（No. 610）胶带测试经加热老化的两种涤纶片的胶带剥离牢度。每种胶片取 4 个样本来检测胶带剥离牢度。检测结果均为合格，即单独加热老化的涤纶胶片和与醋酸胶片一起加热老化的涤纶胶片均未发生胶带将胶片的表面部分粘落下来的情况。

3.8 红外光谱分析

首先选择对已加工涤纶胶片的空拍部分进行分析,这是因为空拍部分为非影像区,外观为无色透明,便于检测透射光谱及对比。检测的试样包括未加热老化涤纶胶片、单独加热老化涤纶胶片、与醋酸胶片一起加热老化后表面状态较好的涤纶胶片和与醋酸胶片一起老化后变色的涤纶胶片。所得到的红外光谱测试结果如下(见图10—图13):

图8　单独加热老化的涤纶胶片的栅格图案(显微镜下)

图9　与醋酸胶片一起加热老化的涤纶胶片的栅格图案(显微镜下)

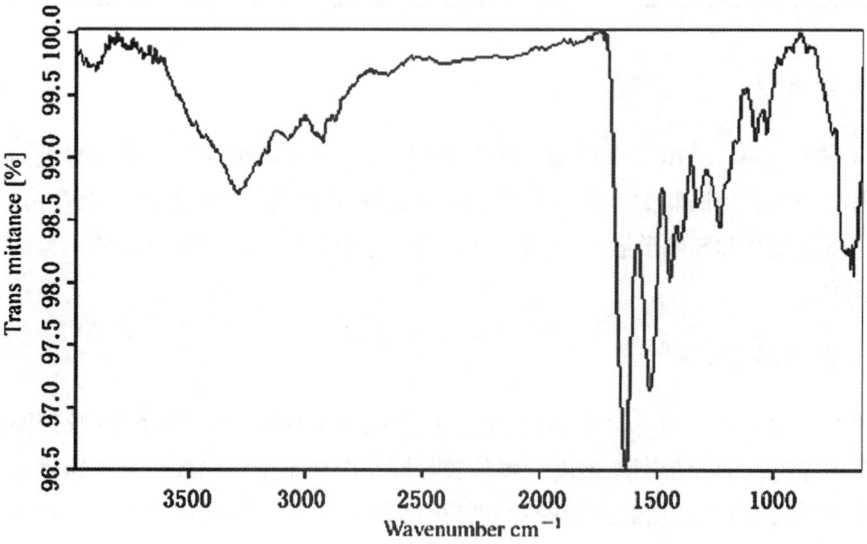

图10　未加热老化涤纶胶片中空拍部分的红外光谱

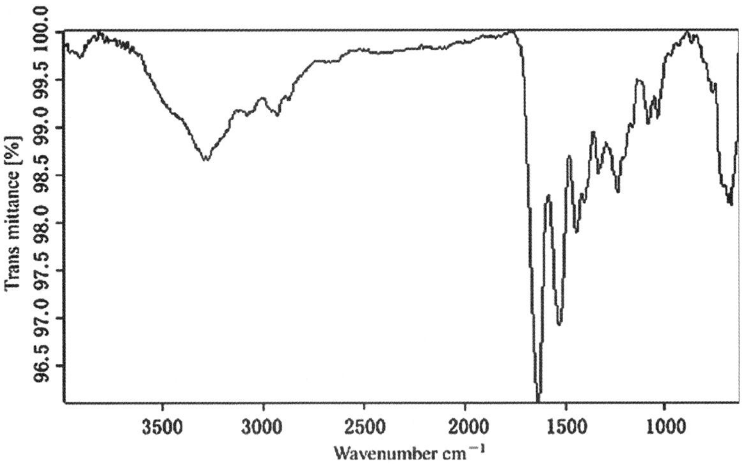

图 11　单独老化的涤纶胶片中空拍部分的红外光谱

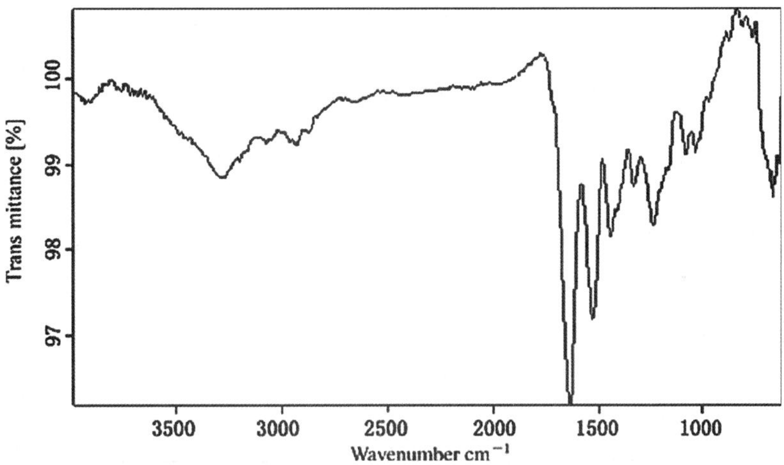

图 12　与醋酸胶片一起老化后，表面状态较好涤纶胶片中空拍部分的红外光谱

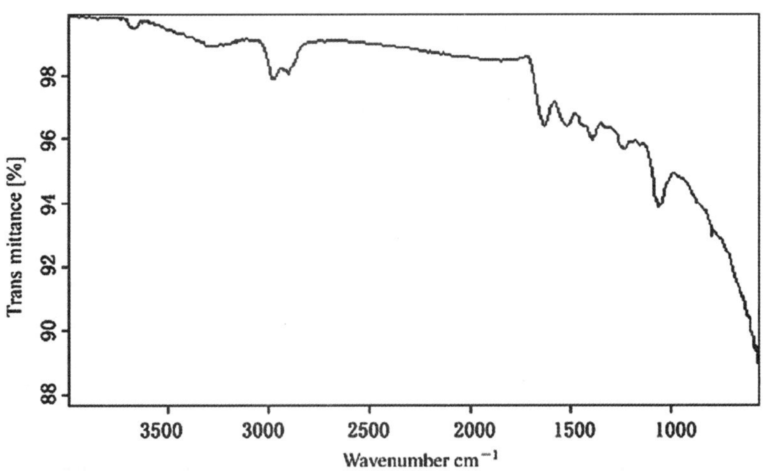

图 13　与醋酸胶片一起老化后变色的涤纶胶片中空拍部分的红外光谱

从图 10 中可以看出 1500—1600cm^{-1}间的 2 组峰及其峰型符合对位苯基衍生物的结构特征，2922cm^{-1}和 2852cm^{-1}出现双峰为-CH_2 的 C-H 伸缩振动特征峰，3200—3700cm^{-1}强吸收峰为羟基-OH 的伸缩振动，1000—1300cm^{-1}间为 C-O 的伸缩振动区间，1230—1010cm^{-1}之间为羰基的特征峰，从上述结果中可以基本确定聚酯胶片中各化学基团的相应红外特征。通过对图 11 和图 10 的对比，未见峰型的明显差异。从图 12 上看其红外光谱测试结果变化较小，图中峰型及位置稍有变化但不影响聚酯胶片结构的判断。图 13 的红外结果与图 11 及图 12 相比，有明显差异，首先，2922cm^{-1}，2852cm^{-1}处峰信号加强，这可能是醋酸胶片释放醋酸被聚酯胶片所吸附造成的，醋酸中-CH_3 的特征峰会影响-CH_2 的吸收，使吸收强度变大，同时强度最大峰也出现变化，1230cm^{-1}处的 C = O 伸缩振动强度增加也表现为醋酸结构的影响。1710cm^{-1}处的强吸收使苯环骨架振动在 1650cm^{-1}附近的峰出现裂分，这也是羧基的特征吸收。

为了对以上红外光谱测试结果进行验证，课题组又对涤纶胶片中的影像区（即所拍摄的解像力标板部分）进行了红外光谱测试，测试结果基本上与空拍部分结果相似（见图 14—图 17），充分证明了与醋酸胶片一起老化的涤纶胶片中的变色胶片，为受醋酸气体影响的结果。

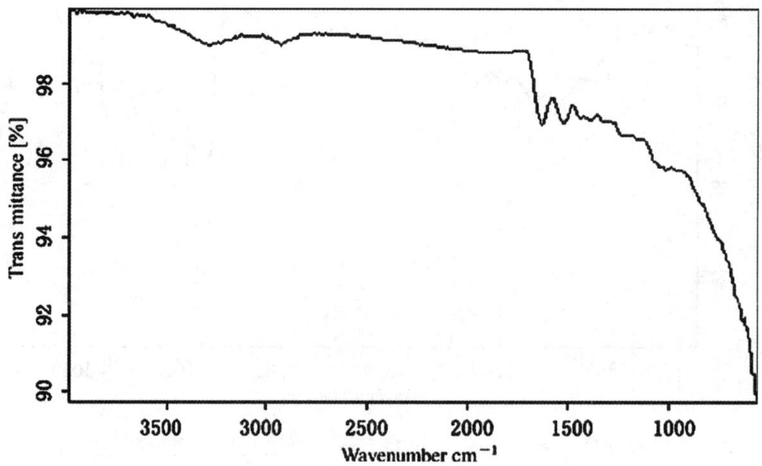

图 14　未加热老化涤纶胶片中影像部分的红外光谱

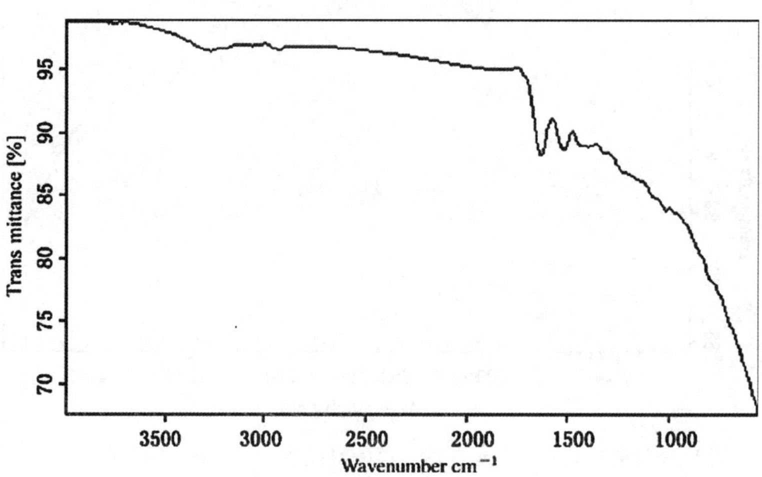

图 15　单独老化的涤纶胶片中影像部分的红外光谱

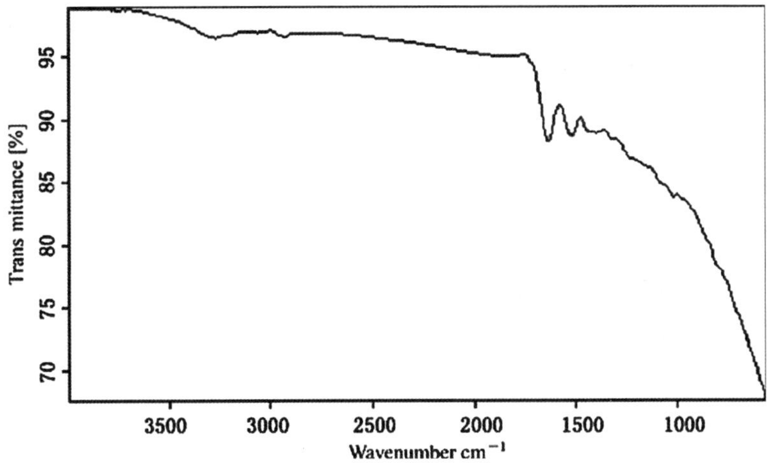

图 16　与醋酸胶片一起老化后，表面状态较好涤纶胶片中影像部分的红外光谱

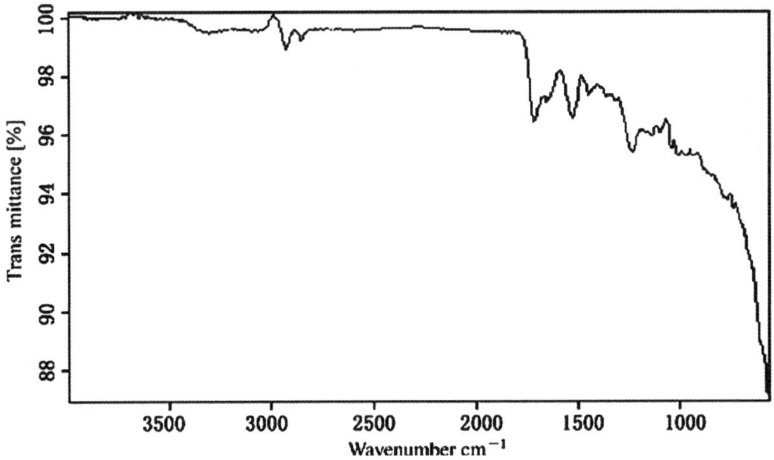

图 17　与醋酸胶片一起老化后表面污染的涤纶胶片中影像部分的红外光谱

4　讨论

（1）根据国际标准 ISO 18924：2013《成像材料——阿伦尼乌斯预测的测试方法》的附录 C 中的曲线图，如果以涤纶片基的固有黏度损失 20% 为参考恒量，100℃老化 72 小时，相当于 21℃条件下保存近 1000 年。据此可以谨慎预测，老化试验之后所测定的数据，能够预测正常保存条件下最少 500 年后的情况。

（2）两种加热老化后的涤纶胶片，无论是影像区还是非影像区，均出现了密度的提高，其中与醋酸胶片一起老化的涤纶胶片，其密度的提高更加明显。因设备有限，无法准确判断其原因，但根据现有资料判断，可能为加热老化处理导致胶片的硫代硫酸盐离子浓度提高甚至过量，从而造成了影像区密度的提高；由于加热老化造成的片基变色，造成了包括非影像区在内的胶片整体密度的提高；另外，涤纶片表面受到了醋酸污染，也有可能造成密度提高。

(3)两种加热老化后的涤纶胶片,均出现了解像力的下降,但下降程度相当,目前无法确认醋酸胶片对涤纶胶片在老化过程中的解像力的下降是否有影响。

(4)相对于单独加热老化的涤纶胶片,醋酸胶片共同加热老化的涤纶胶片发生粘连的概率明显提高,且可能发生较为严重的粘连。

(5)在抗张强度、拉伸率和耐折度方面,无论是从去掉极值之前的平均数还是去掉极值之后的平均数来看,与醋酸胶片一起老化的涤纶胶片在上述性能上都比单独老化的涤纶胶片明显偏弱。而且,根据上述性能的测定结果来看,与醋酸胶片一起老化的样本的指标检测结果数值不平均,数值起伏较大。

(6)从乳剂流和胶带玻璃牢度的测试结果看,没有明显差别。目前无法判断醋酸胶片是否对涤纶胶片的上述指标有影响。所以综上所述,结论是与醋酸胶片放置的聚酯片会受到吸附醋酸的影响。

(7)从红外光谱测试结果分析,单独老化的涤纶胶片在化学结构上与未老化的涤纶胶片基本相同,基本没有受到影响,说明了聚酯胶片的化学稳定性很好。而与醋酸胶片一起老化的涤纶胶片中,大部分也没有明显的化学结构变化,但是有少部分(约占20%)出现了严重的醋酸污染。至于严重污染发生的原因,怀疑可能与试管中所放置醋酸胶片的量大或者醋酸综合症过于严重有关,具体原因有待于今后更深入的研究。

5 结论

通过一系列测试和结果的对比,与醋酸胶片一起加热老化的涤纶胶片,其密度、pH 值、抗张强度和拉伸率、耐折度等性能均比单独老化的涤纶胶片要差。另外,其在发生粘连、表面污染等方面也存在很大的风险。综合以上研究结果,可以得出结论:在库房管理方面,为了保证涤纶胶片的安全长期保存,建议在图书馆和档案馆的缩微胶片保存实践中,将涤纶胶片与醋酸胶片分开存放。

参考文献

[1] 孟利群,刘五建,刘永久. 缩微文献醋酸综合症的延缓实验研究[J]. 国家图书馆学刊,2010(3):81-83.

[2] 牟梓. 十年老化试验预测聚酯缩微胶片寿命达千年[J]. 数字与缩微影像,2003(3):6-8.

[3] 李铭. 感光胶片的稳定性——长期老化研究[J]. 影像技术,2004(3):24-27.

[4] 王世勤. 印刷胶片的自然老化与人工老化的关系[J]. 影像技术,2005(1):48-51.

[5] 马进言. 胶片人工老化方法浅谈[J]. 感光材料,1984(4):27-28.

(原载于《图书馆杂志》2016 年第 7 期)

我国数字出版物呈缴现状及其制约因素分析*

姜晓曦　冷　熠

出版物呈缴是完整收集和保存国家文化遗产的一种有效方式,从制度上对呈缴行为进行规范和约束能够有效保障文化遗产的留存。随着信息技术的发展和广泛应用,数字出版物成为网络信息环境下资源的重要组成部分,其学术价值、保存价值和史料价值也大幅度提升。各国都意识到,为了避免这些数字资源的遗失,应该将数字出版物纳入到出版物呈缴制度体系中来,并及时调整出版物呈缴制度的各个要素。国家图书馆作为出版物法定缴存机构之一,承担着对数字出版物的缴存工作。笔者调研了国家图书馆近几年开展数字出版物呈缴工作的现状,通过分析,总结出影响我国数字出版物呈缴工作的制约要素。

1　我国出版物呈缴制度发展概述

1.1　我国呈缴本制度发展回顾

现有研究多认为我国呈缴本制度始于清朝末年[1]。1906 年清朝政府制定并颁布了《大清印刷物专律》,是我国第一部有关报刊出版的专门法律,是我国关于新闻出版最早出台的专门法律。其第二章第九条已经明确规定了呈缴的主客体及相关的惩罚措施[2]。20 世纪初,近代中国第一部图书馆法规颁布,即《京师及各省图书馆通行章程》,其规定了图书馆设立的最终目的是为了"保存国粹、造就通才"[3]。从新中国成立前有关呈缴制度的法规条文来看,我国呈缴本制度诞生于图书审查制度,初衷是政府为了控制与检查出版物,虽然在一定程度上限制了文化的自由及繁荣,但促进了我国呈缴制度的形成,对以后呈缴制度的进一步完善具有一定的积极作用。

中华人民共和国成立后,政府一直重视样本缴送工作,颁布的呈缴法律法规主要有中央和地方两个级别,中央颁布的法律法规主要分为国务院颁布的法律条例和出版总署颁布的法律条例,本文主要概括中央级别的法律法规及其发展特点。新中国成立后,我国制定的系列法律法规、管理条例真正体现了呈缴制度建立的真正意义:主要用于审查出版物,登记著作权和出版权,完整地保存文化和利用出版物,编制国家书目。出版物呈缴制度为国家保存书刊版本和书目登记工作提供了可靠的保证,为国内和国际范围的出版物资源共享、文化交流提供了条件。

---

* 本文系国家社会科学基金项目"数字出版物呈缴制度研究"的成果之一,项目编号:12BTQ058。

1.2 我国出版物呈缴制度发展特点

笔者通过对我国呈缴制度相关政策与法规的回顾，概括出我国呈缴制度发展具有以下几个特点。

(1)出版物呈缴相关政策法规较多，但缺乏出版物呈缴相关的法律

出版物呈缴的法律依据主要是国务院颁发的《中华人民共和国学位条例暂行实施办法》《地图编制出版管理条例》《出版管理条例》和《音像制品管理条例》，但其对于缴送方式及相关细节未做出明确规定；细化呈缴工作的规章制度主要依赖于政府文化部门或新闻出版主管部门颁布的行政法规和部门规章，依靠国家的行政力量予以推行和保障。目前，我国缺乏专门的或者与出版物呈缴相关的法律，对呈缴单位的约束力有限。

(2)呈缴客体逐渐扩展，新兴的数字出版物一直未纳入呈缴范围

随着信息技术的发展，出版物类型不断增加，呈缴客体从最初的图书、杂志，拓展到报纸、学位论文、音像制品和电子出版物等。截至目前，我国尚未出台全国性的有关数字出版物呈缴的法律或规章，数字出版物作为国家和民族文化遗产的重要组成部分，仍不能依法得到妥善收集和保存。

(3)呈缴客体区别对待，以减轻呈缴主体和受缴机构的负担

我国的出版物呈缴相关规章制度根据不同的呈缴客体的特点明确了不同的呈缴数量、受缴机构等；根据每个受缴机构的不同职责，适当调整呈缴数量和种类，使得呈缴主体的经济负担有所减轻，对降低接收呈缴单位的管理成本有所益处。

(4)处罚条例越来越严厉，但迄今尚无出版单位因此受到相应的处罚

我国的出版物呈缴相关规章制度规定：对出版单位逾半年不按规定要求缴送样本的，给予警告处分；此后仍不送样本的，给予应缴送样本定价金额1倍的处罚；情节严重者予以停业整顿[4]。现有出版物呈缴规章制度对不缴送出版物样本者的处罚就更为严厉，情节严重的可以由原发证机关吊销许可证[5]。虽然对不按规定呈缴者进行处罚的条例越来越严厉，但迄今还没有出版单位因不按规定呈缴而受到相应的处罚。

(5)缴送方式渐渐明确，各单位履行起来较为便利

出版物呈缴法律法规最初并未对如何登记管理做明确说明；后来逐步修订完善，细化缴送方式，首次对《缴送样品清单》进行要求；目前的法律法规已经对受缴机构的反馈时间做了限定，对寄送样本的寄送方式做出了明确的规定。这一变化体现了缴送方式的逐渐细化，反映了我国对于呈缴工作的管理越来越规范，提高了缴送效率，方便了出版单位的缴送工作。

(6)呈缴制度的监控体系尚有欠缺

呈缴制度的执行、评估实际上能够有效促进呈缴率的提升，但是目前的呈缴法律法规对监控的描述均较为模糊，主要是行政机关通过日常行政管理工作进行监控，而图书馆和公众在整个呈缴制度中没有起到一定的监控作用。可见，整个呈缴制度的监控体系有所欠缺。

2 我国数字出版物呈缴现状分析——以国家图书馆为例

国家图书馆作为国家总书库,担负着为国家全面、完整地收藏国内出版物并妥善保存的职责。从1916年起,国家图书馆正式成为出版物缴存馆,真正意义上的出版物缴存制度开始在我国出现。作为我国出版物样本法定收藏单位之一,国家图书馆接受缴送的范围包括国内所有正式出版的图书、期刊、报纸、音像制品、电子出版物以及其他载体形式的出版物[6]。

目前,国家图书馆接收的数字出版物呈缴客体是电子出版物(离线的数字出版物,如光盘等),尚未接收网络出版物(在线的数字出版物)。由数字资源出版商向国家图书馆呈缴数字出版物。国家图书馆开展数字出版物呈缴工作采用的模式有CD-ROM等实体载体的提交和国家图书馆自动采集。国家图书馆对于缴送行为目前暂时没有奖惩措施。缴送量和缴送率是衡量出版物呈缴的两项重要指标,笔者对国家图书馆近5年在数字出版物方面的呈缴现状进行了数据调研(截至投稿日,国家新闻出版广电总局尚未公布《2015年全国新闻出版业基本情况》,因此笔者调研2010—2014年的缴送情况数据),并对国家图书馆各类出版物缴送量、缴送率做了纵向对比分析,期望从侧面反映出近年来国家图书馆出版物呈缴的发展历程。

2.1 电子出版物呈缴情况

国家图书馆从1987年开始正式接受电子出版物的缴送。目前,电子出版物缴送执行的规定是2008年新闻出版总署发布的第34号令《电子出版物出版管理规定》。该规定第35条中明确指出:"电子出版物发行前,出版单位应当向国家图书馆、中国版本图书馆和新闻出版总署免费送交样品。"[7]随着数字化水平的提高,国内出版的电子出版物数量急剧增长,国家图书馆接受电子出版物实体的缴送和各出版单位自愿呈缴的其他形式的电子产品[8]。

国家图书馆接受呈缴的电子出版物包含两部分,一是"纯光盘",二是"书配盘"。近年来,"书配盘"的比例越来越大,所以对这部分电子出版物的呈缴应该和图书的呈缴紧密结合起来。从图1和图2中可以看出,电子出版物的出版量5年来发展比较平稳,而缴送量和缴送率发展趋势统一,均在2011年有大幅增长,在2013年反而有所下降。

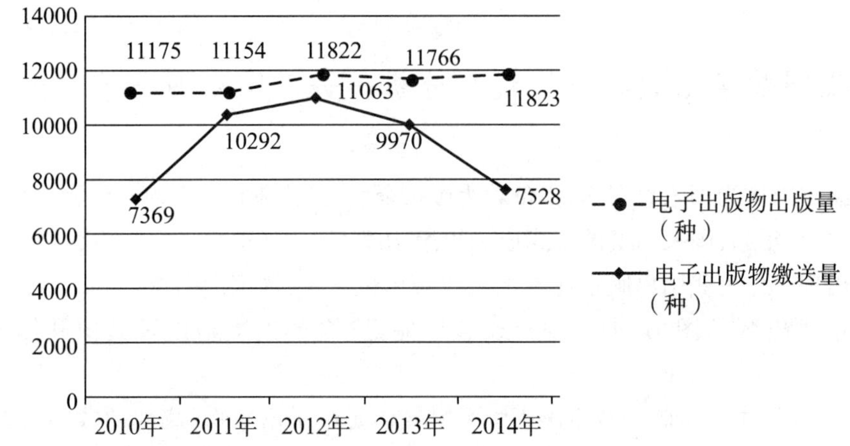

图 1　电子出版物出版量和缴送量(2010—2014 年)

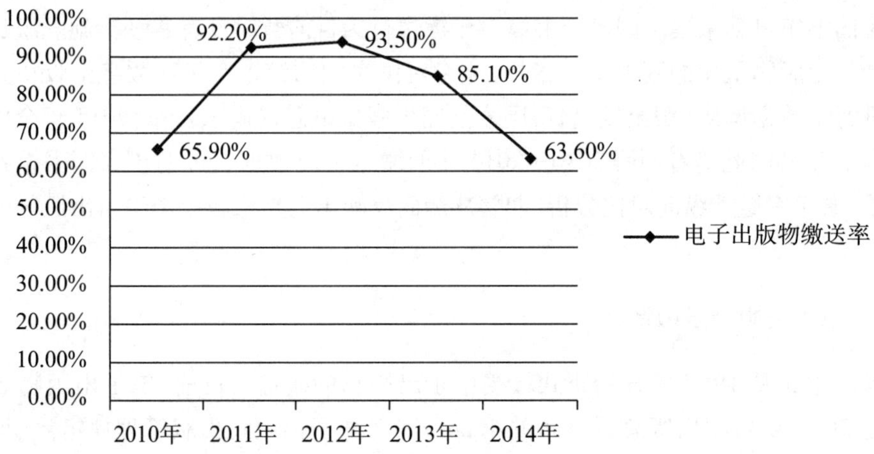

图 2　电子出版物缴送率(2010—2014 年)

2.2　音像制品呈缴情况

音像制品从 2001 年开始被纳入国家图书馆的呈缴范围,载体形式涉及 CD、VCD、DVD、录音带等。近年来,国家图书馆每年入藏的国内音像制品逾万种[9]。

国家图书馆正式接受音像制品呈缴从 2004 年才开始。由于电子出版物的发展逐步替代了录音制品,加之录像制品制作成本高、周期长等因素,近年来音像制品的出版量逐年下降(见图 3、4)。

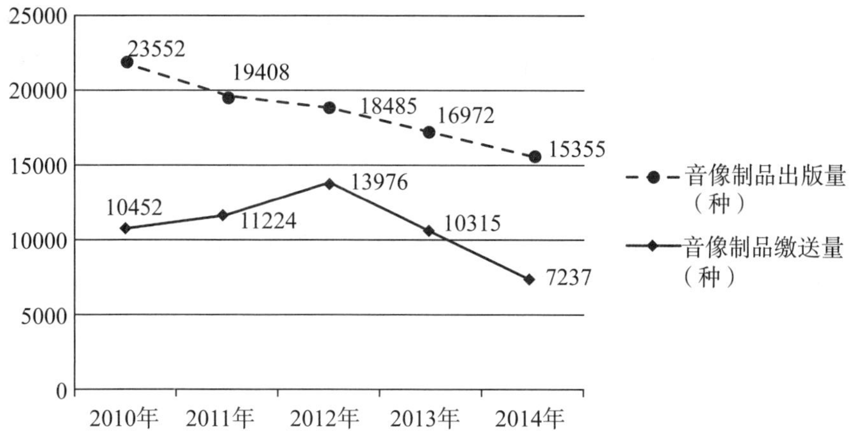

图 3　音像制品出版量与缴送量(2010—2014 年)

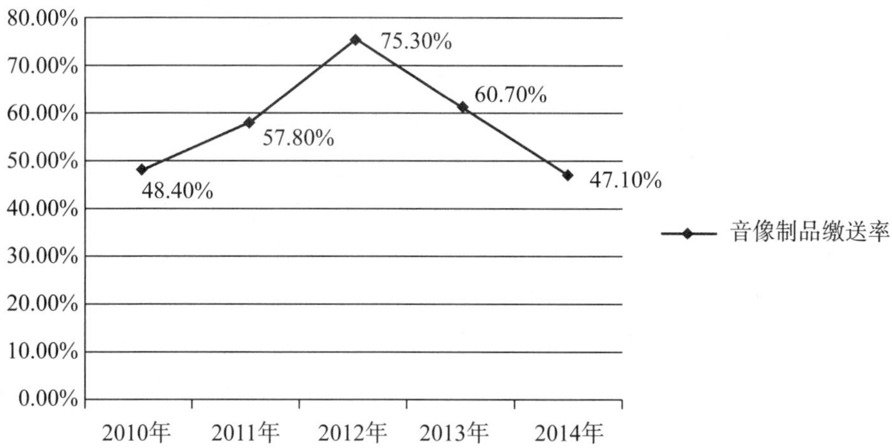

图 4　音像制品缴送率(2010—2014 年)

调研显示,作为我国出版物样本法定收藏单位之一,国家图书馆对纸质出版物呈缴接收量逐年递增,已经取得了一定的成效,也得到了社会公众和相关机构的认可。但是数字出版物呈缴工作并不乐观。虽然也有一部分地方公共图书馆作为当地出版物样本的法定收藏单位,但是纸质出版物呈缴工作开展得并不好,而数字出版物则几乎没有呈缴。

3　影响我国数字出版物呈缴工作开展的制约因素

笔者对图书馆界负责呈缴工作的相关人员进行了调研,受访者中没有人认为现有的数字出版物呈缴情况是好或较好的;80% 的受访者认为目前关于数字出版物呈缴的法律制度尚没有真正建立;而现在有的制度不尽合理,对呈缴者、接收呈缴机构的权利和义务没有明确说明,缺乏约束机制和奖惩措施;现行数字出版物呈缴制度是以部门规章作为依据,法律调整范围有限。政府以行政管理而非法律的手段调整数字出版物呈缴事项,因而不能有效协调数字出版物呈缴各相关方的利益，导致制度实施效率不高。结合对国家图书馆数字出版物呈缴现状的调研，笔者总结出影响我国数字出版物呈缴工作开展的制约因素主要有以下几个方面。

3.1 法律制度因素

数字出版物呈缴的法律机制，是指国家通过立法对数字出版物呈缴进行规范的各种法律、法规的总和。法律机制是对数字出版物呈缴进行管理的法律依据，也是开展有效管理的重要保障[10]。在我国，对于数字出版物的呈缴问题，《电子出版物出版管理规定》第35条中明确指出："电子出版物发行前，出版单位应当向国家图书馆、中国版本图书馆和新闻出版总署免费送交样品。"而《电子出版物管理暂行规定》中的电子出版物概念不包括网络文献。文化部起草的《中华人民共和国公共图书馆法（征求意见稿）》对包括网络资源在内的数字信息的呈缴问题有了比较明确的规定[11]。这些规定和探讨仅涉及数字出版物呈缴工作中的冰山一角，目前我国还没有真正建立调整数字出版物呈缴法律关系的完备的法制体系，法律制度成为影响数字出版物呈缴工作的重要制约因素。

实践证明，完善的数字出版物呈缴本法律制度具有明显的强制力，凡是具有法律保障呈缴的国家都取得了较好的效果。相反，缺少法律规制的呈缴实际效果很不理想。我国目前的呈缴本制度仅仅以规定、办法、条例、通知等行政法令的形式出现，由行政法规、地方规章等构成的呈缴制度，一是法律强制性约束不够，不适应当前形势的发展，二是其主要在传统出版物领域发挥作用，对于数字出版物的呈缴问题关注较少。这已经不适应当前形式的发展，数字出版物呈缴工作应上升到法律的高度，依法保证呈缴制度的彻底实施。我国需要全面、彻底地变革现行数字出版物呈缴制度，重新设计科学合理、符合惯例又适合国情的数字出版物呈缴制度。

3.2 管理因素

健全的数字出版物呈缴管理机制应包括呈缴的主客体、方式、格式、数量等相关问题的规范机制，这些规范机制和管理方案都需要有专门的机构制定，而我国正缺乏这类呈缴管理机构。不同系统的机构之间各自为政，既没有建立有效的监管体系对数字出版物生产、流通和呈缴过程进行监督管理，也缺乏积极的沟通和协调，使管理问题成为制约数字出版物呈缴制度建立和发展的重要因素。在一项行之有效的数字出版物呈缴管理机制中，不仅对数字出版物呈缴的主体、客体、方式、格式、数量以及奖惩措施的规定至关重要，而且也应对相关主体建立健全有效的管理机制做出明确要求。无论呈缴主体还是受缴单位，都应在满足制度要求的基础上，根据自身承担的职能和实际情况，制定一整套工作规范，以加强呈缴工作管理[12]。

3.3 经济因素

影响数字出版物呈缴的经济因素反映在两个方面：

一是呈缴系统和工作的日常维护成本。数字出版物只有不断地进行格式调整、载体迁移、重新保存等，才能保证其被长期读取和利用，因此在数字出版物生命周期的各个阶段都有直接或间接的成本支出，技术发展速度越快，用于数字出版物维护和长期存取的累积费用支出会越高。这对受缴单位而言是不小的经济负担，因此，必须有充足的国家财政经费的支持，受缴单位才能完成呈缴出版物接收、管理、保存、利用的使命。

二是对呈缴主体的补偿成本。没有经济补偿机制是制约我国数字出版物呈缴制度实施的重要因素。如果不建立合理的利用制度，数字出版商会因担心自己的商业利益遭到侵害而不履行义务。凡是呈缴本制度执行得比较好的国家，都有补偿机制。在我国，无论是《出版管理条例》还是《电子出版物管理规定》都明确规定，呈缴是无偿的。如果不能对数字出版物的呈缴进行合理的补偿，就不能协调公众利益和出版商利益之间的平衡问题，就不能维护市场经济秩序的平等公正原则，呈缴制度也难以持久而稳定地执行[13]。

3.4 版权因素

数字出版物由于其复制便利和传播速度快，具有较大的侵权风险，版权保护问题由此越发显得重要。受缴单位对呈缴出版物的拥有和使用问题成为数字出版物呈缴制度与版权保护的关键所在，版权问题无疑是影响数字出版物呈缴制度的又一重要因素。

目前达成的基本共识是，出版商即使有依法向图书馆呈缴的义务，并不代表受缴图书馆可以不顾版权法的规定，无限制地将电子出版物提供利用[14]。大多数受缴机构（主要是国家图书馆）对于呈缴数字出版物的获取范围和使用方式施行了分类管理，对于网络上可以公开获取的数字出版物资源，提供服务的方式和类型比较多样，限制性的措施较少；而对于商业性的或是受到保护的数字出版物资源，一般采取了限制获取利用的措施，将利用行为限制在呈缴本图书馆中，降低了利用行为对权利人经济利益的影响[15]。可以说，版权保护和呈缴之间保持利益的平衡是数字出版物呈缴制度设计必须妥善解决的重要法律问题。

3.5 技术因素

目前，数字出版物呈缴制度中对技术因素的要求主要体现在4个环节：一是数字出版物呈缴的环节，无论是由呈缴主体提交，还是由受缴单位主动采集，都需要强有力的软硬件技术支持，特别是面对海量数字出版物呈缴问题时，对提交或采集技术的效率要求更加突出；二是呈缴数字资源的保存环节，要求受缴单位建立行之有效的数字出版物长期保存机制，确保各种各样的数字出版物能得到有效保存，并且能够适应未来的技术迭代；三是呈缴数字出版物的组织管理环节，实际上，在数字出版物呈缴的各个相关环节都涉及管理问题，通过技术手段实现呈缴数字出版物的自动化管理，对呈缴数字出版物进行科学组织和高效整合，是受缴单位应当承担的义务之一；四是呈缴数字出版物的服务利用环节，呈缴技术不但要实现数字出版物的流畅发布服务，而且必须具备版权保护能力，通过技术手段控制呈缴数字出版物的服务利用，使之符合呈缴制度相关要求。

4 结语

从整体上看，我国出版物呈缴制度的运行效果不够理想，传统出版物呈缴虽有行政法规和地方性法规规章的保障，但缴送量和缴送率反映出整体呈缴效果不佳，数字出版物呈缴存在较大盲区。

分析影响我国数字出版物呈缴工作开展的制约因素，主要集中在法律、经济、管理、技术和版权等几个方面。为解决这些现存问题，笔者建议：①今后应提升数字出版物呈缴制度的法律位阶，由现行的部门规章提升为由全国人大制定的法律，规范数字出版物呈缴法律制度。②建立健全相关的制度体系，妥善协调数字出版物呈缴制度各相关利益方的权利与义务，制定可操作性强的数字出版物呈缴制度实施细则，明确数字出版物呈缴范围、呈缴方式以及呈缴格式等问题，建立必要的奖惩制度。③提出与数字出版物呈缴制度实施相关的知识产权方面的法律问题解决方案，并推动其在现有法律框架下得以实施。④开展数字出版物呈缴制度实施的评估和监督工作，加强宣传数字出版物呈缴制度重要意义，构建和营造有利于数字出版物呈缴制度的实施环境和良好氛围。⑤研究制定满足数字出版物呈缴及其管理、数字资源长期保存等方面的标准规范，如数字出版物呈缴格式规范、元数据规范以及传输和编码规范等一系列技术标准。

参考文献

[1] "呈缴本"制度究竟始于何时[J].图书馆，1986(4):17.

[2] 大清印刷物专律[EB/OL].[2015-12-22]. http://baike.baidu.com/link? url=BYTTDVpQkfIZZWtyb-ScwnH8slnJft_qZZN3a0zPzdcSFoCF3pdbnVDPSQa3dPOv6sgQtPQzpMG7PRczigWvSS_.

[3] 俞蕙安.清代《京师及各省图书馆通行章程》的颁布[J].图书馆，1980(3):28-29.

[4] 重申《关于征集图书、杂志、报纸样本办法》的通知[EB/OL].[2016-01-05]. http://www.china-lawedu.com/falvfagui/fg22598/36552.shtml.

[5] 音像制品管理条例[EB/OL].[2016-01-05]. http://www.gov.cn/flfg/2011-03/19-content_1828565.htm.

[6] 国家图书馆的受缴历史[EB/OL].[2016-01-09]. http://www.nlc.gov.cn/newzcwm/cbwjs/jslsyg/.

[7] 电子出版物出版管理规定[EB/OL].[2016-01-10]. http://www.gov.cn/gongbao/content/2009/content_1388688.htm.

[8] 赵志刚.国家图书馆国内出版物呈缴的历史回顾与现状分析[J].新世纪图书馆，2012(12):12-16.

[9] 音像出版物缴送[EB/OL].[2016-01-10]. http://www.nlc.gov.cn/newzcwm/cbwjs/jsqkjj/.

[10] 李英，侯鹏娟，靳丽.电子出版物呈缴制度运行机制研究[J].图书馆工作与研究，2011(10):67-69.

[11] 胡耀光.从立法角度试论我国电子出版物呈缴制度若干问题[J].新世纪图书馆，2010(2):47-48.

[12] 谭英.我国出版物呈缴本制度的回顾与展望[J].图书馆理论与实践，2006(3):32-34.

[13] 王运显.国外电子出版物呈缴制度及对我国的启示[J].现代情报，2007(1):166-168.

[14] 秦珂.试论电子出版物呈缴制度设计的若干问题[J].科技情报开发与经济，2005(18):71-73.

[15] 吴钢.数字出版物法定呈缴制度研究[M].武汉：湖北人民出版社，2013:185.

（原载于《图书馆建设》2016年第8期）

中文名称规范数据的维护与整合

王彦侨　王广平

1　规范控制的理念

规范控制(Authority Control),又称权威控制,是为确保标目在检索款目及书目系统的唯一性和稳定性,而建立、维护、使用规范款目和规范文档的工作过程。规范控制能够实现书目的检索和汇集功能,提高书目记录的查全率和查准率。国外较早地进行了规范控制研究,并形成了国家级的规范系统和各种规范文档。随着编目实践的进一步发展,规范控制的区分和汇集作用为越来越多的人所认识和了解,国内一些大型的编目机构也都逐步开始了名称规范控制的实践工作[1]。目前,中国开展中文名称规范控制的机构包括国家图书馆(国图)、中国高等教育文献保障系统(CALIS)、台湾地区图书馆(以汉学研究中心为代表)以及香港地区大学图书馆协作咨询委员会(Joint University Librarians Advisory Committee,JULAC)等。从机读格式看,国图和 CALIS 使用 UNIMARC,港台地区使用 MARC21,这与书目格式一致;从编目规则看,各机构均依据《规范和参照记录指南》实行规范控制,港台地区还参考《资源描述与检索(RDA)》相关条款;从类型看,涵盖个人名称、团体名称、会议名称、统一题名等;从数量看,国图和 CALIS 的数据总量均超过 130 万,台湾汉学研究中心约 70 万,香港超过 20 万。

规范控制工作是实践性很强的工作,不是单纯研究理论所能够解决的问题[2]。目前,中国开展名称规范控制的图书馆少,名称规范数量与国外发达国家存在较大的差距,已建立中文名称规范库的图书馆在规则层面也存在较大差异。我们必须重视中文名称规范数据的维护与整合工作。

2　机读格式

目前,世界上通行的机读规范格式分 MARC21 和 UNIMARC 两种。各国使用的 MARC 格式均参考这两种格式制定的。MARC21 与 UNIMARC 相比,突出特点有两个:一是字段设置更加详细和细化,专门设置了 370 相关地点、371 地址、372 活动领域、373 相关团体、374 职业、376 家族信息、377 相关语言、378 个人名称的完整形式等字段,而利用 UNIMARC 只能著录于通用附注信息中,不利于信息的分类和集中;二是修订更及时,提供沿革注释,例如

024 字段其他标准标识(2003 新增)、375 性别(2009 新增)、388 创作时间(2014 新增)等。MARC21 和 UNIMARC 结构的相似性,为二者的相互转化提供了可能。但是,MARC21 和 UNIMARC 的字段、子字段并不是完全对应的,如果两种格式相互转化,必定造成某些信息的缺失。

以国图和 CALIS 为代表的大陆图书馆采用根据 UNIMARC 制定的规范格式,并结合中国实际进行了改良。国图的标目是简体中文,同时提供汉语拼音形式,其他文种和形式的名称均著录于 4--字段做单纯参照;个人信息介绍著录于 300 字段(一般附注),这种做法与台湾汉学研究中心的 CMARC 一致;中文、西文、日文等规范属于不同的名称规范库,分别对不同语种的文献实行规范控制;编目员在建立或维护规范记录时,可参考其他的名称规范库。CALIS 的名称规范库,提供简体中文、繁体中文、日文、西文等多种形式的标目,可实现跨语种的控制;拼音形式著录于 4--字段做单纯参照;个人信息介绍著录于 830 字段;系统支持 CNMARC、MARC21、CMARC 等多格式的输出。2010 年以前,台湾汉学研究中心采用根据 UNIMARC 编制的 CMARC 进行规范控制,2011 年开始转换为 MARC21,并提供两种格式的转换;实践中,台湾非常重视对本地区人物的规范控制,提供较为详细的信息。香港 JULAC 一直紧随英美国家的脚步,采用 MARC21 格式,规范记录输出可转化为 CNMARC 和 CMARC。港台地区规范记录的差异主要是标目,台湾采用繁体中文;香港则采用拉丁字母,将中文名称通过 700 字段与之相连接。

3 标目

标目是名称规范数据中最重要的部分,直接影响规范控制的效果和共享的程度。除了基于 UNIMARC 和 MARC21 设置的字段不同、官方语言不同以外,各地区在标目选取方面存在差异。

3.1 款目要素

款目要素作为名称的一部分,在标目中不可或缺。国图将简体中文形式的名称直接作款目要素,后面无标点符号;CALIS 同样将中文形式(包含简体和中文)的名称直接做款目要素,有日期附加时后面加一单字节逗号,无日期附加时,则无标点符号;台湾汉学研究中心将繁体中文形式的中文名称作款目要素,有名称附加时后面加一单字节逗号;香港 JULAC 则将英文名称作标目,姓和名之间用单字节逗号加空格。

3.2 名称附加

一般情况下,只能有一个规范的标目名称。当名称(款目要素)相同时,需要添加附加成分以区分不同实体。由于人名用字因素与信息源缺乏,编目员在建立规范记录过程中,不可避免地遇到同名责任者的问题。为了保证标目的唯一性必须采用附加成分区分,如何选用客观科学的附加成分是保证规范记录质量的关键。名称附加包括除款目要素外的名称其余部分、除日期外的名称附加、罗马数字、日期、缩写名的扩展形式等。中国大陆和港台地区均将日期附加作为标目的必备部分,其他附加成分还包括职业、学科、性别、外文原文、籍贯、朝代等。各单位在名称附加成分的选择和著录上存在差异。国图规定:无论中文名称规范库中的名称是否唯一,生卒年、国别、外文名、性别(仅限"女")、朝代、少数民族等均必须著录于标目字段;当其他成分相同或无法确定时,可选择学科附加,形式为(学科);学科附加采用《个人名称学科领域表》,该表是依据《中国图书馆分类法》(《中图法》)与《中国分类主题词表》(《中分表》)制定的。CALIS 规定:为了区分同名同姓的人物,使标目具有可识别性,要求无论当前数据库中该名称是否唯一,只要已知其生卒年,都应附加生卒年;根据需要可以附加性别、职业、称呼、世次等;外国人名需要添加特有的附加成分,如除款目要素外的名称其余部分、缩写名的扩展形式等。台湾汉学研究中心规定:朝代属于日期的一种形式;当作者同姓名同年代时,加《人名权威档个人专长学科领域表》中的学科领域进行区分,形式为(学科);当代人物皆著录学科领域。香港 JULAC 优先选择日期作为附加成分,必要时选择职业。

表 1　不同图书馆中文标目对比样例

	国家图书馆	CALIS (以简体中文为例)	台湾汉学研究中心 (MARC21 格式)	香港 JULAC
鲁迅	200#0$a 鲁迅 $f(1881 – 1936)	200#0$7jt0yjt0y $a 鲁迅, $f(1881 – 1936)	1001#$d(清) $a 周樹人, $c 中國文學	1001#$aLu, Xun, $d1881 – 1936
曹雪芹	200#0$c(清) $a 曹雪芹 $f(1715/1724 – 1763/1764)	200#0$7jt0yjt0y $a 曹雪芹, $f 约 1715 – 约 1763	1001#$d(清) $a 曹雪芹	1001#$aCao, Xueqin, $dapproximately 1717 – 1763
乾隆皇帝	200#0$c(清) $a 乾隆 $f(1711 – 1799)	200#0$7jt0yjt0y $a 清高宗, $f1711 – 1799	1000#$d(清) $a 清高宗	1000#$aQianlong, $cEmperor of China, $d1711 – 1799
弘一法师	200#0$a 李叔同 $f(1880 – 1942)	200#0$7jt0yjt0y $a 弘一, $f1880 – 1942	1001#$a 釋弘一, $c 佛教, $d1880 – 1942	1000#$aHongyi, $cda shi, $d1880 – 1942

4　整合思路

变化是规范数据的重要特征,规范数据编制完成后需要持续的维护。只有高品质、完整的规范数据才能达到规范控制的精确查询功能和完整的聚集功能。未来还将拓展强大的关联功能,关联主题、索引、传记、百科全书、家谱、图片、数字资源等各种资源。为使规范记录中的数据和规范记录的用户需求相关联,进一步研究挖掘规范数据的功能要求和规范数据跨行业、跨语言、跨国界的使用潜力[3],我们必须积极改进现有名称规范控制状况,增加中文在国际上的话语权。

4.1 统一规则

随着数字图书馆、虚拟图书馆、网络信息资源组织的蓬勃发展,规范控制研究与实践对象更加丰富多彩。国际图联在2009年正式出版了《规范记录的功能需求》(Functional Requirements for Authority Data,简称FRAD)最终报告。FRAD全面展示了规范数据的检索、识别、控制、关联以及数据管理的功能,更明确阐述了FRBR中的实体—属性—关系模型,并对用户任务及其实现情况进行了具体说明。《资源描述与检索(RDA)》中也涵盖了规范控制的内容,针对名称规范数据的著录内容和要求进行了详细说明。

面对分歧和差异,我们不能消极回避,而要积极面对。可以说,国际编目领域的新变化,为中文名称规范统一规则提供了新的契机。今后,我们必须及时跟踪国际编目领域前沿,结合中文文献的特点,制定符合FRBR、FRAD和RDA的编目规则,确定规范记录的标目、参照范围和附注内容等,完成包含所有规范数据用户在内的任务,将符合现代文献特点的规范控制落到实处。

4.2 加强合作

规范控制工作的任务量大、涉及范围广,一个图书馆的力量是十分薄弱的。而且,很多图书馆都面临着老编目员退休、而培养具有同等水平的编目员需要花费巨大力气的局面。在中国,多个联合编目中心、多种编目细则为书目数据共享带来的阻碍众所周知。不同于书目数据,名称规范数据的信息来源不仅仅限于在编文献本身,需要编目人员通过网络、各种工具书、电话、E-mail等多种渠道去获得,这些信息的获得花费的成本大大高于建立或维护规范数据本身的成本。从这种角度上说,规范数据的共享比书目数据的共享具有更大的意义。

首先,继续进行图书馆领域内的共建共享。由联合编目中心牵头,积极推进名称规范数据的利用,开展培训工作,让有条件的图书馆首先参与中文名称规范库的建设与整合工作,再逐步扩大范围。“中文名称规范数据库项目”是“中文文献资源共建共享合作会议”的子项目,参与成员包括国家图书馆、CALIS、台湾汉学研究中心和香港JULAC。历经十余年的发展,各成员馆都积极上传数据、讨论规则、交流经验,但在实践应用方面还不够深入。其次,推动跨行业合作。除图书馆外,档案馆、博物馆等机构的藏品编目也涉及名称规范,出版社、中国知网、维护期刊整合服务平台、百度百科、维基百科等拥有大量的责任者信息。若与这些机构开展合作,则能拓宽信息获取渠道,提升名称规范数据的质量。第三,借助社会力量。根据FRAD的表述,规范数据的用户既包括了规范数据的创建者和维护者,也包括了直接使用规范数据的人员和在目录、国家书目及其他数据库中通过检索点间接使用的人员。图书馆可以尝试让使用者参与名称规范库的建设。国家图书馆中文采编部建议文献捐赠者以自愿的方式提供个人信息，包括职称、职务、工作单位、社会兼职、生卒年、出生地、主要研究领域和著作等，但回馈信息较少。台湾汉学研究中心的书目检索界面设置“使用者书目权威修订”栏目，用户可对其名称权威（规范）提交建议和意见，同时提供与维基百科的链接。

4.3 参与国际项目

名称规范合作的范例是由OCLC牵头的虚拟国际规范文档项目（The Virtual International Authority File，VIAF）。VIAF的核心研究在于名称匹配，实现跨语种的关联参照，其研究成果也作为关联数据集进行了发布[4]。目前，35家机构为其贡献数据，很多国家利用VIAF的成果[5]。我国的图书馆应积极申请加入VIAF项目，扩大中文的影响力。为增加匹配度，可根据国际通行规则改造名称规范数据，如拼音字段、外文名称、标目附加成分等。根据VIAF的匹配算法，附加信息有强匹配点和弱匹配点之分，但除了公认的生卒日期作为首要附加信息外，对其他附加信息没有制定优先度的规定，可以根据附加信息的重要程度为其设置权重，以合理利用附加信息，提高匹配的准确率[6]。《中图法》和《中分表》是中国图书馆领域应用广泛的标引工具。名称规范的附加成分除日期外，可根据《中图法》和《中分表》编制学科名称表，并在实践中进一步完善。在产生分歧或遇到疑惑时，可充分发挥《中图法》编委会委员的专家作用。此外，词表中收录了一定数量的人名主题、团体主题和题名主题，其编制规则、名称附加和MARC格式可作为整合中文名称规范数据的参考。

规范控制的最终目的在于通过建立规范文档，将规范文档与书目文档相连，实现对书目文档的检索控制，进而实现书目数据的功能需求。FRAD规定的用户任务包括查找（Find）、识别（Identity）、阐明前后关系（Contextualize）和提供依据（Justify）4个方面。实现规范数据的功能需求、在世界范围内共享中文规范控制的成果、维护和整合的工作任重而道远。

参考文献

[1] 王彦侨，孙立杰. 国家图书馆中文文献名称规范控制工作的现状与前景[G]//变革时代的文献编目——第二届全国文献编目工作研讨会论文集. 北京：国家图书馆出版社，2010：161－166.

[2] 顾犇. 中国国家图书馆中文名称规范工作的思考[J]. 国家图书馆学刊，2007(3)：39－44.

[3] 刘小玲. 关注国际编目进展 强化书目规范控制[J]. 图书馆论坛，2008(1)：86－89.

[4] 郝嘉树，王广平. 中文人名规范的语义描述与关联探讨[J]. 图书情报工作，2012(14)：47－51.

[5] VIAF contributor institutions[EB/OL]. [2015－03－19]. http://www.oclc.org/viaf/contributors.en.html.

[6] 贾君枝，石燕青. 中文名称规范文档与虚拟国际规范文档的共享问题研究[J]. 中国图书馆学报，2014(6)：83－92.

（原载于《图书馆杂志》2017年第2期）

RDA 中的内容表达实体及其属性与书目记录的变化*

赵丹丹

《资源描述与检索》(RDA)是专为数字世界设计的资源描述和检索的新标准。它创新性地将《书目记录的功能需求》(FRBR)和《规范数据的功能需求》(FRAD)的实体—关系模型引入编目规则中。以资源层次为依据,通过对实体的分组和对关系的描述,RDA 实现了书目记录的立体化,改变了过去以载体表现为主的单一结构。在 RDA 的实体中,作品和内容表达是两个全新的概念,虽然同为抽象实体,但是与作品相比,内容表达的识别相对模糊和不易确定,通常与作品相依而存。但是作为书目世界的实体之一,内容表达是十分重要且有意义的存在。而且,作为一个新的概念,内容表达必然为书目和规范记录带来了一些变化。本文以内容表达为研究对象,旨在探讨 RDA 中内容表达实体概念的引入及对其属性的描述为书目记录带来的变化。

1　内容表达实体及其属性

内容表达是 FRBR 实体中的第一组实体,是仅次于作品的高层实体。RDA 对内容表达的定义是"作品的知识或艺术创作得以实现的方式,包括字母—数字、音符或舞谱、声音、图像、物体、动作等,或上述形式的任何组合"[1]。以莎士比亚的《哈姆雷特》为例,《哈姆雷特》是作品,它以英文文本的形式呈现则成为一种内容表达,如果该文本被翻译成中文,则成为一种新的内容表达。

RDA 中与内容表达及属性相关的规则集中在 RDA 的第 6 章(识别作品和内容表达)和第 7 章(描述内容)。由于内容表达这一新概念的出现,以及为了加强对内容表达属性的描述的需要,RDA 的一些规则与 AACR2 的规则相比,发生了较大的变化,书目记录也相应发生了变化,主要表现在三个方面:一是内容类型的记录方式发生变化;二是构建代表作品的规范检索点的变化;三是构建代表内容表达的规范检索点的变化。

* 本文系国家图书馆一般项目"《国家图书馆外文文献资源 RDA 本地政策声明暨书目记录操作细则》编制研究"(项目编号:NLC – KY – 2015 – 12)的研究成果之一。

2 书目记录的变化

2.1 内容类型记录方式的变化

书目记录中最显著的变化之一是内容类型记录方式的变化，由与载体特征共同记录于一般资料标识（GMD），变为记录在独立的字段，即336字段（内容类型）。这一变化主要是为了加强对内容表达的属性的描述，更具体地说是为了加强对内容类型这一属性的描述。RDA的一项重要举措是解构了一般资料标识（GMD），将其拆分为内容、媒介和载体类型三个元素，分别记录在RDA 6.9（内容类型）、3.2（媒介类型）和3.3（载体类型），其中内容类型是内容表达的属性。这一举措是应当前资源的内容和载体形态呈现出日益丰富多样化和复杂化的趋势，为了使对实体属性的描述更具有针对性和专指性。

例1：

RDA记录：

24504 $aThe trouble with girls/$cMetro-Goldwyn-Mayer presents；produced by Lester Welch；screenplay by Arnold & Lois Peyser；directed by Peter Tewksbury.

336 $atwo-dimensional moving image$btdi$2rdacontent

337 $avideo$bv$2rdamedia

338 $avideodisc$bvd$2rdacarrier

AACR2记录：

24504 $aThe trouble with girls$h[videorecording]/$cMetro-Goldwyn-Mayer presents；produced by Lester Welch；screenplay by Arnold & Lois Peyser；directed by Peter Tewksbury.

例1为音像资料。对比RDA记录与AACR2记录，书目记录的变化之处在于传统的GMD术语"videorecording"在RDA记录中拆分为336、337和338字段。其中336字段为内容类型，通过内容类型术语"two-dimensional moving image（二维动态图像）"及其代码"tdi"，更加有针对性地、准确地描述内容类型，避免了AACR2时代多层资料类别混为一体和特征类别的模糊不清。

2.2 代表作品的规范检索点的变化

构建代表作品的规范检索点规则的变化是内容表达概念的引入为书目记录带来的又一变化。代表作品的规范检索点是RDA术语，通常由对作品负有责任的个人、家族或团体的规范检索点和首选题名构成。这一术语对应于AACR2的著者标目和/或统一题名相结合的形式[2]。规则的变化主要针对的对象为改编和修订的作品。依RDA 6.27.1.5，"如果作品仅表现为已有作品的一个版本，则将其视为该作品的一个内容表达（即用代表已有作品的规范检索点）"。也就是说，如果改编和修订的作品只是一个新的内容表达，而不是一部新作品，则采用已有作品的规范检索点。涉及规则变化的主要是对作品进行改编和修订时责任者和题名发生了变化，相应地在RDA书目记录中责任者和首选题名则与AACR2有所不同。

2.2.1 责任者的变化

根据 RDA 的规则,如果责任者发生了变化,但已有作品的责任者仍为责任者或责任者之一,且改编和修订未在实质上改变作品的性质和内容,那么改编和修订后形成的为已有作品的一个内容表达,在构建作品的规范检索点时与已有作品保持一致。

例 2:

RDA 记录:

1001 $aViney, Wayne, $eauthor.

24512 $aA history of psychology: $bideas and context/$cD. Brett King, University of Colorado at Boulder, William Douglas Woody, University of Northern Colorado, Wayne Viney, Colorado State University.

250 $aFifthedition.

7001 $aKing, D. Brett, $eauthor.

7001 $aWoody, William Douglas, $eauthor.

AACR2 记录:

1001 $aKing, D. Brett.

24512 $aA history of psychology: $bideas and context/$cD. Brett King, William Douglas Woody, WayneViney.

250 $a5th ed.

7001 $aWoody, William Douglas.

7001 $aViney, Wayne.

对比 RDA 记录与 AACR2 记录,书目记录的变化之处在于构建代表作品的规范检索点的责任者名称有所不同。AACR2 将修订后名列首位的责任者"D. Brett King"作为主要款目,记录在 100 字段,与 245 的题名共同构成 RDA 规则中的代表作品的规范检索点。而 RDA 记录在构建代表作品的规范检索点时与之前版本保持一致,将已有作品作者"Wayne Viney"(第 5 版中名列第三;但在第 1—4 版中名列首位)记录在 100 字段,与 245 的题名共同构成代表作品的规范检索点。

2.2.2 首选题名的变化

根据 RDA 的规则,如果责任者未发生变化,而是题名发生了改变,但并未在实质上改变作品的性质和内容,那么改编和修订后形成的仍视为已有作品的一个内容表达,在构建作品的规范检索点时与已有作品保持一致。

例 3:

RDA 记录:

1001 $aCarroll, Brian, $d1965- $eauthor.

24010 $aWriting for digital media

24510 $aWriting and editing for digital media/$cBrian Carroll.

250 $aSecond edition.

500 $aRevised and updated edition of: Writing for digital media. 2010.

AACR2 记录：

1001 $aCarroll, Brian, $d1965-

24510 $aWriting and editing for digital media/$cBrian Carroll.

250 $a2nd ed.

500 $aRevised and updated edition of: Writing for digital media. 2010.

7001 $aCarroll, Brian, $d1965- $tWriting for digital media.

对比 RDA 记录与 AACR2 记录，书目记录的变化之处在于构建代表作品的规范检索点的首选题名有所不同。AACR2 规定修订本或原作的更新不采用统一题名，245 字段中新版本的题名"Writing and editing for digital media"与 100 字段的责任者名称共同构成 RDA 规则中的代表作品的规范检索点；在正题名发生变化时，可以通过 7XX 字段提供检索点。而 RDA 记录则采用前一版本的代表作品的规范检索点，将已有作品的题名"Writing for digital media"作为首选题名记录在 240（统一题名）字段，与 100 字段的责任者名称共同构成代表作品的规范检索点。

如例 2 和例 3 所示，由于内容表达实体的存在，在责任者和题名发生变化，但是作品的性质和内容未发生实质变化的前提下，RDA 规则将改编和修订认定为该作品的一种新的内容表达，应与已有作品采用相同的代表作品的规范检索点。与 AACR2 的记录相比，RDA 的记录通过代表作品的规范检索点可以更好地集中同一作品的所有内容表达，更好地识别题名不同的相同作品的不同内容表达。而且通过对作品、内容表达的属性的描述，更清晰地展现了作品和内容表达以及内容表达间的相互关系，构建了一个更加立体化的书目结构。

2.3 代表内容表达的规范检索点的变化

构建代表内容表达的规范检索点的规则变化是内容表达实体概念的引入为书目记录带来的又一重要变化。代表内容表达的规范检索点是 RDA 术语，通常由代表作品的规范检索点后酌情添加语言术语等附加成分构成。从其结构来看，代表内容表达的规范检索点对应于 AACR2 的著者标目和/或统一题名加语种名称/日期/一般资料标识形式。与 AACR2 相比，RDA 规则与之不同的最重要一点是要求代表内容表达的规范检索点具有唯一性和专指性。其依据为 RDA 0.4.3.1 的区分性原则，"描述与资源相关的实体的数据应将该实体与其他实体以及同一实体的其他身份相区分"。由于这一区分性原则，书目记录中代表内容表达的规范检索点的附加成分的种类和检索点的数量发生了变化。

2.3.1 附加成分的变化

为了实现代表内容表达的规范检索点的唯一性和专指性，RDA 加强了对内容表达的属性的描述，除了 AACR2 中已有的类似附加成分，如内容类型的术语、内容表达的日期、指示内容表达的语言的术语外，增加了内容表达的其他区别特征的术语。其他区别特征的术语可以取自任何来源，如版本术语，贡献者如译者、编者的名称，出版者、发行者的名称等。

例4：

RDA 记录：

0411　$aeng$hgrc

1000　$aHomer.

24010　$a Iliad. $lEnglish$s(Pope)

24514　$aThe Iliad of Homer/$cin the English verse translation by Alexander Pope.

AACR2 记录：

0411　$aeng$hgrc

1000　$aHomer.

24010　$aIliad.$lEnglish

24514　$aThe Iliad of Homer/$cin the English verse translation by Alexander Pope.

对比 RDA 记录与 AACR2 记录，书目记录的变化之处在于构建代表内容表达的规范检索点的附加成分有所不同。RDA 代表内容表达的规范检索点在语言术语“English”后，增加了代表其他区别特征的术语“(Pope)”。这是因为“Iliad”这部作品的英译本不是只有“Alexander Pope”的翻译版本，还存在其他的英文翻译版。虽然同为一种语言，但却仍属于不同的内容表达，因此，有必要对其进行区分，以达到唯一性和专指性。而在 AACR2 记录中，一般只使用语言术语，不再进一步进行区分。

需要注意的是，由于美国国会图书馆只是有条件地采用 RDA，因此，其政策声明 LCPCCPS 对于翻译作品并未要求构建唯一性和专指性的代表内容表达的规范检索点。以例 4 为例，美国国会图书馆目前仍采用 AACR2 中的 240 的形式构建代表内容表达的规范检索点。

2.3.2　检索点数量的变化

有些翻译作品的汇编中既包含原语言正文，又包括翻译语言正文，或者多种语言并存但原语言不能确定，此类作品其实包含了多个内容表达。为了实现代表内容表达的规范检索点的唯一性和专指性，RDA 规定为此类作品中的内容表达构建单独的规范检索点。

例5：

RDA 记录：

0411　$aeng$alat$hlat

1001　$aValla, Lorenzo, $d1407-1457.

24510　$aOn the donation of Constantine/$cLorenzo Valla; translated by G. W. Bowersock.

70012　$aValla, Lorenzo, $d1407-1457. $tDe falso credita et ementita Constantini donatione declamation.

70012　$aValla, Lorenzo, $d1407-1457. $tDe falso credita et ementita Constantini donatione declamation. $lEnglish.

AACR2 记录：

0411　$aeng$alat$hlat

1001　$aValla, Lorenzo, $d1407-1457.

24010　$aDefalso credita et ementita Constantini donatione declamatio. $lEnglish & Latin

24510　$aOn the donation of Constantine/$cLorenzo Valla; translated by G. W. Bowersock.

对比 RDA 记录与 AACR2 记录，书目记录的变化之处在于代表内容表达的规范检索点的数量有所不同，并且记录在了 MARC 21 格式的不同字段。例 5 是一本英文和拉丁文双语对照的图书，其原语言为拉丁文。AACR2 将内容表达的语言记录在 240 字段的 $l 子字段，且规定如果是双语的文献，其中一语种为原语种，则放在第二位，正如例中所示。而将两种语言术语记录在一起违背了 RDA 代表内容表达的规范检索点的唯一性和专指性的规则，因此，RDA 规定分别为每种内容表达构建单独的规范检索点，同时代表作品原语言的内容表达的规范检索点不需要添加语言术语。

如例 4 和例 5 所示，为了加强对内容表达实体属性的描述，RDA 记录增加了与内容表达相关的附加成分及检索点的数量，实现了代表内容表达的规范检索点的唯一性和专指性，以便更好地集中相同内容表达，更明确地区分相似和不同的内容表达。

综上所述，由于内容表达实体的存在及描述其属性的需要，RDA 与 AACR2 在著录和标引规则方面均存在不同之处，进而体现在书目记录中的诸多变化。这些变化的具体原因和积极影响除了已在文中详细阐明的几点外，还有一个共同的原因亦可称之为共同目标，即是为了适应基于 FRBR 实体—关系的未来书目格式。为了在未来的书目格式中实现各个实体间的相互关联和对应，必须对各实体及属性进行准确的描述，而文中所述的所有变化，如拆分 GMD、创建唯一和专指的代表内容表达的规范检索点等都是为了可以实现实体间的准确且无歧义地匹配和关联，为未来的书目数据迁移做好铺垫和准备。

参考文献

[1] RDA 发展联合指导委员会. 资源描述与检索(RDA)[M]. 北京:国家图书馆出版社,2014.

[2] 林明. 从主要款目到“代表作品的规范检索点”——兼谈国内中西文编目规则的统一问题[J]. 大学图书馆学报,2014(1):59 - 64.

(原载于《图书馆杂志》2017 年第 1 期)

FRBR化的应用现状及编目环节的应对策略*

朱青青

国际图联于1998年出版的研究报告——“书目记录的功能需求”(Functional Requirements of Bibliographic Records,简称FRBR),为资源的描述、定位提供了完整的思考框架,形成了FRBR实体—关系概念模型。该模型的核心理念在于:将实体的属性和关系同用户在查询书目记录时,所期望得到的查询结果联系起来。FRBR从书目世界中提炼出一组属于资源的四个实体,即作品、内容表达、载体表现和单件。在资源的内容、形式和载体等日趋多元化的今天,书目记录不仅要揭示资源,更要考虑如何描述书目之间的关系,从而寻找到一种更易于用户查找和浏览资源的方式。受限于现有的书目标准和系统,在当前的编目实践中很难完全采用基于关系结构的FRBR模型。在这种背景下,以贯彻FRBR的核心理念并兼顾编目工作实际情况的FRBR化应用研究在国际图书界开展起来。澳大利亚、美国、英国和西班牙等国家都已在FRBR化应用方面取得了一定的成就。中国图书馆界也正在推进这一工作。鉴于此,本文重点就当前FRBR化的应用现状及问题,探索在编目环节实现FRBR化的对策。

1 FRBR化的概念界定

FRBR是基于实体、属性、关系三元素而构成的概念模型。该模型旨在将过去孤立的书目记录构建成以作品为核心的一组书目记录,以更好地满足用户的查询需要。而现有的书目记录采用的MARC格式难以展现书目实体之间的关系和体现FRBR的核心理念。在这种背景下,为实现书目的集中展示和体现FRBR理念的FRBR化兴起。将一组书目记录转化成符合FRBR需求的过程[1],通常被称为FRBR化。所谓FRBR化,也是指利用实体的属性和关系特征,从现有的基于载体表现的书目记录中查找和提取FRBR实体的过程[2]。

FRBR和FRBR化之间的本质区别在于前者中的关联数据是以关系的方式事先建立起来的,在用户检索时,系统直接调用这些关联关系,检索结果会以整个FRBR的框架展示。而FRBR化则是在事先并未关联的数据中,通过对相关字段建立索引,统计出所有需要关联的数据,在用户检索时展示。

---

* 本文系国家图书馆2012年重点科研课题“国家书目中FRBR化展示的应用研究”的后续研究成果之一。

2 FRBR 化的应用现状及问题

2.1 应用现状

2.1.1 国外 FRBR 化现状

国外 FRBR 化应用项目主要分为两类：第一类是基于 FRBR 框架重建目录数据库的试验性应用项目。这类试验性项目的主要目标是希望能更好地理解书目记录和其所代表的书目对象之间的关系，研究判断出书目记录中的信息是否足够可靠地识别 FRBR 实体，并期望开发可用于评估 FRBR 化算法的数据集。第二类是实现书目显示和索引 FRBR 化的规模化应用项目。这类项目旨在提升用户的查询体验，注重的是在图书馆目录的基础上借由编目工作及系统的索引功能，依据用户的查询习惯，只用于在同一平面切换各种查询结果的范围，实现引导用户从立体化的实体关系的关联呈现中，获得各种层次的资源和信息需求[3]。下面分别对这两类项目进行分析说明。

（1）试验性应用项目。OCLC、美国国会图书馆以及欧洲的图书馆均实施过 FRBR 化的试验性项目。OCLC 推出了涵盖 1000 部作品，名为“World Cat Work Pages”①的一个 FRBR 化研究项目。该项目应用 FRBR 模型的原则汇集载体表现层以上的书目信息，利用算法将书目记录聚合为作品，将书目记录的数据元素在作品层面汇集，形成了比单条书目记录更为丰富和更为完整的资源描述，揭示同一个作品与其相连接的内容表达、载体表现之间的层次关系。

美国国会图书馆开发了一套将 MARC 记录以 FRBR 形式显示的工具。FRBR 显示工具②利用 FRBR 模型来分类和排列书目记录，将书目记录归入作品、内容表达、载体表现三个实体层次，其最终目的是帮助用户从图书馆馆藏中选择单件。

欧洲图书馆 FRBR 化项目尝试将不同图书馆使用的 MARC21 和 UNIMARC 记录 FRBR 化。测试集由描述诺贝尔文学奖作品的书目记录组成，处理过程还大量使用规范文档的记录，分解与第一组实体相关的个人、团体关系种类的责任说明，然后利用技术手段提取 FRBR 实体。该研究方法假设所有记录都是针对简单的载体表现，即一个载体表现只体现一个内容表达，但即使这样，结果呈现的仍然是一个相当低质量的作品识别。

（2）规模化应用项目。国外在 FRBR 化应用方面的实践不仅停留在试验阶段，还存在大量规模化应用的案例。这以澳大利亚国家图书馆的馆际合作项目 AustLit③ 和西班牙国家图书馆 datos. bne. es④ 为代表。AustLit 在文学领域建立起针对三组实体进行扩展应用的数据库系统。它运用 FRBR 模型扩展了对于作品、作品间关系、创作者和一般主题的描述，提供

---

① http://www. oclc. org/content/dam/research/events/2009/06-01h. pdf.

② http://www. loc. gov/marc/marc-functionalanalysis/tool. html.

③ http://www. austlit. edu. au.

④ http://datos. bne. es.

了关于作者生平与职业方面的翔实资料以及与该作品相关的其他作品信息。西班牙国家图书馆创建的 datos. bne. es 是最接近 FRBR 核心理念的扩展性应用。该网站是一个以 FRBR 作为参考模型的关联数据服务网站，提供了一个不同于传统 OPAC 查找和显示书目数据的方法。网站能够以 FRBR 框架自上而下地展开数据，充分整合了西班牙国家图书馆的资源，并且利用外部资源丰富本地数据，从而提供了一个全新的书目导航体验。

2.1.2 国内现状

国内的 FRBR 化应用项目也同样分为两类：一是类 FRBR 化的应用项目，另一类是试验性研究项目。类 FRBR 化主要是采用借鉴 FRBR 理念的资源发现系统来整合图书馆的元数据，如中国国家书目门户网站、清华大学图书馆的水木搜索、上海交通大学图书馆的思源探索等。这些项目开展的一般步骤是：首先将数据经过规范化处理，接着是进行 FRBR 建模和设定匹配规则，并将规则编写成算法，最后系统根据对不同元数据的匹配进行数据聚合或去重。

试验性研究项目以国家图书馆开展的"国家书目中 FRBR 化展示的应用研究"和"数字资源整合"项目为代表。前者通过抽取全国图书馆联合编目中心中外文数据库中关于《红楼梦》各种题名形式的书目数据，以实现两个试验目的：一是根据对《红楼梦》这部作品标注的实践，结合 FRBR 中给定的作品和内容表达的定义和属性，给出界定作品和内容表达边界的标准；二是总结现有数据在进行 FRBR 化改造和处理时存在的问题，以便日后制定更优化和更完善的数据制作规则。后者以关汉卿、莫言、哈代等中外名人作品作为试点实现了 FRBR 化的展示效果。其采用方法是依靠编目员对作品及相关书目数据进行渊源考辨和关系梳理，再通过建立必要的作品和内容表达层的规范记录，并与书目记录实现有效连接。

2.2 存在问题

从国内外 FRBR 化项目的应用实践来看，在其取得各类成果的同时，还面临着许多的问题和挑战，具体包括：如何发现现有记录中的作品和内容表达，以及与合适的内容表达或作品相关的个人、团体；如何发现体现于一个载体表现的所有内容表达和作品；如何发现其他的关系，如作品的整体与部分关系、描述关系、连续关系、伴随关系等。下面进行详细分析：

2.2.1 作品与内容表达的识别问题

将现有的基于载体表现的书目记录转化为 FRBR 化的书目记录，最基本的问题是如何识别作品和内容表达这两个实体[4]。在对书目记录进行数据挖掘和实体提取时，难点之一是作品和内容表达的界定问题。是属于同一作品的不同内容表达，还是属于一部新的作品，两者之间的界线有时非常模糊。具体表现在下列几个方面：

一是作品的改编改写。理论上的划分标准是不改变原作品性质的少量改编属于同一作品的不同内容表达，改编程度显著时被视为新的作品。但改编程度的界定，在数据制作之初，或是因为编目员对作品内容不够熟悉而难以判断，或是编目员只按照文献信息源上责任者排列的先后顺序来确定主次责任者，从而降低了实际界定的准确度。

二是许多载体表现包含多个内容表达/作品。对于如全集、选集、文选、作品三部曲、合订作品等集合作品而言，这些所有描述作品的片段或多作品装订在一册的书目记录，是 FR-BR 化项目很少探究的一个主题，通常会在数据处理环节作选择性的过滤。

三是忽略内容表达层的识别。由于有些内容表达的差异很难在基于载体表现的数据中反映出来，只有通过对内容表达进行更为详细的分析和比较才能发现，所以许多 FRBR 化项目选择忽略掉这类内容表达的识别，仅处理基于语言或形式变化的内容表达的识别[5]。当书目记录中的信息不足以将作品划分为很多的内容表达，即一部作品只有一个或少数几个内容表达时，内容表达的分层意义就相对弱化。当一部作品存在多个内容表达时，内容表达的分层显示就更有意义。

2.2.2　关系的揭示和呈现问题

关系是描述一个实体和其他实体之间连接的表达工具[6]。因而，FRBR 的关系功能可以协助用户来识别查询结果的实体间关系。FRBR 的相关研究和实践表明，书目关系越复杂的作品更能体现和验证 FRBR 模型的有效性[7]。无论是国外还是国内的 FRBR 化项目，都会优先选择那些关系复杂的作品作为试验数据集，如 OCLC 选择《时间简史》等经典代表作，欧洲选择诺贝尔文学奖作品、中国选择四大名著等经典作为试验作品。因为这些经典作品通常拥有许多的内容表达和载体表现，并且会产生许多的衍生作品。由这些作品的书目记录组成的数据集，能够测试 FRBR 化算法的成效，能够验证相关作品之间、相关内容表达之间、载体表现和单件之间等起作用的关系。

但是，FRBR 化的试验和展示效果呈现，除了在一部作品范围内对各类关系的揭示相对完整外，鲜有对作品与作品之间相关关系的揭示和呈现。这个结论并不意味着在书目记录中就一定缺少对这些关系的说明，比如 UINMARC 的款目连接块 4 字段。该模块中记录的数据元素的性质适用于揭示关系，尤其是揭示作品与作品、作品与内容表达的关系。由于在数据制作的编目环节缺少对这些连接字段的著录、对关系揭示的不够清晰明确以及 MARC 格式本身的结构缺陷等因素存在，造成在 FRBR 化处理时，系统无法进行有效的数据挖掘和关系识别。

2.2.3　书目数据的结构化问题

FRBR 化的结构和效果不甚理想，除了有理论标准在实践过程中执行困难的原因，还主要源于现有的书目数据及其记录方式。FRBR 中描述的一些实体信息没有以结构化的方式记录在书目记录或规范记录中。同时，MARC 记录的某些字段或子字段可能呈现多个实体的属性（如 UNIMARC 的 200 字段的子字段 $b 一般资料标识），导致歧义，因此很难明确对应至一个实体或一组实体，给实体识别增加难度。如果书目数据按照一个更加结构化、更加一致的方式记录下来，在做 FRBR 化处理时就会减少很多不能识别的问题。国会图书馆总结影响 FRBR 显示工具结果有效性的重要因素之一就是书目数据的一致性问题。另外，MARC 记录的附注块通常不适用于作品和内容表达的自动识别，但用于识别作品和内容表达的一些重要属性和关系却往往被记录在附注字段。因此，数据的结构化处理，不仅是未来书目格式标准应着重解决的问题，在编目规则中也应给予足够重视。

2.2.4　数据的规范化问题

国内的 FRBR 化展示效果普遍略逊一筹，数据的规范化程度较低是原因之一。数据的规范化主要体现在两个方面：一是数据是否具备较高的质量和一致性；二是书目记录的重要检索点和索引点是否进行了规范控制。国内的书目记录普遍未采用名称规范文档，致使责任者、题名等重要字段信息不受控。书目记录中普遍缺少可用于识别作品的统一题名字段，对可用来识别作品或内容表达实体的责任方式缺乏规范化处理。另外，在书目编制过程中，数据的一致性问题也常因编目规则、细则、格式的变化以及数据制作人员的理解与判断不同而一直存在。

3 编目环节实现 FRBR 化的对策

在现有 MARC 元数据的编目框架下实现 FRBR 化，除了有赖于能提供各种实体关系的连接和显示功能的系统外，还需要我们重新思考现行的编目规则、标准规范、数据制作流程等各个环节。通过完善书目信息的表达体系和书目数据的制作方式，建立书目和信息间的关联、书目家族实体间的关联，才能促进 FRBR 化的实现，对传统编目在未来的发展和完善也有启发和借鉴。

3.1 转变书目编制理念:从详尽到关联

在今日的编目工作中，书目的编制依然被认为是越详细越完整越好，简略的书目被视为是不好的、质量不高的书目。然而随着文献资源量不断地呈倍数增长，书目的编制已很难再局限由特定的少数人来负责完成，除了图书馆以外，出版社、书商、外包公司都已加入编制书目的队伍。书目不再是某个编目员的一次性成果，而是书目贡献者集体努力的结果。一个载体表现或单件有多条不同来源的书目记录更是普遍现象。但就目前而言，包括编目员在内的大多数数据制作人员，对一条书目记录的制作，关注的依然是对载体表现和单件层面信息的详尽描述，对书目实体间关联信息的描述关注甚少。

新的国际编目规则《资源描述与检索》(Resource Description and Access，简称 RDA)将相关性视为其重要原则之一，即:描述资源的数据应说明所描述的资源与其他资源的重要关系;描述与资源相关的实体的数据应反映该实体与其他同类实体之间所有重要的书目关系。在未来书目编制的过程中，书目记录应着重记录 FRBR 中所定义的作品、内容表达、载体表现和单件这些实体之间的内在关系，包括:作品和使作品得以实现的内容表达之间的关系、作品的内容表达和使内容表达具体化的载体表现之间的关系、载体表现和使载体表现得以例证的单件之间的关系[8]。如此才能帮助用户查找体现特定作品或特定内容表达的所有资源，查找例证载体表现的所有单件。并在此基础上，更多地关注资源之间的关系揭示和资源内容之间的关联性，以便知识组织的应用[9]。

3.2 在记录中适当体现作品与内容表达的分层

现行的书目记录体系，编目规则和格式标准主要都针对载体表现层资源，通常是为每一个编目对象建立相应的书目记录，同一作品的一组书目记录体现的主要是载体表现层实体属性的微观差异，缺少作品和内容表达层实体属性和关系的宏观揭示。而以 FRBR 为基础框架的 RDA、UIMARC 和 MARC21 的新增字段，都已经为书目关系较为复杂的作品①在作品和内容表达层实体属性和关系的揭示提供了先决条件。具体表现在：

第一，RDA 中大量描述了与作品和内容表达实体相关的数据元素，如作品的首选题名、作品标识符、内容表达标识符、内容类型、内容表达的语言等。第二，UNIMARC 书目格式新增了 506 首选题名检索点（作品）、507 首选题名检索点（内容表达），UNIMARC 规范格式（第三版）新增了 231 题名（作品）规范检索点、232 题名（内容表达）规范检索点等字段，用于与 FRBR 模型兼容的目录。第三，MARC21 书目格式增加了 336 内容类型、337 媒体类型、338 载体类型三个字段以取代 245 $h 一般资料标识的著录，规范格式新增 336 内容类型、373 关系、377 相关语言等字段。

3.3 重视规范文档的建立

规范文档影响书目层次的展开，影响检索点的控制，影响 FRBR 化的效果和品质。在记录中的关联信息非常有限的情况下，系统无法完全从直接信息建立关联，就可以间接通过各种实体的规范控制，来实现书目与书目、书目与各种实体之间的关联。规范文档可用于建立著者与资源之间的书目关系。当不同载体表现以不同题名出现时，规范文档可用以汇集体现一部作品所有资源的著录；当作品为人所知的题名与所描述资源的正题名不同时，可用以识别作品，也可用于区分具有相同题名的不同作品。

为 FRBR 化创造良好的条件，建议对文学名著、国学典籍、译著等类型的作品进行题名规范，这些类型作品的书目记录中需著录统一题名字段。以译著为例，题名规范可用于汇集不同语种形式、不同译名形式的同一作品的所有相关书目记录，进而帮助用户在阅读翻译作品时快速查询原著或其他译本的表达方式，以便更好地理解文献内容。

3.4 建立清晰的且利于计算机提取的实体关系

许多关联信息只能通过建立明确的关系，才能在不同的书目实体间便捷地获取。在现有的书目记录中，关联信息往往是按照人容易理解的方式而不是按照计算机容易理解的方式记录，或至少没有按一种容易被计算机处理的一致性的格式记录[10]。在编目过程中，应该尽量利用关系代码或受控词汇的方式来描述清晰的关系属性。比如，相同的责任方式可能会有多种表达形式，采用责任方式代码或者是受控词汇，无论是在准确性还是连续性上，都会比自然语言的表述更有用。如此在书目整合和 FRBR 化中，才能有效地利用计算机辅助手段，尽量避免后期过程的人工干预处理，为资源的整合服务提供良好基础。

参考文献

[1] 陈琦. FRBR 及其在国内应用的障碍[J]. 图书馆杂志，2006，25(10)：16－18.

[2] AALBERG T, ZUMER M. The value of MARC data, or, challenges of frbrisation[J]. Journal of Documentation, 2013, 69(6): 851－872.

① 复杂的作品即一个作品存在多个内容表达和载体表现。

[3] 严鼎忠,许静芬.融合处理多元媒体的书目系统[C]//第77届国际图联大会论文集,2011.
[4] LEE H,PARK Z. FRBRizing bibliographic records focusing on identifiers and role indicators in the Korean cataloging environment[J]. Cataloging Classification,2012(6):689 - 704.
[5] 朱青青,毛雅君.英国国家书目FRBR化研究及启示[J].国家图书馆学刊,2014(6):79 - 85.
[6] 董桂存. FRBR模型应用于中文书目记录的有效性研究——以中国国家图书馆为例[J].图书馆学研究,2014(23):47 - 53.
[7] KIM J H, MOON J H. Korean books and FRBR:an investigation[J]. Program:electronic library and information systems,2010,44(3):215 - 228.
[8] RDA发展联合指导委员会.资源描述与检索(RDA)[M]. RDA翻译工作组,译.北京:国家图书馆出版社,2014:612.
[9] 廖永霞.中国国家书目的FRBR化实践与思考[J].图书情报工作,2013,57(17):102 - 107.
[10] PISANSKI J, ZUMER M, AALBERG T. Frbrisation towards a bright new future for national bibligraphies[J]. KBC,2010,39(1):3 - 6.

(原载于《图书馆杂志》2017年第2期)

国家图书馆缩微文献的收藏与利用研究

——以近代海外华文报纸为例

刘博涵　屈　凯

国家图书馆馆藏资源种类繁多，藏量丰富。本文以国家图书馆所藏缩微报纸中的一种——近代海外华文报纸为例，考察其文献收藏和利用的情况。华人在海外创办华文报纸发端于1856年，之后几十年，中文报刊在海外陆续诞生。海外华文报纸是中国最早受西方文化影响的媒体，在向国内传输西方先进文化的同时，又把中国的传统文化传播到世界，作为一种沟通内外的重要信息通道，是中国近代新闻业一道特殊的风景线，具有一定的历史意义[1]。

1　国家图书馆馆藏近代海外华文报纸缩微品情况

1.1　馆藏情况

截至2015年12月，国家图书馆收藏近代海外华文报纸缩微品共有14种。详情见表1。根据表1的情况，国家图书馆共收录海外华文报纸缩微品14种695卷，每卷胶卷内约为400—500拍，由此可以推测共计收有报纸约为30万版。其中收藏美国地区华文报纸缩微胶卷6种，共500卷；加拿大地区1种，146卷；东南亚地区7种，49卷。

1.2　文献特点

1.2.1　创办背景各异

馆藏海外华文报纸的缩微品大体涵盖了美洲和亚洲两大洲的国家和地区，这些地区在近代的政治以及历史背景不尽相同：美国于1776年7月4日正式通过《独立宣言》宣布独立；加拿大在一战后成为独立国家；马来亚是英国的殖民地，1957年马来西亚独立，1965年新加坡独立；印度尼西亚原为荷兰属地，二战中为日本所占领，日本战败后独立。以北美地区与东南亚地区出版的华文报纸为例进行比较：北美地区侨民数量较少，加之相对自由的新闻舆论环境与出版政策，使得该地区的华文报纸能够长期存续。而东南亚地区则因政府当局对于侨民的严格管控，华文报纸多为侨商个人行为，只能假商报之名曲线推动教育事业。即使如此，亦难以避免被当局停刊的厄运，其报刊的存续期较北美地区华文报纸往往较短。

表1　国家图书馆缩微文献阅览馆藏海外华文报纸一览表(按国家、地区及报纸名称音序排序)

名称	国家	地区	馆藏起始年	馆藏截止年	卷数
大汉公报	加拿大	温哥华	1914	1970	146
现代日报	马来西亚	槟城	1946	1949	5
民声报	马来西亚	吉隆坡	1946	1948	7
大同日报	美国	旧金山	1919	1923	8
少年中国晨报	美国	旧金山	1911	1958	174
中西日报	美国	旧金山	1906	1947	203
公和日报	美国	纽约	1928	1932	5
中国维新报	美国	纽约	1917	1928	7
三民晨报	美国	芝加哥	1930	1968	103
南洋商报	新加坡	新加坡	1941	1941	3
星洲日报	新加坡	新加坡	1941	1941	3
苏岛时报	印尼	棉兰	1952	1957	10
苏门答腊民报	印尼	棉兰	1947	1949	4
印尼新中华报	印尼	棉兰	1947	1958	17

报纸的创办背景与存续时期,决定了报纸的关注方向、价值取向与舆论立场。同时历史、民情、政治背景,也直接导致了海外华文报纸的第二个显著特点——内容的多样化。

1.2.2　聚焦时政

海外华文报纸既有对当地社会的新闻报道,也关注中国新闻,及时将国内发生的重大事件向海外传播,成为沟通中外的桥梁。以记录辛亥革命和抗日战争时期的报道为例。

(1)辛亥革命时期

在清末民初这一特定的时期,一部分希望通过君主立宪或者共和制拯救中国的思想者流亡海外,他们为了实现心目中的富强中国的愿景,通过华侨华人的支持,以报纸为舞台展现自己的思想。在这段时期里以康、梁为首的改良立宪派,及孙中山领导的革命派,都通过创办华文报纸阐述其观点,宣传变革或者革命思想。

例如在现有馆藏海外华文报纸缩微品中,《少年中国晨报》是在孙中山的直接领导下,中国同盟会旧金山分会的机关报,该报致力于提倡革命,批判保皇立宪,曾与保皇党人徐勤所主办的《世界日报》进行论战。武昌起义爆发后,《少年中国晨报》对国内的革命消息曾经进行过正面的报道。

《大同日报》则直接体现了立宪派与革命党在媒体领域的争夺。该报于1902年创办,初为康有为的弟子欧榘甲任主笔,主要宣传保皇思想;后于1904年由孙中山与冯自由推荐反清革命志士刘成禺担任该报主笔,举起了民主革命的大旗。冯自由后来在《冯自由回忆录》的革命逸史部分评述自刘成禺任主笔后该报“旗垒为之一新,渐渐发挥洪门反清复明之宗旨”,“美洲华侨革命思潮之激荡,刘之力为多焉”[2]。

此外,还有康有为在纽约创办,意在宣扬改良思想的《中国维新报》;也有同情革命,大量报道中国革命事迹,由热心资助中国革命事业的华人牧师伍盘照创办的《中西日报》;还有中国致公党的前身——洪门所创办的《大汉公报》等。可见这些报纸不管立场为何,都可谓是辛亥革命的见证者和间接参与者。

(2)抗日战争时期

抗日战争期间,华侨华人利用身处战争之外的地理优势,通过报纸不断报道国内消息。以南京大屠杀为例,在美国旧金山的华文报纸《少年中国晨报》于1937年12月17日第二版即有题名为"敌在南京屠杀惨剧"的报道,18日第二版又有"敌占南京肆行屠杀"的报道,相比美国《纽约时报》12月18日第一版"Civilians Also Killed As The Japanese Spread Terror In Nanking"的报道还要早。此外关于日本轰炸民居、学校、医院,军队劫掠屠杀、使用毒气及细菌武器等历史事件都多有报道,这些报道将日军在中国的暴行向世界揭露,为中国人民的抗日战争争取国际舆论支持发挥了一定作用。这些记载是记录抗战时期历史事件的重要史料。

2 文献利用情况及存在的问题

2.1 文献利用率较低,揭示力度不足

以2015年为例,国家图书馆馆藏海外华文报纸提取情况见表2。

表2 2015年馆藏海外华文报纸提取情况表

名称	提取读者数	提取卷数
少年中国晨报	1	11
大汉公报	1	15
中西日报	1	8
南华日报	2	2
南洋商报	2	2
星洲日报	2	2
合计	9	40

除表2外,其他馆藏缩微华文报纸在2015年年内并未被提取。由此可见,尽管国家图书馆的缩微品馆藏文献内容丰富,但读者对缩微文献的利用率却不高,并不尽如人意。

导致此类文献利用率低的原因大致有两方面:

(1)馆藏海外华文报纸缩微品种有限,制约了读者需求。

(2)当前读者进入图书馆查阅文献,多依赖OPAC等联机查询系统。海外华文报纸缩微品大部分则仅有卡片目录,对文献数据的资源揭示力度不够。

2.2 珍贵报纸缩微文献仍有缺藏

海外华文报纸具有丰富的内涵以及独特的历史价值，随着时间的迁移，文献纸张的质量会越来越脆弱，读者翻阅原始文献的机会也将越来越少。缩微是一种再生性保护方式，缩微文献有着其他文献难以取代的优势。但目前，国家图书馆藏海外华文报纸缩微胶卷仍有缺藏。例如《救国时报》是研究中国共产党早期宣传方针的重要刊物，也是中共创办的海外报刊中具有代表性的一种。1935 年 5 月，面临着国内外局势的变化以及残酷的革命斗争，中国共产党在法国巴黎创办了《救国时报》，宣传共产党政治主张，号召和指导海外同胞开展抗日救亡运动，是非常具有代表性宣传抗日的报纸，对抗日民族统一战线的形成起到了重要的推动作用[3]。国家图书馆藏有《救国时报》纸质原报，但因为年代久远，纸张老化，不宜提供纸质文献服务。同时，由于一些原因，该报也一直未拍摄缩微胶卷。由此可以看出，正是由于揭示力度的不足以及重要文献的缺藏，导致了这些馆藏海外出版华文报纸利用率的低下、关注度较低。

2.3 华侨报纸的开发现状

通过对国家图书馆文献检索系统的查找，并无以上报纸的影印文献。通过全国报刊索引数据库以及翰堂近代报刊数据库等进行查找也未发现这些报纸的数字版本。海外华文报纸尚未得到系统整理与出版开发。在 CNKI 通过主题词搜索的结果发现《大汉公报》相关论文 6 篇，《大同日报》相关论文 4 篇，《少年中国晨报》相关论文 7 篇，《中西日报》相关论文 82 篇。经过逐一的阅览，发现仅有《大汉公报》相关论文 2 篇涉及实体内容，其他论文一概是通过当事人回忆或传记等文献资料转述报纸内容。

由此可见，虽然海外华文报刊的发展是中国新闻事业向外发展的一个重要组成部分，值得深入研究。但目前文献揭示力度仍不足，致使其中所刊载的诸多史料蒙尘，未获得学界应有的关注。

3 文献揭示与开发思路

3.1 增加馆藏缩微品报纸的种类与数量

目前，国家图书馆藏有纸质海外华文报纸 275 种。由于新闻纸自身的保存时限问题，早年出版的海外华文报纸纸质版已不再适于提供读者阅览。同时，早期装订技术不是很成熟，拆装报纸合订本再拍摄会对文献本身造成物理性破坏，因此缩微化进程没有跟进。由于上述等原因，目前馆藏仅存文中表 1 所列 14 种文献的缩微品馆藏。随着装订技术的不断发展，目前已可以尽快推进这一部分纸质文献的缩微化工作。

未来，可将此部分报纸全部进行缩微拍摄，并在联机公共目录查询系统上增加详细的馆藏标注，既可以增加对此部分文献的原生性保存途径，减少对报纸原件的破坏，又可以增加海外华文报纸的缩微文献种类与数量，方便读者进行利用。

3.2 加强协作共享

可发挥全国图书馆文献缩微复制中心在缩微行业的带头作用，在缩微抢救过程中，由缩微中心对各馆收藏的海外华文报纸进行补充，通过汇集众馆的力量完善馆藏。并且建立缩微文献共享保障体系，加强信息资源共建共享[4]。

3.3 加强海外缩微品华文报纸的数字化工作

当前，缩微技术与数字技术相融合的趋势已经越来越明显，将缩微品转换成数字影像，可以为读者提供检索、共享及远程服务。为了更好地提高馆藏缩微品的利用率，应进一步加强缩微品数字化的工作，通过数字资源的形式提供服务[5]。

国家图书馆近年来十分重视数字缩微技术的开发和利用，将馆藏海外华文缩微品报纸数字化的硬件条件成熟稳定。缩微品数字化既可以丰富国家图书馆的数字资源，也可以提高资源利用率[6]。

3.4 加强宣传与推广，加强揭示

国家图书馆作为公益性的服务机构，在馆藏资源和社会服务方面有着明显的优势。同时，图书馆只是社会公共文化服务体系中的一个重要环节，还需要整合社会资源，争取馆藏资源得到更多宣传与推广。为录制“纪念中国人民抗日战争暨世界反法西斯战争胜利70周年”特别节目，中央电视台曾派人来国家图书馆查阅《南华日报》《南洋商报》《星洲日报》等海外华文报纸资料。由此借鉴，在横向外延拓展上，图书馆应该重视与社会各界包括各级文化机构、媒体、出版机构的交流和合作，共同建立文献服务网络，开展特色文献的读者活动。例如与媒体合作，开展特色主题读书节等大型活动，吸引媒体舆论关注。

同时，加强纵向交流。可由国家图书馆牵头，参考全国图书馆缩微文献联合目录，进一步整合各馆的缩微文献资源，合作开展文献开发，通过制作全文数据库、索引数据库、纸本书目、影印再版等方式全面促进文献的整合与推广。

习近平主席2013年提出共建“丝绸之路经济带”和“21世纪海上丝绸之路”的重大倡议，“一带一路”建设涉及众多国家和地区，需要凝聚包括海外侨胞在内的全体中华儿女的智慧和力量[7]。海外华文报纸是一座“情感之桥”[8]，应在“一带一路”的建设中发挥自己媒体宣传的作用。

国家图书馆藏缩微海外华文报纸收录种类多样，内容丰富。如果能够妥善地加以开发和利用，可为我国近代海外文化研究提供丰富史料，提供极大的助力。

参考文献

[1] 胡万德. 辛亥革命时期海外中文报刊的勃兴[J]. 图书情报工作，2011(9)：22-25.

[2] 冯自由.《革命逸史》[M]. 北京：中华书局，1944：136-156.

[3] 徐孜望. 中共海外报刊巴黎《救国时报》研究[D]. 呼和浩特：内蒙古大学，2009.

[4] 全国图书馆文献缩微复制中心简介[EB/OL].[2016-11-01]. http://swzx.nlc.gov.cn/zxjj.htm.

[5] 曹宁,张阳.数字缩微:理念创新与发展路向[J].数字与缩微影像,2011(4):22-25.
[6] 肖红,吴茗,曾燕.民国报纸缩微胶片数字化及服务探析[J].图书馆学刊,2015(10):89-92.
[7] 习近平:加快推进丝绸之路经济带和21世纪海上丝绸之路建设[EB/OL].[2016-11-01].http://news.xinhuanet.com/poli-tics/2014-11/06/c_1113146840.htm.
[8] 王士谷.海外华文报纸现况[J].新闻战线,1986(12):43.

(原载于《数字与缩微影像》2017年第1期)

国家图书馆馆藏在华俄侨文献调研与分析

李金涛

中国与俄罗斯之间的交往历史悠久，俄罗斯人来华的历史可以追溯到我国的元朝。1715年（康熙五十四年）经清政府同意，第一届俄罗斯东正教传教士团到北京传教；随着1897年修筑中东铁路开始就有大批俄国侨民来到中国东北地区。1917年俄国十月革命后，大批俄国侨民流亡到世界各地，中国成为当时重要的俄侨聚集地。在华俄侨文献是19世纪下半叶到20世纪50年代初居住在中国的俄国侨民出版的文献，包括图书、期刊、报纸等资料，这些文献是特定历史时代的文化产物，具有中俄文化兼容的文化特质，是我国乃至世界文化史中独一无二的文化资源。

1 在华俄侨文献的形成

较早的一批在华俄侨文献是北京东正教教士团出版的东正教义方面的文献、词典及教材。19世纪下半叶在北京的东正教传教士团就有自己的"北馆"印字房[1]。在哈尔滨及中东铁路沿线地区、上海、天津和新疆等地也居住有大量俄国侨民，他们当中有很多知识分子、高等学校的毕业生，乃至专业新闻工作者，为了满足当地侨民的文化生活，在这些地方涌现了一批俄侨开办的出版社、印书馆和私人出版社等出版机构。如哈尔滨的中东铁路印书局、东省文物研究会出版社、"柴拉"出版社，上海较为有名的是上海柴拉报社、斯洛沃印刷及出版公司、时代出版社，天津的出版机构有"我们的知识""报刊思想""知识""亚洲复兴"以及赛连富印字馆，这些出版机构出版了数量极为可观的政治、经济、法律、宗教、文学艺术等专业出版物。此外，在华俄侨还创办了大量报纸和杂志，1898年底创办的《哈尔滨》（Харбин）杂志是在华的第一本俄文杂志，1899年创办的《新边疆报》（Новый Край）是在华的第一份俄文报纸，直到1956年哈尔滨《俄语报》停刊，在华出版的俄文报刊多达近500种[2]。这些报刊同俄侨图书一起构成了我国出版史中特有的在华俄侨文献。

2 在华俄侨文献的价值

2.1 历史价值

在华俄侨文献大多出版于民国时期，出版地主要集中在哈尔滨、北京、上海、天津等俄侨居住比较集中的城市，这些文献全方位地展现了当时俄侨在华的生活、文化、科研、教育等各个方面，也从另外一种角度集中反映了中国近代的政治、经济、文化教育、社会历史概况。具有代表性的文献有1908年在北京出版的《关于中国银行系统的一些事情》、1912年在哈尔滨出版的《在东方:唐津，威海卫，上海，杭州和安庆府的历史、生活和贸易纲要》、1917年在哈尔滨出版的《满洲历史概要》、1921年在上海出版的《现代中国政治组织纲要》、1928年在哈尔滨出版的《中国行会》、1932年在哈尔滨出版的《中东铁路地区的洪灾及疫情:1932年8月27日，1932年9月9日中东铁路管理局通报》、1937年在上海出版的《俄罗斯人在上海:照片集》等，这些文献是研究近代中国政治、经济、文化、中俄关系史以及哈尔滨、上海、北京、天津等地方史极为珍贵的研究资料。此外，有些在华俄侨文献的内容还涉及了俄国史和世界史，如1922年在北京出版的《俄国在远东》、1926年在哈尔滨出版的《太平洋问题解决之途径》、1923年在北京出版的《俄罗斯外交史上的一页:1905年在朴茨茅斯的俄日会谈》、1932年在上海出版的《白军:1921—1922年冬季的哈巴罗夫斯克战役》等。因此，在华俄侨文献具有极高的史料参考价值。

2.2 艺术价值

在华俄侨文献中有相当数量的俄侨文学出版物，其中包括别列列申(Перелешин)、涅斯麦洛夫(Несмелов)等世界著名作家和诗人在中国创作的文学作品。在华俄侨文学是20世纪世界文学的组成部分，也是中国现代文学的特殊构成，自有其特有的思想艺术价值。而且中国俄罗斯侨民文学是中俄合璧的。这种由反差巨大的东西两种韵味融合成的中俄合璧文学，在世界上是绝无仅有的、独一无二的。从这种意义来说，它是人类文化史和文学史中的瑰宝。而且，由于资料的匮乏，它们越发显得珍贵[3]。另外，俄侨在华创办的出版社间接促进了我国地方出版事业的发展，俄侨出版物的装帧设计具有鲜明的特色，例如，著名俄侨作家巴依科夫以自然为主题创作了一些描写动物和狩猎的长、短篇小说，在哈尔滨出版时他为自己的作品设计了极具艺术气息的封面。因此，具有异域风貌的俄侨文献具有独特的艺术价值。

2.3 科学价值

在来华俄侨群体中有许多专家学者，包括植物学家、考古学家、民族学家等，他们创办了多个学术科研团体，开展了丰富的学术活动，留下大量的学术文献资料。较早的科研团体是1908年成立的俄国东方学家协会。这个协会定期出版会刊《亚细亚时报》，主要刊登中国东北地区方志研究的学术著作[4]。该杂志从1909年第1期到1926年第53期，共登载文章280篇，其中关于中国的文章150篇。特别是对北满和呼伦贝尔地区的考古调查与发掘工作报告，成为刊物的组稿重点[5]。此外，中东铁路管理局出版的《东省杂志》、东省文物研究会的《东省文物研究会通报》也是当时极具代表性的科研刊物。其中《东省杂志》自1925年发行，在栏目设置上有综合研究、经济与技术、中华民国研究、中国东北研究、中东铁路研究、苏联研究和图书目录学等，其中中国东北研究和中东铁路研究这两个栏目是杂志的主打栏目[6]。由于俄侨学者长期生活在中国，对中国有切实的了解，因此他们研究中国的文章和著作才更加显得有价值。

2.4 文物价值

《中华人民共和国文物保护法》中明确规定了历史上各时代重要的文献资料以及具有历史、艺术、科学价值的手稿和图书资料等都属于文物。在国务院第一次全国可移动文物普查领导小组办公室印发《第一次全国可移动文物普查实施方案》中将“1949年(含)以前,历史上各时代珍贵的艺术品、工艺美术品,还有历史上各时代的重要文献资料,以及具有历史、艺术、科学价值的手稿和图书资料等”[7]列入可移动文物普查范围。在华俄侨文献由于其出版时间短暂,销售范围狭窄,以及年长日久、几经战乱和机构变迁等原因,受到过不同程度损毁和遗失,有些文献早已绝迹于世,现存的在华俄侨文献应该都属于“稀世”文献,有些文献可能为世界孤本,因此现存的这些文献具有很高的文物价值。

3 国家图书馆藏在华俄侨文献概况

国家图书馆(下文简称“国图”)作为国家总书库,外文文献的收藏位于国内首位。就馆藏在华俄侨文献而言,无论是数量还是内容,在国内收藏单位中都占有非常重要的地位。国图在华俄侨文献收藏的源流较为复杂。1949年后,曾对馆藏书刊资料进行清点核对,根据当时记载,国图的俄文书为4163册[8]。从馆藏图书藏书印、题签等信息可以看出有一部分俄侨文献是社会机构和个人捐赠的。1949年前后,国家馆征集到一些教会图书馆的藏书,这些俄文旧籍中包含了不少北京教士团文献,20世纪50年代又派人赴黑龙江省采购俄文图书[9]。经国家图书馆OPAC系统检索,查询卡片目录及《风雨浮萍——俄国侨民在中国(1917—1945)》书末附有的《俄侨在华出版的刊物目录》、《俄侨在华出版的图书目录》、《中国馆藏满铁资料联合目录》和《北京图书馆馆藏报纸目录》等相关图书目录后统计,国图共发现有各种在华俄侨文献1082册,其中图书811种,935册;期刊23种,111册;报纸11种,34个合订册;舆图2册。

3.1 馆藏在华俄侨图书的特点

国图馆藏在华俄侨文献的绝大部分为俄侨图书,占文献总量的86.4%,其中哈尔滨出版的图书最多,共计578册,占俄侨图书的61.8%;上海出版图书190册,占20.3%;北京出版图书98册,占10.5%;天津出版图书53册,占5.7%;大连出版图书2册,旅顺出版图书5册,齐齐哈尔出版图书1册,奉天(沈阳)1册,无出版地信息的图书7册。就图书内容来看,馆藏的935册在华俄侨图书中词典类21册,马列主义类2册,哲学宗教类21册,社会科学总论类7册,政治法律类94册,军事类10册,经济类90册,文化、科学、教育、体育类42册,语言、文字类68册,文学类265册,艺术类9册,历史、地理类156册,自然科学类1册,数理科学和化学类8册,天文学、地球科学类17册,生物科学类17册,医药、卫生类10册,农业科学类41册,工业技术类36册,交通运输类13册,综合性图书7册。综上所述,在华俄侨图书主要集中在社会科学部类，占总量的80%以上，其中文学类、历史类、地理类、政治法律类和经济类所占比例较高。

3.2 特色文献举例

3.2.1 词典

在国图收藏在华俄侨出版的词典中最为珍贵的当属由著名汉学家巴拉第（Палладий）和波波夫（Попов）编写的1888年北京同文馆出版的《汉俄合璧韵编》，这部词典被公认为是俄罗斯人早期汉语词典的最高成就，在国际汉学界享有极高声誉，这部词典也是国图目前发现最早的在华俄侨出版物。第18届东正教驻北京使团团长英诺肯提乙（Иннокентий）编写的1909年北京北馆印字房印的《华俄词典》是国图收藏的另一部著名的汉俄词典，其收录的汉字达到16 845个，为十月革命前俄国规模最大的汉俄双语工具书[10]。另外，国图还收藏有一些文献价值非常高的专业词典：曾担任沙俄驻北京总领事科列索夫（Колесов）编写的1923年在北京出版的《汉俄法律和政治术语词典》；1927年奉天出版的《最新华俄军语合璧》，该词典的作者是当时担任张作霖军队中炮兵教官的葛国立（Грегори）[11]，其是国图馆藏在华俄侨文献中唯一一本在奉天出版的文献。

3.2.2 教材

俄罗斯东正教驻北京教士团不仅具有外交、商务和文化交流等功能，同时也开展了很多内容丰富的教育活动，教士团驻地是来华成员学习汉语的重要基地，因此出版了许多汉语学习教材。国图收藏有比丘林（Бичурин）编写的《汉文启蒙》（1908年版）；伊萨亚（Исаия）的编写的《简明中文语法》；在北京东省铁路俄文学堂任教过的勃兰特（Брандт）编写的《初阶：俄语教学文选》《华文自解》和《汉语会话自学》等教材，勃兰特编写的“这些教材堪称当时最好的俄华语言教材”[12]。另外国图还收藏有汉学家乌索夫（Усов）编写的俄语学习教材《俄文津梁》和《华俄合璧》，这些教材是民国时期较为流行的俄语学习教材，著名的俄文翻译家草婴回忆少年初学俄语时使用的教材是“一本在哈尔滨出版的给外国人学俄语的教科书《俄文津梁》”[13]。

3.2.3 中国学文献

众所周知，在18世纪到19世纪上半叶，俄国驻北京教士团为俄罗斯培养了如比丘林、巴拉第等杰出的中国学家，使得北京成为俄罗斯中国学的诞生地和发展基地。国图收藏的教士团出版的中国学文献有比丘林译的1908年版《三字经》及其编著的1909出版的《中华帝国详志》；巴拉第组织编辑的全面反映中国政治、经济、文化、民族、宗教状况的四卷本《北京俄国传教士团成员论文集》（1909—1910年版）；修士司祭库尔齐茨基（Кульчицкий）的《中国人的婚姻》；教士团10届学员克雷姆斯基（Крымский）的《儒学精义》等。

哈尔滨是另外一个俄罗斯中国学研究基地。俄国东方学家协会、东省文物研究会以及中东铁路管理局等机构从事的中国学研究活动对推动哈尔滨俄侨中国学的发展起到了很大作用，涌现了一批重要的中国学家，出版了大量有影响的著作。据相关资料统计，到新中国成立前后，哈尔滨俄侨中国学家在哈尔滨出版了关于中国问题的著作上百部和发表论文上千篇，涉及民族、人口、政治、经济、文化、考古、国际关系、地理等诸多问题[14]。由于俄侨大多生活在哈尔滨,因此研究成果主要侧重于中国东北边疆地区的研究。这些资料对于深入研究当时中国东北地区来说是极其珍贵的文献史料。国图收藏的具有代表性的哈尔滨俄侨中国学文献有:

①有关中东铁路研究方面的著作:中东铁路管理局职员尼鲁斯(Нилус)编纂的《中东铁路历史概述 1896—1923 年》,书中载有俄国在"满洲"的投资、中东铁路的修筑、华俄道胜银行建立等方面的资料。即使到今天该书亦是研究中东铁路问题的必读书籍之一[15]。以及中东铁路管理局编写的《北满与中东铁路》和《中东铁路商业代表处工作报告》。

②有关研究中国东北地区的著作:著名俄侨自然科学家巴依科夫(Байков)的《满洲虎》《远东的黑熊》;担任过满洲农业协会主席的斯科沃尔左夫(Скворцов)的《满洲小麦》《北满的李树》《满洲的野生坚果》;担任过中东铁路商务处处长的梅尼希科夫(Меньшиков)的《满洲的中国货币》和《满洲简明历史概要》;担任过东省文物研究会博物馆地质部负责人的地质学家阿涅尔特(Анерт)的《满洲矿业勘查史》和《北满的矿产》;中东铁路经济调查局资深代表苏林(Сурин)编辑出版的《北满经济概况》《满洲的林业》和《满洲及其前景》等。

③有关中国历史文化方面的著作:著名哈尔滨俄侨汉学家什库尔金的《中国的传说》和《中国古代历史画卷》;俄侨诗人阿拉钦(Аракин)的《中国诗词》,收入了他翻译的王昌龄的《闺怨》、杜甫的《夜宴左氏庄》、孟浩然的《过故人庄》《游精思观回王白云在后》、李白以及其他著名诗人的诗 44 篇[16];担任过《亚细亚时报》编辑的巴拉诺夫(Баранов)的《中国的新年》等。

④有关中国法律方面的著作:曾任哈尔滨法政大学教授的梁赞诺夫斯基(Рязановский)的《现代中国民法》《中国不动产法律关系》《中国土地山林法基本原理》以及任教于哈尔滨法政大学的金斯(Гинс)的《中国贸易法纲要》《中国新的注册法规》;此外还有中东铁路印书局翻译出版的我国民国时期的法律著作,五卷本的《中华民国民法典》《中国贸易法规》《中华民国采矿法律法规集》等。

3.2.4 俄侨文学文献

中国俄国侨民文学主要发生在哈尔滨,继而又发展到上海。这两座大城市拥有较大的出版机构、较强的编辑力量和作家队伍以及广泛的俄国读者。文学出版物包括小说、诗歌、剧本、散文、回忆录等多种体裁,其中诗集的出版量比较大。国图收藏的有代表性的诗集有:俄侨诗人弗·卡梅施纽克(Камышнюк)1918 年在哈尔滨出版的诗集《痛苦的乐章》,这是在华俄侨的第一部诗集[17];俄侨诗人涅斯麦洛夫(Несмелов)的诗集《没有祖国》和《中转站》;侨居中国二十余年的俄罗斯女诗人科洛索娃(Колосова)的《绝不投降!》和《响应剑的召唤》;著名俄侨诗人别列列申(Перелешин)的《途中》和《美好的蜂房》;1931 年在哈尔滨出版的诗集《矶踯躅》,这是第一本把当时多数远东俄侨作家、诗人集结在一起的小说、诗歌、政论和书评的合集,作者主要来自哈尔滨和上海,几乎所有当时活跃在哈尔滨文坛上的年轻诗人都有作品选入;1935 年在哈尔滨出版的《河流转弯处》,这是"丘拉耶夫卡"成员的最后一本诗集,共收入 8 位诗人的 34 首诗[18]。

小说创作是中国俄国侨民文学除诗歌创作之外的一个重要组成部分。馆藏有代表性的小说有:著名俄侨作家巴依科夫的小说《满洲猎人笔记》《在篝火旁》《白光》《泰加森林在沸腾》《母虎》《泰加森林之路》和《树海》；诗人、作家、政论家兼记者伊万诺夫（Иванов）的《雾中之火》和《1905 年：一个年轻灵魂的故事》；1933 年起侨居上海的俄侨作家谢维涅尔（Северный）的《树皮鞋的足迹》《北极星的女人》《屠格涅夫故事》《中国瓷人——财神菩萨》《夫人》《蓝鹭湖》《泥土中的金子》《黑天鹅》和《卡马河上的雾》。此外，国图馆藏有著名欧洲俄侨作家纳日温（Наживин）在中国出版的多部小说，如《古老的信件》《多马福音》《不尊敬的》《夜里绽放的莲花》《犬共和国》《诡辩家》《青年》《男人们》《福岛》《亲爱的影子》和《在伏尔加河上》。

4 在华俄侨文献的保护与开发建议

4.1 开展全面普查，设立“俄侨文库”专库

根据笔者前期的文献调研显示，国图馆藏的在华俄侨文献未设专库收藏，而是使用托罗帕夫斯基《十进分类法》《固定排架法》及《中图法》3 种分类法编目，与其他俄文资料混排在一起，分别存放在 3 个库房，同时还存在文献破损严重，著录项信息不全、错误等问题。为了更好地整理、揭示、保护和利用这部分珍贵文献，应开展一次全面普查，通过普查全面掌握国图现存的在华俄侨文献总量、复本量、保存状况、老化破损程度等情况，并在普查的基础上逐步修订错误数据信息、补充著录缺项，确保书目数据准确，依据中图法编制专用索取号，将分散各处的文献集中存放，设立“俄侨文库”专库进行保护开发和利用。

4.2 编制《在华俄侨文献全国总目》，补藏原缺文献

国图馆藏的基本原则为“中文求全，外文求精”，即跟国家有关的，跟中文有关的所有文献是全面收藏，包括中国本土出版的各类文献，都要全面入藏。而在民国出版的俄侨文献无论在我国出版史、文献史上，还是在中俄文化史上都具有独特的价值和意义。除了国图，黑龙江省图书馆、黑龙江省博物馆、黑龙江大学图书馆、吉林大学图书馆和上海图书馆是国内收藏俄侨文献的主要机构。黑龙江省博物馆前身为东省文物研究会，“俄侨文档”是该馆最具特色和珍贵的馆藏；黑龙江大学图书馆接收了原驻哈尔滨外务局特派员公署捐献的图书，原苏联驻哈尔滨领事馆图书馆的大批图书以及哈尔滨铁路图书馆（原中东铁路图书馆）大批俄苏旧图书[19]；吉林大学图书馆接收了原哈尔滨铁路图书馆馆藏的“亚细亚文库”资料。目前该馆收藏有国内外独一无二的 1886—1945 年间出版或手抄的孤本俄文图书资料[20]。从文献建设的角度考虑，国图应在文献普查的基础上，并依据现有馆藏的俄侨文献书目图书和期刊，如《南满铁路协会俄语图书目录》《南满铁路哈尔滨图书馆亚洲部图书目录》《书目通报》和《书目汇编》等，联合国内俄侨文献资源丰富的机构单位共同编制《在华俄侨文献全国总目》，并建设相应书目数据库，通过比对书目数据确定国图原缺文献，采用馆际交换复本或采购数字化资源、缩微胶片的方式进行补藏。同时加强与国外俄侨文献收藏机构之间的国际交流。俄罗斯十分重视对俄侨出版物的收集和整理工作。1995 年成立了俄侨文献图书馆，2009 年该图书馆改为索尔仁尼琴俄侨之家，该机构的任务之一为采访、保存、研究、编目、

修复海外俄罗斯侨民的出版物、手稿、视听等其他资料，目前其馆藏超过9万件，其中80%为俄侨出版物[21]。俄罗斯国立图书馆设有俄侨文献阅览室，该阅览室提供1917年至今的俄侨图书、期刊、报纸等文献的阅览服务[22]。俄罗斯联邦国家档案馆学术图书馆、俄罗斯科学院远东研究所图书馆和哈巴罗夫斯克边疆区档案馆收藏有相当丰富的在华俄侨文献。美国、日本、捷克等国的一些图书馆、档案馆中也藏有一些在华俄侨文献。国图可以对海外存藏的在华俄侨文献进行全面调研，将缺藏文献以数字化方式回归。

4.3 建设全文数据库，加强文献整理研究

近些年来在华俄侨文献越来越受到国内外专家和学者的重视，因年代久远，印刷纸张质量差，有些馆藏在华俄侨文献已经破损和残缺，严重影响其正常使用，为了更好地保存和保护以及方便读者使用，解决藏与用之间的矛盾，应尽快制定相关数字化标准，对馆藏在华俄侨文献进行缩微复制或数字化，建设特色文献全文资源库。

在文化部、财政部的大力支持下，国家图书馆牵头策划并启动实施了“民国时期文献保护计划”，全面开展民国时期文献的抢救与保护工作。为推进俄侨文献的整理研究，国图可以联合其他文献收藏单位共同申报民国时期文献整理出版项目，争取资金上的支持，并加强与具有俄语优势专业的北京外国语大学、首都师范大学、黑龙江大学等高校的交流与合作，通过人员交流、共同立项等方式，深度挖掘和揭示出在华俄侨文献的内在价值。比如，在华俄侨文献反映了俄侨在华生活的各个方面，为满足自己的文化需求，俄侨在哈尔滨、北京、上海等地都开办有图书馆，而且国图现存很多俄侨文献都是俄侨开办的中东铁路图书馆的馆藏，因此加强在华俄侨开办的图书馆历史的研究，对丰富我国图书馆史具有的十分重要的意义。

在华俄侨文献是特定政治环境和社会环境下的文化产物，这些文献对于研究民国时期俄侨居住地区的历史、中俄关系乃至东北亚国际关系是不可或缺的，具有极高的历史价值、艺术价值和科学价值。同时，这些文献在中俄百年的交流中起到了重要的桥梁和纽带作用，其不仅是俄罗斯人民的文化遗产，也是我国文化遗产的重要组成部分。当前，中俄全面战略协作伙伴关系处于历史最好时期，有效保护和揭示这些珍贵文献是众多收藏机构的历史责任，而且对加强中俄文化交流、传承中俄传统友谊更具有重要的现实意义。

参考文献

[1] Пайчадзе С А. Русская книг австранах Азиатско-Тихоокеанского региона[M]. Новосибирск：ГПНТБ，1995：78.

[2] 赵永华. 试析中国近代史上的俄文新闻传播活动[J]. 中州学刊，2006(6)：244－247.

[3] 李延龄. 世界文学园地里的一簇奇葩——《中国俄罗斯侨民文学丛书》总序[J]. 俄罗斯文艺，2002(6)：8－15.

[4] 李兴耕. 风雨浮萍——俄国侨民在中国(1917—1945)[M]. 北京：中央编译出版社，1997：353.

[5] 石方，刘爽，高凌. 哈尔滨俄侨史[M]. 哈尔滨：黑龙江人民出版社，2011：220.

[6] 彭传勇.《东省杂志》中的中国东北边疆史地研究[J]. 学术交流，2012(12)：210.

[7] 国务院第一次全国可移动文物普查领导小组办公室印发《第一次全国可移动文物普查实施方案》[EB/OL]. [2016 - 09 - 29]. http://www. sach. gov. cn/art/2013/3/21/art_722_107761. html.

[8] 李镇铭. 七十年来北京图书馆外文藏书建设[J]. 图书馆学通讯,1982(2):21 - 32.

[9] 程真,李滋媛. 国图藏俄国东正教北京教士团文献考略[J]. 国家图书馆学刊,2008(2):84 - 88.

[10] 肖玉秋. 俄国传教团与清代中俄文化交流[M]. 天津:天津人民出版社,2009:119.

[11] Три первых китайско-русских военных словаря 1910 1927 1937[EB/OL]. [2016 - 10 - 28]. http://alter-vij. livejournal. com/150488. html.

[12] Книги, изданные русскими эмигрантами в Китае[EB/OL]. [2016 - 10 - 28]. http://russian. dbw. cn/system/2009/03/30/000120970. shtml.

[13] 柯琳娟,杜雅萍. 坚守良知的翻译家:草婴传[M]. 南京:江苏人民出版社,2010:11.

[14] 彭传勇,石金焕. 哈尔滨俄侨中国学家:生平活动著述[M]. 北京:中国社会出版社,2014:3.

[15] 马蔚云. 俄国学者对中东铁路问题的研究[J]. 世界历史,2013(6):108 - 117.

[16] 李仁年. 俄侨文学在中国[J]. 北京图书馆馆刊,1995(1/2):39 - 44.

[17] 刁绍华. 在华俄侨文学一瞥[J]. 当代外国文学,1994(4):100 - 157.

[18] 李萌. 缺失的一环:在华俄国侨民文学[M]. 北京:北京大学出版社,2007:110 - 111.

[19] 孙赫杰. 俄侨文献在哈尔滨[J]. 图书馆建设,1997(4):87 - 88.

[20] 王广义,王志. 亚细亚文库文献评介[J]. 图书馆建设,2010(11):32.

[21] Одоме русского зарубежья имени Александра Солженицына[EB/OL]. [2016 - 10 - 28]. http://www. bfrz. ru/? mod = static&page_name = about_us.

[22] Фонд литературы русского зарубежья[EB/OL]. [2016 - 10 - 28]. http://www. rsl. ru/ru/s2/d198/.

（原载于《图书馆杂志》2017 年第 6 期）

利用九要素商业模式分析并建立出版物交换的新策略①

杨士丽

对于商业机构而言,商业模式能够全面考量和客观描述机构的运营状况和收益水平,并对机构内部要素及外部环境的变化做出预警,有助于管理者及时发现潜在风险,把控机构的发展方向,提前制定战略以应对挑战。亚历山大·奥斯特瓦德(Alexander Osterwalder)等提出的九要素商业模式(以下简称九要素模式)不仅可用于商业机构,对非营利性机构同样适用。因此,作为公益性事业单位,图书馆也可以利用九要素模式设计出版物交换模式,通过可视化的框架快速而全面地分析各要素之间的关系,并根据问题模块的影响力分析风险强度,制定解决方案,并判断方案的可操作性和预期收益。

1 九要素模式概述

1.1 九要素模式的内涵

瑞士的亚历山大·奥斯特瓦德博士和比利时的伊夫·皮尼厄(Yves Pigneur)博士于2010年提出的九要素商业模式被广泛应用于各行业。如图1所示,该模式由价值主张(Value Proposition)、核心资源(Key Resources)、关键业务(Key Activities)、渠道通路(Channels)、重要合作(Key Partnerships)、客户细分(Customer Segments)、客户关系(Customer Relationships)、成本结构(Cost Structure)及收入来源(Revenue Streams)9个模块构成,覆盖了商业运营的4个主要方面,即客户、产品/服务、基础设施及财务,已在世界范围内得到广泛应用和检验,并在众多企业中得以推行[1]。这9个模块是主导商业运营最主要的9个要素。它们相互作用,相辅相成,一个模块变化会带动相关模块发生变化,从而影响整个模式框架。

<table>
<tr><td rowspan="2">KP 重要合作</td><td>KA 关键业务</td><td rowspan="2">VP 价值主张</td><td>CR 客户关系</td><td rowspan="2">CS 客户细分</td></tr>
<tr><td>KR 核心资源</td><td>CH 渠道通路</td></tr>
<tr><td colspan="3">C $成本结构</td><td colspan="2">RS 收入来源</td></tr>
</table>

图1 九要素商业模式

① 本文系国家社科基金青年项目“公共图书馆出版物国际交换研究”(项目编号:14CTQ037)、国家图书馆一般项目“数字环境下出版物交换工作框架研究”(项目编号:NLC-KY-2015-13)研究成果之一。

1.2　九要素模式的特点

1.2.1　要素的全面性

九要素模式的9个模块涵盖了业务所需的物质基础、成本、伙伴、客户、产品/服务、收入等硬性因素以及价值、关系、需求等软性因素。

①价值主张决定了机构提供何种价值的产品或服务，满足客户何种需求；

②关键业务是指机构从事的最重要的商业活动；

③核心资源是机构运营必需的主要资源，包括基础设施、知识资源、人力资源、关系资源和金融资产等；

④重要合作是指通过寻找合作伙伴提高机构的市场竞争力；

⑤客户关系是指机构与不同客户群体建立的不同关系，如VIP服务关系、间接服务关系、合作共生关系等；

⑥客户细分从需求、共性、经济能力等多个角度将客户群体分为不同类型，从而形成多元化的客户细分群体和产品市场；

⑦渠道通路包括产品的宣传、销售以及售后等与客户产生联系的渠道；

⑧成本结构是指业务运营与资源建设所需的资金结构；

⑨收入来源用于分析从客户细分群体获得的经济利润。

1.2.2　关系的可视性

该模式以价值主张为中心，以财务为基础，将框架分为左、右两侧。如图2所示，中心（价值主张）、左侧（重要合作、关键业务、核心资源）、右侧（客户关系、渠道通路、客户细分），以及底层（成本结构、收入来源）4部分之间相互影响和制约。中心的价值主张作为该模式的核心内容，对底层财务结构以及左右两侧各模块有决定作用，同时也受到各模块的制约；左侧对合作伙伴、业务和内部资源等机构内部因素进行描述；右侧对客户类型、客户关系和联系手段等外部因素进行描述；底层左侧的成本结构是支撑内部运营的财务基础，底层右侧的收入来源是外部运营的根本目的。只有收入来源充足，才能保障机构盈利并形成良性循环，从而证明模式的正确性，所以收入来源模块是该模式的关键要素。该框架将抽象的关系形象化、可视化，清晰地展示了各要素的定位以及彼此之间的关系，有利于机构管理者从不同方面对机构运营进行分析，快速掌握各要素间的联系，避免要素遗漏。

1.2.3　发展的动态性

对于机构运营而言，9个模块的状态不是静止的，而是处于动态的发展过程中。机构类型不同，各模块的变化特征亦有所不同。这种变化包括纵向的阶段性变化以及横向的局部变化。阶段性变化指机构在不同的发展时期，针对同一业务对商业模式进行彻底改革，多数模块变化较大；局部变化指机构在同一发展时期，针对同一业务对某些模块进行调整，整体框架变化较小。阶段性变化的频率较小（一般在1年以上甚至更久），但幅度较大；局部变化的频率较高，但幅度较小。

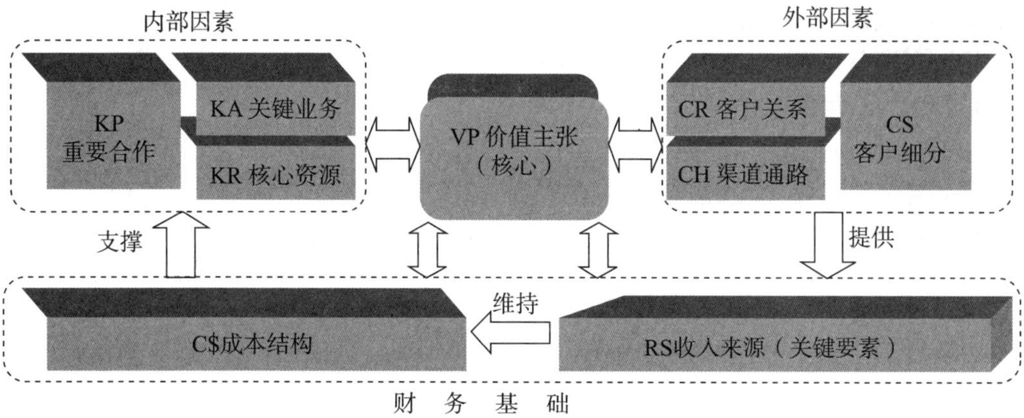

图2 九要素商业模式关系图

1.3 九要素模式在非营利性机构的应用

九要素模式具备的全面性、可视性和动态性等特点决定了其广泛的适用性。虽然该模式主要针对商业机构而设计，但是对慈善机构、公共事业单位以及其他非营利性机构同样适用。一方面，商业机构的营利性决定其价值主张是生产满足特定消费群体的产品或提供某种服务，以达到获得经济效益的目标。非营利性机构的目标是通过满足某个用户群体的需求产生社会效益，从某个侧面促进社会的发展。非营利性机构为了保证活动的正常开展，同样需要价值、业务、资源、伙伴、财务、用户群、客户关系和渠道等要素的参与。因此，非营利性机构与商业机构在运营要素的种类以及要素之间的关系方面具有诸多共性。另一方面，收入来源模块是商业机构与非营利性机构之间最大的区别。“收入”的概念局限于资金收入，而“收获”则包括个人、机构、社会，以及国家等各个层面在政治、文化、教育等不同领域的收获。所以，把商业模式中“收入来源”要素的概念延展为“收获来源”，即可应用于非营利性机构。如慈善机构、博物馆、美术馆、图书馆、公立学校等机构的收获来源是通过不同方式的运营而产生的各种社会效益。

2 利用九要素模式设计出版物交换模式

2.1 传统出版物交换的九要素模式

对于出版物交换，北京大学刘兹恒教授给出的定义是：两个或两个以上信息服务机构之间相互交换各自的信息媒体，达到互通有无、调剂余缺、丰富收藏目的的活动[2]。在图书馆领域，交换的主体是图书馆及相关文化机构，交换的内容是各类型出版物，交换的目的是资源建设。

借助九要素模式对传统出版物交换业务进行模式设计，如图3所示。围绕“满足海外图书馆对国内优秀出版物的需求”这一价值主张（VP），在各种成本比较稳定的基础上（C$），在馆配商和物流公司的配合下（KP）利用常年积累的人力资源、关系资源和基础设施等核心资源(KR)通过邮政和物流公司等渠道(CH)向海外图书馆及相关文化机构(CS)提供优秀的国内出版物,从而通过交换(KA)得到对方的出版物(RS)。根据与交换对象的交流频率和交换文献数量,可以把客户关系强度分为强、中、弱三种(CR)。

在出版物交换业务中,交换双方用国内出版物换得国外出版物,互不收取费用。本质上,作为馆藏的一部分,以交换获得出版物为图书馆节约了购书经费,具有一定的经济价值,已然成为交换模式正常运行的价值驱动力,在交换模式中扮演关键角色。

<table>
<tr><td rowspan="2">KP
馆配商和
物流公司</td><td>KA
出版物交换</td><td rowspan="2">VP
满足海外图书馆
对国内优秀出版物
的需求</td><td>CR 密切交换(强)
中度交换(中)
偶尔交换(弱)</td><td rowspan="2">CS
海外国书馆及
相关文化机构</td></tr>
<tr><td>KR 人力资源
关系资源
基础设施</td><td>CH 邮政渠道
物流公司</td></tr>
<tr><td colspan="2">C $ 成本稳定
(人员、基础设施和交换经费等较稳定)</td><td colspan="3">RS
海外出版物(节约购书经费)</td></tr>
</table>

图 3 传统出版物交换的九要素模式

2.2 数字环境下出版物交换的九要素模式

20 世纪 90 年代以来,特别是 21 世纪后,在网络技术、数据库技术和平台技术的支持下,数据库系统、图书馆自动化集成系统(LAS)、电子邮件系统和自助选书系统促进了文献交换在信息管理、文献组织、馆际联结,以及自动选书等方面的发展。在一定的财务支持下,这 4 种系统不仅为核心资源模块注入了新生技术资源,而且为渠道通路模块增加了新的网络渠道,同时对关键业务模块、客户关系模块以及客户细分模块也产生了直接的积极作用。如图 4 所示,图中的阴影部分内容即为与传统出版物交换的九要素模式相比,数字环境下出版物交换九要素模式的新增内容,其作用关系用箭头表示。

2.2.1 数据库系统

数据库系统的设计成本需一次性支付,管理成本极低但需长期投入(C$)具有节约人力成本和提高内部管理效率的作用(KR)。数据库系统实现了交换统计信息的数字化。该系统可以对交换机构信息、交换文献的收发时间、出版信息、交换费用统计以及其他交换数据信息进行管理、维护、查询和打印,从而节约人力成本,优化工作流程,提高信息的安全性和管理的便捷性。如北京大学图书馆于 2001 年投入使用的国际交换数据库管理系统即具备上述功能[3]。

2.2.2 图书馆自动化集成系统

图书馆自动化集成系统是对馆藏文献进行组织的整体系统,其管理成本无须交换团队承担(C$)亦具有节约人力成本和提高内部管理效率的作用(KR)。LAS 系统实现了文献采编的数字化。图书馆目前使用的主流 LAS 系统均具备基本的采编、流通管理、检索与查重功能,可详细记录文献采访方式与文献来源。因此可通过记录交换单位代码对通过交换获得的图书、期刊、报纸、CD 等各类型资源进行跟踪。

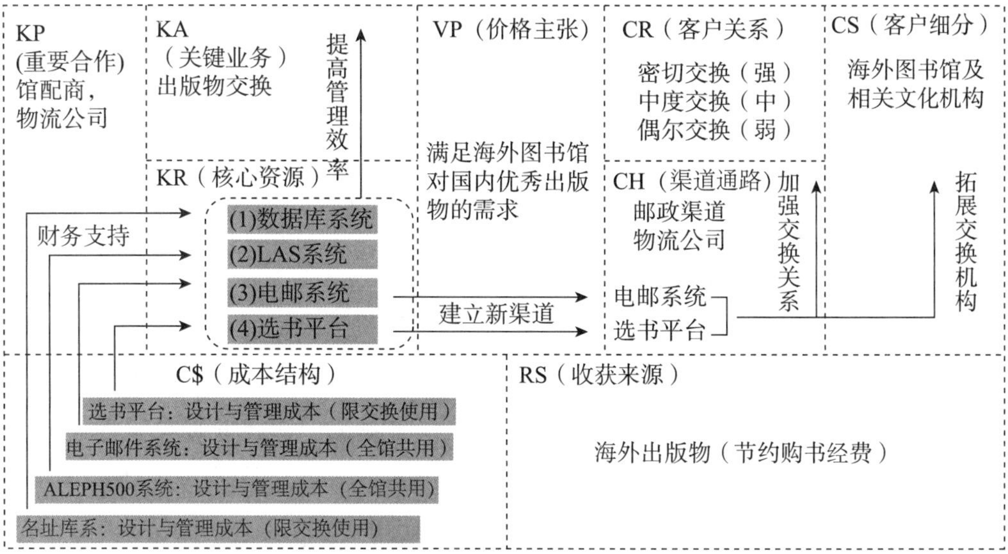

图4　数字环境下出版物交换的九要素模式

2.2.3　电子邮件系统

电子邮件系统的设计和管理成本无须交换团队承担(C$)。电邮系统可以缩短沟通时间(CH)从而加强双方的交换关系(CR),挖掘新的交换机构(CS)。电子邮件系统实现了国际联系的网络化。20世纪90年代,北美、欧洲、澳大利亚、日本等国家和地区已经将电子邮件用于图书馆工作[4]。1991年中国科研网(CRN)建成,并实现了国际联网。1995年底,我国已有百余所大学将其校园网与中国教育科研计算机网CERNET并网,并与InteRnet连接[5]。20世纪90年代末,各图书馆陆续使用电子邮件系统。与纸质信件相比,电子邮件在时效性、便捷性、安全性、经济性等方面具有绝对优势。21世纪初,随着各国图书馆陆续开通电子邮箱,电子邮件逐渐替代了纸质信件,成为馆际联系的主要工具。

2.2.4　自助选书系统

自助选书系统的设计成本需一次性支付,其管理成本低但需长期投入(C$)。该系统开拓了新的选书渠道(CH)实现了“点对面”的联结,使机构之间的关系更加密切(CR),并利于吸引新的交换机构(CS)。自助选书系统实现了选书管理的自动化。该系统以互联网平台形式上线,借助网络优势,为相关文化机构提供在线自助选书和浏览交换书目等远程服务,从而达到扩展业务范围和提高选书效率的目的,其用户均是图书馆的交换对象。交换机构键入用户名和密码即可登录系统进行选书。一般而言,客户端针对的是交换机构,具有选书、建立交换关系和在线帮助等功能;管理端针对的是管理者,负责交换目录的上传和数据维护、用户信息的审核和维护、订单及常见问题的处理。目前,美国国会图书馆、中国国家图书馆和中国社会科学院图书馆等均采用数字化平台作为交换服务媒介,其主要功能是选书,扩展功能则各有不同。

3 利用九要素模式分析出版物交换存在的问题

从图5可以看出,出版物交换存在的问题主要出现在收获来源(RS)、关键业务(KA)和价值主张(VP)3个模块。

<table>
<tr><td rowspan="2">KP
(重要合作)</td><td>KA(关键业务)
资源建设功能弱化
——关键业务功能弱化</td><td rowspan="2" colspan="2">VP(价值主张——核心模块)
电子资源新需求
——价值主张内容新增</td><td>CR(客户关系)</td><td rowspan="2">CS
(客户细分)</td></tr>
<tr><td>KR(核心资源)</td><td>CH(渠道通路)</td></tr>
<tr><td colspan="3">C $(成本结构)</td><td colspan="3">RS(收入来源——关键模块)
纸本期刊数量下降
——收获来源逐渐减少</td></tr>
</table>

图5 出版物交换存在的问题在九要素模式中的位置

3.1 纸本期刊数量下降——收获来源逐渐减少

收入来源(RS)模块是营利性商业模式中的关键模块,直接反映企业的运营状况。企业只有获得足够的经济效益,才能正常运行。同样,在非营利性质的出版物交换模式中,收获来源(RS)亦是最关键要素,是交换业务的最终目的。

在国际出版数字化趋势下,部分外文纸本期刊转为电子期刊,OA期刊的种类也逐渐增多,因此,海外图书馆提供的纸本期刊数量逐年下降。以国家图书馆2006—2015年交换获得的书刊数据为例,期刊种、册数下降趋势明显(如图6所示)。期刊是出版物交换模式中重要的收获来源(RS),因此,期刊交换数量的减少对现行交换模式发出了风险信号,也势必促使交换模式的调整。

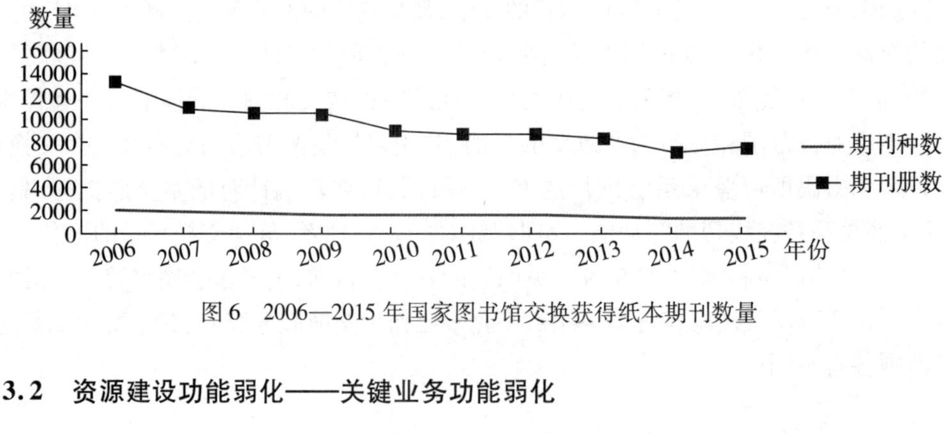

图6 2006—2015年国家图书馆交换获得纸本期刊数量

3.2 资源建设功能弱化——关键业务功能弱化

海外文献的采集主要有购买、交换和接受赠送三种渠道。20世纪80年代之前,由于贸易政策的限制和购书经费的不足，交换成为图书馆入藏海外文献的重要手段。20世纪80年代后，在改革开放政策的推动下，图书馆购买海外文献的贸易渠道更加畅通。同时，经济的迅速发展为图书馆提供了强大的资金支持。与购买相比，交换获得的文献在全面性、时效性和采全率等方面存在不足。因此，在经费充足的条件下，图书馆采取了以购买为主的采访策略，外文文献资源建设对交换的依赖也逐渐减弱。采访功能的弱化促使图书馆在关键业务模块（KA）中重新思考交换业务的扩展功能，利用现有资源挖掘新的市场，创造新的价值，吸引新的客户群体。

3.3 电子资源新需求——价值主张内容新增

数据库技术和互联网技术的发展为图书馆远程服务提供了助力。用户在互联网环境下冲破了地理边界的限制，可以远程阅读电子书刊，节约时间与经济成本。随着用户阅读电子文献习惯的形成，图书馆自建或购买各种类型的数据库并向用户提供局域网内的阅读服务或远程访问服务。如何通过交换电子资源满足图书馆对电子资源的需求是对出版物交换模式提出的新挑战。图书馆对电子资源的需求处于价值主张（VP）这一核心模块，对交换模式具有强大的刺激作用。一旦用户有了新的需求，图书馆就要对其需求进行分析，制定新的策略，开展新的业务，从而满足用户需求，维持用户群体的稳定性。

4 利用九要素模式制定出版物交换的新策略

如图7所示，针对收获来源减少、关键业务功能弱化和价值主张内容新增等问题，图书馆可以从加强文化传播（KA）、交换电子资源（KA）、拓展平台功能（KR）和扩展交换机构（CS）4个方面进行策略分析，即通过扩展关键业务、满足新增需求、吸引客户自助选书和增加客户来源提高经济效益和创造新的社会效益，最终达到增加收获来源（RS）的目的。

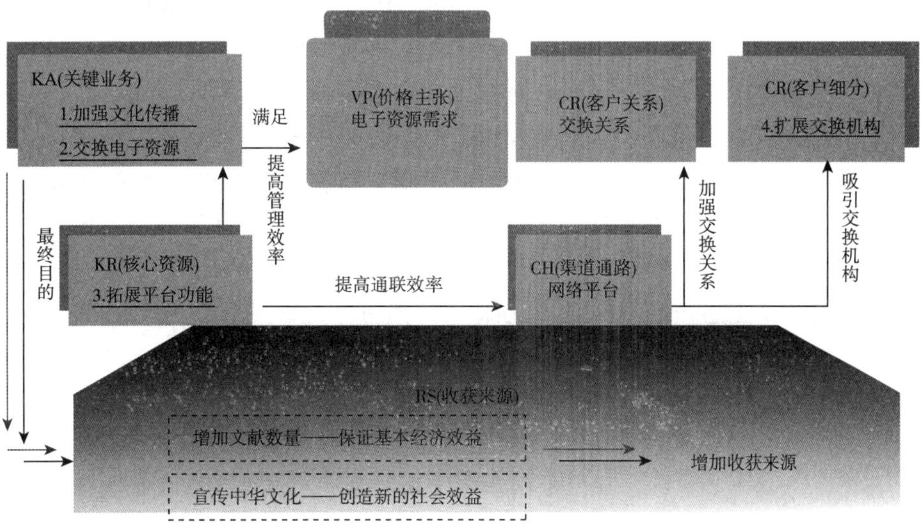

图7 出版物交换的策略分析

4.1 加强文化传播以扩展关键业务

在资源建设功能弱化的趋势下，要对核心业务功能进行拓展，充分挖掘关系资源和渠道资源的价值，将文化传播视为新的工作重点之一(KA)以满足交换机构的文化需求(VP)，从而产生新的社会效益(RS)，即利用与各国文化机构建立的长期稳定的交换关系以及通联、物流等渠道方面的优势，主动输出优秀出版物以传播中华文化，寻求中国在国际范围的文化认同，提高国家文化软实力，为塑造正面的国家形象提供助力。对于图书馆而言，通过出版物交换进行文化传播具备资源驱动、政策驱动和国际环境驱动等来自图书馆、国家和国际3个层面的驱动力。

其一，图书馆的交换机制及其与世界各文化机构建立的交换关系为中国文化提供了传播渠道。此外，作为公益性的文化机构，图书馆在“淡化官方色彩”方面具有优势，输出的文献更容易得到认可。如美国国会图书馆与该国政府出版物管理局合作实施政府信息公开计划，充分利用图书馆传播政府信息[6]。其二，中华文化“走出去”战略是21世纪以来中国文化战略的重要组成部分。2011年，“推动中华文化走向世界”的战略布局基本完成，其中“五位一体”战略的目标是形成“多渠道多形式多层次对外文化交流”的格局[7]。所以，作为全国公共文化服务体系的重要组成部分，图书馆借助交换渠道输出中华文化符合文化“走出去”的战略要求。其三，文化传播对政治、经济、外交等各领域具有渗透作用。输出优秀的中华文化有利于塑造符合国民及世界认知的国家形象，提高中华文化的国际渗透力，从而获得国际上的文化认同、思想认同、情感认同和行动支持[8]。

4.2 交换电子资源以满足新增需求

实现电子资源的双向交换既是对出版数字化趋势的积极应对，又是图书馆电子资源建设的内在需求(VP)。满足这一需求不仅可以使交换关系更加密切和稳定，还可以增加交换文献总体数量，提高经济效益，创造收获来源(RS)，因此，探索电子资源的交换具有重要意义。在进行电子资源交换之前，需要解决版权、文献来源、交换方式和远程监督等难题。①文献的版权问题贯穿电子资源交换的全过程。资源的交换、存储和应用均须在法律允许的前提下进行。②文献来源包括购买资源和自建资源。对于购买资源，须在购买合同中明确版权归属；对于自建资源，除已逾版权保护期的文献和图书馆自发行的文献，须获得著作权人的许可方可交换。③交换方式包括远程访问和本地服务两种。④远程监督即双方在使用交换获得的电子资源时，应遵守协议，对电子资源的使用进行有效的远程监督。匈牙利科学院图书馆已开展了电子资源的交换业务，交换方可通过获取IP授权的方式访问其数据库中的电子资源。可见，电子资源的交换具有可行性。

4.3 拓展平台功能以吸引“客户”自助选书

以传统纸质文献为交换资源的图书馆形成了信件联系→选择文献→邮递文献→管理文献的基本业务流程。而充分利用选书平台各项功能，可以吸引交换机构在平台自助选书，在“选择文献”环节实现“点对面”的平台选书，从而优化业务流程，充分调动并最优配置多元化资源，构建高效且具有可持续竞争力的平台生态系统。如美国国会图书馆利用其网络选书系统实现了对全球4000多家文化机构选书流程的高效管理，极大地节约了人力成本。构建智能化的平台可从以下3个方面着手：①建立与用户的实时交流机制、实现对图书被选情况的动态控制、为用户提供智能推荐和为管理员提供输出文献的数据分析功能；②借鉴商业平台的运营战略提高平台的知识性、敏捷性和活跃度；③提高用户对平台的忠诚度和依赖性。如图7所示，智能化的平台可以起到提高内部管理效率（KA）、新增外部渠道（CH）、加强交换关系（CR）和吸引交换机构（CS）的作用。

4.4 扩展交换机构以增加"客户"来源

目前，虽然我国拥有交换业务的图书馆与海外图书馆及相关文化机构有着十分密切的联系，交换业务存续了几十年乃至上百年，但在全球很多地区，仍然有拓展交换关系的广阔空间。特别是在全球化背景下，互联网创造的虚拟空间使世界人民联系更加紧密。图书馆可以充分利用网络技术，加强与各相关机构之间的联系，深入挖掘客户细分模块（CS）的潜力。一方面，在机构数量上有提升空间。如截至2016年12月，中国国家图书馆与117个国家和地区的552家文化机构建有出版物交换关系，关系密切的交换对象主要分布在74个国家，其中在欧洲，关系密切的国家数量为32个，占欧洲国家总数的72.7%；在亚洲、非洲、美洲、大洋洲的占比分别是33.3%、23.3%、18.4%和12.5%，均未达到50%（如图8所示）。因此，这些区域仍然具有拓展交换关系的巨大空间。另一方面，在机构类型上可以有所突破。目前图书馆的交换机构以各类型图书馆为主，兼有少量学术协会。图书馆要突破传统的"客户"类型，与海外科研机构、学术组织、专家个体及商业文化机构等广泛联系，表达建立交换关系的意愿，进而开发新的客户群体。

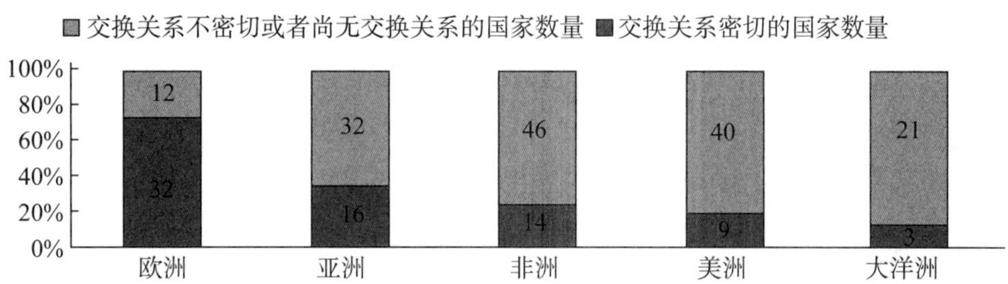

图8　各区域与中国国家图书馆交换关系密切的国家数量

面对各种挑战，唯有拓展思路，打开视野，才能制定出具有创新性、探索性和实践性的应对策略。他山之石，可以攻玉。借鉴九要素商业模式全面审视非营利性机构的运营情况不失为一种有效的方法。该模式应用的领域非常广泛，对图书馆或其他机构分析自身业务状况具有借鉴意义。

参考文献

［1］奥斯特瓦德，皮尼厄．商业模式新生代［M］．黄涛，郁婧，译．北京：机械工业出版社，2016．

［2］刘兹恒．信息媒体及其采集［M］．北京：北京大学出版社，2008：200．

[3]吴洁. 北京大学图书馆国际交换管理系统的特点及工作建议[J]. 图书馆论坛,2002(3):109 - 110.
[4]吕维平. 电子邮件及其对图书馆的影响[J]. 现代图书情报技术,1994(2):49 - 52.
[5]李德华. 电子邮件及其在图书馆中的应用[J]. 图书情报知识,1997(2):51 - 52.
[6]李伟,马静. 公共外交视角下的出版物国际交换策略研究[J]. 宁夏社会科学,2015(3):169 - 172.
[7]杨文艺. 全球竞争的文化转向与孔子学院的转型发展——孔子学院十周年回眸与展望[J]. 中国高教研究,2015(4):44 - 52.
[8]王海燕. 中国文化传播软实力研究[M]. 北京:社会科学文献出版社,2016:49 - 51.

(原载于《图书馆工作与研究》2017 年第 10 期)

中文图书主题标引规则

朱　芊

1　主标题确定的原则

标题是由主题词或主题词的逻辑组合描述文献内容主题，从而提供文献主要检索途径的主题标识。标题一般由主标题和各级副标题组成。主标题表达文献的主要研究对象，提供主要检索途径；副标题是对主标题的复分或限定，表达主标题某个方面属性，提供次要检索途径。在一个标题中主标题是检索入口，并且决定着主题词的组配次序，因此主标题的选择对揭示文献内容十分重要。

(1)作为主标题的主题词一般应具有独立的检索意义，通常为表示主体因素的主题词，如，文献内容的学科属性对应的主题词，或文献论述的事物、对象或问题对应的主题词等。一个标题中包含多个主体因素的主题词时，一般应选择其中表示研究对象、问题或现象的中心词，排在标题的最前面。

例1:2001#$a奥勒尔——一九四三年七月会战

210##$a莫斯科$c外国文书籍出版局$d1943

6060#$a库尔斯克会战(1943)$x史料

例2:2001#$a压力容器焊后热处理

6060#$a压力容器$x焊后处理$x热处理

(2)在主标题确定以后，根据其他主题词与主标题之间的关系加以排列，确定引用次序，通用或限定因素、空间因素、时间因素、文献类型因素的主题词只作为副标题。在我国，一般依据国家标准中使用的分面组配公式，按“主体因素→通用或限定因素→空间因素→时间因素→文献类型因素”的次序序列。

例1:2001#$a实用热工仪表检修技术

6060#$a热工仪表$x检修

例2:2001#$a中国哲学史辞典

6060#$a哲学史$y中国$j词典

例3:2001#$a中国机械工业年鉴$h1998

6060#$a机械工业$y中国 $z1998 $j年鉴

(3)当某个人物、某个机构、某部著作、某个地区作为文献的研究对象时，其人名、机构名、著作名、地名等专有名词要作为主标题。

例1:2001#$a胡适留学日记$f胡适著

330##$a收著者1910年至1917年间在美国留学期间的日记和杂记。

600#0$a胡适$f(1891-1962)$x日记$z1910-1917

例2:2001#$a丰田生产力

60102$a丰田汽车公司$x工业企业管理$x经验

例3:2001#$a孽海花$f孙次舟叙录

330##$a辑收孙次舟、徐一士、胡适、蔡元培、鲁迅、阿英、赵景深等人论述曾朴及其所著小说《孽海花》的文章十余篇。

605##$a《孽海花》$x小说研究

例4:2001#$a河北省南北运河河务局各闸启闭管理章程

607##$a南北大运河$x运河船闸$x运河章程$y河北$z1940

(4)空间概念、文献类型概念的主题词成为文献内容的研究对象时,应将其标引为主标题。

例1:2001#$a四川省情

607##$a四川$x概况

例2:2001#$a达县大事记 $e1911-1949

607##$a达县 $x地方史 $x大事记$z1911-1949

例3:2001#$a 年鉴笔谈

6060#$a年鉴 $x编辑工作

2 主题标引选词规则

为了保证主题标引结果的准确性和一致性,防止和减少各种可能出现的误差,在对主题概念进行转换时,首先必须遵守选用标引词的基本规则。

(1)选用正式主题词标引。标引用词应是词表中的正式主题词,其书写形式必须与词表中的正式主题词的词形完全一致。词表中的非正式主题词是入口词,只起指引查找正式主题词的作用,不能用作标引词。因此,应该注意词表中正式主题词与非正式主题词的区别,最可靠的区别标志就是有出现"Y"的用项参照的词是非正式主题词,不能用于标引。此外,应严格控制词表以外的词作标引词。

例1:2001#$a国立交通大学图书馆书本目录$f交通大学图书馆编

错误标引:60102$a上海交通大学$x大学图书馆$x书本式目录

正确标引:60102$a上海交通大学$x院校图书馆$x书本式目录

说明:大学图书馆 Y(用)院校图书馆

例2:2001#$a弘一法师书信

600#0 $a李叔同$f(1880-1942)$x书信集

说明:弘一法师 Y(用)李叔同(1880-1942)

例3:2001#$a国际商用机器公司成功秘诀

60102 $aIBM公司 $x工业企业管理 $x经验

说明:国际商用机器公司 Y(用)IBM 公司

(2)选用最专指的主题词标引。标引时应选用最专指的主题词,即在词表收有多个相关主题词的情况下,必须选用词表中与文献主题概念相对应的、最贴切的专指主题词进行标引,而不得选用该词的上位主题词或下位主题词标引,以免出现标引用词过宽或过窄的误差。

例1:2001#$a苏中四分区反"清乡"斗争

错误标引:6060#$a苏中抗日根据地$x反清乡$x史料

正确标引:6060#$a苏中反清乡(1943-1944)$x史料

例2:2001#$a印度垄断财团

错误标引:6060#$a财团$x研究$y印度

正确标引:6060#$a印度财团$x研究

例3:2001#$a楚系简帛文字编

错误标引:6060#$a竹简$x文字$y中国$z楚国(?-前223)$j汇编

6060#$a帛书$x文字$y中国$z楚国(?-前223)$j汇编

正确标引:6060#$a竹简文$y中国$z 楚国(?-前223)$j汇编

6060#$a帛书文字$y中国$z楚国(?-前223)$j汇编

(3)主题词的组配标引。文献内容的主题概念在词表中没有相对应的最专指主题词时,可选用词表中与文献主题概念最接近、最直接关联的两个或两个以上的主题词进行组配标引。

例1:2001#$a服装款式设计实用手册

错误标引:6060#$a服装$x设计$j手册

正确标引:6060#$a服装款式$x款式设计$j手册

例2:2001#$a艺术与视知觉

错误标引:6060#$a视觉$x艺术心理学

正确标引:6060#$a视觉艺术$x艺术心理学

(4)选用上位主题词标引。文献内容的主题概念在词表中选取不到最专指的主题词,也无法以词表中最接近、最直接关联的两个或两个以上的主题词组配标引时,可选用最直接的上位主题词进行上位主题词标引。上位主题词概念外延总是大于被标引文献主题概念的外延,因此,这是一种有助于查全率,不利于查准率的标引方式。为了尽可能减少上位主题词标引的不利影响,除必须选择词表中与被标引概念最接近的上位主题词标引外,还应将文献内容的主题概念记录在"610 非控主题词"字段,为专指性检索和增加新词提供文献数据保证。

例1:2001#$a输液剂的制备

6060#$a输液疗法$x注射剂$x制备

6100#$a输液剂

例2:2001#$a酥油花

330##$a本书主要从历史渊源、制作过程、工艺特点、作品欣赏和艺僧生活六个方面对藏传艺术酥油花做了翔实而精彩的展现。

6060#$a喇嘛宗$x雕塑$x宗教艺术$x研究$y中国

6100#$a酥油花

(5)靠词标引。当词表没有相应的专指主题词,也无法用适合的两个或两个以上的主题词组配标引,也没有可选用的适当的上位主题词标引时,可以选用所表达概念与被标引概念相关的近义主题词标引,即近义词标引,亦称靠词标引。靠词标引所导致的检索误差比上位主题词标引更加严重,因此,靠词标引选词应该慎重。当使用近义主题词进行靠词标引时,应将反文献内容的主题概念记录在"610 非控主题词"字段,为专指性检索和增加新词提供文献数据保证。

例1:2001#$a混凝土冬季施工技术

6060#$a混凝土施工$x严寒气候施工

6100#$a冬季施工

例2:2001#$a遗传性皮肤病

6060#$a先天性皮肤病

6100#$a遗传性皮肤病

(6)增词标引。当无法使用以上任何标引方式时,应考虑增补新的主题词标引,即增词标引。具体地说,增词的前提条件是待标引的主题概念是未收入词表的新概念,并且不适宜采用组配标引、上位标引、靠词标引,同时本身又具有较大研究价值和检索意义,可以采用增词标引。新增主题词应同时建立有关的各种语义参照,并履行新增主题词手续。

例1:2001#$a家庭影院的配置与调试

新增词:家庭影院

6060#$a家庭影院$x配置

6060#$a家庭影院$x调试

690##$aTN946.7 $v4

例2:2001#$a智能材料$e21世纪的新材料

新增词:智能材料

6060#$a智能材料$x研究

690##$aTB381$v4

例3:2001#$a哥本哈根大学

新增词:哥本哈根大学

2252#$a世界著名学府丛书

60102 $a哥本哈根大学$x校史

说明:对于专有名词,采用增专指主题词为宜。

(7)自由词标引。自由词一般是指不受词表控制,用于主题标引和检索的自然语词。使用自由词主要是为了改进对新主题的及时标引能力。用作自由标引的语词,一般应符合含义明确、概念专指的要求。在 CNMARC 中有相应的“610 非控主题词”字段供自由词标引使用。对于词表中没有收录的专有名词,如,地名、人名、机构名、文献名等,如有必要,可采用其自然语言的规范形式,如取自名称规范文档或权威的名词词典,直接录入 CNMARC 中相应的“600 个人名称主题”“601 团体名称主题”“602 家族名称主题”“604 名称和题名主题”“605 题名主题”“606 学科名称主题”“607 地理名称主题”字段。

例 1:2001#$a临床胃肠动力学

6060#$a胃肠病学

6100#$a胃肠动力学

例 2:2001#$a美洲豹

2252#$a世界顶级汽车

6060#$a 轿车$x基本知识

6100#$a美洲豹轿车

例 3:2001#$a《跻春台》词语研究

330##$a《跻春台》是成书于清代末年的一部拟话本小说集,全书四十篇,所载内容大多是公案小说,为四川方言古籍。本书研究了此书中的四川方言口语词汇和《汉语大词典》失收的词语。

605##$a《跻春台》$x词语$x研究

6060#$a西南官话$x方言研究$y四川$z清后期

(8)标引深度要适当。标引深度一般用每篇文献标引的主题词数量来衡量。标引深度受特定文献内容、检索系统以及所用词表、标引方针、文献的学科范围和文献类型等因素影响,因此,对适度标引所要求的标引词数量并没有统一的规定。作为综合性图书馆或联合编目机构,一般每种图书的标引词数量应保持在 1—10 个之间。总之,分析出的各个主题概念应选用足够的主题词完整地表达,如果需要省略若干主题词,应依次省略标题中必要性最小的主题词。

例 1:2001#$a小浪底水利枢纽渗控工程建设实践

607##$a黄河$x水利枢纽 $x渗流控制$y洛阳

例 2:2001#$a餐饮消费心理与经营策略

6060#$a饮食业$x消费心理学$x关系$x经营决策

例 3:2001#$a日汉琉汉对音与明清官话音研究

6060#$a日语$x语音$x对比研究$x汉语

6060#$a琉球语$x语音$x对比研究$x汉语

6060#$a官话$x语音$x研究$y中国$z明清时代

3 主题词组配规则

将两个或两个以上的主题词按照一定的逻辑关系组合在一起,表达文献内容主题,称为组配标引。组配标引是对文献进行主题标引时采用的一种基本标引方式。为了保证主题词组配标引的正确性和一致性,主题词组配标引必须遵循一定的组配规则。

(1)主题词之间的组配必须是概念组配。主题词之间的组配原则上应是概念组配,即参加组配的主题词必须依据概念之间的逻辑关系进行,禁止单纯的字面拼合组配或随意的语词组合。

例1:2001#$a中国职工教育史

错误标引:6060#$a职工$x教育$x历史$y中国

或:6060#$a职工$x教育史$y中国

或:6060#$a职工教育$x历史$y中国

正确标引:6060#$a职工教育$x教育史 $y中国

例2:2001#$a民营科技企业诚信营销研究

6060#$a民营企业$x高技术企业$x市场营销$x研究$y中国

例3:2001#$a古代小说版本简论

6060#$a古典小说$x版本$x研究$y中国

(2)优先选用交叉组配方式。主题词之间的组配在概念上必须具备交叉或限定的逻辑关系。主题词的组配应该优先选用交叉组配方式,只有在不能采用交叉组配方式时,才允许采用限定组配方式。其中,交叉组配是指使用若干个具有交叉关系的主题词进行组配,以表达一个专指的子概念;限定组配是指以一个表示事物的主题词和另一个表示事物的某种属性、某个方面或某个部分的主题词所进行的组配,其结果表示一个专指的子概念。

例1:2001#$a介质光波导

错误标引:6060#$a介质$x光$x波导

正确标引:6060#$a介质波导$x光波导

说明:属于交叉组配方式

例2:2001#$a水稻抗条纹叶枯病遗传育种

6060#$a水稻$x遗传育种

6060#$a水稻$x条纹叶枯病$x防治

说明:限定组配(事物与其两个方面的关系)

例3:2001#$a圆锥滚子轴承在汽车中的典型应用

6060#$a汽车 $x圆锥滚子轴承$x应用

说明:限定组配(事物的整体与部分关系)

例4:2001#$a气候变化对我国农业影响的研究

6060#$a气候影响$x农业$y中国

说明:限定组配(特殊概念关系中的影响关系)

(3)不能越级组配。必须选用与文献主题关系最密切、最邻近的主题词进行组配,不能选用泛指的主题词进行越级组配。参与组配的每个主题词,相对于被标引的主题概念应该是最专指的,不应越级使用上位主题词或下位主题词。

例1:2001#$a中国人民解放军财务简史

错误标引:60102 $a中国人民解放军$x军队财务$x军史

正确标引:6060#$a中国人民解放军军史$x军队财务

例2:2001#$a视神经肿瘤外科

错误标引:6060#$a眼科学$x肿瘤学$x外科学

正确标引:6060#$a视神经疾病$x神经组织肿瘤$x眼外科手术

例3:2001#$a落叶松种实害虫防治技术

错误标引:6060#$a落叶松$x病虫害防治方法

或:6060#$a落叶松$x森林害虫$x防治

正确标引:6060#$a落叶松$x球果和种子害虫$x防治

(4)组配结果应具有单义性。要求组配结果所表达的概念要清楚、确切,具有单义性。为了避免组配结果的模糊性和多义性,可通过明确词序或采用增词等方法加以处理。

例1:2001#$a文化市场指南

明确词序:6060#$a文化产品$x市场$x基本知识

增词:6060#$a文化市场$x基本知识

例2:2001#$a公共关系与市场文化

明确词序:6060#$a市场$x文化$x概论

增词:6060#$a市场文化$x概论

(5)按照规定的次序确定标题。当一个标题中的主题词涉及不同主题因素时,主题词的组配词序一般应以国家标准中采用的主题分面组配公式为依据,按照"主体因素→通用或限定因素→空间因素→时间因素→文献类型因素"的次序确定。当一个标题中同时出现多个主体因素主题词时,一般可按对象、材料、方法、过程、条件的次序序列。

例1:2001#$a压力容器焊后热处理

6060#$a压力容器$x焊后处理$x热处理

说明:限定关系+交叉关系

例2:2001#$a海城高跷秧歌

6060#$a高跷舞$x秧歌舞$x舞蹈评论$y海城

说明:交叉关系+限定关系

例3:2001#$a梅兰芳的艺术与情感

600#0 $a梅兰芳$f(1894-1961) $x京剧$x戏曲表演$x表演艺术

600#0 $a梅兰芳$f(1894-1961) $x生平事迹

说明:限定关系

例 4:2001#$a中国外交年鉴$h民国二十四年一月至十二月

6060#$a外交事务$y中国$z1935 $j年鉴

说明:限定关系

(6)控制好标题的级别和数量。标题的组配级别通常控制在 4 级以下,一般不超过 5 级;每种文献的标题数量一般应控制在 4 个以下。

例 1:2001#$a摇晃的灵魂$e探访中国最后的小脚部落

330##$a本书是对云贵高原上至今生存着三百多位小脚女性的六一村进行考察的文化散文集。通过探究缠足的器具、仪式等,揭示男权社会对女性的摧残。

6060#$a缠足$x风俗习惯$x调查研究$y云贵高原$z现代

例 2:2001#$a美国与中国$f(美)赛珍珠著

600#0 $a中美关系$j文集

6060#$a种族主义$x评论$y美国$z现代

例 3:2001#$a中国少数民族文化中的史诗与英雄

6060#$a少数民族文学$x英雄史诗$x诗歌研究$y中国

例 4:2001#$a高速公路建设对区域发展影响研究

6060#$a高速公路$x道路建设$x影响$x区域经济发展$x 研究 $y中国

(7)多主题应进行分组标引。标引同一文献中的多个主题时,应按各个主题分组标引。这是为防止表达不同主题的主题词之间发生虚假组配,产生文献中没有相关内容的概念。

例 1:2001#$a海外回族和华人穆斯林概况

6060#$a回族$x华侨$x概况

6060#$a华人$x穆斯林$x概况$y外国

例 2:2001#$a探秘女性肿瘤

6060#$a子宫肿瘤$x防治

6060#$a卵巢肿瘤$x防治

6060#$a乳房肿瘤$x防治

例 3:2001#$a松辽盆地南部白垩纪层序地层与岩性地层油气藏勘探

607##$a松辽盆地$x含油气盆地$x地层油气藏$x油气勘探$y吉林$z 白垩纪

607##$a松辽盆地$x含油气盆地$x岩性油气藏$x油气勘探$y吉林$z白垩纪

(8)不可组配原则。主题词的组配必须是科学、合理的。违背逻辑关系、矛盾关系、不合理的主题词不能组配在一个标题中;具有等级关系的主题词一般不能组配在一个标题中;专有名称一般不能用普通主题词组配表达。

例 1:2001#$a太阳和月亮出没时刻表$h2009

6060#$a太阳 $x天文观测$x时刻表$z2009

6060#$a月球$x天文观测$x时刻表$z2009

错误标引:6060#$a太阳$x月球$x天文观测$x时刻表$z2009

说明:两个主题

例2:2001#$a马尾松毛虫的防治

6060#$a马尾松毛虫$x防治

错误标引:6060#$a森林害虫$x马尾松毛虫$x防治

说明:词表中“森林害虫”和“马尾松毛虫”是上下位词间关系,“马尾松毛虫”属于“森林害虫”的下位主题词。

例3:2001#$a荆门罗坡岗与子陵岗

6060#$a战国墓$x发掘报告$y荆门市

错误标引:6060#$a战国墓$x墓葬(考古)$x发掘报告$y荆门市

说明:词表中“墓葬(考古)”和“战国墓”是上下位词间关系,“战国墓”属于“墓葬(考古)”。

例4:2001#$a燕园史话

60102$a北京大学$x校史

错误标引:607##$a北京$x大学 $x校史

或:6060#$a大学$x校史$y北京

说明:专有名词不宜组配标引。

4 新增主题词应遵循的原则

随着科技的发展和时代的进步,新生事物层出不穷,增加新的主题词成为信息组织工作中一个长项任务。虽然从严格意义上讲,只有词表维护机构或全国性联合编目机构负有主题词增删改的职责,其余编目机构不允许自行增加新的主题词,但是,在具体执行中,由于各馆的工作环境、设备条件、服务对象等诸多不同,也会面临增词问题。为使增词工作统一、规范,实际操作中应遵守以下原则。

4.1 增词范围

(1)具有重大标引价值的表达新学科、新事物、新技术、新问题的主题概念。

例1:《蓝牙技术原理、开发与应用》中的“蓝牙技术”

例2:《手机短信中的语言学》中的“手机短信”

(2)表达某些不再适合采用组配标引、上位标引、靠词标引的概念。

例1:《第三次中文文献资源共建共享合作会议》中的“文献资源共享”

例2:《奇特的女书:全国女书学术考察研讨会论文集》中的“女书”

例3:《传染性非典型肺炎预防与治疗》中的“严重急性呼吸系统综合症”

(3)虽然可以采用组配标引、上位主题词标引、靠词标引等标引方法,但如果该主题概念标引频率高,具有专业检索价值;或虽无专业检索意义,但具有很强的组配作用,可采用增词标引。

例1:《中国核电与其他发电技术比较评价》中的"比较评价"

例2:《当代中国经济政治协调发展研究》中的"协调发展"

(4)组配标引可能出现二义性结果,也可以根据需要直接增复合概念主题词进行标引。

例1:《和谐社会理念与学校体育改革研究》中的"学校体育"不能用"体育"和"学校"组配

例2:《市场经济与文化建设的哲学探索》中的"市场文化"不能用"文化"和"市场"组配

(5)词表中未收入的专有名称,如,地名、人名、机构名、著作名等,均可以根据文献内容的需要直接用作新增主题词。

例1:2001#$a哥本哈根大学

2252#$a世界著名学府丛书

60102$a哥本哈根大学$x校史

例2:2001#$a张国荣的时光

600#0$a张国荣$f(1956-2003)$x生平事迹

例3:2001#$a悟读金瓶梅

605##$a《金瓶梅》$x古典小说评论

4.2 增词程序

(1)新增正式主题词前应尽可能先标引自由词,选用"610 非控主题词"字段,同时做上位主题词标引或靠词标引。

(2)新增主题词应尽可能选自专业词表或比较权威的工具书、参考书。新增主题词应具有概念上比较成熟、明确,词形规范的特点,并符合科学性、通用性的要求。当需要增外来语词时,应遵循外来语词的控制原则。

例1:2001#$a西蒙·波娃回忆录

错误标引:600#1$a波娃$bS. de$x回忆录

2001#$a西蒙娜·德·波伏瓦传

正确标引:600#0$a波伏瓦$c(Beauvoir,Simone de$f1908-1986)$x传记

例2:2001#$aBanach空间选论

错误的增词标引:6060#$a巴氏空间

说明:词表中有"巴拿赫空间"

2001#$a巴拿赫空间引论

正确标引:6060#$a巴拿赫空间

(3)新增主题词必须认真履行增词手续,明确批准权限,新增词应及时发布给用户。新增主题词工作流程,应由编目人员根据文献主题的实际需要,提出增词建议;再经标引审校

及总校人员筛选、审核，初步确定词形并建立词间参照系统，报《中图法》编委会常设词表维护机构审核、批准，才可以正式使用。如果未能获准，或与《中图法》编委会没有业务隶属关系，这些增词只能在本单位使用。

（原载于《图书馆理论与实践》2017 年第 12 期）

论日文编目 RDA 本地化的难点与对策*

霍晓伟

中国与日本同属亚洲大国，无论从地域角度、还是经济、文化、社会等方面，两国都有着错综复杂的历史渊源。我国历来重视对日本的研究，各大研究机构、图书馆、高校也十分重视对日文文献资源的建设。目前，我国日文文献资源的数量在整个外文文献资源体系中仅次于西文，占有十分重要的地位。截至 2016 年底，国家图书馆所藏日文文献资源已经近 90 万册件，文献类型除了传统的印刷型文献外，还有胶卷、平片等缩微资源及光盘等电子资源。伴随着日文文献资源建设工作的日益兴盛，起步相对较晚的日文文献编目工作却稍显低迷。本文拟针对日文文献的 RDA 本地化难点进行论述，并提出相应对策。

1 我国日文编目概况综述

1.1 遵循不同规则

日文是汉字圈文字，与中文同属非拉丁字符集，美国国会图书馆把中文、日文、韩文统称为 CJK 文字。由于文字的特殊性，日文文献编目在我国一直处于中间地带，有的馆把日文归入外文体系中，编目遵循 AACR2(Anglo-American Cataloging Rules, Second edition)规则，而有的馆则将其纳入中文体系中，遵循中国文献编目规则。如此便导致一些问题的分歧。例如，日文文献著录按照西方的主要款目规则，还是应该遵循中文的交替规则问题等。这些问题的产生影响了全国日文数据的统一性，从长远来看，不利于数据的交换与共享。

1.2 套录为主

目前，国内日文文献编目工作以套录为主，国家图书馆及 CALIS 都以套录日本国立情报学研究所(National Institute of Informatics，简称 NII)的数据为主。然而，向 NII 上传数据的 3000 多家成员馆实力不一，NII 数据质量把控工作难，导致套录数据质量良莠不齐，这直接影响到我国本地记录的质量。再者，原编数据如何保持与套录数据的一致性也是我们需要思考的重要问题。由于语言及技术难题等因素，日文的原编数据尚未实现主题标引，也未做

* 本文系国家图书馆馆级一般项目“国家图书馆外文文献资源 RDA 本地政策声明暨书目记录操作细则编制研究”(项目编号：NLC－KY－2015－12)、国家图书馆青年基金项目“日本目录规则的历史变迁与国际化道路研究”(项目编号：NLC－KY－2016－32)阶段性研究成果。

多文种记录的处理。这都不利于数据的检索与利用。

1.3 工作流程的缺失

我国日文编目尚未实现规范控制,这直接导致了日文编目水平的整体落后。众所周知,规范控制是实现目录功能的主要途径之一,对于数据质量控制发挥着极其重要的作用。然而,AACR2 与日本目录规则,都偏重于关注书目记录,而不重视规范记录,因此,我国日文编目容易产生对规范控制部分的轻视及缺失。

2 日本对 RDA 的态度

我国日文文献编目目前套录的 NII 数据全部是遵循《日本目录规则》(Nippon Cataloging Rules,下称 NCR)的 87 版修订 3 版而生成的,并在套录数据的基础上按照各馆的方针及所遵循的规则进行本地化处理。因此可以说日本对 RDA 的态度,对我国日文编目应用 RDA 有至关重要的影响。

2.1 日本对 RDA 的追踪与研究

RDA 自发布之日起,日本编目委员就积极开展对 RDA 的研究,并针对本国编目规则的未来发展之路进行充分的思考与积极地探索。考虑到规则的操作性、语言自身的特殊性以及目录传统的继承等问题,编目委员会认为直接以 RDA 的翻译版本作为本国的编目规则并不适合日本的国情,因此,日本编目委员会决定参照 RDA 修订 NCR、并于 2013 年开始与日本国立国会图书馆共同承担编制新规则的任务[1]。

与此同时,为了迎接 RDA 时代的到来,以日本国立国会图书馆为代表的各大公共、学校图书馆及相关研究机构也做了充分的准备工作。举例来说,2010 年 6 月 30 日,日本国立国会图书馆不仅公布了《日本国立国会图书馆都柏林核心元数据要素集(DC-NDL)》,发布了在线版主题词表(National Diet Library Subject Headings,简称 NDLSH),考虑到更新的时效性,还实现了以 RSS 形式的日更新。次年 7 月,又扩充了在线版规范数据库(National Diet Library Authorities)的内容,并考虑到关联数据的发展要求,提供了 RDF 格式的规范数据,为迎接 RDA 做了很多前期的准备工作。其他图书馆和研究机构也积极追踪 RDA,不仅进行严谨调研,还定期举办讲座与研讨会,而相关领域的专家与学者也对 RDA 的研究投入了极大的关注与精力[2]。

2.2 《新日本目录规则》的诞生

2013 年,日本正式启动了基于 RDA 的《新日本目录规则》(The New Nippon Cataloging Rules,下称"新 NCR")的编制工作,计划将于 2017 年完成全部规则的制定与发布。目前,日本图书馆协会与日本国立国会图书馆已分别于 2015 年 2 月和 2016 年 3 月、11 月和 12 月在各自官方网站上发布了"新 NCR"的大部分内容[3]。

通过目前已发布的内容来看,“新 NCR”编制是以 ICP(Statement of International Cataloguing Principles)为指导原则,以实现目录的五大基本功能为理念。其中 ER 模型奠定了“新 NCR”的思想基础。因此,“新 NCR”从结构上来说与 RDA 基本保持一致,主要分为“记录属性”与“揭示关系”两大部分,可以说完全改变了 87 版 NCR 的布局。为使规则更加容易理解并利于操作,“新 NCR”也大胆地尝试了与 RDA 不同的结构与规定,例如,RDA 的记录属性部分,将属性自身与构建检索点的内容糅为一体,难于理解,而“新 NCR”则将实体属性的内容分为“记录属性”和“构建检索点”两部分。

在内容方面,“新 NCR”也同 RDA 一样,将实体的属性与实体间的关系设定为“元素”;将 GMD(General Material Designations,一般资料标识)拆分为三个数据元素:内容类型、媒介类型和载体类型;设定了关系说明语;提供交替规则、可选择的附加、可选择的省略等条目以供选择,大大增强了规则的弹性和编目员的自主性;提供了新规则的在线版本,并使其处于不断更新的状态,使规则本身成为一种集成性资源;提供了大量丰富的实例,基本上所有的术语都采用日英对照的形式,在附录中提供了与各种国际规则的映射表,甚至提出了要统一编目语言,等等。

“新 NCR”将给日本的编目工作带来前所未有的挑战,虽然,日本图书馆界对于采用基于 RDA 的新规则还是继续沿用 87 版 NCR 一直争论不休,但从长远来看,随着国际编目环境变化、为适应关联数据时代发展潮流,日本编目采用“新 NCR”的可能性是极大的,因此,对以套录为主的我国日文编目来说,务必要密切关注日本“新 NCR”的动态,并根据其具体内容适当调整我们的本地化做法。

3　我国日文编目应用 RDA 的难点

3.1　规范控制的缺失

RDA 相较于 AACR2 的一项重要变化是将规范控制的内容引入编目内容规则,而目前我国日文编目尚未实现规范控制,因此可以说我国日文编目应用 RDA 的最大难点之一在于参照“新 NCR”制定规范记录的编制细则时,能否顺利实施规范控制建设。

规范控制的实施需要做好的前期工作有:选择适合的规范数据源与建库模式,做好规范数据库维护与更新的设计方案,以及技术支撑的规划等。然而,无论引进日本的哪个规范数据库,其规范数据都是依据 NCR 而编制的,因此对规范控制相关规则进行深入细致的研究至关重要。

“新 NCR”在规则中给予规范控制工作以明确定位,有关规范数据的内容与以往版本的 NCR 相比,比重大幅度提高。最明显的变化是,在 87 版 NCR 中仅规定了统一题名的使用,而在“新 NCR”中,为实现作品的识别,以及揭示作品与内容表达、载体表现间的关系,要求对所有的作品进行规范控制并构建规范检索点。另外,RDA 将 AACR2 中有关主要款目的规则的一部分进行修改援用,作为构建作品规范检索点的规则,“新 NCR”也基本参照了 RDA 的这一做法,而 87 版 NCR 采用的是交替款目,因此,在新规则中增加了大部分与此相关的内容。至于检索点的语言,"新 NCR"在信息技术的迅猛发展及编目环境的数字化进程中应运而生,在新规则中日语的首选题名及日本的个人、家族、团体、地点的首选名称选择使用汉字与假名组合的形式,同时提供片假名的读音;外文资源(除去中文、韩文、朝鲜文)的首选题名及个人的首选名称,原则上采用原文种的形式,同时在交替规则中提供日文形式。诸如此类相关规则的研究,都需要我们投入大量的精力与时间。

3.2 目录的 FRBR 化呈现

我国日文编目实现 RDA 的另一大现实问题是 FRBR 化呈现的数据采用哪种语言。在我国,日文数据无论是隶属外文体系,还是隶属中文体系,抛开 OPAC 显示设置的技术问题不论,都需要考虑到 GMD 拆分后的内容类型、媒介类型及载体类型的术语,以及用于揭示关系的关系说明语等语言呈现的语种形式,因为这涉及能否实现真正意义上的数据的层级揭示。虽然,"新 NCR"提供了日语形式的相关术语,并极有可能在今后的数据中使用,但考虑到我国的实际情况,以及各语种国家不可能都提供本国语言相应术语的现实问题等,笔者认为日文数据最好还是与西文及其他语种保持一致,采用英语形式的术语,因为只有这样才有可能实现覆盖所有语种的 FRBR 化目录。如此直接面临的问题就是需要将套录而来的数据做大量的本地化处理。

3.3 日文编目长期相对落后的现实情况

长期以来,我国日文编目与国际接轨效果不理想,对很多国际已有的通用规则执行不到位,对日本目录规则乃至 AACR2 都缺乏全面细致的深入研究,在实践过程中更多执行的是自己制定的本地化编目规则。因而,对日文编目来说,RDA 相较于以往的做法变化是非常显著的,对编目员的挑战也是极大的。一方面,我国日文编目的编目语言尚未统一,例如表示页码的术语一直使用的是英文缩写 p.;尚未实现主题标引,也未做统一题名等。而 RDA 是集书目、规范、主题于一体的全面的编目规则;另一方面,由于日本国内目前除去西文资源外都尚未启用 RDA 编目,因此日文文献编目没有可套录的 RDA 数据。缺乏对新规则直观感性的认识,基本上无可供参考的经验,应用存在较大难度。这些都直接影响到日文编目工作者对新规则的接纳度与适应度。

3.4 其他问题

同其他文种 RDA 本地化面临的问题一样,日文也存在技术支持、历史数据的 RDA 转换等问题。首先,技术方面首当其冲的是需要调整编目平台。由于 MARC21 为 RDA 增加、删除、修订了大量字段和子字段,因此编目平台必须进行技术调整,才能够支持 RDA 数据的编制,呈现 RDA 记录的效果。特别是要在系统中将元素检索、关系检索等概念融入 RDA 检索点的设置中来,需要考虑 AACR2 记录与 RDA 记录的兼容性问题,重点关注对内容类型、媒介类型和载体类型的检索,并从结构上改造 OPAC 以实现目录的 FRBR 化呈现。其次,关于历史数据的 RDA 转换,其难点之一在于 AACR2 记录的 GMD 没有规范的术语,与 RDA 记录中的内容类型、媒介类型和载体类型的转换存在很大困难。再者,如何有效揭示历史数据中的关系也是一大难点。

4 我国日文编目应用 RDA 的对策

4.1 工作流程的完善

我国日文编目应用 RDA 的过程中，首先需要解决的问题就是完善工作流程，逐步实施规范控制与主题标引。

规范控制方面，建议展开专项研究，借鉴已实施规范控制的西文建设经验，选取适合我国日文编目工作模式的规范数据源，确定建库模式，并开展对后续规范数据库的维护与更新的调研工作。首先，了解日本国内现有的编目规范。日本国内绝大部分图书馆对日文文献的编目都已基本实施了规范控制，其中日本国立国会图书馆和 NII 都拥有独自的规范数据库。日本国立国会图书馆作为国家级图书馆，在人员构成、资金支持等方面有较大优势，其规范数据的质量也是首屈一指的；NII 成员馆众多，成员馆均有向其上传和维护本馆制作的规范数据的义务，是拥有数据量最多的机构。然而由于 NII 成员馆实力不一，数据质量把控较难，其规范数据的质量在总体上来说不如日本国立国会图书馆[4]。其次，在引进数据基础上，加强本地细则研究和制定。考虑到我国目前日文编目基本以套录 NII 的数据为主，引进 NII 的规范数据库是最为可行的做法，而为了应对其质量问题，应积极开展对“新 NCR”中有关规范控制规则的研究，并参考日本国立国会图书馆的规范数据编制本地细则，在实践中加强对规范数据质量的把控。最后，根据我国图书馆编目实际情况，选择建库模式。规范数据的建库模式大致分为各语种独立建库的分立模式与各语种共同享用的集成模式两种。分立式建库在技术上难度系数低且方便本语种编目人员的操作与利用，但从目录的五大功能的实现程度来说，集成式建库模式更胜一筹，因为它能实现连接等同标目、实现不同语种相同实体的汇集功能。但集成式建库人工干预程度高，编目成本势必也会随之增高。

主题标引方面，建议在调研日本相关规则与实践的同时，积极学习主题标引方面的国际规则，不断探索我国日文编目主题标引的有效实施策略。

4.2 本地规则的准备

由于长久以来各国形成了各自特有的编目传统，所以全盘接纳 RDA 的可能性是微乎其微的。即便是参与 RDA 开发的国家美、英、加、澳也都各自制定了实施 RDA 的本地政策声明[5]。但日本没有在翻译版本的基础上制定本地政策声明，而是参照 RDA 编制了“新 NCR”。

我国实现日文 RDA 本地化的前提之一，是制定可供编目员参考、利于操作的本地规则。如何将内容、篇幅、结构的庞杂程度都远超 AACR2 的 RDA 化繁为简，将其颠覆性的编目新理念传达给编目员是制定本地规则需要考虑的首要问题。我们应该更多地参考日本的“新 NCR”，不断关注其更新与变化，通过研究“新 NCR”促进对 RDA 的进一步理解。其间，我们需要特别留意“新 NCR”与 RDA 的不同之处，究其原因并比较不同的做法对于我国日文编目的实践影响，以确定适于我国日文编目的规则。例如，“新 NCR”虽然提供了内容类型、载体类型和媒介类型的日文术语，但考虑到为实现覆盖所有语种的目录的 FRBR 化呈现，采用 RDA 所提供的英文术语更为适合，而“新 NCR”所提供的内容类型、载体类型和媒介类型术语均为日英对照形式，有利于编目员确定适用的术语，如此应果断决定将套录到的数据做本地化处理。再者，考虑到目前我国日文资源以图书为主，采用模板处理该问题会大幅度提升工作效率，降低编目成本。

4.3 培训方面的准备

与西文实施 RDA 进行培训的侧重点不同，日文培训要在系统梳理 AACR2 及日本各版 NCR 的基础上，逐步将重点过渡到 RDA 和新“NCR”的内容细则中来。换言之，要不断摆脱日文编目长期落后的现状，必须要夯实编目员的基础理论。首先，积极组织推动骨干力量参与到 RDA 的相关培训与研究中，以科研、课题为依托，组织相关研究课题的开展。举例来说，国家图书馆目前就开展了与此相关的三项课题，其中，笔者在参与在研的馆级课题《国家图书馆外文文献资源 RDA 本地政策声明暨书目记录操作细则》中，就负责日文本地化做法的规定。另外两个课题《日本目录规则的历史变迁与国际化道路研究》和《日文规范控制的实施策略研究》也与此密切相关，课题组成员既有长期从事日文编目的资深专家，也有年轻骨干力量，通过做课题的方式可以大大提高日文编目人员的理论水平与实践能力。其次，在骨干力量理论水平渐趋成熟的条件下，积极开展对所有日文编目人员的系统培训。培训应循序渐进，不仅要让接受培训的人员逐步掌握新规则的内涵与外延，更要使其掌握一整套完整的学习方法，特别是要让编目员不断开阔视野，逐步具备国际化理念。与此同时，积极收集反馈意见，不断改进培训方法，并从理论培训平稳过渡到实践培训，直至编目员能较好地掌握与运用新规则。

4.4 本地规则的测试

通过组织测试，评估日文编目 RDA 本地化规则的功能性，测试 RDA 数据能否满足用户任务。在测试中，善于发现本地规则不足之处。如 RDA 本地规则与之前的规则相比是否更好地实现了目录的五大功能，RDA 数据能否与历史数据相兼容，编目员对本地规则的接纳度与适应度如何，以及编目成本如何等。另外可借鉴美国国会图书馆的测试经验，指定测试参与者，设计测试问卷，采取合理的测试方法，收集测试问卷后进行科学精准的评估，根据测试结果提出对日文实施 RDA 的合理建议与意见。建议日文与其他文种的本地规则测试一同进行，如此便可以从横向上对日文编目应用 RDA 所存在的现实问题有更加直观的感性认识，便于及时调整思路与方法，探索更为适合我们的本地化实践。

4.5 技术支持的准备

日文编目实施 RDA 面临着比西文更为严峻的技术问题。首先规范数据库的建库模式的选择及后期的维护与更新，都需要技术部门的大力支持。我们需要充分调研需引进的规范数据源，了解其更新方式、更新频率，评估其对本地系统的压力，在与技术部门保持良好沟通的基础上，借鉴已实施规范控制的西文编目经验，做好能够保证规范控制顺利实施的各项准备工作。其次，妥善处理日文编目平台的调整和 OPAC 显示的设置问题。为实现目录的 FRBR 化呈现，极有可能需要将套录数据的内容类型、媒介类型及载体类型的日文术语替换为英文术语，为了更好地揭示关系，也会考虑使用英文的关系说明语。“新 NCR”虽然提供了日英对照的相关术语，但大量的本地化处理势必影响工作效率与准确度，因此，笔者认为除了套用模板的方式以外，还应尝试探索使用技术手段实现日英术语的自动化转换，以提高准确率与工作效率。

参考文献

[1] 王志君，霍晓伟. 日文文献编目应用 RDA 设想[C]//编目：核心能力与挑战　第四届全国文献编目工作研讨会论文集. 北京：国家图书馆出版社，2015.

[2] 罗翀. RDA 全视角解读[M]. 北京：国家图书馆出版社，2015.

[3] 崔健. 日本图书馆界对 RDA 的研究[J]. 图书馆建设，2014(2)：21－24.

[4] 新しい『日本目録規則』の策定に向けて[EB/OL]. [2016－10－25]. http://warp. da. ndl. go. jp/info: ndljp/pid/9484238/www. ndl. go. jp/jp/library/data/newncr. pdf/.

[5] 新しい『日本目録規則』(新 NCR)[EB/OL]. [2016－12－30]. http://www. ndl. go. jp/jp/data/ncr/index. html.

（原载于《新世纪图书馆》2018 年第 1 期）

关于完善非物质文化遗产文献编目的几点思考

——从揭示文献内容角度出发

崔 玥

非物质文化遗产既是历史发展的见证,又是珍贵的、具有重要价值的文化资源。国务院办公厅于2005年颁布的《关于加强我国非物质文化遗产保护工作的意见》中指出,加强非物质文化遗产保护,不仅是国家和民族发展的需要,也是国际社会文明对话和人类社会可持续发展的必然要求[1]。非物质文化遗产文献(以下简称非遗文献)作为记录非物质文化遗产内容的有效载体,也应具有同等的价值和意义。担负着保存人类文化遗产、参与社会教育任务的图书馆,如何向用户完整揭示非遗文献实体馆藏,如何通过标准化的文献编目实现全球范围内的资源共享?这已经成为其编目工作急需解决的问题。本文通过对非遗文献编目需求的探索以及对编目过程中存在的问题进行分析,提出对非遗文献编目工作的一些思考和建议。

1 非遗文献概述及编目需求

据国家图书馆馆藏数据统计,非正式出版物中非遗文献依照文献内容可以归为非物质文化遗产项目普查类资料、非物质文化遗产文献化后产生的文献、非物质文化遗产保护研究的论著、非物质文化遗产活动材料等。

1.1 非遗文献种类及特点

(1)非物质文化遗产项目普查类资料。自2005年文化部发布了《关于开展非物质文化遗产普查工作的通知》后,各地方政府、非物质文化遗产保护中心、各文化企事业单位都全面开展了非物质文化遗产的普查工作,对各地、各民族非物质文化遗产资源的种类、数量、分布状况、生存环境、保护现状及存在问题进行了全面的了解[2],形成了真实、系统和全面的非物质文化遗产项目普查类资料,如非物质文化遗产普查项目汇编、非物质文化遗产田野调查报告、非物质文化遗产名录等。此类文献的形成对非物质文化遗产的保护具有重要的现实意义,并且随着普查工作的持续进行,文献资源也源源不断,使得此类文献还具备一定的连续性。

(2)非物质文化遗产文献化后产生的文献。非物质文化遗产文献化后产生的文献主要是将非物质文化遗产的各项内容物化成便于携带、利于传播的文字资料。这些文献反映了某地区、民族或是某一时代的文化创造[3]。不仅承载了劳动人民的艺术才华与智慧,更包含了博大精深的历史文化,是中华民族五千年历史、文化、艺术的重要组成部分。此类文献包含非物质文化遗产的方方面面，如民间技艺的传承，民族文化的记载，民间技艺、民俗礼仪的介绍等，具有较强的历史传承性、地域性和民族特色。

（3）非物质文化遗产保护研究的论著。非物质文化遗产保护研究的论著是指对非物质文化遗产进行整体或者专项研究的文献。此类文献不仅有对非物质文化遗产的客观描述，还包含了专业人士对非物质文化遗产保护有针对性、有深度的探索研究。所以此类文献具有较强的研究性，对非物质文化遗产的保护和可持续发展具有指导和推动作用。

（4）非物质文化遗产活动材料。非物质文化遗产活动材料是指围绕非物质文化遗产以及非物质文化遗产保护开展的各种活动、展览、讲座中形成的相关文献材料。因此，非物质文化遗产除传统的文化表现形式外，还包含了定期举行传统文化活动所产生的文献[4]。非物质文化遗产活动的定期性决定了非物质文化遗产活动材料的时效性特征。

1.2 非遗文献编目需求

非遗文献的编目应根据文献本身特殊性，在客观著录的同时，增加相应的描述字段，达到深度揭示文献内容的需求，且编目过程中应注重增强文献的一致性，添加统一标识字段，利于文献的辨别与检索。笔者根据每一类非遗文献的特点以及需要揭示内容的不同对编目提出相应的需求，如表1所示。

表1　非遗文献编目需求表

文献类型	内容特点	编目需求
非物质文化遗产普查类资料	系统性 连续性	注重文献来源的揭示； 体现文献的连续性； 增加非遗文献统一标识
非物质文化遗产文献化后产生的文献	地域性 传承性 多样性	注重文献内容的深度揭示； 注重分类标识的区域细化； 添加专有分类号； 增加非遗文献统一标识
非物质文化遗产保护研究的论著	研究性	注重文献研究内容的揭示； 注重研究人员信息的揭示； 增加非遗文献统一标引字段
非物质文化遗产保护活动材料及其他	空间性 时间性 多样性	重视活动内容的揭示； 注重活动主办方的揭示； 注重文化开展的时间和地点的揭示； 增加非遗文献统一标识

2 非遗文献编目目前存在的问题

非遗文献作为一种新型文献，其编目问题仍处在不断探索的过程中，而现有《中国文献编目规则》对非遗文献的著录和标引没有进行明确的规范，导致非遗文献在编目过程中产生无法体现文献特色、规范性欠佳、专指性不足的问题。

2.1 编目无法体现文献特色

目前，非遗文献跟普通文献一样，严格按照《中国文献编目规则》《中国机读目录格式使用手册》和 ISBD 有关规定著录。但普通图书的编目手段注重的是文献信息的一般描述，如题名、责任者、出版信息等，而非遗文献的编目不仅要在内容记录上做到详细客观，还要通过编目体现非物质文化遗产的价值，为非物质文化遗产的保护和传承提供有力的支持。所以在普通图书著录的基础上要对非遗文献的编目进行深层次的开发和加工，多维度、粒度性地揭示文献内容[5]，提升书目数据的深度和广度。

2.2 编目规范性欠佳

目前，非遗文献的著录与普通图书的著录方法相同，而普通图书的著录规则未对非遗文献著录项目和规定信息源做详细的说明。首先，在编目过程中不同编目人员对同一文献在著录字段的选取上会有不同的判断，容易造成文献信息的缺失。例如，有些非遗文献会将标有非物质文化遗产类型、非遗文献性质的主要信息体现在封面、封底或是题名页中，由于此种信息通常出现在客观著录信息源之外，有些编目人员会将其忽略，有些将其著录在一般附注项 300 字段中。而此类信息著录与否以及著录在哪一个字段需要明确的规定，以保证文献的有序性和规范性。其次，不同编目人员对同一文献的主题标引也会出现不一致的现象。主题标引是使用主题检索语言，通过对文献的分析而选用确切的检索标识用以反映文献内容的过程[6]。而衡量文献信息标引质量的主要因素即为标引的一致性。标引的一致性规则指出，对于主题内容相同的文献信息或不同文献信息中相同的主题内容，应当获得基本相同的标引结果[7]。通过对非正式出版物非遗文献编目数据的整理发现，非物质文化遗产普查类资料在文献内容一致的情况下，主题标引的学科复分经常出现概况、介绍、普查等多种主题词。如例 1，两种非物质文化遗产普查资料汇编的主题标引一个为非物质文化遗产普查，一个为非物质文化遗产概况。如果同一种文献不能取得相同的检索标识，在检索系统中会大大降低文献的检索效率。

例 1：

200 1# $a山东省非物质文化遗产普查资料汇编$i郓城县卷

606 0# $a非物质文化遗产$x普查$x资料$y山东$j汇编

690 ## $aG127.52$v5

200 1# $a江苏省非物质文化遗产普查$i兴化市资料汇编

606 0# $a非物质文化遗产$x概况$y兴化

690 ## $aG127.533$v5

2.3 编目专指性不足

文献编目的专指性是指赋予文献信息的检索标识与文献信息实际论述的主题概念的相

符程度。而大部分非遗文献在编目过程中,只针对文献内容做了主题标引,对"非物质文化遗产—概况—国家(地区)"这一主题概念没有做进一步的标引。如例2,从书目数据上可以体现出此书是关于汾阳地秧歌唱腔的作品集,但无法体现其作为国家级非物质文化遗产传统艺术表演的属性。如果能够在非遗文献的编目数据中统一加入"非物质文化遗产概况"这一主题标引,那么无论是与非物质文化遗产相关的哪一类文献,都可以通过编目数据进行有效的区分和类聚,提高文献的检准率。

例2:

200 1# $a汾阳地秧歌

606 0# $a秧歌剧$x唱腔$x作品集$y汾阳

690 ## $aJ643.525 $v5

同样,在分类标识中也存在专指性不足的现象。非物质文化遗产在不同地区的产生和发展决定了它带有强烈的地域特征,所以关于非物质文化遗产介绍的文献具有较强的地域性,如2009年和2011年分别入选联合国教科文组织非物质文化遗产名录的剪纸和皮影戏,在全国各地有着不同的分支和派系,那么除了在文献著录和主题标引的区分之外,在分类号上应当细化区域复分,使分类号具有更加明确的指向性,以利于非遗文献有针对性的研究和利用。

3 非遗文献编目的几点思考

3.1 对非遗文献编目规则的思考

《中国文献编目规则(第2版)》(以下简称《规则》)对普通图书、学位论文、缩微文献、电子资源等10余种文献类型的著录做了相关规定[8],根据每一类文献所需要著录的项目和规定信息源进行逐一说明。笔者根据非遗文献的特点,针对非遗文献所需要揭示的内容对相关字段做一些补充说明。

3.1.1 著录项目的补充

在《规则》中,每一种文献在基本著录项目如题名与责任说明项、版本项、出版发行项、载体形态项、丛编项、附注项著录的基础上会增加相应的著录项目来表现文献的特殊性。如表2所示,每一种文献增加的著录项都是基础著录无法体现、需要单独字段加以说明的。

表2 各文献增加著录项目对照表

文献类型	增加著录项目	规定信息源
拓片	刻立项	拓片整体
测绘制图资料	制图数学数据项	测绘制图资料本身
乐谱	乐谱特殊细节项	题名页、其他正文前书页、乐谱的第一页、封面、版权页

续表

文献类型	增加著录项目	规定信息源
录音资料	系列项	资料本身、载体标签、盒封、封套、说明书
影像资料	系列项	内部信息源、标签、盒封、说明书
静画资料	文献特殊细节项	资料本身、标签、封套、盒封
	系列项	资料本身、标签、盒封、封套、说明书等
连续性资源	卷、期、年、月或其他标识项	每种标识系统的第一期和/或最后一期或部分
缩微文献	文献特殊细节项	著录标板和(或)说明事项标板的画幅、缩微平片和封套片的标头、缩微文献的容器和附件
电子资源	资源类型与数量项	任何信息源
手稿	日期项	手稿整体

非遗文献的特殊性是由非物质文化遗产的特殊性决定的。依《中华人民共和国非物质文化遗产法》规定,非物质文化遗产按照认定机构的不同可以分为地方级、国家级、世界级[9]。每一层级的认定对非物质文化遗产的内容都有不同的要求,那么作为描述非物质文化遗产的非遗文献,也应当在编目数据上有所区分。中文图书的编目规则没有对此类信息的著录项做详细说明,笔者建议在今后的《规则》修订中增添非遗文献的文献特殊细节项,便于文献的分类检索以及有针对性的研究。

3.1.2 一般资料类型标识的补充

为了便于读者、用户辨别文献和计算机存贮与检索,需要在其书目数据的记录上著录"一般资料标识"。其目的在于用概况性的术语在著录的开始说明出版物所属的资料类别。根据文献类型与文献载体代码显示的术语,可以找到专著、学位论文、电子资源等文献资料类型和标识。每一种文献类型的采访方式、文献内容、文献载体等都具有各自不同的特点,根据文献类型自身的特点,选取相近或一致的词语作为类型标识,通过一般资料类型标识项,编目人员和用户都能够一目了然地辨别文献类别。笔者建议在责任与说明项中增加"非遗文献"的一般资料类型标识项,便于非遗文献的检索、分类和研究。

3.1.3 附注项内容的补充

附注项包含任何没有在著录信息块著录的信息,它是用来补充、阐述由于规则不允许而未能著录于有关项目中的某些必要信息,但这些信息对书目记录的使用者来说又是比较重要的信息。根据上文所述,非遗文献编目存在的首要问题是无法体现文献特色,常规字段的著录仅对文献进行客观描述,而附注项内容的补充是将非遗文献一些必要且关键的信息得以体现,达到深度揭示文献内容的目的。例如,非物质文化遗产项目普查资料,其文献来源具有稳定性和连续性,那么重点突出文献来源和获得方式,可以保证文献的真实与统一。又如,包含非物质文化遗产历史传承和文化价值的非遗文献,可将体现文献价值的主要信息提炼到内容附注、知识责任者附注、提要或文摘附注中,突出非遗文献特色。不同类型的文献可以根据自身需求添加相应的附注项内容,提升编目数据质量,提高文献利用率,具体如表3所示。

表 3 非遗文献增添附注项目内容表

文献类型	著录内容	著录说明	著录项目	规定信息源
非物质文化遗产项目普查类资料	文献获取的机构、单位、个人、团体等	根据此类文献的特点，通过获得方式的著录，可以快速定位文献的来源机构，能够保证文献的系统性和统一性	装订及获得方式附注	文献整体
非物质文化遗产文献化后产生的文献	非遗项目简介（包含特点信息、历史背景、文化背景、传承人信息等）	此类文献是对非物质文化遗产内容的直接体现，所以编目需要将非物质文化遗产的特点和价值等信息用精练的语言提取到编目数据中	知识责任者附注、提要或文摘附注	文献整体
关于非物质文化遗产保护研究的论著	著录研究方向、研究人员信息等	此类文献主要是研究人员对非物质文化遗产专项研究后的产物，对于研究方向和研究人员的基本信息（如研究成果等）的著录是对研究专业度的一个保证	内容附注	任何信息源
非物质文化遗产活动材料	著录活动主办方、时间、地点、届次等内容	此类文献对非物质文化遗产的保护有推动作用，著录活动相关内容有利于连续追踪某一个团体、某一场地或者是某一个非物质文化遗产保护的动态	一般附注	封面、封底、题名页、前言、后记、摘要等

3.2 对非遗文献主题标引的思考

主题词标引通常以《汉语主题词表》《中国分类主题词表》为依据选取规范主题词，用简洁并具有规范性的词语概括文献内容，通过规范控制，实现书目的检索功能与汇集功能，保证书目记录的查全率和查准率。因此，为提升非遗文献编目数据质量，需要进一步对主题标引进行规范。

非遗文献的主题标引应以表达其主题内容的主题词为主标题，以“非物质文化遗产—概况—国家（地区）”主题词为副标题，确保非遗文献主题标引的一致性（如例 3）。针对非遗文献普查类文献的主题标引，如内容均为普查过程中产生的文献，则标引数据统一增加“非物质文化遗产”“普查”和国家（地区）的主题词，确保主题标引的规范性。

例3：

200 1#$a汾阳地秧歌

606 0#$a秧歌剧$x唱腔$x作品集$y汾阳

606 0#$a非物质文化遗产$x概况$y汾阳

690 ##$aJ643.525 $v5

690 ##$aG127.253 $v5

3.3 对非遗文献分类标引的思考

非遗文献的分类标引应与主题标引一一对应。分类标引应先按其学科内容各入其类，再按照整体内容集中分类。对于地域性较强的非遗文献，分类标引应注重区域复分的细化，使分类号更具针对性和指向性。同时，根据笔者对《中国图书馆分类法》(第5版)的研究发现，常规修订中除对第4版重点类和存在的主要问题进行具有针对性的修订外，还全面系统地分析了各大类的设置不足及使用问题并加以修改，包括修改类名，增强类目的容纳性；增改注释，控制类目划分深度，必要时增加新类等[10]。例如，针对2001年入选的世界级非物质文化遗产项目昆曲，《中国图书馆分类法》(第5版)中创建了新的类目，如昆曲、昆曲艺术、昆曲音乐，并增设了新的分类号，如表4所示。

表4 《中国图书馆分类法》(第5版)昆曲修改对照表

第4版主题词	第4版分类号	第5版主题词	第5版分类号
昆剧	I236.53	昆曲	I232.9
地方剧艺术	J825仿I236复分	昆曲艺术	J821.9
地方戏曲音乐	J617.6仿I236复分	昆曲音乐	J617.19

作为描述世界级非物质文化遗产昆曲的文献，原有的昆剧、地方剧艺术和地方戏曲音乐的主题词以及文献分类标识已不能充分表达昆曲这一艺术形式的特殊性，增添专有类目和分类号使得文献分类标引更加准确清晰，更具指向性，提升文献的查全率和检准率，有利于非物质文化遗产更具针对性的保护。笔者建议在下一版《中国图书馆分类法》的修订中能赋予非物质文化遗产项目更多的专有类目和分类号。

4 结语

中文文献著录格式的CNMARC自1995年出版后，仅于2000年及2004年进行过两次修订[11]，与编目相关的其他文献最新修订时间也与现在相距甚远，如《中国文献编目规则(第2版)》最新修订时间为2005年，《中国图书馆分类法(第5版)》最新修订时间为2010年，《中国分类主题词表(第2版)》最新修订时间为2006年。而上述规则的最新修订时间大都是在非遗文献产生之前，所以无法将非遗文献的内容和价值更好地体现。值得欣慰的是,2010 年出版的《中国图书馆分类法(第 5 版)》已经对非物质文化遗产昆曲的相关内容做了相应的调整。笔者相信,通过图书馆人的不懈努力,中文文献的编目规则会更加符合时代要求,编目能够更好地体现文献价值,为促进国内外中文书目信息的交流做出应有的贡献。

参考文献

[1] 关于加强我国非物质文化遗产保护工作的意见[EB/OL].[2017 - 08 - 15]. http://www.gov.cn/zwgk/2005-08/15/content_21681.htm.

[2] 文化部办公厅. 关于开展非物质文化遗产普查工作的通知[EB/OL].[2017 - 05 - 06]. http://www.maoxian.gov.cn/zhuant/fwzwhyc/zcfg/201305/t20130506_903018.html.

[3] 周梅玲. 非物质文化遗产文献的收集整理[J]. 浙江档案,2011(11):43.

[4] 国家级非物质文化遗产代表作申报评定暂行办法[EB/OL].[2017 - 08 - 15]. http://www.gov.cn/zwgk/2005-08/15/content_21681.htm.

[5] 朱晓燕. 对复合图书馆编目工作重心的思考[J]. 图书馆建设,2012(8):30 - 33.

[6] 万爱雯. 中文图书机读编目规则与实践[M]. 北京:知识出版社,2012.

[7] 汪东波. 中国分类主题词表[M]. 2 版. 北京:北京图书馆出版社,2006.

[8] 富平,黄俊贵. 中国文献编目规则[M]. 2 版. 北京:北京图书馆出版社,2005.

[9] 中华人民共和国非物质文化遗产法[EB/OL].[2017 - 08 - 25]. http://www.gov.cn/flfg/2011-02/25/content_1857449.htm.

[10] 国家图书馆中国图书馆分类法委员会. 中国图书馆分类法[M]. 5 版. 北京:国家图书馆出版社,2010:9 - 10.

[11] 姜化林,梁红. RDA 环境下的 MARC21 及 CNMARC 修订研究[J]. 图书馆论坛,2016,36(11):51 - 57.

(原载于《图书馆建设》2018 年第 1 期)

德国文献编目规则国际化对我国中文文献编目规则修订的启示

赵　娜

随着网络技术高速发展以及国际编目原则的日益统一，文献编目工作日趋国际化，对各国图书馆而言，传统的编目规则与文献组织标准难以适应网络信息环境，因此纷纷寻求改变。在编目规则方面逐步推进国际化进程，德国就是其中一个比较典型的国家。作为非英语国家，德国有着独特的编目实践传统，无论是在内容规则还是目录格式方面，都采取与英美国家截然不同的做法。纵观德国文献编目规则国际化历程，可以划分为对峙、发展和融合三个阶段。在普鲁士编目体系形成之初，德国采用的是具有德国特色的《普鲁士图书馆字顺目录与普鲁士联合目录编目规则》（*Instruktion für die alphabetischen Katalog der preussischen Bibliotheken und für den preussischen Gesamtkatalog*，PI）（以下简称《普鲁士规则》），与英美编目体系割席分坐，对峙了近半个世纪之久。1961 年巴黎国际编目原则会议之后，德国初敞心扉，开始与国际化的编目原则与标准接轨，并向英美编目体系伸出橄榄枝，接受巴黎《原则声明》的思想，接纳英美编目体系的做法，并采取折中方法，在《普鲁士规则》的基础上制定《字顺目录编目条例》（*Regeln für die Alphabetische Katalogisierung*，RAK），开启了漫长的编目规则国际化演变之路。2010 年，随着《资源描述与检索》（*Resource Description and Access*，RDA）问世，德国展现出了前所未有的热情，制定《德语国家地区政策声明》（*Anwendungsrichtlinien für den deutsch sprachigen Raum*，D-A-CH AWR），并率先实施 RDA 编目，从而使德语地区的编目工作彻底走上国际一体化道路。

1　割席分坐——《普鲁士规则》的问世

为满足普鲁士编制联合目录需要，1899 年《普鲁士规则》问世。1908 年，第二版出版，从这一年开始普鲁士编目体系和英美编目体系初步形成，德国编目与英美编目开始了长达半个世纪的对峙，其遵循各自不同的编目规则，相互之间处于疏离状态。《普鲁士规则》由两大部分共 241 条组成，第一大部分“字顺卡片目录中书名款目的处理”有 29 条。第二大部分“字顺目录中书名款目的排列”分为四小部分，共 212 条[1]。《普鲁士规则》的具体结构和内容见表 1[2]。

表 1 《普鲁士规则》的内容框架部分章节内容

两大组成部分	章节	内容
字顺卡片目录中书名款目的处理	§1—29	包括题名的选择、种类及其著录形式，标点符号的使用，页码、尺寸的著录，翻译本、无题名著作、合订本、小册子、大学出版物和地图等出版物的著录规定等
字顺目录中书名款目的排列	§30—77	著者和书名著录的一般性规则
	§78—180	著者著录的具体规则
	§181—238	题名著录的具体规则
	§239—240	著者姓名和图书题名在字顺目录中的排列规则

《普鲁士规则》是德国编目史上较为统一和完整的编目规则，为当时普鲁士各图书馆制定了较详细的编目规则和统一的编目实践标准，推进了德国编目向一体化、标准化演变的进程。随着《普鲁士规则》在欧洲大部分地区的广泛应用，最终促使了普鲁士编目体系的形成。但是，随着出版业的发展，文献资源类型也变得日益丰富，仅适用于印刷型资源的《普鲁士规则》越来越不能适应时代的发展，显现出越来越多的弊端。

2 初敞心扉——《字顺目录编目条例》的诞生

20 世纪 60 年代至 90 年代初期，随着计算机的广泛应用以及《国际标准书目著录》的出现，各国图书馆从传统的手工编目向计算机编目转变，编目不再局限于某一国家或地区范围内，过去“各自为政”的编目模式已经不能适应时代的发展，为了便于书目数据的共享与交换，急需具有国际统一标准化的编目规则，因此，各国图书馆纷纷走出国门，着手推进编目规则国际化的进程，这一时期也是德国编目规则开始向国际化迈进的阶段。1976 年《字顺目录编目条例》在德意志民主共和国首次出版，随后 1977 年德意志联邦共和国也采用了该条例，自此，德国开始了 RAK 编目规则的时代。《字顺目录编目条例》由九大部分共 823 条以及五个附录和一个索引组成，RAK 的具体结构和内容见表 2[3]。

表 2 《字顺目录编目条例》的内容框架

九大部分	章节	内容
第一部分	§1—35	基本术语
第二部分	§101—197	著录的基本规则
第三部分	§201—208	关于构建标目的基本规则
第四部分	§301—343	个人名称标目
第五部分	§401—487	团体标目
第六部分	§501—527	为题名、总题名和统一题名构建标目的规则
第七部分	§601—695	主要款目和附加款目

续表

九大部分	章节	内容
第八部分	§701—716	题名的主要款目和附加款目的形式
第九部分	§801—823	款目的排档规则

与《普鲁士规则》相比,《字顺目录编目条例》是德国编目规则向国际一体化转变的开始,国际化色彩明显。首先,它是在巴黎《原则声明》《国际标准书目著录》倡导的国际编目标准化和规范化精神下产生的,因此在规则的设置方面,《字顺目录编目条例》接受了巴黎《原则声明》中关于目录的功能、结构的定义,遵循了巴黎《原则声明》中关于款目、标目以及主要款目、附加款目的规定,改变了《普鲁士规则》中以题名为主的编目传统,转而按照主附标目制定编目的规则[4]。其次,《字顺目录编目条例》向国际化的编目规则迈进的重要一步就是接受了团体标目这个概念,将《原则声明》第九条规定的几种以团体作为款目标目的情况落实到了相应的规则当中,这样就消除了英美编目体系和普鲁士编目体系之间的主要分歧[5]。再次,与《普鲁士规则》仅适用于印刷型文献相比,《字顺目录编目条例》满足了出版业快速发展的需求,所涵盖的文献类型更加多样,不仅适用于印刷型文献,还适用于非书资料等实体型文献。但是,随着数字化信息资源的迅猛发展以及国际化共享编目时代的到来,RAK 的弊端也日益凸显。为了弥补 RAK 的不足,适应编目国际化的新形势,德国在 RDA 问世后积极制定《德语国家地区政策声明》并率先实施了 RDA 编目。

3 水乳之合——RDA 编目时代的开启

进入 21 世纪,随着信息全球化时代的到来,编目也随之进入到了网络时代,资源的国际化共享成为图书馆界发展的主旋律,在这种情形下,各国编目机构迫切需要建立一套国际通用的统一的规则与标准,由此 RDA 应运而生[6]。RDA 问世后很多国家纷纷采用了该规则,随着美国、英国、澳大利亚、加拿大等英语国家先后宣布实施 RDA 编目,德国也对 RDA 张开怀抱,积极推动对 RDA 的研究与实施。2012 年德国积极加入联合指导委员会(Joint Steering Committee,JSC),2013 年 RDA 德语翻译顺利完成。为了更好地实施 RDA 编目,2004 年 12 月起德国决定实施 MARC21 代替 MAB2 计划,MAB 是德国自主研发的机读目录格式,是 Maschinelles Austauschformat für Bibliotheken 的缩写,直译为“图书馆自动化交换格式”。截止到 2013 年 12 月 31 日,德国 MAB2 机读目录格式数据的转换工作顺利完成。此次转换工作,为 RDA 在德国乃至德语国家地区所有相关机构的顺利实施奠定了良好的基础。2014 年 1 月《德语国家地区政策声明》编制完成,并于同年 8 月更新于 RDA 工具套件[7]。从 2015 年 10 月 1 日起德国正式采用 RDA 编目,至此,在 RDA 的助推下,德国在编目规则方面完全走出了欧洲,走向了世界,最终完成了编目规则的国际化演变过程。

《德语国家地区政策声明》是由导言、正文部分和附录部分组成,在结构上与 RDA 保持一致,并按照 RDA 条款的编号顺序进行排列。但是 D-A-CH AWR 并没有为 RDA 所有的章节制定本地政策，除导言外，在 RDA 十个部分共 37 章和 13 个附录中，去掉九个待补充的章节，并为其中 22 章和 7 个附录提供了解释说明和本地的编目实践做法；D-A-CH AWR 并不是一成不变的，它会随着 RDA 相关章节的更新和修订而变化。D-A-CH AWR 的具体内容见表 3[8]。

表 3 《德语国家地区政策声明》的部分内容框架

章节	内容	章节	内容
0	导言	19	与作品相关的个人、家族和团体
1	记录载体表现和单件属性的一般性规则	20	与内容表达相关的个人、家族和团体
2	识别载体表现和单件	21	与载体表现相关的个人、家族和团体
3	描述载体	22	与单件相关的个人、家族和团体
4	提供获取和检索信息	23	记录作品主题的一般性规则
5	记录作品和内容表达属性的一般性规则	24	记录作品、内容表达、载体表现和单件之间关系的一般性规则
6	识别作品和内容表达	25	相关作品
7	描述内容	27	相关载体表现
8	记录个人、家族和团体属性的一般性规则	附录 A	大写
9	识别个人	附录 B	缩写和符号
10	识别家族	附录 E	记录检索点控制的句法
11	识别团体	附录 F	个人名称的附加说明
16	识别地点	附录 I	关系说明语：资源和与资源相关的个人、家族和团体之间的关系
17	记录基本关系的一般性规则	附录 J	关系说明语：作品、内容表达、载体表现和单件之间的关系
18	记录与资源相关的个人、家族和团体关系的一般性规则	附录 M	关系说明语：主题关系

与《普鲁士规则》和《字顺目录编目条例》相比，《德语国家地区政策声明》在结构上按照最新的国际编目规则——RDA 的内容结构设置，在内容上与 RDA 总的原则保持一致，在规则设置上体现了前所未有的国际先进的编目思想。在《德语国家地区政策声明》问世后不久，德语地区的编目工作于 2015 年 10 月 1 日起实施 RDA，至此，德国文献编目规则实现向国际一体化的演变。

4 德国文献编目规则国际化对我国中文文献编目规则修订的启示

4.1 我国中文文献编目规则面临的挑战

与德国文献编目规则的发展历史相似，我国中文文献编目规则也经历了从产生到发展再到面临国际化考验的过程。纵观我国中文文献编目规则的发展历史，从孔子删定典籍，到刘向、刘歆父子编纂的《七略》，再到唐初的《隋书·经籍志》，古人一步步的实践与进步为我国文献编目的发展积累了丰富的经验。但是，即便如此，我国文献编目一直没有产生专门的编目规则，直到1929年我国诞生了第一部自编的中文图书编目条例——《中文图书编目条例草案》。之后随着我国图书馆事业的发展，《中文图书提要卡片著录条例》问世。1974年，更名为《中文图书著录条例》，后又更名为《中文普通图书统一著录条例》。20世纪80年代，受到《国际标准书目著录》(ISBD)以及《英美编目条例》(AACR2)的影响，为了能与国际通行的标准接轨，《中国文献编目规则》问世。21世纪初，为了解决新技术对信息组织带来的新问题，《中国文献编目规则》被修订为《中国文献编目规则(第二版)》，并一直沿用至今[9]。

然而，随着数字资源的大量涌入，《中国文献编目规则》(第二版)也越来越不能满足数字时代资源著录与检索的新要求，已经到了必须要尽快修订的关键阶段。2010年，国际上一部全新的、能够在数字世界通行的编目标准—RDA问世。RDA的出现，加快了世界各国文献编目工作向国际一体化转变的步伐，目前美国、加拿大、澳大利亚、英国、德国、瑞典和芬兰等国家已经制定了RDA本地实施政策，并实施或准备实施RDA编目[10]。面对这种编目国际化的大环境，我国中文文献编目也向RDA转变，是我国中文文献编目规则的必经之路。

4.2 对我国中文文献编目规则修订的启示

纵观德国文献编目规则的发展历程，我国与德国有很多相似的地方，比如，我国与德国都属于非英语国家，两国的编目语言都不是英语，而英美国家的编目规则也不适用于我国和德国，因此两国都采用了独特的编目规则，我国采用的是《中国文献编目规则》，德国采用的是《字顺目录编目条例》，两部编目规则虽然都受到巴黎《原则声明》、ISBD的著录标准以及《英美编目条例》的影响，但也根据各自的编目传统作了个性化的规定。在机读目录格式方面，我国与德国使用的都不是英美国家常用的MARC21格式，我国中文编目采用的是CNMARC格式，德国采用的是自主研发的MAB格式。综上所述，我国与德国无论是在编目的内容规则还是在格式规则方面都有着独特方式，所以在面临向RDA转变的过程中，我国也势必会遇到一些与德国相似的问题，因此，鉴于我国中文编目的特殊性，结合德国编目规则国际化进程的研究，总结德国的经验，笔者对我国中文编目实施RDA提出四点建议。

(1)改变编目思想，根据RDA制定我国中文文献资源本地政策。德国在实施RDA编目的过程中，首先不是对原有的《字顺目录编目条例》进行再次修订，而是完全放弃使用《字顺目录编目条例》，转而根据 RDA 的结构内容制定出新的《德语国家地区政策声明》，这么做的根本意义在于编目理念的转变。众所周知，RDA 是一部颠覆了以往传统编目规则结构设置的全新的编目规则，它按照《书目记录的功能需求》(*Functional Requirements for Bibliographic Records*，FRBR)所规定的实体、属性和关系的概念模型制定内容规则，而不是按照以往根据资源类型和著录项目进行内容规则的制定，因此，完全按照 RDA 的结构内容制定本地政策本身就是摒弃了以往传统的编目理念和思想，形成了全新的编目思维。因此，我国中文编目在准备实施 RDA 的过程中，也要改变编目思想，不能单纯地对《中国文献编目规则》进行修订，而应该根据 RDA 的内容结构制定出我国中文文献资源本地政策，因为《中国文献编目规则》的编目理念和适用范围已经不能满足数字时代的编目需求，所以无论对《中国文献编目规则》做出多么大的改动，都不能适应编目时代的发展，因此，面对全面实施 RDA 编目的国际浪潮，我国中文文献编目的首要任务就是制定出中文文献资源本地政策。

(2)在国际化规则的前提下保留本国的编目特色。德国在编目规则国际化的进程中，采取了国际标准与本国国情相结合的方式，并没有盲目的与国际规则追求一致，而是在大原则与国际保持一致的前提下保留了自己的特色。德国在制定《德国国家地区政策声明》时并没有完全照搬 RDA 的规则，而是在 RDA 规定的可选择的附加、可选择的省略以及交替规则中选择适合德国编目的规则，在不违背 RDA 一般性规则的前提下，制定了特殊的细则和具体操作方法。比如：①在语言和文字方面，德国沿袭了传统的编目习惯，编目语言选择德语，特定元素按获取数据信息源上的语言和文字转录，其他元素则用德语予以记录。RDA 之所以能够成为全世界通用的编目规则，很大一部分原因在于 RDA 不再致力于为英美国家服务，它的目标就是“去英美化”，因此，在影响编目原则应用的主要因素之一“语言和文字”方面，RDA 做出了可以选择性的规定，即按照创建数据的机构的首选语言和文字记录，所以，即便我国中文编目实施了 RDA，我们依然可以保留我国中文的特色，就像德国一样，按照自己民族的语言和文字的特色，在语言和文字方面做出中文的相关规定。②在一般资料标识方面，德国在《字顺目录编目条例》中没有关于一般资料标识的相关规则，在实施 RDA 编目之后，德国完全接受了 RDA 的相关规定，增加了内容类型、媒介类型和载体类型，并提供了德语的相关受控术语表。RDA 增加内容类型、媒体类型和载体类型的目的是要在著录的最开始表示资源内容表达的基本形式以及用以承载该内容的载体类型，有助于用户迅速地了解资源的形式与类型，快速分辨所查资源，准确地获取资源。与德国不同，我国中文编目的规则中一般资料标识占有很重要的地位，而目前最新的 ISBD 2011 统一版和 RDA 已经不再使用一般资料标识，所以未来我国中文编目在制定 RDA 本地政策时，针对中文一般资料标识向内容类型、媒体类型和载体类型的映射以及相关中文受控术语表的制定，是需要着重考虑的方面。③在描述“关系”方面，德国也并不是完全照搬 RDA 的规则，目前在德国的书目数据中体现最为明显的是作品与责任者之间的关系，即在个人、家族和团体的检索点后增加了相关的关系说明语，用于说明相关责任方式。然而在我国的中文编目的实践中，个人和团体名称检索点后一直记录着该名称对著作所负的责任说明，所以在制定我国中文资源 RDA 本地政策的时候，应结合我国中文编目的实践，适当调整 RDA 中“关系”的部分，对于有的部分适当改动或不予改动，对于没有的方面则适当的予以增加[11]。

(3)机读目录格式的转变。编目规则与目录格式的关系是十分紧密的,编目规则与目录格式是相辅相成、缺一不可的关系。编目规则的修订也会催生目录格式相应的变化。在德国实施 RDA 编目之前,有很重要的一步措施就是将 MAB 机读目录格式转换成了 MARC21 机读目录格式,先是在目录格式方面实现了国际一体化的转变。目录格式的国际化对于德国而言减少了开发和维护本国编目系统的成本,还可以无障碍地使用别国优质的书目数据资源,加快馆藏资源建设,同时还可以实现国际合作编目,有助于国际书目数据的交换与共享。与德国相似,我国的中文编目采用的是 CNMARC,所以,在计划实施 RDA 的同时,我国中文编目是否也可以先转换成国际上比较通行的机读目录格式,先在目录格式方面实现国际化,为文献编目规则的国际化做好硬件方面的准备。

(4)建立全国统一的组织协调机构。德国编目规则国际化进程的顺利实施得益于德国图书馆标准委员会这一机构,该机构统领全局,负责协调和分配各分支机构的工作,比如 RDA 德语版的翻译、测试、德语国家本地政策的制定、培训等[12]。图书馆标准委员会这一机构避免了德国国家图书馆、各州图书馆、高校图书馆以及公共图书馆之间各自为政、难以实施各种决策和措施的局面的出现,也协调了德国与其他德语国家的交流与合作,为德语地区编目规则向国际化的顺利转型提供了保障,与德国相似,我国也存在多种图书馆体系的情况,因此,在我国进行编目规则的改革过程中势必会出现各自为政、不能协同一致的情况,所以成立一个专门负责改革的权威机构或委员会是很有必要的。

5 结语

本文以德国文献编目规则的国际化进程为切入点,介绍了德国文献编目规则的发展历程,根据研究德国编目规则国际化进程所受到的一些启发,在此基础上,借鉴了德国实施 RDA 的经验,并结合我国中文编目的现状以及所面临的挑战,针对我国中文文献编目规则的修订提出了一些思考与拙见。虽然,我国与德国在编目实践传统上有很多相似的地方,但是由于文化历史背景不同、民族特色不同,国情也不同,所以,我国只能在某些方面借鉴德国一些好的做法,并根据我国的实际情况,制定符合我国中文编目特色的 RDA 政策,最终走出一条具有中国特色的编目国际化道路。

参考文献

[1][5]高红. 编目思想史[M]. 北京:北京图书馆出版社,2008.

[2] Instruktionen für die alphabetischen kataloge der preussischen bibliotheken[M]. Berlin:Nehrend & Co. ,1909.

[3] Bibliotheksverband der deutsche demokratische republik,kommission für katalogfragen. regeln für die alphabetische katalogisierung[M]. Leipzig:Bibliographisches Institut Leipzig,1989.

[4] 吴丽坤,殷洁. 文献编目理论研究[M]. 北京:中央编译出版社,2013.

[6] 罗翀. RDA 全视角解读[M]. 北京:国家图书馆出版社,2015.

[7][12]李菡. 浅析德国国家图书馆编目工作国际化[M]//国家图书馆外文采编部. 交流与创新——外文

文献资源建设与组织学术论文集.北京:国家图书馆出版社,2016:177-182.
[8] D-A-CH AWRfür 1.7.1 allgemeine richtlinien zum übertragen[EB/OL].[2017-08-23].http://access.rdatoolkit.org/nlgpschp1_nlgps19-3849.html.
[9] 张秀兰,潘丹.我国文献编目规则的历史沿革[J].图书馆论坛,2016(10):32-40.
[10] RDA toolkit resource[EB/OL].[2017-09-14].http://access.rdatoolkit.org/.
[11] 张秀兰,薄丽辉.基于RDA的我国编目规则修订建议[J].图书馆学研究,2015(24):43-66.

(原载于《图书馆论坛》2018年第6期)

国外数字出版物法定呈缴制度关键要素研究

韩　萌　黄红华

随着数字出版物的日益激增，关于其法定呈缴成为图书馆界热议的话题。较之传统出版物，数字出版物所呈现的数量巨大、形式多样、保存困难等特征，使得建立数字出版物呈缴法律法规更加复杂。1996 年，UNESCO 发布《电子出版物法定呈缴报告》[1]，从准备提案的负责单位、参与者、立法形式、适用范围、数字出版物类别、保存、术语、呈缴单位、实施等方面，为拟定法定呈缴制度的国家设计数字出版物法定呈缴方案以及维护、保存相关数字出版物提供指导意见。2000 年，IFLA 出版《法定呈缴立法准则》修订版[2]，从基本原则、立法原则、法定呈缴要素、呈缴物、数字出版物定义等五方面为尚未立法和准备修订数字出版物呈缴相关法律的国家提供参考。Adrienne Muir[3]认为数字出版物呈缴制度的建立与完善主要涉及立法、经济、技术、政治、管理、组织等问题，而对数字出版物范围的界定、选择、采用、处理、保存、检索等都会成为数字出版物呈缴制度实施的关键。Claudia Bazán[4]认为考核数字出版物呈缴制度完整性的因素主要包括三方面：一是立法的力度和结构；二是法定呈缴要素；三是数字出版物的覆盖范围。近年来，国外许多国家都通过制定、修改出版物呈缴相关法律和法规的方式，推动本国数字出版物的呈缴进程。英国、德国、丹麦、挪威、俄罗斯、加拿大、南非、新西兰、韩国、日本等国家都有明确的数字出版物法定呈缴相关规定。根据本国国情和原有法律法规的特点，每个国家在数字出版物法定呈缴制度设计中各有侧重。但是总体来看，基本上都是围绕法定呈缴实施主体、实施客体以及相关法律关系三个核心要素进行拓展，进而保障本国数字出版物法定呈缴制度的完整性与可行性。

1　数字出版物法定呈缴制度实施主体

出版物法定呈缴制度实施主体包括呈缴主体、受缴主体和协调监管主体三部分。呈缴主体为具体承担呈缴义务的机构和个人；受缴主体为代表国家行使接受或主动采集出版物并妥善保存职责的机构；协调监管主体是确保法定呈缴制度顺利实施的监管协调部门。

1.1　呈缴主体

为了保障数字出版物的及时呈缴，在法定呈缴制度中明确呈缴主体是十分必要的。世界知识产权组织认定的出版物呈缴主体主要包括出版者、生产者、传播者、版权所有者等[5]。我国国家图书馆于 2005 年开展了面向世界主要国家出版物呈缴制度的专项调研，提出出版物的呈缴主体为出版商和进口商[6]。较之传统出版物,数字出版物法定呈缴主体更加广泛,除了传统意义上的出版者,生产者与传播者占有更大的比重。《德国国家图书馆法》[7]规定的呈缴义务人包括有权发行出版物或公开出版物供公众使用,地址设于德国或在德国有一处运营场所的企业,或主要居住地在德国的个人;《俄罗斯联邦文献呈缴本法》[8]明确规定呈缴主体是文献制作者,具体包括出版社、其他出版机构和个人;丹麦[9]、挪威等北欧国家也将数字出版物的呈缴主体延伸至生产者。

1.2 受缴主体

从国外立法实践看,根据数字出版物的不同类型,数字出版物的法定受缴主体主要包括议会/国会图书馆、大学图书馆、国家图书馆、国家档案馆/博物馆等一个或多个机构。如,丹麦有丹麦皇家图书馆、国家和大学图书馆等 2 家法定受缴主体;挪威有挪威国家图书馆、奥斯陆大学图书馆、挪威电影学院等 3 家法定受缴主体;俄罗斯有俄罗斯中央书库、俄罗斯联邦主体图书馆、"信息索引"科技中心、联邦工业产权研究所等 4 家法定受缴主体;英国有大英图书馆、苏格兰国家图书馆、威尔士国家图书馆、牛津博德利图书馆、剑桥大学图书馆、都柏林三一学院图书馆等 6 家法定受缴主体;瑞典与南非的法定受缴主体数量更是多达 7 家。每个机构根据法律规定行使对不同类型数字出版物的受缴职能,承担不同的缴存职责,如美国的 3 个数字出版物法定受缴主体:联邦版权局负责数字版权呈缴,国会图书馆负责保存数字文化遗产和社会服务,托存图书馆负责保存政府信息。

1.3 协调监管主体

数字出版物法定呈缴的实施与完善需要多方力量的参与,设立专门的法定呈缴协调监管机构可以确保法定呈缴制度的有效建立和顺利实施,有效推进数字出版物呈缴工作的开展,并为制度的进一步完善做好准备。为了提高法定呈缴效率,有些国家由受缴机构行使法定呈缴的协调监管职能,如智利国家图书馆法定缴存办公室、澳大利亚国家图书馆等;也有一些国家以工作组的形式建立数字出版物法定呈缴协调监管机构,如日本的缴存制度审议会、新加坡的出版物法定缴存专门工作组等。

2 数字出版物法定呈缴制度实施客体

数字出版物具体包括两类:一是离线出版物,即狭义上的电子出版物;二是在线出版物,即通常意义上的网络出版物。各个国家由于数字出版情况不同,关于法定呈缴制度实施客体的规定也不尽相同,主要包括呈缴物范围、呈缴数量、呈缴版本、呈缴格式以及呈缴方法等。

2.1 呈缴物范围

随着数字出版物外延的泛化,确定呈缴范围对数字出版物法定呈缴而言至关重要。

Adrienne Muir、吴刚[10]等学者均指出对呈缴范围的确认是构建数字出版物法定呈缴制度需要解决的核心问题。2000 年以前,数字出版物呈缴主要以离线数字出版物为主,并且对其具体形式有明确限定。如美国(1988)、德国(1990)、瑞士(1992)、瑞典和法国(1993)、澳大利亚和日本(2000),都明确了物理或离线形式的数字出版物的法定呈缴制度[11]。随着信息网络技术的快速发展,数字出版物日益多元,呈缴范围不断扩大。为了尽可能给数字出版物法定呈缴提供持续性的法律保障,许多国家在制定相关法律过程中多采用可拓展性的法律用语来保障数字出版物法定呈缴的适用性。如,日本《国立国会图书馆法》[12]规定,数字文献指根据电子方式、磁力方式以及其他凭借人的知觉不能感知的方式所制作的文字、影像、声音或者程序记录;《俄罗斯联邦文献呈缴本法》规定,文献指以文本、声音、图像和它们的组合记录方式记录在物质载体上的任何形式的信息,具有能够识别的特征,通过时空传播的方式为公众所使用和保存;《加拿大图书馆和档案馆法》[13]规定,如果需要呈缴的出版物范围出现超出法律的问题,部长可以专门就呈缴过程中难以解决的问题制定新的条例。此外,一些国家也明确了数字出版物法定呈缴的属地范围,确保数字出版物呈缴的完整性。如,韩国《关于数字资料呈缴以及利用法律(案)》认定的数字出版物的呈缴范围主要包括其著者、语言、网址、发送者或者收件人属于韩国的数字资源[14];英国《法定呈缴图书馆法》[15]认定的数字出版物呈缴客体包括英国境内的任何电子形式的出版物(非印刷型出版物)和海外出版但在英国发行流通的数字出版物。

2.2 呈缴数量

呈缴数量是对呈缴本复本数量的规定。由于数字出版物的特殊性,不同类型的数字出版物呈缴的复本数量各不相同,绝大多数国家对离线数字出版物的呈缴数量都有明确规定。如,英国、德国为 1 份;挪威、芬兰、加拿大为 2 份;南非为 5 份;爱沙尼亚为 8 份[16]。由于在线出版物更新频繁、数量庞大,其呈缴数量难以具体明确,一些国家采取主动采集的方式,通过呈缴内容和采集频率对在线出版物的呈缴数量予以限制。大英图书馆和奥地利国家图书馆在线出版物的采集对象主要为本国域名的网站和其他与本国密切相关的网络资源[17];丹麦明确规定在线出版物的采集对象除了本国互联网域名外,也对涉及本国社会和公众生活的其他互联网内容进行选择性采集[18];德国国家图书馆对定期更新的网络出版物的呈缴规模和频率进行限制[19]。

2.3 呈缴版本

版本体现文献的内容从初期到完善、由浅入深的发展过程,因此每一版都有保存价值[20],但出版物法定呈缴应缴存最优版本。数字出版物呈缴最优版本与印刷型出版物存在明显不同,数字出版物呈缴本除了对象数据以外,还包括元数据、文献载体、格式代码、限制使用技术等诸多内容。尤其是在线出版物,一方面要保存在线出版物的完整性,包括生产、传播、采集的全部过程信息;另一方面要符合受缴主体的技术标准,同时降低受缴主体的存储和维护成本。从国外的立法实践看,数字出版物呈缴的最优版本一般由受缴主体确定,目的是为了规范呈缴本的版本与格式,提高呈缴效率,便于长期保存。美国《关于向美国国会图书馆呈缴出版物或唱片的规定》关于最优版本的界定指呈缴日期之前在美国出版的某一作品的所有版本中，经美国国会图书馆确认为最符合其入藏要求的版本[21]；日本数字出版物呈缴制度要求的呈缴最优版本是指最适于保存和利用的呈缴本[22]；《德国国家图书馆法》规定，呈缴义务人必须免费向国家图书馆或其指定机构呈缴完整、优质的出版物，不可对呈缴物的使用设定时间限制，呈缴物应适于国家图书馆长期保存。

2.4 呈缴格式

呈缴格式直接关系到数字出版物的利用。由于数字出版物的格式种类复杂，且持续演变，大多数国家在本国呈缴相关法律的基础上，通过规章条例等对数字出版物呈缴格式加以规定。智利国家图书馆按照文献、图像、视频、音频、地图等五类制定了数字出版物呈缴的推荐格式[23]；澳大利亚国家图书馆制定《澳大利亚实体形式电子出版物征集指南》和《澳大利亚在线出版物选择指南》，对本国不同形式的数字出版物的呈缴格式进行了相应的规定[24]；《向德国国家图书馆呈缴出版物的法令》规定非实体出版物（网络出版物）须以通用规格和通用工具可使用的状态呈缴。随着数字出版物形式的变化，对其呈缴格式的规定也应不断调整与更新。英国于2006年制定《适合法定呈缴的数字出版物全图》[25]，从构成方式、传输方式、获取方式、服务方式等维度对数字出版物的呈缴格式进行补充，以改善2003年英国《法定缴存图书馆法》对出版物呈缴格式规定不足的问题。

2.5 呈缴方法

较之传统出版物，数字出版物的呈缴过程更加复杂，涉及提交、采集、存储和长期保存等多个环节，亦应兼顾呈缴主体与受缴主体的标准兼容、接口对接等。因此，数字出版物的呈缴方法必须考虑由技术变革带来的硬件、软件、格式的过时、丢失和失真等问题。为了解决这一难题，一些国家开发了数字出版物缴存系统供呈缴主体使用，如美国国会图书馆“版权电子登记记录及缴存系统”、加拿大国家图书馆及档案馆“E-Collection 系统”、澳大利亚昆士兰州立图书馆“呈缴精灵”（Deposit Wizard）、韩国国立中央图书馆“在线存档与搜索互联网资源平台”（OASIS）等。

3 数字出版物法定呈缴制度法律关系

出版物法定呈缴的法律关系以相关呈缴法规定的权利和义务为参照，是在调整实施主体内部以及实施主体与实施客体之间的问题的过程中形成的权利与义务关系。数字出版物法定呈缴既表现了出版物呈缴法律关系的共性特征，又根据数字出版物的特点进行了相应法律关系的调整，具有一定的特殊性。

3.1 强制性

法定呈缴制度具有强制性。国外法定呈缴制度设计中都明确规定了呈缴主体未能履行呈缴义务的处罚条款。在数字出版物呈缴时限方面，德国、加拿大[26]为呈缴本生产或出版之日起7天，南非为14天，新西兰[27]为20个工作日，韩国、日本、印度为30天，俄罗斯、挪威为1个月，美国[28]为3个月；在具体罚则方面，大多数国家通过罚款和补偿金的方式予以明确。南非《法定呈缴法》认定呈缴相关费用由出版者承担，出版者未能呈缴的，处以不超过20000兰特的罚金，同时支付从市场上购买该出版物的费用。《新西兰国家图书馆法》[29]规定，出版商或印刷者无正当理由违反本法呈缴规定的，处以5000新西兰元以下的罚款；《美国图书馆复本或录音制品的法定呈缴》规定，每一呈缴本延期呈缴将处以250美金以下的罚款，同时缴纳购买费用，若呈缴主体多次不缴纳，处以2500美元罚款。其他一些国家的罚款数额如下：印度为50卢比、德国为不高于1万欧元、法国为75000欧元、日本为出版物零售价5倍以内的罚款。一些国家也对受缴主体的受缴义务进行明确规定，如法国规定公开网站资源和视听媒体网站资源由相应受缴主体1年至少采集一次。

3.2 补偿性

无偿性是很多国家数字出版物呈缴制度的重要特征，指法律规定呈缴方不能获得任何直接形式的报酬，受缴方也不需要对呈缴义务人进行直接偿还。但从实践上看，数字出版物呈缴需支付更大的成本，绝对的无偿性并不利于数字出版物呈缴工作的开展。为此，应建立数字出版物呈缴补偿机制，主要包括国家补偿、读者补偿、协议补偿三种方式[30]。其中，国家补偿是最常见的方式。涂志芳[31]对43个国家和地区的出版物法定呈缴进行研究，其中12个国家和地区有补偿机制。韩国《图书馆法》在网络文献法定呈缴中规定，若文献全部或部分是商品时，国立中央图书馆应对呈缴主体支付相应的补偿金；日本《国立国会图书馆法》在在线资料法定呈缴中规定，国立国会图书馆应支付呈缴主体赔偿金，该金额相当于出版和呈缴相应出版物通常所需的费用；南非《法定呈缴法》规定可视情况给予数字出版物呈缴主体一定的财政补贴，但补贴数额不超过这种文献每生产一额外副本而发生的费用。德国、挪威等也在相关法律中规定了数字出版物无偿呈缴基础上呈缴主体申请国家补偿的相关规定。除了费用补偿外，一些国家也通过其他方式进行法定呈缴的国家补偿，如加拿大的税收减免、日本的免费赠送国家书目、印度的免费宣传等。在网络出版物补偿方面，协议补偿也是一种有效的方式。呈缴主体与受缴主体综合考虑多种情况进行协商，确定所呈缴网络出版物应给予的经济补偿范围[32]。

受缴主体在数字出版物缴存过程中也会产生一定的费用。韩国国立中央图书馆2012年数字出版物保存费用预算约占总预算的23.18%[33]；丹麦明确规定因访问、复制网络出版物而发生的费用由法定受缴主体支付[34]。为此，一些国家也设立了针对受缴主体的补偿制度。南非《法定呈缴法》规定向法定呈缴机构支付必要的费用以维持他们履行接受呈缴的义务，该费用由议会及相关省立法机构设立的专项基金支付。

3.3 适应性

尽管法定呈缴制度具有强制性，但由于数字出版物的特殊性，为了确保法律的适用性，在其法律关系的设计上应该更加灵活，设计相应的免责条款。在数字出版物呈缴方面，应采取法定呈缴与自愿呈缴相结合的方式。这一方面可以保证法律过渡期的呈缴工作正常开展,另一方面,可以增强法定呈缴规定的适用性。尤其是在网络出版物呈缴方面,更应如此。英国《法定呈缴图书馆法》的一些规定值得借鉴。该法明确了数字出版物呈缴主体和受缴主体的相关免责内容,尤其对出版者的合法呈缴行为给予充分保障;新西兰《国家图书馆关于缴送电子文献的通知》也颁布了数字出版物呈缴的相应豁免条款。法定呈缴的免责仅可以作为特定历史时期对法定呈缴制度的一种补充或是过渡,以确保所有有保存价值的数字文化遗产得到保存和利用,时机成熟后,还需要对此进行修改、补充和完善[35]。

3.4 合理使用

对呈缴本的利用是数字出版物法定呈缴的初衷之一。但是由于版权法限制,各国在数字出版物法定呈缴制度设计中,也必须考虑呈缴本的服务内容、服务范围、服务方式等利用问题。在利用过程中,既要保障呈缴主体的合法利益不受侵占,同时也要确保受缴主体和社会公众的合理使用。加拿大国家图书馆与档案馆将呈缴电子资源的书目信息向社会公开,但内容限馆内使用;大英图书馆的呈缴数据同时仅允许1名读者基于研究需求的使用;法国国家图书馆采集的公开网站资源和试听媒体网站资源可通过法令授权提供查询服务,但仅限于通过认证的研究人员使用;《俄罗斯联邦文献呈缴本法》列明了呈缴主体可以对数字出版物呈缴本进行复制的相关规定;新西兰国家图书馆被赋予复制任意网络文献的权利;奥地利国家图书馆可以在相关规定下制作数字出版物呈缴本复本用于图书馆内的检索与利用服务,但在同一时间内仅可允许一名用户使用,同时呈缴义务人可以通过书面申请设定一年的禁用期。

4 国外数字出版物法定呈缴制度的启示

通过法律的强制性实现数字出版物的保存保护是国际上的普遍做法。从国外实践中看到,数字出版物法定呈缴制度的制定是一个长期的过程,需要不断修订、完善以满足信息时代数字出版物的保存保护和合理使用的需求。目前,我国还没有真正建立调整数字出版物呈缴法律关系的完备的法律体系,这成为影响数字出版物呈缴活动的重要制约因素[36]。为了进一步提升数字出版物法定呈缴效率,我国应逐步完善数字出版物法定呈缴制度建设,发挥政府部门的主导作用,加强沟通合作,充分利用新技术创新数字出版物呈缴方式。

4.1 完善我国出版物法定呈缴制度建设

制度的功能是一种事实认定,而不是价值诠释[37]。数字出版物呈缴制度建设最重要的环节就是立法。IFLA 指出,一个有活力且有效率的出版物法定呈缴体系应该存在于每个国家,因为该项法律和国家的文化交流、保存与发展有很大关系[38]。从数字出版物法定呈缴制度国外实践中看到,英国、丹麦、德国等通过出版物呈缴专门法,加拿大、新西兰、韩国等通过国家图书馆法,美国、澳大利亚等通过版权法确立了数字出版物的法定呈缴制度。尽管各国的出版物呈缴立法形式不尽相同,但都为本国数字出版物的保存保护和合理使用营造了良好的法律环境。我国的出版物呈缴制度主要由行政法规和地方规章构成,对数字出版物呈缴的相关规定较为简略。《电子出版物出版管理规定》做出了电子出版物出版单位应向国家图书馆、中国版本图书馆和新闻出版总署免费呈缴的相关规定[39]。作为行政规章,该规定明确了我国数字出版物法定呈缴制度的实施主体,但对实施客体的相关规定不甚全面,尚未涵盖网络出版物,导致数字出版物法定呈缴实践工作的开展不甚理想。《中华人民共和国公共图书馆法》中规定的呈缴范围也仅表述为"正式出版物",缺少对数字出版物呈缴的相关规定。为此,我国应逐步完善出版物法定呈缴制度建设,一方面以《中华人民共和国公共图书馆法》颁布实施为契机,借鉴国外成熟经验,结合我国国情,积极推动数字出版物呈缴相关立法进程;另一方面,进一步明确现行行政法规和地方规章中涉及数字出版物呈缴的实施细则,对数字出版物呈缴范围、数量、版本、格式等实施客体予以重点关注。

4.2 创新数字出版物呈缴方式

较之印刷型出版物,数字出版物法定呈缴的实施难点在于如何划定呈缴范围、规定呈缴数量、界定最优版本等问题。从国外实践可以看到,这些问题的解决是一个复杂的过程,既需要建立一套科学完善的标准体系,又要有一定的灵活性和拓展性。我国的数字出版物呈缴工作,应摒弃印刷型出版物的"完整缴存"思路,从多种维度创新数字出版物呈缴方式。尤其是网络出版物,应采取主动采集与联合收割等模式,注重有价值的网络资源的长期保存,逐步实现我国数字出版物呈缴的完整性与规模性。同时加强国家级和区域性数字出版物在线呈缴系统的研发与应用,保证呈缴资源的标准统一与合理使用。

4.3 加强法定实施主体间的沟通合作

数字出版物法定呈缴制度的核心问题就是实施主体之间的关系问题[40]。为确保数字出版物呈缴工作的有效开展,实施主体之间的持续合作是十分必要的。从国外实践可以看到,一方面,政府主管部门应加强组织保障,借助行政力量发挥国家图书馆在数字出版物呈缴实践中的主导作用,也可设立或组建相关机构加强数字出版物法定呈缴工作的组织实施与管理监督;另一方面,应明确不同实施主体间的利益诉求,在物权制度下,通过法律关系的调整保证责、权、利的平衡,保护知识产权,保存数字文化遗产,实现数字出版物合理利用。同时,在数字出版物呈缴实践中,应积极探索法定呈缴、协议呈缴与自愿呈缴相结合的模式,保证呈缴效率与效果之间的平衡。

以法定形式实现数字出版物的呈缴是最为理想的方式,法律的强制性能够提高数字出版物的呈缴效率。从国外数字出版物法定呈缴实践来看,数字出版物法定呈缴制度的制定与实施是一个长期、复杂的过程。美国国会图书馆指出:在各要素准备不足时,切忌冒险开展数字出版物法定呈缴,而应该在完善的环境下使数字资源平稳地进入馆藏并长期保存[41]。我国图书馆界应加强经验总结和理论研究,逐步完善我国数字出版物法定呈缴制度建设,推动立法进程。

参考文献

[1] Conference of Directors of National Libraries. The legal deposit of electronic publications[EB/OL]. [2017 - 08 - 13]. http://unesdoc. unesco. org/images/0010/001055/105504E. pdf.

[2] Guidelines for legal deposit legislation[R/OL]. [2017 - 09 - 01]. https://www. ifla. org/files/assets/national-libraries/publications/guide linesfor-legal-deposit-legislation-en. pdf.

[3] MUIR A. Legal deposit of digital publications: a review of research and development activity [EB/OL]. [2017 - 08 - 13]. http://fiels. eric. ed. gov/fulltext/ED459825. pdf.

[4] BAZÁN C. Visibility of international recommendations for legal deposit of publications in national legislations [EB/OL]. [2017 - 1013]. http://archive. ifla. org/VII/s1/pub/legal_deposit_2004-e. pdf.

[5] 吴钢. 数字出版物法定呈缴制度研究[M]. 武汉:湖北人民出版社,2013:128.

[6]《世界主要国家出版物缴送制度及状况比较研究》课题组. 世界主要国家出版物缴送制度及状况比较研究[R]. 北京:国家图书馆,2005.

[7] Gesetz über die Deutsche Nationalbibliothek(DNBG)[EB/OL]. [2017 - 02 - 12]. http://www. gesetze-im-internet. de/dnbg/DNBG. pdf.

[8] 卢海燕. 国外图书馆法律选编[M]. 北京:知识产权出版社,2014.

[9] Act on legal deposit of published material(Translation of act No. 1439 of 22. December 2004)[EB/OL]. [2017 - 09 - 10]. http://www. kb. dk/en/kb/service/pligtaflevering-ISSN/lov. html.

[10] 吴钢. 数字出版物法定呈缴制度客体研究[J]. 中国图书馆学报,2014(1):93 - 102.

[11] VERHEUL I. Networking for digital preservation: current practice in 15 national libraires[EB/OL]. [2017 - 08 - 14]. https://www. ifla. org/files/assets/hq/publications/ifla-publications-series-119. pdf.

[12] 国立国会図書館法[EB/OL]. [2017 - 0617]. http://www. ndl. go. jp/jp/aboutus/laws/pdf/a1102. pdf?.

[13] 郑雅婷.《加拿大图书馆和档案馆法》及其对我国图书馆立法的启示[J]. 知识管理论坛,2013(6): 56 - 62.

[14] 朱莲花,刘春燕. 韩国的国家知识门户网站与 Web Archive 现状研究[J]. 情报理论与实践,2010(7): 120 - 123.

[15] Legal deposit libraries act 2003[EB/OL]. [2017 - 08 - 10]. http://www. legislation. gov. uk/ukpga/2003/28/pdfs/ukpga_20030028_en. pdf.

[16] 黄红华. 国外数字出版物缴存制度研究[D]. 北京:北京大学,2014.

[17] 翟建雄. 欧洲六国网络资源采集和缴存立法评析[J]. 新世纪图书馆,2011(12):17 - 21.

[18] SCHOSTAG S, FØNSS-JØRGENSEN E. Webarchiving: Legal Deposit of Internet in Denmark. A Curatorial Perspective[J/OL]. [2017 - 0923]. http://netarkivet. dk/wp-content/uploads/Artikel_webarkivering1. pdf.

[19] Verordnung über die pflichtablieferung von medienwerken an die Deutsche Nationalbibliothek(Pflichtablieferungsverordnung-PflAV) [EB/OL]. [2017 - 08 - 14]. http://www. gesetze-im-internet. de/pflav/PflAV. pdf.

[20] 苑克俪,蒋伟明. 关于电子出版物缴送问题的探讨[J]. 国家图书馆学刊,2002(3):39 - 44.

[21] 雷亮. 论法定缴送中的最优版本问题[J]. 国家图书馆学刊,2011(4):14 - 17.

[22] 缪园. 日本呈缴本制度的新动向[J]. 国家图书馆学刊,2001(3):76 - 78.

[23] BELLO R A. Electronic legal deposit at the National Library of Chile[J/OL]. [2017 - 08 - 22]. https://www. ifla. org/past-wlic/2011/193-bello-en. pdf.

[24] 黄红华. 澳大利亚电子出版物法定缴送及启示研究[J]. 高校图书馆工作,2013(6):18 -21.

[25] Electronic Publishing Service Ltd. Refining the map of universe of electronic publications potentially eligible for legal deposit[R/OL]. [2017 -10 -13]. http://webarchive. nationalarchives. gov. uk/20100916234026/http://www. culture. gov. uk/images/publications/EPS_Report_to_LDAP_Nov_2006. pdf.

[26] Library and Archives of Canada Act[EB/OL]. [2017 -07 -16]. http://laws-lois. justice. gc. ca/eng/acts/L-7. 7/FullText. html.

[27] National Library Requirement (Electronic Documents) Notice 2006 [EB/OL]. [2017 -06 -11]. http://www. legislation. govt. nz/regulation/public/2006/0118/latest/096be8ed8028 f7ed. pdf.

[28] Copyright Notice, Deposit, and Registration[EB/OL]. [2017 -05 -16]. https://www. gpo. gov/fdsys/pkg/USCODE-2007-title17/html/USCODE-2007-title17-chap4. htm.

[29] National Library of New Zealand Act 2003[EB/OL]. [2017 -05 -17]. http://www. legislation. govt. nz/act/public/2003/0019/latest/096be8ed80beeed6. pdf.

[30] 胡光耀. 从立法角度试:论我国电子出版物呈缴制度若干问题[J]. 新世纪图书馆,2010(2):47 -48.

[31] 涂志芳. 出版物法定呈缴制度中的补偿机制研究[J]. 图书馆论坛,2017(1):71 -78.

[32] 秦珂. 试论电子出版物呈缴制度设计的若干问题[J]. 图书情报导刊,2005(18):71 -73.

[33] National Library of Korea. Korea annual report to CDNL 2012/13[R/OL]. [2017 -10 -11]. http://www. cdnl. info/images/reports/2013/Korea_Annual_Reports_2013. pdf.

[34] Act on legal deposit of published material[EB/OL]. [2017 -04 -14]. http://www. kb. dk/en/kb/service/pligtaflevering-ISSN/lov. html.

[35] 翟建雄. 美国图书馆复制权问题研究[M]. 北京:知识产权出版社,2010:234 -236.

[36] 王运显. 国外电子出版物呈缴制度及对我国的启示[J]. 现代情报,2007(1):166 -168.

[37] 李琛. 著作权基本理论批判[M]. 北京:知识产权出版社,2013:17 -21.

[38] IFLA. IFLA statement on legal deposit[EB/OL]. [2017 -09 -16]. https://www. ifla. org/publications/ifla-statement-on-legal-deposit-2011.

[39] 新闻出版总署. 电子出版物出版管理规定[EB/OL]. [2017 -07 -13]. http://www. gov. cn/gongbao/content/2009/content_1388688. htm.

[40] POWELL D J. Voluntary deposit of electronic publications: a learning experience[J]. Learned Publishing, 2003,16(2):149 -152.

[41] 国会图书馆信息技术战略委员会. 21 世纪国会图书馆数字战略[M]. 蒋伟明,苑克俪,译. 北京:北京图书馆出版社,2004:97.

(原载于《国家图书馆学刊》2018 年第 2 期)

南海问题中的国际话语逻辑*

——基于对美国智库文献的分析

李东屹

2012年后的一段时期，南海争端曾重趋激烈，迫使中国投入大量的外交与经济资源应对危机。这场危机虽然集中体现为外交对抗和海上冲突，但美国主导的对华国际话语攻势在其中发挥了不可低估的作用。一方面，美国在南海问题上制造对华负面舆论，凭借其国际话语权优势，将中国塑造为“麻烦制造者”，批评中国“以强凌弱”“破坏规则”；另一方面，美国的国际话语运作也对南海争端各方尤其是菲律宾和越南形成了极大刺激，在美国话语挑动下，它们与中国多次发生海上摩擦，菲律宾甚至单方面提起国际仲裁，加剧了南海的紧张局势。美国的国际话语攻势对中国造成了强大的舆论压力，在南海争端的升级中发挥了推波助澜的关键作用。

因此，在当前南海局势相对缓和的背景下，有必要回顾和梳理中国在国际话语问题上遭遇的阻碍与挑战，以便总结得失、吸取经验教训。本文从南海问题中表现相当突出的美国智库入手，解析其国际话语特征与话语运作方式，以加深对国际话语逻辑的理解，为中国提供相应的对策建议。

一、南海问题中的美国智库及相关文献特征

智库在美国政治生活中扮演着关键角色，也是美国国际话语运作中的重要行为体。在美国介入南海问题的行动中，其智库活动表现十分活跃，值得特别关注。

（一）美国智库与南海问题

作为连接美国政治决策圈与公共舆论的枢纽，美国智库不仅在很大程度上左右着美国公共政策的走向①，而且在国际事务上同样拥有极强影响力，对美国掌控国际话语权作用重大。经过长期实践和发展，规模庞大、专业性强的美国智库业已成为美国主导国际话语权的

* 本文系北京高校中国特色社会主义世界影响力研究协同创新中心（国家图书馆海外中国问题研究资料中心）“当今国际社会话语权研究：以南海问题文献为例”（YXL2016ZD012）的阶段性成果。

① Mahmood Ahmad, “US Think Tanks and the Politics of Expertise: Role, Value and Impact,” *The Political Quarterly*, Vol. 79, No. 4, 2008, pp. 543 – 545.

重要力量，它们围绕美国决策构建舆论氛围、引导媒体议程，对相关政策展开阐释和评析，并在国际问题上不断发声，为美国外交大造声势①。美国智库的国际话语运作在南海问题上表现得非常突出。

美国智库对南海问题国际话语的影响力首先是通过大众媒体，将自身观点塑造为南海问题的主流、权威意见。以表现极为活跃的美国战略与国际问题研究中心（Center for Strategic and International Studies）为例，该中心中国问题专家格雷戈里 · B. 波林（Gregory B. Poling）2015 年一年间就在至少 37 篇关于南海问题的重要报道上发表了观点，这仅是对路透社、美国有线电视新闻网、《华尔街日报》、《新闻周刊》等国际性媒体的统计，通过这些渠道，其观点得以充分扩散，形成广泛的舆论引导②。美国智库国际话语运作还通过影响美国政策来实现，美国智库专家们或者本就与决策圈联系紧密，或者被邀请到美国政府机构做出说明、发表证词，通过美国官方影响力塑造国际舆论、引导国际话语走向③。美国主流舆论由此被推向西方世界乃至东亚地区，构成关于南海问题的国际主流舆论的基础④，这很大程度上也意味着美国智库对南海问题的观点被推向世界，其国际话语影响力向国际社会大幅扩展。

美国智库给南海问题国际话语带来显著影响，典型案例是对中国在南海"填海造岛"议题的运作。美国战略与国际问题研究中心的"亚洲海事透明倡议"（Asia Maritime Transparency Initiative，AMTI）扮演运作这一议题的首要角色。正是由于 AMTI 大张旗鼓地宣传中国在南海岛礁的填海作业，中国"填海造岛"的议题才迅速成为美国大众媒体讨论中国南海"野心"的焦点。借《纽约时报》《华盛顿邮报》《卫报》等合作媒体的强大传播渠道，AMTI 将南海岛礁卫星图片广为扩散，其对中国南海岛礁建设的报道和评论也被大量引用，由此形成一股持续不断的对华舆论攻势。同时，美国政府也着重强调所谓中国"填海造岛"问题，更加理直气壮地批评中国南海政策行为。例如，在这股话语浪潮引导下，美国国防部发布的《中国军事与安全发展年度报告》也从 2016 年开始，在"中国军事发展"部分插入多幅中国南海岛礁建设进度的卫星照片，辅以岛礁规模对比图、岛礁建筑设施说明图，以展开对中国南海

---

① 国内相关研究已有不少，如陶文钊：《"新美国世纪计划"与伊拉克战争——美国思想库与冷战后美国外交政策的一个实证考察》，《和平与发展》2012 年第 6 期；郑安光：《新思想库与奥巴马政府的亚洲政策决策——以新美国安全研究中心为例》，《当代亚太》2012 年第 2 期；曹升生：《践行新保守主义的美国新智库：外交政策创议》，《战略决策研究》2014 年第 4 期；曹升生：《美国新型智库在国际问题上的影响力研究》，《太平洋学报》2015 年第 9 期。

② 数据来自 CSIS 网站，https://www.csis.org/search?search_api_views_fulltext=south%20china%20sea&sort_by=field_publication_date&type=in_the_news&field_contributor=314。

③ Bonnie S. Glaser，"Beijing as an Emerging Power in the South China Sea，"CSIS，September 12，2012，https://csis-prod.s3.amazonaws.com/s3fs-public/legacy_files/files/attachments/ts120912_glaser.pdf；Bonnie S. Glaser，"Seapower and Projection Forces in the South China Sea，"CSIS，October，03，2016. https://www.csis.org/analysis/seapower-and-projection-forces-south-china-sea-0；Amy Searight，"Diplomacy & Security in the South China Sea—After the Tribunal，"September 22，2016. https://csis-prod.s3.amazonaws.com/s3fs-public/congressional_testimony/ts220916_Dr_Amy_Searight.pdf.

④ 相关研究可见，鞠海龙：《中国南海维权的国际舆论环境演变：基于 1982 年以来国际媒体对南海问题报道的分析》，《人民论坛》2015 年第 20 期，第 66 页。

军事部署最新进展的解释[①]。这与亚洲海事透明倡议的做法如出一辙。随着 AMTI 的追踪报道、卫星照片的不断更新,这一议题得以深化、发酵,形成了美国对华国际话语攻势的一个高潮,加剧了南海局势的紧张。

美国智库在南海问题中的积极表现和特殊影响,凸显了其在美国国际话语权中扮演的关键角色。它们围绕南海问题发表的大量文献,正是分析其国际话语运作的切入点。

(二)美国智库南海问题文献的基本特征

本文以中国国家图书馆“智库报告数据库”[②]为数据来源,对 2012 年以来美国智库发表的与南海问题相关的文献(本文统称为“美国智库南海问题文献”)进行分析。

从文献总体来看,美国智库围绕南海问题发声呈现以下几个特征。

第一,美国智库南海问题文献发表总量大,在海外智库南海问题文献中占比也大。以中文“南海”为检索词,以关键词为检索项,可从数据库中得到 1473 篇结果,约占整个数据库总量的 7.79%;而若单独考虑南海问题文献最集中的“外交”“军事”两大类别,南海问题文献占比更高达 19%[③]。其中,美国智库南海问题文献贡献显著,检索可得美国智库南海问题文献 879 篇,占全部南海问题文献的近 60%。这一比例远远高于其他国家。同为拥有大量智库的重要国家,日本、英国、德国同期发表的南海问题文献数量分别是 71、85、20 篇,对南海问题的关注度明显低得多[④]。

第二,美国智库所发表的南海问题文献集中度较高。经检索可知,美国智库南海问题文献来源于 39 家智库,而发表量最大的正是在外交、国际问题领域最知名的几家。以数量和占比排序,排名前几位的美国智库分别是:美国战略与国际问题研究中心(275 篇,占 31.28%)、美国国家利益中心(Center for the National Interest)(179 篇,占 20.36%)、詹姆斯敦基金会(Jamestown Foundation)(58 篇,占 7%)[⑤]。可以看出,美国重要智库对南海问题的

---

① U.S. Department of Defense, *Annual Report to Congress: Military and Security Developments Involving the People's Republic of China* 2016, pp. 14 – 20, https://www.defense.gov/Portals/1/Documents/pubs/2016%20China%20Military%20Power%20Report.pdf.

② 国家图书馆智库报告数据库,是国家图书馆立法决策服务的重要项目,致力于搜集海外智库发布的、与中国有关的文献,以备政策参考与学术研究。截至 2017 年 11 月 15 日,该库收集了 2012 年以来 216 家海外重要智库机构发布的海外涉华报告总量约 19000 篇,囊括 11 种语言。该库由专业人员进行人工搜集、标引,提供中文标题译名及关键词,是迄今为止国内外最全面、精确的海外涉华智库报告数据库。下文将其简称为“智库报告数据库”。

③ 智库报告数据库,检索时间:2017 年 11 月 6 日。本文选用的智库报告数据库的所有数据均由人工采集制作,对不同语种文献,工作人员都会根据内容注明中文关键词,以及来源国、发布机构等中文信息,因此很容易对南海问题文献进行全面的、有针对性的检索,避免语言因素带来的偏差。

④ 智库报告数据库,检索时间:2017 年 11 月 6 日。一些国家如新加坡、澳大利亚等,其智库也发布了不少南海问题文献,但本身并非排名前列的智库大国,暂不在此做出比较。

⑤ 智库报告数据库,检索时间:2017 年 11 月 6 日。排在其后的主要发布者及发布量:卡托研究所(CATO Institute)48 篇、布鲁金斯学会(Brookings Institution)47 篇、兰德公司(Rand Corporation)29 篇、美国国会研究局(Congressional Research Service)29 篇、胡佛研究所(Hoover Institution)17 篇等。

关注度高，权威性和代表性极为鲜明。

美国智库南海问题文献发表量表现出强烈的时效性和针对性。就时效性而言，美国智库对南海问题的关注度随时间推进呈现多次急剧变化。就针对性而言，将这些急剧变化与南海局势对照可以发现，美国智库南海问题文献发表量的每一次激增，都与南海紧张局势加剧、美国介入程度加深密切相关。将美国智库自 2012 年以来的南海问题文献发表量(篇数)按月统计并按时间顺序进行排列，可以得到曲线图(图 1)。从图 1 可见，2012 年中菲黄岩岛冲突、2014 年中国海洋石油“981 钻井平台事件”等都伴随着曲线上升，到 2016 年所谓“南海仲裁案”裁决时，发表量曲线攀升至巅峰，几乎整年维持在较高水平。

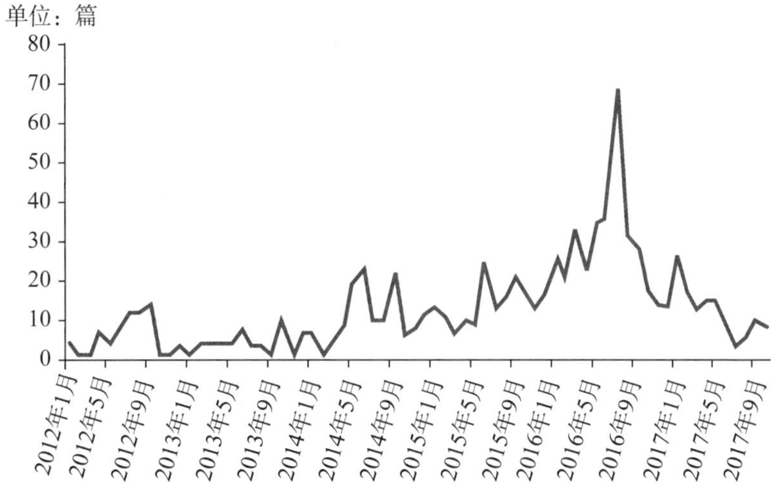

图 1　2012 年 1 月—2017 年 10 月美国智库南海问题文献发表趋势图①

上述特征表明，最具权威性和代表性的美国智库对南海问题进行了大量的、持续不断的关注，它们紧贴南海局势的话语运作正是塑造美国国际话语权的基础。

二、美国智库南海问题文献的话语解析

美国智库围绕南海问题进行了长期跟踪，并随着南海局势的发展频繁发声，对它们发表的大量相关文献进行话语解析，可以归纳出其主要的话语运作方式和话语线索，并由此揭示其背后隐含的一系列国际话语逻辑。

(一)美国智库南海问题文献的话语方式

在南海问题上，美国智库利用现代社会大众基本心理营造舆论氛围、强化传播效应，以多种话语方式进行国际话语运作。

① 资料来源：根据智库报告数据库自制。

第一，抢占话语权。拥有世界上最多、最知名智库的美国，总能在速度和力度上都表现出对国际话语权的"抢占"姿态。在重要事件结束前，美国智库就利用舆论网络造势，设定对事件前景的标准判断；当事件结束后，美国智库第一时间发表大量评论，形成占据绝对优势的话语覆盖，并持续维护和巩固业已奠定的话语基调，形成"盖棺定论"。这一套话语权抢占手段同样运用在了南海问题上。

以美国智库对"南海仲裁案"的关注为例，从2013年菲律宾强行提起南海仲裁起，美国就开始关注这一事件。2013年1月底，菲律宾宣布就南海争端提起国际仲裁，美国詹姆斯敦基金会发表的《中国简报》就以"菲律宾在南海加大赌注"为题做出述评①。此后，美国主要智库对"南海仲裁案"展开持续跟踪，不断以"国际法"名义进行话语设定，批评中国的立场，并就事件可能结果做出各种预判②。在2016年"南海仲裁案""裁决"发表的当月，美国智库发表的南海问题文献占相关文献总量的一半以上，而且显著集中在裁决后的三天内，这清晰表明了其反应的速度和力度。布鲁金斯学会在裁决后迅速发表的一篇评论确立了美国智库南海问题文献的基调。首先，它将仲裁庭的裁决定调为菲律宾和美国的共同胜利；其次，它对中国再次提出批评和警告，要求中国做出一系列承诺，如承诺"不对菲律宾或其他声索国采取军事或准军事行动"及"经济制裁"，"不在争议岛礁上进一步'造岛'"；等等。此外，它建议美国采取各种手段向中国施压，"包括释放军事信号，与意识形态相近的国家结成外交同盟，依靠国际法、公共准则、对话和警告"③。它与大体依循这一基调的其他评论一起，共同构成了对"南海仲裁案"议题的话语覆盖，使美国智库在国际话语上占得先机。

第二，设置议程，引导话语。美国智库的话语影响力很大程度上来自于其议程设置能力，即让主流话语"说什么"和"怎么说"的能力。"航行自由"议题就是一个典型案例。虽然在南海从来没有真正出现过所谓"航行自由"问题，更没有因为中国而出现过此类问题，但美国智库配合美国政府论调，大肆宣扬中国领土主张"危害"南海航行自由，迫使美国不得不采取"航行自由行动"。一篇名为"美国航行自由行动何以合法"的评论声称美国行动之所以"合理""合法"，是因为美国意在挑战中国"过度的海洋领土主张"，以维护其国家利益，维护"国际法"所赋予的"海洋自由"④。另一篇评论也坚称，航行自由行动是出于维护国际海洋法的目标，致力于"抵制中国坚持对南海进行实质性控制的意图，提高中国围绕南沙群岛宣布直线基线及试图将线内水域改为其内水的代价"，强调这是因"中国不断拒绝澄清其海洋

---

① Ian Storey, "Manila Ups the Ante In the South China Sea," *China Brief*, Vol. 13, No. 3, 2013, pp. 3 – 5.

② Murray Hiebert, "China's Push in the South China Sea Divides the Region," CSIS, May 16, 2014, https://www.csis.org/analysis/china%E2%80%99s-push-south-china-sea-divides-region; Ian Forsyth, "A Legal Sea Change in the South China Sea: Ramifications of the Philippines' ITLOS Case," *China Brief*, Vol. 14, No. 11, pp. 11 – 13; and Richard Javad Heydarian, "The Fog of Law: China's Great South China Sea Dilemma," *National Interest*, December 19, 2014. http://nationalinterest.org/feature/the-fog-law-chinas-great-south-china-sea-dilemma-11889.

③ Jeffrey A. Bader, "What the United States and China should Do in the Wake of the South China Sea Ruling," Brookings Institution, July 13, 2016, https://www.brookings.edu/blog/order-from-chaos/2016/07/13/what-the-united-states-and-china-should-do-in-the-wake-of-the-south-china-sea-ruling.

④ Jonathan G. Odom, "How the U. S. FON Program Is Lawful and Legitimate," CSIS, October 30, 2015, https://amti.csis.org/how-the-u-s-fon-program-is-lawful-and-legitimate.

主张而显得必要的"[①]。作为讨论航行自由问题的主体,美国智库发表了306篇谈及"航行自由"的文献。也正是在其引领下,海外智库纷纷展开讨论,2012年以来与南海问题有关的智库文献中有20.45%谈及"航行自由"问题[②]。美国智库正是通过大肆宣扬,煞有介事地反复讨论特定议题,由此营造了浓厚的舆论氛围,对国际话语形成强势引导。

第三,依据"事实",揭露"真相"。美国智库文献的另一种重要话语方式是以客观性、独立性自诩,以"事实真相"的名义追求传播效果。美国智库在南海问题上充分运用了这一话语方式。如美国战略与国际问题研究中心的AMTI项目就提出"促进亚洲海洋开放性及交流"的口号,自称追求南海问题透明度,反映南海区域真实状况。虽然该项目确实公布了越南等国南海岛礁建设的部分情况,但它从建立之日起,就跟踪中国在南海岛礁建设和"军事化"进展,发表了大量地图、文献资料,持续更新中国岛礁设施的高清卫星照片,加上系列报道、专题评论,竭力揭示中国的"领土野心"和"大规模扩张",在所谓"客观性"下表现出明显的偏向性[③]。该项目下的评论几乎都将矛头对准中国,其中来自菲律宾、越南学者的文章更是表现出"控诉中国"的鲜明姿态,如一篇越南学者的文章就以"一手资料分析"为题,展示了中国海监船对闯入中国海域非法作业的越南渔民开出的罚单照片和越南渔民的"证词",将中国执法行为称为"劫持"(kidnap)[④]。不可否认,详细、生动的数据资料展示,客观、理性的自我标榜,确实是一种颇具舆论塑造效果的话语方式。

第四,论调上的"多元"景象。美国重要智库常以"多元"面貌示人,在重大议题上似乎多种声音并存,专业讨论热烈。以美国智库对"航行自由行动"的评论为例,其观点看似姿态各异。例如,卡托研究所(Cato Institute)的一篇评论认为美国不应冒与中国开战的风险,而应避免激化矛盾,使盟国依赖美国,建议美国从对抗中收缩,鼓励各方寻求创造性解决办法[⑤]。又如,战略与国际问题研究中心的评论不仅支持美国"航行自由行动",还鼓励美国"采取更广泛的行动,抗议中国和其他声索国在南海的一切过度主张"[⑥]。一些强硬派智库,如美国国家利益中心的评论甚至批评美国过于依靠"外交政策",要求美国"集中全力在中

---

① Lynn Kuok, "The U. S. FON Program in the South China Sea: A Lawful and Necessary Response to China's Strategic Ambiguity," Brookings Institution, June 2016, https://www.brookings.edu/wp-content/uploads/2016/07/The-US-FON-Program-in-the-South-China-Sea.pdf.

② 智库报告数据库。检索时间,2017年10月30日。

③ CSIS, "Asia Maritime Transparency Initiative," https://amti.csis.org; and CSIS, "Chinese Power Projection Capabilities in the South China Sea," https://amti.csis.org/chinese-power-projection.

④ Elena Bernini, "Chinese Kidnapping of Vietnamese Fishermen in the South China Sea: a Primary Source Analysis," CSIS, September 14, 2017, https://amti.csis.org/chinese-kidnapping-primary-source.

⑤ Doug Bandow, "Americans Shouldn't Go to War with China over Asian Territorial Disputes," Cato Institute, August 5, 2016, https://www.cato.org/publications/commentary/americans-shouldnt-go-war-china-over-asian-territorial-disputes.

⑥ Jonathan G. Odom, "How the U. S. FON Program Is Lawful and Legitimate," CSIS, October 30, 2015. https://amti.csis.org/how-the-u-s-fon-program-is-lawful-and-legitimate; and Gregory Poling, "South China Sea FONOP 2.0: A Step in the Right Direction," CSIS, February 2, 2016, https://amti.csis.org/south-china-sea-fonop-2-0-a-step-in-the-right-direction.

国的侵略行为面前采取大胆的战略"[①]。另一强硬派智库,美国传统基金会(Heritage Foundation)的评论在主张"美国应强调在南海进行军事活动的政策,继续航行自由抗议和海军行动,帮助南海国家遵循海洋法"的同时,还对国际海洋法的现实意义表示不屑[②]。

这些评论也许存在细节上的差异,但根本上都立足于美国南海政策立场,以及美国智库文献共同营造的话语基调。这样,美国智库将议题相关因素和可能前景都纳入了讨论,并根据美国利益设定了相应判断,有效地扩展了话语覆盖面,增强了话语主导能力。

第五,构建议题网络,相互强化。美国智库对南海问题的讨论并非独立存在的,而是与诸多涉华议题共同构成一个网络,各议题之间呈现相互强化之势。美国智库主要利用"中国军事建设""中国经济困境""生态与能源危机"等议题构造南海问题的舆论背景,加强其关于南海问题的各种预测、判断和批评。以"中国军事建设"为例,美国智库表达了对中国不断增长的军事实力以及"更加主动的"军事战略的猜忌,以佐证批评中国南海政策的合理性。一篇评论开门见山地指出,"迅速现代化的中国军队增强了能够应对南海各种相关状况的能力……这些能力使中国在与越南和菲律宾的竞争中拥有相当大的优势。"大量相似描述凸显出一个"恃强凌弱"的中国形象,成为南海问题相关评论的注脚[③]。

第六,"道德"优先,"公义"至上。美国智库在南海问题中的话语运作始终打着国际法、国际规则等旗帜,自我标榜为世界公义的维护者。美国智库主要运用了三个"公义"关键词来批判中国,即地区安全(秩序)、国际法和航行自由。这三个关键词是一脉相承的。首先,中国的"野心"使得地区动荡不安、周边国家"充满疑虑",如一篇评论指责"中国在其海洋边界上的军事行动使人产生恐惧,即它正在以牺牲他国利益为代价,寻求扩张自身权力"[④]。其次,中国"恃强凌弱","蔑视"国际法和国际规则,如有评论就批评中国的南海政策是以欺凌周边、违背国际法为代价,必然成本高昂[⑤]。最后,还有的评论称,中国的"地区霸权"还对

---

① Harry J. Kazianis,"For the US,Sailing Around the South China Sea Is Not Strategy,"*National Interest*,June 2, 2016,http://nationalinterest.org/blog/the-buzz/the-us-sailing-around-the-south-china-sea-not-strategy-16429.

② Steven Groves,"How the US Must Respond to China's Rejection of South China Sea Court Decision,"Heritage Foundation, July 14, 2016. http://dailysignal.com/2016/07/14/how-the-u-s-must-respond-to-chinas-rejection-of-south-china-sea-court-decision/.

③ Timothy R. Heath,"China's Military Modernization and the South China Sea,"in Murray Hiebert,et al., *In the Wake of Arbitration:Papers from the Sixth Annual CSIS South China Sea Conference*, Washington, D. C.: CSIS,January 2017,p. 71,https://csis-prod.s3.amazonaws.com/s3fs-public/publication/170124_Hiebert_WakeOfArbitration_Web.pdf? ATuk9l_q8H.Cxs2jHxDRelthiP gPMhXk.

④ Murray Hiebert,"China's Push in the South China Sea Divides the Region,"CSIS,May 16,2014,https://www.csis.org/analysis/china% E2% 80% 99s-push-south-china-sea-divides-region; and Greg Austin, "Why Beijing's South China Sea Moves Make Sense Now,"*National Interest*,December16,2015,http://nationalinterest.org/blog/the-buzz/why-beijings-south-china-sea-moves-make-sense-now-14643.

⑤ Ali Wyne,"China's Ascent has Asia on Edge. Could International Law Help?"*National Interest*,June2, 2014,http://nationalinterest.org/blog/the-buzz/chinas-ascent-has-asia-edge-could-international-law-help-10581.

国际社会享有的南海航行自由权利构成了严重威胁，挑战国际公义[①]。美国智库发表的南海问题文献大多围绕这三项指控展开，而将自身置于国际道义的制高点。

（二）美国智库文献中的话语线索

美国智库文献通过各种话语方式引导和塑造了南海问题的国际话语环境，同时，也对南海问题的话语线索做出了刻意描绘。虽然本文涉及的美国智库文献数量庞大、内容错综复杂，很难理清这些文献所刻画的南海问题话语线索的全貌，但综合来看，还是能从中找到一条话语线索主干，归纳出这些文献共同建构成型的南海问题总体叙事。抛开不同智库机构、不同时期的南海问题文献在话语细节上存在的差异，可以看到，它们对南海问题的评述都是围绕这样一条线索主干展开的。

从美国智库文献对南海问题的描述中，可以大致梳理出南海问题话语线索（图2）。图2是本文综合美国智库发表的南海问题文献而归纳出的话语线索示意图。该图简化了美国智库文献在细节上的大量差异，而刻意突出了这些文献隐含的话语线索主干，以说明南海问题这么一个复杂的国际关系议题在美国智库刻意描绘下被建构成了何种面貌。图2表明，美国智库忽略了南海问题复杂的历史背景，弱化了中国对南海问题立场的合理性，也掩盖了南海问题进程中丰富的国际互动，它们要么很少提及中国与周边国家在南海问题上的互动，要么从负面角度评述中国与周边国家在南海问题上的任何良性互动[②]。与此相反，美国智库文献大多围绕少数几个叙事主角和事件展开看似热烈的争论，从而将南海问题简化为如图所示的线索链条，即——中国国力上升之后，以硬实力开路，在南海区域"横行霸道"，主要地区组织东盟的软弱无力，使菲律宾、越南等小国难以抗衡，诉诸国际法——在此危急时刻，唯有作为国际领袖的美国"责无旁贷地"站出来"主持公道"，通过南海军事演习、航行自由行动等强硬手段震慑中国，声援弱小国家。

美国智库文献通过其话语运作，将南海问题展示为上述符合美国战略意图的线索链条。这样一条话语线索看起来能自圆其说，似乎最能为受众理解和接受，既符合美国人的自我定位和心理需求，也非常符合已在长期话语实践中锻炼得驾轻就熟的美国国际舆论运作套路，在美国话语体系中极为常见[③]。通过美国的国际话语主导能力，美国智库将按照其国际关系思维构造的南海问题总体叙事深埋于国际舆论中，使美式理念贯穿南海问题相关国际话语，

---

① Lynn Kuok, "The U. S. FON Program in the South China Sea: A Lawful and Necessary Response to China's Strategic Ambiguity," Brookings Institution, June 2016, https://www. brookings. edu/wp-content/uploads/2016/07/The-US-FON-Program-in-the-South-China-Sea. pdf.

② 如美国智库大多不提中国与东盟在"南海行为准则"谈判上取得的成就，或者刻意对此进行负面阐释；再如，美国智库从不认真解释中国对南海仲裁案的"四不"立场，只是以此为借口，批评中国对国际法的"嘲讽"。典型评论见 Gregory Poling, "This Isn't the COC You're Looking For," CSIS, June 15, 2017, https://amti. csis. org/isnt-coc-youre-looking; and Matthew C. Waxman, "Legal Posturing and Power Relations in the South China Sea," CSIS, January21, 2015, ttps://amti. csis. org/legal-posturing-and-power-relations-in-the-south-china-sea。

③ 相关研究可见，史安斌，王沛楠：《国际报道中的策略性叙事：以〈纽约时报〉的南海报道为例》，《西安交通大学学报（社会科学版）》，2018 年第 1 期。

成功地塑造了一个符合美国观念与利益的国际话语环境。

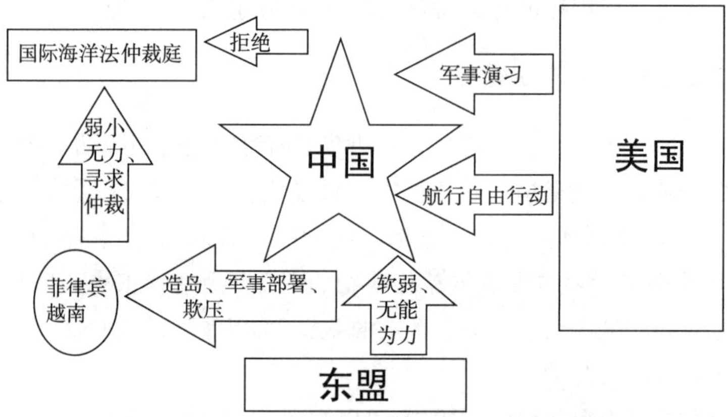

图 2　美国智库文献关于南海问题话语线索示意图①

(三)美国智库文献中的国际话语逻辑

美国智库通过多种话语方式营造南海问题国际舆论环境,共同建构出经过刻意简化的南海问题话语线索,在此基础上进一步探析,可以在一定程度上揭示南海问题中的国际话语逻辑。

第一,国际话语的首要逻辑在于"话语"本质上是建构性的。建构性意味着国际话语是按运作者的意愿,通过长期、持续不断的努力打造出来的,具有极强的可操作性与可塑性;因此,国际话语的建构要点实质上可归结为对话语资源的充分发掘和利用,对各种话语方式的完善和统合,以及对国际话语线索的掌控和重塑。尤其值得注意的是,在国际话语建构过程中,智库作为沟通研究者、政府机构与大众媒体的特殊行为体,可以发挥设置议题、引导舆论、提供解释等关键话语功能,是塑造国际话语议程、争取国际话语权的最活跃因素之一,其特殊的作用和意义应予以充分重视。

美国智库在南海问题上的话语运作鲜明地表现了国际话语的建构性。如前所述,它们运用各种方式不断发声,将南海问题相关议程引入其刻意划出的轨道,甚至能够无中生有地创造议题,有目的地推进南海国际话语。如美国智库对南海"航行自由"议题的推动就是一个鲜明的案例,虽然南海并不存在所谓"航行自由"问题,但美国智库不断渲染南海"航行自由"受到的威胁,如有的评论无中生有,认为"在南海,中国正在限制国际法赋予其他国家的权利,特别是在领海无害通过的权利以及在专属经济区不受限制通过的权利"②。通过反复强调"航行自由"对美国利益的重要性,要求美国保护南海通航自由,抵制中国的"扩张",它

① 根据美国智库文献自制。

② Andrew Davies and Mark Thomson,"How to Push Back Against China in the South China Sea," *National Interest*, March 16, 2017, http://nationalinterest. org/blog/the-buzz/howpush-back-against-china-the-south-china-sea-19794.

们煞有介事地将其建构为一种话语"事实",为美国介入南海问题提供了借口①。

第二,国际话语作为软实力,其运作必须建立在"硬"的现实之上。作为软性力量的一种,国际话语本身是建构性的、非物质性的,但它必然是有现实基础的。国际话语的存在和运作都不能单纯依赖话语技巧,也不能完全凭空杜撰。实际上,国际话语常常需要建立在既有国际关系的现实基础之上,按照国际事务发展的大势,以获得有力的议题切入点及话语营造、推演的充足空间。如果缺乏国际关系现实的足够支撑,国际话语难以理所当然地启动,也不易获得持续发展的动力。

美国智库围绕南海问题的国际话语运作,正是基于南海领土争端重趋激烈的现实,南海领土争端给原本不属争端方的美国提供了干涉的理由,也给美国话语运作创造了切入的机遇,使其行动随着争端的加剧而不断深入;相反,当南海争端各方达成妥协、南海局势转入相对缓和,美国智库的国际话语就失去了在原有轨道上继续运作的基础。正如对美国智库南海问题文献的统计所表明的那样,其国际话语运作随着南海问题发展而变得活跃或低落,表现出明显的消长趋势,证明了国际话语运作与国际关系现实的强关联性。

第三,国际话语作为一种对外政策工具,其功能的发挥有赖于与国家总体战略、外交政策的配合。要充分发挥国际话语的功能,不仅需要国际关系现实的铺垫,而且需要使它紧跟国家总体战略,与国家外交政策紧密配合。在国家强大实力的保障和支撑下,国际话语无疑将拥有更广的影响范围和更强的说服力,它围绕特定国际议题产生的话语效应也将事半功倍;而在国际话语的配合下,国家对外政策也能获得更有力的话语支持,极大地强化其政治经济影响。智库作为国际话语运作的重要行为体,尤其应注重与政府对外政策相契合,与国家总体战略的发展相适应。

美国智库对南海问题的关注度上升,正是在美国推出"亚太再平衡"战略特别是美国以强硬姿态介入南海问题的背景下出现的。如前所述,美国智库为美国在南海的政策行为论证和辩护,为美国政策营造有利的国际话语环境做出了持续贡献,起到了客观性话语手段无法比拟的国际话语强化、扩散效应。南海局势总体趋缓后,美国智库围绕南海问题的文献发表量出现大幅下滑,美国智库话语运作与美国政策也尚未恢复原有的配合。如一些评论对特朗普政府的南海政策表示不满,坦承摸不清特朗普在南海的真实战略意图到底是怎样或是否制定了相应战略②。即便如此,美国智库仍在尽力跟上美国政策的脚步。如有评论针对

---

① Robert D. Blackwill, "America Needs an 'Engage and Contain' Strategy for China," *National Interest*, March 15, 2017, http://nationalinterest. org/feature/america-needs-engage-contain-strategy-china-19791; and Jeffrey Ordaniel, "The Smart Way for America to Push Back Against China in the South China Sea," *National Interest*, February 20, 2017, http://nationalinterest. org/blog/the-buzz/the-smart-way-america-push-back-against-china-the-south-19506.

② Helena Legarda and Michael Fuchs, "As Trump Withdraws America from the World, Xi's China Takes Advantage," Center for American Progress, November 29, 2017, https://www. americanprogress. org/issues/security/reports/2017/11/29/443383/trump-withdraws-am erica-world-xis-china-takes-advantage; and Richard Javad Heydarian, "ASEAN under Duterte: Lost Opportunities on the South China Sea," CSIS, January 12, 2018, https://amti. csis. org/asean-under-duterte-lost-opportunities-scs.

特朗普政府的国际战略收缩警告称,中国"野心"不减、行动未缓,如果美国掉以轻心,必然导致亚洲秩序破坏,美国利益严重受损①。还有评论结合美国既有政策,建议美国在短期内限制中国的岛礁建设,在中期增强南海各声索国能力,在长期则建构针对中国的国际联盟②。更有评论论证和肯定美国政策,如对美国大力加强与越南的安全合作做出深度阐释和积极评价,为特朗普外交辩护③。这些都表明美国智库的国际话语运作与美国政策行为之间的紧密联系。

第四,国际话语运作需要策略性的"名正言顺"。国际话语运作必须以国际"公义"为口号,以符合受众心理需求的关键点为依托。这意味着作为追求舆论影响力的建构行为,国际话语运作需要"师出有名",即打出某种国际"公义"的招牌,再根据国际关系现实背景,针对话语受众心理,设定具体用于运作的恰当议题和叙述方式,才能有效推进相应国际话语。

正如上文归纳的那样,美国智库发表的南海问题文献往往打出"规则""秩序""安全"等口号,并选择了诸如"领土安全""国际规则""地区稳定""军事平衡""地区霸权"等紧扣受众心理的议题,从道德原则上批评中国欺凌弱小、破坏稳定,同时将美国置于国际公义捍卫者角色之上。这迎合了某些南海争端当事国争取国际支持的需要,契合了域内一些国家对中国崛起的疑虑心理,对不明真相的国际社会也具有很强的迷惑性。而南海"受害者"寻求美国帮助,或者美国盟友"仗义出手"的声音,更是确立了美国智库打出的"公义"招牌,使其在南海问题上的话语权更加巩固、有力。例如,菲律宾德拉萨大学(De La Salle University)副教授理查德·贾瓦德·海达里安(Richard Javad Heydarian)自 2012 年以来,在多家美国智库发表了 40 多篇关于南海问题的评论,不仅控诉中国的"不得人心",呼唤美国的帮助,还表达了对中菲关系缓和的强烈不满④。又如,澳大利亚智库的评论明确支持美国航行自由行动,并提及"在行动的下一个更开放的阶段,美国的盟友们,包括澳大利亚能做出各自的贡献"⑤。还有日本学者将美

① Gregory Poling, "Prepare for a Stormy 2017 in the South China Sea," CSIS, January 12, 2017, https://amti. csis. org/prepare-stormy-2017-south-china-sea; and Gregory Poling, "Have We Already Lost the South China Sea?" CSIS, April 11, 2017, https://amti. csis. org/already-lost-south-china-sea.

② Dean Cheng: "Wanted: A Strategy to Limit China's Grand Plans for the South China Sea," Center for the National Interest, January 30, 2018, http://nationalinterest. org/feature/wanted-strategy-limit-chinas-grand-plans-the-south-china-sea-24278.

③ Derek Grossman, "U. S. Striking Just the Right Balance with Vietnam in South China Sea," Rand Corporation, November 23, 2017, http://www. rand. org/blog/2017/11/us-striking-just-the-right-balance-with-vietnam-in. html.

④ Richard Javad Heydarian, "China Is Slowly Turning the South China Sea Into Its Own Territory," *National Interest*, June 10, 2016, http://nationalinterest. org/feature/china-slowly-turning-the-south-china-sea-its-own-territory-16554; Richard JavadHeydarian, "Manila's Tough Post-Arbitration Options," CSIS, July 14, 2016, https://amti. csis. org/manilas-tough-post-arbitration-options; and Richard Javad Heydarian, "Duterte, ASEAN Embrace Pax Sinica," CSIS, August 11, 2017, https://amti. csis. org/duterte-asean-embrace-pax-sinica.

⑤ Euan Graham, "US launches FoNOPS in the South China Sea: Better Late than Never?" Lowy Institute, October27, 2015, https://www. lowyinstitute. org/the-interpreter/us-launches-fonops-south-china-sea-better-late-never.

国航行自由行动视为加强美日同盟的机遇，探讨如何支持美国行动①。

第五，国际话语致力于建构蕴含着特定国际关系理念的总体叙事。国际话语作为建构的产物，其运作实质上总是以特定的国际关系理念及价值观为背景。这是指国际话语运作者不仅通过具体的话语方式将话语材料串联、修饰为看起来完整、合理的线索链条，更重要的是，这种努力是以运作者秉持的特定国际关系观为心理基础，体现了具有价值指向性的话语效应。国际话语运作者有意识地编织符合其理念的叙事，并借话语力量将其广为传播，进而对话语受众也产生观念上的影响。因此，国际话语的叙事从发端到传播都带着强烈的价值理念意味，并且，国际话语的影响力也很大程度上与作为其背景的观念的力量构成正相关关系。

美国智库的话语运作背后体现的是美国主流国际关系理念。在美国国力相对衰落、中国相对上升的背景下，美国深感在亚洲的霸权受到了重大威胁，开始以一种冷战思维组建反华联盟，加强对华遏制；美国智库围绕南海问题发表的大量文献，正是以这样的国际关系观为基础构建出相应的南海问题叙事。如上文总结的南海问题文献线索链条所示，美国智库文献描述的是一幅美国“基于公义”，带头“围堵”中国的国际关系图景，反映的正是美国对国际霸权的自矜，对中国崛起的强烈反应，以及美国早已习惯的对抗式、零和式政治理念。

第六，国际话语的影响力，深深植根于国家综合实力尤其是全面强大的软实力中。国家综合实力是国际话语权的根基，综合实力强大的国家在国际社会往往具有更高的话语权。特别是包含国家国际传播能力、政策与学术研究能力、国际形象、文化吸引力等诸多因素在内的软实力，对国际话语效应的强弱有着根本的制约作用。国际话语运作的整个过程都受限于该国在舆论塑造、媒体渠道、价值观念等方面的实力强弱。这些实力直接决定了国际话语运作能否取得预期效应，能否获得受众认可。

美国长期拥有的超强综合实力是它对国际话语影响力的基本保证，特别是其极为强大的软实力，决定性地造就了它的国际话语优势地位。如前所述，正是借助美国在国际舆论塑造和传播上的强大实力，美国智库的声音才得以广为传播，将经过刻画的南海问题叙事及其背后的价值理念推送至公共舆论，对整个国际社会话语产生显著影响。这一系列话语运作都需要丰富的话语运作经验，依赖于美国在软实力上拥有的深厚底蕴。

三、中国国际话语权塑造：对策与建议

对美国智库南海问题文献的研究有助于加深对美国国际话语运作乃至当代国际话语权问题的理解，中国应深入反思与总结国际话语经验教训，不仅针对南海问题，更要针对当今国际社会长期存在的话语权之争，思考相应对策。基于对美国智库文献的研究，笔者认为可

---

① Tetsuo Kotani, “Can Japan Join U. S. Freedom Of Navigation Operations In The South China Sea?” CSIS, November 2, 2015, https://amti. csis. org/can-japan-join-u-s-freedom-of-navigation-operations-in-the-south-china-sea/.

以从“化解风险”与“增强自身”两个方向进行综合思考。

第一，揭示南海问题真相，化解美国国际话语攻势。作为建构性产物，美国操纵的强势国际话语本质上是利用各种话语手段引导、掩饰、扭曲对国际事实的表述而形成的，因此，通过对美国国际话语运作的分析，可以更清晰地揭露其实质，有针对性地采取应对手段。在南海问题上，中国可以采取一系列手段。首先，增加中国南海政策的透明度，及时、公开、广泛地宣示中国在南海的行动计划及目标，让国际社会清楚了解中国的一言一行，尽可能消除因沟通不畅造成的国际疑虑。其次，有针对性地研究、宣传南海问题中的关键点，如中国对南海拥有主权的历史渊源，中国南海领土主张的合理性，南海航行自由的事实，中国与东南亚国家（尤其是南海争端相关方）之间就南海问题达成的妥协和相关谈判的积极进展，中国与南海争端相关方联合开发南海的项目进度及合作前景等，以充分填补美国国际话语刻意抹去的话语空间，让南海问题国际话语更加真实、全面。再次，寻求对中国有利的国际话语资源支持，特别是寻求美国内部及世界范围内持温和立场的话语支持。例如，有美国智库专家指出，美国流行的反华观点，即认为中国在南海的野心危及地区安全、航行自由和世界秩序，夸大了中国南海政策的危险，中国并不会破坏南海航行自由，也不试图破坏世界秩序，相反是支持国际体系的①。还有评论甚至为中菲南海联合开发提出建议，表现出明显的诚意和善意②。妥善利用这些话语资源对化解中国遭遇的话语攻势意义重大。

第二，抓住时机推进周边关系，稳定南海局势，削弱美国国际话语基础。如前所述，国际话语无法完全脱离现实而独立存在，必须依托于一定的国际关系事实。就南海问题而言，美国的国际话语运作有赖于南海问题的持续发酵，也有赖于美国在南海地区联盟体系的需求和配合。因此，中国如果能有效维持南海局势的缓和与稳定，塑造良好的周边关系，使美国缺乏充足的借口介入南海争端，必然有助于削弱美国国际话语基础。正如美国智库相关评论指出的，当下美国国际战略的内敛、模糊以及特朗普政府对多边机制的损害，让很多盟友感到失望③。这给中国维护南海局势稳定提供了有利条件。中国可采取的具体方式很多，如推进《南海各方行为准则》（COC）谈判，虽然这一谈判无法避免负面评价，但这毕竟是南海局势走向和平解决的积极步骤，代表了中国与东南亚国家关系的稳定进展④。再如，继续推进中国—东盟自由贸易区升级版等区域合作措施，加深中国与东南亚邻国的经贸联系，通过

① Benjamin Herscovitch, "A Balanced Threat Assessment of China's South China Sea Policy," Cato Institute, August 28, 2017, https://www.cato.org/publications/policy-analysis/balanced-threat-assessment-chinas-south-china-sea-policy.

② Jeffrey Ordaniel, "The Philippines and Joint Development in the South China Sea," CSIS, October 16, 2017, https://www.csis.org/analysis/pacnet-75-philippines-and-joint-development-south-china-sea.

③ Lynn Kuok, "High Stakes but Expectations are Low for U.S. President's First Trip to Asia," Brookings Institution, November 7, 2017, https://www.brookings.edu/blog/order-from-chaos/2017/11/07/high-stakes-but-expectations-are-low-for-u-s-presidents-first-trip-to-asia.

④ Gregory Poling, "This Isn't the COC You're Looking For," CSIS, June 15, 2017, https://amti.csis.org/isnt-coc-youre-looking; and Robert G. Sutter and Chin-Hao Huang, "China-Southeast Asia Relations: Steady gains in South China Sea," in CSIS, *Comparative Connections: A Triannual E-Journal on East Asian Bilateral Relations*, Vol. 19, No. 2, September 2017, pp. 53 – 62, http://cc.csis.org/2017/09/steady-gains-south-china-sea.

经济共赢巩固良好的周边关系。此外,中国还可抓住时机与南海争端相关方进行南海联合开发的尝试,为南海问题的解决寻求更多可能。

第三,学习国际经验,提升国际话语运作能力。应对国际话语权之争的根本之道在于中国国际话语的自我强化,其中尤为关键的是提升国际话语运作能力。从上文对美国智库国际话语的分析来看,对国际话语能力的强化可从以下方面着手。其一,充分研究和实践国际话语运作,可培育和扶持一批在国际问题研究上具有较高水平的智库、机构,着力加强它们在议程设置、舆论引导、决策参考等方面的能力,以推动中国智库国际话语运作能力的提升。其二,在中国智库国际话语运作的速度和力度上下功夫,使它们不仅能长期把握与中国有关的国际问题重点,更能在出现紧急情况时迅速做出反应,为中国国际话语抢占先机。其三,提升智库在公共决策中的功能和地位,增强智库在舆论网络中的影响力,使之与决策层、大众媒体在国际话语运作中形成更加紧密的合作关系,让中国智库(特别是国际事务领域的顶尖智库)的声音更具权威性和说服力,能被国际社会广泛认可。其四,应特别重视话语与政策的相辅相成关系,致力于统筹中国国际话语运作的各种努力,使之与中国总体战略、对外政策发展协调一致。其五,应强调智库机构之间的长期配合、集体协作,特别是打造它们在关键国际议题上的共同发声模式,如关于同一议题的声音要杜绝千篇一律,同时又要尽可能做到相互补充,在根本宗旨上殊途同归。此外,还应继续加强对外交流与学习,中国智库机构应在开放的国际环境中建立更广泛的对外联系,在国际交流中不断借鉴国际经验、强化话语能力。

第四,有针对性地设置议题,建立中国对国际公义的话语主动权。如前所述,国际话语运作需要将获得普遍认可的国际公义置于核心位置,针对受众心理设置议题,以确立国际话语的吸引力和说服力。美国智库针对中国周边一些国家的对华疑虑心理,抓住“安全”“秩序”等“公义”口号,将国际话语运作集中于“地区安全”“地区秩序”“国际规则”“地区霸权”等议题,挑动中国周边对立,刺激地区紧张局势。这提示了中国国际话语运作的应有对策,即中国应抓住周边国家对于经济发展、社会安定的需求,建立对国际公义的话语主动权。中国应将国际话语核心确立在“发展”“繁荣”等国际公义上,更努力地推进“地区贸易”“经济合作”“文化交流”“全球治理”等议题,以此建构对中国有利的国际话语环境。在中国经济发展举世瞩目、社会长期安定的背景下,中国治理模式的启示和教益,中国为周边乃至全球带来了怎样的发展机遇,都是具有普遍吸引力、能激发国际社会共鸣的议题。如有的美国学者相信,中国的发展对美国并非威胁,建议对华接近,包容中国的崛起①。一些东南亚学者更是充分认识到中国的重要性,对与中国的合作充满期待②。此外,中国还应争取对特定公义概念的解释权。如对“国际规则”这种内涵丰富的概念,中国应致力于争取其解释权,澄清

---

① Doug Bandow,“China Isn't the Next Evil Empire Facing America,”Cato Institute,September 19,2017,https://www.cato.org/publications/commentary/china-isnt-next-evil-empire-facing-america.

② SIIA,“South China Sea:A Quiet Diplomacy Needed to Calm Choppy Waters,”Singapore Institute of International Affairs,July 15,2016,http://www.siiaonline.org/south-china-sea-a-quiet-diplomacy-needed-to-calm-choppy-waters/;and SIIA,“China's BRI ‘White Paper’:ASEAN's Highway to Prosperity,”Singapore Institute of International Affairs,July 28,2017,http://www.siiaonline.org/chinas-bri-white-paper-aseans-highway-to-prosperity.

“国际规则”在不同条件下的含义、限度与适用性，指出中国恪守国际规则而某些国家却打着“规则”旗号破坏规则的事实，并积极参与国际制度的创新，参与确立国际规则新内涵，扭转美国优势国际话语的不利影响。

第五，坚持和完善中国的国际关系理念，建构符合中国价值的国际话语体系。国际话语不仅表现为针对单个议题的观点和评论，它还通过构建总体叙事，表达特定的价值理念，对受众心理形成深层影响。美国国际话语背后隐含美式国际关系理念，符合美国价值观，这保证了其话语运作从长期来看是符合美国利益的。借鉴美国运作国际话语的经验，中国也应有意识地引导国际话语建构，将中国国际关系理念植入国际话语总体叙事中。习近平主席多次对中国的国际关系理念进行了阐释，如 2017 年 1 月 18 日在联合国日内瓦总部的演讲，就为世界和平与发展提出了“构建人类命运共同体，实现共赢共享”的倡议，呼吁建立以合作共赢为核心的新型国际关系，以不结盟原则为基础建立全球伙伴关系网络。这就提供了一种完全不同于美国冷战思维的国际关系新思维，凸显了合作而非对抗的价值理念。中国应继续完善这一国际关系理念，有意识地在国际话语运作中加以坚持和巩固，即在国际话语的每一个方面、每一处细节，都始终秉持中国国际关系理念，体现中国特色价值，使中国国际话语共同构成指向明确的总体叙事，坚持在“合作共赢”的国际关系理念基础上推进符合中国长远利益的国际话语运作。合作与发展毕竟是世界的主流，展现了更加光明、积极的国际关系前景，不管是在南海问题上还是在更广阔的国际问题领域，它都能在观念价值层面的国际话语权斗争中为中国化解外部话语攻击、争取话语优势提供强大助力。

第六，稳步提升综合实力特别是软实力，从根本上保证中国国际话语权。娴熟的国际话语运作对中国国际话语权大有裨益，但综合实力特别是软实力才是国际话语权的根基。中国可多头并进提升软实力，其一，应积极参与国际社会多边体制，为应对全球问题、经济挑战做出应有贡献，向国际社会展示中国的责任和担当，塑造一个负责任大国的国际形象；其二，应进一步推进民族文化复兴、巩固文化自信，扩大中国文化的国际影响力，为增强中国文化吸引力奠定基础；其三，还应加大公共外交和人文交流力度，包括加大对公共外交研究的投入，发掘和利用更多公共外交资源，建设更丰富的、更通畅的公共外交渠道，将良好的国家形象、优秀的中国文化向国际社会广为传播。提升软实力是中国国际话语权发展的必经之路，在这个方向上的每一点积累，都会为中国的国际话语塑造增加底蕴。

对于处在战略发展期并希望获得一个良好国际环境的中国来说，国际话语权的塑造在当前显得非常迫切。但在国际政治、经济和文化条件急剧变化的背景下，中国国际话语能力的增强、国际话语权地位的提升，绝非轻而易举之事。它要求持续不懈、全面而系统的努力，同时也要求对国际话语问题的深入观察与研究，为中国参与国际话语权之争提供强有力的智力支持。

本文正是在中国国际话语权建设道路上的一个探索。通过对美国智库南海问题文献的解析，阐述了它们在国际话语运作方面的特征，归纳了它们针对南海问题建构的国际话语线索，并由此一定程度上对美国国际话语权的基本逻辑进行了揭示。对美国智库南海问题文献的探析可以为中国应对南海问题国际话语风险、争取南海争端和平解决提供一定参考。更重要的是，作为美国国际话语权的突破口，美国智库的国际话语运作体现了美国拥有国际话语权优势地位的诸多关键因素，也折射出当今国际社会话语权之争的实质。因此，对美国智库话语文本的探析或许有助于我们加深对美国国际话语权的了解，推进中国对国际话语问题的研究。只要充分认识和理解国际话语权问题的深层逻辑，沿着正确的方向、持之以恒地推进相关工作，中国就必将在国际话语权上取得更大的进步。

（原载于《国际展望》2018 年第 5 期）

邓衍林对我国参考咨询事业的贡献*

蔡成普

参考咨询史是图书馆学史的一个重要分支。目前,我国参考咨询史尤其是早期参考咨询史研究不足,对参考咨询史上一些重要人物,如邓衍林、莫余敏卿的研究较少。邓衍林是“文华一代”的代表性图书馆学人之一[1],对原国立北平图书馆的参考咨询工作、我国参考咨询理论研究均有重要贡献。关于邓衍林的研究,目前仅有周余姣2017年发表的《邓衍林之生平、著述与贡献》[2](下文简称周文)一文。周文较为详细地考证了邓衍林的生平,考述了邓衍林的一些著述,并对他的联合编目实践和思想进行了总结,但该文主要从目录学角度总结邓衍林的学术成就和贡献,并未专门聚焦参考咨询。笔者依据《国立北平图书馆馆务报告》等资料,考述邓衍林在国立北平图书馆参考组的工作和研究,以及邓衍林归国后从事的参考咨询教育工作和研究成果,梳理其对我国参考咨询事业的贡献。

1 生平简介

邓衍林(1908—1980),字竹筠,江西吉安人。1927年11月至1930年任职于江西省立图书馆,从事图书整理工作。1930年至1931年就读于武昌私立文华图书馆专科学校第一期讲习班,期间在《文华图书科季刊》杂志社编辑股任干事[3],并陆续在该刊物上发表了《江西省图书馆鸟瞰》《四库全书著者书名索引》《中文编目法中之著者问题》《编制四库全书总简目录索引简述》等文章,显示出较高的学术素养。

从武昌私立文华图书馆专科学校毕业后,邓衍林任职于国立北平图书馆,1931年至1932年任北平图书馆阅览组馆员,1932年至1937年任参考组馆员。抗战全面爆发后,邓衍林奉命南下搜集文献,1945年赴美求学,1956年回国,在北京大学图书馆学系从事图书馆学教育和研究工作。此部分周文已介绍,此处不再赘述,下文考察邓衍林在国立北平图书馆参考组时期的经历。

* 本文系国家图书馆一般项目“我国图书馆参考工作起源研究”(项目编号KY-2016-20)研究成果之一。

表 1　1928—1938.6 国立北平图书馆参考组工作人员表①

时间	组长	馆员
1928.7—1929.6		汪长炳、翟可舟
1929.7—1930.6	汪长炳(兼)	爨汝僖(兼)、翟可舟
1930.7—1931.6	汪长炳(兼)	爨汝僖(兼)
1931.7—1932.6	汪长炳(兼)	爨汝僖(兼)
1932.7—1933.6		爨汝僖(兼)、邓衍林
1933.7—1934.6		邓衍林
1934.7—1935.6		邓衍林、丁濬、万斯年,书记李兴辉
1935.7—1936.6	莫余敏卿	邓衍林、丁濬、王宜晖、万斯年,书记李兴辉
1936.7—1937.6	莫余敏卿	邓衍林、丁濬、王宜晖、万斯年、许国霖,助理赵启明,书记李兴辉
1937.7—1938.6		丁濬、万斯年,书记李兴辉

如表 1 所示,在邓衍林进入参考组之前,参考组馆员多为兼职,如组长汪长炳同时担任西文编目组馆员,爨汝僖同时担任中文采访组馆员。邓衍林在参考组一直是专职参考馆员。邓衍林进入参考组之后,万斯年和莫余敏卿等人陆续加入、离开参考组。1932 年 7 月至 1937 年 6 月,邓衍林一直担任参考组馆员,1933 年 7 月至 1934 年 6 月,参考组只有邓衍林一人在岗,他是抗战全面爆发前参考组在职时间最久的参考馆员,是参考组的业务骨干。19 世纪 20 年代到抗战全面爆发,是我国近代图书馆发展的兴盛时期,也是我国近代图书馆参考咨询事业发展的高峰期,期间邓衍林在国立北平图书馆从事参考咨询实践工作,发表或出版多篇(部)著述。新中国成立后,邓衍林在北京大学从事的参考咨询教育工作,撰写的参考咨询理论研究成果,以及从事的联合书目编制工作,都基于其在国立北平图书馆参考组的工作积累。

2　参考咨询实践工作

在国立北平图书馆参考组工作期间,邓衍林对参考咨询业务工作多有贡献,主要表现在以下几个方面:

① 材料参见《北平北海图书馆第三年度报告》,以及 1929 年 7 月至 1938 年 6 月各年度《国立北平图书馆馆务报告》。

2.1 编制专题书目

国立北平图书馆参考组作为我国公共图书馆最早设立的参考咨询机构,在民国时期业务范围较为完备,其核心工作就是代读者编制专题书目。自国立北平图书馆成立参考组(科),为读者编制专题书目就是参考组的核心业务,《国立北平图书馆馆务报告》曾指出,参考组的业务范围“专备阅览公众之咨询,或代编辑书目,或为搜集材料,所以减少其翻检之时间而谋其便利,而直接间接又负指导之责任者也”[4]。邓衍林在参考组期间,为读者编制了很多专题书目,虽然馆史档案中专题书目未署编制者姓名,但1933年7月至1934年6月,参考组只有邓衍林一人在岗,该年度参考组为读者编制的专题书目应当出自邓衍林之手。该年度内,邓衍林将为读者编制的32种书目分为答复国际间主要问题书目、答复政府咨询之主要问题目录和答复各方面之主要书目三类。其中,关于答复国际间主要问题专题书目12种,包括《关于海牙国际法庭之中国出版物目录》《关于清代考试制度图籍目录》《关于中国共产党之中西文书籍及论文书目》等;关于答复政府咨询之主要问题专题书目10种,包括《中国边务图籍录》《西北问题书目》《新疆西藏问题书目》《四川问题书目》《航空学中西文书籍及杂志目录》《关于缅甸显罗印度斐利滨群岛等处之地方行政制度书目》等,前四种目录内容与上一年度参谋本部以及国防设计委员会委托调查书目内容相近,是上一年度工作的延续。此外,增加了航空学以及周边国家地方行政制度的书目,说明国立北平图书馆参考咨询的立法决策服务进一步拓展;对一般用户的关于答复主要专题书目10种,包括《馆藏西文化学书分类目录》《馆藏西文戏剧学书目》《北平各图书馆所藏中文算学书联合目录》,最后一种目录是数学家李俨的委托。这些目录涵盖文理科,说明当时参考组的服务兼顾广博和专深。在1932年7月邓衍林进入参考组之前,国立北平图书馆参考咨询档案从未进行分类。邓衍林进入参考组第一年,即1932年7月至1933年6月,国立北平图书馆参考咨询档案记载中出现“本年度答复咨询耗时最久者为参谋本部以及国防设计委员会委托调查关于边疆图书目录为最”[5],是国立北平图书馆立法决策服务的最早记载。下一年度,参考组只有邓衍林一人在岗时,国立北平图书馆参考咨询档案中首次按读者单位性质进行分类。可见,根据读者工作单位性质对咨询档案进行分类,理当是邓衍林的创举。邓衍林以一己之力有序开展一个科组的工作,并将咨询档案按读者单位性质进行分类,业务能力之强可见一斑。

2.2 出版(发表)专题书目

在完成读者委托编制的专题书目之后,邓衍林对一些书目继续深入研究,进行加工整理,并发表或者出版:如《中文参考书举要》《北平各图书馆所藏中国算学书联合目录》《边疆图籍录》等专著,以及《关于太平天国史料史籍集目》《元太祖成吉思汗生平史料目录》等专题目录。

《中文参考书举要》是邓衍林的代表性著作,该书收录1500多种中文参考书以及少量中英文对照工具书,将书目、类书、字典、期刊、普通年鉴、会社和传记各成一类,其余各类按照刘国钧分类法排列,大体呈现出普通参考书和专业参考书的分类架构,该书著录收录参考书书名、卷数、责任者、出版时间、版本和册数等内容,惜未做提要。1936 年 6 月,该书由国立北平图书馆印行。邓衍林在《中文参考书举要》序言中提及"余服务斯馆有年,对于参考工作及参考书籍深感兴趣,尝有志编辑《中文参考书举要》,以应我国图书馆界之需求。"[6] 可见,邓衍林了解当时图书馆界对参考工具书的需求,对参考咨询工作已经有较深刻的认识,已对参考工具书进行研究。邓衍林在《中文参考书举要》序言中明确说该书稿为其旧作,在袁同礼建议下进行整理。此外,《国立北平图书馆馆务报告》(二十一年七月至二十二年六月)记载当年参考组曾为读者编制《中文参考书举要》。因此,《中文参考书举要》一书是邓衍林在专题书目基础上进行研究,然后根据袁同礼的建议修改成书。

《中国边疆图籍录》是邓衍林一部重要著述,成稿于 1939 年,因战乱至 1958 年才得以出版。该书收录了 1939 年以前我国边疆历史、地理以及各民族文献近万种(含存目),全书分为一般论著、边疆舆图、中国边界关系、西夏史料等专题目录,每种书著录书名、卷数、编撰人姓名、版刻及其他有关事项,末附书名和著者索引。经笔者查询,该书材料源自邓衍林 1932 年 7 月至 1934 年 6 月为读者编制的《中国边务图籍目录(东北,蒙古,新疆,西藏,西康,西北,云南,苗猺及海防等)》《研究西北问题之中文新书及杂志目录》《研究云南之中西文书目》《西北问题书目》等专题书目。邓衍林其他一些公开出版或发表的著述也源自为读者编制的专题书目,如《北平各图书馆中国算学联合目录》,源于 1933 年 7 月至 1934 年 6 月邓衍林为读者编制的专题书目《北平各图书馆所藏中文算学书联合目录》,《元太祖成吉思汗生平史料目录》源于 1935 年 7 月至 1936 年 6 月邓衍林为读者编制的专题书目《成吉思汗生平史料选目》。

邓衍林完成读者的委托之后,继续研究相关目录,进一步提炼、升华,形成理论研究成果发表或出版,从而在中文工具书、边疆史研究以及太平天国等领域取得重要研究成果。邓衍林的研究既宣传了国立北平图书馆参考组的业务,又扩大了国立北平图书馆参考组的影响。

2.3 参考咨询工作案例

2.3.1 立法决策案例

1933 年 7 月,法国占领中国珊瑚九岛(南海九岛)。国民政府决定让外交部负责南海九岛交涉一事。时任北平图书馆副馆长袁同礼得知外交部缺乏珊瑚九岛相关资料,主动向时任外交部部长罗文干提供相关资料。罗文干收到袁同礼提供的资料后,复函致谢国立北平图书馆提供资料、辅助外交部相关决策工作。袁同礼副馆长致外交部部长的函件虽未提及检索这些资料的员工姓名,但当时国立北平图书馆开展此项工作只有参考组。邓衍林作为当时参考组唯一员工,应当是资料整理的中坚力量。

2.3.2 征集工程参考书报

抗战全面爆发后,邓衍林被派往香港,曾从事"工程参考书报"[7] 征集工作。邓衍林从事的该项工作不但补充了国立北平图书馆西文书馆藏,还有助于抗战时期开展国防建设工作,同时也为当时学术研究提供了资料。

邓衍林在国立北平图书馆参考组工作期间,积累了丰富的参考咨询实践经验,并尝试将实践和研究结合,提升理论研究水平,为我国当时参考咨询发展做出了应有贡献。

3 对参考咨询的理论研究

邓衍林在从事参考咨询实践工作的同时，积极探索理论研究，结合工作发表出版多种论著，在中文参考工具书、边疆史研究、数学史、太平天国等研究领域均有建树，已显露出参考咨询理论研究的苗头。1956 年 11 月，邓衍林回国，1957 年 1 月在北京大学图书馆学系从事参考咨询教育工作。回国半年后，邓衍林被推选为第一届全国省市图书馆工作人员进修班"参考工作与基本参考书"课程主讲人，并撰写《参考工作与基本参考书讲授提纲》。

1957 年 3 月 15 日至 5 月 18 日，中央文化部社会文化事业管理局、北京大学、武汉大学、北京图书馆、江苏省文化局和南京图书馆 6 个单位在南京图书馆联合举办第一届全国省市图书馆工作人员进修班。该进修班业务课程主讲人均为知名图书馆专家，如苏联图书馆学专家雷达娅，我国图书馆专家王重民、刘国钧、杜定友、汪长炳和钱亚新等。邓衍林主讲"参考工作与基本参考书"课程。该进修班"三大系统图书馆的协调工作"课程主讲人汪长炳曾任北平图书馆参考组（科）组长。会议组织者将"参考工作与基本参考书"课程交由邓衍林主讲，说明当时学界对邓衍林参考咨询专家身份的认同。《参考工作与基本参考书讲授提纲》（下称《讲授提纲》）是邓衍林的讲稿，1957 年 5 月作为内部教材由省市图书馆工作人员进修班编印，1983 年收录在《图书馆学目录学资料汇编》中，2013 年以《参考工作与基本参考书》之名出版。《讲授提纲》作为新中国成立后到"文革"前国内为数不多的参考咨询理论研究成果，一直未被业界关注。《讲授提纲》有两个较为显著的特点：

一是较为完整地勾勒出参考咨询的理论框架。提纲第一部分参考工作概论介绍参考工作的意义任务、内容方法等理论内容。第二部分介绍参考书的特征功用，字典、辞典和百科全书等工具书内容。在"参考工作概论"部分邓衍林阐释了参考咨询概念，"图书馆参考工作是具有发挥图书馆物质基础的潜力及其使用价值对广大读者（包括儿童在内）的直接服务以达图书馆基本任务的劳动"[8]。他认为参考咨询工作的意义在于服务群众、教育读者和配合国家建设。邓衍林将参考咨询工作内容划分为直接向读者服务、科学性的书目参考服务和参考部本身的业务，不但考虑到通过举办展览教育读者、利用馆外资料和馆际互借等方式满足读者需求，还探讨了参考咨询行政规划、研究读者以及与馆外研究机关的联络工作等内容，较为全面。《讲授提纲》是"文革"前我国为数不多的参考咨询理论研究成果，因未出版，一直未得到应有的关注。

二是该提纲源于实践，可操作性很强。参考咨询工作是一项实践性很强的图书馆业务工作，哥伦比亚学院（后改为哥伦比亚大学）的 W. B. Child 曾经指出"一个参考咨询馆员所应具备的三个基本条件，第一是经验，第二是经验，第三还是经验。"[9] 邓衍林是抗战全面爆发前参考组的业务骨干，实践经验丰富，他对参考咨询方法的研究细致、深入。邓衍林在提纲第一部分"参考工作概论"用大量篇幅介绍参考工作的内容与方法，具有很强的指导意义，如"参考问题分析对于参考工作方法的关系"中列举了文字语词、事物解释、书目等十类咨询问题，并列举每类问题的内容摘要以及可资检索的参考书。他在"参考工作的技术和方法"

中提出7点答复咨询问题的基本条件和技巧,在“参考记录登记通告和统计”中详细举出北京图书馆读者咨询卡片格式,极具实践指导意义。抗战全面爆发严重影响我国参考咨询事业发展,国立北平图书馆参考组馆员转至昆明,部分馆员流失。新中国成立之后,在我国参考咨询复兴过程中,邓衍林的授课和讲稿提纲把民国时期国立北平图书馆参考组的工作积累传授给新一代图书馆人,让我国参考咨询工作在一个较高的起点上延续发展,对我国参考咨询发展起到了积极推动作用。

《参考工作与基本参考书讲授提纲》是邓衍林多年参考咨询工作经验的总结和理论升华。邓衍林提出的一些问题,如建立图书馆参考中心的领导与组织问题,至今仍有借鉴意义。

4 贡献述要

邓衍林在文华图书馆学专科学校接受过图书馆学专业教育,在国立北平图书馆参考组从事参考咨询实践工作,积累了丰富的实践经验,出版发表很多研究成果,是我国早期参考咨询史上为数不多的理论与实践相结合的参考咨询专家,他的参考咨询思想主要包括以下几个方面:

4.1 构建本土化参考咨询理论研究体系

我国参考咨询偏重于实践操作,理论研究成果较少,尤其是本土化的理论研究成果更少。民国时期,李钟履根据美国著名参考咨询专家 James I · Wyer 的《Reference Work》编译的《图书馆参考论》是我国早期参考咨询史上为数不多的著作,该书虽系统阐述了参考咨询理论、方法和组织,但理论和实践均来自国外。邓衍林作为我国早期图书馆参考咨询工作的业务骨干,不仅拥有丰富的参考咨询实践,还对参考咨询进行深入思考和研究,较早提出本土化的参考工作和参考工具书的理论研究框架,形成系统的参考咨询理论研体系。邓衍林提出的参考咨询和参考咨询工具书的研究框架影响深远,戚志芬的《参考工作与参考工具书》和薛文郎的《参考服务与参考资料》等框架、内容与邓衍林的研究成果均有相似之处。

4.2 重视为立法决策服务

邓衍林认同国立北平图书馆作为国家图书馆的职能,重视参考咨询工作中的立法决策服务。他认为国立北平图书馆“对于国家物质建设及行政立法上参考资料之供给,均负有重大之使命”[10],为参考咨询业务工作寻找定位。邓衍林在担任参考馆员之初,花费大量时间调查关于边疆图书目录;其担任参考馆员第二年,独自完成该年度工作量三分之一的立法决策类专题书目。在我国参考咨询尚处发展期的民国时期,国立北平图书馆已开展立法决策服务,而邓衍林是我国参考咨询史上有记载的最早开展此项工作的参考馆员。

4.3 重视理论研究

参考咨询工作作为一项实践性工作,需要耗费大量时间检索、编制书目,很多参考馆员无暇顾及理论研究。作为早期从业者,邓衍林以自己的实际行动,为后继者树立了良好的榜样。邓衍林完成代为读者编制专题书目后,继续对一些书目进行深入研究和再加工,形成论文发表,或者形成专著出版,升华为理论认识,提升了个人的认识水平。

4.4 分类整理咨询档案

整理咨询档案是参考咨询工作的重要内容之一。规范、完整业务档案不仅可以记录每一个委托,便于后期查询;可以储备参考咨询知识和技能,传承参考咨询业务;还可以全面反映一个图书馆参考咨询业务发展历程,作为宣传参考咨询工作的材料,为后世留存珍贵的史料。邓衍林作为国立北平图书馆参考馆员,重视咨询档案的整理和分类,进入参考组工作的第一年,他在整理参考咨询档案工作方面就有所突破,在国立北平图书馆馆史资料中首次出现参考组为党政军提供服务的记载,"本年度答复需时最久者以参谋本部及国防设计委员会委托调查关于边疆图书目录为最"[11],这是我国图书馆开展立法决策服务最早的记载。在1933年7月至1934年6月的馆务报告中,邓衍林进一步将咨询档案按服务对象类别把所编制专题书目分为关于答复国际间主要问题书目、关于答复政府咨询之主要问题目录和关于答复各方面之主要书目三类。按服务对象将咨询档案分类,有助于国立北平图书馆参考咨询业务规范化发展,留存了我国图书馆立法决策服务的珍贵史料。

纵观邓衍林一生,他在国立北平图书馆参考组工作时期是其事业积累发展的黄金期,他的主要成果都集中在这一时段出版发表或成稿,新中国建立后其从事参考咨询教育和联合目录编制工作,都基于这一时期的工作。邓衍林在参考咨询实践、理论研究、立法决策服务和咨询档案整理方面都取得了丰硕成果,为我国参考咨询事业发展做出了重要贡献。邓衍林是我国早期参考咨询史上名副其实的参考咨询专家,应得到业界的关注和重视。

参考文献

[1] 程焕文. 图书馆的价值与使命[M]. 上海:上海科学技术文献出版社,2014:37

[2] 周余姣. 邓衍林之生平、著述与贡献[J]. 中国图书馆学报,2017(1):107-126

[3] 钱亚新. 钱亚新别集[M]. 谢欢,整理. 南京:南京大学出版社,2013:211

[4] 国立北平图书馆. 国立北平图书馆馆务报告(十八年七月至十九年六月)[R]. 北平:国立北平图书馆,1930:6.

[5][11] 国立北平图书馆. 国立北平图书馆馆务报告(二十一年七月至二十二年六月)[R]. 北平:国立北平图书馆,1933:29

[6][10] 邓衍林. 中文参考书举要[M]. 北平:国立北平图书馆,1936:2

[7] 北京图书馆业务研究委员会. 北京图书馆馆史资料汇编:1909—1949[G]. 北京:书目文献出版社,1992:498-450

[8] 邓衍林. 参考工作与基本参考书讲授提纲[Z]. 省市图书馆工作人员进修班,1957:2

[9] 张帆,安民. 图书馆咨询[M]. 武汉:华中师范大学出版社,1991:3

(原载于《山东图书馆学刊》2018年第6期)